Italia

la guida MICHELIN 2015

ALBERGHI & RISTORANTI

Caro lettore,

Maggiore chiarezza, più colori e più immagini: sfogliando questa guida avrete sicuramente notato che abbiamo voluto questa edizione 2015 più accattivante e più piacevole da leggere... per permettervi di raggiungere più velocemente l'optimum! Questo è infatti il nostro intento da oltre un secolo: aiutarvi a scegliere il meglio.

•

Tutto l'anno in viaggio, gli "ispettori Michelin" s'impegnano con costanza e passione a scovare per voi indirizzi di qualità: ristoranti, alberghi, ma anche agriturismi, in tutte le categorie e fasce di prezzo.

A questo punto, è ancora necessario vantare l'esperienza di questi fini palati, le cui papille si acuiscono sempre più a contatto di conoscenze reinventate o degli innumerevoli melting pot culinari che conferiscono tanto dinamismo alla nostra gastronomia contemporanea?

•

Se si mangia bene presso tutte le tavole da noi consigliate, è anche vero che le nostre stelle ✿ – una, due o tre – pongono l'accento su quelle cucine particolarmente degne di nota, qualsiasi sia il loro stile: dalla più radicata nella tradizione alla creativa più esasperata... L'eccellenza dei prodotti, la maestria dello chef, l'originalità delle ricette, la qualità della prestazione durante tutto il pasto e nell'arco delle stagioni: ecco i presupposti che definiranno sempre – al di là dei generi e dei tipi di cucina – i migliori piatti e i più intriganti piaceri gourmet!

E poiché ci si può deliziare senza necessariamente spendere una fortuna, c'è – fedele compagno di indirizzi da condividere con amici o familiari – il famoso Bib Gourmand ☺, ineguagliabile sostenitore della buona tavola a prezzi interessanti.

•

Come già ribadito, il nostro obiettivo è di essere attenti alle esigenze e desideri dei nostri lettori sia in termini di qualità che di budget. Inutile sottolineare che ci sta a cuore conoscere la vostra opinione sugli indirizzi selezionati al fine di arricchirli ulteriormente, per accompagnarvi sempre meglio sulla vostra strada... qualsiasi essa sia!

A. Leiva/age fotostock

P. Mayall/image BROKEN/age fotostock

F. Cogoli/Sime/Photononstop

Contents

I principi della guida MICHELIN

L'esperienza al servizio della qualità

Che si trovi in Giappone, negli Stati Uniti, in Cina o in Europa, l'ispettore della guida MICHELIN rimane fedele ai criteri di valutazione della qualità di un ristorante o di un albergo, e applica le stesse regole durante le sue visite. Se la guida gode di una reputazione a livello mondiale è proprio grazie al continuo impegno nei confronti dei suoi lettori. Un impegno che noi vogliamo riaffermare, qui, con i nostri principi :

LA VISITA ANONIMA

Prima regola d'oro, gli ispettori verificano - regolarmente e in maniera anonima - ristoranti e alberghi, per valutare concretamente il livello delle prestazioni offerte ai loro clienti. Pagano il conto e - solo in seguito - si presentano per ottenere altre informazioni. La corrispondenza con i lettori costituisce, inoltre, un ulteriore strumento per la realizzazione dei nostri itinerari di visita.

L'INDIPENDENZA

Per mantenere un punto di vista obiettivo, nell'interesse del lettore, la selezione degli esercizi viene effettuata in assoluta indipendenza: l'inserimento in guida è totalmente gratuito. Le decisioni sono prese collegialmente dagli ispettori con il capo redattore e le distinzioni più importanti, discusse a livello europeo.

LA SCELTA DEL MIGLIORE

Lungi dall'essere un semplice elenco d'indirizzi, la guida si concentra su una selezione dei migliori alberghi e ristoranti in tutte le categorie di confort e di prezzo. Una scelta che deriva dalla rigida applicazione dello stesso metodo da parte di tutti gli ispettori, indipendentemente dal paese.

L'AGGIORNAMENTO ANNUALE

Tutte le classificazioni, distinzioni e consigli pratici sono rivisti ed aggiornati ogni anno per fornire le informazioni più affidabili.

L'OMOGENEITÀ DELLA SELEZIONE

I criteri di classificazione sono identici per tutti i paesi interessati dalla guida Michelin. Ad ogni cultura la sua cucina, ma la qualità deve restare un principio universale…

IL NOSTRO SCOPO È, infatti, aiutarvi in ogni viaggio, affinché questo si compia sempre sotto il segno del piacere e della sicurezza. «L'aiuto alla mobilità »: è la missione che si è prefissata Michelin.

The MICHELIN guide's commitments

Experienced in quality

Whether it is in Japan, the USA, China or Europe our inspectors use the same criteria to judge the quality of the hotels and restaurants and use the same methods of visiting. The guide can only boast this worldwide reputation thanks to its commitment to the readers and we would like to stress these here.

→ ANONYMOUS INSPECTION • *Our inspectors make regular and anonymous visits to hotels and restaurants to gauge the quality of products and services offered to an ordinary customer. They settle their own bill and may then introduce themselves and ask for more information about the establishment. Our readers' comments are also a valuable source of information, which we can follow up with a visit of our own.*

→ INDEPENDENCE • *To remain totally objective for our readers, the selection is made with complete independence. Entry into the guide is free. All decisions are discussed with the Editor and our highest awards are considered at a European level.*

→ THE BEST CHOICE • *The guide offers a selection of the best hotels and restaurants in every category of comfort and price. This is only possible because all the inspectors rigorously apply the same methods.*

→ ANNUAL UPDATES • *All the practical information, classifications and awards are revised and updated every year to give the most reliable information possible.*

→ CONSISTENCY • *The criteria for the classifications are the same in every country covered by the MICHELIN guide.*

... THE SOLE INTENTION OF MICHELIN *is to make your travels both safe and enjoyable.*

Palmares 2015

Le nuove stelle...

✿✿

Brusciano	Taverna Estia
Viareggio	Piccolo Principe

✿

Arenzano	The Cook
Arzignano	Macelleria Damini
Bagheria	I Pupi
Bormio	Umami
Calenzano	Le Tre Lune
Capri	Mammà
Castelfranco Veneto	Feva
Cavernago	Il Saraceno
Eolie (Isole) / Vulcano	Cappero
Firenze	La Bottega del Buon Caffè Bistrot
Firenze	Winter Garden By Caino
Gardone Riviera / Fasano	Lido 84
Gavi	La Gallina
Imperia / Porto maurizio	Sarri
La Morra	Massimo Camia
Lido di Ostia	Il Tino
Lucca	L'Imbuto
Massa Lubrense / Termini	Relais Blu
Milano	Berton
Milano	Lyo
Orta san giulio	Locanda di Orta
Pompei	President
Ravello	Il Flauto di Pan
Roma	Aroma
Roma	Stazione di Posta
Seggiano	Silene
Tavarnelle Val di Pesa	La Torre
Terrasini	Il Bavaglino
Torino	Del Cambio

... I nuovi Bib Gourmand

Acquanegra sul Chiese	Trattoria al Ponte
Alba	La Piola
Asti	Osteria Casamar
Cavasso Nuovo	Ai Cacciatori
Cavazzo Carnico	Borgo Poscolle
Erice	Monte San Giuliano
Faenza	La Baita
Faenza	Ca' Murani
Firenze	Zeb
Forli'	Don Abbondio
Imperia / Oneglia	Didu'
Lucca	Osteria Verciani "il Mecenate a Lucca"
Milano	Pisacco
Minturno	Claudio Petrolo
Monfalcone	Ai Campi di Marcello
Mortegliano	Da Nando
Napoli	Locanda N'Tretella
Ne	La Brinca
Negrar	Trattoria alla Ruota
Notaresco	3 Archi
Parma	Shakespeare
Pergine Valsugana	Osteria Storica Morelli
Radda in Chianti / Lucarelli	Osteria Le Panzanelle
Rimini / Coriano	Vite
Rossano Stazione	Il Giardino di Iti
San Lorenzo di Sebato	Lerchner's In Runggen
San Severo	La Fossa del Grano
Senigallia	Trattoria Vino e Cibo
Torino	L'Acino
Valdieri	La Locanda del Falco

Trovate tutte le stelle ed i Bib Gourmand 2015
alla fine della guida MICHELIN, pagina 1370.

Le Tavole stellate 2015

Il colore indica l'esercizio più stellato della località.

Roma ✻✻✻ La località possiede almeno un ristorante 3 stelle

Milano ✻✻ La località possiede almeno un ristorante 2 stelle

Caltagirone ✻ La località possiede almeno un ristorante 1 stella

Molini
Vipiteno
Mules
Vandoies
Dobbiaco
Freiberg
Chiusa
Tirolo
Sappada
Merano
Ortisei
San Cassiano
Sarentino
Castelbello Ciardes
Tesimo
Corvara in Badia
Cortina d'Ampezzo
Nova Levante
Vodo Cadore
Ronzone
Tamion
San Michele
Moena
Colloredo di Monte Albano
Godia
Madonna di Campiglio
Cavalese
Pieve d'Alpago
Ruttars
Puos d'Alpago
San Quirino
Giovo
Cormons
Cecchini di Pasiano
Ravina
Follina
Ruda
Rivignano
Oderzo
Fasano
Marano Vicentino
Montecchio Precalcino
Gargnano
Schio
Malcesine
Castelfranco Veneto
Costermano
Scorzè
Altissimo
Burano
Cavaion Veronese
Rubano
Venezia
Arzignano
Lughetto
Sirmione
Verona
Selvazzano Dentro
Desenzano del Garda
Lonigo
Pontelongo
Isola Rizza
Manerba del Garda
Mantova
Quistello
Codigoro
Ferrara
Parma
Rubiera
Modena
Rubbianino
Bologna
Imola
Milano Marittima
Savigno
Sasso Marconi
Cesenatico
Miramare
Torriana
San Marino
Bagno di Romagna
Senigallia
Marlia
Pescia
Travalle
Pennabilli
Marzocca
Lucca
Firenze
Viareggio
Loreto
Badia a Passignano
Calambrone
Tavarnelle Val di Pesa
Macerata

Le Tavole stellate 2015

Il colore indica l'esercizio più stellato della località.

Roma ✻✻✻ La località possiede almeno un ristorante 3 stelle

Milano ✻✻ La località possiede almeno un ristorante 2 stelle

Caltagirone ✻ La località possiede almeno un ristorante 1 stella

Pescara
Civitella Casanova
Guardiagrele
San Salvo Marina
Castel di Sangro
Andria
Monopoli
Vairano Patenora
Telese Terme
Conversano
Vallesaccarda
Carovigno
Caserta
Brusciano
Alberobello
Casamicciola Terme
Sorbo
Serpico
Ceglie Messapica
Napoli
Mercato San Severino
Pompei
Lacco Ameno
Ravello
Quarto
Eboli
Maiori
Caggiano
Marina Equa
Amalfi
Paestum
Sorrento
Positano
Anacapri
Vico Equense
Capri
Termini
Nerano
Sant' Agata sui Due Golfi
Strongoli
Catanzaro
Vibo Valentia Marina
Marina Di Gioiosa Ionica
Vulcano
Mondello
Terrasini
Bagheria
Lido di Spisone
Taormina
Caltagirone
Licata
Ragusa
Modica

La cucina italiana, invito al viaggio

La guida MICHELIN vi invita alla scoperta della cucina più citata, amata e copiata, la cucina italiana! Come ogni anno abbiamo percorso lo Stivale in lungo ed in largo per selezionare i migliori ristoranti e presentarveli in questa edizione. Perché tutto è partito da qui, una sottile striscia di terra affacciata sul Mediterraneo, un mondo di diversità che dalle Alpi alla Sicilia è diventato la vetrina di un marchio gastronomico riconosciuto in tutto il mondo. Spaghetti, lasagne, risotto, pizza e tiramisù sono solo alcuni esempi di parole comprese ovunque, come accadde nel passato con la lirica o più recentemente con la moda. Il percorso è stato lungo, per anni il paese è rimasto prigioniero di cliché: si diceva che la nostra cucina era generosa e popolare, ma non paragonabile all'alta cucina, sofisticata ed infarcita di prodotti costosi ed elitari. Oggi siamo entrati nell'olimpo delle migliori tavole senza tradire la nostra identità, talvolta alleggerendo e rivisitando i nostri piatti, che sono tuttavia rimasti quelli di sempre, schietti, saporiti e sorretti da eccellenti prodotti.

FoodCollection/Photononstop

Ma c'è di più: col tempo abbiamo divulgato non solo ricette, ma anche un genere, una filosofia di cucina basata sul rispetto degli ingredienti e sulla valorizzazione del territorio, sul ritorno alla stagionalità dei prodotti e ad una cucina salutare in sintonia con tempi in cui mangiare bene vuol dire anche mangiare sano. Alla globalizzazione abbiamo opposto le tradizioni e il chilometro zero, alle importazioni i prodotti di nicchia. Infine, con l'olio d'oliva, le verdure, i cereali, i legumi e le erbe aromatiche abbiamo creato un mito, la dieta mediterranea, diventata patrimonio mondiale dell'umanità. La cucina della mamma è passata nelle mani di cuochi professionisti ed acclamati, la tecnica ha preso il posto dell'improvvisazione, la ricerca del piacere ha sostituito le abbuffate che esorcizzavano anni di fame e privazioni. La nostra cucina ha raggiunto vette mai viste, non si è mai mangiato così bene. L'adagio della lingua italiana è diventato più vero che mai: *abbiamo l'oro in bocca!*

J. Soriano / age fotostock

Le Specialità: territorio e tradizioni

Benché negli ultimi anni l'impronta creativa abbia avuto un certo sviluppo, la cucina italiana rimane fortemente ancorata alle tradizioni e i cuochi amano valorizzare i prodotti e le ricette del territorio, che in pochi paesi hanno un ruolo così centrale come nel nostro. Non sarà quindi difficile scoprire nei piatti odierni la variante gastronomica di un particolarismo storico e culturale che ha fatto dell'Italia il paese dei cento campanili e, per quanto ci riguarda, delle mille ricette. La cucina italiana non è quasi mai dissociata dal territorio, ne è una delle sue più significative espressioni e, se si vuole trovare il perché di un certo ingrediente o ricetta, è alla loro origine che bisogna andare a cercare.

Atlantide S.N.C./age fotostock

Pensiamo alla pasta: il grano tenero cresce al freddo e si sposa bene con le uova, da qui il tripudio di ravioli, tortelli ed ogni altro tipo di pasta gialla ripiena che troviamo nelle regioni del nord Italia. Il sud, invece, è il regno del grano duro che necessita di temperature più elevate per crescere; impastato con l'acqua, trafilato secondo la fantasia dei mastri pastai ed in passato essiccato sotto i miti cieli

S. Scata' / Photononstop

meridionali (un processo impensabile tra le nebbie del nord!), si trasforma in spaghetti e mille altri formati che sono diventati insieme alla pizza uno degli ambasciatori della cucina nazionale.

Anche il burro e l'olio hanno a lungo diviso il paese a metà: laddove il clima permette la crescita degli ulivi è nato il condimento principe della dieta mediterranea, temperature più rigide hanno rappresentato il voluttuoso rifugio del burro.

Carne o pesce?

Un paese così ricco di coste offre una straordinaria cucina marinara, ma, sempre in omaggio alle tradizioni e ad un tempo in cui il trasporto del pesce non era pratica diffusa, non dovrete stupirvi se, nell'entroterra, anche a pochi chilometri dal mare, troverete una cucina di terra e le uniche presenze ittiche siano pesci conservati nel sale, come le acciughe o il baccalà, oppure d'acqua dolce. Accade ad esempio sull'Appennino Ligure e nelle campagne pugliesi, ma persino sulle isole, come in Sardegna, la cui cucina è volentieri associata ad agnelli, pecore e maialini. Pesce o carne che sia, il rispetto del prodotto è sempre la parola d'ordine: semplici cotture alla griglia, al forno, al vapore e bolliti sono diffusi e apprezzati, per non parlare dell'amore per il crudo, dal pesce alle tartare e carpacci di carne.

M. Carassale / SIME/Sime/Photononstop

Esigenze storiche di conservazione della carne sono alla base della fioritura dei salumi, un altro fiore all'occhiello della gastronomia italiana. Prosciutti ed insaccati sono spesso preparati con carne di maiale, ma l'amore per il genere ne ha esteso la preparazione ad altri tipi di carne, dalla bresaola di manzo e cavallo ai salumi d'oca, nonché prosciutti d'agnello e selvaggina, per non parlare dell'affumicatura.

P. Carlsson/Johnér/Photononstop

VERDURE, FORMAGGI E DOLCI!

Pesci e carni hanno tuttavia rappresentato per molti italiani delle occasionali parentesi di festa durante secoli di stenti e privazioni, che si è cercato di mascherare ricorrendo a verdure, legumi e cereali. Per uno strano scherzo del destino, la necessità di un tempo si è tramutata nell'odierna moda salutistica: oggi celebriamo le virtù dei piatti vegetariani e la cucina italiana – che vi arriva preparata da secoli di rodaggio – vi contribuisce con un inesauribile ventaglio di proposte.

L'amore degli italiani per i formaggi è noto a tutti, tanti sono i tentativi d'imitazione all'estero. Dalla Valle d'Aosta alla Sicilia, non c'è regione che non abbia le sue tipicità. C'è di più: il loro utilizzo non è confinato alla fine del pasto, ma rientra a pieno titolo nella preparazione di tanti piatti; il matrimonio con la pasta, per fare solo un esempio, è leggendario.

Il legame con la tradizione coinvolge anche i dolci, spesso associati a festività religiose. Pastiere e cassate sono due esempi eloquenti: nate in occasioni di specifiche ricorrenze, oggi sono tracimate dai confini che il calendario imponeva loro e vengono preparate tutto l'anno. Una parola infine per il gelato: inizialmente nato come genere "da passeggio", oggi non manca mai nelle tavole dei migliori ristoranti ed è a volte proposto persino in gusti e piatti salati.

Ora non resta che gettarsi in questo immenso e favoloso patrimonio che custodiamo come un tesoro nazionale, ma che non cessa di mutare e trasformarsi alimentando il mito della cucina italiana.

I vini d'Italia : il sapore del sole

L'Italia è un paese straordinariamente vocato alla produzione vinicola, se per secoli tanta ricchezza territoriale è stata poco o male sfruttata, da alcuni decenni la sapiente ricerca di qualità ha permesso ai vini nazionali di divenire Grandi Vini, perché se è vero che grande importanza hanno la qualità e le caratteristiche del vitigno, altrettanto peso hanno la giusta scelta geografica e climatica e allo stesso modo il "lavoro in vigna ed in cantina" su cui il paese si è concentrato crescendo sino ai livelli attuali.

L'eccellente potenzialità del territorio italiano, d'altra parte, è testimoniata dall'esistenza di oltre 300 varietà di vitigni coltivati nelle situazioni più disparate, vicino al mare piuttosto che ai piedi delle montagne, nelle isole del profondo sud, ma anche tra le morbide sinuosità delle colline, ognuna di queste varietà è capace di produrre uve di tipo diverso e, quindi, vini -autoctoni piuttosto che di taglio più internazionale- dalle caratteristiche proprie.

Le grandi annate dal 1970 al 1995 :
→ The greatest vintages since 1970

1970 1971 1974 1978 1980 1982 1983 1985 1988 1990 1995

Vitigni italiani diffusi e conosciuti in tutto il mondo sono il Sangiovese, il Trebbiano il Barbera o il Nebbiolo.

Questa grandissima varietà di tipologie è uguagliata forse soltanto dall'ampio ventaglio di prodotti alimentari e tipicità regionali che formano le importanti diversità dello stivale e che permettono abbinamenti col vino interessanti quando non addirittura emozionanti: lasciamo ai ristoratori il piacere di illustrarvene i dettagli e, soprattutto, al vostro palato la curiosità di scoprirli.

Anche perché, in fondo, cosa accompagna meglio un piatto italiano se non un grande vino italiano?

→ *Italian wines: the flavour of the sun*

Italy has an extraordinary inclination for the production of wine, although for centuries the country's rich resources had been used badly or hardly at all. However, over the last few decades, skilful striving for quality has meant that Italian wines have become "Grandi Vini" (Premium wines), because whereas it is true that the quality and characteristics of the vines are of great importance, the right geographic and climatic choice carries the same weight, as does the "work done in the vineyard and in the cellar". The country has concentrated on this, thereby increasing to current levels of growth.

The excellent potential of the Italian terrain is borne out by the existence of more than 300 varieties of vines cultivated in very different situations, by the sea and at the foot of the mountains, on southernmost islands, but also

Sceglierere un buon vino

→ *Choosing a good wine*

Grandi annate → Great years

Buone annate → Good years

Annate corrette → Average years

nestling amongst the soft undulations of the hills: each of these varieties is able to produce grapes that are different in type and, therefore, wines with their own characteristics – autochthonous rather than "international". Italian varieties which are well known and found all over the world are Sangiovese, Trebbiano, Barbera and Nebbiolo.

This huge variety of types can only perhaps be equalled by the wide range of food products and typical regional produce to be found in Italy, which, when accompanied by wine, form combinations that are interesting and sometimes enthralling: we shall let restaurateurs have the pleasure of illustrating the details and shall also allow your palate the delight of discovering them.

After all, what better than a wonderful Italian wine to accompany an Italian dish?

Vini e Specialità regionali

① Valle d'Aosta :

Carbonada, Fonduta alla valdostana

② Piemonte :

Peperone farcito, bagna càöda, Ravioli del plin, Vitello tonnato, Tajarin con tartufo bianco d'Alba, Brasato al Barolo, Bonèt

③ Liguria :

Trofie al pesto, Pansotti con salsa di noci, Cappon magro, Coniglio arrosto alla ligure

④ Lombardia :

Risotto allo zafferano, Tortelli di zucca, Casônsèi, Pizzoccheri alla valtellinese, Cotoletta alla milanese, Pesce in carpione, Casoeûla, panettone

⑤ Veneto :

Risotto alla marinara, Bigoli in salsa, Pasta e fagioli, Baccalà alla vicentina, Sarde in saòr, Fegato alla veneziana

⑥ Trentino alto Adige :

Canéderli, Capriolo con salsa ai frutti di bosco, Stinco di maiale con crauti, Strudel

⑦ Friuli Venezia Giulia :

Zuppa d'orzo, Cialzóns

⑧ Emilia Romagna :

Pisari e fasö, Lasagne, Tagliatelle con ragù alla bolognese, Tortellini in brodo, Fritto misto di pesce, Bollito misto, Zuppa Inglese

⑨ Toscana :

Pappa al pomodoro, Pappardelle con la lepre, Ribollita, Triglie alla livornese, Caciucco, Costata alla fiorentina, Cantucci

⑩ Umbria :

Stringozzi al tartufo nero di Norcia, Zuppa di lenticchie, Trota alla griglia, Piccione allo spiedo

⑪ Marche :

Olive all'ascolana, Stoccafisso in potacchio, Brodetto, Coniglio in porchetta

⑫ Abruzzo-Molise :

Maccheroni alla chitarra, Agnello allo zafferano, Pecora bollita

⑬ Lazio :

Bucatini alla amatriciana, Spaghetti alla carbonara, Carciofi alla romana, Coda alla vaccinara, Trippa alla romana

⑭ Campania :

Paccheri con ragù alla napoletana, Zite con ragù alla genovese, Pizze e calzoni, Sartù di riso, Polpo affogato, Sfogliatelle, Babà, Pastiera

⑮ Puglia :

Frutti di mare crudi, Orecchiette con cime di rapa, Minestra di fave e cicoria, Agnello al forno, Seppie ripiene

⑯ Basilicata :

Pasta e ceci, Baccalà alla lucana, Maiale con peperonata

⑰ Calabria :

Pasta con sardella, Baccalà alla calabrese, Cinghiale in umido

⑱ Sardegna :

Gnocchetti sardi allo zafferano, Aragosta bollita, Maialino alla brace, Sebadas

⑲ Sicilia :

Pasta con le sarde, Pasta alla Norma, Cous-cous alla trapanese, Involtini di pesce spada, Cannoli, Cassata

Categorie e simboli distintivi

LE CATEGORIE DI CONFORT

Nella selezione della guida MICHELIN vengono segnalati i migliori indirizzi per ogni categoria di confort e di prezzo. Gli esercizi selezionati sono classificati in base al confort che offrono e vengono citati in ordine di preferenza per ogni categoria.

🏨🏨🏨🏨🏨	XXXXX	Gran lusso e tradizione
🏨🏨🏨🏨	XXXX	Gran confort
🏨🏨🏨	XXX	Molto confortevole
🏨🏨	XX	Di buon confort
🏨	X	Abbastanza confortevole
⌂		Forme alternative di ospitalità
senza rist		L'albergo non ha ristorante
con cam		Il ristorante dispone di camere

I SIMBOLI DISTINTIVI

Per aiutarvi ad effettuare la scelta migliore, segnaliamo gli esercizi che si distinguono in modo particolare. Questi ristoranti sono evidenziati nel testo con ✿ e ☺.

LE MIGLIORI TAVOLE

Le stelle distinguono gli esercizi che propongono la miglior qualità in campo gastronomico, indipendentemente dagli stili di cucina. I criteri presi in considerazione sono: la scelta dei prodotti, la personalità della cucina, la padronanza delle tecniche di cottura e dei sapori, il rapporto qualità/prezzo, nonché la regolarità.

Ogni ristorante contraddistinto dalla stella è accompagnato da tre specialità rappresentative della propria cucina. Succede, talvolta, che queste non possano essere servite: tutto ciò concorre, però, a vantaggio di altre gustose ricette ispirate alla stagione.

✿✿✿ **Una delle migliori cucine, questa tavola vale il viaggio**
Vi si mangia sempre molto bene, a volte meravigliosamente.

✿✿ **Cucina eccellente, questa tavola merita una deviazione**

✿ **Un'ottima cucina nella sua categoria**

N **Nuovo esercizio iscritto**

LE MIGLIORI TAVOLE A PREZZI CONTENUTI

Bib Gourmand
Esercizio che offre una cucina di qualità, spesso a carattere tipicamente regionale, a meno di 30 € (35 € nelle città capoluogo e turistiche importanti). Prezzo di un pasto, bevanda esclusa.

GLI ESERCIZI AMENI

Il rosso indica gli esercizi particolarmente ameni. Questo per le caratteristiche dell'edificio, le decorazioni non comuni, la sua posizione ed il servizio offerto.

a **Alberghi ameni**

Forme alternative di ospitalità amene

a **Ristoranti ameni**

LE SEGNALAZIONI PARTICOLARI

Oltre alle distinzioni conferite agli esercizi, gli ispettori Michelin apprezzano altri criteri spesso importanti nella scelta di un esercizio.

POSIZIONE

Cercate un esercizio tranquillo o che offre una vista piacevole?
Seguite i simboli seguenti :

Risorsa tranquilla

Vista interessante

CARTA DEI VINI

Cercate un ristorante la cui carta dei vini offra una scelta particolarmente interessante?
Seguite il simbolo seguente:

Carta dei vini particolarmente interessante
Attenzione a non confrontare la carta presentata da un sommelier in un grande ristorante con quella di una trattoria dove il proprietario ha una grande passione per i vini della regione.

Installazioni e servizi

30 cam	Numero di camere
	Ascensore
	Aria condizionata (in tutto o in parte dell'esercizio)
	Esercizio con camere riservate in parte ai non fumatori. In Italia la legge vieta il fumo in tutti i ristoranti e le zone comuni degli alberghi
	Connessione Internet wifi in camera
	Esercizio accessibile in parte alle persone con difficoltà motorie
	Attrezzatura per accoglienza e ricreazione dei bambini
	Pasti serviti in giardino o in terrazza
	Wellness centre: centro attrezzato per il benessere ed il relax
	Sauna - Palestra
	Piscina: all'aperto, coperta
	Parco o giardino
	Spiaggia attrezzata
	Campo da tennis
	Golf e numero di buche
	Sale per conferenze
	Saloni particolari
	Garage nell'albergo (generalmente a pagamento)
	Parcheggio riservato alla clientela
	Parcheggio chiuso riservato alla clientela
	Accesso vietato ai cani (in tutto o in parte dell'esercizio)
	Carte di credito non accettate
	Per le città di Roma, Milano, Napoli e Torino: stazione della metropolitana più vicina
20 aprile-5 ottobre	Periodo di apertura (o chiusura), comunicato dal proprietario

Prezzi

LA CAPARRA

Alcuni albergatori chiedono il versamento di una caparra. Si tratta di un deposito-garanzia che impegna sia l'albergatore che il cliente. Chiedete di fornirvi nella lettera di conferma ogni dettaglio sulla prenotazione e sulle condizioni di soggiorno.

CAMERE

50/60 €	Prezzo minimo/massimo per una camera singola
80/100€	Prezzo minimo/massimo per una camera per due persone
cam - 60/70 €	Prezzo della camera compresa la prima colazione
10€	Prezzo della prima colazione(se non inclusa) (supplemento eventuale se servita in camera)

SOLO MEZZA PENSIONE

solo ½ P 77/120 €	Prezzo minimo/massimo della mezza pensione (camera, prima colazione ed un pasto) per persona. Questi prezzi sono validi per la camera doppia occupata da due persone, per un soggiorno minimo di tre giorni; la persona singola potrà talvolta vedersi applicata una maggiorazione. La maggior parte degli alberghi pratica anche la pensione completa.

RISTORANTE

	Esercizio che offre un pasto semplice a meno di 25 €
	Menu a prezzo fisso: (pasto composto da: primo, piatto del giorno e dessert)
Menu15/25 €	Minimo 15 €, massimo 25 €
carta 30/46 €	**Pasto carta:** Pasto alla carta bevanda esclusa. Il primo prezzo corrisponde ad un pasto semplice comprendente: primo, piatto del giorno e dessert. Il secondo prezzo corrisponde ad un pasto più completo (con specialità) comprendente: antipasto, primo, piatto del giorno, formaggio o dessert. Talvolta i ristoranti non dispongono di un menu scritto ed i piatti sono proposti a voce.

Informazioni sulle località

20120	Codice di avviamento postale
Piacenza (PC)	Provincia e sigla alla quale la località appartiene
108 872 ab	Popolazione residente
alt. 175	Altitudine
Nord, Sud, Est, Ovest	Il luogo si trova a Nord, a Sud, a Est, a Ovest della località

Legenda delle piante

- ● Alberghi
- ● Ristoranti

CURIOSITÀ

Edificio interessante

Costruzione religiosa interessante

VIABILITÀ

Autostrada, doppia carreggiata tipo autostrada

1 1 Numero dello svincolo

Grande via di circolazione

Via regolamentata o impraticabile

Via pedonale • Tranvia

P P Parcheggio • Parking relais

Galleria

Stazione e ferrovia

Funicolare

Funivia, Cabinova

Zona a traffico limitato (Italia)

SIMBOLI VARI

Ufficio informazioni turistiche

Moschea • Sinagoga

Torre • Ruderi • Mulino a vento

Giardino, parco, bosco • Cimitero

Stadio • Golf • Ippodromo

Piscina (all'aperto o coperta)

Vista • Panorama

Monumento • Fontana • Faro

Porto turistico • Autostazione

Aeroporto • Stazione della Metropolitana

Trasporto con traghetto:
passeggeri ed autovetture • passeggeri solo

Ufficio postale centrale

Ospedale • Mercato coperto

POL Carabinieri • Polizia (Questura, nelle grandi città)

Municipio • Università

Edificio pubblico indicato con lettera:
M T P Museo • Teatro • Prefettura

Town plan key

- Hotels
- Restaurants

SIGHTS

Place of interest
Interesting place of worship

ROADS

Motorway • Dual carriageway
Numbered junctions: complete • limited
Major thoroughfare
Unsuitable for traffic
Pedestrian street • Tramway
Car park • Park and Ride
Tunnel
Station and railway
Funicular
Cable-car
Street subject to restrictions

VARIOUS SIGNS

Tourist Information Centre
Mosque • Synagogue
Tower • Ruins • Windmill
Garden, park, wood • Cemetery
Stadium • Golf course • Racecourse
Outdoor or indoor swimming pool
View • Panorama
Monument • Fountain • Lighthouse
Pleasure boat harbour • Coach station
Airport • Underground station
Ferry services:
passengers and cars • passengers only
Main post office
Hospital • Covered market
Police (in large towns, police headquarters)
Town Hall • University, college
M T P Public buildings located by letter:
Museum • Theatre • Prefecture

Classification & awards

CATEGORIES OF COMFORT

The MICHELIN guide selection lists the best hotels and restaurants in each category of comfort and price. The establishments we choose are classified according to their levels of comfort and, within each category, are listed in order of preference.

🏨🏨🏨🏨🏨	XXXXX	Luxury in the traditional style
🏨🏨🏨🏨	XXXX	Top class comfort
🏨🏨🏨	XXX	Very comfortable
🏨🏨	XX	Comfortable
🏨	X	Quite comfortable
⌂		Other type of accommodation
senza rist		This hotel has no restaurant
con cam		This restaurant also offers accommodation

THE AWARDS

To help you make the best choice, some exceptional establishments have been given an award in this year's Guide. They are marked ✿ and ☺.

THE BEST CUISINE

Michelin stars are awarded to establishments serving cuisine, of whatever style, which is of the highest quality. The cuisine is judged on the quality of ingredients, the skill in their preparation, the combination of flavours, the levels of creativity, the value for money and the consistency of culinary standards.

For every restaurant awarded a star we include 3 specialities that are typical of their cooking style. These specific dishes may not always be available.

✿✿✿	**Exceptional cuisine, worth a special journey** One always eats extremely well here, sometimes superbly.
✿✿	**Excellent cooking, worth a detour**
✿	**A very good restaurant in its category**

N **New establishment in the guide**

GOOD FOOD AT MODERATE PRICES

Bib Gourmand
Establishment offering good quality cuisine, often with a regional flavour, for under €30 (€35 in a main city or important tourist destination). Price of a meal, not including drinks.

PLEASANT HOTELS AND RESTAURANTS

Symbols shown in red indicate particularly pleasant or restful establishments: the character of the building, its décor, the setting, the welcome and services offered may all contribute to this special appeal.

to **Pleasant accommodations**

Other pleasant type of accommodations

to **Pleasant restaurants**

OTHER SPECIAL FEATURES

As well as the categories and awards given to the establishment, Michelin inspectors also make special note of other criteria which can be important when choosing an establishment.

LOCATION

If you are looking for a particularly restful establishment, or one with a special view, look out for the following symbols:

Peaceful establishment

Great view

WINE LIST

If you are looking for an establishment with a particularly interesting wine list, look out for the following symbol:

Particularly interesting wine list

This symbol might cover the list presented by a sommelier in a luxury restaurant or that of a simple inn where the owner has a passion for wine. The two lists will offer something exceptional but very different, so beware of comparing them by each other's standards.

Facilities & services

30 cam	Number of rooms
	Lift (elevator)
	Air conditioning (in all or part of the establishment)
	Hotel partly reserved for non smokers.
	Wireless Internet in bedrooms
	Wheelchair access
	Special facilities for children
	Meals served in garden or on terrace
	Wellness centre
	Sauna
	Exercise room
	Swimming pool: outdoor or indoor
	Garden or park
	Beach with bathing facilities
	Tennis court – Golf course and number of holes
	Equipped conference room
	Private dining rooms
	Hotel garage (additional charge in most cases)
	Car park for customers only
	Enclosed car park for customers only
	Dogs are excluded from all or part of the establishment
	Credit cards not accepted
	Nearest metro station in Rome, Milan, Naples and Turin
20 aprile-5 ottobre	Dates when open (or closed), as indicated by the hotelier.

Prices

DEPOSITS

Some hotels will require a deposit, which confirms the commitment of customer and hotelier alike. Make sure the terms of the agreement are clear.

ROOMS

🚹 50/60€	Lowest/highest price for a single room
🚹🚹 80/100€	Lowest/highest price for a double room
cam ☕ - 60/70€	Price includes breakfast
☕ 10€	Price of continental breakfast if not included (additional charge may apply when served in the bedroom)

ONLY HALF BOARD

Only ½ P 77/120€	Lowest/highest half-board price (room, breakfast and a meal) per person. These prices are valid for a double room occupied by two people for a minimum stay of three days. A single person may have to pay a supplement. Most of the hotels also offer full board terms on request.

RESTAURANT

🪙	Establishment serving a simple meal for less than €25.
Menu 15/25€	**Set meals:** lowest €15 and highest €25
Carta 30/46€	**A la carte meals:** The first figure is for a plain meal and includes entrée, main dish of the day with vegetables and dessert. The second figure is for a fuller meal (with "spécialité") and includes hors d'œuvre, 2 main courses, cheese or dessert. When the establishment has neither table d'hôte nor "à la carte" menus, the dishes of the day are given verbally.

Information on localities

✉ **20120**	Postal number
Piacenza (PC)	Province and abbreviation in which a town is situated
108 872 ab	Population
alt. 175 m	Altitude (in metres)
Nord, Sud, Est, Ovest	The sight lies north, south, east or west of the town

LA LOCALITÀ POSSIEDE COME MINIMO...

- ● un albergo o un ristorante
- ✿ un ristorante « stellato »
- ☺ un ristorante « Bib Gourmand »
- ✕✕ un ristorante molto piacevole
- ⌂ una risorsa di ospitalità particolarmente amena

→ *PLACE WITH AT LEAST...*

- ● *one hotel or a restaurant*
- ✿ *one starred restaurant*
- ☺ *one Bib Gourmand restaurant*
- ✕✕ *one particularly pleasant restaurant*
- ⌂ *one particularly pleasant hotel or guesthouse*

L'Italia in 40 carte

Carte regionali delle località citate

→ *Regional maps*

Regional maps of listed towns

L'Italia in 40 carte

MAGYARORSZÁG
Pécs
Friuli-Venezia Giulia
10 11
Ljubljana
SLOVENIJA
Zagreb
HRVATSKA
Trieste
Rijeka
Beograd
BOSNA I HERCEGOVINA
Sarajevo
SRBIJA
Split
CRNA-GORA
Podgorica
Dubrovnik
Ancona
Marche 20 21
Umbria
35 36
MARE ADRIATICO
Pescara
Abruzzo
1 2
Puglia 26 27
Tiranë
SHQIPËRIA
Molise
ROMA
Foggia
Bari
Potenza
Napoli
6 7 Campania
Basilicata 3 4
Calabria 5
MARE TIRRENO
MARE IONIO
Messina
Reggio di Calabria
Palermo
Catania
29 30 Sicilia
A 2
A 1
E 57
E 70
E 71
M 6
E 661
6
E 661
E 70
1
E 761
A 1
22-1
E 75
E 763
E 761
E 762
21
E 73
17
8
E 65
E 80
E 65
E 762
A 24
A 14
E 55
E 35
A 24
E 80
A 1
E 45
E 842
A 16
S 16
E 55
A 14
E 843
A 3
E 45
A 3
E 45
E 90
S 106
A 20
E 90
E 90
A 29
A 19
E 932
S 115
E 45

1 Abruzzo Molise

C
D
2
1
2
3
MARE ADRIATICO
Pescara
Francavilla al Mare
Ortona
A 14
E 55
Marina di San Vito
Rocca San Giovanni
S 16
Casacanditella
Fara Filiorum Petri
Lanciano
Guardiagrele
Casalbordino
Sang
Vasto
Marina di Vasto
San Salvo Marina
San Salvo
Termoli
Petacciato
Z
O
Guglionesi
San Martino in Pensilis
Montecilfone
Agnone
S 650
S 647
CASTEL DI SANGRO
M O L I S E
PUGLIA
(piante 26 27)
L. di Occhito
S 645
Campobasso
S 87
Isernia
Castelpetroso
S 158
S 85
S 17
CAMPANIA
(piante 6 7)
C
D

3 Basilicata

C
D
4
PUGLIA
(piante 26 27)
1
Altamura
S 96 bis
A 14
E 843
S 100
Matera
Bradano
S 407
E 847
E 90
S 106
Bernalda
2
Pisticci
Scanzano Ionico
Agri
Nova Siri Marina
Golfo di Taranto
S 106
E 90
3
San Severino Lucano
Terranova di Pollino
Viggianello
CALABRIA
(pianta 5)
Rotonda
C
D
A 3
E 45

Calabria 5
BASILICATA
(piante 3 4)
SICILIA
(piante 29 30)
Messina
Golfo di Taranto
Golfo di S. Eufemia
Golfo di Squillace
MARE IONIO
Amendolara
Morano Calabro
Castrovillari
Scalea
Altomonte
Cirella
Rossano Stazione
Sangineto Lido
Cittadella del Capo
Acri
Cirò Marina
Terme Luigiane
Camigliatello Silano
Strongoli
San Giovanni in Fiore
Cosenza
Crotone
Belmonte Calabro
Amantea
Soveria Mannelli
Nocera Terinese
Marina di Nocera Terinese
Falerna
Pianopoli
Tiriolo
Sellia Marina
Lamezia Terme
Catanzaro
Gizzeria Lido
Pizzo
Soverato
Vibo Valentia Marina
Capistrano
Zambrone
Vibo Valentia
Tropea
Filandari
Mesiano
Mileto
Riace
Roccella Ionica
Cittanova
Marina di Gioiosa Ionica
Palmi
Gerace
Siderno
Bagnara Calabra
Santa Trada di Cannitello
Scilla
Villa San Giovanni
Gambarie
Reggio di Calabria
Lazzaro
Località con almeno:
una possibilità di alloggio o un ristorante
una tavola stellata
un ristorante "Bib Gourmand"
un ristorante ameno
un albergo o forma alternativa di ospitalità particolarmente piacevole

6
Campania
A
B
1
2
3
MOLISE
(piante 1 2)
Campobasso
LAZIO
(piante 12 13)
Vairano
Patenora
Pietravairano
Telese Terme
Pietrelcina
Melizzano
Benevento
Sant'Agata de' Goti
Baia Domizia
Montesarchio
Caserta
Volturno
Castel Volturno
Ospedaletto d'Alpinolo
Avellino
Marigliano
Nola
Brusciano
Quarto
Cercola
Fisciano
Mercato San Severino
Cuma
Napoli
Ercolano
Torre del Greco
Nocera Superiore
Cava de'Tirreni
Pozzuoli
Pompei
Bacoli
Torre Annunziata
Salerno
Casamicciola Terme
Procida
Vietri sul Mare
Castellammare di Stabia
Lacco Ameno
Maiori
Ischia
Forio
Vico Equense
Minori
Cetara
Citara
Barano d'Ischia
Atrani
Marina Equa
Praiano
Ravello
Panza
Sant'Angelo
Sant'Agnello
Sorrento
Positano
Amalfi
Massa Lubrense
Santa Maria Annunziata
Conca dei Marini
Termini
Grotta Azzurra
Furore
Anacapri
Nerano
Golfo di Salerno
Migliara
Sant'Agata sui due Golfi
Marina Grande
Capri
Località con almeno:
una possibilità di alloggio o un ristorante
una tavola stellata
un ristorante "Bib Gourmand"
un ristorante ameno
un albergo o forma alternativa di ospitalità particolarmente piacevole

C
D
7
FOGGIA
PUGLIA
(piante 26 27)
BASILICATA
(piante 3 4)
1
2
3
Ariano Irpino
Melito Irpino
Vallesaccarda
Melfi
Atripalda
Sorbo Serpico
Serino
Solofra
Valva
Gaiano
San Cipriano Picentino
Campagna
Potenza
Eboli
Caggiano
Battipaglia
Atena Lucana
Paestum
Agropoli
Castellabate
San Marco
Vallo della Lucania
Castelnuovo Cilento
Ceraso
Casal Velino
Sapri
Marina di Ascea
Pisciotta
Palinuro
Marina di Camerota
C
D

8 Emilia-Romagna

C
D
9
Vicenza
VENEZIA
PADOVA
GOLFO DI VENEZIA
VENETO
(piante 38 39 40)
1
Porotto-Cassana
Bondeno
Vigarano Mainarda
Ferrara
Codigoro
Finale Emilia
Sant' Agostino
Gaibana
Ostellato
Comacchio
Malalbergo
Portomaggiore
Valli di Comacchio
B
Argenta
Molinella
Reno
Budrio
Bologna
Castel San Pietro Terme
Castel Guelfo di Bologna
Fusignano
Lugo
Ravenna
Vignola
Rastignano
Savio
Lido di Savio
Milano Marittima
Sasso Marconi
Mordano
Bagnara di Romagna
Russi
Ragone
Cesenatico
Mongardino
Pianoro
Dozza
San Pancrazio
Gatteo a Mare
2
Savigno
Imola
Faenza
Cervia
Bellaria Igea Marina
Tolè
Marzabotto
Monzuno
Casalfiumanese
Santarcangelo di Romagna
Rocca di Roffeno
Loiano
Brisighella
Castrocaro Terme
Forlì
Savignano sul Rubicone
Castel d'Aiano
Monghidoro
Bertinoro
Cesena
Rimini
Meldola
Montiano
Miramare di Rimini
Predappio
Longiano
Misano Adriatico
Porretta Terme
Monteleone
Riccione
Cattolica
Rocca San Casciano
Roncofreddo
Coriano
Portico di Romagna
Montalbano
Torriana
Galeata
San Marino
Morciano di Romagna
Novafeltria
San Leo
Saludecio
Montegridolfo
TOSCANA
(piante 31 32)
Bagno di Romagna
Pennabilli
San Giovanni in Marignano
MARCHE (piante 20 21)
San Pietro in Casale
B
Altedo
Argelato
Bentivoglio
San Giovanni in Persiceto
Minerbio
Castelfranco Emilia
Castel Maggiore
Anzola dell'Emilia
Bologna
Zola Predosa
San Lazzaro di Savena
Bazzano
Casalecchio di Reno
Ozzano dell'Emilia
3
Località con almeno:
una possibilità di alloggio o un ristorante
una tavola stellata
un ristorante "Bib Gourmand"
un ristorante ameno
un albergo o forma alternativa di ospitalità particolarmente piacevole

10 Friuli-Venezia Giulia

C
D
11
ÖSTERREICH
Località con almeno:
una possibilità di alloggio o un ristorante
una tavola stellata
un ristorante "Bib Gourmand"
un ristorante ameno
un albergo o forma alternativa di ospitalità particolarmente piacevole
Tarvisio
A 23
E55
A 2
206
102
1
SLOVENIJA
2
3
Tarcento
Pulfero
Stregna
Tricesimo
Tavagnacco
E 55
Godia
Cividale del Friuli
Dolegna del Collio
Udine
Buttrio
Ruttars
San Giovanni al Natisone
Capriva del Friuli
Pavia di Udine
Cormons
Gorizia
Corona
Mortegliano
Mariano del Friuli
Savogna d'Isonzo
H 4
Farra d'Isonzo
Palmanova
Gradisca d'Isonzo
San Michele del Carso
Bagnara Arsa
Paradiso
Ruda
Monfalcone
Cervignano del Friuli
Villa Vicentina
Duino-Aurisina
A 4
E 70
A 3
Monrupino
Aquileia
Marano Lagunare
Trieste
Grado
Lignano Sabbiadoro
Muggia
S 15
Golfo di Trieste

12
A
B
TOSCANA
(piante 31 32)
UMBRIA
(piante 35 36)
Trevinano
Proceno
Acquapendente
Bolsena
Bagnoregio
Gradoli
L. di Bolsena
Civitella d'Agliano
Terni
Montefiascone
Colli sul Velino
Orte
Vitorchiano
Viterbo
Tuscania
Vallerano
Magliano Sabina
Casperia
Civita Castellana
L. di Vico
Tevere
Fara in Sabina
Nepi
Coltodino
Tarquinia
Bassano Romano
Fiano Romano
Trevignano Romano
L. di Bracciano
Bracciano
Anguillara Sabazia
Monterotondo
Civitavecchia
ROMA
Ladispoli
Monte Porzio Catone
Frascati
Grottaferrata
Ciampino
Marino
Fiumicino
Castel Gandolfo
Casal Palocco
Lido di Ostia
Albano Laziale
Pomezia
Torvaianica
Aprilia
Anzio
1
2
3
Località con almeno:
una possibilità di alloggio o un ristorante
una tavola stellata
un ristorante "Bib Gourmand"
un ristorante ameno
un albergo o forma alternativa di ospitalità particolarmente piacevole

Lazio 13
C
D
Leonessa
Rivodutri
Rieti
L'Aquila
Pescara
ABRUZZO
(piante 1 2)
1
2
3
MOLISE
(piante 1 2)
Tivoli
Olevano Romano
Acuto
Fiuggi
Fiuggi Fonte
Labico
San Cesareo
Valmontone
Anagni
Ferentino
Posta Fibreno
Isola del Liri
Arpino
Picinisco
Frosinone
Velletri
Patrica
Castrocielo
Cisterna di Latina
Sermoneta
Cassino
Pastena
Latina
Nettuno
Fondi
Minturno
Formia
CAMPANIA
(piante 6 7)
Sabaudia
Terracina
Sperlonga
Gaeta
San Felice Circeo
Quarto Caldo
Golfo di Gaeta
Ponza

14 Liguria

Località con almeno:
• una possibilità di alloggio o un ristorante
una tavola stellata
un ristorante "Bib Gourmand"
un ristorante ameno
un albergo o forma alternativa di ospitalità particolarmente piacevole
A
B
1
2
3
TORINO
Asti
Alessandria
PIEMONTE
(piante 22 23 24 25)
Cuneo
FRANCE
Monte-Carlo-Monaco
Sassello
Pegli
Arenzano
Voltri
Cogoleto
Varazze
Millesimo
Celle Ligure
Altare
Albissola Marina
Savona
Bergeggi
Spotorno
Calizzano
Noli
Bardino Vecchio
Varigotti
Tovo San Giacomo
Pietra Ligure
Finale Ligure
Borgio Verezzi
Toirano
Loano
Castelbianco
Salea
Colle di Nava
Albenga
Ranzo
Garlenda
Cenova
Alassio
Laigueglia
Andora
Cervo
Pigna
Badalucco
Diano Marina
Imperia
Oneglia
Apricale
Cipressa
Porto Maurizio
Santo Stefano al Mare
Arma di Taggia
San Remo
Ospedaletti
Ventimiglia
Bordighera
Vallecrosia
M A R E L I

C
D
15
LOMBARDIA
(piante 16 17 18 19)
Bobbio
EMILIA-ROMAGNA
(piante 8 9)
1
Busalla
Savignone
Montoggio
Genova
San Desiderio
Nervi
Bogliasco
Camogli
Recco
Rapallo
Zoagli
Santa Margherita Ligure
Portofino
Paraggi
Chiavari
Ne
Lavagna
Cavi
Sestri Levante
Varese Ligure
TOSCANA
(piante 31 32)
2
Moneglia
Deiva Marina
Bonassola
Levanto
Mesco
Monterosso al Mare
Volastra
Manarola
Riomaggiore
Campiglia
Portovenere
La Spezia
Lerici
Sarzana
Castelnuovo Magra
Bocca di Magra
Ameglia
Montemarcello
G O L F O D I G E N O V A
3
G U R E
C
D

16 Lombardia

17
TRENTINO-ALTO ADIGE
(piante 33 34)
Valdidentro
Pedenosso
Bagni Nuovi
Bormio
Santa Caterina Valfurva
Grosio
Grosotto
Ponte di Legno
Tovo di Santa Agata
Passo del Tonale
Tirano
Aprica
Schilpario
Borno
Darfo-Boario Terme
Concesio
Campiani
Collebeato
Botticino
Brescia
Rezzato
Carzago Riviera
Bedizzole
Salò
Portese
San Felice del Benaco
Manerba del Garda
Soiano del Lago
Moniga del Garda
Padenghe sul Garda
Sirmione
Desenzano del Garda
Lonato
Calcinato
Ponti sul Mincio
Pozzolengo
Montichiari
Ghedi
Castiglione delle Stiviere
Limone sul Garda
Tremosine
Idro
Lago di Garda
Gargnano
Toscolano-Maderno
Maderno
Fasano
Gardone Riviera
Sarezzo
Brione
VERONA
Località con almeno:
una possibilità di alloggio o un ristorante
una tavola stellata
un ristorante "Bib Gourmand"
un ristorante ameno
un albergo o forma alternativa di ospitalità particolarmente piacevole
Calvisano
Scandolara Ripa d'Oglio
Pralboino
Gambara
Rivalta sul Mincio
Grazie
Curtatone
Bigarello
Mantova
Corte de' Cortesi
Isola Dovarese
Asola
RUNATE
Acquanegra sul Chiese
Castelverde
Cicognolo
Cremona
Drizzona
Canneto sull'Oglio
Castelfranco d'Oglio
Piadena
Cappella de' Picenardi
Voltido
Recorfano
Sabbioneta
Casalmaggiore
Suzzara
Bagnolo San Vito
San Benedetto Po
Quistello
Revere
Carbonara di Po
Pieve di Coriano
VENETO
(piante 38 39 40)
EMILIA-ROMAGNA
(piante 8 9)
PARMA
MODENA
BOLOGNA

18 Lombardia

Località con almeno:

- una possibilità di alloggio o un ristorante
- una tavola stellata
- un ristorante "Bib Gourmand"
- un ristorante ameno
- un albergo o forma alternativa di ospitalità particolarmente piacevole

C
D
A
1
2
3
Lovere
Pisogne
Rota d'Imagna
Fiorano al Serio
Riva di Solto
Sant'Omobono Terme
Ranzanico
Selvino
Vello
Almenno San Salvatore
Fonteno
Almenno San Bartolomeo
Villa d'Almè
Monasterolo del Castello
Palazzago
Sorisole
Alzano Lombardo
Cisano Bergamasco
Almè
San Vigilio
Sulzano
Pontida
Torre Boldone
Trescore Balneario
Clusane sul Lago
Ambivere
Valbrembo
Mozzo
San Paolo d'Argon
Sarnico
Iseo
Villa d'Adda
Bergamo
Monticelli Brusati
Presezzo
Curno
Chiuduno
BRUSAPORTO
Capriolo
Colombaro
Dalmine
Borgonato
Ome
Madone
Stezzano
Grumello del Monte
Adro
Corte Franca
Paderno Franciacorta
Bottanuco
Cavernago
Erbusco
Palazzolo sull'Oglio
Cologne
Cazzago San Martino
Trezzo sull'Adda
Spirano
Cologno al Serio
Coccaglio
Travagliato
Bellinzago Lombardo
Treviglio
Castrezzato
Cassano d'Adda
Caravaggio
Melzo
Rivolta d'Adda
Trescore Cremasco
Crema
Dovera
Bolzone
Ripalta Cremasca
Oglio
S 42
P 525
P 11
P 415

20
Marche
A
B
EMILIA-ROMAGNA
(piante 8 9)
Gabicce Mare
Casteldimezzo
Gradara
Pesaro
Fano
A 14
Marotta
San Costanzo
Pantiere
Cartoceto
Serrungarina
Montemaggiore
al Metauro
Gadana
Urbino
Mondavio
E 78
Sant'Angelo in Vado
Furlo
Acqualagna
San Lorenzo
in Campo
1
P 3
Cagli
Castiglioni
Arcevia
Genga
Fabriano
2
Gubbio
S 76
Sant'Angelo
TOSCANA
(piante 31 32)
UMBRIA
(piante 35 36)
E 45
Lago
Trasimeno
Perugia
Assisi
S 75
P 77
Foligno
3
S 3
Località con almeno:
una possibilità di alloggio
o un ristorante
una tavola stellata
un ristorante "Bib Gourmand"
un ristorante ameno
un albergo o forma alternativa
di ospitalità particolarmente
piacevole
A
B

C
D
MARE ADRIATICO
1
2
3
Scapezzano
Senigallia
Marzocca
Falconara Marittima
Ancona
Portonovo
Badia di San Pietro
Monte San Vito
Monsano
Camerano
Sirolo
Numana
Jesi
Osimo
Castelfidardo
Porto Recanati
Loreto
Recanati
Porto Potenza Picena
Appignano
Montecosaro
Civitanova Marche
San Lorenzo
Treia
Macerata
Porto Sant'Elpidio
Corridonia
Porto San Giorgio
San Severino Marche
Urbisaglia
Castelraimondo
Loro Piceno
Fermo
Montegiorgio
Piane di Montegiorgio
Sant' Angelo in Pontano
Camerino
Cupra Marittima
Ripatransone
Grottammare
Sarnano
San Savino
San Benedetto del Tronto
Offida
Montefortino
Colli del Tronto
Castel di Lama
Montemonaco
Ascoli Piceno
ABRUZZO-MOLISE (piante 1 2)
LAZIO (piante 12 13)
Teramo
S 16
S 76
A 14
E 55
S 4

22 Piemonte

A
B
1
2
3
Lac Léman
Caselle Torinese
Borgaro Torinese
Venaria Reale
Gassino Torinese
Settimo Torinese
San Mauro Torinese
Baldissero Torinese
Torino
Pino Torinese
Rivoli
Pecetto Torinese
Chieri
Orbassano
Revigliasco
Moncalieri
A 21
A 6
R 10
A
VALLE D'AOSTA
(pianta 37)
Macugnaga
Alagna Valsesia
Quincinetto
Traversella
Ivrea
Pavone Canavese
Romano Canavese
Cuorgnè
Mercenasco
Barone Canavese
Ceres
Rivarolo Canavese
Caluso
Lanzo Torinese
Candia Canavese
Fiano
Chivasso
Moncenisio
San Maurizio Canavese
San Francesco al Campo
FRANCE
Susa
Venaria Reale
Riparia
Torino
Rivoli
Bardonecchia
Usseaux
Sauze d'Oulx
Le Clotes
Cantalupa
Cesana Torinese
Sestriere
Roletto
Frossasco
Poirino
Claviere
Pinerolo
Briançon
Buriasco
Carmagnola
Cavour
Bra
Barge
Cherasco
Saluzzo
Cervere
Costigliole Saluzzo
Sampeyre
Fossano
Busca
Sant'Anna
Dronero
Roccabruna
GAP
Mondovì
Caraglio
Pianfei
Cuneo
Vicoforte
Boves
Rivoira
Sambuco
Chiusa di Pesio
Frabosa Soprana
Valdieri
Entracque
Limone Piemonte
Vernante
A
B

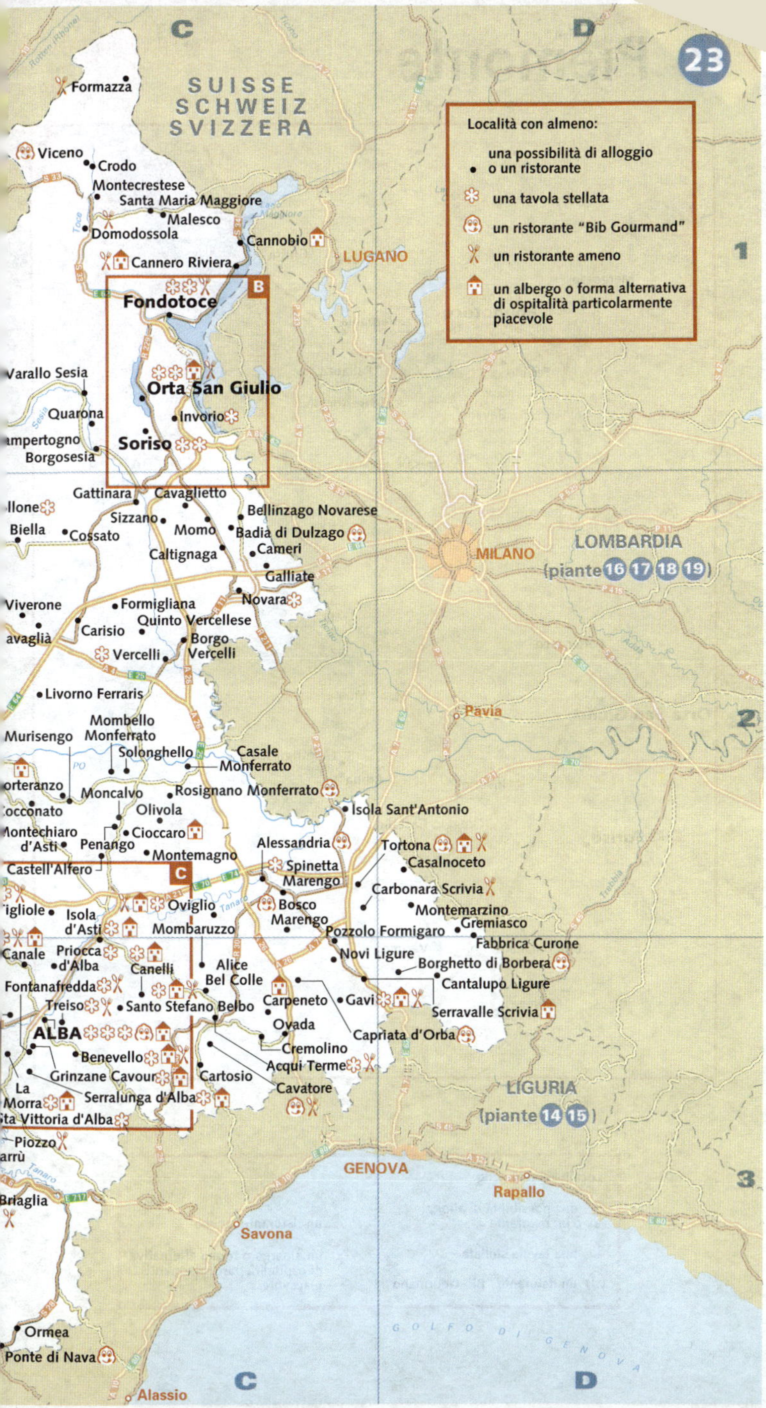
23
C
D
SUISSE
SCHWEIZ
SVIZZERA
Località con almeno:
una possibilità di alloggio o un ristorante
una tavola stellata
un ristorante "Bib Gourmand"
un ristorante ameno
un albergo o forma alternativa di ospitalità particolarmente piacevole
Formazza
Viceno
Crodo
Montecrestese
Santa Maria Maggiore
Malesco
Domodossola
Cannobio
LUGANO
Cannero Riviera
B
Fondotoce
Varallo Sesia
Quarona
Orta San Giulio
Invorio
Soriso
ampertogno
Borgosesia
Gattinara
Cavaglietto
llone
Sizzano
Bellinzago Novarese
Biella
Cossato
Momo
Badia di Dulzago
Caltignaga
Cameri
Galliate
MILANO
LOMBARDIA
(piante 16 17 18 19)
Viverone
Formigliana
Novara
Quinto Vercellese
Carisio
avaglià
Borgo Vercelli
Vercelli
Livorno Ferraris
Pavia
Mombello Monferrato
Murisengo
Solonghello
Casale Monferrato
orteranzo
Moncalvo
Rosignano Monferrato
occonato
Olivola
Isola Sant'Antonio
Montechiaro d'Asti
Cioccaro
Penango
Alessandria
Tortona
Montemagno
Casalnoceto
Castell'Alfero
C
Spinetta Marengo
Carbonara Scrivia
Oviglio
Bosco Marengo
Montemarzino
igliole
Isola d'Asti
Mombaruzzo
Gremiasco
Pozzolo Formigaro
Fabbrica Curone
Canale
Priocca d'Alba
Canelli
Alice Bel Colle
Novi Ligure
Borghetto di Borbera
Fontanafredda
Cantalupo Ligure
Treiso
Santo Stefano Belbo
Carpeneto
Gavi
Serravalle Scrivia
ALBA
Ovada
Capriata d'Orba
Benevello
Cremolino
Grinzane Cavour
Acqui Terme
Cartosio
La Morra
Serralunga d'Alba
Cavatore
LIGURIA
(piante 14 15)
ta Vittoria d'Alba
Piozzo
arrù
GENOVA
Rapallo
Briaglia
Savona
GOLFO DI GENOVA
Ormea
Ponte di Nava
Alassio
1
2
3

Piemonte

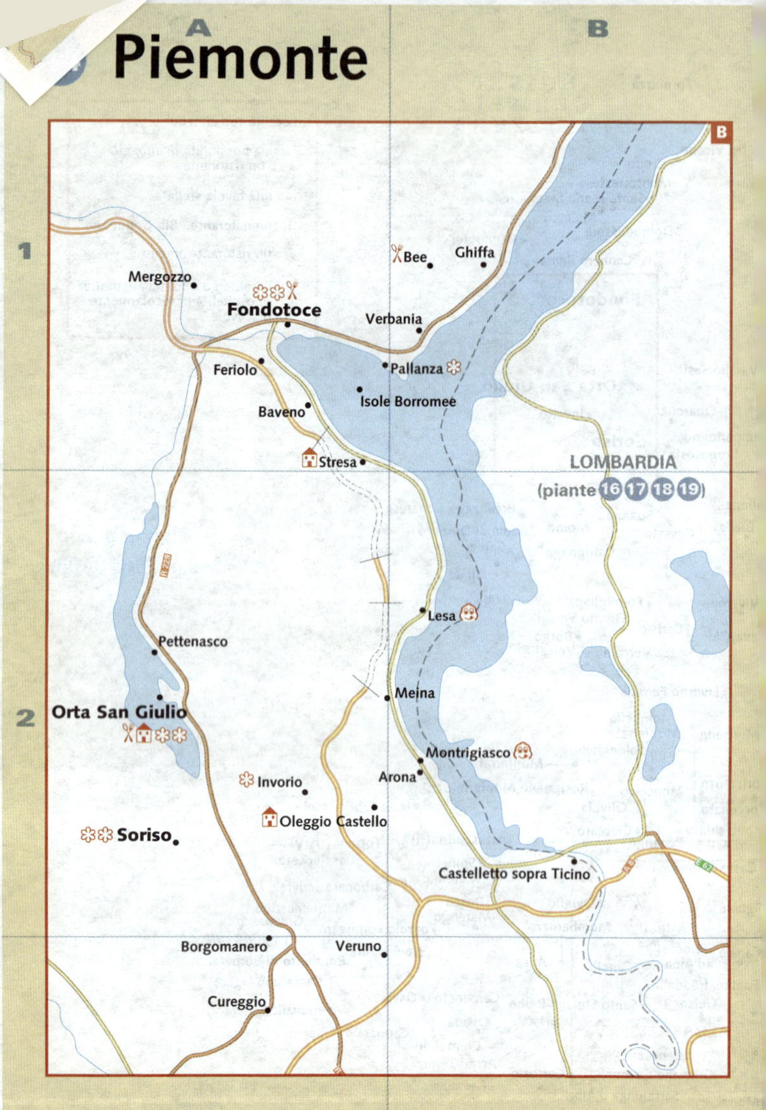

Località con almeno:

- una possibilità di alloggio o un ristorante
- una tavola stellata
- un ristorante "Bib Gourmand"
- un ristorante ameno
- un albergo o forma alternativa di ospitalità particolarmente piacevole

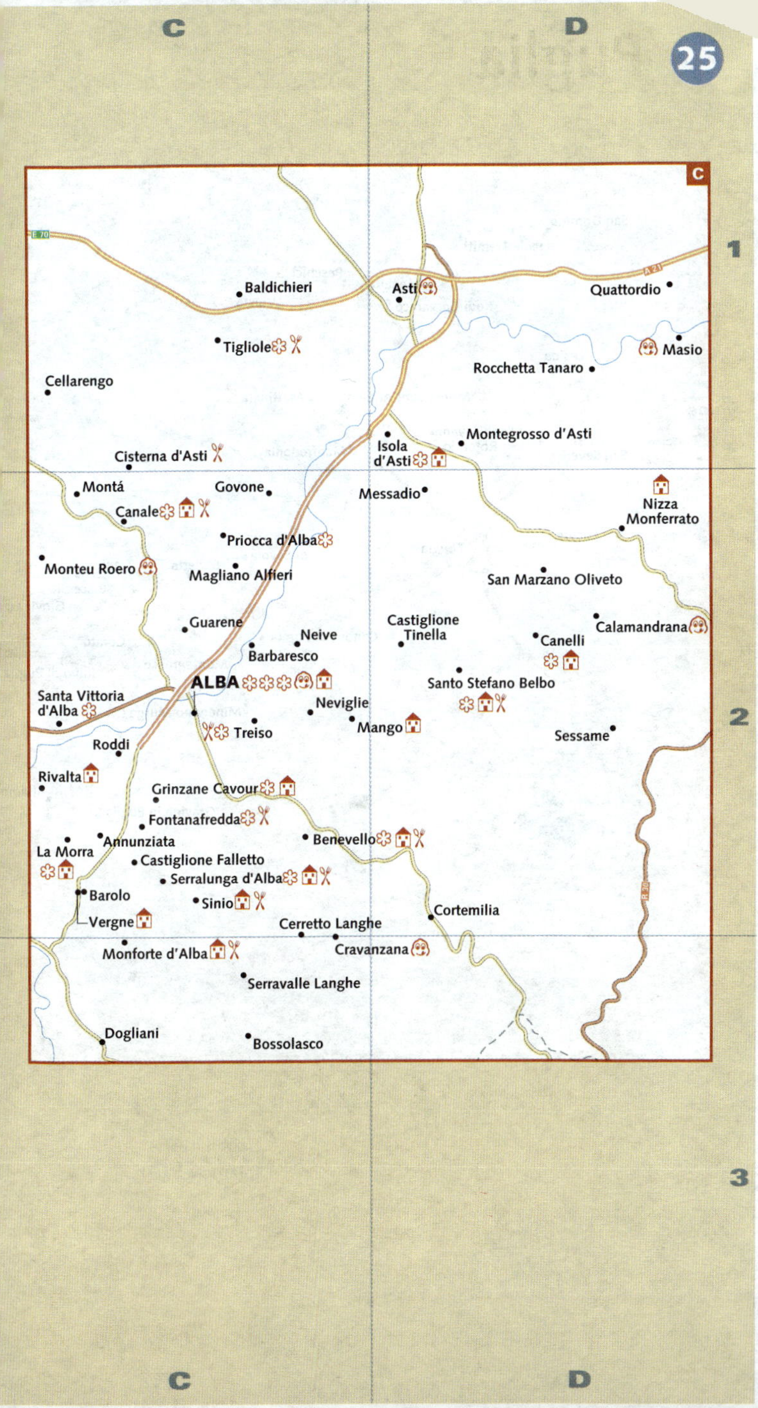
C
D
1
2
3
E 70
A 21
R 30
Baldichieri
Asti
Quattordio
Tigliole
Masio
Rocchetta Tanaro
Cellarengo
Montegrosso d'Asti
Isola d'Asti
Cisterna d'Asti
Montá
Govone
Messadio
Nizza Monferrato
Canale
Priocca d'Alba
Monteu Roero
Magliano Alfieri
San Marzano Oliveto
Guarene
Castiglione Tinella
Calamandrana
Neive
Canelli
Barbaresco
ALBA
Santo Stefano Belbo
Santa Vittoria d'Alba
Neviglie
Treiso
Mango
Sessame
Roddi
Rivalta
Grinzane Cavour
Fontanafredda
Annunziata
Benevello
La Morra
Castiglione Falletto
Serralunga d'Alba
Barolo
Sinio
Cortemilia
Vergne
Cerretto Langhe
Monforte d'Alba
Cravanzana
Serravalle Langhe
Dogliani
Bossolasco

Puglia

A
B
1
2
3
San Domino
Isole Tremiti
Peschici
San Menaio
Rodi Garganico
Vieste
Termoli
Lesina
Monte Sant'Angelo
Mattinata
MOLISE
(piante 1 2)
San Giovanni
Rotondo
San Severo
Manfredonia
Golfo di
Manfredonia
Fortore
L. di
Occhito
Lucera
Foggia
Margherita
di Savoia
Barletta
Trani
Bisceglie
Giovinazz
Andria
Canosa di Puglia
Corato
Montegrosso
Ruvo di Puglia
Ofanto
Minervino Murge
Beneveto
CAMPANIA
(piante 6 7)
Altamu
Gravina in Puglia
Matera
Potenza
Golfo di
Salerno
BASILICATA
(piante 3 4)
MARE
A
B

C
D
27
Località con almeno:
una possibilità di alloggio o un ristorante
una tavola stellata
un ristorante "Bib Gourmand"
un ristorante ameno
un albergo o forma alternativa di ospitalità particolarmente piacevole
1
2
3
ADRIATICO
Bari
Torre a Mare
Polignano a Mare
Noicattaro
Monopoli
Conversano
Savelletri
Torre Canne
Fasano
Costa Merlata
Alberobello
Cisternino
Ostuni
Santeramo in Colle
Noci
Carovigno
Brindisi
Gioia del Colle
Locorotondo
Martina Franca
Ceglie Messapica
San Vito dei Normanni
Mottola
Mesagne
Masseria San Pietro
Lecce
Taranto
Manduria
Cavallino
Lizzano
Melendugno
Pulsano
Avetrana
Maruggio
Otranto
Marina di Pulsano
Porto Cesareo
Galatina
Maglie
Uggiano la Chiesa
Cutrofiano
Santa Cesarea Terme
Gallipoli
Castro Marina
Taviano
Tricase
Ugento
Racale
Alessano
Torre San Giovanni
San Gregorio
Marina di Leuca
Golfo di Taranto
C
D

Sardegna

A
B
1
2
3
Bonifacio
Santa Teresa Gallura
La Maddalena
Palau
Baia Sardinia
Pitrizza
Romazzino
Cala di Volpe
Arzachena
Aglientu
San Pantaleo
Porto Rotondo
Golfo Aranci
Trinità d'Agultu
Olbia
Porto San Paolo
Costa Dorata
Castelsardo
Aggius
Tempio Pausania
San Teodoro
Porto Torres
Lago del Coghinas
Sassari
S 131
S 199
S 597
S 125
S 133
S 129
S 131 dcn
Siniscola
Porto Conte
Alghero
Orosei
Dorgali
Oliena
Bosa
Lago Omodeo
Santa Maria Navarrese
Tortolì
Tirso
Cabras
Oristano
Siddi
L. di Mulargia
Flumendosa
Marina di Arbus
Ortacesus
Guspini
Mannu
Monastir
Quartu Sant' Elena
Cagliari
Villasimius
Portoscuso
Carloforte
Isola di San Pietro
Calasetta
Sant' Antioco
Pula
Domus de Maria

Sicilia

A
B
1
2
3
MARE
Mondello
Isola delle Femmine
Palermo
Santa Flavia
Bagheria
Terrasini
Monreale
San Vito Lo Capo
Scopello
Buseto Palizzolo
Erice
Valderice
Castellammare del Golfo
Trapani
Favignana
Fontanasalsa
Mazara del Vallo
Menfi
Selinunte
Sciacca
Platani
Agrigento
Montallegro
Siculiana
Porto Empedocle
A 29
E 90
A 29 dir
E 933
S 115
S 624
S 121
S 189
E 931
Pantelleria
Tracino
Località con almeno:
una possibilità di alloggio o un ristorante
una tavola stellata
un ristorante "Bib Gourmand"
un ristorante ameno
un albergo o forma alternativa di ospitalità particolarmente piacevole

C
D
Stromboli
CALABRIA
(pianta 5)
1
Panarea
Salina
Filicudi
Lipari
Vulcano
Ganzirri
Villafranca Tirrena
Messina
Milazzo
Torregrotta
Terme Vigliatore
Reggio di Calabria
Capo d'Orlando
R R E N O
Capri Leone
Sinagra
Tripi
Forza d'Agro
Gallodoro
Lido di Spisone
Cefalù
Giardini-Naxos
Mazzarò
Pettineo
Randazzo
Taormina
Linguaglossa
Castelbuono
Calatabiano
Riposto
Zafferana Etnea
Petralia Sottana
Acireale
Nicolosi
San Giovanni la Punta
2
Aci Castello
Catania
Enna
Caltanissetta
Brucoli
Piazza Armerina
Carlentini
Augusta
San Michele di Ganzaria
Favara
Vizzini Scalo
Caltagirone
Siracusa
Vizzini
Palazzolo Acreide
Chiaramonte Gulfi
Licata
Avola
Ragusa
Noto
Vittoria
Modica
Lido di Noto
Marzamemi
Scicli
Pachino
Marina di Ragusa
3
M E D I T E R R A N E O
Lampedusa
C
D

A
B
EMILIA-ROMAGNA
(piante 8 9)
RIA
(piante 14 15)
1
2
3
Pontremoli
Villafranca in Lunigiana
Fivizzano
Podenzana
Castelnuovo di Garfagnana
Abetone
Cutigliano
Gavinana
Fosdinovo
Colonnata
Carrara
Massa
Montignoso
Ponte a Moriano
Bagni di Lucca
Montecatini Terme
Marina di Carrara
Marina di Massa
Pietrasanta
Borgo a Mozzano
Serravalle Pistoiese
Pistoia
Forte dei Marmi
Camaiore
Segromigno in Monte
Marina di Pietrasanta
Marlia
Pescia
Monsummano Terme
Corsanico
Lido di Camaiore
Montecarlo
Lamporecchio
Massarosa
Viareggio
Lucca
Altopascio
Vinci
Torre del Lago Puccini
Cerreto Guidi
San Giuliano Terme
Pisa
Vicopisano
San Miniato
Montopoli in Val D'Arno
Marina di Pisa
Pontedera
Tirrenia
San Benedetto
Montaione
Calambrone
Lari
Peccioli
Gambassi Terme
Livorno
Casciana Terme
Volterra
Castiglioncello
Montescudaio
Vada
Cecina
Guardistallo
Casale Marittimo
Marina di Cecina
Bibbona
Marina di Bibbona
Bolgheri
Castagneto Carducci
Marina di Castagneto Carducci
Sassetta
San Vincenzo
Suvereto
Massa Marittima
Venturina
Piombino
Follonica
Scarlino
Portoferraio
Biodola
Marciana Marina
Rio nell'Elba
Punta Ala
Sant'Andrea
Ottone
Marciana
Lido
Porto Azzurro
Fetovaia
Capoliveri
Marina di Campo
Località con almeno:
una possibilità di alloggio o un ristorante
una tavola stellata
un ristorante "Bib Gourmand"
un ristorante ameno
un albergo o forma alternativa di ospitalità particolarmente piacevole

Toscana
52
C
D
EMILIA-ROMAGNA
(piante 8 9)
MARCHE
(piante 20 21)
UMBRIA
(piante 35 36)
LAZIO
(piante 12 13)
1
2
3
Palazzuolo sul Senio
Marradi
Barberino di Mugello
Gabbiano
Scarperia
Borgo San Lorenzo
Vaiano
Carmignano
Vicchio
Campestri
Prato
Travalle
Calenzano
Artimino
Stia
Pelago
Soci
Poppi
Bibbiena
FIRENZE
San Donato Fronzano
Reggello
Caprese Michelangelo
Incisa in Val d'Arno
Vaggio
Loro Ciuffenna
Sansepolcro
Capraia e Limite
Terranuova Bracciolini
Subbiano
Tavarnelle Val di Pesa
Montespertoli
San Giustino Valdarno
Anghiari
Badia a Passignano
Montevarchi
Giovi
Panzano
Cavriglia
Pergine Valdarno
Moncioni
Arezzo
Montelucci
San Gimignano
Gaiole in Ch.
Civitella in Val di Chiana
Polvano
Colle di Val d'Elsa
Montebenichi
Monte San Savino
Pieve di Chio
Castiglion Fiorentino
Gargonza
Badicorte
San Pietro a Cegliolo
Casole d'Elsa
Siena
Castelnuovo Berardenga
Marciano della Chiana
Pozzo
Cortona
Santa Regina
Rapolano Terme
Foiano della Chiana
San Martino
Farneta
Pievescola
Sovicille
Monteroni d'Arbia
Asciano
Sinalunga
Trequanda
Torrita di Siena
Lago Trasimeno
Montefollonico
Chiusdino
Montepulciano
Montieri
Monticiano
Castiglione del Bosco
San Quirico d'Orcia
Pienza
Chianciano Terme
Montalcino
Bagno Vignoni
Chiusi
Roccastrada
Ghirlanda
Castelnuovo dell'Abate
Castiglione d'Orcia
Cetona
Sarteano
Civitella Marittima
Poggio alle Mura
Fighine
Seggiano
San Casciano dei Bagni
Gavorrano
Castel del Piano
Celle sul Rigo
Caldana
Campagnatico
Piancastagnaio
Buriano
Badiola
Grosseto
Semproniano
Castiglione della Pescaia
Scansano
Poggio Murella
Sovana
Marina di Grosseto
Saturnia
Pitigliano
Montemerano
Magliano in Toscana
Manciano
Fonteblanda
Albinia
Capalbio
Porto Santo Stefano
Orbetello
Cala Piccola
Giglio Campese
Porto Ercole
Giglio Castello
Giglio Porto
Ombrone
Tevere
B
Petrognano
Barberino Val d'Elsa
Lucarelli
Volpaia
Ponzano
San Donato in Poggio
Radda in Ch.
Castellina in Ch.
Poggibonsi
Vagliagli
Colle di Val d'Elsa
Monteriggioni
Strove
A
Campi Bisenzio
Fiesole
FIRENZE
Candeli
Scandicci
Arcetri
Galluzzo
Bagno a Ripoli
Mosciano
Impruneta
San Casciano in Val di Pesa
Mercatale in Val di Pesa
Montefiridolfi
Greve in Ch.

…entino Alto Adige

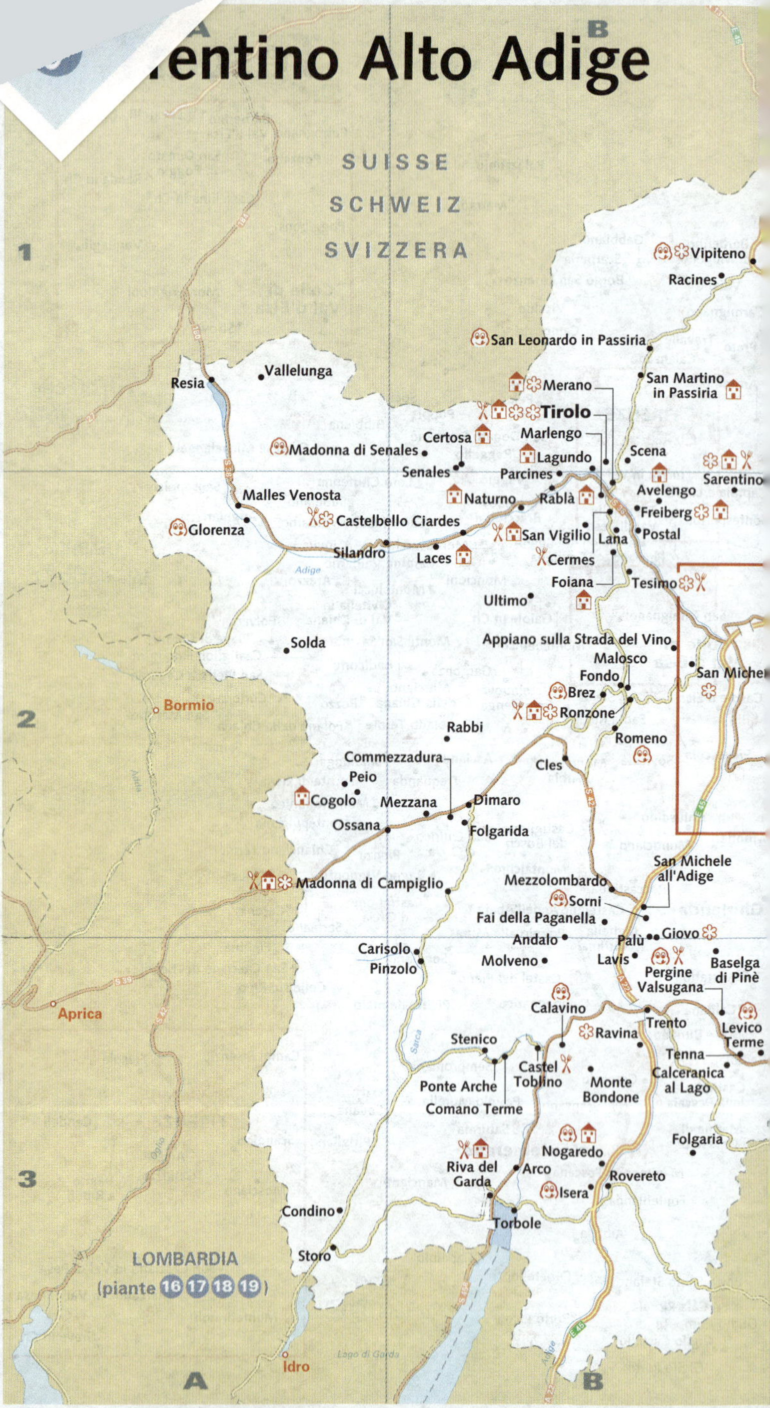

C
D
34
ÖSTERREICH
1
2
3
Valle Aurina
Campo Tures
Molini
Rasun Anterselva
San Lorenzo di Sebato
Brunico
Valle di Casies
Mules
Valles
Vandoies
Falzes
Valdaora
Monte Rota
Tesido
Dobbiaco
Rio di Pusteria
Riscone
San Candido
Sorafurcia
Villabassa
Sesto
Moso
Novacella
Monguelfo
Braies
Bressanone
San Vigilio di Marebbe
Campo Fiscalino
Cleran
San Genesio
Funes
Chiusa
Badia
VENETO
(piante 38 39 40)
Villandro
Alta Badia
Selva di Val Gardena
San Cassiano
Ortisei
Colfosco
Castelrotto
Corvara in Badia
Renon
Bulla
Santa Cristina Valgardena
Siusi allo Sciliar
Canazei
Alba
Alpe di Siusi
Campitello di Fassa
Località con almeno:
una possibilità di alloggio o un ristorante
una tavola stellata
un ristorante "Bib Gourmand"
un ristorante ameno
un albergo o forma alternativa di ospitalità particolarmente piacevole
Pozza di Fassa
Nova Levante
Tamion
Vigo di Fassa
Soraga di Fassa
Passo San Pellegrino
Moena
Cavalese
Predazzo
San Martino di Castrozza
Fiera di Primiero
Collalbo
Costalovara
Terlano
Fiè allo Sciliar
Bolzano
Signato
Roncegno
Borgo Valsugana
Missiano
Collepietra
Colle di Villa
Tires
Cornaiano
Pigano
Nova Levante
San Michele
Laives
Nova Ponente
Monte
Caldaro sulla Strada del Vino
San Floriano
VENETO
(piante 38 39 40)
Termeno sulla Strada del Vino
Aldino
Redagno
Ora
Bassano del Grappa
Montagna
Varena
Tesero
Egna
Cortaccia sulla Strada del Vino
Cavalese
Magrè sulla Strada del Vino
Anterivo
Panchià
S 49
E 66
S 51
S 48
S 47
A 31
S 47
S 50

Umbria

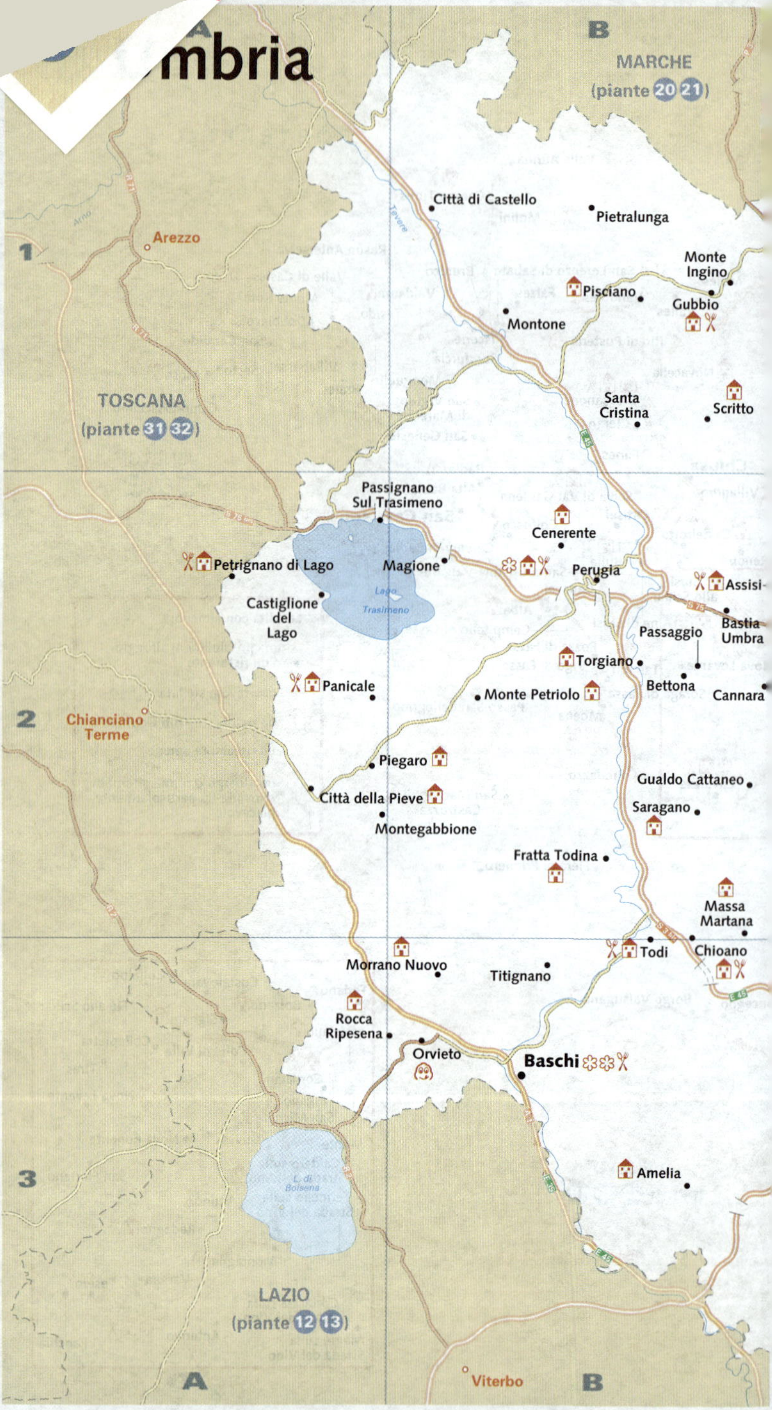

MARCHE
(piante 20 21)
TOSCANA
(piante 31 32)
LAZIO
(piante 12 13)
A
B
1
2
3
Arezzo
Chianciano Terme
Viterbo
Città di Castello
Pietralunga
Monte Ingino
Pisciano
Gubbio
Montone
Santa Cristina
Scritto
Passignano Sul Trasimeno
Cenerente
Petrignano di Lago
Magione
Perugia
Assisi
Castiglione del Lago
Lago Trasimeno
Passaggio
Bastia Umbra
Torgiano
Bettona
Cannara
Panicale
Monte Petriolo
Piegaro
Città della Pieve
Montegabbione
Gualdo Cattaneo
Saragano
Fratta Todina
Massa Martana
Todi
Chioano
Morrano Nuovo
Titignano
Rocca Ripesena
Orvieto
Baschi
Amelia
L. di Bolsena
Tevere
Arno

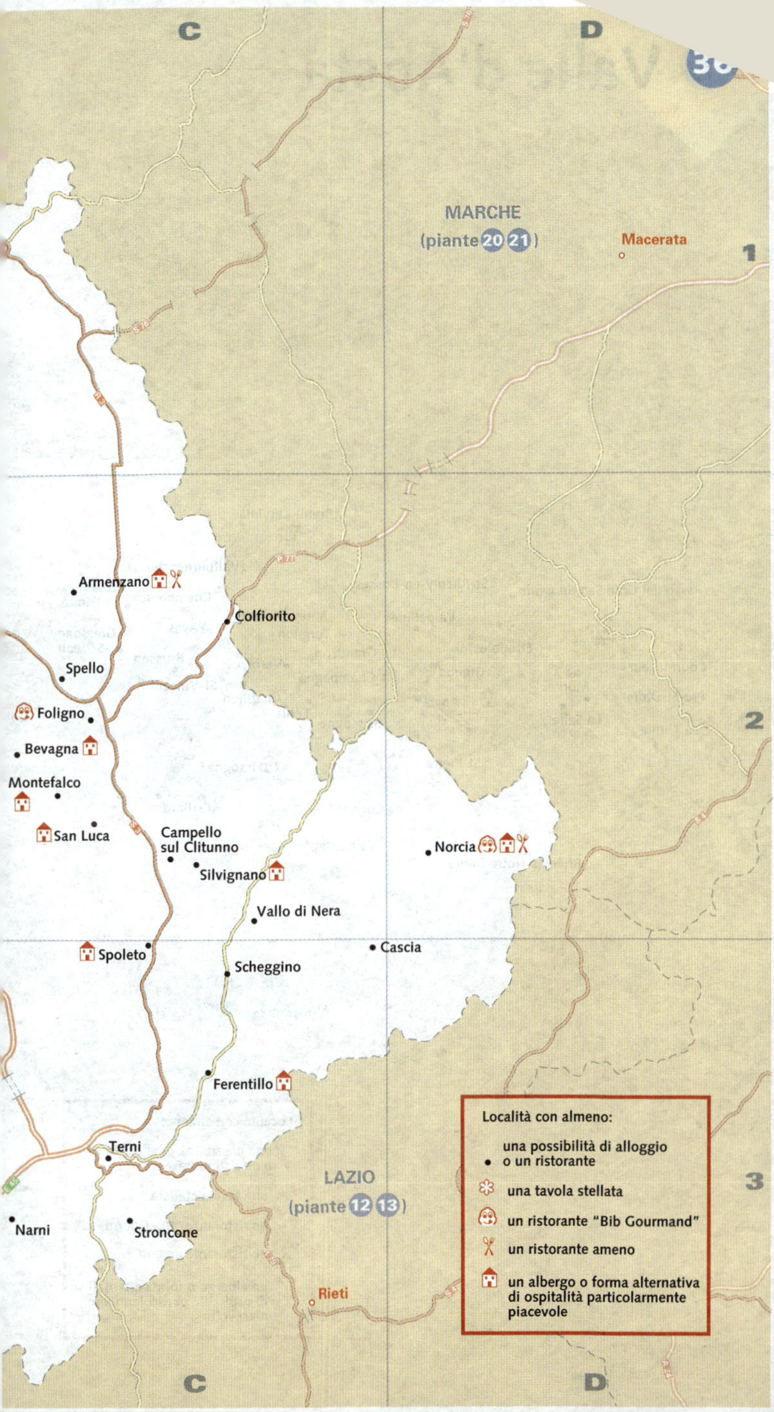
C
D
36
MARCHE
(piante 20 21)
Macerata
1
Armenzano
Colfiorito
Spello
Foligno
Bevagna
Montefalco
San Luca
Campello sul Clitunno
Silvignano
Norcia
2
Vallo di Nera
Spoleto
Cascia
Scheggino
Ferentillo
Terni
Narni
Stroncone
LAZIO
(piante 12 13)
Rieti
3
Località con almeno:
una possibilità di alloggio o un ristorante
una tavola stellata
un ristorante "Bib Gourmand"
un ristorante ameno
un albergo o forma alternativa di ospitalità particolarmente piacevole
C
D

alle d'Aosta
A
B
1
2
3
ntreux
S C H W E I Z
S V I Z Z E R A
Sion
Chamonix-Mt-Blanc
Passo del Gran San Bernardo
St-Rhémy-en-Bosses
Valpelline
Breuil Cervinia
Valtournenche
Champoluc
Gressoney-La Trinité
Antey-St-André
Torgnon
Ayas
Gressoney-St-Jean
Entrèves
Courmayeur
Etroubles
Grandzon
Verrayes
Brusson
Gignod
Champagne
St-Vincent
Morgex
Pré-St-Didier
Aosta
Châtillon
La Salle
Fenis
La Thuile
Brissogne
Pila
St-Pierre
Issogne
Bard
Cogne
Valnontey
Rhêmes-Notre Dame
Ivrea
PIEMONTE
(piante 22 23 24 25)
FRANCE
Susa
Sestriere
Località con almeno:
una possibilità di alloggio o un ristorante
una tavola stellata
un ristorante "Bib Gourmand"
un ristorante ameno
un albergo o forma alternativa di ospitalità particolarmente piacevole

Veneto

Località con almeno:

- una possibilità di alloggio o un ristorante
- una tavola stellata
- un ristorante "Bib Gourmand"
- un ristorante ameno
- un albergo o forma alternativa di ospitalità particolarmente piacevole

eneto
B
Merano
San Polo di Piave
Oderzo
Motta di Livenza
Gorgo al Monticano
Visnadello
Salgareda
Ponzano Veneto
Treviso
Silea
Monastier di Treviso
Noventa di Piave
San Donà di Piave
Casier
Dosson
Preganziol
Casale sul Sile
Quarto d'Altino
Marcon
Mogliano Veneto
Piave
A
BOLZANO
Pieve di Livinallongo
Arabba
Rocca Pietore
Falcade
Canale d'Agordo
1
TRENTO
Feltre
TRENTINO ALTO ADIGE
(piante 33 34)
Romano d'Ezzelino
Pove del Grappa
Paderno
Paderno del Grappa
Asiago
Gallio
Canove
Bassano del Grappa
Conco
Velo d'Astico
Valle San Floriano
Cassol
Carrè
Marostica
Nove
2
Rovereto
Malcesine
Recoaro Terme
Schio
Marano Vicentino
San Vito di Leguzzano
Valdagno
Montecchio Precalcino
Brenzone
Bosco Chiesanuova
Altissimo
San Zeno di Montagna
Brogliano
Torri del Benaco
Marciaga
Costermano
Velo Veronese
Chiampo
Garda
Affi
Arzignano
Bardolino
Sant'Ambrogio di Valpolicella
Cavaion Veronese
Gambellara
RUBANO
Lazise
Pastrengo
Selvazzano Dentro
Barbarano Vicentino
Verona
Soave
San Benedetto
Sona
Lonigo
Abano Terme
Montegrotto Terme
San Bonifacio
Teolo
Peschiera del Garda
C
Noventa Vicentina
Galzignano Terme
Villafranca di Verona
Castel d'Azzano
Albaredo d'Adige
Oppeano
Arquà Petrarca
Valeggio sul Mincio
Vigasio
Coriano Veronese
Isola Rizza
Roverchiara
Este
Trevenzuolo
Montagnana
Monselice
Isola della Scala
Legnago
3
Cerea
Bonferraro
Villa Bartolomea
Lusia
MANTOVA
Trecenta
Arquà Polesine
LOMBARDIA
(piante 16 17 18 19)
Occhiobello
A
B
Lago di Garda
Adige
Mincio

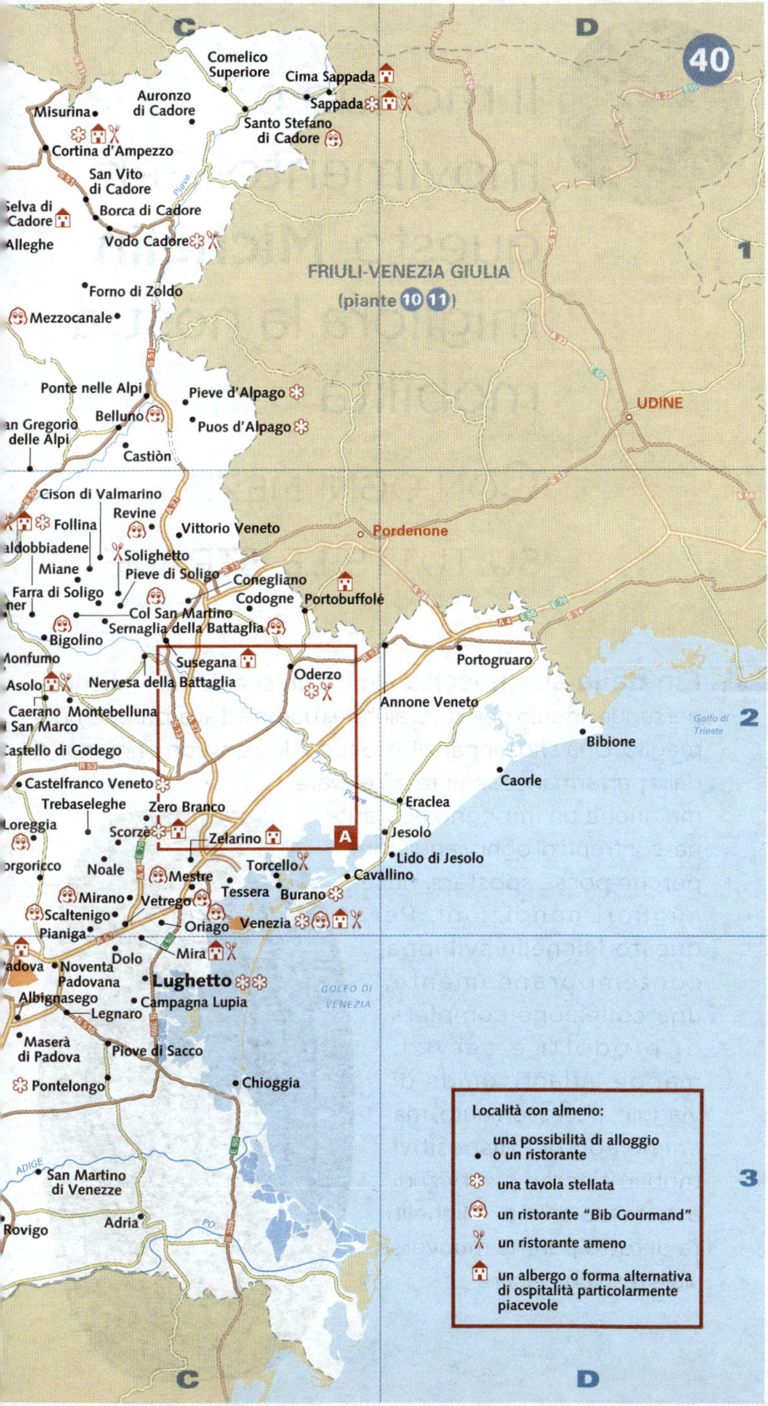
40
C
D
Comelico Superiore
Cima Sappada
Sappada
Misurina
Auronzo di Cadore
Santo Stefano di Cadore
Cortina d'Ampezzo
San Vito di Cadore
Selva di Cadore
Borca di Cadore
Alleghe
Vodo Cadore
Forno di Zoldo
Mezzocanale
FRIULI-VENEZIA GIULIA
(piante 10 11)
Ponte nelle Alpi
Pieve d'Alpago
Belluno
Puos d'Alpago
San Gregorio delle Alpi
Castiòn
UDINE
Cison di Valmarino
Revine
Follina
Vittorio Veneto
Pordenone
Valdobbiadene
Solighetto
Miane
Pieve di Soligo
Conegliano
Farra di Soligo
Codogne
Portobuffolé
Col San Martino
Sernaglia della Battaglia
Bigolino
Monfumo
Susegana
Oderzo
Portogruaro
Asolo
Nervesa della Battaglia
Annone Veneto
Caerano San Marco
Montebelluna
Bibione
Golfo di Trieste
Castello di Godego
Caorle
Castelfranco Veneto
Trebaseleghe
Zero Branco
Eraclea
Loreggia
Scorzè
Zelarino
A
Jesolo
Borgoricco
Noale
Torcello
Lido di Jesolo
Mestre
Cavallino
Mirano
Tessera
Burano
Scaltenigo
Vetrego
Oriago
Venezia
Pianiga
Mira
Padova
Noventa Padovana
Dolo
Lughetto
Albignasego
Campagna Lupia
Legnaro
GOLFO DI VENEZIA
Maserà di Padova
Piove di Sacco
Pontelongo
Chioggia
Adige
San Martino di Venezze
Adria
Rovigo
Po
Piave
1
2
3
Località con almeno:
una possibilità di alloggio o un ristorante
una tavola stellata
un ristorante "Bib Gourmand"
un ristorante ameno
un albergo o forma alternativa di ospitalità particolarmente piacevole

App Michelin

Per voi, come per noi, il confort e la sicurezza sono nozioni essenziali. Per questo, Michelin ha creato una serie di 6 applicazioni gratuite per dispositivi mobili. Un'offerta completa, perché la strada resti un piacere!

Michelin MyCar • *Per ottenere il meglio dai vostri pneumatici, servizi e informazioni per preparare il viaggio con serenità.*

Michelin Navigation • *Un nuovo approccio alla navigazione: il traffico in tempo reale, con una nuova funzionalità di guida assistita con connessione internet.*

ViaMichelin • *Calcolo di itinerari e dati cartografici: un'app essenziale per ottimizzare i tempi di viaggio.*

Michelin Restaurants • *Perché la strada sia sempre un piacere, un'ampia scelta di ristoranti in Francia e in Germania, fra cui la selezione completa della Guida MICHELIN.*

Michelin Hotels • *Per prenotare la vostra camera in hotel al prezzo migliore, ovunque nel mondo!*

Michelin Viaggi • *85 paesi e 30.000 siti turistici selezionati dalla Guida Verde Michelin, nonché uno strumento per creare il vostro diario di viaggio personalizzato.*

Uno pneumatico

→ *cos'è?*

Rotondo, nero, al tempo stesso flessibile e solido, lo pneumatico rappresenta per la ruota ciò che il piede è per la corsa. Ma di cosa è fatto? Innanzitutto di gomma, ma anche di vari materiali tessili e/o metallici... e di aria! Il sapiente assemblaggio di questi componenti assicura agli pneumatici tutte le loro qualità: aderenza su strada, assorbimento degli urti. In sintesi, confort e sicurezza del viaggiatore!

1 ***BATTISTRADA***
Il contatto con il fondo stradale è assicurato da questo spesso strato di gomma. Il battistrada deve poter drenare l'acqua e durare a lungo.

2 ***TELA DI SOMMITÀ***
Questa doppia o tripla tela armata è al tempo stesso flessibile in senso verticale e molto rigida in senso trasversale. Garantisce la potenza della guida.

3 ***FIANCHI***
Ricoprono e proteggono la carcassa tessile, il cui ruolo è di collegare il battistrada dello pneumatico al cerchione.

4 ***TALLONE DI ANCORAGGIO AL CERCHIONE***
Grazie al cerchietto, permette allo pneumatico di aderire saldamente al cerchione.

5 ***GOMMA INTERNA***
Fornisce allo pneumatico l'isolamento necessario a conservare la pressione giusta.

Michelin

→ l'innovazione in movimento

Creato e brevettato da Michelin nel 1946, il radiale cinturato ha rivoluzionato il mondo dello pneumatico. Ma Michelin non si è fermata qui: con il passare degli anni, sono apparse altre soluzioni nuove e originali, a conferma della leadership dell'impresa nel campo della ricerca e dell'innovazione, al fine di soddisfare costantemente le esigenze delle nuove tecnologie auto.

→ la pressione giusta!

Una delle priorità di Michelin è una mobilità più sicura. In sintesi, innovare per avanzare meglio. È la posta in gioco per i nostri ricercatori, che lavorano alla messa a punto di pneumatici in grado di offrire una "frenata più corta" e la migliore aderenza possibile alla strada. Inoltre, per accompagnare gli automobilisti, Michelin organizza ovunque nel mondo delle campagne di sensibilizzazione alla sicurezza stradale: le operazioni "Fai il pieno d'aria" ricordano a tutti gli automobilisti che la pressione giusta degli pneumatici è un fattore essenziale per la sicurezza.

La strategia Michelin:

→ *gli pneumatici multiperformance*

Michelin vuol dire sicurezza, risparmio di carburante e la capacità di percorrere migliaia di chilometri. Uno pneumatico MICHELIN è tutto questo, allo stesso tempo. Come? Grazie ad ingegneri al servizio dell'innovazione e della tecnologia d'avanguardia. La loro sfida: dotare ogni pneumatico – indipendentemente dal veicolo (automobile, camion, trattore, macchina da cantiere, aereo, moto, bicicletta e metropolitana!) – della migliore combinazione possibile di qualità, per una performance globale ottimale. Rallentare l'usura, ridurre il consumo di energia (e quindi l'emissione di CO_2) e migliorare la sicurezza, per rafforzare la tenuta di strada e la frenata: tante qualità in un solo pneumatico, per offrirvi la Michelin Total Performance.

MICHELIN
Total Performance

Michelin innova ogni giorno.

A favore della mobilità sostenibile

PER IL FUTURO
E IL RISPETTO
DEL PIANETA

La mobilità sostenibile

è una mobilità pulita... e per tutti

Mobilità sostenibile significa permettere a ciascuno di noi di viaggiare in modo più pulito, sicuro, economico e accessibile. Indipendentemente dal luogo in cui viviamo. Ogni giorno, 113.000 dipendenti Michelin in tutto il mondo lavorano per l'innovazione:

- creando pneumatici e servizi che soddisfano le nuove esigenze della società,
- sensibilizzando i giovani alla sicurezza stradale,
- inventando nuove soluzioni di trasporto che consumano meno energia ed emettono meno CO_2.

Michelin Challenge Bibendum

Mobilità sostenibile significa assicurare nel tempo il trasporto delle merci e dei passeggeri, per consentire uno sviluppo economico e sociale responsabile. Di fronte al rarefarsi delle materie prime e al mutamento climatico, Michelin si impegna per il rispetto dell'ambiente e della salute pubblica. Per questo, Michelin organizza regolarmente il Michelin Challenge Bibendum, l'unico evento mondiale centrato sulla mobilità stradale sostenibile.

Alberghi & ristoranti

Città da A a Z

→ *Hotels & restaurants*

Towns from A to Z

ABANO TERME

Padova (PD) – ✉ 35031 – 19 769 ab. – Alt. 14 m – Carta regionale n° **39-B3**
Roma 485 km – Padova 11 km – Venezia 54 km – Vicenza 39 km
Carta stradale Michelin 562-F17

Abano Grand Hotel cam, rist,
via Valerio Flacco 1 – ✆ 04 98 24 81 00 – www.abanograndhotel.it – Chiuso 28 giugno-1° agosto Pianta : B2**h**
179 cam – 162/222 € 294/394 € – **8 suites** **Rist** – Carta 56/171 €
Un ameno parco vi introdurrà in questo esclusivo hotel dagli ambienti in raffinato stile impero; ampie camere ed una nuova zona benessere, composta da un percorso di bagni termali, saune, grotta, etc. in un'atmosfera tranquilla e appositamente studiata per il recupero dell'equilibrio psicofisico.

Tritone Terme cam,
via Volta 31 – ✆ 04 98 66 80 99 – www.termetritone.it Pianta : B3**e**
116 cam – 115/170 € 170/193 € – **7 suites** **Rist** – Carta 40/72 €
A pochi passi dal centro storico, esclusività e confort in un hotel che vanta ottimi servizi. Camere spaziose ed accoglienti, recentemente rinnovate. Cucina classica per un ristorante, dove sembra di poter toccare la vegetazione attraverso le finestre.

Trieste & Victoria cam,
via Pietro d'Abano 1 – ✆ 04 98 66 51 00 – www.hoteltriestevictoria.it – Chiuso 11 gennaio-21 marzo Pianta : B2**v**
214 cam – 110/157 € 200/284 € – **12 suites** **Rist** – Carta 47/105 €
Storico complesso fin-de-siècle, ampliatosi negli anni fino a raggiungere le attuali imponenti dimensioni. In pieno centro, la struttura si caratterizza per le sale eleganti e le belle camere, in parte recentemente rinnovate.

Mioni Pezzato cam, rist,
via Marzia 34 – ✆ 04 98 66 83 77 – www.hotelmionipezzato.com – Chiuso 30 novembre-3 dicembre e 8-18 dicembre Pianta : A3**u**
170 cam – 70/155 € 120/310 € **Rist** – Carta 24/37 €
Conduzione signorile in un grande albergo all'interno di un bel parco-giardino con piscina termale, eccellente beauty center e salotto in stile inglese. Nella signorile sala da pranzo, gustose specialità italiane.

Due Torri cam, cam,
via Pietro d'Abano 18 – ✆ 04 98 63 21 00 – www.gbhotelsabano.it – Aperto 24 marzo-30 giugno e 4 agosto-6 gennaio Pianta : A2**b**
124 cam – 90/565 € 136/730 € – **12 suites** **Rist** – Menu 40 €
Collocato in una posizione centrale invidiabile, abbracciato dal verde del giardino-pineta, hotel storico con eleganti arredi classicheggianti e piacevoli spazi comuni. Ariosa sala ristorante, sorretta da colonne, attraverso cui ammirare il bel giardino.

President rist,
via Montirone 31 – ✆ 04 98 66 82 88 – www.presidentterme.it – Chiuso 22 novembre-18 dicembre Pianta : A2**t**
106 cam – 110/135 € 220/270 € – **9 suites** **Rist** – Carta 33/40 €
Ambiente di classe in una residenza prestigiosa nel cuore verde della città: mobili in stile, validi servizi e camere ben accessoriate. Un'ampia gamma di proposte nella splendida spa recentemente rinnovata: piscine termali, zona idrorelax, palestra attrezzata Technogym, ed altro ancora.

Bristol Buja cam, rist,
via Monteortone 2 – ✆ 04 98 66 93 90 – www.bristolbuja.it – Chiuso 25 gennaio-1° marzo Pianta : A2**g**
139 cam – 94/180 € 170/310 € **Rist** – Carta 34/84 €
Albergo signorile improntato a quell'indiscussa eleganza che soltanto un'esperta, pluriennale, gestione familiare può garantire. Una struttura dove prendersi cura del corpo grazie alle sue tre piscine termali, uno spazio saune, un lussuoso centro benessere con beauty farm ed un campo pratica golf. Il ristorante coniuga sapientemente cucina tradizionale veneta e suggestioni internazionali; nelle giornate più calde il pranzo è servito all'aperto accanto alla piscina.

ABANO TERME
0
300 m
VICENZA
VENEZIA
PADOVA
A
B
1
2
3
MONTEROSSO
ABBAZIA DI PRAGLIA
MONTEORTONE
TORREGLIA
MONTEGROTTO TERME
ROVIGO
BOLOGNA
SAN LORENZO
COLOMBO
KURSAAL
PARCO TERMALE
V. Monte Santo
V. Ugo Foscolo
Vle Colli Euganei
V. Cesare Battisti
V. Guido Negri
V. Giuseppe Verdi
V. Francesco Baracca
V. Pietro Mascagni
V. Nicolò Paganini
V. Appia Monterosso
V. Claudio Claudiano
V. Arrunzio Stella
Vicolo Antonio Pinazza
V. Albertino Mussato
V. Armando Diaz
Piazza Vittorio Veneto
V. Cesare Balbo
Piazza del Mercato
V. Armando Pillon
V. Maria Montessori
V. Vittorino da Feltre
V. Giuseppe Mazzini
V. Nicolò Tommaseo
V. Andrea Costa
V. Tito Livio
V. Giuseppe Barbieri
V. Giuseppe Parini
V. Giovanni Prati
V. Don Milani
V. Bosco
V. Cassino
Vicolo
V. Antonio Rosmini
V. S. Giovanni
V. Fiume
V. Gaspare Gozzi
V. Monte Grande
V. Ricco
V. Monte Ceva
V. Zara
V. Monteortone
V. C. Pace
V. Monte Lozzo
V. Monte Altore
V. Monte Venda
V. Monte Croce
V. Pietro d'Abano
V. Vespucci
Pza Salvatore Mandruzzato
V. Valerio Flacco
V. Nazioni Unite
V. Primo Maggio
V. Francesco Petrarca
V. Andrea Previtali
V. Rio Caldo
V. Marzia
V. Amerigo
V. Marco Polo
V. Gerolamo Cardano
V. Alessandro Volta
V. Luigi Configliachi
V. Flavio Busonera
V. Cristoforo Colombo
V. Pacinotti
V. Fasolo
V. Giovan Battista Moroni
V. Guido Reni
V. Palma il Giovane
V. S. Daniele
Cso. delle Terme
V. Abano Terme
a
b
c
d
e
f
g
h
n
t
u
v
z
P
T

Terme Metropole

via Valerio Flacco 99 – ✆ 04 98 61 91 00 – www.hotelmetropoleabano.it – Chiuso 11 gennaio-14 marzo Pianta : B3**n**

187 cam ☕ – †77/111 € ††142/212 € **Rist** – Menu 35/150 €

Un'ampia struttura dove "sguazzare", e non solo per le sue cinque piscine, ma per la varietà dei servizi, il grande parco, nonché gli speciali pacchetti che la rendono ideale per famiglie e comitive. Camere di differenti dimensioni e arredi.

Panoramic Hotel Plaza

piazza Repubblica 23 – ✆ 04 98 66 93 33 – www.plaza.it Pianta : B2**f**

140 cam ☕ – †119/180 € ††138/280 € – **18 suites** **Rist** – Carta 65/100 €

Felicemente accolta dal verde giardino, svetta verso l'alto - in posizione panoramica - l'imponente costruzione che ora vede terminato il restyling dell'11° piano con suite dal carattere moderno e lineare. Inaugurato il nuovo percorso Benessere Cristalia SPA, 90 minuti di coccole e relax!

All'Alba

via Valerio Flacco 32 – ✆ 04 98 66 92 44 – www.allalba.it Pianta : B2**c**

180 cam ☕ – †70/120 € ††140/200 €

Rist – Menu 30/45 € – *(solo per alloggiati)*

A pochi passi dal centro, gli spazi verdi allietano la struttura sia nella parte antistante, sia il retro che ospita una delle due piscine termali. Camere molto spaziose di classica eleganza, ottimo centro benessere e dulcis in fundo, in realtà all'ultimo piano, la sala colazioni con splendida vista.

Terme Roma

viale Mazzini 1 – ✆ 04 98 66 91 27 – www.termeroma.it Pianta : B2**d**

87 cam ☕ – †70/115 € ††95/135 €

Rist – Menu 18/20 € – *(solo per alloggiati)*

Bell'edificio con grandi vetrate e colori chiari che rendono piacevoli e luminose le aree comuni. La zona notte è arredata con gusto ed eleganza particolari; il centro benessere-termale brilla per modernità.

Harrys' Garden

via Marzia 50 – ✆ 0 49 66 70 11 – www.harrys.it – Chiuso 23 novembre-20 dicembre e 7 gennaio-15 marzo Pianta : A3**a**

66 cam ☕ – †60/86 € ††100/156 € – **8 suites** **Rist** – Menu 42 €

Piacevole vista sui Colli Euganei, e non distante dal centro, il moderno edificio dispone di un ampio parco con piscine termali e di un attrezzato centro benessere; camere in linea con la categoria. Al ristorante: specialità della cucina regionale e internazionale, nonché fresche insalate a buffet.

Atlantic

via Monteortone 66 – ✆ 04 98 66 90 15 – www.atlanticterme.com – Chiuso 6 gennaio-15 marzo

56 cam ☕ – †56/91 € ††97/115 € **Rist** – Menu 24 € – *(solo per alloggiati)*

Tranquillo hotel periferico con accoglienti aree comuni, belle camere e reparto per cure termali. Piscina con fondo in quarzite.

Principe

viale delle Terme 87 – ✆ 04 98 60 08 44 – www.principeterme.com – Chiuso 8-22 dicembre e 6 gennaio-21 marzo Pianta : B2**z**

70 cam ☕ – †70/85 € ††110/135 € **Rist** – Menu 32/45 €

Felicemente posizionato sulla via del passeggio e a due passi dal centro, hotel dall'attenta conduzione diretta, con camere e ambienti di tono signorili.

Europa Terme

via Valerio Flacco 13 – ✆ 04 98 66 95 44 – www.europaterme.it – Chiuso 29 novembre-18 dicembre e 8 gennaio-11 febbraio Pianta : B2**a**

103 cam – †70/82 € ††126/144 €, ☕ 10 €

Rist – Menu 29 € – *(solo per alloggiati)*

In zona centrale, hotel a conduzione diretta con ambienti di atmosfera signorile e camere accoglienti; particolarmente curato anche il centro benessere-termale.

Terme Milano
viale delle Terme 169 – ✆ 04 98 66 94 44 – www.termemilano.it – Chiuso 29 novembre-22 dicembre e 6 gennaio-27 febbraio — Pianta : B2**e**
89 cam – †50/85 € ††80/150 € **Rist** – Menu 28 € – *(solo per alloggiati)*
In pieno centro, nell'area pedonale della località, gestione diretta per un albergo dai classici confort.

Aubergine
via Ghislandi 5 – ✆ 04 98 66 99 10 – www.aubergine.it – Chiuso 10 giorni in febbraio, 2 settimane in luglio-agosto e martedì — Pianta : A3**d**
Carta 30/50 €
Piatti ispirati alla stagione e al territorio, sia di terra, sia di mare, in un ristorante-pizzeria dalla calda atmosfera. Il centro dista solo pochi passi.

La Scala
via Marzia 33 – ✆ 04 98 63 03 06 – www.lascalabar.com — Pianta : A3**c**
Carta 40/94 €
Amanti del pesce, avete trovato l'indirizzo che fa per voi: lasciato il cocktail bar a livello strada, al primo piano vi attende un ambiente dall'atmosfera modernamente signorile dove gustare tante specialità ittiche.

ABBAZIA → Vedere nome proprio dell'abbazia

ABBIATEGRASSO

Milano (MI) – ✉ 20081 – 31 325 ab. – Alt. 120 m – Carta regionale n° **18-A2**
Roma 590 km – Pavia 35 km – Milano 30 km – Novara 33 km
Carta stradale Michelin 561-F8

Il Ristorante di Agostino Campari
via Novara 81 – ✆ 0 29 42 03 29 – www.agostinocampari.com – Chiuso 26-31 dicembre, 3 settimane in agosto e lunedì
Menu 18 € (pranzo in settimana)/50 € – Carta 30/58 €
Curato ambiente familiare, disponibilità e cortesia in un locale classico con servizio estivo all'ombra di un pergolato. Specialità della casa: il carrello degli arrosti e dei bolliti.

a Cassinetta di Lugagnano Nord : 3 km – ✉ 20081

Antica Osteria del Ponte N
piazza G. Negri 9 – ✆ 0 29 42 00 34 – www.anticaosteriadelponte.it – Chiuso vacanze di Natale, agosto, domenica sera e lunedì
Menu 55/85 € – Carta 52/72 € – (consigliata la prenotazione)
Blasonato locale lombardo che ha segnato la storia della ristorazione nazionale, si presenta a nuova vita con la gestione di uno chef che in passato proprio qui è stato tra gli allievi prediletti. Il fascino della casa è immutato, la cucina si fa un po' più moderna mentre per i nostalgici si ripropone qualche piatto storico del locale.

ABETONE

Pistoia (PT) – ✉ 51021 – 668 ab. – Alt. 1 388 m – Carta regionale n° **31-B1**
Roma 361 km – Pistoia 54 km – Lucca 67 km – Firenze 90 km
Carta stradale Michelin 563-J14

Abetone e Piramidi
via del Brennero 456 – ✆ 0 57 36 00 05 – www.abetonepiramidi.it – Aperto 6 dicembre-30 aprile e 1° giugno-30 settembre
33 cam – †49/95 € ††69/150 € – **3 suites** **Rist** – Carta 30/45 €
Alle porte della località, in un palazzo storico che fu dogana di confine del Granducato di Toscana, ambienti signorili e camere abbastanza spaziose. Per i più sportivi, anche un'attrezzata palestra.

Bellavista
via Brennero 383 – ✆ 0 57 36 00 28 – www.abetonebellavista.it – Aperto 5 dicembre-15 aprile e 10 luglio-5 settembre
40 cam – 55/80 € 80/130 € **Rist** – Menu 20 € – *(solo per alloggiati)*
Tipica struttura di montagna in pietra e legno in posizione panoramica, a pochi passi dal centro e adiacente agli impianti di risalita; camere confortevoli e spaziose.

La Capannina
via Brennero 520 – ✆ 0 57 36 05 62 – www.abetonevacanze.it – Chiuso mercoledì in bassa stagione
Menu 16 € (pranzo)/30 € – Carta 26/62 €
Sebbene il locale si trovi in centro, dalle ampie vetrate si gode della bella vista sulla valle: il camino troneggia nel centro della sala, mentre il menu sciorina piatti della tradizione e specialità di carne.

a Le Regine Sud-Est : 2,5 km – ✉ 51020

Da Tosca rist,
via Brennero 85 – ✆ 0 57 36 03 17 – www.albergotosca.it – Chiuso 15 giorni in aprile o maggio e 15 giorni in novembre
12 cam – 35/45 € 70/80 € **Rist** – Carta 18/47 €
Tipica atmosfera di montagna e una bella cornice di boschi di faggio per un piccolo albergo, dove l'accoglienza ed i servizi sono curati nei minimi dettagli. Al ristorante vi attendono specialità tosco-emiliane, con piatti a base di funghi, pasta fatta in casa e dolci casalinghi.

a Val di Luce Nord : 8 km – ✉ 51021 Abetone

Val di Luce Resort cam, rist,
via Val di Luce 22 – ✆ 0 57 36 09 61 – www.valdilucesparesort.it – Aperto 1° dicembre-30 aprile e 1° luglio-30 settembre
43 suites – 150/400 € – 34 cam **Rist** – Menu 25/60 €
Charme in stile alpino per questo resort ai piedi della pista della Val di Luce: camere ampie (alcune sono veri e propri mini-appartamenti dotati di angolo cottura) e centro benessere con piccola piscina sotto una piramide a vetri, che lascia intravedere scorci di cielo.

ABTEI = BADIA

ACCESA (Lago di) ➔ Vedere Massa Marittima

Grosseto

ACI CASTELLO

Sicilia – Catania (CT) – ✉ 95021 – 18 039 ab. – Carta regionale n° **30-D2**
Catania 11 km – Enna 92 km – Messina 92 km – Palermo 226 km
Carta stradale Michelin 365-AZ58 – Guida Verde Michelin SICILIA

President Park Hotel rist,
via Vampolieri 49, Ovest : 1 km – ✆ 09 57 11 61 11 – www.presidentparkhotel.com
96 cam – 65/136 € 95/190 €
Rist *Il Gattopardo* – Carta 35/55 €
In posizione elevata, a monte della località, hotel dalla particolare struttura semicircolare che abbraccia la piscina. Sala da pranzo d'impostazione moderna.

a Cannizzaro Sud : 2,5 km – ✉ 95021

Sheraton Catania Hotel cam,
via Antonello da Messina 45 – ✆ 09 57 11 41 11 – www.sheratoncatania.com
169 cam – 90/176 € 100/236 € – **7 suites**
Rist *Il Timo Gourmet* – ✆ 09 57 11 47 64 – Carta 34/68 € – *(chiuso domenica)*
Lungo la litoranea, un hotel di classe che si distingue per la ricettività alberghiera dal confort elevato e la ben organizzata attività congressuale: suggestiva hall, ampie camere e bella piscina. Piatti stagionali di matrice mediterranea e qualche spunto moderno al Timo Gourmet.

ACIREALE

Sicilia – Catania (CT) – ✉ 95024 – 51 402 ab. – Alt. 161 m
– Carta regionale n° **30-D2**
Catania 21 km – Palermo 227 km – Messina 85 km – Siracusa 76 km
Carta stradale Michelin 365-BA58 – Guida Verde Michelin SICILIA

Grande Albergo Maugeri

piazza Garibaldi 27 – ✆ 0 95 60 86 66 – www.hotel-maugeri.it
59 cam – 55/110 € 55/200 € **Rist** – Carta 25/49 €
Comodo per chi vuole dedicarsi allo shopping, così come alla visita del centro storico, è un albergo di tradizione che offre camere comode ed accoglienti. La cucina tipica dell'isola presso il ristorante.

Santa Caterina

cam, cam,

via Santa Caterina 42/b Acireale – ✆ 09 57 63 37 35
– www.santacaterinahotel.com
23 cam – 49/109 € 59/199 €
Rist *Aquadelferro* – Carta 30/66 € – *(solo a cena)*
Piccola, quanto piacevole, struttura in posizione leggermente elevata rispetto al mare, su cui si affacciano la maggior parte delle camere. Sul retro c'è la ferrovia, ma non se ne avverte la presenza. Cucina siciliana, wine bar e pizzeria, sono gli atout del ristorante Aquadelferro.

ACQUAFREDDA → Vedere Maratea

Potenza (PZ)

ACQUALAGNA

Pesaro e Urbino (PU) – ✉ 61041 – 4 460 ab. – Alt. 204 m – Carta regionale n° **20-B1**
Roma 252 km – Rimini 93 km – Ancona 101 km – Pesaro 56 km
Carta stradale Michelin 563-L20

a Furlo Nord-Est : 4 km – ✉ 61041

Anticofurlo con cam

rist,

via Furlo 66 ✉ 61041 Acqualagna – ✆ 07 21 70 00 96 – www.anticofurlo.it
– Chiuso 10-20 gennaio
7 cam – 45/55 € 70/98 €
Menu 25 € (pranzo in settimana)/49 € – Carta 36/69 € – *(chiuso lunedì sera, martedì escluso agosto e ottobre-novembre)* (consigliata la prenotazione)
Locale dall'atmosfera informale, ma nel piatto la creatività fa "vibrare" i tradizionali sapori regionali. Imperdibile il rito dell'aperitivo, che si consuma nella caratteristica grotta scavata nella roccia. Confort moderno e mobili antichi nelle camere rinnovate.

ACQUANEGRA SUL CHIESE

Mantova (MN) – ✉ 46011 – 3 016 ab. – Alt. 31 m – Carta regionale n° **17-C3**
Roma 498 km – Parma 50 km – Mantova 33 km – Brescia 59 km
Carta stradale Michelin 561-G13

verso Calvatone Sud : 2 km

Trattoria al Ponte

via Ponte Oglio 1312 ✉ 46011 Acquanegra sul Chiese – ✆ 03 76 72 71 82
– Chiuso gennaio e luglio
Menu 15 € (pranzo) – Carta 30/41 € – (consigliata la prenotazione)
Specialità del territorio, elaborate partendo da ottime materie prime, in un'accogliente trattoria a pochi metri dal ponte sull'Oglio e dall'interessante rapporto qualità/prezzo. Frittura di saltarei e zucchine, tra gli imperdibili del menu.

ACQUAPARTITA → Vedere Bagno di Romagna

Forlì-Cesena (FC)

ACQUAPENDENTE

Viterbo (VT) – ✉ 01021 – 5 619 ab. – Carta regionale n° **12-A1**
Roma 145 km – Viterbo 52 km – Orvieto 27 km – Todi 69 km
Carta stradale Michelin 563-N17

a Trevinano Nord-Est : 15 km – ✉ 01020

B&B L'Albero Bianco senza rist
località l'Albero Bianco 8/a, Sud-Ovest : 4 km – ✆ 33 94 09 63 03 – www.alberobianco.com
5 cam – 50/60 € 70/80 €
Sulla sommità di una collinetta - in posizione tranquilla e panoramica - bellissimo bed and breakfast aperto da un'intraprendente coppia di coniugi romani. Ricca prima colazione con prodotti di qualità e camere accoglienti a prezzi interessanti. Sembra un sogno, ma è realta!

La Parolina (De Cesare e Gordini) con cam
via Giovanni Pascoli s.n. – ✆ 07 63 71 71 30 – www.laparolina.it – Chiuso martedì, anche lunedì in ottobre-maggio
2 cam – 90 € 110 € Menu 60/90 € – Carta 58/95 €
Colline a perdi vista: la Parolina è immersa nel più romantico paesaggio campestre, mentre la sua cucina unisce influenze romane e spunti romagnoli, carni toscane e qualche proposta di mare, sempre in bilico fra tradizione e rivisitazione.
➜ Cappelletti di cinta senese in brodo fumé. Spiedo di piccione e foie gras. Fondente al cioccolato.

ACQUARIA ➜ Vedere Montecreto
Modena (MO)

ACQUI TERME
Alessandria (AL) – ✉ 15011 – 20 238 ab. – Alt. 156 m – Carta regionale n° **23**-C3
Roma 574 km – Alessandria 38 km – Genova 75 km – Asti 45 km
Carta stradale Michelin 561-H7

Roma Imperiale rist,
via passeggiata dei Colli 1 – ✆ 01 44 35 65 03 – www.roma-imperiale.com
17 cam – 70/90 € 95/165 € – **8 suites**
Rist – Carta 30/45 € – (consigliata la prenotazione)
L'altisonanza del nome è del tutto meritata: il parco secolare, le lussuose camere, gli stucchi veneziani del bar, il moderno ascensore panoramico che tuttavia non stride con le linee classiche della struttura. Tutto concorre a rendere il soggiorno una parentesi memorabile nel turbinio della vita moderna.

Grand Hotel Nuove Terme cam, rist,
piazza Italia 1 – ✆ 0 14 45 85 55 – www.grandhotelacquiterme.it
138 cam – 90/115 € 140/190 € – **3 suites** **Rist** – Menu 30 €
Ritornato al suo antico splendore, un palazzo in stile liberty del 1892 offre camere sufficientemente ampie con arredi classici, capiente sala convegni, attrezzature termali. Varie salette ristorante, cucina basata su preparazioni classiche.

Acqui rist,
corso Bagni 46 – ✆ 01 44 32 26 93 – www.hotelacqui.it – Aperto 5 aprile-30 novembre
30 cam – 69/75 € 100/110 € – **8 suites** **Rist** – Menu 25 €
Hotel dagli ambienti signorili e dal confort omogeneo. All'ultimo piano dell'edificio: piccolo, ma attrezzato beauty-center per trattamenti e cure estetiche. Il ristorante propone una cucina nazionale per tutti i gusti.

Ariston cam, rist,
piazza G. Matteotti 13 – ✆ 01 44 32 29 96 – www.hotelariston.net – Chiuso 8 dicembre-1° marzo
36 cam – 56 € 80 €, 9 € – **2 suites** **Rist** – Menu 20 €
Albergo a gestione diretta, ristrutturato nel corso degli ultimi anni; classici interni nelle tonalità del legno e del nocciola, camere piacevolmente arredate.

I Caffi (Bruna Cane)

via Scatilazzi 15 – 01 44 32 52 06 – www.icaffi.it – Chiuso 15 giorni in gennaio, 15 giorni in agosto, domenica e lunedì

Menu 45/55 € – Carta 45/82 € – *(solo a cena)* (consigliata la prenotazione)

Rist *Brasserie* –Menu 26 € – Carta 22/47 €

Al 1° piano d'un palazzo cinquecentesco del centro storico, due anime formano un solo locale. La sala gourmet è apparecchiata nell'affrescata "stanza del sindaco" dove si assaggia un'elegante versione di cucina piemontese. La Brasserie, nella sala accanto, è più semplice, aperta anche a pranzo ma con griglia accesa solo la sera.

→ Insalatina di stagione con petto di quaglia. Carré d'agnello al forno. Tortino al fondente e gelato di lavanda.

Enoteca La Curia

via alla Bollente 72 – 01 44 35 60 49 – www.enotecalacuria.com – Chiuso lunedì

Menu 20 € (pranzo)/60 € – Carta 48/88 €

Sotto volte in mattoni, cucina piemontese accompagnata da un'ampia scelta di vini (i titolari gestiscono anche l'ottima enoteca adiacente): ambiente rustico-elegante per questo piacevole locale del centro.

ACRI

Cosenza (CS) – ✉ 87041 – 21 303 ab. – Alt. 720 m – Carta regionale n° **5-A1**

Roma 560 km – Cosenza 44 km – Taranto 168 km

Carta stradale Michelin 564-I31

Al Carpaccio Ⓝ

Contrada Cocozzello 197/D, Ovest : 9 km – 09 84 94 92 05 – www.ilcarpaccio.it – Chiuso lunedì e domenica sera

Menu 35/60 € – Carta 24/55 €

Ristorante di tradizione familiare che il recente rinnovo ha dotato di una bella sala-veranda affacciata sulla vallata; specialità tipiche calabresi, pesce su prenotazione ed una buona cantina ne fanno un valido indirizzo.

ACUTO

Frosinone (FR) – ✉ 03010 – 1 937 ab. – Alt. 724 m – Carta regionale n° **13-C2**

Roma 83 km – Frosinone 36 km – Avezzano 73 km – Latina 88 km

Carta stradale Michelin 563-Q21

Colline Ciociare (Salvatore Tassa)

via Prenestina 27 – 0 77 55 60 49 – www.salvatoretassa.it – Chiuso domenica sera, martedì a mezzogiorno e lunedì

Menu 75/95 €

Rist *Nù* –Carta 25/40 €

Scelta ridotta, ma fantasia infinita: dalla tradizione ciociara agli accostamenti più audaci, pochi piatti vi aprono un universo, quello di un cuoco-poeta. Al moderno bistrot Nù, regnano invece la tradizione e l'omaggio alle ricette storiche dello chef.

→ Chevice (ricetta a base di pesce e frutti di mare) di pesto e lime, frutti di mare e gambero rosso affumicati al pino. Tagliolino mantecato. Wafer con crema al caramello e gelato moka e cardamomo.

ADRIA

Rovigo (RO) – ✉ 45011 – 20 211 ab. – Carta regionale n° **40-C3**

Roma 478 km – Padova 65 km – Rovigo 23 km – Venezia 65 km

Carta stradale Michelin 562-G18

Stella D'Italia senza rist

Viale Umberto Maddalena, 4 – 04 26 90 24 57 – www.hotelstelladitalia-adria.it

35 cam – †80/100 € ††100/150 €

In comoda posizione tra centro storico e stazione, boutique hotel ricavato dalla ristrutturazione - all'insegna del moderno design - di una villa liberty. Non partite senza aver fatto due passi nelle belle strade di questa etrusca località.

Mansarda e Minuetto senza rist

corso della Fossa 9 – ✆ 04 26 90 02 96 – www.albergominuettoadria.it

12 cam ☐ – †60/70 € ††80/90 € – **4 suites**

La risorsa si compone di due strutture distinte, stilisticamente agli antipodi: arredi moderni e di tendenza nel nuovo albergo Minuetto, mobili rustici e camere caratterizzate da imponenti travi a vista nell'ottocentesca villa Mansarda. In comune, l'affaccio su un grazioso cortile.

Molteni con cam

via Ruzzina 2/4 – ✆ 0 42 64 25 20 – www.albergomolteni.it
– Chiuso 23 dicembre-6 gennaio e 9-17 agosto

8 cam ☐ – †50/60 € ††85 €

Carta 33/77 € – *(chiuso sabato a mezzogiorno e domenica sera, anche domenica a mezzogiorno in giugno-settembre)*

Arredi e camere semplici in questo ristorante felicemente posizionato nel centro storico, in riva al Canal Bianco: si punta tutto sulla tradizione (quasi centenaria) e sul buon pesce.

ADRO

Brescia (BS) – ✉ 25030 – 7 089 ab. – Alt. 271 m – Carta regionale n° **19-D1**
Roma 577 km – Milano 74 km – Brescia 32 km – Bergamo 28 km
Carta stradale Michelin 561-F11

a Torbiato Sud-Est: 4 km – ✉ 25030

Dispensa Pani e Vini Franciacorta

via Principe Umberto 23 – ✆ 03 07 45 07 57 – www.dispensafranciacorta.com
– Chiuso domenica sera e lunedì

Carta 42/100 €

La formula è quanto mai moderna: in sala, servizio classico e piatti locali rivisitati con intelligenza. Al bancone: ci si diverte a tutte le ore del giorno con simpatici assaggi della materia prima (pasta, formaggi, salumi, etc.) utilizzata dall'esperto chef.

AFFI

Verona (VR) – ✉ 37010 – 2 313 ab. – Alt. 191 m – Carta regionale n° **39-A2**
Roma 518 km – Verona 31 km – Brescia 64 km – Mantova 57 km
Carta stradale Michelin 561-F14

Locanda Moscal con cam

via Pigna 1 – ✆ 04 56 26 03 09 – www.moscal.it – Chiuso novembre

6 cam ☐ – †60/70 € ††80/90 €

Menu 16 € (pranzo in settimana) – Carta 28/55 € – *(chiuso lunedì)*

Gnocchi di patate con persico del Garda, broccoli e peperoncino oppure lavarello in crosta di pane alle erbe? E se per finire optassimo per un gelato alle fave di Tonka? Sicuramente non sbaglieremmo, perchè le proposte di questa vivace e moderna locanda di paese non smettono di conquistare i suoi ospiti.

in prossimità casello autostradale A22 Affi Lago di Garda Sud Est : 1 km

Park Hotel Affi (N)

via Crivellin 1 A ✉ 37010 – ✆ 04 57 23 56 50 – www.cithotels.com

105 cam ☐ – †78/120 € ††90/160 € – **6 suites** **Rist** – Carta 22/50 €

Chi viaggia per affari apprezzerà la sua comoda ubicazione stradale, nonché le sue ampie, confortevoli, camere, ma anche la giovane e dinamica gestione.

AGAZZANO

Piacenza (PC) – ✉ 29010 – 2 054 ab. – Alt. 187 m – Carta regionale n° **8-A2**
Roma 537 km – Piacenza 25 km – Parma 87 km – Milano 77 km
Carta stradale Michelin 562-H10

Antica Trattoria Giovanelli
via Centrale 5, località Sarturano, Nord : 4 km – ✆ 05 23 97 51 55 – www.anticatrattoriagiovanelli.it – Chiuso 2 settimane in febbraio, 2 settimane in agosto, mercoledì sera, domenica sera e lunedì
Carta 23/37 € – (consigliata la prenotazione)
In una piccola frazione di poche case in aperta campagna, una trattoria che esiste da sempre, dove gustare genuine specialità piacentine; grazioso cortile per servizio estivo.

AGGIUS

Sardegna – Olbia-Tempio (OT) – ✉ 07020 – 1 602 ab. – Alt. 514 m – Carta regionale n° **28-B1**
Cagliari 258 km – Olbia 51 km – Sassari 74 km
Carta stradale Michelin 366-P38

Agriturismo Il Muto di Gallura cam,
località Fraiga, Sud : 1 km – ✆ 0 79 62 05 59 – www.mutodigallura.com
15 cam – 52/58 € 84/96 €
Rist – Carta 21/34 € – *(chiuso martedì in bassa stagione)* (prenotare)
Per chi non cerca confort alberghieri, il nome di un bandito romantico per uno "stazzu" (fattoria) tra querce da sughero, dove effettuare gite a cavallo in paesaggi di rara suggestione, ma anche una piccola remise en forme grazie alla nuova zona benessere. In sala da pranzo, tanto legno ed i prodotti tipici del territorio, dal cinghiale alla zuppa gallurese.

AGLIENTU

Sardegna – Olbia-Tempio (OT) – ✉ 07020 – 1 180 ab. – Carta regionale n° **28-B1**
Cagliari 275 km – Olbia 75 km – Sassari 90 km
Carta stradale Michelin 366-P37

Turismo Rurale Santa Maria
località Larinzeddu, Ovest : 10 Km – ✆ 0 79 60 30 21 – www.hotelsantamariavignola.it – Aperto 1° aprile-31 ottobre
21 cam – 35/80 € 45/120 €
Rist – Carta 21/44 € – *(solo a cena)* (prenotazione obbligatoria)
Atmosfera informale in un ex edificio rurale, riconvertito in albergo, con camere dagli arredi in ferro battuto e legno. La tranquillità regna sovrana: la risorsa si trova, infatti, fuori dal centro abitato, lungo una stradina di campagna, in posizione leggermente sopraelevata e panoramica.

AGNONE

Isernia (IS) – ✉ 86081 – 5 177 ab. – Alt. 830 m – Carta regionale n° **2-C3**
Roma 222 km – Campobasso 84 km – Isernia 43 km – Chieti 94 km
Carta stradale Michelin 564-B25

sulla strada statale 86 Km 34 Sud-Ovest : 15 km :

Agriturismo Selvaggi cam,
località Staffoli Str.Prov. Montesangrina km 1 ✉ 86081 Agnone – ✆ 0 86 57 71 77 – www.staffoli.it – Chiuso 15 giorni in novembre
15 cam – 40/50 € 55/65 €
Rist – Carta 18/27 € – *(chiuso lunedì e martedì in inverno)* (consigliata la prenotazione)
Un soggiorno a contatto con la natura in una fattoria del 1720, restaurata: allevamento di bovini e ovini, produzione di salumi, escursioni a cavallo; camere accoglienti.

AGRIGENTO

Sicilia – ✉ 92100 – 58 063 ab. – Alt. 230 m – Carta regionale n° **29-B2**
Caltanissetta 55 km – Palermo 127 km – Enna 88 km
Carta stradale Michelin 365-AQ60 – Guida Verde Michelin SICILIA

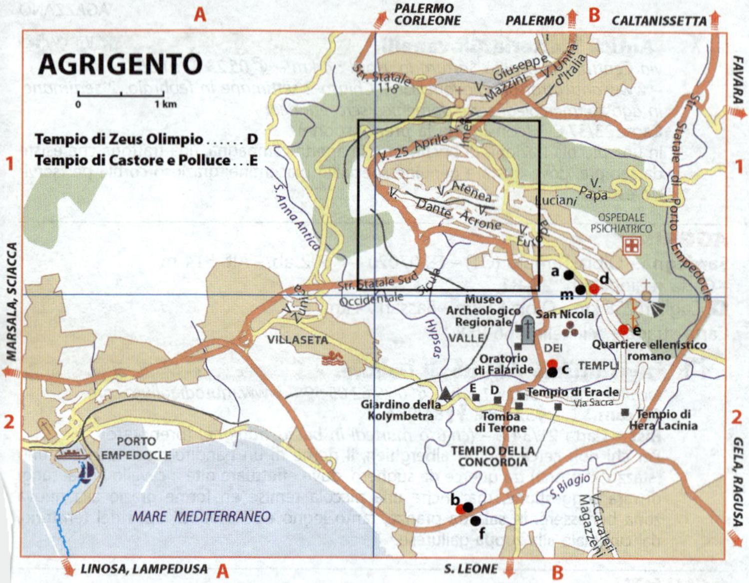

Villa Athena

via passeggiata Archeologica 33 – ✆ 09 22 59 62 88 – www.hotelvillaathena.it Pianta : B2**c**

27 cam ☕ – †130/240 € ††150/390 € – **6 suites**

Rist *Il Granaio di Ibla* – vedere selezione ristoranti

Flessuose palme svettano nel giardino-agrumeto, dove sono collocate la piscina e la villa del Settecento che ospita questa risorsa dalle splendide camere e dalla proverbiale vista sui celebri tempi.

Della Valle

via Ugo La Malfa – ✆ 0 92 22 69 66 – www.hoteldellavalle.com Pianta : B1**a**

cam, cam, rist,

110 cam ☕ – †79/89 € ††89/99 € – **3 suites** **Rist** – Carta 28/57 €

Al limitare del centro e sulla strada per il tour dei templi, due imponenti edifici "nascondono" sul retro un bel giardino a macchia mediterranea, dove primeggia una piscina-solarium per momenti di totale relax. All'interno, spazi generosi - anche nelle accoglienti camere – ed un'elegante spa aperta anche agli esterni.

Colleverde Park Hotel

via dei Templi – ✆ 0 92 22 95 55 – www.colleverdehotel.it Pianta : B1**m**

cam, rist,

48 cam ☕ – †70/120 € ††90/160 €

Rist *Lumie di Sicilia* – Carta 25/49 € – *(solo a cena)*

Tra la zona archeologica e la città, edificio moderno dagli accoglienti e colorati salotti. Camere variamente arredate, alcune in stile siciliano: possibilmente, optare per quelle con vista sulla Valle dei Templi, la stessa che si gode dal dehors del ristorante (specialità regionali).

Antica Foresteria Catalana senza rist

piazza Lena 5 – ✆ 0 92 22 04 35 – www.albergoanticaforesteriacatalana.com Pianta : C1**c**

9 cam – †40/45 € ††65/75 €, ☕ 3 €

Poco lontano dal Duomo e dal teatro Pirandello, una piccola risorsa ideale per vivere il centro storico: gli spazi sono stati ricavati dalla ristrutturazione di un palazzo d'epoca ed offrono un discreto confort.

Il Granaio di Ibla – Hotel Villa Athena

XXX

via Passeggiata Archeologica 33 – ✆ 09 22 59 62 88 – www.hotelvillaathena.it
Pianta : B2**c**

Menu 80/100 € – Carta 42/74 €

Se la fama di Agrigento è quasi esclusivamente legata alla zona archeologica, vale invece la pena di scoprire anche la sua tavola. Al Granaio di Ibla la vista si posa sul tempio della Concordia e sulla valle dei Templi, mentre vini isolani e piatti locali - reinterpretati in chiave fantasiosa - "intrattengono" l'ospite. In alternativa, a pranzo, c'è anche una carta light.

Trattoria dei Templi

XX

via Panoramica dei Templi 15 – ✆ 09 22 40 31 10 – www.trattoriadeitempli.com – Chiuso domenica
Pianta : B1**d**

Carta 24/60 €

Nient'altro che specialità di mare, fresco e di preparazione classica. Altrettanto valida la gestione che vanta una lunga esperienza nel campo dellla ristorazione.

Re di Girgenti

X

via Panoramica dei Templi 51 – ✆ 09 22 40 13 88 – www.ilredigirgenti.it – Chiuso martedì
Pianta : B2**e**

Carta 29/58 €

Solo etichette regionali nella carta dei vini, ma anche la cucina non si scosta dall'isola, in questo locale giovane e alla moda, che osa giocare con inserti arabeggianti e la magia della vista sui templi.

Osteria Expanificio
piazza Sinatra 16 – ✆ 09 22 59 53 99 Pianta : C1**a**
– www.osteriaexpanificio.it
Carta 23/50 €
L'insegna non mente: il ristorante occupa realmente gli ambienti di un ex panificio, mentre la cucina offre specialità siciliane ottimamente interpretate. Un esempio? Busiate al pesto siciliano (pasta fresca, mandorle, pistacchio e gamberi). Graziosa la piazzetta su cui cenare.

sulla strada statale 115 Ovest : 3 km per Marsala-Sciacca

Demetra Resort cam, rist,
Via Limoni di Piemonte, Contrada Forgia ✉ 92100 Pianta : B2**f**
– ✆ 09 22 59 89 14 – www.demetraresort.it – Aperto 1° aprile-31 ottobre
23 cam – 59/259 € 69/329 € **Rist** – Carta 23/57 € – *(solo a cena)*
Situato all'interno del Parco Archeologico della Valle dei Templi il Demetra Resort nasce dal recupero architettonico di un antico casale: calda atmosfera nelle camere e dalla torretta che ospita due stanze, la vista si bea del profilo degli antichi monumenti.

a San Leone Sud : 7 km Pianta : B – ✉ 92100 Agrigento

Dioscuri Bay Palace rist,
lungomare Falcone-Borsellino 1 – ✆ 09 22 40 61 11 – www.dioscurihotel.it
– Chiuso 1° gennaio-18 marzo
102 cam – 69/259 € 79/359 € **Rist** – Carta 23/57 € – *(solo a cena)*
Hotel ricavato da una ex colonia estiva degli anni '50, risulta oggi una risorsa funzionale e moderna, molto comoda per chi viene ad Agrigento per lavoro e può così risparmiarsi lo stress di girare in macchina nel centro. In più si trova sul lungomare quindi - quando il tempo lo permette - si può assistere a tramonti di tipo africano. Sempre, invece, la vista panoramica sui templi.

Baia di Ulisse rist,
Via Alaimo, 2, Est : 3 Km – ✆ 09 22 41 76 38 – www.baiadiulisse.com
90 cam – 85/120 € 120/190 € – **2 suites**
Rist – Carta 34/53 € – *(chiuso novembre-febbraio) (solo a cena)*
In posizione panoramica, ampie camere, nonché accesso diretto alla spiaggia privata, per questa signorile struttura circondata da una fresca pineta e dotata di un attrezzato centro benessere (a pagamento) con zona umida ed area trattamenti-massaggi.

AGROPOLI

Salerno (SA) – ✉ 84043 – 20 911 ab. – Carta regionale n° **7-C3**
Roma 319 km – Salerno 58 km – Battipaglia 33 km – Avellino 89 km
Carta stradale Michelin 564-F26

Il Ceppo
via Madonna del Carmine 31, Sud-Est : 1,5 km – ✆ 09 74 84 30 44
– www.hotelristoranteilceppo.com – Chiuso 2 settimane in novembre
20 cam – 40/65 € 64/95 €
Rist *Il Ceppo* – vedere selezione ristoranti
Situato di fronte all'omonimo ristorante, piccolo albergo a conduzione familiare con piacevoli zone comuni dai colori caldi. Camere confortevoli e funzionali.

La Colombaia
via Piano delle Pere, Sud : 2 km – ✆ 09 74 82 18 00 – www.lacolombaiahotel.it
– Chiuso gennaio-febbraio
11 cam – 50/70 € 70/100 € – **2 suites**
Rist – Carta 16/33 € – *(solo a cena) (solo per alloggiati)*
In quieta posizione panoramica, bella villa di campagna ristrutturata, dotata di terrazza-giardino con piscina; accoglienti e ben curate sia le camere che le zone comuni.

Il Cormorano

via C. Pisacane 13, al Porto – ✆ 09 74 82 39 00 – www.ristoranteilcormorano.it – Chiuso mercoledì escluso maggio-settembre
Carta 28/68 €
Caratteristica atmosfera marinara in un ambiente curato ed accogliente, dove gustare pesce fresco e piatti locali serviti anche sull'incantevole terrazza.

Il Ceppo – Hotel il Ceppo

via Madonna del Carmine 31, Sud-Est : 1,5 km – ✆ 09 74 84 30 36 – www.hotelristoranteilceppo.com – Chiuso 2 settimane in novembre e lunedì
Menu 18/55 € – Carta 22/65 €
Appena fuori dalla località, ristorante con pizzeria serale: tre sale classiche con tocchi di rusticità, bianche pareti e pavimenti in cotto. La cucina profuma di mare.

AHRNTAL = VALLE AURINA

ALAGNA VALSESIA

Vercelli (VC) – ✉ 13021 – 427 ab. – Alt. 1 191 m – Carta regionale n° **22-B1**
Roma 722 km – Novara 95 km – Varese 124 km – Vercelli 107 km
Carta stradale Michelin 561-E5

Cristallo

piazza Degli Alberghi – ✆ 01 63 92 28 22 – www.hotelcristalloalagna.com – Chiuso novembre e maggio
17 cam – †180/260 € ††180/260 € – **2 suites**
Rist *Pressmel* – vedere selezione ristoranti
Albergo centralissimo, totalmente ristrutturato, con ampie stanze dai colori brillanti, citazioni etniche ed elementi in tipico stile walser. Ciliegina sulla torta: il piccolo centro benessere con piscina.

Montagna di Luce

frazione Pedemonte 16 – ✆ 01 63 92 28 20 – www.montagnadiluce.it – Chiuso 3-26 giugno e 1°-30 ottobre
8 cam – †50/85 € ††100/140 € **Rist** – Carta 22/55 €
Poco lontana dal centro, in una piccola frazione che conserva intatta l'atmosfera tipica di queste montagne, una caratteristica baita Walser ristrutturata per offrire il meglio del confort moderno. Pietra a vista e rivestimenti in legno nell'originale ristorante, dove assaporere piatti legati al territorio.

B&B Casa Prati senza rist

frazione Casa Prati 7 – ✆ 01 63 92 28 02 – www.zimmercasaprati.com – Chiuso 2 settimane in giugno
6 cam – †67/82 € ††90/110 €
Dalla totale ristrutturazione di una casa colonica, una piacevole risorsa in tipico stile montano dotata di camere molto graziose e di un appartamento (ideale per famiglie). L'accoglienza eccelle per cordialità.

Pressmel – Hotel Cristallo

piazza Degli Alberghi – ✆ 01 63 92 28 22 – www.hotelcristalloalagna.com – Chiuso novembre, aprile e maggio
Carta 36/70 € – *(solo a cena)* (consigliata la prenotazione)
All'interno dell'hotel Cristallo, ma con ingresso indipendente, un locale luminoso, dai toni caldi, dove le pareti colore salmone si armonizzano con il legno del decorativo soffitto a spioventi e travi a vista. Cucina di taglio contemporaneo, curata nelle presentazioni.

ALASSIO

Savona (SV) – ✉ 17021 – 10 947 ab. – Carta regionale n° **14-B2**
Roma 600 km – Imperia 26 km – Savona 54 km – Genova 101 km
Carta stradale Michelin 561-J6

Grand Hotel Alassio

via Gramsci 2 – 01 82 64 19 10 Pianta : B1**h**
– www.grandhotelalassio.com – Chiuso gennaio-febbraio
54 cam – 178/598 € 178/598 € – **7 suites**
Rist – Carta 42/98 € – *(chiuso da inzio novembre ad inizio marzo)*
Storico albergo della città "restituito" alla sua funzione originaria: salvaguardata l'architettura esterna, i suoi interni sfoggiano uno stile contemporaneo, minimalista e fresco. Tra i must, il centro talassoterapico con piscina di acqua di mare. Cene romantiche nel bel dehors o nel gazebo a palafitta sulla spiaggia.

C'é categoria e categoria! Non aspettatevi lo stesso servizio in un ristorante o in un albergo rispetto ad un o ad un .

Villa della Pergola

via Privata Montagù 9/1 – ✆ 01 82 64 61 30 Pianta : AB1**d**
– www.villadellapergola.com – Chiuso novembre e febbraio
8 cam ☕ – 🚹270/850 € 🚹🚹270/850 € – **5 suites**
Rist – Carta 46/132 € – *(chiuso lunedì, martedì e mercoledì in inverno) (solo a cena) (solo per alloggiati)*
Sulla collina che domina la città ed il golfo, due ville di fine '800 immerse in un ampio parco di flora mediterranea, con laghetti, fontane e pergole: gli ambienti sono ricchi di personalità, la camere scrigni di raffinatezza. L'eleganza dell'epoca vittoriana sembra essere tornata!

Grand Hotel Méditerranée

cam, rist,

via Roma 63 – ✆ 01 82 64 25 64 Pianta : A2**b**
– www.hotelmediterraneealassio.it – Chiuso novembre e dicembre
96 cam ☕ – 🚹65/150 € 🚹🚹105/290 € **Rist** – Menu 25/40 €
Imponente edificio di fine '800, incorniciato dal verde e dotato di un grande arenile privato, centro benessere e raffinate camere (panoramiche le junior suite all'ultimo piano). Piatti nazionali da gustare nell'ampia sala da pranzo o al ristorante a buffet sulla spiaggia.

Ligure

cam, rist,

passeggiata D. Grollero 25 – ✆ 01 82 64 06 53 Pianta : A2**d**
– www.ligurealassio.it – Chiuso 20 ottobre-22 dicembre
46 cam ☕ – 🚹95/225 € 🚹🚹130/300 € – **3 suites** **Rist** – Carta 38/90 €
Antistante il molo e attiguo al celebre "budello", cuore commerciale della città, albergo rinnovato totalmente con un elegante centro benessere e camere moderne, attrezzate nei confort.

Grand Hotel Spiaggia

via Roma 78 – ✆ 01 82 64 34 03 – www.spiaggiahotel.it Pianta : A2**c**
– Chiuso 11 ottobre-23 dicembre
88 cam – 🚹130/200 € 🚹🚹150/390 €, ☕ 15 € **Rist** – Carta 30/35 €
Distinto hotel in stile contemporaneo, con interni signorili e camere confortevoli; suggestiva piscina su terrazza panoramica per nuotare godendo di una splendida vista. Il mare si lascia contemplare anche dalle vetrate ad arco della sala da pranzo.

Savoia

rist,

via Milano 14 – ✆ 01 82 64 02 77 – www.hotelsavoia.it Pianta : B1**b**
– Chiuso da metà gennaio a metà febbraio
35 cam ☕ – 🚹75/160 € 🚹🚹95/220 € **Rist** – Carta 27/60 €
Camere rinnovate e ben accessoriate, nonché ambienti curati e di moderna concezione, in una struttura che offre il vantaggio di trovarsi direttamente sul mare... e l'acqua sembra lambire la sala ristorante, dove gustare i classici italiani.

Toscana

cam, rist,

via Dante Alighieri 83 – ✆ 01 82 64 06 57 Pianta : A2**h**
– www.hoteltoscanaalassio.it – Chiuso 10 ottobre-20 dicembre
59 cam ☕ – 🚹70/100 € 🚹🚹100/150 € – **9 suites** **Rist** – Carta 25/72 €
Un family hotel come molti di noi, partendo con bambini al seguito, avranno (invano) cercato almeno una volta nella vita. Completamente rinnovato e con una gestione intraprendente, l'albergo ha saputo dotarsi di una serie di servizi atti a soddisfare questo tipo di clientela. Non manca, tuttavia, una saletta riunioni ed una piccola zona benessere.

Regina

rist,

viale Hanbury 220 – ✆ 01 82 64 02 15 – www.reginahotel.it Pianta : B1**s**
– Aperto 1° aprile-2 novembre
42 cam ☕ – 🚹100/155 € 🚹🚹130/300 € **Rist** – Carta 28/87 €
In riva al mare, albergo particolarmente adatto per le famiglie: colori caldi negli spazi comuni, terrazza solarium con vasca idromassaggio e zona benessere. Presso la sobria sala ristorante, i sapori della cucina nazionale.

Corso

via Diaz 28 – ☎ 01 82 64 24 94 – www.hotelcorso.it – Chiuso 2 novembre-22 dicembre Pianta : A2**s**

45 cam – 65/110 € 85/160 € **Rist** – Menu 25 €

Uno degli alberghi più "cittadini" della località, sebbene a poche decine di metri dal mare, dispone di belle camere dallo stile contemporaneo e dalle moderne dotazioni.

Dei Fiori

viale Marconi 78 – ☎ 01 82 64 05 19 – www.hoteldeifiori-alassio.it Pianta : B1**c**

68 cam – 55/160 € 70/200 € – **2 suites** **Rist** – Carta 20/50 €

Nel centro della località, hotel di tradizione che si rinnova continuamente: moderna zona benessere, camere di differenti stili, signorili quelle recentemente ristrutturate.

Beau Rivage

via Roma 82 – ☎ 01 82 64 05 85 – www.hotelbeaurivage.it – Chiuso 15 ottobre-24 dicembre Pianta : A2**c**

20 cam – 66/117 € 128/180 €

Rist – Carta 35/62 € – *(chiuso dal 1° ottobre al 24 dicembre)*

Signorile, accogliente casa ottocentesca di fronte al mare con interni molto curati: piacevoli salottini con bei soffitti affrescati e camere semplici, ma molto graziose. Gradevole sala da pranzo.

Rosa

via Conti 10 angolo corso Diaz – ☎ 01 82 64 08 21 – www.hotelrosa.it – Chiuso 3-18 novembre Pianta : A2**e**

49 cam – 55/70 € 95/200 € – **3 suites**

Rist – Carta 42/66 € – *(chiuso lunedì e martedì, anche mercoledì e giovedì da ottobre a maggio) (solo per alloggiati)*

In posizione centrale, questo hotel a conduzione diretta dispone di camere di differenti tipologie e moderna zona benessere. In alta stagione, si amplia l'offerta del ristorante: nella sala o sulla terrazza panoramica, le proposte di pesce si fanno intriganti.

Danio Lungomare

via Roma 23 – ☎ 01 82 64 06 83 – www.hoteldaniolungomare.it – Chiuso 13 ottobre-26 dicembre Pianta : A2**x**

39 cam – 50/90 € 90/140 € **Rist** – Menu 20 €

Vi sembrerà quasi che la vostra camera sia sulla spiaggia in questo piccolo albergo familiare, ubicato proprio di fronte al mare: stanze essenziali e molto pulite, nonché tre luminose salette ristorante con servizio estivo all'aperto.

Lamberti

via Gramsci 57 – ☎ 01 82 64 27 47 – www.hotellamberti.it – Chiuso 15 novembre-4 dicembre Pianta : B1**y**

25 cam – 50/100 € 70/155 €, 15 €

Rist *Lamberti* – vedere selezione ristoranti

Rist *Il Lambertino* – Menu 50 €

A pochi passi dalle spiagge, un edificio degli anni '30 con camere spaziose e funzionali. Nelle cantine della casa, la proposta alternativa del Lambertino: salumi, formaggi e piatti di terra accompagnati da buon vino. In estate il servizio si sposta sulla terrazza superiore.

Sail-Inn

via Brennero 34 – ☎ 01 82 64 02 32 – Chiuso 7 gennaio-6 marzo e lunedì escluso giugno-15 settembre Pianta : A2**a**

Menu 27 € (in settimana) – Carta 30/75 €

All'inizio del pittoresco "budello", i recenti lavori di rinnovo hanno dato vita ad un piacevole locale, dove lo stile elegante si fonde mirabilmente con gli antichi ambienti. La cucina predilige sempre il mare, supportata da un'apprezzabile cantina: ora anche con mescita al calice. Bella veranda a pochi passi dalla spiaggia.

XX **Lamberti** - Hotel Lamberti

via Gramsci 57 – ✆ 01 82 64 27 47 Pianta : B1**y**
– www.ristorantelamberti.it – Chiuso 15 novembre-4 dicembre e lunedì escluso luglio-agosto
Carta 47/97 €
A pochi passi dal mare, in un edificio degli anni '30, la cucina propone piatti tradizionali e regionali elaborati partendo da un'accurata selezione di materie prime. Tra i must: il pesce.

XX **Panama**

via Brennero 35 – ✆ 01 82 64 60 52 Pianta : A2**g**
– www.panama.playrestaurant.it – Chiuso mercoledì escluso maggio-settembre
Menu 27 € (in settimana)/50 € – Carta 28/70 €
Lo stile provenzale ha trovato dimora tra le mura di questo grazioso locale, la cui location - a due passi dal mare - consente agli ospiti di cenare direttamente sulla spiaggia. Specialità ittiche.

XX **La Prua**

passeggiata Baracca 25 – ✆ 01 82 64 25 57 Pianta : B1**b**
– www.ristorantelaprua.it – Chiuso 7 gennaio-7 febbraio
Menu 45/70 € – Carta 44/139 €
Il menu predilige il pesce, ma annovera anche qualche piatto di terra, in eleganti salette ricavate negli ex depositi delle barche o nel suggestivo dehors direttamente sulla spiaggia.

X **Krua Siam & Midori**

via Volta 22 – ✆ 01 82 66 28 93 Pianta : A2**f**
Menu 12 € (pranzo)/35 € – Carta 33/53 €
In un vecchio carruggio, un angolo di Thailandia con luci soffuse, musica e cucina asiatica, piccante e speziata. Sushi, sashimi ed altri sapori nipponici si possono adesso gustare anche nella sala con nastro su cui scorrono all'infinito secondo la moda kaiten.

ALBA

Cuneo (CN) – ✉ 12051 – 30 925 ab. – Alt. 172 m – Carta regionale n° **34**-C2
Roma 644 km – Cuneo 64 km – Torino 77 km – Alessandria 67 km
Carta stradale Michelin 561-H6

Calissano cam, rist,

via Pola 8 – ✆ 01 73 36 48 55 – www.hotelcalissano.it
82 cam – †90/150 € ††110/150 € – **3 suites**
Rist – Carta 27/47 € – *(chiuso sabato) (solo a cena)*
A pochi minuti a piedi dal centro città, Calissano è una di quelle realtà moderne, di grande respiro e dai confort impeccabili, con ampie camere ben accessoriate e piacevoli spazi comuni. Un hotel funzionale, ideale per una clientela business.

I Castelli

corso Torino 14/1 – ✆ 01 73 36 19 78 – www.hotel-icastelli.com
87 cam – †70/100 € ††100/126 €
Rist *I Castelli* – vedere selezione ristoranti
Imponente complesso recente di moderna concezione in vetro e cemento, dotato di ogni confort e di camere accoglienti e spaziose; ideale per una clientela di lavoro.

Langhe senza rist

strada Profonda 21 – ✆ 01 73 36 69 33 – www.hotellanghe.it
25 cam – †65/78 € ††84/130 €
In posizione tranquilla, moderna risorsa con soluzioni design che piaceranno ai globetrotter (c'é anche una piccola piscina!). Tra le 12 e le 24: piatti freddi, caldi e dessert - accompagnati da vini regionali - serviti in camera o nella piccola hall.

Palazzo Finati senza rist
via Vernazza 8 – ✆ 01 73 36 63 24 – www.palazzofinati.it – Chiuso 24 dicembre-11 gennaio e 2 settimane in agosto
9 cam – 🚹120/200 € 🚹🚹150/240 €
Crema, vermiglio, indaco, eleganza delle forme e morbidezza dei tessuti: nell'ottocentesco palazzo del centro convivono una romantica storicità e l'attenzione per il dettaglio.

Agriturismo Villa la Meridiana-Cascina Reine senza rist
località Altavilla 9, Est : 1 km – ✆ 01 73 44 01 12 – www.villalameridianaalba.it
10 cam – 🚹75/85 € 🚹🚹90/110 €
Originale complesso agrituristico composto da una villa Liberty ed un attiguo cascinale: accoglienti interni e camere in stile. Esclusiva suite, dotata di una terrazza con splendida vista sui proverbiali vigneti locali. Relax allo stato puro.

Piazza Duomo
vicolo dell'Arco 1, angolo piazza Risorgimento 4 – ✆ 01 73 36 61 67 – www.piazzaduomoalba.it – Chiuso 20 dicembre-15 gennaio, 2 settimane in agosto, domenica e lunedì (solo lunedì dal 1° ottobre al 15 novembre)
Menu 150/200 € – Carta 112/193 € – (consigliata la prenotazione)
Un atelier gastronomico, dove lo chef, Enrico Crippa, celebra le Langhe secondo un'estetica ed una meticolosità nipponica. Eccellenze culinarie sfilano sulla tavola, reinterpretate con una creatività ai massimi livelli.
➜ Gnocchi di patate di Alta Langa, seirass del fen (formaggio piemontese). Agnello arrosto, camomilla, crema di latte di capra. Minestra di frutta e verdura.

Locanda del Pilone con cam
frazione Madonna di Como 34, (strada della Cicchetta), Sud-Est : 5 km – ✆ 01 73 36 66 16 – www.locandadelpilone.com – Chiuso 3 gennaio-15 marzo e 1 settimana in agosto
8 cam – 🚹135/205 € 🚹🚹185/235 € – **2 suites**
Menu 65/135 € – Carta 57/113 € – *(chiuso i mezzogiorno di martedì e mercoledì in ottobre-novembre, tutto il giorno negli altri mesi)*
In posizione dominante i celebri vigneti, nella calda, elegante, atmosfera di un'antica cascina piemontese, antichi soffitti a volta e il suggestivo panorama delle Alpi dalla Salle Napoléon. Mobili d'epoca offrono l'accoglienza, il fascino del vecchio nobile Piemonte; la cucina, il meglio dei suoi sapori.
➜ Spaghettoni di Gragnano all'aglio, olio e profumi del Mediterraneo. Scampi, patate alla vaniglia, cipollotti e salsa ai mirtilli. Le quattro variazioni dello yogurt.

Lalibera
via Pertinace 24/a – ✆ 01 73 29 31 55 – www.lalibera.com – Chiuso 15 giorni in febbraio, 15 giorni in agosto, lunedì a mezzogiorno e domenica
Carta 34/63 € – (consigliata la prenotazione)
Moderno e di design il locale, giovane ed efficiente il servizio. La cucina propone appetitosi piatti della tradizione piemontese: spesso rielaborati con tocchi di fantasia. Assai frequentato a pranzo.

Enoclub
piazza Savona 4 – ✆ 0 17 33 39 94 – www.enoclub.net – Chiuso lunedì
Menu 45/70 € – Carta 38/71 € – (consigliata la prenotazione)
RistCaffè *Umberto* –Carta 32/57 €
Un indirizzo che fa parlare molto di sé in città: in pieno centro, nelle antiche cantine di un palazzo di origini ottocentesche, atmosfera signorile e piatti langaroli. Informale come un bistrot, il Caffè Umberto propone invece una cucina più snella e solitamente d'impronta nazionale.

I Castelli – Hotel I Castelli
corso Torino 14/1 – ✆ 01 73 36 19 78 – www.hotel-icastelli.com – Chiuso 10 giorni in gennaio e 3 settimane tra luglio e agosto
Carta 23/46 € – *(solo a cena)*
Nella "città delle cento torri" e capitale del tartufo bianco, le vetrate di questo bel ristorante al roof garden lo cingono su tre lati e garantiscono una vista (quasi) a 360°. La sua cucina si basa sulla semplicità e sulla stagionalità dei prodotti locali dando vita a piatti della tradizione reinterpretati con gusto moderno.

Osteria dell'Arco

piazza Savona 5 – ✆ 01 73 36 39 74 – www.osteriadellarco.it – Chiuso domenica escluso ottobre-novembre
Menu 32 € (cena) – Carta 28/47 €
La cucina rispolvera i piatti del territorio, rivisitati con fantasia, in questo locale del centro affacciato su un cortile interno. Ambiente informale ed accogliente, con il vino in bella mostra.

La Piola (N)

piazza Risorgimento 4 – ✆ 01 73 44 28 00 – www.lapiola-alba .it – Chiuso gennaio e febbraio, domenica sera in ottobre e novembre, anche domenica a mezzogiorno e lunedì in giugno, luglio e agosto
Carta 29/54 € – (consigliata la prenotazione)
Affacciato sulla piazza principale anche con una bella veranda, l'atmosfera è informale, mentre il menu elenca su due grandi lavagne le specialità del territorio: ottimo il brasato di manzo al Barolo con polenta macinata a pietra.

ALBA

➜ Vedere Canazei
Trento (TN)

ALBA ADRIATICA

Teramo (TE) – ✉ 64011 – 11 680 ab. – Carta regionale n° **1-B1**
▶ Roma 207 km – Ascoli Piceno 40 km – Pescara 57 km – Teramo 39 km
Carta stradale Michelin 563-N23

Eden & Eden Park Hotel

cam, AC

lungomare Marconi 328 – ✆ 08 61 71 42 51 – www.hoteleden.it – Aperto 1°maggio-30 settembre
83 cam – 65/120 € 110/190 €
Rist – Carta 18/48 € – *(solo per alloggiati)*
In un'area che si estende dal lungomare fino all'interno, due strutture identiche nei servizi con camere distinte - invece - per tipologia: classiche all'Eden, più moderne al Park. E per gli incondizionati del pallone, un bel campo da calcetto (ma c'è anche un minigolf).

Doge

cam, AC cam, rist, P

lungomare Marconi 292 – ✆ 08 61 71 25 08 – www.hoteldoge.it – Aperto 15 maggio-15 settembre
60 cam – 40/100 € 60/120 € – **2 suites**
Rist – Menu 18/30 € – *(solo per alloggiati)*
Sarà un'accoglienza solare e sorridente a darvi il benvenuto in questa bella risorsa - comodamente sul lungomare - dalle camere arredate in stile coloniale e un ascensore panoramico con vista mozzafiato.

Majestic senza rist

AC P

via Molise 3 – ✆ 08 61 75 37 55 – www.majestichotel.net
32 cam – 45/60 € 70/90 €
Ubicato in posizione tranquilla leggermente arretrata rispetto al mare, edificio in mattoni con echi neoclassici offre camere belle e spaziose, molto ben accessoriate.

Boracay

cam, AC cam, P

via Cesare Battisti 171 – ✆ 08 61 71 36 12 – www.boracay.it – Aperto 23 maggio-12 settembre
51 cam – 82/180 € 82/180 € – **2 suites**
Rist – Menu 25 € – *(solo per alloggiati)*
Ci guadagna in tranquillità la posizione arretrata rispetto al mare di questa accogliente struttura dalle camere semplici e moderne ed una bella piscina per chi cerca un'alternativa alla spiaggia.

La Pergola senza rist

AC P

via Emilia 9 – ✆ 08 61 71 10 68 – www.hotelpergola.it – Aperto 1° aprile-30 settembre
9 cam – 40/55 € 66/98 € – **3 suites**
Lasciatevi coccolare dalla calda ospitalità di Denise e della sua piccola casa, approfittando della piacevole colazione sul terrazzino esterno in un ambiente di feeling internazionale.

Impero

lungomare Marconi 162 – ✆ 08 61 71 24 22 – www.hotelimpero.com – Aperto 18 maggio-20 settembre

60 cam – 70/110 € 80/150 € – **1 suite**

Rist – Carta 19/36 € – *(solo per alloggiati)*

Albergo tradizionale, a pochi metri dal mare, con accogliente hall dipinta e arredata nelle sfumature del rosso e del rosa e comode poltrone in stile; sala ristorante con ampia veduta.

Arca

viale Mazzini 109 – ✆ 08 61 71 46 47 – www.arcaristorante.it – Chiuso sabato a mezzogiorno e martedì

Menu 30/50 € – Carta 25/53 €

Splendida vetrata con cucina a vista, in un locale - moderno ed elegante - che segna una svolta nella routine gastronomica della costa abruzzese: mare o terra, ma anche piatti vegetariani, la qualità dei prodotti e la tecnica delle preparazioni sono ai vertici!

Il Palmizio

lungomare Marconi 160 – ✆ 08 61 75 13 39 – Chiuso 2 settimane in gennaio e lunedì a pranzo, anche domenica sera in autunno-inverno

Menu 25/35 € – Carta 32/85 €

L'Abruzzo - terra di contadini e pescatori - offre qui il migliore connubio: il pesce di giornata e i prodotti della terra, d'estate accompagnati da un bel servizio in terrazza con vista mare. Imperdibili gli antipasti, crudi e cotti.

ALBANO LAZIALE

Roma (RM) – ✉ 00041 – 38 983 ab. – Alt. 400 m – Carta regionale n° **12**-B2

Roma 27 km – Anzio 33 km – Frosinone 93 km – Latina 44 km

Carta stradale Michelin 563-Q19

Miralago

via dei Cappuccini 12, Nord-Est : 1,5 km – ✆ 0 69 32 10 18 – www.miralago-hotel.it

45 cam – 75/95 € 90/110 €

Rist ***Donna Vittoria*** – Menu 25/35 € – Carta 23/52 €

A pochi metri da uno scenografico belvedere sul lago Albano, classica struttura che presenta un'atmosfera più retrò negli interni, arredati con carta da parati e decorazioni british. La cucina, stagionale, è ovviamente laziale.

La Galleria di Sopra

via Leonardo Murialdo 9 – ✆ 0 69 32 27 91 – www.lagalleriadisopra.it – Chiuso 15-30 agosto e lunedì

Menu 30/45 € – Carta 39/75 € – *(solo a cena escluso i giorni festivi)*

Nella parte alta del paese, la sala principale dal soffitto a botte era un tempo il fienile di un convento di suore (la dimora confina tuttora con la tenuta papale di Castel Gandolfo). Oggi, due giovani fratelli s'ingegnano per svecchiare la cucina dei castelli. Pesce e carne in fantasiose interpretazioni.

ALBAREDO D'ADIGE

Verona (VR) – ✉ 37041 – 5 301 ab. – Carta regionale n° **39**-B3

Roma 497 km – Verona 36 km – Mantova 49 km – Vicenza 47 km

Carta stradale Michelin 562-G15

a Coriano Veronese Sud : 5 km – ✉ 37050

Locanda dell'Arcimboldo con cam

via Gennari 5 – ✆ 04 57 02 53 00 – www.locandadellarcimboldo.it

2 cam – 80/100 € 100/120 € – **2 suites** – 120/140 €

Carta 31/81 € – *(chiuso domenica sera e lunedì)*

Elegante casa dell'Ottocento ristrutturata e trasformata in una signorile locanda: particolarmente curate sia la sala che la veranda, dove potrete gustare saporiti piatti locali rivisitati e tante specialità di pesce. Sontuose le camere, arredate con raffinata ricercatezza.

ALBARETO

Parma (PR) – ✉ 43051 – 2 164 ab. – Carta regionale n° **8-A2**
Roma 479 km – Parma 79 km – La Spezia 81 km – Reggio nell'Emilia 110 km
Carta stradale Michelin 562-I11

Borgo Casale

località Casale, Est : 2,5 km – ✆ 05 25 92 90 32 – www.borgocasale.it – Chiuso 15 gennaio-1° febbraio
16 cam – 100/160 € 170/190 €
Rist *Casimiro e voi* – vedere selezione ristoranti
In un quadro ambientale tranquillo e charmant, un piccolo borgo di collina trasformato in accogliente relais, completo nella gamma dei servizi offerti.

Casimiro e voi – Hotel Borgo Casale

località Casale, Est : 2,5 km – ✆ 05 25 92 90 32 – www.borgocasale.it – Chiuso 17 gennaio-1° febbraio
Carta 27/42 € – *(chiuso martedì)* (consigliata la prenotazione)
L'antico borgo che nel XV secolo era una stazione di passaggio lungo la via Francigena, è diventato - ora - un raffinato relais, dove trova posto anche questo ristorante, espressione più autentica della cucina emiliana: ingredienti del territorio e buon vino.

ALBAVILLA

Como (CO) – ✉ 22031 – 5 928 ab. – Alt. 331 m – Carta regionale n° **18-B1**
Roma 620 km – Como 11 km – Bergamo 57 km – Milano 54 km
Carta stradale Michelin 561-E9

Il Cantuccio (Mauro Elli)

via Dante 36 – ✆ 0 31 62 87 36 – www.mauroelli.com – Chiuso 2 settimane in gennaio, 1 settimana in agosto e lunedì
Carta 49/71 € – *(solo a cena escluso da venerdì a domenica)* (coperti limitati, prenotare)
Fantasiosa rielaborazione di cucina tradizionale nel cuore di un verde paese della Brianza: due graziose salette, in un ambiente elegantemente rustico; cantina interessante.
→ Spaghetti alla chitarra di antiche farine con cipollotti e guanciale. Maialino di cinta senese. Tortina di castagne della Val d'Intelvi (inverno).

ALBENGA

Savona (SV) – ✉ 17031 – 23 778 ab. – Carta regionale n° **14-B2**
Roma 592 km – Imperia 34 km – Savona 46 km – Genova 93 km
Carta stradale Michelin 561-J6

Sole Mare senza rist

lungomare Cristoforo Colombo 15 – ✆ 0 18 25 18 17 – www.albergosolemare.it
26 cam – 55/85 € 85/115 €
Invidiabile posizione di fronte al mare e ambiente ospitale in una struttura semplice, dall'ottima conduzione familiare. Camere fresche, arredate sobriamente, ma funzionali.

Pernambucco

viale Italia 35 – ✆ 0 18 25 34 58 – Chiuso mercoledì
Carta 39/122 €
Gestione capace e insolita collocazione all'interno di un giardino, per un locale dall'ambiente elegante che vi farà amare la cucina di mare.

Osteria dei Leoni

vico Avarenna 1, centro storico – ✆ 0 18 25 19 37 – www.osteriadeileoni.it – Chiuso gennaio e martedì
Menu 28/65 € – Carta 41/87 €
Nel centro storico di Albenga, in un edificio quattrocentesco che fu convento alle origini e scuola elementare nel secolo scorso, due caratterische sale e una corte interna per la bella stagione. In menu: fragranti specialità di pesce.

Babette
via Michelangelo 17 – ✆ 01 82 54 45 56 – www.ristorantebabette.net – Chiuso 15 giorni in novembre, 2 settimane in marzo e martedì
Menu 40/48 € – Carta 44/60 €
Dal centro si è spostato sul mare proprio di fronte all'isola Gallinara, la qualità dei piatti è rimasta invece invariata. La sala - ora - più fresca ed informale, regalerà ai suoi ospiti momenti di piacere.

a Salea Nord-Ovest : 5 km – ✉ 17031 Albenga

Cà di Berta senza rist
località Cà di Berta 5 – ✆ 01 82 55 99 30 – www.hoteldiberta.it
5 cam – 85/110 € 120/160 € – **5 suites**
Impreziosito da una verde cornice di palme e ulivi, l'albergo dispone di eleganti interni ed accoglienti camere: solo suite e junior-suite. Relax allo stato puro!

ALBEROBELLO

Bari (BA) – ✉ 70011 – 10 870 ab. – Alt. 428 m – Carta regionale n° **27**-C2
Roma 485 km – Bari 55 km – Brindisi 77 km – Taranto 45 km
Carta stradale Michelin 564-E33

Grand Hotel Olimpo
via Sette Liberatori della Selva – ✆ 08 04 32 16 78 – www.grandhotelolimpo.it
31 cam – 75/80 € 100/130 € – **2 suites**
Rist – Carta 28/83 € – (prenotazione obbligatoria per i non alloggiati)
All'ingresso della località, un ottimo albergo in grado di soddisfare sia le esigenze di una clientela business sia i desideri di turisti in visita alla località. D'impostazione moderna, la struttura offre quell'eleganza soffusa oggi tanto di moda: zone comuni raccolte intorno alla pianta circolare della hall lucida di marmi e camere che si differenziano solo per dimensioni.

Colle del Sole
via Indipendenza 63 – ✆ 08 04 32 18 14 – www.hotelcolledelsole.it
43 cam – 45/90 € 70/115 €, 10 €
Rist – Carta 15/38 € – *(chiuso lunedì da ottobre a marzo)*
A soli 500 metri dalle due aree Trulli - Aia Piccola e Rione Monti – l'albergo a gestione familiare dispone di camere confortevoli, arredate con gusto moderno. La struttura propone anche attività culturali di vario tipo. Ristorante con cucina mediterranea.

Il Poeta Contadino (Marco Leonardo)
via Indipendenza 21 – ✆ 08 04 32 19 17 – www.ilpoetacontadino.it – Chiuso 7-31 gennaio e lunedì escluso luglio-agosto
Menu 40/60 € – Carta 50/74 € – (consigliata la prenotazione)
Rist *Osteria del Poeta* –Menu 25/35 € – Carta 22/41 €
Come i celebri trulli, un'istituzione ad Alberobello! La visita del paese non è infatti completa, senza i colori tutti pugliesi della cucina della famiglia Leonardo.
➜ Spaghettoni con carciofi e gamberi rossi. Rana pescatrice con salsa di vongole e gelatina all'acqua di pomodoro. Fantasia di melanzane al cioccolato.

Trullo d'Oro
via Cavallotti 27 – ✆ 08 04 32 39 09 – www.trullodoro.it – Chiuso 7-28 gennaio, domenica sera e lunedì escluso agosto
Menu 25/40 € – Carta 25/98 €
All'interno di autentici trulli ottocenteschi, tante salette per una cucina dai piatti pugliesi e nazionali. Bella veranda luminosa.

L'Aratro
via Monte San Michele 25/29 – ✆ 08 04 32 27 89 – www.ristorantearatro.it
Menu 16/35 € – Carta 27/31 €
Nel caratteristico agglomerato di trulli del centro storico, piacevole trattoria dagli arredi rustici e terrazza per il dehors. Proposte del territorio, di carne e di pesce.

sulla strada statale 172 per Locorotondo Sud : 1 km

B&B Fascino Antico senza rist
contrada Maranna ✉ 74015 Alberobello – ✆ 08 04 32 50 89
– www.fascinoanticotrulli.com
5 cam ☕ – †45/50 € ††70/100 €
L'esperienza di alloggiare all'interno dei trulli, alcuni originali dell'Ottocento, e di concedersi un po' di riposo nella corte-giardino: un'autentica atmosfera pugliese.

ALBIGNASEGO

Padova (PD) – ✉ 35020 – 24 140 ab. – Alt. 13 m – Carta regionale n° **40-C3**
Roma 489 km – Padova 13 km – Rovigo 41 km – Venezia 47 km
Carta stradale Michelin 562-F17

Il Baretto
via Europa 6 – ✆ 04 98 62 50 19 – Chiuso 15 giorni in agosto, domenica e lunedì
Carta 41/112 € – (coperti limitati, prenotare)
Piccolo nelle dimensioni, ma grande nella cura dell'arredo e della qualità, nonché assoluta freschezza del pescato da gustare sia crudo, sia in piatti tradizionali e dallo stile classico.

ALBINEA

Reggio nell'Emilia (RE) – ✉ 42020 – 8 882 ab. – Alt. 166 m – Carta regionale n° **8-B3**
Roma 444 km – Modena 36 km – Bologna 87 km – Reggio nell'Emilia 12 km
Carta stradale Michelin 562-I13

Garden Viganò senza rist
via Garibaldi 17 – ✆ 05 22 34 72 92 – www.hotelgardenvigano.it
22 cam – †55/65 € ††77/120 €, ☕ 10 €
Camere che profumano di fresco e pulito, come i cassetti della nonna con i sacchetti di lavanda: in posizione collinare, un complesso del '700 dagli spazi comuni limitati, ma piacevolmente immerso in un enorme parco.

ALBINIA

Grosseto (GR) – ✉ 58010 – Carta regionale n° **32-C3**
Roma 148 km – Grosseto 32 km – Civitavecchia 79 km – Orbetello 13 km
Carta stradale Michelin 563-O15

Agriturismo Antica Fattoria la Parrina
strada vicinale Parrina km 146, Sud-Est : 6 km – ✆ 05 64 86 26 26
– www.parrina.it
12 cam ☕ – †130/200 € ††130/200 €
Rist – Menu 25 € (pranzo)/35 € – (consigliata la prenotazione)
Ambiente di raffinata ospitalità in una risorsa agrituristica ricavata nella casa padronale di una fattoria ottocentesca: interni ricchi di fascino e camere confortevoli. Bella veranda coperta a lato del giardino per il servizio ristorante.

ALBISANO

→ Vedere Torri del Benaco
Verona (VR)

ALBISSOLA MARINA

Savona (SV) – ✉ 17012 – 5 559 ab. – Carta regionale n° **14-B2**
Roma 545 km – Genova 46 km – Alessandria 95 km – Savona 4 km
Carta stradale Michelin 561-J7

21.9 (Flavio Costa)
corso Bigliati 70 – ✆ 01 94 00 45 43 Pianta : B1**a**
– www.ristorante21punto9.it – Chiuso venerdì a mezzogiorno e giovedì
Menu 50/100 € – Carta 52/104 € – *(solo a cena in luglio-agosto)*
Cucina di matrice ligure-marinara, personalizzata da inserti di contenuta creatività, per un ristorante fronte mare impreziosito al 1° piano dalla terrazza estiva.
→ Tortelli di cozze, emulsione di extravergine ed erbe aromatiche. Pescato del giorno con tartufo nero e germogli di zucchine trombette. Cioccolato, carote e chinotti di Savona.

ALDEIN = ALDINO

ALDINO (ALDEIN)

Bolzano (BZ) – ✉ 39040 – 1 674 ab. – Alt. 1 225 m – Carta regionale n° **34**-D3
Roma 639 km – Bolzano 39 km – Cortina d'Ampezzo 121 km – Trento 55 km
Carta stradale Michelin 562-C16

XX **Ploner**
via Dachselweg 1 – ☎ 04 71 88 65 56 – Chiuso 5 gennaio-6 febbraio, 17 giugno-5 luglio e martedì
Menu 45/84 € – Carta 46/72 € – (consigliata la prenotazione)
Un imperdibile, se si è in zona, ma la fragranza della cucina meriterebbe la deviazione…cucina esclusivamente a base di pesce, in una graziosa saletta o nella caratteristica stube in legno.

X **Krone** con cam rist,
piazza Principale 4 – ☎ 04 71 88 68 25 – www.gasthof-krone.it – Chiuso 2 novembre-24 dicembre
12 cam – solo ½ P 80/130 € – **1 suite**
Menu 38 € (cena) – Carta 30/69 € – *(chiuso lunedì)*
Il passato è una prerogativa di fascino che ancora non cede il passo alla modernità; in un piccolo paese di montagna, ristorante di antica tradizione dove gustare genuinità e tradizione. Nato come punto di riferimento per l'ospitalità, conserva tutt'oggi camere semplici e discrete dall'arredo antico... ma la nuova sauna è moderna!

ALESSANDRIA

– 89 446 ab. – Alt. 95 m – Carta regionale n° **23**-C2
Roma 588 km – Genova 89 km – Milano 90 km – Torino 90 km
Carta stradale Michelin 561-H7

Alli Due Buoi Rossi
via Cavour 32 ✉ 15121 – ☎ 01 31 51 71 71 – www.hotelalliduebuoirossi.com Pianta : A2**a**
48 cam – 65/90 € 100/120 €
Rist *Alli Due Buoi Rossi* – vedere selezione ristoranti
A poche decine di metri da Piazza della Libertà, un palazzo signorile di fine '800 con spazi comuni non ampissimi, ma subito "riscattati" dal loro tono raffinato e dalle ampie camere arredate in stile Belle Epoque.

Europa senza rist
via Palestro 1 ✉ 15121 – ☎ 01 31 23 62 26 – www.hoteleuropaal.com Pianta : A1**s**
30 cam – 60/70 € 85/100 €
Nel centro storico di Alessandria - a breve distanza dalla stazione ferroviaria - affidabile gestione diretta per un hotel dalle piacevoli camere. Colazione a buffet servita nella luminosa sala dedicata.

Londra senza rist
corso Felice Cavallotti 51 ✉ 15121 – ☎ 01 31 25 17 21 – www.londrahotel.info Pianta : A2**b**
39 cam – 70/90 € 90/140 €
In centro città - di fronte alla stazione ferroviaria - l'hotel rappresenta una risorsa strategica per ogni viaggiatore: eleganza e raffinatezza creano un ambiente confortevole ed ospitale.

XXX **Il Grappolo**
via Casale 28 ✉ 15121 – ☎ 01 31 25 32 17 – www.ristoranteilgrappolo.it – Chiuso lunedì sera e martedì Pianta : A1**e**
Menu 40/45 € – Carta 30/53 €
All'interno di un palazzo del '600, atmosfera démodé in un locale storico con grandi ambienti, alti soffitti, arredi d'epoca, fiori sui tavoli. Ottima cucina regionale rielaborata con capacità e fantasia.

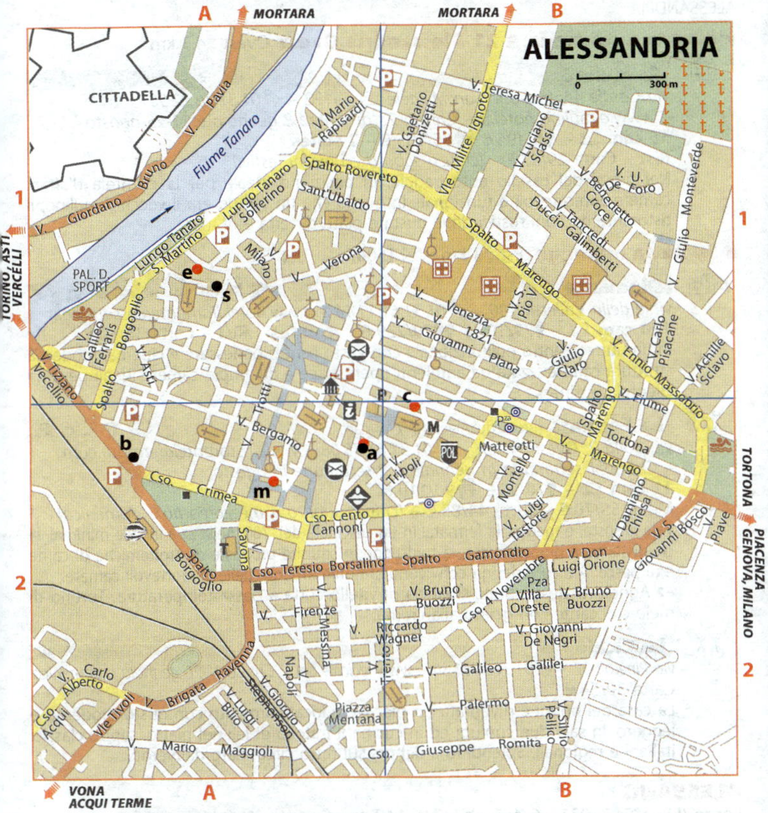

Duomo

via Parma 28 ✉ *15121 – ✆ 0 13 15 26 31* Pianta : B1-2**c**
– www.ristorante-duomo.com – Chiuso 10 giorni in gennaio, 20 giorni in settembre e domenica
Menu 40 € – Carta 38/63 € – *(solo a cena)* (prenotazione obbligatoria a mezzogiorno)
Accanto al Duomo, un locale accogliente che vi sorprenderà con curati piatti del territorio, "firmati" con fantasia da una coppia di fratelli. Sempre disponibili anche alcuni piatti a base di pesce.

Alli Due Buoi Rossi – Hotel Alli Due Buoi Rossi

via Cavour 32 ✉ *15121 – ✆ 01 31 51 71 71* Pianta : A2**a**
– www.iduebuoi.it – Chiuso sabato a pranzo e domenica
Menu 40/60 € – Carta 42/81 € – *(solo a cena)*
Se vi trovate a percorrere le vie del centro, fermatevi in questo ristorante dal nome un po' bizzarro, ma dalla veste elegante. A pranzo, il ristorante si "veste" da bistrot per una cucina del territorio, la sera entra in scena la linea gastronomica con carta e menu degustazione.

Osteria della Luna in Brodo

via Legnano 12 ✉ *15121 – ✆ 01 31 23 18 98 – Chiuso 15 giorni in agosto e lunedì* Pianta : A2**m**
Menu 25/35 € – Carta 25/41 €
Piatti della tradizione regionale in un locale colorato ed accogliente, a gestione quasi totalmente femminile. Un consiglio: non andatevene senza prima aver assaggiato gli agnolotti e la ricca selezione di formaggi piemontesi.

all'uscita autostrada A 21 Alessandria Ovest Ovest : 4,3 km

Al Mulino

via Casale 44, frazione San Michele ✉ 15122 – ✆ 01 31 36 22 50 – www.almulino-hotel.it – Chiuso 23 dicembre-8 gennaio e 11-25 agosto
56 cam – †65/95 € ††85/105 € – **2 suites**
Rist – Carta 29/57 € – *(chiuso sabato e i giorni festivi)*
Nei pressi del casello autostradale, in posizione ideale per la clientela d'affari, camere confortevoli e funzionali. In quello che un tempo era il vecchio mulino, il ristorante dai toni rustici dove gustare piatti di terra e di mare.

a Spinetta Marengo Est : 3 km – ✉ 15047

Diamante

cam, rist,

viale della Valletta 180 – ✆ 01 31 61 11 11 – www.hoteldiamantealessandria.it
120 cam – †79/199 € ††79/239 € – **4 suites** **Rist** – Carta 38/50 €
In un nuovo centro polifunzionale con vasto centro benessere e cinema, moderna struttura caratterizzata da ambienti open space e da ampie camere ideali per una clientela business.

La Fermata (Riccardo Aiachini) con cam

via Bolla 2, Ovest : 1 km – ✆ 01 31 61 75 08 – www.ristorantelafermata.com – Chiuso 1 settimana in gennaio e 2 settimane in agosto
11 cam – †70/90 € ††90/110 €
Menu 55/70 € – Carta 44/85 € – *(chiuso sabato a mezzogiorno e domenica)*
Vale la sosta, o meglio: la fermata! In un cascinale del '700, nella sala in stile minimal, la creatività va a braccetto con la tradizione in squisite proposte gastronomiche di carne e di pesce. Antico e design convivono armoniosamente nelle confortevoli camere.
➜ Agnolotti alessandrini. Guancia di vitello cotta a bassa temperatura. Tortino di mele croccante con gelato alla crema.

Le Cicale

via Pineroli 32 – ✆ 01 31 21 61 30 – www.lecicale.net – Chiuso 1°-20 gennaio e domenica
Carta 39/54 €
La casa dei nonni è diventata un piacevole locale arredato con gusto moderno e leggero. In sala due coniugi ed in cucina il fratello di lei: nel piatto, sapori classici italiani e regionali. Splendido il dehors sul retro circondato dal verde.

ALESSANO

Lecce (LE) – ✉ 73031 – 6 445 ab. – Alt. 140 m – Carta regionale n° **27**-D3
Roma 641 km – Brindisi 100 km – Lecce 58 km – Otranto 43 km
Carta stradale Michelin 564-H36

Agriturismo Masseria Macurano

cam,

via Macurano 134, Sud-Est : 3 km – ✆ 08 33 52 42 87 – www.masseriamacurano.com – Aperto 25 aprile-31 ottobre
5 cam – †66/86 € ††80/120 €
Rist – Menu 25 € – *(solo a cena)* (prenotazione obbligatoria) *(solo per alloggiati)*
Ambienti spaziosi, ampie camere arredate con mobili in arte povera e qualche pezzo d'artigianato in questa masseria del '700 a gestione famliare circondata da un bel giardino. La rustica ed accogliente sala ristorante propone menù degustazione a prezzo fisso.

ALGHERO

Sardegna – Sassari (SS) – ✉ 07041 – 40 685 ab. – Carta regionale n° **28**-A2
Cagliari 229 km – Sassari 41 km – Olbia 137 km – Porto Torres 35 km
Carta stradale Michelin 366-K40

Villa Las Tronas

rist,

lungomare Valencia 1 – ✆ 0 79 98 18 18 – www.hotelvillalastronas.it
18 cam – †80/528 € ††80/528 € – **6 suites** **Rist** – Carta 50/80 €
Invidiabile posizione su un piccolo promontorio e interni d'epoca per questa residenza patrizia d'inizio '900. Privacy, raffinatezza, charme permeano gli spazi comuni e le belle camere, ognuna con un proprio inconfondibile stile: alcune si affacciano sul mare o sul giardino, altre sono dotate di terrazza panoramica.

Carlos V°
lungomare Valencia 24 – 07 99 72 06 00 – www.gioricohotels.it
179 cam – 69/319 € 99/459 € – **4 suites**
Rist – Carta 20/66 € – *(solo a cena da novembre a aprile)*
Risorto dopo una totale ristrutturazione, un grande complesso fronte mare molto dotato dal punto di vista congressuale e in fase di ulteriore potenziamento.

Florida
rist,
via Lido 15 – 0 79 95 05 00 – www.hotelfloridaalghero.com – Aperto 15 aprile-15 ottobre
73 cam – 54/87 € 83/154 €
Rist – Menu 25/30 € – *(solo a cena) (solo per alloggiati)*
Sul lungomare, ma non lontano dal centro storico, una curiosa struttura anni '70 dove le camere con balconcino sembrano cubi appoggiati l'uno sull'altro. Spazi di taglio classico semplice e confortevole, stanze omogenee nello stile e nell'arredo.

Al Tuguri
via Maiorca 113/115 – 0 79 97 67 72 – www.altuguri.it – Aperto 1° marzo-30 novembre; chiuso domenica
Menu 40/45 € – Carta 39/64 € – (coperti limitati, prenotare)
Bell'ambiente caratteristico, con tavoli piccoli e serrati, in un'antica casa del centro, a due passi dai Bastioni; griglia a vista per cuocere soprattutto pesce.

O - MasterChef O' Neill N
via Sant Erasmo 14 – 34 58 64 69 02 – www.masterchefoneill.com – Chiuso 7 gennaio-1° marzo; marzo-aprile aperto solo nei week end e chiuso il mercoledì dal 10 giugno-15 settembre
Carta 33/97 € (+10 %) – *(solo a cena 10 giugno-15 settembre)*
Piacevolissimi tavoli esterni sui bastioni che si affacciano sul porto, per un locale nel cuore del centro storico, la cui offerta poliedrica spazia dalla pizza a proposte di cucina, creativa e moderna.

a Porto Conte Nord-Ovest : 13 km – 07041 Alghero

El Faro
– 0 79 94 20 10 – www.elfarohotel.it – Aperto 1° maggio-31 ottobre
85 cam – 100/400 € 140/450 € – **5 suites** **Rist** – Carta 39/85 €
Sul mare cristallino di Capo Caccia, immerso nel parco naturale di Porto Conte, El Faro è un raffinato resort che unisce panorami mozzafiato a servizi esclusivi. Dimora di charme, opera dell'illustre architetto Simon Mossa, l'hotel è progettato sull'idea di una nave adagiata sul mare la cui vista spettacolare è godibile dalle camere, dal ristorante, dalla piscina e dalle ampie terrazze.

ALGUND = LAGUNDO

ALICE BEL COLLE

Alessandria (AL) – 15010 – 776 ab. – Alt. 418 m – Carta regionale n° **23**-C3
Roma 577 km – Torino 95 km – Alessandria 33 km – Asti 39 km
Carta stradale Michelin 561-H7

Belvedere
cam,
piazza Giovanni Guacchione 9 – 0 14 47 43 00 – www.belvederealice.it – Chiuso 6 gennaio-28 febbraio
30 cam – 50 € 70 € **Rist** – Carta 29/52 € – *(chiuso lunedì)*
Base ideale per visitare i dintorni, il nome è azzeccato: la bella vista si gode dalla veranda-ristorante, dalla sala colazioni all'ultimo piano e da molte camere. A 800 metri si può utilizzare la piscina di proprietà.

ALLEGHE

Belluno (BL) – 32022 – 1 276 ab. – Alt. 979 m – Carta regionale n° **40**-C1
Roma 665 km – Cortina d'Ampezzo 40 km – Belluno 48 km – Bolzano 84 km
Carta stradale Michelin 562-C18

a Masarè Sud-Ovest : 2 km

Barance rist,

corso Venezia 45 ✉ 32022 Masarè – ✆ 04 37 72 37 48 – www.hotelbarance.com – Aperto 1° dicembre-Pasqua e 16 giugno-14 settembre

27 cam – 45/75 € 80/130 € **Rist** – Carta 26/51 €

Interni arredati nel tipico stile alpino ed eleganti camere in questa grande casa rosa dall'ospitale gestione familiare. Tutt'intorno, sentieri per passeggiate e pareti da arrampicata; sala da pranzo ampia e accogliente, per una cucina classica e del territorio.

La Maison senza rist

via Masarè 58 ✉ 32022 Alleghe – ✆ 04 37 72 37 37 – www.hotellamaison.com – Chiuso novembre

13 cam – 65/89 € 98/125 €

Aspettatevi un soggiorno a tutto relax: non solo in virtù della posizione un po' defilata in cui si trova la struttura, ma anche per la generosità di ampiezza della confortevoli camere. Bello il centro benessere con la piccola beauty.

a Caprile Nord-Ovest : 4 km – ✉ 32023

Alla Posta

piazza Dogliani 19 – ✆ 04 37 72 11 71 – www.hotelposta.com – Aperto 20 dicembre-20 marzo e 20 giugno-15 settembre

59 cam – 37/79 € 47/135 €, 12 € – **3 suites**

Rist *Il Postin* – vedere selezione ristoranti

Rist – Carta 29/58 € – *(solo per alloggiati)*

Se nella II metà dell'Ottocento era un'osteria ed una stazione per il cambio dei cavalli sul tragitto tra Impero Asburgico e Regno D'Italia; dopo quasi 150 anni la stessa casa continua ad allietare chi sosta in questa risorsa. Spazi comuni arredati con gusto, centro benessere ed un'ottima pasticceria dove gustare il mitico strudel.

Il Postin – Hotel alla Posta

piazza Dogliani 19 – ✆ 04 37 72 11 71 – www.hotelposta.com – Aperto 20 dicembre-20 marzo e 20 giugno-15 settembre

Carta 29/58 € – *(solo a cena in inverno)*

Se dopo una giornata all'aria aperta, l'appetito si fa sentire, il Postin saprà saziare la vostra fame con ricette e sapori del territorio, in un'elegante sala da pranzo dal caldo stile montano: dalle finestre, a tenervi compagnia, l'incantevole scenario delle Dolomiti.

ALMÈ

Bergamo (BG) – ✉ 24011 – 5 631 ab. – Alt. 294 m – Carta regionale n° **19-C1**

Roma 610 km – Bergamo 9 km – Lecco 26 km – Milano 58 km

Carta stradale Michelin 561-E10

Frosio

piazza Lemine 1 – ✆ 0 35 54 16 33 – www.frosioristoranti.it – Chiuso 1 settimana in gennaio, 3 settimane in agosto, giovedì a mezzogiorno e mercoledì

Menu 30 € (pranzo in settimana)/70 € – Carta 46/76 €

All'interno di un signorile palazzo seicentesco, la cucina moderna rivaleggia in eleganza con la bellezza delle sale, dominate dal bianco. Carne o pesce, la qualità non muta; lo stesso dicasi per i dolci e i vini.

→ Capesante, uova di quaglia, asparagi e tartufo nero. Rombo, gambero e fiore di zucchina. Zabaione freddo al limoncello con sottobosco e torta sbrisolona.

ALMENNO SAN BARTOLOMEO

Bergamo (BG) – ✉ 24030 – 6 062 ab. – Alt. 352 m – Carta regionale n° **19-C1**

Roma 619 km – Bergamo 15 km – Lecco 29 km – Milano 59 km

Carta stradale Michelin 561-E10

Camoretti

via Camoretti 2, località Longa, Nord : 3,5 km – ✆ 0 35 55 04 68 – www.camoretti.it – Chiuso 1°-8 gennaio e 15-30 agosto

22 cam – 60/70 € 85/95 €

Rist *Camoretti* – vedere selezione ristoranti

In posizione collinare, tra il verde della campagna bergamasca, camere accoglienti ed eleganti, in una piacevole struttura dalla calda atmosfera familiare.

XX **Antica Osteria Giubì dal 1884**
via Cascinetto 2, direzione Brembate di Sopra, Sud 1,5 km – ✆ 0 35 54 01 30 – Chiuso 2 settimane in settembre e mercoledì
Menu 25 € (pranzo in settimana)/50 € – Carta 28/58 € – (consigliata la prenotazione la sera)
Autentica trattoria immersa nel verde di un parco, da sempre di famiglia ed ora gestita da tre fratelli: uno si dedica alla fornitissima cantina (con un numero spropositato di bottiglie!), il più giovane della cucina, l'altro dell'azienda agricola di confetture e verdure biologiche. Piatti del territorio.

XX **Collina**
via Ca' Paler 5, sulla strada per Roncola, Nord 1,5 km – ✆ 0 35 64 25 70 – www.ristorantecollina.it – Chiuso 1°-10 gennaio, lunedì e martedì
Menu 48/55 € – Carta 44/69 €
Da una trattoria di famiglia nasce questo locale che, pur non disdegnando le proprie origini, propone piatti d'ispirazione contemporanea. Saletta con camino e sala panoramica, quadri moderni, ma non solo, esposti in vari ambienti del locale.

XX **Camoretti** – Hotel Camoretti
via Camoretti 2, località Longa , Nord : 3,5 km – ✆ 0 35 55 00 73 – www.camoretti.it – Chiuso 1°-8 gennaio, 15-30 agosto, i mezzogiorno di lunedì e martedì, anche domenica sera in inverno
Carta 26/53 €
Servizio cordiale e ambiente familiare, ma non crediate per questo che si lesini sulla cura del dettaglio o sulla cucina. Al contrario! Piatti rigorosamente casalinghi, salumi di produzione propria e pasta fresca.

ALMENNO SAN SALVATORE

Bergamo (BG) – ✉ 24031 – 5 789 ab. – Alt. 328 m – Carta regionale n° **19-C1**
Roma 616 km – Bergamo 13 km – Lecco 30 km – Milano 60 km
Carta stradale Michelin 561-E10

XX **Cantina Lemine**
via Buttinoni 48 – ✆ 0 35 64 25 21 – www.cantinalemine.com – Chiuso 1 settimana in gennaio, 1 settimana in agosto, lunedì e martedì
Menu 35/65 € – Carta 33/70 € – *(solo a cena escluso domenica)*
Un'elegante villa ospita questo locale dal design contemporaneo, dove gustare una cucina moderna con carne e molto pesce. Il giardino, la cantina-enoteca, nonché il salottino per sigari e distillati donano ulteriore fascino al locale.

ALPE DI SIUSI (SEISER ALM)

Bolzano (BZ) – ✉ 39040Alt. 1 826 m – Carta regionale n° **34-C2**
Roma 674 km – Bolzano 35 km – Bressanone 28 km – Trento 92 km
Carta stradale Michelin 562-C16

Alpina Dolomites
via Compatsch 62/3 – ✆ 04 71 79 60 04 – www.alpinadolomites.it – Aperto 5 dicembre-5 aprile e 6 giugno-7 novembre
43 cam – 233/683 € 358/758 € – **13 suites**
Rist – Carta 44/72 € – *(solo per alloggiati)*
Calore ed eleganza sono cuore e anima di questo lussuoso albergo dal design montano-minimalista, dove la luce è protagonista assoluta: tutte le camere sono infatti esposte a sud, verso il sole e la meraviglia delle Dolomiti. La vacanza è presto un sogno ad occhi aperti!

Seiser Alm Urthaler rist,
via Compatsch 49 – ✆ 04 71 72 79 19 – www.alpedisiusi.com – Aperto 6 dicembre-12 aprile e 22 maggio-1° novembre
62 cam – solo ½ P 149/232 € – **12 suites**
Rist *Jagerstube* – vedere selezione ristoranti
Rist – Carta 50/74 € – *(solo per alloggiati)*
Pietra, ferro, vetro e tanto legno sono i materiali utilizzati per questo hotel di concezione "bio" ispirato ad un coinvolgente minimalismo, con ottimi servizi e spazi comuni. I sapori della tradizione vi attendono, invece, nell'ampia sala ristorante o nelle intime stube.

Bellavista cam, rist,

Compatsch 50 – ✆ 04 71 72 79 72 – www.bellavista-seiseralm.de – Chiuso maggio e novembre

32 cam – solo ½ P 68/195 €

Rist – Menu 25/65 € – *(solo a cena) (solo per alloggiati)*

A pochi passi dal centro della località, una piacevole struttura con spazi comuni in stile locale, camere deliziosamente arredate e soluzioni interessanti anche per famiglie. Un'area relax raccolta e graziosa rende questo hotel, il luogo ideale per una vacanza sulla neve o, in estate, per un soggiorno nella più totale tradizione altoatesina.

Seiser Alm Plaza rist,

via Compatsch 33 – ✆ 04 71 72 79 73 – www.alpedisiusi.com – Aperto 19 dicembre-6 aprile e 19 giugno-13 ottobre

42 cam – solo ½ P 73/116 € **Rist** - *(solo a cena) (solo per alloggiati)*

In centro, albergo in stile montano, ma d'impronta moderna, dispone di confortevoli aree comuni caratterizzate da pavimenti in parquet e camere razionali, alcune con angolo cottura. Solo su prenotazione si effettuano massaggi.

Jagerstube – Hotel Seiser Alm Urthaler

via Compatsch 49 – ✆ 04 71 72 79 19 – www.alpedisiusi.com – Aperto 6 dicembre-12 aprile e 22 maggio-1° novembre

Menu 86/116 € – Carta 55/104 € – *(chiuso domenica, lunedì e martedì) (solo a cena)* (prenotazione obbligatoria)

Un piccolo angolo gastronomico o meglio una deliziosa stube, dove gustare - in primis - le più gettonate specialità regionali e, poi, piatti internazionali alleggeriti e rivisitati con contenuti fantasiosi.

Gostner Schwaige

via Saltria, sentiero 3 – ✆ 34 78 36 81 54 – Aperto 15 dicembre-15 aprile e 15 maggio-30 ottobre

Menu 35/65 € – Carta 29/68 € – (prenotazione obbligatoria la sera)

Una malga a quasi 2000 m, raggiungibile in inverno – a pranzo – solo a piedi, in slitta con i cavalli o con gli sci; il ritmo si fa veloce e il coperto tralasciato. La sera, invece, l'atmosfera diventa intima e la cucina più raffinata: saporiti piatti del territorio con utilizzo di formaggi prodotti dalla sorella di Franz, il proprietario, e spezie coltivate dalla madre. Ottimo lo strudel di yogurt con composta di lamponi e rose.

ALSENO

Piacenza (PC) – ✉ 29010 – 4 866 ab. – Alt. 81 m – Carta regionale n° **8**-A2

Roma 487 km – Parma 38 km – Piacenza 30 km – Milano 96 km

Carta stradale Michelin 562-H11

a Castelnuovo Fogliani Sud-Est : 3 km – ✉ 29010

Trattoria del Ponte

strada Salsediana est 1237 – ✆ 05 23 94 71 10 – Chiuso 1°-7 gennaio, 1°-7 luglio e mercoledì

Carta 25/39 € – (consigliata la prenotazione)

Ex designer, lo chef-patron ha saputo riadattare ed abbellire un'anonima struttura industriale. L'atmosfera è, quindi, moderna, ma la cucina si riappropria della tradizione piacentina aggiungendovi un guizzo di creatività (magnum di controfiletto alla brace e rosmarino affumicato, tra i piatti più apprezzati!). Anche la carta dei vini si adegua, concentrandosi sulla produzione enologica della zona.

a Cortina Vecchia Sud-Ovest : 5 km – ✉ 29010

Da Giovanni

via Cortina 1040 – ✆ 05 23 94 83 04 – www.dagiovanniacortina.com – Chiuso 2 settimane in gennaio, 2 settimane in agosto, lunedì e martedì

Carta 38/86 € – (consigliata la prenotazione)

La settecentesca stufa in ceramica e l'arredo d'epoca potranno far volare la fantasia dei più romantici avventori. Le certezze in ogni caso vengono dalla cucina, ispirata alla tradizione piacentina, ma con molta attenzione anche alle ricette di pesce.

ALTA BADIA

Bolzano (BZ) – Carta regionale n° **34-C1**
Carta stradale Michelin 562-C17

© J. D. Sudres / hemis.fr

CORVARA IN BADIA – 1 344 ab. – Alt. 1 568 m – ✉ 39033 – Carta regionale n° **34-C2**
Roma 704 km – Cortina d'Ampezzo 38 km – Belluno 84 km – Bolzano 65 km
Carta stradale Michelin 562-C17

La Perla

strada Col Alt 105 – ☎ 04 71 83 10 00 – www.hotel-laperla.it
– Aperto 6 dicembre-6 aprile e 18 giugno-18 settembre
40 cam – †165/415 € ††230/920 € – **12 suites**
Rist *La Stüa de Michil* – vedere selezione ristoranti
Rist – Carta 46/99 €
Bella casa di montagna vicino alle piste da sci: è l'albergo-laboratorio di Michil Costa, fucina di idee e divertimento per vacanze originali ed irripetibili. Pasti serviti in una serie di stube d'epoca, dal '700 in poi: un excursus su uno degli elementi architettonici più tipici del Tirolo.

Sassongher

cam, rist,

strada Sassongher 45 – ☎ 04 71 83 60 85 – www.sassongher.it
– Aperto 5 dicembre-9 aprile e 20 giugno-13 settembre
43 cam – †212/400 € ††250/480 € – **9 suites** **Rist** – Carta 46/86 €
Ai piedi dell'omonima cima, spazi, decorazioni e legni sono un omaggio alla più classica tradizione alberghiera di montagna: dagli anni '30, un'indiscussa signorilità. Il ristorante si apre in tipiche stube avvolte nel legno dove l'atmosfera e i sapori della montagna sono serviti a tavola.

Posta-Zirm

strada Col Alto 95 – ☎ 04 71 83 61 75 – www.postazirm.com
– Aperto 4 dicembre-11 aprile e 18 giugno-27 settembre
59 cam – solo ½ P 172/402 € – **10 suites** **Rist** – Carta 25/96 €
Sorto nell'800 e da allora in continua mutazione, il risultato sono tre edifici distinti con camere altrettanto diverse: le ultime nate sono da preferire. Il nuovo ristorante Taverna Posta Zirm offre cucina tipica, specialità alla griglia, pizzeria con forno a legna, piatti mediterranei e ricette vegane.

Col Alto N

strada Col Alto 9 – ☎ 04 71 83 11 00 – www.colalto.it – chiuso 10 aprile-15 giugno, ottobre, novembre
100 cam – †160/300 € ††230/360 € – **10 suites**
Rist – Carta 23/50 € – *(solo per alloggiati)*
Il passaggio generazionale nella gestione familiare di questa casa di lunga tradizione ha portato un'ondata di nuove energie e parecchi investimenti (splendida, ad esempio, la nuova living room!). Un sottopassaggio conduce alla bella zona benessere con piscina coperta.

La Tambra

via Sassongher 2 – ✆ 04 71 83 62 81 – www.latambra.com – Aperto 5 dicembre-12 aprile e 12 giugno-2 settembre
28 cam – solo ½ P 64/96 €
Rist *Trattoria con Griglia La Tambra* – vedere selezione ristoranti
Rist – Carta 30/67 € – *(solo per alloggiati)*
In posizione centrale e con vista sul Sassonger, grazioso albergo a conduzione familiare (rinnovato nel 2008): piccolo centro wellness e camere spaziose, minimaliste negli arredi.

Tablè

cam, P

strada Col Alto 8 – ✆ 04 71 83 61 44 – www.table.it – Aperto 4 dicembre-7 aprile e 20 giugno-20 settembre
33 cam – solo ½ P 64/142 € – **1 suite** **Rist** - *(solo per alloggiati)*
In centro paese, accogliente hall con camino e camere di due tipologie a seconda dell'ampiezza, ma sempre eleganti. Per i più golosi: rinomata pasticceria.

Pradat

strada Sassongher 30 – ✆ 04 71 83 61 59 – www.pradat.com – Aperto 4 dicembre-10 aprile e 20 giugno-20 settembre
21 cam – †80/180 € ††80/180 € – **1 suite**
Rist – Menu 30 € – *(solo a cena) (solo per alloggiati)*
Non lontano dal centro della località e in posizione panoramica sulle montagne circostanti, hotel di modeste dimensioni, ma d'indiscutibile confort, con camere recentemente ristrutturate, nonché ambienti comuni molto ordinati e lindi.

La Stüa de Michil – Hotel La Perla

Strada Col Alt 105 – ✆ 04 71 83 10 00 – www.hotel-laperla.it – Aperto 6 dicembre-6 aprile e 18 giugno-18 settembre; chiuso domenica
Carta 72/125 € – *(solo a cena)*
Un condensato del mondo ladino sotto la direzione di un iperbolico chef la cui cucina - precisa ed elegante - parte da spunti regionali, per arricchirsi con divagazioni moderne, talvolta anche marine.
→ Le verdure del maso. Risotto all'aceto d'acero, stracchino vecchio, valeriana. Ladina di cervo, zucca in tre maniere.

Trattoria con Griglia La Tambra – Hotel La Tambra

via Sassonger 2 – ✆ 04 71 83 62 81 – www.latambra.com – Aperto 5 dicembre-12 aprile e 12 giugno-27 settembre
Carta 30/67 €
Un'ampia carta, qualche piatto creativo e, come suggerisce il nome, specialità alla griglia. In alcuni giorni - solo su prenotazione - è disponibile un menu ladino con piatti tipici (zuppa d'orzo, canederli, selvaggina o stinco di maiale).

COLFOSCO Alt. 1 645 m – ✉ 39033 – Carta regionale n° 34-C2

Roma 703 km – Bolzano 62 km – Bressanone 58 km – Cortina d'Ampezzo 40 km

Cappella

rist,

strada Pecei 17 – ✆ 04 71 83 61 83 – www.hotelcappella.com – Aperto 4 dicembre-12 aprile e 19 giugno-20 settembre
37 cam – †98/221 € ††216/464 € – **9 suites** **Rist** – Carta 37/78 €
Opere d'arte moderna sono disseminate dove il buon gusto comanda: persino nei corridoi e nei salotti dove ci si attarda incantati domandandosi se si tratti di un hotel con opere d'arte, o di una galleria d'arte con camere. Bellissime le due suite nate dalla matita del noto architetto Matteo Thun; piacevoli anche gli altri alloggi, tutti in stile tirolese.

Colfosco-Kolfuschgerhof

cam,

via Roenn 7, verso Passo Gardena , Ovest : 2 km – ✆ 04 71 83 61 88 – www.kolfuschgerhof.com – Aperto 1° dicembre-Pasqua e 1° giugno-15 ottobre
51 cam – †108/310 € ††210/576 € – **4 suites** **Rist** – Carta 31/66 €
Ottimi ambienti, signorili ed eleganti con numerose salette tutte rivestite in legno, ed una dinamica famiglia - ormai da diverse generazioni - al timone di questa bella risorsa, non priva di un curato centro benessere.

Stria

via Val 18 – 0471 83 66 20 – Chiuso novembre, domenica sera e lunedì in bassa stagione

Carta 42/81 €

Vicino alla chiesa - nella parte alta del paese - l'ambiente è semplice, il servizio informale, ma la cucina vi sorprenderà per cura ed inventiva: piatti d'ispirazione locale, non mancano proposte più eterogenee e qualche piatto di mare.

BADIA – 3 396 ab. – Alt. 1 315 m – ✉ 39036 – Carta regionale n° **34**-C2

Roma 713 km – Bolzano 71 km – Bressanone 57 km – Cortina d'Ampezzo 37 km

Gran Ander

rist,

via Runcac 29, località Pedraces, Sud : 2 km – 0471 83 97 18 – www.granander.it – Aperto 4 dicembre-6 aprile e 15 giugno-30 settembre

19 cam – 80/117 € 120/200 € – **2 suites**

Rist – Carta 40/84 € – *(solo a cena escluso periodo estivo) (solo per alloggiati)*

Qui l'ospitalità non è una regola alberghiera, ma è autentica, calorosa e spontanea. Piccoli ambienti comuni, centro benessere recentemente rinnovato, belle camere in legno: prenotate la numero 10, un'incantevole stube con vista sul Santa Croce. Gustosi piatti locali ed un'interessante selezione di vini sono, invece, gli atout del ristorante.

Lech da Sompunt

cam,

via Sompunt 36, località Pedraces, Sud-Ovest : 2 km – 0471 84 70 15 – www.lechdasompunt.it – Aperto 5 dicembre-15 aprile e 15 giugno-20 settembre

38 cam – 47/104 € 110/212 € **Rist** – Carta 24/50 €

Affacciata su un laghetto, graziosa struttura con camere accoglienti e la possibilità di godersi la natura circostante grazie a pedalò, curling e pattinaggio. Al ristorante, serate gastronomiche con cucina ladina.

Cavallino

rist,

via San Linert 52, località San Leonardo, Est: 0,5 km – 0471 83 96 06 – www.cavallino-altabadia.it – Aperto 12 dicembre-1° aprile e 7 giugno-4 ottobre

35 cam – 78/130 € 98/178 €

Rist – Carta 20/52 € – *(solo a cena periodo invernale)*

Albergo di tradizione familiare composto da tre edifici: un corpo centrale ricostruito ex novo nel 2008 con tanto di lounge-bar e le camere più belle, nonché due dépendance con stanze comunque confortevoli (oltre ad alcuni mini-appartamenti). Nella graziosa sala-veranda del ristorante, cucina italiana e buoni vini.

Maso Runch

via Runch 11, località Pedraces, Sud : 2 km – 0471 83 97 96 – www.masorunch.it – Chiuso domenica

Menu 28 € – (coperti limitati, prenotare)

Tra i boschi, cinque incantevoli stube in un maso del '700; il menu fisso è un'escursione nelle specialità ladine: minestra d'orzo, tortelli fritti e al burro, stinco di maiale con polenta e crauti...

SAN CASSIANO Alt. 1 535 m – ✉ 39030 – Carta regionale n° **34**-C2

Roma 695 km – Bressanone 63 km – Bolzano 72 km – Cortina d'Ampezzo 30 km

Rosa Alpina

rist,

strada Micura de Rue 20 – 0471 84 95 00 – www.rosalpina.it – Aperto 1° dicembre-1° aprile e 15 giugno-30 settembre

35 cam – 395/455 € 530/670 € – **20 suites**

Rist *St. Hubertus* ✿✿

Rist *Wine bar & Grill* – vedere selezione ristoranti

Rist – Carta 53/134 € – *(solo a cena)*

Emblema dell'eleganza ladina, il moltiplicarsi di spazi e arredi si traduce in un codice di raffinata sobrietà. Eccellente servizio: siamo ai vertici dell'Alto Adige!

Armentarola
via Pre de Vi 12, Sud-Est : 2 km – ☎ 04 71 84 95 22 – www.armentarola.com – Aperto 6 dicembre-12 aprile e 18 giugno-4 ottobre
40 cam – 110/290 € 180/540 € – **10 suites**
Rist *Armentarola* – vedere selezione ristoranti
Sulla breccia da oltre 70 anni, piacevolmente démodé, tradizionalmente montano, rinnovato in continuazione: è il simbolo delle vacanze ad alta quota. Maneggio estivo.

Ciasa Salares
via Prè de Vi 31, Sud-Est : 2 km – ☎ 04 71 84 94 45 – www.ciasasalares.it – Aperto 5 dicembre-7 aprile e 12 giugno-14 settembre
50 cam – 120/215 € 130/280 € – **17 suites**
Rist *La Siriola*
Rist *Wine Bar* – vedere selezione ristoranti
Rist – Carta 38/81 €
Ancora più grande e confortevole, dopo i recenti lavori che hanno portato alla ristrutturazione di alcuni ambienti, nonché alla creazione di nuove stanze, la risorsa è sempre un ottimo riferimento in Val Badia. Tranquillità, la proverbiale ospitalità altoatesina e l'atmosfera alpina di una "ciasa" tra le Dolomiti.

Fanes cam, rist,
Pecei 19 – ☎ 04 71 84 94 70 – www.hotelfanes.it – Chiuso 7 aprile-12 giugno e 2 novembre-4 dicembre
62 cam – 98/197 € 106/225 € – **14 suites** **Rist** – Carta 35/98 €
In posizione panoramica sui tetti di San Cassiano, lo sfarzo delle camere più belle ha pochi eguali in regione (per gli spiriti green, ci sono anche 11 esclusive suite all'interno di deliziosi chalet in giardino), nonché un centro benessere di superlativo splendore. Il menu si divide equamente tra piatti locali e nazionali: tocchi di ricercatezza nella presentazione dei piatti.

Lagacio' senza rist
strada Micura de Rù 48 – ☎ 04 71 84 95 03 – www.lagacio.com – Aperto 7 dicembre-Pasqua e 15 giugno-7 ottobre
24 suites – 200/750 €
Linee tipicamente montane, ma rese più attuali grazie ad un design moderno, in un hotel-residence ameno e particolarmente interessante per le famiglie. Ognuno dei tre piani che ospitano le camere è dedicato al legname in cui le suite sono costruite (cirmolo, abete e larice); da sottolineare la bella sala colazioni con un fornitissimo buffet, nonché l'attrezzata area benessere.

Diamant cam, rist,
strada Micura de Rue 29 – ☎ 04 71 84 94 99 – www.hoteldiamant.com – Aperto 1° dicembre-10 aprile e 15 giugno-20 settembre
41 cam – 85/170 € 140/276 € – **3 suites** **Rist** – Menu 40/60 €
Per chi ama gli spazi senza tanti fronzoli e scevri da eccessi barocchi, raccomandiamo l'albergo per il rigore e l'ampiezza delle camere, nonché per la nuovissima spa: indubbiamente, una tra le più grandi e complete del comprensorio! Stube e sale più classiche per il ristorante.

Ciasa ai Pini senza rist
via Glira 4, Sud-Est : 1,5 km – ☎ 04 71 84 95 41 – www.ai-pini.it – Aperto 3 dicembre-Pasqua e 1° giugno-15 ottobre
21 cam – 45/59 € 86/114 €
Poco fuori dal paese verso Cortina, hotel ricavato da una struttura interamente rinnovata qualche anno fa. L'aspetto odierno è in linea con la tradizione locale: largo impiego di legno chiaro anche nelle ampie camere.

Störes cam,
Str Plan 22 – ☎ 04 71 84 94 86 – www.hotelstores.it – Chiuso 12-30 aprile e 3-22 novembre
38 cam – 49/90 € 88/168 € – **3 suites**
Rist *Störes* – Carta 26/66 €
Verrete accolti con cortesia e professionalitá in un ambiente familiare, dai tipici arredi tirolesi in legno e dalla calda amtosfera di montagna: il luogo ideale per un soggiorno tranquillo e rilassante, a contatto diretto con la natura.

St. Hubertus – Hotel Rosa Alpina

strada Micura de Rue 20 – ✆ 04 71 84 95 00 – www.rosalpina.it – Aperto 1° dicembre-1° aprile e 15 giugno-30 settembre; chiuso martedì
Menu 110/185 € – Carta 83/149 € – *(solo a cena)*
Siamo ad altezze vertiginose, e non parliamo delle Dolomiti: la cucina di Norbert Niederkofler sublima tecnica e precisione in sapori prevalentemente alpini e ladini. Menzione speciale per la splendida sala e l'eccellente servizio: è la vetta dell'Alta Badia.
➜ Mousse di fegato fresco d' anatra, pera e croccante di latte. Filetto di bue di malga cotto nel fieno, carote antiche, crema di finocchio e costicina di bue brasata con midollo. Tarte tatin.

La Siriola – Hotel Ciasa Salares

via Pre de Vi 31, Sud-Est : 2 km – ✆ 04 71 84 94 45 – www.ciasasalares.it – Aperto 5 dicembre-7 aprile e 12 giugno-14 settembre
Menu 82/118 € – Carta 59/116 € – *(chiuso lunedì) (solo a cena)*
L'usignolo cambia voce, ma la musica è sempre ad alti livelli: negli anni i cambiamenti in cucina hanno prodotto una carta-galleria che spazia dalle delizie di montagna ai prodotti del sud affiancati da citazioni internazionali. Il concerto trova il suo adeguato palcoscenico in sale moderne e personalizzate.
➜ Risotto alla parmigiana, aceto di mele, animelle di vitello e profumo di caffè. Variazione di maialino da latte in due portate. Torta Sacher alla nostra maniera.

Armentarola – Hotel Armentarola

via Pre de Vi 12, Sud-Est : 2 km – ✆ 04 71 84 95 22 – www.armentarola.com – Aperto 6 dicembre-12 aprile e 18 giugno-4 ottobre
Menu 38 € (cena) – Carta 49/89 €
Tre sale per accontentare ogni gusto: classica, moderna o tipica con la piccola stube. Oggetti della tradizione locale infondono al ristorante un calore familiare, mentre la cucina, un po' meno democratica, soddisfa soprattutto gli amanti di carne e selvaggina. Nella bella stagione approfittate del servizio in terrazza con splendida vista.

Wine Bar – Hotel Ciasa Salares

via Prè de Vi 31, Sud-Est : 2 km – ✆ 04 71 84 94 45 – www.ciasasalares.it – Aperto 5 dicembre-7 aprile e 12 giugno-14 settembre
Carta 42/72 € – *(solo a cena)*
Una cantina fornitissima accompagna egregiamente piatti classici, salumi e formaggi di malga, in un'atmosfera raffinata, ma non esageratamente dispendiosa.

Wine bar & Grill – Hotel Rosa Alpina

strada Micura de Rue 20 – ✆ 04 71 84 95 00 – www.rosalpina.it – Aperto 1° dicembre-1° aprile e 15 giugno-30 settembre
Carta 46/137 €
Soddisfare l'appetito con tante possibilità quanti i petali di una rosa: al moderno Wine Bar e Grill, pizza e pasta fatta in casa, insalate e grigliate, ogni capriccio vi sarà servito!

LA VILLA Alt. 1 484 m – ✉ 39030 – Carta regionale n° 34-C2

Roma 723 km – Bolzano 99 km – Bressanone 60 km – Cortina d'Ampezzo 34 km

Christiania

rist,

via Colz 109 – ✆ 04 71 84 70 16 – www.christiania.it – Aperto 18 dicembre-12 aprile e 26 giugno-21 settembre
46 cam – 132/199 € 184/318 € – **26 suites**
Rist – Carta 31/67 € – *(solo a cena)*
In centro paese, una piacevole casa che si sta rimodernando: molto bella, ad esempio, la nuova ed ariosa piscina coperta, gradevoli anche le ultime camere arredate con legni nuovi e vecchi. Diverse sale e stube accomunate da una certa eleganza per una cucina classica; il bar con terrazza è il crocevia della vita locale.

Ciasa Lara

strada Altin 9 – ✆ 04 71 84 72 57 – www.ciasalara.it
– Aperto 2 dicembre-14 aprile e 10 giugno-7 ottobre
25 cam – 100/150 € 188/360 € – **5 suites**
Rist – Menu 40 € – *(solo a cena) (solo per alloggiati)*
Connubio ben riuscito tra stile montano ed impronta moderna in un albergo con ampie camere ed un gradevole centro benessere con bellissima piscina coperta.

Cristallo

strada Verda 3 , Sud : 1,5 km – ✆ 04 71 84 77 62 – www.hotelcristallo-altabadia.it
– Aperto 1° dicembre-11 aprile e 19 giugno-19 settembre
47 cam – 80/135 € 160/270 € – **1 suite**
Rist *La Gana* – vedere selezione ristoranti
Il calore del legno conferisce ulteriore piacevolezza alle spaziose camere, ma un attrezzato wellness center vi strapperà alla pigrizia del dolce far niente per coccolarvi con un ampia gamma di proposte benessere.

La Majun

cam, rist,

via Colz 59 – ✆ 04 71 84 70 30 – www.lamajun.it – Chiuso 7 aprile-25 maggio
32 cam – 84/156 € 188/358 € – **2 suites** **Rist** – Carta 31/79 €
In pieno centro e di fatto a ridosso degli impianti di risalita, accoglienza incantevole, tutta al femminile: l'atmosfera montana riceve qui un tocco di modernità nelle luci e nelle decorazioni, design e colori approdano sulle Dolomiti. Cucina con piatti della tradizione italiana serviti anche al sole sulla bella terrazza.

Antines

rist,

via Picenin 18 – ✆ 04 71 84 42 34 – www.hotelantines.it
– Aperto 1° dicembre-15 aprile e 15 giugno-15 settembre
25 cam – 85/175 € 180/350 € – **4 suites**
Rist – Menu 45/60 € – *(solo a cena) (solo per alloggiati)*
Nuova struttura vicina alla scuola di sci con ambienti luminosi ed accoglienti. Le camere sono differenziate, ma sempre arredate con ampio uso del legno, antico o moderno. Romanticismo nelle tre sale ristorante, ciascuna contraddistinta da un colore: blu, giallo e arancio.

Tamarindo senza rist

via Plaon 20 – ✆ 04 71 84 40 96 – www.tamarindo-lavilla.it
– Aperto 1° dicembre-20 aprile e 1° giugno-31 ottobre
11 cam – 80/120 € 100/140 €
Nella parte alta e più tranquilla del paese, troverete uno spassoso titolare: servizio semplice, ma incantevole e camere personalizzate a prezzi ragionevolissimi (molto romantiche le due camere mansardate, all'ultimo piano).

Garni La Ciasota senza rist

strada Colz 118 – ✆ 04 71 84 71 71 – www.garnilaciasota.it – Chiuso 3 settimane dopo Pasqua e novembre
15 cam – 50/60 € 90/110 €
Gestione familiare di un b&b semplice, ma confortevole, in posizione strategica sia d'estate sia d'inverno. Per organizzare al top le vostre vacanze potrete contare sull'infinita esperienza dei gentilissimi titolari: particolarmente informati in ambito sportivo.

Ciasa Montanara senza rist

via Plaon 24 – ✆ 04 71 84 77 35 – www.montanara.it
10 cam – 50/55 € 95/100 €
In posizione panoramica sul paese, troverete semplicità e accoglienza familiare. Le camere, recentemente rinnovate, offrono un buon confort: suggeriamo la camera numero 11, che regala - nei giorni più limpidi - una bella vista fino al passo del Falzarego.

Dolomit b&b

cam,

strada Colz 9 – ✆ 04 71 84 71 20 – www.dolomit.it
19 cam – 46/70 € 92/140 €
Rist *La Tor* – Carta 15/45 € – *(chiuso 3 settimane in giugno, 3 settimane in novembre e mercoledì)*
Cioccolato, pesca, fragola...ogni camera riceve profumi e colori dal suo nome in una tipica casa di montagna con graziosi balconi e belle terrazze. Sauna a pagamento ad uso privato. Dalle specialità ladine alle pizze cotte in forno a legna: al ristorante si trova di tutto!

La Gana - Hotel Cristallo

strada Verda 3 , Sud : 1,5 km – ✆ 04 71 84 77 62 – www.hotelcristallo-altabadia.it – Aperto 1° dicembre-11 aprile e 19 giugno-19 settembre

Carta 55/70 €

In un ambiente intimo e raffinato, con luci soffuse, i sapori della tradizione si lasciano "ammansire" dalla mano esperta dell'abile chef.

ALTAMURA

Bari (BA) – ✉ 70022 – 69 901 ab. – Alt. 467 m – Carta regionale n° **26-B2**

Roma 444 km – Bari 46 km – Potenza 83 km – Matera 21 km

Carta stradale Michelin 564-E31

San Nicola

via Luca De Samuele Cagnazzi 29 – ✆ 08 03 10 51 99 – www.hotelsannicola.com

23 cam – 60/90 € 80/140 € – **1 suite**

Rist *Artusi* – ✆ 08 03 14 40 03 – Carta 28/69 € – *(chiuso domenica sera e lunedì)*

In un palazzo settecentesco nel centro storico della città, raggiungerlo in auto è un po' difficile, ma il piccolo disagio è subito dimenticato dagli ambienti signorili e dalle funzionali camere di taglio moderno. La deliziosa corte interna, dove viene servita la prima colazione, darà il benvenuto alla vostra giornata.

ALTARE

Savona (SV) – ✉ 17041 – 2 154 ab. – Alt. 398 m – Carta regionale n° **14-B2**

Roma 570 km – Genova 70 km – Savona 14 km – Imperia 85 km

Carta stradale Michelin 561-I7

Quintilio con cam

via Gramsci 23 – ✆ 01 95 80 00 – www.ristorantequintilio.it

5 cam – 70 € 70 € Carta 32/76 €

Cortesia e professionalità vi accompagneranno nella degustazione di ricette liguri e piemontesi, sebbene dopo un soggiorno in Francia da parte dello chef, il menu proponga anche specialità d'Oltralpe: il tutto in un ristorante le cui origini risalgono al 1889! Nella graziosa enoteca, un unico tavolo e sullo sfondo scaffali colmi del frutto di Bacco; nella saletta "la libreria", lo stile innovativo non trascura la tradizione, con cenni al futurismo ed alla famosa lavorazione vetraria altarese.

ALTAVILLA VICENTINA

Vicenza (VI) – ✉ 36077 – 11 823 ab. – Alt. 45 m – Carta regionale n° **38-A2**

Roma 535 km – Padova 42 km – Vicenza 9 km – Venezia 73 km

Carta stradale Michelin 562-F16

Tre Torri

via Tavernelle 71 – ✆ 04 44 57 24 11 – www.hoteltretorri.it

93 cam – 69/250 € 69/250 € – **1 suite**

Rist *L'Altro Penacio* – vedere selezione ristoranti

Legno di palissandro, lastre di ardesia e cristallo laccato: dettagli di pregio nella zona lounge di questa moderna struttura, ideale per una clientela business, ma che piacerà anche al turista in visita alla città. Ancora minimalismo come stile, e non certo per la qualità delle installazioni, nelle moderne camere.

L'Altro Penacio - Hotel Tre Torri

via Tavernelle 71 – ✆ 04 44 37 13 91 – www.hoteltretorri.it

Menu 29 € – Carta 30/70 €

Nel contesto dell'hotel Tre Torri, un ristorante classico-elegante con proposte derivanti da una cucina che ama attingere alla tradizione, ma anche ai sapori del mare.

ALTEDO → Vedere Malalbergo

Bologna (BO)

ALTISSIMO

Vicenza (VI) – ✉ 36070 – 2 293 ab. – Alt. 672 m – Carta regionale n° **39-B2**
▶ Roma 568 km – Verona 65 km – Vicenza 42 km – Padova 72 km
Carta stradale Michelin 562-F15

XX **Casin del Gamba** (Antonio Dal Lago)
via Roccolo Pizzati 1, (strada per Castelvecchio), Nord-Est : 2,5 km – ✆ 04 44 68 77 09 – www.casindelgamba.eu – Chiuso 20 giorni in gennaio, 15 giorni in agosto, domenica sera, martedì a mezzogiorno e lunedì
Menu 55/78 € – Carta 53/87 € – (consigliata la prenotazione)
Non semplice da raggiungere, vi consigliamo di partire con anticipo per affrontare i numerosi tornanti tra boschi e monti. Al ristorante vi accoglierà una deliziosa famiglia che fa dei prodotti del territorio la bandiera della propria cucina, autentica, concreta e saporita. I funghi, al pari dell'ospitalità, sono immancabili.
→ Tortelli ripieni di ortiche con crema di fagioli e caviale di coregone. Piccione in due cotture: petto rosa e coscetta ben cotta. Semifreddo di melissa e lamponi con cioccolato tiepido al cardamomo.

ALTOMONTE

Cosenza (CS) – ✉ 87042 – 4 714 ab. – Alt. 455 m – Carta regionale n° **5-A1**
▶ Roma 482 km – Cosenza 60 km – Castrovillari 38 km
Carta stradale Michelin 564-H30

Barbieri
via Italo Barbieri 30 – ✆ 09 81 94 80 72 – www.famigliabarbieri.net
42 cam – †55/70 € ††80/95 € **Rist** – Carta 25/62 €
Un'intera famiglia al timone di questa completa struttura - in continuo rinnovo - dotata ora anche di un piccolo beauty center. Prelibatezze calabresi al ristorante.

Il Castello di Altomonte (N) cam, rist,
piazza Castello 6 – ✆ 09 81 94 89 33 – www.altomonte.it
13 cam – †90/100 € ††120 € **Rist** – Carta 28/58 €
Domina la città dall'alto, questo castello del XII secolo che ripropone nei suoi ambienti eleganti l'atmosfera dell'antica residenza nobiliare. Ristorante e saloni affrescati per una cucina calabrese, ma con spunti di internazionalità.

ALTOPASCIO

Lucca (LU) – ✉ 55011 – 15 188 ab. – Alt. 19 m – Carta regionale n° **31-B1**
▶ Roma 333 km – Pisa 38 km – Firenze 62 km – Lucca 23 km
Carta stradale Michelin 563-K14

XX **Il Melograno**
piazza degli Ospitalieri 9 – ✆ 0 58 32 50 16 – www.ilmelogranoristorante.net – Chiuso 15-20 agosto e lunedì
Menu 35 € – Carta 39/89 €
Varcata una delle porte che interrompono le mura, una suggestiva enclave di strade e dimore storiche: una cittadella fortificata piacevolmente illuminata la sera. Al primo piano di uno di questi palazzi, rivivono ricette tradizionali di terra e di mare, non prive di vena creativa.

ALZANO LOMBARDO

Bergamo (BG) – ✉ 24022 – 13 575 ab. – Alt. 304 m – Carta regionale n° **19-C1**
▶ Roma 605 km – Bergamo 9 km – Brescia 60 km – Milano 62 km
Carta stradale Michelin 561-E11

XXX **RistoFante**
via Mazzini 41 – ✆ 0 35 51 12 13 – www.ristofante.it – Chiuso 10 giorni in gennaio, 15 giorni in agosto, domenica sera e lunedì
Menu 45/65 € – Carta 41/87 € – *(solo a cena escluso i giorni festivi)*
Nel centro storico, in un antico palazzo ristrutturato, ambiente elegante, confortevole e sobriamente arredato; cucina tradizionale rivisitata, servizio estivo all'aperto.

AMALFI

Salerno (SA) – ✉ 84011 – 5 173 ab. – Carta regionale n° **6-B2**
▶ Roma 287 km – Napoli 70 km – Avellino 61 km – Salerno 25 km
Carta stradale Michelin 564-F25

Santa Caterina

via Mauro Comite, 9 – ☎ 0 89 87 10 12 – www.hotelsantacaterina.it – Aperto 29 dicembre-2 gennaio e 1° marzo-inizio novembre
55 cam ☕ – 🚹280/1250 € 🚹🚹310/1300 € – **11 suites** **Rist** – Carta 53/184 €
Suggestiva vista del golfo, terrazze fiorite digradanti sul mare con ascensori per la spiaggia, interni in stile di raffinata piacevolezza: qui i sogni diventano realtà! Al ristorante soffitto a crociera, colonne, eleganti tavoli rotondi: per cene di classe.

Grand Hotel Convento di Amalfi

cam, AC cam,
via Annunziatella 46 – ☎ 08 98 73 67 11 – www.ghconventodiamalfi.com – Aperto 1° aprile-31 ottobre
45 cam ☕ – 🚹250/800 € 🚹🚹320/850 € – **8 suites** **Rist** – Carta 56/98 €
In un convento del XIII sec abbarbicato sulla scogliera che domina la costa, le camere sono dominate dal colore bianco, interrotto solo dal seppiato delle foto d'epoca esposte un po' ovunque. C'è un unica stanza affrescata (denominata del Priore), molte invece quelle con terrazza. Piante esotiche e limoni nel pittoresco giardino.

Marina Riviera senza rist

via P. Comite 19 – ☎ 0 89 87 11 04 – www.marinariviera.it – Aperto 2 aprile-25 ottobre
31 cam ☕ – 🚹180/396 € 🚹🚹180/396 € – **3 suites**
All'ingresso della località, in posizione panoramica, struttura dei primi anni del '900 (su fondamenta tardo settecentesche): ariosi spazi comuni e camere totalmente rinnovate con gusto e sobrietà.

La Pergola

via Augustariccio 14, località Vettica Minore Ovest : 2 km – ☎ 0 89 83 10 88 – www.lapergolaamalfi.it – Chiuso 1° gennaio-28 febbraio
16 cam ☕ – 🚹30/120 € 🚹🚹40/180 €
Rist – Carta 23/46 € – *(aperto 20 aprile-20 ottobre; chiuso lunedì) (solo a cena) (solo per alloggiati)*
In un angolo pittoresco della costa, lungo la strada per Positano, camere di buon confort in una struttura recente, a gestione squisitamente familiare. Cucina casalinga e piatti della tradizione locale al ristorante.

Antica Repubblica senza rist

vico dei Pastai 2 – ☎ 08 98 73 63 10 – www.anticarepubblica.it
7 cam ☕ – 🚹50/100 € 🚹🚹70/160 €
Nel vicolo dove un tempo esercitavano i pastai, piccolo edificio tenuto a regola d'arte: camere elegantemente rifinite (due con baldacchino) ed incantevole terrazza per la prima colazione.

Villa Lara – Dimora d'epoca - senza rist

via delle Cartiere 1 bis – ☎ 08 98 73 63 58 – www.villalara.it – Aperto 1° marzo-31 ottobre
7 cam ☕ – 🚹75/145 € 🚹🚹90/175 €
Nella parte alta e più tranquilla della località, una dimora di fine '800 accuratamente ristrutturata, che presenta ai propri ospiti camere graziose, panorama e tanto charme.

Relais Villa Annalara senza rist

via delle Cartiere 1 ✉ 84011 Amalfi – ☎ 0 89 87 11 47 – www.villaannalara.it – Chiuso 12 gennaio-26 marzo
6 cam ☕ – 🚹70/140 € 🚹🚹80/160 €
Piacevole struttura in una bella villa: a disposizione un giardino ed un'ampia terrazza con vista incantevole. Camere nuovissime, personalizzate ed eleganti.

XX **La Caravella** (Antonio Dipino)

via Matteo Camera 12 – ✆ 0 89 87 10 29 – www.ristorantelacaravella.it – Chiuso 10 novembre-5 dicembre, 13 gennaio-12 febbraio e martedì, in estate anche lunedì

Menu 50 € (pranzo)/120 € – Carta 50/92 € – (consigliata la prenotazione)

E' qui da più di mezzo secolo questo splendido locale che ha fatto la storia gastronomica della costiera amalfitana e che - ancora oggi - rimane indiscusso protagonista. Abilità e fantasia in una cucina che come poche sa esaltare i sapori del territorio.

→ Risotto al limone d'Amalfi con gamberi di nassa cotti e crudi e bottarga di muggine. Polpa di pesce del golfo al gratin su finocchi, pomodori essiccati e menta. Il sole nel piatto: il nostro soufflé.

XX **Da Gemma**

via Frà Gerardo Sasso 9 – ✆ 0 89 87 13 45 – www.trattoriadagemma.com – Chiuso 10 novembre-25 dicembre, 7 gennaio-10 febbraio e mercoledì escluso aprile-ottobre

Menu 55/70 € – Carta 49/94 €

Nel cuore di Amalfi - ristorante già dal 1872 - il suo dinamico staff saprà coccolarvi con sfiziosi piatti del territorio reinterpretati in chiave moderna. Bella terrazza sul corso.

XX **Eolo**

via Comite 3 – ✆ 0 89 87 12 41 – www.eoloamalfi.it – Aperto 1° aprile- 25 ottobre; chiuso martedì

Carta 56/116 € – *(solo a cena in luglio e agosto)*

Piatti tradizionali rivisitati in un piccolo ristorante dall'ambiente intimo e curato; appagante vista sul mare attraverso aperture ad arco sostenute da agili colonne.

XX **Marina Grande**

viale delle Regioni 4 – ✆ 0 89 87 11 29 – www.ristorantemarinagrande.com – Chiuso 15 novembre-20 febbraio e lunedì escluso luglio-agosto

Menu 25 € (pranzo)/60 € – Carta 41/71 €

Direttamente sulla spiaggia, un piacevole locale dai toni contemporanei con splendida vista mare. Ricette che ripercorrono la tradizione, ma in chiave moderna; presenti anche piatti classici.

AMANTEA

Cosenza (CS) – ✉ 87032 – 13 827 ab. – Carta regionale n° **5-A2**

Roma 519 km – Cosenza 60 km – Catanzaro 67 km – Vibo Valentia 71 km

Carta stradale Michelin 564-J30

Mediterraneo Palace Hotel

via Stromboli 79 – ✆ 0 98 24 22 09 – www.mediterraneopalacehotel.it

57 cam – †60/100 € ††90/150 € **Rist** – Carta 29/41 €

Nel cuore della località, ma non distante dal mare, un hotel molto moderno con camere spaziose e servizi completi, tra cui un centro benessere. Specialità ittiche al ristorante.

Mediterraneo

via Dogana 64 – ✆ 0 98 24 22 09 – www.mediterraneohotel.net

31 cam – †50/80 € ††80/120 €

In una dimora di fine '800, una realtà più piccola rispetto al Mediterraneo Palace (di cui di fatto è una specie di dépendance): tanto fascino e un bel giardino.

La Tonnara

rist,

via Tonnara 13, Sud : 3 km – ✆ 09 82 42 42 72 – www.latonnara.it

58 cam – †45/65 € ††55/110 € – **2 suites**

Rist – Carta 22/47 € – *(chiuso 23-26 dicembre)*

A poche decine di metri dalla spiaggia, hotel con ampie camere - quasi tutte vista mare - e attività organizzate per la ricreazione dei più piccoli nei mesi estivi. Grande sala ristorante, piacevolmente arredata, per fragranti piatti marinari.

Due Bicchieri Gourmet (N)
via Dogana 92 ✉ 87032 Amantea – ☎ 09 82 42 44 09 – www.ristoranteduebicchieri.it – Chiuso 15 giorni in novembre e lunedì
Carta 30/40 € – (consigliata la prenotazione)
Passione e professionalità, prodotti del territorio, dal mare alla terra, nonché ottima scelta di vini soprattutto calabresi: questa è la ricetta vincente del locale.

a Coreca Sud : 4 km – ✉ 87032 Amantea

Mareblu
via Coreca 25 – ☎ 0 98 24 62 96 – www.marebluhotel.com
32 cam – 25/80 € 30/90 € **Rist** – Carta 19/56 €
Struttura bianca praticamente sul mare, in cui un'efficiente gestione diretta garantisce un soggiorno rilassante; camere semplici negli arredi, ma ariose e pulite. Da non perdere: l'escursione in barca e pesca sportiva con il proprietario.

AMBIVERE
Bergamo (BG) – ✉ 24030 – 2 371 ab. – Alt. 261 m – Carta regionale n° **19-C1**
Roma 614 km – Bergamo 18 km – Brescia 69 km – Milano 54 km
Carta stradale Michelin 561-E10

Antica Osteria dei Camelì (Loredana Vescovi)
via Marconi 13 – ☎ 0 35 90 80 00 – www.anticaosteriadeicameli.it – Chiuso 1°-6 gennaio, 5-27 agosto, martedì sera e lunedì
Menu 40 € (pranzo in settimana)/80 € – Carta 55/99 € – (consigliata la prenotazione)
Un tempo osteria, oggi un elegante ristorante dove ai piatti storici - imperdibili i casoncelli - si sono affiancate proposte nuove, frutto della selezione di ottimi prodotti. Specialità di terra e di mare.
➜ I casoncelli alla bergamasca. Fritto di mare e verdure leggero e croccante. Mousse leggera di cioccolato fondente.

AMEGLIA
La Spezia (SP) – ✉ 19031 – 4 426 ab. – Alt. 89 m – Carta regionale n° **15-D2**
Roma 404 km – La Spezia 18 km – Genova 107 km – Massa 19 km
Carta stradale Michelin 561-J11

Locanda dell'Angelo
viale XXV Aprile 60, (strada provinciale Sarzana-Marinella), Sud-Est : 4,5 km – ☎ 0 18 76 43 91 – www.paracucchilocanda.it – Aperto 16 marzo-2 novembre
31 cam – 90/120 € 120/250 € – **1 suite**
Rist *Mauro Ricciardi alla Locanda dell'Angelo* – vedere selezione ristoranti
In posizione tranquilla, in fondo a un grande giardino con piscina, una costruzione d'ispirazione contemporanea con camere dagli arredi semplici, bei quadri negli spazi comuni.

River Park Hotel
via del Botteghino 17, località Fiumaretta, Sud-Est : 2 km – ☎ 01 87 64 81 54 – www.hotelriverpark.it – Chiuso 1° novembre-1° dicembre
33 cam – 75/85 € 100/150 € – **1 suite**
Rist *L'Ibisco* – Carta 35/62 € – *(solo a cena escluso da maggio a settembre)*
Al centro della quieta località balneare di Fiumaretta, imponente edificio di moderna concezione - recentemente ristrutturato - dispone di zone interne confortevoli, camere spaziose, tutte con angolo salottino. Ariosa sala ristorante da cui ammirare l'invitante piscina circondata dal verde.

Stella del Magra
via Paganini 3, località Fiumaretta – ☎ 0 18 76 41 55 – www.stelladelmagra.com
10 cam – 70/110 € 80/120 € – **2 suites**
Rist *Osteria del Magra* – vedere selezione ristoranti
Piccola struttura familiare, senza spazi comuni oltre al bar-ristorante, ma dalla bella location con vista sulla foce: le camere offrono moderne soluzioni d'arredo.

Mauro Ricciardi alla Locanda dell'Angelo – Hotel Locanda dell'Angelo

viale XXV Aprile 60, (strada provinciale Sarzana-Marinella), Sud-Est : 4,5 km – ✆ 0 18 76 53 36 – www.chefmauroricciardi.it – Chiuso 23 dicembre-20 gennaio, 1 settimana in ottobre, lunedì e martedì
Menu 85/110 € – Carta 75/116 € – *(solo a cena in luglio-agosto)* (consigliata la prenotazione)
Dal 2013 lo chef di grande esperienza Mauro Ricciardi è alla guida e gestione del ristorante all'interno dell'hotel Locanda dell'Angelo. Nuova linea di cucina, quindi, ispirata dal carattere e dalla fantasia del cuoco. Si conferma la natura attraverso le vetrate: verde giardino di lecci ed ulivi.
→ Gamberi su salsa di piselli, con asparagi, uova di quaglia, salsa di burrata, caviale e guanciale croccante. Tagliatelle con triglie, capperi, pomodoro confit e pistacchi. Bianco di branzino con verdure croccanti su salsa di limone condito e cipolla cotta al forno.

Osteria del Magra – Hotel Stella del Magra

via Paganini 3, località Fiumaretta – ✆ 0 18 76 46 96 – Chiuso novembre e gennaio; in dicembre, febbraio e marzo aperto solo nei week-and
Menu 35 € – Carta 32/74 €
Il locale è gestito dal 2012 da una validissima coppia di fratelli: uno segue la sala, l'altro la cucina. Da anni attivi nella ristorazione spezzina, qui si destreggiano soprattutto con piatti di pesce.

a Montemarcello Sud : 5,5 km – ✉ 19030

Pescarino-Sapori di Terra e di Mare con cam

via Borea 52, Nord-Ovest : 3 km – ✆ 01 87 60 13 88 – www.pescarino.it – Chiuso 15 giorni in gennaio
2 cam – 35/45 € 70/80 €
Menu 25/39 € – Carta 28/51 € – *(chiuso lunedì e martedì escluso agosto) (solo a cena escluso sabato-domenica e festivi)*
Una collocazione davvero piacevole nell'oasi di pace del bosco di Montemarcello, per questo locale in stile semplice, ma di tono elegante che dà ciò che promette. Camere eleganti nella villa adiacente.

AMELIA

Terni (TR) – ✉ 05022 – 11 790 ab. – Alt. 370 m – Carta regionale n° **35-B3**
Roma 92 km – Terni 27 km – Viterbo 47 km – Perugia 95 km
Carta stradale Michelin 563-O19

Relais Tenuta del Gallo

via Ortacci 34, località Macchie, Nord-Ovest : 8 Km – ✆ 07 44 98 71 11 – www.tenutadelgallo.com – Chiuso 7-31 gennaio e novembre
8 cam – 90/175 € 114/250 € – **2 suites** **Rist** – Carta 31/59 €
All'interno di una grande proprietà terriera, ambienti eleganti e raffinati con mobili di pregio provenienti dalla collezione privata di famiglia, per una struttura in posizione isolata e panoramica.

AMENDOLARA

Cosenza (CS) – ✉ 87071 – 2 990 ab. – Alt. 227 m – Carta regionale n° **5-A1**
Roma 504 km – Cosenza 102 km – Castrovillari 55 km – Matera 105 km
Carta stradale Michelin 564-H31

Grillo Hotel

viale Lagaria S.S. 106 – ✆ 09 81 91 52 56 – www.grillohotel.com
40 cam – 40/70 € 70/150 € **Rist** – Carta 20/40 €
Questa struttura moderna ed efficiente ha il pregio della poliedricità: ideale per una clientela d'affari, non deluderà il turista di passaggio. Bella piscina e buon standard di servizi.

Enotria rist,
viale Calabria 20 – ✆ 09 81 91 50 26 – www.hotelenotria.it
46 cam ☕ – †30/60 € ††40/99 € – **2 suites**
Rist – Carta 14/46 € – *(chiuso lunedì)*
Vicinissimo alla Torre antica sul mare, l'hotel dispone di spazi comuni moderni e camere lineari in riposanti colori pastello. Piatti di mare nella sala da pranzo al piano terra.

ANACAPRI → Vedere Capri (Isola di)
Napoli (NA)

ANAGNI
Frosinone (FR) – ✉ 03012 – 21 414 ab. – Alt. 424 m – Carta regionale n° **13-C2**
Roma 74 km – Frosinone 25 km – Anzio 79 km – Latina 73 km
Carta stradale Michelin 563-Q21

Lo Schiaffo A/C
via Vittorio Emanuele 270 – ✆ 07 75 73 91 48 – Chiuso 25-31 luglio, lunedì, anche domenica sera da novembre a febbraio
Carta 20/38 €
Il nome evoca atmosfere medievali, il riferimento al celebre schiaffo a Bonifacio VIII; la sala invece è stata completamente rinnovata e presenta un ambiente caldo e moderno.

ANCONA
– 100 343 ab. – Carta regionale n° **21-C1**
Roma 305 km – Firenze 263 km – Rimini 109 km – Pesaro 74 km
Carta stradale Michelin 563-L22

Grand Hotel Passetto senza rist A/C P
via Thaon de Revel 1 ✉ 60124 – ✆ 07 13 13 07 – www.hotelpassetto.it Pianta : C2**d**
39 cam ☕ – †73/160 € ††113/225 € – **1 suite**
Il giardino con piscina abbellisce questo hotel alle porte della città, non lontano dal mare: eleganti e sobri interni, confortevoli camere di taglio classico.

Grand Hotel Palace senza rist A/C
lungomare Vanvitelli 24 ✉ 60121 – ✆ 0 71 20 18 13 – www.hotelancona.it – Chiuso 22 dicembre-7 gennaio Pianta : A1**k**
39 cam ☕ – †90/130 € ††120/170 € – **1 suite**
Davanti al porto, in un palazzo seicentesco austero e nobiliare, albergo la cui gestione familiare si impegna per meglio accogliere gli ospiti. Si parte la mattina dalla sala colazioni démodé all'ultimo piano, ma dotata di bella vista.

Mandracchio A/C
largo Fiera della Pesca 11 ✉ 60123 – ✆ 0 71 20 29 90 – Chiuso agosto, domenica sera e lunedì Pianta : A2**a**
Menu 35/45 € – Carta 39/91 €
Al porto, solo pesce fresco (ottima la selezione di crudi!) in un locale inaspettato, dal design graffiante e "metropolitano" che anno dopo anno sta diventando un riferimento gastronomico per la città.

La Moretta A/C
piazza Plebiscito 52 ✉ 60121 – ✆ 0 71 20 23 17 – www.trattoriamoretta.com – Chiuso 1°-7 gennaio e domenica Pianta : B1**n**
Menu 20/45 € – Carta 28/54 €
Dal 1897 sono diverse generazioni della stessa famiglia a gestire questo ristorante che propone cucina marchigiana di carne e di pesce, con stoccafisso e brodetto all'anconetana tra i classici del menu. Servizio estivo nella bella piazza Plebiscito.

ANCONA
0
300 m
Mare Adriatico
Loggia dei Mercanti ....F
A
B
C
1
2
Arco di Traiano
Duomo di San Ciriaco
COLLE GUASCO
Museo Archeologico Nazionale delle Marche
S. FRANCESCO D. SCALE
S. Maria della Piazza
STAZIONE MARITTIMA
PORTO
Molo Nord
Molo Sud
AIR TERMINAL
P.za Cavour
Cso. Giovanni Amendola
V. Michele Fazioli
V. Palestro
V. S. Martino
V. Montebello
V. Goito
V. Cardeto
V. Astagno
Vicolo Papis
V. Torrioni
V. Cittadella
PARCO CITTADELLA
V. Santo Stefano
V. Vittorio Veneto
V. Oslavia
V. Redipuglia
V. Rovereto
V. Rodi
V. Plave
V. Trento
Vle della Vittoria
V. Isonzo
V. Gino Tommasi
V. Trieste
V. Podgora
V. Asiago
V. Monte S. Michele
V. Vito Volterra
V. Enrico Toti
ASCENSORE SPIAGGIA
V. Paolo Thaon di Revel
V. Raffaele Della Pergola
V. Pola
V. Sta Margherita
V. Alberto Caucci
V. del Conero
V. Claudio Salmoni
V. Angelini
V. Francesco Gentiloni
V. Vincenzo
V. 8 Marzo
V. Duilio
V. Scandali
V. 25 Aprile
V. del Canale
Circ.
V. Tiziano
V. Raffaello Sanzio
V. Giovan Battista Pergolesi
Guglielmo Marconi
V. Terenzio Mamiani
Largo Lorenzo Casanova
Largo Caduti sul Mare
V. Luigi Einaudi
V. Ezio Vanoni
V. Giustino Fortunato
V. del Lavoro
V. Enrico Mattei
V. Panoramica
V. Francesco Rismondo
V. Montegrappa
V. Zara
V. Gorizia
V. Cesare Battisti
V. Friuli
V. Cadore
V. Montenero
a
b
d
k
n
M
F
T
POL
PORTONOVO NUMANA
PESCARA
RIMINI

Sot'Ajarchi

via Marconi 93 ✉ 60125 – ☎ 0 71 20 24 41 – Chiuso vacanze di Natale, agosto e domenica Pianta : CY**b**

Carta 29/58 €

Esperienza ultra-ventennale in ambiente informale, familiare, decisamente al femminile per questa piccola trattoria sotto ai portici. Piatti di mare, a base di pescato fresco giornaliero: uno dei migliori indirizzi di tutta Ancona e dintorni!

a Portonovo per Numana Pianta : C2 : 12 km – ✉ 60129

Fortino Napoleonico

rist,

via Poggio 166 – ☎ 0 71 80 14 50 – www.hotelfortino.it

33 cam – 90/230 € 120/260 € – **6 suites**

Rist *Fortino Napoleonico* – Carta 42/64 € – (consigliata la prenotazione)

Trasformato in hotel negli anni '60, la tipica forma a lanterna ne denuncia l'origine napoleonica. Di questo glorioso passato ne serba il fascino, che si declina in antichi arredi, affreschi e camere dal lusso discreto. Fragrante cucina di mare nell'omonimo ristorante dotato di una bella terrazza panoramica per l'estate.

Emilia

via Poggio 149/a, (in collina), Ovest : 2 km – ☎ 0 71 80 11 45 – www.hotelemilia.com – Aperto 22 marzo-1° novembre

27 cam – 69/700 € 69/700 € – **3 suites**

Rist *Emilia* – vedere selezione ristoranti

Splendida struttura affacciata sul mare dall'alto dei Monti del Conero. Bianca e illibata, gli interni sono decorati con opere d'arte moderna, mentre nelle camere è la luminosità a "colpire" l'ospite. In estate, si apre il ristorantino Gazebo per pranzi light a bordo piscina e aperitivi serali con crudi di pesce. Le spiagge distano circa due chilometri (raggiungibili con la navetta dell'albergo).

Internazionale

rist,

via Portonovo – ☎ 0 71 80 10 01 – www.hotel-internazionale.com – Aperto 2 marzo-31 ottobre

25 cam – 55/120 € 60/170 €

Rist – Carta 30/61 € – *(chiuso domenica sera)*

In una tranquilla oasi verde, sulle pendici del promontorio che disegna la baia di Portonovo, un albergo a gestione diretta, con interni lineari; camere di due tipologie. Pareti con pietra a vista e ampie finestre panoramiche nella sala da pranzo.

Emilia – Hotel Emilia

via Poggio 149/a, (in collina), Ovest : 2 km – ☎ 0 71 80 11 45 – www.hotelemilia.com – Aperto 1° aprile-31 ottobre

Carta 33/77 €

Da nonna Da nonna Emilia alla figlia Elia, il ricettario è arrivato fino ai giorni nostri, rinnovato con gusto moderno dall'attuale chef. Buon indirizzo per scoprire il patrimonio enogastronomico della regione: carne e pesce, verdura e frutta biologiche, pane e dolci fatti in casa. Bel dehors sul giardino con vista sulla costa.

Giacchetti

via Portonovo 171 – ☎ 0 71 80 13 84 – www.ristorantedagiacchetti.it – Aperto 1° aprile-31 ottobre; chiuso lunedì escluso 1° giugno-31 agosto

Carta 27/79 €

Nella silenziosa baia di Portonovo, locale di lunga tradizione, con annesso stabilimento balneare privato; in sala o all'aperto le classiche specialità di mare dell'Adriatico.

Da Emilia

nella baia – ☎ 0 71 80 11 09 – www.ristoranteemilia.it – Aperto Pasqua-31 ottobre; chiuso lunedì escluso agosto

Carta 32/59 €

Fragrante cucina di pesce e, nella stagione calda, i moscioli (tipiche cozze selvatiche) tra le specialità della casa: si pranza sulla spiaggia con il mare a portata di mano e, volendo, si farà un bagno nello stabilimento balneare del ristorante.

Clandestino Susci Bar
via Portonovo, località Poggio – ✆ 0 71 80 14 22 – www.morenocedroni.it – Aperto 1° aprile-30 settembre; chiuso martedì escluso giugno-agosto
Menu 50/85 € – Carta 53/65 € – *(solo a cena)*
Direttamente su una bellissima spiaggia selvaggia, la maggior parte dei tavoli puntano verso la baia ed il mare. Vero e proprio laboratorio dell'idee culinarie di Moreno Cedroni, la carta non è ampia, ma la linea di cucina è interessante, creativa ed a base di pesce (ottimi i crudi). A mezzogiorno solo panini ed insalate.

a Torrette per Rimini Pianta : A2 : 4 km – ✉ 60126

Europa cam, cam, rist,
via Sentino 3 – ✆ 0 71 88 80 96 – www.hoteleuropa-ancona.it
62 cam – 73/110 € 94/160 € **Rist** – Carta 24/45 €
In posizione defilata ma comoda, a pochi metri dal polo ospedaliero-universitario regionale, camere omogenee, dal confort moderno e dallo stile funzionale.

ANDALO

Trento (TN) – ✉ 38010 – 1 036 ab. – Alt. 1 042 m – Carta regionale n° **33-B2**
Roma 625 km – Trento 40 km – Bolzano 64 km – Riva del Garda 48 km
Carta stradale Michelin 562-D15

Dolce Avita Spa & Resort rist,
via del Moro 1 – ✆ 04 61 58 59 12 – www.hoteldolceavita.it – Aperto 1° dicembre-31 marzo e 15 giugno-14 settembre
26 cam – 70/149 € 106/258 € – **10 suites**
Rist – Menu 30 € – *(solo per alloggiati)*
In posizione panoramica e soleggiata, hotel dagli spazi accoglienti e ben arredati: camere "romantic" con letto a baldacchino e junior suite adatte alle famiglie. 500 mq di benessere presso la moderna Spa & Beauty.

Corona Dolomites N cam,
via Dossi 6 – ✆ 04 61 58 58 72 – www.coronadolomiteshotel.com – Aperto inizio dicembre-Pasqua e metà giugno-inizio ottobre
42 cam – solo ½ P 70/126 € – **1 suite** **Rist** – Carta 32/48 €
L'albergo in una decina di anni si è rifatto il look diventando un riferimento per la località: gestione valida, spazi generosi e servizi a 360°. La luce, qui, è di casa, a partire dal luminoso centro benessere.

Piccolo Hotel Suite Resort N cam,
via Pegorar 2 – ✆ 04 61 58 57 10 – www.piccolo.it – Aperto 6 dicembre-31 marzo e 16 giugno-19 settembre
18 cam – 50/80 € 85/150 € – **8 suites**
Rist – Carta 27/51 € – *(solo per alloggiati)*
Bella casa con giardino rinnovata negli anni e situata in posizione tranquilla, da cui si ammira lo splendido gruppo del Brenta e Paganella. Per gli amanti del vino, c'è anche una saletta degustazione dove divertirsi con il patron-sommelier.

Cristallo
via Rindole 1 – ✆ 04 61 58 57 44 – www.hotelcristalloandalo.com – Aperto 1° dicembre-10 aprile e 15 giugno-15 settembre
37 cam – 95/120 € 150/170 €
Rist – Carta 25/49 € – *(solo per alloggiati)*
Dista pochi metri dagli impianti di risalita, in pratica è il più vicino, questo piacevole albergo dagli accoglienti gli interni in stile montano, ad eccezione della hall d'ispirazione più moderna. Il centro benessere si completa con la zona beauty (massaggi e trattamenti).

Ambiez Suite Hotel cam,
via Priori 8 – ✆ 04 61 58 55 56 – www.hotelambiez.com – Aperto 8 dicembre-23 marzo e 14 giugno-15 settembre
22 cam – 54/96 € 126/176 € – **3 suites**
Rist – Menu 26/38 € – *(solo per alloggiati)*
Risorsa a conduzione familiare dalle ampie camere in stile montano, nonché gradevole zona benessere con tanto di beauty farm. Piatti trentini, ma non solo, nel tipico ristorante dove ai fornelli si destreggia il patron dell'hotel.

Serena rist,

via Crosare 15 – ✆ 04 61 58 57 27 – www.hotelserena.it – Chiuso 1° aprile-15 giugno e 20 settembre-1° dicembre
30 cam – solo ½ P 50/130 € – **3 suites** **Rist** - *(solo per alloggiati)*
Non lontano dal centro, ma in posizione più tranquilla, solida gestione diretta giunta alla seconda generazione. Vista panoramica su montagne maestose e camere confortevoli: senza ombra di dubbio, un indirizzo ideale per le famiglie!

Al Penny

viale Trento 23 – ✆ 04 61 58 52 51 – www.alpenny.it – Chiuso maggio e novembre
Carta 31/39 €
All'ingresso del paese, l'insegna annuncia la possibilità di mangiar pizza... oltre ad una cucina curata nei prodotti e nelle presentazioni.

ANDORA

Savona (SV) – ✉ 17051 – 7 523 ab. – Carta regionale n° **14-B2**
Roma 601 km – Imperia 22 km – Genova 105 km – Savona 59 km
Carta stradale Michelin 561-K6

Moresco rist,

via Aurelia 96 – ✆ 0 18 28 91 41 – www.hotelmoresco.com – Chiuso 2 ottobre-31 dicembre
35 cam – 47/65 € 67/89 € **Rist** – Menu 15/25 € – *(solo per alloggiati)*
In posizione centrale sul lungomare, un hotel dalla semplice conduzione familiare che ha saputo - tuttavia - stare al passo con i tempi: camere comode e gradevoli.

ANDRIA

Barletta-Andria-Trani (BT) – ✉ 76123 – 100 432 ab. – Alt. 151 m – Carta regionale n° **26-B2**
Roma 380 km – Bari 60 km – Barletta 11 km – Foggia 82 km
Carta stradale Michelin 564-D30

Cristal Palace Hotel senza rist

via Firenze 35 – ✆ 08 83 55 64 44 – www.cristalpalace.it
40 cam – 50/78 € 65/88 €
In zona residenziale e tranquilla, ma al tempo stesso in pieno centro, confortevole struttura dagli interni funzionali, abbelliti da realizzazioni artistiche; distinte camere con parquet.

L'Ottagono

via Barletta 218 – ✆ 08 83 55 78 88 – www.hotelottagono.it
41 cam – 55/65 € 80/90 € **Rist** – Carta 21/55 €
Alle porte della cittadina, ma non lontano dal centro, albergo d'ispirazione moderna con un grazioso giardino, spaziose zone comuni e camere lineari; campi di calcetto. Arioso ristorante nelle tonalità del beige e del nocciola.

Umami (Felice Sgarra)

via Trani 101/103 – ✆ 08 83 26 12 01 – www.umamiristorante.it – Chiuso domenica sera e martedì
Menu 32/75 € – Carta 39/56 €
Umami venne introdotto dai giapponesi come "gusto saporito" ma è al gusto della ricerca che guidò quello studio che s'ispira il locale alle porte della città. Con la certezza di solide basi: siamo infatti in una villa dell'800, bel connubio di pietra antica e arredo moderno. Nel piatto i prodotti del territorio elaborati con fantasia.
→ Crostacei con legumi passati e acidità di limone. Spaghettone aglio, olio, trippa di baccalà e cima di zucchina. Tonno scottato alle mele e riduzione al passito di primitivo.

Il Turacciolo

piazza Vittorio Emanuele II° 4 – ✆ 38 81 99 88 89 – www.ilturacciolo.it – Chiuso 2 settimane in giugno domenica da giugno a settembre, mercoledì negli altri mesi
Carta 23/33 € – *(solo a cena)* (consigliata la prenotazione)
Ambiente informale con tovagliette di carta e menu esibito su due lavagne, in un'enoteca wine-bar del centro, dove la specialità è sicuramente la salsiccia di Minervino e cime di rape stufate, ma non si esagera nel dire che tutta la cucina è semplicemente sorprendente!

a Montegrosso Sud-Ovest : 15 kmAlt. 224 m – ✉ 70031

Agriturismo Biomasseria Lama di Luna
rist,

contrada Lama di Luna, Sud : 3,5 km – ✆ 08 83 56 95 05 – www.lamadiluna.com – Aperto 28 marzo-3 novembre

11 cam – 110/130 € 160/190 €

Rist – Menu 30/35 € – *(solo a cena) (solo per alloggiati)*

Masseria ottocentesca ristrutturata secondo i dettami della bioarchitettura e del Feng Shui: affascinante mix di tradizione pugliese e filosofia cinese di vita naturale.

Antichi Sapori

piazza Sant'Isidoro 10 – ✆ 08 83 56 95 29 – www.pietrozito.it – Chiuso 22 dicembre-3 gennaio, 11-20 luglio, 10-20 agosto, sabato sera e domenica

Menu 35 € – Carta 27/47 € – (coperti limitati, prenotare)

Ttroccoli di grano duro con sponsali, pomodorini alla brace e pecorino - tiella di agnello della murgia con funghi cardoncelli, pomodorino e patate - frolla croccante all'extravergine con marmellata di melacotogne, a cui fanno eco tante altre specialità regionali in un'originale trattoria con decorazioni di vita contadina. Dal vicino orto, le saporite verdure presenti in menu.

ANGERA

Varese (VA) – ✉ 21021 – 5 634 ab. – Alt. 205 m – Carta regionale n° **16-A2**

Roma 640 km – Stresa 34 km – Milano 63 km – Varese 31 km

Carta stradale Michelin 561-E7

Lido Angera
cam,

viale Libertà 11, Nord : 1 km – ✆ 03 31 93 02 32 – www.hotellido.it – Chiuso 27 dicembre-5 gennaio

17 cam – 86/96 € 118/138 €

Rist – Carta 27/78 € – *(chiuso lunedì a mezzogiorno)*

In posizione incantevole, leggermente rialzata, proprio a ridosso del lago la cui vista è assicurata dalla nuovissima terrazza, una calda risorsa a gestione familiare con camere ampie, arredate in modo semplice, ma complete di tutto. Ristorante con ampie e panoramiche vetrate, per apprezzare le specialità lacustri.

ANGHIARI

Arezzo (AR) – ✉ 52031 – 5 650 ab. – Alt. 429 m – Carta regionale n° **32-D2**

Roma 246 km – Perugia 75 km – Arezzo 36 km – Firenze 109 km

Carta stradale Michelin 563-L18

La Meridiana
rist,

piazza 4 Novembre 8 – ✆ 05 75 78 81 02 – www.hotellameridiana.it

25 cam – 63/73 € 63/73 € **Rist** – Carta 17/24 €

Esperta gestione familiare in un alberghetto semplice e conveniente vicino alla parte medievale di Anghiari; camere moderne o più classiche, alcune con romantica vista sul centro storico. Sala ristorante in linea con la tradizionale schiettezza della cucina.

Da Alighiero

via Garibaldi 8 – ✆ 05 75 78 80 40 – www.daalighiero.it – Chiuso 15 febbraio-10 marzo e martedì

Carta 20/47 €

Ospitalità schietta e familiare in una tipica trattoria all'italiana; nei piatti, i sapori tipici della regione (salumi, paste fresche, carne, formaggi e il proverbiale zuccotto). Il nostro consiglio: bocconcini di filetto al rosmarino.

ANGUILLARA SABAZIA

Roma (RM) – ✉ 00061 – 18 816 ab. – Alt. 195 m – Carta regionale n° **12-B2**

Roma 34 km – Viterbo 55 km – Civitavecchia 59 km – Terni 89 km

Carta stradale Michelin 563-P18

Country Relais I Due Laghi cam,

via della Marmotta, località Le Cerque, Nord-Est : 3 km – ✆ 06 99 60 70 59 – www.iduelaghi.it

28 cam ☕ – †60/90 € ††80/140 € – **5 suites**

Rist *La Posta de' Cavalieri* – Carta 29/56 €

Nella dolcezza e nella tranquillità dei colli, per arrivare a questo relais si attraversa uno dei maggiori centri equestri d'Italia (presso il quale è anche possibile praticare una "finta" caccia alla volpe); camere confortevoli ed una bella piscina per momenti d'impagabile relax.

ANNONE VENETO

Venezia (VE) – ✉ 30020 – 4 011 ab. – Alt. 9 m – Carta regionale n° **40-D2**

Roma 577 km – Venezia 70 km – Trieste 108 km – Padova 93 km

Carta stradale Michelin 562-E20

Il Credenziere

via Quattro Strade 12 – ✆ 04 22 76 99 22 – www.ilcredenziereristorante.it – Chiuso 1°-21 gennaio, domenica sera e lunedì

Menu 14 € (pranzo in settimana)/55 € – Carta 35/67 €

In una piccola frazione di campagna, qui le proposte di pesce si fanno più estrose e creative, ma a pranzo c'è anche una carta dalle proposte più tradizionali ed economiche.

ANNUNZIATA → Vedere La Morra

Cuneo (CN)

ANTAGNOD → Vedere Ayas

Aosta (AO)

ANTERIVO

Bolzano (BZ) – ✉ 39040 – 375 ab. – Alt. 1 209 m – Carta regionale n° **34-D3**

Roma 647 km – Bolzano 47 km – Trento 64 km – Belluno 106 km

Carta stradale Michelin 562-D16

Kurbishof con cam

via Guggal 23 – ✆ 04 71 88 21 40 – www.kuerbishof.it – Chiuso 6-26 aprile e novembre

3 cam ☕ – †85 € ††90/120 €

Carta 28/51 € – *(chiuso martedì)* (consigliata la prenotazione)

L'unione fa la forza: al primo piano di un maso del '700, una coppia di ristoratori ha trasformato l'ex fienile in una rustica e piacevole osteria. Lei, in cucina, ad esplorare i sapori del territorio; lui, in sala, a riproporli con garbo e competenza.

ANTERSELVA DI MEZZO = ANTHOLZ → Vedere Rasun Anterselva

Bolzano (BZ)

ANTEY SAINT ANDRÈ

Aosta (AO) – ✉ 11020 – 613 ab. – Alt. 1 074 m – Carta regionale n° **37-B2**

Roma 729 km – Aosta 35 km – Breuil-Cervinia 20 km – Torino 96 km

Carta stradale Michelin 561-E4

Maison Tissiere

frazione Petit Antey 9 – ✆ 01 66 54 91 40 – www.hoteltissiere.it – Chiuso maggio e novembre

13 cam ☕ – †40/80 € ††80/160 € – **1 suite**

Rist *Maison Tissiere* – vedere selezione ristoranti

Nella parte alta del paese, un rascard (fienile) con stalla del '700, sobriamente ristrutturato: pavimenti in pietra e larice nonché arredi dalle forme semplici e discrete per non contrastare con l'architettura contadina dell'edificio.

Des Roses rist,

località Poutaz – ✆ 01 66 54 85 27 – www.hoteldesroses.com – Aperto 6 dicembre-4 maggio e 21 giugno-16 settembre

21 cam – †42/49 € ††62/84 €, ☕ 8 € **Rist** – Menu 16/30 €

Cordialità e ambiente familiare in un albergo d'altura, ambienti in stile alpino e graziosa saletta al piano terra con camino e travi a vista; camere dignitose. Ristorante decorato con bottiglie esposte su mensole, sedie in stile valdostano.

Maison Tissiere – Hotel Maison Tissiere

frazione Petit Antey 9 – 01 66 54 91 40 – www.hoteltissiere.it – Chiuso maggio e novembre

Carta 29/63 € – *(chiuso lunedì) (solo a cena in bassa stagione)*

Piatti piemontesi e valdostani gustosamente "alleggeriti", in una sobria sala in legno e pietra, dove a farla da padrone è la splendida vista sui monti.

ANZIO

Roma (RM) – 00042 – 50 789 ab. – Carta regionale n° **12-B3**

Roma 65 km – Frosinone 89 km – Latina 27 km – Ostia Antica 66 km

Carta stradale Michelin 563-R19

Romolo al Porto

via Porto Innocenziano 19 – 0 69 84 40 79 – www.romoloalporto.it – Chiuso 7-23 gennaio e mercoledì

Carta 30/83 €

Un locale dalla filosofia esplicita: solo pesce fresco locale - talvolta pescato con la propria barca - e nuova zona Tender per aperitivi, nonché sushi a "miglio 0".

Da Alceste

piazzale Sant'Antonio 6 – 0 69 84 67 44 – www.alcestealbuongusto.it – Chiuso martedì

Carta 42/62 €

La sensazione è quella di essere su una palafitta, grazie alle vetrate su tre lati che lo rendono molto luminoso e permettono all'ospite di godere del panorama. Ma anche l'interno è un omaggio alla posizione: tinte mediterranee e una cucina che strizza l'occhio al mare.

ANZOLA DELL'EMILIA

Bologna (BO) – 40011 – 11 992 ab. – Alt. 38 m – Carta regionale n° **9-C3**

Roma 381 km – Bologna 21 km – Ferrara 64 km – Modena 28 km

Carta stradale Michelin 562-I15

Alan senza rist

via Emilia 46/b – 0 51 73 35 62 – www.alanhotel.it – Chiuso vacanze di Natale e Pasqua

61 cam – 50/150 € 70/180 €

In comoda posizione sulla via per Bologna, questo albergo in parte recentemente ristrutturato dispone di spazi comuni personalizzati e camere ampie, ben insonorizzate.

Il Ristorantino-da Dino

via 25 Aprile 11 – 0 51 73 23 64 – www.ristorantinodadino.it – Chiuso domenica sera e lunedì

Carta 25/53 €

Ristorantino in zona residenziale che vale la pena di provare per le interessanti preparazioni di cucina tradizionale: materie prime di qualità, prezzi convenienti e pesce secondo il mercato (giovedì e venerdì).

AOSTA

11100 – 34 657 ab. – Alt. 583 m – Carta regionale n° **37-A2**

Roma 746 km – Torino 115 km – Genève 135 km – Martigny 72 km

Carta stradale Michelin 561-E3

Milleluci senza rist

località Porossan Roppoz 15 – 01 65 23 52 78 – www.hotelmilleluci.com Pianta : C1**c**

31 cam – 150/180 € 150/270 €

Strategicamente posizionato sulla città illuminata, al Milleluci si dorme in montagna, ma anche a due passi dal capoluogo valdostano, in caratteristiche ed accoglienti camere: rassicurati da moderni confort e coccolati da un centro benessere tra i migliori della città.

AOSTA
0
200 m
MILANO, TORINO
CHATILLON
MARTIGNY
GRAN S. BERNARDO
PILA
COURMAYEUR
CHAMONIX
COLLE D. PICC.
S. BERNARDO
Collegiata di S. Orso
Priorato
Arco di Augusto
Porta Pretoria
Anfiteatro
Teatro
Cattedrale
MUSEO ARCHEOLOGICO
TORRE DI BRAMAFAM
TORRE DEL LEBBROSO
STAZIONE
Piazza Chanoux
Piazza Manzetti
Piazza della Repubblica
Piazza Cav. di Vit. Veneto
Piazza Soldats de la Neige
Torrente Buthier
Vle Giuseppe Garibaldi
V. Roma
Cso. Père-Laurent
Vle della Pace
V. Monte Solarolo
V. Monte Vodice
V. Monte Pasubio
V. Monte Rosa
V. Monte Cervino
V. Mont-Fallere
Cso. Saint-Martin-de-Corléans
V. Parigi
Cso. Battaglione Aosta
V. Chambery
Cso. Lancieri d'Aosta
V. Piave
V. de Challand
V. de Lostan
V. Chamolé
V. Pila
Str. Regionale Roisan
Str. Pont-Suaz
V. Lavoratori-Vittime del Col du Mont

HB Aosta
via Malherbes 18/A – 0 16 54 36 45 Pianta : B2**b**
– www.hbaostahotel.com
32 cam – 65/107 € 95/190 € – **1 suite**
Rist – Carta 25/47 € – *(solo a cena)*
Moderno albergo nato dal totale rinnovo di una struttura preesistente e condotto sempre dalla stessa, esperta, famiglia: in zona pedonale, ma raggiungibile in auto per gli ospiti, dispone di comodo parcheggio.

Maison Colombot senza rist
via Edouard Aubert 81 – 01 65 23 57 23 Pianta : B2**a**
– www.aostacamere.eu
6 cam – 40/55 € 70/92 €
Piccola ed elegante risorsa situata nel centro storico di Aosta e non distante dagli impianti di risalita per Pila. Una casa storica caratterizzata da sei graziose camere, personalizzate con grande profusione di legno e arredi spesso d'epoca.

Vecchio Ristoro (Alfio Fascendini)
via Tourneuve 4 – 0 16 53 32 38 Pianta : B1**b**
– www.ristorantevecchioristoro.it – Chiuso 3 settimane in giugno, 1°-7 novembre, lunedì a mezzogiorno e domenica
Menu 65/80 € – Carta 55/73 € – (consigliata la prenotazione)
Nel centro cittadino, una coppia di coniugi vi accoglie in ambienti rustici, ma eleganti, per servirvi la tradizione regionale alleggerita in chiave moderna.
→ Gnocchetti di peperoni gialli con brodetto di pesce e bottarga di muggine. Marbré (piatto freddo di carne e gelatina) di bollito misto e bagnetto verde. Zuccotto di mela ripieno di fondente al caramello e salsa pistacchio.

Osteria da Nando
via Sant'Anselmo 99 – 0 16 54 44 55 Pianta : C1**a**
– www.osterianando.com – Chiuso martedì escluso agosto
Menu 35/50 € – Carta 35/59 € – (consigliata la prenotazione)
Splendida collocazione nel cuore della città tra l'arco di Augusto e le Porte Pretoriane per questa semplice risorsa, a conduzione familiare, caratterizzata da parquet e soffitto ad archi. Cucina squisitamente valdostana: niente pesce ma salumi, selvaggina, polenta e funghi.

a Sarre Ovest : 7 km Alt. 780 m – ✉ 11010

Etoile du Nord
frazione Arensod 11/a – 01 65 25 82 19 – www.etoiledunord.it
59 cam – 65/78 € 80/130 €
Rist – Menu 26 € – *(chiuso domenica e lunedì) (solo a cena)*
Quasi un castello moderno, con tanto di torrioni e un cupolone centrale trasparente; camere di differente tipologia, nuova area benessere aperta anche alla clientela esterna. Al ristorante ampia sala con arredi contemporanei.

a Pollein Est : 5 km per Chatillon Pianta : C1 Alt. 551 m – ✉ 11020

Diana senza rist
via Saint Benin 1/b – 0 16 55 31 20 – www.hoteldianaaosta.com
30 cam – 50/60 € 80/90 €
Sulla strada per Pila, imponente struttura bianca abbracciata dal verde e da alte montagne; funzionali interni in stile moderno, camere con arredi in legno di ciliegio.

a Pila Sud : 15 km – ✉ 11020

della Nouva senza rist
località Pila 75 – 01 65 52 10 05 – www.hoteldellanouva.it – Aperto 26 novembre-15 aprile e 24 giugno-7 settembre
10 cam – 45/70 € 65/110 €
Un piccolo albergo che piacerà soprattutto agli sciatori, in virtù della sua posizione strategica a due passi dagli impianti di risalita e per il deposito sci dotato di armadietti scaldascarponi. Nelle confortevoli camere, piccole personalizzazioni danno al cliente l'impressione di esser ospite di una casa privata.

Société anonyme de consommation

– *33 95 35 56 44 – www.ristorantesociete.it – Aperto 1° dicembre-30 aprile e 1° luglio-31 agosto*

Menu 45/65 € – Carta 27/50 € – *(solo a pranzo aperto le sere solo su prenotazione)*

Piatti tradizionali rielaborati in chiave moderna, in un ristorante la cui architettura esterna si rifà al classico chalet di montagna, ma i cui interni compiono una bella virata verso il minimalismo. A pranzo, il locale è raggiungibile solo con gli sci (in inverno) o a piedi (in estate); alla sera, per mezzo gatto delle nevi su prenotazione e con partenza da Pila.

APPIANO SULLA STRADA DEL VINO (EPPAN AN DER WEINSTRASSE)

Bolzano (BZ) – 39057 – 12 308 ab. – Alt. 418 m – Carta regionale n° **33-B2**

Roma 653 km – Bolzano 17 km – Merano 33 km – Trento 57 km

Carta stradale Michelin 562-C15

a San Michele – 39057

Ansitz Tschindlhof

via Monte 36 – 04 71 66 22 25 – www.tschindlhof.com – Aperto 28 marzo-8 novembre

19 cam – 80/108 € 122/168 € – **2 suites**

Rist – Menu 20/20 € – *(chiuso domenica) (solo a cena)*

Incantevole dimora antica piacevolmente situata in un giardino-frutteto con piscina: amabili e raffinati interni con mobili in legno lavorato, camere accoglienti.

Ansitz Angerburg

cam, rist,

via dell'Olmo 16 – 04 71 66 21 07 – www.hotel-angerburg.com – Aperto 1° aprile-21 dicembre

30 cam – 55/75 € 110/150 € – **1 suite**

Rist – Menu 30 € (cena)/45 € – (prenotazione obbligatoria)

A due passi dal centro, grande struttura abbellita da un grazioso giardino con piscina; mobili in legno scuro ravvivato da disegni floreali negli spazi comuni, camere lineari. Sala da pranzo essenziale con grandi finestre; cucina del territorio.

Zur Rose (Herbert Hintner)

via Josef Innerhofer 2 – 04 71 66 22 49 – www.zur-rose.com – Chiuso 8-22 luglio, lunedì a mezzogiorno e domenica

Menu 88 € – Carta 53/91 €

Nel cuore della località, ampia scelta enologica che annovera anche etichette francesi e una cucina che passa con nonchalance dall'Alto Adige al Mediterraneo. Piacevole dehors per la bella stagione.

➜ Salmerino della Val Passiria marinato in casa su rösti di patate e crema di panna acida. Fegato di vitello da latte in crosta d'aglio con purea di ceci e fagiolini. Soufflé di ricotta con mele caramellate.

Vinotek Pillhof

via Bolzano 48, località Frangarto, Nord : 5 Km – 04 71 63 31 00 – www.pillhof.com – Chiuso sabato sera, domenica e festivi

Carta 35/65 €

Ricavato in un vecchio maso del XV secolo, con spazi interni in stile modaiolo-contemporaneo, il wine-bar (h 11-24) lascia il posto nei turni canonici al ristorante dalle proposte semplici, realizzate con buone materie prime. Ampia la selezione dei vini.

a Pigano Nord-Ovest : 1,5 km – 39057 San Michele Appiano

Stroblhof

rist,

strada Pigeno 25 – 04 71 66 22 50 – www.stroblhof.it – Aperto 1° aprile-5 novembre

29 cam – 85/100 € 115/125 € – **6 suites** **Rist** – Carta 39/63 €

Abbracciata dal verde dei vigneti, una grande struttura impreziosita da un bel giardino con laghetto-piscina, adatta a una vacanza con la famiglia; camere ampie e recenti. Luce soffusa nella sala ristorante con soffitto in travi di legno; splendido dehors.

a Cornaiano Nord-Est : 2 km – ✉ 39057

Weinegg
via Lamm 22 – ✆ 04 71 66 25 11 – www.weinegg.com – Chiuso 7 gennaio-1° marzo
25 cam – †260/330 € ††260/330 € – **17 suites**
Rist *L'Arena* – vedere selezione ristoranti
Nella tranquillità totale della natura, imponente edificio moderno con incantevole vista su monti e frutteti: ambienti personalizzati in raffinato stile tirolese, bella e completa spa.

Girlanerhof
via Belvedere 7 – ✆ 04 71 66 24 42 – www.girlanerhof.it – Aperto Pasqua-2 novembre
30 cam – †98/113 € ††160/206 € – **8 suites** **Rist** – Carta 31/67 €
Tra i vigneti, in un'oasi di pace, sobria ricercatezza e accoglienza familiare, il Girlanerhof invita i suoi ospiti in confortevoli camere e nel centro benessere con piscina coperta, sauna, bagno turco e trattamenti di bellezza. Delizie gastronomiche locali e cucina internazionale vi attendono, invece, sulla terrazza soleggiata e nella bella veranda ristorante.

L'Arena – Hotel Weinegg
via Lamm 22 – ✆ 04 71 66 25 11 – www.weinegg.com – Chiuso 7 gennaio-1° marzo
Carta 40/85 €
A lato della bella piscina-solarium e con una panoramica terrazza esterna, L'Arena è una tappa gourmet obbligatoria in quel di Cornaiano. Cucina della tradizione rivisitata.

a Monte Nord-Ovest : 2 km – ✉ 39057 San Michele Appiano

Steinegger
via Masaccio 9 – ✆ 04 71 66 22 48 – www.steinegger.it – Aperto 29 marzo-4 novembre
30 cam – †144/172 € ††150/189 € – **1 suite**
Rist – Carta 23/58 € – *(chiuso mercoledì)*
Possente complesso in aperta campagna, con bella vista sulla vallata, ideale per famiglie per la sua tranquillità e per le buone attrezzature sportive; camere decorose. Comodi a pranzo in un ambiente in perfetto stile tirolese, impreziosito da un forno originale.

Bad Turmbach con cam
via Rio della Torre 4 – ✆ 04 71 66 23 39 – www.turmbach.com – Chiuso 6 gennaio-27 marzo
15 cam – †59/73 € ††110/130 €
Menu 35/65 € – Carta 38/74 € – *(chiuso mercoledì a mezzogiorno e martedì)*
Il servizio estivo in giardino è davvero godibile, ma anche la cucina è in grado di offrire piacevoli emozioni attraverso proposte del territorio rielaborate con fantasia.

ai laghi di Monticolo Sud-Est : 6 km – ✉ 39057 San Michele Appiano

Gartenhotel Moser Life & Welness Resort rist,
lago di Monticolo 104 – ✆ 04 71 66 20 95 – www.gartenhotelmoser.com – Aperto 11 aprile-2 novembre
32 cam – †110/128 € ††192/228 € – **10 suites** **Rist** – Carta 29/77 €
Ideale per una distensiva vacanza con tutta la famiglia, questo albergo immerso nella pace del suo giardino-frutteto; camere confortevoli e piacevole zona fitness. Linee essenziali e colori caldi nella spaziosa sala da pranzo; servizio estivo all'aperto.

a Missiano Nord : 4 km – ✉ 39057 San Paolo Appiano

Schloss Korb
via Castello d'Appiano 5 – ✆ 04 71 63 60 00 – www.schloss-hotel-korb.com – Aperto da fine marzo a inizio novembre
48 cam – †105/160 € ††150/260 € – **14 suites**
Rist *Schloss Korb* – Carta 45/70 € – *(solo a cena)* (prenotazione obbligatoria)
Incantevole veduta panoramica sulla vallata e quiete assoluta in un castello medioevale dai raffinati e tipici interni; molte camere nell'annessa struttura più recente. Calda, raffinata atmosfera nella sala in stile rustico con pareti in pietra; cucina locale.

APPIGNANO

Macerata (MC) – ✉ 62010 – 4 178 ab. – Alt. 199 m – Carta regionale n° **21-C2**
Roma 249 km – Ancona 45 km – Macerata 15 km – Loreto 30 km
Carta stradale Michelin 563-L22

Osteria dei Segreti

via Verdefiore 41, strada provinciale 57 km 8,100, Nord : 3 km – ✆ 0 73 35 76 85 – www.osteriadeisegreti.com – Chiuso 23 febbraio-7 marzo
15 cam – †40/70 € ††70/120 €
Rist *Osteria dei Segreti* – Carta 22/45 € – *(chiuso mercoledì)*
Un casolare sapientemente ristrutturato nel cuore della campagna marchigiana: camere dall'arredamento sobrio, ma confortevoli e tranquille. Un ottimo indirizzo per rilassarsi e godere della natura circostante. I sapori del territorio nel menu del ristorante.

APRICA

Sondrio (SO) – ✉ 23031 – 1 576 ab. – Alt. 1 172 m – Carta regionale n° **17-C1**
Roma 666 km – Sondrio 33 km – Brescia 121 km – Madonna di Campiglio 90 km
Carta stradale Michelin 561-D12

Arisch

via Privata Gemelli s.n.c. – ✆ 03 42 74 70 48 – www.hotelarisch.com – Chiuso maggio, ottobre e novembre
23 cam – †65/130 € ††110/240 €
Rist *Gimmy's* – vedere selezione ristoranti
Una piccola bomboniera per un romantico soggiorno montano, avvolti dal legno, come in una baita, nel centro di Aprica.

Derby

via Adamello 16 – ✆ 03 42 74 60 67 – www.albergoderby.it
49 cam – †50/65 € ††70/100 € – **1 suite**
Rist – Menu 15/25 € – *(aperto 1° dicembre-30 aprile e 1° giugno-30 settembre)*
Capace conduzione diretta in un complesso di moderna concezione, ristrutturato completamente e ampliato; confortevoli spazi interni in stile contemporaneo. Massicce colonne color amaranto ravvivano la sala ristorante.

Gimmy's (Thomas Raggi) – Hotel Arisch

via Privata Gemelli s.n.c. – ✆ 03 42 74 70 48 – www.hotelarisch.com – Chiuso maggio, ottobre e novembre
Menu 50/79 € – Carta 55/75 € – (consigliata la prenotazione)
Le origini valtellinesi e toscane dei genitori ispirano parte dei piatti, i due figli hanno portato le mogli e qualche prodotto dal Brasile, il resto è pesce in alta quota in un'elegante stube!
→ Sandwich di scampi di Mazara del Vallo con radicchio trevigiano, noci e yogurt greco. La nostra metà brasiliana: picanha di manzo Kobe con crema di patata dolce, cialda di feijoada (carne e fagioli). Cioccolato e frutto della passione.

APRICALE

Imperia (IM) – ✉ 18035 – 618 ab. – Alt. 273 m – Carta regionale n° **14-A3**
Roma 674 km – Imperia 61 km – Genova 169 km – San Remo 30 km
Carta stradale Michelin 561-K4

La Favorita con cam

località Richelmo – ✆ 01 84 20 81 86 – www.lafavoritaapricale.com – Chiuso 10 giorni in giugno e 20 giorni in novembre
6 cam – †55/60 € ††80/100 €
Menu 23/36 € – Carta 28/46 € – *(chiuso martedì sera e mercoledì escluso agosto)*
Tante gustose specialità in un locale a 500 m dal paese: antipasti apricalesi, coniglio al Rossese con olive taggiasche, e sul camino che troneggia in sala, carni alla griglia cucinate sulla brace di legno d'ulivo. Nella bella stagione, si pranza e si cena nella magia della terrazza. Camere accoglienti a tema floreale.

APRILIA

Latina (LT) – ✉ 04011 – 68 400 ab. – Alt. 80 m – Carta regionale n° **12-B2**
Roma 50 km – Latina 26 km – Frosinone 86 km
Carta stradale Michelin 563-R19

Il Focarile con cam

via Pontina al km 46,5 – ☎ 0 69 28 25 49 – www.ilfocarile.it – Chiuso 10 giorni in agosto
4 cam – 130/180 € 200/250 €
Carta 40/86 € – *(chiuso domenica sera e lunedì)*
L'ingresso sontuoso introduce degnamente in un'ampia, luminosa sala di tono elegante con tavoli spaziati; tocco toscano per una cucina ricca di tradizione e d'inventiva e quattro eleganti camere di fronte al laghetto.

Da Elena

via Matteotti 14 – ☎ 06 92 70 40 98 – Chiuso agosto e domenica
Carta 25/53 €
Ambiente moderno semplice, ma accogliente, e conduzione vivace per un ristorante classico a gestione familiare, con cucina tradizionale di terra e di mare.

AQUILEIA

Udine (UD) – ✉ 33051 – 3 398 ab. – Carta regionale n° **11-C3**
Roma 635 km – Udine 39 km – Gorizia 37 km – Grado 12 km
Carta stradale Michelin 562-E22

Patriarchi

rist,

via Giulia Augusta 12 – ☎ 04 31 91 95 95 – www.hotelpatriarchi.it – Chiuso febbraio
21 cam – 52/65 € 88 € – **1 suite**
Rist – Carta 26/49 €
Nel cuore del centro storico-archeologico di Aquileia, un albergo semplice e funzionale con camere confortevoli e frequentato bar. A garanzia della cucina, una lunga esperienza nel settore da parte dei proprietari.

ARABBA

Belluno (BL) – ✉ 32020Alt. 1 602 m – Carta regionale n° **39-B1**
Roma 685 km – Belluno 74 km – Cortina d'Ampezzo 39 km – Trento 126 km
Carta stradale Michelin 562-C17

Sporthotel Arabba

via Mesdi 76 – ☎ 0 43 67 93 21 – www.sporthotelarabba.com – Aperto 1° dicembre-11 aprile e 15 giugno-15 settembre
48 cam – 206/320 € 206/320 € – **4 suites**
Rist *La Stube* – vedere selezione ristoranti
Rist – Carta 37/110 € – *(solo per alloggiati)*
Nel cuore della località, questa grande casa di montagna offre il meglio di sé negli spazi comuni, caratterizzati da tipiche decorazioni in legno che creano una "calda" atmosfera da baita. Camere in stile o più lineari, nel centro benessere c'è anche una piccola beauty.

Evaldo

via Mesdì 3 – ☎ 0 43 67 91 09 – www.hotelevaldo.it – Aperto 6 dicembre-7 aprile e 20 maggio-4 ottobre
23 cam – 90/210 € 135/360 € – **17 suites**
Rist – Carta 31/65 €
Interni signorili rivestiti in legno e calda atmosfera in questa grande casa con vista panoramica sulle Dolomiti: essenze naturali, musica e acque rigeneranti presso l'originale centro benessere e piatti nazionali a cui si aggiungono specialità del luogo al ristorante.

Alpenrose
rist,

via Precumon 24 – ✆ 04 36 75 00 76 – www.alpenrosearabba.it
– Aperto 1° dicembre-31 marzo e 15 maggio-30 settembre
41 cam – solo ½ P 118/164 €
Rist *Stube Ladina* – vedere selezione ristoranti
Rist – Carta 23/46 € – *(solo a cena in inverno) (solo per alloggiati)*
Sulla strada che conduce al passo Pordoi, l'albergo e la dépendance propongono camere in caratteristico stile montano, modernamente accessoriate; spazi comuni signorili e gradevole zona benessere con un'interessante proposta messaggi.

Mesdì
rist,

via Mesdì 75 – ✆ 0 43 67 91 19 – www.hotelmesdi.com
– Aperto 2 dicembre-13 aprile e 2 giugno-29 settembre
19 cam – solo ½ P 55/105 €
Rist - *(solo a cena)*
Rist *Miky's Grill* – Carta 34/74 €
Di fronte alle seggiovie, l'hotel è perfetto per chi ama lo sport sulla neve, ma anche per chi preferisce tranquille passeggiate nel centro della località. Al Miky's Grill: carne alla griglia, pasta fresca fatta in casa e - a mezzogiorno (solo d'inverno) - piatti più semplici per gli sciatori frettolosi.

Chalet Barbara senza rist

via Precumon 23 – ✆ 04 36 78 01 55 – www.chaletbarbara.com
– Aperto 1° dicembre-6 aprile e 15 giugno-15 settembre
15 cam – 75/153 € 100/204 €
Poco distante dal centro, una casa di quattro piani dalla facciata di gusto tirolese: è il legno antico a dominare negli spaziosi ambienti, recuperato da vecchi casolari. Se il buon giorno si vede dal mattino, la prima colazione qui è memorabile!

Laura senza rist

via Boè 6 – ✆ 04 36 78 00 55 – www.garnilaura.it
– Aperto 1° dicembre-10 aprile e 15 maggio- 30 settembre
12 cam – 90/138 € 90/138 €
In comoda posizione centrale, ma poco distante dagli impianti di risalita, è una piacevole struttura a conduzione familiare. Il tipico stile montano, lo si ritrova anche nelle belle camere.

Royal senza rist

via Mesdì 7 – ✆ 0 43 67 92 93 – www.royal-arabba.it
– Aperto 1° dicembre-15 aprile e 1° giugno-15 ottobre
16 cam – 45/85 € 60/110 €, 10 €
A poche centinaia di metri dal centro e dalle piste da sci, albergo a gestione familiare dagli spazi comuni in stile alpino; ampie camere in legno e piccola zona relax.

La Stube – Hotel Sporthotel Arabba

via Mesdi 76 – ✆ 0 43 67 93 21 – www.sporthotelarabba.com
– Aperto 1° dicembre-11 aprile e 15 giugno-15 settembre
Menu 70 € – Carta 37/105 € – *(solo a cena)*
Un nome che è presagio dell'atmosfera... nella "calda" stube, all'interno di una grande casa di montagna, la carta propone piatti dal sapore classico italiano con molte citazioni del territorio, ma anche qualche specialità a base di pesce.

Stube Ladina – Hotel Alpenrose

via Precumon 24 – ✆ 04 36 75 00 76 – www.alpenrosearabba.it
– Aperto 1° dicembre-31 marzo e 15 maggio-30 settembre
Carta 24/50 € – *(solo a cena in inverno)*
Della cucina se ne occupa direttamente il patron dell'albergo che, in una raccolta stube, propone ai suoi ospiti la materia prima del territorio in piatti ricercati e ben fatti. A coronamento di tutto, un'interessante carta dei vini.

sulla strada statale 48 Est : 3 km :

Festungshotel-Al Forte
via Pezzei 66 – ✆ 0 43 67 93 29 – www.alforte.com – Aperto 2 dicembre-14 aprile e 15 maggio-5 ottobre
20 cam ☕ – 🚹45/125 € 🚹🚹100/270 € – **3 suites**
Rist *Al Forte* – vedere selezione ristoranti
Attenta ad ogni particolare è un'intera famiglia a gestire questo accogliente hotel in posizione panoramica. Ambienti in stile montano, piccola zona benessere e servizio navetta per gli impianti.

Al Forte – Hotel Festungshotel-Al Forte
via Pezzei 66 – ✆ 0 43 67 93 29 – www.alforte.com – Aperto 2 dicembre-14 aprile e 15 maggio-15 ottobre
Menu 22/55 € – Carta 24/58 €
Affascinante location per questo ristorante all'interno di un antico fortino austro-ungarico, dove un'intera famiglia si adopera per farvi assaporare il meglio della cucina ladina, nonché ottime specialità alla brace.

ARBATAX → Vedere Tortolì
Ogliastra (OG)

ARCETO → Vedere Scandiano
Reggio nell'Emilia (RE)

ARCETRI → Vedere Firenze
Firenze (FI)

ARCEVIA
Ancona (AN) – ✉ 60011 – 4 899 ab. – Alt. 535 m – Carta regionale n° **20-B2**
▶ Roma 235 km – Ancona 67 km – Perugia 89 km – Rimini 107 km
Carta stradale Michelin 563-L20

a Castiglioni Est : 11 km – ✉ 60011

Antico Borgo
frazione Castiglioni 86 – ✆ 07 31 98 30 01 – www.antico-borgo.it
6 cam ☕ – 🚹65/95 € 🚹🚹80/135 €
Rist *Antico Borgo* – Carta 37/47 € – *(chiuso lunedì, martedì e mercoledì da novembre a marzo) (solo a cena)* (prenotazione obbligatoria a mezzogiorno)
Camere tutte nuove e confortevoli in una graziosa casa rurale adagiata tra le colline. Il patron si occupa della cucina con gusto decisamente moderno.

ARCO
Trento (TN) – ✉ 38062 – 17 038 ab. – Alt. 91 m – Carta regionale n° **33-B3**
▶ Roma 576 km – Trento 33 km – Brescia 81 km – Milano 176 km
Carta stradale Michelin 562-E14

On The Rock Ⓝ senza rist
vicolo Ere 23 – ✆ 04 64 51 68 25 – www.garniontherock,com – Chiuso 14 gennaio-12 marzo
19 cam ☕ – 🚹48/120 € 🚹🚹75/170 €
Sito in pieno centro, dotato però di qualche posteggio e di alcuni pass, piccolo hotel moderno, che già nel nome richiama la passione per l'arrampicata celebrata dalla sala "boulder". Con il sole la colazione viene anche servita all'aperto.

ARCORE
Monza e Brianza (MB) – ✉ 20862 – 17 373 ab. – Alt. 193 m – Carta regionale n° **18-B2**
▶ Roma 594 km – Monza 8 km – Bergamo 40 km – Milano 31 km
Carta stradale Michelin 561-F9

L'Arco del Re

via Papina 4 – ✆ 03 96 01 36 44 – www.arcodelre.it – Chiuso 1°-6 gennaio, 15 giorni in agosto, i mezzogiorno di sabato e lunedì e domenica

Carta 24/58 € – (consigliata la prenotazione la sera)

Un locale che vuole essere alternativo nella forma - si può mangiare anche un solo piatto, portandosi il vino da casa - ed una cucina di stampo tradizionale con proposte legate al territorio, ma non solo. Tra le specialità: ossobuco di bufalo e crema di risotto allo zafferano.

ARCUGNANO

Vicenza (VI) – ✉ 36057 – 7 314 ab. – Alt. 160 m – Carta regionale n° **38-A2**

Roma 530 km – Padova 37 km – Venezia 72 km – Vicenza 9 km

Carta stradale Michelin 562-F16

a Lapio Sud : 5 km – ✉ 36057 Arcugnano

Trattoria da Zamboni

via Santa Croce 73 – ✆ 04 44 27 30 79 – www.trattoriazamboni.it – Chiuso 2-10 gennaio, 2 settimane in agosto, lunedì e martedì

Carta 30/53 €

In un imponente palazzo d'epoca, le sobrie sale quasi si fanno da parte per dare spazio al panorama sui colli Berici e alla cucina, tradizionale e rivisitata al tempo stesso.

a Soghe Sud : 9,5 km – ✉ 36057 Arcugnano

Antica Osteria da Penacio

via Soghe 62 – ✆ 04 44 27 35 40 – www.penacio.it – Chiuso 1°-10 marzo, 1°-10 novembre, giovedì a mezzogiorno e mercoledì

Menu 35 € (cena)/43 € – Carta 30/51 €

Ristorante a conduzione familiare in una villetta al limitare di un bosco: all'interno due raffinate salette e una piccola, ma ben fornita, enoteca; cucina tradizionale.

ARDENZA → Vedere Livorno

Livorno (LI)

AREMOGNA → Vedere Roccaraso

L'Aquila (AQ)

ARENZANO

Genova (GE) – ✉ 16011 – 11 613 ab. – Carta regionale n° **14-B2**

Roma 527 km – Genova 24 km – Alessandria 77 km – Savona 23 km

Carta stradale Michelin 561-I8

Grand Hotel Arenzano

lungomare Stati Uniti 2 – ✆ 01 09 10 91 – www.gharenzano.it – Chiuso 20 dicembre-20 gennaio

104 cam ☕ – †85/185 € ††115/315 € – **5 suites**

Rist *La Veranda* – vedere selezione ristoranti

Grande villa d'inizio secolo sul lungomare: un albergo di sobria eleganza dalle camere piacevolmente spaziose, piccola zona benessere e simpatico lounge bar serale in piscina durante la bella stagione.

Ena senza rist

via Matteotti 12 – ✆ 01 09 12 73 79 – www.enahotel.it – Chiuso 24 dicembre-27 gennaio

23 cam ☕ – †40/122 € ††50/142 €

Gestione famigliare e signorile, in una graziosa villa liberty sul lungomare, ma al tempo stesso in centro, con piacevoli interni di tono elegante e camere confortevoli.

Poggio Hotel
via di Francia 24, Ovest : 2 km – ✆ 01 09 13 53 20 – www.poggiohotel.it
40 cam – 40/122 € 50/142 €
Rist *The Cook* – vedere selezione ristoranti
Rist *HP by The Cook* – ✆ 01 09 13 53 50 – Carta 28/57 €
In prossimità dello svincolo autostradale, ideale quindi per una clientela d'affari o di passaggio, hotel d'ispirazione contemporanea con camere funzionali ed un comodo parcheggio. Ambiente elegante e cucina prevalentemente a base di pesce al ristorante HP by The Cook.

La Veranda – Grand Hotel Arenzano
lungomare Stati Uniti 2 – ✆ 01 09 10 91 – www.gharenzano.it – Chiuso 20 dicembre-20 gennaio
Menu 28/38 € – Carta 33/57 €
Sulla bella terrazza adiacente la piscina dell'hotel o nella luminosa sala, specialità regionali, ma soprattutto tanto pesce, in ricette creative e mai banali. Ampia selezione di vini liguri e nazionali.

The Cook (Ivano Ricchebono) – Poggio Hotel
via di Francia 24 – ✆ 01 09 13 53 50 – www.thecook.it – Chiuso martedì
Carta 55/88 € – (consigliata la prenotazione)
Nuova location per una certezza della cucina ligure: sebbene si sia spostato di qualche chilometro rispetto alla precedente sede, i suoi sapori rimangono ancorati al territorio, resi intriganti e singolari dalla creatività dello chef.
→ Il "mio" crudo di mare. Spaghetti alla carbonara di seppia colorati al suo nero. Cappon magro.

ARESE
Milano (MI) – 20020 – 19 056 ab. – Alt. 160 m – Carta regionale n° **18-B2**
Roma 597 km – Milano 16 km – Como 36 km – Varese 50 km
Carta stradale Michelin 561-F9

Il Piccolo Principe
via Caduti 35/37 – ✆ 02 93 58 01 44 – www.ilpiccoloprincipe-arese.it – Chiuso 10-16 agosto, domenica sera e lunedì
Carta 35/62 €
Ambiente moderno nello stile e nell'offerta gastronomica: oltre al tradizionale ristorante, Il Piccolo Principe contempla anche una informale Hostaria con proposte sfiziose.

AREZZO
52100 – 98 352 ab. – Alt. 296 m – Carta regionale n° **32-D2**
Roma 217 km – Perugia 74 km – Siena 68 km – Firenze 75 km
Carta stradale Michelin 563-L17

AC Arezzo
via Einstein 4, 1 km per Cesena - A1 – ✆ 05 75 38 22 87 – www.ac-hotels.com
79 cam – 70/150 € 80/160 € **Rist** – Carta 35/56 € – *(solo a cena)*
Periferico, ma comodo da raggiungere dal casello autostradale, design hotel che coniuga l'essenzialità e la modernità delle forme alla sobrietà dei colori. Ampia e variegata scelta dall'interessante carta del ristorante.

Etrusco Arezzo Hotel
via Fleming 39, 1 km verso Marco Perennio - A1 – ✆ 05 75 98 40 66 – www.etruscohotel.it
80 cam – 64/144 € 79/159 €
Rist – Menu 23/35 € – *(chiuso 3 settimane in agosto, sabato e domenica) (solo a cena)*
Ottimo punto di partenza per fantastici tour della Toscana - a soli 2 km dal centro storico - l'hotel è ideale sia per il turista in visita alla città sia per una clientela business (a pochi passi vi è il distretto commerciale e fieristico). Camere di diversa tipologia per ogni esigenza di budget e confort, nonché squisite tipicità locali da gustare nel ristorante.

Minerva

via Fiorentina 4 – ✆ 05 75 37 03 90 – www.hotel-minerva.it
130 cam – **🚹60/150 €** **🚹🚹80/200 €**
Rist – Carta 28/34 € – *(chiuso 1°-25 agosto)*
Hotel a vocazione congressuale, con grandi spazi interni e diverse sale riunioni. Colori chiari nelle camere ariose e palestra all'ultimo piano con vista sulla città: una bella struttura ideale per spostamenti rapidi verso il centro e l'autostrada.

Continentale senza rist

piazza Guido Monaco 7 – ✆ 0 57 52 02 51 – www.hotelcontinentale.com Pianta : A2**r**
76 cam – **🚹88/105 €** **🚹🚹108/138 €** – **4 suites**
Prossimo al centro e totalmente rinnovato in anni recenti, l'albergo dispone di camere confortevoli e di alcune lussuose suite dallo stile opulento.

Badia di Pomaio

località Badia di Pomaio, per via Guido Tarlati e via delle Conserve - B1 - 6 km – ✆ 05 75 37 14 07 – www.badiadipomaio.it
17 cam – **🚹90/115 €** **🚹🚹105/175 €** – **3 suites** **Rist** – Carta 37/59 €
Dai giardini e dalla piscina apprezzerete l'ampio panorama che si apre su Arezzo e sui dintorni; all'interno, ogni ambiente è stato ristrutturato avendo cura di conservare lo stile originale della badia secentesca. Il ristorante si trova nelle antiche cantine e propone una cucina basata sulla tradizione regionale.

Graziella Patio Hotel senza rist
via Cavour 23 – ✆ 05 75 40 19 62 – www.hotelpatio.it Pianta : B2**c**
– Chiuso 24-26 dicembre
10 cam ☕ – 🚹115/130 € 🚹🚹145/175 € – **4 suites**
Segni d'Africa e d'Oriente in un albergo che presenta ambientazioni davvero originali: le camere s'ispirano, infatti, ai racconti di viaggio del romanziere Bruce Chatwin.

Casa Volpi
via Simone Martini 29, 1,5 km per Sansepolcro – ✆ 05 75 35 43 64
– www.casavolpi.it – Chiuso 10 giorni in agosto
14 cam ☕ – 🚹60/98 € 🚹🚹80/113 € – **1 suite**
Rist – Carta 22/40 € – *(chiuso mercoledì) (solo a cena escluso domenica)*
Alle porte della città, nella quiete della campagna, albergo a gestione familiare in una villa ottocentesca immersa in un parco; belle camere rustiche di tono elegante. Piatti regionali presso la piccola sala ristorante.

La Lancia d'Oro
piazza Grande 18/19 – ✆ 0 57 52 10 33 Pianta : B2**u**
– www.ristorantelanciadoro.it – Chiuso 16-27 febbraio,
5-19 novembre, domenica sera e lunedì escluso luglio-agosto
Menu 35/50 € – Carta 38/72 €
Bel locale sito nella celebre piazza delle manifestazioni storiche, sotto le splendide logge del Vasari, dove d'estate è svolto il servizio all'aperto; cucina toscana.

Le Chiavi d'Oro
piazza San Francesco 7 – ✆ 05 75 40 33 13 Pianta : B2**f**
– www.ristorantelechiavidoro.it – Chiuso 10 giorni in gennaio e lunedì
Carta 32/51 €
Accanto alla basilica di San Francesco, il ristorante sfoggia un look originale: pavimento in parte in legno, in parte in resina, nonché sedie girevoli anni '60 ed altre di design danese; una parete di vetro consente di sbirciare il lavoro in cucina. Sulla tavola, piatti del territorio moderatamente rivisitati.

Saffron
piazza Sant'Agostino 16 – ✆ 0 57 51 82 45 60 Pianta : B2**b**
– www.saffronarezzo.it – Chiuso lunedì
Carta 42/79 € – *(solo a cena)* (consigliata la prenotazione)
Ristorante dal design contemporaneo che presenta, tuttavia, elementi di rustica tipicità. Piatti moderni nel menu, che alla sera si arricchisce di specialità giapponesi.

La Tagliatella
viale Giotto 45/47, 1 km per Sansepolcro – ✆ 0 57 52 19 31
– www.ristorantelatagliatella.it – Chiuso 2 settimane in agosto, domenica sera e mercoledì
Carta 28/55 €
In un locale leggermente periferico, colori chiari per un ambiente luminoso le cui decorazioni sono un evidente richiamo al mondo del vino. In menu: cucina di terra con specialità di carne di razza chianina.

Antica Osteria l'Agania
via Mazzini 10 – ✆ 05 75 29 53 81 – www.agania.com Pianta : B2**a**
– Chiuso lunedì
Carta 15/30 €
Ristorante a conduzione diretta all'insegna della semplicità: ambiente familiare e arredi essenziali in due sale dove si propone una casalinga cucina del territorio.

a Giovi : 8 km per Cesena Pianta : A – ✉ 52100

Antica Trattoria al Principe con cam
piazza Giovi 25 – ✆ 05 75 36 20 46 – www.ristorantealprincipe.it – Chiuso 10-15 gennaio, 5-20 agosto
9 cam ☕ – 🚹45/59 € 🚹🚹60/80 €
Menu 30/40 € – Carta 28/40 € – *(chiuso lunedì)*
Diverse salette in un locale completamente rinnovato qualche anno fa, dove gustare specialità del luogo e tradizionali: assolutamente da provare l'anguilla al tegamaccio. Aperta anche una rosticceria per piatti da asporto.

a Rigutino Sud : 12 km per Perugia Pianta : A2 – ✉ 52040

Planet
strada statale 71 Rigutino Est 161/162 – ✆ 0 57 59 79 71 – www.hotelplanetarezzo.com
93 cam ☕ – 🚹70/140 € 🚹🚹90/180 € – **1 suite**
Rist – Carta 31/57 € – *(solo a cena)*
Alla periferia della frazione, questo albergo a vocazione business si trova all'interno di un centro commerciale: la struttura è recente e moderna con ampi spazi sia nella hall, sia nelle confortevoli camere. Bagni ben accessoriati e provvisti di una ricca dotazione di cortesia.

in prossimità casello autostrada A1 Ovest : 8 km

A. Point Arezzo Park Hotel rist,
Via Loc. Battifolle 36/T ✉ 52100 Arezzo – ✆ 05 75 36 62 37 – www.apointhotelresorts.com
120 cam ☕ – 🚹110/190 € 🚹🚹110/190 € – **2 suites** **Rist** – Carta 38/76 €
Design hotel concepito per chi ama gli spazi, la luce e l'essenzialità: ci si muove tra bianchi arredi dalle forme sinuose, tranquillità e riposo sono le priorità. Il ristorante propone una carta di piatti classici e creativi, a cui si aggiunge un buffet (a pranzo) per chi è di fretta.

ARGEGNO

Como (CO) – ✉ 22010 – 670 ab. – Alt. 210 m – Carta regionale n° **16-A2**
▶ Roma 645 km – Como 20 km – Lugano 43 km – Menaggio 15 km
Carta stradale Michelin 561-E9

Argegno
via Milano 14 – ✆ 0 31 82 14 55 – www.hotelargegno.it
14 cam ☕ – 🚹47/80 € 🚹🚹64/108 €
Rist – Carta 36/55 € – *(chiuso martedì in novembre-gennaio)*
Buona accoglienza in un piccolo albergo centrale a gestione familiare, ristrutturato da pochi anni; camere dignitose e ben tenute, con arredi funzionali. Sala da pranzo non ampia, ma arredata con buon gusto, in un semplice stile moderno.

a Sant'Anna Sud-Ovest : 3 km – ✉ 22010 Argegno

XX **La Griglia** con cam
– ✆ 0 31 82 11 47 – www.lagriglia.it – Chiuso 12 gennaio-13 febbraio
11 cam ☕ – 🚹55/80 € 🚹🚹80/110 €
Menu 35 € – Carta 32/64 € – *(chiuso martedì escluso in luglio-agosto)*
Trattoria di campagna con camere: ambiente rustico nelle due sale completamente rinnovate; servizio estivo all'aperto e ampia selezione di vini e distillati.

XX **Locanda Sant'Anna** con cam rist,
via per Schignano 152 – ✆ 0 31 82 17 38 – www.locandasantanna.it
8 cam ☕ – 🚹50/90 € 🚹🚹70/130 € – **1 suite**
Carta 35/60 € – *(chiuso mercoledì in novembre-aprile)*
Locanda con camere in una bella casa totalmente ristrutturata; due sale da pranzo attigue, con divanetti e soffitto con travi a vista, affacciate sulla valle e sul lago.

ARGELATO

Bologna (BO) – ✉ 40050 – 9 734 ab. – Alt. 25 m – Carta regionale n° **9-C3**
▶ Roma 401 km – Bologna 25 km – Ferrara 43 km – Modena 41 km
Carta stradale Michelin 562-I16

XX **L'800**
via Centese 33 – ✆ 0 51 89 30 32 – www.ristorante800.it – Chiuso sabato a mezzogiorno, domenica sera e lunedì
Menu 15 € (pranzo in settimana)/35 € – Carta 22/48 €
Filetto di merluzzo profumato alla paprika con guazzetto di piselli e, a seguire, fiordipanna con gelato ai lamponi sono solo un'idea della tante specialità regionali da gustare nell'elegante sala con grandi tavoli ornati di argenti e cristalli o nella saletta più intima.

a Funo Sud-Est : 9 km – ✉ 40050

XXX **Il Gotha**

via Galliera 92 – ✆ 0 51 86 40 70 – www.ilgotha.com
– Chiuso 26 dicembre- 6 gennaio, 3 settimane in agosto e domenica
Carta 29/59 €
Elegante ristorante dalle tonalità chiare, con vezzose sedie zebrate ed un grande trompe-l'oeil che conferisce profondità all'ambiente. La carta contempla piatti di mare classici o ricercati, ma non mancano proposte a base di carne.

ARGENTA

Ferrara (FE) – ✉ 44011 – 22 087 ab. – Carta regionale n° **9-C2**
Roma 432 km – Bologna 53 km – Ravenna 40 km – Ferrara 34 km
Carta stradale Michelin 562-I17

Agriturismo Val Campotto

strada Margotti 2, Sud-Ovest : 2 km – ✆ 05 32 80 05 16 – www.valcampotto.it
9 cam – †54/64 € ††72/82 €
Rist – Menu 13/30 € – *(chiuso martedì a mezzogiorno e lunedì)* (consigliata la prenotazione)
All'interno del parco del delta del Po, agriturismo e fattoria didattica con camere in stile rustico, biciclette a disposizione e birdwatching per gli amanti della natura. Al ristorante, la cucina riscopre i sapori del territorio, utilizzando spesso ingredienti di produzione propria; nella bella stagione il servizio si sposta all'aperto.

ARIANO IRPINO

Avellino (AV) – ✉ 83031 – 22 446 ab. – Alt. 788 m – Carta regionale n° **7-C1**
Roma 275 km – Avellino 55 km – Benevento 44 km – Napoli 108 km
Carta stradale Michelin 564-D27

XX **La Pignata**

viale Dei Tigli 7 – ✆ 08 25 87 25 71 – www.ristorantelapignata.it
– Chiuso 20-30 luglio e martedì escluso agosto
Menu 23/39 € – Carta 17/41 €
Nell'ampia sala dal soffitto ad archi aleggia un'atmosfera piacevolmente rustica, anticipo di ciò che arriverà dalla cucina: zuppa di fagioli Quarantielli e castagne o agnello con riduzione di Taurasi ed erbe aromatiche. Ma la carta ha ancora tanto da raccontare...

ARMA DI TAGGIA

Imperia (IM) – ✉ 18011 – Carta regionale n° **14-A3**
Roma 640 km – Imperia 18 km – Savona 94 km – Ventimiglia 32 km
Carta stradale Michelin 561-K5

XXX **La Conchiglia** (Anna Parisi)

Lungomare 33 – ✆ 0 18 44 31 69 – www.la-conchiglia.it – Chiuso 15 giorni in giugno, 15 giorni in novembre, giovedì a mezzogiorno e mercoledì
Menu 45/90 € – Carta 50/131 €
Una cucina leggera, dalle linee semplici, che aliena ogni tentativo di procurare eccessivo stupore: il successo risiede nella qualità del pescato, valorizzato in ogni piatto. Qualche proposta di carne.
→ Ravioli conditi con le vongole. La zuppa di pesce senza spine con pane tostato e aglio di Vessalico. Sfoglia croccante farcita di mela "gelatinata" e salsa al caramello.

ARMENZANO → Vedere Assisi

Perugia (PG)

ARONA

Novara (NO) – ✉ 28041 – 14 215 ab. – Alt. 212 m – Carta regionale n° **24-B2**
Roma 641 km – Stresa 18 km – Milano 68 km – Novara 40 km
Carta stradale Michelin 561-E7

XXX **Taverna del Pittore**
piazza del Popolo 39 – ✆ 03 22 24 33 66 – www.ristorantetavernadelpittore.it – Chiuso lunedì
Carta 66/105 €
Di scorta al porto di Arona, la guarnigione spagnola contemplava - quattro secoli or sono - lo spettacolo che ancora oggi il cliente può ammirare dalla veranda di questo raffinato locale: l'austera rocca di Angera e le montagne che si riflettono nel lago. Unica "distrazione", le squisite specialità servite in tavola. Ora, c'è anche un bistrot!

XX **La Piazzetta**
piazza del Popolo 35 – ✆ 03 22 24 33 16 – www.lapiazzettadiarona.com – Chiuso lunedì
Carta 30/57 €
Cosa ci fa la cucina mediterranea (e specialità napoletane) nella romantica cornice del lago Maggiore? Forse la ragione è da ricercarsi nella terra d'origine degli chef-patron, la Campania, che prodiga di ottime materie prime e saporite ricette si concede generosamente ai palati di chi sosta qui.

a Montrigiasco Nord-Ovest : 6 km – ✉ 28041 Arona

XX **Castagneto**
via Vignola 14 – ✆ 0 32 25 72 01 – www.ristorantecastagneto.com – Chiuso 22 dicembre-15 gennaio, 10 giorni in giugno, lunedì e martedì
Carta 24/52 €
Attivo da alcuni decenni, il locale ha visto avvicendarsi la nuova generazione della medesima famiglia, ma lo spirito genuino è immutato così come l'atmosfera, calda e rilassata. Gli agnolotti di punta di vitello con Castelmagno è tra i piatti più gettonati del menu.

ARPINO

Frosinone (FR) – ✉ 03033 – 7 314 ab. – Alt. 447 m – Carta regionale n° **13-D2**
Roma 123 km – Frosinone 36 km – Latina 87 km – Isernia 91 km
Carta stradale Michelin 563-R22

Il Cavalier d'Arpino senza rist
via Vittoria Colonna 21 – ✆ 07 76 84 93 48 – www.cavalierdarpino.it
28 cam – 35/60 € 49/90 €
Ai margini di uno dei più bei centri storici della zona, l'albergo si trova all'interno di un palazzo settecentesco. Optate per una camera con vista.

a Carnello Nord : 5 km – ✉ 03030

XX **Mingone** con cam
via Pietro Nenni 96 – ✆ 07 76 86 91 40 – www.mingone.it
21 cam – 35/50 € 46/85 € – **2 suites** Carta 21/36 €
Da oltre un secolo intramontabile rappresentante della cucina locale, ai consueti piatti laziali si aggiungono le specialità a base di trota, baccalà e gamberi di fiume. La cantina sottostante nasconde piccole rarità; le camere sono spaziose e in piacevole stile rustico.

ARQUÀ PETRARCA

Padova (PD) – ✉ 35032 – 1 837 ab. – Alt. 80 m – Carta regionale n° **39-B3**
Roma 478 km – Padova 29 km – Mantova 85 km – Rovigo 31 km
Carta stradale Michelin 562-G17

Franciscus senza rist
via Valleselle 20 – ✆ 04 29 71 82 45 – www.enotecadaloris.it
10 cam – 45/60 € 70/90 €
Al limitare del paese, tranquillità e ambienti curati in una semplice struttura agrituristica (si produce vino nella cantina presso l'enoteca di famiglia proprio davanti alla casa natale del Petrarca). Prenotate la camera con il letto a baldacchino: decisamente la più romantica!

XXX **La Montanella**

via dei Carraresi 9 – ✆ 04 29 71 82 00 – www.montanella.it – Chiuso 7-31 gennaio, mercoledì, anche martedì sera in settembre-maggio
Menu 40/50 € – Carta 40/72 €
Dentro alla bella villa panoramica, circondata da un giardino con ulivi secolari e fiori, non c'è soltanto un ottimo ristorante, ma il cuore grande di un'intera famiglia che offre ai propri ospiti il meglio del territorio: ricercato o prodotto direttamente con vera passione.

ARQUÀ POLESINE

Rovigo (RO) – ✉ 45031 – 2 850 ab. – Alt. 8 m – Carta regionale n° **39-B3**
Roma 450 km – Venezia 93 km – Rovigo 10 km – Ferrara 33 km
Carta stradale Michelin 562-G17

X **Trattoria degli Amici**

via Quirina 539, località Granze, (Nord-Ovest : 3 km) – ✆ 0 42 59 10 45 – www.trattoriadegliamici.it – Chiuso 1 settimana in gennaio, 1 settimana in agosto e mercoledì sera
Menu 14/55 € – Carta 22/80 €
Il meglio della cucina regionale in una trattoria ultracentenaria dagli ambienti piacevolmente rustici. Se disponibile, provate l'anguilla!

ARTA TERME

Udine (UD) – ✉ 33022 – 2 233 ab. – Alt. 442 m – Carta regionale n° **10-B1**
Roma 696 km – Udine 61 km – Trieste 132 km – Tarvisio 71 km
Carta stradale Michelin 562-C21

a Piano d'Arta Nord : 2 km Alt. 564 m – ✉ 33022

Gardel rist, rist,

via Marconi 6/8 – ✆ 0 43 39 25 88 – www.gardel.it – Chiuso 5 novembre-25 dicembre
50 cam – †55/95 € ††75/95 € – **1 suite** **Rist** – Menu 25/35 €
Non lontano dalle terme, ideale per una vacanza salutare e rigenerante, un hotel classico della cui conduzione si occupa una famiglia dalla lunga tradizione alberghiera.

ARTIMINO → Vedere Carmignano

Prato (PO)

ARZACHENA

Olbia-Tempio (OT) – ✉ 07021 – 11 532 ab. – Alt. 85 m – Carta regionale n° **28-B1**
▶ Cagliari 311 km – Olbia 26 km – Palau 14 km – Sassari 129 km
Carta stradale Michelin 366-R37

© JIRI / mauritius images / age fotostock

sulla strada provinciale Arzachena-Bassacutena Ovest : 5 km

Tenuta Pilastru

località Pilastru ✉ 07021 Arzachena – ☎ 0 78 98 29 36 – www.tenutapilastru.it
31 cam – †50/108 € ††67/176 € – **2 suites**
Rist *Tenuta Pilastru* – vedere selezione ristoranti
Abbracciato dal verde e dalla tranquillità della campagna gallurese, un cascinale ottocentesco ristrutturato ed ampliato offre ai turisti graziose camere in stile country. Ora, c'è anche un nuovissimo wellness center.

XX Tenuta Pilastru – Hotel Tenuta Pilastru

località Pilastru ✉ 07021 Arzachena – ☎ 0 78 98 29 36 – www.tenutapilastru.it
Menu 35 € – *(solo a cena escluso domenica da ottobre a giugno)*
Per una volta, lasciate il mare e la mondanità della costa e godetevi la natura e la pace dell'entroterra: in un ambiente elegante, ma con spunti tipici locali, piatti sardi, buon vino e cordiale ospitalità.

C'é categoria e categoria! Non aspettatevi lo stesso servizio in un ristorante X o in un albergo rispetto ad un XXXXX o ad un .

a Cannigione Nord Est : 8 km – ✉ 07021

Cala di Falco

via Micalosu – ☎ 07 89 89 92 00 – www.delphina.it – Aperto 16 maggio-29 settembre
80 cam – solo ½ P 88/178 € – **40 suites**
Rist – Menu 30/47 € – *(solo per alloggiati)*
Direttamente sul mare e immerso nel verde, un complesso di notevoli dimensioni che dispone di ambienti curati nei dettagli, sale convegni, campi da gioco e teatro all'aperto. Nelle capienti ed eleganti sale ristorante, piatti dai sapori semplici e prelibati.

XXX La Risacca

via Lipari 181 – ☎ 07 89 89 20 25 – www.ristorantelarisacca.it – Chiuso 6 gennaio-6 febbraio e martedì escluso 7 aprile-ottobre
Menu 70 € – Carta 53/94 €
Sul lungomare di Cannigione, un ristorante signorile con bella terrazza e ambienti originali, che richiamano le pietre e i colori locali. La cucina propone interessanti piatti a base di pesce, ma non solo.

COSTA SMERALDA Carta regionale n° 28-B1

a Porto Cervo – ✉ 07021

Cervo
piazzetta Cervo – ✆ 07 89 93 11 11 – www.starwoodhotels.com
78 cam – 670/1430 € 1100/2680 € – **8 suites**
Rist ***Grill*** – vedere selezione ristoranti
Affacciata sulla piazzetta del paese, un'elegante struttura attrezzata per ogni esigenza: freschi e raffinati ambienti, camere di ottimo livello.

Grill – Hotel Cervo
piazzetta Cervo – ✆ 07 89 93 16 21 – www.sheraton.com/cervo
Carta 58/100 €
Luogo di mondanità per eccellenza, Porto Cervo e la sua piazzetta ospitano questo bel ristorante le cui vetrate offrono un simpatico scorcio sull'esclusivo porticciolo. In menu, cucina di tipo mediterraneo, che affonda le radici nella storia dell'isola: piatti di mare, ma anche retaggi di una tradizione pastorale e contadina millenaria.

Madai
Promenade du Port-via del Porto Vecchio 1 – ✆ 0 78 99 10 56 – www.eliosironi.it – Aperto 1° maggio-31 ottobre
Carta 66/90 €
Al termine dell'elegante passeggiata tra le grandi firme di Porto Cervo, il ristorante punta sui sapori mediterranei in piatti semplici e gustosi, nonché su una terrazza (meglio prenotare) affacciata sul porto per cene romantiche ed esclusive.

a Romazzino – ✉ 07021 Porto Cervo

Romazzino rist,
località Romazzino – ✆ 07 89 97 71 11 – www.romazzinohotel.com – Aperto 1° maggio-30 settembre
100 cam – 1515/2860 € 2020/2860 € **Rist** – Menu 165/180 €
Un'architettura bianca incorniciata dal colore e dal profumo dei fiori ospita un'accoglienza calorosa, eleganti camere dai chiari arredi e un'invitante piscina d'acqua salata. Insolito connubio tra rustico e chic nella sala ristorante con vista, dove assaporare una cucina classica in cui regna la creatività.

a Cala di Volpe – ✉ 07021 Porto Cervo

Cala di Volpe
– ✆ 07 89 97 61 11 – www.caladivolpe.com – Aperto 1° maggio-30 settembre
121 cam – 1245/3090 € 1650/3090 € – **19 suites**
Rist – Menu 165/180 €
Dietro la facciata policroma un'oasi di quiete nello smeraldo della costa: ambienti da sogno, dove i colori e le pietre della Sardegna si fondono in una suggestiva armonia. Cucina internazionale reinterpretata con i migliori prodotti locali negli accoglienti ristoranti.

Petra Bianca cam, rist,
– ✆ 0 78 99 60 84 – www.petrabiancahotel.com – Aperto 1° aprile-31 ottobre
46 cam – 139/338 € 140/674 € – **2 suites** **Rist** – Carta 46/73 €
Dalla sua location leggermente elevata e panoramica, questo elegante resort domina una delle baie più belle dell'isola, Cala di Volpe. L'originale costruzione in pietra locale, immersa nel verde della macchia mediterranea, dispone di accoglienti camere quasi tutte fronte mare.

a Baia Sardinia – ✉ 07021

La Bisaccia
– ✆ 0 78 99 90 02 – www.hotellabisaccia.it – Aperto 17 maggio-6 ottobre
109 cam – 163/327 € 266/502 € – **34 suites** **Rist** – Menu 60 €
In una zona tranquilla, circondata da prati che declinano verso il mare, la struttura è ideale per una vacanza all'insegna del riposo ed ospita camere ampie e luminose. Nelle raffinate sale del ristorante, la vista sull'arcipelago e i sapori della cucina sarda.

Mon Repos
via Tre Monti – ✆ 0 78 99 90 11 – www.hotelmonrepos.it – Aperto 10 maggio-30 settembre
59 cam – 56/102 € 102/222 € – **1 suite**
Rist *Corbezzolo* – vedere selezione ristoranti
A due passi dalla piazzetta ed in posizione dominante sulla baia, una conduzione familiare attenta che offre luminosi spazi e camere confortevoli nella loro semplicità.

Pulicinu
località Pulicinu, Sud : 3 km – ✆ 07 89 93 30 01 – www.hotelpulicinu.com – Aperto 1° giugno-30 settembre
37 cam – 210/356 € 210/356 € **Rist** – Carta 45/60 €
In posizione tranquilla e panoramica, piacevole hotel a conduzione familiare circondato da curati giardini e macchia mediterranea. La struttura ospita una piscina rigenerante, camere di medio confort e suites. Dalla cucina, i sapori piatti della tradizione regionale da gustare nell'elegante e luminosa sala.

Corbezzolo – Hotel Mon Repos
piazzetta della Fontana – ✆ 0 78 99 98 93 – www.ristorantecorbezzolo.it – Aperto 10 maggio-30 settembre
Menu 20/30 € – Carta 24/57 €
Tempo permettendo, optate per la terrazza dalla splendida vista panoramica, sapendo tuttavia che il punto forte del ristorante, oltre alla cortesia, è la cucina marinara (ma ci sono anche pizze!).

a Pitrizza – ✉ 07021 Porto Cervo

Pitrizza
– ✆ 07 89 93 01 11 – www.pitrizzahotel.com – Aperto 1° maggio-30 settembre
66 cam – 1700/3165 € 1980/3165 € – **17 suites**
Rist – Menu 165/180 €
Circondato dai colori e dai profumi del paesaggio sardo, un hotel dall'antico splendore cela negli ambienti interni lusso e ricercatezza mentre all'esterno offre spazi curati. Ville esclusive con maggiordomo al servizio dell'ospite.

ARZIGNANO

Vicenza (VI) – ✉ 36071 – 25 863 ab. – Alt. 118 m – Carta regionale n° **39-B2**
Roma 546 km – Verona 48 km – Venezia 87 km – Vicenza 24 km
Carta stradale Michelin 562-F15

Macelleria Damini (Giorgio Damini)
via Cadorna 31 – ✆ 04 44 45 29 14 – www.daminieaffini.com – Chiuso 3 settimane in agosto, domenica sera e lunedì
Carta 36/73 €
Gastronomia, enoteca e macelleria di lusso, dietro le scintillanti vetrine si nascondono i tavoli e una cucina di rimarchevoli prodotti e gustose elaborazioni: senza dubbio, un'originale esperienza gourmet!
→ Selezione di salumi. Lasagne. Le tre versioni della battuta al coltello.

ASCIANO

Siena (SI) – ✉ 53041 – 7 298 ab. – Alt. 200 m – Carta regionale n° **32-C2**
Roma 208 km – Siena 27 km – Arezzo 46 km – Firenze 108 km
Carta stradale Michelin 563-M16

Borgo Casabianca
località Casa Bianca, Est : 10,5 km – ✆ 05 77 70 43 62 – www.casabianca.it – Chiuso 3 gennaio-31 marzo
27 cam – 110/129 € 170/200 € – **2 suites**
Rist *La Tinaia* – vedere selezione ristoranti
Immerso in un paesaggio agreste, questo borgo dai caratteristici edifici in pietra si propone per un soggiorno di relax (dispone anche di appartamenti con cucina) nei suoi ambienti arredati con pezzi d'antiquariato.

XX **La Tinaia** – Hotel Borgo Casabianca
località Casa Bianca, Est : 10,5 km – 05 77 70 43 62 – www.casabianca.it – Chiuso 3 gennaio-31 marzo e mercoledì
Carta 33/52 €
Immerso nel verde della proverbiale campagna toscana, il ristorante è riscaldato da un piacevole caminetto e propone piatti legati al territorio, accompagnati da qualche rivisitazione. Décor rustico-elegante.

ASCOLI PICENO

63100 – 49 697 ab. – Alt. 154 m – Carta regionale n° **21-D3**
Roma 185 km – Ancona 122 km – L'Aquila 101 km – Teramo 39 km
Carta stradale Michelin 563-N22

Palazzo Guiderocchi
via Cesare Battisti 3 – 07 36 25 97 10 – www.palazzoguiderocchi.com Pianta : B2**c**
32 cam – 69/139 € 79/159 € – **6 suites**
Rist ***Rua dei Notari*** – vedere selezione ristoranti
Palazzo patrizio della fine del XVI secolo, centralissimo e con una pittoresca corte interna e camere in stile molto grandi. A 100 metri la dipendenza di taglio più moderno.

Residenza 100 Torri senza rist
via Costanzo Mazzoni 4 – 07 36 25 51 23 – www.centotorri.com Pianta : A1**b**
17 cam – 60/160 € 76/190 € – **2 suites**
Hotel ricavato da un'antica filanda e dalle scuderie di un palazzo del 1700, dove fascino storico e confort aggiornati costituiscono un buon mix per un'accoglienza raffinata.

Palazzo dei Mercanti senza rist
corso Trento e Trieste 35 – 07 36 25 60 44 – www.palazzodeimercanti.it Pianta : B1**a**
18 cam – 79/149 € 89/159 €
In pieno centro storico e a soli 20 metri dalla suggestiva piazza del Popolo, Palazzo dei Mercanti è l'eccellente risultato del recupero di una dimora medioevale del centro storico: piacevolissima area relax, camere eleganti e luminose.

Pennile senza rist
via Spalvieri 24, per viale Napoli - C2 – 0 73 64 16 45 – www.hotelpennile.it
33 cam – 45/55 € 70/78 €
Non lontano dal centro della località, immerso nel verde e nella tranquillità, l'albergo si presenta con interni ariosi e camere semplici, ma ben tenute. Una comoda struttura per partire alla scoperta della città.

Agriturismo Villa Cicchi
via Salaria Superiore 137, Ovest : 4 km direzione Rosara – 07 36 25 22 72 – www.villacicchi.it – Chiuso 2 settimane in gennaio o febbraio
6 cam – 60/200 € 80/300 €
Rist – Carta 20/50 € – *(chiuso domenica sera)* (prenotazione obbligatoria)
Grande fascino in questa rustica dimora di fine '600, dove i proprietari hanno conservato con grande passione suppellettili artigiane e contadine. Belle camere, alcune con soffitti decorati a tempera.

XX **Rua dei Notari** – Hotel Palazzo Guiderocchi
via Cesare Battisti 3 – 07 36 25 83 93 – www.ruadeinotari.it Pianta : B2**c**
Menu 30/60 € – Carta 23/45 € – (prenotare)
Nel cuore pulsante della località, ad un passo dalla splendida piazza del Popolo, un palazzo patrizio di fine '500 ospita negli antichi locali di guardia questo raffinato ristorante. Cucina di "entroterra" costituita da antichi sapori e da vecchie tradizioni.

"Quando cerco l'ispirazione la trovo in una tazzina."
Ferran Adrià
ARMANDO TESTA

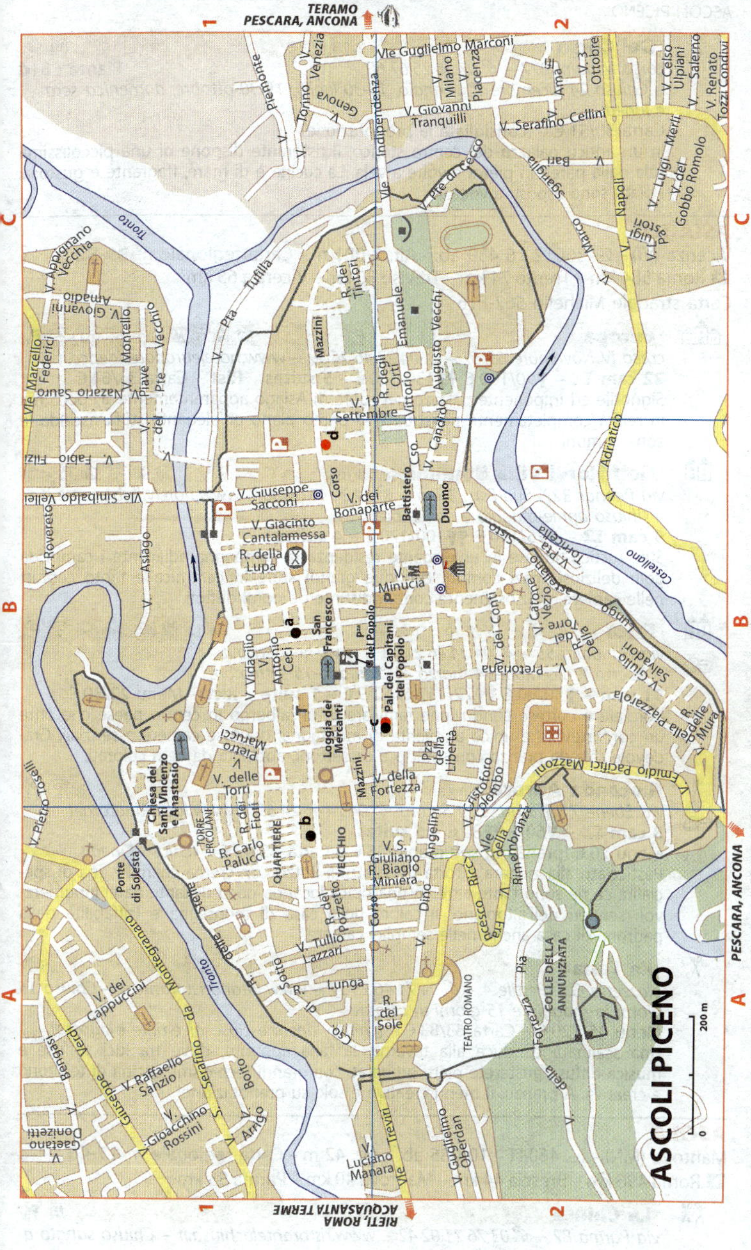
ASCOLI PICENO
TERAMO
PESCARA, ANCONA
RIETI, ROMA
ACQUASANTA TERME
200 m
Vle Guglielmo Marconi
V. Giovanni Tranquilli
V. Serafino Cellini
V. Napoli
V. Adriatico
Vle Indipendenza
V. Pte di Cecco
Tronto
Castellano
V. Pta Tufilla
Corso Mazzini
Corso Vittorio Emanuele
V. Augusto Vecchi
V. Candido Augusto Vecchi
R. degli Orti
R. dei Tintori
V. 19 Settembre
V. Giuseppe Sacconi
V. Giacinto Cantalamessa
V. dei Bonaparte
R. della Lupa
Battistero
Duomo
V. Minucia
San Francesco
P.za del Popolo
Pal. dei Capitani del Popolo
Loggia dei Mercanti
V. Antonio Ceci
V. Vidacilio
V. Pietro Marucci
V. delle Torri
R. dei Fiori
R. Carlo Palucci
TORRE ERCOLANI
Chiesa dei Santi Vincenzo e Anastasio
Ponte di Solestà
QUARTIERE VECCHIO
R. del Pozzetto
V. Tullio Lazzari
R. Lunga
R. del Sole
TEATRO ROMANO
COLLE DELLA ANNUNZIATA
V. della Fortezza
P.za della Libertà
V. S. Giuliano
R. Biagio Miniera
V. Dino Angelini
V. Cristoforo Colombo
Vle della Rimembranza
V. Emidio Pacifici Mazzoni
V. dei Conti
V. Pretoriana
V. Catone
V. Giulio Salvadori
R. della Piazzarola
R. delle Mura
Vle Trevin
V. Luciano Manara
V. Guglielmo Oberdan
V. Giuseppe Verdi
V. dei Cappuccini
V. Raffaello Sanzio
V. Gioacchino Rossini
V. Arrigo Boito
V. Gaetano Donizetti
V. Bengasi
V. Serafino da Montegranaro
V. Pietro Toselli
Vle Marcello Federici
V. Sinibaldo Vellei
V. Fabio Filzi
V. Nazario Sauro
V. Piave
V. Montello
V. Pte Vecchio
V. Giovanni Amadio
V. Appignano Vecchia
V. Rovereto
V. Asiago
V. Piemonte
V. Torino
V. Venezia
V. Genova
V. Milano
V. Piacenza
V. 3 Ottobre
V. Celso Ulpiani
V. Salerno
V. Renato Tozzi Condivi
V. Luigi Merli
V. del Gobbo Romolo
V. Luigi Pastori
V. Bari
V. Marco Sgariglia
a
b
c
d
1
2
A
B
C

Del Corso

corso Mazzini 277 – 07 36 25 67 60 Pianta : B1**d**
– Chiuso 24 dicembre-1° gennaio, 15-30 luglio, 15-30 ottobre, domenica sera e lunedì
Carta 30/51 € – (consigliata la prenotazione)
In un antico palazzo del centro storico, il ristorante dispone di una piccolissima sala dalla pareti in pietra e volte a vela. La cucina è di mare, fragrante e gustosa: i piatti sono esposti a voce.

ASIAGO

Vicenza (VI) – 36012 – 6 439 ab. – Alt. 1 001 m – Carta regionale n° **39-B2**
Roma 584 km – Trento 74 km – Treviso 80 km – Vicenza 65 km
Carta stradale Michelin 562-E16

Europa

cam, rist,
corso IV Novembre 65/67 – 04 24 46 26 59 – www.hoteleuroparesidence.it
22 cam – 90/180 € 130/180 € – **5 suites** **Rist** – Carta 33/64 €
Signorile ed imponente palazzo nel cuore di Asiago apparentemente d'epoca ma in realtà completamente ricostruito. Al primo piano un'elegante stufa riscalda le zone comuni.

Golf Hotel Villa Bonomo senza rist

via Pennar 322, Sud-Est : 3 km – 04 24 46 04 08 – www.hotelvillabonomo.it
– Chiuso aprile-maggio e novembre
9 cam – 75/130 € 100/170 € – **4 suites**
Stile rustico-tirolese in un'elegante residenza di campagna adiacente i campi da golf: deliziosi spazi comuni con due grandi stufe in ceramica e tanto confort nelle camere, graziosamente contraddistinte da nomi di fiori.

Erica

cam,
via Garibaldi 55 – 04 24 46 21 13 – www.hotelerica.it
– Aperto 7 dicembre-14 marzo e 1° giugno-15 settembre
31 cam – 50/80 € 72/112 €, 9 € – **1 suite** **Rist** – Menu 22/30 €
Cordiale e cortese conduzione familiare in un albergo in centro paese che offre un confortevole e tipico ambiente di montagna; graziose camere essenziali. Gradevole sala da pranzo con soffitto a cassettoni, abbellita da vetri colorati.

Locanda Aurora con cam

via Ebene 71, Nord-Est : 1,5 km – 04 24 46 24 69 – www.locandaurora.it
8 cam – 60 € 80 € – **5 suites**
Menu 20 € (pranzo in settimana)/35 € – Carta 25/47 € – *(chiuso lunedì)*
Pasticciato alla zingara e torta di patate di Rotzo con crema chantilly, ma di specialità ce ne sono tante altre, in una tipica locanda poco distante dagli innumerevoli sentieri dell'altopiano. Il calore della casa di montagna e l'affabilità della padrona di casa anche nelle semplici camere.

La Tana

piazzetta G.B. Pertile 4 – 04 24 46 25 21 – www.latanaristorante.it – Chiuso 15 giorni in maggio e 15 giorni in ottobre
Menu 45/120 € – Carta 63/83 € – *(chiuso lunedì escluso dicembre e agosto)*
Una scalinata conduce alla taverna, la tana appunto, dove tra luci soffuse e musica diffusa gusterete piatti preparati con grandi tecnicismi, cucina di territorio e creativa. A pranzo, il menu creativo è solo su prenotazione!

ASOLA

Mantova (MN) – 46041 – 10 085 ab. – Alt. 42 m – Carta regionale n° **17-C3**
Roma 496 km – Brescia 44 km – Mantova 40 km – Parma 55 km

La Chiusa

via Parma 82 – 03 76 71 02 42 – www.ristorantelachiusa.it – Chiuso sabato a mezzogiorno e martedì
Carta 48/61 €
Una strada sterrata per raggiungere la chiusa sul Chiese - nei secoli al centro di dispute tra Asola e le vicine comunità - oggi tappa gastronomica per chi ama il pesce: grande varietà di golose crudité.

ASOLO

Treviso (TV) – ✉ 31011 – 8 988 ab. – Alt. 190 m – Carta regionale n° **40-C2**
Roma 543 km – Treviso 37 km – Belluno 63 km – Vicenza 51 km
Carta stradale Michelin 562-E17

Al Sole

via Collegio 33 – ☎ 04 23 95 13 32 – www.albergoalsole.com – Chiuso gennaio
22 cam – 120/160 € 160/265 € – **1 suite**
Rist *La Terrazza* – vedere selezione ristoranti
Sovrastante la piazza centrale di Asolo, signorilità e raffinatezza in un hotel di charme. Camere eleganti, ma il gioiello è la terrazza per pasti e colazioni panoramiche.

Villa Cipriani

via Canova 298 – ☎ 04 23 52 34 11 – www.villacipriani.it
31 cam – 165/520 € 220/750 €
Rist *Villa Cipriani* – vedere selezione ristoranti
In centro ma in zona tranquilla, un'elegante dimora cinquecentesca con vista sulle colline. Le camere - distribuite tra la Villa e la Casa Giardino - sono arredate con mobili in stile, i bagni ornati con piastrelle di Vietri dipinte a mano.

Asolo senza rist

via Castellana 9, Sud : 1 km – ☎ 04 23 95 29 63 – www.hotel-asolo.com – Chiuso vacanze di Natale e 2 settimane in agosto
31 cam – 65 € 100 € – **1 suite**
A un passo da Asolo, la settecentesca dimora del podestà Raselli offre ora una ospitalità schietta con qualche dettaglio classico, confort e pietra a vista.

La Terrazza – Hotel Al Sole

via Collegio 33 – ☎ 04 23 95 13 32 – www.albergoalsole.com – Chiuso gennaio
Menu 35 € – Carta 41/66 € – *(chiuso domenica in inverno) (solo a cena in inverno)*
La Terrazza: un salotto en plein air affacciato sul centro storico di Asolo, dove farsi coccolare dai manicaretti dello chef e del suo staff. In un ambiente raffinato e alla moda, una cucina sicuramente innovativa, ma anche in grande di esaltare al meglio i prodotti della tradizione. Ideale per una romantica cena tête-à-tête.

Villa Cipriani – Hotel Villa Cipriani

via Canova 298 – ☎ 04 23 52 34 11 – www.villacipriani.it
Carta 61/81 €
Nella terra dove artisti come Tiziano e Giorgione immortalarono i loro celebri paesaggi, le grandi vetrate ad arco di questo ristorante si aprono sulla vallata, mentre la cucina ha un respiro internazionale, senza voltare le spalle ai sapori locali (risotto all'asolana con verdure di stagione, o fegato alla veneziana, in primis...).

Locanda Baggio

via Bassane 1, località Casonetto, Nord-Est : 1 km – ☎ 04 23 52 96 48 – www.locandabaggio.it – Chiuso lunedì
Carta 33/75 €
Posizionato in zona tranquilla alle spalle di Asolo, con piacevole giardino estivo, il ristorante propone una cucina schietta che valorizza la materia prima. Per gli amanti del succo di Bacco notevole selezione anche internazionale.

ASSISI

Perugia (PG) – ✉ 06081 – 27 721 ab. – Alt. 424 m – Carta regionale n° **35-B2**
Roma 175 km – Perugia 25 km – Gubbio 46 km – Spoleto 45 km
Carta stradale Michelin 563-M19

© G. Bertolissio / hemis.fr

Alberghi

Nun Assisi Relais
via Eremo delle Carceri 1a – ✆ 07 58 15 51 50 – www.nunassisi.com Pianta : C1**r**
18 cam – 290/900 € 290/1000 € – **10 suites**
Rist *Nun Restaurant* – vedere selezione ristoranti
All'interno di un ex monastero del 1275, le forme sobrie ed essenziali degli arredi ne rispettano ancor oggi l'antica destinazione religiosa. Spettacolare centro benessere ricavato tra i pilastri di un anfiteatro romano.

Ròseo Hotel Assisi
rist,
via Giovanni Renzi 2, 2 km per Spello - C2 – ✆ 07 58 15 01 – www.roseohotelassisi.com
155 cam – 75/115 € 90/140 € **Rist** – Carta 26/57 € – *(solo a cena)*
Alle pendici del monte Subasio, moderna struttura dotata di terrazza roof garden con vista sui dintorni, camere di varie tipologie, attrezzato centro benessere, nonché varie soluzioni per meeting ed eventi. L'ampiezza del ristorante riflette la versatilità delle proposte in menu.

Fontebella
cam,
via Fontebella 25 – ✆ 0 75 81 28 83 – www.fontebella.com – Chiuso gennaio-febbraio Pianta : A1**e**
43 cam – 64/139 € 89/220 € – **3 suites**
Rist – Carta 25/62 € – (consigliata la prenotazione)
Camere distribuite su vari piani - sopra e sotto la reception - gli arredi sono simili, ma le migliori (con sovrapprezzo) si affacciano sulla valle; come il ristorante panoramico nella veranda chiusa e dalla cucina umbra.

La Terrazza
rist,
via F.lli Canonichetti, 2 km per Spello - C2 – ✆ 0 75 81 23 68 – www.laterrazzahotel.it
41 cam – 70/90 € 90/130 € **Rist** – Carta 23/42 € – *(chiuso gennaio)*
Gli spazi all'aperto, tra prati e piscina, sono il punto di forza dell'albergo, come la vista di molte camere sulla vallata, l'ospitalità e il piccolo centro benessere; le otto camere della dépendance sono le migliori.

Dei Priori
corso Mazzini 15 – ✆ 0 75 81 22 37 – www.hoteldeipriori.it Pianta : B1**n**
34 cam – 65/105 € 90/160 € **Rist** – Carta 21/58 €
Vicino alla piazza centrale, imponente albergo che ben s'inserisce nel complesso storico; aree comuni con belle poltrone e divani in stile, camere confortevoli. Atmosfera raffinata e un piacevole gioco di luci, che illumina il soffitto a volte della sala.

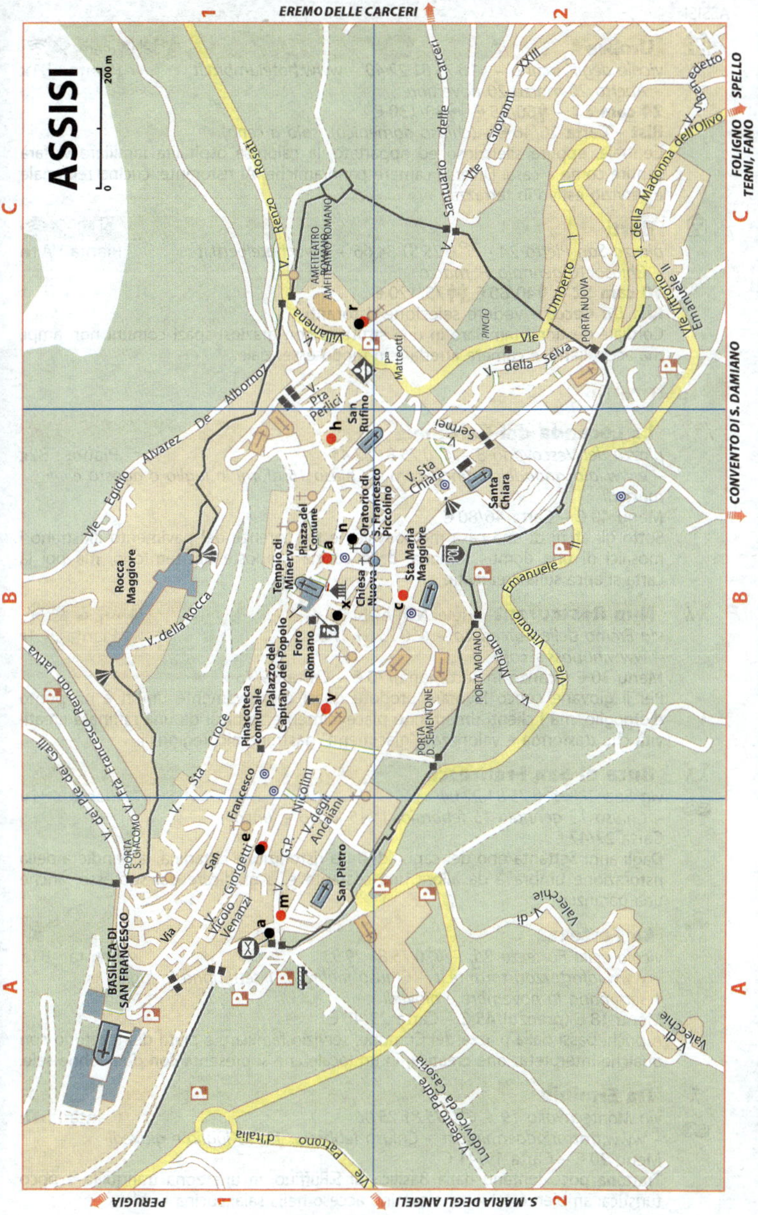
ASSISI
0
200 m
EREMO DELLE CARCERI
PERUGIA
S. MARIA DEGLI ANGELI
FOLIGNO
TERNI, FANO
SPELLO
CONVENTO DI S. DAMIANO
BASILICA DI SAN FRANCESCO
Rocca Maggiore
Pinacoteca comunale
Palazzo del Capitano del Popolo
Foro Romano
Tempio di Minerva
Piazza del Comune
Chiesa Nuova
Oratorio di S. Francesco Piccolino
Sta Maria Maggiore
Santa Chiara
San Rufino
San Pietro
AMFITEATRO ROMANO
PORTA NUOVA
PORTA MOIANO
PORTA S. GIACOMO
PINCIO
Pza Matteotti
Vle Umberto I
Vle Vittorio Emanuele II
V. della Rocca
Vle Egidio Alvarez De Albornoz
V. Santuario delle Carceri
Vle Giovanni XXIII
V. della Madonna dell'Olivo
V. S. Benedetto
V. Renzo Rosati
V. Villamena
V. Pta Perlici
V. Sermei
V. Sta Chiara
V. della Selva
V. Moiano
Via San Francesco
V. Sta Croce
V. Giorgetti
Vicolo Venanzi
V. G.P.
V. Nicolini
V. degli Ancaiani
V. di Valecchie
Vle Patrono d'Italia
V. Beato Padre Ludovico da Casoria

Umbra
cam,

vicolo degli Archi 6 – 0 75 81 22 40 – www.hotelumbra.it Pianta : B1**x**
– Aperto 20 marzo-20 novembre
24 cam – 60/85 € 80/130 €
Rist – Carta 26/46 € – *(chiuso domenica) (solo a cena)*
Centrale, eppure silenzioso ed appartato, la calorosa ospitalità familiare vi farà sentire come a casa. Diverse camere panoramiche. Al ristorante: cucina regionale e servizio estivo in terrazza.

Berti
piazza San Pietro 24 – 0 75 81 34 66 – www.hotelberti.it Pianta : A1**a**
– Chiuso 10 gennaio-1° marzo
10 cam – 40/80 € 75/120 €
Rist *Da Cecco* – vedere selezione ristoranti
Cordiale gestione familiare in una struttura con graziosi spazi comuni non ampi, ma accoglienti, e camere arredate in modo essenziale.

Ristoranti

La Locanda del Cardinale
piazza del Vescovado 8 – 0 75 81 52 45 Pianta : B2**c**
– www.lalocandadelcardinale.com – Chiuso 15 giorni in luglio o agosto e martedì
Menu 40 € – Carta 46/80 €
Sotto gli archi di una casa medioevale, le trasparenze del pavimento illustrano i mosaici di una domus romana; dalla cucina proposte del territorio, ma poi la carta si apre sulla creatività.

Nun Restaurant – Hotel Nun Assisi Relais
via Eremo delle Carceri 1a – 0 75 81 31 63 Pianta : C1**r**
– www.nunassisi.com
Menu 30 € (pranzo in settimana)/70 € – Carta 39/75 €
Per il giovane cuoco lavorare prodotti quasi esclusivamente umbri è un punto d'orgoglio, ma i clienti rimarranno piacevolmente sorpresi da una raffinata creatività che trasforma e valorizza i "giacimenti" gastronomici regionali.

Buca di San Francesco
via Brizi 1 – 0 75 81 22 04 Pianta : B1**v**
– Chiuso 15 gennaio-15 febbraio, 1°-15 luglio e lunedì
Carta 22/47 €
Dagli anni Settanta uno dei capisaldi della ristorazione cittadina, la bandiera della ristorazione umbra è da allora una costante e, a giudicare dal successo, anche una garanzia.

La Fortezza
vicolo della Fortezza 2/b – 0 75 81 29 93 Pianta : B1**a**
– www.lafortezzaristorante.it – Chiuso febbraio, 1 settimana in luglio, 1 settimana in novembre e giovedì
Menu 18 € (pranzo)/45 € – Carta 23/46 €
A pochi passi dalla piazza del Comune, servizio familiare e piatti del territorio con qualche interpretazione creativa, in un locale che si presenta con due sobrie sale.

Da Erminio
via Montecavallo 19 – 0 75 81 25 06 Pianta : B1**h**
– www.trattoriadaerminio.it – Chiuso febbraio, 1° -15 luglio e giovedì
Menu 20 € – Carta 19/41 €
Trattoria poco lontano dalla Basilica di S.Ruffino, in una zona tranquilla e poco turistica: ambiente schietto e camino acceso nella sala; cucina locale.

Da Cecco – Hotel Berti
piazza San Pietro 8 – 0 75 81 24 37 – www.hotelberti.it Pianta : A1**m**
– Chiuso 15-30 luglio e mercoledì
Menu 18/50 € – Carta 23/52 €
Atmosfera informale nelle tre salette semplici e ben tenute di un ristorante a conduzione familiare, dove gustare piatti di cucina umbra e nazionale.

a Viole Sud-Est : 4 km per Foligno Pianta : C2 – ✉ 06081 Assisi

Agriturismo Malvarina cam,
via Pieve di Sant'Apollinare 32 – ✆ 07 58 06 42 80 – www.malvarina.it
15 cam – 50/65 € 80/130 €
Rist – Menu 30/45 € – *(solo a cena)* (prenotazione obbligatoria)
Un'oasi di tranquillità a poca distanza da Assisi: una sorta di albergo "diffuso" con accoglienti camere e cottage forniti di angolo cottura (ideali per famiglie e gruppi di amici). Ambiente piacevolmente rustico al ristorante con camino per grigliate di carne.

Agriturismo il Giardino dei Ciliegi
via Massera 6 – ✆ 07 58 06 40 91 – www.agriturismoilgiardinodeiciliegi.it – Chiuso 8-31 gennaio
8 cam – 60/80 € 80/100 €
Rist – Menu 20/35 € – *(solo a cena)* (prenotazione obbligatoria)
Circondato da 2500 ciliegi, dei cui frutti i clienti possono approfittare in stagione, all'interno i caratteri rustici del casale si fondono con camere confortevoli ed accoglienti.

ad Armenzano Est : 12 km Alt. 759 m – ✉ 06081 Assisi

Le Silve
– ✆ 07 58 01 90 00 – www.lesilve.it – Aperto 1° aprile-2 novembre
19 cam – 80/120 € 80/220 €
Rist *Armentum* – vedere selezione ristoranti
Ideale per chi ama il silenzio e la solitudine, ci vuole tempo per raggiungerlo, ma il contesto naturalistico ai piedi del monte Subasio è da cartolina. Arredi d'arte povera nelle camere.

Armentum – Hotel Le Silve
– ✆ 07 58 01 90 00 – www.lesilve.it – Aperto 1° aprile-2 novembre
Menu 40 € – Carta 40/59 €
Armenzano era un zona di transumanza e la sala con camino del ristorante un tempo fu un ovile; oggi, inaspettatamente, vi trovate una cucina creativa e sofisticata, ma dalle radici sempre umbre.

a Santa Maria degli Angeli Sud-Ovest : 5 km – ✉ 06081

Cenacolo cam, cam,
via Patrono d'Italia 70 – ✆ 07 58 04 10 83 – www.hotelcenacolo.com
111 cam – 75/220 € 90/450 € **Rist** – Carta 26/60 €
Tutto sembra ispirarsi alla sacralità del luogo: si inizia dal nome, per proseguire nell'architettura dell'edificio che si dipana attorno ad un chiostro (in origine, un convento), e terminare in una piccola cappella ancora consacrata. Il tutto in un'atmosfera non più di sobrietà francescana, ma di moderno minimalismo.

Dal Moro Gallery Hotel rist,
via Becchetti 2 – ✆ 07 58 04 36 88 – www.dalmorogalleryhotel.com
51 cam – 69/146 € 84/240 € – **2 suites** **Rist** – Carta 30/52 €
Vicino alla Porziuncola di San Francesco, si può scegliere tra camere classiche o più moderne: da preferire, le ultime nate con soluzioni design e decorazioni personalizzate. Menu capace di stimolare appetiti esigenti e attenti alla cucina del territorio.

Brilli Bistrot
via Los Angeles 83 – ✆ 07 58 04 34 33 – www.brillibistrot.com – Chiuso 1 settimana in agosto, sabato a mezzogiorno, domenica sera e lunedì
Carta 38/72 € – (consigliata la prenotazione la sera)
Semplice ed informale nell'atmosfera, ma sofisticato e coraggioso in cucina: i piatti sono elaborati e fantasiosi, qualcuno anche di pesce. E per finire, ampia scelta di praline, anche da asporto.

ASTI

✉ 14100 – 74 320 ab. – Alt. 123 m – Carta regionale n° **25**-D1
Roma 615 km – Alessandria 40 km – Torino 58 km – Cuneo 88 km
Carta stradale Michelin 561-H6

ASTI
0
200 m
A
B
C
1
2
CASALE MONFERRATO
VERCELLI
ALESSANDRIA
TORINO
CHIVASSO
ACQUI TERME
ALBA, CUNEO
Battistero di S. Pietro
Cattedrale di Sta Maria Assunta
CASTELLO
PARCO MONTE RAINERO
PARCO DELLA RESISTENZA
Campo del Palio
Piazza Vittorio Veneto
Piazza Lugano
Piazza Porta Torino
Piazza S. Secondo
Piazza Statuto
Pza V. Alfieri
Pza Libertà
Piazza Leonardo da Vinci
Piazza Marconi
Piazza al Santuario
Piazza Amendola
Pza Giovanni Amendola
Piazzetta Secondo Ercole
Torrente Borbore
Cso. Torino
Cso. Don Giovanni Minzoni
Vle dei Partigiani
Cso. Dante
V. Pietro Micca
V. Secondo Arò
Cso. Alessandria
Cso. Casale
Cso. Vittorio Alfieri
Cso. alla Vittoria
Cso. Einaudi
Cso. Felice Cavallotti
Cso. Savona
Cso. Genova
Cso. Palestro
Cso. Venezia
Cso. 25 Aprile
Vle Don Alfredo Bianco
V. Antica Cittadella
V. Giuseppe Cecchin
Campo del Palio
a
b
c
M
P
T
POL

Aleramo senza rist
via Emanuele Filiberto 13 – ✆ 01 41 59 56 61 – www.aleramo.it – Chiuso 7-16 agosto Pianta : B2**a**
42 cam – 80/95 € 120/140 € – **3 suites**
La passione del proprietario per il design contemporaneo prende forma in camere moderne e mai banali, dal lontano e mitico Giappone alle decorazioni in cera. Il tutto sempre molto lineare e minimalista, in una struttura comodamente ubicata in centro città.

Palio
via Cavour 106 – ✆ 0 14 13 43 71 – www.hotelpalio.com – Chiuso 21-29 dicembre e 2 settimana in agosto Pianta : B2**b**
37 cam – 85/105 € 115/155 € **Rist** – Menu 27 €
A pochi passi dal centro storico, la sapiente ristrutturazione avvenuta in tempi recenti ha conferito alla risorsa una nuova brillantezza: l'hotel dispone ora di camere moderne, curate nei dettagli. Originale sala colazioni - al primo piano - con vetrate sulla strada.

Osteria Casamar N
vicolo G.B Giuliani, 3 ✉ 14100 Asti – ✆ 01 41 35 11 00 – www.casamar.it – Chiuso i mezzogiorno di sabato e domenica e lunedì Pianta : B2**c**
Menu 25/30 € – Carta 27/61 €
Il re del menu è sua maestà, il pesce, ma non mancano proposte di carne tipiche della regione, in un locale articolato suo quattro piani, ognuno con una propria peculiarità. Interrato, zona lounge per degustazioni, aperitivi e cocktail di fine serata. Piano terra, piccolo bistrot con tovagliette per un quick lunch. Una sala più classica con spunti moderni alle pareti al primo piano, ed infine, all'ultimo, la kinder room (venerdì-sabato, servizio di baby-sitting).

ATENA LUCANA
Salerno (SA) – ✉ 84030 – 2 308 ab. – Alt. 625 m – Carta regionale n° **7-D2**
Roma 346 km – Potenza 43 km – Potenza 43 km – Salerno 87 km
Carta stradale Michelin 564-F28

Villa Torre Antica rist,
via Indipendenza 32 – ✆ 09 75 77 90 16 – www.hoteltorreantica.com
13 cam – 50/85 € 70/90 € – **1 suite** **Rist** – Carta 19/58 €
Nato dal restauro di un vecchio torrione del XVIII secolo, questo hotel di charme propone raffinati confort ispirati alla modernità e camere personalizzate con mobili in stile.

sulla strada statale 19 Sud : 4 km

Villa Venus cam,
via Maschero 5 – ✆ 0 97 57 11 28 – www.hotelvillavenus.it
36 cam – 60/70 € 70/80 € **Rist** – Carta 19/35 € – *(chiuso domenica)*
Sei torri realizzate con pietre dell'Appennino Lucano, caratterizzano l'architettura esterna di questo grande albergo che offre camere di moderno confort. Gli amanti del verde apprezzeranno il bel giardino con graziosi giochi d'acqua. Originale la sala ristorante.

Magic Hotel cam,
via Maglianiello 13 ✉ 84030 – ✆ 0 97 57 12 92 – www.magichotel.it
43 cam – 40/45 € 55/60 € – **1 suite** **Rist** – Carta 20/36 €
Costruzione d'ispirazione contemporanea lungo la statale: interni in stile lineare, con luminosi ed essenziali spazi comuni; camere semplici, ma molto accoglienti.

ATRANI
Salerno (SA) – ✉ 84010 – 1 008 ab. – Alt. 12 m – Carta regionale n° **6-B2**
Roma 270 km – Napoli 69 km – Amalfi 2 km – Salerno 23 km
Carta stradale Michelin 564-F25

'A Paranza

via Traversa Dragone 1 – ✆ 0 89 87 18 40 – www.ristoranteparanza.com – Chiuso 8-25 dicembre e martedì
Menu 30/50 € – Carta 25/76 €
Nel centro del caratteristico paese, due brillanti fratelli propongono specialità di mare: espressione di saporite ricette, con ottimo rapporto qualità/prezzo.

ATRIPALDA

Avellino (AV) – ✉ 83042 – 10 878 ab. – Carta regionale n° **7-C2**
Roma 251 km – Avellino 4 km – Benevento 42 km – Napoli 63 km
Carta stradale Michelin 564-E26

Civita rist, rist,

via Manfredi 124 – ✆ 08 25 61 04 71 – www.hotelcivita.it
29 cam – 55/70 € 70/160 €
Rist *La Tavola del Duca* – Carta 18/42 €
In centro paese, non lontano dalla zona archeologica, albergo dagli ambienti comuni signorili e accoglienti, arredati in stile moderno. Il settore notte si distingue per camere graziose e confortevoli. La Tavola del Duca invita al proprio desco anche chi nobile non è... In un ambiente di aristocratica raffinatezza, piatti tradizionali che esaltano i sapori irpini (delicatamente reinterpretati) e i classici italiani.

AUGUSTA

Sicilia – Siracusa (SR) – ✉ 96011 – 36 075 ab. – Carta regionale n° **30-D2**
Catania 42 km – Siracusa 37 km – Palermo 240 km – Ragusa 103 km
Carta stradale Michelin 365-BA60 – Guida Verde Michelin SICILIA

Palazzo Zuppello cam, cam, rist,

via Epicarmo 74/76 – ✆ 09 31 99 56 33 – www.palazzozuppellohotel.it
38 cam – 80/110 € 110/130 €
Rist *Xifonia* – ✆ 09 31 99 10 30 – Carta 29/58 € – (consigliata la prenotazione)
Hotel del centro diviso tra due edifici: il palazzo del Settecento ed uno più moderno sul mare, pensato per la clientela business, con camere curate ed accoglienti. Sapori mediterranei nel bel ristorante, dall'incantevole terrazza affacciata sul golfo Xifonio.

a Brucoli Nord-Ovest : 7,5 km – ✉ 96010

Venus Sea Garden rist,

via Pantelleria 22, contrada Monte Amara, Est : 3,5 km – ✆ 09 31 99 89 46 – www.hotel-venus.it – Aperto 24 aprile-31 ottobre
56 cam – 120/190 € 105/190 € – **3 suites**
Rist *La Conchiglia* – Carta 40/70 €
Seducente complesso articolato in tipici edifici di arenaria gialla, i cui ambienti interni si caratterizzano per vivacità cromatica e mediterranea semplicità. Ma non c'è tempo per chiudersi tra quattro mura: la vita si svolge all'aperto, intorno alla splendida piscina o sulle piattaforme sugli scogli.

AURONZO DI CADORE

Belluno (BL) – ✉ 32041 – 3 416 ab. – Alt. 866 m – Carta regionale n° **40-C1**
Roma 663 km – Cortina d'Ampezzo 34 km – Belluno 62 km – Tarvisio 135 km
Carta stradale Michelin 562-C19

La Nuova Montanina rist,

via Monti 3 – ✆ 04 35 40 00 05 – www.lanuovamontanina.it – Chiuso 4-28 maggio e 4-28 novembre
17 cam – 45/55 € 70/100 € **Rist** – Carta 20/36 €
Nel centro della località, hotel a conduzione familiare che offre camere confortevoli e spazi comuni caratteristici. Il ristorante propone le classiche ricette nazionali e specialità cadorine.

Panoramic
via Padova 15 – ✆ 04 35 40 01 98 – www.panoramichotel.com – Aperto 20 dicembre-28 febbraio e 1° aprile-30 settembre
30 cam – 43/70 € 74/120 € **Rist** – Carta 23/43 €
In riva al lago e in posizione panoramica, un ampio giardino avvolge la quiete di questo albergo familiare dagli ambienti in stile montano. Proposte del territorio nella sala da pranzo di tono leggermente più moderno.

AVELENGO (HAFLING)

Bolzano (BZ) – ✉ 39010 – 725 ab. – Alt. 1 290 m – Carta regionale n° **33-B2**
Roma 676 km – Bolzano 40 km – Merano 12 km – Trento 92 km
Carta stradale Michelin 562-C15

Mirabell
via Falzeben 112 – ✆ 04 73 27 93 00 – www.residence-mirabell.com – Chiuso 10 novembre-17 dicembre
30 suites – solo ½ P 115/145 € – 24 cam **Rist** – Carta 40/90 €
Una struttura che incarna appieno quello che i turisti cercano in Alto Adige: tipicità, calda atmosfera, ma anche modernità e confort. Degno di nota, il nuovissimo centro benessere, ma anche il laghetto balneabile con acqua riscaldata.

Miramonti
via St. Kathrein 14 – ✆ 04 73 27 93 35 – www.hotel-miramonti.com – Chiuso 11 novembre-4 dicembre
30 cam – 111/195 € 170/300 € – **6 suites**
Rist *Miramonti Panorama Restaurant* – vedere selezione ristoranti
Rist – Carta 40/60 € – *(solo per alloggiati)*
Rist *La Stube* – Carta 48/68 € – *(solo a cena)*
In posizione deliziosamente panoramica, appoggiato sulla roccia sopra Merano, questo moderno hotel è un'oasi verde dove rilassarsi grazie ad un'eccellente e calorosa gestione. Più che varia la ristorazione con il plus di una piccolissima stube serale per gustare i genuini sapori della regione.

Viertlerhof
via Falzeben 126 – ✆ 04 73 27 94 28 – www.viertlerhof.it – Chiuso 15-29 aprile e 2 novembre-20 dicembre
27 cam – solo ½ P 66/86 € – **6 suites** **Rist** – Menu 38 € – *(solo per alloggiati)*
Immerso nella tranquillità d'un bel giardino, un tradizionale hotel ben accessoriato, dagli spazi interni rinnovati con molto legno in stile moderno; pregevole settore relax.

Mesnerwirt
via alla Chiesa 2 – ✆ 04 73 27 94 93 – www.mesnerwirt.it – Chiuso 10 novembre- 4 dicembre
39 cam – 71/91 € 122/162 € – **6 suites** **Rist** – Carta 33/64 €
Moderno centro benessere, grande giardino solarium sapientemente organizzato, camere confortevoli e belle suite: insomma, vale sempre la pena di fermarsi in questa piacevole struttura... anche perché, al ristorante, i prodotti locali si sposano con la creatività.

Miramonti Panorama Restaurant
via St. Kathrein 14 Avelengo – ✆ 04 73 27 93 35 – www.hotel-miramonti.com – Chiuso 11 novembre-4 dicmebre
Carta 47/67 €
Naturalistico è certamente il panorama offerto dalle ampie vetrate della sala gourmet, gastronomico è, invece, quello che vi propone lo chef intrattenendovi con i sapori della cucina altoatesina: a pranzo il menu è ridotto, ma la sera va in scena la grande carte.

AVELLINO

✉ 83100 – 54 706 ab. – Alt. 348 m – Carta regionale n° **6-B2**
Roma 245 km – Napoli 57 km – Benevento 39 km – Caserta 58 km
Carta stradale Michelin 564-E26

De la Ville

via Palatucci 20 – ✆ 08 25 78 09 11 – www.hoteldelavilleavellino.it
63 cam – 90/170 € 95/250 € – **6 suites**
Rist *Il Cavallino* – vedere selezione ristoranti
Da sempre attivi nella realtà edile, i proprietari stessi hanno ideato e costruito quest'enorme struttura con camere signorili ed ampi spazi personalizzati con molto verde.

Il Cavallino – Hotel De la Ville

via Palatucci 20 – ✆ 08 25 78 09 11 – www.hoteldelavilleavellino.it
Carta 35/65 € (+10 %)
Mozzarella di bufala di Battipaglia, orecchiette irpine con broccoli, paccheri... Cucina campana, allegra e solare come la regione in cui nasce: piatti semplici e ricchi di fantasia in un ambiente piacevolmente sofisticato.

Antica Trattoria Martella

via Chiesa Conservatorio 10 – ✆ 0 82 53 11 17 – www.ristorantemartella.it – Chiuso domenica sera e lunedì
Carta 23/35 € – (prenotare)
Un'accogliente trattoria arredata in modo classico con tavoli quadrati, propone un buffet d'antipasti accanto ad una cucina e ad una cantina che riflettono i sapori regionali.

in prossimità casello autostra A 16 Avellino Est Nord-Est: 6 km

Bel Sito Hotel le Due Torri

strada statale 7 bis ✉ 83030 Manocalzati – ✆ 08 25 67 00 01 – www.belsitohotelduetorri.it
32 cam – 55/70 € 75/90 € – **1 suite** **Rist** – Carta 22/45 €
A circa 500 metri dal casello autostradale, un piacevole albergo commerciale con stanze standard ben tenute e una buona distribuzione degli ambienti comuni; generoso e attrezzato spazio attorno alla bella piscina, nonché ampio parcheggio.

AVENZA → Vedere Carrara

Massa-Carrara (MS)

AVETRANA

Taranto (TA) – ✉ 74020 – 6 964 ab. – Alt. 62 m – Carta regionale n° **27-D3**
Roma 566 km – Taranto 48 km – Brindisi 45 km – Lecce 44 km
Carta stradale Michelin 564-F35

Relais Terre di Terre

via per Erchie, Nord : 2 km – ✆ 09 99 70 40 99 – www.masseriabosco.it – Aperto 1° aprile-31 ottobre; solo su prenotazione negli altri mesi
29 cam – 77/126 € 110/200 € – **5 suites**
Rist *Masseria Bosco* – vedere selezione ristoranti
Tra il verde odoroso degli ulivi e l'azzurro del mar Mediterraneo, la struttura è composta da due masserie: caratteristiche camere con soffitto in tufo e bagni policromi in una, stanze più moderne nell'altra.

Masseria Bosco – Hotel Relais Terre di Terre

via per Erchie, Nord : 2 km – ✆ 09 99 70 40 99 – www.masseriabosco.it – Aperto 1° aprile-31 ottobre; solo su prenotazione negli altri mesi
Carta 24/61 € – (prenotare)
La tradizione si esprime anche in cucina: tra piatti a base di legumi, pasta fatta in casa e carne locale, l'olio che troverete sulla tavola proviene dagli ulivi secolari che circondano il relais. Bello e suggestivo, il ristorante presenta un'apertura di quattro metri nel pavimento: un'antica via di fuga.

AVEZZANO

L'Aquila (AQ) – ✉ 67051 – 41 239 ab. – Alt. 695 m – Carta regionale n° **1-A2**
Roma 107 km – L'Aquila 55 km – Frosinone 77 km – Pescara 110 km
Carta stradale Michelin 563-P22

Dei Marsi rist,

via Cavour 79/B, Sud : 3 km – ✆ 08 63 46 01 – www.hoteldeimarsi.it
112 cam – 59/130 € 79/200 €
Rist – Carta 27/62 € – (prenotazione obbligatoria a mezzogiorno)
Nel cuore industriale di Avezzano, efficiente struttura di moderna concezione con spazi interni funzionali e camere in stile lineare d'ispirazione contemporanea: se disponibili, optare per quelle sul retro, sicuramente più tranquille!

AVOLA

Sicilia – Siracusa (SR) – ✉ 96012 – 31 342 ab. – Alt. 40 m – Carta regionale n° **30-D3**
Palermo 275 km – Siracusa 28 km – Ragusa 63 km – Catania 82 km
Carta stradale Michelin 365-AZ62

Agriturismo Avola Antica rist,

contrada Avola Antica, Nord : 9 Km – ✆ 09 31 81 10 08 – www.avolaantica.it – Aperto 1° aprile-30 settembre
9 cam – 76/115 € 76/115 €
Rist – Carta 19/45 € – *(solo a cena escluso giorni festivi)*
Armatevi di pazienza e partite in salita fino ad uno spettacolare panorama di scenografiche rocce, muretti a secco e riserve naturali: la piacevolezza della struttura vi ricompenserà! Al ristorante, prodotti dell'azienda agricola in piatti siciliani.

Agriturismo Masseria sul Mare

contrada Gallina, (S.S 115 km 392,60), Nord-Est : 5 km – ✆ 09 31 56 01 01 – www.masseriasulmare.it – Aperto da inizio marzo a fine ottobre
20 cam – 50/90 € 80/160 €
Rist – Menu 26/40 € – *(chiuso lunedì) (solo a cena escluso la domenica)* (prenotazione obbligatoria)
50 ettari di coltivazioni, frumento e ortaggi, circondano la masseria dagli ambienti curati e accoglienti; poco distante l'incantevole spiaggia ad accesso privato, con sabbia fine e scogli. La cucina propone il meglio della tradizione isolana.

AYAS

Aosta (AO) – ✉ 11020 – 1 281 ab. – Alt. 1 453 m – Carta regionale n° **37-B2**
Roma 736 km – Aosta 63 km – Ivrea 63 km – Torino 103 km
Carta stradale Michelin 561-E5

ad Antagnod Nord : 3,5 km Alt. 1 699 m – ✉ 11020

Petit Prince cam, rist,

route Tchavagnod 1 – ✆ 01 25 30 66 62 – www.hotelpetitprince.com – Aperto 1° dicembre-Pasqua e 25 giugno-15 settembre
28 cam – 43/100 € 66/200 €
Rist – Carta 20/69 € – *(aperto1° dicembre-31 marzo e 1° luglio-15 settembre)*
In splendida posizione tranquilla e panoramica, vicino agli impianti da sci, una struttura di recente costruzione; spazi comuni confortevoli e camere con arredi in legno.

AZZATE

Varese (VA) – ✉ 21022 – 4 642 ab. – Alt. 332 m – Carta regionale n° **18-A1**
Roma 632 km – Milano 55 km – Varese 8 km – Como 42 km
Carta stradale Michelin 561-E8

Locanda dei Mai Intees

via Monte Grappa 22 – ✆ 03 32 45 72 23 – www.mai-intees.it
11 cam – 124/200 € 148/250 € – **1 suite**
Rist *Locanda dei Mai Intees* – vedere selezione ristoranti
Un antico sonetto narra di un gruppo di amici che solevano riunirsi qui per discutere e far musica... sebbene non fossero mai d'accordo. Incantevole fusione di due edifici del '400, la struttura propone un'atmosfera ricca di charme con mobili in stile ed un salotto nella veranda: Mai Intees, ma concordi sull'amenità!

XX **Locanda dei Mai Intees** – Hotel Locanda dei Mai Intees

via Monte Grappa 22 – ✆ 03 32 45 72 23 – www.mai-intees.it
Carta 53/69 € – *(solo a cena)*
Se nel Medioevo il piano inferiore dell'attuale Locanda dei Mai Intees ospitava le carceri, ora è un bel ristorante ad occuparne gli spazi. Piatti della tradizione regionale ed internazionale in un ambiente caratteristico, composto da più sale: la principale, ovvero quella degli Affreschi, era anticamente una farmacia.

X **Hosteria da Bruno**

via Piave 43/a – ✆ 03 32 45 40 93 – Chiuso 1°-7 gennaio, 2 settimane in agosto e martedì
Menu 19 € (pranzo in settimana) – Carta 28/55 € – (consigliata la prenotazione la sera)
Bruno, che dal nonno ha ereditato nome e passione, ripropone quest'insegna con oltre mezzo secolo di storia. Il ristorante è rustico, ma piacevole proprio per quest'aura di autenticità, nelle sedie impagliate, nelle panche disposte intorno ad un caminetto, nelle foto di famiglia appese alle pareti. Cucina regionale.

BACOLI

Napoli (NA) – ✉ 80070 – 26 611 ab. – Carta regionale n° **6-A2**
▶ Roma 248 km – Napoli 30 km – Avellino 79 km – Pozzuoli 9 km
Carta stradale Michelin 564-E24

Cala Moresca

via del Faro 44, località Capo Miseno – ✆ 08 15 23 55 95 – www.calamoresca.it
34 cam ☕ – †89/350 € ††99/350 € **Rist** – Carta 31/60 €
Discesa a mare con area attrezzata sugli scogli, camere luminose, nonché una panoramica e tranquilla posizione per questo hotel moderno e di sobria eleganza. D'estate, animazione a bordo piscina. Accomodatevi al ristorante per contemplare la scenografica vista sul golfo e sulla costa;la sera, anche pizzeria.

Villa Oteri

via Miliscola 18 – ✆ 08 15 23 49 85 – www.villaoteri.it
9 cam ☕ – †70/90 € ††80/120 € **Rist** – Carta 25/51 € – *(chiuso mercoledì)*
Villa di inizio Novecento, dall'esterno colorato ed appariscente, conserva all'interno le caratteristiche della struttura originale ed offre camere confortevoli e una speciale accoglienza. Specialità culinarie dell'area flegrea.

XX **A Ridosso**

via Mercato di Sabato 320 – ✆ 08 18 68 92 33 – www.ristoranteridosso.com – Chiuso 16-28 agosto e lunedì
Menu 35/50 € – Carta 37/57 € – *(solo a cena)* (prenotazione obbligatoria a mezzogiorno)
A ridosso di una collina, un locale piccolo ed elegante, la cui costante cura per i dettagli è testimoniata da numerose ceramiche e vetrinette. Nei piatti solo i prodotti del mare. (Su prenotazione, anche menu di terra).

BADALUCCO

Imperia (IM) – ✉ 18010 – 1 165 ab. – Alt. 179 m – Carta regionale n° **14-A3**
▶ Roma 643 km – Imperia 31 km – Savona 103 km – San Remo 24 km
Carta stradale Michelin 561-K5

Macine del Confluente

località Oxentina, Sud : 2,5 km – ✆ 01 84 40 70 18 – www.lemacinedelconfluente.com – Chiuso novembre
6 cam ☕ – †75/85 € ††90/100 €
Rist *Macine del Confluente* – vedere selezione ristoranti
Una graziosa locanda con sei camere - romantiche e spaziose - tutte allietate da un caminetto e letti in ferro battuto, nel pittoresco scenario di un vecchio mulino. In una costruzione a parte, sebbene sempre facente parte del complesso, il ristorante.

Macine del Confluente – Macine del Confluente
località Oxentina, Sud : 2,5 km – ✆ 01 84 40 70 18 – Chiuso novembre
Carta 34/42 € – *(chiuso lunedì e martedì) (solo a cena escluso i giorni festivi)*
(consigliata la prenotazione)
Se già la bellezza del posto è un valido presupposto per la sosta, l'offerta si è ulteriormente ampliata proponendo oltre ad un menu degustazione (ma con scelta fra tre primi e tre secondi), alcune specialità dell'entroterra ligure.

BADIA = ABTEI
➜ Vedere Alta Badia
Bolzano (BZ)

BADIA A PASSIGNANO
➜ Vedere Tavarnelle Val di Pesa
Firenze (FI)

BADIA DI DULZAGO
➜ Vedere Bellinzago Novarese
Novara (NO)

BADICORTE
➜ Vedere Marciano della Chiana
Arezzo (AR)

BADIOLA
➜ Vedere Castiglione della Pescaia
Grosseto (GR)

BAGGIOVARA
➜ Vedere Modena
Modena (MO)

BAGHERIA

Sicilia – Palermo (PA) – ✉ 90011 – 54 271 ab. – Alt. 78 m
– Carta regionale n° **29-B2**
▶ Palermo 18 km – Trapani 126 km – Caltanissetta 115 km – Agrigento 127 km
Carta stradale Michelin 565-M22

I Pupi (Tony Lo Coco)
via del Cavaliere 59 – ✆ 0 91 90 25 79 – www.ipupiristorante.it – Chiuso lunedì a mezzogiorno e domenica dal 15 giugno al 15 settembre, domenica sera e lunedì negli altri mesi
Menu 30/75 € – Carta 39/68 € – (consigliata la prenotazione)
I tavoli in cristallo risaltano su un originale pavimento in pietra lavica in questo piccolo ristorante di eleganza moderna e minimalista, dove lo chef rielabora con ottima tecnica e fantasia numerose ricette della tradizione isolana. Il tutto nel massimo rispetto per la purezza dei sapori!
➜ Zuppa di pesce cruda e cotta. Bavette al cacao amaro di Modica, ricci di mare, ricotta e nocciola. Cannolo caldo con gelato di malvasia.

BAGNAIA
➜ Vedere Elba (Isola d') : Rio nell'Elba
Livorno (LI)

BAGNARA CALABRA

Reggio di Calabria (RC) – ✉ 89011 – 10 469 ab. – Alt. 50 m
– Carta regionale n° **5-A3**
▶ Roma 678 km – Reggio Calabria 35 km – Catanzaro 130 km – Vibo Valentia 39 km
Carta stradale Michelin 564-M29

Grand Hotel Victoria cam,
piazza Marconi 4 – ✆ 09 66 37 61 26 – www.victoriagrandhotel.it
41 cam – †50/70 € ††75/130 € **Rist** – Carta 21/47 €
Sulla piazza centrale, ma affacciato anche sul lungomare, ambienti comuni e camere di gusto classico. Al ristorante è il pesce, il gran signore del menu!

Taverna Kerkira
corso Vittorio Emanuele 217 – ✆ 09 66 37 22 60
– Chiuso 20 dicembre-15 gennaio, 1° agosto-15 settembre, lunedì e martedì
Carta 28/54 € – (consigliata la prenotazione)
Cannolicchi alla ghiotta di pescespada o mussaka? Lasciatevi tentare da una delle tante specialità di mare, ma anche da qualche sapore ellenico, che vi trasporterà idealmente nell'Egeo, senza muoversi dallo Ionio.

BAGNARA DI ROMAGNA

Ravenna (RA) – 2 410 ab. – Alt. 22 m – Carta regionale n° **9-C2**
Roma 369 km – Bologna 47 km – Imola 14 km – Ravenna 35 km
Carta stradale Michelin 562-I17

La Locanda di Bagnara
piazza Marconi 10 – ✆ 0 54 57 69 51 – www.locandabagnara.it – Chiuso 10-20 agosto
8 cam – 60/190 € 90/190 €
Rist *Rocca* – vedere selezione ristoranti
Nel cuore di questa piccola frazione, edificio del 1870 restaurato su modello di una raffinata e moderna locanda: arredi eleganti e confort al passo con i tempi odierni.

Rocca – Agriturismo La Locanda di Bagnara
piazza Marconi 10 – ✆ 0 54 57 69 51 – www.locandabagnara.it
– Chiuso 10-20 agosto e lunedì
Carta 33/64 €
Dopo molteplici esperienze in giro per il mondo (Londra, New York, Kuala Lumpur, Capri), lo chef-patron, Mirko, gestisce questa piacevole locanda tra Emilia e Romagna, preparando gustosi piatti di terra e di mare, moderni, ma non dimentichi della tradizione.

BAGNARIA ARSA

Udine (UD) – ✉ 33050 – 3 491 ab. – Alt. 18 m – Carta regionale n° **11-C3**
Roma 624 km – Udine 26 km – Grado 31 km – Trieste 55 km
Carta stradale Michelin 562-E21

Agriturismo Mulino delle Tolle
località Sevegliano, statale Palmanova-Grado, Sud-Ovest : 2 km
– ✆ 04 32 92 47 23 – www.mulinodelletolle.it – Chiuso 1°-10 gennaio
10 cam – 55/65 € 77/85 €
Rist – Carta 19/30 € – *(chiuso 1°-10 gennaio, 15-30 luglio, lunedì, martedì e mercoledì)*
Lazzaretto secentesco o dogana di confine all'epoca degli Asburgo? Una testina votiva in cotto - oggi marchio dell'azienda - ammicca invece alla sua lunga tradizione vitivinicola. Al ristorante: proposte giornaliere di cucina regionale e piatti di terra (carni di produzione propria).

BAGNI DI LUCCA

Lucca (LU) – ✉ 55022 – 6 152 ab. – Alt. 150 m – Carta regionale n° **31-B1**
Roma 370 km – Pisa 49 km – Firenze 100 km – Lucca 29 km
Carta stradale Michelin 563-J13

Regina Park Hotel senza rist
viale Umberto I° 157 – ✆ 05 83 80 55 08 – www.coronaregina.it
12 cam – 30/115 € 34/169 € – **1 suite**
In un palazzo della fine del XVIII secolo, comodo indirizzo tanto per chi sceglie una vacanza culturale, quanto per chi opta per un soggiorno di relax; giardino con piscina sul retro e café-bistrot.

Antico Albergo Terme cam, rist,

via del Paretaio 1, frazione Ponte a Serraglio – ✆ 0 58 38 60 34 – www.termebagnidilucca.it
27 cam – 57/65 € 90/106 €
Rist – Menu 12 € (pranzo)/26 € – *(solo per alloggiati)*
Il nome anticipa la caratteristica della struttura: collegato direttamente con un tunnel alle Terme, dispone di una bella piscina termale interna con acqua fluente a 32°C, ambienti accoglienti e camere ben accessoriate.

Corona rist,

frazione Ponte a Serraglio – ✆ 05 83 80 51 51 – www.coronaregina.it – Aperto 1° aprile-15 novembre
20 cam – 30/95 € 34/119 €
Rist – Carta 20/39 € – *(chiuso mercoledì escluso giugno-settembre) (solo a cena)*
Nel centro della località, l'edificio ottocentesco si affaccia sulle cascatelle del torrente Lima: al suo interno, camere accoglienti ed un ristorante orientato verso i sapori locali.

BAGNI NUOVI → Vedere Valdidentro
Sondrio (SO)

BAGNO A RIPOLI
Firenze (FI) – ✉ 50012 – 25 488 ab. – Alt. 75 m – Carta regionale n° **32-D3**
Roma 270 km – Firenze 9 km – Arezzo 74 km – Montecatini Terme 63 km
Carta stradale Michelin 563-K15

Villa Olmi Resort

via degli Olmi 4/8 – ✆ 0 55 63 77 10 – www.villaolmifirenze.com
62 cam – 124/330 € 139/450 €, 16 € – **3 suites**
Rist *Il Cavaliere* – Carta 46/58 €
Alle porte di Firenze, a cui giungerete con una navetta dell'albergo in alta stagione, fattoria, limonaia e casa colonica ospitano camere rustico-eleganti con travi e cotto; nella villa invece troverete le sistemazioni più signorili con lampadari di Murano.

a Candeli Nord : 1 km – ✉ 50012

Villa La Massa

via della Massa 24 – ✆ 05 56 26 11 – www.villalamassa.com – Aperto 20 marzo-2 novembre
23 cam – 430/590 € 430/590 € – **14 suites**
Rist *Il Verrocchio* – vedere selezione ristoranti
Più che un hotel, è un gioiello architettonico dell'epoca medicea, un'oasi bucolica affacciata sul fiume Arno, a un quarto d'ora da Firenze (quest'ultima facilmente raggiungibile grazie ad un servizio di navetta messo a disposizione degli ospiti). Letti a baldacchino, boiserie, soffitti affrescati, tappezzerie, bagni in marmo: sobria e insieme calorosa, Villa La Massa invita a riscoprire l'arte di vivere della nobiltà fiorentina, sottilmente rivisitata dal confort più raffinato.

Il Verrocchio – Hotel Villa La Massa

via della Massa 24 – ✆ 05 56 26 11 – www.villalamassa.com – Aperto 20 marzo-2 novembre
Carta 66/120 €
Soffitto a volte e camino, vasta selezione enologica di vini italiani e regionali, nonché cucina del territorio, ma non solo, in un bel locale che mutua il nome dall'artista fiorentino alla cui bottega si formò Leonardo da Vinci. Le imponenti vetrate permettono di approfittare della vista sull'Arno e sul Chianti; d'estate i pasti sono serviti sulla terrazza a filo d'acqua.

BAGNO DI ROMAGNA
Forlì-Cesena (FC) – ✉ 47021 – 6 154 ab. – Alt. 491 m – Carta regionale n° **9-D3**
Roma 275 km – Rimini 94 km – Forlì 68 km – Firenze 88 km
Carta stradale Michelin 562-K17

Ròseo Hotel Euroterme

via Lungosavio 2 – ✆ 05 43 91 14 14 – www.euroterme.com
254 cam – 116/168 € 180/210 € – **4 suites** **Rist** – Menu 35 €
Storico hotel locale, che a partire dal 2005 e grazie alla nuova gestione, si sta rinnovando offrendo belle camere, tanti servizi, nonché un attrezzato centro benessere e termale.

Tosco Romagnolo

piazza Dante 2 – ✆ 05 43 91 12 60 – www.hoteltoscoromagnolo.it
44 cam – 46/162 € 74/240 € – **4 suites**
Rist *Paolo Teverini* **Rist *Prêt-à-Porter*** – vedere selezione ristoranti
Al timone di questa elegante struttura vi è un'appassionata gestione familiare coadiuvata da personale altrettanto cordiale e competente. I punti forti dell'hotel sono sicuramente le spaziose camere - eccellenti quelle più moderne - la piscina panoramica e la beauty spa.

Balneum

cam, cam, rist,

via Lungosavio 15/17 – ✆ 05 43 91 10 85 – www.hotelbalneum.it
– Chiuso 12 gennaio-12 febbraio
39 cam – 59/79 € 74/96 €
Rist *Balneum* – Carta 20/34 €
Tranquilla struttura all'ingresso del paese e dall'ottima gestione familiare dispone di graziose camere personalizzate, alcune dotate di bagno turco. Al ristorante, cucina regionale curata dai titolari stessi.

Paolo Teverini – Hotel Tosco Romagnolo

via del Popolo 2 – ✆ 05 43 91 12 60 – www.paoloteverini.it – Chiuso lunedì e martedì escluso agosto
Menu 44/88 € – Carta 64/103 € – *(solo a cena escluso sabato e domenica)* (consigliata la prenotazione)
In ambienti di grande raffinatezza, la cucina del bravissimo chef reinterpreta in chiave moderna e personale le tradizioni romagnole e toscane. Attenzione particolare per i formaggi, funghi e tartufi ma, soprattutto, per i vini: molti al bicchiere, tanti dalla Francia.
→ Gnocchi di seppia farciti con vongole nostrane su crema di pomodoro. Piccione arrosto con salsa alle rape rosse e aceto balsamico di Modena. Barretta di cioccolato e lamponi con gelato ai lamponi e zenzero.

Prêt-à-Porter – Hotel Tosco Romagnolo

piazza Dante 2 – ✆ 05 43 91 12 60 – www.paoloteverini.it
Menu 23/29 € – Carta 29/54 €
E' la versione più easy di casa Teverini: sempre elegante e curato dal celebre chef, il ristorante offre piatti del territorio - ottima, l'intercostata di manza chianina grigliata al formaggio di fossa con verdure marinate all'aceto balsamico - e qualche sorpresa di cucina moderna. Nella sala ampia, invece, si può scegliere di servirsi al ricco buffet, a prezzo fisso e assai vantaggioso!

ad Acquapartita Nord-Est : 8 km Alt. 806 m – ✉ 47021 San Piero In Bagno

Miramonti

rist,

via Acquapartita 103 – ✆ 05 43 90 36 40 – www.selecthotels.it – Aperto 28 dicembre-6 gennaio e 1° aprile-31 ottobre
46 cam – 60/110 € 70/140 € **Rist** – Carta 30/47 €
Ubicata tra i boschi appenninici, la struttura dispone di buoni servizi, arredi e camere confortevoli, circa la metà con vista sul lago. Al ristorante: la regionale cucina tosco-romagnola.

BAGNOLO IN PIANO

Reggio nell'Emilia (RE) – ✉ 42011 – 9 591 ab. – Alt. 32 m – Carta regionale n° **8-B3**
Roma 433 km – Parma 39 km – Modena 39 km – Reggio nell'Emilia 10 km
Carta stradale Michelin 562-H14

Trattoria da Probo

via Provinciale Nord 13 – 05 22 95 13 00 – www.trattoriadaprobo.it – Chiuso 2-5 gennaio, 16-22 agosto, domenica sera e lunedì
Menu 15 € (pranzo in settimana)/40 € – Carta 28/50 €
Vecchia trattoria di campagna dalla squisita gestione familiare, che si esprime nella cordiale accoglienza e nella cucina fedele alla tradizione: bolliti e paste fresche, le specialità.

BAGNOLO SAN VITO

Mantova (MN) – 46031 – 5 983 ab. – Alt. 19 m – Carta regionale n° **17-D3**
Roma 460 km – Verona 48 km – Mantova 17 km – Modena 62 km
Carta stradale Michelin 561-G14

Villa Eden

via Gazzo 6 – 03 76 41 56 84 – www.ristorantevillaeden.it – Chiuso 1°-7 gennaio, 4-20 agosto, domenica sera, mercoledì sera, lunedì e martedì
Menu 50/70 € – Carta 37/63 € – (consigliata la prenotazione)
Gestita da una famiglia assai cordiale, questa villa tra i campi si presenta come un'ospitale abitazione privata. La cucina sa valorizzare le materie prime con piatti mantovani, stagionalità italiane ed alcune sorprese dal mare. Tra i migliori ristoranti della provincia!

BAGNOREGIO

Viterbo (VT) – 01022 – 3 665 ab. – Alt. 484 m – Carta regionale n° **12-A1**
Roma 125 km – Viterbo 28 km – Orvieto 19 km – Terni 77 km
Carta stradale Michelin 563-O18

Romantica Pucci

cam,

piazza Cavour 1 – 07 61 79 21 21 – www.hotelromanticapucci.it
7 cam – 75 € 80 €
Rist – Carta 19/40 € – *(chiuso lunedì)* (consigliata la prenotazione)
In un palazzo del XIV sec., piacevole risorsa caratterizzata da camere arredate con gusto e attenzioni particolari, ma tutte diverse tra loro. Si respira un'atmosfera d'intima familiarità. La cucina propone pochi piatti fatti al momento, una cucina semplice e casalinga.

Hostaria del Ponte

località Mercatello 11 – 07 61 79 35 65 – www.hostariadelponte.it – Chiuso 25 febbraio-9 marzo, 15 giorni in novembre, domenica sera escluso da maggio a settembre e lunedì
Carta 27/44 €
Il ponte è quello che porta al borgo di Civita: uno dei paesaggi più spettacolari della regione, imperdibile dalla terrazza del locale. Dalla cucina - invece - gli intramontabili piatti del territorio.

BAGNO VIGNONI → Vedere San Quirico d'Orcia

Siena (SI)

BAIA DOMIZIA

Caserta (CE) – 81030 – Carta regionale n° **6-A2**
Roma 183 km – Frosinone 104 km – Caserta 59 km – Gaeta 35 km
Carta stradale Michelin 563-S23

Della Baia

rist,

via dell'Erica – 08 23 72 13 44 – www.hoteldellabaia.it – Aperto 15 maggio-20 settembre
50 cam – 100/115 € 130/190 €, 10 € **Rist** – Carta 29/68 €
Il gradevole e curato giardino si spinge proprio fino al limite della spiaggia, a pochi passi dal mare. La conduzione familiare è accogliente e belle le parti comuni. Affidabile e apprezzato il ristorante.

BAIA SARDINIA → Vedere Arzachena: Costa Smeralda

Olbia-Tempio (OT)

BALDICHIERI D'ASTI

Asti (AT) – ✉ 14011 – 1 125 ab. – Alt. 173 m – Carta regionale n° **25-C1**

▶ Roma 626 km – Torino 50 km – Alessandria 47 km – Asti 12 km

Carta stradale Michelin 561-H6

Madama Vigna

via Nazionale 41 – ☎ 01 41 65 92 38 – www.madamavigna.it

16 cam – 70/80 € 70/80 €

Rist *Madama Vigna* – vedere selezione ristoranti

All'incrocio di una strada trafficata, un edificio in mattoni di fine Ottocento: al suo interno, confort e tranquillità nelle camere dai colori vivaci e porte dipinte a mano. Ideale per una clientela business.

Madama Vigna – Hotel Madama Vigna

via Nazionale 41 – ☎ 01 41 65 92 38 – www.madamavigna.it – Chiuso 2-14 gennaio, 6-26 agosto e lunedì

Carta 15/30 €

Una bella carta dei vini, con particolare attenzione al territorio, fa da "spalla" ad una cucina che propone tante specialità regionali: agnolotti al plin con la fonduta, fassone piemontese, gallina bionda di Villanova, l'immancabile bunet, ed altro ancora.

BALDISSERO TORINESE

Torino (TO) – ✉ 10020 – 3 783 ab. – Alt. 421 m – Carta regionale n° **22-B1**

▶ Roma 656 km – Torino 13 km – Asti 42 km – Biella 77 km

Carta stradale Michelin 561-G5

Osteria del Paluch

via Superga 44, Ovest : 3 km – ☎ 01 19 40 87 50 – www.ristorantepaluch.it – Chiuso 2 settimane in gennaio, 2 settimane in novembre e lunedì

Carta 30/55 € – *(solo a cena)*

Elegante e ben curato, a classica conduzione diretta, propone una cucina piemontese con predilezione verso percorsi moderni e creativi. Servizio estivo all'aperto.

a Rivodora Nord-Ovest : 5 km – ✉ 10020

Torinese

via Torino 42 – ☎ 01 19 46 00 25 – www.ristorantetorinese.it – Chiuso 7-20 gennaio, 2-14 agosto, martedì e mercoledì

Menu 30/38 € – Carta 25/47 € – *(solo a cena escluso sabato e domenica)*

Semplici piatti piemontesi fatti in casa delizieranno gli ospiti nelle due sale di questa tipica trattoria vecchio stile situata sulla collina di Superga, a pochi passi da Torino.

BALLABIO

Lecco (LC) – ✉ 23811 – 4 095 ab. – Alt. 661 m – Carta regionale n° **16-B2**

▶ Roma 632 km – Milano 70 km – Como 38 km – Lecco 10 km

Carta stradale Michelin 561-E10

Sporting Club

rist,

via Casimiro Ferrari 3, a Ballabio Superiore, Nord : 1 km – ☎ 03 41 53 01 85 – www.albergosportingclub.com

14 cam – 60/70 € 80/90 € **Rist** – Carta 29/37 €

Ai piedi delle Grigne, palestra per molti noti alpinisti, una risorsa sicuramente adatta ad un soggiorno di gradevole essenzialità. Solarium in terrazza, buoni spazi comuni. Classico ristorante d'albergo a conduzione familiare.

BANCHETTE D'IVREA → Vedere Ivrea

Torino (TO)

BARANO D'ISCHIA → Vedere Ischia (Isola d')

Napoli (NA)

BARBARANO → Vedere Salò

Brescia (BS)

BARBARANO VICENTINO

Vicenza (VI) – ✉ 36021 – 4 607 ab. – Alt. 72 m – Carta regionale n° **39-B3**
Roma 517 km – Vicenza 22 km – Padova 33 km – Venezia 86 km
Carta stradale Michelin 562-F16

XX **Acqua Crua** (N) con cam — rist, AC

via IV Novembre 25 Barbarano Vicentino – ✆ 04 44 77 60 96 – www.aquacrua.it – Chiuso 18 agosto-6 settembre e martedì
5 cam – 60 € 90/110 €
Menu 60 € – Carta 60/85 € – *(solo a cena escluso sabato e domenica)* (coperti limitati, prenotare)
Un vento di squisita modernità soffia su Barbarano Vicentino. In un locale di design, un menu degustazione con il meglio che il mercato giornaliero può offrire, ma c'è anche una piccola carta per chi lo desidera. Camere accessoriate al piano superiore.

BARBARESCO

Cuneo (CN) – ✉ 12050 – 675 ab. – Alt. 274 m – Carta regionale n° **25-C2**
Roma 642 km – Cuneo 72 km – Torino 66 km – Alessandria 63 km
Carta stradale Michelin 561-H6

Casa Boffa (N) senza rist — AC P

via Torino 9/a – ✆ 01 73 63 51 74 – www.boffacarlo.it – Chiuso 15 dicembre-1° febbraio
5 cam – 70 € 90 €
Bei bagni nelle curate camere e due terrazze affacciate sui vigneti - una delle quali con vasca idromassaggio - in una casa del centro storico, dove è anche possibile acquistare vini dell'omonima azienda.

XXX **Al Vecchio Tre Stelle** con cam — AC

località Tre Stelle, Sud : 3 km – ✆ 01 73 63 81 92 – www.vecchiotrestelle.it – Chiuso 24 dicembre-10 gennaio e 10-20 agosto
6 cam – 55/85 € 75/98 €
Menu 35/55 € – Carta 38/71 € – *(chiuso martedì)* (consigliata la prenotazione a pranzo)
A pochi chilometri dal centro di Barbaresco, eleganza e spazi si moltiplicano all'interno di questo locale, mentre i prodotti regionali vivacizzano il menu: dalle paste fresche alle pregiate carni.

XX **Antinè** — AC

via Torino 16 – ✆ 01 73 63 52 94 – www.antine.it – Chiuso 17 dicembre-30 gennaio, giovedì a mezzogiorno e mercoledì
Menu 35 € (pranzo in settimana)/50 € – Carta 49/73 €
Nel cuore di una delle capitali dell'enologia italiana, una nuova giovane conduzione per questo ristorante ubicato al primo piano di un edificio del centro; ereditata anche la linea gastronomica della tradizione interpretata, però, in chiave moderna con qualche spunto più creativo.

BARBERINO DI MUGELLO

Firenze (FI) – ✉ 50031 – 10 751 ab. – Alt. 270 m – Carta regionale n° **32-C1**
Roma 308 km – Firenze 39 km – Bologna 85 km – Pistoia 49 km
Carta stradale Michelin 563-J15

in prossimità casello autostrada A 1 Sud-Ovest : 4 km :

XX **Cosimo de' Medici** — AC P

viale del Lago 19 ✉ 50030 Cavallina – ✆ 05 58 42 03 70 – www.ristorantecosimodemedici.com – Chiuso 11 agosto-1° settembre, domenica sera e lunedì
Carta 30/67 €
Storico ristorante in cui gustare una cucina tradizionale con proposte prevalentemente toscane. Professionalità e cortesia nell'unica ampia sala.

BARBERINO VAL D'ELSA

Firenze (FI) – ✉ 50021 – 4 379 ab. – Alt. 373 m – Carta regionale n° **32-D1**
Roma 269 km – Firenze 38 km – Siena 41 km – Prato 50 km
Carta stradale Michelin 563-L15

a Petrognano Ovest : 3 km – ✉ 50021 Barberino Val D'Elsa

XX **Il Paese dei Campanelli**

località Petrognano 4 – ✆ 05 58 07 53 18 – www.ilpaesedeicampanelli.it
Carta 33/51 € – *(solo a cena escluso sabato e festivi in aprile-ottobre, solo nei week-end negli altri mesi)*
Originale collocazione all'interno di un antico casale di campagna con pareti in pietra e rifiniture in legno; d'estate si mangia anche all'aperto, tra vigne e ulivi.

a Ponzano Sud : 2 km – ✉ 50021 Barberino Val D'Elsa

La Torre di Ponzano senza rist e senza ☕

strada di Ponzano 8 – ✆ 05 58 05 92 55 – www.torrediponzano.it – Chiuso 7-28 febbraio
6 cam – †55/95 € ††65/109 €
In un contesto collinare di bellezza mozzafiato, la parte più antica della struttura, la torre, risale al 945. Camere rustiche ed accoglienti per immergersi in una Toscana autentica e campestre.

BARBIANELLO

Pavia (PV) – ✉ 27041 – 895 ab. – Alt. 67 m – Carta regionale n° **16-B3**
Roma 557 km – Piacenza 45 km – Pavia 20 km – Milano 54 km
Carta stradale Michelin 561-G9

X **Da Roberto**

via Barbiano 21 – ✆ 0 38 55 73 96 – www.daroberto.it – Chiuso 1°-7 gennaio, luglio, lunedì, martedì e la sera escluso venerdì, sabato e domenica
Menu 18 € (in settimana)/30 €
Trattoria di fine '800 caratterizzata da ambienti rustici e curati: in due sale con camino, proposte tipiche dai sapori genuini presentate a voce. I secondi prevedono solo carne: il cotechino caldo e il sottofiletto su sasso del Trebbia, tra le specialità più richieste.

BARBIANO → Vedere Felino

Parma (PR)

BARCUZZI → Vedere Lonato

Brescia (BS)

BARD

Aosta (AO) – ✉ 11020 – 130 ab. – Alt. 400 m – Carta regionale n° **37-B2**
Roma 711 km – Aosta 46 km – Torino 69 km – Milano 141 km
Carta stradale Michelin 561-F5

Ad Gallias N

via Vittorio Emanuele II 5/7 – ✆ 01 25 80 98 78 – www.hoteladgallias.com – Chiuso novembre
17 cam ☕ – †90/110 € ††130/205 € – **1 suite**
Rist *Ad Gallias* – vedere selezione ristoranti
Ricavato dalla roccia viva della montagna, proprio di fronte al castello di Bard, uno scrigno di buona accoglienza e confort moderno all'inizio della valle, con camere moderne, originali, attrezzate di tutto punto ed un accogliente centro benessere.

XX **Ad Gallias** N

via Vittorio Emanuele II 5/7 – ✆ 01 25 80 98 78 – www.hoteladgallias.com – Chiuso novembre e mercoledì
Menu 40/45 € – Carta 37/62 €
In salette romantiche e curate, o nel super privé in terrazza all'ultimo piano (servizio esclusivo, a fronte di un piccolo sovrapprezzo) per un'ottima cucina che - a trattti - si fa anche fantasiosa.

BARDINO VECCHIO → Vedere Tovo San Giacomo
Savona (SV)

BARDOLINO

Verona (VR) – ✉ 37011 – 6 836 ab. – Alt. 65 m – Carta regionale n° **39-A3**
Roma 526 km – Verona 32 km – Brescia 66 km – Mantova 65 km
Carta stradale Michelin 562-F14

Caesius Thermae

via Peschiera 3 – ☎ 04 57 21 91 00 – www.hotelcaesiusterme.com – Chiuso 1°-20 dicembre
185 cam – †80/120 € ††110/300 € – **27 suites**
Rist – Carta 38/54 € – *(solo per alloggiati)*
Rist *Benacus* – Carta 34/70 € – *(solo a cena)* (prenotazione obbligatoria)
Imponente struttura avvolta dalla tranquillità del proprio giardino. Inutile elencare i servizi: l'offerta è completa e generosa, addirittura superba per quanto riguarda le proposte della Spa (trattamenti ayurvedici al top!). Cucina moderna e un interessante menu vegetariano al Benacus, che nelle serate estive si sposta all'aperto diventando Le Vele.

Color Hotel

cam, rist,

via Santa Cristina 5 – ☎ 04 56 21 08 57 – www.colorhotel.it – Aperto 1° aprile-31 ottobre
73 cam – †119/195 € ††129/286 € – **17 suites**
Rist *La Veranda* – vedere selezione ristoranti
Rist – Carta 43/77 € – *(solo a pranzo) (solo per alloggiati)*
Splendidi giardini tropicali e varie piscine (una anche riscaldata) contornano questa struttura di taglio moderno e personalizzato; tante attenzioni e grande professionalità fanno del soggiorno un'esperienza memorabile.

San Pietro

via Madonnina 15 – ☎ 04 57 21 05 88 – www.hotelsanpietro.eu – Aperto 1° marzo-2 novembre
46 cam – †90/160 € ††100/250 € **Rist** – Carta 22/48 € – *(solo a cena)*
A due passi dal centro, elegante hotel con piccola zona piscina e camere ben accessoriate. La giornata inizia sotto i migliori auspici con una buona prima colazione al roof garden (5° piano), dove vengono serviti anche gli altri pasti.

Aqualux

cam, rist,

via Europa Unita 24/b – ☎ 04 56 22 99 99 – www.aqualuxhotel.com – Chiuso 6 gennaio-9 marzo
80 cam – †155/220 € ††205/265 € – **33 suites**
Rist – Menu 35 € – *(solo per alloggiati)*
Rist *Drops Food & Wine* – Carta 37/61 €
A 300 metri dal centro, albergo di recente apertura e dal design moderno, che ha sposato la sostenibilità, nonché la filosofia green. All'ampia offerta di piscine fanno eco zone benessere per farsi coccolare. E, poi, ancora stile minimalista, ma tutta l'intensità dei sapori mediterranei al ristorante Drops Food & Wine.

Kriss Internazionale

rist,

lungolago Cipriani 3 – ☎ 04 56 21 24 33 – www.hotelkriss.it – Aperto 22 marzo-2 novembre
34 cam – †50/105 € ††92/210 €
Rist *La Preonda* – Carta 23/42 €
Sulla bella passeggiata fronte lago, la casa offre camere di diverse tipologie: alcune classiche altre in stile rustico, moderne invece le ultime realizzate. Ampia proposta di piatti della tradizione italiana per soddisfare palati internazionali.

Bologna senza rist

via Mirabello 19 – ☎ 04 57 21 00 03 – www.hotelbologna.info – Aperto 5 aprile-18 ottobre
33 cam – †50/85 € ††80/125 €
Sono le due figlie dei fondatori ad occuparsi ora di questa piccola risorsa poco distante sia dal centro che dal lago; camere curate, una veranda dalle grandi vetrate e, in un terrazzino, la piscina.

XX **La Veranda** - Color Hotel

via Santa Cristina 5 – ✆ 04 56 21 08 57 – www.ristorantelaverandabardolino.it – Aperto 1° aprile-31 ottobre

Menu 60 € – Carta 46/85 € – *(solo a cena)* (prenotazione obbligatoria)

Non sarà facile scegliere fra le varie specialità della superba carta: carne e pesce, sia di lago sia di mare, sono lì a dimostrare la bravura del giovane, ma già esperto, chef.

X **Il Giardino delle Esperidi**

via Mameli 1 – ✆ 04 56 21 04 77 – Chiuso martedì

Carta 35/49 € – *(solo a cena escluso sabato e i giorni festivi)*

In pieno centro storico, locale tutto al femminile, dove gustare una golosa ed intrigante cucina - fortemente legata ai prodotti di stagione - elaborata con curiose ricette personali.

BARDONECCHIA

Torino (TO) – ✉ 10052 – 3 226 ab. – Alt. 1 312 m – Carta regionale n° **22**-A2

Roma 754 km – Briançon 46 km – Torino 101 km – Sestriere 35 km

Carta stradale Michelin 561-G2

Rivè

rist,

località Campo Smith – ✆ 01 22 90 92 33 – www.hotelrive.it

78 cam – †61/134 € ††70/150 € – **2 suites** **Rist** – Carta 20/44 €

A ridosso delle piste da sci, questa moderna struttura offre camere spaziose e confortevoli; ai piani inferiori, un'attrezzata palestra, centro benessere con piscina, nonché area giochi per bambini con personale addetto. Nell'ampia sala ristorante, cucina con predilezione piemontese, ma anche pesce.

Bucaneve

cam, rist,

viale della Vecchia 2 – ✆ 01 22 99 93 32 – www.hotelbucanevebardonecchia.it – Aperto 1° dicembre- 9 maggio e 9 giugno-29 settembre

8 cam – †50/70 € ††70/90 € – **6 suites** **Rist** – Carta 22/48 €

Ai margini del centro, ma vicino a diversi impianti sportivi (compresi quelli di risalita), la dinamica gestione familiare è sempre attiva nel rinnovare l'hotel. Le ultime nate sono delle suite in stile moderno e colori grigi, ma la clientela più tradizionalista continuerà a preferire le camere in stile locale, calde e con tanto legno.

La Nigritella

cam,

via Melezet 96 – ✆ 01 22 98 04 77 – www.lanigritella.it – Chiuso 30 aprile-1° giugno e 20 ottobre-6 dicembre

7 cam – †85/100 € ††85/100 €

Rist – Carta 28/51 € – *(solo a cena) (solo per alloggiati)*

Una piccola e graziosa realtà ubicata nella parte alta della località, riparata dal traffico della strada principale, appare come una palazzina-villetta, più privata che albergo. Poche camere, ma tutte molto confortevoli e ben tenute; le piste da sci sono nelle vicinanze, raggiungibili a piedi o con il bus navetta.

X **Locanda Biovey** con cam

via General Cantore 2 – ✆ 01 22 99 92 15 – www.biovey.it – Chiuso 10 giorni in giugno e 10 giorni in ottobre

8 cam – †40/55 € ††60/85 €

Menu 39/43 € – Carta 49/67 € – *(chiuso lunedì e martedì)*

Esercizio ospitato in una palazzina d'epoca del centro e circondato da un giardino, propone una cucina del territorio preparata con moderata creatività. Al piano superiore, camere nuove, colorate e confortevoli, arredate in stili diversi, dall'800 al Luigi XV.

BARGE

Cuneo (CN) – ✉ 12032 – 7 878 ab. – Alt. 372 m – Carta regionale n° **22**-B3

Roma 681 km – Torino 61 km – Cuneo 54 km – Sestriere 72 km

Carta stradale Michelin 561-H3

Alter Hotel

piazza Stazione 1 – 01 75 34 90 92 – www.alterhotel.com
15 cam – 84/118 € 98/125 € – **6 suites**
Rist – Carta 22/37 € – *(chiuso domenica) (solo a cena)* (prenotazione obbligatoria)
Nato dal restauro di un'antica industria manifatturiera, un design hotel che gioca sulle tinte del bianco e del nero ed ospita ambienti originali tra cui un museo dell'auto d'epoca. Piatti del territorio, formaggi d'alpeggio, dolci tradizionali piemontesi al restaurant-bistrot.

D'Andrea

via Bagnolo 37 – 01 75 34 57 35 – www.dandrea.info – Chiuso 1 settimana in gennaio, 2 settimane in luglio o agosto e mercoledì
Menu 30/38 € – Carta 27/49 €
Moglie in sala e marito ai fornelli, in tandem si adoperano per valorizzare i prodotti della propria zona: in carta completati anche da alcune proposte ittiche di mare e d'acqua dolce.

a Crocera Nord-Est : 8 km – 12032 Barge

D'la Picocarda

via Cardè 71 – 0 17 53 03 00 – www.picocarda.it – Chiuso 2 settimane in agosto, lunedì sera e martedì
Menu 38/49 € – Carta 33/69 €
Un'intera famiglia gestisce con grande capacità questa bella casa colonica di origine seicentesca, dalla cui veranda è possibile ammirare lo spettacolo del Monviso. In carta piatti del territorio, ma anche proposte di mare. Altrettanto apprezzabile la carta dei vini.

BARGNI → Vedere Serrungarina
Pesaro e Urbino (PU)

BARI
313 213 ab. – Carta regionale n° **27**-C2
Roma 431 km – Barletta 59 km – Taranto 97 km – Matera 66 km
Carta stradale Michelin 564-D32

Grande Albergo delle Nazioni

lungomare Nazario Sauro 7/9 70121 – 08 05 92 01 11 Pianta : BX**b**
– www.albergodellenazioni.com
112 cam – 110/350 € 130/380 € – **3 suites** **Rist** – Carta 41/51 €
Sul lungomare, prestigioso albergo - rinato a nuova vita con un famoso marchio - sfoggia originali soluzioni di design che contrappongono linee vintage a una gamma cromatica di forte impatto visivo. All'ultimo piano, il ristorante panoramico e la terrazza con piscina.

Mercure Villa Romanazzi Carducci

via Capruzzi 326 70124 – 08 05 42 74 00
– www.villaromanazzi.com Pianta : A2**c**
125 cam – 78/138 € 87/187 €
Rist *Mercure Villa Romanazzi Carducci* – vedere selezione ristoranti
Curioso contrasto tra la villa dell'800 e l'edificio moderno che compongono questo elegante complesso situato in un parco con piscina. Il servizio e la colazione (con l'angolo pugliese) fanno presto dimenticare la zona periferica in cui sorge la struttura, mentre le camere rinnovate offrono il meglio del settore notte.

Hilton Garden Inn

via Don Guanella 15/I 70124 – 08 05 02 68 15 Pianta : BX**a**
– www.bari.stayhgi.com
88 cam – 80/190 € 107/215 € **Rist** – Carta 26/49 €
La clientela commerciale troverà anche un business corner in questa ottima struttura dagli spazi ridotti, ma di grande funzionalità, la cui ubicazione in zona periferica e residenziale diventa garante di una certa tranquillità. Altrettanto moderne e confortevoli le camere.

Grand Hotel Leon d'Oro

rist,

piazza Aldo Moro 4 ✉ *70122* – ✆ *08 05 23 50 40* – *www.grandhotelleondoro.biz* Pianta : B2**c**

80 cam ☕ – 🚹80/100 € 🚹🚹100/120 € **Rist** – Carta 22/48 €

Particolarmente comodo per chi raggiunge la città in treno – l'albergo si trova, infatti, sulla piazza della stazione ferroviaria – dispone di un'accogliente hall e camere classiche.

Excelsior Congressi

cam,

via Giulio Petroni 15 ✉ *70124* – ✆ *08 05 56 43 66* – *www.hotelexcelsioronline.it* Pianta : B2**b**

146 cam ☕ – 🚹180/200 € 🚹🚹200/260 € – **6 suites**

Rist – Carta 28/47 € – *(chiuso sabato sera e domenica a mezzogiorno)*

A due passi dalla stazione ferroviaria, centrale ma facilmente raggiungibile in auto, struttura ideale per una clientela d'affari e commerciale. Ambienti comuni di ampio respiro e camere funzionali nella loro sobrietà. Sapori mediterranei al ristorante.

Boston senza rist
via Niccolò Piccinni 155 ✉ 70122 – ✆ 08 05 21 66 33 – www.bostonbari.it Pianta : A1**e**
69 cam – 70/135 € 90/175 €
In pieno centro, funzionalità e confort adeguato in un albergo ideale per clientela di lavoro; camere di dimensioni non ampie, ma con curato arredamento recente.

Mercure Villa Romanazzi Carducci – Hotel Mercure Villa Romanazzi Carducci
via Giuseppe Capruzzi 326 ✉ 70124 – ✆ 08 05 42 74 00 – www.villaromanazzi.com Pianta : A2**c**
Carta 36/68 € – *(solo a cena)*
Se dopo aver assistito ad una pièce nel vicino Teatro Piccinni (10 min in auto) sentiste un certo languorino, sappiate che il ristorante dell'hotel Mercure Villa Romanazzi potrebbe fare al caso vostro. In una bella sala avvolta da vetrate con vista parco, la cucina esplora i vecchi sapori delle antiche tradizioni popolari, rivisitandoli con gusto moderno.

La Pignata
corso Vittorio Emanuele 173 ✉ 70122 – ✆ 08 05 23 24 81 – www.ristorantelapignatabari.com – Chiuso agosto e lunedì Pianta : A1**c**
Menu 40/60 € – Carta 29/54 € – (consigliata la prenotazione)
Collezione di opere e dediche di personaggi famosi realizzate sui tovaglioli, il menu conquista con piatti della tradizione pugliese e gustose specialità di mare.

Ai 2 Ghiottoni
via Putignani 11 ✉ 70121 – ✆ 08 05 23 22 40 – www.ai2ghiottoni.it – Chiuso martedì in inverno e domenica in estate Pianta : B2**d**
Carta 36/90 €
Ampia esposizione di pesci all'ingresso e rivestimento delle pareti in tufo leccese. Accoglienza e servizio informali, cucina d'ispirazione pugliese con gustose specialità di mare.

La Bul
via Villari 52 ✉ 70122 – ✆ 08 05 23 05 76 – www.ristorantelabul.com – Chiuso 7-14 gennaio, 20 giorni in agosto, domenica sera e lunedì (anche domenica a mezzogiorno in estate) Pianta : A1**g**
Carta 32/53 € – *(solo a cena)* (consigliata la prenotazione)
E' il ristorante preferito da chi ama una cucina più inventiva e sperimentale che propone tecniche e accostamenti più personali. Se a ciò si aggiunge la qualità dei prodotti, potrete star certi di trovare, qui, uno dei migliori ristoranti di Bari.

Osteria delle Travi "Il Buco"
largo Chyurlia 12 ✉ 70122 – ✆ 33 91 57 88 48 – Chiuso 10-20 agosto, domenica sera e lunedì Pianta : A1**b**
Menu 16 € (in settimana)/25 € – Carta 20/31 €
Dal 1813, una delle più rinomate trattorie del borgo antico di Bari vecchia: buon vino e cucina casalinga per celebrare i sapori delle tradizione gastronomica locale.

sulla tangenziale sud-uscita 15 Sud-Est : 5 km per Brindisi Pianta : B2

Majesty
via Giovanni Gentile 97/B ✉ 70126 – ✆ 08 05 49 10 99 – www.hotelmajesty.it – Chiuso agosto
105 cam – 69/130 € 87/156 €
Rist *Amulet* – ✆ 08 05 49 46 32 – Carta 22/78 €
Vicino alla tangenziale per Brindisi, le camere non sono per questo penalizzate in termini di tranquillità: ampie ed accoglienti garantiscono un buon livello di confort. Importante area congressuale e comodo parcheggio.

a Carbonara di Bari Sud : 6,5 km Pianta : B2 – ✉ 70100

Taberna
via Ospedale di Venere 8 – ✆ 08 05 65 05 57 – www.latabernabari.it – Chiuso 15 luglio-31 agosto e lunedì
Carta 33/47 € – (consigliata la prenotazione la sera)
Ambiente caratteristico in un accogliente locale storico della zona (dal 1959), ricavato in vecchie cantine; la carne, anche alla brace, è elemento portante del menù.

a Palese Nord-Ovest : 10 km – ✉ 70128

Parco dei Principi

Prolungamento viale Europa 6 – ☎ 08 05 39 48 00 – www.parcodeiprincipibari.it
224 cam – 79/97 € 110/140 € – **5 suites** **Rist** – Carta 26/45 €
Dall'architettura moderna e con ampie vetrate, l'hotel si distingue per la sua vocazione spiccatamente business, che tuttavia non mancherà di conquistare anche il turista in visita alla città. Stanze più o meno ampie, ma tutte generose nei confort, nonché una penthouse suite con tre camere da letto e sauna privata.

BARILE

Potenza (PZ) – ✉ 85022 – 2 864 ab. – Alt. 600 m – Carta regionale n° **3-A1**
Roma 339 km – Potenza 43 km – Foggia 66 km – Matera 106 km
Carta stradale Michelin 564-E29

Grand Hotel Garden

località Giardino, strada statale 93 km 75 – ☎ 09 72 76 15 33 – www.grandhotelgarden.com
46 cam – 65/100 € 110/150 €
Rist *Il Tulipano* – Carta 18/42 € – *(chiuso domenica sera)* (prenotazione obbligatoria a mezzogiorno)
Poco fuori dal paese - immersa in un parco di ulivi - una struttura dalle linee sobrie e moderne: camere funzionali e curate, nonchè piccolo centro benessere. Ambienti raffinati al Tulipano, nel piatto la genuina cucina della tradizione lucana.

BARLETTA

Barletta-Andria-Trani (BT) – ✉ 76121 – 94 681 ab. – Carta regionale n° **26-B2**
Roma 379 km – Bari 59 km – Foggia 75 km – Matera 94 km
Carta stradale Michelin 564-D30

Dei Cavalieri

rist,

via Foggia 40, litoranea di Ponente per Foggia - A1 Pianta : A1**b**
– ☎ 08 83 57 14 61 – www.hoteldeicavalieri.net
94 cam – 49/80 € 59/120 € – **3 suites** **Rist** – Carta 23/44 €
Hotel moderno e funzionale, ubicato alle porte della città: è quindi un punto di riferimento indicato per chi viaggia per lavoro e per turisti di passaggio. Ambiente confortevole dalle tinte delicate, tavoli ben disposti, confort e tranquillità anche per la clientela d'affari. Menu stabile con alcune proposte del giorno.

Itaca

viale Regina Elena 30, litoranea di Levante per Bari - C1 Pianta : C1**c**
– ☎ 08 83 34 77 41 – www.itacahotel.it
41 cam – 88/120 € 88/120 € – **3 suites**
Rist – Carta 20/50 € – *(solo a cena escluso i giorni festivi)*
Architettura recente, in posizione fortunata con vista sul mare, presenta interni signorili, soprattutto nelle gradevoli e curate zone comuni; camere ampie e luminose. Sala da pranzo ariosa, contrassegnata da un tocco di ricercata eleganza.

Nicotel senza rist

viale Regina Elena, litoranea di Levante per Bari - C1 – ☎ 08 83 34 89 46 – www.nicotelhotels.com
64 cam – 70/120 € 90/150 €
Albergo di taglio lineare e contemporaneo, affacciato sulla passeggiata a mare, dispone di camere dotate di tutti i confort. Arredamento di design, con linee curve ricorrenti.

Il Brigantino

viale Regina Elena 19, litoranea di Levante per Bari - C1 – ☎ 08 83 53 33 45 – www.brigantino.it – Chiuso gennaio e lunedì escluso novembre-aprile
Menu 27 € (in settimana)/65 € – Carta 22/58 €
Un ristorante dove apprezzare una solida professionalità espressa anche attraverso l'impostazione del menù (con prevalenza di pesce). Esclusiva terrazza sul mare.

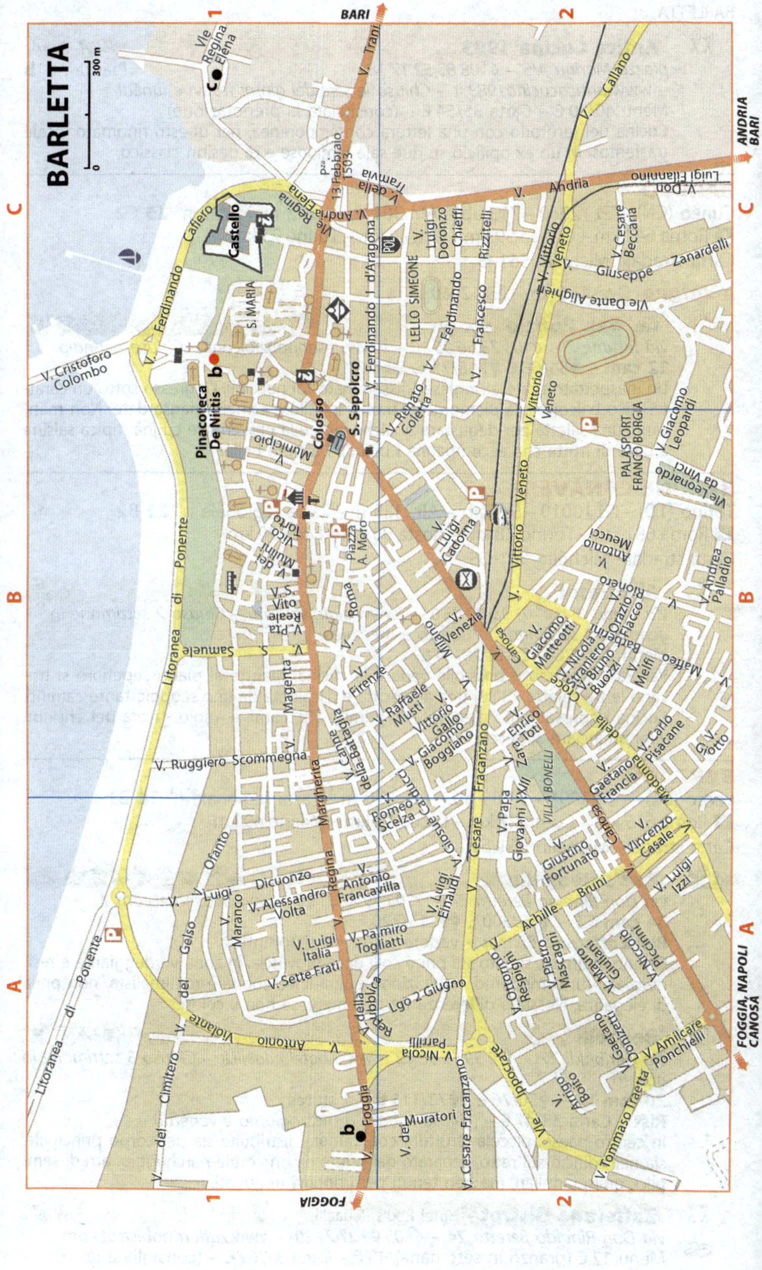
BARLETTA
0
300 m
BARI
FOGGIA
ANDRIA
BARI
FOGGIA, NAPOLI
CANOSA
Castello
Pinacoteca
De Nittis
Colosso
S. Sepolcro
S. MARIA
LELLO SIMEONE
PALASPORT
FRANCO BORGIA
VILLA BONELLI
Vle Regina Elena
V. Trani
P.za 13 Febbraio 1503
V. della Tramvia
V. Andria
V. Don Luigi Filannino
V. Callano
V. Cristoforo Colombo
Ferdinando Cafiero
Litoranea di Ponente
V. Ruggiero Scommegna
V. Municipio
V. Ferdinando I d'Aragona
V. Renato Coletta
Piazza A. Moro
V. Luigi Cadorna
V. Vittorio Veneto
Vle Dante Alighieri
V. Giuseppe Zanardelli
V. Cesare Beccaria
Vle Leonardo da Vinci
V. Giacomo Leopardi
V. Antonio Meucci
V. Andrea Palladio
V. Giacomo Matteotti
V. Milano
V. Venezia
V. Canosa
V. Cesare Fracanzano
V. Magenta
V. Margherita
V. Regina
V. Firenze
V. Raffaele Musti
V. Vittorio Gallo
V. Giacomo Boggiano
V. Cantine della Battaglia
V. Romeo Scelza
V. Papa Giovanni XXIII
V. Giustino Fortunato
V. Achille Bruni
V. Vincenzo Casale
V. Luigi Izzi
V. Carlo Pisacane
V. Gaetano Francia
V. G. Giotto
V. Luigi Dicuonzo
V. Alessandro Volta
V. Antonio Francavilla
V. Luigi Einaudi
V. Luigi Italia
V. Palmiro Togliatti
V. Sette Frati
Lgo 2 Giugno
V. della Repubblica
V. Nicola Parrilli
V. Antonio Violante
V. del Cimitero
V. del Gelso
V. Ofanto
V. Foggia
V. dei Muratori
V. Ippocrate
V. Tommaso Traetta
V. Amilcare Ponchielli
V. Gaetano Donizetti
V. Arrigo Boito
V. Ottorino Respighi
V. Pietro Mascagni
V. Mauro Giuliani
V. Niccolò Piccinni
V. Enrico Toti
V. Madonna della Croce
V. Maffeo
V. Melfi
V. Rionero
V. Orazio Flacco
V. S. Samuele
V. Pta Reale
V.S. Vito
Roma

Antica Cucina 1983
piazza Marina 4/5 – 08 83 52 17 18 Pianta : C1**b**
– www.anticacucina1983.it – Chiuso le sere dei giorni festivi e lunedì
Menu 40/80 € – Carta 35/54 € – (consigliata la prenotazione)
Cucina del territorio con una lettura contemporanea, per questo rinomato locale trasferitosi in un ex opificio su due sale luminose e di design classico.

BAROLO

Cuneo (CN) – 12060 – 713 ab. – Alt. 301 m – Carta regionale n° **25**-C2
Roma 642 km – Cuneo 59 km – Asti 42 km – Torino 73 km
Carta stradale Michelin 561-I5

a Vergne Ovest : 2 km – 12060

Ca' San Ponzio senza rist
via Rittane 7 – 01 73 56 05 10 – www.casanponzio.com – Chiuso gennaio
12 cam – 54/68 € 68/75 €, 8 €
Un inaspettato prato all'inglese "disseminato" di noccioli, l'ingresso sotto un caratteristico balcone alla piemontese, mobili in stile e camere mansardate. Non mancano: una saletta per degustare qualche vino e la proverbiale cugnà (tipica salsina a base di frutta che accompagna i bolliti). Davvero bello!

BARONE CANAVESE

Torino (TO) – 10010 – 597 ab. – Alt. 325 m – Carta regionale n° **22**-B2
Roma 681 km – Torino 38 km – Aosta 90 km – Ivrea 20 km
Carta stradale Michelin 561-G5

Al Girasol
via Roma 8 – 01 19 89 85 65 – www.algirasol.com – Chiuso 2 settimane in gennaio, 2 settimane in agosto e mercoledì
Menu 27/35 € – Carta 28/44 €
Varcato l'ingresso è possibile vedere la cucina, mentre al piano superiore si trovano le tre salette, di cui una affrescata e riscaldata da uno scoppiettante camino. Cucina rigorosamente piemontese: primi piatti, carni, e - solo - trota per chi non vuol rinunciare al pesce.

BARZANÒ

Lecco (LC) – 23891 – 5 185 ab. – Alt. 370 m – Carta regionale n° **18**-B1
Roma 615 km – Como 27 km – Lecco 19 km – Milano 49 km
Carta stradale Michelin 561-E9

Red's Redaelli
via Don Rinaldo Beretta 24 – 03 99 27 21 20 – www.redshotel.com
34 cam – 75/200 € 115/220 €
Rist *Zafferano Bistrot* – vedere selezione ristoranti
Ottimo indirizzo, situato sui primi colli della provincia, in zona verdeggiante e residenziale: tutto moderno, l'ispirazione è una linea sobria e minimalista, non priva di eleganza. Nessuna differenza tra le camere, se non il colore.

Redaelli
via Garibaldi 77 – 0 39 95 53 12 – www.hotelredaelli.it – Chiuso 3 settimane in agosto
20 cam – 50/76 € 73/111 € – **4 suites**
Rist – Carta 33/47 € – *(chiuso sabato a mezzogiorno e venerdì)*
In centro paese, piccola struttura con camere distribuite sia nel corpo principale, sia nell'edificio sul retro, separato dal primo da un cortile-parcheggio: arredi semplici, quasi familiari, ma ben tenuti per i rinnovi frequenti.

Zafferano Bistrot – Hotel Red's Redaelli
via Don Rinaldo Beretta 24 – 03 99 27 21 20 – www.zafferanobistrot.com
Menu 12 € (pranzo in settimana)/45 € – Carta 37/62 € – (consigliata la prenotazione)
Carta vasta ed interessante, che consacra anche un piccolo spazio per proposte della tradizione, sebbene i piatti siano fondamentalmente d'impostazione creativa. Locale di tendenza.

BASCAPÈ

Pavia (PV) – ✉ 27010 – 1 661 ab. – Alt. 89 m – Carta regionale n° **16-B3**
Roma 560 km – Milano 25 km – Piacenza 53 km – Pavia 25 km
Carta stradale Michelin 561-G9

Agriturismo Tenuta Camillo

rist,

località Trognano, Nord : 2 km – ☎ 0 38 26 65 09 – www.tenutacamillo.com
10 cam – 80 € 80/120 €, 5 €
Rist – Menu 30 € – *(chiuso gennaio, febbraio e ottobre; aperto sabato sera e domenica a mezzogiorno negli altri mesi)*
Un tuffo nel passato in un tipico cascinale lombardo dei primi del '900. Intorno all'aia, la villa padronale e le case coloniche: camere accoglienti e invitante piscina nel verde.

BASCHI

Terni (TR) – ✉ 05023 – 2 781 ab. – Alt. 165 m – Carta regionale n° **35-B3**
Roma 124 km – Viterbo 46 km – Orvieto 15 km – Terni 70 km
Carta stradale Michelin 563-N18

sulla strada statale 448 km 6,600

Vissani con cam

S.S. 448 Todi-Baschi al km 6,6, (località Cannitello), Nord : 12 km
✉ 05020 Civitella del Lago – ☎ 07 44 95 02 06 – www.casavissani.it
– Chiuso 22-26 dicembre e 10 giorni in agosto
8 cam – 150/250 € 190/300 €
Menu 90/180 € – Carta 108/183 € – *(chiuso domenica sera, mercoledì e i mezzogiorno di lunedì e giovedì)*
In una sorta di elegante open space dalle pareti color tortora, il piacere di vedere sfilare piatti elaborati partendo da un'accurata selezione delle materie prime, a cui lo chef di Baschi aggiunge la propria personalissima firma.
➜ Riso carnaroli con zucchine al coriandolo e gemme di riso. Branzino al tè agrumato, maionese al latte di soja e patate "nature". Sfoglia con zabaione al Marsala e yogurt.

a Civitella del Lago Nord-Est : 12 km – ✉ 05020

Trippini

via Italia 14 – ☎ 07 44 95 03 16 – www.trippini.net – Chiuso 10-20 gennaio, 1 settimana in settembre, lunedì da maggio a settembre, anche martedì negli altri mesi
Menu 38/50 € – Carta 45/61 € – (consigliata la prenotazione)
Ospiti di una raffinata saletta affacciata su uno straordinario belvedere, ma alla fine è la cucina a strappare l'applauso: Trippini offre una delle più interessanti ricerche sui prodotti e ricette umbre rivisitati con estro.

BASELGA DI PINÈ

Trento (TN) – ✉ 38042 – 4 992 ab. – Alt. 964 m – Carta regionale n° **33-B3**
Roma 610 km – Trento 19 km – Belluno 116 km – Bolzano 75 km
Carta stradale Michelin 562-D15

2 Camini con cam

via del 26 Maggio 65 – ☎ 04 61 55 72 00 – www.locanda2camini.it
10 cam – 50/70 € 80/110 €
Menu 25/40 € – Carta 24/42 € – *(chiuso domenica sera e lunedì escluso 30 giugno-15 settembre)*
Il ristorante è in realtà una casa di montagna all'inizio del paese, ravvivata dal calore e dalla cortesia della titolare Franca, paladina della più tipica cucina trentina. E dopo una piacevole passeggiata attraverso l'altipiano, le graziose camere vi attendono per un ben meritato riposo.

a Montagnaga Sud : 2,5 km – ✉ 38042

Posta 1899 rist, rist,

via Targa 1 – ☎ 04 61 55 83 22 – www.postahotel1899.it

33 cam – 55/70 € 88/136 € – **2 suites**

Rist *Cà dei Boci* – Carta 21/58 €

Come si intuisce facilmente dal nome, la casa ha più di 100 anni, ma nel 2011 si è concessa un restauro totale, offrendo oggi tutti i confort ed i servizi più moderni, tra i quali un delizioso centro benessere. Della cucina se ne occupa uno dei titolari che, amante dei sapori locali, non manca tuttavia di sedurre i suoi ospiti con piatti a base di pesce di mare e di lago.

BASSANO DEL GRAPPA

Vicenza (VI) – ✉ 36061 – 43 127 ab. – Alt. 129 m – Carta regionale n° **39-B2**

Roma 538 km – Padova 45 km – Venezia 84 km – Vicenza 39 km

Carta stradale Michelin 562-E17

Ca' Sette

via Cunizza da Romano 4, Nord : 1 km – ☎ 04 24 38 33 50 – www.ca-sette.it

17 cam – 100/140 € 145/190 € – **2 suites**

Rist *Ca' 7* – vedere selezione ristoranti

Design contemporaneo in una villa del 1700, un hotel in cui tradizione, storia e soluzioni d'avanguardia sono state fuse con sapienza. Un soggiorno originale ed esclusivo.

Palladio senza rist

via Gramsci 2 – ☎ 04 24 52 37 77 – www.bonotto.it – Chiuso 1 settimana in gennaio e 2 settimane in agosto

66 cam – 60/210 € 74/210 €

Una struttura moderna diretta da una gestione molto attenta alle attività congressuali; camere e spazi comuni sono dotati di un omogeneo, gradevole livello di confort.

Belvedere rist,

piazzale Gaetano Giardino 14 – ☎ 04 24 52 98 45 – www.bonotto.it

83 cam – 80/190 € 89/280 €

Rist *Belvedere* – ☎ 04 24 52 49 88 – Carta 31/56 € – *(chiuso domenica)*

Attività dalla storia antica (sembrerebbe risalire al XV secolo), sorge a pochi passi dalle mura cittadine. Camere arredate secondo differenti stili, ma di uguale confort. Al ristorante, cucina locale e classica in un ambiente decisamente signorile.

Victoria senza rist

viale Diaz 33 – ☎ 04 24 50 36 20 – www.hotelvictoria-bassano.com

21 cam – 55/75 € 65/100 €

Nei pressi del centro e non lontano dal famoso ponte, architettura moderna per una struttura dagli ambienti confortevoli e ben arredati. Piccole personalizzazioni creano un'atmosfera familiare rendendo la risorsa appetibile non solo per una clientela d'affari, ma anche per turisti di passaggio in città.

Dal Ponte senza rist

viale De Gasperi 2/4 – ☎ 04 24 21 91 00 – www.hoteldalponte.it

24 cam – 50/85 € 75/100 €

Hotel di nuova costruzione a pochi metri dal centro storico, dispone di luminosi spazi comuni e camere semplici d'arredo moderno: un buon indirizzo per ogni tipo di clientela.

Al Castello senza rist

via Bonamigo 19 – ☎ 04 24 22 86 65 – www.hotelalcastello.it

11 cam – 40/60 € 75/120 €

Risorsa situata a ridosso del castello medioevale e poco lontana dal celebre Ponte Coperto; stanze non ampie, ma confortevoli, dotate di complementi d'arredo in stile.

Brennero senza rist
via Torino 7 – 04 24 22 85 38 – www.hotelbrennero.com
28 cam – 47/60 € 64/90 €
Lungo le mura cittadine, non lontano dal centro storico, una ristrutturazione continua delle camere assicura ambienti confortevoli e funzionali adatti alla clientela d'affari.

Ca' 7 – Hotel Ca' Sette
via Cunizza da Romano 4, Nord : 1 km – 04 24 38 33 50 – www.ca-sette.it – Chiuso domenica sera e lunedì
Carta 44/66 €
Struttura, colonne e materiali d'epoca si uniscono a quadri e illuminazione moderni in un ardito ma affascinante accostamento. In estate la magia si sposta in giardino.

Bauto
via Trozzetti 27 – 0 42 43 46 96 – www.ristorantebauto.it – Chiuso 3-18 luglio, sabato a mezzogiorno e domenica escluso aprile-maggio
Menu 32/45 € – Carta 32/68 €
Bella saletta e veranda altrettanto accogliente per un locale ubicato nella zona industriale e che quindi presenta un buon menù d'affari; specialità: carne alla griglia.

BASSANO ROMANO

Viterbo (VT) – 01030 – 4 980 ab. – Carta regionale n° **12-B2**
Roma 58 km – Viterbo 34 km – Fiumicino 75 km – Civitavecchia 64 km
Carta stradale Michelin 563-P18

La Casa di Emme
via della Stazione 33 – 07 61 63 55 44 – www.lacasadiemme.it – Chiuso lunedì, martedì e mercoledì
Carta 20/31 € – *(solo a cena)*
Tradizione mitteleuropea fatta di gulash serviti in scodelle di terracotta, stinco al forno (per due), deliziose Sacher. Ma ci si può fermare in questa "casa" ricca di fascino e calore anche per una pausa più veloce e informale: un tagliere di salumi-formaggi, in alternativa una pizza, con una birra o un buon bicchiere di vino.

BASTIA UMBRA

Perugia (PG) – 06083 – 21 965 ab. – Alt. 202 m – Carta regionale n° **35-B2**
Roma 176 km – Perugia 17 km – Assisi 8 km – Terni 88 km
Carta stradale Michelin 563-M19

sulla strada statale 147 Assisana Est : 4 km :

Campiglione cam,
via Campiglione 11 – 07 58 01 07 67 – www.hotel-campiglione.it
42 cam – 60/100 € 60/100 €
Rist – Carta 18/60 € – *(chiuso 8-20 gennaio, sabato e domenica in bassa stagione) (solo a cena)*
Lungo l'arteria stradale principale del paese, sorge quest'accogliente struttura che dispone di confortevoli camere, arredate con cura. Gestione di grande esperienza. Ristorante recentemente rinnovato, dove gustare una cucina sana e genuina.

ad Ospedalicchio Ovest : 5 km – 06083

Lo Spedalicchio rist,
piazza Bruno Buozzi 3 – 07 58 01 03 23 – www.lospedalicchio.it
25 cam – 45/74 € 65/110 € **Rist** – Carta 30/50 € – *(chiuso lunedì)*
Nato come fortezza medioevale, i sontuosi ambienti in mattoni trasmettono ancora l'importanza dell'antica funzione. Arredi d'arte povera e bagni rinnovati nelle camere, alcune con affreschi e cornicioni.

BATTIPAGLIA

Salerno (SA) – 84091 – 50 513 ab. – Alt. 72 m – Carta regionale n° **7-C2**
Roma 288 km – Avellino 59 km – Napoli 78 km – Salerno 27 km
Carta stradale Michelin 564-F26

San Luca
strada statale 18 km 76,5 – 08 28 30 45 95 – www.sanlucahotel.it
74 cam – 60/80 € 70/95 € – **2 suites**
Rist *Taverna la Falanghina* – vedere selezione ristoranti
Sulla strada statale, al centro di un complesso commerciale e residenziale, un'imponente struttura fornitissima nella gamma di confort e servizi. Camere funzionali.

Taverna la Falanghina – Hotel San Luca
strada statale 18 km 76,5 – 08 28 30 45 95 – www.sanlucahotel.it
Carta 21/44 €
Sono le gustose specialità regionali di carne e di pesce, le "protagoniste" del menu di questa taverna dall'ambiente curato e grazioso. Il dehors si affaccia su un giardino interno.

BAVENO

Verbano-Cusio-Ossola (VB) – 28831 – 4 888 ab. – Alt. 205 m
– Carta regionale n° **24**-A1
Roma 671 km – Stresa 5 km – Domodossola 42 km – Verbania 12 km
Carta stradale Michelin 561-E7

Grand Hotel Dino cam, rist,
corso Garibaldi 20 – 03 23 92 22 01
– www.zaccherahotels.com – Aperto 15 marzo-31 ottobre
367 cam – 50/250 € 90/350 €, 25 € – **8 suites** **Rist** – Carta 25/125 €
Circondato da un giardino con alberi secolari, un maestoso complesso a indirizzo congressuale sulle rive del lago con spazi comuni ampi e camere dall'atmosfera principesca. L'elegante sala ristorante offre una splendida vista sul golfo e propone una cucina classica.

Splendid
strada statale del Sempione 12 – 03 23 92 41 27 – www.zaccherahotels.com
– Aperto 15 marzo-15 dicembre
102 cam – 50/200 € 80/300 €, 16 € – **8 suites**
Rist – Carta 45/90 € – *(aperto da inizio aprile a fine novembre)*
In riva al lago, questa bella risorsa - completamente rinnovata - dispone ora di eleganti camere arredate con grande raffinatezza. Spiaggia privata, attrezzato centro benessere, campo da tennis e piscina per godere appieno del soggiorno. Ampie vetrate affacciate sullo splendido panorama e cucina classica al ristorante.

Simplon
corso Garibaldi 52 – 03 23 92 46 56 – www.zaccherahotels.com – Aperto da inizio aprile a metà ottobre
102 cam – 50/200 € 60/250 €, 16 € **Rist** – Carta 39/75 €
Immerso in un grande parco secolare a pochi passi dal centro, l'hotel dispone di eleganti ed ampie camere con vista sul lago o sulla montagna, una sala lettura e piscina. Dalla sala ristorante, illuminata da lampade in stile, una vista sul giardino all'italiana e proposte di cucina tradizionale.

Lido Palace rist,
strada statale del Sempione 30 – 03 23 92 44 44 – www.lidopalace.com
– Aperto 1° maggio-30 novembre
82 cam – 90/150 € 155/275 € – **1 suite** **Rist** – Carta 35/64 €
Dalla ristrutturazione ed ampliamento dell'ottocentesca Villa Durazzo, questa bella risorsa - negli anni meta di numerosi ospiti illustri - dispone di immensi spazi comuni e camere arredate con eleganza. Cucina tradizionale al ristorante e sulla capiente terrazza con vista lago ed isole Borromee.

Rigoli rist,
via Piave 48 – 03 23 92 47 56 – www.hotelrigoli.com – Aperto 20 aprile-10 ottobre
31 cam – 60/110 € 90/140 € **Rist** – Menu 28 € – *(solo a cena)*
Direttamente sul lago e con spiaggia privata, questa struttura a gestione familiare dispone di camere accoglienti - sobriamente eleganti - dotate di balcone. Per chi cerca una formula più indipendente: gli appartamenti con angolo cottura nel vicino Residence Ortensia.

Villa Azalea senza rist
via Domo 6 – ✆ 03 23 92 43 00 – www.azaleahotel.it – Aperto 15 marzo-1° novembre
37 cam ☕ – †50/70 € ††75/120 €
Sita nel centro storico della località, la risorsa dispone di un'ampia zona soggiorno, camere confortevoli arredate con gusto moderno e appartamenti con angolo cottura. Piccola piscina in terrazza.

SottoSopra
corso Garibaldi 40 – ✆ 03 23 92 52 54 – www.sottosoprabaveno.com – Chiuso 25 gennaio-15 febbraio e martedì
Menu 20/40 € – Carta 31/52 €
C'era una volta uno chef, che dopo svariate esperienze in locali importanti, decise di realizzare il suo sogno ed aprire con la moglie (pasticcera) questo delizioso ristorante. In centro paese, la sua cucina mediterranea si sta guadagnando un posto al sole, mentre il buon rapporto qualità/prezzo regala - a fine pasto - una piacevole sorpresa.

BAZZANO

Bologna (BO) – ✉ 40053 – 6 786 ab. – Alt. 93 m – Carta regionale n° **9-C3**
Roma 388 km – Bologna 26 km – Modena 25 km – Reggio nell'Emilia 54 km
Carta stradale Michelin 562-I15

Alla Rocca rist, rist,
via Matteotti 76 – ✆ 0 51 83 12 17 – www.allarocca.com
52 cam ☕ – †57/280 € ††77/420 €
Rist – Carta 23/53 € – *(chiuso 3 settimane in agosto, sabato a mezzogiorno e domenica)*
Struttura di gran fascino ricavata da un imponente e colorato palazzo del 1796. Lo stile della casa ha ispirato anche l'arredamento: molto classico, sia nelle zone comuni, sia nelle camere.

BEDIZZOLE

Brescia (BS) – ✉ 25081 – 11 942 ab. – Alt. 184 m – Carta regionale n° **17-D1**
Roma 539 km – Brescia 24 km – Milano 111 km – Verona 60 km
Carta stradale Michelin 561-F13

La Corte senza rist
via Benaco 117 – ✆ 03 06 87 16 88 – www.hotellacorte.net
16 cam ☕ – †42/60 € ††75/100 €
Hotel a conduzione familiare ospitato negli inusuali spazi di una deliziosa cascina: piacevoli ambienti comuni, camere ampie e confortevoli.

BEE

Verbano-Cusio-Ossola (VB) – ✉ 28813 – 741 ab. – Alt. 591 m – Carta regionale n° **24-B1**
Roma 682 km – Stresa 27 km – Verbania 10 km – Novara 97 km
Carta stradale Michelin 561-E7

Chi Ghinn con cam rist,
via Maggiore 21 – ✆ 0 32 35 63 26 – www.chighinn.com – Chiuso 8 gennaio-18 marzo e 2 novembre-4 dicembre
6 cam ☕ – †80/110 € ††110/150 €
Carta 42/68 € – *(chiuso martedì escluso giugno-agosto) (solo a cena escluso sabato e domenica in giugno-settembre)* (prenotazione obbligatoria)
Sita nel centro del paese, una struttura dalla giovane conduzione ospita una saletta riscaldata da un bel camino e una terrazza-giardino dove gustare una cucina contemporanea. Dispone anche di poche camere spaziose e semplici negli arredi, alcune delle quali con zona salotto.

BELLAGIO

Como (CO) – ✉ 22021 – 3 085 ab. – Alt. 229 m – Carta regionale n° **16-B2**
Roma 643 km – Como 31 km – Bergamo 64 km – Lecco 23 km
Carta stradale Michelin 561-E9

Grand Hotel Villa Serbelloni cam, rist,

via Roma 1 – ☎ 0 31 95 02 16 – www.villaserbelloni.com – Aperto 1° aprile-31 ottobre

91 cam ☕ – 🚹270/330 € 🚹🚹385/710 € – **4 suites**

Rist *Mistral* ✿ – vedere selezione ristoranti

Rist *La Goletta* – Carta 40/77 €

Scaloni marmorei, colonne in stucco e splendidi trompe-l'oeil conferiscono alla struttura personalità ed uno stile che la rendono tra le più esclusive risorse del Bel Paese. Immerso nella lussureggiante vegetazione dei suoi giardini all'italiana, l'hotel ha ospitato regnanti e personalità da ogni continente: ora aspetta voi, non fatelo attendere…

Belvedere cam,

via Valassina 31 – ☎ 0 31 95 04 10 – www.belvederebellagio.com – Aperto 1° aprile-31 ottobre

63 cam ☕ – 🚹99/209 € 🚹🚹156/497 € – **7 suites**

Rist *Belvedere* – Carta 33/78 €

Tra il cielo ed il lago, sopra il caratteristico porticciolo di Pescallo, un romantico nido dove trascorrere un piacevole soggiorno cullati dal lago: piscina estiva nel giardino fiorito ed un centro benessere con bagno turco, doccia emozionale e trattamenti di vario tipo. Raffinata cucina italiana ed internazionale nella moderna sala ristorante.

Florence

piazza Mazzini 46 – ☎ 0 31 95 03 42 – www.hotelflorencebellagio.it – Aperto 15 aprile-20 ottobre

27 cam ☕ – 🚹125 € 🚹🚹150/220 € – **3 suites**

Rist – Carta 51/67 € – *(chiuso ottobre)*

In posizione centralissima, prospiciente il lago, una bella casa dall'allure elegante è diventata una struttura alberghiera tra le più gettonate del luogo. Le ragioni di tanto successo sono da ricercarsi nelle raffinate camere, nel moderno centro benessere o nella terrazza la cui pregevole vista regala tante emozioni.

Bellagio senza rist

salita Grandi 6 – ☎ 0 31 95 22 02 – www.bellagio.info – Aperto 10 marzo-30 novembre

29 cam ☕ – 🚹80/125 € 🚹🚹110/170 €

Ubicato in pieno centro storico, a due passi dal lungolago e dall'imbarcadero, l'hotel presenta camere confortevoli e di stampo moderno, nonché una bella terrazza.

✿ **Mistral** – Grand Hotel Villa Serbelloni

via Roma 1 – ☎ 0 31 95 64 35 – www.ristorante-mistral.com – Aperto 1° aprile-31 ottobre; chiuso mercoledì escluso maggio-settembre

Carta 88/185 € – *(solo a cena escluso sabato e domenica)*

La superba terrazza con vista impareggiabile sul lago sarà seconda solo alla cucina che sperimenta ricette molecolari e cotture innovative accanto a piatti più tradizionali.

→ Tortellini ripieni di pavone con brodetto di volatili. Degustazione di pesci con abbinamento di patate. Ananas al forno con spicchi d'arancia e gelato alla crema raffreddato all'azoto.

Alle Darsene

via Melzi d'Eril 1, frazione Loppia, Sud : 1 km – ☎ 0 31 95 20 69 – www.ristorantedarsenediloppia.com – Chiuso febbraio, 1°-7 novembre, lunedì, in inverno anche martedì

Menu 45 € – Carta 43/67 €

All'ombra del pergolato affacciato sul porticciolo di Loppia o nella curata sala interna, cucina contemporanea che spazia tra terra e mare: ricette giudiziosamente moderne ed un'attenzione tutta particolare alle cotture (basse temperature e bolliti).

BELLARIA IGEA MARINA

Rimini (RN) – 18 733 ab. – Carta regionale n° **9-D2**

Roma 350 km – Ravenna 42 km – Rimini 15 km – Bologna 111 km

Carta stradale Michelin 562-J19

a Bellaria – ✉ 47814

Orizzonte e Villa Ariosa
rist,

via Rovereto 10 – ✆ 05 41 34 42 98 – www.hotelorizzonte.com – Aperto 1° aprile-30 settembre

45 cam – ♦65/130 € ♦♦65/130 €

Rist – Menu 18/30 € – *(solo per alloggiati)*

Moderno e non privo di ricercatezza, con un'annessa villa fine secolo affacciata direttamente sul mare. Bello e scenografico il piccolo centro benessere con piscina coperta.

Ermitage
rist,

via Ala 11 – ✆ 05 41 34 76 33 – www.hotelermitage.it – Aperto Pasqua-30 settembre

66 cam – ♦49/249 € ♦♦69/399 € – **4 suites**

Rist – Carta 30/85 € – *(aperto 1° giugno-31 agosto)*

Posizione invidiabile - direttamente sulla spiaggia - per questa risorsa dotata di un'ampia gamma di servizi, accoglienti camere dalla contemporanea atmosfera e suite panoramiche. Per il pranzo, servizio ristorante anche a bordo piscina.

Residence & Suites senza rist

via Rovereto 2 – ✆ 05 41 34 94 22 – www.residencesuite.it

20 cam – ♦40/60 € ♦♦40/80 €

A pochi passi dal mare, camere moderne e mini-appartamenti con angolo cottura in un albergo i cui ospiti possono utillizzare i servizi del vicino hotel Ermitage (stessa proprietà).

Antica Trattoria Barslon N

Via Rubicone 13 – ✆ 05 41 34 75 85 – www.barslon.it – Chiuso 1 settimana in gennaio e 1 settimana in settembre, lunedì e martedì

Carta 33/47 €

Lungo il canale, fresca e luminosa trattoria dalla motivata conduzione familiare: i piatti classici a base di pesce vengono affiancati da proposte più moderne.

a Igea Marina – ✉ 47813

Blu Suite Hotel N

viale Pinzon 290 – ✆ 05 41 33 24 54 – www.blusuitehotel.it – Chiuso 17 novembre-13 gennaio e 23-28 gennaio

33 cam – ♦79/300 € ♦♦89/400 € – **13 suites**

Rist – Carta 26/50 € – *(solo a cena escluso in estate)*

Ideale per gli amanti dello stile moderno, camere dal design minimalista molto spaziose e con angolo cottura; ambienti comuni non ampissimi, ma molto bella la zona benessere con percorsi e trattamenti ayurvedici.

Agostini
rist,

viale Pinzon 68 – ✆ 05 41 33 15 10 – www.hotelagostini.it – Aperto 1° marzo-30 settembre

68 cam – ♦45/55 € ♦♦75/100 € – **2 suites**

Rist – Menu 25 € – *(aperto 15 maggio-15 settembre) (solo per alloggiati)*

Struttura a ferro di cavallo con piscina interna, dispone di gradevoli spazi comuni e stanze di confort contemporaneo: bell'arredamento e tessuti coordinati.

Strand
rist,

viale Pinzon 161 – ✆ 05 41 33 17 26 – www.hstrand.com – Aperto 1° aprile-20 settembre

37 cam – ♦35/48 € ♦♦40/116 €, 10 € – **2 suites** **Rist** – Menu 25 €

Valida struttura caratterizzata da interni moderni, a tratti signorili, e camere con forti elementi di personalizzazione. Direttamente sul mare, si è in spiaggia senza attraversare strade!

K2
cam, rist,

viale Pinzon 212 – ✆ 05 41 33 00 64 – www.hotelk2.it – Aperto 1° aprile-30 novembre

73 cam – ♦70/90 € ♦♦110/150 €, 20 € – **7 suites**

Rist – Menu 18/30 € – *(solo per alloggiati)*

Albergo tutto al femminile che si sta rinnovando di in anno in anno: da preferire le camere superior, le standard son più semplici e convenienti.

Aris rist,

via Ennio 32/34 – 05 41 33 00 07 – www.aris-hotel.com
– Aperto 1° marzo-31 ottobre
55 cam – 60/80 € 80/120 €
Rist – Menu 20/40 € – *(aperto 1° maggio-30 settembre)*
Lungo il viale centrale, dedicato a shopping e passeggio, a cento metri dal mare, moderna e confortevole struttura che si presta anche ad esigenze di soggiorni di lavoro.

Mediterraneo N cam, cam, rist,

Via Tacito, 12 47814 Bellaria – 05 41 33 01 78 – info@hmediterraneo.net
– Aperto 1° aprile-31 ottobre e vacanze di Natale
65 cam – 60/120 € 70/140 € – **10 suites** **Rist** – Menu 20/50 €
Camere di differenti stili e grazioso centro benessere in un hotel a conduzione diretta, rinnovato in anni recenti. (Leggermente arretrato rispetto al mare).

BELLINZAGO LOMBARDO

Milano (MI) – 20060 – 3 855 ab. – Alt. 129 m – Carta regionale n° **19-C2**
Roma 588 km – Milano 29 km – Monza 81 km – Bergamo 32 km

Macelleria Motta

strada Padana Superiore 90 – 02 95 78 41 23
– www.ristorantemacelleriamotta.it – Chiuso 1°-6 gennaio, 3-20 agosto e domenica
Menu 15 € (pranzo in settimana)/60 € – Carta 41/87 €
Ne assaporerete di cotte e di crude, bollite e alla brace... sono le specialità di carne di questo ottimo ristorante, che d'estate offre anche il piacere del servizio all'aperto in una tipica corte lombarda.

BELLINZAGO NOVARESE

Novara (NO) – 28043 – 9 555 ab. – Alt. 192 m – Carta regionale n° **23-C2**
Roma 634 km – Milano 60 km – Novara 15 km – Varese 49 km
Carta stradale Michelin 561-F7

a Badia di Dulzago Ovest : 3 km – 28043 Bellinzago Novarese

Osteria San Giulio

– 0 32 19 81 01 – www.osteriasangiulio.it – Chiuso 23 dicembre-7 gennaio, agosto, domenica sera, lunedì e martedì
Menu 24/30 € – Carta 26/40 €
Un'esperienza sensoriale a partire dalla collocazione all'interno di un'antica abbazia rurale, passando per l'accoglienza, l'atmosfera e la cucina. Tra le specialità: stracotto alla Barbera, paniscia e torta di mele tiepida con zabajone.

BELLUNO

32100 – 35 545 ab. – Alt. 383 m – Carta regionale n° **40-C1**
Roma 617 km – Cortina d'Ampezzo 71 km – Pordenone 78 km – Trento 112 km
Carta stradale Michelin 562-D18

Park Hotel Villa Carpenada rist,

via Mier 158, Sud : 2,5 Km – 04 37 94 83 43
– www.hotelvillacarpenada.it
28 cam – 85/130 € 85/130 € – **4 suites**
Rist *Lorenzo III* – Carta 34/54 € – *(solo a cena)*
Abbracciata da un parco, una grande villa seicentesca caratterizzata da interni signorili e mobili d'epoca, per un soggiorno esclusivo a pochi chilometri dal centro città. Stessa ambientazione per il ristorante Lorenzo III, in carta sia carne sia pesce.

Europa Executive senza rist

via Vittorio Veneto 158 – 04 37 93 01 96 – www.europaexecutive.it
40 cam – 69/94 € 74/129 €
Poco fuori dal centro - nelle adiacenze dello stadio civico - spazi comuni in stile minimalista e non ampi: a differenza delle grandi, moderne, camere.

Delle Alpi senza rist

via Jacopo Tasso 13 – ✆ 04 37 94 05 45 – www.dellealpi.it
38 cam – 45/100 € 60/130 € – **2 suites**
Camere semplici, spaziose e funzionali per questo indirizzo in comoda posizione centrale, adatto a una clientela business o per turisti di passaggio.

Al Borgo con cam

via Anconetta 8 – ✆ 04 37 92 67 55 – www.alborgo.to – Chiuso 26 gennaio-4 febbraio
3 cam – 30/60 € 60/150 €
Menu 30/45 € – Carta 28/43 € – *(chiuso lunedì sera e martedì)*
All'interno di una villa settecentesca in un antico e piccolo borgo, ambiente caldamente rustico e cucina del territorio. Eccezionali: le pappardelle con salsa al capriolo oppure la polenta pastin e schiz.

a Castion Sud-Est : 3 km – ✉ 32024

Nogherazza

via Gresane 78 – ✆ 04 37 92 74 61 – www.nogherazza.it – Chiuso febbraio
6 cam – 80/160 € 80/160 € **Rist** – Carta 22/48 € – *(chiuso martedì)*
Piccolo borgo rurale composto da due edifici ben inseriti nel contesto paesaggistico circostante: d'atmosfera le camere, rivestite in legno. Cucina tipica bellunese nella sala da pranzo, ma anche in terrazza da dove ammirare il sole spegnersi tra le cime.

BELMONTE CALABRO

Cosenza (CS) – ✉ 87033 – 1 984 ab. – Alt. 262 m – Carta regionale n° **5-A2**
Roma 520 km – Cosenza 61 km – Catanzaro 76 km – Vibo Valentia 77 km
Carta stradale Michelin 564-J30

Villaggio Albergo Belmonte

località Piane, Nord : 2 km – ✆ 09 82 40 01 77 – www.vabbelmonte.it – Aperto 1° aprile-31 ottobre
44 cam – 50/80 € 100/160 € – **2 suites**
Rist *Galeazzo di Tarsia* – Carta 16/63 €
Struttura organizzata in diversi padiglioni (4 camere ognuno) ad un solo livello, in un contesto naturale di grande bellezza grazie alla vista mozzafiato. Specialità calabresi e i "classici" italiani serviti in abbondanti porzioni al ristorante.

BENACO

→ Vedere Garda (Lago di)

BENEVELLO

Cuneo (CN) – ✉ 12050 – 476 ab. – Alt. 671 m – Carta regionale n° **25-C2**
Roma 626 km – Cuneo 74 km – Alessandria 82 km – Asti 46 km
Carta stradale Michelin 561-I6

Villa d'Amelia

località Manera 1 – ✆ 01 73 52 92 25 – www.villadamelia.com – Aperto 17 aprile-9 dicembre
34 cam – 180/253 € 225/330 € – **3 suites**
Rist *Villa d'Amelia* ✿ – vedere selezione ristoranti
Una cascina ottocentesca raccolta attorno ad una corte è diventata oggi una villa signorile, caratterizzata da interni di moderno design che si alternano ad oggetti d'epoca.

Villa d'Amelia – Hotel Villa d'Amelia

località Manera 1 – ✆ 01 73 52 92 25 – www.villadamelia.com – Aperto 17 aprile-9 dicembre; chiuso martedì a mezzogiorno e lunedì
Menu 50/80 € – Carta 50/84 €
Nel vecchio ricovero di attrezzi agricoli, ristorante moderno e minimalista con proposte tradizionali piemontesi reinterpretate in chiave moderna. La carta dei vini annovera le più prestigiose etichette della zona, ma anche nazionali ed internazionali.
→ Ravioli di gamberi, crema di fagiolini e caviale. Controfiletto di fassona cotto rosso con mattonella di patate. Tiramisù alla nocciola.

BENEVENTO

✉ 82100 – 60 797 ab. – Alt. 135 m – Carta regionale n° **6-B1**
Roma 236 km – Napoli 99 km – Caserta 50 km – Salerno 75 km
Carta stradale Michelin 564-D26

UNA Hotel il Molino
cam, cam, rist,

via dei Mulini, 48 – ☏ 08 24 31 12 13 – www.hotelilmolino.it
46 cam – 85/240 € 110/240 €
Rist – Carta 33/48 € – *(chiuso domenica sera)* (prenotazione obbligatoria a mezzogiorno)
Costruito dal recupero architettonico dell'antico mulino presso lo storico pastificio Rummo, l'hotel si contraddistingue per modernità, tecnologia e per la raffinatezza delle sue ampie camere.

Villa Traiano senza rist

viale dei Rettori 9 – ☏ 08 24 32 62 41 – www.hotelvillatraiano.it
40 cam – 77/105 € 120/150 € – **2 suites**
All'interno di una bella villa d'inizio Novecento, un grazioso giardino d'inverno come zona comune ed uno spazio relax sul roof garden; le camere sono tutte confortevoli, ma quelle realizzate nella nuova ala sono sicuramente più moderne ed ampie.

sulla provinciale per San Giorgio del Sannio Sud-Est : 7 km :

Pascalucci

via Appia 1 ✉ 82010 San Nicola Manfredi – ☏ 08 24 77 84 00 – www.pascalucci.it
Carta 20/59 €
Ristorante nato dalla tradizione e che oggi, oltre a proposte locali, presenta anche una cucina di pesce elaborata con capacità, a base di prodotti freschi e genuini. Tra le specialità: scarpariello (pasta alla chitarra con sugo piccante) o aspic di polipo.

BENTIVOGLIO

Bologna (BO) – ✉ 40010 – 5 451 ab. – Alt. 19 m – Carta regionale n° **9-C3**
Roma 397 km – Bologna 21 km – Ferrara 37 km – Modena 61 km
Carta stradale Michelin 562-I16

Centergross

via Saliceto 8, Sud : 5 km – ☏ 05 18 65 89 11 – www.zanhotel.it
152 cam – 125/250 € 125/250 €, 9 € – **2 suites**
Rist *Rossi Sapori* – vedere selezione ristoranti
La hall anticipa lo stile pomposo delle camere in questa struttura che mutua il proprio nome dal più grande centro all'ingrosso d'Europa. Il confort non si limita alle camere, ma sconfina anche nell'area benessere.

Rossi Sapori – Hotel Centergross

via Saliceto 8, Sud : 5 km – ☏ 05 16 64 78 72 – www.zanhotel.it – Chiuso 11-17 agosto
Menu 22/28 € – Carta 27/64 €
Il rosso si sa evoca emozioni forti e, forse, proprio con questo intento, è stato scelto il nome. In ogni caso, tendaggi barocchi, poltroncine in velluto - rigorosamente rosse - e tipici piatti della cucina italiana (eccezionali le paste fatte a mano) si alleeranno per farvi trascorrere indimenticabili momenti.

BERGAMO

– 115 072 ab. – Alt. 249 m – Carta regionale n° **19-C1**
Roma 601 km – Brescia 57 km – Milano 53 km
Carta stradale Michelin 561-E11

Alberghi

NH Bergamo senza rist
via Paleocapa 1/G ✉ 24122 – ✆ 03 52 27 18 11 – www.nh-hotels.com Pianta : A2**d**
88 cam – 🚹75/366 € 🚹🚹85/376 €, ☕ 25 €
Nel cuore di Bergamo bassa, hotel dallo stile minimal-chic con largo impiego di marmi e legno: ottime camere, sia per arredo sia per confort.

Excelsior San Marco
piazza della Repubblica 6 ✉ 24122 – ✆ 0 35 36 61 11 – www.hotelsanmarco.com Pianta : A1**a**
147 cam ☕ – 🚹75/240 € 🚹🚹85/280 € – **8 suites**
Rist *Roof Garden* – vedere selezione ristoranti
Grande operazione di restyling per questo albergo, grande classico dell'hôtellerie di Bergamo, che vanta una trentina di camere con vista su Città Alta.

Mercure Bergamo Palazzo Dolci senza rist
viale Papa Giovanni XXIII 100 ✉ 24121 – ✆ 0 35 22 74 11 – www.mercure.com Pianta : AB2**e**
88 cam – 🚹66/395 € 🚹🚹66/395 €, ☕ 13 €
Lo storico palazzo neo-rinascimentale, in posizione comoda e centrale, fa da guscio ad un albergo di design contemporaneo dalle linee pulite e armoniose. Piccolo wine-bar per spuntini veloci.

Petronilla
via San Lazzaro 4 ✉ 24121 – ✆ 0 35 27 13 76 – www.petronillahotel.com Pianta : A2**f**
12 cam ☕ – 🚹150/250 € 🚹🚹180/420 €
Rist – Carta 28/62 € – *(solo a cena)* (prenotazione obbligatoria) *(solo per alloggiati)*
Splendido albergo del centro in cui convivono suggestioni anni '50, influenze Bauhaus design contemporaneo: molti i quadri disegnati ad hoc, con dettagli d'opere di Hopper, De Chirico, Caravaggio. Un soggiorno esclusivo, perfetto per coloro che amano le raffinate personalizzazioni.

Arli
largo Porta Nuova 12 ✉ 24122 – ✆ 0 35 22 20 77 – www.arli.net Pianta : A2**s**
66 cam ☕ – 🚹80/170 € 🚹🚹90/210 €
Rist *La Delizia* – vedere selezione ristoranti
Ottima struttura, moderna e centrale, dispone di camere omogenee nel confort - mansardate quelle all'ultimo piano - e di un attrezzato centro benessere (aperto anche al pubblico).

Ristoranti

XXX **Lio Pellegrini**

via San Tomaso 47 ✉ *24121 – ✆ 0 35 24 78 13* Pianta : B1**e**
– www.liopellegrini.it – Chiuso 10-31 agosto, martedì a mezzogiorno e lunedì
Menu 50 € – Carta 57/125 €
Locale del centro, accanto all'Accademia Carrara ed al GAMeC, la bellezza di tanta arte accoglie con piacere i raffinati interni del ristorante così come il bel dehors coi suoi ariosi drappi, un'insolita e piacevole oasi di pace. La cucina propone sapori mediterranei, di carne e di pesce, tra classico e moderno.

XXX **Roof Garden** – Hotel Excelsior San Marco

piazza della Repubblica 6 ✉ *24122 – ✆ 0 35 36 61 59* Pianta : A1**a**
– www.roofgardenrestaurant.it – Chiuso 2 settimane in gennaio, 2 settimane in agosto, sabato a mezzogiorno e domenica
Menu 60/150 € – Carta 55/140 €
Cucina creativa, ma a pranzo c'è anche una carta più light, in questo ristorante che offre una romantica vista su Città Alta. (Prenotare un tavolo lungo la parete-vetrata!).

Un pasto accurato a prezzo contenuto? Cercate i Bib Gourmand

Sarmassa
vicolo Bancalegno 1h ✉ 24122 – ✆ 0 35 21 92 57 Pianta : A2**c**
– www.sarmassa.com – Chiuso 1°-9 gennaio, 2-27 agosto e domenica
Carta 32/63 €
Ricavato da una porzione di chiostro millenario, ci sono colonne e affreschi d'epoca, ma la cucina è giovane e brillante, con un'ottima selezione di salumi italiani e spagnoli.

Ol Giopì e la Margì
via Borgo Palazzo 27 ✉ 24125 – ✆ 0 35 24 23 66 Pianta : B2**c**
– www.giopimargi.eu – Chiuso 1°-10 gennaio, agosto, domenica sera e lunedì
Menu 25 € (pranzo in settimana)/48 € – Carta 24/58 €
L'insegna ritrae la maschera bergamasca e il temperamento dei suoi concittadini, mentre la cucina è un omaggio al territorio. Rivive la tradizione e con essa la storia di una città e di una regione!

Taverna Valtellinese
via Tiraboschi 57 ✉ 24122 – ✆ 0 35 24 33 31 Pianta : A2**r**
– www.tavernavaltellinese.it – Chiuso lunedì, anche domenica sera in estate
Menu 30/38 € – Carta 31/46 €
Lo stesso menu da quasi cinquant'anni: evidentemente la formula funziona e non ci si sbaglia! In centro città, pare di entrare in una baita, interamente avvolta dal legno con enormi lampadari costruiti con corna di cervo. I piatti sono un omaggio alla Valtellina di cui propongono i cavalli di battaglia, nonché i vini, solo poche bottiglie della valle.

La Delizia – Hotel Arli
largo Porta Nuova 12 ✉ 24122 – ✆ 0 35 23 08 14 Pianta : A2**s**
– www.ladelizia.it
Menu 12 € (pranzo in settimana)/30 € – Carta 28/45 €
Casoncelli o brasato con polenta (in inverno)? Va bene che siamo a Bergamo, ma il panorama gastronomico cittadino offre anche dell'altro. Al ristorante La Delizia, ad esempio, vi attendono piatti italiani (e non solo lombardi), internazionali e vegetariani. Un buon indirizzo, in pieno centro!

Shiva N
via Don Luigi Palazzolo 44 ✉ 24122 Bergamo Pianta : A2**e**
– ✆ 03 55 29 18 80 – www.shivabergamo.it
Carta 25/40 €
Legno di tek intarsiato e toni caldi per questo ristorante etnico, fratello gemello di quello meneghino. In menu, i più accattivanti sapori dell'India del Nord: piatti vegetariani, specialità al curry, fragranti tandoori, dolci tipici...insomma di tutto e di più!

A Modo
viale Vittorio Emanuele II 19 ✉ 24121 – ✆ 0 35 21 02 95 Pianta : A1**b**
– www.ristoranteamodo.com – Chiuso domenica
Menu 18 € (pranzo)/50 € – Carta 37/60 €
Sulla strada che porta alla funicolare per Città Alta, la moderna sala è impreziosita da un'originale collezione di vetri artistici. Se la sera la carta si fa importante, a mezzogiorno il menu è più ristretto e i prezzi interessanti. Cucina contemporanea.

alla città alta Alt. 249 m

Gombit Hotel senza rist
via Mario Lupo 6 ✉ 24121 – ✆ 0 35 24 70 09 Pianta : A1**g**
– www.gombithotel.it
11 cam ☕ – 👤160/270 € 👥210/350 € – **2 suites**
Adiacente alla torre del Gombito, il palazzo duecentesco riserva l'inaspettata sorpresa di un albergo moderno dagli arredi design, tonalità sobrie ed eleganti bagni con ampie docce.

La Valletta Relais senza rist

via Castagneta 19, 1 km per via Castagneta ✉ 24129 – ✆ 0 35 24 27 46 – www.lavallettabergamo.it – Chiuso 23 dicembre-1° marzo

8 cam – †70/90 € ††85/110 €, ☕ 7 € – **2 suites**

Lungo le strade che portano al centro storico di Bergamo Alta - a piedi sono venti minuti, ma i proprietari con grande senso dell'ospitalità offrono un servizio navetta per gli ospiti - una casa d'epoca per chi predilige la tranquillità e il silenzio, evitando gli schiamazzi e le comitive del centro. Camere ampie, alcune con vista sui colli.

Piazza Vecchia senza rist

via Colleoni 3/5 ✉ 24129 – ✆ 0 35 25 31 79 – www.hotelpiazzavecchia.it – Chiuso 1 settimana in gennaio Pianta : A1**y**

13 cam ☕ – †120/180 € ††120/280 €

Situato in prossimità di piazza Vecchia, che il grande architetto Le Corbusier definì come "la più bella piazza d'Europa", camere spaziose, vivaci e colorate in un'antica casa del 1300.

Colleoni & dell'Angelo

piazza Vecchia 7 ✉ 24129 – ✆ 0 35 23 25 96 – www.colleonidellangelo.com – Chiuso lunedì Pianta : A1**x**

Menu 40 € (pranzo)/75 € – Carta 50/100 €

In un antico palazzo di piazza Vecchia - una delle più belle d'Italia, su cui per altro si apparecchia il dehors - ristorante di rara eleganza con cucina di terra, ma soprattutto di mare. Servizio all'altezza.

La Colombina

via borgo Canale 12 ✉ 24129 – ✆ 0 35 26 14 02 – www.trattorialacolombina.it – Chiuso lunedì Pianta : A1**a**

Menu 13 € (pranzo in settimana)/34 € – Carta 29/44 €

Lungo una caratteristica strada della città vecchia, poco fuori le mura, antica è anche l'osteria, qui da inizio '900. Da allora poco è mutato: interni liberty, pavimento, lampadari, tutto ha uno stile piacevolmente retrò e culminante in un'incantevole terrazzina con vista sui colli. Dalla cucina, piatti rigorosamente bergamaschi con gli immancabili salumi locali, i casoncelli, lo stinco e il brasato.

a San Vigilio Ovest: 1 km o 5 mn di funicolare Pianta : A1 Alt. 461 m

Baretto di San Vigilio

via Al Castello 1, per via San Vigilio ✉ 24129 – ✆ 0 35 25 31 91 – www.baretto.it Pianta : AY**z**

Menu 35 € (pranzo in settimana)/45 € – Carta 44/63 €

Nella piazzetta antistante la stazione di arrivo della funicolare, caratteristico bar-ristorante di tono retrò, vagamente anglosassone, dove gustare piatti della tradizione italiana. Servizio estivo in terrazza con incantevole vista sulla città.

BERGEGGI

Savona (SV) – ✉ 17028 – 1 117 ab. – Alt. 110 m – Carta regionale n° **14-B2**

Roma 556 km – Genova 58 km – Savona 11 km – Imperia 66 km

Carta stradale Michelin 561-J7

Claudio

via XXV Aprile 37 – ✆ 0 19 85 97 50 – www.hotelclaudio.it – Chiuso gennaio-marzo e 2 settimane in novembre

22 cam ☕ – †80/130 € ††130/200 € – **4 suites**

Rist *Claudio* ✿ – vedere selezione ristoranti

Suggestiva collocazione con vista eccezionale sul golfo sottostante. Camere ampie ed eleganti, piscina, spiaggia privata e numerosi altri servizi a disposizione.

Claudio (Claudio e Lara Pasquarelli) – Hotel Claudio
via XXV Aprile 37 – ✆ 0 19 85 97 50 – www.hotelclaudio.it – Chiuso gennaio-marzo, 2 settimane in novembre e lunedì
Menu 85/100 € – Carta 75/120 € – *(solo a cena escluso sabato e i giorni festivi)*
Una delle migliori cucine di pesce della zona, frutto del sodalizio padre-figlia: alla qualità indiscutibile delle materie prime, si unisce la cura estetica delle presentazioni, senza rinunciare alla generosità delle porzioni.
➜ Crudo di pesci e crostacei. Zuppa di pesce nella pietra ollare. Bouquet di crostacei agli agrumi del Mediterraneo.

BERNALDA

Matera (MT) – ✉ 75012 – 12 350 ab. – Alt. 126 m – Carta regionale n° **4-D2**
Roma 464 km – Taranto 60 km – Matera 40 km – Potenza 102 km
Carta stradale Michelin 564-F32

Agriturismo Relais Masseria Cardillo
strada statale 407 Basentana al km 97,5 rist,
– ✆ 08 35 74 89 92 – www.masseriacardillo.it – Aperto Pasqua-30 settembre
10 cam – †78/102 € ††120/192 €
Rist – Menu 28 € (in settimana)/45 € – *(aperto 1° giugno-30 settembre) (solo a cena)* (prenotazione obbligatoria)
A pochi chilometri dal lido di Metaponto, elegante risorsa ricavata dai granai di una masseria di fine '700, le cui spaziose camere dispongono di terrazzini affacciati sulla campagna. Splendido pergolato per le cene d'estate e dall'azienda agricola una qualificata produzione di vino, nonché olio.

La Locandiera
corso Umberto 194 – ✆ 08 35 54 32 41 – www.trattorialalocandiera.it – Chiuso martedì escluso giugno-agosto
Menu 23/43 € – Carta 24/45 € – (consigliata la prenotazione)
Maccheroncini freschi con crema di ceci, pomodorini secchi e mollica di pane o bracioline di cavallino al ragù? Sono solo alcune delle specialità lucane proposte in questo locale piacevolmente rustico e, se non bastasse, anche un'ottima selezione di vini.

BERSANO ➜ Vedere Besenzone

Piacenza (PC)

BERTINORO

Forlì-Cesena (FC) – ✉ 47032 – 10 843 ab. – Alt. 254 m – Carta regionale n° **9-D2**
Roma 323 km – Forlì 14 km – Rimini 54 km – Bologna 77 km
Carta stradale Michelin 562-J18

a Fratta Ovest : 4 km – ✉ 47032

Grand Hotel Terme della Fratta
via Loreta 238 – ✆ 05 43 46 09 11 rist,
– www.termedellafratta.it
64 cam – †39/94 € ††78/168 € **Rist** – Menu 27 € – *(solo per alloggiati)*
Aperto nel 2007, propone programmi terapeutici diversi grazie alla disponibilità contemporanea di sette tipologie di acqua, i cui benefici effetti erano già decantati in epoca romana. Nel giardino, percorsi vita e fontane termali; nel moderno centro benessere, massaggi e trattamenti di bellezza.

BESENZONE

Piacenza (PC) – ✉ 29010 – 985 ab. – Alt. 48 m – Carta regionale n° **8-A1**
Roma 499 km – Parma 50 km – Piacenza 26 km – Milano 91 km
Carta stradale Michelin 561-H11

a Bersano Est : 5,5 km – ✉ 29010 Besenzone

Locanda Le Colombaie
cam,

via Bersano 32 – ☎ 05 23 83 00 07 – www.lecolombaie.it
6 cam – 80 € 90 €
Rist – Carta 30/57 € – *(solo a cena escluso domenica)* (prenotazione obbligatoria)
Occorre percorrere un breve tratto di strada sterrata, delimitata da alberi per raggiungere questa risorsa ricavata in una vecchia cascina. La colazione è servita anche all'aperto all'ombra di un pergolato, mentre il ristorante apre su prenotazione.

La Fiaschetteria con cam e senza

via Bersano 59/bis – ☎ 05 23 83 04 44 – www.la-fiaschetteria.it – Chiuso 23 dicembre-6 gennaio e agosto
3 cam – 85 € 120 €
Carta 40/72 € – *(chiuso lunedì e martedì) (solo a cena escluso i giorni festivi)* (consigliata la prenotazione)
Elegante cascina immersa nelle terre verdiane, la cucina offrirà agli appassionati l'occasione di un viaggio nella bassa padana, tra salumi, paste fresche e arrosti. Per gli amanti del pesce, non manca qualche proposta di mare, oltre che di fiume. Infine, per prolungare il soggiorno, ci sono anche tre romantiche, incantevoli camere.

BETTOLA
Piacenza (PC) – ✉ 29021 – 2 983 ab. – Alt. 329 m – Carta regionale n° **8-A2**
Roma 546 km – Piacenza 39 km – Parma 97 km – Milano 107 km
Carta stradale Michelin 562-H10

Agnello

piazza Colombo 70 – ☎ 05 23 91 77 60 – Chiuso febbraio e martedì
Menu 12 € (pranzo in settimana) – Carta 22/47 €
Affacciato sulla scenografica piazza del centro storico, il ristorante è idealmente diviso in due sale: la parte più antica con volte in mattoni e colonne in pietra. Curiosi e interessati potranno accedere alle cantine, dove stagionano i salumi.

BETTOLLE → Vedere Sinalunga
Siena (SI)

BETTONA
Perugia (PG) – ✉ 06084 – 4 307 ab. – Alt. 353 m – Carta regionale n° **35-B2**
Roma 167 km – Perugia 24 km – Assisi 17 km – Orvieto 70 km
Carta stradale Michelin 563-M19

Relais la Corte di Bettona

via Santa Caterina 2 – ☎ 0 75 98 71 14 – www.relaisbettona.com
39 cam – 50/105 € 70/140 € – **2 suites**
Rist *Taverna del Giullare* – vedere selezione ristoranti
Nel cuore del centro storico, edificio del 1300, suddiviso in due corpi distinti: l'originalità delle camere si esprime nella loro "unicità" e quelle ubicate nell'edificio più a valle godono di una spettacolare vista sulla vallata. Nuovo centro benessere con massaggi e due tipi di sauna.

Taverna del Giullare – Relais la Corte di Bettona

via del Forte 11 – ☎ 0 75 98 72 54 – www.tavernadelgiullare.com
Carta 25/48 €
Cucina di stampo regionale con qualche tocco di creatività, in un locale che già dalla calorosa accoglienza vi convincerà di aver fatto la scelta giusta. D'inverno godetevi la bella verandina: completamente chiusa da vetrate, ma assolutamente panoramica.

a Passaggio Nord-Est : 3 km – ✉ 06084

XX **Il Poggio degli Olivi** con cam
località Montebalacca, Sud : 3 km – ✆ 07 59 86 90 23 – www.poggiodegliolivi.com – Chiuso 7 gennaio-13 febbraio
12 cam – 60/90 € 88/135 €
Menu 30/40 € – Carta 26/55 € – *(chiuso mercoledì)*
Da questo luogo, quando il cielo è più limpido, la vista arriva fino ad Assisi, pare proprio di essere parte di un dipinto. Merita quindi il servizio serale in terrazza.

BEVAGNA

Perugia (PG) – ✉ 06031 – 5 130 ab. – Alt. 210 m – Carta regionale n° **36-C2**
Roma 148 km – Perugia 42 km – Assisi 24 km – Terni 60 km
Carta stradale Michelin 563-N19

Il Chiostro di Bevagna senza rist
corso Matteotti 107 – ✆ 07 42 36 19 87 – www.ilchiostrodibevagna.com – Chiuso 11 gennaio-28 febbraio
14 cam – 55/60 € 80/100 €
Quello che in origine era un convento domenicano, si è trasformato ora in albergo familiare con camere semplici, ma spaziose. Come corte, l'antico chiostro.

L'Orto degli Angeli
via Dante Alighieri 1 – ✆ 07 42 36 01 30 – www.ortoangeli.it
14 cam – 150/250 € 150/350 €
Rist *Redibis* – vedere selezione ristoranti
Nel cuore dell'incantevole centro storico, le camere - spesso vaste e con arredi d'epoca - sono ospitate in due palazzi di origini medioevali e rinascimentali collegati da un fiabesco giardino pensile.

Residenza Porta Guelfa senza rist
via Ponte delle Tavole 2 – ✆ 07 42 36 20 41 – www.residenzaportaguelfa.com
12 cam – 80/120 € 80/120 €
Appena fuori le mura del centro storico, questa residenza dal fascino antico, ma dai confort moderni, dispone di camere arredate in stile locale ed attrezzate con angolo cottura. Gli ampi spazi esterni ospitano una bella piscina.

XX **Redibis** – Hotel L'Orto degli Angeli
via Dante Alighieri 1 – ✆ 07 42 36 01 30 – Chiuso martedì
Carta 45/60 € – *(solo a cena escluso giugno-settembre, sabato e giorni festivi)*
Sotto le alte volte delle vestigia di un teatro romano del I secolo d.C., una cucina squisitamente creativa e mobili dalle linee moderne, minimaliste: un sapiente gioco di contrasti, in un ambiente di grande suggestione.

BIANZONE

Sondrio (SO) – ✉ 23030 – 1 279 ab. – Alt. 444 m – Carta regionale n° **16-B1**
Roma 680 km – Sondrio 24 km – Bergamo 131 km – Como 131 km
Carta stradale Michelin 561-D12

X **Altavilla** con cam
via Monti 46 – ✆ 03 42 72 03 55 – www.altavilla.info
14 cam – 55/75 € 55/75 €, 8 €
Menu 25/35 € – Carta 27/49 € – *(chiuso lunedì escluso agosto)*
Nella parte alta della località, circondato da boschi e vigneti, il ristorante propone piatti del territorio in un'atmosfera rustica ed informale. Bella terrazza panoramica.

BIBBIENA

Arezzo (AR) – ✉ 52011 – 12 292 ab. – Alt. 425 m – Carta regionale n° **32-D1**
Roma 249 km – Arezzo 32 km – Firenze 60 km – Prato 91 km
Carta stradale Michelin 563-K17

Relais il Fienile senza rist
località Gressa, Nord : 6 km – 📞 05 75 59 33 96 – www.relaisilfienile.it – Aperto 1° aprile-31 ottobre
6 cam – 🚹60/70 € 🚹🚹76/86 €, ☕ 6 €
Come trasformare un ex fienile del '700 in una risorsa di charme, dove il confort è curatissimo, gli ambienti gradevoli e arredati con gusto. Tranquillo e panoramico.

Il Tirabusciò
via Rosa Scoti 12 – 📞 05 75 59 54 74 – www.tirabuscio.it – Chiuso lunedì a mezzogiorno e martedì
Carta 28/44 €
Tirabusciò, il cavatappi, una tappa imperdibile per conoscere la gastronomia del casentino: dalle patate rosse ai salumi, passando per la chianina, i funghi, i tartufi e i proverbiali tortelli di patate di cetica con ragù di maiale grigio del casentino.

a Soci Nord : 4 km – ✉ 52010

Le Greti senza rist
via Privata le Greti, Ovest : 1,5 km – 📞 05 75 56 17 44 – www.legreti.it
16 cam ☕ – 🚹40/60 € 🚹🚹70/90 € – **1 suite**
Appena fuori dal centro abitato, sulla sommità di un poggio panoramico, un albergo connotato da una conduzione familiare dallo stile apprezzabile. Buoni spazi comuni.

La Buca
piazza Garibaldi 24 – 📞 05 75 56 00 94
Menu 30/44 € – Carta 25/37 €
In un ambiente rustico e personalizzato si possono gustare le tipiche specialità casentinesi: dalla pasta fatta in casa alla carne alla brace, senza trascurare la cacciagione.

BIBBONA

Livorno (LI) – ✉ 57020 – 3 178 ab. – Carta regionale n° **31-B2**
Roma 273 km – Pisa 68 km – Livorno 48 km – Piombino 47 km
Carta stradale Michelin 563-M13

Relais di Campagna Podere Le Mezzelune senza rist
località Mezzelune 126, Ovest : 4 km – 📞 05 86 67 02 66 – www.mezzelune.com – Chiuso 10 dicembre-28 febbraio
4 cam ☕ – 🚹140/160 € 🚹🚹160/190 €
Risorsa ricavata da una casa colonica di fine '800, all'interno di una proprietà con ortaggi e ulivi (da cui la produzione di olio extravergine). Bucolica posizione per un soggiorno rilassante in ambienti signorili.

BIBIONE

Venezia (VE) – ✉ 30020 – Carta regionale n° **40-D2**
Roma 613 km – Udine 69 km – Mestre 93 km – Venezia 104 km
Carta stradale Michelin 562-F21

Bibione Palace rist,
via Taigete 20 – 📞 04 31 44 72 20 – www.hotelbibionepalace.it – Aperto 20 aprile-30 settembre
110 cam ☕ – 🚹125/210 € 🚹🚹175/300 € – **50 suites**
Rist – Carta 20/50 € – *(solo per alloggiati)*
Centrale e contemporaneamente frontemare, le camere sono tutte terrazzate e luminose, gli spazi comuni arredati con gusto minimalista; all'esterno, piscina e parco giochi per i piccoli. Veste moderna anche per il ristorante, dalle proposte mediterrane.

Palace Hotel Regina
cam,

corso Europa 7 – 0 43 14 34 22 – www.palacehotelregina.it – Aperto 15 maggio-15 settembre

49 cam – 69/160 € 89/300 € **Rist** – Menu 18 € – *(solo per alloggiati)*

Gestione seria e dinamica per questo signorile hotel a metà strada tra centro e mare; all'interno spazi realizzati in una sobria ed elegante ricercatezza cui si uniscono funzionalità e modernità. Al ristorante, una cucina genuina e semplice, con pietanze soprattutto a base di carne, pesce e verdure.

Corallo

via Pegaso 38 – 0 43 14 32 22 – www.hotelcorallobibione.com – Aperto 1° maggio-30 settembre

76 cam – 90/154 € 128/220 €

Rist – Menu 20/60 € – *(solo per alloggiati)*

Caratteristico nella particolare forma cilindrica della sua architettura, signorile hotel con ampi terrazzi che si affacciano sul mare. La piscina è proprio a bordo spiaggia.

Italy
cam,

via delle Meteore 2 – 0 43 14 32 57 – www.hotel-italy.it – Aperto 11 maggio-20 settembre

77 cam – 64/102 € 100/200 € **Rist** – Menu 25 € – *(solo per alloggiati)*

Tanta cura, a cominciare dalle camere, in un hotel frontemare non lontano dalle terme; piacevole giardino sul retro e zona relax con sabbia, vicino alla piscina.

Leonardo da Vinci
rist,

corso Europa 76 – 0 43 14 34 16 – www.hoteldavinci.it – Aperto 15 maggio-20 settembre

52 cam – 40/100 € 70/140 € **Rist** – Menu 18/50 €

A breve distanza dalla spiaggia e dal centro della località, hotel a conduzione familiare con comodo parcheggio e terrazza con piscina. Camere in stile classico.

Concordia
rist,

via Maia 149 – 0 43 14 34 33 – www.hotelconcordia.net – Aperto 15 maggio-20 settembre

44 cam – 40/78 € 80/156 € **Rist** – Menu 25 € – *(solo per alloggiati)*

A pochi passi dal mare, hotel a conduzione familiare, rinnovato in anni recenti: linee e arredi di taglio moderno e colorata zona hall-bar. Specialità di pesce al ristorante.

a Bibione Pineda Ovest : 5 km – ✉ 30020

San Marco

via delle Ortensie 2 – 0 43 14 33 01 – www.sanmarco.org – Aperto 22 maggio-20 settembre

64 cam – 96/114 € 132/168 € – **3 suites**

Rist – Menu 40 € – *(solo per alloggiati)*

In zona tranquilla, non lontano dal mare, albergo a conduzione diretta che si è ampliato e rinnovato negli ultimi anni: spazi comuni moderni, camere ampie sobriamente eleganti.

BIELLA

✉ 13900 – 43 675 ab. – Alt. 420 m – Carta regionale n° **23-C2**

Roma 676 km – Torino 83 km – Milano 102 km – Novara 57 km

Carta stradale Michelin 561-F6

Agorà Palace
cam,

via Lamarmora 13/A – 01 58 40 73 24 – www.agorapalace.com Pianta : A2**e**

82 cam – 100/120 € 128/140 € – **2 suites** **Rist** – Carta 27/53 €

Particolarmente gradito da una clientela business, l'hotel si trova in pieno centro e dispone di un comodo garage, mentre le camere si caratterizzano per gli arredi moderni con accessori dell'ultima generazione. Formula buffet a self service è quanto propone il ristorante per il pranzo; carta più tradizionale la sera.

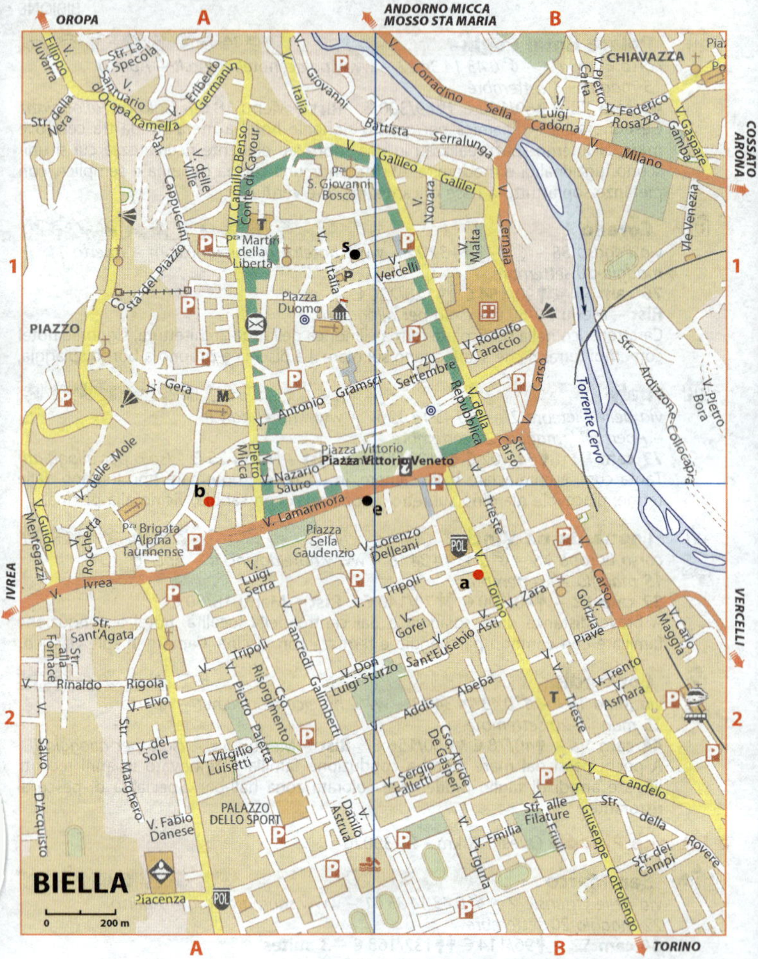

Augustus senza rist

via Orfanotrofio 6, ang. via Italia – 01 52 75 54 – www.augustus.it Pianta : A1**s**

38 cam – 81/110 € 105/115 €

Una risorsa del centro che, grazie al parcheggio privato, risulta essere comoda e frequentata soprattutto da una clientela d'affari. Camere dotate di ottimi confort.

Bugella cam,

via Cottolengo 65, per Torino - B2 – 0 15 40 66 07 – www.hotelbugella.it

22 cam – 64/70 € 82/88 € **Rist** – Carta 29/49 €

Ricavato dalla ristrutturazione di una villa liberty dei primi del '900, l'hotel dispone di camere dal confort omogeneo, ma di differenti dimensioni (in quanto assecondano l'architettura della casa). Piccola zona comune e comodo parcheggio interno. Cucina tipica piemontese al ristorante.

La Mia Crota
via Torino 36/c – ✆ 01 53 05 88 – www.lamiacrota.it Pianta : B2**a**
– Chiuso domenica e lunedì
Carta 27/51 € – (consigliata la prenotazione la sera)
Ristorante di tono rustico-elegante con annessa enoteca per sbizzarrirsi nella scelta dei vini (anche al bicchiere). La cucina trae spunto dal territorio, concedendosi qualche divagazione contemporanea.

BIGARELLO
Mantova (MN) – ✉ 46030 – 2 066 ab. – Alt. 23 m – Carta regionale n° **17**-D3
Roma 474 km – Mantova 10 km – Milano 188 km – Verona 48 km

a Stradella Sud - Ovest : 6 km – ✉ 46030

Osteria Numero 2
via Ghisiolo 2/a – ✆ 0 37 64 50 88 – www.osterianumero2.it – Chiuso 1°-7 gennaio, 2 settimane in agosto, sabato a mezzogiorno e martedì
Menu 15 € (pranzo in settimana) – Carta 23/52 €
Nuova incarnazione dell'Osteria Tripoli: trasferitasi con nuovo nome in questo bel cascinale immerso nel verde, la linea di cucina rimane uguale al passato con ricette della tradizione affiancate da qualche specialità di pesce. Sempre più viva la passione per le birre, cui è dedicata una grande carta!

BIGOLINO → Vedere Valdobbiadene
Treviso (TV)

BINASCO
Milano (MI) – ✉ 20082 – 7 147 ab. – Alt. 101 m – Carta regionale n° **16**-A3
Roma 573 km – Milano 18 km – Pavia 20 km – Alessandria 77 km
Carta stradale Michelin 561-G9

Albergo Della Corona senza rist
via Matteotti 20 – ✆ 0 29 05 22 80 – www.hoteldellacorona.it – Chiuso 24 dicembre-4 gennaio e 1°-17 agosto
47 cam – †45/90 € ††60/120 €
Hotel con una lunga storia alle spalle: gestito dalla stessa famiglia da quattro generazioni, si è provveduto negli anni a renderlo sempre più accogliente e confortevole.

BIODOLA → Vedere Elba (Isola d') : Portoferraio
Livorno (LI)

BISCEGLIE
Barletta-Andria-Trani (BT) – ✉ 76011 – 54 877 ab. – Carta regionale n° **26**-B2
Roma 398 km – Bari 39 km – Barletta 23 km – Foggia 96 km
Carta stradale Michelin 564-D31

Salsello
via Siciliani 41/42 – ✆ 08 03 95 59 53 – www.hotelsalsello.it
52 cam – †34/250 € ††39/250 € **Rist** – Carta 24/82 €
Un grande complesso alberghiero affacciato sul mare e dotato di un buon livello di confort, all'insegna di funzionalità e praticità. Valido e ampio centro congressi. Ristorante anche a vocazione congressuale e banchettistica.

Agriturismo le Vedute
strada provinciale 23 al km 9, Sud : 7 km – ✆ 34 97 73 01 86 – www.agriturismolevedute.it
20 cam – †40/54 € ††70/80 €
Rist – Menu 20/30 € – *(solo a cena) (solo per alloggiati)*
Nel verde degli ulivi, camere arredate con gusto e semplicità in un agriturismo con annesso centro ippico. A rendere il soggiorno ancora più rilassante, la piscina nel curato giardino.

Memory con cam

Panoramica Umberto Paternostro 239 – 08 03 98 01 49 – www.memoryristorante.it – Chiuso lunedì

8 cam – 44/70 € 55/74 € Carta 23/62 €

Ristorante-pizzeria ubicato lungo la litoranea, rinnovato recentemente negli spazi e negli arredi. Vasta scelta in lista, con diversi menù combinati: per tutte le tasche.

BLEVIO

Como (CO) – 22020 – 1 194 ab. – Alt. 231 m – Carta regionale n° **18-B1**

Roma 634 km – Milano 58 km – Como 6 km – Bellinzona 64 km

Carta stradale Michelin 561-E9

CastaDiva Resort rist,

via Caronti 69 – 03 13 25 11 – www.castadivaresort.com – Chiuso gennaio-marzo

50 suites – 950/3500 € – 23 cam **Rist** – Carta 52/120 €

In una bella villa dallo stile eclettico-rinascimentale, un tempo residenza della cantante lirica G. Pasta, musa ispiratrice di Vincenzo Bellini, camere dalla vista mozzafiato ed una splendida Spa dedicata ai quattro elementi. Per un soggiorno lacustre esclusivo e raffinato.

BOARIO TERME → Vedere Darfo Boario Terme

Brescia (BS)

BOBBIO

Piacenza (PC) – 29022 – 3 710 ab. – Alt. 272 m – Carta regionale n° **8-A2**

Roma 556 km – Genova 87 km – Piacenza 48 km – Alessandria 86 km

Carta stradale Michelin 561-H10

Piacentino con cam

piazza San Francesco 19 – 05 23 93 62 66 – www.hotelpiacentino.it – Chiuso lunedì escluso in luglio-agosto

20 cam – 50/70 € 60/85 €, 7 € Menu 26/40 € – Carta 26/53 €

Nel centro storico, la tradizione familiare continua da più di un secolo all'insegna di salumi, paste e secondi di carne, in questo piacevole ristorante che dispone anche di un delizioso giardino estivo. Camere con letti in ferro battuto e mobili in arte povera, ma anche stanze più moderne.

Enoteca San Nicola con cam

contrada di San Nicola 11/a – 05 23 93 23 55 – www.ristorantesannicola.it

4 cam – 60 € 80 €

Carta 28/37 € – *(chiuso lunedì e martedì)* (consigliata la prenotazione)

Originale la cucina, che si sta impegnando verso i canoni della modernità, così come il book bar - nel fine settimana - dove è possibile fermarsi per un calice di vino, una cioccolata o un infuso particolare. Nell'intrico di stradine, intorno a San Colombano.

BOCCA DI MAGRA

La Spezia (SP) – 19030 – Carta regionale n° **15-D2**

Roma 404 km – La Spezia 20 km – Massa 20 km – Lucca 62 km

Carta stradale Michelin 561-J11

Sette Archi cam,

via Fabbricotti 242 – 01 87 60 90 17 – www.hotelsettearchi.com – Chiuso gennaio e febbraio

24 cam – 50/70 € 90/140 € – **1 suite**

Rist *L'Archetto* – Carta 36/66 € – *(chiuso lunedì)*

Atmosfera familiare ed invidiabile posizione fronte mare, per questa risorsa confortevole con bel giardino e piscina. Piatti prevalentemente di pesce a l'Archetto.

X **Capannina Ciccio**

via Fabbricotti 71 – ✆ 0 18 76 55 68 – www.ristoranteciccio.it – Chiuso 10 giorni in gennaio e martedì in inverno
Carta 34/73 €
Ristorante della tradizione, con proposte marinare talvolta rivisitate e alleggerite. Nella bella stagione si può godere di un'incantevole veranda con vista sul mare.

BOGLIASCO

Genova (GE) – ✉ 16031 – 4 456 ab. – Carta regionale n° **15-C2**
■ Roma 501 km – Genova 13 km – Savona 64 km – Portofino 27 km
Carta stradale Michelin 561-I9

XX **Al Solito Posto** AC

via Mazzini 228 – ✆ 01 03 46 10 40 – www.alsolitoposto.net – Chiuso martedì
Menu 35/55 € – Carta 42/82 € – *(solo a cena)*
Datevi appuntamento "al solito posto", se volete gustare piatti ricchi di fantasia, ma rispettosi della tradizione, in un'atmosfera intimamente informale.

a San Bernardo Nord : 4 km – ✉ 16031 Stella

XX **Il Tipico** AC

via Poggio Favaro 20 – ✆ 01 03 47 07 54 – www.ristoranteiltipico.it – Chiuso lunedì
Menu 30/50 € – Carta 33/78 €
L'ambiente è gradevole, con qualche tocco d'eleganza, ma ciò che incanta è il panorama sul mare. Ubicato in una piccola frazione collinare, propone cucina ligure di pesce.

BOLGHERI → Vedere Castagneto Carducci

Livorno (LI)

BOLLATE

Milano (MI) – ✉ 20021 – 35 467 ab. – Alt. 156 m – Carta regionale n° **18-B2**
■ Roma 595 km – Milano 10 km – Como 37 km – Novara 45 km
Carta stradale Michelin 561-F9

La Torretta cam, AC cam, P

via Trento 111, Nord-Ovest : 2 km – ✆ 0 23 50 59 96 Pianta : A1**d**
– www.hotellatorretta.it – Chiuso 3-24 agosto
71 cam – 50/600 € 50/600 € – **3 suites**
Rist – Carta 26/72 € – *(chiuso sabato a mezzogiorno e domenica)*
Oltre che per la scrupolosa gestione familiare, questa struttura si distingue anche per l'apprezzabile continuità con cui sono stati apportati aggiornamenti. Due tipologie di stanze tra il classico ed il moderno; sala ristorante luminosa e moderna.

BOLOGNA

380 635 ab. – Alt. 54 m – Carta regionale n° **9**-**C3**
Roma 379 km – Firenze 105 km – Milano 210 km – Venezia 152 km
Carta stradale Michelin 562-I15

© J. Arnold / hemis.fr

Alberghi

Royal Hotel Carlton
cam,

via Montebello 8 ✉ 40121 – ☎ 0 51 24 93 61 – www.monrifhotels.com – Chiuso agosto Pianta : E1**g**
205 cam – 119/840 € 249/840 € – **31 suites**
Rist *NeoClassico* – ☎ 0 51 24 21 39 – Carta 36/88 € – *(chiuso domenica a mezzogiorno)*
Moderno e sobrio edificio anni '70, gli interni si aprono sui più classici, ovattati ed eleganti ambienti alberghieri: per chi non vuole sorprese design e preferisce la rassicurante e sempre attuale tradizione.

Grand Hotel Majestic già Baglioni
rist,

via dell'Indipendenza 8 ✉ 40121 – ☎ 0 51 22 54 45 – www.duetorrihotels.com Pianta : E2**e**
103 cam – 250/400 € 320/550 € – **6 suites**
Rist *I Carracci* – ☎ 0 51 22 20 49 – Carta 47/92 €
Dal '600 ad oggi, dal barocco al liberty, è una galleria di lusso e sfarzo: ambienti sontuosi, camere raffinate e i resti di una strada romana per un soggiorno in grande stile! Al ristorante, cucina bolognese e nazionale, senza capricci o provocazioni, servita in uno straordinario salone con affreschi della scuola dei fratelli Carracci.

Savoia Hotel Regency

via del Pilastro 2 ✉ 40127 – ☎ 05 13 76 77 77 – www.savoia.eu Pianta : C1**b**
82 cam – 70/330 € 80/430 € – **4 suites**
Rist *Garganelli* – ☎ 05 13 76 77 66 – Carta 30/56 €
Benvenuti in questa villa d'ispirazione neoclassica che nell'architettura ricorda le belle dimore settecentesche: all'interno sarete accolti in ambienti classici ed eleganti per un soggiorno di tranquillità e charme. Un padiglione e una luminosa veranda, rallegrati con pagine di giornali d'epoca e inserti colorati, caratterizzano il ristorante; la cucina è sia internazionale, sia tradizionale.

AC Hotel Bologna by Marriott
cam,

via Sebastiano Serlio 28 ✉ 40128 – ☎ 0 51 37 72 46 – www.hotelacbologna.com Pianta : B1**c**
121 cam – 55/410 € 60/420 € **Rist** – Carta 22/60 €
Camere di moderno design, interamente arredate nelle sfumature della scacchiera, in un albergo moderno ed accogliente, che dispone anche di una palestra con area relax all'ultimo piano; ristorante molto ben organizzato, in linea con la struttura.

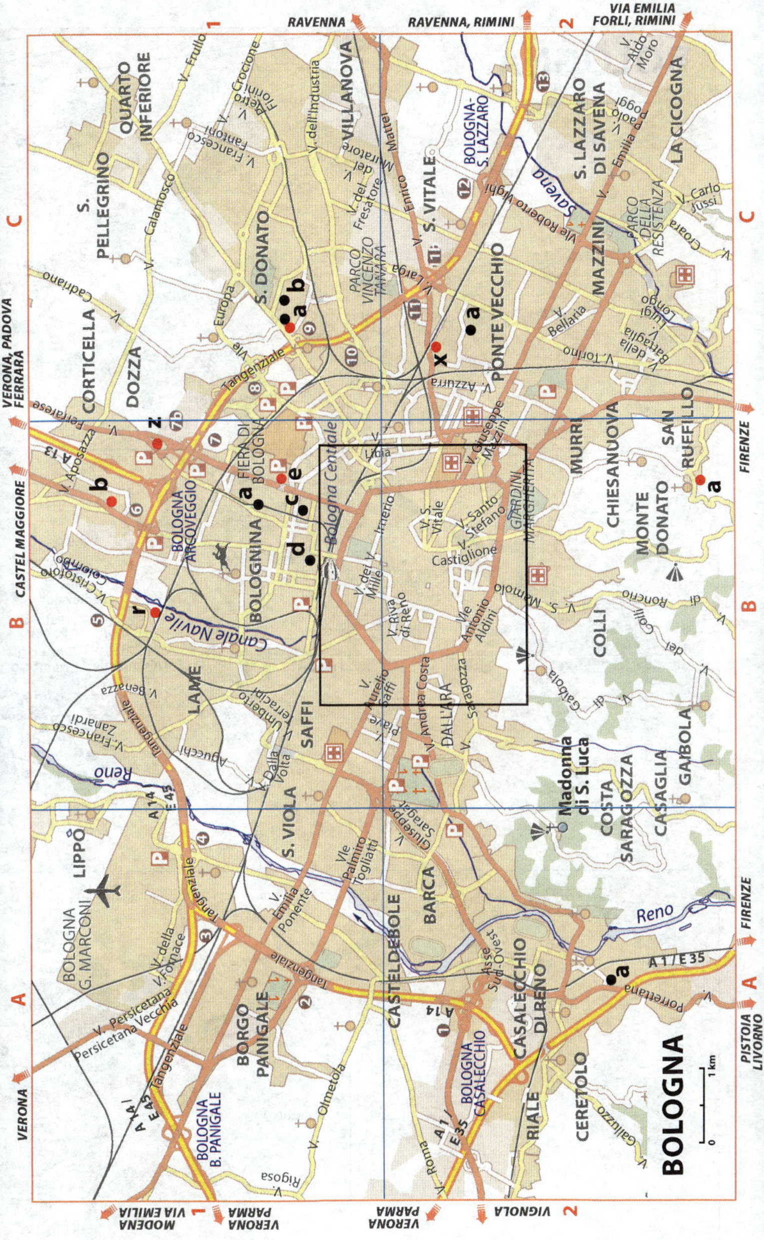
BOLOGNA
0
1 km
VERONA
RAVENNA
RAVENNA, RIMINI
VIA EMILIA
FORLÌ, RIMINI
VERONA, PADOVA
FERRARA
CASTEL MAGGIORE
FIRENZE
PISTOIA
LIVORNO
MODENA
VIA EMILIA
VERONA
PARMA
VIGNOLA
A
B
C
1
2
QUARTO
INFERIORE
S. PELLEGRINO
CORTICELLA
DOZZA
VILLANOVA
S. DONATO
PARCO
VINCENZO
TANARA
S. VITALE
BOLOGNA-
S. LAZZARO
S. LAZZARO
DI SAVENA
LA CICOGNA
MAZZINI
PARCO
DELLA
RESISTENZA
PONTE VECCHIO
MURRI
CHIESANUOVA
SAN
RUFFILLO
MONTE
DONATO
COLLI
GAIBOLA
CASAGLIA
COSTA
SARAGOZZA
Madonna
di S. Luca
BOLOGNINA
FIERA DI
BOLOGNA
BOLOGNA
ARCOVEGGIO
Bologna Centrale
GIARDINI
MARGHERITA
LAME
SAFFI
DALL'ARA
S. VIOLA
BARCA
CASTELDEBOLE
LIPPO
BOLOGNA
G. MARCONI
BORGO
PANIGALE
BOLOGNA
B. PANIGALE
CASALECCHIO
DI RENO
BOLOGNA
CASALECCHIO
RIALE
CERETOLO
Canale Navile
Reno
Savena
Tangenziale
A 13
A 14
E 45
A 1
E 35
A 1 / E 35
Asse
Sud-Ovest
V. Ferrarese
V. Aposazza
V. Cristoforo
Colombo
V. Benazza
V. Francesco
Zanardi
V. Agucchi
V. Dalla
Volta
V. Umberto
Terracini
V. Emilia
Ponente
Vle
Palmiro
Togliatti
V. Giuseppe
Saragat
V. Aurelio
Saffi
V. Andrea Costa
V. Saragozza
V. Riva
di Reno
V. dei
Mille
V. Irnerio
V. S.
Vitale
V. Santo
Stefano
V. Castiglione
Vle
Antonio
Aldini
V. Giuseppe
Mazzini
V. Libia
V. Azzurra
V. Torino
V. Bellaria
V. della
Battaglia
V. Luigi
Longo
V. Croara
V. Carlo
Jussi
V. Emilia
V. Paolo
Poggi
V. Aldo
Moro
Vle Roberto Vighi
V. Larga
V. Enrico
Mattei
V. del
Fresatore
V. del
Muratore
V. dell'Industria
V. Pietro
Fiorini
V. Crocione
V. Francesco
Fantoni
V. Frullo
V. Calamosco
V. Cadriano
Vle
Europa
V. S. Mamolo
V. Roncrio
V. dei Colli
V. di Gaibola
V. Persicetana
Persicetana Vecchia
V. della
Fornace
V. Olmetola
V. Rigosa
V. Roma
V. Porrettana
V. Gallizzo
V. Piave

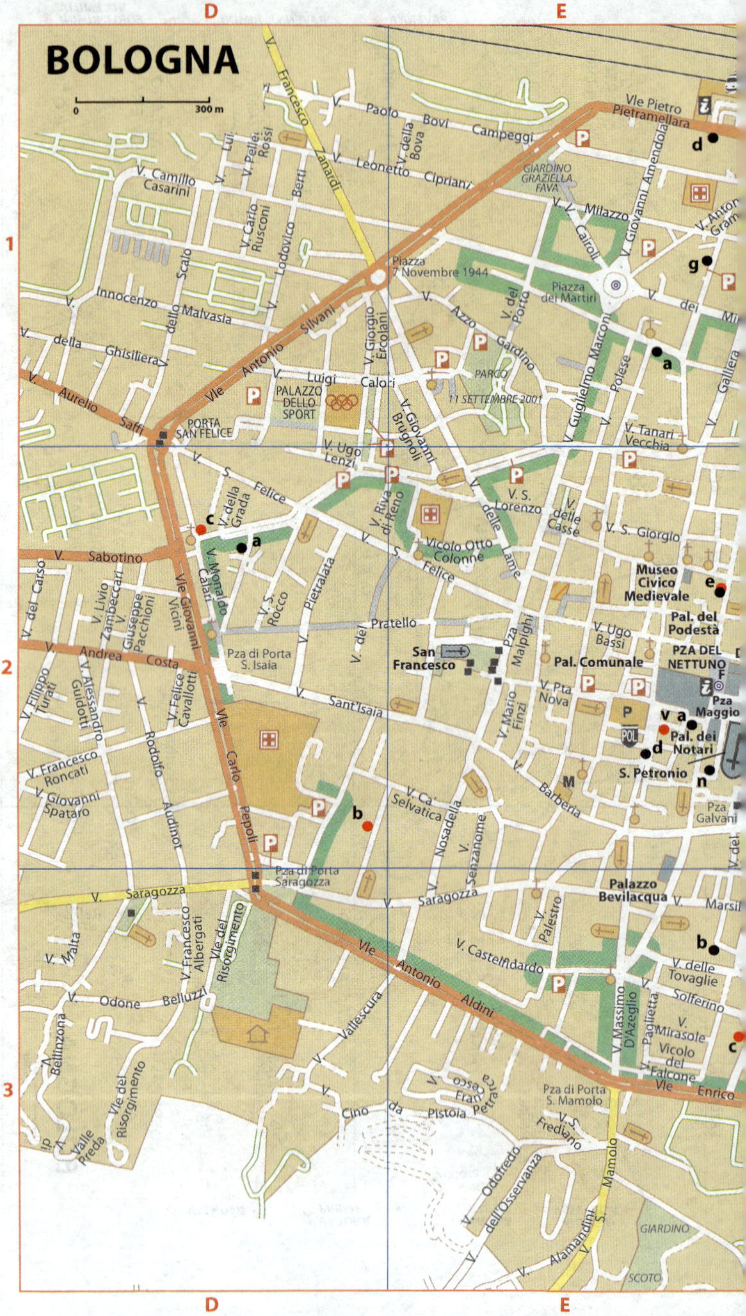
BOLOGNA
0
300 m
D
E
1
2
3
V. Francesco Zanardi
V. Paolo Bovi Campeggi
Vle Pietro Pietramellara
V. Leonetto Cipriani
V. della Bova
V. Lui
V. Pellegrino Rossi
V. Camillo Casarini
V. Carlo Rusconi
V. Lodovico Berti
Scalo
GIARDINO GRAZIELLA FAVA
V. Milazzo
V. Cairoli
V. Giovanni Amendola
V. Antonio Gramsci
Piazza 7 Novembre 1944
Piazza dei Martiri
V. Innocenzo Malvasia
V. dello Scalo
V. della Ghisiliera
V. Aurelio Saffi
Vle Antonio Silvani
V. Giorgio Ercolani
V. Azzo Gardino
V. del Porto
V. Guglielmo Marconi
V. dei Mille
V. Polese
V. Galliera
PARCO 11 SETTEMBRE 2001
V. Luigi Calori
PALAZZO DELLO SPORT
PORTA SAN FELICE
V. Giovanni Brugnoli
V. Ugo Lenzi
V. Tanari Vecchia
V. S. Felice
V. della Grada
V. Riva di Reno
V. S. Lorenzo
V. delle Casse
V. S. Giorgio
V. Sabotino
V. Monaldo Calari
Vicolo Otto Colonne
V. delle Lame
Museo Civico Medievale
V. del Carso
V. Livio Zambeccari
V. Giuseppe Pacchioni
Vle Giovanni Vicini
V. S. Rocco
V. Pietralata
V. del Pratello
Pal. del Podestà
V. Ugo Bassi
V. Andrea Costa
Pza di Porta S. Isaia
San Francesco
Pza Malpighi
Pal. Comunale
PZA DEL NETTUNO
V. Filippo Turati
V. Alessandro Guidotti
V. Felice Cavallotti
V. Sant'Isaia
V. Pta Nova
V. Mario Finzi
Pza Maggiore
Pal. dei Notari
V. Francesco Roncati
V. Giovanni Spataro
V. Rodolfo
Vle Carlo Pepoli
V. Ca' Selvatica
S. Petronio
V. Barberia
Pza Galvani
V. Audinot
V. Nosadella
V. Senzanome
Pza di Porta Saragozza
V. Saragozza
Palazzo Bevilacqua
V. Marsili
V. Malta
V. Francesco Albergati
Vle del Risorgimento
V. Palestro
V. Castelfidardo
V. delle Tovaglie
V. Odone Belluzzi
Vle Antonio Aldini
V. Solferino
V. Massimo D'Azeglio
V. Paglietta
V. Mirasole
Vicolo del Falcone
V. Bellinzona
V. Vallescura
V. Francesco Petrarca
Vle Enrico
Pza di Porta S. Mamolo
V. Cino da Pistoia
V. S. Frediano
V. Valle Preda
V. Odofredo
V. dell'Osservanza
V. S. Mamolo
V. Alamandini
GIARDINO
SCOTO
POL
a
b
c
d
e
g
n
v
M
F

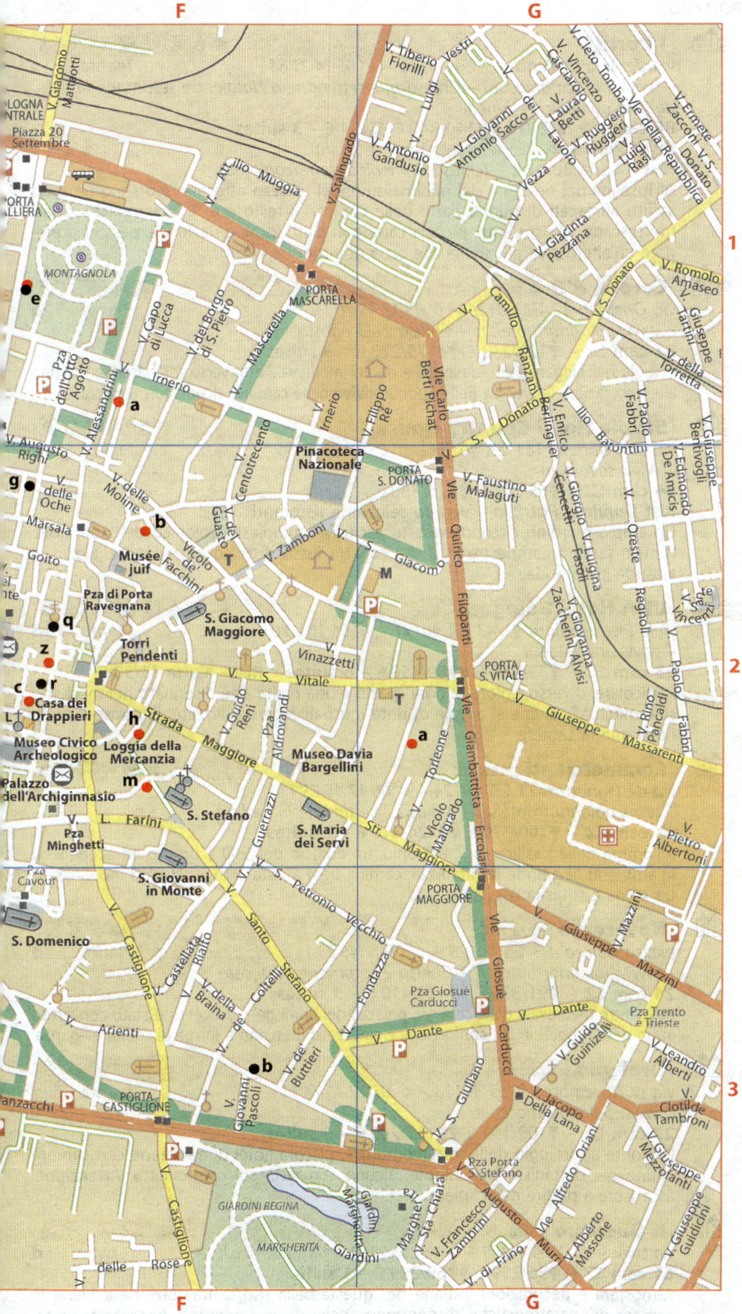
F
G
1
2
3
Piazza 20 Settembre
MONTAGNOLA
PORTA MASCARELLA
V. Stalingrado
V. Tiberio Fiorilli
V. Antonio Gandusio
V. Giovanni Antonio Sacco
V. del Lavoro
V. Laura Betti
V. Cleto Tomba
V. Ruggero Ruggeri
V. Luigi Rasi
Vle della Repubblica
V. Ermete Zacconi
V. S. Donato
V. Giacinta Pezzana
V. Romolo Amaseo
V. Giuseppe Tartini
V. della Torretta
V. Camillo Ranzani
V. Enrico Berlinguer
V. Ilio Barontini
V. Paolo Fabbri
V. Edmondo De Amicis
V. Giuseppe Bentivogli
V. Giacomo Matteotti
V. Capo di Lucca
V. del Borgo di S. Pietro
V. Mascarella
V. Irnerio
V. Attilio Muggia
Pza dell'Otto Agosto
V. Alessandrini
V. Centotrecento
V. Filippo Re
Vle Carlo Berti Pichat
Pinacoteca Nazionale
PORTA S. DONATO
V. Faustino Malaguti
V. Giorgio Cencetti
V. Luigina Fasoli
V. Oreste Regnoli
V. S. Vincenzi
V. Augusto Righi
V. delle Oche
V. delle Moline
Marsala
Goito
Musée juif
Vicolo de' Facchini
V. del Guasto
V. Zamboni
V. S. Giacomo
Vle Quirico Filopanti
Pza di Porta Ravegnana
Torri Pendenti
S. Giacomo Maggiore
V. Vinazzetti
V. Giovanna Zaccherini Alvisi
PORTA S. VITALE
V. S. Vitale
V. Giuseppe Massarenti
V. Rino Pancaldi
Casa dei Drappieri
Museo Civico Archeologico
Palazzo dell'Archiginnasio
Loggia della Mercanzia
Strada Maggiore
V. Guido Reni
Pza Aldrovandi
Museo Davia Bargellini
V. Torleone
Vle Giambattista Ercolani
V. Pietro Albertoni
S. Stefano
V. L. Farini
Pza Minghetti
Guerrazzi
S. Maria dei Servi
Vicolo Malgrado
Pza Cavour
S. Giovanni in Monte
V. S. Petronio Vecchio
PORTA MAGGIORE
V. Giuseppe Mazzini
S. Domenico
V. Castiglione
V. Castellata
Rialto
V. della Braina
V. de' Coltelli
V. Santo Stefano
Fondazza
Pza Giosuè Carducci
Vle Giosuè Carducci
V. Dante
Pza Trento e Trieste
Arienti
V. Guido Guinizelli
V. Leandro Alberti
V. Giovanni Pascoli
V. de' Buttieri
V. S. Giuliano
V. Jacopo Della Lana
V. Clotilde Tambroni
Panzacchi
PORTA CASTIGLIONE
Pza Porta S. Stefano
V. Alfredo Oriani
V. Giuseppe Mezzofanti
GIARDINI REGINA MARGHERITA
Giardini Margherita
V. Sta Chiara
V. Francesco Zambrini
Vle Augusto Murri
V. di Frino
V. Alberto Massone
V. Giuseppe Guidicini
V. delle Rose
V. Castiglione

I Portici
rist,

via dell'Indipendenza 69 ✉ 40121 – ✆ 05 14 21 85 Pianta : F1**e**
– www.iporticihotel.com – Chiuso due settimane a Natale, tre settimane in agosto, domenica e lunedì
86 cam – 90/290 € 140/340 €, 11 € – **3 suites**
Rist *I Portici* – vedere selezione ristoranti
Rist – Carta 30/47 € – *(chiuso domenica a mezzogiorno)*
All'insegna del design e del minimalismo, del palazzo ottocentesco sono rimasti i soffitti affrescati di buona parte delle camere, il resto è di una semplicità quasi francescana. Al ristorante: piccola carta con piatti locali e nazionali, per chi preferisce un'alternativa più snella alle cene gourmet de I Portici.

Corona d'Oro senza rist

via Oberdan 12 ✉ 40126 – ✆ 05 17 45 76 11 Pianta : F2**q**
– www.bolognarthotels.it – Chiuso 2-23 agosto
37 cam – 129/232 € 175/272 € – **3 suites**
Viaggio nell'eleganza cittadina: dalle origini medievali, attraverso il Rinascimento, fino alle decorazioni liberty. La Belle Époque rivive nelle camere, alcune con terrazza.

Savoia Hotel Country House

via San Donato 161 ✉ 40127 – ✆ 05 16 33 23 66 Pianta : C1**a**
– www.savoia.eu
44 cam – 65/320 € 75/380 €
Rist *Danilo e Patrizia* – vedere selezione ristoranti
Un ampio giardino circonda questo esclusivo complesso colonico del '700, dove l'antico fascino campestre si sposa con un lusso discreto ed elegante. L'ozio vi attende in veranda.

UNA Hotel Bologna
rist,

viale Pietramellara 41/43 ✉ 40121 – ✆ 05 16 08 01 Pianta : E1**d**
– www.unahotels.it
93 cam – 89/450 € 89/450 € – **6 suites** **Rist** – Carta 33/50 €
Particolare, diverso, colorato: ogni spazio è una realtà a sé disegnato nel moderno stile minimalista, che si avvale di tinte inusuali e personalizzate. Spaziose e luminosissime le camere.

Commercianti senza rist

via dè Pignattari 11 ✉ 40124 – ✆ 05 17 45 75 11 Pianta : E2**n**
– www.bolognarthotels.it – Chiuso 2 settimane in luglio
33 cam – 100/370 € 124/410 € – **2 suites**
All'ombra della basilica di S. Petronio, un edificio del '200 è pronto ad accoglievi in ambienti di grande raffinatezza: camini, travi a vista, letti a baldacchino. Sospesi tra storia e squisita ospitalità.

Novecento senza rist

piazza Galileo 4/3 ✉ 40123 – ✆ 05 17 45 73 11 Pianta : E2**d**
– www.bolognarthotels.it – Chiuso 2 settimane in agosto
24 cam – 91/370 € 124/410 € – **3 suites**
Nel centro medievale della città, un palazzo dei primi del Novecento è stato convertito in un design hotel in cui confort e ricercatezza si uniscono a forme di sobria eleganza.

Orologio senza rist

via IV Novembre 10 ✉ 40123 – ✆ 05 17 45 74 11 Pianta : E2**a**
– www.bolognarthotels.it
27 cam – 109/191 € 155/266 € – **6 suites**
Di fronte all'orologio della torre comunale, piccolo hotel di tradizione con camere curate nei dettagli e ben rifinite, alcune con vista sul centro città. Attenzione: ascensore a partire dal 1° piano.

Il Guercino senza rist

via Luigi Serra 7 ✉ 40129 – ✆ 0 51 36 98 93 – www.guercino.it Pianta : B1**d**
61 cam – 55/299 € 69/389 € – **1 suite**
Atmosfera e decorazioni indiane per questa bella risorsa tra stazione e Fiera; le camere più caratteristiche dispongono anche di un terrazzino. Recente realizzazione di un centro benessere con area relax, bagno turco e vasca idromassaggio.

Il Convento dei Fiori di Seta senza rist
via Orfeo 34/4 ✉ 40124 – ✆ 0 51 27 20 39 Pianta : F3**b**
– www.ilconventodeifioridiseta.com
10 cam ☕ – 🚹59/699 € 🚹🚹59/699 €
Lo straordinario esito della ristrutturazione di un convento del '400 trasformato in una risorsa che fonde con incredibile armonia design e classicità, nel cuore della città.

Alloro Suite Hotel senza rist
via Ferrarese 161 ✉ 40128 – ✆ 0 51 37 29 60 Pianta : B1**a**
– www.allorosuitehotel.it
45 cam ☕ – 🚹48/480 € 🚹🚹50/500 € – **5 suites**
Tra la fiera ed il centro storico, un altro concetto di ospitalità, dove il silenzio, l'accoglienza e i servizi rendono la permanenza in città un momento felice. Camere per famiglie, bici, internet e parcheggio a disposizione degli ospiti.

Re Enzo senza rist
via Santa Croce 26 ✉ 40122 – ✆ 0 51 52 33 22 Pianta : D2**a**
– www.mchotels.it
51 cam ☕ – 🚹70/400 € 🚹🚹90/600 €
Turista o businessman? Poco importa: la struttura, funzionale e confortevole, soddisfa le esigenze di entrambe le categorie. Ospitalità e cortesia proverbiali, come quelle riservate a re Enzo (catturato dai bolognesi nel 1249).

Touring senza rist
via dè Mattuiani 1/2, angolo piazza dei Tribunali ✉ 40124 Pianta : E3**b**
– ✆ 0 51 58 43 05 – www.hoteltouring.it
34 cam – 🚹69/280 € 🚹🚹89/280 €, ☕ 8 € – **4 suites**
Nelle vicinanze di S. Domenico, una piacevole vista sui tetti della città è lo spettacolo che offre la terrazza solarium con jacuzzi. Atmosfera familiare e camere di buon confort (soprattutto quelle rinnovate, agli ultimi piani).

Nuovo Hotel Del Porto senza rist
via del Porto 6 ✉ 40122 – ✆ 0 51 24 79 26 Pianta : E1**a**
– www.nuovohoteldelporto.com
57 cam ☕ – 🚹39/260 € 🚹🚹45/295 €
Il nome si riferisce all'antica presenza di un porto canale: oggi questo albergo in posizione centrale dispone di spazi comuni limitati, ma accoglienti, e camere confortevoli ben insonorizzate.

Delle Drapperie senza rist
via delle Drapperie 5 ✉ 40124 – ✆ 0 51 22 39 55 Pianta : F2**r**
– www.albergodrapperie.com
21 cam ☕ – 🚹75/90 € 🚹🚹105/120 €
Nel cuore medievale della città, fra le bancarelle e i negozi di gastronomia della tradizione bolognese, camere d'atmosfera tra soffitti decorati e graziosi bagni. La reception si trova al primo piano del palazzo, da qui è poi possibile usufruire di un ascensore.

Paradise senza rist
vicolo Cattani 7 ✉ 40126 – ✆ 0 51 23 17 92 Pianta : F2**g**
– www.hotelparadisebologna.it – Chiuso 23-27 dicembre e 7-23 agosto
24 cam ☕ – 🚹50/280 € 🚹🚹70/380 €
Gestione al femminile per questo comodo indirizzo che coniuga vicinanza al centro, camere semplici e prezzi interessanti. Graziose le stanze all'ultimo piano in stile provenzale.

Villa Azzurra senza rist e senza ☕
viale Felsina 49 ✉ 40139 – ✆ 0 51 53 54 60 Pianta : C2**a**
– www.hotelvillaazzurra.com
15 cam – 🚹50/100 € 🚹🚹65/140 €
Un silenzioso giardino avvolge questa dimora del tardo Ottocento, che dell'epoca conserva l'aspetto e l'atmosfera. Accoglienza ed ospitalità come ci si attende in Emilia.

Ristoranti

XXX Leoni

piazza De Mello 4 ✉ 40128 Bologna – ✆ 0 51 70 01 02 Pianta : B1**e**
– www.marcelloleoni.it – Chiuso 2 settimane in agosto e domenica
Menu 25 € (pranzo in settimana)/120 € – Carta 72/127 € – (consigliata la prenotazione)
Rist *Osteria Enoteca Leoni* – ✆ 05 14 15 22 87 – Carta 21/43 €
E' nata dall'ispirazione, nonché dalla granitica esperienza, dello chef Marcello Leoni questa sorta di cattedrale del gusto in cima a Porta Europa (sopra via Stalingrado): spazi curati, a tratti suggestivi, per una cucina di affidabile qualità. Friendly, easy & economia, l'Osteria Enoteca Leoni.

XXX I Portici – Hotel I Portici

via dell'Indipendenza 69 ✉ 40121 – ✆ 05 14 21 85 62 Pianta : F1**e**
– www.iporticihotel.com – Chiuso due settimane a Natale, 3 settimane in agosto, domenica e lunedì
Menu 64/74 € – Carta 63/96 € – *(solo a cena)*
Il palcoscenico dell'antico caffè chantant trova un grande protagonista, un giovane cuoco di Castellammare che ha conquistato Bologna con gli ingredienti e la veracità della cucina napoletana. Generosità di prodotti e di emozioni che sbarcano quotidianamente dalla Campania e invadono i portici bolognesi.
➜ Spaghetto di Gragnano con crudo e cotto di peperoncini verdi, tartare di alici e yogurt acido. Spigola croccante su vellutata di finocchio, baby verdurine e olive di Gaeta. Babà a tre lievitazioni: classicismo ed innovazione.

XX Trattoria Battibecco

via Battibecco 4 ✉ 40123 – ✆ 0 51 22 32 98 Pianta : E2**v**
– www.battibecco.com – Chiuso 6-19 gennaio, 22 giugno-6 luglio, sabato a mezzogiorno e domenica
Carta 41/84 €
In un vicolo centrale, un locale di classe e di tono elegante, che spicca nel panorama della ristorazione cittadina per la cucina tradizionale e le proposte di mare.

XX Da Sandro al Navile

via del Sostegno 15 ✉ 40131 – ✆ 05 16 34 31 00 Pianta : B1**r**
– www.dasandroalnavile.it – Chiuso domenica sera; sabato a mezzogiorno e domenica in luglio e agosto; chiuso anche le sere dal 10 al 23 agosto
Menu 25 € (pranzo in settimana)/45 € – Carta 39/65 €
Punto di ristoro dall'Unità D'Italia ed iscritto alla camera di commercio dal 1883 - come ricorda una targa all'ingresso - è nel piatto che va ricercata la ragione di tanto successo: cucina emiliana tradizionale (ottime le tagliatelle al ragù). Eccezionale collezione di whisky.

XX La Terrazza

via del Parco 20 ✉ 40138 – ✆ 0 51 53 13 30 Pianta : C2**x**
– www.ristorantelaterrazza.it – Chiuso 10-25 agosto e domenica
Menu 20 € (pranzo) – Carta 37/62 € – (consigliata la prenotazione)
In una via tranquilla, un ristorante di dimensioni contenute con un piacevole dehors per il servizio estivo. Le proposte in menu spaziano dalla carne al pesce.

XX Da Cesarina

via Santo Stefano 19 ✉ 40125 – ✆ 0 51 23 20 37 Pianta : F2**m**
– www.ristorantecesarina.it – Chiuso 27 dicembre-12 gennaio, martedì a mezzogiorno e lunedì
Carta 36/67 €
Accanto alla splendida chiesa, ristorante con quasi un secolo di storia alle spalle. In tavola viene proposta la tradizionale cucina emiliana con numerosi piatti di mare.

XX Al Cambio

via Stalingrado 150 ✉ 40128 – ✆ 0 51 32 81 18 Pianta : B1**z**
– www.ristorantealcambio.it – Chiuso 24 dicembre-6 gennaio, 2 settimane in agosto, sabato a mezzogiorno e domenica
Menu 38/60 € – Carta 50/66 € – (consigliata la prenotazione)
In un ambiente di moderna eleganza, la sua cucina ha un tocco di originalità che lascia intuire - dietro le invitanti proposte - un accurato studio ed una ricerca delle migliori materie prime: il risultato raggiunto è davvero buono!

Sale Grosso

vicolo De' Facchini 4 ✉ 40124 – ✆ 0 51 23 17 21 Pianta : F2**b**
– www.salegrossobologna.it – Chiuso 25 dicembre-4 gennaio, 10 agosto-4 settembre, lunedì sera e domenica
Menu 25 € – Carta 39/54 € – (consigliata la prenotazione)
Ristorante in stile bistrot, semplice nell'impostazione, ma dalla cucina a tratti sontuosa, che elegge il mare quale suo principale testimonial: spaghetti al riccio con zeste di limone o involtino di spada agli agrumi e pistacchi... giusto per invogliarvi!

Posta

via della Grada 21/a ✉ 40122 – ✆ 05 16 49 21 06 Pianta : D2**c**
– www.ristoranteposta.it – Chiuso vacanze di Natale, sabato a mezzogiorno e lunedì
Carta 27/53 € – *(solo a cena in agosto)*
Zuppa lucchese, tagliata di manzo con osso e un'insalata dedicata alla nobildonna fiorentina, Caterina de' Medici. Nessun errore: siamo in una sobria trattoria poco distante dal centro, ma la cui rinomata cucina si apre ad abbracciare anche i piatti dei "vicini di casa". Siete pronti ad un divertente viaggio culinario?

Biagi

via Savenella 9/a ✉ 40124 – ✆ 05 14 07 00 49 Pianta : E3**c**
– www.ristorantebiagi.it – Chiuso martedì
Carta 29/48 € – *(solo a cena)*
Continua la tradizione della storica famiglia di ristoratori il cui nome fa ormai rima con cucina bolognese. In lista troverete i grandi classici, nessuno escluso.

Teresina

via Oberdan 4 ✉ 40126 – ✆ 0 51 22 89 85 Pianta : F2**z**
– www.ristoranteteresinabologna.it – Chiuso 13-25 agosto e domenica
Carta 33/62 € – (consigliata la prenotazione)
C'è un'intera famiglia impegnata in questa moderna e semplice trattoria, dove gustare piatti della tradizione gastronomica italiana ed interessanti proposte ittiche. In un locale collegato - lo "Spazio Teresina", solo a pranzo dal lunedì al venerdì - si può scegliere fra quattro piatti, tutti a 8 euro.

Trattoria Leonida

vicolo Alemagna 2/b ✉ 40125 – ✆ 0 51 23 97 42 Pianta : F2**h**
– www.trattorialeonida.com – Chiuso 1°-25 agosto e domenica
Carta 26/55 €
Da oltre cinquant'anni rappresenta la tradizione cittadina, con quel piacevole gusto retrò d'invoglianti antipasti esposti in bella vista e godereccia cucina bolognese.

Trattoria Monte Donato

via Siepelunga 118, località Monte Donato, Sud : 4 km Pianta : B2**a**
✉ 40141 – ✆ 0 51 47 29 01 – www.trattoriamontedonato.it – Chiuso domenica in luglio-agosto
Menu 18 € (pranzo in settimana)/35 € – Carta 28/48 €
E' soprattutto con la bella stagione che si possono apprezzare i colori e i profumi di questa trattoria tra i colli; in inverno, la terrazza si chiude, ma il bel panorama rimane sempre a portata di occhi. La cucina - abbondante e tipica - conquista ogni palato.

All'Osteria Bottega

via Santa Caterina 51 ✉ 40123 – ✆ 0 51 58 51 11 – Chiuso agosto, domenica e lunedì Pianta : D2**b**
Carta 28/47 € – (consigliata la prenotazione)
Roccaforte della cucina bolognese, in una sala tanto semplice quanto autenticamente familiare e conviviale, arrivano i migliori salumi emiliani, le paste fresche e le carni della tradizione.

Scacco Matto

via Broccaindosso 63/b ✉ 40125 – ✆ 0 51 26 34 04 Pianta : G2**a**
– www.ristorantescaccomatto.com – Chiuso agosto e lunedì a mezzogiorno
Menu 40/50 € – Carta 37/64 €
A dispetto della semplicità del locale e dei tavoli ravvicinati, è uno dei migliori ristoranti in città: creatività mediterranea, sia pesce sia carne, in piatti colorati e saporiti.

Antica Trattoria della Gigina

via Stendhal 1 ✉ 40128 – ✆ 0 51 32 23 00 Pianta : B1**b**
– www.trattoriagigina.it – Chiuso 3 settimane in agosto
Carta 31/50 €
Gigina, la fondatrice, ne sarebbe orgogliosa: dopo più di mezzo secolo dall'apertura di questa roccaforte della tradizione gastronomica emiliana, in menu campeggiano ancora i classici del "repertorio".

Eataly

via degli Orefici 19 ✉ 40124 – ✆ 05 10 95 28 20 Pianta : F2**c**
– www.eataly.it
Carta 23/46 €
All'interno di un grande bookshop - dislocati su piani diversi - bar, ristorante e osteria: si mangia fra gli scaffali dei libri e delle selezioni gastronomiche targate Eataly. Un punto di eccellenza culinaria in un'originale location!

Aroma de Roma

via Alessandrini 19/D ✉ 40126 – ✆ 0 51 24 74 10 Pianta : F1**a**
– www.aromaderoma.com – Chiuso 4-24 agosto, domenica e lunedì
Menu 30/35 € – Carta 26/44 € – (consigliata la prenotazione)
No, non vi sbagliate! Siamo proprio nella città dotta, sebbene questa caratteristica trattoria si faccia apprezzare per la sue specialità gastronomiche romane - dal cacio e pepe alle braciole d'abbacchio - servite ai piccoli tavoli, sotto cimeli sportivi della magica Roma (appesi a un filo, come un bucato steso, maglia, calzoncini e calze del "pupone", alias Francesco Totti).

Danilo e Patrizia – Savoia Hotel Country House

via del Pilastro 1 ✉ 40127 – ✆ 05 16 33 25 34 – Chiuso Pianta : C1**a**
28 dicembre-4 gennaio, 10-17 agosto, domenica sera e lunedì
Carta 27/44 € – (consigliata la prenotazione)
La sfoglia viene tirata a mano e i tortellini preparati in maniera tradizionale, in questa caratteristica trattoria, dove gustare specialità emiliane, soprattutto a base di funghi e tartufo.

BOLSENA

Viterbo (VT) – ✉ 01023 – 4 147 ab. – Alt. 350 m – Carta regionale n° **12**-A1
Roma 138 km – Viterbo 31 km – Perugia 91 km – Terni 85 km
Carta stradale Michelin 563-O17

Holiday

viale Diaz 38 – ✆ 07 61 79 69 00 – www.bolsena.com – Chiuso
8 gennaio-26 febbraio
23 cam ☕ – †80/120 € ††90/160 € **Rist** – Carta 27/54 €
In riva al lago, in zona leggermente decentrata, una grande villa anni '50 con ampio, curato giardino e piscina. Camere in stile classico, arredate con mobili di pregio. Bella e luminosa sala da pranzo.

Royal senza rist

piazzale Dante Alighieri 8/10 – ✆ 07 61 79 70 48 – www.bolsenahotel.it
37 cam – †50/70 € ††70/110 €, ☕ 10 €
Eleganti salotti e piacevole piscina, in un albergo storico che offre camere di tono classico: un soggiorno in riva al lago, coccolati dalla bellezza del paesaggio.

Columbus

viale Colesanti 27 – ✆ 07 61 79 90 09 – www.bolsenahotel.it – Aperto 2 aprile-1° novembre
36 cam – †40/55 € ††50/96 €, ☕ 7 €
Rist *La Conchiglia* – Carta 26/56 €
Alla fine del viale, sulla piazza prospiciente il lago, una piacevole struttura con spazi comuni di buon livello e camere confortevoli. E' il pesce il primo attore del menu de La Conchiglia: di mare o di lago si presta ad ottime ricette mediterranee. La carta, però, annovera anche qualche piatto di terra.

BOLZANO

✉ 39100 – 103 891 ab. – Alt. 262 m – Carta regionale n° **34-D3**
▶ Roma 641 km – Innsbruck 118 km – Belluno 113 km – Trento 59 km
Carta stradale Michelin 562-C16

Alberghi

Parkhotel Laurin
cam, rist,

via Laurin 4 – ✆ 04 71 31 10 00 – www.laurin.it Pianta : B1**e**

100 cam – 104/222 € 152/297 € – **7 suites**

Rist *Laurin* – Carta 47/82 € – *(chiuso domenica a mezzogiorno escluso in estate)*

Risorsa centenaria di notevole pregio, ospitata in un magnifico edificio in stile liberty, in cui lusso e raffinatezza sono stati abilmente coniugati al confort della modernità. Linea di cucina contemporanea, con un "debole" per le specialità di pesce, nell'atmosfera piacevolmente retrò del ristorante.

Greif senza rist

piazza Walther – ✆ 04 71 31 80 00 – www.greif.it Pianta : B1**n**

33 cam – 113/244 € 169/283 €

Dietro la bellezza del palazzo, restituita alla città da un recente restauro, stanze rimodernate con l'aiuto di artisti internazionali offrono personalizzazioni uniche.

Magdalenerhof
cam,

via Rencio 48, per via Renon - B1 – ✆ 04 71 97 82 67 – www.bolzano-hotel-bozen.com

39 cam – 85/95 € 125/145 € – **7 suites**

Rist – Carta 41/54 € – *(chiuso lunedì)*

Edificio in tipico stile tirolese in posizione tranquilla, dalla gestione diretta ed attenta ai dettagli, presenta stanze di buon livello. La cucina spazia da una linea regionale classica a piatti anche di mare.

Magdalener Suite & Lounge

via Rencio 48, per via Renon - B1 – ✆ 04 71 97 82 67 – www.moremagdalener.com

9 cam – 105/135 € 150/175 € – **4 suites**

Sprigiona fascino da ogni angolo, questa elegante dépendance con camere minimal-chic, quasi una moderna rivisitazione delle classiche linee altoatesine, accessori all'avanguardia e, al piano terra, spazi comuni molto intriganti.

Park Hotel Luna-Mondschein

via Piave 15 – ✆ 04 71 97 56 42 – www.hotel-luna.it Pianta : B1**c**

79 cam – 102/148 € 145/190 € – **4 suites**

Rist *Lunas* – vedere selezione ristoranti

Circondato da un bel parco giardino, questo hotel di tradizione offre il vantaggio di essere in zona centralissima, ma con un ampio garage, e piccola area benessere.

Stadt Hotel Città cam, rist,

piazza Walther 21 – ✆ 04 71 97 52 21 – www.hotelcitta.info Pianta : B1**a**

99 cam – 70/165 € 111/190 € **Rist** – Carta 22/55 €

Affacciato sulla suggestiva piazza Walther, hotel di lunga tradizione che tra i numerosi servizi a disposizione, annovera una spaziosa zona relax. Frequentato anche dai bolzanini il Caffè, con saletta ristorante a parte.

Figl senza rist

piazza del Grano 9 – ✆ 04 71 97 84 12 – www.figl.net Pianta : B1**p**

– Chiuso 7-27 febbraio e 21 giugno-10 luglio

23 cam – 87/95 € 120/130 €, 14 € – **1 suite**

Ospitalità di tono familiare e per certi versi piacevolmente informale in un piccolo ma grazioso hotel del centro, con soluzioni all'avanguardia. Spazi comuni ridotti.

Rentschner Hof rist,

via Rencio 70, per via Renon - B1 – ✆ 04 71 97 53 46 – www.rentschnerhof.com

– Chiuso 9-23 febbraio

21 cam – 68/73 € 108/125 €

Rist – Carta 27/50 € – *(chiuso domenica) (solo a cena)*

E' ubicato alle porte del centro abitato e infatti questo hotel si avvicina più ad un albergo di campagna che non ad una risorsa cittadina. Bella vista sui vigneti. Nella sala ristorante prevalgono tinte chiare e piacevoli.

Ristoranti

Lunas – Park Hotel Luna-Mondschein
via Piave 15 – 04 71 97 56 42 – www.hotel-luna.it Pianta : B1**c**
Carta 42/55 €
Nonostante sia il ristorante di un albergo, il locale è ben conosciuto in città, sia per la sua gradevole location nel giardino, dove in estate si mangia rinfrescati dall'ombra degli alberi, sia per la cucina che spazia dalla tradizionale altoatesina ai classici italiani.

Loewengrube
piazza della Dogana 3 – 04 71 97 00 32 – www.loewengrube.it – Chiuso domenica e giorni festivi Pianta : B1**g**
Menu 32/75 € – Carta 30/83 €
In un edificio del '500, un ristorante/enoteca signorile e al tempo stesso informale con tantissime bottiglie a darvi il benvenuto: un bel locale per situazioni diverse - c'è anche una stube fra le più antiche della città ed una meravigliosa cantina per degustazioni o cene a tema – dove assaporare piatti della tradizione reinterpretati con gusto moderno.

Vögele
via Goethe 3 – 04 71 97 39 38 – www.voegele.it – Chiuso domenica e giorni festivi Pianta : A1**b**
Carta 22/66 €
Un classico nel panorama della ristorazione bolzanina: un'osteria le cui origini si perdono nel tempo, arredata ancora oggi in stile Biedermeier, la cucina predilige il territorio con qualche spunto mediterraneo.

Forsterbrau Central
via Goethe 6 – 04 71 97 72 43 – www.forsterbrau.it – Chiuso domenica escluso dicembre Pianta : A1**f**
Carta 26/56 €
Un ottimo indirizzo da consigliare a chi ricerca la vera atmosfera altoatesina, in un ambiente informale ma molto curato, godendo dei classici gastronomici della località. Imperdibile, lo stinco di maiale al forno.

sulla strada statale 12-zona Fiera A Sud: 2 km

Four Points Sheraton rist,
via Buozzi 35 39100 – 0 47 11 95 00 00 – www.fourpointsbolzano.com
168 cam – 100/180 € 140/220 € – **21 suites**
Rist *Valier* – Carta 46/60 € – *(chiuso domenica a mezzogiorno)*
Attualmente il più grande hotel di Bolzano e forse il più moderno. Accanto alla fiera, dispone di un notevole centro congressi e di confort ideali per la clientela business. Ristorante di design, così come l'hotel, ottimo servizio.

a Colle di Villa Sud : 12 km – 39100 Bolzano

Colle-Kohlern con cam rist,
– 04 71 32 99 78 – www.albergocolle.com – Aperto 17 dicembre-3 gennaio e 1° maggio-1° novembre
18 cam – 105/135 € 150/250 €
Carta 33/67 € – *(chiuso lunedì)* (prenotazione obbligatoria la sera)
Costruita nel 1908, la funivia che porta alla Gasthof è stata la prima al mondo ad essere realizzata. All'insegna della tradizione anche il ristorante: una bella veranda affacciata sulla valle, dove gustare piatti regionali. Nata come locanda ai primi del '900, la risorsa dispone di camere arredate con mobili in stile ed una splendida piscina a sfioro con vista sulla città.

a Signato Nord-Est : 5 km – 39054

Patscheider Hof
via Signato 178 – 04 71 36 52 67 – www.patscheiderhof.com – Chiuso 7-31 gennaio, luglio, lunedì sera e martedì
Carta 21/57 €
In un autentico maso, cucina regionale di incontrastata qualità realizzata partendo da un'ottima materia prima: tra i nostri preferiti, il tris di canederli!

BOLZANO VICENTINO

Vicenza (VI) – ✉ 36050 – 6 555 ab. – Alt. 45 m – Carta regionale n° **38-B1**
Roma 533 km – Padova 41 km – Treviso 54 km – Vicenza 13 km
Carta stradale Michelin 562-F16

XX **Locanda Grego** con cam

via Roma 24 – ✆ 04 44 35 05 88 – www.ristorantegrego.it – Chiuso 26 dicembre-6 gennaio e 10-31 agosto
15 cam – †50/75 € ††75/100 €
Carta 26/53 € – *(chiuso mercoledì sera e domenica sera)*
Tra i tavoli di una locanda che esiste dagli inizi dell'Ottocento, proposte di cucina regionale con piatti preparati secondo stagione e tradizione. Le camere sono state rinnovate per offrire un'accoglienza di gusto contemporaneo pur mantenendo il peculiare carattere di calore e familiarità che contraddistingue la casa.

BOLZONE → Vedere Ripalta Cremasca

Cremona (CR)

BOMPORTO

Modena (MO) – ✉ 41030 – 9 993 ab. – Alt. 25 m – Carta regionale n° **8-B2**
Roma 417 km – Bologna 50 km – Modena 16 km – Reggio nell'Emilia 47 km
Carta stradale Michelin 562-H15

a Sorbara Nord-Ovest : 4 km

Rosso Frizzante N senza rist

via Falcone Borsellino 66 – ✆ 0 59 90 29 31 – www.rossofrizzante.it – Chiuso 24 dicembre-6 gennaio e 7-25 agosto
40 cam – †60/100 € ††80/120 €
Il nome dell'albergo rende omaggio al lambrusco che proprio a Sorbara ha una delle sue doc. Offre camere spaziose, semplici e moderne; i prezzi contenuti sono un ulteriore vantaggio, frutto della riduzione dei costi di servizio (la colazione ad esempio è self-service).

BONAGIA → Vedere Valderice

Trapani (TP)

BONASSOLA

La Spezia (SP) – ✉ 19011 – 942 ab. – Carta regionale n° **15-D2**
Roma 456 km – La Spezia 38 km – Genova 83 km – Massa 72 km
Carta stradale Michelin 561-J10

Delle Rose rist,

via Garibaldi 8 – ✆ 01 87 81 37 13 – www.hoteldellerosebonassola.it – Aperto 11 aprile-18 ottobre
25 cam – †80/100 € ††100/140 € **Rist** – Carta 33/40 € – *(solo a cena)*
Sulla piazza di questo bel borgo di mare, a pochi passi dalla spiaggia, solida gestione familiare che garantisce un buon livello di ospitalità. E la giornata inizia sotto una buona stella, grazie alla prima colazione al roof garden panoramico.

Villa Belvedere

via Ammiraglio Serra 15 – ✆ 01 87 81 36 22 – www.hotelvillabelvedere.eu – Aperto da inizio aprile a fine ottobre
22 cam – †95 € ††120/140 €
Rist – Carta 31/52 € – *(chiuso martedì) (solo a cena) (solo per alloggiati)*
Piccolo albergo contornato da terrazze verdeggianti con vista mare. Gestione attenta, camere e ambienti comuni arredati con cura e tocchi etnici qua e là.

BONDENO

Ferrara (FE) – ✉ 44012 – 14 864 ab. – Alt. 11 m – Carta regionale n° **9-C1**
Roma 443 km – Bologna 66 km – Ferrara 20 km – Mantova 76 km
Carta stradale Michelin 562-H16

Tassi con cam

viale Repubblica 23 – ✆ 05 32 89 30 30 – Chiuso 1°-4 gennaio
10 cam – 60 € 70 €
Menu 15/50 € – Carta 28/70 € – *(chiuso domenica sera e lunedì)*
Attivo dal 1918, in questo storico locale si cucina - ancora oggi - la "salama da sugo", esattamente come 50 anni fa. Ad essa si sono aggiunte, la pasta (rigorosamente tirata con il mattarello), i celebri bolliti, la lingua di cinghiale affumicata e cotta nel vino rosso, nonché qualche palmipede delle vicine zone lagunari. Senza carta, tutto a voce!

BONDONE (Monte)

Trento (TN) – 670 ab. – Alt. 2 098 m – Carta regionale n° **33**-B3
Roma 599 km – Trento 24 km – Bolzano 85 km – Riva del Garda 57 km
Carta stradale Michelin 562-D15

a Vason Nord : 2 km Alt. 1 561 m – ✉ 38123 Vaneze

Le Blanc Hotel & Spa

località Vason 64 – ✆ 04 61 94 74 57 – www.leblanchotelspa.com – Aperto 1° dicembre-Pasqua e 15 giugno-15 settembre
80 cam – 64/80 € 89/140 €
Rist – Menu 20 € – *(solo a cena) (solo per alloggiati)*
Moderno e lineare, con ampie vetrate panoramiche, le sue camere spaziose lo rendono ideale per famiglie con figli al seguito (vicino alla hall c'è un piccolo spazio riservato ai bambini e – in stagione – è presente anche un'animatrice). Massaggi, bagno turco e piscina coperta attendono l'ospite presso il centro benessere.

Alpine Mugon

località Vason 118 – ✆ 04 61 94 71 16 – www.mugon.it – Aperto inizio dicembre-inizio aprile e 15 giugno-15 settembre
44 cam – 55/150 € 100/300 € **Rist** – Carta 23/48 €
Albergo montano di ultima generazione, funzionale e lineare nel suo stile asciutto che abbina legno e modernità. Si sottolinea la completezza dei servizi, tra cui il bel centro benessere con grande piscina coperta.

Chalet Caminetto

strada di Vason 139 – ✆ 04 61 94 82 00 – www.chaletcaminetto.it – Aperto 6 dicembre-12 aprile e 20 giugno-15 settembre
31 cam – 55/125 € 80/220 €
Rist – Menu 20 € – *(solo a cena) (solo per alloggiati)*
Appena oltre il passo, albergo alpino con l'appeal del piccolo, ma attrezzato, centro benessere con minuscola beauty (a pagamento) e camere con balcone: il tutto, sotto la diretta supervisione dei titolari!

BONFERRARO

Verona (VR) – ✉ 37060Alt. 20 m – Carta regionale n° **39**-A3
Roma 483 km – Verona 35 km – Ferrara 77 km – Mantova 19 km
Carta stradale Michelin 562-G15

Sarti

via Don Giovanni Benedini 1 – ✆ 04 57 32 02 33 – www.ristorantesarti.it – Chiuso 25 luglio-18 agosto e martedì
Menu 25 € – Carta 22/52 €
Ristorante classico, a conduzione familiare ed elegante negli arredi, propone una cucina tradizionale, nonché un'ampia carta di vini e distillati. Tra i nostri piatti preferiti: grigliata di carne, formaggi e mostarda. E per finire in dolcezza, l'immancabile sbrisolona!

BORCA DI CADORE

Belluno (BL) – ✉ 32040 – 793 ab. – Carta regionale n° **40-C1**
Roma 655 km – Venezia 144 km – Belluno 56 km – Cortina d'Ampezzo 15 km
Carta stradale Michelin 562-C18

Antelao

via Roma 11 – ✆ 04 35 48 25 63 – www.hotelantelao.it
33 cam – 100/210 € 160/380 € **Rist** – Carta 29/66 €
Sulla strada per la mondana Cortina, camere moderne con grande profusione di legno in un hotel che dispone di un centro benessere presso la struttura stessa e di un altro molto grande - in gestione - a circa 800 m (servizio navetta a disposizione degli ospiti). Piatti cadorini, ampezzani e regionali al ristorante: filetti di carne, tra le specialità della casa.

BORDIGHERA

Imperia (IM) – ✉ 18012 – 10 436 ab. – Carta regionale n° **14-A3**
Roma 656 km – Imperia 43 km – Genova 155 km – San Remo 13 km
Carta stradale Michelin 561-K4

Grand Hotel del Mare Resort & SPA

via Portico della Punta 34, Est : 2 km – ✆ 01 84 26 22 01 – www.grandhoteldelmare.it
cam,
44 cam – 90/500 € 90/500 € – **20 suites** **Rist** – Carta 37/148 €
In posizione isolata su una punta costiera, moderna struttura con generosi spazi comuni. Di due tipologie le camere: alcune con arredi d'epoca, altre di tono più classico, tutte affacciate sul mare. Ampie vetrate illuminano l'ariosa sala da pranzo arredata con eleganza d'impronta classica.

Parigi

cam, rist,
lungomare Argentina 16/18 – ✆ 01 84 26 14 05 – www.hotelparigi.com – Chiuso 11 ottobre-20 dicembre
55 cam – 160/220 € 160/220 € – **1 suite** **Rist** – Carta 38/63 €
Lungo la bella passeggiata pedonale a ridosso della spiaggia, camere spaziose e di sobria eleganza, classiche o più moderne, con o senza vista mare. Ma c'è anche un centro benessere completo di sauna, bagno turco, trattamenti estetici e una cabina del sale. Al ristorante: buffet di antipasti e di verdure e - soprattutto - il piacere di una vista panoramica sul mare per cene indimenticabili.

Piccolo Lido

cam, rist,
lungomare Argentina 2 – ✆ 01 84 26 12 97 – www.hotelpiccololido.it – Chiuso 1° ottobre-22 dicembre
33 cam – 75/190 € 92/200 €
Rist – Menu 24/30 € – *(solo per alloggiati)*
Recentemente dotata di una piacevole terrazza-solarium con vista sul mare, offre interni nei quali dominano i colori pastello e camere fresche dall'arredo fantasioso. All'inizio della passeggiata lungomare.

Villa Elisa

via Romana 70 – ✆ 01 84 26 13 13 – www.villaelisa.com – Aperto 16 febbraio-1° novembre
30 cam – 80/120 € 110/190 € – **2 suites**
Rist *L'Aranceto* – Carta 32/66 € – *(solo a cena)*
Lungo la strada cha ha visto i fasti della belle époque, una villa circondata da un incantevole giardino in cui aleggiano fragranze di aranci, limoni e ulivi. Interni d'atmosfera. Cucina ligure e più ampiamente marinara all'Aranceto.

Le Chaudron

via Vittorio Emanuele 7 – ✆ 01 84 26 35 92 – Chiuso 12-31 gennaio e lunedì
Menu 30 € – Carta 41/99 €
E' in un vecchio deposito merci vicino al lungomare che questo ristorante di famiglia ha trovato posto; dell'epoca rimane il suggestivo soffitto in mattoni e a volte sotto cui si mangia, il resto dell'arredo è nelle mani della fantasia.

Romolo Mare

lungomare Argentina 1 – 01 84 26 11 05 – www.romolomare.it – Chiuso 7-31 gennaio, martedì sera e mercoledì escluso dal 15 giugno al 15 settembre
Menu 19 € (pranzo in settimana) – Carta 32/64 €
In splendida posizione sulla spiaggia di fine passeggiata, piatti a base di pesce per rifocillarsi dopo una bella nuotata o per una cena ad alto tasso di romanticismo.

Magiargè Vini e Cucina

piazza Giacomo Viale, centro storico – 01 84 26 29 46 – www.magiarge.it – Chiuso giovedì
Menu 25 € – Carta 33/52 € – *(solo a cena in luglio-agosto)* (consigliata la prenotazione)
Caratteristico e vivace, nell'affascinante centro storico, le salette sembrano scavate nella roccia, coperte da un soffitto a volta. Nessuna sorpresa dalla cucina: cappon magro, stoccafisso mantecato "brandacujon", ciuppin alla sanremasca (zuppa di pesce). La Liguria è tutta nel piatto!

BORGARO TORINESE

Torino (TO) – ✉ 10071 – 13 629 ab. – Alt. 254 m – Carta regionale n° **22-A1**
Roma 691 km – Torino 14 km – Asti 77 km – Biella 76 km
Carta stradale Michelin 561-G4

Atlantic

via Lanzo 163 – 01 14 50 00 55 – www.hotelatlantic.com
150 cam – 58/78 € 78/196 €
Rist *Il Rubino* – vedere selezione ristoranti
Nuova spa con trattamenti all'avanguardia e belle camere, alcune addirittura con angolo cottura per lunghi soggiorni, in una risorsa dagli ampi ambienti destinati all'attività congressuale.

Il Rubino – Hotel Atlantic

via Lanzo 163 – 01 14 50 00 55 – www.hotelatlantic.com
Carta 31/56 € – *(chiuso domenica)*
Ci sono tutti i presupposti per scegliere questo indirizzo: spazi ampi, proposte regionali e nazionali, ambiente curato e accogliente. Difficile uscirne non soddisfatti!

BORGHETTO → Vedere Valeggio sul Mincio

Verona (VR)

BORGHETTO DI BORBERA

Alessandria (AL) – ✉ 15060 – 2 016 ab. – Alt. 295 m – Carta regionale n° **23-D3**
Roma 550 km – Pavia 81 km – Alessandria 55 km – Genova 56 km
Carta stradale Michelin 561-H8

Il Fiorile con cam

via XXV Aprile 6, frazione Castel Ratti, Sud-Est : 2 km – 01 43 69 73 03 – www.ilfiorile.com – Chiuso 12 gennaio-4 febbraio
6 cam – 60/65 € 75/80 €
Menu 35 € – Carta 23/38 € – *(chiuso lunedì e martedì) (solo a cena escluso sabato e domenica)* (consigliata la prenotazione)
Quasi come in una cartolina, il calore di un vecchio fienile immerso nel silenzio dei boschi induce a riscoprire i profumi e le ricette del passato: flan di Montebore con miele d'acacia, tajarin "paglia e fieno" con tartufo nero, crema rovesciata di mele Carle con granita di Moscato.

BORGIO VEREZZI

Savona (SV) – ✉ 17022 – 2 233 ab. – Carta regionale n° **14-B2**
Roma 576 km – Genova 77 km – Imperia 49 km – Savona 30 km
Carta stradale Michelin 561-J6

Doc

via Vittorio Veneto 1 – 0 19 61 14 77 – www.ristorantedoc.it – Chiuso lunedì, anche martedì da ottobre a maggio
Carta 48/70 € – *(solo a cena)*
All'interno di una signorile villetta d'inizio secolo adornata da un grazioso giardino - a cui si è aggiunto un nuovo spazio adibito ad arte ed eventi - un ristorante dall'ambiente raccolto e curato, in cui godere di una certa eleganza.

Da Casetta

piazza San Pietro 12 – ✆ 0 19 61 01 66 – Chiuso da lunedì a giovedì in ottobre-aprile, solo martedì negli altri mesi
Carta 25/60 € – *(solo a cena escluso sabato e domenica)* (consigliata la prenotazione)
Una piacevole passeggiata attraverso il centro storico, vi condurrà fino a questo caratteristico ristorante che propone piatti legati alle tradizioni gastronomiche locali: picagge al pesto, cima alla genovese e gobeletti.

BORGO A MOZZANO

Lucca (LU) – ✉ 55023 – 7 123 ab. – Alt. 97 m – Carta regionale n° **31**-B1
Roma 364 km – Pisa 43 km – Firenze 94 km – Lucca 22 km
Carta stradale Michelin 563-K13

Milano

via del Brennero, 9, località Socciglia, Sud-Est : 1,5 km – ✆ 05 83 88 91 91 – www.hotelmilano-lucca.it – Chiuso 2-15 gennaio
34 cam – †45/60 € ††60/95 €
Rist – Carta 18/47 € – *(chiuso domenica sera e sabato)*
Sulle rive del Serchio, un hotel ecofriendly la cui attenta conduzione diretta ha fatto sì che fossero apportate - nel corso degli anni - molte migliorie: ampie camere, un po' più moderne quelle recentemente ristrutturate. Stile retrò per il ristorante dalla calda atmosfera.

BORGO FAITI → Vedere Latina

Latina (LT)

BORGOMANERO

Novara (NO) – ✉ 28021 – 21 394 ab. – Alt. 307 m – Carta regionale n° **24**-A3
Roma 650 km – Stresa 29 km – Novara 33 km – Milano 74 km
Carta stradale Michelin 561-E7

Pinocchio

via Matteotti 147 – ✆ 0 32 28 22 73 – www.ristorantepinocchio.it – Chiuso vacanze di Natale, 13-22 agosto e mercoledì
Menu 55/75 € – Carta 50/95 € – (consigliata la prenotazione)
Circondato da un delizioso giardino, dove viene anche svolto il servizio estivo, un elegante ristorante che continua a proporre una cucina tra passato e presente, tradizioni del territorio piemontese (piatti di carne e pesce di lago) ed interpretazioni più raffinate: una fusione che sorprende per naturalezza ed armonia del risultato.

BORGO MOLARA → Vedere Palermo

Palermo (PA)

BORGONATO → Vedere Corte Franca

Brescia (BS)

BORGONOVO VAL TIDONE

Piacenza (PC) – ✉ 29011 – 7 774 ab. – Alt. 114 m – Carta regionale n° **8**-A1
Roma 542 km – Piacenza 23 km – Pavia 41 km – Milano 63 km
Carta stradale Michelin 561-G10

La Palta (Maria Luisa Mazzocchi)

località Bilegno, Sud Est : 3 km – ✆ 05 23 86 21 03 – www.lapalta.it – Chiuso 10 giorni in gennaio, 20 giorni in luglio e lunedì
Menu 75 € – Carta 45/78 €
In una sperduta frazione nella campagna piacentina, per una volta la retorica della finta trattoria cede il passo ad un locale moderno, dove la cucina aspira a preparazioni creative - ben presentate - con qualche richiamo alla tradizione locale: in particolare, i salumi rigorosamente stagionati in casa.
→ Storione con fave e asparagi su centrifuga di sedano. Beccaccia con luppolo selvatico. Cremoso alla vaniglia con amarene stufate e sorbetto di lavanda.

BORGO PANIGALE → Vedere Bologna

Bologna (BO)

BORGO PRIOLO

Pavia (PV) – ✉ 27040 – 1 388 ab. – Alt. 144 m – Carta regionale n° **16-B3**
Roma 572 km – Alessandria 60 km – Pavia 31 km – Milano 68 km
Carta stradale Michelin 561-H9

Agriturismo Torrazzetta

frazione Torrazzetta 1, Nord-Ovest : 2 km – ☎ 03 83 87 10 41 – www.torrazzetta.it – Chiuso 10 giorni in agosto
32 cam – †60/80 € ††80/110 €
Rist – Carta 21/50 € – (consigliata la prenotazione)
Camere semplici e funzionali, alcune soppalcate, in una grande cascina immersa nel verde e dal piacevole côté rustico. Se ad occuparsi della cucina è il figlio dei titolari, per i vini ci si affida esclusivamente alla produzione propria; il sabato sera e la domenica a pranzo, si può approfittare del menu degustazione, che include una panoramica di piatti tipici.

BORGORICCO

Padova (PD) – ✉ 35010 – 8 538 ab. – Alt. 18 m – Carta regionale n° **40-C2**
Roma 511 km – Venezia 51 km – Padova 18 km – Treviso 40 km
Carta stradale Michelin 562-F17

Storie d'Amore

via Desman 418, località San Michele delle Badesse – ☎ 04 99 33 65 23 – www.storiedamorerestaurant.it – Chiuso 10 giorni in gennaio, 1 settimana in luglio e giovedì
Menu 55 € (cena)/100 € – Carta 48/100 € – (prenotazione obbligatoria)
Non lontano dalla città di Padova, una piacevole pausa gastronomica all'insegna della modernità con piatti di terra e di mare, accompagnati da un'interessante selezione enologica. Un po' alla moda, un po' romantico: sicuramente un ottimo indirizzo!

BORGO SAN LORENZO

Firenze (FI) – ✉ 50032 – 17 952 ab. – Alt. 193 m – Carta regionale n° **32-C1**
Roma 296 km – Firenze 34 km – Bologna 100 km – Forlì 89 km
Carta stradale Michelin 563-K16

Park Hotel Ripaverde

viale Giovanni XXIII 36 – ☎ 05 58 49 60 03 – www.ripaverde.it
54 cam – †65/242 € ††85/242 € – **3 suites**
Rist – Carta 25/60 € – *(chiuso domenica) (solo a cena)*
La struttura mantiene immutate le sue caratteristiche di comodità ed elevato livello di confort in virtù di una gamma completa di servizi. Bella la zona piscina servita anche da un bar.

sulla strada statale 302 Sud-Ovest : 15 km :

Casa Palmira senza rist

località Feriolo-Polcanto ✉ 50032 – ☎ 05 58 40 97 49 – www.casapalmira.it – Chiuso 10 dicembre-10 marzo
6 cam – †50/60 € ††75/95 €
Un fienile ristrutturato di un'antica casa colonica nel quale l'ospitalità ha un sapore antico e intimo. Nella verde campagna del Mugello, ci si sente come a casa di amici, ospitati in camere dal piacevole stile rustico-elegante.

BORGOSESIA

Vercelli (VC) – ✉ 13011 – 12 909 ab. – Alt. 354 m – Carta regionale n° **23-C1**
Roma 674 km – Vercelli 59 km – Milano 97 km – Novara 44 km
Carta stradale Michelin 561-E6

Casa Galloni 1669

via Cairoli 42 – 0 16 32 32 54 – Chiuso domenica sera e lunedì
Carta 33/43 €
Nel centro storico, una casa intima e raccolta sin dalla corte interna che si attraversa per salire alle tre sale: cucina della tradizione, abilmente rivisitata, e servizo solo serale alla Stube con salumi, formaggi, qualche piatto classico, nonché vini al bicchiere.

BORGO VAL DI TARO

Parma (PR) – 43043 – 7 218 ab. – Alt. 411 m – Carta regionale n° **8-A2**
Roma 473 km – La Spezia 73 km – Parma 72 km – Reggio nell'Emilia 103 km
Carta stradale Michelin 562-I11

Agriturismo Cà Bianca

località Ostia Parmense 84, Nord-Est : 7 km – 0 52 59 80 03 – www.agriturismocabianca.it – Chiuso 11 gennaio-5 marzo
7 cam – 49/63 € 70/90 €
Rist – Menu 25/35 € – *(solo a cena escluso domenica)* (prenotazione obbligatoria)
Ai bordi di un affluente del Taro, un piacevole cascinale interamente ristrutturato: camere con arredi d'epoca e recuperati da vari mercatini. Uno scrigno fiabesco! Al ristorante cucina tipica e ricette emiliane.

BORGO VALSUGANA

Trento (TN) – 38051 – 6 906 ab. – Alt. 380 m – Carta regionale n° **34-C3**
Roma 591 km – Trento 36 km – Venezia 137 km – Vicenza 93 km
Carta stradale Michelin 562-D16

Locanda in Borgo senza rist

corso Ausugum 90 – 04 61 75 71 03 – www.locandainborgo.it
15 cam – 45/60 € 90/130 €
L'antico palazzo sorto in pieno centro a fine Settecento rinasce come accogliente e raffinata locanda, mentre il passato rivive in parte nei pavimenti, ma anche nei serramenti fantasiosamente "riciclati" in alcune testiere dei letti o per creare una dispensa con i sapori del territorio. A soli 5 km da Arte Sella.

BORGO VERCELLI

Vercelli (VC) – 13012 – 2 288 ab. – Alt. 126 m – Carta regionale n° **23-C2**
Roma 640 km – Vercelli 7 km – Milano 68 km – Novara 15 km
Carta stradale Michelin 561-F7

Osteria Cascina dei Fiori

regione Forte - Cascina dei Fiori – 0 16 13 28 27 – Chiuso luglio, domenica e lunedì
Carta 38/81 €
Linea gastronomica legata al territorio, anche se non mancano alcune proposte innovative, in un ambiente rustico-elegante. Interessante scelta enologica.

BORMIO

Sondrio (SO) – 23032 – 4 042 ab. – Alt. 1 225 m – Carta regionale n° **17-C1**
Roma 704 km – Sondrio 64 km – Bolzano 123 km – Trento 139 km
Carta stradale Michelin 561-C13

Eden

via Funivie 3 23032 Bormio – 03 42 91 16 69 – www.edenbormio.it – Chiuso maggio, ottobre e novembre
21 suites – 400/700 € – 6 cam
Rist *Umami* – vedere selezione ristoranti
Si differenzia dai tipici alberghi alpini sin dall'esterno, quattro torrette in legno collegate, semplici ed essenziali. L'elegante sobrietà continua all'interno nelle ampie camere in larice, alcune con giardino privato.

Baita dei Pini

rist,

via Don Peccedì 15 – 03 42 90 43 46 – www.baitadeipini.com – Aperto 1° dicembre-30 aprile e 1° giugno-30 settembre

30 cam – 70 € 140 € – **7 suites** **Rist** – Carta 26/47 €

Vicino al centro storico, agli impianti di risalita e alle terme, l'hotel dispone di spazi comuni riscaldati da scoppiettanti camini, romantiche camere interamente avvolte nel legno e raffinate suite impreziosite da tappeti persiani. Piatti valtellinesi, ma non solo, nella tipica stube o nell'elegante sala da pranzo.

Genzianella

via Funivie, angolo via Zandilla 6 – 03 42 90 44 85 – www.genzianella.com – Aperto 6 dicembre-25 aprile e 25 maggio-20 settembre

39 cam – 60/150 € 110/200 € – **1 suite**

Rist – Carta 29/65 € – *(aperto 21 dicembre-10 aprile e 15 giugno-10 settembre) (solo a cena)*

Legno, stoffe preziose, stufe antiche ed alcuni mobili di antiquariato locale si sono dati appuntamento qui per creare un ambiente accogliente, fortemente personalizzato. Praticamente di fronte agli impianti di risalita, l'hotel è ideale anche per le famiglie. Ristorante classico e piccola, caratteristica, stube.

Alù

via Btg. Morbegno 20 – 03 42 90 45 04 – www.hotelalu.it – Aperto 5 dicembre-15 aprile e 15 giugno-15 settembre

30 cam – 68/125 € 116/250 €, 15 €

Rist – Menu 29/50 € – *(solo a cena) (solo per alloggiati)*

A pochi metri di distanza dalla partenza della funivia per Bormio2000, una risorsa molto curata con camere rinnovate in un moderno stile montano ed un grazioso centro benessere. Ristorante d'albergo dalle sale "calde" e signorili.

Miramonti Park Hotel

rist,

via Milano 50 – 03 42 90 33 12 – www.miramontibormio.it

50 cam – 49/160 € 69/250 € **Rist** – Carta 40/60 €

C'è di tutto nel nuovissimo centro benessere "The Flower": palestra, piscina con idromassaggio e doccia cervicale, biosauna, bagno turco, angolo tisaneria ed altro ancora in un albergo - appena fuori dal centro - con belle camere, di cui cinque mansardate.

Larice Bianco

via Funivie 10 – 03 42 90 46 93 – www.laricebianco.it – Aperto 5 dicembre-14 aprile e 16 giugno-19 settembre

42 cam – 60/110 € 110/220 € **Rist** – Carta 28/47 € – *(solo a cena)*

In comoda posizione, nei pressi degli impianti di risalita, un hotel a conduzione familiare, confortevole e con spazi comuni di gran respiro. Giardino ombreggiato. Sala da pranzo in stile.

Agriturismo Rini

via Rini Cav. Pietro 2 – 03 42 90 12 24 – www.rini.it

14 cam – 74/87 € 108/134 € – **3 suites**

Rist – Carta 21/47 € – *(solo a cena escluso sabato e domenica)*

Per gli amanti della vita rurale, camere in legno chiaro, tessuti di buon livello e un'intrigante vista sulla moderna stalla nella sala ristorante.

Umami N – Hotel Eden

via Funivie 3 23032 Bormio – 03 42 90 34 18 – Chiuso maggio, ottobre e novembre

Menu 70/90 € – Carta 51/81 € – (consigliata la prenotazione la sera)

Due mondi così distanti, Napoli e le Alpi, s'incontrano in questo ristorante: pizzoccheri e selvaggina, ragù partenopeo e pastiera. Merito del cuoco di origini campane e della sua cucina all'insegna dell'Umami, il gusto dei sapori.

→ Eslposione di ragù napoletano. Petto d'anatra con purea di sedano rapa, dadolata di mela Granny Smith e nocciole. Sfoglie all'alloro con crema di ricotta di pecora e lamponi.

BORNO

Brescia (BS) – ✉ 25042 – 2 619 ab. – Alt. 912 m – Carta regionale n° **17-C2**
▶ Roma 622 km – Brescia 77 km – Bergamo 72 km – Milano 121 km
Carta stradale Michelin 561-E12

Zanaglio senza rist

via Trieste 3 – ✆ 0 36 44 15 20 – www.bedzanaglio.it
6 cam ☕ – 🚹50/67 € 🚹🚹75/95 €
Il fascino di una quattrocentesca casa di montagna, con rustiche e personalizzate salette, nonché camere di calda atmosfera.

BORROMEE (Isole) → Vedere Stresa

Verbano-Cusio-Ossola (VB)

BOSA

Oristano (OR) – ✉ 08013 – 8 008 ab. – Alt. 2 m – Carta regionale n° **28-A2**
▶ Alghero 46 km – Cagliari 174 km – Nuoro 83 km – Oristano 66 km
Carta stradale Michelin 366-L42

a Bosa Marina Sud-Ovest : 2,5 km – ✉ 08013

Al Gabbiano

rist,

viale Mediterraneo 5 – ✆ 07 85 37 41 23 – www.hotelalgabbiano.it
35 cam ☕ – 🚹55/75 € 🚹🚹80/120 €
Rist – Menu 18/30 € – *(aperto Pasqua-30 ottobre)*
Continue opere di ristrutturazione e 5 nuove camere moderne all'ultimo piano, per questo albergo sempre molto ben tenuto dalla famiglia che lo gestisce sin dalla sua fondazione.

BOSCO → Vedere Perugia

Perugia (PG)

BOSCO CHIESANUOVA

Verona (VR) – ✉ 37021 – 3 615 ab. – Alt. 1 106 m – Carta regionale n° **39-A2**
▶ Roma 546 km – Verona 32 km – Brescia 112 km – Trento 90 km
Carta stradale Michelin 562-F15

Lessinia

cam, rist,

piazzetta degli Alpini 2/3 – ✆ 04 56 78 01 51 – www.hotellessinia.it – Chiuso 1°-30 gennaio, 11-19 giugno e 1°-19 settembre
22 cam – 🚹35/50 € 🚹🚹60/90 €, ☕ 5 € **Rist** – Carta 20/24 €
Ad un'altitudine di circa 1000 metri, camere rustiche e due belle stanze interamente in legno in una risorsa dalla gestione tipicamente familiare. Ambiente informale e piatti del territorio al ristorante: gnocchi "sbatui" e cacciagione, tra le specialità della casa.

BOSCO MARENGO

Alessandria (AL) – ✉ 15062 – 2 509 ab. – Alt. 121 m – Carta regionale n° **23-C2**
▶ Roma 578 km – Alessandria 15 km – Genova 81 km – Milano 96 km
Carta stradale Michelin 561-H8

Locanda dell'Olmo

piazza Mercato 7 – ✆ 01 31 29 91 86 – www.locandadellolmo.it – Chiuso 25 dicembre-5 gennaio, 27 luglio-21 agosto, martedì sera e lunedì
Menu 33 € (pranzo in settimana) – Carta 26/46 €
Locale sempre molto frequentato, in virtù della sua valida cucina di matrice prevalentemente regionale con agnolotti, rabattoni, brasati, ma con influenze liguri per alcuni altri piatti come la cima, lo stoccafisso in umido o i frittini.

BOSNASCO

Pavia (PV) – ✉ 27040 – 635 ab. – Alt. 124 m – Carta regionale n° **16-B3**
▶ Roma 541 km – Milano 64 km – Pavia 26 km – Brescia 112 km

Lo

via Mandelli 60, località Cardazzo, Est : 1 km – ✆ 03 85 27 20 28 – www.ristorantelo.it – Chiuso domenica
Menu 30/50 € – Carta 33/71 €
Moderno locale gestito direttamente dalla famiglia Losio: padre, madre ed il figlio Tiziano, lo chef. A lui il compito di selezionare le migliori carni, preparare ottime paste, proporre alcune ricette a base di pesce. In menu anche i celebri salumi della zona.

BOSSOLASCO

Cuneo (CN) – ✉ 12060 – 682 ab. – Alt. 757 m – Carta regionale n° **25-C3**
Roma 611 km – Cuneo 61 km – Asti 59 km – Savona 60 km
Carta stradale Michelin 561-I6

La Panoramica

via Circonvallazione 1 – ✆ 01 73 79 34 01 – www.lapanoramica.com – Aperto 1° marzo-30 novembre
24 cam – †50/75 € ††60/85 €
Rist *La Panoramica* – vedere selezione ristoranti
Dalla pianura del cuneese all'arco alpino: è la panoramica offerta di questa risorsa, familiare e funzionale, tappa ideale per rilassarsi dalla frenetica routine quotidiana.

La Panoramica – Hotel La Panoramica

via Circonvallazione 1 – ✆ 01 73 79 34 01 – www.lapanoramica.com – Aperto 1° marzo-30 novembre; chiuso lunedì e martedì escluso in giugno-settembre
Menu 20/30 € – Carta 17/31 €
Cucina langarola e rossi vini piemontesi (Barolo, Barbaresco, nebbiolo...), ma se preferite restare sui classici italiani, la cuoca non sdegnerà di accontentarvi. La cantina custodisce anche saporiti bianchi come l'arneis, la favorita e lo chardonnay.

BOTTANUCO

Bergamo (BG) – ✉ 24040 – 5 180 ab. – Alt. 222 m – Carta regionale n° **19-C2**
Roma 609 km – Bergamo 22 km – Milano 43 km – Lecco 32 km
Carta stradale Michelin 561-F10

Villa Cavour

via Cavour 49 – ✆ 0 35 90 72 42 – www.villacavour.com – Chiuso 1°-7 gennaio e 10-30 agosto
16 cam – †65/85 € ††80/100 €
Rist *Villa Cavour* – vedere selezione ristoranti
Molto gettonato da una clientela d'affari - in zona per le ricche attività produttive - hotel a gestione familiare, curato e confortevole. Le camere sfoggiano arredi di diverso stile.

Villa Cavour – Hotel Villa Cavour

via Cavour 49 – ✆ 0 35 90 72 42 – www.villacavour.com – Chiuso 1°-7 gennaio e 10-30 agosto e domenica sera
Menu 45/65 € – Carta 35/79 €
Cucina fondamentalmente classica italiana, in alcuni piatti con rivisitazioni moderne, qualche proposta di mare e una cordialità che mette d'accordo tutti i clienti.

BOTTICINO

Brescia (BS) – ✉ 25082 – 10 856 ab. – Alt. 153 m – Carta regionale n° **17-C1**
Roma 552 km – Brescia 13 km – Milano 112 km – Verona 71 km
Carta stradale Michelin 561-F12

Trattoria Eva

via Gazzolo 75, località Botticino Mattina, Nord-Est : 2,5 km – ✆ 03 02 69 15 22 – www.trattoriaeva.net – Chiuso 10 giorni in gennaio, martedì sera e mercoledì
Menu 12 € (pranzo in settimana)/40 € – Carta 31/46 €
Un rustico di campagna e una famiglia con un passato nel settore delle carni, ma da sempre interessata alla ristorazione: senza dubbio un bel connubio, reso ancora più piacevole dalla panoramica terrazza estiva! La specialità delle specialità: "Peccati di Eva", un'entrecôte da leccarsi i baffi...

BOVES

Cuneo (CN) – ✉ 12012 – 9 801 ab. – Alt. 590 m – Carta regionale n° **22**-B3
Roma 641 km – Cuneo 9 km – Torino 105 km – Savona 90 km
Carta stradale Michelin 561-J4

Trieste rist,
corso Trieste 33 – ✆ 01 71 38 03 75 – www.albergotrieste-boves.it
14 cam – †40/55 € ††55/70 € – **2 suites**
Rist – Carta 20/40 € – *(chiuso domenica sera e lunedì)* (prenotazione obbligatoria a mezzogiorno)
Alle pendici del monte Risalta, questo piccolo hotel - rinnovato nelle zone comuni - dispone di camere accoglienti e confortevoli, di due tipologie: standard o confort.

a Fontanelle Ovest : 2 km – ✉ 12012 Boves

Da Politano N con cam
– ✆ 01 71 38 03 83 – www.hotelpolitano.it
15 cam – †48/58 € ††65/70 €
Menu 20/35 € – Carta 22/41 € – *(chiuso lunedì sera e martedì)*
Nella piccola frazione di Fontanelle, a pochi metri dal Santuario Regina Pacis, ottime materie prime danno vita a gustose ricette, fedeli alla tradizione regionale. Graziose anche le camere.

a Rivoira Sud-Est :2 km – ✉ 12012 Boves

Agriturismo La Bisalta e Rist. Locanda del Re
via Tetti Re 5 – ✆ 01 71 38 87 82 – Aperto 15 maggio-15 ottobre cam,
5 cam – †45 € ††60 €, 6 €
Rist – Menu 18/34 € – *(aperto tutto l'anno dal venerdì alla domenica)* (prenotazione obbligatoria)
Risorsa ben organizzata, gestita con attenzione e intraprendenza. L'edificio conserva al proprio interno elementi architettonici settecenteschi di indubbio pregio. Cucina con vari piatti a base di lumache, allevate biologicamente dai proprietari.

BOZEN = BOLZANO

BRA

Cuneo (CN) – ✉ 12042 – 29 298 ab. – Alt. 290 m – Carta regionale n° **22**-B3
Roma 652 km – Cuneo 47 km – Torino 61 km – Asti 44 km
Carta stradale Michelin 561-H5

Cantine Ascheri
via Piumati 25 – ✆ 01 72 43 03 12 – www.ascherihotel.it – Chiuso 20 dicembre-7 gennaio e 9-25 agosto
27 cam – †105/120 € ††140/160 €
Rist *Osteria Murivecchi* – vedere selezione ristoranti
Hotel dal design fortemente personalizzato ed originale, costruito sopra le cantine dell'omonima azienda vinicola. Ottimi livelli di confort nelle luminose camere.

Cavalieri
piazza Giovanni Arpino 37 – ✆ 01 72 42 15 16 – www.hotelcavalieri.net
88 cam – †89/105 € ††100/160 €
Rist *Il Principe* – Carta 31/52 € – *(solo a cena)*
Proprio di fronte al campo da hockey su prato - nella zona degli impianti sportivi - moderna e funzionale struttura, ideale per chi si sposta per affari o per un'escursione nelle Langhe. Al ristorante, alcune tra le specialità più tipiche del territorio, come i ravioli del "plin" o la salsiccia di Bra.

L'Ombra della Collina senza rist
via Mendicità Istruita 47 – ✆ 32 89 64 44 36 – www.lombradellacollina.it
6 cam – †62 € ††78 €
Il nome (leggermente modificato) si rifà al titolo di un famoso romanzo dello scrittore G. Arpino, che a Bra trascorse la propria giovinezza. Affascinante location in una corte del centro storico per questa graziosa struttura composta da sole 6 camere, tutte nello stesso stile sobrio, ma confortevole.

Battaglino
piazza Roma 18 – ✆ 01 72 41 25 09 – www.ristorantebattaglino.it – Chiuso 2 settimane in gennaio, 2 settimane in agosto, domenica sera e lunedì
Carta 26/39 € – (consigliata la prenotazione)
Completo rinnovo del locale nel 2014, ma è dal lontano 1919 che una gestione familiare - vivace e cortese - propone i più tradizionali piatti piemontesi. Sicuramente una garanzia per chi ama questo tipo di cucina.

Boccondivino
via Mendicità Istruita 14 – ✆ 01 72 42 56 74 – www.boccondivinoslow.it – Chiuso lunedì; anche domenica escluso 1° aprile-30 maggio e 1° settembre 31 dicembre
Menu 25 € (pranzo in settimana)/35 € – Carta 26/41 €
Al primo piano di una casa di ringhiera in pieno centro storico, due salette ed una più grande tappezzata di bottiglie per una cucina fedele alla tradizione langarola: brasato di vitello al Barolo, tajarin "40 tuorli" al sugo di salsiccia di Bra, e altro ancora...

Osteria Murivecchi – Hotel Cantine Ascheri
via Piumati 25 – ✆ 01 72 43 10 08 – www.ascherivini.it – Chiuso 31 dicembre-5 gennaio, 9-25 agosto, sabato a mezzogiorno e lunedì
Menu 32 € – Carta 23/39 €
Antiche volte in mattoni ed elementi architettonici moderni s'intrecciano in questa osteria, dove nell'800 c'erano le prime cantine di affinamento del Barolo. In carta primeggiano le specialità del territorio.

a Pollenzo Sud-Est : 7 km – ✉ 12060

Albergo dell'Agenzia
via Fossano 21 – ✆ 01 72 45 86 00 – www.albergoagenzia.it – Chiuso 22 dicembre-20 gennaio
44 cam – †105/260 € ††125/300 € – **3 suites** **Rist** – Carta 34/58 €
All'interno di un'ala di quella che era una tenuta reale di casa Savoia - datata 1835 - si è ricavato questo delizioso albergo le cui camere sono arredate con cura e dotate d'ogni confort. Al ristorante, la cucina del territorio.

BRACCIANO
Roma (RM) – ✉ 00062 – 19 201 ab. – Alt. 280 m – Carta regionale n° **12-B2**
Roma 41 km – Viterbo 49 km – Civitavecchia 51 km – Terni 100 km
Carta stradale Michelin 563-P18

Villa Clementina
traversa Quarto del Lago 12/14 – ✆ 0 69 98 62 68 – www.hotelvillaclementina.it – Aperto 1° aprile-2 novembre
7 cam – †110/145 € ††145/185 € – **1 suite**
Rist – Carta 38/52 € – *(solo a cena)* (prenotazione obbligatoria)
Bucolica posizione non lontana dal lago, per questa villa dal fascino vagamente inglese con un curato giardino punteggiato di fiori, piscina, campo da tennis. L'ottima tenuta e la personalizzazione delle ampie camere - con affreschi dipinti dal titolare stesso - sono altri punti di forza della struttura.

BRAIES (PRAGS)
Bolzano (BZ) – ✉ 39030 – 634 ab. – Alt. 1 383 m – Carta regionale n° **34-D1**
Roma 744 km – Cortina d'Ampezzo 47 km – Bolzano 106 km – Brennero 97 km
Carta stradale Michelin 562-B18

Erika
cam,
via Braies di Fuori 66 – ✆ 04 74 74 86 84 – www.hotelerika.net – Aperto 20 dicembre-1° aprile e 20 maggio-20 ottobre
30 cam – †60/95 € ††100/170 €
Rist – Carta 18/39 € – *(aperto 26 dicembre-9 marzo e 21 giugno-19 settembre; chiuso martedì) (solo a pranzo) (solo per alloggiati)*
Ubicato lungo la strada poco trafficata che porta al lago di Braies, hotel caratterizzato da una bella architettura esterna e da una gestione familiare, molto ospitale e schietta. All'interno, ambienti in stile alpino con camere spaziose e ben arredate.

BRANZI

Bergamo (BG) – ✉ 24010 – 721 ab. – Alt. 874 m – Carta regionale n° **16-B2**
Roma 652 km – Bergamo 48 km – Milano 91 km – Lecco 72 km
Carta stradale Michelin 562-D11

Pedretti
via Umberto I, 23 – ☎ 0 34 57 11 21 – www.hotelpedretti.com
20 cam – 50/60 € 80/90 €
Rist *Branzi* – vedere selezione ristoranti
Da più generazioni la stessa famiglia gestisce questa risorsa dei primi Novecento: un successo dovuto all'accogliente conduzione e alle camere sempre curate.

Branzi – Hotel Pedretti
via Umberto I, 23 – ☎ 0 34 57 11 21 – www.hotelpedretti.com – Chiuso martedì escluso giugno-settembre
Menu 15 € (pranzo in settimana)/25 € – Carta 23/49 € – (consigliata la prenotazione)
Nel cuore delle alpi Orobie, la cucina di questo rustico locale - recentemente rinnovato - mantiene stretti legami con le tradizioni locali: dalla polenta taragna agli altri piatti bergamaschi.

BRATTO → Vedere Castione della Presolana

Bergamo (BG)

BRENTA (Gruppo di)

Trento

BRENZONE

Verona (VR) – ✉ 37010 – 2 398 ab. – Alt. 75 m – Carta regionale n° **39-A2**
Roma 545 km – Verona 57 km – Brescia 91 km – Mantova 83 km
Carta stradale Michelin 562-E14

Giuly
via XX Settembre 28 – ☎ 04 57 42 04 77 – www.ristorantegiuly.it – Chiuso novembre e lunedì
Carta 24/67 € – *(solo a cena escluso sabato e i giorni festivi)*
Nonostante sia proprio in riva alle acque del Garda, la linea gastronomica di questo ristorante si è concentrata sul mare. I crostacei sono "pescati" vivi dall'acquario.

a Castelletto di Brenzone Sud-Ovest : 3 km – ✉ 37010

Alla Fassa
via Nascimbeni 13 – ☎ 04 57 43 03 19 – www.ristoranteallafassa.com – Chiuso 10 dicembre-15 febbraio e martedì escluso agosto
Menu 35 € (pranzo in settimana)/50 € – Carta 27/60 €
Una romantica sala ed una bella veranda affacciata sulle rive del lago, la cucina si affida alla tradizione locale proponendo specialità ittiche di lago e di mare.

BRESCELLO

Reggio nell'Emilia (RE) – ✉ 42041 – 5 554 ab. – Alt. 24 m – Carta regionale n° **8-B2**
Roma 457 km – Parma 22 km – Bologna 101 km – Reggio nell'Emilia 35 km
Carta stradale Michelin 562-I13

Don Camillo senza rist
via Cisa 60, Ovest : 2 km – ☎ 05 22 96 21 67 – www.hoteldoncamillo.it
43 cam – 60/150 € 80/180 €
Nel paese noto per essere stato lo scenario dei film di Don Camillo e Peppone, non poteva mancare un piccolo omaggio ad uno dei due simpatici personaggi. In un hotel di taglio moderno, camere ampie e comode: ideali per una clientela business e di passaggio.

BRESCIA

– 188 520 ab. – Alt. 149 m – Carta regionale n° **17-C1**
Roma 556 km – Milano 104 km – Verona 74 km – Bergamo 54 km
Carta stradale Michelin 561-F12

BRESCIA
0
500 m
VAL TROMPIA
LAGO D'IDRO
A
B
1
2
3
MILANO BERGAMO
FLERO
CREMONA
LAGO DI GARDA VERONA
MANTOVA
VERONA
MOMPIANO
QUARTIERE S. BARTOLOMEO
QUARTIERE LECHI
VILLAGGIO VALOTTI
URAGO MELLA
AMBARAGA
BORGO TRENTO
BORGO S. GIOVANNI
VETTA S. CROCE 445
I. RONCHI
REBUFFONE
S. FRANCESCO DI PAOLA
BOTTONAGA
BRESCIA 2
PILASTRONI
S. NAZZARO
PALASPORT
VILLAGGIO FERRARI
NOCE
QUARTIERE LEONESSA
VOLTA
BIANCHINA
VILLAGGIO SERENO
FOLZANO
V. Guglielmo Oberdan
V. Attilio Franchi
Tangenziale Ovest
Tangenziale Sud
V. Milano
V. Volturno
V. Leonardo da Vinci
V. Pusterla
V. del Castello
V. Trieste
V. 20 Settembre
V. 25 Aprile
V. Foro Boario
Vle del Piave
V. Armando Diaz
V. Solferino
V. Orzinuovi
V. Emilio Salgari
V. Cefalonia
V. Repubblica Argentina
V. della Volta
V. della Maggia
V. della Ziziola
A 4 / E 64
A 4 / E 70
A 21 / E 70
A 21
Tangenziale Sud
POL

C
D
1
2
3
Piazzale Vittorio Veneto
V. Baldassarre Zamboni
V. Volturno
V. Fiume
V. Aquileia
V. Gorizia
V. Pastrengo
V. Goito
V. Milazzo
V. Campo di Marte
V. Bredina
V. Quarto dei Mille
V. Trento
V. Monte
Pzale Cesare Battisti
V. Leonardo da Vinci
V. Silvio Pellico
V. Gabriele Camozzi
V. Sebino
V. Giacomo Leopardi
V. Montebello
V. dei Tartaglia
V. Lupi di Toscana
V. Nicolò
V. Vittorio Alfieri
V. Alessandro Manzoni
V. Calatafimi
V. Grazie
V. delle Grazie
V. Marsala
V. Federico Odorici
V. Nino Bixio
V. S. Faustino
V. della Ro
V. Sta Caterina
Contrada del Carmine
Santa Maria del Carmine
Vicolo Medici
Vicolo Tre Archi
V. Ventura Fenarolo
V. Camillo Pulusella
Contrada
V. Milano
Madonna delle Grazie
V. Elia Capriolo
R. Sovera
V. Martino Franchi
Piazzale Giuseppe Garibaldi
Vicolo del Moro
V. Francesco Lana
Vicolo delle Due Torri
V. S. Faustino
S. Giovanni Evangelista
V. Rodolfo Vantini
Vle Italia
V. dei Mille
Cso. Giuseppe Garibaldi
Contrada delle Bassiche
Vicolo dell'Inganno
Vicolo delle Vidazze
Contrada delle Cossere
Vicolo Millefiori
Loggia
Piazza della Loggia
V. Eritrea
V. Pietro da Cemmo
V. Fratelli Ugoni
V. Cairoli
Palazzi del Monte di Pietà Vecchio e Nuovo
V. Dante
V. Giacomo Malvezzi
Piazza Paolo VI
V. Antonio Tagliaferri
Vle Italia
V. Somalia
Piazzetta S. Francesco d'Assisi
S. Francesco
Cso. Giacomo Matteotti
V. Fratelli Porcellaga
V. Giuseppe Verdi
a
c
Piazza Vittoria
Duomo Vecchio
Piazzetta dell'Immacolata
Sta Maria dei Miracoli
SS. Nazaro e Celso
Contrada delle Bassiche
Vicolo del Carro
Cso. Palestro
V. Giuseppe Zanardelli
V. Antonio Gramsci
T
V. Cassala
V. Italia
Contrada Sta Croce
Contrada del Cavalletto
Vicolo delle Lucertole
V. Pietro Bulloni
V. S. Martino della Battaglia
Piazza Repubblica
V. Vittorio Emanuele II
Piazza Don Luigi Sturzo
V. Fratelli Folonari
Vicolo della Stazione
Vle della Stazione
V. 20 Settembre
n
V. Camillo Brozzoni
V. Corsica
V. Giulio Togni
Pzale Autolinee
V. Gerolamo Romanino
V. Aurelio Saffi
Cavalcavia V. John Kennedy
V. Solferino
V. Lattanzio Gambara
V. Zara
V. Girolamo Lamberti
V. Isole Lipari
V. Sostegno
V. Privata De Vitalis
V. Corsica
P

BRESCIA
0
200 m
E
F
1
2
3
V. Giovanni Chiassi
V. Luigi Apollonio
a
V. Cesare Lombroso
V. Galileo Galilei
V. Carlo Montanari
V. Antonio Frigerio
V. Enrico Tazzoli
V. del Medolo
V. S. Rocchino
V. Val di Ledro
Villaggio Carlo Poma
V. del Goletto
V. Maurizio Malvestiti
V. Giacomo Pederzoli
V. Colle Fiorito
V. Luigi Beretta
V. S. Gaetanino
V. Antonio Molinari
V. Pusterla
Galleria Tito Speri
Castello
V. del Castello
zoo
V. S. Gaetanino
V. Panoramica dei Ronchi
V. Privata Mai
V. Filippo Turati
V. Teresio Olivelli
V. S. Fiorano
V. Panoramica dei Ronchi
SS. Corpo di Cristo
Santa Giulia
Monastero di S. Salvatore
Tempio Capitolino
Via dei Musei
S. Maria in Solario
V. Santa Brigida
V. Gerolamo Rovetta
V. Edmondo De Amicis
V. Alfredo Oriani
V. Antonio Fogazzaro
V. Renato Fucini
V. della Memoria
V. Gabriele Rosa
Piazza del Foro
Duomo Nuovo
V. Carlo Cattaneo
Vicolo delle Galline
V. Avogadro
V. Laura Cereto
V. Agostino Gallo
S. Clemente
Piazza Brusato
Vicolo Candia
V. Trieste
V. Orientale
V. Pietro Boifava
V. Giuseppe Guerzoni
V. Mazzini
V. Tosio
V. Tosio
V. Ippolito Nievo
Cso. Magenta
Vle Venezia
V. Rebuffone
S. Alessandro
Oratorio di S. Barnaba
V. Antonio Callegari
V. S. Marco
V. Mantova
V. Fratelli Lechi
V. Ferruccio Lorenzini
Piazzetta Sant'Alessandro
V. Gezio Calini
Pza Moretto
Pinacoteca Tosio Martinengo
V. Aleardo Aleardi
Cso. Cavour
Vicolo della Disciplina
Vicolo delle Sguizzette
Vicolo della Breda
V. Alessandro Monti
V. Spalto S. Marco
V. Nicostrato Castellini
V. Antonio Callegari
V. 25 Aprile
V. Luigi Basiletti
V. Pittori Pagliia
V. Pietro Marone
V. Armando Diaz
V. Giacomo Ceruti
V. Luigi Cadorna
V. Gherardo Valarini
V. Mantova
V. Cremona
V. Girolamo Sangervasio
V. Giovanni Bruni
V. Francesco Carini
V. Berardo Maggi
V. Angelo Inganni
V. Armando Diaz
Vle Duca d'Aosta
V. Isonzo
V. Solferino
V. Carlo Zima

Vittoria

via delle X Giornate 20 ✉ 25121 – ✆ 0 30 28 00 61 – www.hotelvittoria.com Pianta : D2**a**

65 cam – 130/260 € 170/480 € – **3 suites** **Rist** – Carta 43/96 €

Dopo un'accurata ristrutturazione, questo caratteristico edificio anni '30 è tornato al suo antico splendore, riconfermandosi - ancora una volta - punto di riferimento nel panorama della ricettività alberghiera cittadina. Sala da pranzo di elegante classicità, dove gusto e leggerezza costituiscono una costante.

Master

via Apollonio 72 ✉ 25128 – ✆ 0 30 39 90 37 – www.hotelmaster.net Pianta : E1**a**

74 cam – 62/139 € 74/199 € – **3 suites** **Rist** – Carta 32/61 €

Una delle più belle strutture alberghiere in città: a due passi dal centro storico, camere spaziose, eleganti e confortevoli, sale riunioni ed angoli relax.

AC Brescia

via Giulio Quinto Stefana 3 (ex via Cassala 19) ✉ 25126 – ✆ 03 02 40 55 11 – www.ac-hotels.com Pianta : A2**a**

112 cam – 80/500 € 80/500 € – **1 suite**

Rist – Carta 35/53 € – *(chiuso 7-16 agosto)*

In un contesto periferico non eclatante, gli interni sorprendono per il design moderno, i colori scuri e una geometrica sobrietà: trionfo minimalista vagamente nipponico.

Ambasciatori

via Santa Crocifissa di Rosa 92 ✉ 25128 – ✆ 0 30 39 91 14 – www.ambasciatori.net Pianta : B2**m**

66 cam – 70/150 € 70/200 €

Rist – Carta 29/47 € – *(chiuso agosto, sabato e domenica)*

In continuo aggiornamento e miglioramento, questo hotel di tradizione offre un servizio attento e personalizzato. Ben inserito nel tessuto cittadino, dispone anche di un ristorante, dove gustare piatti tradizionali ed etichette del territorio.

Orologio senza rist

via Cesare Beccaria 17 ✉ 25121 – ✆ 03 03 75 54 11 – www.albergoorologio.it Pianta : D2**c**

16 cam – 60/350 € 80/400 €

Ideale per partire alla scoperta del centro storico, l'albergo trae il proprio nome dalla vicina, omonima, torre. Spazi comuni quasi inesistenti, ma nelle camere gli arredi e le decorazioni creano un'atmosfera di charme ed intimità: alcune, con scorci sui tetti e sui monumenti della città.

Castello Malvezzi

via Colle San Giuseppe 1 (via Torquato Taramelli), per via S. Rocchino 6 km - EF1 ✉ 25133 – ✆ 03 02 00 42 24 – www.castellomalvezzi.com – Chiuso lunedì e martedì

Menu 45/90 € – Carta 44/102 € – (consigliata la prenotazione)

Come immaginarsi di cenare sulla terrazza panoramica estiva di una casa di caccia cinquecentesca e realizzare questo sogno. In più la cucina raffinata e l'ottima cantina.

La Sosta

via San Martino della Battaglia 20 ✉ 25121 – ✆ 0 30 29 56 03 – www.lasosta.it – Chiuso 30 dicembre-5 gennaio, 5-25 agosto, domenica sera e lunedì Pianta : D3**n**

Menu 25 € (pranzo in settimana) – Carta 45/70 €

Un locale di gran fascino, conosciuto e apprezzato in città, ubicato in un palazzo seicentesco. Nei mesi estivi si cena all'aperto, il servizio è preciso e accurato.

Il Labirinto

via Corsica 224 ✉ 25125 – ✆ 03 03 54 16 07 – www.ristoranteillabirinto.it – Chiuso 22 dicembre-2 gennaio, 12-19 agosto e domenica Pianta : A3**m**

Menu 60 € – Carta 45/96 €

Ristorante periferico di lunga tradizione e professionalità, in sala il figlio assicura un ottimo e personalizzato servizio, mentre la cucina - di ampio respiro - si muove agilmente tra mare e terra; cantina di buon livello.

XX **Carne & Spirito** con cam
via dei Gelsi 2, per via Corsica zona Fiera - C3 ✉ 25125 – ✆ 03 02 07 04 41 – www.carneespirito.it – Chiuso 10-31 agosto
13 cam – 65/85 € 75/105 €
Menu 35/45 € – Carta 36/51 € – *(chiuso sabato a mezzogiorno e domenica)* (consigliata la prenotazione)
Menu speciale per una cena romantica, deliziosi piatti di terra o - in stagione (autunno/inverno) - una delle più buone bourguignonne della città, nel primo ristorante afrodisiaco di Brescia: lasciatevi sedurre nella carne e nello spirito…

XX **Eden**
piazzale Corvi ✉ 25128 – ✆ 0 30 30 33 97 Pianta : B1**e**
– www.edenristorante.com – Chiuso 2-10 gennaio, 16 agosto-3 settembre, domenica sera e martedì
Menu 25 € (pranzo in settimana)/55 € – Carta 38/94 €
Dotato di un piccolo e grazioso dehors estivo, è un ristorantino di taglio moderno, con qualche tocco di eleganza. Cucina di stagione, ricca cantina.

XX **Trattoria Rigoletto**
via Fontane 54/b ✉ 25133 – ✆ 03 02 00 41 40 – Chiuso agosto e lunedì Pianta : B1**a**
Carta 41/102 €
Un locale che pur nella propria elegante semplicità, riesce ad esprimere una cucina interessante. La lista è abbastanza estesa, le preparazioni creative.

X **La Campagnola**
via Val Daone 25 ✉ 25123 – ✆ 0 30 30 06 78 Pianta : B1**k**
– www.trattorialacampagnolabrescia.it – Chiuso 27 dicembre-4 gennaio, 16-30 agosto, domenica sera, lunedì sera e martedì
Menu 25/40 € – Carta 26/41 €
Il capolavoro di due generazioni, nutrire di sapore e genuinità una tradizione mai perduta nell'incanto di un vecchio cascinale avvolto dal verde che racconta l'arte dell'ospitare.

X **Trattoria Porteri**
via Trento 52/d ✉ 25128 – ✆ 0 30 38 09 47 Pianta : B1**f**
– www.trattoriaporteri.com – Chiuso 1 settimana in gennaio, 2 settimane in agosto, domenica sera e lunedì
Carta 26/54 €
Alle pareti e al soffitto il racconto di una passione che ha coinvolto due generazioni, al vostro tavolo la tradizione bresciana con un occhio di riguardo per polenta e formaggi. Ottimi, i malfatti al Bagoss!

a Sant'Eufemia della Fonte Est : 2 km per Lago di Garda Pianta : B2 – ✉ 25135

XXX **La Piazzetta**
via Indipendenza 87/c – ✆ 0 30 36 26 68 – www.allapiazzetta.com – Chiuso 1°-7 gennaio, 10-23 agosto, sabato a mezzogiorno e domenica
Menu 30 € (pranzo)/55 € – Carta 34/80 € – (consigliata la prenotazione)
Piccolo ed elegante ristorante alle porte della città. La cucina si indirizza prevalentemente sul mare con elaborazioni fantasiose e originali: ottimi i crudi!

BRESSANONE (BRIXEN)

Bolzano (BZ) – ✉ 39042 – 20 921 ab. – Alt. 559 m – Carta regionale n° **34-C1**
Roma 683 km – Bolzano 43 km – Brennero 44 km – Cortina d'Ampezzo 94 km
Carta stradale Michelin 562-B16

Elefante
via rio Bianco 4 – ✆ 04 72 83 27 50 Pianta : A1**a**
– www.hotelelephant.com
44 cam – 92/140 € 158/240 €
Rist *Elefante* – vedere selezione ristoranti
Elegante ed austera dimora del XIV secolo, con dépendance circondata da un prezioso parco-frutteto, dove si trovano anche la piscina e il tennis. Fine ed esclusiva: racconta la storia.

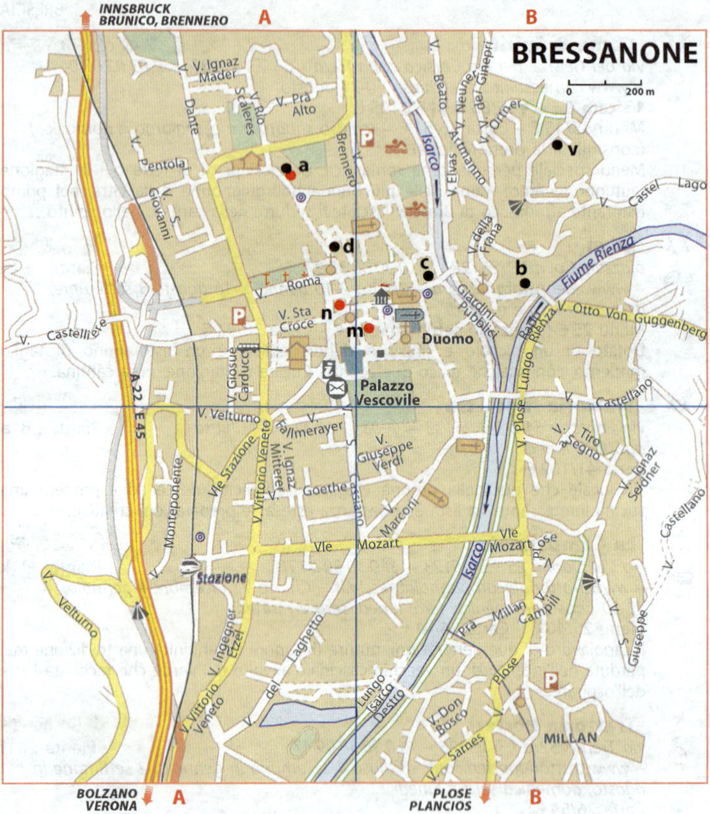

Goldener Adler

via Ponte Aquila 9 – ✆ 04 72 20 06 21 Pianta : B1**c**
– www.goldener-adler.com
23 cam ☕ – 🚹78/106 € 🚹🚹132/216 € – **5 suites**
Rist ***Oste Scuro-Finsterwirt*** – vedere selezione ristoranti
Caratteristico edificio del '500, da secoli vocato all'ospitalità, offre ai propri clienti la possibilità di un soggiorno sobriamente elegante (mobili antichi nell'unica junior suite della struttura).

Goldene Krone

via Fienili 4 – ✆ 04 72 83 51 54 – www.coronadoro.com Pianta : A1**d**
48 cam ☕ – 🚹90/120 € 🚹🚹140/200 € – **2 suites** **Rist** – Carta 22/72 €
Praticamente un'istituzione in città: una passato secolare, ma una veste moderna, per questa piacevole risorsa dotata di piccola area wellness e camere dal buon confort. Ambiente tranquillo ed intimo al ristorante.

Dominik

via Terzo di Sotto 13 – ✆ 04 72 83 01 44 Pianta : B1**b**
– www.hoteldominik.com – Chiuso 11-24 gennaio e 30 ottobre-25 novembre
32 cam ☕ – 🚹84/126 € 🚹🚹124/260 € – **1 suite**
Rist – Menu 37 € – *(solo per alloggiati)*
Il torrente Rienza scorre davanti a questa risorsa rivolta a chi desidera godere di un soggiorno curato sotto ogni profilo: servizio attento, espletato in ambienti eleganti, e attrezzato centro benessere. Ideale per allestire importanti eventi, la sala da pranzo è illuminata da ampie finestre.

Temlhof rist,
via Elvas 76 – ☎ 04 72 83 66 58 – www.temlhof.com Pianta : B1**v**
– Chiuso novembre
26 cam – 65/75 € 104/120 € – **2 suites**
Rist – Carta 28/57 € – *(chiuso martedì)*
Situato in una zona panoramica e tranquilla, abbracciato da un giardino con piscina-solarium, l'albergo dispone di un'interessante raccolta di attrezzi agricoli e mobili antichi. Varie sale ristorante, tutte abbastanza intime e raccolte.

Haller
via dei Vigneti 68, 1 km per via Cesare Battisti – ☎ 04 72 83 46 01
– www.gasthof-haller.com – Chiuso 17-27 novembre, 1 settimana in febbraio e 23 giugno-5 luglio
9 cam – 50/60 € 90/110 €
Rist – Carta 27/56 € – *(chiuso lunedì sera e martedì escluso agosto-settembre)*
In posizione tranquilla e con bella vista su Bressanone e dintorni, questo piccolo albergo dalla cordiale conduzione familiare dispone di camere non molto grandi, ma confortevoli e ben tenute. Ampio settore ristorante: due stube, giardino d'inverno e servizio all'aperto.

Elefante – Hotel Elefante
via rio Bianco 4 – ☎ 04 72 83 27 50 Pianta : A1**a**
– www.hotelelephant.com – Chiuso 7 gennaio-7 febbraio
Carta 47/93 €
Cucina del territorio, ma d'impostazione moderna con qualche accattivante accenno all'Oriente. A voi, la scelta dell'ambiente: la settecentesca stube tedesca, quella in cembro o quella degli Apostoli. Numerosi i vini dell'enoteca Soliman Wines.

Sunnegg con cam
via Vigneti 67, 1 km per via Cesare Battisti – ☎ 04 72 83 47 60
– www.sunnegg.com – Chiuso 7 gennaio-1° febbraio e 15 giugno-11 luglio
6 cam – 60/75 € 90/100 € – **6 suites**
Menu 45 € – Carta 30/58 € – *(chiuso giovedì a mezzogiorno e mercoledì)*
Locale fuori Brixen, piacevolmente circondato da vigneti (alcuni di proprietà): il figlio del titolare si destreggia con abilità in cucina, facendo poi arrivare sulla tavola il meglio dei sapori locali, nonché tante specialità stagionali. Servizio estivo all'aperto con vista sui monti.

Oste Scuro-Finsterwirt – Hotel Goldener Adler
vicolo del Duomo 3 – ☎ 04 72 83 53 43 Pianta : B1**m**
– www.finsterwirt.com – Chiuso 2 settimana in gennaio, 2 settimane in giugno, domenica sera, lunedì
Menu 18/80 € – Carta 39/69 €
Il ristorante è situato nel centro storico e si contraddistingue per le sue confortevoli stube, la moderna terrazza nel cortile interno e un servizio cordiale, mentre lo chef delizia i suoi ospiti con una cucina moderna e creativa e prodotti Slow Food regionali.

Fink
via Portici Minori 4 – ☎ 04 72 83 48 83 – www.restaurant-fink.it Pianta : A1**n**
– Chiuso 3 settimane in aprile, martedì sera e mercoledì escluso 1° luglio-15 settembre
Carta 31/62 € – (prenotare)
Sotto i portici, questo tradizionale luogo della ristorazione cittadina presenta due alternative: consumazioni veloci al piano terra, sala e servizio più classici al primo piano. Canederli di grano saraceno, medaglioni di capriolo con mirtilli o gnocchi di ricotta sono solo alcune delle specialità presenti in menu.

Alpenrose con cam
località Pinzago 24, Ovest : 3 km – ☎ 04 72 83 21 91 – www.gasthofalpenrose.it
– Chiuso 6 gennaio-13 febbraio e 22 giugno-3 luglio
17 cam – 52/59 € 94/108 €
Menu 23 € (in settimana)/50 € – Carta 26/64 €
Appena fuori Brixen, in pregevole posizione panoramica, un ristorante-albergo a conduzione familiare, dove gustare piatti del territorio (in primis, tris della Valle Isarco) con leggere rivisitazioni. Più semplici le camere, dall'arredo montano.

a Cleran Sud : 5 km Alt. 856 m – ✉ 39042 Sant'Andrea In Monte

Fischer
Cleran 196 – ✆ 04 72 85 20 75 – www.hotel-fischer.it – Chiuso 12 ottobre-1° maggio
41 cam ☕ – †65/78 € ††120/156 €
Rist – Carta 28/70 € – *(chiuso domenica sera, lunedì)*
Isolata e con una vista incantevole sul fondovalle, una risorsa che si offre con vari convincenti servizi e camere confortevoli e di tutto riposo. Architettura tipica. Per i pasti la rustica e caratteristica stube o l'ariosa e luminosa sala da pranzo.

BREUIL-CERVINIA

Aosta (AO) – ✉ 11021 Alt. 2 050 m – Carta regionale n° **37-B2**
Roma 751 km – Aosta 55 km – Biella 104 km – Torino 118 km
Carta stradale Michelin 561-E4

Hermitage
via Piolet 1 – ✆ 01 66 94 89 98 – www.hotelhermitage.com – Aperto 1° dicembre-30 aprile e 1° luglio-31 agosto
33 cam ☕ – †200/500 € ††300/600 € – **5 suites**
Rist *La Chandelle* – vedere selezione ristoranti
Grande chalet di montagna, in cui risulta dolce e naturale sentirsi coccolati e conquistati: eleganza e tradizione, per un'ospitalità esclusiva. Sosta rigenerante presso l'ottimo centro benessere, dove offrirsi un itinerario completo di trattamenti effettuati con prodotti di una prestigiosa casa cosmetica svizzera.

Excelsior-Planet
piazzale Planet 1 – ✆ 01 66 94 94 26 – www.excelsiorplanet.com – Aperto 1° dicembre-30 aprile
41 cam – †85/285 € ††125/330 €, ☕ 15 € – **5 suites**
Rist *Excelsior-Planet* – vedere selezione ristoranti
A 100 m dagli impianti di risalita, un'ospitalità attenta e vicina alle esigenze di una clientela moderna: camere molto confortevoli ed una completa area benessere.

Saint Hubertus senza rist
via Piolet n. 5/a – ✆ 01 66 54 59 16 – www.sainthubertusresort.it – Chiuso 6-15 giugno e 15 settembre-26 ottobre
18 cam, ☕ 20 € – **18 suites** – ††220/615 €
Lusso alpino in questo delizioso resort con veri e propri appartamenti (tutti forniti di cucina), impreziositi da legni pregiati e marmi scavati "convertiti" in lavabo. Ovunque si posi lo sguardo, s'incontrerà la bellezza: anche nella moderna spa con vista sul monte Cervino. Servizio serale di piatti alla carta.

Sertorelli Sporthotel cam, rist,
piazza Guido Rey 28 – ✆ 01 66 94 97 97 – www.hotelsertorelli.it – Aperto 28 giugno-6 settembre e 15 novembre-3 maggio
66 cam ☕ – †103/198 € ††146/246 € **Rist** – Carta 23/67 €
Posizione centrale e panoramica per un hotel in cui confort moderni e professionalità possono regalare soggiorni ideali a turisti esigenti; le famiglie con figli al seguito saranno invece più interessate alle ampie dimensioni delle camere, nonché alle tante soluzioni offerte.

Bucaneve cam,
piazza Jumeaux 10 – ✆ 01 66 94 91 19 – www.bucanevehotel.it – Aperto 29 ottobre-5 maggio e 30 giugno-8 settembre
21 cam ☕ – †95/170 € ††190/340 €
Rist *Le Vieux Braconnier* – Carta 36/68 € – *(solo a cena)*
Già a cominciare dal nome, omaggio ad un fiore alpino, Bucaneve è un inno alla montagna: camere di moderno confort, personalizzate con legni e tessuti locali. A voi, scegliere tra quelle che offrono della vista sul Cervino, o quelle che godono di una maggiore esposizione solare. Sala ristorante dagli arredi signorili.

Mignon
via Carrel 50 – ✆ 01 66 94 93 44 – www.mignoncervinia.com – Aperto 1° novembre-3 maggio e 1° luglio-6 settembre
20 cam ☕ – 🚹130/260 € 🚹🚹130/260 €
Rist – Menu 35 € – *(solo a cena) (solo per alloggiati)*
Come suggerisce il nome, in questo caratteristico chalet di montagna - a 100 m dagli impianti di risalita e dal Golf Club del Cervino - tutto è molto raccolto ed elegante. Raffinatezza che si ritrova anche al ristorante, dove gustare alcune specialità regionali.

Jumeaux senza rist
piazza Jumeaux 8 – ✆ 01 66 94 90 44 – www.hoteljumeaux.it – Aperto 1° novembre-30 aprile e 1° luglio-31 agosto
30 cam ☕ – 🚹75/105 € 🚹🚹110/160 €
Risorsa attiva sin dal 1905, in comoda posizione centrale, presenta ambienti comuni accoglienti e confortevoli con una caratteristica e luminosissima saletta relax.

Mollino Rooms senza rist
strada Funivie 9 – ✆ 01 66 94 93 51 – www.mollino.it – Chiuso 4 maggio-10 giugno e 7 settembre-18 ottobre
6 cam ☕ – 🚹60/100 € 🚹🚹90/180 €
Una valida alternativa alla classica sistemazione alberghiera: stanze moderne e ben accessoriate per questo nuovo affittacamere nel centro di Cervinia.

La Chandelle – Hotel Hermitage
via Piolet 1 – ✆ 01 66 94 89 98 – www.hotelhermitage.com – Aperto 1° dicembre-30 aprile e 1° luglio-31 agosto
Menu 70/80 € – Carta 68/96 €
In uno dei migliori ristoranti d'albergo della Valle d'Aosta, lasciatevi ammaliare da un servizio professionale e da una cucina regionale, ma non solo. In sala, fa bella mostra di sé una grande griglia per succulenti piatti alla brace. La bella vista sulle montagne aggiunge piacevolezza alla sosta.

Excelsior-Planet – Hotel Excelsior-Planet
piazzale Planet 1 – ✆ 01 66 94 94 26 – www.excelsiorplanet.com – Aperto 1° dicembre-30 aprile
Carta 44/88 € – *(solo a cena)*
La grande passione per la cucina del proprietario, ne fa uno fra i più apprezzati ristoranti della località: complice la posizione in pieno centro, ma soprattutto una serie di piatti regionali e mediterranei di ottima qualità.

sulla strada regionale 46

Les Neiges d'Antan
Cret de Perreres 10, Sud-Ovest : 4,5 km ✉ 11021 – ✆ 01 66 94 87 75 – www.lesneigesdantan.it – Aperto 1° luglio-15 settembre e 1° novembre-4 maggio
21 cam ☕ – 🚹100/260 € 🚹🚹140/400 € – **3 suites** **Rist** – Carta 35/82 €
In origine si trattava di una baita, nel corso del tempo è stata trasformata in un signorile albergo in posizione defilata e tranquilla, al termine di una salita: perdura inalterata l'atmosfera antica, ricca di armoniosi silenzi. Cucina del territorio al ristorante.

Lac Bleu cam, rist,
località Campeggio 1, Sud-Ovest : 1 km ✉ 11021 – ✆ 01 66 94 91 03 – www.hotel-lacbleu.com – Aperto 29 novembre-2 maggio e 25 luglio-5 settembre
17 cam – 🚹40/98 € 🚹🚹60/176 €, ☕ 15 € – **3 suites**
Rist – Menu 20/28 € – *(chiuso in estate) (solo a cena) (solo per alloggiati)*
Albergo a gestione familiare in cui semplicità e cortesia costituiscono un binomio molto apprezzato, anche grazie alla bellezza data dal panorama sul maestoso Cervino.

BREZ

Trento (TN) – ✉ 38021 – 705 ab. – Alt. 792 m – Carta regionale n° **33-B2**
Roma 638 km – Trento 52 km – Bolzano 42 km
Carta stradale Michelin 562-C15

XX **Locanda Alpina** con cam
piazza Municipio 23 – ✆ 04 63 87 43 96 – www.locandalpina.it – Chiuso 2 settimane in giugno, 2 settimane in novembre e giovedì escluso in luglio-agosto
10 cam – †40/50 € ††70/100 € Carta 30/53 €
Locale dalla lunga storia e dalla cucina moderatamente creativa, che comunque non disdegna le tradizioni locali pur "aprendosi" a sapori più moderni: gli gnocchi di patate crude alla pancetta tostata e grattata di ricotta affumicata oppure la sella di capriolo al profumo di sambuco e finferli sono i nostri preferiti. Accoglienti anche le camere per un soggiorno magari breve, ma rilassante.

BRIAGLIA

Cuneo (CN) – ✉ 12080 – 287 ab. – Alt. 557 m – Carta regionale n° **23-C3**
Roma 612 km – Cuneo 34 km – Savona 61 km – Torino 85 km
Carta stradale Michelin 561-I5

XX **Marsupino** con cam
via Roma Serra 20 – ✆ 01 74 56 38 88 – www.trattoriamarsupino.it – Chiuso 7 gennaio-7 febbraio
5 cam – †60 € ††110 € – **2 suites**
Menu 38 € – Carta 35/56 € – *(chiuso giovedì a mezzogiorno e mercoledì)* (prenotare)
In un paesino di poche case, una trattoria dall'atmosfera insieme rustica ed elegante. Cucina rigorosamente del territorio, attenta alle stagioni, nonché eccellente cantina con grandi vini: Barolo soprattutto, ma non solo. Camere arredate con mobili antichi, abbellite con stucchi ed affreschi.

BRIENZA

Potenza (PZ) – ✉ 85050 – 4 084 ab. – Alt. 713 m – Carta regionale n° **3-B2**
Roma 358 km – Potenza 32 km – Napoli 151 km – Bari 157 km
Carta stradale Michelin 564-F28

La Voce del Fiume N senza rist
Vico del carmine 7 – ✆ 33 32 66 62 56 – www.vocedelfiume.it
7 cam – †50/70 € ††70/100 €
Romantico B&B nel centro storico della località all'ombra del Castello Caracciolo: camere contraddistinte dal nome di una pietra preziosa per soggiorni all'insegna del relax.

BRINDISI

✉ 72100 – 88 611 ab. – Carta regionale n° **27-D2**
Roma 563 km – Bari 115 km – Lecce 39 km – Taranto 73 km
Carta stradale Michelin 564-F35

Grande Albergo Internazionale
lungomare Regina Margherita 23 – ✆ 08 31 52 34 73 – www.albergointernazionale.it Pianta : B1**a**
67 cam – †85/160 € ††110/300 €
Rist – Carta 36/65 € – *(chiuso domenica) (solo a cena)*
Di fronte alla passeggiata del lungomare, l'albergo si trova in un imponente edificio del 1861, dove si rifugiò anche il re nei mesi in cui la città fu capitale. Interni sontuosi, è il grande albergo di Brindisi!

Palazzo Virgilio
corso Umberto I 141 – ✆ 08 31 59 79 41 – www.palazzovirgilio.it Pianta : A2**d**
63 cam – †90/115 € ††135/288 € **Rist** – Carta 26/47 €
In comoda posizione di fronte alla stazione ferroviaria, Palazzo Virgilio propone camere confortevoli di modeste dimensioni e gradevoli spazi comuni: particolarmente piacevole, la bella terrazza all'aperto.

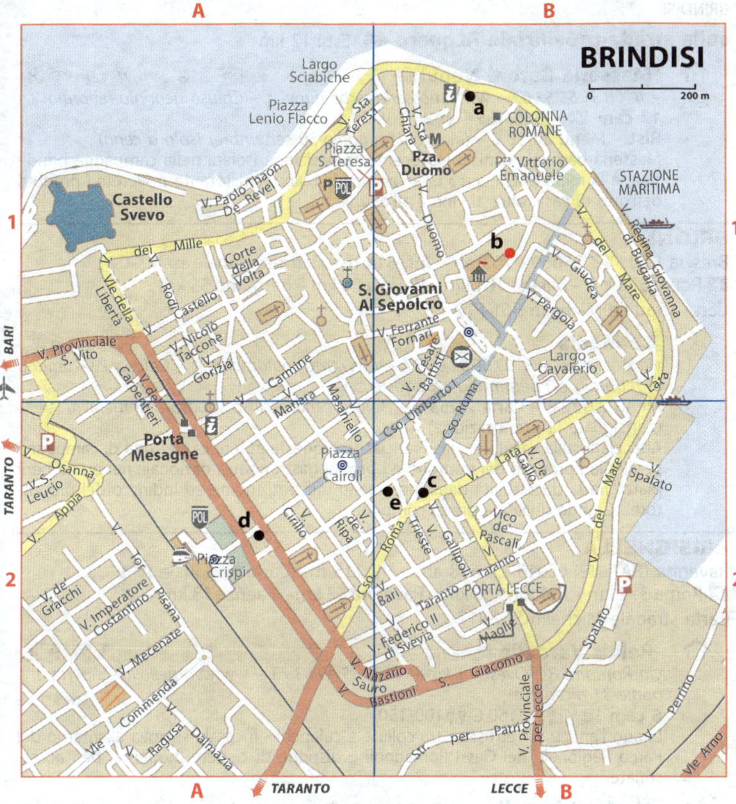

Colonna senza rist

corso Roma 83 – ✆ 08 31 56 25 57 – www.albergocolonna.it Pianta : B2**c**

43 cam ☕ – 🚹45/80 € 🚹🚹50/100 €

Accoglienti camere di taglio classico-signorile in una struttura che ha il privilegio di trovarsi in centro. Le zone comuni sono un po' piccole, ma in compenso dall'ultimo piano che ospita la sala colazioni, la vista abbraccia la costa brindisina.

Barsotti senza rist

via Cavour 1 – ✆ 08 31 56 08 77 – www.hotelbarsotti.com Pianta : B2**e**

60 cam ☕ – 🚹59/89 € 🚹🚹79/110 €

Piccolo e utile indirizzo a gestione familiare, ben posizionato in centro località e frequentato principalmente da chi viaggia per lavoro, dispone di garage privato e di camere fresche e confortevoli.

Pantagruele

salita di Ripalta 1/5 – ✆ 08 31 56 06 05 – Chiuso 24 agosto-7 settembre, sabato a mezzogiorno e domenica Pianta : B1**b**

Carta 23/44 € – (consigliata la prenotazione)

E' gestito con passione questo locale di tono moderno - fresco e ben tenuto - che propone una cucina casalinga a base di pesce: si va dai laganari con vongole alla zuppa di scorfano...passando per tante altre prelibatezze.

sulla strada provinciale Acquaro 44 Est : 17 km

Masseria Baroni Nuovi cam, cam,
– ✆ 08 31 55 57 62 – *www.masseriabaroninuovi.it* – *Chiuso gennaio-febbraio*
12 cam – 65/185 € 85/205 €
Rist – Menu 20/30 € – *(aperto 1° maggio-30 settembre) (solo a cena)*
Masseria baronale d'inizio Novecento in posizione isolata nella campagna brindisina, è la meta di chi cerca una vacanza di relax. Al ristorante troverete i prodotti dell'orto di casa, oltre al vino e all'olio.

BRIONE

Brescia (BS) – 25060 – 703 ab. – Alt. 614 m – Carta regionale n° **17**-C2
Roma 578 km – Milano 101 km – Brescia 21 km – Bergamo 55 km
Carta stradale Michelin 561-F12

La Madia
via Aquilini 5 – ✆ *03 08 94 09 37* – *www.trattorialamadia.it* – *Chiuso 1 settimana in febbraio e 1 settimana ad agosto*
Menu 27/32 € – Carta 21/53 € – *(solo a cena escluso sabato e domenica)* (consigliata la prenotazione)
Affacciata sulla vallata e sulla Franciacorta, questa autentica trattoria di campagna privilegia i prodotti del territorio e i presidi gastronomici nazionali: nel menu ogni piatto ha la tracciabilità degli ingredienti utilizzati (nome ed indirizzo del produttore). Grande qualità a prezzi competitivi.

BRISIGHELLA

Ravenna (RA) – 48013 – 7 688 ab. – Alt. 115 m – Carta regionale n° **9**-C2
Roma 372 km – Bologna 68 km – Ravenna 53 km – Faenza 13 km
Carta stradale Michelin 562-J17

Relais Varnello senza rist
via Rontana 34, Ovest : 3 km – ✆ *33 85 49 83 73* – *www.varnello.it* – *Aperto 1° aprile-31 dicembre*
6 cam – 90/150 € 100/150 €
Lungo l'antica via etrusca - tra colline e calanchi - il casale si trova all'interno del Parco Regionale dei Gessi Romagnoli e dispone di camere moderne, ben accessoriate.

Modus Vivendi senza rist
via Roma 5/d – ✆ *0 54 68 02 50* – *www.rermodusvivendi.it* – *Chiuso febbraio*
8 cam – 50 € 70 €
Camere confortevoli, due delle quali con angolo cottura, in una struttura del centro storico. Last, but not least, una piccola zona relax con vasca idromassaggio e sauna.

La Casetta
via G. Ugonia 6 – ✆ *0 54 68 02 50* – *www.trattoria-lacasetta.it* – *Chiuso febbraio*
Menu 15 € (pranzo in settimana)/35 € – Carta 21/46 € – (prenotare)
Nel centro della località, ristorante con piccolo spazio all'aperto e ambiente accogliente in stile rustico elegante; nel piatto cucina del territorio e alcune sorprese dal mare.

BRISSOGNE

Aosta (AO) – 11020 – 962 ab. – Alt. 894 m – Carta regionale n° **37**-B2
Roma 743 km – Aosta 11 km – Torino 111 km
Carta stradale Michelin 561-E4

Agriturismo Le Clocher du Mont-Blanc senza rist
frazione Pallù Dessus 2 – ✆ *01 65 76 21 96*
– *www.leclocherdumontblanc.com*
8 cam – 28/35 € 42/60 €
Una casa in sasso, interamente ristrutturata, all'interno di un piccolo borgo ubicato tra vigne e meli. Una decina di camere con arredi standard, graziose e rifinite con cura.

BRIXEN = BRESSANONE

BROGLIANO

Vicenza (VI) – ✉ 36070 – 3 944 ab. – Alt. 172 m – Carta regionale n° **39-B2**
Roma 555 km – Verona 54 km – Venezia 95 km – Vicenza 21 km
Carta stradale Michelin 562-F16

Locanda Perinella
via Bregonza 19 – ✆ 04 45 94 76 88 – www.locandaperinella.it – Chiuso 1°-6 gennaio e agosto
22 cam – †61/80 € ††90/130 € – **6 suites**
Rist – Carta 28/48 € – *(chiuso domenica sera e lunedì)*
Antico edificio di campagna ristrutturato con intelligenza e arredato con semplice e tradizionale purezza. Mobili d'epoca e pregevoli elementi architettonici originali. Menù invitante, ambiente rustico-elegante in sala e all'aperto.

BRUCOLI

→ Vedere Augusta
Siracusa (SR)

BRUGNERA

Pordenone (PN) – ✉ 33070 – 9 317 ab. – Alt. 16 m – Carta regionale n° **10-A3**
Roma 591 km – Venezia 80 km – Pordenone 15 km – Treviso 49 km
Carta stradale Michelin 562-E19

Ca' Brugnera senza rist
via Villa Varda 4 – ✆ 04 34 61 32 32 – www.cabrugnera.com – Chiuso agosto
60 cam – †63/103 € ††89/155 € – **4 suites**
Albergo d'ispirazione classica, concepito principalmente per una clientela business: ampie le soluzioni congressuali, ma anche le camere.

BRUNECK = BRUNICO

BRUNICO (BRUNECK)

Bolzano (BZ) – ✉ 39031 – 15 652 ab. – Alt. 838 m – Carta regionale n° **34-C1**
Roma 715 km – Cortina d'Ampezzo 60 km – Bolzano 75 km – Brennero 66 km
Carta stradale Michelin 562-B17

Rosa d'Oro-Goldene Rose senza rist
via Bastioni 36/b – ✆ 04 74 41 30 00 – www.hotelgoldenerose.com – Chiuso 3 settimane in giugno e 3 settimane in ottobre
21 cam – †75/115 € ††110/150 €
Esempio eccellente di come sia possibile coniugare la modernità dei servizi e delle installazioni, con il calore della tradizione. Camere ottime e la possibilità di check-in notturno (automatico).

Post cam, rist,
via Bastioni 9 – ✆ 04 74 55 51 27 – www.hotelpost-bruneck.com
39 cam – †102/150 € ††168/200 € – **6 suites**
Rist – Carta 39/76 € – *(chiuso 10 giorni in primavera e 10 giorni in novembre)*
Albergo cittadino e di tradizione - esiste dal 1850 - giunto ormai alla quinta generazione! Totalmente rinnovato nel 2004, i suoi interni in stile classico e gli ampi spazi garantiscono confort moderni; frequentatissino il ristorante, ma soprattutto il bar-pasticceria per il tè delle cinque o un bicchiere di buon vino.

Oberraut con cam
località Ameto 1, Nord-Est : 4 km – ✆ 04 74 55 99 77 – Chiuso 15-30 gennaio e 15-30 giugno
5 cam – †35 € ††76 €, 9 € Carta 26/66 € – *(chiuso giovedì)*
Ubicato nel verde di un bosco, questa sorta di maso propone al suo interno un servizio ristorante di tutto rispetto con gustosi piatti regionali, rivisitati in chiave moderna.

a Stegona Nord-Ovest : 2 km Alt. 817 m – ✉ 39031 Brunico

Langgenhof

via San Nicolò 11 – ✆ 04 74 55 31 54 – www.langgenhof.com – Chiuso 3 settimane in novembre e 3 settimane in aprile-maggio
30 cam – †50/120 € ††64/144 €
Rist – Carta 35/67 € – *(solo a cena) (solo per alloggiati)*
Rist *Langgenhof* – Menu 35 € – Carta 34/66 € – *(chiuso domenica) (solo a cena)* (prenotazione obbligatoria)
Per ospiti in cerca di genuinità, ma non manca di piacere anche alla clientela commerciale, un maso riadattato con materiali biologici e molto buon gusto; originali e meravigliose stufe nella sala da pranzo.

a Riscone Sud-Est : 3 km Alt. 960 m – ✉ 39031

Majestic

via Im Gelande 20 – ✆ 04 74 41 09 93 – www.hotel-majestic.it – Chiuso 13 aprile-16 maggio e 18 ottobre-27 novembre
52 cam – †180/290 € ††180/290 € – **8 suites**
Rist – Menu 35 € – *(solo a cena) (solo per alloggiati)*
Non difetta certo di silenzio e tranquillità, quest'esclusiva struttura dotata di un piacevole centro benessere, ma anche vicino alle belle piscine comunali e al golf a 9 buche. Sicuramente, un indirizzo più adatto a coppie in cerca di romanticismo, che a famiglie con bambini piccoli al seguito…

Royal Hotel Hinterhuber

via Ried 1/A – ✆ 04 74 54 10 00 – www.royal-hinterhuber.com – Aperto 1° dicembre-30 marzo e 1° giugno-30 settembre
47 cam – †90/180 € ††150/320 €
Rist – Menu 35/40 € – *(solo per alloggiati)*
In posizione un po' isolata, ma questo è sicuramente uno dei suoi punti di forza, è l'hotel adatto a chi cerca un luogo nel quale trovare assoluto relax e praticare sport. Parco con piscina riscaldata e tennis.

Schönblick

via Reiperting 1 – ✆ 04 74 54 17 77 – www.schoenblick.it – Chiuso 2 aprile-25 maggio e 12 ottobre-30 novembre
56 cam – †70/140 € ††140/280 € – **4 suites**
Rist – Carta 32/52 € – *(solo a cena) (solo per alloggiati)*
In un'elegante struttura cinta dal verde, interni in stile montano moderni e signorili, nonchè spaziose stanze dotate di ogni confort. Calda atmosfera nella sala da pranzo rivestita in perlinato; molto accogliente.

C'é categoria e categoria! Non aspettatevi lo stesso servizio in un ristorante X o in un albergo rispetto ad un XXXXX o ad un .

BRUSAPORTO

Bergamo (BG) – ✉ 24060 – 5 492 ab. – Alt. 255 m – Carta regionale n° **19-C1**
Roma 598 km – Bergamo 12 km – Brescia 53 km – Milano 60 km
Carta stradale Michelin 561-E11

Relais da Vittorio

via Cantalupa 17 – ✆ 0 35 68 10 24 – www.davittorio.com – Chiuso 2 settimane in agosto
10 cam – †300/350 € ††400/450 €
Rist *Da Vittorio* ✿✿✿ – vedere selezione ristoranti
I proprietari la descrivono come una piccola locanda di charme immersa nel verde, ma noi aggiungiamo grande nel confort. Belle camere diverse fra loro, contraddistinte dai nomi dei primi dieci nipoti della famiglia Cerea e bagni che seguono la felice linea della personalizzazione con rivestimenti in marmo e cromatismi.

Da Vittorio (Enrico e Roberto Cerea) – Hotel Relais da Vittorio
via Cantalupa 17 – ✆ 0 35 68 10 24 – www.davittorio.com – Chiuso 2 settimane in agosto e mercoledì a mezzogiorno
Menu 70 € (pranzo in settimana)/230 € – Carta 107/252 €
Selvaggina e fruit de mer, carni e pesci, tartufi e funghi: il menu si rinnova, segue le stagioni, l'estro di chi presiede ai fornelli... infondendo un'unica certezza: la voglia di essere nuovamente ospiti di questa casa raffinata ed elegante, come la sua cucina.
→ Risotto ai frutti di mare: dalla pentola al piatto. Trancio di rombo, cipollotto, aringa mantecata ed il suo caviale. Midori: crema di avocado, crumble di pistacchio, meringa ghiacciata.

BRUSCIANO

Napoli (NA) – ✉ 80031 – 16 038 ab. – Alt. 27 m – Carta regionale n° **6-B2**
Roma 223 km – Napoli 22 km – Caserta 29 km – Salerno 61 km
Carta stradale Michelin 564-E25

Taverna Estia (Armando e Francesco Sposito)
via Guido De Ruggiero 108 – ✆ 08 15 19 96 33 – www.tavernaestia.it – Chiuso 1 settimana in gennaio, 3 settimane in agosto, martedì e mercoledì
Menu 70/110 € – Carta 58/115 € – (consigliata la prenotazione)
"Laboratorio" gastronomico dello chef Francesco Sposito, che "reinventa" con grande capacità e finezza elementi della sua terra, la taverna è un'oasi di elegante rusticità, tra camino e travi a vista. Non pago della carne, il menu propone anche il mare in raffinate preparazioni.
→ Tortellone farcito con ricotta leggermente salata, zabaione e tartufo nero. Tonno rosso, pomodorini alla vaniglia e papaccella (peperone napoletano). Millefoglie al burro di Normandia, crema alla vaniglia e caramello al latte.

BRUSSON

Aosta (AO) – ✉ 11022 – 874 ab. – Alt. 1 338 m – Carta regionale n° **37-B2**
Roma 726 km – Aosta 53 km – Ivrea 53 km – Torino 94 km
Carta stradale Michelin 561-E5

Laghetto
rue Trois Villages 291 – ✆ 01 25 30 01 79 – www.hotellaghetto.it – Chiuso 2-24 maggio e 15 ottobre-4 dicembre
19 cam – †55/90 € ††90/150 €
Rist *Laghetto* – vedere selezione ristoranti
Albergo a gestione familiare, in cui trascorrere un soggiorno rilassante e sobrio. Attratti dalle montagne e anche dall'adiacente laghetto per la pesca sportiva.

Laghetto – Hotel Laghetto
rue Trois Villages 291 – ✆ 01 25 30 01 79 – www.hotellaghetto.it – Chiuso 2-24 maggio e 15 ottobre-4 dicembre
Carta 24/55 € – (consigliata la prenotazione)
Sapori di una solida cucina valdostana, in una bella sala rivestita in legno e dalle cui vetrate si può ammirare l'incantevole paesaggio della natura circostante. Non ripartite senza aver visitato la fornitissima cantina!

BUDOIA

Pordenone (PN) – ✉ 33070 – 2 579 ab. – Alt. 140 m – Carta regionale n° **10-A2**
Roma 604 km – Belluno 67 km – Pordenone 16 km – Treviso 62 km
Carta stradale Michelin 562-D19

Il Rifugio
via San Tomè 85 località Val de Croda, Nord-Ovest : 3 km – ✆ 04 34 65 49 15 – www.ilrifugio.net – Chiuso 2 settimane in gennaio, 1 settimana in giugno, giovedì a mezzogiorno e mercoledì
Menu 25/45 € – Carta 28/49 €
Nella cornice naturale della Val di Croda, ristorante rustico a conduzione diretta, con piatti legati al territorio e qualche piccola variante.

BUDRIO

Bologna (BO) – ✉ 40054 – 18 172 ab. – Alt. 25 m – Carta regionale n° **9-C2**
Roma 401 km – Bologna 22 km – Ferrara 52 km – Ravenna 71 km
Carta stradale Michelin 562-I16

Centro Storico

via Garibaldi 10 – ✆ 0 51 80 16 78
Menu 35/55 € – Carta 42/54 € – (prenotare)
Una saletta semplice e familiare, dove tutti gli sforzi sono indirizzati verso una cucina sfiziosa, qualche proposta creativa, carne e qualche piatto di pesce.

BULLA = PUFELS ➜ Vedere Ortisei

Bolzano (BZ)

BURAGO DI MOLGORA

Monza e Brianza (MB) – ✉ 20875 – 4 283 ab. – Alt. 182 m – Carta regionale n° **18-B2**
Roma 593 km – Milano 27 km – Bergamo 33 km – Monza 12 km
Carta stradale Michelin 561-F10

Brianteo

cam,

via Martin Luther King 3/5 – ✆ 03 96 08 21 18 – www.brianteo.it – Chiuso 23 dicembre-6 gennaio e 5-25 agosto
59 cam – †100/130 € ††130/160 € – **3 suites**
Rist *Brianteo* – ✆ 03 96 08 04 36 – Carta 44/65 € – (prenotare nei week-end)
Struttura votata alla soddisfazione delle esigenze della clientela d'affari. Camere ampie, curate e funzionali, benché semplici; sono validi anche gli spazi comuni. Accanto all'omonimo hotel, un ristorante composto da un grande salone e due sale più raccolte. Il menù propone la più rassicurante e classica cucina nazionale.

BURANO ➜ Vedere Venezia

Venezia (VE)

BURGSTALL = POSTAL

BURGUSIO = BURGEIS ➜ Vedere Malles Venosta

Bolzano (BZ)

BURIANO

Grosseto (GR) – ✉ 58040 – Carta regionale n° **32-C3**
Roma 200 km – Piombino 64 km – Grosseto 19 km – Siena 85 km
Carta stradale Michelin 563-N14

Osteria Il Cantuccio

piazza Indipendenza 31 – ✆ 05 64 94 80 11 – www.osteriailcantuccio.it – Chiuso novembre e lunedì
Carta 25/43 € – *(solo a cena escluso domenica)* (coperti limitati, prenotare)
Piccolo è il borgo, così come piccolissima è l'osteria, che propone piatti regionali (di terra e di mare), paste fatte in casa, curiose zuppe e, soprattutto, degli accattivanti revival di antiche ricette.

BURIASCO

Torino (TO) – ✉ 10060 – 1 426 ab. – Alt. 301 m – Carta regionale n° **22-B2_3**
Roma 694 km – Torino 38 km – Cuneo 65 km – Asti 80 km
Carta stradale Michelin 561-H4

Tenuta La Cascinetta

regione Rena, Est : 3 km – ✆ 01 21 36 80 40 – www.tenutalacascinetta.it
13 cam – †90/120 € ††140/250 € – **1 suite**
Rist *Tenuta La Cascinetta* – vedere selezione ristoranti
Anticamente un convento, successivamente una dimora colonica, la Cascinetta è ora una struttura di charme che vi accoglierà all'ingresso con una saletta di raffinata eleganza e graziosi spazi comuni da casa privata.

Tenuta La Cascinetta – Hotel Tenuta la Cascinetta

regione Rena, Est : 3 km – 01 21 36 80 40 – www.tenutalacascinetta.it – Chiuso lunedì

Carta 38/79 € – (prenotazione obbligatoria a mezzogiorno)

La tenuta è seicentesca, ma la luminosa veranda è inaspettatamente moderna, come la cucina - creativa - in cui trova posto anche una carta di sushi: fiore all'occhiello di un cuoco giapponese.

BUSALLA

Genova (GE) – 16012 – 5 709 ab. – Alt. 358 m – Carta regionale n° **15-C1**

Roma 523 km – Genova 29 km – Alessandria 71 km – Milano 117 km

Carta stradale Michelin 561-I8

Grit

piazza Garibaldi 9 – 01 09 64 17 98 – www.ristorantegrit.com – Chiuso 1°-8 gennaio, 15-30 agosto e lunedì

Carta 30/53 €

L'indirizzo giusto per gli amanti del tartufo e per chi cerca una cucina casalinga a tratti creativa. Sviluppato su tre salette, d'estate alcuni tavolini sono sistemati nella minuscola piazzetta antistante.

BUSCA

Cuneo (CN) – 12022 – 10 217 ab. – Alt. 500 m – Carta regionale n° **22-B3**

Roma 660 km – Torino 80 km – Cuneo 17 km – Asti 85 km

Carta stradale Michelin 561-I4

San Quintino Resort (N) con cam

via Vigne 6 – 01 71 93 37 43 – www.sanquintinoresort.com – Chiuso 15 giorni in gennaio, 7 giorni in agosto, martedì a mezzogiorno e lunedì

4 cam – †90 € ††95 €

Menu 39/45 € – Carta 36/73 € – (consigliata la prenotazione)

In una residenza di campagna - attigua all'omonima scuderia - ambienti signorili e accoglienti per una cucina in bilico fra tradizione ed innovazione; le camere si faranno ricordare per il loro côté romantico.

BUSCATE

Milano (MI) – 20010 – 4 758 ab. – Alt. 178 m – Carta regionale n° **18-A2**

Roma 613 km – Milano 40 km – Varese 39 km – Novara 25 km

Carta stradale Michelin 561-F8

Scià on Martin

viale 2 Giugno 1 – 03 31 80 30 00 – www.sciaonmartin.it – Chiuso 24 dicembre-2 gennaio e agosto

41 cam – †87/140 € ††107/160 € – **3 suites**

Rist *Scià on Martin* – vedere selezione ristoranti

Una grande corte interna con un doppio porticato è quanto rimane dell'antica cascina lombarda. Ora, qui, è tutto confort moderno e se prima mancava una zona benessere, adesso c'è anche quella. A disposizione degli ospiti, un comodo servizio navetta per aeroporti e fiera.

Scià on Martin – Hotel Scià on Martin

viale 2 Giugno 1 – 03 31 80 30 00 – www.sciaonmartin.it – Chiuso 24 dicembre-2 gennaio e agosto

Carta 42/58 €

Insalatina di mare e salsa pizzaiola, salmone marinato all'aneto con rucola, avocado e composta di agrumi, trancio di ombrina agli asparagi crudi. Ristorante di solo pesce? Assolutamente no! Il menu di questo elegante locale si divide equamente fra mare e terra: quindi largo anche alle costolette d'agnello al profumo di timo o alla nocetta di vitello ai pistacchi.

BUSETO PALIZZOLO

Trapani (TP) – ✉ 91012 – 3 042 ab. – Alt. 249 m – Carta regionale n° **29-A2**
Palermo 87 km – Trapani 21 km – Marsala 48 km

Baglio Case Colomba senza rist
via Toselli 165 – ☎ 09 23 85 27 29 – www.casecolomba.com – Chiuso 13 gennaio-1° marzo
10 cam – 25/45 € 60/90 €
In una struttura ottocentesca composta da un baglio ed un casale, camere in stile rustico e mobili in arte povera, dove i ventilatori a pale vi conforteranno dell'assenza di aria condizionata. In posizione strategica per visitare l'entroterra trapanese e le riserve naturali della zona, è un indirizzo di un certo interesse in virtù anche dei suoi prezzi contenuti.

BUSSANA
→ Vedere San Remo
Imperia (IM)

BUSSETO

Parma (PR) – ✉ 43011 – 7 080 ab. – Alt. 40 m – Carta regionale n° **8-A1**
Roma 490 km – Parma 41 km – Piacenza 33 km – Milano 99 km
Carta stradale Michelin 562-H12

I Due Foscari senza rist
piazza Carlo Rossi 15 – ☎ 05 24 93 00 39 – www.iduefoscari.it – Chiuso 3 settimane in agosto
20 cam – 62 € 87 €, 8 €
Per farsi avvolgere da un'autentica atmosfera verdiana, una suggestiva e scenografica dimora di campagna con arredi in stile "moresco-veneziano".

BUSSOLENGO

Verona (VR) – ✉ 37012 – 19 813 ab. – Alt. 127 m – Carta regionale n° **38-A2**
Roma 504 km – Verona 17 km – Garda 20 km – Mantova 45 km
Carta stradale Michelin 562-F14

Montresor Hotel Tower
rist,
via Mantegna 30/a – ☎ 04 56 76 11 11 – www.montresorgroup.com
144 cam – 70/400 € 90/600 € **Rist** – Carta 30/75 €
Pare un piccolo grattacielo color melanzana dagli interni che colpiscono per la modernità e la generosità di spazi, soprattutto nelle camere davvero molto ampie, ed una bella vista dai piani più alti. Anche il ristorante offre ambienti ariosi, mentre il menu alletta con specialità venete e sapori mediterranei.

BUSTO ARSIZIO

Varese (VA) – ✉ 21052 – 79 563 ab. – Alt. 226 m – Carta regionale n° **18-A2**
Roma 616 km – Milano 40 km – Varese 29 km – Como 40 km
Carta stradale Michelin 561-F8

I 5 Campanili
via Maino 18 – ☎ 03 31 63 04 93 – www.i5campanili.com – Chiuso 7-15 gennaio, 16-28 agosto e lunedì
Carta 32/67 €
Può vantare una nutrita ed affezionata clientela d'habitué, questo elegante ristorante - con bel giardino per il servizio estivo - ospitato in una villa del '900. La cucina si affida a valide e fantasiose elaborazioni.

Mirò il Ristorante
via Roma 5 – ☎ 03 31 62 33 10 – www.ristorantemiro.it – Chiuso 1 settimane in agosto, 1 settimana in dicembre, sabato a mezzogiorno e lunedì
Menu 16 € (pranzo in settimana) – Carta 51/65 €
In un ex convento in pieno centro, ambienti piacevoli suddivisi tra una sala romantica e un godibile dehors per una cucina ricercata, fatta di elaborazioni fantasiose e ben riuscite.

BUTTRIO

Udine (UD) – ✉ 33042 – 4 040 ab. – Alt. 79 m – Carta regionale n° **11-C2**
Roma 643 km – Udine 17 km – Gorizia 26 km – Trieste 63 km
Carta stradale Michelin 562-D21

Il Castello di Buttrio
cam, cam, rist,
via Morpugo 9 – ✆ 04 32 67 30 40 – www.castellodibuttrio.it
8 cam – 100/130 € 140/170 €
Rist *Locanda al Castello di Buttrio* – Carta 22/57 €
Splendida risorsa ricavata dalla riuscita ristrutturazione di un castello tra le vigne; al suo interno ambienti raffinati caratterizzati da bei tessuti, lampadari preziosi e camere molto confortevoli. A completamento, una piccola osteria con menu a voce di sola cucina del territorio ed una splendida terrazza per l'estate.

Trattoria al Parco
via Stretta 7 – ✆ 04 32 67 40 25 – Chiuso 6 agosto-31 agosto, martedì e mercoledì
Carta 28/39 €
Nella bella stagione, il parco secolare che abbraccia la struttura rallegra il servizio all'aperto, mentre piatti della tradizione sfilano tutto l'anno in menu, di solito raccontati a voce. Carni alla brace e risotti tra i piatti forti della casa; i vini sono prodotti dalla propria azienda vinicola.

CABRAS

Sardegna – Oristano (OR) – ✉ 09072 – 9 085 ab. – Carta regionale n° **28-A2**
Alghero 108 km – Cagliari 101 km – Oristano 8 km – Nuoro 95 km
Carta stradale Michelin 566-H7

Villa Canu
via Firenze 9 – ✆ 07 83 29 01 55 – www.hotelvillacanu.com – Aperto 1° marzo-2 novembre
22 cam – 50/75 € 80/130 €
Rist *Il Caminetto* – vedere selezione ristoranti
Nel centro della località, grazioso hotel a conduzione familiare ricavato dalla ristrutturazione di una casa padronale del 1893: ambienti comuni signorili ed intimi, camere confortevoli nella loro semplicità.

Il Caminetto – Hotel Villa Canu
via Battisti 8 – ✆ 07 83 39 11 39 – www.ristorante-ilcaminetto.com – Aperto 1° marzo-31 ottobre; chiuso lunedì
Carta 21/49 €
Nella caratteristica cittadina di Cabras, fragranti piatti di pesce in un accogliente ristorante, a 100 m dall'albergo Villa Canu. Zona famosa per l'allevamento ittico, non ripartite senza aver assaggiato la proverbiale bottarga di muggine e la merca (muggine bollito in acqua salata e conservato con un'erba palustre).

CADEO

Piacenza (PC) – ✉ 29010 – 5 463 ab. – Alt. 67 m – Carta regionale n° **8-A1**
Roma 501 km – Piacenza 15 km – Cremona 34 km – Milano 76 km
Carta stradale Michelin 562-H11

Relais Cascina Scottina
strada Riglio, verso Saliceto, Nord-Ovest : 2 km – ✆ 05 23 50 42 32 – www.relaiscascinascottina.it – Chiuso 1°-6 gennaio
15 cam – 80/120 € 90/130 €
Rist *Antica Osteria della Pesa* – vedere selezione ristoranti
Nel cuore della campagna piacentina, nuovo ed accogliente relais ambientato in un antico casale del '700 con camere spaziose - curate nei minimi dettagli - per garantire agli ospiti un soggiorno indimenticabile.

XX **Antica Osteria della Pesa** – Hotel Relais Cascina Scottina

strada Riglio, verso Saliceto, Nord-Ovest : 2 km – ✆ 05 23 50 42 32 – www.relaiscascinascottina.it – Chiuso 1°-6 gennaio

Menu 30 € (pranzo in settimana)/70 € – Carta 43/88 €

In aperta campagna, un'ex cascina ristrutturata ospita questa graziosa trattoria che per accontentare tutti propone un "menu della tradizione" a base di carne, un "menu degustazione pesce" per gli amanti delle specialità ittiche, e per i celiaci piatti realizzati con ingredienti non contenenti glutine.

X **Lanterna Rossa**

via Ponte 8, località Saliceto, Nord-Est : 4 km – ✆ 05 23 50 05 63 – www.lanternarossa.it – Chiuso 14-20 gennaio, 24 agosto-2 settembre, lunedì e martedì

Menu 45/50 € – Carta 36/60 € – (prenotazione obbligatoria)

Due accoglienti salette entrambe con camino, una in legno ed una in marmo rosso, per una cucina che trae ispirazione dal mare. Coloro che amano stare all'aperto - tempo permettendo - potranno accomodarsi nel piacevole dehors.

CADIPIETRA = STEINHAUS ➔ Vedere Valle Aurina

Bolzano (BZ)

CAERANO DI SAN MARCO

Treviso (TV) – ✉ 31031 – 8 025 ab. – Alt. 124 m – Carta regionale n° **40-C2**

Roma 544 km – Padova 53 km – Belluno 61 km – Treviso 28 km

Carta stradale Michelin 562-E17

Agriturismo Col delle Rane senza rist

via Mercato Vecchio 18, Nord-Est : 1 km – ✆ 0 42 38 55 85 – www.coldellerane.it

17 cam – †45/59 € ††75/94 €

Risorsa tranquilla e confortevole all'interno di un'elegante casa colonica di fine '700 (a disposizione anche un mini-appartamento). Momenti di relax presso la piscina a ridosso dei vigneti.

CAGGIANO

Salerno (SA) – ✉ 84030 – 2 799 ab. – Alt. 828 m – Carta regionale n° **7-D2**

Roma 338 km – Napoli 128 km – Salerno 76 km – Potenza 42 km

Carta stradale Michelin 564-F28

XX **Locanda Severino** (Vitantonio Lombardo) con cam

largo Re Galantuomo 11 – ✆ 09 75 39 39 05 – www.locandaseverino.it – Chiuso 10 giorni in gennaio, 10 giorni in luglio, domenica e lunedì

9 cam – †60 € ††80 €

Menu 45/60 € – Carta 45/66 € – *(chiuso lunedì, martedì e domenica sera)* (prenotazione obbligatoria a mezzogiorno)

Un pittoresco paese arroccato su uno sperone roccioso, mobili antichi e tradizione contadina: la Locanda offre un romantico viaggio nei sapori caggianesi, tra prodotti rari e sapori perduti, alla ricerca di antiche ricette.

➔ Lagane in due consistenze su passata di ceci bianchi, salsa di ceci neri e pancetta. Tagliata non tagliata su brace di erbe aromatiche, aglianico e patata cotta sotto la cenere. Pizza di ricotta: base di pasta frolla con spuma di ricotta al rhum e gelato di amarene.

CAGLI

Pesaro e Urbino (PU) – ✉ 61043 – 8 889 ab. – Alt. 276 m – Carta regionale n° **20-B2**

Roma 236 km – Ancona 107 km – Pesaro 62 km

X **La Gioconda**

via Brancuti – ✆ 07 21 78 15 49 – www.ristorantelagioconda.it – Chiuso 1 settimana in febbraio, 1 settimana in settembre e lunedì

Menu 18/50 € – Carta 23/50 €

In pieno centro storico, questa moderna osteria si trova all'interno di spessi muri che custodivano un tempo la cantina. La cucina parla marchigiano - in stagione molti piatti sono dedicati al tartufo, bianco e nero - ma con qualche concessione alla creatività. Un esempio? Dolce della "longevità": pane tostato, budino alle bacche di Goji e gelato.

CAGLIARI

Sardegna – – 149 575 ab. – Carta regionale n° **28-B3**

▶ Nuoro 182 km – Oristano 98 km – Sassari 211 km

Carta stradale Michelin 366-P48

Regina Margherita senza rist

viale Regina Margherita 44 ✉ *09124* – ✆ *0 70 67 03 42* – *www.hotelreginamargherita.com* Pianta : A2**g**

93 cam – 🚹95/130 € 🚹🚹130/150 € – **7 suites**

Nella via che dall'antico quartiere fortificato di Castello scende verso la passeggiata elegante davanti al porto, un grande albergo recentemente rinnovato in stile minimalista, con qualche concessione a echi etnici e mobili in legno wengé.

T Hotel

via dei Giudicati 66, per via Dante ✉ *09131* – ✆ *07 04 74 00* – *www.thotel.it*

200 cam – 🚹129/279 € 🚹🚹129/279 € – **7 suites**

Rist – Carta 32/70 € – *(solo a cena)*

Tecnologia e design: una torre in vetro rivoluziona il paesaggio cagliaritano senza dimenticare le tradizioni, grazie alle frequenti esposizioni sull'artigianato locale allestite nella hall. Belle camere, moderno centro benessere e fitness. Cucina veloce a pranzo, piatti sardi ed internazionali più elaborati la sera.

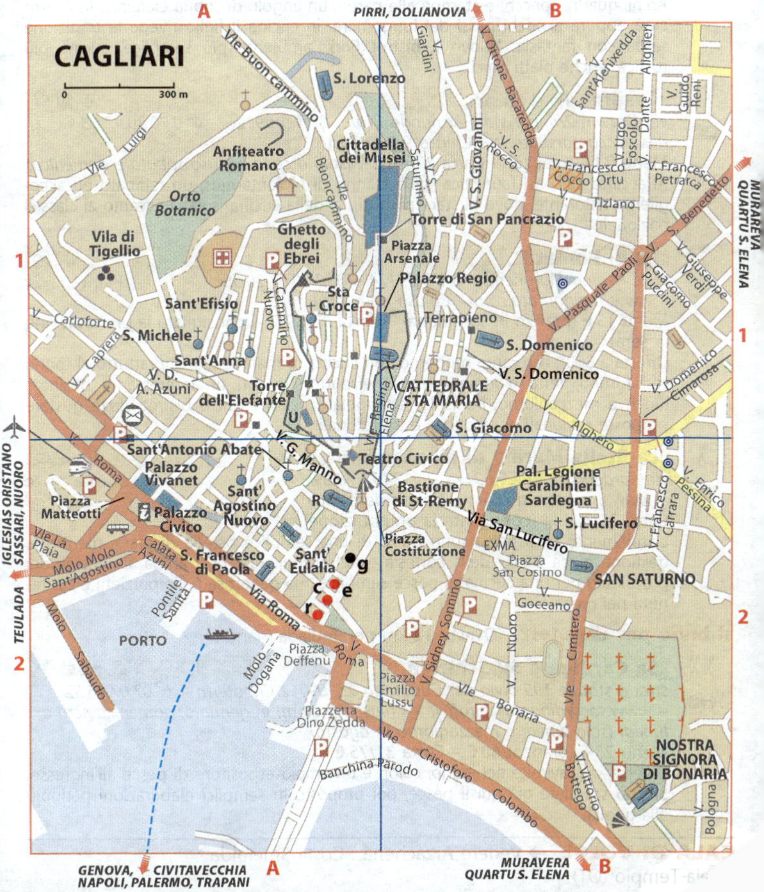

Caesar's

via Darwin 2, per viale Armando Diaz - B2 ✉ 09126 – ✆ 0 70 34 07 50 – www.caesarshotel.it

48 cam ☕ – 🛉80/150 € 🛉🛉99/200 €

Rist *Cesare* – vedere selezione ristoranti

Nella cornice di un quartiere moderno, solo varcato l'ingresso si svela la particolarità architettonica di questo atrium lobby hotel: la struttura si sviluppa, infatti, curiosamente intorno ad una corte interna.

Sardegna

rist, rist,

via Lunigiana 50, 2,5 km per Oristano - A2 ✉ 09122 – ✆ 0 70 28 62 45 – www.sardegnahotelcagliari.it

78 cam ☕ – 🛉80/107 € 🛉🛉100/137 € – **6 suites** **Rist** – Carta 30/45 €

Perfetto punto d'appoggio per la clientela d'affari, ad un paio di chilometri dal centro, l'hotel vanta un buon settore notte, moderno e confortevole.

Dal Corsaro

viale Regina Margherita 28 ✉ 09124 – ✆ 0 70 66 43 18 Pianta : A2**e**

– www.dalcorsaro.com – Chiuso 1°-20 gennaio e domenica

Menu 45/70 € – Carta 51/79 € – (consigliata la prenotazione)

Rist *Fork* –Menu 22 € (pranzo in settimana) – Carta 25/49 €

Archi, quadri, specchi e stampe alle pareti, un angolo di sobria eleganza in centro città eppure a pochi passi dal lungomare; in cucina il figlio rivede la tradizione sarda con fantasia. Nuovo il bistrot Fork: ambiente più semplice, cucina più rustica, anche piatti unici.

Cesare – Hotel Caesar's

via Darwin 2/4, per viale Armando Diaz - B2 ✉ 09126 – ✆ 0 70 30 47 68 – www.caesarshotel.it – Chiuso 9-29 agosto

Menu 23 € (pranzo) – Carta 27/48 € – *(solo a cena escluso sabato e domenica)*

Affacciato sull'oasi faunistica dello stagno di Molentargius, un raffinato ed accogliente ristorante, dove gustare piatti tipici della cucina isolana accanto ai classici nazionali.

Luigi Pomata

viale Regina Margherita 18 ✉ 09124 – ✆ 0 70 67 20 58 Pianta : A2**r**

– www.luigipomata.com – Chiuso domenica

Menu 15 € (pranzo in settimana) – Carta 32/59 € – (consigliata la prenotazione la sera)

Offerta a 360°: ristorante moderno con cucina di mare legata soprattutto al tonno carlofortino, terra d'origine dello chef/patron, e con un interessante business lunch a mezzogiorno. Penisola rettangolare per il sushi e bistrot, dove gustare proposte regionali più rustiche e tradizionali.

La Stella Marina di Montecristo

via Sardegna 140 ✉ 09124 – ✆ 34 75 78 89 64 Pianta : A2**c**

– www.ilmontecristo.com – Chiuso domenica

Carta 25/33 € – (consigliata la prenotazione)

L'andamento e l'aspetto sono quelli di una semplice osteria di mare, mentre la gestione gioca il jolly della cortesia e dell'accoglienza: ci si affida ai consigli dei proprietari per una cucina di pesce semplice, ma generosa nelle porzioni e contenuta nei prezzi.

al bivio per Capoterra

Ovest : 12 km per Teulada Pianta : A2

Sa Cardiga e Su Schironi

strada statale 195 bivio per Capoterra ✉ 09012 Capoterra – ✆ 07 07 16 52 – www.sacardigaesuschironi.it – Chiuso 15 giorni in gennaio, domenica sera e lunedì (solo lunedì a mezzogiorno in agosto)

Menu 25 € (pranzo)/60 € – Carta 31/75 €

Diverse sale avvolte nel legno, colori e un ampio espositore di pesce all'ingresso. Si può scegliere già qui il pesce, poi proposto in semplici elaborazioni perlopiù alla griglia.

… DI VOLPE

➜ Vedere Arzachena : Costa Smeralda

…pio (OT)

CALA GONONE → Vedere Dorgali
Nuoro (NU)

CALAMANDRANA
Asti (AT) – ✉ 14042 – 1 765 ab. – Alt. 151 m – Carta regionale n° **25-D2**
▶ Roma 590 km – Alessandria 38 km – Torino 84 km – Asti 28 km
Carta stradale Michelin 561-H7

Violetta
località Valle San Giovanni 1, Nord : 2,5 km – ✆ 01 41 76 90 11 – www.ristorantevioletta.it – Chiuso 11 gennaio-13 febbraio, mercoledì e le sere di domenica e martedì
Menu 30/40 € – Carta 30/45 €
Echi contadini in un locale che non lascia indifferenti: dal carretto in bella mostra nel cortile, ai piatti dalle sfumature alessandrine. Non meravigliatevi quindi di trovare in menu i classici agnolotti o i tajarin con sugo di funghi porcini; ottime la carne cruda battuta al coltello e la finanziera.

CALAMBRONE → Vedere Tirrenia
Pisa (PI)

CALA PICCOLA → Vedere Porto Santo Stefano
Grosseto (GR)

CALASETTA
Sardegna – Carbonia-Iglesias (CI) – ✉ 09011 – 2 810 ab. – Carta regionale n° **28-A3**
▶ Cagliari 93 km – Oristano 145 km – Carbonia 29 km
Carta stradale Michelin 366-L49

Luci del Faro
cam,
località Mangiabarche, Sud : 5 km – ✆ 07 81 81 00 89 – www.hotelucidelfaro.com – Aperto 15 aprile-31 ottobre
40 cam – †54/157 € ††108/214 € – **1 suite**
Rist – Carta 19/38 € – *(solo a cena escluso in estate)*
Di fronte ad una costa rocciosa, è un borgo mediterraneo raccolto attorno ad una grande piscina; all'interno ampie camere dai moderni arredi ed aree giochi per i più piccoli.

CALATABIANO
Catania (CT) – ✉ 95011 – 5 375 ab. – Alt. 60 m – Carta regionale n° **30-D2**
▶ Palermo 249 km – Catania 45 km – Messina 58 km

Castello di San Marco
cam, cam, rist,
via San Marco 40 – ✆ 0 95 64 11 81 – www.castellosanmarco.it – Aperto 20 aprile-31 ottobre
22 cam – †100/230 € ††130/220 € – **8 suites**
Rist *I Mastri Flavetta* – Carta 38/66 € – *(solo a cena)*
Borgo seicentesco con prestigiosi ambienti comuni al piano terra del castello e camere indipendenti negli antichi fabbricati annessi. Il nome del ristorante rende omaggio ai mastri intagliatori che eseguirono i decori in pietra lavica; cucina regionale in menu.

CALAVINO
Trento (TN) – ✉ 38072 – 1 514 ab. – Alt. 409 m – Carta regionale n° **33-B3**
▶ Roma 605 km – Trento 18 km – Bolzano 73 km – Brescia 105 km
Carta stradale Michelin 562-D14

Da Cipriano
via Graziadei 13 – ✆ 04 61 56 47 20 – Chiuso mercoledì
Menu 22/30 € – Carta 21/33 € – *(solo a cena escluso domenica)*
Avrete solo l'imbarazzo della scelta, tra le varie proposte - presentate a voce - dal patron Cipriano. Degni di nota restano comunque il poker di primi, nonché la tagliata di manzo e trota, ma lasciate un piccolo spazio per i dolci perchè anche questi meritano!

CALCERANICA AL LAGO

Trento (TN) – ✉ 38050 – 1 330 ab. – Alt. 465 m – Carta regionale n° **33-B3**

Roma 606 km – Trento 18 km – Belluno 95 km – Bolzano 75 km

Carta stradale Michelin 562-D15

Energy Hotel

cam,

corso Alpini 1 – ✆ 04 61 72 30 08 – www.energyhotel.it – Chiuso novembre

13 cam – 40/80 € 68/132 €

Rist – Menu 15/25 € – *(solo per alloggiati)*

Piccolo, moderno albergo familiare a soli 200 metri di distanza dal lago e rinnovato completamente nel 2013: gli spazi comuni sono un po' limitati, ad eccezione del Vital Bar che - nella bella stagione - si trasferisce sotto un pergolato.

CALCINATO

Brescia (BS) – ✉ 25011 – 12 846 ab. – Alt. 171 m – Carta regionale n° **17-D1**

Roma 539 km – Brescia 24 km – Milano 117 km – Verona 57 km

Carta stradale Michelin 561-F13

a Ponte San Marco Nord : 2,5 km – ✉ 25011

Della Torre 1850

cam,

via strada statale 11, Padana Superiore 33 – ✆ 03 09 65 51 – www.hoteldellatorre1850.it

42 cam – 65/85 € 90/110 €

Rist *Il Posto Gusto* – ✆ 03 09 96 41 97 – Menu 14 € (in settimana)/35 € – Carta 24/65 €

Attorno ad una torre colombaia del XIX secolo, in un ex opificio dalla caratteristica struttura "a ringhiera", camere sobrie e mobili di qualità. Di tutto un po' al Posto Gusto: pizze, grigliate di carne, specialità di pesce, paste fresche biologiche...

CALDANA → Vedere Gavorrano

Grosseto (GR)

CALDARO SULLA STRADA DEL VINO (KALTERN AN DER WEINSTRASSE)

Bolzano (BZ) – ✉ 39052 – 7 735 ab. – Alt. 425 m – Carta regionale n° **34-D3**

Roma 637 km – Bolzano 15 km – Merano 35 km – Trento 53 km

Carta stradale Michelin 562-C15

La Residenza Gius senza rist

località Trutsch 1 – ✆ 04 71 96 32 95 – www.designhotel-kaltern.it – Chiuso 21 dicembre-28 febbraio

9 cam – 129/289 € 198/438 € – **9 suites**

Stile minimalista, ma con una piacevole concessione alle ampie vetrate che permettono alla luce di illuminare naturalmente gli ambienti, in un hotel ristrutturato completamente in anni recenti: camere molto confortevoli - alcune addirittura con piccola piscina privata - ed una moderna zona benessere.

Schlosshotel Aehrental

via dell'Oro 19 – ✆ 04 71 96 22 22 – www.schlosshotel.it – Aperto 26 marzo-1° novembre

19 cam – 95/170 € 172/290 € – **2 suites**

Rist – Carta 37/68 € – (prenotazione obbligatoria la sera)

Bell'edificio nobiliare di metà '600 a due passi dal centro, ma circondato da un bel giardino. Camere e ambienti signorili, per un soggiorno all'insegna del buon gusto. Servizio ristorante estivo all'aperto.

al lago Sud : 5 km :

Parc Hotel

cam,

Campi al lago 9 – ✆ 04 71 96 00 00 – www.parchotel.cc – Aperto 20 marzo-8 novembre

40 cam – 120/280 € 260/300 € – **3 suites**

Rist – Carta 40/80 € – *(solo per alloggiati la sera)*

Interni di taglio classico, ma assolutamente moderni per completezza e funzionalità, in un imponente complesso ubicato proprio sulle rive del lago con giardino solarium. Belle camere spaziose.

Seeleiten
strada del Vino 30 ✉ 39052 – ✆ 04 71 96 02 00 – www.seeleiten.it – Aperto 1° aprile-10 novembre
49 cam – solo ½ P 112/159 € – **10 suites** **Rist** – Carta 44/65 €
Tante possibilità per il relax e la cura del corpo in un hotel di classe, dotato di centro benessere e cinto da giardino con laghetto-piscina; camere nuove e ristrutturate con arredi di moderna eleganza.

Seegarten
lago di Caldaro 17 – ✆ 04 71 96 02 60 – www.seegarten.com – Aperto 27 marzo-2 novembre
33 cam – †90/130 € ††180/260 € – **4 suites**
Rist – Carta 30/81 € – *(chiuso mercoledì)*
Per gli amanti del nuoto è davvero ideale la spiaggia attrezzata di questa risorsa immersa nel verde a bordo lago e con vista sui monti; camere spaziose, recentemente rinnovate. Cucina regionale e servizio estivo in terrazza: i due punti di forza del ristorante.

Haus Am Hang
lago di Caldaro 57 – ✆ 04 71 96 00 86 – www.hausamhang.it – Aperto 1° aprile-15 novembre
28 cam – †65/120 € ††130/190 € – **5 suites** **Rist** – Carta 31/65 €
Godere della quiete, del panorama e delle opportunità offerte dalla natura in un ambiente familiare e accogliente; belle camere ampie con elegante arredamento moderno. Sala da pranzo di ambientazione tirolese.

CALDIERO
Verona (VR) – ✉ 37042 – 7 552 ab. – Alt. 44 m – Carta regionale n° **38**-B3
▶ Roma 520 km – Verona 19 km – Venezia 103 km – Padova 68 km
Carta stradale Michelin 562-F15

Bareta senza rist
via Strà 88 – ✆ 04 56 15 07 22 – www.hotelbareta.it – Chiuso 21 dicembre-7 gennaio
45 cam – †45/80 € ††65/130 €
Comodo da raggiungere sulla strada statale, albergo di concezione moderna - a gestione familiare - che propone confortevoli camere dalle rilassanti tinte azzurre. Dalle h.18 alle 22 circa, servizio di wine-bar anche per apertivi con affettati misti e formaggi vari.

sulla strada statale 11 Nord-Ovest : 2,5 km :

Renato
località Vago 6 ✉ 37042 – ✆ 0 45 98 25 72 – www.ristoranterenato.it – Chiuso agosto, lunedì sera e martedì, anche lunedì a mezzogiorno in giugno-luglio
Carta 33/100 €
Da più di due lustri, il timone della gestione è passato dal padre - quel Renato che diede il nome al tutto - al figlio, Daniele. La cucina, invece, rimane nelle mani della madre ed è squisitamente di pesce.

CALDOGNO
Vicenza (VI) – ✉ 36030 – 11 189 ab. – Alt. 53 m – Carta regionale n° **38**-A1
▶ Roma 540 km – Padova 48 km – Trento 93 km – Vicenza 11 km
Carta stradale Michelin 562-F16

Molin Vecio
via Giaroni 116 – ✆ 04 44 58 51 68 – www.molinvecio.it – Chiuso martedì
Carta 32/42 €
In un mulino del '500 funzionante, sale d'atmosfera (una con camino) e servizio estivo in riva ad un laghetto; cucina tipica vicentina e proposte vegetariane.

CALENZANO
Firenze (FI) – ✉ 50041 – 16 918 ab. – Alt. 68 m – Carta regionale n° **32**-C1
▶ Roma 290 km – Firenze 20 km – Bologna 100 km – Prato 10 km
Carta stradale Michelin 563-K15

Valmarina senza rist

via Baldanzese 146 – ✆ 05 58 82 53 36 Pianta : A1**f**
– www.hotelvalmarina.it

34 cam – 50/75 € 50/93 €

Non lontano dal casello autostradale, è frequentato in prevalenza da una clientela commerciale che trova camere semplici ma ben tenute; dinnanzi all'albergo c'è un ampio parcheggio pubblico.

a Carraia Nord : 4 km – ✉ 50041

Gli Alberi

via Bellini 173 – ✆ 05 58 81 99 12 – Chiuso martedì

Menu 15 € (pranzo in settimana)/35 € – Carta 20/58 €

Piacevole trattoria con quattro sale di tono rustico e dalla cortese gestione famiare situata lungo la strada per Barberino, mentre la cucina sforna ricette della tradizione toscana.

a Pontenuovo di Calenzano Nord : 6 km – ✉ 50041 Calenzano

Meridiana Country Hotel senza rist

via di Barberino 253 – ✆ 05 58 81 94 72 – www.meridianacountryhotel.it

32 cam – 80/240 € 90/240 €

L'interior design contemporaneo incontra i colori tipici della Toscana in questa struttura di grande fascino dotata di camere luminose con terrazzo o giardino privato, ed un piccolo centro wellness.

Carmagnini del 500

via di Barberino 242 – ✆ 05 58 81 99 30 – www.carmagninidel500.it – Chiuso lunedì

Menu 25/44 € – Carta 30/55 € – (prenotazione obbligatoria a mezzogiorno)

Da più di un secolo nelle mani della stessa famiglia, il locale è decisamente storico, la cucina rivisita i piatti della tradizione locale con qualche escursione in quelli più antichi, ma l'ambiente è di tono vagamente moderno. Servizio estivo all'aperto.

a Travalle Nord : 4 km – ✉ 50041

Le Tre Lune (Lorenzini, Di Marzio, Verni)

via di Travalle 1/a – ✆ 05 58 87 31 56 – www.letrelune.com – Chiuso gennaio, domenica e lunedì in giugno-settembre, martedì a mezzogiorno e lunedì negli altri mesi

Menu 45/65 € – Carta 51/79 € – (consigliata la prenotazione la sera)

Tre giovani toscani si sono sparsi per il mondo, hanno imparato il mestiere in grandi scuole e sono tornati a casa: ecco una bella storia di amicizia, ma soprattutto di grande cucina basata su prodotti di stagione, tecnica e spunti francesi.

→ Granchio con lenticchie all'uccelletta. Animelle con fonduta di pecorino e verdurine di stagione. Cioccolato e nocciola.

CALESTANO

Parma (PR) – ✉ 43030 – 2 053 ab. – Alt. 417 m – Carta regionale n° **8-B2**

Roma 488 km – Parma 38 km – Reggio nell'Emilia 57 km – La Spezia 91 km

Carta stradale Michelin 561-I12

Locanda Mariella

località Fragnolo, Sud-Est : 5 km – ✆ 0 52 55 21 02 – Chiuso lunedì e martedì

Carta 29/36 €

Strade tortuose incidono il paesaggio collinare che avvolge la locanda: una risorsa familiare - ormai generazionale - dove fermarsi a gustare i celebri cappelletti in brodo, il guancialino di vitello brasato o la trippa alla parmigiana. Il tutto annaffiato da ottimi vini, elencati in una carta quasi enciclopedica.

CALIZZANO
Savona (SV) – ✉ 17057 – 1 532 ab. – Alt. 647 m – Carta regionale n° **14-A2**
Roma 594 km – Genova 94 km – Savona 48 km – Imperia 72 km
Carta stradale Michelin 561-J6

Villa Elia rist,
via Valle 26 – ✆ 01 97 96 19 – www.villaelia.it – Chiuso novembre
33 cam – †40/65 € ††45/75 € **Rist** – Menu 20/29 €
Nel verde entroterra ligure, un piacevole albergo di paese con camere carine e spaziose; tranquilla e circondata da un giardino cintato, la struttura è ideale per famiglie con bambini.

CALTAGIRONE
Catania (CT) – ✉ 95041 – 38 259 ab. – Alt. 608 m – Carta regionale n° **30-C2**
Palermo 190 km – Catania 71 km – Enna 62 km – Ragusa 59 km
Carta stradale Michelin 365-AW60 – Guida Verde Michelin SICILIA

NH Villa San Mauro rist,
via Portosalvo 14 – ✆ 0 93 32 65 00 – www.nh-hotels.it
90 cam – †60/115 € ††80/165 € – **1 suite** **Rist** – Carta 25/35 €
Albergo ristrutturato di recente, ubicato ai margini della località, presenta interni signorili ed eleganti. Le camere sono ben arredate, gli accessori davvero attuali. Curato ristorante, cucina siciliana.

Agriturismo Colle San Mauro N cam,
Contrada San Mauro Sp 39 II Sud-Ovest : 7,5 Km – ✆ 0 93 35 38 90 – www.collesanmauro.it
40 cam – †50/70 € ††70/90 € **Rist** – Menu 15/25 €
Lungo una strada costellata di vigneti, frutteti e giardini coltivati, si giunge ad un bel nucleo di caseggiati totalmente rinnovati. Interni rustici, ma non privi di signorilità, belle camere ed una piscina che offre una magnifica vista sulla valle tranquilla e verdeggiante.

Coria (Domenico Colonnetta e Francesco Patti)
via Infermeria 24 – ✆ 0 93 32 65 96 – www.ristorantecoria.it – Chiuso 20 giorni in febbraio, 10 giorni in novembre, domenica sera e lunedì
Menu 45/75 € – Carta 39/72 € – (consigliata la prenotazione)
Due giovani chef vi stupiranno con le loro rivisitazioni di classici isolani. In pieno centro, la scelta di colori forti nelle due belle sale conferisce carattere al locale, che ha preso spunto per il proprio nome dall'autore di "Profumi di Sicilia", G. Coria.
➜ Chitarra con polpa di riccio, asparagi e finocchietto selvatico. Crudo di pesce con fior di latte al lime, insalatina di funghi, spinaci e ravanelli. Sformato caldo alle mandorle e mele, gelato al Marsala.

sulla strada statale 124 Nord : 5 km

Villa Tasca cam,
contrada Fontana Pietra S.P. 37/II ✉ 95041 – ✆ 0 93 32 27 60 – www.villatasca.it – Chiuso 10 gennaio-10 febbraio e 5-30 novembre
10 cam – †50/60 € ††80/100 €
Rist – Menu 25 € – (prenotazione obbligatoria) *(solo per alloggiati)*
In posizione defilata e tranquilla, tenuta agricola sapientemente riadattata. Ampi spazi aperti, grande piscina, maneggio con cavalli per passeggiate. Cucina casalinga.

sulla strada statale 177 bis km 68 Ovest : 16 km

Vecchia Masseria cam, rist,
contrada Cutuminello ✉ 95041 – ✆ 33 38 73 55 73 – www.vecchiamasseria.com – Chiuso 6 novembre-6 dicembre e 6 gennaio-6 febbraio
24 cam – †60/90 € ††70/100 € **Rist** – Menu 30 € – *(solo a cena)*
All'interno di un parco naturale, la location è sicuramente bucolica e la struttura - ricavata da una masseria del 1850 - propone ambienti di moderno design e richiami ad elementi architettonici locali. Camere semplici e menu degustazione con specialità dell'entroterra al ristorante.

CALTANISSETTA

Sicilia – ✉ 93100 – 61 651 ab. – Alt. 568 m – Carta regionale n° **30**-**C2**
Palermo 128 km – Agrigento 56 km – Catania 111 km – Enna 33 km
Carta stradale Michelin 365-AT59 – Guida Verde Michelin SICILIA

San Michele cam, rist,
via Fasci Siciliani – ✆ 09 34 55 37 50 – www.hotelsanmichelesicilia.it
122 cam – †79/88 € ††117/130 € – **13 suites**
Rist – Carta 24/53 € – *(chiuso 2 settimane in agosto, domenica e festivi)*
In posizione periferica e tranquilla, non mancano gli spazi, benché semplici nelle decorazioni. Camere come piccoli gioielli, alcune ulteriormente impreziosite da una vista panoramica. Piatti siciliani e nazionali al ristorante.

CALTIGNAGA

Novara (NO) – ✉ 28010 – 2 569 ab. – Alt. 178 m – Carta regionale n° **23**-**C2**
Roma 633 km – Stresa 53 km – Milano 58 km – Novara 10 km
Carta stradale Michelin 561-F7

Cravero con cam cam,
via Novara 8 – ✆ 03 21 65 26 96 – www.hotelcravero.it – Chiuso 27 dicembre-10 gennaio e 3 settimane in agosto
12 cam – †50/65 € ††65/75 €
Menu 15 € (pranzo in settimana)/45 € – Carta 28/60 € – (prenotare)
Ambiente curato e signorile, ma familiare, in un locale di lunga tradizione; convincente l'ampia gamma di proposte del territorio, talvolta rielaborate.

CALUSO

Torino (TO) – ✉ 10014 – 7 566 ab. – Alt. 303 m – Carta regionale n° **22**-**B2**
Roma 678 km – Torino 36 km – Aosta 90 km – Novara 71 km
Carta stradale Michelin 561-G5

Gardenia (Mariangela Susigan)
corso Torino 9 – ✆ 01 19 83 22 49 – www.gardeniacaluso.it – Chiuso 7-23 gennaio, 16-23 agosto e martedì
Menu 25 € (pranzo in settimana)/85 € – Carta 49/93 €
Un elegante indirizzo piemontese: dalla casa di ringhiera ai raffinati interni, passando naturalmente per la cucina, a cui tuttavia si affiancano piatti più creativi.
→ Antica zuppa d'ajucche e bistorta (zuppa a base di erbe spontanee e pane vecchio) con toma d'alpeggio. Maialino da latte laccato al miele e timo con riduzione di birra. Cioccoverde con canapa e cioccolato.

CALVIGNANO

Pavia (PV) – ✉ 27040 – 130 ab. – Alt. 275 m – Carta regionale n° **16**-**B3**
Roma 566 km – Alessandria 56 km – Piacenza 55 km – Milano 63 km
Carta stradale Michelin 561-H9

La Locanda N
Via Roma 10/12 – ✆ 03 83 39 80 14 – www.lalocandacalvignano.it – Chiuso novembre
5 cam – †60/75 € ††70/85 €
Rist – Carta 24/38 € – *(chiuso mercoledì)* (prenotazione obbligatoria la sera)
Una buona base per visitare i dintorni: piacevoli camere arredate in modo moderno ed accoglienti sale ristorante per proposte non sono solo regionali.

CALVISANO

Brescia (BS) – ✉ 25012 – 8 586 ab. – Alt. 67 m – Carta regionale n° **17**-**C2**
Roma 523 km – Brescia 32 km – Cremona 50 km – Mantova 55 km
Carta stradale Michelin 561-F13

Gambero (Mariapaola Geroldi)
via Roma 11 – ✆ 0 30 96 80 09 – Chiuso 1 settimana in gennaio, agosto e mercoledì
Menu 40 € (pranzo in settimana)/87 € – Carta 55/93 €
Nel cuore del paese, la tradizione familiare si è evoluta tenendo costanti gli ingredienti del territorio riproposti in piatti più raffinati. L'ospitalità è quella di sempre.
→ Risotto con punte d'asparagi alla crema di formaggi. Carré d'agnello alla Bismarck. Parfait alla vaniglia, crema al caffè, cialda croccante di mandorle.

Fiamma Cremisi

via De Gasperi 37, località Viadana, Nord : 2 km – 03 09 68 63 00 – www.ristorantefiammacremisi.it – Chiuso 23-31 gennaio, 2 settimane in agosto, sabato a mezzogiorno e martedì
Menu 28/47 € – Carta 29/58 € – (consigliata la prenotazione)
Cucina del territorio rivisitata e servizio estivo all'aperto sotto un gazebo, in un ristorante di campagna la cui sala principale è allietata da un caminetto. A pranzo interessanti proposte anche con menu dedicato.

CAMAIORE

Lucca (LU) – 55041 – 32 518 ab. – Alt. 34 m – Carta regionale n° **31-B1**
Roma 376 km – Firenze 107 km – Livorno 53 km – Lucca 34 km
Carta stradale Michelin 563-K12

Locanda le Monache

cam,

piazza XXIX Maggio 36 – 05 84 98 92 58 – www.lemonache.com – Chiuso novembre
13 cam – 45/60 € 60/85 €
Rist – Carta 16/43 € – *(chiuso domenica a mezzogiorno in giugno-settembre, anche domenica sera negli altri mesi)* (consigliata la prenotazione)
Nel cuore del paese, questa locanda a gestione familiare offre camere arredate con dovizia di fantasia, tra allegri tocchi ed arredi d'epoca o di gusto moderno. Comodi al ristorante, accolti da un camino e da una riproduzione di Bruegel, per gustare i piatti della tradizione toscana.

Emilio e Bona

via Nuova 1641, località Lombrici, Nord : 3 km – 05 84 98 92 89 – www.ristoranteemilioebona.com – Chiuso 15-31 gennaio, 15-30 novembre e lunedì
Carta 23/56 € – *(solo a cena escluso sabato e domenica)*
In origine era un opificio, ma per la sua ubicazione strategica sulla riva di un torrente fu convertito presto in frantoio. Oggi è un originale ristorante, che denuncia il suo passato grazie a macine esposte in sala. Anche la cucina rimane fedele alla tradizione: solo piatti regionali, prevalentemente di carne.

a Montemagno Sud-Est : 6 km – 55041

Le Meraviglie

via Provinciale 13 – 05 84 95 17 50 – www.lemeraviglie.it – Chiuso 12-20 gennaio, 4-26 novembre, i mezzogiorno di giovedì e venerdì e mercoledì
Carta 20/26 €
Lungo una piacevole strada collinare che conduce a Lucca, il locale è gestito da due fratelli che propongono una cucina regionale a base di carne o baccalà. Pesce su ordinazione.

CAMARDA → Vedere L'Aquila

L'Aquila (AQ)

CAMERANO

Ancona (AN) – 60021 – 7 295 ab. – Alt. 231 m – Carta regionale n° **21-C1**
Roma 293 km – Ancona 12 km – Pesaro 78 km – Macerata 44 km
Carta stradale Michelin 563-L22

3 Querce

cam,

via Papa Giovanni XXIII 44 60021 – 07 19 53 16 – www.hotel3querce.com – Chiuso 23-27 dicembre
33 cam – 30/150 € 49/200 € – **1 suite**
Rist – Carta 14/49 € – *(chiuso domenica) (solo a cena)*
Dispone di ambienti ordinati ed una capiente sala conferenze, questo hotel vocato ad una clientela business e gestito con professionalità. Camere di due tipologie: meglio le superior, in quanto più recenti.

CAMERI

Novara (NO) – ✉ 28062 – 10 835 ab. – Alt. 161 m – Carta regionale n° **23**-C2
Roma 621 km – Stresa 52 km – Milano 53 km – Novara 10 km
Carta stradale Michelin 561-F7

XX **Al Caminetto**
via Cavour 30 – ✆ 03 21 51 87 80 – www.alcaminettocameri.com – Chiuso 1 settimane in agosto, martedì a pranzo e lunedì
Menu 40/50 € – Carta 46/62 €
Bel locale sorto all'interno di una casa padronale nel centro della località. Soffitti con travi a vista, gestione giovane ma esperta, cucina appetitosa e interessante.

CAMERINO

Macerata (MC) – ✉ 62032 – 6 906 ab. – Alt. 661 m – Carta regionale n° **21**-C2
Roma 203 km – Macerata 51 km – Ancona 111 km – Perugia 85 km
Carta stradale Michelin 563-M16

a Polverina Sud-Est : 10 km – ✉ 62037

Il Cavaliere
via Mariani 33/35 – ✆ 0 73 74 61 28 – www.hotelilcavaliere.com
18 cam – 50/59 € 74/78 € **Rist** – Carta 14/40 € – *(chiuso lunedì)*
Dopo avervi abitato per generazioni, il proprietario ha trasformato un edificio dell'Ottocento in una piacevole risorsa dotata di camere spaziose, nuove, con mobili di legno scuro. Simpatico ambiente di taglio rustico nella sala da pranzo.

CAMIGLIATELLO SILANO

Cosenza (CS) – ✉ 87052Alt. 1 272 m – Carta regionale n° **5**-A2
Roma 556 km – Cosenza 34 km – Catanzaro 97 km – Crotone 78 km
Carta stradale Michelin 564-I31

Aquila-Edelweiss
via Stazione 11 – ✆ 09 84 57 80 44 – www.hotelaquilaedelweiss.com – Chiuso 11 novembre-20 dicembre e 10 marzo-24 aprile
40 cam – 50/80 € 75/120 € **Rist** – Carta 20/50 € – *(chiuso martedì)*
Pluridecennali e collaudate l'accoglienza e l'ospitalità della famiglia in questo albergo all'inizio del paese: tanto legno negli spazi comuni e camere recentemente rinnovate. Specialità del territorio al ristorante.

verso il lago di Cecita Nord-Est : 5 km

San Lorenzo
contrada campo San Lorenzo 14 ✉ 87052 Camigliatello Silano – ✆ 09 84 57 90 26 – www.sanlorenzosialberga.it/ – Chiuso 10 giorni in marzo e 10 giorni in novembre
20 cam – 59/79 € 79/109 € – **2 suites**
Rist ***La Tavernetta*** – vedere selezione ristoranti
Camere dal design minimalista e dai colori vivaci, ideale punto di partenza per apprezzare la quiete offerta dai boschi e dalla montagna silana.

XX **La Tavernetta** – Hotel San Lorenzo
contrada campo San Lorenzo 14 ✉ 87052 Camigliatello Silano – ✆ 09 84 57 08 09 – www.sanlorenzosialberga.it – Chiuso 10 giorni in marzo e 10 giorni in novembre
Carta 37/60 € – *(chiuso lunedì escluso agosto)*
Grande passione da parte dei titolari per i sapori della loro Calabria: si parte con l'aperitivo nella fornita cantina, quindi, ci si accomoda nelle moderne sale per assaporare sapidi piatti locali. Tra le specialità: i funghi.

CAMIN → Vedere Padova

Padova (PD)

CAMOGLI

Genova (GE) – ✉ 16032 – 5 399 ab. – Carta regionale n° **15-C2**

Roma 486 km – Genova 30 km – La Spezia 90 km – Portofino 16 km

Carta stradale Michelin 561-I9

Cenobio dei Dogi

via Cuneo 34 – ✆ 01 85 72 41 – www.cenobio.it

95 cam – 110/185 € 160/510 € – **5 suites**

Rist – Carta 38/96 €

Rist *La Playa* – ✆ 01 85 72 44 42 – Carta 36/114 € – *(aperto 15 giugno-15 settembre)*

Per un esclusivo soggiorno in questa "perla" ligure, prestigioso e panoramico albergo immerso in un lussureggiante parco, con camere eleganti recentemente rinnovate. Al ristorante: sapori regionali e meravigliosa vista del golfo di Camogli. La Playa si trova proprio sulla spiaggia.

Casmona senza rist

salita Pineto 13 – ✆ 01 85 77 00 15 – www.casmona.com – Chiuso 9-25 dicembre e 10-31 gennaio

19 cam – 70/120 € 95/195 €, 10 €

Direttamente sul caratteristico lungomare, camere con bella vista - soprattutto le tre con ampio terrazzo affacciato sul mare - e graziose sale per la prima colazione.

La Camogliese senza rist

via Garibaldi 55 – ✆ 01 85 77 14 02 – www.lacamogliese.it

21 cam – 50/115 € 70/130 €

Accogliente e ospitale gestione familiare in un piccolo hotel - frontemare - con camere confortevoli ed un interessante rapporto qualità/prezzo.

Da Paolo

via San Fortunato 14 – ✆ 01 85 77 35 95 – Www.ristorantedapaolocamogli.com – Chiuso 15-28 febbraio, martedì a mezzogiorno e lunedì

Carta 37/72 € – (consigliata la prenotazione)

Ristorantino rustico a conduzione familiare, ubicato nel borgo antico poco lontano dal porticciolo; cucina di mare secondo le disponibilità quotidiane del mercato.

a San Rocco Sud : 6 kmAlt. 221 m – ✉ 16032 San Rocco Di Camogli

La Cucina di Nonna Nina

via Molfino 126 – ✆ 01 85 77 38 35 – www.nonnanina.it – Chiuso mercoledì

Carta 32/59 € – (prenotare)

In una classica casa ligure della pittoresca frazione, si trova questa trattoria dall'accogliente atmosfera familiare e con un'ambitissima verandina panoramica. In menu: piatti locali, di terra e di mare.

CAMPAGNA

Salerno (SA) – ✉ 84022 – 16 145 ab. – Alt. 410 m – Carta regionale n° **7-C2**

Roma 306 km – Salerno 45 km – Avellino 76 km – Napoli 97 km

Carta stradale Michelin 564-E27

a Quadrivio Sud : 3,5 km – ✉ 84022

Capital

piazza Mercato – ✆ 0 82 84 59 45 – www.hotelcapital.it

36 cam – 60/90 € 60/90 € **Rist** – Carta 18/39 € – *(solo a cena)*

Hotel moderno, dotato di giardino con piscina, nonché ampi e piacevoli spazi interni: sale ricevimenti e signorili camere in stile, ben accessoriate. Un indirizzo tra i più interessanti della zona.

CAMPAGNA → Vedere Arona

Novara (NO)

CAMPAGNA LUPIA
Venezia (VE) – ✉ 30010 – 6 947 ab. – Carta regionale n° **40-C3**
Roma 511 km – Padova 27 km – Venezia 32 km – Treviso 50 km
Carta stradale Michelin 562-F18

a Lughetto Nord-Est : 7,5 km – ✉ 30010 Campagna Lupia

Antica Osteria Cera (Daniele Cera)
via Marghera 24 – ✆ 04 15 18 50 09 – www.osteriacera.it – Chiuso 2 settimane tra gennaio-febbraio, 2 settimane in agosto, domenica sera e lunedì
Menu 39 € (pranzo in settimana)/150 € – Carta 74/134 €
Di fronte all'incalzare di cucine tecniche e sofisticate, gli amanti del pesce in purezza troveranno qui l'appagamento che cercano: ricette tradizionali, semplici ed incentrate sul pescato.
→ Risotto della laguna. San Pietro con salsa di pane, carciofi viola e prosciutto di Montagnana. Biscotti caldi con crema alla vaniglia.

CAMPALTO → Vedere Mestre
Venezia (VE)

CAMPEGINE
Reggio nell'Emilia (RE) – ✉ 42040 – 5 078 ab. – Alt. 34 m – Carta regionale n° **8-B3**
Roma 447 km – Parma 25 km – Bologna 90 km – Reggio nell'Emilia 18 km
Carta stradale Michelin 562-H13

in prossimità strada statale 9 - via Emilia Sud-Ovest : 3,5 km :

Lago di Gruma
vicolo Lago 7 ✉ 42040 – ✆ 05 22 67 93 36 – Chiuso 25 dicembre-1° gennaio, 7-20 agosto, martedì e mercoledì
Carta 35/59 €
Atmosfera d'altri tempi in una villetta di campagna, vicino ad un laghetto. La cucina è volutamente in bilico tra classico e moderno: di terra e di mare, riserva un occhio di riguardo ai prodotti di stagione.

CAMPELLO SUL CLITUNNO
Perugia (PG) – ✉ 06042 – 2 520 ab. – Alt. 290 m – Carta regionale n° **36-C2**
Roma 141 km – Perugia 53 km – Foligno 16 km – Spoleto 11 km
Carta stradale Michelin 563-N20

Benedetti rist,
via Giuseppe Verdi 32, località Settecamini – ✆ 07 43 52 00 80 – www.hotelbenedetti.it
22 cam – †70/90 € ††70/90 € **Rist** – Carta 18/46 €
Gestione familiare per un quieto rustico in pietra tra gli oliveti umbri, a breve distanza dalle Fonti del Clitunno; mobili classici nelle ampie camere. Mura con pietra a vista nella sala del rinomato ristorante.

CAMPERTOGNO
Vercelli (VC) – ✉ 13023 – 244 ab. – Alt. 815 m – Carta regionale n° **23-C1**
Roma 711 km – Novara 84 km – Vercelli 94 km – Biella 78 km
Carta stradale Michelin 561-E6

Relais San Rocco senza rist
via San Rocco 2 – ✆ 0 16 37 71 61 – www.relaissanrocco.it – Aperto 1° maggio-30 settembre
24 cam – †89/119 € ††99/139 € – **11 suites**
Spettacolare la scala in pietra che domina questa prestigiosa villa ottocentesca. Incastonata in un piccolo borgo secentesco, unisce con gusto gli antichi affreschi e i mobili d'epoca con un ricercato arredo dal design contemporaneo.

CAMPESTRI → Vedere Vicchio
Firenze (FI)

CAMPIANI → Vedere Collebeato
Brescia (BS)

CAMPI BISENZIO

Firenze (FI) – ✉ 50013 – 43 580 ab. – Alt. 38 m – Carta regionale n° **32-D3**
Roma 291 km – Firenze 12 km – Livorno 97 km – Pistoia 20 km
Carta stradale Michelin 563-K15

500 Firenze

via di Tomerello 1, uscita autostrada – ✆ 05 58 80 35 00 – www.hotel500firenze.com
59 cam – 98/255 € 118/255 € – **1 suite** **Rist** – Carta 31/54 €
E' uno splendido viale alberato a condurvi alle porte della cinquecentesca villa nobiliare immersa in un ampio giardino con piscina-solarium; all'interno spazi moderni e confortevoli. Al ristorante: cucina regionale con qualche spunto di fantasia.

West Florence senza rist

via Guido Guinizelli 15/17 – ✆ 05 58 95 34 88 – www.westflorencehotel.it
69 cam – 70/140 € 90/180 € – **1 suite**
Alla periferia di Firenze, un indirizzo business attrezzato ad hoc per l'attività congressuale: al suo interno, tutto è moderno a partire dall'arredo d'avanguardia.

CAMPIGLIA

La Spezia (SP) – ✉ 19132Alt. 382 m – Carta regionale n° **15-D2**
Roma 430 km – La Spezia 8 km – Genova 111 km – Massa 47 km
Carta stradale Michelin 561-J11

La Lampara

via Tramonti 4 – ✆ 01 87 75 80 35 – Chiuso gennaio, febbraio, ottobre e lunedì
Carta 29/43 €
La vista e il sapore del mare nella luminosa e panoramica sala di una trattoria la cui proprietaria prepara gustosi piatti di pesce ormai da 50 anni, festeggiati nel 2013: auguri!

CAMPIONE D'ITALIA

Como (CO) – ✉ 22060 – 2 126 ab. – Alt. 273 m – Carta regionale n° **16-A2**
Roma 648 km – Como 27 km – Lugano 11 km – Milano 72 km
Carta stradale Michelin 561-E8

Da Candida (Bernard Fournier)

viale Marco da Campione 4 – ✆ 0 04 19 16 49 75 41 – www.dacandida.net – Chiuso 27 luglio-25 agosto, martedì a mezzogiorno e lunedì
Menu 37 € (pranzo in settimana)/90 € – Carta 95/160 €
Se credete che i sapori aiutino a viaggiare restando seduti ad un tavolo, in questo raccolto ed elegante ristorante vi attende un entusiasmante incontro con il gusto e la raffinatezza della cucina francese.
→ Terrina di foie gras d'anatra in torcione al Sauternes. Coscia di rana alla provenzale. Zabajone al Marsala con gelato alla vaniglia.

CAMPITELLO DI FASSA

Trento (TN) – ✉ 38031 – 734 ab. – Alt. 1 448 m – Carta regionale n° **34-C2**
Roma 684 km – Bolzano 48 km – Cortina d'Ampezzo 64 km – Trento 102 km
Carta stradale Michelin 562-C17

Gran Paradis

streda Dolomites 2/6 – ✆ 04 62 75 01 35 – www.granparadis.com – Aperto 20 dicembre-5 aprile e 23 maggio-4 ottobre
31 cam – 70/130 € 120/220 € – **8 suites**
Rist – Carta 34/55 € – *(solo a cena)*
All'ingresso del paese, la breve distanza dal centro non è un problema, tante sono le occasioni per distrarsi: dalla taverna con musica e sigari alla cantina-enoteca per degustazioni. Si ritorna in una dimensione più classicamente alberghiera nell'ampia sala ristorante con i tipici legni trentini e piatti nazionali.

Villa Kofler

streda Dolomites 63 – ✆ 04 62 75 04 44 – www.villakofler.it – Aperto 1° dicembre-30 aprile e 1° giugno-30 settembre
6 cam ☕ – 180/200 € 180/200 € – **4 suites**
Rist *Della Villa Restaurant* – vedere selezione ristoranti
Per gli amanti dei viaggi in giro per il mondo, ogni camera - dotata di sauna privata!- è dedicata ad una città di cui ne ripropone stile e motivi: Campitello, Salisburgo e Montreal, tra le migliori, poi ci sono New York, Tokyo, Montecarlo, etc...

Gran Chalet Soreghes

rist,

via Pent de Sera 18 – ✆ 04 62 75 00 60 – www.unionhotelscanazei.it – Aperto 4 dicembre-18 aprile e 1° giugno-20 settembre
45 cam ☕ – 72/170 € 144/250 € – **8 suites** **Rist** – Carta 24/65 €
Legni e decorazione in tipico stile locale che accompagnano i clienti sino alle camere. La distinzione sono il centro benessere e soprattutto la palestra: professionale e a pagamento. La cucina si ispira naturalmente alle tradizioni locali.

Park Hotel Rubino

via Sot Ciapiaà 3 – ✆ 04 62 75 02 25 – www.unionhotelscanazei.it – Aperto 20 dicembre-11 aprile e 15 giugno-15 settembre
37 cam ☕ – 80/160 € 160/260 € – **2 suites** **Rist** – Carta 27/65 €
Ambienti confortevoli arricchiti da legno pregiato, nonché una zona benessere con piscina ed ampio idromassaggio. Al ristorante, la cucina si divide tra tipica e mediterranea.

Salvan

streda Dolomites 10 – ✆ 04 62 75 03 07 – www.hotelsalvan.it – Aperto 20 dicembre-Pasqua e 22 giugno-24 settembre
33 cam ☕ – 53/105 € 86/180 € **Rist** – Carta 24/50 € – *(solo a cena)*
Hotel a gestione familiare, situato alle porte della località, con discrete zone comuni, piscina coperta e centro salute; mobili di legno chiaro nelle piacevoli camere. Tre spazi per il ristorante: uno ampio e classico, uno intimo e "montano" e poi la veranda.

Della Villa Restaurant – Hotel Villa Kofler

streda Dolomites 63 – ✆ 04 62 75 04 44 – www.dellavilla.it – Aperto 1° dicembre-30 aprile e 1° luglio-30 settembre
Carta 36/57 € – *(solo a cena)*
Locale moderno dotato di ampie vetrate e una cucina che si esprime su diversi temi: dal tradizionale al classico, passando per inserti fusion nei piatti a base di pesce.

CAMPOBASSO

✉ 86100 – 48 487 ab. – Alt. 701 m – Carta regionale n° **2-D3**
Roma 226 km – Benevento 63 km – Foggia 88 km – Isernia 49 km
Carta stradale Michelin 564-C25

Donguglielmo

contrada San Vito 15/b – ✆ 08 74 41 81 78 – www.donguglielmo.it
36 cam ☕ – 70/95 € 100/140 € **Rist** – Carta 19/44 €
Nuova struttura nell'immediata periferia della città, moderna e funzionale dispone di camere accoglienti, piacevole zona relax e una panoramica sala da thé. Anche il ristorante rispecchia lo stile moderno dell'hotel.

CentrumPalace

via Gianbattista Vico 2/a – ✆ 08 74 41 33 41 – www.centrumpalace.it
144 cam ☕ – 80/190 € 80/190 €
Rist – Carta 28/44 € – *(chiuso domenica)*
Struttura moderna ed imponente che si colloca ai vertici dell'offerta alberghiera della città: grandi spazi comuni arredati con poltroncine in pelle color tabacco, a cui fanno eco i pavimenti e i numerosi inserti in wengé. Nelle confortevoli camere, predominanza di legno chiaro e tessuti coordinati. La sua posizione strategica permette di raggiungere comodamente le diverse località del Molise.

San Giorgio

via Insorti d'Ungheria – ✆ 08 74 49 36 20 – www.hotelsangiorgio.org
48 cam – 75/90 € 110/130 € **Rist** – Carta 25/45 €
In zona commerciale prossima al centro, l'hotel è frequentato da una clientela business, ma offre ambienti accoglienti e d'atmosfera.

Miseria e Nobiltà

via Sant'Antonio Abate 16 – ✆ 0 87 49 42 68 – www.ristorantemiseriaenobilta.it – Chiuso 19 luglio-4 agosto e domenica
Menu 30/50 € – Carta 24/43 €
In un palazzo di fine '700 dagli splendidi pavimenti e lampadari di Murano, la miseria allude alle tradizioni contadine, nobilitate in piatti ricercati e creativi: ravioli con ripieno di fiori di zucchine e mandorle al pomodorino e basilico, lombatine di coniglio con porri e mele annurche, ed altro ancora...

Vecchia Trattoria da Tonino

corso Vittorio Emanuele 8 – ✆ 08 74 41 52 00 – www.vecchiatrattoriadatonino.com – Chiuso 7-15 gennaio, 1°-10 luglio, sabato e domenica in luglio-agosto, lunedì e sabato da settembre a giugno
Menu 20 € (pranzo in settimana) – Carta 29/48 € – (prenotare)
Lungo l'elegante viale di passeggio cittadino, fermatevi a gustare il celebre filetto di baccalà in mantello di patate o altre ricette regionali in un'atmosfera familiare e cordiale.

Aciniello

via Torino 4 – ✆ 0 87 49 40 01 – Chiuso 10-20 agosto e domenica
Menu 20 € (in settimana)/35 € – Carta 18/39 €
Una semplice e schietta trattoria a carattere familiare: due salette una delle quali più raccolta, con tavoli ravvicinati e colori vivaci. I tanti habitué e la convivialità dei titolari rendono l'ambiente allegro, mentre la cucina riflette le tradizioni molisane.

CAMPO CARLO MAGNO ➜ Vedere Madonna di Campiglio
Trento (TN)

CAMPO FISCALINO = FISCHLEINBODEN ➜ Vedere Sesto
Bolzano (BZ)

CAMPOGALLIANO
Modena (MO) – ✉ 41011 – 8 634 ab. – Alt. 43 m – Carta regionale n° **8-B2**
Roma 415 km – Bologna 59 km – Reggio nell'Emilia 29 km – Modena 13 km
Carta stradale Michelin 562-H14

in prossimità del casello autostradale A 22 Sud-Est : 3,5 km :

Magnagallo con cam

via Magnagallo Est 7 – ✆ 0 59 52 87 51 – www.magnagallo.it
28 cam – 50/100 € 70/140 € Carta 26/40 € – *(chiuso domenica sera)*
Quanti pregi riassume questo ristorante! Facile da raggiungere, a pochi metri dal casello, all'ingresso sarà la tipica ospitalità della gente di queste parti ad accogliervi insieme ad un goloso tavolo di torte. Ma prima, spazio alle paste fresche e al fritto misto all'emiliana.

Trattoria Barchetta

via Magnagallo Est 20 – ✆ 0 59 52 62 18 – Chiuso 25 dicembre-12 gennaio, 15 agosto-7 settembre e domenica
Carta 25/41 € – *(solo a pranzo da lunedì a giovedì)*
Ad un km dal casello, ma già in aperta campagna, tipica trattoria familiare all'insegna della gastronomia regionale, dove tra gli "imperdibili" figurano sicuramente le tagliatelle al ragù. Bel pergolato per il servizio estivo.

CAMPO LOMASO ➜ Vedere Comano Terme
Trento (TN)

CAMPOMARINO ➜ Vedere Maruggio

CAMPO TURES (SAND IN TAUFERS)

Bolzano (BZ) – ✉ 39032 – 5 321 ab. – Alt. 864 m – Carta regionale n° **34-C1**
Roma 730 km – Cortina d'Ampezzo 75 km – Bolzano 90 km – Brennero 81 km
Carta stradale Michelin 562-B17

Feldmilla

via Castello 9 – ✆ 04 74 67 71 00 – www.feldmilla.com – Chiuso 2 settimane in maggio e 2 settimane in dicembre
35 cam – 95/150 € 160/272 € – **5 suites**
Rist *Toccorosso* – vedere selezione ristoranti
Ai piedi dello storico castello, un design hotel - certificato ad impatto 0 - dalle linee sobrie, dove legno e pietra "gareggiano" a riscaldare l'ambiente. Molto belle, le camere.

Alte Mühle

via San Maurizio 1/2 – ✆ 04 74 67 80 77 – www.alte-muehle.it – Chiuso 15 aprile-15 maggio e 2 novembre-2 dicembre
15 cam – 160/280 € 160/280 € – **5 suites**
Rist – Carta 24/73 € – *(solo a cena)*
Calda accoglienza e cordialità in questo albergo completamente rinnovato, tanto legno, con qualche inserto antico, negli ambienti curati. Il ristorante, aperto solo la sera, è distribuito fra sala, stube e veranda.

Toccorosso – Hotel Feldmilla

via Castello 9 – ✆ 04 74 67 71 00 – www.feldmilla.com – Chiuso 2 settimane in maggio e 2 settimane in dicembre
Carta 29/61 € – (prenotare)
In linea con il design hotel che lo ospita, il ristorante è tra i più belli di questa valle. Tutto è giocato sul territorio: a partire dalla carta, sino agli arredi con profusione di legno e cromatismi moderni. Il nome? E' il tocco nella mise en place: può essere il bicchiere o un fiore, ma il rosso non manca mai!

CANALE

Cuneo (CN) – ✉ 12043 – 5 678 ab. – Alt. 193 m – Carta regionale n° **25-C2**
Roma 637 km – Torino 50 km – Asti 24 km – Cuneo 71 km
Carta stradale Michelin 561-H5

Agriturismo Villa Tiboldi

via Case Sparse 127, località Tiboldi, Ovest : 2 km – ✆ 01 73 97 03 88 – www.villatiboldi.it – Chiuso 7 gennaio-13 febbraio
10 cam – 85/130 € 115/165 €
Rist *Villa Tiboldi* – vedere selezione ristoranti
Imponente villa del Settecento, restaurata con cura, affacciata sul paesaggio collinare: interni di grande eleganza e signorilità.

Agriturismo Villa Cornarea senza rist

via Valentino 150 – ✆ 01 73 97 90 91 – www.villacornarea.com – Chiuso 1° gennaio-25 marzo
10 cam – 100/115 € 110/130 €
Tra i celebri vigneti del Roero - molti di proprietà - villa liberty del 1908 dominante un suggestivo paesaggio collinare. Camere raffinate e suggestiva terrazza panoramica fra le due torri.

All'Enoteca (Davide Palluda)

via Roma 57 – ✆ 0 17 39 58 57 – www.davidepalluda.it
Menu 60/85 € – Carta 58/90 € – *(chiuso domenica escluso ottobre-dicembre e lunedì a mezzogiorno)* (consigliata la prenotazione)
Rist *Osteria dell'Enoteca* – ✆ 33 85 62 29 24 –Menu 28 € – Carta 27/38 € – *(chiuso mercoledì escluso in estate)*
Al primo piano di un centrale palazzo ottocentesco, la sala è tanto moderna ed essenziale, quanto la cucina variopinta e creativa. Il trampolino di molti piatti sono gli straordinari prodotti piemontesi, ma ci sono anche pesce ed originali interpretazioni. All'Osteria, sapori più legati al territorio in un ambiente dall'accoglienza informale.
→ Ravioli del plin al fumo in due servizi. Piccione in crosta di tartufo nero. Opera al caffè e sorbetto d'arancia.

Villa Tiboldi - Agriturismo Villa Tiboldi
via Case Sparse 127, località Tiboldi, Ovest : 2 km – ✆ 01 73 97 03 88 – Chiuso 7 gennaio-13 febbraio
Menu 42/49 € – Carta 45/59 € – *(chiuso martedì a pranzo e lunedì; 1° ottobre-15 novembre aperto lunedì sera)*
Il celebre Roero docg è nella carta dei vini, insieme agli altri grandi del Piemonte, Barolo e Barbaresco su tutti. La bevanda di Bacco, però, non è nulla se dissociata dalla buona tavola. Ma anche a questo, l'agriturismo ci ha pensato: cucina regionale declinata in vari menu.

CANALE D'AGORDO

Belluno (BL) – ✉ 32020 – 1 156 ab. – Alt. 976 m – Carta regionale n° **39-B1**
Roma 662 km – Belluno 45 km – Cortina d'Ampezzo 51 km – Bolzano 69 km
Carta stradale Michelin 562-C17

Alle Codole con cam
via 20 Agosto 27 – ✆ 04 37 59 03 96 – www.allecodole.eu – Chiuso 10 giugno-10 luglio e novembre
10 cam – †40/50 € ††80/100 €
Menu 20/40 € – Carta 25/62 € – *(chiuso lunedì escluso luglio-agosto e vacanze di Natale)*
"Codole" è il soprannome del casato, cui appartengono i proprietari, che deve la propria fama all'attività dei suoi avi nelle miniere di rame. Oggi, la famiglia ha tradito l'antico impiego per dedicarsi all'ospitalità e alla cucina. Qualche idea? Ravioli alle erbette di campo con fonduta al formaggio Agordino di malga o guanciale di vitello brasato al prosecco, basilico e pomodorini.

CANAZEI

Trento (TN) – ✉ 38032 – 1 921 ab. – Alt. 1 465 m – Carta regionale n° **34-C2**
Roma 687 km – Bolzano 51 km – Trento 104 km – Cortina d'Ampezzo 60 km
Carta stradale Michelin 562-C17

Croce Bianca
stredà Roma 3 – ✆ 04 62 60 11 11 – www.hotelcrocebianca.com – Aperto 1° dicembre-31 marzo e 1° giugno-30 settembre
44 cam – †82/200 € ††140/450 € – **2 suites**
Rist *Wine & Dine* – vedere selezione ristoranti
Rist – Menu 35 € – *(solo per alloggiati)*
Saloni con biliardo, camino, stube ed area fumatori in questo accogliente hotel, faro dell'ospitalità locale dal 1869. Poche camere standard, il resto con salottino e caratteristici arredi. Piscina coperta e ben due all'aperto, nella zona benessere recentemente potenziata.

Rita
strèda de Pareda 16 – ✆ 04 62 60 12 19 – www.hotelrita.com – Aperto 1° dicembre-Pasqua e 15 giugno-30 settembre
18 cam – †65/100 € ††100/180 € – **3 suites**
Rist – Menu 22 € – *(solo per alloggiati)*
Rist *Rita* – Carta 34/60 €
Centrale e bella costruzione in stile ladino che ripropone anche negli interni la stessa atmosfera montana. La zona benessere è stata potenziata con una piccola beauty. Rivisitazione di piatti tradizionali nella deliziosa, omonima, stube.

Gries
via Lungo Rio di Soracrepa 22 – ✆ 04 62 60 13 32 – www.hotelgries.it – Aperto 1° dicembre-Pasqua e 20 giugno-30 settembre
12 cam – solo ½ P 87/150 € – **7 suites**
Rist – Menu 18 € – *(solo per alloggiati)*
In una zona più tranquilla ma non distante dal centro, piccola gestione familiare che offre camere accoglienti e spaziose, quasi tutte con balcone, una sola con romantico letto a baldacchino.

XX **El Paél**

via Roma 58 – ✆ 04 62 60 14 33 – www.elpael.com – Aperto 1° dicembre-Pasqua e 1° giugno-30 settembre; chiuso mercoledì a mezzogiorno in inverno
Menu 27/35 € – Carta 29/60 €
Interni accoglienti ed un'atmosfera invitante, per una gustosa cucina del territorio sapientemente rivisitata e piatti a tema. Da accompagnarsi con l'ottimo racconto che il patron dedica ai vini in carta. Servizio pizzeria.

XX **Wine & Dine** – Hotel Croce Bianca

stredà Roma 5 – ✆ 04 62 60 11 11 – www.hotelcrocebianca.com – Aperto 1° dicembre-31 marzo e 1° giugno-30 settembre; chiuso martedì
Carta 32/68 €
Un ristorante che riscuote un certo successo in zona: ricreando l'atmosfera di una baita con legni vecchi ed angoli romantici, la cucina si fa sfiziosa e creativa. La carta dei vini propone alcune etichette anche al bicchiere.

ad Alba Sud-Est : 1,5 km – ✉ 38032

La Cacciatora

strèda de Contrin 26 – ✆ 04 62 60 14 11 – www.lacacciatora.it – Chiuso ottobre-novembre
37 cam – 69/129 € 138/258 €
Rist ***La Cacciatora*** – vedere selezione ristoranti
Rist – Menu 35 € – *(solo per alloggiati)*
Sito vicino alla funivia del Ciampac, una gestione familiare - premurosa ed ospitale - propone camere confortevoli ad un ottimo prezzo ed uno splendido centro benessere. Al piano interrato c'è anche una pizzeria con pub.

Chalet Vites N senza rist

strèda de Costa 161 – ✆ 04 62 60 16 04 – www.chaletvites.it – Aperto inizio dicembre-Pasqua e 15 giugno-30 settembre
11 cam – 84/119 € 120/170 € – **1 suite**
Come il nome annuncia, si tratta proprio di uno chalet disegnato molto bene per valorizzare legni - alcuni secolari - e pietre di montagna che lo rendono caldo ed accogliente. Abete, larice e cirmolo coccoleranno il vostro riposo nelle belle camere, ognuna contraddistinta da un nome ladino.

XX **La Cacciatora** – Hotel La Cacciatora

strèda de Contrin 26 – ✆ 04 62 60 14 11 – www.lacacciatora.it – Chiuso 1° ottobre-30 novembre
Carta 34/65 €
Una tavola di ampio respiro che partendo da specialità ladine si apre ad una cucina mitteleuropea, fondata su un'ottima selezione di materie prime e su un'eccezionale cantina: grandi vini da tutto il mondo ed annate speciali, in tutto circa 800 etichette.

CANDELI

→ Vedere Bagno a Ripoli
Firenze (FI)

CANDIA CANAVESE

Torino (TO) – ✉ 10010 – 1 271 ab. – Alt. 285 m – Carta regionale n° **22**-B2
Roma 680 km – Torino 40 km – Aosta 84 km – Milano 119 km
Carta stradale Michelin 561-G5

X **Residenza del Lago** con cam

cam, cam,
via Roma 48 – ✆ 01 19 83 48 85 – www.residenzadelago.it – Chiuso 1°-7 agosto
10 cam – 70/75 € 80/95 € – **1 suite** Menu 25/32 € – Carta 29/52 €
In una tipica casa colonica, la cucina ripercorre nostalgicamente il passato con ricette dove l'utilizzo di materie prime locali dà luogo a specialità uniche: dai tajarin al ragù del vecchio Piemonte alla faraona con granella di nocciola. Carta dei vini cosmopolita, ma con un doveroso occhio di riguardo alla regione.

CANELLI

Asti (AT) – ✉ 14053 – 10 580 ab. – Alt. 157 m – Carta regionale n° **25**-D2
Roma 594 km – Alessandria 43 km – Torino 84 km – Asti 29 km
Carta stradale Michelin 561-H6

Agriturismo La Casa in Collina senza rist
località Sant'Antonio 54, Nord-Ovest : 2 km – ✆ 01 41 82 28 27 – www.casaincollina.com – Chiuso gennaio-febbraio
6 cam – 80/110 € 90/110 €
Dal romanzo di Cesare Pavese, uno dei luoghi più panoramici delle Langhe con vista fino al Monte Rosa nei giorni più limpidi. In casa: elegante atmosfera piemontese. Piccola produzione propria di moscato d'Asti e Barbera.

San Marco (Mariuccia Roggero)
via Alba 136 – ✆ 01 41 82 35 44 – www.sanmarcoristorante.it – Chiuso 10 giorni in gennaio, 23 luglio-12 agosto, mercoledì a mezzogiorno e martedì
Menu 25 € (in settimana)/55 € – Carta 42/62 €
Sentirsi a casa, ma al ristorante: camino acceso, una bella accoglienza familiare, l'intramontabile cucina piemontese e un ottimo rapporto qualità/prezzo.
→ Tajarin ai 40 tuorli d'uovo con tartufo bianco d'Alba (autunno). Scamone d'agnello da latte. La mia nocciola: bonèt, torta di nocciole (senza farina), gelato di nocciola.

CANEVA

Pordenone (PN) – 33070 – 6 529 ab. – Carta regionale n° **10-A3**
Roma 593 km – Belluno 54 km – Pordenone 18 km – Treviso 51 km
Carta stradale Michelin 562-E19

Ca' Damiani senza rist
via Vittorio Veneto 3, località Stevenà – ✆ 04 34 79 90 92 – Chiuso 10-21 agosto
11 cam – 75/85 € 95/130 €
Abbracciata da un ampio parco secolare, la maestosa villa settecentesca dalla calda accoglienza propone al suo interno saloni impreziositi con arredi d'epoca e raffinate camere, contraddistinte da nomi di grandi orologiai.

CANEZZA → Vedere Pergine Valsugana

Trento (TN)

CANGELASIO → Vedere Salsomaggiore Terme

Parma (PR)

CANNARA

Perugia (PG) – 06033 – 4 341 ab. – Alt. 191 m – Carta regionale n° **35-B2**
Roma 160 km – Perugia 30 km – Assisi 13 km – Orvieto 79 km
Carta stradale Michelin 563-N19

Perbacco-Vini e Cucina
via Umberto I°, 14 – ✆ 07 42 72 04 92 – Chiuso 20 giugno-20 luglio e lunedì
Carta 25/41 € – *(solo a cena escluso giorni festivi)*
Semplice, ma colorata trattoria familiare nel bel centro storico di Cannara, la cucina celebra l'omonima famosa cipolla, ma anche frittate, paste fresche, gnocchi e carni.

CANNERO RIVIERA

Verbano-Cusio-Ossola (VB) – 28821 – 1 002 ab. – Alt. 225 m – Carta regionale n° **23-C1**
Roma 694 km – Stresa 30 km – Verbania 17 km – Milano 119 km
Carta stradale Michelin 561-D8

Cannero
piazza Umberto I 2 – ✆ 03 23 78 80 46 – www.hotelcannero.com – Aperto 6 marzo-1° novembre
71 cam – 114/133 € 135/175 € – **1 suite**
Rist *I Castelli* – vedere selezione ristoranti
Prestigiosa ubicazione sul lungolago e la sensazione di trovarsi in un piccolo borgo con viuzze private tra un edificio e l'altro della struttura, angoli bar, relax e salette lettura. Le camere offrono uno standard molto competitivo e la cura maniacale della titolare le rende anche ordinate e pulitissime.

I Castelli – Hotel Cannero
piazza Umberto I 2 – ✆ 03 23 78 80 47 – www.hotelcannero.com – Aperto 6 marzo-1° novembre
Carta 34/76 €
Non solo specialità lacustri, ma anche proposte internazionali, sulla terrazza di questo signorile ristorante, nella cornice di una delle più belle e romantiche passeggiate del lago Maggiore.

Il Cortile con cam
via Massimo D'Azeglio 73 – ✆ 03 23 78 72 13 – www.cortile.net – Aperto 28 marzo-25 ottobre
9 cam – †73/78 € ††110/115 €
Carta 45/79 € – *(chiuso mercoledì escluso in luglio-agosto) (solo a cena escluso sabato e domenica)*
Sito nel cuore della località e raggiungibile solo a piedi, un locale grazioso e curato, frequentato soprattutto da una clientela straniera, propone una cucina creativa. Dispone anche di alcune camere signorili dall'arredo ricercato.

CANNETO SULL'OGLIO

Mantova (MN) – ✉ 46013 – 4 547 ab. – Alt. 34 m – Carta regionale n° **17**-C3
Roma 496 km – Mantova 38 km – Brescia 51 km – Cremona 32 km
Carta stradale Michelin 561-G13

a Runate Nord-Ovest : 3 km : – ✉ 46013 Canneto Sull'Oglio

Dal Pescatore (Nadia e Giovanni Santini)
– ✆ 03 76 72 30 01 – www.dalpescatore.com – Chiuso 2-20 gennaio, 12 agosto-3 settembre, mercoledì a mezzogiorno, lunedì e martedì
Menu 175 € – Carta 112/201 €
C'era una volta una semplice trattoria sulle rive dell'Oglio, la cui cucina di stampo tradizionale attraversò diversi lustri per diventare - oggi - ambasciatrice della ristorazione italiana e dei suoi valori nel mondo. Una favola che ha attraversato le generazioni e che - ancora oggi - non smette d'incantare.
➜ Triangoli di pasta all'uovo con ricotta, pecorino e fonduta di parmigiano reggiano. Petto d'anatra con salsa all'aceto balsamico tradizionale e mostarda di frutta. Soufflé all'arancia con coulis al frutto della passione.

CANNIGIONE ➜ Vedere Arzachena

Olbia-Tempio (OT)

CANNIZZARO ➜ Vedere Aci Castello

Catania (CT)

CANNOBIO

Verbano-Cusio-Ossola (VB) – ✉ 28822 – 5 003 ab. – Alt. 214 m – Carta regionale n° **23**-C1
Roma 701 km – Verbania 24 km – Locarno 18 km – Milano 125 km
Carta stradale Michelin 561-D8

Park Hotel Villa Belvedere senza rist
via Casali Cuserina 2, Ovest : 1 km – ✆ 0 32 37 01 59 – www.villabelvederehotel.it – Aperto 28 marzo-18 ottobre
27 cam – †120/150 € ††170/200 € – **1 suite**
All'interno di un meraviglioso parco secolare con piscina, la struttura è ideale per una vacanza a tutto relax, nonché a contatto diretto con la natura. Camere ampie e confortevoli, dove colori solari si abbinano a materiali naturali quali legno, cotto e pietra; tutte le stanze dispongono di terrazzo o balcone.

Cannobio

piazza Vittorio Emanuele III 6 – 03 23 73 96 39 – www.hotelcannobio.com – Aperto 15 marzo-15 novembre

19 cam – 120/160 € 180/230 € – **1 suite**

Rist *Porto Vecchio* – Carta 46/75 € – *(chiuso martedì) (solo a cena escluso giugno-settembre)*

Sulla piazza principale prospicente il lago, la struttura si caratterizza per i suoi eleganti spazi comuni e le camere deliziosamente personalizzate. Ovunque il piacere di scoprire le sfumature dell'acqua. Ristorante con proposte classiche.

Pironi senza rist

via Marconi 35 – 0 32 37 06 24 – www.pironihotel.it – Aperto 21 marzo-8 novembre

12 cam – 110/120 € 150/200 €

Delizioso hotel d'atmosfera in un palazzo quattrocentesco nel cuore della località: un insieme di antichi affreschi, soffitti a volta, colonne medievali e moderni elementi di arredo. Il tutto in perfetta armonia tra funzionalità e ricordi di epoche passate.

Antica Stallera con cam

via Zaccheo 3 – 0 32 37 15 95 – www.anticastallera.com – Aperto 1° marzo-15 novembre

18 cam – 68/78 € 105/120 €

Menu 18/45 € – Carta 29/75 € – *(chiuso martedì)*

Nel centro storico di questo grazioso borgo, invidiatoci da tanti stranieri, prelibatezze regionali ed i "classici" italiani in questo accogliente ristorante con giardino.

Lo Scalo

piazza Vittorio Emanuele 32 – 0 32 37 14 80 – www.loscalo.com – Aperto 1°aprile-31 ottobre; chiuso domenica sera e lunedì escluso luglio-agosto

Menu 48 € – Carta 36/73 € – (consigliata la prenotazione)

Merita di fare "scalo", questo ristorante sul lungolago con un bel dehors per il servizio all'aperto ed un ambiente rustico-elegante al suo interno. La cucina reinterpreta la tradizione locale con guizzi di fantasia.

sulla strada statale 34 Sud : 2 km

Del Lago con cam

via Nazionale 2, località Carmine Inferiore 28822 – 0 32 37 05 95 – www.hoteldellagocannobio.it – Aperto 20 marzo-1° novembre

9 cam – 80/100 € 140/160 €, 10 € – **1 suite**

Carta 44/99 € – *(chiuso mercoledì a mezzogiorno e martedì)*

Una moderna e raffinata cucina con piatti di carne e soprattutto di pesce, sia di lago che di mare, una sala di sobria eleganza avvolta da vetrate oppure, d'estate, in terrazza, in riva al lago. Graziose le camere, per sentirsi quasi ospiti di una dimora privata.

CANOSA DI PUGLIA

Barletta-Andria-Trani (BT) – 76012 – 30 192 ab. – Alt. 105 m – Carta regionale n° **26-B2**

Roma 365 km – Bari 78 km – Foggia 28 km – Barletta 23 km

Carta stradale Michelin 564-D30

Locanda di Nunno

via Balilla 2 – 08 83 61 50 96 – Chiuso 22-30 agosto, domenica sera e lunedì

Menu 35/35 € – Carta 30/46 € – (consigliata la prenotazione)

Look raffinato per un ristorante con pochi tavoli e una cucina che - sebbene attinga al territorio - riesce ad essere originale: sicuramente una sosta da consigliare!

CANOVE

Vicenza (VI) – ✉ 36010Alt. 1 001 m – Carta regionale n° **39**-B2
Roma 579 km – Trento 74 km – Padova 88 km – Vicenza 60 km
Carta stradale Michelin 562-E16

Alla Vecchia Stazione

via Roma 147 – ✆ 04 24 69 20 09 – www.allavecchiastazione.it – Chiuso ottobre
41 cam – **†**50/60 € **††**100/120 € – **1 suite**
Rist – Carta 23/62 € – *(chiuso lunedì in aprile-giugno e novembre)*
Ubicato di fronte al museo locale un hotel che presenta ambienti di buon livello con accessori e dotazioni in grado di garantire un soggiorno piacevole. Bella piscina e zona benessere, dove effettuare anche trattamenti e massaggi. Tre diverse sale ristorante per gli ospiti dell'hotel, i clienti di passaggio e i banchetti.

CANTALUPA

Torino (TO) – ✉ 10060 – 2 551 ab. – Alt. 459 m – Carta regionale n° **22**-B2
Roma 708 km – Torino 40 km – Milano 183 km – Cuneo 73 km
Carta stradale Michelin 561-H3

La Locanda della Maison Verte

via Rossi 34, per via XX Settembre – ✆ 01 21 35 46 10 – www.maisonvertehotel.com – Chiuso 1°-7 gennaio
28 cam – **†**70/80 € **††**90/108 € – **1 suite**
Rist – Menu 20/35 € – *(chiuso lunedì e martedì) (solo a cena)*
È stato ispirandosi al verde circostante che la maison si è specializzata nella cure per la salute e la bellezza. In questa bucolica atmosfera l'antica cascina ottocentesca ha saputo mantenere intatto il fascino d'antan. Anche il ristorante è un omaggio al passato: è qui che si riscoprono i sapori tipici del territorio.

Il Furtin senza rist

via Rocca 28, Nord : 2,5 km – ✆ 01 21 35 46 10 – www.ilfurtin.com – Chiuso 2 gennaio-31 marzo
6 cam – **†**60/70 € **††**85/95 €
Dedicato a tutti gli amanti della quiete e della storia: affacciato su una collina panoramica, un borgo contadino ottocentesco tra arredi semplici e qualche pezzo d'epoca.

CANTALUPO → Vedere Cerro Maggiore

Milano (MI)

CANTALUPO LIGURE

Alessandria (AL) – ✉ 15060 – 534 ab. – Alt. 383 m – Carta regionale n° **23**-D3
Roma 553 km – Alessandria 65 km – Genova 59 km – Piacenza 117 km
Carta stradale Michelin 561-H9

Belvedere

località Pessinate 53, Nord : 7 km – ✆ 0 14 39 31 38 – www.belvedere1919.it – Chiuso gennaio o febbraio e lunedì
Carta 30/54 € – (prenotazione obbligatoria)
Animati da una coinvolgente passione per la cucina del territorio, riattualizzata, Fabrizio e Serena, fratello e sorella, si destreggiano mirabilmente ai fornelli; in sala, l'esperienza della madre. Ambiente rustico con elementi moderni.

CANTELLO

Varese (VA) – ✉ 21050 – 4 554 ab. – Alt. 404 m – Carta regionale n° **18**-A1
Roma 640 km – Como 26 km – Varese 10 km – Milano 67 km
Carta stradale Michelin 561-E8

Madonnina

largo Lanfranco da Ligurno 1, località Ligurno – ✆ 03 32 41 77 31 – www.madonnina.it
24 cam – **†**70 € **††**100 €, 8 € – **2 suites**
Rist *Madonnina* – vedere selezione ristoranti
Un hotel di charme con camere raffinate, in una stazione di posta del '700 circondata da un bel parco-giardino: suite di Edda Ciano nella parte storica, camere per famiglie in quella moderna con piscina in terrazza e solarium.

XX **Madonnina** - Hotel Madonnina
largo Lanfranco da Ligurno 1, località Ligurno – ✆ 03 32 41 77 31 – www.madonnina.it
Carta 39/55 € – *(chiuso lunedì)*
Cucina che segue le stagioni e piatti ricchi d'estro, in un ristorante di ricercata eleganza composto da vari ambienti per banchetti ed eventi.

CANTÙ

Como (CO) – ✉ 22063 – 39 272 ab. – Alt. 369 m – Carta regionale n° **18-B1**
▶ Roma 614 km – Como 15 km – Milano 40 km – Lecco 33 km
Carta stradale Michelin 561-E9

Canturio senza rist
via Vergani 28 – ✆ 0 31 71 60 35 – www.hotelcanturio.it – Chiuso 24 dicembre-6 gennaio e 20 giorni in agosto
29 cam – 60/95 € 90/140 €
Gestito da 20 anni dalla stessa famiglia, un hotel ideale per clientela di lavoro e di passaggio; camere funzionali, quelle sul retro hanno un terrazzino sul verde.

XX **La Scaletta** con cam — cam, rist,
via Milano 30 – ✆ 0 31 71 65 40 – www.trattorialascaletta.it – Chiuso 1 settimana in gennaio e 3 settimane in agosto
8 cam – 40/50 € 70/80 €
Menu 19 € (pranzo in settimana)/42 € – Carta 36/61 € – *(chiuso venerdì sera e sabato a mezzogiorno)*
Tono classico-elegante per un ristorante con camere confortevoli, ubicato alle porte della città: cucina tradizionale in sintonia con le stagioni e proposte originarie di varie regioni.

XX **Le Querce**
via Marche 27, località Mirabello – ✆ 0 31 73 13 36 – www.ristorantelequerce.com – Chiuso 2 settimane in gennaio, 2 settimane in agosto, lunedì sera e martedì
Menu 45 € – Carta 38/62 €
Le Querce, come gli alberi che ombreggiano il grande giardino nel quale si trova questo signorile ristorante, ben attrezzato anche per banchetti e ricevimenti. Cucina regionale e gustose proposte di pesce.

CAORLE

Venezia (VE) – ✉ 30021 – 11 806 ab. – Carta regionale n° **40-D2**
▶ Roma 594 km – Udine 83 km – Venezia 70 km – Treviso 60 km
Carta stradale Michelin 562-F20

Garden Sea
piazza Belvedere 2 – ✆ 04 21 21 00 36 – www.hotelgarden.info – Aperto 3 aprile-12 ottobre
57 cam – 75/120 € 99/180 € **Rist** – Carta 20/40 €
Solo la piazza divide dal mare questo hotel dagli ambienti luminosi arredati con gusto moderno e design minimalista; camere confortevoli - spesso ampie - e diverse junior suite. Al ristorante, semplici piatti con prevalenza di proposte mediterranee.

International Beach Hotel — cam, rist,
viale Santa Margherita 57 – ✆ 0 42 18 11 12 – www.internationalbeachhotel.it – Chiuso 20-28 dicembre e 7 gennaio-15 febbraio
59 cam – 65/70 € 100/160 €
Rist – Menu 18/25 € – *(aperto 1° aprile-31 ottobre) (solo per alloggiati)*
Leggermente arretrato rispetto al mare, lungo un'arteria commerciale che in estate viene chiusa al traffico, due strutture sobriamente eleganti con aree riservate per il gioco dei più piccoli. Alcune camere sono state rinnovate in tempi recenti.

Savoy rist,
via Pascoli 1 – 0 42 18 18 79 – www.savoyhotel.it – Aperto 24 aprile-20 settembre
62 cam – 95/120 € 100/210 € – **2 suites**
Rist – Carta 27/46 € – *(aperto 22 maggio-20 settembre)*
Per una vacanza tra bagni e tintarella è perfetto questo hotel fronte spiaggia dalla seria conduzione familiare; le camere sono state rinnovate in anni recenti. Capiente e luminosa la sala da pranzo, dove gustare una sana cucina mediterranea.

Principe
lungomare Trieste 59/60 – 0 42 18 12 23 – www.hotelprincipecaorle.it – Aperto 19 maggio-19 settembre
62 cam – 69/110 € 122/180 € **Rist** – Menu 17 € – *(solo per alloggiati)*
Frontemare sulla spiaggia di Levante, hotel a conduzione diretta con accoglienti spazi comuni e camere al passo con i tempi. Particolarmente gradevole la piscina riscaldata.

Marzia Holiday Queen
viale Dante Alighieri 2 – 0 42 18 14 77 – www.hotelmarzia.it – Aperto 1° maggio-30 settembre
29 cam – 65/95 € 98/160 € – **3 suites**
Rist – Menu 30 € – *(solo per alloggiati)*
Piccolo grazioso hotel a conduzione familiare a pochi metri dalla spiaggia, dispone di una hall dalle moderne poltrone colorate e di ampie camere all'attico, con soppalco e idromassaggio. Per i pasti, la cucina tipica veneta con un'ampia scelta di carne e pesce ed un buffet di vedure.

Al Postiglione
viale Santa Margherita 42 – 0 42 18 15 20 – www.alpostiglione.eu – Aperto 1° marzo-31 ottobre
Carta 23/77 €
Con un bel dehors lungo la via del passeggio serale, un locale moderno dove gustare ottimi piatti di pesce elaborati con fantasia. Pizza (anche a mezzogiorno), in alternativa.

a Porto Santa Margherita Sud-Ovest : 6 km oppure 2 km e traghetto – ✉ 30021

Oliver
viale Lepanto 3 – 04 21 26 00 02 – www.hoteloliver.it – Aperto 2 maggio-30 settembre
66 cam – 75/100 € 100/180 €, 15 €
Rist – Menu 25 € – *(solo per alloggiati)*
Offre ampi spazi esterni e un ambiente familiare questo piacevole albergo, posizionato direttamente sul mare, con piccola pineta e piscina al limitare della spiaggia. Classica e luminosa la sala da pranzo.

a Duna Verde Sud-Ovest : 10 km – ✉ 30021 Caorle

Playa Blanca rist,
viale Cherso 80 – 04 21 29 92 82 – www.playablanca.it – Aperto 15 maggio-15 settembre
43 cam – 62/100 € 84/124 € – **1 suite** **Rist** – Menu 22/25 €
Curiosa struttura circolare cinta da un curato giardino nel quale si trovano una piscina e un'area giochi attrezzata per i più piccoli. Al timone della conduzione, tre fratelli. Altrettanto particolare la sala ristorante, sempre tondeggiante, cinta da grandi vetrate e con proposte mediterranee.

a San Giorgio di Livenza Nord-Ovest : 12 km – ✉ 30020

Al Cacciatore
corso Risorgimento 35 – 0 42 18 03 31 – www.ristorantealcacciatore.it – Chiuso 20 giorni in gennaio, 20 giorni in luglio e mercoledì
Menu 50 € – Carta 32/87 €
Qui la qualità del pesce teme pochi confronti: guidati dal titolare che vi illustrerà il pescato del giorno, ne serberete il ricordo di uno dei migliori ristoranti di mare della zona.

CAPALBIO

Grosseto (GR) – ✉ 58011 – 4 127 ab. – Alt. 217 m – Carta regionale n° **32**-C3
Roma 130 km – Grosseto 59 km – Civitavecchia 62 km – Orbetello 23 km
Carta stradale Michelin 563-O16

Valle del Buttero senza rist
via Silone 21 – ✆ 05 64 89 60 97 – www.valledelbuttero.it – Aperto 1° aprile-31 ottobre
42 cam – 59/150 € 64/160 €
La sua location - a ridosso delle antiche mura - è sicuramente un punto positivo per chi cerca relax, senza necessariamente allontanarsi dalla bella cittadina. All'interno, accoglienti camere e perlopiù bilocali con angolo cottura confortevoli e ben tenuti; palestra con sauna.

Agriturismo Ghiaccio Bosco senza rist
strada della Sgrilla 4, Nord-Est : 4 km – ✆ 05 64 89 65 39 – www.ghiacciobosco.com – Chiuso 10 gennaio-15 marzo
14 cam – 50/80 € 85/150 €
Bella piscina e confortevoli camere con piccole personalizzazioni (alcune dispongono di romantico letto a baldacchino), nonché accesso indipendente dal giardino. Tutt'intorno un lussureggiante parco.

Tullio
via Nuova 27 – ✆ 05 64 89 61 96 – Www.tulliocapalbio.it – Chiuso mercoledì escluso luglio-agosto; aperto solo venerdì sera, domenica a pranzo e sabato dal 1° ottobre a Pasqua
Carta 30/69 €
Rist *Osteria al Vecchio Comune* –Carta 22/36 €
Poco distante dall'antica cinta muraria, ristorante familiare che dispone di una sala interna d'atmosfera e di una terrazza, dove assaporare le specialità del territorio. Sfizi di mare e piatti di terra toscani presso l'Osteria al Vecchio Comune.

CAPANNORI → Vedere Lucca

Lucca (LU)

CAPISTRANO

Vibo Valentia (VV) – ✉ 89818 – 1 072 ab. – Alt. 352 m – Carta regionale n° **5**-A2
Roma 616 km – Reggio di Calabria 112 km – Catanzaro 69 km – Vibo Valentia 28 km
Carta stradale Michelin 564-K30

Agriturismo Sant'Elia
località Sant'Elia, Nord : 3 km – ✆ 09 63 32 50 40 – www.agriturismosantelia.com
6 cam – 35/40 € 63/72 €
Rist – Carta 18/30 € – (prenotazione obbligatoria)
Siamo in Calabria, eppure dalla radura nella quale sorge questa ottocentesca residenza di campagna si possono ammirare le isole Eolie: splendida vista quindi, ma anche ambienti curati e calma assoluta. Al ristorante, i prodotti biologici dell'azienda concorrono a creare fragranti piatti di cucina casalinga.

CAPO D'ORLANDO

Messina (ME) – ✉ 98071 – 13 268 ab. – Carta regionale n° **30**-C1
Catania 128 km – Palermo 143 km – Messina 88 km
Carta stradale Michelin 365-AX55 – Guida Verde Michelin SICILIA

La Tartaruga
Lido San Gregorio 41 – ✆ 09 41 95 54 21 – www.hoteltartaruga.it – Aperto 1° aprile-31 ottobre
45 cam – 50/80 € 80/125 €
Rist – Carta 30/61 € – *(chiuso lunedì escluso giugno-agosto)*
Ubicato nel vero fulcro turistico della località, questa risorsa, affacciata sulla spiaggia, offre una buona ospitalità grazie a camere confortevoli e alla gestione attenta.

Il Mulino

lungomare Andrea Doria 46 – ✆ 09 41 90 24 31 – www.hotelilmulino.it

85 cam – 70/110 € 100/150 € **Rist** – Carta 22/43 €

Albergo ubicato sul lungomare offre ai suoi ospiti ambienti totalmente rinnovati, sia nel settore camere sia nelle aree comuni. Al ristorante, oltre alla carta tradizionale anche proposte del giorno secondo il mercato.

L'Altra Risacca

lungomare Andrea Doria 52 – ✆ 09 41 91 10 27 – www.laltrarisacca.com – Chiuso novembre e lunedì

Menu 29 € (cena)/49 € (cena) – Carta 27/65 €

Fronte mare, una sala semplice e sobria: tutti gli sforzi prendono la direzione di una cucina fragrante, sorretta da un ottimo pesce locale.

CAPOLAGO ➜ Vedere Varese

Varese (VA)

CAPOLIVERI ➜ Vedere Elba (Isola d')

Livorno (LI)

CAPPELLA DÉ PICENARDI

Cremona (CR) – ✉ 26030 – 409 ab. – Alt. 42 m – Carta regionale n° **17-C3**

Roma 498 km – Parma 51 km – Cremona 18 km – Mantova 48 km

Locanda degli Artisti

via XXV Aprile 13/1 – ✆ 03 72 83 55 76 – www.locandadegliartisti.it – Chiuso 2 settimane in agosto, domenica sera e giovedì

Menu 17 € (pranzo in settimana) – Carta 29/47 €

In un affascinante e variopinto complesso di cascine ristrutturate, la locanda celebra ad alti livelli la cucina cremonese e mantovana con piatti d'eccezione: dai marubini ai tortelli di zucca, per non parlare del cosciotto di coniglio con le pesche glassate!

CAPRAIA E LIMITE

Firenze (FI) – ✉ 50056 – 7 471 ab. – Carta regionale n° **32-C1**

Roma 314 km – Firenze 33 km – Prato 39 km – Pisa 65 km

Carta stradale Michelin 563-K14

I' Fiorino senza rist

via S. Allende 97/a – ✆ 05 71 58 39 41 – www.hotelifiorino.it

17 cam – 50/65 € 65/80 €

Moderno e confortevole, questo piccolo hotel vanta una luminosa veranda sulla quale viene allestita la prima colazione a buffet. Camere accoglienti nella loro semplicità.

CAPRESE MICHELANGELO

Arezzo (AR) – ✉ 52033 – 1 498 ab. – Alt. 653 m – Carta regionale n° **32-D1**

Roma 262 km – Arezzo 40 km – Firenze 113 km – Perugia 93 km

Carta stradale Michelin 563-L17

Buca di Michelangelo

via Capoluogo 51 – ✆ 05 75 79 39 21 – www.bucadimichelangelo.it – Chiuso 10-25 febbraio

23 cam – 30/55 € 55/70 €

Rist – Carta 21/40 € – *(chiuso mercoledì e giovedì escluso in giugno-settembre)*

Nel centro del paese che diede i natali a Michelangelo, un hotel con camere semplici, ma accoglienti, così come accogliente e familiare risulta essere la gestione. Piatti toscani serviti in un ampio salone panoramico.

Il Rifugio

località Lama 47, Ovest : 2 km – ✆ 05 75 79 39 68 – Chiuso mercoledì escluso agosto

Menu 23/50 € – Carta 15/48 €

Funghi e tartufi, ma anche pesce e la sera pizza, in un rustico locale di campagna con veranda esterna e gazebo in legno nel giardino.

CAPRI (Isola di)

Napoli (NA) – 7 052 ab. – Carta regionale n° **6-B3**
Carta stradale Michelin 564-F24

© L. Maisant / hemis.fr

ANACAPRI – 6 684 ab. – Alt. 275 m – ✉ 80071 – Carta regionale n° **6-B3**
Carta stradale Michelin 564-F24

Capri Palace Hotel

cam,

via Capodimonte 14 – ✆ 08 19 78 01 11 Pianta : B1**p**
– www.capripalace.com – Aperto 1° aprile-31 ottobre
57 cam – 360/1150 € 360/1150 € – **15 suites**
Rist *L'Olivo* – vedere selezione ristoranti
Rist *Ragù* – Carta 55/130 € – *(solo a pranzo)*
Svetta sui tetti di Anacapri, domina il mare e custodisce straordinarie opere d'arte contemporanea, questo celebre albergo dai soffici colori e camere di alto livello, alcune con piscina privata. Un inno allo stile mediterraneo nella sua massima espressione! A pranzo ci si accomoda al Ragù per una cucina campana e, volendo, anche per la pizza.

Caesar Augustus

via Orlandi 4 – ✆ 08 18 37 33 95 Pianta : B1**c**
– www.caesar-augustus.com – Aperto 18 aprile-27 ottobre
47 cam – 360/720 € 360/720 € – **8 suites**
Rist *La Terrazza di Lucullo* – Carta 78/124 € – (prenotazione obbligatoria) *(carta semplice a pranzo)*
Nell'altera e discreta Anacapri, la vista da questo albergo è tra le più belle dell'intera isola! Qui nulla è lasciato al caso: gli eleganti arredi o l'ascensore d'epoca cattureranno la vostra attenzione, come del resto la suggestiva la piscina a picco sul mare. Se a pranzo, magari all'aperto, le proposte sono decisamente easy, la sera si cena scegliendo da una carta importante e soli due tavolini proiettati sul mare.

Villa Ceselle senza rist

via Ceselle 18 – ✆ 08 18 38 22 36 – www.villaceselle.com Pianta : A1**g**
– Aperto 2 aprile-3 novembre
10 cam – 80/110 € 130/250 € – **3 suites**
Non lontano dal centro di Anacapri, la villa fu un salotto letterario che ospitò tra gli altri Moravia e Morante; oggi si apre ai turisti con camere moderne e confortevoli.

Al Mulino senza rist

via La Fabbrica 9 – ✆ 08 18 38 20 84 Pianta : A1**f**
– www.mulino-capri.com – Aperto 1° marzo-31 ottobre
7 cam – 80/200 € 80/250 €
Una ex fattoria immersa in un curatissimo giardino, collocato nella parte più "nobile" e riservata della località, quindi distante da centro, shopping e frastuono. Tutte le camere sono dotate di un grazioso patio privato.

ISOLA DI CAPRI
0
500 m
ISCHIA
NAPOLI, SORRENTO
A
B
C
1
2
PUNTA DEL CAPO
Villa Jovis
Salto di Tiberio
Arco Naturale
V. Tiberio
V.le Amedeo Maiuri
MARINA GRANDE
Piazzetta Angelo Ferraro
V. Marina Grande
V. Torra
CAPRI
CENTRO CONGRESSI
V. Arco Naturale
BELVEDERE DI TRAGARA
PUNTA DI TRAGARA
Belvedere Cannone
IL CASTIGLIONE
MARINA PICCOLA
PARCO CERTOSA
Certosa di San Giacomo
V. Grotta delle Felci
MONTE SOLARO
SEGGIOVIA
Villa S. Michele
PUNTA VENTROSSO
S. Michele
V. Vigna
V. Boffe
V. Tuoro
ANACAPRI
V. Migliara
V. Linciano
V. Nuova del Faro
Belvedere di Migliara
PUNTA CARENA
CALA DEL RIO
V. Orico
V. Grotta Azzurra
PUNTA DELL ARCERA
Grotta Azzurra

Bellavista senza rist
via Orlandi 10 – ✆ 08 18 37 14 63 Pianta : B1**m**
– www.bellavistacapri.com – Aperto 1° aprile-31 ottobre
15 cam – 60/150 € 80/240 €
Sfoggia un'aria démodé negli interni anni '60 questa struttura con caratteristica architettura del luogo, dove la realtà non smentisce il nome: è davvero splendido il panorama del golfo da uno dei più antichi alberghi dell'isola!

Biancamaria senza rist
via Orlandi 54 – ✆ 08 18 37 10 00 Pianta : AB1**w**
– www.hotelbiancamaria.com – Aperto 1° aprile-31 ottobre
25 cam – 120/140 € 150/170 €
Lungo la strada dei negozi e del passeggio anacaprese, piccola risorsa dotata di camere classiche con mobili in legno naturale e tessuti coordinati.

Casa Mariantonia cam,
via Orlandi 180 – ✆ 08 18 37 29 23 Pianta : A1**a**
– www.casamariantonia.com – Aperto 15 marzo-3 novembre
10 cam – 100/200 € 140/280 €
Rist *La Zagara* – Carta 38/50 € – *(aperto da metà aprile a fine settembre)* (prenotare)
Nel pieno centro di Anacapri, questa storica risorsa ospitò anche Totò e Moravia. L'attuale giovane gestione ha dato un nuovo slancio alla casa, che rimane sempre raffinata negli arredi e con un delizioso giardino agrumeto dove si apparecchiano i tavoli del semplice ristorante La Zagara.

Il Giardino dell'Arte senza rist
traversa la Vigna 32/b – ✆ 08 18 37 30 25 Pianta : A1**d**
– www.capri-ilgiardino.com – Aperto 1° aprile-5 novembre
5 cam – 70/120 € 80/150 €
Tra gli orti e i giardini delle ville di Anacapri, gli ospiti passano ore indimenticabili sulle terrazze vista mare. Ceramiche vietresi e letti in ferro battuto nelle accoglienti camere.

L'Olivo – Capri Palace Hotel
via Capodimonte 14 – ✆ 08 19 78 01 11 Pianta : B1**p**
– www.capripalace.com – Aperto Pasqua-20 ottobre
Menu 120 € – Carta 125/200 € – *(solo a cena)* (prenotare)
Un vasto e raffinato salotto dove illuminazione, tessuti e decorazioni creano un'ineguagliata armonia di stile e benessere; in cucina il giovane Migliaccio si fa portabandiera di piatti mediterranei e creativi, eleganti e sofisticati.
→ Risotto ai ricci di mare con colatura di alici, acqua di pomodoro e friselle al finocchietto. Scorfano in guazzetto con peperoncini verdi e pomodori brasati. Sfera di cioccolato al latte con prugne candite alla lavanda e mandorle tostate.

alla Grotta Azzurra Nord-Ovest : 4,5 km

Il Riccio
via Gradola 4/11 – ✆ 08 18 37 13 80 – www.capripalace.com Pianta : A1**e**
– Aperto Pasqua-31 ottobre; chiuso le sere di lunedì, martedì e mercoledì
Carta 76/154 €
L'alta cucina mediterranea si fa strada in un ristorante balneare a picco sul mare, informale ed elegante, semplice e sofisticato al tempo stesso. Troverete tanto pesce, nelle più saporite interpretazioni campane, ma lasciate un posto anche per i dolci facendovi accompagnare nella stanza delle tentazioni.
→ Candele spezzate (pasta secca) con genovese di polipetti, peperoncini verdi e pecorino. Spiedino di pesce con caponata di verdure e gazpacho. La stanza delle tentazioni: buffet di dolci.

a Migliara Sud-Ovest : 30 mn a piedi :

Da Gelsomina con cam — cam, cam,

via Migliara 72 – 08 18 37 14 99 – www.dagelsomina.com Pianta : A2**r**
– Chiuso 1° gennaio-1° marzo
6 cam – 95/115 € 130/180 €
Carta 30/67 € – *(chiuso martedì escluso aprile-ottobre)*
A piedi, o (previa telefonata) in navetta, si raggiunge un'autentica trattoria familiare e a pochi metri dal locale, i panorami mozzafiato del parco dei filosofi.

CAPRI – 7 052 ab. – Alt. 142 m – 80073 – Carta regionale n° 6-B3
Carta stradale Michelin 564-F24

Grand Hotel Quisisana

via Camerelle 2 – 08 18 37 07 88 – www.quisisana.com Pianta : C1**a**
– Aperto 26 marzo-26 ottobre
131 cam – 363/1150 € 363/1150 € – **16 suites**
Rist *Rendez Vous* – vedere selezione ristoranti
Rist *La Colombaia* – Carta 73/95 € – *(solo a pranzo)*
Nato nell'Ottocento come sanatorio, oggi è una delle icone dell'isola. Davanti scorre la rutilante mondanità dello shopping, nel giardino: silenzio, mare e faraglioni. Vicino alla piscina, il ristorante La Colombaia propone specialità regionali, grigliate ed anche pizza da forno a legna.

Capri Tiberio Palace — rist,

via Croce 11/15 – 08 19 78 71 11 Pianta : C1**g**
– www.capritiberiopalace.com – Aperto 19 aprile-15 ottobre
50 cam – 401/440 € 401/440 € – **17 suites**
Rist *Terrazza Tiberio* – Carta 60/105 €
A pochi minuti dal centro, architettura eclettica che sposa richiami agli anni Cinquanta e Sessanta con soluzioni più contemporanee. Si crea così una convincente idea di viaggio. Belli gli ampi balconi incorniciati da archi e suggestive soluzioni di design per la sala da pranzo con sfogo in terrazza; cucina tradizionale e kosher.

Punta Tragara

via Tragara 57 – 08 18 37 08 44 – www.hoteltragara.com Pianta : C2**p**
– Aperto 3 aprile-17 ottobre
38 cam – 400/700 € 600/900 € – **6 suites**
Rist *Monzù* – vedere selezione ristoranti
Posizione irripetibile su Capri e i Faraglioni, per una struttura disegnata da Le Corbusier. Oggi i suoi interni moderni ospitano camere di attuale, riposante sobrietà, mentre dalle favolose terrazze si gode di una vista mozzafiato.

Scalinatella senza rist

via Tragara 8 – 08 18 37 06 33 – www.scalinatella.com Pianta : C2**e**
– Aperto 1° aprile-31 ottobre
30 cam – 330/480 € 330/640 € – **2 suites**
Chi ama gli spazi non rimarrà deluso! In questa splendida costruzione "a cascata" si dorme quasi sempre in junior suite con pavimenti in ceramica di Vietri e arredi d'epoca. Dalla maggior parte delle camere la vista si posa su mare e certosa di San Giacomo.

Casa Morgano senza rist

via Tragara 6 – 08 18 37 01 58 – www.casamorgano.com Pianta : C1**y**
– Aperto 1° aprile-31 ottobre
27 cam – 330 € 560 €
Immersa nel verde, sorge questa raffinata struttura che vanta camere spaziose, arredate con estrema ricercatezza. A pranzo, possibilità di un pasto leggero a bordo piscina.

Luna
viale Matteotti 3 – ✆ 08 18 37 04 33 Pianta : C1-2**j**
– www.lunahotel.com – Aperto Pasqua-31 ottobre
52 cam – 200/465 € 220/500 € – **4 suites**
Rist – Carta 40/73 € – *(solo per alloggiati)*
Una struttura in perfetto stile caprese - a picco sulla scogliera - con ambienti luminosi e fresche maioliche. Grande giardino fiorito e terrazza da cui contemplare il mare, i Faraglioni e la Certosa: un sogno mediterraneo!

Villa Brunella
via Tragara 24 – ✆ 08 18 37 01 22 – www.villabrunella.it Pianta : C2**w**
– Aperto 1° aprile-18 ottobre
20 cam – 170/300 € 220/380 €
Rist *Terrazza Brunella* – vedere selezione ristoranti
Camere spaziose ed eleganti, dove gli arredi vi guidano alla scoperta del fascino locale: alcune offrono grandi terrazze e comodi salotti, optando invece per quelle più in basso si perde parte della vista per guadagnare in spazi verdi di giardino. La vita qui si svolge in verticale, quale modo del resto per essere più fedeli all'immagine di Capri?

La Minerva senza rist
via Occhio Marino 8 – ✆ 08 18 37 70 67 Pianta : C1**m**
– www.laminervacapri.com – Aperto 26 marzo-2 novembre
16 cam – 70/140 € 170/550 €
Gestione familiare all'insegna dell'ospitalità in una zona verde e tranquilla; le camere sono ampie, panoramiche e decorate con le tipiche ceramiche vietresi. Ottima la prima colazione, mentre pranzi leggeri sono serviti a bordo piscina.

Canasta senza rist
via Campo di Teste 6 – ✆ 08 18 37 05 61 Pianta : C1**c**
– www.hotel-canasta.com – Aperto 1° marzo-30 novembre
16 cam – 60/120 € 90/300 €
Semplice nei servizi e negli spazi comuni, non deluderanno invece le camere: in genere spaziose e con eleganti ceramiche vietresi.

Villa Sarah senza rist
via Tiberio 3/a – ✆ 08 18 37 78 17 Pianta : C1**f**
– www.villasarahcapri.com – Aperto 1° aprile-31 ottobre
19 cam – 90/180 € 150/310 €
Coccolati da un'autentica ed ospitale famiglia caprese, è una villa immersa nel verde dell'orto di casa. Al secondo piano alcune camere con vista mare.

XXX **Monzù** – Hotel Punta Tragara
via Tragara 57 – ✆ 08 18 37 08 44 – www.hoteltragara.com Pianta : C2**p**
– Aperto 3 aprile-17 ottobre
Carta 62/114 €
La vista su Faraglioni, mare e Capri, soprattutto se si opta per il servizio all'aperto, vale già metà dell'esperienza: al resto, ci pensa il giovane cuoco che propone i sapori campani in piatti semplici per pranzo, più elaborati e fantasiosi la sera.

XX **Rendez Vous** – Grand Hotel Quisisana
via Camerelle 2 – ✆ 08 18 37 07 88 – www.quisisana.com Pianta : C1**a**
– Aperto 29 marzo-31 ottobre
Menu 35/70 € – Carta 76/114 €
Nell'elegante sala interna, o in terrazza affacciati sulla via dello shopping, l'appuntamento - dalle 11 alle 24 - è con i piatti campani, ma anche con piacevoli aperitivi e tante bollicine.

XX **Aurora**
via Fuorlovado 18 – ✆ 08 18 37 01 81 Pianta : C1**k**
– www.auroracapri.com – Aperto 1° marzo-30 novembre
Carta 50/90 € – (consigliata la prenotazione)
In un caratteristico vicolo del centro, la terza generazione ha fatto decollare il ristorante verso mete più ambiziose e una raffinata cucina campana, dove trova spazio anche la pizza all'acqua. Per ingannare l'attesa del tavolo, ci si può intrattenere nella modaiola champagneria davanti al locale.

Mammà

via Madre Serafina 6 – ✆ 08 18 37 74 72 Pianta : B1**t**
– www.ristorantemamma.it – Aperto 16 aprile-15 ottobre
Menu 35 € (pranzo)/100 € – Carta 58/98 €
A pochi passi dalla celebre piazzetta, porta la cifra Gennaro Esposito, chef pluristellato, questo grazioso ristorante dalle tinte mediterranee e dai sapori campani, con un occhio di riguardo per i piatti della grande tradizione caprese. Pizza napoletana e una selezione di fritti nell'adiacente locale dalle caratteristiche volte seicentesche.
➜ Crudo di scorfano con peperoncini verdi gratinati e salsa fredda di pomodori. Minestra di pasta con crostacei e pesci di scoglio. Rivisitazione della torta caprese.

Terrazza Brunella – Hotel Villa Brunella

via Tragara 24 – ✆ 08 18 37 01 22 – www.villabrunella.it Pianta : C2**w**
– Aperto 1° aprile-18 ottobre
Carta 35/102 € – (consigliata la prenotazione)
In posizione panoramica sulla baia di Marina Piccola, ristorante la cui veranda è aperta su tre lati, la cucina spazia con abilità dalle specialità capresi e campane, ai piatti italiani più celebri nel mondo.

L'Altro Vissani Capri

via Longano 3 – ✆ 0 81 18 99 05 75 Pianta : BC1**d**
– www.laltrovissanicapri.it – Aperto 1° marzo-31 ottobre; chiuso martedì a mezzogiorno e lunedì in marzo-maggio ed ottobre
Menu 28/65 € – Carta 52/114 €
La ricerca di materie prime di altissima qualità dà vita ad un'ottima cucina tradizionale con accenti immediati ed efficaci per tutti i palati. Dai pochi tavoli vicino alla finestra, la vista sul golfo: uno spettacolo inaspettato!

MARINA GRANDE – ✉ 80073 – Carta regionale n° 6-B3

Carta stradale Michelin 564-F24

J.K. Place Capri

via Provinciale 225 – ✆ 08 18 38 40 01 – www.jkcapri.com Pianta : B1**b**
– Aperto 23 aprile-18 ottobre
22 cam – 700/1900 € 700/1900 €
Rist – Carta 75/122 € – (prenotazione obbligatoria)
L'atmosfera e l'accoglienza di un'elegante residenza privata, dove una successione di salotti vi porta tra librerie e oggetti d'arte. Per chi non vuole rinunciare a bagnarsi nell'acqua di mare, nonostante la splendida piscina, l'albergo offre uno dei pochi accessi diretti alla spiaggia dell'isola.

Da Paolino Lemontrees

via Palazzo a Mare 11 – ✆ 08 18 37 61 02 Pianta : B1**s**
– www.paolinocapri.com – Aperto 15 aprile-20 ottobre; chiuso mercoledì escluso giugno-agosto
Carta 42/112 € – *(solo a cena escluso in aprile-maggio)* (consigliata la prenotazione)
Locale rustico, molto luminoso, immerso nel verde: la "sala" è la limonaia sotto le cui fronde sono allestiti i tavoli. Cucina ricca e variegata secondo la migliore tradizione campana.

CAPRIATA D'ORBA

Alessandria (AL) – ✉ 15060 – 1 862 ab. – Alt. 176 m – Carta regionale n° **23**-C3
Roma 575 km – Alessandria 25 km – Genova 63 km – Milano 101 km
Carta stradale Michelin 561-H8

Il Moro

piazza Garibaldi 7 – ✆ 0 14 34 61 57 – www.ristoranteilmoro.it
– Chiuso Natale-6 gennaio, 15 giorni in giugno, lunedì, anche domenica sera da settembre a maggio
40 € – Carta 29/50 €
In centro paese, all'interno di un palazzo del '600, una trattoria dai soffitti a volta e sulla tavola la vera cucina alessandrina: agnolotti, stoccafisso in insalata, tortino alla pera con fondente Novi. Piccola enoteca annessa.

CAPRILE → Vedere Alleghe
Belluno (BL)

CAPRI LEONE
Sicilia – Messina (ME) – ✉ 98070 – 4 558 ab. – Alt. 400 m – Carta regionale n° **30-C2**
Catania 192 km – Messina 97 km – Palermo 139 km
Carta stradale Michelin 365-AX55

XX **Antica Filanda** con cam
contrada Raviola strada statale 157 – ✆ 09 41 91 97 04 – www.anticafilanda.net – Chiuso 15 gennaio-15 febbraio
16 cam – †75/105 € ††105/125 € Carta 29/50 € – *(chiuso lunedì)*
La vista unisce mare e monti, ma la cucina sceglie questi ultimi: la tradizione dell'entroterra rivisitata con ottimi prodotti del territorio ed una predilizione per il maialino nero in tutte le declinazioni, dai salumi ai ragù. Camere nuove ed accoglienti.

CAPRIOLO
Brescia (BS) – ✉ 25031 – 9 305 ab. – Alt. 216 m – Carta regionale n° **19-D1**
Roma 581 km – Brescia 36 km – Milano 73 km – Bergamo 27 km
Carta stradale Michelin 562-F11

Sole
via Sarnico 2 – ✆ 03 07 46 15 48 – www.hotelsolefranciacorta.com
39 cam – †60/100 € ††75/140 €
Rist *Sole* – vedere selezione ristoranti
Nel cuore della Franciacorta, sulla statale che porta ad Iseo, hotel a conduzione diretta che propone camere molto ampie e ben attrezzate.

XX **Sole** – Hotel Sole
via Sarnico 2 – ✆ 03 07 46 15 50 – www.ristorantesolefranciacorta.it
Menu 12 € (pranzo in settimana)/37 € – Carta 26/64 €
In un ambiente moderno e tranquillo scoprirete la semplicità e la concretezza di una gestione familiare, che raccoglie i favori sia di una clientela commerciale, sia di quella turistica. Cucina lombarda e griglia sempre pronta in sala.

CAPRIVA DEL FRIULI
Gorizia (GO) – ✉ 34070 – 1 735 ab. – Alt. 49 m – Carta regionale n° **11-C2**
Roma 636 km – Udine 27 km – Gorizia 9 km – Pordenone 74 km
Carta stradale Michelin 562-E22

Castello di Spessa – Residenza d'epoca senza rist
via Spessa 1, Nord : 1,5 km – ✆ 04 81 80 81 24 – www.castellodispessa.it
15 cam – †152 € ††205 €
Poche ed esclusive camere per una vacanza di relax a contatto con la storia, in questo castello ottocentesco che ha ospitato i signori della nobiltà friulana, celato da un parco secolare. Splendida vista sui vigneti e sul campo da golf.

Relais Russiz Superiore senza rist
località Russiz Superiore, via Russiz 7 – ✆ 00 39 33 16 63 69 19 – www.marcofelluga.it – Chiuso gennaio
7 cam – †90 € ††132 €
Circondato da vigneti di proprietà, senza telefono né televisore nelle camere, un antico casale ristrutturato si propone come oasi ideale per chi è in cerca di tranquillità e relax. Incantevole posizione panoramica.

Tavernetta al Castello con cam

via Spessa 7, Nord : 1 km – ✆ 04 81 80 82 28 – www.tavernettaalcastello.it – Chiuso 2 settimane in gennaio-febbraio

10 cam – 79/92 € 115/134 €

Carta 41/52 € – *(chiuso domenica sera e lunedì)*

Rist ***Hosteria del Castello*** – ✆ 04 81 80 91 56 –Carta 22/47 € – *(chiuso martedì) (solo a pranzo in bassa stagione)*

Il verde dei vigneti e del vicino campo da golf allieta la taverna di tono rustico-elegante con l'immancabile camino, dove gustare piatti regionali legati alle stagioni. Camere confortevoli per un soggiorno di tranquillità e al di là della strada, oltre alla club house, c'è anche una gradevole osteria.

CARAGLIO

Cuneo (CN) – ✉ 12023 – 6 754 ab. – Alt. 575 m – Carta regionale n° **22-B3**

Roma 660 km – Cuneo 12 km – Alessandria 131 km – Torino 99 km

Carta stradale Michelin 561-I4

Il Portichetto

via Roma 178 – ✆ 01 71 81 75 75 – www.ilportichetto.altervista.org – Chiuso lunedì a mezzogiorno

Menu 22/32 € – Carta 27/48 €

Nel cortiletto di un edificio d'epoca, un piccolo portico introduce a questo grazioso ristorante ricco di personalizzazioni ed eleganza. Dalla cucina piatti piemontesi e sapori regionali.

CARAMANICO TERME

Pescara (PE) – ✉ 65023 – 1 985 ab. – Alt. 650 m – Carta regionale n° **1-B2**

Roma 191 km – Pescara 54 km – L'Aquila 79 km – Chieti 43 km

Carta stradale Michelin 563-P23

La Réserve

rist,

località Santa Croce – ✆ 08 59 23 91 – www.lareserve.it – Chiuso 9 gennaio-10 aprile

71 cam – 120/175 € 200/370 € **Rist** – Carta 35/65 €

Oasi di pace e benessere nel parco della Maiella, l'hotel che vanta una bella posizione panoramica dispone di ambienti moderni e di design. Attrezzato centro benessere-termale. Ampiezza e luminosa ariosità degli spazi anche nel ristorante.

Cercone

cam, cam, rist,

viale Torre Alta 17/19 – ✆ 0 85 92 21 18 – www.hotelcercone.com – Chiuso 15 gennaio-15 marzo

33 cam – 50/70 € 70/120 € – **2 suites**

Rist – Menu 25/35 € – *(solo per alloggiati)*

Di fronte all'ingresso delle Terme, hotel a conduzione diretta rinnovatosi negli anni: sale di caldo tono rustico, camere ampie e confortevoli con terrazzine panoramiche. Piccolo, ma nuovissimo centro benessere.

Locanda del Barone con cam

rist,

località San Vittorino, Sud: 3 km – ✆ 08 59 25 84 – www.locandadelbarone.it

6 cam – solo ½ P 80 €

Carta 23/41 € – *(chiuso lunedì)* (consigliata la prenotazione)

Posizione tranquilla e panoramica per una bella casa dai toni rustici, ma molto accogliente. Medaglioni di capretto o bistecche di pecora sono tra le specialità che vi consigliamo vivamente di assaggiare.

CARATE BRIANZA

Monza e Brianza (MB) – ✉ 20841 – 17 681 ab. – Alt. 250 m – Carta regionale n° **18-B1**

Roma 600 km – Como 30 km – Monza 15 km – Milano 34 km

Carta stradale Michelin 561-E9

XX **Il Ritrovo**

via Ugo Bassi 1 bis – ✆ 03 62 90 22 87 – www.ristoranteilritrovo.mb.it – Chiuso 9 agosto-1° settembre e lunedì

Menu 40/55 € – Carta 46/87 € – *(solo a cena escluso domenica)*

E' un piacere ritrovarsi in questo locale curato ed accogliente, in cui gustare specialità di pesce d'ispirazione siciliana (con tocchi esotici che derivano dalle esperienze di viaggio dello chef), nonché ricette a base di carne d'impronta più tradizionale lombarda.

XX **La Piana**

via Zappelli 15 – ✆ 03 62 90 92 66 – www.ristorantelapiana.it – Chiuso 10 giorni in gennaio, 15-30 agosto, domenica sera e lunedì

Menu 28 € – Carta 25/46 €

Nel centro della località, piccolo locale di tono moderno ospitato in un'accogliente corte lombarda. Cucina regionale e lariana, qualche piatto tipico del passato rispolverato e menu d'affari a pranzo.

X **Camp di Cent Pertigh**

Cascina Contrevaglio, via Trento Trieste 63, Est : 1 km, strada per Besana – ✆ 03 62 90 03 31 – www.campdicentpertigh.it – Chiuso 27 dicembre-17 gennaio, 10-20 agosto e martedì

Menu 40/53 € – Carta 43/69 €

All'interno di una caratteristica cascina lombarda, il ristorante che occupa soltanto una parte dell'edificio, è arredato secondo uno stile rustico-elegante; cucina di taglio regionale e ampia selezione di vini.

CARATE URIO

Como (CO) – ✉ 22010 – 1 201 ab. – Alt. 204 m – Carta regionale n° **18-B1**

Roma 646 km – Como 13 km – Varese 39 km – Milano 60 km

Carta stradale Michelin 561-E9

XX **Acquadolce** (N)

via Regina Vecchia 26 – ✆ 0 31 40 02 60 – www.ristoranteacquadolce.it – Chiuso lunedì e martedì a mezzogiorno

Menu 30/90 € – Carta 35/65 €

Direttamente sul lago - raggiungibile anche in barca grazie al suo pontile - due luminose sale per una cucina di stampo moderno, sia di carne sia di pesce.

CARAVAGGIO

Bergamo (BG) – ✉ 24043 – 15 905 ab. – Alt. 111 m – Carta regionale n° **19-C2**

Roma 573 km – Bergamo 26 km – Brescia 64 km – Cremona 60 km

Carta stradale Michelin 561-F10

Tre Re

via Papa Giovanni XXIII 19 – ✆ 0 36 35 13 81 – www.albergotrere.it

10 cam – †55/75 € ††75/95 € – **1 suite**

Rist – Carta 29/71 € – *(chiuso 1°-15 gennaio e lunedì sera)*

All'inizio del viale che conduce al Santuario, siamo in un'elegante villa liberty del 1910: arredi d'epoca all'interno in una piacevole atmosfera più familiare, che alberghiera. Al ristorante, i classici della cucina italiana, a cui si aggiunge - la sera - anche la pizza.

CARBONARA DI BARI → Vedere Bari

Bari (BA)

CARBONARA DI PO

Mantova (MN) – ✉ 46020 – 1 316 ab. – Alt. 14 m – Carta regionale n° **17-D3**

Roma 469 km – Modena 60 km – Ferrara 52 km – Mantova 45 km

Carta stradale Michelin 561-G15

Passacör
strada provinciale Ferrarese 4 – 0 38 64 14 61 – www.hotelpassacor.it
37 cam – 80 € 100 €
Rist – Carta 15/67 € – *(chiuso giorni festivi) (solo a cena)*
Struttura a conduzione familiare, funzionale e ben tenuta con camere essenziali. Siamo nella zona del tartufo mantovano che, infatti, in stagione non manca sulla tavola del ristorante casalingo.

CARBONARA SCRIVIA
Alessandria (AL) – 15050 – 1 064 ab. – Alt. 177 m – Carta regionale n° **23-C2**
Roma 563 km – Alessandria 27 km – Genova 71 km – Milano 80 km
Carta stradale Michelin 561-H8

Locanda Malpassuti con cam
cam,
vicolo Cantù 11 – 01 31 89 26 43 – www.malpassutiguest.it – Chiuso lunedì
6 cam – 65/80 € 95/110 €
Menu 45/60 € – Carta 39/68 € – (consigliata la prenotazione)
Un'insegna in ferro, un vecchio edificio in centro, una sala con mobili e sedie in stile; in cucina però la tradizione viene rinnovata con elaborazioni interessanti.

CARISIO
Vercelli (VC) – 13040 – 844 ab. – Alt. 183 m – Carta regionale n° **23-C2**
Roma 659 km – Torino 61 km – Vercelli 26 km – Biella 25 km
Carta stradale Michelin 561-F6

sulla strada statale 230 Nord-Est : 6 km :

La Bettola
strada statale Vercelli-Biella 9 13040 – 01 61 85 80 45
35 cam – 47/60 € 74/80 € **Rist** – Carta 27/64 €
Facilmente raggiungibile dall'uscita autostradale, funzionale struttura articolata su due corpi con ambienti comuni limitati, ma stanze spaziose. Altro che bettola: il moderno ristorante propone piatti squisitamente italiani.

CARISOLO
Trento (TN) – 38080 – 982 ab. – Alt. 808 m – Carta regionale n° **33-B3**
Roma 633 km – Trento 62 km – Bolzano 116 km – Brescia 118 km
Carta stradale Michelin 562-D14

Orso Grigio
cam, rist,
via Roncag 6 – 04 65 50 15 94 – www.hotel-orsogrigio.it – Aperto 1° dicembre-30 marzo e 1° maggio-30 ottobre
30 cam – 50/100 € 70/140 € **Rist** – Carta 21/42 €
Tranquillità e relax sono i principali atout di questa graziosa struttura, tipicamente montana, con camere curate e confortevoli. Grazioso il nuovo centro benessere.

CARLENTINI
Sicilia – Siracusa (SR) – 96013 – 17 985 ab. – Alt. 200 m – Carta regionale n° **30-D2**
Catania 33 km – Palermo 227 km – Ragusa 77 km – Siracusa 54 km
Carta stradale Michelin 365-AZ60

verso Villasmundo Sud-Est : 4 km

Agriturismo Tenuta di Roccadia
contrada Roccadia, str. prov. 95 al km 43 96013 Carlentini – 0 95 99 03 62 – www.roccadia.com
20 cam – 56/90 € 70/110 € **Rist** – Carta 25/55 €
Camere semplici per una vacanza che si svolgerà all'aperto in una tenuta agricola, tra orto botanico ed equitazione. Sala dall'ambientazione rustica al ristorante, dove si utilizzano i prodotti dell'azienda elaborati in ricette isolane.

CARLOFORTE
→ Vedere San Pietro (Isola di)
Carbonia-Iglesias (CI)

CARMAGNOLA

Torino (TO) – ✉ 10022 – 28 887 ab. – Alt. 240 m – Carta regionale n° **22-B3**
Roma 663 km – Torino 29 km – Asti 58 km – Cuneo 71 km
Carta stradale Michelin 561-H5

San Marco

via San Francesco di Sales 18 – ✆ 01 19 62 69 53 – www.sanmarcoalbergo.com – Chiuso 2-7 gennaio e 5-23 agosto
20 cam – 60/120 € 75/150 € **Rist** – Carta 25/67 € – *(solo a cena)*
Non lontana dal centro, la struttura offre camere spaziose, sobriamente eleganti e modernamente accessoriate: ideali per una clientela business.

CARMIGNANO

Prato (PO) – ✉ 59015 – 14 118 ab. – Alt. 189 m – Carta regionale n° **32-C1**
Roma 298 km – Firenze 30 km – Prato 14 km – Pistoia 18 km
Carta stradale Michelin 563-K15

ad Artimino Sud : 7 km Alt. 260 m – ✉ 59015

Paggeria Medicea

rist,

viale Papa Giovanni XXIII 3 – ✆ 0 55 87 51 41 – www.artimino.com – Chiuso 20-27 dicembre
37 cam – 80/175 € 125/250 €
Rist – Carta 35/54 € – *(chiuso giovedì a mezzogiorno e mercoledì escluso giugno-settembre)*
Un edificio rinascimentale ospita l'elegante hotel, le cui camere si trovano negli ex alloggi dei paggi medicei. Tra gli spazi comuni: un giardino, una piscina panoramica e belle sale ricevimento nell'imponente Villa. La gastronomia che ha reso celebre nel mondo la Toscana, presso il ristorante del borgo.

Da Delfina

via della Chiesa 1 – ✆ 05 58 71 80 74 – www.dadelfina.it – Chiuso 2 settimane in gennaio o febbraio, 24-31 agosto, domenica sera escluso in estate, martedì a pranzo e lunedì
Carta 31/50 €
Tipicità e lunga tradizione per questo locale, dove gustare piatti del territorio: d'estate, sulla bella terrazza panoramica.

CARMIGNANO DI BRENTA

Padova (PD) – ✉ 35010 – 7 598 ab. – Alt. 46 m – Carta regionale n° **38-B1**
Roma 524 km – Padova 33 km – Vicenza 19 km – Venezia 70 km
Carta stradale Michelin 562-F17

Zenit

cam,

piazza del Popolo 16 – ✆ 04 99 43 03 88 – www.hotelzenit.it
19 cam – 50/70 € 70/90 €
Rist – Carta 23/42 € – *(chiuso 26 dicembre-6 gennaio, 10-23 agosto, domenica sera e sabato)*
Servizio di tono familiare in un albergo funzionale, ma ben tenuto, ideale per una clientela di lavoro e di passaggio. Ristorante classico, dove gustare anche paste fresche fatte in casa.

CARNELLO → Vedere Arpino

Frosinone (FR)

CARONA

Bergamo (BG) – ✉ 24010 – 357 ab. – Alt. 1 110 m – Carta regionale n° **16-B1**
Roma 656 km – Milano 101 km – Bergamo 53 km – Lecco 76 km
Carta stradale Michelin 561-D11

Carona

rist,

via Bianchi 22 – ✆ 0 34 57 71 25 – www.albergocarona.it – Chiuso maggio e ottobre
9 cam – 30/35 € 55/90 € **Rist** – Carta 18/33 € – *(chiuso martedì)*
In alta Val Brembana, albergo a conduzione familiare - semplice, ma ben tenuto - dispone di camere arredate in gran parte con mobili inizio '900 dal confort essenziale. Ubicata al primo piano, la sala ristorante d'impostazione classica propone anche piatti d'asporto.

CAROVIGNO

Brindisi (BR) – ✉ 72012 – 16 187 ab. – Alt. 161 m – Carta regionale n° **27**-C2
Roma 525 km – Brindisi 33 km – Bari 97 km – Taranto 60 km
Carta stradale Michelin 564-E34

Già Sotto l'Arco (Teresa Galeone)
corso Vittorio Emanuele 71 – 08 31 99 62 86 – www.giasottolarco.it – Chiuso 15-30 novembre e lunedì, anche domenica sera da ottobre a maggio
Menu 70 € – Carta 47/86 € – (consigliata la prenotazione)
Un salotto la piazza su cui si affaccia, ma ancor più signorile il ristorante, al primo piano di un bel palazzo barocco. Cortesia e professionalità nel servizio, dalla cucina arrivano piatti creativi, sia di pesce che di carne.
→ Spiedino di sgombro, zenzero e limone con scapece di melanzane. Sella di coniglio in pastella con ripieno di cicoria selvatica e pomodoro confit. Meringa con crema Chantilly e salsa di fragole.

CARPANETO PIACENTINO

Piacenza (PC) – ✉ 29013 – 7 598 ab. – Alt. 114 m – Carta regionale n° **8**-A2
Roma 508 km – Piacenza 19 km – Alessandria 114 km – Milano 88 km
Carta stradale Michelin 562-H11

Nido del Picchio (Daniele Repetti)
viale Patrioti 6 – 05 23 85 09 09 – www.ristorantenidodelpicchio.it – Chiuso lunedì
Menu 70/75 € – Carta 54/92 € – *(solo a cena escluso i giorni festivi)* (consigliata la prenotazione)
Atmosfera sobria e sussurrata, l'ambiente è quello di una casa privata con poco spazio per orpelli o decorazioni. Tavoli rotondi e distanti, sulla carta si concentra tutto il lavoro dei titolari e soprattutto la personalità del cuoco: piatti creativi, ingegnosi, spesso a base di pesce.
→ Ravioli d'anatra, centrifugato d'ortaggi, crema di parmigiano e vino cotto. Filetto di dentice con patate, crema al burro e funghi in tempura. Semifreddo all'Armagnac e prugne in cilindro di cioccolato.

CARPENETO

Alessandria (AL) – ✉ 15071 – 1 023 ab. – Alt. 329 m – Carta regionale n° **23**-C3
Roma 572 km – Alessandria 31 km – Asti 67 km – Torino 120 km
Carta stradale Michelin 561-H7

Villa Carmelita N
cam, cam,
via Torino 58 – 01 43 84 58 00 – www.villacarmelita.it
14 cam – †50/90 € ††70/130 € – **1 suite** **Rist** – Carta 22/34 €
Nasce da una sapiente ristrutturazione di un antico casolare, questa bella realtà ubicata nella prima periferia della piccola località: posizione soleggiata e aperta ad un ampio panorama sulle colline circostanti, poche camere, tutte personalizzate, nonché una grande piscina con solarium.

CARPI

Modena (MO) – ✉ 41012 – 67 408 ab. – Alt. 26 m – Carta regionale n° **8**-B2
Roma 424 km – Bologna 70 km – Modena 21 km – Mantova 57 km
Carta stradale Michelin 562-H14

Touring
viale Dallai 1 – 0 59 68 15 35 – www.hoteltouringcarpi.it – Chiuso agosto
65 cam – †70/90 € ††90/130 € – **2 suites**
Rist *La Bottiglieria* – 05 98 63 71 50 – Carta 33/52 €
A due passi dal centro storico, l'albergo - benché avvolto in una struttura moderna - è ideale per chi vuole andare alla scoperta della vecchia Carpi, pernottando in camere classiche e con un ottimo servizio. Circondato da vetrate affacciate sul dehors e sul giardino interno, il ristorante La Bottiglieria propone piatti della tradizione rivisitati (ottime, le specialità di pesce!) accompagnati da una buona offerta enologica.

Gabarda

via Carlo Marx 172 – ✆ 0 59 69 36 46 – www.gabarda.it – Chiuso 1°-7 gennaio e 2 settimane in agosto

32 cam – ♦79/110 € ♦♦89/130 € – **3 suites** **Rist** – Carta 24/39 €

Lo stile è quello di una casa colonica con il portico che corre tutto intorno; le camere, particolarmente spaziose ed arredate con mobili chiari, hanno tutte ingresso indipendente. Di taglio rustico, il ristorante si trova in una struttura attigua e propone gustosi piatti tipici regionali.

Carpi senza rist

via delle Magliaie 2/4 – ✆ 0 59 64 59 15 – www.hotelcarpi.it

80 cam – ♦55/180 € ♦♦75/220 €

Particolarmente adatto ad una clientela d'affari - in posizione decentrata, comodo per gli spostamenti in auto - bianco edificio dalle ampie vetrate, offre ambienti moderni, alle cui pareti sono esposte fotografie della città e vedute d'epoca.

Il Barolino

via Giovanni XXIII 110 – ✆ 0 59 65 43 27 – www.ilbarolinoristorante.com – Chiuso 31 dicembre-6 gennaio, 1°-23 agosto, sabato a mezzogiorno e domenica

Menu 30 € – Carta 28/53 €

Piatti unicamente del territorio e conduzione strettamente familiare per questo locale in posizione periferica. Propone anche vendita di vini e di prodotti alimentari.

Il 25

via San Francesco 20 – ✆ 0 59 64 52 48 – www.il25.it – Chiuso martedì a mezzogiorno e lunedì

Menu 35/55 € – Carta 36/73 €

In un palazzo di fine '800, la cucina non si pone confini: terra e mare, tradizione e creatività, ma un solo dogma, la pienezza del gusto tutta emiliana.

L'incontro

via delle Magliaie 4/1 – ✆ 0 59 69 31 36 – www.lincontroristorante.it – Chiuso 1°-5 gennaio, 1 settimana in agosto, domenica sera e lunedì a mezzogiorno in settembre-maggio, anche domenica a mezzogiorno negli altri mesi

Carta 35/63 € – (consigliata la prenotazione)

Passione e impegno caratterizzano questo locale raccolto e accogliente, articolato in quattro salette classicamente arredate in colori caldi e vivaci. Di stampo più creativo la proposta gastronomica.

CARRAIA → Vedere Calenzano

Firenze (FI)

CARRARA

Massa-Carrara (MS) – ✉ 54033 – 64 404 ab. – Alt. 100 m – Carta regionale n° **31-A1**

Roma 400 km – La Spezia 36 km – Firenze 132 km – Massa 8 km

Carta stradale Michelin 563-J12

ad Avenza Sud-Ovest : 4 km – ✉ 54031

Carrara

via Petacchi 21 – ✆ 05 85 85 76 16 – www.hotelcarrara.it

32 cam – ♦57/70 € ♦♦90/105 €

Rist – Menu 20 € – *(chiuso sabato e domenica) (solo a cena) (solo per alloggiati)*

Nelle immediate vicinanze della stazione ferroviaria, risorsa a conduzione familiare caratterizzata da camere signorili e rallegrata da un fresco giardino con gazebo. Simpatica e colorata sala ristorante, non priva d'eleganza.

a Colonnata Est : 7 km – ✉ 54033

Venanzio
piazza Palestro 3 – ✆ 05 85 75 80 62 – www.ristorantevenanzio.com – Chiuso 21 dicembre-12 gennaio, domenica sera e giovedì
Menu 25/40 € – Carta 28/61 €
E' l'indirizzo giusto dove gustare una cucina di terra con specialità di funghi, cacciagione e l'immancabile lardo: uno dei prodotti più apprezzati di questo paesino, insieme alle cave di marmo.

CARRÈ

Vicenza (VI) – ✉ 36010 – 3 681 ab. – Alt. 219 m – Carta regionale n° **39-B2**
Roma 558 km – Padova 66 km – Vicenza 32 km – Treviso 86 km
Carta stradale Michelin 562-E16

La Rua
località Cà Vecchia 1, Est : 4 km – ✆ 04 45 89 30 88 – www.hotellarua.it
21 cam – 55/75 € 75/85 € – **1 suite**
Rist – Carta 26/38 € – *(chiuso 1°-5 gennaio, 16-30 agosto, domenica sera e lunedì a pranzo)*
Isolato sulle colline sovrastanti la pianura, offre camere classiche e spaziose o, da preferire, più recenti e moderne negli arredi anche se di metratura a volte più ridotta. Piacevolissima terrazza panoramica per il servizio estivo.

Locanda La Corte dei Galli senza rist
via Prà Secco 1/a – ✆ 04 45 89 33 33 – www.lacortedeigalli.it
7 cam – 110/130 € 130/160 €
Struttura di charme ricavata nella barchessa di un edificio rurale del '700, rinnovato con elegante raffinatezza; mobili d'epoca nelle camere e piccola piscina interna.

CARRÙ

Cuneo (CN) – ✉ 12061 – 4 481 ab. – Alt. 364 m – Carta regionale n° **23-C3**
Roma 620 km – Cuneo 39 km – Torino 78 km – Savona 70 km
Carta stradale Michelin 561-I5

Palazzo di Mezzo senza rist
via Garibaldi 4 – ✆ 01 73 77 93 06 – www.palazzodimezzo.com – Chiuso 10 giorni in dicembre
11 cam – 60/70 € 80/90 €
Piccola ed accogliente struttura sorta dalla ristrutturazione di un palazzo settecentesco nel centro della località. Mobili in stile antico e letti in ferro battuto caratterizzano le graziose camere: quelle all'ultimo piano impreziosite da soffitti a cassettoni. Confort moderno e calorosa gestione familiare.

CARSOLI

L'Aquila (AQ) – ✉ 67061 – 5 518 ab. – Alt. 616 m – Carta regionale n° **1-A2**
Roma 68 km – Avezzano 45 km – Rieti 52 km – L'Aquila 59 km
Carta stradale Michelin 563-P21

Il Casale del Colonnello N
via degli Alpini, Nord : 4 Km – ✆ 33 91 99 51 36 – www.ilcasaledelcolonnello.it – Aperto Pasqua-2 novembre
6 cam – 55 € 80 € **Rist** – Carta 23/56 €
La posizione elevata regala alla struttura una bella vista, mentre l'architettura riprende un po' lo stile di certi chalet di montagna; camere personalizzate e un bel parco avventura con percorsi salute e didattici nel bosco. I sapori della regione caratterizzano il menu del ristorante.

Al Caminetto
via degli Alpini 95 – ✆ 08 63 99 54 79 – www.alcaminetto.it – Chiuso lunedì
Menu 20/30 € – Carta 24/41 €
Décor rustico in un locale poliedrico con sala enoteca per degustazioni. In menu, l'offerta è ampia e variegata: si va dalle più tipiche specialità regionali, alle carni cotte alla brace, funghi e tartufi.

XX **L'Angolo d'Abruzzo**

piazza Aldo Moro 8 – ✆ 08 63 99 74 29 – www.langolodiabruzzo.it – Chiuso lunedì sera

Menu 25 € – Carta 31/41 €

Per gli appassionati della cucina abruzzese, i migliori prodotti e i sapori più autentici della gastronomia regionale: carni, paste, salumi, formaggi, nonché funghi e tartufi (in stagione). Ottima cantina.

in prossimità dello svincolo Carsoli-Oricola Sud-Ovest : 2 km :

Nuova Fattoria

via Tiburtina km 68,3 ✉ 67063 Oricola – ✆ 08 63 99 73 88 – www.lanuovafattoria.it

20 cam – †50/55 € ††70/75 € – **2 suites** **Rist** – Carta 21/50 €

Davanti al casello autostradale, Nuova Fattoria offre ambienti omogenei e di buon livello, arredi di legno massiccio nelle camere allegramente variopinte e bagni sempre diversi, a volte estrosi. Sala ristorante con alto spiovente in legno e brace a vista per la carne.

CARTOCETO

Pesaro e Urbino (PU) – ✉ 61030 – 7 859 ab. – Alt. 235 m – Carta regionale n° **20-B1**

Roma 284 km – Rimini 70 km – Ancona 78 km – Pesaro 26 km

Carta stradale Michelin 563-K20

XXX **Symposium** con cam

via Mombaroccese, Ovest : 1,5 km – ✆ 07 21 89 83 20 – www.symposium4stagioni.it – Aperto da inizio marzo a fine ottobre

7 cam – †120/150 € ††120/150 €

Menu 75/130 € – Carta 55/90 € – *(chiuso lunedì e martedì) (solo a cena escluso sabato e domenica)*

Cucina creativa - prevalentemente di terra - in un'elegante casa privata dai molteplici ambienti: terrazza panoramica, veranda coperta stile conservatory e raffinata sala da pranzo con grandi tavoli, dipinti moderni e bella vista.

CARTOSIO

Alessandria (AL) – ✉ 15015 – 784 ab. – Alt. 230 m – Carta regionale n° **23-C3**

Roma 578 km – Genova 83 km – Acqui Terme 13 km – Alessandria 47 km

Carta stradale Michelin 561-I7

XX **Cacciatori** con cam

via Moreno 30 – ✆ 0 14 44 01 23 – www.cacciatoricartosio.com – Chiuso 22 dicembre-16 gennaio e 29 giugno-17 luglio

12 cam – †55 € ††70 €, 7 €

Carta 35/55 € – *(chiuso mercoledì e giovedì)* (coperti limitati, prenotare)

Nascosto tra le viuzze del paese, volutamente demodé, ma allo stesso tempo molto accogliente, questo ristorante dall'eccellente gestione familiare propone - a voce - piatti che seguono le stagioni: tutto fresco e cucinato al momento sulla fornella a legna. Ottimi sia il servizio sia la carta dei vini.

CARZAGO RIVIERA

Brescia (BS) – ✉ 25080Alt. 202 m – Carta regionale n° **17-D1**

Roma 542 km – Brescia 30 km – Verona 58 km – Milano 122 km

Carta stradale Michelin 561-F13

Palazzo Arzaga cam, rist,

via Arzaga 1, località Calvagese della Riviera, Sud : 2 km – ✆ 0 30 68 06 00 – www.palazzoarzaga.it – Aperto 1° marzo-31 ottobre

84 cam – †128/263 € ††170/350 € – **3 suites**

Rist *Il Moretto* – vedere selezione ristoranti

Rist *Il Grill-Club House* – Carta 30/57 € – *(chiuso 15 dicembre-15 gennaio e martedì da novembre a marzo) (solo a pranzo)*

In un suggestivo palazzo del XV secolo, poliedrico hotel di lusso, per congressi, per chi ama il golf, le terapie rigenerative o il semplice relax. Più informale del ristorante Moretto, il Grill-Club House è il luogo ideale dove gustare piatti leggeri tra una partita e l'altra.

Il Moretto – Hotel Palazzo Arzaga
via Arzaga 1, località Calvagese della Riviera, Sud : 2 km – ✆ 0 30 68 06 00 – www.palazzoarzaga.it – Aperto 1° marzo-31 ottobre
Carta 54/102 €
Grandi lampadari rinascimentali, candele sui tavoli, arredi antichi: sotto alte volte si consuma il rito serale della cena, preferibilmente in giacca e cravatta! Cucina raffinata.

CASACANDITELLA

Chieti (CH) – ✉ 66010 – 1 321 ab. – Alt. 432 m – Carta regionale n° **2-C2**
Roma 211 km – L'Aquila 102 km – Chieti 24 km – Pescara 39 km
Carta stradale Michelin 563-P24

Castello di Semivicoli senza rist
via San Nicola 24, contrada Semivicoli – ✆ 08 71 89 00 45 – www.castellodisemivicoli.com – Chiuso 8 gennaio-8 marzo
11 cam – 75/110 € 130/195 €
Un mirabile lavoro di restauro ha restituito splendore al palazzo baronale del XVII sec, ora vanta splendide camere, dove mobili d'epoca si alternano a pezzi più moderni. La vista spazia dai monti abruzzesi al mare: impossibile rimanere indifferenti a tanto fascino!

CASALBORDINO

Chieti (CH) – ✉ 66021 – 6 252 ab. – Alt. 203 m – Carta regionale n° **2-C2**
Roma 266 km – Chieti 72 km – Campobasso 113 km – Pescara 68 km
Carta stradale Michelin 563-P25

Madonnina del Sorriso
via San Rocco 11 – ✆ 08 73 91 65 71 – www.madonninadelsorriso.it – Chiuso lunedì escluso agosto, anche mercoledì a mezzogiorno e martedì da ottobre ad aprile
Menu 25/55 € – Carta 26/46 €
Gode di una location particolarmente tranquilla, questo ristorante dagli ambienti accoglienti e dai colori caldi; cucina con specialità di mare, ma non solo.

CASALECCHIO DI RENO

Bologna (BO) – ✉ 40033 – 35 328 ab. – Alt. 61 m – Carta regionale n° **9-C3**
Roma 374 km – Bologna 11 km – Modena 44 km – Ferrara 60 km
Carta stradale Michelin 562-I15

Calzavecchio (N) cam, cam,
via Calzavecchio 1 – ✆ 05 13 76 16 16 – www.calzavecchio.eu Pianta : A2**a**
79 cam – 60/180 € 70/210 € – **1 suite** **Rist** – Carta 28/52 €
E' il risultato di una totale ristrutturazione che riporta in attività un sito dalla lunga storia: in stile neoclassico rivisitato, il tutto si gioca sulle tonalità del grigio, mentre due suite - la Blu e la Rossa - soddisfano i clienti più esigenti. Specialità del territorio nel luminoso ristorante.

CASALE MARITTIMO

Pisa (PI) – ✉ 56040 – 1 111 ab. – Alt. 214 m – Carta regionale n° **31-B2**
Roma 282 km – Pisa 67 km – Firenze 120 km – Grosseto 104 km
Carta stradale Michelin 563-M13

La Gelinda-Fattoria della Gioiosa (N)
via Nardini 14 – ✆ 33 43 84 01 88 – www.fattoriadellagioiosa.it – Chiuso10 giorni in novembre e 10 giorni in gennaio
3 cam – 40/60 € 80/100 € – **3 suites**
Rist – Carta 27/48 € – *(chiuso giovedì escluso luglio-agosto) (solo a cena)* (consigliata la prenotazione)
Casolare seicentesco in posizione centrale, ma facente parte di un'azienda di oltre 100 ettari: camere curate nei dettagli e dall'elegante atmosfera fine secolo, galleria d'arte e sala di soggiorno al primo piano.

CASALE MONFERRATO

Alessandria (AL) – ✉ 15033 – 34 597 ab. – Alt. 116 m – Carta regionale n° **23-C2**
Roma 611 km – Alessandria 31 km – Asti 42 km – Milano 75 km
Carta stradale Michelin 561-G7

Candiani
via Candiani d'Olivola 36 – ✆ 01 42 41 87 28 – www.hotelcandiani.com
47 cam – 80/90 € 110/130 € – **2 suites**
Rist *La Torre* – ✆ 0 14 27 02 95 – Carta 34/69 € – *(chiuso mercoledì a mezzogiorno e martedì)*
Da una sapiente ristrutturazione che ha salvaguardato l'originario stile liberty di un vecchio mattatoio del 1913, è sorto un elegante albergo, dotato di camere spaziose. Cucina legata alla tradizione culinaria del territorio e basata su materie prime accuratamente selezionate.

Business senza rist
strada Valenza 4/G – ✆ 01 42 45 64 00 – www.business-hotel.it – Chiuso 23 dicembre-6 gennaio
49 cam – 40/99 € 40/140 €
Hotel d'impronta business, che mantiene inalterato il calore dell'accoglienza di una gestione diretta. Giardino con piscina e sala colazioni di taglio moderno.

CASALE SUL SILE

Treviso (TV) – ✉ 31032 – 12 883 ab. – Carta regionale n° **39-A1**
Roma 541 km – Venezia 29 km – Padova 54 km – Treviso 12 km
Carta stradale Michelin 562-F18

San Nicolò
via San Nicolò 5 – ✆ 04 22 82 26 72 – Chiuso 1°-7 gennaio, domenica sera, lunedì, anche domenica a mezzogiorno in luglio-agosto
Menu 20 € (pranzo in settimana) – Carta 35/70 €
Idilliaca posizione tra la chiesa e le rive del Sile, il contesto rustico della casa colonica è stato rinnovato per offrire ambienti più eleganti. La cucina è di mare.

CASALFIUMANESE

Bologna (BO) – ✉ 40020 – 3 476 ab. – Alt. 125 m – Carta regionale n° **9-C2**
Roma 387 km – Bologna 47 km – Firenze 84 km – Modena 93 km
Carta stradale Michelin 562-I16

Valsellustra
via Valsellustra 16, Nord : 11 km – ✆ 05 42 68 40 73 – www.ristorantevalsellustra.com – Chiuso giovedì
Menu 35 € – Carta 22/51 €
Tipico ristorante di campagna, in posizione isolata, sobrio con tavoli ampi e ravvicinati. Piatti saporiti e appetitosi con specialità a base di funghi e cacciagione.

CASALGRANDE

Reggio nell'Emilia (RE) – ✉ 42013 – 18 677 ab. – Alt. 97 m – Carta regionale n° **8-B2**
Roma 439 km – Bologna 74 km – Reggio nell'Emilia 74 km – Modena 22 km
Carta stradale Michelin 561-I14

Casalgrande senza rist
via XXV Aprile 27, località Salvaterra, Nord : 6 km – ✆ 05 22 84 95 34 – www.casalgrandehotel.com
50 cam – 60/120 € 80/160 €
L'architettura moderna della struttura non stride con la campagna circostante: la tranquillità che caratterizza il luogo è presente anche nelle belle camere, arredate con gusto minimalista ed insonorizzate.

CASALMAGGIORE

Cremona (CR) – ✉ 26041 – 15 265 ab. – Alt. 26 m – Carta regionale n° **17-C3**
Roma 487 km – Parma 24 km – Brescia 69 km – Cremona 40 km
Carta stradale Michelin 561-H13

Bifi senza rist

strada statale 420 km 36, località Rotonda – ✆ 03 75 20 09 38 – www.bifihotel.it

76 cam ☕ – 🚹45/170 € 🚹🚹45/190 €

Anche le camere riflettono i desideri di funzionalità e praticità della clientela di questo albergo a vocazione commerciale, comodo da raggiungere in posizione stradale.

CASALNOCETO

Alessandria (AL) – ✉ 15052 – 1 024 ab. – Alt. 159 m – Carta regionale n° **23-D2**

Roma 598 km – Alessandria 33 km – Genova 89 km – Milano 76 km

Carta stradale Michelin 561-H8

La Locanda del Seicento

piazza Martiri della Libertà – ✆ 01 31 80 96 14 – www.lalocandadelseicento.it

Menu 25 € (pranzo in settimana) – Carta 34/68 €

Diverse salette ricavate dai due piani di una casa del '600: ambiente di tono rustico-elegante e dalla cucina, piatti piemontesi, ma anche fragranti specialità di mare con arrivi giornalieri dalla Liguria.

CASALOTTO → Vedere Mombaruzzo

Asti (AT)

CASAL VELINO

Salerno (SA) – ✉ 84040 – 5 025 ab. – Alt. 170 m – Carta regionale n° **7-C3**

Roma 346 km – Avellino 119 km – Salerno 87 km – Sapri 61 km

Carta stradale Michelin 564-G27

Agriturismo i Moresani

località Moresani – ✆ 09 74 90 20 86 – www.imoresani.com – Aperto 16 marzo-31 ottobre e nei week end negli altri mesi

14 cam ☕ – 🚹45/65 € 🚹🚹70/110 € **Rist** – Carta 20/33 €

Poco sopra la località, oasi di pace e serenità, immersa tra gli ulivi. Camere semplici ma arredate con gusto, piscina per rinfrescarsi nei caldi pomeriggi estivi. A tavola la genuinità e i sapori degli ottimi prodotti locali.

CASAMICCIOLA TERME → Vedere Ischia (Isola d')

Napoli (NA)

CASCIA

Perugia (PG) – ✉ 06043 – 3 228 ab. – Alt. 653 m – Carta regionale n° **36-C3**

Roma 138 km – Ascoli Piceno 75 km – Perugia 104 km – Rieti 60 km

Carta stradale Michelin 563-N21

Monte Meraviglia e Sporting Center La Reggia

via Roma 15 – ✆ 0 74 37 61 42 – www.magrelli.com

159 cam ☕ – 🚹50/90 € 🚹🚹70/140 €

Rist *Il Tartufo* – Carta 26/72 €

Complesso formato da due strutture: una imponente, di taglio moderno, con ampi spazi: per grandi numeri. L'altra più piccola, con attrezzato centro sportivo usato da entrambe. Ambiente curato al ristorante dove gustare piatti a base di tartufo e locali.

Cursula cam,

viale Cavour 3 – ✆ 0 74 37 62 06 – www.hotelcursula.com – Chiuso gennaio-febbraio

38 cam ☕ – 🚹46/87 € 🚹🚹55/100 € – **2 suites**

Rist – Carta 23/84 € – *(chiuso mercoledì escluso in marzo-giugno e agosto)*

Il più antico albergo della località, ormai alla terza generazione, garantisce un soggiorno confortevole tanto ai gruppi di pellegrini, quanto a coloro che vogliono fare qualche giorno di vacanza a Cascia. In attività dal 1949, il rinomato ristorante "Locanda Giustini" è sempre apprezzato da chi ama la schietta cucina del territorio, ma anche da chi predilige rivisitazioni in chiave più moderna.

CASCIANA TERME

Pisa (PI) – ✉ 56034 – 3 607 ab. – Alt. 125 m – Carta regionale n° **31-B2**
Roma 335 km – Pisa 39 km – Firenze 77 km – Livorno 41 km
Carta stradale Michelin 563-L13

Roma — cam, rist,
via Roma 13 – ✆ 05 87 64 62 25 – www.albergo-roma.it – Chiuso dicembre, gennaio e febbraio
36 cam – 55/80 € 85/120 €
Rist – Menu 20/30 € – *(solo per alloggiati)*
D'altri tempi i corridoi ampi e i soffitti alti negli spazi comuni di un hotel centrale, ristrutturato in anni recenti; giardino ombreggiato con piscina. Regna un'atmosfera piacevolmente retrò nella signorile sala ristorante.

CASEI GEROLA

Pavia (PV) – ✉ 27050 – 2 513 ab. – Alt. 81 m – Carta regionale n° **16-A3**
Roma 574 km – Alessandria 37 km – Milano 58 km – Pavia 38 km
Carta stradale Michelin 561-G8

Bellinzona
via Mazzini 69 – ✆ 0 38 36 15 25
18 cam – 50/55 € 60/65 €
Rist *Bellinzona* – vedere selezione ristoranti
La quarta generazione, insieme ai genitori, ha festeggiato nel 2011 i 50 anni di questo hotel centrale, ben tenuto e che offre un buon livello di confort generale.

Bellinzona – Hotel Bellinzona
via Mazzini 71 – ✆ 0 38 36 15 25 – Chiuso 1°-7 gennaio, 5-24 agosto e sabato
Carta 24/41 €
Nell'ampio ristorante con un suo ingresso separato rispetto all'hotel, si offrono piatti genuini con paste fatte in casa e, come specialità, la brace accesa sia a pranzo sia a cena; carrello dei bolliti nel periodo invernale.

CASELLE TORINESE

Torino (TO) – ✉ 10072 – 18 634 ab. – Alt. 277 m – Carta regionale n° **22-A1**
Roma 695 km – Torino 17 km – Aosta 117 km – Asti 81 km
Carta stradale Michelin 561-G4

Jet Hotel
via Della Zecca 9 – ✆ 01 19 91 37 33 – www.jet-hotel.com
79 cam – 71/195 € 91/240 €
Rist *Antica Zecca* – vedere selezione ristoranti
E' un bell'edificio del XVI secolo ad ospitare questo piacevole hotel situato nelle vicinaze dell'aeroporto: atmosfera signorile, buon livello di servizio e camere ben accessoriate.

Antica Zecca – Jet Hotel
via Della Zecca 9 – ✆ 01 19 91 37 33 – www.jet-hotel.com
Carta 30/57 €
Non lasciatevi ingannare dall'aspetto della struttura, che di primo acchito può apparire solo per una clientela d'affari: in questo accogliente ristorante vi attendono gustosi piatti regionali, rivisitati in chiave moderna. Domenica brunch, venerdì e sabato sera menu alla griglia all inclusive!

CASE NUOVE → Vedere Somma Lombardo

Varese (VA)

CASERE = KASERN → Vedere Valle Aurina

Bolzano (BZ)

CASERTA

✉ 81100 – 74 868 ab. – Alt. 68 m – Carta regionale n° **6-B2**
▶ Roma 203 km – Napoli 36 km – Avellino 64 km – Benevento 52 km
Carta stradale Michelin 564-D25

Plaza Caserta

viale Lamberti – ✆ 08 23 52 30 01 – www.plazacaserta.com
304 cam – 🛉50/160 € 🛉🛉100/160 € – **16 suites** **Rist** – Menu 25/35 €
Un'avveniristica struttura in posizione periferica, sviluppata attorno ad una piazza centrale - interamente coperta da una enorme cupola in vetro (tra le più grandi di Europa) - che racchiude camere, ristoranti, bar, centro congressi ed hall. Un hotel dall'innovativo concept.

Amadeus senza rist

via Verdi 72/76 – ✆ 08 23 35 26 63 – www.hotelamadeuscaserta.it
12 cam – 🛉45/65 € 🛉🛉65/85 €
Centrale, ristrutturato seguendo lo spirito del palazzo del '700 in cui è inserito, un piccolo albergo confortevole, con camere ben tenute e accessoriate.

Le Colonne (Rosanna Marziale)

viale Giulio Douhet 7/9 – ✆ 08 23 46 74 94 – www.lecolonnemarziale.it – Chiuso 12-31 agosto e martedì
Menu 50/80 € – Carta 43/69 € – *(solo a pranzo)* (prenotazione obbligatoria la sera)
Gli appassionati di mozzarella di bufala troveranno qui di che deliziarsi, il ristorante celebra il famoso latticino reinterpretandone forme e consistenze, mentre la pasticceria di famiglia è la migliore garanzia per un gran finale all'insegna dei dolci; i sapori, infine, sono quelli del sud, intensi e travolgenti.
→ Finta carbonara: spaghettoni di Gragnano, crema di latte, zafferano e guanciale. Vitellone con riduzione di mosto di pallagrello (vitigno della provincia di Caserta). Creta: crema ai limoni di Sorrento con cioccolato fondente.

Leucio

via Giardini Reali, località San Leucio, Nord-Ovest : 4 km – ✆ 08 23 30 12 41 – www.ristoranteleucio.it – Chiuso 1 settimana in agosto, domenica sera e lunedì
Carta 21/47 €
Gestione familiare (padre in cucina, figlio in sala) in un ristorante con spazi banchetti ben separati; cucina per lo più di pesce, ma sono i primi a farla da padroni.

Antica Locanda

piazza della Seta, località San Leucio, Nord-Ovest : 4 km – ✆ 08 23 30 54 44 – www.ristoranteanticalocanda.com – Chiuso 5-28 agosto, domenica sera e lunedì
Carta 24/55 €
Quasi una trattoria, si mangia in due caratteristiche sale separate da un arco in mattoni. Cucina di influenza partenopea, ma la specialità della casa è il risotto.

in prossimità casello autostrada A 1 - Caserta Sud Sud : 6 km :

Grand Hotel Vanvitelli

rist,

viale Carlo III, località Cantone, (in prossimità casello autostrada A1) ✉ 81020 San Marco Evangelista – ✆ 08 23 21 71 11 – www.grandhotelvanvitelli.it
240 cam – 🛉140/160 € 🛉🛉180/200 € – **7 suites** **Rist** – Carta 33/95 €
Grande struttura a vocazione commerciale dispone di ampi ambienti, nei quali la raffinata eleganza del passato si unisce alla funzionalità e ai confort più moderni. Sofisticato centro congressi. Capienti, curate sale per l'attività banchettistica e roof-garden per gli individuali.

CASIER

Treviso (TV) – ✉ 31030 – 7 752 ab. – Alt. 5 m – Carta regionale n° **39-A1**
▶ Roma 539 km – Venezia 32 km – Padova 52 km – Treviso 6 km
Carta stradale Michelin 562-F18

a Dosson Sud-Ovest : 3,5 km – ✉ 31030

Villa Contarini Nenzi ⓝ cam,
via Guizzetti 78/82, Sud Ovest : 2 km – ☎ 04 22 49 32 49 – www.hotelvillacontarininenzi.com
43 cam – 110/180 € 150/220 €
Rist *Le Scuderie* – Carta 29/58 € – *(chiuso agosto)*
Splendida ed elegante villa veneta del '700, con camere eleganti, ampio parco e moderna spa: il tutto per un soggiorno all'insegna del più totale relax. Al ristorate ubicato nelle scuderie, una cucina eclettica che saprà soddisfarvi!

XX **Alla Pasina** con cam
via Marie 3 – ☎ 04 22 38 21 12 – www.pasina.it – Chiuso 1°-7 gennaio, domenica sera e lunedì
7 cam – 55 € 80 €
Menu 20 € (pranzo in settimana)/35 €
– Carta 30/50 € – *(solo a cena in agosto)*
Non è solo una casa di campagna ristrutturata. Le tre intime salette si trovano in un'atmosfera ricca di fascino, quasi fiabesca e il C'era una volta inizia in cucina, tra tradizione e fantasia. Con qualche intervento architettonico, il vecchio granaio ospita ora poche intime camere affacciate sul fresco giardino.

CASINA

Reggio nell'Emilia (RE) – ✉ 42034 – 4 522 ab. – Alt. 574 m – Carta regionale n° **8-B2**
Roma 461 km – Bologna 105 km – Reggio nell'Emilia 28 km – Modena 53 km
Carta stradale Michelin 562-I13

sulla strada statale 63 Sud : 5 km

X **Rio Torbido**
– ☎ 05 22 60 21 57 – www.ristoranteriotorbido.it – Chiuso 12-19 gennaio, 9-23 novembre e lunedì
Carta 29/61 € – *(solo a cena escluso domenica e festivi)*
Il locale nasce sulle ceneri di una pizzeria: il suo interno rimane semplice, ma grande è la passione della giovane cuoca-titolare. Pane, pasta e dolci fatti in casa, ricette di terra e qualche specialità di mare.

CASINALBO → Vedere Formigine

Modena (MO)

CASINO DI TERRA → Vedere Guardistallo

Pisa (PI)

CASOLE D'ELSA

Siena (SI) – ✉ 53031 – 3 892 ab. – Alt. 417 m – Carta regionale n° **32-C2**
Roma 269 km – Siena 48 km – Firenze 63 km – Livorno 97 km
Carta stradale Michelin 563-L15

Castello di Casole ⓝ cam, cam,
località Querceto, Sud-Est : 6 km – ☎ 05 77 96 15 01 – www.castellodicasole.com – Aperto 17 marzo-31 ottobre
39 suites – 325/800 €
Rist *Tosca* – Carta 52/156 € – *(solo a cena)* (prenotazione obbligatoria)
All'interno di una vasta proprietà (1700 ettari) si erge questa dimora dalle origini medioevali, restaurata e riedificata nel XIX e XX secolo, diventata oggi un elegante ed esclusivo resort per soggiorni da fiaba; cena gourmet ai ristorante Tosca o più tipica ed informale al ristorante-pizzeria Pazzia.

Il Colombaio

S.P. 27 in Cavallano – ✆ 05 77 94 90 02 – www.ilcolombaio.it – Aperto 15 marzo-30 ottobre; chiuso martedì a mezzogiorno e lunedì
Carta 59/89 €
Rist *La Sosta* –Carta 21/41 €
L'anima del ristorante è la titolare, che gestisce la sala con travolgente simpatia toscana, ma la cucina è nelle mani di giovani ed esperti cuochi che vi condurranno in un emozionante viaggio di rivisitazione della tradizione regionale. Proposte altrettanto gustose, sebbene più semplici a La Sosta.
➜ Tortelli di astice, il suo consommé e verdure di stagione. Piccione, rapa rossa, frutti di bosco e pepe di Sichuan. Parfait di mandorla, caffè, gelato allo yogurt e biscotto al sale.

a Pievescola Sud-Est : 12 km – ✉ 53031

Relais la Suvera

via La Suvera 70 – ✆ 05 77 96 03 00 – www.lasuvera.it – Aperto 18 aprile-2 novembre
26 cam ☕ – 🚹350/410 € 🚹🚹400/500 € – **10 suites**
Rist *Oliviera* – vedere selezione ristoranti
Nella campagna senese, questo castello del XVI sec (appartenuto anche a Papa Giulio II) rappresenta un perfetto connubio di storia, esclusiva eleganza e lussuoso confort: ogni camera è personalizzata con arredi d'epoca provenienti dalle collezioni private dei proprietari. Rimarchevole, il giardino all'italiana.

Oliviera – Hotel Relais la Suvera

via La Suvera – ✆ 05 77 96 03 00 – www.lasuvera.it – Aperto 18 aprile-2 novembre
Carta 48/79 € – *(solo a cena)* (prenotazione obbligatoria)
Ricavato all'interno di un frantoio, il ristorante "punta" sulle specialità toscane, pur non mancando qualche divagazione su altri piatti italiani per accontentare la clientela internazionale. Ottima anche la selezione dei vini: in particolare, dei prestigiosi rossi toscani.

CASPERIA

Rieti (RI) – ✉ 02041 – 1 231 ab. – Alt. 397 m – Carta regionale n° **12-B1**
■ Roma 70 km – Terni 36 km – Rieti 38 km – Viterbo 77 km
Carta stradale Michelin 563-O20

B&B La Torretta senza rist

via Mazzini 7 – ✆ 0 76 56 32 02 – www.latorrettabandb.com – Chiuso gennaio e febbraio
7 cam ☕ – 🚹65/75 € 🚹🚹70/95 €
In un borgo pittoresco, da visitare inerpicandosi per stradine strette per lo più fatte a scala, una casa signorile del XV secolo e una terrazza che offre un'ampia magnifica vista.

CASSANO D'ADDA

Milano (MI) – ✉ 20062 – 18 718 ab. – Alt. 133 m – Carta regionale n° **19-C2**
■ Roma 587 km – Bergamo 29 km – Brescia 78 km – Milano 31 km
Carta stradale Michelin 561-F10

Antica Osteria la Tesorella

via Milano 63 – ✆ 0 36 36 30 33 – www.latesorella.it – Chiuso 7-31 agosto, lunedì e martedì
Carta 50/88 €
In questo romantico angolo di Lombardia, un piacevole "rifugio" dove fermarsi per gustare memorabili preparazioni di pesce. Il dinamismo e le capacità qui non mancano.

CASSINETTA DI LUGAGNANO ➜ Vedere Abbiategrasso

Milano

CASSINO

Frosinone (FR) – ✉ 03043 – 33 703 ab. – Alt. 40 m – Carta regionale n° **13-D2**
Roma 140 km – Frosinone 61 km – Caserta 78 km – Gaeta 49 km
Carta stradale Michelin 563-R23

Al Boschetto

via Ausonia 54, Sud-Est : 2 km – ☎ 0 77 63 91 31 – www.hotelristorantealboschetto.it
79 cam – 60/72 € 75/88 € – **1 suite** **Rist** – Carta 21/61 €
Sulla strada che dal casello porta a Cassino e alla Casilina nord, imponente struttura completamente rinnovata adatta a una clientela d'affari. Ampio, tranquillo giardino. Ristorante capiente, mancheranno angoli più privati ma non degli squisiti dolci.

Rocca

cam, rist,

via Sferracavalli 105 – ☎ 07 76 31 12 12 – www.hotelrocca.it
68 cam – 59/89 € 71/109 € – **1 suite** **Rist** – Carta 19/45 €
Fuori dal centro, la zona residenziale e tranquilla - insieme al centro sportivo - è il punto forte della struttura. Camere recentemente rinnovate ed un'originale suite con soffitto stellato. Luminosa sala ristorante, d'impostazione classica.

Alba

via G. di Biasio 53 – ☎ 0 77 62 18 73 – www.albahotel.it
30 cam – 55/70 € 68/85 €
Rist *Da Mario* – vedere selezione ristoranti
A qualche centinaio di metri dal centro, le dimensioni ridotte della struttura si dimenticano presto nelle belle camere, colorate ed accattivanti.

Da Mario – Hotel Alba

via G. di Biasio 53 – ☎ 07 76 27 00 00 – www.albahotel.it
Carta 24/47 €
In una sala vivace e luminosa, la carta è ampia e ben articolata: si va dai piatti di pesce, a quelli di carne, ricette laziali e specialità alla griglia.

Evan's

Via Gari 1/3 – ☎ 0 77 62 67 37 – www.evans1960.it – Chiuso 16-31 agosto-domenica sera e lunedì
Carta 27/47 €
Gestito con tanta passione dalla famiglia Evangelista – da cui l'abbreviazione Evan's – il ristorante si è specializzato in gustose proposte di mare, elaborate prevalentemente secondo ricette classiche, ma talvolta anche locali.

La Colombaia

via Sant'Angelo 43 – ☎ 07 76 30 08 92
Menu 18/25 € – Carta 19/60 €
Lungo la strada per S. Angelo, un moderno villino in campagna ospita una deliziosa cucina di pesce dagli accenti napoletani, come il titolare-chef.

CASSOLA

Vicenza (VI) – ✉ 36022 – 14 210 ab. – Alt. 92 m – Carta regionale n° **39-B2**
Roma 536 km – Venezia 81 km – Vicenza 37 km – Padova 44 km
Carta stradale Michelin 562-E17

Glamour

cam, cam,

via Valsugana 90 – ☎ 04 24 56 67 65 – www.hotelglamour.it
64 cam – 65/69 € 90/106 € – **8 suites**
Rist – Carta 24/56 € – *(chiuso domenica)*
Glamour e non solo nel nome...belle camere, ampie e accessoriate, in una struttura di moderno design dove non manca una piccola palestra.

CASTAGNETO CARDUCCI

Livorno (LI) – ✉ 57022 – 8 456 ab. – Alt. 194 m – Carta regionale n° **31**-B2

Roma 263 km – Livorno 62 km – Pisa 82 km – Piombino 38 km

Carta stradale Michelin 563-M13

B&B Villa le Luci senza rist

via Umberto I 47 – ☎ 05 65 76 36 01 – www.villaleluci.it

6 cam – 90/130 € 110/170 €

Alle porte del paese, in posizione panoramica, elegante villa del 1910 con salotti e camere personalizzate. L'incanto di una vista che spazia sul mare e sulla costa...

a Donoratico Nord-Ovest : 6 km – ✉ 57024

Il Bambolo senza rist

via del Bambolo 31, Nord : 1 km – ☎ 05 65 77 52 06 – www.hotelbambolo.com – Chiuso dicembre

42 cam – 58/110 € 84/150 € – **1 suite**

A qualche km dal mare, nella quiete della campagna toscana, un grande cascinale ristrutturato, con camere calde e accoglienti. Indirizzo ideale per gli amanti del cicloturismo.

a Marina di Castagneto Carducci Nord-Ovest : 9 km – ✉ 57022 Donoratico

Tombolo Talasso Resort

via del Corallo 3 – ☎ 0 56 57 45 30 – www.tombolotalasso.it

rist,

91 cam – 199/330 € 261/400 € – **5 suites** **Rist** – Carta 47/80 €

Un'oasi di pace e tranquillità contornata da un parco-pineta, dove le camere eccellono per confort e personalizzazioni. Valido centro benessere con scenografiche piscine interne. Cucina regionale nella raffinata sala ristorante.

Alta la Vista

cam,

via del Tirreno 23 – ☎ 05 65 74 59 92 – www.altalavista.com

22 cam – 85/130 € 130/200 €

Rist – Carta 32/80 € – *(chiuso lunedì)* (consigliata la prenotazione)

Costruito quasi sulla spiaggia, difficile immaginare un accesso più diretto al mare: eleganti arredi color sabbia, otto camere con vista mare ed un bel solarium attrezzato.

Villa Tirreno

via della Triglia 4 – ☎ 05 65 74 40 36 – www.villatirreno.com – Aperto 1° marzo-31 ottobre

29 cam – 55/80 € 81/120 € **Rist** – Carta 26/55 € – *(chiuso lunedì)*

Ospitato in un bell'edificio d'epoca, a due passi dal mare, albergo confortevole con camere spaziose e curate: chiedete una delle 5 con grande terrazza. Specialità di mare al ristorante.

La Tana del Pirata

via Milano 17 – ☎ 05 65 74 41 43 – www.latanadelpirata.net – Aperto 8 marzo-15 ottobre; chiuso martedì escluso giugno-settembre

Carta 49/89 €

Accattivanti piatti di pesce da gustare in riva al mare: gestione familiare in un ambiente curato con una luminosa veranda.

a Bolgheri Nord : 10 km – ✉ 57020

Osteria Magona

piazza Ugo 2/3 – ☎ 34 78 81 31 43 – Chiuso febbraio e lunedì

Carta 22/45 €

Trattoria d'impostazione classica situata nel cuore della carducciana Bolgheri. Se i piatti della tradizione - qui - sono ben accolti, è anche vero che i due chef li reinterpretano con gusto moderno e fantasia. Tra i nostri preferiti: ravioli di ricotta del pastore ed erbette di campo con ragù di chianina, nonché panzanese alla brace.

CASTELBELLO CIARDES (KASTELBELL TSCHARS)

Bolzano (BZ) – ✉ 39020 – 2 379 ab. – Alt. 587 m – Carta regionale n° **33**-B2

Roma 688 km – Bolzano 51 km – Merano 25 km – Trento 104 km

Carta stradale Michelin 562-C14

XXX **Kuppelrain** (Jörg e Kevin Trafoier)

via Stazione 16 località Maragno – 04 73 62 41 03 – www.kuppelrain.com – Chiuso 1 settimana in gennaio, febbraio e 1 settimana in agosto
Menu 80/140 € – Carta 70/90 € – *(chiuso domenica e lunedì) (solo a cena)* (consigliata la prenotazione)
Rist *Bistrot* –Menu 35 € – Carta 35/55 € – *(solo a pranzo)*
Accolti da una splendida famiglia con un innato senso dell'ospitalità, il discorso si fa rigoroso in cucina: tecnica, creatività e coreografiche presentazioni al servizio del gusto. A pranzo, il locale diviene Bistrot con pochi piatti legati al territorio, ma sempre di ottima qualità.
→ Gamberi rossi siciliani con spinaci, spuma di sedano e bottarga. Patate scottagelo, caviale e "popcorn" di speck. Filetto di manzo nostrano, topinambur, patata al forno, salsa di cipolla e tartufo nero.

sulla strada statale 38 Est : 4,5 km

Sand cam, rist,

via Molino 2 39020 – 04 73 62 41 30 – www.hotel-sand.com – Aperto 25 dicembre-10 gennaio e 25 marzo-10 novembre
30 cam – 91/115 € 150/210 € – **4 suites**
Rist – Carta 32/70 € – *(chiuso mercoledì)*
Ottimamente attrezzato per praticare attività sportive o semplicemente per rilassarsi all'aperto, vanta un piacevole giardino-frutteto con piscina, laghetto e beach volley. Centro benessere. Ambiente romantico nella caratteristica e intima stube, tutta rivestita di legno.

CASTELBIANCO

Savona (SV) – 17030 – 290 ab. – Alt. 343 m – Carta regionale n° **14-A2**
Roma 605 km – Imperia 45 km – Genova 104 km – Savona 56 km
Carta stradale Michelin 561-J6

XX **Gin** con cam

via Pennavaire 99 – 0 18 27 70 01 – www.dagin.it – Chiuso 2 settimane in febbraio
8 cam – 60 € 80 € – **1 suite**
Menu 27/35 € – Carta 32/46 € – *(chiuso lunedì) (solo a cena escluso i giorni festivi)*
Altro punto di forza è il ristorante che propone piatti elaborati, partendo da tradizioni locali. Un hotel caratterizzato da camere belle e curate e da spazi comuni ridotti. Per un soggiorno immerso nel verde, da apprezzare dalla grande terrazza/solarium.

XX **Scola** con cam

via Pennavaire 166 – 0 18 27 70 15 – www.scolarist.it – Chiuso 8-31 gennaio
7 cam – 50/60 € 70/80 €
Carta 32/63 € – *(chiuso martedì sera e mercoledì)* (consigliata la prenotazione)
Si è da poco concluso il restyling di questa piacevole risorsa, intima ed elegante, che da più di ottant'anni delizia i suoi ospiti con intriganti rielaborazioni di piatti dell'entroterra ligure.

CASTELBUONO

Sicilia – Palermo (PA) – 90013 – 9 099 ab. – Alt. 423 m – Carta regionale n° **30-C2**
Caltanissetta 99 km – Cefalù 22 km – Palermo 89 km – Enna 106 km
Carta stradale Michelin 365-AT56 – Guida Verde Michelin SICILIA

XX **Palazzaccio**

via Umberto I 23 – 09 21 67 62 89 – www.ristorantepalazzaccio.it – Chiuso gennaio e lunedì
Menu 30/40 € – Carta 30/53 € – (prenotare)
Un piacevolissimo ristorantino a conduzione familiare ubicato in pieno centro storico, lungo una via pedonale. All'interno l'ambiente rustico è impreziosito da volte in pietra, mentre la cucina rimane fortemente ancorata al territorio con molte specialità delle Madonie. Sicuramente da assaggiare il tagliolino ripieno di melanzana su crema di pomodoro con ricotta salata.

Nangalarruni

via Delle Confraternite 5 – ✆ 09 21 67 12 28 – www.hostarianangalarruni.it – Chiuso febbraio e mercoledì escluso da maggio a settembre
Menu 24/32 € – Carta 29/65 €
Nel centro storico della località, pareti con mattoni a vista, antiche travi in legno ed esposizione di bottiglie, in una sala di origini ottocentesche. Piatti tipici della tradizione locale, ben fatti e curati.

CASTEL D'AIANO

Bologna (BO) – ✉ 40034 – 1 916 ab. – Alt. 805 m – Carta regionale n° **9-C2**
Roma 365 km – Bologna 48 km – Firenze 89 km – Pistoia 52 km
Carta stradale Michelin 562-J15

a Rocca di Roffeno Nord-Est : 7 km – ✉ 40034

Agriturismo La Fenice rist,

via Santa Lucia 29 – ✆ 0 51 91 92 72 – www.lafeniceagritur.it – Chiuso gennaio-marzo
12 cam – 50/80 € 60/120 €
Rist – Carta 27/52 € – *(chiuso da lunedì a giovedì escluso 15 giugno-15 settembre)*
Piccolo agglomerato di case coloniche del XVI secolo, dove dominano le pietre unite al legno, per vivere a contatto con la natura in un'atmosfera di grande suggestione.

CASTEL D'APPIO → Vedere Ventimiglia

Imperia (IM)

CASTEL D'AZZANO

Verona (VR) – ✉ 37060 – 11 782 ab. – Alt. 44 m – Carta regionale n° **39-A3**
Roma 495 km – Verona 12 km – Mantova 32 km – Padova 91 km
Carta stradale Michelin 562-F14

Villa Malaspina

via Cavour 6 – ✆ 04 58 52 19 00 – www.hotelvillamalaspina.com
70 cam – 75/254 € 90/254 € – **6 suites**
Rist *Vignal de la Baiardina* – vedere selezione ristoranti
Molto affascinanti le camere nella parte storica di questa bella villa di origini cinquecentesche: ideale per congressi e banchetti, riserva grandi attenzioni anche ai clienti individuali.

Vignal de la Baiardina – Hotel Villa Malaspina

via Cavour 6 – ✆ 04 58 52 91 20 – www.ristorantevignal.com – Chiuso sabato a mezzogiorno e domenica
Carta 37/80 €
In tre salette d'atmosfera, con travi a vista e un grande camino del '500, la cucina rispetta la tradizione veneta, ma si diletta anche con l'innovazione.

CASTEL DEL PIANO

Grosseto (GR) – ✉ 58033 – 4 654 ab. – Alt. 637 m – Carta regionale n° **32-C3**
Roma 196 km – Grosseto 56 km – Orvieto 72 km – Siena 71 km
Carta stradale Michelin 563-N16

Antica Fattoria del Grottaione

via della Piazza, località Montenero d'Orcia, Nord-Ovest : 14 km – ✆ 05 64 95 40 20 – www.anticafattoriadelgrattaione.it
Menu 30/40 € – Carta 26/46 € – (consigliata la prenotazione)
Alle falde del monte Amiata, se la terrazza offre un'incantevole vista sulla val d'Orcia, la collaudata gestione familiare (figlio in sala, madre in cucina) si prodiga per proporre le migliori materie prime del territorio, rispettandone la stagionalità. Specialità delle specialità: zuppa arcidossina di spinaci e ricotta!

CASTEL DI LAMA

Ascoli Piceno (AP) – ✉ 63031 – 7 568 ab. – Alt. 201 m – Carta regionale n° **21-D3**
Roma 208 km – Ascoli Piceno 17 km – Ancona 113 km – Pescara 88 km

Borgo Storico Seghetti Panichi cam, rist,
via San Pancrazio 1 – 07 36 81 25 52 – www.seghettipanichi.it
12 cam – 75/250 € 75/250 €
Rist – Carta 25/55 € – *(chiuso domenica sera da maggio a settembre, anche martedì negli altri mesi)*
Soggiorno esclusivo con camere nella villa settecentesca con parco storico e saloni sfarzosi o nell'attigua foresteria dall'eleganza più sobria ma più vicina alla piscina.

CASTELDIMEZZO

Pesaro e Urbino (PU) – 61100Alt. 197 m – Carta regionale n° **20-B1**
Roma 312 km – Rimini 31 km – Urbino 38 km – Pesaro 12 km
Carta stradale Michelin 563-K20

La Canonica
via Borgata 20 – 07 21 20 90 17 – www.ristorantelacanonica.it – Chiuso martedì in inverno
Menu 33/45 € – Carta 30/52 € – *(solo a cena escluso sabato e i giorni festivi)*
Dove gustare un brodetto dell'Adriatico di pesci spinati? Ma sicuramente in questa caratteristica osteria ricavata nel tufo, che oltre a proporre piatti tipici di mare delizia anche con golosità di terra.

CASTEL DI SANGRO

L'Aquila (AQ) – 67031 – 6 128 ab. – Alt. 793 m – Carta regionale n° **2-C3**
Roma 206 km – Campobasso 80 km – L'Aquila 123 km – Isernia 31 km
Carta stradale Michelin 563-Q24

Casadonna
contrada Santa Liberata, località Casadonna – 0 86 46 93 82 – www.casadonna.it – Chiuso 7 gennaio-2 febbraio e 7-20 ottobre
6 cam – 150/300 € 150/300 €
Rist *Reale* – vedere selezione ristoranti
Chi è alla ricerca di un Abruzzo intimo e appartato troverà a Casadonna il suo paradiso, un ex monastero cinquecentesco alle pendici di un monte oggi trasformato in albergo. Le camere riflettono l'anima dell'antica funzione: sobrie ed essenziali, non rinunciano tuttavia ad un'eleganza discreta e misurata.

Don Luis senza rist
via Sangro - parco del Sangro – 08 64 84 70 61 – www.hoteldonluis.com
41 cam – 40/80 € 70/130 € – **1 suite**
All'interno di un parco con laghetto e centro sportivo, un hotel in grado di accontentare tanto la clientela di passaggio quanto quella di villeggiatura. Camere spaziose e ben curate.

Natura cam,
località Piana Santa Liberata – 08 64 84 11 51 – www.hotelnaturasnc.com
17 cam – 90/110 € 120/150 €
Rist – Carta 19/48 € – *(chiuso maggio, settembre, ottobre e novembre)*
A pochi km dal Parco Nazionale d'Abruzzo, la struttura si rifà idealmente ad uno chalet di montagna, ma ne reinterpreta l'architettura con gusto moderno e raffinato. "Naturale" è il dettame principe che caratterizza le camere, mentre la spa propone una panoplia di trattamenti estetici.

Il Lavatoio senza rist
via Paradiso 18 – 08 64 84 70 09 – www.lavatoio.com
13 cam – 40/80 € 60/120 €
Il progetto di recupero architettonico del lavatoio quattrocentesco prevedeva (anche) la costruzione di un luogo di ospitalità per turisti e viandanti. L'opera è ormai compiuta: a voi la scelta di pernottare in una delle luminose stanze dei due piani o in quelle delle torri, accessibili da ampie scale a chiocciola.

Reale (Niko Romito) – Hotel Casadonna
contrada Santa Liberata, località Casadonna – 0 86 46 93 82 – www.ristorantereale.it – Chiuso 7 gennaio-2 febbraio, 7-20 ottobre, lunedì e martedì escluso agosto
Menu 100/150 € – Carta 81/128 € – (consigliata la prenotazione)
Meravigliosa la storia di Niko Romito: partito da autodidatta ma sospinto da un'inesauribile curiosità, sta tracciando un percorso emozionante. Dal suo Abruzzo, spesso citato nei piatti, lo chef afferma la propria idea di essenzialità, di cucina fatta di sottrazione che elimina il superfluo per mostrare la purezza dei sapori. Da assaggiare e da far "vivere in una piccola parte del vostro cuore".
→ Ravioli con ricotta di bufala, acqua distillata di bufala, pepe e capperi. Agnello, aglio e pompelmo rosa. Meringa, lampone e mou.

CASTELFIDARDO

Ancona (AN) – 60022 – 18 861 ab. – Alt. 199 m – Carta regionale n° **21-C2**
Roma 288 km – Ancona 22 km – Macerata 34 km – Ascoli Piceno 107 km
Carta stradale Michelin 563-L22

sulla strada statale 16 Est : 6 km

Klass Hotel rist,
via Adriatica 22, (Km: 317) – 07 17 82 12 54 – www.klasshotel.it
71 cam – 39/90 € 59/130 €
Rist *Konvivio* – Carta 20/61 €
Lungo la strada statale, hotel moderno dai variopinti e vivaci ambienti, nonché camere molto ampie e accessoriate. Nello stesso complesso, ristorante dalle proposte nazional-regionali di carne e di pesce.

CASTELFRANCO D'OGLIO → Vedere Drizzona

Cremona (CR)

CASTELFRANCO EMILIA

Modena (MO) – 41013 – 32 043 ab. – Alt. 42 m – Carta regionale n° **9-C3**
Roma 398 km – Bologna 34 km – Ferrara 76 km – Modena 14 km
Carta stradale Michelin 562-I15

Aquila senza rist
via Leonardo da Vinci 5 – 0 59 92 32 08 – www.hotelaquila.it
34 cam – 60/90 € 90/150 €
Ospitalità tutta emiliana in un albergo centrale e di tradizione decennale. Ordine e pulizia ovunque, ma consigliamo di prenotare le camere più recentemente rinnovate.

La Lumira
corso Martiri 74 – 0 59 92 65 50 – www.ristorantelumira.com – Chiuso agosto, domenica sera e lunedì
Carta 33/56 €
Al termine dei portici che ombreggiano la passeggiata lungo i negozi del centro storico, il ristorante propone i classici emiliani, a cominciare dai celebri tortellini in brodo.

CASTELFRANCO VENETO

Treviso (TV) – 31033 – 32 815 ab. – Alt. 43 m – Carta regionale n° **40-C2**
Roma 527 km – Padova 34 km – Belluno 77 km – Treviso 28 km
Carta stradale Michelin 562-E17

Fior rist,
via dei Carpani 18 – 04 23 72 12 12 – www.hotelfior.com
44 cam – 67/79 € 99/118 €
Rist – Carta 24/62 € – *(chiuso 26 dicembre-5 gennaio, domenica sera e lunedì a mezzogiorno)*
Nel cuore della Marca Trevigiana, un'imponente dimora di campagna con ampie zone comuni, eleganti e signorili, e camere più modeste, sebbene arredate con buon gusto e mobili massicci.

Roma senza rist
via Fabio Filzi 39 – ✆ 04 23 72 16 16 – www.albergoroma.com
80 cam – 65/85 € 90/114 € – **4 suites**
Affacciato sulla scenografica piazza Giorgione, di fronte alle mura medievali, hotel con camere moderne e funzionali. Accesso gratuito a Internet e film in ogni stanza.

Al Moretto senza rist
via San Pio X 10 – ✆ 04 23 72 13 13 – www.albergoalmoretto.it – Chiuso 24 dicembre-6 gennaio e agosto
46 cam – 58/95 € 90 €
Palazzo del '500, fin dal secolo successivo locanda, oggi offre cura e accoglienza tutte al femminile. Dodici junior suites con materiali tipici dell'artigianato veneto.

Alla Torre senza rist
piazzetta Trento e Trieste 7 – ✆ 04 23 49 87 07 – www.hotelallatorre.it
53 cam – 55/67 € 85/110 € – **1 suite**
Adiacente alla torre civica dell'orologio, un edificio del 1600 le cui camere migliori dispongono di bagni in marmo e pavimenti in parquet; colazione estiva in terrazza.

Feva (Nicola Dinato)
via Borgo Treviso 62 – ✆ 04 23 19 75 65 – www.fevaristorante.it – Chiuso 1 settimana in gennaio, 15 giorni in agosto e mercoledì
Menu 25/60 € – Carta 39/80 €
Se la corte è d'epoca, lo stile del locale s'ispira - invece - ad un contemporaneo minimalismo, come la sua raffinata cucina che propone piatti di matrice moderna, dove tecnica ed ottime materie prime gareggiano per un risultato di grande spessore.
→ Mozzarella in carrozza, passatina di pomodoro e basilico. Bigoli tiepidi al fumo, spugnole, tartare di manzo e Asiago mezzano. Il nostro pollo arrosto con le patate.

a Salvarosa Nord-Est : 3 km – ✉ 31033

Barbesin con cam
via Montebelluna di Salvarosa 41 – ✆ 04 23 49 04 46 – www.barbesin.it – Chiuso 27 dicembre-7 gennaio e 3-23 agosto
18 cam – 45 € 72/80 €
Menu 18 € (in settimana)/45 € – Carta 25/47 € – *(chiuso domenica sera)*
Una vecchia casa totalmente ristrutturata ospita un bel locale di ambientazione signorile, con tocchi di rusticità e di eleganza, che propone i piatti del territorio.

CASTEL GANDOLFO

Roma (RM) – ✉ 00040 – 8 782 ab. – Alt. 426 m – Carta regionale n° **12**-B2
Roma 25 km – Anzio 36 km – Frosinone 76 km – Latina 46 km
Carta stradale Michelin 563-Q19

Antico Ristorante Pagnanelli
via Gramsci 4 – ✆ 0 69 36 00 04 – www.pagnanelli.it
Menu 45/90 € – Carta 37/90 €
Raffinata eleganza, piatti di mare e proposte dai monti nella splendida cornice del lago di Albano; caratteristiche le labirintiche cantine scavate nel tufo, con possibilità di degustazione.

Il Grottino
via Saponara 2 – ✆ 0 69 36 14 13 – www.ristoranteilgrottino.net – Chiuso gennaio e lunedì
Menu 15 € (pranzo in settimana)/33 € – Carta 22/48 €
Nella parte alta della città, con una saletta panoramica che si affaccia sul lago, il locale vi conquisterà per i suoi piatti - di mare e di terra - dalle porzioni generose.

al lago Nord-Est : 4,5 km :

Villa degli Angeli
via Spiaggia del Lago 32 ✉ 00040 Castel Gandolfo – ☎ 06 93 66 82 41 – www.villadegliangeli.com
36 cam ☕ – †65/75 € ††90/130 € **Rist** – Carta 36/105 €
Avvolto dal verde nel parco dei Castelli, al limitare della strada che costeggia il lago, proverbiale la tranquillità che l'hotel offre nelle confortevoli camere, alcune con vista. La cucina della villa vi attende in sala da pranzo o sulla splendida terrazza panoramica, allestita durante la bella stagione.

CASTEL GUELFO DI BOLOGNA

Bologna (BO) – ✉ 40023 – 4 360 ab. – Alt. 32 m – Carta regionale n° **9-C2**
▶ Roma 404 km – Bologna 28 km – Ferrara 74 km – Forlì 57 km
Carta stradale Michelin 562-I17

Locanda Solarola
via Santa Croce 5, Ovest : 7 km – ☎ 05 42 67 00 89 – www.locandasolarola.it
14 cam ☕ – †54/99 € ††64/109 €
Rist – Carta 34/57 € – (consigliata la prenotazione)
Mobili, oggetti e tappeti d'epoca arredano le camere, ciascuna intitolata ad un fiore. Si respira un'atmosfera elegante, dal sapore inglese, in questa casa di campagna. Nel piatto una nuova linea di cucina, ora più vicina alla classica tradizione del Bel Paese.

CASTELLABATE

Salerno (SA) – ✉ 84048 – 7 892 ab. – Alt. 278 m – Carta regionale n° **7-C3**
▶ Roma 328 km – Salerno 69 km – Agropoli 13 km – Napoli 122 km
Carta stradale Michelin 564-G26

a San Marco Sud-Ovest : 5 km – ✉ 84071

Giacaranda
contrada Cenito, Sud : 1 km – ☎ 38 90 52 80 26 – www.giacaranda.com – Aperto 16 dicembre-9 gennaio e 1° marzo-31 ottobre
4 cam ☕ – †50/60 € ††100/120 €
Rist – Menu 40 € – *(aperto 16 dicembre-22 dicembre, 31 dicembre-9 gennaio e 1° marzo-31 ottobre) (solo a cena)* (prenotazione obbligatoria)
Prende il nome da una pianta del suo giardino questa casa ricca di charme, dove abiterete in campagna tra il verde, coccolati con mille attenzioni; iniziative culturali.

a Santa Maria di Castellabate Nord-Ovest : 5 km – ✉ 84048

Palazzo Belmonte
via Senatore Manente Comunale 25 – ☎ 09 74 96 02 11 – www.palazzobelmonte.com – Aperto 5 aprile-30 ottobre
48 cam ☕ – †141/223 € ††186/273 € – **9 suites**
Rist – Carta 31/60 € – *(aperto 1° luglio-30 ottobre)* (prenotazione obbligatoria) *(solo per alloggiati)*
Una dimora di caccia appartenuta ad una famiglia nobiliare, trasformata da un erede in hotel, elegante ed esclusivo. Posizione incantevole, tra il parco e il mare.

Villa Sirio
via lungomare De Simone 15 – ☎ 09 74 96 10 99 – www.villasirio.it – Aperto 1° aprile-31 ottobre
33 cam ☕ – †80/200 € ††100/330 € – **1 suite**
Rist *Da Andrea* – vedere selezione ristoranti
Una dimora padronale dei primi del '900 nel centro storico, ma direttamente sul mare, dai raffinati interni ed ottime camere con alcuni pezzi di antiquariato. Le suite dotate di terrazza privata e vasca idromassaggio si trovano nella nuova ala della struttura.

XX **I Due Fratelli**

via Sant'Andrea, Nord : 1,5 km – ✆ 09 74 96 80 04 – Chiuso gennaio e mercoledì
Menu 30/45 € – Carta 26/59 €
Due fratelli gestiscono con professionalità e savoir-faire questo ristorante di tono classico. Piatti campani per lo più di pesce e pizze, il fine settimana.

XX **Da Andrea** – Hotel Villa Sirio

via lungomare De Simone 15 – ✆ 09 74 96 10 99 – www.villasirio.it – Aperto 1° aprile-31 ottobre
Carta 30/105 €
A tenervi compagnia, il rumore della onde che s'infrangono sugli scogli, a conquistare la vostra approvazione, invece, la cucina mediterranea con le sue specialità di pesce, nonché la carta dei vini ricca di etichette prestigiose.

CASTELL'ALFERO

Asti (AT) – ✉ 14033 – 2 771 ab. – Alt. 235 m – Carta regionale n° **23-C2**
Roma 625 km – Alessandria 47 km – Asti 14 km – Vercelli 50 km
Carta stradale Michelin 561-H6

X **Del Casot**

regione Serra Perno 76/77, Sud : 2 km – ✆ 01 41 20 41 18 – www.ristorantedelcasot.it – Chiuso 15-30 gennaio, martedì e mercoledì
Menu 20 € (pranzo in settimana)/38 € – Carta 34/51 €
Accogliente e piccolo locale in posizione dominante a conduzione strettamente familiare, dove gustare ricette della tradizione piemontese e qualche piatto fantasioso.

CASTELLAMMARE DEL GOLFO

Sicilia – Trapani (TP) – ✉ 91014 – 14 809 ab. – Carta regionale n° **29-B2**
Agrigento 144 km – Trapani 52 km – Palermo 68 km
Carta stradale Michelin 365-AM55 – Guida Verde Michelin SICILIA

Al Madarig senza rist

piazza Petrolo 7 – ✆ 0 92 43 35 33 – www.almadarig.com
34 cam – †51/126 € ††81/146 €
Ricorda nel nome l'antico appellativo arabo della località questo hotel ricavato da alcuni vecchi magazzini del porto. Camere semplici e spaziose e una simpatica gestione.

Punta Nord Est senza rist

viale Leonardo Da Vinci 67 – ✆ 0 92 43 05 11 – www.puntanordest.com – Aperto 15 marzo-30 ottobre
56 cam – †49/140 € ††69/150 € – **1 suite**
Che siate in giro per affari o in vacanza - la struttura è specializzata per l'accoglienza dei ciclisti (vasca lavaggio bici, piccola officina, etc.) - troverete qui graziose camere per momenti di autentico relax.

Cala Marina senza rist

via Don L. Zangara 1 – ✆ 09 24 53 18 41 – www.hotelcalamarina.it – Chiuso gennaio e febbraio
14 cam – †40/90 € ††50/130 €
Squisita gestione familiare per questa accogliente struttura sul mare, incorniciata dal borgo marinaro, e provvista di una bella terrazza bar con vista. D'estate, anche un servizio di animazione per i più piccoli.

XX **Mirko's** N

discesa Annunziata 1 – ✆ 09 24 04 05 92 – www.mirkosristorante.it
Carta 37/58 € – *(solo a cena)* (consigliata la prenotazione)
Sta guadagnando un proprio spazio nell'ambito della ristorazione locale, questo ristorantino ubicato sulla scalinata che porta a Cala Piccola. A gestirlo vi è un intero nucleo familiare: il figlio in cucina, dopo una lunga esperienza sotto gli altri, ha deciso di tentare questa avventura che si sta dimostrando appagante. In un ambiente curato e raccolto, ottime specialità di mare elaborate in chiave mediterranea e - più tipicamente - siciliana. Bravo, Mirko!

CASTELLAMMARE DI STABIA

Napoli (NA) – ✉ 80053 – 65 929 ab. – Carta regionale n° **6-B2**

Roma 238 km – Napoli 31 km – Avellino 50 km – Caserta 55 km

Carta stradale Michelin 564-E25

Grand Hotel la Medusa

via passeggiata Archeologica 5 – ✆ 08 18 72 33 83 – www.lamedusahotel.com

46 cam – 90/200 € 120/280 € – **3 suites**

Rist – Carta 42/98 € – *(aperto aprile-ottobre) (solo a cena)*

In un vasto e curato giardino-agrumeto, questa villa ottocentesca ha conservato anche nei raffinati interni lo stile e l'atmosfera del suo tempo. Lo stesso romantico ambiente fin de siècle caratterizza il ristorante.

sulla strada statale 145 Sorrentina km 11 Ovest : 4 km :

Towers Hotel Stabiae Sorrento Coast

località Pozzano – ✆ 08 13 94 67 00

– www.towershotelsorrento.com – Aperto 14 marzo-2 novembre

142 cam – 65/145 € 90/210 € – **8 suites**

Rist *Gouache* – Carta 40/52 €

Ex cementificio convertito in hotel, dallo stile decisamente moderno e curioso: in riva al mare, camere al passo con i tempi nel design e negli accessori. Light lunch a bordo piscina e, nelle calde sere d'estate, cena in terrazza con meravigliosa vista sul golfo.

CASTELL'APERTOLE → Vedere Livorno Ferraris

Vercelli (VC)

CASTELL'ARQUATO

Piacenza (PC) – ✉ 29014 – 4 732 ab. – Alt. 224 m – Carta regionale n° **8-A2**

Roma 495 km – Piacenza 34 km – Milano 98 km – Cremona 46 km

Carta stradale Michelin 562-H11

Leon d'Oro

cam,

piazza Europa 6 – ✆ 05 23 80 53 19 – www.leondorocastellarquato.it

14 cam – 80/110 € 120/180 € – **1 suite**

Rist *Don Ferdinando* – Menu 26/45 € – Carta 29/62 € – *(chiuso domenica sera e giovedì) (solo a cena)*

Appoggiato alle mura medioevali e accanto al parco del castello, piccolo hotel totalmente rinnovato che vi accoglierà con camere e ambienti signorili. Cucina regionale al ristorante.

Maps

piazza Europa 3 – ✆ 05 23 80 44 11 – www.ristorantemaps.com

– Chiuso 7-20 gennaio e lunedì in giugno-settembre, anche martedì negli altri mesi

Carta 37/61 €

Una collezione di quadri di artisti locali arreda il locale, ricavato in un vecchio mulino ristrutturato. Piccole salette moderne e servizio estivo all'aperto per una cucina di ispirazione contemporanea.

La Rocca-da Franco

piazza del Municipio – ✆ 05 23 80 51 54 – www.larocca1964.it – Chiuso 5-27 febbraio, 16 luglio-7 agosto e mercoledì

Menu 25/40 € – Carta 30/50 € – (prenotazione obbligatoria la sera)

Nel cuore del centro storico, accolto tra i maggiori monumenti della piazza, il ristorante offre una bella vista sulla campagna; la cucina proposta è semplice e fatta in casa.

Da Faccini

località Sant'Antonio, Nord : 3 km – ✆ 05 23 89 63 40

– www.ristorantecastellarquato.it – Chiuso 20-30 gennaio, 1 settimana in luglio e mercoledì

Carta 26/54 €

Lunga tradizione familiare per questa tipica trattoria, che unisce alle proposte classiche piatti più fantasiosi, stagionali. Una piccola elegante sala riscaldata dal caminetto e una attrezzata per i fumatori.

CASTELLETTO DI BRENZONE ➜ Vedere Brenzone
Verona (VR)

CASTELLETTO SOPRA TICINO
Novara (NO) – ✉ 28053 – 10 143 ab. – Alt. 226 m – Carta regionale n° **24-B2**
Roma 646 km – Torino 123 km – Novara 42 km – Aosta 167 km
Carta stradale Michelin 561-E7

Rosso di Sera
via Pietro Nenni 2 – ✆ 03 31 96 31 73 – www.osteriarossodisera.it – Chiuso 3 settimane in agosto, sabato a mezzogiorno e mercoledì
Menu 11 € (pranzo in settimana)/35 € – Carta 34/52 €
"Rosso di sera", come l'antico adagio che preannunciava il bel tempo o come un buon bicchiere di vino da gustare in questo informale, ma elegante, wine-bar, che propone una grande scelta di etichette e distillati, nonché piatti della tradizione (prevalentemente di terra).

CASTELLINA IN CHIANTI
Siena (SI) – ✉ 53011 – 2 839 ab. – Alt. 578 m – Carta regionale n° **32-D1**
Roma 251 km – Firenze 61 km – Siena 24 km – Arezzo 67 km
Carta stradale Michelin 563-L15

Palazzo Squarcialupi
cam, cam,
via Ferruccio 22 – ✆ 05 77 74 11 86 – www.palazzosquarcialupi.com – Aperto 3 aprile-8 novembre
17 cam – 100/145 € 115/170 €
Rist *Taverna Squarcialupi* – ✆ 05 77 74 14 05 – Carta 27/52 € – *(chiuso mercoledì)*
Nel centro storico della località, tipico palazzo del '400 ricco di decorazioni, camini e arredi d'epoca, sia negli spazi comuni sia nelle ampie camere, centro relax nelle antiche cantine, nonché giardino con piscina. Cucina regionale al ristorante.

Locanda Le Piazze
cam, cam, rist,
località Le Piazze 41, Sud-Ovest : 6 km – ✆ 05 77 74 31 90 – www.locandalepiazze.com – Aperto 1° maggio-31 ottobre
18 cam – 175/345 € 175/345 €
Rist – Carta 46/74 € – *(chiuso lunedì)* (consigliata la prenotazione)
Splendida ristrutturazione di un casolare ubicato sulla sommità di una dolce collina circondata dai vigneti: ambienti di design caldi e accoglienti, cucina attenta nella selezione delle materie prime.

Salivolpi senza rist
via Fiorentina 89, Nord-Est : 1 km – ✆ 05 77 74 04 84 – www.hotelsalivolpi.com – Aperto 1° aprile-31 dicembre
19 cam – 59/99 € 69/129 €, 7 €
Appena fuori il piccolo centro storico, un'antica casa ristrutturata e con due dépendance: accoglienti interni in stile rustico-elegante e piacevole giardino con piscina.

Villa Cristina senza rist
via Fiorentina 34 – ✆ 05 77 74 14 10 – www.villacristinachianti.it – Chiuso 8 gennaio-28 febbraio
5 cam – 80 € 95 €
Villino d'inizio Novecento con spazi comuni limitati, ma graziose camere, soprattutto quella luminosissima nella torretta. Sul retro si trova il piccolo giardino con piscina.

Leggenda dei Frati
località Casina dei Ponti 58, Sud-Est : 10 km – ✆ 05 77 30 12 22 – www.laleggendadeifrati.it – Chiuso lunedì
Menu 55/70 € – Carta 59/81 € – (prenotare)
Tra colline e vigneti, il locale si sviluppa all'interno di un casolare in pietra, ma l'arredo è contemporaneo e sobriamente elegante. La cucina valorizza il territorio in chiave moderna.

XX **Albergaccio di Castellina**

via Fiorentina 63 – ✆ 05 77 74 10 42 – www.albergacciocast.com – Chiuso 2 settimane in gennaio o febbraio e domenica escluso in estate

Menu 54/68 € – Carta 50/82 €

All'interno di un rustico in pietra e legno, non privo d'eleganza, la cucina toscana vi si presenta con piatti leggermente fantasiosi, senza mai tradire la sapidità e i prodotti regionali. E di recente realizzazione un angolo bar con salottino per intrattenere gli ospiti con un aperitivo.

a San Leonino Sud : 8 km – ✉ 53011 Castellina In Chianti

Belvedere di San Leonino cam,

località San Leonino 23 – ✆ 05 77 74 08 87 – www.hotelsanleonino.com – Aperto 1° aprile-31 ottobre

29 cam – †120/249 € ††129/249 €, ☕ 7 €

Rist – Carta 30/50 € – *(solo a cena) (solo per alloggiati)*

Conserva l'atmosfera originale quest'antica casa colonica trasformata in confortevole albergo: arredi rustici in legno e travi a vista nelle camere. Dal giardino si passa direttamente nelle meravigliose vigne del Chianti.

sulla strada regionale 222 al Km 51 Sud : 8 km :

Casafrassi cam,

località Casafrassi – ✆ 05 77 74 06 21 – www.casafrassi.it – Aperto 1° aprile-31 ottobre

25 cam ☕ – †140/180 € ††140/180 € **Rist** – Carta 28/58 € – *(solo a cena)*

All'interno di una tenuta agricola che produce vino ed olio, un'oasi di silenzio ingentilita da una villa nobiliare del Settecento con camere signorili e stucchi ai soffitti. In un altro edificio, confort in stile country e travi a vista. Il ristorante si fa portavoce delle specialità del territorio.

CASTELLO DI BRIANZA

Lecco (LC) – ✉ 23884 – 2 081 ab. – Alt. 394 m – Carta regionale n° **18-B1**

Roma 598 km – Como 26 km – Bergamo 35 km – Lecco 14 km

Carta stradale Michelin 561-E10

XX **Dac a trà**

via San Lorenzo 1, località Brianzola, Nord-Est : 1 km – ✆ 03 95 31 24 10 – www.dacatra.it – Chiuso 1°-17 gennaio, 3 settimane in agosto, domenica sera e lunedì

Menu 25 € (pranzo in settimana)/78 € – Carta 49/78 € – (consigliata la prenotazione)

Informale e dal design originale, questo risorante affida la sua cucina ad uno chef giovane, ma dal curriculum già interessante, che la colloca in un'area di modernità, grazie ad una particolare attenzione per i prodotti a km 0 e "bio".

➜ Gnocchi morbidi di sedano rapa, vongole, limone e olio al cipollotto. Filetto di fassona in crosta di pane, fave e pecorino. 100% frutta: 6 esplosioni liquide.

CASTELLO DI GODEGO

Treviso (TV) – ✉ 31030 – 7 056 ab. – Alt. 51 m – Carta regionale n° **40-C2**

Roma 546 km – Venezia 75 km – Treviso 31 km – Trento 110 km

Carta stradale Michelin 562-E17

Locanda al Sole

via San Pietro 1 – ✆ 04 23 76 04 50 – www.locandaalsole.it

20 cam ☕ – †42/55 € ††62/74 €

Rist ***Locanda al Sole*** – vedere selezione ristoranti

L'attenta ristrutturazione e l'ampliamento di un'antica locanda ha dato vita ad un albergo "moderno" in quanto a confort, ma nostalgicamente "antico" per quanto concerne l'atmosfera di schietta e tipica ospitalità veneta.

Locanda al Sole - Hotel Locanda al Sole

via San Pietro 1 – ✆ 04 23 76 04 50 – www.locandaalsole.it – Chiuso agosto e lunedì

Menu 25/35 € – Carta 26/51 €

Gestione familiare, da sempre impegnata con uguale energia sia nel ristorante, sia nell'omonimo albergo. Uno dei due titolari si occupa - infatti - della cucina: paste e dolci fatti in casa, carni preparate rispettando le lunghe cotture di una volta e, come piatto forte, le ricche degustazioni di antipasti.

CASTEL MAGGIORE

Bologna (BO) – ✉ 40013 – 17 556 ab. – Alt. 29 m – Carta regionale n° **9-C3**

Roma 387 km – Bologna 10 km – Ferrara 38 km – Milano 214 km

Carta stradale Michelin 562-I16

Alla Scuderia

località Castello, Est : 1,5 km – ✆ 0 51 71 33 02 – www.ristorantelascuderiabologna.com – Chiuso agosto, sabato a mezzogiorno e domenica

Carta 21/68 €

L'antica scuderia di palazzo Ercolani - riconvertita in ristorante - mantiene intatto il suo fascino: sotto le alte volte in mattoni gusterete una cucina fedele alle tradizioni emiliane.

a Trebbo di Reno Sud-Ovest : 6 km – ✉ 40013

Antica Locanda il Sole

via Lame 65 – ✆ 05 16 32 53 81 – www.hotelilsole.com – Chiuso 23 dicembre-9 gennaio e 2 settimane in agosto

23 cam – †65/220 € ††80/280 €

Rist – Carta 22/47 € – *(chiuso sabato a mezzogiorno e domenica sera)*

Un'antica stazione di posta ristrutturata nel colore rosso vivo dell'architettura bolognese; camere semplici, tutte con parquet alcune mansardate. Tortellini, tagliatelle, lasagne e secondi di carne: i migliori piatti della tradizione gastronomica emiliana al ristorante.

CASTELMEZZANO

Potenza (PZ) – ✉ 85010 – 835 ab. – Alt. 750 m – Carta regionale n° **3-B2**

Roma 418 km – Potenza 65 km – Matera 107 km

Carta stradale Michelin 564-F30

Al Becco della Civetta con cam

vico I Maglietta 7 – ✆ 09 71 98 62 49 – www.beccodellacivetta.it

24 cam – †50/100 € ††80/140 €

Carta 27/43 € – *(chiuso martedì)* (prenotare)

Nel centro del paesino, isolato tra le suggestive Dolomiti Lucane, ad occuparsi della cucina è la proprietaria, che fa rivivere le ricette - sovente proposte a voce - delle sue muse, mamma e nonna, come l'immancabile ficotto (vino cotto fatto con i fichi). Dalle finestre delle camere, la maestosa scenografia naturale; all'interno, tranquillità e calorosa accoglienza.

CASTELMOLA → Vedere Taormina

Messina (ME)

CASTELNOVO DI BAGANZOLA → Vedere Parma

Parma (PR)

CASTELNOVO DI SOTTO

Reggio nell'Emilia (RE) – ✉ 42024 – 8 659 ab. – Alt. 27 m – Carta regionale n° **8-B3**

Roma 440 km – Parma 29 km – Bologna 86 km – Reggio nell'Emilia 17 km

Carta stradale Michelin 562-H13

Poli

via Puccini 1 – ✆ 05 22 68 31 68 – www.hotelpoli.it
53 cam – 65/78 € 90/115 €
Rist *Poli-alla Stazione* – vedere selezione ristoranti
Camere dotate di ogni confort in un'accogliente struttura, costantemente potenziata e rinnovata negli anni da una dinamica gestione familiare; sale convegni.

Poli-alla Stazione – Hotel Poli

viale della Repubblica 10 – ✆ 05 22 68 23 42 – www.ristorantepoli.it – Chiuso agosto, domenica sera e lunedì
Carta 46/92 €
Oltrepassata una promettente carrellata di antipasti e l'esposizione di diversi tagli di carne e tipi di pesce, vi accomoderete in due ariose sale di tono elegante o nella gradevole terrazza estiva.

CASTELNOVO NE' MONTI

Reggio nell'Emilia (RE) – ✉ 42035 – 10 496 ab. – Alt. 700 m – Carta regionale n° **8-B2**
Roma 470 km – Parma 67 km – Bologna 119 km – Reggio nell'Emilia 42 km
Carta stradale Michelin 562-I13

Locanda da Cines con cam

piazzale Rovereto 2 – ✆ 05 22 81 24 62 – www.locandadacines.it – Chiuso gennaio e febbraio
10 cam – 50/55 € 75/80 €
Menu 10 € (pranzo in settimana) – Carta 26/41 € – *(chiuso sabato)* (consigliata la prenotazione)
Calorosa gestione familiare in un piccolo ristorante di tono rustico e moderno, dove i piatti del giorno, quali ad esempio la sella di coniglio ripiena, esplorano le tradizioni conservate nel verde dell'Appennino. I boschi dei dintorni e la salubre aria di montagna garantiscono relax anche nelle semplici camere.

CASTELNUOVO → Vedere Teolo

Padova

CASTELNUOVO BERARDENGA

Siena (SI) – ✉ 53019 – 8 836 ab. – Alt. 351 m – Carta regionale n° **32-C2**
Roma 215 km – Siena 19 km – Arezzo 50 km – Perugia 93 km
Carta stradale Michelin 563-L16

Castel Monastero

località Monastero d'Ombrone 19, Est : 10 km – ✆ 05 77 57 00 01 – www.castelmonastero.com – Chiuso 7 gennaio-25 marzo
62 cam – 395/890 € 395/890 € – **12 suites**
Rist *Contrada* – vedere selezione ristoranti
Rist *La Cantina* – ✆ 05 77 57 00 01 – Carta 38/63 € – *(chiuso 7 gennaio-25 marzo e 29 novembre-27 dicembre)*
Nella Valle dell'Ombrone, tra foreste di castagni e lunghi filari di cipressi, sorge questo imponente Country House Resort, che dispone di camere lussuose ed una Spa tra le più belle della regione. A completare, il quadro una tisaneria con erbario privato.

Relais Borgo San Felice

località San Felice, Nord-Ovest : 10 km – ✆ 05 77 39 64 – www.borgosanfelice.com – Aperto 18 aprile-15 novembre
40 cam – 302/402 € 329/530 € – **13 suites**
Rist *Poggio Rosso* – vedere selezione ristoranti
Rist – Carta 74/108 € – *(solo a cena)*
Lussuoso resort all'interno di un antico borgo, la cui storia si perde nel Medio Evo. Tra i vigneti del Chianti classico, belle camere distribuite in più strutture ed un moderno centro benessere, dove tra le tante opzioni i benefici del vino si estendono al corpo in trattamenti per la pelle. A pranzo, la sosta è presso il nuovo ristorante tipico toscano La Terrazza San Felice.

Villa Curina Resort

strada provinciale 62, località Curina – ✆ 05 77 35 56 30 – www.villacurinaresort.com – Aperto 15 marzo-31 ottobre
21 cam – 🚹153/190 € 🚹🚹153/190 € – **5 suites**
Rist *Il Convito di Curina* – vedere selezione ristoranti

In posizione tranquilla e con una vista che spazia fino a Siena, questa dimora cinquecentesca ospita camere personalizzate con mobili in stile e pareti allegramente colorate; alcune stanze sono situate nella villa, altre nei tipici casali toscani. Tutt'intorno, l'armonia di un curato giardino all'italiana.

Poggio Rosso – Relais Borgo San Felice

località San Felice, Nord-Ovest : 10 km – ✆ 05 77 39 64 – www.borgosanfelice.com – Aperto 18 aprile-15 novembre
Menu 95/138 € – Carta 74/108 € – *(solo a cena dal 15 giugno al 15 settembre)*

Il nome del ristorante, gemma dell'albergo Borgo San Felice, introduce nel paradiso vinicolo toscano, di cui il Chianti Classico Poggio Rosso costituisce una delle eccellenze della produzione. In menu, proposte accattivanti di tono moderno si alternano a piatti di matrice più territoriale.

Contrada – Hotel Castel Monastero

località Monastero d'Ombrone 19, Est : 10 km – ✆ 05 77 57 00 01 – www.castelmonastero.com – Aperto 1° maggio-31 ottobre; chiuso domenica e lunedì
Menu 85 € – Carta 67/116 € – *(solo a cena)*

Nel suggestivo scenario dell'albergo Castel Monastero, vale la pena di attendere la bella stagione perché i tavoli delle tradizionali sale interne si trasferiscano sulla piazzetta di un tipico borgo toscano. Prodotti locali, qualche piatto di mare e un finale più estroso con i dolci.

Il Convito di Curina – Hotel Villa Curina Resort

strada provinciale 62, località Curina – ✆ 05 77 35 56 30 – www.villacurinaresort.com – Aperto 15 marzo-31 ottobre; chiuso mercoledì
Carta 44/60 € – *(solo a cena)*

Cucina toscana, nonché ampia scelta enologica con vini regionali e champagne di piccoli produttori, in un ambiente rustico-signorile, dove (meteo permettendo) vi consigliamo di optare per la terrazza panoramica.

La Bottega del 30 (Helene Stoquelet)

via Santa Caterina 2, località Villa a Sesta, Nord : 5 km – ✆ 05 77 35 92 26 – www.labottegadel30.it – Chiuso martedì
Menu 65/85 € – Carta 56/86 € – *(solo a cena escluso i giorni festivi da settembre a maggio)*

Il caratteristico borgo in pietra varrebbe già la visita, ma il suo gioiello è il ristorante, grondante di decorazioni come una bottega e con romantico dehors estivo. Nel piatto i sapori toscani ingentiliti.

➜ Spaghetti impastati al Chianti classico con salsa al sangiovese, noce moscata e salvia. Quaglia disossata avvolta nel lardo di Colonnata e ripiena di salsiccia e bietole. Torta al cioccolato senza farina (ricetta della nonna di Helene) con sorbetti di frutta.

a San Gusmè Nord : 5 km – ✉ 53019

La Porta del Chianti

piazza Castelli 10 – ✆ 05 77 35 90 36 – www.ristorantenelchianti.it – Chiuso 8 gennaio-10 febbraio, 15 giorni in novembre, domenica sera e lunedì escluso luglio-agosto
Menu 35/55 € – Carta 27/52 € – (consigliata la prenotazione)

Nel cuore del piccolo e suggestivo borgo di San Gusmé, all'interno di un vecchio caseggiato del '600, una squisita cucina della tradizione che rievoca antichi sapori. Nella carta dei vini anche molti piccoli produttori locali.

sulla strada provinciale 408 km 14,7 Nord-Ovest : 20 km

Le Fontanelle rist,

località Fontanelle di Pianella ✉ 53019 Castelnuovo Berardenga – ✆ 0 57 73 57 51 – www.hotelfontanelle.com – Aperto 1° aprile-31 ottobre
23 cam – †451/671 € ††451/671 € – **2 suites**
Rist *La Colonna* – Carta 58/128 € – *(solo a cena)*
In posizione dominante e tranquilla, suggestivo borgo agricolo "scolpito" nella pietra con rilassante vista sui dintorni. Interni raffinati, pur mantenendo un certo coté rustico. Cucina toscana nell'elegante ristorante con stupendi spazi all'aperto.

CASTELNUOVO CILENTO

Salerno (SA) – ✉ 84040 – 2 648 ab. – Alt. 280 m – Carta regionale n° **7**-C3
Roma 344 km – Avellino 114 km – Napoli 134 km – Salerno 83 km
Carta stradale Michelin 564-G27

a Velina Sud-Ovest : 8 km – ✉ 84040

La Palazzina

via contrada Coppola 41 – ✆ 0 97 46 28 80 – www.hotellapalazzina.com
12 cam – †40/60 € ††80/120 € – **4 suites**
Rist – Carta 17/46 € – *(chiuso lunedì escluso giugno-ottobre)*
Poco distante dal lago artificiale, l'hotel è stato ricavato in seguito allo scrupoloso restauro di una villa settecentesca ed offre confortevoli ambienti con arredi d'epoca. Prodotti tipici e di stagione presso la caratteristica sala da pranzo.

CASTELNUOVO DELL'ABATE ➜ Vedere Montalcino

Siena (SI)

CASTELNUOVO DEL ZAPPA ➜ Vedere Castelverde

Cremona (CR)

CASTELNUOVO DI GARFAGNANA

Lucca (LU) – ✉ 55032 – 6 026 ab. – Alt. 270 m – Carta regionale n° **31-B1**
Roma 389 km – Pisa 67 km – Lucca 48 km – Firenze 119 km
Carta stradale Michelin 563-J13

La Lanterna

località alle Monache-Piano Pieve, Est : 1,5 km – ✆ 05 83 63 93 64 – www.lalanterna.eu
30 cam – †60/80 € ††80/120 €
Rist *La Lanterna* – vedere selezione ristoranti
Nella parte più alta della località - a pochi minuti dal centro - una piacevole villetta cinta dal verde con ampi spazi comuni e confortevoli camere.

La Lanterna – Hotel La Lanterna

località alle Monache-Piano Pieve, Est : 1,5 km – ✆ 05 83 63 93 64 – www.lalanterna.eu – Chiuso 1 settimana in novembre e martedì a mezzogiorno escluso luglio e agosto
Carta 20/45 €
Un'intera parete è affrescata con un trompe-l'oeil raffigurante una scena agreste, mentre il cielo è dipinto su una volta a cupola; dalla cucina, piatti del territorio ed una selezione più ristretta di proposte di mare.

CASTELNUOVO FOGLIANI ➜ Vedere Alseno

Piacenza (PC)

CASTELNUOVO MAGRA

La Spezia (SP) – ✉ 19033 – 8 299 ab. – Alt. 181 m – Carta regionale n° **15-D2**
Roma 404 km – La Spezia 30 km – Pisa 63 km – Massa 17 km
Carta stradale Michelin 561-J12

Agriturismo la Valle cam,
via delle Colline 24, Sud-Ovest : 1 km – ✆ 01 87 67 01 01 – www.agriturismolavallesp.it
6 cam – 70/80 € 80/90 € **Rist** – Menu 25/35 € – *(chiuso lunedì)*
Bella casa immersa nel verde dell'entroterra ligure - al confine con l'Emilia e la Toscana - è l'indirizzo ideale per chi cerca pace e relax, a due passi da mare e dall'arte. A tavola genuini sapori locali.

Armanda
piazza Garibaldi 6 – ✆ 01 87 67 44 10 – www.trattoriaarmanda.com – Chiuso 24 dicembre-15 gennaio, 1 settimana in settembre, mercoledì da aprile a ottobre, anche martedì sera negli altri mesi
Menu 35 € – Carta 28/51 €
In un caratteristico borgo dell'entroterra, andamento e ambiente familiari in una trattoria che propone piatti stagionali del territorio ben elaborati. Se volete gustare un piatto veramente speciale optate per il coniglio farcito.

CASTELPETROSO

Isernia (IS) – ✉ 86090 – 1 665 ab. – Alt. 872 m – Carta regionale n° **2-C3**
Roma 196 km – Campobasso 41 km – Benevento 72 km – Isernia 17 km
Carta stradale Michelin 564-C25

sulla strada statale 17 uscita Santuario dell'Addolorata Ovest: 6 km

Fonte del Benessere Resort cam, cam,
via Santuario 15/b – ✆ 08 65 93 62 58 – www.fontedelbenessereresort.it – Chiuso 8 gennaio-21 marzo
13 suites – 150/240 € – 7 cam **Rist** – Menu 25 €
Per soggiorni all'insegna del relax e della remise en forme, un albergo elegante ed estremamente curato in ognuno dei suoi ambienti: dalle camere alla spa, affidata alla qualificata consulenza Mességué.

La Fonte dell'Astore cam,
via Santuario – ✆ 08 65 93 60 85 – www.lafontedellastore.it – Chiuso 7 gennaio-20 marzo
46 cam – 50/70 € 80/120 € **Rist** – Carta 20/32 €
Nei pressi del Santuario dell'Addolorata, una confortevole risorsa, di concezione moderna, con ampi spazi comuni, camere di buona fattura e ben accessoriate.

CASTELRAIMONDO

Macerata (MC) – ✉ 62022 – 4 757 ab. – Alt. 307 m – Carta regionale n° **21-C2**
Roma 212 km – Ancona 85 km – Macerata 40 km – Perugia 92 km
Carta stradale Michelin 563-M21

Borgo Lanciano cam,
località Lanciano 5, Sud : 2 km – ✆ 07 37 64 28 44 – www.borgolanciano.it
49 cam – 99/109 € 149/159 € – **1 suite** **Rist** – Carta 31/56 €
Confortevole hotel sorto entro un antico borgo, offre camere e suite diverse per forma e arredamento, nonchè aree comuni per dedicarsi ad una chiacchierata o alla lettura. Suddiviso in sale più piccole, il ristorante propone una cucina tradizionale, fedele ai prodotti della zona.

a Sant'Angelo Ovest : 7 km – ✉ 62022 Castelraimondo

Il Giardino degli Ulivi con cam
via Crucianelli 54 – ✆ 33 85 03 60 78 – www.ilgiardinodegliulivi.com
5 cam – 40/60 € 60/90 €
Menu 35 € – Carta 32/54 € – *(chiuso martedì in giugno-settembre, anche lunedì, mercoledì e giovedì negli altri mesi)* (prenotazione obbligatoria)
In un antico casolare immerso nel verde e nella quiete della campagna marchigiana, pochi, ma gustosi, piatti della tradizione locale e camere suggestive.

CASTEL RIGONE → Vedere Passignano sul Trasimeno

Perugia (PG)

CASTELROTTO (KASTELRUTH)

Bolzano (BZ) – ✉ 39040 – 6 540 ab. – Alt. 1 060 m – Carta regionale n° **34**-C2
Roma 667 km – Bolzano 26 km – Bressanone 25 km – Trento 84 km
Carta stradale Michelin 562-C16

Alpenflora cam, rist,
via Oswald von Wolkenstein 32 – ☎ 04 71 70 63 26 – www.alpenflora.com – Chiuso 5 novembre-5 dicembre
32 cam – solo ½ P 70/125 € **Rist** – Menu 38 € – *(solo a cena)*
Risale al 1912 questo albergo di tono elegante con ampie camere luminose ed un'area benessere di tutto rispetto: dalle vetrate della bella piscina l'incanto delle Dolomiti. Parco giochi esterno per i bambini.

Mayr rist,
via Marinzen 5 – ☎ 04 71 70 63 09 – www.hotelmayr.com – Chiuso 2 novembre-8 dicembre e 6 aprile-13 maggio
20 cam – †59/93 € ††98/166 € – **8 suites**
Rist – Carta 38/69 € – *(solo a cena)*
Albergo, impreziosito da decori tirolesi che conferiscono un'apprezzabile armonia d'insieme. Belle camere tradizionali o moderne, attrezzato centro fitness.

Cavallino d'Oro rist,
piazza Krausen – ☎ 04 71 70 63 37 – www.cavallino.it – Chiuso 5-25 novembre
19 cam – †69/90 € ††114/160 € – **3 suites**
Rist – Menu 25/55 € – *(solo a cena)*
Sulla piazza del paese, suggestiva atmosfera tirolese in una casa di tradizione centenaria (già hotel nel 1326): per un surplus di romanticismo, chiedete le camere con i letti a baldacchino. Per i pasti, invece, una sala rustica o le caratteristiche stube del XVII secolo.

Alpine Boutique Villa Gabriela
San Michele 31/1, Nord-Est : 4 km – ☎ 04 71 70 00 77 – www.villagabriela.com – Aperto 18 dicembre-7 aprile e 14 maggio-26 ottobre
5 suites – solo ½ P 88/120 € – 3 cam
Rist – Menu 40 € – *(solo a cena) (solo per alloggiati)*
Per godere appieno di uno tra i più magici panorami dolomitici, è ideale questa bella villetta circondata dal verde; camere graziose e ricche di personalizzazioni.

Silbernagl Haus senza rist
via Bullaccia 1 – ☎ 04 71 70 66 99 – www.garni-silbernagl.com – Aperto 20 dicembre-15 marzo e 15 maggio-19 ottobre
12 cam – †43/65 € ††85/130 € – **2 suites**
In zona tranquilla, garnì curato e confortevole, dalla cordiale gestione familiare che vizia i propri ospiti con un bel centro relax ed un grazioso giardino-solarium per l'estate. Le dimensioni generose delle camere saranno sicuramente apprezzate.

CASTEL SAN PIETRO TERME

Bologna (BO) – ✉ 40024 – 20 634 ab. – Alt. 75 m – Carta regionale n° **9**-C2
Roma 385 km – Bologna 24 km – Ferrara 75 km – Forlì 54 km
Carta stradale Michelin 562-I16

Castello
viale delle Terme 1010/b-c – ☎ 0 51 94 35 09 – www.hotelcastello.net
54 cam – †49/190 € ††49/280 € – **3 suites**
Rist *Da Willy* – vedere selezione ristoranti
Fuori del centro, sulla strada per le Terme, in una zona verde davanti ad un parco pubblico, complesso dotato di camere semplici ma confortevoli.

Da Willy – Hotel Castello
viale delle Terme 1010/b – ☎ 0 51 94 42 64 – www.ristorantewilly.it
Carta 22/66 €
Nello stesso edificio dell'hotel Castello, ma con gestione separata, ristorante con alcuni tavoli rotondi nelle ampie sale con vetrate sul giardino, piatti emiliano-romagnoli.

CASTELSARDO

Sardegna – Sassari (SS) – ✉ 07031 – 5 751 ab. – Carta regionale n° **28-A1**
Cagliari 246 km – Sassari 33 km – Olbia 97 km – Porto Torres 33 km
Carta stradale Michelin 366-N38

Baga Baga

località Terra Bianca Est : 2 km – ✆ 0 79 47 00 75 – www.hotelbagabaga.it – Chiuso novembre
10 cam – 100/180 € 100/180 €
Rist – Carta 34/67 € – *(chiuso lunedì, martedì, mercoledì e giovedì da dicembre a marzo)*
Immersa nella macchia mediterranea, un'oasi di relax con camere solari dai tipici arredi sardi. Cucina isolana e di mare nel panoramico ristorante: la sera, d'estate, saranno i suggestivi tramonti a tenervi compagnia.

Bajaloglia

rist,

località Bajaloglia , Sud-Ovest: 4 km ✉ 07031 Castelsardo – ✆ 0 79 47 43 40 – www.bajalogliaresort.it – Aperto 1° aprile-30 ottobre
19 cam – 140/270 € 140/270 €
Rist *Incantu* – Carta 33/86 €
Sulle primi pendici da cui si gode di un panorama eccezionale, davanti il mare e Castelsardo illuminata la sera, una bella struttura composta da un corpo centrale, dove si trova anche il ristorante, ed alcune piccole costruzioni disseminate nel giardino. Le camere brillano per confort: moderne e colorate si caratterizzano per gli arredi minimalisti di ultima generazione.

Riviera

via lungomare Anglona 1 – ✆ 0 79 47 01 43 – www.hotelriviera.net
34 cam – 50/145 € 78/195 €
Rist *Fofò* – vedere selezione ristoranti
Colorata struttura all'ingresso del paese, propone camere semplici e di buon gusto, particolari quelle fronte mare dalle quali è possibile ammirare la notturna Castelsardo. Ristorante sulla breccia da decenni: ampia sala e terrazza estiva con vista mare.

Fofò – Hotel Riviera

via lungomare Anglona 1 – ✆ 0 79 47 01 43 – www.hotelriviera.net
Menu 18 € – Carta 29/65 € – *(chiuso mercoledì escluso giugno-settembre)*
Un locale che deve la sua fama agli ottimi piatti di pesce serviti in un ambiente familiare e informale; molto frequentato non solo dagli ospiti dell'albergo, dispone di una bella terrazza frontemare.

Da Ugo

corso Italia 7/c, località Lu Bagnu, Sud-Ovest : 4 km – ✆ 0 79 47 41 24 – Chiuso 1° febbraio-1° marzo e giovedì in bassa stagione
Carta 50/55 €
Lungo la strada costiera, è da anni un indirizzo ben noto in zona per la freschezza e la fragranza dell'offerta ittica; la carne, "porceddu" compreso, è da prenotare.

CASTEL TOBLINO

Trento (TN) – ✉ 38076 SarcheAlt. 243 m – ✉ Sarche – Carta regionale n° **33-B3**
Roma 605 km – Trento 18 km – Bolzano 78 km – Brescia 100 km
Carta stradale Michelin 562-D14

Castel Toblino

via Caffaro 1 – ✆ 04 61 86 40 36 – www.casteltoblino.com – Chiuso 24 dicembre-1° marzo, lunedì sera e martedì
Menu 35/60 € – Carta 53/69 €
Affascinante castello medioevale proteso sull'omonimo lago, in questa bucolica zona trentina dove si produce il grande Vino Santo; la cucina di stile moderno è curata dal patron mentre - davvero suggestiva - è la terrazza per il servizio estivo.

CASTELVECCANA

Varese (VA) – ✉ 21010 – 1 991 ab. – Alt. 257 m – Carta regionale n° **16-A2**
Roma 663 km – Varese 32 km – Como 73 km – Milano 87 km
Carta stradale Michelin 561-E8

Sunset

località Caldè di Castelveccana, Nord-Est : 2 km – ✆ 03 32 52 13 07 – www.santaveronicaguesthouse.com – Chiuso martedì
Carta 35/52 €
I tavolini danno sul piccolo porticciolo per questa risorsa in stile bistrot, ubicata proprio sulla piazzetta della suggestiva frazione di Castelveccana, in posizione fronte lago. Piatti decisamente mediterranei in menu ed un'accoglienza, nonché ospitalità, davvero proverbiali!

CASTELVERDE

Cremona (CR) – ✉ 26022 – 5 776 ab. – Alt. 52 m – Carta regionale n° **17-C3**
Roma 528 km – Cremona 9 km – Piacenza 50 km – Milano 84 km
Carta stradale Michelin 561-G11

Cremona Palace Hotel

via Castelleone 62, Sud : 5 km – ✆ 03 72 47 13 74 – www.cremonapalacehotel.it
77 cam – 60/130 € 70/160 € **Rist** – Carta 17/44 € – *(solo a cena)*
Alle porte della città del torrone, dell'arte e dei violini, nuova e moderna struttura con annesso ed attrezzato sporting club aperto ai soci, nonché ai clienti dell'hotel. Camere omogenee, spaziose e moderne.

a Castelnuovo del Zappa Nord-Ovest : 3 km – ✉ 26022 Castelverde

Valentino

via Manzoni 27 – ✆ 03 72 42 75 57 – Chiuso 17 agosto-5 settembre, lunedì sera e martedì
Menu 12 € (pranzo in settimana)/35 € – Carta 20/39 €
Alla periferia della città, bar-trattoria dalla calorosa gestione familiare che propone una cucina casalinga fedele alla gastronomia cremonese e mantovana.

CASTELVETRO DI MODENA

Modena (MO) – ✉ 41014 – 11 095 ab. – Alt. 152 m – Carta regionale n° **8-B2**
Roma 406 km – Bologna 50 km – Reggio nell'Emilia 52 km – Modena 21 km
Carta stradale Michelin 562-I14

Guerro senza rist

via Destra Guerro 18 – ✆ 0 59 79 97 91 – www.hotelguerro.it
29 cam – 50/85 € 80/130 €
Ideale per una clientela business, questa moderna struttura a gestione familiare si trova lungo l'omonimo fiume ed offre camere spaziose e luminose. D'estate, la colazione è in terrazza.

Zoello je suis senza rist

via Modena 171, località Settecani, Nord: 5 km – ✆ 0 59 70 26 24 – www.zoello.com – Chiuso 10-25 agosto
30 cam – 60/80 € 80/100 € – **3 suites**
Fondato nel 1938, questo hotel è ormai un capitolo negli annali della storia; animato da una familiare ed accogliente ospitalità, dispone di camere confortevoli.

Locanda del Feudo con cam

rist,

via Trasversale 2 – ✆ 0 59 70 87 11 – www.locandadelfeudo.it – Chiuso 7-18 gennaio e 11-19 agosto
6 suites – 120/220 €
Menu 35 € – Carta 45/57 € – *(chiuso domenica sera e lunedì)* (consigliata la prenotazione)
Sulla sommità del suggestivo borgo, un romantico nido di fantasiosa cucina, nonché eleganti suite per un soggiorno immersi nella storia, lontano dal traffico e dalla modernità.

a Levizzano Rangone Sud-Ovest : 5 km – ✉ 41014

Agriturismo Opera 02 Ⓝ
via Medusia 32 – ✆ 0 59 74 10 19 – www.opera02.it
8 cam – **♦**110 € **♦♦**138 € **Rist** – Carta 27/48 €
In un idilliaco contesto di colline e vigneti, cinquecento botti di aceto balsamico fiancheggiano le eleganti camere, moderne, quasi tutte soppalcate e con ampio terrazzo su un paesaggio mozzafiato.

CASTEL VOLTURNO

Caserta (CE) – ✉ 81030 – 23 047 ab. – Carta regionale n° **6-A2**
Roma 190 km – Napoli 40 km – Caserta 37 km
Carta stradale Michelin 564-D23

Marina di Castello Resort Golf & SPA
via Domitiana km 35,300, Sud : 3 km – ✆ 08 15 09 51 50 – www.marinadicastelloresort.com
273 cam – **♦**60/100 € **♦♦**90/150 € – **14 suites** **Rist** – Carta 30/54 €
Vicino al mare, ai bordi di una pineta, un'imponente struttura moderna, con ampi interni eleganti; piscina con acqua di mare, maneggio a disposizione, centro congressi. Di notevoli dimensioni gli spazi per la ristorazione, con sale curate e luminose.

La Perla Ⓝ cam,
via Domitiana km 38,300 – ✆ 08 15 09 02 57 – www.laperla-hotel.com
51 cam – **♦**70 € **♦♦**95 € **Rist** – Carta 19/52 €
Albergo prevalentemente commerciale dai servizi completi e dalle camere omogenee, attrezzate per chi ci deve soprattutto lavorare.

CASTIGLIONCELLO

Livorno (LI) – ✉ 57016 – Carta regionale n° **31-B2**
Roma 291 km – Pisa 46 km – Firenze 116 km – Livorno 28 km
Carta stradale Michelin 563-L13

Villa Martini rist,
via Martelli 3 – ✆ 05 86 75 21 40 – www.villamartini.it – Chiuso 10 dicembre-15 gennaio
30 cam – **♦**90/110 € **♦♦**120/210 € – **2 suites**
Rist – Carta 25/70 € – *(aperto 1° giugno-31 agosto) (solo per alloggiati)*
In un'imponente villa degli anni '50 raccolta intorno ad un incantevole giardino, camere rinnovate in stile moderno e minimalista, alcune con vista mare.

Villa Parisi
via Romolo Monti 10 ✉ 57016 – ✆ 05 86 75 16 98 – www.villaparisi.com – Aperto 15 aprile-15 ottobre
21 cam – **♦**92/288 € **♦♦**155/360 € **Rist** – Carta 47/78 € – *(solo a cena)*
Le camere accoglienti e personalizzate rivaleggiano con la splendida posizione di questa villa patrizia circondata dalla pineta e sospesa sugli scogli. Un vialetto facilita il raggiungimento della piattaforma-solarium affacciata sul blu. Ristorante classico con servizio all'aperto.

Atlantico rist,
via Martelli 12 – ✆ 05 86 75 24 40 – www.hotelatlantico.it – Chiuso 20-28 dicembre
46 cam – **♦**75/110 € **♦♦**100/200 € – **4 suites**
Rist – Carta 20/55 € – *(aperto 1° aprile-20 settembre)*
Nel cuore più verde e più quieto della località, signorile albergo a conduzione familiare, dotato di bella dépendance in una villetta dei primi '900. Le camere tradiscono la raffinatezza di una casa privata. Ampia e luminosa sala da pranzo.

In Gargotta da Francesco
via Fucini 39 – ✆ 05 86 75 43 57 – www.ristoranteingargotta.it – Chiuso 1°-7 dicembre e lunedì; in luglio e agosto aperto anche il lunedì sera
Carta 38/56 € – (coperti limitati, prenotare)
Piccolo ristorante nel centro della località dalla conduzione motivata e dinamica; cucina di mare con qualche tocco di fantasia e gradevole dehors.

CASTIGLIONE DEL BOSCO → Vedere Montalcino
Siena (SI)

CASTIGLIONE DEL LAGO
Perugia (PG) – ✉ 06061 – 15 565 ab. – Alt. 304 m – Carta regionale n° **35-A2**
Roma 182 km – Perugia 46 km – Arezzo 65 km – Firenze 122 km
Carta stradale Michelin 563-M18

Duca della Corgna
via Buozzi 143 – ✆ 0 75 95 32 38 – www.hotelcorgna.com
35 cam – 50/70 € 70/150 €
Rist – Menu 20 € – *(aperto Pasqua-31 ottobre) (solo a cena) (solo per alloggiati)*
Ambiente familiare in un hotel con buon livello di confort; arredi essenziali nelle camere, sia nel corpo centrale, sia in una dépendance che dà sulla piscina.

a Petrignano del Lago Nord-Ovest : 12 km – ✉ 06060

Relais alla Corte del Sole – Country House
località I Giorgi – ✆ 07 59 68 90 14 – www.cortedelsole.it – Chiuso gennaio-febbraio
17 cam – 99/150 € 130/250 € – **2 suites**
Rist *L'Essenza* – vedere selezione ristoranti
Disseminata in un incantevole parco, la vostra casa in mattoni non sarà diversa da quella delle fiabe, gli arredi un omaggio ad un'elegante vita di campagna, il servizio premuroso.

L'Essenza – Relais alla Corte del Sole
località I Giorgi – ✆ 07 59 68 90 14 – www.cortedelsole.it – Chiuso gennaio-febbraio e martedì
Menu 35 € – Carta 44/74 € – *(solo a cena)*
Sulla terrazza incorniciata da uno splendido paesaggio o nella raffinata atmosfera della sala, si potrà godere di specialità regionali sapientemente rielaborate in chiave moderna. Antichi sapori tra arte, amore e fantasia.

CASTIGLIONE DELLA PESCAIA
Grosseto (GR) – ✉ 58043 – 7 025 ab. – Carta regionale n° **32-C3**
Roma 198 km – Grosseto 23 km – Siena 104 km – Livorno 116 km
Carta stradale Michelin 563-N14

Piccolo Hotel
cam, rist,
via Montecristo 7 – ✆ 05 64 93 70 81 – www.hotel-castiglione.com – Aperto vacanze pasquali e 15 maggio-30 settembre
24 cam – 100/140 € 130/170 €
Rist – Menu 28/38 € – *(solo per alloggiati)*
Ritornerete volentieri in questa graziosa struttura in zona non centrale, gestita con classe, signorilità e attenzione per i particolari; arredi moderni nelle camere. Piccola e sobria la sala da pranzo dove gustare frutta e verdura dell'orto e dolci casalinghi.

Sabrina
via Ricci 12 – ✆ 05 64 93 35 68 – www.hotelsabrinaonline.it – Aperto 1° giugno-30 settembre
37 cam – 68/85 € 98/130 € **Rist** – Menu 35 € – *(solo per alloggiati)*
Gestione diretta per un hotel ubicato nella zona di parcheggio a pochi metri dal porto canale: spazi ben distribuiti, camere non amplissime, ma complete.

Miramare
via Veneto 35 – ✆ 05 64 93 35 24 – www.hotelmiramare.info – Aperto 1°-31 dicembre e 16 marzo-31 ottobre
37 cam – 57/116 € 74/216 €
Rist *Miramare* – vedere selezione ristoranti
Ubicato sul lungomare di Castiglione della Pescaia e ai piedi del borgo medievale, l'hotel dispone di camere accoglienti (in fase di rinnovo) e di una gestione attenta e premurosa.

Pierbacco

piazza Repubblica 24 – ✆ 33 94 46 56 86 – www.pierbacco.it – Chiuso 10 gennaio-28 febbraio e mercoledì escluso maggio-settembre
Carta 34/60 € – *(solo a cena in luglio-agosto)*
Un locale rustico con i tipici soffitti in legno, dispone di due sale e di un dehors sul corso principale, vocato ad una cucina classica, prevalentemente di mare.

...La Terra di Nello

località Poggetto – ✆ 34 79 54 62 58 – www.laterradinello.it – Chiuso novembre e 2 settimane in marzo
Carta 33/58 € – *(solo a cena)*
Seguendo l'imprinting di nonno Nello, oggi il nipote, Gianni, continua a proporre sapori regionali: con la discendenza, però, i piatti si arricchiscono di modernità. E dalla griglia la specialità: la bistecca!

Osteria del mare già Il Votapentole

via IV Novembre 15 – ✆ 05 64 93 47 63 – Chiuso lunedì escluso in giugno-settembre
Carta 32/49 €
Partendo da ottime materie prime, lo chef vi aggiunge la sua "firma" creando così piatti sempre personalizzati ed intriganti (ottimo, ad esempio, lo spezzatino di ricciola) serviti in un carinissimo ed informale bistrot. Il locale è molto piccolo, ma questo non è un difetto: anzi, l'intimità è garantita!

Miramare – Hotel Miramare

via Veneto 35 – ✆ 05 64 93 35 24 – www.ristorantemiramare.info – Aperto 1°-31 dicembre e 16 marzo-31 ottobre
Carta 24/77 €
La sala-veranda di questo ristorante si affaccia sul mare appagando la vista, mentre al palato ci pensa la cucina con i suoi piatti di matrice nazionale e le fragranti specialità di pesce.

a Riva del Sole Nord-Ovest : 2 km – ✉ 58043

Riva del Sole

viale Kennedy – ✆ 05 64 92 81 11 – www.rivadelsole.it – Aperto 24 aprile-19 ottobre
160 cam – 127/220 € 160/240 € **Rist** – Carta 37/65 €
In riva al mare ed abbracciato da una rigogliosa pineta, l'hotel è ideale per un soggiorno di relax, bagni e sole. Sale dalle ampie vetrate ed un giardino, per il ristorante con accanto la pizzeria serale.

a Tirli Nord : 17 km – ✉ 58040

Tana del Cinghiale con cam

via del Deposito 10 – ✆ 05 64 94 58 10 – www.tanadelcinghiale.it – Chiuso 1° febbraio-5 marzo
7 cam – 45/70 € 75/120 € Carta 21/43 € – *(chiuso mercoledì)*
Due sale ristorante arredate nello stile tipico di una rustica trattoria propongono una carta regionale con specialità a base di cinghiale. Un piccolo albergo a gestione familiare, offre camere semplici e curate.

a Badiola Est : 10 km – ✉ 58043 Castiglione Della Pescaia

L'Andana-Tenuta La Badiola

– ✆ 05 64 94 48 00 – www.andana.it – Aperto 1° aprile-30 novembre
26 cam – 330/750 € 330/750 € – **7 suites**
Rist *Trattoria Toscana-Tenuta la Badiola* ✿ – vedere selezione ristoranti
Rist – Carta 59/95 € – *(solo a pranzo in estate)* (consigliata la prenotazione)
Sita all'interno di una tenuta di ulivi e vigneti e pervasa dai profumi della campagna toscana, la villa offre confort e raffinatezza nei suoi spaziosi interni: degno di nota l'attrezzatissimo centro wellness. Cucina mediterranea nel moderno ristorante con delizioso dehors nel giardino.

Trattoria Toscana-Tenuta la Badiola – Hotel L'Andana-Tenuta La Badiola
– *✆ 05 64 94 48 00 – www.andana.it*
– *Aperto 1° maggio-30 settembre; chiuso lunedì*
Menu 70/85 € – Carta 67/101 € – *(solo a cena)* (consigliata la prenotazione)
Tradizione mediterranea e soprattutto cucina maremmana, ingentilite molto spesso da cotture moderne, in un ambiente di grande eleganza e ricercatezza estetica. Diverse sono le proposte alla brace ed anche la carta dei vini non passa inosservata.
➜ Risotto mantecato "cacio e pepe" con piccione. Brodetto di pesce alla castiglionese. Zuccotto alle nocciole.

CASTIGLIONE DELLE STIVIERE

Mantova (MN) – ✉ 46043 – 22 583 ab. – Alt. 116 m – Carta regionale n° **17-D1**
Roma 509 km – Brescia 28 km – Cremona 57 km – Mantova 38 km
Carta stradale Michelin 561-F13

La Grotta cam,
viale dei Mandorli 22 – ✆ 03 76 63 25 30 – www.grottahotel.it
26 cam – †45/60 € ††45/65 € **Rist** – Carta 15/32 €
Lontano dal traffico del centro, nella verde quiete delle colline, una villa a carattere familiare - così come lo stile del ristorante - con camere semplici e un bel giardino curato.

Osteria da Pietro
via Chiassi 19 – ✆ 03 76 67 37 18 – www.osteriadapietro.it
– Chiuso 2-10 gennaio, 2 settimane in agosto, mercoledì e domenica sera, anche domenica a mezzogiorno in giugno-agosto
Menu 70 € – Carta 49/77 € – (consigliata la prenotazione)
Territorialmente alla confluenza tra la tradizione mantovana e gardesana, la cucina riprende entrambe le zone con l'aggiunta di elementi moderni. Il ristorante si trova nel centro storico della località, in un edificio seicentesco con soffitto dalle caratteristiche volte ad "ombrello".

Hostaria Viola
via Verdi 32 – ✆ 03 76 67 00 00 – www.hostariaviola.com
– Chiuso 27 dicembre-5 gennaio, 1 settimana in agosto, domenica sera e lunedì
Carta 28/48 € – (consigliata la prenotazione)
E' dal 1909 che la famiglia Viola gestisce l'Hostaria, facendo rivivere - sotto i caratteristici soffitti a volta - la tradizione gastronomica locale, accompagnata da tutti i vini in carta anche al bicchiere (bollicine, escluse!). Specialità: trittico di paste ripiene mantovane.

Hostaria del Teatro
via Ordanino 5b – ✆ 03 76 67 08 13 – Chiuso 2-9 gennaio, 10 giorni in agosto e giovedì
Menu 40/58 € – Carta 43/62 €
Un locale accogliente nel centro della località: un'appassionata coppia lo conduce con grande savoir-faire proponendo una cucina venata di fantasia e - al tempo stesso - legata alle tante tradizioni locali.

Trattoria Paola
via Porta Lago 23 – ✆ 03 76 63 88 29 – www.trattoriapaola.it – Chiuso 1°-21 agosto, lunedì sera, martedì sera e mercoledì
Menu 13 € (pranzo in settimana)/36 € – Carta 27/52 € – (prenotare)
Gestione familiare in un'accogliente trattoria dalla doppia anima: se a pranzo il menu è ridotto ed economico, la sera la proposta si fa più articolata e l'interpretazione dei piatti piacevolmente personale.

CASTIGLIONE D'ORCIA

Siena (SI) – ✉ 53023 – 2 452 ab. – Alt. 540 m – Carta regionale n° **32-C2**
Roma 191 km – Siena 55 km – Chianciano Terme 27 km – Firenze 129 km
Carta stradale Michelin 563-M16

Osteria dell'Orcia cam,
podere Osteria 15, Nord : 4 km – ✆ 05 77 88 71 11 – www.osteriadellorcia.com – Chiuso 11 gennaio-27 febbraio
16 cam – 90/140 € 120/230 € **Rist** – Carta 33/81 €
Isolata nella campagna senese, all'inteno del parco dell'omonima valle, un'antica stazione postale ospita camere con differenti tipologie d'arredo, due salotti ed una piscina. Cucina regionale con alcuni spunti personali dello chef nel ristorante con bella sala interna e dehors.

a Rocca d'Orcia Nord : 1 km – ✉ 53023

Osteria Perillà
via Borgo Maestro 74 – ✆ 05 77 88 72 63 – www.podereforte.it – Chiuso gennaio e febbraio, mercoledì a mezzogiorno e martedì
Menu 35/65 € – Carta 44/58 €
Perfetto connubio tra modernità e storia in questa dinamica osteria al centro di un borgo medievale; la semplice proposta gastronomica può avvalersi degli ottimi prodotti del podere di casa.

CASTIGLIONE FALLETTO

Cuneo (CN) – ✉ 12060 – 692 ab. – Alt. 350 m – Carta regionale n° **25-C2**
Roma 614 km – Cuneo 68 km – Torino 70 km – Asti 39 km
Carta stradale Michelin 561-I5

Le Torri senza rist
via Roma 29 – ✆ 0 17 36 29 61 – www.letorri-hotel.com – Chiuso gennaio e febbraio
16 cam – 88/115 € 95/123 €
In posizione strategica per visitare le Langhe, questa bella dimora patrizia vanta nuove camere, piacevolissime ed arredate con accessori moderni, nonché un curato giardino con vista panoramica sulle colline circostanti.

Le Torri N
piazza Vittorio Veneto 10 – ✆ 0 17 36 29 37 – www.ristoranteletorri.it – Chiuso 26 dicembre-31 gennaio, mercoledì a mezzogiorno e martedì
Menu 30/40 € – Carta 30/60 €
Una nuova gestione al timone di questo ristorante del centro: panoramiche terrazze, ambienti classici con qualche spunto di modernità ed una cucina di stretta osservanza langarola.

CASTIGLIONE TINELLA

Cuneo (CN) – ✉ 12053 – 892 ab. – Alt. 408 m – Carta regionale n° **25-D2**
Roma 605 km – Torino 81 km – Cuneo 82 km – Asti 24 km
Carta stradale Michelin 561-H6

Castiglione senza rist
via Cavour 5 – ✆ 01 41 85 54 10 – www.albergocastiglione.com – Aperto 15 aprile-30 novembre
11 cam – 105/120 € 130/160 €
Deliziosa casa di campagna, un tempo locanda, con camere moderne e confortevoli. La sorpresa a poco meno di 500 m. dall'edificio principale: una zona relax con piscina, sauna e bagno turco... in mezzo al verde.

CASTIGLION FIORENTINO

Arezzo (AR) – ✉ 52043 – 13 281 ab. – Alt. 345 m – Carta regionale n° **32-D2**
Roma 198 km – Perugia 57 km – Arezzo 17 km – Chianciano Terme 51 km
Carta stradale Michelin 563-L17

a Pieve di Chio Est : 7 km – ✉ 52043 Castiglion Fiorentino

B&B Casa Portagioia senza rist

Pieve di Chio 56 – ✆ 05 75 65 01 54 – www.tuscanbreaks.com – Aperto inizio marzo-fine novembre

7 cam – 185 € 195 €

In aperta campagna, circondata da un grande e curato giardino, questa tranquilla risorsa si caratterizza per le sue camere in stile rustico, ma tutte personalizzate da raffinati dettagli.

a Polvano Est : 8 km – ✉ 52043 Castiglion Fiorentino

Relais San Pietro in Polvano

– ✆ 05 75 65 01 00 – www.polvano.com – Aperto 20 aprile-10 ottobre

10 cam – 120/170 € 140/210 €

Rist – Menu 20/25 € – Carta 35/50 € – *(solo a cena)*

Tutto il fascino del passato e della terra di Toscana con i suoi materiali "poveri" (il cotto, la pietra, il legno) in un settecentesco edificio di rustica raffinatezza. Servizio ristorante in terrazza con vista su colli e vallate; cucina toscana.

CASTIGLIONI ➜ Vedere Arcevia

Ancona (AN)

CASTION ➜ Vedere Belluno

Belluno (BL)

CASTIONE DELLA PRESOLANA

Bergamo (BG) – ✉ 24020 – 3 414 ab. – Alt. 870 m – Carta regionale n° **16-B2**

Roma 628 km – Brescia 83 km – Bergamo 46 km – Milano 103 km

Carta stradale Michelin 561-E12

a Bratto Nord-Est : 2 km Alt. 1 007 m – ✉ 24020

Milano (N)

via Silvio Pellico 3 – ✆ 0 34 63 12 11 – www.hotelmilano.com

54 cam – 80/220 € 105/300 € – **9 suites**

Rist *Al Caminone* – Carta 38/62 €

Rist *Enoteca* – Menu 40/50 € – *(solo a cena)* (prenotazione obbligatoria)

Camere distribuite nel corpo centrale o in due dépendance, in un hotel moderno e funzionale in grado di ospitare anche meeting e congressi. Al Caminone cucina classica, a tema savoiardo o bergamasco nel servizio - solo serale - in Enoteca.

Eurohotel

via Provinciale 36 – ✆ 0 34 63 15 13 – www.eurohotelbratto.com

29 cam – 70/120 € 100/220 € – **2 suites**

Rist – Carta 25/45 € – *(chiuso mercoledì)*

Se avete deciso che l'imperativo categorico è riposarvi, abbiamo trovato il posto che fa per voi: incastonato nelle montagne bergamasche, sulla strada per il Passo, Eurohotel è un albergo in sobrio stile alpino con camere ben tenute.

CASTREZZATO

Brescia (BS) – ✉ 25030 – 7 157 ab. – Alt. 125 m – Carta regionale n° **19-D2**

Roma 576 km – Brescia 33 km – Milano 69 km – Bergamo 44 km

Carta stradale Michelin 561-F11

Da Nadia (Nadia Vincenzi)

via Campagna 15 – ✆ 03 07 04 06 34 – www.ristorantedanadia.com – Chiuso 1°-12 gennaio, 15 giorni in agosto e lunedì

Carta 55/85 € – *(solo a cena escluso i giorni festivi)* (consigliata la prenotazione)

Seduti al tavolo, la titolare vi snocciolerà i dogmi della sua cucina: solo pesce pescato, ricette della tradizione con olio d'oliva, paste fatte in casa, verdure fresche... E' un ritorno alla semplicità osannata da chi predilige la forza dei sapori e la qualità del pescato.

➜ Strozzapreti con gamberi rossi e guancette di rana pescatrice. Zuppa di pesce. Semifreddo di sedano, lime e Tequila con coulis di fragole.

CASTROCARO TERME

Forlì-Cesena (FC) – ✉ 47011 – 6 527 ab. – Alt. 68 m – Carta regionale n° **9-C2**
Roma 342 km – Bologna 74 km – Forlì 12 km – Rimini 72 km
Carta stradale Michelin 562-J17

Grand Hotel Terme

rist,

via Roma 2 – ✆ 05 43 76 71 14 – www.termedicastrocaro.it – Chiuso 9 gennaio-12 febbraio
103 cam – 90/160 € 120/260 € – **4 suites**
Rist – Carta 35/70 €
Nato negli anni '30, l'albergo conserva ancora lo stile dell'epoca. Spazi comuni e camere di notevoli dimensioni, splendida spa e la possibilità di prenotare una long life: tipologia di stanza che prevede l'abbinamento a trattamenti benessere personalizzati. Proposte di cucina nazionale al ristorante, la cui ampia sala si affaccia sulla veranda del giardino.

Rosa del Deserto

rist,

via Giorgini 3 – ✆ 05 43 76 72 32 – www.hotelrosadeldeserto.it
44 cam – 35/60 € 49/80 €
Rist – Carta 17/29 € – *(aperto 1° maggio-31 ottobre)*
Discreto punto di partenza per un soggiorno alla scoperta delle tradizioni e dei tesori locali, antistante l'ingresso alle terme, l'hotel presenta ambienti luminosi e spaziosi.

Trattoria Bolognesi "Da Melania"

via Matteotti 34 – ✆ 05 43 76 74 71 – www.trattoriabolognesi.it – Chiuso lunedì
Menu 25/39 € – Carta 27/46 € – *(solo a cena escluso i giorni festivi)*
Gestione cordiale ed informale in un locale rustico, ma non privo di tocchi di raffinatezza, sulla cui tavola arrivano generosi piatti dai sapori locali. Un esempio? Filetto di mora romagnola con erbe di campo saltate e parmigiana di melanzane. Ampio e verdeggiante dehors.

CASTROCIELO

Frosinone (FR) – ✉ 03030 – 3 939 ab. – Alt. 250 m – Carta regionale n° **13-D2**
Roma 116 km – Frosinone 42 km – Caserta 85 km – Gaeta 61 km
Carta stradale Michelin 563-R23

Villa Euchelia

via Giovenale 3 – ✆ 07 76 79 98 29 – www.villaeuchelia.com
6 cam – 60/80 € 85/100 € – **1 suite**
Rist *Villa Euchelia* – vedere selezione ristoranti
In una villa d'epoca riccamente arredata, una coppia gestisce con stile questo albergo-ristorante dalle camere graziosamente personalizzate e dagli ottimi servizi.

Villa Euchelia – Hotel Villa Euchelia

via Giovenale 3 – ✆ 07 76 79 98 29 – www.villaeuchelia.com – Chiuso martedì
Menu 20/30 € – Carta 28/38 €
Sulle prime alture del piccolo paese, in posizione isolata e tranquilla, il servizio è professionale e l'accoglienza familiare, ma ancor più degna di lode la cucina: ottime materie prime e un guizzo di creatività!

Al Mulino

via Casilina 61, Sud : 2 km – ✆ 0 77 67 93 06 – www.almulinolicheri.it – Chiuso 23 dicembre-10 gennaio e lunedì
Carta 27/81 €
Nella sala di tono elegante, un assaggio del mar Tirreno in fragranti ricette di mare. Un consiglio: chiedete il carrello-espositore per conoscere il pescato del giorno.

CASTRO MARINA

Lecce (LE) – ✉ 73030 – 2 469 ab. – Carta regionale n° **27**-D3
Roma 632 km – Brindisi 91 km – Otranto 24 km – Lecce 48 km
Carta stradale Michelin 564-G37

alla grotta Zinzulusa Nord : 2 km

Orsa Maggiore rist,

litoranea per Santa Cesarea Terme 303 ✉ 73030 – ✆ 08 36 94 70 29 – www.orsamaggiore.it

29 cam – †40/85 € ††50/150 € **Rist** – Carta 20/50 €

In posizione panoramica, in prossimità dello svincolo che conduce alla grotta Zinzulusa, un hotel a conduzione familiare che dispone di confortevoli spazi comuni e camere lineari, quasi tutte con vista. Ampia e luminosa, la sala ristorante annovera proposte di mare e di terra.

CASTROVILLARI

Cosenza (CS) – ✉ 87012 – 22 414 ab. – Alt. 362 m – Carta regionale n° **5**-A1
Roma 459 km – Cosenza 74 km – Catanzaro 168 km – Matera 153 km
Carta stradale Michelin 564-H30

La Locanda di Alia

via Jetticelli 55 – ✆ 0 98 14 63 70 – www.alia.it

14 cam – †75/90 € ††90/110 €

Rist *Il Ristorante di Alia* – vedere selezione ristoranti

Leggermente periferica rispetto al centro paese, la locanda è composta da diversi cottage che ospitano le ampie camere: tutt'intorno un curato giardino.

XX **Il Ristorante di Alia** – Hotel La Locanda di Alia

via Jetticelli 55 – ✆ 0 98 14 63 70 – www.alia.it – Chiuso 10-20 agosto e domenica sera

Carta 37/52 €

Nato agli inizi degli anni '50, questo ristorante di tono rustico-elegante non smette di piacere ai suoi ospiti: sarà per la qualità del servizio, o per la cucina rigorosamente calabrese? Probabilmente, entrambi!

CATABBIO → Vedere Semproniano

Grosseto (GR)

CATANIA

290 678 ab. – Carta regionale n° **30-D2**
Messina 100 km – Siracusa 66 km – Palermo 210 km
Carta stradale Michelin 365-AZ58 – Guida Verde Michelin SICILIA

© N. Thibaut / Photononstop

Alberghi

Romano Palace

viale Kennedy 28, località la Playa, 1 km per Siracusa - A2 ✉ 95121 – ✆ 09 55 96 71 11 – www.romanopalace.it
104 cam – 90/250 € 120/350 €
Rist *Il Coriandolo* – Menu 30/80 € – Carta 39/68 €
All'inizio della zona balneare detta La Playa, l'albergo è dedicato all'idea della Sicilia come crocevia di culture diverse, suggestioni arabe ed arredi etnici: tra il Barocco della città e il mare, un'oasi di incanto dominata dalla magica imponenza dell'Etna. Piatti mediterranei e moderni al Coriandolo.

Excelsior Grand Hotel

piazza Verga 39 ✉ 95129 – ✆ 09 57 47 61 11 – www.excelsiorcatania.com Pianta : D1**a**
170 cam – 110/225 € 130/240 € – **6 suites**
Rist – Carta 34/65 €
Imponente albergo all'insegna della classica sobrietà, senza sfarzi eccesivi negli interni, ma con qualità assoluta nel confort. Raffinata ambientazione in stile e servizio accurato nel ristorante.

UNA Hotel Palace

via Etnea 218 ✉ 95131 – ✆ 09 52 50 51 11 – www.unahotels.it Pianta : C1**b**
87 cam – 84/509 € 84/529 € – **7 suites**
Rist – Carta 37/70 €
Nel cuore della via Etnea, l'arteria centrale della città, ampi ed eleganti spazi comuni, in un palazzo d'inizio '900 ristrutturato. Ristorante panoramico al roof garden.

Villa del Bosco & VdB Next

via del Bosco 62 ✉ 95125 – ✆ 09 57 33 51 00 – www.hotelvdbnext.it Pianta : A1**a**
48 cam – 70/399 € 80/399 € – **4 suites**
Rist *Il Canile* – Carta 28/70 €
Sulle prime colline della città, dimora ottocentesca con mobili d'epoca, decorazioni in stile pompeiano e tappeti. Nella dépendance camere dallo stile più moderno e colori scuri. Il nome del ristorante è da attribuirsi ai due magnifici cani in pietra del '700: cucina tra classico e moderno.

Romano House

rist,

via G. Di Prima 20 ✉ *95124* – ✆ *09 53 52 06 11* Pianta : D2**a**
– *www.romanohouse.it*

45 cam – 90/210 € 100/250 € – **1 suite**

Rist *Il Riccio* – Carta 25/64 € – *(solo a cena)*

Nato dall'unione di due palazzi, di cui uno ottocentesco che ospita una decina di camere con affreschi, stucchi o soffitti a volta, un insieme molto piacevole, che non mancherà di conquistare i turisti in visita alla "città dell'elefante". Al Riccio, ambienti moderni e minimalisti per una classica cucina divisa tra terra e mare. All'House Bar, anche insalate e sandwich; alle 19 l'aperitivo.

Il Principe senza rist

via Alessi 24 ✉ *95124* – ✆ *09 52 50 03 45* Pianta : C2**c**
– *www.ilprincipehotel.com*

73 cam – 69/169 € 69/169 € – **7 suites**

Due palazzi nobiliari collegati tra loro formano un unico, omogeneo, albergo che conserva ancora diversi elementi originali, sapientemente coniugati con arredi moderni e lineari.

Palazzo Asmundo	A	Pal. Senatorio o degli Elefanti	H
Badia di Sant'Agata	B	Museo Belliniano, Museo Emilio Greco	M
Collegiata	D	San Giuliano	S1
Monastero di San Benedetto	E	San Michele Arcangelo	S2
P^za^ del Duomo	F1	Palazzo Sangiuliano	S4
P^za^ dell'Università	F2	Teatro Antico	T
San Francesco Borgia	G	Terme della Rotonda	V

Katane Palace rist,

via Finocchiaro Aprile 110 ✉ 95129 – ✆ 09 57 47 07 02 – *www.katanepalace.it* **Pianta : D1b**

58 cam – 70/172 € 80/200 €

Rist *Il Cuciniere* – Carta 43/59 € – *(solo a cena)* (consigliata la prenotazione)

Costruito ex novo e suddiviso in due distinti edifici, gli eleganti interni di questo palazzo degli inizi del Novecento vantano sobri arredi accostati ad antichità di pregio.

NH Parco degli Aragonesi

viale Kennedy 2, località la Playa, 1 km per Siracusa - A2 ✉ 95121 – ✆ 09 57 23 40 73 – www.nh-hotels.it

124 cam – 115/276 € 140/301 € **Rist** – Carta 28/51 €

Hotel di taglio moderno ubicato sul lungomare: la disposizione razionale degli spazi nelle camere e negli ambienti comuni, lo rendono ideale per una clientela business. Servizio navetta per il centro e l'aeroporto.

Liberty senza rist

via San Vito 40 ✉ 95124 – ✆ 0 95 31 16 51 – www.libertyhotel.it Pianta : C1**a**

11 cam – 70/140 € 100/250 € – **7 suites**

Gli amanti del Liberty apprezzeranno questo piccolo hotel in un palazzo di inizio '900, le cui atmosfere richiamano alla mente il celebre romanzo Il Gattopardo. Le camere sono contraddistinte da un nome evocante il sentimento che ispirano, ma è il giardino d'inverno a porre il sigillo dello charme sulla struttura.

Residence Hotel La Ville senza rist

via Monteverdi 15 ✉ 95131 – ✆ 09 57 46 52 30 – www.rhlaville.it Pianta : D1**c**

14 cam – 55/80 € 65/100 €

Risorsa del centro ospitata in un edificio di inizio '900 ristrutturato con grande maestria, si presenta con bella hall e graziosa sala colazioni, camere eleganti, alcune con angolo cottura.

Aga Hotel

viale Ruggero di Lauria 43 ✉ 95127 – ✆ 09 58 36 24 06 – www.agahotel.it Pianta : B1**a**

48 cam – 45/230 € 60/258 €

Rist *Pepe Nero* – vedere selezione ristoranti

Ubicata sul lungomare, questa struttura vocata ad una clientela business, non manca di offrire ai suoi ospiti alcune camere con vista sul Mediterraneo. Le stanze sono moderne, minimaliste, con legno scuro tipo wengé ed inserti in pelle.

Royal

via A. Di Sangiuliano 337 ✉ 95124 – ✆ 09 52 50 33 47 – www.hotelroyalcatania.it Pianta : C2**d**

17 cam – 75/130 € 80/140 € – **2 suites**

Rist – Carta 29/72 € – *(solo a cena)*

Palazzo storico sito in un grazioso quartiere universitario non lontano dal Duomo, gli ambienti sono ricchi di dettagli: tra parquet ed affreschi, c'è l'opportunità di scegliere alcune camere con letto a baldacchino.

Ristoranti

La Siciliana

viale Marco Polo 52/a ✉ 95126 – ✆ 0 95 37 64 00 – www.lasiciliana.it – Chiuso lunedì e la sera nei giorni festivi Pianta : B1**x**

Carta 31/44 € (+15 %)

E' diventato uno tra i più rinomati in città, questo ristorante di stile classico e un po' demodé, la cui proposta gastronomica abbraccia specialità locali e - più genericamente - piatti nazionali. In esposizione, il pesce fresco.

Pepe Nero – Aga Hotel

viale Ruggero di Lauria 43 ✉ 95027 – ✆ 0 95 38 23 68 – www.pepeneroristorante.it Pianta : B1**a**

Carta 32/62 €

Locale di tono contemporaneo dispone di due sale dall'arredo moderno e funzionale. In menu: gustose proposte di carne e di pesce, mentre per gli irrinunciabili della pizza (forno elettrico) anche una piccola carta ad essa dedicata.

Osteria Antica Marina
via Pardo 29 ✉ 95121 – ✆ 0 95 34 81 97 Pianta : C2**a**
– www.anticamarina.it
Menu 25/65 € – Carta 39/59 € – (coperti limitati, prenotare)
Nell'effervescente zona dei mercati, a pochi passi dal duomo, una vivace trattoria dove gustare fragranti specialità ittiche: il pesce viene venduto a peso, le proposte suggerite al tavolo.

Mé Cumpari Turiddu
via Monsignor Ventimiglia 15 ✉ 95124 – ✆ 09 57 15 01 42 Pianta : D2**c**
Carta 29/62 €
Se "cumpare" è un appellativo usato nel passato per identificare le persone con cui si intrattenevano rapporti di familiarità, in Sicilia ha ancora una tale valenza e l'ospite in questo locale è trattato alla stregua di un amico, al quale proporre il meglio della cucina isolana di terra e di mare. Tra le specialità, spiedini di pesce spatola con verdurine.

CATANZARO

✉ 88100 – 89 062 ab. – Alt. 320 m – Carta regionale n° **5-B2**
Roma 615 km – Cosenza 99 km – Crotone 73 km – Reggio di Calabria 161 km
Carta stradale Michelin 564-K31

Guglielmo cam, cam, rist,
via A. Tedeschi 1 – ✆ 09 61 74 19 22 – www.hotelguglielmo.it
36 cam – †95/150 € ††119/200 € **Rist** – Carta 17/45 €
Rinata a nuovo splendore, la struttura si caratterizza per i suoi ambienti confortevoli ed eleganti, funzionali e tecnologicamente up-to-date. Ideale per soggiorni business, ma anche per viaggi culturali e turistici.

Antonio Abbruzzino (Luca Abbruzzino)
via Fiume Savuto, località Santo Janni, Sud Est : 4 km – ✆ 09 61 79 90 08 – www.antonioabbruzzino.it – Chiuso 15 giorni in gennaio, 15 giorni in luglio, domenica sera e lunedì
Menu 50/70 € – Carta 41/65 € – (prenotazione obbligatoria a mezzogiorno)
C'è un po' di tutto in questo locale: spunti contemporanei, elementi rustici e - sicuramente - eleganza. La cucina, passata oramai di mano al figlio dello chef-patron, reinterpreta in chiave moderna i sapori del territorio.
→ Fusilloni, 'nduja, pecorino e ricci di mare. La pescatrice per il gaglioppo (vino rosso). Pane e cioccolato.

a Catanzaro Lido Sud : 14 km – ✉ 88063

Perla del Porto cam, cam,
Martiri di Cefalonia 64 – ✆ 09 61 36 03 25 – www.hotelperladelporto.it
41 cam – †79/149 € ††99/249 € – **4 suites**
Rist *L'Olimpo* – Menu 25/100 € – Carta 42/92 € – *(solo a cena)*
Direttamente sul mare, nuovo albergo adatto sia ad una clientela business sia leasure: ampie sale riunioni, piccolo centro benessere e ambiente elegante al ristorante caratterizzato da volte con vetrate artistiche.

Palace rist,
via lungomare 221 – ✆ 0 96 13 18 00 – www.hotel-palace.it
73 cam – †55/150 € ††68/250 € – **5 suites** **Rist** – Carta 22/49 €
Sul lungomare, hotel di tono elegante con arredi in stile Impero: eleganza anche nelle camere di differenti tipologie, tutte modernamente attrezzate. Sala meeting panoramica, al settimo piano. La cucina si divide tra pesce e carne nel bel ristorante con vista sul Mediterraneo.

Grand Hotel Paradiso cam, cam, rist,
via Michele Maria Manfredi 30, Ovest : 2 km – ✆ 0 96 13 21 93 – www.grandhotelparadiso.it
75 cam – †58/145 € ††73/160 €, 10 € – **5 suites** **Rist** – Carta 23/69 €
Un grande albergo: classico e molto curato, si va dai bagni con cromoterapia, alle suite con box doccia-sauna. Di suggestiva atmosfera, anche il centro benessere.

CATTOLICA

Rimini (RN) – ✉ 47841 – 16 590 ab. – Carta regionale n° **9-D2**
Roma 315 km – Rimini 22 km – Ancona 92 km – Bologna 130 km
Carta stradale Michelin 562-K20

Carducci 76
rist,
via Carducci 76 – ✆ 05 41 95 46 77 – www.carducci76.it – Aperto 1° aprile-30 settembre
39 cam – **†**95/200 € **††**125/350 € – **6 suites**
Rist – Carta 36/70 € – *(chiuso martedì in aprile-maggio) (solo per alloggiati)*
Un'enclave in stile neocoloniale nel cuore di Cattolica: corte interna con giardino islamico ed ispirazioni orientali. Camere originali e minimaliste.

Europa Monetti
rist,
via Curiel 39 – ✆ 05 41 95 41 59 – www.europamonetti.com – Aperto 1° marzo-31 ottobre
70 cam – **†**70/110 € **††**100/200 € – **7 suites** **Rist** – Carta 32/38 €
Vicino al mare, in zona di negozi e locali, l'impronta moderna di una gestione familiare sempre attenta alle più recenti innovazioni.

Moderno-Majestic
rist,
via D'Annunzio 15 – ✆ 05 41 95 41 69 – www.modernomajestic.it – Aperto 20 maggio-20 settembre
60 cam – **†**70/80 € **††**140/160 €, 8 € **Rist** – Carta 20/30 €
Bell'edificio fronte mare, dove il binomio cromatico bianco-blu vi accompagnerà in una vacanza tipicamente balneare dalle confortevoli camere e graziosi bagni.

Park Hotel
rist,
lungomare Rasi Spinelli 46 – ✆ 05 41 95 37 32 – www.parkhotels.it
47 cam – **†**60/95 € **††**86/110 € – **5 suites** **Rist** – Menu 18/30 €
Un albergo costruito nel 1989, sulla strada che costeggia la spiaggia; luminose sia le aree comuni che le camere, rinnovate in massima parte, con vetrate e vista mare.

Luxor Beach N
cam, cam,
via Carducci 32 – ✆ 05 41 96 11 70 – www.hotelluxorcattolica.com – Aperto 1° maggio-30 settembre
48 cam – **†**68/115 € **††**98/196 € **Rist** – Menu 24/28 € – *(solo per alloggiati)*
Conduzione familiare in un hotel ristrutturato in anni recenti, con camere di differenti metrature: le più nuove particolarmente belle!!! Differenti offerte nel trattamento, dal b&b all'all inclusive che prevede l'accesso al Beach Village.

Aurora
via Genova 26 – ✆ 05 41 83 04 64 – www.hotelauroracattolica.info – Aperto 23 aprile-13 settembre
18 cam – **†**34/60 € **††**68/108 € **Rist** – Carta 21/43 € – *(solo per alloggiati)*
Ambienti recentemente rinnovati, in questa risorsa dalla dinamica conduzione familiare: camere ampie e confortevoli. La proverbiale pasta tirata al mattarello e tante altre specialità romagnole al ristorante.

Sole
rist,
via Verdi 7 – ✆ 05 41 96 12 48 – www.hotel-sole.it – Aperto 25 maggio-15 settembre
43 cam – **†**35/45 € **††**60/80 € – **1 suite** **Rist** – 25 € – *(solo per alloggiati)*
Familiari la gestione e l'ospitalità in questo hotel situato in una via alle spalle del lungomare; tinte pastello nelle camere, semplici, ma luminose e ben tenute.

Gambrinus Mare N
rist,
Via Carducci 86 – ✆ 05 41 96 13 47 – www.hotelgambrinusmare.com – Aperto Pasqua-30 settembre
40 cam – **†**35/60 € **††**60/120 € **Rist** – Menu 18 € – *(solo per alloggiati)*
Tra l'acquario e il centro, hotel dalla dinamica e attenta gestione familiare che ha saputo mantenersi al passo con i tempi: sale moderne e camere accessoriate.

XX **Locanda Liuzzi**

via Fiume 61, angolo via Carducci – ✆ 05 41 83 01 00 – www.locandaliuzzi.com – Chiuso martedì a mezzogiorno e lunedì escluso giugno-agosto
Menu 48/75 € – Carta 43/75 € – (consigliata la prenotazione)
La semplicità e la tradizione non abitano in questo ritrovo di estrosi e creativi: la cucina è una continua sperimentazione di forme, colori e consistenze, per gli amanti del genere.

CAVA DE' TIRRENI

Salerno (SA) – ✉ 84013 – 53 578 ab. – Alt. 180 m – Carta regionale n° **6-B2**
Roma 258 km – Napoli 47 km – Avellino 49 km – Salerno 13 km
Carta stradale Michelin 564-E26

XX **Pappacarbone**

via Rosario Senatore 30 – ✆ 0 89 46 64 41 – www.ristorantepappacarbone.it – Chiuso agosto, domenica sera e lunedì
Menu 50/75 € – Carta 44/85 €
In un locale di tono sobrio contemporaneo, lo chef-patron bandisce dalla sua cucina ogni sofisticazione a favore dei veri sapori regionali. Una forchettata, ad occhi chiusi, e subito si riconosce cosa c'è nel piatto!

a Corpo di Cava Sud-Ovest : 4 km Alt. 400 m – ✉ 84013 Badia Di Cava De Tirreni

Scapolatiello rist,

piazza Risorgimento 1 – ✆ 0 89 44 36 11 – www.hotelscapolatiello.it
44 cam – †44/84 € ††59/109 € – **1 suite** **Rist** – Carta 28/46 €
Gestito dalla stessa famiglia fin dal 1821, signorile albergo panoramico vicino all'Abbazia Benedettina. Ampi spazi comuni e un curato giardino con piscina, ma anche le camere non son da meno, in quanto a confort e piacevolezza. L'incanto della terrazza fiorita e la bella vista dalle vetrate della luminosa sala ristorante.

CAVAGLIÀ

Biella (BI) – ✉ 13881 – 3 632 ab. – Alt. 271 m – Carta regionale n° **23-C2**
Roma 662 km – Torino 59 km – Biella 19 km – Milano 97 km
Carta stradale Michelin 561-F6

UNA Golf Hotel Cavaglià cam,

via Santhià 75 – ✆ 01 61 96 67 71 – www.unagolfhotelcavaglia.it
37 cam – †65/100 € ††95/125 € **Rist** – Carta 24/50 €
Circondata dal verde, questa bella struttura è caratterizzata da un' ampia hall e da varie salette relax, nonché camere di due tipologie - standard e superior - entrambe ben accessoriate. Il retro dell'albergo ospita un campo da golf con un'accogliente club house, aperta a pranzo e a cena.

X **Osteria dell'Oca Bianca**

via Umberto I 2 – ✆ 01 61 96 68 33 – www.osteriadellocabianca.it – Chiuso 11-22 gennaio, 1°-16 luglio, martedì e mercoledì
Carta 31/63 €
Nel cuore della località, di fronte alla chiesa, classica osteria di paese che mantiene intatto lo spirito originario. Cantina ben fornita e affidabile cucina del territorio.

CAVAGLIETTO

Novara (NO) – ✉ 28010 – 412 ab. – Alt. 233 m – Carta regionale n° **23-C2**
Roma 647 km – Stresa 42 km – Milano 74 km – Novara 22 km
Carta stradale Michelin 561-F7

XXX **Arianna**

via Umberto 4 – ✆ 03 22 80 61 34 – www.ristorantearianna.net – Chiuso 1°-10 gennaio, 22 luglio-14 agosto, mercoledì a mezzogiorno e martedì
Menu 52 € – Carta 47/63 €
In un piccolo e tranquillo borgo agricolo, imprevedibilmente, un ristorante d'impronta elegante: tavoli distanziati, comode sedie, piatti di concezione moderna.

CAVAGNANO → Vedere Cuasso al Monte

Varese (VA)

CAVAION VERONESE

Verona (VR) – ✉ 37010 – 5 629 ab. – Alt. 190 m – Carta regionale n° **39-A3**

Roma 521 km – Verona 24 km – Brescia 81 km – Milano 169 km

Villa Cordevigo

località Cordevigo, Sud-Est : 3 km – ✆ 04 57 23 52 87 – www.villacordevigo.com – Chiuso 5 gennaio-18 marzo

30 cam – 176/530 € 176/530 €

Rist *Oseleta* – vedere selezione ristoranti

Buen retiro collinare alle spalle del lago, vigneti, chiesa con reliquie e un parco di piante secolari sono il contorno di una raffinata dimora di origini cinquecentesche con lampadari di Murano e romantici bagni retrò.

Oseleta – Villa Cordevigo

località Cordevigo, Sud-Est : 3 km – ✆ 04 57 23 52 87 – www.ristoranteoseleta.it – Chiuso 5 gennaio-18 marzo

Menu 70/110 € – Carta 57/101 €

All'interno dei sontuosi e romantici ambienti di Villa Cordevigo, l'Oseleta, nel suo ampio salone con decorazioni in stile, offre ricette e sapori inaspettatamente campani e mediterranei. L'artefice è un cuoco napoletano di sorprendente talento. Nella bella stagione, pasti all'aperto tra le colline ed i vigneti.

➜ Linguine aglio olio e peperoncino, crudità di pesce e crostacei, bottarga di muggine. Rombo, cime di rapa, patata, guazzetto di mozzarella. Lemon... consistenze di limone di Amalfi.

CAVALESE

Trento (TN) – ✉ 38033 – 3 993 ab. – Alt. 1 000 m – Carta regionale n° **34-D3**

Roma 648 km – Bolzano 43 km – Trento 50 km – Belluno 92 km

Carta stradale Michelin 562-D16

Lagorai

cam,

via Val di Fontana 2 – ✆ 04 62 34 04 54 – www.hotel-lagorai.com – Chiuso novembre e maggio

40 cam – 74/152 € 106/216 € – **10 suites** **Rist** – Carta 22/45 €

Ad 1 km dal centro, in splendida posizione panoramica, l'hotel sembra un promontorio affacciato sulla valle: profusione di legno abete nelle ottime camere ed un incantevole giardino a terrazze. In generale, una generosa offerta di servizi in tutti i settori!

Bellavista

cam, rist,

via Pizzegoda 5 – ✆ 04 62 23 02 28 – www.bienvivrehotels.it – Chiuso maggio e novembre

42 cam – 49/499 € 49/499 € – **3 suites**

Rist – Menu 20 € (pranzo)/25 €

All'interno di un bell'edificio con decorazioni che continuano nell'elegante hall, camere semplici - le più spaziose sono le tre suite su due piani - e piatti locali nella classica sala ristorante.

Laurino senza rist

via Antoniazzi 14 – ✆ 04 62 34 01 51 – www.hotelgarnilaurino.it

8 cam – 45/85 € 90/150 € – **4 suites**

La posizione centrale di questo incantevole palazzo del '600 non ne penalizza la tranquillità; camere confortevoli e gran cura del dettaglio per un soggiorno all'insegna del romanticismo. La sera, al piccolo bistrot, taglieri di salumi e formaggi e qualche zuppa calda.

Romantic Hotel Excelsior

rist,

piazza Cesare Battisti 11 – ✆ 04 62 34 04 03 – www.excelsiorcavalese.com – Chiuso aprile, maggio, novembre

26 cam – 50/65 € 90/140 € **Rist** – Menu 21 € – *(solo per alloggiati)*

In un palazzo del '500 - nel cuore storico del paese - dai pavimenti alla splendida stufa decorata, il passato ha lasciato più di una traccia. Camere più semplici dagli arredi contemporanei. Cucina classica o pizzeria, le opzioni per i pasti sono variegate.

Park Hotel Azalea

via delle Cesure 1 – 0462340109 – www.ecoparkhotelazalea.it – Aperto 1° dicembre-10 aprile e 20 maggio-10 ottobre
34 cam – 60/128 € 100/204 €
Rist – Menu 30/40 € – *(solo a cena) (solo per alloggiati)*
Nel centro della rinomata località trentina, profusione di legno e design moderno per una risorsa che fa della calorosa gestione familiare il proprio punto di forza.

Salvanel

via Carlo Esterle 3 – 0462232057 – www.salvanel.com – Chiuso 15 giorni in maggio e 15 giorni in novembre
7 cam – 45/65 € 90/130 €
Rist – Menu 28/33 € – *(Aperto 20 dicembre-Pasqua e luglio-agosto) (solo a cena) (solo per alloggiati)*
A due passi dal centro, piccolissimo albergo ricavato da una casa del Settecento. La gestione è familiare, attenta alla cura e alla pulizia delle camere piacevolmente in stile montano; l'ultimo piano ospita - ora - anche sauna e bagno turco.

El Molin (Alessandro Gilmozzi)

piazza Cesare Battisti 11 – 0462340074 – www.elmolin.info – Aperto 1° dicembre-12 aprile e 15 giugno-15 ottobre; chiuso martedì
Menu 70/110 € – Carta 65/99 € – *(solo a cena)* (consigliata la prenotazione)
Rist *Wine-bar* –Carta 33/58 € – *(aperto 1° dicembre-1° maggio e 1° giugno-1° novembre; chiuso mercoledì a mezzogiorno e martedì)*
In un mulino del '600, l'interno è un susseguirsi di ballatoi e decorazioni in legno tra le antiche macine, mentre la cucina - tecnica e creatività - porta il bosco nel piatto. Per i più tradizionalisti, wine-bar al 1° piano con scelta ristretta di piatti e salumi trentini; spesso grandi vini al bicchiere.
→ Tagliolino affumicato al ginepro con tartufo e formaggio fontal di Cavalese. Temolo (pesce d'acqua dolce) all'abete rosso. Borderline (dolce a base di resine e gemme degli alberi).

Costa Salici

via Costa dei Salici 10 – 0462340140 – www.costasalici.com – Chiuso lunedì
Menu 30/42 € – Carta 30/55 € – (prenotare)
Dal 2014 la cucina dell'esperto chef-patron, Maurizio, si moltiplica negli sforzi grazie all'ausilio del figlio rientrato a casa dopo esperienze di alto livello. In una casa di montagna, con sala classica e caratteristica stube in legno di cirmolo, piatti locali rivisitati con fantasia.

CAVALLINO

Venezia (VE) – 30013 – Carta regionale n° **40-C2**
Roma 574 km – Venezia 56 km – Padova 90 km – Treviso 50 km
Carta stradale Michelin 562-F19

Art & Park Hotel Union Lido

cam,

via Fausta 270 – 041968043 – www.parkhotelunionlido.com – Aperto 23 aprile-27 settembre
78 cam – 65/149 € 91/180 € **Rist** – Carta 37/55 €
All'interno di un complesso turistico che si estende per oltre 1 km sul mare, piacevoli sale classiche, una piccola zona fitness e servizio di beauty-wellness center. Cucina di mare e pizze nel gradevole ristorante con dehors estivo.

CAVALLINO

Lecce (LE) – 73020 – 11 909 ab. – Carta regionale n° **27-D2**
Roma 582 km – Brindisi 47 km – Gallipoli 42 km – Lecce 7 km
Carta stradale Michelin 564-G36

Osteria del Pozzo Vecchio

via M. Silvestro 16 – 0832611649 – www.osteriadelpozzovecchio.it – Chiuso lunedì escluso agosto
Carta 20/28 € – *(solo a cena in luglio-agosto)*
A due passi dalla piazza, il ristorante consta di due sale e di un giardino per il servizio all'aperto dove gustare una cucina principalmente di pesce. La sera anche pizzeria.

CAVASSO NUOVO

Pordenone (PN) – ✉ 33092 – 1 601 ab. – Alt. 300 m – Carta regionale n° **10**-B2
Roma 637 km – Pordenone 34 km – Trieste 119 km
Carta stradale Michelin 562-D20

Ai Cacciatori

Via Diaz 4 – ✆ 04 27 77 78 00 – Chiuso 7-14 gennaio, 3 settimane in luglio, domenica sera, lunedì e martedì
Menu 30 € – Carta 29/40 € – (prenotare)
Daniel e la moglie Angelina propongono - rigorosamente a voce - fragranti e gustosi piatti, fieri della propria forte radice territoriale. Non mancano, quindi: i formaggi, la "pitina" (polpetta di carne affumicata), la cipolla di Cavasso, la polenta e, come il nome lascia intuire, la cacciagione!

CAVATORE

Alessandria (AL) – ✉ 15010 – 302 ab. – Alt. 516 m – Carta regionale n° **23**-C3
Roma 557 km – Alessandria 42 km – Genova 80 km – Asti 51 km
Carta stradale Michelin 561-I7

Da Fausto con cam

località Valle Prati 1 – ✆ 01 44 32 53 87 – www.relaisborgodelgallo.it – Chiuso 6 gennaio-11 febbraio
4 cam – 80 € 100/130 €
Menu 16 € (pranzo in settimana)/34 € – Carta 26/46 € – *(chiuso martedì a pranzo e lunedì, anche martedì sera in ottobre-giugno)*
Agnolotti al ristretto d'arrosto ed altri piatti casalinghi dalle porzioni generose, ben curati nelle presentazioni, in una tipica casa dalla facciata in pietra. E se la giornata è tersa, il piacere dell'incantevole vista sulla catena alpina.

CAVAZZO CARNICO

Udine (UD) – ✉ 33020 – 1 092 ab. – Carta regionale n° **10**-B1
Roma 681 km – Trieste 118 km – Udine 46 km
Carta stradale Michelin 562-C21

Borgo Poscolle

via Poscolle 21/a – ✆ 04 33 93 50 85 – Chiuso 1 settimana in gennaio, 1 settimana in ottobre, martedì e mercoledì
Carta 27/41 €
Cucina casalinga legata al territorio (ottimo il petto di faraona al forno con pancetta croccante) in una gradevole trattoria familiare, dove la ricerca del prodotto locale - possibilmente a km 0 e biologico - si è trasformata in piacevole ossessione: i dolci, la passione della cuoca-titolare!

CAVENAGO DI BRIANZA

Monza e Brianza (MB) – ✉ 20873 – 7 003 ab. – Alt. 176 m – Carta regionale n° **18**-B2
Roma 595 km – Milano 30 km – Monza 19 km – Lecco 39 km
Carta stradale Michelin 561-F10

Devero

largo Kennedy 1 – ✆ 02 95 33 54 12 – www.deverohotel.it – Chiuso 2 settimane in agosto
138 cam – 79/169 € 85/250 € – **10 suites**
Rist *Devero Ristorante* – vedere selezione ristoranti
Rist *Dodici 24* – ✆ 02 95 33 71 52 – Menu 18 € (pranzo in settimana)/35 € – Carta 37/63 €
Ampliata con la nuova "torre", questa struttura dalle linee nette e moderne si presenta con spazi comuni funzionali e camere ben accessoriate. Cucina mediterranea al ristorante, la cui apertura - come evoca il nome - è dalle 12 alle 24.

XXX **Devero Ristorante** (Enrico Bartolini)

largo Kennedy 1 – ✆ 02 95 33 52 68 – www.enricobartolini.net – Chiuso 2 settimane in agosto, domenica e i mezzogiorno di lunedì e sabato
Menu 75/150 € – Carta 69/138 €
Con caparbietà e bravura il poco più che trentenne chef-gestore Bartolini concretizza il proprio talento culinario che non si limita alla sola cucina, oramai sempre più sicura nel miscelare nello stesso piatto gusto classico e moderno, ma che comprende a 360° tutto ciò che costituisce e rende affascinante "l'alta ristorazione".
➜ Risotto alle rape rosse e salsa al gorgonzola. Brochette di piccione. Crema bruciata con mirtilli ghiacciati, amarene e meringhe.

CAVERNAGO

Bergamo (BG) – ✉ 24050 – 2 569 ab. – Alt. 199 m – Carta regionale n° **19-C2**
Roma 600 km – Bergamo 13 km – Brescia 45 km – Milano 54 km
Carta stradale Michelin 561-F11

XX **Il Saraceno** (Roberto Proto)

piazza Don Verdelli 2 – ✆ 0 35 84 00 07 – www.ristorante-ilsaraceno.it – Chiuso 1 settimana in gennaio, 2 settimane in agosto, lunedì e martedì
Menu 55/65 € – Carta 54/98 €
Un cucina seria, capace di accostamenti creativi, realizzata con prodotti di ottimo valore qualitativo: il pesce è il grande protagonista del menu, bollicine e vini bianchi i suoi degni accompagnatori. La ricchezza di sapori nei piatto sarà il ricordo che porterete con voi.
➜ Polpo arrosto, morbido di cavolfiori e pistacchi di Bronte. Ravioloni di mozzarella di bufala con alici di Cetara e briciole di pane. Elogio dello scampo.

XX **Giordano** con cam — cam,

via Leopardi 1 – ✆ 0 35 84 02 66 – www.hotelgiordano.it – Chiuso 23 dicembre-6 gennaio e agosto
19 cam – †45/60 € ††60/110 € – **1 suite**
Menu 35 € – Carta 37/89 € – *(chiuso domenica sera e lunedì)*
Si rifanno alla Toscana, terra d'origine del titolare, le specialità di questo ristorante, particolarmente attento nella scelta dei prodotti. Una grande vetrata separa la sala dalla griglia. Camere confortevoli e moderne: le più belle - al piano terra - sono contraddistinte con i nomi di grandi vini.

CAVI

➜ Vedere Lavagna
Genova (GE)

CAVOUR

Torino (TO) – ✉ 10061 – 5 595 ab. – Alt. 300 m – Carta regionale n° **22-B3**
Roma 698 km – Torino 54 km – Asti 93 km – Cuneo 51 km
Carta stradale Michelin 561-H4

Locanda la Posta

via dei Fossi 4 – ✆ 0 12 16 99 89 – www.locandalaposta.it
18 cam – †55/80 € ††80/120 €
Rist *La Posta* – vedere selezione ristoranti
Guidata dalla stessa famiglia sin dalle sue origini settecentesche, la locanda vanta camere accoglienti e in stile, intitolate ai personaggi storici che vi hanno alloggiato.

XX **La Posta** – Hotel Locanda la Posta

via dei Fossi 4 – ✆ 0 12 16 99 89 – www.locandalaposta.it – Chiuso 28 dicembre-4 gennaio e venerdì
Carta 30/40 €
La fantasiosa insalata di mele ed il paté di fegato di selvaggina, gli agnolotti (o i tagliolini) fatti a mano, i bolliti con le mille salse, il bonet: insomma, se volevate gustare la vera cucina piemontese siete cascati bene!

XX **La Nicchia**

via Roma 9 – ✆ 01 21 60 08 21 – www.lanicchia.net – Chiuso 2 settimane in febbraio, 2 settimane in agosto, giovedì a pranzo e mercoledì
Menu 37/42 € – Carta 36/61 €
Una nicchia di "buon gusto" all'interno di un edificio di fine 700, già indicato in un'antica mappa napoleonica. Sulla tavola, il meglio delle materie prime locali in ricette regionali, benevolmente aperte a qualche intrusione moderna.

CAVRIGLIA

Arezzo (AR) – ✉ 52022 – 9 542 ab. – Alt. 281 m – Carta regionale n° **32-C2**
Roma 238 km – Firenze 58 km – Siena 41 km – Arezzo 49 km
Carta stradale Michelin 563-L16

a Meleto Nord : 9 km – ✉ 52020

Villa Barberino cam, **P**

viale Barberino 19 – ✆ 0 55 96 18 13 – www.villabarberino.it
14 cam – 70/130 € 99/150 € – **3 suites**
Rist *Il Tributo* – Carta 30/54 €
In una fattoria del '300 con annesso borgo, un giardino all'italiana perfettamente tenuto ed una bella piscina che, oltre ad offrire momenti di piacevole relax, regala alla vista il panorama di dolci colline. La cucina toscana è rivisitata con garbo e i sapori cambiano con il mutar delle stagioni al ristorante Il Tributo.

CAZZAGO SAN MARTINO

Brescia (BS) – ✉ 25046 – 11 034 ab. – Alt. 200 m – Carta regionale n° **19-D2**
Roma 560 km – Brescia 17 km – Bergamo 40 km – Milano 81 km
Carta stradale Michelin 561-F12

XXX **Il Priore** **P**

via Sala 70, località Calino, Ovest : 1 km – ✆ 03 07 25 46 65 – Chiuso 10 giorni in gennaio e martedì
Menu 20 € (pranzo in settimana)/40 € – Carta 50/70 €
Due sale ampie e luminose con una piccola collezione di opere d'arte del '900 e servizio estivo in terrazza panoramica per un'interessante cucina di ampio respiro.

sulla strada statale 11 Padana Superiore Sud : 2,5 km

Papillon senza rist **P**

via Padana Superiore 100 ✉ 25046 – ✆ 03 07 75 08 43 – www.albergopapillon.it
47 cam – 50/75 € 85/95 €
Facilmente raggiungibile dall'autostrada Milano-Venezia, hotel di taglio contemporaneo, a gestione familiare, frequentato da clientela di lavoro; camere in genere ampie, dagli arredi moderni al piano terra, in arte povera al primo.

CECCHINI DI PASIANO → Vedere Pasiano di Pordenone

Pordenone (PN)

CECINA

Livorno (LI) – ✉ 57023 – 28 027 ab. – Alt. 15 m – Carta regionale n° **31-B2**
Roma 276 km – Pisa 62 km – Livorno 40 km – Firenze 117 km
Carta stradale Michelin 563-M13

Posta senza rist

piazza Gramsci 12 – ✆ 05 86 68 63 38 – www.postahotel.it
15 cam – 50/70 € 70/120 €
Piccolo albergo d'atmosfera ospitato in un edificio d'epoca di una delle piazze principali di Cecina; parquet e mobili di legno scuro nelle camere accoglienti e curate.

Il Palazzaccio cam, cam, **P**

via Aurelia Sud 300 – ✆ 05 86 68 25 10 – www.hotelpalazzaccio.it
35 cam – 55/75 € 75/110 €, 9 € – **2 suites**
Rist – Carta 26/45 € – *(solo a cena)*
In comoda posizione stradale, ma un po' arretrato rispetto al traffico, un hotel ricavato in una vecchia stazione di posta con camere spaziose e funzionali.

Scacciapensieri
via Verdi 22 – ✆ 05 86 68 09 00 – www.ristorantescacciapensieri.com – Chiuso lunedì
Menu 25 € (pranzo in settimana)/70 € – Carta 40/70 €
Lasciate ogni preoccupazione fuori dalla porta e concedetevi una pausa golosa, assaporando le specialità – soprattutto di mare – di questo storico ristorante in pieno centro. E se questo non bastasse, una buona bottiglia scelta nella fornita cantina contribuirà alla vostra spensieratezza!

Trattoria Senese
via Diaz 23 – ✆ 05 86 68 03 35 – Chiuso martedì
Carta 29/74 € – (consigliata la prenotazione)
A gestione familiare, l'impostazione e i piatti sono quelli del classico ristorante di pesce e, sebbene vi sia un menu, vi consigliamo di farvi guidare nella scelta dallo chef.

Il Doretto
via Pisana Livornese 32, Nord : 2,8 km – ✆ 05 86 66 83 63 – Chiuso 7-24 novembre e mercoledì
Carta 35/77 € – (coperti limitati, prenotare)
Interessanti proposte culinarie di terra e di mare in un ristorante all'interno di un cascinale, che dell'antica struttura ha mantenuto lo stile rustico nonostante qualche spunto di eleganza nell'arredamento. Gradevole dehors per il servizio estivo.

CEFALÙ
Sicilia – Palermo (PA) – ✉ 90015 – 14 393 ab. – Carta regionale n° **30-C2**
▶ Palermo 68 km – Caltanissetta 101 km – Enna 107 km
Carta stradale Michelin 365-AT55

Riva del Sole
lungomare Giardina 25 – ✆ 09 21 42 12 30 – www.rivadelsole.com – Chiuso novembre
28 cam – †80/100 € ††120/140 €
Rist – Carta 26/59 € – *(aperto 16 marzo-31 ottobre)*
Fronte spiaggia e mare, senza dimenticare il centro storico a due passi, questo albergo moderno dispone di camere rinnovate, alcune con vista sul Tirreno.

Locanda del Marinaio (N)
Via Porpora 5 – ✆ 09 21 42 32 95 – Chiuso martedì
Menu 18 € (pranzo) – Carta 28/50 € – *(solo a cena)*
Gustosi piatti che profumano di Mediterraneo – sebbene realizzati dalla chef/titolare tedesca – in un grazioso locale del brulicante centro di Cefalù. L'ambiente è semplice, ma la cucina sicuramente interessante!

CEGLIE MESSAPICA
Brindisi (BR) – ✉ 72013 – 20 089 ab. – Alt. 298 m – Carta regionale n° **27-C2**
▶ Roma 564 km – Brindisi 38 km – Bari 92 km – Taranto 38 km
Carta stradale Michelin 564-F34

Madonna Delle Grazie
via Fedele Grande snc, contrada Pisciacalze – ✆ 08 31 38 13 71 – www.hotelmadonnadellegrazie.it
28 cam – †75/105 € ††90/150 €
Rist – Menu 25 € – *(solo a cena)* (prenotare)
Alchimie cosmetiche e percorsi di bellezza nell'attrezzato centro benessere di questo nuovo hotel dai confort contemporanei e dallo stile signorile; la posizione tranquilla vi ripagherà della sua ubicazione periferica rispetto al paese. Piatti regionali al ristorante con una carta vincente: una grande terrazza panoramica sulla campagna per la bella stagione.

XX **Al Fornello-da Ricci** (Ricci e Sookar) con cam — A/C rist, P

contrada Montevicoli – ✆ 08 31 37 71 04 – Chiuso 15-25 marzo, 15 settembre-5 ottobre, lunedì e martedì; anche domenica sera in inverno

1 cam – **††40/60 €**

Carta 47/67 € – *(solo a cena in inverno da mercoledì a venerdì)* (consigliata la prenotazione)

La Puglia che vi aspettate servita in tavola: dai Ricci c'è una calorosa accoglienza famigliare, un ristorante dall'atmosfera calda e avvolgente, nonché un'ottima cucina regionale che punta sui prodotti della terra.

➜ Fiori di zucchina in leggera frittura ripieni di ricotta. Spaghettini fatti in casa con semola Cappelli al sugo di tre tipi di pomodori e mollica tostata all'acciuga. Trancio di stinco di manzo in riduzione di birra artigianale salentina e schiacciata di patate.

XX **Cibus** — A/C

via Chianche di Scarano 7 – ✆ 08 31 38 89 80 – www.ristorantecibus.it – Chiuso 24 giugno-2 luglio e martedì

Carta 23/47 €

Parlare di cucina regionale qui sarebbe riduttivo, il ristorante custodisce infatti ricette di Ceglie, a volte persino familiari, con una straordinaria ricerca di prodotti, quando ancora di chilometro zero neppure si parlava. Tra indimenticabili antipasti e gustose paste fresche, è una tappa immancabile di ogni viaggio in Puglia.

X **Da Gino** — P

contrada Montevicoli - Tratturo Cappelle – ✆ 08 31 37 79 16 – www.ristorantedagino.it – Chiuso venerdì

Carta 20/33 €

Qui dagli anni Settanta, in sale semplici ma piacevolmente ornate di legno, il ristorante è la meta prediletta per gli amanti della cucina vegetariana: verdure ed erbe aromatiche, coltivate dal titolare, insaporiscono i tradizionali piatti pugliesi.

CELANO

L'Aquila (AQ) – ✉ 67043 – 10 881 ab. – Alt. 800 m – Carta regionale n° **1-B2**

Roma 118 km – Avezzano 16 km – L'Aquila 44 km – Pescara 94 km

Carta stradale Michelin 563-P22

Le Gole — A/C P

via Borgo Sardellino 3, Sud : 1,5 km ✉ 67041 Aielli – ✆ 08 63 71 10 09 – www.hotellegole.it

39 cam – **†50/60 € ††80/100 €** – **3 suites**

Rist ***Locanda dei Priori*** – vedere selezione ristoranti

Un albergo recente, costruito con materiali "antichi" - legno, pietra e mattoni - ovunque a vista; belle camere in stile intorno alla corte interna; giardino ombreggiato.

Lory — cam, A/C rist, P

via Oreste Ranelletti 279 – ✆ 08 63 79 36 56 – www.loryhotel.it

34 cam – **†30/80 € ††50/120 €**

Rist – Carta 18/44 € – *(chiuso 1°-15 luglio e domenica) (solo a cena)*

Lungo una curva verso Celano Alta, hotel dotato di installazioni all'avanguardia e luminose zone comuni con comode poltrone; parquet nelle confortevoli camere.

XX **Locanda dei Priori** – Hotel Le Gole — A/C P

via Borgo Sardellino 3, Sud : 1,5 km ✉ 67041 Aielli – ✆ 08 63 71 10 09 – www.hotellegole.it

Carta 18/41 €

Piatti tradizionali della regione con ottime materie prime e buone elaborazioni, in un locale dall'interessante rapporto qualità/prezzo; grande brace e ampia gamma di carni, nonché piccola selezione di pizze cotte nel forno a legna.

CELLARENGO

Asti (AT) – ✉ 14010 – 723 ab. – Alt. 321 m – Carta regionale n° **25-C1**

Roma 621 km – Torino 41 km – Asti 28 km – Cuneo 77 km

Carta stradale Michelin 561-H5

Agriturismo Cascina Papa Mora
rist, cam, P

via Ferrere 16, Sud : 1 km – ✆ 01 41 93 51 26 – www.cascinapapamora.it – Chiuso gennaio

7 cam – 35/40 € 60/70 €

Rist – Menu 25/35 € – *(solo a cena escluso domenica e i giorni festivi)* (prenotazione obbligatoria)

In aperta campagna e circondata da coltivazioni biologiche, questa bella cascina offre camere semplici, ma curate e personalizzate, nonché la possibilità di effettuare turismo equestre con corsi, escursioni e attività varie. Piatti piemontesi al ristorante e animazione per i bambini la domenica.

CELLE LIGURE

Savona (SV) – ✉ 17015 – 5 261 ab. – Carta regionale n° **14-B2**

Roma 541 km – Genova 42 km – Alessandria 91 km – Savona 9 km

Carta stradale Michelin 561-I7

San Michele
cam, rist, P

via Monte Tabor 26 – ✆ 0 19 99 00 17 – www.hotel-sanmichele.it – Aperto 15 maggio-25 settembre

46 cam – 70/90 € 120/140 €

Rist – Carta 25/34 € – *(solo per alloggiati)*

Confortevole struttura con un grazioso giardino, piscina e comodo sottopassaggio per la spiaggia. Ariosi spazi comuni e arredi in legno chiaro nelle funzionali camere.

CELLE SUL RIGO → Vedere San Casciano dei Bagni

Siena (SI)

CENERENTE → Vedere Perugia

Perugia (PG)

CENOVA

Imperia (IM) – ✉ 18026Alt. 558 m – Carta regionale n° **14-A2**

Roma 619 km – Imperia 30 km – Genova 120 km – Savona 73 km

Carta stradale Michelin 561-J5

Negro
rist, P

via Canada 10 – ✆ 0 18 33 40 89 – www.hotelnegro.it – Chiuso 7 gennaio-1° aprile

12 cam – 70/90 € 70/90 € – **1 suite**

Rist *I Cavallini* – Carta 26/70 € – *(chiuso mercoledì) (solo a cena)* (consigliata la prenotazione)

Un paese medievale circondato dai boschi con case in pietra addossate le une alle altre e questo grazioso albergo sapientemente ristrutturato, pur conservando le porte basse e le ripide scale. Le camere sono tutte belle, ma la junior suite vanta anche un terrazzino privato. Cucina casalinga al ristorante.

CERASO

Salerno (SA) – ✉ 84052 – 2 492 ab. – Alt. 340 m – Carta regionale n° **7-C3**

Roma 356 km – Avellino 125 km – Napoli 145 km – Salerno 94 km

Carta stradale Michelin 564-G27

a Petrosa Sud-Ovest : 7,5 km – ✉ 84052 Ceraso

Agriturismo La Petrosa
P

via Fabbrica 25 – ✆ 0 97 46 13 70 – www.lapetrosa.it – Aperto 1° aprile-31 ottobre

11 cam – 50/60 € 80/100 €

Rist – Carta 16/28 € – (prenotazione obbligatoria)

Voglia di una vacanza rurale nel Parco del Cilento? C'è anche un agricampeggio con alcune piazzole, in questo agriturismo dalle camere in stile rustico ed alcuni letti in ferro battuto. La posizione è piuttosto decentrata, ma proprio per questo garantisce una certa tranquillità, da godere anche a bordo piscina.

CERBAIA → Vedere San Casciano in Val di Pesa

Firenze (FI)

CERCOLA

Napoli (NA) – ✉ 80040 – 18 108 ab. – Alt. 75 m – Carta regionale n° **6-B2**
Roma 225 km – Napoli 15 km – Caserta 32 km – Benevento 87 km
Carta stradale Michelin 564-E25

Relais Villa Buonanno (N)
via Buonanno 10 – 08 17 33 22 02 – www.relaisvillabuonanno.it
34 cam – †49/79 € ††59/99 € – **2 suites** **Rist** – Carta 25/33 € – *(solo a cena)*
Villa di origini seicentesche con parco/giardino curatissimo, interni più moderni, ottimo confort e buoni spazi. Piatti regionali al ristorante, in alternativa c'è anche un wine-bar.

CEREA

Verona (VR) – ✉ 37053 – 16 309 ab. – Alt. 18 m – Carta regionale n° **39-B3**
Roma 479 km – Venezia 135 km – Verona 43 km – Mantova 37 km
Carta stradale Michelin 562-G15

Villa Ormaneto senza rist
Via Isolella Bassa 7 – 0 44 28 37 95 – www.villaormaneto.com
7 cam – †65/75 € ††80/90 €
Camere molto confortevoli in una splendida villa storica in aperta campagna: all'armonia dell'architettura esterna fanno eco spunti di moderno design negli ambienti interni.

CERES

Torino (TO) – ✉ 10070 – 1 052 ab. – Alt. 704 m – Carta regionale n° **22-B2**
Roma 722 km – Torino 48 km – Biella 110 km – Ivrea 83 km
Carta stradale Michelin 561-G4

Valli di Lanzo con cam
via Roma 15 – 0 12 35 33 97 – www.ristorantevallidilanzo.it
9 cam – †45/55 € ††60/70 €
Menu 22 € (pranzo in settimana)/40 € – Carta 24/50 € – *(chiuso lunedì)*
Nel centro di uno dei più caratteristici paesi della valle, gestione giovane e preparata per una cucina che ripercorre le orme del territorio con interessanti "aperture" verso piatti più creativi.

CERESE DI VIRGILIO → Vedere Mantova

Mantova (MN)

CERMENATE

Como (CO) – ✉ 22072 – 9 092 ab. – Alt. 297 m – Carta regionale n° **18-B1**
Roma 612 km – Como 15 km – Milano 32 km – Varese 28 km
Carta stradale Michelin 561-E9

Gardenia cam, rist,
via Europa Unita 78 – 0 31 72 25 71 – www.hotelgardeniacermenate.it
34 cam – †75/150 € ††90/250 € **Rist** – Menu 25 €
Un basso edificio di mattoni ospita un albergo concepito in modo moderno e funzionale, ideale per una clientela business, con camere spaziose e ben accessoriate.

Castello
via Castello 28 – 0 31 77 15 63 – www.comiristorantecastello.it – Chiuso 26 dicembre-6 gennaio, agosto, martedì sera e lunedì
Carta 39/71 €
Locale storico in zona, ma moderno e minimalista negli arredi, con tante bottiglie (soprattutto di distillati) a riempire le molte teche in vetro. Cucina stagionale e territoriale con qualche spunto di fantasia.

CERMES (TSCHERMS)

Bolzano (BZ) – ✉ 39010 – 1 442 ab. – Alt. 292 m – Carta regionale n° **33-B2**
Roma 666 km – Trento 82 km – Bolzano 31 km – Innsbruck 149 km
Carta stradale Michelin 354-AB4

Miil

via Palade 1 – ✆ 04 73 56 37 33 – www.miil.info – Chiuso domenica e lunedì
Menu 40/45 € – Carta 42/54 €
Davanti alla cantina Kranzelhof con il suo giardino-labirinto, Miil è un locale moderno e informale, nuovo nella veste, nonché nel nome. La sua cucina ne ricalca il genere, quindi contemporanea, pur rimanendo ancorata nella tradizione regionale.

Elisabeth

via Palade 43/a – ✆ 04 73 56 07 78 – www.restaurantelisabeth.it – Chiuso 15 giugno-31 agosto, giovedì a mezzogiorno e mercoledì
Menu 15 € (pranzo in settimana)/45 € – Carta 28/66 €
Un bel ristorantino tradizionale con tre piccole salette molto curate e un gran bel dehors sul retro, alberato e molto accogliente. La cucina è quella di tutti i giorni: un po' tradizionale (in inverno con i classici canederli, formaggi ed affettati misti) e un po' mediterranea.

CERNOBBIO

Como (CO) – ✉ 22012 – 6 802 ab. – Alt. 201 m – Carta regionale n° **18-A1**
Roma 630 km – Como 5 km – Lugano 33 km – Milano 53 km
Carta stradale Michelin 561-E9

Villa d'Este

cam, rist,

via Regina 40 – ✆ 0 31 34 81 – www.villadeste.it – Aperto 6 marzo-16 novembre
145 cam – 460/720 € 540/1380 € – **7 suites**
Rist *La Veranda* – ✆ 0 31 34 87 20 – Carta 100/243 €
Rist *Grill* – Carta 83/173 € – *(solo a cena)*
Più che un hotel, Villa d'Este è una destinazione ed una leggenda: eleganza classica, confort assoluto, glamour hollywoodiano. In una dimora cinquecentesca, che è un invito alla "dolce vita", il lusso si veste d'intemporalità sfoggiando stucchi, arcate, lampadari di Murano. Se al ristorante gastronomico - La Veranda - troverete romantiche atmosfere e raffinate delicatezze, l'ambiente del Grill si fa più rilassato ed informale.

Miralago

rist,

piazza Risorgimento 1 – ✆ 0 31 51 01 25 – www.hotelmiralago.it – Aperto 1° marzo-10 novembre
42 cam – 75/150 € 105/210 €
Rist – Carta 41/72 € – *(chiuso mercoledì)*
Una signorile casa liberty affacciata sul lago e sulla passeggiata pedonale ospita un albergo accogliente; moderne camere di dimensioni limitate, ma ben accessoriate. Bella veduta del paesaggio lacustre dalla sala ristorante.

Centrale

via Regina 39 – ✆ 0 31 51 14 11 – www.albergo-centrale.com – Chiuso 5 gennaio-16 febbraio
22 cam – 70/160 € 80/160 €
Rist – Carta 26/65 € – *(chiuso lunedì) (solo a cena)*
Un edificio inizio '900, ristrutturato in anni recenti, per una piccola, curata risorsa a gestione familiare; arredi classici nelle camere non ampie, ma confortevoli. Ameno servizio ristorante estivo in giardino.

Trattoria del Vapore

via Garibaldi 17 – ✆ 0 31 51 03 08 – www.trattoriadelvapore.it – Chiuso 25 dicembre-25 gennaio e mercoledì
Carta 42/58 €
Un grande camino troneggia nell'accogliente sala di questo raccolto locale, in centro, a pochi passi dal lago; cucina legata alle tradizioni lacustri, ricca enoteca.

CERNUSCO LOMBARDONE

Lecco (LC) – ✉ 23870 – 3 870 ab. – Alt. 267 m – Carta regionale n° **18-B1**
▶ Roma 593 km – Como 35 km – Bergamo 28 km – Lecco 19 km
Carta stradale Michelin 561-E10

Osteria Punto e a Capo

via Lecco 34 – ✆ 03 99 90 23 96 – www.osteriapuntoeacapo.com – Chiuso 1°-10 gennaio, 15-31 agosto e lunedì
Menu 14 € (pranzo in settimana)/33 € – Carta 25/44 €
Poco distante dal municipio, ariose salette in un edificio di fine '800: cucina fantasiosa, sia di terra sia di mare, e un'interessante scelta enologica.

CERNUSCO SUL NAVIGLIO

Milano (MI) – ✉ 20063 – 31 050 ab. – Alt. 134 m – Carta regionale n° **18-B2**
▶ Roma 583 km – Milano 14 km – Bergamo 39 km – Monza 13 km
Carta stradale Michelin 561-F10

Due Spade

via Pietro da Cernusco 2/A – ✆ 0 29 24 92 00 – www.ristoranteduespade.it – Chiuso 25 dicembre-6 gennaio, 3 settimane in agosto e domenica
Menu 47 € – Carta 39/54 €
Un "salotto" elegante, con soffitto e pavimento di legno, questo locale raccolto, che ruota tutto intorno al camino della vecchia filanda; cucina stagionale rivisitata.

CERRETO GUIDI

Firenze (FI) – ✉ 50050 – 10 488 ab. – Alt. 123 m – Carta regionale n° **31-B1**
▶ Roma 316 km – Firenze 47 km – Bologna 143 km – Pistoia 28 km
Carta stradale Michelin 563-K14

PS Ristorante (N)

via Pianello val Tidone 41 – ✆ 05 71 55 92 42 – www.ps-ristorante.it – Chiuso 10-16 agosto, domenica e lunedì
Carta 28/61 € – (prenotazione obbligatoria a mezzogiorno)
All'ingresso del paese, PS sono le iniziali del giovane cuoco che sposa le esperienze gastronomiche apprese in giro per il mondo con un cucina imperniata sui prodotti del territorio: fantasia ed elaborazione sono il condimento di ottimi piatti.

CERRETO LANGHE

Cuneo (CN) – ✉ 12050 – 457 ab. – Alt. 687 m – Carta regionale n° **25-C3**
▶ Roma 630 km – Cuneo 67 km – Torino 89 km – Alessandria 90 km
Carta stradale Michelin 561-I6

Trattoria del Bivio (N) con cam

località Cavallotti 9, Nord-Ovest : 4 km – ✆ 01 73 52 03 83 – www.trattoriadelbivio.it – Chiuso15-30 gennaio, lunedì e martedì
6 cam – †70/90 € ††90/110 € Carta 38/72 €
Tipica cascina piemontese ristrutturata nel rispetto della sua originaria architettura, piacevolmente ubicata sulla sommità di una collinetta, offre una bella vista sulle Lange. Dalla cucina, tradizione gastronomica del territorio riproposta in veste moderna.

CERRO MAGGIORE

Milano (MI) – ✉ 20023 – 15 024 ab. – Alt. 205 m – Carta regionale n° **18-A2**
▶ Roma 603 km – Milano 26 km – Como 31 km – Varese 32 km
Carta stradale Michelin 561-F8

UNA Hotel Malpensa

rist,

via Turati 84, uscita A8 di Legnano – ✆ 03 31 51 31 11 – www.unahotels.it
160 cam – †90/400 € ††100/410 € – **1 suite** **Rist** – Carta 38/67 €
A metà strada tra il capoluogo lombardo e l'aeroporto di Malpensa, un moderno grattacielo - ben visibile anche dall'autostrada - propone grande confort e servizi attuali: ideale per una clientela business!

a Cantalupo Sud-Ovest : 3 km – ✉ 20020

XXX **Corte Lombarda**

piazza Matteotti 9 – ✆ 03 31 53 56 04 – www.cortelombarda.it – Chiuso 26 dicembre-10 gennaio, 3-28 agosto, domenica sera e lunedì

Carta 38/61 €

Eleganti sale interne, anche con camino, in una vecchia cascina che offre servizio estivo all'aperto; tocco fantasioso nella cucina, di pesce e di tradizione lombarda.

CERTOSA = KARTHAUS ➜ Vedere Senales

Bolzano (BZ)

CERTOSA DI PAVIA

Pavia (PV) – ✉ 27012 – 3 341 ab. – Alt. 91 m – Carta regionale n° **16**-A3

▶ Roma 579 km – Lodi 44 km – Pavia 11 km – Milano 29 km

Carta stradale Michelin 561-G9

XXX ✿ **Locanda Vecchia Pavia "Al Mulino"** (Annamaria Leone)

via al Monumento 5 – ✆ 03 82 92 58 94 – www.vecchiapaviaalmulino.it – Chiuso 1°-20 gennaio, 6-26 agosto, martedì a mezzogiorno e lunedì in aprile-ottobre, domenica sera e lunedì negli altri mesi

Menu 40 € (pranzo in settimana)/75 € – Carta 58/95 €

Presso la certosa, ambientazione idilliaca in un mulino d'epoca nella campagna lombarda, più raffinati gli interni. La cucina tende al moderno, spaziando dalla carne al pesce.

➜ Lasagnette di pasta fresca ai piselli e robiola con fonduta leggera e tartufo scorzone. Suprema di piccione arrostita in forno alle ciliegie e coscette croccanti confit. Cremoso ai frutti esotici con crumble di fragole e semifreddo di cioccolato bianco.

CERVERE

Cuneo (CN) – ✉ 12040 – 2 160 ab. – Alt. 304 m – Carta regionale n° **22**-B3

▶ Roma 656 km – Cuneo 43 km – Torino 58 km – Asti 52 km

Carta stradale Michelin 561-I5

XXX ✿✿ **Antica Corona Reale-da Renzo** (Gian Piero Vivalda)

via Fossano 13 – ✆ 01 72 47 41 32 – www.anticacoronareale.com – Chiuso 26 dicembre-8 gennaio, 3-20 agosto, martedì sera e mercoledì

Menu 80/110 € – Carta 68/115 €

Straordinaria carrellata di prodotti e ricette piemontesi, il ristorante è un tempio per gli amanti della tradizione. Festeggia due secoli di fedeltà a piatti leggendari interpretati alla grande: tartufo bianco, lumache, paste ripiene, battuta di fassone, brasato al Barolo, nocciole, zabaione, gianduja…

➜ Ravioli di coniglio grigio di Carmagnola mantecati all'acqua di scalogno, foie gras e tartufo nero. Uovo in cocotte con tartufo bianco d'Alba. Sentieri di Langa.

CERVESINA

Pavia (PV) – ✉ 27050 – 1 211 ab. – Alt. 72 m – Carta regionale n° **16**-A3

▶ Roma 575 km – Alessandria 46 km – Pavia 24 km – Milano 60 km

Carta stradale Michelin 561-G9

Il Castello di San Gaudenzio cam,

via Mulino 1, località San Gaudenzio, Sud : 3 km – ✆ 03 83 33 31 – www.castellosangaudenzio.com

42 cam – †90/120 € ††130/200 € – **3 suites**

Rist *Castello di San Gaudenzio* – Carta 33/59 €

Un'oasi di pace, questo castello del XIV secolo con interni in stile e dépendance intorno ad un bel giardino all'italiana. L'attrezzata area congressi rende, inoltre, la struttura particolarmente interessante per una clientela business. Cucina del territorio, in sintonia con le stagioni nel raffinato ristorante.

CERVIA

Ravenna (RA) – ✉ 48015 – 28 886 ab. – Carta regionale n° **9**-**D2**
Roma 382 km – Ravenna 22 km – Rimini 31 km – Bologna 96 km
Carta stradale Michelin 562-J19

Gambrinus
lungomare Grazia Deledda 102 – ✆ 05 44 97 17 73 – www.gambrinushotel.it – Aperto 9 maggio-26 settembre
79 cam – 80/92 € 108/156 € – **3 suites**
Rist – Carta 35/55 €
Sul lungomare, l'elegante hotel dispone di spazi comuni molto ampi, camere arredate con gusto neoclassico e centro benessere (cabine per trattamenti e vasca idromassaggio). I piatti della cucina nazionale allietano i commensali nel lussuoso ristorante.

Universal
lungomare Grazia Deledda 118 – ✆ 0 54 47 14 18 – www.hoteluniversalcervia.it – Aperto 1° aprile-10 ottobre
93 cam – 65/105 € 95/200 € – **1 suite**
Rist – Menu 35/50 € – *(solo per alloggiati)*
20 metri è la distanza che vi separa dalla spiaggia dorata, in questa struttura i cui toni pastello della facciata sono riproposti nelle luminose camere, dotate di moderni confort, tutte con balcone.

Villa del Mare Resort
lungomare Grazia Deledda 84 – ✆ 05 44 97 12 00 – www.villadelmareresort.com – Aperto 15 marzo-30 ottobre
58 cam – 90/180 € 250/500 € – **2 suites**
Rist – Carta 35/60 € – *(aperto 15 marzo-20 settembre)*
Albergo dal design moderno e dall'immacolato colore bianco, declinato in ogni settore ed accessorio. Al settimo piano, l'infinity pool trasmette un'impressione di continuità con l'orizzonte ed il mare.

Locanda dei Salinari
circonvallazione Sacchetti 152 – ✆ 05 44 97 11 33 – Chiuso mercoledì escluso luglio-agosto
Menu 30/47 € – Carta 32/66 €
Locale raccolto ed accogliente nell'antico borgo dei Salinari: lo chef-patron propone una cucina pacatamente moderna usufruendo dei migliori prodotti della Romagna, sia di terra sia di mare.

a Pinarella Sud : 2 km – ✉ 48015

Everest
viale Italia 230 – ✆ 05 44 98 72 14 – www.severihotels.it – Aperto 1° giugno-8 settembre
47 cam – 50/150 € 50/185 € **Rist** – Menu 35 €
In posizione tranquilla, davanti alla pineta marittima e a pochi passi dalla spiaggia, l'albergo dispone di riposanti aree comuni. Al ristorante, le classiche proposte della tradizione culinaria italiana.

a Milano Marittima Nord : 2 km – ✉ 48015 Cervia-

Palace Hotel
viale 2 Giugno 60 – ✆ 05 44 99 36 18 – www.selecthotels.it – Aperto 28 dicembre-9 gennaio e 16 marzo-19 ottobre
112 cam – 130/390 € 150/410 € – **13 suites**
Rist – Menu 50/100 €
Prestigiosa ed esclusiva struttura a pochi metri dal mare ospita eleganti spazi arredati con mobili intagliati, preziosi lampadari e ceramiche e la tranquillità di un parco di ulivi millenari. L'elegante e capiente sala da pranzo offre una vista sul giardino e piatti della tradizione nazionale.

Waldorf

VII Traversa 17 – ✆ 05 44 99 43 43 – www.premierhotels.it – Aperto 1° aprile-30 settembre
30 cam – 145/600 € 145/600 € – **4 suites**
Rist *La Settima* – vedere selezione ristoranti
Rist *Palm Beach* – Carta 20/35 € – *(aperto 1° maggio-30 settembre)*
Dotate di terrazze le camere sono arredate con ricercatezza, mentre le lussuose suite sono dislocate su due livelli con giardino pensile ed angolo benessere: design, raffinatezza, innovazione, in una struttura i cui spazi ripropongono i colori e i movimenti del mare. Nella bella stagione si pranza sulla spiaggia, al Palm Beach.

Premier & Suites

VII Traversa 15 – ✆ 05 44 99 58 39 – www.premierhotels.it
40 cam – 110/350 € 125/600 € – **3 suites**
Rist – Carta 45/95 € – *(aperto 1° maggio-30 settembre; solo nel week end negli altri mesi) (solo a cena)*
Spiaggia privata, belle camere e lussuose suite con terrazzo benessere, in una struttura tutta design e minimalismo con un confort di ottimo livello: sicuramente adatta per un turismo leisure, la risorsa offre anche spazi per la clientela business. Al ristorante, un viaggio nel gusto che fa tappa soprattutto nei sapori regionali.

Mare e Pineta

viale Dante 40 – ✆ 05 44 99 22 62 – www.selecthotels.it – Aperto 1° aprile-30 settembre
165 cam – 100/185 € 150/350 € **Rist** – Menu 60 €
Uno dei primi alberghi aperti a Milano Marittima alla fine degli anni '20, Mare e Pineta sta subendo un totale ed interessante restyling già visibile in alcuni ambienti, come nella hall tutta vetro e luce. Il lussureggiante giardino è sicuramente un punto di forza della struttura, ma anche la spiaggia privata: una tra le più ampie della località!

Grand Hotel Gallia

piazzale Torino 16 – ✆ 05 44 99 46 92 – www.selecthotels.it – Aperto 1° aprile-10 ottobre
99 cam – 95/165 € 120/270 € **Rist** – Menu 40/50 €
Un luminoso salotto all'ingresso accoglie i clienti in questo hotel dai grandi spazi arredati con preziose ceramiche ed eleganza di eco settecentesca. Attrezzata sala riunioni e piscina in giardino. Al ristorante, i sapori della gastronomia tradizionale.

Aurelia

viale 2 Giugno 34 – ✆ 05 44 97 54 51 – www.selecthotels.it
94 cam – 65/155 € 95/300 € – **2 suites** **Rist** – Menu 40/85 €
Sito direttamente sul mare e circondato da un ampio giardino che conduce alla spiaggia, l'hotel annovera camere suddivise tra corpo centrale e villa, un centro benessere e piscina climatizzata. I sapori della tradizione vengono serviti presso la sala ristorante arredata in calde tonalità.

Globus

viale 2 Giugno 59 – ✆ 05 44 99 21 15 – www.hotelglobus.it – Aperto 1° marzo-30 settembre
80 cam – solo ½ P 85/170 € **Rist** – Menu 25 €
Hotel elegante con ingresso al 1° piano tra lampadari in pregiato cristallo, camere di gusto classico e un moderno centro benessere. Medesima atmosfera nella piacevole sala ristorante.

Le Palme

VII Traversa 12 – ✆ 05 44 99 46 61 – www.premierhotels.it – Aperto 27 dicembre 6 gennaio e 1° aprile-2 novembre
100 cam – 70/200 € 99/300 € – **2 suites** **Rist** – Carta 31/97 €
Fronte mare e vicino al centro, ma discosto dalle vie più affollate, questo hotel coniuga la quiete della pineta con il côté glamour di Milano Marittima. Camere confortevoli, spiaggia privata, due zone benessere e due piscine: una semi olimpica e un'altra più piccola. Ricette regionali di terra e di mare al ristorante.

Delizia

VIII Traversa 23 – ✆ 05 44 99 54 41 – www.hoteldelizia.it – Aperto 1° marzo-31 ottobre

40 cam – solo ½ P 105/165 €

Rist – Menu 25/30 € – *(solo per alloggiati)*

Sita direttamente sul mare e a pochi passi dal centro, questa struttura dispone di camere luminose e confortevoli dall'arredo moderno: le più belle sono le cinque denominate "wellness". Piscina in terrazza all'ultimo piano.

Alexander

viale 2 Giugno 68 – ✆ 05 44 99 15 16 – www.alexandermilanomarittima.it – Aperto 1° aprile-30 settembre

52 cam – †90/150 € ††100/230 €

Rist – Menu 30/50 €

Tavolini e piscina dominano l'ingresso di questo hotel costruito in posizione centrale che offre accoglienti camere, una terrazza-solarium ed un centro benessere.

Mazzanti

via Forlì 51 – ✆ 05 44 99 12 07 – www.hotelmazzanti.it – Aperto Pasqua-26 settembre

48 cam – †40/70 € ††80/160 € – **5 suites**

Rist – Menu 22 € – *(solo per alloggiati)*

In una zona tranquilla direttamente sul mare, struttura tradizionale che si avvale di un'ottima e valida gestione familiare. Negli ultimi anni, la proprietà ha provveduto al rinnovo delle camere, diventate - ora - ancora più accoglienti e confortevoli che in passato.

Majestic

X Traversa 23 – ✆ 05 44 99 41 22 – www.mimaclubhotel.it – Aperto Pasqua-30 settembre

49 cam – †50/100 € ††60/140 € – **5 suites**

Rist – Menu 20 €

Adatta per una vacanza con famiglia al seguito, Majestic è una struttura semplice dotata di ambienti confortevoli, sita direttamente sulla spiaggia. Buffet di insalate e self-service a bordo piscina (solo a pranzo) oppure cucina classica nell'ampia sala ristorante.

Kent (N)

viale 2 Giugno 142 – ✆ 05 44 99 20 48 – www.cerviaclubhotels.it – Aperto 1° aprile-30 settembre

49 cam – †49/299 € ††89/499 € – **6 suites**

Rist – Menu 20 € – *(solo per alloggiati)*

Praticamente rinata dopo il totale rinnovo nel 2010, graziosa struttura dai piacevoli spazi comuni arredati con tanto buon gusto; più semplici e minimal le camere. C'è anche un piccolo beauty center per trattamenti estetici e massaggi.

Isabella senza rist

viale 2 Giugno 152 – ✆ 05 44 99 40 68 – www.mimaclubhotel.it – Aperto Pasqua-30 settembre

31 cam – †40/100 € ††60/120 €

Se volete un bagno di mondanità, il viale principale non è molto lontano. Altrimenti godetevi la quiete del grazioso giardino, in questa struttura dagli ambienti familiari ed accoglienti.

La Settima – Hotel Waldorf

VII Traversa 17 – ✆ 05 44 99 43 43 – www.premierhotels.it – Aperto 1° giugno-30 settembre

Menu 45 € – Carta 45/95 € – *(solo a cena)* (consigliata la prenotazione)

Salendo le scale, accompagnati dal rumore rilassante di cascate e fontana, si ha l'impressione di camminare sospesi sull'acqua, ma una volta accomodati al tavolo ci si ritrova – piacevolmente – con i piedi per terra: cucina regionale reinterpretata con gusto moderno.

XXX **La Frasca**

rotonda Don Minzoni 3 – ☎ 05 44 99 58 77 – www.lafrasca.it – Chiuso 1° gennaio-28 febbraio, novembre e lunedì
Menu 85/120 € – Carta 70/129 € – *(solo a cena in giugno-settembre)* (prenotazione obbligatoria)
Rist *Blue* –Menu 40 € – Carta 30/97 €
Fascino intramontabile per questo bel locale affacciato sulla celebre rotonda: spazi ed eleganza si moltiplicano anche all'interno, mentre i piatti sono un inno alla più classica tradizione romagnola. Al Blue piatti ed atmosfera si fanno più semplici ed informali.
→ Tagliolini affumicati con scampi e limone candito. Riccioli di foie gras. Bianco di crema al cioccolato fondente

XX **Terrazza Bartolini**

via Leoncavallo 13 – ☎ 0 54 41 82 05 39 – www.terrazzabartolini.com – Aperto 15 maggio-30 settembre
Menu 55 € – Carta 43/73 € – *(solo a cena)*
All'inizio del lungomare, accanto al centro velico, bianca struttura in legno dove - al primo piano - la romantica terrazza diventa il palcoscenico di un'esperienza gourmet per gli amanti del pesce: ottimi i crudi!

XX **Sale Grosso**

viale 2 Giugno 15 – ☎ 05 44 97 15 38 – www.ristorantesalegrossomilanomarittima.it – Chiuso novembre e martedì escluso da aprile-settembre
Carta 30/76 € – *(solo a cena in aprile-settembre)*
Ristorante di pesce diventato un autentico punto di riferimento in città: ambiente gradevole dai colori chiari e decorazioni d'ispirazione marinara, cucina eclettica dalle tapas al crudo.

X **Osteria del Gran Fritto**

via Leoncavallo 11 – ☎ 05 44 97 43 48 – www.osteriadelgranfritto.it – Chiuso lunedì escluso aprile-settembre
Carta 28/49 €
Nella zona del porto canale, dei cantieri e del centro velico, bianca struttura in legno con dehors sulla spiaggia. Specialità di pesce campeggiano in menu, ma già dal nome s'intuisce che da padrone lo fa il fritto, insieme al pesce azzurro; volendo anche piatti anche da asporto.

CERVIGNANO DEL FRIULI

Udine (UD) – ✉ 33052 – 13 713 ab. – Carta regionale n° **11-C3**
Roma 627 km – Udine 32 km – Gorizia 30 km – Trieste 55 km
Carta stradale Michelin 562-E21

Internazionale cam,

via Ramazzotti 2 – ☎ 0 43 13 07 51 – www.hotelinternazionale.it – Chiuso 24-27 dicembre
69 cam – †45/83 € ††80/122 €
Rist *La Rotonda* – Carta 37/63 € – *(chiuso domenica sera e lunedì)*
Nato negli anni '70 e concepito soprattutto per una clientela d'affari, l'albergo dispone di un centro congressi con sale polivalenti e camere confortevoli. Specialità tipiche friulane e piatti mediterranei alla Rotonda.

CERVINIA → Vedere Breuil-Cervinia

Aosta (AO)

CERVO

Imperia (IM) – ✉ 18010 – 1 155 ab. – Alt. 66 m – Carta regionale n° **14-B3**
Roma 612 km – Imperia 12 km – Savona 66 km – Genova 112 km
Carta stradale Michelin 561-K6

XX **San Giorgio** (Caterina Lanteri Cravet) con cam — cam,
via Alessandro Volta 19, centro storico – ✆ 01 83 40 01 75 – www.ristorantesangiorgio.net – Chiuso martedì a mezzogiorno in luglio-agosto, anche martedì sera negli altri mesi, da ottobre a Pasqua anche lunedì sera
2 cam – 130/180 € 130/180 €
Menu 55 € – Carta 51/130 € – (consigliata la prenotazione)
Rist *San Giorgino* – via Ugo Foscolo 36 –Menu 18 € – Carta 26/61 €
Come in una raffinata casa privata, coccolati dall'affabile padrona, ottime materie prime danno vita ad una fragrante cucina di mare. Alternativa più economica ed informale, ma sempre di buon livello, alla vineria San Giorgino ospitata in un frantoio del XIII secolo!
→ Gnocchetti di patate con sugo di pomodoro fresco, gamberi e maggiorana. Tegame di gamberi di San Remo con rosmarino e peperoncino. Gelato alla crema con salsa fredda allo zabaione.

CESANA TORINESE

Torino (TO) – ✉ 10054 – 989 ab. – Alt. 1 354 m – Carta regionale n° **22-A2**
Roma 752 km – Bardonecchia 26 km – Briançon 23 km – Torino 99 km
Carta stradale Michelin 561-H2

X **La Ginestra** con cam — rist,
via Roma 20 – ✆ 01 22 89 78 84 – www.laginestra-cesana.it – Chiuso 2 settimane in giugno e 3 settimane in novembre
8 cam – 55/75 € 90/160 € Carta 26/47 € – *(chiuso martedì)*
In centro paese, piacevole ambiente familiare con una solida cucina della regione rivisitata in chiave moderna. La struttura conta anche nuove camere in stile: particolarmente accoglienti quelle mansardate.

a Champlas Seguin Est : 7 kmAlt. 1 776 m – ✉ 10054 Cesana Torinese

X **La Locanda di Colomb**
frazione Champlas Seguin 27 – ✆ 01 22 83 29 44 – www.ristorantelocandacolomb.com – Aperto 1° novembre-Pasqua; chiuso lunedì
Carta 26/48 € – (consigliata la prenotazione)
Nella piccola e pittoresca frazione, quella che una volta era una stalla è stata trasformata in una locanda con pareti in pietra, dove potrete gustare la cucina tipica piemontese.

CESANO BOSCONE

Milano (MI) – ✉ 20090 – 23 135 ab. – Alt. 119 m – Carta regionale n° **18-B2**
Roma 582 km – Milano 10 km – Novara 48 km – Pavia 35 km
Carta stradale Michelin 561-F9

Roma senza rist
via Poliziano 2 – ✆ 02 45 81 805 – www.roma-wagner.com Pianta : A3**k**
34 cam – 59/398 € 105/498 €
Camere signorili e particolarmente confortevoli, in una struttura molto curata sia a livello di confort e servizi, sia sotto il profilo delle soluzioni d'arredo ad effetto.

XX **Antica Partenope**
via Roma 101 – ✆ 02 45 04 31 6 – Chiuso domenica Pianta : A3**k**
Menu 10 € (pranzo in settimana) – Carta 23/66 €
Se cercate l'ossobuco alla milanese, l'orecchia d'elefante o la cassoeula, tralasciate e passate oltre, perché qui il menu "parla" solo campano: pasta, pizze, pesce fresco in un trionfo di sapori e colori mediterranei.

CESANO MADERNO

Monza e Brianza (MB) – ✉ 20811 – 37 374 ab. – Alt. 198 m – Carta regionale n° **18-B2**
Roma 600 km – Milano 24 km – Monza 15 km – Como 31 km
Carta stradale Michelin 561-F9

Parco Borromeo
via Borromeo 29, (piazza Procaccini) – ✆ 03 62 55 17 96 – www.hotelparcoborromeo.it – Chiuso 27 dicembre-6 gennaio e 9-16 agosto
40 cam – 🚹95/130 € 🚹🚹145/195 €
Rist *Il Fauno* – vedere selezione ristoranti
Il "parco" non è solo nel nome, ma tutt'attorno... In un edificio del '600, belle camere con elementi architettonici tipici dell'epoca (degni di nota gli alti soffitti decorati).

Il Fauno – Hotel Parco Borromeo
via Borromeo 29, (piazza Procaccini) – ✆ 03 62 54 09 30 – www.ilfauno.it – Chiuso 27 dicembre-6 gennaio, 9-16 agosto e lunedì a pranzo
Carta 40/77 €
E' sicuramente la veranda affacciata sul parco il suo punto di forza: una splendida location soprattutto per la bella stagione, mentre la sala interna ha un taglio più classico con trompe-l'oeil alle pareti che richiamano il giardino della villa. In menu, piatti della tradizione con i "classici" lombardi.

CESENA

Forlì-Cesena (FC) – ✉ 47521 – 96 984 ab. – Alt. 44 m – Carta regionale n° **9-D2**
Roma 321 km – Forlì 22 km – Rimini 38 km – Bologna 89 km
Carta stradale Michelin 562-J18

Casali senza rist
via Benedetto Croce 81 ✉ 47521 – ✆ 0 54 72 22 745 – www.hotelcasalicesena.com
47 cam – 🚹89/104 € 🚹🚹107/121 € – **1 suite**
L'hotel più rappresentativo della città in questi mesi sta cambiando "abito" e si appresta a diventare un piacevole wellness hotel, dove, grazie al calore della gestione, ogni ospite può sentirsi come a casa propria.

Meeting Hotel senza rist
via Romea 545 ✉ 47522 – ✆ 05 47 33 31 60 – www.meetinghotelcesena.it – Chiuso vacanze di Natale
26 cam – 🚹65/150 € 🚹🚹90/150 €
In zona periferica, la risorsa annovera camere spaziose e confortevoli di taglio moderno, arredate con mobili in legno scuro e parquet che danno loro un tono quasi signorile.

uscita autostrada A 1 Cesena Nord

Unaway Hotel Cesena Nord senza rist
piazza Modigliani 104, località Pievesestina di Cesena ✉ 47023 – ✆ 05 47 31 30 07 – www.unawayhotels.it – Chiuso 19 dicembre-6 gennaio
117 cam – 🚹60/170 € 🚹🚹70/190 €
Albergo di catena dalle linee moderne e dai colori vivaci garantisce confort e servizi up-to-date: camere funzionali, ideali per una clientela business e di passaggio.

CESENATICO

Forlì-Cesena (FC) – ✉ 47042 – 25 686 ab. – Carta regionale n° **9-D2**
Roma 342 km – Forlì 41 km – Rimini 23 km – Bologna 102 km
Carta stradale Michelin 562-J19

Grand Hotel Da Vinci (N)
cam, rist,
via Carducci, 7 – ✆ 0 54 78 33 88 – www.selecthotels.it
100 cam – 🚹130/380 € 🚹🚹150/400 € – **6 suites**
Rist *Monnalisa* – Carta 33/97 €
Non passa certo inosservato, per eleganza ed originalità, questo albergo immerso in un grande parco, dove il lusso è di casa e la lounge può competere per generosità di spazi con le hall di certi colossi americani. Nelle camere predomina il colore bianco, il confort è anche qui ad ottimi livelli! A completare l'offerta, una gigantesca piscina ed una moderna spa.

Grand Hotel Cesenatico

piazza Andrea Costa 1 – ✆ 0 54 78 00 12 – www.grandhotelcesenatico.com – Aperto Pasqua-15 ottobre
78 cam – ♦80/110 € ♦♦142/225 €, ☕ 18 €
Rist – Carta 35/60 € – *(aperto 15 maggio-15 settembre)*
Centralissimo, in uno splendido edificio del '29, è un omaggio ad una mondanità sfarzosa e rutilante. Camere più sobrie, eleganti e funzionali. Raffinata sala ristorante con possibilità di gustare in terrazza sia la prima colazione, sia una classica cucina a base di pesce.

Internazionale

via Ferrara 7 – ✆ 05 47 67 33 44 – www.hinternazionale.it – Aperto Pasqua-30 settembre
59 cam ☕ – ♦85/135 € ♦♦125/205 € – **1 suite** **Rist** – Carta 31/43 €
Direttamente sul lungomare, annovera una spiaggia privata dove si trova anche la piscina attrezzata con scivoli ad acqua. Camere arredate in stile sia classico sia moderno. La cucina proposta è di impostazione tradizionale, ma soprattutto di pesce.

Maree Hotel senza rist

via N. Da Recco 12 – ✆ 05 47 67 33 57 – www.mareehotel.com – Aperto 15 aprile-30 settembre
30 cam ☕ – ♦40/70 € ♦♦80/140 €
Ottima struttura a gestione familiare che al suo interno ripropone, con gusto e mano felice, uno stile moderno, ma pulito, giocato molto sul bianco e su una modernità calda ed accogliente.

Sporting

viale Carducci 191 – ✆ 0 54 78 30 82 – www.hotelsporting.it – Aperto 26 maggio-13 settembre
48 cam ☕ – ♦80/100 € ♦♦90/120 € **Rist** – Menu 25 € – *(solo per alloggiati)*
A più di un km dal centro - direttamente sulla spiaggia - l'hotel è consigliato a chi vuole evitare gli schiamazzi notturni e preferisce una zona verde e tranquilla. Graziose camere con carta da parati in stile inglese.

Miramare

viale Carducci 2 – ✆ 0 54 78 00 06 – www.welcompany.it
27 cam ☕ – ♦122/132 € ♦♦145/190 €
Rist *Capo del Molo* – Carta 34/63 € – *(chiuso martedì escluso in aprile-ottobre)*
L'hotel offre un'atmosfera rilassante, camere semplici e spaziose arredate in stile moderno, adatte a nuclei familiari. Possibili anche soluzioni business. Affacciato sul porto leonardesco, il ristorante-pizzeria propone ricette classiche che puntano sulle specialità ittiche.

Atlantica

viale Bologna 28 – ✆ 0 54 78 36 30 – www.hotelatlantica.it – Aperto Pasqua-30 settembre
24 cam – ♦80/100 € ♦♦100/150 €, ☕ 15 € **Rist** – Carta 26/62 €
Affacciata sul mare, è una caratteristica villa degli anni '20 successivamente trasformata in albergo. Piacevole veranda in ferro battuto, camere semplici e gestione familiare.

Casadodici

via Armellini 12a – ✆ 05 47 40 17 09 – www.casadodici.com
6 cam – ♦80/130 € ♦♦120/160 €, ☕ 7 €
Rist *12 Ristorante* – Carta 47/81 € (+3 %) – *(chiuso lunedì) (solo a cena escluso sabato-domenica e in estate)* (prenotazione obbligatoria)
Siamo sul porto canale leonardesco, in una casa che offre al suo interno una sorta di show room riassumente il piacere dei viaggi dei titolari, a tutto vantaggio degli ospiti più curiosi. Al ristorante: pesce fresco, ambiente raffinato ed un delizioso dehors.

XXX **Magnolia** (Alberto Faccani)
viale Trento 31 – ✆ 0 54 78 15 98 – www.magnoliaristorante.it – Chiuso mercoledì
Menu 60/85 € – Carta 62/82 € – *(solo a cena escluso sabato e domenica da settembre a maggio)*
Giovane astro della gastronomia nazionale, propone una cucina personalizzata, ardita e fantasiosa negli accostamenti, quanto rispettosa di eccellenti prodotti.
➜ Astice, radici e rabarbaro. Rombo, soffice di patate e salsa al riesling. Biancolatte.

XX **La Buca**
corso Garibaldi 45 – ✆ 0 54 71 86 07 64 – www.labucaristorante.it – Chiuso lunedì
Menu 55 € – Carta 41/72 €
Affacciata sulla romantica passeggiata del porto canale, la Buca vi accoglie in ambienti moderni ed essenziali. Apertura su ostriche e crudi, dalla cucina a vista si prosegue con piatti semplici che puntano sulla qualità del pesce esposto in sala, come le tradizionali cotture al sale e alla griglia, nonché i fritti.
➜ Spaghetti alla chitarra con gambero rosso crudo, bottarga e lime. Pescato del giorno cotto su sale di Cervia alle erbe aromatiche. Caffè, gelato al miele, sale e spezie.

XX **Vittorio**
porto turistico Onda Marina, via Andrea Doria 3 – ✆ 05 47 67 25 88 – www.vittorioristorante.it – Chiuso gennaio, mercoledì a pranzo e martedì
Menu 50/60 € – Carta 33/105 €
Affacciato sulla darsena, le serate estive in terrazza sono un incanto di fronte agli alberi delle barche ormeggiate. La cucina celebra il mare e segue il pescato del giorno.

X **Osteria del Gran Fritto**
corso Garibaldi 41 – ✆ 0 54 78 24 74 – www.osteriadelgranfritto.com
Carta 28/48 €
Lungo il suggestivo porto canale, il nome ne indica già la specialità, il fritto, a cui si aggiungono piatti della tradizione popolare adriatica: seppie, sarde, poverazze, calamari...

a Valverde Sud : 2 km – ✉ 47042 Cesenatico

Caesar rist,
viale Carducci 290 – ✆ 0 54 78 65 00 – www.hotel-caesar.com – Aperto 1° aprile-30 settembre
48 cam – 60/90 € 80/140 € **Rist** – Carta 25/54 €
Una gestione con 40 anni di esperienza nel settore: ecco il punto forte di questa struttura, ideale per famiglie con bambini. Piscina riscaldata tra i servizi. Il ristorante propone piatti classici e, ovviamente, tanto pesce.

Colorado
viale Carducci 306 – ✆ 0 54 78 62 42 – www.hotelcolorado.it – Aperto 15 maggio-15 settembre
55 cam – 67/95 € 90/160 € **Rist** – Carta 55/85 €
Una struttura moderna che dispone di camere semplici ma accoglienti arredate con sobrietà, tutte con balcone vista mare. Prima colazione a buffet anche all'aperto.

a Villamarina Sud : 3 km – ✉ 47030 Cesenatico

Nettuno cam, cam,
Lungomare Carducci 338 – ✆ 0 54 78 60 86 – www.riccihotels.it
53 cam – 70/140 € 80/160 € – **4 suites** **Rist** – Carta 21/30 €
Sul lungomare, la struttura si è trasformata da bruco in farfalla: camere nuove e di moderno design, confort di livello superiore, piscina a sfioro con angolo idromassaggio… Un piccolo paradiso sulla riviera romagnola!

Sport & Residenza rist,

via Pitagora 5 – ✆ 0 54 78 71 02 – www.riccihotels.it – Aperto 17 maggio-14 settembre

70 cam ☕ – 🚹65/90 € 🚹🚹80/170 € – **30 suites**

Rist – Menu 20/30 € – *(solo per alloggiati)*

In posizione tranquilla a 100 metri dalla spiaggia, questo hotel recentemente rinnovato dispone, ora, di attrezzate camere e possibilità di appartamenti anche in formula residence.

a Zadina Pineta Nord : 2 km – ✉ 47042 Cesenatico

Renzo

viale dei Pini 55 – ✆ 0 54 78 23 16 – www.renzohotel.it – Aperto Pasqua-20 settembre

36 cam – 🚹50/60 € 🚹🚹90/110 €, ☕ 15 €

Rist – Menu 25 € – *(solo per alloggiati)*

Al termine di una strada chiusa, 50 metri di pineta e poi il mare: verde e silenzio. Piscina sul roof garden con solarium e camere di due tipologie, le standard più semplici o le confort più moderne.

CETARA

Salerno (SA) – ✉ 84010 – 2 238 ab. – Alt. 10 m – Carta regionale n° **6-B2**

Roma 255 km – Napoli 56 km – Amalfi 15 km – Avellino 45 km

Carta stradale Michelin 564-F26

Cetus

strada statale 163 – ✆ 0 89 26 13 88 – www.hotelcetus.com

36 cam ☕ – 🚹100/210 € 🚹🚹140/260 € – **1 suite** **Rist** – Carta 40/61 €

Un'incomparabile vista sul golfo di Salerno dalle camere di questo hotel a picco sul mare, aggrappato alla roccia dell'incantevole costiera amalfitana. Da poco, anche una saletta per massaggi e qualche trattamento estetico. Quasi foste a bordo di una nave, anche dalle raffinate sale ristorante dominerete il Tirreno.

San Pietro

piazzetta San Francesco 10 – ✆ 0 89 26 10 91 – www.sanpietroristorante.it – Chiuso 10 gennaio-5 febbraio e martedì escluso giugno-settembre

Menu 50 € – Carta 38/45 €

Gestione familiare per questa piccola e sobria trattoria marinara, rinnovata pochi anni fa e dotata di un grazioso dehors estivo, in parte sotto un porticato.

Al Convento

piazza San Francesco 16 – ✆ 0 89 26 10 39 – www.alconvento.net – Chiuso mercoledì in ottobre-maggio

Menu 32 € – Carta 23/60 €

Ci sono tre spumeggianti fratelli dietro questa bella trattoria-pizzeria dalle sale decorate con affreschi risalenti al medioevo. In menu, tante gustose specialità marinare e piatti della tradizione locale (serviti d'estate anche sulla suggestiva piazzetta). Imperdibili, gli spaghetti con la colatura di alici.

CETONA

Siena (SI) – ✉ 53040 – 2 834 ab. – Alt. 385 m – Carta regionale n° **32-D2**

Roma 155 km – Perugia 59 km – Orvieto 62 km – Siena 89 km

Carta stradale Michelin 563-N17

La Locanda di Cetona senza rist

piazza Balestrieri 6 – ✆ 05 78 23 70 75 – www.iltigliodipiazza.it

11 cam ☕ – 🚹85/240 € 🚹🚹85/240 €

In fondo alla scenografica piazza Garibaldi e sotto l'imponente Rocca Medioevale, si tratta di un semplice quanto affascinante bed & breakfast, dalle camere curate e, graziosamente, personalizzate.

La Frateria di Padre Eligio

via San Francesco 2, Nord-Ovest : 1 km – ✆ 05 78 23 82 61 – www.lafrateria.it – Chiuso gennaio-febbraio
Menu 70/100 € – *(chiuso martedì)* (prenotazione obbligatoria)
In un parco, la frateria è un convento fondato da San Francesco nel 1212 - gestito da una comunità, "Mondo X" - i cui prodotti provengono dalle varie loro sedi. Tra suggestioni mistiche, ci si lascia andare a peccati di gola.

Il Tiglio di Piazza Da Nilo

piazza Garibaldi 33 – ✆ 05 78 23 90 40 – www.iltigliodipiazza.com – Chiuso 15 gennaio-10 febbraio e martedì escluso 20 giugno-30 settembre
Carta 34/41 €
Direttamente sulla piazza principale, un edificio del Seicento ospita questo piccolo locale di tono rustico-moderno, dove gustare una cucina tradizionale.

CHAMPAGNE → Vedere Verrayes

Aosta (AO)

CHAMPLAS SEGUIN → Vedere Cesana Torinese

Torino (TO)

CHAMPOLUC

Aosta (AO) – ✉ 11020Alt. 1 570 m – Carta regionale n° **37**-B2
Roma 737 km – Aosta 64 km – Biella 95 km – Torino 105 km
Carta stradale Michelin 561-E5

Breithorn

cam, rist,

route Ramey 27 – ✆ 01 25 30 87 34 – www.breithornhotel.com – Aperto 20 dicembre-Pasqua e 1° luglio-31 agosto
30 cam – 195/310 € 220/370 € – **1 suite**
Rist – Carta 30/50 € – *(solo a cena)*
Rist *Brasserie du Breithorn* – Carta 30/50 €
Gioiello di architettura montana dei primi '900, con affascinanti ambienti interni in un trionfo di legno intarsiato: dal parquet alle decorazioni è un moltiplicarsi di tonalità.

Hotellerie de Mascognaz – dependance Hotel Breithorn
località Mascognaz – ✆ 01 25 30 87 34 – www.hotelleriedemascognaz.com – Aperto 6 dicembre-10 aprile e 15 giugno-30 settembre
7 cam – 168/726 € 209/907 €
Raggiungibile solo in motoslitta d'inverno, nel silenzio del paesaggio alpino, graziose camere ed un'accoglienza proverbiale in due tipici rascard in pietra. E dopo una bella passeggiata o una lunga sciata, momenti di relax presso il centro benessere.

Relais des Glacier

route G.B. Dondeynaz – ✆ 01 25 30 81 82 – www.hotelrelaisdesglaciers.com – Aperto 6 dicembre-12 aprile e 20 giugno-10 settembre
42 cam – 80/182 € 120/280 € – **6 suites**
Rist – Menu 20/60 € – *(solo a cena in inverno)*
Per una ritemprante "remise en forme" in una splendida cornice montana è ideale l'attrezzato centro benessere, con cure naturali, di un elegante hotel inaugurato nel 2000. Soffitti di legno nel raffinato ristorante che propone tre linee diversificate di menù.

Petit Tournalin

località Villy 2 – ✆ 01 25 30 75 30 – www.hotelpetittournalin.it
19 cam – 40/60 € 80/120 €
Rist – Carta 22/47 € – *(aperto 1° dicembre-30 aprile e 15 giugno-15 settembre)*
Ambiente familiare in un grazioso hotel in legno e pietra, ubicato sulla pista di fondo, ai margini della pineta, con camere accoglienti e bagni di buona fattura.

Villa Anna Maria
via Croues 5 – ✆ 01 25 30 71 28 – www.hotelvillaannamaria.com
13 cam – 58/83 € 85/125 €
Rist – Carta 26/33 € – *(chiuso maggio e novembre)*
Vista sulla bella natura circostante, quiete silvestre e fascino d'altri tempi in un rustico chalet d'atmosfera, i cui interni sono tutti rigorosamente di legno; vasca idromassaggio e relax in giardino davanti allo splendido scenario del Monte Rosa.

B&B Le Vieux Rascard senza rist
rue des Guides 35 – ✆ 01 25 30 87 46 – www.levieuxrascard.com – Aperto 7 dicembre-Pasqua e 15 giugno-30 settembre
6 cam – 43/73 € 65/125 €
Leggermente in salita, ma il centro ancora raggiungibile a piedi, una tipica casa di montagna con camere curate e tanta gentilezza.

CHANAVEY → Vedere Rhêmes Notre Dame
Aosta (AO)

CHATILLON
Aosta (AO) – 11024 – 4 855 ab. – Alt. 549 m – Carta regionale n° **37-B2**
Roma 723 km – Aosta 28 km – Breuil-Cervinia 29 km – Torino 90 km
Carta stradale Michelin 561-E4

Relais du Foyer
cam, cam,
località Panorama 37 – ✆ 01 66 51 12 51 – www.relaisdufoyer.it
32 cam – 65/90 € 100/160 €
Rist – Menu 25 € (buffet) – (consigliata la prenotazione)
Vicino al Casinò di Saint Vincent, per turisti o clientela d'affari un'elegante struttura con zona fitness e solarium, boiserie nelle camere in stile classico. E per gli amanti della buona tavola, oltre al servizio à la carte, buffet libero sia a pranzo sia a cena a prezzi contenuti.

CHERASCO
Cuneo (CN) – 12062 – 8 802 ab. – Alt. 288 m – Carta regionale n° **22-B3**
Roma 646 km – Cuneo 52 km – Torino 53 km – Asti 51 km
Carta stradale Michelin 561-I5

Somaschi
via Nostra Signora del Popolo 9 – ✆ 01 72 48 84 82 – Chiuso gennaio
18 cam – 90/150 € 110/180 € – **3 suites**
Rist *Walter Eynard* – vedere selezione ristoranti
Un'offerta di alto livello per soggiorni dedicati al relax e al benessere psicofisico, in una dimora storica all'interno del monastero settecentesco di Cherasco. La struttura si sviluppa a ferro di cavallo intorno ad un curato giardino all'italiana, le sue camere brillano in quanto a confort e tenuta, mentre le originali suite sono intitolate a tre famosi stilisti: Armani, Cavalli e Versace.

Walter Eynard – Hotel Somaschi
via Nostra Signora del Popolo 9 – ✆ 01 72 48 84 82 – ferie variabili in gennaio e febbraio
Carta 32/63 € – *(solo a cena)* (consigliata la prenotazione)
Al primo piano dell'antico complesso, nello spazio un tempo adibito a teatro, è la cucina a salire oggi sul palcoscenico per interpretare - in chiave moderna - le tradizionali ricette del territorio. Ma c'è anche una cigar room per gli irriducibili del fumo.

La Lumaca
via San Pietro 26/a – ✆ 01 72 48 94 21 – www.osterialalumaca.it – Chiuso 27 dicembre-5 gennaio, 1-21 agosto e lunedì; anche martedì in dicembre-maggio e agosto-settembre
Menu 28/35 € – Carta 33/47 €
Nelle cantine di un edificio di origini cinquecentesche, caratteristico ambiente con volte in mattoni per una cucina tradizionale dove regnano due elementi: la lumaca nel piatto e i vini in cantina.

a Veglia Nord-Ovest : 8,5 km

Il Campanile cam,
frazione Veglia 56 – 01 72 49 00 00 – www.hotelilcampanile.com
15 cam – 50/65 € 65/95 €
Rist *Il Grifone* – Carta 23/46 €
L'Antico "Palazzo delle Anime" - luogo di ritiro spirituale - è stato trasformato in un albergo ricco di fascino e personalità, le cui sale principali dedicate all'accoglienza degli ospiti e agli eventi sono caratterizzate dagli affreschi di C. Balocco (noto pittore della zona, specializzato in ex voto e in sacre raffigurazioni).

CHIA
→ Vedere Domus de Maria
Cagliari (CA)

CHIAMPO
Vicenza (VI) – ✉ 36072 – 12 918 ab. – Alt. 175 m – Carta regionale n° **39**-B2
Roma 539 km – Verona 52 km – Venezia 91 km – Vicenza 24 km
Carta stradale Michelin 562-F15

La Pieve
via Pieve 69 – 04 44 42 12 01 – www.lapievehotel.it
61 cam – 18/114 € 20/114 € – **4 suites**
Rist – Carta 28/51 € – *(chiuso 10-23 agosto e domenica)*
In una lineare struttura di taglio moderno un albergo recente, dotato di buoni confort e piacevoli camere d'impostazione classica; ideale per un turismo d'affari. Gustose ricette del territorio da assaporare nell'ampia e piacevole sala da pranzo.

CHIANCIANO TERME
Siena (SI) – ✉ 53042 – 6 886 ab. – Alt. 475 m – Carta regionale n° **32**-D2
Roma 167 km – Siena 86 km – Arezzo 71 km – Firenze 128 km
Carta stradale Michelin 563-M17

Admiral Palace rist,
via Umbria 2 – 0 57 86 32 97 – www.admiralapalace.it
111 cam – 75/120 € 100/240 € – **1 suite**
Rist – Carta 27/39 € – *(solo per alloggiati)*
Ecco un indirizzo per chi è alla ricerca del confort e della qualità a 360°! Nato nel 2007, Admiral Palace è prodigo di spazi comuni contraddistinti da uno stile moderno con qualche spunto di design. A completare l'offerta: un'ampia zona benessere e un attrezzato centro congressi.

Moderno rist,
viale Baccelli 10 – 0 57 86 37 54 – www.hotelmodernochianciano.com – Aperto 1° aprile-31 ottobre
64 cam – 50/90 € 80/150 € – **2 suites**
Rist – Menu 30/35 € – *(solo per alloggiati)*
Albergo dagli ariosi spazi, dove il bianco regna sovrano dalle zone comuni alle camere. Piacevoli angoli relax nel parco con tennis e piscina riscaldata; nel piccolo centro benessere una (rara) stanza del sale, mentre una maestosa stalattite di cristallo troneggia al centro della sala da pranzo.

Grand Hotel Terme cam, rist,
piazza Italia 8 – 0 57 86 32 54 – www.grand-hotel-terme-chianciano.com
50 cam – 60/150 € 100/200 € **Rist** – Carta 32/40 €
E' sempre al passo con i tempi questa bella struttura con camere signorili, ben attrezzate, ed un eccellente centro benessere.

Ambasciatori rist,
viale della Libertà 512 – 0 57 86 43 71 – www.barbettihotels.it
112 cam – 65/120 € 72/160 € – **3 suites**
Rist – Carta 20/41 € – *(solo per alloggiati)*
Clientela termale, ma anche congressuale, in un centrale e comodo albergo degli anni '60. Camere confortevoli, alcune recentemente rinnovate, piscina riscaldata e solarium in terrazza panoramica. Ristorante d'impostazione classica.

Grande Albergo Fortuna cam, cam, rist,

via della Valle 76 – 0 57 86 27 74 – www.grandealbergofortuna.it – Aperto 25 marzo-5 novembre
84 cam – 60/80 € 90/140 € – **4 suites**
Rist – Carta 19/52 € – *(solo per alloggiati)*
Poco fuori dal centro con bella vista su colline e centro storico, albergo dagli ambienti caldi e signorili, camere aggiornate e ben accessoriate.

Ave rist, rist,

via Piave 27 – 0 57 86 36 19 – www.hotelave.it – Chiuso febbraio
55 cam – 25/40 € 50/80 € **Rist** – Menu 10 € (in settimana)/20 €
Piccolo albergo ben tenuto. I colori pastello sono protagonisti tanto negli spazi comuni quanto nelle camere, confortevoli e con arredi in legno; piscina e solarium al roof garden.

Sole ed Esperia rist,

via delle Rose 40 – 0 57 86 01 94 – www.hotelsolechiancianoterme.it – Aperto Pasqua-31 ottobre
101 cam – 40/50 € 60/80 € – **4 suites** **Rist** – Carta 20/43 €
In zona tranquilla vicina alle terme, la struttura si compone di un corpo centrale e di una dépendance, l'Esperia, con camere più moderne. Giardino ombreggiato e terrazza solarium. Grandi finestre affacciate sul verde illuminano la sala ristorante.

Perugina senza rist

via Adige 34 – 0 57 86 49 52 – www.hotelperugina.com
20 cam – 45/55 € 50/70 €
Se siete alla ricerca di un grazioso alberghetto dal buon rapporto qualità/prezzo, questo indirizzo farà al caso vostro: simpatica gestione diretta, arredi semplici e funzionali, confort moderni.

Cristina cam, rist,

via Adige 31, angolo viale di Vittorio – 0 57 86 05 52 – www.hotelcristinachiancianoterme.it – Aperto 1° aprile-31 ottobre
45 cam – 50/65 € 70/82 € **Rist** – Menu 20/25 € – *(solo per alloggiati)*
Hotel familiare, ben tenuto e ben gestito dai genitori insieme ai figli, presenta camere sobrie, con arredi pratici e bagni di diverso confort (quattro con vasca idromassaggio). Piacevole terrazza solarium.

Tribeca

viale della Libertà 411 – 0 57 86 11 83 – www.tribecarestaurant.it – Chiuso 2-20 novembre e lunedì
Carta 20/34 € – *(solo a cena escluso sabato e domenica)*
Non è il Triangle Below Canal Street, sebbene l'atmosfera design faccia subito pensare ad un locale newyorkese, ma un ristorante-pizzeria dove gustare diversi primi piatti, specialità di carne, un ottimo fritto e le immancabili pizze.

Hostaria il Buco

via Della Pace 39 – 0 57 83 02 30 – Chiuso 2-15 novembre e mercoledì
Carta 22/40 €
Appena sotto al centro storico, nella parte alta della località, un piccolo locale dalla calorosa atmosfera familiare. In menu: proposte tipiche toscane, paste fatte in casa, funghi e tartufi.

CHIARAMONTE GULFI

Sicilia – Ragusa (RG) – 97012 – 8 258 ab. – Alt. 668 m – Carta regionale n° **30**-D3
Siracusa 109 km – Catania 89 km – Ragusa 19 km – Palermo 234 km
Carta stradale Michelin 365-AX61 – Guida Verde Michelin SICILIA

Locanda Gulfi cam,

contrada Patria, Nord-Ovest: 3 km – 09 32 92 80 81 – www.locandagulfi.it
7 cam – 65/85 € 80/130 €
Rist *Locanda Gulfi* – 09 32 92 16 54 – Carta 40/67 € – *(solo a cena in novembre-marzo)* (consigliata la prenotazione)
All'interno dell'omonima azienda vinicola è stata ricavata una bella locanda con camere molto confortevoli ed un eccellente ristorante che offre due viste particolari: una sulla cucina e l'altra sulla cantina! Ai sapori dell'isola sono ispirati i piatti.

Majore
via Martiri Ungheresi 12 – ✆ 09 32 92 80 19 – www.majore.it – Chiuso luglio e lunedì
Carta 15/28 €
Il maiale: immancabile presenza nella storia di una famiglia e la centenaria tradizione nell'arte di cucinarlo. Majore è tutto questo e la sorpresa finale sarà un conto davvero contenuto!

CHIARAVALLE MILANESE ➜ Vedere Milano
Milano (MI)

CHIAVARI
Genova (GE) – ✉ 16043 – 27 259 ab. – Carta regionale n° **15-C2**
Roma 467 km – Genova 42 km – La Spezia 70 km – Massa 85 km
Carta stradale Michelin 561-J9

Monte Rosa cam, rist,
via Monsignor Marinetti 6 – ✆ 01 85 31 48 53 – www.hotelmonterosa.it – Chiuso 15 giorni in novembre
62 cam – †50/150 € ††70/250 €
Rist – Carta 28/59 € – *(chiuso 1° novembre-15 dicembre e 7 gennaio-28 febbraio)*
Bell'area relax con piscina e solarium, nonché camere curate, in un albergo in pieno centro storico. Cucina di mare, senza trascurare i classici nazionali, al ristorante.

Lord Nelson con cam
corso Valparaiso 27 – ✆ 01 85 30 25 95 – www.thelordnelson.it – Chiuso 15 giorni in novembre
5 suites – ††150/180 €
Menu 50/75 € – Carta 54/101 € – *(chiuso mercoledì)*
Direttamente sul lungomare, locale raffinato con american bar ed enoteca: una profusione di legno lucidato a specchio in elegante stile marinaro e stuzzicanti proposte a base di pesce.

Da Felice
corso Valparaiso 136 – ✆ 01 85 30 80 16 – www.ristorantefelice.it
Carta 30/67 € – *(solo a cena dal 1° luglio al 15 settembre)* (consigliata la prenotazione)
Nuova sede per questo storico ristorante presente in città dal 1903! Oggi, un ambiente moderno dai toni caldi e dallo stile minimalista, con cucina a vista e dehors estivo. In menu: pesce in tante varianti, ma subordinato al mercato del giorno.

Vecchio Borgo
piazza Gagliardo 15/16 – ✆ 01 85 30 90 64 – Chiuso 6-30 gennaio e martedì escluso luglio-agosto
Carta 27/63 €
In un vecchio edificio alla fine della passeggiata, sale in stile rustico ricercato e un bel dehors sulla piazzetta; fragranti piatti classici per lo più di pesce.

CHIAVENNA
Sondrio (SO) – ✉ 23022 – 7 342 ab. – Alt. 333 m – Carta regionale n° **16-B1**
Roma 684 km – Sondrio 61 km – Bergamo 96 km – Como 85 km
Carta stradale Michelin 561-D10

Sanlorenzo cam,
corso Garibaldi 3 – ✆ 0 34 33 49 02 – www.sanlorenzochiavenna.it
29 cam – †60/70 € ††100 € **Rist** – Carta 26/43 €
Nuova struttura adiacente il centro ed a pochi passi dalla stazione, si caratterizza per gli arredi moderni di buon confort e le camere luminose nonchè funzionali. Il ristorante propone piatti del territorio gustosamente rivisitati.

Aurora

via Rezia 73, località Campedello, Est : 1 km – ✆ 0 34 33 27 08 – www.albergoaurora.it
48 cam – 50/75 € 70/120 €
Rist *Garden* – vedere selezione ristoranti
Rist – Carta 18/20 €
Una struttura fuori dal centro, con spazi comuni ridotti e camere dagli arredi essenziali ma ben tenute; di particolare interesse la piscina in un grazioso giardino.

Al Cenacolo

via Pedretti 16 – ✆ 0 34 33 21 23 – www.alcenacolo.info – Chiuso giugno, martedì sera e mercoledì
Carta 40/50 €
Tocchi di rusticità (legni al soffitto, camino, pavimento in cotto), ma tono elegante in un ristorante del centro, con minuscolo terrazino; specialità locali, ma non solo.

Garden – Hotel Aurora

via Rezia 73, località Campedello, Est : 1 km – ✆ 0 34 33 27 08 – www.albergoaurora.it
Carta 18/21 €
Il nome è il miglior biglietto da visita: immerso in un giardino ai piedi delle montagne, nel Garden dell'albergo Aurora troverete un'accoglienza familiare, specchio di una cucina schietta e locale: ecco l'immancabile bresaola, i pizzoccheri filanti di formaggio e la selvaggina di bosco. E per gli amanti del pesce, trote!

a Mese Sud-Ovest : 2 km – ✉ 23020

Crotasc

via Don Primo Lucchinetti 63 – ✆ 0 34 34 10 03 – www.ristorantecrotasc.com – Chiuso 17 giugno-9 luglio, 12-19 novembre, lunedì e martedì
Menu 40 € – Carta 42/55 €
Dal 1928 il fuoco del camino scalda le giornate più fredde e le due sale riscoprono nella pietra la storia del crotto e una cordiale accoglienza; in cucina, la tradizione rivive con creatività.

CHIERI

Torino (TO) – ✉ 10023 – 36 293 ab. – Alt. 283 m – Carta regionale n° **22-B1**
Roma 649 km – Torino 18 km – Asti 35 km – Cuneo 96 km
Carta stradale Michelin 561-G5

Sandomenico

via San Domenico 2/b – ✆ 01 19 41 18 64 – Chiuso domenica e lunedì
Menu 35/50 € – Carta 40/68 € – *(solo a cena)* (prenotare)
Luminoso ed elegante dal soffitto con travi a vista ed arredato con pochi tavoli rotondi. Dalle cucine, piatti di terra e di mare, dalle cantine, bottiglie italiane e francesi.

CHIESA IN VALMALENCO

Sondrio (SO) – ✉ 23023 – 2 547 ab. – Alt. 960 m – Carta regionale n° **16-B1**
Roma 718 km – Sondrio 16 km – Bergamo 129 km – Lecco 92 km
Carta stradale Michelin 561-D11

Tremoggia

via Bernina 6 – ✆ 03 42 45 11 06 – www.tremoggia.it – Aperto 5 dicembre-11 aprile e 7 giugno-26 settembre
39 cam – 85/140 € 120/156 € – **4 suites** **Rist** – Carta 29/53 €
Calda accoglienza familiare in un albergo storico della località rinnovato nel tempo; oggi offre servizi completi e di alto livello; centro benessere all'ultimo piano. Ristorante che dispone di varie, confortevoli sale.

La Lanterna

via Bernina 88 – ☏ 03 42 45 14 38 – www.hotellanterna.it – Aperto 1° dicembre-30 aprile e 1° luglio-15 settembre

16 cam – 40/45 € 70/80 €, 8 € **Rist** – Menu 15 € – *(solo per alloggiati)*

Un semplice hotel dalla solida conduzione familiare, con camere pulite, spaziose e dal confort adeguato. Ristorante casalingo seguito direttamente dai gestori dell'albergo.

La Volta

via Milano 48 – ☏ 03 42 45 40 51 – Chiuso 1°-20 giugno, martedì e mercoledì escluso agosto e vacanze di Natale

Carta 36/46 €

Tradizione e modernità: è il binomio che descrive un locale classico all'interno di un edificio storico ristrutturato; ai fornelli si fondono creatività e competenza.

Il Vassallo

via Vassalini 27 – ☏ 03 42 45 12 00 – www.ristorantevassallo.it – Chiuso lunedì

Carta 26/44 €

Costruita intorno ad un grande masso di granito dalle sfumature policrome, l'antica residenza vescovile offre atmosfere suggestive e stuzzicanti ricette del territorio.

Malenco

via Funivia 20 – ☏ 03 42 45 21 82 – Chiuso 15-30 giugno, 20-30 novembre e martedì

Carta 33/41 €

Di taglio moderno l'arredo della sala, con vetrata panoramica sulla valle, di impostazione tipica-locale invece la carta: piatti della tradizione a prezzi contenuti.

CHIETI

66100 – 51 321 ab. – Alt. 330 m – Carta regionale n° **1-B2**

Roma 205 km – Pescara 14 km – L'Aquila 101 km – Ascoli Piceno 103 km

Carta stradale Michelin 563-O24

Harri's

rist,

via Padre Alessandro Valignani 219 – ☏ 08 71 32 15 55 – www.harrishotels.it

15 cam – 45/90 € 70/120 € – **4 suites**

Rist – Carta 21/50 € – *(chiuso vacanze di Natale, agosto, venerdì, sabato e domenica) (solo a cena) (solo per alloggiati)*

Ubicata su una collina, con la vista che abbraccia la vallata, questa piccola struttura non manca di un'attrezzata area benessere e dispone di camere classiche, ma moderne nelle installazioni (Sky e wi-fi gratuito), tutte con balcone.

sulla strada statale 5 Tiburtina - località Brecciarola Sud-Ovest : 9 km :

Enrica senza rist

via Aterno 441 – ☏ 08 71 68 50 68 – www.hotelenrica.it

15 cam – 40/60 € 60/80 €

Un piccolo ascensore panoramico conduce alle confortevoli e moderne camere di questa elegante struttura: dai balconi la vista spazia sul Gran Sasso. Sotto, momenti di relax nel bar-gelateria.

Da Gilda

via Aterno 464 – ☏ 08 71 68 41 57 – Chiuso 12 giorni in luglio e lunedì

Carta 24/40 € – *(solo a pranzo escluso giovedì, venerdì e sabato)*

Oltre 40 anni di cucina semplice e genuina a prezzi onesti! Ecco il segreto di questa schietta trattoria, che punta su ricette locali - pasta fatta in casa o agnello alla brace - ma anche grigliate di pesce.

CHIOANO → Vedere Todi

Perugia (PG)

CHIOGGIA

Venezia (VE) – 30015 – 49 693 ab. – Carta regionale n° **40-C3**

Roma 449 km – Venezia 53 km – Ferrara 98 km – Padova 46 km

Carta stradale Michelin 562-G18

XX **El Gato**

corso del Popolo 653 – 0 41 40 02 65 – www.elgato.it – Chiuso lunedì
Carta 39/96 €
In pieno centro, tre moderne sale dove pareti e soffitti bianchi contrastano con il nero degli arredi, creando un originale effetto positivo/negativo. Sulla tavola il mare in ricette fragranti e gustose: difficile non rimanere soddisfatti!

a Sottomarina Est : 1 km – 30015

Bristol

lungomare Adriatico 46 – 04 15 54 03 89 – www.hotelbristol.net – Chiuso 20 dicembre-13 gennaio
64 cam – 55/150 € 90/250 €
Rist – Menu 40 € – *(aperto 1° giugno-31 agosto) (solo per alloggiati)*
Sobria eleganza sia nelle sale, sia nelle accoglienti camere di questa struttura di taglio classico. Sebbene ubicato sul lungomare, con la spiaggia a due passi, il giardino e la piscina meritano una sosta.

Le Tegnue

lungomare Adriatico 48 – 0 41 49 17 00 – www.hotelletegnue.it – Aperto 1° aprile-31 ottobre
83 cam – 87/105 € 125/165 € – **2 suites** **Rist** – Menu 30 €
Situato davanti al mare e circondato da un ampio giardino, questo grande complesso a conduzione diretta dispone di una spiaggia privata e camere di diverse tipologie, recentemente rinnovate. La vista dell'Adriatico si propone da tutte le stanze. Cucina tradizionale chioggiotta e specialità marinare al ristorante.

Sole

viale Mediterraneo 9 – 0 41 49 15 05 – www.hotel-sole.com – Aperto 1° aprile-31 ottobre
58 cam – 50/90 € 60/130 €
Rist – Menu 25 € – *(aperto 1° aprile-30 settembre) (solo a cena) (solo per alloggiati)*
Elegante, all'inizio del lungomare, una spiaggia riservata, con piscina, a pochi metri di distanza. Luminosi gli spazi comuni, mentre le camere sono state recentemente rinnovate.

CHIRIGNAGO → Vedere Mestre

Venezia (VE)

CHIUDUNO

Bergamo (BG) – 24060 – 5 886 ab. – Alt. 218 m – Carta regionale n° **19**-D1
Roma 598 km – Milano 70 km – Bergamo 23 km – Lecco 99 km
Carta stradale Michelin 561-F11

XXX **A'anteprima** (Daniel Facen)

via F.lli Kennedy 12 – 03 58 36 10 30 – www.ristoranteanteprima.it – Chiuso 1°-14 gennaio, 3-26 agosto, domenica e lunedì
Menu 70/110 € – Carta 82/153 € – (consigliata la prenotazione)
Tra fornelli e microscopi, pentole e provette - in un intrigante equilibrismo tra scienza e ristorazione - lo chef trae ispirazione dalla sua regione d'origine, il Trentino, e la creatività non manca all'appuntamento nel piatto. Scelta enologica superlativa.
→ Risotto con pesci, crostacei e anemoni di mare. Filetto di vitello, germogli di spinaci, foie gras e tartufo. Mousse allo Champagne con gelato alla carota.

CHIUSA (KLAUSEN)

Bolzano (BZ) – 39043 Chiusa D'Isarco – 4 863 ab. – Alt. 525 m – Chiusa D'Isarco – Carta regionale n° **34**-C1
Roma 671 km – Bolzano 30 km – Bressanone 11 km – Cortina d'Ampezzo 98 km
Carta stradale Michelin 562-C16

Aquila d'Oro-Goldener Adler

piazza Fraghes 14 – ✆ 04 72 84 61 11 – www.goldeneradler.it – Chiuso 2 settimane in gennaio e 2 settimane in giugno
21 cam – 68/88 € 136/152 €
Rist *Adlerstube* – Carta 35/61 € – *(chiuso domenica sera e lunedì) (solo a cena)*
A pochi passi dal centro, hotel in tipico stile sudtirolese, ideale per chi vuole soggiornare in uno dei borghi più suggestivi dell'Alto Adige: attrezzata zona benessere e prezzi interessanti. Al ristorante un intelligente mélange di cucina locale, nazionale ed internazionale.

Ansitz Fonteklaus

rist,

via Freins 4, Est : 3,6 km, alt. 897 – ✆ 04 71 65 56 54 – www.fonteklaus.it – Aperto 1° aprile-31 ottobre
8 cam – 55/61 € 80/90 € – **2 suites**
Rist – Carta 25/59 € – *(chiuso giovedì)*
Potreste incontrare i caprioli, il picchio o lo scoiattolo in questa incantevole oasi di pace; laghetto-piscina naturale; confort e relax in un hotel tutto da scoprire. Calda atmosfera nella sala da pranzo in stile stube.

Bischofhof

via Gries 4 – ✆ 04 72 84 74 48 – www.bischofhof.it – Chiuso 3 settimane in aprile
18 cam – 65/85 € 90/100 €
Rist *Jasmin* – vedere selezione ristoranti
Rist – *(solo per alloggiati)*
Pochi minuti a piedi dal centro della cittadina e raggiungerete questa pensione familiare: all'interno camere comode ed accoglienti, una piscina e giochi per i più piccoli.

Jasmin (Martin Obermarzoner) – Hotel Bischofhof

via Gries 4 – ✆ 04 72 84 74 48 – www.bischofhof.it – Chiuso 3 settimane in aprile, martedì e domenica sera in maggio-settembre
Menu 100/170 € – *(solo a cena, anche domenica a mezzogiorno in ottobre-aprile)* (prenotazione obbligatoria)
Alla prenotazione verrete interrogati sul numero di portate che desiderate, preferenze per carne o pesce ed eventuali intolleranze. Una volta al tavolo, sarete nelle mani del cuoco che vi stupirà con piatti elaborati secondo il mercato e l'estro del momento, ma sempre all'insegna di una cucina sofisticata, tecnica e sorprendente.
→ Tortelli di tè matcha ed agnello d'Asturia su crema di cerfoglio. Il piccione royal con fegato grasso d'anatra, verdurine e salsa alla vaniglia. La creazione al mango.

a Gudon Nord-Est : 4 km – ✉ 39043

Unterwirt con cam

Gudon 45 – ✆ 04 72 84 40 00 – www.unterwirt-gufidaun.com – Chiuso 17-30 giugno
7 cam – 57/60 € 94/114 €
Menu 50/75 € – Carta 48/84 € – *(chiuso domenica e lunedì) (solo a cena)*
Se la buona cucina costituisce uno dei requisiti che concorrono a qualificare il valore dell'ospitalità, qui l'avete trovata! Piatti moderni in tre caratteristiche stube, personalizzate con stufe in muratura e colorati acquerelli.

CHIUSA DI PESIO

Cuneo (CN) – ✉ 12013 – 3 682 ab. – Alt. 575 m – Carta regionale n° **22-B3**
Roma 642 km – Cuneo 16 km – Torino 98 km – Alessandria 127 km
Carta stradale Michelin 561-J5

Locanda Alpina con cam

Via Provinciale 71, loc San Bartolomeo – ✆ 01 71 73 82 87 – Chiuso febbraio, mercoledì a mezzogiorno e martedì
6 cam – 35 € 55 €
Menu 15 € (pranzo in settimana) – Carta 20/30 € – (consigliata la prenotazione)
Cucina del territorio sempre attenta e fragrante in una semplice, ma graziosa, trattoria con possibilità di alloggio.

CHIUSDINO

Siena (SI) – ✉ 53012 – 1 876 ab. – Alt. 564 m – Carta regionale n° **32**-C2
Roma 266 km – Siena 32 km – Firenze 96 km – Grosseto 58 km
Carta stradale Michelin 563-M15

Borgo Santo Pietro
località Palazzetto 110, Est : 7 km – ✆ 05 77 75 12 22 – www.borgosantopietro.com – Aperto 1° aprile-31 ottobre
9 cam – 399/990 € 399/990 € – **6 suites**
Rist *Valle Serena* – vedere selezione ristoranti
Non solo per una fuga romantica, ma per tutti coloro che sono in cerca di un resort esclusivo dove trascorrere un soggiorno all'insegna di un raffinato lusso. In una villa del XIII secolo, immersa nel verde di un curato giardino, camere barocche, ma non prive di confort moderni ed un centro olistico per ritrovare serenità mentale e benessere fisico.

Valle Serena – Hotel Borgo Santo Pietro
località Palazzetto 110, Est : 7 km – ✆ 05 77 75 12 22 – www.valleserena.it – Aperto 15 aprile-31 ottobre
Carta 80/140 € – *(chiuso lunedì)*
Tradita la tradizione locale a favore di un'esotica idea di cucina in un ambiente di grande raffinatezza e cura: clima permettendo, prenotare i tavoli sotto il portico affacciato sul romantico giardino. Servizio sempre inappuntabile!

CHIUSI

Siena (SI) – ✉ 53043 – 8 726 ab. – Alt. 398 m – Carta regionale n° **32**-D2
Roma 161 km – Perugia 52 km – Arezzo 65 km – Siena 80 km
Carta stradale Michelin 563-M17

Osteria La Solita Zuppa
via Porsenna 21 – ✆ 0 57 82 10 06 – www.lasolitazuppa.it – Chiuso 12 gennaio-4 febbraio e martedì
Menu 24 € – Carta 27/37 €
Un'ottima accoglienza riscalda questa rustica trattoria del centro. La cucina "parla" toscano con un occhio di riguardo per i piatti antichi e le ricette povere.

in prossimità casello autostrada A1 Ovest : 3 km:

Il Patriarca
località Querce al Pino, strada statale 146 ✉ 53043 Chiusi – ✆ 05 78 27 44 07 – www.ilpatriarca.it
22 cam – 79/89 € 99/159 €
Rist *I Salotti* – vedere selezione ristoranti
Rist *La Taverna del Patriarca* – Carta 26/59 €
Racchiusa in un parco meraviglioso, la villa ottocentesca è stata edificata su un insediamento di origine etrusca e ottimamente ristrutturata con buon gusto. I classici regionali alla Taverna del Patriarca.

I Salotti (Katia Maccari) – Hotel Il Patriarca
località Querce al Pino, strada statale 146 ✉ 53043 Chiusi – ✆ 05 78 27 44 07 – www.ilpatriarca.it – Aperto 1° maggio-31 ottobre; chiuso lunedì e martedì
Menu 80/100 € – *(solo a cena)* (prenotazione obbligatoria)
Ambiente elegante e pochi tavoli (consigliamo di prenotare con largo anticipo) per un ottimo ristorante che propone solo due menu degustazione: uno legato alla tradizione toscana, esclusivamente a base di carne, l'altro equamente diviso tra terra e mare.
→ Nido di quaglia con crema di ricotta e albicocche, prugne e gelatina al Vinsanto. Lombo di agnello in crosta di nocciole e pistacchi, fondente di patate e chips di carciofi. Biancomangiare al cocco e cioccolato gianduia con granita al caffè e gelatina al rhum.

CHIVASSO

Torino (TO) – ✉ 10034 – 26 040 ab. – Alt. 183 m – Carta regionale n° **22**-B2
Roma 667 km – Torino 25 km – Aosta 101 km – Asti 55 km
Carta stradale Michelin 561-G5

Locanda del Sole
via Roma 16 – ✆ 01 19 13 19 68 – www.lalocandadelsole.com – Chiuso 1 settimana in agosto, domenica sera e lunedì
Menu 17 € (pranzo in settimana) – Carta 29/48 €
Nel centro della località, due salette molto curate ed una veranda in stile giardino d'inverno, dove gustare una casalinga cucina regionale.

CIAMPINO → Vedere Roma
Roma (RM)

CICOGNOLO
Cremona (CR) – ✉ 26030 – 961 ab. – Alt. 44 m – Carta regionale n° **17-C3**
Roma 541 km – Milano 108 km – Cremona 15 km – Mantova 55 km
Carta stradale Michelin 561-G12

Pilgrim's senza rist
strada provinciale 33, 9 – ✆ 03 72 83 00 85 – www.pilgrimshotel.it – Chiuso agosto
34 cam – †45/90 € ††60/150 €
Gestione giovane e competente per una struttura efficiente con buoni spazi comuni e camere rinnovate nei confort: la maggior parte delle quali offre una suggestiva vista sul maestoso castello di Cicognolo.

CIMASAPPADA → Vedere Sappada
Belluno (BL)

CINISELLO BALSAMO
Milano (MI) – ✉ 20092 – 71 840 ab. – Alt. 154 m – Carta regionale n° **18-B2**
Roma 583 km – Milano 13 km – Bergamo 42 km – Como 41 km
Carta stradale Michelin 561-F9

Cosmo Hotel Palace
rist,
via De Sanctis 5 – ✆ 02 61 77 71 – www.cosmohotels.it Pianta : C1**x**
201 cam – †80/399 € ††80/399 € – **4 suites**
Rist – Carta 37/66 € – *(chiuso domenica a pranzo e sabato)*
Struttura imponente, visibile anche dall'autostrada da cui è facilmente raggiungibile. Interni comunque perfettamente insonorizzati, arredati in stile semplice e funzionale. Grande sala open-space, a pranzo nei giorni feriali fornito self-service.

Premier Monza e Brianza Palace
cam, rist,
viale Brianza 160/166 – ✆ 0 26 60 21 11 – www.monzaebrianzapalace.it
104 cam – †63/600 € ††69/600 €, 15 € – **1 suite**
Rist – Carta 40/63 € – *(chiuso 8-23 agosto)*
Nasce dalla ristrutturazione di un edificio industriale degli anni '60, questo moderno albergo particolarmente vocato ad una clientela business: attrezzate sale riunioni, spazio fitness ed interessanti proposte gastronomiche al ristorante. Piatti veloci, leggeri e gustosi presso il Chillin' Bar (dalle ore 12 alle 24).

Lincoln senza rist
viale Lincoln 65 – ✆ 0 26 17 26 57 – www.hotellincoln.it Pianta : C1**k**
18 cam – †55/150 € ††70/190 €
Frequentato perlopiù da habitué e clientela di lavoro, hotel di piccole dimensioni con camere dall'arredo sobrio e funzionale.

CINQUALE → Vedere Montignoso
Massa-Carrara (MS)

CIOCCARO → Vedere Penango
Asti (AT)

CIPRESSA
Imperia (IM) – ✉ 18017 – 1 268 ab. – Alt. 240 m – Carta regionale n° **14-A3**
Roma 628 km – Imperia 19 km – San Remo 12 km – Savona 83 km
Carta stradale Michelin 561-K5

La Torre
piazza Mazzini 2 – ✆ 0 18 39 80 00 – Chiuso 20 gennaio-10 febbraio e lunedì
Carta 29/41 €
Una serie di tornanti vi condurrà alla volta di Cipressa e di una spettacolare vista sul mare. E' nel centro di questo caratteristico paese che si trova la trattoria: accoglienza familiare e cucina di terra.

CIRELLA
Cosenza (CS) – ✉ 87020Alt. 27 m – Carta regionale n° **5-A1**
Roma 446 km – Cosenza 83 km – Castrovillari 78 km
Carta stradale Michelin 564-H29

Agriturismo Fattoria di Arieste AC cam, cam,
strada per Maierà, Est : 1,5 km – ✆ 09 85 88 90 50 – www.fattoriadiarieste.it – Aperto 1° aprile-30 settembre
6 cam – 40/50 € 70/90 €
Rist – Menu 25/30 € – *(chiuso lunedì) (solo a cena)* (prenotazione obbligatoria)
Azienda agricola con meravigliosa vista sul golfo di Policastro: amabile accoglienza familiare in colorate ed accoglienti camere. Cucina casalinga e genuina.

CIRÒ MARINA
Crotone (KR) – ✉ 88811 – 15 061 ab. – Carta regionale n° **5-B1**
Roma 567 km – Cosenza 124 km – Catanzaro 105 km – Crotone 38 km
Carta stradale Michelin 564-I33

Il Gabbiano rist, AC rist, P
località Punta Alice, Nord : 2 km – ✆ 0 96 23 13 38 – www.gabbiano-hotel.it
25 cam – 50/70 € 70/100 € **Rist** – Carta 25/47 €
Alla fine del lungomare - alle porte del paese - hotel recentemente rinnovato: modernità e confort sia nelle camere sia negli spazi comuni. Due sale di tono elegante nel ristorante, con servizio estivo di fronte alla piscina.

CISANO BERGAMASCO
Bergamo (BG) – ✉ 24034 – 6 304 ab. – Alt. 267 m – Carta regionale n° **19-C1**
Roma 610 km – Bergamo 18 km – Brescia 69 km – Milano 46 km
Carta stradale Michelin 561-E10

La Sosta AC
via Sciesa 7, Ovest: 1,5 km – ✆ 03 54 36 42 32 – www.hotellasosta.it – Chiuso 1°-7 gennaio
11 cam – 80/90 € 95/115 € – **1 suite**
Rist *La Sosta* – vedere selezione ristoranti
Bella ristrutturazione di una palazzina proprio sulla sponda del fiume Adda, su cui si affaccia con le sue terrazze: camere semplici e funzionali, in uno stile minimalista che non elude il confort.

La Sosta – Hotel la Sosta AC P
via Sciesa 3, Ovest : 1,5 km – ✆ 0 35 78 10 66 – www.ristorantelasosta.it – Chiuso 1°-7 gennaio e 16-26 agosto
Menu 15 € (pranzo in settimana)/49 € – Carta 32/72 €
Locale di tradizione e di sapore classico caratterizzato da grandi vetrate, nonché da una bella veranda romanticamente affacciata sul fiume Adda. Cucina di ampio respiro con ricette di carne, ma anche specialità di pesce: d'acqua dolce e di mare.

Fatur con cam cam, P
via Roma 2 – ✆ 0 35 78 12 87 – www.fatur.it – Chiuso 2-10 gennaio e 16-30 agosto
12 cam – 70 € 90 € – **1 suite**
Menu 35/42 € – Carta 39/65 € – *(chiuso venerdì)*
Ai piedi del castello, nel centro del paese, questo accogliente ristorante propone i sapori del territorio, rivisitati con fantasia. Nella bella stagione, approfittate del piacevole servizio in giardino. Al piano superiore, camere spaziose ed arredate in stile funzionale.

CISON DI VALMARINO

Treviso (TV) – ✉ 31030 – 2 722 ab. – Alt. 261 m – Carta regionale n° **40-C2**
Roma 582 km – Belluno 32 km – Trento 114 km – Treviso 41 km
Carta stradale Michelin 562-E18

CastelBrando
via Brandolini 29 – ✆ 04 38 97 61 – www.castelbrando.it
76 cam – 99/140 € 119/200 € – **4 suites**
Rist – Carta 34/58 € – *(chiuso lunedì e martedì)*
Rist *La Fucina* – ✆ 04 38 97 66 58 – Carta 20/50 €
Sorge in posizione elevata questo complesso storico, le cui fondamenta risalgono all'epoca romana; grandi spazi e servizi completi, anche per congressi e area museale aperta al pubblico (su prenotazione). Piatti più semplici e servizio pizzeria alla Fucina.

CISTERNA D'ASTI

Asti (AT) – ✉ 14010 – 1 278 ab. – Alt. 350 m – Carta regionale n° **25-C1**
Roma 626 km – Torino 46 km – Asti 21 km – Cuneo 82 km
Carta stradale Michelin 561-H6

Garibaldi con cam
via Italia 1 – ✆ 01 41 97 91 18 – www.albergoristorantegaribaldi.it
12 cam – 40/80 € 60/100 €
Menu 30/40 € – Carta 20/38 € – *(chiuso mercoledì)*
C'è tutta la storia di una famiglia nella raccolta di oggetti d'epoca di uso comune (dalle pentole alle fotografie) esposta in questo originale locale, il cui menu propone la vera cucina piemontese. Sei nuove camere - di cui due con cucina - e una bella terrazza panoramica, si aggiungono a quelle già presenti nel corpo centrale.

CISTERNA DI LATINA

Latina (LT) – ✉ 04012 – 35 952 ab. – Alt. 77 m – Carta regionale n° **13-C2**
Roma 50 km – Anzio 26 km – Frosinone 72 km – Latina 16 km
Carta stradale Michelin 563-R20

Il Piccolo Ducato
via Tivera, Sud Est : 6 km – ✆ 0 69 60 12 84 – www.ilpiccoloducato.it – Chiuso 17-24 agosto e lunedì sera
Carta 29/74 €
In aperta campagna, piatti mediterranei di terra e di mare secondo ricette abbastanza classiche e, soprattutto, senza fronzoli. Ambiente piacevolmente rustico, ma se il tempo è bello, meglio optare per il fresco dehors sotto moderni ombrelloni.

CISTERNINO

Brindisi (BR) – ✉ 72014 – 11 678 ab. – Alt. 393 m – Carta regionale n° **27-C2**
Roma 524 km – Brindisi 56 km – Bari 74 km – Lecce 87 km
Carta stradale Michelin 564-E34

Lo Smeraldo
contrada Don Peppe Sole 7, località Monti, Nord-Est : 3 km – ✆ 08 04 44 87 09 – www.hotellosmeraldo.com
82 cam – 55/65 € 80/100 € **Rist** – Menu 20/35 €
Si vedono il mare e la costa in lontananza da questa funzionale struttura di taglio moderno, in zona verdeggiante e soleggiata; gestione familiare attenta e ospitale. Varie sale, luminose e signorili, nel ristorante a vocazione banchettistica.

CITARA → Vedere Ischia (Isola d') : Forio

Napoli (NA)

CITTADELLA

Padova (PD) – ✉ 35013 – 20 094 ab. – Alt. 48 m – Carta regionale n° **38-B1**
Roma 523 km – Padova 31 km – Venezia 69 km – Vicenza 27 km
Carta stradale Michelin 562-F17

Filanda
cam,
via Palladio 34 – ✆ 04 99 40 00 00 – www.hotelfilanda.it
70 cam – 70/90 € 80/105 € – **1 suite**
Rist *Il Filandino* – Carta 25/54 € – *(chiuso 9-24 agosto e sabato a mezzogiorno)*
Poco fuori dal centro storico della località, il vecchio opificio ottocentesco è stato riconvertito in hotel, con camere funzionali e confortevoli: molte con vista sulle mura duecentesche. Ricette di terra e di mare al ristorante, che dispone anche di un fresco gazebo per la bella stagione.

CITTADELLA DEL CAPO
Cosenza (CS) – ✉ 87020Alt. 23 m – Carta regionale n° **5-A1**
Roma 465 km – Cosenza 61 km – Castrovillari 86 km – Catanzaro 123 km
Carta stradale Michelin 564-I29

Palazzo del Capo
via Cristoforo Colombo 5 – ✆ 0 98 29 56 74 – www.palazzodelcapo.it – Chiuso 24 dicembre-2 gennaio
11 cam – 150/180 € 230/265 €
Rist – Carta 32/75 € – *(chiuso lunedì)* (consigliata la prenotazione)
Uno scrigno di insospettate sorprese questa residenza storica fortificata sul mare, con torre spagnola nel giardino: eleganti interni d'epoca e servizi di elevato profilo tra cui la nuova beauty farm. Molti spazi per la ristorazione; a disposizione - solo in estate - anche la rotonda sul mare.

CITTÀ DELLA PIEVE
Perugia (PG) – ✉ 06062 – 7 828 ab. – Alt. 509 m – Carta regionale n° **35-A2**
Roma 154 km – Perugia 41 km – Arezzo 76 km – Chianciano Terme 22 km
Carta stradale Michelin 563-N18

Vannucci
viale Vanni 1 – ✆ 05 78 29 80 63 – www.hotel-vannucci.com
30 cam – 65/80 € 95/125 €
Rist *Zafferano* – vedere selezione ristoranti
Villa di fine '800 alle porte dell'incantevole paese: le camere sono accoglienti con pregevoli arredi in legno, al secondo piano con vista sui tetti e sulle colline. Per i pasti, pizzeria o ristorazione di ricerca.

Relais dei Magi
località le Selve Nuove 45, Sud-Est : 4 km – ✆ 05 78 29 81 33 – www.relaismagi.it – Aperto 1° aprile-30 settembre
10 cam – 125/135 € 170/190 € **Rist** – Menu 35/45 €
Occorre percorrere una strada sterrata per giungere a quest'incantevola risorsa che accoglie i propri ospiti in tre diversi edifici. Un soggiorno appartato e raffinato.

Agriturismo Madonna delle Grazie
rist,
località Madonna delle Grazie 6, Ovest : 1 km – ✆ 05 78 29 98 22 – www.madonnadellegrazie.it
10 cam – 45/60 € 90/120 €
Rist – Carta 26/32 € – (prenotazione obbligatoria)
Offre uno spaccato di vita contadina questo agriturismo immerso nella quiete dei colli tosco-umbri, perfetto per una vacanza a contatto con la natura, tra passeggiate a piedi e a cavallo e qualche tuffo in piscina. Nella sala ristorante interna o all'aperto, la cucina si avvale dei prodotti biologici dell'azienda.

Zafferano – Hotel Vannucci
viale Vanni 1 – ✆ 05 78 29 80 63 – www.hotel-vannucci.com
Carta 23/81 €
Se Città della Pieve è famosa per lo zafferano, questo ristorante ne celebra degnamente colori e sapori, insieme ad una cucina sapida ed elaborata a cavallo tra Umbria e Toscana.

CITTÀ DEL VATICANO → Vedere Roma
Vaticano (VAT)

CITTÀ DI CASTELLO

Perugia (PG) – ✉ 06012 – 40 016 ab. – Alt. 288 m – Carta regionale n° **35-B1**
▶ Roma 220 km – Perugia 54 km – Arezzo 42 km – Ravenna 135 km
Carta stradale Michelin 563-L18

Borgo di Celle

località Celle 7 – ✆ 07 58 51 00 25 – www.borgodicelle.it
26 cam ☕ – 🚹65/85 € 🚹🚹100/140 € – **3 suites** **Rist** – Carta 25/44 €
Una gran bella risorsa ubicata in collina e all'interno di un piccolo borgo medioevale: cotto e arredi essenziali in arte povera negli spazi comuni composti da sale e salette. Superlativi i giardini con la piscina panoramica. L'attrezzato centro relax completa l'offerta di questo angolo di paradiso.

Tiferno

piazza Raffaello Sanzio 13 – ✆ 07 58 55 03 31 – www.hoteltiferno.it
46 cam ☕ – 🚹60/85 € 🚹🚹90/145 € – **2 suites**
Rist *Le Logge* – ✆ 07 58 64 23 04 – Carta 32/52 € – *(chiuso mercoledì)*
Porta l'antico nome della località questo raffinato albergo ricavato in un ex-convento seicentesco nel centro storico: bei soffitti a cassettone e pregevoli mobili antichi; moderne invece le camere.

Garden

viale Bologni 96 Nord-Est : 1 km – ✆ 07 58 55 05 87 – www.hotelgarden.com
56 cam ☕ – 🚹55/85 € 🚹🚹75/110 € – **1 suite** **Rist** – Carta 30/52 €
Periferico e tranquillo - adiacente un centro sportivo - hotel di taglio moderno con piscina, centro benessere e palestra; camere ben accessoriate. Tono elegante nell'ampia sala ristorante.

Le Mura

via borgo Farinario 24/26 – ✆ 07 58 52 10 70 – www.hotellemura.it
35 cam ☕ – 🚹40/56 € 🚹🚹60/92 € **Rist** – Menu 16/30 €
Ricavata nelle ex manifatture di tabacco e a ridosso delle antiche mura cittadine, la risorsa dispone di camere molto sobrie, ma all'insegna di un buon rapporto qualità/prezzo. Bella sala ristorante con vetrate affacciate sulla fontana nella suggestiva corte interna.

CITTANOVA

Reggio di Calabria (RC) – ✉ 89022 – 10 376 ab. – Alt. 400 m
– Carta regionale n° **5-A3**
▶ Roma 661 km – Reggio di Calabria 69 km – Catanzaro 121 km – Lamezia Terme 94 km
Carta stradale Michelin 564-L30

Casalnuovo

viale Merano 103 – ✆ 09 66 65 58 21 – www.hotelcasalnuovo.com
18 cam ☕ – 🚹40/45 € 🚹🚹60/65 €
Rist – Carta 16/31 € – *(chiuso 15 giorni in agosto)*
Curato albergo a gestione familiare, ideale come sosta per chi è in viaggio di lavoro ma anche come base d'appoggio per visitare i dintorni. Camere con arredi lineari. Sobria e ampia sala ristorante.

CITTÀ SANT'ANGELO

Pescara (PE) – ✉ 65013 – 14 581 ab. – Alt. 317 m – Carta regionale n° **1-B1**
▶ Roma 223 km – Pescara 25 km – L'Aquila 120 km – Chieti 34 km
Carta stradale Michelin 563-O24

Villa Michelangelo

via Lungofino 2 – ✆ 08 59 61 45 23 – www.hotelvillamichelangelo.net
32 cam ☕ – 🚹65/105 € 🚹🚹95/140 € – **2 suites** **Rist** – Carta 31/80 €
In prossimità delle vie di comunicazione stradale, ma anche a pochi passi dal mare, una struttura che offre un servizio business e leisure per chi ama lo stile classico permeato da qualche concessione moderna.

in prossimità casello autostrada A 14 Est : 9,5 km :

Giardino dei Principi
viale Petruzzi 30 ✉ 65013 – ✆ 0 85 95 02 35 – www.hotelgiardinodeiprincipi.it
34 cam – 40/90 € 70/150 € **Rist** – Carta 20/50 €
Romanticamente abbracciata da un fresco giardino, questa funzionale struttura di taglio moderno dispone di spazi comuni un po' limitati, camere assolutamente accoglienti. Cucina classica nella luminosa sala ristorante.

eKK
strada Lungofino 185 ✉ 65013 – ✆ 08 59 18 91 – www.ekkhotel.it – Chiuso 20 dicembre-6 gennaio
32 cam – 68/135 € 78/190 € – **1 suite**
Rist – Carta 20/34 € – *(chiuso domenica) (solo a cena)*
L'originalità non si esaurisce nel nome, ma s'insinua nell'architettura di questa moderna risorsa, ricavata dal recupero di una cantina vinicola ed abbracciata da un lussureggiante parco. Cromismi che ricordano la trasformazione del vino caratterizzano le camere ospitate in botti.

CITTIGLIO

Varese (VA) – ✉ 21033 – 4 012 ab. – Alt. 254 m – Carta regionale n° **16**-A2
Roma 650 km – Varese 20 km – Milano 75 km – Como 62 km
Carta stradale Michelin 561-E7

La Bussola con cam
via Marconi 28 – ✆ 03 32 60 22 91 – www.hotellabussola.it
26 cam – 40/90 € 60/120 €, 8 € – **1 suite**
Menu 35/65 € – Carta 37/69 € – *(Chiuso martedì)*
Un locale che può soddisfare esigenze e gusti diversi: sale eleganti di cui una per la pizzeria serale, salone banchetti, cucina eclettica e camere curate.

CIVIDALE DEL FRIULI

Udine (UD) – ✉ 33043 – 11 376 ab. – Alt. 135 m – Carta regionale n° **11**-C2
Roma 655 km – Udine 20 km – Gorizia 30 km – Trieste 70 km
Carta stradale Michelin 562-D22

Roma senza rist
piazza Picco 17 – ✆ 04 32 73 18 71 – www.hotelroma-cividale.it
53 cam – 55/80 € 85/120 €
In centro paese, questo albergo a conduzione diretta saprà ospitarvi in camere funzionali e confortevoli. Ideale per una clientela business.

Locanda al Castello
via del Castello 12, Nord-Ovest : 1,5 km – ✆ 04 32 73 32 42 – www.alcastello.net
27 cam – 60/94 € 99/150 €
Rist *Locanda al Castello* – Carta 22/47 € – *(chiuso mercoledì)*
All'interno dell'ottocentesco castello che fu, inizialmente, convento dei gesuiti, un albergo a gestione familiare ricco di servizi, come il centro benessere con la beauty, nonché l'omonimo ristorante con cucina di terra e di mare. Immancabile, il fogolar in sala.

Orsone N con cam
Via Darnazzacco 63, frazione Gagliano – ✆ 04 32 73 20 53 – www.orsone.com – Chiuso domenica sera, lunedì e martedì
6 cam – 110 € 175 €
Carta 60/90 €
Rist *La Taverna* –Carta 26/46 €
Neonato ristorante della famiglia Bastianich, circondati dalle vigne, in un ambiente di esclusiva eleganza, la cucina segue una linea moderna ed internazionale, mentre alla Taverna - variante più easy - vanno in scena i sapori americani, in primis l'hamburger. Accoglienti e raffinate camere attendono gli ospiti al piano superiore.

Al Monastero con cam e senza

via Ristori 9 – 04 32 70 08 08 – www.almonastero.com – Chiuso in gennaio e giugno
5 cam – 50/100 € 80/120 €
Menu 25/50 € – Carta 28/39 € – *(chiuso domenica sera e lunedì)*
Maltagliati al ragù d'anatra, salumi locali ed altre golosità del territorio, in un ristorante dalle accoglienti sale: originale quella con il tipico fogolar furlan o quella con l'affresco celebrativo di Bacco. Cinque graziosi appartamenti con soppalco e angolo cottura, per chi vuole prolungare la sosta.

CIVITA CASTELLANA

Viterbo (VT) – 01033 – 16 560 ab. – Alt. 145 m – Carta regionale n° **12-B1**
Roma 55 km – Viterbo 50 km – Perugia 119 km – Terni 50 km
Carta stradale Michelin 563-P19

Relais Falisco

via Don Minzoni 19 – 07 61 54 98 – www.relaisfalisco.it
37 cam – 80/100 € 110/150 € – **6 suites**
Rist *Le Scuderie* – vedere selezione ristoranti
Il soggiorno in un palazzo signorile con origini secentesche offre atmosfere suggestive sia per il turista sia per chi viaggia per affari. Vasca idromassaggio negli originali sotterranei scavati nel tufo. Cucina regionale ed un'armoniosa fusione di tipicità ed eleganza nel caratteristico ristorante ricavato nelle scuderie.

Le Scuderie – Hotel Relais Falisco

via Don Minzoni 19 – 07 61 54 98 – www.relaisfalisco.it
Menu 20 € (pranzo in settimana)/70 € – Carta 30/55 € – *(chiuso domenica sera e lunedì)* (consigliata la prenotazione)
Nei suoi ambienti eleganti trovano spazio anche un privé ed una sala con divisori a ricordare l'impianto delle scuderie che furono; il menu elenca piatti d'impronta moderna che non disdegna la tradizione, naturalmente rivisitata.

La Giaretta

via Ferretti 108 – 07 61 51 33 98 – Chiuso 9-25 agosto, domenica sera e lunedì
Carta 20/39 €
Piatti laziali a cui si affiancano gustose specialità di pesce, in un sobrio locale situato in zona centrale; seria ed esperta conduzione familiare.

a Quartaccio Nord-Ovest : 5,5 km – 01034 Fabrica Di Roma

Aldero

cam,

– 07 61 51 47 57 – www.aldero.it
60 cam – 65/80 € 75/95 € – **1 suite**
Rist – Carta 21/72 € – *(chiuso 5-20 agosto e domenica)*
Ampliato in tempi diversi, Aldero si propone come un ottimo indirizzo per la clientela d'affari. Si consigliano le camere nella parte più recente; semplici ed economiche - invece - le altre. Al ristorante, piatti della tradizione regionale.

CIVITANOVA MARCHE

Macerata (MC) – 62012 – 38 706 ab. – Carta regionale n° **21-D2**
Roma 276 km – Ancona 47 km – Ascoli Piceno 79 km – Macerata 27 km
Carta stradale Michelin 563-M23

Palace senza rist

piazza F.lli Rosselli 6 – 07 33 81 04 64 – www.royalre.it
37 cam – 70 € 120 €
Ubicata di fronte alla stazione e recentemente rinnovata, una risorsa che offre un'ospitalità curata nelle sue camere ben insonorizzate e dotate di ogni confort.

Galileo

via IV Novembre conc. 25 – 07 33 81 76 56 – Chiuso 20 dicembre-20 gennaio
Carta 47/59 € – *(chiuso martedì)* (consigliata la prenotazione)
Il mare a 360° grandi: non solo perché il locale è ospitato in uno stabilimento balneare con una luminosa sala a vetrate che guardano la distesa blu, ma anche perché il menu è un invitante inno alla ricchezza ittica del Mediterraneo.

CIVITAVECCHIA

Roma (RM) – ✉ 00053 – 51 449 ab. – Carta regionale n° **12-A2**
▶ Roma 71 km – Viterbo 59 km – Grosseto 110 km – Terni 114 km
Carta stradale Michelin 563-P17

X La Bomboniera

corso Marconi 50 – ✆ 0 76 62 57 44 – www.labomboniera.info – Chiuso 15 settembre-10 ottobre e lunedì
Menu 45 € – Carta 34/67 €
Grazioso localino dove troneggia un grande camino e alle pareti, dal vivace colore arancione, stampe e riproduzioni. La cucina è prevalentemente a base di pesce con specialità sarde (per quest'ultime si consiglia la prenotazione).

CIVITELLA ALFEDENA

L'Aquila (AQ) – ✉ 67030 – 294 ab. – Alt. 1 123 m – Carta regionale n° **1-B3**
▶ Roma 174 km – Frosinone 88 km – L'Aquila 134 km – Isernia 51 km
Carta stradale Michelin 563-Q23

Antico Borgo La Torre

via Castello 3 – ✆ 08 64 89 01 21 – www.albergolatorre.com
24 cam – †40/50 € ††50/70 €
Rist – Menu 15 € – *(solo a cena) (solo per alloggiati)*
Nel centro del paese, preservato nella sua integrità storica, due strutture divise dalla torre del '300 che dà il nome all'albergo; camere semplici e rinnovate.

CIVITELLA CASANOVA

Pescara (PE) – ✉ 65010 – 1 830 ab. – Alt. 400 m – Carta regionale n° **1-B2**
▶ Roma 209 km – Pescara 33 km – L'Aquila 97 km – Teramo 100 km
Carta stradale Michelin 563-O23

XXX La Bandiera (Marcello Spadone) con cam

rist, cam,

contrada Pastini 4, Est : 4 km – ✆ 0 85 84 52 19 – www.labandiera.it – Chiuso 20 giorni in gennaio
3 cam – †70 € ††90 €
Menu 35/65 € – Carta 36/64 € – *(chiuso domenica sera e mercoledì)*
Isolato e sperduto (meglio farsi consigliare la strada migliore per arrivarci), il ristorante è un'oasi di tranquillità, la cucina una bandiera delle specialità abruzzesi di terra. Avvolti dalla cortesia e dalle attenzioni dei titolari, c'è anche la possibilità di pernottare in camere semplici, ma che eviteranno viaggi dopo la cena.
→ Ravioli di burrata con ortaggi e pistilli di zafferano de L'Aquila. Il "Signore degli Agnelli". La bolla di Mattia: dessert con involucro di zucchero soffiato ripieno con prodotti di stagione.

XX Il Ritrovo d'Abruzzo

contrada Bosco 16 – ✆ 08 58 46 00 19 – www.ilritrovodabruzzo.it – Chiuso lunedì a mezzogiorno e martedì
Carta 34/46 € – (prenotare)
In posizione isolata (meglio consultare una carta o farsi spiegare la strada), locale d'impronta rustico-elegante, dove assaporare piatti del territorio in chiave moderna.

CIVITELLA D'AGLIANO

Viterbo (VT) – ✉ 01020 – 1 664 ab. – Alt. 262 m – Carta regionale n° **12-B1**
▶ Roma 109 km – Viterbo 30 km – Perugia 85 km – Terni 63 km

La Tana dell'Istrice

piazza Unità d'Italia 12 – ✆ 07 61 91 45 01 – www.motturasergio.it – Chiuso 15-28 dicembre e 7 gennaio-21 marzo
11 cam – †90 € ††158 €
Rist – Menu 50 € – *(chiuso domenica) (solo a cena)* (prenotazione obbligatoria)
Dentro al piccolo centro storico, un palazzo medievale ampliato nel 1500 diventa nel 1996 un'originale realtà ricettiva con camere rustico-eleganti. Al ristorante si assaggiano i vini prodotti dal patron Sergio Mottura: tra gli altri, l'autoctono grechetto.

CIVITELLA DEL LAGO → Vedere Baschi
Terni (TR)

CIVITELLA DEL TRONTO
Teramo (TE) – ✉ 64010 – 5 290 ab. – Alt. 589 m – Carta regionale n° **1-A1**
Roma 194 km – Ascoli Piceno 25 km – Teramo 18 km – Pescara 79 km
Carta stradale Michelin 563-N23

XX **Zunica 1880** con cam
piazza Filippi Pepe 14 – ✆ 0 86 19 13 19 – www.hotelzunica.it – Chiuso 10-30 gennaio
17 cam – 55/90 € 79/139 € – **3 suites**
Menu 40/60 € – Carta 30/64 € – *(chiuso domenica sera e mercoledì)*
All'interno di un borgo in pietra in cima ad un colle dal quale abbracciare con lo sguardo colline, mare e montagne, un locale elegante ormai tappa gourmet dove gustare il meglio della cucina regionale. Camere confortevoli, recentemente ristrutturate.

CIVITELLA IN VAL DI CHIANA
Arezzo (AR) – ✉ 52040 – 9 117 ab. – Alt. 280 m – Carta regionale n° **32-C2**
Roma 209 km – Siena 52 km – Arezzo 18 km – Firenze 72 km
Carta stradale Michelin 563-L17

X **L'Antico Borgo**
via di Mezzo 31 – ✆ 05 75 44 80 51 – www.antborgo.it – Chiuso martedì
Menu 28/35 € – Carta 28/52 € – *(solo a cena)* (consigliata la prenotazione)
Nel borgo medioevale che domina la valle, caratteristico ristorante ricavato in un ex locale per la macina dei cereali. Sulla tavola: la tipica cucina toscana, rigorosamente stagionale.

CIVITELLA MARITTIMA
Grosseto (GR) – ✉ 58045Alt. 329 m – Carta regionale n° **32-C2**
Roma 211 km – Grosseto 33 km – Firenze 117 km – Siena 43 km
Carta stradale Michelin 563-N15

X **Locanda nel Cassero** con cam — cam,
via del Cassero 29/31 – ✆ 05 64 90 06 80 – www.locandanelcassero.com
5 cam – 55/76 € 80/100 €
Carta 27/45 € – *(chiuso dicembre-febbraio e martedì; anche giovedì a pranzo in novembre-Pasqua)* (coperti limitati, prenotare)
All'ombra del campanile del paese, questa piccola locanda propone specialità toscane sapide e gustose. Apprezzabile la flessibilità d'orario in cucina che propone - anche a "fornelli spenti" - una serie di piatti, sia caldi sia freddi. Al piano superiore: camere arredate in modo semplice, in armonia con l'ambiente.

CLAVIERE
Torino (TO) – ✉ 10050 – 205 ab. – Alt. 1 760 m – Carta regionale n° **22-A2**
Roma 758 km – Bardonecchia 32 km – Sestriere 19 km – Torino 105 km
Carta stradale Michelin 561-H2

X **'l Gran Bouc**
via Nazionale 24/a – ✆ 01 22 87 88 30 – www.granbouc.it – Chiuso maggio, novembre e mercoledì in bassa stagione
Menu 14/55 € – Carta 27/31 €
Nato nel 1967 come sala giochi e bar, il locale è suddiviso in due sale di stile diverso - una rustica e l'altra più raffinata - dove gustare piatti nazionali, specialità piemontesi e pizze.

CLERAN = KLERANT → Vedere Bressanone
Bolzano (BZ)

CLES
Trento (TN) – ✉ 38023 – 6 809 ab. – Alt. 658 m – Carta regionale n° **33-B2**
Roma 626 km – Bolzano 68 km – Trento 41 km – Merano 56 km
Carta stradale Michelin 562-C15

XX **Antica Trattoria** con cam

via Roma 13 – ✆ 04 63 42 16 31 – www.anticatrattoriacles.it – Chiuso 10-16 novembre

8 cam – 🚹58/65 € 🚹🚹85/98 € Carta 31/58 € – *(chiuso sabato)*

Locale completamente ristrutturato, con una stufa in maiolica di fine '800 che ben si inserisce in un contesto di stile contemporaneo, caldo e accogliente. Belle camere.

CLUSANE SUL LAGO → Vedere Iseo

Brescia (BS)

CLUSONE

Bergamo (BG) – ✉ 24023 – 8 660 ab. – Alt. 648 m – Carta regionale n° **16-B2**

▶ Roma 635 km – Bergamo 36 km – Brescia 64 km – Edolo 74 km

Carta stradale Michelin 561-E11

XX **Commercio e Mas-cì** con cam

piazza Paradiso 1 – ✆ 0 34 62 12 67 – www.mas-ci.it – Chiuso giugno

18 cam – 🚹60 € 🚹🚹80 € Carta 27/59 € – *(chiuso giovedì)*

Albergo, ma soprattutto ristorante, nel grazioso centro storico. Due belle salette con camino - intime ed accoglienti - fanno da palcoscenico ad una cucina dove primeggiano le specialità locali: molta carne, anche alla griglia, e polenta.

COCCAGLIO

Brescia (BS) – ✉ 25030 – 8 626 ab. – Alt. 162 m – Carta regionale n° **19-D2**

▶ Roma 573 km – Bergamo 35 km – Brescia 20 km – Cremona 69 km

Carta stradale Michelin 561-F11

Touring

via Vittorio Emanuele II 40 – ✆ 03 07 72 10 84 – www.hotel-touring.it

96 cam – 🚹75/105 € 🚹🚹110/150 € **Rist** – Carta 31/63 €

Per affari o relax in Franciacorta, un albergo di ottimo confort, con annesso centro sportivo: raffinata scelta di tessuti d'arredo negli eleganti interni in stile e moderna zona benessere. Piatti internazionali, specialità locali e, la sera, anche pizza, tra le proposte del ristorante.

XXX **Alessandro Cappotto in Villa Calini**

via Ingussano 19 – ✆ 03 07 24 35 74 – www.villacalini.it – Chiuso 2 settimane in gennaio e 2 settimane in agosto

Menu 25 € (pranzo in settimana)/65 € – Carta 40/85 € – (consigliata la prenotazione)

Non lontano dal centro, una sorta di borgo del '700 con una splendida villa interamente ristrutturata e adibita a ristorante: la linea di cucina è moderna, ma si fa tutto rigorosamente in casa come una volta (grissini, pane, pasticceria...). Una simpatica alternativa: l'orto-giardino ospita qualche tavolo per chi desidera restare ancora più a contatto con la campagna.

COCCONATO

Asti (AT) – ✉ 14023 – 1 580 ab. – Alt. 491 m – Carta regionale n° **23-C2**

▶ Roma 649 km – Torino 50 km – Alessandria 67 km – Asti 32 km

Carta stradale Michelin 561-G6

Locanda Martelletti

piazza Statuto 10 – ✆ 01 41 90 76 86 – www.locandamartelletti.it – Chiuso gennaio-febbraio e 1 settimana in agosto

9 cam – 🚹65 € 🚹🚹98/115 €

Rist – Carta 24/47 € – *(chiuso) (solo a cena)* (prenotazione obbligatoria)

Nella parte alta del paese, spicca l'armonia tra le parti più antiche dell'edificio e soluzioni attuali di confort. Prima colazione servita in un delizioso dehors. Piccola ed accogliente sala da pranzo con proposte piemontesi e toscane.

CODIGORO
Ferrara (FE) – ✉ 44021 – 12 337 ab. – Carta regionale n° **9-D1**
Roma 408 km – Ravenna 60 km – Bologna 90 km – Ferrara 43 km
Carta stradale Michelin 562-H18

La Zanzara (Sauro Bison)
via per Volano 52, località Porticino – ✆ 05 33 35 52 36 – www.ristorantelazanzara.com – Chiuso gennaio, lunedì e martedì
Menu 55 € – Carta 47/85 € – (coperti limitati, prenotare)
In un affascinante contesto naturalistico, su un'isoletta del parco del delta del Po, un casone di pesca settecentesco fa da sfondo ad una cucina in prevalenza marina, servita in una raffinata sala con un bel camino.
→ Riso carnaroli mantecato con intingolo del pescato del giorno e verdure di stagione. Anguilla di cattura alla griglia e polenta di mais biancoperla. Millefoglie con crema Chantilly.

La Capanna di Eraclio (Maria Grazia Soncini)
località Ponte Vicini, Nord-Ovest : 8 km – ✆ 05 33 71 21 54 – www.lacapannadieraclio.it – Chiuso 10 agosto-7 settembre, mercoledì e giovedì
Carta 53/130 € – (consigliata la prenotazione)
Dal 1922, anno di apertura, l'atmosfera pare essere mutata di poco: una trattoria del cuore, piacevolmente retrò, autenticamente familiare, dove gustare degli straordinari prodotti del mare, freschi (a volte persino vivi!), paste al mattarello e selvaggina di piuma.
→ Pasta alla chitarra con sgombro fresco, capperi, pomodorini e olive taggiasche. Anguilla "arost in umad". Zabaione al vin santo.

CODOGNE
Treviso (TV) – ✉ 31013 – 5 354 ab. – Carta regionale n° **40-C2**
Roma 589 km – Venezia 71 km – Treviso 46 km – Pordenone 33 km
Carta stradale Michelin 562-E19

Agriturismo Villa Toderini senza rist
via Roma 4/a – ✆ 04 38 79 60 84 – www.villatoderini.com – Chiuso 24 dicembre-6 gennaio e 15-25 agosto
10 cam – †75/85 € ††105/120 €
Lo specchio d'acqua della peschiera riflette la maestosità e l'eleganza della nobile dimora settecentesca, dalla quale dista solo un breve viale di piante secolari e silenzio!

CODROIPO
Udine (UD) – ✉ 33033 – 15 868 ab. – Alt. 43 m – Carta regionale n° **10-B2**
Roma 612 km – Udine 24 km – Trieste 82 km – Treviso 85 km
Carta stradale Michelin 562-E20

Ai Gelsi
via Circonvallazione Ovest, 12, Ovest : 1 km – ✆ 04 32 90 70 64 – www.gelsigroup.com
39 cam – †60/75 € ††85/100 € – **1 suite**
Rist *La Veranda* – Carta 37/79 € – *(chiuso 1°-21 agosto e lunedì)*
A soli 2,5 km dalla storica Villa Manin, un piacevole hotel dagli ambienti accoglienti e dalle camere semplici nella loro linearità, ma confortevoli. Atmosfera sobriamente elegante alla Veranda, dove gustare qualche specialità di terra e tanto mare.

COGNE
Aosta (AO) – ✉ 11012 – 1 443 ab. – Alt. 1 534 m – Carta regionale n° **37-A2**
Roma 774 km – Aosta 27 km – Courmayeur 52 km – Colle del Gran San Bernardo 60 km
Carta stradale Michelin 561-F4

Bellevue & SPA
rue Grand Paradis 22 – ✆ 0 16 57 48 25 – www.hotelbellevue.it
– Chiuso 4 ottobre-3 dicembre e 7-21 aprile
34 cam – **🚹170/275 € 🚹🚹190/396 € – 4 suites**
Rist *Le Petit Restaurant* ✿ – vedere selezione ristoranti
Rist – Carta 54/107 € – *(chiuso mercoledì in bassa stagione)*
Elegante chalet con interni da fiaba: mobili d'epoca, boiserie, raffinata scelta di stoffe e colori, nonché un piccolo museo d'arte popolare valdostana. Seconda solo ad un'altra struttura, la spa dell'hotel attende gli ospiti nei suoi 1200 mq di assoluto benessere (piscine, grotte del sale, bagni di vapore, saune varie, e altro ancora...).

Miramonti
rist,
viale Cavagnet 31 – ✆ 0 16 57 40 30 – www.miramonticogne.com
35 cam – **🚹90/170 € 🚹🚹150/310 € – 3 suites**
Rist *Coeur de Bois* – Menu 35 €
L'hotel ha tutto il fascino della tradizione alpina: soffitti a cassettoni, legno alle pareti, il calore del camino e libri antichi in esposizione. Nel centro benessere, invece, le più moderne installazioni per la remise en forme. E' nel soffitto ligneo dell'elegante sala ristorante che si svela il significato del suo nome.

Sant'Orso
via Bourgeois 2 – ✆ 0 16 57 48 22 – www.cognevacanze.com
– Chiuso Pasqua-31 maggio e 1° ottobre-25 dicembre
27 cam – **🚹84/120 € 🚹🚹126/228 €** **Rist** – Carta 23/48 €
Elegante e accogliente, centrale e silenzioso, questo hotel si presenta con un grande prato proprio di fronte al Gran Paradiso; anche le camere fanno eco alla piacevolezza della struttura. Per chi volesse invece approfittare del soggiorno per coltivare la forma fisica, il centro benessere vi attende con la sua panoramica piscina.

La Madonnina del Gran Paradiso
rist,
via Laydetré 7 – ✆ 0 16 57 40 78 – www.lamadonnina.com
– Aperto 20 dicembre-31 marzo e 8 giugno-2 novembre
30 cam – **🚹55/75 € 🚹🚹100/140 €** **Rist** – Carta 22/50 €
Panoramico albergo immediatamente accanto alle piste di fondo, con accoglienti zone comuni - tra cui una taverna dai tipici arredi valdostani - e graziose camere in legno di pino. Una nuova ala accoglie l'attrezzato centro benessere e stanze di livello superiore. Al ristorante, scelta à la carte anche per chi opta per la 1/2 pensione.

Le Bouquet senza rist
via Gran Paradiso 61/a – ✆ 01 65 74 96 00 – www.hotel-lebouquet.com – Aperto 19 dicembre-17 gennaio e 20 giugno-20 settembre
12 cam – **🚹50/100 € 🚹🚹80/150 €**
L'atmosfera tipica degli ambienti di montagna e deliziose camere con nomi di fiori in una piccola casa in legno e pietra ai margini del paese, inaugurata nel 1999.

Lo Stambecco senza rist
via des Clementines 21 – ✆ 0 16 57 40 68 – www.hotelstambecco.net
– Aperto 1° giugno-15 settembre
14 cam – **🚹60/80 € 🚹🚹90/130 €**
Familiari la conduzione e l'ospitalità in una risorsa nel centro del paese, con ambienti comuni ridotti, ma curati; camere sobrie e confortevoli, bagni funzionali.

Belvedere
località Gimillan, Nord : 2 Km – ✆ 01 65 75 18 12 – www.albergobelvedere.net
– Chiuso 10 novembre-20 dicembre
10 cam – **🚹30/50 € 🚹🚹60/90 €** **Rist** – Menu 20/40 €
Un hotel che ha già dalla "sua", la stupenda ubicazione: nella parte alta e panoramica della località, la vista spazia su tutta Cogne e sul Gran Paradiso. E poi - nella sua semplicità - la struttura non manca di nulla, dalla piccola area relax in una struttura staccata dal corpo centrale, alle camere con graziose personalizzazioni. In tal senso, le più tipiche sono quelle ospitate nella dépendance.

Le Petit Restaurant - Hotel Bellevue & SPA
rue Grand Paradis 22 – ✆ 0 16 57 48 25 – www.hotelbellevue.it – Chiuso 4 ottobre-3 dicembre, 7-21 aprile e mercoledì
Menu 60/90 € – Carta 50/112 € – *(solo a cena escluso 15 luglio-31 agosto, sabato e domenica)* (consigliata la prenotazione)
Il nome non tragga in inganno: nel "piccolo ristorante" si celebra la cucina valdostana in grande stile, dalle carni ai formaggi tutto è sontuoso e coreografico. Divagazioni di mare e francesi.
→ Il tradizionale uovo di re Vittorio Emanuele II. Il filetto di fassone in crosta di sale grosso e fieno di montagna. La tavolozza di Cogne.

Lou Ressignon con cam
via des Mines 23 – ✆ 0 16 57 40 34 – www.louressignon.it – Chiuso 3-19 giugno e 2 novembre-4 dicembre
4 cam – 50/60 € 75/100 €
Carta 26/52 € – *(chiuso lunedì sera e martedì escluso luglio-agosto)*
Simpatica tradizione di famiglia sin dal 1966! La cucina semplice e genuina valorizza i prodotti del territorio valdostano, mentre nei week-end, musica e allegria animano la taverna. Quattro accoglienti camere sono a disposizione per chi volesse prolungare la sosta.

Bar à Fromage
rue Grand Paradis 21 – ✆ 01 65 74 96 96 – www.hotelbellevue.it – Chiuso ottobre-novembre, giovedì e i mezzogiorno di martedì, mercoledì e venerdì escluso vacanze di Natale, Carnevale e luglio-agosto
Carta 32/58 €
Particolare e ricercato, un piccolo ristorante in legno dove il formaggio è re e il legno e lo stile valligiano creano un'atmosfera intima e calda.

a Cretaz Nord : 1,5 km – ✉ 11012 Cogne

Notre Maison
rist,
– ✆ 0 16 57 41 04 – www.notremaison.it – Aperto 20 dicembre-2 maggio e 10 giugno-30 settembre
30 cam – 85/125 € 120/200 € – **6 suites** **Rist** – Carta 29/51 €
In un giardino-solarium e collegati da un passaggio coperto, un caratteristico chalet e un corpo più recente, con centro fitness e nuove camere molto confortevoli. Rustica e accogliente sala ristorante.

Lou Bequet
– ✆ 0 16 57 46 51 – www.loubequet.it – Chiuso novembre, martedì sera e mercoledì in bassa stagione
Carta 27/52 € – (coperti limitati, prenotare)
Con grandi vetrate sulle montagne, un localino molto accogliente dove lo chef-patron propone piatti regionali o sue allettanti creazioni, colorate e gustose.

a Valnontey Sud-Ovest : 3 km – ✉ 11012 Cogne

La Barme
cam, cam,
– ✆ 01 65 74 91 77 – www.hotelcogne.com – Chiuso novembre
16 cam – 52/70 € 86/128 € – **2 suites**
Rist – Carta 22/39 € – *(chiuso lunedì a mezzogiorno in bassa stagione)*
Se rifuggite dalla mondanità, avventuratevi ai piedi del Gran Paradiso: antiche baite in pietra e legno, calda e quieta atmosfera, e forse avvisterete anche gli stambecchi. Arredato nel rispetto del caldo stile valdostano, il ristorante propone piatti tipici regionali.

COGNOLA → Vedere Trento
Trento (TN)

COGOLETO
Genova (GE) – ✉ 16016 – 9 141 ab. – Carta regionale n° **14-B2**
Roma 531 km – Genova 31 km – Alessandria 80 km – Savona 21 km
Carta stradale Michelin 561-I7

Eco del Mare senza rist

via della Madonnina Inferiore 5 – ✆ 01 09 18 20 09 – www.hotelecodelmare.net
16 cam – 70/90 € 90/110 €
In posizione elevata e frontemare, hotel dalla cordiale conduzione familiare con ariosi spazi comuni ed ampie, comode, camere. Bellissima anche la terrazza esterna dalla generosa vista.

Class

piazza Stella Maris 7 – ✆ 01 09 18 19 25 – www.ristoranteclass.it – Chiuso 2 settimane in gennaio, 1 settimana in novembre e lunedì escluso giugno-agosto
Carta 37/83 €
Non lontano dal centro, locale di tono moderno e dalla giovane, appassionata conduzione: dopo una lunga esperienza all'estero, lo chef-patron intrattiene i suoi ospiti con gustose specialità di pesce. Gran bel dehors con vista mare per cene ad alto tasso di romanticismo.

COGOLO → Vedere Peio

Trento (TN)

COLFIORITO

Perugia (PG) – ✉ 06034Alt. 760 m – Carta regionale n° **36-C2**
Roma 182 km – Perugia 62 km – Ancona 127 km – Macerata 66 km
Carta stradale Michelin 563-M20

Benessere Villa Fiorita

via del Lago 9 – ✆ 07 42 68 13 26 – www.hotelvillafiorita.com
38 cam – 45/70 € 80/140 € – **2 suites**
Rist – Carta 25/35 € – *(chiuso martedì)*
Belle camere, nonché una romantica suite con letto a baldacchino e vasca idromassaggio (matrimoniale) in questa struttura dall'accogliente gestione familiare. Sosta al centro benessere per prendersi cura di sé o distensive passeggiate nel fresco giardino. La cucina ammicca ai sapori locali.

COLICO

Lecco (LC) – ✉ 23823 – 7 566 ab. – Alt. 218 m – Carta regionale n° **16-B1**
Roma 661 km – Chiavenna 26 km – Como 66 km – Lecco 41 km
Carta stradale Michelin 561-D10

a Olgiasca Sud : 5 km – ✉ 23824

Belvedere con cam

frazione Olgiasca 53 – ✆ 33 33 96 03 74 – www.hotelristorantebelvedere.com – Chiuso 10 gennaio-3 febbraio
8 cam – 50 € 70 €
Carta 18/40 € – *(chiuso lunedì in settembre-maggio)*
Su un promontorio con vista lago un esercizio a conduzione familiare. Ambienti dai toni rustici e cucina che permette di gustare specialità di lago e di mare a buoni prezzi.

COLLALBO = KLOBENSTEIN → Vedere Renon

Bolzano (BZ)

COLLEBEATO

Brescia (BS) – ✉ 25060 – 4 684 ab. – Alt. 192 m – Carta regionale n° **17-C1**
Roma 534 km – Brescia 8 km – Bergamo 54 km – Milano 96 km
Carta stradale Michelin 561-F12

a Campiani Ovest : 2 km – ✉ 25060 Collebeato

Carlo Magno

via Campiani 9 – ✆ 03 02 51 11 07 – www.carlomagno.it – Chiuso 1°-15 gennaio, 3-19 agosto, lunedì e martedì
Carta 42/56 €
In una possente, austera casa di campagna dell'800, sale di suggestiva eleganza d'epoca, con travi o pietra a vista, dove gustare piatti del territorio in chiave moderna.

COLLECCHIO

Parma (PR) – ✉ 43044 – 14 110 ab. – Alt. 112 m – Carta regionale n° **8-A3**
Roma 474 km – Parma 19 km – Bologna 117 km – Piacenza 70 km
Carta stradale Michelin 562-H12

Campus senza rist
via Nazionale Est 40 – ✆ 05 21 80 26 80 – www.hotelcampus.com – Chiuso vacanze di Natale
53 cam – 49/139 € 59/169 € – **2 suites**
Dispone di comodo parcheggio questa moderna struttura, costantemente aggiornata da una giovane e dinamica gestione, che offre buoni servizi, camere spaziose e un bistrot - aperto solo alla sera - con piccola scelta a prezzi contenuti.

Daytona senza rist
via del Giardinetto 6 – ✆ 05 21 80 11 62 – www.daytonahotel.it
38 cam – 100/300 € 120/350 €
Non può che evocare il mondo dei motori, il nome di questo business hotel in posizione strategica rispetto alla rete autostradale: camere moderne, sale congressi ed un vicino centro sportivo a cui gli ospiti possono accedere.

Villa Maria Luigia-di Ceci
via Galaverna 28 – ✆ 05 21 80 54 89 – www.ristorantevillamarialuigia.it – Chiuso 15 febbraio-1° marzo, mercoledì sera e giovedì
Carta 38/76 €
Imponente villa ottocentesca all'interno di un parco, cucina poliedrica che incontra ogni gusto, dalla tradizione parmense ai piatti più creativi sia di carne che pesce.

COLLE DI VAL D'ELSA

Siena (SI) – ✉ 53034 – 21 361 ab. – Alt. 141 m – Carta regionale n° **32-D1**
Roma 255 km – Firenze 50 km – Siena 24 km – Arezzo 88 km
Carta stradale Michelin 563-L15

Palazzo San Lorenzo
via Gracco del Secco 113 – ✆ 05 77 92 36 75 – www.palazzosanlorenzo.it
48 cam – 85/240 € 115/240 €
Rist *Sopra le Mura* – Carta 29/51 € – *(solo a cena)*
Nel centro storico di Colle Alta, l'ex ospedale seicentesco propone una raffinata e moderna reinterpretazione del tradizionale stile alberghiero. Sono cinque, le imperdibili camere con vista sul borgo.

Relais della Rovere
via Piemonte 10 – ✆ 05 77 92 46 96 – www.relaisdellarovere.it
26 cam – 105/145 € 129/209 € – **4 suites**
Rist *Il Cardinale* – vedere selezione ristoranti
Eclettica fusione di stili e di design, tra antico e moderno, in un complesso di gran classe, nato dal recupero di un'antica dimora patrizia e di un'abbazia dell'XI sec.

Arnolfo (Gaetano Trovato) con cam
via XX Settembre 50/52 – ✆ 05 77 92 05 49 – www.arnolfo.com – Chiuso 15 gennaio-4 marzo e 13-26 novembre
4 cam – 190 € 220 €
Menu 105/150 € – Carta 125/210 € – *(chiuso martedì e mercoledì)* (consigliata la prenotazione)
L'immagine che ogni turista ha della Toscana tra colline, cipressi e la cinta di mura medievali. La ricetta del sogno si sublima nei piatti: carosello dei migliori prodotti regionali, interpretati con fantasia. Splendido servizio estivo sulla terrazza panoramica. Bomboniera per charme e dimensioni il piccolo albergo.
→ Cappelletti, pollo del Valdarno, brodo ristretto e uovo in camicia. Vitello chianino: bistecca, guancia e fagioli di Sorana. Cioccolato, mango, caramello salato.

XX **Il Cardinale** – Relais della Rovere

via Piemonte 10 – ✆ 05 77 92 20 89 – www.relaisdellarovere.it – Chiuso in inverno e martedì escluso luglio-agosto

Carta 32/53 € – *(solo a cena)*

Nel complesso alberghiero del Relais della Rovere, i tavoli del ristorante si perdono in quasi mille anni di storia: fu nel 1100 che i monaci benedettini gettarono le fondamenta del monastero. Oggi, è nelle cantine che si celebra il rito della cucina toscana o, durante la bella stagione, in giardino.

XX **L'Antica Trattoria**

piazza Arnolfo 23 – ✆ 05 77 92 37 47 – Chiuso 1 settimana in gennaio e martedì

Menu 36/40 € – Carta 38/61 €

Boiserie e lampadari di Murano in un ristorante caldo ed elegante, che d'estate si espande nel dehors sulla bella piazza recentemente rinnovata. In menu: proposte eclettiche con un occhio di riguardo per la tradizione.

COLLE DI VILLA = BAUERNKOHLERN → Vedere Bolzano

Bolzano (BZ)

COLLEPIETRA (STEINEGG)

Bolzano (BZ) – ✉ 39053Alt. 820 m – Carta regionale n° **34-D3**

Roma 656 km – Bolzano 15 km – Merano 46 km – Trento 71 km

Carta stradale Michelin 561-C16

Steineggerhof

Collepietra 128, Nord-Est : 1 km – ✆ 04 71 37 65 73 – www.steineggerhof.com – Aperto 29 marzo-1° novembre

35 cam – †75/95 € ††140/180 € **Rist** – Carta 26/55 €

Per ritemprarsi e rilassarsi nello splendido scenario dolomitico, una panoramica casa tirolese dai tipici interni montani, dove il legno regna sovrano. Struttura ideale per gli amanti della mountain bike. Curata sala ristorante dal soffitto ligneo.

COLLI DEL TRONTO

Ascoli Piceno (AP) – ✉ 63079 – 3 576 ab. – Alt. 168 m – Carta regionale n° **21-D3**

Roma 208 km – Ascoli Piceno 23 km – Ancona 106 km – L'Aquila 93 km

Carta stradale Michelin 563-N23

Villa Picena

via Salaria 66 – ✆ 07 36 89 24 60 – www.villapicena.it

39 cam – †55/110 € ††75/150 € – **2 suites**

Rist – Menu 15 € (pranzo in settimana)/45 € – Carta 38/68 €

Nel cuore della vallata del Tronto, la dimora ottocentesca offre ambienti ricchi di fascino e camere arredate con gusto e sobrietà, in sintonia con lo stille della villa. Ricavata nella parte più antica della villa, la sala da pranzo propone menù degustazione e la possibilità di consumare piatti veloci o leggeri.

COLLI SUL VELINO

Rieti (RI) – ✉ 02010 – 526 ab. – Alt. 465 m – Carta regionale n° **12-B1**

Roma 102 km – Rieti 19 km – Perugia 104 km – Terni 19 km

Carta stradale Michelin 563-O20

Relais Villa d'Assio

strada statale 79, località Mazzetelli, Sud-Est : 3km – ✆ 07 46 63 62 00 – www.relaisvilladassio.com – Chiuso 1-14 dicembre e gennaio

40 cam – †60/130 € ††65/170 € – **3 suites**

Rist *Tempe* – Carta 27/53 € (+8 %) – *(chiuso lunedì)*

A dieci minuti di macchina da Rieti, un grazioso borgo del 1500 convertito in albergo con arredi semplici ed essenziali nelle camere ospitate in casette in pietra. Determinanti gli spazi esterni, il parco e le attività sportive: caccia a tre dimensioni, tiro con l'arco, basket e calcetto.

COLLOREDO DI MONTE ALBANO

Udine (UD) – ✉ 33010 – 2 232 ab. – Alt. 212 m – Carta regionale n° **10-B2**
Roma 652 km – Udine 15 km – Tarvisio 80 km – Trieste 85 km
Carta stradale Michelin 562-D21

XX ✿ **La Taverna** (Piero Galliano Zanini)
piazza Castello 2 – ✆ 04 32 88 90 45 – www.ristorantelataverna.it – Chiuso 2 settimane in novembre, domenica sera e mercoledì
Carta 63/98 €
Di fronte al castello, ambiente curato ma informale, sfumature rustiche e camino con affaccio sul bellissimo giardino che si fa "contorno" con la bella stagione. Cucina contemporanea che valorizza le materie prime.
→ Garganelli di pasta fresca con crostacei d'Istria, crema d'aglio orsino. Carré d'agnello in crosta d'erbe e tortino di patate. La sfera: crema Chantilly, nocciolato delle Langhe e gelato al caffè bianco.

COLMEGNA → Vedere Luino

Varese (VA)

COLOGNE

Brescia (BS) – ✉ 25033 – 7 585 ab. – Alt. 187 m – Carta regionale n° **19-D2**
Roma 575 km – Bergamo 31 km – Brescia 27 km – Cremona 72 km
Carta stradale Michelin 561-F11

Cappuccini Resort
via Cappuccini 54, Nord : 1,5 km – ✆ 03 07 15 72 54 – www.cappuccini.it
14 cam – †85/110 € ††140/168 € – **3 suites**
Rist *Cappuccini cucina San Francesco* – vedere selezione ristoranti
Pernottare in un antico convento circondati dal silenzio, in camere eleganti e d'atmosfera, con un piccolo centro benessere dove coccolarsi...Sembra un sogno, ma non lo è!

XXX **Cappuccini cucina San Francesco** – Cappuccini Resort
via Cappuccini 54, Nord : 1,5 km – ✆ 03 07 15 72 54 – www.cappuccini.it
Menu 27 € (pranzo in settimana)/60 € – Carta 40/84 €
Ricercatezza enologica e cucina moderna in sintonia con le stagioni, in un'elegante sala ricca di fascino storico, fra candide fiandre e candelabri. Il tutto all'interno dell'omonimo resort.

COLOGNO AL SERIO

Bergamo (BG) – ✉ 24055 – 10 679 ab. – Alt. 156 m – Carta regionale n° **19-C2**
Roma 581 km – Bergamo 14 km – Brescia 45 km – Milano 47 km
Carta stradale Michelin 561-F11

Antico Borgo la Muratella rist,
località Muratella, Nord-Est : 2,5 km – ✆ 03 54 87 22 33 – www.lamuratella.it – Chiuso 24-31 dicembre e 11-24 agosto
68 cam – †55/180 € ††65/350 € – **2 suites**
Rist – Carta 36/68 € – *(chiuso lunedì e domenica sera) (solo a cena)*
Pronti per un viaggio nella storia? La cinquecentesca dimora appartenente ai Conti di Medolago vi attende per un soggiorno di relax o di lavoro in un'atmosfera d'altri tempi: giardino, laghetto e curati interni in stile. Nuovo piccolo centro benessere.

COLOMBARO → Vedere Corte Franca

Brescia (BS)

COLONNATA → Vedere Carrara

Massa-Carrara (MS)

COLORETO → Vedere Parma

Parma

COLORNO

Parma (PR) – ✉ 43052 – 8 910 ab. – Alt. 29 m – Carta regionale n° **8-B1**
Roma 466 km – Parma 16 km – Bologna 104 km – Brescia 79 km
Carta stradale Michelin 562-H13

Versailles senza rist
via Saragat 3 – ✆ 05 21 31 20 99 – www.hotelversailles.it – Chiuso 23 dicembre-10 gennaio e agosto
48 cam – †65/90 € ††89/120 €
Nell'ex "Versailles dei Duchi di Parma", un albergo a conduzione familiare, indicato per clientela turistica e d'affari; camere semplici, ma funzionali.

a Vedole Sud-Ovest : 2 km – ✉ 43052 Colorno

Al Vedel
via Vedole 68 – ✆ 05 21 81 61 69 – www.alvedel.it – Chiuso 24 dicembre-5 gennaio, luglio, lunedì e martedì
Carta 28/70 €
Da generazioni fedele alla lunga tradizione di ospitalità e alla buona cucina emiliana, arricchisce ora le proprie elaborazioni con una vena di fantasia: i "tortel dols di Colorno" con mele cotogne, pere nobili, mosto cotto e zucca da mostarda, ne sono un esempio. Visitabile la cantina, tra vini e salumi di produzione propria.

COL SAN MARTINO → Vedere Farra di Soligo

Treviso (TV)

COLTODINO → Vedere Fara in Sabina

Rieti (RI)

COMABBIO

Varese (VA) – ✉ 21020 – 1 179 ab. – Alt. 307 m – Carta regionale n° **16-A2**
Roma 634 km – Stresa 44 km – Varese 19 km – Milano 61 km
Carta stradale Michelin 561-E8

sulla strada statale 629 direzione Besozzo al Km 4,5 :

Cesarino
via Labiena 1861 ✉ 21020 – ✆ 03 31 96 84 72 – www.ristorantecesarino.com – Chiuso 10-20 agosto e mercoledì
Menu 25 € (pranzo in settimana) – Carta 36/63 €
Fate attenzione a non mancare la stretta ed unica entrata di questo locale familiare di lunga tradizione, in riva al lago. Proposte del territorio legate alle stagioni.

COMACCHIO

Ferrara (FE) – ✉ 44022 – 22 428 ab. – Carta regionale n° **9-D2**
Roma 419 km – Ravenna 37 km – Bologna 93 km – Ferrara 53 km
Carta stradale Michelin 562-H18

Locanda La Comacina
Via E. Fogli 17/19 – ✆ 05 33 31 15 47 – www.locandalacomacina.it – Chiuso 15 giorni in gennaio e 15 giorni in novembre
14 cam – †50/60 € ††85/105 €
Rist – Carta 31/78 € – *(chiuso martedì in novembre-marzo)*
Nel cuore del centro storico, camere confortevoli ed accoglienti in una graziosa locanda sul canale Maggiore, a due passi dalla torre dell'Orologio. Nel periodo estivo: servizio-navetta gratuito (in barca, su una piccola batana tradizionale) dal parcheggio dei Trepponti all'albergo. Pesce e grigliate di qualità nel rinomato ristorante.

B&B Al Ponticello senza rist
via Cavour 39 – ✆ 05 33 31 40 80 – www.alponticello.it
8 cam – †55/130 € ††85/130 €
Lungo un romantico canale del centro sul quale si affacciano quasi tutte le camere, è una sistemazione elegante e piacevolmente decorata. Il titolare, guida ambientale, vi porterà alla scoperta degli uccelli del parco.

XX **La Barcaccia**
piazza XX Settembre 41 – ✆ 05 33 31 10 81 – www.trattorialabarcaccia.com – Chiuso 15 giorni in gennaio, 15 giorni in novembre e lunedì
Menu 25 € (in settimana)/48 € – Carta 26/73 €
Fiancheggia il duomo ed è un ristorante semplice e familiare che propone con successo i classici di pesce dell'Adriatico. Le cotture sulla griglia di carbone di legno sono la specialità della casa.

a Porto Garibaldi Est : 5 km – ✉ 44029

XX **Da Pericle**
via dei Mille 203 – ✆ 05 33 32 73 14 – www.ristorantepericle.it – Chiuso 5-11 novembre e lunedì
Menu 30/50 € – Carta 31/84 €
Non esitate a prendere posto nella panoramica terrazza al primo piano per restare ammaliati dalla vista. La cucina predilige il pesce, servito in abbondanti porzioni.

a Lido degli Estensi Sud-Est : 7 km – ✉ 44024

Logonovo senza rist
viale delle Querce 109 – ✆ 05 33 32 75 20 – www.hotellogonovo.com – Chiuso 24-26 dicembre
45 cam – †55/105 € ††70/130 €
In zona residenziale, a poca distanza dal mare, l'indirizzo è adatto tanto ai vacanzieri, quanto alla clientela di lavoro. Particolarmente confortevoli le camere al quinto piano, ampie e arredate con gusto.

COMANO TERME

Trento (TN) – ✉ 38070 Ponte ArcheAlt. 395 m – ✉ Ponte Arche
– Carta regionale n° **33-B3**
Roma 586 km – Trento 24 km – Brescia 103 km – Verona 106 km
Carta stradale Michelin 562-D14

a Ponte Arche Alt. 400 m – ✉ 38077

Grand Hotel Terme
– ✆ 04 65 70 14 21 – www.grandhoteltermecomano.it – Aperto 18 dicembre-10 gennaio e 1° aprile-8 novembre
80 cam – †69/171 € ††118/342 € – **2 suites** **Rist** – Carta 30/35 €
Circondata dalla tranquillità del Parco delle Terme, interni spaziosi e di design per questa nuova struttura, leader per la cura della pelle ed ottimo centro termale. Dal ristorante una splendida vista sul parco e nel piatto cucina nazionale.

Cattoni-Plaza cam,
via Battisti 19 – ✆ 04 65 70 14 42 – www.comanocattoniholiday.it – Aperto 5 dicembre-11 gennaio e 1° aprile-2 novembre
73 cam – †56/84 € ††100/152 € **Rist** – Carta 28/63 €
Hotel che dispone di confortevoli spazi, camere classiche, piscina coperta, centro benessere ed un'area animazione per i bambini. Ariosa ed ampia anche la sala ristorante per una cucina nazionale.

a Campo Lomaso Alt. 492 m – ✉ 38070 Lomaso

Villa di Campo
frazione Campo Lomaso 40 – ✆ 04 65 70 00 72 – www.villadicampo.it – Chiuso febbraio e marzo
21 cam – †70/110 € ††110/210 € **Rist** – Carta 36/53 €
Un edificio ottocentesco sapientemente ristrutturato ospita questa bella dimora d'epoca immersa in un grande parco: camere di diverse tipologie e centro benessere per trattamenti olistici. Nell'elegante sala ristorante, atmosfere d'altri tempi e prodotti biologici legati ai colori ed ai sapori delle stagioni.

COMELICO SUPERIORE

Belluno (BL) – ✉ 32040 – 2 634 ab. – Alt. 1 210 m – Carta regionale n° **40-C1**
Roma 678 km – Cortina d'Ampezzo 52 km – Belluno 77 km – Dobbiaco 32 km
Carta stradale Michelin 562-C19

a Padola Nord-Ovest : 4 km – ✉ 32040

La Torre cam,
via Milano 2 A – ✆ 04 35 47 01 60 – www.hotelspalatorre.com
18 cam – 🚹95/110 € 🚹🚹120/150 €
Rist – Carta 22/54 € – *(chiuso 1 settimana in maggio e 1 settimana in novembre) (solo a cena)*
Struttura di concezione del tutto moderna: colori chiari, grandi vetrate e, di conseguenza, tanta luce caratterizzano ogni suo settore, anche il centro benessere.

COMMEZZADURA

Trento (TN) – ✉ 38020 – 903 ab. – Alt. 852 m – Carta regionale n° **33-B2**
Roma 648 km – Bolzano 89 km – Passo del Tonale 25 km – Trento 62 km
Carta stradale Michelin 562-D14

Tevini cam, rist,
località Almazzago – ✆ 04 63 97 49 85 – www.hoteltevini.com – Aperto 8 dicembre-15 aprile e 1° giugno-15 ottobre
52 cam – 🚹74/110 € 🚹🚹118/210 € – **2 suites** **Rist** – Carta 27/62 €
In Val di Sole, un soggiorno di sicuro confort in un albergo curato; spazi comuni rifiniti in legno e gradevole centro benessere; suggestiva la camera nella torretta. Boiserie e tende di pizzo alle finestre, affacciate sul verde, nella sala ristorante.

COMO

✉ 22100 – 83 422 ab. – Alt. 201 m – Carta regionale n° **18-A1**
Roma 625 km – Bergamo 56 km – Milano 48 km – Monza 42 km
Carta stradale Michelin 561-E9

Grand Hotel di Como
via per Cernobbio 41/a, 2,5 km per Lugano A1 – ✆ 0 31 51 61 – www.grandhoteldicomo.com – Chiuso dicembre-gennaio
153 cam – 🚹89/319 € 🚹🚹180/420 €
Rist *KK-Kitchen* – vedere selezione ristoranti
Rist *Gusto* – Carta 34/75 €
Rist *KK-Kincho* – Carta 33/45 €
La moderna efficienza delle installazioni si coniuga con la raffinatezza degli interni in una struttura che dispone di superbe camere e di un attrezzato centro congressi. Nell'incantevole parco è incastonata come un'acquamarina la piscina, con area riscaldata ed idromassaggio. Proposte dai sapori italiani al ristorante Gusto; churrascheria e pizzeria nell'informale dehors del Kincho.

Terminus cam,
lungo Lario Trieste 14 – ✆ 0 31 32 91 11 Pianta : AB1**c**
– www.albergoterminus.it – Chiuso 20 dicembre-19 gennaio
46 cam – 🚹150/250 € 🚹🚹150/350 € – **4 suites**
Rist *Bar delle Terme* – ✆ 0 31 32 92 16 – Carta 36/66 € – *(chiuso martedì)*
Dal '94 ritornato al suo originario splendore, prestigioso palazzo in stile liberty, dagli interni personalizzati ed eleganti, per un soggiorno esclusivo in riva al lago. Calda ambientazione d'epoca nella raccolta saletta del caffè-ristorante.

Le Due Corti cam,
piazza Vittoria 12/13 – ✆ 0 31 32 81 11 Pianta : B2**a**
– www.hotelduecorti.it – Chiuso 15 dicembre-15 gennaio
63 cam – 🚹90/170 € 🚹🚹158/220 € – **2 suites**
Rist *Sala Radetzky* – Carta 32/65 € – *(chiuso sabato a mezzogiorno e domenica)*
Magistrale, raffinato connubio di vecchio e nuovo in un hotel elegante ricavato in un'antica stazione di posta; mobili d'epoca nelle camere, con pareti in pietra a vista. Ristorante di sobria eleganza con arredi in stile.

Villa Flori

cam, rist,

via per Cernobbio 12, 2 km per Lugano A1 – ✆ 03 13 38 20 – www.hotelvillaflori.com – Aperto 1° marzo-15 novembre

53 cam – 171/212 € 221/390 €

Rist *Raimondi* – ✆ 0 31 33 82 33 – Carta 54/90 €

In splendida posizione panoramica, una bella struttura rinnovata di recente con camere minimaliste, ma chic, come moda impone. Cucina contemporanea nel luminoso ristorante dotato di romantica terrazza affacciata sul lago.

Tre Re

rist, rist,

via Boldoni 20 – ✆ 0 31 26 53 74 – www.hoteltrere.com – Chiuso 18 dicembre-10 gennaio Pianta : A1**d**

47 cam – 85/115 € 120/170 € – **1 suite** **Rist** – Carta 28/51 €

Potenziato e rinnovato in anni recenti, è un albergo confortevole, a conduzione familiare, che dispone di comodo parcheggio custodito; arredi moderni nelle stanze. Sale da pranzo con elementi (colonne e pitture murali) di un'antica struttura conventuale.

Park Hotel senza rist

viale F.lli Rosselli 20 – ✆ 0 31 57 26 15 – www.parkhotelcomo.it – Aperto 1° marzo-30 novembre Pianta : A1**e**

41 cam – 65/105 € 89/150 €

Edificio condominiale, si rivaluta negli spazi interni frutto di recenti investimenti. La clientela, soprattutto commerciale, apprezzerà anche i prezzi convenienti.

Navedano
via Velzi, 1,5 km per Bergamo - B2 – ✆ 0 31 30 80 80 – www.ristorantenavedano.it – Chiuso gennaio, mercoledì a mezzogiorno e martedì
Carta 64/118 €
A pochi minuti dal centro di Como, il nome deriva da un ufficiale garibaldino che decise di ritirarsi nei dintorni. Immerso in un tripudio di fiori - aristocratiche orchidee, autentica passione del proprietario - il ristorante propone con disinvoltura carne e pesce, ma tra tante gustose specialità una merita il premio fedeltà: il pollo alla creta! L'argilla è recuperata nel bosco attiguo al locale.

La Colombetta
via Diaz 40 – ✆ 0 31 26 27 03 – www.colombetta.it – Chiuso 23-27 dicembre e domenica Pianta : A1**w**
Carta 52/99 €
Fedeli alle proprie origini, le tre sorelle titolari preparano, su prenotazione, piatti sardi che, con quelli di pesce, sono le specialità del loro elegante locale.

Locanda dell'Oca Bianca con cam
cam,
via Canturina 251, 5 km per Bergamo - B2 – ✆ 0 31 52 56 05 – www.hotelocabianca.it – Chiuso 2 settimane in gennaio
21 cam – 55/75 € 80/100 €
Carta 32/59 € – *(chiuso lunedì) (solo a cena escluso domenica)*
Calda atmosfera e ambiente curato in un ristorante sulla strada per Cantù, dove d'estate si mangia all'aperto; camere ristrutturate, ottimo rapporto qualità/prezzo.

Er Più
via Pastrengo 1, per via Achille Grandi - B2 – ✆ 0 31 27 21 54 – www.erpiucomo.com – Chiuso 2-10 gennaio, 5-30 agosto e martedì
Menu 19 € (pranzo)/55 € – Carta 33/71 €
Uno dei ristoranti più popolari della città, offre un'impressionante scelta di piatti: dalle paste alla carne passando per i prodotti del mare. Difficile uscirne scontenti.

L'Angolo del Silenzio
viale Lecco 25 – ✆ 03 13 37 21 57 – www.osterialangolodelsilenzio-como.com – Chiuso 10-17 gennaio, 10-24 agosto e lunedì Pianta : B1**b**
Menu 22 € (pranzo in settimana)/42 € – Carta 33/57 €
Esperta gestione per un locale classico, con dehors estivo nel cortile; la cucina, di matrice lombarda, è senza fronzoli e fa della concretezza la sua arma vincente.

L'Antica Trattoria
via Cadorna 26 – ✆ 0 31 24 27 77 – www.lanticatrattoria.co.it – Chiuso 16-31 agosto e domenica Pianta : B2**b**
Menu 25/60 € – Carta 35/61 €
Locale storico ubicato in centro città: ampia sala luminosa e ricette della tradizione italiana, gastronomia di stagione nonché specialità di carne. Eventuali preparazioni senza glutine per i celiaci.

I Tigli in Theoria N
via Bianchi Giovini 41 – ✆ 0 31 30 13 34 – www.theoriagallery.it Pianta : A1**a**
Menu 40/90 € – Carta 51/88 €
Nell'affascinante palazzo vescovile in centro città, I Tigli si è unito a Theoria. Il risultato? Arte, storia e piatti gourmet per un'esperienza a tutto tondo!
→ Zuppa di pomodorini gialli, mousse di mascarpone al basilico e gamberi rossi. Tagliolini all'aragosta rosa e acqua di pomdoro. Trancio di spigola e brodetto aromatizzato allo zafferano.

KK-Kitchen – Grand Hotel di Como
via per Cernobbio 41/a, 2,5 km per Lugano - A1 – ✆ 0 31 51 64 60 – www.k-como.com – Chiuso gennaio
Menu 40/110 € – Carta 50/85 € – *(chiuso domenica sera e lunedì)*
KK-Kitchen, ovvero cucina gourmet: con l'arrivo di un noto chef, che si è fatto le ossa in importanti ristoranti italiani e non, sarete accompagnati in un accattivante percorso sensoriale di contrasti e armonie.

Namaste
piazza San Rocco 8, per via Achille Grandi - B2 - ✆ 0 31 26 16 42 - www.ristorante-namaste.it - Chiuso lunedì
Menu 14 € (pranzo in settimana)/26 € – Carta 18/42 €
La semplicità di un'autentica ambientazione indiana, senza orpelli folcloristici, per provare specialità etniche che vengono da molto lontano: un'alternativa esotica.

COMO (Lago di) o LARIO
Como

CONCA DEI MARINI
Salerno (SA) – ✉ 84010 – 724 ab. – Carta regionale n° **6-B2**
Roma 272 km – Napoli 58 km – Amalfi 5 km – Salerno 30 km
Carta stradale Michelin 564-F25

Monastero Santa Rosa Hotel & Spa
via Roma 2 – ✆ 08 98 32 11 99 – www.monasterosantarosa.com – Aperto 17 aprile-25 ottobre
12 cam – 425/890 € 425/890 € – **8 suites**
Rist *Santa Rosa* – vedere selezione ristoranti
In un ex monastero del XVII sec, le raffinate camere non hanno più nulla a che vedere con la spartana ospitalità di un tempo, se non per le porticine d'accesso che le caratterizzano. Arroccato sulla scogliera, alla bellezza del panorama fanno eco terrazze fiorite, angoli relax e una bellissima piscina a sbalzo le cui linee si confondono armoniosamente con il mare.

Belvedere rist,
via Smeraldo 19 – ✆ 0 89 83 12 82 – www.belvederehotel.it – Aperto 23 aprile-11 ottobre
36 cam – 150/210 € 180/240 € – **3 suites** **Rist** – Carta 43/81 €
E' davvero splendida la vista che si gode da questa struttura lungo la costiera amalfitana, dotata di terrazza con piscina d'acqua di mare; camere di diverse tipologie. Dalla bella sala e dalla veranda del ristorante scorgerete la calma distesa d'acqua blu.

Le Terrazze senza rist
via Smeraldo 11 – ✆ 0 89 83 12 90 – www.hotelleterrazze.it – Aperto 19 aprile-12 ottobre
27 cam – 49/399 € 49/399 €
A picco sul mare, quasi aggrappato alla roccia, l'hotel dispone di una terrazza panoramica mozzafiato ed ampie camere dalle tonalità pastello.

Santa Rosa – Monastero Santa Rosa Hotel & Spa
via Roma 2 – ✆ 08 98 32 11 99 – www.monasterosantarosa.com – Aperto 17 aprile-25 ottobre
Carta 54/111 €
E' stato solo dopo aver acquisito un'indubbia esperienza presso alcuni dei più celebri ristoranti al mondo, che lo chef si è fermato sulla costiera amalfitana: sicuramente per amore, ma anche un po' per giocare con i sapori mediterranei e la sua intrigante creatività.

CONCESIO
Brescia (BS) – ✉ 25062 – 15 076 ab. – Alt. 216 m – Carta regionale n° **17-C1**
Roma 544 km – Brescia 10 km – Bergamo 50 km – Milano 91 km
Carta stradale Michelin 561-F12

Miramonti l'Altro (Philippe Léveillé)
via Crosette 34, località Costorio – ✆ 03 02 75 10 63 – www.miramontilaltro.it – Chiuso lunedì
Menu 45 € (pranzo in settimana)/120 € – Carta 70/142 €
Elegante villa in zona periferica, l'ospitalità dei titolari è celebrata quanto la cucina: spunti bresciani e lacustri, divagazioni marine, ispirazioni francesi.
→ "Calamarata" di calamari, olive, capperi e parmigiano. Galletto nostrano alla griglia con agretto all'aglio e prezzemolo. Sfera croccante di zabaione al moscato e pere caramellate.

CONCO

Vicenza (VI) – ✉ 36062 – 2 236 ab. – Alt. 830 m – Carta regionale n° **39-B2**
Roma 556 km – Padova 72 km – Vicenza 40 km – Trento 64 km
Carta stradale Michelin 562-E16

La Bocchetta

sulla strada per Asiago località Bocchetta 6, Nord : 5 km – ✆ 04 24 70 00 24 – www.labocchetta.it
13 suites – 120/145 € – 8 cam
Rist *La Bocchetta* – vedere selezione ristoranti
Sono in stile tirolese, sia la struttura, sia i caldi interni di questo albergo, dove troverete graziose camere personalizzate con boiserie e tessuti a motivi floreali. Appartamenti familiari in nuova dépendance.

La Bocchetta – Hotel La Bocchetta

sulla strada per Asiago località Bocchetta 6, Nord : 5 km – ✆ 04 24 70 00 24 – www.labocchetta.it – Chiuso lunedì e martedì escluso in luglio-agosto
Carta 28/51 €
Specialità tipicamente locali, con un'ampia scelta di vini anche pregiati, in una sala dallo stile smaccatamente altoatesino.

CONDINO

Trento (TN) – ✉ 38083 – 1 528 ab. – Alt. 444 m – Carta regionale n° **33-A3**
Roma 610 km – Brescia 79 km – Bolzano 119 km – Trento 64 km
Carta stradale Michelin 562-E13

Da Rita

cam,
via Roma 140 – ✆ 04 65 62 12 25 – www.hoteldarita.it – Chiuso 20-31 agosto
16 cam – 48 € 86 € – **2 suites**
Rist – Carta 19/51 € – *(chiuso lunedì sera)*
Nella zona industriale della località, l'albergo ne rappresenta la nota più colorata, come gli interni: moderni e variopinti. Valido indirizzo per una clientela, soprattutto, commerciale.

CONEGLIANO

Treviso (TV) – ✉ 31015 – 34 200 ab. – Alt. 72 m – Carta regionale n° **40-C2**
Roma 574 km – Belluno 47 km – Venezia 64 km – Treviso 33 km
Carta stradale Michelin 562-E18

Relais le Betulle

via Costa Alta 56, Nord-Ovest : 2,5 : km – ✆ 0 43 82 10 01 – www.relaislebetulle.it
39 cam – 90/130 € 120/240 €
Rist – Carta 32/59 € – *(chiuso domenica sera e lunedì a mezzogiorno)*
E' sicuramente una bella risorsa questo albergo in collina e vicino al castello, con camere dal design moderno, bellissima piscina a sfioro, vasca idromassaggio riscaldata "en plain air". Al ristorante: cucina a base di prodotti tipici e carta light (solo a pranzo).

Canon d'Oro

via 20 Settembre 131 – ✆ 0 43 83 42 46 – www.hotelcanondoro.it
46 cam – 80/125 € 85/255 € – **2 suites**
Rist *InContrada* – vedere selezione ristoranti
Hotel del centro storico ospitato in un edificio del '500 con loggia ed affreschi originali sulla facciata. Le camere - di tre tipologie, ma tutte recentemente rinnovate - assicurano un buon standard di confort.

InContrada – Hotel Canon d'Oro

via 20 Settembre 129 – ✆ 04 38 45 50 42 – www.ristoranteincontrada.net – Chiuso domenica sera e lunedì a mezzogiorno, anche domenica a mezzogiorno in estate
Carta 23/65 €
Sono tre soci di navigata esperienza a gestire il centralissimo ristorante dell'hotel Canon d'Oro: in due seguono la cucina, mentre l'unica donna del gruppo si occupa con grande professionalità della sala. In carta, piatti classici italiani (carne e pesce in egual misura); gradevole servizio all'aperto sul corso.

Al Refosso

corso Mazzini 45 – 04 38 41 29 16 – www.ristorantealrefosso.it – Chiuso 1 settimana in gennaio, 2 settimane in agosto e martedì

Carta 28/59 €

Le antiche mura che delimitano il centro storico fanno da sfondo a questo locale dal look moderno ed accattivante. Dalla cucina, piatti del territorio ed un servizio che si farà ricordare per attenzione e professionalità; piacevole dehors estivo.

Città di Venezia

via 20 Settembre 77/79 – 0 43 82 31 86 – www.trattoriacittadivenezia.it – Chiuso lunedì

Carta 26/56 €

Rist *Osteria La Bea Venezia* –Carta 25/55 €

Nel salotto cittadino, raffinata atmosfera veneziana nelle sale interne o più fresca nel dehors estivo. Dalla cucina un'appetitosa scelta di piatti di pesce. Identiche proposte gastronomiche nella piccola osteria annessa, dove viene svolto il servizio in assenza di prenotazioni particolari.

CONERO (Monte) → Vedere Sirolo

Ancona (AN)

CONVENTO → Vedere nome proprio del convento

CONVERSANO

Bari (BA) – ✉ 70014 – 25 860 ab. – Alt. 219 m – Carta regionale n° **27-C2**

Roma 440 km – Bari 31 km – Brindisi 87 km – Matera 68 km

Carta stradale Michelin 564-E33

Corte Altavilla

vico Altavilla 8 – 08 04 95 96 68 – www.cortealtavilla.it – Chiuso 11-24 gennaio

31 cam – †59/99 € ††89/139 € – 5 suites

Rist – Carta 26/44 € – *(solo a cena da lunedì a sabato, domenica aperto solo a mezzogiorno)* (consigliata la prenotazione)

Più di mille anni di storia, nel centro storico di Conversano, tra i vicoli medievali che accolgono camere, appartamenti e suite di notevole fascino. Al terzo piano, la suggestiva vista proposta dal ristorante panoramico si arricchisce di magia, la sera.

Agriturismo Montepaolo

contrada Montepaolo 2, Nord-Est : 4 km – 08 04 95 50 87 – www.montepaolo.it

10 cam – †50/80 € ††70/148 €

Rist – Menu 25/30 € – (prenotazione obbligatoria)

Tra ulivi e macchia mediterranea, una dimora cinquecentesca - meticolosamente restaurata - con diversi arredi e pavimenti d'epoca. A 200 m la Torre del Brigante dispone di due appartamenti per 4 persone ciascuno (affitto settimanale). Piatti regionali nella sala ristorante, un tempo utilizzata per la vinificazione.

Pashà (Maria Cicorella)

piazza Castello 5/7 – 08 04 95 10 79 – ristorantepasha.com – Chiuso 2 settimane in gennaio o febbraio, martedì, anche domenica sera in ottobre-aprile

Menu 55/110 € – Carta 50/114 € – (consigliata la prenotazione)

Elegante edificio di fronte al castello normanno: si sale al primo piano per accomodarsi nel ristorante. Al suo interno, vi attende un viaggio alla scoperta di sapori antichi, gli svolazzi coreografici anticipano assaggi che si dimostrano netti e nitidi nel presentare il meglio della materia prima pugliese.

→ Orecchiette fatte a mano, ragù bianco di capretto, ortaggi e fonduta di caciocavallo. Coniglio, carciofi e tartufo nero. Vellutata di mandorle tostate, granita di caffè e briciole di biscotto.

CORATO

Bari (BA) – ✉ 70033 – 48 339 ab. – Alt. 232 m – Carta regionale n° **26-B2**

Roma 414 km – Bari 44 km – Barletta 27 km – Foggia 97 km

Carta stradale Michelin 564-D31

Nicotel Corato rist,

via Gravina s.n – ✆ 08 08 72 24 30 – www.nicotelhotels.com
76 cam – 60/70 € 70/90 € **Rist** – Carta 19/37 €
Recente realizzazione frutto di design moderno, lineare ed essenziale, particolarmente adatta ad una clientela sportiva o d'affari, tra centro benessere e business rooms. Analoga atmosfera al ristorante: nessun orpello e cucina protagonista.

sulla strada provinciale 231 km 32,200 Sud : 3 km :

Appia Antica rist,

– ✆ 08 08 72 25 04 – www.appiantica.it
30 cam – 80/90 € 80/90 € – **2 suites**
Rist – Carta 18/40 € – *(chiuso domenica sera)*
Una costruzione anni '70 ospita un albergo comodo sia per i turisti sia per la clientela d'affari; interni funzionali e confortevoli, arredi recenti nelle curate camere. Il ristorante dispone di un'accogliente sala d'impostazione classica.

CORIANO VERONESE → Vedere Albaredo d'Adige
Verona (VR)

CORLO → Vedere Formigine
Modena (MO)

CORMONS
Gorizia (GO) – ✉ 34071 – 7 501 ab. – Alt. 56 m – Carta regionale n° **11-C2**
Roma 645 km – Udine 30 km – Gorizia 15 km – Trieste 54 km
Carta stradale Michelin 562-E22

Felcaro

via San Giovanni 45 – ✆ 0 48 16 02 14 – www.hotelfelcaro.it
65 cam – 65/75 € 110/125 €
Rist – Menu 18/50 € – *(chiuso 3 settimane in gennaio e lunedì)*
In posizione tranquilla, alle pendici della collina sovrastante il paese, la villa ottocentesca offre camere spaziose e confortevoli, alcune delle quali arredate con mobili antichi. Articolato in più sale dall'aspetto rustico, il ristorante propone piatti regionali.

Al Cacciatore-della Subida con cam

via Subida 52, Nord-Est : 2 km – ✆ 0 48 16 05 31 – www.lasubida.it – Chiuso 2 settimane in febbraio, martedì e mercoledì
17 cam – 80/100 € 90/180 €, 13 €
Menu 52/60 € – Carta 48/73 € – *(solo a cena escluso sabato e domenica)*
Rist *Osteria de la Subida* – ✆ 0 48 16 16 89 –Carta 23/52 € – *(chiuso giovedì)*
(consigliata la prenotazione)
In ambiente bucolico, ma al tempo stesso elegante, tradizione regionale ed innovazione si fondono in una ricerca gastronomica che ricorda il passato... guardando già al futuro. A 100 metri, le belle camere "perse" nella natura e la versione easy di ristorazione: l'osteria!
→ Zlikrofi (piccoli tortelli) insaporiti con patate, sugo d'arrosto e formaggio Montasio. Stinco di vitello arrosto nel vecchio forno del pane. Gnocchi di susine conditi con zucchero e cannella.

Al Giardinetto con cam

via Matteotti 54 – ✆ 0 48 16 02 57 – www.jre.it – Chiuso 1 settimana in gennaio e 2 settimane in luglio
3 cam – 70 € 90/100 €
Menu 18 € (pranzo in settimana) – Carta 33/68 € – *(chiuso lunedì e martedì)*
Oltre un secolo di storia, durante il quale si sono succedute ben tre generazioni. Oggi, nelle accoglienti sale e nel dehors potrete gustare piatti ricchi di tradizione, ma con spunti odierni. Per prolungare il soggiorno, la risorsa mette a disposizione anche piacevoli alloggi.

CORNAIANO = GIRLAN → Vedere Appiano sulla Strada del Vino
Bolzano (BZ)

CORNAREDO

Milano (MI) – ✉ 20010 – 19 928 ab. – Alt. 140 m – Carta regionale n° **18-A2**
Roma 584 km – Milano 17 km – Bergamo 56 km – Brescia 102 km
Carta stradale Michelin 561-F9

Le Favaglie

via Merendi 26 – ☎ 0 29 34 84 11 – www.hotelfavaglie.it – Chiuso 19 dicembre-6 gennaio
109 cam – 299/329 € 399/429 € – **3 suites**
Rist *Corniolo* – vedere selezione ristoranti
Strategico per il polo fieristico di Rho-Pero, hotel dal design minimalista con dotazioni di ultima generazione. Navetta gratuita per la stazione metropolitana di Molino Dorino e fiera; a pagamento per aeroporti e Milano centro.

Corniolo – Hotel Le Favaglie

via Merendi 26 – ☎ 02 93 48 44 50 – www.ristoranteilcorniolo.it – Chiuso 19 dicembre-6 gennaio, domenica a mezzogiorno e sabato
Menu 22 € (in settimana)/60 € – Carta 30/70 €
Il ristorante riprende lo stile dell'albergo, fatto di linee semplici e colori caldi, mentre il menu sciorina una serie di specialità d'ispirazione regionale-mediterranea, basati sulla filosofia dei "tre elementi": piatti dove non prevalgono mai più di tre prodotti, contraddistinti da colore, sapore e presentazione.

a San Pietro all'Olmo Sud-Ovest : 2 km – ✉ 20010

D'O (Davide Oldani)

via Magenta 18 – ☎ 0 29 36 22 09 – www.cucinapop.do – Chiuso 23 dicembre-7 gennaio, 18 luglio-1° settembre, domenica e lunedì e i giorni festivi
Menu 32 € – Carta 37/48 € – (prenotazione obbligatoria)
I prezzi contenuti e la qualità della cucina hanno messo il suggello sulle capacità di Davide Oldani. In sale semplici e senza pretese, una cucina innovativa, ma sempre rispettosa della tradizione lombarda ed italiana.
→ Cipolla caramellata, grana padano caldo e freddo. Zafferano e riso. Crema di fave, tamarindo e sorbetto al tarassaco.

CORNIGLIANO LIGURE → Vedere Genova

Genova (GE)

CORONA → Vedere Mariano del Friuli

Gorizia (GO)

CORPO DI CAVA → Vedere Cava de' Tirreni

Salerno (SA)

CORREGGIO

Reggio nell'Emilia (RE) – ✉ 42015 – 25 130 ab. – Alt. 31 m – Carta regionale n° **8-B2**
Roma 430 km – Bologna 73 km – Reggio nell'Emilia 20 km – Modena 25 km
Carta stradale Michelin 562-H14

Dei Medaglioni

corso Mazzini 8 – ☎ 05 22 63 22 33 – www.albergodeimedaglioni.com – Chiuso 25 dicembre-6 gennaio e 3 settimane in agosto
51 cam – 58/137 € 62/196 € – **3 suites**
Rist *Il Correggio* – ☎ 05 22 64 10 00 – Carta 24/51 € – (chiuso
mezzogiorno e domenica)
Camere curate, fascino del passato con tutti i confort
ganti palazzi del centro storico. Nel cortile interno
piatti della tradizione emiliana.

President
via Don Minzoni 61 – ✆ 05 22 63 37 11 – www.hotelpresident.re.it – Chiuso 21 dicembre-5 gennaio e 3-25 agosto
84 cam – 77/88 € 105/120 € – **3 suites**
Rist – Carta 21/52 € – *(chiuso sabato e domenica)*
Una bella hall con possenti colonne vi accoglie in questa moderna struttura dotata di attrezzate sale convegni e camere ben accessoriate. Luminoso ristorante con un'originale soffittatura in legno.

CORRIDONIA

Macerata (MC) – ✉ 62014 – 15 490 ab. – Alt. 255 m – Carta regionale n° **21-C2**
Roma 261 km – Ancona 71 km – Ascoli Piceno 107 km – Macerata 10 km
Carta stradale Michelin 563-M22

San Claudio senza rist
frazione San Claudio 14, Nord-Est : 7 km – ✆ 07 33 28 81 44 – www.hotelsanclaudio.it – Chiuso vacanze di Natale
25 cam – 45/55 € 72/95 € – **3 suites**
Adiacente un'abbazia del 1200, alla fine di un lungo viale di cipressi che ricorda la Toscana, una bella dimora contadina sapientemente ristrutturata con tipiche volte in mattoni e ambienti rustici. Seria gestione.

CORRUBBIO → Vedere San Pietro in Cariano

Verona (VR)

CORSANICO → Vedere Massarosa

Lucca (LU)

CORTACCIA SULLA STRADA DEL VINO (KURTATSCH AN DER WEINSTRASSE)

Bolzano (BZ) – ✉ 39040 – 2 209 ab. – Alt. 333 m – Carta regionale n° **34-D3**
Roma 623 km – Bolzano 20 km – Trento 37 km
Carta stradale Michelin 562-D15

Schwarz-Adler Turmhotel
Kirchgasse 2 – ✆ 04 71 09 64 00 – www.turmhotel.it – Chiuso 22-28 dicembre
23 cam – 77/90 € 140/168 € – **1 suite**
Rist – Menu 15 € – *(aperto 31 marzo-9 novembre) (solo a cena) (solo per alloggiati)*
Stilemi tradizionali con materiali moderni in questo hotel nel cuore del piccolo e pittoresco centro storico della località: ampie camere di particolare confort - molte con loggia o balcone - e un bel giardino con piscina.

Zur Rose
Endergasse 2 – ✆ 04 71 88 01 16 – www.baldoarno.com – Chiuso domenica e lunedì a pranzo in settembre-ottobre, domenica e lunedì in novembre-agosto
Carta 42/72 €
In un edificio caratteristico "riscaldato" da una profusione di legno in tipico stile tirolese, cucina del territorio non priva di influenze mediterranee e un terrazzino a ridosso di un piccolo vigneto per il servizio estivo.

Schwarz Adler
piazza Schweiggl 1 – ✆ 04 71 09 64 05 – www.schwarzadler.it – Chiuso martedì in luglio-agosto
Carta 43/72 €
All'interno di un palazzo d'epoca, locale modaiolo dalla veste rustico-signorile diviso in più salette arredate in legno e al centro una grande griglia. Completa il [illegible] quadretto l'originale cantina a vista: per scegliere direttamente tra un'ar[illegible]tà di etichette. Cucina prevalentemente altoatesina.

CORTE DE' CORTESI

Cremona (CR) – ✉ 26020 – 1 132 ab. – Alt. 60 m – Carta regionale n° **17-C3**
Roma 535 km – Brescia 42 km – Piacenza 47 km – Cremona 16 km
Carta stradale Michelin 561-G12

Il Gabbiano

piazza Vittorio Veneto 10 – ✆ 0 37 29 51 08 – www.trattoriailgabbiano.it – Chiuso 1°-7 gennaio, mercoledì sera e giovedì
Menu 25/35 € – Carta 29/49 €
Affacciata sulla piazza centrale, la ricerca dei prodotti di nicchia è un punto d'orgoglio di questa trattoria familiare con enoteca, insieme alle specialità del territorio, come i salumi o la coscia d'oca. E la star de menu? La faraona di nonna Bigina con mostarda casalinga!

CORTE FRANCA

Brescia (BS) – ✉ 25040 – 5 952 ab. – Alt. 214 m – Carta regionale n° **19-D1**
Roma 576 km – Bergamo 32 km – Brescia 28 km – Milano 76 km
Carta stradale Michelin 562-F11

a Colombaro Nord : 2 km – ✉ 25040 Corte Franca

Relaisfranciacorta

rist,

via Manzoni 29 – ✆ 03 09 88 42 34 – www.relaisfranciacorta.it
50 cam – 🚹85/140 € 🚹🚹120/200 €
Rist *La Colombara* – Carta 38/64 €
Adagiata su un vasto prato, una cascina seicentesca ristrutturata offre la tranquillità e i confort adatti ad un soggiorno sia di relax, sia d'affari.

a Borgonato Sud: 3 km – ✉ 25040

Due Colombe (Stefano Cerveni)

via Foresti 13 – ✆ 03 09 82 82 27 – www.duecolombe.com – Chiuso 1°-7 gennaio, 2 settimane in agosto, domenica sera e lunedì
Menu 38 € (pranzo in settimana)/85 € – Carta 54/107 € – (consigliata la prenotazione)
Un borgo millenario custodisce la preziosa cucina del ristorante che non rinuncia, al pari delle antiche mura, a citazioni storiche di piatti divenuti ormai irrinunciabili classici. Pesce e carne in accostamenti spesso originali e sempre creativi.
→ Spaghetti, mazzancolle, ricci di mare. Il manzo all'olio con polenta. Semifreddo al miele d'acacia, nocciole caramellate e olio extravergine.

CORTEMILIA

Cuneo (CN) – ✉ 12074 – 2 381 ab. – Alt. 247 m – Carta regionale n° **25-D2**
Roma 606 km – Torino 108 km – Alessandria 73 km – Cuneo 86 km
Carta stradale Michelin 561-I6

Villa San Carlo

corso Divisioni Alpine 41 – ✆ 0 17 38 15 46 – www.hotelsancarlo.it – Aperto 10 marzo-28 novembre
21 cam – 🚹68/88 € 🚹🚹98/125 € – **2 suites**
Rist *San Carlo* – Carta 38/54 € – *(chiuso lunedì) (solo a cena)* (coperti limitati, prenotare)
Ottima risorsa a gestione familiare, che ha nel bel giardino sul retro - al centro la piscina - il suo punto di forza. La cucina si affida alla tradizione, mentre in cantina sosta ad invecchiare un'interessante selezione di vini.

CORTERANZO

→ Vedere Murisengo
Alessandria (AL)

CORTINA D'AMPEZZO

Belluno (BL) – ✉ 32043 – 5 931 ab. – Alt. 1 211 m – Carta regionale n° **40-C1**
Roma 670 km – Belluno 70 km – Bolzano 132 km – Bressanone 93 km
Carta stradale Michelin 562-C18

© E. Rooney/Robert Harding Picture Library/age fotostock

Alberghi

Cristallo Hotel Spa & Golf

via Rinaldo Menardi 42 – ✆ 04 36 88 11 11 – www.cristallo.it – Aperto 19 dicembre-5 aprile e da inizio luglio a inizio settembre rist, Pianta : B3**a**

52 cam – 345/705 € 345/925 € – **22 suites**
Rist *Il Gazebo* – vedere selezione ristoranti
Rist *La Veranda del Cristallo* – Carta 59/85 €
Marmo di Carrara, boiserie e migliaia di rose dipinte a mano sono solo alcune delle ricercatezze che fanno del Cristallo la quintessenza del lusso e il tempio de l'art de vivre. Ma qui troverete anche ampie camere e un moderno centro benessere, nonché molte scelte disponibili per la ristorazione, che vanno dalla Veranda del Cristallo alla Stube, senza tralasciare il gourmet Gazebo.

Grand Hotel Savoia

rist,
via Roma 62 – ✆ 04 36 32 01 – www.grandhotelsavoiacortina.it – Aperto 15 dicembre-5 aprile e 1° luglio-8 settembre Pianta : B3**b**

130 cam – 150/950 € 200/1500 € – **5 suites** **Rist** – Carta 65/95 €
Un grand hotel in pieno centro che sfoggia una veste di moderno design e confort dell'ultima generazione. Belle camere dai toni caldi ed una spa che s'ispira ad un famoso guru del benessere; gradevole anche il salotto per fumatori. Cucina di tipo mediterraneo con qualche rivisitazione al ristorante.

Rosapetra Spa Resort

cam, rist,
località Zuel di Sopra 1, 2 km per Campo di Sotto - B3 – ✆ 04 36 86 90 62 – www.rosapetracortina.it

27 cam – 160/350 € 190/440 € – **2 suites**
Rist *La Corte del Lampone* – ✆ 04 36 86 19 27 – Carta 40/80 €
Rispettoso del legno e delle atmosfere locali, confort tecnologici ed impianti ecosostenibili, l'hotel conquista anche chi è orientato verso un'accoglienza moderna e personalizzata; belle camere ed eccellente centro benessere per ritemprare corpo e mente. Essenza di lampone nella "corte" che accoglie i suoi ospiti con piatti dalle raffinate presentazioni.

Park Hotel Faloria

rist,
località Zuel di Sopra 46, 2,5 km per Campo di Sotto - B3 – ✆ 04 36 29 59 – www.parkhotelfaloria.it – Aperto 1° dicembre-15 aprile e 15 maggio-30 settembre

31 cam – 100/400 € 100/400 € **Rist** – Carta 32/76 €
Nasce dalla fusione di due chalet dei quali conserva il caratteristico stile montano e ai quali aggiunge eleganza, esclusività e un attrezzato centro benessere. Per un soggiorno di classe. La calda e raffinata atmosfera è riproposta nella sala da pranzo.

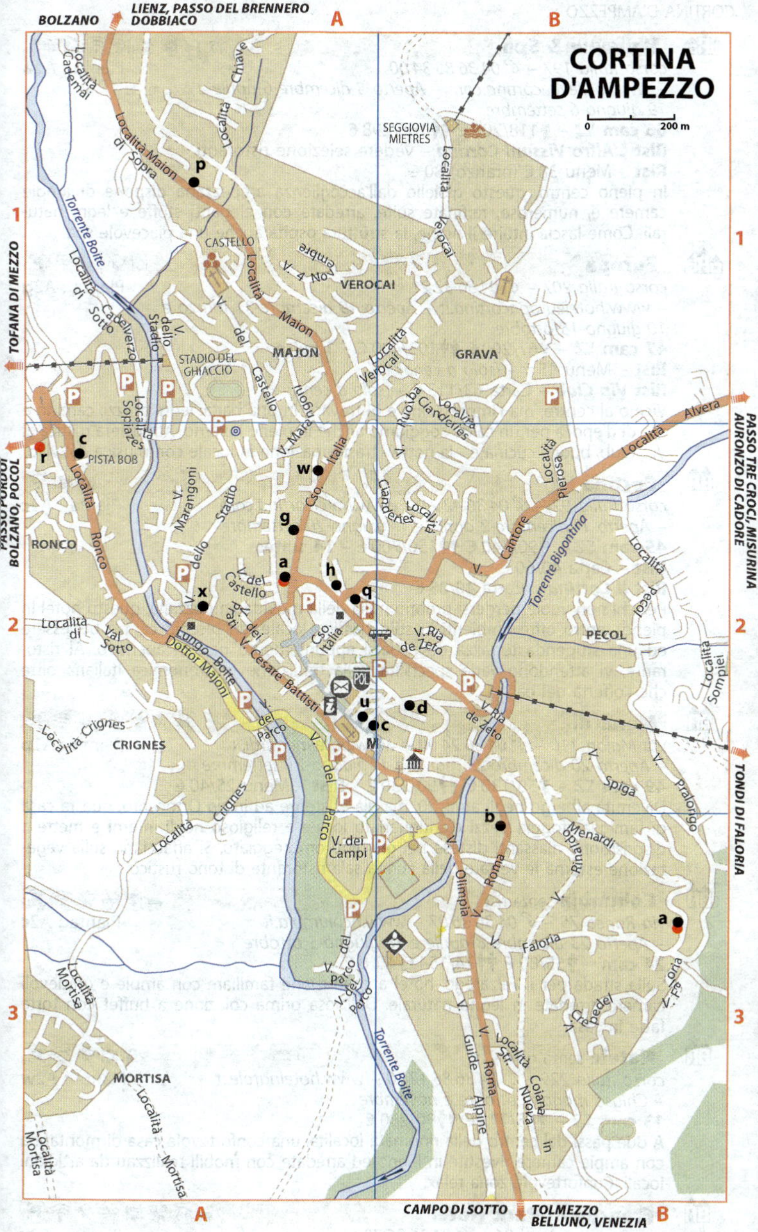
CORTINA D'AMPEZZO
0 200 m
BOLZANO
LIENZ, PASSO DEL BRENNERO
DOBBIACO
A
B
1
2
3
TOFANA DI MEZZO
PASSO POCOL
BOLZANO, POCOL
PASSO TRE CROCI, MISURINA
AURONZO DI CADORE
TONDI DI FALORIA
CAMPO DI SOTTO
TOLMEZZO
BELLUNO, VENEZIA
SEGGIOVIA MIETRES
CASTELLO
VEROCAI
MAJON
GRAVA
STADIO DEL GHIACCIO
PISTA BOB
RONCO
PECOL
CRIGNES
MORTISA
Località Cademai
Località Chiave
Località Maion di Sopra
Località Maion
Località Verocai
Torrente Boite
Località di Sotto
Cadelverzo
V. dello Stadio
V. del Castello
V. 4 Novembre
Località Sopiazes
V. Marangoni
V. dello Stadio
V. Mara Lugnil
Cso. Italia
Località Cianderies
V. Ruoiba
Località Alvera
Località Pierosa
V. Cantore
Torrente Bigontina
Località Pecol
Località Sompiei
Località Ronco
Località di Val Sotto
Lungo Boite
Dottor Majoni
V. dei Prati
V. Cesare Battisti
V. Ria de Zeto
V. del Parco
Località Crignes
V. dei Campi
V. Olimpia
V. Roma
V. Spiga
V. Pralongo
V. Menardi
V. Rinaldo
V. Faloria
V. Crepedel
V. Guide Alpine
Località Str. Coiana
in Nuova
Località Mortisa
p
w
g
a
h
q
x
c
r
u
d
b
M
POL

Bellevue & Spa

rist,

corso Italia 197 – 04 36 88 34 00 Pianta : A2**a**
– www.bellevuecortina.com – Aperto 5 dicembre-6 aprile e 19 giugno-6 settembre
66 cam – 118/209 € 168/298 €
Rist *L'Altro Vissani Cortina* – vedere selezione ristoranti
Rist – Menu 38 € (pranzo)/80 €
In pieno centro, questo gioiello dall'accoglienza ampezzana dispone di ampie camere e, numerose, raffinate suite, arredate con eleganti stoffe e legni naturali. Come lascia intuire il nome, la struttura ospita anche una piacevole spa.

Europa

rist,

corso Italia 207 – 04 36 32 21 Pianta : A2**g**
– www.hoteleuropacortina.it – Aperto 19 dicembre-31 marzo e 10 giugno-15 ottobre
47 cam – 67/200 € 103/400 € – **1 suite**
Rist – Menu 45 € – *(solo a cena)*
Rist *Vip Club* – Carta 63/113 € – *(solo a cena)*
Vicino al centro, ma l'impressione è di trovarsi in una baita: legni grezzi, camino e arredi d'epoca per un caldo soggiorno anche in pieno inverno. Atmosfera rustica al Vip Club, buona cucina e - la notte - trasformazione in locale con musica dal vivo.

Cortina

corso Italia 92 – 04 36 42 21 – www.hotelcortina.com Pianta : A2**c**
– Aperto 1° dicembre-2 aprile e 1° giugno-20 settembre
45 cam – 90/540 € 150/700 € – **14 suites**
Rist – Carta 40/60 €
Rist *Il Cortina* – Carta 40/85 €
Per chi non vuole perdersi proprio nulla della movida ampezzana, questo hotel in pieno centro offre ambienti in stile classico locale, un piccolo centro benessere ed una stupenda terrazza dove darsi appuntamento per un aperitivo. Al ristorante, vi attendono varie specialità della tradizione gastronomica italiana oltre che l'offerta del bar.

Menardi

rist,

via Majon 110 – 04 36 24 00 – www.hotelmenardi.it Pianta : A1**p**
– Aperto 20 dicembre-23 marzo e 1° giugno-21 settembre
49 cam – 50/130 € 90/230 € **Rist** – Menu 25/40 €
Divenuta albergo negli anni '20, ma già esistente ad inizio Ottocento, questa casa di famiglia sfoggia pezzi d'antiquariato locale e religioso negli interni e mette a disposizione rilassanti distese nel giardino ombreggiato. Si affacciano sulla vegetazione esterna le vetrate della curata sala ristorante di tono rustico.

Columbia senza rist

via Ronco 75 – 04 36 36 07 – www.hcolumbia.it Pianta : A2**c**
– Aperto 23 dicembre-8 aprile e 18 giugno-5 ottobre
24 cam – 55/80 € 74/154 €, 8 €
Sulla strada per il Falzarego, hotel a conduzione familiare con ampie e gradevoli camere arredate in legno naturale. Deliziosa prima colazione a buffet con torte fatte in casa.

Natale senza rist

corso Italia 229 – 04 36 86 12 10 – www.hotelnatale.it Pianta : A2**w**
– Chiuso maggio, ottobre e novembre
13 cam – 65/175 € 90/280 €
A due passi dal centro della rinomata località, una confortevole casa di montagna con ampie camere rivestite in legno ed arredate con mobili realizzati da artigiani locali. Confortevole zona relax.

Franceschi Park Hotel

via Cesare Battisti 86 – 04 36 86 70 41 Pianta : A2**x**
– www.franceschiparkhotel.com – Aperto 5 dicembre-8 aprile e 19 giugno-20 settembre
45 cam – 50/260 € 100/380 € **Rist** – Carta 25/45 €
Spazi comuni curati e signorili, nonché un parco di 10.000 m2: puro stile alpino per questo bell'albergo centrale dalla sicura gestione familiare.

Ambra N senza rist
via XXIX maggio 28 – ✆ 04 36 86 73 44 – www.hotelambracortina.it Pianta : B2**d**
24 cam – 100/300 € 140/310 €
Il legno la fa da padrone con boiserie e soffitti a cassettoni in questa deliziosa casa ampezzana, dove non manca un pizzico di glamour e romanticismo voluti dalla stessa locandiera. Molto belle le 5 camere luxury.

Cornelio
via Cantore 1 – ✆ 04 36 22 32 – www.hotelcornelio.com – Chiuso 15-30 aprile e 5-30 novembre Pianta : A2**h**
20 cam – 65/120 € 95/240 € – **3 suites**
Rist *La Taverna di Cornelio* – Carta 33/62 € – *(chiuso lunedì e martedì in bassa stagione)*
Nel centro di Cortina, in posizione panoramica e soleggiata, questo accogliente albergo in stile montano dispone di camere graziose e confortevoli. Da oltre mezzo secolo, il ristorante conquista i palati con piatti storici e tradizionali.

Montana senza rist
corso Italia 94 – ✆ 04 36 86 21 26 – www.cortina-hotel.com – Chiuso 25 maggio-25 giugno e 10 novembre-15 dicembre Pianta : A2**u**
30 cam – 40/85 € 78/165 €
Risorsa semplice, di piccole dimensioni, dalla cordiale e amichevole ospitalità. In pieno centro storico, la struttura offre tutto ciò che serve per una vacanza piacevole e rilassante, a cominciare dalla ricca prima colazione a buffet.

Oasi senza rist
via Cantore 2 – ✆ 04 36 86 20 19 – www.hoteloasi.it – Chiuso 12-24 aprile e 27 settembre-25 ottobre Pianta : A2**q**
10 cam – 50/85 € 80/150 €
A pochi passi dalla zona pedonale e dalla funivia, questo piccolo e curato hotel racconta dagli anni Venti la storia della famiglia. Camere semplici dal piacevole arredo ligneo.

Ristoranti

Il Gazebo – Cristallo Hotel Spa & Golf
via Rinaldo Menardi 42 – ✆ 04 36 88 11 11 – www.cristallo.it – Aperto 19 dicembre-5 aprile e da inizio luglio a inizio settembre Pianta : B3**a**
Carta 65/132 € – *(solo a cena)*
Una sala circolare tutta vetrate sulle montagne della conca ed una cucina a metà tra classico ed internazionale per la clientela raffinata che frequenta la perla delle Dolomiti.

Tivoli (Graziano Prest)
località Lacedel 34, 2 km per Passo Pordoi - A2 – ✆ 04 36 86 64 00 – www.ristorantetivoli.it – Aperto 6 dicembre-Pasqua e 20 giugno-21 settembre; chiuso lunedì, anche martedì a mezzogiorno in bassa stagione
Menu 85/105 € – Carta 71/144 € – (consigliata la prenotazione)
Cucina sfavillante e portentosa: a suo agio con la tradizione, così come con piatti più creativi e - a sorpresa, considerata la posizione geografica - anche con il pesce. Bella casa alpina fuori dal centro, lungo la strada per passo Falzarego.
→ Riso con rape rosse, carpaccio di scampi e burrata. Composizione di agnello dell'Alpago. Carosello al cioccolato.

L'Altro Vissani Cortina N – Hotel Bellevue & Spa
corso Italia 197 – ✆ 04 36 88 34 01 – www.laltrovissanicortina.it – Aperto 5 dicembre-6 aprile e 19 giugno-6 settembre Pianta : A2**a**
Carta 43/125 €
Colazioni, aperitivi, brunch a mezzogiorno: la cucina cita il territorio, ma si allarga - via via - alla regione e all'Italia intera, senza dimenticare la proverbiale pizza.

XX **Baita Fraina** con cam

località Fraina, 2 km per Campo di Sotto - B3 – ✆ 04 36 36 34 – www.baitafraina.it – Aperto 5 dicembre-7 aprile e 19 giugno-20 settembre

3 cam – **3 suites** – ††108/200 € Carta 41/60 € – *(chiuso lunedì in bassa stagione)*

Tre accoglienti salette arredate con oggetti e ricordi tramandati da generazioni in una tipica baita, dove gustare curati piatti del territorio accompagnati da una fornita cantina. E per intrattenersi più a lungo nel silenzio e nel profumo dei monti, deliziose camere in calde tonalità di colore.

XX **El Camineto**

località Rumerlo 1, 6 km per Passo Pordoi - A2 – ✆ 04 36 44 32 – www.ilmeloncino.it – Chiuso giugno e martedì (in ottobre e novembre aperto solo nei fine settimana)

Carta 44/71 €

Il menu propone un'ampia scelta con un corretto mix fra tradizione e fantasia. Oltre alla buona cucina, si segnala la proverbiale vista da godersi appieno - nella bella stagione - ai tavoli all'aperto.

XX **Villa Oretta** con cam

via Ronco 115 – ✆ 04 36 86 67 41 – www.villaoretta.com Pianta : A2**r**

– Aperto 1° dicembre-30 aprile e 1° luglio-30 settembre

8 cam – †100/140 € ††100/220 € Carta 50/106 €

Cucina tradizionale veneta, ma c'è anche qualche piatto a base di pesce, in questo tipico ristorante ampezzano, la cui strepitosa terrazza con vista sui monti regala piacevoli momenti di relax ai suoi ospiti.

X **Baita Piè Tofana**

località Rumerlo, 6,5 km per Passo Pordoi - A2 – ✆ 04 36 42 58 – www.baitapietofana.it – Aperto 1° luglio-15 settembre e 15 novembre-Pasqua; chiuso mercoledì in bassa stagione

Carta 43/110 € – (coperti limitati, prenotare)

Alle pendici del Tofana, questa caratteristica e romantica baita propone accattivanti piatti che spaziano tra terra e mare, in chiave moderna.

X **Lago Ghedina** N

via Lago Ghedina 2, 5 km per Passo Pordoi - A2 ✉ 32043 Cortina d'Ampezzo – ✆ 04 36 56 46 – www.lagoghedinaristorante.it – Aperto 1° dicembre-Pasqua e 15 giugno-30 settembre; chiuso lunedì

Carta 30/60 €

Posizione idilliaca sull'omonimo lago, per questo locale storico di Cortina che a fine 2013 è stato preso in gestione da un'abile coppia di ristoratori locali: piatti del territorio, pesce d'acqua dolce e qua e là spunti moderni. Splendida terrazza sull'acqua.

sulla strada statale 51 per Passo del Brennero : 11 km Pianta : A1

XX **Ospitale** con cam

via Ospitale 1 ✉ 32043 – ✆ 04 36 45 85 – www.ristoranteospitale.com – Chiuso 3 maggio-15 giugno

7 cam – †80/120 € ††120/150 € Carta 34/62 €

Il nome è quello della località lungo la strada per Dobbiaco, dove si trova questo ristorante (tra i più antichi d'Italia) che nel 2012 si è rifatto il look: ora appare rustico-romantico e, con le sue belle camere, è ancora più accogliente di prima. Si confermano, invece, i piatti della tradizione locale e qualche sapore nazionale.

CORTINA VECCHIA → Vedere Alseno

Piacenza (PC)

CORTONA

Arezzo (AR) – ✉ 52044 – 22 472 ab. – Alt. 494 m – Carta regionale n° **32**-D2

Roma 200 km – Perugia 51 km – Arezzo 29 km – Chianciano Terme 55 km

Carta stradale Michelin 563-M17

Villa Marsili senza rist

viale Cesare Battisti 13 – ✆ 05 75 60 52 52 Pianta : B2**b**

– www.villamarsili.net – Aperto 1° aprile-2 novembre

26 cam – †90/130 € ††130/250 € – **3 suites**

Dal restauro di una struttura del '700 è nato nel 2001 un hotel raffinato, dove affreschi e mobili antichi si sposano con soluzioni impiantistiche moderne e funzionali.

San Michele senza rist
via Guelfa 15 – ✆ 05 75 60 43 48 – www.hotelsanmichele.net Pianta : A2**a**
– Aperto 21 marzo-31 ottobre
42 cam ☕ – 🚹89/109 € 🚹🚹109/250 € – **4 suites**
Camere di standard elevato e interni signorili in un palazzo cinquecentesco, che vanta anche una sala colazioni dall'imponente soffitto a cassettoni. Tre stanze hanno il privilegio di un terrazzino dal quale si può godere di una vista spettacolare sulla valle.

Italia senza rist
via Ghibellina 5/7 – ✆ 05 75 63 02 54 Pianta : A1**d**
– www.hotelitaliacortona.com
24 cam ☕ – 🚹60/85 € 🚹🚹80/130 €
A pochi metri dalla piazza centrale, palazzo seicentesco restaurato di cui ricordare gli alti soffitti e soprattutto la vista sulla Val di Chiana dalla sala colazioni.

XX Osteria del Teatro
via Maffei 2 – ✆ 05 75 63 05 56 – www.osteria-del-teatro.it Pianta : A1**e**
– Chiuso 10-30 novembre e mercoledì
Carta 26/49 €
Rist *Fett'unta* – ✆ 05 75 63 05 82 –Carta 16/40 €
Cucina della tradizione in diverse sale che spaziano dall'eleganza cinquecentesca con camino, ad ambienti più conviviali in stile trattoria, ma sempre accomunate dalla passione per il teatro. E per una pausa informale, la prospicente fiaschetteria - Fett'unta - con piatti del giorno e salumi tipici.

X La Bucaccia
via Ghibellina 17 – ✆ 05 75 60 60 39 – www.labucaccia.it Pianta : A2**f**
– Chiuso 15-30 gennaio e lunedì (escluso in estate)
Menu 22 € (pranzo in settimana)/35 € – Carta 22/35 € – (consigliata la prenotazione)
Se volete gustare degli ottimi ravioli fatti in casa al sugo di carne chianina, questo è l'indirizzo giusto... In un antico palazzo del XIII secolo, edificato su una strada romana il cui lastricato costituisce oggi il pavimento della saletta principale, una cucina squisitamente regionale e casalinga.

a San Pietro a Cegliolo Nord-Ovest : 5 km – ✉ 52044 Cortona

Relais Villa Baldelli
– ✆ 05 75 61 24 06 – www.villabaldelli.it – Aperto 1° aprile-30 novembre
15 cam – 110/150 € 130/170 €
Rist – Carta 30/57 € – *(Chiuso lunedì) (solo a cena) (solo per alloggiati)*
Una casa delle bambole a misura d'uomo: una signorile villa settecentesca impreziosita da un lussureggiante giardino e dotata di campo pratica golf. Al suo interno, ambienti sontuosi ricchi di tessuti preziosi e decorazioni.

sulla strada provinciale 35 verso Mercatale

Relais la Corte dei Papi
località Pergo, via la Dogana 12, Est : 5 km – ✆ 05 75 61 41 09 – www.lacortedeipapi.com – Chiuso 12 gennaio-15 marzo
14 cam – 135/180 € 180/280 € – **1 suite**
Rist – Carta 49/76 € – *(chiuso martedì a mezzogiorno e lunedì)*
In un casolare padronale settecentesco, situato all'interno di un parco, si può alloggiare in esclusive camere e junior suite col plus della zona benessere individuale e del ristorante ricavato nelle antiche cantine, in estate, il servizio si sposta anche in giardino.

Villa di Piazzano – Residenza d'Epoca
località Piazzano 7, Est : 8 km ✉ 06069 Tuoro sul Trasimeno – ✆ 0 75 82 62 26 – www.villadipiazzano.com – Aperto 15 marzo-8 dicembre
23 cam – 135/185 € 170/225 €
Rist – Carta 36/56 € – *(aperto 1° aprile-2 novembre; chiuso martedì) (solo a cena)*
Voluta dal Cardinale Passerini come casino di caccia, una splendida villa patrizia del XVI secolo sita tra le colline della Val di Chiana, il Lago Trasimeno e Cortona. Cucina italiana, con una particolare predilezione per i sapori umbri e toscani.

Locanda del Molino con cam
località Montanare 8/9/10, Est : 9 km ✉ 52044 Montanare – ✆ 05 75 61 40 16 – www.locandadelmolino.com
8 cam – 90/120 € 100/130 €
Menu 28/40 € – Carta 25/51 € – *(chiuso martedì in bassa stagione) (solo a cena escluso i giorni festivi)*
Se le belle camere sfoggiano l'elegante semplicità della campagna toscana, il vecchio mulino di famiglia rinasce nella veste di ristorante rustico, ma vezzoso. Il gentil sesso si adopera in cucina, mentre la tradizione campeggia in menu. Qualche idea? Fritto di coniglio, nonché gnudi di ortica e ricotta con pomodoro fresco.

a Farneta Ovest : 10 km – ✉ 52044 Cortona

Relais Villa Petrischio
via del Petrischio 25 – ✆ 05 75 61 03 16 – www.villapetrischio.it – Aperto 1° aprile-1° novembre
15 cam – 105/150 € 140/230 € – **3 suites**
Rist *La Terrazza* – vedere selezione ristoranti
Varcato il cancello, un viale fiabesco vi accompagna alla bella dimora, dove trova spazio anche un giardino d'ispirazione giapponese ed un ponticello sospeso sopra le ninfee. L'albergo segue la tipica dislocazione della tradizione toscana articolandosi in edifici indipendenti: borgo, cappella e ristorante.

La Terrazza – Hotel Relais Villa Petrischio
via del Petrischio 25 – ✆ 05 75 61 03 16 – www.villapetrischio.it – Aperto 1° aprile-1° novembre
Carta 33/63 € – (consigliata la prenotazione)
Pini e cipressi vi accolgono nel parco dell'albergo Villa Petrischio, dove troverete anche il ristorante. Il nome è una promessa di ciò che vi aspetta, una terrazza panoramica a perdi vista sulla valle, i cui prodotti si ritroveranno nei piatti della cucina. A pranzo, anche menu light.

a San Martino Nord : 4,5 km – ✉ 52044 Cortona

Il Falconiere Relais

– ✆ 05 75 61 26 79 – *www.ilfalconiere.com* – *Chiuso 10 gennaio-8 febbraio*
14 cam – 270/285 € 290/305 € – **8 suites**
Rist *Il Falconiere* ✿ – vedere selezione ristoranti
All'interno di una vasta proprietà, questa villa seicentesca ricca di fascino e di suggestioni, dispone anche di un piccolo centro benessere con vinoterapia. Camere di raffinata e nobile eleganza, per un soggiorno straordinario.

Il Falconiere – Hotel Il Falconiere Relais

– ✆ *05 75 61 26 79* – *www.ilfalconiere.com* – *Chiuso 10 gennaio-8 febbraio, martedì a mezzogiorno e lunedì in gennaio-marzo*
Menu 85 € (cena)/95 € – Carta 89/131 € – (consigliata la prenotazione)
Gli appassionati di cucina toscana ne ritroveranno qui tutta la forza, tra carni, spezie ed erbe aromatiche: non manca il pesce e neppure l'eleganza delle grandi occasioni!
➜ Spiedini di carpaccio di carne chianina con gelatina di sedano. Petto d'anatra lardellato e arrostito con albicocche e scalogno alla cannella. Crema al cardamomo, biscotto alla nocciola e gelato al fiordilatte.

CORVARA IN BADIA ➜ Vedere Alta Badia
Bolzano (BZ)

COSENZA
✉ 87100 – 69 065 ab. – Alt. 238 m – Carta regionale n° **5-A2**
Roma 524 km – Catanzaro 101 km – Vibo Valentia 102 km – Crotone 109 km
Carta stradale Michelin 564-J30

Italiana Hotels Cosenza rist,

via Panebianco 452 – ✆ *0 98 43 11 09* – *www.hicosenza.it*
79 cam – 70/119 € 80/129 €
Rist *Italiana Restaurant* – Carta 21/44 €
Annesso ad un centro commerciale, hotel di taglio moderno con confort e soluzioni di ultima generazione. Ideale per un soggiorno d'affari.

Home Club cam,

viale Giacomo Mancini 28 – ✆ *0 98 47 68 33* – *www.homeclub.it* Pianta : B1**c**
80 cam – 60/80 € 65/100 € – **16 suites**
Rist – Carta 26/45 € – *(chiuso sabato e domenica)*
Non ci sono camere in questo moderno hotel-residence, ma solo appartamenti ben attrezzati con angolo cottura. Risorsa ideale per chi è alla ricerca di spazi generosi con comodo garage (compreso nel prezzo).

Link

via Raffaele Coscarella, (uscita A3 Cosenza Centro) – ✆ *09 84 48 20 27* – *www.linkhotel.it*
24 cam – 65/115 € 75/130 € – **1 suite**
Rist *Windows Restaurant* – vedere selezione ristoranti
Interni impreziositi da quadri e sculture di un artista locale, in questa moderna struttura con camere di design contemporaneo, molto confortevoli. Indirizzo d'elezione per la clientela business.

Windows Restaurant – Hotel Link

via Raffaele Coscarella, (uscita A3 Cosenza Centro) – ✆ *09 84 40 85 48* – *www.windowsrestaurant.it* Pianta : AB1**s**
Carta 28/51 €
Specialità di terra e di mare, accompagnate da una buona scelta enologica, in un piacevolissimo, moderno, ristorante alle porta della città. In posizione strategica, due schermi Lcd vi permetteranno di seguire la preparazione dei piatti in cucina.

in prossimità uscita A 3 Cosenza Nord - Rende

Il Setaccio-Osteria del Tempo Antico

contrada Santa Rosa 62 ✉ 87036 Rende – ✆ 09 84 83 72 11 – Chiuso domenica

Carta 17/32 €

Arredi rustici e ambiente informale, in questo ristorante che propone in veste casalinga la sapida cucina calabrese. Alle pareti le foto autografate dei molti artisti, cantanti e vip che hanno onorato il locale.

COSSATO

Biella (BI) – ✉ 13836 – 14 854 ab. – Alt. 253 m – Carta regionale n° **23-C2**

▶ Roma 672 km – Torino 80 km – Biella 14 km – Aosta 123 km

Carta stradale Michelin 561-F6

Panta Rei

via Martiri della Libertà 67 – ✆ 0 15 92 10 84 – www.ristorantepantarei.com – Chiuso 20-31 agosto
Carta 32/59 € – (prenotare)
Lungo la strada che attraversa il paese, locale di tono moderno e accogliente: marito in sala e moglie in cucina a preparare gustose ricette piemontesi e qualche specialità di pesce. A pranzo, anche buffet d'antipasti e piatti più semplici per chi vuole contenere la spesa.

COSTA DORATA → Vedere Porto San Paolo
Olbia-Tempio (OT)

COSTALOVARA = WOLFSGRUBEN → Vedere Renon
Bolzano (BZ)

COSTA MERLATA → Vedere Ostuni
Brindisi (BR)

COSTA SMERALDA → Vedere Arzachena
Olbia-Tempio (OT)

COSTERMANO
Verona (VR) – ✉ 37010 – 3 666 ab. – Alt. 237 m – Carta regionale n° **39-A2**
Roma 531 km – Verona 35 km – Brescia 68 km – Mantova 69 km
Carta stradale Michelin 562-F14

Boffenigo

via Boffenigo 6 – ✆ 04 57 20 01 78 – www.boffenigo.it – Aperto 20 marzo-2 novembre
75 cam – 100/200 € 120/250 € – **3 suites**
Rist – Carta 31/72 € – *(solo a cena)*
C'è tutto quello che uno cerca in un hotel: bella vista sul golfo di Garda e sulle colline, camere molto confortevoli, un grande giardino con piscina. Ma l'elenco dei punti forti non finisce qui...Se avete indugiato nei piaceri della tavola presso il ristorante (sempre dell'albergo), la moderna spa sarà il luogo ideale dove rimettersi in forma.

Locanda San Verolo

località San Verolo – ✆ 04 57 20 09 30 – www.sanverolo.it – Aperto 1° aprile-15 ottobre
13 cam – 195 € 220/300 €
Rist – Carta 27/65 € – *(solo a cena)*
Camere eleganti, classiche ed arredate con bei mobili d'antiquariato, in una piacevole locanda, il cui ristorante (solo serale) propone piatti che spaziano dalla terra al mare.

a Gazzoli Sud-Est : 2,5 km – ✉ 37010 Costermano

Da Nanni con cam

via Gazzoli 34 – ✆ 04 57 20 00 80 – Chiuso 15-28 febbraio, 1 settimana in luglio e 15-30 novembre
3 cam – 80/100 € 100/120 € – **1 suite**
Carta 34/78 € – *(chiuso lunedì)*
Preparazioni classiche e venete, pesce di lago e di mare in questo piacevole locale di tono rustico-signorile situato nella piccola frazione non lontana dal Garda; d'estate si mangia all'aperto. Belle le nuove eleganti camere arredate con pezzi d'antiquariato.

a Marciaga Nord : 3 km – ✉ 37010 Costermano

Madrigale
cam,

via Ghiandare 1 – ✆ 04 56 27 90 01 – www.madrigale.it – Aperto inizio marzo-31 ottobre

59 cam ☕ – †80/220 € ††130/290 € – **1 suite**

Rist – Carta 30/60 € – *(solo per alloggiati)*

Circondato dalle colline e dall'azzurrità del lago, la risorsa garantisce un soggiorno di relax e perfetta tranquillità nei suoi ampi e freschi ambienti. Un'ottima cucina tipica da assaporare in una sala moderna e romantica o in un panoramico dehors estivo.

verso San Zeno di Montagna

La Casa degli Spiriti

via Monte Baldo 28, Nord-Ovest : 5 km – ✆ 04 56 20 07 66 – www.casadeglispiriti.it – Chiuso 8 gennaio-8 febbraio e mercoledì da novembre a Pasqua

Menu 95/135 € – Carta 88/145 €

Rist *La Terrazza* –Carta 44/72 €

Un luogo magico, il nome lo indica, con superba vista sul lago. All'interno, l'appuntamento è con la grande cucina di pesce, anche di lago, e qualche proposta di carne. Alla Terrazza piatti più semplici e tradizionali, nonché grigliate.

➜ Pacchero con aragostelle, pomodori piccanti, spinacini e crudo di seppia all'origano. Piccione marchigiano in due cotture: petto al rosa e coscia confit al timo. "Chocolate Sensation 2014" - pralinato al latte, sorbetto al cacao, lingotto al caramello.

COSTIERA AMALFITANA
Napoli e Salerno

COSTIGLIOLE SALUZZO
Cuneo (CN) – ✉ 12024 – 3 360 ab. – Alt. 460 m – Carta regionale n° **22**-B3

Roma 668 km – Cuneo 23 km – Asti 80 km – Sestriere 96 km

Carta stradale Michelin 561-I4

Castello Rosso
cam,

via Ammiraglio Reynaudi 5 – ✆ 01 75 23 00 30 – www.castellorosso.com

24 cam ☕ – †80/140 € ††100/165 € **1 suite** **Rist** – Carta 30/46 €

Antico maniero, naturalmente rosso, eretto nel XVI secolo sulla sommità di un colle, oggi - come allora - avvolto dai vigneti. Charme e attenzioni all'altezza di chi ricerca confort e buon gusto. Eleganti sale accolgono il ristorante che propone una cucina eclettica.

COSTOZZA ➜ Vedere Longare
Vicenza (VI)

COURMAYEUR

Aosta (AO) – ✉ 11013 – 2 836 ab. – Alt. 1 224 m – Carta regionale n° **37-A2**
▶ Roma 784 km – Aosta 35 km – Chamonix 24 km –
Colle del Gran San Bernardo 70 km
Carta stradale Michelin 561-E2

© S. Torrione / hemis.fr

Alberghi

Grand Hotel Royal e Golf
rist,
via Roma 87 – ✆ 01 65 83 16 11 – www.hotelroyalegolf.com – Aperto 1° dicembre-15 maggio e 28 giugno-15 settembre Pianta : D2**a**
70 cam – 100/800 € 100/800 € – **5 suites**
Rist *Petit Royal* – vedere selezione ristoranti
Rist – Carta 40/80 €
Regnanti, intellettuali e jet set internazionale sono stati ospiti degli accoglienti spazi di questo splendido albergo nel centro della località, che vanta più di duecento anni di storia: un intramontabile punto di riferimento per trascorrere una vacanza all'insegna della tranquillità e del benessere.

Villa Novecento
viale Monte Bianco 64 – ✆ 01 65 84 30 00 – www.villanovecento.it Pianta : B2**a**
26 cam – 90/256 € 110/330 € – **4 suites**
Rist *Villa Novecento* – vedere selezione ristoranti
Villa liberty completamente ristrutturata che presenta una hall raffinata attraverso cui accedere a camere accoglienti, dotate di ogni confort, con arredi ricercati.

Maison Saint Jean
cam,
vicolo Dolonne 18 – ✆ 01 65 84 28 80 – www.msj.it – Chiuso 7-27 giugno e 2 -28 novembre Pianta : D2**c**
20 cam – 60/150 € 100/220 € – **1 suite**
Rist *Aria* – Carta 31/64 €
Vicino all'elegante via Roma e a 300 m dagli impianti di risalita, albergo interamente rinnovato nel caldo stile valdostano: legno e raffinata rusticità. Ristorante con cucina fantasiosa, una simpatica alternativa ai piatti classici valdostani, ed ottima carta dei vini: il titolare è sommelier!

Cresta et Duc
cam, rist,
via Circonvallazione 7 – ✆ 01 65 84 25 85 – www.alpissima.it – Chiuso maggio, ottobre e novembre Pianta : D2**e**
44 cam – 90/225 € 100/285 € **Rist** – Menu 35 €
Al limitare del centro e a 150 metri dagli impianti di risalita, l'hotel è stato completamente ristrutturato in anni recenti, mantenendo immutate affabilità e cortesia. Cucina locale al ristorante.

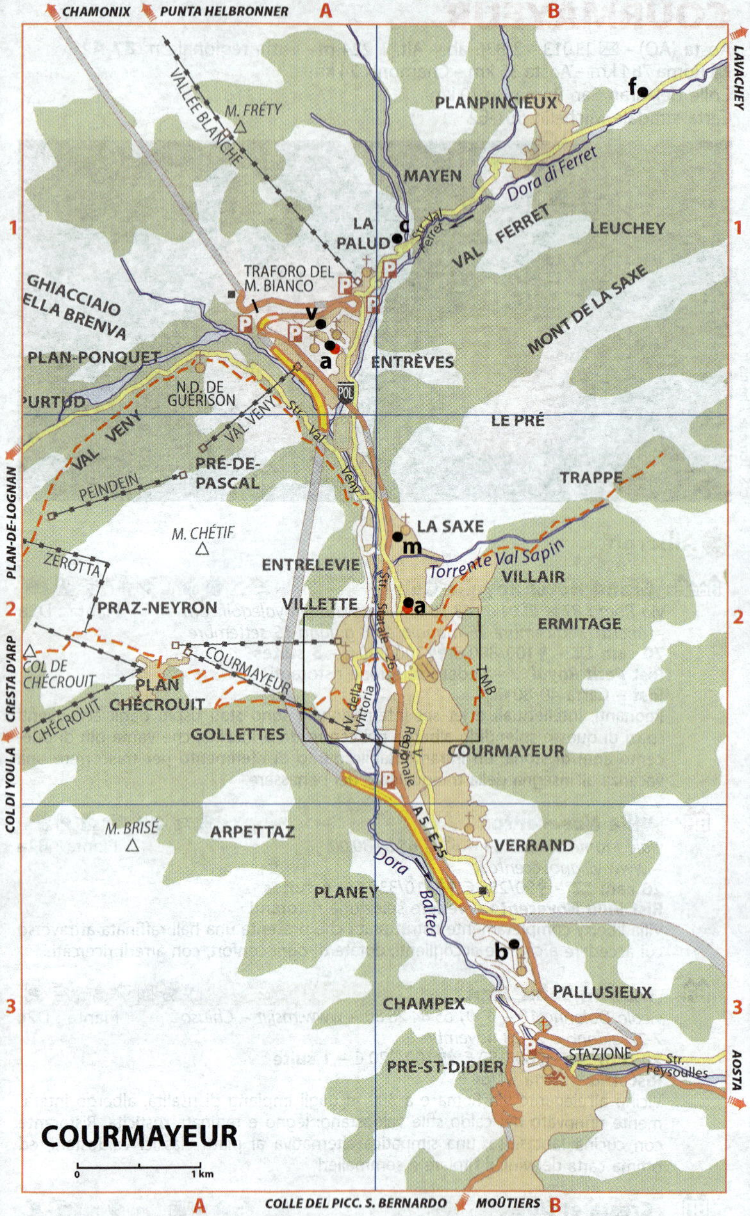

CHAMONIX
PUNTA HELBRONNER
A
B
LAVACHEY
VALLEE BLANCHE
M. FRÉTY
PLANPINCIEUX
MAYEN
Dora di Ferret
LA PALUD
Str. Val Ferret
VAL FERRET
LEUCHEY
MONT DE LA SAXE
TRAFORO DEL M. BIANCO
GHIACCIAIO DELLA BRENVA
ENTRÈVES
PLAN-PONQUET
N.D. DE GUERISON
PURTUD
VAL VENY
Str. Val Veny
LE PRÉ
PRÉ-DE-PASCAL
PEINDEIN
TRAPPE
LA SAXE
M. CHÉTIF
Torrente Val Sapin
VILLAIR
ZEROTTA
ENTRELEVIE
VILLETTE
Str. Statale 26
ERMITAGE
PRAZ-NEYRON
COL DE CHÉCROUIT
COURMAYEUR
PLAN CHÉCROUIT
V. della Vittoria
TMB
CHÉCROUIT
GOLLETTES
V. Regionale
PLAN-DE-LOGNAN
CRESTA D'ARP
COL DI YOULA
M. BRISÉ
ARPETTAZ
A5/E25
VERRAND
Dora Baltea
PLANEY
PALLUSIEUX
CHAMPEX
STAZIONE
Str. Feysoulles
AOSTA
PRE-ST-DIDIER
COURMAYEUR
0
1 km
COLLE DEL PICC. S. BERNARDO
MOÛTIERS
1
2
3

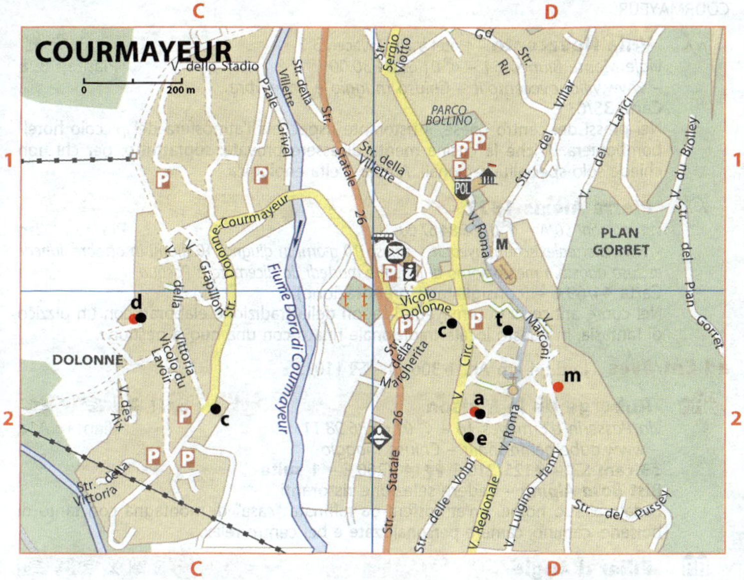

Dei Camosci

rist,

località La Saxe – *01 65 84 23 38* Pianta : B2**m**

– www.hoteldeicamosci.com – Aperto 5 dicembre-24 aprile e 16 giugno-29 settembre

24 cam – 50/75 € 80/110 € **Rist** – Carta 28/47 €

Per un soggiorno tranquillo, ma non lontano dal centro del paese, un albergo a conduzione familiare, rinnovato in anni recenti; buon confort nelle camere. Caratteristica atmosfera montana al ristorante, cucina della tradizione.

Centrale

cam,

via Mario Puchoz 7 – *01 65 84 66 44* Pianta : D2**t**

– www.hotelscentrale.it – Aperto 4 dicembre-12 aprile e 1° luglio-14 settembre

32 cam – 60/110 € 102/149 €, 10 €

Rist – Carta 25/58 € – *(aperto 1° luglio-14 settembre) (solo per alloggiati)*

In pieno centro, ma dotata di comodo parcheggio, una risorsa ad andamento familiare, con accoglienti spazi comuni e camere confortevoli nella loro semplicità.

Ristoranti

Petit Royal – Grand Hotel Royal e Golf

via Roma 87 – *01 65 83 16 11* – *www.hotelroyalegolf.com* Pianta : D2**a**

– Aperto 1° dicembre-30 aprile e 28 giugno-15 settembre

Carta 55/113 € – *(chiuso lunedì) (solo a cena)* (prenotare)

Dopo aver peregrinato in giro per la Lombardia, la brava cuoca Maura Gosio, insieme al marito che segue con esperienza la sala, sono approdati nell'angolo gourmet del Grand Hotel. In Valle d'Aosta portano il proprio sapere culinario improntato su piatti classici eseguiti con precisione e maestria, il tutto arricchito, ora, da un bistrot ed una "ostricheria": piatti più semplici a prezzi contenuti.

➜ Paccheri mezzi arrabbiati. Filetto di cervo con cavolo nero, gelatina all'arancia e rabarbaro candito. Montebianco con tartufo.

Villa Novecento – Hotel Villa Novecento

viale Monte Bianco 64 – ✆ 01 65 84 30 00 Pianta : B2**a**
– www.villanovecento.it – Chiuso maggio e novembre
Carta 35/63 €
Nei pressi del centro paese, il ristorante rispecchia l'atmosfera del piccolo hotel-bomboniera. Anche la cucina merita di essere provata: soprattutto, per chi non chiede solo specialità regionali. Ampia scelta enologica.

Pierre Alexis 1877 N

via Marconi 50/A – ✆ 01 65 84 67 00 Pianta : D2**m**
– www.pierrealexiscourmayeur.it – chiuso 10 giorni in giugno, 10 giorni in ottobre, lunedì escluso agosto, i mezzogiorno di lunedì e martedì da dicembre a Pasqua
Carta 44/69 € – (consigliata la prenotazione)
Nel cuore antico di Courmayeur, i sapori della tradizione elaborati con un pizzico di fantasia, in questo locale tradizionale rinato con una nuova gestione.

ad Entrèves Nord : 4 km Alt. 1 306 m – ✉ 11013

Auberge de la Maison

via Passerin d'Entreves 16 – ✆ 01 65 86 98 11 Pianta : A1**a**
– www.aubergemaison.it – Chiuso maggio
33 cam – 125/210 € 140/260 € – **1 suite**
Rist *Rosa Alpina* – vedere selezione ristoranti
Fedele al suo nome, un'atmosfera da raffinata "casa" di montagna con tanto di boiserie, camino, camere personalizzate e bel centro relax.

Pilier d'Angle

via Grandes Jorasses 18 – ✆ 01 65 86 97 60 Pianta : A1**v**
– www.pilierdangle.it – Chiuso 1° maggio-15 giugno e ottobre
24 cam – 80/120 € 110/200 € – **3 suites**
Rist *Taverna del Pilier* – Carta 39/69 €
Due chalet separati, con parcheggio in comune, compongono questa risorsa, che ha camere di diversa tipologia, ma tutte accoglienti e con lo stesso livello di confort. Il calore del camino della sala da pranzo è il miglior accompagnamento alla saporita cucina.

Rosa Alpina – Hotel Auberge de la Maison

via Passerin d'Entreves 16 – ✆ 01 65 86 98 11 Pianta : A1**a**
– www.aubergemaison.it – Chiuso maggio
Carta 36/66 €
All'interno di una struttura fra le più esclusive di Courmayeur, la suggestiva vista del Monte Bianco dall'elegante sala esalta una cucina fatta di tradizione e prodotti locali. In estate, non perdete l'occasione di una sosta gastronomica sulla tranquilla terrazza-dehors.

a La Palud Nord : 4,5 km

Dente del Gigante senza rist

strada la Palud 42 – ✆ 0 16 58 91 45 – www.dentedelgigante.com Pianta : B1**c**
– Aperto 5 dicembre-25 aprile e 21 giugno-30 settembre
13 cam – 59/179 € 74/199 €
Ai piedi del Monte Bianco, vicino alle funivie e alla Val Ferret, legno e pietra conferiscono alla struttura quell'inconfondibile atmosfera montana. Lo stesso "calore" lo si ritrova nelle belle camere: diverse tipologie, ma tutte curate nei minimi dettagli.

in Val Ferret

Miravalle con cam

località Planpincieux 20, Nord : 7 km – ✆ 01 65 86 97 77 Pianta : B1**f**
– www.courmayeur-hotelmiravalle.it – Aperto 1° dicembre-30 aprile e 21 giugno-30 settembre
11 cam – 90/150 € 90/150 €
Carta 31/82 € – *(chiuso martedì in bassa stagione)*
Nella cornice di una valle unica al mondo, al cospetto di sua maestà il Monte Bianco, un giovane chef rielabora con gusto personale specialità regionali e qualche piatto di matrice più nazionale. L'ambiente? Simpaticamente alpino!

a Dolonne

Stella del Nord senza rist
strada della Vittoria 2 – ✆ 01 65 84 80 39 Pianta : C2**c**
– www.stelladelnord.com – Aperto 20 dicembre-15 aprile e 1° luglio-15 settembre
12 cam ☕ – 🚹45/120 € 🚹🚹70/180 €
Conduzione giovane, ma esperta per un albergo di recente apertura, situato nella parte alta della frazione; arredi in legno e moquette nelle nuovissime camere.

Maison lo Campagnar
rue de Granges 14 – ✆ 01 65 84 68 40 Pianta : C2**d**
– www.maisonlocampagnar.com – Chiuso maggio
11 cam ☕ – 🚹70/150 € 🚹🚹120/220 € **Rist** – Carta 30/63 €
Ubicato nel verde e sulle piste da sci, un elegante chalet in legno dagli spazi interni raccolti e ricchi di charme. Molto belle le camere personalizzate: piccole bomboniere di confort.

CRANDOLA VALSASSINA

Lecco (LC) – ✉ 23832 – 271 ab. – Alt. 780 m – Carta regionale n° **16-B2**
Roma 647 km – Como 59 km – Lecco 30 km – Milano 87 km
Carta stradale Michelin 561-D10

Da Gigi con cam
piazza IV Novembre 4 – ✆ 03 41 84 01 24 – www.dagigicrandola.it – Chiuso 15-30 giugno
8 cam ☕ – 🚹40/50 € 🚹🚹60/70 €
Carta 28/53 € – *(chiuso mercoledì escluso luglio-agosto)*
Per gustare le specialità della Valsassina, un simpatico locale in posizione panoramica con sale di tono rustico e una cucina attenta ai prodotti del territorio (molti di origine biologica).

CRAVANZANA

Cuneo (CN) – ✉ 12050 – 419 ab. – Alt. 585 m – Carta regionale n° **25-C2**
Roma 617 km – Torino 97 km – Alessandria 67 km – Cuneo 74 km
Carta stradale Michelin 561-I6

Da Maurizio con cam
via Luigi Einaudi 5 – ✆ 01 73 85 50 19 – www.ristorantedamaurizio.net – Chiuso 7 gennaio-13 febbraio
11 cam ☕ – 🚹60/65 € 🚹🚹75/78 €
Menu 35 € – Carta 28/39 € – *(chiuso giovedì a pranzo e mercoledì)* (prenotazione obbligatoria)
Camere accoglienti, con gradevole vista sulle colline circostanti e cucina langarola, arricchita da una buona selezione di formaggi. Pollo alla cacciatora, tra le specialità.

CREAZZO

Vicenza (VI) – ✉ 36051 – 11 068 ab. – Alt. 99 m – Carta regionale n° **38-A2**
Roma 530 km – Padova 40 km – Verona 51 km – Vicenza 7 km
Carta stradale Michelin 562-F16

AC Hotel Vicenza cam, rist,
via Carducci 1 – ✆ 04 44 52 36 11 – www.hotelacvicenza.com
125 cam ☕ – 🚹60/360 € 🚹🚹70/360 € – **2 suites** **Rist** – Carta 24/50 €
Alle porte di Vicenza e a pochi chilometri dal casello autostradale, la fiera è raggiungibile a piedi. All'interno, moderno minimalismo privo di colori, ma con tante comodità e funzionalità.

CREMA

Cremona (CR) – ✉ 26013 – 33 556 ab. – Alt. 79 m – Carta regionale n° **19-C2**
Roma 546 km – Milano 46 km – Bergamo 43 km – Cremona 43 km
Carta stradale Michelin 561-F11

Il Ponte di Rialto

via Cadorna 5/7 – ✆ 0 37 38 23 42 – www.pontedirialto.it
33 cam – 70/85 € 87/95 €
Rist – Carta 28/46 € – *(chiuso in estate e domenica) (solo a cena)* (prenotazione obbligatoria)
In un palazzo d'epoca, l'albergo dispone di camere arredate alternativamente in stile classico o con pezzi d'antiquariato ed ospita, inoltre, un'attrezzata sala conferenze.

Antica Hostelleria di San Bernardino senza rist

via Izano 2/a località San Bernardino – ✆ 0 37 38 07 82 – www.anticahostelleria.it
13 cam – 61 € 88 €
Siamo alle porte della città, ma si respira già aria di campagna in quest'antica residenza: fra travi a vista e pavimenti in cotto, non mancano tuttavia i confort moderni ed eleganti bagni.

CREMNAGO

Como (CO) – 22044Alt. 335 m – Carta regionale n° **18-B1**
Roma 605 km – Como 17 km – Bergamo 44 km – Lecco 23 km
Carta stradale Michelin 561-E9

Antica Locanda la Vignetta dal 1910

via Garibaldi 15 – ✆ 0 31 69 82 12 – www.ristorantelavignetta.com – Chiuso gennaio, agosto e martedì
Menu 15 € (pranzo in settimana) – Carta 36/66 €
Cordiale accoglienza in un frequentato, simpatico locale con solida cucina del territorio; servizio estivo sotto un pergolato.

CREMOLINO

Alessandria (AL) – 15010 – 1 090 ab. – Alt. 405 m – Carta regionale n° **23-C3**
Roma 559 km – Genova 59 km – Alessandria 49 km – Milano 121 km
Carta stradale Michelin 561-I7

Bel Soggiorno con cam

via Umberto I 69 – ✆ 01 43 87 90 12 – www.ristorantebelsoggiorno.it – Chiuso 15 giorni in gennaio e 15 giorni in luglio
3 cam – 55 € 80 € Carta 30/62 € – *(chiuso mercoledì)*
Da oltre 40 anni fedele alle tradizioni culinarie piemontesi, i cui piatti tipici e stagionali (proverbiale, il fritto misto) vengono proposti in una piacevole sala con vetrata affacciata sui colli.

CREMONA

26100 – 72 137 ab. – Alt. 45 m – Carta regionale n° **17-C3**
Roma 522 km – Parma 72 km – Piacenza 44 km – Parma 72 km
Carta stradale Michelin 561-G12

Delle Arti senza rist

via Geremia Bonomelli 8 – ✆ 0 37 22 31 31 – www.cremonahotels.it – Chiuso 23 dicembre-2 gennaio e 2-24 agosto Pianta : B2**a**
30 cam – 85/119 € 100/169 € – **3 suites**
Sin dall'esterno si presenta come un design hotel caratterizzato da forme geometriche e colori sobri, prevalentemente scuri. La sala colazioni è adibita anche a galleria d'arte visitabile: un vera eccezione di modernità nel centro storico.

Continental senza rist

piazza Libertà 26 – ✆ 03 72 43 41 41 – www.cremonahotels.it Pianta : B1**e**
63 cam – 69/79 € 80/139 €
Arredi moderni e funzionali in un hotel eco-friendly costruito secondo i più innovativi criteri del risparmio energetico, nonché a basso impatto ambientale. Affacciato su un piazzale trafficato, le camere più silenziose sono sul retro: alcune con vista sul Torrazzo. Il centro è raggiungibile a piedi.

Impero senza rist

piazza Pace 21 – ✆ 03 72 41 30 13 – www.cremonahotels.it Pianta : AB2**d**

53 cam ☕ – 🛉59/79 € 🛉🛉80/139 €

Nel cuore del centro storico, in un austero edificio anni '30, albergo rinnovato con camere più tranquille sul retro o con vista su piazza o Torrazzo dagli ultimi piani.

Cremona Viale senza rist

viale Po 131 – ✆ 0 37 23 22 20 Pianta : A2**c**

– www.hotelcremonaviale.com

29 cam ☕ – 🛉50/75 € 🛉🛉75/110 € – **3 suites**

In zona Po, lungo una strada di grande scorrimento, trafficata ma comoda, presenta camere rinnovate con un design moderno: le migliori si trovano al primo piano.

La Sosta

via Sicardo 9 – ✆ 03 72 45 66 56 – www.osterialasosta.it Pianta : B2**b**

– Chiuso 1 settimana in febbraio, 2 settimane in agosto, domenica sera e lunedì

Carta 34/69 €

Osteria nel nome ma un moderno e colorato locale nell'ambiente. A pochi passi dal Duomo, i classici della cucina cremonese ed altre specialità nazionali.

Kandoo Asian Cuisine

piazza Cadorna 11 – ✆ 0 37 22 17 75 – www.sushikandoo.it – Chiuso 13-20 agosto e lunedì Pianta : A2**b**

Menu 11 € (pranzo) – Carta 21/43 €

Se le luci soffuse rendono l'ambiente raccolto, le pietre a vista insieme alle colonne d'epoca conferiscono raffinatezza al locale. Il nome del ristorante dà già un'indicazione del genere di cucina, ma il menu propone anche specialità non prettamente asiatiche.

Kandoo Nippon

piazza Cadorna 15 – ✆ 0 37 22 17 75 – www.sushikandoo.it – Chiuso 13-20 agosto e lunedì escluso festivi Pianta : A2**b**

Menu 11 € (pranzo) – Carta 21/44 €

Colori scuri e look moderno per una pausa relax tutta nipponica a base di ottime specialità del Sol Levante: sia crude, sia cotte.

CRETAZ → Vedere Cogne

Aosta (AO)

CROCERA → Vedere Barge

Alessandria (AL)

CRODO

Verbano-Cusio-Ossola (VB) – ✉ 28862 – 1 458 ab. – Alt. 505 m – Carta regionale n° **23-C1**

Roma 718 km – Stresa 57 km – Domodossola 17 km – Verbania 56 km

Carta stradale Michelin 561-D6

Marconi

via Pellanda 21 – ✆ 03 24 61 87 97 – www.ristorantemarconi.com – Chiuso lunedì e martedì dal 15 settembre al 15 giugno, solo martedì dal 16 giugno al 14 settembre

Menu 22/44 € – Carta 36/67 €

Cucina contemporanea e tanta cura nelle presentazioni in questo ristorante all'interno di una villetta indipendente con piccolo dehors sul retro.

a Viceno Nord-Ovest : 4,5 kmAlt. 896 m – ✉ 28862 Crodo

Edelweiss

– ✆ 03 24 61 87 91 – www.albergoedelweiss.com – Chiuso 12-29 gennaio e 2-26 novembre

30 cam – †50/70 € ††90/120 €

Rist *Edelweiss* – vedere selezione ristoranti

Imbiancato dalla neve d'inverno, baciato dai raggi di un tiepido sole d'estate, un rifugio di montagna dalla calorosa gestione familiare, moderno e curato, con una piccola sala giochi.

Edelweiss – Hotel Edelweiss

– ✆ 03 24 61 87 91 – www.albergoedelweiss.com – Chiuso 12-29 gennaio e 2-26 novembre

Menu 15/33 € – Carta 24/47 €

Un vero caposaldo della gastronomia locale: piatti della tradizione montana, in primis i tagliolini al sugo di selvaggina, in un ambiente rilassato ed informale. Buona scelta di vini locali e non.

CROSA → Vedere Varallo Sesia

Vercelli (VC)

CROTONE

✉ 88900 – 59 342 ab. – Carta regionale n° **5-B2**

Roma 601 km – Cosenza 109 km – Catanzaro 72 km – Lamezia Terme 103 km

Carta stradale Michelin 564-J33

Lido degli Scogli & Palace
viale Magna Grecia 49 – ✆ 0 96 22 86 25 – www.lidodegliscogli.com
35 cam – **†80/130 € ††105/175 €**
Rist *Lido degli Scogli* – vedere selezione ristoranti
Due strutture, di cui una direttamente sul mare, l'altra a pochi passi, ma entrambi con camere ampie e dall'arredo curato: indirizzo ideale per una vacanza a tutto tondo!

Palazzo Foti senza rist
via Colombo 79 – ✆ 09 62 90 06 08 – www.palazzofoti.it
39 cam – **†80/105 € ††105/155 €**
Sul lungomare del centro città, nuovo albergo design dalle linee moderne e dalle camere luminose, dotate di ogni confort.

Helios
viale Magna Grecia, traversa via Makalla 2, Sud : 2 km – ✆ 09 62 90 12 91 – www.helioshotels.it
42 cam – **†75/88 € ††90/145 €**
Rist – Carta 22/42 € – *(chiuso domenica sera)*
A pochi passi dalla spiaggia, questo sobrio, ma gradevole albergo dispone di piacevoli terrazze con piscina e bella vista. Camere funzionali.

Da Ercole con cam
viale Gramsci 122 – ✆ 09 62 90 14 25 – www.daercole.com – Chiuso 15 giorni in novembre e domenica escluso luglio e agosto
2 cam – **†60 € ††100 €** Carta 43/85 €
Il sapore e il profumo del mar Ionio esaltati nei piatti cucinati da Ercole nel suo accogliente locale classico sul lungomare della località. Una sala è decorata con mosaici.

Lido degli Scogli – Hotel Lido degli Scogli & Palace
viale Magna Grecia 49 – ✆ 0 96 22 86 25 – www.lidodegliscogli.com
Carta 28/66 € – (prenotare)
Ristorante dalla lunga tradizione familiare: a pranzo ci si accomoda al piano superiore, la sera nella tradizionale sala dai toni più rustici. Le ricette di pesce sono le predilette, ma non mancano altre proposte di carne e la pizza. Terrazza fronte mare nel periodo estivo.

CUASSO AL MONTE
Varese (VA) – ✉ 21050 – 3 636 ab. – Alt. 530 m – Carta regionale n° **16-A2**
Roma 650 km – Como 36 km – Varese 17 km – Milano 74 km
Carta stradale Michelin 561-E8

Al Vecchio Faggio
via Garibaldi 8, località Borgnana, Est : 1 km – ✆ 03 32 93 80 40 – www.vecchiofaggio.com – Chiuso 7-22 gennaio, 15-30 giugno e mercoledì
Menu 35 € – Carta 29/59 €
All'ombra del secolare faggio che domina il giardino, la vista si rilassa ammirando la fitta vegetazione dell'argine del lago di Lugano: cucina del territorio e specialità quali la coscia di coniglio ai pistacchi, ottimamente servite anche nella piacevole terrazza esterna.

a Cavagnano Sud-Ovest : 2 km – ✉ 21050 Cuasso Al Monte

Alpino
rist,
via Cuasso al Piano 1 – ✆ 03 32 93 90 83 – www.hotelalpinovarese.com
19 cam – **†45/60 € ††70/85 €** **Rist** – Carta 31/58 €
Una risorsa accogliente nella sua semplicità, per un soggiorno tranquillo e familiare in una verde località prealpina; camere con arredi essenziali. Ambiente semplice di tono rustico, con soffitto a cassettoni e grande camino in sala da pranzo.

a Cuasso al Piano Sud-Ovest : 4 km – ✉ 21050

XX **Molino del Torchio** con cam
via Molino del Torchio 17 – ✆ 03 32 92 03 18 – www.molinodeltorchio.com
2 cam – 60 € 80 €
Menu 35 € – Carta 26/56 € – *(chiuso lunedì e martedì)*
All'interno di un suggestivo vecchio mulino, antiche ricette lombarde animano menu giornalieri attenti alla stagionalità dei prodotti. Camere personalizzate e ben tenute.

CUMA → Vedere Pozzuoli
Napoli (NA)

CUNEO

✉ 12100 – 55 697 ab. – Alt. 534 m – Carta regionale n° **22**-B3
Roma 643 km – Alessandria 125 km – Torino 99 km – Asti 89 km
Carta stradale Michelin 561-I4

Palazzo Lovera Hotel
via Roma 37 – ✆ 01 71 69 04 20 – www.palazzolovera.com Pianta : B1**d**
40 cam – 85/125 € 95/140 € – **7 suites**
Rist *Lovera* – vedere selezione ristoranti
Nel cuore della città, un palazzo nobiliare del XVI secolo che ebbe illustri ospiti, è oggi un albergo di prestigio con spaziose, eleganti, camere in stile, nonché un'eccellente gestione diretta.

Principe senza rist
piazza Galimberti 5 – ✆ 01 71 69 33 55 – www.hotel-principe.it Pianta : B2**c**
49 cam – 88/115 € 109/130 € – **1 suite**
Dalla piazza principale un ingresso "importante" con scalinata di marmo introduce in un hotel di lunga storia, rinnovatosi nel tempo: camere moderne, ben accessoriate. A disposizione anche pochi posti auto.

Royal Superga senza rist
via Pascal 3 – ✆ 01 71 69 32 23 – www.hotelroyalsuperga.com Pianta : B1**a**
39 cam – 69/99 € 89/149 €
In una dimora storica ottocentesca, la dinamica gestione al timone dell'hotel è sicuramente uno dei suoi punti di forza, ma anche le continue migliorie in termini di confort e tecnologie lo rendono ideale sia per un clientela business sia per un turismo leisure.

Cuneo Hotel senza rist
via Vittorio Amedeo II, 2 – ✆ 01 71 68 19 60 – www.cuneohotel.com Pianta : B2**x**
20 cam – 60/90 € 80/120 €
Confort ed essenzialità negli arredi, moderni e in stile minimalista, per questa piccola risorsa situata in comoda posizione centrale. Disponibilità di alcuni posti auto (solo per la notte).

Ligure senza rist
via Savigliano 11 – ✆ 01 71 63 45 45 – www.ligurehotel.it Pianta : B1**c**
22 cam – 50/65 € 70/85 €
Nella parte storica di Cuneo, questa semplice risorsa (recentemente rinnovata) dispone di spazi comuni funzionali e camere accoglienti. La non esosa politica dei prezzi contribuisce a rendere l'indirizzo particolarmente interessante.

XXX **Lovera** – Palazzo Lovera Hotel
via Roma 37 – ✆ 01 71 69 04 29 – www.palazzolovera.com Pianta : B1**d**
– Chiuso 15 giorni in gennaio, 15 giorni in agosto, lunedì a mezzogiorno e venerdì
Carta 30/55 €
Nel centro storico della città, Lovera è un locale a cui non manca nulla: suggestivo dehors con vista sulla chiesa barocca di Santa Chiara, ottima cucina piemontese ed una carta dei vini che conta circa 400 etichette (tra cui, una bella selezione di mezze bottiglie).

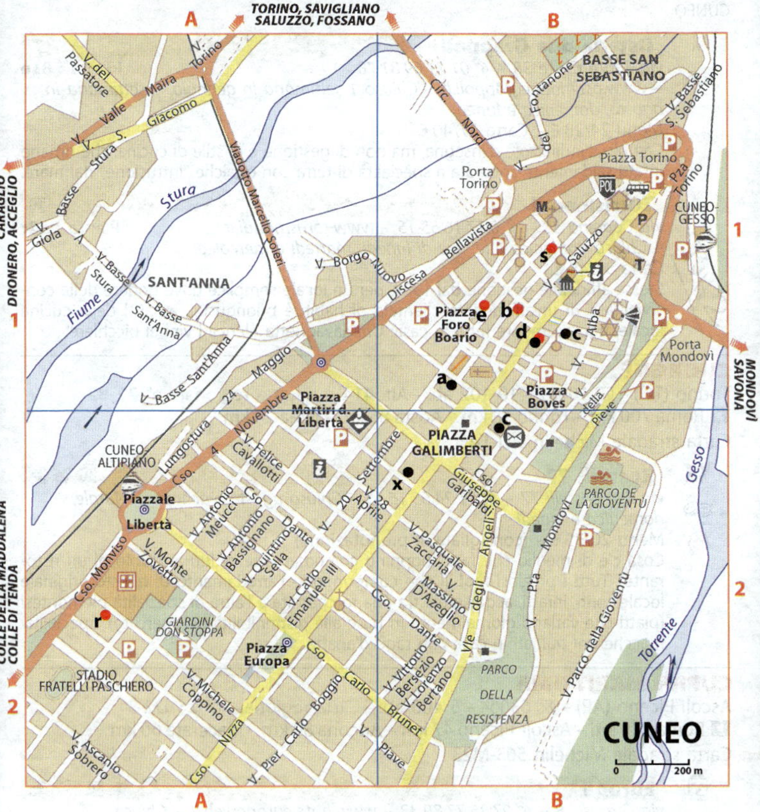

XX

Osteria della Chiocciola

via Fossano 1 – ✆ 0 17 16 62 77 – Chiuso 31 dicembre-15 gennaio e domenica Pianta : B1**s**

Menu 15 € (pranzo in settimana)/38 € – Carta 26/46 € – (consigliata la prenotazione)

Al pianterreno c'è l'enoteca, al primo piano la sala ristorante: entrambe semplici, ma piacevoli. La cucina di cui l'osteria va fiera è quella della tradizione locale, che utilizza i prodotti del territorio e segue l'alternarsi delle stagioni. In menu, i tajarin burro e salvia sono una presenza costante.

X

L'Osteria di Christian

via Dronero 1e – ✆ 34 71 55 63 83 – Chiuso 1 settimana in gennaio, 10 giorni in agosto-settembre e lunedì (anche domenica in giugno-ottobre) Pianta : B1**b**

Carta 31/45 € – *(solo a cena escluso domenica in ottobre-maggio)* (prenotazione obbligatoria)

L'Osteria di Christian: ma veramente solo sua! Questo istrionico ed energico chef-patron si cura di tutto dalla a alla z, dalla cucina alla sala, dove a voce vi propone i migliori piatti della tradizione piemontese, elaborati partendo da ottime materie prime.

Osteria due Grappoli
via Santa Croce 38 – ✆ 01 71 69 81 78 Pianta : B1**e**
– www.osteriaduegrappoli.it – Chiuso 1 settimana in gennaio, 1 settimana in agosto, domenica e lunedì
Menu 24/28 € – Carta 27/40 €
Cambio d'indirizzo e d'insegna, ma non di gestione e di stile di cucina, che rimane infatti saldamente ancorata a specialità di terra con qualche "intrusione" dal mare.

Torrismondi
via Coppino 33 – ✆ 0 17 16 55 15 – www.torrismondi.it Pianta : A2**r**
– Chiuso domenica e le sere di lunedì, martedì e mercoledì
Carta 31/45 €
Stessa affidabile gestione dal 1988, per un locale semplice dove godere della convivialità e di un'affezionata clientela di habitué buongustai: amanti della cucina locale, rigorosamente fatta in casa. Una lavagnetta elenca i vini al bicchiere.

CUORGNÈ
Torino (TO) – ✉ 10082 – 10 102 ab. – Alt. 414 m – Carta regionale n° **22-B2**
Roma 700 km – Torino 38 km – Aosta 86 km – Ivrea 24 km
Carta stradale Michelin 561-F4

Rosselli 77
via F.lli Rosselli 77 – ✆ 01 24 65 16 13 – Chiuso agosto, vacanze di Natale, domenica e lunedì
Menu 20/35 € – (consigliata la prenotazione)
Cosa c'è di meglio che fare shopping comodamente seduti al tavolo di un ristorante? Tutti i preziosi mobili che compongono l'arredamento di questo originale locale sono, infatti, acquistabili tra una forchettata e l'altra di specialità piemontesi (piatti che variano giornalmente in base alla disponibilità del mercato). Specialità: maccheroni trafilati in casa con ragù d'anatra.

CUPRA MARITTIMA
Ascoli Piceno (AP) – ✉ 63064 – 5 400 ab. – Carta regionale n° **21-D2-3**
Roma 240 km – Ascoli Piceno 47 km – Ancona 80 km – Macerata 60 km
Carta stradale Michelin 563-M23

Europa
via Gramsci 8 – ✆ 07 35 77 80 33 – www.hoteleuropaweb.it – Chiuso 3-23 novembre
30 cam – †40/60 € ††60/80 € **Rist** – Carta 18/52 € – *(chiuso lunedì)*
Una semplice pensione a gestione familiare, ideale per una vacanza in famiglia, dispone di camere di gusto sobriamente moderno, alcune recentemente ristrutturate. Cucina marchigiana di mare al ristorante.

CUREGGIO
Novara (NO) – ✉ 28060 – 2 660 ab. – Alt. 289 m – Carta regionale n° **24-A3**
Roma 657 km – Stresa 42 km – Milano 80 km – Novara 33 km
Carta stradale Michelin 561-E7

Agriturismo La Capuccina
via Novara 19/b, località Capuccina – ✆ 03 22 83 99 30 – www.lacapuccina.it – Chiuso 22 dicembre-20 gennaio
8 cam – †60/70 € ††95/100 €
Rist – Menu 32 € – *(chiuso lunedì, martedì e mercoledì) (solo a cena escluso la domenica)* (consigliata la prenotazione)
Cascina restaurata, in aperta campagna, presenta un'ambientazione rustico-moderna con camere di buon confort. Intorno le attività dell'azienda, coltivazioni e bestiame. Grazioso ristorante con quadri moderni e vecchi utensili di campagna.

CURNO
Bergamo (BG) – ✉ 24035 – 7 590 ab. – Alt. 244 m – Carta regionale n° **19-C1**
Roma 607 km – Bergamo 6 km – Lecco 28 km – Milano 49 km
Carta stradale Michelin 561-E10

Trattoria del Tone

via Roma 4 – ✆ 0 35 61 31 66 – Chiuso 3 settimane in agosto, martedì e mercoledì
Menu 25 € (pranzo in settimana)/50 € – Carta 34/54 €
Siamo ormai alla terza generazione per questo piacevole ristorante, la cui cucina può permettersi di diversificarsi con estrema sicurezza: classica, legata al territorio come negli immortali casoncelli o nel coniglio al rosmarino, oppure ispirata al mare.

CURTATONE

Mantova (MN) – ✉ 46010 – 100 ab. – Alt. 26 m – Carta regionale n° **17**-C3
Roma 475 km – Verona 55 km – Bologna 112 km – Mantova 8 km
Carta stradale Michelin 561-G14

a Grazie Ovest : 2 km – ✉ 46010

Locanda delle Grazie con cam
cam,

via San Pio X 2 – ✆ 03 76 34 80 38 – Chiuso 1 settimana in gennaio, 1 settimana a fine giugno e 16-30 agosto
3 cam – 40 € 60/70 €
Menu 25/30 € – Carta 23/53 € – *(chiuso martedì e mercoledì)* (consigliata la prenotazione)
A voce vi sarà suggerito anche qualche piatto di mare, ma il ristorante è diventato un faro per gli appassionati della cucina mantovana: tortelli di zucca, luccio in salsa, zabaione e sbrisolona, tra gli imperdibili!

CUSAGO

Milano (MI) – ✉ 20090 – 3 671 ab. – Alt. 126 m – Carta regionale n° **18**-A2
Roma 582 km – Milano 12 km – Novara 45 km – Pavia 40 km
Carta stradale Michelin 561-F9

Mulino Grande N
cam, cam,

via Cisliano 26 – ✆ 02 90 39 07 31 – www.hotelmulinogrande.it – Chiuso 25 dicembre-7 gennaio e agosto
14 cam – 120/350 € 120/400 € – **7 suites**
Rist *Il Magiono* – Carta 35/62 € – *(chiuso domenica sera e lunedì)* (consigliata la prenotazione)
Dal restauro di un mulino cinquecentesco, questo elegante albergo dall'atmosfera rurale, ma dai comfort moderni racchiude design, gastronomia, benessere, sostenibilità, high-tech ed un attento recupero degli elementi del passato. Tutto è curato nei minimi dettagli per offrire il massimo lusso nel pieno rispetto della natura.

Da Orlando

piazza Soncino 19 – ✆ 02 90 39 03 18 – www.daorlando.com – Chiuso 25 dicembre-1° gennaio, 8-25 agosto, sabato a mezzogiorno e domenica
Menu 18 € (pranzo in settimana)/44 € – Carta 34/58 €
Su una scenografica piazza con castello, ambienti classici con tavoli distanziati e accogliente gestione familiare. La cucina si divide equamente tra carne e pesce con interessanti elaborazioni.

Brindo by Orlando

via Libertà 18 – ✆ 02 90 39 44 29 – www.brindo.it – Chiuso 2 settimane in agosto, sabato a mezzogiorno e domenica
Carta 32/42 €
Piccola e piacevole trattoria moderna, più informale dell'altro ristorante di famiglia (Da Orlando), ma con la stessa passione e ricerca: oltre ad alcuni classici, le specialità sono i crudi e le tartare.

CUSTOZA → Vedere Sommacampagna

Verona (VR)

CUTIGLIANO

Pistoia (PT) – ✉ 51024 – 1 547 ab. – Alt. 678 m – Carta regionale n° **31**-**B1**
Roma 348 km – Firenze 78 km – Pistoia 42 km – Lucca 55 km
Carta stradale Michelin 563-J14

Villa Basilewsky senza rist

via Cantamaggio 20 – ✆ 0 57 36 80 67 – www.hotelcutigliano.com
24 cam – 40/80 € 50/100 € – **1 suite**
Abbracciata da un tranquillo parco, questa villa nobiliare di fine '800 dispone di ambienti eleganti e signorili. Alcune camere sono addirittura affrescate!

Trattoria da Fagiolino con cam

via Carega 1 – ✆ 0 57 36 80 14 – www.trattoriadafagiolino.it – Chiuso novembre
4 cam – 57/65 € 82/90 €
Carta 20/52 € – *(chiuso martedì e mercoledì escluso luglio-agosto)*
Nel cuore di un grazioso paese dell'Appennino toscano, la cucina ne ripropone le specialità: salumi, paste fresche e capretto al forno sono alcuni dei piatti forti, insieme a funghi e tartufi. All'altezza delle aspettative anche le camere, moderne e ben tenute.

CUTROFIANO

Lecce (LE) – ✉ 73020 – 9 125 ab. – Alt. 85 m – Carta regionale n° **27**-**D3**
Roma 613 km – Taranto 139 km – Brindisi 71 km – Lecce 29 km
Carta stradale Michelin 564-G36

Sangiorgio Resort

provinciale Noha-Collepasso – ✆ 08 36 54 28 48 – www.sangiorgioresort.it
18 cam – 123/178 € 196/324 €
Rist *Il Chiostro* – vedere selezione ristoranti
Nato come residenza estiva per le suore del convento di Santa Maria di Leuca, di cui conserva ancora una cappella consacrata, il resort si estende in orizzontale ed è circondato da una grande proprietà: due piscine distanti l'una dall'altra assicurano agli ospiti una certa privacy. Stile elegante ed opulento.

Il Chiostro – Hotel Sangiorgio Resort

provinciale Noha-Collepasso – ✆ 08 36 54 28 48 – www.sangiorgioresort.it
Carta 39/66 €
Sotto tipiche volte in tufo si sviluppa questo localino classico-elegante con specialità di ispirazione regionale, rivisitate in chiave contemporanea. Considerate le modeste dimensioni del ristorante, è preferibile prenotare.

DALMINE

Bergamo (BG) – ✉ 24044 – 22 948 ab. – Alt. 207 m – Carta regionale n° **19**-**C1**
Roma 610 km – Bergamo 10 km – Brescia 63 km – Milano 49 km
Carta stradale Michelin 561-F10

Osteria del Conte

via J.F. Kennedy 18 – ✆ 0 35 37 00 63 – www.ristoranteosteriadelconte.com – Chiuso 2 settimane in agosto, 1 settimana in gennaio, domenica sera e lunedì
Carta 40/83 €
Elegante ristorante all'insegna dei sapori italiani, anche di mare, declinati in maniera moderna dallo chef che, non dimentico delle sue origini bergamasche, mantiene sempre in carta qualche piatto legato al territorio.

DARFO BOARIO TERME

Brescia (BS) – ✉ 25047 – 15 603 ab. – Alt. 218 m – Carta regionale n° **17**-**C2**
Roma 613 km – Brescia 54 km – Bergamo 54 km – Milano 105 km
Carta stradale Michelin 561-E12

a Boario Terme – ✉ 25041

Rizzi Aquacharme
via Carducci 5/11 – ✆ 03 64 53 16 17 – www.rizziaquacharme.it
85 cam – †60/150 € ††80/160 € **Rist** – Carta 34/54 €
Una struttura in grado di accontentare qualsiasi tipo di clientela, dal manager in cerca di spazi dove organizzare riunioni ed eventi, alla coppia che vuole trascorrere un week-end romantico tra natura e remise en forme. Nell'ariosa sala da pranzo l'eleganza incontra il gusto: piatti tradizionali e menu benessere.

Brescia
via Zanardelli 6 – ✆ 03 64 53 14 09 – www.hotelbrescia.it
50 cam – †50/58 € ††70/75 € – **1 suite**
Rist – Carta 25/45 € – *(chiuso 15-30 gennaio)*
Signorili spazi comuni con decorativi pavimenti a scacchiera e camere di sobria classicità, in un'accogliente struttura a pochi metri dalle rinomate terme. Specialità valligiane al ristorante illuminato da grandi finestre.

Diana
via Manifatture Vittorio Olcese12 – ✆ 03 64 53 14 03 – www.albergodiana.it – Aperto 1° aprile-30 novembre
43 cam – †38/45 € ††58/70 € **Rist** – Menu 18/25 €
Albergo del centro a pochi passi dalle terme, con un gradevole e raccolto cortiletto interno; al piano terra luci soffuse, grandi quadri alle pareti e comodi divani. Capiente sala ristorante con un bianco soffitto costellato di piccole luci.

La Svolta
viale Repubblica 15 – ✆ 03 64 53 25 80 – www.ristorantepizzerialasvolta.it – Chiuso 2-9 febbraio e mercoledì
Carta 22/48 € – *(solo a cena)*
Locale accogliente con fresca veranda chiusa, le specialità sono a base di pesce, ma non mancano piatti di terra, pizza e alcune specialità locali.

a Montecchio Sud-Est : 2 km – ✉ 25047 Darfo Boario Terme

La Storia
via Fontanelli 1, Est : 2 km – ✆ 03 64 53 87 87 – www.ristorantelastoria.it – Chiuso mercoledì
Menu 13 € (pranzo in settimana)/40 € – Carta 24/53 €
In zona periferica e verdeggiante, villetta che ospita due sale di taglio classico; cucina che spazia tra terra e mare con specialità camune.

DEIVA MARINA
La Spezia (SP) – ✉ 19013 – 1 409 ab. – Carta regionale n° **15-D2**
▶ Roma 450 km – Genova 74 km – Massa 70 km – La Spezia 55 km
Carta stradale Michelin 561-J10

Clelia
corso Italia 23 – ✆ 0 18 78 26 26 – www.clelia.it – Aperto da fine marzo a inizio novembre
29 cam – †54/107 € ††80/187 € – **1 suite**
Rist – Carta 31/78 € – *(aperto a cena e domenica a mezzogiorno da fine marzo a inizio novembre; dal 15 giugno al 15 settembre sempre aperto)*
Ottima gestione familiare, ospitale e professionale, in un albergo a 100 mt. dal mare, con bella piscina circondata da un giardino e solarium. Camere molto confortevoli e funzionali. Apprezzato ristorante dove assaporare specialità liguri, molte delle quali a base di pesce.

Riviera
località Fornaci 12 – ✆ 01 87 81 58 05 – www.hotelrivieradeivamarina.it – Aperto 1° aprile-30 settembre
26 cam – †50/120 € ††80/170 €
Rist – Menu 20/35 € – *(solo per alloggiati)*
A pochi passi dalle spiagge, un hotel a conduzione diretta caratterizzato da camere essenziali, ma accoglienti e personalizzate. Stupenda vista sul mare dalla fresca sala ristorante, dove apprezzare specialità regionali rivisitate e un menu degustazione a base di pesce.

Lido con cam
località Fornaci, 15 – 01 87 81 59 97 – www.hotelristorantelido.com – Aperto 25 marzo-31 ottobre
14 cam – 60/120 € 90/160 € Carta 34/88 €
In un piccolo albergo-ristorante a due passi dal mare, l'ospitale conduzione diretta rende la sosta piacevole, mentre la cucina sorprende l'ospite con le sue specialità ittiche fragranti e classiche. Eccellente la carta dei vini che abbraccia il mondo, con una predilezione per Italia e Francia.

DELEBIO

Sondrio (SO) – 23014 – 3 211 ab. – Alt. 218 m – Carta regionale n° **16-B1**
Roma 674 km – Sondrio 34 km – Bergamo 88 km – Como 76 km
Carta stradale Michelin 561-D10

Osteria del Benedet
via Roma 2 – 03 42 69 60 96 – www.osteriadelbenedet.com – Chiuso 1°-8 gennaio, agosto, domenica e lunedì dal 15 giugno al 25 agosto, domenica sera e lunedì negli altri mesi
Carta 38/48 €
Osteria di antica tradizione, si sviluppa oggi in verticale: wine-bar al piano terra e sale al piano superiore. Cucina di ispirazione contemporanea e tradizionale.

DESENZANO DEL GARDA

Brescia (BS) – 25015 – 27 050 ab. – Alt. 67 m – Carta regionale n° **17-D1**
Roma 528 km – Brescia 31 km – Mantova 67 km – Verona 48 km
Carta stradale Michelin 561-F13

Acquaviva del Garda
viale Francesco Agello 84, località Rivoltella, Est : 4 km – 03 09 90 15 83 – www.hotelacquaviva.it – Chiuso 15 gennaio-15 febbraio
81 cam – 140/183 € 186/244 € – **7 suites** **Rist** – Carta 26/60 €
Fronte lago, l'acqua è il tema dell'albergo dagli ambienti moderni, minimalisti e rilassanti. Curati spazi verdi all'esterno, oggetti d'arte e tonificante centro benessere.

Park Hotel
rist,
lungolago Cesare Battisti 17 – 03 09 14 34 94 – www.parkhotelonline.it
50 cam – 99/180 € 120/250 € – **11 suites**
Rist *Due Colombe* – Carta 36/55 €
Albergo storico fronte lago: l'ingresso si apre su un'elegante hall dal gusto retrò, quasi un caffé letterario. Camere recentemente rinnovate e, all'ultimo piano, la piscina panoramica dotata di idromassaggio e cascata a lame d'acqua.

Villa Rosa
cam,
lungolago Battisti 89 – 03 09 14 19 74 – www.villarosahotel.eu – Chiuso gennaio
62 cam – 90/200 € 120/250 €
Rist *Rose & Sapori* – 03 09 14 45 85 – Carta 37/77 €
Hotel poco distante dal centro storico e fronte lago, si caratterizza per i suoi ambienti luminosi e le camere modernamente allestite. Imperdibile, la cucina raffinata del ristorante Rose & Sapori.

Nazionale senza rist
via Marconi 23 – 03 09 15 85 55 – www.hotelnazionaledesenzano.it
41 cam – 80/160 € 100/210 € – **2 suites**
Vicino al centro, storico albergo di Desenzano risorto dopo un completo restauro propone ambienti moderni, rilassanti e dai colori sobri, nonché una piacevole zona piscina.

Desenzano senza rist
viale Cavour 40/42 – 03 09 14 14 14 – www.hoteldesenzano.it
40 cam – 60/110 € 80/150 €
A soli 5 minuti a piedi dal centro e non lontano dalla stazione, hotel dalla capace conduzione diretta, con ampie e comode camere: particolarmente moderne quelle rinnovate di recente.

Admiral Villa Erme
cam,

viale Motta 13, località Rivoltella, Est : 2 Km – ✆ 03 09 11 03 71 – www.mistralhotels.it – Aperto 1° marzo-31 ottobre
32 cam – 45/120 € 50/148 € – **2 suites**
Rist – Carta 18/34 € – *(solo a cena) (solo per alloggiati)*
A pochi passi dal lago, piacevole hotel dalle accoglienti camere dotate di tutti i confort della categoria; comodo garage interno e - al primo piano - piscina semi-coperta con idromassaggio, sauna, nonché piccolo angolo fitness.

Esplanade (Massimo Fezzardi)
via Lario 10 – ✆ 03 09 14 33 61 – www.ristorante-esplanade.com – Chiuso mercoledì (aperto mercoledì sera in estate)
Menu 75/100 € – Carta 86/95 €
In posizione panoramica sul lago, gestione trentennale che propone piatti di mare in preparazioni che ne esaltano la freschezza e l'ottima qualità. Per una cena all'insegna del romanticismo, prenotate un tavolo sul pontile.
➜ Linguine di Gragnano ai ricci di mare con crostacei marinati all'olio del Garda. Piccione cotto in tecia con castagne e polvere di cioccolato speziato. Strudel di zucca, mele e frutta secca con gelato al coriandolo e crema al Vin Santo.

Antica Hostaria Cavallino
via Gherla 30 ang. via Murachette – ✆ 03 09 12 02 17 – www.ristorantecavallino.it – Chiuso 2 settimane in novembre, domenica sera e lunedì
Carta 57/120 €
Centrale ed elegante, lo si può definire una roccaforte per gli amanti del pesce, con qualche declinazione sarda: dalla bottarga alla catalana, regione d'origine dei titolari.

DEUTSCHNOFEN = NOVA PONENTE

DEVINCINA ➜ Vedere Sgonigo
Trieste (TS)

DIACCETO ➜ Vedere Pelago
Firenze (FI)

DIANO MARINA
Imperia (IM) – ✉ 18013 – 6 077 ab. – Carta regionale n° **14-A3**
Roma 612 km – Imperia 6 km – Genova 109 km – San Remo 31 km
Carta stradale Michelin 561-K6

Grand Hotel Diana Majestic
cam, rist,

via degli Oleandri 15 – ✆ 01 83 40 27 27 – www.dianamajestic.com – Aperto 14 febbraio-25 ottobre
82 cam – 70/370 € 90/370 € – **4 suites**
Rist – Carta 34/91 € – *(solo a cena)*
Frontemare, cinto da un profumato giardino-uliveto che accoglie ben due piscine, l'albergo offre spaziosi ambienti dotati di ogni confort e moderne, eleganti, camere. I più conosciuti piatti italiani dalla cucina.

Bellevue et Mediterranée
cam, rist,

via Generale Ardoino 2 – ✆ 01 83 40 93 – www.bellevueetmediterranee.it – Aperto 28 marzo-10 ottobre
73 cam – 70/150 € 110/200 € – **4 suites**
Rist – Menu 40/55 € – *(solo a cena) (solo per alloggiati)*
Imponente, signorile e spiccatamente familiare, l'hotel dispone di due piscine - una riscaldata, l'altra coperta per la talassoterapia – e di un ristorante con vista panoramica sul golfo di Diano Marina.

Torino rist,
via Milano 72 – 01 83 49 51 06 – www.hoteltorinodiano.it – Chiuso 1° novembre-15 gennaio
69 cam – 70/140 € 70/230 € – **11 suites**
Rist – Menu 25 € (pranzo)/36 €
Servizio accurato in un hotel signorile e centrale, dotato di camere di buon confort e sala per l'ascolto della musica. La struttura offre anche un ristorante a bordo piscina, palestra e jacuzzi con acqua riscaldata su terrazza elioterapica, nonché nuovissima area benessere.

Gabriella rist,
via dei Gerani 9 – 01 83 40 31 31 – www.hotelgabriella.it – Chiuso 27 ottobre-15 febbraio
50 cam – 60/130 € 100/230 € **Rist** – Menu 28/35 €
Sul mare verso San Bartolomeo, un'imponente struttura circondata da un verde giardino: semplice nelle zone comuni, offre camere spaziose e di recente rinnovo.

Caravelle rist,
via Sausette 34 – 01 83 40 53 11 – www.hotelcaravelle.it – Aperto Pasqua-inzio ottobre
51 cam – 100/270 € 150/300 € **Rist** – Menu 35 €
Diverse piscine con acqua di mare, alcune riscaldate altre con idromassaggi: gran parte delle attenzioni della gestione è stata destinata al centro di cure estetiche e talassoterapiche. Il ristorante, moderno e da poco rinnovato, dispone di grandi vetrate che permettono allo sguardo di spaziare.

Eden Park rist,
via Generale Ardoino 70 – 01 83 40 37 67 – www.edenparkdiano.it
33 cam – 71/124 € 114/239 €
Rist – Menu 28/50 € – *(chiuso novembre)*
E' sufficiente una breve passeggiata attraverso i gradevoli ambienti comuni per arrivare al bel giardino con piscina, proprio in riva al mare. Quanto alle camere, fresche e luminose, sono tutte arredate con vivaci colori. La sala ristorante offre una gradevole vista sul giardino, piatti locali ed internazionali.

Jasmin rist,
viale Torino 15 – 01 83 49 53 00 – www.hoteljasmin.com – Aperto 27 dicembre-14 gennaio e 1° aprile-9 ottobre
27 cam – 40/90 € 60/120 €, 10 € – **3 suites**
Rist – Carta 20/48 € – *(solo per alloggiati)*
Molte le vetrate musive policrome, alcune anche nelle stanze: accogliente, vivace e dinamico, grazie all'uso sapiente dei colori, l'hotel si trova direttamente sulla spiaggia (privata).

Arc en Ciel cam, cam,
viale Torino 39 – 01 83 49 52 83 – www.hotelarcenciel.it – Aperto 28 marzo-15 ottobre
50 cam – 60/95 € 90/170 €, 12 € **Rist** – Carta 24/29 €
Circondato da ville di prestigio, tra pini marittimi e palme secolari, l'hotel si affaccia sul mare regalando romantici scorci sul golfo di Diano; camere tutte confortevoli, alcune sono provviste di un balcone coperto.

DIGONERA
→ Vedere Rocca Pietore
Belluno (BL)

DIMARO
Trento (TN) – 38025 – 1 289 ab. – Alt. 766 m – Carta regionale n° **33-B2**
Roma 633 km – Trento 62 km – Bolzano 61 km – Madonna di Campiglio 19 km
Carta stradale Michelin 562-D14

Sporthotel Rosatti
via Campiglio 14 – 0463 97 48 85 – www.sporthotel.it
55 cam – 55/140 € 80/180 € – **5 suites** **Rist** – Carta 24/51 €
Lungo la strada che porta al passo, una bella struttura che sdoppia le camere in due edifici distinti collegati da un tunnel sotterraneo. La caratteristica che accomuna le camere è l'accoglienza anche se nella dépendance sono più moderne. Piacevole taverna in legno per serate in allegra compagnia.

DIOLO → Vedere Soragna
Parma (PR)

DOBBIACO (TOBLACH)
Bolzano (BZ) – ✉ 39034 – 3 399 ab. – Alt. 1 256 m – Carta regionale n° **34-D1**
Roma 705 km – Cortina d'Ampezzo 33 km – Belluno 104 km – Bolzano 105 km
Carta stradale Michelin 562-B18

Santer
via Alemagna 4 – 0474 97 21 42 – www.hotel-santer.com – Chiuso maggio e novembre
50 cam – 90/110 € 142/182 € – **10 suites**
Rist *Santer* – vedere selezione ristoranti
Rist – Menu 30 € – *(solo per alloggiati)*
Tra i monti e con un invitante giardino, l'atmosfera si fa vellutata negli spazi comuni e nella moderna zona benessere; difficile invece stabilire quali delle 10 suite sia la più bella.

Park Hotel Bellevue
via Dolomiti 23 – 0474 97 21 01 – www.parkhotel-bellevue.com – Aperto 5 dicembre-14 marzo e 16 maggio-10 ottobre
38 cam – 83/105 € 68/110 € – **5 suites** **Rist** – Carta 29/61 €
Ambienti accoglienti e centro fitness con piscina, in un albergo di tradizione nel centro della località. Arredi lineari con qualche tocco di eleganza al ristorante: cucina del territorio in menu.

Cristallo
via San Giovanni 37 – 0474 97 21 38 – www.hotelcristallo.com – Aperto 20 dicembre-22 marzo e 29 maggio-4 ottobre
36 cam – 85/140 € 135/230 € – **2 suites**
Rist – Carta 28/55 € – *(chiuso mercoledì) (solo per alloggiati)*
Con vista sulle Dolomiti, sebbene in pieno centro località, graziosa struttura bianca immersa nel verde: interni confortevoli, piacevoli camere e una deliziosa area benessere. Sala ristorante ariosa e molto luminosa.

Villa Monica
via F.lli Baur 8 – 0474 97 22 16 – www.hotel-monica.com – Aperto 5 dicembre-24 marzo e 15 maggio-25 ottobre
30 cam – 65/120 € 90/140 € **Rist** – Carta 31/54 €
Grazioso albergo a conduzione familiare con camere spaziose ed arredi in stile sudtirolese. Serate di festa in tavernetta; cene a base di un'accurata cucina regionale e mediterranea.

Santer – Hotel Santer
via Alemagna 4 – 0474 97 21 42 – www.hotel-santer.com – Chiuso maggio e novembre
Menu 30 € – Carta 33/62 €
Porta lo stesso nome dell'hotel, il ristorante à la carte che ne riprende anche lo stile da grande casa di montagna. Al timone del locale il figlio dei titolari, che propone piatti altoatesini, ma anche proposte di mare e creative.

XX **Tilia** (Chris Oberhammer)
via Dolomiti 31b – ✆ 33 58 12 77 83 – www.tilia.bz – Chiuso domenica sera e lunedì
Menu 60/85 € – Carta 71/104 € – (coperti limitati, prenotare)
Sintesi azzeccata di approccio moderno alla ristorazione: ambiente intrigante all'interno di uno scrigno di vetro, pochi piatti di cucina contemporanea e vini proposti a voce. A far la differenza è la mano felice dello chef-patron, Chris, a suo agio sia coi sapori del territorio sia con scorribande internazionali.
➜ Risotto al tartufo. Brasato di bue con crema di patate e spinacini. Praline al cioccolato.

sulla strada statale 49 Sud-Ovest : 1,5 km

XX **Gratschwirt** con cam
via Grazze 1 ✉ 39034 – ✆ 04 74 97 22 93 – www.gratschwirt.com – Aperto 20 dicembre-30 marzo e 20 giugno-20 settembre
28 cam – 50/100 € 100/200 € – **4 suites**
Carta 29/60 € – *(chiuso martedì)*
All'ombra dell'imponente gruppo delle Tre Cime, in una casa dalle origini cinquecentesche ai margini della località, un ristorante dagli interni curati dove gustare piatti tipici regionali. Camere di differenti tipologie.

a Monte Rota Nord-Ovest : 5 kmAlt. 1 650 m – ✉ 39034

Alpenhotel Ratsberg-Monte Rota cam,
via Monte Rota 12 – ✆ 04 74 97 22 13 – www.alpenhotel-ratsberg.com – Aperto 20 dicembre-15 marzo e 23 maggio-11 ottobre
29 cam – 65/100 € 96/189 € **Rist** – Carta 18/43 €
Ideale per le famiglie e per gli amanti dell'assoluta tranquillità, questo hotel a conduzione diretta che domina Dobbiaco e le valli; ambienti interni in stile montano. Per i pasti, sala da pranzo e servizio estivo all'aperto.

DOGANA NUOVA ➜ Vedere Fiumalbo

Modena (MO)

DOGLIANI

Cuneo (CN) – ✉ 12063 – 4 803 ab. – Alt. 295 m – Carta regionale n° **25**-C3
Roma 613 km – Cuneo 49 km – Asti 54 km – Torino 76 km
Carta stradale Michelin 561-I5

XX **Il Verso del Ghiottone**
via Demagistris 5 – ✆ 01 73 74 20 74 – www.ilversodelghiottone.it – Chiuso 26 dicembre-24 gennaio e 29 giugno-25 luglio, lunedì e martedì
Carta 31/65 € – *(solo a cena escluso sabato e domenica)*
Nel cuore del centro storico, in un palazzo settecentesco, tavoli neri quadrati con coperto all'americana e bei quadri alle pareti: ne risulta un ambiente giovanile, ma elegante. La cucina simpatizza con le ricette del territorio, che rivisita e alleggerisce, ma non mancano interessanti proposte di pesce.

DOLEGNA DEL COLLIO

Gorizia (GO) – ✉ 34070 – 377 ab. – Alt. 90 m – Carta regionale n° **11**-C2
Roma 646 km – Udine 27 km – Gorizia 25 km – Trieste 61 km
Carta stradale Michelin 562-D22

Agriturismo Venica e Venica-Casa Vino e Vacanze senza rist
località Cerò 8, Nord : 1 km ✉ 34070 – ✆ 0 48 16 01 77 – www.venica.it – Aperto 13 marzo-31 ottobre
6 cam – 70/77 € 100/110 €, 14 €
Immerso nel verde e nella tranquillità della propria azienda vinicola, questo agriturismo dall'attenta conduzione familiare offre camere ampie ed accoglienti.

a Ruttars Sud : 6 km – ✉ 34070 Dolegna Del Collio

XXX **Castello di Trussio dell'Aquila d'Oro** (Anna Tuti)
località Trussio 13 – ✆ 0 48 16 12 55 – Chiuso 1°-8 gennaio, 8-20 agosto, domenica e lunedì
Menu 70 € – Carta 52/93 €
Elegante ristorante con piacevole servizio estivo in giardino. Ambiente in sintonia con la struttura, dove l'eleganza e la cucina si esprimono in armonioso parallelismo.
➜ Orzotto di Trussio mantecato con piccole erbe e verdure del territorio. Suprema d'anatra con miele d'acacia tartufato. Piccola bavarese con cioccolato fondente venezuelano.

DOLO

Venezia (VE) – ✉ 30031 – 15 029 ab. – Carta regionale n° **40-C3**
Roma 519 km – Padova 18 km – Treviso 48 km – Venezia 30 km
Carta stradale Michelin 562-F18

Villa Ducale
riviera Martiri della Libertà 75, Est : 2 km – ✆ 04 15 60 80 20 – www.villaducale.it
10 cam – †50/100 € ††70/140 €
Rist ***Le Colonne*** – vedere selezione ristoranti
A pochi chilometri dal centro del paese, una bella villa settecentesca cinta da un grazioso giardino propone camere personalizzate ed in stile, nonché ambienti comuni impreziositi da affreschi.

Villa Gasparini senza rist
riviera Martiri della Libertà 37, Est : 1,8 km – ✆ 04 15 60 81 56 – www.villagasparini.it
15 cam – †50/135 € ††50/160 €
Lungo la Riviera di Brenta, una romantica villa del '700 con soffitti originali e mobili in stile veneziano: un soggiorno aristocratico a prezzi contenuti.

XX **Le Colonne** – Hotel Villa Ducale
riviera Martiri della Libertà 75, Est : 2 km – ✆ 04 15 60 80 20 – www.villaducale.it – Chiuso martedì
Carta 39/108 €
Non c'è una linea di cucina vera e propria, ma questo è solo un vantaggio, perché la sua poliedricità permette di accontentare un po' tutti: ricette della tradizione veneta (soprattutto a base di pesce) e piatti creativi.

XX **Villa Goetzen** con cam
via Matteotti 2/C – ✆ 04 15 10 23 00 – www.villagoetzen.it
12 cam – †70/100 € ††100/120 €
Carta 43/56 € – *(chiuso agosto, domenica sera e giovedì)*
La villa, appartenuta all'omonimo conte austriaco, delizia oggi i palati con piatti esclusivamente di pesce: affidatevi al titolare per conoscere il pescato del giorno.

DOLOMITI

Belluno, Bolzano e Trento

DOLONNE

➜ Vedere Courmayeur
Aosta (AO)

DOMODOSSOLA

Verbano-Cusio-Ossola (VB) – ✉ 28845 – 18 306 ab. – Alt. 272 m – Carta regionale n° **23-C1**
Roma 706 km – Stresa 44 km – Verbania 44 km – Lugano 94 km
Carta stradale Michelin 561-D6

Corona
via Marconi 8 – ✆ 03 24 24 21 14 – www.coronahotel.net
56 cam – †72/80 € ††90/120 € **Rist** – Carta 31/48 €
Sito nel centro della località, una risorsa di lunga tradizione e dalla solida conduzione familiare ospita ambienti arredati con signorilità e camere recentemente rinnovate. Nella spaziosa ed elegante sala da pranzo, proposte gastronomiche dai tipici sapori piemontesi.

Eurossola

piazza Matteotti 36 – ✆ 03 24 48 13 26 – www.eurossola.com
25 cam ☕ – 🚹65/75 € 🚹🚹85/100 €
Rist *Eurossola* – vedere selezione ristoranti
Sarà il franco sorriso di Elisabetta ad accoglievi in questa moderna risorsa - in posizione centrale - dalle confortevoli camere vivacemente colorate e dagli ampi spazi comuni arredati con sobria eleganza.

La Stella con cam

borgata Baceno di Vagna 29, strada per Domobianca 1,5 Km – ✆ 03 24 24 84 70 – www.ristorantelastella.com – Chiuso 10 giorni in gennaio e 10 giorni in novembre
3 cam ☕ – 🚹50/80 € 🚹🚹120/140 €
Menu 15 € (pranzo in settimana)/65 € – Carta 40/83 € – *(chiuso lunedì)* (consigliata la prenotazione)
Un originale caminetto di design moderno (girevole a 360°), legno e travi a vista conferiscono "calore" e tipicità a questo rustico sapientemente ristrutturato. La cucina subisce il fascino del mare, proponendo ottime specialità di pesce. Tre camere piacevoli e moderne in sintonia con la semplicità del luogo.

Eurossola – Hotel Eurossola

piazza Matteotti 36 – ✆ 03 24 48 13 26 – www.eurossola.com
Menu 15/50 € – Carta 31/64 € – *(chiuso 7 gennaio-20 febbraio e lunedì)*
E come Ulisse tornò ad Itaca temprato e ricco di avventure da raccontare, Giorgio, dopo varie esperienze maturate presso importanti ristoranti, ritorna ai fornelli della Val d'Ossola per deliziare habitué ed ospiti di passaggio con una cucina generosa nelle porzioni e fantasiosa nelle preparazioni.

Sciolla con cam

piazza Convenzione 4 – ✆ 03 24 48 10 07 – www.ristorantedasciolla.it – Chiuso 5gennaio-1° febbraio e 5-11 novembre
6 cam ☕ – 🚹40/50 € 🚹🚹55/75 € – **1 suite**
Menu 25 € – Carta 28/39 € – *(chiuso domenica sera e mercoledì)*
In un vecchio edificio di origine seicentesca, un ristorante centrale considerato un punto di riferimento nel campo della ristorazione cittadina; cucina del territorio.

La Meridiana

via Rosmini 11 – ✆ 03 24 24 08 58 – www.ristorantelameridiana.it – Chiuso 20 giugno-10 luglio, domenica sera e lunedì
Menu 18 € (pranzo in settimana)/38 € – Carta 25/55 €
Totalmente rinnovato nell'estate 2012, il locale sfoggia oggi un look da moderno bistrot. Il pesce e selvaggina continuano ad essere proposti in due modi: secondo la tradizione italiana oppure ispirandosi a quella spagnola.

DOMUS DE MARIA

Cagliari (CA) – ✉ 09010 – 1 686 ab. – Alt. 66 m – Carta regionale n° **28-B3**
Cagliari 52 km – Oristano 139 km
Carta stradale Michelin 366-O50

a Chia Sud - Ovest : 9 Km

Acquadulci Ⓝ

località Spartivento – ✆ 07 09 23 05 55 – www.acquadulci.com – Aperto 1° maggio-31 ottobre
33 cam ☕ – 🚹85/350 € 🚹🚹130/350 € – **8 suites** **Rist** – Carta 25/57 €
Albergo di tono moderno che si sviluppa attorno ad una corte centrale e camere di varie tipologie, nonché metrature. Il mare è vicino, ma volendo ci si può anche rilassare nella bella piscina con idromassaggio.

DONORATICO → Vedere Castagneto Carducci

Livorno (LI)

DORGALI

Sardegna – Nuoro (NU) – ✉ 08022 – 8 549 ab. – Alt. 390 m
– Carta regionale n° **28-B2**
Cagliari 213 km – Nuoro 32 km – Olbia 97 km – Oristano 126 km
Carta stradale Michelin 366-S42

Colibrì

via Gramsci ang. via Floris – ✆ 0 78 49 60 54 – Aperto 1° marzo-10 novembre; chiuso domenica escluso luglio-agosto
Carta 28/44 €
Una cucina casalinga fedele ai sapori e alle tradizioni della gastronomia dorgolese, accompagnata dalla cordiale ospitalità dei gestori; tra le specialità più invitanti del menu spicca l'agnellino da latte in umido (saccaju, in sardo).

a Cala Gonone Est : 9 km – ✉ 08020

Nuraghe Arvu

viale Bue Marino – ✆ 07 84 92 00 75 – www.hotelnuraghearvu.com – Aperto 1° maggio-10 ottobre
47 cam – †150/230 € ††250/340 € – **3 suites**
Rist – Carta 31/84 € – *(solo a cena)*
Belle camere costruite ad anfiteatro intorno alla piscina in questo albergo dagli interni in stile locale, curati e luminosi. Tra il verde dei millenari ulivi, il relax non è mai stato così a portata di mano! (Una navetta conduce alla spiaggia, a circa 500 m).

Costa Dorada

lungomare Palmasera 45 – ✆ 0 78 49 33 32 – www.hotelcostadorada.it – Aperto 1° aprile-31 ottobre
27 cam – †75/120 € ††110/190 € – **1 suite** **Rist** – Carta 29/63 €
Ubicato direttamente sul lungomare, l'hotel ospita camere raccolte arredate in stile sardo-spagnolo, un solarium ed ampie terrazze ombreggiate con vista sul golfo. Piatti di carne, ma soprattutto di pesce, nonché proposte regionali sul terrazzino affacciato sul blu.

Miramare

piazza Giardini 12 – ✆ 0 78 49 31 40 – www.htlmiramare.it – Aperto 1° aprile-30 ottobre
35 cam – †38/70 € ††60/155 € **Rist** – Carta 23/77 €
A pochi metri dalla spiaggia, il primo hotel sorto in zona negli anni '50: ampi spazi comuni, una bella terrazza panoramica, camere semplici e piacevoli. Nel giardino-ristorante ombreggiato dalle palme vengono serviti piatti della tradizione gastronomica regionale e, soprattutto, specialità di mare.

Il Pescatore

via Acqua Dolce 7 – ✆ 0 78 49 31 74 – www.ristoranteilpescatoredorgali.com – Aperto Pasqua-31 ottobre
Menu 30/40 € – Carta 36/62 €
Ricordando un antico borgo marinaro, il locale annovera un dehors e una semplice sala interna più informale, dove gustare specialità regionali e piatti di pesce. Non lasciatevi fuorviare: Il Pescatore che raccomandiamo si trova fronte mare!

alla Grotta di Ispinigoli Nord : 12 km :

Ispinigoli con cam

strada statale 125 al km 210 ✉ 08022 Dorgali – ✆ 0 78 49 52 68 – www.hotelispinigoli.it – Aperto 1° aprile-31 ottobre
26 cam – †50/70 € ††80/100 € Carta 26/61 €
Valido punto d'appoggio per chi desidera visitare le omonime grotte, celebri perchè conservano la più alta stalagmite d'Europa, e per assaporare una buona cucina regionale. Dalle camere, semplici e confortevoli con arredi in legno, si può contemplare la tranquillità della campagna circostante.

DOSSOBUONO → Vedere Villafranca di Verona

Verona (VR)

DOSSON → Vedere Casier

Treviso (TV)

DOVERA

Cremona (CR) – ✉ 26010 – 3 886 ab. – Alt. 76 m – Carta regionale n° **19-C2**
Roma 554 km – Piacenza 43 km – Brescia 85 km – Cremona 56 km
Carta stradale Michelin 561-H15

La Kuccagna
località Barbuzzera via Milano 14, Nord-Ovest : 2,5 km – ✆ 03 73 97 84 57 – www.lakuccagna.it – Chiuso 27 dicembre-2 gennaio e 5-20 agosto
Menu 30 € (cena in settimana)/45 € – Carta 21/56 € – *(solo a cena escluso domenica)*
In una frazione isolata e tranquilla, tra quadri moderni appesi alle pareti e camerieri in divisa, la vecchia trattoria punta ora su proposte più elaborate, partendo dalla tradizione. Immutata la gestione squisitamente familiare.

DOZZA

Bologna (BO) – ✉ 40060 – 6 469 ab. – Alt. 190 m – Carta regionale n° **9-C2**
Roma 392 km – Bologna 32 km – Ferrara 76 km – Forlì 38 km
Carta stradale Michelin 562-I16

Monte del Re
via Monte del Re 43, Ovest : 3 km – ✆ 05 42 67 84 00 – www.montedelre.it
38 cam – 50/120 € 80/180 €
Rist *Monte del Re* – vedere selezione ristoranti
Un'atmosfera che invita alla meditazione e alla speculazione filosofica: del resto, la struttura si trova all'interno di un convento del XIII sec, sapientemente ristrutturato, con mobili in stile e tappeti persiani. Notevoli il chiostro ed il pozzo del 1200, nonché la bella terrazza panoramica.

Monte del Re – Hotel Monte del Re
via Monte del Re 43, Ovest : 3 km – ✆ 05 42 67 84 00 – www.montedelre.it
Carta 33/39 €
Piatti classici italiani ed atmosfera elegante nelle varie sale di questo ristorante ricavato negli spazi dell'ex refettorio: la nuova Enoteca & Cucina all'interno dell'antica ghiacciaia è sicuramente la location più adatta per una cena romantica. D'estate, il servizio si trasferisce a bordo piscina.

Canè con cam
via XX Settembre 27 – ✆ 05 42 67 81 20 – www.ristorantecanet.it
12 cam – 50/70 € 70/100 €
Menu 26/29 € – Carta 23/53 € – *(chiuso lunedì)*
Nel centro storico, ristorante con una sala classica ed elegante e un'altra più caratteristica aperta ai fumatori; servizio estivo sulla bella terrazza. Camere confortevoli.

DRAGA SANT' ELIA → Vedere Pesek

Trieste (TS)

DRIZZONA

Cremona (CR) – ✉ 26034 – Carta regionale n° **17-C3**
Roma 491 km – Parma 44 km – Cremona 26 km – Mantova 41 km
Carta stradale Michelin 561-G13

a Castelfranco d'Oglio Nord : 1,5 km – ✉ 26034 Drizzona

Agriturismo l'Airone
strada comunale per Isola Dovarese 2 – ✆ 03 75 38 99 02 – www.laironeagriturismo.com – Chiuso 1°-20 gennaio
14 cam – 55 € 80 €
Rist – Menu 18/32 € – *(solo a cena escluso sabato e domenica)*
Nel verde della campagna del parco naturale del fiume Oglio, una risorsa accolta da un tipico cascinale ottocentesco, sapientemente ristrutturato. Camere eleganti.

DRONERO

Cuneo (CN) – ✉ 12025 – 7 202 ab. – Alt. 622 m – Carta regionale n° **22-B3**
Roma 655 km – Cuneo 20 km – Asti 106 km – Torino 119 km
Carta stradale Michelin 561-I4

Rosso Rubino

– ✆ 01 71 90 56 78 – *www.ristoranterossorubino.it – Chiuso 15-28 febbraio, 2-16 novembre e lunedì*

Menu 17 € (pranzo in settimana)/45 € – Carta 27/54 €

Piccolo quanto grazioso locale che offre interessanti proposte - anche con menu a prezzo fisso - alcune derivanti dalla tradizione, altre più moderne. Qualche ricetta di mare per gli amanti del pesce.

DUINO AURISINA

Trieste (TS) – ✉ 34013 – 8 633 ab. – Carta regionale n° **11**-D3

Roma 655 km – Udine 59 km – Gorizia 31 km – Trieste 18 km

Carta stradale Michelin 562-E22

Gruden

località San Pelagio 49, Nord-Est : 5 km ✉ 34011 San Pelagio – ✆ 0 40 20 01 51 – www.myresidence.it – Chiuso settembre, lunedì e martedì

Carta 17/29 €

La passione per la buona tavola non ha mai abbandonato questa trattoria familiare, che da più di cent'anni propone ricette locali e cucina casalinga.

a Sistiana Sud-Est : 4 km – ✉ 34019

Eden senza rist

Sistiana 42/a – ✆ 04 02 90 70 42 – www.edensistiana.it – Aperto 2 marzo-29 novembre

15 cam – 🚹70/110 € 🚹🚹90/140 €

Lungo la strada che attraversa il paese - in un edificio del 1906 - interni di ricercata e moderna semplicità, nonché camere dai colori pastello (mansardate quelle al secondo piano).

Gaudemus con cam

Sistiana 57 – ✆ 0 40 29 92 55 – www.gaudemus.com

9 cam – 🚹70/90 € 🚹🚹90/140 €

Menu 30/40 € – Carta 38/58 € – *(chiuso gennaio, febbraio, domenica e lunedì) (solo a cena)*

Paradiso o purgatorio? In ciascuna di queste - già dal nome - originali sale, due confessionali dell'Ottocento perfettamente conservati. Sulla tavola: piatti della tradizione carsica, altri più moderni e soprattutto molto pesce. Camere accoglienti e sauna all'aperto.

DUNA VERDE

➜ Vedere Caorle

Venezia (VE)

EBOLI

Salerno (SA) – ✉ 84025 – 38 385 ab. – Alt. 145 m – Carta regionale n° **7**-C2

Roma 296 km – Potenza 77 km – Napoli 85 km – Salerno 34 km

Carta stradale Michelin 564-F27

Il Papavero

corso Garibaldi 112/113 – ✆ 08 28 33 06 89 – Chiuso domenica sera e lunedì

Menu 30/40 € – Carta 28/37 € – (consigliata la prenotazione)

Al primo piano di un palazzo centrale, quattro salette sposano tradizione e contemporaneità all'insegna di una cucina che, oltre che per i rimarchevoli esiti gastronomici, si segnala anche per l'eccellente rapporto qualità-prezzo.

➜ Risotto con finocchi, tartufi di mare, bottarga e finocchi canditi. Totanetto ripieno di burrata su peperoncini cornetti, pesto di olive di Gaeta e cedro candito. Cheesecake cilentana.

EGADI (Isole)

Sicilia – Trapani (TP) – 4 314 ab. – Carta regionale n° **29**-A2

Carta stradale Michelin 365-AI56 – Guida Verde Michelin SICILIA

FAVIGNANA – ✉ 91023 – Carta regionale n° **29**-A2

Carta stradale Michelin 565-N18

Cave Bianche (N) cam,

Strada Comunale Fanfalo – ✆ 09 23 92 54 51 – www.cavebianchehotel.it – Aperto 21 maggio-31 ottobre

32 cam – 75/165 € 135/320 € **Rist** – Carta 40/65 €

Definirlo originale è riduttivo. L'albergo si trova infatti all'interno di un grande scavo di calcarenite (tipo di roccia sedimentaria) con delle alte pareti che gli fanno da perimetro; nei suoi spazi trovano posto un bel giardino con piscina, una terrazza-ristorante per la prima colazione e la cena, nonché signorili camere complete di tutto, sebbene essenzialissime.

Egadi

via Colombo 17/19 – ✆ 09 23 92 12 32 – www.albergoegadi.it – Aperto 21 aprile-15 ottobre

11 cam – 75/125 € 100/260 € **Rist** – Carta 27/58 € – *(solo a cena)*

Un'accogliente risorsa a gestione familiare nel cuore della località con colorate e funzionali camere in tinte pastello, nonché vista panoramica sul mare e sulla costa. Nella raffinata ed intima sala ristorante, piatti tipici a base di pesce interpretati con creatività.

Aegusa

via Garibaldi 11 – ✆ 09 23 92 24 30 – www.aegusahotel.it – Aperto 1° aprile-31 ottobre

28 cam – 50/100 € 70/180 € – **3 suites**

Rist *Il Giardino dell'Aegusa* – vedere selezione ristoranti

In un signorile palazzo nel cuore di Favignana, l'hotel dispone di arredi semplici e freschi, che ingentiliscono le già graziose camere. A 50 metri, una dépendance con altre 13 camere per chi desidera maggiore indipendenza.

Insula senza rist

via Manin 2 – ✆ 09 23 92 54 37 – www.insulahotel.it – Aperto 1° maggio-30 settembre

15 cam – 75/98 € 90/180 €

Di recente costruzione, questo albergo dal design contemporaneo a 150 metri dal corso principale dispone di camere spaziose e ben accessoriate.

Il Giardino dell'Aegusa – Hotel Aegusa

via Garibaldi 11/17 – ✆ 09 23 92 24 30 – www.aegusahotel.it – Aperto 1° aprile-30 settembre

Carta 27/47 €

Piatti della tradizione isolana, all'ombra di un pino secolare o sotto il pergolato di questo ristorante abbracciato da un curato giardino.

EGNA (NEUMARKT)

Bolzano (BZ) – ✉ 39044 – 5 061 ab. – Alt. 214 m – Carta regionale n° **34-D3**

Roma 625 km – Bolzano 25 km – Trento 42 km – Belluno 115 km

Carta stradale Michelin 562-D15

Andreas Hofer

– ✆ 04 71 81 26 53 – www.hotelandreashofer.com

29 cam – 58/65 € 92/100 € – **3 suites**

Rist – Carta 30/54 € – *(chiuso domenica)*

Nel centro storico e di fronte ai portici, si sviluppa su tre costruzioni adiacenti, questo curioso albergo in stile veneziano: ampie camere ricavate da alcuni antichi vani, nonché piccola area relax con sauna e bagno turco. Proposte altoatesine al ristorante.

Johnson & Dipoli

via Andreas Hofer 3 – ✆ 04 71 82 03 23

Carta 37/81 €

Sotto i portici del bel centro storico, Enzo gestisce con passione e professionalità questo piacevole locale: vini in primo piano (ottima la selezione di etichette al bicchiere) e in carta piatti d'impostazione classico-italiana.

ELBA (Isola d')

Livorno (LI) – 31 059 ab. – Alt. 1 019 m – Carta regionale n° **31**-B3
Carta stradale Michelin 563-N12

© Cultura / hemis.fr

CAPOLIVERI – 3 846 ab. – ✉ 57031 – Carta regionale n° **31**-B3
▶ Porto Azzurro 5 km – Portoferraio 16 km
Carta stradale Michelin 563-N13

Il Chiasso

vicolo Nazario Sauro 13 – ☎ 05 65 96 87 09 – Aperto 1° aprile-30 settembre; chiuso martedì escluso giugno-settembre
Carta 42/68 € – *(solo a cena)* (consigliata la prenotazione)
Caratteristiche sale separate da un vicolo nelle viuzze del centro storico: piatti di terra e di mare in un ambiente simpaticamente conviviale.

Da Pilade con cam

località Marina di Mola, Nord : 2,5 km – ☎ 05 65 96 86 35 – www.hoteldapilade.it – Aperto 20 aprile-20 ottobre
25 cam – 80/140 € 80/140 € Carta 31/63 € – *(solo a cena)*
Sulla strada per Capoliveri, ristorante a conduzione familiare dove gustare piatti tradizionali sia di carne sia di pesce. Ottime specialità alla brace.

a Pareti Sud : 4 km – ✉ 57031 Capoliveri

Dino

– ☎ 05 65 93 91 03 – www.elbahoteldino.com – Aperto Pasqua-31 ottobre
36 cam – 70/130 € 86/190 €, 12 €
Rist – Carta 17/56 €
Ospitalità familiare per un semplice albergo in piacevole posizione: camere lineari e accesso diretto alla spiaggia privata. Cucina classica servita in un'ampia sala e in una terrazza esterna.

a Lido Nord-Ovest : 7,5 km – ✉ 57031 Capoliveri

Antares

– ☎ 05 65 94 01 31 – www.elbahotelantares.it – Aperto 24 aprile-11 ottobre
49 cam – 96/262 € 110/300 €
Rist – Menu 25/50 €
A ridosso di un'insenatura, tra spiaggia e mare, due bianche strutture immerse in una tranquilla e verdeggiante macchia mediterranea; arredi in stile marinaro.

MARCIANA – 2 192 ab. – Alt. 375 m – ✉ 57030 – Carta regionale n° **31**-B3
▶ Porto Azzurro 37 km – Portoferraio 28 km
Carta stradale Michelin 563-N12

a Poggio Est : 3 kmAlt. 300 m – ✉ 57030

XX **Publius**

piazza Del Castagneto 11 – ✆ 0 56 59 92 08 – www.ristorantepublius.it – Aperto 1° aprile-10 novembre; chiuso lunedì a mezzogiorno dal 15 giugno al 15 settembre, tutto il giorno negli altri mesi

Carta 34/68 € – (consigliata la prenotazione la sera)

In posizione elevata, la vista si bea di costa e mare, il locale - caratteristico nell'arredo e nei piatti - propone una squisita cucina con solide radici isolane e toscane.

a Sant' Andrea Nord-Ovest : 6 km – ✉ 57030 Marciana

Gallo Nero rist,

via San Gaetano 20 – ✆ 05 65 90 80 17 – www.hotelgallonero.it – Aperto 15 aprile-15 ottobre

29 cam – †50/120 € ††80/180 €

Rist – Carta 30/46 € – (prenotazione obbligatoria)

Suggestiva posizione panoramica, contornata da rigogliose terrazze-giardino con piscina. Grande cura dei particolari, nonché arredi di buon gusto. Ristorante dalle enormi vetrate semicircolari per una vista mozzafiato a 180°; carne e pesce si spartiscono il menu.

Barsalini rist,

piazza Capo Sant'Andrea 2 – ✆ 05 65 90 80 13 – www.hotelbarsalini.com – Aperto 15 aprile-15 ottobre

32 cam – †63/183 € ††84/196 € **Rist** – Menu 35 €

In zona nota per le belle scogliere e i fondali, Barsalini nasce dall'unione di piccole strutture rinnovate in anni diversi: camere differenti nel confort, quasi tutte vista mare. Sala da pranzo panoramica, ventilata e luminosa.

Cernia Isola Botanica cam, rist,

via San Gaetano 23 – ✆ 05 65 90 82 10 – www.hotelcernia.it – Aperto 15 aprile-15 ottobre

27 cam – †60/140 € ††88/200 € **Rist** – Carta 30/40 €

Nati dalla passione dei proprietari, un giardino fiorito e un orto botanico con piscina avvolgono una struttura ricca di personalità e tocchi di classe. Interessanti proposte al ristorante, dove si valorizza il territorio in chiave moderna.

Da Giacomino cam, rist,

– ✆ 05 65 90 80 10 – www.hoteldagiacomino.it – Aperto 1° aprile-31 ottobre

33 cam – †50/85 € ††60/110 € **Rist** – Carta 26/70 €

Cercate la natura e gli spazi aperti? Un grande parco (in parte frutteto ed orto) attrezzato con sdraio vi separa, a terrazze digradanti, da un'incantevole costa rocciosa. Camere rinnovate in uno stile classico, squisita ospitalità familiare e sapori casalinghi al ristorante.

a Spartaia Est : 12 km – ✉ 57030 Procchio

Desiree rist,

via Spartaia 15 – ✆ 05 65 90 73 11 – www.desireehotel.it – Aperto 15 maggio-30 settembre

69 cam – †99/192 € ††198/384 € – **7 suites** **Rist** – Carta 30/69 €

Appartato, in un giardino mediterraneo frontestante l'incantevole ed esclusiva baia di Spartaia, hotel dagli spazi ben organizzati e confortevoli camere con vista. Accesso diretto alla spiaggia privata.

a Procchio Est : 13,5 km – ✉ 57030

Del Golfo rist, rist,

via delle Ginestre 31 – ✆ 05 65 90 21 – www.hoteldelgolfo.it – Aperto 24 aprile-4 ottobre

114 cam – †103/198 € ††174/364 €

Rist – Carta 23/61 €

Rist *La Capannina* – Carta 23/62 € – *(aperto 24 maggio-21 settembre) (solo a pranzo)*

Hotel composto da più strutture che abbracciano una parte della pittoresca baia: ampie e confortevoli camere inserite in curati giardini e piscina con acqua di mare. Al ristorante La Capannina: varie proposte di pesce da gustare vicino alla distesa blu.

a Pomonte Sud-Ovest : 15 km – ✉ 57030

Sardi
via del Maestrale 1 – ✆ 05 65 90 60 45 – www.hotelsardi.it – Aperto 20 marzo-4 novembre
24 cam – 38/79 € 76/158 € **Rist** – Carta 18/42 €
Nella parte rocciosa dell'isola, albergo a gestione familiare ampliato di recente, con camere che brillano per tenuta e pulizia: qualcuna è stata recentemente rinnovata. Ristorante dalle classiche proposte sia di carne sia di pesce.

Corallo
via del Passatoio 28 – ✆ 05 65 90 60 42 – www.elbacorallo.it – Aperto 15 marzo-5 novembre
15 cam – 45/110 € 70/140 € **Rist** – Carta 25/49 €
Piccola struttura ben curata e gradevole con un numero di stanze non elevato. Mare vicino, entroterra invitante, se disponibili richiedere una delle due nuove camere. Al ristorante: tipica cucina elbana a base di pece.

MARCIANA MARINA – 1 975 ab. – ✉ 57033 – Carta regionale n° **31**-B3
Porto Azzurro 29 km – Portoferraio 20 km
Carta stradale Michelin 563-N12

Capo Nord
al porto, località La Fenicia – ✆ 05 65 99 69 83 – www.ristorantecaponord.it – Aperto 15 marzo-15 novembre; chiuso lunedì in bassa stagione
Menu 60 € – Carta 39/68 € – (prenotare)
Un palcoscenico sul mare da cui godere di tramonti unici: sale sobriamente eleganti e proposte a base di pesce.

Scaraboci
via XX Settembre 25/27 – ✆ 05 65 99 68 68 – Chiuso 11 gennaio-9 marzo e martedì escluso 1° giugno-15 settembre
Menu 35/45 € – Carta 42/54 € – *(solo a cena)* (consigliata la prenotazione)
A pochi metri dall'incantevole lungomare di Marciana, ecco uno dei gioielli gastronomici dell'isola: di terra, o più spesso di mare, i piatti esaltano in prodotti, intrigano per accostamenti, seducono con le presentazioni.

MARINA DI CAMPO – ✉ 57034 – Carta regionale n° **31**-B3
Marciana Marina 13 km – Porto Azzurro 26 km – Portoferraio 17 km
Carta stradale Michelin 563-N12

Dei Coralli
viale degli Etruschi 567 – ✆ 05 65 97 63 36 – www.hoteldeicoralli.it – Aperto 1° aprile-31 ottobre
62 cam – 75/200 € 120/240 €
Rist – Menu 30/52 € – *(solo per alloggiati)*
Edificio di moderna concezione, con servizi funzionali e buon livello di ospitalità. Non lontano dal centro cittadino e dal mare dal quale lo separa una fresca pineta.

Meridiana senza rist
viale degli Etruschi 465 – ✆ 05 65 97 63 08 – www.hotelmeridiana.info – Aperto 15 aprile-15 ottobre
36 cam – 45/135 € 90/195 €
Camere confortevoli e luminosi spazi comuni in questa piacevole struttura a conduzione familiare, immersa in una fresca pineta. (Su richiesta: disponibile un servizio spaghetteria e panini).

a Fetovaia Ovest : 8 km – ✉ 57034 Seccheto

Montemerlo
via Canaletto 280 – ✆ 05 65 98 80 51 – www.welcometoelba.com – Aperto Pasqua-15 ottobre
37 cam – 40/90 € 80/180 €
Rist – Menu 18/25 € – *(solo per alloggiati)*
Stanze confortevoli con arredi classici, ricavate da quattro villette sparse nel delizioso giardino con piscina. Non lontano dalla spiaggia, in posizione arretrata e panoramica, la tranquillità regna sovrana.

Galli

via Fetovaia 115 – ✆ 05 65 98 80 35 – www.hotelgalli.it – Aperto 24 aprile-30 settembre
29 cam – 45/87 € 74/174 €
Rist – Menu 18 € – *(solo a cena) (solo per alloggiati)*
Nella splendida cornice della Fetovaia, belle camere (6 con vista mare) e terrazza comune attrezzata, in un insieme composito di logge e spazi differentemente articolati. In stile isolano, la genuinità di una solida gestione familiare.

PORTO AZZURRO – 3 885 ab. – ✉ 57036 – Carta regionale n° 31-B3
Carta stradale Michelin 563-N13

Osteria dei Quattro Gatti

piazza Mercato 4 – ✆ 0 56 59 52 40 – Chiuso 15 giorni in febbraio, 15 giorni in novembre e lunedì escluso 15 giugno-15 settembre
Menu 60 € – Carta 33/57 € – *(solo a cena)* (coperti limitati, prenotare)
Tra le viette del centro storico, una "ruspante" osteria con un côté vagamente romantico: gattini in ceramica, centrini e ninnoli vari. In menu: proposte a base di pesce, presentate con un pizzico di fantasia.

PORTOFERRAIO – 12 029 ab. – ✉ 57037 – Carta regionale n° 31-B3
Marciana Marina 20 km – Porto Azzurro 15 km
Carta stradale Michelin 563-N12

Villa Ombrosa rist,

via De Gasperi 9 – ✆ 05 65 91 43 63 – www.villaombrosa.it
38 cam – 50/130 € 75/220 € **Rist** – Carta 21/63 €
In zona panoramica, a 20 m dalla spiaggia delle Ghiaie, albergo a conduzione diretta dagli ambienti sobri e dalle camere lineari, ma non prive di confort. Due ambienti per la tavola - il più caratteristico ricorda una piacevole taverna - e in menu gustose ricette sia di carne sia di pesce.

Stella Marina

via Vittorio Emanuele II 1 – ✆ 05 65 91 59 83 – Chiuso lunedì
Menu 50/70 € – Carta 51/66 €
La posizione sul porto di questo ristorantino è strategica, la cucina di mare affidabile e gustosa. Apprezzabili anche la cantina e il servizio.

a Viticcio Ovest : 5 km – ✉ 57037 Portoferraio

Viticcio cam, rist,

– ✆ 05 65 93 90 58 – www.hotelviticcio.it – Aperto 24 aprile-27 settembre
32 cam – 80/220 € 80/220 €
Rist – Menu 25 € – *(solo a cena escluso dal 15 giugno al 15 settembre)*
Costruito su un incantevole promontorio, in un piccolo angolo di paradiso, l'hotel Viticcio si affaccia sull'omonimo golfo con una vista mozzafiato dalla terrazza panoramica: qui, tempo permettendo, vengono serviti i pasti. Luminosa sala.

a Biodola Ovest : 9 km – ✉ 57037 Portoferraio

Hermitage rist,

– ✆ 05 65 97 40 – www.hotelhermitage.it – Aprile 20 aprile-15 ottobre
127 cam – 162/372 € 270/700 € – **2 suites** **Rist** – Carta 38/100 €
Un hotel esclusivo ed elegante, il cui parco-giardino ospita una piscina con acqua di mare: tanti confort in una struttura ineccepibile, completata dall'amenità della posizione.

Biodola rist,

via Biodola 21 – ✆ 05 65 97 48 12 – www.biodola.it – Aperto 1° aprile-15 ottobre
88 cam – 126/221 € 320/520 € **Rist** – Carta 38/100 €
Giardino fiorito con piscina per questo complesso ubicato in una delle baie più esclusive dell'isola. Stile classico con servizi e ospitalità sicuramente ad alto livello.

a Scaglieri Ovest : 9 km – ✉ 57037 Portoferraio

Danila rist,

golfo della Biodola – ✆ 05 65 96 99 15 – www.hoteldanila.it – Aperto 15 marzo-20 ottobre

27 cam – †72/200 € ††82/230 € **Rist** – Menu 18/55 €

Gestione squisitamente al femminile che enfatizza l'attenzione al particolare delle signorili sale e delle confortevoli camere. Fiorite terrazze. Nella luminosa sala ristorante, i sapori del territorio.

ad Ottone Sud-Est : 11 km – ✉ 57037 Portoferraio

Villa Ottone rist,

– ✆ 05 65 93 30 42 – www.villaottone.com – Aperto 1° maggio-15 ottobre

69 cam – †94/500 € ††229/669 € – **6 suites**

Rist – Carta 57/82 € – (consigliata la prenotazione)

Suggestiva vista sul golfo di Portoferraio per questa raffinata struttura composta da una neoclassica villa ottocentesca (interamente affrescata), da un hotel e da graziosi cottage immersi in un parco secolare esteso fino alla spiaggia privata. Ultra-moderno centro benessere e golf a soli 3 km.

RIO NELL'ELBA – 1 181 ab. – Alt. 165 m – ✉ 57039 – Carta regionale n° **31**-B3

Porto Azzurro 8 km – Portoferraio 15 km

Carta stradale Michelin 563-N13

a Bagnaia Sud-Est : 12 km – ✉ 57037 Rio Nell'Elba

Locanda del Volterraio

località Bagnaia-Residenza Sant'Anna – ✆ 05 65 96 12 36 – www.volterraio.it – Aperto 1° maggio-30 settembre

18 cam – †35/155 € ††50/220 €

Rist *Il Giardino degli Aranci* – ✆ 05 65 93 35 02 – Carta 27/55 €

All'interno di un complesso residenziale turistico, abbracciato da giardini fioriti e uliveti, grazioso hotel dalle ampie e confortevoli camere. Servizi in comune con l'intero complesso.

ENNA

Sicilia – ✉ 94100 – 27 876 ab. – Alt. 931 m – Carta regionale n° **30**-C2

Agrigento 86 km – Caltanissetta 33 km – Catania 88 km – Palermo 137 km

Carta stradale Michelin 365-AU58 – Guida Verde Michelin SICILIA

Federico II Palace Hotel cam,

contrada Salerno, Sud : 5 km – ✆ 0 93 52 01 76 – www.hotelfedericoenna.it

85 cam – †95 € ††130 € – **1 suite** **Rist** – Carta 22/51 €

A pochi chilometri dal centro, circondato da una rilassante cornice verde, un albergo moderno con camere molto spaziose ed un'attrezzata spa.

Sicilia rist,

piazza Napoleone Colajanni 7 – ✆ 09 35 50 08 50 – www.hotelsiciliaenna.it

60 cam – †40/60 € ††70/95 €

Rist *Ariston* – ✆ 0 93 52 60 38 – Carta 23/60 €

A cento metri dal Duomo, un albergo a gestione familiare con camere dagli arredi in stile e fantasiose: alcune orientate sulla città, altre sulle motagne.

Centrale

piazza 6 Dicembre 9 – ✆ 09 35 50 09 63 – www.ristorantecentrale.net – Chiuso sabato a mezzogiorno

Menu 18/22 € – Carta 20/50 €

Ristorante a conduzione familiare, situato come evoca l'insegna nel cuore della città. Un salone dagli alti soffitti con arredi in bilico tra tradizione e modernità. Ogni giorno: gustoso buffet di antipasti, ma riservate un po' di appetito per il controfiletto all'ennese.

ENTRACQUE

Cuneo (CN) – ✉ 12010 – 793 ab. – Alt. 894 m – Carta regionale n° **22**-B3

Roma 672 km – Cuneo 24 km – Torino 124 km – Colle di Tenda 49 km

Carta stradale Michelin 561-J4

Miramonti

viale Kennedy 2 – ✆ 01 71 97 82 22 – www.hotelmiramontientracque.com – Chiuso 10-30 novembre

18 cam – 35/45 € 55/70 €

Rist – Menu 12/18 € – *(aperto 1° giugno-30 settembre)*

Caratteristica casa di montagna con giardinetto antistante e balconi punteggiati di fiori. La conduzione familiare è immutata nel tempo, così pure l'offerta di camere semplici, sempre piacevolmente ordinate.

ENTRÈVES

➜ Vedere Courmayeur

Aosta (AO)

EOLIE (Isole)

Messina (ME) – 13 920 ab. – Carta regionale n° **30-D1**
Carta stradale Michelin 365-AY53 – Guida Verde Michelin SICILIA

© M. Chapeaux / Tips / Photononstop

LIPARI – 12 159 ab. – ✉ 98055 – Carta regionale n° **30-C1**

Carta stradale Michelin 365-AY35

Tritone

via Mendolita – ✆ 09 09 81 15 95 – www.bernardigroup.it – Aperto 1° aprile-31 ottobre

38 cam ☕ – **†95/200 € ††160/290 € – 1 suite** **Rist** – Carta 37/65 €

Non lontano dal centro, costruzione moderna con interni di classica eleganza e terrazza panoramica. Ottimo centro benessere con un'ampia scelta di trattamenti estetici e massaggi. Un'unica enorme sala è destinata alla ristorazone, ma d'estate ci si sposta a bordo piscina per il pranzo a buffet.

Aktea

via Falcone e Borsellino – ✆ 09 09 81 42 34 – www.hotelaktea.it – Aperto 1° aprile-24 ottobre

40 cam ☕ – **†80/240 € ††100/320 € – 3 suites** **Rist** – Carta 31/72 €

Recente struttura moderna e di prestigio accolta in due edifici, con molti spazi a disposizione degli ospiti: alcuni originali dettagli richiamano lo stile della casa eoliana.

Mea

cam,

via Falcone e Borsellino – ✆ 09 09 81 20 77 – www.hotelmealipari.it – Chiuso 8 gennaio-4 marzo

37 cam ☕ – **†70/175 € ††110/290 €**

Rist *Chimera* – Carta 26/63 € – *(aperto 1° aprile-31 ottobre)*

In posizione panoramica, lo stile eoliano è ripreso con attenzione ai particolari nelle belle terrazzine; echi arabeggianti caratterizzano le moderne camere, mentre la cucina riscopre i sapori mediterranei nel ristorante con vista mare.

A' Pinnata senza rist

baia Pignataro – ✆ 09 09 81 16 97 – www.pinnata.it – Aperto 1° marzo-31 ottobre

12 cam ☕ – **†105/130 € ††140/260 €**

Perfetto per chi vi approda con un'imbarcazione, la vecchia piccola pizzeria di un tempo è oggi un hotel dagli spazi arredati con belle ceramiche. Prima colazione in terrazza dalla vista impagabile.

Bougainville

cam, cam,

via Balestrieri snc – ✆ 09 09 81 27 57 – www.hotelbougainvillelipari.com – Aperto 1° aprile-31 ottobre

35 cam ☕ – **†80/200 € ††80/300 €** **Rist** – Carta 27/87 €

Un vicolo stile vecchia Lipari vi condurrà tra le camere di questa piccola risorsa, un po' defilata, ma questo è il suo pregio, perchè fa della tranquillità il suo punto di forza.

Villa Meligunis cam,
via Marte 7 – 09 09 81 24 26 – www.villameligunis.it – Aperto Pasqua-31 ottobre
42 cam – 105/180 € 170/270 € **Rist** – Carta 35/75 € – *(solo a cena)*
Nel caratteristico quartiere di pescatori, un'elegante struttura all'interno di un edificio storico con fontana all'ingresso e quadri di arte contemporanea a vivacizzare gli spazi comuni. Roof garden con piccola piscina. Fantastica la vista panoramica dalla sala da pranzo.

Rocce Azzurre
via Maddalena 69 – 09 09 81 32 48 – www.hotelrocceazzurre.it – Aperto 1° aprile-31 ottobre
33 cam – 91/140 € 150/230 € **Rist** – Carta 18/53 €
Piattaforma-solarium sul mare e piccola spiaggetta per questa struttura non lontano dal centro, ma in posizione tranquilla. Camere in stile classico, marina o con ceramiche di Caltagirone.

Poseidon senza rist
via Ausonia 7 – 09 09 81 28 76 – www.hotelposeidonlipari.com – Aperto 1° aprile-31 ottobre
18 cam – 35/100 € 65/130 €
Semplici graziose camere con letti in ferro battuto dalle sfumature cerulee, premura e cortesia di un servizio familiare sempre presente e attento. In un vicolo del centro.

Oriente senza rist
via Marconi 35 – 09 09 81 14 93 – www.hotelorientelipari.com – Aperto 1° aprile-30 ottobre
30 cam – 40/80 € 60/130 €
Piccolo e semplice, raccoglie negli spazi comuni un'originale collezione di oggetti di interesse etnografico, vera passione del titolare. Comodo il servizio navetta gratuito dal porto.

Filippino
piazza Municipio – 09 09 81 10 02 – www.eolieexperience.it – Chiuso 16 novembre-15 dicembre e lunedì escluso aprile-settembre
Menu 30 € (pranzo in settimana)/40 € – Carta 37/55 €
Piacevole e fresco il pergolato esterno di questo storico locale al traguardo dei 100 anni, dove vi verrà proposta una gustosa e ampia gamma di pescato locale elaborato in preparazioni tipiche.

Nenzyna
via Roma 4 – 09 09 81 16 60 – www.ristorantenenzyna.it – Aperto 1° maggio-31 ottobre
Carta 29/50 €
Curiosa risorsa articolata in due accoglienti salette, l'una di fronte all'altra, divise tra di loro dal vicolo della Marina Corta. Nessuna ricercatezza invece in cucina, il pesce è una garanzia.

PANAREA – ✉ 98050 – Carta regionale n° 30-D1
Carta stradale Michelin 365-AZ52

Quartara
via San Pietro 15 – 0 90 98 30 27 – www.quartarahotel.com – Aperto 1° aprile-31 ottobre
13 cam – 130/270 € 200/520 €
Rist *Broccia* – Menu 30/110 € – Carta 33/73 € – *(aperto 1° giugno- 30 settembre) (solo a cena)*
La terrazza panoramica offre una vista notevole, considerata la posizione arretrata rispetto al porto. Arredi nuovi e di qualità che offrono eleganza e personalizzazioni. Il ristorante offre una grande atmosfera.

Lisca Bianca cam,
via Lani 1 – 0 90 98 30 04 – www.liscabianca.it – Aperto 1° aprile-31 ottobre
33 cam – 100/240 € 160/350 € **Rist** – Carta 25/35 €
Affacciato sul porto, offre una delle terrazze più suggestive dell'isola e camere personalizzate con arredi e maioliche eoliani.

Cincotta

via San Pietro – ✆ 0 90 98 30 14 – www.hotelcincotta.it – Aperto 25 aprile-20 ottobre

29 cam – 60/330 € 100/360 €

Rist – Carta 37/72 € – *(aperto 1° giugno-30 settembre)*

Terrazza con piscina d'acqua di mare, una zona comune davvero confortevole e camere in classico stile mediterraneo, gradevoli anche per l'ubicazione con vista mare.

Hycesia con cam

via San Pietro – ✆ 0 90 98 30 41 – www.hycesia.it – Aperto 20 maggio-14 ottobre

8 cam – 90/120 € 120/300 € – **1 suite** Carta 43/101 € – *(solo a cena)*

Un ristorante esclusivo nel cuore di Panarea: una delle più fornite cantine ed una selezione dei migliori prodotti, in un ambiente piacevole ed elegante in stile eoliano...con qualche contaminazione etnica.

FILICUDI – ✉ 98050 – Carta regionale n° **30**-C1
Carta stradale Michelin 365-AW52

La Canna

contrada Rosa – ✆ 09 09 88 99 56 – www.lacannahotel.it – Aperto 4 aprile-15 ottobre

13 cam – 40/100 € 70/140 €

Rist *La Canna* – vedere selezione ristoranti

Ubicata nella parte alta e panoramica dell'isola, a picco sul porticciolo, risorsa a gestione familiare con ampie terrazze, dotata anche di una godibile piscina-solarium.

La Canna – Hotel La Canna

contrada Rosa – ✆ 09 09 88 99 56 – www.lacannahotel.it – Aperto 4 aprile-15 ottobre

Carta 27/35 €

Di grandissimo impatto la terrazza coperta davanti all'immensità del mare e poi una schietta, fragrante, cucina di pesce elaborata in chiave casalinga con prodotti locali e tanta buona volontà ai fornelli!

STROMBOLI – ✉ 98050 – Carta regionale n° **30**-D1
Carta stradale Michelin 365-BA51

La Sirenetta Park Hotel rist,

via Marina 33, località Ficogrande – ✆ 0 90 98 60 25 – www.lasirenetta.it – Aperto 1° aprile-31 ottobre

55 cam – 90/150 € 120/300 € – **3 suites** **Rist** – Carta 25/52 €

Il bianco degli edifici che assecondano la caratteristica architettura eoliana, il verde della vegetazione, la nera sabbia vulcanica e il blu del mare: dotazioni complete! Si può gustare il proprio pasto quasi in riva al mare, ai piedi del vulcano.

La Locanda del Barbablu senza rist

via Vittorio Emanuele 17-19 – ✆ 0 90 98 61 18 – www.barbablu.it – Aperto 3 aprile-28 ottobre

5 cam – 78/135 € 120/208 €

Lungo la strada sopraelevata che costeggia la spiaggia, arredi artigianali e grande attenzione ai dettagli in una tipica casa strombolliana dalle camere molto curate e personalizzate.

Punta Lena

via Marina 8, località Ficogrande – ✆ 0 90 98 62 04 – Aperto 1° maggio-15 ottobre

Carta 34/60 €

Il servizio sotto un pergolato con eccezionale vista sul mare e sullo Strombolicchio, è la compagnia migliore per qualsiasi tipo di occasione. In cucina tanto pesce.

VULCANO – ✉ 98055 – Carta regionale n° **30-D1**
Carta stradale Michelin 365-AY54

Therasia Resort

località Vulcanello – ✆ 09 09 85 25 55 – www.therasiaresort.it – Aperto 25 aprile -10 ottobre
94 cam – †140/400 € ††200/770 € – **2 suites**
Rist *Cappero* ✿ – vedere selezione ristoranti
Rist – Carta 52/89 €
A strapiombo sul mare, è l'unico punto dell'arcipelago da cui si vedono tutte le isole! Circondata da un giardino con piante esotiche e palme, la struttura in stile mediterraneo privilegia gli spazi e la luminosità: qualche inserzione di elementi d'epoca, ma fondamentalmente ambienti moderni ed essenziali. Sintesi perfetta tra territorio, cultura, creatività la cucina flirta con i prodotti del territorio.

Eros

cam, cam,

via Porto di Levante 64 – ✆ 09 09 85 32 65 – www.eroshotel.it – Aperto da inizio maggio a fine ottobre
24 cam – †95/180 € ††130/260 € – **1 suite**
Rist – Menu 25/50 € – *(aperto giugno-settembre)*
E' facile innamorarsi di questa piccola risorsa dal nome promettente... A ridosso della spiaggia di acqua calda, dove si può godere di bagni con fanghi sulfurei, camere semplici, ma accoglienti, si snodano attorno alla piscina nell'ampio giardino.

Cappero – Hotel Therasia Resort

località Vulcanello – ✆ 09 09 85 25 55 – Aperto 25 aprile -10 ottobre
Carta 52/89 € – *(solo a cena)* (consigliata la prenotazione)
Ottima cucina mediterranea rielaborata in chiave moderna da uno chef che brilla per doti interpretative: partendo da un'accurata selezione delle materie prime coniuga spunti ischitani (sua terra d'origine) con peculiarità locali. A strapiombo sul mare, è l'unico punto dell'arcipelago da cui si vedono tutte le isole Eolie.
➜ Cappuccino d'astice. Tortelli con acciughe e melanzane. Maialino dei Nebrodi in lenta cottura.

SALINA – 2 381 ab. – Carta regionale n° **30-C1**
Carta stradale Michelin 365-AY52

Signum

via Scalo 15, località Malfa ✉ 98050 Malfa – ✆ 09 09 84 42 22 – www.hotelsignum.it – Aperto 1° aprile-31 ottobre
23 cam – †100/300 € ††150/550 € – **4 suites**
Rist *Signum* – vedere selezione ristoranti
Costruito come un tipico borgo eoliano dai caratteristici ambienti e dagli arredi artigianali, quest'oasi di tranquillità dispone di un centro benessere con numerose vasche tra cui una termale. La gestione è nelle mani di un nucleo familiare coeso e ospitale.

La Salina Borgo di Mare senza rist

via Manzoni 4, frazione Lingua ✉ 98050 Santa Marina di Salina – ✆ 09 09 84 34 41 – www.lasalinahotel.com – Aperto 1° aprile-31 ottobre
24 cam – †55/175 € ††80/240 €
Attiguo alla salina, ormai dismessa, un borgo anticamente destinato ad abitazione di chi della salina si occupava... Oggi, un'elegante ristrutturazione rispettosa dell'architettura eoliana originaria consente di godere appieno delle belle camere e della deliziosa posizione in riva al mare.

Punta Scario senza rist

via Scalo 8, località Malfa ✉ 98050 Malfa – ✆ 09 09 84 41 39 – www.hotelpuntascario.it – Aperto 15 maggio-15 ottobre
17 cam – †49/154 € ††70/220 €
Albergo di sobria eleganza, ricavato in uno dei luoghi più suggestivi dell'isola, a strapiombo sulla scogliera, accanto ad una delle poche spiagge del litorale.

Ravesi senza rist
via Roma 66, località Malfa ✉ 98050 Santa Marina Salina – ☎ 09 09 84 43 85 – www.hotelravesi.it – Aperto 17 aprile-10 ottobre
14 cam ☕ – †67/210 € ††85/240 €
A fianco di una piccola chiesetta, nel cuore del paese, piacevole struttura – sebbene di modeste dimensioni - con camere standard un po' defilate e superior con vista mare (terrazzino privato in quasi tutte). Bella, anche la piscina a sfioro.

XX **Signum** – Hotel Signum
via Scalo 15, località Malfa ✉ 98050 Malfa – ☎ 09 09 84 42 22 – www.hotelsignum.it – Aperto 1° aprile-31 ottobre
Menu 40/75 € – Carta 57/102 € – (consigliata la prenotazione)
Un piacevolissimo pergolato con una terrazza molto caratteristica, belle maioliche e tipici colori eoliani anticipano quanto arriverà in tavola: piatti gustosi dove emerge la capacità della cuoca di interpretare ricette tradizionali locali con fantasia ed originalità.

X **Nni Lausta**
via Risorgimento 188, località Santa Marina Salina ✉ 98050 Santa Marina di Salina – ☎ 09 09 84 34 86 – www.isolasalina.com – Aperto 1° aprile-5 novembre
Carta 39/77 €
E' il pesce il protagonista della tavola, la tradizione genuina e gustosa della cucina eoliana viene interpretata con abilità, fantasia e innovazione. Se non fa troppo caldo, optare per la fresca terrazza ombreggiata.

EPPAN AN DER WEINSTRASSE = APPIANO SULLA STRADA DEL VINO

ERACLEA

Venezia (VE) – ✉ 30020 – 12 559 ab. – Carta regionale n° **40**-D2
Roma 569 km – Udine 79 km – Venezia 46 km – Belluno 102 km
Carta stradale Michelin 562-F20

ad Eraclea Mare Sud-Est : 10 km – ✉ 30020

Park Hotel Pineta
via della Pineta 30 – ☎ 0 42 16 60 63 – www.parkhotelpineta.com – Aperto 15 maggio-30 settembre
58 cam ☕ – †50/85 € ††70/160 € – **23 suites** **Rist** – Carta 20/36 €
A pochi passi dal mare, avvolto dalla tranquillità di una pineta, hotel a conduzione familiare diviso in più strutture: comode camere ed appartamenti. Ideale per famiglie.

sulla strada provinciale 54 Nord: 10 km

XX **La Tavernetta**
località Cittanova – ☎ 04 21 31 60 91 – www.la-tavernetta.it – Chiuso 1° gennaio-15 febbraio, lunedì e martedì
Menu 25 € (pranzo)/80 € – Carta 31/83 €
Ricavato da un cascinale cinquecentesco, il ristorante si presenta con sale apparentemente di tono rustico (in realtà molto curate) ed un'ampia struttura esterna per il servizio estivo. Cucina contemporanea, soprattutto di pesce.

ERBUSCO

Brescia (BS) – ✉ 25030 – 8 289 ab. – Alt. 236 m – Carta regionale n° **19**-D2
Roma 578 km – Bergamo 35 km – Brescia 22 km – Milano 69 km
Carta stradale Michelin 561-F11

L'Albereta
via Vittorio Emanuele 23, Nord : 1,5 km – ✆ 03 07 76 05 50 – www.albereta.it
47 cam – †200/220 € ††270/650 €, ☕ 20 € – **10 suites**
Rist – Carta 54/72 €
Rist *LeoneFelice* – Carta 80/120 € – *(chiuso 11 gennaio-2 febbraio, 9-24 agosto, domenica e lunedì) (solo a cena)*
Immersa in un rigoglioso parco secolare e circondata dalle vigne di Franciacorta, questa antica dimora padronale, con affreschi d'epoca e opere d'arte contemporanea, gode di una splendida vista sul lago d'Iseo. Dal primo caffè sino al bicchiere della staffa, L'Albereta sa bene come intrattenere i suoi ospiti: raffinate camere ed una cabriolet suite in un'oasi di pace.

ERCOLANO

Napoli (NA) – ✉ 80056 – 53 260 ab. – Carta regionale n° **6-B2**
Roma 230 km – Napoli 13 km – Caserta 38 km – Benevento 95 km
Carta stradale Michelin 564-E25

Miglio D'Oro Parkhotel
corso Resina 296 – ✆ 08 17 39 99 99 – www.migliodoroparkhotel.it
40 cam ☕ – †88/132 € ††99/165 € – **3 suites**
Rist – Carta 31/65 € – *(solo a cena in bassa stagione)*
Imponente villa settecentesca nel cuore di Ercolano, gli scavi a due passi e un lussureggiante parco con fontana. Arredi moderni nelle spaziose camere e bagni di pregio: la vista più bella vi aspetta in alcune stanze dell'ultimo piano.

Viva Lo Re
corso Resina 261 – ✆ 08 17 39 02 07 – www.vivalore.it – Chiuso 1°-7 gennaio, 3 settimane in agosto, domenica sera e lunedì
Menu 25/35 € – Carta 25/41 €
Se il nome rimanda all'antico brindisi borbonico, la cucina parte da basi regionali per stupire poi con qualche spunto di riuscita creatività. Ubicato nella dépendance di una prestigiosa villa vesuviana, è un imperdibile tra i ristoranti della località.

ERICE

Sicilia – Trapani (TP) – ✉ 91016 – 27 686 ab. – Alt. 751 m – Carta regionale n° **29-A2**
Palermo 117 km – Marsala 45 km – Trapani 14 km
Carta stradale Michelin 365-AK55 – Guida Verde Michelin SICILIA

Moderno
via Vittorio Emanuele 63 – ✆ 09 23 86 93 00 – www.hotelmodernoerice.it
40 cam ☕ – †50/80 € ††70/90 €
Rist – Carta 22/54 € – *(chiuso lunedì da novembre a marzo)*
Centrale e familiare, una piccola dependance di fronte. Si può scegliere tra due tipologie di camere, moderne oppure arredate con mobili antichi, tutte confortevoli. Specialità del ristorante, molto noto in zona, indubbiamente il cous cous di pesce.

Monte San Giuliano
vicolo San Rocco 7 – ✆ 09 23 86 95 95 – www.montesangiuliano.it – Chiuso 7-31 gennaio, 10-30 novembre e lunedì
Carta 23/42 €
In pieno centro e sulla via pedonale, passando per la piccola corte interna, corredata da un pozzo, si arriva nella singolare terrazza-giardino, perfetta cornice in cui gustare i piatti della tradizione siciliana. Specialità: involtini di melanzane su ricotta fresca e pomodori pachino.

a Erice Mare Ovest : 10 km – ✉ 91016 Casa Santa-Erice Mare

Baia dei Mulini
lungomare Dante Alighieri 7 – ✆ 09 23 58 41 11 – www.baiadeimulini.it
105 cam ☕ – †70/105 € ††100/170 € **Rist** – Carta 24/61 €
La splendida posizione sul mare lo rende perfetto per una clientela estiva che vuole dedicarsi solamente a bagni e relax. Dalla piscina si accede direttamente alla spiaggia. Ampi spazi dedicati alla ristorazione, cucina nazionale con alcune specialità locali.

I Mulini Resort senza rist
lungomare Dante Alighieri – ✆ 09 23 58 45 00 – www.imuliniresort.it – Aperto 24 aprile-30 settembre
22 cam – 85/125 € 140/210 € – **2 suites**
Ricavato dalla riconversione di un'antica casa salinara sul mare con un mulino che azionava la macina ed un altro poco lontano utilizzato per la regolazione delle acque, un hotel con camere dotate dei migliori confort per un soggiorno all'insegna dell'originalità e del relax.

ESTE

Padova (PD) – ✉ 35042 – 16 480 ab. – Alt. 15 m – Carta regionale n° **39-B3**
Roma 480 km – Padova 33 km – Ferrara 64 km – Mantova 76 km
Carta stradale Michelin 562-G16

Beatrice d'Este
viale delle Rimembranze 1 – ✆ 04 29 60 05 33 – www.hotelbeatricedeste.it
30 cam – 85/90 € 85/90 €
Rist – Carta 20/40 € – *(chiuso domenica) (solo a cena)*
Accanto all'omonimo Castello, una bella costruzione dagli interni funzionali, ideale base per visitare i dintorni e i Colli Euganei. Sapori regionali al ristorante e pizze (solo la sera).

ETROUBLES

Aosta (AO) – ✉ 11014 – 509 ab. – Alt. 1 270 m – Carta regionale n° **37-A2**
Roma 760 km – Aosta 18 km – Colle del Gran San Bernardo 18 km – Torino 129 km
Carta stradale Michelin 561-E3

La Croix Blanche
via Nazionale Gran San Bernardo 10 – ✆ 0 16 57 82 38 – www.croixblanche.it – Chiuso 7 gennaio-28 febbraio, lunedì sera e martedì escluso luglio-agosto
Menu 23/46 € – Carta 26/57 €
In una locanda del XVII secolo, con tipici tetti in losa del posto e ubicazione strategica verso il Gran San Bernardo: ambiente rustico, sapori locali e nazionali.

FABBRICA CURONE

Alessandria (AL) – ✉ 15050 – 808 ab. – Alt. 480 m – Carta regionale n° **23-D2**
Roma 545 km – Alessandria 55 km – Genova 79 km – Milano 97 km
Carta stradale Michelin 561-H9

La Genzianella con cam
frazione Selvapiana 7, Sud-Est : 4 km - alt. 780 – ✆ 01 31 78 01 35 – www.lagenzianella-selvapiana.it – Chiuso 3 settimane in settembre
10 cam – 50 € 70 €, 10 €
Menu 25/45 € – Carta 22/61 € – *(chiuso lunedì e martedì escluso luglio-agosto)*
In posizione isolata, il locale vanta una cordiale gestione familiare e propone un solo menu degustazione d'ispirazione regionale, da cui però si possono scegliere anche solo alcuni piatti. La filosofia? Km zero, prodotti bio e proprio orto. Dispone anche di camere semplici e curate.

FABBRICO

Reggio nell'Emilia (RE) – ✉ 42042 – 6 772 ab. – Alt. 25 m – Carta regionale n° **8-B2**
Roma 446 km – Bologna 90 km – Reggio nell'Emilia 33 km – Modena 47 km
Carta stradale Michelin 562-H14

San Genesio senza rist
via Piave 35 – ✆ 05 22 66 52 40 – www.hotelsangenesio.it – Chiuso 23 dicembre-7 gennaio ed agosto
16 cam – 60/100 € 90/150 € – **2 suites**
Ideale "fil rouge" con il patrono e la chiesetta del Santo sita in campagna, un edificio d'inizio secolo scorso aggiornato nel confort ma fedele nello stile degli arredi.

FABRIANO

Ancona (AN) – ✉ 60044 – 30 982 ab. – Alt. 325 m – Carta regionale n° **20-B2**
Roma 216 km – Perugia 72 km – Ancona 76 km – Foligno 58 km
Carta stradale Michelin 563-L20

Gentile da Fabriano

via Di Vittorio 13 – ✆ 07 32 62 71 90 – www.hotelgentile.it – Chiuso agosto
90 cam – 🚹72/90 € 🚹🚹110/130 € – **6 suites**
Rist – Carta 25/52 € – *(solo a cena escluso domenica)*
In zona commerciale, conduzione di grande professionalità in un albergo dotato di camere spaziose e ben tenute. Il ristorante, ideale per banchetti nel fine settimana, propone una cucina classica e prodotti tipici regionali.

Residenza La Ceramica senza rist

via della Ceramica 10 – ✆ 07 32 41 36 – www.residenzalaceramica.com – Chiuso 22 dicembre-7 gennaio e 8-24 agosto
12 cam – 🚹90/110 € 🚹🚹140/160 € – **4 suites**
Un piacevole palazzo del centro, già carcere e poi convento, ripropone ora ambienti moderni e alla moda, rallegrati da confortevoli spazi colorati; la struttura ospita fra le sue mura anche una piccolissima taverna-enoteca.

Agriturismo Gocce di Camarzano

cam,

località Mascano 70, Nord-Est : 3,5 km – ✆ 3 36 64 90 28 – www.goccedicamarzano.it
6 cam – 🚹60/70 € 🚹🚹80/90 €
Rist – Menu 20 € – (prenotazione obbligatoria) *(solo per alloggiati)*
Bella villa secentesca circondata dalle verdi colline marchigiane, dispone di spaziose camere arredate con letti in legno e di una piacevole sala lettura.

sulla strada statale 76 in prossimità uscita Fabriano Est Nord-Est: 6 km

Villa Marchese del Grillo con cam

località Rocchetta Bassa ✉ 60044 – ✆ 07 32 62 56 90 – www.marchesedelgrillo.com
15 cam – 🚹70/120 € 🚹🚹90/350 € – **5 suites**
Menu 35/55 € – Carta 34/67 € – *(chiuso domenica sera e lunedì) (solo a cena escluso domenica)*
Splendido edificio settecentesco fatto costruire dal celebre Marchese Onofrio: le ex cantine ospitano oggi una cucina creativa ed elaborata, ricca di fantasia. Un soggiorno aristocratico nelle camere, tra affreschi e lampadari di Murano.

FAENZA

Ravenna (RA) – ✉ 48018 – 57 973 ab. – Alt. 35 m – Carta regionale n° **9-C2**
Roma 368 km – Bologna 58 km – Ravenna 35 km – Firenze 104 km
Carta stradale Michelin 562-J17

Relais Villa Abbondanzi

via Emilia Ponente 23, Ovest : 1 km – ✆ 05 46 62 26 72 – www.villa-abbondanzi.com
10 cam – 🚹129/205 € 🚹🚹159/230 € – **5 suites**
Rist *Cinque Cucchiai* – vedere selezione ristoranti
In una dimora dei primi '800 - non proprio in centro, ma questo è solo un vantaggio in termini di tranquillità - il relais dispone di camere con mobili d'epoca, soppalchi e caminetti. Se l'India vi sembra lontana, la sua scienza di vita, o meglio Ayurveda, la ritrovate nei trattamenti del centro benessere.

Cinque Cucchiai – Hotel Relais Villa Abbondanzi

via Emilia Ponente 23, Ovest : 1 km – ✆ 05 46 62 15 27 – www.villa-abbondanzi.com – Chiuso martedì a pranzo e lunedì
Menu 35/55 € – Carta 51/106 €
Situato sotto una grande quercia secolare, all'interno del giardino della villa, il ristorante è apparecchiato in una luminosa sala-veranda all'insegna di arredi bianchi. La cucina è specializzata nel pesce con piatti classici ed altri più moderni.

Cà Murani

vicolo Sant'Antonio 7 – 0 54 68 80 54 – Chiuso 15 giorni in maggio e giovedì
Carta 29/45 € – *(solo a cena escluso sabato e domenica)*
Lo chef-patron, Remo, vi preparerà gustosi piatti basati sui prodotti stagionali del territorio, intrigandovi con specialità come i ravioli di formaggio fresco ed erbette all'olio di Brisighella o coniglio al tegame con olive nere profumate alla maggiorana.

La Baita

via Naviglio, 25c – 0 54 62 15 84 – www.labaitaosteria.it – Chiuso 15 giorni in gennaio, 15 giorni in agosto, domenica e lunedì
Carta 29/38 € – (prenotare)
Osteria familiare del centro, varcato l'uscio si passa per la fornita drogheria che preannuncia le specialità della casa: salumi e formaggi in gran quantità, paste fatte in casa tirate al mattarello, ma anche vino con una fornitissima cantina (più di 1000 etichette). Dalla cucina, piatti stagionali del territorio.

al casello autostrada A 14 Nord-Est : 2 km :

B&B Hotel Faenza senza rist

via San Silvestro 171 ✉ 48018 Faenza – 0 54 64 66 62 – www.hotelbb.it
78 cam – †42/220 € ††45/240 €, ☕ 7 €
Posizionata strategicamente alle porte di Faenza, e nei pressi del casello autostradale, una risorsa utile al cliente d'affari o di passaggio; dotata di ogni comodità.

FAGAGNA

Udine (UD) – ✉ 33034 – 6 247 ab. – Alt. 177 m – Carta regionale n° **10-B2**
Roma 634 km – Udine 14 km – Gemona del Friuli 30 km – Pordenone 54 km
Carta stradale Michelin 562-D21

Al Castello

via San Bartolomeo 18 – 04 32 80 01 85 – www.ristorantealcastello.com – Chiuso 10 giorni in gennaio e lunedì
Menu 18 € (pranzo in settimana)/36 € – Carta 27/48 €
Nella parte alta della località, poco distante dal castello che ricorda nel nome, l'atmosfera coniuga rusticità ed eleganza, la tradizione della linea gastronomica e la modernità delle presentazioni. Cjalzòns - nella tradizione della valle del But - con ricotta affumicata, per chi vuole assaggiare un piatto veramente tipico.

Al Bàcar

Via Umberto I, 29 – 04 32 81 10 36 – www.ristorantealbacar.com – Chiuso 1°-15 gennaio e 9-16 agosto
Carta 33/57 €
Tutta una famiglia, i Luzzi, coinvolta tra l'adiacente macelleria-gastronomia e questo interessante ristorante dove il giovane figlio, a suo agio con le ottime carni selezionate da papà, ma anche con il pesce, dà vita a piatti moderni permeati da influenze territoriali.

FAGNANO ➜ Vedere Trevenzuolo

Verona (VR)

FAGNANO OLONA

Varese (VA) – ✉ 21054 – 12 220 ab. – Alt. 265 m – Carta regionale n° **18-A2**
Roma 616 km – Milano 40 km – Varese 29 km – Stresa 60 km
Carta stradale Michelin 561-F8

Menzaghi

via San Giovanni 74 – 03 31 36 17 02 – www.ristorantemenzaghi.it – Chiuso 15-31 agosto, domenica sera e lunedì
Carta 34/50 €
Ingresso attraverso un ampio disimpegno con numerose bottiglie in bellavista: menu vario ed invitante, i piatti vi verranno serviti in una sala di tono signorile. La solida conduzione familiare - ormai alla terza generazione - è garante di un'esperienza gastronomica sicuramente felice!

FAI DELLA PAGANELLA

Trento (TN) – ✉ 38010 – 899 ab. – Alt. 957 m – Carta regionale n° **33**-B2

Roma 616 km – Trento 31 km – Bolzano 58 km – Bressanone 98 km

Carta stradale Michelin 562-D15

Al Sole

cam, cam, rist,

via Cesare Battisti 11 – ✆ 04 61 58 10 65 – www.alsolehotel.info – Chiuso aprile e novembre

38 cam – 60/90 € 120/200 € – **3 suites**

Rist – Carta 25/65 € – *(solo a cena)*

Moderno, confortevole, in bella posizione panoramica sui prati: anche le camere si presentano bene in quanto a generosità di spazi e luminosità. L'attrezzato centro benessere, dotato anche di ampia beauty farm, vi rigenererà dallo stress quotidiano.

Agriturismo Florandonole senza rist

via ai Dossi 22 ✉ 38010 Fai della Paganella – ✆ 04 61 58 10 39 – www.florandonole.it

6 cam – 40/55 € 80/110 €

Piacevole casa di campagna circondata da prati verdi ed una moderna, intrigante, rivisitazione dello stile alpino negli arredi. La "apicoltura nomade" produce miele (di eucalipto, di rododendro, di castagno ed altri ancora) da accompagnare - già al mattino - a torte fatte in casa e salumi locali.

FALCADE

Belluno (BL) – ✉ 32020 – 2 233 ab. – Alt. 1 145 m – Carta regionale n° **39**-B1

Roma 667 km – Belluno 52 km – Cortina d'Ampezzo 59 km – Bolzano 64 km

Carta stradale Michelin 562-C17

Belvedere

rist,

via Garibaldi 24 – ✆ 04 37 59 90 21 – www.belvederehotel.info – Chiuso 7 aprile-31 maggio e 27 settembre-5 dicembre

40 cam – 48/95 € 70/140 € **Rist** – Carta 22/49 €

Tripudio di legni per questa deliziosa e tipica casa di montagna, già piacevole dall'esterno: a 600 m dal centro e non lontano dalle piste, confortevoli camere di tono rustico, nonché attrezzata area wellness. Caratteristiche stube d'epoca costituiscono splendidi inviti per gustare la buona cucina del territorio.

Sport Hotel Cristal

rist,

piazza Municipio 4 – ✆ 04 37 50 73 56 – www.sporthotelcristal.net – Aperto 6 dicembre-31 marzo e 15 giugno-10 settembre

46 cam – 48/98 € 76/176 € **Rist** – Carta 25/49 €

I prati tutt'intorno si trasformano in estate in una splendida spiaggia baciata dal sole e da una piacevole brezza; all'interno ambienti riscaldati dal tepore del legno e da luminose stoffe carminio. Rilassante pausa gastronomica al ristorante, dove gustare piatti dai sapori regionali preparati direttamente dal titolare dell'hotel.

FALCONARA MARITTIMA

Ancona (AN) – ✉ 60015 – 26 555 ab. – Carta regionale n° **21**-C1

Roma 279 km – Ancona 13 km – Macerata 61 km – Pesaro 63 km

Carta stradale Michelin 563-L22

Touring

via degli Spagnoli 18 – ✆ 0 71 91 31 36 – www.touringhotel.it

75 cam – 54/79 € 64/89 € **Rist** – Carta 24/49 €

Ideale soprattutto per clienti di lavoro, l'albergo, di stampo moderno e non vicino al mare, ma verso Falconara alta, è dotato di confort e di stanze abbastanza spaziose.

Villa Amalia

via degli Spagnoli 4 – ✆ 07 19 16 05 50 – www.villaamalia.it – Chiuso 15 giorni in ottobre, 15 giorni in gennaio e martedì da settembre a giugno

Carta 25/44 € – *(solo a cena in giugno-settembre)* (prenotare)

In una bella villa a pochi passi dal mare, tanto pesce e qualche specialità di terra arricchiti da un tocco di fantasia. Se non bastasse vi è anche la pizza.

L'Arnia del Cuciniere

via Baluffi 12 – 07 19 16 00 55 – www.arniadelcuciniere.it – Chiuso 15 giorni in novembre, lunedì e i mezzogiorno di sabato e domenica in luglio e agosto
Menu 28/40 € – Carta 25/48 €
Ai piedi del castello nel caratteristico centro di Falconara alta, l'intraprendente patron ha portato la sua cucina di mare e di terra, dove il prodotto - accuratamente selezionato - è protagonista assoluto, più che la sua elaborazione. La sera, anche pizza gastronomica. Ambienti sobriamente moderni.

FALERNA

Catanzaro (CZ) – ✉ 88042 – 3 870 ab. – Alt. 550 m – Carta regionale n° **5-A2**
Roma 573 km – Catanzaro 64 km – Cosenza 57 km – Crotone 131 km
Carta stradale Michelin 564-J30

a Falerna Marina Ovest: 11 km – ✉ 88042

Lion's

via strada statale 18 60/a – 09 68 99 98 70 – www.lionshotel.it
29 cam – 50/70 € 60/120 € **Rist** – Carta 22/45 €
Fronte mare, separato dalla distesa blu solo dalla statale, le camere sono semplice, ma curate, e il ristorante propone una gustosa cucina casalinga: un indirizzo da tenere in considerazione quando il budget è un po' ristretto!

FALZES (PFALZEN)

Bolzano (BZ) – ✉ 39030 – 2 726 ab. – Alt. 1 022 m – Carta regionale n° **34-C1**
Roma 711 km – Cortina d'Ampezzo 64 km – Bolzano 65 km – Brunico 5 km
Carta stradale Michelin 562-B17

ad Issengo Nord-Ovest : 1,5 km – ✉ 39030 Falzes

Tanzer con cam

via del Paese 1 – 04 74 56 53 66 – www.tanzer.it – Chiuso 4-30 novembre e 21 aprile-5 maggio
20 cam – 55/75 € 130/150 € – **1 suite**
Menu 47/67 € – Carta 33/72 € – *(chiuso mercoledì a mezzogiorno e martedì)*
Se la fama di questo ristorante ha valicato le alte montagne della zona, ci sarà un motivo... In eleganti stube, l'ambiente si fa ovattato, la cucina offre il destro alla fantasia, pur rimanendo squisitamente d'impronta altoatesina. Possibilità di alloggio.

a Molini Nord-Ovest : 2 km – ✉ 39030 Chienes

Schöneck (Karl Baumgartner)

via Schloss Schöneck 11 – 04 74 56 55 50 – www.schoeneck.it – Chiuso 24 giugno-9 luglio, lunedì e martedì (escluso alta stagione)
Menu 45/75 € – Carta 43/89 €
Se la bellezza del locale si completa con una calorosa ospitalità, la cucina basta a se stessa: prodotti, cotture e accostamenti, difficile stabilire dove il cuoco eccella.
→ Tortellini ripieni di faraona con piselli e ricotta stagionata grattugiata. Stufato d'agnello con patate, carote e tuberi nostrani servito in casseruola di pietra ollare. Strudel di mele e banane con gelato alla cannella.

FANNA

Pordenone (PN) – ✉ 33092 – 1 574 ab. – Alt. 274 m – Carta regionale n° **10-B2**
Roma 620 km – Udine 50 km – Belluno 75 km – Pordenone 29 km
Carta stradale Michelin 562-D20

Al Giardino

via Circonvallazione Nuova 3 – 0 42 77 71 78 – www.algiardino.com – Chiuso 7 gennaio-5 febbraio
25 cam – 60/70 € 85/95 €
Rist *Al Giardino* – Carta 22/59 € – *(chiuso martedì)*
Il nome prelude all'indovinata cornice verde della struttura, ornata da specchi d'acqua concepiti quasi all'orientale. Tutto spicca per l'estrema cura: la bella piscina e le deliziose camere, mentre terra e mare coabitano nel menu dell'omonimo ristorante.

FANO

Pesaro e Urbino (PU) – ✉ 61032 – 63 119 ab. – Carta regionale n° **20-B1**
Roma 289 km – Ancona 65 km – Rimini 55 km – Pesaro 11 km
Carta stradale Michelin 563-K21

Siri senza rist
viale Buozzi 69 – ✆ 07 21 80 25 93 – www.sirihotelfano.it
20 cam – 109/159 € 129/212 €
Appena fuori le mura del centro storico, grazioso albergo riaperto nel 2010 dopo un totale restauro che gli ha conferito un appeal moderno e modaiolo. Noleggio bici e wi-fi gratuti, camere elegantemente allestite.

Elisabeth Due
piazzale Amendola 2 – ✆ 07 21 82 31 46 – www.hotelelisabethdue.it
28 cam – 85/110 € 100/140 € – **4 suites**
Rist *Il Galeone* – vedere selezione ristoranti
Situato sulla passeggiata principale del lido, l'albergo vanta una meravigliosa vista sull'Adriatico ed offre camere e spazi comuni d'impronta classica.

Augustus cam, cam,
via Puccini 2 – ✆ 07 21 80 97 81 – www.hotelaugustus.it
22 cam – 65/85 € 85/130 €
Rist *Casa Nolfi sulla Darsena* – Carta 34/63 € – *(chiuso 10 giorni in novembre, domenica sera e lunedì a mezzogiorno)*
A pochi passi dal centro storico e dalle spiagge, l'hotel dispone di tutti i servizi necessari a garantire un piacevole soggiorno: una palestra e una sauna per momenti di remise en forme e una riservata sala lettura per rilassare la mente. Le prelibatezze gastronomiche del ristorante, insieme alla cortese accoglienza della struttura si fondono in un unico spazio per regalare ai propri clienti momenti di assoluto benessere.

Angela cam,
viale Adriatico 13 – ✆ 07 21 80 12 39 – www.hotelangela.it – Chiuso 19 dicembre-7 gennaio
37 cam – 56/62 € 81/93 € **Rist** – Carta 25/71 € – *(chiuso venerdì)*
Ubicato direttamente sul mare, l'hotel vanta una gestione familiare, graziosi spazi comuni, camere semplici e funzionali. La cucina propone specialità regionali e soprattutto di pesce.

Astoria N rist,
viale Cairoli 86 – ✆ 07 21 80 00 77 – www.hotelastoriafano.it – Aperto Pasqua-27 settembre
42 cam – 50/80 € 70/130 € **Rist** – Carta 24/57 €
Sul lido di Fano, hotel a conduzione familiare rinnovato in anni recenti, luminosi ambienti che come le camere dispongono di arredi moderni e funzionali.

Villa Giulia – Residenza storica cam,
via di Villa Giulia, località San Biagio 40 – ✆ 07 21 82 31 59 – www.relaisvillagiulia.com – Aperto 1° maggio-31 dicembre
17 cam – 80/150 € 120/200 €
Rist – Carta 29/59 € – *(chiuso martedì a mezzogiorno e lunedì escluso in giugno-ottobre) (solo a cena)* (consigliata la prenotazione)
Immersa nel verde, struttura ricavata da un'antica residenza napoleonica con camere arredate secondo lo stile originale e 5 appartamenti con soggiorno e cucina (disponibili anche per brevi periodi).

Il Galeone – Hotel Elisabeth Due
piazzale Amendola 2 – ✆ 07 21 82 31 46 – www.ilgaleone.net – Chiuso domenica sera e lunedì escluso in estate
Carta 40/70 €
Accolto tra gli spazi dell'albergo Elisabeth Due, il ristorante da tempo si è conquistato una fama che va ben oltre i frequentatori dell'hotel. Le proposte prediligono il mare in elaborazioni moderne ed accattivanti.

Da Maria al Ponte Rosso

via IV Novembre 86 – 07 21 80 89 62 – Chiuso domenica e lunedì in novembre-marzo
Carta 30/55 € – (prenotazione obbligatoria)
Preparatevi, prenotare qui non è un'impresa facile, ma questo vorrà pur significare qualcosa... Pochi tavoli, molte piante, qualche scultura realizzata da Domenica, figlia della proprietaria che segue la sala. L'ambiente è familiare ed ancor più l'accoglienza, nonché la gustosa cucina, a base di solo pesce fresco a seconda dell'offerta ittica del giorno: così vuole Maria, la titolare, che ha fatto della semplicità la propria forza!

sulla strada nazionale Adriatica Sud 78 Sud-Est : 5 km

Alla Lanterna con cam

cam,

località Metaurilia – 07 21 88 47 48 – www.allalanterna.com – Chiuso 20 dicembre-15 gennaio
18 cam – †47/70 € ††75/100 €
Menu 25 € (in settimana)/75 € – Carta 31/82 € – *(chiuso domenica sera e lunedì)*
Un indirizzo da memorizzare se siete amanti del mare nel piatto: proprietari e figli sono infatti impegnati a servirvi il miglior pesce dell'Adriatico, in un ambiente curato e piacevole. Sopra, anche la possibilità di pernottare.

FARA FILIORUM PETRI

Chieti (CH) – 66010 – 1 959 ab. – Alt. 227 m – Carta regionale n° **2-C2**
Roma 205 km – Pescara 36 km – Chieti 18 km – L'Aquila 97 km
Carta stradale Michelin 563-P24

Casa D'Angelo

via San Nicola 5 – 0 87 17 02 96 – Chiuso 1°-24 novembre, domenica sera e lunedì
Menu 36/55 € – Carta 28/65 € – (consigliata la prenotazione)
La vecchia casa di famiglia, un locale intimo e raffinato cui si aggiunge la sapienza di una gestione dalla lunga esperienza. Piatti del territorio vivacizzati dalla fantasia dello chef.

FARA IN SABINA

Rieti (RI) – 02032 – 12 542 ab. – Alt. 482 m – Carta regionale n° **12-B1**
Roma 55 km – Rieti 36 km – Terni 65 km – Viterbo 83 km
Carta stradale Michelin 563-P20

a Coltodino Sud-Ovest : 4 km – 02030

Ille-Roif

cam,

via Valle Pisciarello 22, località Talocci, Ovest : 5,5 km – 07 65 38 67 49 – www.ille-roif.it – Chiuso gennaio
12 cam – †150/200 € ††200/290 €
Rist – Carta 30/40 € – *(aperto venerdì sera, sabato sera e domenica a pranzo) (solo a cena)* (prenotare)
Originale, stravagante e colorato: a questo albergo sono state messe le ali della fantasia e chi vi soggiorna non potrà che volare con essa per scoprire spazi e forme, talvolta, persino bizzarri! Prima di prenotare, date un'occhiata alla camera che più vi aggrada sul loro sito.

FARNETA → Vedere Cortona

Arezzo (AR)

FARRA DI SOLIGO

Treviso (TV) – 31010 – 8 987 ab. – Alt. 163 m – Carta regionale n° **40-C2**
Roma 590 km – Belluno 40 km – Treviso 35 km – Venezia 72 km
Carta stradale Michelin 562-E18

a Soligo Est : 3 km – ✉ 31010

XX **La Candola** con cam
via San Gallo 43 – ✆ 04 38 90 00 06 – www.locandacandola.com – Chiuso 15 febbraio-1° marzo
6 cam – †110 € ††120/140 €
Menu 30/55 € – Carta 31/66 € – *(chiuso martedì a pranzo nel periodo estivo, anche martedì sera negli altri mesi)* (consigliata la prenotazione)
In posizione panoramica, una rustica dimora è stata piacevolmente trasformata in locanda gourmet dove gustare una cucina moderna, attenta ai prodotti di stagione. Comode camere in stile moderno per un relax nel verde.

a Col San Martino Sud-Ovest : 3 km – ✉ 31010

XX **Locanda Marinelli** con cam
rist, rist, cam,
via Castella 5 – ✆ 04 38 98 70 38 – www.locandamarinelli.it – Chiuso 1 settimana in gennaio e 15 giorni in settembre
3 cam – †60 € ††90 € Menu 25/60 € – Carta 34/61 € – *(chiuso martedì)*
Nella quiete di una tranquilla frazione tra i vigneti di Prosecco, due giovani cuochi propongono una cucina innovativa a base di ottimi prodotti. Bella terrazza panoramica.

X **Locanda da Condo**
via Fontana 134 – ✆ 04 38 89 81 06 – www.locandadacondo.it – Chiuso 20 giorni in luglio, martedì sera e mercoledì
Carta 25/45 €
Un'antica locanda che una famiglia gestisce da almeno tre generazioni. Diverse sale ricche di fascino tutte accomunate dallo stile tipico di una trattoria. Cucina veneta, come l'immancabile pasta e fagioli.

FARRA D'ISONZO

Gorizia (GO) – ✉ 34072 – 1 749 ab. – Carta regionale n° **11**-C3
Roma 655 km – Trieste 57 km – Gorizia 11 km

Ai Due Leoni
cam, cam,
via Verdi 55/57 – ✆ 04 81 88 80 37 – www.aidueleoni.go.it
21 cam – †55/60 € ††65/70 €
Rist – Carta 22/40 € – *(chiuso 21 agosto-10 settembre e domenica)*
Piccolo hotel a conduzione familiare rinnovato e ampliato in anni recenti: due tipologie di camere, tra moderno e rustico, ma il confort è presente in entrambe. Al ristorante proposte che spaziano dalla tradizione locale ai classici nazionali.

X **Borgo Colmello** N con cam
rist,
strada della Grotta 8 – ✆ 04 81 88 90 13 – www.borgocolmello.it – Chiuso domenica sera e lunedì
8 cam – †54/70 € ††80/90 € Carta 23/50 €
Appena fuori paese, grazioso borgo rurale rinnovato attorno al museo della civiltà contadina. La struttura offre un'enoteca-bar, un ristorante di tono classico con bel dehors in giardino e, nel piatto, sapori regionali rigorosamente in sintonia con le stagioni; al piano superiore alcune camere.

FASANO

Brindisi (BR) – ✉ 72015 – 39 431 ab. – Alt. 118 m – Carta regionale n° **27**-C2
Roma 507 km – Bari 60 km – Brindisi 56 km – Lecce 96 km
Carta stradale Michelin 564-E34

X **Rifugio dei Ghiottoni**
via Nazionale dei Trulli 116 – ✆ 08 04 41 48 00 – Chiuso 20-30 giugno e mercoledì
Carta 23/35 €
E' il rifugio-pizzeria di chi cerca i sapori caserecci di una cucina regionale basata su proposte locali da riscoprire in un ambiente piacevolmente semplice. Orecchiette alle cime di rapa, tra i must.

a Selva Ovest : 5 kmAlt. 396 m – ✉ 72010 Selva Di Fasano

Sierra Silvana cam,

via Don Bartolo Boggia 5 – ✆ 08 04 33 13 22 – www.sierrasilvana.com – Aperto 1° aprile-30 ottobre

124 cam – 59/119 € 69/175 € **Rist** – Carta 20/38 €

In una delle zone più attraenti della Puglia, un complesso di moderne palazzine e qualche trullo in un giardino mediterraneo; arredi in midollino e bambù, validi spazi. Per ristorante un gazebo con bouganvillee ed eleganti sale con bei soffitti a tendaggi.

a Speziale Sud-Est : 10 kmAlt. 84 m – ✉ 72015 Montalbano Di Fasano

Agriturismo Masseria Narducci cam,

via Lecce 144 – ✆ 33 47 22 44 85 – www.agriturismonarducci.it – Chiuso novembre

9 cam – 45/70 € 70/120 €

Rist – Carta 22/41 € – *(chiuso da lunedì a giovedì in inverno) (solo a cena)* (prenotare)

Lungo la strada per Ostuni, si tratta di una masseria ottocentesca, dalle camere semplici, piacevole corte interna e riposante giardino sul retro. Degustazione e vendita d'olio al ristorante.

FASANO DEL GARDA ➜ Vedere Gardone Riviera

Brescia (BS)

FAVARA

Agrigento (AG) – ✉ 92026 – 33 007 ab. – Alt. 338 m – Carta regionale n° **29-C2**

Agrigento 11 km – Palermo 123 km – Caltanissetta 46 km – Enna 80 km

Carta stradale Michelin 565-P22

Belmonte rist,

via Sottotenente Saieva 10, (piazza Cavour) – ✆ 09 22 43 71 46 – www.belmontehotel.com

12 cam – 50/60 € 70/90 €

Rist *Le Traveggole* – Carta 28/59 € – *(chiuso domenica)*

A poco più di 10 km dalla Valle dei Templi, una piccola gestione familiare per un piacevole e moderno albergo completato dall'adiacente B&B. Ambienti ravvivati da splendide fotografie e per chi ama i sapori locali - o più in generale la buona cucina - sosta obbligata al ristorante Le Traveggole.

FAVIGNANA ➜ Vedere Egadi (Isole)

Trapani (TP)

FELINO

Parma (PR) – ✉ 43035 – 8 776 ab. – Alt. 185 m – Carta regionale n° **8-A3**

Roma 478 km – Parma 17 km – Reggio nell'Emilia 42 km – Modena 76 km

Carta stradale Michelin 562-H12

a Barbiano Sud : 4 km – ✉ 43035

Trattoria Leoni

via Ricò 42 – ✆ 05 21 83 11 96 – www.trattorialeoni.it – Chiuso gennaio e lunedì

Menu 15 € (pranzo in settimana)/29 € – Carta 27/48 €

In una cornice di affascinanti dolci colline, la classica sala propone piatti parmigiani che si aprono a suggestioni di montagna, funghi e cacciagione; imperdibile panorama estivo.

FELTRE

Belluno (BL) – ✉ 32032 – 20 741 ab. – Alt. 325 m – Carta regionale n° **39-B2**

Roma 577 km – Belluno 32 km – Trento 79 km – Padova 87 km

Carta stradale Michelin 562-D17

Doriguzzi senza rist

viale Piave 2 – ✆ 04 39 20 03 – www.hoteldoriguzzi.it

26 cam – 55/75 € 80/98 €

Accogliente struttura vicino al centro storico, è un valido punto di riferimento soprattutto per una clientela di lavoro grazie agli ambienti ben accessoriati a disposizione degli ospiti.

La Casona
via Segusini 17/a – ✆ 04 39 30 27 30 – www.lacasona.it
22 cam – 50/70 € 80/110 €
Rist *La Casona* – Carta 24/68 €
In una zona particolarmente tranquilla - alle spalle dell'ospedale e del campo sportivo - piccola risorsa familiare dagli ambienti moderni e camere confortevoli, ben accessoriate: ideale per una clientela business. Servizio ristorante (anche) in terrazza, nonché interessante menu con specialità alla griglia.

Panevin
via Cart 16, Nord-Est : 3 km – ✆ 0 43 98 34 66 – www.ristorantepanevin.it – Chiuso domenica sera
Menu 20 € (pranzo in settimana)/60 € – Carta 35/64 €
In una frazione verdeggiante, appena fuori Feltre, il ristorante è gestito da una coppia di giovani soci che propongono una cucina moderna, ma senza inutili stravaganze, con i sapori del mare in prima linea.

FENEGRÒ

Como (CO) – 22070 – 3 149 ab. – Alt. 290 m – Carta regionale n° **18-A1**
Roma 604 km – Como 26 km – Milano 34 km – Saronno 10 km
Carta stradale Michelin 561-E9

In
via Monte Grappa 20 – ✆ 0 31 93 57 02 – www.ristorante-in.com – Chiuso 1°-7 gennaio, 2 settimane in agosto e lunedì
Menu 20 € (pranzo in settimana) – Carta 36/64 €
Un locale di tono moderno e accogliente, con interni signorili e un'atmosfera comunque familiare; un po' fuori paese, piatti di mare, ora più classici ora rivisitati.

FENER

Belluno (BL) – 32031Alt. 198 m – Carta regionale n° **40-C2**
Roma 560 km – Belluno 44 km – Treviso 39 km – Padova 70 km
Carta stradale Michelin 562-E17

Tegorzo cam, cam,
via Nazionale 25 – ✆ 04 39 77 97 40 – www.hoteltegorzo.it
30 cam – 45/70 € 75/97 €
Rist – Carta 18/51 € – *(chiuso domenica sera)*
Ubicato nella prima periferia della località, un hotel a gestione familiare - semplice e funzionale - con bel giardino e campo da tennis. Cucina casereccia al ristorante.

FENIS

Aosta (AO) – 11020 – 1 607 ab. – Alt. 537 m – Carta regionale n° **37-B2**
Roma 722 km – Aosta 20 km – Breuil-Cervinia 36 km – Torino 82 km
Carta stradale Michelin 561-E4

Comtes de Challant rist, cam, rist,
frazione Chez Sapin 95 – ✆ 01 65 76 43 53 – www.hcdc.it – Chiuso 6-28 gennaio
28 cam – 58/82 € 89/118 €
Rist – Carta 25/60 € – *(chiuso domenica sera e lunedì in bassa stagione)* (prenotare)
Ubicazione tranquilla, ai piedi dell'omonimo Castello, per questa tipica costruzione di montagna con bei terrazzi esterni e camere confortevoli, nuove, con parquet. Proposte sia valdostane che nazionali in un classico ristorante d'albergo.

FERENTILLO

Terni (TR) – 05034 – 1 952 ab. – Alt. 260 m – Carta regionale n° **36-C3**
Roma 122 km – Terni 18 km – Rieti 38 km – Perugia 82 km
Carta stradale Michelin 563-O20

Abbazia San Pietro in Valle rist,
strada statale 209 Valnerina km 20, Nord-Est : 3,5 km – ✆ 07 44 78 01 29 – www.sanpietroinvalle.com – Aperto 3 aprile-3 novembre
21 cam – 90/125 € 125/155 €
Rist *Hora Media* – ✆ 07 44 78 09 50 – Carta 25/40 € – *(solo a cena escluso domenica)* (consigliata la prenotazione)
Nel cuore del misticismo umbro, un'esperienza irripetibile all'interno di un'abbazia d'origine longobarda del IX sec. Camere semplici in linea con lo spirito del luogo.

Piermarini con cam rist, rist,
via Ancaiano 23 – ✆ 07 44 78 07 14 – www.saporipiermarini.it – Chiuso domenica sera e lunedì
2 cam – 50/80 € 70/100 € Carta 30/85 € – *(solo a cena)*
Poco fuori dal centro, giardino, veranda e sale sono l'elegante cornice di una cucina spesso incentrata sul tartufo, coltivato direttamente dai titolari del ristorante.

FERENTINO

Frosinone (FR) – ✉ 03013 – 21 150 ab. – Alt. 395 m – Carta regionale n° **13**-C2
Roma 75 km – Frosinone 14 km – Fiuggi 23 km – Latina 66 km
Carta stradale Michelin 563-Q21

Bassetto
via Casilina Sud al km 74,600 – ✆ 07 75 24 49 31 – www.hotelbassetto.it
99 cam – 40/80 € 70/110 €
Rist – Carta 25/90 €
Un esercizio storico da queste parti, ubicato sulla statale Casilina, ampliato e rinnovato in tempi recenti e con una gestione familiare ormai consolidata e capace. Un'ampia sala ristorante e ricette della consuetudine ciociara.

FERIOLO

Verbano-Cusio-Ossola (VB) – ✉ 28831Alt. 195 m – Carta regionale n° **24**-A1
Roma 672 km – Stresa 8 km – Domodossola 39 km – Verbania 9 km
Carta stradale Michelin 561-E7

Carillon senza rist
strada nazionale del Sempione 2 – ✆ 0 32 32 81 15 – www.hotelcarillon.it – Aperto 1° aprile-20 ottobre
32 cam – 50/100 € 70/150 €
Direttamente sul lago, l'hotel dispone di camere spaziose con vista panoramica, un'ampia hall ed una zona veranda che ne accresce il respiro.

Il Battello del Golfo
strada statale 33 – ✆ 0 32 32 81 22 – www.battellodelgolfo.com
Menu 20 € (pranzo in settimana)/32 € – Carta 28/51 €
Il locale vanta una discreta eleganza ed è un curioso adattamento di una barca trasportata ad hoc dal lago di Como ed ancorata a riva. Cucina stagionale, regionale e di lago.

Serenella con cam cam,
via 42 Martiri 5 – ✆ 0 32 32 81 12 – www.hotelserenella.net
13 cam – 80/140 € 80/140 €
Menu 35 € – Carta 40/69 € – *(chiuso 1°-15 gennaio e mercoledì escluso aprile-agosto)*
Da oltre mezzo secolo il punto di riferimento in zona per gli amanti della buona tavola: cucina di respiro classico-moderno in un ristorante dall'atmosfera calda e raccolta. Poco distante dal lago, l'hotel dispone di camere recentemente rinnovate con un taglio moderno.

FERMO

Fermo (FM) – ✉ 63900 – 37 221 ab. – Alt. 319 m – Carta regionale n° **21**-D2
Roma 251 km – Ascoli Piceno 70 km – Ancona 65 km – Macerata 43 km
Carta stradale Michelin 563-M23

sulla strada statale 16-Adriatica

Royal cam, rist,

piazza Piccolomini 3, al lido, Nord-Est : 8 km ✉ 63023 – ✆ 07 34 64 22 44 – www.royalre.it

56 cam – 85/100 € 120/130 € – **2 suites**

Rist *Nautilus* – Carta 36/73 € – *(chiuso domenica sera in inverno)*

Terrazza solarium con piccola piscina su questa bianca costruzione di stile moderno sita sul limitare della spiaggia: materiali pregiati, arredi di design, ogni confort. Tenuta impeccabile nel moderno ristorante, dotato anche di fresca ed accogliente terrazza.

Emilio (Danilo Bei)

via Girardi 1, località Casabianca, Nord-Est : 12 km – ✆ 07 34 64 03 65 – www.ristoranteemilio.it – Chiuso 23 dicembre-3 gennaio, 24-31 agosto e lunedì

Menu 60 € – Carta 45/80 € – *(solo a cena)*

Un comodo parcheggio libero proprio di fronte all'ingresso di questo elegante locale, dove spiccano opere d'arte contemporanea. Piatti di pesce a seguire la falsariga delle tradizioni adriatiche, con molte sorprese proposte anche a voce.

➜ Cannelloni ripieni di gamberetti in salsa di zucchine. Rombo chiodato grigliato con verdure. Mousse di cioccolato e zabaione.

FERRARA

131 842 ab. – Alt. 9 m – Carta regionale n° **9-C1**
Roma 428 km – Bologna 51 km – Rovigo 39 km – Padova 77 km
Carta stradale Michelin 562-H16

© N. Tondini / Marka / age fotostock

Alberghi

Duchessa Isabella — Pianta : B1**a**
via Palestro 70 ✉ 44121 – ✆ 05 32 20 21 21 – www.duchessaisabella.it – Chiuso 4-18 agosto
25 cam – 150/268 € 200/299 € – **6 suites**
Rist – Carta 50/81 € – *(chiuso le sere di domenica e lunedì)*
Sobrio nella facciata in mattoni, il palazzo rinascimentale si apre su ambienti sontuosi, soffitti a cassettoni e una collezione di oggetti antichi. Camere riccamente decorate, atmosfera romantica e un grazioso giardino sul retro.

Annunziata senza rist — Pianta : A1**f**
piazza Repubblica 5 ✉ 44121 – ✆ 05 32 20 11 11 – www.annunziata.it
21 cam – 100/400 € 100/500 €
Dedicato a chi ama gli ambienti moderni, l'arte contemporanea e gli arredi sobri, ma vivacemente colorati. Per rendere il soggiorno più esclusivo, prenotate una delle sei camere affacciate sul castello.

Orologio senza rist — Pianta : A2**a**
via Darsena 67 ✉ 44122 – ✆ 05 32 76 95 76 – www.hotelorologio.com
46 cam – 85/140 € 110/220 € – **2 suites**
Spaziose, confortevoli, arredate con mobili in legno sbiancato di stile classico, le camere così come l'intera struttura sono piacevolmente realizzate secondo criteri di moderna ispirazione.

Nazionale senza rist — Pianta : A2**n**
corso Porta Reno 32 ✉ 44121 – ✆ 05 32 24 35 96 – www.hotelnazionaleferrara.it
14 cam – 60/110 € 70/160 €
A due passi dalla Cattedrale e dal castello Estense, non manca certo di personalità questo piccolo boutique hotel, le cui camere di design sono contraddistinte da nomi d'importanti città italiane. Bagni con cromoterapia.

Corte Estense senza rist — Pianta : A2**e**
via Correggiari 4/a ✉ 44121 – ✆ 05 32 24 21 68 – www.corteestense.it – Chiuso 20-27 dicembre e 1°-24 agosto
18 cam – 49/99 € 69/149 €
A pochi passi dalla Cattedrale e dal Castello, il restauro dell'antico palazzo realizzato attorno ad una corte interna offre soluzioni di confort moderni accanto ad un tuffo nella storia.

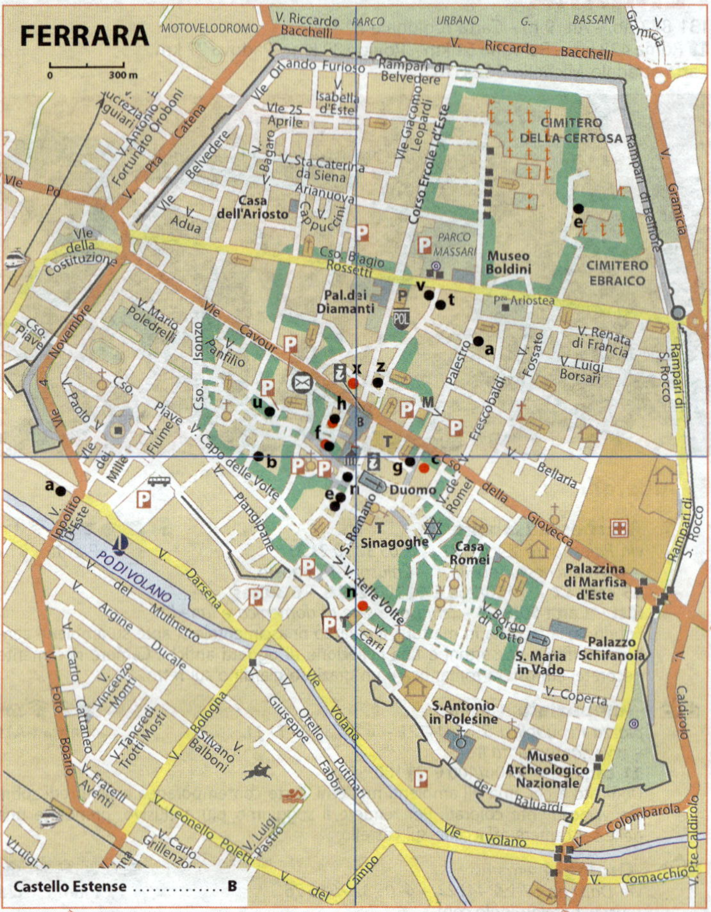

Ferrara

largo Castello 36 ✉ *44121 – ✆ 05 32 20 50 48 – www.hotelferrara.com* Pianta : A1**h**

58 cam – 70/140 € 90/210 €

Rist *Big Night-da Giovanni* – vedere selezione ristoranti

Dinnanzi al castello, gli spazi comuni sono limitati, ma troverete le camere funzionali e moderne, ideali per chi predilige la praticità, senza troppi fronzoli; leggermente migliori quelle dell'antistante dépendence.

Lucrezia Borgia

cam, rist,

via Franchi Bononi 34, per via Bologna ✉ *44124 – ✆ 05 32 90 90 33 – www.hotellucreziaborgia.it*

52 cam – 45/140 € 65/140 €

Rist – Carta 27/51 € – *(chiuso 23-26 dicembre, 1°-6 gennaio, 2 settimane in agosto e domenica) (solo a cena)*

In una zona tranquilla e residenziale, l'albergo dispone di spazi comuni ridotti, ma piacevoli, con boiserie e arredi in stile, camere semplici e funzionali (migliori quelle con arredi in legno chiaro). Curata anche la parte ristorante, con calde tonalità ed una bella veranda dal particolare soffitto in legno.

Carlton senza rist
via Garibaldi 93 ✉ 44121 – ✆ 05 32 21 11 30 Pianta : A1**u**
– www.hotelcarlton.net
58 cam ☕ – 🚹52/150 € 🚹🚹68/250 € – **8 suites**
Ristrutturato in un moderno stile minimalista, offre ambienti luminosi e particolarmente ricchi di confort e camere dai pratici armadi a giorno e pareti dalle tinte pastello. Nel cuore del centro storico.

De Prati senza rist
via Padiglioni 5 ✉ 44121 – ✆ 05 32 24 19 05 Pianta : B1**z**
– www.hoteldeprati.com – Chiuso 21-26 dicembre
16 cam ☕ – 🚹50/85 € 🚹🚹75/120 € – **1 suite**
In questa casa centrale, già locanda agli inizi del '900, soggiornavano uomini di cultura e di teatro; oggi è un hotel rinnovato che ospita, a rotazione, opere di artisti contemporanei.

Horti della Fasanara senza rist
via delle Vigne 34 ✉ 44121 – ✆ 33 81 54 37 21 Pianta : B1**e**
– www.hortidellafasanara.com
6 cam ☕ – 🚹90/150 € 🚹🚹120/240 €
La campagna in città: all'interno dell'ex riserva di caccia degli Estensi, una residenza ottocentesca con camere moderne - bianche e luminose - bagni a vista, cromoterapia.

Alchimia N senza rist
via Borgo dei Leoni 122 ✉ 44121 Ferrara Pianta : B1**t**
– ✆ 0 53 21 86 46 56 – www.alchimiaferrara.it
6 cam ☕ – 🚹70/90 € 🚹🚹110/130 €
Al piano terra di un palazzo quattrocentesco, qui troverete non solo un elegante alloggio, ma anche una piccola galleria d'arte contemporanea, raffinate camere e spaziosi bagni.

Avanguardia N senza rist
via Borgo dei Leoni 99 ✉ 44121 Ferrara – ✆ 05 32 76 91 64 Pianta : B1**v**
www.avanguardiasuiteferrara.it
5 cam ☕ – 🚹70/90 € 🚹🚹90/120 €
Nel cuore della città rinascimentale, un palazzo seicentesco ospita un riuscito mix d'antico e arte contemporanea; l'assistenza dei clienti è uno dei punti forti della struttura...oltre agli originali i bagni!

Dolcemela senza rist
via della Sacca 35 ✉ 44121 – ✆ 05 32 76 96 24 Pianta : A1-2**b**
– www.dolcemela.it
9 cam ☕ – 🚹60/80 € 🚹🚹80/100 €
In un quartiere di origini popolari dalle deliziose casette d'epoca, troverete anche una piccola corte-giardino con fontana di Serafini. Camere semplici, ma curate, diverse mansardate con travi a vista. Il risveglio sarà dolce con gustose torte della casa per colazione.

Locanda il Bagattino senza rist
corso Porta Reno 24 ✉ 44121 – ✆ 05 32 24 18 87 Pianta : A2**n**
– www.ilbagattino.it
6 cam ☕ – 🚹65/75 € 🚹🚹85/120 €
Al secondo piano di un palazzo a venti metri dalla piazza della cattedrale, l'atmosfera è quella di un'elegante casa privata, ricca d'arredi e con quasi tutte le camere mansardate, più alte o più basse.

Locanda Borgonuovo senza rist
via Cairoli 29 ✉ 44121 – ✆ 05 32 21 11 00 Pianta : B2**g**
– www.borgonuovo.com
6 cam ☕ – 🚹50/65 € 🚹🚹80/120 €
Ottima accoglienza e arredi in stile ma è indubbiamente la colazione il punto forte della locanda: quasi "personalizzata" secondo i vostri gusti, d'estate servita in una piccola corte interna.

Agriturismo Corte dei Gioghi senza rist
via Pellegrina 8, 2 km per Ravenna - B2 ✉ *44124 – ✆ 05 32 74 50 49*
– www.cortedeigioghi.com
7 cam ☕ – 🚹55/80 € 🚹🚹75/100 €
Spaziose, arredate con gusto rustico, le camere sono state ricavate nel vecchio fienile della casa colonica; spazio all'esterno per colazioni estive e gradevole piscina.

Ristoranti

Il Don Giovanni (Pierluigi Di Diego)
corso Ercole I° D'Este 1 ✉ *44121 – ✆ 05 32 24 33 63* Pianta : AB1**x**
– www.ildongiovanni.com – Chiuso 1°-20 agosto, domenica sera e lunedì
Menu 55/75 € – Carta 59/102 € – *(solo a cena escluso domenica)* (prenotare)
Lo straordinario connubio di due soci, uno in sala, che vi consiglierà con sapienza i vini, l'altro in cucina, che sforna emozionanti piatti, è alla radice di un successo che porta la città estense sulle grandi tavole.
➜ Spaghetti alla chitarra all'aglio, olio e peperoncino su fonduta di parmigiano reggiano. Germano reale farcito con anguilla e spinaci, tortelli di zucca e fondo alla saba. Cassatina di pomodori verdi con gel al pepe verde, lime e coriandolo.

Big Night-da Giovanni – Hotel Ferrara
via largo Castello 38 ✉ *44121 – ✆ 05 32 24 23 67* Pianta : A1**h**
– www.ristorantebignight.com
Menu 35/65 € – Carta 42/71 € – (consigliata la prenotazione)
Dalla vetrata della sala ammirerete uno scorcio del castello, ma l'attenzione si sposterà presto ai piatti: i classici ferraresi, carne, dell'ottimo pesce e, per gli appassionati, ampia selezione di distillati.

Max
piazza Repubblica 16 ✉ *40121 – ✆ 05 32 20 93 09 – Chiuso* Pianta : A1**f**
agosto, domenica a mezzogiorno e lunedì
Carta 53/75 €
Semplice e classico nelle due sale, il ristorante è tuttavia uno dei riferimenti ferraresi per chi ama il pesce, in preparazioni classiche, fritto compreso, nonché il cioccolato fra i dolci.

Quel Fantastico Giovedì
via Castelnuovo 9 ✉ *44121 – ✆ 05 32 76 05 70* Pianta : B2**n**
– www.quelfantasticogiovedi.com – Chiuso 20-30 gennaio, 26 luglio-20 agosto e mercoledì
Menu 24/38 € – Carta 30/56 € – (consigliata la prenotazione)
Un libro di Steinbeck - scelto casualmente fra - tanti battezzò il ristorante, ma da allora poco fu lasciato al caso: sale moderne ed eleganti, qui troverete i classici ferraresi, sebbene la nomea della cucina sia prevalentemente legata all'ottimo pesce.

Ca' d'Frara
via del Gambero 4 ✉ *44121 – ✆ 05 32 20 50 57* Pianta : B1**c**
– www.ristorantecadfrara.it – Chiuso 15 luglio-6 agosto, mercoledì a mezzogiorno e martedì
Menu 24 € – Carta 27/56 € – (consigliata la prenotazione)
Tappa irrinunciabile per chi vuole conoscere la grande cucina ferrarese, il cuoco rende uno straordinario omaggio ai cappellacci di zucca, al pasticcio di maccheroni in crosta di pasta frolla, alla salama da sugo e a tante altre leccornie.

La Borsa Wine-Bar
corso Ercole I D'Este 1 ✉ *44121 – ✆ 05 32 24 33 63* Pianta : AB1**x**
– www.ildongiovanni.com – Chiuso 3-9 agosto, domenica in luglio-agosto, lunedì negli altri mesi
Carta 31/68 €
Informale e alla mano, con alcuni tavoli sistemati sotto il suggestivo lucernaio di un palazzo d'epoca, qui troverete le proposte più svariate, da un'ottima selezione di salumi agli arrivi quotidiani elencati su una lavagna di piatti più elaborati.

a Ponte Gradella Est : 3 km per via Giovecca Pianta : B2 – ✉ 44123

Locanda Corte Arcangeli cam,
via Pontegradella 503 – ✆ 05 32 70 50 52 – www.locandacortearcangeli.it
7 cam – 50/65 € 75/85 €
Rist *Cucina 503* – Carta 29/57 €
Antico monastero rinascimentale, divenuta villa di campagna della famiglia Savonarola, la locanda propone ambienti rustico-eleganti, camere impreziosite da mobili d'epoca, relax, piscine ed ottimi servizi. Gustosa sintesi di cucina emiliana, umbra (dalla chianina al tartufo nero) e qualche proposta di pesce, il ristorante: sicuramente meritevole di una tappa!

a Porotto-Cassana Ovest : 5 km per Rovigo Pianta : A1 – ✉ 44124

Agriturismo alla Cedrara senza rist
via Aranova 104 – ✆ 05 32 59 30 33 – www.allacedrara.it
8 cam – 40/45 € 65/80 €
Completamente ristrutturato, il vecchio fienile è ora un curato agriturismo dalle belle camere arredate con pezzi antichi. Colazione in veranda con le torte fatte in casa; inoltre c'è un grande giardino a disposizione dei clienti.

a Gaibana Sud : 10 km per Ravenna Pianta : B2 – ✉ 44124

Trattoria Lanzagallo
via Ravenna 1048 – ✆ 05 32 71 80 01 – Chiuso 1°-15 luglio, 2 settimane in agosto, domenica e lunedì
Carta 30/45 €
Non fatevi ingannare dall'ambiente semplice e privo di fronzoli, la TrattoriaLanzagallo è uno dei punti di riferimento in provincia per la qualità del pesce in preparazioni schiette e gustose. Un suggerimento? Filetto di rombo in crosta di patate!

a Ravalle Ovest : 16 km per Rovigo Pianta : A1 – ✉ 44123

L'Antico Giardino
via Martelli 28 – ✆ 05 32 41 25 87 – Chiuso martedì a mezzogiorno e lunedì
Menu 40/55 € – Carta 38/66 €
Una cucina ricca di spunti fantasiosi, che mostra una predilezione per i sapori della terra, carne, funghi e tartufi particolarmente. Moderna anche l'atmosfera all'interno della villetta, nel centro della località.

FERRAZZE → Vedere San Martino Buon Albergo
Verona (VR)

FERRO DI CAVALLO → Vedere Perugia
Perugia (PG)

FETOVAIA → Vedere Elba (Isola d') : Marina di Campo
Livorno (LI)

FIANO
Torino (TO) – ✉ 10070 – 2 686 ab. – Carta regionale n° **22**-B2
Roma 697 km – Torino 29 km – Aosta 127 km – Vercelli 93 km
Carta stradale Michelin 561-G4

Relais Bella Rosina
via Agnelli 2 – ✆ 01 19 23 36 00 – www.bellarosina.it – Chiuso 7 gennaio-6 febbraio
21 cam – 90/280 € 140/320 € – **2 suites**
Rist *Gemma di Rosa* – vedere selezione ristoranti
Non lontano dalla Reggia di Venaria, tranquillo e con ampi spazi esterni, il relais si trova in una residenza sabauda patrimonio mondiale dell'Unesco. Camere eleganti ed una beauty farm nella cascina settecentesca appartenuta a Vittorio Emanuele II.

Gemma di Rosa – Hotel Relais Bella Rosina

via Agnelli 2 – ✆ 01 19 23 36 33 – www.bellarosina.it – Chiuso 7 gennaio-6 febbraio, domenica sera e lunedì

Menu 40/75 € – Carta 33/88 €

Soffitto con volte di mattoni a vista, pavimento in cotto, lampadari in rame: sono solo alcuni degli elementi che contribuiscono a rendere suggestivo questo elegante ristorante affacciato su un'antica corte. La cucina ripercorre le ricette della tradizione locale e, in aggiunta, anche qualche piatto internazionale.

FIANO ROMANO

Roma (RM) – ✉ 00065 – 13 489 ab. – Alt. 97 m – Carta regionale n° **12-B2**

Roma 39 km – Rieti 50 km – Terni 78 km – Viterbo 81 km

Carta stradale Michelin 563-P19

in prossimità casello autostrada A 1 di Fiano Romano Sud : 5 km :

Park Hotel rist,

via Milano 33 – ✆ 07 65 45 30 80 – www.parkhotelromanord.it

91 cam – †95/130 € ††115/150 € – **2 suites** **Rist** – Carta 27/78 €

Tradizionale e moderno, non privo di una sobria eleganza, l'hotel propone camere standard e funzionali nel corpo principale, più eleganti e spaziose nella dépendance; per tutti un bel giardino con piscina. Cucina romana ai tavoli della graziosa sala da pranzo, affacciata sul verde e sulla piscina.

FIASCHERINO → Vedere Lerici

La Spezia (SP)

FIDENZA

Parma (PR) – ✉ 43036 – 25 797 ab. – Alt. 75 m – Carta regionale n° **8-A2**

Roma 476 km – Parma 21 km – Piacenza 38 km – Cremona 48 km

Carta stradale Michelin 562-H12

Podere San Faustino

via San Faustino 33 (strada statale Emilia nord) – ✆ 05 24 52 01 84 – Chiuso 1°-10 gennaio, sabato a mezzogiorno, domenica sera e lunedì

Carta 28/54 €

Piacevolissima trattoria familiare nel verde di una casa colonica. La cucina delizia i suoi ospiti con sapori regionali, ma tra i nostri preferiti: tagliolini di soli rossi d'uovo con pasta di salame, cipolla dolce e pomodorini - guancialino di maiale brasato con polenta croccante e carpaccio di finocchio - insalata di frutta fresca con zabaione gratinato.

FIÈ ALLO SCILIAR (VÖLS AM SCHLERN)

Bolzano (BZ) – ✉ 39050 – 3 451 ab. – Alt. 880 m – Carta regionale n° **34-D3**

Roma 657 km – Bolzano 16 km – Bressanone 36 km – Trento 74 km

Carta stradale Michelin 562-C16

Turm

piazza della Chiesa 9 – ✆ 04 71 72 50 14 – www.hotelturm.it – Chiuso 6 aprile-1° maggio e 10 novembre-22 dicembre

36 cam – †125/171 € ††196/350 € – **4 suites**

Rist *Turm* – vedere selezione ristoranti

In pieno centro, in un antico edificio medievale del 1300, un moderno hotel dal côté romantico con raccolta di quadri d'autore, camere ricche di fascino e suggestiva zona benessere.

Heubad rist,

via Sciliar 12 – ✆ 04 71 72 50 20 – www.heubad.info – Chiuso 12-29 aprile e 2 novembre-17 dicembre

45 cam – †67/140 € ††146/210 €

Rist – Carta 37/72 € – *(chiuso mercoledì)*

Da menzionare certamente i bagni di fieno, metodo di cura qui praticato ormai da 100 anni e da cui l'hotel trae il nome: per farsi viziare in un'atmosfera di coccolante relax. Cucina locale servita in diversi ambienti raccolti, tra cui tre stube originali.

Turm - Hotel Turm

piazza della Chiesa 9 – 04 71 72 50 14 – www.hotelturm.it – Chiuso 6 aprile-1° maggio e 10 novembre-22 dicembre

Carta 43/80 € – (consigliata la prenotazione)

Cucina regionale con tocchi di creatività per questo ristorante dalla stessa romantica e curata atmosfera dell'omonimo albergo. Oltre al bel servizio estivo in giardino, la struttura "regala" un incantevole panorama sul paesaggio circostante.

FIERA DI PRIMIERO

Trento (TN) – 38054 – 483 ab. – Alt. 710 m – Carta regionale n° **34**-C2

Roma 600 km – Belluno 65 km – Bolzano 104 km – Trento 96 km

Carta stradale Michelin 562-D17

Iris Park Hotel

rist,

via Roma 26 – 04 39 76 20 00 – www.brunethotels.it – Aperto 4 dicembre-8 aprile e 22 aprile-22 novembre

64 cam – 80/108 € 148/195 € – **15 suites**

Rist – Carta 26/41 €

Lungo la strada principale, hotel che presenta un ambiente montano davvero signorile, confortevole e personalizzato. Camere di varie tipologie, valido centro benessere. Calda atmosfera nell'elegante sala ristorante.

Tressane

via Roma 30 – 04 39 76 22 05 – www.brunethotels.it – Aperto 3 dicembre-8 aprile e 10 maggio-20 novembre

33 cam – 80/108 € 148/194 € – **5 suites**

Rist – Carta 28/43 €

Da bozzolo a farfalla: la piccola locanda, che già nel 1923 accoglieva i propri ospiti con calore e savoir-faire, è diventata oggi una struttura moderna nei confort, ma sempre tradizionale nello stile. Non manca, un ampio centro benessere (in condivisione con l'Iris Park Hotel) ed un ristorante à la carte per gli esterni.

Relais Le Gemme

via Roma 30 – 04 39 76 22 05

11 suites – 210/273 €

Piccola e riservata dépendance con ampi spazi arredati in stile montano, opulento e ricercato: idromassaggio o sauna in camera ed, in alcuni casi, anche angolo cottura.

Castel Pietra

cam, rist,

via Venezia 28 – 04 39 76 31 71 – www.hotelcastelpietra.it – Chiuso 12 aprile-22 maggio e 13 ottobre-21 novembre

50 cam – 43/69 € 70/122 €

Rist – Menu 25 € – *(solo per alloggiati)*

Rist *Castel Pietra* – Carta 28/56 €

Una giovane coppia conduce con passione un albergo carino ed accogliente, completo nella gamma dei servizi offerti: camere linde e ben organizzate, molte delle quali dotate di balconcino. Tocco modaiolo all'omonimo ristorante con bucolico servizio all'aperto e un sorprendente menu con tanto pesce.

La Perla

rist,

via Venezia 26 – 04 39 76 21 15 – www.hotelaperla.it

63 cam – 37/91 € 54/132 €

Rist – Menu 15/50 € – *(solo per alloggiati)*

Rist *I Sapori della Perla* – Carta 23/48 €

Se avete voglia di mondanità, una breve passeggiata vi condurrà in centro; altrimenti, godetevi la tranquillità di questa bella struttura dalla simpatica gestione familiare, dove le camere più recenti offrono una splendida vista sulla valle. Al ristorante I Sapori della Perla, cucina trentina ed una pagina dedicata alla spaghetteria.

Chalet Piereni con cam rist,

località Piereni 8, a Val Canali – ✆ 0 43 96 27 91 – www.chaletpiereni.it – Chiuso 10 gennaio-Pasqua
19 cam – †45/75 € ††80/100 €
Menu 20/35 € – Carta 21/47 € – *(chiuso mercoledì in bassa stagione)*
Tra boschi punteggiati da piccole e vecchie malghe, una terrazza sulle Dolomiti e, in sala, piatti della tradizione trentina con tanta carne e formaggi locali. Verdi pascoli, incantevoli scorci e silenzio dalle finestre delle camere.

FIESOLE

Firenze (FI) – ✉ 50014 – 13 968 ab. – Alt. 295 m – Carta regionale n° **32-D3**
Roma 285 km – Firenze 8 km – Arezzo 89 km – Livorno 124 km
Carta stradale Michelin 563-K15

Villa San Michele

via Doccia 4 – ✆ 05 55 67 82 00 Pianta : B1**b**
– www.belmond.com/villasanmichele – Aperto da inizio aprile a fine ottobre
39 cam – †550 € ††890/1130 € – **6 suites**
Rist *La Loggia* – vedere selezione ristoranti
Se sentite nostalgia di Florentia, in 10 minuti una navetta gratuita vi condurrà nel cuore della città. Altrimenti, godetevi la tranquillità e la maestosa vista di questa raffinata dimora del '400 immersa nel verde, la cui facciata è attribuita al più grande maestro italiano: Michelangelo.

Il Salviatino

via del Salviatino 21 – ✆ 05 59 04 11 11 Pianta : B2**e**
– www.salviatino.com
45 cam – †280/650 € ††320/880 € – **8 suites**
Rist *Il Salviatino* – vedere selezione ristoranti
Il lusso non contraddistingue solo gli spazi di questa villa cinquecentesca, con parco e vista panoramica sulla città, ma si esprime anche attraverso una formula di service ambassador: un referente a cui ogni cliente può rivolgersi 24h su 24h. Preparatevi: un soggiorno da sogno vi attende.

Villa dei Bosconi senza rist

via Francesco Ferrucci 51, Nord : 1,5 km – ✆ 05 55 95 78 – www.villadeibosconi.it – Chiuso 15 gennaio-15 marzo
21 cam – †75/160 € ††90/180 €
Tranquillo e accogliente albergo, condotto con professionalità, dispone di ottimi spazi all'aperto, camere di taglio moderno e una bella piscina con solarium recentemente inaugurata.

Pensione Bencistà rist,

via Benedetto da Maiano 4 – ✆ 05 55 91 63 Pianta : B1**c**
– www.bencista.com – Aperto 15 marzo-15 novembre
41 cam – †64/90 € ††143/178 € – **2 suites** **Rist** – Menu 25 €
Sulle pendici dei colli fiesolani, Firenze da questa villa trecentesca pare una cartolina. All'interno troverete un'eleganza piacevolmente retrò, a volte datata, ma ricca di fascino per chi sa apprezzare il romanticismo del tempo che fu.

La Loggia – Hotel Villa San Michele

via Doccia 4 – ✆ 05 55 67 82 00 – www.villasanmichele.com Pianta : B1**b**
– Aperto da inizio aprile a fine ottobre
Carta 85/155 €
D'estate si apparecchia sotto il loggiato proteso verso Firenze, con il freddo ci si sposta nelle sale del chiostro e del cenacolo. Per il palato è sempre una gioia conoscere i prodotti toscani: le paste fatte in casa, le carni e - in stagione - i funghi.

Il Salviatino – Hotel Salviatino

via del Salviatino 21 – ✆ 05 59 04 11 11 Pianta : B2**e**
– www.salviatino.com
Menu 70/130 € – Carta 81/107 € – *(solo a cena)*
Arredi dai toni bianchi e classici e poi la chicca del locale: una bella terrazza affacciata sul verde del parco. In menu, ricette elaborate partendo dai migliori ingredienti locali, presentate con semplicità ed eleganza.

a Montebeni Est : 5 km – ✉ 50014 Fiesole

Tullio a Montebeni

via Ontignano 48 – ✆ 05 56 97 35 4- 69 77 99 – www.ristorantetullio.it – Chiuso agosto, martedì a mezzogiorno e lunedì
Menu 25 € (pranzo in settimana)/50 € – Carta 25/59 € – (consigliata la prenotazione)
Tutto ha avuto inizio nel lontano 1958: una bottega di paese con qualche piatto caldo per ristorare contadini e cacciatori della zona. Oggi sono i figli di Tullio a riproporre con passione e fedeltà, i medesimi sapori e i vini di propria produzione.

ad Olmo Nord-Est : 9 km – ✉ 50014 Fiesole

Dino

cam,

via Faentina 329 – ✆ 0 55 54 89 32 – www.hotel-dino.it
18 cam – †60/70 € ††70/80 €, ☕ 5 €
Rist – Carta 20/41 € – *(chiuso mercoledì)*
Tutto è all'insegna dell'accurata semplicità in quest'angolo di tranquilla collina: un albergo familiare, ben gestito, stanze con arredi sul rustico, ben tenute. Capiente sala ristorante e cucina di impronta locale. Nei fine settimana anche pizzeria.

FIGHINE → Vedere San Casciano dei Bagni

Siena (SI)

FILANDARI

Vibo Valentia (VV) – ✉ 89841 – 1 854 ab. – Alt. 486 m – Carta regionale n° **5-A2**
Roma 629 km – Reggio di Calabria 89 km – Catanzaro 81 km – Vibo Valentia 11 km
Carta stradale Michelin 564-L30

a Mesiano Nord-Ovest : 3 km – ✉ 89851 Filandari

Frammichè

contrada Ceraso – ✆ 33 88 70 74 76 – Chiuso domenica in luglio-agosto, domenica sera e lunedì negli altri mesi
Menu 15/35 € – Carta 15/40 € – *(solo a cena escluso luglio-agosto)*
Orecchiette con ragù di carne e finocchietto selvatico? Perchè no! In aperta campagna, al termine di una strada sterrata, questo piccolo casolare è una piacevole sorpresa. Il pergolato esterno per il servizio estivo, così come la saletta dal monumentale camino, accolgono una cucina casalinga dalle porzioni generose. Specialità: trofie con fiori di zucca e pinoli, stinco di maiale, sfoglia con crema chantilly.

FILICUDI → Vedere Eolie (Isole)

Messina (ME)

FINALBORGO → Vedere Finale Ligure

Savona (SV)

FINALE EMILIA

Modena (MO) – ✉ 41034 – 15 735 ab. – Alt. 15 m – Carta regionale n° **9-C2**
Roma 417 km – Bologna 58 km – Modena 42 km – Ferrara 31 km
Carta stradale Michelin 562-H15

Estense Park Hotel senza rist

via per Modena 32 – ✆ 0 53 59 28 85 – www.estenseparkhotel.it
43 cam ☕ – †65 € ††90 €
Alle porte della località, albergo di taglio conteporaneo con camere fornite di tutti i servizi della categoria ed accesso gratuito al centro fitness adiacente. Carne e pesce nel menu del ristorante.

Casa Magagnoli senza rist

piazza Garibaldi 10 – ✆ 05 35 76 00 46 – www.casamagagnoli.com
12 cam ☕ – †65/100 € ††80/100 €
Nell'Ottocento ospitò un pioniere dell'arte fotografica, oggi invece dedica ogni camera, arredata con gusto minimalista, ai personaggi di Finale ricordati tra gli annali della storia.

Osteria la Fefa

via Trento-Trieste 9/C – 05 35 78 02 02 – www.osterialafefa.it – Chiuso 3 settimane in gennaio e 3 settimane in agosto
Menu 35 € – Carta 28/47 € – *(chiuso martedì)* (consigliata la prenotazione)
In un edificio del Seicento, trattoria già nel Settecento, l'abile cuoca della Fefa continua la sua strenua difesa della cucina emiliana, all'insegna, tra l'altro, di gnocco fritto e ottimi salumi, nonché ottime paste fresche.

FINALE LIGURE

Savona (SV) – 17024 – 11 909 ab. – Carta regionale n° **14-B2**
Roma 576 km – Genova 74 km – Savona 28 km – Imperia 52 km
Carta stradale Michelin 561-J7

Punta Est

via Aurelia 1 – 0 19 60 06 11 – www.puntaest.com – Aperto 15 aprile-15 ottobre
36 cam – 110/220 € 190/310 € – **2 suites** **Rist** – Carta 30/71 €
Antica dimora settecentesca in un parco ombreggiato da pini secolari e da palme; tutti da scoprire i deliziosi spazi esterni, tra cui una caverna naturale con stalagmiti. Elegante sala da pranzo: soffitti a travi lignee, archi, camino centrale, dehors panoramico.

Medusa

vico Bricchieri 7 – 0 19 69 25 45 – www.medusahotel.it
32 cam – 62/82 € 82/160 € **Rist** – Menu 25 € – *(solo per alloggiati)*
A pochi passi dal mare, ma sempre in pieno centro, albergo a conduzione familiare con piacevoli ed armoniosi arredi nelle camere. Sale comuni al primo piano: colazioni e pasti anche in terrazza.

San Pietro Palace Hotel

via San Pietro 9 – 01 96 04 91 56 – www.hotelsanpietropalace.it
30 cam – 120/195 € 160/240 € – **1 suite**
Rist *Sottosale* – vedere selezione ristoranti
Sul lungomare, hotel di recente apertura che si propone con spazi comuni moderni e minimalisti di piccole dimensioni: il fascino e il confort sono concentrati nelle armoniose camere, ma anche nel piccolo centro relax.

Rosita

via Mànie 67, Nord-Est : 3 km – 0 19 60 24 37 – www.hotelrosita.it – Chiuso 7 gennaio-20 febbraio
11 cam – 50/85 € 70/100 € – **1 suite**
Rist *Rosita* – vedere selezione ristoranti
Panorama sul golfo per un piccolo albergo a conduzione familiare, in zona collinare vicina ad una oasi protetta dell'entroterra. Le semplici camere non lesinano sul confort.

Villa Italia-Careni

via Torino 111 – 0 19 69 06 17 – www.hotelcareni.it – Chiuso 1° ottobre-28 dicembre
70 cam – 100/120 € 100/140 €
Rist – Menu 20/30 € – *(solo per alloggiati)*
Hotel a conduzione familiare - in posizione leggermente arretrata rispetto al lungomare, ma raggiungibile con due passi - dispone di ambienti semplici e curati: gradevoli le due terrazze solarium.

Sottosale – San Pietro Palace Hotel

via San Pietro 9 – 01 96 04 95 23 – www.ristorantesottosale.it
Carta 34/71 €
Il design minimalista conferisce all'ambiente un côté giovane e alla moda: anche la cucina occhieggia alla modernità, pur attingendo al grande repertorio della regione.

Rosita – Hotel Rosita

via Mànie 67, Nord-Est : 3 km – ✆ 0 19 60 24 37 – www.hotelrosita.it – Chiuso 7 gennaio- 20 febbraio, martedì e mercoledì in bassa stagione

Carta 29/51 € – *(solo a cena)* (consigliata la prenotazione)

Stile rustico, ma soprattutto una bella terrazza affacciata sul mare e sulla costa, che vi ripaga di un tratto di strada un po' stretto e tortuoso, necessario a raggiungere il locale. Curata direttamente dai titolari, la cucina è squisitamente all'insegna del territorio.

a Finalborgo Nord-Ovest : 2 km – ✉ 17024

Ai Torchi

via dell'Annunziata 12 – ✆ 0 19 69 05 31 – www.ristoranteaitorchi.com – Chiuso 7 gennaio-10 febbraio e martedì escluso vacanze di Natale

Carta 37/94 €

Rist *A Bitèga* – ✆ 36 65 24 40 49 –Carta 23/36 €

Antico frantoio in un palazzo del centro storico: in sala sono ancora presenti la macina in pietra e il torchio in legno. Atmosfera e servizio curati, cucina marinara.

FINO DEL MONTE

Bergamo (BG) – ✉ 24020 – 1 146 ab. – Alt. 700 m – Carta regionale n° **16-B2**

Roma 600 km – Bergamo 38 km – Brescia 61 km – Milano 85 km

Carta stradale Michelin 561-E11

Garden

via Papa Giovanni XXIII, 1 – ✆ 0 34 67 23 69 – www.fratelliferrari.com – Chiuso 2 settimane in gennaio

20 cam – 45/65 € 70/100 € – **1 suite**

Rist – Carta 37/64 € – *(chiuso domenica sera e lunedì)*

In un angolo verdeggiante, tra l'Altopiano di Clusone e la Conca della Presolana, una comoda struttura alberghiera mantenuta sempre "fresca" ed aggiornata da un'attenta gestione familiare. Semplice e colorato ristorante disposto su due salette classiche dove gustare anche ottimi piatti di pesce.

FIORANO AL SERIO

Bergamo (BG) – ✉ 24020 – 3 041 ab. – Alt. 396 m – Carta regionale n° **19-D1**

Roma 597 km – Bergamo 22 km – Brescia 65 km – Milano 70 km

Carta stradale Michelin 561-E11

Trattoria del Sole

piazza San Giorgio 20 – ✆ 0 35 71 14 43 – www.trattoriadelsole.it – Chiuso 1°-10 gennaio, le sere di martedì, mercoledì e sabato a mezzogiorno

Carta 39/75 €

Locale raccolto in cui rusticità ed eleganza convivono in armonia. Dalla cucina piatti di carne e di pesce, talora ricercati, nelle belle cantine la possibilità di soffermarsi per una degustazione.

FIORANO MODENESE

Modena (MO) – ✉ 41042 – 17 066 ab. – Alt. 115 m – Carta regionale n° **8-B2**

Roma 421 km – Bologna 57 km – Modena 15 km – Reggio nell'Emilia 35 km

Carta stradale Michelin 562-I14

Alexander senza rist

via della Resistenza 46, località Spezzano, Ovest : 3 km ✉ 41040 Spezzano – ✆ 05 36 84 59 11 – www.alexander-hotel.it – Chiuso 10-20 agosto

48 cam – 45/75 € 70/90 €

In quello che anticamente era luogo di villeggiatura di nobili famiglie locali ed oggi un'area a forte vocazione industriale, una struttura moderna ideale per una clientela business.

Executive senza rist
circondariale San Francesco 2 – ✆ 05 36 83 20 10 – www.hotel-executive.eu – Chiuso 21 dicembre-6 gennaio e 2-25 agosto
51 cam – 46/60 € 64/75 € – **9 suites**
Nel cuore dell'area dell'industria ceramica, questo elegante hotel dispone di ambienti spaziosi e luminosi, arredati con mobili color crema e raffinati tessuti ricercati.

FIORENZUOLA D'ARDA

Piacenza (PC) – ✉ 29017 – 15 262 ab. – Alt. 80 m – Carta regionale n° **8**-A2
Roma 495 km – Piacenza 24 km – Cremona 31 km – Milano 87 km
Carta stradale Michelin 562-H11

Concordia senza rist
via XX Settembre 54 – ✆ 05 23 98 28 27 – www.hotelconcordiapc.com – Chiuso 15-30 agosto
22 cam – 60/70 € 80/90 €
Gestione familiare, tranquillità ed una gentile accoglienza per questo albergo situato in pieno centro storico. L'ambiente è piacevole ed intimo, le stanze eleganti e in stile.

Mathis con cam
via Matteotti 68 – ✆ 05 23 98 28 50 – www.mathis.it – Chiuso 10-16 agosto
16 cam – 65 € 85 €
Menu 18 € (pranzo) – Carta 26/44 € – *(chiuso domenica)*
Piacevole atmosfera retrò con oggetti d'altri tempi a far da contorno alle specialità piacentine. Moto e macchine d'epoca in cantina. Originale, come il suo nome!

FIRENZE

Firenze (FI) – 366 039 ab. – Alt. 50 m – Carta regionale n° **32**-D3
Roma 274 km – Bologna 116 km – Livorno 105 km – Prato 25 km
Carta stradale Michelin 563-K15

Alberghi

Four Seasons Hotel Firenze

cam, cam,

borgo Pinti 99 ✉ *50121* – ✆ *05 52 62 61*
– *www.fourseasons.com/florence* Pianta : F1**a**
116 cam – 325/995 € 325/995 €, 45 € – **20 suites**
Rist *Il Palagio* – vedere selezione ristoranti
Rist *Atrium Lounge* – ✆ 05 52 62 64 70 – Carta 56/123 €
Le austere mura di un palazzo quattrocentesco celano il più grande parco privato della città: camere sontuose, arredi classici, luminose corti riparate da lucernai per un soggiorno esclusivo. La dépendance del Conventino è preferita, invece, da chi predilige privacy e tranquillità. Gustosa carrellata sui piatti toscani e nazionali all'Atrium; pizza e grigliate estive in giardino.

The St. Regis Florence

cam,

piazza Ognissanti 1 ✉ *50123* – ✆ *05 52 71 63* Pianta : D2**a**
– *www.stregisflorence.com*
83 cam – 490/690 € 660/890 €, 42 € – **17 suites**
Rist *Winter Garden by Caino* – vedere selezione ristoranti
Rist – Carta 70/110 €
Raffinato palazzo fiorentino, originariamente progettato da Brunelleschi, gli interni risplendono per ricercatezza e buon gusto, le camere - alcune con vista sull'Arno - reinterpretano lo stile tradizionale toscano.

The Westin Excelsior

piazza Ognissanti 3 ✉ *50123* – ✆ *05 52 71 51* Pianta : D2**b**
– *www.westinflorence.com*
171 cam – 295/695 € 320/1800 €, 41 € – **16 suites**
Rist *SE.STO* – vedere selezione ristoranti
In un imponente palazzo affacciato sull'Arno e su una graziosa piazzetta, l'Excelsior offre la più classica atmosfera da grande albergo, ideale per chi non ama soprese di design e preferisce essere coccolato dal lusso più tradizionale.

Grand Hotel Villa Cora

cam,

viale Machiavelli 18 ✉ *50125* – ✆ *0 55 22 87 90*
– *www.villacora.it* Pianta : D3**b**
40 cam – 225/620 € 250/650 €, 25 € – **6 suites**
Rist *Il Pasha* – Carta 58/92 €
E' tutto un susseguirsi di sale affrescate, marmi e stucchi in questa signorile villa di fine '800, immersa in un parco secolare con piscina. Dei giorni nostri, invece, l'attrezzato centro benessere. Cucina di ricerca nel ristorante con servizio estivo in veranda.

Savoy

piazza della Repubblica 7 ✉ 50123 – ✆ 05 52 73 51 — Pianta : H1**q**
– *www.hotelsavoy.it*
102 cam – 🚹220/476 € 🚹🚹282/814 €, ☕ 30 € – **14 suites**
Rist *L'Incontro* – ✆ 05 52 73 58 91 – Carta 50/85 €
Affacciato sull'elegante piazza della Repubblica, salotto dei caffè storici fiorentini, al Savoy sarete avvolti da un eccellente servizio, sorrisi e attenzioni. Raffinate camere in stile classico rivisitato, alcune sulla piazza, altre sulla cupola di Brunelleschi.

Montebello Splendid

rist,
via Garibaldi 14 ✉ 50123 – ✆ 05 52 74 71 — Pianta : D2**e**
– *www.montebellosplendid.com*
58 cam ☕ – 🚹150/350 € 🚹🚹199/650 € – **3 suites**
Rist *Capriccio* – Carta 42/79 €
Tra strade caratteristiche e palazzi storici, questo sontuoso e signorile palazzo vi accoglierà tra i marmi policromi dei suoi ambienti e nel grazioso giardino interno.

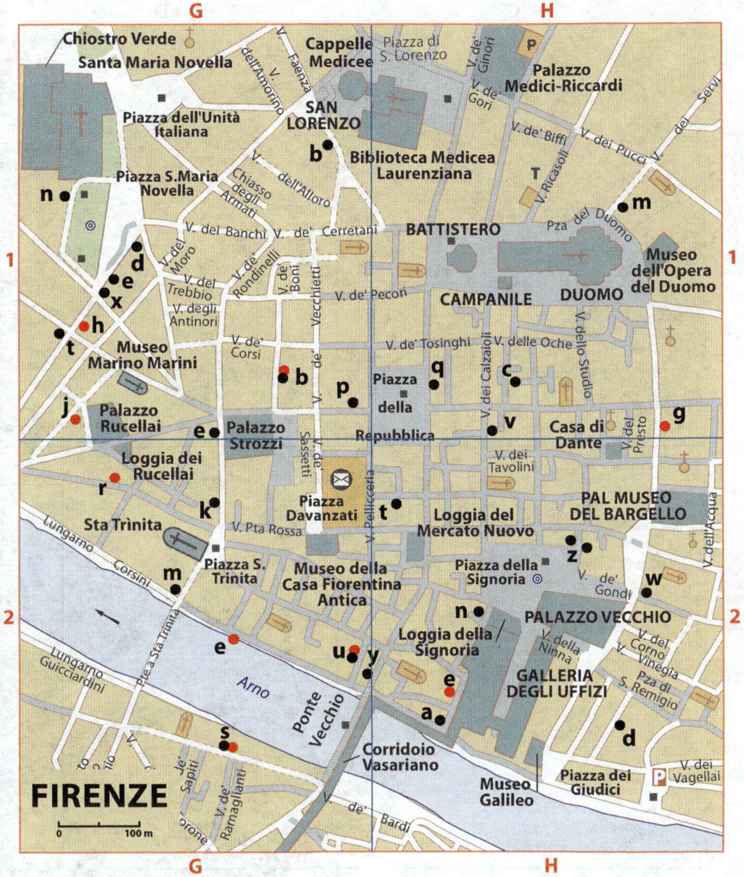

Relais Santa Croce rist,

via Ghibellina 87 ✉ *50122* – ✆ *05 52 34 22 30* – *www.relaisantacroce.com* Pianta : E2**x**

21 cam – 330/550 € 380/650 € – **3 suites**

Rist – Carta 62/158 € – *(solo a cena)*

Lusso ed eleganza nel cuore di Firenze, un'atmosfera unica tra tradizione e modernità, nella quale mobili d'epoca si accostano ad elementi di design e a tessuti preziosi. Tempo, esperienza e passione: gli ingredienti essenziali per realizzare piatti semplici e gustosi di antiche ricette toscane.

Regency

piazza Massimo D'Azeglio 3 ✉ *50121* – ✆ *0 55 24 52 47* – *www.regency-hotel.com* – *Aperto 6 marzo-24 novembre* Pianta : F2**a**

29 cam – 200/379 € 220/502 € – **3 suites**

Rist *Relais le Jardin* – vedere selezione ristoranti

Affacciato su una delle più eleganti piazze-giardino di Firenze, il palazzo ottocentesco offre lusso e classicità di arredi per chi non ama il design contemporaneo e preferisce essere rassicurato da uno stile intramontabile.

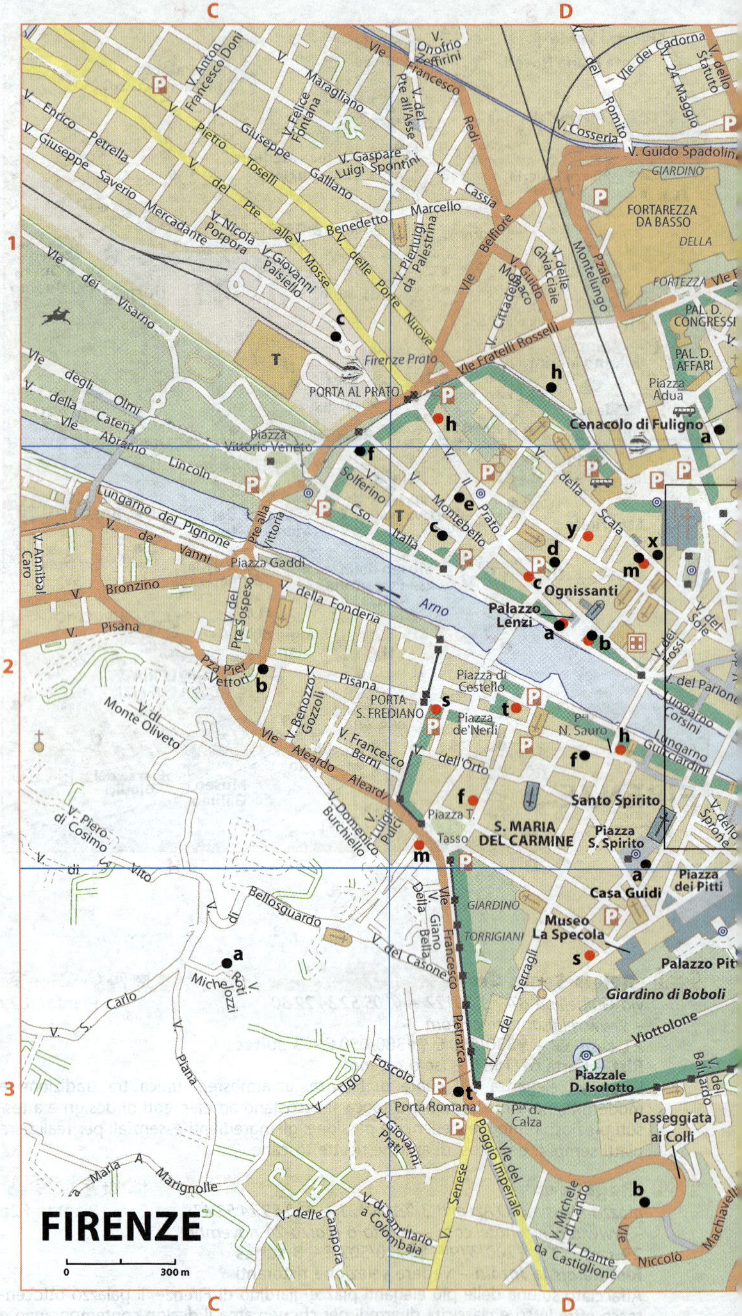
C
D
1
2
3
FIRENZE
0
300 m
V. Anton Francesco Doni
V. Enrico Petrella
V. Giuseppe Saverio Mercadante
V. Pietro Toselli
V. Giuseppe Galliano
V. Maragliano
V. Felice Fontana
V. Gaspare Luigi Spontini
V. del Pte alle Mosse
V. delle Porte Nuove
V. Nicola Porpora
V. Giovanni Paisiello
V. Benedetto Marcello
V. Pierluigi da Palestrina
V. Cassia
Vle Belfiore
V. Guido Monaco
V. Cittadella
V. delle Ghiacciaie
Vle Fratelli Rosselli
Vle Francesco Redi
V. Onofrio Zeffirini
V. del Pte all'Asse
Vle dei Visarno
Vle degli Olmi
V. della Catena
Vle Abramo Lincoln
Firenze Prato
PORTA AL PRATO
Piazza Vittorio Veneto
Lungarno del Pignone
Pte alla Vittoria
V. Annibal Caro
V. de' Vanni
V. Bronzino
V. Pisana
Piazza Gaddi
V. della Fonderia
V. del Pte Sospeso
Pza Pier Vettori
Arno
V. Solferino
Cso. Italia
V. Montebello
V. il Prato
V. della Scala
Cenacolo di Fuligno
Ognissanti
Palazzo Lenzi
V. dei Fossi
V. del Sole
V. del Parione
Lungarno Corsini
Lungarno Guicciardini
V. dello Sprone
Piazza di Cestello
PORTA S. FREDIANO
Piazza de'Nerli
Pza N. Sauro
V. dell'Orto
V. Francesco Berni
V. Benozzo Gozzoli
Vle Aleardo Aleardi
V. di Monte Oliveto
V. Domenico Burchiello
V. Luigi Pulci
Piazza T. Tasso
S. MARIA DEL CARMINE
Santo Spirito
Piazza S. Spirito
Piazza dei Pitti
Casa Guidi
Museo La Specola
Palazzo Pitti
Giardino di Boboli
GIARDINO TORRIGIANI
V. dei Serragli
Viottolone
Piazzale D. Isolotto
V. dei Baluardo
Passeggiata ai Colli
V. Piero di Cosimo
V. di Vito
V. di Bellosguardo
V. del Casone
V. Giano Della Bella
Vle Francesco Petrarca
V. Michele Poti
V. Michele Lozzi
V. S. Carlo
V. Piana
V. Ugo Foscolo
Porta Romana
Pza d. Calza
V. Giovanni Prati
V. Senese
Poggio Imperiale
Vle del Poggio Imperiale
V. Michele di Lando
V. Dante da Castiglione
Vle Niccolò Machiavelli
V. delle Campora
V. di Sant'Ilario a Colombaia
V. Maria A. Marignolle
V. Guido Spadolini
V. Cosseria
V. del Romito
Vle dei Cadorna
V. 24 Maggio
V. dello Statuto
GIARDINO
FORTAREZZA DA BASSO
DELLA FORTEZZA
V. Pzale Montelungo
PAL. D. CONGRESSI
PAL. D. AFFARI
Piazza Adua
Vle F
a
b
c
d
e
f
h
m
s
t
x
y
T
P

E
F
1
2
3
V. Francesco Crispi
V. 20 Settembre
V. Agnolo Poliziano
Cristoforo Landino
P.za della Libertà
P.te SAN GALLO
V. Lorenzo il Magnifico
Lavagnini
Vle Spartaco
V. Zara
V. Alfonso La Marmora
V. Gustavo Modena
V. Venezia
Vle Giacomo Matteotti
Piazza Savonarola
V. Marsilio Ficino
V. dei Della Robbia
V. degli Artisti
V. Masaccio
V. Andrea Del Castagno
Piazza G. Vasari
V. Luca Giordano
Vle dei Mille
V. Alessandro Volta
V. delle Forbici
V. della Piazzuola
V. del Pratellino
V. Alessandro Marchetti
V. del Campo d'Arrigo
V. Mannelli
Vle Giambologna
V. Giuseppe La Farina
V. Nardi
V. Iacopo
Firenze Campo di Marte
Piazzale Donatello
Chiostro dello Scalzo
Convento e museo di San Marco
S. Apollonia
Galleria dell'Accademia
Opificio delle Pietre dure
Ss. Annunziata
Museo Archeologico
GIARDINO DELLA GHERARDESCA
Ospedale degli Innocenti
V. Ricasoli
V. de' Martelli
V. de' Conti
V. Giuseppe Giusti
Piazza d'Azeglio
Vle Antonio Gramsci
Vle Giuseppe Mazzini
V. Antonio
V. Masaccio
V. Sciatoia
V. Giambattista Vico
V. Capo di Mondo
Santa Maria Maddalena dei Pazzi
Sinagoga
Piazza Sant'Ambrogio
V. degli Alfani
DUOMO
V. de' Pecori
V. Roma
V. del Cso.
V. Pescioni
Museo Storico Topografico "Firenze com'era"
Piazza dei Ciompi
V. de' Pandolfini
Casa Buonarroti
Borgo La Croce
Piazza Beccaria
V. dell'Agnolo
V. Pta Rossa
P.za della Signoria
GALLERIA DEGLI UFFIZI
Piazza di Sta Croce
V. de' Macci
Santa Croce
V. Pietro Thouar
Vle della Giovine Italia
V. Giotto
V. Cimabue
V. Luna
V. dell'Orcagna
V. Fra' Giovanni Angelico
V. Arnolfo
Museo Horne
V. de' Bardi
S. Felicita
V. Tripoli
Piazza dei Cavalleggeri
Lungarno del Tempio
Pte S. Niccolò
P.za de Mozzi
Museo Bardini
Giardino Bardini
Piazza G. Poggi
V. dei Bastioni
Piazza F. Ferrucci
Lungarno Francesco Ferrucci
V. Giampaolo Orsini
V. Coluccio Salutati
Forte del Belvedere
Giardino delle Rose
Piazzale Michelangelo
Museo delle Porcellane
Passeggiata ai Colli
V. dell'Erta Canina
V. di S. Leonardo
San Miniato al Monte
Vle Galileo
V. di Giramonte
Viuzzo di Gattaia
Vle Michelangiolo
POL
M
P
T

Helvetia e Bristol

via dei Pescioni 2 ✉ *50123 – ✆ 05 52 66 51 – www.royaldemeure.com* — Pianta : G1**b**

67 cam – 264/389 € 333/657 € – **15 suites**

Rist *Hostaria Bibendum* – vedere selezione ristoranti

Nel centro di Firenze, di fronte a Palazzo Strozzi, albergo dall'armoniosa facciata ottocentesca, ideale base di partenza per scoprire i vicini luoghi d'interesse. Le raffinate camere e le splendide suite sono arredate con aristocratiche personalizzazioni.

Grand Hotel Minerva

rist,

piazza Santa Maria Novella 16 ✉ *50123 – ✆ 05 52 72 30 – www.grandhotelminerva.com* — Pianta : G1**n**

101 cam – 300 € 500 € – **5 suites**

Rist *I Chiostri* – Carta 35/119 € – *(chiuso domenica)*

E' uno degli hotel più antichi della città ed offre un'accogliente atmosfera impreziosita da opere d'arte, camere arredate con eleganza ed una terrazza con piscina e splendida vista. Delizioso anche il dehors sulla celebre piazza.

Bernini Palace

rist,

piazza San Firenze 29 ✉ *50122 – ✆ 0 55 28 86 21 – www.duetorrihotels.com* — Pianta : H2**w**

74 cam – 250/1500 € 290/1500 € – **10 suites**

Rist *La Chiostrina* – Carta 30/96 € – *(chiuso domenica)*

Nella sala Parlamento si riunivano deputati e senatori ai tempi di Firenze, capitale del Regno d'Italia. Nei suoi ampi corridoi e nelle sue splendide camere (proverbiali quelle del Tuscan Floor), nonché nel suo delizioso ristorante, si aggirano oggi turisti esigenti in termini di qualità.

Albani

rist,

via Fiume 12 ✉ *50123 – ✆ 05 52 60 30 – www.albanihotels.com* — Pianta : D1**a**

95 cam – 100/450 € 120/660 € – **2 suites**

Rist – Carta 29/63 € – *(solo a cena)*

Non lontano dal centro fieristico della Fortezza, è frequentato in prevalenza da una clientela d'affari che ne apprezza le strutture congressuali. Camere e atmosfera da grande albergo un po' retrò.

Brunelleschi

cam, rist,

piazza Santa Elisabetta 3 ✉ *50122 – ✆ 05 52 73 70 – www.hotelbrunelleschi.it* — Pianta : H1**c**

82 cam – 164/949 € 189/1054 € – **14 suites**

Rist *Santa Elisabetta* – Carta 58/104 € – *(chiuso agosto e domenica) (solo a cena)*

Rist *Osteria della Pagliazza* – Carta 45/75 €

Nella bizantina Torre della Pagliazza, camere molto accoglienti (all'ultimo piano la strepitosa Tower Suite) e nelle fondamenta un piccolo museo con cimeli d'epoca romana. Una saletta cinta in parte dai vecchi muri è il ristorante Santa Elisabetta: un angolo gourmet contrapposto all'elegante bistrot Osteria della Pagliazza.

Villa La Vedetta

rist,

viale Michelangiolo 78 ✉ *50125 – ✆ 0 55 68 16 31 – www.villalavedettahotel.com* — Pianta : F3**b**

11 cam – 150/1100 € 150/1100 € – **7 suites**

Rist *Onice Lounge e Restaurant* – Carta 45/72 € – (consigliata la prenotazione)

Circondata da un parco secolare, una villa neorinascimentale è stata trasformata in raffinato albergo nei cui interni convivono arredi di design e pezzi d'antiquariato. Ogni camera ha un suo carattere, ma tutte sono ricche di preziosi dettagli: comodini in onice o in coccodrillo, scrivanie in cristallo e sete pregiate.

Lungarno

borgo San Jacopo 14 ✉ *50125* – ✆ *05 52 72 61* Pianta : G2**s**
– *www.lungarnocollection.com*
58 cam – 280/450 € 300/750 €, ☕ 35 € – **4 suites**
Rist *Borgo San Jacopo* – vedere selezione ristoranti
Il nome di questo albergo non mente: difficile trovare posizione migliore sull'Arno, sito com'è tra Ponte Vecchio e Santa Trinità. Ogni angolo del palazzo offre spunti di gran classe ed eleganza. Numerose sono le terrazze ed i balconi che offrono allo sguardo il fiume: protagonista anche da molte finestre delle camere.

J.K. Place Firenze

piazza Santa Maria Novella 7 ✉ *50123* – ✆ *05 52 64 51 81* Pianta : G1**e**
– *www.jkplace.com*
18 cam ☕ – 380/600 € 380/600 € – **2 suites**
Rist – Carta 63/125 €
Una casa-bomboniera piuttosto che un albergo, un romantico rifugio dove storia e modernità si affiancano con gran classe. Abbiate cura di prenotare una camera con vista sulla magnifica piazza o sui tetti di Firenze.

Hilton Garden Inn Florence Novoli

via Sandro Pertini 2/9, Novoli ✉ *50127* – ✆ *05 54 24 01* Pianta : A1-2**x**
– *www.florencenovoli.hgi.com*
119 cam ☕ – 85/300 € 97/324 € – **2 suites** **Rist** – Carta 26/76 €
Tra il palazzo di giustizia e l'università, di fronte ad un parco, è un albergo moderno in un bel contesto residenziale che privilegia l'ergonomia dei propri ospiti, dalle poltrone ai materassi di consistenza modificabile.

Continentale senza rist

vicolo dell'Oro 6 r ✉ *50123* – ✆ *05 52 72 62* Pianta : GH2**y**
– *www.lungarnocollection.com*
43 cam – 176/402 € 237/1155 €, ☕ 28 € – **1 suite**
Lounge bar affacciato su Arno e Ponte Vecchio, nonchè nuova White Iris Beauty Spa in un hotel di moderna eleganza, sorto intorno ad una torre medievale; all'interno, ambienti in design dai vivaci e caldi colori.

Santa Maria Novella senza rist

piazza Santa Maria Novella 1 ✉ *50123* – ✆ *0 55 27 18 40* Pianta : G1**d**
– *www.hotelsantamarianovella.it*
69 cam ☕ – 125/350 € 145/520 € – **2 suites**
Affacciata sull'omonima piazza, la struttura riserva agli ospiti un'accogliente atmosfera, fatta di piccoli salottini ed eleganti camere tutte diverse per colori, nonché arredi. E per non perdersi nulla di questa magica città, a disposizione anche una graziosa, panoramica, terrazza.

Gallery Hotel Art

vicolo dell'Oro 5 ✉ *50123* – ✆ *05 52 72 63* Pianta : G2**u**
– *www.lungarnocollection.com*
71 cam – 162/309 € 162/309 €, ☕ 28 € – **3 suites**
Rist *The Fusion Bar & Restaurant* – vedere selezione ristoranti
Dedicato agli amanti dell'arte contemporanea, l'albergo ospita esposizioni tematiche, mentre le camere offrono ambienti rilassanti di tonalità sabbia, alcune con vista sul centro storico.

Bespoke Number Nine (N)

via dei Conti 9/31r ✉ *50123 Firenze* – ✆ *0 55 29 37 77* Pianta : G1**b**
– *www.firenzenumbernine.com*
43 cam ☕ – 100/699 € 169/699 €
Rist – Carta 26/59 €
Colori soffici e tenui reinterpretano la tradizione alberghiera fiorentina con un soffio di modernità; la camera 107 dà un tocco di classe in più, come la cortesia del personale. Per gli appassionati c'è un'ottima palestra.

AC Firenze

via Luciano Bausi 5 ✉ *50144 – ✆ 05 53 12 01 11 – www.ac-hotels.com* Pianta : C1**c**

117 cam – **†**90/432 € **††**105/432 € – **1 suite**

Rist – Carta 33/57 €

A pochi metri dal centro congressuale della stazione Leopolda e non lontano dalle fiere della Fortezza da Basso, le camere moderne privilegiano la comodità e il riposo.

Starhotels Michelangelo

viale Fratelli Rosselli 2 ✉ *50123 – ✆ 05 52 78 41 – www.starhotels.com* Pianta : C2**f**

119 cam – **†**580 € **††**580 €, 20 € – **3 suites**

Rist – Carta 35/65 €

Situato di fronte al Parco delle Cascine, offre spaziosi ambienti moderni e funzionali, camere confortevoli con dotazioni di ottimo livello e sale riunioni ben attrezzate. Sobria sala da pranzo al piano interrato.

Starhotels Tuscany

via Di Novoli 59 ✉ *50127 – ✆ 0 55 43 14 41 – www.starhotels.it* Pianta : A2**c**

101 cam – **†**450 € **††**450 € – **1 suite** **Rist** – Carta 43/55 €

Uno dei tanti palazzi periferici della zona rivela all'interno camere inaspettatamente eleganti, quasi signorili. Da preferire quelle agli ultimi piani - la strada è trafficata - e affacciate sul parco pubblico antistante.

UNA Hotel Vittoria

via Pisana 59 ✉ *50143 – ✆ 05 52 27 71 – www.unahotels.it* Pianta : C2**b**

84 cam – **†**74/507 € **††**89/507 €

Rist – Carta 30/54 € – *(chiuso domenica a mezzogiorno e sabato) (solo per alloggiati)*

Albergo di ultima generazione dalle forme bizzarre, una miscela di confort, colori ed innovazione. La fantasia ha avuto pochi limiti e il risultato è assolutamente particolare, unico.

Adler Cavalieri senza rist

via della Scala 40 ✉ *50123 – ✆ 0 55 27 78 10 – www.hoteladlercavalieri.com* Pianta : D2**x**

60 cam – **†**115/315 € **††**145/400 €

Albergo di equilibrata eleganza in prossimità della stazione. Ottimamente insonorizzato, dispone di camere luminose e di accoglienti spazi comuni dove il legno è stato ampiamente usato.

Grand Hotel Adriatico

via Maso Finiguerra 9 ✉ *50123 – ✆ 05 52 79 31 – www.hoteladriatico.it* Pianta : D2**d**

126 cam – **†**80/230 € **††**99/350 €, 20 € – **3 suites**

Rist *Opera* – Carta 34/49 € – *(chiuso domenica) (solo a cena)*

Ampia hall e moderne camere di sobria eleganza per questa struttura in comoda posizione centrale. Proposte toscane e nazionali nella tranquilla sala ristorante o nel piacevole giardino.

Il Guelfo Bianco

via Cavour 29 ✉ *50129 – ✆ 0 55 28 83 30 – www.ilguelfobianco.it* Pianta : E1-2**n**

40 cam – **†**90/155 € **††**100/280 €

Rist *Il Desco* – Carta 22/44 € – *(chiuso domenica in agosto) (solo a pranzo da novembre a marzo)*

Intrigante commistione d'opere d'arte contemporanea e arredi storici, molte delle camere al primo piano offrono anche soffitti a casettoni originali. Simpatico bistrot aperto a pranzo con piatti a chilometri zero, olio e verdure della proprietà.

San Gallo Palace senza rist
via Lorenzo il Magnifico 2 ✉ 50129 – ✆ 0 55 46 38 71 Pianta : E1**q**
– www.sangallopalace.it
54 cam ☕ – 🛉80/350 € 🛉🛉80/350 € – **2 suites**
Moderno e funzionale, è adatto sia per la clientela d'affari sia per quella turistica, che può raggiungere il centro con una breve passeggiata. Camere accoglienti e ben tenute.

Palazzo Magnani Feroni senza rist
borgo San Frediano 5 ✉ 50124 – ✆ 05 52 39 95 44 Pianta : D2**f**
– www.palazzomagnaniferoni.it
12 suites ☕ – 🛉🛉250/900 €
Straordinario palazzo seicentesco che custodisce una favolosa collezione d'oggetti d'arte, corridoi principeschi, camere enormi e un'incantevole terrazza con vista sui tetti di Firenze.

Cellai senza rist
via 27 Aprile 14 ✉ 50129 – ✆ 0 55 48 92 91 Pianta : E1**x**
– www.hotelcellai.it
68 cam ☕ – 🛉129/169 € 🛉🛉150/320 €
Prendete tempo e frequentate gli eleganti salotti di quest'albergo, tra foto d'epoca e arredi del '900; nella bella stagione ci si trasferisce in una romantica terrazza. Per spiriti romantici e vintage.

Calzaiuoli senza rist
via Calzaiuoli 6 ✉ 50122 – ✆ 0 55 21 24 56 Pianta : H1**v**
– www.calzaiuoli.it
52 cam ☕ – 🛉150/470 € 🛉🛉180/580 € – **1 suite**
In pieno centro storico, tra piazza del Duomo e piazza della Signoria, sorge sulle vestigia di una torre medievale; al suo interno, spazi comuni di modeste dimensioni e camere confortevoli.

Lorenzo il Magnifico senza rist
via Lorenzo il Magnifico 25 ✉ 50129 – ✆ 05 54 63 08 78 Pianta : E1**f**
– www.lorenzoilmagnifico.net
34 cam ☕ – 🛉65/110 € 🛉🛉75/125 € – **1 suite**
Cinta da un piccolo giardino, un'elegante villa che nel tempo ospitò anche un convento. Oggi dispone di spazi accoglienti dove l'atmosfera del passato sposa le moderne tecnologie.

Pierre senza rist
via Dè Lamberti 5 ✉ 50123 – ✆ 0 55 21 62 18 Pianta : H2**t**
– www.remarhotels.com
49 cam ☕ – 🛉180/265 € 🛉🛉210/410 € – **1 suite**
L'eleganza si affaccia ovunque in questo hotel sito in pieno centro dai caldi e confortevoli ambienti arredati in stile, ma dotati di accessori moderni; da alcuni tavoli della sala colazioni si scorge il Duomo.

Rivoli
via della Scala 33 ✉ 50123 – ✆ 05 52 78 61 Pianta : D2**m**
– www.hotelrivoli.it
82 cam – 🛉120/230 € 🛉🛉130/350 €, ☕ 20 € – **3 suites**
Rist *Benedicta* – vedere selezione ristoranti
Nel centro storico della Città del Giglio, un convento quattrocentesco è diventato, oggi, un raffinato hotel dai soffitti a volta (o a cassettoni) e con un grazioso patio che ospita la vasca idromassaggio. Camere spaziose.

Athenaeum
rist,
via Cavour 88 ✉ 50129 – ✆ 0 55 58 94 56 Pianta : E1**v**
– www.hotelathenaeum.com
60 cam ☕ – 🛉120/180 € 🛉🛉150/280 €
Rist *I Riflessi* – ✆ 05 55 52 26 88 – Carta 39/57 € – *(chiuso sabato a mezzogiorno e domenica)*
Ambiente moderno e di tendenza con camere dall'arredo essenziale, in sintonia con il resto della casa. Design contemporaneo anche al ristorante che vanta una cucina toscana e nazionale; patio interno per piacevoli cene estive.

Roma senza rist
piazza Santa Maria Novella 8 ✉ 50123 – ✆ 0 55 21 03 66 Pianta : G1**x**
– www.hotelromaflorence.com
57 cam ☕ – 🚹112/240 € 🚹🚹143/330 €
Ubicata in maniera strategica per visitare la città, questa bella risorsa dispone di piacevoli spazi comuni e camere (praticamente quasi tutte nuove) con arredi moderni ed eleganti.

Home Florence senza rist
piazza Piave 3 ✉ 50122 – ✆ 0 55 24 36 68 Pianta : F2**c**
– www.hhflorence.it
39 cam ☕ – 🚹89/230 € 🚹🚹119/280 €
All'interno della graziosa palazzina si respira un'atmosfera giovane, modaiola, ma - come il nome lascia intendere - anche di casa. La prima colazione si condivide su tre soli tavoli e il colore bianco regna sovrano. Originale!

De Rose Palace senza rist
via Solferino 5 ✉ 50123 – ✆ 05 52 39 68 18 Pianta : D2**c**
– www.florencehotelderose.com
18 cam ☕ – 🚹100/280 € 🚹🚹135/380 €
Ospitato in un palazzo fiorentino nei pressi del teatro Comunale, offre eleganti e spaziose camere, alcune con arredo ricercato ed una piacevole atmosfera familiare.

Antica Torre di via Tornabuoni N. 1 – Residenza d'epoca senza rist
via Tornabuoni 1 ✉ 50123 – ✆ 05 52 65 81 61
– www.tornabuoni1.com Pianta : G2**m**
20 cam ☕ – 🚹200/485 € 🚹🚹200/600 € – **4 suites**
Alloggiati in una torre duecentesca o nell'adiacente palazzo quattrocentesco, troverete comunque camere eleganti, sovente spaziose: per tutti, delle terrazze mozzafiato con vista a 360° su Firenze.

Monna Lisa senza rist
via Borgo Pinti 27 ✉ 50121 – ✆ 05 52 47 97 51 Pianta : E2**b**
– www.monnalisa.it
45 cam ☕ – 🚹89/209 € 🚹🚹139/279 € – **4 suites**
Nel centro storico, un palazzo di origini medievali con un imponente scalone, pavimenti in cotto e soffitti a cassettoni, ospita camere e spazi comuni arredati in stile rinascimentale. Stanze più recenti, ma sempre eleganti come la restante parte della dimora, nelle due dépendance al di là dello splendido giardino.

Villa Belvedere senza rist
via Benedetto Castelli 3 ✉ 50124 – ✆ 0 55 22 25 01 Pianta : B2**c**
– www.villabelvederefirenze.it – Aperto 1° marzo-15 novembre
26 cam ☕ – 🚹80/130 € 🚹🚹120/180 €
Al centro di uno splendido giardino con piscina, dal quale si possono ammirare la città e le colline tutt'intorno, la villa assicura tranquillità ed ambienti signorili, ma familiari.

River senza rist
lungarno della Zecca Vecchia 18 ✉ 50122 Pianta : F2**n**
– ✆ 05 52 34 35 29 – www.lhphotels.com
38 cam ☕ – 🚹109/320 € 🚹🚹119/380 €
Elegante e raffinato, in una bella palazzina ottocentesca, le camere sono classiche o in stile più contemporaneo: alcune - all'ultimo piano - offrono una romantica vista sull'Arno.

Caravaggio senza rist
piazza Indipendenza 5 ✉ 50129 – ✆ 0 55 49 63 10 Pianta : E1**e**
– www.hotelcaravaggio.it
37 cam ☕ – 🚹45/280 € 🚹🚹55/380 €
Camere spaziose e ben arredate, accoglienza familiare ed una moderna saletta per la colazione a buffet in questo edificio del XIX secolo, sorto sulle ceneri di tre vecchie pensioni. Un dehors ombreggiato sul retro vi accoglierà nelle giornate più calde.

Inpiazzadellasignoria – Residenza d'epoca senza rist
via de' Magazzini 2 ✉ 50122 – ☎ 05 52 39 95 46 Pianta : H2**z**
– www.inpiazzadellasignoria.com
10 cam ☕ – 🚹200/250 € 🚹🚹250/320 € – **2 suites**
Semplice gestione familiare, ma con tante premure e piccole attenzioni per i suoi ospiti; alcune camere offrono una vista sulla piazza, altre sui tetti e campanili del centro.

Malaspina senza rist
piazza dell'Indipendenza 24 ✉ 50129 – ☎ 0 55 48 98 69 Pianta : E1**g**
– www.malaspinahotel.it
31 cam ☕ – 🚹60/175 € 🚹🚹80/275 €
Affacciato su un'elegante piazza-giardino in cui si giocarono i destini della Firenze rinascimentale, palazzo ed ingresso signorili lasciano spazio a camere più semplici, ma ben tenute (in genere ampie).

Rapallo Ⓝ senza rist
via Santa Caterina d'Alessandria 7 ✉ 50122 Firenze Pianta : E1**d**
– ☎ 0 55 47 24 12 – www.hotelrapallofirenze.it
26 cam ☕ – 🚹80/380 € 🚹🚹120/380 €
Sobria eleganza e una moderna rivisitazione dello stile fiorentino in tonalità bianco-grigie sono il marchio dell'albergo, insieme alla competenza artistica del titolare che vi darà utili consigli per il vostro soggiorno in città.

Tornabuoni Beacci cam,
via de' Tornabuoni 3 ✉ 50123 – ☎ 0 55 21 26 45 Pianta : G2**k**
– www.tornabuonihotels.com
40 cam ☕ – 🚹90/220 € 🚹🚹100/260 € – **10 suites**
Rist – Carta 48/69 € – *(aperto 1° aprile-31 ottobre)*
Numerosi salotti arredati con mobili antichi e camere spaziose - alcune affrescate, altre con colonne e portali - conferiscono a questa dimora un côté da casa privata. Il terrazzino all'ultimo piano con bella vista su Firenze diventa, in estate, il palcoscenico per cene romantiche.

Rosary Garden senza rist
via di Ripoli 169 ✉ 50126 – ☎ 05 56 80 01 36 Pianta : B2**v**
– www.rosarygarden.it
13 cam ☕ – 🚹79/190 € 🚹🚹89/280 €
Intimo e piacevole hotel alla periferia della città, dall'atmosfera piuttosto inglese, propone confortevoli ed eleganti camere; un must il tè delle cinque, servito con torte e cantucci.

Panama senza rist
via XX Settembre 80 ✉ 50129 – ☎ 05 54 62 02 36 Pianta : E1**c**
– www.hotelpanamafirenze.it
20 cam ☕ – 🚹69/110 € 🚹🚹107/183 €
In un grazioso villino d'epoca con dépendance sul retro, la gestione è semplice e familiare, le camere piacevoli con buoni bagni in marmo. In stagione, prima colazione all'aperto.

David senza rist
viale Michelangiolo 1 ✉ 50125 – ☎ 05 56 81 16 95 Pianta : F3**k**
– www.davidhotel.com
29 cam ☕ – 🚹150/170 € 🚹🚹150/180 €
Leggermente decentrato, la passeggiata necessaria per raggiungere il centro è ripagata dalla simpatia del personale, dal decoro personalizzato delle camere e dal buon rapporto qualità/prezzo.

Silla senza rist
via dei Renai 5 ✉ 50125 – ☎ 05 52 34 28 89 Pianta : E3**r**
– www.hotelsilla.it
35 cam ☕ – 🚹69/260 € 🚹🚹99/320 €
Semplice ma confortevole, in un palazzo storico d'Oltrarno, le camere sono in corso di rinnovo (optare per le più recenti): d'inverno, quando il fogliame non impedisce la vista, alcune si affacciano sull'Arno.

Degli Orafi senza rist
lungarno Archibusieri 4 ✉ 50122 – ✆ 05 52 66 22 Pianta : H2**a**
– www.hoteldegliorafi.it
42 cam ☕ – 🚹150/280 € 🚹🚹200/550 €
L'albergo rivela le sue carte un po' alla volta: semplice hall all'ingresso, ma già al primo piano c'è una sala colazioni mozzafiato con soffitto affrescato e, all'ultimo, una romantica vista dalle terrazze del bar.

Palazzo Guadagni senza rist
piazza Santo Spirito 9 ✉ 50125 – ✆ 05 52 65 83 76 Pianta : D2**a**
– www.palazzoguadagni.com
14 cam ☕ – 🚹80/140 € 🚹🚹90/180 €
In un affascinante palazzo cinquecentesco, che fu tra l'altro la sede dei primi ministri all'epoca di Firenze capitale, qui troverete affreschi e arredi d'epoca, romantici viste sulla città, ma soprattutto uno dei più grandi loggiati privati di Firenze.

Della Robbia senza rist
via dei della Robbia 7/9 ✉ 50132 – ✆ 05 52 63 85 70 Pianta : F2**b**
– www.hoteldellarobbia.it – Chiuso agosto
19 cam ☕ – 🚹85/149 € 🚹🚹90/210 €
Pratico ed utile indirizzo per chi sceglie un soggiorno alla scoperta della cultura artistica fiorentina: costruito nel primo Novecento, il villino sfoggia suggestioni liberty nei signorili interni.

Fiorino senza rist
via Osteria del Guanto 6 ✉ 50122 – ✆ 05 52 10 57 9 Pianta : H2**d**
– www.hotelfiorino.it – Chiuso 15 giorni in dicembre, 15 giorni in agosto e 15 giorni in novembre
23 cam ☕ – 🚹45/160 € 🚹🚹55/160 €
Accoglienza cortese e familiare, passione per l'ospitalità e arredi semplici in questo piccolo albergo che occupa tre piani di un edificio alle spalle degli Uffizi e di palazzo Vecchio.

La Casa di Morfeo (N) senza rist
via Ghibellina 51 ✉ 50122 Firenze – ✆ 0 55 24 11 93 Pianta : F2**m**
– www.lacasadimorfeo.it
9 cam ☕ – 🚹80/230 € 🚹🚹90/240 €
Al primo piano di un palazzo seicentesco, solo due camere hanno soffitti affrescati, ma quasi tutte dispongono di cromoterapia e sono piacevolmente arredate in stile contemporaneo e personalizzato (bagni con idromassaggio!).

Botticelli senza rist
via Taddea 8 ✉ 50123 – ✆ 0 55 29 09 05 Pianta : E1**p**
– www.hotelbotticelli.it
34 cam ☕ – 🚹70/150 € 🚹🚹100/240 € – **1 suite**
Poco distante dal mercato di S.Lorenzo e dalla cattedrale, l'hotel si trova in un palazzo del '500 nelle cui zone comuni conserva volte affrescate; camere graziose ed una piccola terrazza coperta.

Relais Uffizi senza rist
chiasso de' Baroncelli-chiasso del Buco 16 ✉ 50122 Pianta : H2**n**
– ✆ 05 52 67 62 39 – www.relaisuffizi.it
12 cam ☕ – 🚹80/130 € 🚹🚹120/260 €
In un vicoletto a due passi dagli Uffizi, un palazzo medievale dalla calda atmosfera con camere ampie e luminose, arredate con mobili d'epoca. Una sosta nel bel salotto sarà ricompensata dalla vista di piazza della Signoria, sulla quale le grandi finestre si affacciano.

Unicorno senza rist
via dei Fossi 27 ✉ 50123 – ✆ 0 55 28 73 13 Pianta : G1**t**
– www.hotelunicorno.it – Chiuso dal 10 al 26 dicembre
27 cam ☕ – 🚹60/150 € 🚹🚹80/250 €
Nei pressi di piazza S.Maria Novella, un albergo che dispone di zone comuni contenute, ma di camere spaziose e confortevoli, con parquet e arredi recenti.

Isabella Room Mate Hotels senza rist

Pianta : G1**e**

via Tornabuoni 13 ✉ 50122 Firenze – ☎ 05 52 39 64 64
– www.room-matehotels.com
22 cam – 50/600 € 70/750 €
Nel cuore dello shopping di lusso, le camere si trovano a partire dal secondo piano di un palazzo seicentesco (con facchino per le valige), sono tutte raffinate negli arredi e vivaci nei colori. Consigliamo la junior suite, mansardata e panoramica.

Palazzo Vecchietti senza rist

Pianta : G1**p**

via degli Strozzi 4 – ☎ 05 52 30 28 02
– www.palazzovecchietti.com
7 cam – 329/499 € 329/499 € – **5 suites**
Qui troverete ancora i resti delle duecentesche mura fiorentine, nonché un'incantevole corte interna trasformata in salottino, su cui si affacciano romantici ballatoi che portano alle camere, lussuose, con piccola cucina e di una rara raffinatezza negli arredi contemporanei.

Palazzo Niccolini al Duomo – Residenza d'epoca senza rist

Pianta : H1**m**

via dei Servi 2 ✉ 50122 – ☎ 0 55 28 24 12
– www.niccolinidomepalace.com
12 cam – 180/220 € 200/240 €
Nel '400 in questo palazzo accanto al Duomo, Donatello aveva la sua bottega. Oggi, potrete trovare camere con soffitti affrescati, arredi di pregio e marmi bellissimi, anche la metratura si farà ricordare... mentre dalla "Dome suite" la cupola la si tocca quasi con la mano!

Villa Antea senza rist

Pianta : E1**b**

via Francesco Puccinotti 46 ✉ 50129 – ☎ 0 55 48 41 06
– www.villaantea.com
6 cam – 100/220 € 100/220 €
Villa del 1887 in zona residenziale circondata da un piccolo giardino, sarete sorpresi dalla cura degli ambienti, dall'ospitalità familiare, ma soprattutto dall'ampiezza ed eleganza dei bagni.

B&B Antica Dimora Firenze senza rist

Pianta : E1**s**

via Sangallo 72 ✉ 50129 – ☎ 05 54 62 72 96
– www.anticadimorafirenze.it
6 cam – 80/200 € 80/200 €
Ogni camera racconta qualcosa di sè, a cominciare dalla tinta pastello che la contraddistingue: dal verde all'azzurro. La grammatica di base è però la stessa: cura e attenzione assolute, mobili antichi e tutte - salvo una - coccolano il sonno dell'ospite dentro letti a baldacchino impreziositi da vaporosi tendaggi.

1865 Residenza d'epoca senza rist

Pianta : F2**r**

via Luigi Carlo Farini 12 ✉ 50121 – ☎ 34 03 83 80 20
– www.1865.it
5 cam – 135/330 € 145/340 €
Nel 1865 Firenze diventa capitale e nasce l'elegante quartiere in cui si trova questa residenza; cinque camere dedicate ad altrettanti scrittori con raffinati arredi che vi si ispirano, quattro con soffitti affrescati.

Antica Dimora Johlea senza rist

Pianta : E1**a**

via Sangallo 80 ✉ 50129 – ☎ 05 54 63 32 92
– www.johanna.it
6 cam – 75/160 € 90/220 €
Al terzo piano di un elegante palazzo d'epoca, il centro a due passi, tante ricercatezze nelle camere e cortesie del personale sono benvenute, ma più di tutto sarete ammaliati dalla romantica terrazza con vista sui tetti di Firenze.

Residenza Il Villino senza rist

Pianta : E2**v**

via della Pergola 53 ✉ 50122 Firenze – ☎ 05 52 00 11 16
– www.ilvillino.it
6 cam – 80/110 € 110/140 €
Romantico e tranquillo, tutte le camere si affacciano sulla piccola corte interna di un ex monastero: quelle al secondo piano anche sulla cupola del Brunelleschi. Arredi d'arte povera, colazioni all'aperto e un loggiato completano la cartolina fiorentina.

B&B Residenza Hannah e Johanna senza rist
via Bonifacio Lupi 14 ✉ 50129 – ✆ 0 55 48 18 96 Pianta : E1**h**
– www.johanna.it
10 cam – 55/95 € 68/130 €
Una cordiale accoglienza sarà il benvenuto offerto da questo sobrio e familiare b&b al primo piano di un palazzo dell'Ottocento caratterizzato da camere spaziose e di buon confort. A due passi, vi attende la basilica di S. Lorenzo con le tombe medicee ed il vivace mercato.

Palazzo Galletti B&B – Residenza d'epoca senza rist
via Sant'Egidio 12 ✉ 50122 – ✆ 05 53 90 57 50 Pianta : E2**c**
– www.palazzogalletti.it
11 cam – 100/170 € 100/170 €
Se già Firenze è una città magica, pernottare in questa residenza ottocentesca sarà aggiungere ulteriore fascino al soggiorno... Camere eclettiche, dove pezzi etnici si alternano a mobili in stile toscano, in una sinfonia ben orchestrata che conferisce carattere e personalità alle stanze.

La Casa del Garbo senza rist
piazza della Signoria 8 ✉ 50122 – ✆ 0 55 29 33 66 Pianta : H2**z**
– www.casadelgarbo.it
12 cam – 70/110 € 85/210 €
Gode di una posizione veramente unica, questo piccolo bed & breakfast ricco di charme, che propone camere eleganti – molte delle quali affacciate su piazza della Signoria e Palazzo Vecchio – nonché miniappartamenti con angolo cottura: una piacevole soluzione per sentirsi "come a casa".

La Terrazza su Boboli N senza rist
viale Francesco Petrarca 122 ✉ 50122 Firenze Pianta : D3**t**
– ✆ 05 52 33 73 94 – www.laterrazzasuboboli.com
6 cam – 80/100 € 109/129 €
A cinquanta metri dall'ingresso dei celebri giardini, siamo al primo piano di un palazzo settecentesco; tre camere si affacciano su Porta Romana, ma preferite quelle sul retro, con terrazza e più tranquille.

Ristoranti

XXXXX ✿✿✿ **Enoteca Pinchiorri** (Annie Féolde)
via Ghibellina 87 ✉ 50122 – ✆ 0 55 24 27 77 Pianta : E2**x**
– www.enotecapinchiorri.com – Chiuso una settimana a Natale, 2 settimane in agosto, domenica e lunedì
Menu 175/225 € – Carta 155/250 € – *(solo a cena)* (consigliata la prenotazione)
Una cucina tra il classico e il moderno, sicuramente internazionale come la sua clientela, raffinatezza e concretezza sono i suoi tratti distintivi. La bellezza della sala rispecchia lo splendore della città. La cantina è assolutamente leggendaria!
➜ Tonno pinna gialla marinato al basilico, marmellata di pompelmo, finocchio e polvere di liquirizia. Agnolotti con crema di ceci e nervetti di vitello. Carré di agnello e composta di pomodoro affumicato.

XXXXX ✿ **Il Palagio** – Four Seasons Hotel Firenze
borgo Pinti 99 ✉ 50121 – ✆ 05 52 62 64 50 Pianta : F1**a**
– www.fourseasons.com/florence – Chiuso 15 gennaio-15 febbraio e domenica sera da ottobre a maggio
Carta 82/142 € – *(solo a cena)*
Lo sfarzo di uno dei palazzi più eclatanti di Firenze si rinnova in uno stile più agile e contemporaneo, al pari della cucina, tesa verso la reinterpretazione della tradizione italiana in piatti elaborati e gustosi.
➜ Linguine con aglio, burro e peperocino, crudo di scampi. Piccione al Vin Santo cotto in vescica e frutta caramellata al timo. Lingotto al mascarpone con arachidi caramellate e gelato malaga.

XXXX **Winter Garden by Caino** – The St. Regis Florence

✿ *piazza Ognissanti 1 – ✆ 0 55 27 16* Pianta : D2**a**

– www.stregisflorence.com

Menu 95 € – Carta 79/127 € – *(solo a cena)* (consigliata la prenotazione)

Un tempo vi entravano le carrozze, oggi l'antica corte del St. Regis, trasformata in giardino d'inverno, ospita la cucina maremmana di Valeria Piccini, nel lussureggiante contorno di uno degli alberghi più raffinati di Firenze.

➜ Parmigiana e parmigiano. Il gioco del galletto. Lo zuccotto fiorentino secondo Valeria.

XXXX **SE.STO** – Hotel The Westin Excelsior

piazza Ognissanti 3 ✉ 50123 – ✆ 05 52 71 51 Pianta : D2**b**

– www.westinflorence.com

Carta 72/103 € – (consigliata la prenotazione)

Al sesto piano dell'albergo Excelsior, se anche d'inverno la vista è mozzafiato attraverso le pareti vetrate, nella bella stagione in terrazza vi sembrerà di volare su Firenze. Cucina creativa, ma a pranzo la carta è più semplice e ristretta.

XXXX **Relais le Jardin** – Hotel Regency

piazza Massimo D'Azeglio 3 ✉ 50121 – ✆ 0 55 24 52 47 Pianta : F2**a**

– www.regency-hotel.com/it/dining/ – Aperto 6 marzo-24 novembre

Carta 47/84 €

Sia che vi accomodiate nella sala Zodiaco con i suoi preziosi arredi, sia che optiate per la Veranda affacciata sul giardino privato, la "bussola del gusto" punta sempre su una cucina che coniuga la sapidità della tradizione toscana con una ricercata leggerezza contemporanea.

XXX **Ora D'Aria** (Marco Stabile)

✿ *via de' Georgofili 11/13 r ✉ 50122 – ✆ 05 52 00 16 99* Pianta : H2**e**

– www.oradariaristorante.com – Chiuso 25 gennaio-11 febbraio, 9-30 agosto, lunedì a mezzogiorno e domenica

Menu 75 € – Carta 72/116 € – (consigliata la prenotazione)

La sala si specchia nelle cucine a vista, il dialogo tra i clienti e i cuochi è continuo: molti piatti vi verranno serviti dalla brigata di cucina, che utilizza in prevalenza prodotti toscani mischiando con destrezza tradizione e modernità.

➜ Risotto pane, burro e alici. Maialino morbido-croccante in salsa di aglio e lavanda. Tiramisù "espresso".

XXX **The Fusion Bar & Restaurant** – Gallery Hotel Art

vicolo dell'Oro 5 ✉ 50123 – ✆ 0 55 27 26 69 87 Pianta : G2**u**

– www.lungarnocollection.com

Carta 30/54 €

Giovane e modaiolo, è un bar-ristorante dagli elaborati cocktail, carta semplice a pranzo e un bel mix di cucina occidentale e asiatica la sera, a cominciare dal sushi.

XXX **Borgo San Jacopo** – Hotel Lungarno

borgo San Jacopo 14 ✉ 50125 – ✆ 0 55 28 16 61 Pianta : G2**s**

– www.borgosanjacopo.com

Carta 35/85 €

Nel piatto dominano i sapori della regione, alleggeriti nelle preparazioni, da accompagnare con il vino più amato, scelto nell'ottima carta (oltre 600 etichette). Durante la bella stagione, concedetevi il privilegio dell'esclusivo terrazzino affacciato sull'Arno: sulla sua superficie, riflesse, le luci delle candele.

XXX **Hostaria Bibendum** – Hotel Helvetia e Bristol

via dei Pescioni 8/r ✉ 50123 – ✆ 05 52 66 56 20 Pianta : G1**b**

– www.royaldemeure.com

Carta 47/73 €

Nella zona dello shopping di lusso, ci si può fermare per un pranzo leggero in uno dei grandi alberghi fiorentini, mentre la sera dà spazio ad una carta più vasta ed elaborata.

XXX **Benedicta** – Hotel Rivoli
via Benedetta 12/r ✉ *50123 – ☎ 05 52 78 61* Pianta : D2**m**
– www.ristorantebenedicta.it – Chiuso domenica
Carta 32/56 € – *(solo a cena)*
Nel quartiere di Santa Maria Novella, le antiche volte a crociera e i mattoni della Firenze di un tempo s'intrecciano ad elementi architettonici high-tech, per dar vita ad un locale fresco, giovane, informale. Modernità anche ai fornelli, dove la tradizione toscana cede il passo ad una cucina gustosamente creativa.

XXX **Cibrèo**
via A. Del Verrocchio 8/r ✉ *50122 – ☎ 05 52 34 11 00* Pianta : F2**f**
– www.cibreo.com – Chiuso 2 settimane in febbraio, agosto e lunedì
Menu 77 €
Un'elegante sala - quasi un salotto privato - ed un servizio piacevolmente cordiale e amichevole sono il contorno di una cucina che punta su grandi sapori, seguendo una carrellata di piatti ormai storici. Un'istituzione a Firenze.

XX **Alle Murate**
via del Proconsolo 16 r ✉ *50122 – ☎ 0 55 24 06 18* Pianta : H1**g**
– www.allemurate.it – Chiuso domenica a pranzo e lunedì
Carta 72/104 € – *(carta semplice a pranzo in settimana)*
Il locale di giorno è aperto alle visite turistiche e anche a cena (su richiesta) viene fornita una guida sonora con cui orientarsi tra affreschi e scavi. Anche la cucina si lascia ammaliare dal fascino del passato proponendo i tradizionali sapori regionali. Inimitabile!

XX **Il Santo Graal** N
via Romana 70r ✉ *50122 Firenze – ☎ 05 52 28 65 33* Pianta : D3**s**
– www.ristorantesantograal.it – chiuso 24-31 gennaio, 1°-7 agosto, mercoledì e giovedì a mezzogiorno
Menu 45 € – Carta 34/57 € – (consigliata la prenotazione la sera)
Un'atmosfera monastica e raffinata aleggia al Santo Graal, laboratorio gourmet di un giovane cuoco che dà nuova linfa alla tradizione toscana: sapori intensi, scomposizioni e rivisitazioni sono all'ordine del giorno.

XX **Baccarossa**
via Ghibellina 46/r ✉ *50122 – ☎ 0 55 24 06 20* Pianta : F2**g**
– www.baccarossa.it
Menu 30/55 € – Carta 38/86 € – *(solo a cena)* (consigliata la prenotazione)
Tavoli in legno, vivaci colori ed eleganza in questa enoteca bistrot che propone una gustosa cucina mediterranea: paste fatte in casa, specialità di pesce e qualche piatto a base di carne.

XX **Belcore**
via dell'Albero 30r ✉ *50123 – ☎ 0 55 21 11 98* Pianta : D2**y**
– www.ristorantebelcore.it – Chiuso 16-25 agosto
Menu 35/45 € – Carta 37/56 € – *(solo a cena)*
Una carta dei vini generosa in quanto a numero di etichette ed un menu che contempla "idealmente" tre linee di cucina: specialità di pesce, ricette della tradizione italo-toscana e piatti più moderni.

XX **Buca Mario**
piazza Degli Ottaviani 16 r ✉ *50123 – ☎ 0 55 21 41 79* Pianta : G1**h**
– www.bucamario.it – Chiuso 10-21 dicembre
Carta 40/75 € – *(solo a cena)*
Dal 1886 un baluardo della tradizione cittadina, è spesso frequentatissimo, eppure vi troverete una rara cortesia e affabilità, nonché un'ottima bistecca alla fiorentina, vero piatto culto della Buca.

XX **Enoteca La Barrique**
via Leone 40/r ✉ *50127 – ☎ 0 55 22 41 92* Pianta : D2**f**
– www.enotecalebarrique.com – Chiuso 15 giorni in agosto e lunedì
Carta 33/55 €
Caratteristico e romantico, ancor di più se avete la fortuna di cenare nel piccolo spazio all'aperto, è l'indirizzo per chi vuole uscire dalla tradizione e provare piatti più creativi e personali.

XX **Il Barretto** N — A/C

via del Parione 50r ✉ 50122 Firenze – ✆ 0 55 29 41 22 Pianta : G2**r**
– Chiuso 15 giorni in agosto e domenica
Carta 60/85 €
Intimo e raffinato - avvolto nel legno - propone anche piatti di carne, ma è forte sul pesce; musica dal vivo la sera, la cucina è aperta sino all'una per chi ama fare tardi.

XX **La Bottega del Buon Caffè Bistrot** N — ♿ A/C

✿ *via Antonio Pacinotti 40r ✉ 50131 – ✆ 05 55 53 56 77* Pianta : F1**b**
– www.labottegadelbuoncaffe.com – Chiuso domenica
Menu 35 € (pranzo)/80 € – Carta 44/83 € – (consigliata la prenotazione)
Uscite dalle tradizionali rotte turistiche per conoscere questa tappa gourmet! L'enfasi della cucina riposa sulla qualità dei prodotti, in preparazioni talvolta semplici, non necessariamente toscane. A pranzo c'è anche una carta meno pretenziosa e più economica.
➜ Cappelletti di piccione, burro e timo. Filetto di baccalà islandese, fagioli zolfini e cavolo nero. Mattonella di marroni, cioccolato bianco, sorbetto di cachi.

XX **Pane e Vino** — A/C

piazza di Cestello 3 r ✉ 50124 – ✆ 05 52 47 69 56 Pianta : D2**t**
– www.ristorantepaneevino.it – Chiuso 10 giorni in agosto e domenica
Menu 32/45 € – Carta 31/55 € – *(solo a cena)*
Familiare e curato, provvisto di un curioso soppalco in legno, questo piacevole locale propone una cucina fantasiosa che prevede comunque anche piatti della tradizione locale.

X **Il Santo Bevitore**

via Santo Spirito 64/66 r ✉ 50125 – ✆ 0 55 21 12 64 Pianta : D2**h**
– www.ilsantobevitore.com – Chiuso 10-20 agosto e domenica a mezzogiorno
Carta 25/55 €
Rustico, semplice e conviviale, a pranzo la proposta è semplice e ristretta, di sera il locale si anima e la cucina dà il meglio di sé con piatti della tradizione e proposte più creative.

X **Io Osteria Personale** N — ♿ A/C

Borgo San Frediano 167r ✉ 50124 Firenze Pianta : D2**s**
– ✆ 05 59 33 13 41 – www.io-osteriapersonale.it – chiuso 2 settimane in gennaio, 2 settimane in agosto e domenica
Menu 40/55 € – Carta 38/63 € – *(solo a cena)* (consigliata la prenotazione)
Una storia indubbiamente personale quella del giovane titolare: ex veterinario con la passione per la cucina, ha aperto uno dei ristoranti più interessanti di Firenze, dove trovare piatti originali per chi desidera sfuggire ai cliché della tradizione.

X **Osteria Caffè Italiano** — A/C

via Isola delle Stinche 11 ✉ 50122 – ✆ 0 55 28 93 68 Pianta : E2**a**
– www.caffeitaliano.it – Chiuso lunedì escluso aprile-ottobre
Carta 34/66 €
Tipica trattoria informale e conviviale, a pranzo in settimana viene servita una selezione di piatti ristretta e più economica, che si amplia la sera e nel week-end con una variegata scelta di carni alla griglia: autentica specialità della casa!

X **Trattoria Cibrèo-Cibreino** — A/C

via dei Macci 122/r ✉ 50122 – ✆ 05 52 34 11 00 Pianta : F2**f**
– www.edizioniteatrodelsalecibreofirenze.it – Chiuso 1 settimana in febbraio, 27 luglio-31 agosto e lunedì
Carta 30/37 €
Nella trattoria troverete l'anima più popolare dell'adiacente ristorante Cibreo, un ambiente semplice e piacevolmente conviviale che non riceve prenotazioni, ma la stessa gustosa cucina: ribollita, coniglio farcito e torta al cioccolato per citare solo alcuni grandi classici.

Da Burde

via Pistoiese 154 ✉ 50122 – ✆ 0 55 31 72 06 – www.burde.it Pianta : A1**a**
– Chiuso 15-23 agosto, domenica e i giorni festivi
Carta 23/35 € – *(solo a pranzo escluso venerdì)*
Nato agli inizi del secolo scorso come bottega di alimentari e trattoria, è un locale storico lontano dai soliti circuiti turistici. I due fratelli che attualmente lo gestiscono hanno lasciato tutto com'era in origine: salumi in vendita, banco bar con tabacchi e sul retro una saletta familiare dove gustare la vera cucina toscana, come la proverbiale bistecca alla fiorentina o la pappa al pomodoro.

Fiorenza

via Reginaldo Giuliani 51 r ✉ 50141 – ✆ 0 55 41 28 47 Pianta : B1**d**
– Chiuso agosto, sabato a mezzogiorno e domenica
Carta 30/76 € – *(solo a cena)*
Decentrata, non semplice da raggiungere, priva di pretese per quanto accogliente, ma nel piatto rivela tutte le sue potenzialità: grande cucina toscana, dal giovedì al sabato ci sono anche diversi piatti di pesce.

Il Profeta

borgo Ognissanti 93 r ✉ 50123 – ✆ 0 55 21 22 65 Pianta : D2**c**
– www.ristoranteilprofeta.com – Chiuso 10-25 dicembre e domenica escluso 15 marzo-15 novembre
Carta 39/106 €
L'ospitalità qui è di casa, autentica e familiare, come la vera griglia a carbone per la cottura delle carni. Per un tuffo nel passato gastronomico della città, c'è anche un menu rinascimentale.

Baldini

via il Prato 96 r ✉ 50123 – ✆ 0 55 28 76 63 Pianta : D1**h**
– www.trattoriabaldini.com – Chiuso 24 dicembre-3 gennaio, 1°-20 agosto, sabato, domenica sera, anche domenica a mezzogiorno in giugno-luglio
Carta 27/43 €
Semplice e familiare trattoria, nei pressi della Porta al Prato, si articola in due salette informali nelle quali gustare una cucina genuina, piatti tipici fiorentini ma anche nazionali.

Alla Vecchia Bettola

viale Vasco Pratolini 3/7 n ✉ 50124 – ✆ 0 55 22 41 58 Pianta : D2**m**
– www.allavecchiabettola.it – Chiuso vacanze di Natale, 15-22 agosto, domenica e lunedì
Carta 30/58 €
Caratteristica ed informale trattoria di S.Frediano, con tavoloni di marmo e fiasco di Chianti a consumo. Casalinga cucina fiorentina, atmosfera ospitale e servizio veloce.

Il Latini

via dei Palchetti 6 r ✉ 50123 – ✆ 0 55 21 09 16 Pianta : G1**j**
– www.illatini.com – Chiuso 20 dicembre-2 gennaio, 1°-15 agosto e lunedì
Carta 38/77 €
Fiaschi di vino alle pareti, prosciutti appesi al soffitto, servizio schietto ed informale e una tradizione secolare: è la trattoria cittadina per eccellenza che celebra la cucina toscana... ribollita, grandi arrosti e, per finire, cantucci con vin santo.

Del Fagioli

corso Tintori 47 r ✉ 50122 – ✆ 0 55 24 42 85 – Chiuso agosto, sabato e domenica Pianta : E2**k**
Carta 23/44 €
Trattoria popolare con tutti i crismi del genere: cucina a vista all'ingresso, atmosfera chiassosa ed informale, piatti toscani con gran scelta di carni, anche alla griglia. Turisti, fiorentini e tanta convivialità si ritrovano qui.

Il Borro Tuscan Bistro

lungarno Acciaiuoli 80r ✉ 50122 – ✆ 0 55 29 04 23 Pianta : G2**e**
– www.ilborrotuscanbistro.it – Chiuso lunedì in novembre-aprile
Menu 35 € – Carta 35/43 €
Ristorante, wine-bar e negozio: uno spazio poliedrico dove gustare i più tradizionali sapori toscani a due passi dall'Arno. Ambiente moderno ed informale.

Zeb

via San Miniato 2r ✉ 50122 Firenze – ✆ 05 52 34 28 64 Pianta : E3**z**
– www.zebgastronomia.com – Chiuso 10 giorni in agosto, mercoledì e le sere di domenica, lunedì e martedì
Carta 17/32 €
Nel delizioso quartiere di San Niccolò, l'antica gastronomia si è trasformata in un originale ristorante: seduti intorno al banco centrale, come in un sushi bar, si mangia gomito a gomito scegliendo piatti gustosamente casarecci. Il nostro preferito? Parmigiana di melanzane!

sui Colli

Torre di Bellosguardo senza rist

via Roti Michelozzi 2 ✉ 50124 – ✆ 05 52 29 81 45 Pianta : C3**a**
– www.torrebellosguardo.com
16 cam – †160 € ††300/350 €, ☕ 20 € – **7 suites**
Si respira un fascino d'antan nei saloni e nelle camere di austera eleganza di questo albergo, che fa della vista mozzafiato su Firenze il proprio punto di forza. Parco con giardino botanico e piscina: sembra uscito direttamente da un libro di fiabe.

a Galluzzo Sud : 6,5 km B2 – ✉ 50124

Marignolle Relais & Charme senza rist

via di San Quirichino 16, località Marignolle Pianta : A2**a**
– ✆ 05 52 28 69 10 – www.marignolle.com
8 cam ☕ – †120/195 € ††140/235 € – **1 suite**
In posizione incantevole sui colli, questa signorile residenza offre molte attenzioni e stanze tutte diverse, dai raffinati accostamenti di tessuti; piscina panoramica nel verde.

B&B Residenza la Torricella senza rist

via Vecchia di Pozzolatico 25 – ✆ 05 52 32 18 18 Pianta : B2**a**
– www.farmholidaylatorricella.it – Aperto 1° aprile-10 novembre
6 cam ☕ – †80/130 € ††100/150 €
Circondata dai colli e dalla tranquillità della campagna, questa antica casa colonica offre un'affabile accoglienza familiare, camere personalizzate, giardini e piccola piscina estiva. A 300 m, fermata dell'autobus per la stazione.

Trattoria Bibe con cam

cam, P

via delle Bagnese 15 – ✆ 05 52 04 90 85 Pianta : A2**c**
– www.trattoriabibe.com – Chiuso 2 settimane in febbraio, 1 settimana in novembre e mercoledì
3 cam ☕ – ††80/120 € Carta 29/46 € – *(solo a cena)*
Anche Montale immortalò nei suoi versi questa trattoria, gestita dalla stessa famiglia da quasi due secoli, dove trovare piatti tipici della tradizione toscana, in primis i pici al sugo di cinghiale, e un piacevole servizio estivo all'aperto. Appartamenti con cucina a disposizione non solo per soggiorni medio-lunghi.

ad Arcetri Sud : 5 km B2 – ✉ 50125

Villa Le Piazzole

via Suor Maria Celeste 28 – ✆ 0 55 22 35 20 Pianta : B2**b**
– www.lepiazzole.com – Chiuso 20 dicembre-10 gennaio
12 cam ☕ – †150/200 € ††200/265 € – **2 suites**
Rist – Menu 25/80 € – (prenotazione obbligatoria) *(solo per alloggiati)*
Qui troverete l'alchimia di trovarsi a pochi chilometri dal centro di Firenze, eppure già immersi nel più tipico paesaggio toscano di colline, ulivi e cipressi, in una villa signorile con incantevole giardino all'italiana e arredi d'epoca.

XX **Omero**

via Pian de' Giullari 49 – ✆ 0 55 22 00 53 – www.ristoranteomero.it Pianta : B2**d**

Carta 37/72 €

Storico ristorante fiorentino, è la meta di chi vuole aprire una finestra sulla campagna senza allontanarsi da Firenze. Cucina locale, d'inverno la ribollita è imperdibile, ma proverbiali sono anche la pasta e ceci, i fritti e le grigliate.

FISCIANO

Salerno (SA) – ✉ 84084 – 13 759 ab. – Alt. 320 m – Carta regionale n° **6-B2**

▶ Roma 260 km – Napoli 67 km – Avellino 28 km – Salerno 16 km

Carta stradale Michelin 564-E26

a Gaiano Sud-Est : 2 km – ✉ 84084 Fisciano

Agriturismo Barone Antonio Negri cam,

via Teggiano 8 – ✆ 0 89 95 85 61 – www.agrinegri.it – Chiuso 7 gennaio-1° marzo

5 cam ☕ – 🛉80/100 € 🛉🛉90/110 €

Rist – Menu 25/30 € – (prenotazione obbligatoria)

In posizione tranquilla e dominante, agriturismo biologico di charme all'interno di una vasta tenuta con ampio giardino, deliziosa piscina e spaziose camere in stile rustico. Al ristorante: cucina casalinga, sapori tipici campani e squisiti dolci alla nocciola.

FIUGGI

Frosinone (FR) – ✉ 03014 – 9 725 ab. – Alt. 747 m – Carta regionale n° **13-C2**

▶ Roma 82 km – Frosinone 33 km – Avezzano 94 km – Latina 88 km

Carta stradale Michelin 563-Q21

X **La Locanda**

via Padre Stanislao 4 – ✆ 07 75 50 58 55 – www.lalocandafiuggi.com – Chiuso febbraio, 1°-7 luglio e lunedì

Carta 22/37 €

Troverete i sapori della tradizione ciociara nella rustica e caratteristica sala di questo ristorante, accolto nelle cantine di un edificio del '400. Cucina del territorio.

a Fiuggi Fonte Sud : 4 kmAlt. 621 m – ✉ 03014

Grand Hotel Palazzo della Fonte

via dei Villini 7 – ✆ 07 75 50 81 – www.palazzodellafonte.com – Aperto Pasqua-30 novembre

152 cam ☕ – 🛉135/245 € 🛉🛉185/297 € – **1 suite**

Rist *Il Savoia* – vedere selezione ristoranti

Non sono tanti gli alberghi che possono vantare una tenuta così impeccabile. Qui, veramente, c'è un posto per ogni cosa ed ogni cosa è al suo posto... Sulla cima di un colle, un parco con piscina e, poi, stucchi , decorazioni, camere raffinate e bagni marmorei, in una dimora Liberty (già hotel dal 1912).

Fiuggi Terme

via Capo i Prati 9 – ✆ 07 75 51 52 12 – www.hotelfiuggiterme.it

60 cam ☕ – 🛉60/140 € 🛉🛉100/220 € – **4 suites**

Rist – Carta 32/52 € – *(solo a cena)*

All'interno di un parco, elegante struttura con camere belle e confortevoli. Per gli amanti dello sport, una grande piscina e due campi da tennis tra pini ed ippocastani. Per tutti, una spa che coniuga tecnologie innovative nel campo del benessere e raffinate ambientazioni. Cucina mediterranea nel luminoso ristorante.

Ambasciatori

via dei Villini 8 – ✆ 07 75 51 43 51 – www.albergoambasciatori.it – Chiuso 23-26 dicembre

86 cam ☕ – 🛉39/129 € 🛉🛉89/299 €

Rist – Carta 35/43 € – *(solo per alloggiati)*

Centrale, vicino a terme e negozi, due grandi terrazze consentono di evadere dal rumore. Marmi lucenti nella hall, camere d'impostazione classica. Diverse sale ristorante, la più grande con soffitti a lucernari in vetro colorato.

Argentina rist,

via Vallombrosa 22 – ✆ 07 75 51 51 17 – www.albergoargentina.it – Aperto 1° marzo-1° novembre

54 cam – 50/80 € 75/110 € **Rist** – Menu 25 €

Cinto dal verde di un piccolo parco ombreggiato che lo rende tranquillo, seppur ubicato a pochi passi dalle Fonti Bonifacio, un albergo semplice, a conduzione familiare.

Belsito cam,

via Fiume 4 – ✆ 07 75 51 50 38 – www.hotelbelsitofiuggi.it – Aperto 1° maggio-31 ottobre

34 cam – 30/50 € 50/70 € **Rist** – Menu 20 € – *(solo per alloggiati)*

Sito in centro, in una via di scarso traffico, un indirizzo comodo e interessante; piccolo spazio antistante, per briscolate serali all'aperto. Cortesia e familiarità.

Il Savoia – Grand Hotel Palazzo della Fonte

via dei Villini 7 – ✆ 07 75 50 81 – www.palazzodellafonte.com – Aperto Pasqua-30 novembre

Carta 34/77 €

Negli ambienti che accolsero reali e personalità famose, alti soffitti, stucchi, tendaggi importanti: l'atmosfera è superba, la cucina ambiziosa. Il menu punta sulla selezione, proponendo pochi piatti dalle diciture moderne.

FIUMALBO

Modena (MO) – ✉ 41022 – 1 298 ab. – Alt. 953 m – Carta regionale n° **8-B2**

Roma 369 km – Firenze 97 km – Modena 87 km – Lucca 74 km

Carta stradale Michelin 562-J13

a Dogana Nuova Sud : 2 km – ✉ 41022

Val del Rio

via Giardini 221 – ✆ 0 53 67 39 01 – www.valdelrio.com – Chiuso 1°-15 maggio

34 cam – 50/80 € 80/150 €, 10 € – **4 suites**

Rist – Menu 15/45 € – *(chiuso mercoledì)*

Circondato da sentieri che vi condurranno alle più alte cime dell'Appennino, l'hotel offre un'atmosfera familiare, ambienti in stile montano e camere rinnovate. Boiserie e drappeggi nell'ampia ed elegante sala da pranzo, dove troverete le specialità della cucina regionale. Per cene informali, la moderna pizzeria.

Bristol rist,

via Giardini 274 – ✆ 0 53 67 39 12 – www.hotelbristol.tv – Chiuso ottobre-novembre

23 cam – 35/60 € 70/100 € **Rist** – Carta 23/43 €

Situato all'inizio della Val di Luce, un elegante hotel realizzato in tipico stile montano che dispone di moderne e confortevoli camere. Ideale punto di partenza per escursioni estive. Accomodatevi nell'accogliente sala da pranzo per gustare i piatti della tradizione emiliana.

FIUME VENETO

Pordenone (PN) – ✉ 33080 – 11 625 ab. – Alt. 20 m – Carta regionale n° **10-B3**

Roma 590 km – Udine 51 km – Pordenone 6 km – Portogruaro 20 km

Carta stradale Michelin 562-E20

L'Ultimo Mulino

via Molino 45, località Bannia, Sud-Est : 3,5 km – ✆ 04 34 95 79 11 – www.lultimomulino.com – Chiuso gennaio e agosto

8 cam – 80/110 € 160/180 €

Rist *L'Ultimo Mulino* – vedere selezione ristoranti

Questo magnifico esempio di architettura rurale ha mantenuto intatta la sua anima, trasformandosi nel tempo in un affascinante luogo di soggiorno, con camere arredate in chiave romantica. Le finestre regalano uno scorcio sulla natura circostante, tra fiori variopinti e l'allegro gorgoglio dei torrenti.

XX **L'Ultimo Mulino** – Hotel L'Ultimo Mulino

via Molino 45, località Bannia, Sud-Est : 3,5 km – ✆ 04 34 95 79 11 – www.lultimomulino.com – Chiuso gennaio, agosto, domenica e lunedì

Carta 36/66 € – *(solo a cena escluso domenica solo su prenotazione)*

Variazioni sul tema della cucina veneto-friulana: tanto pesce, ottime materie prime ed interessanti spunti creativi. Nella bella stagione, l'atmosfera si arricchisce dello scenario di una cena lungo il fiume.

FIUMICELLO SANTA VENERE → Vedere Maratea

Potenza (PZ)

FIUMICINO

Roma (RM) – ✉ 00054 – Carta regionale n° **12-B2**

Roma 31 km – Anzio 52 km – Civitavecchia 66 km – Latina 78 km

Carta stradale Michelin 563-Q18

Hilton Rome Airport

via Arturo Ferrarin 2 – ✆ 0 66 52 58 – www.romeairport.hilton.com

517 cam – 170/800 € 170/800 €, 24 € – **6 suites** **Rist** – Carta 38/75 €

Ideale per una clientela business ed internazionale, questa maestosa e moderna struttura dispone di camere particolarmente ampie ed eleganti.

Golden Tulip Rome Airport

via della Scafa 416, Sud : 3 km – ✆ 06 65 02 98 64 – www.goldentuliprome airport.com

100 cam – 70/169 € 90/256 € – **4 suites** **Rist** – Carta 41/52 €

Troverete accoglienza e buoni spazi, in questa moderna struttura a pochi chilometri dall'aeroporto di Fiumicino; la piscina al centro del giardino diventa un'occasione di piacevole relax.

Tiber N — cam,

via della Torre Clementina 276 – ✆ 06 65 04 82 55 – www.hoteltiberfiumicino.it/

64 cam – 60/180 € 80/250 €

Rist *Latitude 41* – Carta 36/43 €

Alla foce del canale dove attraccano anche i pescherecci, hotel moderno di recente costruzione offre un confort attuale in ogni suo settore (piccola piscina e solarium all'ultimo piano!) Al ristorante, le specialità prediligono il mare.

XX **Pascucci al Porticciolo** con cam

viale Traiano 85 – ✆ 06 65 02 92 04 – www.alporticciolo.net – Chiuso domenica sera e lunedì

9 cam – 60/70 € 70/110 € Menu 65/90 € – Carta 51/89 €

Dimenticate i viaggi aeroportuali e fermatevi da Pascucci, Fiumicino è ormai sulla mappa gourmet e non solo su quella del traffico internazionale. Rarità e ricercatezze premiano la sfida del cuoco che riesce ad essere originale pur nella necessaria e rispettosa semplicità di proposte in prevalenza ittiche. Anche le camere sono un porto sicuro.

→ Risotto al nero di seppia con ostriche torbate al whisky. Gamberi rossi al sale, profumi di erbe bruciate ed agrumi. Dulce de leche (dolce di latte), sorbetto al pepe verde e mango.

FIVIZZANO

Massa-Carrara (MS) – ✉ 54013 – 8 183 ab. – Alt. 326 m – Carta regionale n° **31-A1**

Roma 437 km – La Spezia 40 km – Firenze 163 km – Massa 41 km

Carta stradale Michelin 563-J12

Castello dell'Aquila

località Gragnola, Sud : 9 km – ✆ 0 58 59 91 57 – www.castellodellaquila.it

9 cam – 150/200 € 200/250 € **Rist** – Menu 35 € – *(solo per alloggiati)*

Stanze riccamente personalizzate per momenti di totale relax, in un castello trecentesco con forte connotazione storica e sapiente recupero privato. La cena è servita presso la dimora della proprietaria stessa.

FLAIBANO

Udine (UD) – ✉ 33030 – 1 185 ab. – Carta regionale n° **10-B2**

▶ Roma 642 km – Trieste 97 km – Udine 23 km

Carta stradale Michelin 562-D20

XX **Grani di Pepe** con cam

via Cavour 44 – ✆ 04 32 86 93 56 – www.granidipepe.com

7 cam ☕ – 👤60/75 € 👥90/100 €

Menu 38/52 € – Carta 35/53 € – (prenotazione obbligatoria a mezzogiorno)

Di antico c'è solo il fatto che nel '700 l'attuale ristorante era un umile casolare. Oggi, nella nuova e luminosa sala-veranda, il design si è piacevolmente impadronito degli spazi, mentre accenti moderni caratterizzano la cucina, equamente divisa tra terra e mare. Sobrio ed elegante minimalismo nelle camere.

FOGGIA

148 573 ab. – Alt. 76 m – Carta regionale n° **26-A2**

▶ Roma 345 km – Bari 135 km – Potenza 108 km – Barletta 76 km

Carta stradale Michelin 564-C28

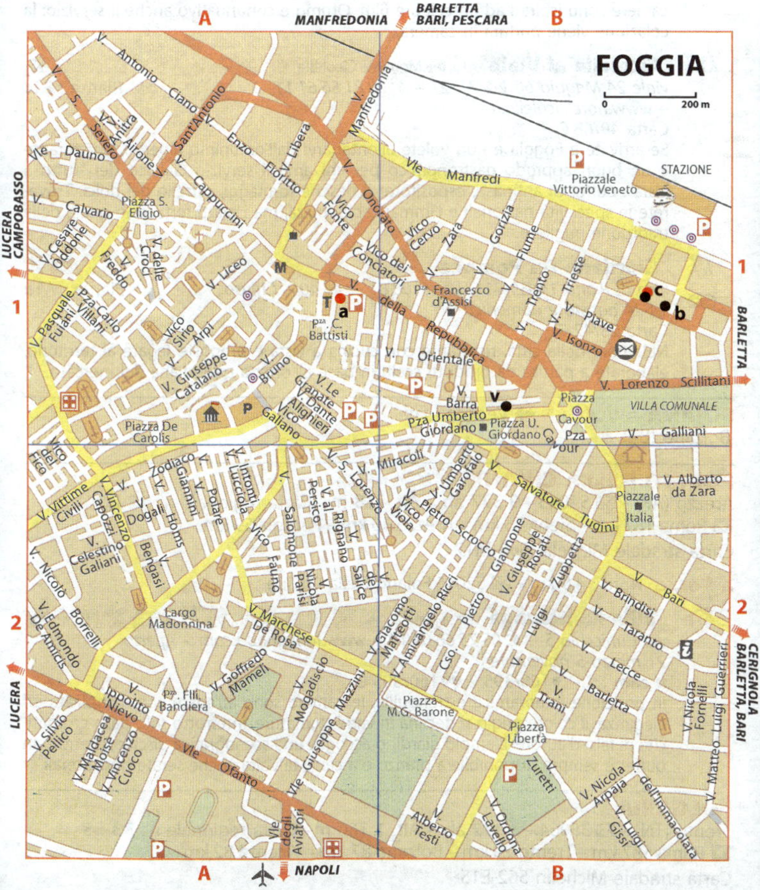

Hotel Cicolella
viale 24 Maggio 60 ✉ 71121 – ✆ 08 81 56 61 11 – www.hotelcicolella.it Pianta : B1**c**
102 cam – 100/145 € 160/190 € – **13 suites**
Rist ***Cicolella al Viale*** – vedere selezione ristoranti
In centro città e nei pressi della stazione ferroviaria, prestigioso hotel dei primi '900, da sempre gestito dai Cicolella: struttura versatile, in quanto indirizzo di riferimento per uomini d'affari e turisti.

White House senza rist
via Monte Sabotino 24 ✉ 71121 – ✆ 08 81 72 16 44 – www.hotelwhitehouse.it Pianta : B1**b**
33 cam – 60/118 € 80/150 €
Nella zona centrale e vicina alla stazione, un indirizzo di classe, dall'atmosfera calda e accogliente, dotato di buoni confort. Curati e raccolti spazi comuni.

La Civetta N senza rist
piazza Umberto Giordano 77 ✉ 71121 Foggia – ✆ 08 81 77 77 17 – www.lacivetta.net – Chiuso 5-25 agosto Pianta : B1**v**
6 cam – 69/89 € 79/99 €
Nell'elegante quartiere di passeggio e negozi, gli arredi di ciascuna delle raffinate camere sono ispirati ad un celebre film. Ottimo e continuativo anche il servizio: la colazione viene portata in camera.

Cicolella al Viale – Hotel Mercure Cicolella
viale 24 Maggio 60 ✉ 71121 – ✆ 08 81 56 61 11 – www.hotelcicolella.it Pianta : B1**c**
Carta 40/68 €
Se arrivate a Foggia e non volete allontanarvi dall'omonimo albergo, il ristorante è un buon approdo gastronomico per chi ama il servizio classico del "tutto a vista": buffet di antipasti, espositore di pesci e formaggi, carrello dei dolci. Troverete le specialità nazionali e l'immancabile pizza, ma i piatti forti sono quelli della tradizione pugliese.

Giordano-Da Pompeo
vico al Piano 14 ✉ 71121 – ✆ 08 81 72 46 40 – Chiuso 14-24 agosto e domenica Pianta : A1**a**
Carta 23/42 €
Nel cuore della città, ristorante con cucina a vista e proposte legate al territorio, elaborate a partire da prodotti scelti in base all'offerta quotidiana del mercato.

FOIANA = VOLLAN → Vedere Lana
Bolzano (BZ)

FOIANO DELLA CHIANA
Arezzo (AR) – ✉ 52045 – 9 377 ab. – Alt. 318 m – Carta regionale n° **32-D2**
Roma 187 km – Siena 55 km – Arezzo 30 km – Perugia 59 km
Carta stradale Michelin 563-M17

a Pozzo Nord : 4,5 km – ✉ 52045 Foiano Della Chiana

Villa Fontelunga senza rist
via Cunicchio 5 – ✆ 05 75 66 04 10 – www.fontelunga.com – Aperto 21 marzo-5 novembre
9 cam – 160/395 € 160/395 €
In posizione panoramica e tranquilla, le camere sono arredate con semplicità ed eleganza: il colore grigio si declina in varie sfumature, interrotto solo dalla cromaticità di falsi d'autore. L'ampio giardino accoglie una scenografica piscina, mentre un buffet è sempre disponibile a pranzo e a cena; talvolta anche serate tradizionali.

FOLGARIA
Trento (TN) – ✉ 38064 – 3 172 ab. – Alt. 1 166 m – Carta regionale n° **33-B3**
Roma 587 km – Trento 29 km – Bolzano 87 km – Vicenza 82 km
Carta stradale Michelin 562-E15

Villa Wilma rist,

via della Pace 12 – ✆ 04 64 72 12 78 – www.hotelvillawilma.it – Aperto 1° dicembre-31 marzo e 1° giugno-30 settembre
24 cam – 50/70 € 76/120 € **Rist** – Carta 24/46 €
Nella parte alta e più tranquilla della località, vista sui tetti e sul campanile del paese per un'accogliente gestione familiare con profusione di legni in stile tirolese. Per quanto piccolo, è gradevole il luminoso centro benessere. Sala ristorante calda e accogliente.

Relais Fior di Bosco N

via Papa Giovanni XXIII 18 ✉ 38064 Folgaria – ✆ 04 64 72 30 03 – www.relais-fiordibosco.it
6 cam – 60/145 € 60/170 €
Rist – Menu 20/35 € – *(aperto 1° gennaio-30 marzo e 20 giugno-20 novembre) (solo a cena)* (prenotazione obbligatoria) *(solo per alloggiati)*
Moderna gestione familiare in una casa che offre il confort di camere gradevoli, tutte dotate di terrazzo. Nella stube tirolese, per gli alloggiati e solo la sera, il patron si diletta ai fornelli.

FOLGARIDA

Trento (TN) – ✉ 38025 DimaroAlt. 1 302 m – ✉ Dimaro – Carta regionale n° **33**-B2
Roma 654 km – Trento 69 km – Bolzano 95 km – Merano 118 km
Carta stradale Michelin 562-D14

Alp Hotel Taller

strada del Roccolo 39 – ✆ 04 63 98 62 34 – www.hoteltaller.it – Aperto 1° dicembre-15 aprile e 15 giugno-30 settembre
30 cam – 55/95 € 112/194 € – **4 suites** **Rist** – Carta 28/53 €
Nella parte alta della località, di fronte al palazzo del ghiaccio, l'hotel dispone di ampi spazi comuni, centro benessere completo e camere luminose. La conduzione è appassionata anche nella gestione del ristorante, in raffinato stile rustico.

FOLIGNO

Perugia (PG) – ✉ 06034 – 56 266 ab. – Alt. 234 m – Carta regionale n° **36**-C2
Roma 158 km – Perugia 36 km – Macerata 94 km – Assisi 19 km
Carta stradale Michelin 563-N20

Villa dei Platani senza rist

viale Mezzetti 29 – ✆ 07 42 35 58 39 – www.villadeiplatani.com
27 cam – 75/110 € 99/175 €
Pregevole realtà ricettiva nata dal sapiente restauro di un'eclettica villa del primo '900, con spazi interni di tono minimalista e dalle calde tonalità. Moderni confort hi-tech nelle belle camere e stupenda terrazza, al secondo piano della struttura, arredata con eleganti mobili da esterno. Area benessere, Luxury Wellness Room, aperta tutti i giorni (su prenotazione).

Casa Mancia senza rist

via dei Trinci 44 – ✆ 0 74 22 22 65 – www.casamancia.com
14 cam – 60/68 € 80/108 €
A poca distanza dall'uscita Foligno Nord della superstrada, un albergo ricavato da una ex casa padronale con torre e chiesa sconsacrata. Camere moderne e confortevoli.

Le Mura

via Bolletta 25 – ✆ 07 42 35 73 44 – www.lemura.net
36 cam – 50/65 € 60/95 €
Rist ***Le Mura*** – vedere selezione ristoranti
Nome già eloquente sulla collocazione: a ridosso della chiesa romanica di S. Giacomo e all'interno delle mura medievali. Un accogliente albergo, facile da raggiungere.

Le Mura - Hotel Le Mura

Via Mentana 25, angolo via Bolletta – ✆ 07 42 35 46 48 – www.lemura.net – Chiuso 1°-10 agosto e martedì

Carta 26/44 €

Griglia ardente in sala, paste fresche e atmosfera conviviale, in un piacevole ristorante rinomato per le specialità umbre. Da Foligno si raggiungono facilmente le principali località storiche e turistiche della "regione verde" per eccellenza.

sulla strada statale 77 Nord-Est : 10 km

Guesia Village Hotel

località Ponte Santa Lucia 46 ✉ 06034 Foligno – ✆ 07 42 31 15 15 – www.guesia.com – Chiuso 23-26 dicembre

19 cam ☕ – 🚹60/115 € 🚹🚹80/180 € – **5 suites** **Rist** – Carta 34/43 €

Sulla statale che porta verso Macerata, una struttura di stile moderno, comoda, con grande giardino attrezzato e belle camere, arredate con gusto e soluzioni personali. Ampie sale ristorante, affacciate sul verde esterno.

FOLLINA

Treviso (TV) – ✉ 31051 – 3 916 ab. – Alt. 191 m – Carta regionale n° **40-C2**

Roma 572 km – Belluno 36 km – Venezia 84 km – Treviso 40 km

Carta stradale Michelin 562-E18

Villa Abbazia cam, rist,

via Martiri della Libertà – ✆ 04 38 97 12 77 – www.hotelabbazia.it – Chiuso 7 gennaio-15 marzo

18 cam ☕ – 🚹160/260 € 🚹🚹220/365 € – **6 suites**

Rist *La Corte* ✿ – vedere selezione ristoranti

Rist *Bistrot* – ✆ 04 38 97 05 35 – Menu 38/50 € – *(chiuso martedì)*

Straordinario mix di eleganza ed accoglienza familiare, dormirete in una bomboniera risalente al 1600 con annesso villino liberty. Un romantico giardino fa da corona a camere personalizzate e raffinate. Ambiente piacevolmente rustico al Bistrot per gustare le specialità della cucina veneta.

B&B La Rosa

via Roma 26 – ✆ 32 75 30 55 33 – www.larosabb.it – Chiuso 15 gennaio-1° marzo

3 cam ☕ – 🚹80 € 🚹🚹80 €

Un piacevole B&B da scegliere quale alternativa meno impegnativa nel medesimo contesto strutturale dell'hotel Villa Abbazia.

Dei Chiostri senza rist

piazza 4 Novembre 20 – ✆ 04 38 97 18 05 – www.hoteldeichiostri.com – Chiuso 7 gennaio-28 febbraio

15 cam – 🚹70/125 € 🚹🚹100/155 €, ☕ 15 €

All'interno di un palazzo adiacente al municipio, struttura dotata di spazi comuni limitati, ma di piacevoli personalizzazioni e buon gusto nelle camere. E se l'appetito si fa sentire, il vicino ristorante la Corte vi attende con tante specialità.

La Corte - Hotel Villa Abbazia

via Roma 24 – ✆ 04 38 97 17 61 – www.lacortefollina.com – Chiuso 7 gennaio-15 marzo e martedì

Carta 67/87 € – (prenotazione obbligatoria a mezzogiorno)

Ambienti sontuosi impreziositi da camino, affreschi e decorazioni d'epoca ricevono la meritata ricompensa gastronomica: dalla laguna veneta arrivano diverse interpretazioni marine, ma ci sono anche piatti di carne che uniscono creatività e semplicità, il marchio di fabbrica del giovane cuoco.

→ "Dialogo" di ricciola e scampo di Sicilia, mela verde all'agretto di ciliegie e melone. Agnolotti "36 rossi", ricotta affumicata e noci, bieta e bottarga di tonno. Piccione e foie gras alle nocciole, purea di sedano rapa e spinaci scottati.

a Pedeguarda Sud-Est : 3 km – ✉ 31050

XX **Trattoria al Castelletto**

via Castelletto 3 – ✆ 04 38 84 24 84 – www.alcastelletto.com – Chiuso martedì
Carta 27/50 €
Piacevole è l'aggettivo che più si addice a questo locale dagli ambienti arredati con buon gusto, un servizio all'aperto che beneficia della frescura del giardino e una linea di cucina di squisita matrice regionale.

FOLLONICA

Grosseto (GR) – ✉ 58022 – 21 328 ab. – Carta regionale n° **31-B3**
Roma 234 km – Grosseto 47 km – Firenze 152 km – Livorno 91 km
Carta stradale Michelin 563-N14

XX **Il Veliero**

via delle Collacchie 20, località Puntone Vecchio, Sud-Est : 3 km – ✆ 05 66 86 62 19 – www.ristoranteilveliero.it – Chiuso mercoledì da settembre a giugno e i mezzogiorno di mercoledì e giovedì in luglio
Menu 25/50 € – Carta 32/70 €
Conduzione familiare ormai più che trentennale e corretta proporzione qualità/prezzo per un classico ristorante con piatti tipicamente marinari, sito sulla via che conduce verso Punta Ala.

FONDI

Latina (LT) – ✉ 04022 – 37 963 ab. – Carta regionale n° **13-D3**
Roma 133 km – Frosinone 55 km – Latina 57 km – Caserta 95 km
Carta stradale Michelin 563-R22

Mblo B&B senza rist

largo Luigi Fortunato 9 – ✆ 07 71 50 23 85 – www.mblo.it
8 cam – †40/60 € ††70/95 €
Percorrendo le tranquille strade del centro storico troverete questo palazzo duecentesco con graziosa corte interna. Arredi d'epoca, pavimenti in cotto e pareti in pietra completano il quadro. Per chi desidera un tocco di romanticismo, molte camere sono dotate di camino.

XX **Riso Amaro**

via 24 Maggio 17 – ✆ 07 71 52 36 55 – www.ristoranterisoamaro.it – Chiuso lunedì, martedì e sabato a mezzogiorno
Menu 40/55 € – Carta 35/57 € – *(solo a cena in luglio-agosto)*
Welcome home! Un giovane cuoco dopo anni di esperienza nella capitale in ristoranti "stellati" e non, ha deciso di ritornare al paesello ed aprire - con successo - questo elegante locale. La sua impronta mediterranea si fa sentire sia nei piatti di pesce, sia nelle specialità di carne, mitigata solo da tocchi di fantasia.

X **Vicolo di Mblò**

corso Appio Claudio 11 – ✆ 07 71 50 23 85 – www.mblo.it – Chiuso 23-30 dicembre e martedì escluso luglio-agosto
Carta 16/56 €
Proprio al termine del corso pedonale, dove si erge la torre con castello, un antico edificio di origine gonzaghesca nelle cui stalle è nato un caratteristico ristorante. Cucina regionale ed un'importante carta dei vini: 500 etichette sia italiane sia estere, con una grande selezione di champagne.

FONDO

Trento (TN) – ✉ 38013 – 1 422 ab. – Alt. 987 m – Carta regionale n° **33-B2**
Roma 637 km – Bolzano 36 km – Merano 40 km – Trento 52 km
Carta stradale Michelin 562-C15

Lady Maria cam, rist,

via Garibaldi 20 – ✆ 04 63 83 03 80 – www.ladymariahotel.com – Chiuso 3-30 novembre
42 cam – †40/60 € ††62/120 € – **4 suites** **Rist** – Menu 16/28 €
Struttura a seria conduzione familiare con ambientazione e arredi tipicamente montani: le camere più belle si trovano al terzo piano. Specialità della cucina trentina, servite nel luminoso ristorante.

FONDOTOCE → Vedere Verbania
Verbano-Cusio-Ossola (VB)

FONTANAFREDDA
Pordenone (PN) – ✉ 33074 – 11 678 ab. – Carta regionale n° **25-C2**
Roma 596 km – Belluno 60 km – Pordenone 9 km – Portogruaro 36 km
Carta stradale Michelin 562-E19

Luna senza rist
via Osoppo 127, località Vigonovo – ✆ 04 34 56 55 35 – www.hoteluna.net – Chiuso 24 dicembre-6 gennaio
37 cam – †53/63 € ††70/80 €
Alle porte del paese, la struttura si sviluppa orizzontalmente ed è ideale per una clientela d'affari. Camere ampie, ben accessoriate, con anche accesso esterno indipendente.

FONTANAFREDDA → Vedere Serralunga d'Alba
Cuneo (CN)

FONTANASALSA → Vedere Trapani
Trapani (TP)

FONTANELLE → Vedere Roccabianca
Parma (PR)

FONTEBLANDA
Grosseto (GR) – ✉ 58010 – Carta regionale n° **32-C3**
Roma 154 km – Grosseto 26 km – Civitavecchia 85 km – Viterbo 99 km
Carta stradale Michelin 563-O15

Rombino senza rist
via Aurelia Vecchia 40 – ✆ 05 64 88 55 16 – www.hotelrombino.it – Chiuso gennaio, febbraio e novembre
39 cam – †50/110 € ††70/110 €
Nel cuore della Maremma, fra Talamone e il Monte Argentario, un hotel a conduzione familiare, rinnovato qualche anno fa, con camere confortevoli e spiaggia non lontana.

a Talamone Sud-Ovest : 4 km – ✉ 58010

Baia di Talamone senza rist
via della Marina 23 – ✆ 05 64 88 73 10 – www.hbt.it – Aperto 1° aprile-15 ottobre
18 cam – †50/80 € ††70/130 €
Affacciata sul porticciolo turistico, una bella struttura color salmone, contenuta, ma comoda soprattutto a partire dall'ampio parcheggio; alcune stanze con salottino e angolo cottura.

FONTENO
Bergamo (BG) – ✉ 24060 – 670 ab. – Carta regionale n° **19-D1**
Roma 618 km – Milano 91 km – Bergamo 43 km – Brescia 73 km
Carta stradale Michelin 561-E12

Panoramico con cam
via Palazzine 30 – ✆ 0 35 96 90 27 – www.panoramico.it – Chiuso 16-31 gennaio, 1°-21 novembre, lunedì e martedì in inverno
13 cam – †60/70 € ††90/125 € Menu 35 € – Carta 30/63 € – (prenotare)
Splendida posizione dominante sul lago d'Iseo, per una cucina d'ispirazione contemporanea che trova in un ambiente familiare, curato ed accogliente il proprio palcoscenico. Comode camere da cui rimirare la bellezza della natura.

FOPPOLO
Bergamo (BG) – ✉ 24010 – 201 ab. – Alt. 1 508 m – Carta regionale n° **16-B1**
Roma 659 km – Sondrio 93 km – Bergamo 58 km – Brescia 110 km
Carta stradale Michelin 561-D11

K 2

via Foppelle 42 – ✆ 0 34 57 41 05 – www.ristorantek2.com – Chiuso maggio e novembre escluso sabato e domenica

Menu 20 € (pranzo)/35 € – Carta 26/52 € – (prenotare)

Ambiente grazioso, con arredi in caldo legno chiaro e una curata rusticità; fuori dal centro abitato, offre piatti locali, come la selvaggina, e una conduzione familiare.

FORIO → Vedere Ischia (Isola d')

Napoli (NA)

FORLÌ

116 029 ab. – Alt. 34 m – Carta regionale n° 9-D2

Roma 354 km – Ravenna 29 km – Rimini 54 km – Bologna 63 km

Carta stradale Michelin 562-J18

Globus City rist,

via Traiano Imperatore 4, 3,5 km per Ravenna ✉ 47122 – ✆ 05 43 72 22 15 – www.hotelglobuscity.com – Chiuso 24 dicembre-6 gennaio

98 cam – 79/175 € 99/255 € – **2 suites** **Rist** – Carta 36/72 €

Hotel di stile classico tra la città e il casello autostradale caratterizzato da ambienti di buon confort e camere accoglienti. Ottima la prima colazione. Al ristorante I Mediterranei: cucina classica con alcune proposte locali.

Masini senza rist

corso Garibaldi 28 ✉ 47121 – ✆ 0 54 32 80 72 – www.hotelmasini.it **Pianta :c**

51 cam – 59/150 € 69/200 € – **2 suites**

E' da fine '800 che questo hotel continua ininterrottamente a proporsi come riferimento cittadino: oggi offre spazi funzionali e confortevoli, nonché pass gratuiti per posteggiare l'auto in centro.

Michelangelo senza rist

via Buonarroti 4/6 ✉ 47122 – ✆ 05 43 40 02 33 – www.hotelmichelangelo.fc.it **Pianta :b**

39 cam – 59/140 € 69/160 €

Poco fuori dal centro storico, l'albergo è stato totalmente ristrutturato in anni recenti, pur mantenendo le facciata originale con le vetrate a specchio; le camere sono ampie e ben accessoriate.

San Giorgio senza rist

via Ravegnana 538/d, 4 km per Ravenna ✉ 47122 – ✆ 05 43 79 66 99 – www.hotelsangiorgioforli.it

66 cam – 49/160 € 59/190 €

Sito nelle immediate vicinanze del casello autostradale, hotel di taglio moderno-commerciale con camere accessoriate, alcune delle quali con angolo cottura, ideali per una clientela d'affari.

Casa Rusticale dei Cavalieri Templari

viale Bologna 275, 1 km per Faenza ✉ 47121 – ✆ 05 43 70 18 88 – www.osteriadeitemplari.it – Chiuso 1°-7 gennaio, agosto, lunedì, domenica sera, anche domenica a mezzogiorno in giugno-luglio

Menu 15/35 € – Carta 26/58 € – (prenotare)

"Hospitale" di S. Bartolo dei Cavalieri Templari sin dal XIII secolo, il bel locale continua la tradizione di accoglienza e ottima cucina romagnola sotto l'egida di tre donne.

Trattoria 'petito

via Corridoni 14 – ✆ 0 54 33 57 84 – www.trattoriapetito.com – Chiuso 7-21 agosto e domenica **Pianta :a**

Carta 26/51 €

Il nome è la contrazione dell'augurio "buon appetito": una promessa che non sarà delusa! La cucina attinge a piene mani dal territorio emiliano-romagnolo, fra carni, salumi, qualche specialità di pesce, vini (molto Sangiovese, naturalmente) ed altro ancora... Il tutto in un ambiente vivace e piacevole.

Don Abbondio

piazza Guido da Montefeltro 16 ✉ 47121 – ☎ 0 54 32 54 60 **Pianta :a**
– www.osteriadonabbondio.it – Chiuso 1°-5 gennaio, 10-25 agosto, lunedì in gennaio-giugno, sabato a mezzogiorno e domenica in luglio-dicembre
Menu 28 € – Carta 26/43 €
Nei pressi del complesso di S. Domenico, ambiente rustico-moderno diviso su due piani: sulla tavola, i migliori prodotti della Romagna, sia di terra sia di mare, e qualche interessante binomio piatto-vino al bicchiere. Specialità: strozzapreti con radicchio e ciavàr (salsiccia).

FORMAZZA

Verbano-Cusio-Ossola (VB) – ✉ 28863 – 445 ab. – Alt. 1 280 m
– Carta regionale n° **23-C1**
Roma 743 km – Domodossola 40 km – Verbania 81 km
Carta stradale Michelin 561-C7

Walser Schtuba con cam

località Riale – ☎ 03 24 63 43 52 – www.locandawalser.it – Chiuso ottobre
6 cam – 50 € 90 € Carta 37/67 €
Nella parte più alta e pittoresca della Val Formazza, una piacevolissima risorsa in perfetto stile alpino: grazioso dehors per la bella stagione e tante gustose specialità locali, rivisitate con estro e alleggerite quanto basta.

FORMIA

Latina (LT) – ✉ 04023 – 36 441 ab. – Carta regionale n° **13-D3**
Roma 153 km – Frosinone 90 km – Caserta 71 km – Latina 76 km
Carta stradale Michelin 563-S22

Grande Albergo Miramare rist,

via Appia 44, Est : 2 km – ☎ 07 71 32 00 47 – www.grandealbergomiramare.it
58 cam – 90/115 € 115/135 €, 9 € – **1 suite** **Rist** – Carta 27/67 €
Serie di dependance tra i pini e il mare per un soggiorno di tono poco alberghiero e di esclusiva riservatezza. Le camere più affascinanti si affacciano sul golfo. Ampie sale al ristorante dal fascino retrò.

Fagiano Palace rist,

via Appia 80, Est : 3 km – ☎ 07 71 72 09 00 – www.grandhotelfagiano.it
51 cam – 60/85 € 70/120 € **Rist** – Carta 20/51 €
Per affari o vacanze, in direzione di Napoli, l'hotel dispone di camere spaziose (anche se non sempre recenti i bagni), la maggior parte con vista mare. L'ampio parcheggio vi risolverà il problema di dove lasciare la macchina.

Italo

via Unità d'Italia 96, Ovest : 2 km – ☎ 07 71 77 12 64 – www.ristoranteitalo.com – Chiuso 21 dicembre-4 gennaio, da lunedì a venerdì in novembre, lunedì e martedì negli altri mesi
Menu 20/30 € – Carta 25/44 €
Per ogni esigenza, gastronomica, banchettistica o di semplice eleganza, un punto di riferimento di tutto rispetto qui a Formia; lungo la strada che affianca la costa.

FORMIGINE

Modena (MO) – ✉ 41043 – 33 865 ab. – Alt. 82 m – Carta regionale n° **8-B2**
Roma 411 km – Bologna 54 km – Reggio nell'Emilia 40 km – Modena 13 km
Carta stradale Michelin 562-I14

La Fenice senza rist

via Gatti 3/73 – ☎ 0 59 57 33 44 – www.fenicehotel.it
48 cam – 40/60 € 50/100 €
In una tranquilla zona residenziale, albergo a conduzione familiare le cui camere semplici, ma generalmente ampie, faranno la felicità di coloro che amano gli spazi generosi. Prima colazione a buffet.

Agriturismo La Corte della Barchessa N cam,

via Sant'Onofrio 51 – ✆ 0 59 46 21 24 – www.lacortedellabarchessa.com – Chiuso 26 luglio-2 agosto e 16-30 agosto

6 cam – 50/80 € 75/105 €

Rist – Menu 25/30 € – (prenotazione obbligatoria) *(solo per alloggiati)*

All'interno di un parco, dormirete nell'ex fienile di una cascina ottocentesca, tra arredi d'epoca e una simpatica gestione familiare. C'è anche un'acetaia visitabile con rivendita.

a Corlo Ovest : 3 km – ✉ 41043

Due Pini cam,

via Radici in Piano 177, Est : 0,5 km – ✆ 0 59 57 26 97 – www.hotelduepini.it – Chiuso 10-16 agosto

56 cam – 50/80 € 80/120 €

Rist – Carta 18/42 € – *(chiuso sabato e domenica)*

Ristrutturati, ampliati e dotati delle attuali tecnologie, tre antichi edifici di epoche differenti ospitano questo hotel - confortevole e moderno - circondato da un piccolo parco e con cucina emiliana al ristorante: lasagne o tortellini in brodo, tra i piatti forti.

a Casinalbo Nord : 2 km – ✉ 41041

Modena Resort N senza rist

via Giardini Nord 438 – ✆ 0 59 51 11 51 – www.modenaresort.it

54 cam – 74/270 € 94/300 €

Moderna struttura lungo la strada per Modena: d'inverno il lavoro è legato alla clientela commerciale, ma d'estate sono le famiglie ad approfittare delle camere dedicate con piccola cucina e giardino privato.

FORMIGLIANA

Vercelli (VC) – ✉ 13030 – 547 ab. – Alt. 157 m – Carta regionale n° **23**-C2

Roma 651 km – Stresa 76 km – Vercelli 18 km – Torino 69 km

Carta stradale Michelin 561-F6

Franz

via Roma 35 – ✆ 01 61 87 70 05 – www.ristorantefranz.it – Chiuso 1 settimana in gennaio, 2 settimane in agosto, lunedì e martedì

Carta 28/108 €

Un locale d'impronta classica, periodicamente rinnovato e molto ben tenuto, gestito da una famiglia allargata, con accenti femminili. Cucina quasi esclusivamente di mare.

FORNI DI SOPRA

Udine (UD) – ✉ 33024 – 1 015 ab. – Alt. 907 m – Carta regionale n° **10**-A1

Roma 673 km – Cortina d'Ampezzo 64 km – Belluno 73 km – Udine 91 km

Carta stradale Michelin 562-C19

Edelweiss cam,

via Nazionale 19 – ✆ 0 43 38 80 16 – www.edelweiss-forni.it – Chiuso ottobre-novembre

27 cam – 35/50 € 75/100 € **Rist** – Carta 19/37 € – *(chiuso martedì)*

Nel Parco delle Dolomiti Friulane, albergo a conduzione familiare dotato di camere funzionali e di un bel giardino. In cucina predominano erbe spontanee e i prodotti della Carnia.

FORNO DI ZOLDO

Belluno (BL) – ✉ 32012 – 2 417 ab. – Alt. 848 m – Carta regionale n° **40**-C1

Roma 638 km – Belluno 37 km – Cortina d'Ampezzo 43 km – Treviso 95 km

Carta stradale Michelin 562-C18

Tana de 'l Ors con cam
via Roma 28 – ✆ 04 37 79 40 97 – www.ristorantetanadelors.it – Chiuso 30 marzo-18 aprile e 10-30 novembre
5 cam – 45/70 € 65/110 €, 7 €
Menu 20/60 € – Carta 29/61 € – *(chiuso domenica sera in aprile-giugno e settembre-novembre)* (consigliata la prenotazione la sera)
In questa zona di caccia, lo chef propone una cucina moderna, dove la carne è la protagonista principale, ma troverete anche qualche ispirazione proveniente dal mare. La struttura mette a disposizione mono e bilocali con angolo cottura.

a Mezzocanale Sud-Est : 10 km Alt. 620 m – ✉ 32013 Forno Di Zoldo

Mezzocanale-da Ninetta
via Canale 22 – ✆ 0 43 77 82 40 – www.trattoriadaninetta.it – Chiuso settembre, martedì sera e mercoledì
Carta 28/59 €
Oltre 120 anni di storia per questo punto di ristoro lungo la strada Forno di Zoldo-Longarone: sala-bar riscaldata dal fogolar ottocentesco o sala classica, una cortese accoglienza familiare a voce spiega le specialità della cucina dolomitica. Imperdibili gli gnocchi di spinaci o zucca con ricotta affumicata e le lasagne al ragù di cervo alla salvia.

FORNOVO DI TARO
Parma (PR) – ✉ 43045 – 6 160 ab. – Alt. 158 m – Carta regionale n° **8-B2**
Roma 488 km – Parma 34 km – Reggio nell'Emilia 65 km – Piacenza 77 km
Carta stradale Michelin 562-H12

A la Maison
piazza Matteotti 18 – ✆ 05 25 26 91 – www.ristorantemaison.com – Chiuso 2 settimane in agosto, martedì sera e mercoledì
Carta 29/59 €
Conduzione familiare in un accogliente locale ricavato nelle cantine di un antico palazzo del centro. In menu: gustose proposte di cucina regionale e stagionale.

FORTE DEI MARMI
Lucca (LU) – ✉ 55042 – 7 619 ab. – Carta regionale n° **31-A1**
Roma 381 km – Pisa 39 km – Livorno 56 km – Lucca 38 km
Carta stradale Michelin 563-K12

Grand Hotel Imperiale
via Mazzini 20 – ✆ 0 58 47 82 71 – www.grandhotelimperiale.it
24 cam – 300/900 € 300/900 €, 28 € – **22 suites**
Rist – Carta 70/133 €
Atmosfera e servizio impeccabile sono i principali atout di questo albergo, dove il lusso si declina nei dettagli dipinti color oro, nonché nell'attrezzata beauty farm. E l'esclusività raggiunge il mare: spiaggia privata a pagamento Minerva Beach con servizio ristorante annesso.

Principe Forte dei Marmi
cam, cam,
viale A. Morin 67 – ✆ 05 84 78 36 36 – www.principefortedeimarmi.com
28 cam – 285/4500 € 285/4500 €, 45 €
Rist *Lux Lucis* – vedere selezione ristoranti
Rist – Carta 68/212 €
Lontano dalla classicità alberghiera tradizionale, Principe Forte dei Marmi è un hotel di lusso immerso nel verde sullo sfondo delle Alpi Apuane e a pochi metri dalla spiaggia. Inondata da luce, minimalista negli arredi, la struttura è al tempo stesso sofisticata e moderna.

Augustus Lido cam,

viale Morin 72 – 05 84 78 74 42 – www.augustushotelresort.com – Aperto 1° aprile-31 ottobre

17 cam – 170/580 € 220/640 € – **2 suites**

Rist – Carta 60/129 € – *(chiuso lunedì) (solo a pranzo escluso giugno-agosto)*

Splendida villa neorinascimentale di fine Ottocento, fu anche celebre dimora degli Agnelli: dell'epoca rimangono molti arredi e tessuti, nonché un'atmosfera tra l'inglese e il retrò. Piacevole plus: è l'unico albergo con sottopasso per la spiaggia!

Villa Roma Imperiale senza rist

via Corsica 9 – 0 58 47 88 30 – www.villaromaimperiale.com – Aperto 2 aprile-30 settembre

25 cam – 250/850 € 400/900 € – **6 suites**

Abbracciata da un tranquillo giardino con piscina, una villa anni '20 d'impeccabile tenuta: interni sobri ed eleganti giocati sulle sfumature del colore sabbia e qualche accenno etnico in alcune camere.

Byron

viale Morin 46 – 05 84 78 70 52 – www.hotelbyron.net – Aperto 2 aprile-15 ottobre

29 cam – 200/490 € 300/580 €

Rist ***La Magnolia*** – vedere selezione ristoranti

Si respira un'atmosfera discreta e riservata - quasi da dimora privata - in questa elegante struttura nata dall'unione di due ville di fine '800, immersa in un delizioso giardino con piscina.

Augustus N rist,

viale Morin 169 – 05 84 78 72 00 – www.augustus-hotel.it – Aperto 1° aprile-30 ottobre

80 cam – 190/425 € 220/640 € – **11 suites**

Rist – Carta 55/102 € – *(solo per alloggiati)*

All'interno di villa Pesenti, edificio razionalista degli anni '30 poi ampliato, o in sette villini distribuiti nel parco, l'Augustus è meta di chi cerca il silenzio e un fascino retrò mai sorpassato.

Villa Grey cam,

viale Italico 84 – 05 84 78 74 96 – www.villagrey.it – Aperto 1° aprile-31 ottobre

19 cam – 150/370 € 180/670 € – **2 suites**

Rist – Carta 41/82 € – *(solo a cena)*

Fronte mare, siamo in un'elegante villa di fine '800 trasformata all'interno in ambienti moderni giocati sulle sfumature del grigio, a cui fa eco il verde dell'incantevole giardino sul retro.

California Park Hotel cam, cam,

via Cristoforo Colombo 32 – 05 84 78 71 21 – www.californiaparkhotel.com – Aperto 1° maggio-30 settembre

40 cam – 140/450 € 234/660 € – **6 suites**

Rist – Carta 53/115 €

Immersa in un lussureggiante parco, una bella struttura - moderna e funzionale - dall'aspetto estivo e mediterraneo. Composta da un corpo principale e da dépendence vanta un comune denominatore: l'ottimo confort.

Il Negresco cam,

viale Italico 82 – 0 58 47 88 20 – www.hotelilnegresco.com – Chiuso 20 giorni in dicembre e 10 giorni in gennaio

40 cam – 110/550 € 150/700 €

Rist – Carta 42/72 € – *(solo a cena da ottobre ad aprile)*

Sul lungomare, l'albergo splende di marmi con camere tematiche per piano e colori; circa metà si affacciano sul mare, per tutti c'è una terrazza solarium panoramica sul litorale.

Hermitage
cam,

via Cesare Battisti 50 – ☎ 05 84 78 71 44 – www.albergohermitage.it – Aperto 8 maggio-27 settembre

56 cam – 170/295 € 220/505 € – **3 suites**

Rist – Carta 60/91 € – *(solo per alloggiati)*

Tra il verde dei pini e dei lecci, cinto da un giardino con piscina, un albergo piacevole, sito in una zona quieta della località. Simpatica area giochi per i bambini e comoda navetta per la spiaggia.

Mignon
rist,

via Carducci 58 – ☎ 05 84 78 74 95 – www.hotelmignon.it – Aperto 1° aprile-31 ottobre

34 cam – 80/170 € 120/260 € **Rist** – Menu 25 €

Quasi una piccola bomboniera composta da un curato giardino, eleganti salotti, verande e camere confortevoli: nella categoria, uno dei migliori alberghi di Forte. Terrazza-solarium con piccola piscina.

Hotel 1908
cam,

via Flavio Gioia 2 – ☎ 05 84 78 75 31 – www.hotel1908.com – Chiuso 20-28 dicembre

27 cam – 80/290 € 120/620 € – **1 suite**

Rist – Carta 38/74 € – *(aperto 1° aprile-30 settembre)*

Un edificio liberty degli anni '30 è il bel biglietto da visita di questa struttura, centrale e con piccola piscina, che si apre all'interno su ambienti e camere eterogenee, sobri ma confortevoli.

Kyrton
cam, rist,

via Raffaelli 16 – ☎ 00 39 05 84 78 74 61 – www.hotelkyrton.it – Aperto 10 marzo-20 ottobre

33 cam – 40/149 € 65/260 € – **1 suite** **Rist** – Menu 18/40 €

Camere semplici, ma confortevoli, in un hotel immerso nel verde di un curato giardino con piscina, la cui cordiale gestione familiare vi farà sentire un po' come ospiti da amici.

Sonia
cam,

via Matteotti 42 – ☎ 05 84 78 71 46 – www.albergosonia.it

20 cam – 70/110 € 90/220 € **Rist** – Menu 20 € – *(solo per alloggiati)*

Tra cimeli e decorazioni, il Sonia assomiglia più ad un'accogliente casa privata che ad un albergo. Raccolto intorno ad un piccolo giardino interno, la sua anima è la proprietaria, una simpatica amica per gli ospiti dell'hotel.

Piccolo Hotel
rist,

viale Morin 24 – ☎ 05 84 78 74 33 – www.albergopiccolohotel.it – Aperto 1° aprile-30 settembre

32 cam – 70/160 € 120/280 € **Rist** – Carta 30/58 €

Immerso nel verde e vicino alla spiaggia (con accesso anche dal lungomare), un hotel a gestione familiare, che da oltre mezzo secolo offre buoni confort e piacevoli camere.

President

via Caio Duilio 4 ang. viale Morin – ☎ 05 84 78 74 21 – www.presidentforte.it – Aperto Pasqua-30 settembre

44 cam – 90/250 € 110/330 €, 15 €

Rist – Menu 60 € – *(solo per alloggiati)*

A pochi passi dal mare - in zona verde e residenziale - una struttura moderna con interni signorili e spaziose zone comuni. Spiaggia privata a disposizione degli ospiti.

Le Pleiadi
cam,

via Civitali 51 – ☎ 05 84 88 11 88 – www.hotellepleiadi.it – Aperto 1° aprile-30 settembre

30 cam – 65/240 € 90/260 € **Rist** – Carta 26/48 €

Pini marittimi ad alto fusto lo circondano e in parte lo nascondono. Nella quiete delle vie più interne, camere fresche e la semplicità di una gestione familiare.

Tarabella

viale Versilia 13/b – ☎ 05 84 78 70 70 – www.tarabellahotel.it – Aperto 15 aprile-10 ottobre
32 cam – †65/90 € ††75/180 €, ☕ 10 €
Rist – Menu 20/35 € – *(solo per alloggiati)*
Piacevole edificio niveo con qualche decorazione dipinta, un piccolo giardino lo circonda. E' una risorsa dal sapore familiare, confortevole e tranquilla, con una sala giochi per i bambini.

Lorenzo

via Carducci 61 – ☎ 0 58 48 96 71 – www.ristorantelorenzo.com – Chiuso 15 dicembre-31 gennaio, martedì a mezzogiorno e lunedì
Carta 60/120 €
Una leggenda trentennale cesellata d'imperdibili momenti, dalla celebre maionese preparata in sala alla qualità del servizio, ma, su tutto, il pesce, una garanzia di freschezza firmata Lorenzo.
→ Bavette sul pesce. Aragostella di fondale in crosta di pane e guazzetto di Champagne. Cremino al croccantino con gelato al pistacchio di Bronte.

Bistrot

viale Franceschi 14 – ☎ 0 58 48 98 79 – www.bistrotforte.it – Chiuso 14-26 dicembre e martedì in inverno
Menu 85/95 € – Carta 69/131 € – *(solo a cena escluso i giorni festivi)* (consigliata la prenotazione)
L'abbondanza, la generosità e la qualità del pesce stupiranno anche gli avventori più navigati. Tra proposte di crudo, al vapore e alla brace, nella cornice di eleganti sale sul lungomare, l'esperienza renderà memorabile la vacanza al Forte.
→ Agnolotto di astice e burrata con guazzetto di calamaretti, pomodorini e caviale. Aragosta in crosta di pane agli agrumi con verdure d'estate. Dacquoise al latte e caramello con gelato alle fave di tonka e lamponi freschi.

La Magnolia – Hotel Byron

viale Morin 46 – ☎ 05 84 78 70 52 – www.hotelbyron.net – Aperto 2 aprile-15 ottobre
Menu 69/90 € – Carta 42/87 €
Nell'elegante classicità della sala interna o ai bordi della piscina ombreggiata, la cucina spazia dalle proposte di mare a quelle dell'entroterra toscano, ma c'è anche spazio per le personali divagazioni del cuoco.
→ Risotto agli asparagi e liquirizia. Rosticciana di vitella, fagioli schiaccioni e tartare di cicala di mare e menta. Mela e carciofo violetto, meringa alla verbena e cioccolato bianco.

Lux Lucis – Principe Forte dei Marmi

viale A. Morin 67 – ☎ 05 84 78 36 36 – www.principefortedeimarmi.com – Chiuso in inverno esclusi giorni festivi, lunedì e martedì
Carta 62/103 € – *(solo a cena)*
Gli appassionati di cucina creativa e sperimentale troveranno qui la loro destinazione: piatti all'apparenza semplici, ma imperniati su accostamenti e presentazioni originali.

Osteria del Mare

viale Franceschi 4 – ☎ 0 58 48 36 61 – www.marcodavid.com – Chiuso giovedì escluso luglio-agosto
Menu 35/65 € – Carta 44/72 € – (prenotare)
Sul lungomare di questa prestigiosa stazione balneare, due luminose sale ed un gradevole dehors dove gustare piatti (soprattutto) a base di pesce. Ampia carta dei vini.

The Fratellini's

via Franceschi 2b – ☎ 0 58 48 29 31 – www.marcodavid.com – Chiuso lunedì a pranzo in giugno-settembre, martedì a pranzo e lunedì negli altri mesi
Carta 48/80 €
Ambiente moderno e semplice, tavoli serrati ed ottimo servizio in questo ristorante quasi esclusivamente votato al pesce. La specialità è il crudo: al naturale, in piatti più elaborati o in versione giapponese, sushi e sashimi.

FORTUNAGO

Pavia (PV) – ✉ 27040 – 393 ab. – Alt. 482 m – Carta regionale n° **16-B3**

▶ Roma 585 km – Alessandria 66 km – Milano 78 km – Pavia 41 km

Carta stradale Michelin 561-H9

Agriturismo Cascina Casareggio (N)

località Casareggio 1, Ovest : 5 km – ✆ 03 83 87 52 28 – www.cascinacasareggio.it

10 cam – 65/90 € 80/90 €

Rist – Carta 28/55 € – (consigliata la prenotazione)

In posizione isolata e tranquilla, immerso in un parco, l'agriturismo ha preso il posto del piccolo paesino. Nei diversi caseggiati, il fascino di camere accoglienti, inaspettatamente arredate con mobili classici. Piacevoli e curate, le sale del ristorante si aprono su una cucina casalinga e regionale.

FORZA D'AGRÒ

Sicilia – Messina (ME) – ✉ 98030 – 879 ab. – Alt. 420 m – Carta regionale n° **30-D2**

▶ Catania 61 km – Messina 41 km – Palermo 271 km – Taormina 15 km

Carta stradale Michelin 565-N27 – Guida Verde Michelin SICILIA

Baia Taormina

rist,

via Nazionale km 39, Est : 5 km – ✆ 09 42 75 62 92 – www.baiataormina.com – Aperto 1° aprile-31 ottobre

122 cam – 170/310 € 240/620 € – **3 suites**

Rist – Carta 50/109 € – *(solo a cena)*

Sito sullo scoglio panoramico che si affaccia sull'omonima baia, un suggestivo hotel recentemente ampliatosi con una nuova ala: spiaggia privata e, in terrazza, due piscine raggiungibili con l'ascensore.

FOSDINOVO

Massa-Carrara (MS) – ✉ 54035 – 4 982 ab. – Alt. 500 m – Carta regionale n° **31-A1**

▶ Roma 413 km – La spezia 26 km – Massa 24 km – Livorno 88 km

Carta stradale Michelin 563-J12

La Castellana

via Pilastri 18, Sud-Est: 4 km – ✆ 01 87 68 00 10 – www.albergolacastellana.com

30 cam – 70/90 € 90/120 €

Rist *Zenzero 29* – Carta 30/60 € – *(chiuso lunedì)*

Sulla strada per Fosdinovo e in posizione panoramica, ambienti ariosi, piacevolmente arredati con mobili in stile contemporaneo e linee sobrie nelle confortevoli camere. Sala ristorante panoramica con possibilità anche di pizze cotte in forno a legna.

FOSSANO

Cuneo (CN) – ✉ 12045 – 24 734 ab. – Alt. 375 m – Carta regionale n° **22-B3**

▶ Roma 645 km – Torino 73 km – Cuneo 30 km – Asti 65 km

Carta stradale Michelin 561-I5

Palazzo Righini

via Negri 20 – ✆ 01 72 66 66 66 – www.palazzorighini.it

23 cam – 110/140 € 120/165 € – **1 suite**

Rist *Antiche Volte* – vedere selezione ristoranti

Camere lussuosamente classiche, dove ognuna si caratterizza per un dettaglio - volte e pareti affrescate, soffitti a cassettoni, tende in taffetà di seta o letti a baldacchino - in un'affascinante dimora nobiliare del Seicento, che rimanendo al passo con i tempi moderni offre anche un piccolo centro benessere.

Dama (N) senza rist

via Circonvallazione 10 – ✆ 01 72 69 18 60 – www.damahotelfossano.com

33 cam – 60/90 € 80/110 €

Albergo ad indirizzo commerciale nella immediata periferia della località, ambienti classicamente sobri e ben curati.

XXX **Antiche Volte** – Hotel Palazzo Righini
via Negri 20 – 01 72 66 66 66 – www.palazzorighini.it
Carta 46/69 € – (consigliata la prenotazione)
Sotto le antiche volte di Palazzo Righini una sosta gourmet: cucina moderna - soprattutto a base di carne - e qualche specialità di mare. Con oltre 4000 bottiglie tra vini d'autore, annate prestigiose, bollicine italiane e straniere, la cantina merita la lode.

FRABOSA SOPRANA

Cuneo (CN) – ✉ 12082 – 801 ab. – Alt. 891 m – Carta regionale n° **22-B3**
Roma 630 km – Cuneo 32 km – Torino 99 km – Savona 79 km
Carta stradale Michelin 561-J5

Miramonti rist,
via Roma 84 – 01 74 24 45 33 – www.miramonti.cn.it – Chiuso 22 marzo-1° maggio e 27 settembre-6 novembre; in dicembre, maggio e novembre chiuso anche da lunedì a giovedì
48 cam – †55/65 € ††85/101 €, ☕ 8 €
Rist – Menu 25/33 €
Rist *Ezzelino* – Carta 37/56 €
La si sta rinnovando pian piano questa bella risorsa situata in un parco, specializzata nell'ospitare congressi e corsi di formazione inerenti la medicina olistica, shiatsu, yoga. Accogliente e familiare, non manca di riservare un occhio di riguardo ai piccoli ospiti. Invitante menu degustazione (i sapori della tradizione!) al ristorante.

FRANCAVILLA AL MARE

Chieti (CH) – ✉ 66023 – 23 771 ab. – Carta regionale n° **2-C1**
Roma 216 km – Pescara 7 km – L'Aquila 115 km – Chieti 19 km
Carta stradale Michelin 563-O24

Villa Maria Hotel & Spa rist,
contrada Pretaro, via San Paolo, Nord-Ovest : 3 km – 0 85 45 00 51 – www.hvillamaria.it
87 cam ☕ – †95/310 € ††130/450 € – **10 suites** **Rist** – Carta 28/55 €
Piacevole soggiorno nella quiete di un grande parco e nel confort delle camere; attrezzata zona relax con doccia emozionale e una sala colazioni panoramica per lasciarsi svegliare dai riflessi del mare. In un'atmosfera intima e raffinata, la sobrietà del ristorante si coniuga alla valorizzazione del territorio.

Punta de l'Est rist,
viale Alcione 188 – 08 54 98 20 76 – www.puntadelest.it – Aperto 23 aprile-15 ottobre
48 cam ☕ – †50/100 € ††80/170 €
Rist – Carta 20/38 € – *(aperto 15 maggio-31 settembre)*
Praticamente sulla spiaggia, albergo a conduzione diretta composto dall'unione di due belle ville: luminosi gli spazi comuni, confortevoli le camere.

XX **Il Brigantino - Chiavaroli**
viale Alcione 101 – 0 85 81 09 29 – www.ilbrigantinoristorante.it
Menu 25/42 € – Carta 25/61 €
Ristorante non lontano dal mare, vanta una gestione di lunga ed affidabile esperienza (40 anni!), nonché piatti principalmente di pesce.

XX **La Nave**
viale Kennedy 2 – 0 85 81 71 15 – Chiuso mercoledì
Carta 25/53 €
Una sorta di Titanic felliniano arenato sulla spiaggia di Francavilla questa nave-ristorante: sul "ponte", il servizio estivo, nei piatti, le fragranze del mare presentate a voce.

FRASCATI

Roma (RM) – ✉ 00044 – 21 104 ab. – Alt. 320 m – Carta regionale n° **12-B2**
Roma 19 km – Castel Gandolfo 10 km – Fiuggi 66 km – Frosinone 68 km
Carta stradale Michelin 563-Q20

Flora
rist,

viale Vittorio Veneto 8 – ☎ 0 69 41 61 10 – www.hotel-flora.it
37 cam – 90/110 € 125/150 € – **3 suites**
Rist – Carta 27/41 € – *(solo a cena)*
A due passi dal centro, lo stile Liberty della struttura vi farà certamente assaporare l'aristocratica atmosfera di quando Frascati era meta di villeggiatura della nobiltà romana. Roof garden panoramico.

Colonna senza rist

piazza del Gesù 12 – ☎ 06 94 01 80 88 – www.hotelcolonna.it
20 cam – 65/90 € 80/120 €
Siete nel centro storico, ma il palazzo che ospita l'albergo è di epoca più recente, ideale per chi vuole scoprire le ricchezze artistiche di Frascati senza rinunciare al confort moderno. Deliziosamente affrescata la sala per la prima colazione.

Cacciani

via Diaz 15 – ☎ 0 69 42 03 78 – www.cacciani.it – Chiuso 7-14 gennaio e 15-20 agosto
22 cam – 55/80 € 65/100 €
Rist *Cacciani* – vedere selezione ristoranti
In posizione centrale, è un albergo semplice pensato per una clientela di lavoro ed offre una bella vista sui dintorni e su villa Aldobrandini; qualche camera con terrazza panoramica.

Cacciani – Hotel Cacciani

via Diaz 13 – ☎ 0 69 42 03 78 – www.cacciani.it – Chiuso 7-14 gennaio, 15-20 agosto, domenica sera e lunedì
Carta 35/58 €
Molte generazioni hanno contribuito al successo di questo locale, le cui proposte spaziano dai classici laziali a piatti più innovativi. Terrazza panoramica per il servizio estivo.

Zarazà

viale Regina Margherita 45 – ☎ 0 69 42 20 53 – Chiuso 2 settimane in agosto, 1 settimana in gennaio, domenica sera escluso giugno-settembre e lunedì
Carta 28/30 €
Locale a gestione familiare che nell'insegna ricorda il nome del nonno; semplice ma ben tenuto, propone l'autentica cucina popolare laziale. D'estate il servizio è all'aperto.

FRATTA → Vedere Bertinoro

Forlì-Cesena (FC)

FRATTA TODINA

Perugia (PG) – ✉ 06054 – 1 817 ab. – Alt. 215 m – Carta regionale n° **35-B2**
Roma 139 km – Perugia 43 km – Assisi 55 km – Orvieto 43 km
Carta stradale Michelin 563-N19

La Palazzetta del Vescovo – Country House
cam,

via Clausura 17, località Spineta, Ovest : 3 km – ☎ 07 58 74 51 83 – www.lapalazzettadelvescovo.com – Aperto 16 marzo-31 ottobre
9 cam – 190/240 € 190/240 €
Rist – Menu 38 € – *(solo a cena) (solo per alloggiati)*
Elegante e ricca di fascino, arredata con mobili antichi, attenzione ai particolari e una calda armonia di colori; nel rigoglioso giardino, essenze mediterranee e un'ampia piscina a raso.

FREIBERG → Vedere Merano

Bolzano (BZ)

FROSINONE

✉ 03100 – 46 279 ab. – Alt. 291 m – Carta regionale n° **13-C2**
Roma 94 km – Avezzano 77 km – Latina 57 km – Isernia 103 km
Carta stradale Michelin 563-R22

Astor
rist,
via Marco Tullio Cicerone 194 – ✆ 07 75 27 01 32 – www.astorhotel-frosinone.it
53 cam – 45/64 € 75/100 € – **1 suite** **Rist** – Carta 17/55 €
Per chi vuole trovare comodità e confort, una risorsa dotata di parcheggio e garage, in una zona centrale e trafficata. Spazi comuni con foto di celebrità passate di qui. Una cucina improntata alle tradizioni ciociare, nell'elegante sala da pranzo.

Cesari
via Tommaso Albinoni 275 – ✆ 07 75 29 15 81 – www.hotelcesari.it
50 cam – 50/70 € 70/100 € **Rist** – Carta 25/64 €
Ben posizionato dinanzi al casello autostradale, la proposta è semplice, ma comoda: grandi spazi per conferenze e camere moderne. Una scelta azzeccata per il cliente d'affari.

Garibaldi
via del Plebiscito 49 – ✆ 07 75 85 20 71 – www.hotelgaribaldi.fr.it
13 cam – 49/69 € 64/89 €
Rist *Ratafià* – vedere selezione ristoranti
E' la vista che abbraccia la valle, ciò che più colpisce di questo palazzo di fine '800 sapientemente ristrutturato, mentre il lounge bar con terrazza si fa complice di liete serate.

Memmina
cam,
via Maria 172 – ✆ 07 75 87 35 48 – www.albergomemmina.it
22 cam – 55/70 € 70/90 €
Rist – Carta 17/40 € – *(chiuso domenica sera) (solo a cena)*
Struttura semplice, ma poliedrica, in posizione semicentrale con camere recenti, ordinate e pulite. Servizio self-service per pasti veloci o ristorante con piatti locali.

Palombella
via Maria 234 – ✆ 07 75 87 21 63 – www.palombella.com
Carta 20/30 €
Locale dai delicati accostamenti di colore in un'atmosfera squisitamente Liberty: tra vetrate colorate e colonne, un tripudio di specchi, marmi intarsiati e gessi.

Ratafià – Hotel Garibaldi
via del Plebiscito 47 – ✆ 07 75 85 66 32 – www.ristoranteratafia.it – Chiuso domenica sera e lunedì a mezzogiorno
Carta 31/59 €
La cucina si basa sui prodotti della Ciociaria ravvivata dalle qualche sperimentazione del giovane chef. Un consiglio: arrivate presto per assicurarvi un posto in veranda!

FROSSASCO

Torino (TO) – ✉ 10060 – 2 889 ab. – Alt. 376 m – Carta regionale n° **22-B2**
Roma 665 km – Torino 36 km – Asti 79 km – Cuneo 71 km
Carta stradale Michelin 561-H4

Adriano Mesa
via Principe Amedeo 57 – ✆ 01 21 35 34 55 – Chiuso lunedì
Menu 40 € – (prenotazione obbligatoria)
Il segreto della qualità? Una carta limitata, meno di dieci proposte tra cui scegliere, che garantiscono la freschezza e la bontà dei prodotti, nonché prezzi contenuti. Specialità: risotto agli asparagi e, per gli irriducibili della carne, agnello pré salé alla lavanda.

FUMANE

Verona (VR) – ✉ 37022 – 4 168 ab. – Alt. 198 m – Carta regionale n° **38-A2**
Roma 515 km – Verona 18 km – Brescia 69 km – Mantova 52 km
Carta stradale Michelin 562-F14

Costa degli Ulivi
rist, cam,

via Costa 5 – ✆ 04 56 83 80 88 – www.costadegliulivi.com – Chiuso 7-31 gennaio
18 cam – †60/90 € ††100/120 € **Rist** – Carta 22/41 € – *(chiuso mercoledì)*
Vecchio casolare di campagna cinto da una vasta proprietà; all'interno camere semplici arredate con mobili rustici in legno, luminose quelle nuove affacciate sui vigneti. Polenta abbrustolita con soppressa e lardo, pasta e fagioli, grigliate miste e dolci casalinghi nell'ampia sala verandata del ristorante.

FUNES

Bolzano (BZ) – ✉ 39040 – 2 599 ab. – Alt. 1 132 m – Carta regionale n° **34-C1**
Roma 685 km – Bolzano 44 km – Bressanone 22 km – Trento 101 km
Carta stradale Michelin 562-C17

Tyrol
cam, rist,

località Santa Maddalena 105 – ✆ 04 72 84 01 04 – www.tyrol-hotel.eu – Chiuso aprile e novembre
28 cam – †77/97 € ††140/180 € **Rist** – Menu 20/25 €
Immerso nei verdi prati e cinto dai monti: per godersi la tranquillità e la panoramicità del luogo, in un ambiente ricco di opere d'arte in legno create dal proprietario. Sale da pranzo rinnovate con molto legno.

FUNO → Vedere Argelato

Bologna (BO)

FURLO → Vedere Acqualagna

Pesaro e Urbino (PU)

FURORE

Salerno (SA) – ✉ 84010 – 830 ab. – Alt. 300 m – Carta regionale n° **6-B2**
Roma 264 km – Napoli 55 km – Salerno 35 km – Sorrento 40 km
Carta stradale Michelin 564-F25

Agriturismo Sant'Alfonso
cam,

via S. Alfonso 6 – ✆ 0 89 83 05 15 – www.agriturismosantalfonso.it – Chiuso 15 gennaio-15 febbraio
8 cam – solo ½ P 70/100 €
Rist – Carta 15/40 € – *(solo a cena escluso domenica)* (consigliata la prenotazione)
Tra i tipici terrazzamenti della Costiera, un ex convento dell'800, ora agriturismo; conserva cappella, ceramiche, affreschi e forno a legna di quel periodo. Camere semplici. Prodotti di stagione, il vino dell'azienda ed il profumo elle erbe aromatiche in sala o in terrazza.

Hostaria di Bacco con cam

via G.B. Lama 9 – ✆ 0 89 83 03 60 – www.baccofurore.it – Chiuso 15-30 gennaio
19 cam – †50/70 € ††80/130 €
Menu 25/45 € – Carta 33/54 € – *(chiuso martedì)*
'A zuppa 'e pesce di donna Erminia e tante specialità ittiche in un ristorante che non cede alle lusinghe delle mode e delle tendenze, ma come un paladino porta avanti la tradizione del territorio e la riscoperta di sapori antichi. Servizio estivo sulla terrazza panoramica.

FUSIGNANO
Ravenna (RA) – ✉ 48010 – 8 298 ab. – Carta regionale n° **9-C2**
Roma 372 km – Bologna 68 km – Ravenna 29 km – Faenza 26 km
Carta stradale Michelin 562-I17

Cà Ruffo
via Leardini 8 – ✆ 05 45 95 40 34 – www.caruffo.it – Chiuso 1° -7 gennaio e 3 settimane in agosto
8 cam – 75/80 € 100 € – **1 suite**
Rist *La Voglia Matta* – vedere selezione ristoranti
Centrale, piccolo e raccolto: un palazzotto nobiliare oggi trasformato in hotel, dispone di poche stanze, tutte personalizzate, per sentirsi coccolati con eleganza.

La Voglia Matta – Hotel Cà Ruffo
via Vittorio Veneto 63 – ✆ 05 45 95 40 34 – www.caruffo.it – Chiuso 1°-7 gennaio, 3 settimane in agosto sabato a pranzo e domenica
Menu 15 € (pranzo in settimana)/65 € – Carta 37/67 €
Al piano terra dell'albergo Ca' Ruffo, una piccola bomboniera dove gustare una saporita cucina divisa equamente tra terra e mare. Qualche ricetta vegetariana ed economiche proposte per pranzi di lavoro.

GABBIANO → Vedere Scarperia
Firenze (FI)

GABICCE MARE
Pesaro e Urbino (PU) – ✉ 61011 – 5 829 ab. – Carta regionale n° **20-B1**
Roma 325 km – Rimini 26 km – Ancona 93 km – Pesaro 17 km
Carta stradale Michelin 563-K20

Grand Hotel Michelacci
rist,
piazza Giardini Unità d'Italia 1 – ✆ 05 41 95 43 61 – www.michelacci.com
140 cam – 115/170 € 200/270 € – **10 suites** **Rist** – Carta 34/83 €
Nel cuore della città, l'elegante risorsa si affaccia sul golfo ed offre ambienti curati nei dettagli: bella piscina, moderno centro benessere ed un'attrezzata sala congressi.

Sans Souci
rist,
viale Mare 9 – ✆ 05 41 95 01 64 – www.parkhotels.it – Aperto 1° marzo-30 novembre
66 cam – 57/130 € 84/230 € **Rist** – Carta 14/26 €
In posizione panoramica, questo moderno hotel, recentemente rinnovato, domina la costa ed offre ambienti dai semplici arredi di gusto moderno ed una dependance.

Alexander
rist,
via Panoramica 35 – ✆ 05 41 95 41 66 – www.alexanderhotel.it – Aperto 1° aprile-30 settembre
48 cam – 50/115 € 96/210 € **Rist** – Menu 25 € (pranzo)/40 €
Ubicata tra mare e collina, una struttura classica con ambienti di moderna eleganza, area fitness, animazione ed attrezzature per le vacanze dei più piccoli. Inoltre, speciali attenzioni ai cicloturisti: è un bike hotel ben attrezzato!

Majestic
rist,
via Balneare 10 – ✆ 05 41 95 37 44 – www.majestichotel.it – Aperto 20 maggio-20 settembre
56 cam – 60/80 € 90/140 € **Rist** – Menu 20/40 €
Nella zona alta della località, una piscina separa la struttura principale dalla dépendance, camere gradevoli e dalle linee semplici.

Du Parc N
cam, rist,
via Panoramica 48 – ✆ 05 41 95 47 61 – www.duparchotel.it – Aperto Pasqua-30 settembre
39 cam – 60/130 € 60/160 € **Rist** – Menu 25/40 € – *(solo per alloggiati)*
Hotel rinnovato in anni recenti, a conduzione familiare offre spazi e camere modernamente allestite. Sulla terrazza panoramica vi è la piscina ed è qui che viene servita la prima colazione.

Thea rist,

via Vittorio Veneto 11 – ✆ 05 41 95 00 52 – www.hotelthea.it – Aperto 1° aprile-1° ottobre
29 cam – 38/70 € 60/160 €
Rist – Menu 18/28 € – *(aperto da fine maggio a fine settembre)*
Direttamente sul mare con accessso diretto alla spiaggia, l'hotel mette a disposizione degli ospiti ambienti recentemente rinnovati negli arredi e camere con echi orientali. Sala da pranzo al primo piano con vista sul Mediterraneo.

Marinella rist,

via Vittorio Veneto 127 – ✆ 05 41 95 45 71 – www.hotel-marinella.it – Aperto 1° aprile-30 settembre
46 cam – 45/150 € 45/150 € – **8 suites**
Rist – Carta 18/25 € – *(solo a cena in marzo, aprile, maggio e settembre)*
In pieno centro, la risorsa è gestita da una famiglia di provata esperienza e dispone di ampie camere. Ideale punto di appoggio per escursioni nei dintorni, serba un occhio di riguardo ai cicloturisti! Nella sala ristorante affacciata sul mare, in giardino o in veranda, vi attende un ricco buffet.

Atlantic N cam, cam,

via Panoramica 22 – ✆ 05 41 95 42 54 – www.hatlantic.it – Apoerto 1° aprile-30 settembre
46 cam – 65/90 € 80/160 €
Rist – Menu 20/25 € – *(aperto 1° giugno-15 settembre) (solo per alloggiati)*
Hotel che a subito negli ultimi tempi una profonda ristrutturazione: le nuove camere dispongono di un arredo semplice (di categoria superiore quelle all'ultimo piano), gli ambienti comuni sono moderni e c'è anche una piccola zona benessere.

Il Traghetto

via del Porto 27 – ✆ 05 41 95 81 51 – www.ristoranteiltraghetto.com – Chiuso 25 novembre-12 febbraio e martedì escluso agosto
Carta 32/75 €
Dotato di uno spazio riservato ai fumatori, il ristorante propone una gustosa cucina regionale e di pesce con qualche proposta più moderna. Tra le specialità: l'antipasto Traghetto. Bel dehors sulla banchina del porto canale.

a Gabicce Monte Est : 2,5 kmAlt. 144 m – ✉ 61011 Gabicce Mare

Posillipo

via dell'Orizzonte 1 – ✆ 05 41 95 33 73 – www.hotelposillipo.com – Aperto 20 marzo-20 novembre
31 cam – 75/150 € 130/220 € – **2 suites**
Rist *Posillipo* – vedere selezione ristoranti
Sovrastando il verde e il mare in cima al colle di Gabicce, l'hotel dispone di rilassanti spazi comuni tra cui una bella piscina ed ampie camere (di standard superiore le junior suiteall'ultimo piano della casa).

Posillipo – Hotel Posillipo

via dell'Orizzonte 1 – ✆ 05 41 95 33 73 – www.ristoranteposillipo.com – Aperto 20 marzo-20 novembre
Menu 30 € (pranzo in settimana)/79 € – Carta 45/100 € – *(chiuso lunedì escluso da maggio a settembre)*
Si sono avvicendate ben tre generazioni in questo rinomato ristorante che entusiasma i suoi clienti per l'incantevole vista sull'Adriatico e per l'interessante reinterpretazione di piatti del territorio. La carta dei vini meriterebbe un capitolo a parte... più di mille etichette in lista!

Osteria della Miseria

via Dei Mandorli 2, Est : 1,5 km – ✆ 05 41 95 83 08 – www.osteriadellamiseria.it – Chiuso lunedì
Carta 25/40 € – *(solo a cena)* (consigliata la prenotazione)
Un'allegra osteria con pareti tappezzate da foto in bianco e nero, che ritraggono musicisti di blues e di jazz. Cucina regionale semplice, ma curata.

GADANA → Vedere Urbino
Pesaro e Urbino (PU)

GAETA

Latina (LT) – ✉ 04024 – 20 750 ab. – Carta regionale n° **13-D3**
Roma 141 km – Frosinone 99 km – Caserta 79 km – Latina 74 km
Carta stradale Michelin 563-S23

Villa Irlanda Grand Hotel

lungomare Caboto 6, Nord : 4 km – ✆ 07 71 71 25 81 – www.villairlanda.com
43 cam – 84/230 € 99/290 € – **5 suites** **Rist** – Carta 29/66 €
In un susseguirsi di situazioni diverse, ogni ambiente della risorsa celebra il gusto del bello in un mix di antico e moderno: si parte dalla piscina immersa nel parco con villa neoclassica e convento del '900, sino ai resti di una domus romana. Un complesso di grande fascino, tra il mare e le prime alture.

sulla strada statale 213

Grand Hotel Le Rocce

via Flacca km 23,300, Ovest : 6,8 km ✉ 04024 – ✆ 07 71 74 09 85 – www.lerocce.com – Aperto 1° maggio-30 settembre
57 cam – 100/250 € 135/325 € – **4 suites**
Rist *La Terrazza degli Ulivi* – vedere selezione ristoranti
Armoniosamente inserito in una suggestiva insenatura, fra una natura rigogliosa e un'acqua cristallina, questa struttura di un bianco abbacinante è intervallata da una serie di ariose terrazze fiorite. Le camere - pur essendo di differenti tipologie - sono tutte ampie e propongono una deliziosa vista sul Mediterraneo.

Grand Hotel Il Ninfeo

via Flacca km 22,700, Ovest : 7,4 km ✉ 04024 – ✆ 07 71 74 22 91 – www.grandhotelilninfeo.it – Aperto 1° aprile-30 ottobre
40 cam – 80/140 € 100/250 €, 10 € **Rist** – Carta 25/72 €
Proprio sulla spiaggia dell'incantevole insenatura di S. Vito, una bella risorsa digradante sul mare: adiacenti alla struttura i resti della villa romana "Il Ninfeo" con angoli perfetti per un cocktail o un aperitivo, tra una moltitudine di fiori ed un parco secolare. Un vero quadro sulla marina blu la suggestiva sala ristorante.

La Terrazza degli Ulivi – Grand Hotel Le Rocce

via Flacca km 23,300, Ovest : 6,8 km ✉ 04024 – ✆ 07 71 74 09 85 – www.lerocce.com – Aperto 1° maggio-30 settembre
Carta 47/165 €
Ristorante di rustica e sobria eleganza con un'incantevole vista dalla terrazza: la cucina delizia i palati con piatti internazionali e specialità regionali. Tiella di polpo e alici. Scialatielli alle vongole veraci e pomodorini Pachino. Pesce azzurro alla scapece.

GAGGIANO

Milano (MI) – ✉ 20083 – 8 974 ab. – Alt. 117 m – Carta regionale n° **18-A2**
Roma 580 km – Alessandria 92 km – Milano 14 km – Novara 37 km
Carta stradale Michelin 561-F9

Antica Osteria Magenes

via Cavour 7, località Barate, Sud : 1,5 km – ✆ 0 29 08 51 25 – www.osteriamagenes.it – Chiuso gennaio, 16-20 agosto e lunedì
Menu 15 € (pranzo in settimana)/50 € – Carta 36/58 €
A Barate di Gaggiano, una piccola località immersa nelle risaie, c'è questa bella realtà dove uno si aspetterebbe di trovare una cucina prettamente della tradizione e, invece, no! A dispetto del nome, piatti creativi e un'attenzione particolare ai vini.

a Vigano Sud : 3 km – ✉ 20083 Gaggiano

Antica Trattoria del Gallo

via Kennedy 1/3 – ✆ 0 29 08 52 76 – www.trattoriadelgallo.com – Chiuso 10-25 agosto, lunedì e martedì
Menu 45 € – Carta 34/64 €
Meta di gite fuoriporta - fin dal 1870 - è la "trattoria dei milanesi" che, gestita per ben tre generazioni dalla famiglia Gerli, conserva ancora oggi ricette e calore di un tempo.

GAIANO → Vedere Fisciano
Salerno (SA)

GAIBANA → Vedere Ferrara
Ferrara (FE)

GAIOLE IN CHIANTI

Siena (SI) – ✉ 53013 – 2 810 ab. – Alt. 360 m – Carta regionale n° **32-C2**
Roma 252 km – Firenze 60 km – Siena 28 km – Arezzo 56 km
Carta stradale Michelin 563-L16

Castello di Spaltenna

località Spaltenna 13 – ✆ 05 77 74 94 83 – www.spaltenna.it – Aperto 1° aprile-31 ottobre
32 cam ☕ – 🚹170/250 € 🚹🚹210/270 € – **5 suites**
Rist *Il Pievano* – vedere selezione ristoranti
La pieve anticipa il carattere storico della struttura, che già fu monastero nel 1000, ed ora accoglie non più pellegrini, ma gentili ospiti in ambienti straripanti di charme. La location è speciale ed altrettanto la vista, soprattutto dalla terrazza sulle vigne di proprietà.

L'Ultimo Mulino

località La Ripresa di Vistarenni 43, Ovest : 6 km – ✆ 05 77 73 85 20 – www.ultimomulino.it – Aperto 1° aprile-31 ottobre
13 cam ☕ – 🚹109/209 € 🚹🚹119/209 € – **1 suite**
Rist – Carta 31/59 € – *(solo a cena)*
Celato dalla tranquillità dei boschi, l'hotel nasce dal restauro di un antico mulino medievale arredato in stile e dotato di confort moderni. In estate, allegri apertivi a bordo piscina.

Il Pievano – Hotel Castello di Spaltenna

località Spaltenna 13 – ✆ 05 77 74 94 83 – www.spaltenna.it – Aperto 1° aprile-31 ottobre
Carta 56/86 € – *(solo a cena)*
La gastronomia si confonde con la storia: all'interno di un convento del Quattrocento, d'inverno i piatti saranno serviti nella sala dei papi o in quella degli arazzi, nella bella stagione ci si sposta nell'incantevole chiostro. Cucina sia regionale, sia di esplorazione nazionale e proposte light a mezzogiorno in terrazza.

Badia a Coltibuono

località Coltibuono, Nord-Est : 5,5 km – ✆ 05 77 74 90 31 – www.coltibuono.com – Aperto 20 marzo-8 novembre
Menu 42 € – Carta 36/49 €
Fondata quale luogo di culto e di meditazione, oggi la badia è un ambiente sobriamente elegante dove assaporare i profumi della terra del Chianti.

sulla strada statale 408

Le Pozze di Lecchi

località Molinaccio al km 21, Sud-Ovest : 6,3 km – ✆ 05 77 74 62 12 – www.lepozzedilecchi.it – Aperto 5 aprile-2 novembre
14 cam ☕ – 🚹98/120 € 🚹🚹120/250 €
Rist – Carta 38/62 € – *(chiuso martedì) (solo a cena)*
Atmosfera tra il fiabesco ed il romantico per questa bella risorsa nata sulle fondamenta di un mulino quattrocentesco. Tanto verde, tranquillità ed un ponticello in pietra che attraversa il torrente; nelle camere letti in ferro battuto: difficile resistere a tanto fascino!

GAIONE → Vedere Parma
Parma (PR)

GALATINA

Lecce (LE) – ✉ 73013 – 27 084 ab. – Alt. 75 m – Carta regionale n° **27-D3**
Roma 588 km – Brindisi 58 km – Gallipoli 22 km – Lecce 20 km
Carta stradale Michelin 564-G36

Palazzo Baldi senza rist

corte Baldi 2 – ☎ 08 36 56 83 45 – www.hotelpalazzobaldi.it
15 cam – 50/120 € 60/150 € – **5 suites**
In pieno centro, un'elegante residenza vescovile di origini cinquecentesche custodisce camere di differenti tipologie con arredi in stile, arricchiti con inserti in ceramica.

Anima & Cuore

corso Giuseppe Garibaldi 7 – ☎ 08 36 56 43 01 – www.animaecuore.it – Chiuso giovedì da novembre a maggio e domenica sera da gennaio a marzo
Carta 32/35 €
A due passi dal Duomo, al primo piano di in un affascinante palazzo settecentesco dai pavimenti originali a mosaico, la gestione è giovane e affabile, la cucina pugliese, sia di mare che di pesce, talvolta rivisitata.

GALEATA

Forlì-Cesena (FC) – ✉ 47010 – 2 527 ab. – Alt. 237 m – Carta regionale n° **9-CD2**
Roma 308 km – Rimini 85 km – Firenze 99 km – Forlì 34 km

La Campanara con cam

cam, cam,

località Pianetto Borgo 24/a ✉ 47010 Galeata – ☎ 05 43 98 15 61 – www.osterialacampanara.it – Chiuso 15-20 gennaio
6 cam – 50/60 € 80/100 €
Menu 30/35 € – Carta 26/39 € – *(chiuso lunedì) (solo a cena escluso sabato e domenica)* (consigliata la prenotazione)
La cinquecentesca canonica dell'adiacente chiesa dei Miracoli è diventata una bella osteria gestita da una vivace coppia, dove gustare specialità tosco-romagnole, casalinghe e fragranti. Nella casa accanto si trova la locanda con sei eccellenti camere, un paio addirittura con bagno turco.

GALLARATE

Varese (VA) – ✉ 21013 – 50 961 ab. – Alt. 238 m – Carta regionale n° **18-A2**
Roma 619 km – Varese 21 km – Milano 42 km – Como 55 km
Carta stradale Michelin 561-F8

Astoria senza rist

piazza Risorgimento 9/A – ☎ 03 31 79 10 43 – www.astoria.ws
28 cam – 65/120 € 90/200 €
Ubicato nel centro del paese, costituisce un valido punto d'appoggio per il vicino aeroporto di Malpensa; camere pulite e ordinate, arredi sobri e confortevoli.

Ilario Vinciguerra

via Roma 1 – ☎ 03 31 79 15 97 – www.ilariovinciguerra.it – Chiuso 17-31 agosto, domenica sera e mercoledì
Menu 85/150 € – Carta 72/123 € – (consigliata la prenotazione)
Simpatia e genuina ospitalità all'interno di un'imponente villa liberty sono il biglietto da visita di un'eccellente cucina che non cessa di crescere e sorprendere all'insegna di prodotti e colori mediterranei. È un regalo per gli amanti dell'olio d'oliva, i sapori intensi e i prodotti di qualità.
→ La parmigiana nella melanzana. Spaghetti artigianali con colatura d'alici e scarola affumicata. Mandorla, pesca e albicocca.

Trattoria del Ponte

corso Sempione 99 – ☎ 03 31 77 72 92 – www.trattoriadelponte.com
Menu 15 € (pranzo in settimana)/35 € – Carta 19/50 €
Frequentata trattoria non molto distante dal centro. Le specialità profumano di mare e valgono una cena, ma per chi ha fretta c'è un'ottima lista di pizze.

a Malpensa Aeroporto Terminal 1 Ovest: 11 km

Sheraton Milan Malpensa

Terminal 1 ✉ 21013 Gallarate – ✆ 0 22 33 51 – www.sheratonmilanmalpensa.com

427 cam – †109/379 € ††131/417 €, ☕ 20 € – **6 suites** **Rist** – Carta 44/93 €

Design contemporaneo per un hotel dalle imponenti dimensioni e dai grandi confort: camere dotate del proverbiale Sweet Sleeper Bed (lenzuola morbidissime, piumino deluxe ed una selezione di cuscini in piuma o ipoallergenici), moderna Spa ed un attrezzato fitness center per una clientela in transito a Malpensa. La struttura è situata infatti all'interno del Terminal 1.

GALLIATE

Novara (NO) – ✉ 28066 – 15 256 ab. – Alt. 153 m – Carta regionale n° **23**-C2

Roma 623 km – Torino 102 km – Novara 9 km – Vercelli 33 km

Carta stradale Michelin 561-F8

Osteria del Borgo

via Pietro Custodi 5 – ✆ 03 21 86 63 12 – www.osteriadelborgo.eu – Chiuso lunedì

Menu 18 € (pranzo in settimana)/38 € – Carta 29/53 €

Partito con una cucina tipicamente piemontese, l'intraprendente cuoco se ne è via via discostato - sebbene alcuni piatti figurino ancora in menu - per proporre sue personalissime elaborazioni e anche pesce: ormai l'attrazione principale del locale!

GALLIERA VENETA

Padova (PD) – ✉ 35015 – 7 100 ab. – Alt. 49 m – Carta regionale n° **38**-B1

Roma 535 km – Padova 37 km – Trento 109 km – Treviso 32 km

Carta stradale Michelin 562-F17

Al Palazzon

via Cà Onorai 2, località Mottinello Nuovo – ✆ 04 95 96 50 20 – www.alpalazzon.it – Chiuso 12-18 agosto e lunedì

Menu 19 € (pranzo in settimana) – Carta 24/53 €

Esternamente la struttura è quella di un cascinale, all'interno si scoprono tre eleganti salette, curate nei particolari. In menu: carni allo spiedo e alla brace, ma anche folpetti in galera con patate e canocie.

GALLIO

Vicenza (VI) – ✉ 36032 – 2 374 ab. – Alt. 1 090 m – Carta regionale n° **39**-B2

Roma 587 km – Trento 78 km – Treviso 81 km – Vicenza 68 km

Carta stradale Michelin 562-E16

Gaarten

rist, rist,

via Kanotole 13/15 – ✆ 0 42 46 55 68 – www.hotelgaarten.com

45 cam ☕ – †100/130 € ††180/240 € **Rist** – Carta 36/46 €

Risorsa polifunzionale d'impostazione moderna, decisamente confortevole e ideale per congressi in altura. Grazie al nuovo centro benessere, la struttura risulta anche indicata per vacanze "relax". Cucina internazionale nel rispetto e nell'attenta valorizzazione dei prodotti tipici.

GALLIPOLI

Lecce (LE) – ✉ 73014 – 20 259 ab. – Carta regionale n° **27**-D3

Roma 621 km – Brindisi 80 km – Otranto 49 km – Lecce 41 km

Carta stradale Michelin 564-G35

Palazzo del Corso

cam,

corso Roma 145 – ✆ 08 33 26 40 40 – www.hotelpalazzodelcorso.it – Aperto 1° marzo-30 novembre

14 cam ☕ – †159/399 € ††189/499 € – **6 suites**

Rist *La Dolce Vita* – Carta 42/98 € – *(solo a cena)* (prenotazione obbligatoria)

A pochi passi dal centro storico, un palazzo ottocentesco dagli eleganti ambienti arredati con tessuti e mobili di pregio ed un roof-garden dove trova posto il ristorante La Dolce Vita.

Relais Corte Palmieri senza rist

corte Palmieri 3 – ✆ 08 33 26 68 14 – www.relaiscortepalmieri.it – Aperto 1° aprile-31 ottobre

20 cam – †79/199 € ††89/309 € – **4 suites**

In un palazzo del '700 restaurato nel pieno rispetto della struttura originaria - tra terrazzamenti e muri bianchi - una risorsa unica, curata e ricca di personalizzazioni. Un gioiello nel cuore di Gallipoli!

Palazzo Mosco Inn senza rist

via Micetti 26 – ✆ 08 33 26 65 62 – www.palazzomoscoinn.it – Aperto 1° aprile-31 ottobre

10 cam – †79/199 € ††89/299 € – **1 suite**

Tra vicoli e palazzi storici, un edificio dell'Ottocento ospita nei suoi ambienti decorati con mosaici originali, raffinate camere e terrazze con vista sul golfo (per la prima colazione e l'aperitivo serale).

La Puritate

via Sant'Elia 18 – ✆ 08 33 26 42 05 – Chiuso 4-30 novembre e mercoledì escluso in giugno-settembre

Carta 25/74 €

Sulla passeggiata che costeggia le mura, il ristorante dispone di un'elegante veranda in legno e una cucina con proposte esclusivamente a base di pesce. Imperdibili: il giro di antipasti e i gamberi.

sulla strada litoranea per Santa Maria di Leuca Sud-Est: 6 km

Costa Brada Resort

litoranea per Santa Maria di Leuca ✉ 73014 – ✆ 08 33 20 25 51 – www.costabradaresort.it – Aperto 1° aprile-31 ottobre

76 cam – †65/460 € ††80/500 € **Rist** – Carta 31/51 €

Direttamente sulla spiaggia, una struttura dalle bianche pareti, dispone di ampie zone comuni, camere confortevoli dagli arredi curati ed un attrezzato centro benessere. I tradizionali sapori mediterranei trovano consenso nell'elegante sala da pranzo.

Ecoresort Le Sirenè

litoranea per Santa Maria di Leuca – ✆ 08 33 20 25 36 – www.attiliocaroli.it – Aperto 1° aprile-31 ottobre

123 cam – †109/209 € ††129/239 €

Rist – Menu 20 € – *(solo per alloggiati)*

Frontemare, ma circondata da una fresca pineta, la risorsa dispone di ambienti dai sobri arredi ed offre spazi sia per lo sport sia per il relax. Per i più festaioli, c'è anche l'animazione. Nella spaziosa sala ristorante, specialità gastronomiche legate alla tradizione salentina.

Masseria Li Foggi senza rist

contrada Li Foggi – ✆ 08 33 27 72 17 – www.kalekora.it – Aperto 1° aprile-31 ottobre

12 cam – †70/130 € ††120/260 €

Immerso nella campagna salentina, l'eco-resort invita a ristabilire un autentico contatto con la natura: i colori, i suoni e l'aria lievemente profumata di salmastro ed erbe selvatiche riconciliano l'ospite con il mondo. Colori caldi e graziose personalizzazioni nelle belle camere e negli appartamenti.

GALLODORO

Sicilia – Messina (ME) – ✉ 98030 – 379 ab. – Alt. 388 m – Carta regionale n° **30**-D2

Catania 57 km – Messina 52 km – Palermo 267 km – Taormina 11 km

Carta stradale Michelin 565-N27

Noemi

via Manzoni 8 – ✆ 0 94 23 71 62 – Chiuso 25 giugno-15 luglio, martedì, anche lunedì sera in inverno

Menu 23/35 € – Carta 22/48 €

Splendida la vista sulla costa, suggestivo biglietto da visita per questa trattoria che propone un menu fisso con vari assaggi di cucina siciliana, secondo la scaletta del giorno. Servizio estivo all'aperto.

GALLUZZO → Vedere Firenze
Firenze (FI)

GALZIGNANO TERME
Padova (PD) – ✉ 35030 – 4 405 ab. – Alt. 22 m – Carta regionale n° **39-B3**
Roma 484 km – Padova 26 km – Bologna 108 km – Rovigo 34 km
Carta stradale Michelin 562-G17

Belvedere Resort ai Colli
rist,
via Siesa 5 – ✆ 04 99 13 00 05 – www.resortbelvedere.it – Chiuso 13-27 gennaio e 10-17 agosto
20 cam – †45/70 € ††67/90 €
Rist *Convivium ai Colli* – Menu 15/20 € – Carta 26/51 € – *(chiuso lunedì e martedì)* (consigliata la prenotazione)
Piccola intima struttura, gestita con passione e cortesia dai titolari, che hanno personalizzato gli ambienti rendendoli deliziosi: camere in stile classico-retrò, ristorante d'atmosfera shabby. In estate, il servizio si sposta in terrazza.

verso Battaglia Terme Sud-Est : 3,5 km :

Radisson Blu Resort Terme di Galzignano
viale delle Terme 84 cam, rist,
✉ 35030 – ✆ 04 99 19 55 55 – www.galzignano.it
197 cam – †90/145 € ††120/220 € – **10 suites** **Rist** – Carta 34/54 €
Resort composto da 3 alberghi: il Majestic che dopo un totale restyling sfoggia un look moderno ed ecocompatibile, in un mirabile accordo tra estetica architettonica e natura, lo Sporting e il più economico Splendid. Le tre strutture si trovano all'interno di un parco termale e con alcuni servizi condivisi, come la Spa Revival Center.

GAMBARA
Brescia (BS) – ✉ 25020 – 4 740 ab. – Alt. 51 m – Carta regionale n° **17-C3**
Roma 530 km – Brescia 42 km – Cremona 29 km – Mantova 63 km
Carta stradale Michelin 561-G12

Gambara senza rist
via campo Fiera 22 – ✆ 03 09 95 62 60 – www.hotelgambara.it
13 cam – †45/60 € ††70/90 €
La tradizione alberghiera di questo edificio risale ai primi del '900: sempre attuale, invece, il confort e l'atmosfera caldamente familiare. Belle camere personalizzate.

GAMBARARE → Vedere Mira
Venezia (VE)

GAMBARIE
Reggio di Calabria (RC) – ✉ 89050Alt. 1 300 m – Carta regionale n° **5-A3**
Roma 698 km – Reggio di Calabria 39 km – Vibo Valentia 89 km – Lamezia Terme 122 km
Carta stradale Michelin 564-M29

Centrale
piazza Mangeruca 23 – ✆ 09 65 74 31 33 – www.hotelcentrale.net
48 cam – †50/70 € ††70/90 €
Rist *L'Angolo Del Gusto* – vedere selezione ristoranti
Nel centro della località e a pochi passi dalla seggiovia, una semplice risorsa con camere dall'arredo montano ed un grazioso centro benessere. Possibilità di escursioni in mountain-bike (presso un'associazione esterna).

Park Hotel Bellavista senza rist
via delle Albe – ✆ 09 65 74 41 43 – www.bellavistapark.it – Aperto 21 dicembre-29 marzo e 1° luglio-19 settembre
13 cam – †70/100 € ††100/130 €
Camere ampie e accessoriate, splendida vista da alcune di esse e dal curato giardino, in questo hotel che dispone di caldi ambienti in stile contemporaneo: piacevole camino nella lobby.

L'Angolo Del Gusto – Hotel Centrale
piazza Mangeruca 23 – ✆ 09 65 74 31 33 – www.hotelcentrale.net
Menu 15/40 € – Carta 20/36 €
In ambienti rinnovati, ma nel classico stile montano, potrete gustare prelibatezze della cucina regionale: zuppa di fagioli, funghi e carni (di provenienza prevalentemente locale). La cantina propone una buona offerta di vini calabresi e nazionali.

GAMBASSI TERME

Firenze (FI) – ✉ 50050 – 4 896 ab. – Alt. 332 m – Carta regionale n° **31-B2**
Roma 285 km – Firenze 59 km – Siena 53 km – Pisa 73 km
Carta stradale Michelin 563-L14

Villa Bianca rist,
via Gramsci 113 – ✆ 05 71 63 80 75 – www.villabiancahotel.it
9 cam – 70/105 € 90/185 € **Rist** – Carta 30/39 € – *(solo a cena)*
Immersa in un parco con piscina, si accede da una piccola elegante hall per arrivare alle camere: tutte personalizzate e arredate con cura del dettaglio. Sobria e raffinata.

GAMBELLARA

Vicenza (VI) – ✉ 36053 – 3 395 ab. – Alt. 70 m – Carta regionale n° **39-B3**
Roma 537 km – Verona 37 km – Padova 56 km – Vicenza 26 km
Carta stradale Michelin 562-F16

Antica Osteria al Castello
via Castello 23, località Sorio, Sud : 1 km – ✆ 04 44 44 40 85 – www.anticaosteriaalcastello.com – Chiuso domenica
Carta 33/61 €
Trattoria di tradizione familiare che ultimamente, con la giovane gestione, ha ricevuto un tocco di originalità ed eleganza sia nell'ambiente che nell'impostazione del menù.

GAMBOLÒ

Pavia (PV) – ✉ 27025 – 9 834 ab. – Alt. 106 m – Carta regionale n° **16-A3**
Roma 601 km – Pavia 35 km – Milano 48 km – Novara 36 km
Carta stradale Michelin 561-G8

Da Carla con cam
via Necchi 3/5 fraz.Molino Isella , Est : 6 km – ✆ 03 81 93 00 06 – www.trattoriadacarla.com
9 cam – 70/95 € 90/120 €
Menu 16 € (pranzo)/30 € – Carta 30/69 € – *(chiuso mercoledì)*
Nei pressi di un pittoresco canale, una trattoria di campagna dove gustare piatti regionali. Tra le specialità: oca, rane e la fiorentina/costata di fassona piemontese. I vini sono proposti a voce; le camere dotate di ogni confort.

GANZIRRI → Vedere Messina

Messina (ME)

GARBAGNATE MILANESE

Milano (MI) – ✉ 20024 – 26 508 ab. – Alt. 179 m – Carta regionale n° **18-B2**
Roma 588 km – Milano 16 km – Como 33 km – Novara 48 km
Carta stradale Michelin 561-F9

La Refezione
via Milano 166 – ✆ 0 29 95 89 42 – www.larefezione.it – Chiuso 25 dicembre-6 gennaio, agosto, lunedì a mezzogiorno e domenica
Menu 22 € (pranzo in settimana)/55 € – Carta 48/74 €
Una fantasiosa cucina per l'elegante "club-house" all'interno di un centro sportivo; lasciatevi guidare dall'esperto titolare e dalla sua giovane équipe di collaboratori.

GARDA

Verona (VR) – ✉ 37016 – 4 003 ab. – Alt. 67 m – Carta regionale n° **39-A2**

Roma 527 km – Verona 30 km – Brescia 64 km – Mantova 65 km

Carta stradale Michelin 562-F14

Regina Adelaide

cam, cam, rist,

via San Francesco d'Assisi 23 – ✆ 04 57 25 59 77 – www.regina-adelaide.it

49 cam – †120/240 € ††160/280 € – **10 suites**

Rist *Regio Patio* – vedere selezione ristoranti

Rist – Menu 35 € – *(solo a cena)*

Uno tra gli alberghi più blasonati del Garda. La fama che lo procede ha sicuramente un fondamento: la famiglia Tedeschi ed il suo staff coniugano la proverbiale simpatia italiana con una professionalità e una precisione quasi austro-ungarica, mentre le belle camere tradiscono l'amore del patron per l'antiquariato e i mobili d'epoca.

Poiano

via Poiano, Est : 2 km – ✆ 04 57 20 01 00 – www.poiano.com – Aperto 1° marzo-31 ottobre

120 cam – †90/198 € ††92/218 € **Rist** – Carta 25/40 €

Non lontano dal lago, albergo circondato da ampi spazi verdi e attrezzati per differenti sport; l'ultima nata è un'elegante spa per rendere il soggiorno un'occasione d'impagabile relax.

La Vittoria

cam,

lungolago regina Adelaide 57 – ✆ 04 56 27 04 73 – www.hotellavittoria.it – Chiuso 4-30 novembre e 2 gennaio-15 marzo

12 cam – †60/160 € ††90/180 € **Rist** – Carta 26/68 €

Fronte lago e nel centro della località, l'hotel occupa gli ambienti di una villa Liberty ristrutturata: camere spaziose e ben arredate, alcuni mobili d'epoca disseminati qua e là.

Benaco e Silvestro

cam,

corso Italia 126 – ✆ 04 57 25 52 83 – www.hotelbenacogarda.it – Chiuso 7 gennaio-21 marzo

29 cam – †40/90 € ††50/140 € – **1 suite**

Rist*Silvestro* – Via San Giovanni 23 – Carta 20/45 € – (consigliata la prenotazione)

Moderno, con qualche accenno di design nelle zone comuni, questo grazioso hotel a due passi dal lago e dal centro propone camere signorili arredate con mobili in legno scuro.

Remat (N)

piazza Catullo 10 – ✆ 04 56 27 04 48 – www.hotelremat.it – Chiuso 5 gennaio-20 febbraio

6 cam – †90/110 € ††120/200 € – **1 suite**

Rist – Carta 28/55 € – *(chiuso mercoledì)*

In pieno centro, poche, ma affascinanti, camere arredate con gusto e armonia, tra linee antiche e moderne. L'adiacente ristorante propone un menu mediterraneo e pizza; dehors in piazza molto frequentato.

XXX Regio Patio – Hotel Regina Adelaide

via San Francesco d'Assisi 23 – ✆ 04 57 25 59 77 – www.regiopatio.it

Menu 55/85 € – Carta 51/84 €

Nella luminosa veranda abbellita da grandi affreschi che riproducono paesaggi locali, la carta illustra una cucina regionale con alcune cose più internazionali, sempre presentate in maniera moderna.

GARDA (Lago di) o BENACO

Brescia, Trento e Verona

GARDONE RIVIERA

Brescia (BS) – ✉ 25083 – 2 685 ab. – Alt. 71 m – Carta regionale n° **17-C2**
▶ Roma 551 km – Brescia 34 km – Bergamo 88 km – Mantova 90 km
Carta stradale Michelin 561-F13

Alberghi

Grand Hotel Gardone
corso Zanardelli 84 – ✆ 0 36 52 02 61 – www.grandhotelgardone.it – Aperto 1° aprile-31 ottobre
167 cam – 🛉125/170 € 🛉🛉180/285 €
Rist *Grand Hotel* – vedere selezione ristoranti
Oziare negli ambienti accoglienti ed eleganti che furono testimoni dell'idillio tra Gabriele D'Annunzio ed Eleonora Duse. Oppure, godere delle vedute mutevoli ed accattivanti offerte dalla stupenda terrazza-giardino: un grand hotel, non solo nel nome.

Villa Sofia senza rist
via Cornella 9 – ✆ 0 36 52 27 29 – www.villasofiahotel.it – Aperto 1° aprile-31 ottobre
35 cam – 🛉103/211 € 🛉🛉138/285 €
Villa d'inizio '900 in posizione dominante e panoramica. Tanto verde ben curato vicino alle piscine, confort elevato e accoglienza cordiale nei caldi ambienti interni.

Savoy Palace
rist, rist,
via Zanardelli 2/4 – ✆ 03 65 29 05 88 – www.savoypalace.it – Aperto 1° aprile-31 ottobre
60 cam – 🛉113/218 € 🛉🛉150/308 € **Rist** – Carta 44/60 €
Imponente edificio liberty dominante il lago: panoramica terrazza e camere dagli arredi eleganti, ben rifiniti. Raffinata sala da pranzo con accesso diretto alla piscina; buona scelta in menu.

Villa Capri senza rist
corso Zanardelli 172 – ✆ 0 36 52 15 37 – www.hotelvillacapri.com – Aperto 15 aprile-15 ottobre
45 cam – 🛉105/235 € 🛉🛉235/270 €
Grande e moderna struttura in riva al lago: ambienti spaziosi, ma il gioiello è il giardino-solarium affacciato sull'acqua.

Bellevue senza rist
corso Zanardelli 87 – ✆ 03 65 29 00 88 – www.hotelbellevuegardone.com – Aperto 1° aprile-7 ottobre
30 cam – 🛉79 € 🛉🛉115/124 €
Giardino con terrazza vista lago in questa villa di inizio '900 dallo stile eclettico-liberty. Spazi interni più semplici rispetto alla maestosità della facciata, camere sobrie, ma accoglienti.

Dimora Bolsone senza rist
via Panoramica 23, Nord-Ovest : 2,5 km – ✆ 0 36 52 10 22 – www.dimorabolsone.it – Aperto 1° marzo-6 novembre
6 cam ☕ – 🚹170 € 🚹🚹200 €
Storico casale di campagna, le cui origini risalgono al XV sec., inserito in un grande parco che arriva a lambire il Vittoriale. "Giardino dei sensi" con piante di ogni tipo.

Ristoranti

Villa Fiordaliso con cam
corso Zanardelli 150 – ✆ 0 36 52 01 58 – www.villafiordaliso.it – Aperto 21 marzo-4 novembre
3 suites ☕ – 🚹🚹350/700 € – 2 cam
Menu 120 € – Carta 75/145 € – *(chiuso martedì a mezzogiorno e lunedì)*
Cucina creativa in una delle ville di inizio '900 che punteggiano il lungolago: circondata da un bel parco e protesa sulla distesa blu con un pontile, qui più che altrove non si contano i personaggi celebri che ai suoi tavoli si accomodarono.

Grand Hotel – Grand Hotel Gardone
corso Zanardelli 84 – ✆ 0 36 52 02 61 – www.grandhotelgardone.it – Aperto 1° aprile-31 ottobre
Carta 50/100 €
Cucina raffinata, attenta alle eccellenze del territorio e basata sulla tradizione dei sapori tipici locali, nonché prestigio d'altri tempi in un lussuoso ristorante caratterizzato da una bella veranda affacciata sul lago. Nei suoi fastosi ambienti è facile compiere un salto nel passato ed immaginare l'atmosfera delle grandi feste con balli e musiche.

Osteria Antico Brolo
via Carere 10 – ✆ 0 36 52 14 21 – www.ristoranteanticobrolo.it – Chiuso 1° gennaio-15 febbraio e lunedì
Menu 30/42 € – Carta 35/56 € – (prenotazione obbligatoria a mezzogiorno)
In una vecchia abitazione del '700, alcune salette vi accoglieranno per gustare i prodotti del territorio sapientemente elaborati. Il tavolo sul balconcino...un'emozione!

Agli Angeli con cam
piazza Garibaldi 2, località Vittoriale – ✆ 0 36 52 08 32 – www.agliangeli.biz – Aperto 2 marzo-4 novembre
14 cam ☕ – 🚹55/75 € 🚹🚹85/150 € – **2 suites**
Carta 33/67 € – *(chiuso martedì, in luglio-agosto aperto tutte le sere e chiuso a mezzogiorno escluso sabato e domenica)*
Tra il Giardino Botanico e il Vittoriale, una locanda accogliente e romantica dove la cucina flirta con il pesce, ma non dimentica la carne: piatti, comunque, d'impronta regionale. A pochi metri dal ristorante, in un edificio d'epoca dalla caratteristica corte interna, graziose camere con letti a baldacchino.

Fasano del Garda Nord-Est : 2 km – ✉ 25083

Grand Hotel Fasano e Villa Principe
corso Zanardelli 190 – ✆ 03 65 29 02 20 – www.ghf.it – Aperto Pasqua-2 novembre
75 cam ☕ – 🚹145/205 € 🚹🚹280/550 € – **5 suites**
Rist *Il Fagiano* – vedere selezione ristoranti
Camere affacciate sul lago, oppure all'interno, con scenografici elementi barocchi che ben si inseriscono in quel contesto di sobria eleganza dell'intera risorsa. Aqua Parc è il nome della nuova zona wellness all'aria aperta: due piscine sono state aggiunte, una delle quali è collegata direttamente con l'interno del centro benessere dove un percorso Kneipp e saune varie rappresentano la moderna alternativa all'antica arte venatoria della caccia al fagiano.

Villa del Sogno
corso Zanardelli 107 – ✆ 03 65 29 01 81 – www.villadelsogno.it – Aperto 1° aprile-15 ottobre
29 cam – 200/320 € 280/450 € – **4 suites**
Rist *Maximilian 1904* – vedere selezione ristoranti
Dal lontano 1904 (anno in cui fu costruita), questa raffinata risorsa non smette di affascinare grazie ai suoi spazi di neoclassica memoria con mobili antichi, preziosi tappeti e grandi quadri mitteleuropei: retaggi dell'Austria di fine '800. La struggente bellezza di una dimensione onirica, o meglio, Villa del Sogno!

Bella Riva
via Mario Podini 1/2 – ✆ 03 65 54 07 73 – www.bellarivagardone.it – Aperto 1° aprile-31 ottobre
23 cam – 200/800 € 200/800 € – **8 suites**
Rist *Riva Carne al Fuoco* – vedere selezione ristoranti
Frontelago, la ristrutturazione di un edificio d'epoca ha dato vita a questo design hotel dalle originali soluzioni: ad accoglervi, la splendida hall con riproduzioni di opere di G. Klimt. Belle camere e prestigiose suite con terrazza.

Il Fagiano – Grand Hotel Fasano e Villa Principe
corso Zanardelli 190 – ✆ 03 65 29 02 20 – www.ghf.it – Aperto Pasqua-2 novembre
Menu 95 € – Carta 70/140 € – *(solo a cena)*
Per accedere a questo ristorante - all'interno del Grand Hotel Fasano e Villa Principe - si passa attraverso una suggestiva sala in legno: una delle più antiche e meglio conservate della struttura. La sala da pranzo, invece, ritorna ad un elegante classicismo alberghiero, mentre la carta propone diverse specialità lacustri.

Maximilian 1904 – Hotel Villa del Sogno
corso Zanardelli 107 – ✆ 03 65 29 01 81 – www.villadelsogno.it – Aperto 1° aprile-15 ottobre
Carta 46/92 € – *(solo a cena)*
All'interno dell'hotel Villa del Sogno, ambiente fin-de-siècle con soffitto decorato e bel pavimento ligneo: luci soffuse, sapori sublimi e ottima cucina nazionale con un occhio di riguardo per i prodotti del lago.

Lido 84 (N) (Riccardo Camanini)
corso Zanardelli 196 – ✆ 0 36 52 00 19 – www.ristorantelido84.com – Chiuso mercoledì a mezzogiorno e martedì
Menu 28/48 € – Carta 47/69 € – (consigliata la prenotazione la sera)
Che si mangi all'interno o nella veranda, l'acqua è a pochi metri, la vista romantica e la cucina eccellente: spunti lacustri e bresciani, creatività unita alla flessibilità di ciò che offre il mercato di più fresco.
➜ Riso carnaroli, stracchino e sarde di lago. Seppia di nassa alla griglia, cicoria di campo, puntarelle e lardo di conca. Gelato al latte di montagna mantecato al momento.

Riva Carne al Fuoco – Hotel Bella Riva
via Mario Podini 1/2 – ✆ 03 65 54 07 73 – www.bellarivagardone.it – Aperto 1° aprile-31 ottobre; chiuso mercoledì in aprile e ottobre
Carta 37/81 €
Il nome solletica l''immaginazione, mentre il palato si delizia con piatti prevalentemente di terra e specialità alla brace: il grill a vista permette all'ospite di scegliere la provenienza ed il taglio delle carni. Ambiente informale.

GARGANO (Promontorio del)
Foggia

GARGNANO
Brescia (BS) – ✉ 25084 – 2 999 ab. – Alt. 66 m – Carta regionale n° **17**-C2
Roma 563 km – Verona 51 km – Bergamo 100 km – Brescia 46 km
Carta stradale Michelin 561-E13

Grand Hotel a Villa Feltrinelli

via Rimembranze 38/40 – ✆ 03 65 79 80 00 – www.villafeltrinelli.com – Aperto 1° aprile-13 ottobre

17 cam – †1050/2800 € ††1050/2800 € – **4 suites**

Rist *Villa Feltrinelli* – vedere selezione ristoranti

Costruita alla fine dell'Ottocento in stile eclettico-liberty, è una delle ville più straordinarie della zona: ancora, oggi, più dimora che albergo, si propone come romantico rifugio retrò in riva al lago.

Villa Giulia

viale Rimembranza 20 – ✆ 0 36 57 10 22 – www.villagiulia.it – Aperto 2 aprile-11 ottobre

23 cam – †170/300 € ††300/420 € – **1 suite** **Rist** – Carta 49/86 €

Posizione incantevole, leggermente decentrata, per un'ex residenza estiva in stile Vittoriano, avvolta da un curato giardino in riva al lago e con due piccoli annessi. In riva al lago, il ristorante propone la cucina regionale e quella italiana.

Meandro

cam, rist,

via Repubblica 40 – ✆ 0 36 57 11 28 – www.hotelmeandro.it – Aperto 15 marzo-14 novembre

44 cam – †70/120 € ††90/180 € **Rist** – Carta 28/49 € – *(solo a cena)*

In posizione dominante il lago, edificio moderno le cui camere sono quasi tutte rivolte sul Garda, alcune rinnovate in stile moderno; sala da pranzo affacciata sul delizioso panorama circostante.

Riviera senza rist

via Roma 1 – ✆ 0 36 57 22 92 – www.garniriviera.it – Aperto Pasqua-31 ottobre

20 cam – †50/103 € ††103 €

Nel centro storico, a pochi metri dall'incantevole porticciolo, gestione familiare in un palazzo del 1840: camere accoglienti e splendida terrazza panoramica per la prima colazione.

Palazzina

via Libertà 10 – ✆ 0 36 57 11 18 – www.hotelpalazzina.it – Aperto 1° aprile-10 ottobre

25 cam – †56/63 € ††96/122 € **Rist** – Carta 23/38 € – *(solo a cena)*

Sopraelevato rispetto al paese, un albergo dotato di piscina su terrazza panoramica protesa sul blu; conduzione familiare e clientela per lo più abituale. Suggestiva anche l'atmosfera al ristorante grazie alla particolare vista sul lago e sui monti che offre ai commensali.

Villa Feltrinelli – Grand Hotel a Villa Feltrinelli

via Rimembranze 38/40 – ✆ 03 65 79 80 00 – www.villafeltrinelli.com – Aperto 1° aprile-13 ottobre; chiuso martedì

Menu 120/180 € – Carta 103/218 € – *(solo a cena)* (prenotazione obbligatoria)

Un'insalata con cento diversi tipi di erbe e venticinque fiori: è uno dei piatti più celebri di Stefano Baiocco, cuoco alfiere di una cucina verde (ma non solo) e creativa, sfoggiata in uno dei contesti più sfarzosi del lago. Si cena nei salotti della villa, in terrazza, o in cinque, romanticissimi tavoli in riva all'acqua.

→ Gnocchetti soffici di latte crudo cagliato in casa, caviale, crema di cavolfiore. Piccione marinato in salsa al curry piccante e grigliato, insalata di nasturzi. Semifreddo di Franciacorta, insalata di rabarbaro e spinaci, granita al pompelmo rosa.

La Tortuga (Maria Cozzaglio)

via XXIV Maggio 5 – ✆ 0 36 57 12 51 – www.ristorantelatortuga.it – Aperto 1° marzo-31 ottobre; chiuso martedì

Menu 80/90 € – Carta 65/116 € – *(solo a cena escluso domenica da settembre a giugno)*

Piccola, ma incantevole bomboniera a pochi metri dalla piazzetta del porticciolo, è la meta ideale per una serata romantica; anche i gourmet appassionati di pesce di lago non saranno delusi, per quanto non manchino carne e del pescato d'acqua salata.

→ Tagliolini con gamberi e asparagi. Costolette d'agnello al profumo di timo e rosmarino. Tortino di cioccolato fondente con gelato al fiordilatte.

sulla strada provinciale 9 Ovest: 7 km

Lefay Resort & Spa rist,
via Angelo Feltrinelli 118 – 03 65 24 18 00 – www.lefayresorts.com – Chiuso 6 gennaio-5 febbraio
93 cam – 195/600 € 245/750 € – **5 suites**
Rist *La Grande Limonaia* – vedere selezione ristoranti
Rist – Carta 60/102 € – *(solo per alloggiati la sera)*
Sette chilometri tutti in salita per godere di uno dei panorami più belli del lago in una struttura moderna, dalle camere ampie ed eleganti, tutte con vista e con splendidi bagni; vasto centro benessere con incantevole piscina a sfioro sul lago.

La Grande Limonaia – Lefay Resort & Spa
via Angelo Feltrinelli 118 – 03 65 24 18 00 – www.lefayresorts.com – Chiuso 6 gennaio-5 febbraio
Carta 60/102 € – *(solo a cena)*
Qui tutto è di ampio respiro: la limonaia che profuma dei suoi frutti dorati l'ampia ed elegante sala, la vista panoramica sul lago di Garda, la cucina solare e mediterranea.

GARGONZA → Vedere Monte San Savino
Arezzo (AR)

GARLENDA
Savona (SV) – 17033 – 890 ab. – Alt. 70 m – Carta regionale n° **14-A2**
Roma 597 km – Imperia 37 km – Albenga 10 km – Savona 51 km
Carta stradale Michelin 561-J6

La Meridiana
via ai Castelli – 01 82 58 02 71 – www.lameridianaresort.com – Aperto 1° aprile-31 ottobre
16 cam – 220/250 € 240/360 €, 24 € – **12 suites**
Rist *Il Rosmarino* – vedere selezione ristoranti
Rist *Il Bistrot* – Carta 60/78 €
A metà strada fra la mondana Montecarlo e la pittoresca Portofino, ospitalità ad alti livelli per una deliziosa residenza di campagna avvolta dal profumo del mirto e della ginestra. Se eleganza e buon gusto caratterizzano tutti i suoi ambienti, piatti liguri vi attendono al Bistrot (a pranzo, a bordo piscina).

Il Rosmarino – Hotel La Meridiana
via ai Castelli – 01 82 58 02 71 – www.lameridianaresort.com – Aperto 1° aprile-31 ottobre; chiuso lunedì escluso luglio-agosto
Menu 65/80 € – *(solo a cena)* (consigliata la prenotazione)
Piatti della tradizione mediterranea esaltati dai profumi di questa terra: il sentore del timo e della salvia, accompagnati dall'irrinunciabile basilico e da una vasta scelta enologica, che spazia dai vini già affermati a quelli più emergenti.

GASSINO TORINESE
Torino (TO) – 10090 – 9 501 ab. – Alt. 230 m – Carta regionale n° **22-B1**
Roma 665 km – Torino 16 km – Asti 52 km – Vercelli 69 km

Cascina Domina cam, rist,
strada Trinità 42 – 01 19 60 14 15 – www.cascinadomina.com – Chiuso 16 agosto-1° settembre
10 cam – 60 € 90 €
Rist – Menu 25/36 € – Carta 28/45 € – *(chiuso 16 agosto-4 settembre) (solo a cena escluso domenica)*
Cascina ottocentesca immersa nella quiete delle colline con lo sguardo che spazia da Superga alle Alpi; si farà fatica a credere che Torino dista meno di un quarto d'ora!

GATTEO A MARE

Forlì-Cesena (FC) – ✉ 47043 – 5 992 ab. – Carta regionale n° **9**-D2

Roma 345 km – Ravenna 38 km – Rimini 20 km – Forlì 47 km

Carta stradale Michelin 562-J19

Flamingo

rist,

viale Giulio Cesare 31 – ✆ 0 54 78 71 71 – www.hotel-flamingo.com – Aperto 1° maggio-30 settembre

48 cam – †80/90 € ††125/145 €, ☕ 10 €

Rist – Menu 18/25 € – *(solo per alloggiati)*

In un affascinante e bizzarro palazzo, troverete una gestione familiare di rara ospitalità: ottime camere con vista mare ed accesso diretto in spiaggia.

Estense

cam, rist,

via Gramsci 30 – ✆ 0 54 78 70 68 – www.hotelestense.net – Chiuso novembre

77 cam – †30/60 € ††60/110 €, ☕ 6 € **Rist** – Carta 16/35 €

In una traversa interna con il mare ad un centinaio di metri, ambienti accoglienti e colorati, carta da parati e richiami marinari. Piccolo centro benessere, tutto nuovo, e sala da pranzo semplice con proposte nazionali.

GATTINARA

Vercelli (VC) – ✉ 13045 – 8 196 ab. – Alt. 263 m – Carta regionale n° **23**-C2

Roma 661 km – Vercelli 46 km – Torino 93 km – Milano 87 km

Carta stradale Michelin 561-F7

Carpe Diem

corso Garibaldi 244 – ✆ 01 63 82 37 78 – www.ristorantecarpediem.com – Chiuso 7-16 gennaio, 1°-15 agosto e lunedì

Menu 20 € – Carta 37/57 €

Locale classico in una bella villa circondata da un lussureggiante parco. Professionalità ed esperienza garantiscono un servizio di qualità in ogni evenienza.

Il Vigneto con cam

piazza Paolotti 2 – ✆ 01 63 83 48 03 – www.ristoranteilvigneto.it – Chiuso 1°-15 gennaio e 30 luglio-18 agosto

12 cam ☕ – †63/69 € ††73/79 € Carta 31/60 € – *(chiuso lunedì)*

Locale signorile che può contare su una sala ristorante raccolta e curata e su un ampio salone dedicato ai banchetti. La cucina non si smentisce mai: un menu interessante con ottime specialità di pesce. Camere dal confort eccellente, spaziose e con mobili di linea classica.

GAVI

Alessandria (AL) – ✉ 15066 – 4 712 ab. – Alt. 233 m – Carta regionale n° **23**-C3

Roma 554 km – Alessandria 34 km – Genova 48 km – Acqui Terme 42 km

Carta stradale Michelin 561-H8

L'Ostelliere

frazione Monterotondo, 56, Nord-Est : 4 km – ✆ 01 43 60 78 01 – www.ostelliere.it – Aperto 1° marzo-30 novembre

33 cam ☕ – †127/159 € ††150/190 € – **8 suites**

Rist *La Gallina* ✿ – vedere selezione ristoranti

All'interno dell'azienda vinicola, proprio sopra le cantine, un'importante azione di recupero per una risorsa di charme e confort. Bella vista su colline e vigneti.

Cantine del Gavi

via Mameli 69 – ✆ 01 43 64 24 58 – www.ristorantecantinedelgavi.it – Chiuso febbraio, luglio, martedì a mezzogiorno e lunedì

Carta 41/69 €

Solo ottime materie prime vengono accolte nella cucina di questo raffinato ristorante, che propone piatti del territorio con qualche sguardo alla vicina Liguria. Interrata la scenografica cantina con inaspettate vecchie annate di grandi vini.

XX ✿ **La Gallina** - Hotel L'Ostelliere

frazione Monterotondo, 56, Nord-Est : 4 km – ✆ 01 43 68 51 32 – www.la-gallina.it – Aperto 1° marzo-30 novembre
Menu 60/70 € – Carta 48/74 € – *(solo a cena)* (consigliata la prenotazione)
Una cucina di grandi equilibri, dove la creatività è leggera e ben dosata, il contrasto dei sapori non è esaltato, ma suggerito. E la stessa armonia caratterizza l'elegante e romantica sala ricavata nell'antico fienile; bellissima anche la terrazza panoramica.
➜ Agnolotto alle tre carni secondo tradizione. Guancia di bovino piemontese brasata al Gavi. Cremino al gianduja.

GAVINANA

Pistoia (PT) – ✉ 51025Alt. 820 m – Carta regionale n° **31-B1**
▶ Roma 337 km – Firenze 68 km – Lucca 72 km – Pistoia 32 km
Carta stradale Michelin 563-J14

Franceschi

piazza Ferrucci 121 – ✆ 0 57 36 64 44 – www.albergofranceschi.it
28 cam – †40/51 € ††65/80 € **Rist** – Carta 20/40 €
Antiche origini per questo bianco edificio, posizionato nel cuore di un paesino medievale; rinnovato totalmente all'interno, offre un'atmosfera accogliente e familiare. Sala da pranzo di taglio moderno, con un camino in uno stile d'altri tempi.

GAVIRATE

Varese (VA) – ✉ 21026 – 9 174 ab. – Alt. 261 m – Carta regionale n° **16-A2**
▶ Roma 641 km – Stresa 53 km – Milano 66 km – Varese 10 km
Carta stradale Michelin 561-E8

X **Tipamasaro**

via Cavour 31 – ✆ 03 32 74 35 24 – Chiuso 1°-21 luglio, lunedì, anche domenica sera in inverno
Carta 27/46 €
A metà strada tra il centro storico e il lago, l'intera famiglia si dedica con passione al locale: un ambiente simpatico e un fresco gazebo estivo per riscoprire l'appetitosa cucina locale. Pansotti alle borragini con salsa di noci, tra le specialità della casa.

GAVORRANO

Grosseto (GR) – ✉ 58023 – 8 619 ab. – Alt. 273 m – Carta regionale n° **32-C3**
▶ Roma 213 km – Grosseto 33 km – Siena 88 km – Livorno 110 km
Carta stradale Michelin 563-N14

a Caldana Sud : 8 km – ✉ 58020

Montebelli Agriturismo e Country Hotel

località Molinetto, Est : 2 km – ✆ 05 66 88 71 00 – www.montebelli.com – Chiuso 7 gennaio-23 marzo
45 cam – †129/269 € ††129/269 € – **6 suites** **Rist** – Carta 26/62 €
Imponente struttura che offre due possibilità: alloggio agrituristico o country hotel di lusso (solo qui l'aria condizionata). Il resto è in comune, a partire dal grande parco sino al nuovo centro benessere. Al ristorante viene proposta una cucina semplice e regionale.

GAZZOLA

Piacenza (PC) – ✉ 29010 – 2 050 ab. – Alt. 139 m – Carta regionale n° **8-A2**
▶ Roma 528 km – Piacenza 20 km – Cremona 64 km – Milano 87 km
Carta stradale Michelin 562-H10

a Rivalta Trebbia Est : 3,5 km – ✉ 29010 Gazzola

Agriturismo Croara Vecchia senza rist

località Croara Vecchia, Sud : 1,5 km – ✆ 33 32 19 38 45 – www.croaravecchia.it – Aperto 15 marzo-15 novembre

15 cam ☕ – †70/85 € ††95/110 €

Fino al 1810 fu un convento, poi divenne un'azienda agricola che oggi ospita graziose camere (sei con angolo cottura), tutte identificabili dal nome di un fiore. In un prato sempre curato, che domina il fiume, la bella piscina, nonché un centro equestre con istruttori.

Locanda del Falco

Castello di Rivalta, 4 – ✆ 05 23 97 81 01 – www.locandadelfalco.com – Chiuso martedì

Menu 11 € (pranzo in settimana)/60 € – Carta 31/61 €

In un antico borgo medievale una locanda caratteristica dove vengono serviti i piatti della tradizione piacentina; ampi camini all'interno ravvivano le serate invernali, mentre nella bella stagione un glicine secolare ombreggia i tavoli dell'accogliente cortile interno.

GAZZOLI

➔ Vedere Costermano

Verona (VR)

GENGA

Ancona (AN) – ✉ 60040 – 1 859 ab. – Alt. 322 m – Carta regionale n° **20-B2**

Roma 224 km – Ancona 66 km – Gubbio 44 km – Macerata 72 km

Carta stradale Michelin 563-L20

Le Grotte

località Pontebovesecco, Sud : 2 km – ✆ 07 32 97 20 65 – www.hotellegrotte.it

24 cam ☕ – †75/85 € ††110/220 € – **1 suite**

Rist *Le Grotte* – Carta 24/32 € – *(chiuso 2 settimane in gennaio, domenica sera, lunedì)*

In un suggestivo paesaggio naturalistico fra gole e grotte di Frasassi, un albergo moderno con piccolo centro benessere, nonché camere spaziose ed eleganti. Nel ristorante dalla lunga tradizione gastronomica vi attendono ottimi piatti di cucina regionale. E' possibile organizzare colazioni di lavoro e cerimonie.

GENOVA

✉ 16124 – 582 320 ab. – Alt. 19 m – Carta regionale n° **15-C2**
Roma 513 km – Alessandria 88 km – Savona 49 km – La Spezia 115 km
Carta stradale Michelin 561-I8

© C. Bruzzone / Tips / Photononstop

Alberghi

Grand Hotel Savoia

via Arsenale di Terra 5 ✉ 16126 – ✆ 01 02 77 21 – www.grandhotelsavoiagenova.it Pianta : D1**c**

117 cam – 🛉105/579 € 🛉🛉105/579 €, ☕ 15 € – **2 suites**
Rist *Tralalero* – vedere selezione ristoranti
Rist – Carta 42/81 € – *(solo a cena)*
A lato della stazione di Porta Principe, storico hotel riportato allo splendore di un tempo grazie ad un accurato restauro: raffinatezza negli arredi e confort di alto livello. Piacevole zona relax.

Meliá Genova

via Corsica 4 ✉ 16128 – ✆ 01 05 31 51 11 – www.melia.com Pianta : F3**a**

97 cam ☕ – 🛉138/565 € 🛉🛉153/570 € – **2 suites**
Rist *Blue Lounge bar and restaurant* – Carta 45/72 €
In un bel palazzo dei primi '900, nel prestigioso quartiere Carignano, hotel di lusso caratterizzato da spazi moderni, centro benessere con piccola piscina, camere confortevoli dove predominano colori ricercati ed eleganti: platino, titanio e rame. Sapori mediterranei, rivisitati in chiave moderna e talvolta "alleggeriti", al Blue Lounge bar and restaurant.

NH Marina

molo Ponte Calvi 5 ✉ 16124 – ✆ 01 02 53 91 – www.nh-hotels.com Pianta : E1**f**

133 cam ☕ – 🛉85/485 € 🛉🛉99/495 € – **7 suites**
Rist *Il Gozzo* – Carta 45/60 €
Ardesia, mogano e acero sono il leitmotiv degli eleganti, caldi interni di questo moderno, ideale "vascello", costruito sul Molo Calvi, di cui restano tracce nella hall. Decorazioni che evocano vele e navi nel ristorante "a prua" dell'hotel; dehors estivo.

Starhotels President

corte Lambruschini 4 ✉ 16129 – ✆ 0 10 57 27 – www.starhotels.com Pianta : G2**c**

191 cam ☕ – 🛉89/600 € 🛉🛉89/600 € – **5 suites** **Rist** – Carta 34/58 €
Nel centro direzionale Corte Lambruschini, una torre di vetro e cemento ospita questo accogliente albergo, che per le sue caratteristiche di confort e funzionalità risulta ideale per una clientela business.

GENOVA
SS. Annunziata del Vastato . A
San Filippo Neri............ C
San Siro..................... F
Santa Maria delle Vigne..... G
San Pietro in Banchi .... Q
San Matteo .... S
Teatro Carlo Felice .... T
Santa Maria Maddalena V
Chiesa del Gesù.............. W
Santa Maria di Castello X
0
200 m
D
E
1
2
3
STAZIONE PRINCIPE
Palazzo del Principe
Principe
V. del Lagaccio
V. Adua
Viadotto Cesare Imperiale
Str. Aldo Moro
Commenda S.Giovanni di Prè
Galata Museo del Mare
DEI MILLE
Pte Mille
Pzale dei Silos
Calata Darsena
Darsena
Pte Adolfo Parodi
BACINO PORTO VECCHIO
V. Kassala
Cso Dogali
Palazzo dell'Università
Via Balbi
Palazzo Reale
V. Polleri
V. delle Fontane
Via del Campo
Calata Salumi
ACQUARIO
V. al Mare Fabrizio De André
Biosphera
Città dei Bambini
Centro Congressi
Antichi Magazzini del Cotone
V. Magazzini del Cotone
Calata Marinetta
Calata Mandraccio
Porta Siberia
PORTO ANTICO
Pza S. Marco
Vico Malatti
V. Mura della Malapaga
Calata Giuseppe Gadda
Calata Gerolamo Boccardo
Calata delle Grazie
BACINO DELLE GRAZIE
Molo Guardiano
V. al Molo Giano
Molo Giano
AVAMPORTO
Giardini Tito Rosina
Cso Carbonara
Cso Firenze
V. Accinelli
Castelletto
V. Edilio Raggio
Pal. Tursi
V. Garibaldi
Pza del Portello
Calroli
Palazzo Spinola
Pza S. Luca
Vico Denegri
V. Orefici
Vico Lavagna
Vico del Duca
Vico della Casana
Vico dei Garibaldi
San Giorgio
Palazzo Ducale
San Lorenzo
De Ferrari
Pza de Ferrari
Piazza G. Matteotti
V. Dante
San Donato
Sant'Agostino
Museo di S. Agostino
Piazza Sarzano
Sarzano Sant'Agostino
Giardini Baltimora
V. Eugenia Ravasco
V. Gabriele D'Annunzio
Cso Maurizio Quadrio
Cso Aurelio Saffi
V. Mylius
Santa Maria Assunta in Carignano
V. Rivoli
V. Antonio Gavotti

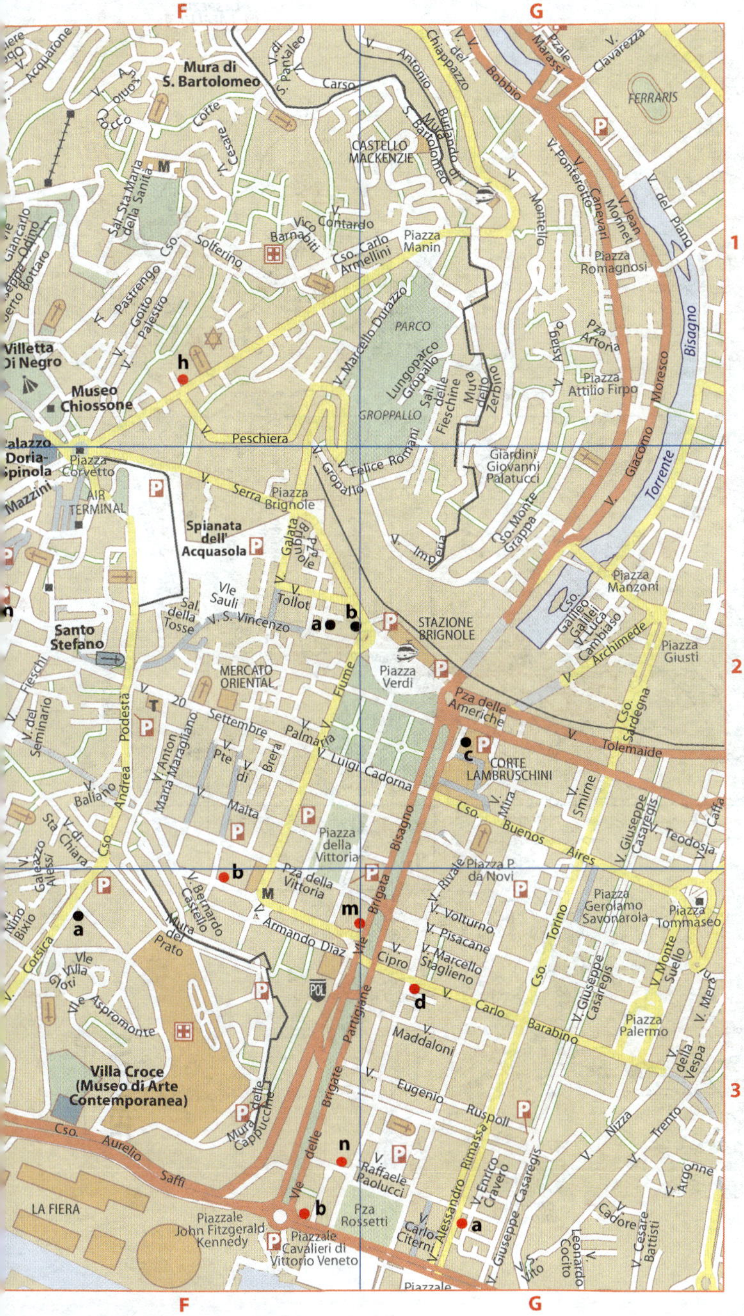
F
G
1
2
3
Mura di S. Bartolomeo
CASTELLO MACKENZIE
FERRARIS
Piazza Manin
Cso. Carlo Armellini
Solferino
Barnabiti
V. Contardo
Piazza Romagnosi
Bisagno
PARCO
GROPPALLO
Lungoparco Gropallo
Pza Artoria
Piazza Attilio Firpo
Villetta Di Negro
Museo Chiossone
Peschiera
Palazzo Doria-Spinola
Piazza Corvetto
AIR TERMINAL
Serra
Piazza Brignole
V. Felice Romani
V. Gropallo
Giardini Giovanni Palatucci
Torrente
Spianata dell' Acquasola
Vle Sauli
Tollot
V. S. Vincenzo
STAZIONE BRIGNOLE
Piazza Manzoni
Santo Stefano
MERCATO ORIENTAL
Piazza Verdi
Piazza Giusti
Pza delle Americhe
V. Tolemaide
CORTE LAMBRUSCHINI
20 Settembre
V. Luigi Cadorna
Cso. Buenos Aires
Piazza della Vittoria
Pza della Vittoria
Piazza P. da Novi
Piazza Gerolamo Savonarola
Piazza Tommaseo
V. Armando Diaz
Vle Brigata Bisagno
Carlo Barabino
Piazza Palermo
Villa Croce (Museo di Arte Contemporanea)
Cso. Aurelio Saffi
LA FIERA
Piazzale John Fitzgerald Kennedy
Piazzale Cavalieri di Vittorio Veneto
Pza Rossetti
V. Raffaele Paolucci
Cso. Torino
V. Giuseppe Casaregis
a
b
c
d
h
m
n

GENOVA
GOLFO DI GENOVA
LA SPEZIA
RAPALLO
PIACENZA
TORINO
MILANO
PIACENZA
ALESSANDRIA
SAVONA
TORINO
NERVI
QUINTO AL MARE
COLLE OMETTI
QUARTO DEI MILLE
QUARTO ALTO
VALLE STURLA
STURLA
BOCCADASSE
S. MARTINO D'ALBARO
S. FRANCESCO D'ALBARO
SAN FRUTTUOSO
QUEZZI
MARASSI
S. EUSEBIO
S. DESIDERIO
BAVARI
Montelungo
Cimitero di Staglieno
GENOVA EST
GENOVA-NERVI
RIGHI
CASTELLETTO
OREGINA
S. TEODORO
San Lorenzo
ACQUARIO
PORTO
SAMPIERDARENA
RIVAROLO
PEDAGGIO
A 12 / E 80
A 7 / E 62
A 7 / E 25
A 10 / E 25
Cso. Europa
Cso. Italia
Cso. Torino
Cso. Aurelio Saffi
V. Piacenza
Lungo Bisagno Dalmazia
Lungo Bisagno Istria
V. Bobbio
V. Canevari
Cso. Carso
Cso. Firenze
V. Giovanni Torti
V. Pisa
V. Sturla
V. dei Mille
V. Gelasio Adamoli
V. Augusto Pedullà
V. di Sponda Nuova
V. Bavari
V. Moresco
V. del Peralto
V. Giovanni Costanzi
V. Bartolomeo Bianco
Mura Chiappe
V. Aldo Moro
Pte Cristoforo Colombo
Di Negro
Lungo. Giuseppe Canepa
V. Antonio Pacinotti
V. Walter Fillak
V. Giorgio Perlasca
V. Luigi Perini
V. Borzoli
V. Teglia
Brin
PARCO VILLA GAMBARO
VILLA QUARTARA
0
1 km
A
B
C
1
2

Bristol Palace

via 20 Settembre 35 ✉ 16121 – ✆ 0 10 59 25 41 Pianta : F2**n**
– www.hotelbristolpalace.com

128 cam – 99/385 € 109/475 € – **5 suites** **Rist** – Carta 30/63 €

Sull'elegante via XX Settembre, la raffinatezza d'antan in questo antico palazzo di fine '800. La splendida scala ellittica si snoda nella piccola hall per condurvi a camere d'indiscusso charme. Spazi comuni su differenti livelli con stucchi e tappezzerie; ristorante al secondo piano nella sala affrescata.

City Hotel

via San Sebastiano 6 ✉ 16123 – ✆ 0 10 58 47 07 Pianta : E2**e**
– www.bwcityhotel-ge.it

65 cam – 87/300 € 112/440 €

Rist *Le Rune* – vedere selezione ristoranti

Vicino a piazza De Ferrari, confort omogeneo per un hotel con zone comuni di taglio classico, camere sobrie e funzionali, nonché mini suite panoramiche all'ultimo piano.

Moderno Verdi

rist,

piazza Verdi 5 ✉ 16121 – ✆ 01 05 53 21 04 Pianta : FG2**b**
– www.modernoverdi.it

87 cam – 80/300 € 90/360 €

Rist – Carta 27/50 € – *(chiuso agosto, venerdì, sabato e domenica) (solo a cena)*

In un palazzo d'epoca di fronte alla stazione Brignole, atmosfera retrò negli interni classici, con dettagli liberty, di un hotel ristrutturato; curate camere in stile.

Porto Antico (N) senza rist

Via al Ponte Calvi, 5 ✉ 16124 – ✆ 01 02 51 82 49 Pianta : E1**a**
– www.hotelportoantico.it

50 cam – 85/145 € 90/160 €

Fra il centro storico e la marina del porto antico, un nuovissimo hotel con camere molto belle, moderne e funzionali. Dal terrazzo delle suite all'ultimo piano, la vista abbraccia città e mare.

Metropoli senza rist

piazza Fontane Marose ✉ 16123 – ✆ 01 02 46 88 88 Pianta : E1**c**
– www.hotelmetropoli.it

49 cam – 64/189 € 83/320 €

A due passi dall'antica "Via Aurea" sorge questa piacevole struttura dotata di confortevoli camere, dove la predominanza dei colori pastello fa risaltare i mobili in noce e il caldo parquet.

Il Giardino di Albaro senza rist

via O. De Gaspari 19 ✉ 16124 – ✆ 0 10 36 62 76 Pianta : B2**b**
– www.ilgiardinodialbaro.it

14 cam – 89/220 € 100/330 €

Un tempo c'erano solo appartamenti, ora il piano rialzato di questa elegante dimora in stile liberty è stato riconvertito in albergo dalle belle camere dotate di bagni moderni e di tutto quel corredo tecnologico che si addice ad una struttura di livello (lettore DVD, Internet, Sky, etc.).

Nuovo Nord (N) senza rist

Via Balbi 155r ✉ 16124 – ✆ 01 02 46 44 70 Pianta : D1**a**
– www.hotelnuovonord.com

19 cam – 45/90 € 55/180 €, 5 €

Nei pressi della stazione di Porta Principe, un alberghetto con camere molto carine e di recente ristrutturazione, con tutti i confort del caso. Anche il buon rapporto qualità/prezzo è un aspetto non trascurabile nella scelta di questo indirizzo.

Brignole (N) senza rist

Via del Corallo, 13r ✉ 16124 – ✆ 0 10 56 16 51 Pianta : F2**a**
– www.hotelbrignole.it

26 cam – 50/72 € 60/82 €

Piccolo, nuovo, hotel a lato della stazione Brignole; camere arredate con signorile semplicità ed un rapporto qualità/prezzo che lo rende subito interessante.

Locanda di Palazzo Cicala senza rist
piazza San Lorenzo 16 ✉ 16123 – ✆ 01 02 51 88 24 Pianta : E2**g**
– www.palazzocicala.it
10 cam – 99/195 € 109/225 €
Nel cuore della città storica - proprio dinnanzi al Duomo - tra design e stile moresco, modernità in un palazzo cinquecentesco con Wi-Fi gratuito nelle aree comuni.

Ristoranti

Ippogrifo
via Gestro 9/r ✉ 16129 – ✆ 0 10 59 27 64 Pianta : F3**n**
– www.ristoranteippogrifo.it – Chiuso 8-26 agosto
Carta 42/94 €
In zona Fiera, tra boiserie e lampade in ferro battuto, un'ottima cucina a base di pesce per questo ampio ristorante - non privo di eleganza - frequentato da estimatori e gestito da due abili fratelli.

Le Perlage
via Mascherpa 4/r ✉ 16129 – ✆ 0 10 58 85 51 Pianta : F3**b**
– www.leperlage.com – Chiuso 15-30 agosto
Menu 30 € (pranzo)/80 € – Carta 43/106 €
Ottimo indirizzo per gli amanti del pesce: nelle due piccole, ma eleganti salette, il patron vi farà assaggiare le squisitezze di mare preparate dalla moglie.

Il Marin - Eataly
porto Antico, edificio Millo ✉ 16121 – ✆ 01 08 69 87 22 Pianta : E2**a**
– www.genova.eataly.it
Menu 27 € (pranzo in settimana)/65 € – Carta 42/82 €
Nel Porto Antico, al terzo piano dell'edificio Millo, un ristorante panoramico e dalla originale semplicità con un menu ispirato al territorio e al marchio Eataly. Per una sosta più informale si possono utilizzare anche le varie postazioni di cucina a tema lungo il percorso.

San Giorgio
via Alessandro Rimassa 150 r ✉ 16129 – ✆ 01 05 95 52 05 Pianta : G3**a**
– www.ristorantesangiorgiogenova.it – Chiuso domenica
Menu 25 € (pranzo)/50 € – Carta 32/68 € – (consigliata la prenotazione)
Non lontano dalla Fiera, cucina di mare e specialità liguri in questo moderno ristorantino gestito da una coppia di fratelli con provata esperienza nel settore. Il nostro piatto preferito: acciughe impanate e fritte.

Gran Gotto
viale Brigate Bisagno 69/r ✉ 16129 – ✆ 0 10 56 43 44 Pianta : FG3**m**
– www.grangotto.com – Chiuso sabato a mezzogiorno e domenica escluso festività
Menu 24 € (pranzo in settimana)/45 € – Carta 43/71 €
Due luminosi ambienti (nuova sala fumatori) con quadri contemporanei, in un locale di tradizione, presente in città dal 1938; invoglianti proposte di pesce e non solo.

Le Rune – City Hotel
vico Domoculta 14/r ✉ 16123 – ✆ 0 10 59 49 51 – Chiuso i mezzogiorno di sabato e domenica Pianta : E2**d**
Menu 15/35 € – Carta 28/47 €
In un ristorante del centro, tre salette di sobria, ma curata eleganza. In menu: i sapori di questa regione rivisitati con un pizzico di fantasia; specialità sia di mare sia di terra.

Kapperi (N)
Vico dei Lavatoi 6r ✉ 16124 Genova – ✆ 01 08 69 69 01 Pianta : E2**c**
– Chiuso gennaio, lunedì e i mezzogiorno di sabato e domenica
Carta 34/68 € – (consigliata la prenotazione)
Nel cuore della Genova marinara, un delizioso ristorantino dalle molteplici sfaccettature: sapori classici mediterranei, crudo di mare, sushi e prelibatezze del Sol Levante, serviti anche nell'ambita terrazza affacciata sul porto antico.

Da Toto al Porto Antico
via Molo Ponte Morosini Sud 20 ✉ 16124 – ✆ 01 02 54 38 79 – www.ristorantedatoto.it – Chiuso domenica Pianta : D1**d**

Carta 35/72 € – (prenotare nei week-end)

In fondo al molo, praticamente sul mare del porto dove sono attraccate barche e yacht, un piacevole locale in stile marina-elegante per una cucina a tutto pesce.

Le Cicale in Città
via Macaggi 53 ✉ 16121 – ✆ 0 10 59 25 81 – www.le-cicale.it – Chiuso 3 settimane in agosto, sabato a mezzogiorno e domenica Pianta : F3**b**

Carta 34/80 €

Intima atmosfera in questo locale diviso in ambienti comunicanti, impreziositi da specchi antichi: piatti prevalentemente a base di pesce fresco, cucinati in maniera classica.

Rina
via Mura delle Grazie 3/r ✉ 16128 – ✆ 01 02 46 64 75 – www.ristorantedarina.it – Chiuso 5 agosto-1° settembre e lunedì Pianta : E2**b**

Menu 25/60 € – Carta 34/76 €

Sotto le caratteristiche volte del '400 di una trattoria presente dal 1946, un "classico" della ristorazione cittadina, che da anni garantisce il meglio del mercato ittico.

Voltalacarta
via Assarotti 60/r ✉ 16122 – ✆ 01 08 31 20 46 – www.voltalacartagenova.it – Chiuso 1°-5 gennaio, sabato a mezzogiorno e domenica Pianta : F1**h**

Menu 20 € (pranzo in settimana)/45 € – Carta 41/89 € – (coperti limitati, prenotare)

"Volta la carta" è una canzone estremamente allegorica: dietro ogni figura si nasconde un personaggio. Dietro la porta di questo locale si cela un ambiente grazioso e curato, dove un giovane e dinamico chef prepara intriganti specialità di mare, selezionando ottimi prodotti.

Soho-Ristorante e Pescheria
via al Ponte Calvi 20 r ✉ 16124 Genova – ✆ 01 08 69 25 48 – www.ristorantesoho.it Pianta : E1**a**

Menu 25/60 € – Carta 30/80 €

In uno dei vicoli di fronte all'Acquario, locale multitasking ed informale, dominato dal contrasto fra antico e moderno: è un ristorante, wine-bar, pescheria. Pleonastico dire che le specialità attingono al mare.

Sola
via Carlo Barabino 120/r ✉ 16129 – ✆ 0 10 59 45 13 – www.enotecasola.it – Chiuso agosto e domenica Pianta : G3**d**

Carta 30/53 €

Un piccolo locale stile bistrot, nato come enoteca e poi trasformatosi anche in ristorante: ampia scelta di etichette con grande attenzione ai vini biodinamici e una cucina schietta, che punta sulla qualità della materia prima.

Lupo Antica Trattoria
vico delle Monachette 20/r ✉ 16126 – ✆ 0 10 26 70 36 – www.lupoanticatrattoria.it – Chiuso 20 luglio-10 agosto e mercoledì Pianta : D1**r**

Menu 22 € (pranzo in settimana)/42 € – Carta 34/62 € – *(solo a cena in giugno-settembre)*

In zona Principe, un piacevole ristorante totalmente rinnovato nella veste, ma non nel tipo di cucina: sempre invitante con piatti genovesi e creazioni d'autore.

Tralalero (N) – Grand Hotel Savoia
via Arsenale di Terra 5 – ✆ 01 02 77 28 34 – www.trattoriatralalero.it Pianta : D1**c**

Menu 18/55 € – Carta 32/56 €

Un'ottima cucina che poggia le sue basi sulla tradizione locale, proponendo i proverbiali cavalli di battaglia del ricettario regionale non disgiunti da altre specialità di pesce: più classiche, ma comunque convincenti!

X **Tiflis**

vico del Fico 35R ✉ 16128 – ☎ 0 10 25 64 79 – www.tiflis.it Pianta : E2**m**
– Chiuso 1 settimana in agosto e i mezzogiorno di sabato e domenica
Menu 29/34 € – Carta 32/42 €
Simpatico ristorante che, rispecchiando le origini estoni di uno dei titolari, è arredato in stile nordico. Cucina di terra e di mare con ottimi spiedoni di carne o pesce: il braciere campeggia in bella vista!

verso Molassana Nord : 6 km

X **La Pineta**

via Gualco 82, a Struppa ✉ 16165 – ☎ 0 10 80 27 72 – Chiuso 21-28 febbraio, 3 settimane in agosto, domenica sera e lunedì
Carta 33/49 €
Un gran camino troneggia in questa luminosa e calda trattoria, che dispone anche di un grazioso dehors. Cucina tradizionale casalinga, tra le specialità: carne e pesce alla brace.

a Molassana Nord : 6 km – ✉ 16138

X **Osteria della Collina**

via San Felice angolo salita Cotella – ☎ 01 08 35 33 90 – Chiuso 15 agosto-15 settembre e lunedì
Carta 42/60 € – (consigliata la prenotazione)
La cucina di mare qui è interpretata nel modo più semplice possibile, con giusto qualche accenno di modernità per non essere out. Strutturalmente il locale è molto rustico: archi, pietra a vista e, perfino, un caminetto.

all'aeroporto Cristoforo Colombo Ovest : 6 km

CHC Airport N rist,

via Albareto, 15 ✉ 16124 – ☎ 01 06 01 89 63 – www.chcairport.it
115 cam ☕ – †99/360 € ††99/360 € **Rist** – Carta 45/105 €
Un ottimo punto di riferimento per il turismo business, questo nuovissimo albergo ubicato in prossimità dell'aeroporto: camere estremamente moderne e confortevoli, piccola zona relax con palestra e sauna, sale conferenze modulari.

a Quarto dei Mille Est : 7 km – ✉ 16148

AC Hotel Genova by Marriot rist,

corso Europa 1075 – ☎ 01 03 07 11 80 – www.achotels.com Pianta : C2**a**
139 cam ☕ – †85/320 € ††95/360 €
Rist – Menu 16/55 € – *(solo a cena in luglio-agosto e domenica)*
Ambiente moderno e minimalista, due tipologie di camere (standard e business), bar self-service aperto 24 ore: una struttura capace di armonizzare innovazione e buon gusto. Presso una sala moderna e d'avanguardia potrete gustare piatti tradizionali ed internazionali.

Iris senza rist

via Rossetti 3/5 – ☎ 01 03 76 07 03 – www.hoteliris.it Pianta : C2**e**
34 cam ☕ – †60/90 € ††90/180 €
A pochi passi dal mare, camere confortevoli e piacevole solarium per la bella stagione, in un albergo con comodo parcheggio. Un indirizzo di sicuro interesse per la clientela commerciale.

a Cornigliano Ligure Ovest : 7 km – ✉ 16152

X **Da Marino**

via Rolla 36/r – ☎ 01 06 51 88 91 – Chiuso agosto, sabato e domenica
Carta 28/65 € – *(solo a pranzo)*
Locale semplice ed accogliente, grazie alla grande dedizione delle titolari. La stessa cura è riservata alla cucina: tradizionale ligure, eseguita con grande amore.

a San Desiderio Nord-Est : 8 km per via Timavo – ✉ 16133

XX **Bruxaboschi**

via Francesco Mignone 8 – ✆ 01 03 45 03 02 Pianta : C1**a**
– www.bruxaboschi.com – Chiuso 24 dicembre-5 gennaio, 3 settimane in agosto, domenica sera e lunedì
Menu 30/45 € – Carta 28/53 € – (prenotazione obbligatoria a mezzogiorno)
Dal 1862 la tradizione si è perpetuata di generazione in generazione in una trattoria con servizio estivo in terrazza. Cucina del territorio e periodiche serate a tema alla riscoperta di antichi piatti delle valli liguri, nonché interessante selezione di vini e distillati. Indecisi sulla scelta del piatto? La cima alla genovese è sempre una certezza!

a Quinto al Mare Est : 8 km – ✉ 16166

XX **La Casa dei Capitani**

piazzale Rusca 1 – ✆ 01 03 72 71 85 Pianta : C2**c**
– www.lacasadeicapitani.it
Menu 45 € – Carta 40/58 € – *(solo a cena escluso domenica)* (coperti limitati, prenotare)
La casa dei vecchi capitani - risalente al 1700 - ospita oggi un bel ristorante dalle signorili sale e con bella vista mare dal dehors. Giovane la gestione e moderna la cucina di matrice regionale.

a Sestri Ponente Ovest : 10 km – ✉ 16154

XX **Baldin**

piazza Tazzoli 20/r – ✆ 01 06 53 14 00 – www.ristorantebaldin.com – Chiuso domenica e lunedì
Menu 25 € (pranzo in settimana)/85 € – Carta 52/111 €
Una volta risolto il problema del parcheggio non sempre semplice a Sestri consigliandovi con il ristorante, sarete ripagati dalla cucina: in una sala dal design moderno ed essenziale, il percorso gastronomico parte dai sapori liguri per terminare con qualche creazione più personale, quasi esclusivamente di mare.

XX **Toe Drûe**

via Corsi 44/r – ✆ 01 06 50 01 00 – www.toedrue.it – Chiuso 10 giorni in agosto, sabato a mezzogiorno e domenica
Menu 25 € (pranzo in settimana)/45 € – Carta 35/63 €
Rist *La Kantina* – ✆ 01 06 00 19 91 –Menu 16/30 € – Carta 23/44 € – *(chiuso lunedì) (solo a cena)*
C'è una fonte battesimale dell'800 all'ingresso di questa romantica trattoria alla moda, che propone ricette liguri rivisitate. Il Sol Levante splende invece sulla tavola de La Kantina: sushi, sashimi e tante altre specialità nipponiche... ma anche qualche piatto locale.

a Voltri Ovest : 18 km – ✉ 16158

XX **Il Gigante**

via Lemerle 12/r – ✆ 01 06 13 26 68 – www.ristoranteilgigante.it – Chiuso domenica sera e lunedì
Menu 30/40 € – Carta 34/54 €
Un ex olimpionico di pallanuoto appassionato di pesca gestisce questo simpatico locale: due salette di taglio classico e sobria semplicità e piatti, ovviamente, di mare.

XX **La Voglia Matta**

via Cerusa 63 r – ✆ 01 06 10 18 89 – www.lavogliamatta.org – Chiuso domenica sera e lunedì
Menu 38/55 € – Carta 37/62 €
Avete una voglia matta di gustare specialità di pesce? Bussate in questo bel palazzo del Cinquecento: fra le sue mura troverete un locale fresco e giovanile, con tante fantasiose proposte ittiche.

Ostaia da ü Santü

via al Santuario delle Grazie 33, Nord : 1,5 km – 01 06 13 04 77 – www.ostaiadausantu.com – Chiuso 25 dicembre-31 gennaio, 16-30 settembre, domenica sera, lunedì, martedì e le sere di mercoledì e giovedì da ottobre a giugno
Carta 26/34 € – (consigliata la prenotazione)
La breve passeggiata a piedi lungo una stradina di campagna sarà l'anticipo di quello che troverete all'osteria: una gustosa cucina casalinga per riscoprire i genuini sapori locali, come lo stoccafisso con noci e pinoli! Piacevole pergolato per il servizio estivo.

a Pegli Ovest : 13 km – ✉ 16155

Torre Cambiaso

cam, rist,

via Scarpanto 49 – 01 06 98 06 36 – www.torre-cambiaso.com – Aperto 1° marzo-30 novembre
36 cam – 68/160 € 94/252 € – **6 suites**
Rist – Carta 32/42 € – *(solo a cena)*
Spenti gli echi delle preghiere, in questa bella villa che fu un tempo anche convento, via libera al lusso e alla ricercatezza che caratterizzano ogni angolo della struttura: dagli spazi comuni con pezzi d'antiquariato alle camere eclettiche. Proposte mediterranee, soprattutto di pesce, nell'elegante ristorante.

Teresa

piazza Lido di Pegli 5 – 01 06 97 37 74 – www.ristoranteteresa.com
Menu 22 € (pranzo in settimana)/60 € – Carta 29/34 €
Foto d'epoca alle pareti e conduzione tutta al femminile per proposte di mare, ma non solo, in un ristorante che ha festeggiato più di 40 anni! Ambiente piacevolmente classico.

GERACE

Reggio di Calabria (RC) – ✉ 89040 – 2 718 ab. – Alt. 500 m – Carta regionale n° **5-A3**
Roma 694 km – Reggio di Calabria 93 km – Vibo Valentia 86 km – Lamezia Terme 117 km
Carta stradale Michelin 564-M30

La Casa di Gianna

rist, rist,

via Paolo Frascà 4 – 09 64 35 50 18 – www.lacasadigianna.it – Chiuso novembre
8 cam – 65/84 € 90/130 € **Rist** – Carta 23/33 € – *(chiuso martedì)*
Una casa incantevole, un angolo pittoresco in questo spaccato del nostro Mezzogiorno; un'antica dimora gentilizia rinnovata con grande stile e ovunque pervasa dal passato. La cucina locale su tavole dalle ricche tovaglie, servizio più informale in veranda.

GEROLA ALTA

Sondrio (SO) – ✉ 23010 – 183 ab. – Alt. 1 050 m – Carta regionale n° **16-B1**
Roma 689 km – Sondrio 39 km – Lecco 71 km – Lugano 85 km
Carta stradale Michelin 561-D10

Pineta

località di Fenile, Sud-Est : 3 km alt. 1 350 – 03 42 69 01 80 – www.albergopineta.com
20 cam – 42 € 76 €
Rist – Carta 32/49 € – *(chiuso martedì in bassa stagione)* (consigliata la prenotazione)
Marito valligiano e moglie inglese gestiscono questo piccolo albergo in stile montano, semplice e ben tenuto, comodo punto di partenza per escursioni. Al ristorante atmosfera da baita e pochi piatti, scelti con cura fra quelli di una genuina cucina locale.

GHEDI

Brescia (BS) – ✉ 25016 – 18 611 ab. – Alt. 85 m – Carta regionale n° **17-C1**
Roma 525 km – Brescia 21 km – Mantova 56 km – Milano 118 km
Carta stradale Michelin 561-F12

Trattoria Santi

via Calvisano 73, Sud-Est : 4 km – ✆ 0 30 90 13 45 – www.trattoriasanti.it – Chiuso gennaio, martedì sera e mercoledì
Menu 17 € (pranzo in settimana)/36 € – Carta 18/24 €
Dal 1919 un'intramontabile osteria di campagna, che si fregia di avere come obiettivo la riscoperta della genuina cucina locale: casoncelli, paste fatte in casa e grigliate miste.

GHIFFA

Verbano-Cusio-Ossola (VB) – ✉ 28823 – 2 383 ab. – Alt. 201 m – Carta regionale n° **24-B1**
Roma 686 km – Stresa 23 km – Verbania 9 km – Milano 110 km
Carta stradale Michelin 561-E7

Ghiffa

cam,

corso Belvedere 88 – ✆ 0 32 35 92 85 – www.hotelghiffa.com – Aperto 1° aprile-15 ottobre
37 cam – †120/200 € ††160/260 € **Rist** – Carta 35/79 €
In riva al lago, signorile struttura di fine '800 dotata di terrazza-giardino con piscina riscaldata: ottimi confort e conduzione professionale. Pavimento in parquet nella sala da pranzo con grandi vetrate; cucina classica e del territorio.

GHIRLANDA → Vedere Massa Marittima

Grosseto

GIARDINI NAXOS

Sicilia – Messina (ME) – ✉ 98035 – 9 315 ab. – Carta regionale n° **30-D2**
Catania 47 km – Messina 54 km – Palermo 257 km – Taormina 5 km
Carta stradale Michelin 365-BA56 – Guida Verde Michelin SICILIA

Palladio

via Umberto 470 – ✆ 0 94 25 22 67 – www.hotelpalladiogiardini.com
18 cam – †40/120 € ††60/200 € – **1 suite**
Rist – Carta 26/88 € – *(aperto 2 aprile-29 ottobre)* (prenotazione obbligatoria)
Affacciato sulla baia, un roof garden all'aperto con bellissima vista sul golfo di Naxos e un'ondata di genuina ospitalità siciliana che vi avvolgerà in ambienti carichi di artigianato e prodotti isolani. L'amore per questa terra continua anche nei piatti del ristorante con prodotti locali selezionati tra il biologico e il commercio equosolidale.

La Riva senza rist

via lungomare Tysandros 52 – ✆ 0 94 25 13 29 – www.hotellariva.com – Aperto 1° marzo-31 ottobre
40 cam – †50/87 € ††65/120 €
La hall introduce ad un settore notte in cui tanti sono gli arredi e le decorazioni riferibili alla tradizione e all'artigianato siciliani. Dalle finestre delle camere: l'affascinante spettacolo della baia fino alla colata vulcanica preistorica.

Sea Sound

via Jannuzzo 37 – ✆ 0 94 25 43 30 – Aperto 22 aprile-31 ottobre
Carta 28/59 €
Sentirete il suono del mare in questo locale estivo con servizio su una bella terrazza immersa nel verde: indiscutibile punto di riferimento per una cucina di pesce schietta e fragrante.

XX **Sabbie d'Oro** con cam

via Schisò 12 – ✆ 0 94 25 23 80 – www.ristorantesabbiedoro.it – Aperto 1° marzo-30 novembre

38 cam – 80/120 € 160/230 € Carta 38/107 €

Ristorante di stile marinaro noto ed apprezzato in zona, sia per la qualità del pesce fresco in bella mostra, sia per la posizione fronte mare. Accanto c'è l'omonimo albergo, con davanti anche il proprio lido.

GIAU (Passo di) → Vedere Cortina d'Ampezzo

Belluno

GIGLIO (Isola del)

Grosseto (GR) – 1 413 ab. – Alt. 498 m – Carta regionale n° **32-C3**

Carta stradale Michelin 563-O14

GIGLIO PORTO – ✉ 58012 – Carta regionale n° 32-C3

Carta stradale Michelin 563-O14

Bahamas senza rist

via Cardinale Oreglia 22 – ✆ 05 64 80 92 54 – www.bahamashotel.it

27 cam – 60/90 € 70/130 €

Alle spalle della chiesa, una struttura bianca a conduzione familiare dagli arredamenti lineari con camere semplici, ma dotate di terrazzini da cui si scorge il porto e il mare.

Castello Monticello rist,

bivio per Arenella, Nord : 1 km – ✆ 05 64 80 92 52 – www.hotelcastellomonticello.com – Aperto 1° aprile-31 ottobre

29 cam – 60/70 € 79/159 €

Rist – Menu 25/50 € – *(solo per alloggiati)*

In posizione elevata rispetto al paese, una villa-castello arredata in legno scuro con camere e terrazza che si affacciano direttamente sul mare.

X **La Vecchia Pergola**

via Thaon de Revel 31 – ✆ 05 64 80 90 80 – Aperto 1° marzo-31 ottobre; chiuso mercoledì

Carta 29/47 €

La risorsa a gestione familiare, consta di un'unica sala e di una terrazza, con vista contemporaneamente sul paese e sul porto, dove assaggiare prelibatezze di mare.

a Giglio Campese Nord-Ovest : 8,5 km – ✉ 58012

Campese rist,

via Della Torre 18 – ✆ 05 64 80 40 03 – www.hotelcampese.com – Aperto da inizio maggio a fine settembre

47 cam – 58/80 € 116/160 € **Rist** – Carta 30/67 €

Direttamente sulla spiaggia, l'hotel vanta ampi ambienti di tono classico con soluzioni d'arredo lineari in tinte chiare e sfumature azzurre (da preferirsi le 8 nuove camere superior con balcone!). In posizione panoramica, affacciato sul mare, il ristorante propone ricette regionali di carne e di pesce.

a Giglio Castello Nord-Ovest : 6 km – ✉ 58012

X **Da Maria**

via della Casamatta 12 – ✆ 05 64 80 60 62 – Chiuso gennaio, febbraio e mercoledì escluso 15 giugno-15 settembre

Carta 32/44 €

Nel centro medievale del Castello, una casa d'epoca dai toni rustici ospita un ristorante a conduzione familiare con proposte del territorio e soprattutto specialità di pesce.

X **Da Santi**

via Santa Maria 3 – ✆ 05 64 80 61 88 – Chiuso gennaio e lunedì escluso 15 giugno-15 settembre

Menu 25 € – Carta 32/71 €

Nuova sede per questo storico locale dell'isola: appena fuori dal borgo, la posizione garantisce - soprattutto dal terrazzino, con il servizio all'aperto - una meravigliosa vista. La cucina rimane fedele alla tradizione.

GIGNOD

Aosta (AO) – ✉ 11010 – 1 719 ab. – Alt. 988 m – Carta regionale n° **37-A2**
▶ Roma 753 km – Aosta 7 km – Colle del Gran San Bernardo 25 km
Carta stradale Michelin 561-E3

XX ✿ **La Clusaz** con cam
località La Clusaz, Nord-Ovest : 4,5 km – ✆ 0 16 55 60 75 – www.laclusaz.it – Chiuso 9 novembre-2 dicembre e 18 maggio-11 giugno
14 cam ☕ – 🛉78/98 € 🛉🛉90/108 €
Menu 39 € (pranzo in settimana)/60 € – Carta 41/77 € – *(chiuso mercoledì a mezzogiorno e martedì (escluso agosto))*
La storia di questa casa montana è ormai millenaria, le sue pietre e i suoi ambienti vi raccontano le tradizioni valdostane non meno della cucina, giunta ora ad emozionanti livelli. Tra ricette storiche e prodotti locali, il territorio regala piatti di grande originalità che non troverete altrove. L'ospitalità continua nelle camere, da quelle più semplici a quelle decorate da un'artista locale.
→ Straccetti di farina di segale con verza e crema alla toma. Millefoglie di sottofiletto di manzo valdostano, foie gras d'oca e patata fondente. Zabaione al moscato secco di Chambave con tegole valdostane alla nocciola.

GIOIA DEL COLLE

Bari (BA) – ✉ 70023 – 27 682 ab. – Alt. 358 m – Carta regionale n° **27-C2**
▶ Roma 443 km – Bari 39 km – Brindisi 107 km – Taranto 35 km
Carta stradale Michelin 564-E32

Svevo
via Cassano 319 – ✆ 08 03 48 27 39 – www.hotelsvevo.it
78 cam ☕ – 🛉60/75 € 🛉🛉85/100 € – **3 suites**
Rist – Carta 26/43 € – *(chiuso lunedì)*
Non lontano dal casello autostradale, dalla stazione e dall'aeroporto - nel cuore dell'antica Puglia Peuceta - camere spaziose e confortevoli in un albergo di stile classico. Al ristorante: interessanti proposte gastronomiche, perlopiù regionali, e prezzi competitivi.

X **Osteria del Borgo Antico**
corso Cavour 89 – ✆ 08 03 43 08 37 – www.borgoanticaosteria.it – Chiuso domenica sera, lunedì e agosto
Menu 20 € (pranzo in settimana)/45 € – Carta 25/45 €
Nel centro storico, sotto le volte in tufo, ma d'estate si mangia anche all'aperto, un ristorante che promuove la cucina del territorio in chiave moderna. Specialità: sella di capretto con cicorielle selvatiche e olive, in salsa d'arrosto al timo.

GIOVI → Vedere Arezzo

Arezzo (AR)

GIOVINAZZO

Bari (BA) – ✉ 70054 – 20 392 ab. – Carta regionale n° **26-B2**
▶ Roma 432 km – Bari 21 km – Barletta 37 km – Foggia 115 km
Carta stradale Michelin 564-D32

Lafayette Ⓝ cam, cam, rist,
s.s. 16, km 781+400 – ✆ 08 03 94 70 22 – www.lafaiette.com
20 cam ☕ – 🛉65/75 € 🛉🛉80/110 € **Rist** – Carta 30/55 €
Lungo la litoranea per Molfetta, l'albergo offre camere accoglienti dagli arredi contemporanei, una grande piscina, un'altra più piccola per bambini e accesso diretto a due spiagge, in cemento o ghiaia.

GIOVO

Trento (TN) – ✉ 38030 – 2 464 ab. – Alt. 496 m – Carta regionale n° **33-B2**
▶ Roma 593 km – Trento 14 km – Bolzano 52 km – Vicenza 102 km
Carta stradale Michelin 562-D15

Maso Franch

località Maso Franch 2, Ovest : 3 km – ✆ 04 61 24 55 33 – www.masofranch.it – Chiuso novembre

12 cam – **†75/115 €** **††85/145 €**

Rist *Maso Franch* ✿ – vedere selezione ristoranti

Alle porte della Valle di Cembra, camere tradizionali in stile montano o di design moderno (più cittadino): in entrambe le situazioni, il confort è assicurato. A disposizione degli ospiti un piccolo, ma accogliente spazio wellness.

Maso Franch – Hotel Maso Franch

località Maso Franch 2, Ovest : 3 km – ✆ 04 61 24 55 33 – www.masofranch.it – Chiuso novembre

Menu 60/90 € – Carta 41/81 € – (consigliata la prenotazione)

Lungo una strada punteggiata da vigne, ci si accomoda nella sala dall'ambiente avveniristico ed "insolito" per la montagna. Un giovane chef, maturato dall'esperienza in locali importanti, propone una cucina moderna, a tratti creativa; in alternativa - a pranzo - anche l'ormai canonico menu light.

➜ Tortelli di grano saraceno e polenta concia su intingolo di coniglio alla trentina. Vacca vecchia al cirmolo, spuma di patate e scalogni alla brace. Impressionismo... sottobosco.

a Palù Ovest : 2 km – ✉ 38030 Palù Di Giovo

Agriturismo Maso Pomarolli

località Maso Pomarolli 10 – ✆ 04 61 68 45 71 – www.agriturmasopomarolli.it – Chiuso 12 gennaio-26 febbraio

7 cam – **†37/40 €** **††65/70 €**

Rist – Menu 20 € – *(chiuso settembre e ottobre) (solo a cena)* (prenotazione obbligatoria) *(solo per alloggiati)*

Piacevole e semplice gestione familiare, dove le camere senza fronzoli assicurano pulizia: prenotazione obbligatoria per quelle con imperdibile vista sulla valle di Cembra.

GIULIANOVA LIDO

Teramo (TE) – ✉ 64021 – 21 634 ab. – Carta regionale n° **1-B1**

Roma 196 km – Ascoli Piceno 50 km – Pescara 54 km – Teramo 28 km

Carta stradale Michelin 563-N23

Sea Park Spa Resort cam, rist,

via Arenzano 19 – ✆ 08 58 02 53 23 – www.seaparkresort.com – Aperto 1° aprile-30 settembre

50 cam – **†80/122 €** **††98/175 €**

Rist – Carta 28/44 € – *(solo per alloggiati)*

A 100 m dal mare, un'architettura originale tra terrazze pensili, piscina e confortevoli camere di tono moderno. Struttura con una spiccata vocazione sportiva dispone di palestra, campo e scuola calcio. Al ristorante, un ricco buffet di verdure calde e fredde, i prodotti classici nazionali e proposte di pesce.

Cristallo rist,

lungomare Zara 73 – ✆ 08 58 00 37 80 – www.hcristallo.it

70 cam – **†55/105 €** **††70/160 €** – **1 suite**

Rist – Carta 29/78 € – *(chiuso 24 dicembre-2 gennaio)*

Frontemare, l'hotel offre luminosi spazi comuni arredati con gusto moderno in calde tonalità di colore e camere confortevoli, adatte ad una clientela d'affari e turistica. Al ristorante, una delle più interessanti cucine di pesce della città.

Parco dei Principi cam, rist,

lungomare Zara – ✆ 08 58 00 89 35 – www.giulianovaparcodeiprincipi.it – Aperto 21 maggio-20 settembre

87 cam – **†55/130 €** **††80/200 €**

Rist – Carta 18/59 € – *(solo per alloggiati)*

In prima fila sul lungomare - in un contesto tranquillo, immerso nel verde dei pini - l'hotel propone camere confortevoli (le migliori ai piani più alti), con vista panoramica sul mare o sulla collina. Per i piccoli ospiti, uno bellissimo parco giochi per momenti di magico divertimento.

Europa cam, rist,
lungomare Zara 57 – 08 58 00 36 00 – www.htleuropa.it
77 cam – 49/115 € 64/160 € – **2 suites**
Rist – Carta 24/65 € – *(da novembre a marzo solo su prenotazione) (solo a cena in inverno)*
In posizione centrale e davanti al mare, la clientela d'affari apprezzerà l'efficienza dei servizi mentre quella balneare sarà conquistata dalla singolare piscina in spiaggia. Presso le ampie sale del ristorante è possibile anche allestire banchetti.

Beccaceci
via Zola 28 – 08 58 00 35 50 – www.ristorantebeccaceci.com – Chiuso 1°-8 gennaio, domenica sera escluso luglio-agosto e lunedì
Menu 40/80 € – Carta 44/95 €
Bastione delle specialità adriatiche, il meglio del pescato arriva qui: servito in preparazioni tradizionali e gustose, dalle paste alle grigliate di pesce.

Osteria dal Moro
lungomare Spalato 74 – 08 58 00 49 73 – Chiuso 2-15 gennaio, 20-25 giugno, 2-15 settembre, martedì, anche mercoledì in settembre-maggio
Carta 25/46 €
Ristorantino stile bistrot, dove la cucina esclusivamente di pesce cambia in funzione della disponibilità del mercato. La proposta è a voce: lasciatevi quindi consigliare, ma non perdetevi l'antipasto di mare con la sua ampia carrellata di assaggi vari e la grigliata mista.

GIUSTINO ➔ Vedere Pinzolo
Trento (TN)

GIZZERIA LIDO
Catanzaro (CZ) – ✉ 88048 – 3 648 ab. – Carta regionale n° **5-A2**
Roma 576 km – Cosenza 60 km – Catanzaro 39 km – Lamezia Terme (Nicastro) 13 km
Carta stradale Michelin 564-K30

sulla strada statale 18

La Lampara
località Caposuvero, Nord-Ovest : 6 km ✉ 88040 – 09 68 46 61 93 – www.lalamparαristorante.it – Chiuso 22 dicembre-5 gennaio
10 cam – 70/90 € 100/120 €
Rist *La Lampara* – vedere selezione ristoranti
Fronte mare, con accesso diretto alla spiaggia, questa moderna struttura - non grande nelle dimensioni, ma dal confort di livello - dispone di belle camere arredate con gusto e cura.

Palmed
via Nazionale 35, Nord-Ovest : 2 km ✉ 88040 – 09 68 46 63 83 – www.palmedhotel.com
20 cam – 60/75 € 85/96 €
Rist *Pesce Fresco* – vedere selezione ristoranti
Hotel a conduzione familiare collegato al ristorante di famiglia: camere ampie e confortevoli adatte sia per un soggiorno di lavoro sia per una vacanza. Più tranquille quelle orientate verso il mare. L'aeroporto è a 5 minuti.

La Lampara – Hotel La Lampara
località Caposuvero, Nord-Ovest : 6 km ✉ 88040 – 09 68 46 61 93 – www.lalamparaaristorante.it – Chiuso 22 dicembre-5 gennaio e martedì escluso luglio-agosto
Carta 35/60 €
A pochi metri dal mare su cui si affaccia con la sua grande terrazza, un ristorante in stile classico-contemporaneo la cui attività risale al 1966. Da sempre paladini di una cucina marinara, fra i piatti più apprezzati: l'antipasto della Lampara e gli appetitosi fritti.

Pesce Fresco - Hotel Palmed
via Nazionale 33, Nord-Ovest : 2 km ✉ 88040 – ☎ 09 68 46 62 00
– www.ristoranteilpescefresco.com – Chiuso 24 dicembre-5 gennaio e domenica sera
Menu 35 € (in settimana)/60 € – Carta 30/60 €
Il nome è già un'indicazione: fresco pescato giornaliero alla base dei piatti, seppur non manchino le carni. In posizione comoda, sulla statale ma non lontano dal mare.

GLORENZA (GLURNS)
Bolzano (BZ) – ✉ 39020 – 894 ab. – Alt. 907 m – Carta regionale n° **33**-A2
Roma 720 km – Sondrio 113 km – Bolzano 83 km – Merano 56 km
Carta stradale Michelin 562-C13

Posta
via Flora 15 – ☎ 04 73 83 12 08 – www.hotel-post-glurns.com
– Chiuso 7 gennaio-23 marzo
27 cam – 46/54 € 92/108 €, 12 € – **2 suites**
Rist ***Posta*** – vedere selezione ristoranti
All'interno della cinta muraria della pittoresca Glorenza, un albergo di antichissime tradizioni: una sorta di Gasthaus familiare e semplicissima, ormai alla quinta generazione, ideale per chi vuole soggiornare in una struttura "corretta" a prezzi contenuti.

Posta - Hotel Posta
via Flora 15 – ☎ 04 73 83 12 08 – www.hotel-post-glurns.com
– Chiuso 7 gennaio-marzo
Carta 24/50 €
Locale sempre affollatissimo (gettonatissima la graziosa terrazza esterna), un po' per la sua cucina a metà strada tra il regionale ed il classico-italiano, un po' per la tipicità dell'ambiente: ultimo, ma non ultimo il buon rapporto qualità/prezzo. Il gröstl alla tirolese, in alternativa allo speck, tra i piatti forti della casa.

GLURNS = GLORENZA

GODIA → Vedere Udine
Udine (UD)

GODIASCO SALICE TERME
Pavia (PV) – ✉ 27052 – 3 177 ab. – Alt. 196 m – Carta regionale n° **16**-A3
Roma 580 km – Alessandria 37 km – Pavia 37 km – Milano 74 km
Carta stradale Michelin 561-H9

Guado
viale delle Terme 57 – ☎ 0 38 39 12 23 – www.ristoranteguado.it
– Chiuso 15 giorni in gennaio, venerdì a mezzogiorno e giovedì
Carta 38/53 €
Se la moderna sala al piano superiore si propone per aperitivi e piccole proposte gastronomiche - salumi e schiacciate ripiene (focacce) - ambienti più classici al pianterreno ospitano una cucina del territorio e qualche caposaldo della tradizione nazionale.

GOLFO ARANCI
Sardegna – Olbia-Tempio (OT) – ✉ 07020 – 2 289 ab. – Carta regionale n° **28**-B1
Cagliari 283 km – Olbia 20 km – Nuoro 118 km – Sassari 123 km
Carta stradale Michelin 366-S37

Villa Margherita rist,
via Libertà 91 – ☎ 0 78 94 69 12 – www.margheritahotel.net
– Aperto 1° aprile-31 ottobre
42 cam – 119/285 € 139/315 € – **2 suites**
Rist – Carta 28/53 € – *(aperto 1° maggio-31 ottobre) (solo a cena)*
Signorile hotel a conduzione diretta che si ubica in centro, ma fronteggia la spiaggia: ameno giardino con piscina, camere di buon livello tutte rinnovate. Piacevole zona relax con bagno turco. Ambiente ricercato dai caldi colori al ristorante, dove la cucina locale sposa sapori forti e semplici, terra e mare.

Gabbiano Azzurro
via dei Gabbiani – ✆ 0 78 94 69 29 – www.hotelgabbianoazzurro.com – Aperto 1°maggio-31 ottobre
80 cam – 115/355 € 115/355 € – **5 suites**
Rist – Carta 35/55 €
Rist *Blù Restaurant* – Carta 35/55 € – *(solo a cena)*
Hotel a conduzione familiare ubicato all'inizio della "Terza Spiaggia". Bella vista dalle terrazze e da alcune delle confortevoli camere. Anche dalla sala ristorante si scorge l'isola di Tavolara. Cucina prevalentemente a base di pesce.

Terza Spiaggia
località Terza Spiaggia – ✆ 0 78 94 64 85 – www.terzaspiaggia.com – Aperto 1° aprile-30 settembre; chiuso mercoledì in aprile-maggio
Carta 38/106 € – *(solo a cena)* (consigliata la prenotazione)
Approdare ad una spiaggia così, è il sogno di tutti: stabilimento balneare di giorno e romantico ristorante la sera, pochi coperti ed un'interessante cucina a base di pesce.

GORGO AL MONTICANO
Treviso (TV) – 31040 – 3 935 ab. – Alt. 11 m – Carta regionale n° **39-A1**
Roma 574 km – Venezia 60 km – Treviso 32 km – Trieste 116 km
Carta stradale Michelin 562-E19

Villa Revedin
via Palazzi 4 – ✆ 04 22 80 00 33 – www.villarevedin.it – Chiuso 11-20 agosto
28 cam – 62/88 € 97/136 € – **4 suites**
Rist *Villa Revedin* – vedere selezione ristoranti
Antica dimora dei nobili Foscarini, villa veneta del XVII secolo in un parco secolare, ampio, tranquillo: un'atmosfera raffinata e rilassante per sostare nella storia.

Villa Revedin – Hotel Villa Revedin
via Palazzi 4 – ✆ 04 22 80 00 33 – www.villarevedin.it – Chiuso 1 settimana in gennaio, 1 settimana in agosto, domenica sera e lunedì
Menu 26 € (in settimana) – Carta 36/77 €
Arredi in stile marina inglese fanno da sfondo ad un ricco buffet di pesce del giorno, mentre una sala attigua e più classica soddisfa le domande di gruppi numerosi.

GORIZIA
34170 – 35 532 ab. – Alt. 84 m – Carta regionale n° **11-D2**
Roma 649 km – Udine 53 km – Trieste 48 km – Ljubljana 106 km
Carta stradale Michelin 562-E22

Grand Hotel Entourage senza rist
piazza Sant'Antonio 2 – ✆ 04 81 55 02 35 – www.entouragegorizia.com
40 cam – 65/80 € 80/100 € – **8 suites**
Nel cinquecentesco palazzo dei conti Strassoldo, in un'atmosfera di raffinata tranquillità, ampie ed eleganti camere di gusto classico, nonché una corte interna ricca di storia.

Gorizia Palace senza rist
corso Italia 63 – ✆ 0 48 18 21 66 – www.goriziapalace.com
69 cam – 70/165 € 80/170 €
Moderno albergo situato in posizione centrale, dispone di ambienti funzionali e confortevoli, ideali tanto per soggiorni di relax quanto per incontri di lavoro.

Rosenbar
via Duca d'Aosta 96 – ✆ 04 81 52 27 00 – www.rosenbar.it – Chiuso domenica e lunedì
Carta 27/60 €
Piacevole bistrot dal gusto retrò con ampio dehors estivo: il menu viene stabilito di giorno in giorno e i piatti di pesce hanno sicuramente la meglio. Tuttavia, può capitare che vi venga suggerita - a voce - qualche altra specialità.

GOVONE

Cuneo (CN) – ✉ 12040 – 2 196 ab. – Alt. 301 m – Carta regionale n° **25-C2**
Roma 634 km – Cuneo 76 km – Torino 61 km – Asti 20 km
Carta stradale Michelin 561-H6

Il Molino senza rist
via XX Settembre 15 – ✆ 01 73 62 16 38 – www.ilmolinoalba.it – Chiuso gennaio e febbraio
5 cam – 55/75 € 75/90 €
Un'atmosfera d'altri tempi aleggia negli ambienti di questo mulino ottocentesco adiacente al castello sabaudo e che ospita eleganti camere in stile, dotate di balcone dall'impareggiabile vista panoramica. Gestione giovane e vivace.

Il San Pietro
strada per Priocca 3, frazione San Pietro – ✆ 0 17 35 84 45 – www.ristoranteilsanpietro.it – Chiuso agosto e mercoledì
Menu 75 € – Carta 47/86 € – *(solo a cena escluso domenica e giorni festivi)* (prenotazione obbligatoria)
Intimo ed elegante locale gestito con grande savoir-faire da due fratelli. Due sono anche le loro passioni: lo champagne da aprire sempre con la scenografica sciabola ed il pesce, quasi esclusivamente di provenienza sarda.

GRADARA

Pesaro e Urbino (PU) – ✉ 61012 – 4 809 ab. – Alt. 142 m – Carta regionale n° **20-B1**
Roma 319 km – Rimini 29 km – Pesaro 15 km – Forlì 77 km
Carta stradale Michelin 563-K20

Villa Matarazzo senza rist
via Farneto 1, località Fanano – ✆ 05 41 96 46 45 – www.villamatarazzo.it – Aperto 1° aprile-30 settembre
15 cam – 70/130 € 100/230 €
Su un colle di fronte al castello di Gradara, una serie di terrazze con vista panoramica su mare e costa; un complesso esclusivo, raffinato, piccolo paradiso nella natura.

Osteria del Borgo
piazza V Novembre 11 – ✆ 05 41 96 44 04 – www.labottegradara.it – Chiuso novembre e mercoledì escluso giugno-settembre
Menu 23 € – Carta 22/36 €
Rist *La Botte* –Menu 30 € – Carta 30/44 € – *(solo a cena escluso giorni festivi)* (consigliata la prenotazione)
Nel cuore del borgo medievale di Gradara, in un ambiente piacevolmente rustico ed informale, piatti dai spiccati sapori regionali. Tra mura antiche che sussurrano il passato, atmosfera più raffinata e ricercatezza nelle presentazioni al ristorante La Botte.

GRADISCA D'ISONZO

Gorizia (GO) – ✉ 34072 – 6 548 ab. – Alt. 32 m – Carta regionale n° **11-C3**
Roma 639 km – Udine 41 km – Gorizia 16 km – Trieste 46 km
Carta stradale Michelin 562-E22

Al Ponte
viale Trieste 124, Sud-Ovest : 2 km – ✆ 04 81 96 11 16 – www.albergoalponte.it
39 cam – 70/98 € 90/140 € – **3 suites**
Rist *Al Ponte* – vedere selezione ristoranti
Alle porte della località in una zona verdeggiante e tranquilla, capace conduzione familiare in un hotel dagli ambienti signorili e dalle confortevoli camere. Inedito e unico nel suo genere il campo da tennis in ...erba!

Franz cam, cam,
viale Trieste 45 – ✆ 0 48 19 92 11 – www.hotelfranz.it
52 cam – 60/95 € 70/124 €
Rist – Carta 22/48 € – *(chiuso domenica) (solo a cena) (solo per alloggiati)*
Poco distante dal centro, l'albergo ha ultimato nel 2013 il totale rinnovo che consegna agli ospiti, soprattutto business, uno stile minimal-moderno e nuovi spazi all'aperto con giardino e piscina.

Al Ponte – Hotel Al Ponte

viale Trieste 122, Sud-Ovest : 2 km – ✆ 0 48 19 92 13 – www.albergoalponte.it – Chiuso domenica sera e lunedì

Menu 25/50 € – Carta 39/48 €

Tre sale di cui due con camino ed un stile che spazia con disinvoltura dal rustico al moderno della luminosa veranda; cucina locale di lunga tradizione, bella scelta di vini regionali e servizio estivo sotto un fresco pergolato.

GRADO

Gorizia (GO) – ✉ 34073 – 8 434 ab. – Carta regionale n° **11-C3**

Roma 644 km – Udine 50 km – Gorizia 48 km – Trieste 55 km

Carta stradale Michelin 562-E22

Laguna Palace

riva Brioni 17 – ✆ 0 43 18 56 12 – www.lagunapalacehotel.it

42 cam – 115/135 € 140/200 € – **29 suites**

Rist – Menu 20/50 € – *(solo per alloggiati)*

Rist *Laguna Sky Restaurant* – Carta 43/58 €

Tre "M"- moda, modernità, mare – si sono date appuntamento in questa lussuosa struttura à la page affacciata sulla laguna: ampie camere dal design contemporaneo, tutte con balcone. All'ultimo piano ci sono l'attrezzato centro wellness ed il panoramico ristorante Laguna Sky con cucina classica.

Grand Hotel Astoria

largo San Grisogono 3 – ✆ 0 43 18 35 50 – www.hotelastoria.it – Chiuso 1° gennaio-12 marzo

124 cam – 96/130 € 146/210 € – **54 suites**

Rist – Carta 28/60 €

Rist *Il Settimo Cielo* – Carta 35/65 €

A due passi da centro e spiaggia, albergo storico nella tradizione turistica dell'Isola del Sole dispone di camere confortevoli, piscina e solarium sulla bella terrazza, centro thalassoterapico con cure a base di acqua marina. Al settimo piano c'è ...il Settimo Cielo, panoramico ristorante à la carte.

Savoy

riva Slataper 12 – ✆ 04 31 89 71 11 – www.hotelsavoy-grado.it – Aperto 28 marzo-18 ottobre

79 cam – 109/135 € 209/229 € – **12 suites** **Rist** – Carta 34/63 €

Nel cuore di Grado, sorge questo bel gioiello di confort e ospitalità; diversificata possibilità di camere ed appartamenti per soddisfare qualsiasi tipo di clientela.

Fonzari

piazza Biagio Marin – ✆ 04 31 87 63 60 – www.hotelfonzari.com – Aperto 15 marzo-31 ottobre

71 cam – 90/210 € 120/280 € – **47 suites**

Rist *Altogradimento* – vedere selezione ristoranti

Adiacente il grazioso centro storico, questa moderna struttura ospita ampie camere e belle suite. Per gli amanti del fitness, l'hotel dispone di una piccola palestra.

Abbazia

via Colombo 12 – ✆ 0 43 18 00 38 – www.hotel-abbazia.com – Aperto 1° aprile-31 ottobre

48 cam – 40/88 € 90/146 € **Rist** – Carta 23/43 €

Ai margini della zona pedonale, hotel a conduzione diretta con spazi comuni personalizzati, camere ben accessoriate ed ampia piscina coperta. Il ristorante in estate si trasferisce nella veranda dai vetri decorati.

Metropole senza rist

piazza San Marco 15 – ✆ 04 31 87 62 07 – www.gradohotel.com – Chiuso 10 gennaio-12 febbraio e 2-30 novembre

19 cam – 65/140 € 100/144 € – **4 suites**

Gradevole atmosfera ed accogliente servizio in un mitico albergo di Grado, meta di vacanze degli Asburgo e della nobiltà mitteleuropea. Anche la gestione non delude: giovane e motivata, si farà in quattro per soddisfare le vostre richieste!

Diana cam,

via Verdi 1 – 0 43 18 00 26 – www.hoteldiana.it – Aperto 15 aprile-15 ottobre

60 cam – 80/140 € 80/140 € **Rist** – Carta 23/52 € – *(solo a cena)*

Nelle camere e negli eleganti spazi comuni domina una rilassante tonalità verde. Da oltre cinquant'anni una lunga tradizione familiare su una delle vie pedonali a vocazione commerciale. Proposte d'albergo con divagazioni marine, al ristorante.

Villa Rosa

via Carducci 12 – 0 43 18 00 26 – www.hotelvillarosa-grado.it – Aperto 15 aprile-15 ottobre

25 cam – 40/80 € 70/110 €

Tra la Riva prospiciente l'Isola della Schiusa e il Lungomare verso la spiaggia principale, sorge questa piccola risorsa - a conduzione familiare - rinnovata in anni recenti. Camere semplici, ma non manca nulla!

Eden

via Marco Polo 2 – 0 43 18 01 36 – www.hoteledengrado.it – Aperto 12 aprile-15 ottobre

39 cam – 51/56 € 81/91 €, 8 €

Rist – Menu 24 € – *(aperto 15 maggio-30 settembre)*

Nei pressi del Palazzo dei Congressi e del Parco delle Rose, albergo a conduzione diretta dagli ambienti e dalle camere in gradevole stile retrò; le piccole attenzioni al cliente arricchiscono il confort generale, vedi le gite in barca - attracco a 100 metri circa - per la laguna.

Park Spiaggia senza rist

via Mazzini 1 – 0 43 18 23 66 – www.hotelparkspiaggia.it – Aperto 1° aprile-31 ottobre

28 cam – 40/75 € 80/130 €

Nella zona pedonale, che la sera diviene un mondano passeggio, non lontano dalla grande e attrezzata spiaggia privata della località, l'hotel vanta spazi comuni confortevoli e camere luminose.

Antares senza rist

via delle Scuole 4 – 0 43 18 49 61 – www.antareshotel.info – Chiuso 21 dicembre-12 gennaio

19 cam – 75/130 € 100/170 €

Ai margini del centro storico, nei pressi del mare, una piccola struttura a conduzione familiare, dove l'attenzione al cliente è costante. Comode camere tutte con balcone.

Tavernetta all'Androna

calle Porta Piccola 6 – 0 43 18 09 50 – www.androna.it – Chiuso 20 novembre-20 dicembre e martedì da ottobre a marzo

Menu 60 € – Carta 47/81 €

Tra le strette calli del centro, un locale d'atmosfera tra il rustico ed il moderno, dove gustare deliziosi piatti di pesce ricchi di fantasia.

De Toni

piazza Duca d'Aosta 37 – 0 43 18 01 04 – www.trattoriadetoni.it – Chiuso gennaio-febbraio e mercoledì escluso in estate

Carta 37/62 €

Nel centro storico, sulla via pedonale, ristorante familiare di lunga esperienza (più di 60 anni!). Ricette gradesi e specialità di pesce, da gustare in un ambiente particolarmente curato: nella luminosa sala o nella bella veranda.

Altogradimento – Hotel Fonzari

piazza Biagio Marin – 04 31 87 63 60 – www.hotelfonzari.com – Aperto 1° marzo-31 ottobre

Menu 35/55 € – Carta 30/48 €

Questo ristorante all'ultimo piano dell'omonimo albergo, non solo propone sapori mediterranei, ma offre anche uno stupendo panorama sulla città.

Alla Buona Vite con cam
via Dossi 7, località Boscat, Nord : 10 km – ✆ 0 43 18 80 90 – www.girardi-boscat.it – Chiuso dicembre e gennaio
4 cam – 70/90 € 70/90 €, 7 €
Carta 35/50 € – *(chiuso giovedì escluso in estate)*
Superata la laguna prendete la prima strada a destra, per raggiungere questa trattoria gestita da una famiglia di viticoltori. Servizio estivo accanto al piccolo parcogiochi. Dispone anche di confortevoli appartamenti per chi desidera prolungare il soggiorno, immersi nella natura.

alla pineta Est : 4 km :

Mar del Plata
cam, rist,
viale Andromeda 5 – ✆ 0 43 18 10 81 – www.hotelmardelplata.it – Aperto 1° maggio-1° ottobre
35 cam – 47/82 € 94/154 € **Rist** – Carta 17/40 €
Nella verdeggiante zona della pineta, hotel a conduzione familiare, dotato di camere moderne e piacevole piscina sul retro. La spiaggia attrezzata dista circa 100 metri.

GRADOLI
Viterbo (VT) – ✉ 01010 – 1 436 ab. – Alt. 470 m – Carta regionale n° **12-A1**
Roma 143 km – Viterbo 44 km – Terni 97 km – Grosseto 102 km
Carta stradale Michelin 563-O17

La Ripetta
via Roma 38 – ✆ 07 61 45 61 00 – Chiuso martedì a mezzogiorno e lunedì
Menu 20/35 € – Carta 21/60 €
All'ingresso della località, lungo la strada principale, un ristorante dove gustare fragranti piatti di pesce, sia di lago che di mare. Servizio estivo su una grande terrazza.

GRANDZON
→ Vedere Verrayes
Aosta (AO)

GRAN SAN BERNARDO (Passo del)
Aosta (AO)Alt. 2 469 m – Carta regionale n° **37-A2**
Roma 778 km – Aosta 36 km – Lausanne 117 km – Torino 147 km
Carta stradale Michelin 561-E3

Italia
colle del Gran San Bernardo ✉ 11010 Saint Rhémy – ✆ 01 65 78 00 63 – www.gransanbernardo.it – Aperto 1° giugno-30 settembre
14 cam – 50/65 € 75/90 €, 10 € **Rist** – Carta 30/53 €
Per i più ardimentosi amanti della vera montagna, sferzata dai venti e dalla neve anche in estate, un albergo alpino offre dal 1933 caratteristici interni in legno. Calda l'atmosfera al ristorante, articolato in tre sale, dove troverete i classici della cucina valdostana.

GRAPPA (Monte)
Belluno, Treviso e Vicenza

GRAVEDONA
Como (CO) – ✉ 22015 – 2 779 ab. – Alt. 201 m – Carta regionale n° **16-B1**
Roma 683 km – Como 54 km – Sondrio 52 km – Lugano 46 km
Carta stradale Michelin 428-D9

La Villa senza rist
via Regina Ponente 21 – ✆ 0 34 48 90 17 – www.hotel-la-villa.com – Chiuso 20 dicembre-10 febbraio
14 cam – 70/100 € 90/150 €
Luminosa, moderna e accogliente: sono gli aggettivi che più si addicono a questa curata villa nell'incantevole scenario del lago di Como. Le ampie camere assicurano confort e relax, il giardino e la piscina garantiscono distensivi momenti en plein air.

Ca dè Matt

via al Castello 6 – 0 34 48 56 40 – Chiuso 3 settimane in gennaio e mercoledì escluso giugno-settembre
Carta 36/49 €
Prodotti locali, specialità ittiche lacustri, formaggi, salumi e, in stagione, funghi: insomma, schietta cucina regionale in una ruspante trattoria nel vecchio borgo, a due passi dal lungolago.

GRAVINA IN PUGLIA

Bari (BA) – 70024 – 43 780 ab. – Alt. 338 m – Carta regionale n° **26**-B2
Roma 417 km – Bari 58 km – Altamura 12 km – Matera 30 km
Carta stradale Michelin 564-E31

Madonna della Stella con cam

via Madonna della Stella – 08 03 25 63 83 – www.madonnadellastellaresort.com
10 cam – 55/65 € 55/65 €
Menu 25 € (pranzo in settimana)/55 € – Carta 23/56 € – *(chiuso martedì)* (consigliata la prenotazione la sera)
La sala scavata nella roccia naturale, il bianco e antico villaggio di fronte sarà il suggestivo ritratto da contemplare, dalla sapienza dei due fratelli i sapori e le tradizioni di un passato mai dimenticato! Una suggestiva struttura in tufo ospita le graziose semplici camere.

GRAZIE

→ Vedere Curtatone
Mantova (MN)

GREMIASCO

Alessandria (AL) – 15056 – 348 ab. – Alt. 400 m – Carta regionale n° **23**-D2
Roma 563 km – Alessandria 52 km – Genova 70 km – Piacenza 92 km
Carta stradale Michelin 561-H9

Belvedere

via Dusio 5 – 01 31 78 71 59 – www.belvederegremiasco.it – Chiuso la sera (escluso venerdì, sabato e domenica) e martedì in ottobre-giugno, lunedì, martedì e mercoledì a mezzogiorno negli altri mesi
Menu 15 € (pranzo in settimana)/35 € – Carta 20/42 €
Vecchia osteria familiare, gestita da una coppia di fratelli, rinnovatasi nel tempo: sale accoglienti e gustose proposte del territorio, in stagione anche il pregiato tartufo bianco, a prezzi davvero interessanti.

GRESSONEY LA TRINITÉ

Aosta (AO) – 11020 – 305 ab. – Alt. 1 624 m – Carta regionale n° **37**-B2
Roma 733 km – Aosta 84 km – Ivrea 51 km – Torino 99 km
Carta stradale Michelin 561-E5

Jolanda Sport

località Edelboden Superiore 31 – 01 25 36 61 40 – www.hoteljolandasport.com – Chiuso maggio, ottobre e novembre
32 cam – 80/130 € 130/180 € **Rist** – Carta 33/65 €
Costruito con l'omonima seggiovia nel 1957, ma completamente ristrutturato in anni recenti, l'hotel ripropone la tradizione dei tipici Stadel Walzer: camere curate nei minimi particolari, con colori caldi e legno a vista. Assolutamente da provare, il moderno ed attrezzato centro benessere.

GRESSONEY SAINT JEAN

Aosta (AO) – 11025 – 815 ab. – Alt. 1 385 m – Carta regionale n° **37**-B2
Roma 725 km – Aosta 78 km – Ivrea 44 km – Torino 93 km
Carta stradale Michelin 561-E5

Gran Baita
strada Castello Savoia 26, località Gresmatten – 01 25 35 55 35 – www.hotelgranbaita.it – Aperto 26 dicembre-30 marzo e 27 giugno-10 settembre
12 cam – 80/100 € 90/150 € **Rist** – Carta 23/52 €
Non lontano dal Castello Savoia e dalla passeggiata della Regina Margherita, in una baita del XVIII secolo, un'atmosfera da sogno ove coccolarsi a lungo tra ogni confort. Proposte nella tradizione gastronomica dei Walser.

Il Braciere
località Ondrò Verdebio 2 – 01 25 35 55 26 – Chiuso 10-30 giugno, novembre e mercoledì
Menu 22 € (pranzo) – Carta 30/62 €
Cucina valligiana e piemontese e specialità alla griglia dalle porzioni abbondanti in questo caratteristico locale alle porte del paese. Piccola saletta con finestra panoramica.

GREVE IN CHIANTI

Firenze (FI) – 50022 – 13 866 ab. – Alt. 236 m – Carta regionale n° **32-D3**
Roma 260 km – Firenze 31 km – Siena 43 km – Arezzo 64 km
Carta stradale Michelin 563-L15

Villa Bordoni
via San Cresci 31/32, località Mezzuola, Ovest : 3 Km – 05 58 54 62 30 – www.villabordoni.com – Aperto 1° marzo-30 novembre
9 cam – 170/395 € 170/425 € – **2 suites**
Rist *Villa Bordoni* – vedere selezione ristoranti
Un riuscito mix di lusso e design, rustico toscano e ultime mode del mondo in questa bella villa patrizia circondata dalla campagna chiantigiana: una bomboniera country-hip, dove trascorrere un indimenticabile soggiorno.

Agriturismo Villa Vignamaggio
strada per Lamole, Sud-Est : 4 km – 05 58 54 66 53 – www.vignamaggio.com – Chiuso gennaio
29 cam – 120/170 € 200/220 €, 14 € **Rist** – Carta 44/68 €
C'è anche un piccolo centro estetico in questo elegante podere quattrocentesco, che racchiude la memoria del Rinascimento toscano. Fra vigneti e uliveti, un'ospitalità da sogno nelle belle camere e negli appartamenti (con angolo cottura).

Villa Bordoni – Hotel Villa Bordoni
via San Cresci 31/32, località Mezzuola, Ovest : 3 Km – 05 58 54 62 30 – www.ristorantevillabordoni.com – Aperto 1° marzo-30 novembre
Carta 43/70 € – (prenotare)
Nelle due intime stanze affacciate sul giardino che profuma di rose o, nella bella stagione, direttamente all'aperto tra le palme e le siepi, la terra e il mare s'incontrano nei piatti di questo ristorante: charmant, come il resto della casa.

a Panzano Sud : 6 km Alt. 478 m – 50020

Villa Sangiovese
piazza Bucciarelli 5 – 0 55 85 24 61 – www.villasangiovese.it – Chiuso 15 dicembre-15 marzo
19 cam – 110/130 € 120/150 € – **1 suite**
Rist – Carta 20/35 € – *(chiuso mercoledì) (solo a cena)*
Gestione svizzera per una signorile villa ottocentesca, con annessa casa colonica, sita nel centro del paese e con una visuale di ampio respiro sui bei colli circostanti. Specialità toscane nell'elegante ristorante o sulla panoramica terrazza-giardino.

Villa le Barone
via San Leonino 19, Est : 1,5 km – 0 55 85 26 21 – www.villalebarone.com – Aperto 1° aprile-1° novembre
28 cam – 160/265 € 195/340 € **Rist** – Menu 35/45 € – *(solo a cena)*
Nel cuore del Chianti Classico - tra uliveti e vigne - in questa villa padronale di proprietà dei Della Robbia, si sono dati appuntamento charme e raffinatezza. Sulla fresca terrazza o all'interno dell'elegante ristorante viene servita una saporita ed intrigante cucina con prodotti del territorio.

Antica Macelleria Cecchini-Solociccia

via XX Luglio 11 – ✆ 0 55 85 27 27 – www.dariocecchini.com
Menu 25/30 € – (prenotare)
Rist *Officina della Bistecca* –Menu 25/50 € – (consigliata la prenotazione)
Uno dei più celebri macellai d'Italia diventa anche cuoco! Propone pochi piatti, naturalmente incentrati sulla carne di manzo: elaborati e di vari tagli al Solociccia, mentre all'Officina troverete la tradizionale bistecca fiorentina e medaglioni di hamburger.

a Strada in Chianti Nord : 9 km – ✉ 50027

Il Caminetto del Chianti

via della Montagnola 52, Nord : 1 km – ✆ 05 58 58 89 09 – www.ilcaminettodelchianti.com – Chiuso mercoledì a mezzogiorno e martedì, aperto martedì sera in luglio-agosto
Carta 31/56 €
Fuori dal centro della località, lungo la strada che porta a Firenze, un ristorantino dalla cordiale gestione familiare, dove gustare piatti della tradizione regionale ben presentati sulla carta (quasi giornaliera).

GREZZANA

Verona (VR) – ✉ 37023 – 10 789 ab. – Alt. 169 m – Carta regionale n° **38**-A2
Roma 526 km – Verona 13 km – Vicenza 60 km – Venezia 125 km
Carta stradale Michelin 562-F15

La Pergola cam,

via La Guardia 1 – ✆ 0 45 90 70 71 – www.hotellapergolaverona.it
35 cam – †72/77 € ††72/77 €, ☕ 8 €
Rist – Carta 17/37 € – *(chiuso 20 dicembre-6 gennaio, sabato, domenica e giorni festivi) (solo a cena) (solo per alloggiati)*
Albergo a conduzione familiare che ogni anno s'inventa qualcosa di diverso: ottime le camere in stile moderno, semplici e confortevoli le restanti.

GRIGNANO → Vedere Trieste

Trieste (TS)

GRINZANE CAVOUR

Cuneo (CN) – ✉ 12060 – 1 786 ab. – Alt. 260 m – Carta regionale n° **25**-C2
Roma 650 km – Cuneo 61 km – Torino 74 km – Asti 36 km
Carta stradale Michelin 561-I5

Casa Pavesi senza rist

via IV Novembre 11 – ✆ 01 73 23 11 49 – www.hotelcasapavesi.it – Chiuso 22 dicembre-30 gennaio
10 cam ☕ – †140/180 € ††140/180 € – **2 suites**
Vicino al celebre castello dove soggiornò il grande statista risorgimentale Camillo Benso, una casa ottocentesca sapientemente restaurata evoca atmosfere da country house inglese: salotti con boiserie si accompagnano infatti a mobili d'antiquariato, cura ed eleganza caratterizzano ogni suo spazio.

Il nome di un ristorante in rosso evidenzia una « promessa ».
Il locale potrebbe accedere ad una categoria superiore: prima stella o stella supplementare. Tali esercizi sono elencati nella lista delle tavole stellate all'inizio della guida.

GRISIGNANO DI ZOCCO

Vicenza (VI) – ✉ 36040 – 4 353 ab. – Alt. 23 m – Carta regionale n° **38-B2**
Roma 513 km – Padova 21 km – Vicenza 20 km – Venezia 56 km
Carta stradale Michelin 562-F17

Magnolia

via Mazzini 1 – ✆ 04 44 41 42 22 – www.hmagnolia.com
29 cam – 75/85 € 90/140 €
Rist – Carta 25/43 € – *(chiuso 25 dicembre-6 gennaio, agosto, venerdì sera, sabato e domenica)*
Frequentato da clientela d'affari, quasi unicamente abituale, un albergo di stile classico, comodo e con camere spaziose, sulla statale Padova-Vicenza, vicino al casello. Confortevole e moderna anche l'area ristorante.

GROPPARELLO

Piacenza (PC) – ✉ 29025 – 2 323 ab. – Carta regionale n° **8-A2**
Roma 519 km – Parma 69 km – Piacenza 30 km – Milano 98 km
Carta stradale Michelin 562-H11

Torre del Borgo senza rist

via Gavazzini 11, località Sariano di Gropparello, Nord : 3 km – ✆ 05 23 24 65 03 – www.torredelborgo.it
9 cam – 90/120 € 120/145 €
Adagiata sulle prime colline della lussureggiante Val Vezzeno, una raffinata Residenza d'Epoca avvolta da suggestive atmosfere: belle camere, una romantica junior suite nella torre del '400 e una prima colazione arricchita da specialità del luogo. Ospitalità discreta, ma attenta ai particolari.

GROSIO

Sondrio (SO) – ✉ 23033 – 4 585 ab. – Alt. 656 m – Carta regionale n° **17-C1**
Roma 683 km – Sondrio 43 km – Passo dello Stelvio 47 km – Bormio 27 km
Carta stradale Michelin 561-D12

Sassella con cam

rist,

via Roma 2 – ✆ 03 42 84 72 72 – www.hotelsassella.it
26 cam – 50/90 € 74/148 € Menu 25/40 € – Carta 25/62 €
Ai piedi della splendida chiesa di S. Giuseppe, la gestione familiare centenaria custodisce i tesori gastronomici dell'alta Valtellina: pizzoccheri, ma non solo. Camere confortevoli (nella loro semplicità), quelle all'ultimo piano offrono una graziosa vista sui tetti del centro storico.

GROSOTTO

Sondrio (SO) – ✉ 23034 – 1 628 ab. – Alt. 590 m – Carta regionale n° **17-C1**
Roma 685 km – Milano 183 km – Sondrio 41 km – Bormio 28 km
Carta stradale Michelin 561-D12

Le Corti senza rist

via Patrioti 73 – ✆ 03 42 84 86 24 – www.garnilecorti.it
14 cam – 40/50 € 70/90 €
Grazioso albergo, ideale per famiglie, suddiviso in due edifici distanti un centinaio di metri. Camere spaziose con arredi in legno, gustosa e abbondante colazione.

GROSSETO

✉ 58100 – 79 216 ab. – Alt. 10 m – Carta regionale n° **32-C3**
Roma 178 km – Livorno 138 km – Siena 75 km – Civitavecchia 109 km
Carta stradale Michelin 563-N15

Airone

cam,

via Senese 35 – ✆ 05 64 41 24 41 – www.hotelairone.eu
68 cam – 70/100 € 100/150 € – **4 suites**
Rist – Carta 17/35 € – *(chiuso agosto) (solo a cena)*
A pochi passi dal centro storico, l'hotel dispone di belle camere dal confort moderno e con soluzioni d'arredo di design. Una panoramica Spa al piano attico, parcheggio privato e 5 sale conferenze rendono la struttura ideale per una clientela d'affari (ma non solo).

Granduca rist,

via Senese 170 – 05 64 45 38 33 – www.hotelgranduca.com
71 cam – 65/95 € 85/110 € – **1 suite**
Rist *La Limonaia* – Carta 26/45 € – *(solo a cena)*
A soli 2 km dal centro storico, oltre a disporre di un ampio parcheggio gratuito, l'hotel si caratterizza per le sue camere finemente arredate, moderne sale riunioni e uno spazioso ristorante, dove gustare ottime specialità regionali.

Bastiani Grand Hotel senza rist

piazza Gioberti 64 – 0 56 42 00 47 – www.hotelbastiani.com
48 cam – 70/94 € 118/150 € – **4 suites**
Nel cuore della località, all'interno della cinta muraria medicea, una gradevole risorsa in un signorile palazzo d'epoca; dotata di confortevoli ed eleganti camere.

Canapone

piazza Dante 3 – 0 56 42 45 46 – www.ristorantecanapone.blogspot.it – Chiuso 10-20 agosto, mercoledì sera e domenica
Menu 35/62 € – Carta 41/64 € – (consigliata la prenotazione)
Rist *Enoteca Canapino* –Carta 22/42 €
Nel cuore del centro storico della "capitale" della Maremma, un ristorante completamente ristrutturato che oggi si presenta con un aspetto elegante e raffinato. All'Enoteca Canapino una buona scelta di piatti tradizionali a prezzo contenuto.

Grantosco

via Solferino 4 – 0 56 42 60 27 – www.grantosco.it
Menu 25/50 € – Carta 37/53 €
Elegantemente informale, questo bistrot-ristorante ubicato in pieno centro è l'indirizzo giusto dove gustare un'ottima cucina maremmana, elaborata partendo da prodotti, spesso, a Km 0. Cordiale accoglienza da parte della titolare, la vera anima del locale!

L'Uva e il Malto

via Mazzini 165 – 05 64 41 12 11 – www.luvaeilmalto.it – Chiuso domenica
Carta 29/84 €
In pieno centro, è una coppia molto brillante a gestire questo intimo e moderno locale con annesso wine-bar. In carta si trova soprattutto pesce, a voce il meglio del mercato ittico.

GROTTAFERRATA

Roma (RM) – 00046 – 19 423 ab. – Alt. 320 m – Carta regionale n° **12**-B2
Roma 21 km – Anzio 44 km – Frascati 3 km – Frosinone 71 km
Carta stradale Michelin 563-Q20

Park Hotel Villa Grazioli rist,

via Umberto Pavoni 19 – 06 94 54 00 – www.villagrazioli.com
60 cam – 100/220 € 110/240 € – **2 suites**
Rist *Acquaviva* – Carta 50/85 €
Abbracciata da un immenso parco, questa villa cinquecentesca vanta una splendida posizione panoramica sulle colline di Frascati. Ma il suo fascino non si esaurisce nella location: l'antica dimora custodisce al suo interno diverse sale decorate dal pennello di importanti artisti e camere con pregevoli mobili in noce.

La Locanda dei Ciocca senza rist

via Anagnina 134 – 06 94 31 53 90 – www.alfico.it
21 cam – 115/145 € 170/210 €
Calda atmosfera rustica fra travi a vista e camini, quiete, camere in stile e personalizzate: una locanda dove riscoprire il relax. Particolarmente curata la prima colazione.

Locanda dello Spuntino

via Cicerone 22 – 06 94 31 59 85 – www.locandadellospuntino.com
9 cam – 130/150 € 150/165 € – **1 suite**
Rist *Taverna dello Spuntino* – vedere selezione ristoranti
Divani e caminetti rendono piacevole l'ingresso di questa locanda, ma tutta la cura è riservata alle camere, dal parquet ai bagni in travertino con intarsi in marmo e mosaici.

XX **L' Oste della Bon'Ora**

viale Vittorio Veneto133 – ✆ 0 69 41 37 78 – www.lostedellabonora.com – Chiuso 23 giugno-7 luglio e lunedì

Menu 23/40 € – Carta 29/49 € – (consigliata la prenotazione)

Il simpatico titolare, l'oste come ama definirsi, vi guiderà nei sapori della cucina del territorio con piatti stuzzicanti. Ambiente piacevole e accogliente: in sottofondo, la musica della ricca collezione di vinili.

X **Nando**

via Roma 4 – ✆ 0 69 45 99 89 – www.ristorantenando.it – Chiuso lunedì

Carta 29/51 €

Il ristorante è stato rinnovato ed ora le due piccole sale si presentano in caldo ed avvolgente stile vintage, da visitare la caratteristica cantina nella grotta di tufo; la cucina rimane regionale, con un occhio anche alla creatività.

X **Taverna dello Spuntino** – Hotel Locanda dello Spuntino

via Cicerone 20 – ✆ 0 69 45 93 66 – www.tavernadellospuntino.com

Carta 35/76 €

E' tutta all'interno la peculiarità di questa trattoria romana: scenografiche sale sotto archi in mattoni ed una coreografica esposizione di prosciutti, fiaschi di vino, frutta e antipasti.

GROTTAMMARE

Ascoli Piceno (AP) – ✉ 63066 – 15 803 ab. – Carta regionale n° **21-D3**

Roma 236 km – Ascoli Piceno 43 km – Ancona 84 km – Macerata 64 km

Carta stradale Michelin 563-N23

La Torretta sul Borgo senza rist

via Camilla Peretti 2 – ✆ 07 35 73 68 64 – www.latorrettasulborgo.it

6 cam – †40/80 € ††55/90 €

Un'attenta opera di restauro ha mantenuto le caratteristiche di questa bella casa nel centro del borgo antico: ambienti rustici con una caratteristica saletta dai soffitti a volte e camere personalizzate.

verso San Benedetto del Tronto

Parco dei Principi

lungomare De Gasperi 90, Sud : 1 km ✉ 63013 – ✆ 07 35 73 50 66 – www.hotelparcodeiprincipi.it

54 cam – †70/110 € ††100/170 € – **10 suites** **Rist** – Carta 25/65 €

Nel contesto di un paesaggio tropicale, avvolto da un parco in cui si collocano campi da gioco e persino una vivace voliera, dispone di ambienti in stile mediterraneo e spazi ad hoc per i più piccoli. La sua posizione fronte mare è un altro asso nella manica.

Roma

lungomare De Gasperi 60 – ✆ 07 35 63 11 45 – www.hotelromagrottammare.com – Aperto Pasqua-14 novembre

59 cam – †50/70 € ††90/130 € **Rist** – Carta 20/35 €

Nel corso del 2003 l'albergo è stato riaperto dopo aver subito un rinnovo completo. Oggi si presenta come una struttura fresca e attuale, sul lungomare con piccolo giardino.

XX **Lacchè**

via Procida 1/3, Sud : 2,5 km ✉ 63013 – ✆ 07 35 58 27 28 – Chiuso 24 dicembre-10 gennaio e lunedì

Menu 35 € (pranzo)/50 € – Carta 40/70 €

Menù a voce, sulla base del mercato ittico giornaliero, e alla carta: uno degli indirizzi più "gettonati" in paese, ove lasciarsi sedurre da sapori strettamente marini.

X **Don Diego** N

Viale De Gasperi, 25 – ✆ 07 35 58 82 57 – www.ristorantechaletdondiego.it – Aperto 1° aprile-14 ottobre

Menu 27/37 € – Carta 31/107 € – (consigliata la prenotazione)

Senza grandi fronzoli, ma con un pescato giornaliero davvero proverbiale per varietà e qualità, le elaborazioni sono molto classiche e fedeli alle tradizioni regionali. Un indirizzo, senza ombra di dubbio, da consigliare.

GROTTA ZINZULUSA → Vedere Castro Marina
Lecce (LE)

GRUMELLO DEL MONTE
Bergamo (BG) – ✉ 24064 – 7 351 ab. – Alt. 208 m – Carta regionale n° **19-D1**
Roma 598 km – Milano 68 km – Bergamo 22 km – Brescia 42 km
Carta stradale Michelin 561-F11

Fontana Santa senza rist
via Fontana Santa – ✆ 03 54 49 10 08 – www.fontanasanta.it – Chiuso 2 settimane in agosto
17 cam – 60/70 € 100 €
In un suggestivo contesto paesaggistico, tra colline e vigneti, sorge questa bella risorsa ricavata dalla ristrutturazione di un vecchio cascinale. Nelle camere la modernità dei confort flirta con la rusticità dei soffitti con travi a vista.

Al Vigneto
via Don P. Belotti 1 – ✆ 0 35 83 19 79 – www.alvigneto.it – Chiuso 1°-9 gennaio, 8-28 agosto e martedì
Menu 20 € (pranzo in settimana)/49 € – Carta 48/78 €
In zona precollinare, il vecchio fienile è stato trasformato in un elegante ristorante, circondato dai propri vigneti e frutteti, scorgibili dalle vetrate della sala. Nel piatto molto pesce - soprattutto siciliano - proposto in chiave moderna. Consigliatissimi, i crudi.
→ Foie gras affumicato in casa con chutney di pere e riduzione di Porto bianco. Insalata di astice con sughetto, crudo di finocchi e sorbetto al frutto della passione. Bavarese al cocco con gelato ai lamponi.

Vino Buono
via Castello 20 – ✆ 03 54 42 04 50 – www.vinobuono.net – Chiuso 10 giorni in agosto, sabato a mezzogiorno, domenica e lunedì
Carta 28/47 €
Un'osteria con piccola cucina, o meglio: un originale wine-bar in pieno centro con ottima mescita di vini al bicchiere e possibilità di scegliere tra salumi, formaggi, primi piatti, insalate e qualche specialità di carne, nonché di pesce (rigorosamente di lago).

GRUMOLO DELLE ABBADESSE
Vicenza (VI) – ✉ 36040Alt. 30 m – Carta regionale n° **38-B1-2**
Roma 520 km – Venezia 64 km – Vicenza 15 km – Padova 29 km
Carta stradale Michelin 562-F16

Zenzero con cam
via Nazionale 94 – ✆ 04 44 38 90 10 – www.ristorantezenzero.com – Chiuso 15 giorni in agosto
12 cam – 35/50 € 40/90 € Carta 30/45 € – *(chiuso domenica)*
Un giovane ed appassionato cuoco propone, in un ambiente di sobrio minimalismo, la sua cucina strettamente biologica con preparazioni semplici, ma accurata selezione delle materie prime. A pranzo, ci si può accomodare anche nella zona bistrot con proposte diversificate. Comode ed economiche le camere al piano superiore.

GSIES = VALLE DI CASIES

GUALDO CATTANEO
Perugia (PG) – ✉ 06035 – 6 241 ab. – Alt. 446 m – Carta regionale n° **35-B2**
Roma 160 km – Perugia 48 km – Assisi 28 km – Foligno 32 km
Carta stradale Michelin 563-N19

a Saragano Ovest: 5 km – ✉ 06035

Agriturismo la Ghirlanda
rist,
via del Poggio 4 – ✆ 0 74 29 87 31 – www.laghirlanda.it – Chiuso 7 gennaio-28 marzo
13 cam – 82/93 € 114/136 €
Rist – Menu 27/30 € – *(solo a cena)* (prenotazione obbligatoria)
Una struttura ricca di charme: una casa patronale di fine '800 nel verde e nella tranquillità delle colline umbre. Ambienti personalizzati con mobili d'epoca e camere con caminetto. Ristorante con menu fisso e specialità locali. Servizio estivo all'aperto.

GUARDAMIGLIO

Lodi (LO) – ✉ 26862 – 2 672 ab. – Alt. 49 m – Carta regionale n° **16-B3**
Roma 520 km – Piacenza 9 km – Cremona 46 km – Lodi 36 km
Carta stradale Michelin 561-G11

Nord

rist,

via I Maggio 3 – ✆ 0 37 75 12 23 – www.hotelnord.it
80 cam – 99/180 € 99/180 €
Rist – Carta 29/59 € – *(chiuso 15 dicembre-15 gennaio) (solo a cena) (solo per alloggiati)*
A due passi dall'uscita autostradale Piacenza Nord, l'impostazione dell'hotel ricalca lo stile attualmente in voga: moderno e confortevole. Ampio e comodo parcheggio interno. Ristorante per i clienti alloggiati con un menu che cambia settimanalmente.

GUARDIAGRELE

Chieti (CH) – ✉ 66016 – 9 283 ab. – Alt. 576 m – Carta regionale n° **2-C2**
Roma 230 km – Pescara 41 km – Chieti 25 km – Lanciano 23 km
Carta stradale Michelin 563-P24

Villa Maiella (Angela Di Crescenzo) con cam

cam, rist,

località Villa Maiella 30, Sud-Ovest : 1,5 km – ✆ 08 71 80 93 19
– www.villamaiella.it – Chiuso 1 settimana in gennaio e 2 settimane in luglio
14 cam – 60/80 € 90/120 €
Menu 43/60 € – Carta 40/66 € – *(chiuso domenica sera e lunedì)*
Al limitare del Parco della Maiella, il vero Km 0 con allevamento per il solo ristorante di alcuni animali e un bel giardino di verdure: il locale è stato recentemente rinnovato, ma sulla tavola continuano a trionfare i migliori sapori abruzzesi preparati con maestria dai proprietari. Per chi volesse indugiare nel romanticismo, spettacolare servizio estivo sulla terrazza e confortevoli camere, realizzate secondo le moderne tecnologie.
➜ Pasta fatta in casa con verdure di stagione. Maialino nero della nostra fattoria. Le vie della transumanza.

GUARDISTALLO

Pisa (PI) – ✉ 56040 – 1 249 ab. – Alt. 278 m – Carta regionale n° **31-B2**
Roma 276 km – Pisa 65 km – Grosseto 100 km – Livorno 44 km
Carta stradale Michelin 563-M13

a Casino di Terra Nord-Est : 5 km – ✉ 56040

Mocajo

strada statale 68 – ✆ 05 86 65 50 18 – www.ristorantemocajo.it
– Chiuso 15 gennaio-15 febbraio e mercoledì
Menu 38/48 € – Carta 37/85 € – (prenotazione obbligatoria a mezzogiorno)
Rist *La Dispensa* –Menu 25 € – Carta 21/47 €
Ambiente di tono, coperto elegante e camino, in un locale dalla solida gestione familiare che propone ottime specialità di carne (chianina, cinghiale, cinta senese, cacciagione). La carta dei vini annovera circa 300 etichette, ma è il rosso toscano a farla da padrone. Ancora piatti regionali nell'informale La Dispensa.

GUARENE

Cuneo (CN) – ✉ 12050 – 3 484 ab. – Alt. 360 m – Carta regionale n° **25-C2**
Roma 649 km – Torino 57 km – Asti 32 km – Cuneo 68 km
Carta stradale Michelin 561-H6

Casalora senza rist

località Lora, Ovest : 2,5 km – ✆ 33 48 29 93 39 – www.casalora.it
6 cam – 70/110 € 70/110 €
Casolare della seconda metà dell'800 ristrutturato in chiave moderna e minimalista: sala massaggi nell'ex fienile, vasca idromassaggio e terrazza panoramica. La piscina si trova, invece, a pochi metri presso il ristorante l'Osteria la Modernassa.

Osteria la Madernassa

località Lora 2, Ovest : 2,5 km – ✆ 01 73 61 17 16 – www.lamadernassa.it
Menu 25/40 € – Carta 31/60 €
Bellissima villa che ospita un locale polivalente: al piano terra vengono allestite mostre d'arte e riunioni, al piano superiore due eleganti sale per una moderna cucina del territorio, con qualche specialità di mare.

Io e Luna

località Montebello 1 – ✆ 01 73 61 17 24 – www.ioeluna.com – Chiuso 18 febbario-10 marzo, mercoledì a mezzogiono e martedì
Carta 37/64 €
Ambienti classici e cucina del territorio rivisitata, in un ristorante affacciato sulle colline circostanti grazie ad una gradevole terrazza.

GUBBIO

Perugia (PG) – ✉ 06024 – 32 355 ab. – Alt. 522 m – Carta regionale n° **35-B1**
Roma 217 km – Perugia 40 km – Ancona 109 km – Arezzo 92 km
Carta stradale Michelin 563-L19

Park Hotel ai Cappuccini

via Tifernate, per Fano - A1 – ✆ 0 75 92 34 – www.parkhotelaicappuccini.it
87 cam – 130/270 € 149/320 € – **5 suites**
Rist *Nicolao* – vedere selezione ristoranti
Non correte subito in camera, ma fermatevi nelle zone comuni: quasi un museo d'arte dal '400 ad oggi. Nell'ex convento le stanze sono in stile antico; un riuscito mix con il moderno, invece, nell'ala nuova. Splendida piscina, enorme palestra.

Relais Ducale senza rist

via Galeotti 19 – ✆ 07 59 22 01 57 – www.relaisducale.com Pianta : AB1**a**
26 cam – 110/130 € 155/242 € – **5 suites**
Nella parte più nobile di Gubbio, giardino pensile con vista città e colline per un hotel di classe, ricavato da un complesso di tre antichi palazzi del centro storico.

Bosone Palace senza rist

via 20 Settembre 22 – ✆ 07 59 22 06 88 – www.hotelbosone.com – Chiuso 10 gennaio-15 marzo Pianta : B1**d**
30 cam – 80/90 € 110/140 € – **2 suites**
Nello storico palazzo Raffaelli, tessuti rossi e un'imponente scala portano alle camere, qualcuna con vista sul centro e due con soffitti affrescati, come la sala colazioni.

Gattapone senza rist

via Beni 13 – ✆ 07 59 27 24 89 – www.hotelgattapone.net – Chiuso 7 gennaio-7 febbraio Pianta : A1**b**
18 cam – 60/95 € 70/110 €
In edificio medievale di pietra e mattoni, con persiane ad arco, camere in tinte pastello e scorci sui pittoreschi vicoli eugubini e sulla centrale chiesa di S. Giovanni.

Nicolao – Park Hotel ai Cappuccini

via Tifernate, per Fano - A1 – ✆ 0 75 92 34 – www.parkhotelaicappuccini.it
Carta 43/68 €
In un attento mix di opere d'arte moderna e arredi d'epoca, la cucina recupera le tradizioni contadine con grande attenzione alla scelta dei prodotti. Primo fra tutti: sua maestà, il tartufo!

Taverna del Lupo

via Ansidei 21 – ✆ 07 59 27 43 68 – www.mencarelligroup.com Pianta : AB1**f**
Carta 43/56 €
Una successione di sale creano ambienti caratteristici con soffitti a volta, mentre dalla cucina arrivano le specialità umbre, dai tartufi alle carni. Per una cena romantica ed elegante, è il ristorante da consigliare!

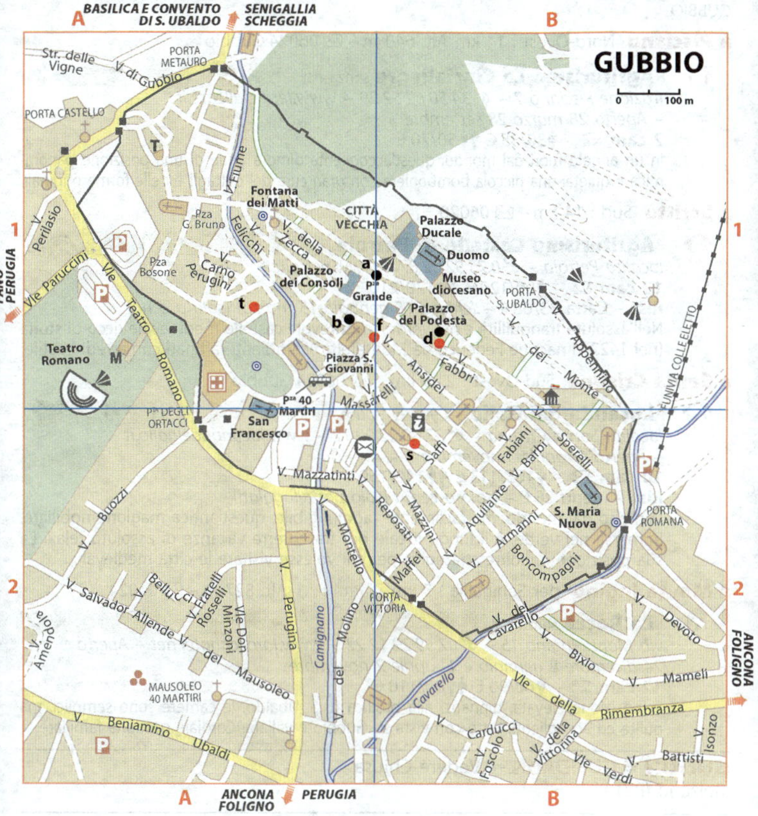

Bosone Garden

via Mastro Giorgio 1 – ✆ 07 59 22 12 46 – www.mencarelligroup.com – Chiuso mercoledì Pianta : B1**d**

Menu 18 € – Carta 35/44 €

Servizio estivo in giardino: nel verde, l'ingresso al ristorante, sito in Palazzo Raffaelli e legato ai due nobili Bosone, membri della casata. Spazi con arredi d'epoca.

Fabiani

piazza 40 Martiri 26 A/B – ✆ 07 59 27 46 39 – www.ristorantefabiani.it – Chiuso 10-30 gennaio e martedì Pianta : A1**t**

Menu 16 € – Carta 24/59 €

In Palazzo Fabiani, di illustre casato locale, ambienti eleganti dislocati in varie sale e una magnifica "scenografia" cittadina per il servizio estivo nella piazzetta.

Grotta dell'Angelo con cam

via Gioia 47 – ✆ 07 59 27 34 38 – www.grottadellangelo.it – Chiuso 8 gennaio-10 febbraio Pianta : B2**s**

18 cam – 🚹35/45 € 🚹🚹50/65 €, ☕ 5 €

Menu 15/30 € – Carta 21/38 € – *(chiuso martedì)*

Il più antico ristorante di Gubbio rinnova l'appuntamento con le specialità umbre; tra i secondi spicca la griglia preparata in sala di fronte ai clienti. Piacevole servizio estivo.

a Pisciano Nord-Ovest : 14 km Alt. 640 m – ✉ 06024 Gubbio

Agriturismo Le Cinciallegre senza rist
frazione Pisciano 7 – ✆ 34 50 62 52 29 – www.lecinciallegre.it – Aperto 28 marzo-28 settembre
7 cam – 30/35 € 50/70 €
In un angolo fuori dal mondo, quest'accogliente dimora gode di una posizione panoramica e quieta: una piccola bomboniera con gran cura dei dettagli e delle forme originali.

a Scritto Sud : 14 km – ✉ 06020

Agriturismo Castello di Petroia rist,
località Petroia – ✆ 0 75 92 02 87 – www.petroia.it
13 cam – 90/120 € 120/210 €
Rist – Carta 33/68 € – *(chiuso 15 gennaio-15 marzo) (solo a cena)*
Nell'assoluta tranquillità e nel verde, incantevole castello medioevale ricco di storia (nel 1422 vi nacque Federico da Montefeltro); ambienti raffinati con arredi in stile.

a Santa Cristina Sud-Ovest : 21,5 km – ✉ 06024 Gubbio

Locanda del Gallo – Country House
località Santa Cristina – ✆ 07 59 22 99 12 – www.locandadelgallo.it – Aperto 1° aprile-3 novembre
10 cam – 105/113 € 140/150 €
Rist – Menu 28 € – *(solo a cena) (solo per alloggiati)*
Lontano dal mondo, ma facilmente raggiungibile, quest'antica magione nobiliare, immersa nel verde, è il luogo ideale per trascorrere vacanze di assoluto relax. La sua posizione è inoltre strategica per chi volesse visitare le città medievali.

a Monte Ingino per Senigallia : 5 km Pianta : A1 Alt. 827 m – ✉ 06024

La Rocca senza rist
via Monte Ingino 15 – ✆ 07 59 22 12 22 – www.laroccahotel.net – Aperto 24 dicembre-8 gennaio e 1° aprile-2 novembre
12 cam – 60/90 € 80/110 €
In posizione elevata, dinnanzi alla basilica di S. Ubaldo, le camere sono semplici, ma pulite ed accoglienti, tutte con vista su Gubbio e vallata. Cordiale gestione familiare.

GUDON = GUFIDAUN
➜ Vedere Chiusa
Bolzano (BZ)

GUGLIONESI
Campobasso (CB) – ✉ 86034 – 5 489 ab. – Alt. 369 m – Carta regionale n° **2-D2**
Roma 271 km – Campobasso 59 km – Foggia 103 km – Isernia 103 km
Carta stradale Michelin 563-Q26

verso Termoli Nord-Est : 5,5 km :

Ribo con cam
contrada Malecoste 7 ✉ 86034 – ✆ 08 75 68 06 55 – www.ribomolise.it
9 cam – 50 € 80 € – **2 suites**
Menu 25/50 € – Carta 26/67 € – *(chiuso lunedì)* (consigliata la prenotazione)
In campagna, sulle colline molisane, il rosso e il nero: Bobo e Rita, due figure veraci e "politiche". Nei piatti, una grande passione e la maniacale ricerca della qualità: strepitoso il pesce.

GUSPINI
Sardegna – Medio Campidano (VS) – ✉ 09036 – 12 163 ab. – Carta regionale n° **28-A3**
Cagliari 70 km – Carbonia 77 km – Sanluri 26 km – Oristano 54 km
Carta stradale Michelin 366-M46

Tarthes
via Parigi sn – ✆ 07 09 72 90 00 – www.tartheshotel.com
38 cam – 99/216 € 99/216 €
Rist – Carta 36/63 € – *(aperto 1° maggio-30 settembre) (solo a cena)*
Suggestioni etniche, influenze arabe e artigianato sardo in ambienti moderni e ricchi di fascino. Splendida piscina.

HAFLING = AVELENGO

IDRO

Brescia (BS) – ✉ 25074 – 1 929 ab. – Alt. 375 m – Carta regionale n° **17**-C2
Roma 594 km – Brescia 63 km – Bergamo 109 km – Salò 42 km
Carta stradale Michelin 561-E13

Alpino con cam
via Lungolago Vittoria 14, località Crone – ✆ 0 36 58 31 46 – www.hotelalpino.net – Aperto 1° marzo-2 novembre
24 cam – 45/61 € 74/88 € – **6 suites**
Carta 27/52 € – *(chiuso martedì escluso luglio-agosto) (solo a cena escluso i giorni festivi)*
Sul lago, edificio con un'ala in pietra viva e l'altra esternamente dipinta di rosa: due sale interne, di cui una con camino, per piatti anche locali e di pesce lacustre.

IGEA MARINA ➜ Vedere Bellaria Igea Marina

Rimini (RN)

ILLASI

Verona (VR) – ✉ 37031 – 5 308 ab. – Alt. 157 m – Carta regionale n° **38**-B2
Roma 517 km – Verona 20 km – Padova 74 km – Vicenza 44 km
Carta stradale Michelin 562-F15

Le Cedrare
stradone Roma 8 – ✆ 04 56 52 07 19 – www.lecedrare.it – Chiuso 15 gennaio-15 febbraio, lunedì, martedì, anche mercoledì in inverno
Carta 37/56 € – *(solo a cena)*
Nella settecentesca villa Perez-Pompei-Sagramoso, nello spazio che un tempo era adibito a serra per la conservazione delle piante di agrumi, cucina regionale reinterpretata creativamente. Il luogo è incantevole, la tavola altrettanto.

IMOLA

Bologna (BO) – ✉ 40026 – 68 974 ab. – Alt. 47 m – Carta regionale n° **9**-C2
Roma 384 km – Bologna 35 km – Ferrara 81 km – Firenze 98 km
Carta stradale Michelin 562-I17

Donatello Imola rist,
via Rossini 25 – ✆ 05 42 68 08 00 – www.imolahotel.it
125 cam – 60/330 € 80/420 €
Rist – Carta 20/42 € – *(chiuso 10-25 agosto e martedì)*
Recentemente ristrutturato, l'inventiva dell'architetto meglio ha avuto modo di esprimersi nelle camere al decimo piano. Nell'area residenziale della zona periferica sud della località. Al ristorante, un ambiente piacevolmente classico con ambienti curati. Cucina tradizionale.

Ziò senza rist
viale Nardozzi 14 – ✆ 0 54 23 52 74 – www.hotelzioimola.com – Chiuso 24-31 dicembre e 9-24 agosto
37 cam – 65/110 € 75/130 €
Nel centro storico, presso la rocca sforzesca e il teatro, il più antico albergo di Imola: aperto nel 1926, oggi propone camere semplici, ma ben tenute.

B&B Callegherie 21 senza rist
via Callegherie 21/23 – ✆ 0 54 22 67 93 – www.callegherie21.it
3 cam – 105/120 € 120/130 €
Per vivere il centro storico in modo un po' diverso, un accogliente "boutique bed + breakfast" dagli ambienti minimalisti, ma ben accessoriati, ed una colazione preparata a misura di cliente.

XXXX ✿✿ **San Domenico** (Valentino Marcattilii e Max Mascia)
via Sacchi 1 – ✆ 0 54 22 90 00 – www.sandomenico.it – Chiuso 1 settimana in gennaio, 3 settimane in agosto, domenica sera e lunedì; anche i mezzogiorno di sabato e domenica in giugno-agosto
Menu 60 € (pranzo in settimana)/160 € – Carta 108/230 € – (consigliata la prenotazione)
Affacciato su un'elegante piazza del centro storico, una successione di sale moltiplica i piaceri di una cucina ad un tempo regionale e creativa, di terra e di mare.
→ Uovo in raviolo San Domenico con burro di malga, parmigiano dolce e tartufi bianchi. Sella di maialino "mora romagnola" con cartoccio di carciofi croccanti. Barretta al cioccolato, croccante al gianduia e sorbetto ai frutti rossi.

XX **Osteria Callegherie**
via Callegherie 13 – ✆ 0 54 23 35 07 – www.callegherie.it – Chiuso 8 giorni in gennaio, agosto, sabato a mezzogiorno e domenica
Carta 35/56 €
Locale moderno a forma di L, arredato in tonalità chiare e dall'illuminazione piuttosto soft, indiscutibilmente di grande effetto la sera. La cucina propone sapori estrosi e gustosi.

XX **Naldi**
via Santerno 13 – ✆ 0 54 22 95 81 – www.ristorantenaldi.com – Chiuso 1°-7 gennaio, agosto, sabato a mezzogiorno e domenica
Menu 27/35 € – Carta 34/42 €
A circa 1 km dal cuore della città, uno dei punti fermi della tradizione gastronomica imolese: carne e pesce rielaborati con gusto e creatività, in un ambiente moderno e luminoso.

X **Osteria del Vicolo Nuovo**
via Codronchi 6, ang. via Calatafimi – ✆ 0 54 23 25 52 – www.vicolonuovo.it – Chiuso 20 luglio-20 agosto, domenica sera e lunedì
Menu 13 € (pranzo)/29 € – Carta 27/45 €
Varcato un piccolo ingresso, ecco la prima sala, adorna di legni e richiami al tempo che fu; la seconda (al piano inferiore) è ancor più suggestiva. Cucina eclettica, affiatata gestione familiare.

X **E Parlamintè**
via Mameli 33 – ✆ 0 54 23 01 44 – www.eparlaminte.it – Chiuso 25 dicembre-6 gennaio, 15 luglio-20 agosto, domenica sera e lunedì, anche domenica a mezzogiorno in maggio-agosto
Menu 28 € – Carta 21/36 €
Una parte della storia politica italiana è passata di qui, a discutere sotto le stesse travi dell'800 ove, oggi, si gustano il pesce e i piatti della tradizione emiliana.

X **Hostaria 900**
viale Dante 20 – ✆ 0 54 22 42 11 – www.hostaria900.it – Chiuso 10 giorni in gennaio, 15 giorni in agosto, sabato a mezzogiorno e domenica
Menu 13 € (in settimana)/30 € – Carta 30/53 €
Villa d'inizio '900 in mattoni rossi, circondata da un giardino rigoglioso che d'estate accoglie il servizio all'aperto. All'interno, una sala principale con tavoli spaziosi e ben allestiti, nonché una seconda saletta al piano superiore. Cucina tradizionale compiacente dei prodotti della regione.

in prossimità casello autostrada A 14 Nord : 4 km :

Molino Rosso cam, P
via Provinciale Selice 49 ✉ 40026 – ✆ 0 54 26 31 11 – www.molinorosso.net
120 cam – †50/150 € ††80/230 € **Rist** – Carta 28/81 €
All'uscita dell'autostrada, albergo con stanze di differenti tipologie, distribuite in tre edifici: le migliori sono quelle situate nel corpo centrale.

IMPERIA

✉ 18100 – 42 246 ab. – Carta regionale n° **14**-A3
Roma 615 km – Genova 118 km – Savona 71 km – San Remo 27 km
Carta stradale Michelin 561-K6

IMPERIA ONEGLIA
E PORTO MAURIZIO
0
500 m
ALASSIO
GENOVA
TORINO
GENOVA
TORINO
SAN REMO
NICE
VENTIMIGLIA
MARE LIGURE
PORTO
ONEGLIA
IMPERIA
PORTO MAURIZIO
MONTE CALVARIO
STAZIONE
A 10 / E 80
Ormeggi Molo Lungo
Ormeggi S. Lazzaro
V. Giacinto Menotti Serrati
V. Ingegner Giacomo Agnesi
Pza Antico Ospizio
V. Beralde
V. Sta Lucia
V. Diano Calderina
V. Giuseppe Berio
V. Vittorio Alfieri
V. della Foce
V. Antonio Delbecchi
Vle Giacomo Matteotti
V. Gian Francesco De Marchi
Giardini Martiri Italiani delle Foibe
Lungo Vespucci Amerigo
Sal. Bertella
V. Sant'Agata
Piazza della Vittoria
Str. delle Rocce
V. Baitè
V. Giovanni Strato
Vle Veneto
Roosevelt
Lungo S. Lazzaro
V. delle Valli
Teodoro
V. Paciallà
Sal. Terre Bianche
V. Angelo Silvio Sinigaglia
V. Giuseppe Pirinoli
Cso. Giovanni Bono
Piazza Parasio
Sal. S. Pietro
Verdi
V. Artallo
V. Giuseppe Artallo
Vle Lorenzo Acquarone
V. Romita
V. Costa Murata
V. Armanna Superiore
V. Alcide De Gasperi
V. Filippo Airenti
V. Colombera
V. Giuseppe Mazzini
V. alla Cava
V. Nizza
Giardini Città di
a
b
d
e
A
B
C
1
2

ad Oneglia – ✉ 18100

Rossini al Teatro senza rist

piazza Rossini 14 – ✆ 0 18 37 40 00 – www.hotel-rossini.it Pianta : C1**b**

48 cam – 70/134 € 90/235 € – **2 suites**

Sorto sulle vestigia dell'antico teatro, moderno hotel di design, all'avanguardia per dotazioni, dispone di camere decisamente confortevoli. Ascensore panoramico.

Agrodolce (Augusto Valzelli)

via Calata G.B. Cuneo 25 – ✆ 01 83 29 37 02 Pianta : C1**d**

– www.restaurantagrodolce.com – Chiuso 15 giorni in novembre, 15 giorni in febbraio, mercoledì a pranzo e martedì

Menu 20 € (pranzo in settimana)/50 € – Carta 42/81 €

L'ubicazione è comune a tanti locali della città: sotto i portici del porto, l'ingresso è duplice e altrettante sono le sale, entrambe bianche con soffitto a volta e quadri moderni alle pareti. Recentemente c'è stato un passaggio di consegne in cucina, ma la qualità è rimasta immutata e i prezzi sono più contenuti! Specialità di pesce.

➜ Riso carnaroli bio mantecato al gorgonzola, pere abate, miele di cardo e polvere di caffè. Ricciola di lenza su carciofi di Albenga, fregola sarda profumata all'origano e bisque. Trionfo di pesci, crostacei e verdure dell'orto in fritto croccante.

Salvo-Cacciatori

via Vieusseux 12 – ✆ 01 83 29 37 63 – www.salvocacciatori.it Pianta : C1**e**

– Chiuso domenica sera e lunedì

Carta 33/71 €

Ristorante di fama storica, nato come piccola osteria annessa alla mescita di vini e cresciuto negli anni. Sul retro una sala dello stesso stile classico-moderno già proposto nel resto del locale: ovunque primeggiano il pesce e i sapori liguri.

Didù N

viale Matteotti 76 – ✆ 01 83 27 36 36 – www.osteriadidu.it – Chiuso 3 settimane in ottobre, lunedì e martedì

Carta 23/40 € – *(solo a cena in giugno-settembre)* (consigliata la prenotazione)

Piccola veranda sulla via Aurelia, ambiente informale con menu scritto su due lavagnette, prezzi contenuti, ma non crediate: nessuna economia sulla qualità! Specialità: tagliolini con gamberetti di Oneglia, pasta con le sarde, seppie in zimino, bunet, cantucci...

a Porto Maurizio – ✉ 18100

Croce di Malta cam, rist,

via Scarincio 148 – ✆ 01 83 66 70 20 Pianta : A2**a**

– www.hotelcrocedimalta.com

39 cam – 58/90 € 78/130 €

Rist – Menu 18/25 € – *(solo a cena escluso estate)*

Richiama nel nome all'antico "Borgo Marina" di Porto Maurizio, dove sorgeva la chiesa dei Cavalieri Maltesi. Maggiormente vocato ad una clientela commerciale, una risorsa moderna a pochi passi dal mare e con comodo parcheggio privato (a pagamento). Spaziosa e dalle linee sobrie la sala da pranzo.

Sarri N

via C. Colombo 108 (borgo Prino) ✉ 18100 Imperia – ✆ 01 83 75 40 56

– www.ristorantesarri.it – Chiuso novembre, giovedì a pranzo e mercoledì

Menu 30 € – Carta 38/52 € – (consigliata la prenotazione)

In un piccolo borgo di ex pescatori - incastonato fra le case del lungomare - nuovissimo ed accogliente ristorante dai colori caldi e dall'atmosfera d'informale eleganza; la cucina vuole essere divertente, i piatti sono leggeri e gustosi, la loro esecuzione impeccabile!

➜ Baccalà islandese, spinacino e cipollotto arrostito in zuppetta di bagna cauda. Cappellacci di ricotta d'alpeggio con menta, limoni nostrani e sautè di triglie rosse. Zuppetta alle primizie di mare con fagioli di Conio leggermente speziata.

IMPRUNETA

Firenze (FI) – ✉ 50023 – 14 782 ab. – Alt. 275 m – Carta regionale n° **32**-D3

Roma 276 km – Firenze 14 km – Arezzo 79 km – Siena 66 km

Carta stradale Michelin 563-K15

Relais Villa L' Olmo senza rist

via Imprunetana per Tavarnuzze 19 – ✆ 05 52 31 13 11 – www.relaisfarmholiday.it

20 cam – 70/250 € 70/250 €, 12 €

Fattoria del '700 con un interessante ventaglio di sistemazioni: una casa colonica a più stanze, due villette (con piscina a loro uso esclusivo) e appartamenti dalla calda atmosfera familiare. Ideale per chi desidera vivere la tranquillità della campagna o la raccolta delle olive. Palestra per i cultori del fitness.

INCISA IN VAL D'ARNO

Firenze (FI) – ✉ 50064 – 6 373 ab. – Alt. 122 m – Carta regionale n° **32**-C2

Roma 248 km – Firenze 30 km – Siena 62 km – Arezzo 52 km

Carta stradale Michelin 563-L16

a Palazzolo Nord : 5 km – ✉ 50064

Relais Villa al Vento N

via Santa Maria Maddalena 9-13 – ✆ 34 83 81 28 22 – www.relaisvillaalvento.com

13 cam – 100/200 € 100/200 € **Rist** – Carta 37/90 €

Villa d'inizio Novecento in posizione panoramica e facilmente raggiungibile; più che altrove - qui - le camere sono individualizzate, moderne, retrò o antiche, ma sempre all'insegna di romantiche atmosfere e deliziosi particolari.

INDUNO OLONA

Varese (VA) – ✉ 21056 – 10 400 ab. – Alt. 394 m – Carta regionale n° **18**-A1

Roma 640 km – Como 30 km – Varese 6 km – Milano 63 km

Carta stradale Michelin 561-E8

Olona-da Venanzio dal 1922

via Olona 38 – ✆ 03 32 20 03 33 – www.ristorantedavenanzio.it – Chiuso lunedì

Menu 30 € (pranzo in settimana)/55 € – Carta 32/72 €

Indirizzo di grande tradizione, con cucina del territorio rivisitata ed interessanti proposte enologiche. Ambiente elegante e servizio ad ottimi livelli.

INNICHEN = SAN CANDIDO

INTRA → Vedere Verbania

Verbano-Cusio-Ossola (VB)

INVERNO-MONTELEONE

Pavia (PV) – ✉ 27010 – 1 424 ab. – Alt. 74 m – Carta regionale n° **16**-B3

Roma 543 km – Piacenza 35 km – Milano 44 km – Pavia 30 km

Carta stradale Michelin 561-G10

Monteleone – ✉ 27010 – Carta regionale n° 16-B3

Trattoria Righini

via Miradolo 108 – ✆ 0 38 27 30 32 – Chiuso gennaio, 15 luglio-31 agosto, lunedì, martedì, i mezzogiorno di giovedì-venerdì e le sere di mercoledì-domenica

Menu 25/37 €

Ambiente semplice e vivace, voi sedetevi e loro inizieranno a portarvi un'infinità di assaggi che faranno sì che vi alziate da tavola sazi, allegri e con un "arrivederci a presto"! Una delle specialità: coniglia all'aceto.

INVORIO

Novara (NO) – ✉ 28045 – 3 958 ab. – Alt. 416 m – Carta regionale n° **24**-A2

Roma 649 km – Stresa 20 km – Novara 42 km – Varese 40 km

Carta stradale Michelin 561-E7

Pascia (Paolo Gatta)

via Monte Rosa 9 – ✆ 03 22 25 40 08 – www.ristorantepascia.it – Chiuso domenica sera e lunedì

Menu 75/90 € – Carta 67/109 €

Appena trentenne, ma il giovane cuoco imbastisce già una carta che spazia con disinvoltura tra i migliori prodotti dello stivale e le sue ricette più golose, con due grandi amori: il Piemonte - i suoi ravioli, le sue carni, i suoi formaggi - e il pesce.
→ Spaghetti con ragù di coniglio. Luccioperca in crosta di sale affumicato e infuso ai limoni di Sorrento. Millefoglie al caramello e zabaione caldo.

ISCHIA (Isola d')

Napoli (NA) – 47 485 ab. – Carta regionale n° **6-A2**
Carta stradale Michelin 564-E23

BARANO D'ISCHIA – 9 970 ab. – Alt. 210 m – ✉ 80070 Barano D'Ischia

– Carta regionale n° 6-A2
Carta stradale Michelin 564-E23

a Maronti Sud : 4 km – ✉ 80070 Barano D'Ischia

Parco Smeraldo Terme

spiaggia dei Maronti – ✆ *0 81 99 01 27* Pianta : B2**a**
– *www.hotelparcosmeraldo.com*
– *Aperto 28 marzo-25 ottobre*
67 cam – 106/179 € 198/364 €
Rist – Menu 20 € – *(solo per alloggiati)*
A ridosso della rinomata spiaggia dei Maronti, albergo dal confort concreto con una terrazza fiorita in cui si colloca una piscina termale e un nuovo centro termale.

San Giorgio Terme

spiaggia dei Maronti – ✆ *0 81 99 00 98* Pianta : B2**b**
– *www.hotelsangiorgio.com*
– *Aperto 28 marzo-25 ottobre*
80 cam – 85/136 € 146/248 €
Rist – Menu 20 € – *(solo per alloggiati)*
Leggermente elevata rispetto al mare, una breve salita conduce alla moderna risorsa dai vivaci colori, nata dalla fusione di due strutture collegate tra loro; dalla fiorita terrazza, un panorama mozzafiato.

LACCO AMENO – 4 644 ab. – ✉ 80076 – Carta regionale n° 6-A2

Carta stradale Michelin 564-E23

L'Albergo della Regina Isabella

piazza Santa Restituta 1 – ✆ *0 81 99 43 22* rist,
– *www.reginaisabella.it* Pianta : B1**f**
– *Aperto 27 dicembre-5 gennaio e Pasqua-1° novembre*
128 cam – 130/375 € 190/745 € – **9 suites**
Rist *Indaco* ✿ – vedere selezione ristoranti
Rist – Carta 46/113 €
Con quest'albergo, negli anni '50, Angelo Rizzoli inventò il turismo ischitano d'alto livello, rubò clienti a Capri e portò qui il bel mondo. Oggi l'incanto continua e si moltiplica in suggestivi saloni, arredi d'epoca e preziose decorazioni: un meraviglioso universo in cui perdersi...

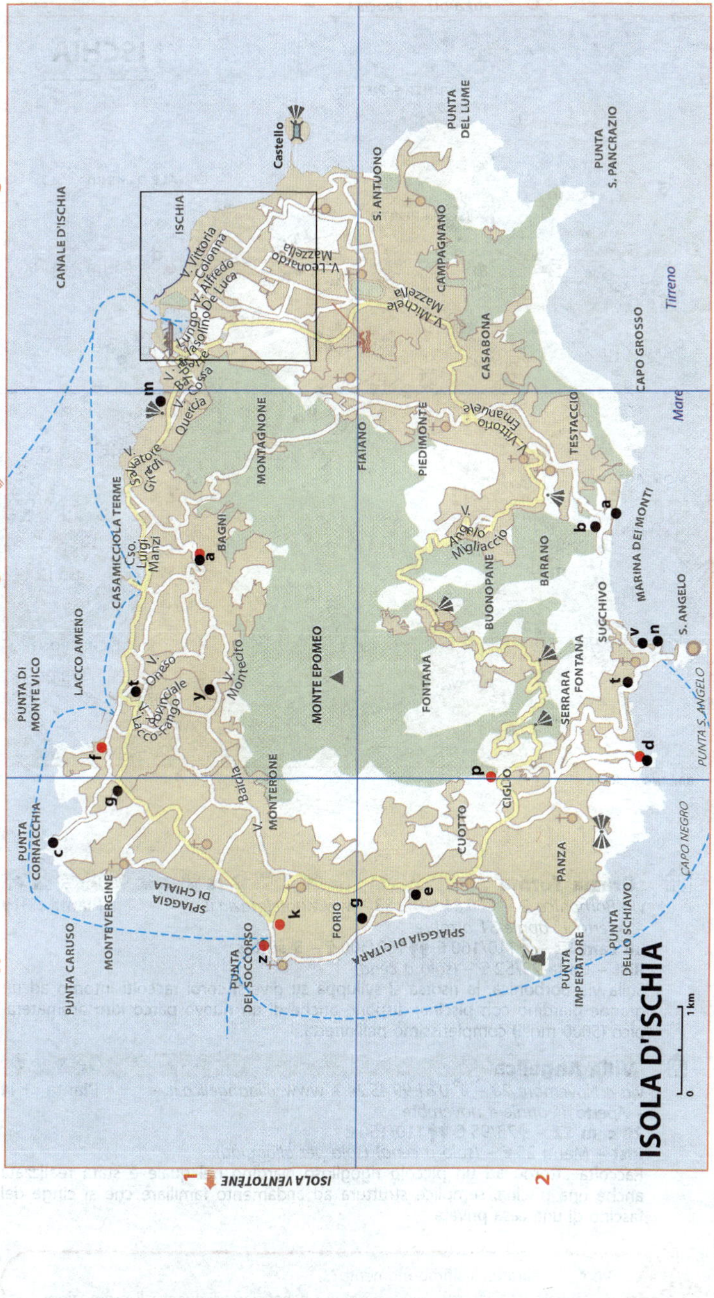
ISOLA D'ISCHIA
CANALE D'ISCHIA
Castello
PUNTA DEL LUME
PUNTA S. PANCRAZIO
ISCHIA
S. ANTUONO
CAMPAGNANO
CASABONA
CAPO GROSSO
Tirreno
Mare
V. Vittoria Colonna
V. Alfredo De Luca
V. Leonardo Mazzella
V. Michele Mazzella
V. Lungo
Iasolino
V. Baldassarre Cossa
V. Quercia
V. Salvatore Girardi
NAPOLI POZZUOLI
CAPRI PROCIDA
MONTAGNONE
FIAIANO
PIEDIMONTE
TESTACCIO
V. Vittorio Emanuele
V. Angelo Migliaccio
MARINA DEI MONTI
CASAMICCIOLA TERME
Cso. Luigi Manzi
BAGNI
BUONOPANE
BARANO
SUCCHIVO
S. ANGELO
PUNTA S. ANGELO
LACCO AMENO
PUNTA DI MONTE VICO
V. Oneso
V. Montecito
V. Provinciale Lacco-Fango
MONTE EPOMEO
FONTANA
SERRARA FONTANA
CIGLIO
CUOTTO
PUNTA CORNACCHIA
MONTEVERGINE
SPIAGGIA DI CHIAIA
V. Baiola
MONTERONE
FORIO
SPIAGGIA DI CITARA
PANZA
CAPO NEGRO
PUNTA CARUSO
PUNTA DEL SOCCORSO
PUNTA IMPERATORE
PUNTA DELLO SCHIAVO
ISOLA VENTOTENE
0
1 km
A
B
C
1
2

Grazia Terme

via Borbonica 2 – ✆ 0 81 99 43 33 – www.hotelgrazia.it Pianta : B1**y**
– Aperto 1° aprile-31 ottobre
80 cam – 110/160 € 160/300 € – **3 suites**
Rist – Carta 29/52 € – *(solo a cena)*
Sulla via Borbonica, la risorsa si sviluppa su diversi corpi raccolti intorno ad un grande giardino con piscina; dispone anche di un nuovo parco idro aromaterapico (5000 mq!!!) completissimo nell'offerta.

Villa Angelica

via 4 Novembre 28 – ✆ 0 81 99 45 24 – www.villaangelica.it Pianta : B1**t**
– Aperto 1° aprile-4 novembre
20 cam – 75/95 € 110/150 €
Rist – Menu 25 € – *(solo a cena) (solo per alloggiati)*
Raccolta attorno ad un piccolo rigoglioso giardino nel quale è stata realizzata anche una piscina, semplice struttura ad andamento familiare che si cinge del fascino di una casa privata.

Voglia di partire all'ultimo momento?
Consultate i siti Internet degli hotel per beneficiare di eventuali promozioni.

Indaco – L'Albergo della Regina Isabella
piazza Restituta 1 – 0 81 99 43 22 – www.reginaisabella.it Pianta : B1**f**
– Aperto 27 dicembre-5 gennaio e Pasqua-1° novembre
Menu 85/95 € – Carta 64/101 € – *(solo a cena)*
A pochi metri dall'acqua, affacciato su una delle baie più incantevoli dell'isola, l'arrivo dei piatti vi introdurrà in un'altra magia: quella del giovane cuoco ischitano e i suoi ricordi d'infanzia che riemergono tra i fornelli trasformandosi in piatti creativi, giocosi e sorprendenti.
→ Tortello di coniglio agroaffumicato di melanzane e vongole. Nasello in acquacottura di citronella, emulsione delle sue proteine e terra di patate. La natura, salsedine, vaniglia e porcini.

SANT'ANGELO – 80070 – Carta regionale n° 6-A2

Miramare Sea Resort
via Comandante Maddalena 29 – 0 81 99 92 19 Pianta : B2**n**
– www.hotelmiramare.it – Aperto 1° aprile-4 novembre
55 cam – 230/400 € 500/700 € – **4 suites**
Rist – Carta 91/118 € – *(solo per alloggiati)*
Nel parco termale Aphrodite Apollon, adagiato sulla baia più bella di S. Angelo, dalle camere o dalle terrazze, la vista sarà comunque memorabile. Ambienti spaziosi, servizio professionale e piatti mediterranei nel ristorante di taglio elegante, affacciato sul mare.

Casa Celestino senza rist
via Chiaia di Rose 20 – 0 81 99 92 13 Pianta : B2**t**
– www.hotelcelestino.it – Aperto 1° maggio-11 ottobre
20 cam – 80/140 € 100/240 € – **1 suite**
All'inizio del paese, ma già in zona pedonale, una dimora caratterizzata da un solare stile mediterraneo, dove il bianco abbinato al blu rallegra tessuti e ceramiche. Le stanze si adeguano a tale piacevolezza: spaziose e quasi tutte con balconcino.

Casa Sofia senza rist
via Sant'Angelo 29/B – 0 81 99 93 10 Pianta : B2**v**
– www.hotelcasasofia.com – Aperto 15 marzo-10 novembre
11 cam – 45/55 € 90/110 €
In cima ad una ripida stradina percorribile solo a piedi o con navetta (servizio organizzato dall'albergo stesso), quasi tutte le camere si affacciano sull'incantevole baia. A disposizione degli ospiti, una bella terrazza ed un salotto con libreria.

CASAMICCIOLA TERME – 8 159 ab. – 80074 – Carta regionale n° 6-A2

Terme Manzi Hotel & Spa rist,
piazza Bagni 4 – 0 81 99 47 22 – www.termemanzihotel.com
– Aperto 17 aprile-19 ottobre Pianta : B1**a**
58 cam – 169/309 € 229/429 € – **2 suites**
Rist *Il Mosaico* – vedere selezione ristoranti
Rist – Carta 88/170 € – *(solo a cena)*
Meravigliosa sintesi delle più disparate influenze, mai semplice, sempre grandioso, spesso sfarzoso: una vacanza termale in grande stile.

Il Mosaico – Terme Manzi Hotel & Spa
piazza Bagni 4 – 0 81 99 47 22 Pianta : B1**a**
– www.termemanzihotel.com – Aperto 17 aprile-19 ottobre; chiuso martedì
Menu 140/200 € – Carta 88/172 € – *(solo a cena)* (consigliata la prenotazione)
È il regno dell'elaborazione più sofisticata, di piatti-miniature dove il cibo diventa scultura, pittura ed oreficeria: il giovane Di Costanzo incanta con proposte che non sembrano uscire da una cucina, ma da un museo d'arte moderna campana.
→ Pasta patate. Agnello in parmigiana di melanzane. Napul'è.

FORIO – 16 705 ab. – 80075 – Carta regionale n° 6-A2

Carta stradale Michelin 564-E23

Mezzatorre Resort & Spa

via Mezzatorre 23, località San Montano, Nord : 3 km Pianta : A1**c**
– 0 81 98 61 11 – www.mezzatorre.it – Aperto 18 aprile-18 ottobre
49 cam – 240/400 € 340/760 € – **10 suites**
Rist *Chandelier* – Carta 62/121 € – *(solo a cena)* (consigliata la prenotazione)
Il buen retiro ischitano per eccellenza. Immerso in un bosco e arroccato su un promontorio, il complesso sorge intorno ad una torre saracena del XVI sec: eleganti camere e privacy.

Garden & Villas Resort

rist,

via Provinciale Lacco 210 – 0 81 99 79 78 Pianta : A1**g**
– www.gardenvillasresort.it – Aperto 25 aprile-18 ottobre
50 cam – 200/420 € 200/420 € – **1 suite**
Rist – Carta 31/71 € – *(solo per alloggiati)*
I numeri sono eloquenti: 3 ettari di boschi e giardini ospitano 9 ville-palazzine con sette diverse categorie di camere. Ovunque generosità di spazi, è un soggiorno all'insegna del verde e dell'indipendenza!

Umberto a Mare con cam

via Soccorso 4 – 0 81 99 71 71 – www.umbertoamare.it Pianta : A1**z**
– Aperto 2 aprile-31 ottobre
11 cam – 70/140 € 100/200 €
Menu 52/64 € – Carta 36/84 € – (consigliata la prenotazione)
Resterà indelebile una cena sulla terrazza, una ringhiera a strapiombo sul mare, per gustare una cucina in continua evoluzione eppure sempre fedele ad una tradizione di famiglia. Belle anche le camere, anch'esse panoramiche.

Il Saturnino

via Marina, al porto – 0 81 99 82 96 – ristorantesaturnino.it Pianta : A1**k**
– Chiuso martedì escluso 15 giugno-15 settembre e 27 dicembre-10 gennaio; in novembre-marzo aperto solo venerdì, sabato e domenica
Menu 35/40 € – Carta 38/68 € – (consigliata la prenotazione)
Vicino alla torre saracena, una giovane ed ospitale coppia, una veranda chiusa sulla baia, ma soprattutto un'autentica cucina mediterranea: semplice, schietta e saporita.

Da "Peppina" di Renato

via Montecorvo 42 – 0 81 99 83 12 Pianta : AB2**p**
– www.trattoriadapeppina.it – Chiuso 15 novembre-15 febbraio e mercoledì escluso giugno-settembre
Carta 24/75 € – *(solo a cena)* (consigliata la prenotazione)
Occorre essere prudenti lungo la stretta strada ma la tipicità del posto costruita su tradizione e originalità sarà una gradita ricompensa; in una grotta tufacea, la cantina-enoteca. Piatti locali a partire dai prodotti dell'orto.

a Panza Sud : 4,5 km Alt. 155 m – 80070

Punta Chiarito

cam,

via Sorgeto 51, Sud : 1 km – 0 81 90 81 02 Pianta : B2**d**
– www.puntachiarito.it – Aperto 27 dicembre-6 gennaio e 31 marzo-1° novembre
26 cam – 70/200 € 80/280 €
Rist *Chiarito* – vedere selezione ristoranti
Rist – Carta 30/78 €
Camere semplici, ma panoramiche e con arredi in ciliegio, in una graziosa risorsa in posizione isolata, su uno scenografico promontorio a picco sul mare: attraverso una comoda scala si raggiunge la famosa Baia di Sorgeto sede di acqua calda termale.

Chiarito – Hotel Punta Chiarito

via Sorgeto 51, Sud : 1 km – 0 81 90 81 02 Pianta : B2**d**
– www.puntachiarito.it – Aperto 27 dicembre-6 gennaio e 31 marzo-1° novembre
Menu 60/75 € – Carta 47/100 € – *(chiuso lunedì in aprile-giugno e settembre-ottobre) (solo a cena)* (consigliata la prenotazione)
Si viene per il panorama, si torna per la cucina: pochi tavoli e una terrazza affacciati su S. Angelo, i piatti esaltano con fantasia i prodotti campani, rivisitandoli secondo l'estro di chi sta dietro ai fornelli.

a Citara Sud : 2,5 km – ✉ 80075 Forio

Capizzo rist, P
via Provinciale Panza 189 – ✆ 0 81 90 71 68 Pianta : A2**e**
– www.hotelcapizzo.it – Aperto 18 aprile-31 ottobre
34 cam – †65/95 € ††110/140 € **Rist** – Menu 25 € – *(solo per alloggiati)*
Splendida cornice per ammirare lo spettacolo d'infuocati tramonti sulla baia, un taglio moderno caratterizza gli ambienti, freschi e luminosi. Ampi spazi per il relax all'esterno.

Providence Terme rist, P
via Giovanni Mazzella 162 – ✆ 0 81 99 74 77 Pianta : A1**g**
– www.hotelprovidence.it – Aperto 3 aprile-31 ottobre
65 cam – †70/98 € ††100/176 € – **1 suite** **Rist** – Carta 23/50 €
Si affaccia sulla spiaggia di Citara la bella struttura in stile mediterraneo che dispone anche di una grande terrazza-solarium con piscina termale e di uno spazio dedicato al benessere. Una bella vista sulla baia, cucina casereccia e pizze nella luminosa sala da pranzo.

ISCHIA – 18 695 ab. – ✉ 80077 – Carta regionale n° **6**-A2
Carta stradale Michelin 564-E23

Punta Molino Hotel Beach Resort & Spa P
lungomare Cristoforo Colombo 23 – ✆ 0 81 99 15 44 Pianta : E1-2**b**
– www.hotelpuntamolinoischia.com – Aperto 23 aprile-18 ottobre
84 cam – †235/325 € ††270/390 € – **3 suites** **Rist** – Carta 40/88 €
Signorile e direttamente sul mare, due grandi piscine, nonché stanze abbellite dalle preziose ceramiche di Vietri e arredate con pezzi d'antiquariato. L'attigua villa per chi desidera maggior riservatezza.

Grand Hotel Excelsior cam, rist, P
via Emanuele Gianturco 19 – ✆ 0 81 99 15 22 Pianta : E1**a**
– www.excelsiorischia.it – Aperto 23 aprile-17 ottobre
86 cam – †180/230 € ††220/340 € – **4 suites** **Rist** – Carta 50/80 €
Tra la vegetazione, l'imponente struttura dall'architettura mediterranea fa capolino sul mare con le sue eleganti camere dai colori freschi e marini accentuati da belle maioliche. Completa zona benessere. La cucina regionale nell'elegante sala e in terrazza.

Il Moresco rist, rist,
via Emanuele Gianturco 16 – ✆ 0 81 98 13 55 Pianta : E1**c**
– www.ilmoresco.it – Aperto 18 aprile-18 ottobre
67 cam – †180/240 € ††220/520 € – **2 suites**
Rist – Carta 55/95 € – (consigliata la prenotazione)
Nasce come dimora privata questa casa dal fascino esclusivo: la piscina coperta è stata realizzata dove era prevista la serra e la zona benessere è negli ex alloggi del personale. All'ombra del pergolato o nella sala interna, le fragranze del Mediterraneo.

Le Querce P
via Baldassarre Cossa 29 – ✆ 0 81 98 23 78 Pianta : BC1**m**
– www.albergolequerce.it – Aperto Pasqua-15 novembre
75 cam – †150 € ††400 € – **4 suites** **Rist** – Menu 25 €
Camere non tutte nuove, alcune un po' datate, ma l'albergo offre una dei panorami più incantevoli dell'isola. Affascinanti terrazze a picco sul blu.

Floridiana Terme rist, P
corso Vittoria Colonna 153 – ✆ 0 81 99 10 14 Pianta : E1**b**
– www.hotelfloridianaischia.com – Aperto 1° aprile-29 ottobre
64 cam – †121/165 € ††172/260 €
Rist – Menu 30 € – *(solo per alloggiati)*
Villa d'inizio '900 dalla gestione seria e competente. Gli ambienti comuni sono caratterizzati da dipinti murali che ne dilatano gli spazi, le camere fresche e luminose. In questa località rinomata per le terme, la risorsa propone un centro benessere con piscine varie, percorso Kneipp, doccia eudermica ed altro ancora.

Central Park Hotel Terme
via Alfredo De Luca 6 – 0 81 99 35 17 Pianta : E2**n**
– www.centralparkhotel.it – Aperto Pasqua-5 novembre
60 cam – 80/120 € 120/200 € **Rist** – Menu 25/80 €
Avvolta da un rigoglioso giardino, annovera un articolato complesso termale con una vasca termo minerale utilizzata per i trattamenti; all'esterno una bella piscina per i momenti di relax. Per i pasti, accomodatevi in un ambiente piacevolmente familiare, buffet di antipasti la sera.

La Villarosa
via Giacinto Gigante 5 – 0 81 99 13 16 Pianta : E1**w**
– www.dicohotels.it – Aperto 13 aprile-30 ottobre
37 cam – 65/126 € 100/222 €
Rist – Carta 12/35 € – *(solo per alloggiati)*
In pieno centro ma varcata la soglia del giardino sarete come inghiottiti da un'atmosfera d'altri tempi, un insieme di ambienti dal fascino antico, un susseguirsi di sale e salette tutte diverse fra loro. Panoramica sala ristorante all'ultimo piano.

Solemar Terme
via Battistessa 49 – 0 81 99 18 22 – www.hotelsolemar.it Pianta : E1**a**
– Aperto 1° aprile-31 ottobre
78 cam – 95/150 € 130/300 € **Rist** – Carta 27/64 €
Frequentato particolarmente da famiglie con bambini proprio per la sua tranquilla posizione sulla spiaggia, risorsa particolarmente vocata alla balneazione. Ospita anche un centro termale.

Alberto
lungomare Cristoforo Colombo 8 – 0 81 98 12 59 Pianta : E1**d**
– www.albertoischia.it – Aperto 20 marzo-4 novembre
Menu 25/60 € – Carta 28/79 € – (consigliata la prenotazione la sera)
Quasi una palafitta sulla spiaggia risalente ai primi anni '50, una sola sala veranda aperta sui tre lati per gustare una cucina di mare tradizionale reinterpretata con fantasia. A pranzo, formule più semplici ed economiche, ma sempre di qualità.

Damiano
via Variante Esterna strada statale 270 – 0 81 98 30 32 Pianta : D2**m**
– Chiuso da lunedì a venerdì da novembre a marzo
Carta 27/62 € – *(solo a cena escluso domenica da ottobre a maggio)*
Lasciata l'auto, alcuni gradini conducono alla veranda dalle grandi finestre affacciate sulla città e sulla costa. Semplici le proposte della cucina basata soprattutto su aragoste e coniglio di fosso. Andamento familiare.

ISEO
Brescia (BS) – 25049 – 9 094 ab. – Alt. 198 m – Carta regionale n° **19-D1**
Roma 581 km – Brescia 22 km – Bergamo 39 km – Milano 80 km
Carta stradale Michelin 561-F12

Iseolago & SPA
via Colombera 2, Ovest : 1 km – 03 09 88 91 – www.iseolagohotel.it
64 cam – 95/116 € 139/179 € – **2 suites**
Rist *L'Alzavola* – Carta 25/54 € – *(chiuso gennaio-febbraio)*
Inserito nel verde di un vasto impianto turistico alle porte della località, elegante complesso alberghiero con belle camere ed accesso diretto al lago. Alla scoperta dei piatti e dei vini della Franciacorta nell'elegante ristorante L'Alzavola; fresco pergolato per la stagione estiva.

Il Paiolo
piazza Mazzini 9 – 03 09 82 10 74 – Chiuso 19-28 febbraio,
25 agosto-9 settembre e martedì
Carta 26/39 € – (consigliata la prenotazione)
E' con entusiasmo che un parmense di Busseto gestisce un localino davvero curato, in pieno centro storico. La cucina casalinga trova la propria massima espressione nei salumi, paste fresche fatte in casa, carni e pesce di lago.

Il Volto
via Mirolte 33 – 0 30 98 14 62 – Chiuso 10 giorni in gennaio o febbraio, mercoledì e giovedì
Carta 27/80 €
Nel grazioso centro storico, locale di lunga tradizione che propone una cucina prevalentemente del territorio; sala osteria ed importante selezione di vini.

sulla strada provinciale per Polaveno Est: 6 km

I Due Roccoli
via Silvio Bonomelli 25049 – 03 09 82 29 77 – www.idueroccoli.com – Aperto 1° aprile-31 ottobre
26 cam – 90/117 € 100/190 €, 10 € – **3 suites**
Rist – Carta 39/61 €
All'interno di una vasta proprietà affacciata sul lago, un'antica ed elegante residenza di campagna con parco, adeguata alle più attuali esigenze e con locali curati. Ristorante raffinato, con angoli intimi, camino moderno e uno spazio all'aperto, "sull'aia".

a Clusane sul Lago Ovest : 5 km – 25049

Relais Mirabella
via Mirabella 34, Sud : 1,5 km – 03 09 89 80 51 – www.relaismirabella.it – Aperto 1° aprile-31 ottobre
29 cam – 128/178 € 140/190 € – **1 suite**
Rist *Il Conte di Carmagnola* – vedere selezione ristoranti
Un'elegante oasi di tranquillità, in un borgo di antiche case coloniche con eccezionale vista sul lago, 70 ettari di bosco e piscina. All'atto della prenotazione, se disponibili, richiedere le camere con terrazzino panoramico.

Il Conte di Carmagnola – Hotel Relais Mirabella
via Mirabella 34, Sud : 1,5 km – 03 09 89 80 51 – www.relaismirabella.it – Aperto 1° aprile-31 ottobre
Carta 37/75 €
In posizione dominante con splendida vista sul lago, il ristorante "mutua" il nome dalla prima tragedia di A. Manzoni. Elegante e à la page, la sua cucina propone piatti internazionali e specialità del lago, con grande attenzione all'olio (di produzione propria), nonché alla carta dei vini che annovera le eccellenze della Franciacorta.

Al Porto
piazza Porto dei Pescatori 12 – 0 30 98 90 14 – www.alportoclusane.it – Chiuso mercoledì escluso aprile-ottobre
Carta 28/48 €
Una tradizione ultracentenaria in un bel palazzo di fronte al porticciolo, tante sale con richiami storici e lacustri e qualche tavolo con vista sul lago... che arriva poi nel piatto con il pescato del giorno: Iseo in tavola!

ISERA
Trento (TN) – 38060 – 2 642 ab. – Carta regionale n° **33-B3**
Roma 575 km – Trento 29 km – Verona 75 km – Schio 52 km
Carta stradale Michelin 562-E15

Locanda delle Tre Chiavi
via Vannetti 8 – 04 64 42 37 21 – www.locandadelletrechiavi.it – Chiuso domenica sera e lunedì
Menu 31/40 € – Carta 37/53 €
Questo edificio settecentesco è oggi una tipica osteria gestita con passione da un'abile famiglia di ristoratori. Tra vini e formaggi, la cucina è esclusivamente trentina.

Casa del Vino

piazza San Vincenzo 1 – ✆ 04 64 48 60 57 – www.casadelvino.info
Carta 30/42 €
Il fior fiore della gastronomia trentina, ininterrottamente dalle 12 alle 22, in un palazzo cinquecentesco del centro. Il menu è fisso, ma si può mangiare anche solo qualche piatto (lo stinco al forno con patate e verze, il nostro preferito!), mentre tutti i vini in carta sono serviti al bicchiere. Molto belle le camere ai piani superiori della casa.

ISERNIA

86170 – 22 005 ab. – Alt. 423 m – Carta regionale n° **2-C3**
Roma 182 km – Caserta 83 km – Benevento 83 km – Campobasso 52 km
Carta stradale Michelin 564-C24

Grand Hotel Europa

viale dei Pentri 76, svincolo Isernia Nord – ✆ 08 65 21 26 – www.grandhotel-europa.it
152 cam – 85 € 110 € **Rist** – Carta 25/44 €
E' stato recentemente ampliato con molte nuove camere questo hotel d'impostazione moderna situato nei pressi dell'entrata principale in Isernia. Per una clientela commerciale e turistica. Ambienti di gusto contemporaneo e sapori tipici molisani al ristorante.

a Pesche Est : 3 km – 86090

Santa Maria del Bagno

viale Santa Maria del Bagno 1 – ✆ 08 65 46 01 36
43 cam – 46/52 € 63/68 €
Rist – Carta 16/40 € – *(chiuso lunedì) (solo per alloggiati)*
Alle falde del bianco borgo medievale arroccato sui monti e poco lontano dall'università, un'affidabile gestione familiare per un hotel dai sobri spazi comuni e dalle semplici camere.

ISOLA... ISOLE → Vedere nome proprio della o delle isole

ISOLA D'ASTI

Asti (AT) – 14057 – 2 012 ab. – Alt. 245 m – Carta regionale n° **25-D1**
Roma 625 km – Torino 67 km – Asti 10 km – Alessandria 47 km
Carta stradale Michelin 561-H6

Castello di Villa

via Bausola 2, località Villa, Est : 2,5 km – ✆ 01 41 95 80 06 – www.castellodivilla.it – Aperto 15 marzo-30 novembre
12 cam – 120/250 € 150/275 € – **2 suites**
Rist – Menu 54 € – *(solo a cena) (solo per alloggiati)*
Questa imponente villa patrizia del XVII sec. non smette di far sognare il viandante: splendidi spazi comuni, nonché lussuose camere con soffitti affrescati, arredi e decorazioni eclettiche. Uno stile barocco, ricco ma non kitsch, per rivivere i fasti del passato senza rinunciare ai confort moderni.

sulla strada statale 231 Sud-Ovest : 2 km :

Il Cascinalenuovo (Walter Ferretto) con cam

statale Asti-Alba 15 14057 – ✆ 01 41 95 81 66 – www.ilcascinalenuovo.com – Chiuso 1°-20 gennaio e 12-18 agosto
15 cam – 60/70 € 80/100 €, 10 €
Menu 60/85 € – Carta 45/88 € – *(chiuso domenica sera e lunedì) (solo a cena)*
La sala elegante - sebbene essenziale - si allontana dall'ufficialità piemontese: non la cucina, che ne propone glorie e tradizioni in un carosello dei migliori piatti; in aggiunta anche del pesce. D'estate, situazione alternativa nel fresco dehors con l'Altro Cascinale, dove gustare ricette più semplici, pizze e schiacciate, a prezzi contenuti.
→ Mezzi paccheri di Gragnano con ragù di polpo, peperoncino, pomodorini canditi e capperi. Coppa di maialino croccante, salsa bruna alla soia e mirin (liquore di riso dolce), mele golden e cipolle rosse. Finocchio, agrumi, capperi canditi e crumble di olive.

ISOLA DELLA SCALA

Verona (VR) – ✉ 37063 – 11 432 ab. – Alt. 31 m – Carta regionale n° **39-A3**
Roma 497 km – Verona 19 km – Ferrara 83 km – Mantova 34 km
Carta stradale Michelin 562-G15

L'Artigliere con cam

rist,

via Boschi 5 – ✆ 04 56 63 07 10 – www.artigliere.net – Chiuso 1°-6 gennaio, 1°-26 agosto, martedì sera e mercoledì
5 cam – 70/90 € 90/130 €
Menu 15 € (pranzo in settimana)/95 € – Carta 43/87 €
Tra le mura ristrutturate di un antico mulino seicentesco, uno chef "navigato" rilancia la propria cucina dal taglio decisamente moderno; possibilità anche di pernottamento in comode camere.

ISOLA DELLE FEMMINE

Sicilia – Palermo (PA) – ✉ 90040 – 7 190 ab. – Alt. 6 m – Carta regionale n° **29-B2**
Palermo 21 km – Trapani 93 km – Marsala 109 km
Carta stradale Michelin 365-AO54

Sirenetta

cam,

viale Dei Saraceni 81, Sud-Ovest : 1,5 km – ✆ 09 18 67 15 38 – www.sirenetta.it – Chiuso 20 dicembre-15 gennaio
22 cam – 65/95 € 70/160 € – **7 suites**
Rist – Carta 18/40 € – *(solo per alloggiati)*
Incastrato tra splendide montagne e un'affascinante baia, gestione familiare con camere semplici, ma accoglienti. Sala e cucina classiche d'albergo: spiccano i sottopiatti in ceramica siciliana.

ISOLA DEL LIRI

Frosinone (FR) – ✉ 03036 – 11 923 ab. – Alt. 217 m – Carta regionale n° **13-D2**
Roma 107 km – Frosinone 23 km – Avezzano 62 km – Isernia 91 km
Carta stradale Michelin 563-Q22

Scala

piazza Gregorio VII – ✆ 07 76 80 81 00 – www.scalallacascata.it
18 cam – 40/50 € 60/70 € **Rist** – Carta 20/46 €
Una risorsa suddivisa in due edifici, sulla piazza principale e sul lato del fiume, per una proposta di camere semplici, ma particolarmente spaziose, dove il legno la fa da padrone. Proposte di terra e di mare nelle due sale del ristorante.

ISOLA DOVARESE

Cremona (CR) – ✉ 26031 – 1 226 ab. – Alt. 35 m – Carta regionale n° **17-C3**
Roma 500 km – Parma 48 km – Brescia 75 km – Cremona 27 km
Carta stradale Michelin 561-G12

Palazzo Quaranta

via Largo Vittoria 12 – ✆ 03 75 39 61 62 – www.palazzoquaranta.it
8 cam – 50/65 € 80/120 € **Rist** – Carta 27/53 € – *(chiuso mercoledì)*
Nel cuore di un suggestivo complesso architettonico, il palazzo tardo settecentesco ospita camere signorili, quasi tutte affrescate, diverse con bagni principeschi.

Caffè La Crepa

piazza Matteotti 13 – ✆ 03 75 39 61 61 – www.caffelacrepa.it – Chiuso 7-22 gennaio, 29 giugno-8 luglio, 14 settembre-2 ottobre, lunedì e martedì
Menu 35/55 € – Carta 29/52 €
Affacciato su una scenografica piazza rinascimentale, il caffè risale al primo '800, poco più tarda la trattoria. Oggi vi invita ad un nostalgico viaggio dal risorgimento agli anni '60, passando per il liberty. Dalla cucina i piatti del territorio come gli gnòc à la mulinera (riscoperta di un'antica ricetta locale) o la faraona alla Creta.

ISOLA RIZZA

Verona (VR) – ✉ 37050 – 3 296 ab. – Alt. 23 m – Carta regionale n° **39-B3**
Roma 487 km – Verona 27 km – Ferrara 91 km – Mantova 55 km
Carta stradale Michelin 562-G15

all'uscita superstrada 434 verso Legnago

XXXX **Perbellini**

✿✿ *via Muselle 130 (trasferimento previsto a Verona, in piazza San Zeno 16, a fine 2014) ✉ 37050 – ☎ 04 57 13 53 52 – www.giancarloperbellini.it – Chiuso 10 giorni in febbraio, 3 settimane in agosto, domenica sera, lunedì e martedì; anche domenica a mezzogiorno in luglio-agosto*
Menu 65 € (pranzo in settimana)/150 € – Carta 90/168 €
Da Isola Rizza la cucina di Perbellini si sposta nella città di Giulietta, rimanendo tuttavia saldamente ancorata alla sua vena creativa che permea ogni piatto dall'antipasto al dolce: proverbiale è infatti la sua pasticceria!
→ Wafer al sesamo con tartare di branzino, caprino all'erba cipollina e sensazione di liquirizia. Risotto mantecato allo scalogno, bottarga affumicata e riduzione di sottobosco. Cioccolato salato, nocciola e gelatina di cognac.

ISOLA ROSSA → Vedere Trinità d'Agultu

Olbia-Tempio (OT)

ISOLA SANT'ANTONIO

Alessandria (AL) – ✉ 15050 – 717 ab. – Carta regionale n° **23-C2**
Roma 596 km – Torino 125 km – Alessandria 39 km – Novara 106 km
Carta stradale Michelin 561-G8

XX **Da Manuela**

via Po 31, Nord-Ovest : 3 km – ☎ 01 31 85 71 77 – www.ristorantedamanuela.it – Chiuso 1° -21 agosto e lunedì
Menu 35/45 € – Carta 28/59 €
Cucina lombarda con qualche spunto piemontese, in un accogliente locale ubicato in aperta campagna. Le specialità sono le rane e i pesci d'acqua dolce, ma ottima è anche la cantina!

ISSENGO = ISSENG → Vedere Falzes

Bolzano (BZ)

ISSOGNE

Aosta (AO) – ✉ 11020 – 1 343 ab. – Alt. 387 m – Carta regionale n° **37-B2**
Roma 713 km – Aosta 41 km – Biella 70 km – Torino 80 km
Carta stradale Michelin 561-F5

XX **Al Maniero** con cam

frazione Pied de Ville 58 – ☎ 01 25 92 92 19 – www.ristorantealmaniero.it – Chiuso 15-30 giugno
6 cam – †60/65 € ††70/90 €
Menu 24/36 € – Carta 25/45 € – *(chiuso lunedì escluso agosto)*
Giovane coppia, pugliese lui, ferrarese lei, nei pressi del maniero valdostano: ambiente semplice con piatti del territorio, quali gnocchi alla fonduta o carbonade con polenta. Solo su prenotazione, pesce.

IVREA

Torino (TO) – ✉ 10015 – 23 632 ab. – Alt. 253 m – Carta regionale n° **22-B2**
Roma 683 km – Aosta 68 km – Torino 49 km – Breuil-Cervinia 74 km
Carta stradale Michelin 561-F5

a Banchette d'Ivrea Sud-Ovest : 2,5 km – ✉ 10015

Crystal Palace Hotel

via Circonvallazione 4/f – ☎ 01 25 61 30 60 – www.hcrystalpalace.com – Chiuso 1°-7 gennaio e 8-23 agosto
29 cam – 70/100 € 90/130 €
Rist *Trattoria Moderna Il Simposio* – vedere selezione ristoranti
A pochi minuti dal casello autostradale di Ivrea (A5 Torino/Aosta), moderna costruzione che pur soddisfacendo le esigenze di funzionalità della clientela commerciale, non è priva di eleganti accorgimenti ed originali trovate estetiche: l'atmosfera trasmette una piacevole sensazione di nuovo.

Trattoria Moderna Il Simposio

via Circonvallazione 4 – ☎ 01 25 61 02 10 – www.trattoriamodernailsimposio.it – Chiuso 1°-7 gennaio e 8-23 agosto
Menu 14 € (pranzo in settimana)/36 € – Carta 30/51 €
Se a pranzo diverse possibilità di piatti unici e piccole proposte soddisfano anche il cliente più frettoloso, la sera una carta fantasiosa si accompagna ad un più ampio menu degustazione.

al lago Sirio Nord : 2 km :

Sirio

via lago Sirio 85 ✉ 10015 – ☎ 01 25 42 42 47 – www.hotelsirio.it
46 cam – 125/165 € 125/165 €
Rist *Finch* – vedere selezione ristoranti
In posizione panoramica nei pressi del lago, una risorsa di stampo moderno. con camere molto carine e spaziose. Le aree comuni appaiono eleganti, a tratti, alla moda con luci soffuse e arredi essenziali.

Finch – Hotel Sirio

via lago Sirio 85 ✉ 10015 – ☎ 01 25 42 42 47 – www.hotelsirio.it – Chiuso domenica in ottobre-aprile e martedì in maggio-settembre
Menu 28/45 € – Carta 45/59 € – *(solo a cena)*
Totalmente rinnovato in anni recenti, questo moderno ristorante che negli arredi sfoggia un certo minimalismo modaiolo, in cucina non rinnega la tradizione: specialità alla griglia.

a San Bernardo Sud : 3 km – ✉ 10015

La Villa

cam, rist,

via Torino 334 – ☎ 01 25 63 16 96 – www.ivrealavilla.com
35 cam – 68/75 € 80/98 €
Rist – Carta 24/44 € – *(chiuso 15 giorni in agosto, 22 dicembre-6 gennaio, venerdì, sabato e domenica) (solo a cena)*
Accogliente e calda atmosfera familiare in questa villa in zona periferica, quasi una casa privata. Alcune camere e la sala colazioni si affacciano sulla catena alpina. Vicino agli stabilimenti.

JESI

Ancona (AN) – ✉ 60035 – 40 367 ab. – Alt. 97 m – Carta regionale n° **21**-C2
Roma 260 km – Ancona 32 km – Gubbio 80 km – Macerata 41 km
Carta stradale Michelin 563-L21

Federico II

rist,

via Ancona 100 – ☎ 07 31 21 10 79 – www.hotelfederico2.it
129 cam – 60/145 € 90/221 € – **16 suites**
Rist *La Rotonda* – Carta 34/62 €
Elegante complesso immerso nel verde, garantisce un soggiorno confortevole e rilassante grazie anche al moderno centro benessere. Gli spazi comuni sono ampi e le camere arredate con gusto classico. Una luminosa sala panoramica invita a gustare una cucina classica e locale.

Mariani senza rist

via Orfanotrofio 10 – ✆ 07 31 20 72 86 – www.hotelmariani.com
33 cam – 40/60 € 65/86 €
A pochi passi dal centro storico, la struttura offre camere confortevoli e ben arredate per un soggiorno sia di turismo che di lavoro.

JESOLO

Venezia (VE) – ✉ 30016 – 24 584 ab. – Carta regionale n° **40-D2**
Roma 564 km – Venezia 46 km – Belluno 111 km – Padova 80 km
Carta stradale Michelin 562-F19

Da Guido

via Roma Sinistra 25 – ✆ 04 21 35 03 80 – www.ristorantedaguido.com – Chiuso gennaio, febbraio, martedì a mezzogiorno e lunedì
Menu 20 € (pranzo in settimana)/63 € – Carta 31/94 €
Se il bianco è l'attore principale delle sale di tono elegantemente contemporaneo, sulla tavola il riflettore è puntato su appetitosi piatti di mare. Per i più romantici, il giardino d'atmosfera.

JESOLO PINETA → Vedere Lido di Jesolo

Venezia (VE)

JOUVENCEAUX → Vedere Sauze d'Oulx

Torino (TO)

KALTERN AN DER WEINSTRASSE = CALDARO SULLA STRADA DEL VINO

KASTELBELL TSCHARS = CASTELBELLO CIARDES

KASTELRUTH = CASTELROTTO

KLAUSEN = CHIUSA

KOLFUSCHG = COLFOSCO

KURTATSCH AN DER WEINSTRASSE = CORTACCIA SULLA STRADA DEL VINO

LABICO

Roma (RM) – ✉ 00030 – 6 154 ab. – Alt. 319 m – Carta regionale n° **13-C2**
Roma 39 km – Avezzano 116 km – Frosinone 44 km – Latina 50 km
Carta stradale Michelin 563-Q20

Antonello Colonna Labico Resort

via Vallefredda 52 – ✆ 0 69 51 00 32 – www.antonellocolonnaresort.it
12 cam – 150/650 € 150/800 €
Rist *Antonello Colonna Labico* ✿ – vedere selezione ristoranti
Immersa nel verde della campagna di Vallefredda, una bella struttura il cui design minimalista e luminoso viene completato dal servizio pronto ad accontentare qualunque richiesta. Le pareti sono spoglie, ma all'arte contemporanea è dedicata una sala-museo. Camere "nude".

Agriturismo Fontana Chiusa

cam,

via Di Fontana Chiusa 3, (via Casilina al km 35.100) – ✆ 0 69 51 03 57 – www.fontanachiusa.it
7 cam – 65/80 € 90/120 €
Rist *Fontana Chiusa* – Carta 25/30 €
Avvolto dal verde, tra giardini fioriti e noccioli, il casolare ottocentesco è stato sapientemente ristrutturato per offrire camere in strile rustico arredate con buon gusto ed eleganza. Nell'accogliente ristorante, carni e verdure dell'azienda compongono piatti dai sapori del territorio.

Antonello Colonna Labico – Antonello Colonna Labico Resort
via Vallefredda 52 – ✆ 0 69 51 00 32
– www.antonellocolonnaresort.it – Chiuso domenica sera e lunedì
Carta 65/95 € – (consigliata la prenotazione)
Natura e modernità armoniosamente fuse in una struttura originale ed avveniristica: siamo all'interno di un parco, tra grandi spazi quasi museali ed opere d'arte, dove la cucina recupera la tradizione campestre laziale sostenuta dall'abilità tecnica di un grande cuoco.
➜ Agnolotti di lesso di gallina, prezzemolo e patate. Spalla di capretto, menta e pecorino. Biscotto ghiacciato di pistacchio e lampone.

LA CALETTA ➜ Vedere Siniscola
Nuoro (NU)

LACCO AMENO ➜ Vedere Ischia (Isola d')
Napoli (NA)

LACES (LATSCH)
Bolzano (BZ) – ✉ 39021 – 5 162 ab. – Alt. 639 m – Carta regionale n° **33-B2**
Roma 692 km – Bolzano 56 km – Merano 28 km – Trento 108 km
Carta stradale Michelin 562-C14

Paradies rist,
via Sorgenti 12 – ✆ 04 73 62 22 25 – www.hotelparadies.com
– Aperto 19 marzo-8 novembre
48 cam – 125/163 € 222/312 € – **20 suites** **Rist** – Carta 34/70 €
In posizione davvero paradisiaca, bella struttura nella pace dei frutteti e del giardino ombreggiato con piscina; accoglienti ambienti interni e curato centro benessere.

LADISPOLI
Roma (RM) – ✉ 00055 – 37 473 ab. – Carta regionale n° **12-B2**
Roma 39 km – Civitavecchia 34 km – Ostia Antica 43 km – Tarquinia 53 km
Carta stradale Michelin 563-Q18

La Posta Vecchia
località Palo Laziale, Sud : 2 km – ✆ 0 69 94 95 01 – www.lapostavecchia.com
– Aperto 23 aprile-18 ottobre
14 cam – 338/685 € 338/685 € – **5 suites**
Rist *The Cesar* – vedere selezione ristoranti
Quasi un fortino sul mare, uno scrigno di tesori d'arte d'ogni epoca, nelle fondamenta una villa romana con pavimenti musivi. Per tutti gli ospiti, la sensazione di essere stati invitati in una residenza nobiliare privata.

The Cesar – Hotel La Posta Vecchia
località Palo Laziale, Sud : 2 km – ✆ 0 69 94 95 01 – www.thecesar.it
– Aperto 3 aprile-18 ottobre
Menu 98/125 € – Carta 74/133 €
Romanticamente affacciato sul mare, la sontuosità della sala rivaleggia con una cucina sapida e sofisticata: piatti mediterranei rivisitati in chiave moderna e preparati in gran parte con i prodotti biologici dell'orto dell'hotel.
➜ Scampi, stracciatella di bufala, shiso (basilico giapponese) liquido e aria di lime. Sella d'agnello, fiori di zucca, ciliegie e salsa al caprino. Fragole, yogurt, mela verde e Champagne.

LAGO ➜ Vedere nome proprio del lago

LAGO MAGGIORE o VERBANO
Novara, Varese e Cantone Ticino

LAGONEGRO
Potenza (PZ) – ✉ 85042 – 5 685 ab. – Alt. 666 m – Carta regionale n° **3-B3**
Roma 389 km – Potenza 93 km – Battipaglia 106 km – Salerno 127 km
Carta stradale Michelin 564-G29

in prossimità casello autostrada A 3 - Lagonegro Sud Nord : 3 km :

Midi rist, rist,

viale Colombo 76 ✉ 85042 – ✆ 0 97 34 11 88 – www.midihotel.it

36 cam – 50/60 € 75/85 € **Rist** – Carta 20/42 €

In prossimità dello svincolo autostradale, albergo d'ispirazione classica, particolarmente adatto ad una clientela business, con camere moderne e funzionali. Ampia sala da pranzo e salone banchetti con capienza fino a 500 persone.

LAGUNDO (ALGUND)

Bolzano (BZ) – ✉ 39022 – 4 971 ab. – Alt. 350 m – Carta regionale n° **33-B1**

Roma 670 km – Bolzano 34 km – Merano 5 km – Trento 89 km

Carta stradale Michelin 562-B15

Pergola senza rist

san Cassiano 40 – ✆ 04 73 20 14 35 Pianta : A1**f**

– www.pergola-residence.it – Aperto 21 marzo-15 novembre

12 suites – 180/250 € 236/310 €, 12 € – 2 cam

Eccellente esercizio architettonico del celebre Matteo Thun: in una piccola casa, profusione di legno, luce e - grazie alla posizione rialzata sul paese - splendido panorama. Le ampie camere dispongono tutte di un cucinino.

Ludwigshof cam, rist,

via Breitofen 9 – ✆ 04 73 22 03 55 – www.ludwigshof.com Pianta : A1**a**

– Aperto 1° aprile-10 novembre

24 cam – solo ½ P 79/103 € – **4 suites**

Rist - *(solo a cena) (solo per alloggiati)*

In un'oasi di tranquillità, incorniciato dal Gruppo del Tessa, albergo a gestione familiare con un invitante giardino; tappeti, quadri e soffitti in legno all'interno.

Agriturismo Plonerhof senza rist

via Peter Thalguter 11 – ✆ 04 73 44 87 28 Pianta : A1**b**

– www.plonerhof.it

9 cam – 32/48 € 32/48 €

Non lontano dal centro, circondata da una riposante natura, casa contadina del XIII secolo con tipiche iscrizioni di motti tirolesi; interessanti arredi di epoche diverse.

Zur Blauen Traube

strada Vecchia 44 – ✆ 04 73 44 71 03 – www.blauetraube.it Pianta : A1**e**

– Chiuso 10 gennaio-1° marzo, 25 giugno-8 luglio e martedì

Carta 35/68 €

In pieno centro, l'edificio storico ospita al suo interno una cucina d'impostazione attuale, che cita tanto la regione nella quale si trova, ma si concede anche ad altri sapori italiani.

Schnalshuberhof

Oberplars 2 – ✆ 04 73 44 73 24 – www.gallorosso.it – Chiuso Pianta : A1**d**

15 dicembre-18 febbraio, 27 luglio-12 agosto, lunedì, martedì e mercoledì

Menu 25/30 € – *(solo a cena)* (prenotazione obbligatoria)

Tra le mura di una casa del 1300, in due stube (unica nel suo genere quella ricoperta di giornali), la famiglia Pinggera propone gustosi piatti a base di ingredienti biologici, accompagnati da vini di produzione propria. Ottimo Speck e distillati.

LAIGUEGLIA

Savona (SV) – ✉ 17053 – 1 738 ab. – Carta regionale n° **14-B2**

Roma 603 km – Imperia 23 km – Savona 57 km – San Remo 51 km

Carta stradale Michelin 561-K6

Splendid Mare

piazza Badarò 3 – ✆ 01 82 69 03 25 – www.splendidmare.it – Aperto 1° aprile-30 settembre

43 cam – solo ½ P 100/180 € – **2 suites** **Rist** – Menu 30/40 € – *(solo a cena)*

Un soggiorno rilassante negli ambienti signorili di un edificio quattrocentesco, ristrutturato nel 1700 e poi ancora in anni recenti, che conserva il fascino di un antico passato. Camere piacevoli, alcune si affacciano sul mare, altre sulla bella piscina.

Mediterraneo cam,

via Andrea Doria 18 – ✆ 01 82 69 02 40 – www.hotelmedit.it – Chiuso febbraio e ottobre
32 cam – †40/70 € ††60/120 €, ☕ 8 €
Rist – Menu 20 € – *(solo per alloggiati)*
La gestione familiare, le grandi camere ben arredate, la posizione tranquilla e comoda, fuori ma non lontana dal centro, la grande terrazza solarium: buone vacanze!

LAINATE

Milano (MI) – ✉ 20020 – 25 182 ab. – Alt. 176 m – Carta regionale n° **18**-A2
Roma 609 km – Milano 20 km – Bergamo 62 km – Brescia 107 km
Carta stradale Michelin 561-F9

Litta Palace rist,

via Lepetit 1, uscita autostrada A 8 – ✆ 02 93 57 16 40 – www.hotellittapalace.com
92 cam ☕ – †70/299 € ††90/389 € – **2 suites**
Rist *Ninfeo* – Carta 45/62 € – *(solo a cena)*
Vicino all'ingresso dell'autostrada, è la struttura ideale per una clientela business: camere confortevoli, sale riunioni ed una zona fitness dove trovano posto piscina, palestra, nonché sauna. Di gusto contemporaneo, le accattivanti proposte culinarie del ristorante; per gli irriducibili del tabacco, sala fumatori a disposizione.

LAIVES (LEIFERS)

Bolzano (BZ) – ✉ 39055 – 17 290 ab. – Alt. 255 m – Carta regionale n° **34**-D3
Roma 636 km – Bolzano 11 km – Trento 52 km – Merano 35 km

Rotwand cam,

via Gamper 2, Nord-Est : 2 km – ✆ 04 71 95 45 12 – www.rotwand.com – Chiuso febbraio
43 cam ☕ – †70/80 € ††99/129 €
Rist – Carta 25/57 € – *(chiuso domenica sera e lunedì)*
A soli 10 minuti dal centro storico di Bolzano, conduzione diretta in una bella struttura in quieta e panoramica zona residenziale: ambienti tradizionali e succulente specialità altoatesine al ristorante.

LAMA MOCOGNO

Modena (MO) – ✉ 41023 – 2 827 ab. – Alt. 842 m – Carta regionale n° **8**-B2
Roma 382 km – Bologna 88 km – Modena 58 km – Pistoia 76 km
Carta stradale Michelin 562-J14

Vecchia Lama

via XXIV Maggio 24 – ✆ 0 53 64 46 62 – www.ristotantevecchialama.it – Chiuso 7-18 gennaio e lunedì escluso luglio-agosto
Menu 12 € (pranzo in settimana)/35 € – Carta 20/41 €
Cordialità ed ospitalità sono i padroni di casa, insieme ad un'ottima cucina di sola carne con specialità emiliane e montane, tartufi e funghi in stagione. D'estate si pranza sulla terrazza affacciata sul giardino.

LAMEZIA TERME

Catanzaro (CZ) – ✉ 88046 – 70 261 ab. – Alt. 216 m – Carta regionale n° **5**-A2
Roma 580 km – Cosenza 66 km – Catanzaro 44 km
Carta stradale Michelin 564-K30

Bräm Hotel senza rist

via del Mare 63 – ✆ 0 96 85 15 98 – www.bramhotel.it
14 cam ☕ – †69/100 € ††89/120 € – **3 suites**
In prossimità della stazione ferroviaria, una nuova struttura elegante nello stile e raffinata nei dettagli: con questi presupposti il soggiorno non potrà che essere all'insegna della qualità e del confort.

a Nicastro – ✉ 88046

Savant
rist,

via Capitano Manfredi 8 – ☎ 0 96 82 61 61 – www.hotelsavant.it
67 cam – 60/90 € 86/145 € – **2 suites** **Rist** – Carta 24/54 €
Posizione centrale per un hotel dal confort contemporaneo: ambienti classici e camere funzionali. Struttura ideale per una clientela business. Atmosfera gradevole nella spaziosa sala da pranzo.

Novecento

largo Sant'Antonio 5 – ☎ 09 68 44 86 25 – www.ristorantenovecento.biz
Carta 22/40 €
Nel centro storico della località, in fondo alla sala con mattoni a vista è stata ricavata nel pavimento un'area trasparente e calpestabile, il cui interno custodisce una riproduzione della vecchia Nicastro. La calda ospitalità accompagna invece i numerosi piatti della tradizione.

sulla strada statale 18 Sud-Ovest: 11 km

Ashley
cam, rist,

località Marinella ✉ 88046 Lamezia Terme – ☎ 0 96 85 18 51 – www.hotelashley.it
55 cam – 80/95 € 115/125 € – **4 suites**
Rist *Al Regina* – Carta 36/69 €
Nelle vicinanze dell'aeroporto, una nuova realtà dalla raffinata ed elegante atmosfera, caratterizzata da mobili d'antiquariato in stile Impero e da spazi curati in ogni settore. La piacevolezza della struttura non risparmia il ristorante: gustose specialità di pesce ed un'interessante carta dei vini.

sulla strada complanare SP 170/2 Est: 10 km

THotel Lamezia

località Garrubbe ✉ 88043 Feroleto Antico – ☎ 09 68 75 40 09 – www.thotelamezia.it
106 cam – 120/150 € 145/190 € – **1 suite** **Rist** – Carta 25/43 €
Una nuova struttura a vocazione prettamente business dotata dei migliori confort moderni e completa di ogni servizio. Ideale per congressi, il ristorante propone una saporita cucina regionale, elaborata partendo da materie prime di buona qualità.

LA MORRA

Cuneo (CN) – ✉ 12064 – 2 751 ab. – Alt. 513 m – Carta regionale n° **25**-C2
Roma 644 km – Cuneo 55 km – Asti 42 km – Torino 67 km
Carta stradale Michelin 561-I5

Corte Gondina senza rist

via Roma 100 – ☎ 01 73 50 97 81 – www.cortegondina.it – Chiuso 20-27 dicembre e 1°-28 febbraio
14 cam – 110/140 € 130/180 €
Elegante casa d'epoca a due passi dal centro, curata in ogni dettaglio: all'interno camere personalizzate, mentre la sala colazioni e il salottino hanno un respiro quasi anglosassone. Nel rilassante giardino la piscina.

Palas Cerequio - Barolo Cru Resort
cam,

Borgata Cerequio – ☎ 0 17 35 06 57 – www.palascerequio.com – Chiuso 7 gennaio-15 marzo
7 suites – 190/290 € – 2 cam
Rist – Carta 30/60 € – (consigliata la prenotazione)
Nella tranquillità di una settecentesca residenza di campagna con tanto di cappella privata, camere in stile moderno minimalista o barocco piemontese: la maggior parte, con piccola spa privata (sauna e idromassaggio). Piatti della tradizione locale ed alcune specialità di pesce al ristorante.

Rocche Costamagna Art Suites N senza rist
via Vittorio Emanuele 6 – 01 73 50 92 25 – www.rocchecostamagna.it – Chiuso 15 dicembre-15 marzo
4 cam – 140/160 € 140/160 €
Le camere sono sopra la cantina storica dell'azienda (che è possibile visitare): semplici ed eleganti, offrono relax e vista panoramica dalle belle terrazze individuali.

Fior di Farine senza rist
via Roma 110 – 01 73 50 98 60 – www.fiordifarine.com – Chiuso gennaio e febbraio
5 cam – 80/90 € 100/110 €
Nella corte interna di uno dei più celebri mulini in pietra, una struttura del '700 con soffitti a cassettoni e camere arredate in stile rustico-elegante. Imperdibile la prima colazione, dove si possono gustare le farine di produzione propria sotto forma di pane, brioche e pizza espressa.

Villa Carita senza rist
via Roma 105 – 33 84 34 74 66 – www.villacarita.it – Chiuso gennaio
4 cam – 100/130 € 100/130 €
Bella casa d'inizio '900 con splendida vista su colline e vigneti: le camere, eccetto una, sono in realtà vere e proprie suite con cucinino. Dal belvedere realizzato nel grazioso giardino ed allestito con sedie in ferro battuto si possono ammirare i castelli di Grinzane Cavour, Castiglione Falletto e Serralunga.

Massimo Camia N
strada provinciale 3 Alba-Barolo 122, Sud-Est : 5 km ✉ 12064 La Morra – 0 17 35 63 55 – www.locandanelborgo.it – Chiuso 15 giorni in marzo, 15 giorni in agosto, mercoledì a mezzogiorno e martedì
Menu 65/75 € – Carta 52/91 € – (consigliata la prenotazione)
E' la nuova sede dell'ex Locanda nel Borgo Antico di Barolo, che qui lascia spazio al nome del suo chef-patron. In un ambiente moderno ed elegante, ma di raffinata semplicità, la cucina si ritrae talvolta dal territorio per dare spazio a sapori mediterranei.
→ Lo scamone "tonnato". Piccione di cascina al tartufo nero. Tortino di nocciola.

Bovio
via Alba 17 bis – 01 73 59 03 03 – www.ristorantebovio.it – Chiuso 15 febbraio-12 marzo, 27 luglio-13 agosto, mercoledì e giovedì
Menu 45 € – Carta 40/73 € – (consigliata la prenotazione)
Famiglia storica di ristoratori, i Bovio, da qualche anno si sono trasferiti in questa bella villa con vista sui vigneti, dove continuano a portar avanti l'importante tradizione gastronomica delle langhe. La vista dalla terrazza è, a dir poco, spettacolare!

a Rivalta Nord : 4 km – ✉ 12064 La Morra

Bricco dei Cogni senza rist
frazione Rivalta Bricco Cogni 39 – 01 73 50 98 32 – www.briccodeicogni.it – Chiuso 15-28 dicembre
6 cam – 80/110 € 100/130 €, 8 €
Abbracciata dalle dolci colline dei nobili vigneti, un'elegante ed imponente casa padronale in stile ottocentesco. Bella piscina soleggiata e romantiche camere, arredate nei tenui colori del giallo, del rosa o del blu, impreziosite da antichi mobili e suppellettili d'epoca.

a Annunziata Est : 4 km – ✉ 12064 La Morra

Agriturismo La Cascina del Monastero senza rist
cascina Luciani 112/a – 01 73 50 92 45 – www.cascinadelmonastero.it – Chiuso 15 dicembre-1° marzo
10 cam – 85/100 € 110/130 €
Anticamente utilizzata dai frati per produrre il vino, la cascina offre accoglienti spazi dove soggiornare alla scoperta dei sentieri di Langa e degustare prodotti tipici locali. L'agriturismo vanta, ora, anche un piccolo centro benessere.

Agriturismo Risveglio in Langa senza rist
borgata Ciotto 52, Sud-Est : 3 km – ✆ 0 17 35 06 74 – www.risveglioinlanga.it – Chiuso gennaio-febbraio
5 cam – 80/85 € 100/110 €
Ricavata da un cascinale ottocentesco, la risorsa è immersa nel verde di colline e vigneti: i proprietari sono infatti anche piccoli produttori di vino. La generosità in metri quadrati delle camere, permette loro di avere anche un angolo cottura.

Red Wine senza rist
frazione Annunziata 105 – ✆ 01 73 50 92 50 – www.red-wine.it – Aperto 9 marzo-7 dicembre
9 cam – 65/70 € 85/115 €
La piccola cascina secolare si è trasformata in colorato hotel, dove il passato si allea a confort moderni per offrire ambienti accoglienti e di elegante essenzialità. Tutt'attorno, il verde delle vigne.

Osteria Veglio
frazione Annunziata 9 – ✆ 01 73 50 93 41 – Chiuso febbraio, 10 giorni in agosto, martedì e mercoledì
Menu 28/38 € – Carta 27/53 € – (coperti limitati, prenotare)
Alla ricerca dei migliori sapori langaroli in una piccola sala interna o - nella stagione estiva - sulla terrazza panoramica da cui si gode di una bella vista su colline e vigneti circostanti.

a Santa Maria Nord-Est : 4 km – ✉ 12064 La Morra

L'Osteria del Vignaiolo con cam
– ✆ 0 17 35 03 35 – www.osteriadelvignaiolo.it – Chiuso 24 dicembre-20 gennaio e 2 settimane in giugno-luglio
5 cam – 50 € 70 €
Menu 35 € – Carta 29/46 € – *(chiuso mercoledì e giovedì)*
In questa piccola frazione nel cuore del Barolo, un piacevole edificio in mattoni ospita quella che è diventata una piacevole osteria. Nella luminosa sala, i piatti della tradizione sono reintepretati con fantasia: i cubetti di scamone scottati con pane alle erbette aromatiche, ne sono un esempio. Spaziose e confortevoli le camere.

LAMPEDUSA (Isola di)

Sicilia – Agrigento (AG) – 6 216 ab. – Alt. 16 m – Carta regionale n° **30-C3**
Carta stradale Michelin 365-AK70 – Guida Verde Michelin SICILIA

LAMPEDUSA – ✉ 92010
Carta stradale Michelin 565-U19

O'Scià N senza rist
via Cameroni 8 – ✆ 09 22 97 57 99 – www.osciahotel.it – Aperto 1° aprile-18 ottobre
26 cam – 50/97 € 100/190 € – **5 suites**
In prossimità del porto turistico e a pochi passi dal centro storico, raggiungibile tramite una lunga scalinata, struttura molto carina dalle atmosfere e arredi orientaleggianti: colori sgargianti già nella hall, camere spaziose e con accessori dell'ultima generazione. Senza ombra di dubbio, tra le più intriganti risorse dell'isola!

Martello
piazza Medusa 1 – ✆ 09 22 97 00 25 – www.hotelmartello.it
23 cam – 50/85 € 80/130 € **Rist** – Menu 20/25 €
Nel cuore dell'area portuale turistica - ideale anche per una clientela commerciale - palazzina di due piani tinteggiata di chiaro, come tutte le abitazioni dell'isola, per un soggiorno confortevole grazie alle buone dotazioni; diving center annesso all'hotel. Ristorante semplice, fresco, schietto e sicuramente curato con passione.

Cavalluccio Marino
cam,
contrada Cala Croce 3 – 09 22 97 00 53 – www.hotelcavallucciomarino.com – Aperto 1° aprile-31 ottobre
10 cam – solo ½ P 75/100 € **Rist** – Carta 34/94 €
Affacciato sul mare, fuori dal caotico centro storico e portuale, una bella struttura con una ricca macchia mediterranea a farle da cornice. Camere graziose e, al ristorante, piatti tradizionali rielaborati anche in chiave moderna.

Luagos Club senza rist
Via del Mediterraneo, 1 – 09 22 97 01 31 – www.luagos.it – Aperto 15 maggio-15 ottobre
7 cam – 70/150 € 100/240 €
In un'originale struttura a semicerchio, le ampie camere dispongono di entrata con piccolo patio esterno e tutte convergono verso una sorta di piazzetta caratterizzata da una fitta macchia mediterranea. Gestione molto ospitale, gentile e premurosa. Difficile pretendere di più!

Gemelli
via Cala Pisana 2 – 09 22 97 06 99 – Aperto Pasqua-31 ottobre
Carta 36/73 € – *(solo a cena)*
Ristorante a poca distanza dall'aeroporto, dove è possibile gustare al meglio i prodotti ittici locali. Il servizio estivo viene effettuato sotto ad un fresco pergolato.

Lipadusa
via Bonfiglio 12 – 09 22 97 02 67 – Aperto 1° maggio-31 ottobre
Carta 30/73 € – *(solo a cena)*
Nel centro del paese, fragrante cucina di pesce proposta in chiave tradizionale e ampio dehors sotto un fresco pergolato. Servizio attento e dinamico!

Lampegusto
via Vittorio Emanuele 19 – 38 86 28 43 56 – www.lampegusto.it – Aperto 1° giugno-30 settembre
Carta 25/44 € – (consigliata la prenotazione la sera)
Tranquillamente seduti in uno dei tavolini del piccolo dehors o utilizzando la formula take away per coloro che fanno gite in barca o abitano da queste parti, piatti mediterranei sostanzialmente a base di pesce.

LAMPORECCHIO

Pistoia (PT) – 51035 – 7 519 ab. – Alt. 56 m – Carta regionale n° **31-B1**
Roma 318 km – Firenze 49 km – Prato 31 km – Pistoia 20 km
Carta stradale Michelin 563-K14

Antico Masetto
cam, cam, rist,
piazza Berni 12 – 0 57 38 27 04 – www.anticomasetto.it
21 cam – 55/65 € 64/79 € **Rist** – Carta 24/41 € – *(chiuso domenica)*
In pieno centro, stabile d'inizio Novecento completamente rinnovato. Al piano terra, hall e ambienti comuni non ampi, ma piacevoli. Sopra, camere curate e ben attrezzate.

LANA

Bolzano (BZ) – 39011 – 11 337 ab. – Alt. 310 m – Carta regionale n° **33-B2**
Roma 661 km – Bolzano 24 km – Merano 10 km – Trento 77 km
Carta stradale Michelin 562-C15

Eichhof
rist,
via Querce 4 – 04 73 56 11 55 – www.eichhof.net – Aperto 2 aprile-1° novembre
20 cam – solo ½ P 55/65 € **Rist** - *(solo per alloggiati)*
A pochi passi dal centro, un piccolo albergo immerso in un ameno giardino ombreggiato con piscina; accoglienti e razionali gli spazi comuni in stile, spaziose le camere.

Rebgut senza rist
via Brandis 3, Sud : 2,5 km – ✆ 04 73 56 14 30 – www.rebgut.it – Aperto 1° aprile-31 ottobre
12 cam – 50/67 € 90/104 €
Nella tranquillità della campagna, in mezzo ai frutteti, una graziosa casa nel verde con piscina; ambienti in stile rustico con arredi semplici in legno chiaro.

G. Lounge and Vinothek
via Brandis 13, golf club – ✆ 04 73 56 24 47 – www.casa-g.com – Chiuso 1° gennaio-13 febbraio, 10-24 novembre e lunedì
Menu 28/54 € – Carta 31/71 € – (consigliata la prenotazione)
Immerso nel verde del Golf Club di Lana, ma anche delle montagne circostanti, ristorante dagli ambienti di contemporanea signorilità e una pregevole terrazza dove pranzare godendosi la vista sui dintorni. La cucina propone in chiave moderna e fantasiosa ricette tradizionali, ma non solo: se siete in zona, è sicuramente un imperdibile!

a Foiana Sud-Ovest : 5 km Alt. 696 m – ✉ 39011 Lana D'Adige

Völlanerhof
via Prevosto 30 – ✆ 04 73 56 80 33 – www.voellanerhof.com – Aperto 20 dicembre-8 gennaio e 25 marzo-22 novembre
47 cam – 125/205 € 230/380 € – **10 suites**
Rist – Carta 36/89 € – *(solo per alloggiati)*
Un'oasi di pace nella cornice di una natura incantevole: piacevole giardino con piscina riscaldata, interni d'ispirazione moderna e splendido wellness. Lodevole attenzione alla qualità della cucina!

Waldhof
via Mayenburg 32 – ✆ 04 73 56 80 81 – www.derwaldhof.com – Chiuso 6 gennaio-26 marzo
43 cam – solo ½ P 121/165 € – **7 suites** **Rist** - *(solo per alloggiati)*
Due costruzioni distinte: classica con i tipici arredi altoatesini la prima, splendidamente avvolta dal legno la seconda. Spazio e luce in ambienti moderni.

Kirchsteiger con cam
via Prevosto Wieser 5 – ✆ 04 73 56 80 44 – www.kirchsteiger.com – Chiuso 5 gennaio-8 marzo
16 cam – 45/80 € 90/160 € – **4 suites**
Menu 12/62 € – Carta 24/76 € – *(chiuso giovedì)*
Atmosfera romantica e tipico stile tirolese nella bella sala e nella stube di una graziosa casa immersa nel verde; carta gourmet di cucina creativa nella sala più attuale, menu più semplice e tradizionale nell'altra.

a San Vigilio Nord-Ovest : 5 mn di funivia Alt. 1 485 m – ✉ 39011 Vigiljoch

Vigilius Mountain Resort cam,
via Pavicolo 43 – ✆ 04 73 55 66 00 – www.vigilius.it – Chiuso 8 marzo-1° aprile e 9-20 novembre
35 cam – 230/360 € 310/470 € – **6 suites**
Rist *1500* – vedere selezione ristoranti
Rist *La Stube Ida* – Carta 33/67 € – (consigliata la prenotazione)
Immerso nel silenzio della natura questo albergo, raggiungibile in funivia, nasce da un progetto di architettura ecologica. Oasi di pace con un panorama unico delle Dolomiti. Ristorante in linea con lo stile dell'albergo, spiccano i legni chiari.

1500 – Vigilius Mountain Resort
via Pavicolo 43 – ✆ 04 73 55 66 00 – www.vigilius.it – Chiuso 8 marzo-1° aprile e 9-20 novembre
Carta 50/86 € – *(solo a cena)* (consigliata la prenotazione)
Ubicato al secondo piano dell'albergo che lo ospita, dalla bella e ampia sala si può godere del panorama, che da queste parti gioca un ruolo sicuramente importante. Ma anche la cucina ha qualcosa da dire: piatti della tradizione reinterpretati con gusto moderno.

LANCIANO

Chieti (CH) – ✉ 66034 – 35 707 ab. – Alt. 265 m – Carta regionale n° **2-C2**
Roma 199 km – Pescara 51 km – Chieti 48 km – Isernia 113 km
Carta stradale Michelin 563-P25

Excelsior

rist,

viale della Rimembranza 19 – ✆ 08 72 71 30 13 – www.hotelexcelsiorlanciano.it
70 cam – 108 € 135 € – **3 suites**
Rist – Carta 31/45 € – *(chiuso domenica) (solo a cena)*
Nel centro della località, questa imponente struttura sottoposta a costanti migliorie dispone di spazi comuni abbelliti da mobili d'epoca e camere dagli arredi lineari. All'ultimo piano, gradevole zona relax e ristorante con vista panoramica.

LANGHIRANO

Parma (PR) – ✉ 43013 – 10 003 ab. – Alt. 265 m – Carta regionale n° **8-B2**
Roma 476 km – Parma 23 km – La Spezia 119 km – Modena 81 km
Carta stradale Michelin 562-I12

La Ghiandaia

località Berzola, Sud : 3 km – ✆ 05 21 86 10 59 – www.la-ghiandaia.it – Aperto 1° marzo-30 novembre; chiuso lunedì
Menu 40 € – Carta 34/70 € – *(solo a cena escluso i giorni festivi)*
Originale collocazione in un fienile ristrutturato, con un particolare spazio estivo all'aperto nel giardino in riva al fiume. Gustose specialità di pesce, all'insegna della semplicità.

a Pilastro Nord : 9 km Alt. 176 m – ✉ 43013

Masticabrodo

strada provinciale per Torrechiara 45/A, Nord : 7 km – ✆ 05 21 63 91 10 – www.masticabrodo.com – Chiuso 2-16 gennaio, 9-27 agosto, domenica sera e lunedì
Carta 25/35 €
All'ombra del Castello di Torrechiara, in aperta campagna, la trattoria propone piatti legati alle tradizioni locali e specialità di stagione. L'accurata selezione di materie prime, qui, è un imperativo categorico!

LANGTAUFERS = VALLELUNGA

LANZO D'INTELVI

Como (CO) – ✉ 22024 – 1 438 ab. – Alt. 907 m – Carta regionale n° **16-A2**
Roma 653 km – Como 30 km – Argegno 15 km – Menaggio 30 km
Carta stradale Michelin 561-E9

Milano

rist,

via Martino Novi 26 – ✆ 0 31 84 01 19 – www.hotelmilanolanzo.com – Aperto 1° aprile-31 ottobre
30 cam – 45/55 € 85/95 € **Rist** – Carta 22/52 €
Solida gestione familiare ormai generazionale in un albergo classico abbracciato da un fresco giardino ombreggiato; spazi comuni razionali e camere ben accessoriate. Pareti in caldo color ocra ornate da piccoli quadri nella bella sala ristorante.

Rondanino

via Rondanino 1, indicazioni per C.O.F ospedale, Nord : 3 km – ✆ 0 31 83 98 58 – www.rondanino.it
14 cam – 39/52 € 55/70 €
Rist – Carta 26/50 € – *(chiuso mercoledì escluso 15 giugno-15 settembre)*
Nell'assoluta tranquillità dei prati e delle pinete che lo circondano, un rustico caseggiato ristrutturato: spazi interni gradevoli e camere complete di ogni confort. Accogliente sala da pranzo riscaldata da un camino in mattoni; servizio estivo in terrazza.

LANZO TORINESE

Torino (TO) – ⊠ 10074 – 5 157 ab. – Alt. 515 m – Carta regionale n° **22-B2**
▶ Roma 689 km – Torino 28 km – Aosta 131 km – Ivrea 68 km
Carta stradale Michelin 561-G4

Trattoria del Mercato

via Diaz 29 – ✆ 0 12 32 93 20 – Chiuso 15-30 giugno, domenica sera e giovedì
Menu 14/42 € – Carta 23/42 €
Nato nel 1938 e gestito sempre dalla stessa famiglia, è un locale molto semplice, forse un po' demodè, dove gustare piatti casalinghi della tradizione piemontese.

LA PALUD ➜ Vedere Courmayeur

Aosta (AO)

LAPIO ➜ Vedere Arcugnano

Vicenza (VI)

L'AQUILA

⊠ 67100 – 68 304 ab. – Alt. 714 m – Carta regionale n° **1-A2**
▶ Roma 121 km – Teramo 59 km – Pescara 107 km – Terni 96 km
Carta stradale Michelin 563-O22

San Michele senza rist
via dei Giardini 6 – 08 62 42 02 60 – www.stmichelehotel.it Pianta : B2**a**
32 cam – 60/194 € 80/199 €
E' rimasta indenne al terremoto del 2009 questa struttura dalla gestione squisitamente familiare, al limitare del centro storico. Gli esigui spazi comuni sono ampiamente riscattati dalle ottime, confortevoli, camere. Bagni all'avanguardia.

Magione Papale cam, cam, rist,
via Porta Napoli 67/I, 1 km per Avezzano - A2 – 08 62 41 49 83 – www.magionepapale.it – Chiuso gennaio
17 cam – 80/140 € 100/160 €
Rist *Magione Papale* – vedere selezione ristoranti
Rist – Carta 52/79 € – *(chiuso domenica sera lunedì)*
Un relais di campagna, dove tutti (almeno una volta nella vita) dovrebbero pernottare. In un mulino ristrutturato, camere tutte diverse, ma accomunate da elementi architettonici che rimandano all'originaria funzione della struttura.

Magione Papale – Hotel Magione Papale
via Porta Napoli 67/I, 1 km per Avezzano - A2 – 08 62 40 44 26 – www.magionepapale.it – Chiuso gennaio, domenica sera e lunedì
Menu 50/90 € – Carta 52/79 € – *(solo a cena escluso domenica)* (prenotazione obbligatoria)
Di straniero, qui, c'è solo il nome dello chef. In realtà, William è originario della zona e la cucina si avvale dei migliori prodotti locali, plasmati dalla sua grande creatività e con una quasi "maniacale" attenzione alle cotture. Non è nella sala grande che si cena, ma in quella un po' più piccola e comunque accogliente.
→ Ad occhi chiusi "parmigiana di melanzane" (risotto). Castratissimo. Zafferano, genziana e passione.

a Camarda Nord-Est : 14 km – ✉ 67010

Elodia nel Parco
via Valle Perchiana 22 – 08 62 60 68 30 – www.elodia.it – Aperto 26 dicembre-6 gennaio e 1° aprile-30 settembre
5 cam – 79 € 99 € – **4 suites**
Rist *Elodia* – vedere selezione ristoranti
Come evoca il nome il relais è immerso nel verde, ma non di un qualsiasi giardino, bensì del Parco Nazionale del Gran Sasso! In questo bucolico contesto, l'unica concessione alla modernità è data dalle camere: arredamento dalle linee contemporanee, tv al plasma e connessione Internet.

Elodia – Hotel Elodia nel Parco
via Valle Perchiana – 08 62 60 68 30 – www.elodia.it – Aperto 26 dicembre-6 gennaio e 1° aprile-30 settembre; chiuso lunedì e martedì
Menu 45/70 € – Carta 41/63 € – *(solo a cena escluso sabato e giorni festivi)* (prenotazione obbligatoria)
Al primo piano dell'omonimo relais, Elodia è un ideale viaggio gourmet tra tipici prodotti abruzzesi - zafferano, agnello, legumi - in ricette elaborate e raffinate.

LARI

Pisa (PI) – ✉ 56035 – 8 779 ab. – Alt. 130 m – Carta regionale n° **31**-B2
Roma 335 km – Pisa 37 km – Firenze 75 km – Livorno 33 km
Carta stradale Michelin 563-L13

a Lavaiano Nord-Ovest : 9 km – ✉ 56030

Castero-Banca della Bistecca
via Galilei 2 – 05 87 61 61 21 – www.ristorantecastero.it – Chiuso domenica sera e lunedì
Carta 30/40 €
Locale all'interno di una villa d'epoca con ameno giardino: ambiente accogliente ed impreziosito da alcuni affreschi, servizio informale e veloce. La specialità? Il nome è un ottimo indizio: carne e ancora carne, naturalmente cotta alla brace.

LARIO → Vedere Como (Lago di)

LA SALLE

Aosta (AO) – ✉ 11015 – 2 076 ab. – Alt. 1 001 m – Carta regionale n° **37-A2**
▶ Roma 775 km – Aosta 29 km – Courmayeur 14 km – Gèneve 114 km
Carta stradale Michelin 561-E3

Mont Blanc Hotel Village

La Croisette 36 – ✆ 01 65 86 41 11 – www.hotelmontblanc.it – Chiuso ottobre-novembre
27 cam ☕ – **🚹200/410 € 🚹🚹224/440 € – 13 suites**
Rist *La Cassolette* – vedere selezione ristoranti
A darvi il benvenuto un caldo stile valdostano con tappeti, legno e camino. Nelle camere gli ambienti diventano ancora più originali, dormirete tra materiali tipici locali, ma in un'atmosfera di grande confort. Dalla sala colazioni è spettacolare la vista sulla cima da cui prende il nome.

La Cassolette – Mont Blanc Hotel Village

La Croisette 36 – ✆ 01 65 86 41 11 – www.hotelmontblanc.it – Chiuso ottobre-novembre
Menu 45/90 €
Chi ama le atmosfere di montagna troverà qui di che deliziarsi, non solo per l'eleganza della sala d'ispirazione alpina, ma soprattutto per le proposte della carta, una deliziosa carrellata di prodotti valdostani a cui si aggiunge qualche divagazione marina.

LA SPEZIA

92 439 ab. – Carta regionale n° **15-D2**
▶ Roma 422 km – Massa 39 km – Genova 101 km – Livorno 94 km
Carta stradale Michelin 561-J11

Firenze e Continentale senza rist

via Paleocapa 7 ✉ 19122 – ✆ 01 87 71 32 10 Pianta : A1**n**
– www.hotelfirenzecontinentale.it
68 cam ☕ – **🚹70/170 € 🚹🚹74/200 € – 2 suites**
Albergo in un palazzo d'inizio '900, vicino alla stazione ferroviaria; gradevoli aree comuni arredate, così come le confortevoli camere, con indovinati accostamenti cromatici.

Genova senza rist
via Fratelli Rosselli 84/86 ✉ 19121 – ✆ 01 87 73 29 72 Pianta : A2**d**
– www.hotelgenova.it – Chiuso 22 dicembre-10 gennaio
37 cam – 70/90 € 90/170 €
Cordiale gestione familiare in un hotel in pieno centro; camere semplici con qualche personalizzazione, gradevole giardino interno.

My One Hotel La Spezia senza rist
via 20 settembre 81 ✉ 19121 – ✆ 01 87 73 88 48 Pianta : B2**c**
– www.compagniedeshotels.com
66 cam – 70/250 € 85/300 € – **6 suites**
Hotel di catena con spazi comuni ridotti e camere di taglio moderno, molto attuali nello stile. Ha un secondo comodo accesso pedonale nel centro città, in via del Poggio.

Le Ville Relais
salita al Piano 18/19, strada per Campiglia, per viale Nicolò Fieschi ✉ 19131 – ✆ 01 87 73 52 99 – www.levillerelais.it – Aperto 1° marzo-31 ottobre
12 cam – 80/120 € 90/170 €
Rist – Carta 25/88 € – *(chiuso martedì escluso in estate) (solo a cena)*
La posizione elevata con superba vista sul golfo, rende la struttura un'autentica oasi di tranquillità, dove trovano posto camere signorili, verdi terrazze ed una scenografica piscina. Sfiziose proposte liguri, nell'intimo ristorante.

La Posta
via Giovanni Minzoni 24 ✉ 19121 – ✆ 01 87 76 04 37 Pianta : B2**d**
– www.lapostadiclaudio.com – Chiuso 1 settimana in agosto e domenica
Carta 52/75 €
Sobria eleganza ed oggetti d'arte creano l'ambiente ideale per gustare una cucina di terra e di mare, che riserva grosse attenzioni alla qualità delle materie prime: vera passione del patron così come, in stagione, il celebre tartufo bianco! Ottimo indirizzo.

La Suprema con cam
rist, cam,
piazza Sant'Agostino 7 ✉ 19121 – ✆ 01 87 73 04 53 Pianta : B2**e**
– www.lasuprema.it
2 cam – 70/100 € 100/150 €
Carta 38/66 € – *(chiuso domenica e le sere di lunedì-martedì)* (consigliata la prenotazione)
Accanto alla propria omonima forneria con bar, in pieno centro pedonale, ecco un piccolo salottino modaiolo e gourmet dove viene servita una cucina di mare e di terra in chiave moderna, ma senza esagerazioni. A pranzo, l'offerta è ridotta, il prezzo più economico. Splendida la camera affrescata.

L'Osteria della Corte
via Napoli 86 ✉ 19122 – ✆ 01 87 71 52 10 Pianta : A1**a**
– www.osteriadellacorte.com – Chiuso lunedì a mezzogiorno
Menu 35 € – Carta 30/79 € – (consigliata la prenotazione)
Appassionata gestione familiare in un accogliente locale dai toni rustici, con piacevole cortile interno. La cucina, di terra e di mare, cresce, cresce ed ogni anno che passa si fa sempre più personale e moderna.

LA THUILE

Aosta (AO) – ✉ 11016 – 791 ab. – Alt. 1 441 m – Carta regionale n° **37-A2**
Roma 786 km – Aosta 41 km – Courmayeur 14 km
Carta stradale Michelin 561-E2

Le Miramonti Hotel & Wellness
cam, rist,
via Piccolo San Bernardo 3 – ✆ 01 65 88 30 84 – www.lemiramonti.it – Chiuso maggio, ottobre e novembre
40 cam – 90/230 € 110/330 € – **4 suites** **Rist** – Carta 31/57 €
Recentemente ristrutturato, questo hotel ha il grande pregio di trovarsi in centro paese e nei pressi degli impianti di risalita. Internamente rivestito in legno presenta pochi spazi comuni, ma signorili, una piccola area benessere e camere piacevolmente arredate.

Chalet Eden

frazione Villaret 74 – ✆ 01 65 88 50 50 – www.chaleteden.it – Aperto 28 ottobre-30 aprile e 1° giugno-30 settembre
19 cam ☕ – 🚹60/150 € 🚹🚹90/280 € – **8 suites**
Rist *Le Coq au Vin* – vedere selezione ristoranti
Una bella struttura familiare, ma rinnovata e moderna senza tradire legno e tradizioni locali, con tante camere di dimensioni generose. La sua ubicazione ai margini della località, non può che essere un pregio...

Locanda Collomb senza rist

frazione Bathieu 51 – ✆ 01 65 88 51 19 – www.locandacollomb.it – Chiuso maggio; in giugno, ottobre e novembre aperto solo nel week end
8 cam ☕ – 🚹89 € 🚹🚹89/230 €
"Gli uomini potevano chiudere gli occhi davanti alla grandezza, davanti all'orrore, davanti alla bellezza, e turarsi le orecchie davanti a melodie o a parole seducenti. Ma non potevano sottrarsi al profumo" P. Süskind...Camere a tema letterario e aromaterapiche in una deliziosa locanda a soli 200 metri dagli impianti di risalita; zona benessere ben fatta.

Martinet senza rist

frazione Petite Golette 159 – ✆ 01 65 88 46 56 – www.hotelmartinet.it
13 cam ☕ – 🚹25/55 € 🚹🚹50/110 €
Piccolo albergo ubicato in una frazione di La Thuile, immerso nella pace e nel silenzio dei monti, in posizione panoramica; spazi interni semplici e lineari.

Le Coq au Vin – Hotel Chalet Eden

frazione Villaret 74 – ✆ 01 65 88 50 50 – www.chaleteden.it – Aperto 28 ottobre-30 aprile e 1° giugno-30 settembre
Menu 35/55 € – Carta 42/79 €
Un'ottima cucina - moderatamente creativa - realizzata con prodotti biologici e dove trovano spazio anche piatti vegetariani. La sera, ci si può accomodare nella più intima stube con camino.

LATINA

✉ 04100 – 119 426 ab. – Alt. 21 m – Carta regionale n° **13-C3**
Roma 75 km – Frosinone 59 km – Fiumicino 81 km
Carta stradale Michelin 563-R20

Europa

E. Filiberto 14 – ✆ 07 73 40 71 99 – www.hoteleuropalatina.com
56 cam ☕ – 🚹119 € 🚹🚹160 € – **2 suites**
Rist *Cristal* – Carta 34/67 € – *(solo a cena)*
Albergo particolarmente indicato per una clientela business, dispone di camere accoglienti e confortevoli; la gestione cordiale e competente rende il soggiorno ancora più piacevole.

Enoteca dell'Orologio

piazza del Popolo 20 – ✆ 07 73 47 36 84 – www.enotecadellorologio.it – Chiuso 15-30 agosto, lunedì a mezzogiorno e domenica
Carta 46/78 €
Accogliente locale di tono elegante dove provare piatti della tradizione, serviti all'aperto in estate. Allettanti e più semplici proposte anche nell'adiacente enoteca.

a Lido di Latina Sud : 9 km – ✉ 04010 Borgo Sabotino

Pino Il Tarantino

via lungomare 2509, località Foce Verde – ✆ 07 73 27 32 53 – Chiuso gennaio e mercoledì
Carta 37/55 €
Locale tradizionale dalla conduzione solida ed esperta. Nella curata e capiente sala potrete gustare pesce e crostacei preparati con buona tecnica e capacità. Piccolo e piacevole dehors per la bella stagione.

Il Funghetto
strada Litoranea 11412, località Borgo Grappa – ✆ 07 73 20 80 09 – www.ristoranteilfunghetto.it – Chiuso mercoledì, anche domenica sera da settembre a giugno
Menu 35/50 € – Carta 42/88 € – *(solo a cena in luglio-agosto)*
Dietro i fornelli e in sala lavora ormai la seconda generazione della medesima famiglia, e lo stile del locale continua a migliorare, tanto tra i tavoli quanto in cucina.

a Borgo Faiti Est : 10 km – ✉ 04010

Foro Appio Mansio
via Appia km 72,800 – ✆ 07 73 87 74 34 – www.foroappiohotel.it
37 cam – 85 € 90 € – **1 suite**
Rist *Cucinarium* – vedere selezione ristoranti
Ex stazione di posta romana, l'attuale edificio fu disegnato da Valadier e conserva la sobrietà monastica del progetto originale. Pavimenti in antico cotto conducono alle camere volutamente essenziali: spiccano tuttavia le spalliere dei letti di fine '800. Ampi spazi esterni e anche gite fluviali sul canale che costeggia l'hotel.

Locanda del Bere
via Foro Appio 64 – ✆ 07 73 25 86 20 – Chiuso 15-30 agosto e domenica sera
Carta 31/64 €
Solida gestione per questo ristorante dall'accogliente e calda atmosfera. Le proposte della cucina si orientano su piatti di carne, in inverno, e sul pesce nei mesi più caldi.

Cucinarium
via Appia km 72,800 – ✆ 07 73 87 74 34 – www.foroappiohotel.it
Menu 25 € – Carta 32/68 €
La carta è solo uno spunto: il maître vi guiderà, infatti, con piacere nella scelta di piatti - soprattutto a base di prodotti locali - sia di carne che di pesce.

LATSCH = LACES

LAURIA
Potenza (PZ) – 13 126 ab. – Alt. 430 m – Carta regionale n° **3-B3**
Roma 408 km – Cosenza 126 km – Potenza 113 km
Carta stradale Michelin 564-G29

a Pecorone Nord : 5 km – ✉ 85044

Da Giovanni
contrada Pecorone 312/a – ✆ 09 73 82 10 03
Menu 15/20 € – Carta 17/21 €
Bar-ristorante in stile fresco e moderno con proposte casalinghe a base, soprattutto, di carne alla brace. La quarantennale esperienza della cuoca è una garanzia!

LAVAGNA
Genova (GE) – ✉ 16033 – 12 464 ab. – Carta regionale n° **15-C2**
Roma 466 km – Genova 45 km – La Spezia 68 km – Rapallo 18 km
Carta stradale Michelin 561-J10

Tigullio
cam,
via Matteotti 1 – ✆ 01 85 39 29 65 – www.hoteltigullio.com – Chiuso 2 settimane in marzo e 20 ottobre-22 dicembre
39 cam – 45/90 € 70/110 €
Rist – Menu 20/30 € – *(solo per alloggiati)*
Albergo a conduzione familiare ubicato in zona centrale, si presenta con ampi spazi comuni ben distribuiti e rinnovati nel corso degli anni: arredi non nuovi, ma tenuti in modo impeccabile, camere di media ampiezza.

Ancora Riviera

via dei Devoto 81 – ✆ 01 85 30 85 80 – www.hotelancorariviera.com – Aperto 1° aprile-31 ottobre
28 cam – †55/75 € ††80/140 €
Rist – Menu 22 € – *(solo a cena)* (prenotazione obbligatoria)
Attenta e cordiale gestione familiare in un hotel fronte porto: in costante miglioramento - ora c'è anche un nuovo solarium a lato piscina - dispone di camere dal confort attuale (chiedere quelle con vista mare).

Il Gabbiano

via San Benedetto 26, Est : 1,5 km – ✆ 01 85 39 02 28 – www.ristoranteilgabbiano.com – Chiuso 1 settimana in gennaio, 1 settimana in febbraio, 2 settimane in novembre, lunedì, anche martedì da novembre a febbraio
Menu 35/38 € – Carta 29/54 € – (consigliata la prenotazione)
In posizione panoramica sulle prime colline prospicenti il mare, specialità ittiche e di terra da gustare nell'accogliente sala o nella veranda con vista.

a Cavi Sud-Est : 3 km – ✉ 16030

Raieû

via Milite Ignoto 25 – ✆ 01 85 39 01 45 – www.raieu.it – Chiuso 1°-7 marzo, novembre e lunedì
Carta 29/55 €
Autentiche lampare sono sospese sopra i tavoli di questa caratteristica trattoria con una sala dagli arredi in legno e tavoli divisi da panche, nonché un'altra più tradizionale e luminosa. Cucina regionale: sacripantina genovese, pesto, buridda di seppie alla "lavagnina" ... il pescato arriva direttamente da una barca di proprietà per essere poi preparato secondo ricette locali.

LAVAGNO

Verona (VR) – ✉ 37030 – 6 222 ab. – Alt. 70 m – Carta regionale n° **38-B3**
Roma 519 km – Verona 18 km – Vicenza 44 km – Padova 74 km
Carta stradale Michelin 561-F15

Antica Ostaria de Barco

via Barco di Sopra 5 – ✆ 04 58 98 04 20 – www.anticaostariadebarco.it – Chiuso 1°-7 gennaio, sabato a mezzogiorno e domenica sera
Carta 35/67 €
Tra i vigneti, in una casa colonica riadattata conservando l'architettura originale, un ristorante a cui si accede passando dalla cucina. Tra le specialità spiccano le carni alla brace. Servizio estivo in terrazza.

LAVAIANO → Vedere Lari

Pisa (PI)

LAVENO MOMBELLO

Varese (VA) – ✉ 21014 – 8 928 ab. – Alt. 205 m – Carta regionale n° **16-A2**
Roma 654 km – Milano 81 km – Varese 26 km – Como 49 km
Carta stradale Michelin 561-E7

Il Porticciolo rist, cam,

via Fortino 40, Ovest : 1,5 km – ✆ 03 32 66 72 57 – www.ilporticciolo.com – Chiuso 23 gennaio-6 febbraio e 11-25 novembre
12 cam – †95/120 € ††130/150 €
Rist *La Tavola* – vedere selezione ristoranti
Rist *L'Osteria* – Carta 33/54 € – *(chiuso martedì a mezzogiorno in luglio-agosto, tutto il giorno negli altri mesi)*
Anno dopo anno, piccole migliorie contribuiscono a far crescere la qualità di questa graziosa risorsa, condotta con passione e serietà da un'intera famiglia. L'Osteria è l'angolo di cucina tradizionale a prezzi più contenuti: "fresh, fast & easy", i suoi promettenti presupposti.

La Tavola – Hotel il Porticciolo

via Fortino 40, Ovest : 1,5 km – ✆ 03 32 66 72 57 – www.ilporticciolo.com – Chiuso 23 gennaio-6 febbraio, 11-25 novembre, mercoledì a mezzogiorno e martedì

Menu 65/95 € – Carta 59/97 €

L'incanto del lago si coglie sia dalla sala interna sia - ed ancora meglio, d'estate - dalla romantica terrazza. La cucina è un ideale "duello" tra padre e figlio che, spalla a spalla, propongono una linea moderna e creativa.

LA VILLA = STERN → Vedere Alta Badia

Bolzano (BZ)

LAVIS

Trento (TN) – ✉ 38015 – 8 778 ab. – Alt. 232 m – Carta regionale n° **33-B3**

Roma 587 km – Trento 9 km – Bolzano 49 km – Verona 101 km

Carta stradale Michelin 562-D15

a Sorni Nord : 6,5 km – ✉ 38015 Lavis

Trattoria Vecchia Sorni

piazza Assunta 40 – ✆ 04 61 87 05 41 – www.trattoriavecchiasorni.it – Chiuso 1° febbraio-6 marzo, domenica sera e lunedì

Carta 27/44 € – (consigliata la prenotazione)

Accoglienza vera e dialettale per una trattoria panoramica sita nella zona nord e vinicola di Trento, da godersi al meglio nella terrazza panoramica sulla valle. La cucina è fragrante e gustosa, ovviamente regionale, ma ben presentata: canederli, gröstel di vitello e patate, gnocchi di polenta e tanto altro ancora.

LAZISE

Verona (VR) – ✉ 37017 – 6 760 ab. – Alt. 76 m – Carta regionale n° **39-A3**

Roma 521 km – Verona 22 km – Brescia 54 km – Mantova 60 km

Carta stradale Michelin 562-F14

Corte Valier

via della Pergolana 9 – ✆ 04 56 47 12 10 – www.cortevalier.com – Chiuso febbraio

78 cam – 130/229 € 168/300 € – **6 suites**

Rist*Dome* – Carta 30/56 € – (consigliata la prenotazione)

Grande e moderno complesso che si svolge intorno ad una corte, in realtà un parco con enorme piscina: è questo il punto forte della struttura che gli ospiti si godono senza alcun disturbo di rumori, neppure delle macchine, giacché soltanto il lungolago pedonale li separa dall'acqua. Stesso stile per il Dome, accogliente ristorante con una sorpesa: un singolo tavolo per chi desideri cenare sul terrazzo di fronte alla magia del lago.

Principe di Lazise

via Greghe 7, Sud : 3 km – ✆ 04 56 49 01 77 – www.hotelprincipedilazise.com – Chiuso 6 gennaio-28 febbraio

84 cam – 85/164 € 124/198 € – **5 suites** **Rist** – Carta 32/57 €

In posizione defilata rispetto al paese, ma non lontano dai parchi di divertimento, complesso alberghiero di tono moderno con camere spaziose, centro benessere: il tutto di taglio moderno. Stuzzicanti piatti al ristorante.

Villa Cansignorio senza rist

corso Cangrande 30 – ✆ 04 57 58 13 39 – www.hotelcansignorio.com – Aperto 10 marzo-3 novembre

8 cam – 80/110 € 100/145 €

Signorili interni, poche le camere a disposizione degli ospiti ma deliziose e ben arredate in questa elegante villa situata in pieno centro; il giardino confina con le mura di cinta.

Cangrande senza rist

corso Cangrande 16 – ✆ 04 56 47 04 10 – www.cangrandehotel.it – Chiuso 8 dicembre-20 febbraio

23 cam – 85/95 € 140/180 € – **1 suite**

In un bell'edificio del 1930 addossato alle mura, sorto come sede di cantine vinicole, un albergo con camere di taglio moderno. Junior suite ricavata in un'antica torretta. Accanto la cantina vinicola di proprietà.

Lazise senza rist

via Manzoni 10 – ✆ 04 56 47 04 66 – www.hotellazise.it – Aperto 1° aprile-30 settembre

73 cam – 70/85 € 80/160 €

Piacevole posizione per un albergo tradizionale a conduzione diretta: confortevoli zone comuni e grande solarium con piscina, camere di tagllio semplice.

Alla Grotta con cam

via Fontana 8 – ✆ 04 57 58 00 35 – www.allagrotta.it – Chiuso 10 dicembre-15 febbraio

12 cam – 85/105 € 125/145 €

Menu 40/60 € – Carta 39/67 € – *(chiuso martedì)*

La brace a vista invita a gustare le tante proposte ittiche (d'acqua dolce e salata) di questo frequentatissimo ristorante sul lungolago. Situato all'interno di un edificio d'epoca, durante la bella stagione il servizio si sposta anche all'aperto.

sulla strada statale 249 Sud : 1,5 km :

Casa Mia

via del Terminon 1 ✉ 37017 – ✆ 04 56 47 02 44 – www.hotelcasamia.com – Aperto 1° marzo-31 ottobre

41 cam – 70/130 € 97/162 € – **2 suites**

Rist *Casa Mia* – Carta 25/55 € – *(chiuso lunedì a mezzogiorno) (solo a cena in marzo e ottobre)*

Lontano dall'animato centro storico, immerso in un grande parco con piscina, l'hotel propone camere differenti, alcune classiche alcune un po' vecchio stile. Interessante proposta regionale nella sala dalle tonalità rustiche con camino.

LAZZARO

Reggio di Calabria (RC) – ✉ 89062 – Carta regionale n° **5-A3**

Roma 722 km – Catanzaro 176 km – Reggio di Calabria 18 km – Vibo Valentia 113 km

Carta stradale Michelin 564-N29

L'Accademia

lungomare Cicerone 89 – ✆ 09 65 71 41 32 – www.laccademia.it – Chiuso 15 giorni in novembre, domenica sera e lunedì a mezzogiorno in inverno

Carta 31/65 €

Sul lungomare da cui si scorge la vicina Sicilia, all'interno di un'antica villa nobiliare, ambienti curati di tono moderno ed una cucina anch'essa contemporanea. Specialità di pesce e piacevole terrazza estiva.

LECCE

✉ 73100 – 89 598 ab. – Alt. 49 m – Carta regionale n° **27**-D2
Roma 581 km – Brindisi 40 km – Bari 153 km – Taranto 108 km
Carta stradale Michelin 564-F36

© A. Alborno / hemis.fr

Alberghi

Risorgimento Resort

via Augusto Imperatore 19 – ✆ 08 32 24 63 11 – www.risorgimentoresort.it Pianta : D1**d**
42 cam – 120/155 € 155/250 € – **5 suites**
Rist ***Le Quattro Spezierie*** – vedere selezione ristoranti
Un albergo esclusivo nei pressi della centrale piazza Oronzo, il risultato del recupero di un antico palazzo, l'attenzione e la cura posta nella scelta dei materiali e dei confort sono garanzia di un soggiorno al top.

Hilton Garden Inn

cam, cam, rist,
via Cosimo de Giorgi 62 – ✆ 08 32 52 52 – www.hgilecce.com
143 cam – 80/240 € 90/470 €, 15 € – **3 suites** Pianta : B1**h**
Rist – Carta 28/64 €
In un moderno ed imponente edificio, la comodità e il benessere degli ospiti sono il "credo" dell'albergo, dai materassi alle sedie ergonomiche. All'ultimo piano, piscina panoramica su Lecce.

Patria Palace Hotel

cam,
piazzetta Gabriele Riccardi 13 – ✆ 08 32 24 51 11 – www.patriapalacelecce.com Pianta : D1**b**
67 cam – 99/120 € 135/230 €
Rist – Carta 35/65 € – *(chiuso domenica)*
In centro, l'elegante hotel dispone di spazi comuni piacevolmente arredati in legno e camere in stile classico, lievemente liberty, impreziosite da antichi inserti decorativi. In cucina, proposte accattivanti legate alla tradizione ma sapientemente rielaborate con gusto e ricercatezza.

Suite Hotel Santa Chiara senza rist

via degli Ammirati 24 – ✆ 08 32 30 49 98 – www.santachiaralecce.it Pianta : D1-2**s**
21 cam – 80/160 € 120/220 €
Tessuti straripanti, marmi preziosi e un panoramico roof garden, dove si serve anche la prima colazione, in un palazzo del '700 adiacente all'omonima chiesa: alcune camere hanno una spettacolare vista sulla piazza alberata.

La selezione degli esercizi varia ogni anno. Anche voi, cambiate ogni anno la vostra guida MICHELIN!

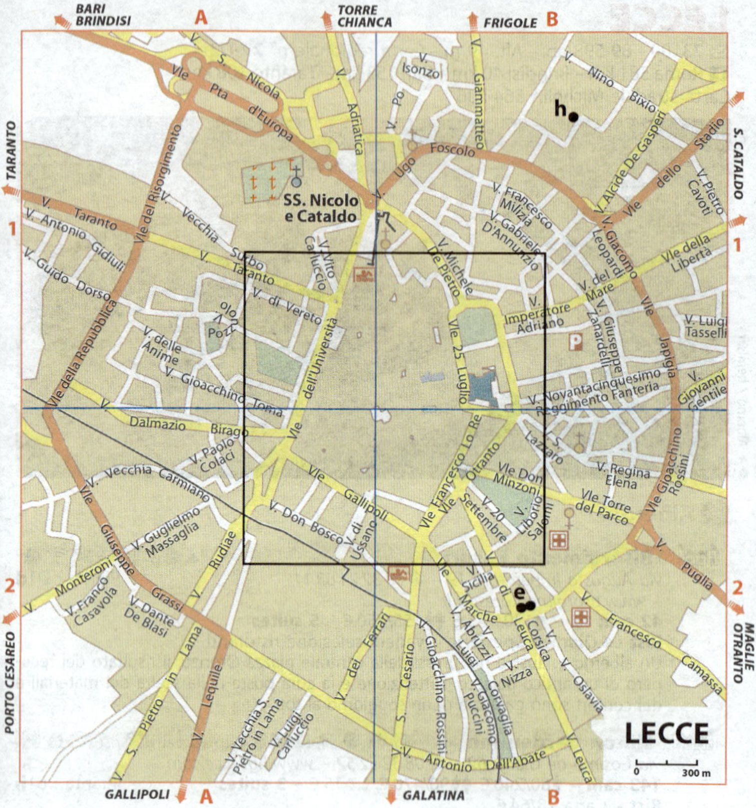

Delle Palme

rist,

via di Leuca 90 – ✆ 08 32 34 71 71 Pianta : B2**e**
– www.hoteldellepalmelecce.it

96 cam – 50/90 € 65/120 € – **3 suites** **Rist** – Carta 20/71 €

Non distante dal centro, dispone di un comodo posteggio, accoglienti zone comuni rivestite in legno ed arredate con poltrone in pelle e camere dai letti in ferro battuto. Discretamente elegante, il ristorante propone una cucina classica ed è ideale per ospitare confereze, manifestazioni e colazioni di lavoro.

Arthotel & Park Lecce

cam, rist,

via Giorgio De Chirico 1, per via Puglia - B2 – ✆ 08 32 21 42 14
– www.arthotel-lecce.com

55 cam – 60/115 € 80/180 € – **5 suites** **Rist** – Carta 29/66 €

Periferico, al centro di un vasto parco, l'albergo si è sviluppato intorno ad un antico edificio di proprietà di religiosi: fascino antico e confort moderni (tra i quali una bella spa).

Grand Hotel Lecce senza rist

via Oronzo Quarta 28 – ✆ 08 32 30 94 05 Pianta : C2**a**
– www.grandhoteldilecce.it

49 cam – 65/90 € 100/120 € – **4 suites**

Per chi vuole scoprire le bellezze del capoluogo salentino, camere ampie ed arredate con gusto in un'accogliente struttura che offre sul retro un piccolo giardino con grande solarium e piscina.

Eos Hotel senza rist

viale Alfieri 11 – ✆ 08 32 23 00 30 – www.eoshotel.it Pianta : B2**e**

30 cam – **♀50/140 € ♀♀60/190 €**

E' un omaggio al Salento questo design hotel dalla facciata in pietra leccese. Gli interni sono moderni, lineari, ma sempre ispirati a questa terra. Lo spazio per la prima colazione diventa anche wine-bar ed offre un servizio piatti freddi e snack, 24 ore su 24. Piccola sala riunioni all'ultimo piano.

Palazzo Rollo senza rist

via Vittorio Emanuele 14 – ✆ 08 32 30 71 52 – www.palazzorollo.it Pianta : C1**p**

9 cam – **♀50/75 € ♀♀75/135 €**

Affacciato su un'elegante strada pedonale, un palazzo del '600 con arredi d'epoca e splendidi pavimenti: non mancate di visitare il roof garden, la sera, con vista sul campanile del Duomo illuminato.

Ristoranti

Le Quattro Spezierie – Hotel Risorgimento Resort

via Augusto Imperatore 19 – ✆ 08 32 24 63 11 – www.risorgimentoresort.it – Chiuso 7-28 gennaio Pianta : D1**d**

Carta 29/85 € – *(solo a cena escluso domenica)*

La cucina cambia rotta e torna ad esprimere la sua territorialità, prodotti, sapori e colori della terra salentina; immutato lo stile della sala, ma in estate si può cenare al roof con vista sui tetti e le chiese della città.

XX **Osteria degli Spiriti**

via Cesare Battisti 4 – ✆ 08 32 24 62 74 Pianta : D1**a**
– www.osteriadeglispiriti.it – Chiuso 2 settimane in ottobre, domenica sera e lunedì a mezzogiorno
Carta 27/67 € – (consigliata la prenotazione)
Vicino ai giardini pubblici, ampliata con una nuova sala di design più moderno, una trattoria dagli alti soffitti - tipici di una vecchia masseria - e cucina mediterranea.

XX **La Torre di Merlino**

via G. B. del Tufo 10 – ✆ 08 32 24 20 91 Pianta : D2**e**
– www.torredimerlino.it
Menu 50/70 € – Carta 39/71 € – (consigliata la prenotazione)
Nel centro storico barocco della città, cuore della "movida" cittadina, un caratteristico ristorante dall'eclettica proposta: dalla pizza ai gamberoni rossi di Gallipoli, la cucina non è mai banale e interpreta in chiave moderna il territorio.

LECCO

✉ 23900 – 47 240 ab. – Alt. 214 m – Carta regionale n° **18-B1**
Roma 621 km – Como 29 km – Bergamo 33 km – Lugano 61 km
Carta stradale Michelin 561-E10

NH Pontevecchio cam,

via Azzone Visconti 84 – ✆ 03 41 23 80 00 Pianta : A2**a**
– www.nh-hotels.it
109 cam – 71/260 € 71/300 € – **2 suites** **Rist** – Carta 41/56 €
Circondato dai monti, albergo moderno a vocazione congressuale, con amena terrazza-solarium: spazi comuni di taglio lineare ed eleganti camere d'ispirazione contemporanea. Ariosa sala da pranzo dalle linee essenziali; servizio in terrazza con vista sull'Adda.

Alberi senza rist

lungo Lario Isonzo 4 – ✆ 03 41 35 09 92 – www.hotelalberi.it Pianta : A1**a**
– Chiuso 20 dicembre-10 gennaio
20 cam – 63/75 € 85/150 €
Hotel di recente costruzione a gestione diretta, in posizione panoramica di fronte al lago: aree comuni essenziali, belle camere di tono moderno, spaziose e confortevoli.

XX **Nicolin**

via Ponchielli 54, località Maggianico, 3,5 km per Milano - B2 – ✆ 03 41 42 21 22 – Chiuso 26 dicembre-3 gennaio, agosto, domenica sera e martedì
Menu 25 € (pranzo in settimana)/60 € – Carta 46/71 €
Gestito dalla stessa famiglia da oltre trent'anni, locale con proposte tradizionali affiancate da piatti più fantasiosi e da buona cantina; servizio estivo in terrazza.

XX **Al Porticciolo 84** (Fabrizio Ferrari)

via Valsecchi 5/7, per via Matteotti - B1 – ✆ 03 41 49 81 03
– www.porticciolo84.it – Chiuso 25 dicembre-5 gennaio, 1 settimana in giugno, 10 agosto-2 settembre, lunedì e martedì
Menu 54/90 € – Carta 51/94 € – *(solo a cena escluso i giorni festivi)* (consigliata la prenotazione)
Lungo la strada della Valsassina, il ristorante si trova in un vicolo di un quartiere periferico: l'ambiente è rustico/elegante, caratterizzato da un camino e da due grandi acquari. Cucina di mare rispettosa del pescato in preparazioni gustose.
→ Fusilloni mantecati al siero di yogurt, battuto di ostriche e crescione d'acqua. Astice cotto in padella con burro salato di Normandia, succo di zenzero, alghe. Frolla, cioccolato bianco, caffè, cardamomo.

X **Trattoria Vecchia Pescarenico**

via Pescatori 8 – ✆ 03 41 36 83 30 Pianta : B2**b**
– www.vecchiapescarenico.it – Chiuso 6-15 gennaio, 20-28 agosto e lunedì
Carta 35/78 € – (prenotazione obbligatoria a mezzogiorno)
Nel vecchio borgo di pescatori de "I Promessi Sposi" troverete una trattoria semplice, dall'ambiente simpatico e accogliente dove vi attenderà una gustosa cucina di mare.

LE CLOTES ➔ Vedere Sauze d'Oulx

Torino (TO)

LEGNAGO

Verona (VR) – ✉ 37045 – 24 900 ab. – Alt. 16 m – Carta regionale n° **39-B3**

▶ Roma 475 km – Verona 45 km – Mantova 46 km – Padova 93 km

Carta stradale Michelin 562-G15

a San Pietro Ovest : 3 km – ✉ 37045 San Pietro Di Legnago

Pergola

via Verona 140 – ✆ 04 42 62 91 03 – www.hotelpergola.com – Chiuso 9-20 agosto

78 cam ☕ – †49/129 € ††69/199 €

Rist *Pergola* – vedere selezione ristoranti

Piacevoli camere - tutte rinnovate ultimamente - ed ambienti accoglienti, in una valida struttura sita in zona industriale. Da poco c'è anche un bel centro benessere.

XX **Pergola** – Hotel Pergola

via Verona 140 – ☎ 04 42 62 91 03 – www.hotelpergola.com – Chiuso 26 dicembre-10 gennaio, 29 luglio-24 agosto, domenica sera e venerdì
Menu 22 € (in settimana)/45 € – Carta 26/65 €
La famiglia Montagnoli nasce nella ristorazione, prima ancora che nell'attività alberghiera e... si vede! Ottimi piatti, soprattutto del territorio, ed una bella carta dei vini in un ambiente piacevole, nonché elegante.

LEGNANO

Milano (MI) – ✉ 20025 – 58 335 ab. – Alt. 199 m – Carta regionale n° **18-A2**
Roma 605 km – Milano 28 km – Como 33 km – Novara 37 km
Carta stradale Michelin 561-F8

Palace Hotel Legnano cam, rist,

via per Castellanza 41 – ☎ 03 31 54 07 02 – www.palacehotellegnano.com
127 cam – †80/370 € ††100/400 € **Rist** – Carta 32/61 € – *(chiuso agosto)*
Hotel di taglio classico-signorile, dispone di ampie camere accessoriate e moderna zona benessere. Gli sfiziosi piatti del ristorante accontentano tutti i palati.

Welcome Hotel Legnano cam, rist,

via Grigna 14 – ☎ 03 31 54 00 01 – www.welcomehotel.info – Chiuso 8-24 agosto
38 cam – †78/148 € ††84/178 € – **2 suites**
Rist – Carta 27/52 € – *(chiuso sabato e domenica escluso giugno-dicembre) (solo a cena)*
Ha una vocazione spiccatamente business, quest'albergo che offre ai suoi ospiti accoglienti camere dai toni caldi ed una piccola zona relax. Tenuta impeccabile.

2 C senza rist

via Colli di Sant'Erasmo 51 – ☎ 03 31 44 01 59 – www.hotel2c.it
60 cam – †100/150 € ††130/190 €
A un km dall'uscita (Legnano) dell'autostrada A8 MI-VA, l'hotel si compone di due strutture dagli ambienti e camere di tono contemporaneo, più economiche quelle nella dépendance.

LEGNARO

Padova (PD) – ✉ 35020 – 8 685 ab. – Alt. 8 m – Carta regionale n° **40-C3**
Roma 508 km – Venezia 48 km – Padova 20 km – Rovigo 50 km
Carta stradale Michelin 562-F17

XX **AB Baretta** con cam cam,

via Roma 33 ✉ 35020 – ☎ 04 98 83 00 88 – www.ristorantebaretta.it – Chiuso 1°-18 gennaio
15 cam – †55/65 € ††90/110 €
Menu 35/50 € – Carta 33/88 € – *(chiuso domenica sera e lunedì)*
In una villa del '700, suggestivi affreschi nell'eleganti sale per una cucina che dà il meglio di sé nelle specialità di pesce e crostacei. Una cornice di grande fascino per "fare colpo"!

LE GRAZIE → Vedere Portovenere

La Spezia (SP)

LEIFERS = LAIVES

LEMEGLIO → Vedere Moneglia

Genova (GE)

LENNO

Como (CO) – ✉ 22016 – 1 832 ab. – Alt. 209 m – Carta regionale n° **16-A2**
Roma 652 km – Como 27 km – Menaggio 8 km – Milano 75 km
Carta stradale Michelin 561-E9

Lenno
via Lomazzi 23 – ✆ 0 34 45 70 51 – www.albergolenno.com – Aperto 1° aprile-31 ottobre
46 cam – †70/180 € ††80/210 € **Rist** – Menu 30 € – *(solo a cena)*
Ospitalità signorile in hotel moderno in posizione panoramica sul delizioso e tranquillo lungolago; ampie camere ben accessoriate, con vista sulla quieta distesa d'acqua. Ariosa sala da pranzo, con grandi vetrate che "guardano" un incantevole paesaggio.

LENTATE SUL SEVESO
Monza e Brianza (MB) – ✉ 20823 – 15 633 ab. – Alt. 250 m – Carta regionale n° **18-B1**
Roma 606 km – Milano 30 km – Monza 21 km – Como 24 km
Carta stradale Michelin 561-E9

Le Groane
via Nazionale dei Giovi 101 – ✆ 03 62 57 21 19 – www.ristorantelegroane.it – Chiuso 1°-6 gennaio, 16-30 agosto, sabato a mezzogiorno e martedì
Menu 12 € (in settimana) – Carta 34/58 €
Al piano terra di un villino periferico, elegante e luminosa sala ornata da numerose piante che la rendono ancora più "fresca"; molto gradevole il servizio estivo in giardino.

LEONESSA
Rieti (RI) – ✉ 02016 – 2 467 ab. – Carta regionale n° **13-C1**
Roma 131 km – Rieti 37 km – Terni 50 km – L'Aquila 66 km
Carta stradale Michelin 563-O20

Leon d'Oro
corso San Giuseppe 120 – ✆ 07 46 92 33 20 – www.ristoranteleondoroleonessa.com – Chiuso 30 giugno-6 luglio e lunedì
Carta 22/50 €
Griglia e camino a vista per la cottura delle carni in questo accogliente locale rustico nel cuore della città, un ambiente simpatico ed informale, in cui regna la mano femminile.

LE REGINE → Vedere Abetone
Pistoia (PT)

LERICI
La Spezia (SP) – ✉ 19032 – 9 926 ab. – Carta regionale n° **15-D2**
Roma 408 km – La Spezia 11 km – Genova 107 km – Livorno 84 km
Carta stradale Michelin 561-J11

Doria Park Hotel
via privata Doria 2 – ✆ 01 87 96 71 24 – www.doriahotels.it
49 cam – †85/165 € ††100/280 € – **5 suites**
Rist *I Doria* – vedere selezione ristoranti
In posizione tranquilla, sulla collina che domina Lerici, hotel dotato di terrazza con suggestiva vista sul golfo; piacevoli interni ben accessoriati, camere luminose. Per il lunch c'è una carta di piatti freddi.

Piccolo Hotel del Lido senza rist
lungomare Biaggini 24 – ✆ 01 87 96 81 59 – www.hoteldellido.it – Aperto 1° aprile-15 ottobre
12 cam – †210/320 € ††210/320 €
Poco distante dal centro, sulla bella spiaggetta della località, una risorsa non di grandi dimensioni, ma esclusiva nello stile, con camere caratterizzate da arredi minimalisti e romanticamente affacciate sul mare.

Florida senza rist

lungomare Biaggini 35 – ✆ 01 87 96 73 32 – www.hotelflorida.it – Chiuso 20 dicembre-1° marzo

40 cam – 100/140 € 130/190 €

Gestione familiare attenta e dinamica in un albergo tradizionale, di fronte al mare e alla spiaggia libera; l'elegante hall annnuncia camere di stile più funzionale, quasi tutte vista mare.

Shelley e Delle Palme senza rist

lungomare Biaggini 5 – ✆ 01 87 96 82 04 – www.hotelshelley.it

46 cam – 60/130 € 100/190 €

Invidiabile ubicazione davanti alla spiaggia, con veduta del golfo, per una struttura con interni classici, accoglienti e signorili; camere in stile moderno e un piccolo centro benessere per gli ospiti.

I Doria – Doria Park Hotel

via privata Doria 2 – ✆ 01 87 96 71 24 – www.doriahotels.com/ristorante/ita – Chiuso 22 dicembre-13 gennaio e domenica

Carta 33/75 € – *(solo a cena)* (consigliata la prenotazione)

Elegante la sala ma, in stagione, meglio ancora la terrazza con bella vista sul Golfo dei Poeti. Dalla cucina specialità ittiche e qualche interessante piatto a base di carne. Nella carta dei vini, c'è posto solo per il territorio ligure: tutte le etichette sono proposte anche al bicchiere!

Il Frantoio

via Cavour 21 – ✆ 01 87 96 41 74

Carta 33/71 €

Conduzione affidabile in un esercizio del centro, con due sale dall'ambiente caratteristico, dove vengono servite preparazioni a base di pesce e di prodotti del luogo.

a Fiascherino Sud-Est : 3 km – ✉ 19032

Il Nido senza rist

via Fiascherino 75 – ✆ 01 87 96 72 86 – www.hotelnido.com – Aperto 11 marzo-31 ottobre

31 cam – 50/100 € 90/200 €

Gestione capace in un hotel sul mare, immerso nella pace di una strepitosa natura: belle terrazze-giardino e graziose camere con arredi, semplici, ma confortevoli. Giù alla spiaggetta, c'è anche un beach-bar.

Cristallo

via Fiascherino 158 – ✆ 01 87 96 72 91 – www.albergo-cristallo.it – Aperto 1° aprile-30 settembre

44 cam – 60/85 € 80/150 € **Rist** – Carta 24/59 € – *(solo a cena)*

Sulla strada per Fiascherino, struttura in posizione tranquilla e panoramica, circondata da ulivi, le cui camere ben accessoriate dispongono tutte di balcone. Proposte tipiche italiane nella classica sala ristorante.

a Tellaro Sud-Est : 4 km – ✉ 19032

Miramare

via Fiascherino 22 – ✆ 01 87 96 75 89 – www.miramaretellaro.com – Aperto 22 dicembre-8 gennaio e Pasqua-31 ottobre

22 cam – 65/75 € 95/105 € – **2 suites** **Rist** – Carta 26/55 €

Ambiente familiare e semplice in una classica pensione a valida gestione diretta: ben tenuti gli spazi interni funzionali, graziosa la terrazza-giardino. L'ampia sala da pranzo è rischiarata da grandi finestre.

Miranda con cam

cam,

via Fiascherino 92 – ✆ 01 87 96 81 30 – www.miranda1959.com – Chiuso 14 dicembre-15 gennaio

7 cam – 90 € 100 € – **2 suites**

Menu 30/50 € – Carta 47/76 € – *(chiuso lunedì)*

Nella splendida cornice del Golfo dei Poeti, locanda con interni raffinati e una sala ristorante che sembra un salotto, dove assaporare idilliache rielaborazioni culinarie.

LESA

Novara (NO) – ✉ 28040 – 2 248 ab. – Alt. 198 m – Carta regionale n° **24-B2**
▶ Roma 650 km – Stresa 9 km – Novara 49 km – Milano 77 km
Carta stradale Michelin 561-E7

verso Comnago Ovest : 2 km :

Al Camino

via per Comnago 30 ✉ 28040 – ✆ 03 22 74 71 – www.alcaminolesa.com – Chiuso mercoledì
Carta 26/51 €
Lavarello alle mandorle ed altri piatti regionali campeggiano nel menu di questa ex cascina dei primi del '900 ristrutturata: ambiente rustico accentuato da un intonaco grezzo, sala con camino e una deliziosa veranda affacciata sul lago.

LESINA

Foggia (FG) – ✉ 71010 – 6 327 ab. – Alt. 5 m – Carta regionale n° **26-A1**
▶ Roma 334 km – Termoli 41 km – Foggia 57 km – Campobasso 100 km
Carta stradale Michelin 564-B28

Liù Palazzo Ducale senza rist

via Dante 19/21 – ✆ 08 82 99 02 58 – www.liupalazzoducale.it
10 cam ☕ – †40/50 € ††60/70 €
Nella "città dell'anguilla", il lago si trova a pochi passi da questo grazioso palazzo d'inizio '900: camere personalizzate, alcune di gusto retrò, altre moderne, deliziosi bagni.

LEVANTO

La Spezia (SP) – ✉ 19015 – 5 511 ab. – Carta regionale n° **15-D2**
▶ Roma 448 km – La Spezia 32 km – Genova 85 km – Massa 65 km
Carta stradale Michelin 561-J10

Park Hotel Argento

cam, AC cam,

via per Sant'Anna , località Moltedi – ✆ 01 87 80 12 23 – www.parkhotelargento.com – Aperto 10 marzo-10 dicembre
40 cam ☕ – †160/200 € ††210/320 € – **7 suites**
Rist – Carta 36/50 € – *(solo a cena)*
Ideale punto di partenza per visitare le Cinque Terre, questo hotel di recente costruzione offre ampie camere con vista mare o colline ed un grazioso centro benessere. In posizione leggermente elevata rispetto alla cittadina, la tranquillità è assicurata.

Stella Maris

via Marconi 4 ✉ 19015 – ✆ 01 87 80 82 58 – www.hotelstellamaris.it
8 cam ☕ – †100/160 € ††100/160 €
Rist – Menu 30/40 € – *(aperto 1° aprile-30 settembre) (solo a cena) (solo per alloggiati)*
Bel giardino con palme, ambiente e decorazioni fine 1800, atmosfera caratteristica ed elegante negli interni con soffitti affrescati e mobili originali in stile classico.

Nazionale senza rist

via Jacopo da Levanto 20 – ✆ 01 87 80 81 02 – www.nazionale.it – Aperto 30 marzo-1° novembre
37 cam ☕ – †70/90 € ††90/138 €
Solida gestione diretta in un accogliente albergo dall'ambiente familiare: piacevoli spazi comuni e camere in stile lineare arredate con gusto. Il mare dista circa 100 m.

La Sosta di Ottone III

località Chiesanuova 39 – ✆ 01 87 81 45 02 – www.lasosta.com – Aperto 1° aprile-31 ottobre
4 cam – †200/250 € ††200/250 €, ☕ 20 €
Rist – Carta 55/105 € – *(chiuso domenica) (solo a cena)* (prenotazione obbligatoria)
In mezzo al verde e lontani dalla calca, bisogna amare le camminate, ma anche l'esclusività, per soggiornare in questa incantevole residenza del 16° secolo che, sebbene di piccole dimensioni, tra i suoi assi propone un bel ristorantino, "paladino" del territorio e della freschezza delle materie prime.

Agriturismo Villanova senza rist

località Villanova, Est : 1,5 km – 01 87 80 25 17 – www.agriturismovillanova.it – Aperto 27 febbraio-8 novembre

13 cam – 80/120 € 90/130 €

Si producono olive e uva da vino, in questo signorile agriturismo ricavato da un antico borgo settecentesco con chiesetta (consacrata). Le camere si dividono tra la storica casa e un rustico, qualche mini-appartamento per chi volesse effettuare soggiorni più lunghi: per tutti, il verde della natura circostante.

Tumelin

via Grillo 32 – 01 87 80 83 79 – www.tumelin.it – Chiuso 7 gennaio-7 febbraio e giovedì escluso 15 giugno-15 settembre

Carta 38/75 €

Interni classici in un ristorante gestito da un'intera famiglia e collocato nel cuore della cittadina: si propone una classica cucina di mare, intuibile dal vivaio di aragoste sito in una delle sale.

L'Abetaia con cam

cam,

località Pian del Momo, (uscita autostrada A12 Carrodano), Nord : 7 km – 01 87 89 33 23 – www.abetaia.it – Chiuso febbraio e martedì

12 cam – 90/140 € 90/140 €

Menu 15 € (in settimana)/50 € – Carta 31/71 €

Non siamo sul mare e nemmeno nel centro storico, però il locale offre la comodità della vicinanza all'autostrada e, soprattutto, una buona cucina sia di mare sia di terra (anche cacciagione in autunno-inverno). Camere moderne e lineari nell'omonimo albergo a 100 metri.

a Mesco Sud : 2,5 km – 19015 Levanto

La Giada del Mesco senza rist

via Mesco 16 – 01 87 80 26 74 – www.lagiadadelmesco.it – Aperto 1° marzo-31 ottobre

12 cam – 100/130 € 140/170 €

L'incantevole vista su mare e costa è garantita da tutte le camere di questo edificio ottocentesco in splendida posizione su un promontorio. Ma c'è anche una bella terrazza per la prima colazione, nonché la navetta gratuita per stazione, spiaggia e ristoranti del centro.

LEVICO TERME

Trento (TN) – 38056 – 7 675 ab. – Alt. 506 m – Carta regionale n° **33-B3**

Roma 610 km – Trento 21 km – Belluno 90 km – Bolzano 82 km

Carta stradale Michelin 562-D15

Bellavista Relax Hotel

cam, rist, rist,

via Vittorio Emanuele III 7 – 04 61 70 61 36 – www.bellavistarelax.it – Aperto 1° maggio-30 ottobre

87 cam – 50/96 € 70/162 € – **1 suite** **Rist** – Carta 34/45 €

Immerso in un gradevole giardino con piscina, un complesso alberghiero risalente al primo Novecento dotato di ampi spazi comuni, confortevoli camere di gusto classico e pregevole centro benessere. Proposte del Bel Paese nella capiente sala ristorante utilizzata anche per cerimonie.

Al Sorriso Green Park

rist,

lungolago Segantini 14 – 04 61 70 70 29 – www.hotelsorriso.it – Aperto Pasqua-3 novembre

63 cam – 49/79 € 98/178 € – **2 suites**

Rist – Carta 23/40 € – *(solo a cena escluso luglio-agosto)*

In posizione piacevolmente decentrata – a soli 100 metri dal lago, attorno un parco che dispone di numerose attrezzature sportive – hotel dalla brillante gestione familiare caratterizzato da ambienti luminosi ed un bel centro benessere con piscina coperta. Nell'elegante sala ristorante, cucina nazionale e locale con verdure del proprio orto.

Lucia rist, rist,

viale Roma 20 – 04 61 70 62 29 – www.luciahotel.it – Aperto 1° dicembre-6 gennaio e Pasqua-31 ottobre

33 cam – 35/70 € 65/140 € **Rist** – Menu 19 €

Immersa in un parco con alberi d'alto fusto che circondano la piscina, una casa a gestione familiare con camere semplici, alcune in stile montano. Indirizzo ideale per vacanze di relax o sugli sci, la gustosa cucina del ristorante è un motivo in più per sceglierlo.

Scaranò rist, cam,

strada provinciale per Vetriolo 86, Nord : 2 km – 04 61 70 68 10 – www.hotelscarano.it – Chiuso 8 gennaio-13 febbraio

33 cam – 40/50 € 88/92 €

Rist – Carta 20/41 € – *(chiuso domenica sera e lunedì escluso 1° luglio-20 settembre)*

In posizione tranquilla e un po' isolata, questa casa nasce dove sorgeva un vecchio maso ed ospita al suo interno ambienti spaziosi. Stessa gestione, ormai quasi quarantennale, per il ristorante che propone la tipica cucina trentina e piatti di pesce. Splendida la vista sulla vallata.

Boivin con cam cam,

via Garibaldi 9 – 04 61 70 16 70 – www.boivin.it – Chiuso 13-31 gennaio e 3-19 novembre

29 cam – 54/69 € 78/108 €

Menu 27/33 € – Carta 29/45 € – *(chiuso lunedì) (solo a cena escluso 15 luglio-31 agosto e domenica)*

All'interno di un'antica casa del centro, il locale si basa sulla personalità e le idee dello chef-patron, Riccardo, che mixa con originalità tradizione trentina ed inserti pacatamente moderni. Specialità: trio di canederlotti di pane al burro e salvia, puntine di maiale con polenta e cavolo rosso in agrodolce, strudel di mele. Accanto c'è l'hotel Ramada gestito dal fratello.

LEVIZZANO RANGONE → Vedere a Castelvetro di Modena

Modena (MO)

LICATA

Sicilia – Agrigento (AG) – ✉ 92027 – 38 057 ab. – Carta regionale n° **30-C3**

Agrigento 45 km – Caltanissetta 52 km – Palermo 189 km – Ragusa 88 km

Carta stradale Michelin 365-AS61

Villa Giuliana cam, rist,

Via Oreto Grata snc – 09 22 89 44 24 – www.hotelvillagiuliana.com

12 cam – 49/99 € 59/119 € **Rist** – Carta 20/88 €

E' piccolo nelle dimensioni, ma non nel confort, questo grazioso hotel che gode di una stupenda posizione panoramica. Spazi comuni e camere di gusto classico; cucina di mare e di terra al ristorante.

La Madia (Pino Cuttaia)

corso Filippo Re Capriata 22 – 09 22 77 14 43 – www.ristorantelamadia.it – Chiuso 10 giorni in giugno, martedì, anche domenica sera in inverno e domenica a mezzogiorno in luglio-agosto

Menu 80/115 € – Carta 70/112 €

Comode sedie in pelle e alle pareti - dalle calde tinte mediterranee - belle foto d'autore i cui soggetti sono legati ai prodotti e ai colori dell'isola. In tavola va in scena la Grande Sicilia che lo chef-patron, consapevole della propria tecnica affinata con importanti esperienze, propone in maniera semplice ed accativante, non scevra di fantasia.

→ Minestra d'aragosta con mandorle tostate e basilico. Spatola a beccafico con caponata croccante. Cassata gelata.

LIDO → Vedere Elba (Isola d') : Capoliveri

Livorno (LI)

LIDO DEGLI ESTENSI → Vedere Comacchio

Ferrara (FE)

LIDO DI CAMAIORE

Lucca (LU) – ✉ 55041 – Carta regionale n° **31-B1**
Roma 371 km – Pisa 28 km – Lucca 31 km – Livorno 50 km
Carta stradale Michelin 563-K12

UNA Hotel Versilia

viale Bernardini 335/337 – ✆ 05 84 01 20 01 – www.unahotels.it
99 cam – 119/919 € 119/919 € – **72 suites** **Rist** – Carta 36/72 €
Nuova ed imponente struttura sul lungomare progettata per offrire un alto standing di confort. Zone comuni ariose e luminose: non mancano lussureggianti spazi verdi. Ottime anche le camere.

Caesar

cam,

viale Sergio Bernardini 325 – ✆ 05 84 61 78 41 – www.caesarhotel.it
37 suites – 210/380 € – 35 cam
Rist – Carta 30/60 € – *(aperto 1° maggio-30 settembre) (solo a cena in maggio) (solo per alloggiati)*
Sul lungomare, camere in stile marinaresco tutte di diversa tipologia e un parco giochi per bambini (ma c'è anche un campo da calcetto!). Al ristorante, la vista si posa sul verde e sulle piscine, mentre la cucina sollecita il palato con i sapori della Toscana.

Siesta

rist,

viale Bernardini 327 – ✆ 05 84 61 91 61 – www.hotelsiesta.it – Chiuso dicembre
33 cam – 65/90 € 90/180 €
Rist – Menu 25/50 € – *(aperto Pasqua-30 settembre)*
Sono ora i figli a condurre questa risorsa sul lungomare cinta da un piacevole giardino; camere confortevoli e ben rifinite, una terrazza per la prima colazione e noleggio biciclette. Al ristorante è stato potenziato il servizio dei dolci con angolo di esposizione anche caldo.

Sylvia

via Manfredi 15 – ✆ 05 84 61 79 94 – www.hotelsylvia.it – Aperto 20 marzo-1° novembre
34 cam – 50/110 € 70/180 €
Rist – Menu 25 € – *(solo a cena in aprile e ottobre)*
Il mare è raggiungibile a piedi, ma una via più tranquilla e il verde che circonda l'albergo assicurano il riposo dei clienti. Ospitalità e camere accoglienti coronano il soggiorno.

Giulia

lungomare Pistelli 77 – ✆ 05 84 61 75 18 – www.giuliahotel.it – Aperto 20 aprile-30 settembre
40 cam – 50/150 € 80/190 €, 15 € **Rist** – Carta 21/35 €
Felicemente ubicata di fronte al mare, la struttura dispone di zone comuni dagli arredi curati e camere spaziose, molte con balconcino abitabile. Calorosa conduzione familiare e tradizione alberghiera.

Bacco

via Rosi 24 – ✆ 05 84 61 95 40 – www.bacco-hotel.it – Aperto Pasqua-15 ottobre
28 cam – 85/147 € 96/147 € – **1 suite**
Rist – Carta 23/49 € – *(solo a cena)*
In una strada tranquilla non lontano dal mare, la hall è un omaggio alla figura mitologica di Bacco. Camere di diverse tipologie (da preferire quelle con grande terrazza). Sul retro, una semplice sala da pranzo per una cucina particolarmente curata.

Sirio (N)

cam,

via Italica 6 – ✆ 05 84 61 80 47 – www.hotelsirio.com – Chiuso 15 dicembre-15 gennaio
24 cam – 40/90 € 60/150 €
Rist – Menu 20/25 € – (prenotazione obbligatoria) *(solo per alloggiati)*
Nonno Sirio aprì l'albergo nel 1964 in una traversa del lungomare; oggi siamo alla terza generazione e l'albergo, ristrutturato, offre camere semplici, ma accoglienti, nonché una simpatica ospitalità familiare.

XX **Ariston Mare**
viale Bernardini 660 – ✆ 05 84 90 47 47 – www.aristonmare.it – Chiuso novembre e martedì
Carta 41/75 € – *(solo a cena escluso sabato, domenica e maggio-settembre)* (consigliata la prenotazione)
In un locale arioso ed elegante - dalla suggestiva ubicazione a ridosso della spiaggia - specialità ittiche elaborate partendo da un'accurata selezione delle materie prime. Belle presentazioni.

LIDO DI JESOLO

Venezia (VE) – ✉ 30016 – Carta regionale n° **40-D2**
Roma 568 km – Venezia 50 km – Belluno 114 km – Padova 84 km
Carta stradale Michelin 562-F19

Ril
via Zanella 2 – ✆ 04 21 97 28 61 – www.hotelril.it – Aperto 1° aprile-30 settembre
51 cam – 140/170 € 160/250 €
Rist – Menu 30/50 € – *(solo per alloggiati)*
Uno degli alberghi più eleganti di Jesolo, interamente giocato su tonalità écru, si contraddistingue per le sue linee semplici e moderne; piscina con solarium, accesso diretto al mare e palestra panoramica all'ultimo piano.

Park Hotel Brasilia
via Levantina, 2° accesso al mare – ✆ 04 21 38 08 51 – www.parkhotelbrasilia.com – Aperto Pasqua-31 ottobre
64 cam – 84/214 € 99/230 €
Rist *Ipanema* – Carta 29/55 €
Eleganza, signorilità e il mare a due passi per una struttura dalla gestione professionale con camere ben accessoriate, recentemente rinnovate, nonché bella piscina. Specialità ittiche e vetrate panoramiche nella sala da pranzo.

Cavalieri Palace
via Mascagni 1 – ✆ 04 21 97 19 69 – www.hotelcavalieripalace.com – Aperto Pasqua-inizio ottobre
56 cam – 65/150 € 130/190 € – **4 suites** **Rist** – Carta 25/42 €
Bianco e blu si ripetono armonicamente nelle accoglienti sale di questa bella struttura che gode di una panoramica posizione frontemare: tutte le camere dispongono di un balcone, ma particolarmente gradevoli sono quelle personalizzate da colorati tessuti. Graziosa anche la sala da pranzo che si apre fino alla piscina.

Delle Nazioni
via Padova 55 – ✆ 04 21 97 19 20 – www.nazioni.it – Aperto 9 maggio-28 settembre
46 cam – 114/178 € 154/240 € – **4 suites**
Rist – Menu 38 € – *(solo per alloggiati)*
L'imponente torre che svetta sul fonte mare ospita tra le sue mura spazi comuni essenziali e signorili e camere recentemente rinnovate con gusto moderno, tutte con splendida vista sul mare. Al primo piano il ristorante, dalle interessanti proposte culinarie.

Adriatic Palace
via Vittorio Veneto 30, 2° accesso al mare – ✆ 04 21 38 00 27 – www.hoteladriaticpalace.com – Aperto 15 aprile-15 ottobre
46 cam – 119/289 € 119/289 € – **2 suites** **Rist** – Carta 45/91 €
E' il bianco a caratterizzare tutti gli ambienti di questa moderna struttura con camere accoglienti e confortevoli. Frontemare, l'hotel dispone anche di una gradevole terrazza con piscina, per i più flemmatici che non vogliono compiere nemmeno due passi per raggiungere la spiaggia!

Beny
via Levantina, 4° accesso al mare 3 – ✆ 04 21 96 17 92 – www.beny.it – Aperto 1° maggio-30 settembre
75 cam – 50/97 € 100/144 € **Rist** – Menu 20 € – *(solo per alloggiati)*
Camere accoglienti in un'imponente struttura frontemare dagli ampi spazi arredati con oggetti della tradizione marinara ed area attrezzata per lo svago dei bambini. Particolare attenzione per le specialità della cucina veneta al ristorante.

Atlantico rist,

via Bafile, 3° accesso al mare 11 – 04 21 38 12 73 – www.hotel-atlantico.it – Aperto 1° aprile-31 ottobre

74 cam – 75/145 € 140/220 € **Rist** – Menu 30 € – *(solo per alloggiati)*

Piacevolmente affacciato sulla spiaggia, l'hotel dispone di ambienti curati e camere di diversa tipologia, rinnovate in tempi recenti o più classiche. Dalla panoramica piscina situata all'ultimo piano (ce n'è una anche in basso) vi sembrerà di toccare il cielo con un dito!

Termini Beach Hotel

via Altinate 4, 4° accesso al mare – 04 21 96 01 00 – www.hoteltermini.it – Aperto Pasqua-15 settembre

52 cam – 120/195 € 120/195 € – **9 suites**

Rist – Menu 45 € – *(solo a cena)*

Albergo che domina il mare, dotato di spazi comuni eleganti ed ariosi, arredati con gusto e camere di differenti tipologie, tutte confortevoli e personalizzate. Al ristorante, bianche colonne ed ampie finestre affacciate sul blu.

Rivamare

via Bafile, 17° accesso al mare – 04 21 37 04 32 – www.rivamarehotel.com – Aperto 13 maggio-20 settembre

53 cam – 85/145 € 130/195 € – **6 suites**

Rist – Menu 12/35 € – *(solo per alloggiati)*

Conduzione familiare di grande esperienza in un albergo recentemente rinnovato, a due passi dalla spiaggia: camere dalle linee moderne e spazi comuni abbelliti da tappeti. Gradevole zona piscina.

Montecarlo rist,

via Bafile 5, 16° accesso al mare – 04 21 37 02 00 – www.montecarlhotel.com – Aperto 1° aprile-30 settembre

42 cam – 65/85 € 120/180 €

Rist – Carta 23/45 € – *(solo per alloggiati)*

La stessa famiglia al timone dal 1965, con la sua curata terrazza e le confortevoli camere arredate in un fresco e riposante color verde, la struttura si trova direttamente sul mare.

Cucina da Omar

via Dante 21 – 0 42 19 36 85 – www.ristorantedaomar.it – Chiuso 22 dicembre-10 gennaio, mercoledì a mezzogiorno in estate, tutto il giorno negli altri mesi

Menu 60/75 € – Carta 56/129 € – (consigliata la prenotazione la sera)

Affacciato sul passeggio della zona centrale, Omar è il ritrovo degli appassionati di pesce fresco che non amano elaborazioni eccessive, ma prediligono la fragranza dei sapori: qui trovano un porto di sicura qualità.

Don Claudio

via Ugo Foscolo 61 – 04 21 37 10 17 – www.ristorantedonclaudio.it – Aperto 15 aprile-30 settembre; chiuso martedì fino al 15 maggio

Carta 37/80 €

Variopinto ed originale, con arredi di ogni genere e provenienza, analoga fantasia coglie la cucina, estrosa nelle presentazioni e di provata qualità nel pescato che è alla base della maggior parte delle proposte.

a Jesolo Pineta Est : 6 km – ✉ 30016 Lido Di Jesolo

Mediterraneo rist,

via Oriente 106 – 04 21 96 11 75 – www.mediterraneojesolo.com – Aperto 15 maggio-15 settembre

62 cam – 80/150 € 180/300 € **Rist** – Carta 28/95 €

Immerso nella quiete di un lussureggiante giardino che lambisce la spiaggia, offre gradevoli e "freschi" ambienti e camere particolarmente ampie, tutte con terrazza. Sembra di pranzare nel parco nella sala ristorante con vetrate che si aprono sul verde!

Jesolopalace cam, rist,

via Airone 1/3 – 04 21 96 10 13 – www.jesolopalace.it – Aperto 1° maggio-30 settembre

59 cam – 87/117 € 132/206 € – **24 suites**

Rist – Menu 30 € – *(solo a cena) (solo per alloggiati)*

Immerso nella quiete di un lussureggiante giardino che lambisce la spiaggia, la struttura propone gradevoli spazi comuni e camere particolarmente ampie, tutte con terrazza: una trentina di esse dispongono di angolo cottura particolarmente apprezzato dalle famiglie.

Gallia rist,

via del Cigno Bianco 5 – 04 21 96 10 18 – www.hotelgallia.com – Aperto 15 maggio-15 settembre

57 cam – 75/115 € 110/180 € – **10 suites**

Rist – Menu 20/40 € – *(solo per alloggiati)*

Una splendida pineta separa dal mare e dalla piscina questo elegante hotel in stile neoclassico, dotato di spaziose zone comuni. Perfetto per una vacanza a tutto relax.

Viña del Mar rist,

via Oriente 58 – 04 21 96 11 82 – www.vinadelmar.it – Aperto 15 maggio-20 settembre

45 cam – 70/120 € 120/200 € **Rist** – Carta 21/50 €

Fresche e luminose, le camere sono arredate in bianco con sfumature sull'azzurro e il rosso; decorati con originalità gli spazi comuni: perfetto per una piacevole vacanza con i bambini! Dalla cucina i prodotti di stagione, carne e pesce; nella piccola taverna-enoteca è possibile degustare salumi e formaggi.

Bauer & Sporting cam,

via Bucintoro 6 – 04 21 96 13 63 – www.hotelbauer.it – Aperto 1° maggio-30 settembre

42 cam – 83/101 € 150/196 € – **6 suites**

Rist – Menu 30/35 € – *(solo per alloggiati)*

All'interno di un giardino e con diretto accesso al mare, si compone di un edificio principale con camere fresche e moderne, e da una dépendance con camere più spaziose, alcune con angolo cottura.

LIDO DI LATINA → Vedere Latina

Latina (LT)

LIDO DI NOTO → Vedere Noto

Siracusa (SR)

LIDO DI OSTIA

Roma (RM) – Carta regionale n° **12-B2**

Roma 36 km – Anzio 45 km – Civitavecchia 69 km – Frosinone 108 km

Carta stradale Michelin 563-Q18 – Guida Verde Michelin ROMA

Il Tino (Daniele Usai)

via dei Lucilii 17/19 00122 – 0 65 62 27 78 – www.ristoranteiltino.com – Chiuso 2-15 gennaio, 25 agosto-7 settembre, domenica sera e lunedì in settembre-maggio, domenica negli altri mesi

Menu 50/60 € – Carta 44/65 € – *(solo a cena)*

Tecnica, abbinamenti simpatici e non stravolgenti, contrasti sempre ben bilanciati rendono questa cucina originale ed intrigante. In una via leggermente defilata, il ristorante è stato rinnovato in tempi recenti ed ora dispone anche di uno spazio per corsi e degustazioni.

→ Freddo di pomodoro, scampi crudi e begonia. Triglia in saor. Cheesecake alla ricotta di pecora e fichi con sorbetto alle mandorle.

LIDO DI PORTONUOVO → Vedere Vieste

Foggia (FG)

LIDO DI SAVIO

Ravenna (RA) – Carta regionale n° **9-D2**
▶ Roma 385 km – Ravenna 20 km – Bologna 98 km – Forlì 32 km
Carta stradale Michelin 562-J19

Vistamare cam, cam,
viale Romagna 199 – ✆ 05 44 94 96 13 – www.vistamaresuite.com
14 suites – 140/340 € – 6 cam
Rist *Vistamare* – Carta 37/95 € – *(chiuso inizio gennaio-inizio marzo)*
Strizza l'occhio alla moda e cerca di anticiparla il patron di questo relais sul mare, comodamente unito a Milano Marittima dal servizio navetta con divertente auto americana. Confort e stile in tutti gli ambienti, ma soprattutto il mare: a portata di vista e di mano! Al ristorante, buona cucina di pesce e tante bollicine nel bicchiere.

Strand Hotel Colorado rist,
viale Romagna 201 ✉ 48125 – ✆ 05 44 94 90 02 – www.strandhotelcolorado.com – Aperto Pasqua-23 settembre
44 cam – 80 € 140 € **Rist** – Menu 26 € – *(solo per alloggiati)*
Una hall moderna e spaziosa introduce in questa risorsa che dispone di ambienti luminosi e confortevoli dall'arredo moderno (soprattutto nelle camere all'ultimo piano) e di un'invitante piscina.

LIDO DI SPISONE → Vedere Taormina

Messina (ME)

LIDO DI TARQUINIA → Vedere Tarquinia

Viterbo (VT)

LIDO DI VENEZIA → Vedere Venezia

Venezia (VE)

LIERNA

Lecco (LC) – ✉ 23827 – 2 162 ab. – Alt. 202 m – Carta regionale n° **16-B2**
▶ Roma 636 km – Como 45 km – Bergamo 49 km – Lecco 16 km
Carta stradale Michelin 561-E9

La Breva
via Roma 24 – ✆ 03 41 74 14 90 – www.ristorantelabreva.it – Chiuso gennaio, lunedì sera e martedì escluso in giugno-settembre
Menu 18 € (in settimana)/22 € – Carta 40/70 €
Prende il nome da una brezza foriera di bel tempo, questo accogliente salotto a conduzione familiare con un'appendice anche estiva per banchetti. Squisita cucina a base di pesce.

LIGNANO SABBIADORO

Udine (UD) – ✉ 33054 – 6 616 ab. – Carta regionale n° **11-C3**
▶ Roma 616 km – Udine 65 km – Trieste 97 km – Treviso 104 km
Carta stradale Michelin 562-E21

Italia Palace
viale Italia 7 – ✆ 0 43 17 11 85 – www.hotelitaliapalace.it – Aperto 1° aprile-4 ottobre
62 cam – 91/250 € 140/250 € – **9 suites**
Rist – Menu 18 € – *(solo per alloggiati)*
Rist *Terrazza* – Carta 30/70 € – *(solo a cena)* (consigliata la prenotazione)
Sembra ancora di sentire il fruscio delle crinoline o il profumo di cipria, in questo storico albergo della Belle Epoque ritornato al suo antico splendore. Lo charme non risparmia le camere: generose per dimensioni, eleganti negli arredi e nei toni azzurro/bianco. All'ultimo piano si cena nella Terrazza per una cucina classica con molto pesce.

Florida cam, rist,
via dell'Arenile 22 – 04 31 72 01 01 – www.hotelflorida.net – Aperto 1° aprile-15 ottobre
86 cam – 95/140 € 126/186 €
Rist – Carta 20/30 € – *(solo per alloggiati)*
In posizione leggermente arretrata rispetto al lungomare, albergo formato da due corpi adiacenti, piccolo centro benessere ed una piscina panoramica, che in qualche occasione indurrà gli ospiti a "tradire" la spiaggia.

Bellavista rist,
lungomare Trieste 70 – 0 43 17 13 13 – www.bellavistalignano.it – Aperto 5 aprile-3 ottobre
44 cam – 80/140 € 110/210 € – **4 suites** **Rist** – Menu 25/35 €
A pochi passi dal centro della località, l'immacolata facciata di questa bella struttura - ubicata direttamente sul lungomare - incanta i passanti... Ma non finisce qui: camere accoglienti ed una piacevole terrazza-solarium per vivere appieno la vacanza!

Atlantic rist,
lungomare Trieste 160 – 0 43 17 11 01 – www.hotelatlantic.it – Aperto 1° maggio-30 settembre
61 cam – 120/124 € 180/240 €
Rist – Menu 37 € – *(solo per alloggiati)*
Cordiale e premurosa gestione in un albergo classico di fronte alla celebre e rinomata spiaggia, visibile dalla maggior parte delle accoglienti camere: ideale per una vacanza a tutto mare!

Trieste Mare senza rist
via Tirolo 13 – 0 43 17 11 01 – www.hoteltriestelignano.it – Aperto 1° aprile-30 settembre
32 cam – 56/88 € 86/156 €
A due passi dalla spiaggia - in una tranquilla via laterale del lungomare - piccolo e moderno albergo: il confort non manca nelle funzionali camere. Posteggio a circa 400 metri.

Bidin
viale Europa 1 – 0 43 17 19 88 – www.ristorantebidin.com – Chiuso mercoledì a mezzogiorno
Menu 14 € (pranzo in settimana) – Carta 30/61 €
Solida gestione familiare da parte di due fratelli: la carta spazia dai piatti di pesce alla tradizione friulana, servita in una sala elegante o, in estate, nell'ambiente più informale sotto al piccolo porticato.

Al Bancut
viale dei Platani 63 – 0 43 17 19 26 – www.albancut.it – Chiuso 2 settimane in novembre, lunedì e martedì, solo martedì a mezzogiorno in estate
Carta 33/71 €
Arredato sullo stile degli yacht-club di prestigio, il ristorante propone, come s'intuisce, ricette ittiche ma anche saporiti piatti di carne: antipasti di pesce crudo, pescato del giorno alla griglia, al forno o al sale ed altro ancora.

a Lignano Pineta Sud-Ovest : 5 km – ✉ 33054

Greif rist,
arco del Grecale 25 – 04 31 42 22 61 – www.greifhotel.it – Aperto 1° marzo-30 novembre
87 cam – 100/320 € 160/420 € – **22 suites**
Rist – Carta 38/70 € – *(aperto 21 aprile-30 settembre)*
La rigogliosa pineta custodisce il solo albergo 5 stelle della zona, un grande complesso alberghiero dai raffinati interni, pensato per un soggiorno di completo relax. Spazioso e raffinato il ristorante, illuminato da ampie vetrate che si aprono sul verde.

Park Hotel
viale delle Palme 41 – 04 31 42 23 80 – www.parkhotel-lignano.com – Aperto 15 maggio-20 settembre
36 cam – 67/97 € 114/174 € – **5 suites**
Rist – Menu 25 € – *(solo per alloggiati)*
Albergo d'ispirazione moderna dal design essenziale, dispone di ambienti essenziali e luminosi; forse un po' decentrato rispetto al centro della località, poco distante dal mare.

Medusa Splendid
raggio dello Scirocco 33 – 04 31 42 22 11 – www.hotelmedusa.it – Aperto 15 maggio-15 settembre
56 cam – 69/95 € 108/160 € **Rist** – Menu 30 € – *(solo per alloggiati)*
Verde e blu si ripetono ritmicamente in questo hotel dotato di ampi spazi, anche nelle confortevoli camere; il mare è distante solo poche centinaia di metri. Fresca e piacevole sala ristorante semicircolare, con vetrate che guardano verso il giardino e la piscina.

Erica
arco del Grecale 21/23 – 04 31 42 21 23 – www.ericahotel.it – Aperto 15 maggio-18 settembre
40 cam – 78/100 € 112/160 € – **1 suite**
Rist – Menu 27 € – *(solo per alloggiati)*
Poltrone in midollino nella fresca hall con affaccio sulla moderna piscina e camere sobrie, ma sicuramente confortevoli; la prima colazione è servita nella luminosa sala-veranda attigua al ristorante.

Bella Venezia Mare
arco del Grecale 18/a – 04 31 42 21 84 – www.bellaveneziamare.it – Aperto 1° maggio-20 settembre
50 cam – 63/93 € 100/160 € **Rist** – Menu 23 € – *(solo per alloggiati)*
A breve distanza tanto dal centro quanto dalla spiaggia, un hotel a gestione diretta. Piacevole lo spazio destinato alla piscina, con vasca idromassaggio.

a Lignano Riviera Sud-Ovest : 7 km – 33054 Lignano Sabbiadoro

Arizona
calle Prassitele 2 – 04 31 42 85 28 – www.hotel-arizona.it – Aperto 14 maggio-13 settembre
42 cam – 57/93 € 114/160 € **Rist** – Menu 17 €
Accoglienza familiare e dinamica per un soggiorno di relax. All'ingresso, qualche arredo etnico in legno intrecciato e un design dalle linee moderne. Il mare poco distante.

Smeraldo
viale della Musica 4 – 04 31 42 87 81 – www.hotelsmeraldo.net – Aperto 15 maggio-15 settembre
64 cam – 60/90 € 90/160 € **Rist** – Menu 25 € – *(solo per alloggiati)*
Camere fresche e luminose, vivacizzate dai colorati pannelli alle pareti, un nuovo piccolo centro benessere e la piacevole atmosfera da vacanze tra sole e mare. Conduzione familiare.

LIMBIATE
Monza e Brianza (MB) – 20812 – 34 370 ab. – Alt. 187 m
– Carta regionale n° **18-B2**
Roma 610 km – Milano 23 km – Monza 20 km – Bergamo 56 km
Carta stradale Michelin 561-F9

AS Hotel Limbiate Fiera
corso Como 52, Nord : 3 km – 0 29 96 76 41 – www.ashotellimbiatefiera.it
178 cam – 50/500 € 50/500 € – **5 suites**
Rist *Corso Como 52* – 0 29 96 70 02 – Carta 20/89 € – *(chiuso domenica a mezzogiorno e sabato)*
Nella zona commerciale, hotel recente dal taglio moderno, sia negli ambienti sia nelle funzionali camere. Al ristorante, cucina mediterranea con piatti elaborati e specialità alla griglia.

LIMITO → Vedere Pioltello
Milano (MI)

LIMONE PIEMONTE
Cuneo (CN) – ✉ 12015 – 1 467 ab. – Alt. 1 009 m – Carta regionale n° **22**-B3
Roma 666 km – Cuneo 29 km – Milano 243 km – Imperia 109 km
Carta stradale Michelin 561-J4

Grand Palais Excelsior
largo Roma 9 – ✆ 01 71 92 90 02 – www.grandexcelsior.com – Chiuso maggio, ottobre e novembre
20 cam – 75/110 € 80/120 € – **8 suites**
Rist ***Il San Pietro*** – vedere selezione ristoranti
Tipiche decorazioni a graticcio sulle pareti esterne e all'interno raffinati spazi di moderna concezione in un albergo provvisto di dépendance con appartamenti ad uso residence; spa di ottimo livello e suite per i trattamenti di coppia.

Il San Pietro – Hotel Grand Palais Excelsior
largo Roma 9 – ✆ 01 71 92 90 74 – www.san-pietro.it – Chiuso maggio, ottobre, novembre e mercoledì
Menu 20/45 € – Carta 36/54 €
Il locale giusto per chi ama il fascino retrò: nella sala in stile liberty riscaldata da boiserie in legno di castagno e da un grande camino, una cucina di grande spessore che dà spazio ai sapori locali e alle materie prime della zona. Ciliegina sulla torta: il coperto non è addebitato!

Osteria Il Bagatto
via XX Settembre 16 – ✆ 01 71 92 75 43 – www.osteriailbagatto.it – Chiuso 3-26 giugno, 3-27 novembre, giovedì a mezzogiorno e mercoledì ecluso 20 dicembre-10 gennaio, 2-15 marzo e 10-25 agosto
Menu 35/40 € – Carta 33/55 € – (consigliata la prenotazione)
Avvolti da un ambiente tipicamente montano, una cucina attenta ai dettagli, dove ottime materie prime vengono plasmate dalle abili mani dello chef. La carta propone piatti del territorio, ma non solo: ci sono, infatti, proposte di pesce ed altre d'ispirazione contemporanea.

LIMONE SUL GARDA
Brescia (BS) – ✉ 25010 – 1 169 ab. – Alt. 65 m – Carta regionale n° **17**-C2
Roma 586 km – Trento 51 km – Brescia 71 km – Verona 99 km
Carta stradale Michelin 561-E14

Park Hotel Imperial
via Tamas 10/b – ✆ 03 65 95 45 91 – www.parkhotelimperial.com – Chiuso 20 novembre- 31 dicembre
63 cam – 150/210 € 200/272 € – **4 suites** **Rist** – Carta 46/78 €
Hotel di forma semicircolare, raccolto intorno a un piacevole giardino con piscina; raffinati interni in stile moderno, attrezzato centro benessere di medicina orientale. Soffitto con decorazioni a ventaglio nella sala da pranzo di sobria eleganza.

LINGUAGLOSSA
Sicilia – Catania (CT) – ✉ 95015 – 5 397 ab. – Alt. 550 m – Carta regionale n° **30**-D2
Palermo 254 km – Catania 50 km – Messina 71 km – Enna 132 km
Carta stradale Michelin 365-AZ56 – Guida Verde Michelin SICILIA

Shalai Resort
via Guglielmo Marconi 25 – ✆ 0 95 64 31 28 – www.shalai.it – Chiuso 3-28 novembre
12 cam – 80/120 € 120/240 €
Rist ***Shalai*** – vedere selezione ristoranti
Punto di partenza ideale per le escursioni sulle pendici del vulcano, questo resort, nato da un palazzo d'epoca del centro, è un delizioso gioiellino che saprà coccolarvi con belle camere - prenotate una di quelle affrescate - ed un intimo centro benessere con personale altamente qualificato.

Il Nido dell'Etna

via Matteotti angolo via Livatino – ✆ 0 95 64 34 04 – www.ilnidodelletna.it – Chiuso 1° novembre-20 dicembre

18 cam – 70/80 € 90/100 € **Rist** – Carta 27/38 € – *(solo a cena)*

Alle pendici dell'Etna, albergo a gestione familiare, ma sorprendentemente moderno con arredi geometrici ed essenziali: per chi predilige la funzionalità.

Shalai – Hotel Shalai Resort

via Guglielmo Marconi 25 – ✆ 0 95 64 31 28 – www.shalai.it – Chiuso 3-28 novembre

Menu 50 € – Carta 30/63 € – *(solo a cena escluso sabato-domenica e festivi)* (consigliata la prenotazione)

Shalai: ovvero, "gioia piena" in dialetto siciliano. Per cui anche piacere del palato, che il giovane chef saprà pienamente soddisfare con sapori mediterranei in chiave moderna ed una lista di vini prevalentemente etnei.

Boccaperta N

via Umberto 98 – ✆ 09 57 77 43 33 – www.ristoranteboccaperta.com – Chiuso martedì

Carta 26/42 €

Un piacevolissimo ambiente - tra il rustico e il signorile - con pareti in sasso e luci soffuse: piatti della tradizione locale, a kilometro zero, molto ben fatti e in porzioni generose.

LIPARI ➜ Vedere Eolie (Isole)

Messina (ME)

LIVIGNO

Sondrio (SO) – ✉ 23030 – 6 014 ab. – Alt. 1 816 m – Carta regionale n° **16-B1**

Roma 736 km – Sondrio 77 km – Bormio 38 km – Passo dello Stelvio 55 km

Carta stradale Michelin 561-C12

Lac Salin Spa & Mountain Resort

via Saroch 496/d – ✆ 03 42 99 61 66 – www.lungolivigno.com – Chiuso 14 ottobre-30 novembre e 1° maggio-4 giugno

58 cam – 85/239 € 109/418 € – **7 suites**

Rist *Milio Restaurant* – vedere selezione ristoranti

Rist – Menu 35/55 € – *(solo per alloggiati)*

Hotel dal design minimalista, in armonia con l'atmosfera montana. Originali le feeling room: sette camere ispirate ai chakra (punti energetici del corpo, secondo la filosofia orientale) ed arredate in base ai principi del feng-shui. Ottimo confort anche nelle camere più classiche.

Baita Montana

via Mont da la Nef 87 – ✆ 03 42 99 77 98 – www.hotelbaitamontana.com – Aperto 8 dicembre-30 aprile e 15 giugno-15 settembre

39 cam – 80/145 € 140/230 € – **5 suites** **Rist** – Carta 27/50 €

Valida gestione in un hotel completamente rinnovato, con bella vista su paese e montagne; spazi comuni sui toni chiari del legno, luminose e recenti camere con balcone. Ampia sala da pranzo di tono elegante con arredi in legno e un'intera parete di vetro.

Posta

plaza dal Comun 67 – ✆ 03 42 99 60 76 – www.hposta.it – Chiuso maggio, ottobre e novembre

32 cam – 70/135 € 140/270 € **Rist** – Carta 21/76 €

Nel cuore del paese, vicino ai campi da sci, un esercizio ristrutturato da poco, dall'ambiente essenziale e funzionale, ideale per gli amanti degli sport invernali. Calda atmosfera nella sala da pranzo.

Sonne senza rist
via Plan 151/c – ✆ 03 42 99 64 33 – www.hotelsonne.net
– Chiuso 15 ottobre-30 novembre e 2 maggio-20 giugno
16 cam – †90/170 € ††140/300 €
In centro, questa risorsa totalmente rinnovata è un fulgido esempio di armonia tra pietra e legno, linee tradizionali e spunti di design. Le camere si differenziano per tipologia e dimesioni. Piacevole centro benessere.

Bivio cam,
via Plan 422/a – ✆ 03 42 99 61 37 – www.hotelbiviolivigno.it
30 cam – †70/171 € ††120/350 € – **3 suites**
Rist – Menu 20/40 €
Rist *Cantina* – Carta 40/73 € – *(aperto 1° dicembre-30 aprile e 1° agosto-30 settembre) (solo a cena)*
In pieno centro storico, hotel a conduzione diretta dagli interni piacevoli e accoglienti, con pareti rivestite in perlinato; gradevoli camere in moderno stile montano.

Concordia rist,
via Plan 114 – ✆ 03 42 99 02 00 – www.hotel-concordia.it
24 cam – †60/200 € ††60/200 € – **7 suites**
Rist – Carta 22/45 €
Nel cuore della località, albergo di recente ristrutturazione, con interni curati dove il legno, lavorato o decorato, è l'elemento essenziale; confort di alto livello. Divanetti a parete e atmosfera distinta nell'ampia sala da pranzo.

Crosal cam, cam,
via dal Gesa 38 – ✆ 03 42 99 62 14 – www.hotelcrosal.com – Chiuso 2-29 maggio e 5-28 novembre
14 cam – †55/100 € ††100/160 €
Rist – Menu 15/20 € – *(aperto 1° dicembre- 3 maggio) (solo per alloggiati)*
Centrale, lungo la strada pedonale del passeggio, semplice gestione familiare con camere di quattro tipologie: dalle più piccole alle più grandi.

Palù
via Ostaria 313 – ✆ 03 42 99 62 32 – www.paluhotel.it – Chiuso maggio, ottobre e novembre
33 cam – †55/105 € ††75/185 €, 13 € **Rist** – Carta 25/53 €
Camere ampie e luminose con arredi in pino e abete, bagni di grandi dimensioni e spazi comuni accoglienti caratterizzano questa risorsa ubicata accanto alle piste da sci. Luminosa sala ristorante con vetrate su impianti e discese.

Francesin senza rist
via Ostaria 442 – ✆ 03 42 97 03 20 – www.francesin.it
14 cam – †45/90 € ††90/180 €
Accoglienza e servizio familiari in un piccolo albergo, che dispone di comode camere ed attrezzato centro fitness con palestra. In sintesi, l'indirizzo ideale per gli sportivi.

XX **Camana Veglia** con cam cam,
via Ostaria 583 – ✆ 03 42 99 63 10 – www.camanaveglia.com
– Aperto 1° dicembre-30 aprile e 1° luglio-30 settembre
14 cam – †70/200 € ††110/180 € – **1 suite**
Menu 40/70 € – Carta 34/77 € – *(chiuso i mezzogiorno di martedì e giovedì in inverno e martedì in luglio e settembre)*
Caratteristici interni in legno e ricercatezza nei particolari, in un locale con camere "a tema" e proposte di cucina legata al territorio, ma con spunti di moderna creatività.

Le grandi città beneficiano di piantine sulle quali sono situati gli alberghi e i ristoranti. Seguite le coordinate (es. : **12BMe**) per individuarli più facilmente.

XX **Chalet Mattias** (Mattias Peri) con cam — rist,

via Canton 124 – ✆ 03 42 99 77 94 – www.chaletmattias.com
5 cam – 90/120 € 160/220 € – **3 suites**
Menu 62/88 € – Carta 52/90 € – *(chiuso mercoledì a mezzogiorno e martedì escluso Natale-Pasqua ed agosto)* (consigliata la prenotazione)
Per contrastare i rigori dell'inverno, che da queste parti non scherza affatto, o semplicemente per festeggiare il ritorno della bella stagione: cosa c'è di meglio di una buona tavola? All'interno di un caratteristico chalet, una giovane coppia saprà sedurvi con piatti del territorio rivisitati con intelligenza.
➜ Gnocchi alle ortiche con spuma di formaggio casera e porcini trifolati. Tagliata di cervo cotta alla cenere con tortino di patate e salsa barbecue. Zuppetta di fragole con olive taggiasche candite, gelato al basilico e meringa al pepe.

XX **Milio Restaurant** – Hotel Lac Salin Spa & Mountain Resort

via Saroch 496/d – ✆ 03 42 99 61 66 – www.hotel-lacsalin.it – Chiuso 14 ottobre-30 novembre e 1° maggio-4 giugno
Carta 28/45 € – *(solo a cena)*
Eleganza in alta quota: solo trenta coperti per chi è alla ricerca di sfide gastronomiche sofisticate ed elaborate, dalle sfumature internazionali. La cucina parte dalla montagna per arrivare al mare, proponendo piatti raffinati all'interno dell'esclusiva cornice dell'albergo Lac Salin.

LIVORNO

156 998 ab. – Carta regionale n° **31-B2**
Roma 321 km – Pisa 23 km – Firenze 94 km – Lucca 51 km
Carta stradale Michelin 563-L12

NH Grand Hotel Palazzo — rist,

viale Italia 195 ✉ 57127 – ✆ 05 86 26 08 36 – www.nh-hotels.com
123 cam – 108/200 € 118/206 € – **7 suites** **Rist** – Carta 38/81 € A3**a**
E' in questo edificio storico di fine '800 - affacciato sul mare - che Guglielmo Marconi effettuò i suoi primi esperimenti sul telegrafo. L'attrezzato centro congressi, il ristorante roof garden e l'area benessere completano la gamma di servizi dell'hotel: albergo rinato a nuova vita dopo un'accurata ristrutturazione.

Al Teatro senza rist

via Mayer 42 ✉ 57125 – ✆ 05 86 89 87 05 Pianta : A2**a**
– www.hotelalteatro.it – Chiuso 24 dicembre-6 gennaio
8 cam – 65/85 € 95/120 €
Piccolo e signorile albergo a conduzione diretta, dove spiccano gli arredi d'antiquariato, oltre ad una secolare magnolia nel curato giardino interno. A due passi, il teatro.

Max Hotel Livorno

via Giotto Ciardi 28, per Pisa - B1 ✉ 57123 Livorno – ✆ 05 86 42 67 22 – www.maxhotels.it
104 cam – 80/165 € 90/185 €
Rist – Carta 33/91 € – *(chiuso venerdì, sabato e domenica da ottobre a maggio) (solo a cena)*
Un buon indirizzo periferico, ma comodo rispetto all'uscita autostradale, con camere confortevoli e funzionali. Collegamento ad Internet gratuito.

Gran Duca

piazza Giuseppe Micheli 16 ✉ 57123 – ✆ 05 86 89 10 24 Pianta : A2**b**
– www.granduca.it
62 cam – 85/130 € 98/160 € – **2 suites**
Rist *Gran Duca* – vedere selezione ristoranti
Albergo ubicato nel tipico ambiente del Bastione Mediceo: spaziosa hall e camere di diversa tipologia, più o meno recenti nei rinnovi, ma comunque confortevoli.

LIVORNO
0
300 m
A
B
1
2
3
TIRRENIA
FIRENZE
FIRENZE PISA
GROSSETO ROMA
OLBIA, BASTIA
S. MARCO
V. Salvatore Orlando
V. del Marzocco
V. Francesco Pera
V. Marco Mastacchi
V. Firenze
Pza F. Ferrucci
V. della Cinta Esterna
Piazza S. Marco
V. della Bastia
V. Domenico Passaponti
Piazza Barriera Garibaldi
V. Giuseppe Garibaldi
Scali delle Macine
V. Torretta
V. Solferino
V. della Cappellina
V. Palestro
Vle Ippolito Nievo
STAZIONE MARITTIMA
Pza del Portuale
Piazza del Luogo Pio
V. S. Marco
Scali del Pontino
Fortezza Nuova
V. Emilio Zola
V. Niccola Costella
V. Paolo Lilla
Piazza Refugio Domenicani
Piazza Radigoni
Piazza Giuseppe Garibaldi
V. delle Galere
Pza della Repubblica
V. Sant'Andrea
Pza Cisternone
Piazza della Fortezza Vecchia
FORTEZZA VECCHIA
Piazza Municipio
Calata Sgarallino
Pza Grande
Piazza 20 Settembre
Vle Vittorio Alfieri
PORTO MEDICEO
I Quattro Mori
Piazza Micheli
V. Piave
V. Maggi
V. Amedeo
V. Pietro Paoli
V. Marconi
V. Antonio Gramsci
Piazza Barontini
Pza D. Manin
Piazza Cavour
V. Ernesto Rossi
Cso.
V. Pietro Gori
Darsena Nuova
V. Goldoni
Pza da Vittoria
V. Giuseppe Verdi
Vle Guglielmo
V. Filippo Venuti
Pza Giuseppe Mazzini
V. Carlo Bini
V. degli Asili
V. S. Carlo
Cso. Giuseppe Mazzini
V. Salvino Salvini
V. S. Gaetano
V. Giosuè Borsi
V. Pietro Coccoluto Ferrigni
V. Calzabigi
V. di Coteto
Vle Petrarca
Pza Luigi Orlando
V. Vittorio Corcos
V. Cecconi
V. Roma
V. Giovanni Marradi
V. Oberdan Chiesa
Piazzale Cappellini
Borgo Sant'Jacopo
V. del Bosco
V. Baciocchi
V. Antonio Mangini
V. delle Siepi
V. Goffredo Mameli
Vle Fabbricotti
Vle Boccaccio
V. Abruzzi
V. Lazio
V. Emilia
V. Toscana
V. Piemonte
Vle Italia
V. del Partigiano
V. Spalato
Pza Matteotti
V. Montebello
V. Temistocle Guerrazzi
Vle della Libertà
Vle Giovanni
PARCO DI VILLA MIMBELLI
PARCO DI VILLA FABBRICOTTI
V. Carlo Meyer
ACQUARIO
M
V. delle Case Rosse
V. Luigi Pirandello
Piazzale Pietro Mascagni
PARCO DI VILLA LLOYD
V. dell'Ambrogiana
V. Adriano Cecioni
V. Caduti del Lavoro
V. Campania
V. di Levante
Lgo Petrolini
V. Beppe Orlandi
V. della Pieve
V. Antonio Gramsci
Pza S. Jacopo in Acquaviva
V. Lepanto
V. Luigi Mancini
V. Natale Betti
Vle Nazario Sauro
V. Masaccio
V. Beato Angelico
V. Carlo Cattaneo
V. dell'Ardenza
V. di Popogna
V. dei Pensieri
ACCADEMIA NAVALE
P
POL
a
b
f
T

XX **Gran Duca** – Hotel Gran Duca
piazza Giuseppe Micheli 16 ✉ 57123 – ✆ 05 86 89 13 25 Pianta : A2**b**
– www.ristorantegranduca.com – Chiuso 26 dicembre-6 gennaio
Menu 25/50 € – Carta 27/74 €
Di fronte al mare e a poche centinaia di metri dall'imbarco per le isole, un'ottima tappa gastronomica con l'immancabile caciucco. In menu, anche tante altre specialità di pesce.

X **Osteria del Mare**
borgo dei Cappuccini 5 ✉ 57126 – ✆ 05 86 88 10 27 Pianta : A2**f**
– Chiuso 30 agosto-20 settembre e giovedì
Carta 26/55 €
In due piccole sale rustiche, un'atmosfera da taverna marinara con legno, timoni, gagliardetti e stemmi legati alla navigazione. Pur essendoci un menu scritto, lasciatevi consigliare dal cuoco che - in base alla stagione e alla disponibilità del pescato - saprà consigliarvi i migliori piatti che profumano di mare.

a Montenero Sud : 10 km – ✉ 57128

La Vedetta cam, rist,
via della Lecceta 5 – ✆ 05 86 57 99 57 – www.hotellavedetta.it
31 cam – 55/95 € 65/125 €
Rist – Carta 17/60 € – *(aperto 1° maggio-30 settembre) (solo a cena) (solo per alloggiati)*
Nei pressi del santuario, ambienti curati in un'imponente villa del '700 che ospitò personaggi illustri e che deve il proprio nome alla splendida vista su mare e costa. All'interno: pavimento in cotto negli ariosi spazi comuni, camere ampie e ben tenute.

ad Ardenza Sud : 4 km per Grosseto Pianta : B3 – ✉ 57128 Ardenza

X **Oscar**
via Franchini 78 – ✆ 05 86 50 12 58 – www.ristoranteoscar.it – Chiuso 27 dicembre-18 gennaio e lunedì
Carta 35/91 €
Qualche piccolo rinnovo in questo ristorante gestito da tre fratelli, dove protagonista indiscusso è il pesce: freschissimo e di ottima qualità!

LIVORNO FERRARIS

Vercelli (VC) – ✉ 13046 – 4 441 ab. – Alt. 188 m – Carta regionale n° **23**-C2
Roma 673 km – Torino 41 km – Milano 104 km – Vercelli 42 km
Carta stradale Michelin 561-G6

a Castell'Apertole Sud-Est : 10 km : – ✉ 13046 Livorno Ferraris

XX **Balin**
frazione Castell'Apertole 10 – ✆ 0 16 14 71 21 – www.balinrist.it – Chiuso domenica sera e lunedì
Menu 11 € (pranzo in settimana)/45 € – Carta 35/66 €
In un'antica cascina in aperta campagna, varcata la soglia si ha già la sensazione di aver fatto una buona scelta: ambienti in stile rustico-elegante separati da un grande camino e piatti della tradizione piemontese.

LIZZANO

Taranto (TA) – ✉ 74020 – 10 192 ab. – Alt. 67 m – Carta regionale n° **27**-C3
Roma 543 km – Taranto 26 km – Lecce 69 km – Bari 114 km
Carta stradale Michelin 564-F34

Masseria Bagnara (N) cam,
strada provinciale 125, Sud : 6 km – ✆ 09 99 55 83 37 – www.masseriabagnara.it
15 cam – 161/196 € 170/230 € – **3 suites** **Rist** – Menu 45/65 €
Masseria di origini settecentesche a meno di due chilometri dal mare, tufo e ceramiche ispirano l'elegante sobrietà degli interni, affascinate tributo alle tradizioni locali. La piscina panoramica sulla campagna è il fiore all'occhiello.

LIZZANO IN BELVEDERE

Bologna (BO) – ✉ 40042 – 2 314 ab. – Alt. 640 m – Carta regionale n° **8-B2**
Roma 361 km – Bologna 68 km – Firenze 87 km – Lucca 93 km
Carta stradale Michelin 562-J14

a Vidiciatico Nord-Ovest : 4 kmAlt. 810 m – ✉ 40042

Montegrande
cam,

via Marconi 27 – ✆ 0 53 45 32 10 – www.montegrande.it – Chiuso 15 aprile-15 maggio e 15 ottobre-30 novembre
14 cam – †70 € ††70 €, ☕ 7 € **Rist** – Carta 20/36 €
Ideale per una vacanza semplice e tranquilla, un albergo dall'atmosfera familiare a gestione pluriennale; spazi non ampi, ma curati e accoglienti, camere dignitose. Piacevole sala ristorante con camino; piatti del territorio, con funghi e tartufi in stagione.

LOANO

Savona (SV) – ✉ 17025 – 11 471 ab. – Carta regionale n° **14-B2**
Roma 578 km – Imperia 44 km – Genova 79 km – Savona 33 km
Carta stradale Michelin 561-J6

Grand Hotel Garden Lido
rist, rist,

lungomare Nazario Sauro 9 – ✆ 0 19 66 96 66 – www.gardenlido.com
70 cam ☕ – †75/208 € ††105/258 €
Rist – Carta 41/64 € – *(aperto 1° giugno-30 settembre)*
Albergo di fronte al porto turistico, in buona parte già ristrutturato negli ultimi anni, ma i progetti non sono ancora finiti! Gradevole giardino con piscina e belle camere di diverse tipologie. Quadri alle pareti e grandi finestre nella curata sala da pranzo.

Villa Mary
rist,

viale Tito Minniti 6 – ✆ 0 19 66 83 68 – www.panozzohotels.it – Chiuso 5 ottobre-23 dicembre
30 cam – †35/40 € ††60/90 €, ☕ 8 € – **4 suites**
Rist – Menu 16/30 € – *(chiuso martedì)*
Fuori dal centro, gestione cordiale e ambiente familiare in un albergo con spazi comuni non grandi, ma abbelliti da tappeti e comode poltrone; camere funzionali.

Bagatto

via Ricciardi 24 – ✆ 0 19 67 58 44 – Chiuso martedì e mercoledì
Carta 26/57 € – (coperti limitati, prenotare)
Nascosta in un carruggio del centro, simpatica trattoria dal particolare soffitto con mattoni a vista: un ottimo indirizzo per gli amanti della cucina ligure e di mare. Buridda di pesce tra le specialità della casa.

LOCOROTONDO

Bari (BA) – ✉ 70010 – 14 258 ab. – Alt. 410 m – Carta regionale n° **27-C2**
Roma 518 km – Bari 70 km – Brindisi 68 km – Taranto 36 km
Carta stradale Michelin 564-E33

Sotto le Cummerse senza rist

via Vittorio Veneto 138 – ✆ 08 04 31 32 98 – www.sottolecummerse.it
10 cam ☕ – †80/160 € ††98/260 €
Un sistema simpatico per vivere il caratteristico centro storico della località: camere ed appartamenti seminati in vari punti, sempre piacevoli e dotati di ogni confort.

Centro Storico

via Eroi di Dogali 6 – ✆ 08 04 31 54 73 – www.ilcentrostorico.biz – Chiuso mercoledì
Carta 22/32 €
In pieno centro storico, cordiale accoglienza in una trattoria di tono semplice, ma dall'atmosfera piacevole. Proposte di casalinga cucina barese e piatti di ispirazione più classica.

LODI

✉ 26900 – 43 465 ab. – Alt. 87 m – Carta regionale n° **16-B3**
Roma 551 km – Piacenza 38 km – Milano 38 km – Cremona 59 km
Carta stradale Michelin 561-G10

Concorde Lodi Centro senza rist
piazzale Stazione 2 – ☎ 03 71 42 13 22 – www.hotel-concorde.it – Chiuso 20-29 dicembre
28 cam – 70/120 € 90/150 €
In questa cittadina dal tipico carattere lombardo, un hotel centrale - situato proprio di fronte alla stazione ferroviaria - la cui attenta gestione apporta continue migliorie. Camere confortevoli nella loro semplicità.

Anelli senza rist
viale Vignati 7 – ☎ 03 71 42 13 54 – www.albergoanelli.com – Chiuso 22-31 dicembre
28 cam – 100/140 € 120/160 €
Conduzione diretta pluridecennale in questa comoda struttura - in prossimità del centro - che dispone di graziose camere funzionali con parquet.

La Quinta
viale Pavia 76 – ☎ 0 37 13 50 41 – www.laquintalodi.it – Chiuso 1 settimana in gennaio, 3 settimane in agosto, domenica sera e lunedì
Carta 41/55 €
Se volete gustare la vera cucina lodigiana, nonché ottime specialità di pesce, in un ambiente accogliente e raccolto, sospendete le ricerche: l'indirizzo giusto l'avete già trovato! Alternativa più economica, invece, all'enoteca, con possibilità anche di piatti d'asporto.

3 Gigli all'Incoronata
piazza della Vittoria 47 – ☎ 03 71 42 14 04 – Chiuso 3 settimane in agosto, domenica sera, lunedì
Carta 31/57 €
Dalla scenografica piazza, un breve passaggio porta al ristorante. Qui l'intera famiglia è al servizio ma l'artefice è il giovane cuoco, cucina creativa di terra e di mare.

LODRONE → Vedere Storo

Trento (TN)

LOIANO

Bologna (BO) – ✉ 40050 – 4 481 ab. – Alt. 714 m – Carta regionale n° **9-C2**
Roma 361 km – Bologna 33 km – Firenze 91 km – Prato 85 km
Carta stradale Michelin 562-J15

Palazzo Loup
via Santa Margherita 21, località Scanello, Est : 3 km – ☎ 05 16 54 40 40 – www.palazzo-loup.it
49 cam – 60/150 € 90/225 €
Rist – Carta 35/64 € – (prenotazione obbligatoria)
Incredibile fusione di passato e presente, in una dimora di origine medievale immersa in uno splendido parco con piscina e vista sulle colline tosco-emiliane. Atmosfera raffinata nella sala da pranzo con camino, ricavata dalle antiche cantine della villa. Ampi spazi per cerimonie.

LONATO

Brescia (BS) – ✉ 25017 – 15 784 ab. – Alt. 188 m – Carta regionale n° **17-D1**
Roma 533 km – Brescia 29 km – Mantova 71 km – Verona 51 km
Carta stradale Michelin 561-F13

a Barcuzzi Nord : 3 km – ✉ 25080 Lonato

Da Oscar
via Barcuzzi 16 – ☎ 03 09 13 04 09 – www.daoscar.it – Chiuso 7-23 gennaio, martedì a mezzogiorno e lunedì
Menu 45 € – Carta 37/62 €
Specialità ittiche (anche di acqua dolce) e ricette di terra, nonché un'interessante proposta di pizze lievitate, in un raffinato locale ubicato sulle colline che guardano il lago di Garda; servizio estivo in terrazza.

LONGARE

Vicenza (VI) – ✉ 36023 – 5 624 ab. – Alt. 29 m – Carta regionale n° **38-B2**
▶ Roma 522 km – Padova 31 km – Vicenza 11 km – Verona 60 km
Carta stradale Michelin 562-F16

Agriturismo Le Vescovane

via San Rocco 19/2, Ovest : 4 km – ☎ 04 44 27 35 70 – www.levescovane.com
9 cam – 50/75 € 80/110 €
Rist *Le Vescovane* – vedere selezione ristoranti
Pochi chilometri fuori Vicenza per trovare, meglio se facendosi consigliare la strada dai proprietari, una torre di caccia cinquecentesca nel silenzio dei monti Berici.

Le Vescovane – Agriturismo Le Vescovane

via San Rocco 19/2, Ovest : 4 km – ☎ 04 44 27 35 70 – www.levescovane.com
Carta 35/57 € – *(chiuso lunedì e martedì) (solo a cena escluso sabato, domenica e festivi)*
Spariti i cavalli, le ex stalle della casa-fortezza cinquecentesca ospitano oggi una cucina imperniata su ottimi prodotti, talvolta di nicchia - sia dell'azienda agrituristica che del territorio veneto - in piatti estrosi ed elaborati.

a Costozza Sud-Ovest : 1 km – ✉ 36023 Longare

Aeolia

piazza Da Schio 1 – ☎ 04 44 55 50 36 – www.aeolia.com – Chiuso martedì
Carta 19/55 €
Un'esperienza artistica ancor prima che gastronomica, dalla sala del 1568 con affreschi di Zelotti e Fasolo, ai chilometrici cunicoli che ospitano le cantine. Cucina veneta e specialità di carne; tra i più gettonati i fagottini prosciutto e pere.

LONGIANO

Forlì-Cesena (FC) – ✉ 47020 – 6 973 ab. – Alt. 179 m – Carta regionale n° **9-D2**
▶ Roma 350 km – Rimini 28 km – Forlì 32 km – Ravenna 46 km
Carta stradale Michelin 562-J18

Dei Cantoni

via Santa Maria 19 – ☎ 05 47 66 58 99 – www.ristorantedeicantoni.it – Chiuso 15 febbraio-15 marzo e mercoledì
Menu 25/30 € – Carta 24/46 €
All'ombra del castello malatestiano, due sale con mattoni a vista che ricordano il bel ciotttolato del centro ed una simpatica gestione dal servizio veloce ma cortese. Piacevole il servizio estivo in veranda e, assolutamente, da provare i tortellacci raveggiolo a latte crudo con asparagi di Longiano.

LONIGO

Vicenza (VI) – ✉ 36045 – 15 865 ab. – Alt. 31 m – Carta regionale n° **39-B3**
▶ Roma 503 km – Verona 40 km – Vicenza 29 km – Padova 59 km
Carta stradale Michelin 562-F16

La Peca (Nicola Portinari)

via Alberto Giovanelli 2 – ☎ 04 44 83 02 14 – www.lapeca.it – Chiuso 25-30 dicembre, 1 settimana in febbraio, 2 settimane in giugno, la settimana di Ferragosto, domenica sera e lunedì, anche domenica a mezzogiorno in estate
Menu 80/130 € – Carta 77/149 €
Creativa, ma senza strafare, regionale, ma senza interdirsi esperienze diverse, elegante, ma lasciando che i clienti si sentano a loro agio: la Peca è una straordinaria tappa gastronomica con vista sui colli.
➜ Risotto ai lieviti di spumante: il dolce, l'amaro, il salato, l'acido e il piccante. Rombo alla brace con purè di patate al cren e tizzoni di topinambur. Ravioli croccanti alla crème brûlée con agrumi infusi alla vaniglia.

LOREGGIA

Padova (PD) – ✉ 35010 – 7 476 ab. – Alt. 26 m – Carta regionale n° **40-C2**
Roma 504 km – Padova 26 km – Venezia 30 km – Treviso 36 km
Carta stradale Michelin 562-F17

Locanda Aurilia con cam — rist, rist,
via Aurelia 27 – ☎ 04 99 30 06 77 – www.locandaaurilia.com – Chiuso 1°-7 gennaio e 5-20 agosto
16 cam – 40/65 € 75/90 €
Menu 25 € (in settimana)/35 € – Carta 24/45 € – *(chiuso martedì)* (consigliata la prenotazione)
La passione per la cucina e un forte legame per le tradizioni del territorio hanno scandito gli oltre cinquant'anni di attività della locanda, che continua a proporre gustosi piatti sia di terra sia di mare. Tra i must del menu: rognone trifolato al vino Friularo.

LORETO

Ancona (AN) – ✉ 60025 – 12 610 ab. – Alt. 127 m – Carta regionale n° **21-D2**
Roma 294 km – Ancona 31 km – Macerata 31 km – Pesaro 90 km
Carta stradale Michelin 563-L22

San Francesco (N) — cam, rist,
Via San Francesco 15 – ☎ 0 71 97 71 28 – www.loretosanfrancescohotel.it
43 cam – 48/100 € 64/150 € **Rist** – Carta 18/35 €
… E, infatti, siamo in un convento francescano sapientemente ristrutturato, che ora propone ambienti e camere dall'arredo moderno, ma dalle linee sobrie.

Andreina (Errico Recanati)
via Buffolareccia 14 – ☎ 0 71 97 01 24 – www.ristoranteandreina.it – Chiuso 2 settimane in giugno, martedì e mercoledì, solo i mezzogiorno di martedì e mercoledì in agosto
Menu 55/75 € – Carta 47/92 €
Una coppia di coniugi e una grande passione per la materia prima: in costante crescita gastronomica negli anni, ricevono oggi i meritati riconoscimenti con una cucina che rivede la tradizione, quasi esclusivamente di carne, con succulenti proposte alla brace e allo spiedo tra i secondi piatti.
→ Gnocco di patate viola ripieno di lepre in salmì, burro, salvia e mirtilli. Cartoccio di quaglia e fegato grasso in salsa di visciole. Zuppa di ananas cotta alla brace con gelato di yogurt e meringhe.

LORETO APRUTINO

Pescara (PE) – ✉ 65014 – 7 549 ab. – Alt. 294 m – Carta regionale n° **1-B1**
Roma 226 km – Pescara 24 km – Teramo 77 km
Carta stradale Michelin 563-O23

Castello Chiola — cam, rist,
via degli Aquino 12 – ☎ 08 58 29 06 90 – www.castellochiolahotel.com
32 cam – 79/149 € 99/189 € – **4 suites**
Rist – Carta 28/46 € – *(solo a cena)* (prenotazione obbligatoria)
Si respira una romantica atmosfera nelle sale ricche di fascino di un'incantevole, antica residenza medioevale, nella parte panoramica della cittadina; camere raffinate. Elegante ristorante dove apprezzare la tradizionale cucina italiana.

Carmine
contrada Remartello 52, Est : 4,5 km – ☎ 08 58 20 85 53 – www.ristorantecarmine.it – Chiuso martedì a pranzo e lunedì
Carta 21/89 €
Gestione familiare di grande esperienza per un grazioso locale con veranda, dove gustare piatti di mare a base di ricette tradizionali abruzzesi. Il giovane chef vi aiuterà nella scelta, ma noi vi suggeriamo un imperdibile: la carbonara di mare!

LORO CIUFFENNA

Arezzo (AR) – ✉ 52024 – 5 897 ab. – Alt. 330 m – Carta regionale n° **32-C2**
Roma 238 km – Firenze 54 km – Siena 63 km – Arezzo 31 km
Carta stradale Michelin 563-L16

Dimora Casa Eugenia senza rist
piazza Nannini 2/a – ✆ 05 59 17 12 57 – www.dimoracasaeugenia.com – Chiuso 15 gennaio-15 febbraio
6 cam – 80/100 € 90/120 € – **2 suites**
Nel centro storico della località, questa dimora trecentesca affacciata da un lato sulla gola e sul torrente, propone ambienti comuni affrescati e camere tutte contraddistinte da un diverso colore. Piccola terrazza-giardino per momenti di piacevole relax.

Il Cipresso-da Cioni
via De Gasperi 28 – ✆ 05 59 17 11 27 – www.ilcipresso.it – Chiuso 15 febbraio-3 marzo
Carta 25/49 € – *(chiuso mercoledì sera e sabato a mezzogiorno)*
Affacciato su una rotonda, locale recentemente ristrutturato e con un grande amore per i migliori prodotti del territorio: salumi, pane, paste e le celebri carni toscane.

LORO PICENO

Macerata (MC) – ✉ 62020 – 2 454 ab. – Alt. 436 m – Carta regionale n° **21-C2**
Roma 248 km – Ascoli Piceno 74 km – Ancona 73 km – Macerata 22 km
Carta stradale Michelin 563-M22

Casa Azzurra cam, cam,
contrada Grazie Fiastra 67/b, Ovest : 1 km – ✆ 07 33 50 69 08 – www.casaazzurra.it – Chiuso 4-20 dicembre
8 cam – 70/80 € 80/100 €
Rist – Carta 25/35 € – *(solo a cena escluso sabato-domenica)*
Progettata secondo i più avanzati concetti di bioarchitettura e l'applicazione dei principi del Feng-Shui, l'eliminazione notturna dei campi elettromagnetici, nonché il corretto allineamento dei meridiani è l'indirizzo ideale per gli spiriti green, che troveranno un ambiente d'ispirazione orientale ed una cucina prevalentemente bio.

LOVENO → Vedere Menaggio

Como (CO)

LOVERE

Bergamo (BG) – ✉ 24065 – 5 325 ab. – Alt. 208 m – Carta regionale n° **19-D1**
Roma 611 km – Brescia 49 km – Bergamo 41 km – Edolo 57 km
Carta stradale Michelin 561-E12

Moderno
piazza 13 Martiri 21 – ✆ 0 35 96 06 07 – www.albergomoderno.eu
24 cam – 60/70 € 80/85 €, 9 €
Rist – Carta 33/57 € – *(chiuso lunedì escluso 15 maggio-15 settembre)*
Davanti al lungolago, hotel storico dalla piacevole facciata rosa che guarda la piazza centrale del paese: camere molto spaziose e funzionali. Al piano terra, un'accogliente sala da pranzo sobriamente arredata.

Mas
via Gregorini 21 – ✆ 0 35 98 37 05 – Chiuso 1°-7 febbraio, 15-30 giugno e martedì
Carta 19/54 €
Una giovane e simpatica conduzione crea la giusta atmosfera di questo locale: piacevole e informale, con una cucina che propone piatti più leggeri a mezzogiorno e paste fresche la sera.

LUCARELLI → Vedere Radda in Chianti

Siena (SI)

LUCCA

✉ 55100 – 87 598 ab. – Alt. 19 m – Carta regionale n° **31-B1**
Roma 351 km – Pisa 24 km – Livorno 50 km – Firenze 81 km
Carta stradale Michelin 563-K13

© G. Lenz / imageBroker / age fotostock

Alberghi

San Luca Palace senza rist

via San Paolino 103 – ✆ 05 83 31 74 46 – www.sanlucapalace.com Pianta : A2**d**

23 cam – 80/190 € 150/290 € – **3 suites**

All'interno di un palazzo del '500 - a pochi passi dal centro - ospitalità e indiscussa professionalità in ambienti eleganti dai morbidi colori. Le camere si distinguono per l'ottimo livello e la cura del dettaglio. Attrezzata sala riunioni, bar/tea room, parcheggio e garage con servizio cortesia, biciclette gratuite.

Noblesse

via Sant'Anastasio 23 – ✆ 05 83 44 02 75 – www.hotelnoblesse.it Pianta : B2**e**

15 cam – 150/300 € 199/500 € – **5 suites**

Rist *Antica Osteria* – vedere selezione ristoranti

Eleganti camere con tappeti persiani, preziosi arredi d'epoca, un grande impiego di tessuti e decorazioni dorate fanno di questo palazzo settecentesco un fastoso albergo.

Grand Hotel Guinigi

via Romana 1247, per viale Cadorna – ✆ 05 83 49 91 – www.grandhotelguinigi.it

157 cam – 80/120 € 100/210 € – **11 suites** **Rist** – Carta 25/48 €

Moderna struttura, sita fuori dal centro, dotata di ampi ambienti luminosi provvisti di ogni confort; ideale per una clientela di lavoro, ma adatto anche al turista di passaggio. Colori ambrati e arredi classici nella sala da pranzo con colonne e soffitto ad archi.

Ilaria e Residenza dell'Alba senza rist

via del Fosso 26 – ✆ 0 58 34 76 15 – www.hotelilaria.com Pianta : C2**z**

36 cam – 80/120 € 180/300 € – **5 suites**

Alle porte del centro storico, ma ancora accessibile in macchina, troverete arredi semplici e funzionali nelle camere, una gradevole terrazza per le colazioni estive, nonché spaziose suite in una vicina dépendence.

Hambros il Parco senza rist

via Pesciatina 197, località Lunata, 4,5 km per Pistoia - C1 – ✆ 05 83 93 53 55 – www.hotelhambros.com – Chiuso 22 dicembre-6 gennaio

52 cam – 80/90 € 100/120 €

Un bel parco ospitante numerose sculture di un artista locale fa da cornice a questa villa settecentesca, caratterizzata da un susseguirsi di sale secondo lo schema delle residenze dell'epoca. Nelle camere si è optato, invece, per uno stile più minimalista. Tranquillità e relax qui non mancano.

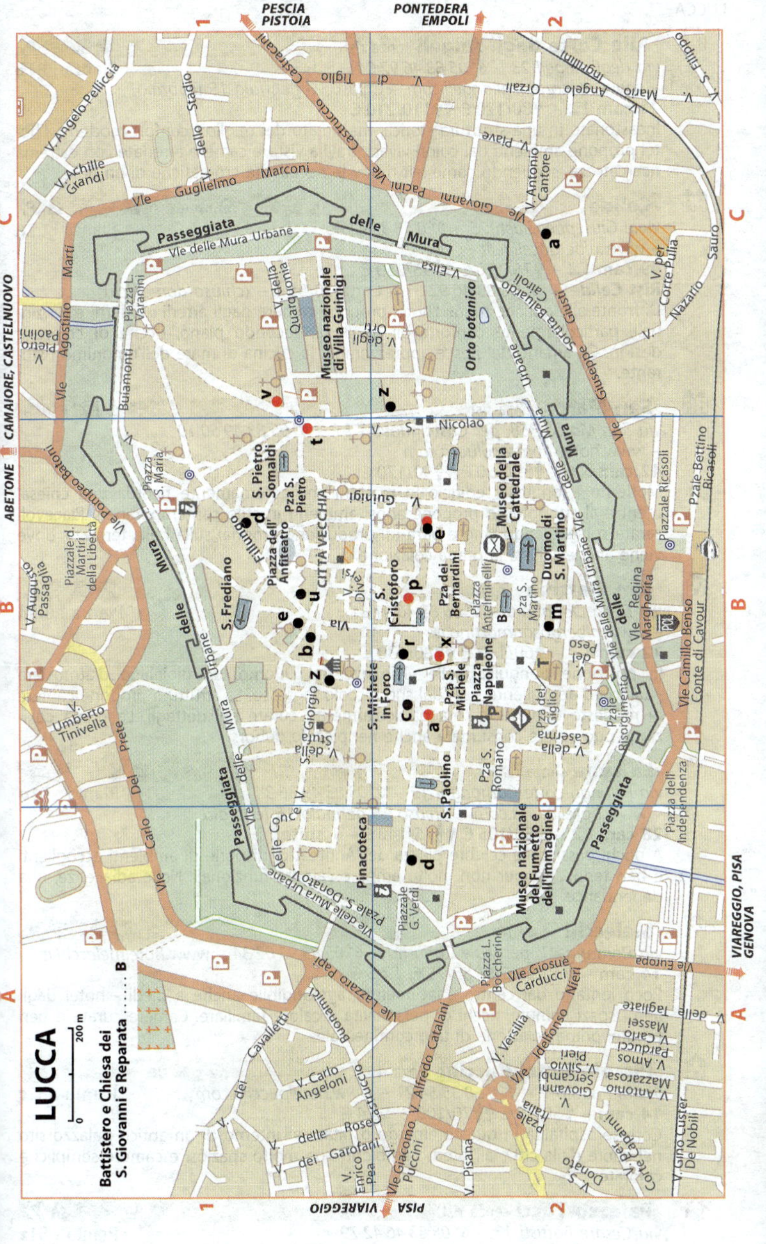
LUCCA
0
200 m
Battistero e Chiesa dei S. Giovanni e Reparata ...... B
PESCIA PISTOIA
PONTEDERA EMPOLI
ABETONE CAMAIORE, CASTELNUOVO
VIAREGGIO, PISA GENOVA
PISA VIAREGGIO
Passeggiata delle Mura
Vle delle Mura Urbane
Vle Guglielmo Marconi
Vle Giovanni Pacini
Vle Giuseppe Giusti
Vle Regina Margherita
Vle Carlo Del Prete
Vle Lazzaro Papi
Vle Giosuè Carducci
Vle Agostino Marti
Vle Pompeo Batoni
Museo nazionale di Villa Guinigi
Orto botanico
Museo della Cattedrale
Duomo di S. Martino
S. Frediano
Piazza dell' Anfiteatro
CITTÀ VECCHIA
S. Pietro Somaldi
Pza S. Pietro
S. Cristoforo
Pza dei Bernardini
S. Michele in Foro
Pza S. Michele
Piazza Napoleone
Piazza Antelminelli
Pza S. Martino
Pza S. Romano
Pza del Giglio
S. Paolino
Pinacoteca
Piazzale G. Verdi
Museo nazionale del Fumetto e dell'Immagine
Piazzale Risorgimento
Piazza dell' Indipendenza
Piazzale Ricasoli
Pzale Bettino Ricasoli
Vle Camillo Benso Conte di Cavour
Piazzale d. Martiri della Libertà
Piazza S. Maria
Piazza L. Varanini
Piazzale L. Boccherini
V. Fillungo
V. S. Nicolao
V. Guinigi
V. Elisa
V. degli Orti
V. della Quarquonia
V. Buiamonti
V. Stadio
V. Angelo Pellicciа
V. Achille Grandi
V. Augusto Passaglia
V. Umberto Tinivella
V. Carlo Angeloni
V. Alfredo Catalani
Vle Giacomo Puccini
V. Pisana
Vle Europa
Vle Idelfonso Nieri
V. Versilia
Pzale Italia
Vle Castruccio Castracani
V. Mario Angelo Orzali
V. Piave
V. Antonio Cantore
V. per Corte Pulia
V. Nazario Sauro

Alla Corte degli Angeli senza rist
via degli Angeli 23 – ✆ 05 83 46 92 04 Pianta : B1**b**
– www.allacortedegliangeli.com – Chiuso 15 gennaio-15 febbraio
21 cam ☕ – 🚹80/120 € 🚹🚹110/210 €
Incastonato in una struttura storica, ma dotato dei migliori confort moderni, l'hotel propone ambienti dai colori vivaci, travi a vista e camere arredate con estrema ricercatezza, seguendo come leit motiv le peculiarità cromatiche di un fiore.

Celide
rist,
viale Giuseppe Giusti 25 – ✆ 0 58 35 41 06 Pianta : C2**a**
– www.albergocelide.it
49 cam ☕ – 🚹75/170 € 🚹🚹95/250 €
Rist *Celide* – ✆ 05 83 46 92 61 – Carta 30/55 € – *(chiuso domenica)*
Di fronte alle antiche mura, l'hotel propone camere dagli arredi moderni e funzionali, particolarmente confortevoli quelle al secondo piano, ricche di colore e design. Gli amanti del pesce apprezzeranno la cucina di mare dell'omonimo ristorante.

San Marco senza rist
via San Marco 368, per Castelnuovo - B1 – ✆ 05 83 49 50 10
– www.hotelsanmarcolucca.com
42 cam ☕ – 🚹85/150 € 🚹🚹90/170 €
Moderno e originale edificio in mattoni che esternamente ricorda una chiesa, mentre al suo interno propone ariosi ambienti in stile contemporaneo. Piacevoli serate sorseggiando vino e birra (di produzione propria) sulla bella terrazza, dove viene anche servita la prima colazione.

San Martino senza rist
via Della Dogana 9 – ✆ 05 83 46 91 81 Pianta : B2**m**
– www.albergosanmartino.it
12 cam ☕ – 🚹60/110 € 🚹🚹80/130 €
In posizione tranquilla nelle vicinanze del Duomo, un gioiellino d'atmosfera - caldo ed accogliente - sin dal suo piccolo ingresso. La struttura propone camere di modeste dimensioni, ma particolarmente curate nei dettagli. La prima colazione può essere consumata anche nel piccolo dehors.

La Luna senza rist
via Fillungo-corte Compagni 12 – ✆ 05 83 49 36 34 Pianta : B1**u**
– www.hotellaluna.com – Chiuso 15 gennaio-15 febbraio
28 cam ☕ – 🚹60/105 € 🚹🚹75/140 € – **1 suite**
A pochi passi dalla celebre piazza dell'Anfiteatro, dispone di ambienti accoglienti e ben tenuti, seppur non molto ampi, e camere funzionali. Nelle adiacenze, una dependance.

Melecchi senza rist
via Romana 41, per viale Cadorna – ✆ 05 83 95 02 34 – www.hotelmelecchi.it
14 cam – 🚹40/55 € 🚹🚹55/75 €, ☕ 5 €
Poco lontano dal centro - facilmente raggiungibile anche a piedi - hotel dagli ampi spazi comuni, ricchi di personalità e calore familiare. Camere curate e ben tenute; prima colazione di tipo continentale.

Piccolo Hotel Puccini senza rist
via di Poggio 9 – ✆ 0 58 35 54 21 – www.hotelpuccini.com Pianta : B2**c**
14 cam – 🚹50/75 € 🚹🚹70/100 €, ☕ 4 €
Cortese ospitalità in questo albergo ospitato all'interno di un antico palazzo sito nel cuore della città; all'interno ambienti non molto spaziosi e camere semplici e colorate.

Palazzo Tucci senza rist
via Cesare Battisti 13 – ✆ 05 83 46 42 79 Pianta : B1**z**
– www.palazzotucci.com
6 cam ☕ – 🚹130/150 € 🚹🚹150/170 €
Sono principesche le camere di questo palazzo nobiliare del '700 in pieno centro. Ma anche i saloni ricchi di fascino e storia, stucchi e affreschi, contribuiscono a rendere fiabesco il soggiorno.

Palazzo Rocchi N senza rist
piazza San Michele 30 – ✆ 05 83 39 32 97 Pianta : B2**r**
– www.palazzorocchi.it – Aperto 15 novembre-2 gennaio e 7 marzo-4 novembre
5 cam – †90/110 € ††130/270 €
Alle spalle della chiesa di San Michele, al terzo piano di un palazzo trecentesco con affreschi e arredi d'epoca, quattro camere si affacciano sull'omonima piazza. Per chi volesse regalarsi un sogno, suggeriamo la suite dell'ammiraglio.

A Palazzo Busdraghi senza rist
via Fillungo 170 – ✆ 05 83 95 08 56 Pianta : B1**d**
– www.apalazzobusdraghi.it
7 cam – †80/140 € ††95/170 €
Al primo piano dell'omonimo palazzo affacciato sul corso principale del centro, offre ambienti luminosi nei quali si incontrano il fascino dell'antiquariato e accessori d'avaguardia.

Villa Romantica senza rist
via Inigo Campioni 19, per Pescia - C1 – ✆ 05 83 49 68 72
– www.villaromantica.it – Chiuso 16-26 dicembre e 7 gennaio-8 febbraio
6 cam – †59/89 € ††79/129 €
Se il nome è già un'eloquente presentazione, all'interno troverete colori ed un'attenta cura per i dettagli. Romanticamente nel sottotetto, un piccolo centro benessere con bagno turco.

Alla Dimora Lucense senza rist
via Fontana 19 – ✆ 05 83 49 57 22 – www.dimoralucense.it Pianta : B1**e**
8 cam – †90/110 € ††100/160 €
In una struttura del centro storico - a pochi passi dalle Mura e da piazza dell'Anfiteatro - piacevoli camere e godibile patio per momenti di fresco relax.

Piccolo Ritz N senza rist
viale Giacomo Puccini 450, per via Catalani - A2 – ✆ 0 58 31 90 03 29
– www.piccoloritz.it – Chiuso 30 novembre-18 dicembre e 19 gennaio-13 febbraio
9 cam – †60/90 € ††80/165 €
Grazioso villino liberty d'inizio Novecento, il centro dista meno di un chilometro: l'atmosfera è semplice, ma curata, con pavimenti originali al primo e al secondo piano. Vasca idromassaggio e noleggio bicilette.

Ristoranti

Buca di Sant'Antonio
via della Cervia 1/5 – ✆ 0 58 35 58 81 Pianta : B2**a**
– www.bucadisantantonio.com – Chiuso 13-21 gennaio, domenica sera e lunedì
Menu 22 € (pranzo)/35 € – Carta 35/51 €
Al piano terra quella che in origine era la stalla per il cambio dei cavalli, mentre la "buca" è la sala al piano inferiore. Una grande varietà di oggetti appesi alle pareti o pendenti dal soffitto tipicizzano l'ambiente; il menu è invece vivacizzato da piatti regionali eseguiti secondo antiche ricette.

All'Olivo
piazza San Quirico 1 – ✆ 05 83 49 62 64 Pianta : B2**p**
– www.ristoranteolivo.it
Menu 25/60 € – Carta 35/83 € – *(chiuso mercoledì)* (consigliata la prenotazione)
In una delle caratteristiche piazze del centro storico, tre sale elegantemente arredate, di cui una adibita ai fumatori, dove gustare una squisita cucina del territorio di terra e di mare. Piacevole servizio estivo all'aperto.

XX **Antica Locanda dell'Angelo**
via Pescheria 21 – ✆ 05 83 46 77 11 Pianta : B2**x**
– www.anticalocandadellangelo.com – Chiuso 2 settimane in gennaio, 1 settimana in novembre, domenica sera e lunedì escluso in estate
Carta 39/79 €
Sorto probabilmente come locanda, oggi è certamente un locale elegante. Dalle cucine, un buon equilibrio tra tradizione locale e piatti nazionali. Un occhio di riguardo anche al vino.

XX **Antica Osteria** – Hotel Noblesse
via Santa Croce 55 – ✆ 05 83 44 02 75 Pianta : B2**e**
– www.hotelnoblesse.it – Chiuso 10-31 gennaio
Carta 26/62 €
Giusto rapporto qualità/prezzo per una cucina che celebra il territorio: il tutto, in graziose e curate sale, ricche di atmosfera. Nella bella stagione c'è un grazioso servizio esterno.

X **L'Imbuto** (N) (Cristiano Tomei)
via della Fratta 38 – ✆ 05 83 49 12 80 – www.limbuto.it Pianta : B1**t**
– Chiuso 1 settimana in febbraio, 1 settimana in settembre e lunedì
Menu 40/90 €
All'interno del museo d'arte contemporanea, la cucina, creativa e fantasiosa, ne riflette la vocazione avanguardista. Si sceglie solo il numero delle portate e si parte per uno straordinario viaggio di sorprese.
➜ Italian fish & chips. Linguine all'olio e ricci di mare. Tiramisù al peperoncino.

X **Osteria Verciani "il Mecenate a Lucca"** (N)
via del Fosso 94 – ✆ 05 83 51 18 61 Pianta : C1**v**
– www.ristorantemecenate.it – Chiuso 5-20 novembre
Carta 30/49 €
Nei locali di una storica tintoria lucchese, qui respirerete l'atmosfera di un'autentica, conviviale trattoria; dal menu una straordinaria carrellata delle eccellenze gastronomiche locali quali l'ottimo antipasto del Mecenate. Scenografico servizio estivo di fronte alla chiesa di San Francesco.

sulla strada statale 12 r per viale Europa Pianta : A2

Villa Marta
via del Ponte Guasperini 873, località San Lorenzo a Vaccoli, Sud : 5,5 km ✉ 55100 – ✆ 05 83 37 01 01 – www.albergovillamarta.it – Chiuso gennaio-febbraio
15 cam – †99/390 € ††99/390 €
Rist *Botton D'Oro* – Carta 27/52 € – *(chiuso domenica; aperto in inverno solo le sere di venerdì e sabato) (solo a cena)*
L'ottocentesca dimora di caccia, immersa nella placida campagna lucchese, ospita un albergo a gestione familiare: camere dal sapore antico, con pavimenti originali, alcune affrescate.

Marta Guest House senza rist
via del Querceto 47, località Santa Maria del Giudice, Sud: 10 km ✉ 55100 – ✆ 05 83 37 85 55 – www.martaguesthouse.it – Chiuso 10 gennaio-20 marzo
6 cam – †50/70 € ††80/110 €
Tra Lucca e Pisa, la nostalgica bellezza di una villa in stile tardo Liberty con splendidi pavimenti, bei soffitti ed arredi d'epoca. Due camere con ampio terrazzo e, per tutti, generosa colazione sia dolce che salata.

X **La Cecca**
località Coselli, Sud : 5 km ✉ 55060 Capannori – ✆ 0 58 39 42 84 – www.lacecca.it – Chiuso 1°-10 gennaio, 1 settimana in agosto, mercoledì sera e lunedì
Carta 24/44 €
Alle pendici della collina di Coselli, il locale ricorda nell'insegna il nome della fondatrice che negli anni '40 aprì qui un negozio di alimentari. A distanza di qualche generazione, la trattoria si infittisce ancora di buongustai alla ricerca di un ambiente accogliente e familiare, ma soprattutto dei piatti più famosi della regione.

a Marlia Nord : 6 km per Camaiore Pianta : B1 – ✉ 55014

Butterfly (Fabrizio Girasoli)

strada statale 12 dell'Abetone – ✆ 05 83 30 75 73 – www.ristorantebutterfly.it – Chiuso 2 settimane in gennaio e mercoledì

Menu 65 € – Carta 58/86 € – *(solo a cena escluso i giorni festivi)* (consigliata la prenotazione)

Immerso in un curato giardino, ottocentesco casolare dove cotto e travi si uniscono ad un'elegante atmosfera. Gestione familiare, cucina elaborata dalle presentazioni ricercate.

→ Risotto alla cipolla gialla con stinco di vitella brasato e gelée di limoni. Tonno rosso in panatura di capperi con puntarelle, colatura di alici e peperone affumicato. Il pozzo dei desideri.

a Capannori Est : 6 km per Pontedera Pianta : C2 – ✉ 55012

Forino

via Carlo Piaggia 21 – ✆ 05 83 93 53 02 – www.ristoranteforino.it – Chiuso 26 dicembre-1° gennaio, 16-31 agosto, domenica sera e lunedì

Menu 15 € (in settimana)/40 € – Carta 29/62 €

Gestione simpatica e competente in un locale rinomato nella zona per la sua cucina di mare sapientemente elaborata, realizzata con selezionate materie prime.

a Ponte a Moriano Nord : 9 km per Camaiore Pianta : B1 – ✉ 55029

Antica Locanda di Sesto

via Ludovica 1660, a Sesto di Moriano, Nord-Ovest : 2,5 km – ✆ 05 83 57 81 81 – www.anticalocandadisesto.it – Chiuso 24 dicembre-1° gennaio e sabato

Carta 24/57 €

Simpatica e calorosa gestione familiare per questa storica locanda di origini medievali che ha saputo conservare autenticità e genuinità, oggi riproposte in gustose ricette regionali. Per gli amanti della carne consigliamo: salsiccia di cinta senese con fagioli.

a Segromigno in Monte Nord : 10 km per Camaiore Pianta : B1 – ✉ 55018

Fattoria Mansi Bernardini

via di Valgiano 34, Nord : 3 km – ✆ 05 83 92 17 21 – www.fattoriamansibernardini.it – Aperto 1° aprile-29 novembre

15 cam – †100/150 € ††130/180 €

Rist – Menu 35/60 € – *(solo a cena) (solo per alloggiati)*

In un'affascinante cornice, tra colline e vigneti, la grande azienda agricola produttrice di olio si compone di diversi casolari e riserva agli ospiti arredi d'epoca e camere spaziose. L'atmosfera è piacevolmente retrò!

sulla strada statale 435 per Pescia Pianta : C1

Serendepico con cam

via della Chiesa di Gragnano 36, Est : 12 km ✉ 55012 Capannori – ✆ 05 83 97 50 26 – www.serendepico.com – Chiuso 12 gennaio-12 marzo

7 cam – †60/120 € ††70/170 € – **2 suites**

Menu 37/60 € – Carta 29/84 € – *(chiuso domenica) (solo a cena ; in ottobre-maggio aperto anche domenica a mezzogiorno)* (consigliata la prenotazione)

Raffinata modernità all'interno di un casolare seicentesco circondato da un grazioso giardino e isolato sulle colline della lucchesia. La cucina rielabora con fantasia le risorse della regione.

I Diavoletti

via stradone di Camigliano 302, Est : 9 km ✉ 55012 Capannori – ✆ 05 83 92 03 23 – www.ristorantepizzeriaidiavoletti.it – Chiuso mercoledì

Carta 20/35 € – *(solo a cena escluso domenica)*

In questa ex casa del popolo (dove si riunivano i "diavoletti" rossi), tre sorelle al lavoro in difesa dei prodotti della lucchesia: in sale allegre e variopinte, qui sarete introdotti alle specialità del territorio, dai salumi fatti in casa al fagiolo rosso, passando per le carni e le torte di verdure.

sulla strada per Valgiano Nord-Est : 8 km

Tenuta San Pietro rist,

via per San Pietro 22/26, località San Pietro a Marcigliano – ✆ 05 83 92 66 76 – www.tenuta-san-pietro.com – Aperto 1° aprile-10 novembre
8 cam – †150/230 € ††150/280 €, ☕ 15 € – **2 suites**
Rist – Carta 37/72 € – (consigliata la prenotazione)
In posizione bucolica e panoramica - piccola nelle dimensione, ma non nel confort - la risorsa offre camere personalizzate e moderne che ben si armonizzano al contesto. Cucina del territorio reinterpretata con gusto contemporaneo.

a San Quirico di Moriano Nord : 3 km – ✉ 55100

Pio Osteria Storica Morianese dal 1901 (N)

provinciale Morianese 2964, località San Quirico di Moriano – ✆ 05 83 33 00 34 – www.osteriapio.it – Chiuso febbraio e martedì sera
Menu 20/26 € – Carta 22/40 €
Dal 1901 l'osteria è il punto di raccolta dei prodotti della lucchesia: ricette antiche o dimenticate (su prenotazione), cacciagione, birre e vini sfusi locali. Semplice e conviviale, c'è anche una rivendita di prodotti.

LUCERA

Foggia (FG) – ✉ 71036 – 34 097 ab. – Alt. 219 m – Carta regionale n° **26-A2**
Roma 301 km – Foggia 21 km – Barletta 97 km – Campobasso 71 km
Carta stradale Michelin 564-C28

Il Cortiletto

via De Nicastri 26, (adiacenze Museo Fiorelli) – ✆ 08 81 54 25 54 – www.ristoranteilcortiletto.it – Chiuso domenica sera
Carta 29/63 € – (prenotare)
Il nome è mutuato dal patio di un palazzo nobiliare del XVII secolo, ambiente caldo e signorile dai soffitti a mattoni a vista e in menu il territorio con i suoi prodotti e piatti ricercati.

sulla strada statale 17 Foggia-Lucera, km 329 Est : 10 km

Grand Hotel Vigna Nocelli (N) cam,

– ✆ 08 81 54 81 09 – www.grandhotelvignanocelli.com
64 cam ☕ – †90/120 € ††120/150 € – **13 suites** **Rist** – Carta 40/60 €
A metà strada tra Foggia e Lucera, comodo per chi deve spostarsi in macchina, si sviluppa intorno ad una dogana duecentesca. Le camere, disseminate nel giardino, sono elegantemente arredate.

LUCRINO

→ Vedere Pozzuoli
Napoli (NA)

LUGANA

→ Vedere Sirmione
Brescia (BS)

LUGHETTO

→ Vedere Campagna Lupia
Venezia

LUGO

Ravenna (RA) – ✉ 48022 – 32 016 ab. – Alt. 12 m – Carta regionale n° **9-C2**
Roma 385 km – Bologna 61 km – Ravenna 32 km – Faenza 19 km
Carta stradale Michelin 562-I17

San Francisco senza rist

via Amendola 14 – ✆ 0 54 52 23 24 – www.sanfranciscohotel.it – Chiuso 24 dicembre-1° gennaio e 1°-23 agosto
25 cam ☕ – †75 € ††96 € – **1 suite**
Interni arredati con design anni '70, dove l'essenzialità non è mancanza del superfluo, ma capacità di giocare con linee e volumi per creare confortevole piacevolezza. Luminose zone comuni e camere ampie (disponibile anche un appartamento per soggiorni medio-lunghi).

LUINO

Varese (VA) – ✉ 21016 – 14 244 ab. – Alt. 202 m – Carta regionale n° **16**-**A2**

▶ Roma 661 km – Stresa 80 km – Milano 86 km – Varese 29 km

Carta stradale Michelin 561-E8

a Colmegna Nord : 2,5 km – ✉ 21016 Luino

Camin Hotel Colmegna

via Palazzi 1 – ✆ 03 32 51 08 55 – www.caminhotel.com – Aperto 15 marzo-31 ottobre

30 cam – 100/120 € 170/190 € **Rist** – Carta 37/76 €

Circondata da un ameno parco in riva al lago, in splendida posizione panoramica, questa villa d'epoca dispone di camere confortevoli per un soggiorno piacevole e rilassante: le nuove stanze mansardate offrono un respiro ampio e romantico.

LUSIA

Rovigo (RO) – ✉ 45020 – 3 593 ab. – Alt. 10 m – Carta regionale n° **39**-**B3**

▶ Roma 461 km – Padova 47 km – Ferrara 45 km – Rovigo 12 km

Carta stradale Michelin 562-G16

in prossimità strada statale 499 Sud: 3 km

Trattoria al Ponte

via Bertolda 27, località Bornio ✉ 45020 – ✆ 04 25 66 98 90 – www.trattorialponte.it – Chiuso 2 settimane in agosto

Carta 23/42 €

Fragranze di terra e di fiume si intersecano ai sapori di una volta e alla fantasia dello chef per realizzare instancabili piatti della tradizione, come il mitico risotto alle verdure. Un'oasi nel verde, al limitare di un ponte.

LUTAGO = LUTTACH → Vedere Valle Aurina

Bolzano (BZ)

MACERATA

✉ 62100 – 42 036 ab. – Alt. 315 m – Carta regionale n° **21**-**C2**

▶ Roma 288 km – Ancona 71 km – Ascoli Piceno 107 km – Fermo 44 km

Carta stradale Michelin 563-M22

Claudiani senza rist

vicolo Ulissi 8 – ✆ 07 33 26 14 00 – www.hotelclaudiani.it – Chiuso 24-27 dicembre

36 cam – 70/99 € 105/137 € – **2 suites**

Un blasonato palazzo del centro storico che nei suoi interni offre agli ospiti sobria, ovattata eleganza e raffinate atmosfere del passato, rivisitate in chiave moderna.

Le Case

contrada Mozzavinci 16/17, Nord-Ovest : 6 km – ✆ 07 33 23 18 97 – www.ristorantelecase.it – Chiuso 10 giorni in gennaio e 10 giorni in agosto

19 cam – 75/90 € 100/120 € – **5 suites**

Rist *L'Enoteca* ✿ – vedere selezione ristoranti

L'ombra dei cipressi conduce ad un complesso rurale del X sec., che comprende anche un piccolo, ma ben strutturato, museo contadino. Eleganza e buon gusto fanno da cornice a soggiorni di classe, immersi nella pace della campagna.

I Colli senza rist

via Roma 151 – ✆ 07 33 36 70 63 – www.hotelicolli.com

60 cam – 50/100 € 65/150 €

In posizione semicentrale, una buona struttura con discreti spazi comuni, ma soprattutto camere accoglienti e confortevoli.

Arena senza rist

vicolo Sferisterio 16 – ✆ 07 33 23 09 31 – www.albergoarena.com

27 cam – 40/75 € 55/120 €

Chi si nasconde dietro all'Arena dello Sferisterio, all'interno delle mura del centro storico? Questo piccolo hotel dagli ambienti e dalle camere funzionali, ma accoglienti.

L'Enoteca (Michele Biagiola) – Hotel Le Case

contrada Mozzavinci 16/17, Nord-Ovest : 6 km – 07 33 23 18 97 – www.ristorantelecase.it – Chiuso10 giorni in gennaio, 10 giorni in agosto, domenica sera, lunedì e martedì
Menu 40/70 € – Carta 40/107 €
In un ambiente rustico-elegante, un cuoco fantasioso e dalle idee precise: carni del territorio selezionate personalmente, pesci dell'Adriatico ed una sfrenata passione per le erbe aromatiche.
→ Spaghetti all'arrabbiata di erbe. Pecora ai frutti secchi, cioccolato ed arancia candita. Fondente di cioccolato amaro, lamponi e granita di violetta.

a Montecassiano Nord : 4 km – ✉ 62010

Recina rist,

via Alcide De Gasperi 32F – 07 33 59 86 39 – www.recinahotel.it
56 cam – 50/90 € 70/130 € – **3 suites**
Rist *Arlecchino* – Carta 20/78 € – *(chiuso sabato e domenica)*
Arredi di gusto moderno, ma con tocchi di classicità, nonché abbondanti spazi comuni in una struttura lungo la statale. Le camere sul retro offrono una maggiore tranquillità.

MACUGNAGA

Verbano-Cusio-Ossola (VB) – ✉ 28876 – 646 ab. – Alt. 945 m – Carta regionale n° **22-B1**
Roma 721 km – Verbania 59 km – Domodossola 13 km
Carta stradale Michelin 561-E5

Flora cam,

piazza Municipio 7, frazione Staffa – 0 32 46 59 10 – www.albergoflora.com – Chiuso maggio, ottobre e novembre
11 cam – 65/100 € 80/140 €
Rist – Carta 25/40 € – *(solo a cena)* (consigliata la prenotazione)
In pieno centro - accanto al municipio e ai piedi del massiccio del Monte Rosa - un hotel dallo stile rustico, ma piacevole nella sua semplicità. Cucina classica nel ristorante rallegrato da un bel caminetto.

MADDALENA (Arcipelago della) ★★

Sardegna – Olbia-Tempio (OT) – Carta regionale n° **28-B1**
Carta stradale Michelin 366-R36

La Maddalena – 10 884 ab. – ✉ 07024 – Carta regionale n° 28-B1
Carta stradale Michelin 366-R36

Excelsior senza rist

via Amendola 7 – 07 89 72 10 47 – www.excelsiormaddalena.com – Aperto 1° marzo-31 ottobre
27 cam – 50/220 € 60/280 € – **1 suite**
In centro e fronte porto, questa struttura piccola nelle dimensioni, ma non nel confort, si contraddistingue per la moderna eleganza e il design. Piacevole terrazza-solarium con vista mare ed ottime camere, ampie e funzionali.

La Scogliera

località Porto Massimo – 34 79 89 35 78 – www.restaurant-lascogliera.com – Aperto 15 maggio-30 settembre
Carta 75/165 € – (prenotazione obbligatoria)
Su una scogliera nella parte più nascosta della Maddalena, di lontano si scorge Caprera, due terrazze in legno affacciate sul mare ed una saletta interna con arredi alla moda e raffinati. La cucina sorprende in quanto a modernità e mediterraneità: solo pesce fresco, pane e pasta fatti in casa.

MADESIMO

Sondrio (SO) – ✉ 23024 – 587 ab. – Alt. 1 536 m – Carta regionale n° **16-B1**
Roma 711 km – Sondrio 82 km – Bergamo 127 km – Passo dello Spluga 15 km
Carta stradale Michelin 561-C10

La Meridiana

via Carducci 8 – ✆ 0 34 35 31 60 – www.hotel-lameridiana.com – Aperto 1° dicembre-12 aprile e 26 giugno-30 agosto
23 cam – 35/70 € 90/165 €, 10 €
Rist *1945* – Carta 24/56 €
Per godere appieno delle bellezze naturali della zona, fermatevi in questa accogliente baita dagli arredi tipici. Praticamente sulle piste da sci, dopo una giornata di sport, vi attendono camere confortevoli ed un rigenerante centro benessere. Ristorante di medie dimensioni, terrazza per i mesi estivi.

Andossi

via A. De Giacomi 37 – ✆ 0 34 35 70 00 – www.hotelandossi.com – Aperto 1° dicembre-30 aprile e 1° luglio-15 settembre
40 cam – 90/110 € 150/190 € **Rist** – Menu 35 € – *(solo per alloggiati)*
Hotel di tradizione non lontano dal centro, completamente ristrutturato; ambienti in stile montano di taglio moderno e camere semplici, ma funzionali; centro benessere.

Il Cantinone e Sport Hotel Alpina (Stefano Masanti) con cam

via A. De Giacomi 39 – ✆ 0 34 35 61 20 – www.sporthotelalpina.it – Aperto 20 novembre-12 aprile e 1° luglio-31 agosto
8 cam – 110/170 € 150/240 €
Menu 45/80 € – *(chiuso lunedì, martedì e mercoledì escluso 20 dicembre-20 marzo e luglio-agosto) (solo a cena escluso vacanze di Natale e luglio-agosto)*
Locale elegante con belle camere e una sala da pranzo d'impostazione classica, "riscaldata" dall'ampio impiego del legno. La cucina gioca su due fronti, tradizione e innovazione: al vostro gusto, la scelta!
→ Caramelle di patate farcite con carprino e zucchine al burro di montagna al timo. Hamburger di coda di manzo e tortino di patate croccante al miglio. Blue tonic.

a Pianazzo Ovest : 2 km – ✉ 23024

Bel Sit con cam

via Nazionale 19 – ✆ 0 34 35 33 65 – www.albergobelsit.com – Chiuso 1°-21 settembre
8 cam – 50/65 € 85/100 €
Menu 20 € – Carta 23/44 € – *(chiuso giovedì)*
Ristorante ubicato lungo una strada di passaggio, presenta ambienti di estrema semplicità. Noto in zona per la cucina tradizionale, con ampio utilizzo di selvaggina.

MADONE

Bergamo (BG) – ✉ 24040 – 3 953 ab. – Carta regionale n° **19-C1**
Roma 621 km – Milano 44 km – Bergamo 17 km – Monza 33 km
Carta stradale Michelin 562-F10

Le Ciel Restaurant

piazza dei Vignali 2 – ✆ 03 54 94 29 80 – www.lecielrestaurant.it – Chiuso 8-22 agosto, martedì e mercoledì
Carta 31/65 € – (consigliata la prenotazione)
Sotto la volta stellata (in realtà un ingegnoso sistema d'illuminazione a fibre ottiche), vi sembrerà di toccare il cielo con un dito. La cucina vi ricorderà - invece - piaceri più terreni o, meglio, di mare: il menu è quasi interamente consacrato alle specialità ittiche.

MADONNA DI CAMPIGLIO

Trento (TN) – ✉ 38086Alt. 1 522 m – Carta regionale n° **33-B2**
Roma 645 km – Trento 79 km – Bolzano 106 km – Pinzolo 13 km
Carta stradale Michelin 562-D14

© H. Rier / Suedtirolfoto / Look / Photononstop

Alberghi

Cristal Palace

rist,

via Cima Tosa 104/a – ✆ 04 65 44 60 20 – www.cristalpalacecampiglio.it – Aperto 4 dicembre-7 aprile e 30 giugno-10 settembre
61 cam – 150/205 € 160/270 € – **2 suites**
Rist *Osteria del Circo* – vedere selezione ristoranti
Rist – Carta 28/55 € – *(solo a cena) (solo per alloggiati)*
Nella parte alta della località, l'alternanza di legno e marmo conferisce un côté modernamente raffinato a questo hotel di recente apertura, che dispone di camere molto confortevoli, nonché di un attrezzato centro benessere per momenti di piacevole relax.

Alpen Suite Hotel

rist,

viale Dolomiti di Brenta 84 – ✆ 04 65 44 01 00 – www.alpensuitehotel.it – Aperto 1° dicembre-Pasqua e 25 giugno-15 settembre
28 suites – 260/480 €
Rist *Il Convivio* – vedere selezione ristoranti
Rist – Menu 40/85 € – *(solo per alloggiati)*
Per chi ama gli spazi, una sobria essenzialità e qualche richiamo montano: le camere sono ampie con pochi, eleganti arredi. Per gli appassionati anche una cigar room. Charme e relax alpino al centro benessere.

Bio-Hotel Hermitage

rist, rist,

via Castelletto Inferiore 69, Sud : 1,5 km – ✆ 04 65 44 15 58 – www.biohotelhermitage.it – Aperto 3 dicembre-5 aprile e 28 giugno-14 settembre
25 cam – 100/250 € 240/500 € – **5 suites**
Rist *Stube Hermitage* – vedere selezione ristoranti
Rist – Carta 42/71 € – *(solo per alloggiati)*
Immerso in un parco con le cime del Brenta come sfondo, la natura si trasferisce all'interno: costruito secondo i criteri della bioarchitettura, la tranquillità e l'eleganza sono di casa.

DV Chalet Boutique Hotel Gourmet & Spa

rist,

via Castelletto Inferiore 10 – ✆ 04 65 44 31 91 – www.dvchalet.it – Aperto 6 dicembre-6 aprile e 27 giugno-31 agosto
20 cam – 75/260 € 130/430 €
Rist *Dolomieu* ✿ – vedere selezione ristoranti
Rist – Carta 42/86 € – *(chiuso martedì escluso alta stagione) (solo a cena)*
Affascinanti ambienti moderni, profili geometrici e colori sobri: se cercate raffinatezza e design sulle Alpi, DV Chalet Boutique Hotel & Spa è sicuramente l'indirizzo che fa per voi!

Chalet Laura

cam,

via Pradalago 21 – 04 65 44 12 46 – www.chaletlaura.it – Aperto 1° dicembre-19 aprile e 16 giugno-14 settembre
20 cam – 80/180 € 120/300 € – **4 suites**
Rist – Carta 35/65 € – *(solo a cena) (solo per alloggiati)*
A due passi dalla piazza principale, un albergo che si ispira alla natura: l'unicità del luogo si riflette nell'esclusività e semplicità del progetto di design, caratterizzato da interni delicati, prestigiose suite ed una rilassante area wellness. E' come alloggiare in una casa privata di lusso.

Chalet del Sogno

cam,

via Spinale 37/bis – 04 65 44 10 33 – www.hotelchaletdelsogno.com – Aperto 28 novembre-11 aprile e 27 giugno-15 settembre
12 suites – 210/470 € – 6 cam
Rist *Due Pini* – Carta 50/67 €
Il sogno diventa realtà: a pochi passi dagli impianti di risalita, albergo in stile montano con ambienti signorili ed ampie camere. Al termine di una giornata attiva e dinamica, quanto di meglio che una sosta nel moderno ed attrezzato centro benessere? Nuova gestione e stile classico per il ristorante, ribattezzato a fine 2013, Due Pini.

Artini

cam,

via Pradalago 38 – 04 65 44 32 12 – www.hotelcampigliobellavista.it – Aperto 1° dicembre-30 aprile e 1° luglio-30 settembre
38 cam – 118/256 € 190/420 €
Rist – Carta 25/49 € – *(solo per alloggiati)*
Rist *Artini* – Carta 25/49 €
A ridosso della piste da sci, rimodernato secondo i più severi dettami di bioarchitettura, un hotel tutto in legno completo nella gamma dei servizi offerti ed aggiornato nei confort: compreso il buon ristorante che porta il nome dei titolari.

Lorenzetti

rist,

viale Dolomiti di Brenta 119, Sud : 1,5 km – 04 65 44 14 04 – www.hotellorenzetti.com – Aperto 1° dicembre-30 aprile e 1° luglio-30 settembre
48 cam – 80/250 € 140/400 € – **12 suites**
Rist – Carta 35/60 €
Faro dell'ospitalità a Campiglio, il personale prevede e realizza ogni esigenza dei clienti. Relax sulla terrazza-solarium e dolci a volontà per i più golosi. Cucina ladina nell'elegante sala ristorante: i clienti privi di camera panoramica si rifaranno con le finestre sulle cime di Brenta.

Gianna

rist,

via Vallesinella 16 – 04 65 44 11 06 – www.hotelgianna.it – Aperto 1° dicembre-30 aprile e 1° luglio- 30 settembre
24 cam – 80/210 € 160/420 € – **2 suites**
Rist – Carta 30/60 € – *(solo a cena)* (consigliata la prenotazione)
In posizione tranquilla, ma non lontano dal centro, la tradizione trentina si sposa con il gusto moderno, grazie ad una gestione familiare che si adopera al continuo rinnovo. Appetitosa cucina regionale nelle due graziose sale ristorante e nella stube.

Bertelli

rist, rist,

via Cima Tosa 80 – 04 65 44 10 13 – www.hotelbertelli.it – Aperto 5 dicembre-12 aprile e 26 giugno-13 settembre
49 cam – 54/136 € 90/228 € – **5 suites**
Rist *Il Gallo Cedrone* – vedere selezione ristoranti
Rist – Carta 30/70 € – *(solo per alloggiati)*
Apprezzabile la serietà della gestione e l'ampiezza degli spazi (mansarde comprese), in questo edificio montano da diversi lustri nelle mani della stessa famiglia. All'interno: ambienti in stile, con qualche arredo anni '70.

Spinale (N) cam, rist,
via Monte Spinale 39 – ✆ 04 65 44 11 16 – www.spinalehotelcampiglio.it – Aperto inizio dicembre-30 aprile e 15 giugno-30 settembre
55 cam – 94/210 € 105/280 € – **6 suites** **Rist** – Carta 28/58 €
Praticamente attaccata all'omonimo impianto di risalita, gran bella casa dall'inconfondibile stile alpino che si fa decisamente signorile al suo interno. I servizi? Non c'è spazio per elencarli tutti! Meglio scoprirli di persona. Per il ristorante sono previste grosse novità negli anni a venire.

Majestic Mountain Charme rist,
piazza Righi 33 – ✆ 04 65 44 10 80 – www.majesticmchotel.com – Aperto 1° dicembre-Pasqua e 1° luglio-15 settembre
40 cam – 90/170 € 150/280 € – **3 suites**
Rist – Carta 35/82 € – *(solo a cena) (solo per alloggiati)*
Rist *Majestic Gourmet* – Carta 40/77 € – *(solo a cena)* (prenotazione obbligatoria)
Rist *Bistrot* – Carta 29/62 € – *(solo a pranzo)*
In pieno centro, a lato degli impianti di risalita, hotel elegante con lounge bar - fashion e ricercato - aperto agli esterni con menu light per il pranzo. In stile alpino con inserti moderni, le signorili camere si abbandoneranno con meno rimpianto se la destinazione è il grazioso centro benessere all'ultimo piano. Sapori mediterranei e un po' di pesce al Majestic Gourmet, dal 2014 nelle mani di un nuovo chef.

Crozzon rist,
viale Dolomiti di Brenta 96 – ✆ 04 65 44 22 22 – www.hotelcrozzon.com – Aperto 2 dicembre-14 aprile e 16 giugno-14 settembre
34 cam – 59/149 € 99/199 € **Rist** – Carta 23/61 €
Sulla strada principale della località, albergo ampliato e ristrutturato nel 2012, con un moderno centro benessere e nuove stanze di varie tipologie. Cucina del territorio proposta in un'accogliente sala e garage (gratuito).

Dello Sportivo senza rist
via Pradalago 29 – ✆ 04 65 44 11 01 – www.dellosportivo.com – Aperto 1° dicembre-12 aprile e 19 giugno-4 ottobre
11 cam – 50/70 € 90/120 €
Ambiente simpatico in un hotel dal confort essenziale e gestito con passione. Ben posizionato tra impianti di risalita e centro, vi consentirà piacevoli soggiorni.

Ristoranti

Il Gallo Cedrone – Hotel Bertelli
via Cima Tosa 80 – ✆ 04 65 44 10 13 – www.ilgallocedrone.it – Aperto 5 dicembre-11 aprile e 27 giugno-12 settembre; chiuso lunedì
Menu 60/125 € – Carta 51/106 € – *(solo a cena)*
I profumi del bosco entrano nei piatti! Al Gallo Cedrone si celebra la montagna, dalle cotture al fumo di fieno ai salumi e formaggi trentini. Il lago e i pesci d'acqua dolce non sono lontani, la selvaggina immancabile: il ristorante vi invita ad un viaggio gourmet nel cuore dei monti.
➜ Risotto alle erbe di montagna e salmerino di torrente. Filetto di cervo in crosta di sale cotto nel fieno. Forma e gusto di cioccolato.

Dolomieu – DV Chalet Boutique Hotel et Spa
via Castelletto Inferiore 10 – ✆ 04 65 44 31 91 – www.dvchalet.it – Aperto 6 dicembre-6 aprile e 27 giugno-31 agosto
Carta 73/129 € – *(solo a cena)* (prenotare)
Pochi tavoli d'alta cucina sulle vette di Madonna di Campiglio e dei piatti che vi faranno volare ancora più in alto! È al Dolomieu che troverete uno dei più giovani e migliori cuochi delle Dolomiti con proposte di sorprendente creatività e fantasia.
➜ Ravioli d'anatra e foie gras al Sauternes. Diversamente gulasch (vitello, birra e cipollotti). La mela di Eva (semifreddo alle mele).

XX **Stube Hermitage** – Bio-Hotel Hermitage

via Castelletto Inferiore 69, Sud : 1,5 km – ✆ 04 65 44 15 58 – www.stubehermitage.it – Aperto 3 dicembre-5 aprile e 11 luglio-7 settembre; chiuso lunedì

Carta 93/122 € – *(solo a cena)*

Il nome è eloquente: si cena all'interno di una romantica ed antica stube, un inno ai piaceri alpini, meta di chi vuole portare la montagna in tavola. E' una nuvola di legno, dove si viene cullati da un ottimo servizio e dalle attenzioni del proprietario.

XX **Il Convivio** – Alpen Suite Hotel

viale Dolomiti di Brenta 84 – ✆ 04 65 44 01 00 – www.alpensuitehotel.it – Aperto 1° dicembre-Pasqua e 25 giugno-15 settembre

Menu 55 € – Carta 42/72 € – *(solo a cena)* (prenotare)

Nel cuore della località, questa moderna stube propone - la sera - piatti tipici della tradizione locale e della migliore cucina italiana. A pranzo, invece, ci si accomoda in uno spazio tipo tea room per una carta più semplice.

XX **Osteria del Circo** (N) – Hotel Cristal Palace

via Cima Tosa 104/a – ✆ 04 65 44 60 20 – www.osteriadelcirco.it – Aperto 4 dicembre-7 aprile e 30 giugno-10 settembre

Carta 35/63 € – *(solo a cena)*

Tra colori ed oggetti dalla calda stravaganza, ecco a voi il nuovo angolo gourmet del bell'hotel Cristal Palace! Solida è la radice italiana dei piatti in carta, completati da soprese annunciate a voce, ma anche dalla possibilità di degustare taglieri con i migliori salumi nostrani e non solo.

XX **Da Alfiero**

via Vallesinella 5 – ✆ 04 65 44 01 17 – www.hotellorenzetti.it – Aperto 1° dicembre-31 marzo e 1° luglio-31 agosto

Carta 35/60 €

Colori, decorazioni e travi a vista: Alfiero è un locale d'impostazione classica sia nel servizio sia nella cucina, che cita nel piatto tanto il territorio quanto i sapori d'Italia.

a Campo Carlo Magno Nord : 2,5 km Alt. 1 682 m – ✉ 38086 Madonna Di Campiglio

Casa del Campo — cam, rist

via Pian dei Frari 3/5 – ✆ 04 65 44 31 30 – www.casadelcampo.it

13 cam – 50/150 € 100/380 € – **2 suites**

Rist – Carta 31/58 € – *(chiuso novembre)*

Situato nei pressi di un passo di montagna, la vista è tra le più suggestive di Campiglio, mentre le spaziose camere - arredate con buon gusto - faranno dimenticare gli spazi comuni un po' ridotti della struttura.

MADONNA DI SENALES = UNSERFRAU → Vedere Senales

Bolzano (BZ)

MAGENTA

Milano (MI) – ✉ 20013 – 22 930 ab. – Alt. 138 m – Carta regionale n° **18-A2**

Roma 599 km – Milano 26 km – Novara 21 km – Pavia 43 km

Carta stradale Michelin 561-F8

XXX **Trattoria alla Fontana**

via Petrarca 6 – ✆ 0 29 79 26 14 – www.trattoriaallafontana.it – Chiuso 25 dicembre-7 gennaio, 16-24 agosto, sabato a mezzogiorno e domenica

Menu 40/60 € – Carta 40/75 € – (coperti limitati, prenotare)

A 200 metri dalla piazza principale, in una cornice di sobria e classica eleganza, il servizio è curato direttamente dal titolare, mentre le proposte seguono le stagioni. Notevole, la grande varietà di risotti.

MAGGIORE (Lago) → Vedere Lago Maggiore

MAGIONE

Perugia (PG) – ✉ 06063 – 14 668 ab. – Alt. 299 m – Carta regionale n° **35**-B2
Roma 193 km – Perugia 20 km – Arezzo 58 km – Orvieto 87 km
Carta stradale Michelin 563-M18

Al Coccio

via del Quadrifoglio 12 a/b – ✆ 0 75 84 18 29 – www.alcoccio.it
Carta 25/51 €
Alle porte del paese, una trattoria familiare ed informale dove gustare specialità regionali. Cucina prevalentemente di terra.

MAGLIANO ALFIERI

Cuneo (CN) – ✉ 12050 – 2 049 ab. – Alt. 328 m – Carta regionale n° **25**-C2
Roma 613 km – Torino 60 km – Cuneo 72 km – Asti 24 km
Carta stradale Michelin 561-H6

Stefano Paganini alla Corte degli Alfieri

via Alfieri 4 – ✆ 0 17 36 62 44 – www.stefanopaganini.it – Chiuso 10 giorni in gennaio, 10 giorni in luglio, mercoledì a mezzogiorno e martedì
Menu 35/50 € – Carta 50/65 €
Nella splendida cornice della storica residenza nobiliare che ospita anche un museo, sale eleganti di cui una affrescata, per una cucina contemporanea che rivisita piatti e prodotti del territorio.

MAGLIANO IN TOSCANA

Grosseto (GR) – ✉ 58051 – 3 611 ab. – Alt. 128 m – Carta regionale n° **32**-C3
Roma 158 km – Grosseto 29 km – Siena 103 km – Viterbo 104 km
Carta stradale Michelin 563-O15

Antica Trattoria Aurora

via Lavagnini 12/14 – ✆ 05 64 59 27 74 – Chiuso gennaio, febbraio e mercoledì
Carta 36/60 €
Con una caratteristica cantina scavata nella roccia, questo ristorante tra le mura propone anche un gradevole servizio estivo in giardino; sapori stagionali di Maremma, ma la regina incontrastata della tavola rimane la carne!

MAGLIANO SABINA

Rieti (RI) – ✉ 02046 – 3 890 ab. – Alt. 222 m – Carta regionale n° **12**-B1
Roma 69 km – Terni 42 km – Perugia 113 km – Rieti 54 km
Carta stradale Michelin 563-O19

Degli Angeli con cam

cam,

località Madonna degli Angeli, Nord : 3 km – ✆ 0 74 49 13 77 – www.hoteldegliangeli.it – Chiuso 2 settimane in luglio
8 cam – †67/80 € ††83/100 €
Carta 23/51 € – *(chiuso domenica sera e lunedì)*
Affacciata sulla valle del Tevere, cucina tipicamente locale in un locale dove ora trova posto anche una cantina che ospita oltre 400 etichette di vini, distillati e champagne. Ospitalità, discrezione e semplicità avvolgono l'hotel, in posizione ideale per un week-end lontano dai ritmi frenetici della città. E, per non farsi mancare nulla, gli ospiti possono acquistare prodotti di produzione propria nell'adiacente Bottega delle Delizie; fiore all'occhiello l'oleoteca con 80 produttori Italiani in lista.

sulla strada statale 3 - via Flaminia Nord-Ovest : 3 km :

La Pergola

via Flaminia km 63,900 ✉ 02046 – ✆ 07 44 91 98 41 – www.lapergola.it
23 cam – †45/60 € ††65/85 €
Rist *La Pergola* – vedere selezione ristoranti
Letti in ferro battuto, archi di mattoni a vista, nonostante sia ubicato sulla via Flaminia, si ha la piacevole impressione di alloggiare in un relais di campagna.

XX **La Pergola** - Hotel La Pergola
via Flaminia km 63,900 ⊠ 02046 – ✆ 07 44 91 98 41 – www.lapergola.it
Carta 29/67 €
Cucina laziale nelle due sale ricavate in un'antica stazione di posta: una rustica, dove si trovano due griglie per la cottura delle carni, ed una elegante, illuminata da grandi vetrate.

MAGLIE

Lecce (LE) – ⊠ 73024 – 14 639 ab. – Alt. 81 m – Carta regionale n° **27**-D3
Roma 617 km – Brindisi 73 km – Lecce 33 km – Otranto 17 km
Carta stradale Michelin 564-G36

Corte dei Francesi senza rist
via Roma 138 – ✆ 08 36 42 42 82 – www.cortedeifrancesi.it
10 cam – †60/120 € ††80/180 €
All'interno di un museo d'arte conciaria, la risorsa dispone di belle camere dai caratteristici muri in pietra, dove predomina il bianco e lo stile mediterraneo.

MAGRÈ SULLA STRADA DEL VINO

Bolzano (BZ) – ⊠ 39040 – 1 274 ab. – Alt. 241 m – Carta regionale n° **34**-D3
Roma 619 km – Trento 35 km – Bolzano 31 km – Merano 54 km
Carta stradale Michelin 562-D15

X **Vineria Paradeis**
piazza Geltrude 10 – ✆ 04 71 80 95 80 – www.aloislageder.eu
– Chiuso 10 gennaio-15 febbraio e domenica escluso in settembre-ottobre
Menu 39 € – Carta 34/62 € – *(solo a pranzo)*
All'interno di un antico palazzo di proprietà della cantina Alois Lageder, moderno bistrot - aperto dalle 10:00 alle 20:00 (la sera su richiesta) - dove gustare piatti stagionali, buon vino, nonché la bevanda preferita dagli italiani: sua maestà, il caffè!

MAIORI

Salerno (SA) – ⊠ 84010 – 5 560 ab. – Carta regionale n° **6**-B2
Roma 267 km – Napoli 65 km – Amalfi 5 km – Salerno 20 km
Carta stradale Michelin 564-E25

Botanico San Lazzaro senza rist
via Lazzaro 25 – ✆ 0 89 87 77 50 – www.hbsl.com
– Aperto Pasqua-31 ottobre
14 cam – †240/310 € ††290/360 € – **4 suites**
Vi sembrerà di toccare il cielo con un dito, quando la teleferica vi condurrà in questa romantica struttura; la vista si fa regina nelle camere di grande charme, in piscina e nei vari terrazzamenti dove poter godere della massima tranquillità. Una breve passeggiata nel giardino botanico donerà nuovo vigore al vostro spirito, ma risparmiate le energie se intendete raggiungere il centro a piedi…

XX **Torre Normanna**
via Diego Taiani 4 – ✆ 0 89 87 71 00 – www.ristorantetorrenormanna.it
– Chiuso 3 settimane in gennaio, 3 settimane in novembre e lunedì in ottobre-aprile
Menu 70/90 € – Carta 50/126 €
Lungo questa costa che tutto il mondo ci invidia, specialità a base di pesce e vista "ravvicinata" sul mare, in un delizioso locale all'interno dell'antica torre. Per chi desidera piatti più semplici o pizza vi è l'alternativa sulle terrazze in basso alla costruzione.

sulla costiera amalfitana Sud-Est : 4,5 km

Il Faro di Capo d'Orso (Pierfranco Ferrara)

via Diego Taiani 48 – ✆ 0 89 87 70 22 – www.ilfarodicapodorso.it – Chiuso 3 novembre-25 gennaio e martedì, anche mercoledì dal 25 gennaio al 31 marzo
Menu 65/130 € – Carta 62/98 €
Arrampicato su un promontorio, la sala offre uno strepitoso panorama della costiera amalfitana. Lo stupore continua nel piatto con una cucina mediterranea e dai sapori campani, non priva di fantasia.
→ Spaghettoni di Gragnano con salsa di fave, vongole, seppie e mandorle. Filetto di dentice cotto al forno in salsa di pomodoro acidulato e cipolla rossa. Delizioso al limone sfusato amalfitano.

MALALBERGO

Bologna (BO) – ✉ 40051 – 8 868 ab. – Alt. 12 m – Carta regionale n° **9-C2**
Roma 403 km – Bologna 33 km – Ferrara 12 km – Ravenna 84 km
Carta stradale Michelin 562-I16

Rimondi

via Nazionale 376 – ✆ 0 51 87 20 12 – Chiuso 15-30 giugno, domenica sera e lunedì
Carta 42/84 € – *(solo a cena escluso i giorni festivi)*
In centro paese, si entra in quella che pare una casa privata, per arredi e atmosfera, con due sale riscaldate da altrettanti camini. Il ristorante si è fatto un nome per la cucina di pesce che, nei classici piatti nazionali, esaurisce il menu, ma lo chef-cacciatore prepara anche selvaggina di valle (su prenotazione).

ad Altedo Sud : 5 km – ✉ 40051

Agriturismo Il Cucco

via Nazionale 83, al km 115,600 – ✆ 05 16 60 11 24 – www.ilcucco.it – Chiuso agosto
11 cam – 60/65 € 80/85 €
Rist ***Il Cucco*** – vedere selezione ristoranti
Un centinaio di metri di strada sterrata e giungerete in un casolare, con orto e pollame, che offre stanze arredate con bei mobili di arte povera e antiquariato.

Il Cucco – Agriturismo Il Cucco

via Nazionale 83, al Km 115,600 – Chiuso agosto
Carta 18/38 € – *(solo a cena escluso i giorni festivi)* (consigliata la prenotazione)
Nella città dell'asparago, questo è solo uno dei prodotti che troverete al Cucco, da sempre impegnato a garantire non solo la bontà, ma anche la derivazione biologica di parte degli ingredienti utilizzati in cucina. E per finire, i biscotti del re, creati in occasione della visita di Vittorio Emanuele III ed insaporiti con mandorle, anice e cedro.

MALCESINE

Verona (VR) – ✉ 37018 – 3 705 ab. – Alt. 89 m – Carta regionale n° **39-A2**
Roma 556 km – Trento 56 km – Verona 67 km – Mantova 93 km
Carta stradale Michelin 562-E14

Bellevue San Lorenzo

via Gardesana 164, Sud : 1,5 km – ✆ 04 57 40 15 98 – www.bellevue-sanlorenzo.it – Aperto 1° aprile-12 ottobre
53 cam – 125/145 € 190/210 € – **2 suites**
Rist – Menu 30 € – *(solo a pranzo escluso giugno-settembre) (solo per alloggiati)*
E' il giardino la punta di diamante di questa villa d'epoca: dotato di piscina e con un'incantevole vista panoramica del lago, congiunge i diversi edifici della struttura. Tutte le camere sono confortevoli, alcune più classiche, altre più moderne, da molte si scorge il Garda.

Maximilian cam,
località Val di Sogno 8, Sud : 2 km – ✆ 04 57 40 03 17 – www.hotelmaximilian.com – Aperto Pasqua-7 ottobre
50 cam – 130/175 € 166/236 € – **2 suites**
Rist – Menu 30 € – *(solo a cena) (solo per alloggiati)*
Un giardino-uliveto in riva al lago ed un piccolo centro benessere con vista panoramica caratterizzano questo hotel dalla dinamica gestione diretta, sempre attenta alla cura dei servizi.

Val di Sogno
via Val di Sogno 16, Sud : 2 km – ✆ 04 57 40 01 08 – www.hotelvaldisogno.com – Aperto 4 Aprile-10 ottobre
35 cam – 125/230 € 150/340 € – **1 suite**
Rist – Carta 20/68 € – *(solo a pranzo)*
Il giardino con piscina in riva al lago, testimonia della magnifica posizione in cui l'hotel si trova. Bella zona comune, organizzato centro benessere e servizio di alto livello. Cucina italiana nella luminosa e confortevole sala da pranzo.

Baia Verde rist,
via Gardesana 142, località Val di Sogno – ✆ 04 57 40 03 96 – www.hotelbaiaverde-malcesine.it – Aperto 1° marzo-30 ottobre
43 cam – 90/140 € 120/300 € – **3 suites** **Rist** – Menu 20/50 €
Struttura moderna, ma arredata senza eccessi, badando più alla funzionalità e confort degli ospiti, che possono godere di svariati servizi tra cui la buona cucina del ristorante.

Park Hotel Querceto
via Panoramica 113, Est : 5 km, alt. 378 – ✆ 04 57 40 03 44 – www.parkhotelquerceto.com – Aperto 1° maggio-8 ottobre
22 cam – 110/140 € 160/200 € **Rist** – Carta 32/51 € – *(solo a cena)*
In posizione elevata, assai fuori dal paese e quindi tranquillissimo, l'albergo si contraddistingue per i suoi originali interni in pietra e legno, nonché per un certo gusto per le cose semplici. I sapori della tradizione altoatesina avvolti dal calore di una romantica stube.

Primaluna
via Gardesana 165 – ✆ 04 57 40 03 01 – www.ambienthotel.it – Aperto 1° aprile-23 ottobre
36 cam – 50/130 € 120/250 € **Rist** – Menu 22/50 €
Gestito da una giovane coppia, l'albergo offre ai suoi ospiti accattivanti interni dal design modaiolo ed il calore di chi da sempre lavora nel settore. Durante la bella stagione, il beach bar BB diventa uno dei locali più gettonati dalla movida locale.

Casa Barca senza rist
via Panoramica 15 – ✆ 04 57 40 08 42 – www.casabarca.com – Aperto 1° aprile-25 ottobre
24 cam – 100/170 € 130/208 € – **2 suites**
In "seconda linea" rispetto al lago, ma circondata dal verde del proprio giardino con uliveto e piscina, una risorsa a conduzione familiare dotata di camere dal design moderno, piccola zona benessere e solarium panoramico all'ultimo piano.

Meridiana senza rist
via Navene Vecchia 39 – ✆ 04 57 40 03 42 – www.hotelmeridiana.it – Aperto 28 marzo-28 ottobre
23 cam – 90/140 € 100/160 €
Vicino alla funivia del monte Baldo, struttura dalla squisita gestione femminile con interni moderni dal design personalizzato e buon confort. Gradito bonus: la saletta relax con sauna (su richiesta, anche massaggi).

Erika senza rist
via Campogrande 8 – ✆ 04 57 40 04 51 – www.erikahotel.net – Aperto 1° aprile-1° novembre
14 cam – 70/85 € 120/140 €
In prossimità del centro storico, questo piccolo e tranquillo albergo familiare dispone di accoglienti camere colorate e di una raccolta, ma graziosa sala colazioni.

XX **Vecchia Malcesine** (Leandro Luppi)

via Pisort 6 – ✆ 04 57 40 04 69 – www.vecchiamalcesine.com – Chiuso 25 gennaio-10 marzo, novembre e mercoledì

Menu 55/100 € – Carta 67/112 €

Due passi a piedi, poi, superato il giardino, si entra nel locale colorato e panoramico, dove lo chef-patron reinterpreta con fantasiosa leggerezza le tradizioni del territorio proponendo sia carne sia pesce con predilezione per quello di lago.

→ Spaghetti monograno al gin tonic con carpaccio di gamberi rossi. Luccio alla puttanesca. La foresta nera è andata in fumo.

X **Re Lear** N

piazza Cavour 23 – ✆ 04 57 40 06 16 – www.relear.com – Chiuso martedì

Menu 45 € – Carta 40/74 €

Nel centro storico, locale dai toni rustici, ma dal trend giovanile, i cui piatti creativi riescono a coniugare tradizione ed innovazione.

sulla strada statale 249 Nord : 3,5 km

Piccolo Hotel

cam, rist,

via Gardesana 450 ✉ 37018 – ✆ 04 57 40 02 64 – www.navene.com – Aperto 3 marzo-2 novembre

26 cam – †44/62 € ††96/134 € – **4 suites**

Rist – Menu 19 € – *(solo a cena) (solo per alloggiati)*

Attenzioni particolari per i velisti, in questo piccolo hotel fuori dal centro della località (sulla litoranea): camere moderne, spaziose per la categoria e quasi tutte con vista lago. Al ristorante, menu fisso e splendida finestra panoramica.

MALEO

Lodi (LO) – ✉ 26847 – 3 269 ab. – Alt. 58 m – Carta regionale n° **16-B3**

Roma 527 km – Piacenza 17 km – Lodi 31 km – Milano 63 km

Carta stradale Michelin 561-G11

XX **Leon d'Oro**

via Dante 69 – ✆ 0 37 75 81 49 – www.leondoromaleo.com – Chiuso 1°-5 gennaio, 10-24 agosto, sabato a mezzogiorno e mercoledì

Menu 30 € – Carta 32/68 €

Prodotti scelti con cura garantiscono una cucina del territorio interpretata con abilità dallo chef; un piccolo ingresso immette in tre salette eleganti in un piacevole stile rustico.

XX **Albergo Del Sole** con cam

cam,

via Monsignor Trabattoni 22 – ✆ 0 37 75 81 42 – www.ilsoledimaleo.com – Chiuso gennaio, agosto, domenica sera e lunedì

3 cam – †70 € ††120 €

Menu 18 € (pranzo in settimana)/35 € – Carta 34/69 €

Locanda di antica tradizione affacciata su un cortile interno, ricco di un pittoresco giardino. Nella bella stagione vale la pena di approfittare del servizio all'aperto.

MALESCO

Verbano-Cusio-Ossola (VB) – ✉ 28854 – 1 464 ab. – Alt. 761 m – Carta regionale n° **23-C1**

Roma 723 km – Stresa 62 km – Domodossola 20 km – Verbania 48 km

Carta stradale Michelin 561-D7

X **Ramo Verde**

via Conte Mellerio 5 – ✆ 0 32 49 50 12 – Chiuso gennaio e venerdì escluso giugno-settembre

Menu 25 € – Carta 21/43 €

Nell'incantevole scenario della Valle Vigezzo, talmente bella da essere stata ribattezzata Valle dei Pittori, una cucina d'impronta casalinga che non disdegna i prodotti del mare.

MALGRATE

Lecco (LC) – ✉ 23864 – 4 212 ab. – Alt. 231 m – Carta regionale n° **18-B1**
Roma 623 km – Como 27 km – Bellagio 20 km – Lecco 2 km
Carta stradale Michelin 561-E10

Il Griso

via Provinciale 51 – ☎ 0 34 12 39 81 – www.griso.info
43 cam – 80/130 € 90/180 €
Rist *Terrazza Manzoni* – vedere selezione ristoranti
Affacciata sul celebre lago quest'affascinante architettura segue il profilo della costa: le camere di conseguenza beneficiano tutte di un'impareggiabile vista sulla natura circostante, oltre ad essere ampie ed accoglienti.

Terrazza Manzoni – Hotel Il Griso

via Provinciale 51 – ☎ 0 34 12 39 87 21 – www.griso.info – Chiuso lunedì
Carta 40/78 €
Eleganza, cucina e panorama: qui tutto congiura per un pasto da favola. All'ultimo piano dell'albergo Il Griso, la città di Lecco e il lago sembrano un quadro incorniciato dalle vetrate della sala (abbiate cura, alla prenotazione, di riservare un tavolo con vista). Nei piatti, una cucina brillante, alleggerita ed originale.

MALLES VENOSTA (MALS)

Bolzano (BZ) – ✉ 39024 – 5 113 ab. – Alt. 1 051 m – Carta regionale n° **33-A2**
Roma 721 km – Merano 58 km – Bolzano 85 km – Bormio 56 km
Carta stradale Michelin 562-B13

Greif

cam,

via Verdross 40/A – ☎ 04 73 83 11 89 – www.hotel-greif.com – Chiuso 1°-21 novembre
12 cam – solo ½ P 75/95 € **Rist** – Carta 26/56 €
Hotel centralissimo, dal buon confort generale, che oltre a camere ben tenute dispone di un pregevole ristorante dall'interessante linea gastronomica; bella terrazza estiva sulla via pedonale del centro.

a Burgusio Nord : 3 km Alt. 1 215 m – ✉ 39024 Malles Venosta

Weisses Kreuz

rist,

Burgusio 82 – ☎ 04 73 83 13 07 – www.weisseskreuz.it – Chiuso 10 aprile-12 maggio e 1° novembre-21 dicembre
28 cam – 80/140 € 140/220 € – **17 suites**
Rist – Carta 31/75 € – *(chiuso giovedì)*
Totale ristrutturazione per questo hotel, il più signorile e completo in termini di servizi della località: camere molto confortevoli, un'ampia zona relax ed, ultimo ma non ultimo, una bella terrazza baciata dal sole.

Plavina

rist,

piazza Centrale 81 – ☎ 04 73 83 12 23 – www.mohren-plavina.com – Chiuso 4 novembre-31 dicembre
48 cam – 65/135 € 65/135 €
Rist *Al Moro-Zum Mohren* – Carta 20/55 € – *(chiuso mercoledì a mezzogiorno e martedì)*
Ideale punto di appoggio per chi ama le montagne, l'hotel dispone di ampie camere in stile altoatesino e una zona benessere con saune ed idromassaggio. Per i pasti, è possibile rivolgersi al vicino ristorante Al Moro.

MALNATE

Varese (VA) – ✉ 21046 – 16 809 ab. – Alt. 355 m – Carta regionale n° **18-A1**
Roma 641 km – Como 24 km – Varese 7 km – Milano 63 km
Carta stradale Michelin 561-E8

Crotto Valtellina

via Fiume 11, località Valle – ☎ 03 32 42 72 58 – www.crottovaltellina.it – Chiuso martedì
Menu 46 € – Carta 35/70 € – *(solo a cena escluso sabato e domenica)*
All'ingresso la zona bar-cantina, a seguire la sala rustica ed elegante nel contempo. Cucina di rigida osservanza valtellinese e servizio estivo a ridosso della roccia.

MALO

Vicenza (VI) – ✉ 36034 – 14 814 ab. – Alt. 116 m – Carta regionale n° **38-A1**
Roma 556 km – Verona 66 km – Padova 65 km – Vicenza 19 km
Carta stradale Michelin 562-F16

La Favellina

via Cosari 4/6, località San Tomio, Sud : 2,5 km – ✆ 04 45 60 51 51 – www.lafavellina.it – Chiuso 1°-15 gennaio, 1°-15 novembre, lunedì e martedì
Carta 35/74 € – *(solo a cena escluso domenica)*
La signora Gianello, innamoratasi di questo delizioso borgo di fine '800, acquistò un locale e lo ristrutturò con gusto femminile e raffinato. Lei ai fornelli ed il figlio ad occuparsi della sala, La Favellina ha saputo crearsi una propria fama in zona, grazie alla sua cucina di stampo moderno e all'accurata selezione di materie prime.

MALOSCO

Trento (TN) – ✉ 38013 – 464 ab. – Alt. 1 041 m – Carta regionale n° **33-B2**
Roma 638 km – Bolzano 64 km – Merano 41 km – Trento 52 km
Carta stradale Michelin 562-C15

Bel Soggiorno

rist, rist, rist,

via Miravalle 7 – ✆ 04 63 83 12 05 – www.h-belsoggiorno.com – Chiuso novembre
38 cam – 45/57 € 60/98 € **Rist** – Menu 17/35 € – *(chiuso lunedì)*
In posizione rilassante, circondato da un giardino soleggiato, l'albergo offre camere in stile rustico, sale da lettura e una piccola area benessere. Al ristorante, la classica cucina trentina.

MALPENSA (Aeroporto di) → Vedere Gallarate

MALS = MALLES VENOSTA

MANAROLA

La Spezia (SP) – ✉ 19017 – Carta regionale n° **15-D2**
Roma 434 km – La Spezia 14 km – Genova 108 km – Massa 53 km
Carta stradale Michelin 561-J11

Ca' d'Andrean senza rist

via Discovolo 101 – ✆ 01 87 92 00 40 – www.cadandrean.com – Aperto 2 marzo-14 novembre
10 cam – 70/90 € 90/150 €, 7 €
Nel centro pedonale del grazioso borgo, alberghetto a gestione familiare dotato anche di un piccolo giardino, dove nella bella stagione viene servita la prima colazione. Risorsa semplice, ma assolutamente valida.

La Torretta Lodge senza rist

piazza della Chiesa - Vico Volto 20 – ✆ 01 87 92 03 27 – www.torrettas.com – Aperto 1° aprile-21 dicembre
11 cam – 70/170 € 120/220 €
Romantica e intima casa d'epoca in centro storico, arredata con gusto e perfino lusso: per una risorsa così piccola il servizio è incredibilmente attento ad ogni momento della giornata, a partire dalla colazione servita in camera sino all'aperitivo delle 18. Il tutto coronato da una splendida vista sul mare.

Marina Piccola con cam

cam,

via lo Scalo 16 – ✆ 01 87 92 09 23 – www.ristorantemarinapiccola.it – Chiuso dicembre-gennaio
13 cam – 80 € 140 €
Menu 20/44 € – Carta 24/60 € – *(chiuso martedì)*
Se non volete perdervi nulla dello spirito delle Cinque Terre, concedetevi una sosta a base di prodotti ittici in questo ristorante con gradevole servizio all'aperto. Nell'edificio adiacente l'omonimo hotel: chiedete le camere vista mare.

a Volastra Nord-Ovest : 7 km – ✉ 19017 Manarola

Il Saraceno senza rist

– ✆ 01 87 76 00 81 – *www.thesaraceno.com* – *Chiuso 7 gennaio-20 febbraio*
7 cam ☕ – 🚹60/70 € 🚹🚹72/100 €
Il verde e la quiete regnano sovrani in questa confortevole struttura dagli spazi comuni lineari e dalle ampie camere di moderna essenzialità. Piacevole solarium per una sosta en plein air.

Cappun Magru in Casa di Marin

via Volastra 19, località Groppo – ✆ *01 87 92 05 63*
– *Chiuso 9 dicembre-13 febbraio, lunedì e martedì*
Menu 42/48 € – Carta 42/60 € – (coperti limitati, prenotare)
All'interno rispetto alla costa del piccolissimo borgo pedonale di Groppo e, infine, della casa che fu dimora della nonna dello chef, un locale intimo, confortevole, non privo di tocchi di eleganza. Tra le ottime specialità di pesce, ne spicca una: il cappon magro.

MANCIANO

Grosseto (GR) – ✉ 58014 – 7 302 ab. – Alt. 444 m – Carta regionale n° **32-C3**
▶ Roma 141 km – Grosseto 61 km – Orvieto 65 km – Viterbo 69 km
Carta stradale Michelin 563-O16

Locanda al Poderino

strada statale 74, Ovest : 1 km – ✆ *05 64 62 50 31* – *www.3querce.it*
– *Aprile 1° aprile-5 novembre*
6 cam ☕ – 🚹75/105 € 🚹🚹75/105 €
Rist – Carta 21/42 € – *(chiuso mercoledì) (solo a pranzo escluso da giugno a settembre)*
Leggermente fuori rispetto al paese, con vista sulle colline che conducono all'Argentario, una dimora di campagna in pietra e mattoni, riadattata per accogliere turisti in cerca dei profumi della natura toscana. Alloggi più economici nell'annesso agriturismo e servizio ristorante sulla panoramica terrazza.

Agriturismo Quercia Rossa cam, rist,

strada statale 74 km 23,800, Ovest : 13 Km – ✆ *05 64 62 95 29*
– *www.querciarossa.net* – *Aperto 15 marzo-16 novembre*
6 cam ☕ – 🚹64/90 € 🚹🚹78/125 €
Rist – Menu 25/30 € – *(solo a cena escluso sabato e domenica)* (consigliata la prenotazione a pranzo)
Un angolo di paradiso nel verde delle colline maremmane, in posizione tranquilla e panoramica, ampi spazi esterni ed accoglienza signorile; la cucina "sposa" la tradizione locale.

La Filanda

via Marsala 8 – ✆ *05 64 62 51 56* – *www.lafilanda.biz* – *Chiuso martedì*
Menu 32/65 € – Carta 42/72 € – *(solo a cena escluso venerdì, sabato e domenica)* (consigliata la prenotazione)
Al primo piano di un bell'edificio del centro, ambienti eleganti e sapori della Maremma alleggeriti: pasta fatta in casa, tanta carne, pecorini, verdure di stagione ed ottimi vini. Insomma, i presupposti per passare una bella serata ci sono tutti!

Da Paolino

via Marsala 41 – ✆ *05 64 62 93 88* – *Chiuso 15 giorni in gennaio-febbraio, 10 giorni in novembre e lunedì*
Carta 17/46 €
Ubicato in pieno centro storico, questo localino offre ambienti molto rustici e raccolti: solo due salettine per deliziare pochi ospiti, con specialità prevalentemente maremmane. Prezzi contenuti.

MANDURIA

Taranto (TA) – ✉ 74024 – 30 795 ab. – Alt. 79 m – Carta regionale n° **27-C2**
▶ Roma 555 km – Taranto 38 km – Brindisi 42 km – Lecce 52 km
Carta stradale Michelin 564-F34

Corte Borromeo N — cam, cam,
vico I Marco Gatti 11 – 09 99 74 25 10 – www.corteborromeohotel.it
5 cam – 85/180 € 85/180 € – **2 suites**
Rist – Carta 30/50 € – *(solo a cena)*
Celebre per il vino, Manduria vanta anche un grazioso centro storico, di cui questo palazzo del 1572 costituisce un'eclatante testimonianza. All'interno, un elegante mix di tufo e arredi contemporanei e una bella terrazza sui tetti della città.

MANERBA DEL GARDA

Brescia (BS) – 25080 – 3 378 ab. – Alt. 132 m – Carta regionale n° **17-D1**
Roma 541 km – Brescia 38 km – Mantova 80 km – Verona 60 km
Carta stradale Michelin 561-F13

Capriccio (Giuliana Germiniasi)
piazza San Bernardo 6, località Montinelle – 03 65 55 11 24 – www.ristorantecapriccio.it – Chiuso gennaio-febbraio, martedì a pranzo e lunedì in luglio-agosto, martedì negli altri mesi
Menu 69/90 € – Carta 70/136 €
Raffinato e spazioso ristorante, la cucina propone versioni moderne dei classici italiani con particolare cura nelle presentazioni. Apoteosi nei dolci, irrinunciabili.
→ Spaghetti con spezzatino di astice bretone, datterini e lime. Carré d'agnello, briciole di pane alle erbe, pomodori canditi e scalogno al sale. Variazione sulle consistenze di cioccolati venezuelani con granita di frutta esotica.

Il Gusto
piazza San Bernardo località Montinelle – 03 65 55 02 97 – www.ristorantecapriccio.it – Chiuso gennaio, febbraio e martedì
Menu 25 € – Carta 26/46 € – (prenotazione obbligatoria a mezzogiorno)
Su una piazzetta con tanto di belvedere sul lago, una sala semplice e disimpegnata per piatti classici e sfiziosi: particolare attenzione è riservata ai vini.

MANFREDONIA

Foggia (FG) – 71043 – 56 285 ab. – Carta regionale n° **26-B1**
Roma 413 km – Foggia 39 km – Bari 113 km – Barletta 56 km
Carta stradale Michelin 564-C29

Regio Hotel Manfredi — rist, rist,
strada statale per San Giovanni Rotondo al km 12, Ovest : 2 km – 08 84 53 01 22 – www.regiohotel.it
100 cam – 49/189 € 49/189 € **Rist** – Carta 23/56 €
Poco lontano dal centro, ma già immersa tra grandi spazi verdi, struttura di taglio decisamente moderno dotata di un centro congressuale attrezzato e di uno spazio benessere.

Coppola Rossa N
via Maddalena 28 – 08 84 58 25 22 – www.coppolarossa.com – Chiuso domenica sera e lunedì escluso in agosto
Menu 20/25 € – Carta 31/43 €
Nel centro storico e non lontano dal mare, che ritorna nei piatti in un caratteristico ristorante a conduzione familiare. Buffet di antipasti e tanto pesce, c'è anche una griglia a vista di utilizzo invernale per qualche proposta di carne.

MANGO

Cuneo (CN) – 12056 – 1 341 ab. – Alt. 521 m – Carta regionale n° **25-C2**
Roma 612 km – Cuneo 79 km – Torino 91 km – Genova 112 km
Carta stradale Michelin 561-H6

Villa Althea senza rist
località Luigi 18, Nord-Ovest : 1 km – 33 55 29 55 08 – www.villaalthea.it – Chiuso inizio gennaio-15 marzo
6 cam – 120/150 € 140/170 € – **1 suite**
Atmosfera allo stesso tempo familiare e raffinata, in una graziosa struttura riscaldata da sorprendenti accostamenti di colore, nonchè arredi in vari stili, tutti però rigorosamente autentici! Per i vostri momenti ludici: una sala biliardo e un'enorme scacchiera all'aperto, avvolta dalla tranquillità delle colline.

MANIAGO

Pordenone (PN) – ✉ 33085 – 11 830 ab. – Alt. 283 m – Carta regionale n° **10-A2**
■ Roma 626 km – Udine 49 km – Pordenone 27 km – Venezia 115 km
Carta stradale Michelin 562-D20

Eurohotel Palace Maniago

viale della Vittoria 3 – ✆ 0 42 77 14 32 – www.eurohotelfriuli.it – Chiuso 1°-10 gennaio e 10-20 agosto
37 cam – 68/85 € 102/137 € – **1 suite**
Rist *Parco Vittoria* – vedere selezione ristoranti
Con un parco secolare alle spalle, hotel dagli spaziosi e confortevoli ambienti, arredati in elegante stile minimalista.

Parco Vittoria – Eurohotel Palace Maniago

viale della Vittoria 3 – ✆ 0 42 77 14 32 – www.eurohotelfriuli.it – Chiuso 1°-10 gennaio, 10-20 agosto, domenica sera e a mezzogiorno di lunedì e sabato
Menu 28/50 € – Carta 32/59 €
Eleganza e soluzioni moderne nell'ampia sala con piacevole vista sul parco: nella bella stagione, il servizio si sposta anche all'esterno. La cucina punta essenzialmente su piatti locali e prodotti stagionali; ciò nonostante il menu non dimentica il pesce.

MANTELLO

Sondrio (SO) – ✉ 23016 – 747 ab. – Alt. 211 m – Carta regionale n° **16-B1**
■ Roma 675 km – Milano 110 km – Sondrio 34 km – Monza 90 km
Carta stradale Michelin 353-R7

La Fiorida

cam,

via Lungo Adda 12 – ✆ 03 42 68 08 46 – www.lafiorida.com
29 cam – 65/130 € 99/168 €
Rist *La Présef* – vedere selezione ristoranti
Rist *Quattro Stagioni* – Menu 42/45 €
Camere in larice e pietra, spaziosissime e sobriamente eleganti, per una moderna struttura dedicata agli amanti del benessere e della buona cucina. Aperto per tutti coloro che desiderano incontrare la Valtellina nel piatto, il ristorante Quattro Stagioni offre splendide sale caratterizzate con oggetti che richiamano la stagione nel nome di ognuna.

La Présef – Agriturismo La Fiorida

via Lungo Adda 12 – ✆ 03 42 68 08 46 – www.lapresef.it – Chiuso domenica e lunedì
Carta 59/70 €
La Preséf è una romantica ed intima "stüa" valtellinese in legno di pino cembro, dal profumo arboreo, che si affaccia sul giardino interno. I piatti creativi del cuoco rendono l'atmosfera ancor più magica: gli ingredienti a chilometro zero e la sperimentazione visivo-sensoriale sono i tratti distintivi della sua carta.
→ Primavera in riva all'Adda. Gnocco di patata di montagna con cuore di bitto. Puntine di maialino marinate alla birra, crema di patate.

MANTOVA

✉ 46100 – 47 223 ab. – Alt. 19 m – Carta regionale n° **17-C3**
▶ Roma 469 km – Verona 42 km – Brescia 66 km – Ferrara 89 km
Carta stradale Michelin 561-G14

© FoodCollection / Photononstop

Alberghi

Casa Poli senza rist

corso Garibaldi 32 – ✆ 03 76 28 81 70 – www.hotelcasapoli.it – Chiuso 23-26 dicembre

34 cam ☕ – 🚹95/120 € 🚹🚹115/160 €

Bella struttura nel panorama alberghiero cittadino, gestita dall'intera famiglia Poli: confort moderno e omogeneo, con camere diverse per disposizione, ma identiche nello stile e servizi.

Rechigi

via Calvi 30 – ✆ 03 76 32 07 81 – www.rechigi.com – Chiuso 10 giorni in gennaio Pianta : B2**c**

50 cam ☕ – 🚹80/400 € 🚹🚹100/400 €

Rist – Carta 25/54 € – (prenotazione obbligatoria)

Se l'hotel è a due passi dalle meraviglie architettoniche rinascimentali del centro storico, i suoi suggestivi spazi comuni raccolgono una collezione d'arte contemporanea. Camere dal confort recente.

La Favorita

via S. Cognetti De Martiis , 1,2 km direz. Padova – ✆ 03 76 25 47 11 – www.hotellafavorita.it

81 cam ☕ – 🚹72/165 € 🚹🚹86/220 € – **12 suites**

Rist – Carta 26/32 € – *(chiuso agosto, sabato a mezzogiorno e domenica)*

In posizione decentrata, all'interno di una zona commerciale di uffici, la struttura sfoggia un look decisamente moderno e - al suo interno - buoni spazi e camere confortevoli.

Broletto l'Hotel e la Residenza (N) senza rist

via Accademia 1 – ✆ 03 76 32 67 84 – www.hotelbroletto.com Pianta : B2**a**

25 cam ☕ – 🚹50/90 € 🚹🚹60/190 €

A pochi passi da piazza delle Erbe, l'hotel Broletto raddoppia con la dépendance - a circa 100 metri - la Residenza (medesimi i confort moderni!). Se gli spazi comuni sono inesistenti, risulta invece interessante il rapporto qualità/prezzo.

Residenza Ca' delle Erbe senza rist

via Broletto 24 – ✆ 03 76 22 61 61 – www.cadelleerbe.it Pianta : B2**e**

14 cam ☕ – 🚹75/120 € 🚹🚹90/160 €

Tranne le mansardate, le camere si affacciano sulla splendida piazza delle Erbe: quasi tutte ampie, se la maggior parte offre ambienti minimalisti e bianchi, tre sfoggiano dipinti ottocenteschi. Colazione all'omonimo ristorante o, con voucher, al bar.

Residenza La Villa senza rist

strada Ghisiolo 6 – ✆ 03 76 34 09 05 – www.residenzalavilla.it

9 cam ☕ – 🚹60/100 € 🚹🚹80/120 €

Gradevole villa del Settecento circondata dal proprio giardino, dove nella bella stagione viene servita la prima colazione; spazi interni generosi e camere molto accoglienti, le tre più originali sfoggiano scenografici soffitti a cassettoni, uno addirittura dipinto!

Casa San Domenico senza rist

vicolo Scala 8 – ✆ 3 35 25 92 92 – www.casasandomenico.it Pianta : A2**a**

4 cam – 🚹120/220 € 🚹🚹120/220 €, ☕ 10 €

Piccola risorsa priva di spazi comuni ricavata all'interno di una casa del Settecento; attraverso un dedalo di scale ci si accomoda nelle suite inaspettatamente grandi, dotate di ogni confort e dallo stile signorile. E' qui che viene servita - su richiesta ed a pagamento - la prima colazione.

C'é categoria e categoria! Non aspettatevi lo stesso servizio in un ristorante X o in un albergo 🏠 rispetto ad un XXXXX o ad un 🏨.

Ristoranti

Aquila Nigra (Vera Caffini)

vicolo Bonacolsi 4 – 03 76 32 71 80 – www.aquilanigra.it Pianta : B1**b**
– Chiuso domenica e lunedì; solo la domenica sera e lunedì in aprile-maggio e settembre-ottobre
Menu 50/80 € – Carta 58/86 €
Rist *Osteria....la porta accanto* – 03 76 36 67 51 –Menu 22 € – Carta 28/45 €

Vecchia casa in un vicolo nei pressi del Palazzo Ducale, che conserva ancora alcune caratteristiche originali: soffitti a cassettoni, affreschi alle pareti e tipica cucina mantovana. La porta accanto si schiude su un bistrot di design contemporaneo con scelta gastronomica più ridotta, a prezzi più contenuti.

→ Filetti d'anguilla marinati all'arancia con zucchine e peperoni all'agro. Tortelli di zucca al burro fuso e grana padano. Guancia di vitello in arrosto morbido al timo su crema di patate.

Il Cigno Trattoria dei Martini

piazza Carlo d'Arco 1 – 03 76 32 71 01 Pianta : A1**u**
– www.ristoranteilcignomantova.com – Chiuso 31 dicembre-5 gennaio, 2 settimane in agosto, lunedì e martedì
Menu 40 € – Carta 35/65 €

Lunga tradizione familiare, in una casa del Cinquecento, ovviamente classica, ma magicamente accogliente nel ricordare il passato. Le proposte partono dal territorio per arrivare in tavola.

Acqua Pazza

viale Monsignore Martini 1, 1 km direz. Cremona
– 03 76 22 08 91 – www.acqua-pazza.191.it – Chiuso 10 giorni in agosto e giovedì
Carta 32/88 €

L'insegna dà un incipit sulla cucina: squisitamente di mare e di ottima qualità, convince gli amanti del pesce a spingersi fino alle porte della città, dove si è "nascosto". Un ristorante che farà parlare di sé.

Carlo Govi (N)

viale Gorizia 13 – 03 76 35 51 33 – www.carlogoviristorante.it – Chiuso domenica sera e lunedì
Menu 28/39 € – Carta 27/53 € – (coperti limitati, prenotare)

Accogliente locale fuori dal centro storico, in un quartiere sorto nel primo dopoguerra. La serietà della gestione è testimoniata dalla fragranza delle materie prime: stagionali ed elaborate in piatti dal sapore mantovano, il pesce è sicuramente da raccomandare, anche salumi e formaggi.

Osteria della Fragoletta

piazza Arche 5/a – 03 76 32 33 00 – www.fragoletta.it Pianta : B2**r**
– Chiuso lunedì
Carta 27/45 €

In un angolo del centro, due sale vivaci e colorate nelle quali vengono proposte le specialità della cucina locale, talvolta rielaborate con gusto; notevole assortimento di formaggi accompagnati dall'immancabile mostarda.

Cento Rampini

piazza delle Erbe 11 – 03 76 36 63 49 Pianta : B2**z**
– www.ristorantecentorampini.com – Chiuso domenica sera e lunedì
Menu 30/40 € – Carta 32/51 €

Uno dei locali storici della città, in splendida posizione centrale: fortunatamente non ha ceduto alle lusinghe della moda rustico-chic. Cucina tradizionalmente "ortodossa".

L'Ochina Bianca

via Finzi 2 – ✆ 03 76 32 37 00 – www.ochinabianca.it Pianta : A1**c**
– Chiuso 1°-24 agosto, domenica sera e lunedì
Carta 31/51 € – *(solo a cena escluso venerdì, sabato e domenica)* (consigliata la prenotazione)
Un piccolo ristorante dal côté bistrot: due salette ed un piccolo privé - decorati con foto, quadri e ricordi di viaggio - accolgono una cucina di chiara ispirazione mantovana con qualche piatto di pesce. Il fritto di mare e verdure, tra le specialità della casa.

a Porto Mantovano Nord : 3 km – ✉ 46047

Abacus senza rist

strada Martorelli 92/94 – ✆ 03 76 39 29 03 – www.hotelmantova.it
– Chiuso 24 dicembre-7 gennaio e 2 settimane in agosto
30 cam – †75/150 € ††96/235 €
Un hotel capace di coniugare la tranquillità tipica di una zona residenziale, con la vicinanza a strutture produttive e industriali, molto apprezzata dalla clientela d'affari.

a Borgo Virgilio Sud : 4 km – ✉ 46030

Cristallo

via Cisa 1/e – ✆ 03 76 44 83 91 – www.hotelcristallomantova.it – Chiuso 10-20 agosto
65 cam – †59/79 € ††69/89 €, 7 € **Rist** – Menu 19/25 € – *(chiuso agosto)*
Interni moderni e lineari, in questa struttura indicata soprattutto per una clientela business che, a sorpresa, dispone anche di un bel giardino con piscina! Cucina nazionale e specialità mantovane al ristorante.

Corte Bertoldo Antica Locanda

strada statale Cisa 116 – ✆ 03 76 44 80 03 – www.cortebertoldo.it
– Chiuso 2 settimane in gennaio, 1 settimana in agosto, domenica sera e lunedì, anche domenica a mezzogiorno in luglio-agosto
Carta 25/44 €
Appassionata gestione per un locale di classica atmosfera: bella sala dall'alto soffitto con l'unico vezzo dei lampadari moderni. Cucina prevalentemente di carne, si cita il territorio senza però dimenticare che siamo nel terzo millennio...

a Pietole Sud : 7 km – ✉ 46030

Paradiso senza rist

via Piloni 13 – ✆ 03 76 44 07 00 – www.albergohotelparadiso.com – Chiuso 27 dicembre-2 gennaio
7 cam – †47/60 € ††75/85 €
Inaspettata quanto semplice risorsa gestita da madre e figlia, entrambe gentilissime, ricavata da una graziosa villetta familiare in posizione defilata e tranquilla. Un piccolo angolo di paradiso!

MARANELLO

Modena (MO) – ✉ 41053 – 17 001 ab. – Alt. 137 m – Carta regionale n° **8**-B2
Roma 411 km – Bologna 53 km – Modena 22 km – Reggio nell'Emilia 49 km
Carta stradale Michelin 562-I14

Planet Hotel senza rist

via Verga 22 – ✆ 05 36 94 67 82 – www.planethotelmaranello.com
24 cam – †72/88 € ††105/113 € – **1 suite**
Circondato dagli stabilimenti della Ferrari, sui balconi dell'albergo potrà capitarvi di sentire il rombo dei celebri motori. Atmosfera, frequentazione e arredi business: tutto è all'insegna della semplicità e praticità!

Domus senza rist

piazza Libertà 38 – ✆ 05 36 94 10 71 – www.hoteldomus.it
49 cam – †56/96 € ††84/150 € – **1 suite**
Proprio accanto al municipio, annovera camere di differenti tipologie e curati spazi comuni di modeste dimensioni. Sono in corso importanti interventi di rinnovamento.

XXX **MikEle**
via Flavio Gioia 1 – ✆ 05 36 94 10 27 – www.ristorantemikele.com – Chiuso 1 settimana in gennaio, 3 settimane in agosto, sabato a mezzogiorno e lunedì
Carta 50/75 €
In zona periferica e residenziale, un'inaspettata "parentesi" ittica tra tanti bolliti modenesi: dalla cucina, infatti, i classici piatti marinari all'italiana.

sulla strada statale 12 - Nuova Estense Sud-Est : 4 km :

Locanda del Mulino senza rist
via Nuova Estense 3430 ✉ 41053 Maranello – ✆ 05 36 94 41 75 – www.locandadelmulino.com
17 cam – †53/70 € ††79/99 €
Per chi vuole sfuggire le zone industriali, qui si dorme in posizione isolata, ma di facile raggiungibilità con la vettura. All'interno, una piacevole atmosfera rustica che sa già di montagna.

XX **Locanda del Mulino**
via Nuova Estense 3430 ✉ 41053 Maranello – ✆ 05 36 94 88 95 – www.locandadelmulino.com – Chiuso sabato a mezzogiorno
Carta 26/47 €
Simpatico locale dai sapori emiliani rivisitati, dalle cui vetrate è ancora possibile vedere parti del vecchio mulino che lo ospita. Piacevole il dehors estivo immerso nel verde.

MARANO LAGUNARE

Udine (UD) – ✉ 33050 – 1 931 ab. – Carta regionale n° **11-C3**
Roma 626 km – Udine 43 km – Gorizia 51 km – Latisana 21 km
Carta stradale Michelin 562-E21

XX **Alla Laguna-Vedova Raddi**
piazza Garibaldi 1 – ✆ 0 43 16 70 19 – www.vedovaraddi.it – Chiuso 15 giorni in novembre, domenica sera da ottobre a maggio e lunedì
Carta 32/64 €
Situato sul porto - di fronte al mercato ittico - il locale valorizza in preparazioni semplici, ma gustose, i prodotti del mare. Ristoratori da sempre, la lunga tradizione familiare è una garanzia!

MARANO VICENTINO

Vicenza (VI) – ✉ 36035 – 9 726 ab. – Alt. 136 m – Carta regionale n° **38-A1**
Roma 563 km – Venezia 95 km – Vicenza 32 km – Verona 89 km
Carta stradale Michelin 562-E16

XX **El Coq** (Lorenzo Cogo)
via Canè 2/c – ✆ 0 44 51 88 63 67 – www.elcoq.com – Chiuso 2 settimane in agosto, lunedì a mezzogiorno e domenica
Menu 24 € (pranzo)/100 € – Carta 33/65 € – (coperti limitati, prenotare)
Che si guardi in sala o in cucina, è difficile trovare un locale così giovane! Il cuoco, classe 1986 ma uno straordinario curriculum di ristoranti di mezzo mondo, si destreggia fra tradizione e avanguardia, carni alla brace e sofisticati tecnicismi. Business lunch a mezzogiorno con possibilità di carta gourmet (su prenotazione).
→ Risotto provola e Champagne. Costata di rubia gallega (manzo galiziano). Gelato al latte affumicato affogato al caffè.

MARATEA

Potenza (PZ) – ✉ 85046 – 5 140 ab. – Alt. 300 m – Carta regionale n° **3-B3**
Roma 417 km – Potenza 122 km – Castrovillari 105 km
Carta stradale Michelin 564-H29

La Locanda delle Donne Monache

via Carlo Mazzei 4 – ✆ 09 73 87 61 39 – www.locandamonache.com – Aperto 18 aprile-13 ottobre

27 cam – 115/275 € 115/335 € – **5 suites**

Rist *Il Sacello* – vedere selezione ristoranti

In un ex convento del XVIII sec, le spaziose camere - alcune con letto a baldacchino e vista panoramica - propongono una dimensione epicurea della vacanza: lo splendore della Lucania e il ritrovare il ritmo lento del tempo.

Il Sacello – Hotel La Locanda delle Donne Monache

via Carlo Mazzei 4 – ✆ 09 73 87 61 39 – www.locandamonache.com – Aperto 18 aprile-13 ottobre

Carta 32/64 €

I sapori del Mediterraneo pervadono la tavola di questo grazioso ristorante: stracci di pasta fresca con baccalà e pepi cruschi - cernia di scoglio in umido con patate, capperi, pomodorini e olive - sformatino di ricotta di bufala con sorbetto al limone.

Taverna Rovita N

via Rovita 13 – ✆ 09 73 87 65 88 – www.tavernarovitamaratea.it – Aperto 1° aprile-15 settembre; chiuso martedì

Carta 30/46 € (+10 %) – *(solo a cena)* (consigliata la prenotazione)

Nel centro storico di Maratea, dal 1981 gestita con passione dalla stessa famiglia, la cucina di Taverna Rovita fa della ricerca della migliore materia prima la propria bandiera.

a Fiumicello Santa Venere Ovest : 5 km – ✉ 85046

Santavenere

via Conte Stefano Rivetti 1 – ✆ 09 73 87 69 10 – www.hotelsantavenere.com – Aperto 1° maggio-31 ottobre

34 cam – 300/700 € 300/700 € – **5 suites** **Rist** – Carta 54/118 €

In posizione ineguagliabile, all'interno di un parco con pineta affacciato sulla scogliera, camere con pavimenti in ceramica di Vietri, finestre come quadri aperti sul mare. A pranzo si mangia sulla "Terrazza" in spiaggia oppure - per una pausa più veloce - a bordo piscina; la sala classica è a disposizione la sera.

Villa delle Meraviglie senza rist

località Ogliastro, Nord : 1,5 km – ✆ 09 73 87 13 19 – www.hotelvilladellemeraviglie.com – Aperto 12 maggio-30 settembre

16 cam – 45/176 € 45/210 €

Costruzione affacciata sulla costa e circondata da un parco privato con piscina. Accesso diretto al mare, camere sobrie e, in gran parte, dotate di patio o terrazzo.

Zà Mariuccia

via Grotte 2, al porto – ✆ 09 73 87 61 63 – Aperto 1° marzo-31 novembre; chiuso lunedì escluso agosto

Carta 39/123 € – *(solo a cena)*

Caratteristico ristorante che coniuga felicemente specialità di mare e bell'ambiente. In estate, accomodatevi nella terrazza affacciata sul porto (pochi tavoli: è preferibile prenotare). Uno dei migliori locali della costa!

ad Acquafredda Nord-Ovest : 10 km – ✉ 85046

Villa Cheta Elite

via Timpone 46, Sud : 1 km – ✆ 09 73 87 81 34 – www.villacheta.it – Aperto 24 aprile-2 novembre

23 cam – 60/136 € 146/272 € **Rist** – Carta 41/49 €

Pregevole villa liberty d'inizio secolo, dove vivere una dolce atmosfera vagamente retrò. O dove assaporare la fragranza delicata delle meravigliose terrazze fiorite. Sala sobria ma elegante e servizio ristorante estivo nell'incantevole giardino.

Gabbiano

via Luppa 24 – ✆ 09 73 87 80 11 – www.hotelgabbianomaratea.it – Aperto Pasqua- 31 ottobre

39 cam – 65/120 € 130/240 € **Rist** – Carta 19/50 €

Gode di una splendida posizione, direttamente sulla spiaggia, questo albergo stagionale che ad ogni riapertura viene sottoposto ad un'accurata manutenzione per offrire il meglio di sé, regalando – in certe sue parti - la piacevole impressione di essere su una nave. Il rapporto qualità/prezzo qui è decisamente ottimo!

MARCIAGA → Vedere Costermano

Verona (VR)

MARCIANA → Vedere Elba (Isola d')

Livorno (LI)

MARCIANA MARINA → Vedere Elba (Isola d')

Livorno (LI)

MARCIANO DELLA CHIANA

Arezzo (AR) – ✉ 52047 – 3 453 ab. – Alt. 320 m – Carta regionale n° **32**-C2

Roma 202 km – Siena 53 km – Arezzo 26 km – Firenze 85 km

Carta stradale Michelin 563-M17

a Badicorte Nord : 3 km – ✉ 52047 Marciano Della Chiana

Agriturismo il Querciolo senza rist

via Bosco Salviati 5 – ✆ 33 98 63 99 09 – www.ilquerciolobadicorte.com – Chiuso gennaio-febbraio

10 cam – 70/90 € 100/130 €, 10 €

Se le origini di questa casa colonica risalgono al '200, l'attuale "versione" è ascrivibile al XIX secolo, mentre le camere sono un'affascinante carrellata di originali arredi dal 1850 al Liberty.

MARCON

Venezia (VE) – ✉ 30020 – 16 593 ab. – Carta regionale n° **39**-A2

Roma 522 km – Venezia 22 km – Padova 46 km – Treviso 16 km

Carta stradale Michelin 562-F18

Antony Palace Hotel

via Mattei 26 – ✆ 04 15 96 23 01 – www.antonypalace.it

140 cam – 70/260 € 70/260 € – **1 suite** **Rist** – Carta 27/64 €

Pensato per una clientela business o come punto di partenza per escursioni, hotel di moderna concezione con spazi comuni in hi-tech e sobrio design nelle ampie camere. Ristorante open space con proposte di cucina nazionale e qualche piatto locale.

Relais Agriturismo Ormesani senza rist

via Zuccarello 42/g località San Liberale – ✆ 04 15 96 95 10 – www.ormesanivenice.com – Chiuso 4-24 agosto

11 cam – 70/90 € 90/130 €

Ad una ventina di minuti dal centro storico di Venezia, un sofisticato bed & breakfast all'interno di una vasta tenuta con rare piante autoctone e animali in libertà: le camere sono semplici ed essenziali.

MARCONIA → Vedere Pisticci

Matera (MT)

MARGHERITA DI SAVOIA

Barletta-Andria-Trani (BT) – ✉ 76016 – 12 171 ab. – Carta regionale n° **26**-B2

Roma 374 km – Foggia 66 km – Bari 73 km – Barletta 14 km

Carta stradale Michelin 564-C30

Canneto Beach 2 con cam
via Amoroso 11 – 08 83 65 10 91 – www.ristorantecannetobeach2.com – Chiuso 7-14 gennaio e 7-14 novembre
10 cam – 35/55 € 50/85 € Carta 28/68 € – *(chiuso lunedì)*
Tra distese di sabbia e sale che hanno reso celebre la località, specialità di mare e ricette tipiche della Valle dell'Ofanto, nonché pizze per gli irriducibili dell'impasto lievitato.

MARIANO COMENSE

Como (CO) – 22066 – 23 667 ab. – Alt. 252 m – Carta regionale n° **18-B1**
Roma 619 km – Como 17 km – Bergamo 54 km – Lecco 32 km
Carta stradale Michelin 561-E9

La Rimessa
via Cardinal Ferrari 13/bis – 0 31 74 96 68 – www.larimessa.it – Chiuso 2-10 gennaio, 7-24 agosto, domenica sera e lunedì
Menu 14 € (pranzo in settimana)/44 € – Carta 32/58 €
In una villa di fine '800, all'interno della ex rimessa per le carrozze, un caratteristico ristorante con una ulteriore, intima saletta, ricavata nel fienile soppalcato. Dalla cucina, tante proposte tricolori pronte a soddisfare ogni palato!

MARIANO DEL FRIULI

Gorizia (GO) – 34070 – 1 605 ab. – Alt. 32 m – Carta regionale n° **11-C2**
Roma 645 km – Udine 27 km – Gorizia 19 km – Trieste 40 km
Carta stradale Michelin 562-E22

a Corona Est : 1,7 km – 34070

Al Piave
via Cormons 6 – 0 48 16 90 03 – www.trattoriaalpiave.it – Chiuso 1 settimana in febbraio e martedì
Carta 27/46 €
Curata e accogliente trattoria a gestione familiare, che si articola in due gradevoli sale con camino e bel giardino estivo; in menu i piatti del territorio che si avvicendano a seconda delle stagioni. Tra i più gettonati: stinco di vitello al forno con patate.

MARIGLIANO

Napoli (NA) – 80034 – 30 095 ab. – Carta regionale n° **6-B2**
Roma 224 km – Napoli 24 km – Salerno 55 km – Caserta 26 km
Carta stradale Michelin 564-E25

Casal dell'Angelo senza rist
via Variante 7 bis km 40,400 – 08 18 41 24 71 – www.casaldellangelo.it
40 cam – 70/95 € 80/125 €
Un piccolo gioiello di cura e personalizzazione, scelta di arredi e materiali di pregio in un antico casolare divenuto albergo. Particolarmente raffinate le camere mansardate.

MARINA DEL CANTONE → Vedere Massa Lubrense

Napoli (NA)

MARINA DELLA LOBRA → Vedere Massa Lubrense

Napoli (NA)

MARINA DI ARBUS

Sardegna – Medio Campidano (VS) – 09031 Arbus Arbus – Carta regionale n° **28-A3**
Cagliari 96 km – Iglesias 71 km – Oristano 69 km – Carbonia 95 km
Carta stradale Michelin 366-L46

Le Dune rist,
via Bau 1, località Piscinas di Ingurtosu , Sud : 8 km – 0 70 97 71 30 – www.leduneingurtosu.it – Aperto 18 aprile-19 ottobre
26 cam – 120/410 € 150/490 € – **1 suite** **Rist** – Carta 30/56 €
Lungo la costa sud occidentale, al centro della sabbiosa valle di Piscinas, l'albergo è stato ricavato da una struttura mineraria ottocentesca. In una dimensione surreale - tra dune di sabbia (le più alte d'Europa) ed un mare blu cobalto - camere spaziose, nonché una pittoresca corte con reperti punici e romani.

MARINA DI ASCEA

Salerno (SA) – 84046 – Carta regionale n° **7-C3**
Roma 354 km – Salerno 92 km – Avellino 124 km – Sapri 59 km
Carta stradale Michelin 564-G27

Iscairia cam,
via Isacia 7, località Velia – 34 70 18 04 75 – www.iscairia.it – Chiuso 22-27 dicembre
11 cam – 48/60 € 80/100 €
Rist – Menu 35 € – *(solo a cena)* (prenotazione obbligatoria) *(solo per alloggiati)*
Nel giardino un laghetto balneabile, all'interno camere personalizzate con qualche pezzo di antiquariato e la possibilità di acquistare alcuni prodotti tipici campani (ceramiche di Vietri, marmellate, etc.). Dalla cucina, la tradizione del Cilento, pane e dolci fatti in casa.

MARINA DI BIBBONA

Livorno (LI) – 57020 – Carta regionale n° **31-B2**
Roma 277 km – Pisa 69 km – Grosseto 92 km – Livorno 47 km
Carta stradale Michelin 563-M13

Marinetta
via dei Cavalleggeri Nord 3 – 05 86 60 05 98 – www.hotelmarinetta.it
139 cam – 60/280 € 60/300 € – **6 suites**
Rist – Carta 28/56 € – *(solo per alloggiati)*
Abbracciato da un parco-giardino, albergo recentemente rinnovato diviso in piu strutture. Per una vacanza immersi nella natura, senza rinunciare al confort.

La Pineta (Luciano Zazzeri)
via dei Cavalleggeri Nord 27 – 05 86 60 00 16 – www.lapinetadizazzeri.it – Chiuso 7-22 gennaio, 15 ottobre-1° novembre, martedì a mezzogiorno e lunedì, anche martedì sera in inverno
Menu 75 € – Carta 47/115 € – (consigliata la prenotazione)
Si parcheggia già sulla sabbia per raggiungere il ristorante, quasi una palafitta sull'acqua; il mare entra nei piatti con crudo, preparazioni livornesi o più classiche.
→ Spaghetti alle vongole. Cacciucco. Semifreddo al croccante di pistacchio.

MARINA DI CAMEROTA

Salerno (SA) – 84059 – Carta regionale n° **7-D3**
Roma 390 km – Battipaglia 103 km – Sapri 38 km – Salerno 128 km
Carta stradale Michelin 564-G28

Da Pepè
via delle Sirene 41 – 09 74 93 24 61 – www.villaggiodapepe.net – Aperto 1° maggio-30 settembre
Carta 29/72 €
Lungo la strada che conduce a Palinuro, tra i riflessi argentei degli ulivi, ottima cucina di pesce approvvigionata da un peschereccio di proprietà del ristorante stesso.

MARINA DI CAMPO → Vedere Elba (Isola d')

Livorno (LI)

MARINA DI CAPOLIVERI → Vedere Elba (Isola d') : Capoliveri

Livorno (LI)

MARINA DI CARRARA

Massa-Carrara (MS) – ✉ 54036 – Carta regionale n° **31-A1**
Roma 396 km – La Spezia 26 km – Carrara 7 km – Massa 11 km
Carta stradale Michelin 563-J12

XX **Ciccio Marina**
viale da Verrazzano 1 – ✆ 05 85 78 02 86 – www.ristoranteciccio.it – Chiuso lunedì sera escluso in estate
Carta 31/72 €
Sul lungomare nei pressi del porto, moderno ristorante dalle luminose sale e con bar pubblico per ottimi aperitivi. Il pesce è tra le specialità della casa.

MARINA DI CASTAGNETO CARDUCCI → Vedere Castagneto Carducci

Livorno (LI)

MARINA DI CECINA

Livorno (LI) – ✉ 57023 – Carta regionale n° **31-B2**
Roma 278 km – Pisa 65 km – Cecina 3 km – Livorno 42 km
Carta stradale Michelin 563-M13

Tornese
viale Galliano 36 – ✆ 05 86 62 07 90 – www.hoteltornese.com
53 cam – †50/122 € ††70/180 €
Rist – Menu 15/30 € – *(solo per alloggiati)*
Rist *Elisa* – Carta 23/43 €
A breve distanza dalla spiaggia, struttura d'indubbio confort con accoglienti interni e camere in stile marina: se disponibili optare per quelle con vista mare. Vari spazi dedicati alla ristorazione con menu diversificati (dalla pizza al pesce) e roof garden estivo.

XX **El Faro**
viale della Vittoria 70 – ✆ 05 86 62 01 64 – www.ristorantelfaro.it – Chiuso 10 giorni in gennaio, 10 giorni in novembre e mercoledì
Carta 29/55 €
Oltre a gustosi piatti di mare, nel menu troverete le proposte del pescaturismo, che consiste nel prenotare un'uscita in mare con la barca del locale (naturalmente accompagnati da uno dei proprietari) e, una volta tornati, si pranza sulla terrazza del ristorante - in riva al mare - quanto pescato. Più fresco di così!

MARINA DI GIOIOSA IONICA

Reggio di Calabria (RC) – ✉ 89046 – 6 537 ab. – Carta regionale n° **5-B3**
Roma 684 km – Reggio di Calabria 103 km – Catanzaro 91 km – Vibo Valentia 75 km
Carta stradale Michelin 564-M30

XX **Gambero Rosso** (Riccardo Sculli)
via Montezemolo 65 – ✆ 09 64 41 58 06 – www.gamberorosso.rc.it – Chiuso gennaio o novembre e lunedì escluso agosto
Menu 35 € (pranzo in settimana)/65 € – Carta 35/76 €
Gli amanti del pesce troveranno qui uno dei migliori ristoranti della regione: le proposte di crudo attirano clienti da ogni angolo della Calabria, le paste fresche sono imperdibili, i secondi accostano il mare ai prodotti della campagna. Dolci freschi a base di frutta, mandorle e liquirizia per citarne solo alcuni.
→ Mezzo pacchero con dadolata di cernia, verdurine di stagione, uova di pesce e pomodoro ciliegino. Filetto di pesce cotto a bassa temperatura su patata affumicata e pomodori secchi. Fusione di cioccolato profumato al bergamotto.

MARINA DI GROSSETO

Grosseto (GR) – ✉ 58100 – Carta regionale n° **32-C3**
Roma 189 km – Grosseto 14 km – Orbetello 53 km – Siena 95 km
Carta stradale Michelin 563-N14

Terme Marine-Leopoldo II cam, cam, rist,
via 4 Novembre 133 – ✆ 05 64 01 01 00 – www.termemarine.com – Aperto 22 marzo-1° novembre
150 cam – 75/115 € 90/170 €
Rist – Carta 25/47 € – *(aperto 22 marzo-15 ottobre)*
Poco distante dal mare e dal cuore della località, una gran bella struttura che ha come centro l'imponente piscina con idromassaggio e solarium; camere accoglienti e spaziose con arredi signorili e accessori moderni. L'attrezzata spa e le sale conferenze fanno della risorsa il luogo ideale per un soggiorno business & pleasure.

Rosmarina cam,
via delle Colonie 33/35 – ✆ 0 56 43 44 08 – www.rosmarina.it – Chiuso gennaio-febbraio e novembre
38 cam – 70/120 € 90/180 €
Rist – Carta 28/60 € – *(solo per alloggiati)*
A pochi passi dal litorale marino, in una zona molto tranquilla, una risorsa totalmente immersa nella macchia mediterranea e dall'accogliente gestione. Complimenti alla cuoca che prepara pane fatto in casa, paste e marmellate!

MARINA DI LEUCA

Lecce (LE) – ✉ 73040 – Carta regionale n° **27-D3**
Roma 676 km – Brindisi 112 km – Lecce 71 km – Gallipoli 48 km
Carta stradale Michelin 564-H37

L'Approdo
via Panoramica 1 – ✆ 08 33 75 85 48 – www.hotelapprodo.com – Aperto 1° marzo-30 novembre
52 cam – 70/180 € 100/330 € – **1 suite**
Rist – Carta 30/48 € – *(aperto 1° aprile-31 ottobre)*
Poco distante dal lungomare, l'hotel dalla caratteristica facciata nivea offre un comodo parcheggio, un'invitante piscina, luminose sale curate negli arredi e una boutique. Proposte di pesce presso l'ampia sala ristorante o sulla veranda panoramica con vista sul mare.

Terminal cam, rist,
lungomare Colombo 59 – ✆ 08 33 75 82 42 – www.attiliocaroli.it – Aperto 1° aprile-31 ottobre
55 cam – 130 € 170 € **Rist** – Carta 26/35 €
Sul lungomare, un albergo dagli spazi luminosi caratterizzati da sobri arredi e camere in legno chiaro ciascuna dedicata ad un monumento della penisola salentina. Nella suggestiva sala ristorante è il pesce a dominare la tavola, accanto ad ortaggi, frutta, vini ed olii tipici della zona.

Villa La Meridiana senza rist
lungomare Colombo 61 – ✆ 08 33 75 82 42 – www.attiliocaroli.it
5 cam – 200/300 € 200/300 €
Visto l'esiguo numero di camere non vi sembrerà nemmeno di essere clienti, ma ospiti: in un'originale villa ottocentesca affacciata sul mare, lo stile della dimora è stato mantenuto integro e l'atmosfera è quella delle case dell'epoca.

MARINA DI MASSA

Massa-Carrara (MS) – ✉ 54100 – Carta regionale n° **31-A1**
Roma 392 km – Pisa 50 km – La Spezia 38 km – Massa 7 km
Carta stradale Michelin 563-J12

Excelsior rist,
via Cesare Battisti 1 – ✆ 05 85 86 01 – www.hotelexcelsior.it
66 cam – 110/250 € 135/300 € – **4 suites**
Rist *Il Sestante* – ✆ 05 85 86 05 05 – Carta 38/76 €
Sul lungomare, hotel di taglio contemporaneo adatto sia per una clientela business sia per vacanzieri in cerca di relax. Cucina mediterranea nell'elegante ristorante, venerdì e sabato sera sushi bar con cuoca giapponese.

Maremonti
viale lungomare di Levante 19, località Ronchi – ✆ 05 85 24 10 08 – www.hotelmaremonti.com – Aperto 1° aprile-15 ottobre
21 cam – †100/190 € ††150/260 €
Rist – Carta 31/77 €
Di fronte al mare, villa ottocentesca tipica della Versilia, con parco e piscina: signorile negli arredi, sia nelle parti comuni sia nelle confortevoli camere. Al ristorante la cura dei dettagli è una piacevole compagna di pranzi e cene.

Dany senza rist
via del Falasco 4 – ✆ 05 85 24 14 90 – www.hoteldany.com
25 cam – †100/170 € ††130/210 € – **2 suites**
Rinnovato in anni recenti, questo albergo moderno e funzionale con una spiccata vocazione business dispone di camere curate e confortevoli. Un piccolo scorcio del mare dalla sala colazioni.

Matilde
via Tagliamento 4 – ✆ 05 85 24 14 41 – www.hotelmatilde.it
10 cam – †60/80 € ††80/120 €
Rist – Menu 25/40 € – *(solo a cena) (solo per alloggiati)*
Arretrato rispetto al mare, questo piccolo hotel dall'attenta gestione familiare dispone di camere molto confortevoli, ben arredate e accessoriate, che riscattano gli spazi comuni un po' limitati. Molto buona e ricca anche la prima colazione.

Nedy
via del Fescione, località Ronchi ✉ 54039 Ronchi – ✆ 05 85 80 70 11 – www.hotelnedy.it – Aperto 1° febbraio-20 ottobre
25 cam – †40/160 € ††50/250 €
Rist – Menu 23/35 €
In zona decentrata e molto traquilla, questo grazioso hotel totalmente rinnovato in anni recenti dispone di gradevoli sale e confortevoli camere: ideale per un soggiorno all'insegna del relax!

Da Riccà
lungomare di Ponente, (angolo via Casola) – ✆ 05 85 24 10 70 – www.ristorantedaricca.com – Chiuso 1°-10 ottobre e lunedì
Menu 50/80 € – Carta 61/88 €
Ottima professionalità e grande competenza da parte dei titolari di questo elegante ristorante con bella cucina a vista: luminose sale e piccolo giardino zen.

La Péniche
via Lungo Brugiano 3 – ✆ 05 85 24 01 17 – www.lapeniche.com
Menu 30/45 € – Carta 38/79 €
Originale collocazione su una palafitta e arredi curiosi con richiami a Parigi e alla Senna. La cucina offre piatti di pesce, dal forno invece una buona lista di pizze.

MARINA DI NOCERA TERINESE
Catanzaro (CZ) – ✉ 88040 – Carta regionale n° **5-A2**
Roma 569 km – Cosenza 53 km – Catanzaro 55 km – Vibo Valentia 56 km
Carta stradale Michelin 564-J30

sulla strada statale 18 Nord : 3 km :

L'Aragosta
villaggio del Golfo ✉ 88040 – ✆ 0 96 89 33 85 – www.ristorantelaragosta.com – Chiuso 15-30 ottobre e lunedì escluso luglio-agosto
Carta 38/75 €
Una luminosa veranda e una sala arredata in stile vecchia marina inglese accompagneranno fragranti piatti a base di pesce. La cantina custodisce più di 500 etichette provenienti da tutto il mondo.

MARINA DI PIETRASANTA

Lucca (LU) – ✉ 55044 – Carta regionale n° **31-B1**
▶ Roma 381 km – Pisa 39 km – La Spezia 51 km – Lucca 38 km
Carta stradale Michelin 563-K12

Mondial Resort & Spa

via Duca della Vittoria 129/131 – ✆ 05 84 74 59 11 – www.mondialresort.it – Aperto 1° febbraio-31 ottobre
43 cam – †105/233 € ††115/253 €
Rist *Blanco* – vedere selezione ristoranti
A 200 metri dal mare, è consigliato per la tranquillità, ma soprattutto per il design moderno d'ispirazione americana; vista sul Tirreno dagli ultimi piani e motoscafo per gite al largo. Autentici sapori toscani nell'immacolato ristorante Blanco.

Joseph

cam, rist,
viale Roma 323, località Motrone – ✆ 05 84 74 58 97 – www.hoteljoseph.net – Aperto 1° aprile-30 ottobre
82 cam – †70/120 € ††80/140 € – **2 suites** **Rist** – Menu 20/35 €
Valida conduzione familiare per questa piacevole struttura con camere sobriamente arredate. Fiore all'occhiello: la bella terrazza con piscina affacciata sul lungomare.

Airone

rist,
via Catalani 46 – ✆ 05 84 74 56 86 – www.landinihotels.it
28 cam – †50/100 € ††75/140 €, 15 €
Rist – Carta 25/54 € – *(solo per alloggiati)*
Arretrata rispetto al mare - in zona verde e residenziale - la risorsa dispone di camere semplici ed essenziali, recentemente rinnovate. Bella terrazza per piacevoli momenti di relax!

Blanco – Mondial Resort & Spa

via Duca della Vittoria 129/131 – ✆ 05 84 74 59 11 – www.mondialresort.it – Aperto 1° febbraio-31 ottobre
Carta 35/56 €
Bianco come il colore che ispira gli interni: il ristorante propone una carta elaborata e fantasiosa, apprezzata da chi vuole per una volta sottrarsi alla classicità della tradizione.

Alex

via Versilia 157/159 – ✆ 05 84 74 60 70 – www.ristorantealex.it – Chiuso novembre, martedì e mercoledì (escluso giugno-settembre)
Menu 40/75 € – Carta 43/87 € – *(solo a cena escluso domenica e giorni festivi in giugno-agosto)*
In un palazzo d'inizio '900, un piacevole ristorante-enoteca arredato con echi etnici che propone specialità di mare e di terra. Interessante selezione di vini della solatia Spagna!

MARINA DI PISA

Pisa (PI) – ✉ 56128 – Carta regionale n° **31-B2**
▶ Roma 346 km – Pisa 13 km – Firenze 103 km – Livorno 16 km
Carta stradale Michelin 563-K12

Foresta

via Litoranea 2 – ✆ 05 03 50 82 – www.ristoranteforesta.it – Chiuso giovedì
Menu 30 € (pranzo)/55 € – Carta 44/93 € – (consigliata la prenotazione)
Ristorante dall'ambiente elegante, affacciato sul Tirreno. Servizio attento e ottima accoglienza. La cucina è di qualità e propone molti piatti di pesce.

Da Gino

via delle Curzolari 2 – ✆ 05 03 54 08 – www.daginoamarina.it – Chiuso 1 settimana in gennaio, lunedì e martedì
Carta 35/60 €
Una ricca esposizione di pesce fresco accoglie i clienti all'ingresso di questo rinomato ristorante. Ambiente accogliente e luminoso, gestione familiare dalla collaudata esperienza.

MARINA DI PULSANO → Vedere Pulsano
Taranto (TA)

MARINA DI RAGUSA
Sicilia – Ragusa (RG) – ✉ 97010 – Carta regionale n° **30-C3**
Palermo 254 km – Siracusa 106 km – Catania 126 km – Ragusa 24 km
Carta stradale Michelin 365-AW63

La Moresca senza rist
via Dandolo 63 – ✆ 09 32 23 94 95 – www.lamorescahotel.it
15 cam – 170/180 € 280/300 €
Leggermente arretrata rispetto alla piazza principale, ma questo è solo un vantaggio in termini di tranquillità, amena risorsa dalla facciata barocca offre confort e un grazioso cortile interno dove d'estate vengono servite le colazioni.

Da Serafino
lungomare Doria – ✆ 09 32 23 95 22 – www.locandadonserafino.it – Aperto 1° aprile-31 ottobre; chiuso martedì a mezzogiorno in aprile-maggio
Carta 39/53 €
Classica trattoria di mare con un'esperienza alle spalle di oltre 60 anni: semplice, ma corretta nella preparazione di piatti di pesce, oltre al servizio ristorante ci sono anche la pizzeria, il bar e la spiaggia attrezzata.

MARINA DI SAN VITO
Chieti (CH) – ✉ 66035 – Carta regionale n° **2-C2**
Roma 237 km – Pescara 34 km – Chieti 38 km – Teramo 101 km
Carta stradale Michelin 563-P25

Garden
rist,
contrada Portelle 77 – ✆ 0 87 26 11 64 – www.hotelgarden.abruzzo.it
49 cam – 70/140 € 70/140 € **Rist** – Carta 21/56 € – *(solo a cena)*
Lungo la Statale Adriatica, appena fuori dal centro, albergo con ottime attrezzature sia per la clientela turistica, che per chi viaggia per lavoro. A due passi dal mare. Ristorante distribuito in due ampie sale.

L'Angolino da Filippo
via Sangritana 1 – ✆ 0 87 26 16 32 – www.langolinodafilippo.com – Chiuso lunedì
Carta 33/66 €
A pochi metri dal mare, affacciato sul molo, ristorante dall'ambiente rustico-elegante e cucina di pesce: alcuni piatti preparati secondo ricette tradizionali, altri leggermente più attuali.

MARINA DI VASTO
Chieti (CH) – ✉ 66054 – Carta regionale n° **2-C2**
Roma 275 km – Pescara 72 km – Chieti 74 km – Vasto 3 km
Carta stradale Michelin 563-P26

sulla strada statale 16

Excelsior
cam, rist,
contrada Buonanotte 266, Sud : 4 km ✉ 66055 – ✆ 08 73 80 22 22 – www.hotelexcelsiorvasto.com – Chiuso 20 dicembre-15 gennaio
45 cam – 60/100 € 80/140 € – **10 suites**
Rist – Carta 26/48 € – *(solo a cena escluso da giugno a settembre)*
Ideale per una clientela d'affari, funzionalità e confort in questa accogliente struttura a circa 400 metri dal mare: spazi comuni moderni, camere più classiche, nuova e completa area relax. Tono elegante nell'ampia sala ristorante.

Sporting
cam, rist,
località San Tommaso 67, Sud : 2,5 km ✉ 66055 – ✆ 08 73 80 19 08 – www.hotelsportingvasto.it
20 cam – 55/80 € 80/140 € – **2 suites** **Rist** – Carta 23/49 €
Circondato da una fiorita terrazza-giardino, a circa 400 m dal mare, la curata struttura è ideale per un soggiorno di relax in un ambiente signorile, ma dal calore familiare. Lo stesso spirito con cui il titolare, Vittorio, si occupa della cucina: genuina e a base di prodotti locali.

XX **Villa Vignola** con cam rist,

località Vignole, Nord : 6 km ✉ 66054 – ✆ 08 73 31 00 50 – www.villavignola.it – Chiuso 21-28 dicembre

5 cam – ♦70/80 € ♦♦100/130 € Carta 34/63 € – *(chiuso domenica sera)*

In un giardino con accesso diretto al mare e con una splendida vista della costa, ristorante di tono elegante, dove trovare soprattutto proposte di mare. La sera, servizio all'aperto. Camere curate e accoglienti, arredate con mobili d'antiquariato, per un soggiorno votato alla tranquillità.

MARINA EQUA → Vedere Vico Equense
Napoli (NA)

MARINA GRANDE → Vedere Capri (Isola di)
Napoli (NA)

MARINELLA → Vedere Selinunte
Trapani

MARINO
Roma (RM) – ✉ 00047 – 39 288 ab. – Alt. 360 m – Carta regionale n° **12**-B2

Roma 26 km – Frosinone 73 km – Latina 44 km

Carta stradale Michelin 563-Q19

Grand Hotel Helio Cabala cam,

via Spinabella 13/15, Ovest : 3 km – ✆ 06 93 66 12 35 – www.heliocabala.it

80 cam – ♦80/105 € ♦♦105/250 € **Rist** – Carta 35/56 €

In posizione panoramica e tranquilla, grande albergo composto da tre strutture: un corpo principale, il Borgo, dallo stile più rustico con pavimenti in cotto e mobili in arte povera, nonché il Cabalino che riprende il concept della casa principale. Il gorgoglio dei giochi d'acqua della piscina echeggia nel ristorante.

MARLENGO (MARLING)
Bolzano (BZ) – ✉ 39020 – 2 557 ab. – Alt. 363 m – Carta regionale n° **33**-B2

Roma 666 km – Bolzano 30 km – Merano 3 km – Trento 82 km

Carta stradale Michelin 562-C15

Oberwirt

vicolo San Felice 2 – ✆ 04 73 22 20 20 – www.oberwirt.com Pianta : A2**n**
– Aperto 15 marzo-15 novembre

59 cam – ♦123/146 € ♦♦200/314 € – **17 suites**

Rist *Oberwirt* – vedere selezione ristoranti

In pieno centro paese, una gran bella struttura ubicata da più di due secoli e mezzo nella mani della stessa famiglia - gestione sicuramente da record! - tradizione elegante, ma anche confort moderni.

Jagdhof cam, cam,

via San Felice 18 – ✆ 04 73 44 71 77 – www.jagdhof.it Pianta : A2**m**
– Aperto 1° marzo-30 novembre

28 cam – solo ½ P 108/169 € – **8 suites**

Rist – Carta 36/76 € – *(solo per alloggiati)*

Tra le Dolomiti, definite da Le Corbusier come "l'architettura naturale più bella del mondo", Jagdhof ha tutto per piacere: una bellissima Spa, eleganti camere, un fitto bosco che lo circonda. Le eccellenze dell'Alto Adige contribuiscono, invece, a creare piatti memorabili, mentre la vista spazia tra i frutteti di Marlengo.

Marlena cam, cam, rist,

via Tramontana 6 – ✆ 04 73 22 22 66 – www.marlena.it
– Aperto 28 marzo-10 novembre Pianta : A2**k**

50 cam – ♦112/167 € ♦♦178/304 €

Rist – Carta 31/83 € – *(solo per alloggiati)*

Nel relax di un paesaggio verdeggiante e panoramico, struttura dall'architettura innovativa, in linea con il moderno design degli interni. Nuove e moderne le 8 junior suite nell'ala nuova.

Oberwirt - Hotel Oberwirt
vicolo San Felice 2 – ✆ 04 73 22 20 20 – www.oberwirt.com Pianta : A2**n**
– Aperto 15 marzo-15 novembre
Carta 44/79 €
Cucina con alcuni classici, come la tartare di manzo condita al tavolo, o la selvaggina (in famiglia ci sono parecchi cacciatori), ma - a sorpresa - anche un piatto di mare: il branzino in crosta di sale.

MARLIA → Vedere Lucca
Lucca (LU)

MARLING = MARLENGO

MARONTI → Vedere Ischia (Isola d') : Barano
Napoli (NA)

MAROSTICA
Vicenza (VI) – ✉ 36063 – 13 894 ab. – Alt. 103 m – Carta regionale n° **39-B2**
Roma 555 km – Padova 63 km – Vicenza 30 km – Treviso 53 km
Carta stradale Michelin 562-E16

Al Castello Superiore
via Consignorio della Scala 4/A – ✆ 0 42 47 33 15 – www.castellosuperiore.it
– Chiuso giovedì a mezzogiorno e mercoledì
Carta 35/45 €
All'interno del bel castello duecentesco che domina la località, cucina veneta e classica sia di carne sia di pesce. L'ambiente signorile è arricchito da un bellissimo dehors per la stagione estiva.

a Valle San Floriano Nord : 3 km Alt. 127 m – ✉ 36063

La Rosina con cam
via Marchetti 4, Nord : 2 km – ✆ 04 24 47 03 60 – www.larosina.it
10 cam – †55/70 € ††80/110 €
Menu 34/50 € – Carta 27/51 € – *(chiuso martedì)*
L'insegna ricorda la capostipite della famiglia, che negli anni della I guerra mondiale iniziò ad offrire vino e un piatto di minestra ai soldati. Oggi è un elegante ristorante, con un monumentale camino, dove gustare piatti della tradizione (in primis, il baccalà alla vicentina con polenta). Affacciatevi ai balconi delle stanze: sarà il riposante verde dei colli a cullare il vostro riposo.

MAROTTA
Pesaro e Urbino (PU) – ✉ 61032 – Carta regionale n° **20-B1**
Roma 301 km – Ancona 49 km – Urbino 58 km – Pesaro 30 km
Carta stradale Michelin 563-K21

Imperial
lungomare Faà di Bruno 119 – ✆ 07 21 96 94 45 – www.hotel-imperial.it
– Aperto 4 aprile-30 settembre
42 cam – †50/70 € ††70/120 €
Rist – Menu 21/45 € – *(chiuso fino al 15 maggio) (solo per alloggiati)*
Hotel completo di buoni confort, spazi generosi nelle parti comuni e camere dal lineare arredo. Bel giardino attorno alla piscina.

verso Mondolfo Sud-Ovest: 3,5 km

Locanda Per Bacco con cam
via dell'Artigianato 26 – ✆ 07 21 95 96 98 – www.countryhouseperbacco.it
– Chiuso novembre
4 cam – †40/50 € ††60/70 €
Menu 22 € – Carta 24/55 € – *(chiuso martedì)*
Cucina del territorio dove tutto è fatto in casa, ottime le specialità alla brace, in un ristorante con dépendance immerso nel verde di un ampio giardino. Se c'è posto, vi consigliamo di prenotare nella vecchia struttura in pietra, a nostro giudizio più suggestiva.

MARRADI

Firenze (FI) – ✉ 50034 – 3 233 ab. – Alt. 328 m – Carta regionale n° **32-C1**
Roma 332 km – Firenze 58 km – Bologna 85 km – Faenza 36 km
Carta stradale Michelin 563-J16

Il Camino

viale Baccarini 38 – ✆ 05 58 04 50 69 – www.ristoranteilcamino.net – Chiuso 1° -7 settembre
Menu 18/25 € – Carta 24/35 €
Tipica trattoria familiare di paese, la cucina si ispira alle specialità del Mugello: crostini tra gli antipasti e carni tra i secondi. I primi - dai passatelli ai tortellini in brodo - propongono un'eco della vicina Romagna.

MARTINA FRANCA

Taranto (TA) – ✉ 74015 – 48 958 ab. – Alt. 431 m – Carta regionale n° **27-C2**
Roma 498 km – Brindisi 57 km – Taranto 31 km – Bari 77 km
Carta stradale Michelin 564-E34

Relais Villa San Martino

rist,

via Taranto 59, Sud : 2,8 km – ✆ 08 04 80 51 52 – www.relaisvillasanmartino.com – Chiuso 7 gennaio-28 febbraio
15 cam – 100/150 € 120/190 € – **6 suites**
Rist *Duca di Martina* – Carta 35/55 € – *(aperto solo nel week end in marzo)* (consigliata la prenotazione)
Nella campagna pugliese punteggiata da ulivi e trulli, stampe antiche, sete preziose e mobili in stile Luigi XIV arricchiscono le camere e gli spazi comuni di questa struttura, mentre ampie terrazze sul parco ed un patio in prossimità della piscina si fanno garanti di tranquillità e relax. Cucina regionale e creativa nelle romantiche sale del ristorante.

Villa Rosa

via Taranto 70, sulla strada statale 172 – ✆ 08 04 83 80 04 – www.ramahotels.com
65 cam – 67/111 € 94/139 €, 8 €
Rist – Menu 25 € – *(solo a cena)* (prenotazione obbligatoria)
Nella barocca Martina Franca, calda accoglienza, nonché ambienti luminosi e confortevoli dall'arredo ligneo. Al ristorante: proposte a carattere regionale con menu a prezzo fisso.

La Tana

via Mascagni 2 – ✆ 08 04 80 53 20 – www.ristorantelatana.it – Chiuso mercoledì escluso 15 giugno-15 settembre
Carta 24/55 €
Nella facciata destra del barocco Palazzo Ducale, in quelli che una volta erano gli uffici del dazio, un locale informale in stile trattoria. Specialità locali rivisitate.

MARTINSICURO

Teramo (TE) – ✉ 64014 – 15 391 ab. – Carta regionale n° **1-B1**
Roma 216 km – Ascoli Piceno 34 km – Ancona 98 km – Teramo 43 km
Carta stradale Michelin 563-N23

Sympathy

rist,

lungomare Europa 26 – ✆ 08 61 76 02 22 – www.sympathyhotel.it – Aperto 1° aprile-31 ottobre
40 cam – 50/80 € 70/100 € **Rist** – Menu 18/35 €
Fronte mare, nella zona più animata del centro, la prima colazione è servita su un'indimenticabile terrazza panoramica. Le camere migliori sono al terzo e quarto piano.

a Villa Rosa Sud : 5 km – ✉ 64014

Paradiso
via Ugo La Malfa 14 – ✆ 08 61 71 38 88 – www.hotelparadiso.it – Aperto 16 maggio-21 settembre
67 cam ☕ – †50/75 € ††60/120 € **Rist** – Menu 25 €
Un hotel dedicato ai bambini: sin dall'arrivo, ogni momento della giornata sarà organizzato per loro con attività ad hoc, garantendo agli adulti un soggiorno di sport e relax.

Haway cam, rist,
lungomare Italia 62 – ✆ 08 61 71 26 49 – www.hotelhaway.it – Aperto 15 maggio-30 settembre
52 cam ☕ – †70/100 € ††80/140 € **Rist** – Menu 25 € – *(solo per alloggiati)*
In riva al mare, una struttura semplice con spazi confortevoli e ricca di cordialità, simpatia ed animazione sia per i grandi che per i piccini. Ideale per le famiglie.

Il Sestante
lungomare Italia – ✆ 08 61 71 32 68 – Chiuso domenica sera e lunedì
Carta 38/55 €
Un elegante locale in posizione suggestiva sul mare e spiaggia, caratterizzato da decorazioni che richiamano l'ambiente marino; dalla cucina i sapori regionali e, ovviamente, prodotti ittici.

MARUGGIO
Taranto (TA) – ✉ 74020 – 5 355 ab. – Alt. 26 m – Carta regionale n° **27-C3**
Roma 561 km – Brindisi 60 km – Taranto 42 km – Lecce 58 km
Carta stradale Michelin 564-G34

a Campomarino Sud: 2 km – ✉ 74020

Grand Hotel dei Cavalieri rist,
contrada Vento – ✆ 09 99 71 62 10 – www.grandhoteldeicavalieri.it
101 cam ☕ – †65/95 € ††90/150 € **Rist** – Menu 30/50 €
Un servizio navetta per la vicina spiaggia convenzionata riscatterà l'ubicazione non proprio in pole position rispetto al mare di questa struttura dalla tipica vocazione turistica: camere ampie, giardino e piscina, sala colazioni all'ultimo piano con bella vista. Insomma, le premesse ci sono tutte per un gradevole soggiorno.

MARZABOTTO
Bologna (BO) – ✉ 40043 – 6 693 ab. – Alt. 130 m – Carta regionale n° **9-C2**
Roma 368 km – Bologna 23 km – Firenze 92 km – Pistoia 65 km
Carta stradale Michelin 562-I15

Barsotti
via Vittorio Veneto 3/b – ✆ 05 16 78 70 03 – www.trattoriabarsotti.it – Chiuso agosto, domenica sera e lunedì
Carta 40/60 € – (consigliata la prenotazione)
Un giovane cuoco con esperienze significative, materie prime di qualità e un servizio attento sono il segreto svelato del successo di questa bella trattoria.

MARZAMEMI
→ Vedere Pachino
Siracusa (SR)

MARZOCCA
→ Vedere Senigallia
Ancona (AN)

MASARÈ
→ Vedere Alleghe
Belluno (BL)

MASERÀ DI PADOVA
Padova (PD) – ✉ 35020 – 9 069 ab. – Alt. 9 m – Carta regionale n° **40-C3**
Roma 496 km – Venezia 50 km – Padova 16 km – Rovigo 37 km
Carta stradale Michelin 562-G17

Ca' Murà Natura & Resort senza rist
via Ca' Murà 21/b, località Bertipaglia, Sud-Est : 2 km – ✆ 04 98 86 82 29 – www.ca-mura.com
24 cam – 100/140 € 130/160 €
Nella tranquillità di un frutteto che confina con l'antica chiesetta di Ca' Murà, l'hotel ricrea al suo interno l'atmosfera agreste del luogo, ma lo fa sotto la cifra dell'eleganza: camere ampie in stile moderno ed un piccolo centro relax. Piatti freddi al wine-bar serale.

MASIO

Alessandria (AL) – ✉ 15024 – 1 443 ab. – Alt. 142 m – Carta regionale n° **25-D1**
Roma 597 km – Alessandria 23 km – Asti 26 km – Torino 80 km
Carta stradale Michelin 561-H7

Trattoria Losanna
via San Rocco 40, Est : 1 km – ✆ 01 31 79 95 25 – Chiuso 27 dicembre-13 gennaio, agosto, domenica sera e lunedì
Menu 28 € (in settimana)/40 €
Iniziando con un antipasto misto della casa, potrete poi proseguire con abbondanti piatti della tradizione monferrina (ottimi, gli agnolotti di stufato!), tutto proposto a voce in un ambiente familiare e dall'atmosfera simpaticamente chiassosa.

MASSA

✉ 54100 – 69 022 ab. – Alt. 65 m – Carta regionale n° **31-A1**
Roma 394 km – La Spezia 41 km – Carrara 8 km – Lucca 51 km
Carta stradale Michelin 563-J12

Il Trillo
via Bergiola Vecchia 30, località Castagnetola – ✆ 0 58 54 67 55 – www.iltrillo.net – Chiuso 9 dicembre-10 febbraio e lunedì escluso luglio-agosto
Carta 32/63 € – *(solo a cena escluso domenica e festivi)* (consigliata la prenotazione)
Sulle colline che dominano la città, in un'antica residenza che oggi ospita anche la cantina dell'azienda vinicola di proprietà, la bella stagione permette di cenare sulla terrazza panoramica. Allora sarà difficile stabilire chi ha la meglio: i sapori della cucina o il fascino del luogo?

Osteria del Borgo
via Beatrice 17 – ✆ 05 85 81 06 80 – Chiuso martedì
Carta 25/34 € – *(solo a cena escluso domenica)* (prenotare)
Sotto le volte in pietra di questo ristorante, tra foto in bianco e nero alle pareti e un'esposizione di bottiglie d'epoca, rivivono i sapori decisi e le genuine tradizioni gastronomiche locali. Se poi amate gli arrosticini di angus, l'indirizzo farà per voi!

L'Arco di Cybo
piazza Portone 5 – ✆ 0 58 54 10 10 – www.larcodicybo.it – Chiuso domenica
Menu 25/35 € – Carta 28/60 € – *(solo a cena)* (consigliata la prenotazione)
Una cucina ricca di fantasia e creatività ha trovato dimora in un palazzo storico, dove le antiche mura contribuiscono a creare un'atmosfera suggestiva ed intima.

MASSACIUCCOLI (Lago di) → Vedere Torre del Lago Puccini

Lucca (LU)

MASSA LUBRENSE

Napoli (NA) – ✉ 80061 – 14 087 ab. – Alt. 121 m – Carta regionale n° **6-B2**
Roma 263 km – Napoli 55 km – Positano 21 km – Salerno 56 km
Carta stradale Michelin 564-F25

Delfino
via Nastro d'Oro 2, Sud-Ovest : 2,5 km – ✆ 08 18 78 92 61 – www.hoteldelfino.com – Aperto 1° aprile-30 ottobre
65 cam – 120/300 € 140/400 € – **1 suite**
Rist – Carta 45/116 € – *(solo a cena)*
In una pittoresca insenatura con terrazze e discesa a mare, un albergo da cui godere di un panorama eccezionale sull'isola di Capri. Struttura d'impostazione classica. Ariosa sala ristorante ed elegante salone banchetti.

Antico Francischiello-da Peppino
via Partenope 40, Nord : 1,5 km – ✆ 08 15 33 97 80 – www.francischiello.com – Chiuso mercoledì escluso aprile-ottobre
Menu 35/60 € – Carta 44/79 €
Gli oggetti di varia natura che ricoprono le pareti testimoniano i cento anni di attività di questo locale, giunto ormai alla quarta generazione. La cucina segue la tradizione con una predilezione per i piatti di mare.

a Marina della Lobra Ovest : 2 km – ✉ 80061 Massa Lubrense

Piccolo Paradiso cam, rist,
piazza Madonna della Lobra 5 – ✆ 08 18 78 92 40 – www.piccolo-paradiso.com – Aperto 15 marzo-15 novembre
57 cam – 65/78 € 100/120 € **Rist** – Carta 19/46 €
Nella piccola frazione costiera, albergo fronte mare dotato anche di una bella piscina disposta lungo un'ampia terrazza. Gestione familiare seria e professionale. Impostazione semplice, ma confortevole, nella grande sala ristorante dai "sapori" mediterranei.

a Santa Maria Annunziata Sud : 2,5 km – ✉ 80061 Massa Lubrense

La Torre
piazza Annunziata 7 – ✆ 08 18 08 95 66 – www.latorreonefire.it – Chiuso martedì escluso in estate
Menu 25/35 € – Carta 25/40 €
Paccheri al ragù di ricciola è solo una delle tante specialità partenopee di questa verace trattoria, a pochi metri da un belvedere con vista su Capri.

a Nerano-Marina del Cantone Sud-Est : 11 km – ✉ 80061 Termini

Quattro Passi (Antonio Mellino) con cam cam,
via Vespucci 13/n, Nord : 1 km – ✆ 08 18 08 28 00 – www.ristorantequattropassi.com – Aperto 11 marzo-29 ottobre; chiuso martedì sera e mercoledì escluso 15 giugno-15 settembre
8 cam – 120 € 160/180 € – **3 suites** Menu 80/150 € – Carta 73/143 €
In posizione panoramica su una delle più romantiche baie della costiera o avvolti da una lussureggiante vegetazione quando il tempo permette di mangiare all'aperto, il ristorante rappresenta un distillato di Campania, dalla cucina, verace e passionale, al proprietario, di travolgente accoglienza.
➜ Perla di scampi, guazzetto di frutti di mare e verbena. Linguine, zucchini, fiorilli e pepe nero. Delizia al limone con sorbetto agli aromi sorrentini.

Taverna del Capitano (Alfonso Caputo) con cam
piazza delle Sirene 10/11 – ✆ 08 18 08 10 28 – www.tavernadelcapitano.it – Chiuso 7 gennaio-7 marzo, 2 novembre-26 dicembre, lunedì, anche martedì in ottobre-aprile
10 cam – 110/120 € 140/150 €, 15 € – **2 suites**
Menu 70/110 € – Carta 66/103 € – (consigliata la prenotazione)
Il viaggio per arrivarci non è breve, ma si è alla fine premiati con due sale affacciate su una delle più belle spiagge della costa. Da questo mare i piccoli pescherecci portano al ristorante il pesce che troverete in tavola, talvolta di specie locali e poco conosciute, spesso proposto in originali elaborazioni.
➜ Caprese di sarago, salsa di fiori di zucchini e chips di lucerna. Risotto con riso carnaroli riserva, pomodoro, fiordilatte e basilico. Zuppa di fagiolini con polpo arrostito al profumo di menta.

a Termini Sud : 5 km – ✉ 80061

XXX **Relais Blu** con cam — rist, cam,

✿ *Via Roncato 60 – ✆ 08 18 78 95 52 – www.relaisblu.com – Aperto 1°aprile-5 novembre*

13 cam – 160/276 € 195/345 € – **1 suite**

Menu 75/85 € – Carta 52/90 € – *(chiuso lunedì)*

Un posto incantevole, che raggiunge il proprio apice nella bella terrazza per il servizio estivo con vista su Capri, dove troverete una cucina fantasiosa, colorata, generosa, saporita, moderna... nell'uso di erbe del proprio orto e di molti prodotti locali.

→ Astice con raviolo aperto di sedano e melone, yogurt di bufala. Ravioli capresi classici e... croccanti. Zeppola partenopea ripiena di crema Chantilly al rhum con salsa al prosecco e gelato al fior di latte.

MASSA MARITTIMA

Grosseto (GR) – ✉ 58024 – 8 613 ab. – Alt. 380 m – Carta regionale n° **31-B2**

Roma 226 km – Siena 64 km – Grosseto 48 km – Follonica 21 km

Carta stradale Michelin 563-M14

Park Hotel La Fenice senza rist

corso Diaz 63 – ✆ 05 66 90 39 41 – www.lafeniceparkhotel.it – Chiuso 1° gennaio-31 marzo

17 cam – 70/95 € 105/130 € – **4 suites**

Risorsa nata come residence, ora funziona come hotel: appartamenti di diverse tipologie, ma tutti con angolo cottura e zona soggiorno. Piacevoli interni dai colori caldi.

Duca del Mare senza rist

piazza Dante Alighieri 1/2 – ✆ 05 66 90 22 84 – www.ducadelmare.it – Chiuso gennaio-febbraio

28 cam – 50/65 € 85/110 €

Camere accoglienti e un bel giardino con piscina, dove si può godere di un piacevole panorama, in una struttura a conduzione familiare appena fuori le mura del centro storico.

X **Osteria da Tronca**

vicolo Porte 5 – ✆ 05 66 90 19 91 – Chiuso 15 dicembre-1° marzo e mercoledì escluso agosto

Menu 18 € (pranzo) – Carta 22/39 € – *(solo a cena da marzo a Pasqua e da ottobre a dicembre)*

"Amo talmente il vino che maledico chi mangia l'uva", così si legge su una lavagna posta all'ingresso. Cucina del territorio, ambiente rustico e ovviamente...vino a volontà.

X **Taverna del Vecchio Borgo**

via Parenti 12 – ✆ 05 66 90 39 50 – Chiuso 15 gennaio-15 febbraio e lunedì

Menu 30 € – Carta 24/57 € – *(solo a cena)*

Caratteristico locale, o meglio, tipica taverna ricavata nelle antiche cantine di un palazzo sorto nel Seicento. Insieme gestito con cura, specialità della cucina toscana.

a Ghirlanda Nord-Est : 2 km – ✉ 58024

XXXX **Bracali**

✿✿ *via di Perolla 2 – ✆ 05 66 90 23 18 – www.mondobracali.it – Chiuso domenica e lunedì*

Menu 100/160 € – Carta 125/170 € – (consigliata la prenotazione)

Sulla tradizione familiare, iniziata con la trattoria di papà, si accendono ora i riflettori della ribalta nazionale: raffinati ambienti e un attento servizio sono la cornice di una cucina creativa ed elaborata, a tratti sofisticata e sperimentale, sempre personale e coinvolgente.

→ Pici cacio e pepe con ragù al coltello. Piccione con salsa di carote e cioccolato. Lampone e pistacchi.

al lago di Accesa Sud : 10 km

Agriturismo Tenuta del Fontino
località Accesa, Est : 1,5 km ✉ 58024 Massa Marittima – ✆ 05 66 91 92 32 – www.tenutafontino.it – Aperto 1° aprile-30 novembre
23 cam – †72/108 € ††108/160 €
Rist – Menu 24/35 € – *(chiuso lunedì e giovedì) (solo a cena) (solo per alloggiati)*
Avvolta da un parco di alberi secolari con piscina e laghetto, la bella villa ottocentesca dispone di camere di diverse tipologie. Nelle serate più fresche, un salone con caminetto.

a Tatti Est : 23 km – ✉ 58040

La Fattoria dei Tatti senza rist
via Matteotti 10 – ✆ 05 66 91 20 01 – www.tattifattoria.it – Aperto 15 marzo-31 ottobre
8 cam – †60/80 € ††90/115 €
E' un antidoto naturale contro lo stress, questa grande dimora al centro di una piccola frazione persa nel verde della Maremma. Al secondo e terzo piano (senza ascensore) si trovano le ampie camere, volutamente senza TV: la più bella sfoggia nel bagno una vasca parigina di fine '800.

MASSA MARTANA

Perugia (PG) – ✉ 06056 – 3 797 ab. – Carta regionale n° **35-B2**
Roma 134 km – Perugia 63 km – Terni 34 km – Rieti 71 km
Carta stradale Michelin 563-N19

San Pietro Sopra Le Acque cam, cam,
vocabolo Capertame 533, Sud-Ovest : 2 Km – ✆ 0 75 88 91 32 – www.sanpietroresort.com
12 cam – †120/160 € ††160/250 € – **4 suites**
Rist – Carta 26/51 € – *(chiuso lunedì)*
Affreschi originali restaurati, in un ex convento del '600, convertito in elegante residenza di campagna completa nella mappa dei servizi offerti: interni curati, arredi d'epoca, nonché camere di diversa tipologia, nella magica quiete di un parco secolare con piscina e campo da tennis.

MASSAROSA

Lucca (LU) – ✉ 55054 – 22 272 ab. – Alt. 10 m – Carta regionale n° **31-B1**
Roma 363 km – Pisa 29 km – Livorno 52 km – Lucca 19 km
Carta stradale Michelin 563-K12

La Chandelle con cam cam,
via Casa Rossa 303 – ✆ 05 84 93 82 90 – www.lachandelle.it
8 cam – †60/90 € ††70/100 € Menu 30/50 € – Carta 37/79 €
In posizione dominante sulle colline, circondato da un fiorito e fresco giardino in cui d'estate si trasferisce il servizio, è soprattutto per i suoi piatti di pesce - oltre alla cacciagione - che questo bel locale è apprezzato. Eleganti camere, spaziose e decorate a mano, alcune panoramiche.

a Corsanico Nord-Ovest : 10 km – ✉ 55040

Agriturismo Le Querce rist,
via delle Querce 200 – ✆ 05 84 95 46 80 – www.quercedicorsanico.com – Aperto Pasqua-30 novembre
10 cam – †60/65 € ††115/125 €
Rist – Menu 18 € (in settimana)/25 € – *(aperto 1° giugno-31 ottobre) (solo a cena)* (prenotazione obbligatoria) *(solo per alloggiati)*
Edificio rustico in collina tra gli ulivi. Posizione panoramica sulla costa e sul mare aperto. Interni ristrutturati con risultati positivi; piscina nel verde del giardino.

MATERA

✉ 75100 – 60 009 ab. – Alt. 401 m – Carta regionale n° **4-D1**
Roma 463 km – Bari 66 km – Potenza 102 km – Taranto 75 km
Carta stradale Michelin 564-E31

Palazzo Gattini

piazza Duomo 13/14 – ✆ 08 35 33 43 58 – www.palazzogattini.it
16 cam ☕ – †150/300 € ††200/400 € – **4 suites**
Rist *Don Matteo* – vedere selezione ristoranti
Nella piazza centrale che dà sui Sassi, un albergo di lusso - già casa nobiliare riportata all'antico splendore grazie ad un accurato restauro - con centro benessere piccolo, ma fornito di tutto punto: zona relax tisaneria, bagno turco, doccia sensoriale, grande vasca idromassaggio, etc.).

Sant' Angelo (N)

piazza San Pietro Caveoso – ✆ 08 35 31 40 10 – www.hotelsantangelosassi.it
19 cam – †90/188 € ††120/226 €
Rist *Regia Corte* – Carta 52/82 € – *(solo a cena)*
Un concetto di ospitalità originale ed intrigante: centro nevralgico della struttura, dalla hall si diramano cortili e viottoli che portano alle varie "case-grotte" dalle pareti in tufo e dagli arredi eco-chic.

Sextantio - Le Grotte della Civita (N) senza rist

via Civita 28 ✉ 75100 Matera – ✆ 08 35 33 27 44 – www.sextantio.it
18 cam ☕ – †150/700 € ††150/700 € – **6 suites**
Sapiente opera di recupero di spazi antichissimi oggi trasformati, nel pieno rispetto della loro integrità strutturale, in un resort di lusso per vivere la magia di un soggiorno in grotta.

Del Campo

via Tito Lucrezio snc – ✆ 08 35 38 88 44 – www.hoteldelcampo.it
35 cam ☕ – †85/110 € ††130/150 €
Rist *Le Spighe* – Carta 26/51 € – *(solo a cena)*
Ricavato dove nel '700 sorgeva una villa, di cui rimangono alcuni resti nel bel giardino, un albergo che coniuga professionalità e personalità ad ottimi livelli. Alcune camere sono più moderne delle altre, ma tutte - comunque - non "tradiscono" la fiducia.

Palace Hotel

piazza Michele Bianco 1 – ✆ 08 35 33 05 98 – www.palacehotel-matera.it
65 cam ☕ – †84/120 € ††105/150 € **Rist** – Carta 26/32 €
Ideale per una clientela di lavoro, questo hotel - in posizione strategica poco distante dal centro storico e vicino alla stazione - dispone di ampie camere dal confort moderno. Ristorante di tono garbato, accogliente con qualche piccolo tocco d'eleganza.

Locanda di San Martino senza rist

via Fiorentini 71 – ✆ 08 35 25 66 00 – www.locandadisanmartino.it
25 cam ☕ – †70/102 € ††89/129 € – **8 suites**
Nel cuore del centro storico, la risorsa dispone di originali camere ricavate all'interno di grotte naturali: stanze sobriamente eleganti, ingegnosamente collegate agli spazi comuni attraverso cunicoli. In un contesto altamente suggestivo e solo apparentemente spartano, trova posto anche un piccolo centro benessere.

San Domenico al Piano senza rist

via Roma 15 – ✆ 08 35 25 63 09 – www.hotelsandomenico.it
72 cam ☕ – †60/90 € ††80/120 € – **3 suites**
Vicino alla frequentata piazza Vittorio Veneto, la risorsa è stata ristrutturata in anni recenti: oggi il confort è aggiornato, le camere moderne.

Sassi Hotel senza rist

via San Giovanni Vecchio 89 – ✆ 08 35 33 10 09 – www.hotelsassi.it
33 cam ☕ – †60/80 € ††90/110 € – **2 suites**
Risorsa ideale per chi vuole scoprire l'attrazione più famosa della città, i Sassi. L'hotel s'inserisce a meraviglia in questo straordinario tessuto urbanistico: i suoi ambienti, infatti, sono stati ricavati da una serie di abitazioni del '700 restaurate rispettandone l'anima sobria.

Italia senza rist
via Ridola 5 – ☎ 08 35 33 35 61 – www.albergoitalia.com
43 cam ☕ – ♦75/85 € ♦♦98/108 € – **3 suites**
Nel centro storico, in un palazzo d'epoca ottimamente restaurato ed affacciato sui celebri Sassi, camere confortevoli ed accoglienti.

Le Monacelle senza rist
via Riscatto 9 – ☎ 08 35 34 40 97 – www.lemonacelle.it
12 cam ☕ – ♦65/90 € ♦♦90/140 €
A ridosso del Duomo e nei pressi dei Sassi, splendide terrazze fiorite, biblioteca multilingue con circa 2000 volumi e cappella consacrata in un antico convento cinquecentesco. Stanze ampie, anche su due livelli e due camerate adibite ad ostello.

XX **Don Matteo** – Hotel Palazzo Gattini
via San Potito – ☎ 08 35 33 43 58 – www.donmatteoristorante.com/
Menu 38/140 € – Carta 43/113 € – *(solo a cena)*
Piatti del Bel Paese e qualche specialità lucana (per tutte le materie prime utilizzate in cucina, se ne individua la tracciabilità) in un raffinato ristorante tra le mura di Palazzo Gattini, dimora storica nel cuore dei Sassi.

XX **Baccanti** N
via Sant'Angelo 58/61 – ☎ 08 35 33 37 04 – www.baccantiristorante.com – Chiuso 2 settimane in febbraio, 2 settimane in luglio, domenica sera e lunedì
Menu 30/40 € – Carta 36/52 € – (consigliata la prenotazione)
Una serie di grotte che si affacciano sulla Gravina per questo locale d'atmosfera, che fa della cucina del territorio il suo punto di forza. In menu, c'è comunque anche dell'altro...

X **Trattoria Lucana**
via Lucana 48 – ☎ 08 35 33 61 17 – www.trattorialucana.it – Chiuso 10-20 luglio e domenica escluso in marzo-ottobre
Carta 25/45 €
Le genuine specialità lucane servite in un ristorante dall'ambiente simpatico e informale. Sia in cucina che in sala domina un'atmosfera allegra e conviviale.

X **Alle Fornaci**
piazza Cesare Firrao 7 – ☎ 08 35 33 50 37 – www.ristorantealleformaci.it – Chiuso 1 settimana in agosto e lunedì
Menu 20 € (pranzo in settimana)/60 € – Carta 20/81 €
Locale in posizione centrale a pochi passi dai Sassi, ambiente curato dove gustare fragranti piatti di mare: il pescato viene comprato giornalmente nei mercati dello Ionio e del Tirreno.

MATTINATA

Foggia (FG) – ✉ 71030 – 6 419 ab. – Alt. 75 m – Carta regionale n° **26-B1**
▶ Roma 430 km – Foggia 58 km – Bari 138 km – Monte Sant'Angelo 19 km
Carta stradale Michelin 564-B30

Il Porto
via del Mare, strada provinciale 53 al km 1,5 – ☎ 08 84 55 25 11 – www.ilportohotel.it
22 suites ☕ – ♦♦160/350 € – 17 cam **Rist** – Carta 25/63 €
In un nuovo complesso turistico-residenziale a circa 500 m dal mare, camere luminose e moderne, ma anche mini appartamenti per soggiorni brevi o lunghi.

sulla strada litoranea Nord-Est : 17 km :

Baia dei Faraglioni
località Baia dei Mergoli ✉ 71030 – ☎ 08 84 55 95 84 – www.allegroitalia.it – Aperto 1° maggio-30 settembre
96 cam ☕ – ♦160/200 € ♦♦200/800 € – **17 suites** **Rist** – Carta 38/75 €
La posizione di questo hotel offre una piacevole tranquillità, ci si trova a pochi passi dalla spiaggia della baia di Mergoli, con una vista incantevole sui faraglioni. Cene raffinate o meno formali, da gustare al ristorante o in terrazza.

MAULS = MULES

MAZARA DEL VALLO

Sicilia – Trapani (TP) – ✉ 91026 – 50 624 ab. – Carta regionale n° **29-A2**

Agrigento 117 km – Palermo 133 km – Marsala 24 km – Trapani 54 km

Carta stradale Michelin 365-AK58 – Guida Verde Michelin SICILIA

Mahara

rist,

lungomare San Vito 3 – ✆ 09 23 67 38 00 – www.maharahotel.it

81 cam – 70/150 € 90/250 €

Rist – Carta 37/86 € – *(solo a cena escluso in luglio-agosto)*

Dell'antica vineria appartenuta agli Hobbs, famosa dinastia inglese che insieme ad altri connazionali contribuì alla diffusione del Marsala, vi è rimasto solo qualche sbiadito ricordo: ora è un hotel moderno ed accogliente, piacevolmente frontemare.

MAZZARÒ

→ Vedere Taormina

Messina (ME)

MEDUNO

Pordenone (PN) – ✉ 33092 – 1 639 ab. – Alt. 313 m – Carta regionale n° **10-B2**

Roma 637 km – Udine 46 km – Belluno 81 km – Pordenone 37 km

Carta stradale Michelin 562-D20

La Stella

via Principale 38 – ✆ 0 42 78 61 24 – Chiuso 1°-10 gennaio, 1°-7 settembre, sabato a pranzo, domenica sera e mercoledì

Carta 31/71 €

Rimane fedele alla tradizione, ai prodotti tipici della zona ed alla loro stagionalità, la cucina di questa graziosa trattoria di paese dalla brillante gestione familiare. Tutto - dal cibo al vino - viene proposto a voce!

MEINA

Novara (NO) – ✉ 28046 – 2 519 ab. – Alt. 214 m – Carta regionale n° **24-B2**

Roma 645 km – Stresa 12 km – Milano 68 km – Novara 44 km

Carta stradale Michelin 561-E7

Villa Paradiso

rist,

via Sempione 125 – ✆ 03 22 66 04 88 – www.hotelvillaparadiso.com – Aperto 1° aprile-31 ottobre

56 cam – 90/120 € 135/160 € **Rist** – Carta 30/53 €

Grande costruzione fine secolo, in posizione panoramica, avvolta da un parco, in cui è inserita la piscina, dotata anche di spiaggetta privata. Gestione intraprendente. Al ristorante le ricercatezze negli arredi donano all'atmosfera una certa eleganza.

Bel Sit senza rist

via Sempione 76 – ✆ 03 22 66 08 80 – www.bel-sit.it – Aperto 1° aprile-31 ottobre

18 cam – 90/120 € 140/160 €

Piccola struttura dagli interni confortevoli e lineari, soprattutto nelle camere moderne. Il retro dell'hotel è tutto proiettato sul lago con attracco per barche e spiaggetta.

MELDOLA

Forlì-Cesena (FC) – ✉ 47014 – 10 085 ab. – Alt. 58 m – Carta regionale n° **9-D2**

Roma 418 km – Ravenna 41 km – Rimini 64 km – Forlì 13 km

Carta stradale Michelin 562-J18

Il Rustichello

via Vittorio Veneto 7 – ✆ 05 43 49 52 11 – www.rustichellofc.altervista.org – Chiuso 4-25 agosto, lunedì e martedì

Menu 18 € (pranzo in settimana)/35 € – Carta 22/38 €

Trattoria appena fuori dal centro in cui rivivono i sapori della tradizione gastronomica romagnola. Paste e dolci fatti in casa e specialità di carne, ma non mancano alcune proposte di mare. Specialità: mezzelune di zucca e patate al formaggio di fossa.

MELEGNANO

Milano (MI) – ✉ 20077 – 17 002 ab. – Alt. 88 m – Carta regionale n° **18-B2**
Roma 548 km – Milano 17 km – Piacenza 51 km – Pavia 29 km
Carta stradale Michelin 561-F9

Il Telegrafo

via Zuavi 54 – ✆ 0 29 83 40 02 – www.hoteliltelegrafo.it – Chiuso agosto
34 cam – †65/70 € ††86/90 €, ☕ 8 €
Rist – Carta 29/51 € – *(chiuso domenica)*
Una volta era un'antica locanda con stazione di posta, oggi rimane un riferimento di affidabile gestione familiare e calda atmosfera nelle sale. Al ristorante, sfizioso buffet o proposte del giorno.

MELENDUGNO

Lecce (LE) – ✉ 73026 – 9 675 ab. – Alt. 36 m – Carta regionale n° **27-D3**
Roma 581 km – Brindisi 55 km – Gallipoli 51 km – Lecce 19 km
Carta stradale Michelin 564-G37

a San Foca Est : 7 km – ✉ 73026

Côte d'Est senza rist

lungomare Matteotti – ✆ 08 32 88 11 46 – www.hotelcotedest.it – Aperto 1° giugno-30 settembre
48 cam ☕ – †53/173 € ††53/173 €
Direttamente sul lungomare, un hotel a conduzione familiare rinnovato negli ultimi anni, offre stanze e spazi comuni arredati nelle tonalità del blu con decorazioni marittime.

MELETO → Vedere Cavriglia

Arezzo (AR)

MELFI

Potenza (PZ) – ✉ 85025 – 17 547 ab. – Alt. 530 m – Carta regionale n° **3-A1**
Roma 333 km – Matera 108 km – Foggia 60 km – Potenza 53 km
Carta stradale Michelin 564-E28

Relais la Fattoria

strada statale 658-uscita Melfi Nord – ✆ 0 97 22 47 76 – www.relaislafattoria.it
112 cam ☕ – †70/87 € ††90/120 € **Rist** – Carta 23/39 € – *(solo a cena)*
Alle porte della città, questa imponente struttura contornata dal verde di ulivi e vigneti, dispone di ampi spazi congressuali ed eleganti camere vagamente country. Ristorante con due sale curate, ora anche pizzeria.

Novecento con cam

contrada Incoronata, Ovest : 1,5 km – ✆ 09 72 23 74 70 – www.novecentomelfi.it – Chiuso domenica sera e lunedì
7 cam ☕ – †65/75 € ††85/95 € – **3 suites** Carta 22/44 €
Piatti del territorio proposti a voce, nonché golose torte casalinghe, in un accogliente ristorante appena fuori dal centro della cittadina. Graziose camere, recentemente ristrutturate.

La Villa

strada statale 303, verso Rocchetta Sant'Antonio, Nord : 1,5 Km – ✆ 09 72 23 60 08 – Chiuso 23 luglio-7 agosto, domenica sera e lunedì
Menu 25/35 € – Carta 19/46 €
Ricette locali rispettose dei prodotti del territorio, in un ristorante con orto e produzione propria di uova e farina: ambiente intimo e curato, grazie alle tante attenzioni della famiglia che lo gestisce. Vivamente consigliati i cavatelli in boccaccio con funghi.

MELITO IRPINO

Avellino (AV) – ✉ 83030 – 1 908 ab. – Alt. 242 m – Carta regionale n° **7-C1**
Roma 255 km – Foggia 70 km – Avellino 55 km – Benevento 45 km
Carta stradale Michelin 564-D27

Antica Trattoria Di Pietro

corso Italia 8 – ✆ 08 25 47 20 10 – www.anticatrattoria-dipietro.com – Chiuso settembre e mercoledì
Carta 18/46 €
Trattoria con alle spalle una lunga tradizione familiare, giunta ormai alla terza generazione. Pizze e cucina campana, preparata e servita con grande passione.

MELIZZANO

Benevento (BN) – ✉ 82030 – 1 872 ab. – Alt. 190 m – Carta regionale n° **6-B1**
Roma 203 km – Napoli 50 km – Avellino 70 km – Benevento 35 km
Carta stradale Michelin 564-D25

Country House Giravento

Contrada Nido Laura, via Vicinale Castagneto 7 – ✆ 34 72 70 81 53 – www.giravento.it – Aperto 1° giugno-30 settembre
4 cam – 60/80 € 90/100 €
Rist – Menu 15/30 € – (prenotazione obbligatoria a mezzogiorno) *(solo per alloggiati)*
Piacevolissimo agriturismo a pochi chilometri dal centro paese. A gestirlo sono due signori che dopo essersi occupati per tanto tempo di olivicoltura, e conseguente produzione di olio extra vergine, hanno deciso di aprire la loro bella casa ad ospiti esterni. Poche camere, ma molto accoglienti, ed una piscina panoramica: l'indirizzo giusto per chi vuole "staccare la spina".

MELZO

Milano (MI) – ✉ 20066 – 18 224 ab. – Alt. 118 m – Carta regionale n° **19-C2**
Roma 578 km – Bergamo 34 km – Milano 21 km – Brescia 69 km
Carta stradale Michelin 561-F10

Visconti senza rist

via Colombo 3/a – ✆ 02 95 73 13 28 – www.hotelviscontimelzo.it – Chiuso vacanze di Natale e 5-20 agosto
40 cam – 55/80 € 80/105 €
Hotel dal piacevole arredo classico sia nelle parti comuni sia nelle ben accessoriate camere. Gradevole zona fitness.

MENAGGIO

Como (CO) – ✉ 22017 – 3 181 ab. – Alt. 203 m – Carta regionale n° **16-A2**
Roma 661 km – Como 35 km – Lugano 28 km – Milano 83 km
Carta stradale Michelin 561-D9

Grand Hotel Menaggio

rist,

via 4 Novembre 77 – ✆ 0 34 43 06 40 – www.grandhotelmenaggio.com – Aperto 1° marzo-31 ottobre
94 cam – 150/170 € 180/320 € – **1 suite** **Rist** – Carta 48/78 €
Prestigioso hotel affacciato direttamente sul lago, presenta ambienti di grande signorilità ed eleganza e una terrazza con piscina dalla meravigliosa vista panoramica. Le emozioni di un pasto consumato in compagnia della bellezza del lago.

Grand Hotel Victoria

rist,

lungolago Castelli 9/13 – ✆ 0 34 43 20 03 – www.grandhotelvictoria.it
53 cam – 80/150 € 120/280 € – **1 suite**
Rist *Le Tout Paris* – Carta 39/71 €
Grand hotel in stile liberty, capace di regalare sogni e suggestioni di un passato desiderabile. Nelle zone comuni abbondanza di stucchi, specchi e decorazioni. Il ristorante si apre sul giardino antico e curato dell'hotel.

Du Lac senza rist

via Mazzini 27 – ✆ 0 34 43 52 81 – www.hoteldulacmenaggio.it
10 cam – 🚹90/120 € 🚹🚹123/143 €, ☕ 10 €
Casa centralissima e a bordo lago, completamente ristrutturata ed adibita ad hotel dai giovani proprietari. Al piano terra il bar, sopra le camere nuove ed accoglienti.

a Nobiallo Nord : 1,5 km – ✉ 22017 Menaggio

Garden senza rist

via Diaz 30 – ✆ 0 34 43 16 16 – www.hotelgarden-menaggio.com – Aperto Pasqua-31 ottobre
13 cam ☕ – 🚹70/90 € 🚹🚹80/100 €
Una dozzina di camere affacciate sul lago, così come sul bel giardino. Una villa ben tenuta, con esterni di un rosa leggero, e spazi interni sobri e confortevoli.

a Loveno Nord-Ovest : 2 km Alt. 320 m – ✉ 22017 Menaggio

Royal

largo Vittorio Veneto 1 – ✆ 0 34 43 14 44 – www.royalcolombo.com – Aperto 28 marzo-18 ottobre
18 cam ☕ – 🚹110/120 € 🚹🚹133/152 €
Rist *Chez Mario* – Carta 30/65 €
Nel verde di un curato giardino con piscina, in posizione tranquilla e soleggiata, un hotel in grado di offrire soggiorni rilassanti in una cornice familiare, ma signorile. Al ristorante ambiente distinto, arredi disposti per offrire calore e intimità.

MENFI

Sicilia – Agrigento (AG) – ✉ 92013 – 12 739 ab. – Alt. 119 m
– Carta regionale n° **29-B2**
Agrigento 79 km – Palermo 122 km – Trapani 100 km
Carta stradale Michelin 365-AM58

in prossimità del bivio per Porto Palo Sud-Ovest : 4 km :

Il Vigneto Resort

contrada Gurra di Mare – ✆ 0 92 57 17 32 – www.ristoranteilvigneto.com
17 cam ☕ – 🚹50/80 € 🚹🚹80/110 €
Rist *Il Vigneto* – vedere selezione ristoranti
Non distante dal mare, piacevole relais circondato dai vigneti e aperto di recente accanto al ristorante, offre ambienti confortevoli, moderni, minimalisti; le junior oltre ad essere le camere più spaziose sono dotate di vasca idromassaggio.

Il Vigneto – Il Vigneto Resort

contrada Gurra di Mare ✉ 92013 – ✆ 0 92 57 17 32 – www.ristoranteilvigneto.com
Carta 30/50 € (+10 %) – *(chiuso lunedì escluso giugno-agosto) (solo a pranzo escluso venerdì e sabato dal 15 settembre al 15 giugno)* (consigliata la prenotazione)
Nell'ampia sala del grazioso edificio rustico in aperta campagna oppure all'aperto, sotto un pergolato in legno, la saporita cucina s'ispira soprattutto al mare.

MERANO

Bolzano (BZ) – ✉ 39012 – 37 791 ab. – Alt. 325 m – Carta regionale n° **33**-B2
▶ Roma 667 km – Bolzano 31 km – Brennero 71 km – Trento 83 km
Carta stradale Michelin 562-C15

© S. Scata' / Tips / Photononstop

Alberghi

Meister's Hotel Irma

cam,
via Belvedere 17 – ✆ 04 73 21 20 00 – www.hotel-irma.com – Aperto 15 marzo-15 novembre Pianta : B2**p**
50 cam ☕ – 🚹140/235 € 🚹🚹260/392 € – **19 suites**
Rist – Carta 32/80 € – *(solo per alloggiati)*
Meraviglioso centro benessere, spaziosa zona comune con una bella sala lettura e camere rinnovate...L'esterno non è da meno: delizioso parco-giardino ed incantevole laghetto artificiale. Gli atout per una vacanza da sogno ci sono tutti!

Park Hotel Mignon

cam, cam, rist,
via Grabmayr 5 – ✆ 04 73 23 03 53 – www.hotelmignon.com – Aperto 1° aprile-15 novembre Pianta : D2**v**
50 cam ☕ – 🚹195/235 € 🚹🚹240/340 € – **13 suites**
Rist – Carta 52/77 €
Splendida cura nelle parti comuni di questo hotel che si presenta come un indirizzo affidabile per indimenticabili vacanze. Grazioso parco-giardino con piscina riscaldata ed attrezzato centro benessere.

Terme Merano

rist,
piazza delle Terme 1 – ✆ 04 73 25 90 00 – www.hoteltermemerano.it – Chiuso 18 gennaio-7 febbraio Pianta : C2**a**
114 cam ☕ – 🚹164/204 € 🚹🚹228/308 € – **25 suites**
Rist – Menu 42 € – *(solo a cena)*
In pieno centro, hotel dal design moderno, direttamente collegato alle nuove terme di Merano (il cui ingresso per i clienti dell'albergo è gratuito), ospita camere dai vivaci colori e splendide suite con preziosi dettagli.

Villa Tivoli

via Verdi 72 – ✆ 04 73 44 62 82 – www.villativoli.it – Aperto 1° marzo-30 novembre Pianta : A1**x**
18 cam ☕ – 🚹130/150 € 🚹🚹195/230 € – **3 suites**
Rist *Artemis* – vedere selezione ristoranti
Risorsa di livello, in posizione soleggiata e isolata, connotata da un piacevole stile d'ispirazione mediterranea e da un lussureggiante parco-giardino. In una dépendance aperta tutto l'anno, anche 10 luminosi (e ancor più defilati) appartamenti.

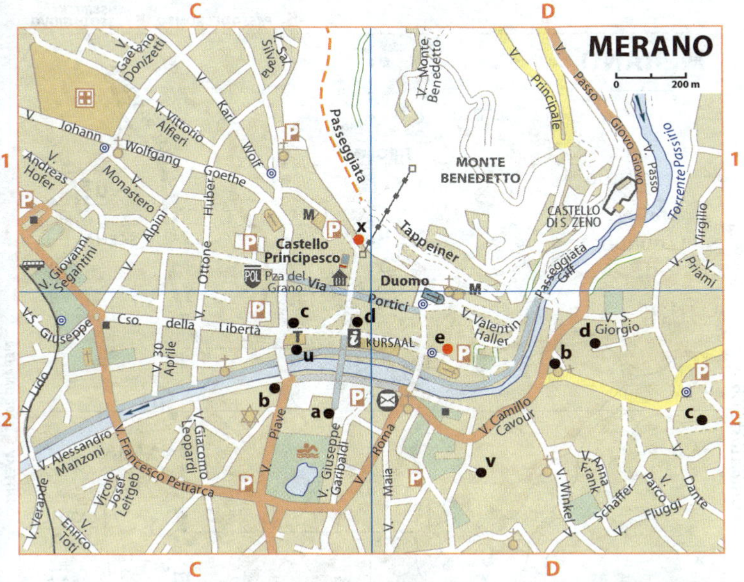

Ansitz Plantitscherhof

via Dante 56 – ✆ 04 73 23 05 77 – www.plantitscherhof.com
– Chiuso 10 gennaio-12 febbraio
Pianta : B2**k**
36 cam – 80/220 € 160/420 € – **4 suites**
Rist – Carta 35/71 € – *(solo a cena)* (prenotazione obbligatoria)
Abbracciato da un giardino-vigneto con piscina, l'hotel è stato recentemente ristrutturato pur mantenendo la suddivisione in due blocchi: uno d'epoca, l'altro più recente. La distinzione tuttavia è puramente architettonica, perché in entrambe le situazioni il confort e la piacevolezza sono di casa. Piatti regionali al ristorante ed una cantina con 25.000 bottiglie (su prenotazione, possibilità di tavoli per cene e degustazioni).

Meranerhof

via Alessandro Manzoni 1 – ✆ 04 73 23 02 30
Pianta : C2**b**
– www.meranerhof.com – Chiuso 10 gennaio-20 marzo
61 cam – 118/133 € 218/276 € – **3 suites**
Rist – Menu 40/57 € – *(solo per alloggiati)*
All'interno di un edificio in stile liberty, la posizione centrale e la qualità dei servizi fanno sì che questo albergo sia eletto da una clientela d'affari, così come da turisti alla scoperta delle bellezze meranesi. Vital center completo e giardino con piscina riscaldata.

Bavaria

via salita alla Chiesa 15 – ✆ 04 73 23 63 75
Pianta : D2**b**
– www.bavaria.it – Aperto 1° aprile-31 ottobre
50 cam – 95/160 € 190/300 €
Rist – Carta 26/56 € – *(solo per alloggiati)*
Hotel ospitato da un caratteristico edificio, dall'architettura tipica. Un bel giardino con palme avvolge le facciate azzurre, i balconi fioriti e le camere classiche.

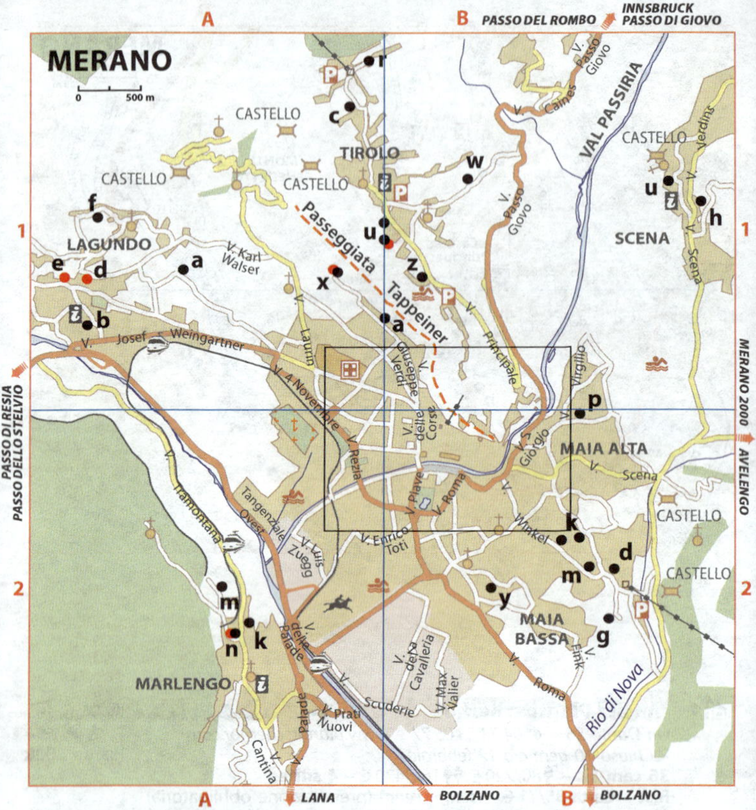

Pienzenau am Schlosspark

rist, cam, rist,

via Pienzenau 1 – ✆ 04 73 23 40 30 – www.hotelpienzenau.com – Aperto 2 aprile-9 novembre

Pianta : B2**d**

25 cam – 130/160 € 200/280 € – **5 suites**

Rist – Carta 38/71 € – *(solo a cena) (solo per alloggiati)*

Una romantica Landhaus, nonché un omaggio permanente alla rosa: dal colore dell'edificio al vero e proprio roseto, è tutto un susseguirsi di richiami al raffinato fiore. Deliziosa Spa, camere come bomboniere e due piscine (una all'aperto con acqua di torrente riscaldata, l'altra coperta e con diversi getti d'acqua).

Adria

rist,

via Gilm 2 – ✆ 04 73 23 66 10 – www.hotel-adria.com – Aperto 1° marzo-30 novembre

Pianta : D2**d**

40 cam – 103/127 € 154/242 € – **5 suites**

Rist – Carta 29/51 € – *(solo a cena) (solo per alloggiati)*

All'interno di un edificio in stile liberty, in zona residenziale, con un grazioso centro benessere. Così si presenta questo hotel, dotato di stanze confortevoli e spaziose.

Aurora

passeggiata Lungo Passirio 38 – ✆ 04 73 21 18 00 – www.aurora-meran.com – Chiuso 11 gennaio-6 marzo

Pianta : C2**u**

36 cam – 79/168 € 149/298 € – **2 suites**

Rist *Fino* – Carta 30/64 €

Lungo la bella passeggiata e di fronte alle nuovissime terme, hotel di gusto moderno con soluzioni di design in molte camere. Buona attenzione sulla qualità della cucina.

Pollinger
via Santa Maria del Conforto 30 – 04 73 27 00 04 – www.pollinger.it – Chiuso 6 gennaio-26 marzo Pianta : B2**y**
32 cam – 96/148 € 162/188 €
Rist – Carta 31/53 € – *(solo per alloggiati)*
L'ubicazione consente di godere di una notevole tranquillità, aspetto che certamente è apprezzato dagli ospiti di questa ben attrezzata risorsa. Balconi in tutte le camere.

Alexander
via Dante 110 – 04 73 23 23 45 – www.hotel-alexander.it – Chiuso 15 gennaio-15 marzo Pianta : B2**g**
20 cam – 80/125 € 130/230 € – **10 suites**
Rist – Menu 20/44 € – *(solo a cena) (solo per alloggiati)*
Elegante albergo familiare, in posizione periferica e panoramica, a tutto vantaggio della tranquillità e della piacevole ubicazione tra i vigneti. Ricco di accessori.

Europa Splendid
corso Libertà 178 – 04 73 23 23 76 – www.europa.bz – Aperto 29 novembre-6 gennaio e 1° aprile-3 novembre Pianta : C2**c**
48 cam – 84/152 € 128/264 € – **2 suites** **Rist** – Carta 26/59 €
Hotel liberty nel cuore della città - rinnovato e ammodernato negli ultimi anni - dispone di camere spaziose e fornite delle migliori installazioni tecnologiche. Le celebri terme della località distano solo 150 m.

Juliane
via dei Campi 6 – 04 73 21 17 00 – www.juliane.it – Aperto 27 marzo-3 novembre Pianta : B2**k**
32 cam – 88/101 € 160/180 €
Rist – Carta 32/57 € – *(solo a cena) (solo per alloggiati)*
Ubicata in una zona residenziale della città, questa struttura tranquilla e silenziosa pone a disposizione degli ospiti un giardino con piscina riscaldata ed una nuova, fiammante, area benessere.

ImperialArt senza rist
corso della Libertà 110 – 04 73 23 71 72 – www.imperialart.it Pianta : C2**d**
12 cam – 115/270 € 192/368 €
Una modernissima risorsa in pieno centro: piccola è la hall, più spazio è dedicato invece all'omonimo bar adiacente, assai frequentato e dove si serve la prima colazione. Ai piani, le camere impreziosite dal lavoro di artisti contemporanei.

Sonnenhof
via Leichter 3 – 04 73 23 34 18 – www.sonnenhof-meran.com – Aperto 28 novembre-6 gennaio e 26 marzo-13 novembre Pianta : D2**c**
13 cam – 70/110 € 125/185 € – **2 suites**
Rist – Menu 12 € – *(solo a cena) (solo per alloggiati)*
Hotel edificato secondo uno stile che richiama alla mente una fiabesca dimora con giardino. Gli interni sono accoglienti, soprattutto le camere, semplici e spaziose.

Zima senza rist
via Winkel 83 – 04 73 23 04 08 – www.hotelzima.com – Aperto 1° aprile-30 novembre Pianta : B2**m**
22 cam – 63/90 € 116/130 €
In zona tranquilla e residenziale, a soli 15 minuti a piedi dal centro, la struttura non solo vi "solleva" dal problema del parcheggio, ma offre ambienti di calda atmosfera e camere accoglienti.

Agriturismo Sittnerhof senza rist
via Verdi 60 – 04 73 22 16 31 – www.bauernhofurlaub.it Pianta : AB1**a**
6 cam – 60/80 € 98/120 €
Lungo una via residenziale tranquilla e ombreggiata, questo splendido edificio, le cui fondamenta risalgono all'XI secolo, ospita tre camere di taglio moderno con arredi funzionali e tre appartamenti con cucina.

Ristoranti

XX **Kallmünz**

piazza Rena 12 – ✆ 04 73 21 29 17 – www.kallmuenz.it Pianta : D2**e**
– Chiuso 2 settimane in gennaio, 2 settimane in luglio e domenica
Menu 36 € (pranzo in settimana)/68 € – Carta 41/86 €
Questo piacevole ed accogliente locale del centro cambia rotta nel 2014: nuovo chef e linea di cucina che si fa più classica e semplice: alcuni piatti rimandano al territorio, altri offrono spunti nazionali, sempre presente qualche specialità di pesce.

XX **Sissi** (Andrea Fenoglio)

✿ *via Galilei 44 – ✆ 04 73 23 10 62* Pianta : C1**x**
– www.sissi.andreafenoglio.com – Chiuso 3 settimane tra febbraio e marzo, martedì a mezzogiorno e lunedì
Menu 58/90 € – Carta 53/84 €
La sala dal velato fascino liberty rimanda alla vecchia Merano, mentre la cucina è moderna e leggera, tesa ad esaltare eccellenti prodotti con l'ausilio delle più recenti tecnologie.
➜ Maltagliati con ragù di cortile. Spalla d'agnello da latte al forno in crosta di pistacchi. Torta Foresta Nera 2014.

XX **Artemis** – Hotel Villa Tivoli

via Verdi 72 – ✆ 04 73 44 62 82 – www.villativoli.it – Aperto 1° marzo-30 novembre Pianta : A1**x**
Menu 35 € (cena)/45 € – Carta 37/69 €
Cucina regionale con qualche tocco mediterraneo e piatti particolari come la zuppa di "sassi" o l'entrecôte di vitello alla lavanda, in questo ristorante che gode della posizione tranquilla ed isolata dell'hotel Villa Tivoli.

a Freiberg Sud-Est : 7 km per Avelengo Pianta : B2 Alt. 800 m – ✉ 39012 Merano

Castel Fragsburg

via Fragsburg 3 – ✆ 04 73 24 40 71 – www.fragsburg.com – Aperto 1° aprile-9 novembre
12 suites – 280/360 € – 8 cam
Rist *Castel Fragsburg* ✿ – vedere selezione ristoranti
Rist *Lois* – Menu 36/48 € – *(chiuso sabato e domenica) (solo a pranzo)*
Il fascino di una dimora storica, divenuta un caldo e confortevole rifugio, dove un'eleganza semplice e discreta è la compagna fedele di ogni soggiorno. Cucina regionale nel nuovo ristorante Lois.

XX **Castel Fragsburg** – Hotel Castel Fragsburg

✿ *via Fragsburg 3 – ✆ 04 73 24 40 71 – www.fragsburg.com – Aperto 1° aprile-9 novembre; chiuso lunedì e a mezzogiorno escluso sabato, domenica e i giorni festivi*
Menu 48/125 € – Carta 55/112 € – (consigliata la prenotazione)
Un'eccellente tappa gourmet a cui si unisce una grande vista dalla terrazza nel servizio estivo: ricette altoatesine, ma non mancano riferimenti alla cucina mediterranea e moderne personalizzazioni da parte dello chef. Il pane e la pasticceria sono fatti in casa, le carni sono biologiche, mentre le erbe aromatiche coltivate al castello. Ottima, la selezione di formaggi.
➜ Salmerino affumicato in casa con erbe del nostro giardino. Filetto di cervo con crauti rossi, canederli e spezie. Variazione di dessert tirolesi.

MERCATALE ➜ Vedere San Casciano in Val di Pesa
Firenze (FI)

MERCATO SAN SEVERINO

Salerno (SA) – ✉ 84085 – 22 176 ab. – Alt. 146 m – Carta regionale n° **6-B2**
Roma 256 km – Napoli 61 km – Salerno 17 km – Avellino 27 km
Carta stradale Michelin 564-E26

San Severino Park Hotel & Spa
cam,

via Bagnara 11 – 0 89 82 00 96 – www.sanseverinoparkhotel.com
102 cam – 45/65 € 55/85 € – **6 suites** **Rist** – Carta 21/41 €
In comoda posizione all'uscita dell'autostrada, la struttura offre ambienti e camere di taglio moderno-funzionale, ideali per una clientela business.

Casa del Nonno 13 (Raffaele Vitale)
via Caracciolo 13, località Sant'Eustachio – 0 89 89 43 99 – www.casadelnonno13.com – Chiuso 2 settimane in luglio, domenica sera e martedì
Menu 45/50 € – Carta 41/68 €
Rist *Nonno Baccalà* –Menu 25 € (cena) – Carta 22/45 €
Originale atmosfera in una cantina ristrutturata dal patron-architetto, dove rustico ed elegante convivono in armonia. In tavola è la semplicità che regna sovrana: pomodoro San Marzano, mozzarella e carne - rigorosamente - italiana! Solo merluzzo, invece, nel locale "monotematico", Nonno Baccalà.
➜ Tortelli ripieni di genovese di agnello e salsa di pecorino di Moliterno. Filetto di bufala con patate viola, gorgonzola e miele. Tartelletta di mele e noci caramellate, gelato di birra artigianale e sciroppo d'acero.

MERCENASCO
Torino (TO) – ✉ 10010 – 1 261 ab. – Alt. 249 m – Carta regionale n° **22**-B2
Roma 687 km – Torino 41 km – Aosta 81 km – Milano 119 km
Carta stradale Michelin 561-F5

Darmagi
via Rivera 7 – 01 25 71 00 94 – www.ristorantedarmagi.it – Chiuso 15 giugno-2 luglio, 16-31 agosto, lunedì e martedì
Menu 21/35 € – Carta 33/52 € – *(solo a cena mercoledì-giovedì)*
Villetta in posizione defilata caratterizzata da una calda atmosfera familiare, soprattutto nella bella sala con camino. La cucina è ricca di proposte della tradizione.

MERGOZZO
Verbano-Cusio-Ossola (VB) – ✉ 28802 – 2 211 ab. – Alt. 204 m – Carta regionale n° **24**-A1
Roma 679 km – Verbania 11 km – Domodossola 33 km – Milano 102 km
Carta stradale Michelin 561-E7

Due Palme
rist,

via Pallanza 1 – 0 32 38 01 12 – www.hotelduepalme.it – Aperto 15 marzo-20 ottobre
40 cam – 60/80 € 100/130 € **Rist** – Carta 26/51 €
In un'oasi di tranquillità - sulle rive del lago di Mergozzo, ma a pochi passi dal centro - un'elegante residenza d'epoca trasformata in hotel offre camere di taglio classico. Al ristorante: tradizionale cucina del territorio servita nelle belle sale dal caratteristico stile leggeremente retrò.

Bettina
via Pallanza 1 – 0 32 38 01 12 – Aperto 15 marzo-20 ottobre
8 cam – 50/80 € 80/120 €
A 30 metri ca. dalla casa madre, su cui ci si appoggia per i servizi generali, una graziosa realtà anch'essa d'indiscusso confort.

La Quartina con cam
rist,

via Pallanza 20 – 0 32 38 01 18 – www.laquartina.com – Chiuso 8 novembre-28 febbraio
10 cam – 70/100 € 100/145 €, 12 € – **5 suites**
Menu 30/65 € – Carta 42/71 € – *(chiuso martedì a pranzo in estate, tutto il giorno negli altri mesi)*
Alle porte della località, un piacevole locale affacciato sul lago con una luminosa sala ed un'ampia terrazza dove assaporare la cucina del territorio e specialità lacustri. Camere semplici, accoglienti e sempre curate.

Grotto La Dispensa
via Sempione 28/30 – ✆ 0 32 38 07 54 – Chiuso mercoledì escluso giugno-settembre
Carta 25/51 €
In un ex asilo parrocchiale, un locale aperto a tempo record: la cucina (della tradizione) è sotto l'egida della moglie, mentre l'accoglienza e il servizio sono nelle mani del marito. Alle pareti, si alternano espozioni d'arte.

Caffetteria la Fugascina
piazza Vittorio Veneto 8 – ✆ 03 23 80 09 70 – www.fugascina.it – Chiuso 7 gennaio-7 febbraio, lunedì escluso giugno-settembre
Carta 30/40 € – *(solo su prenotazione la sera da ottobre a marzo)*
Simpatico locale che propone ogni giorno due primi piatti caldi da accompagnare con salumi e formaggi locali, mentre la nota dolce è costituita dagli ottimi dessert fatti in casa. Affabile gestione familiare.

MERONE
Como (CO) – ✉ 22046 – 4 175 ab. – Alt. 284 m – Carta regionale n° **18-B1**
Roma 611 km – Como 18 km – Bellagio 32 km – Bergamo 47 km
Carta stradale Michelin 561-E9

Il Corazziere
via Mazzini 4 – ✆ 0 31 61 71 81 – www.corazziere.it
73 cam – †50/100 € ††80/160 €
Rist *Il Corazziere* – vedere selezione ristoranti
Camere accoglienti, nonché buon confort generale, in una struttura moderna e signorile ubicata in riva al fiume Lambro.

Il Corazziere – Hotel Il Corazziere
via Cesare Battisti 17 – ✆ 0 31 65 01 41 – www.corazziere.it – Chiuso agosto e martedì
Carta 33/81 €
Spazi per tutte le esigenze - dal piccolo privé al salone per banchetti - dove gustare la classica cucina italiana e qualche proposta di pesce.

MESAGNE
Brindisi (BR) – ✉ 72023 – 27 624 ab. – Alt. 72 m – Carta regionale n° **27-D2**
Roma 574 km – Brindisi 15 km – Bari 125 km – Lecce 42 km
Carta stradale Michelin 564-F35

Castello senza rist
piazza Vittorio Emanuele II 2 – ✆ 08 31 77 75 00 – www.hotelcastellomesagne.com
11 cam – †40/60 € ††65/80 €
Al primo piano di un edificio del Quattrocento sito sulla piazza principale, una piccola risorsa con soffitti a volta e dagli arredi semplici e lineari.

MESCO → Vedere Levanto
La Spezia (SP)

MESE → Vedere Chiavenna
Sondrio (SO)

MESIANO → Vedere Filandari
Vibo Valentia (VV)

MESSADIO → Vedere Montegrosso d'Asti
Asti (AT)

MESSINA
Sicilia – – 242 267 ab. – Carta regionale n° **30-D1**
Catania 100 km – Palermo 225 km
Carta stradale Michelin 365-BC54 – Guida Verde Michelin SICILIA

PALERMO
A
B
TORRE, FARO MORTELLE
MUSEO REGIONALE
Largo S. Francesco da Paola
A 20 / E 90
Vle Giostra
Vle Regina Elena
Piazza Castronovo
V. Palermo
V. Canova
V. Giuseppe Garibaldi
Pza Juvara
Pza Casa Pia
Piazzale Batteria Masotto
Pza S. Vincenzo
V. Elenuccia
Piazza Unità d'Italia
MESSINA BOCCETTA-PORTO
S. Francesco d'Assisi
V. Ibica
V. S. Paolo
Cso Cavour
Largo G. Minutoli
Pza Antonello
S. Giovanni di Malta
Monte di Pietà
Duomo
PORTO
Fontana di Orione
Annunziata dei Catalani
Largo Stratico
V. Pietro Castelli
V. Giacomo Borelli
V. Tommaso Cannizzaro
Pza del Duomo
Pza Masuccio
Piazza Fulci
Vle Italia
Pza Fr. Maurolico
S. Maria Alemanna
V. Montepiselli
Vico degli Angeli
Pzale Don Blasco
V. del Vespro
Piazza Cairoli
Pza Lo Sardo
Pza Roma
V. 27 Luglio
Cavalcavia Ranieri
V. Camaro
Vle Europa
V. dei Mille
V. Centonze
V. S. Martino
V. Aurelio Saffi
V. Trieste
V. Trento
V. Giuseppe La Farina
V. Sta Cecilia
V. Don Blasco
MARE IONIO
Pza Zaera
V. Piave
V. del Santo
V. Catania
V. Monza
CIMITERO MONUMENTALE
MESSINA
0
300 m
CATANIA
REGGIO DI CALABRIA
VILLA S. GIOVANNI
TAORMINA, CATANIA
1
2
3

XX **La Durlindana**
via Nicola Fabrizi 143/145 ✉ 98123 – ✆ 09 06 41 31 56 Pianta : AB3**a**
– www.ladurlindana.com – Chiuso 2 settimane in agosto
Carta 21/50 € – (consigliata la prenotazione)
Alle spalle del tribunale, cucina a vista, nonché ambienti originali valorizzati da un curato cortile interno con veranda e dehors, per una cucina a carattere regionale. Tra gli imperdibili: stocco alla ghiotta e il Colapesce (pesce spada in umido con sautè di cozze e vongole).

XX **Piero**
via Ghibellina 119 ✉ 98123 – ✆ 09 06 40 93 54 – Chiuso 2 settimane in agosto e martedì Pianta : B3**s**
Menu 35/50 € – Carta 31/57 €
Dal 1962 l'omonimo titolare gestisce questo ristorante classico ed elegante, recentemente rinnovato; specialità marinare, ma non mancano insalatone e piatti di carne.

a Ganzirri per viale della Libertà Nord : 9 km Pianta : B1 – ✉ 98165

X **La Sirena**
via Lago Grande 96 – ✆ 0 90 39 12 68 – Chiuso mercoledì
Menu 27/50 € – Carta 25/43 € – (consigliata la prenotazione)
Sul lago di Ganzirri, una trattoria che propone solo pesce locale, dagli involtini di spada, di aguglia reale o di spatola alle vongole veraci: preparazioni schiette e semplici, ma di grande gusto per il palato.

MESTRE

Venezia (VE) ✉ Mestre – Carta regionale n° **40-C2**
Roma 525 km – Venezia 13 km – Treviso 29 km – Padova 41 km
Carta stradale Michelin 562-F18

NH Laguna Palace cam,
viale Ancona 2 ✉ 30172 – ✆ 04 18 29 69 11 Pianta : B2**a**
– www.nh-hotels.com
376 cam – 79/290 € 79/290 € **Rist** – Carta 49/66 €
Due edifici distinti e ingegnosamente separati da un canale: camere spaziose, più comode quelle del "building A" perché accedono direttamente ai servizi comuni. Il ristorante si affaccia sulla darsena.

Hilton Garden Inn cam, cam, rist,
via Orlanda 1 ✉ 30175 – ✆ 04 15 45 59 01 – www.hgivenice.com
130 cam – 100/250 € 100/300 €, 13 € – **6 suites** **Rist** – Carta 46/89 €
Completamente ristrutturato in tempi recenti, funzionalità e modernità sono le sue note distintive, insieme a due particolari propri della catena: il Pavillon Pantry Market, piccolo negozio con generi alimentari, bevande e qualche articolo d'igiene, nonché la lavanderia a gettoni.

Plaza rist,
viale Stazione 36 ✉ 30171 – ✆ 0 41 92 93 88 Pianta : A2**f**
– www.hotelplazavenice.com
209 cam – 54/195 € 69/350 €
Rist *Soul Kitchen Cafè* – ✆ 04 12 52 60 90 – Carta 33/53 €
Di fronte alla stazione ferroviaria, grande albergo di respiro internazionale, ideale tanto per una clientela business quanto leisure. Ambienti signorili e camere di differenti tipologie: la maggior parte rinnovate. Cocktail e cucina mediterranea nell'informale Soul Kitchen Cafè.

Bologna
via Piave 214 ✉ 30171 – ✆ 0 41 93 10 00 Pianta : A2**e**
– www.hotelbologna.com
109 cam – 105/165 € 265/370 €
Rist *Da Tura* – vedere selezione ristoranti
Davanti la stazione ferroviaria, cent'anni di attività e nemmeno una ruga! Rinnovato in tempi recenti, l'hotel dispone di camere di taglio moderno corredate di ogni confort tecnologico.

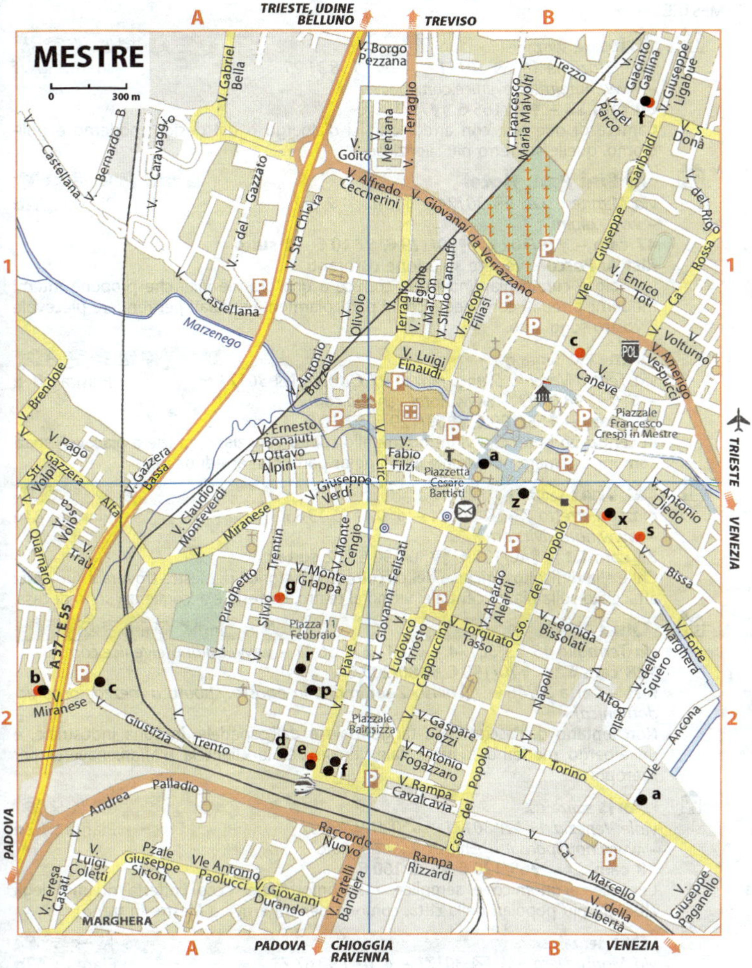

Michelangelo senza rist

via Forte Marghera 69 ✉ *30173 – ✆ 0 41 98 66 00* Pianta : B2**x**
– www.hotelmichelangelo.net

50 cam – 🚹90/180 € 🚹🚹125/250 €, ☕ 20 € – **1 suite**

Atmosfera signorile e leggermente retrò per un hotel a poche decine di metri dal centro: camere accoglienti e "calde" grazie ad un sapiente impiego del legno.

Villa Costanza senza rist

via Monte Nero 25 – ✆ 0 41 93 26 24 Pianta : A2**r**
– www.hotelvillacostanza.com

26 cam – 🚹60/130 € 🚹🚹60/200 €, ☕ 10 € – **3 suites**

Camere dai toni caldi, ma dalle linee moderne, in una casa del 1800 ristrutturata in tempi recenti. Non trascurabile, il comodo parcheggio sul retro.

Tritone senza rist
viale Stazione 16 ✉ 30171 – ✆ 04 15 38 31 25 Pianta : A2**f**
– www.hoteltritonevenice.com
60 cam – 69/165 € 79/199 €
Camere di due tipi: con arredi classici d'albergo o dal design moderno e policromo, quelle sul retro più silenziose.

Ai Pini Park Hotel
via Miranese 176 ✉ 30174 – ✆ 0 41 91 77 22 Pianta : A2**b**
– www.aipini.it
47 cam – 79/102 € 99/179 €, 10 € – **1 suite**
Rist *Al Parco* – vedere selezione ristoranti
L'ampio e curato giardino fa da cornice a una grande villa che propone interni moderni, arredati con linee e colori particolarmente studiati per rendere piacevole il vostro soggiorno.

Venezia senza rist
via Teatro Vecchio 5 ang. piazza 27 Ottobre ✉ 30171 Pianta : B2**z**
– ✆ 0 41 98 55 33 – www.hotel-venezia.com
100 cam – 55/109 € 59/129 €, 10 €
In centro un hotel che vi introdurrà allo spirito veneziano, grazie a piacevoli spazi comuni e camere non ampie, la maggior parte con arredi decorati.

Al Vivit senza rist
piazza Ferretto 73 ✉ 30174 – ✆ 0 41 95 13 85 Pianta : B1**a**
– www.hotelvivit.com
33 cam – 40/120 € 50/190 € – **2 suites**
Chi è alla difficoltosa ricerca del piccolo centro storico di Mestre troverà il suo nido: affacciato sulla piazza centrale, vicino al teatro, cortesia e accoglienza sono di casa.

Quid
cam, rist,
via Terraglio 15 ✉ 30174 – ✆ 04 12 39 56 11 – www.quidhotelvenice.com
128 cam – 70/190 € 80/200 €
Rist – Carta 22/46 € – *(chiuso 2 settimane in agosto, sabato a mezzogiorno e domenica)*
Non lontano dall'uscita della tangenziale e dall'ospedale, in zona industriale, è un albergo moderno e funzionale, ideale per la clientela d'affari; navetta per l'aeroporto.

Paris senza rist
viale Venezia 11 ✉ 30171 – ✆ 0 41 92 60 37 Pianta : A2**d**
– www.hotelparis.it – Chiuso 9-22 gennaio
18 cam – 65/120 € 85/160 €
Centrale, economico e semplice, ma confortevole: ecco l'offerta di uno degli alberghi più popolari della città, comodo per chi arriva a Mestre in treno.

Cris senza rist
via Monte Nero 3/A ✉ 30171 – ✆ 0 41 92 67 73 Pianta : A2**p**
– www.hotelcris.it – Chiuso dicembre-gennaio
18 cam – 45/100 € 55/150 €
In posizione tranquilla, albergo a conduzione familiare con camere accoglienti e caldi ambienti: è un po' come sentirsi a casa propria.

Alla Giustizia senza rist
via Miranese 111 ✉ 30171 – ✆ 0 41 91 35 11 Pianta : A2**c**
– www.hotelgiustizia.com – Chiuso 21-26 dicembre e 1°-18 gennaio
20 cam – 67/90 € 85/120 €
Nei pressi della tangenziale, albergo a gestione familiare con camere graziose e accoglienti. Più semplici e meno ampi gli ambienti comuni.

Kappa senza rist
via Trezzo 8 ✉ 30174 – ✆ 04 15 34 31 21 Pianta : B1**f**
– www.hotelkappa.com
19 cam – 40/90 € 50/110 €
Ai margini del centro storico, la piazza principale con il teatro è ancora raggiungibile a piedi, una piccola risorsa con camere prive di pretese in fatto di eleganza, ma ben tenute e confortevoli (mansardate quelle al secondo piano).

XXX **Marco Polo**

via Forte Marghera 67 ✉ 30173 – ✆ 34 97 74 49 21 Pianta : B2**x**
– www.ristorantemarcopolo.it – Chiuso 1°-7 gennaio e domenica
Menu 70 € – Carta 45/70 €
Un riferimento in città per l'eleganza classica della sala, così come per le più tipiche portate venete di pesce che propone, a cui si aggiunge qualche proposta sarda.

XX **Al Parco** – Ai Pini Park Hotel

via Miranese 176 ✉ 30174 – ✆ 0 41 91 77 22 Pianta : A2**b**
– www.hotelaipini.it – Chiuso domenica a mezzogiorno
Menu 22/30 € – Carta 23/71 €
C'è un po' di tutto nel successo di questo ristorante: il servizio professionale, la selezionata ricerca di ottime materie prime, la mano "felice" dello chef. Piatti della tradizione mediterranea in menu.

XX **Da Tura** – Hotel Bologna

via Piave 214 ✉ 30171 – ✆ 0 41 93 10 00 Pianta : A2**e**
– www.hotelbologna.com – Chiuso 25 dicembre-6 gennaio, agosto e domenica
Carta 32/65 €
Con propria vita autonoma, è sicuramente uno dei migliori ristoranti d'albergo di Mestre; la cucina si destreggia abilmente tra piatti veneti, creativi e classici nazionali.

XX **Trattoria alla Bissa**

via Bissa 5 ✉ 30175 – ✆ 0 41 98 74 93 – www.allabissa.com Pianta : B2**s**
– Chiuso agosto e domenica
Carta 53/182 € – (consigliata la prenotazione)
Minuscola, eppur elegante, è una bomboniera gourmet per gli intransigenti del pesce più fresco; il crudo e gli antipasti cotti sono rinomati, la qualità del pescato è il cuore della cucina.

X **Osteria la Pergola**

via Fiume 42 ✉ 30171 – ✆ 04 18 12 39 29 Pianta : A2**g**
– www.lapergolamestre.it – Chiuso dall'11 al 18 agosto, sabato a mezzogiorno e domenica sera
Carta 27/47 € – (consigliata la prenotazione)
L'atmosfera, calda e accogliente, strizza l'occhio alle vecchie osterie, la cucina propone solo carne con una specialità originale ed imperdibile: la manzetta prussiana. A pranzo la carta è più semplice ed economica.

X **Al Leone di San Marco**

via Trezzo 6, località Carpenedo ✉ 30174 Pianta : B1**f**
– ✆ 04 15 34 17 42 – Chiuso 31 dicembre-10 gennaio, 8-20 agosto, domenica sera e lunedì
Carta 48/139 €
Da sempre apprezzato per le sue fragranti specialità di pesce da gustare in un ambiente semplice e familiare. Accanto, una tipica "cicchetteria" veneziana per non farsi mancare un buon bicchiere di vino.

X **Ostaria da Mariano**

via Spalti 49 ✉ 30137 – ✆ 0 41 61 57 65 Pianta : B1**c**
– www.ostariadamariano.it – Chiuso vacanze di Natale, 2 settimane in agosto, sabato e domenica
Menu 29/40 € – Carta 28/57 €
Vicino al centro storico, allegra e conviviale osteria a conduzione familiare, dove gustare paste fatte in casa e piatti della tradizione, i bigoi in salsa, il fegato alla veneziana e il baccalà mantecato.

a Zelarino Nord : 2 km per Treviso Pianta : B1 – ✉ 30174

Antico Moro senza rist

via Castellana 149 – ✆ 04 15 46 18 34 – www.anticomoro.com
– Chiuso 23-29 dicembre
14 cam ☕ – 🚹50/205 € 🚹🚹60/240 € – **1 suite**
In questo piccolo paese ben collegato con Venezia, signorile hotel all'interno di una residenza del XVIII secolo; buon livello di confort nelle piacevoli camere.

Agriturismo al Segnavento
via Gatta 76/c, località Santa Lucia di Tarù – ✆ 04 15 02 00 75 – www.alsegnavento.it
16 cam – 75/120 € 79/209 €
Rist *Al Segnavento* – vedere selezione ristoranti
In una splendida tenuta di campagna, questo elegante agriturismo vi accoglierà in raffinate camere, dove ognuna di esse propone un leit motiv decorativo.

Al Segnavento – Agriturismo al Segnavento
via Gatta 76/c, località Santa Lucia di Tarù – Chiuso domenica sera, lunedì e martedì
Carta 42/54 € – (prenotazione obbligatoria a mezzogiorno)
Dall'azienda agricola al piatto: frutta, verdura, ovini, maiali e un'invitante varietà d'anatre sono il fiore all'occhiello di un ristorante a chilometro zero.

a Campalto Est : 5 km per Trieste Pianta : B1 – ✉ 30030

Antony
via Orlanda 182 – ✆ 04 15 42 00 22 – www.antonyhotel.it
114 cam – 70/180 € 95/230 € **Rist** – Carta 27/33 € – *(solo a cena)*
Alcune camere dei piani più alti offrono la più bella vista sulla Serenissima che si possa trovare a Mestre; camere sobrie, navetta per l'aeroporto (5 minuti) e Venezia.

a Chirignano Ovest : 2 km – ✉ 30030

Ai Tre Garofani
via Assegiano 308 – ✆ 0 41 99 13 07 – www.aitregarofani.it – Chiuso 1°-10 gennaio, 3-16 agosto e lunedì
Menu 50/60 € – Carta 49/69 € – *(solo a cena escluso domenica)*
Un inaspettato angolo di eleganza nella campagna veneta unito a tocchi di calda rusticità; tanto pesce cotto in sala allo spiedo e un celebre risotto con i gò (pesce di laguna).

MEZZANA
Trento (TN) – ✉ 38020 Mezzana – 884 ab. – Alt. 940 m – ✉ Mezzana – Carta regionale n° **33-B2**
Roma 651 km – Trento 66 km – Bolzano 93 km – Passo del Tonale 21 km
Carta stradale Michelin 562-D14

Val di Sole
via 4 Novembre 135 – ✆ 04 63 75 72 40 – www.hotelvaldisole.it – Aperto 5 dicembre-4 aprile e 21 giugno-19 settembre
66 cam – 50/60 € 120/170 €
Rist – Carta 24/50 € – *(solo per alloggiati)*
In posizione rientrante, ma sempre lungo la via principale del paese, un hotel a conduzione familiare - di medie dimensioni - con camere semplici e discreti servizi. Il ristorante propone una cucina di fattura casalinga.

MEZZANE DI SOTTO
Verona (VR) – ✉ 37030 – 2 500 ab. – Alt. 122 m – Carta regionale n° **38-B2**
Roma 524 km – Verona 23 km – Vicenza 49 km – Padova 79 km
Carta stradale Michelin 562-F15

Agriturismo i Tamasotti
via dei Ciliegi 8, Nord : 2 km – ✆ 04 58 88 00 03 – www.itamasotti.it
6 cam – 80/130 € 100/150 €
Rist – Carta 33/54 € – *(chiuso domenica sera, lunedì, martedì e mercoledì)*
Per chi è in cerca di tranquillità, qui ce n'è da vendere. Tra il verde dei vigneti, è la proprietaria ad occuparsi dei fornelli, proponendo gustosi piatti del territorio in un grazioso agriturismo con poche camere, tutte ben curate.

MEZZOCANALE
→ Vedere Forno di Zoldo
Belluno (BL)

MEZZOLOMBARDO

Trento (TN) – ✉ 38017 – 6 946 ab. – Alt. 227 m – Carta regionale n° **33-B2**
Roma 606 km – Bolzano 45 km – Trento 19 km
Carta stradale Michelin 562-D15

XX **Per Bacco**

via E. De Varda 28 – ✆ 04 61 60 03 53 – www.ristorante-perbacco.com – Chiuso 2 settimane in agosto o settembre, domenica e martedì
Menu 28/45 € – Carta 34/56 € – *(solo a cena)*
Il ristorante è stato ricavato nelle stalle di una casa di fine Ottocento e arredato con lampade di design; nato come wine-bar vanta una bella scelta di vini locali al calice.

MIANE

Treviso (TV) – ✉ 31050 – 3 397 ab. – Alt. 259 m – Carta regionale n° **40-C2**
Roma 570 km – Belluno 37 km – Treviso 43 km – Venezia 86 km
Carta stradale Michelin 562-E18

XX **Da Gigetto**

via De Gasperi 5 – ✆ 04 38 96 00 20 – www.ristorantedagigetto.it – Chiuso 10 giorni in gennaio, 15 giorni in agosto, lunedì sera e martedì
Carta 29/52 €
Ristorante gradevole, con un'atmosfera familiare che non contrasta, anzi esalta, gli ambienti in stile rustico-elegante. La cucina attinge alla tradizione, splendida cantina.

MIGLIARA

→ Vedere Capri (Isola di) : Anacapri
Napoli (NA)

MILANO

Milano (MI) – 1 240 173 ab. – Alt. 122 m – Carta regionale n°**18** B2
▶ Roma 574 km – Bellinzona 104 km – Genova 146 km – Torino 142 km
Carta stradale Michelin n° 561-F9

In sintesi...

Piante ed esercizi

→ Elenco alfabetico degli alberghi
→ Index of hotels

→ Elenco alfabetico degli ristoranti
→ Index of Restaurants

→Gli esercizi con stelle
→Starred Restaurants

Bib Gourmand

→Pasti accurati a prezzi contenuti

→Good food at moderate prices

MILANO

➜Ristoranti secondo il loro genere
➜Restaurants by cuisine type

MILANO

MILANO

Piemontese pagina

Pesce e frutti di mare pagina

Regionale pagina

Regionale e del territorio pagina

Sarda pagina

Siciliana pagina

Valtellinese pagina

Vegetariana pagina

Vietnamita pagina

→Tavoli all'aperto
→Outside dining

→Ristoranti aperti in agosto
→Restaurants open in August

MILANO

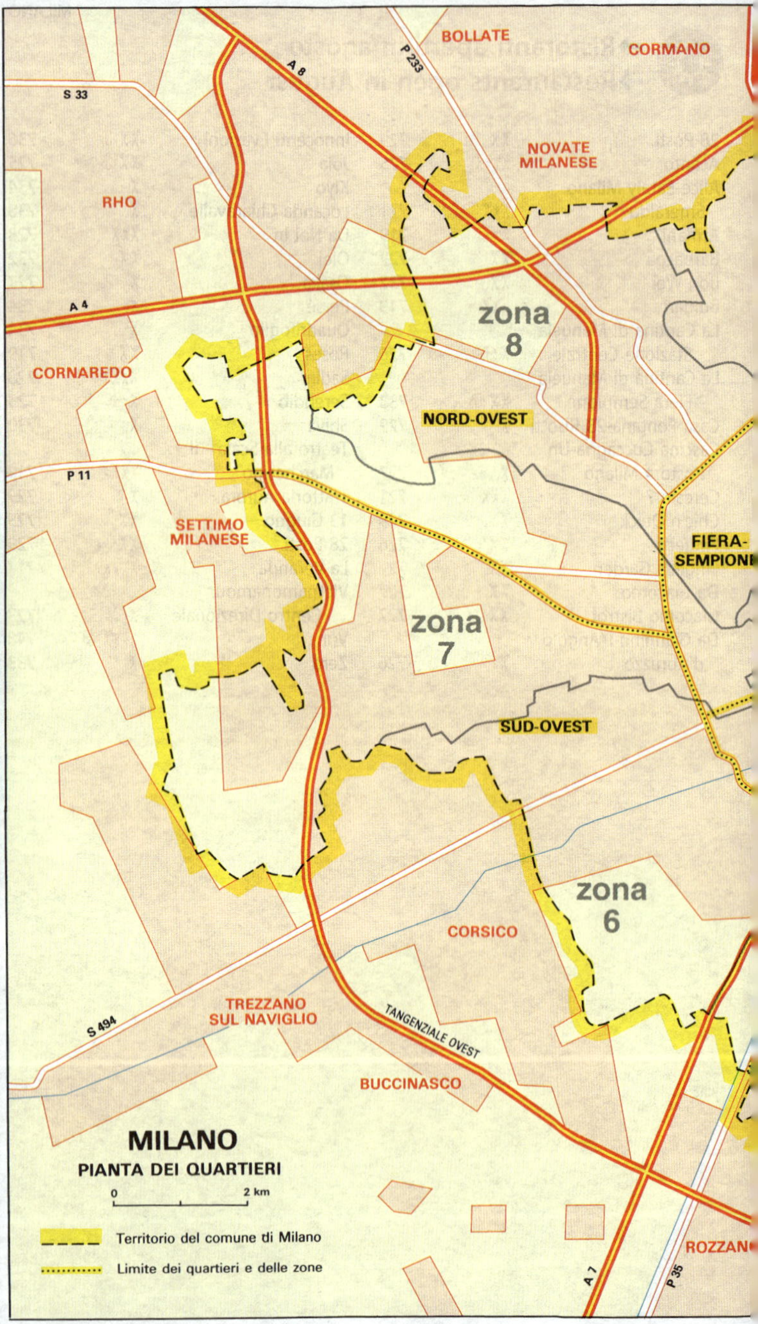
BOLLATE
CORMANO
A 8
P 233
S 33
NOVATE MILANESE
RHO
A 4
zona 8
CORNAREDO
NORD-OVEST
P 11
FIERA-SEMPIONE
SETTIMO MILANESE
zona 7
SUD-OVEST
zona 6
CORSICO
TREZZANO SUL NAVIGLIO
S 494
TANGENZIALE OVEST
BUCCINASCO
A 7
P 35
ROZZANO
MILANO
PIANTA DEI QUARTIERI
0
2 km
Territorio del comune di Milano
Limite dei quartieri e delle zone

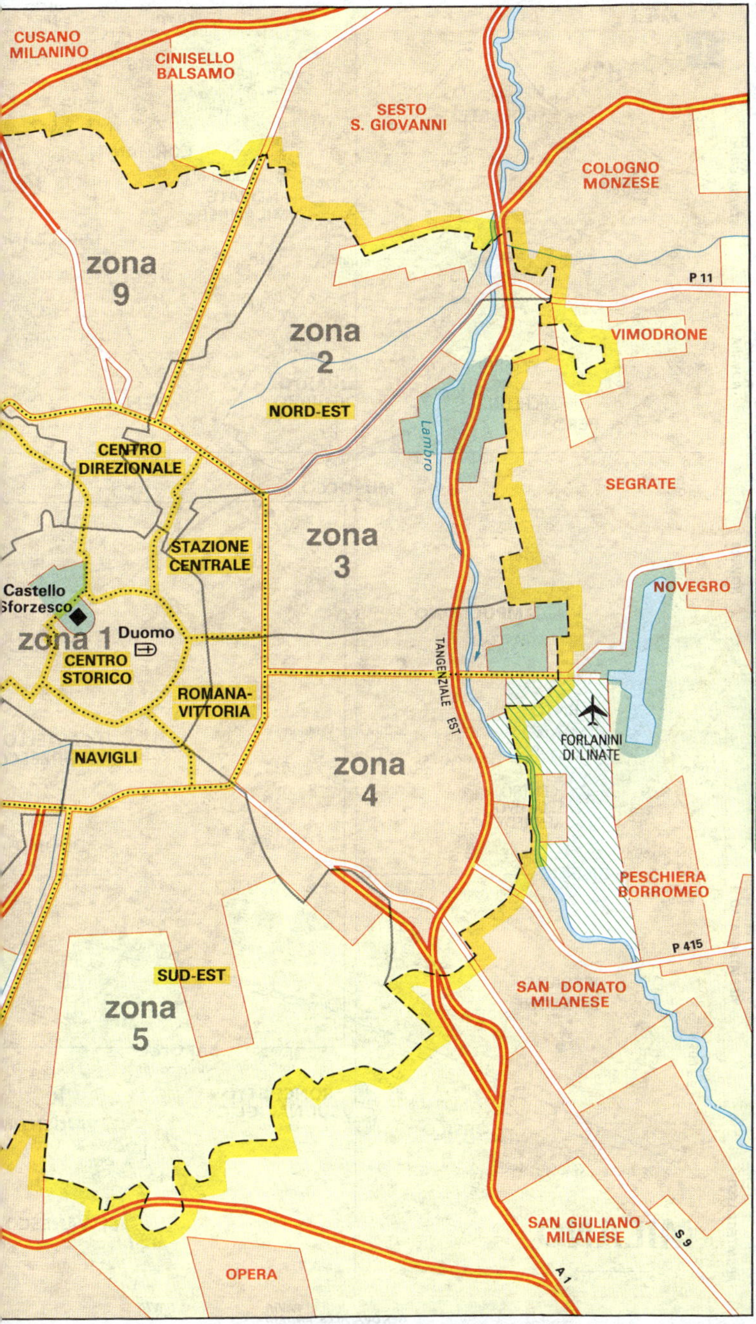
CUSANO
MILANINO
CINISELLO
BALSAMO
SESTO
S. GIOVANNI
COLOGNO
MONZESE
zona
9
zona
2
P 11
VIMODRONE
NORD-EST
Lambro
CENTRO
DIREZIONALE
SEGRATE
STAZIONE
CENTRALE
zona
3
Castello
Sforzesco
NOVEGRO
zona 1
Duomo
CENTRO
STORICO
TANGENZIALE EST
ROMANA-
VITTORIA
FORLANINI
DI LINATE
NAVIGLI
zona
4
PESCHIERA
BORROMEO
P 415
SUD-EST
SAN DONATO
MILANESE
zona
5
SAN GIULIANO
MILANESE
S 9
A 1
OPERA

COMO VARESE
A
B
COMO
DESIO ERBA
1
AOSTA STRESA, COMO
TORINO NOVARA
NOVARA
ABBIATEGRASSO
ABBIATEGRASSO
PAVIA GENOVA, ALESSANDRIA
PAVIA
1
2
3
BOLLATE
CORMANO
NOVATE MILANESE
BRUZZANO
PARCO NORD
NIGUARDA
QUARTO OGGIARO
AFFORI
PERO
MICHELIN
CIMITERO MAGGIORE
MUSOCCO
LAMPUGNANO
PARCO DI TRENNO
QUINTO ROMANO
S. SIRO
CENTRO SPORTIVO KENNEDY
CASTELLO SFORZESCO
DUOMO
BAGGIO
CESANO BOSCONE
CORSICO
RONCHETTO SUL NAVIGLIO
BARONA
VINGENTINO
SELVANESCO
V. Giuseppe Verdi
V. Trento
V. Ghisalba
V. Guglielmo Marconi
V. Rodolfo Morandi
V. Magenta
V. Piave
V. Nazario Sauro
V. Silvio Pellico
V. Cesare Battisti
V. Cascina del Sole
V. Cesare Beccaria
V. Vittorio Figini
Superstrada Milano-Meda
V. G. Zucchi
Vle Giacomo Matteotti
V. Carlo Sormani
V. Caveto
V. Luigi Cadorna
V. Stelvio
A 8
A 4 / E 64
V. Baranzate
V. Polveriera
V. Milano
Vle Rubicone
V. Comasina
V. Aldo Moro
Vle delle Ferrovie
V. Cristina Belgioioso
Vle Certosa
Vle degli Alberghi
Vle Pta Est
V. 4 Novembre
V. Carlo Amoretti
V. Bovisasca
V. Sempione
V. Filippo Palizzi
V. Triboniano
V. Dante Chiasserini
V. Pellegrino Rossi
Vle Enrico Fermi
V. Ettore Ponti
V. Enrico Cosenz
V. Giuseppe Candiani
V. Figino
V. Carlo Pisacane
V. Francesco Cilea
V. Appennini
V. Varesina
Vle Certosa
Vle Monte Ceneri
Vle Edoardo Jenner
V. Valtellina
Vle Stelvio
V. Lucio Cornelio Silla
V. Antonio Sant'Elia
Vle Alcide De Gasperi
Vle Renato Serra
V. Mac Mahon
V. Cenisio
V. Novara
V. Monte Rosa
V. Francesco Ferrucci
V. Vincenzo Monti
V. Monreale
V. Luigi Galvani
V. Quinto Romano
V. Pio XI
V. Alessio Olivieri
Vle Aretusa
V. Daniele Ranzoni
Vle Ergisto Bezzi
V. Giotto
Vle Pisa
V. Cusago
V. Sandro Pertini
V. Ferruccio Parri
V. Privata Bisceglie
V. Angelo Inganni
V. Bartolomeo d'Alviano
Vle Misurata
V. Vincenzo Foppa
V. Andrea Solari
Vle Papiniano
Cso. Italia
V. Lorenteggio
Ripa di Pta Ticinese
V. Filippo Argelati
V. Salvo D'Acquisto
V. Amerigo Vespucci
A 50 / E 35
V. Dionigi Bussola
V. Walter Tobagi
Vle Famagosta
V. Spezia
Vle Tibaldi
V. Carlo Bazzi
V. Buccinasco
V. Concetto Marchesi
V. Vigevanese
Pza Europa
Vle della Resistenza
V. dei Mille
V. Emilia
V. M. Greppi
V. Boffalora
A 7
V. Pietro Boifava
V. della Chiesa Rossa
V. Selvanesco
V. Gattinara
d
k
c
a
c
e
k
k
P
P
MILANO
0
1 km

C
MONZA, ERBA
LECCO
LECCO
MONZA
D
BERGAMO
VIMERCATE
2
CUSANO
MILANINO
CINSELLO BALSAMO
k
x
h
V. Galileo
Galilei
V.le ZARA
Vle Italia
BRUGHERIO
V. Turoldo
Vle Fulvio Testi
V. Massimo Gorki
A 52
V. S. Maurizio
al Lambro
V. dei
Mille
V. Marsala
V. Olturno
Vle Lombardia
V. Quarto
BERGAMO
BRESSO
PARCO
NORD
SESTO S.
GIOVANNI
Fiume Lambro
BRUGHERO
V. Dante
Alighieri
Vle Fratelli
Casiraghi
V. Fabrizio
V. Gian Clerici
Carlo Clerici
Vle Italia
V. Achille
Grandi
A 51
Vle Spagna
Cso. Roma
COLOGNO
MONZESE
1
f
c
w
V. Giosuè
Carducci
Vle Berbera
BICOCCA
Vle Emilia
V.a Pisa
Vle Milano
Vle Martesana
V. per
Piave
BERGAMO
PRECOTTO
PALMANOVA
Vle Europa
CRESCENZAGO
V. Padova
VIMODRONE
V. Olgettina
V. Bruno
Buozzi
Vle Fulvio Testi
GORLA
GRECO
V. Asiago
MILANO
MELZO
V. Padova
V. Palmanova
V. CIMIANO
A 51
m
V. Stamira
d'Ancona
Vle Monza
Vle Sarca
Vle Zara
Vle Marche
Vle Lunigiana
PARCO
LAMBRO
Vle Turchia
V. Monzese
V. S.
Carlo
V. Cassanese
b
V. Rodolfo
Morandi
Vle Brianza
Vle Monza
V. Rombon
V. Caduti
di Marcinelle
SEGRATE
V. delle
Regioni
V. Rugacesio
2
V. Vittor Pisani
V. Vitruvio
V. Plinio
V. Abruzzi
Vle Lombardia
V. Edoardo
Bassini
LAMBRATE
V. Rodolfo
Morandi
Vle Tunisia
Cso. Buenos Aires
RUBATTINO
V. Rivoltana
BRESCIA
Vle dei Mille
Vle Romagna
V. Arcangelo
Corelli
PARCO
FORLANINI
NOVEGRO
V. S. Bovio
Vle Luigi Majno
V. Maria
Bianca
Vle Piceno
ORTICA
h
LINATE
Lago
Idroscalo
V. Francesco
Sforza
Vle Corsica
Vle Cadore
Vle Umbria
Vle Molise
V. Attilio
Regolo
V. Oreste
Salomone
V. Mecenate
A 51
MONULE
MILANO
LINATE
V. B. Buozzi
V. Trento
Cso. Lodi
V. Tito
Livio
Vle Puglie
LINATE
MECENATE
V. A.
Grandi
Vle Isonzo
V. Sulmona
Vle Ungheria
MORSENCHIO
PONTE
LAMBO
MEZZATE
z
Vle Brenta
Vle Ortles
V. Bonomi
V. Ravenna
Vle Omero
V. Milano
PAULESSE
PESCHIERA
BORROMEO
3
V. 25 Aprile
ROGOREDO
V. Rogoredo
NOSEDO
c
CREMA
r
Vle Alcide
De Gasperi
V. Giuseppe
Di Vittorio
V. Palmiro
Togliatti
V. della
Liberazione
V. Giuseppe
Ripamonti
u
CHIARAVALLE
A1
S. DONATO
MILANESE
Abbazia
C
BOLOGNA
FIRENZE
LODI
D

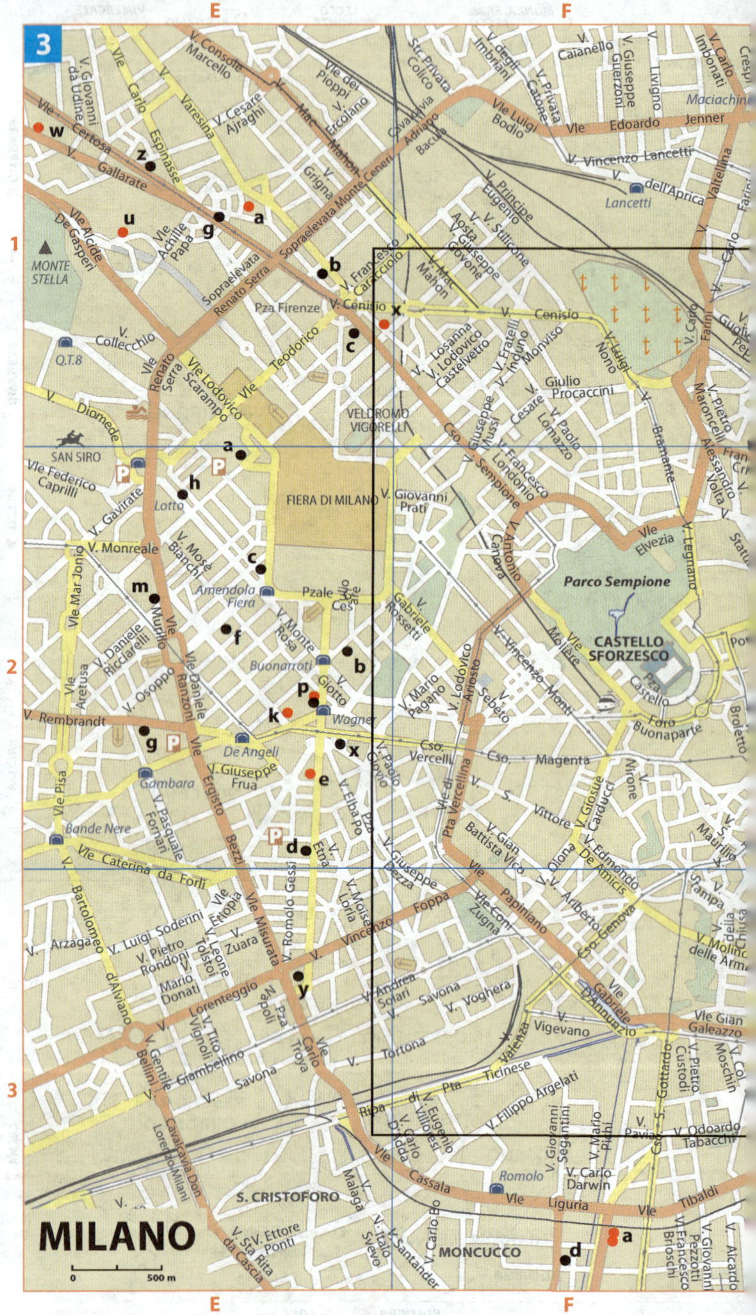
3
E
F
1
2
3
MILANO
0
500 m
MONTE STELLA
Q.T.8
SAN SIRO
Lotto
Amendola Fiera
Buonarroti
Wagner
De Angeli
Gambara
Bande Nere
Lancetti
Romolo
FIERA DI MILANO
VELODROMO VIGORELLI
Parco Sempione
CASTELLO SFORZESCO
S. CRISTOFORO
MONCUCCO
Maciachini
Pza Firenze
Vle Certosa
V. Gallarate
Vle Alcide De Gasperi
Vle Achille Papa
Vle Carlo Espinasse
V. Cesare Ajraghi
V. Console Marcello
Vle Varesina
Sopraelevata Renato Serra
Sopraelevata Monte Ceneri
V. Mac Mahon
V. Francesco Caracciolo
V. Cenisio
V. Teodorico
Vle Lodovico Scarampo
Vle Renato Serra
V. Collecchio
V. Diomede
Vle Federico Caprilli
V. Gavirate
V. Monreale
V. Mosè Bianchi
Vle Mar Jonio
V. Murillo
Vle Daniele Ranzoni
V. Daniele Ricciarelli
V. Osoppo
V. Rembrandt
Vle Aretusa
Vle Pisa
V. Giuseppe Frua
V. Pasquale Fornari
Vle Caterina da Forlì
Vle Ergisto Bezzi
Vle Misurata
V. Monte Rosa
Pzale Giulio Cesare
V. Gabriele Rossetti
V. Giotto
V. Paolo Giovio
V. Elba
Pza Po
V. Etna
V. Romolo Gessi
V. Vincenzo Foppa
V. Lorenteggio
V. Bartolomeo d'Alviano
V. Arzaga
V. Luigi Soderini
V. Pietro Rondoni
V. Mario Donati
V. Leone Tolstoi
V. Zuara
V. Giambellino
V. Savona
V. Tortona
V. Andrea Solari
V. Voghera
V. Vigevano
Vle Gian Galeazzo
V. Valenza
Pta Ticinese
Ripa di Pta Ticinese
V. Filippo Argelati
Vle Cassala
Vle Liguria
Vle Tibaldi
V. Malaga
V. Santander
V. Carlo Bo
V. Carlo Darwin
Cso S. Gottardo
V. Odoardo Tabacchi
Cso Sempione
Cso Vercelli
Cso Magenta
V. Giovanni Prati
V. Antonio Canova
Vle Elvezia
V. Legnano
Vle Molière
Foro Buonaparte
Pza Castello
Broletto
V. Vincenzo Monti
V. Lodovico Ariosto
V. Mario Pagano
Vle di Pta Vercellina
V. Giosuè Carducci
V. Edmondo De Amicis
Vle Papiniano
Vle Coni Zugna
Cso Genova
Vle Gabriele D'Annunzio
V. Giuseppe Bezzi
V. Bramante
Vle Luigi Bodio
Vle Edoardo Jenner
V. Vincenzo Lancetti
V. Principe Eugenio
V. Carlo Farini
V. Valtellina
V. Pietro Maroncelli
V. Alessandro Volta
V. Paolo Lomazzo
V. Giulio Procaccini
V. Monviso
V. Luigi Nono
V. Carlo Imbonati
V. Livigno
V. Caianello
V. Giuseppe Guerzoni
Cavalcavia Bacula
Vle Adriano
V. Vittore
V. Gian Battista Vico
V. Olona
V. Nirone
V. Ariberto
V. Molino delle Armi
V. Carlo Troya
Pza Napoli
V. Tito Vignoli
V. Gentile Bellini
Cavalcavia Don Lorenzo Milani
V. Sta Rita da Cascia
V. Ettore Ponti
V. Italo Svevo
V. Giovanni Segantini
V. Mario Pichi
V. Pavia
V. Francesco Brioschi
V. Giovanni Pezzotti
V. Aicardo
V. Pietro Custodi
V. Col Moschin

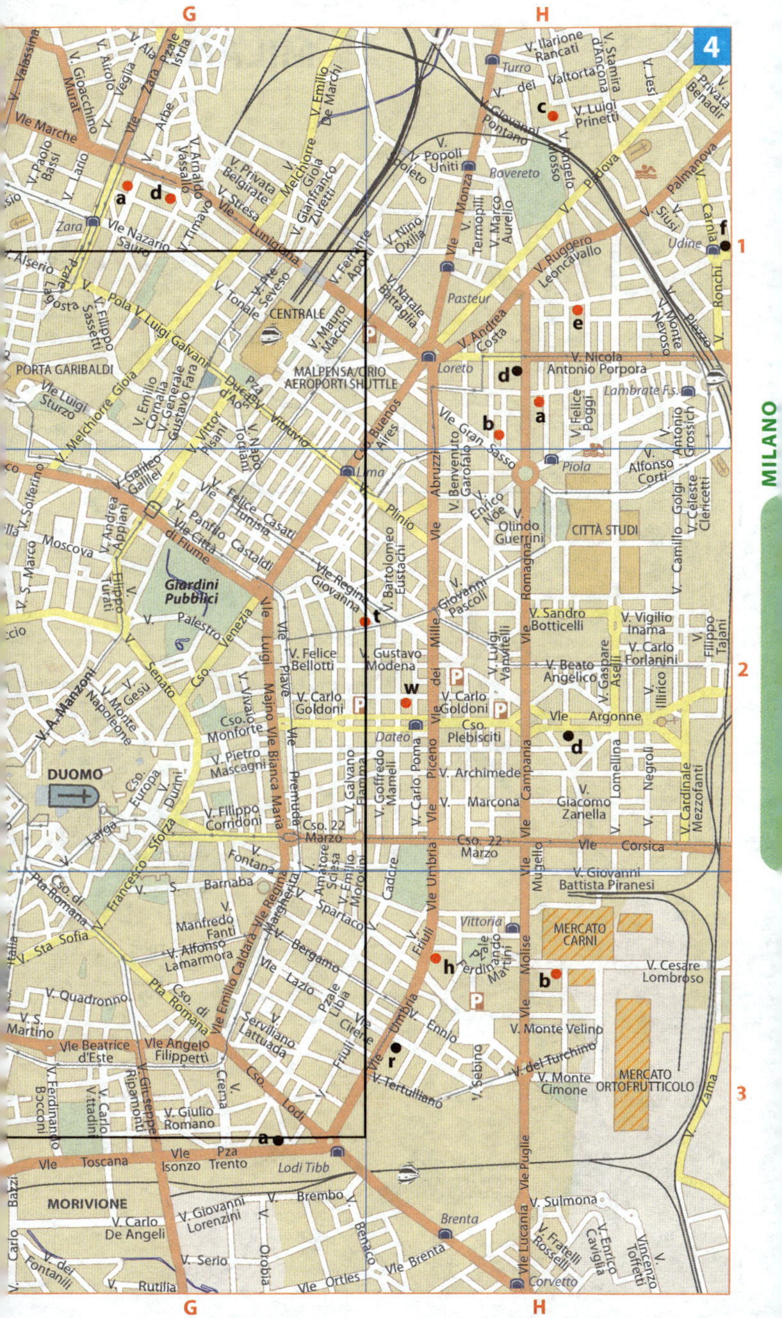

4
MILANO
CENTRALE
PORTA GARIBALDI
MALPENSA/ORIO AEROPORTI SHUTTLE
CITTÀ STUDI
Giardini Pubblici
DUOMO
MERCATO CARNI
MERCATO ORTOFRUTTICOLO
MORIVIONE
Zara
Turro
Rovereto
Pasteur
Loreto
Udine
Lambrate F.S.
Piola
Lima
Dateo
Vittoria
Lodi Tibb
Brenta
Corvetto
Vle Marche
Vle Nazario Sauro
V. Luigi Galvani
V. Melchiorre Gioia
Vle Monza
V. Padova
Vle Abruzzi
Vle Romagna
Cso. Buenos Aires
Vle Regina Giovanna
Cso. 22 Marzo
Vle Corsica
Vle Argonne
Cso. Plebisciti
Vle Umbria
Vle Molise
Vle Puglie
Vle Lucania
Vle Toscana
Vle Isonzo
Pza Trento
Vle Brenta
Vle Ortles
Cso. Lodi
Cso. di Pta Romana
Cso. Venezia
Cso. Europa
V. Francesco Sforza
V. A. Manzoni
V. Senato
Vle Beatrice d'Este
Vle Angelo Filippetti
Vle Emilio Caldara
Vle Regina Margherita
V. Giovanni Battista Piranesi
V. Nicola Antonio Porpora
V. Andrea Costa
V. Ruggero Leoncavallo
V. Palmanova
V. Giovanni Pascoli
V. Carlo Goldoni

5
MILANO
0
300 m
J
K
1
2
3
V. Cenisio
V. Principe Eugenio
V. Mac Mahon
V. Giuseppe Govone
V. Privata Giovanni Calvi
CIMITERO MONUMENTALE
V. Valtellina
V. Carlo Farini
Guglielmo
V. Ezio Biondi
V. Bullona
V. Losanna
V. S. Galdino
V. Fratelli Induno
V. Monviso
V. Messina
V. Luigi Nono
Pzale Cimitero Monumentale
V. Maurizio Quadrio
V. Tito Speri
Cso. Sempione
V. Arona
V. Angelo Poliziano
V. Giuseppe Mussi
V. Paolo Lomazzo
V. Aleardo Aleardi
Ceresio
PORTA VOLTA
Piazza Gramsci
V. Paolo Sarpi
V. Bramante
Vle Montello
Vle Francesco Crispi
V. Francesco Filelfo
V. Giovanni da Procida
V. Luigi Canonica
V. Giordano Bruno
Bastioni di Pta Volta
V. Vittorio Alfieri
V. Severino Boezio
V. Francesco Ferrucci
V. Carlo Linneo
V. Andrea Massena
V. Francesco Melzi D'Eril
V. Luigi Canonica
Moscova
Pza 6 Febbraio
V. Luca Comerio
V. Antonio Canova
V. Luigi Cagnola
Vle Giulio Douhet
Vle Elvezia
Pza Lega Lombarda
Piazza Giovanni XXIII
V. Eupili
Arco della Pace
Arena
V. Legnano
V. Pal.
Vle Cassiodoro
V. Ippolito Nievo
V. Leone XIII
V. Niccolò Machiavelli
Torre Branca
Parco Sempione
Vle Enrico Ibsen
S. Simpliciano
V. Tiziano
V. Gabriele Rossetti
V. Vincenzo Monti
Lgo Quinto Alpini
V. Mario Pagano
V. Giuseppe Revere
Triennale Design Museum Pal. d'Arte
Lgo Paolo Grassi
Foro Buonaparte
Lanza
V. Fiori Chiari
Largo Carabinieri d'Italia
V. Lorenzo Mascheroni
Vle Emilio Zola
Vle Gerolamo Gadio
Pza del Carmine
Pza Castello
CASTELLO SFORZESCO
V. Bernardino Telesio
Pagano
V. 20 Settembre
V. Aurelio Saffi
NORD
Cadorna
Cairoli
Buonaparte
V. Dante
V. Antonio Scarpa
Conciliazione
V. Giovanni Boccaccio
V. Vincenzo Monti
V. Giosuè Carducci
Palazzo Litta
Teatro dal Verme
Piccolo Teatro
Cso. Vercelli
CENACOLO
Corso Magenta
S. Maria d. Grazie
BORSA
V. Paolo Giovio
V. Polibio
Vle S. Michele del Carso
Vle di Pta Vercellina
Museo Civico Archeologico
S. Maurizio
V. della Posta
V. S. Vittore
V. Aristide De Togni
V. Sta Valeria
V. Morigi
V. dei Bollo
V. Andrea Verga
V. Ercole Ferrario
Vle Aquileia
V. Giuseppe Dezza
Museo della Scienza e della Tecnologia Leonardo da Vinci
S. Ambrogio
V. Cappuccio
V. Sant'Orsola
V. S. Pio V
V. Circo
V. Pietro Azario
V. Numa Pompilio
V. Olona
V. del Carroccio
V. Lesmi
V. Caminadella
V. Cesare Correnti
V. Torino
V. dei Piatti
V. Stampa
x
p
h
a
b
c
f
d
g
n
q
e
s
r
v
z
m
M

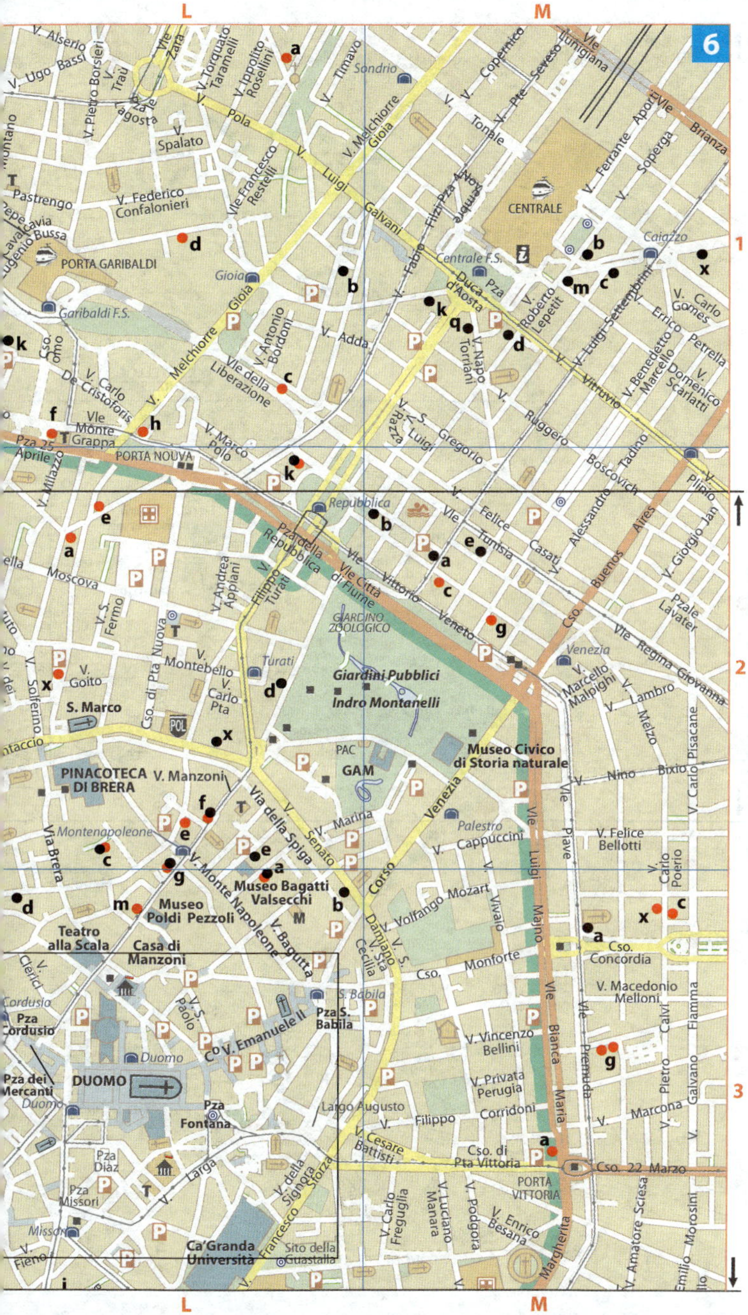
6
L
M
1
2
3
V. Alserio
V. Ugo Bassi
V. Pietro Borsieri
V. Traù
Pza Lagosta
Vle Zara
V. Torquato Taramelli
V. Ippolito Rosellini
V. Timavo
Sondrio
V. Melchiorre Gioia
V. Copernico
V. Pte Seveso
Vle Lunigiana
Vle Brianza
V. Spalato
Pola
V. Luigi Galvani
V. Tonale
V. Ferrante Aporti
V. Soperga
Pastrengo
V. Federico Confalonieri
Vle Francesco Restelli
Pza Nove Agosto
CENTRALE
Caiazzo
PORTA GARIBALDI
Gioia
Centrale F.S.
Pza Duca d'Aosta
V. Fabio Filzi
V. Roberto Lepetit
V. Luigi Settembrini
V. Carlo Gomes
Garibaldi F.S.
V. Antonio Bordoni
V. Adda
V. Napo Torriani
V. Errico Petrella
V. Benedetto Marcello
V. Domenico Scarlatti
V. Melchiorre Gioia
Vle della Liberazione
V. Vitruvio
V. Carlo De Cristoforis
Vle Monte Grappa
V. S. Gregorio
V. Ruggero Boscovich
V. Tadino
V. Pilnio
Pza 25 Aprile
PORTA NUOVA
V. Marco Polo
V. Razza
V. Luigi
V. Milazzo
Repubblica
Vle Felice Casati
V. Alessandro
Cso Buenos Aires
V. Giorgio Jan
Pza della Repubblica
Vle Tunisia
Pzale Lavater
Moscova
V. Andrea Appiani
V. Filippo Turati
Vle Città di Fiume
Vle Vittorio Veneto
V. S. Fermo
GIARDINO ZOOLOGICO
Vle Regina Giovanna
Venezia
Turati
V. Montebello
V. Goito
V. Carlo Pta
V. Solferino
Giardini Pubblici Indro Montanelli
V. Marcello Malpighi
V. Lambro
V. Melzo
S. Marco
Cso di Pta Nuova
Museo Civico di Storia naturale
PAC
GAM
PINACOTECA DI BRERA
V. Manzoni
V. Nino Bixio
V. Carlo Pisacane
Vle Piave
Montenapoleone
Via della Spiga
V. Senato
V. Marina
Corso Venezia
Palestro
V. Cappuccini
V. Felice Bellotti
Via Brera
V. Carlo Poerio
Museo Bagatti Valsecchi
V. Monte Napoleone
V. Volfango Mozart
V. Vivaio
Vle Luigi Majno
Museo Poldi Pezzoli
V. Bagutta
V. S. Damiano
V. Sta Cecilia
Cso Concordia
Teatro alla Scala
Casa di Manzoni
Cso Monforte
V. Clerici
Cordusio
Pza Cordusio
V. S. Paolo
S. Babila
Pza S. Babila
V. Macedonio Melloni
Cso V. Emanuele II
V. Vincenzo Bellini
Vle Bianca Maria
Vle Premuda
V. Calvi
V. Fiamma
Duomo
Pza dei Mercanti
DUOMO
V. Privata Perugia
V. Pietro
V. Galvano
Pza Fontana
Largo Augusto
V. Filippo Corridoni
V. Marcona
V. Cesare Battisti
Cso di Pta Vittoria
Cso 22 Marzo
Pza Diaz
V. Larga
PORTA VITTORIA
Pza Missori
V. della Signora
V. Carlo Freguglia
V. Luciano Manara
V. Podgora
V. Enrico Besana
V. Amatore Sciesa
V. Emilio Morosini
Missori
V. Fieno
Ca'Granda Università
Sito della Guastalla
V. Francesco Sforza
Vle Margherita

J
K
7
2
3
4
Arco della Pace
Arena
Parco Sempione
Torre Branca
Triennale Design Museum Pal. d'Arte
CASTELLO SFORZESCO
S. Simpliciano
Lanza
Pza del Carmine
Cairoli
Cadorna
NORD
Foro Buonaparte
Palazzo Litta
Teatro dal Verme
Piccolo Teatro
BORSA
CENACOLO
S. Maria d. Grazie
Museo Civico Archeologico
S. Maurizio
S. Ambrogio
Museo della Scienza e della Tecnologia Leonardo da Vinci
Conciliazione
Pagano
Largo Carabinieri d'Italia
Piazza Giovanni XXIII
S. Agostino
PARCO SOLARI
S. Lorenzo Maggiore
PORTA GENOVA
Porta Genova F.S.
Darsena
Sant'Eustorgio
Pta Ticinese
CONCHETTA
Corso Magenta
Cso. Vercelli
Cso. Sempione
Vle Papiniano
Cso. Genova
Vle Gabriele D'Annunzio
Cso. Cristoforo Colombo
Ripa di Pta Ticinese
Alzaia Naviglio Grande
V. Vigevano
V. Tortona
V. Savona
V. Voghera
V. Andrea Solari
V. Cola di Rienzo
V. Privata Letizia
V. Valparaiso
V. Vincenzo Foppa
Vle Coni Zugna
V. S. Vittore
V. Vincenzo Monti
V. Giosuè Carducci
V. Dante
V. Torino
V. Stampa
V. Cesare Correnti
V. Molino delle
Corso di Porta Ticinese
V. Arena
V. Col Moschin
V. Emilio Gola
V. Cardinale Ascanio Sforza
V. Giovanni Segantini
V. Giosuè Borsi
V. Pavia
V. Lorenzo Mascheroni
V. Gabriele Rossetti
Vle Cassiodoro
V. Leone XIII
V. Ippolito Nievo
V. Tiziano
V. Paolo Giovio
V. Polibio
V. Andrea Verga
V. Ercole Ferrario
Vle Giuseppe Dezza
Vle di Pta Vercellina
Vle S. Michele del Carso
V. Antonio Scarpa
V. Bernardino Telesio
V. 20 Settembre
V. Aurelio Saffi
V. Giovanni Boccaccio
Vle Emilio Zola
Vle Gerolamo Gadio
Vle Enrico Ibsen
Vle Elvezia
Pza Lega Lombarda
V. Legnano
V. Luigi Canonica
V. Francesco Melzi D'Eril
V. Luigi Cagnola
Vle Giulio Douhet
V. Alfieri
V. Moscova
V. Andrea Massena
V. Niccolò Machiavelli
V. Vincenzo Monti
V. Mario Pagano
Lgo Quinto Alpini
V. Giuseppe Revere
V. Luca Comerio
V. Francesco Ferrucci
V. Carlo Linneo
V. Boezio
V. Euripide
Antonio Canova
Pza 6 Febbraio
V. Aristide De Togni
V. Sta Valeria
V. Cappuccio
V. Morigi
V. Sant'Orsola
V. Circo
V. Caminadella
V. Lanzone
V. Olona
V. del Carroccio
V. Lesmi
V. Numa Pompilio
V. Pietro Azario
V. Simonetta Cicco
V. Galeazzo Alessi
V. Mortara
V. Casale
V. Mario Fusetti
V. Angelo Fumagalli
V. Filippo Argelati
V. Privata Autari
V. Lombardini
V. Ettore Ponti
V. Carlo D'Adda
V. S. Croce
V. Calatafimi
V. della Posta
V. della Chiusa
V. Balilla
V. dei Piatti
V. Fiori Chiari
V. Palestro
Pza Castello
Lgo Paolo Grassi
V. Bocconi
a
b
c
d
e
f
h
k
m
r
v
w
z

L
M
8
Repubblica
Pza della Repubblica
V. Filippo Turati
Vle Città di Fiume
Vle Vittorio Veneto
Vle Tunisia
V. Felice Casati
V. Alessandro
Cso. Buenos Aires
V. Giorgio
Pzle Lavater
Vle Regina Giovanna
V. Marcello Malpighi
V. Lambro
V. Melzo
V. Carlo Pisacane
V. Nino Bixio
Venezia
GIARDINO ZOOLOGICO
Giardini Pubblici Indro Montanelli
Museo Civico di Storia naturale
PAC
GAM
Turati
Moscova
V. S. Fermo
V. Andrea Appiani
Cso. di Pta Nuova
V. Montebello
V. Carlo Pta
V. Goito
V. Solferino
S. Marco
PINACOTECA DI BRERA
V. Manzoni
Via della Spiga
V. Senato
V. Marina
Corso Venezia
Palestro
V. Cappuccini
Vle Piave
Vle Luigi Majno
V. Felice Bellotti
V. Carlo Poerio
Montenapoleone
Via Brera
V. Monte Napoleone
Museo Bagatti Valsecchi
Museo Poldi Pezzoli
V. Bagutta
V. Volfango Mozart
V. Vivaio
V. S. Damiano
V. Sta Cecilia
Cso. Monforte
Cso. Concordia
V. Macedonio Melloni
Teatro alla Scala
Casa di Manzoni
V. Clerici
Cordusio
Pza Cordusio
V. S. Paolo
Co V. Emanuele II
Pza S. Babila
S. Babila
V. Vincenzo Bellini
Vle Bianca Maria
V. Premuda
V. Pietro Calvi
V. Fiamma
V. Galvano
Duomo
DUOMO
Pza dei Mercanti
Pza Fontana
Largo Augusto
V. Filippo Corridoni
V. Privata Perugia
V. Marcona
V. Cesare Battisti
Cso. di Pta Vittoria
Cso. 22 Marzo
PORTA VITTORIA
Pza Diaz
Pza Missori
Missori
V. Larga
V. della Signora
V. Francesco Sforza
V. Carlo Freguglia
V. Luciano Manara
V. Podgora
V. Enrico Besana
Vle Regina Margherita
V. Amatore Sciesa
V. Emilio Morosini
V. Paullo
Ca'Granda Università
Sito della Guastalla
V. Fieno
Pza Erculea
V. Osti
V. Pace
V. Pietro Micca
V. Spartaco
V. Antonio Fogazzaro
Teatro Carcano
V. Sta Sofia
V. Bergamo
V. Cadore
Vle Lazio
V. Curtatone
Vle Emilio Caldara
Vle Monte Nero
Crocetta
V. Giuseppe Mercalli
V. Orti
Cso. di Pta Romana
V. Quadronno
V. Aldo Lusardi
V. S. Martino
V. Sta Lucia
V. Carlo Crivelli
V. dei Pellegrini
V. Madre Cabrini
V. Carlo Botta
V. Gerolamo Tiraboschi
Pzle Libia
Vle Cirene
Vle Beatrice d'Este
Vle Angelo Filippetti
Porta Romana
V. Pietro Colletta
V. Friuli
V. Ludovico Muratori
Vle Bligny
Vle Sabotino
V. Giuseppe Ripamonti
V. Altaguardia
V. S. Rocco
V. Crema
V. Verona
Cso. Lodi
Str. della Carità
V. Ferdinando Bocconi
V. Salasco
V. Carlo Vittadini
V. Vignola
V. Atto Vannucci
PARCO ALESSANDRINA RAVIZZA
V. Giovanni Bellezza
V. Francesco Soave
V. Trebbia
V. Mantova
Vle Umbria
2
3
4
L
M

Centro Storico

Four Seasons Hotel Milano

via Gesù 6/8 ✉ *20121* Ⓜ *Montenapoleone – ✆ 0 27 70 88 – www.fourseasons.com/milan* Pianta : L3**a**

67 cam – 580/800 € 580/800 €, ☕ 38 € – **51 suites**

Rist *La Veranda* – vedere selezione ristoranti

Avvolto in una suggestiva atmosfera, l'hotel è riuscito a creare una perfetta simbiosi tra i dettagli architettonici della struttura originaria (un convento del '400) e l'elegante design contemporaneo. Non stupitevi quindi di trovare nelle stupende camere - ricavate dalle spartane celle monastiche – il meglio della tecnologia moderna.

Park Hyatt Milano

Spa ... rist, ...

via Tommaso Grossi 1 ✉ *20121* Ⓜ *Duomo – ✆ 02 88 21 12 34 – www.milano.park.hyatt.it* Pianta : O1**n**

93 cam ☕ – 490/850 € 490/850 € – **13 suites**

Rist *Vun* ✿ – vedere selezione ristoranti

Rist *La Cupola* – Carta 69/91 €

In un palazzo del 1870, il design contemporaneo abbraccia ed accoglie i migliori confort moderni: camere ampie e bagni altrettanto spaziosi. Il travertino è l'epidermide della casa introdotta da uno splendido sole di Lucio Fontana. Alla Cupola vi attende una cucina tradizionale, in alternativa per pranzo da lunedì a venerdì al bar c'è un ricco buffet.

Grand Hotel et de Milan

cam, ...

via Manzoni 29 ✉ *20121* Ⓜ *Montenapoleone – ✆ 02 72 31 41 – www.grandhoteletdemilan.it* Pianta : L2-3**g**

88 cam – 410/683 € 440/710 €, ☕ 35 € – **7 suites**

Rist *Don Carlos* – vedere selezione ristoranti

Rist *Caruso* – Carta 50/86 € – *(solo a pranzo)*

Oltre un secolo e mezzo di vita per questo hotel che ha ospitato grandi nomi della musica, del teatro, del cinema e della politica nei suoi raffinati e suggestivi ambienti. Luminoso ristorante dedicato al tenore che in questo albergo registrò il suo primo disco.

Carlton Hotel Baglioni
via Senato 5 ✉ 20121 Ⓜ San Babila – ✆ 0 27 70 77 Pianta : L3**b**
– www.baglionihotels.com
83 cam ☕ – 🚹200/1100 € 🚹🚹250/1200 € – **9 suites**
Rist *Il Baretto al Baglioni* – ✆ 02 78 12 55 – Carta 78/170 €
Ospiti d'élite hanno pernottato in questa splendida struttura che si propone come una sorta di "casa fuori casa", trasmettendo una sensazione di calda familiarità, senza rinunciare al lusso. Pezzi d'antiquariato e dipinti impreziosiscono gli spazi comuni, mentre nelle camere convivono stucchi e moderne tecnologie.

Bulgari
via privata Fratelli Gabba 7/b ✉ 20121 Ⓜ Montenapoleone Pianta : L2**c**
– ✆ 0 28 05 80 51 – www.bulgarihotels.com
58 cam – 🚹550/620 € 🚹🚹550/620 €, ☕ 35 € – **11 suites**
Rist *Bulgari* – vedere selezione ristoranti
Dalla famosa maison di gioielli, un tributo all'hôtellerie di lusso. Colori caldi e materiali preziosi nelle camere, nonchè una delle più belle spa della città, dove l'hammam in vetro verde ricorda uno smeraldo.

Armani Hotel Milano
via Manzoni 31 ✉ 20123 Ⓜ Montenapoleone Pianta : L2**f**
– ✆ 02 88 83 87 02 – www.armanihotels.com
63 cam ☕ – 🚹500/1100 € 🚹🚹500/1100 € – **32 suites**
Rist *Armani* – vedere selezione ristoranti
Nel rigore di un austero edificio del 1937, espressione più pura dello stile Armani, un'ospitalità innovativa curata da lifestyle manager che assistono ospiti e non clienti. Lussuosa spa di oltre 1000 metri quadrati e camere molto ampie.

Starhotels Rosa Grand
piazza Fontana 3 ✉ 20122 Ⓜ Duomo – ✆ 0 28 83 11 Pianta : P2**v**
– www.starhotels.com
320 cam ☕ – 🚹160/1300 € 🚹🚹200/1300 € – **7 suites**
Rist *Roses* – vedere selezione ristoranti
Nel cuore di Milano, risorsa il cui interno ruota attorno alla corte, replicando forme semplici e squadrate, unite ad una naturale ricercatezza. Confort ed eleganza sono presenti in tutte le camere, ma solo da alcune è possibile ammirare le guglie del Duomo. A pranzo movimentata insalateria, la frequentazione replica anche per l'aperitivo.

NH President
largo Augusto 10 ✉ 20122 Ⓜ San Babila – ✆ 0 27 74 61 Pianta : P2**q**
– www.nh-hotels.it
274 cam ☕ – 🚹283/819 € 🚹🚹299/879 € – **12 suites**
Rist *Il Verziere* – Carta 38/85 €
Un hotel di taglio internazionale adatto ad una clientela d'affari o turistica, offre ambienti ampi ed accoglienti nonchè spazi per sfilate, colazioni di lavoro o congressi. Il ristorante propone piatti della tradizione mediterranea e soprattutto specialità della cucina lombarda.

UNA Hotel Cusani
via Cusani 13 ✉ 20121 Ⓜ Cairoli – ✆ 0 28 56 01 Pianta : K3**a**
– www.unahotels.it
86 cam ☕ – 🚹200/1100 € 🚹🚹220/1120 € – **6 suites** **Rist** – Carta 32/84 €
Situato in pieno centro storico, una posizione comoda per gli affari e per il turismo, la struttura dispone di camere molto ampie ed accoglienti con arredi semplici e moderni. La nuova palestra sarà apprezzata dagli sportivi.

The Gray
via San Raffaele 6 ✉ 20121 Ⓜ Duomo – ✆ 0 27 20 89 51 Pianta : P1**g**
– www.sinahotels.com – Chiuso agosto
21 cam – 🚹300/400 € 🚹🚹350/500 €, ☕ 33 € – **2 suites**
Rist *Le Noir* – Carta 43/101 € – *(chiuso agosto)*
Camere diverse fra loro, tutte da scoprire nei loro dettagli di pregio e dove la tecnologia regna sovrana. "Gray" solo nel nome - quasi un ironico omaggio al grigiore di certe giornate milanesi - in realtà, un esercizio di classe e stile come pochi in città. Le Noir è ristorante dall'atmosfera notturna e cucina mediterranea.

Milano Scala

via dell'Orso 7 ✉ 20121 Ⓜ Cairoli – ✆ 02 87 09 61 Pianta : L3**d**
– www.hotelmilanoscala.it – Chiuso agosto
58 cam ☕ – 🚹220/530 € 🚹🚹230/580 € – **4 suites**
Rist – Carta 35/60 € – *(chiuso domenica)*
Albergo di charme, a propensione ecosostenibile, nato nel 2010. Gli ambienti comuni non sono molto spaziosi, per contro offrono un'atmosfera di stile: estatico momento la prima colazione accompagnata dalle note di eccellenti musicisti. Il ristorante propone - la sera - una grande carta; a pranzo, menu light e un po' di street food.

Straf senza rist

via San Raffaele 3 ✉ 20121 Ⓜ Duomo – ✆ 02 80 50 81 Pianta : O1**p**
– www.straf.it
62 cam ☕ – 🚹210/709 € 🚹🚹240/739 € – **2 suites**
Adiacente al Duomo, un albergo modernissimo dal design modaiolo declinato con materiali inusuali come ardesia, ottone brumato, cemento e dove prevalgono i toni scuri tra cui il nero. Piacerà ai viaggiatori più curiosi e alla moda. Ottimo l'aperitivo (martedì con musica dal vivo) all'omonimo bar.

Manzoni

via Santo Spirito 20 ✉ 20121 Ⓜ Montenapoleone Pianta : L2**e**
– ✆ 02 76 00 57 00 – www.hotelmanzoni.com – Chiuso 23 dicembre-2 gennaio e agosto
44 cam – 🚹260/405 € 🚹🚹285/550 €, ☕ 22 € – **3 suites**
Rist – Carta 37/70 €
Elegante, come la zona centrale in cui si trova, hotel sorto nel 1951 e rinnovato totalmente pochi anni fa all'insegna di boiserie, marmi, parquet e specchi. Dotato anche di un piccolo centro benessere con vasca idromassaggio, bagno turco e sala per massaggi. In linea lo stile, quasi british, del ristorante.

Spadari al Duomo senza rist

via Spadari 11 ✉ 20123 Ⓜ Duomo – ✆ 02 72 00 23 71 Pianta : O2**f**
– www.spadarihotel.com – Chiuso 23-27 dicembre
39 cam ☕ – 🚹180/320 € 🚹🚹240/480 € – **1 suite**
Soggiornare allo Spadari significa pernottare in una moderna struttura del centro, che omaggia con discrezione il mondo dell'arte di cui i proprietari sono appassionati collezionisti: camino di Giò Pomodoro nella hall, mobili unici e studiato gioco di luci, affinché gli oggetti non si sostituiscano ai soggetti. A disposizione degli ospiti per pranzo e cena anche un American Bar.

De la Ville

via Hoepli 6 ✉ 20121 Ⓜ Duomo – ✆ 0 28 79 13 11 Pianta : P1**h**
– www.sinahotels.com
108 cam ☕ – 🚹250/480 € 🚹🚹300/500 € – **1 suite**
Rist *L'Opera* – ✆ 0 28 05 12 31 – Carta 48/73 €
Di "meneghino", qui, c'è solo la sua posizione strategica nel cuore di Milano, perché il nome è francese e lo stile old british: boiserie, camino, nonché belle stampe con soggetti ippici e caccia alla volpe. Aristocratica raffinatezza anche nelle camere, sia in stile classico sia contemporaneo, e rilassante piscina al roof con cupola trasparente da cui s'intravedono le guglie del Duomo.

Cavour

via Fatebenefratelli 21 ✉ 20121 Ⓜ Turati – ✆ 02 62 00 01 Pianta : L2**x**
– www.hotelcavour.it
114 cam ☕ – 🚹115/600 € 🚹🚹126/780 € – **7 suites**
Rist *Conte Camillo* – ✆ 0 26 57 05 16 – Carta 38/63 € – *(chiuso sabato e domenica)*
Preziosi i materiali usati, dai pavimenti alle boiserie, in questo albergo di sobria eleganza, poco distante dai principali siti d'interesse socio-culturale della città. Cucina tradizionale elaborata in chiave moderna al ristorante Conte Camillo.

Dei Cavalieri

piazza Missori 1 ✉ 20123 Ⓜ Missori – ✆ 0 28 85 75 00 Pianta : O2**m**
– www.hoteldeicavalieri.com
165 cam – †720 € ††720 € – **2 suites**
Rist – Carta 40/68 € – *(chiuso domenica)*
In un palazzo storico della metà del secolo scorso, un'atmosfera rilassante e il servizio sempre attento ed efficiente, l'hotel dispone di eleganti e confortevoli camere, arredate in stile moderno. Al 1° piano il ristorante.

Gran Duca di York senza rist

via Moneta 1/a ✉ 20123 Ⓜ Duomo – ✆ 02 87 48 63 Pianta : O1-2**d**
– www.ducadiyork.com – Chiuso 23-27 dicembre
33 cam – †85/210 € ††160/260 €
Un palazzo settecentesco a pochi passi dal Duomo e dalla Borsa di Milano, ospita un piccolo hotel con ambienti classici, ma con tocchi di inaspettata eleganza, come i bei quadri d'arte contemporanea: tutto merito dell'ottimo gusto degli eccellenti gestori!

Antica Locanda dei Mercanti senza rist

via San Tomaso 6 ✉ 20121 Ⓜ Cordusio – ✆ 0 28 05 40 80 Pianta : O1**a**
– www.locanda.it
15 cam – †195/365 € ††215/395 € – **8 suites**
All'interno di un palazzo storico (di cui occupa tre piani), piccolo, quanto accogliente albergo di sobria eleganza, dispone di camere spaziose all'insegna del parquet e dei tessuti bianchi. Alcune sono provviste di terrazzo.

Carrobbio senza rist

via Medici 3 ✉ 20123 Ⓜ Duomo – ✆ 02 89 01 07 40 Pianta : K3**d**
– www.hotelcarrobbiomilano.com – Chiuso vacanze di Natale e agosto
56 cam – †80/198 € ††140/356 €
In zona tranquilla nelle vicinanze del centro storico, si tratta di un hotel caratterizzato da una piacevole atmosfera che la titolare definisce "di casa". Dispone di un piccolo e rilassante giardino d'inverno ed anche di 7 posti auto nel proprio garage.

Palazzo Segreti senza rist

via San Tomaso 8 ✉ 20121 Ⓜ Cairoli – ✆ 02 49 52 92 50 Pianta : O1**a**
– www.palazzosegreti.com
18 cam – †300/1200 € ††350/1200 €
Vicino alla movimentata via Dante, un palazzo del XVIII secolo, ora albergo di charme dove il minimalismo regna sovrano col cemento che si alterna a legni bianchi e metalli. Luci soffuse. Un bel indirizzo.

Mokimba King senza rist

corso Magenta 19 ✉ 20123 Ⓜ Cadorna F.N.M. Pianta : O1**e**
– ✆ 02 87 44 32 – www.mokinba.it
48 cam – †160/470 € ††335/605 €
Una struttura poco distante dal Duomo: arredi con qualche sfarzo nei piccoli spazi comuni e camere non grandi, ma confortevoli.

Zurigo

corso Italia 11/a ✉ 20122 Ⓜ Missori – ✆ 02 72 02 22 60 Pianta : L4**j**
– www.brerahotels.com
47 cam – †85/490 € ††85/730 €
Rist – Menu 12 € – *(chiuso sabato e domenica) (solo a pranzo)*
Un hotel moderno ricavato da un edificio d'epoca, dove l'arredamento gioca con le luci ed alterna colori caldi e freddi negli ambienti.

La Veranda – Hotel Four Seasons

via Gesù 6/8 ✉ 20121 Ⓜ Montenapoleone Pianta : L3**a**
– ✆ 02 77 08 14 78 – www.fourseasons.com/milan/dining
• CLASSICA • Carta 67/119 €
In un ambiente esclusivo ed estremamente elegante, le pareti in cristallo permettono di "contemplare" il chiostro, mentre la maestria e l'esperienza dello chef, Sergio Mei, mette in tavola piatti semplici o moderni, ma sempre proverbiali.

MILANO

XXXX ✿ **Vun** – Hotel Park Hyatt Milano

via Silvio Pellico 3 ✉ 20121 Ⓜ Duomo – ☎ 02 88 21 12 34 – www.ristorante-vun.it – Chiuso domenica Pianta : O1**n**

• MODERNA • Menu 115/150 € – Carta 88/116 € – *(solo a cena)*

Sontuoso, austero e minimalista: il Vun è il regno di un giovane cuoco napoletano nella cui cucina troverete echi di piatti e prodotti partenopei, ma soprattutto un fenomenale viaggio attraverso i migliori prodotti dello stivale.

➜ Caprese... dolce salato. Riso, limone, scampi, capperi, rosmarino. Gianduia e lamponi.

XXXX ✿✿ **Cracco**

via Victor Hugo 4 ✉ 20123 Ⓜ Duomo – ☎ 02 87 67 74 – www.ristorantecracco.it – Chiuso 24 dicembre-7 gennaio, 3 settimane in agosto, domenica e i mezzogiorno di sabato e lunedì Pianta : O1**e**

• CREATIVA • Carta 110/202 €

Moderna, essenziale e razionalista: si parla della sala ma anche della cucina a cui si aggiunge un estro creativo e sperimentale con pochi eguali.

➜ Risotto al pomodoro verde, pinoli tostati e gamberi. Fassone "Vicciola" arrosto, patate glassate e melanzane al sambuco. Nuvola di mascarpone, pistacchi di Bronte, fragole e fragoline.

XXXX ✿ **Trussardi alla Scala**

piazza della Scala 5, (palazzo Trussardi) ✉ 20121 Ⓜ Duomo – ☎ 02 80 68 82 01 – www.trussardiallascala.com – Chiuso 1°-21 gennaio, 2 settimane in agosto, sabato a mezzogiorno e domenica Pianta : O2**d**

• MODERNA • Menu 55/160 € – Carta 110/150 €

Rist *Café Trussardi* – vedere selezione ristoranti

In uno splendido palazzo affacciato sulla piazza che riassume alcuni dei simboli meneghini per eccellenza (abbiate cura di prenotare un tavolo con vista!), ci sono gli inevitabili omaggi alla città che si accompagnano tuttavia anche a piatti di altre regioni o più creativi.

➜ Bianco e nero di seppia. Primo taglio di fassona piemontese cotto in tegame, patata, fegato grasso, tartufo nero. Tartufo nero e tiramisù.

XXXX **Savini**

galleria Vittorio Emanuele II ✉ 20121 Ⓜ Duomo – ☎ 02 72 00 34 33 – www.savinimilano.it – Chiuso 10 giorni in gennaio, 20 giorni in agosto, sabato a mezzogiorno e domenica Pianta : O1**s**

• ITALIANA • Carta 86/148 €

Rist *Caffè Savini* –Carta 71/138 €

L'ingresso è attraverso le vetrine del Caffè Savini, che propone una carrellata dei piatti più rinomati della cucina italiana, ma è un ascensore che vi porterà alle delizie gourmet del ristorante al primo piano: dal 1867, la tradizione meneghina, ma anche piatti più estrosi.

XXX **Larte** Ⓝ

via Manzoni 5 ✉ 20123 Ⓜ Montenapoleone – ☎ 02 89 09 69 50 – www.lartemilano.com – Chiuso agosto e domenica Pianta : L3**m**

• CLASSICA • Menu 35 € – Carta 58/103 € – (consigliata la prenotazione)

Una sorta di valorizzazione del made in Italy, questo nuovo "salotto" milanese, che oltre a proporre una cucina classica italiana che spazia con disinvoltura – e capacità (!) – dalla terra al mare, si offre anche come punto vendita di ottimi prodotti. Larte è infatti cioccolateria, osteria, caffetteria e, last but not least, galleria d'arte!

XXX **Don Carlos** – Grand Hotel et de Milan

via Manzoni 29 ✉ 20121 Ⓜ Montenapoleone – ☎ 02 72 31 46 40 – www.ristorantedoncarlos.it – Chiuso agosto Pianta : L2-3**g**

• ITALIANA • Carta 75/117 € – *(solo a cena)*

Il nome e la colonna sonora sono un tributo all'opera verdiana, mentre l'atmosfera si fa raccolta con boiserie, bel parquet e foto d'epoca. La carta dà spazio ad ottime materie prime di terra e di mare, cucinate in chiave moderna.

XXX **Armani** – Armani Hotel Milano

via Manzoni 31 ✉ 20123 Milano Ⓜ Montenapoleone Pianta : L2**f**
– ✆ 02 88 83 88 88 – www.armanihotels.com
• MODERNA • Carta 60/132 € – (consigliata la prenotazione)
Sopra una "scacchiera" e con la cornice di ampie vetrate che regalano sublimi scorci di Milano, si accomodano gli ospiti di questo esclusivo ristorante dallo stile griffato, in linea con l'hotel. Piatti sapidi e ben preparati - alcuni con una buona dose di sfide tecniche - in linea con le tendenze attuali: un mix di creatività ed ingredienti mediterranei.

XXX **Teatro alla Scala - il Marchesino**

piazza della Scala ✉ 20121 Ⓜ Duomo – ✆ 02 72 09 43 38 Pianta : O1**c**
– www.ilmarchesino.it – Chiuso 1°-6 gennaio e domenica
• MODERNA • Carta 65/128 € – (consigliata la prenotazione)
Nel corpo del Teatro alla Scala, un ristorante con caffetteria e sala da tè: un calibrato mix di colonne classiche, quadri moderni ed arredi di design. Cucina raffinata e presentazioni di elegante essenzialità, in puro stile Gualtiero Marchesi.

XXX **Bulgari** – Hotel Bulgari

via privata Fratelli Gabba 7/b ✉ 20121 Ⓜ Montenapoleone Pianta : L2**c**
– ✆ 0 28 05 80 51 – www.bulgarihotels.com
• MODERNA • Menu 39/100 € – Carta 72/97 €
La stessa esclusività dell'hotel si ripropone nel piacevole ristorante affacciato su un inaspettato, quanto bellissimo giardino. La cucina gioca in chiave moderna ed attuale con i migliori sapori italiani.

XX **Armani Nobu**

via Pisoni 1 ✉ 20121 Ⓜ Montenapoleone Pianta : L2**e**
– ✆ 02 72 31 86 45 – www.noburestaurants.com – Chiuso 3 settimane in agosto e domenica a pranzo
• GIAPPONESE • Carta 53/117 €
Lo stilista Armani e Nobuyuki, uno dei migliori chef giapponesi, non potevano che creare un qualcosa di unico nel panorama gastronomico meneghino: in spazi essenziali e minimalisti, ispirati al design nipponico o a certi capi di "re" Giorgio, una cucina fusion con influenze sudamericane.

XX **Roses** – Starhotels Rosa Grand

piazza Fontana 3 ✉ 20122 Ⓜ Duomo – ✆ 0 28 83 11 Pianta : P2**v**
– www.starhotels.com
• ITALIANA • Menu 13/34 € – Carta 37/87 €
Servizio impeccabile, fantasia in cucina ed ottime materie prime: sono questi gli atout del ristorante Roses che non pecca nemmeno dal punto di vista dell'ambiente. Con i suoi spazi fluidi e molto chic è il luogo ideale per una romantica cena o per un pranzo di lavoro.

XX **Emilia e Carlo**

via Sacchi 8 ✉ 20121 Ⓜ Cairoli – ✆ 02 87 59 48 Pianta : K2-3**d**
– www.emiliaecarlo.it – Chiuso 10-17 agosto, sabato a mezzogiorno e domenica
• MODERNA • Carta 52/94 €
In un palazzo del primo Ottocento, ambientazione rustica con archi e soffitto con travetti a vista per una cucina giovane e creativa. Ottima, la scelta enologica.

XX **La Brisa**

via Brisa 15 ✉ 20123 Ⓜ Cadorna F.N.M. – ✆ 02 86 45 05 21 Pianta : K3**f**
– Chiuso 2 settimane a Natale e 3 settimane in agosto, domenica a mezzogiorno e sabato
• CREATIVA • Carta 53/83 € – (consigliata la prenotazione)
Due sale, di cui la più caratteristica in una veranda nella corte interna del palazzo, la cucina incanta con fegato grasso e risotti, pescato del giorno e maialini da latte iberici.

Rovello 18

via Tivoli 2 (angolo Corso Garibaldi) ✉ 20123 Milano Pianta : K2**c**
Ⓜ Lanza – ✆ 02 72 09 37 09 – www.rovello18.com – Chiuso 2 settimane in agosto e domenica a mezzogiorno
• CLASSICA • Carta 39/73 €
Nuova sede a circa 300 metri dalla precedente, che rimane come ricordo nel nome. Il resto si riconferma senza il minimo dubbio: ambiente piacevolmente retro, informale e ricercato allo stesso tempo. La cucina è italiana: pesce ma, soprattutto, ottima carne ed una intelligente carta dei vini.

Café Trussardi – Ristorante Trussardi alla Scala

piazza della Scala 5 ✉ 20121 Ⓜ Duomo Pianta : O2**d**
– ✆ 02 80 68 82 95 – www.cafetrussardi.com – Chiuso 1°-7 gennaio, 2 settimane in agosto e domenica
• MEDITERRANEA • Carta 48/80 €
Se il vostro obiettivo è quello di consumare un pasto veloce, senza fronzoli o tecnicismi, fermatevi qui: in un ambiente effervescente e cosmopolita, i sapori più intriganti della cucina mediterranea.

Hostaria Borromei

via Borromei 4 ✉ 20123 Ⓜ Cordusio – ✆ 02 86 45 37 60 Pianta : K3**c**
– www.hostariaborromei.com – Chiuso 24 dicembre-1° gennaio, 11-25 agosto e i mezzogiorno di sabato e domenica
• ITALIANA • Menu 30/50 € – Carta 31/61 €
Un piccolo locale in pieno centro storico con servizio estivo nella corte del palazzo settecentesco che lo ospita, propone una cucina regionale, specialità ittiche tutto l'anno e sfiziosità secondo stagione.

Al Mercato

via Sant'Eufemia 16 ✉ 20121 Milano Ⓜ Missori Pianta : L3**a**
– ✆ 02 87 23 71 67 – www.al-mercato.it – Chiuso 24 dicembre-6 gennaio, 1°-10 agosto e domenica
• MODERNA • Carta 49/55 € – (coperti limitati, prenotare)
Rist *Burger Bar* –Carta 14/18 €
Formula originale e moderna di due giovani chef. Nella prima piccolissima sala - intima e ben arredata - cucina gourmet, la sera, e, a pranzo, pochi piatti e variazioni sul tema dell'hamburger. Nell'altra area del locale, il dinamico Burger Bar (senza prenotazione e con tempi d'attesa, talvolta, un po' importanti), propone street food con gusto e l'immancabile hamburger.

Il simbolo segnala una carta dei vini particolarmente interessante.

Centro Direzionale

AC Milano

via Tazzoli 2 ✉ 20154 – ✆ 02 20 42 42 11 Pianta : K1**b**
– www.ac-hotels.com
156 cam – †120/620 € ††140/640 € – **2 suites**
Rist – Carta 43/56 € – *(solo per alloggiati)*
A due passi dalla movida milanese, che anima corso Como la sera, un contesto di modernità e design al servizio di una clientela business di alto livello. Camere di gran pregio in linea con lo standard della struttura.

Four Points Sheraton Milan Center

rist,

via Cardano 1 ✉ 20124 Ⓜ Gioia – ✆ 02 66 74 61 Pianta : L1**b**
– www.fourpointsmilan.com
254 cam – †103/550 € ††117/700 €
Rist *Nectare* – ✆ 02 66 74 61 40 – Carta 37/71 €
All'interno di una struttura architettonica recente troverete arredi di sobria eleganza nei riposanti spazi comuni; belle camere confortevoli. Recente e luminosa sala ristorante arredata con gusto.

UNA Hotel Tocq
rist,

via A. de Tocqueville 7/D ✉ 20154 Ⓜ Porta Garibaldi FS Pianta : L1**k**
– ✆ 0 26 20 71 – www.unahotels.it
121 cam – †129/699 € ††129/699 € – **1 suite**
Rist – Carta 44/69 € – *(chiuso sabato e domenica a pranzo)*
Vicino a quell'immenso cantiere che sta cambiando il volto di Milano, design moderno e arredi minimalisti in un hotel che risponde pienamente alle esigenze di una clientela business. Se per un aperitivo modaiolo ci si dà appuntamento nel lounge-bar, per gli amanti delle ore piccole la discoteca Hollywood è a due passi.

Holiday Inn Milan Garibaldi Station
cam,

via Ugo Bassi 1 angolo via Farini ✉ 20159 Ⓜ Porta Garibaldi FS
– ✆ 0 26 07 68 01 – www.himilangaribaldi.com Pianta : K1**a**
129 cam – †159/699 € ††179/799 € **Rist** – Carta 32/68 €
Sempre un valido riferimento nel panorama dell'hôtellerie meneghina: luminoso ed accogliente, di design minimalista, sfoggia un'originale sala colazioni con cupola in vetro. Proposte culinarie classiche nel ristorante di taglio moderno.

Berton Ⓝ

via della Liberazione 13 ✉ 20123 – ✆ 02 67 07 58 01 Pianta : L1**c**
– www.ristoranteberton.com – Chiuso due settimane in agosto, domenica e i mezzogiorno di sabato e lunedì
• CREATIVA • Menu 45 € – Carta 77/145 €
La nuova creatura del celebre chef si inserisce nella riqualificazione in "verticale" dell'area delle Varesine. All'interno sala dal design moderno, minimal ed elegante, mentre il menu riprende il discorso creativo intrapreso anni fa. In cucina, il tavolo - previa prenotazione - per rimirare Andrea all'opera.
➜ Canestrelli e liquirizia. Triglia con crema di patata fritta, fave, menta e acqua di pomodoro. Uovo di yogurt e mango.

Alice-Eataly Milano Smeraldo Ⓝ (Viviana Varese)

piazza XXV Aprile 10 ✉ 20123 Milano – ✆ 02 49 49 73 40 Pianta : L1**f**
– www.aliceristorante.it
• CREATIVA • Menu 89/90 € – Carta 72/96 € – (consigliata la prenotazione)
Il celebre Teatro Smeraldo diviene nel 2014 un grande Eataly milanese di cui certamente il ristorante Alice è uno degli assi nella manica: l'ambiente dal design accattivante è luogo perfetto per gustare una cucina creativa con tanto pesce e tanta fantasia.
➜ Carpaccio di pescato del giorno con frutta ed erbe aromatiche. "Superspaghettino" con brodo affumicato, julienne di calamaro, vongole, polvere di tarallo e limone. Ali di razza con scaloppa di foie gras, crema di finocchi e salsa al passito.

Daniel Ⓝ

via Castelfidardo, angolo via San Marco – ✆ 02 63 79 38 37 Pianta : L2**e**
– www.ristorantedanielmilano.it – Chiuso 1°-7 gennaio, agosto e domenica
• ITALIANA • Menu 30/70 € – Carta 35/75 €
Dopo diverse esperienze ad altissimi livelli, lo chef-patron apre il suo primo ristorante: sala e cucina sono di stampo contemporaneo, mentre i sapori richiamano in questo angolo - un po' "vecchia Milano" - tutto il meglio dei piatti e prodotti italiani. A mezzogiorno, c'è anche l'ormai immancabile carta light.

Ceresio 7 Ⓝ

via Ceresio 7 ✉ 20123 Milano – ✆ 02 31 03 92 21 Pianta : K1**s**
– www.ceresio7.com
• MODERNA • Carta 53/113 € – (consigliata la prenotazione la sera)
Al 4° piano del palazzo storico dell'ENEL, ristrutturato e divenuto quartier generale di Dsquared2, uno splendido esempio di interior design che gioca con ottone, marmo, legno in un riuscito mix di colori suadenti e stile vintage. La vista su Milano (ancora più bella dal lungo terrazzo-dehors con sfogo sulle due piscine) completa il bel quadro, mentre la cucina rispolvera, modernizzandoli, i grandi classici della tradizione italiana.

XX **Finger's Garden** (N)

via Keplero 2 ✉ 20121 Milano – ✆ 02 60 65 44 – www.fingersrestaurants.com
• GIAPPONESE • Menu 60/100 € – Carta 42/66 € – *(solo a cena escluso 1° aprile-31 ottobre)*
Locale dall'atmosfera orientale con luci soffuse ed un deciso target mondano. Lo chef-patron si destreggia con disinvoltura fra proposte di pesce crudo e originali creazioni fusion, in cui inserisce qualche tocco brasiliano. I più gourmet si affideranno al suo menu a mano libera.

XX **Il Liberty**

viale Monte Grappa 6 ✉ 20124 – ✆ 02 29 01 14 39 Pianta : L1**h**
– www.il-liberty.it – Chiuso 1 settimana in gennaio, 2 settimane in agosto, sabato a mezzogiorno e domenica
• CREATIVA • Carta 50/68 €
All'interno di un palazzo liberty, un locale piccolo nelle dimensioni – due sale ed un soppalco – ma grande in quanto ad ospitalità e piacevolezza. La cucina s'interessa sia al mare, sia alla terra: in quest'ultimo caso, con materie prime provenienti dalle campagne lombarde.

XX **Barbacoa**

via delle Abbadesse 30 ✉ 20123 – ✆ 0 26 88 38 83 Pianta : L1**a**
– www.barbacoa.it
• INTERNAZIONALE • Menu 45/75 € – *(solo a cena escluso domenica)*
Prima apertura europea di una catena di ristoranti brasiliani, il Barbacoa celebra la carne: il manzo regna sovrano, ma ci sono anche pollo, maiale e agnello. Il tour continua con la caipirinha, bevanda tipica a base di zucchero, lime e cachaca. Insalate miste e dessert di frutta esotica chiudono l'offerta.

X **Pisacco**

via Solferino 48 ✉ 20121 Ⓜ Moscova – ✆ 02 91 76 54 72 Pianta : L2**a**
– www.pisacco.it – Chiuso 12-19 agosto
• CLASSICA • Menu 12 € (pranzo in settimana) – Carta 28/48 €
Nel cuore pulsante di Milano, tra negozi e locali alla moda, questo ristorante è diventato subito un indirizzo di successo: in un ambiente volutamente informale, la cucina rispolvera i classici nazionali, come il risotto alla milanese con ragù di vitello. Non date nulla per scontato, però: in agguato c'è la fantasia di uno chef che la sa lunga...

X **Ratanà** (N)

via de Castilla 28 – ✆ 02 87 12 88 55 – www.ratana.it Pianta : L1**d**
– Chiuso 30 dicembre-10 gennaio, 9-19 agosto, sabato-domenica in estate, lunedì e martedì negli altri mesi
• CLASSICA • Menu 45 € – Carta 42/69 € – (consigliata la prenotazione)
Ritmo e dinamismo all'interno di un edificio ristrutturato che fu cinema e poi rimessa tramviaria: oggi è un locale dove la materia prima è protagonista, il piacevole dehors sul piccolo parco pubblico un atout in più!

X **Casa Fontana-23 Risotti**

piazza Carbonari 5 ✉ 20125 Ⓜ Sondrio – ✆ 0 26 70 47 10 Pianta : G1**d**
– www.23risotti.it – Chiuso 24 dicembre-12 gennaio e lunedì
• LOMBARDA • Menu 35 € – Carta 40/64 €
Val la pena aspettare i canonici 25 minuti per assaggiare la specialità della casa, celebrata anche dalle immagini di mondine alle pareti: il proverbiale risotto. Declinato in tante gustose varianti.

X **Timé**

via San Marco 5 ✉ 20121 Ⓜ Moscova – ✆ 02 29 06 10 51 Pianta : L2**x**
– www.ristorantetime.it – Chiuso 25 dicembre-1° gennaio, agosto, sabato a mezzogiorno e domenica
• MODERNA • Menu 40 € (cena) – Carta 35/63 €
La sala è ariosa, di taglio moderno, con tavoli ravvicinati in un ambiente vivace: il servizio attento, e pronto a raccontare l'affidabile cucina. Solo a pranzo, disponibilità di una seconda carta più economica.

Osaka

corso Garibaldi 68 ✉ 20121 Ⓜ Moscova – ✆ 02 29 06 06 78 Pianta : K2**v**
– www.milanoosaka.com
• GIAPPONESE • Menu 16 € (pranzo)/35 € – Carta 29/69 €
Lungo l'antica via che portava da Milano a Como, nascosto in una breve galleria, in sala regna un'atmosfera sobria e minimalista - tipicamente orientale - riservata a pochi commensali. Dalla cucina piatti nipponici, serviti anche al banco, di fronte allo chef che li prepara espressi.

Serendib

via Pontida 2 ✉ 20121 Ⓜ Moscova – ✆ 0 26 59 21 39 Pianta : K2**b**
– www.serendib.it
• INDIANA • Menu 15/23 € – Carta 20/42 €
Serendib, l'antico nome dello Sri Lanka, significa "rendere felici": una sfida ardua, ma questo ristorante vince la scommessa! Fedele alle sue origini, la cucina conquista con ricette indiane e cingalesi. Chicken curry, il re del menu!

Vietnamonamour N con cam

via Taramelli 67 ✉ 20124 Milano – ✆ 02 70 63 46 14 Pianta : G1**a**
– www.vietnamonamour.com – Chiuso vacanze di Natale
• VIETNAMITA • **4 cam** – †80/200 € ††120/260 €
Carta 22/59 € – *(chiuso lunedì a mezzogiorno e domenica)*
L'amore per il Vietnam ha un fratello gemello nel quartiere Isola. Differente rispetto all'omonimo ristorante sito in zona Città Studi, ma uguale nel fascino esotico e nelle azzeccate personalizzazioni, i piatti sono sempre stuzzicanti e le camere, intriganti scenari dove coccolarsi.

MILANO

Stazione Centrale

Principe di Savoia

piazza della Repubblica 17 ✉ 20124 Ⓜ Repubblica Pianta : L2**k**
– ✆ 0 26 23 01 – www.dorchestercollection.com
257 cam – †290/990 € ††320/1020 €, ☐ 45 € – **44 suites**
Rist *Acanto* – vedere selezione ristoranti
Affacciata su piazza della Repubblica, la bianca costruzione ottocentesca offre subito di sé un'immagine maestosa e signorile, ma è forse il respiro internazionale che la contraddistingue, il suo vero fiore all'occhiello. Splendide camere, attrezzature sportive e spazi benessere per un soggiorno di relax.

The Westin Palace

piazza della Repubblica 20 ✉ 20124 Ⓜ Repubblica Pianta : M2**b**
– ✆ 0 26 33 61 – www.westinpalacemilan.it
227 cam – †200/1700 € ††200/1700 €, ☐ 40 € – **5 suites**
Rist *Casanova* – Carta 61/98 €
A pochi minuti a piedi dalla Stazione Centrale e ben collegato a Fieramilano, l'hotel dispone di moderne camere e suite (splendida quella Presidenziale con terrazza privata e mini pool). The Westin Palace dispone anche di 13 sale riunioni modulari, che possono ospitare fino ad un massimo di 400 persone. Cucina mediterranea reinterpretata con maestria al ristorante Casanova.

Starhotels Anderson

cam,

piazza Luigi di Savoia 20 ✉ 20124 Ⓜ Centrale FS Pianta : M1**b**
– ✆ 0 26 69 01 41 – www.starhotels.com
106 cam – †109/950 € ††109/950 €, ☐ 20 € **Rist** – Carta 40/56 €
Hotel dalla calda atmosfera design: ambienti intimi e alla moda, camere accoglienti dotate di tutti i confort della categoria. Un piccolo ristorante serale allestito nella raffinata lounge con proposte gastronomiche di tono moderno.

NH Machiavelli

rist,

via Lazzaretto 5 ✉ 20124 Ⓜ Repubblica – ✆ 02 63 11 41 Pianta : M2**a**
– www.nh-hotels.com
100 cam ☐ – †179/479 € ††239/539 € – **3 suites**
Rist – Carta 38/110 € – *(chiuso 5-25 agosto, sabato e domenica)*
Una struttura moderna con camere sobrie e luminose ed un ambiente open space che può inglobare più spazi comuni in uno solo. Eccellente prima colazione.

ADI Doria Grand Hotel

viale Andrea Doria 22 ✉ *20124* Ⓜ *Caiazzo* Pianta : M1**x**
– ✆ 02 67 41 14 11 – www.adihotels.com
124 cam – 99/400 € 105/650 €
Rist – Carta 29/51 € – *(chiuso 24 dicembre-6 gennaio, agosto e domenica)*
Struttura classica dotata di un'elegante hall con arredi del primo Novecento, ampi spazi comuni (sede anche di eventi culturali e musicali), camere spaziose e confortevoli. Il raffinato ristorante propone una squisita cucina regionale ed internazionale.

Bristol senza rist

via Scarlatti 32 ✉ *20124* Ⓜ *Centrale FS – ✆ 0 26 69 41 41* Pianta : M1**m**
– www.hotelbristolmil.it
68 cam – 80/240 € 100/330 €
Nei pressi della stazione centrale, la struttura si presenta con una veste piuttosto tradizionale, per poi personalizzarsi con mobili antichi negli ambienti comuni e camere intime di classico confort.

Auriga senza rist

via Giovanni Battista Pirelli 7 ✉ *20124* Ⓜ *Centrale FS* Pianta : M1**k**
– ✆ 02 66 98 58 51 – www.auriga-milano.com – Chiuso 1°-6 gennaio e 2-25 agosto
52 cam – 90/280 € 120/380 €
La compresenza di stili diversi, una facciata particolare ed i vivaci colori creano un originale effetto scenografico. Confort ed efficienza per turisti e clientela d'affari.

Starhotels Echo

viale Andrea Doria 4 ✉ *20123* Ⓜ *Caiazzo – ✆ 0 26 78 91* Pianta : M1**c**
– www.starhotels.it
143 cam – 99/900 € 99/900 €, 25 €
Rist *Green restaurant* – Carta 39/49 €
Eco Contemporary Hotel: è la definizione di questa moderna struttura che fonde principi di ecosostenibilità, design e confort. Insomma, un indirizzo che non mancherà di piacere agli spiriti green.

Manin

via Manin 7 ✉ *20121* Ⓜ *Palestro – ✆ 0 26 59 65 11* Pianta : L2**d**
– www.hotelmanin.it
124 cam – 108/500 € 122/500 € – **2 suites**
Rist *Manin Restaurant* – Carta 33/64 € – *(chiuso 24 dicembre-6 gennaio, domenica a mezzogiorno e sabato)*
Sito nel cuore dell'attività socio-culturale della città, l'hotel propone camere in stile classico con graziose scene decorative sopra le testiere dei letti e stanze di design contemporaneo, alcune con terrazza affacciata sul parco. Piatti della tradizione nell'ambiente raccolto dell'omonimo ristorante.

Augustus senza rist

via Napo Torriani 29 ✉ *20124* Ⓜ *Centrale FS* Pianta : M1**q**
– ✆ 02 66 98 82 71 – www.augustushotel.it
56 cam – 110/200 € 140/290 €
In prossimità della stazione centrale, un hotel di taglio classico a conduzione diretta, particolarmente tranquillo in quanto tutte le camere si affacciano sul retro. La ricca colazione ben predispone alla giornata.

Colombia senza rist

via Lepetit 15 ✉ *20124* Ⓜ *Centrale FS – ✆ 0 26 69 25 32* Pianta : M1**d**
– www.hotelcolombiamilano.com
48 cam – 90/300 € 120/440 €
Grazioso hotel a gestione familiare, ristrutturato negli ultimi tempi, dispone di camere confortevoli in stile minimal design. Piacevole giardinetto interno per la prima colazione: praticamente una rarità a Milano!

Sanpi senza rist
via Lazzaro Palazzi 18 ✉ 20124 Ⓜ Porta Venezia Pianta : M2**e**
– ✆ 02 29 51 33 41 – www.hotelsanpimilano.it
79 cam – 95/350 € 115/600 €
Struttura di dimensioni ridotte, ma di grande piacevolezza, soprattutto nelle camere al piano B1 (le più nuove). Snack bar con piatti freddi e, prima di tuffarsi nella frenetica vita milanese, colazione nella graziosa corte interna.

Acanto – Hotel Principe di Savoia
piazza della Repubblica 17 ✉ 20124 Ⓜ Repubblica Pianta : L2**k**
– ✆ 02 62 30 20 26 – www.dorchestercollection.com
• ITALIANA • Menu 29 € (pranzo in settimana)/100 €
– Carta 76/133 €
Tagliolini all'uovo con ragù di scampi e limone. Tempura di calamari, gamberi, triglietta con zucchine e salsa agrodolce. Strudel di mele con gelato al malaga. Quanto basta per far venire l'acquolina in bocca: cucina classico-contemporanea nell'elegante veste moderna di questo ristorante, dove grandi vetrate si affacciano su un inatteso giardino.

Gold
piazza Risorgimento, angolo via Poerio ✉ 20129 Pianta : M3**c**
Ⓜ Porta Venezia – ✆ 0 27 57 77 71 – www.dolcegabbanagold.it – Chiuso agosto e domenica
• ITALIANA • Carta 47/112 €
Sempre ai vertici nella hit parade dei locali più trendy di Milano, Gold fa dell'oro il suo carattere distintivo. Aspettatevi quindi un ambiente lussuoso e sfavillante: magari, tra uno shooting e l'altro, avrete la fortuna di assistere all'apparizione di Louise Veronica Ciccone, alias Madonna.

Joia (Pietro Leemann)
via Panfilo Castaldi 18 ✉ 20124 Ⓜ Repubblica Pianta : M2**c**
– ✆ 02 29 52 21 24 – www.joia.it – Chiuso 25 dicembre-8 gennaio, sabato a mezzogiorno e domenica
• VEGETARIANA • Menu 35 € (pranzo)/110 € – Carta 70/95 €
Non lontano da quell'importante cantiere - il più grande al momento d'Europa - per la riqualificazione urbana ed architettonica dei quartieri Isola, Varesine e Garibaldi, la cucina del Joia rimane sempre saldamente ancorata alla filosofia vegetariana: scenografiche presentazioni, ma permeabile ad influssi orientali.
→ La vita in forma: uovo apparente di formaggio fresco di capra e tartufo. Screendipity: gnocchi di patate senza farina con olive e capperi ed emulsione di verdure. Impermeanza: torta gelato di carruba, mou, mirtilli e una sorpresa inaspettata.

I Malavoglia
via Lecco 4 ✉ 20124 Ⓜ Porta Venezia – ✆ 02 29 53 13 87 Pianta : M2**g**
– www.ristorante-imalavoglia.com – Chiuso 24 dicembre-7 gennaio, agosto, lunedì a mezzogiorno e domenica
• SICILIANA • Menu 48 € – Carta 48/72 €
Vicino ai bastioni di Porta Venezia, il nome di questo locale suggerisce l'estrazione della cucina: siciliana e di mare, moderna, ma non scevra di antichi afflati. Cannolo al mantecato di pesce, carpaccio di ricciola agli agrumi, Stilnovo di pasta con le sarde, tra gli imperdibili del menu.

13 Giugno
via Goldoni 44 ang.via Uberti 5 ✉ 20129 Ⓜ Dateo Pianta : H2**w**
– ✆ 02 71 96 54 – www.ristorante13giugno.it
• SICILIANA • Carta 48/92 €
Pasta con i ricci di mare, caponata di melanzane, sarde a beccafico, cous-cous: sono solo alcune anticipazioni dei sapori siciliani che vi attendono in questo effervescente locale, dove non manca un delizioso giardino d'inverno.

MILANO

La Cantina di Manuela

via Carlo Poerio 3 ✉ 20129 Ⓜ Porta Venezia Pianta : M3**x**
– ✆ 02 76 31 88 92 – www.lacantinadimanuela.it
• ITALIANA • Menu 37 € – Carta 33/51 € – (consigliata la prenotazione)
Si mangia circondati da bottiglie di vino in un ambiente giovane e dinamico. Ad una carta di piatti particolarmente elaborati si aggiungono la sera gli antipasti: sostituiti a pranzo da insalate assortite per una clientela business orientata a proposte veloci. Specialità: tagliata di petto di faraona con tortino di riso Venere, zucchine e zenzero.

Da Giannino-L'Angolo d'Abruzzo

via Pilo 20 ✉ 20129 Ⓜ Porta Venezia – ✆ 02 29 40 65 26 Pianta : GH2**t**
• ABRUZZESE • Carta 20/38 €
Una calorosa accoglienza, un ambiente semplice ma vivace e sempre molto frequentato e il piacere di riscoprire, in piatti dalle abbondanti porzioni, la tipica cucina abruzzese. Ottimi, gli spaghetti alla chitarra al sugo di agnello!

Romana-Vittoria

Grand Visconti Palace

cam,

viale Isonzo 14 ✉ 20135 Ⓜ Lodi TIBB – ✆ 02 54 03 41 Pianta : G3**a**
– www.grandviscontipalace.com
166 cam – 100/1000 € 100/1100 € – **6 suites**
Rist *Al Quinto Piano* – ✆ 02 54 06 95 15 – Carta 49/78 € – *(chiuso domenica a pranzo e sabato)* (consigliata la prenotazione)
Nei grandi spazi di un ex mulino industriale è stato ricavato questo grande albergo di tono elegante: accogliente centro benessere, sale congressi e grazioso giardino. Se l'espressione al "settimo cielo" indica uno stato di grazia, al Quinto Piano il gusto ha trovato di che appagarsi… Cucina di ricerca, di fantasia e di cuore.

Château Monfort

cam, rist,

corso Concordia 1 ✉ 20129 – ✆ 02 77 67 61 Pianta : M3**a**
– www.chateaumonfort.com
77 cam – 293/1018 € 321/1046 €
Rist *Rubacuori* – Menu 85 € (cena) – Carta 56/98 € – (consigliata la prenotazione)
Eleganza non ostentata in un prestigioso palazzo liberty che porta la firma dell'architetto Paolo Mezzanotte: camere glamour-chic, da sogno quelle ispirate all'opera, ed una piccola SPA per momenti di grande relax. Piatti mediterranei nel menu del ristorante e nel nome una promessa...

Finger's Ⓝ

via San Gerolamo Emiliani 2 ✉ 20121 Ⓜ Lodi T.I.B.B. Pianta : M4**a**
– ✆ 02 54 12 26 75 – www.fingersrestaurants.com
• GIAPPONESE • Menu 60/100 € – Carta 42/66 € – *(solo a cena)* (prenotazione obbligatoria)
Esperienza nipponica a tuttotondo, mangiando sul tatami, o più occidentalizzata optando per dei normali tavolini, ma quello che vi suggerisce il menu allude ad una cucina giapponese creativa con qualche influenza brasiliana (la moglie di Okabe, lo chef, è in effetti di Rio). Un promettente ristorante nel panorama meneghino.

Globe Restaurant & Lounge bar

piazza 5 Giornate 1 ✉ 20129 – ✆ 02 55 18 19 69 Pianta : M3**a**
– www.globeinmilano.it – Chiuso 1 settimana in agosto e lunedì sera
• MODERNA • Carta 34/69 €
Se lo shopping ha stimolato il vostro appetito, all'ultimo piano di un importante negozio, un moderno open space - con terrazza panoramica - vi stupirà con una cucina poliedrica: nazionale, regionale e di pesce. Brunch domenicale e lounge bar tutti i giorni, tranne il lunedì, fino alle ore 02.

XX **Da Giacomo**

via P. Sottocorno 6 ✉ 20129 – ✆ 02 76 02 33 13 Pianta : M3**g**
– www.giacomoristorante.com
• PESCE E FRUTTI DI MARE • Carta 58/100 €
Ai nostalgici del mare, tante specialità di pesce - sebbene il menu annoveri anche qualche piatto di terra e (in stagione) tartufo d'Alba, ovoli e funghi porcini - in una vecchia trattoria milanese dei primi del '900.

XX **Giacomo Bistrot**

via Sottocorno 6 ✉ 20129 – ✆ 02 76 02 26 53 Pianta : M3**g**
– www.giacomobistrot.com
• MODERNA • Carta 53/89 €
Tavoli ravvicinati come in un bistrot parigino, ma anche atmosfere british come le belle librerie con ranghi serrati di volumi in marocchino, per un locale aperto fino a notte fonda, che propone una linea di cucina focalizzata su carne, selvaggina, ostriche e tartufi (in stagione).

X **Masuelli San Marco**

viale Umbria 80 ✉ 20135 Ⓜ Lodi TIBB – ✆ 02 55 18 41 38 Pianta : H3**h**
– www.masuellitrattoria.it – Chiuso 25 dicembre-6 gennaio, 3 settimane in agosto, lunedì a mezzogiorno e domenica
• LOMBARDA • Menu 22 € (pranzo) – Carta 35/77 €
Ambiente rustico di tono signorile in una trattoria tipica, con la stessa gestione dal 1921; linea di cucina saldamente legata alle tradizioni lombardo-piemontesi.

X **Dongiò**

via Corio 3 ✉ 20135 Ⓜ Porta Romana – ✆ 0 25 51 13 72 Pianta : M4**u**
– Chiuso 3 settimane in agosto, sabato a mezzogiorno e domenica
• CALABRESE • Carta 25/42 € – (consigliata la prenotazione)
Come poteva approdare la Calabria tra i meneghini? Così come tutti la conosciamo: un ambiente semplice e frequentatissimo - a conduzione familiare - come ormai se ne trovano pochi. Se la specialità della casa sono gli schiaffoni al pistacchio, in menu primeggiano comunque paste fresche, 'nduja e l'immancabile peperoncino.

X **Cascina Cuccagna-Un Posto a Milano** Ⓝ

Via Cuccagna 2 ✉ 20121 Milano – ✆ 0 25 45 77 85 Pianta : M4**b**
– www.unpostoamilano.it – Chiuso 1°-6 gennaio e lunedì
• CLASSICA • Menu 15 € (pranzo in settimana) – Carta 33/54 €
Un angolo verde e naturalistico nel contesto cittadino di Milano: la ristrutturazione di una ex cascina comunale ha dato vita a questa oasi non solo gastronomica, ma anche culturale. A pranzo, si può approfittare di un buffet molto ricco ad un prezzo interessante; la sera, la carta è più articolata, senza pertanto "infierire" sul rapporto qualità/prezzo.

Navigli

Magna Pars Suites Milano

via Forcella 6 ✉ 20123 Ⓜ Porta Genova FS Pianta : J4**c**
– ✆ 0 28 33 83 71 – www.magnapars-suitesmilano.it
28 suites – 330/1500 €
Rist *Da Noi In* – vedere selezione ristoranti
Espressione tangibile degli stupendi ma, per definizione, eterei profumi creati dai titolari, ogni camera di questo hotel di lusso vive di una sua fragranza, a cui s'ispirano anche le opere d'arte che l'arredano.

Nhow Milano cam, rist,

via Tortona 35 ✉ 20144 – ✆ 0 24 89 88 61 Pianta : J4**b**
– www.nhow-hotels.com
241 cam – 107/860 € 127/880 € – **1 suite** **Rist** – Carta 44/66 €
Ha fascino da vendere questo design hotel ospitato in un'ex area industriale: uno show room permanente in cui sono esposte eccellenze stilistiche ed artistiche, nonché confort inappuntabile nelle camere eclettiche.

D'Este senza rist

viale Bligny 23 ✉ 20136 – ☎ 02 58 32 10 01 Pianta : L4**d**
– www.hoteldestemilano.it – Chiuso vacanze di Natale

84 cam – †100/260 € ††120/420 €

Nella bohémien zona dei Navigli, tutte le camere di questa risorsa dagli ampi spazi comuni sono state recentemente ristrutturate. Non temete l'assegnazione di una stanza su strada: l'insonorizzazione è eccezionale!

Crivi's senza rist

corso Porta Vigentina 46 ✉ 20122 Ⓜ Crocetta Pianta : L4**e**
– ☎ 02 58 28 91 – www.crivis.com – Chiuso vacanze di Natale e agosto

86 cam – †100/250 € ††120/350 €

In comoda posizione vicino al metrò, una confortevole risorsa dalle gradevoli zone comuni e camere con arredi classici, adeguate nei confort e negli spazi.

Maison Borella

via Alzaia Naviglio Grande 8 ✉ 20144 – ☎ 02 58 10 91 14 Pianta : K4**f**
– www.hotelmaisonborella.com – Chiuso 11-17 agosto

26 cam – †155/800 € ††155/800 €

Rist – Carta 33/69 €

Nel cuore della vecchia Milano, in una tipica casa di ringhiera direttamente affacciata sul Naviglio, le camere precipitano l'ospite in un'atmosfera fine Ottocento con travi a vista, ma arredi in stile moderno.

Des Etrangers senza rist

via Sirte 9 ✉ 20146 – ☎ 02 48 95 53 25 Pianta : E3**y**
– www.hoteldesetrangers.it

94 cam – †60/300 € ††80/350 €

Una risorsa ben tenuta ed ubicata in una via tranquilla; buon confort e funzionalità nelle aree comuni e nelle camere. Comodo garage sotterraneo.

Sadler

via Ascanio Sforza 77 ✉ 20141 Ⓜ Romolo Pianta : F3**a**
– ☎ 02 58 10 44 51 – www.sadler.it – Chiuso 1°-8 gennaio e domenica

• CREATIVA • Menu 120/160 € – Carta 74/151 € – *(solo a cena)*

Affacciato su un Naviglio ormai periferico e di scarso fascino, tutta l'attenzione è rapita dalla cucina: imperniata su ottimi prodotti, si ispira, come le sale, al gusto contemporaneo, specializzandosi sul pesce, benché non manchino piatti di carne.

➜ Tortelli cacio e pepe con calamari cacciaroli farciti di amatriciana. Tonno rosso alla plancia in crosta d'olive, sfere di tzatziki e maionese di feta. Tiramisù versione moderna.

Da Noi In – Hotel Magna Pars Suites Milano

via Forcella 6 ✉ 20123 Ⓜ Porta Genova FS Pianta : J4**c**
– ☎ 02 83 78 11 11

• CLASSICA • Carta 50/90 €

Al fornelli uno chef di consolidata esperienza propone una solida cucina basata su classici italiani; in estate gettonatissimo il dehors. Se per voi, il tempo non è poi così tiranno, l'optimum sarebbe iniziare con un aperitivo al Liquidambar. Servizio valet parking!

Al Porto

piazzale Generale Cantore ✉ 20123 Ⓜ Porta Genova FS Pianta : K4**h**
– ☎ 02 89 40 74 25 – www.alportomilano.it – Chiuso 24 dicembre-3 gennaio, agosto, lunedì a mezzogiorno e domenica

• PESCE E FRUTTI DI MARE • Carta 48/78 €

Nell'800 era il casello del Dazio di Porta Genova, oggi un ristorante classico d'intonazione marinara molto frequentato sia a cena che a pranzo, sicuramente per la qualità del pesce, fresco, proposto anche crudo.

Tano Passami l'Olio (Gaetano Simonato)

via Villoresi, 16 ✉ 20143 – ✆ 02 83 94 13 9 Pianta : J4**f**
– www.tanopassamilolio.it – Chiuso 24 dicembre-6 gennaio, agosto e domenica
• CREATIVA • Menu 75/115 € – Carta 83/145 € – *(solo a cena)* (consigliata la prenotazione)

Luci soffuse, atmosfera romantica e creativi piatti di carne e di pesce, ingentiliti con olii extra-vergine scelti ad hoc da una fornita dispensa. Salotto fumatori con divano.

➜ Uova di quaglia caramellate su mousse di tonno, bottarga di tonno e tonno crudo marinato. Piccione laccato con le sue frattaglie, pere cotte nel Porto, vino rosso e frutti di bosco. Cannoli croccanti con mousse di ricotta alla mandorla.

La Scaletta

piazzale Stazione Genova 3 ✉ 20144 – ✆ 02 43 98 63 16 Pianta : J4**d**
– www.lascalettamilano.it – Chiuso 10-16 agosto, sabato a mezzogiorno e domenica
• MODERNA • Menu 16 € (pranzo in settimana)/45 € – Carta 37/66 €

Originali serigrafie con dettagli della città in un elegante locale, dove la motivata gestione di tre giovani fratelli ha portato un'ondata di simpatico dinamismo. Il menu si rifà alla tradizione gastronomica mediterranea e lombarda: alcune rivisitazioni di piatti storici risultano particolarmente riuscite.

Pirandello

viale Gian Galeazzo 6 ✉ 20136 – ✆ 02 89 40 29 01 Pianta : K4**e**
– www.ristorantepirandellomilano.com – Chiuso 7-30 agosto, sabato a mezzogiorno e domenica
• SICILIANA • Carta 45/58 €

Atmosfera, gestione e cucina sono decisamente siciliane: fragranti piatti di pesce e ricette trinacrie in entrambe le sale da pranzo.

28 Posti (N)

via Corsico 1 ✉ 20123 Ⓜ Porta Genova – ✆ 02 83 92 37 7 Pianta : K4**b**
– www.28posti.org – Chiuso lunedì
• MODERNA • Carta 38/66 € – *(solo a cena)*

Il nome anticipa la capacità ricettiva del locale: 28 posti a sedere. Cucina a vista in un ambiente rustico con tavoli e sedie in legno grezzo, accostati a muri in alcuni punti volutamente non intonacati. Total window offrono alla vista un piacevole continuum con l'esterno; piatti di stampo moderno.

Trattoria Aurora

via Savona 23 ✉ 20144 Ⓜ Sant' Agostino Pianta : J4**m**
– ✆ 02 83 23 14 4 – www.trattoriaauroramilano.it
• PIEMONTESE • Carta 20/50 €

Vetrate smerigliate con motivi floreali e decorazioni liberty ovunque: la cucina del mezzogiorno è semplice ma mai banale, piatti tipici della tradizione piemontese come la bagna cauda e il carrello dei bolliti.

Al Fresco (N)

via Savona 50 ✉ 20121 Milano Ⓜ Porta Genova Pianta : J4**e**
– ✆ 02 49 53 36 30 – www.alfrescomilano.it – Chiuso 10-25 agosto e lunedì
• CREATIVA • Carta 49/59 €

All'interno di un'ex fabbrica d'inizio Novecento, l'atmosfera è originale e bohémien, ma il gioiello è il servizio estivo nell'incantevole cortile interno. Dalla cucina tante verdure, accenti meridionali e carni piemontesi; a pranzo c'è solo una proposta più semplice e ristretta.

Chic'n Quick

via Ascanio Sforza 77 ✉ 20141 Ⓜ Romolo Pianta : F3**a**
– ✆ 02 89 50 32 22 – www.sadler.it – Chiuso 1°-8 gennaio, lunedì a mezzogiorno e domenica
• CREATIVA • Menu 20 € (pranzo) – Carta 35/68 €

Chic'n Quick, per non rinunciare al fascino di una tavola curata ed un servizio veloce. Cucina semplice, ma non priva di spunti fantasiosi: salumi e grigliate tra le specialità.

Trattoria Trinacria

via Savona 57 ✉ 20144 Ⓜ Sant' Agostino – ✆ 0 24 23 82 50 Pianta : J4**w**
– www.trattoriatrinacria.it – Chiuso 9-24 agosto, sabato a mezzogiorno e domenica
• SICILIANA • Carta 22/73 €

A gestione familiare, un locale accogliente nella sua semplicità confermata dal servizio informale. Tra luci soffuse e candele sui tavoli, il menu in dialetto (con sottotitoli in italiano) celebra le specialità siciliane.

Shiva

viale Gian Galeazzo 7 ✉ 20136 – ✆ 02 89 40 47 46 Pianta : K4**b**
– www.ristoranteshiva.it – Chiuso lunedì a mezzogiorno
• INDIANA • Menu 18/28 € – Carta 28/34 €

Ristorante indiano con grandi sale e un intimo soppalco. Ambienti confortevoli e caratteristici con luci soffuse e decori tipici. Cucina del nord con diverse specialità.

Al Pont de Ferr

Ripa di Porta Ticinese 55 ✉ 20143 Ⓜ Porta Genova FS Pianta : J4**a**
– ✆ 02 89 40 62 77 – www.pontdeferr.it – Chiuso 24 dicembre-6 gennaio e 9-24 agosto
• CREATIVA • Menu 60/120 € – Carta 60/89 €

Sulla passeggiata del Naviglio Grande - davanti al vecchio ponte di ferro - l'ambiente è rustico e di grande semplicità, ma la cucina, grazie ad una tecnica raffinata, si esprime a livelli di fine ricerca gastronomica. Menu più semplice con prezzi accessibili a pranzo (la carta è, comunque, disponibile su richiesta).

➜ Spaghettone con colatura di alici, aglio, olio e peperoncino. Pluma di maiale iberico con ricci di mare e burrata. Tarte Tatin di mele.

Trattoria Madonnina

via Gentilino 6 ✉ 20136 – ✆ 02 89 40 90 89 – Chiuso agosto, domenica e le sere di lunedì, martedì e mercoledì escluso dicembre Pianta : K4**d**
• ITALIANA • Carta 23/31 €

Trattoria milanese d'inizio '900 rimasta invariata nello stile: arredi d'epoca con locandine e foto, cucina semplice e gustosa. Piccolo dehors con pergola e tavoli in pietra.

Fiera-Sempione

Hermitage

via Messina 10 ✉ 20154 Ⓜ Porta Garibaldi FS Pianta : K1**q**
– ✆ 02 31 81 70 – www.monrifhotels.it – Chiuso 1°-24 agosto
122 cam – 420 € 450 € – **8 suites**
Rist *Il Giorno Bistrot* – vedere selezione ristoranti

In un quartiere brulicante di attività e negozi, un indirizzo sempre valido nel panorama dell'hôtellerie milanese. Raffinatezza e confort, interni in stile classico e modernità delle installazioni: difficile, pretendere di più.

Milan Marriott Hotel

via Washington 66 ✉ 20146 Ⓜ Wagner – ✆ 0 24 85 21 Pianta : E2**d**
– www.milanmarriotthotel.com
321 cam – 120/590 € 120/590 €, 20 €
Rist *La Brasserie de Milan* – ✆ 02 48 52 28 34 – Carta 42/101 €

Non lontano dal brulicante corso Vercelli, la struttura si caratterizza per la sua doppia anima: architettura esterna moderna ed ampi interni classicheggianti. Camere funzionali in stile. Specialità regionali e sapori mediterranei a La Brasserie de Milan.

Wagner senza rist

via Buonarroti 13 ✉ 20149 Ⓜ Buonarroti – ✆ 02 46 31 51 Pianta : E2**p**
– www.hotelwagnermilano.it
48 cam – 99/698 € 135/698 € – **1 suite**

Accanto all'omonima stazione della metropolitana, l'hotel è stato completamente ristrutturato e offre ambienti ben curati nei dettagli, arredati con marmi e moderni accessori.

Regency senza rist
via Arimondi 12 ✉ 20155 – ✆ 02 39 21 60 21 Pianta : E1**b**
– www.regencymilano.com – Chiuso 20 dicembre-6 gennaio
71 cam – 290 € 380 €
All'interno di un originale ed eclettico palazzo del 1925, zone comuni e camere propongono uno stile ovattato, riccamente decorato e vagamente inglese; una corte interna con tavolini offre un piccolo spazio all'aperto.

Enterprise Hotel rist,
corso Sempione 91 ✉ 20149 – ✆ 02 31 81 81 Pianta : E1**c**
– www.enterprisehotel.com
126 cam – 105/620 € 105/620 €, 20 € – **2 suites**
Rist *Sophia's* – ✆ 02 31 81 88 55 – Carta 40/76 €
Moderno, elegante e funzionale, l'albergo non dimentica tuttavia un tocco personale dedicato all'oriente: arredi e decorazioni asiatici ornano la struttura, compreso il piccolo centro benessere all'ultimo piano.

ADI Hotel Poliziano Fiera cam, cam,
via Poliziano 11 ✉ 20154 – ✆ 0 23 19 19 11 Pianta : J1**a**
– www.hotelpolizianofiera.it
98 cam – 73/336 € 80/397 € – **2 suites** **Rist** – Carta 25/42 €
Albergo d'impostazione moderna per un'ospitalità cordiale e attenta: piacevoli ambienti comuni, nonché spaziose camere arredate nei toni verde chiaro e sabbia.

MILANO

Mozart senza rist
piazza Gerusalemme 6 ✉ 20154 – ✆ 02 33 10 42 15 Pianta : J1**b**
– www.hotelmozartmilano.it
116 cam – 90/628 € 100/690 € – **3 suites**
L'eleganza classica della hall si stempera nel design delle camere, quasi tutte ristrutturate, riposanti nell'assenza di colori, piacevolmente moderne nelle decorazioni.

Domenichino senza rist
via Domenichino 41 ✉ 20149 Ⓜ Amendola Fiera Pianta : E2**f**
– ✆ 02 48 00 96 92 – www.hoteldomenichino.it – Chiuso 19 dicembre-6 gennaio
70 cam – 45/330 € 65/360 € – **2 suites**
In una via alberata, a due passi dalla Fieramilanocity, un hotel signorile che offre dotazioni e servizi di buon livello, accoglienti spazi comuni e camere confortevoli.

Metrò senza rist
corso Vercelli 61 ✉ 20144 Ⓜ Wagner – ✆ 0 24 98 78 97 Pianta : E2**x**
– www.hotelmetro.it
40 cam – 70/220 € 85/320 €
Conduzione familiare per una risorsa in una delle vie più rinomate per lo shopping; camere piuttosto eleganti, gradevolissima sala colazioni panoramica al roof-garden.

Lancaster senza rist
via Abbondio Sangiorgio 16 ✉ 20145 Ⓜ Cadorna F.N.M. Pianta : J2**c**
– ✆ 02 34 47 05 – www.hotellancaster.it
30 cam – 65/139 € 99/324 €
Un edificio ottocentesco situato in zona residenziale ospita una piacevole risorsa con spazi comuni non enormi, ma gradevoli ed accoglienti. Camere in stile.

Astoria senza rist
viale Murillo 9 ✉ 20149 Ⓜ Lotto – ✆ 02 40 09 00 95 Pianta : E2**m**
– www.astoriahotelmilano.com
68 cam – 75/300 € 95/400 €
Lungo un viale di circonvallazione, albergo frequentato soprattutto dalla clientela d'affari; camere con arredi moderni e ottima insonorizzazione.

Mini Hotel Portello senza rist

via Guglielmo Silva 12 ✉ 20149 – ✆ 0 24 81 49 44 Pianta : E1**a**
– www.minihotel.it – Chiuso 24 dicembre-6 gennaio e agosto

96 cam ☕ – 🚹60/500 € 🚹🚹80/800 €

A due passi da FieraMilanoCity, la hall vi accoglie con poltroncine in pelle bianca ed uno stile moderno e piacevolmente minimalista. Le camere - anch'esse recentemente ristrutturate - sono piuttosto semplici, ma senza dubbio funzionali, in gran parte caratterizzate da grandi foto della Milano d'epoca.

Montebianco senza rist

via Monte Rosa 90 ✉ 20149 Ⓜ Lotto Fiera Pianta : E2**h**
– ✆ 02 48 01 21 30 – www.mokinba.it

46 cam – 🚹120/470 € 🚹🚹160/605 €, ☕ 9 €

In un grazioso edificio d'epoca - lasciata la vettura nel parcheggio - si soggiorna all'insegna della comodità, davanti all'ingresso della metropolitana e con la vecchia FieraMilanoCity raggiungibile a piedi.

MILANO

Mini Hotel Tiziano senza rist

via Tiziano 6 ✉ 20123 Milano Ⓜ Buonarroti Pianta : E2**b**
– ✆ 0 24 69 90 35 – www.minihotel.it

54 cam ☕ – 🚹60/500 € 🚹🚹80/800 €

A pochi metri dalla stazione metropolitana Buonarroti, l'hotel fa parte di una minicatena a carattere familiare e dispone di un parco secolare su cui si affacciano parte delle moderne stanze.

Antica Locanda Leonardo senza rist

corso Magenta 78 ✉ 20123 Ⓜ Conciliazione Pianta : J3**m**
– ✆ 02 48 01 41 97 – www.anticalocandaleonardo.com – Chiuso 2-7 gennaio e 6-25 agosto

16 cam ☕ – 🚹95/350 € 🚹🚹170/395 €

L'atmosfera signorile si sposa con l'accoglienza familiare in un albergo affacciato su un piccolo cortile interno, in ottima posizione vicino al Cenacolo leonardesco. Camere con arredi d'epoca o contemporanei.

Campion senza rist

viale Berengario 3 ✉ 20149 Ⓜ Amendola Fiera Pianta : E2**c**
– ✆ 02 46 23 63 – www.hotelcampion.com – Chiuso 23 dicembre-7 gennaio e agosto

27 cam ☕ – 🚹69/290 € 🚹🚹89/430 €

Hotel situato di fronte all'ingresso di Fieramilano City, a pochi passi dal metrò. Conduzione familiare efficiente, camere classiche e confortevoli.

Bon Wei

via Castelvetro 16/18 ✉ 20154 – ✆ 02 34 13 08 Pianta : J1**h**
– www.bon-wei.it – Chiuso lunedì a pranzo

• CINESE • Carta 29/60 € – (consigliata la prenotazione)

Abbandonato il ritrito assioma per cui la cucina cinese è equivalente a cibi iperfritti, di scarsa qualità, economici, qui scopriamo il ristorante di questa categoria più raffinato di Milano e non solo. In sale, scure, moderne ed eleganti, le specialità attingono un po' in tutta la Cina.

Olei Ⓝ

via Washington 20 ✉ 20146 Milano Ⓜ Wagner Pianta : E2**e**
– ✆ 0 24 98 39 97 – www.ristoranteolei.it – Chiuso sabato a mezzogiorno e domenica fino al 31 marzo; dal 1° aprile sempre aperto

• PESCE E FRUTTI DI MARE • Carta 45/93 €

Dedicato al prodotto principe della dieta mediterranea, l'olio è il filo conduttore di molti piatti del ristorante, quasi tutti di pesce, ispirati ai classici della cucina italiana, semplici e senza eccessive elaborazioni. Una sala interna è stata inoltre adibita a bistrot, con proposte diverse, veloci, ma sempre di elevata qualità.

XX **Bianca** (N)

via Panizza 10 ✉ 20121 Milano Ⓜ Conciliazione – ✆ 02 45 40 90 37 Pianta : J3**a**
– www.spaziobianca.it – Chiuso 1°-7 gennaio, 10-25 agosto e domenica
• CLASSICA • Menu 40/60 € – Carta 54/74 €
Bianco come gli essenziali e moderni arredi delle sale: ci pensa la cucina ad introdurre i colori con qualche classico milanese, dal risotto allo zafferano alla cotoletta, ma il pesce è favorito da molti clienti, graziosamente presentato in piatti semplici e gustosi.

XX **Arrow's**

via A.Mantegna 17/19 ✉ 20154 – ✆ 02 34 15 33 Pianta : J1**f**
– www.ristorantearrows.it – Chiuso 3 settimane in agosto, lunedì a mezzogiorno e domenica
• PESCE E FRUTTI DI MARE • Carta 34/74 €
Un espositore di pesce all'ingresso è il migliore biglietto da visita per chi vuole sincerarsi della freschezza del pescato, che la cucina prepara in ricette siciliane, marchigiane e di altre regioni.

XX **La Cantina di Manuela**

via Procaccini 41 ✉ 20154 – ✆ 0 23 45 20 34 Pianta : J1**g**
– www.lacantinadimanuela.it
• CREATIVA • Carta 34/53 €
Guancia di fassone piemontese brasato al Barolo con purè di patate e cannolo siciliano scomposto, ma anche altri piatti tradizionali rivisitati con cotture leggere, in un ristorante-enoteca non lontano dalla FieraMilanoCity.

XX **La Rosa dei Venti**

via Piero della Francesca 34 ✉ 20154 – ✆ 02 34 73 38 Pianta : J1**c**
– www.ristorantelarosadeiventi.it – Chiuso 31 dicembre-3 gennaio, 14-29 agosto, sabato a mezzogiorno e lunedì
• PESCE E FRUTTI DI MARE • Menu 40 € – Carta 31/76 €
Piccolo locale ideale per chi ama il pesce, preparato secondo ricette semplici ma personalizzate e proposto puntando su un interessante rapporto qualità/prezzo.

XX **Il Giorno Bistrot** – Hotel Hermitage

via Messina 10 ✉ 20154 Ⓜ Porta Garibaldi FS Pianta : K1**q**
– ✆ 02 31 81 70 – www.hotelhermitagemilano.com/ristorante
– Chiuso agosto domenica a mezzogiorno e sabato
• CLASSICA • Carta 34/59 €
Lo storico ristorante dell'hotel Hermitage ringiovanisce: nuova sala e nuovi cuochi. Rimane la passione per la cucina milanese, dalla cotoletta al bollito misto (al quale è dedicata la giornata del lunedì), nonché qualche proposta di pesce. Diversi piatti per celiaci.

X **Zero** (N)

corso Magenta 87 ✉ 20100 Milano Ⓜ Conciliazione Pianta : J3**z**
– ✆ 02 45 47 47 33 – www.zeromagenta.com – Chiuso 24 dicembre-6 gennaio
• GIAPPONESE • Menu 52/58 € – Carta 37/83 € – *(solo a cena)* (consigliata la prenotazione)
Non mancano i classici giapponesi, ma l'anima del ristorante sono i piatti "zero", frutto della contaminazione con la cucina occidentale e parziali cotture alla fiamma. Consigliamo di prenotare al sushi-bar per assistere dal vivo alle preparazioni tra panelli di onice retroilluminati.

X **Iyo**

via Piero della Francesca 74 ✉ 20154 – ✆ 02 45 47 68 98 Pianta : J1**x**
– www.iyo.it – Chiuso vacanze di Natale, 2 settimane in agosto e lunedì
• GIAPPONESE • Carta 23/77 € – (consigliata la prenotazione)
Il "mondo fluttuante" (in giapponese, ukiyo) ammalia i suoi ospiti con una serie di proposte che - partendo dai classici del Sol Levante - si estende ad interpretazioni fusion, creative e occidentalizzate, con un gran finale di dolci europei e frutti asiatici. Servizio attento e premuroso, qui troverete una grande espressione di cucina nipponica!
→ To.Ka.Mi.: trilogia di tonno in tre diverse cotture. Ito yori: filetti di triglia scottati con julienne di taccole asiatiche. Manzo giapponese con verdure baby e olio allo zenzero.

MILANO

Kiyo (N)

via Carlo Ravizza 4 ✉ 20121 Milano Ⓜ Wagner Pianta : E2**k**
– ✆ 0 24 81 42 95 – www.kiyo.it
• GIAPPONESE • Menu 15 € (pranzo)/24 € – Carta 32/52 €
Gestione italiana, ma cuoco giapponese: limpide e pure - questo il significato di Kyio - le sale ornate di legno accolgono le classiche proposte nipponiche, affiancate da gustosi dolci europei.

Trattoria Montina

via Procaccini 54 ✉ 20154 Ⓜ Porta Garibaldi FS Pianta : J1**d**
– ✆ 0 23 49 04 98 – www.trattoriamontina.it – Chiuso 26 dicembre-4 gennaio, Pasqua, 3 settimane in agosto, lunedì a mezzogiorno e domenica
• ITALIANA • Carta 30/62 €
Se della trattoria si riprende lo stile, semplice e familiare, ma non privo di d'atmosfera, dalla cucina arrivano piatti di mare, benché ci sia anche spazio per chi preferisce la carne.

Osteria Opera Prima

via Paolo Lomazzo 29 ✉ 20123 – ✆ 02 31 63 00 Pianta : K1**c**
– www.osteriaoperaprima.it – Chiuso agosto, sabato a mezzogiorno, domenica sera e lunedì sera
• PESCE E FRUTTI DI MARE • Menu 35 € – Carta 35/54 €
Semplice e fragrante cucina mediterranea (ottimo, il fritto misto di calamari, scampi, gamberi e zucchine) in un simpatico ristorantino "child-friendly": ovvero, con uno spazio dedicato ai bambini operativo la sera.

Persé (N)

via Agostino Bertani 16 ✉ 20121 Milano Ⓜ Moscova Pianta : k2**r**
– ✆ 02 39 46 57 55 – www.persemilano.it – Chiuso lunedì e domenica a mezzogiorno
• CREATIVA • Carta 43/67 € – (consigliata la prenotazione la sera)
Il nome allude al desiderio del titolare di regalare ai clienti un momento dedicato a se stessi... e ci riesce! In un'unica, piccola sala dall'atmosfera a metà strada fra il bistrot e l'industrial-chic, la carta a pranzo è semplice ed economica, mentre la sera si amplia verso proposte più creative, sia di carne sia di pesce.

Al Vecchio Porco

via Messina 8 ✉ 20154 – ✆ 02 31 38 62 Pianta : K1**e**
– www.alvecchioporco.it – Chiuso agosto, lunedì a mezzogiorno e domenica
• ITALIANA • Carta 45/67 € – (consigliata la prenotazione)
Forse il nome non è troppo elegante, ma si rifà ai tanti maialini che decorano i vari angoli di questo simpatico locale formato da due sale principali e da una taverna (utilizzata soprattutto per feste private, nonché eventi). Cucina locale, attenta ai prodotti stagionali.

Quadrifoglio

via Procaccini 21 angolo via Aleardi ✉ 20154 Pianta : K1**n**
– ✆ 02 34 17 58 – www.trattoriailquadrifoglio.net – Chiuso 1°-4 gennaio, 9-24 novembre, mercoledì a mezzogiorno e martedì
• ITALIANA • Carta 28/48 €
In una delle zone più brillanti di Milano, due salette rallegrate da quadri e ceramiche alle pareti. In menu: piatti della cucina classica nazionale, tante insalate e sostanziosi piatti unici.

Lady Bu (N)

via Buonarroti 11 ✉ 20121 Milano Ⓜ Buonarroti Pianta : E2**p**
– ✆ 02 39 40 14 87 – www.ladybu.com – Chiuso 1°-6 gennaio, 13-31 agosto, domenica in estate, domenica sera e lunedì in inverno
• CLASSICA • Menu 45 € – Carta 32/45 € – (consigliata la prenotazione)
Rivendita di eccellenze casearie, oltre al banco c'è anche un bistrot con pochi piatti ma imperniati su ottimi prodotti, come i pomodori del piennolo, il pane di Matera, legumi, cereali e naturalmente i formaggi di latte di bufala.

Zona urbana Nord-Ovest

Radisson Blu Hotel Milan
via Villapizzone 24 ✉ 20156 – ✆ 0 23 63 18 88 Pianta : B2**a**
– www.radissonblu.com
250 cam – ♦90/650 € ♦♦90/650 €, ☕ 25 € – **34 suites**
Rist ***Leonardo Restaurant*** – ✆ 02 36 31 80 88 – Menu 15 € (pranzo) – Carta 48/84 €
E' sicuramente l'indirizzo ideale per una clientela business: a pochi minuti dall'imbocco autostradale, il minimalismo qui è riconducibile solo al tipo di eleganza. Per il resto, grandi spazi - alcune camere veramente ampie - e qualche richiamo ad atmosfere indonesiane che dà un ulteriore tocco di personalità.

Klima Hotel Milano Fiere (N)
via privata Venezia Giulia 8 ✉ 20157 Milano Pianta : A1**k**
– ✆ 0 24 55 04 61 – www.klimahotelmilanofiere.com
128 cam ☕ – ♦79/450 € ♦♦89/500 € **Rist** – Carta 48/98 € – *(sempre aperto)*
L'albergo "verde" di Milano: la facciata nord sfoggia un giardino verticale e l'intera struttura è gestita secondo criteri di ecosostenibilità. Camere moderne e minimaliste, è ideale per chi vuole soggiornare vicino all'area fieristica.

Rubens
via Rubens 21 ✉ 20148 Ⓜ Gambara – ✆ 0 24 03 02 Pianta : E2**g**
– www.hotelrubensmilano.com – Chiuso 5-19 agosto
87 cam ☕ – ♦110/350 € ♦♦120/470 €
Rist – Carta 34/54 € – *(solo a cena) (solo per alloggiati)*
Hall di design e wine-bar in un hotel che vanta eleganti ambienti, nonché spaziose e confortevoli camere impreziosite da affreschi di artisti contemporanei. E per propiziarsi la giornata, un'abbondante prima colazione nell'evocativa Sala delle Nuvole, all'ultimo piano, con vista panoramica sulla città.

Accademia
viale Certosa 68 ✉ 20155 – ✆ 02 39 21 11 22 Pianta : E1**g**
– www.hotelaccademiamilano.com
65 cam ☕ – ♦110/340 € ♦♦120/450 € – **1 suite**
Rist – Menu 25/40 € – *(solo per alloggiati)*
Se la posizione - al crocevia di una zona trafficata - farà arricciare il naso all'arrivo, la musica cambia all'interno: camere ovattate e ben insonorizzate dagli eleganti e raffinati arredi. Navetta gratuita per la stazione metropolitana.

The Hub Hotel
via Privata Polonia 10 ✉ 20157 – ✆ 02 78 62 70 00 Pianta : A1**c**
– www.thehubhotel.com
162 cam ☕ – ♦79/890 € ♦♦89/890 € **Rist** – Carta 29/54 €
In una zona un po' defilata, ma di fronte all'Expo, un moderno urban hotel con camere abbastanza ampie, buoni spazi congressuali ed un'attrezzata spa all'ultimo piano. I classici italiani rivisitati e minimalismo metropolitano al ristorante.

Mirage
viale Certosa 104/106 ✉ 20156 – ✆ 02 39 21 04 71 Pianta : E1**z**
– www.hotelmirage-milano.com – Chiuso 24-31 dicembre
86 cam ☕ – ♦102/314 € ♦♦150/354 €
Rist – Carta 19/41 € – *(chiuso venerdì e sabato) (solo a cena) (solo per alloggiati)*
In virtù della sua posizione strategica, vicino all'imbocco delle principali autostrade e non lontano dal polo fieristico di Rho-Pero, è la struttura ideale per una clientela business. Camere rinnovate in stile classico, alcune con parquet.

Il simbolo sottolinea la tranquillità di un albergo.
In rosso : la quiete elevata all'ennesima potenza!

La Pobbia 1850

via Gallarate 92 ✉ 20151 – ✆ 02 38 00 66 41 Pianta : E1**w**
– www.lapobbia.com – Chiuso 26 dicembre-6 gennaio, 3 settimane in agosto e domenica
• LOMBARDA • Menu 25/35 € – Carta 47/71 €
La Pobbia, un omaggio ai pioppi che scuotevano le loro fronde lungo questa via che a fine '800 era ancora aperta campagna, una vecchia ma elegante cascina in cui si celebre la cucina meneghina: pochi piatti, quasi esclusivamente di carne, in buona parte dedicati alla cucina lombarda.

Unico Milano

via Achille Papa 30, palazzo World Join Center ✉ 20149 Pianta : E1**u**
Ⓜ *Lotto – ✆ 02 39 26 10 25 – www.unicorestaurant.it – Chiuso 9-24 agosto*
• CREATIVA • Menu 30 € (pranzo in settimana)/140 € – Carta 91/139 €
Al ventesimo piano della nuova Milano dei grattacieli, le vetrate offrono una vista spettacolare sulla città, mentre la cucina raccoglie prodotti e ricette di diverse regioni e le reinterpreta con fantasia in curate presentazioni. A pranzo c'è una selezione di piatti più ristretta, semplice ed economica.
→ Fagottini di pasta fresca in farcia di canestrelli e cardoncelli, succo di vitello e limone candito. Costoletta di agnello, polvere di mugnoli (ortaggi), fave secche e raviolo di pomodoro. La mela... omaggio alla regina della frutta dell'Alto Adige.

Innocenti Evasioni (Arrigoni e Picco)

via privata della Bindellina ✉ 20155 – ✆ 02 33 00 18 82 Pianta : E1**a**
– www.innocentievasioni.com – Chiuso 1°-10 gennaio e domenica escluso maggio-ottobre
• CREATIVA • Menu 49/68 € – Carta 47/67 € – *(solo a cena)* (consigliata la prenotazione)
Un piacevole locale dalle grandi vetrate che si aprono sul giardino dove incontrare una cucina classica rivisitata con tecnica creativa. Splendido servizio estivo all'aperto.
→ Riso con piselli freschi, vaniglia, stracciatella e caviale. Rombo, tamarindo, ristretto di peperone giallo, asparagi e pan di spezie. Torta di cioccolato (senza farina), gelato al fior di latte e nocciola liquida.

Fiorenza

via Pegaso 14 (piazzale dello Sport) ✉ 20121 Pianta : A2**c**
– ✆ 02 33 20 06 59 – www.ristorantefiorenza.com – Chiuso 24 dicembre-9 gennaio, 3- 29 agosto, martedì a mezzogiorno e lunedì
• PESCE E FRUTTI DI MARE • Carta 39/97 €
In prossimità dell'ippodromo e dello stadio, cucina prevalentemente di mare di piacevole immediatezza da gustare nelle eleganti sale e, in estate, all'aperto. Un angolo verde e tranquillo nel cuore della frenetica Milano.

Zona urbana Nord-Est

Starhotels Tourist

rist,

viale Fulvio Testi 300 ✉ 20126 – ✆ 0 26 43 77 77 Pianta : C1**c**
– www.starhotels.com
134 cam ☕ – †75/590 € ††75/590 € **Rist** – Carta 22/66 €
Comodo per raggiungere l'autostrada, è un albergo a frequentazione commerciale caratterizzato da camere funzionali e moderne - personalizzate con immagini dei principali monumenti della città - ed un servizio solerte.

Nu

cam,

via Feltre 19b ✉ 20132 Ⓜ *Udine – ✆ 0 29 71 54 51* Pianta : H1**f**
– www.nu-hotel.com
38 cam – †86/131 € ††114/174 €, ☕ 18 €
Rist *Nu Italian Restaurant* – ✆ 02 97 15 45 70 – Carta 35/74 €
Art hotel di recente apertura, dove elementi naturali flirtano con tecnologia e modernità dando vita ad un'atmosfera ad alto tasso di originalità. Un esempio? Circa 2000 lampadine avvolgono la struttura di una luce calda e personalizzata. All'ultimo piano, presso il ristorante panoramico, sfiziosi piatti di terra e di mare.

Susa senza rist
viale Argonne 14 ✉ 20133 – ✆ 02 70 10 28 97 Pianta : H2**d**
– www.hotelsusamilano.it – Chiuso 3-30 agosto
19 cam ☕ – †100/180 € ††135/250 €
Situato in una zona strategica di Milano, Città Studi, l'hotel si propone come un valido riferimento sia per una clientela business sia per turisti in visita al capoluogo lombardo. Camere moderne e funzionali; spazi comuni arredati in stile sobrio e minimalista.

San Francisco senza rist
viale Lombardia 55 ✉ 20131 – ✆ 0 22 36 03 02 Pianta : H1**d**
– www.hotel-sanfrancisco.it
28 cam ☕ – †40/300 € ††60/400 €
Lungo una graziosa strada di edifici e villini d'inizio secolo, anche l'albergo ne ripropone la tipologia architettonica con un piccolo giardino sul retro per le colazioni. Camere semplici ed essenziali.

Manna
piazzale Governo Provvisorio 6 ✉ 20127 – ✆ 02 26 80 91 53 Pianta : H1**c**
– www.mannamilano.it – Chiuso 1°-7 gennaio, 15 agosto-7 settembre e domenica
• MODERNA • Carta 41/53 €
Lontano dai riflettori, in un angolo inaspettatamente grazioso della periferia milanese, una cucina creativa e riuscita, attenta alle presentazioni, con proposte sia di carne che di pesce.

Vietnamonamour con cam
via A.Pestalozza 7 ✉ 20131 Ⓜ Piola – ✆ 02 70 63 46 14 Pianta : H1**b**
– www.vietnamonamour.com – Chiuso agosto
• VIETNAMITA • **4 cam** ☕ – †80/200 € ††120/260 €
Carta 29/58 € – *(chiuso lunedì a mezzogiorno e domenica)* (consigliata la prenotazione)
Lungo una graziosa strada punteggiata di edifici d'inizio Novecento, una sala con soppalco intima e raccolta delizia i clienti con le specialità del Vietnam settentrionale. L'atmosfera continua nelle romantiche camere, un angolo d'Asia a Milano.

Mirta
piazza San Materno 12 ✉ 20131 – ✆ 02 91 18 04 96 Pianta : H1**e**
– www.trattoriamirta.it – Chiuso 2 settimane in dicembre, agosto, sabato e i giorni festivi
• ITALIANA • Carta 31/52 €
Una simpatica trattoria dalla doppia anima: affollata ed economica a pranzo, più tranquilla la sera. L'ambiente è semplice ed informale, mentre la cucina propone piatti della tradizione lombarda, ma non solo.

Baia Chia
via Bazzini 37 ✉ 20131 Ⓜ Piola – ✆ 0 22 36 11 31 Pianta : H1**a**
– www.ristorantesardobaiachia.it – Chiuso vacanze di Natale e 10-25 agosto
• SARDA • Carta 29/47 €
Un semplice, ma genuino locale come la cucina che una famiglia sarda ha portato con sé dall'isola. In prevalenza pesce, non manca - tuttavia - il celebre maialino, da ordinare con qualche giorno d'anticipo.

Zona urbana Sud-Est

Mec senza rist
via Tito Livio 4 ✉ 20137 Ⓜ Lodi TIBB – ✆ 0 25 45 67 15 Pianta : H3**r**
– www.hotelmec-milano.it
40 cam ☕ – †50/240 € ††60/350 €
Struttura classica ben collegata alla stazione metropolitana ed attenta agli interventi di manutenzione per garantire un soggiorno confortevole.

Trattoria del Nuovo Macello

via Cesare Lombroso 20 ✉ 20137 Ⓜ Corvetto Pianta : H3**b**
– ✆ 02 59 90 21 22 – www.trattoriadelnuovomacello.it – Chiuso 31 dicembre-6 gennaio, 10-31 agosto e domenica, sabato a mezzogiorno e domenica
• CREATIVA • Menu 33 € (in settimana) – Carta 39/58 €
Battezzata con questo nome nel 1927 - quando di fronte ad essa sorse il nuovo macello - trent'anni dopo il nonno di uno degli attuali soci la prese in gestione, fiutando il "buon affare" in base all'usura della soglia. Non si sbagliò affatto! Piatti fedeli ai sapori di un tempo, rielaborati in chiave contemporanea.

Kitchen Ⓝ

via Neera 40 Ⓜ Abbiategrasso – ✆ 02 84 89 57 49 Pianta : B3**k**
– www.kitchenristorante.com – Chiuso 10-16 agosto, sabato a mezzogiorno e domenica
• ITALIANA • Menu 29/35 € – Carta 29/40 € – (consigliata la prenotazione la sera)
Piccolo, ma grazioso, ristorante che fa delle verdure provienti dai propri orti il suo punto di forza, insieme a ricette tradizionali regionali e ad una particolare attenzione alle intolleranze al glutine. A pranzo, c'è solo una proposta più semplice ed economica.

MILANO

Zona urbana Sud-Ovest

La Spezia senza rist

via La Spezia 25 ✉ 20142 Ⓜ Romolo – ✆ 02 84 80 06 60 Pianta : BP**d**
– www.minihotel.it – Chiuso 24 dicembre-7 gennaio
76 cam ☕ – †65/500 € ††85/800 €
Vicino a tangenziali e autostrade - dotato di ampio parcheggio - è ideale per chi deve muoversi in auto. Camere semplici e moderne: preferite quelle sul retro, indubbiamente più tranquille.

Il Luogo di Aimo e Nadia (Aimo Moroni)

via Montecuccoli 6 ✉ 20147 Ⓜ Primaticcio – ✆ 02 41 68 86 Pianta : A2**e**
– www.aimoenadia.com – Chiuso 1°-8 gennaio, 3 settimane in agosto, sabato a mezzogiorno e domenica
• CREATIVA • Menu 43 € (pranzo in settimana)/135 € – Carta 83/165 €
Portarono a Milano la cucina toscana per poi ampliarla alle altre regioni; fedele a se stesso, la selezione di prodotti italiani che oggi il ristorante propone è difficilmente eguagliabile.
→ Funghi porcini dorati in mandorle di Toritto con zucchine, mozzarella di bufala e cacao. Triglie di scoglio con patate schiacciate all'olio in guazzetto di scamorza. "Pane e marmellata" con mousse di cioccolato venezuelano.

Dintorni di Milano

al Parco Forlanini (lato Ovest) Est : 10 km (Milano : pianta 2)

Osteria I Valtellina

via Taverna 34 ✉ 20134 Milano – ✆ 0 27 56 11 39 Pianta : D2**h**
– www.ivaltellina.it – Chiuso venerdì
• VALTELLINESE • Menu 55 € – Carta 43/81 € – (consigliata la prenotazione)
Un ambiente caratteristico, quasi un museo della vita quotidiana lombarda, l'osteria propone una cucina classica con piatti dai sapori tipicamente valtellinesi.

a Chiaravalle Milanese Sud-Est : 7 km (Milano: pianta 2 C3) – ✉ 20139

Locanda Chiaravalle

via San Bernardo 36 – ✆ 0 25 39 18 51 – www.locandachiaravalle.com
• REGIONALE E DEL TERRITORIO • Menu 12 € (pranzo in settimana) – Carta 31/59 €
Ambienti semplici e dal fascino antico, in una locanda di taglio rustico con specialità lombarde e alla brace. Schietta conduzione.

Vedere anche risorse alberghiere a **Malpensa Aeroporto**

MILANO 2 → Vedere Segrate

MILANO MARITTIMA → Vedere Cervia

Ravenna (RA)

MILAZZO

Sicilia – Messina (ME) – ✉ 98057 – 31 860 ab. – Carta regionale n° **30-D1**
Catania 133 km – Taormina 86 km – Messina 39 km – Palermo 200 km
Carta stradale Michelin 365-BA54 – Guida Verde Michelin SICILIA

La Chicca Palace Hotel senza rist

via Tenente La Rosa 1 – ✆ 09 09 24 01 51 – www.lachiccahotel.com
21 cam – †60/110 € ††105/175 €
In pieno centro ad un passo sia dal porto che dal lungomare, una nuova struttura raccolta e accogliente. Modernità ed essenzialità caratterizzano ogni settore con omogeneità.

La Bussola

rist,

via Nino Bixio 11/12 – ✆ 09 09 22 12 44 – www.hotelabussola.it
23 cam – †90/120 € ††90/120 € – **3 suites**
Rist – Carta 39/93 € – *(chiuso lunedì a pranzo)*
Agile punto di riferimento per quanti, dopo una buona e abbondante colazione, desiderano riprendere il viaggio alla volta delle Eolie: il recente rinnovo con soluzioni di design lo caratterizza per eleganza e originalità. Al ristorante, cucina semplice e sapori di mare come ostriche, astici e crudi vari.

Cassisi senza rist

via Cassisi 5 – ✆ 09 09 22 90 99 – www.cassisihotel.com
14 cam – †50/90 € ††70/130 €
Nell'area del porto, un albergo design dagli arredi sobri ed essenziali: linee geometriche e moderne. Prima colazione a buffet, ricca per varietà e qualità.

Hotel San Michele (N)

cam, cam, rist,

via Magistri 65 – ✆ 09 09 22 49 94 – www.sanmichelehotel.com
37 cam – †60/85 € ††70/105 € – **1 suite** **Rist** – Carta 19/43 €
Non distante dal porto e interamente ristrutturato in anni recenti, l'hotel si presenta - ora - con camere decisamente moderne, confortevoli e molto ampie; spazi comuni ben distribuiti e un bar pubblico a lato con piccola pasticceria. Aperto tutto l'anno, è l'indirizzo ideale per chi soggiorna per affari.

Locanda il Bagatto

via M. Regis 11 – ✆ 09 09 22 42 12 – www.locandadelbagatto.com
6 cam – †70/90 € ††90/110 €
Rist *Il Bagatto* – vedere selezione ristoranti
Mai come in questo caso, il vecchio adagio "poco, ma buono" risulta azzeccato. Solo sei camere, moderne e di design, dove l'architetto non ha tenuto a freno la fantasia. Il risultato è un insieme intrigante e originale!

Doppio Gusto

via Luigi Rizzo 1/2 – ✆ 09 09 24 00 45 – Chiuso lunedì
Carta 41/65 €
Sono le specialità di pesce a connotare la cucina di questo locale dal design contemporaneo con tratti di eleganza, ma informale nel servizio. Buona scelta enologica con proposte anche al calice.

Il Bagatto – Locanda del Bagatto

via M. Regis 11 – ✆ 09 09 22 42 12 – www.locandadelbagatto.com
Menu 30/45 € – Carta 31/43 € – *(chiuso 1°-15 febbraio, sabato a mezzogiorno edomenica)* (consigliata la prenotazione)
Cucina strettamente di terra con prodotti di nicchia provenienti anche da altre regioni, in un ristorante dai toni rustici; le camere sfoggiano invece uno stile di moderno design.

MILETO
Vibo Valentia (VV) – ✉ 89852 – 6 823 ab. – Alt. 365 m – Carta regionale n° **5-A3**
▶ Roma 629 km – Reggio di Calabria 86 km – Catanzaro 83 km – Vibo Valentia 12 km
Carta stradale Michelin 564-L30

Il Normanno
via Duomo 12 – ✆ 09 63 33 63 98 – www.ilnormanno.com – Chiuso lunedì escluso agosto
Menu 10 € (pranzo) – Carta 22/31 €
Marito in sala e moglie ai fornelli a preparare piatti della tradizione locale, come la fileda (pasta filata a mano) con sugo alla "normanna" (peperoni, porcini e pomodoro), in una rustica trattoria nel cuore della località.

MILLESIMO
Savona (SV) – ✉ 17017 – 3 472 ab. – Carta regionale n° **14-B2**
▶ Roma 580 km – Genova 81 km – Cuneo 62 km – Savona 29 km
Carta stradale Michelin 561-I6

Locanda dell'Angelo
via Roma 32 – ✆ 0 19 56 56 57 – www.lalocandadellangelo.eu – Chiuso 2 settimane in gennaio, 2 settimane in agosto e martedì, anche domenica a mezzogiorno in luglio-agosto
Menu 60/80 € – Carta 48/84 €
In un incantevole borgo di origini medioevali, gli interni rivelano un sapiente mix di antico e moderno, mentre la cucina sposa con originalità sapori di mare e di terra, regalando spazio anche agli appassionati di cucina vegetariana.
→ Ravioloni pizzicati farciti di coniglio, erbe spontanee e nocciola liquida. Guanciale di vitella stracotto alla birra, patate soffici e croccanti affumicate al timo. Millefoglie croccante alle nocciole, gusto gianduia e riduzione di caffè.

MINERBIO
Bologna (BO) – ✉ 40061 – 8 763 ab. – Alt. 16 m – Carta regionale n° **9-D3**
▶ Roma 399 km – Bologna 23 km – Ferrara 30 km – Modena 59 km
Carta stradale Michelin 562-I16

Nanni
via Garibaldi 28 – ✆ 0 51 87 82 76 – www.hotelnanni.com – Chiuso 25 dicembre-6 gennaio e 9-23 agosto
46 cam – †70/90 € ††90/180 €
Rist – Carta 22/39 € – *(chiuso domenica sera e sabato)* (prenotare nei week-end)
Albergo dalla solida tradizione familiare: luminosi interni arredati in modo molto piacevole e belle camere, le più nuove e carine sono frutto del recente ampliamento. Capiente sala da pranzo in stile lineare e luminosa sala banchetti affacciata sul giardino.

MINERVINO MURGE
Barletta-Andria-Trani (BT) – ✉ 76013 – 9 256 ab. – Alt. 429 m – Carta regionale n° **26-B2**
▶ Roma 364 km – Foggia 68 km – Bari 75 km – Barletta 39 km
Carta stradale Michelin 564-D30

La Tradizione-Cucina Casalinga
via Imbriani 11/13 – ✆ 08 83 69 16 90 – www.osterialatradizione.net – Chiuso 21-28 febbraio, 1°-15 settembre, domenica sera e giovedì
Menu 18/35 € – Carta 15/34 €
Celebre trattoria del centro storico, accanto alla chiesa dell'Immacolata. Ambiente piacevole, in stile rustico, foto d'epoca alle pareti e piatti tipici del territorio come il cutturiello di agnello da latte con cime di rape.

MINORI
Salerno (SA) – ✉ 84010 – 2 820 ab. – Carta regionale n° **6-B2**
▶ Roma 269 km – Napoli 67 km – Amalfi 3 km – Salerno 22 km
Carta stradale Michelin 564-E25

Santa Lucia
via Strada Nuova 44 – ✆ 0 89 87 71 42 – www.hotelsantalucia.it – Chiuso 7 gennaio-15 marzo
37 cam – 60/100 € 87/150 € **Rist** – Carta 28/55 €
Nella ridente cittadina dell'incantevole costiera Amalfitana, un albergo a gestione familiare, con camere nuove e davvero graziose. Sapori campani nella capiente sala da pranzo dai colori caldi.

Giardiniello
corso Vittorio Emanuele 17 – ✆ 0 89 87 70 50 – www.ristorantegiardiniello.com – Chiuso mercoledì escluso 1° aprile-15 ottobre
Carta 38/53 €
Ristorante e pizzeria situato nel centro della località, dove gustare piatti del luogo, soprattutto di mare; gradevole servizio estivo sotto un pergolato.

MINTURNO
Latina (LT) – ✉ 04026 – 19 787 ab. – Alt. 141 m – Carta regionale n° **13-D3**
Roma 161 km – Latina 92 km – Caserta 63 km – Frosinone 82 km
Carta stradale Michelin 563-S23

Claudio Petrolo
piazza Zambarelli 5 – ✆ 34 06 12 96 86 – www.claudiopetrolo.com – Chiuso 8-15 gennaio, lunedì e martedì
Menu 30/50 € – Carta 24/52 € – *(solo a cena escluso domenica)* (consigliata la prenotazione)
Una pescheria di famiglia, ecco la migliore garanzia di freschezza del pesce: il giovane cuoco abbandona il negozio per passare ai fornelli, ma è sempre dalla pescheria che arrivano i migliori prodotti del mare. Specialità: minestra di piselli con razza e guanciale.

MIRA
Venezia (VE) – ✉ 30034 – 38 690 ab. – Carta regionale n° **40-C3**
Roma 514 km – Padova 22 km – Venezia 20 km – Chioggia 39 km
Carta stradale Michelin 562-F18

Villa Franceschi
via Don Minzoni 28 – ✆ 04 14 26 65 31 – www.villafranceschi.com
25 cam – 125/185 € 195/380 € – **10 suites**
Rist *Margherita* – vedere selezione ristoranti
In una villa risalente al XVI secolo in stile palladiano con arredi d'epoca o in una barchessa in stile country: a ciascuno la sua scelta, ma per tutti c'è un romantico soggiorno affacciato sul fiume Brenta.

Villa Margherita senza rist
via Nazionale 416 – ✆ 04 14 26 58 00 – www.villa-margherita.com
19 cam – 98/145 € 125/210 € – **4 suites**
All'ombra di un ampio parco, una splendida villa secentesca per un soggiorno di classe: ambienti raffinati, riccamente ornati e abbelliti da affreschi e quadri d'autore. Il vicino ristorante Margherita vi attende con un menu tutto da scoprire.

Isola di Caprera senza rist
riviera Silvio Trentin 13 – ✆ 04 14 26 52 55 – www.isoladicaprera.com – Chiuso 22 dicembre-3 gennaio
16 cam – 75/100 € 100/200 €
Lungo il fiume Brenta, gradevole giardino con piscina ed atmosfera da casa privata, sia nella bella villa ottocentesca, sia nelle due romantiche barchesse.

Margherita – Hotel Villa Franceschi
via Don Minzoni 28 – ✆ 04 14 26 65 31 – www.villafranceschi.com
Carta 43/81 €
Le grandi vetrate della sala offrono deliziosi scorci del giardino, mentre la tradizione gastronomica regionale – con una predilezione per le ricette di pesce – è rivisitata: soprattutto, nelle presentazioni.

XX Nalin

via Argine sinistro Novissimo 29 – ✆ 0 41 42 00 83 – www.trattorianalin.it – Chiuso 27 dicembre-7 gennaio, 17 agosto-1° settembre e lunedì
Carta 25/61 €
Una lunga tradizione - iniziata nel 1914 - da parte della stessa famiglia, per questo locale che propone piatti d'ispirazione ittica e dove la cottura su una vera brace è la specialità del ristorante. Bella veranda luminosa.

XX Dall'Antonia

via Argine Destro del Novissimo 75, Sud : 2 km – ✆ 04 15 67 56 18 – www.trattoriadallantonia.it – Chiuso gennaio, agosto, domenica sera e martedì
Carta 33/55 €
Romanticamente affacciato sulla riva del Brenta, un tripudio di piante e fiori vi accoglierà all'interno, insieme alle classiche proposte venete di pesce.

a Gambarare Sud-Est : 3 km – ✉ 30030

Poppi

via Romea 80 – ✆ 04 15 67 56 61 – www.hotelpoppi.com
98 cam – 65/85 € 70/90 € – **2 suites** **Rist** – Carta 33/60 €
Lungo la statale Romea, hotel dalla capace gestione familiare in grado di offrire un confort adeguato, sia ad una clientela commerciale sia a quella turistica. Rinomato ristorante di pesce: la specialità è il crudo, oltre ad una buona scelta di distillati.

a Oriago Est : 4 km – ✉ 30034

Il Burchiello

via Venezia 19 – ✆ 0 41 42 95 55 – www.burchiello.it
63 cam – 75/95 € 100/120 €
Rist *Il Burchiello* – ✆ 0 41 47 22 44 – Carta 20/56 € – *(chiuso domenica sera e lunedì)*
Situato in posizione strategica per chi volesse effettuare escursioni sul fiume Brenta, hotel dalla gestione seria e professionale offre camere confortevoli. Basta attraversare la strada per accedere all'omonimo ristorante specializzato in menu di pesce.

X Nadain

via Ghebba 26 – ✆ 0 41 42 93 87 – www.nadain.it – Chiuso 2 settimane in luglio, giovedì a mezzogiorno e mercoledì
Menu 18 € (in settimana)/35 € – Carta 25/51 €
Piacevole ristorante a conduzione familiare in zona periferica: ricette della tradizione regionale realizzate partendo da un'accurata selezione degli ingredienti. Il risotto ai frutti di mare rimane il nostro preferito!

MIRAMARE → Vedere Rimini
Rimini (RN)

MIRANO
Venezia (VE) – ✉ 30035 – 26 643 ab. – Alt. 9 m – Carta regionale n° **40**-C2
Roma 516 km – Padova 32 km – Venezia 26 km – Treviso 35 km
Carta stradale Michelin 562-F18

Park Hotel Villa Giustinian senza rist

via Miranese 85 – ✆ 04 15 70 02 00 – www.villagiustinian.com
40 cam – 56/85 € 100/140 € – **2 suites**
In un ampio parco con piscina, una villa del Settecento dagli ambienti rilassanti e ornati in stile - sia nelle camere sia nella hall - affiancata da due dépendance con stanze più sobrie.

Relais Leon d'Oro cam, rist,
via Canonici 3, Sud : 3 km – ✆ 0 41 43 27 77 – www.leondoro.it – Chiuso 23-26 dicembre
30 cam – 79/89 € 79/99 €
Rist – Carta 33/63 € – *(Chiuso 6-31 gennaio)* (consigliata la prenotazione)
Costruito nel 1860 dal Vescovado di Padova per il ritiro dei Padri Francescani, il relais si presenta oggi come una raffinata residenza di campagna non priva di moderni confort: interni curati, ambienti signorili e camere personalizzate.

Da Flavio e Fabrizio "Al Teatro"
via della Vittoria 75 – ✆ 0 41 44 06 45 – www.ristorantedaflavioefabrizio.it – Chiuso 11-18 agosto e lunedì
Carta 24/44 € – (consigliata la prenotazione)
Adiacente al cinema-teatro, la sala d'ingresso si presta a pasti veloci; per occasioni più importanti salite al primo piano. In ogni caso, cucina tradizionale veneta di mare, tra cui i tagliolini bianchi e neri con calamaretti, scampi e zucchine.

a Scaltenigo Sud-Ovest : 4,8 km – ✉ 30035

Trattoria la Ragnatela
via Caltana 79 – ✆ 0 41 43 60 50 – www.ristorantelaragnatela.com – Chiuso mercoledì a mezzogiorno
Menu 20 € – Carta 18/34 €
Trattoria semplice e familiare, la carta si divide tra proposte tradizionali e creative, ma è sulla ricerca dei prodotti che si concentrano i maggiori sforzi. Tra le specialità, gli spaghettini con calamaretti di laguna.

a Vetrego Sud : 4 km – ✉ 30035

Il Sogno
via Vetrego 8 – ✆ 04 15 77 04 71 – www.trattoriailsogno.com
Menu 11 € (in settimana)/40 € – Carta 24/34 €
Silvano in sala dalla lunga esperienza di maître, Marco in cucina giovane e brillante cuoco, insieme nel gestire questo bel locale di campagna, ex circolo culturale, che ha ereditato dalla vecchia attività una forma d'arte tutta sua: la cultura della buona cucina che si materializza in piatti con evidenti radici regionali, personalizzati da un pizzico di fantasia. Gnocchi con ragù di gallina padovana tra le specialità della casa.

MISANO ADRIATICO

Rimini (RN) – ✉ 47843 – 12 413 ab. – Carta regionale n° **9-D2**
Roma 318 km – Rimini 13 km – Bologna 126 km – Forlì 65 km
Carta stradale Michelin 562-K20

Atlantic Riviera rist,
via Sardegna 28 – ✆ 05 41 61 41 61 – www.atlanticriviera.com – Aperto Pasqua-30 settembre
53 cam – 70/120 € 100/160 € **Rist** – Carta 27/54 €
Particolare la terrazza solarium sulla quale si trova anche una bella piscina panoramica affacciata sulla Riviera; funzionali le camere, non prive di qualche tocco di eleganza. Dalla cucina romagnola ai classici nazionali, al ristorante.

Le Vele
via Litoranea Sud, Bagni 70 – ✆ 05 41 61 13 99 – Chiuso febbraio e mercoledì escluso luglio e agosto
Carta 30/67 € – *(solo a cena escluso venerdì, sabato e domenica)*
Con i piedi quasi nella sabbia ed il mare a portata di mano, un locale moderno, lineare, dove tutto è finalizzato ad offrire agli ospiti specialità ittiche presentate, senza esagerazioni, in chiave moderna.

MISSIANO = **MISSIAN** → Vedere Appiano sulla Strada del Vino
Bolzano (BZ)

MISURINA

Belluno (BL) – ✉ 32040Alt. 1 756 m – Carta regionale n° **40**-C1

▶ Roma 686 km – Cortina d'Ampezzo 14 km – Auronzo di Cadore 24 km – Belluno 86 km

Carta stradale Michelin 562-C18

Lavaredo rist, P

via Monte Piana 11 – ✆ 0 43 53 92 27 – www.lavaredohotel.it – Aperto 21 dicembre-Pasqua e 30 maggio-30 settembre

29 cam – †60/170 € ††80/170 €, ☕ 9 €

Rist – Carta 20/48 € – *(chiuso lunedì) (solo a cena in inverno)*

Si riflette sullo specchio lacustre antistante questa risorsa a gestione familiare che offre un'incantevole vista sulle cime e camere semplici, ma accoglienti. Cucina classica italiana nel ristorante anch'esso affacciato sul lago.

MOCRONE ➜ Vedere Villafranca in Lunigiana

Massa-Carrara (MS)

MODENA

179 353 ab. –Alt. 34 m –Carta regionale n° 8-B2
Roma 408 km – Bologna 49 km – Reggio nell'Emilia 37 km – Mantova 74 km
Carta stradale Michelin 562-I14

Alberghi

Canalgrande

corso Canalgrande 6 ✉ 41121 – ✆ 0 59 21 71 60 Pianta : B2**v**
– www.canalgrandehotel.it
68 cam – 120 € 160 € – **2 suites**
Rist *La Secchia Rapita* – vedere selezione ristoranti
In un antico palazzo che fu anche convento, sale affrescate e stuccate di grande impatto estetico: camere di tono signorile e di confort adeguati alla categoria, tutte con tappezzerie differenti. Il cortile interno, racchiuso tra le dimore storiche del centro, è un vero gioiello.

Real Fini-Via Emilia senza rist

via Emilia Est 441, per Bologna - B3 ✉ 41122 – ✆ 05 92 05 15 11
– www.hotelviaemilia.it
87 cam – 230 € 250 € – **1 suite**
Nell'antica città estense, questo hotel di prestigio propone eleganti zone comuni con boiserie in ciliegio e camere arredate con mobili su misura. Ampio centro congressi.

Central Park senza rist

via Vittorio Veneto 10 ✉ 41124 – ✆ 0 59 22 58 58 Pianta : A2**d**
– www.centralparkmodena.com
45 cam – 85/120 € 120/180 € – **2 suites**
Albergo moderno a frequentazione prevalentemente commerciale: i colori e la qualità degli arredi si faranno tuttavia apprezzare anche da chi è alla ricerca della Modena più turistica.

Libertà senza rist

via Blasia 10 ✉ 41121 – ✆ 0 59 22 23 65 Pianta : B2**e**
– www.hotelliberta.it
51 cam – 70/130 € 90/210 € – **1 suite**
Centrale, poco distante dal Palazzo Ducale e provvisto di un comodo garage, offre graziose e sobrie camere e moderni spazi comuni. Clientela soprattutto commerciale.

Daunia senza rist

via del Pozzo 158, per Bologna - B3 ✉ 41124 – ✆ 0 59 37 11 82
– www.hoteldaunia.it
42 cam – 75 € 110 €
All'interno di un edificio dei primi '900, hotel di piccole dimensioni con camere funzionali e piacevole terrazza allestita con gazebo, utilizzata anche per la prima colazione.

MODENA
0
200 m
VERONA
VERONA
A
B
A
B
1
2
3
1
2
3
PARMA REGGIO EMILIA
PARMA REGGIO EMILIA
BOLOGNA
MERCATO BESTIAME
PARCO VENTI APRILE
V. delle Suore
V. Monsignor Luigi Boni
V. Marcantonio Parenti
V. Finzi
V. Giulio Benassi
V. Pico della Mirandola
V. Manfredo Fanti
V. Canaletto
Canaletto Sud
Str. Attiraglio
V. Achille
Vle Gram.
Bruno Buoz.
V. del Lancillotto
V. Due Canali Sud
Nonantolana
V. Filippo Paolucci
Vle Enrico Cialdini
Vle Enrico Cialdini
V. Padre Candido
V. del Carso
Pza Giovani di Tien An Men
Pza Dante Alighieri
V. Nicolò Dell'Abate
Vle Guido Mazzoni
V. de' Bonomini
Piazza Bruni
Vle Monte Kosica
V. Palestro
V. S. Martino
C. Bondesano
V. Sant'Orsola
V. Giuseppe Soli
V. Paolo Ferrari
V. Piave
Piazzale Primo Maggio
Parco Novi Sad
PARCO DI PIAZZA D'ARMI NOVI SAD
Vle Achille Fontanelli
Vle Gaetano Storchi
V. Licurgo Zanini
V. Severino Fabriani
GIARDINO DUCALE ESTENSE
Piazzale della Pomposa
Piazzale M.E. D'Aleo Basile
Palazzo Ducale
Biblioteca Estense
Piazza Matteotti
Pza Roma
Metope
DUOMO
Piazza Grande
V. Luigi Nasi
V. Barozzi
V. Paolo Gadaldino
V. Jacopo Barozzi
Muro V.
V. Adeodato Malatesta
V. della Vite
R.
Cso. Canalgrande
Vle Caduti in Guerra
V. Lodovico Ricci
V. Luigi Poletti
V. Enrico Morselli
V. Reiter
Vle Virginia
Vle Ciro Menotti
V. Vincenzo Bellini
V. Giacomo Puccini
Vle Giuseppe Verdi
V. Pietro Mascagni
V. Pelusia
V. Fulvio Testi
Piazzale Risorgimento
C. di Luca
Piazzale S. Francesco
Largo Hannover
V. Pietro Giardini
Vle Carlo Sigonio
V. de' Fogliani
V. Giuseppe Andreoli
V. Emilia Est
V. Giuseppe Malmusi
V. Monte Sabotino
V. Gaetano Moreali
V. del Gambero
V. Jacopo Seghizzi
Guarini
V. Guarino Guarini
V. Adolfo Venturi
Guicciardini
V. Cesare Solieri
V. Francesco
V. del Masaccio
Tamburini
Vle Buon Pastore
V. del Caravaggio
V. Panfilo Sassi
Fortunato
V. Giuseppe Maria Savani
V. Matilde di Canossa
V. Ludovico Scapinelli
V. Camillo Pagliani
V. Francesco Prampolini
Vle Medaglie d'Oro
V. Archirola
Str. Vignolese
V. Luigi Valdrighi
V. dei Bononcini
Cucchiari
V. Bellinzona
V. Nino Cappelli
V. Domenico
V. Monchio
V. Niccolò Dell'Arca
V. Carlo Ridolfi
V. Aroldo Bonzagni
V. del Garda
V. Riva
V. Padova
Largo Madre Teresa di Calcutta
V. Fratelli Salvioli
Piazza Alessandro Manzoni
V. Giuseppe Fregni
V. Savoniero
Str. Vignolese
Vle Marzabotto
V. Archirola
Vle Giovanni Amendola
V. Rovigo
V. Erminio Pta
Str. Morane
V. Ciro Bisi
POL
P
T
n
c
c
d
e
b
g
v

Ristoranti

XXXX **Osteria Francescana** (Massimo Bottura)

✿✿✿ *via Stella 22 ✉ 41121 – ✆ 0 59 22 39 12* Pianta : A2**b**
– www.osteriafrancescana.it – Chiuso gennaio, 2 settimane in agosto, sabato a mezzogiorno e domenica
Menu 130/190 € – Carta 130/190 € – (consigliata la prenotazione)
Un talento osannato da tutto il mondo gastronomico, Bottura propone i classici modenesi - dai tortellini al bollito - accanto a proposte sperimentali e avanguardiste: straordinario riferimento di chi vuole scoprire il domani della cucina italiana.
➜ Tortellini in crema di Parmigiano Reggiano in purezza. Bollito misto. Crostatina spaccata al limone.

XXX **L'Erba del Re** (Luca Marchini)

✿ *via Castelmaraldo 45 ✉ 41121 – ✆ 0 59 21 81 88* Pianta : A2**c**
– www.lerbadelre.it – Chiuso 1°-6 gennaio, 5-28 agosto, lunedì a mezzogiorno e domenica
Menu 50/90 € – Carta 48/102 € – (consigliata la prenotazione)
Essenziale, luminoso, con quadri contemporanei alle pareti: è il contesto in cui opera il giovane cuoco che affianca ai piatti della tradizione emiliana proposte più personali ed estrose.
➜ Scampo marinato, cipolla bruciata, emulsione di maialino. Maialino da latte cotto a bassa temperatura, scalogno in agrodolce, spinaci acidulati. Gnocco fritto con mousse di cioccolato al latte, prosciutto Dop di Modena.

XX **Zelmira**

piazzetta San Giacomo 17 ✉ 41121 – ✆ 0 59 22 23 51 Pianta : A2**f**
– Chiuso gennaio, venerdì a mezzogiorno e giovedì
Carta 31/68 € – (consigliata la prenotazione)
Cucina emiliana e qualche piatto innovativo sono le proposte di questo locale dalla gestione esperta, situato in pieno centro storico. Servizio estivo sulla suggestiva piazzetta.

XX **Bianca**

via Spaccini 24 ✉ 41122 – ✆ 0 59 31 15 24 – Chiuso Pianta : B1**n**
23 dicembre-2 gennaio, vacanze di Pasqua, 4-19 agosto, sabato a mezzogiorno e domenica
Carta 37/62 €
Trattoria dal 1948, è il bastione della tradizione modenese che si esplicita in alcuni piatti irrinunciabili: dagli gnocchi fritti al carrello dei bolliti, passando per i tortellini in brodo.

XX **La Secchia Rapita** – Hotel Canalgrande

corso Canalgrande 6 ✉ 41121 – ✆ 05 94 27 07 43 Pianta : B2**v**
– www.ristorantelasecchiarapita.it – Chiuso agosto, e domenica
Carta 24/61 € – *(solo a cena escluso venerdì e sabato)*
Prende il nome dal famose poema di Alessandro Tassoni, che narra - tra vicende fantastiche e fatti storici - la storia del conflitto tra Bologna e Modena, ma la lotta tra le due città qui si sana in cucina: specialità squisitamente locali vanno a braccetto con piatti più genericamente regionali.

XX **Oreste**

piazza Roma 31 ✉ 41121 – ✆ 0 59 24 33 24 – Chiuso Pianta : B2**c**
26 dicembre-6 gennaio, 10-31 luglio, domenica sera e mercoledì
Menu 25 € – Carta 38/61 €
Immutato dal '59, soffermatevi sull'atmosfera retrò delle sedie di Gio Ponti, i lampadari di Murano e l'argenteria. Anche la cucina si adegua a questo amarcord modenese, fra tortellini, un ottimo zampone e il carrello dei dolci.

X **Hosteria Giusti**

vicolo Squallore 46 ✉ 41121 – ✆ 0 59 22 25 33 Pianta : B2**e**
– www.hosteriagiusti.it – Chiuso dicembre, agosto, domenica, lunedì e festivi
Carta 54/77 € – *(solo a pranzo)* (prenotazione obbligatoria)
Nel retrobottega di un'elegante ed antica salumeria, troverete solo quattro tavoli in una sala gustosamente retrò. In carta poche proposte, ma di gran qualità e imperniate sulle tradizioni emiliane.

sulla strada statale 9 - via Emilia Est località Fossalta per : 4 km B2-3

Rechigi Park Hotel senza rist
via Emilia Est 1581 ✉ 41122 Modena – ℰ 0 59 28 36 00 – www.rechigiparkhotel.it – Chiuso agosto
68 cam – †75/145 € ††75/220 €
Ospitato in un'antica residenza di grande fascino, l'hotel è circondato da un piccolo giardino e propone camere classiche e caldi spazi comuni. Encomiabile la cortesia.

La Corte dei Sogni N senza rist
stradello Romano 8 ✉ 41100 Modena – ℰ 0 59 28 31 38 – www.lacortedeisogni.it
6 cam – †80 € ††90 €
Di pochi metri arretrata dalla via Emilia, ma sufficienti a garantire un po' di tranquillità, è una casa padronale del 1804: quasi tutte le camere sono molto spaziose (bagni compresi). C'è anche una piccola collezione di moto d'epoca Maserati.

Antica Moka
via Emilia Est 1496 ✉ 41126 Modena – ℰ 0 59 28 40 08 – www.anticamoka.it – Chiuso 1 settimana in agosto e sabato a mezzogiorno
Menu 55/75 € – Carta 48/90 €
I sapori regionali profumano le eleganti sale di questa ex scuola di inizio '900: i celebri tortellini in brodo, i succulenti arrosti ed una considerevole proposta di pesce.

Vinicio
via Emilia Est 1526 ✉ 41126 Modena – ℰ 0 59 28 03 13 – www.ristorantevinicio.it – Chiuso 24 dicembre-5 gennaio, agosto e lunedì
Menu 35/40 € – Carta 33/46 €
Caldo ed elegante il look di questo ristorante: ricavato negli ambienti in cui un tempo c'erano le stalle, propone piatti locali. D'estate si pranza anche all'aperto.

In una località, quale scegliere tra due esercizi della stessa categoria?
Sappiate che in ogni categoria le risorse sono elencate in ordine di preferenza: le migliori, per prime.

sulla strada statale 486 Ovest : per via Giardini A2

Le Ville
via Giardini 1270, Sud : 4,5 km ✉ 41126 Modena – ℰ 0 59 51 00 51 – www.minihotelleville.it – Chiuso vacanze di Natale e 2 settimane in agosto
46 cam – †95/125 € ††120/180 €
Rist *Le Ville* – ℰ 0 59 51 22 40 – Carta 28/60 € – *(chiuso sabato a mezzogiorno e domenica)*
Comodo per chi predilige gli spostamenti in auto, casa principale e dépendence sono circondate da un giardino, mentre le camere, senza tanti orpelli, privilegiano lo spazio, la comodità e la funzionalità.

in prossimità casello autostrada A1 Modena Sud Sud-Est : 8 km per strada Vignolese B3

Real Fini-Baia del Re
via Vignolese 1684 ✉ 41126 Modena – ℰ 05 94 79 21 11 – www.hotelbaiadelre.com
84 cam – †69/165 € ††69/210 € – **6 suites**
Rist *Baia del Re* – Carta 26/52 €
A pochi metri dall'ingresso dell'autostrada, l'albergo si compone di una struttura principale e due dépendance: in queste ultime le camere, ovunque moderne e sobrie, sono tuttavia leggermente più grandi, alcune con piccolo giardino.

sulla strada statale 9 - via Emilia Ovest A2

XX **Strada Facendo** (Emilio Barbieri)

via Emilia Ovest 622 ✉ 41123 Modena – ✆ 0 59 33 44 78 – www.ristorantestradafacendo.it – Chiuso 1 settimana in gennaio, 3 settimane in agosto, sabato a mezzogiorno e domenica

Menu 32 € (pranzo in settimana)/90 € – Carta 52/108 €

Il marito-cuoco in cucina e la moglie-sommelier in sala sono gli artefici di un piccolo e grazioso locale: vi troverete i classici modenesi, ma lo chef si lascia prendere volentieri la mano da proposte più estrose, sia di carne che di pesce.

→ Riso al parmigiano 24 mesi e aceto balsamico tradizionale. Maialino croccante con patate affumicate, latte di mandorla e salsa senapata al miele. Zabaione ghiacciato e amaretto con salame di cioccolato e salsa al caramello.

XX **La Masseria**

via Chiesa 61, località Marzaglia, Ovest : 9 km ✉ 41123 Modena – ✆ 0 59 38 92 62 – www.ristorantemasseria.com – Chiuso 16 agosto-6 settembre e domenica nel periodo estivo

Menu 30/35 € – Carta 30/55 €

Un angolo di Puglia dove trovare piccoli capolavori di una cucina solare e saporita, nonché un titolare di grande simpatia e competenza. Paste fresche, imperdibili e fantasiose torte di verdure, nonché grigliate di carne.

a Baggiovara Sud-Ovest : 8 km – ✉ 41126

UNA Hotel Modena cam, rist,

via Settembrini 10 – ✆ 05 95 13 95 95 – www.unahotels.it – Chiuso 9-20 agosto

95 cam – †160/250 € ††190/300 €

Rist – Carta 34/50 € – *(chiuso domenica a mezzogiorno e sabato)*

Ad un km dalla tangenziale, struttura interamente nuova, dove le esigenze del soggiorno d'affari incontrano un design avanguardista, geometrico e colorato. Terrazza solarium con giardino pensile.

MODICA

Sicilia – Ragusa (RG) – ✉ 97015 – 54 112 ab. – Alt. 296 m – Carta regionale n° **30-D3**

Palermo 257 km – Ragusa 16 km – Catania 119 km – Siracusa 70 km

Carta stradale Michelin 565-Q26 – Guida Verde Michelin SICILIA

Palazzo Failla

via Blandini 5 – ✆ 09 32 94 10 59 – www.palazzofailla.it

10 cam – †59/69 € ††69/149 €

Rist ***La Gazza Ladra*** – vedere selezione ristoranti

In una città tanto bella e superba da regalarsi due centri storici, Palazzo Failla fu costruito nel '700 scegliendo la parte alta di Modica. Le camere sono di due tipologie: quelle al primo piano risalgono all'originaria dimora con preziosi mobili antichi, mentre al secondo gli arredi si fanno più moderni e funzionali.

Principe d'Aragona senza rist

corso Umberto I° 281 – ✆ 09 32 75 60 41 – www.hotelprincipedaragona.it

35 cam – †55/80 € ††80/120 €

In posizione strategica per visitare la città, al vostro ritorno in hotel vi aspetta un tuffo in piscina o una pausa rilassante sui lettini del solarium. Le camere sono moderne e confortevoli: come del resto tutta la struttura!

Modica Palace Hotel rist,

via Vanella 106-Polo Commerciale – ✆ 09 32 45 60 33 – www.modicapalacehotel.it

31 cam – †55/140 € ††59/228 € – **2 suites**

Rist – Carta 21/80 € – *(solo a cena)*

Nuova e moderna struttura nella zona commerciale della città: camere design, full optional, ma la "regina" è la suite Pasha. Al sobrio ristorante, guizzi creativi personalizzano ricette locali.

De Mohàc senza rist

via Campailla 15 – ✆ 09 32 75 41 30 – www.hotelde mohac.it

10 cam ☕ – 🚹49/69 € 🚹🚹59/89 €

In un dedalo di vicoli pedonali, alle spalle del centrale corso Umberto, albergo ricco di fascino e testimonianze d'epoca con camere curate nei dettagli: ognuna simpaticamente "dedicata" ad un importante scrittore (di cui l'ospite troverà un libro).

Relais Modica senza rist

via Campailla 99 – ✆ 09 32 75 44 51 – www.hotelrelaismodica.it

9 cam ☕ – 🚹65/85 € 🚹🚹85/110 €

A pochi metri dal centrale corso Umberto, ma già in posizione rialzata per ammirare la città illuminata di sera, un antico palazzo nobiliare (in zona pedonale) apre i battenti per accoglierVi nel fascino discreto di un'elegante casa. Prenotare le spaziose camere con vista.

Casa Talia senza rist

via Exaudinos 1 – ✆ 09 32 75 20 75 – www.casatalia.it
– Chiuso 16 gennaio-15 febbraio

10 cam ☕ – 🚹110/180 € 🚹🚹140/190 €

Camere ispirate ai paesi mediterranei in un contesto di straordinario fascino storico, giardino pensile e vista indimenticabile...

La Gazza Ladra – Hotel Palazzo Failla

via Blandini 11 – ✆ 09 32 75 56 55 – www.ristorantelagazzaladra.it

Menu 70/90 € – Carta 62/88 € – *(solo a cena escluso sabato ed i giorni festivi)*

Il cambio di timononiere ai fornelli, avventuo nel 2013, non ha intaccato il livello qualitativo della cucina che rimane di livello importante, anche l'attuale chef "gioca" con la tradizione siciliana di cui rielabora le materie prime tipiche in chiave personale.

→ Pasta al cavolfiore farcita al ragusano, polvere di capperi e acciughe. Ricciola in "salmoriglio", lenticchie nere e ricci di mare. Zabaione all'arancia in glassa croccante e latte di mandorla tostata.

Fattoria delle Torri

vico Napolitano 14 – ✆ 09 32 75 12 86 – www.fattoriadelletorri.it – Chiuso novembre e lunedì

Menu 45/60 € – Carta 47/81 €

Percorso un vicolo, il ristorante si mostra d'improvviso nel suo splendore al primo piano di un palazzo del centro: forti radici siciliane e divagazioni nazionali caratterizzano la cucina che non fa preferenze tra terra e mare. In stagione, sarà bello cenare all'aperto in un originale limoneto.

MOENA

Trento (TN) – ✉ 38035 – 2 689 ab. – Alt. 1 184 m – Carta regionale n° **34**-C2
Roma 671 km – Trento 87 km – Bolzano 44 km – Cortina d'Ampezzo 77 km
Carta stradale Michelin 562-C16

Alle Alpi

strada de Moene 67 – ✆ 04 62 57 31 94 – www.hotelallealpi.it
– Aperto 18 dicembre-6 aprile e 20 giugno-15 settembre

33 cam ☕ – 🚹90/160 € 🚹🚹190/300 € – **5 suites** **Rist** – Carta 30/50 €

Situato nella parte superiore della località, albergo con interni caldi ed eleganti, cura dei dettagli e centro benessere dotato di piccola beauty. Cucina d'ispirazione contemporanea nella capiente e luminosa sala ristorante; la carta dei vini è impostata dalla titolare (sommelier!).

Garden

strada de le Chiesure 3 – ✆ 04 62 57 33 14 – www.hotelgarden-moena.it
– Aperto 16 dicembre-14 aprile e 21 giugno-19 settembre

43 cam ☕ – 🚹110/140 € 🚹🚹180/220 € – **1 suite** **Rist** – Carta 28/43 €

Albergo a ridosso del centro che punta ad offrire una vacanza "benessere" ai propri ospiti, sciatori e non. Vasta gamma di programmi di animazione o cure estetiche.

Park Hotel Leonardo
rist,

strada dei Ciroch 15 – 04 62 57 33 55 – www.parkhotelleonardo.it – Aperto 16 giugno-23 settembre e 30 novembre-15 aprile

30 cam – 65/90 € 100/140 € – **7 suites** **Rist** – Menu 20/45 €

Tranquillo, panoramico, immerso nel verde: gli accoglienti interni s'ispirano alle tradizioni locali e quattro camere beneficiano di una terrazza-giardino. Il centro della località? Ancora raggiungibile a piedi.

Cavalletto
cam, rist,

strada de Fachin 1 – 04 62 57 31 64 – www.hotelcavalletto.it

38 cam – 55/85 € 100/140 € – **1 suite**

Rist – Carta 30/57 € – *(chiuso ottobre e novembre) (solo per alloggiati)*

Gli "ingredienti" per un rilassante soggiorno in Val di Fassa, qui ci sono tutti: camere accoglienti e di varia tipologia, centro benessere dotato anche di grotta di sale, wine-bar, nonché la proverbiale gentilezza della gente di queste parti.

Rancolin

strada de Moene 31 – 04 62 57 31 15 – www.hotelrancolin.it – Aperto Natale-Pasqua e 1° giugno-30 settembre

26 cam – 50/100 € 80/200 € **Rist** – Carta 21/64 €

Profusione di legno in questo piccolo hotel a gestione familiare, tranquillo sebbene centrale. Non trascurabile il buon rapporto qualità/prezzo.

Malga Panna (Paolo Donei)

strada de Sort 64, località Sorte, Ovest : 1,5 km – 04 62 57 34 89 – www.malgapanna.it – Aperto 1° dicembre-30 aprile e 21 giugno-14 ottobre

Menu 75/96 € – Carta 48/102 € – *(chiuso lunedì escluso luglio-agosto)*

Della malga c'è giusto il nome e la panoramica posizione sopra Moena e la valle. Il resto, invece, è alta ristorazione, grazie alla bravura e alla creatività dello chef-patron che vi emozionerà con piatti ispirati al territorio. Sempre presenti, alcune ricette più semplici.

→ Tortelli con formaggio di malga, ristretto di vitello e tartufo. Filetto di cervo arrosto, riduzione di pinot nero, olio al fieno d'alpeggio e polenta. Crema bruciata alla vaniglia, ragù di frutti rossi e gelato alla panna.

Tyrol con cam
rist,

piaz de Ramon 9 – 04 62 57 37 60 – www.posthotelmoena.it – Aperto 1° dicembre-Pasqua e 25 giugno-20 settembre; chiuso martedì in inverno

12 cam – 45/78 € 80/150 € Menu 35/50 € – Carta 33/61 €

La sala classica - in legno - l'avrete già vista in tanti ristoranti, ma non la cucina: legata al territorio, esalta i sapori ladini senza inutili artifici. Per un'esperienza indimenticabile.

Agritur El Mas N

strada de Saslonch, località Col de Soldai 38035 Moena – 04 62 57 42 21 – www.agriturelmas.it – Chiuso lunedì

Menu 24/48 €

Sopra il paese, vero e proprio agritur-ristorante con allevamento di mucche, cavalli, maiali e produzione di carne, salumi e formaggi: il tutto da gustare insieme alle altre fragranti prelibatezze tipiche della valle, in un bell'ambiente caratterizzato da legni antichi.

sulla strada statale 48 Sud : 3 km :

Foresta

strada de la Comunità de Fiem 42 – 04 62 57 32 60 – www.hotelforesta.it – Chiuso 9-25 dicembre e 20 giugno-15 luglio

17 cam – solo ½ P 150/200 € – **6 suites**

Rist *Foresta* – vedere selezione ristoranti

Un'accoglienza calorosa in una bella casa sita lungo la strada che porta a Moena: spazi comuni caratteristici, sebbene non amplissimi, e ai piani graziose camere.

Foresta – Hotel Foresta
strada de la Comunità de Fiem 42 – ✆ 04 62 57 32 60 – www.hotelforesta.it
– Chiuso 9-25 dicembre, 20 giugno-15 luglio e venerdì in bassa stagione
Menu 33 € – Carta 27/63 €
Alle spalle di una fitta abetaia, un classico della valle all'interno dell'omonimo hotel dove poter assaggiare i sapori del territorio da accompagnarsi con uno dei tanti vini che forniscono la bella cantina. I nostri preferiti: orzotto mantecato con trota fumé e rucola oppure guanciale al Teroldego con polenta di Storo.

MOGGIONA → Vedere Poppi
Arezzo (AR)

MOGLIANO VENETO
Treviso (TV) – ✉ 31021 – 27 753 ab. – Carta regionale n° **39-A2**
Roma 532 km – Venezia 21 km – Treviso 13 km – Padova 48 km
Carta stradale Michelin 562-F18

Villa Stucky senza rist
via Don Bosco 47 – ✆ 04 15 90 45 28 – www.villastucky.it
28 cam – †60/110 € ††110/160 €
All'interno di un piccolo parco, un'elegante villa ottocentesca offre ambienti in stile ricchi di fascino e belle camere personalizzate, dove alti soffitti, stucchi e pezzi d'antiquariato si alternano ai più moderni confort.

in prossimità casello autostrada A 27 Sud-Ovest : 5 km

Move Hotel rist,
via Bonfadini 1 – ✆ 04 15 97 70 01 – www.movehotel.it
201 cam – †107/290 € ††120/305 € – **2 suites** **Rist** – Carta 34/60 €
Grande struttura ad impronta business, progettata e realizzata per quel tipo di clientela: linee minimaliste, camere confortevoli ed essenziali, quasi spoglie. Molti spazi per l'attività congressuale e per rilassarsi piscina e sauna.

MOIA DI ALBOSAGGIA → Vedere Sondrio
Sondrio (SO)

MOLASSANA → Vedere Genova
Genova (GE)

MOLINELLA
Bologna (BO) – ✉ 40062 – 15 729 ab. – Carta regionale n° **9-C2**
Roma 413 km – Bologna 38 km – Ferrara 34 km – Ravenna 54 km
Carta stradale Michelin 562-I17

Cesare Magli & Figli senza rist
via Guido Reni 10 – ✆ 0 51 88 08 28 – www.cesaremagli.it
8 cam – †70/120 € ††85/150 €
Nell'intrigante cornice di un borgo settecentesco, non è il solito hotel, ma un'originale risorsa le cui camere personalizzate evocano atmosfere diametralmente diverse tra loro: l'epopea dei toreri e dei cow-boy, gli ambienti coloniali dei possedimenti in Africa negli anni '30, il rock e le sue star...

MOLINI = MÜHLEN → Vedere Falzes
Bolzano (BZ)

MOLTRASIO
Como (CO) – ✉ 22010 – 1 623 ab. – Alt. 247 m – Carta regionale n° **18-B1**
Roma 634 km – Como 9 km – Menaggio 26 km – Milano 57 km
Carta stradale Michelin 561-E9

Grand Hotel Imperiale
via Regina Vecchia 24-26 – ✆ 0 31 34 61 11 – www.imperialemoltrasio.it – Chiuso 1° gennaio-28 febbraio
120 cam – †120/280 € ††140/380 €, ☕ 20 € – **1 suite**
Rist *Imperialino* – vedere selezione ristoranti
Rist – Carta 41/81 €
Circondato da una lussureggiante vegetazione, splendido resort costruito in stile tardo Liberty, composto da un palazzo principale e dall'esclusiva Villa Imperiale: una sorta di hotel nell'hotel, che offre lussuose camere con balconi e bella vista. Specialità italiane e comasche nel luminoso ristorante con veranda La Cascata.

Imperialino – Grand Hotel Imperiale
via Regina Vecchia 26 – ✆ 0 31 34 66 00 – www.imperialemoltrasio.it – Chiuso 1° gennaio-28 febbraio e lunedì
Menu 45/75 € – Carta 43/82 €
Specialità mediterranee permeate da una vena creativa, da assaporare voluttuosamente nella raffinata atmosfera di questo ristorante, direttamente affacciato sul lago.

Posta con cam
piazza San Rocco 5 – ✆ 0 31 29 04 44 – www.hotel-posta.it – Chiuso gennaio-febbraio
17 cam ☕ – †79/149 € ††109/199 €
Carta 35/62 € – *(chiuso mercoledì a mezzogiorno escluso giugno-settembre)*
In centro, ristorante a gestione diretta, con camere in parte ristrutturate: sala da pranzo di tono elegante dove gustare pesce lacustre; "fresco" servizio estivo all'aperto.

MOLVENO

Trento (TN) – ✉ 38018 – 1 123 ab. – Alt. 865 m – Carta regionale n° **33**-B3
Roma 627 km – Trento 44 km – Bolzano 69 km – Riva del Garda 49 km
Carta stradale Michelin 562-D14

Alexander
via Nazionale 6/A – ✆ 04 61 58 69 28 – www.alexandermolveno.com – Chiuso 23 marzo-2 aprile e 3 novembre-17 dicembre
35 cam ☕ – †68/98 € ††98/178 € – **6 suites**
Rist *Aquila Nera e Cima Tosa* – Carta 30/60 €
Affacciata sul lago, con il gruppo del Brenta a farle da sfondo, un'elegante dimora le cui camere si faranno ricordare per ampiezza e vivacità. La struttura pensa anche al divertimento dei più piccoli, riservando loro un'apposita sala. Piatti e vini soprattutto regionali all'Aquila Nera e Cima Tosa.

Alle Dolomiti
rist,
via Lungolago 18 – ✆ 04 61 58 60 57 – www.alledolomiti.com – Chiuso 6-20 aprile e 5 novembre 20 dicembre
40 cam – solo ½ P 47/95 € – **4 suites** **Rist** – Carta 23/46 €
Dinnanzi al parco del lungolago, una storica casa di famiglia è stata convertita in albergo: la accoglienti camere sono anticipate dallo splendido pavimento in onice della hall. Ampio giardino con piscina sul retro e nella raffinata sala da pranzo, cucina classica trentina preparata dal titolare.

Belvedere
rist, rist,
via Nazionale 9 – ✆ 04 61 58 69 33 – www.belvedereonline.com – Chiuso 7-24 aprile e 2 novembre-5 dicembre
46 cam ☕ – †120/160 € ††140/210 € – **10 suites** **Rist** – Carta 29/52 €
L'albergo è stato completamente rinnovato in uno stile moderno-montano, senza esagerazioni o stravaganti eccessi, ma ampliando quasi ovunque gli spazi a disposizione degli ospiti. Camere ancora più ampie e confortevoli, nonché la certezza di una spa attrezzata.

Du Lac rist,

via Nazionale 4 – 04 61 58 69 65 – www.hoteldulac.it – Chiuso aprile e novembre

40 cam – 60/120 € 80/200 €

Rist *La Dispensa* – vedere selezione ristoranti

Rist – Menu 20/30 € – *(solo per alloggiati)*

Alle porte del paese, una struttura tipica montana abbracciata dal verde e sita vicino al lago dispone di camere classiche ed accoglienti rinnovate in anni recenti.

El Filò

piazza Scuole 5 – 04 61 58 61 51 – Aperto vacanze di Natale e Pasqua-31 ottobre; negli altri mesi aperto solo il week-end escluso 16 ottobre-30 novembre

Carta 25/50 €

Incantevole caratteristica stube, completamente rifinita in legno: luci soffuse, divanetti a muro rossi e proposte di cucina tipica, ma anche piatti legati alla stagione.

La Dispensa – Hotel Du Lac

via Nazionale 4 – 04 61 58 69 65 – www.ristoranteladispensa.it – Chiuso aprile, novembre, lunedì e martedì

Menu 55 € – Carta 45/65 € – *(solo a cena)* (consigliata la prenotazione)

La Dispensa è la nuova sala dedicata alla clientela gourmet; ci si accomoda ai pochi tavoli in un ambiente elegante-montano per gustare una cucina moderna d'impostazione italiana.

MOMBARUZZO

Asti (AT) – 14046 – 1 152 ab. – Carta regionale n° **23**-C3

Roma 610 km – Torino 98 km – Asti 37 km – Alessandria 28 km

Carta stradale Michelin 561-H7

a Casalotto Ovest : 4 km – 14046

La Villa

via Torino 7 – 01 41 79 38 90 – www.lavillahotel.net – Aperto 1° aprile-30 novembre

14 cam – 100/130 € 190/215 € – **5 suites** **Rist** – Menu 45 €

Nel cuore delle colline del Monferrato, una signorile villa dei primi del '700 gestita da una coppia inglese, dispone di camere diverse negli arredi e una terrazza panoramica.

MOMBELLO MONFERRATO

Alessandria (AL) – 15020 – 1 100 ab. – Alt. 273 m – Carta regionale n° **23**-C2

Roma 626 km – Alessandria 48 km – Asti 38 km – Milano 95 km

Carta stradale Michelin 561-G6

Dubini con cam rist,

via Roma 34 – 01 42 94 41 16 – www.cadubini.it – Chiuso 1°-20 gennaio, 1°-20 agosto e mercoledì

4 cam – 50 € 80 € Menu 25 € (pranzo in settimana)/40 €

Gestione familiare di grande ospitalità e simpatia in un locale ubicato tra le splendide colline del Monferrato. Specialità del territorio ricche di gusto proposte a voce e, dall'altra parte della stradina, la cascina con le camere in stile country.

MOMO

Novara (NO) – 28015 – 2 637 ab. – Alt. 213 m – Carta regionale n° **23**-C2

Roma 640 km – Stresa 46 km – Milano 66 km – Novara 15 km

Carta stradale Michelin 561-F7

Macallè con cam cam,

via Boniperti 2 – 03 21 92 60 64 – www.macalle.it – Chiuso 10 giorni in gennaio e 10 giorni in luglio

8 cam – 60/90 € 70/130 € Carta 32/80 € – *(chiuso mercoledì)*

Elegante locale storico della zona, con alcune accoglienti stanze e un'ampia sala luminosa di taglio moderno, dove si propongono ricercati piatti della tradizione.

MONASTEROLO DEL CASTELLO

Bergamo (BG) – ✉ 24060 – 1 176 ab. – Alt. 365 m – Carta regionale n° **19**-D1
Roma 585 km – Bergamo 28 km – Brescia 61 km – Milano 72 km
Carta stradale Michelin 561-E11

XX **Locanda del Boscaiolo** con cam
via Monte Grappa 41 – ✆ 0 35 81 45 13 – www.locandadelboscaiolo.it – Chiuso novembre
11 cam – 58 € 76 €
Carta 26/51 € – *(chiuso martedì escluso maggio-settembre)*
Con la bella stagione potrete accomodarvi sotto un pergolato, in riva al lago; nelle serate più fredde vi attenderà invece l'accogliente e romantica saletta. Genuine proposte culinarie tipiche del luogo. Semplici e sempre tenute con cura le camere, ideali per un soggiorno di tranquillità.

MONASTIER DI TREVISO

Treviso (TV) – ✉ 31050 – 3 496 ab. – Carta regionale n° **39**-A1
Roma 555 km – Venezia 44 km – Treviso 19 km – Padova 71 km
Carta stradale Michelin 562-F19

X **Menegaldo**
via Pralongo 216, Est : 4 km – ✆ 04 22 89 88 02 – www.trattoriamenegaldo.it – Chiuso agosto, martedì sera e mercoledì
Menu 25 € (pranzo in settimana)/70 € – Carta 28/93 €
L'insegna subito anticipa il carattere semplice e familiare del ristorante; all'interno, un ambiente familiare dalla calorosa accoglienza ed ampie salette dove fermarsi a gustare il pesce dell'Adriatico.

MONASTIR

Sardegna – Cagliari (CA) – ✉ 09023 – 4 563 ab. – Carta regionale n° **28**-B3
Cagliari 24 km – Carbonia 68 km – Oristano 77 km
Carta stradale Michelin 366-P47

Palladium senza rist
viale Europa – ✆ 07 09 16 80 40 – www.hotelpalladiumweb.com
22 cam – 55/65 € 80/120 € – **1 suite**
Moderne e recenti negli arredi, le camere di questo elegante edificio sono tutte simili tra loro. In comoda posizione non lontano dalla statale per Oristano.

MONCALIERI

Torino (TO) – ✉ 10024 – 55 720 ab. – Alt. 219 m – Carta regionale n° **22**-A1
Roma 662 km – Torino 10 km – Asti 47 km – Cuneo 86 km
Carta stradale Michelin 561-G5

XX **Ca' Mia**
strada Revigliasco 138 – ✆ 01 16 47 28 08 – www.camia.it Pianta : D3**c**
– Chiuso mercoledì
Carta 28/47 €
Nella cornice delle colline di Moncalieri - un locale classico e affermato - ideale per ogni occasione, dai pranzi di lavoro alle cerimonie: cucina tradizionale e del territorio, ma anche forno a legna per pizze d'autore!

XX **La Maison Delfino**
via Lagrange 4 - borgo Mercato – ✆ 0 11 64 25 52 – www.lamaisondelfino.it – Chiuso 1°-10 gennaio, 9-22 agosto, domenica e lunedì
Menu 45/55 € – Carta 42/66 € – *(solo a cena)*
Sono due fratelli a gestire con passione e capacità questo elegante locale fuori dal centro. Due menu: uno semplice, l'altro più creativo, dai quali è possibile scegliere anche solo alcuni piatti, ma tutti rigorosamente di pesce!

Al Borgo Antico

via Santa Croce 34 – ✆ 0 11 64 44 55 – www.al-borgoantico.it – Chiuso 30 luglio-30 agosto, domenica sera e lunedì
Menu 20/30 € – Carta 27/51 €
Nel suggestivo centro storico di Moncalieri, tutto sali scendi ed eleganti piazze, al Borgo Antico si officia la cucina tradizionale piemontese, ma anche qualche proposta di pesce.

a Revigliasco NE : 8 km – ✉ 10024

La Taverna di Fra' Fiusch

via Beria 32 – ✆ 01 18 60 82 24 – www.frafiusch.it – Chiuso lunedì Pianta : D3**d**
Menu 35/40 € – Carta 31/52 € – *(solo a cena escluso sabato, domenica)* (consigliata la prenotazione)
Incastonato in un delizioso borgo collinare, gli amanti della tradizione troveranno tutti i cavalli di battaglia della zona aggiornati con un gusto ed un'estetica più moderni, come nel fritto misto alla piemontese. Splendido omaggio ad un'intramontabile regione!

MONCALVO

Asti (AT) – ✉ 14036 – 3 146 ab. – Alt. 305 m – Carta regionale n° **23-C2**
Roma 633 km – Alessandria 48 km – Asti 21 km – Milano 98 km
Carta stradale Michelin 561-G6

La Locanda del Melograno senza rist

corso Regina Margherita 38 – ✆ 01 41 91 75 99 – www.lalocandadelmelograno.it
9 cam – 70 € 100 €
Camere molto spaziose in un edificio di fine '800 sottoposto a restauro con esiti mirabili: rispetto per le origini e affascinanti incursioni nel moderno. Rivendita di vini e prodotti del territorio.

MONCENISIO

Torino (TO) – ✉ 10050 – 34 ab. – Alt. 1 461 m – Carta regionale n° **22-B2**
Roma 722 km – Torino 88 km – Moncalieri 84 km
Carta stradale Michelin 561-G2

Chalet sul lago con cam

regione lago 8 – ✆ 01 22 65 33 15 – www.chaletsullago.it – Chiuso 3 novembre-3 dicembre
6 cam – 65/80 € 65/80 € Menu 19/27 € – Carta 24/38 €
Cucina genuina e casereccia con molti piatti di cacciagione, nonché diversi menu a tema, in questo chalet situato in posizione panoramica sulla riva di un laghetto naturale (c'è anche un piacevole dehors!). Magnifica la vista dalle finestre ed accoglienti le stanze, sobriamente arredate.

MONCIONI

→ Vedere Montevarchi

MONDAVIO

Pesaro e Urbino (PU) – ✉ 61040 – 3 947 ab. – Alt. 280 m – Carta regionale n° **20-B1**
Roma 264 km – Ancona 56 km – Macerata 106 km – Pesaro 44 km
Carta stradale Michelin 563-K20

La Palomba

via Gramsci 13 – ✆ 0 72 19 71 05 – www.lapalomba.it – Chiuso 1 settimana in settembre
15 cam – 45/50 € 60/70 €, 5 €
Rist *La Palomba* – Carta 18/47 € – *(chiuso lunedì escluso giugno-settembre)*
Di fronte all'antica Rocca Roveresca, una piacevole realtà familiare caratterizzata da interni curati e semplici, ma accoglienti, camere. Pizze e cucina regionale con materie prime DOP, sala con camino e luminosa veranda.

MONDELLO

→ Vedere Palermo

Palermo (PA)

MONDOVÌ

Cuneo (CN) – ✉ 12084 – 22 023 ab. – Alt. 559 m – Carta regionale n° **22-B3**
Roma 617 km – Cuneo 27 km – Torino 84 km – Savona 66 km
Carta stradale Michelin 561-I5

Il Baluardo (Marc Lanteri)

piazza d'Armi 2 – ✆ 01 74 33 02 44 – www.marclanteri.it – Chiuso 15-30 agosto, lunedì a mezzogiorno e martedì
Menu 22 € (pranzo in settimana)/59 € – Carta 45/69 €
In un angolo della città vecchia, una casa d'epoca ristrutturata con modernità ripropone alcune testimonianze del glorioso passato. In sala la moglie-sommelier, dalla cucina a vista il marito sforna piatti d'ispirazione franco-piemontese: un baluardo della buona tavola a Mondovì!
→ Sugelli della Val Roya (pasta) con ragù di funghi porcini. Scamone di vitello, riduzione al nebbiolo e tortino di patate. Vacherin alle fragole e gelato ai pistacchi di Bronte.

La Borsarella

via del Crist 2, Nord-Est : 2,5 km – ✆ 0 17 44 29 99 – www.laborsarella.it – Chiuso 1 settimana in gennaio e domenica sera
Menu 30/35 € – Carta 31/49 €
Ricavato negli ambienti di un cascinale di origine settecentesca, propone una cucina piemontese ancorata ai sapori della tradizione. Nel cortile anche il vecchio forno per il pane e un laghetto artificiale.

MONEGLIA

Genova (GE) – ✉ 16030 – 2 855 ab. – Carta regionale n° **15-C2**
Roma 457 km – Genova 61 km – La Spezia 59 km – Massa 74 km
Carta stradale Michelin 561-J10

Villa Edera

via Venino 12/13 – ✆ 0 18 54 92 91 – www.villaedera.com – Aperto 1° aprile-19 ottobre
27 cam – 110/140 € 120/190 €
Rist – Carta 29/50 € – *(solo a cena) (solo per alloggiati)*
In posizione predominante e poco distante dal centro, un hotel a conduzione diretta d'ispirazione contemporanea: ampie e ariose sale, camere accoglienti. Ampia sala da pranzo, affidabile cucina d'albergo.

Piccolo Hotel

cam,

corso Longhi 19 – ✆ 0 18 54 93 74 – www.piccolohotel.it – Aperto 20 marzo-14 ottobre
38 cam – 60/120 € 80/160 €
Rist – Menu 20 € – (prenotazione obbligatoria)
A pochi passi dalla spiaggia, valido albergo del centro che si sviluppa su due edifici collegati tra loro: accoglienti spazi comuni e piacevoli camere di buon confort. Grande e luminosa sala da pranzo.

Villa Argentina

cam,

via Torrente San Lorenzo 2 – ✆ 0 18 54 92 28 – www.villa-argentina.it
18 cam – 50/90 € 70/130 €
Rist – Carta 21/51 € – *(aperto 1° aprile-30 ottobre) (solo a cena)* (consigliata la prenotazione)
Salda e professionale la gestione familiare di questa moderna struttura, non lontana dal centro e circondata da un bel giardino ombreggiato. Le sue camere sono spaziose e ben insonorizzate.

Abbadia San Giorgio senza rist

piazzale San Giorgio – ✆ 01 85 49 11 19 – www.abbadiasangiorgio.com – Aperto 15 marzo-1° novembre
6 cam – 175/310 € 195/330 €
Nella parte alta della località, eleganti camere ricavate da un ex convento francescano del 1484: un bel chiostro con alcuni affreschi originali conferisce ulteriore fascino e storicità alla struttura.

a Lemeglio Sud-Est : 2 km :

La Ruota

via per Lemeglio 6, alt. 200 – ✆ 0 18 54 95 65 – www.laruotamoneglia.it – Chiuso novembre e mercoledì

Menu 36 € (pranzo)/53 € – *(solo a cena da lunedì a venerdì in luglio-agosto sempre solo a cena)* (consigliata la prenotazione)

Giovane e dinamica conduzione in un locale dall'ambiente familiare, che propone solo menu degustazione a base di pesce fresco. Bella vista del mare e di Moneglia.

MONFALCONE

Gorizia (GO) – ✉ 34074 – 27 319 ab. – Carta regionale n° **11-C3**

Roma 641 km – Udine 42 km – Gorizia 24 km – Grado 24 km

Carta stradale Michelin 562-E22

Europalace senza rist

via Callisto Cosulich 20 – ✆ 04 81 71 07 09 – www.europalacehotel.com

40 cam – 63/88 € 85/130 €

Dalla ristrutturazione di un palazzo degli anni '20, che fu albergo degli impiegati dei cantieri, nasce questa bella struttura con raffinati spazi comuni e camere elegantemente moderne.

Ai Campi di Marcello con cam

via Napoli 11 – ✆ 04 81 48 19 37

14 cam – 54/65 € 82/110 €

Menu 32 € (cena)/52 € – Carta 31/65 € – *(chiuso lunedì)* (consigliata la prenotazione)

Non lontano dai cantieri navali, piacevole atmosfera in un locale a conduzione familiare dalle valide proposte ittiche. Tra le tante specialità, noi consigliamo: fregola sarda con canestrelli.

MONFORTE D'ALBA

Cuneo (CN) – ✉ 12065 – 2 081 ab. – Alt. 480 m – Carta regionale n° **25-C3**

Roma 640 km – Cuneo 58 km – Asti 47 km – Torino 76 km

Carta stradale Michelin 561-I5

Villa Beccaris senza rist

via Bava Beccaris 1 – ✆ 0 17 37 81 58 – www.villabeccaris.it – Chiuso 24-27 dicembre

22 cam – 180/285 € 180/450 € – **1 suite**

Immersa in un parco secolare, questa dimora settecentesca ospitò il famoso generale da cui ereditò il nome. All'eleganza degli spazi comuni fanno eco camere di alto livello, mentre il savoir-faire e la calorosa accoglienza costituiscono un ulteriore motivo per soggiornare in questo spaccato di storia italiana.

Le Case della Saracca

via Cavour 5 – ✆ 01 73 78 92 22 – www.saracca.com

6 cam – 110/130 € 135/155 €, 10 €

Rist *Le Case della Saracca* – vedere selezione ristoranti

Curioso e originale, chi potrebbe dire che questo un tempo era il quartiere dei poveri? Nella parte alta della località, tra le mura millenarie del castello, rocce, arredi indiani e design moderno.

Agriturismo il Grillo Parlante senza rist

località Sant'Anna, Est : 2 km – ✆ 01 73 78 92 28 – www.piemonte-it.com – Chiuso gennaio, febbraio e marzo

6 cam – 54/60 € 74/82 €, 5 €

Occorre percorrere una stradina sterrata avvolta dalla campagna langarola per giungere a questa risorsa. Vita agreste senza fronzoli in ambienti raccolti e curati.

XXX **Giardino-da Felicin** con cam

via Vallada 18 – ✆ 0 17 37 82 25 – www.felicin.it
– Chiuso 15 dicembre-22 febbraio e 3 settimane in agosto
30 cam – 75/110 € 120/140 €
Menu 35/60 € – Carta 44/74 € – *(chiuso domenica sera e lunedì) (solo a cena escluso domenica)*
Se la tradizione gastronomica si perpetua in cucina, anche attraverso l'uso di prodotti biologici e carni locali, il nome fa intuire che nel periodo estivo il servizio si sposta felicemente all'aperto, sotto un verde pergolato. Parte delle camere sono presso l'omonimo residence a circa 500 m, dove si trovano anche la piscina e il garage.

XXX **Trattoria della Posta**

località Sant'Anna 87, Est : 2 km – ✆ 0 17 37 81 20 – www.trattoriadellaposta.it
– Chiuso venerdì a mezzogiorno e giovedì
Menu 45 € – Carta 30/64 € – (consigliata la prenotazione)
In aperta campagna, un caldo sorriso e tanto savoir faire vi accoglieranno sin dall'ingresso in questa casa di campagna, non priva di tocchi romantici e spunti eleganti: lume di candela ed argenteria. La cucina perpetua la tradizione locale ed anche il proverbiale carrello dei formaggi propone il meglio della regione.

X **Le Case della Saracca** – Le Case della Saracca

via Cavour 5 – ✆ 01 73 78 92 22
Carta 30/40 € – *(solo a cena)* (consigliata la prenotazione)
Si sviluppa su molti livelli nel suggestivo scenario delle Case della Saracca: cristallo e acciaio sono elementi distintivi assieme a intimi tavolini, cucina regionale e wine-bar.

MONFUMO

Treviso (TV) – ✉ 31010 – 1 420 ab. – Alt. 227 m – Carta regionale n° **40-C2**
Roma 561 km – Belluno 57 km – Treviso 38 km – Venezia 78 km
Carta stradale Michelin 562-E17

XX **Da Gerry** con cam

via Chiesa 6 – ✆ 04 23 54 50 82 – www.ristorantedagerry.com – Chiuso 1 settimana in gennaio e 1 settimana in agosto
5 cam – 70 € 90 €
Carta 36/67 € – *(chiuso martedì a mezzogiorno e lunedì)*
Carne e pesce si contendono la carta di questa moderna trattoria nel centro del paese, dotata anche di camere spaziose e confortevoli.

MONGARDINO → Vedere Sasso Marconi

Bologna (BO)

MONGHIDORO

Bologna (BO) – ✉ 40063 – 3 843 ab. – Alt. 841 m – Carta regionale n° **9-C2**
Roma 333 km – Bologna 43 km – Firenze 65 km – Imola 54 km
Carta stradale Michelin 562-J15

in Valle Idice Nord : 10 km

Agriturismo La Cartiera dei Benandanti

via Idice 13, strada provinciale 7 km 28 ✉ 40063 Monghidoro – ✆ 05 16 55 14 98 – www.lacartiera.it
7 cam – 47/52 € 76/86 €
Rist – Menu 18/30 € – *(aperto le sere di venerdì-sabato e domenica a mezzogiorno)*
Come indica il nome, si tratta di una vecchia cartiera risalente al XVII secolo, oggi, convertita in un semplice agriturismo isolato nel verde: tutto in pietra con legni a vista, anche le camere sono all'insegna dell'essenzialità, ma pur sempre confortevoli. Disponibili anche due appartamenti con uso cucina, uno nella struttura stessa, l'altro nella vicina azienda agricola.

MONGUELFO (WELSBERG)

Bolzano (BZ) – ✉ 39035 – 2 791 ab. – Alt. 1 087 m – Carta regionale n° **34**-D1
Roma 732 km – Cortina d'Ampezzo 42 km – Bolzano 94 km – Brunico 17 km
Carta stradale Michelin 562-B18

Bad Waldbrunn

via Bersaglio 7, Sud : 1 km – ✆ 04 74 94 41 77 – www.hotelbadwaldbrunn.com – Aperto 4 dicembre-7 aprile e 23 maggio-18 ottobre
22 cam – 85/110 € 136/218 € – **3 suites**
Rist – Menu 30 € – *(solo per alloggiati)*
Albergo in stile montano-tirolese, felicemente ubicato in zona quieta e dominante la vallata, dispone di gradevoli interni, centro fitness e belle camere con vista panoramica. La piccola zona benessere ospita anche la piscina.

a Tesido Nord : 2 km Alt. 1 219 m – ✉ 39035 Monguelfo

Alpen Tesitin

Riva di Sotto 22, Ovest : 1 km – ✆ 04 74 95 00 20 – www.alpentesitin.it – Aperto 5 dicembre-7 aprile e 14 maggio-2 novembre
42 cam – solo ½ P 90/115 € – **14 suites**
Rist – Menu 38/55 € – *(solo per alloggiati)*
Appena sopra il paese, un soggiorno all'insegna del relax nella tranquillità delle valli dolomitiche: spazi comuni in stile sudtirolese, camere confortevoli e moderno centro benessere. Il menu del ristorante si declina in tante formule: gourmet, à la carte, dietetico o vital per vegetariani.

MONIGA DEL GARDA

Brescia (BS) – ✉ 25080 – 2 471 ab. – Alt. 125 m – Carta regionale n° **17**-D1
Roma 537 km – Brescia 28 km – Mantova 76 km – Milano 127 km
Carta stradale Michelin 561-F13

L'Osteria Suer & Garbino

via Carlo Alberto 16 – ✆ 03 65 50 32 25 – www.losteria-moniga.it – Chiuso lunedì, anche domenica sera in inverno
Menu 35/60 € – Carta 41/73 €
Un locale semplice rivela una cucina inaspettatamente originale e di qualità, in prevalenza imperniata sul pesce, sia di lago sia di mare, nonché su prodotti rari e di nicchia.

MONOPOLI

Bari (BA) – ✉ 70043 – 48 403 ab. – Carta regionale n° **27**-C2
Roma 494 km – Bari 45 km – Brindisi 70 km – Matera 80 km
Carta stradale Michelin 564-E33

Vecchio Mulino

viale Aldo Moro 192 – ✆ 0 80 77 71 33 – www.vecchiomulino.it
31 cam – 102/120 € 150/165 € – **1 suite** **Rist** – Carta 37/58 €
Deve il nome alla sua primigena funzione: un mulino per l'appunto. All'interno, spazi comuni razionali e ben organizzati, nonché camere arredate con buon gusto. Piccolo eliporto e spiaggia privata con navetta di collegamento. Caratteristico soffitto a volta nel piacevole ristorante.

La Peschiera

contrada Losciale 63, Sud-Est : 9 km ✉ 70043 Monopoli – ✆ 0 80 80 10 66 – www.peschierahotel.com – Aperto Pasqua-31 ottobre
12 cam – 500/1000 € 500/1000 € – **3 suites** **Rist** – Carta 56/108 €
Lussuoso hotel ricavato da un'antica peschiera borbonica: posizione invidiabile con il mare di fronte e tre grandi piscine alle spalle. Per un soggiorno in assoluta tranquillità, non sono ammessi bambini di età inferiore ai 12 anni. Ristorante dallo stile fresco e marino, ma elegante. Cucina di mare e del territorio.

Angelo Sabatelli

via Aldo Moro 27 – ✆ 0 80 80 23 96 – www.angelosabatelliristorante.com – Chiuso lunedì, anche domenica sera da ottobre a maggio

Menu 45/100 € – Carta 54/80 € – *(solo a cena dal 15 giugno al 15 settembre)* (prenotare)

In una masseria di origini cinquecentesche, gli interni sono semplici, ma accattivanti, e rivisitano con qualche tocco moderno l'atmosfera tradizionale pugliese. La cucina propone una delle riletture più entusiasmanti dei piatti regionali, sia di terra che di mare.

→ Riso, patate e cozze "secondo il mio punto di vista". Filetto di ombrina con salsa di olive alla calce, pomodorini confit e patate grattugiate. Bon bon di cioccolato con lampascioni canditi e liquore al carciofo.

MONREALE

Sicilia – Palermo (PA) – ✉ 90046 – 38 562 ab. – Alt. 310 m – Carta regionale n° **29-B2**

Agrigento 135 km – Palermo 10 km – Marsala 108 km – Trapani 92 km

Carta stradale Michelin 365-AO55 – Guida Verde Michelin SICILIA

Palazzo Ducale Suites senza rist

via Duca degli Abruzzi 8 – ✆ 09 16 40 42 98 – www.palazzoducalesuites.it

7 cam – †60/80 € ††80/120 €

Nella centro storico della splendida Monreale, una recente ristrutturazione ha dato vita a belle camere e suite anche con terrazzo, arredi moderni e raffinati accessori.

Taverna del Pavone

vicolo Pensato 18 – ✆ 09 16 40 62 09 – www.tavernadelpavone.eu – Chiuso 2 settimane in giugno e lunedì

Carta 23/45 €

Nel caotico centro storico, ma nei pressi del meraviglioso duomo, tavoli piuttosto ravvicinati per chi desidera gustare semplici "capolavori" della Trinacria gastronomica in un ambiente familiare e simpatico.

MONRUPINO

Trieste (TS) – ✉ 34016 – 868 ab. – Alt. 418 m – Carta regionale n° **11-D3**

Roma 669 km – Udine 71 km – Gorizia 43 km – Trieste 11 km

Carta stradale Michelin 562-E23

Furlan

località Col 19 – ✆ 0 40 32 71 25 – Chiuso 15-30 gennaio, i mezzogiorno di mercoledì-giovedì, lunedì e martedì

Carta 31/42 €

Una affabile gestione familiare e due accoglienti sale da pranzo al piano terra per una cucina che sa rispettare la tradizione regionale. Proposte a base di carne.

Krizman con cam

località Repen 76, Ovest : 1,5 km – ✆ 0 40 32 71 15 – www.hotelkrizman.eu – Chiuso gennaio

17 cam – †45/55 € ††70/80 €

Menu 18/45 € – Carta 19/44 € – *(chiuso lunedì a mezzogiorno e martedì)*

Strucolo bollito con spinaci e ricotta, filetto di manzo cotto nel fieno, braciole d'agnello con erbe del Carso e tante altre specialità del territorio, in un piacevole locale dall'ambiente rustico e dalla consolidata gestione familiare. Servizio estivo in giardino e, in posizione privilegiata per una rilassante vacanza nel verde, Krizman offre anche camere semplici, ideali per un soggiorno lontano dai rumori della città.

MONSANO

Ancona (AN) – ✉ 60030 – 3 374 ab. – Alt. 191 m – Carta regionale n° **21-C1**

Roma 249 km – Ancona 31 km – Gubbio 76 km – Macerata 41 km

Carta stradale Michelin 563-L21

Pineta senza rist
via Cassolo 6 – ✆ 07 31 61 91 61 – www.pinetahotel.net
81 cam – 59/73 € 79/89 €
L'architetto ha snobbato la verticalità e la struttura - moderna ed ecologica - si sviluppa in orizzontale, riservando un posto auto davanti all'ingresso di ogni camera. La sobrietà delle linee è sicuramente il tratto distintivo delle stanze, ma non del confort che raggiunge ottimi livelli!

MONSELICE

Padova (PD) – ✉ 35043 – 17 561 ab. – Carta regionale n° **39-B3**
Roma 471 km – Padova 23 km – Ferrara 54 km – Mantova 85 km
Carta stradale Michelin 562-G17

La Torre
piazza Mazzini 14 – ✆ 0 42 97 37 52 – www.ristorantelatorremonselice.it – Chiuso 27 luglio-24 agosto, domenica sera e lunedì
Carta 31/61 €
In pieno centro storico, nella piazza principale della città, piatti di cucina della tradizione e ricette a base di prodotti pregiati: tra le specialità la cottura alla griglia. Ambiente classico.

sulla strada regionale 104 al km 1,100 Sud-Est : 4: km

Ca' Rocca senza rist
via Basse 2 – ✆ 04 29 76 71 51 – www.carocca.it – Chiuso 23 dicembre-2 gennaio
19 cam – 55/65 € 80/100 € – **1 suite**
Recente costruzione a conduzione diretta con camere ampie e dotate di ogni confort: base ideale per escursioni nei dintorni.

MONSUMMANO TERME

Pistoia (PT) – ✉ 51015 – 20 884 ab. – Alt. 20 m – Carta regionale n° **31-B1**
Roma 322 km – Firenze 52 km – Pistoia 18 km – Lucca 34 km
Carta stradale Michelin 563-K14

Grotta Giusti cam, rist,
via Grotta Giusti 1411, Est : 2 km – ✆ 0 57 29 07 71 – www.grottagiustispa.com
64 cam – 160/365 € 160/365 € **Rist** – Carta 29/43 €
Nella quiete di un grande parco con piscina - all'interno del celebre complesso termale con grotte naturali (di cui una vanta il primato europeo per dimensioni) - una bella struttura completa nella gamma dei servizi e camere di diverse ampiezze, eleganti, in stile: alcune sono davvero grandi!

Villa San Bastiano
località Monsummano Alto, piazza Castello 10 – ✆ 05 72 52 00 97 – www.villasanbastiano.it
5 cam – 80/85 € 110/120 €
Rist *La Foresteria* – vedere selezione ristoranti
Se nel curato giardino vi si offre una vista a 360° sulla vallata di Nievole, all'interno belle camere di moderno design, armoniose ed accoglienti. La struttura si trova in un piccolo borgo medievale.

La Foresteria – Agriturismo Villa San Bastiano
località Monsummano Alto, piazza Castello 10 – ✆ 05 72 52 00 97 – Chiuso novembre e lunedì
Carta 32/50 € – *(solo a cena da giugno ad agosto)* (consigliata la prenotazione a pranzo)
Sovrasta la vallata di Nievole questo locale elegante e sobrio, all'interno di un piccolo borgo medievale. Un paesaggio suggestivo nel quale gustare specialità del territorio - leggermente rivisitate ed alleggerite - con buona cura delle presentazioni.

Osteria Il Maialetto
Via Della Repubblica 372 – ✆ 05 72 95 38 49 – www.macelleriadagiacomo.com
Carta 24/46 € – *(solo a cena)*
Accanto alla macelleria di famiglia, vivace osteria dallo spirito giovanile dove gustare una schietta cucina toscana, nonché carni e prosciutti di allevamenti propri.

MONTÀ
Cuneo (CN) – ✉ 12046 – 4 745 ab. – Alt. 316 m – Carta regionale n° **25-C2**
Roma 544 km – Torino 48 km – Asti 29 km – Cuneo 76 km
Carta stradale Michelin 561-H5

Casa Americani
piazzetta della Vecchia Segheria 1ex piazza Vittorio Veneto – ✆ 01 73 97 67 44 – www.casaamericani.it – Chiuso gennaio
7 cam – 60/65 € 80/130 €
Rist *Marcelin* – vedere selezione ristoranti
Il nome dell'albergo ricorda che i vecchi proprietari della casa emigrarono negli Stati Uniti, guadagnandosi quindi il soprannome di "americani"; le sue camere situate in un edificio a ringhiera di fine '800 assicurano però confort moderni.

Belvedere
cam,
vicolo San Giovanni 3 – ✆ 01 73 97 61 56 – www.albergobelvedere.com – Chiuso 10 giorni in gennaio e 20 giorni in agosto
10 cam – 65 € 90 €
Rist – Carta 30/75 € – *(chiuso domenica sera e martedì)*
Tra frutteti e vigne, la cortesia e la professionalità della gestione familiare mettono a proprio agio anche l'ospite di passaggio e l'abbondante colazione allieterà l'inizio di ogni giornata. Camere ampie, alcune con balcone. Ottima cucina casalinga e specialità del territorio arricchite da tartufi e funghi porcini.

Marcelin – Hotel Casa Americani
piazzetta della Vecchia Segheria 1ex piazza Vittorio Veneto – ✆ 01 73 97 67 44 – www.marcolin.it – Chiuso gennaio, domenica sera e lunedì
Menu 38/55 € – Carta 48/68 €
Originale riconversione di un'antica segheria in moderno ristorante, caratterizzato da due raccolte salette e da una cucina che, senza voltare le spalle alle tradizione locale, riesce ad essere fantasiosa e contemporanea.

MONTAGNA (MONTAN)
Bolzano (BZ) – ✉ 39040 – 1 644 ab. – Alt. 497 m – Carta regionale n° **34-D3**
Roma 627 km – Bolzano 27 km – Merano 50 km – Trento 43 km
Carta stradale Michelin 562-D15

Tenz
cam, rist,
via Doladizza 3, Nord : 2 km – ✆ 04 71 81 97 82 – www.hotel-tenz.com – Chiuso 23 febbraio-26 marzo e 4 novembre-11 dicembre
40 cam – 58/88 € 110/140 € – **5 suites**
Rist *Tenz* – Carta 30/38 € – *(chiuso martedì)*
Si gode una bella vista su monti e vallata da un albergo a gestione familiare dotato di accoglienti ambienti in stile montano di taglio moderno e luminose camere. Cucina del territorio nel ristorante distribuito tra una stube e la veranda panoramica.

Dorfnerhof con cam
località Casignano 5, Sud : 8 Km – ✆ 04 71 81 97 98 – www.dorfner.it – Chiuso 6 settimane in gennaio-febbraio
6 cam – 55/65 € 40/50 € Carta 24/56 € – *(chiuso lunedì)*
Semplice e rustica abitazione con annesso maso, dove gustare la fragrante cucina altoatesina: affettati misti, canederli allo speck con burro e formaggio di malga, strudel di mele con frutta. Il tutto nel verde dei boschi.

MONTAGNAGA → Vedere Baselga di Pinè
Trento (TN)

MONTAGNA IN VALTELLINA → Vedere Sondrio
Sondrio (SO)

MONTAGNANA
Padova (PD) – ✉ 35044 – 9 401 ab. – Alt. 16 m – Carta regionale n° **39-B3**
Roma 475 km – Padova 49 km – Ferrara 57 km – Mantova 60 km
Carta stradale Michelin 562-G16

Hostaria San Benedetto
via Andronalecca 13 – ✆ 04 29 80 09 99 – www.hostariasanbenedetto.it – Chiuso mercoledì
Menu 25/30 € – Carta 31/60 €
Locale ubicato nel cuore della "città murata": una sala di tono signorile in cui provare proposte di cucina del luogo rivisitata; servizio estivo all'aperto.

Aldo Moro con cam — cam,
via Marconi 27 – ✆ 0 42 98 13 51 – www.hotelaldomoro.com – Chiuso 2-10 gennaio, 9-19 agosto e lunedì
24 cam – †70/79 € ††100/118 € – **5 suites** Carta 33/57 €
Ristorante-hotel sito in pieno centro storico, la calda atmosfera delle sale lo rendono ideale per un cena a lume di candela. Le proposte mantengono una forte radice nel territorio, ma non disdegnano i piatti del mare.

MONTAGNANA → Vedere Serramazzoni
Modena (MO)

MONTAIONE
Firenze (FI) – ✉ 50050 – 3 760 ab. – Alt. 242 m – Carta regionale n° **31-B2**
Roma 289 km – Firenze 59 km – Siena 61 km – Livorno 75 km
Carta stradale Michelin 563-L14

UNA Palazzo Mannaioni — cam, rist,
via Marconi 2 – ✆ 0 57 16 92 77 – www.unahotels.it – Chiuso 5 gennaio-28 febbraio
47 cam – †85/410 € ††85/410 € – **3 suites** **Rist** – Carta 37/59 €
In un'antica dimora cinquecentesca addossata alle mura castellane, un hotel abbellito da un giardino con piscina: eleganti interni in stile rustico e confortevoli camere. La vera cucina toscana vi attende nella raffinata sala ristorante, un tempo frantoio, dal suggestivo soffitto a vela.

a San Benedetto Nord-Ovest : 5 km – ✉ 50050 Montaione

B&B Villa Sestilia
via Collerucci 39 – ✆ 05 71 67 70 81 – www.villasestilia.it
4 cam – †60/90 € ††90/150 €
Rist *Casa Masi* – vedere selezione ristoranti
In un caratteristico borgo agricolo, questa elegante casa di campagna - accuratamente restaurata - ospita poche camere, ma tutte spaziose e personalizzate.

Casa Masi – B&B Villa Sestilia
via Collerucci 53 – Chiuso martedì a mezzogiorno e lunedì
Carta 35/55 € – (consigliata la prenotazione)
Una terra ricca di ottimi prodotti, tra i quali eccelle il tartufo bianco, e l'abilità di Luciana ai fornelli danno vita ad una cucina che si rifà alla tradizione montaionese, pur rimanendo moderna. Anche l'ambiente non è lasciato al caso: uno studiato mix di rustico ed elegante, una romantica limonaia, un bel giardino.

MONTALBANO → Vedere Santarcangelo di Romagna
Rimini (RN)

MONTALCINO
Siena (SI) – ✉ 53024 – 5 139 ab. – Alt. 567 m – Carta regionale n° **32-C2**
Roma 213 km – Siena 41 km – Arezzo 86 km – Firenze 109 km
Carta stradale Michelin 563-M16

Vecchia Oliviera senza rist
via Landi 1 – ✆ 05 77 84 60 28 – www.vecchiaoliviera.com – Chiuso 9-29 dicembre e 7 gennaio-19 febbraio
10 cam – †70/120 € ††120/190 € – **1 suite**
A 2 minuti a piedi dal centro, con vista sulla Val d'Orcia, un antico frantoio è stato trasformato in hotel con eleganti interni in stile locale e molte camere con vasca idromassaggio. All'aperto: piscina, giardino e bella terrazza panoramica per la prima colazione.

Il Giglio cam,
via Soccorso Saloni 5 – ✆ 05 77 84 81 67 – www.gigliohotel.com – Chiuso 7-31 gennaio
12 cam – †90/110 € ††135/150 €
Rist *Il Giglio* – Carta 32/56 € – *(chiuso martedì) (solo a cena)*
A pochi passi dal Palazzo Comunale, in un albergo di antica tradizione, tipica ambientazione toscana con travi e mattoni a vista. Camere sempre molto ben tenute. Fiori freschi e buon vino (anche al bicchiere) nell'ottimo ristorante. Cucina regionale.

Boccon DiVino con cam cam, cam,
via Traversa dei Monti 201, località Colombaio Tozzi, Est : 1 km – ✆ 05 77 84 82 33 – www.boccondivinomontalcino.it – Chiuso martedì
4 cam – †60 € ††80 € Menu 35 € – Carta 38/52 € – (prenotare)
Una casa colonica alle porte del paese: si può scegliere fra la curata sala rustica o la terrazza estiva con vista. Nel piatto, i sapori del territorio leggermente rivisitati in chiave moderna.

a Castiglione del Bosco Nord-Ovest : 12 km – ✉ 53024

Castiglion del Bosco cam, rist,
– ✆ 0 57 71 91 30 01 – www.castigliondelbosco.com – Aperto 1° aprile-11 novembre
20 suites – ††620/940 € – 3 cam
Rist *Campo del Drago* – vedere selezione ristoranti
Rist *La Canonica* – Carta 42/74 €
Gli amanti del golf troveranno di che soddisfare la loro passione con un percorso a 18 buche, ma anche gli estimatori del lusso garbato apprezzeranno i dettagli di pregio di questo esclusivo resort immerso nella campagna senese, dotato di suite e ville con la possibilità, per chi opta per quest'ultime, di avere room service e chef esclusivo.

Campo del Drago – Hotel Castiglion del Bosco
– ✆ 0 57 71 91 30 01 – www.castigliondelbosco.com – Aperto 28 marzo-11 novembre
Carta 60/95 € – *(solo a cena)*
Strategicamente al centro del borgo, una cucina di alta fattura assecondata da una raffinata atmosfera ed un accurato servizio, che donano allo spirito quella rilassatezza per godere al top.

a Castelnuovo dell'Abate Sud-Est : 10 km – ✉ 53020

Castello di Velona cam,
località Velona – ✆ 05 77 83 90 02 – www.castellodivelona.it – Chiuso 15 gennaio-28 febbraio
46 cam – †310/450 € ††515/655 € – **24 suites**
Rist – Carta 38/96 €
Rist *L'Abbazia* – Carta 42/96 € – *(solo a cena)*
Castello del XI sec. completamente restaurato per offrire un soggiorno esclusivo in ambienti eleganti: moderna spa, nonché vista a 360° su colline e Val d'Orcia. La sera, cucina gourmet all'Abbazia. A pranzo, le migliori ricette della tradizione gastronomica toscana al ristorante.

a Poggio alle Mura Sud-Ovest : 19 km – ✉ 53024 Montalcino

Castello Banfi-Il Borgo

località Sant'Angelo Scalo – ✆ 05 77 87 77 00 – www.castellobanfiilborgo.it – Aperto 20 marzo-8 novembre

9 cam – 🚹429/880 € 🚹🚹429/880 € – **5 suites**

Rist *Castello Banfi-La Taverna* – vedere selezione ristoranti

In un tipico borgo in pietra del '700, se l'esterno di questa esclusiva risorsa rimanda alle forme architettoniche locali, l'interno è stato finemente ristrutturato per garantire il massimo confort. Camere eleganti ed intime, dove i colori tenui si alternano ai toni a contrasto delle nicchie. Su una terrazza a sbalzo, la piscina domina la magnifica Val d'Orcia.

Castello Banfi-La Taverna – Hotel Castello Banfi-Il Borgo

località Sant'Angelo Scalo – ✆ 05 77 87 75 24 – www.castellobanfiilborgo.it – Aperto 20 marzo-8 novembre; chiuso domenica a pranzo

Carta 62/96 €

Senza grosse pretese gourmet, ma semplice e ben fatta, la cucina parla toscano. La proposta enologica, invece, è decisamente più cosmopolita: si va dai vini locali o piemontesi (di produzione propria), ad importazioni in esclusiva di etichette cilene e francesi.

MONTALLEGRO

Agrigento (AG) – ✉ 92010 – 2 549 ab. – Alt. 100 m – Carta regionale n° **29-B2**

Roma 985 km – Palermo 128 km – Agrigento 29 km – Caltanissetta 87 km

Carta stradale Michelin 365-AP59

Capitolo Primo del Relais Briuccia con cam

via Trieste 1 – ✆ 09 22 84 77 55 – www.relaisbriuccia.it

5 cam – 🚹60 € 🚹🚹100 €

Menu 37/47 € – Carta 34/44 € – (prenotazione obbligatoria)

Un angolo di amena familiarità in un anonimo vicolo del centro: protagonista è una coppia che mettendo a frutto la propria esperienza internazionale propone piatti siciliani (proverbi i panzerotti ricotta e gambero rosso al limoncino e sedano), nonché ospitalità di ottima qualità. La sala e le camere evidenziano un eccellente gusto.

MONTAN = MONTAGNA

MONTE = BERG → Vedere Appiano sulla Strada del Vino

Bolzano (BZ)

MONTE ... MONTI → Vedere nome proprio del o dei monti

MONTEBELLO VICENTINO

Vicenza (VI) – ✉ 36054 – 6 541 ab. – Alt. 53 m – Carta regionale n° **38-A2**

Roma 537 km – Verona 37 km – Vicenza 21 km – Venezia 86 km

Carta stradale Michelin 562-F16

a Selva Nord-Ovest : 3 km – ✉ 36054 Montebello Vicentino

La Marescialla

via Capitello 3 – ✆ 04 44 64 92 16 – Chiuso 7-10 gennaio, 10-19 agosto, domenica sera e lunedì

Carta 31/71 €

Pur non mancando qualche specialità di carne, è il pesce il prediletto del menu di questo accogliente locale in aperta campagna, che propone nella stagione estiva anche un fresco dehors.

MONTEBELLUNA

Treviso (TV) – ✉ 31044 – 30 845 ab. – Alt. 109 m – Carta regionale n° **40-C2**
Roma 542 km – Padova 52 km – Belluno 63 km – Treviso 22 km
Carta stradale Michelin 562-E18

Bellavista senza rist
via Zuccareda 20, località Mercato Vecchio – ✆ 04 23 30 10 31 – www.bellavistamontebelluna.it – Chiuso 21 dicembre-7 gennaio e agosto
42 cam – †105/125 € ††160/190 € – **2 suites**
Sulle prime colline alle spalle di Montebelluna; spaziose e confortevoli le zone comuni e le stanze con vista sulla città o, sul retro, sul Monte Grappa.

Nidaba
via Argine 15 – ✆ 04 23 60 99 37 – www.nidabaspirit.it – Chiuso 2 settimane in agosto e domenica
Carta 21/46 € – *(solo a cena)* (consigliata la prenotazione)
L'esperienza di Andrea e Daniela, con l'entusiasmo dei giovani collaboratori, dà corpo ad un'alternativa al mondo del vino: un locale informale, dove si mangia bene, accompagnati da un'eccellente selezione di birre (forse, la migliore d'Italia!).

MONTEBENI → Vedere Fiesole

Firenze (FI)

MONTEBENICHI

Arezzo (AR) – ✉ 52021 PietravivaAlt. 508 m – ✉ Pietraviva – Carta regionale n° **32-C2**
Roma 205 km – Siena 31 km – Arezzo 40 km – Firenze 73 km
Carta stradale Michelin 563-L15

Castelletto di Montebenichi senza rist
piazza Gorizia 19 – ✆ 05 59 91 01 10 – www.castelletto.it – Aperto 15 aprile-15 ottobre
9 cam – †250/340 € ††250/340 € – **3 suites**
L'emozione di soggiornare nei ricchi interni di un piccolo castello privato in un borgo medioevale, tra quadri e reperti archeologici; panoramico giardino con piscina.

Osteria L'Orciaia
via Capitan Goro 10 – ✆ 05 59 91 00 67 – Aperto 15 aprile-15 ottobre; chiuso martedì
Carta 20/47 € – (prenotazione obbligatoria)
Caratteristico localino rustico all'interno di un edificio cinquecentesco, con un raccolto dehors estivo. Cucina tipica toscana elaborata partendo da ottimi prodotti.

MONTECALVO VERSIGGIA

Pavia (PV) – ✉ 27047 – 547 ab. – Alt. 410 m – Carta regionale n° **16-B3**
Roma 559 km – Piacenza 48 km – Pavia 34 km – Milano 69 km
Carta stradale Michelin 561-H9

Prato Gaio
località Versa, bivio per Volpara, Est : 3 km – ✆ 0 38 59 97 26 – www.ristorantepratogaio.it – Chiuso 7 gennaio-7 febbraio, lunedì e martedì
Menu 38/50 € – Carta 35/60 €
La ristorazione è nel Dna di famiglia: osti già nell'Ottocento, ci si ispira ancora oggi alla tradizione dell'Oltrepò, talvolta riproposta come si faceva un tempo, talvolta corretta con personalità e attualità. Una tappa obbligatoria per gli amanti dei sapori locali.

MONTECARLO

Lucca (LU) – ✉ 55015 – 4 446 ab. – Alt. 162 m – Carta regionale n° **31-B1**
Roma 333 km – Pisa 46 km – Firenze 63 km – Lucca 18 km
Carta stradale Michelin 563-K14

Agriturismo Fattoria la Torre
via provinciale di Montecarlo 7 – ✆ 0 58 32 29 81 – www.fattorialatorre.it
6 cam – 80/100 € 90/140 €
Rist *Enoteca la Torre* – vedere selezione ristoranti
Accanto alla produzione di olio e vino, l'ospitalità alberghiera: all'interno, un curioso contrasto tra l'atmosfera di una casa ottocentesca e camere realizzate in design. A completare la struttura anche nove appartamenti con cucina arredati in stile toscano.

Antico Ristorante Forassiepi
via della Contea 1 – ✆ 05 83 22 94 75 – www.ristoranteforassiepi.it – Chiuso 15-31 gennaio, 10-20 luglio, mercoledì a mezzogiorno e martedì
Menu 55 € – Carta 39/86 €
Qui troverete la storia di un grazioso borgo medioevale, un bel panorama sulla valle, ma soprattutto un'eccellente cucina. Se il risotto al piccione è il piatto storico, il successo delle proposte di pesce è enorme e giustificato.

Nina con cam
via San Martino 54, Nord-Ovest : 2,5 km – ✆ 0 58 32 21 78 – www.lanina.it – Chiuso 15 febbraio a 15 marzo
10 cam – 50 € 60 €, 8 €
Carta 28/44 € – *(chiuso lunedì sera e martedì)* (prenotare)
In posizione panoramica, Nina propone la cucina della tradizione e diverse specialità alla griglia, agnello, manzo e piccione. Nella bella stagione scegliete i tavoli allestiti all'esterno del casolare, nella veranda che profuma di glicine e vite americana. Camere spaziose, arredate in stile. Prezzi interessanti.

Enoteca la Torre – Agriturismo Fattoria la Torre
via provinciale di Montecarlo 7 – ✆ 0 58 32 29 81 – www.fattorialatorre.it – Chiuso martedì
Carta 29/48 €
Un ristorantino che si esprime al meglio in estate, quando tutto si trasferisce all'aperto. La cucina, invece, non subisce influenze particolari se non un'attenzione encomiabile nel promuovere i prodotti di stagione. Specialità toscane.

MONTECASSIANO → Vedere Macerata
Macerata (MC)

MONTECATINI TERME
Pistoia (PT) – ✉ 51016 – 19 441 ab. – Alt. 29 m – Carta regionale n° **31**-B1
Roma 322 km – Firenze 52 km – Pisa 56 km – Pistoia 17 km
Carta stradale Michelin 563-K14

Grand Hotel e La Pace
via della Torretta 1 – ✆ 05 72 92 40 – www.grandhotellapace.it – Aperto 1° aprile-3 novembre Pianta : A2**y**
120 cam – 200/400 € 230/500 € – **10 suites** **Rist** – Carta 42/80 €
Gli amanti di un gusto retrò e d'antan, spesso grandioso, ma a volte anche un po' sorpassato, troveranno qui il grande albergo per eccellenza: enormi saloni e tanta nostalgia per la belle époque.

Grand Hotel Croce di Malta
viale 4 Novembre 18 – ✆ 05 72 92 01 – www.grandhotelcrocedimalta.com Pianta : B1**x**
136 cam – 140/180 € 180/260 € – **27 suites** **Rist** – Menu 30 €
La proverbiale tradizione alberghiera di Montecatini s'intreccia con quella di questo storico albergo, che tuttavia si rinnova in continuazione. Oggi offre ambienti moderni, chiari e luminosi, camere più o meno recenti con eleganti bagni.

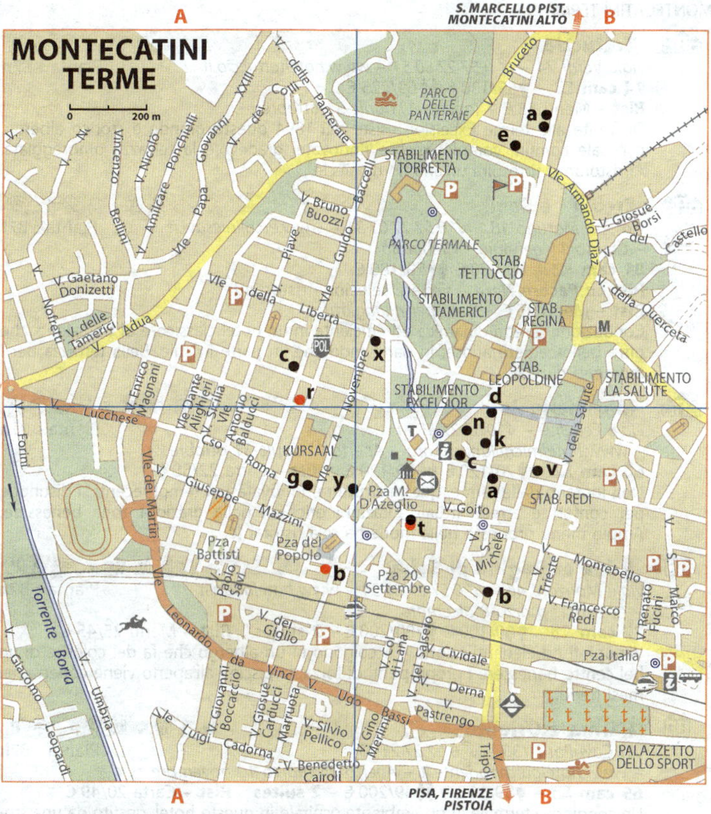

Columbia rist,

corso Roma 19 – 0 57 27 06 61 – www.hotelcolumbia.it Pianta : A2**g**

– Chiuso 3 novembre-26 dicembre e 8 gennaio-28 febbraio

64 cam – **†49/189 € ††69/298 € – 2 suites**

Rist – Carta 28/104 € – *(solo per alloggiati)*

L'elegante edificio preannuncia gli originali interni di un giocoso albergo che reinterpreta in forma moderna vari stili, dal liberty all'impero; mai sottotono, ad un passo dall'eccesso, ma sempre con stile. Ristorante panoramico al quinto piano.

Manzoni rist,

viale Manzoni 28 – 0 57 27 01 75 – www.hotelmanzoni.info Pianta : B2**c**

– Aperto 28 dicembre-4 gennaio e 1° marzo-30 novembre

94 cam – **†60/130 € ††100/150 € – 2 suites**

Rist – Carta 20/61 € – *(solo per alloggiati)*

Centrale, ma anche al termine di una via chiusa che lo protegge dai rumori, il Manzoni offre originali soluzioni di arredi contemporanei. Due piscine, di cui una d'acqua salata, coperte d'inverno.

Settentrionale Esplanade rist,

via Grocco 2 – 0 57 27 00 21 Pianta : B2**d**

– www.settentrionaleesplanade.it – Chiuso 8 gennaio-28 febbraio

99 cam – **†50/120 € ††70/190 €** **Rist** – Carta 19/41 €

A pochi passi dalle terme - raggiungibili lungo un bel viale alberato - l'albergo offre spaziosi ambienti, servizio cortese e camere classiche: da preferire quelle con vista sui colli.

Tettuccio
rist,

viale Verdi 74 – 0 57 27 80 51 – www.hoteltettuccio.it Pianta : B2**n**

74 cam – 59/130 € 69/225 €

Rist – Menu 55 € – *(aperto 1° aprile-31 ottobre)*

Di fronte alle terme Excelsior, esiste dal 1894 questo grande e storico albergo, con sale comuni completamente rinnovate; gradevole la terrazza ombreggiata. Al ristorante si respira un'aria fin de siècle.

Ercolini e Savi
cam, rist,

via San Martino 18 – 0 57 27 03 31 – www.ercoliniesavi.it Pianta : B2**t**
– Chiuso 11 gennaio-13 febbraio

81 cam – 50/90 € 59/180 €

Rist *La Pecora Nera* – vedere selezione ristoranti

Rist – Menu 25 € – *(solo per alloggiati)*

Conduzione diretta dinamica ed efficiente in un hotel classico e di tradizione, che offre belle camere ariose: in parte moderne, in parte in stile. Bella terrazza per i momenti di relax.

Michelangelo

viale Fedeli 9 – 0 57 27 45 71 Pianta : B1**a**
– www.hotelmichelangelo.org – Aperto 1° aprile-31 ottobre

68 cam – 70/120 € 80/120 € **Rist** – Carta 22/58 €

Non lontano dalle terme, questa struttura rinnovatasi in tempi recenti si distingue per confort e arredi attuali. Citazioni orientali nella graziosa zona benessere. Ampio menu proposto nella moderna sala ristorante.

Adua et Regina di Saba
rist,

viale Manzoni 46 – 0 57 27 81 34 – www.hoteladua.it Pianta : B2**a**
– Aperto 1° marzo-8 dicembre

72 cam – 60/100 € 80/200 € – **2 suites** **Rist** – Menu 25/45 €

Variopinti ed eleganti salotti vi accolgono in un albergo che fa dei colori e di un bel centro benessere i propri punti di forza; la piscina all'aperto viene coperta nei mesi freddi.

Parma e Oriente
rist,

via Cavallotti 135 – 0 57 27 21 35 Pianta : B2**k**
– www.hotelparmaoriente.it – Aperto 25 marzo-10 novembre

65 cam – 39/115 € 49/200 € – **2 suites** **Rist** – Carta 20/49 €

Un soggiorno termale in un ambiente ospitale in questo hotel, gestito da una storica famiglia di albergatori: camere arredate con mobilio decorato in stile e bagni perlopiù rinnovati. Bella piscina e area relax.

Da Vinci
rist,

viale Bicchierai 31 – 0 57 27 03 78 – www.davincihotel.it Pianta : B2**b**
– Aperto 1° aprile-30 ottobre

44 cam – 49/219 € 49/219 €

Rist – Carta 21/56 € – *(solo a cena) (solo per alloggiati)*

Albergo totalmente rinnovato in anni recenti con gradevoli spazi comuni e confortevoli, moderne camere. La piscina si trova all'ultimo piano di un vicino palazzo.

Brennero e Varsavia
rist,

viale Bicchierai 70/72 – 0 57 27 00 86 Pianta : B2**v**
– www.hotelbrenneroevarsavia.it – Aperto 1° marzo-30 novembre

54 cam – 40/50 € 70/80 € **Rist** – Carta 16/42 €

In comoda posizione per il centro e per le terme, una risorsa a gestione familiare con spazi comuni gradevoli e camere di confort attuale. Il ristorante dispone di una sala di taglio classico e di tono moderno.

Torretta N
rist,

viale Bustichini 63 – 0 57 27 03 05 – www.hoteltorretta.it Pianta : B1**e**
– Aperto 1° aprile-3 novembre

59 cam – 70/90 € 100/140 € **Rist** – Menu 20/40 €

Camere semplici, tuttavia ben tenute, ma ciò che fa la differenza al Torretta è la generosità dell'accoglienza familiare, che da più di cinquant'anni e tre generazioni accoglie i clienti come fossero amici!

Villa le Magnolie senza rist
viale Fedeli 15 – ✆ 05 72 91 17 00 – www.villalemagnolie.it Pianta : B1**a**
6 cam ☕ – †70/110 € ††80/120 €
Tra le mura di un incantevole villino d'inizio Novecento, questo b&b offre ricercatezza e dettagli d'epoca non frequenti neppure nei più blasonati alberghi. In più, tutti i servizi dell'adiacente hotel Michelangelo.

Petit Château senza rist
viale Rosselli 10 – ✆ 05 72 90 59 00 – www.petitchateau.it Pianta : A1**c**
6 cam ☕ – †50/85 € ††70/145 € – **1 suite**
Vicino alle terme, questa piccola risorsa familiare ospitata in una villa liberty dispone di camere arredate con signorili personalizzazioni. Sempre un buon indirizzo!

Gourmet
viale Amendola 6 – ✆ 05 72 77 10 12 Pianta : A1**r**
– www.ristorantegourmetmontecatini.it – Chiuso 7-16 gennaio, 1°-18 agosto e martedì
Carta 53/75 €
Moderno e sobrio, elegante e raffinato: se il nome è una promessa, il ristorante vi sedurrà con una serie di proposte territoriali e non, nonché una giustificata celebrità legata ai piatti di pesce.

La Pecora Nera – Ercolini e Savi
via San Martino 18 – ✆ 0 57 27 03 31 – www.ercoliniesavi.it Pianta : B2**t**
– Chiuso 11 gennaio-13 febbraio
Carta 32/70 € – *(solo a cena escluso sabato, domenica e festivi)*
Ci sono i lampadari di Murano e gli eleganti pavimenti d'epoca, ma in ambienti freschi e rivisitati con un gusto attuale e soprattutto un'ottima cucina fantasiosa, in buona parte di pesce.

Enoteca Giovanni
via Garibaldi 25/27 – ✆ 0 57 27 30 80 Pianta : A2**b**
– www.enotecagiovanni.it – Chiuso 14-28 febbraio, 16-30 agosto e lunedì
Menu 40 € – Carta 57/98 €
Chi non ama i guizzi di cucina sperimentale o gli ambienti design, qui troverà una piacevole classicità nella sala, un servizio attento e dei piatti in prevalenza di pesce su cui nel tempo il ristorante ha costruito la sua fama. Sala fumatori.

a Pieve a Nievole Sud : 2 km Pianta : B2 – ✉ 51018

Uno Più
via Amendola 58 – ✆ 05 72 95 11 43 – www.locandaunopiu.net
9 cam ☕ – †50 € ††80 € **Rist** – Carta 36/60 € – *(chiuso lunedì)*
Sulla strada per Pistoia, l'accurata ristrutturazione di un casolare agricolo ha dato vita a questo hotel a conduzione familiare con camere dai sobri colori. Interessanti proposte in cucina, sia di terra sia di mare.

a Nievole Est : 7 km Pianta : B1 – ✉ 51010

Da Pellegrino
località Renaggio 6 – ✆ 0 57 26 71 58 – www.dapellegrino.com – Chiuso 15 febbraio-5 marzo e mercoledì
Carta 22/73 € – *(solo a cena escluso sabato, domenica e i giorni festivi)*
Trattoria a gestione familiare dall'ambiente semplice e conviviale. La carne è la specialità della casa - in particolare la chianina e il maiale di cinta senese - tra le cotture, un'ottima griglia.

MONTECCHIO ➔ Vedere Darfo Boario Terme
Brescia (BS)

MONTECCHIO EMILIA
Reggio nell'Emilia (RE) – ✉ 42027 – 10 381 ab. – Alt. 99 m – Carta regionale n° **8-A3**
▶ Roma 452 km – Bologna 95 km – Reggio Emilia 17 km – Parma 22 km
Carta stradale Michelin 562-H13

Conteverde

rist,

strada Barco 1 – ✆ 05 22 86 46 23 – www.albergoconteverde.it
54 cam – ♦50/80 € ♦♦70/110 € – **1 suite**
Rist – Carta 25/54 € – *(chiuso 24 dicembre-7 gennaio, 6-26 agosto, sabato a mezzogiorno e domenica)*
Adiacente il Santuario della Madonna dell'Olmo, hotel di taglio classico-signorile che ben si integra nel contesto locale. Non ripartite senza aver fatto una sosta al ristorante: qui, la generosità del territorio sposa la fantasia.

La Ghironda

via XX Settembre 61 – ✆ 05 22 86 35 50 – Chiuso 1 settimana in gennaio, 3 settimana in luglio-agosto, domenica sera e lunedì
Carta 36/48 €
Camillo in sala e Daniele in cucina, vi danno il benvenuto in questo semplice locale che propone specialità emiliane e piatti della tradizione italiana, sapientemente alleggeriti. In stagione, assolutamente da assaggiare, i tortelli di zucca!

MONTECCHIO PRECALCINO

Vicenza (VI) – ✉ 36030 – 4 996 ab. – Alt. 84 m – Carta regionale n° **38-A1**
Roma 544 km – Padova 57 km – Trento 84 km – Vicenza 17 km
Carta stradale Michelin 562-F16

La Locanda di Piero (Renato Rizzardi)

via Roma 32, strada per Dueville, Sud : 1 km – ✆ 04 45 86 48 27 – www.lalocandadipiero.it – Chiuso 1°-14 gennaio, 13-31 agosto, domenica e i mezzogiorno di lunedì e sabato
Menu 50/70 € – Carta 47/88 €
Quasi una residenza privata, a fatica si intuisce l'esistenza di un ristorante dentro questa villetta di campagna. Ma i piatti sono inequivocabili: con maestria il cuoco padroneggia materie prime d'ogni parte d'Italia in piatti personali che sposano gusto e amore per le presentazioni.
→ Risotto al melone, faraona affumicata, burrata, riduzione al Porto e pepe nero. Controfiletto di cervo con salsa alle fave di cacao e broccolo fiolaro. Sfera al cioccolato fondente con il cuore liquido al rhum invecchiato.

MONTECHIARO D'ASTI

Asti (AT) – ✉ 14025 – 1 339 ab. – Alt. 292 m – Carta regionale n° **23-C2**
Roma 627 km – Torino 78 km – Alessandria 58 km – Asti 20 km
Carta stradale Michelin 561-G6

Tre Colli

piazza del Mercato 3/5 – ✆ 01 41 90 10 27 – www.trecolli.com – Chiuso lunedì, martedì e mercoledì
Menu 30/35 € – Carta 33/43 € – (consigliata la prenotazione)
Un ristorante che esiste dal 1898: salette rivestite in legno, con toni morbidi ed accoglienti, tavoli massicci, nonchè una panoramica terrazza estiva per proposte piemontesi. Esposizioni di pittori locali si susseguono nel corso dell'anno.

MONTECHIARUGOLO

Parma (PR) – ✉ 43022 – 10 613 ab. – Alt. 128 m – Carta regionale n° **8-A3**
Roma 464 km – Milano 141 km – Parma 17 km – Bologna 98 km
Carta stradale Michelin 562-H13

Mulino di Casa Sforza N

via Maestà 63 loc. Basilicanova – ✆ 05 21 68 31 58 – www.ristorantemulinodicasasforza.com – Chiuso lunedì
Menu 25/35 € – Carta 29/59 €
Ambienti d'atmosfera e ricchi di fascino in un antico mulino quattrocentesco con spazi all'aperto per le sere d'estate; nella sala sono ancora visibili le antiche macine in pietra, mentre nel canale continua a scorrere l'acqua che alimentava la ruota. Cucina del territorio.

MONTECILFONE

Campobasso (CB) – ✉ 86032 – 1 395 ab. – Alt. 405 m – Carta regionale n° **2-D2**

Roma 267 km – Campobasso 63 km – Isernia 88 km – Chieti 110 km

Carta stradale Michelin 564-B26

Masseria Grande

cam,

contrada Pezze di Corundoli – ✆ 08 75 97 60 06 – www.masseria-grande.it – Aperto 16 maggio-30 settembre

10 cam – 59/79 € 79/109 € **Rist** – Carta 25/45 €

Camere spaziose e confortevoli, in una struttura di signorile familiarità: la posizione è incantevole, la vista abbraccia – infatti – la lussureggiante campagna circostante.

MONTECOSARO

Macerata (MC) – ✉ 62010 – 6 963 ab. – Alt. 252 m – Carta regionale n° **21-D2**

Roma 266 km – Ancona 60 km – Macerata 25 km – Perugia 147 km

Carta stradale Michelin 563-M22

La Luma

via Cavour 1 – ✆ 07 33 22 94 66 – www.laluma.it – Chiuso gennaio

11 cam – 45/65 € 60/85 € – **1 suite**

Rist *La Luma* – vedere selezione ristoranti

In una struttura medievale, un delizioso alberghetto d'atmosfera, con terrazza panoramica e suggestive grotte tufacee nei sotterranei; camere in stile, alcune con vista.

La Luma – Hotel La Luma

via Bruscantini 1 – ✆ 07 33 22 97 01 – www.laluma.it – Chiuso gennaio

Menu 26/35 € – Carta 37/49 €

Locale dal décor raffinato, ma spartano, consono allo spazio in cui si trova: i sotterranei di un centrale edificio settecentesco, con pareti e volte in mattoni e pietra.

Due Cigni

via Santissima Annunziata 21, località Scalo – ✆ 07 33 86 51 82 – www.duecigniristorante.com – Chiuso 15-31 agosto, domenica sera e lunedì

Menu 40 € – Carta 38/71 € – (prenotazione obbligatoria)

Un locale raffinato per una cucina che riscopre le specialità tipiche regionali, attualizzandole con accostamenti inusitati. Ora, poi, può vantare una nuova, moderna, location.

MONTECRESTESE

Verbano-Cusio-Ossola (VB) – ✉ 28864 – 1 248 ab. – Alt. 486 m – Carta regionale n° **23-C1**

Roma 713 km – Stresa 52 km – Domodossola 10 km – Verbania 51 km

Carta stradale Michelin 561-D6

Osteria Gallo Nero

località Pontetto 102 – ✆ 03 24 23 28 70 – www.osteriagallonero.it – Chiuso lunedì escluso agosto

Carta 22/59 €

Due fratelli hanno saputo valorizzare questo locale che deve il suo successo all'ambiente informale - soprattutto a mezzogiorno - alla cucina del territorio e ad una ricca cantina con oltre 400 etichette (alcuni vini sono serviti anche al calice e conservati sotto azoto in un'apposita apparecchiatura).

MONTECRETO

Modena (MO) – ✉ 41025 – 994 ab. – Alt. 864 m – Carta regionale n° **8-B2**

Roma 386 km – Bologna 91 km – Pistoia 79 km – Modena 67 km

Carta stradale Michelin 562-J14

ad Acquaria Nord-Est : 7 km – ✉ 41025

Ca' Cerfogli con cam — cam,
via Montegrappa 6/8 – ✆ 0 53 66 50 52 – www.albergocerfogli.it – Chiuso 2 settimane in gennaio e 2 settimane in giugno
7 cam – **†60/90 €** **††90/110 €** – **1 suite**
Menu 30 € – Carta 18/43 € – *(chiuso lunedì e mercoledì)*
Ricavata da un convento del '400, Ca' Cerfogli è una bella dimora in pietra totalmente ristrutturata in anni recenti, con sale impreziosite da mobili d'antiquariato che ben si armonizzano con la signorile rusticità dell'ambiente. Piatti della tradizione montanara e funghi tra le specialità della casa.

MONTEDORO → Vedere Noci
Bari (BA)

MONTEFALCO
Perugia (PG) – ✉ 06036 – 5 715 ab. – Alt. 472 m – Carta regionale n° **36-C2**
Roma 145 km – Perugia 46 km – Assisi 30 km – Foligno 12 km
Carta stradale Michelin 563-N19

Palazzo Bontadosi — cam,
piazza del Comune 19 – ✆ 07 42 37 93 57 – www.hotelbontadosi.it
10 cam – **†130/200 €** **††170/220 €** **Rist** – Carta 26/42 € – *(chiuso lunedì)*
Antichi muri rinascimentali ospitano moderne forme di design, e se gli ambienti comuni accolgono una piccola galleria d'arte, la struttura coccola anche gli amanti della forma fisica con un piccolo centro benessere dotato di bagno turco e zona massaggi.

Villa Pambuffetti
viale della Vittoria 20 – ✆ 07 42 37 94 17 – www.villapambuffetti.it
12 cam – **†95/140 €** **††110/240 €** – **3 suites**
Rist – Carta 26/52 € – *(solo a cena)* (prenotazione obbligatoria)
Un curato parco ombreggiato con piscina circonda la villa ottocentesca che ospita un hotel con un buon livello di confort; mobili antichi negli interni di sobria eleganza. Ambientazione di austera raffinatezza al ristorante.

Agriturismo Camiano Piccolo — cam, cam, rist,
località Camiano Piccolo 5 – ✆ 07 42 37 94 92 – www.camianopiccolo.com
23 cam – **†40/70 €** **††50/120 €**
Rist – Carta 19/46 € – *(solo a cena) (solo per alloggiati)*
Un borgo ristrutturato, immerso tra ulivi secolari, a poche centinaia di metri dalle mura della località. Bella piscina scoperta in giardino per chi è in cerca di relax.

a San Luca Sud-Est : 9 km – ✉ 06036 Montefalco

Villa Zuccari — rist,
– ✆ 07 42 39 94 02 – www.villazuccari.com
31 cam – **†95/175 €** **††110/250 €** – **3 suites**
Rist – Carta 33/55 € – *(chiuso domenica in bassa stagione) (solo a cena)*
Imponente villa d'epoca immersa nella campagna, estesi spazi verdi e ampie camere con lampadari di Murano faranno sognare un passato ricco e signorile.

MONTEFIASCONE
Viterbo (VT) – ✉ 01027 – 13 530 ab. – Alt. 590 m – Carta regionale n° **12-A1**
Roma 96 km – Viterbo 17 km – Orvieto 28 km – Perugia 95 km
Carta stradale Michelin 563-O18

Urbano V senza rist
corso Cavour 107 – ✆ 07 61 83 10 94 – www.hotelurbano-v.it
22 cam – **†54/70 €** **††70/110 €**
Palazzo storico seicentesco, completamente ristrutturato, raccolto attorno ad un cortiletto interno e impreziosito da una terrazza con vista quasi a 360° su tetti e colline.

MONTEFIORINO

Modena (MO) – ✉ 41045 – 2 240 ab. – Alt. 797 m – Carta regionale n° **8-B2**

Roma 463 km – Bologna 106 km – Modena 55 km – Reggio nell'Emilia 64 km

Carta stradale Michelin 562-I13

Lucenti con cam

via Mazzini 38 – ✆ 05 36 96 51 22 – www.lucenti.net

7 cam – †35/40 € ††50/55 €, ☕ 8 €

Menu 24/39 € – Carta 37/47 € – (prenotare)

In questa piccola casa a gestione familiare trova posto un locale di taglio classico, arredato in caldi colori pastello, dove potrete gustare una cucina fedele al territorio. Accoglienti e ben tenute le camere, tutte con vista sulla valle del Dolo.

MONTEFIRIDOLFI

Firenze (FI) – ✉ 50020Alt. 310 m – Carta regionale n° **32-D3**

Roma 289 km – Firenze 27 km – Siena 57 km – Livorno 90 km

Carta stradale Michelin 563-L15

Agriturismo Fonte de' Medici

località Santa Maria a Macerata 41, Sud-Est : 3 km – ✆ 05 58 24 47 00 – www.fontedemedici.com – Chiuso 10 gennaio-10 febbraio

28 cam ☕ – †110/190 € ††120/200 €

Rist – Carta 33/101 € – *(chiuso 7-21 novembre)*

Risorsa armoniosamente distribuita all'interno di tre antichi poderi dell'azienda vinicola Antinori. Per una vacanza difficile da dimenticare, tra viti e campagne.

MONTEFOLLONICO

Siena (SI) – ✉ 53040Alt. 567 m – Carta regionale n° **32-D2**

Roma 188 km – Siena 61 km – Arezzo 53 km – Perugia 74 km

Carta stradale Michelin 563-M17

La Costa

via Coppoli 15/19/25 – ✆ 05 77 66 94 88 – www.lacosta.it – Chiuso 10-20 gennaio

7 cam ☕ – †70/90 € ††120/250 € – **2 suites**

Rist *La Costa* – vedere selezione ristoranti

Fattoria del 1300 in centro paese con camere rustiche, ma eleganti, alcune con vista sull'incantevole Val di Chiana.

La Costa – Hotel La Costa

via Coppoli 15/19/25 – ✆ 05 77 66 80 26 – www.lacosta.it – Chiuso 10-21 gennaio e giovedì escluso aprile-ottobre

Menu 50 € – Carta 20/69 €

Sulla terrazza estiva o sotto gli archi in pietra degli ex granai, la cucina perpetua la storia: ricette antiche legate al territorio, pici, risotti e grigliate.

MONTEFORTINO

Fermo (FM) – ✉ 63858 – 1 195 ab. – Alt. 612 m – Carta regionale n° **21-C3**

Roma 193 km – Ascoli Piceno 38 km – Ancona 112 km – Fermo 53 km

Carta stradale Michelin 563-N22

Agriturismo Antico Mulino

località Tenna 2, Nord : 2 km – ✆ 07 36 85 95 30 – www.anticomulino.it – Aperto Pasqua-2 novembre

15 cam ☕ – †55/75 € ††70/90 €

Rist – Menu 20/30 € – *(solo a cena) (solo per alloggiati)*

Un mulino ad acqua fortificato, con origini trecentesche, ristrutturato per accogliere una struttura caratteristica, di tono sobrio e con arredi in arte povera. Alla dimensione agreste contribuiscono anche gli animali dell'azienda agricola (cavalli, caprette, etc.) che si aggirano liberamente nei pressi.

MONTEGABBIONE

Terni (TR) – ✉ 05010 – 1 239 ab. – Alt. 594 m – Carta regionale n° **35-A2**
Roma 149 km – Perugia 40 km – Orvieto 39 km – Terni 106 km
Carta stradale Michelin 563-N18

sulla strada per Parrano Sud-Ovest : 9 km

Agriturismo Il Colombaio cam,
località Colombaio – ✆ 07 63 83 84 95 – www.agriturismoilcolombaio.it – Chiuso 15 gennaio-15 febbraio
18 cam – 56/90 € 100/140 €
Rist – Carta 18/49 € – (prenotazione obbligatoria)
Immerso nel verde di grandi prati, una risorsa ospitata da una struttura in pietra, a conduzione familiare. Camere curate e confortevoli, bella piscina. Arredi in legno e soffitti con pietre a vista nella sala da pranzo. D'estate scegliete la terrazza.

MONTEGIORGIO

Fermo (FM) – ✉ 63833 – 6 972 ab. – Alt. 411 m – Carta regionale n° **21-D2**
Roma 270 km – Fermo 21 km – Ancona 78 km – Macerata 32 km
Carta stradale Michelin 563-M22

a Piane di Montegiorgio Sud : 5 km – ✉ 63025

Oscar e Amorina
via Faleriense Ovest 69 – ✆ 07 34 96 73 51 – www.oscareamorina.it
19 cam – 45/60 € 75/100 €
Rist *Oscar e Amorina* – vedere selezione ristoranti
Cinto da un grazioso giardino con piscina, un accogliente hotel che si contraddistingue per la garbata eleganza degli ambienti. Ottime camere a prezzi più che competitivi.

Oscar e Amorina – Hotel Oscar e Amorina
via Faleriense Ovest 69 – ✆ 07 34 96 73 51 – www.oscareamorina.it
Menu 25 € (pranzo in settimana)/50 € – Carta 27/58 €
Sala rossa o sala rosa? Qualsiasi sia la scelta, la cucina "sforna" tipiche specialità marchigiane in porzioni abbondanti. Tra le tante proposte, la nostra preferita rimane il capretto all'Amorina.

MONTEGRIDOLFO

Rimini (RN) – ✉ 47837 – 1 026 ab. – Alt. 290 m – Carta regionale n° **9-D3**
Roma 297 km – Rimini 35 km – Ancona 89 km – Pesaro 24 km
Carta stradale Michelin 562-K20

Palazzo Viviani
via Roma 38 – ✆ 05 41 85 53 50 – www.montegridolfo.com – Aperto 2 aprile-29 settembre
54 cam – 79/400 € 79/400 € – **3 suites**
Rist *Osteria dell'Accademia* – vedere selezione ristoranti
Un tempo residenza di una nobile famiglia (le cui origini risalgono al XIII sec), la struttura è stata restaurata nel rispetto dell'originale architettura. Oggi, l'hotel si diffonde su tutta l'area del borgo medievale e propone diverse sistemazioni, per soddisfare le più disparate esigenze.

Osteria dell'Accademia – Hotel Palazzo Viviani
via Roma 38 – ✆ 05 41 85 53 35 – Chiuso martedì
Carta 32/88 € – *(solo a cena)*
Tra le pareti in pietra delle ex cantine di Palazzo Viviani, un elegante ristorante dove rinnovare piacevoli soste all'insegna della convivialità. La cucina propone sapori tipicamente romagnoli; la terrazza per il servizio estivo, una bella vista.

MONTEGROSSO → Vedere Andria

Barletta-Andria-Trani (BT)

MONTEGROSSO D'ASTI

Asti (AT) – ✉ 14048 – 2 308 ab. – Alt. 244 m – Carta regionale n° **25-D1**
Roma 616 km – Alessandria 45 km – Asti 9 km – Torino 70 km
Carta stradale Michelin 561-H6

a Messadio Sud-Ovest : 3 km – ✉ 14048 Montegrosso D'Asti

XX **Locanda del Boscogrande** con cam — cam, P
via Boscogrande 47 – 📞 01 41 95 63 90 – www.locandaboscogrande.com – Chiuso gennaio
7 cam – †80/90 € ††110/130 €
Menu 40 € – Carta 29/50 € – *(chiuso martedì)*
Per godersi il rilassante panorama delle colline del Monferrato, cascina ristrutturata con un ottimo equilibrio tra qualità gastronomica e confort delle camere.

MONTEGROTTO TERME

Padova (PD) – ✉ 35036 – 11 144 ab. – Alt. 11 m – Carta regionale n° **39-B3**
Roma 483 km – Padova 16 km – Venezia 56 km – Rovigo 36 km
Carta stradale Michelin 562-F17

Grand Hotel Terme — rist, P
viale Stazione 21 – 📞 04 98 91 14 44 – www.grandhotelterme.it – Chiuso 15 novembre-20 dicembre
107 cam – †119/131 € ††182/212 € – **29 suites**
Rist – Menu 30 € (pranzo)/50 € – *(solo per alloggiati)*
Grandi lavori di restyling hanno recentemente interessato questa imponente struttura - in pieno centro - con eleganti spazi comuni, giardino e piscine termali (scoperte e coperte). Ristorante panoramico al 7° piano.

Continental Terme — rist, P
via Neroniana 8 – 📞 0 49 79 35 22 – www.continentaltermehotel.it – Chiuso 9-18 dicembre e 7 gennaio-11 febbraio
172 cam – †63/68 € ††108/118 € **Rist** – Carta 31/49 €
Il parco ricco di servizi sportivi è il punto di forza di questo hotel un po' defilato dal centro, ma che - in compenso - fa del relax e delle cure termali il suo fiore all'occhiello. Suite di stampo sia moderno sia classico per gli amanti di entrambi i generi.

Garden Terme — cam, rist, P
corso delle Terme 7 – 📞 04 98 91 15 49 – www.gardenterme.it – Chiuso 1° dicembre-1° marzo
112 cam – †50/90 € ††180/203 € – **7 suites** **Rist** – Carta 24/42 €
In un parco-giardino con piscina termale, un bel complesso, che offre un'ampia gamma di cure rigenerative psico-fisiche; eleganti interni, con un'esotica "sala indiana".

Terme Bellavista — P
via dei Colli 5 – 📞 0 49 79 33 33 – www.bellavistaterme.com – Chiuso 10 gennaio-10 marzo
72 cam – †50/90 € ††80/180 € **Rist** – Carta 23/62 €
Cordiale conduzione diretta che vi accoglierà in curati salotti ed un'attrezzata zona benessere: camere totalmente rinnovate e di piacevole stile. Nella spaziosa sala ristorante sobriamente arredata, le tradizionali proposte culinarie.

Terme Preistoriche — rist, P
via Castello 5 – 📞 0 49 79 34 77 – www.termepreistoriche.it – Chiuso 9-26 dicembre
47 cam – †62/190 € ††100/300 € **Rist** – Menu 28 € – *(solo per alloggiati)*
Piacevole villa dei primi '900 con ampio parco-giardino e piscine termali: gli interni riflettono l'eleganza esterna grazie a raffinate sale ed accoglienti camere. Ottimo servizio.

Terme Sollievo — cam, rist, P
viale Stazione 113 – 📞 0 49 79 36 00 – www.hotelsollievoterme.it – Chiuso 24 novembre-22 dicembre
108 cam – †70/96 € ††120/150 € **Rist** – Menu 27/45 €
Non lontano dalla stazione, un hotel di signorile ospitalità circondato da un tranquillo e rilassante parco. Attrezzato centro benessere.

Terme Olimpia rist,

viale Stazione 25 – ✆ 0 49 79 34 99 – www.hoteltermeolimpia.com – Chiuso 24 novembre-20 dicembre

102 cam – 60/150 € 130/200 € – **6 suites**

Rist – Menu 28 € – *(solo per alloggiati)*

Il tocco femminile della gestione si fa sentire nella calorosa accoglienza e nei gradevoli spazi comuni. Camere confortevoli - in parte rinnovate - ed attrezzato centro benessere. Originale, il giardino zen. Cucina mediterranea al ristorante.

Da Cencio

via Fermi 11, Ovest : 1,5 km – ✆ 0 49 79 34 70 – Chiuso lunedì

Carta 24/52 € – (consigliata la prenotazione)

Affezionata clientela di habitué per questo ristorante di impostazione classica, fuori dal centro, che propone cucina del territorio e qualche piatto di pesce.

Da Mario

corso delle Terme 4 – ✆ 0 49 79 40 90

Carta 43/51 €

All'entrata della località, una sala con ampie vetrate e un dehors per una linea gastronomica tradizionale, di terra e di mare. Ideale per una gratificante sosta culinaria, dopo una giornata alle terme!

MONTE INGINO → Vedere Gubbio

Perugia (PG)

MONTELEONE → Vedere Roncofreddo

Forlì-Cesena (FC)

MONTELEONE → Vedere Inverno-Monteleone

Pavia (PV)

MONTELUCCI → Vedere Pergine Valdarno

Arezzo (AR)

MONTEMAGGIORE AL METAURO

Pesaro e Urbino (PU) – ✉ 61030 – 2 846 ab. – Alt. 197 m – Carta regionale n° **20-B1**

Roma 288 km – Ancona 86 km – Pesaro 30 km – Perugia 122 km

Carta stradale Michelin 563-K20

Agriturismo Villa Tombolina senza rist

via Tombolina, Sud : 4,5 km – ✆ 07 21 89 19 18 – www.villatombolina.it – Chiuso 7 gennaio-14 marzo

14 cam – 50/90 € 70/150 €

Nell'antica residenza estiva degli arcivescovi di Urbino, un agriturismo con vista sulle colline, che accosta ambienti spaziosi e signorili (nella residenza principale) a zone più informali (nel casale). A Villa Tombolina è possibile anche acquistare prelibatezze di produzione propria: olio extravergine di oliva, vino, salumi nostrani.

MONTEMAGNO

Asti (AT) – ✉ 14030 – 1 137 ab. – Alt. 260 m – Carta regionale n° **23-C2**

Roma 614 km – Alessandria 30 km – Asti 21 km – Torino 75 km

Carta stradale Michelin 561-G6

La Braja

via San Giovanni Bosco 11 – ✆ 01 41 65 39 25 – www.labraja.it – Chiuso 28 dicembre-20 gennaio, lunedì e martedì

Menu 60 € – Carta 36/70 €

I bei dipinti che decorano le pareti sono realizzati dal titolare e da suo figlio, ma l'arte non si limita ai quadri e trova una propria espressione anche in cucina: proposte locali condite da un pizzico di fantasia.

MONTEMAGNO → Vedere Camaiore

Lucca (LU)

MONTEMARCELLO → Vedere Ameglia
La Spezia (SP)

MONTEMARCIANO → Vedere Terranuova Bracciolini
Arezzo (AR)

MONTEMARZINO
Alessandria (AL) – ✉ 15050 – 332 ab. – Alt. 448 m – Carta regionale n° **23**-D2
Roma 585 km – Alessandria 41 km – Genova 89 km – Milano 89 km
Carta stradale Michelin 561-H8

Da Giuseppe
via 4 Novembre 7 – ✆ 01 31 87 81 35 – www.ristorantedagiuseppe.it – Chiuso gennaio, martedì sera e mercoledì
Menu 27/42 € – Carta 25/49 €
Gestione familiare giunta nel 2013 a 50 anni di storia: piacevole sala rustica con camino in un ristorante tra le colline dove, a voce, si propongono i classici piemontesi e i diversi tartufi (tutto l'anno!).

MONTEMERANO
Grosseto (GR) – ✉ 58014Alt. 303 m – Carta regionale n° **32**-C3
Roma 189 km – Grosseto 50 km – Orvieto 79 km – Viterbo 85 km
Carta stradale Michelin 563-O16

Relais Villa Acquaviva
località Acquaviva 10, Nord : 2 km – ✆ 05 64 60 28 90 – www.villacquaviva.com – Chiuso 8 gennaio-12 febbraio
23 cam – 75/85 € 100/225 € – **2 suites**
Rist *La Limonaia* – vedere selezione ristoranti
Gode di splendida vista sui colli e sui vigneti di proprietà, quest'antica casa al cui ingresso vi dà il benvenuto un grande ulivo: raffinata rusticità negli interni, giardino ombreggiato e bella piscina.

Il Melograno
località Ponticello di Montemerano, Nord : 1,8 km – ✆ 33 81 00 36 10 – www.hotelilmelograno.it
6 cam – 60/90 € 70/140 € – **1 suite**
Rist *Trattoria Verdiana* – vedere selezione ristoranti
Piccolo albergo a conduzione familiare posizionato su di una collina, non distante dalle terme di Saturnia. Camere spaziose, luminose e con un buon livello di confort.

Agriturismo Le Fontanelle
località Poderi di Montemerano, Sud : 3 km – ✆ 05 64 60 27 62 – www.lefontanelle.net
11 cam – 52 € 85 €
Rist – Menu 26 € – *(solo a cena) (solo per alloggiati)*
Tra mufloni, caprette, caprioli e animali vari da cortile, questa tipica casa di campagna offre tranquillità, interni rustici, ma accoglienti, e - per completare il paesaggio bucolico - un delizioso laghetto.

Caino (Valeria Piccini) con cam
via della Chiesa 4 – ✆ 05 64 60 28 17 – www.dacaino.it – Chiuso 8 gennaio-8 febbraio e 2 settimane in luglio
3 cam – 150/250 € 220/250 €
Menu 140 € – Carta 111/155 € – *(chiuso giovedì a mezzogiorno e mercoledì)*
Viaggio paesaggistico e gastronomico nel cuore della Maremma: il ristorante è una bomboniera per cura e raffinatezza nelle ridotte dimensioni. Nel piatto, gusto toscano che privilegia carne e sapori valorizzati dal grande talento di Valeria. Enoteca con prodotti regionali e tre preziose camere.
→ Zuppetta di spinaci con uovo e ricotta alla cannella. Maialino di cinta senese, emulsione di arance e olio evo. Gelato al latte di capra, falso pepe del Perù.

XX **La Limonaia** – Hotel Relais Villa Acquaviva
località Acquaviva 10, Nord : 2 km – ✆ 05 64 60 28 90 – www.villacquaviva.com – Chiuso 8 gennaio-12 febbraio e lunedì
Menu 50/85 € – Carta 36/61 € – *(solo a cena)*
E' la titolare stessa ad occuparsi della cucina: piatti maremmani con ampio uso di materie prime (e vini) di produzione propria. Dalle ampie vetrate, si scorge in lontananza l'antico borgo medievale di Montemerano.

XX **Trattoria Verdiana** – Hotel Il Melograno
località Ponticello di Montemerano, Nord : 1,8 km – ✆ 05 64 60 25 76 – Chiuso 20 giorni in gennaio, 1 settimana in luglio e mercoledì
Menu 45/65 € – Carta 38/89 € – (consigliata la prenotazione)
Locale che ricrea un ambiente campagnolo: grande camino e tessuti country, ma arredi di qualità e dettagli eleganti. Cucina maremmana rivisitata e cantina di grande valore.

MONTEMONACO

Ascoli Piceno (AP) – ✉ 63088 – 635 ab. – Carta regionale n° **21-C3**
Roma 185 km – Ancona 127 km – Ascoli Piceno 37 km – L'Aquila 99 km
Carta stradale Michelin 563-N21

XX **Il Tiglio**
località Isola San Biagio, Nord-Ovest : 4,5 km – ✆ 07 36 85 64 41 – enricodeltiglio.it – Aperto 1° giugno-30 settembre, da venerdì a domenica negli altri mesi
Menu 33/45 € – Carta 38/74 € – (consigliata la prenotazione)
L'esterno semplice non vi tragga in inganno... Varcata la soglia sarete avvolti da un'atmosfera elegante e coccolati da un servizio in "guanti bianchi". In menu: piatti della tradizione e di cacciagione rivisitati in chiave moderna.

MONTENERO → Vedere Livorno

Livorno (LI)

MONTE PETRIOLO → Vedere Perugia

Perugia (PG)

MONTE PORZIO CATONE

Roma (RM) – ✉ 00040 – 8 582 ab. – Alt. 451 m – Carta regionale n° **12-B2**
Roma 24 km – Frascati 4 km – Frosinone 64 km – Latina 55 km
Carta stradale Michelin 563-Q20

Villa Vecchia
via Frascati 49, Ovest : 3 km – ✆ 06 94 34 00 96 – www.villavecchia.it
96 cam – †60/180 € ††60/300 € **Rist** – Menu 20/50 €
Incastonato in una quieta cornice di ulivi centenari, il convento cinquecentesco è stato ampliato e modernamente ristrutturato per ospitare congressi e soggiorni di relax. Il ristorante è stato ricavato sotto antiche volte, nelle ex cantine dell'edificio.

X **Il Monticello** (N)
via Romoli 27 – ✆ 0 69 44 93 53 – www.ristoranteilmonticello.it – Chiuso 17-25 agosto e lunedì; anche domenica sera in inverno
Carta 24/46 €
Poco fuori dal centro, cucina romano-laziale con sapiente uso dei sapori e, come chicca, le verdure del proprio orto, in un ristorante dal piacevole e caldo ambiente rustico.

MONTEPULCIANO

Siena (SI) – ✉ 53045 – 14 180 ab. – Alt. 605 m – Carta regionale n° **32-D2**
Roma 184 km – Siena 66 km – Arezzo 57 km – Perugia 68 km
Carta stradale Michelin 563-M17

San Biagio senza rist
via San Bartolomeo 2 – ☎ 05 78 71 72 33 – www.albergosanbiagio.it – Chiuso 7 gennaio-28 febbraio
27 cam – 65/95 € 90/135 €
Leggermente decentrato, con vista sul tempio di San Biagio e su Montepulciano, salotti signorili e camere curate per un buon rapporto qualità/prezzo.

Villa Cicolina
cam, rist,
via Provinciale 11, Nord-Est : 2 Km – ☎ 05 78 75 86 20 – www.villacicolina.it – Aperto 30 dicembre-5 gennaio e 1° aprile-31 ottobre
7 suites – 175/279 € – 4 cam
Rist – Carta 30/76 € – *(solo a cena) (solo per alloggiati)*
Villa nobiliare di campagna immersa in un curato giardino con piscina: ambienti signorili ricchi di fascino ed un ristorante di tono rustico dove gustare specialità locali.

Villa Poggiano senza rist
via di Poggiano 7, Ovest : 2 km – ☎ 05 78 75 82 92 – www.villapoggiano.com – Aperto 1° aprile-3 novembre
11 suites – 250/330 € – 3 cam
Un vasto parco, con pochi eguali in zona, accoglie gli ospiti tra silenzio e profumi. Nel mezzo una villa del '700 che ha mantenuto intatta l'atmosfera della dimora storica.

Relais San Bruno senza rist
via di Pescaia 5/7 – ☎ 05 78 71 62 22 – www.sanbrunorelais.com – Aperto 1° marzo-15 novembre
9 cam – 150/280 € 180/280 €
Ai piedi della Basilica di San Biagio, varie villettine ospitano camere ariose e personalizzate. Curatissimi spazi verdi e l'eleganza prende forma!

XX **La Grotta**
località San Biagio 16, Ovest : 1 km – ☎ 05 78 75 74 79 – www.lagrottamontepulciano.it – Chiuso 10 gennaio-10 marzo e mercoledì
Menu 50 € – Carta 44/62 €
Di fronte alla chiesa di San Biagio, all'interno di un edificio del '500, locale rustico-elegante, con bel servizio estivo in giardino. Ottima la cucina: toscana, sapientemente rivisitata.

XX **Le Logge del Vignola**
via delle Erbe 6 – ☎ 05 78 71 72 90 – www.leloggedelvignola.com – Chiuso 15 giorni in novembre-dicembre e martedì
Menu 23 € (pranzo)/49 € – Carta 32/60 € – (consigliata la prenotazione)
Buona risorsa questo piccolo locale nel centro storico, con tavoli un po' ravvicinati, ma coperto e materia prima regionale assai curati. Interessante anche la carta dei vini.

MONTERIGGIONI

Siena (SI) – ✉ 53035 – 9 447 ab. – Alt. 274 m – Carta regionale n° **32-D1**
Roma 245 km – Siena 15 km – Firenze 55 km – Livorno 103 km
Carta stradale Michelin 563-L15

Il Piccolo Castello
cam,
Strada Provinciale Colligiana 8, Ovest : 1,5 km – ☎ 05 77 30 73 00 – www.ilpiccolocastello.com
48 cam – 95/181 € 128/245 € – **2 suites**
Rist *La Ducareccia* – ☎ 05 77 30 41 16 – Carta 33/74 €
Elegante complesso nato pochi anni fa, che si sviluppa orizzontalmente attorno alla corte con giardino all'italiana. Gli interni s'ispirano al lavoro dell'architetto Agostino Fantastici, che lavorò nel senese tra '700 e '800.

Monteriggioni senza rist
via 1° Maggio 4 – ✆ 05 77 30 50 09 – www.hotelmonteriggioni.net
– Aperto 2 marzo-30 novembre
12 cam – 90/150 € 180/250 € – **1 suite**
All'interno del borgo medievale, un hotel in pietra di piccole dimensioni con camere in stile rustico dai letti in ferro battuto, un piacevole giardino sul retro e piscina.

Borgo Gallinaio
strada del Gallinaio 5, Ovest : 2 km – ✆ 05 77 30 47 51 – www.gallinaio.it
– Aperto 18 aprile-10 ottobre
12 cam – 107/124 € 130/164 €
Rist – Menu 35 € – *(chiuso martedì) (solo a cena) (solo per alloggiati)*
Dopo un tratto di strada sterrata, eccovi giunti a questo splendido casale del '400, abbracciato da ulivi e tanto verde, con camere signorili nella loro semplicità ed impeccabili nella tenuta. Ma non finisce qui: al limitare del bosco - in posizione isolata e suggestiva - sua maestà, la piscina!

Il Pozzo
piazza Roma 20 – ✆ 05 77 30 41 27 – www.ilpozzo.net
– Chiuso 7 gennaio-13 febbraio, domenica sera (escluso giugno-agosto) e lunedì
Menu 45 € – Carta 32/67 €
Nel cuore del piccolo borgo chiuso da mura, con la chiesa e il piccolo pozzo al centro, un locale rustico dove soffermarsi a gustare i sapori della Toscana, dai cibi al vino. Suggestivo giardino per il servizio all'aperto.

a Strove Sud-Ovest : 4 km – ✉ 53035

Castel Pietraio senza rist
località Castelpietraio strada di Strove 33, Sud-Ovest : 4 km – ✆ 05 77 30 00 20 – www.castelpietraio.it – Chiuso 20-25 gennaio
13 cam – 100/120 € 120/190 €
Meta ideale per trascorrere romantici soggiorni a contatto con la natura, la struttura di origine altomedievale - un avamposto difensivo senese - ospita ora camere ben arredate ed una piscina. Nel castello, anche 5 appartamenti con cucina.

Relais Castel Bigozzi Ⓝ senza rist
località Bigozzi – ✆ 05 77 30 00 00 – www.castellobigozzi.it
18 cam – 80/120 € 100/140 €
Per soggiorni all'insegna del relax, nella quiete della campagna senese, questo castello-fortezza di origini medioevali dispone di ampie camere ed appartamenti in un contesto di bucolica bellezza.

Casalta con cam
via XVII Marzo 22 – ✆ 05 77 30 10 02 – www.ristorantecasalta.it
– Chiuso 10 gennaio-10 febbraio
10 cam – 60/80 € 70/116 €
Menu 35/55 € – Carta 50/65 € – *(chiuso mercoledì e domenica sera in novembre-dicembre)* (prenotazione obbligatoria a mezzogiorno)
Ristorante dagli interni moderni, composto da raccolte salette con poltroncine in pelle e pareti gialle. Tavola raffinata e cucina contemporanea, che non fa preferenze tra terra e mare. Mobili d'antiquariato nelle piacevoli camere.

C'é categoria e categoria! Non aspettatevi lo stesso servizio in un ristorante X o in un albergo rispetto ad un XXXXX o ad un .

MONTERONI D'ARBIA
Siena (SI) – ✉ 53014 – 8 837 ab. – Alt. 161 m – Carta regionale n° **32**-C2
Roma 226 km – Siena 16 km – Arezzo 74 km – Firenze 90 km
Carta stradale Michelin 563-M16

verso Buonconvento Sud-Est : 6 km :

Casa Bolsinina
cam,

località Casale Caggiolo – ✆ 05 77 71 84 77 – www.bolsinina.com – Aperto 15 marzo-5 novembre

6 cam – 90/140 € 125/140 €

Rist – Menu 25 € – *(aperto 15 aprile-15 settembre) (solo a cena)* (prenotazione obbligatoria) *(solo per alloggiati)*

Tipico esempio di architettura toscana, questa casa di campagna si caratterizza per i suoi interni caldi e familiari. Dopo una giornata all'aria aperta, sarà piacevole ritirarsi nelle sue belle camere arredate con qualche mobile d'epoca.

MONTEROSSO AL MARE

La Spezia (SP) – ✉ 19016 – 1 473 ab. – Carta regionale n° **15-D2**

Roma 460 km – La Spezia 32 km – Genova 95 km – Massa 75 km

Carta stradale Michelin 561-J10

Porto Roca
rist,

via Corone 1 – ✆ 01 87 81 75 02 – www.portoroca.it – Aperto 27 marzo-1° novembre

35 cam – 130/165 € 160/335 € – **3 suites** **Rist** – Carta 37/72 €

E' paradisiaca la posizione di questa struttura abbarbicata alla scogliera a strapiombo sul mare e dall'atmosfera un po' démodé negli interni in stile; camere di differenti tipologie, accomunate da un alto standard di confort, nonché un'originale piscina a sfioro con vista sull'orizzonte. Deliziati da specialità mediterranee, anche il panorama offerto dal ristorante non è da meno!

La Colonnina senza rist

via Zuecca 6 – ✆ 01 87 81 74 39 – www.lacolonninacinqueterre.it – Aperto Pasqua-31 ottobre

21 cam – 100/130 € 115/195 €

Nei tranquilli carruggi pedonali, si presenta con un piccolo giardino ombreggiato questo hotel dall'attenta conduzione familiare. All'interno camere confortevoli: noi vi consigliamo di prenotate quelle con terrazza.

Pasquale senza rist

via Fegina 4 – ✆ 01 87 81 74 77 – www.pasini.com – Aperto 1° marzo-30 novembre

15 cam – 85/150 € 135/185 €

Piccola gestione familiare con più di 60 anni sulle spalle, ma che - come si dice in questi casi - non li avverte per nulla, essendosi l'albergo rinnovato completamente anno dopo anno.

Ca' du Gigante senza rist

via IV Novembre 11 – ✆ 01 87 81 74 01 – www.ilgigantecinqueterre.it

6 cam – 80/180 € 80/180 €

A pochi metri dal mare, signorili ambienti comuni e confort contemporaneo di buon livello nelle accoglienti camere: per una vacanza romantica e rilassante.

Locanda il Maestrale senza rist

via Roma 37 – ✆ 01 87 81 70 13 – www.locandamaestrale.net – Chiuso dicembre-gennaio

6 cam – 70/130 € 90/170 €

In un palazzo del 1700, un rifugio raffinato e romantico: soffitti affrescati nella sala comune e nelle due junior-suite, belle camere in stile, terrazza per colazioni all'aperto.

Miky

via Fegina 104 – ✆ 01 87 81 76 08 – www.ristorantemiky.it – Aperto 1° aprile-31 ottobre; chiuso martedì

Carta 43/64 €

Sempre tra i più quotati in zona, piacevole locale frontemare con giardino d'inverno, dove gustare fragranti specialità di pesce e non solo.

La Cantina di Miky

via Fegina 90 – ✆ 01 87 80 25 25 – www.cantinadimiky.it – Aperto 1° aprile-31 ottobre; chiuso mercoledì
Carta 30/47 €
Sulla passeggiata del lungomare di Fegina, locale moderno, alla moda ed informale dove gustare piatti regionali, ma anche bruschette e focacce fantasiose; in carta selezione sia di vini sia di birre. Due i dehors: meglio quello vista mare.

MONTE ROTA = RADSBERG ➜ Vedere Dobbiaco
Bolzano (BZ)

MONTEROTONDO
Roma (RM) – ✉ 00015 – 39 683 ab. – Alt. 165 m – Carta regionale n° **12-B2**
Roma 27 km – Rieti 55 km – Terni 84 km – Tivoli 32 km
Carta stradale Michelin 563-P19

Dei Leoni

via Vincenzo Federici 23 – ✆ 06 90 62 35 91 – www.albergodeileoni.it
34 cam – 30/140 € 50/140 € – **3 suites**
Rist *Antica Trattoria dei Leoni* – Carta 22/43 € – *(chiuso lunedì a mezzogiorno)*
Nel centro storico, poco oltre la porta delle mura, camere accoglienti e funzionali. Il ristorante sfoggia ora una veste più moderna, non lesinando sulla cura dei piatti e le specialità alla griglia.

MONTE SAN PIETRO = PETERSBERG ➜ Vedere Nova Ponente
Bolzano (BZ)

MONTE SAN SAVINO
Arezzo (AR) – ✉ 52048 – 8 813 ab. – Alt. 330 m – Carta regionale n° **32-C2**
Roma 191 km – Siena 41 km – Arezzo 21 km – Firenze 83 km
Carta stradale Michelin 563-M17

Logge dei Mercanti senza rist

corso San Gallo 40/42 – ✆ 05 75 81 07 10 – www.loggedeimercanti.it
13 cam – 45/65 € 70/90 € – **1 suite**
Nel centro storico, di fronte alle cinquecentesche logge dei mercanti, la vecchia farmacia di paese è stata trasformata in un incantevole albergo, specchio di un altrettanto piccolo gioiello: Monte S. Savino. Le tante decorazioni introdotte in fase di rinnovo hanno aggiunto un ulteriore tocco di amenità alla struttura.

La Terrasse

via di Vittorio 2/4 – ✆ 05 75 84 41 11 – www.ristorantelaterrasse.it – Chiuso 15-30 novembre e mercoledì
Menu 20/35 € – Carta 22/47 €
Totalmente rinnovato ed ancora più piacevole, il ristorante dispone anche di una bella veranda estiva: un angolo verde e raccolto affacciato sulle colline. Cucina toscana - proverbiali le pappardelle tirate a mano al ragù di chianina - e nazionale con qualche specialità di pesce; la carta dei vini non manca di farsi onore.

a Gargonza Ovest : 7 kmAlt. 543 m – ✉ 52048 Monte San Savino

Castello di Gargonza

– ✆ 05 75 84 70 21 – www.gargonza.it – Chiuso 10 gennaio-1° marzo
40 cam – 100/110 € 150/160 €
Rist *La Torre di Gargonza* – vedere selezione ristoranti
Isolamento, silenzio e la suggestione di un glorioso passato: gli ospiti che hanno alloggiato al castello non sono solo vip, ma anche illustri personaggi nazionali (Dante, ad esempio, si fermò qui in fuga da Firenze). Una strada a mulinello si arrampica fino ad una piazzetta: intorno, camere di sobria eleganza.

La Torre di Gargonza – Hotel Castello di Gargonza

– Chiuso 10 gennaio-1° marzo e martedì
Carta 25/49 € – (consigliata la prenotazione)
A pochi passi dall'albergo Castello di Gargonza, cucina piacevolmente toscana: dai celebri affettati ai piatti di carne, selvaggina e fiorentine. Non manca la pasta fatta in casa ed i gustosi pici.

MONTE SANT' ANGELO

Foggia (FG) – ✉ 71037 – 12 990 ab. – Alt. 796 m – Carta regionale n° **26-B1**
Roma 408 km – Foggia 56 km – Barletta 76 km – Manfredonia 18 km
Carta stradale Michelin 564-B29

Palace Hotel San Michele cam, rist,
via Madonna degli Angeli – 📞 08 84 56 56 53 – www.palacehotelsanmichele.it
61 cam – 39/110 € 49/180 € – **5 suites**
Rist – Menu 25/47 € – *(aperto 1° aprile-31 ottobre)*
Sulla sommità del paese, dalla quale si domina il Gargano, l'hotel si è ampliato col centro benessere e la dépendance dotata di camere con vista: foresta, castello o golfo, a voi la scelta. Ristorazione disponibile in vari ambienti, ugualmente curati.

Li Jalantuùmene con cam cam,
piazza de Galganis 9 – 📞 08 84 56 54 84 – www.li-jalantuumene.it – Chiuso gennaio e martedì escluso giugno-settembre
2 cam – 80/120 € 80/120 €
Menu 25 € (pranzo in settimana)/45 € – Carta 34/54 € – (consigliata la prenotazione)
Affacciato su un'incantevole piazzetta, la travolgente passione del cuoco vi guiderà alla scoperta dei giacimenti gastronomici pugliesi, in un piccolo, ma romantico, ristorante diretto dalla moglie.

Medioevo
via Castello 21 – 📞 08 84 56 53 56 – www.ristorantemedioevo.it – Chiuso lunedì
Carta 18/45 €
Pancotto con verza, patate e fave ed altre specialità regionali elaborate partendo da prodotti stagionali, in questo semplice ristorante del centro, raggiungibile solo a piedi.

MONTE SAN VITO

Ancona (AN) – ✉ 60037 – 6 864 ab. – Alt. 135 m – Carta regionale n° **21-C1**
Roma 270 km – Ancona 26 km – Rimini 100 km – Pesaro 65 km
Carta stradale Michelin 563-L21

Poggio Antico senza rist
via Malviano b, località Santa Lucia – 📞 0 71 74 00 72 – www.poggio-antico.com – Aperto 2 aprile-30 novembre
13 suites – 128/197 €, 14 €
La risorsa, in posizione panoramica tra le colline, dispone di appartamenti, zona notte separata, in stile rustico-contadino, arredati con un tocco di romanticismo.

MONTESARCHIO

Benevento (BN) – ✉ 82016 – 13 249 ab. – Alt. 300 m – Carta regionale n° **6-B2**
Roma 223 km – Napoli 53 km – Avellino 54 km – Benevento 18 km
Carta stradale Michelin 564-D25

Cristina Park Hotel
via Benevento 104, Est : 1 km – 📞 08 24 83 58 88 – www.cristinaparkhotel.it
12 cam – 70/80 € 85/95 €
Rist – Carta 30/50 € – *(chiuso domenica) (solo a cena)*
A breve distanza da Benevento, una struttura con giardino e interni curati in stile classico non privi di tocchi d'eleganza come la boiserie, i marmi e i mobili d'epoca. Eleganza neoclassica nelle belle sale del ristorante.

MONTESCUDAIO

Pisa (PI) – ✉ 56040 – 2 098 ab. – Alt. 242 m – Carta regionale n° **31-B2**
Roma 281 km – Pisa 59 km – Cecina 10 km – Grosseto 108 km
Carta stradale Michelin 563-M13

Il Frantoio
via della Madonna 9 – 📞 05 86 65 03 81 – www.ristorantefrantoio.com – Chiuso martedì
Carta 25/54 € – *(solo a cena escluso i giorni festivi da ottobre a giugno)*
Sotto i caratteristici archi in mattone di un vecchio frantoio nell'entroterra toscano, marito e moglie - lei in sala e lui ai fornelli - propongono cucina del territorio, in sintonia con le stagioni.

MONTESILVANO MARINA

Pescara (PE) – ✉ 65015 – 51 424 ab. – Carta regionale n° **1-B1**
Roma 215 km – Pescara 13 km – L'Aquila 112 km – Chieti 26 km
Carta stradale Michelin 563-O24

Promenade
rist,

viale Aldo Moro 63 – ✆ 08 54 45 22 21 – www.hotelpromenadeonline.com
74 cam – 50/90 € 70/160 €, 3 € – **6 suites** **Rist** – Carta 22/54 €
Proprio di fronte al mare e alla spiaggia, una bella struttura caratterizzata da camere confortevoli, nonché spazi comuni piacevoli e signorili. Al ristorante: piatti di mare e specialità di terra si dividono equamente il menu.

La Polena
viale Aldo Moro 3 – ✆ 08 56 60 07 – www.lapolena.it – Chiuso lunedì escluso maggio-settembre
Menu 40/60 € – Carta 40/100 €
Protagonista è il mare, non solo per la strategica posizione del locale a pochi passi dalla spiaggia, o per la scelta del nome, ma soprattutto per le fragranti specialità ittiche presenti in menu: il cui posto d'onore è riservato ai crostacei. Una zona lounge per rilassarsi nel dopocena è la novità dell'ultim'ora.

Ninì
piazza Giardino n.1 , località Montesilvano Colle Ovest : 4 km – ✆ 08 54 68 91 74 – Chiuso 15-30 ottobre lunedì
Menu 35/55 € – Carta 27/44 € – (prenotare)
In posizione panoramica con vista mare e servizio all'aperto, il locale è caratterizzato da pietra a vista e soffitti a botte. La cucina omaggia soprattutto la terra con interessanti rivisitazioni.

MONTESPERTOLI

Firenze (FI) – ✉ 50025 – 13 302 ab. – Alt. 257 m – Carta regionale n° **32-C2**
Roma 287 km – Firenze 34 km – Siena 60 km – Livorno 79 km
Carta stradale Michelin 563-L15

L'Artevino
via Sonnino 28 – ✆ 05 71 60 84 88 – Chiuso 15 gennaio-5 febbraio
Carta 32/61 €
Nel centro storico, tanta passione per servire pochi tavoli in un'unica saletta; troverete i piatti toscani di sempre, ma anche qualche proposta più creativa e alcune a base di pesce.

MONTESPLUGA

Sondrio (SO) – ✉ 23024Alt. 1 908 m – Carta regionale n° **16-B1**
Roma 718 km – Sondrio 90 km – Passo dello Spluga 3 km
Carta stradale Michelin 561-C9

Posta con cam
via Dogana 8 – ✆ 0 34 35 42 34 – Chiuso gennaio-febbraio
8 cam – 70 € 100 €, 10 € Carta 23/46 €
In un paesino di alta montagna, quasi al confine svizzero, un'accogliente sala in stile montano con molto legno, cucina ispirata alla tradizione e camere personalizzate.

MONTEU ROERO

Cuneo (CN) – ✉ 12040 – 1 642 ab. – Alt. 395 m – Carta regionale n° **25-C2**
Roma 625 km – Torino 53 km – Asti 33 km – Cuneo 65 km
Carta stradale Michelin 561-H5

Cantina dei Cacciatori
località Villa Superiore 59, Nord-Ovest : 2 km – ✆ 0 17 39 08 15 – www.cantinadeicacciatori.it – Chiuso 15-30 gennaio, 1°-15 luglio, martedì a mezzogiorno e lunedì
Menu 28 € – Carta 28/43 €
L'insegna originale dipinta sulla facciata ammicca alla storia ultracentenaria del locale. Nato dal recupero di una vecchia trattoria fuori paese, fra castagni e rocce di tufo, il ristorante propone piatti tipici piemontesi, come i tajarin della casa al ragù di salsiccia di Bra. Incantevole dehors per la bella stagione.

MONTEVARCHI

Arezzo (AR) – ✉ 52025 – 24 202 ab. – Alt. 144 m – Carta regionale n° **32-C2**
Roma 233 km – Firenze 49 km – Siena 50 km – Arezzo 39 km
Carta stradale Michelin 563-L16

Valdarno senza rist
via Traquandi 13/15 – ✆ 05 59 10 34 89 – www.hotelvaldarno.net – Chiuso 24-27 dicembre
65 cam – †72/82 € ††92/100 €
Struttura recente che coniuga la modernità dei confort e delle infrastrutture con la sobria ed elegante classicità delle scelte d'arredo; belle camere ben insonorizzate.

Uva Spina
via Isidoro del Lungo 62 – ✆ 0 55 90 01 94 – www.osteriauvaspina.com – Chiuso 15 giorni in luglio o agosto, 15 giorni in gennaio, domenica e lunedì
Menu 27 € – Carta 35/52 € – *(solo a cena)* (consigliata la prenotazione)
Atmosfera bistro e cucina personalizzata, in un piccolo ristorante del centro storico; in alternativa il "bar-à-vin" aperto anche a pranzo.

a Moncioni Sud-Ovest: 8,5 km – ✉ 52025

Villa Sassolini rist,
piazza Rotondi 17 – ✆ 05 59 70 22 46 – www.villasassolini.it – Aperto 15 marzo-2 novembre
8 cam – †180 € ††268/344 € – **2 suites**
Rist – Carta 45/63 € – *(chiuso lunedì in marzo e aprile anche domenica in ottobre, sempre aperto negli altri mesi) (solo a cena)*
In un piccolo maniero pregno di fascino, camere eleganti dove le tonalità del grigio sono declinate nelle varie sfumature e riscaldate da elementi d'arredo di grande suggestione. Zone comuni non molto spaziose, ma sapientemente dislocate, creano un'atmosfera da casa privata. Creatività in cucina.

MONTEVECCHIA

Lecco (LC) – ✉ 23874 – 2 502 ab. – Alt. 479 m – Carta regionale n° **18-B1**
Roma 602 km – Como 34 km – Bergamo 44 km – Lecco 24 km
Carta stradale Michelin 561-E10

La Piazzetta
largo Agnesi 3 – ✆ 03 99 93 01 06 – www.ristolapiazzetta.it – Chiuso 15 giorni in gennaio, 15 giorni in agosto o settembre, martedì a mezzogiorno e lunedì
Carta 32/48 €
Nella parte alta del paese, un locale ubicato all'interno di un edificio ristrutturato. Un ristorante di taglio classico con due sale luminose e una cucina interessante con proposte classiche e contemporanee.

MONTIANO

Forlì-Cesena (FC) – ✉ 47020 – 1 715 ab. – Alt. 159 m – Carta regionale n° **9-D2**
Roma 347 km – Bologna 98 km – Forlì 38 km
Carta stradale Michelin 562-J18

Le Giare
via al Castello 368 A/B, località Montenovo, Est : 2 km – ✆ 0 54 75 14 30 – www.legiare.com – Chiuso gennaio, febbraio, lunedì e martedì
Carta 55/73 € – *(solo a cena escluso la domenica)* (consigliata la prenotazione)
In posizione panoramica, la terrazza offre un bello scorcio sulla costa, mentre gli ambienti interni di moderna eleganza accolgono un'ottima cucina, tra terra e mare: dal 2013 nelle mani di un nuovo, giovane, chef, ma già con esperienza.

MONTICCHIELLO → Vedere Pienza

Siena (SI)

MONTICELLI BRUSATI

Brescia (BS) – ✉ 25040 – 4 472 ab. – Alt. 283 m – Carta regionale n° **19-D1**
Roma 573 km – Brescia 28 km – Milano 96 km – Bergamo 50 km
Carta stradale Michelin 561-F12

Hostaria Uva Rara

via Foina 42 – ✆ 03 06 85 26 43 – www.hostariauvarara.it
Carta 37/62 €
Gestione professionale in un antico cascinale del '400 con arredi di gusto e caratteristici soffitti sorretti da volte in pietra. La cucina si divide equamente tra terra, lago e mare; a pranzo, disponibilità di menu più economici.

MONTICELLI D'ONGINA

Piacenza (PC) – ✉ 29010 – 5 392 ab. – Alt. 40 m – Carta regionale n° **8-A1**
Roma 530 km – Parma 57 km – Piacenza 23 km – Brescia 63 km
Carta stradale Michelin 562-G11

Antica Trattoria Cattivelli

via Chiesa 2, loc. Isola Serafini – ✆ 05 23 82 94 18 – www.trattoriacattivelli.it – Chiuso 15 giorni in luglio, martedì sera e mercoledì
Menu 19 € (pranzo in settimana) – Carta 27/54 €
Pisarei e fasò, storione al forno o lumache alla piacentina: insomma, una cucina del territorio con molti ingredienti di produzione propria, in questa trattoria da sempre gestita dall'omonima famiglia.

a San Pietro in Corte Sud : 3 km – ✉ 29010 Monticelli D'Ongina

Le Giare

via San Pietro in corte Secca 6 – ✆ 05 23 82 02 00 – Chiuso 1°-10 gennaio, agosto, domenica sera e lunedì; anche domenica a mezzogiorno in luglio
Carta 42/62 € – (consigliata la prenotazione)
Sotto il campanile di una piccola frazione, una casa colonica sorta sulle ceneri di una vecchia osteria e tre salette arredate con mobili in bambù. La cucina sposa tradizione e pesce.

MONTICELLI TERME

Parma (PR) – ✉ 43022Alt. 99 m – Carta regionale n° **8-A3**
Roma 455 km – Parma 12 km – Bologna 99 km – Reggio nell'Emilia 23 km
Carta stradale Michelin 562-H13

Delle Rose

rist,

via Montepelato nord 4/a – ✆ 05 21 65 74 25 – www.rosehotel.it – Chiuso 7 gennaio-7 febbraio
58 cam – †88/100 € ††130/150 € – **10 suites** **Rist** – Carta 31/51 €
In un parco-pineta, una struttura con piacevoli spazi comuni e una piscina termale coperta. Per chi è in cura alle terme, ma anche per clientela d'affari e di passaggio.

MONTICHIARI

Brescia (BS) – ✉ 25018 – 24 287 ab. – Alt. 104 m – Carta regionale n° **17-D1**
Roma 490 km – Brescia 20 km – Cremona 56 km – Mantova 40 km
Carta stradale Michelin 561-F13

Garda

cam, cam, rist,

via Brescia 128 – ✆ 03 09 65 15 71 – www.infogardahotel.it
82 cam – †60/90 € ††80/150 €
Rist – Carta 24/43 € – *(chiuso sabato e domenica) (solo a cena)*
Sale riunioni, camere spaziose, servizio efficiente e un'ottima ubicazione di fronte alla fiera e vicino all'aeroporto, insomma un hotel ideale per chi viaggia per lavoro.

MONTICIANO

Siena (SI) – ✉ 53015 – 1 509 ab. – Alt. 375 m – Carta regionale n° **32-C2**
Roma 261 km – Siena 39 km – Grosseto 63 km – Firenze 95 km
Carta stradale Michelin 563-M15

Da Vestro con cam
via 2 Giugno 1 – ✆ 05 77 75 66 18 – www.davestro.it – Chiuso 9-25 dicembre e 8 gennaio-6 marzo; aperto solo nei week end 3 novembre-8 dicembre e 7-27 marzo
14 cam – 40/50 € 60/85 €
Menu 18/30 € – Carta 21/53 € – *(chiuso lunedì)* (prenotare)
Alle porte della località e circondato da un ampio giardino, un antico podere ospita una trattoria dalle cui cucine si affacciano i piatti e i sapori della tradizione toscana. Dispone anche di alcune camere semplici dagli arredi in legno e ben curate.

MONTICOLO = MONTIGGLER SEE ➜ Vedere Appiano sulla Strada del Vino
Bolzano (BZ)

MONTIERI
Grosseto (GR) – ✉ 58026 – 1 235 ab. – Alt. 704 m – Carta regionale n° **32-C2**
Roma 233 km – Siena 45 km – Grosseto 55 km – Firenze 100 km
Carta stradale Michelin 563-M15

Agriturismo La Meridiana-Locanda in Maremma
strada provinciale 5 le Galleraie , Sud-Est : 2,5 km – ✆ 05 66 99 70 18 – www.lameridiana.net – Aperto 29 dicembre-9 gennaio e 1° maggio-30 settembre
13 cam – 70/95 € 110/150 € **Rist** – Carta 29/50 €
Arredi di grande gusto in questa elegante country house ricavata da un'antica stalla: letti in ferro battuto e ampio scrittoio in travertino nelle amene camere. Percorso vita di circa 1 km e grazioso giardino che sconfina nel bosco. Piatti regionali nel rustico ristorante.

MONTIGNOSO
Massa-Carrara (MS) – ✉ 54038 – 9 798 ab. – Alt. 132 m – Carta regionale n° **31-A1**
Roma 386 km – Pisa 46 km – La Spezia 43 km – Massa 5 km
Carta stradale Michelin 563-J12

Il Bottaccio con cam
via Bottaccio 1 – ✆ 05 85 34 00 31 – www.bottaccio.it
5 suites – 280/850 €, 28 € – 3 cam
Menu 38 € (pranzo)/110 € – Carta 55/123 €
Dolci colline fanno da cornice a questa dimora di campagna, che di rurale ha giusto qualche elemento architettonico, come i pavimenti in cotto o i soffitti a cassettoni. Terra e mare si contendono il menu, ma sono i dessert a scatenare la fantasia dello chef: dolci che evocano le tele di Matisse, Gauguin, Klimt…

a Cinquale Sud-Ovest : 5 km – ✉ 54030

Villa Undulna-Terme della Versilia
viale Marina 191 – ✆ 05 85 80 77 88 – www.villaundulna.com – Aperto 1° aprile-30 settembre
24 suites – 20 cam **Rist** – Carta 27/66 €
Un curato e piacevole giardino incornicia le varie strutture di questo hotel a pochi passi dal mare: centro benessere ed ampie camere per una vacanza a tutto relax. Il ristorante propone una cucina nazionale e regionale in sale sobrie e signorili.

Eden senza rist
viale Gramsci 26 – ✆ 05 85 80 76 76 – www.edenhotel.it – Chiuso 20 dicembre-1° febbraio
27 cam – 68/130 € 99/300 €
A pochi passi dal mare, l'hotel dispone di ariosi e freschi ambienti, nonché ampie camere. Piacevole giardino con piscina: ideale per una vacanza all'insegna del relax!

Giulio Cesare senza rist

via Giulio Cesare 29 – ✆ 05 85 30 93 18 – www.hotelgiuliocesarecinquale.com – Aperto Pasqua-30 settembre

12 cam – 50/120 € 68/160 €

Un piccolo giardino garantisce un soggiorno all'insegna della tranquillità presso questa risorsa familiare; all'interno gli ambienti sono arredati con gusto moderno e sobrio.

MONTOGGIO

Genova (GE) – ✉ 16026 – 2 044 ab. – Alt. 438 m – Carta regionale n° **15-C1**

Roma 535 km – Genova 41 km – Alessandria 83 km – Pavia 109 km

Carta stradale Michelin 561-I9

Roma

via Roma 15 – ✆ 0 10 93 89 25 – Chiuso 1°-7 luglio, giovedì, anche le sere di lunedì, martedì, mercoledì da ottobre a maggio

Carta 25/49 €

Nel nome omaggia la città eletta a capitale del mondo, ma la sua cucina altro non è che un inno alla tradizione locale (carne e pesce): dalla tagliata di fassone con scaglie di Castelmagno e tartufo nero all'orata alla ligure.

MONTONE

Perugia (PG) – ✉ 06014 – 1 682 ab. – Alt. 482 m – Carta regionale n° **35-B1**

Roma 209 km – Perugia 42 km – Arezzo 60 km

Carta stradale Michelin 563-L18

La Locanda del Capitano con cam

via Roma 7 – ✆ 07 59 30 65 21 – www.ilcapitano.com – Chiuso 10 gennaio-15 marzo

10 cam – 90 € 100/140 €

Carta 41/73 € – *(chiuso lunedì) (solo a cena escluso sabato, domenica e festivi)*

La cucina si avventura in piatti estrosi e personali con eccellenti risultati: è il ristorante per chi desidera uscire dalle proposte più turistiche e prevedibili.

MONTOPOLI IN VAL D'ARNO

Pisa (PI) – ✉ 56020 – 11 211 ab. – Alt. 98 m – Carta regionale n° **31-B2**

Roma 307 km – Firenze 45 km – Pisa 39 km – Livorno 44 km

Carta stradale Michelin 563-K14

Quattro Gigli con cam

piazza Michele da Montopoli 2 – ✆ 05 71 46 68 78 – www.quattrogigli.it

21 cam – 45/55 € 65/79 €

Menu 20/25 € – Carta 22/46 € – *(chiuso lunedì a mezzogiorno)*

Nel caratteristico borgo, in un'atmosfera calda ed accogliente, è Fulvia ad incantare i suoi ospiti con piatti regionali di terra e di mare. La Trattoria dell'Orcio, invece, ricavata in parte negli antichi magazzini della podesteria, riserva una particolare attenzione alle ricette storiche e alla cucina rinascimentale.

MONTORIO

Verona (VR) – ✉ 37141 – Carta regionale n° **38-B2**

Roma 522 km – Verona 8 km – Brescia 84 km – Padova 82 km

Carta stradale Michelin 562-F15

Brandoli

via Antonio da Legnago 11 – ✆ 04 58 84 01 55 – www.hotelbrandoli.it

39 cam – 70/90 € 85/105 €

Rist – Carta 20/41 € – *(chiuso i giorni festivi)*

Dopo attenti interventi interni è finalmente tornato a nuova vita, questo hotel appena fuori Verona è ora un ottimo punto di riferimento per chi si sposta per lavoro. Spaziose camere. Ampia sala ristorante e servizio estivo all'aperto. Specialità del territorio.

MONTRIGIASCO ➔ Vedere Arona

Novara (NO)

MONTÙ BECCARIA

Pavia (PV) – ✉ 27040 – 1 742 ab. – Alt. 277 m – Carta regionale n° **16**-B3

▶ Roma 550 km – Piacenza 40 km – Pavia 26 km – Milano 61 km

Carta stradale Michelin 561-G9

XX **La Locanda dei Beccaria**

via Marconi 10 – ✆ 03 85 26 23 10 – www.lalocandadeibeccaria.it – Chiuso 2 settimane in gennaio, lunedì e martedì

Menu 32/40 € – Carta 37/56 €

All'interno della Cantina Storica della località, un ristorante rustico e curato con caratteristici soffitti in legno, dove assaporare due linee di cucina: una con proposte curiose e innovative, una più tradizionale.

XX **Colombi**

località Loglio di Sotto 1, Sud-Ovest : 5 km – ✆ 0 38 56 00 49 – www.ristorantecolombi.it – Chiuso lunedì

Carta 31/39 €

Da quasi 70 anni la famiglia Colombi offre la propria esperienza nel settore della ristorazione, gestendo con grande professionalità e calorosa ospitalità questo bel locale. La cucina, così come la carta dei vini, celebra la solida tradizione dell'Oltrepò.

MONZA

✉ 20900 – 120 440 ab. – Alt. 162 m – Carta regionale n° **18**-B2

▶ Roma 592 km – Milano 21 km – Bergamo 38 km

Carta stradale Michelin 561-F9

De la Ville

viale Regina Margherita di Savoia 15 – ✆ 03 93 94 21 – www.hoteldelaville.com – Chiuso 24 dicembre-7 gennaio e 1°-29 agosto

70 cam – †129/285 € ††189/465 €, ☕ 29 € – **3 suites**

Rist *Derby Grill* – vedere selezione ristoranti

Un lusso discreto tutto inglese avvolge gli ospiti (tra cui VIP della Formula Uno) in un grande albergo di fronte alla Villa Reale; collezione di oggetti d'antiquariato.

XXX **Derby Grill** – Hotel De la Ville

viale Regina Margherita di Savoia 15 – ✆ 03 93 94 21 – www.derbygrill.it – Chiuso 24 dicembre-7 gennaio e 1°-29 agosto

Menu 39 € (pranzo)/49 € – Carta 57/85 € – *(solo a cena sabato e domenica)* (consigliata la prenotazione)

Boiserie, quadri di soggetto equestre, argenti e porcellane in un raffinatissimo ristorante, perfetto per un pranzo d'affari o una cena romantica; creatività in cucina.

XX **Il Gusto della Vita**

via Bergamo 5 – ✆ 0 39 32 54 76 – www.ilgustodellavita.it – Chiuso 1°-10 gennaio, 3 settimane in agosto e martedì

Carta 37/52 €

Una giovane coppia gestisce con passione e professionalità questo curato locale nei pressi del centro cittadino. Pochi coperti, ambiente lindo e gradevole per una cucina classica con qualche excursus nella creatività.

XX **A di Alice**

via Antonio Pacinotti 22 – ✆ 03 99 16 22 19 – www.adialice.it – Chiuso 10 giorni in gennaio, 3 settimane in agosto, sabato a mezzogiorno e domenica

Menu 13 € (pranzo in settimana)/55 € – Carta 48/73 €

Non lontano dalla stazione, signorile locale d'atmosfera moderna, la cui cucina è una bella interpretazione di piatti nazionali.

MONZUNO

Bologna (BO) – ✉ 40036 – 6 169 ab. – Carta regionale n° **9**-C2

▶ Roma 366 km – Bologna 45 km – Prato 75 km – Firenze 82 km

Carta stradale Michelin 562-J15

Lodole Country House senza rist

località Lodole 325, Ovest : 2,4 km – ✆ 05 16 77 11 89 – www.lodole.com
6 cam ☕ – †40/70 € ††60/110 €
Questa rustica dimora del Seicento, adiacente il Golf Club Molino del Pero, ripropone l'atmosfera informale di una vera country house, non priva di spunti di eleganza made in Italy.

Gustavino & Passalacqua

località Le Selve 261/a – ✆ 05 16 77 05 49 – www.gustavinopassalacqua.com
Menu 13 € (pranzo in settimana)/18 € – Carta 24/45 € – *(solo a pranzo escluso venerdì e sabato)* (consigliata la prenotazione)
Se a pranzo, in settimana, potete approffittare di un conveniente menu, la domenica va in scena quello del "dì di festa", mentre il venerdì e il sabato è disponibile una carta con piatti e vini selezionati. In un ambiente semplice ed informale, la simpatia di Sergio e Angela è contagiosa!

MORANO CALABRO

Cosenza (CS) – ✉ 87016 – 4 606 ab. – Alt. 694 m – Carta regionale n° **5-A1**
Roma 448 km – Cosenza 84 km – Lamezia Terme 145 km – Potenza 153 km
Carta stradale Michelin 564-H30

Villa San Domenico

via Sotto gli Olmi snc – ✆ 09 81 39 98 81 – www.albergovillasandomenico.it
11 cam ☕ – †80 € ††110 € – **3 suites**
Rist – Menu 25/50 € – *(chiuso lunedì)* (prenotazione obbligatoria) *(solo per alloggiati)*
All'ombra di olmi secolari e nelle vicinanze del monastero di San Bernardino, signorile dimora del '700 con alcune vestigia ancora più antiche, come uno scorcio del sistema idraulico d'epoca romana. Al suo interno, raffinatezza e mobili d'epoca; mentre i balconi delle camere offrono lo spettacolo naturale del Pollino.

Agriturismo la Locanda del Parco

contrada Mazzicanino 12, Nord-Est : 4 km – ✆ 0 98 13 13 04 – www.lalocandadelparco.it
9 cam ☕ – †40/50 € ††60/80 €
Rist – Menu 20/25 € – *(chiuso domenica sera in inverno)* (consigliata la prenotazione)
Circondato dalla campagna e incorniciato dai monti del Parco del Pollino, signorile agriturismo dove si tengono anche corsi di cucina. Sulla tavola, squisite ricette calabresi e per gli amanti del benessere, un simpatico percorso salute nel verde, nonché piscina a forma di lago.

L'Antico Borgo (N)

via Domenico Cappelli 53 – ✆ 0 98 13 00 02 – www.ristoranteanticoborgo.com – Chiuso lunedì
Menu 25/40 € – Carta 22/59 €
Cucina di mare che mutua qualche elemento dal territorio in un ristorante del centro storico: ambiente piacevole e colori vivaci.

MORBEGNO

Sondrio (SO) – ✉ 23017 – 11 982 ab. – Alt. 262 m – Carta regionale n° **16-B1**
Roma 680 km – Sondrio 25 km – Lecco 54 km – Lugano 70 km
Carta stradale Michelin 561-D10

Osteria del Crotto

via Pedemontana 22-24, seguire per via Santuario – ✆ 03 42 61 48 00 – www.osteriadelcrotto.it – Chiuso 24 agosto-10 settembre, domenica sera e lunedì a mezzogiorno
Menu 20 € (pranzo in settimana)/35 € – Carta 30/44 €
Risale all'inizio dell'800 questo caratteristico crotto addossato alla parete boscosa delle montagne composto da due salette interne più una fresca terrazza estiva. Dalla cucina, piatti della tradizione locale come i tortelli di ricotta di capra e ortiche o l'agnello nostrano al forno.

MORCIANO DI ROMAGNA

Rimini (RN) – ✉ 47833 – 6 855 ab. – Alt. 83 m – Carta regionale n° **9-D2**

Roma 323 km – Rimini 27 km – Ancona 95 km – Ravenna 92 km

Controcorrente

via XXV luglio 23 – ✆ 05 41 98 80 36 – Chiuso lunedì

Menu 30/45 € – Carta 35/50 €

In pieno centro, ambienti accoglienti leggermente rustici, andamento giovanile e vivace, piatti che prediligono il pesce in preparazioni per nulla scontate: difficile non rimanerne conquistati!

MORDANO

Bologna (BO) – ✉ 40027 – 4 661 ab. – Alt. 21 m – Carta regionale n° **9-C2**

Roma 396 km – Bologna 45 km – Ravenna 45 km – Forlì 35 km

Carta stradale Michelin 562-I17

Ville Panazza

via Lughese nord 269 – ✆ 0 54 25 14 34 – www.villepanazza.it

45 cam – 50/199 € 65/299 €

Rist *Panazza* – vedere selezione ristoranti

Nel verde di un piccolo parco con piscina, camere di diverse tipologie in due edifici d'epoca, tra cui una villa dell'Ottocento ristrutturata. L'ex cappella sconsacrata ospita una saletta riunioni.

Panazza – Hotel Ville Panazza

via Lughese 269 – ✆ 0 54 25 14 34 – www.hotelpanazza.it

Menu 19 € (in settimana)/28 € – Carta 29/69 €

Oltre alle piacevoli sale interne, il ristorante utilizza anche una grande veranda ed, in estate, la terrazza prospiciente l'ingresso. La cucina proposta è quella locale, preparata con un'attenta selezione delle materie prime ed accompagnata da un servizio attento e premuroso. Per i piccoli ospiti, un menu a loro dedicato.

MORGEX

Aosta (AO) – ✉ 11017 – 2 109 ab. – Alt. 923 m – Carta regionale n° **37-A2**

Roma 771 km – Aosta 27 km – Courmayeur 9 km

Carta stradale Michelin 561-E3

Café Quinson (Agostino Buillas)

piazza Principe Tomaso 10 – ✆ 01 65 80 94 99 – www.cafequinson.it – Chiuso 3 settimane in novembre e mercoledì escluso agosto

Menu 60/100 € – Carta 70/115 € – *(solo a cena)* (consigliata la prenotazione)

La passione per i vini e per i formaggi qui si unisce ad una saggia carta di prodotti locali, anche interpretati con fantasia; caldo legno scuro e pietra a vista in sala.

→ Riso bio, ristretto di quaglia, i suoi medaglioni farciti di foie gras, balsamico di mela. Costoletta di manzo valdostano, erbe aromatiche, fumo di legno di ginepro. Délices sucrées.

MORIMONDO

Milano (MI) – ✉ 20081 – 1 195 ab. – Alt. 109 m – Carta regionale n° **18-A3**

Roma 587 km – Alessandria 81 km – Milano 30 km – Novara 37 km

Carta stradale Michelin 561-F8

Trattoria di Coronate

località Cascina Coronate di Morimondo , Sud : 2 km – ✆ 02 94 52 98 – www.trattoriadicoronate.it – Chiuso agosto, domenica sera e lunedì

Carta 36/78 € – (consigliata la prenotazione)

Sull'antica strada del sale, una cascina lombarda di origini cinquecentesche ospita un ristorante di raffinata semplicità, dove gustare una cucina di taglio contemporaneo. Nella bella stagione, il servizio si sposta all'aperto: allora, vi si proporrà uno scorcio da cartolina di altri tempi.

X **Trattoria Basiano**

Cascina Basiano 1, Sud : 3 km – ✆ 02 94 52 95 – www.trattoriabasiano.it – Chiuso 1°-7 gennaio, lunedì sera e martedì
Menu 14 € (pranzo in settimana)/40 € – Carta 24/53 €
Ristorante semplice e familiare, con un ampio dehors anche invernale; la semplicità regna anche nella cucina, che propone piatti stagionali del territorio e di pesce.

MORNAGO

Varese (VA) – ✉ 21020 – 4 926 ab. – Alt. 281 m – Carta regionale n° **18-A1**
Roma 631 km – Milano 55 km – Como 48 km – Varese 15 km
Carta stradale Michelin 561-E8

XX **Alla Corte Lombarda**

via De Amicis 13 – ✆ 03 31 90 43 76 – Chiuso 1° -10 gennaio, 20 agosto-5 settembre, domenica sera e lunedì
Menu 16 € (pranzo in settimana)/65 € – Carta 40/81 € – (prenotazione obbligatoria a mezzogiorno)
In un bel rustico ai margini del paese, un vecchio fienile ristrutturato racchiude un locale suggestivo: cucina tradizionale rivisitata, ricca carta dei vini ed ottima selezione di birre.

MORRANO NUOVO → Vedere Orvieto

Terni (TR)

MORTARA

Pavia (PV) – ✉ 27036 – 15 495 ab. – Alt. 108 m – Carta regionale n° **16-A3**
Roma 612 km – Pavia 42 km – Milano 64 km – Novara 26 km
Carta stradale Michelin 561-G8

XX **Guallina**

via Molino Faenza 19, località Guallina, Est : 4 km – ✆ 0 38 49 19 62 – www.trattoriaguallina.it – Chiuso 20 giorni in giugno-luglio e martedì
Carta 30/68 €
Nella generosa campagna lomellina, circondata da acacie e sambuchi, sorge questa bella trattoria, intima e raccolta. La cucina è prevalentemente legata al territorio e alla tradizione, riveduta e corretta in base alla stagionalità dei prodotti, nonché all'offerta del mercato.

X **Il Cuuc** con cam

corso Garibaldi 20 – ✆ 0 38 49 91 06 – www.ilcuuc.it – chiuso 8 agosto-1° settembre
18 cam – 56/60 € 82/100 € – **1 suite**
Menu 30/55 € – Carta 32/65 € – *(chiuso domenica sera e lunedì)*
Colorate sale ospitano un piacevole ristorante condotto da una giovane coppia, dove gustare una cucina legata alle tradizione in leggera chiave moderna. La specialità della casa? L'oca! Comode camere per chi vuole prolungare la sosta.

MORTEGLIANO

Udine (UD) – ✉ 33050 – 5 071 ab. – Alt. 41 m – Carta regionale n° **11-C2**
Roma 617 km – Udine 16 km – Trieste 65 km – Venezia 111 km

XX **Da Nando** con cam

via Divisione Julia 4 – ✆ 04 32 76 01 87 – www.danando.it – chiuso 7-17 gennaio, 15 giorni in agosto, domenica sera e martedì
12 cam – 76/84 € 110/122 € Carta 34/67 €
E' un'intera famiglia a gestire questa tipica trattoria diventata ormai un portabandiera della regione. In ambienti di tono classico-signorile, i piatti denunciano influenze territoriali: ottimi prosciutti, buon pesce e, in stagione, anche sua maestà il tartufo! Con le sue 120.000 bottiglie, la vasta cantina riuscirà a soddisfare qualunque desiderio.

MOSCIANO → Vedere Scandicci

Firenze (FI)

MOSCIANO SANT'ANGELO

Teramo (TE) – ✉ 64023 – 9 298 ab. – Alt. 227 m – Carta regionale n° **1-B1**
Roma 193 km – Ascoli Piceno 42 km – Pescara 52 km – Teramo 25 km
Carta stradale Michelin 563-N23

Breaking Business Hotel
via Italia, Sud : 3,5 km – ✆ 08 58 06 90 39 – www.breakinghotel.com
48 cam – 68/135 € 83/155 €
Rist *Acquaviva* – Carta 28/66 € – *(chiuso sabato e domenica)*
Indirizzo ideale per una clientela d'affari, la struttura dispone di camere ben accessoriate, terrazza panoramica con vasche idromassaggio e piccolo centro relax. Carne e pesce tra le proposte del ristorante.

Borgo Spoltino
strada Selva Alta, Sud : 3 km – ✆ 08 58 07 10 21 – www.borgospoltino.it – Chiuso domenica sera, lunedì e martedì
Carta 24/42 € – *(solo a cena escluso domenica)*
Tra colline e campi di ulivi e, all'orizzonte, mare e monti, un locale luminoso con mattoni e cucina a vista, dove assaporare piatti regionali accanto a fantasiose creazioni. (Recente ampliamento dell'orto per la produzione diretta di verdure stagionali ed erbe aromatiche!).

MOSO = MOOS → Vedere Sesto

Bolzano (BZ)

MOTTA DI LIVENZA

Treviso (TV) – ✉ 31045 – 10 774 ab. – Carta regionale n° **39-B1**
Roma 562 km – Venezia 55 km – Pordenone 32 km – Treviso 36 km
Carta stradale Michelin 562-E19

Bertacco senza rist
via Ballarin 18 – ✆ 04 22 86 14 00 – www.hotelbertacco.it
20 cam – 40/60 € 70/80 € – **1 suite**
In una casa padronale dei primi '900, camere semplici, ma confortevoli, alcune recentemente rinnovate: all'atto della prenotazione, meglio richiedere quest'ultime.

MOTTOLA

Taranto (TA) – ✉ 74017 – 16 127 ab. – Alt. 387 m – Carta regionale n° **27-C2**
Roma 487 km – Brindisi 96 km – Taranto 29 km – Bari 72 km
Carta stradale Michelin 564-F33

Cecere
strada statale 100 km 52,7, località San Basilio, Nord-Ovest : 7 km – ✆ 09 98 86 79 34 – www.hotelcecere.com
43 cam – 55/70 € 85/110 € – **3 suites**
Rist – Carta 23/31 € – *(chiuso domenica sera e lunedì)*
Grande struttura di taglio moderno e sobrio design lungo la strada tra Bari e Taranto, ideale per chi viaggia per affari. Belle le camere, complete e ben accessoriate. Ristorante dagli arredi attuali con interessanti proposte di mare.

Palatobeato
via Muraglie 17 – ✆ 09 98 86 36 84 – www.ristorantepalatobeato.it – Chiuso gennaio e martedì
Menu 20 € – Carta 26/38 € – *(solo a cena escluso sabato e domenica)*
In un antico palazzo dal soffitto a botte, il palato si bea delle tante proposte legate al territorio in un crescendo che culmina nella pizzeria: una saletta interamente dedicata alla degustazione di pizze creative cotte a legna.

MOZZO

Bergamo (BG) – ✉ 24030 – 7 496 ab. – Alt. 252 m – Carta regionale n° **19-C1**
Roma 607 km – Bergamo 8 km – Lecco 28 km – Milano 49 km
Carta stradale Michelin 561-E10

La Caprese
via Garibaldi 7, località Borghetto – ✆ 03 54 37 66 61 – Chiuso 22 dicembre-4 gennaio, domenica sera e lunedì
Menu 35/75 € – Carta 38/147 €
Padre, madre e figlia vi accolgono nel proprio raffinato salotto: una bomboniera ospitale dove poter saggiare i sapori ed i profumi della bella Capri, proposti sempre secondo il mercato giornaliero.

MUGGIA
Trieste (TS) – ✉ 34015 – 13 107 ab. – Carta regionale n° **11-D3**
Roma 689 km – Udine 93 km – Gorizia 65 km – Trieste 19 km
Carta stradale Michelin 562-F23

Trattoria Risorta
riva De Amicis 1/a – ✆ 0 40 27 12 19 – www.trattoriarisorta.it – Chiuso domenica sera e lunedì, solo domenica in luglio-agosto
Carta 37/70 € – (consigliata la prenotazione)
Direttamente sul caratteristico molo della località, piccola trattoria rustica dove gustare una fragrante cucina di pesce non priva di spunti di creatività. D'estate si mangia in terrazza, affacciati sul mare.

a Santa Barbara Sud-Est : 3 km – ✉ 34015 Muggia

Taverna Famiglia Cigui
via Colarich 92/D – ✆ 0 40 27 33 63 – www.tavernacigui.it
6 cam – 35/40 € 70/80 €
Rist *Taverna Famiglia Cigui* – Carta 20/60 € – *(chiuso martedì a mezzogiorno e lunedì)*
In zona verdeggiante, un indirizzo di tono rustico e dalla calda, cordiale e simpatica gestione familiare. Le camere sono semplici e gradevoli, ideali per chi cerca un soggiorno all'insegna della tranquillità. In sala da pranzo sopravvivono i sapori della tradizione, una cucina casalinga che segue le stagioni.

MULES (MAULS)
Bolzano (BZ) – ✉ 39040 Campo Di TrensAlt. 905 m – ✉ Campo Di Trens – Carta regionale n° **34-C1**
Roma 699 km – Bolzano 56 km – Brennero 23 km – Brunico 44 km
Carta stradale Michelin 562-B16

Stafler
Campo di Trens – ✆ 04 72 77 11 36 – www.stafler.com – Chiuso novembre
34 cam – 69/89 € 122/172 € – **3 suites**
Rist *Gourmetstube Einhorn* ✿ – vedere selezione ristoranti
Rist *Romantik* – Menu 58 € – Carta 30/67 € – *(chiuso mercoledì)*
Quel la che sul finire del XIII secolo era una stazione di posta, si è trasformata oggi in un hotel ricco di fascino, eleganza e tradizione tirolese: romantik, per parlare nella loro lingua! Al ristorante, sapori della regione con qualche delicata reinterpretazione.

Gourmetstube Einhorn – Hotel Stafler
✿
Campo di Trens – ✆ 04 72 77 11 36 – www.stafler.com – Chiuso novembre, 15 giugno-inizio luglio, martedì e mercoledì
Menu 99/131 € – *(solo a cena escluso i giorni festivi)* (coperti limitati, prenotare)
Una piccola sala con soli 5 tavoli, la stube dell'unicorno (simbolo antico dell'hotel) è dedicata a chi vuole gustare piatti scenografici, ricchi di spunti creativi, lungo il percorso di 2 menu degustazione sui quali, però, si ha la libertà di scegliere come à la carte.
→ Salmerino della Val Passiria, pomodoro finto e prezzemolo. Capriolo con fondo d'erbe, asparagi di Terlano, cavolo rosso e ciliegie. Miele di Campo di Trens, pralina di miele, gelato di mirtilli rossi e pallina di pera.

MURANO
→ Vedere Venezia
Venezia (VE)

MURISENGO

Alessandria (AL) – ✉ 15020 – 1 447 ab. – Alt. 338 m – Carta regionale n° **23-C2**
Roma 641 km – Torino 51 km – Alessandria 57 km – Asti 28 km
Carta stradale Michelin 561-G6

a Corteranzo Nord : 3 kmAlt. 377 m – ✉ 15020 Murisengo

Canonica di Corteranzo

cam, rist,

via Recinto 15 Murisengo – ✆ 01 41 69 31 10 – www.canonicadicorteranzo.it – Chiuso gennaio-febbraio
10 cam – 100/140 € 100/140 €
Rist – Menu 20/50 € – *(solo a cena)* (prenotazione obbligatoria) *(solo per alloggiati)*
Nel cuore del piccolo paese - all'interno di una casa di fine '600, che fu anche canonica - ambienti raffinati e camere personalizzate, alcune con affreschi. Sul retro, la cantina dove si producono vini: barbera, in primis!

Cascina Martini

via Gianoli 15 – ✆ 01 41 69 30 15 – www.cascinamartini.com – Chiuso 15 giorni in gennaio, domenica sera e lunedì; anche martedì e mercoledì in inverno
Carta 36/56 € – *(solo a cena)*
Ricavato nelle stalle ristrutturate di un'antica cascina, il ristorante si propone con un'ottima e accurata ricerca dei piatti del territorio, a volte anche alleggeriti.

MUTIGNANO → Vedere Pineto

Teramo (TE)

NAPOLI

Napoli (NA) – 959 052 ab. – ✉ Napoli – Carta regionale n° **6-B2**
Roma 229 km – Caserta 36 km – Avellino 61 km – Salerno 56 km
Carta stradale Michelin 564-E24

© A. Capone / Sime / Photononstop

Alberghi

Grand Hotel Vesuvio
via Partenope 45 ✉ *80121* – ✆ *08 17 64 00 44* – *www.vesuvio.it* Pianta : F3**n**
160 cam – †260/430 € ††290/470 € – **21 suites**
Rist *Caruso Roof Garden* – vedere selezione ristoranti
Lussuosi saloni distribuiti sotto lampadari di Murano, splendide camere e wellness center: Grand Hotel Vesuvio domina l'offerta alberghiera cittadina, quanto l'omonimo vulcano svetta sul golfo di Napoli.

Romeo
via Cristoforo Colombo 45 ✉ *80133* – ✆ *08 10 17 50 01* – *www.romeohotel.it* Pianta : K3**a**
rist,
83 cam – †175/220 € ††275/300 € – **14 suites**
Rist *Il Comandante* ✿ – vedere selezione ristoranti
Rist *Romeo Sushi Bar* – Carta 62/90 € – *(chiuso lunedì) (solo a cena)*
Rist *Beluga* – Carta 40/61 € – *(solo a pranzo escluso martedì)*
Superato il non brillante approccio della zona portuale, gli interni sono una splendida sintesi d'arte moderna e antica, acqua e trasparenze; avveniristica spa con trattamenti al sale e vasta palestra. Serate di cucina giapponese al Romeo Sushi Bar e carta mediterranea al Beluga.

Grand Hotel Parker's
corso Vittorio Emanuele 135 ✉ *80121* Ⓜ *Piazza Amedeo* – ✆ *08 17 61 24 74* – *www.grandhotelparkers.com* Pianta : E3**r**
82 cam – †195/365 € ††240/445 € – **9 suites**
Rist *George's* – vedere selezione ristoranti
Eleganti saloni in marmo e camere dagli arredi classici, ideali per chi non desidera brividi modernisti high-tech, in un albergo nato dall'infatuazione di un turista inglese per la città partenopea. Facile suggerire di prenotare una camera nei piani alti: da qui le finestre si aprono sul golfo e sul Vesuvio.

Palazzo Caracciolo
cam, rist,
via Carbonara 112 ✉ *80139* Ⓜ *Garibaldi* – ✆ *08 10 16 01 11* – *www.hotel-palazzo-caracciolo-naples.com* Pianta : L1**a**
138 cam – †79/260 € ††88/260 €, 12 € – **3 suites**
Rist *La Cucina* – Carta 26/49 €
Dopo una sosta nell'antico salone di epoca angioina, trasformato in tearoom, le camere vi aspettano per offrirvi momenti di relax in un ambiente sobrio ed elegante, dove geometria e confort moderno si fondono con il classico e la storia del luogo. Cucina mediterranea al ristorante.

Grand Hotel Santa Lucia
cam,
via Partenope 46 ✉ 80121 – ✆ 08 17 64 06 66 – www.santalucia.it
Pianta : F3**a**
95 cam – 160/275 € 220/410 € – **7 suites**
Rist – Carta 35/50 € – *(solo per alloggiati)*
Ospitalità curata in una struttura di fine '800 con splendida vista sul golfo e su Castel dell'Ovo: interni di grande fascino e raffinatezza classica, camere all'altezza.

Palazzo Decumani senza rist
piazzetta Giustino Fortunato 8 ✉ 80138 – ✆ 08 14 20 13 79 – www.palazzodecumani.com
Pianta : L1**c**
28 cam – 90/180 € 100/200 € – **4 suites**
A pochi passi da via San Gregorio Armeno - la celebre strada degli artigiani del presepe - un'inserzione inaspettatamente moderna nella Napoli barocca: minimalismo, essenzialità, ed eleganti camere color ocra.

Palazzo Esedra N senza rist
piazzale Vincenzo Tecchio 50 ✉ 80133 – ✆ 08 12 42 11 11 – www.palazzoesedra.it
Pianta : A3**a**
106 cam – 99/160 € 130/180 €
Originale recupero di un edificio nato agli albori della seconda guerra mondiale, all'interno del complesso della Mostra d'Oltremare (proprio di fianco allo stadio cittadino), con camere moderne ed un comodissimo parcheggio per gli ospiti.

Palazzo Alabardieri senza rist
via Alabardieri 38 ✉ 80121 – ✆ 0 81 41 52 78 – www.palazzoalabardieri.it
Pianta : F3**f**
46 cam – 100/166 € 118/176 €
Piacevole atmosfera e servizio accurato, in un palazzo di fine '800 tra i negozi più chic della città. American bar con boiserie ed accoglienza giovane e dinamica.

Costantinopoli 104 senza rist
via Santa Maria di Costantinopoli 104 ✉ 80138
Pianta : K1**b**
Ⓜ Cavour-Museo – ✆ 08 15 57 10 35 – www.costantinopoli104.it
19 cam – 90/150 € 140/180 € – **6 suites**
Poco rimane dell'originaria villa Spinelli, ma la splendida vetrata, il giardino con piscina, le eleganti camere e gli ottimi spazi comuni, assicurano un soggiorno unico.

Villa Capodimonte
via Moiariello 66 ✉ 80131 – ✆ 0 81 45 90 00 – www.villacapodimonte.it
Pianta : B2**a**
55 cam – 115/135 € 145/165 € **Rist** – Carta 20/55 €
Decentrato, sulla collina di Capodimonte, immerso in un quieto giardino con vista sul golfo, ha davvero le fattezze di una villa; ampie camere, eleganti e accessoriate. Sala ristorante con gradevole dehors estivo.

Paradiso
rist,
via Catullo 11 ✉ 80122 – ✆ 08 12 47 51 11 – www.hotelparadisonapoli.it
Pianta : B3**a**
72 cam – 70/130 € 70/260 €
Rist *Paradisoblanco* – ✆ 08 12 47 51 07 – Carta 37/79 € – *(chiuso lunedì e martedì) (solo a cena)*
E' davvero paradisiaca la vista su golfo, città e Vesuvio da questo hotel in posizione impagabile sulla collina di Posillipo; comode camere di taglio classico moderno. Rinomato ristorante: dalla raffinata sala alla terrazza, la cucina è protagonista con il Golfo.

La Ciliegina Lifestyle Hotel senza rist
via P.E. Imbriani 30 ✉ 80132 – ✆ 0 81 19 71 88 00 – www.cilieginahotel.com
Pianta : K3**n**
13 cam – 115/200 € 150/300 €
In comoda posizione per gli imbarchi, la struttura offre poche camere - tutte al terzo piano - d'una moderna eleganza ed immerse nel bianco. Dalla terrazza panoramica con idromassaggio, la vista spazia dal Vesuvio alla cupola della galleria Umberto I.

ROMA
A
ROMA
B
1
Cso. Europa
V. Pietro Nenni
V. Madonna delle Grazie
S. Prov. Asse Perimetrale di Melito
Cso. Europa
V. Melitiello
V. Atellana
Vle della Resistenza
Cso. Italia
V. dei Fiori
MUGNANO DI NAPOLI
V. Napoli
V. Bakù
V. Roma Verso Scampia
CALVIZZANO
V. Lazio
Cso. Europa
V. S. Rocco
MARANO DI NAPOLI
CHIAIANO
PISCINOLA
V. Oliviero Zuccarini
V. Miano
Cso.
V. Vincenzo Janfolla
V. dei Ciliegi
V. Emilio Scaglione
V. Nuova Toscanella
V. Nuova S. Rocco
V. Miano
PARCO DI CAPODIMONTE
CAPODIMONTE
S. CROCE
V. Marano Pianura
V. Camillo Guerra
Vle Colli Aminei
V. Sergio Pansini
Palazzo e galleria di Capodimont
a
CAPODIMONTE
Catacombe S. Gennaro
ARENELLA
CAMALDOLI
V. Jannelli
V. Gabriele
CAMALDOLI
MUSEO ARCHEOLOGICO NAZIONALE
PIANURA
V. Domenico Padula
V. Provinciale Montagna Spaccata
Viadotto Soccavo
SOCCAVO
V. della Pigna
V. Ugo Niutta
V. Leonardo
VOMERO
Certosa di S. Martino
V. Sartania
V. Cupa Cintia
V. Vicinale
VOMERO
Castel Nuovo
AGNANO
A 56
FUORIGROTTA
Cassiodoro
A 56
c
Cso Europa
V. Tasso
CHIAIA
GAETA
A 56
V. Agnano Astroni
f
Mergellina
Riviera di Chiaia
V. Francesco Caracciolo
LA LOGGETA
Castel dell'Ovo
V. Giacomo Leopardi
V. Caio Duilio
V. Terracina
TERME DI AGNANO
c
S. PAOLO
a
MOSTRA D'OLTREMARE
V. Giulio Cesare
V. Manzoni
V. Francesco Petrarca
Posillipo
a
Mergellina PORTO SANNAZZARO
PORTO DI SANTA LUCI
V. John Fitzgerald Kennedy
POZZUOLI CAMPI FLEGREI
V. Napoli Pozzuoli
V. di Bagnoli
V. Alessandro
POSILLIPO
GOLFO
V. Coroglio
Discesa Coroglio
V.
3
CAPO DI POSILLIPO
Parco della Rimembranza (Virgiliano)
MARECHIARO
I. DI NISIDA
CAPRI
ISCHIA, PROCIDA
A
B
2

CASERTA
ROMA CASERTA
BENEVENTO CASERTA
BARI AVELLINO
POMIGLIANO
OTTAVIANO
VESUVIO
SALERNO POMPEI
SALERNO
TORRE ANNUNZIATA
ARZANO
AFRAGOLA
CASALNUOVO DI NAPOLI
CASORIA
A 16 / E 842
A 1 / E 45
A 3 / E 45
A 56
NAPOLI NORD
NAPOLI CAPODICHINO
AEROSTAZIONE
POGGIOREALE
VOLLA
CERCOLA
S. SEBASTIANO AL VESUVIO
BARRA
PONTICELLI
S. GIORGIO A CREMANO
S. GIOVANNI A TEDUCCIO
PORTICI
ERCOLANO
Herculanum
TORRE DEL GRECO
DI NAPOLI
NAPOLI
0 1 km

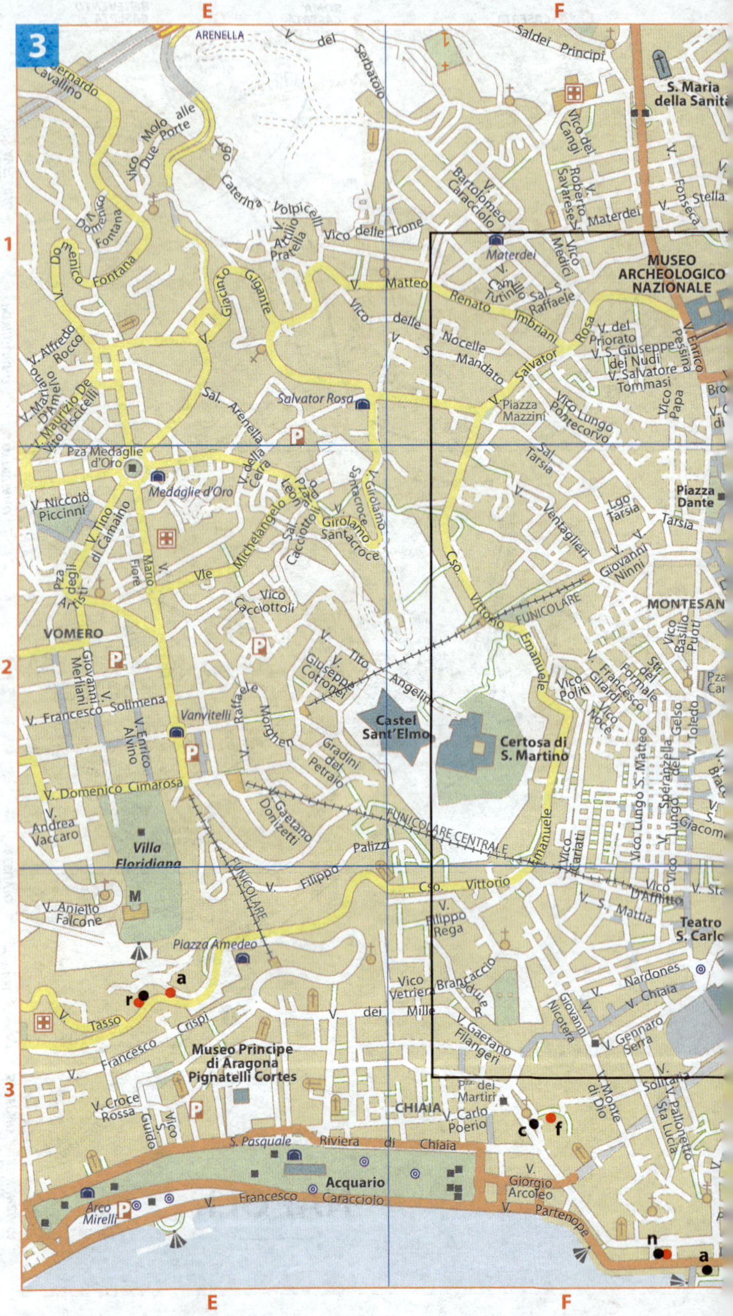
3
E
F
1
2
3
ARENELLA
V. del Serbatoio
Sal dei Principi
S. Maria della Sanità
Bernardo Cavallino
Vico Molo alle Due Porte
Lgo Caterina Volpicelli
V. Domenico Fontana
V. Attilio Pratella
Vico delle Trone
Vico dei Cangi
V. Roberto Savarese
V. Bartolomeo Caracciolo
Materdei
Vico Medici
V. Fonseca
V. Stella
MUSEO ARCHEOLOGICO NAZIONALE
V. Giacinto Gigante
V. Matteo Renato Imbriani
Materdei
V. Cam. Tutini
Sal S. Raffaele
V. Alfredo Rocco
V. Mariano D'Amelio
V. Maurizio De Vito Piscicelli
Vico delle Nocelle
V. S. Mandato
V. Salvator Rosa
V. del Priorato
V. S. Giuseppe dei Nudi
V. Salvatore Tommasi
V. Pessina
V. Enrico
Vico Papa
Piazza Mazzini
Vico Lungo Pontecorvo
Sal. Arenella
Salvator Rosa
Pza Medaglie d'Oro
Medaglie d'Oro
V. della Cerra
V. Pzle Leon
V. Girolamo Santacroce
Sal. Tarsia
V. Niccolò Piccinni
V. Tino di Camaino
V. Mario Fiore
Vle Michelangelo
Sal. Cacciottoli
V. Girolamo Santacroce
V. Ventaglieri
Lgo Tarsia
Piazza Dante
Tarsia
V. Giovanni Ninni
Pza degli Artisti
Vico Cacciottoli
Cso. Vittorio Emanuele
FUNICOLARE
MONTESANTO
VOMERO
V. Giovanni Merliani
V. Tito Angelini
V. Giuseppe Cotronei
Vico Politi
V. Francesco Girardi
Vico Noce
Str. del Formale
Vico Basilio Puoti
V. Francesco Solimena
V. Enrico Alvino
Vanvitelli
V. Raffaele Morghen
Castel Sant'Elmo
Certosa di S. Martino
Gradini del Petraio
V. Toledo
V. Gelso
V. Speranzella
Vico Lungo S. Matteo
V. Domenico Cimarosa
V. Andrea Vaccaro
V. Gaetano Donizetti
FUNICOLARE CENTRALE
Emanuele
Vico Cariati
Villa Floridiana
Palizzi
FUNICOLARE
V. Filippo
Cso. Vittorio
Vico D'Afflitto
V. S. Mattia
Teatro S. Carlo
V. Aniello Falcone
M
V. Filippo Rega
Piazza Amedeo
Vico Vetriera
Brancaccio
V. Nardones
V. Chiaia
a
r
V. Tasso
V. dei Mille
V. Gaetano Filangeri
Rampe
Giovanni Nicotera
V. Gennaro Serra
V. Francesco Crispi
Museo Principe di Aragona Pignatelli Cortes
V. Croce Rossa
Vico S. Guido
CHIAIA
Pza dei Martiri
V. Carlo Poerio
c
f
V. Monte di Dio
V. Solitaria
V. Pallonetto Sta Lucia
S. Pasquale
Riviera di Chiaia
Acquario
V. Giorgio Arcoleo
Arco Mirelli
V. Francesco Caracciolo
V. Partenope
n
a
E
F

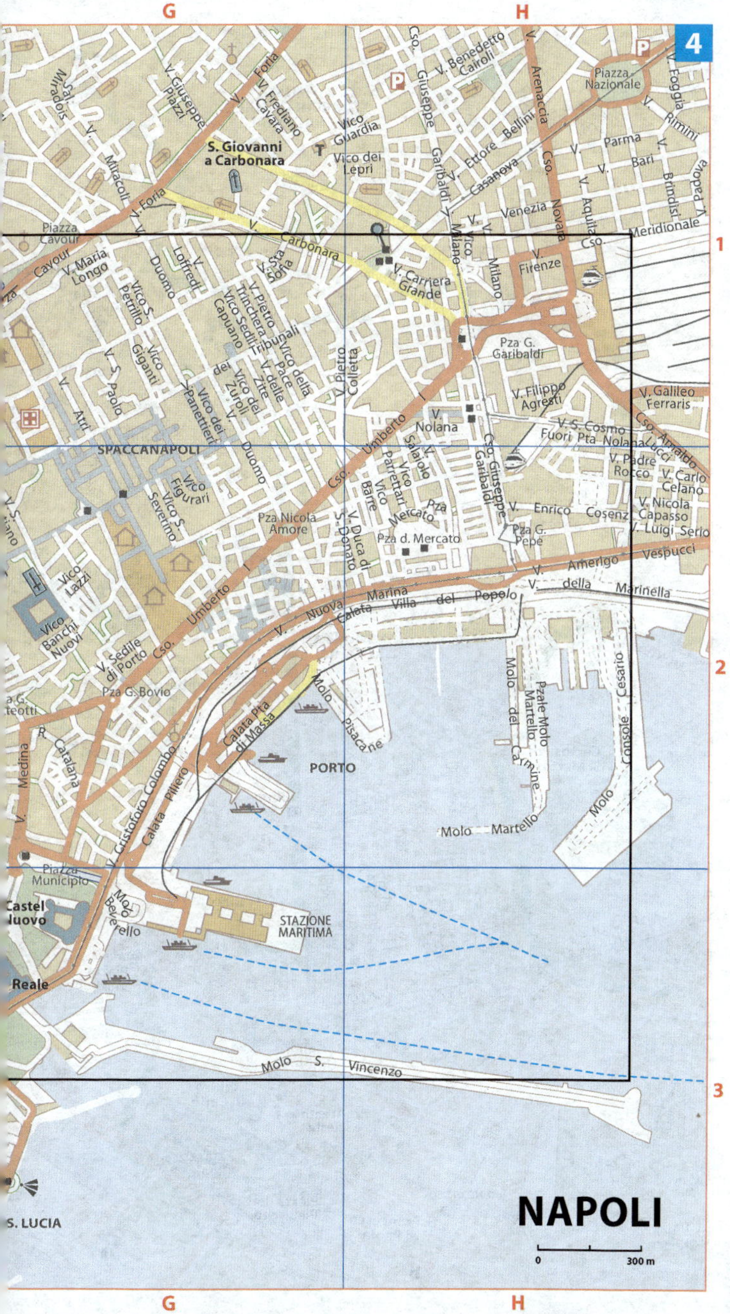
G
H
4
1
2
3
NAPOLI
0
300 m
S. Giovanni a Carbonara
Piazza Cavour
Piazza Nazionale
SPACCANAPOLI
PORTO
STAZIONE MARITIMA
Castel Nuovo
Reale
S. LUCIA
Piazza Municipio
Pza G. Garibaldi
Pza Nicola Amore
Pza d. Mercato
Pza G. Pepe
Pza G. Bovio
V. Foria
V. Carbonara
V. Carriera Grande
V. Duomo
Cso. Umberto I
Cso. Giuseppe Garibaldi
Cso. Novara
Cso. Arnaldo Lucci
Cso. Meridionale
V. Arenaccia
V. Firenze
V. Milano
Vico Milano
V. Nolana
V. Galileo Ferraris
V. Filippo Agresti
V. S. Cosmo Fuori Pta Nolana
V. Padre Rocco
V. Carlo Celano
V. Nicola Capasso
V. Luigi Serio
V. Enrico Cosenz
V. Amerigo Vespucci
V. della Marinella
V. Nuova Marina
Calata Villa del Popolo
Molo del Carmine
Pzale Molo Martello
Molo Martello
Console Cesario
Molo
Molo Pisacane
Calata Pta di Massa
Calata Piliero
V. Cristoforo Colombo
Molo Beverello
Molo S. Vincenzo
V. Medina
R. Catalana
V. Sedile di Porto
Vico Banchi Nuovi
Vico Lazzi
V. Duca di S. Donato
V. Pietro Colletta
Vico Barre
Vico Parrettari
V. Salaiolo
Pza Mercato
V. Tribunali
Vico della Pace
V. delle Zite
Vico dei Zuroli
Vico dei Panettieri
Vico S. Severino
Vico Figurari
V. S. Paolo
Vico Giganti
Vico S. Petrillo
V. Maria Longo
V. Loffredi
V. Sta Sofia
V. Pietro Trinchera
Vico Sedil Capuano
V. Atri
V. Miracoli
Sal. Miradois
V. Giuseppe Piazzi
V. Frediano Cavara
Vico Guardia
Vico dei Lepri
Cso. Giuseppe Garibaldi
V. Benedetto Cairoli
V. Ettore Bellini
V. Casanova
V. Venezia
V. Parma
V. Bari
V. Brindisi
V. Padova
V. Aquila
V. Foggia
V. Rimini
P

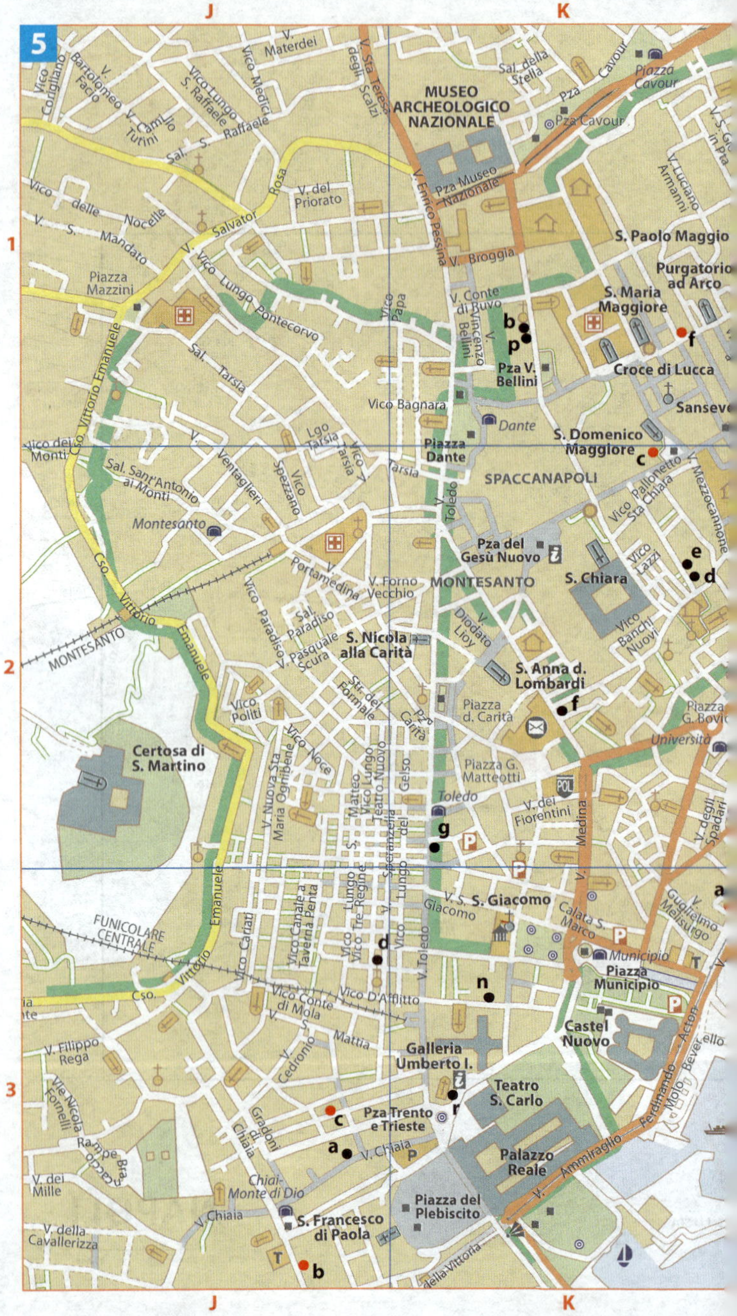
5
J
K
1
2
3
MUSEO ARCHEOLOGICO NAZIONALE
Pza Museo Nazionale
Piazza Cavour
Pza Cavour
Sal. della Stella
V. Materdei
Vico Medici
V. Sta Teresa degli Scalzi
V. Enrico Pessina
V. Broggia
V. Salvator Rosa
V. del Priorato
Vico delle Nocelle
V. S. Mandato
Piazza Mazzini
Vico Lungo Pontecorvo
Vico Papa
Sal. Tarsia
Vico Bagnara
Lgo Tarsia
Vico Tarsia
V. Conte di Ruvo
V. Vincenzo Bellini
Pza V. Bellini
Dante
Piazza Dante
S. Paolo Maggio
Purgatorio ad Arco
S. Maria Maggiore
Croce di Lucca
Sanseve
S. Domenico Maggiore
SPACCANAPOLI
Vico Pallonetto Sta Chiara
V. Mezzocannone
Pza del Gesù Nuovo
S. Chiara
MONTESANTO
Montesanto
Vico Lazzi
Vico Banchi Nuovi
V. Toledo
V. Forno Vecchio
V. Portamedina
S. Nicola alla Carità
V. Diodato Lioy
S. Anna d. Lombardi
Piazza d. Carità
Piazza G. Bovio
Università
Piazza G. Matteotti
Toledo
V. dei Fiorentini
V. Medina
V. degli Spadari
Cso Vittorio Emanuele
Vico dei Monti
Sal. Sant'Antonio ai Monti
V. Ventaglieri
Vico Spezzano
Vico Paradiso
Sal. Paradiso
V. Pasquale Scura
Str. del Formale
Pza Carità
Vico Noce
Vico Politi
V. Nuova Sta Maria Ognibene
Certosa di S. Martino
MONTESANTO
FUNICOLARE CENTRALE
Vico Cariati
Vico Canale a Taverna Penta
Vico Lungo Teatro Nuovo
Vico Lungo Gelso
V. S. Giacomo
S. Giacomo
Calata S. Marco
Guglielmo Melisurgo
Municipio
Piazza Municipio
Castel Nuovo
Vico D'Afflitto
Vico Conte di Mola
V. S. Mattia
V. Cedronio
V. Filippo Rega
Vle Nicola Fornelli
Rampe Brancaccio
V. dei Mille
V. della Cavallerizza
Gradoni di Chiaia
Galleria Umberto I.
Teatro S. Carlo
Pza Trento e Trieste
V. Chiaia
Chiaia-Monte di Dio
Palazzo Reale
Piazza del Plebiscito
S. Francesco di Paola
V. Ammiraglio Ferdinando Acton
Molo Beverello
della Vittoria

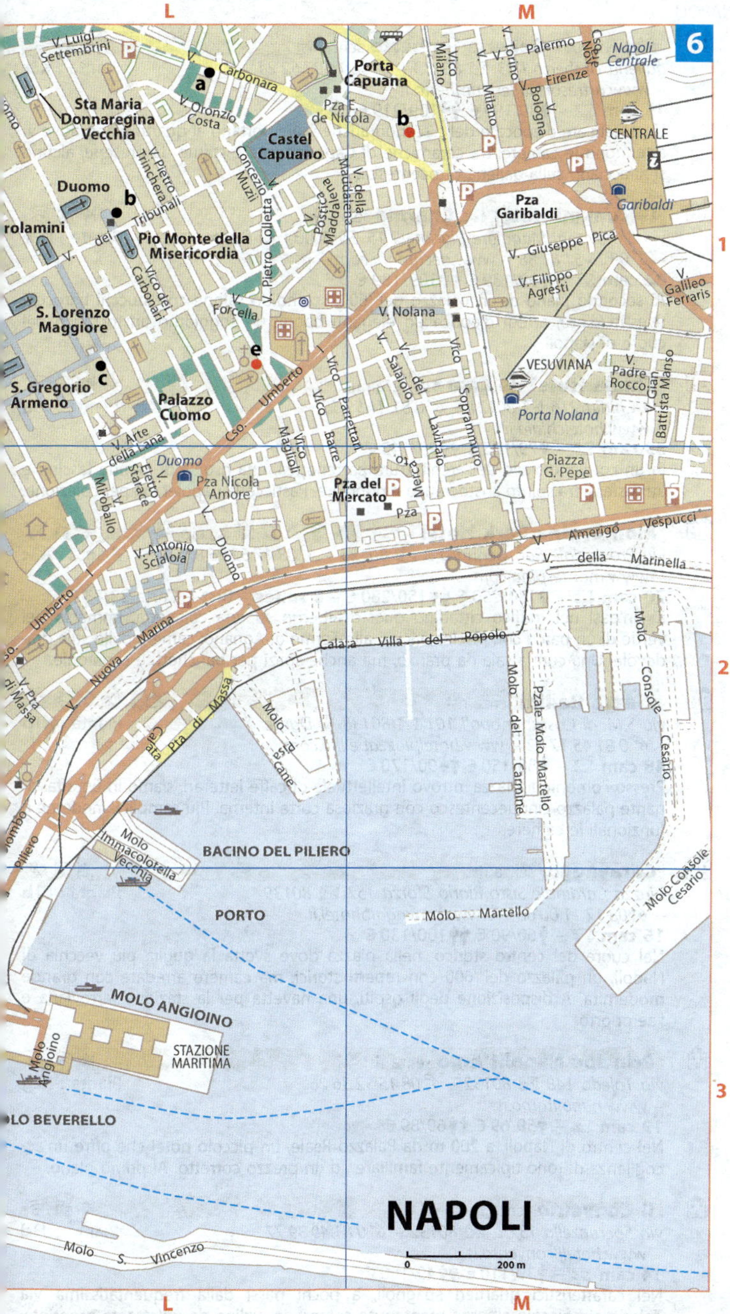
L
M
6
1
2
3
Porta Capuana
Castel Capuano
Sta Maria Donnaregina Vecchia
Duomo
Pio Monte della Misericordia
S. Lorenzo Maggiore
S. Gregorio Armeno
Palazzo Cuomo
Pza Garibaldi
CENTRALE
Napoli Centrale
Garibaldi
VESUVIANA
Porta Nolana
Piazza G. Pepe
Pza del Mercato
Pza Nicola Amore
Duomo
V. Amerigo Vespucci
V. della Marinella
Calata Villa del Popolo
Molo del Carmine
Pzale Molo Martello
Molo Console Cesario
Molo Martello
BACINO DEL PILIERO
PORTO
MOLO ANGIOINO
STAZIONE MARITTIMA
Molo Immacolatella Vecchia
Molo Angioino
LO BEVERELLO
Molo S. Vincenzo
NAPOLI
0
200 m
Cso. Umberto I
V. Nuova Marina
V. Forcella
V. Nolana
V. Carbonara
V. Luigi Settembrini
V. Oronzio Costa
V. Pietro Colletta
V. Tribunali
V. Giuseppe Pica
V. Filippo Agresti
V. Galileo Ferraris
V. Padre Rocco
V. Gian Battista Manso
V. Milano
V. Torino
V. Palermo
V. Firenze
V. Bologna
V. Antonio Scialoia
V. Duomo
V. Pta di Massa
Molo Pta di Massa
Molo Vecchia
V. Arte della Lana
V. Mirobello
V. Eletto Starace
Concezio Muzii
Vico Soprammuro
V. Lavinaio
Vico Barre
Vico Maglioli
V. Salaiolo
V. della Maddalena
Pza E. de Nicola
Calata Pta di Massa
Pilieri
a
b
c
e

Art Resort Galleria Umberto senza rist
galleria Umberto I 83 ✉ 80133 – ✆ 08 14 97 62 24 – www.artresortgalleriaumberto.it Pianta : K3**r**
15 cam – 89/199 € 109/219 €
Un ascensore d'epoca o delle scenografiche scale portano al quarto piano dove vi attendono le camere: tra ceramiche di Capodimonte e statue da presepe, alcune si affacciano sulla galleria ottocentesca.

Decumani Hotel de Charme senza rist
via S.Giovanni Maggiore Pignatelli 15 ✉ 80134 Ⓜ Dante – ✆ 08 15 51 81 88 – www.decumani.com Pianta : K2**e**
22 cam – 99/139 € 109/189 €
Al secondo piano di un palazzo del '600, splendido salone con stucchi barocchi rivestiti d'oro, arredi d'epoca ed eleganti bagni: un soggiorno aristocratico nel cuore di Napoli.

Chiaja Hotel de Charme senza rist
via Chiaia 216 ✉ 80121 – ✆ 0 81 41 55 55 – www.hotelchiaia.it Pianta : J3**a**
33 cam – 79/105 € 99/145 €
In un cortile, gioiello dell'architettura partenopea, una risorsa di grande fascino e atmosfera, tra spirito aristocratico e popolare. Pasticceria napoletana per colazione.

Montespina Park Hotel cam, rist,
via Provinciale San Gennaro 2 ✉ 80125 – ✆ 08 17 62 96 87 – www.montespina.com Pianta : A3**c**
70 cam – 130/250 € 150/280 € – **6 suites** **Rist** – Carta 33/73 €
E' un'oasi nel traffico cittadino questo albergo su una collinetta, immerso nel verde di un parco con piscina, vicino alle Terme di Agnano; camere dallo stile gradevole. Una curata sala da pranzo, ma anche spazi per banchetti e cerimonie.

Piazza Bellini senza rist
via S.M. di Costantinopoli 101 ✉ 80138 Ⓜ Dante – ✆ 0 81 45 17 32 – www.hotelpiazzabellini.com Pianta : K1**p**
48 cam – 80/150 € 90/170 €
Presso l'omonima piazza, ritrovo intellettuale di caffè letterari, siamo in un affascinante palazzo cinquecentesco con graziosa corte interna. Più semplici, moderne e funzionali le camere.

Caravaggio senza rist
piazza Cardinale Sisto Riario Sforza 157 ✉ 80139 – ✆ 08 12 11 00 66 – www.caravaggiohotel.it Pianta : L1**b**
16 cam – 60/90 € 100/130 €
Nel cuore del centro storico, nella piazza dove svetta la guglia più vecchia di Napoli, un palazzo del '600 con reperti storici, ma camere arredate con grande modernità. A disposizione degli ospiti, una navetta per la stazione ferroviaria e l'aeroporto.

Principe Napolit'Amo senza rist
via Toledo 148 ✉ 80132 – ✆ 08 15 52 36 26 – www.napolitamo.it Pianta : K2**g**
19 cam – 59/69 € 69/89 €
Nel centro di Napoli, a 200 m da Palazzo Reale, un piccolo hotel che offre un'accoglienza di tono tipicamente familiare ad un prezzo corretto. Al primo piano.

Il Convento senza rist
via Speranzella 137/a ✉ 80132 – ✆ 0 81 40 39 77 – www.hotelilconvento.it Pianta : J3**d**
14 cam – 39/110 € 49/150 €
Nei caratteristici quartieri spagnoli, a pochi passi dalla frequentatissima via Toledo, un piccolo albergo mantenuto sempre in ordine da un'attenta proprietà. Gradevoli ambienti per la prima colazione.

Pignatelli senza rist
via San Giovanni Maggiore Pignatelli 16 ✉ 80134 Ⓜ Dante Pianta : K2**d**
– ✆ 08 16 58 49 50 – www.hotelpignatellinapoli.com
9 cam – †35/55 € ††45/69 €, ☐ 3 € – **1 suite**
Nel vociante e caratteristico quartiere Spaccanapoli, al primo piano di un palazzo del XV secolo, le originali camere si caratterizzano per elementi architettonici e decorativi tipici del periodo della Repubblica Napoletana. Gestione giovane e motivata; buon rapporto qualità/prezzo.

L'Alloggio dei Vassalli senza rist
via Donnalbina 56 ✉ 80134 Ⓜ Dante – ✆ 08 15 51 51 18 Pianta : K2**f**
– www.alloggiodeivassalli.it
7 cam ☐ – †49/59 € ††89/99 €
Al primo piano del settecentesco Palazzo Donnalbina, sito proprio all'ingresso di Spaccanapoli, le sue camere brillano per fascino e storia: una simpatica alternativa per chi rifugge dal formalismo alberghiero.

Cappella Vecchia 11 senza rist
via Santa Maria a Cappella Vecchia 11 ✉ 80121 Pianta : F3**c**
– ✆ 08 12 40 51 17 – www.cappellavecchia11.it
6 cam ☐ – †55/75 € ††75/100 €
Al piano nobile di un bel palazzo centrale, una risorsa dotata di due tipologie di camere più o meno moderne e caratterizzata da piccoli spazi comuni di uguale livello.

Ristoranti

Caruso Roof Garden – Grand Hotel Vesuvio
via Partenope 45 ✉ 80121 – ✆ 08 17 64 00 44 Pianta : F3**n**
– www.vesuvio.it – Chiuso lunedì
Carta 56/106 €
In una città già ricca di roof garden, Caruso si segnala come uno dei ristoranti più prestigiosi per frequentazione e vista panoramica. In menu, qualche piatto di cucina internazionale, ma sono le proposte napoletane che vi consigliamo di provare: dalla pasta, alla celebre mozzarella.

La Cantinella
via Cuma 42 ✉ 80132 – ✆ 08 17 64 86 84 Pianta : G3**v**
– www.lacantinella.it – Chiuso domenica sera
Menu 25/65 € – Carta 36/79 € – *(solo a cena in agosto)* (consigliata la prenotazione la sera)
Uno scrigno di bambù con finestre sul Golfo: un grande classico che torna alla ribalta con un giovane cuoco che sposa la tradizione partenopea a piatti più inventivi e personali.

Palazzo Petrucci
piazza San Domenico Maggiore 4 ✉ 80134 Ⓜ Dante Pianta : K1-2**c**
– ✆ 08 15 52 40 68 – www.palazzopetrucci.it – Chiuso 2-24 agosto, domenica sera e lunedì a mezzogiorno; anche domenica a mezzogiorno in estate
Menu 60 € – Carta 50/104 €
Affacciato su una delle piazze più belle di Napoli, Palazzo Petrucci ospita questo splendido ristorante dall'eleganza minimalista: l'ex stalla-grotta dell'edificio cinquecentesco si farà ricordare per la sobrietà di linee e arredi. La cucina, per i sapori locali, esaltati e rivisitati.
➜ Paccheri ripieni di ricotta con ragù napoletano. Lasagnetta di mozzarella di bufala e crudo di gamberi. Stratificazione di pastiera napoletana.

Il Comandante – Hotel Romeo
via Cristoforo Colombo 45 ✉ 80133 – ✆ 08 10 17 50 01 Pianta : K3**a**
– www.romeohotel.it – Chiuso martedì sera
Menu 105 € – Carta 63/94 € – (consigliata la prenotazione)
All'ultimo piano dell'avveniristico albergo Romeo, dal porto la vista si estende sul golfo di Napoli, ma gli interni, moderni e originali, non sono meno scenografici. La cucina sorprende per la sofisticata semplicità e le raffinate presentazioni dei piatti.
➜ Linguina con capitone alla brace. Triglia con crema bianca di zucchine. La mia "ricotta e pera".

XXX **George's** – Grand Hotel Parker's
corso Vittorio Emanuele 135 ✉ 80121 Ⓜ Piazza Amedeo Pianta : E3**r**
– ✆ 08 17 61 24 74 – www.grandhotelparkers.com
Carta 41/83 €
All'ultimo piano del Grand Hotel Parker's, da qui la vista sul golfo è inevitabilmente mozzafiato. Di giorno il mare, la sera le luci: vale la pena fare il bis perché ogni volta lo spettacolo è diverso. Non meno della cucina che reinterpreta con creatività i classici campani.

XX **Mimì alla Ferrovia**
via Alfonso d'Aragona 21 ✉ 80139 Ⓜ Garibaldi Pianta : M1**b**
– ✆ 08 15 53 85 25 – www.mimiallaferrovia.com – Chiuso 1 settimana in agosto e domenica escluso dicembre
Carta 22/40 € – (consigliata la prenotazione)
Ne sono passati di personaggi da questo storico locale e, le foto ricordo appese alle pareti, ne testimoniano la sosta. Anche la cucina è un inno alla città: ricette di mare e di terra elaborate secondo la più classica tradizione partenopea. Una tappa obbligatoria per chi passa da Napoli!

XX **Veritas**
corso Vittorio Emanuele 141 ✉ 80121 Ⓜ Piazza Amedeo Pianta : E3**a**
– ✆ 0 81 66 05 85 – www.veritasrestaurant.it – Chiuso 3 settimane in agosto, lunedì da ottobre a maggio, domenica negli altri mesi
Carta 38/59 € – *(solo a cena escluso domenica)*
Gli arredi sono minimalisti, un po' come la moda del momento impone, ma la cucina si riappropria della "napoletaneità" offrendo gustosi piatti di matrice mediterranea.

XX **L'Altro Coco Loco** Ⓝ
vicoletto Cappella Vecchia 4 ✉ 80133 – ✆ 08 17 64 17 22 Pianta : F3**f**
– www.ristorantelaltroloco.com – Chiuso agosto e domenica da maggio a settembre
Carta 46/92 € – *(solo a cena escluso domenica da ottobre ad aprile)* (prenotare)
Piatti creativi prevalentemente di mare, ma non solo, in un ambiente moderno e accogliente: il titolare - ai fornelli - seleziona le migliori materie prime.

X **Amici miei** Ⓝ
via Monte di Dio 77/78 ✉ 80133 – ✆ 08 17 64 49 81 Pianta : J3**b**
– www.ristoranteamicimiei.com – Chiuso 15 giugno-15 settembre, domenica sera e lunedì
Carta 24/52 €
Vegetariani astenersi! Solo piatti di carne di fattura classica e alla brace di carbone, in porzioni generose, a prezzi non esagerati.

X **Locanda N'Tretella** Ⓝ
salita S. Anna di Palazzo 25 – ✆ 0 81 42 77 83 Pianta : J3**c**
– www.locandantretella.it – Chiuso mercoledì
Menu 25 € – Carta 26/34 €
Porta il nome della fidanzata di Pulcinella, maschera per antonomasia di Napoli, questa minuscola, ma accogliente trattoria gestita con passione e signorilità, dove gustare una cucina verace a prezzi imbattibili. Specialità: scialatelli ai frutti di mare.

X **L'Europeo di Mattozzi**
via Campodisola 4/6/8 ✉ 80133 – ✆ 08 15 52 13 23 Pianta : K2**h**
– www.mattozzieuropeo.com – Chiuso 9-23 agosto e domenica
Carta 33/70 €
Habitué o no, sarete comunque coccolati dal titolare di un frequentato, semplice ristorante-pizzeria, dal 1852 con la stessa gestione familiare; cucina locale.

C'é categoria e categoria! Non aspettatevi lo stesso servizio in un ristorante X o in un albergo 🏠 rispetto ad un XXXXX o ad un 🏨.

PIZZERIE : in ambienti vivaci ed informali il meglio delle pizze partenopee

La Notizia
via Caravaggio 53/55 ✉ 80133 – ✆ 08 17 14 21 55 Pianta : B2**c**
– www.enzococcia.it – Chiuso vacanze di Natale, agosto, lunedì
Carta 12/19 € – *(solo a cena)*
E' la prima e storica pizzeria del maestro Enzo Coccia: a dispetto di una collocazione non centrale, la ricerca dei prodotti e lo studio della cottura hanno reso le sue pizze famose in tutto il mondo.

Sorbillo
via Tribunali 38 ✉ 80138 Ⓜ Dante – ✆ 08 10 33 10 09 Pianta : K1**f**
– www.sorbillo.eu – Chiuso domenica
Carta 8/21 €
Uno dei nomi più celebrati fra le pizzerie cittadine, tanto da moltiplicarsi in filiali. Questa è l'ultima nata: per chi desidera un confort più attento rispetto ad altri indirizzi più spartani.

La Notizia
via Caravaggio 94/a ✉ 80126 – ✆ 0 81 19 53 19 37 Pianta : B2**f**
– www.enzococcia.it – Chiuso 24 dicembre-1° gennaio, agosto e domenica
Carta 13/22 € – *(solo a cena)* (consigliata la prenotazione)
Piccolo laboratorio d'avanguardia, dal martedì al giovedì la prenotazione è obbligatoria, ma consente di evitare lunghe attese: oltre alle versioni tradizionali, largo spazio a pizze più creative ed innovative.

Da Michele
via Cesare Sersale 1/7 ✉ 80139 Ⓜ Garibaldi Pianta : L1**e**
– ✆ 08 15 53 92 04 – www.damichele.net – Chiuso 10-23 agosto e domenica escluso dicembre
Menu 6/7 €
La pizzeria dei record: qui dal 1870 - con i numeri distribuiti all'esterno per regolare l'affluenza - è anche una delle migliori di Napoli. Solo "marinara" e "margherita". Orario continuato dalle 10 alle 23.

NAPOLI (Golfo di)
Napoli

NARNI
Terni (TR) – ✉ 05035 – 19 870 ab. – Alt. 240 m – Carta regionale n° **36-C3**
Roma 89 km – Terni 13 km – Perugia 84 km – Viterbo 45 km
Carta stradale Michelin 563-O19

Agriturismo Regno Verde
strada Colli San Faustino 1, (Ponte San Lorenzo), Nord-Est : 5 km
– ✆ 07 44 74 43 35 – www.agriturismoregnoverde.it
16 cam – 50 € 80 € **Rist** – Menu 20/25 €
Per chi vuole fuggire il caos della zona industriale di Narni e dormire nel silenzio più assoluto, questo agriturismo offre camere semplici, ma confortevoli. Al ristorante la specialità è la brace, nonché i diversi animali dei propri allevamenti.

a Narni Scalo Nord : 2 km – ✉ 05035 Narni Stazione

Terra Umbra Hotel
via Maratta Bassa 61, Nord-Est : 3 km – ✆ 07 44 75 03 04 – www.terraumbra.it
29 cam – 44/69 € 49/99 € – **2 suites**
Rist *Al Canto del Gallo* – vedere selezione ristoranti
Serve comodamente la zona industriale di Narni Scalo, ma è anche riparato dai rumori in un contesto verde e poco rumoroso. Arredi classici d'albergo.

XX **Al Canto del Gallo** – Terra Umbra Hotel

via Maratta Bassa 61, Nord-Est : 3 km – ✆ 07 44 75 08 71 – www.alcantodelgallo.it – Chiuso lunedì

Menu 25 € – Carta 29/59 €

Ideale per ospitare cerimonie e pranzi di lavoro, la capiente sala con travi a vista e arredi lignei ospita una cucina di matrice regionale dai sapori decisi: carne, tartufo, pizza (la sera).

NATURNO (NATURNS)

Bolzano (BZ) – ✉ 39025 – 5 624 ab. – Alt. 528 m – Carta regionale n° **33-B2**

Roma 682 km – Bolzano 46 km – Merano 19 km – Trento 98 km

Carta stradale Michelin 562-C15

Lindenhof rist,

via della Chiesa 2 – ✆ 04 73 66 62 42 – www.lindenhof.it – Aperto 15 marzo-15 novembre

48 suites – solo ½ P 165/224 € – 12 cam

Rist – Menu 40/85 € – *(solo a cena)*

Uno splendido giardino con piscina riscaldata, centro benessere e ambienti eleganti, felice connubio di moderno e tradizionale, per regalarvi un soggiorno esclusivo. Sala da pranzo molto luminosa che d'estate si sposta in terrazza; per chi vuole è prenotabile un tavolo direttamente in cucina.

Preidlhof

via San Zeno 13 – ✆ 04 73 66 62 51 – www.preidlhof.it – Chiuso 8-25 dicembre e 6-31 gennaio

34 cam – solo ½ P 105/172 € – **16 suites**

Rist – Menu 75 € – *(solo a cena)*

Rist *Dolce Vita Stube* – Carta 73/95 € – *(chiuso lunedì a mezzogiorno e domenica) (solo a cena)* (prenotazione obbligatoria)

Se non fosse che all'esterno vi aspetta l'incantevole scenario delle Dolomiti, sarebbe da non uscire più da quest'oasi di relax e benessere. Romantiche camere fornite di ogni confort ed una spa come poche in Italia: "I Mondi delle Acque" vi aspettano per rigenerarvi.

Feldhof cam, cam, cam,

via Municipio 4 – ✆ 04 73 66 63 66 – www.feldhof.com – Aperto 20 marzo-22 novembre

45 cam ☕ – 🚹139/170 € 🚹🚹248/310 € – **15 suites**

Rist – Menu 12 € – *(solo per alloggiati)*

Albergo centrale, circondato da un ameno giardino con piscine (di cui una di acqua salata); interni in stile tirolese, graziose camere e completo centro benessere in cui ritagliarsi momenti di relax.

Funggashof rist,

via al Fossato 1 – ✆ 04 73 66 71 61 – www.funggashof.it – Aperto 15 marzo-10 novembre

24 cam – solo ½ P 95/105 € – **10 suites**

Rist – Carta 29/69 € – *(solo per alloggiati)*

In posizione panoramica, hotel immerso in un giardino-frutteto con piscina, ideale per gli amanti della quiete; eleganti ambienti "riscaldati" dal sapiente uso del legno. Nella stube tirolese, una cucina leggera e gustosa con prodotti del territorio.

NAVA (Colle di)

Imperia (IM)Alt. 934 m – Carta regionale n° **14-A2**

Roma 624 km – Imperia 34 km – Cuneo 91 km – Savona 79 km

Carta stradale Michelin 561-J5

Colle di Nava

via Nazionale 65 – ✆ 01 83 32 50 44 – www.albergolorenzina.com – Chiuso 12 gennaio-14 marzo

37 cam – 🚹40/45 € 🚹🚹60/65 €, ☕ 12 €

Rist *Lorenzina* – vedere selezione ristoranti

Semplice e accogliente struttura dall'esperta e attenta gestione familiare, dispone di un grande giardino attrezzato anche con giochi per gli ospiti più piccoli.

Lorenzina - Hotel Colle di Nava

via Nazionale 65 – ✆ 01 83 32 50 44 – www.albergolorenzina.com – Chiuso 12 gennaio-14 marzo, lunedì sera e martedì
Carta 28/49 € – (consigliata la prenotazione)
Sul colle, con la sua tranquilla bellezza e i suoi 940 m di altitudine, cucina ligure e piemontese in due ampie sale: stile rustico per momenti d'informale convivialità.

NE

Genova (GE) – ✉ 16040 – 2 459 ab. – Alt. 186 m – Carta regionale n° **15-C2**
Roma 473 km – Genova 50 km – Rapallo 26 km – La Spezia 75 km
Carta stradale Michelin 561-I10

La Brinca

via Campo di Ne 58 – ✆ 01 85 33 74 80 – www.labrinca.it – Chiuso lunedì
Menu 32/37 € – Carta 34/49 € – *(solo a cena escluso sabato e i giorni festivi)* (consigliata la prenotazione)
Animato da una grande passione enologica, il proprietario ha curato personalmente l'allestimento della cantina, che vanta infatti un'ampia selezione di etichette nazionali ed estere. Tale entusiasmo permea anche la tavola: piatti del territorio alleggeriti e presentati con cura. Se volete veramente provare una specialità, noi consigliamo le tomaxelle (involtini di vitella ripieni di carne, erbe aromatiche e funghi).

NEGRAR

Verona (VR) – ✉ 37024 – 16 831 ab. – Alt. 190 m – Carta regionale n° **38-A2**
Roma 520 km – Verona 113 km – Brescia 82 km – Mantova 58 km
Carta stradale Michelin 562-F14

Locanda '800 con cam

via Moron 46 – ✆ 04 56 00 01 33 – www.locanda800.it
3 cam – 130 € 130 €
Carta 30/75 € – *(chiuso lunedì) (solo a cena in luglio-agosto)*
Nell'intima sala di questa bella villa oppure nelle sue graziose cantine, piatti interessanti di gusto moderno realizzati con prodotti stagionali e del territorio.

Trattoria alla Ruota

via Proale 6, località Mazzano, Nord : 5 km – ✆ 04 57 52 57 84 – www.trattoriaallaruota.it – Chiuso lunedì e martedì
Carta 26/39 € – (prenotare)
Sulle prime alture con splendida vista dalla terrazza estiva, locale luminoso e vivace: la conduzione familiare ripropone i sapori del territorio. Proverbiali, i tortelli all'Amarone.

NEIVE

Cuneo (CN) – ✉ 12052 – 3 405 ab. – Alt. 308 m – Carta regionale n° **25-C2**
Roma 643 km – Cuneo 71 km – Torino 65 km – Asti 29 km
Carta stradale Michelin 561-H6

La Luna nel Pozzo

piazza Italia – ✆ 0 17 36 70 98 – www.lalunanelopozzo-neive.it – Chiuso 7-17 gennaio, 25 giugno-15 luglio, martedì sera e mercoledì
Menu 43/55 € – Carta 42/64 € – (consigliata la prenotazione)
La passione per la cucina e per l'accoglienza ha incentivato un medico ed una biologa a passare alla ristorazione: in questo locale del centro storico, la tradizione è regina incontrastata.

NEPI

Viterbo (VT) – 9 552 ab. – Alt. 227 m – Carta regionale n° **12-B1**
Roma 53 km – Viterbo 36 km – Terni 62 km – Perugia 131 km
Carta stradale Michelin 563-P19

Casa Tuscia

via di Porta Romana – ✆ 07 61 55 50 70 – www.ristorantecasatuscia.it
Menu 30 € – Carta 26/50 €
Una passeggiata archeologica tra porte romane, mura e castello rinascimentali: nell'ex mattatoio novecentesco una sorprendente cucina nazionale rivisitata con fantasia.

NERANO ➔ Vedere Massa Lubrense
Napoli (NA)

NERVESA DELLA BATTAGLIA
Treviso (TV) – ✉ 31040 – 6 914 ab. – Alt. 78 m – Carta regionale n° **40-C2**
Roma 570 km – Belluno 67 km – Venezia 61 km – Treviso 22 km
Carta stradale Michelin 562-E18

XX **Miron**
piazza Sant'Andrea 26 – ✆ 04 22 88 51 85 – www.ristorantemirontv.com – Chiuso 8-18 agosto e giovedì
Menu 18 € (pranzo in settimana)/60 € – Carta 31/59 €
Locale classico gestito dal 1935 dalla stessa famiglia, dove provare le specialità ai funghi. Carta dei vini con numerose proposte francesi e distillati di ogni tipo.

NERVI
Genova (GE) – ✉ 16167 – Carta regionale n° **15-C2**
Roma 497 km – Genova 10 km – La Spezia 99 km – Savona 60 km
Carta stradale Michelin 561-I9

Villa Pagoda
via Capolungo 15 – ✆ 0 10 32 32 00 – www.villapagoda.it
13 cam – **†90/225 € ††100/285 € – 4 suites**
Rist *Il Roseto* – vedere selezione ristoranti
Una villa ottocentesca, costruita per volere di un ricco mercante che sperava, in tal modo, di placare la struggente nostalgia della sua asiatica compagna, ospita raffinati interni con candelieri di Murano e pavimenti in marmo. Tra olii essenziali e musiche di sottofondo, è bello concedersi un massaggio nel moderno centro benessere.

Astor rist,
viale delle Palme 16 – ✆ 0 10 32 90 11 – www.astorhotel.it – Chiuso novembre
41 cam – **†80/175 € ††110/220 €** **Rist** – Carta 31/59 €
Abbracciato da un piccolo parco secolare, l'hotel totalmente ristrutturato dispone di interni di taglio classico e camere confortevoli. Ideale per una clientela d'affari, ma anche per gli amanti di un soggiorno rilassante. Servizio ristorante estivo sulla fresca veranda.

Esperia rist,
via Val Cismon 1 – ✆ 0 10 32 17 77 – www.hotelesperia.it – Chiuso 3 settimane in novembre
27 cam – **†70/100 € ††90/130 €** **Rist** – Menu 23 € – *(solo per alloggiati)*
Albergo fine anni '50 - completamente ristrutturato nel corso degli ultimi anni - dispone di ambienti interni d'ispirazione contemporanea, camere lineari e possibilità di accesso gratuito al vicino stabilimento balneare (sugli scogli).

XXX **Il Roseto** – Hotel Villa Pagoda
via Capolungo 15 – ✆ 0 10 32 32 00 – www.villapagoda.it
Carta 30/60 €
Se l'architettura che ospita questo ristorante è una celebrazione dell'Oriente, la cucina si riappropria dell'identità locale con piatti regionali e i classici italiani. Splendida terrazza estiva ed ambienti raffinati.

NERVIANO
Milano (MI) – ✉ 20014 – 17 335 ab. – Alt. 175 m – Carta regionale n° **18-A2**
Roma 600 km – Milano 25 km – Como 45 km – Novara 34 km
Carta stradale Michelin 561-F8

Antica Locanda del Villoresi
strada statale Sempione 4 – ✆ 03 31 55 94 50 – www.locandavilloresi.it
16 cam – **†55/120 € ††70/180 €**
Rist *Antica Locanda del Villoresi* – vedere selezione ristoranti
Ex stazione di posta e cascina lombarda di fine Ottocento, la locanda dispone di piccoli spazi comuni e accessoriate camere in stile moderno-contemporaneo.

XX **La Guardia**
via 20 Settembre 73 angolo statale Sempione – ✆ 03 31 58 76 15 – www.ristorantelaguardia.it – Chiuso 1°-9 gennaio e lunedì
Menu 18 € (pranzo in settimana)/40 € – Carta 35/60 €
Lungo la statale del Sempione, un villino indipendente arredato in stile rustico-elegante e ingentilito da una bella veranda affacciata sul giardino. La cucina attinge alla tradizione, ma non mancano anche interessanti piatti di pesce.

X **Antica Locanda del Villoresi** – Hotel Antica Locanda del Villoresi
strada statale Sempione 4 – ✆ 03 31 55 94 50 – www.locandavilloresi.it – Chiuso sabato a mezzogiorno e lunedì
Carta 25/53 €
Tante specialità d'impronta mediterranea in un caratteristico ristorante, le cui ampie vetrate si affacciano sul canale Villoresi. Piatti di pesce, pasta fresca e dolci fatti in casa, fra gli highlights del menu.

NETTUNO
Roma (RM) – ✉ 00048 – 45 826 ab. – Carta regionale n° **13-C3**
Roma 55 km – Anzio 3 km – Frosinone 78 km – Latina 22 km
Carta stradale Michelin 563-R19

Astura Palace Hotel rist,
viale Matteotti 75 – ✆ 0 69 80 56 54 – www.asturapalace-hotel.it
56 cam – †90/110 € ††120/140 € – **1 suite** **Rist** – Menu 30/50 €
Di fronte al porto turistico, nella zona più elegante e commerciale della città, un moderno ed imponente albergo, particolarmente indicato per una clientela d'affari.

NEUMARKT = EGNA

NEUSTIFT = NOVACELLA

NEVIANO DEGLI ARDUINI
Parma (PR) – ✉ 43024 – 3 660 ab. – Alt. 517 m – Carta regionale n° **8-B2**
Roma 463 km – Parma 32 km – Modena 65 km – Reggio nell'Emilia 35 km
Carta stradale Michelin 561-I12

XX **Trattoria Mazzini**
via Bruno Ferrari 84 – ✆ 05 21 84 31 02 – Chiuso lunedì in luglio-agosto, anche martedì, mercoledì e giovedì negli altri mesi
Carta 25/45 € – *(solo a cena in luglio-agosto ed escluso festivi)*
Cucina del territorio con varianti creative in una graziosa sala in stile provenzale rinfrescata con colori pastello. Piacevole anche la bella terrazza in legno.

NEVIGLIE
Cuneo (CN) – ✉ 12050 – 414 ab. – Carta regionale n° **25-C2**
Roma 662 km – Torino 98 km – Cuneo 78 km – Asti 36 km

XX **Locanda San Giorgio** con cam
località Castellero 9 – ✆ 01 73 63 01 15 – www.locandasangiorgio.it – Chiuso gennaio
14 cam – †75 € ††110/140 €
Menu 35 € – Carta 25/65 € – *(chiuso lunedì escluso aprile-15 novembre) (solo a cena escluso aprile-15 novembre)* (consigliata la prenotazione)
Raffinato ristorante situato fuori paese, nella splendida e tranquilla cornice delle Langhe, propone piatti tradizionali a base di funghi e tartufi. Questo casolare ottocentesco, che un tempo è stato convento per frati, propone camere personalizzate e molto carine.

NIBIONNO
Lecco (LC) – ✉ 23895 – Carta regionale n° **18-B1**
Roma 620 km – Milano 44 km – Lecco 21 km – Monza 24 km

La California Relais

località California 2 – ✆ 0 31 69 09 12 – www.relaislacalifornia.it
20 cam – 90/150 € 130/200 €
Rist *I Melograni* – vedere selezione ristoranti
Lunghi anni di restauri e poi il fiocco azzurro per questo relais immerso nel verde e dagli ambienti personalizzati: la maggior parte delle eleganti camere si trovano nel corpo centrale, le rimanenti in una dépendance di fronte alla piscina. Percorso vita nel giardino, centro benessere e vista pregevole.

I Melograni – Hotel La California Relais

località California 2 – ✆ 0 31 69 11 03 – www.ristoranteimelograni.com
Menu 25 € (pranzo in settimana)/110 € – Carta 46/81 €
All'interno del suggestivo relais La California, il ristorante propone la tradizionale cucina del territorio con i suoi ineguagliabili sapori rivisitati in chiave moderna. Ambiente elegante.

NICASTRO → Vedere Lamezia Terme

Catanzaro (CZ)

NICOLOSI

Sicilia – Catania (CT) – ✉ 95030 – 7 265 ab. – Alt. 700 m – Carta regionale n° **30**-D2
Catania 17 km – Palermo 222 km – Messina 102 km – Siracusa 81 km
Carta stradale Michelin 365-AZ58 – Guida Verde Michelin SICILIA

a Piazza Cantoniera Etna Sud Nord : 18 kmAlt. 1 881 m

Corsaro

piazza Cantoniera – ✆ 0 95 91 41 22 – www.hotelcorsaro.it
– Chiuso 4 novembre-24 dicembre
17 cam – 115/165 € 140/190 €
Rist *Corsaro* – Carta 20/54 €
In un paesaggio lunare di terreno lavico, è quasi un rifugio con vista su un quarto della Sicilia, mare e Calabria da alcune camere del secondo piano. Autentici sapori locali nell'omonimo ristorante, dove si mangia a buffet: paste, funghi, verdure e grigliate di carne. Impianti di risalita nelle vicinanze.

NIEDERDORF = VILLABASSA

NIEVOLE → Vedere Montecatini Terme

Pistoia (PT)

NIZZA MONFERRATO

Asti (AT) – ✉ 14049 – 10 453 ab. – Alt. 138 m – Carta regionale n° **25**-D2
Roma 604 km – Alessandria 32 km – Asti 28 km – Torino 82 km
Carta stradale Michelin 561-H7

Agriturismo Tenuta La Romana senza rist

strada Canelli 59, Sud : 2 km – ✆ 01 41 72 75 21
– www.tenutalaromana.it – Chiuso 3 gennaio-4 febbraio
20 cam – 80/130 € 120/175 €
Situata in posizione panoramica, fra le armoniose colline delle Langhe e del Monferrato, Tenuta La Romana è una cascina settecentesca completamente ristrutturata dagli ampi e gradevoli spazi comuni, sia interni sia esterni.

NOALE

Venezia (VE) – ✉ 30033 – 15 772 ab. – Alt. 18 m – Carta regionale n° **40**-C2
Roma 522 km – Padova 25 km – Treviso 22 km – Venezia 20 km
Carta stradale Michelin 562-F18

Due Torri Tempesta senza rist

via dei Novale 59 – ✆ 04 15 80 07 50 – www.hotelduetorritempesta.it – Chiuso 1°-6 gennaio e 1°-25 agosto

40 cam ☕ – †50/85 € ††80/105 €

Poco fuori dal centro, hotel dall'originale design d'impronta contemporanea con piacevoli spazi nei quali predomina il legno elaborato anche in alcuni piloni dalle geometrie particolari. Una sorta di curiosa "ossatura" centrale in legno curvato domina la sala da pranzo.

NOBIALLO → Vedere Menaggio

Como (CO)

NOCERA SUPERIORE

Salerno (SA) – ✉ 84015 – 24 253 ab. – Alt. 70 m – Carta regionale n° **6-B2**

Roma 246 km – Napoli 43 km – Avellino 36 km – Salerno 15 km

Carta stradale Michelin 564-E26

La Fratanza

via Garibaldi 37 – ✆ 08 19 36 83 45 – www.lafratanzaristorante.it – Chiuso domenica sera e lunedì

Menu 24/45 € – Carta 23/51 €

Poco fuori dal paese, due linee e due allestimenti per un locale curato: proposte legate al territorio, una in chiave moderna e l'altra più tradizionale. Splendido giardino per la bella stagione.

NOCERA TERINESE

Catanzaro (CZ) – ✉ 88047 – 4 696 ab. – Alt. 240 m – Carta regionale n° **5-A2**

Roma 560 km – Cosenza 47 km – Catanzaro 59 km – Reggio di Calabria 152 km

Carta stradale Michelin 564-J30

Agriturismo Vota

rist,

contrada Vota – ✆ 0 96 89 15 17 – www.agrivota.it

12 cam ☕ – †40/45 € ††66/75 €

Rist – Menu 18/30 € – (consigliata la prenotazione)

Piacevole sintesi di quello che un agriturismo dovrebbe offrire: semplicità e genuinità. Camere spartane, ma ben tenute, una piscina e la possibilità di passeggiate all'interno della proprietà fino al bosco, area giochi per bambini e sulla tavola i migliori frutti dell'azienda agricola.

NOCI

Bari (BA) – ✉ 70015 – 19 439 ab. – Alt. 420 m – Carta regionale n° **27-C2**

Roma 497 km – Bari 49 km – Brindisi 79 km – Matera 57 km

Carta stradale Michelin 564-E33

Abate Masseria

cam,

zona F 83/C (strada provinciale per Massafra), Sud-Est : 1 km – ✆ 08 04 97 82 88 – www.abatemasseria.it – Aperto 1° aprile-30 ottobre

8 cam ☕ – †84/134 € ††99/159 €

Rist *Il Briale* – ✆ 08 04 97 80 23 – Carta 22/44 € – *(chiuso novembre e mercoledì)*

Bel complesso agricolo con edifici in tufo e trulli intorno ad un curato giardino cinto da mura. Le camere affacciate sul prato - alcune di esse con un proprio spazio riservato - vantano una tenuta perfetta e bei mobili. Per chi non rinuncia allo sport neanche in vacanza: piscina, campo da tennis e da calcetto.

Cavaliere

cam,

via Tommaso Siciliani 47 – ✆ 08 04 97 75 89 – www.hotelcavaliere.it

33 cam ☕ – †40/55 € ††60/75 €

Rist – Carta 22/32 € – *(chiuso domenica sera) (solo a cena)*

Una completa ristrutturazione ha riconsegnato un albergo accogliente, con stanze eleganti dalle linee classiche e una bella terrazza per piacevoli serate o per il relax. Due ampie sale da pranzo, molto luminose.

Agriturismo Le Casedde

strada provinciale 239 km 12,800, Ovest : 2,5 km – ✆ 08 04 97 89 46 – www.lecasedde.com

8 cam – 55/65 € 72/78 €

Rist – Menu 25 € – *(solo a cena escluso domenica)* (prenotazione obbligatoria) *(solo per alloggiati)*

All'interno di caratteristici trulli, una risorsa agrituristica semplice nelle strutture, ma con piacevoli interni d'ispirazione contemporanea, curati e accoglienti. Solo per alloggiati, la sera e previa prenotazione - da effettuarsi con qualche giorno di anticipo - il ristorante propone gustosi piatti preparati con prodotti locali.

L'Antica Locanda

via Spirito Santo 49 – ✆ 08 04 97 24 60 – www.pasqualefatalino.it – Chiuso domenica sera e martedì

Carta 23/48 €

In uno dei vicoli del caratteristico borgo - sotto volte in tufo - i sapori autentici della regione ispirano la cucina, elaborata partendo dai prodotti di questa terra. Stile rustico e allegre tovaglie colorate.

a Montedoro Sud-Est : 3 km – ✉ 70015 Noci

Il Falco Pellegrino

zona B 47/c – ✆ 08 04 97 43 04 – www.ilfalcopellegrino.com – Chiuso 7-22 gennaio, domenica sera e lunedì

Carta 27/51 €

Ristorante all'interno di una bella villetta nel cuore della campagna, propone specialità di pesce e proposte di cucina locale; invitante servizio estivo in giardino.

NOGAREDO

Trento (TN) – ✉ 38060 – 1 908 ab. – Alt. 216 m – Carta regionale n° **33-B3**

Roma 568 km – Trento 25 km – Verona 80 km – Bolzano 81 km

Relais Palazzo Lodron senza rist

via Conti Lodron 5 – ✆ 04 64 41 31 52 – www.relaispalazzolodron.it

10 cam – 62/80 € 79/140 €, 8 €

Risale addirittura al 1400 l'origine di questo palazzo la cui lunga storia annovera anche i processi alle streghe…Ora in ambienti ampi ed eleganti, arredati con mobili di design, preziosi e minimal, l'ospite può contare sui migliori confort moderni, quali un delizioso centro benessere.

Locanda D&D Maso Sasso con cam

cam,

via Maso 2, località Sasso, Sud-Ovest : 3 km – ✆ 04 64 41 07 77 – www.locandaded.it – Chiuso 4-12 febbraio e martedì

7 cam – 50/70 € 80/100 € Menu 30 € – Carta 34/52 €

Polpette di baccalà? Coniglio al "cubo"? Magari tutti e due! Cucina regionale venata di fantasia in un maso che domina buona parte della valle dell'Adige; bella terrazza panoramica per l'estate e confortevoli camere per un tranquillo soggiorno.

NOICATTARO

Bari (BA) – ✉ 70016 – 25 850 ab. – Carta regionale n° **27-C2**

Roma 449 km – Bari 19 km – Taranto 92 km – Barletta 82 km

Carta stradale Michelin 564-D32

UNA Hotel Regina

rist,

strada provinciale Torre a Mare – ✆ 08 05 43 09 07 – www.unahotelreginabari.it

100 cam – 80/246 € 110/359 € – **20 suites** **Rist** – Carta 29/44 €

Suggestiva riproduzione di un borgo in pietra, lo stile piacevolmente rustico si coniuga con la vocazione sportiva: 400 m2 di palestra, piscine semiolimpioniche e vasca con acqua termale.

NOLA

Napoli (NA) – ✉ 80035 – 33 829 ab. – Alt. 34 m – Carta regionale n° **6-B2**
Roma 217 km – Napoli 33 km – Benevento 55 km – Caserta 34 km
Carta stradale Michelin 564-E25

Le Baccanti

via Puccini 5 – ✆ 08 15 12 21 17 – Chiuso 9-26 agosto, domenica sera e lunedì
Carta 29/57 €
Semplice locale dotato di due grandi finestre che si affacciano sulle cucine, dalle quali giungono piatti fantasiosi in cui tradizione e creatività diventano un tutt'uno; servizio informale.

NOLI

Savona (SV) – ✉ 17026 – 2 776 ab. – Carta regionale n° **14-B2**
Roma 564 km – Genova 65 km – Imperia 63 km – Savona 18 km
Carta stradale Michelin 561-J7

Italia

cam, cam,

corso Italia 23 – ✆ 0 19 74 83 26 – www.hotelitalianoli.com – Chiuso novembre e dicembre
16 cam – †90/110 € ††110/170 € – **3 suites**
Rist – Carta 35/75 € – *(chiuso lunedì escluso giugno-settembre)*
Nel centro di Noli, ma affacciato sul mare, questo hotel rinnovato in anni recenti propone ambienti comuni e camere arredate in modo moderno e dalle calde tonalità.

Residenza Palazzo Vescovile

piazzale Rosselli – ✆ 01 97 49 90 59 – www.hotelvescovado.it – Chiuso 5 novembre-20 dicembre e 10 gennaio-12 febbraio
10 cam – †140/280 € ††140/280 €
Rist *Il Vescovado* – vedere selezione ristoranti
Una suggestiva e indimenticabile vacanza nell'antico Palazzo Vescovile, in ambienti ricchi di fascino: alcuni impreziositi da affreschi e con splendidi arredi d'epoca. Vista sublime dalle terrazze.

Il Vescovado – Residenza Palazzo Vescovile

piazzale Rosselli – ✆ 01 97 49 90 59 – www.ristorantevescovado.it – Chiuso 5 novembre-20 dicembre e 10 gennaio-12 febbraio, mercoledì a mezzogiorno e martedì
Menu 30 € (pranzo in settimana)/90 € – Carta 56/85 € – *(solo a cena dal 15 giugno al 15 settembre)*
Tre deliziose salette all'interno del prestigioso complesso architettonico noto come Palazzo Vescovile e nel periodo estivo un piacevole servizio in terrazza con vista mare. Curiosi di saperne di più circa la cucina? Decisamente ligure, con qualche apprezzabile tocco estroso.
→ Palamita in crosta di pane con maionese di bottarga e giardiniera di verdure. Coniglio alla ligure. Cappon magro.

Nazionale

corso Italia 37 – ✆ 34 78 48 50 68 – Aperto 24 dicembre-6 gennaio, 13 febbraio-2 novembre; chiuso lunedì
Carta 31/57 €
Lungo la statale, all'estremità della località, locale di lunga tradizione familiare "vecchia maniera". Preparazioni semplici, sapori netti, porzioni abbondanti.

a Voze Nord-Ovest : 4 km – ✉ 17026 Noli

Lilliput

via Zuglieno 49 – ✆ 0 19 74 80 09 – Chiuso 7 gennaio-31 marzo e lunedì
Menu 45/60 € – Carta 37/83 € – *(solo a cena escluso sabato, domenica e festivi)*
In una piacevole casa circondata da un giardino ombreggiato con minigolf, un locale dall'ambiente curato che propone piatti di mare; servizio estivo in terrazza.

NORCIA

Perugia (PG) – ✉ 06046 – 4 899 ab. – Alt. 604 m – Carta regionale n° **36-D2**
Roma 172 km – Spoleto 43 km – L'Aquila 108 km – Perugia 97 km
Carta stradale Michelin 563-N21

Palazzo Seneca

via Cesare Battisti 10 – ✆ 07 43 81 74 34 – www.palazzoseneca.com
23 cam – 130/300 € 160/350 € – **1 suite**
Rist *Vespasia* – vedere selezione ristoranti
All'interno di un signorile palazzo cinquecentesco, le zone comuni si frammentano in una serie di salotti e biblioteche, le camere austere rivisitano in chiave moderna l'artigianato umbro con qualche arredo d'epoca e bagni in marmo.

Salicone senza rist

viale Umbria – ✆ 07 43 82 80 81 – www.bianconi.com
71 cam – 65/105 € 80/140 €
Alle porte della cittadina - nei pressi del centro sportivo - questa struttura è particolarmente indicata per una clientela d'affari: ambienti comuni ridotti, ma camere ampie dagli arredi classici e provviste di uno spazioso piano di lavoro.

Grotta Azzurra

via Alfieri 12 – ✆ 07 43 81 65 13 – www.bianconi.com
46 cam – 55/95 € 70/120 € – **4 suites**
Rist *Granaro del Monte* – vedere selezione ristoranti
A pochi metri dal cuore monumentale di Norcia, l'inizio dell'attività alberghiera risale all'Ottocento; da allora una serie di rinnovi, ma lo stesso, immutabile fascino retrò e familiare.

Agriturismo Casale nel Parco dei Monti Sibillini

Località Fontevena 8, Nord : 1,5 km – ✆ 33 56 58 67 36 – www.casalenelparco.com – Chiuso 12 novembre-6 dicembre e 7 gennaio-20 febbraio
15 cam – 60/80 € 70/90 €
Rist – Carta 27/43 € – *(chiuso lunedì) (solo a cena escluso maggio-ottobre)* (consigliata la prenotazione)
Casa colonica trasformata in agriturismo: il corpo centrale, i pollai e la stalla sono stati riconvertiti in camere con letti a baldacchino e travi a vista. Alcune di esse attrezzate con angolo cottura, ma per tutti c'è a disposizione una cucina per preparare le pappe ai bimbi o una tisana.

Il Casale San Martino senza rist

viale della Stazione, loc. Case Sparse ✉ 06046 Norcia – ✆ 07 43 81 78 00 – www.ilcasalesanmartino.it – Chiuso 9 dicembre-20 febbraio
12 cam – 45/50 € 80/90 €
A 300 metri dal centro storico, davanti alla grotta in cui pregava San Bernardino, un bel casale ristrutturato dalle camere semplici, ma confortevoli, con lampadari in ceramica di Vietri.

Vespasia – Hotel Palazzo Seneca

via Cesare Battisti 10 – ✆ 07 43 81 74 34 – www.palazzoseneca.com – Chiuso 7-25 gennaio
Menu 60/110 € – Carta 72/119 € – (prenotazione obbligatoria)
Raffinato ed elegante, all'interno dello splendido palazzo che ospita anche l'albergo Seneca, la cucina raccoglie il meglio della produzione gastronomica umbra, arricchendola di un contributo creativo ed accostamenti originali per chi vuole sfuggire alla pedissequa ripetizione della tradizione.

Granaro del Monte – Hotel Grotta Azzurra

via Alfieri 12 – ✆ 07 43 81 65 13 – www.bianconi.com
Menu 20/48 € – Carta 23/80 €
Pietra miliare nella storia della ristorazione della regione, una bella sala da pranzo dominata da un grande e scoppiettante caminetto con le antiche volte che fanno da sfondo ad un ambiente vivo ed accogliente, un bancone utilizzato per i salumi. Dalla cucina escono i piatti della tradizione locale, quali ad esempio i tagliolini al limone e prosciutto di Norcia.

NOSADELLO → Vedere Pandino
Cremona (CR)

NOTARESCO
Teramo (TE) – ✉ 64024 – 6 833 ab. – Alt. 267 m – Carta regionale n° **1-B1**
Roma 182 km – Teramo 26 km – Chieti 55 km – Pescara 46 km
Carta stradale Michelin 563-O23

sulla strada statale 150 Sud : 5 km

3 Archi
via Antica Salara 25 ✉ 64024 – ☎ 0 85 89 81 40 – www.trearchi.net – Chiuso novembre, martedì sera e mercoledì
Menu 25/40 € – Carta 21/44 €
Cucina abruzzese e teramana in un locale caldo ed accogliente, caratterizzato da un grande disimpegno arredato in stile rustico e due sale con spazio per la cottura di carni alla griglia. Specialità: spallina d'agnello.

NOTO
Sicilia – Siracusa (SR) – ✉ 96017 – 23 600 ab. – Alt. 152 m
– Carta regionale n° **30-D3**
Catania 92 km – Ragusa 55 km – Siracusa 40 km – Palermo 285 km
Carta stradale Michelin 365-AZ62 – Guida Verde Michelin SICILIA

Masseria degli Ulivi
cam, cam,
contrada Porcari, (S.S. 287 al km 16,5), Nord : 9 km – ☎ 09 31 81 30 19 – www.masseriadegliulivi.com – Aperto 1° aprile-31 ottobre
34 cam – 70/130 € 90/160 € **Rist** – Carta 30/52 €
Immersa nel verde della campagna iblea, un bella masseria ristrutturata ed ampliata: zone relax nella tipica corte interna o intorno alla piscina. Sullo sfondo, i riflessi argentei degli ulivi.

Trattoria Crocifisso
via principe Umberto 48 – ☎ 09 31 57 11 51 – www.ristorantecrocifisso.it – Chiuso 15 gennaio-28 febbraio e 30 novembre-15 dicembre
Carta 37/47 €
Nella parte alta di questa splendida città barocca, una risorsa familiare d'impostazione moderna dove incontrare i sapori della tradizione siciliana - sia di terra sia di mare - reinterpretati con leggerezza e attualità. Vivamente consigliati gli spaghetti con le sarde e, per finire in dolcezza, il cannolo di ricotta con gelato al torroncino.

a Lido di Noto Sud-Est : 7,5 km – ✉ 96017 Noto

La Corte del Sole
contrada Bucachemi, località Eloro-Pizzuta – ☎ 09 31 82 02 10 – www.lacortedelsole.it – Aperto 27 dicembre-4 gennaio e 1° marzo-5 novembre
34 cam – 74/94 € 116/220 €
Rist *Le Muse* – Carta 30/48 € – *(solo a cena)*
Tipica struttura siciliana ottocentesca con baglio interno: camere accoglienti, possibilità di massaggi classici e ayurvedici, ristorante panoramico con giardino-terrazza su campagna e mare. Nel vecchio frantoio viene servita la colazione.

Villa Mediterranea
cam, cam,
viale Lido – ☎ 09 31 81 23 30 – www.villamediterranea.it – Aperto 1° aprile-31 ottobre
15 cam – 70/130 € 80/150 € **Rist** – Carta 26/45 € – *(solo a cena)*
Il nome la descrive in pieno: una bianca villa mediterranea riconvertita in albergo familiare davvero accogliente, dotato da poco anche di un suo grazioso ristorante serale. Accesso diretto alla spiaggia.

NOVACELLA (NEUSTIFT)
Bolzano (BZ) – ✉ 39040Alt. 590 m – Carta regionale n° **34-C1**
Roma 685 km – Bolzano 44 km – Brennero 46 km – Cortina d'Ampezzo 112 km
Carta stradale Michelin 562-B16

Pacher rist,

via Pusteria 6 – ✆ 04 72 83 65 70 – www.hotel-pacher.com – Chiuso 7 gennaio-7 febbraio

37 cam – 65/85 € 130/158 € – **2 suites**

Rist – Carta 33/52 € – *(chiuso lunedì)*

Sarà piacevole soggiornare in questa struttura circondata dal verde, con gradevoli interni in moderno stile tirolese e ariose camere. Ampia sala da pranzo completamente rivestita in legno; servizio ristorante estivo in giardino.

Pacherhof cam, rist,

vicolo Pacher 1, località Varna – ✆ 04 72 83 57 17 – www.pacherhof.com – Chiuso 11 gennaio-20 marzo

22 cam – 85/112 € 140/256 € – **5 suites**

Rist – Carta 24/59 € – (prenotazione obbligatoria)

Splendidamente incorniciata dai vigneti dei bianchi dell'Alto Adige, questa bella casa in stile garantisce piacevoli soggiorni conditi con una sana eleganza agreste. Cucina servita in tre caratteristiche stube antiche.

Ponte-Brückenwirt rist,

via Abbazia 2 – ✆ 04 72 83 66 92 – www.hotel-brueckenwirt.com – Chiuso 7 gennaio-20 marzo

12 cam – 45/60 € 45/60 € **Rist** – Carta 22/59 € – *(chiuso mercoledì)*

A pochi passi dalla famosa abbazia, hotel immerso in un piccolo parco con piscina riscaldata: accoglienti spazi comuni arredati in stile locale, belle camere mansardate. Grande e luminosa sala ristorante, servizio all'aperto nella bella stagione.

NOVAFELTRIA

Rimini (RN) – ✉ 47863 – 7 297 ab. – Alt. 275 m – Carta regionale n° **9-D3**

Roma 315 km – Rimini 32 km – Perugia 129 km – Pesaro 83 km

Carta stradale Michelin 563-K18

Del Turista-da Marchesi

località Cà Gianessi 7, Ovest : 4 km – ✆ 05 41 92 01 48 – www.damarchesi.it – Chiuso 20 giugno-5 luglio e martedì escluso agosto

Carta 18/38 €

Tra Marche e Romagna, un rifugio per chi riconosce la buona cucina, quella attenta a ciò che la tradizione ha consegnato. Piacevole l'ambiente, di tono turistico, riscaldato da un caminetto in pietra.

NOVA LEVANTE (WELSCHNOFEN)

Bolzano (BZ) – ✉ 39056 – 1 918 ab. – Alt. 1 182 m – Carta regionale n° **34-D3**

Roma 665 km – Bolzano 21 km – Cortina d'Ampezzo 91 km – Trento 81 km

Carta stradale Michelin 562-C16

Engel cam, rist,

via San Valentino 3 – ✆ 04 71 61 31 31 – www.hotel-engel.com – Chiuso 9-19 dicembre e 12 aprile-10 maggio

63 cam – 120/145 € 230/290 € – **2 suites**

Rist *Johannes-Stube* – vedere selezione ristoranti

Rist – Menu 82/120 € – *(solo per alloggiati)*

In zona defilata e tranquilla, signorile risorsa con belle camere personalizzate, servizi completi ed un centro benessere tra i più belli della zona.

Johannes-Stube – Hotel Engel

via San Valentino 3 – ✆ 04 71 61 31 31 – www.hotel-engel.com – Chiuso 9-19 dicembre, 12 aprile-10 maggio, lunedì e martedì

Menu 92/120 € – *(solo a cena escluso sabato e domenica)* (prenotazione obbligatoria)

Nella più totale tradizione altoatesina, una bella stube di grande impatto visivo per una cucina che traendo spunto dalla generosa natura circostante spicca il volo in direzione della creatività: erbe, spezie e fiori accompagnano carni locali e qualche specialità di pesce.

→ Pappardelle di farro, pesto di noci e tartufo bianchetto. Cappello del prete di vitello nostrano, parmigiano e purè di patate affumicato. Trancio di cioccolato, spuma di mandorla e ananas speziato.

NOVA PONENTE (DEUTSCHNOFEN)

Bolzano (BZ) – ✉ 39050 – 3 872 ab. – Alt. 1 357 m – Carta regionale n° **34-D3**
Roma 652 km – Bolzano 26 km – Merano 56 km – Trento 67 km
Carta stradale Michelin 562-C16

Pfösl
via rio Nero 2, Est : 1,5 km – ✆ 04 71 61 65 37 – www.pfoesl.it – Aperto 4 dicembre-7 aprile e 14 maggio-4 novembre
30 cam – 190/300 € 240/400 € – **10 suites** **Rist** – Carta 45/60 €
Grande casa in stile montano ristrutturata con gusto moderno, in mezzo al verde, con incantevole veduta delle Dolomiti; camere rinnovate di recente, bel centro relax. Per soddisfare l'appetito si può optare per la sala con vista sulla valle o per la stube.

a Monte San Pietro Ovest : 8 kmAlt. 1 389 m – ✉ 39050

Peter
via Centro 24 – ✆ 04 71 61 51 43 – www.hotel-peter.it – Chiuso 3 novembre-20 dicembre
40 cam – 65/120 € 130/240 € – **4 suites** **Rist** – Menu 25/50 €
Tipico albergo tirolese in una graziosa struttura immersa nel verde e nella tranquillità: romantici spazi interni, camere confortevoli, luminosa zona fitness.

NOVARA

✉ 28100 – 101 933 ab. – Alt. 162 m – Carta regionale n° **23-C2**
Roma 625 km – Stresa 56 km – Alessandria 78 km – Milano 51 km
Carta stradale Michelin 561-F7

La Bussola
via Boggiani 54 – ✆ 03 21 45 08 10 – www.labussolanovara.it Pianta : A2**c**
93 cam – 89/150 € 104/190 € – **3 suites**
Rist *Al Vecchio Pendolo* – Carta 31/53 €
Albergo dallo stile ricercato, un po' barocco, con zone comuni che abbondano di preziosi divanetti, statue liberty ed orologi antichi (vera passione del titolare-collezionista). Generosità di metri quadrati nelle camere e nei bagni. Curato ristorante di tono elegante.

Cavour senza rist
via San Francesco d'Assisi 6 – ✆ 03 21 65 98 89 – www.hotelcavournovara.com Pianta : B1**c**
38 cam – 100/150 € 120/180 €
La bella hall con ampie vetrate affacciate sul piazzale della stazione anticipa lo stile moderno dell'hotel. Taglio contemporaneo e soluzioni di design anche nelle camere, dove il minimalismo delle testiere in legno wengé s'intreccia con l'eleganza degli armadi in legno laccato bianco.

Croce di Malta senza rist
via Biglieri 2/a – ✆ 0 32 13 20 32 – www.crocedimaltanovara.it – Chiuso 5-25 agosto Pianta : A1**b**
20 cam – 50/100 € 75/190 € – **2 suites**
In posizione centrale, un piccolo albergo che dispone di ambienti comuni un po' ridotti, ma camere molto spaziose con mobili classici, angolo salotto e un grande piano di lavoro. Una valida struttura, prevalentemente ad indirizzo business.

Tantris (Marta Grassi) con cam
corso Risorgimento 384, località Vignale, Nord : 3 km – ✆ 03 21 65 73 43 – www.ristorantetantris.com – Chiuso 1°-6 gennaio e 3 settimane in agosto
2 cam – 80/90 € 120/130 €
Menu 60/85 € – Carta 60/91 € – *(chiuso domenica sera e lunedì)* (consigliata la prenotazione)
Piatti semplici e sofisticati allo stesso tempo, dove ogni proposta è un delicato equilibrio di diversi ingredienti: carne, pesce, ma anche tanti formaggi.
→ Plin stropicciati di culatello e parmigiano, zucca affumicata. "Primo taglio" di vitella scottata alla piastra, liquirizia, cedro di Sicilia e porri. Semifreddo di cioccolato croccante, riso soffiato caramellato, caffè e rhum.

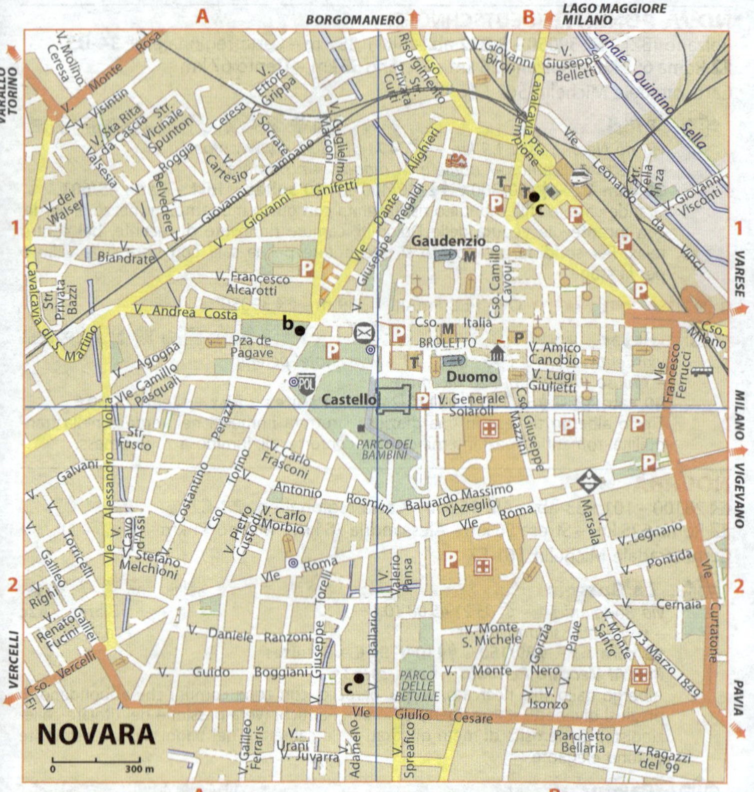

NOVA SIRI MARINA

Matera (MT) – ✉ 75020 – 6 689 ab. – Carta regionale n° **4-D3**
▶ Roma 475 km – Taranto 88 km – Matera 87 km
Carta stradale Michelin 564-G31

Imperiale

via Pietro Nenni – ✆ 08 35 53 69 00 – www.imperialehotel.it
31 cam ☕ – †65/80 € ††90/120 € **Rist** – Carta 16/54 €
Imponente struttura con ampi spazi per meeting e banchetti, nonché piacevoli aree comuni in stile contemporaneo. Anche le confortevoli camere ripropongono la modernità della risorsa.

NOVATE MILANESE

Milano (MI) – ✉ 20026 – 20 145 ab. – Carta regionale n° **18-B2**
▶ Roma 605 km – Milano 14 km – Monza 16 km – Lodi 59 km
Carta stradale Michelin 561-F9

Domina Milano Fiera

via Don Orione 18/20 – ✆ 0 23 56 79 91 – www.dominamilanofiera.com
194 cam ☕ – †80/499 € ††80/499 € – **6 suites** **Rist** – Carta 30/68 €
Di recente apertura questo moderno hotel business risponde magistralmente alle esigenze di tutti gli operatori del polo fieristico Rho/Pero. A pochi chilometri dal centro di Milano, può essere ideale anche per un turismo leisure, che preferisce la sera un luogo più tranquillo rispetto alla movida meneghina.

NOVE

Vicenza (VI) – ✉ 36055 – 5 082 ab. – Alt. 91 m – Carta regionale n° **39-B2**
Roma 536 km – Venezia 82 km – Vicenza 29 km – Padova 44 km
Carta stradale Michelin 562-E17

Le Nove

via Rizzi 51 – ✆ 04 24 59 09 47 – www.lenovehotel.it
37 cam – 69/78 € 69/96 €
Rist – Carta 41/54 € – *(chiuso 1°-8 gennaio e 3-21 agosto) (solo a cena escluso domenica)*
Comodo, moderno e dalla giovane gestione familiare: un nuovo hotel design con soluzioni pregevoli nella planimetria delle stanze. Vista sul castello di Marostica dal ristorante all'ultimo piano.

NOVENTA DI PIAVE

Venezia (VE) – ✉ 30020 – 6 943 ab. – Carta regionale n° **39-A1**
Roma 556 km – Venezia 46 km – Padova 72 km – Treviso 29 km
Carta stradale Michelin 562-F19

Omniahotel senza rist

via Rialto 1 – ✆ 04 21 30 73 05 – www.omniahotel.com
60 cam – 58/75 € 79/99 € – **2 suites**
Facile da raggiungere, all'uscita autostradale, hotel di taglio business con spazi comuni confortevoli e stanze di varie tipologie: al primo piano quelle migliori e più recenti.

Guaiane

via Guaiane 146, Est : 2 km – ✆ 0 42 16 50 02 – www.guaiane.com – Chiuso 1°-15 gennaio, 3 settimane in agosto, martedì sera e lunedì
Carta 26/73 €
Rist *L' Ostaria* –Carta 23/42 €
Tradizionale casa di campagna che si è creata una meritata fama per la qualità del pesce, dal crudo alla cottura su brace di legna. C'è anche un'osteria per chi preferisce piatti più semplici.

NOVENTA PADOVANA

Padova (PD) – ✉ 35027 – 10 961 ab. – Alt. 13 m – Carta regionale n° **40-C3**
Roma 498 km – Padova 8 km – Venezia 39 km – Vicenza 42 km
Carta stradale Michelin 562-F17

Boccadoro

via della Resistenza 49 – ✆ 0 49 62 50 29 – www.boccadoro.it – Chiuso 1°-15 gennaio, 12- 28 agosto e mercoledì
Menu 26 € (pranzo in settimana)/50 € – Carta 34/67 €
Un'intera famiglia al lavoro per proporvi il meglio di una cucina legata al territorio e alle stagioni, in un ambiente curato e piacevole. Degna di nota, la cantina.

NOVENTA VICENTINA

Vicenza (VI) – ✉ 36025 – 8 875 ab. – Alt. 16 m – Carta regionale n° **39-B3**
Roma 494 km – Padova 49 km – Vicenza 34 km – Verona 54 km
Carta stradale Michelin 562-G16

Alla Busa con cam

corso Matteotti 70 – ✆ 04 44 88 71 20 – www.alla-busa.it
18 cam – 50/60 € 80/100 € – **1 suite**
Menu 26/30 € – Carta 24/52 € – *(Chiuso lunedì)*
Nel centro storico, una struttura a tradizione familiare ampliatasi nel tempo fino alle attuali quattro sale decorate con falsi d'autore. Settore notte con camere eleganti.

Primon

via Garibaldi 6 – ✆ 04 44 78 71 49 – www.ristoranteprimon.it – Chiuso agosto
Menu 25/40 € – Carta 30/51 € – *(chiuso giovedì)*
Ristorante di tradizione familiare dal 1875 con cucina di ispirazione regionale, paste fatte in casa e carni cotte su uno spiedo di origine leonardesca. Ambienti di sobria modernità.

NOVERASCO → Vedere Opera
Milano (MI)

NOVI LIGURE
Alessandria (AL) – ✉ 15067 – 28 182 ab. – Alt. 197 m – Carta regionale n° **23-C3**
Roma 552 km – Alessandria 24 km – Genova 58 km – Milano 87 km
Carta stradale Michelin 561-H8

Relais Villa Pomela
via Serravalle 69, Sud : 2 km – ✆ 01 43 32 99 10 – www.pomela.it – Chiuso 25 dicembre-7 gennaio e 2 settimane in agosto
46 cam – †90/115 € ††130/200 € – **1 suite**
Rist *Al Cortese* – vedere selezione ristoranti
Su di una collina dominante la pianura e la città di Novi, avvolta nel soave silenzio di un parco, questa elegante villa dell'800 dispone di ambienti signorili, sale per congressi, camere accoglienti.

Al Cortese – Hotel Relais Villa Pomela
via Serravalle 69, Sud : 2 km – ✆ 01 43 32 32 19 – www.alcortese.com – Chiuso 25 dicembre-7 gennaio e 2 settimane in agosto
Carta 42/99 €
Locale a gestione separata rispetto all'hotel che lo ospita, di gusto vagamente british, con ampie vetrate sul bel giardino e dehors per il servizio estivo. Cucina sospesa tra Piemonte e Liguria, per cui non mancano alcune proposte a base di pesce.

a Pasturana Ovest : 4 km – ✉ 15060

Locanda San Martino
via Roma 26 – ✆ 0 14 35 84 44 – www.locandasanmartino.com – Chiuso 1 settimana in gennaio, 1 settimana in settembre, lunedì sera e martedì
Menu 25 € (pranzo in settimana)/35 € – Carta 36/55 €
Piatti tipici della tradizione piemontese, ligure e lombarda, basati essenzialmente su alimenti freschi di stagione, serviti in un ambiente classico tra le mura di una villetta.

NUMANA
Ancona (AN) – ✉ 60026 – 3 675 ab. – Carta regionale n° **21-D1**
Roma 303 km – Ancona 20 km – Loreto 15 km – Macerata 42 km
Carta stradale Michelin 563-L22

Scogliera
rist,
via del Golfo 21 – ✆ 07 19 33 06 22 – www.hotelscogliera.it – Aperto 1° aprile-25 ottobre
36 cam – †70/130 € ††100/190 €
Rist *Massimo* – Carta 26/64 €
In prossimità del centro e del porto turistico, a ridosso della scogliera di Numana, hotel a conduzione familiare con camere confortevoli, che fa della cucina regionale - soprattutto di mare - il proprio punto di forza.

Eden Gigli
rist, rist,
viale Morelli 11 – ✆ 07 19 33 06 52 – www.giglihotels.com – Aperto 1° aprile-31 ottobre
40 cam – †85/105 € ††130/180 € **Rist** – Carta 27/56 €
Nel centro storico, ma già immerso in un giardino digradante su un'incantevole spiaggia incastonata fra le rocce bianche, camere confortevoli nella loro squisita semplicità. Cucina classica nelle sale ristorante: una semplice, l'altra moderna.

La Spiaggiola
cam,
via Colombo 12 – ✆ 07 17 36 02 71 – www.laspiaggiola.it – Aperto Pasqua-30 settembre
21 cam – †60/75 € ††70/130 €
Rist – Carta 19/50 € – *(solo a pranzo in giugno-agosto, lunedì, mercoledì, venerdì e domenica)*
Al termine di una strada chiusa, che conduce al mare, l'albergo si trova proprio di fronte alla spiaggia. Camere semplici, ma confortevoli e un ristorante - tra terra e mare - dove rinfrescarsi con insalatone, lasciando che la vista spazi sulla distesa blu.

XX **La Torre**

via La Torre 1 – ✆ 07 19 33 07 47 – www.latorrenumana.it
Carta 34/51 €
In prossimità del belvedere, il ristorante offre una spettacolare vista a 180° del litorale. Cucina eclettica: si passa dalle tradizionali grigliate dell'Adriatico a piatti più estrosi.

OBEREGGEN = SAN FLORIANO

OCCHIOBELLO

Rovigo (RO) – ✉ 45030 – 11 635 ab. – Carta regionale n° **39-B3**
Roma 433 km – Bologna 57 km – Padova 66 km – Rovigo 28 km
Carta stradale Michelin 562-H16

Unaway Hotel Occhiobello cam,

via Eridania 36, prossimità casello autostrada A 13 – ✆ 04 25 75 07 67 – www.unawayhotels.it
84 cam – 65/99 € 75/119 €
Rist *Hostaria dei Savonarola* – Carta 26/44 €
In comoda posizione non lontano dal casello autostradale, albergo all'interno di una cascina ristrutturata, ideale per una clientela d'affari; ampie e curate le camere. Grande sala da pranzo con sobri arredi in legno.

ODERZO

Treviso (TV) – ✉ 31046 – 20 285 ab. – Alt. 13 m – Carta regionale n° **39-A1**
Roma 571 km – Venezia 59 km – Treviso 30 km – Udine 95 km
Carta stradale Michelin 562-E19

Postumia Hotel Design

via Cesare Battisti 2 – ✆ 04 22 71 38 20 – www.postumiahoteldesign.it – Chiuso 21 dicembre-7 gennaio
28 cam – 80/105 € 130/160 € – **1 suite** **Rist** – Carta 34/46 €
In pieno centro, ma con parcheggio privato videosorvegliato, un hotel dal design moderno, personalizzato con opere di artisti trevisani ed accessori rari. L'art de bien vivre non risparmia le camere, che dispongono di aroma e cromoterapia. Interessanti piatti di gusto contemporaneo al ristorante.

Primhotel senza rist

via Martiri di Cefalonia 13 – ✆ 04 22 71 36 99 – www.primhotel.it
50 cam – 55/70 € 75/100 €
Recente albergo moderno a vocazione congressuale, con ampie zone comuni ben tenute, in stile lineare di taglio contemporaneo; camere confortevoli e funzionali.

XXX **Gellius** (Alessandro Breda)

calle Pretoria 6 – ✆ 04 22 71 35 77 – www.ristorantegellius.it – Chiuso 2 settimane tra gennaio e febbraio e 2 settimane tra giugno e luglio
Menu 40/65 € – Carta 62/102 € – *(chiuso domenica sera e lunedì)*
Rist *Nyù* –Carta 30/52 € – *(chiuso lunedì, anche domenica sera in estate)*
Metà ristorante, metà museo: fra resti archeologici - in un ambiente decisamente unico - cucina moderna ed elaborata, le presentazioni sono curate quanto la scelta dei prodotti. Stessa atmosfera intrigante al bistrot Nyù, che propone piatti più semplici - express made - alla piastra.
→ Toast d'astice con maionese di crostacei. Anatra al torchio "Gellius". Crema bruciata al frutto della passione e mango.

OFFIDA

Ascoli Piceno (AP) – ✉ 63073 – 5 161 ab. – Alt. 293 m – Carta regionale n° **21-D3**
Roma 215 km – Ascoli Piceno 29 km – Ancona 101 km – L'Aquila 99 km
Carta stradale Michelin 563-N23

verso San Benedetto del Tronto e Castorano Est : 6 km:

Agriturismo Nascondiglio di Bacco senza rist
contrada Ciafone 97 – ✆ 07 36 88 95 37
– www.nascondigliodibacco.it – Chiuso gennaio e novembre
7 cam ☕ – †65/75 € ††85/90 €
Immersa nella campagna marchigiana, una vecchia cascina ristrutturata, dove si produce vino e olio, offre confortevoli camere in stile rustico realizzate tra travi a vista e mattoni.

OLANG = VALDAORA

OLBIA

Sardegna – Olbia-Tempio (OT) – ✉ 07026 – 55 131 ab. – Carta regionale n° **28**-B1
Cagliari 264 km – Nuoro 98 km – Sassari 104 km
Carta stradale Michelin 366-S38

Martini senza rist
via D'Annunzio 21 – ✆ 0 78 92 60 66 Pianta : B1**a**
– www.hotelmartiniolbia.it
70 cam ☕ – †81/91 € ††130/150 €
Cenni d'insospettabile eleganza all'interno di un grande complesso commerciale affacciato sul porto romano. Chiedete le camere che danno sul retro (sono le più tranquille) e non ripartite senza aver fatto un salto nel nuovissimo wellness center.

Doubletree by Hilton Olbia Sardinia cam, rist,
via Isarco 5/7 – ✆ 07 89 55 61
– www.olbia.doubletreebyhilton.com Pianta : B1**b**
111 cam ☕ – †60/120 € ††90/200 € – **13 suites** **Rist** – Carta 41/111 €
Un grande lucernario al centro di questa struttura ottagonale illumina la sottostante hall e gli spazi comuni: interni moderni e raffinati in stile minimal-chic e camere essenziali, ma non prive di confort.

Panorama senza rist
via Mazzini 7 – ✆ 0 78 92 66 56 Pianta : B2**a**
– www.hotelpanoramaolbia.it
34 cam ☕ – †55/130 € ††65/195 €
Nel centro storico, camere spaziose, materiali di pregio e bagni in marmo sono i punti di forza dell'albergo, insieme ad una terrazza con sdraio prendisole e vista a 360° su Olbia.

Locanda Conte Mameli senza rist
via delle Terme 8 – ✆ 0 78 92 30 08 Pianta : B2**b**
– www.lalocandadelcontemameli.com
8 cam ☕ – †59/149 € ††69/159 €
A pochi passi dall'elegante e commerciale corso Umberto, un'aristocratica dimora ottocentesca dai raffinati interni offre un "rifugio" di grande confort al viandante di passaggio; alcuni mono e bilocali con angolo cottura, più moderni ed essenziali, trovano invece spazio nel palazzo di fronte.

Cavour senza rist
via Cavour 22 – ✆ 07 89 20 40 33 – www.cavourhotel.it Pianta : A2**c**
21 cam ☕ – †50/65 € ††75/90 €
Dall'elegante ristrutturazione di un edificio d'epoca del centro storico è nato un hotel dai sobri interni rilassanti, arredati con gusto; parcheggio e piccolo solarium.

sulla strada Panoramica Olbia-Golfo Aranci per - Pianta : B1

Geovillage rist,
via Georgia snc – ✆ 07 89 55 40 00 – www.geovillage.it
255 cam ☕ – †49/389 € ††49/399 € **Rist** – Carta 26/49 €
Una struttura imponente circondata dal mare, realizzata in stile moderno e funzionale, dispone di ampie camere eleganti e di un'originale e ombreggiata piscina con pool-bar. Al ristorante vengono proposti interessanti percorsi gastronomici nei quali la tradizione isolana incontra la cucina internazionale.

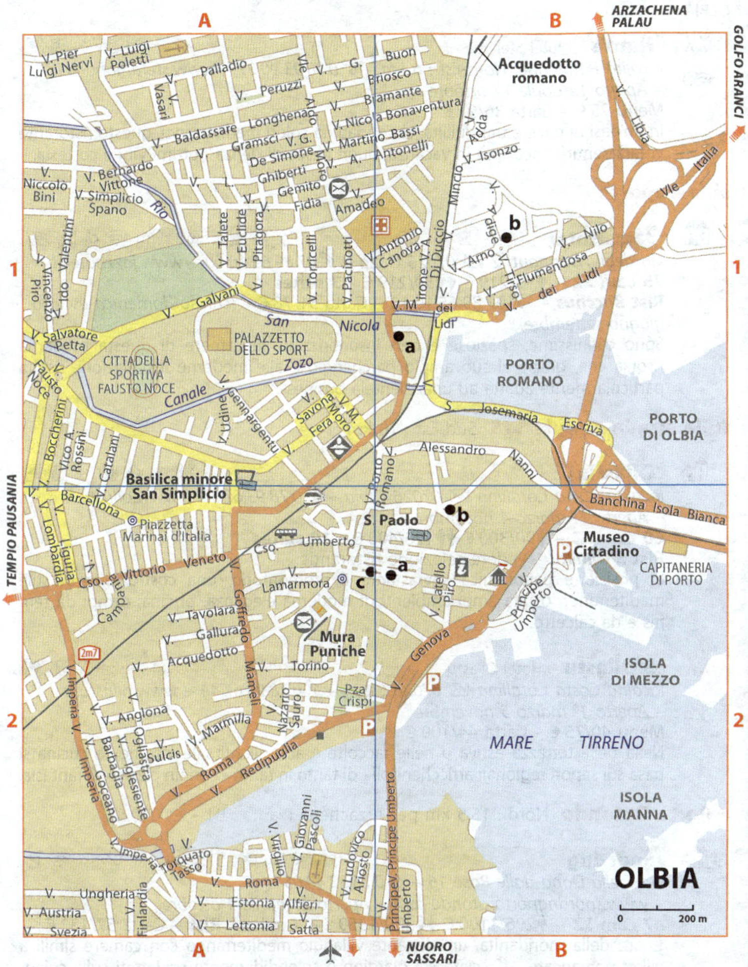

Pellicano d'Oro Beach Hotel

via Mar Adriatico 34, località Pittulongu, Nord-Est : 7 km – ✆ 0 78 93 90 94 – www.hotelpellicanodoro.it – Aperto 1° maggio-30 settembre

68 cam – 109/399 € 115/434 € – **2 suites** **Rist** – Carta 39/79 €

Circondata da un verde giardino, questa bella risorsa si divide in due strutture: l'edificio principale "casa garden" e la villa sul mare "casa beach". Camere confortevoli in entrambe le costruzioni. Al ristorante oltre al menu degustazione, la carta offre specialità locali e di pesce.

Stefania

località Pittulongu, Nord-Est : 6 km – ✆ 0 78 93 90 27 – www.stefaniahotel.it – Aperto 12 aprile-15 ottobre

39 cam – 85/210 € 110/260 €

Rist *Nino's* – vedere selezione ristoranti

A pochi passi dal mare, in un grande baia di fronte l'imponente e spettacolare isola di Tavolara, struttura di taglio arabo-moresco con ampio e curato giardino, piscina panoramica, camere spaziose.

Nino's - Hotel Stefania
località Pittulongu, Nord-Est : 6 km – ✆ 0 78 93 90 27 – www.stefaniahotel.it – Aperto 12 aprile-12 ottobre
Menu 25 € – Carta 36/91 €
In un'oasi di pace e tranquillità, circondati da colori mediterranei, questo ristorante vi farà sentire ancor più in vacanza: buon pesce di "lenza", ottimi vini e cortesia.

all'aeroporto

Jazz Hotel
via degli Astronauti 2 ✉ 07026 Olbia – ✆ 07 89 65 10 00 – www.jazzhotel.it
75 cam – †59/219 € ††59/219 € – **3 suites**
Rist *Bacchus* – ✆ 07 89 65 10 10 – Carta 31/78 € – *(chiuso domenica escluso giugno-settembre)*
Sono carinissime, spaziose e ben insonorizzate, le camere di questa moderna risorsa che, grazie al suo ampio parcheggio e alle moderne installazioni, risulta particolarmente adatta ad una clientela business.

sulla strada statale 125 Sud-Est : 10 km

Ollastu
località Costa Corallina ✉ 07026 Olbia – ✆ 0 78 93 67 44 – www.ollastu.it – Aperto 1° marzo-4 novembre
60 cam – †90/300 € ††120/400 € – **10 suites**
Rist *S'Ollastu* – vedere selezione ristoranti
In posizione panoramica sovrastante il promontorio, una costruzione in stile mediterraneo ospita ampi ambienti di moderna eleganza, piscina, campi da tennis e da calcetto.

S'Ollastu - Hotel Ollastu
località Costa Corallina ✉ 07026 Olbia – ✆ 0 78 93 67 44 – www.ollastu.it – Aperto 1° marzo-5 novembre
Menu 40/75 € – Carta 44/109 €
Nella bella terrazza estiva o nelle raccolte e accoglienti sale interne, la cucina si basa sui sapori regionali arricchendoli - di tanto in tanto - con un pizzico di fantasia.

a Porto Rotondo Nord : 15,5 km per Arzachena Pianta : B1 – ✉ 07020

Sporting
via Clelia Donà dalle Rose 16 – ✆ 0 78 93 40 05 – www.sportingportorotondo.com – Aperto 20 aprile-4 ottobre
47 cam – †296/1100 € ††370/1350 € – **1 suite** **Rist** – Carta 57/133 €
Cuore della mondanità, un elegante villaggio mediterraneo con camere simili a villette affiancate, affacciate sul giardino o splendidamente proiettati sulla spiaggetta privata. In sala e soprattutto in veranda, la tradizione regionale a base di pesce rivisitata con creatività.

S'Astore
via Monte Ladu 36, Sud : 2 km – ✆ 0 78 93 00 00 – www.hotelsastore.it – Aperto 20 marzo-20 ottobre
30 cam – †60/200 € ††69/280 € **Rist** – Carta 46/65 €
Ubicato nel verde e nella tranquillità, un caratteristico hotel, piccolo e confortevole, con camere accoglienti arredate con pezzi di artigianato locale, veranda e piscina. Cucina nazionale e locale da assaporare nella calda e particolare sala ristorante.

OLEGGIO CASTELLO

Novara (NO) – ✉ 28040 – 1 987 ab. – Alt. 293 m – Carta regionale n° **24**-A2
Roma 639 km – Stresa 20 km – Milano 72 km – Novara 43 km
Carta stradale Michelin 561-E7

Castello dal Pozzo N cam, cam,

via Visconti 8 – 0 32 25 37 13 – www.castellodalpozzo.com – Aperto 15 marzo-26 ottobre

36 cam – 230/250 € 240/280 € – **2 suites** **Rist** – Carta 60/80 €

Ambienti storici di grande fascino per una realtà che ha origini intorno all'anno 1000: camere nel palazzo padronale e otto "chicche" nel vero e proprio castello (visitabile anche con la guida del marchese). Il tutto circondato da un grande parco.

Luna Hotel Motel Airport senza rist

via Vittorio Veneto 54/c – 03 22 23 02 57 – www.lunahotelmotel.it

51 cam – 80/350 € 95/350 €

Sito lungo la strada che conduce al lago, questo hotel di nuova costruzione è ideale per una clientela d'affari ed offre funzionali ambienti arredati con gusto moderno.

Bue D'Oro

via Vittorio Veneto 2 – 0 32 25 36 24 – Chiuso 1°-8 gennaio, 10 agosto-1° settembre e mercoledì

Carta 25/59 €

Bel locale a solida gestione familiare, con una sala dall'ambiente rustico-elegante, dove si propongono piatti della tradizione rivisitati e cucina stagionale.

OLEVANO ROMANO

Roma (RM) – 00035 – 6 688 ab. – Alt. 571 m – Carta regionale n° **13-C2**

Roma 60 km – Frosinone 46 km – L'Aquila 97 km – Latina 64 km

Carta stradale Michelin 563-Q21

Sora Maria e Arcangelo

via Roma 42 – 0 69 56 40 43 – www.soramariaearcangelo.com – Chiuso 1°-10 febbraio, 10-30 luglio, lunedì e mercoledì

Menu 28 € (in settimana)/35 € – Carta 37/49 €

Scendete le scale per raggiungere le sale ricche di atmosfera, situate negli stessi spazi in cui un tempo si trovavano i granai. Dalla cucina, piatti da sempre legati alle tradizioni con un'attenta ricerca di prodotti genuini e di qualità, possibilmente km zero.

OLGIASCA → Vedere Colico

Lecco (LC)

OLGIATE OLONA

Varese (VA) – 21057 – 12 310 ab. – Alt. 239 m – Carta regionale n° **18-A2**

Roma 610 km – Milano 34 km – Como 46 km – Varese 28 km

Carta stradale Michelin 561-F8

Ma.Ri.Na. (Rita Possoni)

piazza San Gregorio 11 – 03 31 64 04 63 – Chiuso 24 dicembre-4 gennaio, 6 agosto-5 settembre e mercoledì

Carta 75/150 € – *(solo a cena escluso i giorni festivi)*

Dopo 40 anni di attività, le specialità di pesce - generalmente proposte in maniera classica - cedono talvolta il destro ad interpretazioni molto fantasiose ed insolite. Sicuramente, un caposaldo della ristorazione in provincia!

→ Crudo d'aragosta con polvere di pomodorini secchi. Moleche fritte con polenta bianca. Fichi caramellati al rum.

in prossimità uscita autostrada di Busto Arsizio Nord-Ovest : 2 km:

Idea Verde

via San Francesco 17/19 – 03 31 62 94 87 – www.ristoranteideaverde.com – Chiuso 26 dicembre-5 gennaio e 8-31 agosto, sabato a pranzo e domenica

Menu 26 € (pranzo in settimana)/55 € – Carta 40/89 €

Continua a preferire il mare, la cucina di questo allegro locale dalle ampie vetrate, immerso in un tranquillo giardino.

OLIENA

Sardegna – Nuoro (NU) – ✉ 08025 – 7 306 ab. – Alt. 379 m – Carta regionale n° **28**-B2

▶ Cagliari 193 km – Nuoro 11 km – Olbia 101 km – Lanusei 70 km

Carta stradale Michelin 366-R42

XX **Sa Corte** con cam

via Nuoro 143 – ☎ 0 78 41 87 61 31 – www.sacorte.it – Chiuso 15 gennaio-15 febbraio

10 cam – 🚹50/60 € 🚹🚹70/80 € Carta 30/40 €

La tradizione gastronomica nuorese è presentata al meglio in questo locale rustico che propone squisite paste, ottime carni e profumati vini sardi. Il nostro piatto preferito? L'agnello al mirto.

X **Enis** con cam

località Monte Maccione, Est : 4 km – ☎ 07 84 28 83 63 – www.coopenis.it

17 cam – 🚹39/49 € 🚹🚹46/95 €

Carta 19/48 € – (consigliata la prenotazione)

In posizione isolata, circondato dal verde e dalla tranquillità ed ideale per gli amanti delle escursioni in montagna, ristorante-pizzeria con proposte di cucina regionale. Dispone anche di alcune camere semplici ma confortevoli, dalle quali si ha una bella vista sulle cime.

alla sorgente Su Gologone Nord-Est : 8 km :

Su Gologone

✉ 08025 – ☎ 07 84 28 75 12 – www.sugologone.it – Aperto 28 marzo-3 novembre

60 cam – 🚹129/189 € 🚹🚹174/283 € – **8 suites**

Rist *Su Gologone* – vedere selezione ristoranti

Su Gologone, trent'anni anni fa un chiosco rivendita di panini e bibite per chi andava al mare, è diventato oggi uno dei migliori alberghi dell'isola senza temere il confronto con i più blasonati della costa Smeralda, ma con un'anima ben più sarda e artistica.

XX **Su Gologone** – Hotel Su Gologone

✉ 08025 – ☎ 07 84 28 75 12 – www.sugologone.it – Aperto 15 marzo-3 novembre

Carta 26/65 €

Tre sale, scegliere la più suggestiva non è facile: quella con immenso camino per assistere alla cottura del celebre porceddu, quella più intima dedicata ad una celebre ceramista, o ancora quella di un pittore sardo. Comunque sia, il ristorante si fa scrupolo di seguire e ricercare la tradizione sarda, ovviamente dell'entroterra.

OLIVOLA

Alessandria (AL) – ✉ 15030 – 124 ab. – Alt. 280 m – Carta regionale n° **23**-C2

▶ Roma 616 km – Torino 86 km – Alessandria 30 km – Pavia 99 km

XX **Ai Cedri** con cam

Via Vittorio Veneto 23 – ☎ 01 42 93 88 85 – www.aicedri.it – Chiuso 2 settimane in gennaio, domenica sera e lunedì

4 cam – 🚹60/70 € 🚹🚹80/90 €

Menu 30/45 € – Carta 34/63 € – (prenotazione obbligatoria a mezzogiorno)

All'interno di una villa persa nella campagna, un giovane cuoco è il padrone di casa di questo ristorante con una bella cantina (a richiesta, visitabile) e la cui carta celebra il Piemonte.

OLMO → Vedere Fiesole

Firenze (FI)

OLMO → Vedere Perugia

Perugia (PG)

OME

Brescia (BS) – ✉ 25050 – 3 240 ab. – Alt. 231 m – Carta regionale n° **19-D1**
Roma 544 km – Brescia 17 km – Bergamo 45 km – Milano 93 km
Carta stradale Michelin 561-F12

XXX **Villa Carpino**
via Maglio 15, alle terme, Ovest : 2,5 km – ✆ 0 30 65 21 14 – www.villacarpino.com – Chiuso 27 dicembre-5 gennaio, 7-19 agosto e lunedì sera
Menu 30 € (pranzo in settimana)/60 € – Carta 29/56 €
In una grande villa circondata da un giardino curato, locale a gestione diretta, con eleganti ambienti dallo stile ricercato; cucina con solide radici nel territorio.

ONEGLIA → Vedere Imperia

Imperia (IM)

OPERA

Milano (MI) – ✉ 20090 – 13 134 ab. – Alt. 101 m – Carta regionale n° **18-B2**
Roma 567 km – Milano 14 km – Novara 62 km – Pavia 24 km
Carta stradale Michelin 561-F9

a Noverasco Nord : 2 km – ✉ 20090 Opera

Sporting
via Sporting Mirasole 56 – ✆ 0 25 76 80 31 – www.hotelsportingmilano.com – Chiuso 22 dicembre-2 gennaio
80 cam – †65/280 € ††79/380 €
Rist – Carta 32/42 € – *(Chiuso 22 dicembre-2 gennaio e agosto) (solo per alloggiati)*
Alle porte di Milano, compatta struttura a vocazione congressuale, da poco rinnovata; confortevoli spazi comuni e camere, comodo servizio navetta per il centro città. Sala ristorante adatta alle necessità della clientela congressuale e individuale.

OPI

L'Aquila (AQ) – ✉ 67030 – 432 ab. – Alt. 1 250 m – Carta regionale n° **1-B3**
Roma 164 km – Campobasso 111 km – L'Aquila 119 km – Isernia 62 km
Carta stradale Michelin 563-Q23

sulla strada statale 83-bivio per Forca D'Acero Sud : 1 km:

X **La Madonnina**
Via Forca D'Acero – ✆ 08 63 91 27 14 – Chiuso lunedì
Menu 15/35 € – Carta 19/38 €
Ai piedi di Opi, bar-trattoria a gestione familiare specializzato in carni alla griglia, in primis l'agnello, ma con un'appetitosa selezione di salumi, formaggi e paste fresche in lista.

OPPEANO

Verona (VR) – ✉ 37050 – 9 613 ab. – Carta regionale n° **39-B3**
Roma 492 km – Venezia 114 km – Verona 27 km – Vicenza 53 km
Carta stradale Michelin 562-G15

Il Chiostro senza rist
via Roma 85 – ✆ 04 56 97 08 68 – www.hotelilchiostro.it
27 cam – †55/75 € ††83/103 €
Nel centro della località, fiori, stucchi e persino una fontana decorano il bel chiostro secentesco da cui l'hotel prende il nome e che conduce direttamente alle camere, arredate in calde e morbide tonalità. Accogliente la sala da pranzo e suggestivo il terrazzo costeggiato da un fossato naturale.

ORA (AUER)

Bolzano (BZ) – ✉ 39040 – 3 542 ab. – Alt. 242 m – Carta regionale n° **34**-**D3**
Roma 617 km – Bolzano 20 km – Merano 49 km – Trento 40 km
Carta stradale Michelin 562-C15

Amadeus cam,
via Val di Fiemme 1 – ✆ 04 71 81 00 53 – www.hotel-amadeus.it
32 cam – 57/65 € 88/94 €
Rist – Carta 28/56 € – *(aperto 1° aprile-31 ottobre) (solo a cena) (solo per alloggiati)*
Un tipico maso di aspetto decisamente gradevole con camere graziose. In questa risorsa il soggiorno è allietato anche da una gestione familiare particolarmente ospitale. Al ristorante, la cucina classica, accompagnata da vini della zona.

ORBASSANO

Torino (TO) – ✉ 10043 – 22 794 ab. – Alt. 273 m – Carta regionale n° **22**-**A1**
Roma 675 km – Torino 19 km – Asti 62 km – Milano 162 km
Carta stradale Michelin 561-G4

XXX **Il Vernetto**
via Nazario Sauro 37 – ✆ 01 19 01 55 62 – www.ilvernetto.it Pianta : A3**e**
– Chiuso agosto, domenica sera e lunedì
Menu 45 € – (prenotazione obbligatoria)
Sembra un salotto caldo e accogliente questo locale familiare ed elegante con soffitti affrescati e mobili in stile; così come i vini, il patron presenta a voce una cucina fantasiosa.

ORBETELLO

Grosseto (GR) – ✉ 58015 – 14 733 ab. – Carta regionale n° **32**-**C3**
Roma 142 km – Grosseto 44 km – Civitavecchia 73 km – Viterbo 87 km
Carta stradale Michelin 563-O15

Relais San Biagio senza rist
via Dante 40 – ✆ 05 64 86 05 43 – www.sanbiagiorelais.com
41 cam – 110/230 € 160/260 € – **8 suites**
In un antico palazzo nobiliare del centro, un incantevole albergo recentemente rinnovato con interni signorili e spaziosi dotati di rifiniture di tono moderno. Le camere non smentiscono la signorilità della struttura.

ORIAGO → Vedere Mira

Venezia (VE)

ORISTANO

Sardegna – ✉ 09170 – 31 095 ab. – Carta regionale n° **28**-**A2**
Sassari 126 km – Cagliari 97 km – Iglesias 108 km – Nuoro 90 km
Carta stradale Michelin 366-M44

Mistral 2 rist, rist,
via XX Settembre 34 – ✆ 07 83 21 03 89 – www.hotel-mistral.it
126 cam – 69/75 € 89/95 € **Rist** – Carta 23/60 €
Non lontano dal centro, hotel di contemporanea fattura con ambienti sobri e funzionali adatti ad una clientela di lavoro. Al ristorante ampi spazi adatti anche per banchetti.

a Marina di Torre Grande Nord-Ovest : 8,5 km – ✉ 09170

X **Da Giovanni**
via Colombo 8 – ✆ 0 78 32 20 51 – Chiuso gennaio e lunedì
Carta 28/47 €
Cucina regionale di terra e di mare, tutto cotto a legna e non a gas, in un locale lindo ed accogliente presso la marina degli oristanesi.

ORMEA

Cuneo (CN) – ✉ 12078 – 1 695 ab. – Alt. 736 m – Carta regionale n° **23**-**C3**
Roma 628 km – Cuneo 81 km – Imperia 44 km – Savona 77 km
Carta stradale Michelin 561-J5

sulla strada statale 28 verso Ponte di Nava Sud-Ovest : 4,5 km :

San Carlo
via Nazionale 23 ✉ 12078 Ormea – ✆ 01 74 39 99 17
– www.albergosancarlo.com – Aperto 28 febbraio-11 ottobre
36 cam ☕ – ♦48 € ♦♦80 €
Rist *San Carlo* – vedere selezione ristoranti
In posizione panoramica, al centro di una riserva di pesca privata, atmosfera informale e camere spaziose.

San Carlo – Hotel San Carlo
via Nazionale 23 ✉ 12078 Ormea – ✆ 01 74 39 99 17
– www.albergosancarlo.com – Aperto 28 febbraio-11 ottobre
Carta 26/44 €
Non solo ospitalità alberghiera, i clienti si prendono anche per la gola! Una lezione che i proprietari, Renzo e Suzanne, hanno ormai capito da anni: in un'ampia sala, la cucina abbraccia due regioni - Liguria e Piemonte – in una panoplia di piatti gustosi e genuini.

a Ponte di Nava Sud-Ovest : 6 km – ✉ 12078

Ponte di Nava-da Beppe con cam
via Nazionale 32 – ✆ 01 74 39 99 24 – www.albergopontedinava.ormea.eu
– Chiuso 8 gennaio-15 marzo
15 cam ☕ – ♦40/48 € ♦♦60/70 €
Menu 16/27 € – Carta 21/53 € – *(chiuso mercoledì (escluso luglio-agosto))*
(consigliata la prenotazione la sera)
Il menu riflette l'ambiguità territoriale in cui sorge Ponte di Nava, fondendo le tradizioni langarole con quelle dell'entroterra ligure. Ecco allora che dalla cucina giungono funghi e tartufi, bagna caoda, cacciagione, nonché i nostri preferiti: gnocchetti di farina di castagne con fonduta di raschera e civet di capriolo all'ormeasco con polenta.

ORNAGO

Monza e Brianza (MB) – ✉ 20876 – 4 861 ab. – Alt. 193 m
– Carta regionale n° **18-B2**
Roma 597 km – Monza 15 km – Milano 32 km – Lecco 34 km
Carta stradale Michelin 561-E10

Osteria della Buona Condotta
via per Cavenago 2 – ✆ 03 96 91 90 56 – www.osteriabuonacondotta.it
– Chiuso domenica sera
Menu 20 € (pranzo)/35 € – Carta 33/56 €
Un cascinale d'inizio '900, sapientemente ristrutturato, ospita questo piacevole ristorante che propone una cucina d'impronta regionale. Pregevole e vasta cantina, ottima varietà di formaggi, antipasti e piatti di carne.

OROSEI

Sardegna – Nuoro (NU) – ✉ 08028 – 6 879 ab. – Alt. 19 m
– Carta regionale n° **28-B2**
Dorgali 21 km – Nuoro 40 km – Olbia 83 km – Cagliari 218 km
Carta stradale Michelin 366-T41

Su Barchile con cam
via Mannu 5 – ✆ 0 78 49 88 79 – www.subarchile.it
12 cam ☕ – ♦60/70 € ♦♦90/110 € Menu 30/50 € – Carta 28/102 €
Nella cornice della costa sarda, grazioso ristorante arredato con piacevole gusto femminile, fedele ai colori locali. Piatti derivati dalla tradizione agropastorale dell'isola, ma anche qualche ricetta di pesce.

ORTACESUS

Sardegna – Cagliari (CA) – ✉ 09040 – 945 ab. – Carta regionale n° **28-B3**
Oristano 74 km – Cagliari 44 km – Quartu Sant' Elena 44 km – Selargius 39 km
Carta stradale Michelin 366-P46

XX **Da Severino "Il Vecchio"** con cam
via Kennedy 1 – ☎ 07 09 80 41 97 – www.severinoilvecchio.com
25 cam – †45/75 € ††65/85 € Carta 26/94 €
Un'intera famiglia ruota intorno al successo di questo ristorante all'ingresso del paese; diversi piatti di carne ma la brillante nomea è stata costruita intorno al pesce. Avvolte dalla medesima familiare atmosfera, confortevoli e semplici camere ben arredate.

ORTA SAN GIULIO

Novara (NO) – ✉ 28016 – 1 155 ab. – Alt. 294 m – Carta regionale n° **24-A2**
Roma 663 km – Stresa 29 km – Novara 49 km – Milano 85 km
Carta stradale Michelin 561-E7

San Rocco
via Gippini 11 – ☎ 03 22 91 19 77 – www.hotelsanrocco.it
73 cam – †180/250 € ††200/300 € – **2 suites**
Rist ***Teatro Magico*** – vedere selezione ristoranti
In un ex monastero del '600 e villa barocca della prima metà del '700, esclusivo albergo con vista sull'isola di San Giulio. La posizione è idilliaca, gli interni signorili non sono da meno; amena terrazza fiorita in riva al lago con piscina.

Villa Crespi
via Fava 18, Est : 1,5 km – ☎ 03 22 91 19 02 – www.villacrespi.it – Chiuso gennaio-febbraio
14 cam – †190/300 € ††190/390 € – **8 suites**
Rist ***Villa Crespi*** ✿✿ – vedere selezione ristoranti
Stregato dalla bellezza di Baghdad, C.B. Crespi fece costruire nel 1879 questa villa in stile moresco, immersa in un parco degradante verso il lago. Oggi, bellezza del passato e fascino d'Oriente si alleano con i più sofisticati confort per un soggiorno da favola.

La Bussola cam, rist,
via Panoramica 24 – ☎ 03 22 91 19 13 – www.hotelbussolaorta.it – Chiuso novembre
42 cam – †90/140 € ††135/220 € – **2 suites**
Rist – Carta 35/63 € – *(aperto 1° aprile-31ottobre)*
A ridosso del centro in posizione elevata, un hotel dall'atmosfera vacanziera con una bella vista sul lago e sull'isola di San Giulio. Camere recenti, bella piscina. La sala ristorante si apre sulla terrazza e sul panorama.

La Contrada dei Monti senza rist
via dei Monti 10 – ☎ 03 22 90 51 14 – www.lacontradadeimonti.it – Aperto 1° aprile-31 ottobre
16 cam – †100 € ††140 €
Affascinante risorsa, ricca di stile e cura per i dettagli. Un nido ideale per soggiorni romantici dove si viene accolti con cordialità familiare e coccolati dal buon gusto.

Aracoeli senza rist
piazza Motta 34 – ☎ 03 22 90 51 73 – www.ortainfo.com
7 cam – †95/115 € ††130/145 €
Arredi moderni di tono minimalista in questo piccolo e originale hotel. Ottima illuminazione naturale degli ambienti e bagni con particolari docce "a vista".

XXXX ✿✿ **Villa Crespi** (Antonino Cannavacciuolo) – Hotel Villa Crespi
via Fava 18, Est : 1,5 km – ☎ 03 22 91 19 02 – www.villacrespi.it – Chiuso gennaio, febbraio, lunedì, martedì a mezzogiorno, anche martedì sera nei mesi di marzo, novembre e dicembre
Menu 95/150 € – Carta 95/195 €
L'ottima materia prima utilizzata dal noto chef campano si allea con tecnica e precisione estetica per creare piatti dai sapori netti e ben distinti, che valorizzano il sud e il mare. Un vero ambasciatore della cucina italiana!
→ Riso Carnaroli all'olio, vongole veraci, timo e limone. Triglia e melanzana, guazzetto di provola affumicata. Ravioli di mango, sorbetto di mela verde e sedano.

Teatro Magico – Hotel San Rocco

via Gippini 11 – ✆ 03 22 91 19 77 – www.hotelsanrocco.it

Menu 34/48 € – Carta 40/75 €

In una fra le cornici più romantiche e suggestive del lago, un'elegante sala dove godere di una bella vista sulla pittoresca isola di San Giulio: cucina creativa, relax e charme sulla terrazza estiva a bordo lago.

Locanda di Orta con cam

via Olina 18 – ✆ 03 22 90 51 88 – www.locandaorta.com – Chiuso 7 gennaio-12 febbraio, i mezzogiorno di lunedì e martedì in luglio-settembre, martedì negli altri mesi

9 cam – †65/160 € ††75/160 €

Menu 70/85 € – Carta 48/100 € – (consigliata la prenotazione)

Orta San Giulio è uno dei borghi lacustri più romantici d'Italia, una cartolina d'altri tempi: la meritata cornice di una cucina sfavillante, estrosa negli accostamenti, di un eccellente giovane cuoco.

➜ Pesche, scampi e fegato grasso. Stinchetto d'agnello cotto nello spumante, con tortino all'aglio nuovo e salsa al pane e timo. Zuppetta di cocomero e crema gelata al cocco.

Ai Due Santi

piazza Motta 18 – ✆ 0 32 29 01 92 – www.aiduesanti.com – Chiuso febbraio, novembre e mercoledì

Carta 26/54 €

Un bel dehors sulla suggestiva piazzetta davanti all'imbarcadero per l'isola di San Giulio e due caratteristiche salette in sasso per una cucina mediterranea in sintonia con le stagioni.

ORTE

Viterbo (VT) – ✉ 01028 – 8 790 ab. – Alt. 132 m – Carta regionale n° **12-B1**

Roma 88 km – Terni 33 km – Perugia 103 km – Viterbo 35 km

Carta stradale Michelin 563-O19

La Locanda della Chiocciola cam, cam,

località Seripola, Nord-Ovest : 4 km – ✆ 07 61 40 27 34 – www.lachiocciola.net – Chiuso 10-26 dicembre e 19 gennaio-9 febbraio

8 cam – †70/100 € ††110/140 €

Rist – Carta 27/48 € – *(aperto venerdì sera, domenica a pranzo e sabato; tutte le sere in maggio-settembre su prenotazione)*

Tra verdi colline, un casale del XV sec ospita camere raffinate ed eleganti, arredate con mobili di antiquariato. La bella vallata è lo spettacolo offerto dall'intimo centro benessere, che propone diversi trattamenti. Cucina casalinga servita in una bella sala da pranzo, impreziosita da un camino del XVI secolo.

ORTISEI (ST. ULRICH)

Bolzano (BZ) – ✉ 39046 – 4 672 ab. – Alt. 1 234 m – Carta regionale n° **34-C2**

Roma 677 km – Bolzano 36 km – Bressanone 32 km – Cortina d'Ampezzo 79 km

Carta stradale Michelin 562-C17

Gardena-Grödnerhof

via Vidalong 3 – ✆ 04 71 79 63 15 – www.gardena.it – Aperto 5 dicembre-5 aprile e 6 giugno-10 ottobre

46 cam – †152/628 € ††234/698 € – **5 suites**

Rist *Anna Stuben* – vedere selezione ristoranti

Rist – Carta 36/72 € – *(solo per alloggiati)*

L'efficienza dei grandi hotel cittadini migra in montagna raccogliendo al passaggio quel calore di legni e semplicità propri della tradizione altoatesina. Fin dall'ingresso non mancano gli spazi declinati in vasti saloni con camino, ma il passaggio alle camere - dopo una giornata en plein air - è veloce e desiderato. Anche qui il buon gusto scarta il lusso e opta per un'eleganza montana, in linea tuttavia con la sensibilità moderna.

Adler Dolomiti & Adler Balance

via Rezia 7 – ✆ 04 71 77 50 01 – www.adler-resorts.com – Chiuso 15 aprile-15 maggio
cam, rist,
130 cam – solo ½ P 142/249 € – **9 suites**
Rist – Menu 25 € – *(solo per alloggiati)*
Cinto da un grazioso parco, questo storico hotel nel cuore di Ortisei offre ambienti eleganti in stile montano. Adler Balance è il "fratello" aperto pochi anni fa, di dimensioni più contenute ospita anche una medical Spa. L'ampio e completo centro benessere è a disposizione di entrambi le strutture, ma ognuna di esse ha il suo ristorante: ampio per l'Adler, più intimo al Balance.

Alpin Garden Wellness Resort

rist,
via J. Skasa 68 – ✆ 04 71 79 60 21 – www.alpingarden.com – Chiuso 6 aprile-13 maggio
27 cam – 150/500 € 220/500 € – **5 suites**
Rist – Carta 37/87 € – *(chiuso lunedì e martedì) (solo a cena)* (prenotazione obbligatoria)
In posizione panoramica e defilata rispetto al centro, Alpin Garden è un lussuoso hotel dal côté modaiolo, dove farsi coccolare: luogo d'elezione è sicuramente il bel centro benessere con molti trattamenti pensati ad hoc per le coppie.

Angelo-Engel

rist,
via Petlin 35 – ✆ 04 71 79 63 36 – www.hotelangelo.net – Chiuso novembre
32 cam – solo ½ P 70/160 € – **6 suites**
Rist – Menu 19/25 € – *(solo a cena) (solo per alloggiati)*
Completamente ristrutturato quest'hotel, con accesso diretto alla via pedonale del centro. Nuova e completa zona benessere, così come nuovi sono gli arredi delle camere.

Genziana

via Rezia 111 – ✆ 04 71 79 62 46 – www.hotelgenziana.it – Aperto 6 dicembre-6 aprile e 23 maggio-11 ottobre
54 cam – 96/187 € 146/308 € – **1 suite** **Rist** – Carta 40/80 €
Solida gestione familiare per questa bella struttura di tonalità azzurra, in pieno centro. Piacevoli e ampi spazi comuni, zona fitness in stile pompeiano, camere ben arredate. Finestre abbellite da tendaggi importanti, nella sala da pranzo di taglio moderno.

Alpenhotel Rainell

rist,
strada Vidalong 19 – ✆ 04 71 79 61 45 – www.rainell.com – Aperto 20 dicembre-Pasqua e 15 giugno-15 ottobre
27 cam – 65/170 € 100/240 € – **2 suites**
Rist – Menu 30/35 € – *(solo a cena) (solo per alloggiati)*
Circondato dal verde, l'albergo si trova in posizione isolata e vanta una splendida vista su Ortisei e sulle Dolomiti: interni caratteristici, nonché camere confortevoli. E per gli irriducibili romantici, un'unica suite nel suggestivo chalet in giardino.

Arnaria

cam, cam,
strada Arnaria 15 – ✆ 04 71 79 66 49 – www.arnaria.com – Aperto 6 dicembre-14 aprile e 26 maggio-4 ottobre
21 cam – 140/380 € 140/380 €
Rist – Carta 25/40 € – *(solo a cena) (solo per alloggiati)*
Molto signorile ed elegante, in virtù delle sue confortevoli camere dalle dimensioni generose, la struttura è particolarmente indicata per famiglie con figli al seguito. Per chi insegue il relax, l'area benessere offre una panoplia di proposte.

Grien

rist,
via Mureda 178, Ovest : 1 km – ✆ 04 71 79 63 40 – www.hotel-grien.com – Chiuso 15-25 maggio e 2 novembre-3 dicembre
21 cam – 84/290 € 148/312 € – **4 suites**
Rist – Carta 31/63 € – (consigliata la prenotazione)
Nella quiete della zona residenziale, struttura circondata dal verde, da cui si gode una superba vista del Gruppo Sella e di Sassolungo; accogliente ambiente tirolese. Il panorama è la chicca anche della sala ristorante.

Digon

via Digon 22 – ✆ 04 71 79 72 66 – www.hoteldigon.com – Aperto 1° dicembre-14 aprile e 25 maggio-14 ottobre
17 cam – 42/110 € 84/220 € – **4 suites**
Rist – Menu 18/35 € – *(solo a cena) (solo per alloggiati)*
Lungo la strada che porta a Bulla, piccola casa a gestione familiare con ambienti in arioso stile montano e camere confortevoli, più o meno grandi. Ristorante classico, ma carta dei vini e dei distillati tutt'altro che scontata.

Villa Park senza rist

via Rezia 222 – ✆ 04 71 79 69 11 – www.hotelvillapark.com – Chiuso novembre e maggio
20 cam – 84/210 € 84/210 € – **3 suites**
Nel cuore della località, albergo con gradevoli interni illuminati da grandi vetrate; camere confortevoli, alcune dotate anche di angolo cottura.

Ronce

cam,

via Ronce 1, Sud : 1 km – ✆ 04 71 79 63 83 – www.hotelronce.com – Aperto 20 dicembre-Pasqua e 15 giugno-15 ottobre
25 cam – solo ½ P 58/115 € – **1 suite** **Rist** - *(solo a cena) (solo per alloggiati)*
Appagherà i vostri occhi la splendida veduta di Ortisei e dei monti e il vostro spirito la posizione isolata di questa struttura; all'interno, piacevole semplicità.

Cosmea

cam,

via Setil 1 – ✆ 04 71 79 64 64 – www.hotelcosmea.it – Chiuso 18 ottobre-5 dicembre
24 cam – 60/125 € 110/240 €
Rist – Menu 32 € – *(solo a cena) (solo per alloggiati)*
A un centinaio di metri dagli impianti di risalita, hotel a gestione diretta con spazi comuni dai colori piacevoli e dagli arredi essenziali. Camere d'ispirazione contemporanea: le più suggestive e carine sono quelle mansardate. Cucina regionale al ristorante.

Fortuna senza rist

via Stazione 11 – ✆ 04 71 79 79 78 – www.hotel-fortuna.it – Chiuso 20 aprile-31 maggio e 20 ottobre-30 novembre
15 cam – 60/120 € 90/198 €
In prossimità del centro, piccolo hotel a valida conduzione diretta: ambienti arredati in modo semplice ed essenziale, secondo lo stile del luogo. Particolarmente belle le camere mansardate.

Villa Luise

via Grohmann 43 – ✆ 04 71 79 64 98 – www.villaluise.com – Aperto 15 dicembre-20 aprile e 1° luglio-20 ottobre
13 cam – solo ½ P 59/105 € **Rist** - *(solo a cena) (solo per alloggiati)*
Cordiale e simpatica accoglienza in questa pensione familiare all'interno di una piccola casa di montagna; ambiente alla buona e camere in stile lineare, ben tenute.

Anna Stuben – Hotel Gardena-Grödnerhof

via Vidalong 3 – ✆ 04 71 79 63 15 – www.annastuben.it – Aperto 5 dicembre-5 aprile e 6 giugno-10 ottobre; chiuso domenica e lunedì
Menu 75/95 € – Carta 60/113 € – *(solo a cena)* (prenotare)
Appuntamento in uno dei ristoranti più romantici delle Dolomiti, si cena in una bomboniera di legno fra trofei di caccia e stufe in maiolica; la cucina ricorre ampiamente ai prodotti montani, ma si destreggia con abilità anche tra altre ricette e prodotti italiani.
→ Animelle di vitello, ravioli, patate e funghi. Merluzzo nero, cavolo rapa, fiori di sambuco e mandorle. Toffifee, nocciola, cioccolato fondente e gelato al caramello.

Concordia

via Roma 41 – ✆ 04 71 79 62 76 – www.restaurantconcordia.com – Chiuso maggio e novembre
Carta 23/42 €
Conduzione e ambiente familiare e linea gastronomica legata al territorio in un ristorante poco distante dal centro, al secondo piano di un edificio privato.

XX **Tubladel**

via Trebinger 22 – ✆ 04 71 79 68 79 – www.tubladel.com – Chiuso maggio e novembre

Carta 34/80 € – (consigliata la prenotazione la sera)

Rivestimenti in legno e rusticità in un caratteristico ristorante, la cui cucina non può che cavalcare la tradizione enogastronomica locale. Ma la carta dei vini mette a disposizione le proprie pagine anche per altre etichette nazionali.

a Bulla Sud-Ovest : 6 kmAlt. 1 481 m – ✉ 39040 Ortisei

Uhrerhof-Deur cam,

Bulla 26 – ✆ 04 71 79 73 35 – www.uhrerhof.com
– Chiuso 12 aprile-13 maggio e 12 ottobre-19 dicembre

10 cam ☕ – †189/260 € ††189/260 € – **4 suites**

Rist – Menu 38/42 € – *(solo a cena) (solo per alloggiati)*

Una cornice di monti maestosi e una grande casa di cui vi innamorerete subito: calore e tranquillità, romantici arredi, nonché un rosarium con più di 6000 rose di 200 varietà.

ORTONA

Chieti (CH) – ✉ 66026 – 23 425 ab. – Carta regionale n° **2**-**C2**

Roma 233 km – Pescara 28 km – Chieti 31 km – Termoli 80 km

Carta stradale Michelin 563-O25

Ideale senza rist

corso Garibaldi 65 – ✆ 08 59 06 37 35 – www.hotel-ideale.it

24 cam ☕ – †58/60 € ††85/90 €

A pochi metri dalla centrale piazza della Repubblica, un albergo semplice, con camere essenziali e da alcune la vista sul mare: chiedere quest'ultime, più panoramiche e anche più tranquille.

ORVIETO

Terni (TR) – ✉ 05018 – 21 048 ab. – Alt. 325 m – Carta regionale n° **35-B3**
▶ Roma 120 km – Perugia 77 km – Viterbo 45 km – Terni 75 km
Carta stradale Michelin 563-N18

© S. Torrione / hemis.fr

Alberghi

La Badia

località La Badia 8, per Viterbo - A1 – ☎ 07 63 30 19 59 – www.labadiahotel.it – Chiuso 1° gennaio- 31 marzo
22 cam ☕ – 🚹140/240 € 🚹🚹150/270 € – **5 suites**
Rist *La Badia* – vedere selezione ristoranti
Ai piedi della rocca orvietana, la Badia è un imponente complesso in tufo, quasi un museo di architettura medioevale; più semplici le camere dagli arredi classici alberghieri.

Duomo senza rist

vicolo Maurizio 7 – ☎ 07 63 34 18 87 – www.orvietohotelduomo.com – Chiuso gennaio
Pianta : B2**a**
18 cam ☕ – 🚹70/85 € 🚹🚹100/140 €
Per chi non ama le sorprese, l'albergo offre ambienti classici, comodi e funzionali, non privi di qualche ricercatezza negli arredi in ciliegio; da alcune camere si vede uno scorcio del Duomo.

Filippeschi senza rist

via Filippeschi 19 – ☎ 07 63 34 32 75 – www.hotelfilippeschi.it – Chiuso vacanze di Natale
Pianta : A2**c**
15 cam – 🚹45/65 € 🚹🚹60/95 €, ☕ 8 €
Nel cuore della cittadina, un albergo piacevolmente collocato in un palazzo con origini settecentesche: accogliente hall e camere confortevoli con parquet.

Virgilio senza rist

piazza del Duomo 5 – ☎ 07 63 39 49 37 – www.orvietohotelvirgilio.com
Pianta : B2**b**
13 cam ☕ – 🚹60/100 € 🚹🚹78/180 €
Intimo e accogliente, metà delle camere si affacciano su una delle chiese più belle d'Italia. Camere semplici, ma con graziosi armadi dipinti a mano, e bagni moderni: nuovi di recente restauro come l'intero albergo, in cui si respira un'aria di fresco e lindo.

Maitani senza rist

via Maitani 5 – ☎ 07 63 34 20 11 – www.hotelmaitani.com – Chiuso 7-31 gennaio
Pianta : B2**n**
35 cam – 🚹79 € 🚹🚹130 €, ☕ 10 € – **4 suites**
Un hotel che è parte della storia della città: ampi spazi comuni dalla piacevole atmosfera un po' démodé, terrazza colazione con bella vista sul Duomo, camere in stile.

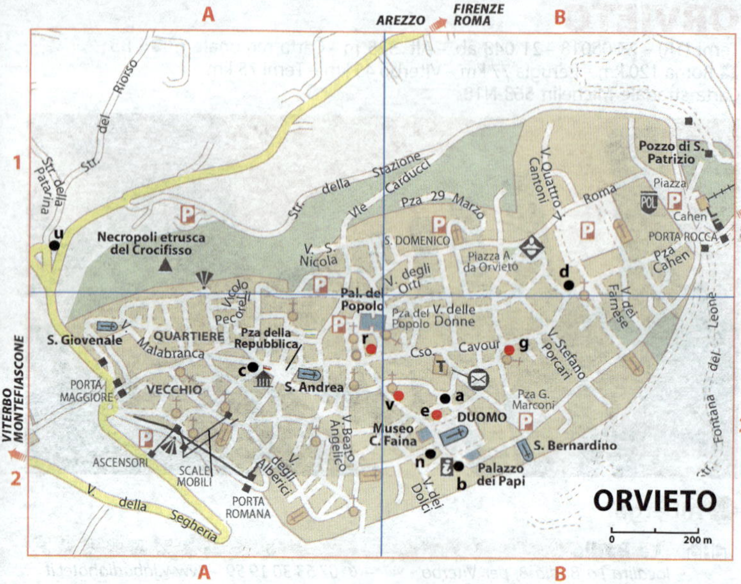

Corso senza rist

corso Cavour 343 – ✆ 07 63 34 20 20 – www.hotelcorso.net Pianta : B1**d**
– Chiuso 23-26 dicembre
16 cam ☕ – †65/75 € ††85/110 €
Le dimensioni ridotte della hall e la gestione simpatica, ma familiare, non lasciano sospettare camere d'inaspettata cura e persino qualche tocco di eleganza: un raffinato soggiorno lungo il viale pedonale e commerciale del centro storico.

Villa degli Ulivi senza rist

via Adige 23 – ✆ 07 63 39 34 36 Pianta : A1**u**
6 cam ☕ – †45/60 € ††65/95 €
Presso l'ascensore per il vicino centro storico, un bed & breakfast in tufo di nuova costruzione, ma tipico stile orvietano. Il secondo piano ospita le camere più panoramiche; terrazza-belvedere per romantiche colazioni.

Ristoranti

Giglio d'Oro

piazza Duomo 8 – ✆ 07 63 34 19 03 – www.ilgigliodoro.it Pianta : B2**e**
– Chiuso mercoledì
Carta 43/60 €
Ristorante elegante, con una saletta dagli arredi essenziali, pareti bianche e raffinati tavoli con cristalli e argenteria; incantevole servizio estivo in piazza Duomo.

I Sette Consoli

piazza Sant'Angelo 1/A – ✆ 07 63 34 39 11 Pianta : B2**g**
– www.isetteconsoli.it – Chiuso 23-27 dicembre, domenica sera e mercoledì
Menu 42 € – Carta 39/55 € – (consigliata la prenotazione)
Indimenticabili proposte di cucina creativa e servizio estivo serale in giardino con splendida vista del Duomo, in un locale dal sobrio ambiente rustico di tono signorile.

La Badia – Hotel La Badia
località La Badia 8, per Viterbo - A2 – *07 63 30 31 32 – www.labadiahotel.it – Chiuso 1° gennaio-31 marzo*
Carta 47/82 € – *(solo a cena escluso sabato, domenica e festivi)*
Selvaggina, formaggi locali speziati e piatti della tradizione umbra in un ristorante caratterizzato da un susseguirsi di sale (più o meno spaziose): la prima è dominata da un enorme camino con girarrosto e l'alto volume del soffitto a botte spicca per la sua ampiezza.

Del Moro - Aronne
via San Leonardo 7 – 07 63 34 27 63 Pianta : A2**r**
– www.trattoriadelmoro.info – Chiuso 10 giorni in luglio, 10 giorni in novembre e martedì
Carta 21/40 €
Tre salette all'insegna della semplicità e un'informale, ma cordiale, accoglienza familiare: dalla cucina piatti casereccі, come l'amatriciana di coniglio alle erbe aromatiche. I sapori sono intensi e ruspanti!

L'Altro Vissani Orvieto N
via del Duomo 25 – 07 63 39 34 68 Pianta : B2**v**
– www.laltrovissaniorvieto.it – Chiuso martedì a mezzogiorno e lunedì escluso maggio-ottobre
Menu 25/45 € – Carta 31/60 €
A pochi passi dal Duomo, due sale dal soffitto in tufo e arredi artigianali in legno naturale: ambienti conviviali per una cucina che reinterpreta sapori e stili italiani.

ad Orvieto Scalo Nord : 3 km per Arezzo Pianta : AB1 – ✉ 05018

Villa Acquafredda senza rist
località Acquafredda 1 – 07 63 39 30 73 – Aperto 27 dicembre-6 gennaio e 16 marzo-2 novembre
11 cam – †40/50 € ††57/75 €
Camere semplici e senza pretese, ma che si rivelano una soluzione interessante per chi desidera contenere le spese.

sulla strada statale 71 Nord : 4 km per Arezzo Pianta : AB1

Villa Ciconia
via dei Tigli 69 ✉ 05018 – 07 63 30 55 82 – www.hotelvillaciconia.com – Chiuso 10 gennaio-28 febbraio
12 cam – †70/140 € ††80/180 €
Rist – Carta 19/39 € – *(chiuso mercoledì) (solo a cena escluso i giorni festivi)* (prenotazione obbligatoria)
Immersa nel verde del suo parco, elegante casa cinquecentesca con camere che mantengono inalterato il fascino di un tempo, ma offrono moderni confort.

a Morrano Nuovo Nord : 15 km – ✉ 05018

Agriturismo Borgo San Faustino e Relais del Borgo rist,
borgo San Faustino 11/12 – 07 63 21 53 03 – www.borgosanfaustino.it
22 cam – †85/100 € ††110/140 €
Rist – Carta 22/45 € – (consigliata la prenotazione)
Adagiato sulle colline, il borgo invita ad una vacanza all'insegna del relax, tra arredi artigianali in legno ed un incantevole giardino con piscina.

a Rocca Ripesena Ovest: 5 km – ✉ 05018

Locanda Palazzone
Rocca Ripesena 67, Ovest : 7 km – 07 63 39 36 14 – www.locandapalazzone.com – Chiuso 7 gennaio-20 marzo
7 cam – †180/300 € ††184/340 €, 9 €
Rist – Menu 39/60 € – *(chiuso domenica) (solo a cena)* (prenotazione obbligatoria)
Residenzia cardinalizia del 1299, incastonata in uno straordinario paesaggio, bifore e tufo introducono in camere dagli arredi moderni e ricercati, tutte soppalcate tranne una.

Altarocca Wine Resort
Rocca Ripesena 62, Ovest : 7 km – ✆ 07 63 34 42 10 – www.laroccaorvieto.com – Chiuso 15 gennaio-15 marzo
9 cam ☕ – †63/108 € ††90/155 € – **9 suites** – ††170/215 €
Rist *Altarocca* – vedere selezione ristoranti
Agriturismo per posizione campestre in uno splendido paesaggio collinare, ma albergo per funzionalità ed organizzazione: la Rocca soddisfa ogni esigenza con camere pratiche ed accoglienti, nonché una bella palestra.

Altarocca – Agriturismo Altarocca Wine Resort
– ✆ 07 63 34 42 10 – www.laroccaorvieto.com – Chiuso 15 gennaio-15 marzo e lunedì
Carta 37/65 €
Cinto da una vetrata sui colli orvietani e assistito da un ottimo servizio, il ristorante offre spunti di cucina umbra e qualche proposta di mare, sempre accompagnati dal piglio creativo del cuoco.

OSIMO

Ancona (AN) – ✉ 60027 – 34 411 ab. – Alt. 265 m – Carta regionale n° **21**-C2
Roma 308 km – Ancona 19 km – Macerata 28 km – Pesaro 82 km
Carta stradale Michelin 563-L22

Gustibus
piazza del Comune 11 – ✆ 0 71 71 44 50 – Chiuso domenica, anche lunedì in ottobre-maggio
Carta 20/53 €
Un moderno ristorante wine bar in centro, propone pranzi semplici e cene ricercate, da gustare attingendo ad una carta dei vini per accompagnare degnamente i prodotti locali.

sulla strada statale 16 Est: 4 km

G Hotel senza rist
via Sbrozzola 26 ✉ 60027 – ✆ 07 17 21 19 – www.ghotelancona.it
84 cam ☕ – †59/199 € ††74/214 €
A vocazione commerciale, è un albergo moderno, essenziale, a tratti minimalista negli arredi. Ampie camere, grandi docce e un'ottima colazione servita fino a mezzogiorno.

OSNAGO

Lecco (LC) – ✉ 23875 – 4 854 ab. – Alt. 249 m – Carta regionale n° **18**-B1
Roma 613 km – Milano 36 km – Bergamo 48 km – Lecco 23 km
Carta stradale Michelin 561-E10

Osteria Roncate di Papà Nenè
via Pinamonte 24 – ✆ 03 95 82 20 – www.osteriaroncate.it – Chiuso 27 dicembre-4 gennaio, 10-24 agosto e lunedì
Carta 41/78 €
Specialità di mare e appetitosa cucina siciliana in un locale moderno ed informale: nella raccolta ed intima sala un bel camino decorativo.

OSOPPO

Udine (UD) – ✉ 33010 – 2 962 ab. – Alt. 184 m – Carta regionale n° **10**-B2
Roma 666 km – Udine 30 km – Trieste 102 km – Gorizia 79 km
Carta stradale Michelin 562-D21

Pittis
via Andervolti 2 – ✆ 04 32 97 53 46 – www.hotelpittis.com
40 cam ☕ – †52 € ††80 €
Rist – Carta 19/40 € – *(chiuso 23 dicembre-6 gennaio, 10-24 agosto, sabato e domenica)*
Nel centro storico del paese, albergo dalla cortese conduzione familiare con camere essenziale in stile inizio anni Ottanta. Fogolar a vista nello spazioso ristorante che propone piatti casalinghi della tradizione veneta e friulana.

OSPEDALETTI

Imperia (IM) – ✉ 18014 – 3 321 ab. – Carta regionale n° **14-A3**
Roma 653 km – Imperia 40 km – Savona 107 km – San Remo 8 km
Carta stradale Michelin 561-K5

XX **Acquerello**
corso Regina Margherita 25 – ✆ 01 84 68 20 48 – www.ristoranteacquerello.com – Chiuso martedì
Menu 45/55 € – Carta 33/53 € – *(solo a cena escluso sabato e domenica)*
La nostalgia può fare anche questo...ritornare dagli Stati Uniti ed aprire un piccolo, ma raffinato, ristorante con cucina a vista e piatti della migliore tradizione mediterranea. In sala, la travolgente simpatia della titolare predispone al buon umore.

XX **Byblos**
lungomare Colombo 6/8 – ✆ 01 84 68 90 02 – www.ristorantebyblos.com – Chiuso 1 settimana in giugno, 3 settimane in novembre e lunedì
Carta 35/74 €
All'estremo della bella passeggiata, ristorante di una certa eleganza affacciato sul mare: piatti a base di pesce semplici e gustosi.

OSPEDALETTO ➜ Vedere Pescantina

Verona (VR)

OSPEDALETTO D'ALPINOLO

Avellino (AV) – ✉ 83014 – 2 040 ab. – Alt. 725 m – Carta regionale n° **6-B2**
Roma 248 km – Napoli 59 km – Avellino 8 km – Salerno 44 km
Carta stradale Michelin 564-E26

XX **Osteria del Gallo e della Volpe**
piazza Umberto I 14 – ✆ 08 25 69 12 25 – www.osteriadelgalloedellavolpe.it – Chiuso domenica sera e lunedì
Carta 27/63 € – *(solo a cena escluso sabato, domenica aperto a pranzo)* (prenotare)
Una sala accogliente, pochi tavoli e molto spazio. Conduzione familiare, servizio curato e cordiale, menù che propone la tradizione locale con alcune personalizzazioni.

OSPEDALICCHIO ➜ Vedere Bastia Umbra

Perugia (PG)

OSSANA

Trento (TN) – ✉ 38026 – 842 ab. – Alt. 1 003 m – Carta regionale n° **33-B2**
Roma 659 km – Trento 74 km – Bolzano 82 km – Passo del Tonale 17 km
Carta stradale Michelin 562-D14

Pangrazzi — cam,
frazione Fucine alt. 982 – ✆ 04 63 75 11 08 – www.hotelpangrazzi.com – Aperto 1° dicembre-30 aprile e 15 giugno-10 settembre
34 cam – †40/70 € ††80/120 € – **4 suites** **Rist** – Menu 16/32 €
Struttura rifinita in legno e pietra con invitanti spazi comuni in stile montano. Abbellita da un gradevole piccolo giardino è ideale per un turismo familiare. Al ristorante si servono piatti del territorio e tradizionali.

OSTELLATO

Ferrara (FE) – ✉ 44020 – 6 462 ab. – Carta regionale n° **9-C2**
Roma 395 km – Ravenna 65 km – Bologna 63 km – Ferrara 33 km
Carta stradale Michelin 562-H17

Villa Belfiore — rist,
via Pioppa 27 – ✆ 05 33 68 11 64 – www.villabelfiore.com
18 cam – †65/95 € ††80/150 €
Rist – Carta 28/48 € – *(solo a cena escluso domenica)* (consigliata la prenotazione)
Una bella casa di campagna nel silenzio della pianura ferrarese, ma anche comoda per muoversi a poca distanza com'è dalla superstrada. Atmosfera rustica attualizzata, ospitalità familiare.

OSTUNI

Brindisi (BR) – ✉ 72017 – 31 709 ab. – Alt. 218 m – Carta regionale n° **27-C2**
Roma 530 km – Brindisi 42 km – Bari 80 km – Lecce 73 km
Carta stradale Michelin 564-E34

La Sommità

via Scipione Petrarolo 7 – ✆ 08 31 30 59 25 – www.lasommita.it – Chiuso novembre
10 cam – †180/310 € ††180/310 € – **5 suites**
Rist *Cielo* – vedere selezione ristoranti
Rist – Carta 39/68 € – *(solo a pranzo escluso lunedì, anche martedì in dicembre-aprile)*
Nella parte più alta di Ostuni, in un palazzo cinquecentesco, eleganti camere in stile moderno-minimalista ed imperdibili terrazze con vista mozzafiato. Tutti i giorni a pranzo e il lunedì sera, lo chef propone un menu con gustosi piatti della tradizione.

Ostuni Palace

corso Vittorio Emanuele 218/222 – ✆ 08 31 33 88 85 – www.ostunipalace.com
34 cam – †90/115 € ††150/300 €
Rist *San Filippo* – ✆ 08 31 33 45 46 – Carta 27/77 €
Antico e moderno fusi insieme: raggiungibile in macchina e dotato delle più recenti facilitazioni, una passeggiata vi porterà nel centro storico. Da alcune camere la vista su Ostuni è mozzafiato.

La Terra senza rist

via Petrarolo 20/24 – ✆ 08 31 33 66 52 – www.laterrahotel.it
17 cam – †80/105 € ††130/170 € – **3 suites**
Nella zona pedonale, all'interno di un palazzo del '500, i soffitti a stella e i saloni del secondo piano testimoniano gli antichi splendori; le camere al terzo sono mansardate e panoramiche.

Masseria Cervarolo (N)

contrada Cervarolo, Sud-Ovest : 7 km, lungo la SP14 Ostuni-Martina Franca – ✆ 08 31 30 37 29 – www.masseriacervarolo.it – Aperto 1° marzo-8 novembre
17 cam – †130/210 € ††160/285 €
Rist – Menu 35/40 € – *(solo per alloggiati)*
Adagiata su un riposante paesaggio collinare, la masseria cinquecentesca è stata convertita in elegante dimora di campagna, ricorrendo ai raffinati arredi dell'artigianato pugliese; tre camere in altrettanti trulli.

Monte Sarago

corso Mazzini 233 – ✆ 08 31 33 44 70 – www.hotelmontesarago.it
38 cam – †66/170 € ††85/270 € – **2 suites** **Rist** – Carta 29/60 €
Ad un chilometro dal centro storico, linee moderne ed essenziali ispirano gli arredi delle camere, alcune con vista sulla città bianca. Piscina raggiungibile salendo 150 gradini o con navetta.

Masseria Tutosa senza rist

contrada Tutosa, Nord-Ovest : 7,5 km – ✆ 08 31 35 90 46 – www.masseriatutosa.com – Chiuso 1° gennaio-31 marzo
21 cam – †50/130 € ††80/180 €
Una vacanza a tutto relax - tra piscina e spazi verdi - in un'antica masseria fortificata: poche camere semplici ed essenziali, nonché qualche appartamento con angolo cottura.

Masseria Il Frantoio

strada statale 16 km 874, Nord-Ovest : 5 km – ✆ 08 31 33 02 76 – www.masseriailfrantoio.it
14 cam – †99/179 € ††139/239 €
Rist – Menu 49/59 € – *(solo a cena da giugno a settembre)* (prenotazione obbligatoria) *(solo per alloggiati)*
Se volete scoprire lo spirito di un'autentica masseria, questo è l'indirizzo in cui dormire e sognare. Di origini cinquecentesche, gli ambienti retrò sono un romantico omaggio al bel tempo che fu; non mancano un vecchio frantoio e una rivendita di oli della casa.

Cielo – Hotel La Sommità

via Scipione Petrarolo 7 – 08 31 30 59 25 – www.cieloristorante.it – Chiuso novembre e lunedì, anche martedì in dicembre-aprile; sempre aperto in luglio-agosto
Menu 65/90 € – Carta 50/92 € – *(solo a cena)* (consigliata la prenotazione)
Protagonisti di romantiche cene estive tra gli agrumi del piccolo giardino oppure ospiti della bianca sala dal soffitto a botte, la cucina parte dalle eccellenze gastronomiche della regione per farsi - poi - più creativa.

Porta Nova

via Petrarolo 38 – 08 31 33 89 83 – www.ristoranteportanova.it
Menu 30 € – Carta 40/80 €
Location invidiabile su un torrione aragonese con vista panoramica sulla distesa di ulivi e sulla Marina di Ostuni, per questo elegante ristorante che propone essenzialmente cucina di mare.

Osteria Piazzetta Cattedrale

via Arcidiacono Trinchera 7 – 08 31 33 50 26 – www.piazzettacattedrale.it – Chiuso 10 gennaio-20 febbraio e martedì escluso luglio-agosto
Menu 30/45 € – Carta 27/52 € – (consigliata la prenotazione)
A pochi metri dalla cattedrale, moglie in cucina e marito in sala gestiscono questo locale come una piccola bomboniera. Brillante per la qualità dei prodotti, in prevalenza pugliesi, come la purea di fave con verdure di stagione.

Osteria del Tempo Perso

via Tanzarella Vitale 47 – 08 31 30 48 19 – www.osteriadeltempoperso.com – Chiuso lunedì escluso giugno-agosto
Carta 28/59 €
Nel centro storico, le sale sembrano scavate nelle grotta. Esistente dal Cinquecento, fu a lungo il forno in cui si cuoceva il pane impastato in casa, oggi è la fucina di una cucina pugliese, sapida e casareccia.

a Costa Merlata Nord-Est : 15 km – ✉ 72017

Grand Hotel Masseria Santa Lucia

cam,

strada statale 379 km 23,500 – 08 31 35 61 11 – www.masseriasantalucia.it
121 cam – **130/240 € 190/310 € – 4 suites**
Rist – Carta 35/85 € – *(solo a cena)*
Ricavato dal riadattamento di un'antica masseria, ogni ambiente si distingue per funzionalità ed omogeneità degli arredi, nonché per l'atmosfera di relax e tranquillità che vi aleggia. Vocazione turistica e congressuale.

OTRANTO

Lecce (LE) – ✉ 73028 – 5 639 ab. – Carta regionale n° **27-D3**
Roma 630 km – Brindisi 88 km – Lecce 46 km – Gallipoli 49 km
Carta stradale Michelin 564-G37

Degli Haethey

via Sforza 33 – 08 36 80 15 48 – www.hoteldeglihaethey.com
49 cam – **55/145 € 90/250 €** **Rist** – Carta 18/35 €
Ad un quarto d'ora dal centro e non lontano dalla spiaggia, apprezzerete la tranquillità della zona residenziale e il confort delle recenti e moderne camere all'ultimo piano.

Valle dell'Idro senza rist

via Giovanni Grasso 4 – 08 36 80 44 27 – www.otrantohotel.com – Aperto 1° aprile-31 ottobre
27 cam – **79/199 € 89/299 €**
I dettagli qui non sono lasciati al caso, ma studiati con grande senso estetico: ne deriva una bella realtà con accoglienti camere e un piccolo, ma grazioso giardino, dove nella bella stagione viene servita la prima colazione. La terrazza propone una suggestiva vista sulla città vecchia e sul mare.

Villa Rosa Antico senza rist

strada statale 16 – ✆ 08 36 80 15 63 – www.hotelrosaantico.it – Aperto 1° aprile-31 ottobre

25 cam – 50/160 € 80/200 € – **2 suites**

E' una storica villa di fine Cinquecento ad ospitare il piccolo albergo dall'attenta e capace gestione familiare. Graziose e ben accessoriate le camere, piacevole sostare in giardino.

Masseria Panareo

litoranea Otranto-S.Cesarea Terme, Sud : 8 km Otranto – ✆ 08 36 81 29 99 – www.masseriapanareo.com – Chiuso 4 novembre-27 dicembre

18 cam – 72/113 € 95/150 €

Rist – Carta 29/52 € – *(chiuso lunedì) (solo a cena escluso domenica)*

Un antico eremo ospita questa bella masseria, interamente ristrutturata, ubicata in aperta campagna ma non troppo lontana dal mare. Moderna piscina con bella terrazza-solarium per momenti di piacevole relax.

Atlantis-Bel Ami

Via Porto Craulo – ✆ 08 36 80 44 01 – www.atlantisbeach.it – Aperto 15 marzo-20 ottobre

Carta 30/70 € – (consigliata la prenotazione)

Gustose ricette di pesce, oltre a vari crudi e frutti di mare, in un ristorante sulla spiaggia con annesso stabilimento balneare: la zona è di suggestiva bellezza!

Retrogusto

via Tenente Eula 7 – ✆ 32 07 77 64 06 – www.ristoranteretrogusto.com – Chiuso novembre, febbraio e martedì escluso giugno-settembre

Menu 25 € (pranzo in settimana)/38 € – Carta 35/52 €

Ambiente classico con arredo semplice, ma di qualità, musica di sottofondo ed atmosfera informale: leggermente arretrato rispetto al lungomare, è solo una piccola deviazione di pochi metri compensata da una cucina di qualità dai tipici sapori salentini.

OTTONE → Vedere Elba (Isola d') : Portoferraio

Livorno (LI)

OVADA

Alessandria (AL) – ✉ 15076 – 11 597 ab. – Alt. 186 m – Carta regionale n° **23**-C3

Roma 549 km – Genova 50 km – Acqui Terme 24 km – Alessandria 40 km

Carta stradale Michelin 561-I7

La Volpina

strada Volpina 1, Sud : 1 km – ✆ 0 14 38 60 08 – www.ristorantelavolpina.it – Chiuso 23-26 dicembre, 13-27 gennaio, 5-27 agosto, domenica sera e lunedì; anche mercoledì sera e martedì in inverno

Menu 40/52 € – Carta 36/52 € – (consigliata la prenotazione)

In tranquilla posizione collinare, La Volpina è una casa accogliente dove si propone una cucina del territorio - tra Piemonte e Liguria - con caratteristiche di entrambe le regioni: ricette reinterpretate ed alleggerite.

L'Archivolto-Osteria Nostrale

piazza Garibaldi 25/26 – ✆ 01 43 83 52 08 – www.archivoltoosterianostrale.it – Chiuso 27 gennaio-9 febbraio, 22 giugno-5 luglio e mercoledì

Menu 18 € (pranzo in settimana)/50 € – Carta 36/88 €

Atmosfera calda ed accogliente in una tipica trattoria di paese con prosciutti appesi. In cucina, la scelta di valide materie prime dà vita a specialità piemontese con influenze liguri. Interessante anche la carta dei vini.

OVIGLIO

Alessandria (AL) – ✉ 15026 – 1 317 ab. – Alt. 107 m – Carta regionale n° **23**-C2

Roma 601 km – Torino 83 km – Alessandria 21 km – Asti 31 km

Carta stradale Michelin 561-H7

Castello di Oviglio
via 24 Maggio 1 – ✆ 01 31 77 61 66 – www.castellodioviglio.it
7 cam – †90/120 € ††100/130 € – **2 suites**
Rist – Carta 35/88 € – (prenotazione obbligatoria)
All'interno di un affascinante castello del XIII secolo, raffinato hotel per un soggiorno d'atmosfera: camere di prestigio e spazi comuni ricercati. L'accoglienza è nelle mani dei cordiali titolari.

Donatella (Mauro Bellotti)
Piazza Umberto I°, 1 – ✆ 01 31 77 69 07 – www.ristorantedonatella.it – Chiuso 10 giorni in gennaio, 3 settimane in estate, lunedì e martedì
Menu 50/62 € – Carta 51/78 € – (prenotazione obbligatoria a mezzogiorno)
Nell'antica canonica del 1700, un elegante e raffinato locale con mobili di antiquariato e quadri contemporanei: la passione dei titolari si traduce in un'ottima cucina dalle squisite materie prime.
→ Agnolotti della tradizione alle tre carni stufate. Filetto di maiale in crosta di spezie, purè di mele e confettura di cipolla rossa di Tropea. Cannolo al doppio ripieno di gianduia e mascarpone, gelato alla nocciola e salsa mou.

OZZANO DELL'EMILIA

Bologna (BO) – ✉ 40064 – 13 114 ab. – Alt. 66 m – Carta regionale n° **9-D3**
Roma 399 km – Bologna 15 km – Forlì 63 km – Modena 60 km
Carta stradale Michelin 562-I16

Eurogarden Hotel senza rist
via dei Billi 2/a – ✆ 0 51 79 45 11 – www.eurogardenhotel.com – Chiuso vacanze di Natale
72 cam – †49/320 € ††59/320 €
Albergo moderno dagli interni arredati in ciliegio e dotati di ogni confort: le camere al piano terra beneficiano di un piccolo giardino, che le rende particolarmente adatte agli ospiti con animali. Salumi, formaggi e pizze al bistrot.

PACECO → Vedere Trapani

Trapani (TP)

PACENTRO

L'Aquila (AQ) – ✉ 67030 – 1 186 ab. – Alt. 690 m – Carta regionale n° **1-B2**
Roma 166 km – Pescara 77 km – L'Aquila 71 km – Chieti 68 km
Carta stradale Michelin 563-P23

Taverna De Li Caldora
piazza Umberto I 13 – ✆ 0 86 44 11 39 – www.ristorantecaldora.it – Chiuso 1 settimana in gennaio, 1 settimana in giugno, domenica sera e martedì
Menu 25/40 € – Carta 21/41 €
Un curioso intrico di stradine disegna il centro storico di Pacentro, mentre nelle cantine di un imponente palazzo del '500 si celebra la cucina regionale, che trova la propria massima espressione nel cosciotto d'agnello alle erbe della Majella.

PACHINO

Sicilia – Siracusa (SR) – ✉ 96018 – 22 001 ab. – Alt. 65 m – Carta regionale n° **30-D3**
Palermo 301 km – Siracusa 55 km – Ragusa 58 km – Catania 108 km
Carta stradale Michelin 365-AZ63

a Marzamemi Nord-Est: 4 km – ✉ 96010

La Cialoma
piazza Regina Margherita 23 – ✆ 09 31 84 17 72 – www.lacialoma.it – Chiuso novembre e martedì in dicembre-marzo
Carta 37/48 €
Nella scenografica piazza di un borgo-tonnara del '700, un'incantevole trattoria di mare con tovaglie ricamate e il pesce più fresco: l'eccellenza nella semplicità!

PADENGHE SUL GARDA

Brescia (BS) – ✉ 25080 – 4 336 ab. – Alt. 127 m – Carta regionale n° **17-D1**
Roma 526 km – Brescia 36 km – Mantova 53 km – Verona 43 km
Carta stradale Michelin 561-F13

XX **Aquariva**

via Marconi 57, strada statale Gardesana, Est : 1 km – ✆ 03 09 90 88 99 – www.aquariva.it
Menu 58 € – Carta 42/106 €
In riva al lago - in un locale dalle tinte mediterranee e con una bellissima terrazza affacciata sul porticciolo - piatti gourmet principalmente di mare, possibilmente accompagnati da una flûte della mirabile selezione di champagne.

PADERNO → Vedere Ponzano Veneto

Treviso (TV)

PADERNO DEL GRAPPA

Treviso (TV) – ✉ 31017 – 2 166 ab. – Alt. 292 m – Carta regionale n° **39-B2**
Roma 547 km – Padova 61 km – Treviso 41 km – Venezia 72 km
Carta stradale Michelin 562-E17

X **Osteria Bellavista**

via Piovega 30 – ✆ 04 23 94 93 29 – Chiuso 10 giorni in agosto, 10 giorni in febbraio e mercoledì
Carta 36/55 €
Un'osteria di moderna concezione dalla calda accoglienza familiare. La cucina asseconda l'estro, il mercato e le tradizioni.

PADERNO FRANCIACORTA

Brescia (BS) – ✉ 25050 – 3 752 ab. – Alt. 186 m – Carta regionale n° **19-D2**
Roma 550 km – Brescia 15 km – Milano 84 km – Verona 81 km
Carta stradale Michelin 561-F12

Franciacorta senza rist

via Donatori di Sangue 10/d – ✆ 03 06 85 70 85 – www.hotelfranciacorta.it – Chiuso agosto
24 cam – †70 € ††90 €
In zona strategica, facile da raggiungere, una risorsa di concezione moderna, quasi confusa fra le molte altre ville dell'area residenziale in cui si trova.

PADOLA → Vedere Comelico Superiore

Belluno (BL)

PADOVA

207 245 ab. – Alt. 12 m – Carta regionale n° **40-C3**
Roma 496 km – Rovigo 49 km – Venezia 50 km – Vicenza 39 km
Carta stradale Michelin 562-F17

© R. Sala / age fotostock

Alberghi

NH Mantegna
rist,
via Tommaseo 61, zona Fiera ✉ *35131* – ✆ *04 98 49 41 11* – *www.nh-hotels.com* Pianta : B1**e**
180 cam – 60/271 € 60/271 € – **10 suites**
Rist *Parnaso* – Carta 38/64 €
A pochi minuti dal centro storico, l'architettura contemporanea di questo enorme grattacielo anticipa gli ottimi spazi di cui la risorsa è dotata. 13 piani di design, ambienti moderni e luminosi, camere ultra confortevoli. Non perdetevi la stupenda vista dal ristorante panoramico, al dodicesimo piano.

Grand'Italia senza rist
corso del Popolo 81 ✉ *35131* – ✆ *04 98 76 11 11* – *www.hotelgranditalia.it* Pianta : D1**a**
61 cam – 60/165 € 80/226 € – **3 suites**
Palazzo Folchi è un bell'edificio sorto nel 1907 e trasformato in elegante hotel negli anni '50: le stanze, dai confort decisamente moderni, sono tuttavia arredate riprendendo lo stile degli anni '20.

Plaza
rist,
corso Milano 40 ✉ *35139* – ✆ *0 49 65 68 22* – *www.plazapadova.it* Pianta : C2**m**
127 cam – 69/89 € 89/109 € – **5 suites**
Rist – Carta 38/56 € – *(chiuso domenica)*
Vantaggiosa posizione, in prossimità del centro storico e commerciale: buon servizio e ottima gestione per una comodissima e piacevole risorsa dall'atmosfera elegante. Ristorante raffinato frequentato in prevalenza da clienti d'affari.

Methis senza rist
riviera Paleocapa 70 ✉ *35142* – ✆ *04 98 72 55 55* – *www.methishotel.com* Pianta : C3**a**
48 cam – 99/159 € 129/189 € – **1 suite**
Lungo il canale e non lontano dalla Specola, aria, acqua, terra e fuoco sono gli elementi che ispirano i quattro piani di questo albergo minimal dagli interni moderni e funzionali.

Un esercizio evidenziato in rosso enfatizza il fascino della struttura XXX.

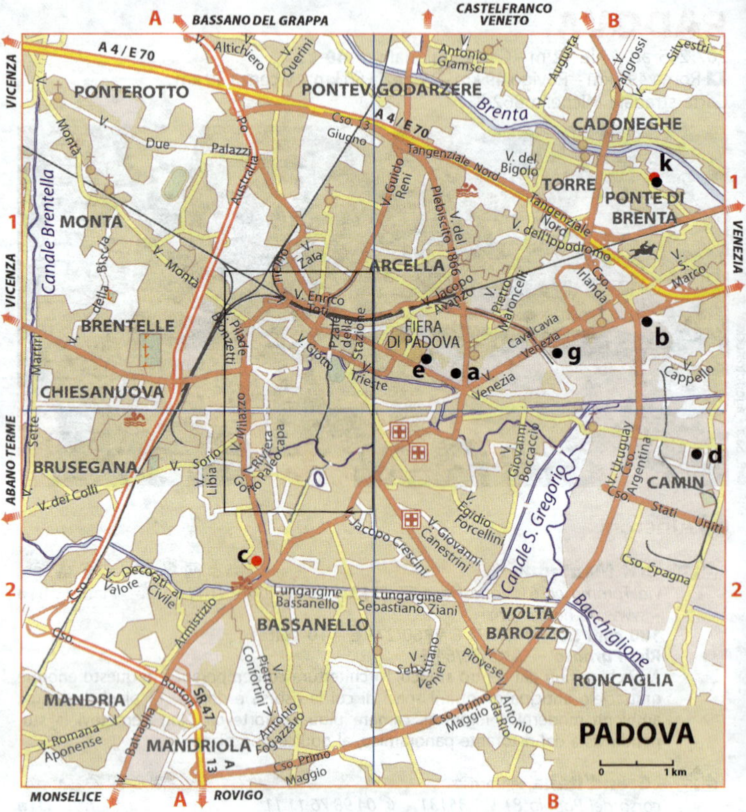

Europa

largo Europa 9 ✉ *35137 –* ✆ *0 49 66 12 00* Pianta : D2**c**
– www.hoteleuropapd.it
80 cam – 69/144 € 89/180 €
Rist *Zaramella* – vedere selezione ristoranti
Cappella degli Scrovegni e centro storico sono a pochi metri, così come la stazione: l'hotel è in continuo miglioramento e presenta camere moderne, nonché spazi comuni luminosi e dai caldi toni. Ideale per una clientela business.

Biri

cam, rist,

via Grassi 2 ✉ *35129 –* ✆ *04 98 06 77 00 – www.hotelbiri.com* Pianta : B1**a**
100 cam – 65/178 € 68/237 € – **1 suite**
Rist – Carta 26/56 € – *(chiuso domenica) (solo a cena) (solo per alloggiati)*
Non lontano dalla zona fieristica, un enorme albergo con camere accoglienti, in gran parte rinnovate, e un fitness center per gli irrinunciabili della forma fisica.

Milano

rist,

via Bronzetti 62/d ✉ *35138 –* ✆ *04 98 71 25 55* Pianta : C2**g**
– www.hotelmilano-padova.it
80 cam – 69/135 € 75/185 €
Rist – Menu 28 € – *(chiuso sabato e domenica) (solo a cena)*
Offre un insieme funzionale e ha caratteristiche tipiche degli alberghi dell'ultima generazione, con tutti i confort e le modernità, in un'area cittadina molto comoda. Ampie sale ristorante, gestione familiare, cucina del territorio.

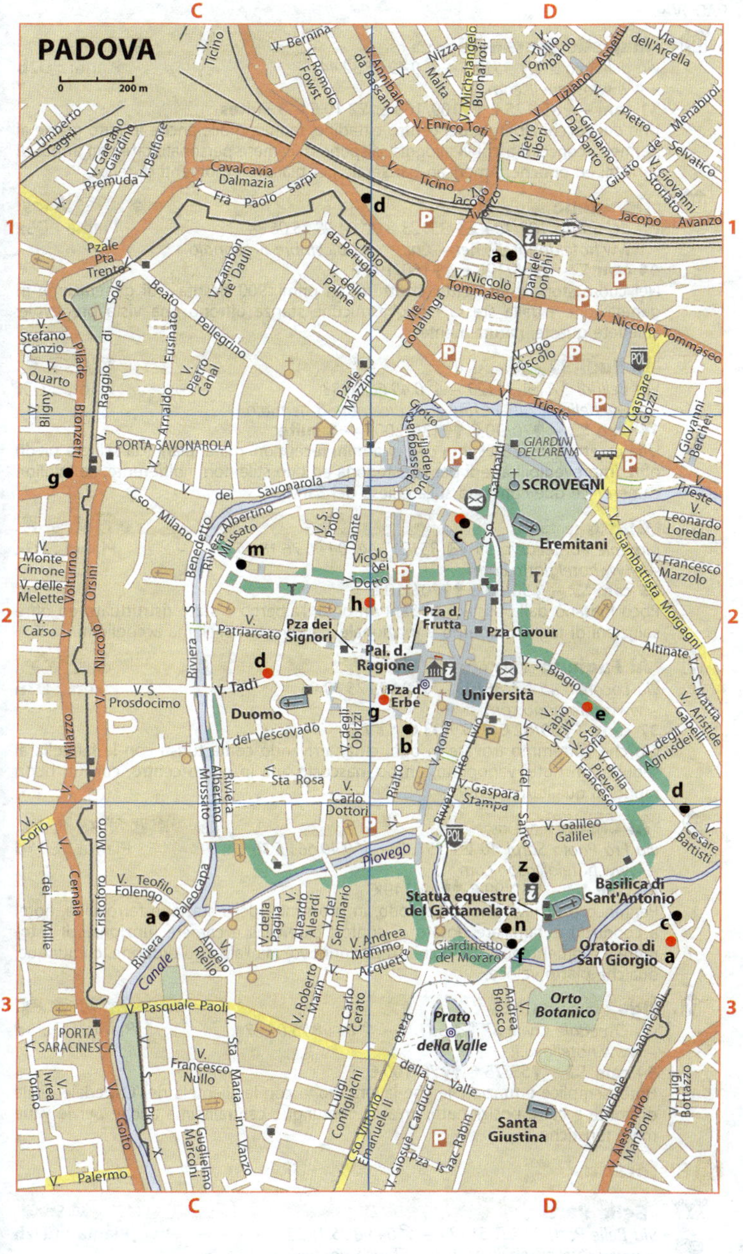

C
D
1
2
3
PADOVA
0
200 m
V. Ticino
V. Bernina
V. Romolo Fowst
V. Annibale da Bassano
V. Nizza
V. Malta
V. Michelangelo Buonarroti
V. Tullio Lombardo
V. Tiziano Aspetti
Vle dell'Arcella
V. Umberto Cagni
V. Gaetano Giardino
V. Belfiore
Premuda
Cavalcavia Dalmazia
V. Frà Paolo Sarpi
V. Enrico Toti
V. Pietro Liberi
V. Girolamo Dal Santo
Pietro
Menabuoi
Giusto de
Selvatico
V. Giovanni Storlato
Ticino
Jacopo Avanzo
Jacopo
Avanzo
d
a
Pzale Pta Trento
V. Zambon de' Dauli
V. Cirolo da Perugia
V. delle Palme
V. Niccolò Tommaseo
Daniele Donghi
V. Niccolò Tommaseo
V. Stefano Canzio
V. Quarto
V. Bligny
V. Pilade Bronzetti
V. Raggio di Sole
Beato Pellegrino
Fusinato
V. Pietro Canal
V. Arnaldo
Vle Codalunga
Pzale Mazzini
V. Ugo Foscolo
V. Gaspare Gozzi
V. Giovanni Berchet
Trieste
Passeggiata Giotto
Conciapelli
GIARDINI DELL'ARENA
SCROVEGNI
PORTA SAVONAROLA
g
Cso Milano
V. dei Savonarola
Riviera Albertino Mussato
V. S. Polo
Dante
Vicolo dei Dotto
c
Cso Garibaldi
Eremitani
V. Trieste
V. Leonardo Loredan
V. Giambattista Morgagni
V. Francesco Marzolo
m
V. Monte Cimone
V. delle Melette
V. Carso
V. Volturno
Orsini
V. Niccolò
Benedetto
h
Pza d. Frutta
V. Patriarcato
Pza dei Signori
Pal. d. Ragione
Pza Cavour
Altinate
V. S. Mattia
V. Aristide Gabelli
Riviera S.
d
V. Tadi
V. S. Prosdocimo
Duomo
Pza d. Erbe
g
b
Università
V. S. Biagio
e
V. Fabio Filzi
V. S. Sofia
V. Sta Sofia
V. della Pieve
S. Francesco
V. degli Agnusdei
V. del Vescovado
V. degli Obizzi
V. Roma
Tito Livio
V. Milazzo
Riviera Albertino Mussato
V. Sta Rosa
V. Carlo Dottori
Rialto
Riviera
V. Gaspara Stampa
V. del Santo
d
V. Cesare Battisti
V. Sorio
V. Galileo Galilei
Piovego
z
Basilica di Sant'Antonio
Statua equestre del Gattamelata
V. Teofilo Folengo
V. Cristoforo Moro
V. dei Mille
V. Cernaia
a
Paleocapa
V. della Paglia
V. Aleardo Aleardi
V. del Seminario
V. Andrea Memmo
Acquette
n
f
Giardinetto del Moraro
c
Oratorio di San Giorgio
a
Riviera
Canale
Angelo Riello
V. Pasquale Paoli
V. Roberto Marin
V. Carlo Cerato
Prato della Valle
Andrea Briosco
Orto Botanico
Michele Sanmicheli
PORTA SARACINESCA
V. Ivrea
Torino
V. Francesco Nullo
V. Sta Maria in Vanzo
V. Luigi Configliachi
Cso Vittorio Emanuele II
della Valle
V. Giosuè Carducci
Pza Isaac Rabin
Santa Giustina
V. Alessandro Manzoni
V. Luigi Bottazzo
V. Goito
V. S. Pio X
V. Guglielmo Marconi
V. Palermo
C
D

Majestic Toscanelli senza rist
via dell'Arco 2 ✉ *35122 – ✆ 0 49 66 32 44* Pianta : D2**b**
– www.toscanelli.com
31 cam – 🛉85/125 € 🛉🛉109/169 €, ☕ 10 € – **3 suites**
Uno dei vecchi alberghi nel centro cittadino, raggiungibile anche in auto grazie ai permessi concessi a chi vi alloggia, dispone di camere personalizzate con arredi di vari stili ed epoche. American bar serale per piacevoli momenti di relax.

Donatello senza rist
via del Santo 102/104 ✉ *35123 – ✆ 04 98 75 06 34* Pianta : D3**z**
– www.hoteldonatello.net – Chiuso 15 dicembre-6 gennaio
44 cam ☕ – 🛉95/120 € 🛉🛉160/190 €
Nel cuore storico della città, struttura dei primi '900 gestita - di generazione in generazione - dalla stessa famiglia. Alcune stanze offrono una vista pregevole: chiedete queste, naturalmente!

Belludi 37 senza rist
Via Belludi 37 ✉ *35123 – ✆ 0 49 66 56 33* Pianta : D3**f**
– www.belludi37.it – Chiuso 23 dicembre-8 gennaio
14 cam ☕ – 🛉70/90 € 🛉🛉130/200 € – **1 suite**
Una casetta che si presenta con una mini reception, ma ai piani (da salire a piedi) offre imprevedibili arredi per la categoria ed uno stile non indifferente. Le migliori camere? Le due con vista sulla chiesa del Santo!

Giotto senza rist
piazzale Pontecorvo 33 ✉ *35121 – ✆ 04 98 76 18 45* Pianta : D3**c**
– www.hotelgiotto.com
35 cam ☕ – 🛉50/80 € 🛉🛉70/110 €
Poco lontano dalla basilica di Sant'Antonio, l'albergo è stato ristruttuato ed offre soluzioni di taglio moderno e funzionale, camere semplici, ma accoglienti.

Al Fagiano senza rist
via Locatelli 45 ✉ *35123 – ✆ 04 98 75 33 96* Pianta : D3**n**
– www.alfagiano.com
37 cam – 🛉49/62 € 🛉🛉79/93 €, ☕ 7 €
Ciò che vorremmo trovare in ogni città, arrivando come turisti con la famiglia al seguito: un hotel variopinto, un po' nascosto, ma in pieno centro, con un buon rapporto qualità/prezzo.

Al Cason senza rist
via Frà Paolo Sarpi 40 ✉ *35138 – ✆ 0 49 66 26 36* Pianta : CD1**d**
– www.hotelalcason.com
48 cam ☕ – 🛉49/99 € 🛉🛉59/149 €
Periferico e tuttavia molto comodo, in prossimità della stazione ferroviaria, hotel a conduzione familiare dotato di confort essenziali e camere funzionali. Il ristorante è momentaneamente chiuso per rinnovo, ma l'albergo propone, comunque, qualche piatto veloce.

Igea senza rist
via Ospedale Civile 87 ✉ *35121 – ✆ 04 98 75 05 77* Pianta : D2-3**d**
– www.hoteligea.it
54 cam ☕ – 🛉55/75 € 🛉🛉70/100 €
Hotel semplice e funzionale che lavora molto con la clientela dell'Ospedale Civile di fronte a cui è posizionato: un'area comunque centralissima anche per le varie mete turistiche.

Ristoranti

Belle Parti
via Belle Parti 11 ✉ *35139 – ✆ 04 98 75 18 22* Pianta : CD2**h**
– www.ristorantebelleparti.it – Chiuso domenica
Menu 30 € (pranzo in settimana) – Carta 43/83 €
In un ambiente decisamente elegante con quadri alle pareti, specchi e boiserie, il menu si accorda con le stagioni, proponendo una rassegna di gustosi piatti di carne e di pesce. Segnalati come "vintage" gli storici del ristorante.

XX **Zaramella** – Hotel Europa

largo Europa 9 ✉ 35137 – ✆ 04 98 76 08 68 Pianta : D2**c**
– www.ristorantezaramella.it
Carta 30/54 € – *(chiuso agosto, sabato a mezzogiorno e domenica)*
Quali potrebbero essere i motivi che portano a varcare la soglia di questo ristorante, le cui origini affondano nell'Ottocento? Sicuramente la sua cucina che si doppia tra i classici italiani e i piatti della tradizione veneta, ma anche il servizio attento e cordiale.

XX **Ai Porteghi**

via Cesare Battisti 105 ✉ 35121 – ✆ 0 49 66 07 46 Pianta : D2**e**
– www.trattoriaaiporteghi.com – Chiuso 11-18 agosto, lunedì a mezzogiorno e domenica
Menu 20 € (pranzo) – Carta 33/64 €
Locale molto curato e dalla calda, avvolgente, atmosfera, dove la cucina si concentra soprattutto sul territorio sfornando piatti della tradizione veneta.

XX **La Vecchia Enoteca**

via Santi Martino e Solferino 32 ✉ 35122 Pianta : D2**g**
– ✆ 04 98 75 28 56 – www.lavecchiaenoteca.com
– Chiuso 10-30 agosto, domenica sera e lunedì; lunedì a mezzogiorno e domenica in luglio-15 settembre
Carta 35/58 € – (coperti limitati, prenotare)
In pieno centro storico, la profusione di legno rende il locale raccolto e romantico; la cucina classica a mezzogiorno viene ampliata da un menu economico detto Cheap & Chic.

XX **L'Officina**

via Chieti 8/c ✉ 35142 – ✆ 0 49 69 01 45 Pianta : A2**c**
– www.officinaristorante.it – Chiuso domenica sera e lunedì; solo domenica in giugno-agosto
Menu 32/48 € – Carta 29/72 €
Leggermente defilato rispetto al centro, un piacevole locale dove il patron - dividendosi tra cucina e sala - propone specialità di carne e di pesce, cucinate essenzialmente in maniera classica, ma con un lieve tocco di modernità.

X **Per Bacco**

piazzale Ponte Corvo 10 ✉ 35121 – ✆ 04 98 75 28 83 Pianta : D3**a**
– www.per-bacco.it – Chiuso domenica
Menu 15 € – Carta 32/50 € – (consigliata la prenotazione)
Bottiglie esposte all'ingresso, libri e riviste a tema, tutto favorisce un piacevole incontro con la divinità che dà il nome a questo simpatico ed accogliente locale.

X **La Finestra**

via dei Tadi 15 ✉ 35139 – ✆ 0 49 65 03 13 Pianta : C2**d**
– www.ristorantefinestra.it – Chiuso 1 settimana in gennaio, 3 settimane in agosto, domenica sera e lunedì
Carta 37/58 € – *(solo a cena escluso venerdì, sabato e domenica)*
Ambiente raccolto ed accogliente, dove le importanti esperienze professionali dello chef si riflettono in una prelibata cucina contemporanea, resa originale da qualche spunto creativo, "misurato" e non invadente.

a Camin Est : 4 km per A 4 Pianta : BX – ✉ 35127

Admiral senza rist

via Vigonovese 90 – ✆ 04 98 70 02 40 – www.hoteladmiral.it Pianta : B2**d**
46 cam ☕ – †50/90 € ††65/130 €
Sito nella zona industriale, sull'arteria principale che attraversa la località, un albergo di fattura moderna, distribuito su tre edifici, ideale per la clientela d'affari.

in prossimità casello autostrada A 4 Padova Est 5 km B1

Sheraton Padova Hotel & Conference Center

corso Argentina 5 ✉ *35129 – ☎ 04 97 80 82 30 – www.sheratonpadova.com*
rist, Pianta : B1**b**
226 cam – †75/250 € ††85/260 € – **9 suites**
Rist *Les Arcades* – Carta 34/61 €
In posizione strategica per scoprire le bellezze della città, ma anche di Venezia, un hotel che soddisfa sia la clientela turistica sia quella d'affari con standard di confort in linea con la catena. Atmosfera ovattata al ristorante e, per il pranzo, anche un menu "bistrot" semplice ed economico.

AC Hotel Padova by Marriot

via Prima Strada 1 ✉ *35129 – ☎ 0 49 77 70 77 – www.ac-hotels.com www.marriott.com*
Pianta : B1**g**
98 cam – †55/150 € ††65/160 €, 13 € **Rist** – Carta 33/57 € – *(solo a cena)*
Non lontano dalla fiera e dall'uscita autostradale, il design moderno caratterizza questo hotel di catena. Spazi comuni non ampissimi, ma organizzati con grande raziocinio; camere di media ampiezza e notevole confort.

in prossimità casello autostrada A 4 Padova Ovest 6 km A1

Crowne Plaza Padova

rist,
via Po 197 ✉ *35135 – ☎ 04 98 65 65 11 – www.promohotels.it*
177 cam – †50/300 € ††50/300 €, 13 € – **2 suites** **Rist** – Carta 28/53 €
Recente ed elegante, nel contesto di una città d'arte ricca di storia, annovera ampi spazi arredati in un design contemporaneo particolarmente luminoso e colorato. Classe e raffinatezza continuano al ristorante dalle dimensioni modulabili a seconda delle esigenze.

a Ponte di Brenta Nord-Est : 6 km per S 11 Pianta : BV – ✉ 35129

Sagittario

via Randaccio 6, località Torre – ☎ 0 49 72 58 77 – www.hotelsagittario.com – Chiuso 24 dicembre-6 gennaio e agosto
Pianta : B1**k**
43 cam – †55/85 € ††70/110 €
Rist *Dotto di Campagna* – vedere selezione ristoranti
Decentrato, ma immerso nel verde, un valido appoggio per chi è soltanto di passaggio o per chi desidera visitare meglio le località vicine. Un consiglio: all'atto della prenotazione richiedere le camere rinnovate di recente.

Dotto di Campagna – Hotel Sagittario

via Randaccio 4, località Torre – ☎ 0 49 62 54 69 – www.hotelsagittario.com – Chiuso 26 dicembre-6 gennaio, agosto, domenica sera e lunedì
Pianta : B1**k**
Carta 29/74 €
Un simpatico indirizzo, un po' fuori città, ove poter assaporare i piatti della tradizione veneta nella più completa rilassatezza e in un ambiente di elegante rusticità.

PAESTUM

Salerno (SA) – ✉ 84047 – Carta regionale n° **7-C3**
Roma 305 km – Potenza 98 km – Napoli 99 km – Salerno 48 km
Carta stradale Michelin 564-F27

Savoy Beach

via Poseidonia 41 – ☎ 08 28 72 01 00 – www.hotelsavoybeach.it
42 cam – †83/209 € ††110/278 € – **1 suite**
Rist *Tre Olivi* – vedere selezione ristoranti
Si parte dall'amplissima hall in stile neo-classico, così come l'esterno che cita il tempio degli scavi archeologici, per proseguire nelle confortevoli camere, anch'esse generose in metri quadrati. Gli spazi si dilatano ulteriormente negli esterni, dove padroneggia l'ampia piscina ad anfiteatro.

Esplanade

via Poseidonia – ✆ 08 28 85 10 05 – www.hotelesplanade.com – Aperto 20 aprile-31 ottobre

24 cam – 68/128 € 90/170 € **Rist** – Carta 25/43 €

Hotel completamente rinnovato secondo il concept moderno-lineare attualmente tanto in voga. Il fresco giardino con piscina e l'ampia zona verde, che conduce direttamente alla spiaggia, restano tra gli aspetti più apprezzati della struttura. Al ristorante: cucina nazionale e un'interessante carta dei vini.

Grand Hotel Paestum Tenuta Lupo'

via Laura 201 – ✆ 08 28 85 18 13 – www.grandhotelpaestum.it

62 cam – 70/120 € 90/149 € – **4 suites**

Rist – Carta 23/40 € – *(solo per alloggiati)*

All'interno di una vasta proprietà, nel XIX secolo tenuta di caccia, eleganti soluzioni sia nella residenza originaria, sia nel moderno corpo centrale costruito in anni recenti. A disposizione degli ospiti un vasto giardino ed una piscina.

Le Palme

via Poseidonia 123 – ✆ 08 28 85 10 25 – www.lepalme.it – Aperto 22 marzo-22 novembre

84 cam – 75/105 € 110/170 € **Rist** – Menu 30 € – *(solo per alloggiati)*

Separato dal mare e dalla spiaggia solo dalla rigogliosa pineta, l'albergo propone camere gradevoli e piacevole zona piscina. Gestione attenta e cordiale.

Schuhmann

via Marittima 5 – ✆ 08 28 85 11 51 – www.hotelschuhmann.com

53 cam – 60/100 € 80/160 €

Rist – Menu 25/50 € – *(solo per alloggiati)*

Alle spalle una piccola pineta, mentre di fronte l'affaccio è sul mare, dove si trova la spiaggia privata. Camere spaziose ed arredate in stile classico. Enormi sale e veranda al ristorante.

Il Granaio dei Casabella

via Tavernelle 84 – ✆ 08 28 72 10 14 – www.ilgranaiodeicasabella.com – Aperto 1° aprile-31 ottobre

14 cam – 60/90 € 80/100 € **Rist** – Menu 22 € – *(solo a cena)*

Adiacente al sito archeologico, hotel familiare ricavato da un antico granaio, con esito sorprendente. Camere arredate con gusto, mobili d'epoca o in arte povera. Sapori del Cilento nella piccola, ma elegante sala ristorante con coperto colorato e bellissimo dehors sull'erba.

Villa Rita

via Nettuno 9, zona archeologica – ✆ 08 28 81 10 81 – www.hotelvillarita.it – Aperto 15 marzo-15 novembre

22 cam – 70/100 € 90/130 € **Rist** – Menu 20 € – *(solo per alloggiati)*

Nella campagna prospiciente le antiche mura, immerso in un parco-giardino, un tranquillo alberghetto a conduzione familiare in cui si respira semplicità e sobrietà.

Agriturismo Seliano

via Seliano – ✆ 08 28 72 36 34 – www.agriturismoseliano.it – Aperto 5 aprile-2 novembre

14 cam – 55/95 € 70/110 €

Rist – Menu 25/35 € – (prenotazione obbligatoria)

In posizione tranquilla, tra curati giardini e una bella piscina, le antiche stalle sono state accuratamente ristrutturate per offrire camere con arredi d'epoca e moderni confort. Menu fisso al ristorante, dove gustare i prodotti dell'azienda.

Tre Olivi – Hotel Savoy Beach

via Poseidonia 291 – ✆ 08 28 72 00 23 – www.hotelsavoybeach.it

Carta 36/55 €

Invitanti specialità del Cilento nell'elegante sala, affacciata sul giardino dalla lussureggiante vegetazione sub-tropicale. Mozzarella di bufala, pasta di Gragnano, pesce locale, ed altro ancora: nel piatto, il top gastronomico del meridione.

XX **Nonna Sceppa**

via Laura 45 – ✆ 08 28 85 10 64 – www.nonnasceppa.com – Chiuso 8-26 ottobre e giovedì escluso luglio-agosto
Carta 25/77 € – *(solo a pranzo da ottobre a Pasqua escluso il sabato)*
Fondata negli anni '60 da nonna Giuseppa, la trattoria è diventata oggi ristorante, ma la conduzione è sempre nelle mani della stessa famiglia: nipoti e pronipoti si dividono tra sala e cucina. Ricette del cilento nel menu, che cambia quotidianamente. Pizzeria solo la sera.

XX **Nettuno**

zona archeologica via Nettuno 2 – ✆ 08 28 81 10 28 – www.ristorantenettuno.com – Chiuso 15 novembre-1° marzo e lunedì; aperto solo a pranzo in bassa stagione
Carta 26/59 €
Cucina ittica e cilentina in un una casa colonica di fine '800, già punto di ristoro negli anni '20, con servizio estivo in veranda: splendida vista su Basilica e tempio di Nettuno.

sulla strada statale 166 Nord-Est : 7,5 km

XXX **Le Trabe**

via Capodifiume 4 ✉ 84047 Paestum – ✆ 08 28 72 41 65 – www.letrabe.it – Chiuso 20 dicembre-8 gennaio, domenica sera e lunedì
Menu 65 € – Carta 39/58 € – *(solo a cena escluso sabato e domenica)* (consigliata la prenotazione)
Immerso nel verde di una splendida tenuta, paesaggi bucolici ed orizzonti campestri sono la cornice di sale rustiche ed eleganti, dove materiali antichi sono combinati con finezze moderne. Il viaggio gastronomico vi porta nella cucina campana, dai prodotti di bufala a quelli del mare.
→ Spaghettone ai pomodorini gialli del Cilento, caciocavallo di bufala e basilico. Sella d'agnello con verza riccia leggermente piccante e scalogno fondente all'Aglianico. Stecco al cioccolato fondente e caffè, salsa al San Marzano, pepe lungo di Java e fava tonka.

PALADINA → Vedere Almè
Bergamo (BG)

PALAU
Sardegna – Olbia-Tempio (OT) – ✉ 07020 – 3 774 ab. – Carta regionale n° **28-B1**
Cagliari 303 km – Sassari 119 km – Olbia 42 km – Porto Torres 121 km
Carta stradale Michelin 366-R36

La Vecchia Fonte senza rist

via Fonte Vecchia 48 – ✆ 07 89 70 97 50 – www.lavecchiafontehotel.it – Aperto 3 aprile-11 ottobre
36 cam – †60/200 € ††70/350 € – **2 suites**
In centro paese di fronte al porto turistico, piccolo hotel di arredo signorile con ampie e confortevoli sale dai caldi colori. La vista sulla Maddalena rapisce...

La Roccia senza rist

via dei Mille 15 – ✆ 07 89 70 95 28 – www.hotellaroccia.com – Aperto 1° aprile-31 ottobre
22 cam – †39/110 € ††64/144 €
Un ambiente familiare sito nel cuore della località offre camere semplici ed ordinate e deve il suo nome all'imponente masso di granito che domina sia il giardino che la hall.

XXX **La Gritta**

località Porto Faro – ✆ 07 89 70 80 45 – www.ristorantelagritta.it – Aperto 1° aprile-31 ottobre; chiuso mercoledì escluso 15 giugno-15 settembre
Carta 53/88 €
Un indirizzo ideale per chi desidera deliziare insieme vista, spirito e palato: lo sguardo si perderà tra i colori dell'arcipelago di fronte ad una sapiente cucina di pesce.

Da Robertino

via Nazionale 20 – ✆ 07 89 70 96 10 – Chiuso gennaio e lunedì escluso in giugno-settembre
Menu 26 € (pranzo)/50 € – Carta 35/63 €
Esperta gestione familiare in una simpatica trattoria sulla via principale della località. In una terra tradizionalmente di pastori, il locale non dimentica il mare... Gustose ricette di pesce a prezzi interessanti.

PALAZZAGO

Bergamo (BG) – ✉ 24030 – 4 399 ab. – Alt. 397 m – Carta regionale n° **19-C1**
Roma 599 km – Bergamo 18 km – Brescia 68 km – Milano 61 km
Carta stradale Michelin 561-E10

Osteria Burligo

località Burligo 12, Nord-Ovest : 2,5 km – ✆ 0 35 55 04 56 – Chiuso 1°-10 settembre, lunedì e martedì
Carta 27/39 € – *(solo a cena escluso domenica e i giorni festivi)*
Semplice esercizio fuori porta dalla vivace gestione familiare, che propone piatti genuini e gustosi - il capretto al timo ne è un esempio - memoria di una tradizione contadina. Terrazza estiva.

PALAZZOLO

➜ Vedere Incisa in Val d'Arno
Firenze (FI)

PALAZZOLO ACREIDE

Siracusa (SR) – ✉ 96010 – 9 041 ab. – Alt. 670 m – Carta regionale n° **30-D3**
Siracusa 41 km – Catania 90 km – Palermo 293 km – Ragusa 40 km
Carta stradale Michelin 365-AY61 – Guida Verde Michelin SICILIA

Andrea - Sapori Montani

via Gabriele Judica 4, (angolo corso Vittorio Emanuele) – ✆ 09 31 88 14 88 – www.ristoranteandrea.it – Chiuso 1 settimana in novembre e martedì
Menu 35 € – Carta 28/44 €
Nel centro della cittadina barocca di origini greche, testimone ne è lo stupendo teatro, locale gestito da una capace coppia: ambienti piacevoli e, nel piatto, i migliori prodotti dell'entroterra siciliano (ottimi, i ravioli di ricotta al pistacchio). Ben articolata anche la carta dei vini che omaggia l'isola.

PALAZZOLO SULL'OGLIO

Brescia (BS) – ✉ 25036 – 19 770 ab. – Alt. 166 m – Carta regionale n° **19-D2**
Roma 581 km – Bergamo 26 km – Brescia 32 km – Cremona 77 km
Carta stradale Michelin 561-F11

La Corte

via San Pancrazio 41 – ✆ 03 07 40 21 36 – Chiuso 25 gennaio-2 febbraio, 3-26 agosto, sabato a mezzogiorno e lunedì
Menu 18 € (pranzo in settimana)/50 € – Carta 38/63 €
Romantica ed elegante casa di campagna impreziosita da arredi d'epoca - la passione del titolare - insieme ad un'ottima cucina, in prevalenza di pesce.

Osteria della Villetta

via Marconi 104 – ✆ 03 07 40 18 99 – www. osteriadellavilletta.it – Chiuso 25 dicembre-3 gennaio, agosto, domenica, lunedì e le sere di martedì e mercoledì
Carta 29/43 €
Da oltre cent'anni baluardo della tradizione bresciana, arredi liberty e atmosfera retrò sono il contorno di gustosi piatti del territorio come la lasagna con ragù di vitello e fonduta di grana o il bollito misto: tutti conditi da una genuina ospitalità familiare!

PALAZZUOLO SUL SENIO

Firenze (FI) – ✉ 50035 – 1 170 ab. – Alt. 437 m – Carta regionale n° **32-C1**
Roma 318 km – Bologna 86 km – Firenze 56 km – Faenza 46 km
Carta stradale Michelin 563-J16

Locanda Senio

borgo dell'Ore 1 – ✆ 05 58 04 60 19 – www.locandasenio.com
– Chiuso 7 gennaio-12 febbraio

6 cam – 80/105 € 105/200 € – **2 suites**

Rist *Locanda Senio* – vedere selezione ristoranti

Come cornice un caratteristico borgo medievale, come note salienti la cura, le personalizzazioni, la bella terrazza con piscina...insomma un soggiorno proprio piacevole.

Locanda Senio – Locanda Senio

borgo dell'Ore 1 – ✆ 05 58 04 60 19 – www.locandasenio.com
– Chiuso 7 gennaio-12 febbraio, lunedì, martedì e mercoledì (escluso giugno-settembre)

Carta 42/54 € – *(solo a cena escluso sabato, domenica e giorni festivi)*

Ci sono tanti locali che vantano una cucina del territorio, ma in questa locanda si fa della tradizione il proprio verbo! In una bella atmosfera familiare, Roberta vi proporrà i piatti forti della regione, accompagnandovi inoltre alla scoperta di ricette medievali rivisitate con passione.

PALERMO

654 987 ab. – Carta regionale n° **29-B2**
Agrigento 127 km – Trapani 111 km
Carta stradale Michelin 365-AP55 – Guida Verde Michelin SICILIA

© Ken Scicluna / John Warburton-Lee / Photononstop

Alberghi

Grand Hotel Villa Igiea
cam, rist,
salita Belmonte 43 ✉ 90142 – ✆ 09 16 31 21 11 – www.villa-igiea.it – Chiuso 1° novembre-23 dicembre Pianta : B2**e**
109 cam – 360/505 € 380/525 € – **6 suites**
Rist *Cuvée du Jour* – vedere selezione ristoranti
Rist – Carta 49/80 €
Imponente villa Liberty di fine '800, strategicamente posizionata sul golfo di Palermo e da sempre esclusivo ritiro per principi e regnanti. Nel ristorante le emozioni gastronomiche si mescolano a quelle artistiche con un dipinto di G. Boldini, che fa da sfondo ad una cucina eclettica e siciliana.

Centrale Palace Hotel
cam, rist,
corso Vittorio Emanuele 327 ✉ 90134 – ✆ 0 91 85 39 – www.centralepalacehotel.it – Chiuso 12-26 gennaio Pianta : D2**b**
102 cam – 70/130 € 100/150 € – **2 suites**
Rist – Carta 35/62 € – *(solo a cena)*
Si respira un fascino d'epoca in questa nobile dimora settecentesca, ma dietro a questa cortina c'è un hotel che offre tecnologia moderna in ogni ambiente. Nuova palestra con piccola sauna. Piccola sala all'ultimo piano e terrazza panoramica per l'estate; la cucina, rivisitata, è a base di soli prodotti locali.

Grand Hotel Wagner senza rist
via Wagner 2 ✉ 90139 – ✆ 0 91 33 65 72 – www.grandhotelwagner.it Pianta : D1**f**
58 cam – 130/210 € 180/270 € – **3 suites**
Sorto nel 1921 come palazzo nobiliare, stucchi, boiserie ed affreschi ne ripropongono lo stile sontuoso e neobarocco. Amanti del minimalismo: astenersi!

Principe di Villafranca senza rist
via G. Turrisi Colonna 4 ✉ 90141 – ✆ 09 16 11 85 23 – www.principedivillafranca.it Pianta : C1**d**
32 cam – 79/253 € 99/297 €
Sono molto ben accessoriate e con arredi di moderna eleganza le camere di questa risorsa totalmente ristrutturata qualche anno fa, che ora si presenta in una veste decisamente fashion, dove il contrasto tra il bianco e il grigio è un must. Tra le originalità dell'hotel, una serie di quadri che ritraggono solo gambe femminili in ogni loro forma ed esposizione.

C
D
1
2
3
Teatro Politeama
Piazza Castelnuovo
Pza R. Settimo
Piazza Sturzo
Piazza Florio
Via della Libertà
V. Isidoro Carini
V. Ruggero Settimo
V. Emerico Amari
V. Riccardo Wagner
Roma
V. Dante
Piazza S. Oliva
Piazza Marchese di Regalmici
V. Valerio Villareale
V. Mariano Stabile
Piazza S. Francesco da Paola
Prefettura
Palazzo Branciforte
Museo Archeologico Regionale
V. Orologio
Sta Maria di Valverde
Teatro Massimo
Piazza Verdi
V. Volturno
Mercato del Campo
Sant' Agostino
Via Bandiera
Piazza Beati Paoli
Piazza S. Isidoro alla Guilla
Vicolo Catalano
San Matteo
Quattro Canti
Pza Pretoria
Pza Bologni
Santissimo Salvatore
Piazza D. Peranni
Papireto
Cattedrale
Museo Diocesano
Piazza d. Cattedrale
Via Vittorio Emanuele
Villa Bonanno
Palazzo Marchesi
Chiesa di Gesù
Sta Chiara
Via del Bosco
Mercato di Ballarò
Chiesa d. Carmine
PALAZZO DEI NORMANNI
CAPPELLA PALATINA
Pza Indipendenza
S. Giovanni degli Eremiti
Palazzo d'Orléans
Parco d'Orléans
Piazza Montalto
Piazza Stazzone
Cso. Calatafimi
V. Carlo Forlanini
Cso. Tukory
S. Cataldo
S. Giorgio dei Genovesi
Piazza XIII Vittime
Banchina
Calata Marinai d'Italia
V. Francesco Crispi
V. Goethe
V. Nicolò Turrisi
Cso. Camillo Finocchiaro Aprile
V. Guccia
V. della Sfera
V. D'Ossuna
V. Gaetano Mosca
V. Colonna Rotta
V. Cappuccini
V. Pietro Pisani
Via delle Scienze
V. Brasa
V. Albergheria
V. Maqueda
V. Pietro D'Aragona
V. Salvatore Salomone Marino
V. Giorgio Arcoleo
V. del Vespro
V. Filippo Corazza
V. Antonio
Vicolo dello Zingaro
Piazzetta S. Giovanni Decollato
Piazza d. Vittoria
V. Pta di Castro
M1
a
b
c
d
e
f
g

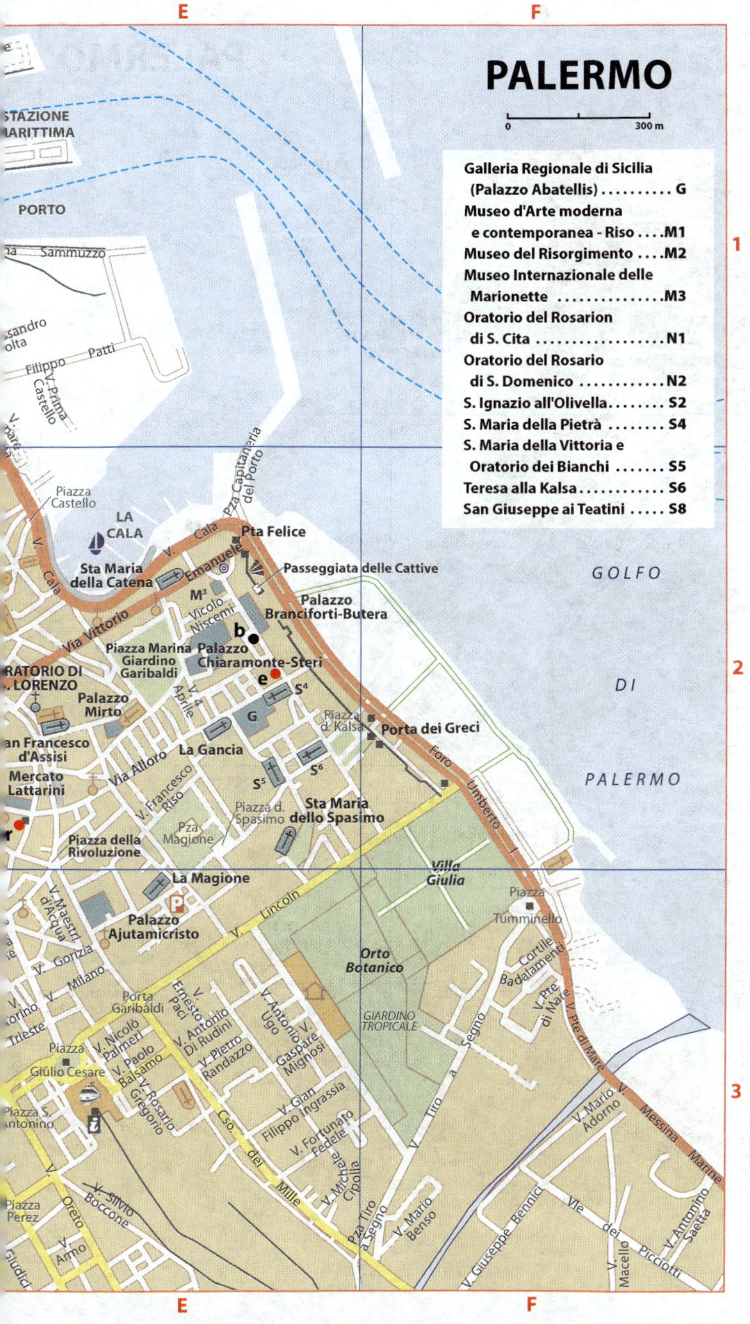

E
F
PALERMO
0
300 m
Galleria Regionale di Sicilia (Palazzo Abatellis) .... G
Museo d'Arte moderna e contemporanea - Riso M1
Museo del Risorgimento M2
Museo Internazionale delle Marionette M3
Oratorio del Rosarion di S. Cita N1
Oratorio del Rosario di S. Domenico N2
S. Ignazio all'Olivella........ S2
S. Maria della Pietrà S4
S. Maria della Vittoria e Oratorio dei Bianchi S5
Teresa alla Kalsa............ S6
San Giuseppe ai Teatini S8
1
2
3
STAZIONE MARITTIMA
PORTO
Sammuzzo
Filippo Patti
V. Prima Castello
Pza Capitaneria del Porto
Piazza Castello
LA CALA
V. Cala
Pta Felice
Sta Maria della Catena
Emanuele
Passeggiata delle Cattive
GOLFO
DI
PALERMO
M3
Vicolo Niscemi
Palazzo Branciforti-Butera
b
Via Vittorio
Piazza Marina
Giardino Garibaldi
Palazzo Chiaramonte-Steri
ORATORIO DI S. LORENZO
e
S4
V. IV Aprile
Palazzo Mirto
G
Piazza d. Kalsa
Porta dei Greci
Foro Umberto I
San Francesco d'Assisi
La Gancia
Via Alloro
S6
S5
Mercato Lattarini
V. Francesco Riso
Piazza d. Spasimo
Sta Maria dello Spasimo
Pza Magione
Piazza della Rivoluzione
Villa Giulia
La Magione
P
V. Lincoln
Piazza Tumminello
V. Maestri d'Acqua
Palazzo Ajutamicristo
Orto Botanico
Cortile Badalamenti
V. Gorizia
Milano
Porta Garibaldi
V. Ernesto Paci
V. Antonio Di Rudini
V. Antonio Ugo
V. Gaspare Mignosi
GIARDINO TROPICALE
V. Pte di Mare
V. Pte di Mare
Trieste
Piazza Giulio Cesare
V. Nicolò Palmeri
V. Paolo Balsamo
V. Rosario Gregorio
V. Pietro Randazzo
V. Tiro a Segno
V. Gian Filippo Ingrassia
V. Fortunato Fedele
V. Mario Adorno
V. Messina Marine
Piazza S. Antonino
Cso. dei Mille
V. Michele Cipolla
V. Oreto
V. Silvio Boccone
Piazza Perez
V. Arno
Pza Tiro a Segno
V. Mario Benso
V. Giuseppe Bennici
Vle dei Picciotti
V. Macello
V. Antonino Saetta

PALERMO
A
B
1
2
3
0
1 km
MONDELLO
V. Tolomea
Vle Galatea
Pza Valdesi
Vle delle Palme
V. Saline
V. Mattei
PARTANNA
PALAZZETTO DELLO SPORT
Vle Cesare Brondi
Vle
V. Marinai
V. Castelforte
Alliata
V. Mater Dolorosa
VELODROMO P. BORSELLINO
PATTI
Palazzina Cinese
S. LORENZO
Pza Niscemi
Parco della Favorita
Vle Diana
RISERVA NATURALE MONTE PELLEGRINO
SANTUARIO DI S. ROSALIA
PUNTA DI PRIOLA
Lungo
Cristoforo
Colombo
GOLFO
DI
PALERMO
VERGINE MARIA
V. Vergine Maria
V. Papa Sergio I
ARENELLA
UTVEGGIO
RESUTTANA
V. Nuova
V. Trabucco
Vle Regione Siciliana Nord Ovest
V. dei Nebrodi
Vle Croce Rossa
V. Imperatore Federico
V. Pietro Bonanno
ACQUASANTA
CRUILLAS
V. Cruillas
Vle Lazio
V. Giuseppe Sciuti
V. della Libertà
V. Sampolo
V. Principe di Paternò
Vle Michelangelo
V. Badia
V. Casalini
UDITORE
V. Giotto
Giardino Inglese
PORTO
Villa Trabia
V. Nazario Sauro
Villa Malfitano
V. Dante
V. Crispi
V. Francesco
V. Roma
Cala
Foro Umberto I
V. Alloro
BOCCADIFALCO
Palazzo della Zisa
Villino Florio
ALTARELLO
Catacombe dei Cappuccini
PALAZZO DEI NORMANNI
V. Tiro a Segno
V. dei Mille
ROMAGNOLO
V. Giuseppe Pitrè
V. Cappuccini
V. Gaetano La Loggia
Cuba
S. Giovanni dei Lebbrosi
Ponte dell'Amiraglio
V. Umberto Maddalena
V. Nave
Cso. Calatafimi
V. dei Fiori
Vle Regione Siciliana Sud Est
V. Basile
V. Ernesto
Fiume Oreto
V. Oreto
V. S. Ciro
V. Conte Federico
A 19 / E 90
V. Palmerino
V. Saitta Longhi
V. Villagrazia
V. dell'Airone
V. dell'Ermellino
V. Brasca
V. Ciaculli
TRAPANI
LIVORNO GENOVA
NAPOLI CAGLIARI
USTICA
PARTINICO
AGRIGENTO CATANIA, MESSINA
TRAPANI MONREALE
SCIACCA

Porta Felice senza rist

via Butera 45 ✉ 90133 – ✆ 09 16 17 56 78 Pianta : E2**b**
– www.hotelportafelice.it
30 cam ☕ – 🚹65/130 € 🚹🚹70/210 € – **3 suites**
Quando l'antico incontra il moderno: in un bel palazzo del '700, camere spaziose con arredi design ed un'attrezzata area benessere. A darvi il buongiorno, la suggestiva sala colazioni nel roof garden con vista sulla Palermo vecchia.

Massimo Plaza Hotel senza rist

via Maqueda 437 ✉ 90133 – ✆ 0 91 32 56 57 Pianta : D2**e**
– www.massimoplazahotel.com
15 cam ☕ – 🚹90/140 € 🚹🚹110/250 €
Di fronte al Teatro Massimo, l'attenzione è protesa a creare un ambiente raffinato e in stile, armonioso nei colori e ricercato nei particolari. Moderno e di classe, non manca di coccolare i suoi ospiti con eleganza e signorilità.

Tonic senza rist

via Mariano Stabile 126 ✉ 90139 – ✆ 0 91 58 17 54 Pianta : D1**g**
– www.hoteltonic.it
39 cam ☕ – 🚹39/179 € 🚹🚹49/189 €
In un edificio del XIX secolo, in comoda posizione nel centro storico della località, una gestione cortese ed efficiente propone camere molto spaziose e confortevoli spazi comuni.

Posta senza rist

via Antonio Gagini 77 ✉ 90133 – ✆ 0 91 58 73 38 Pianta : D2**c**
– www.hotelpostapalermo.it
30 cam ☕ – 🚹60/95 € 🚹🚹60/135 €
Gestito da oltre ottant'anni dalla stessa famiglia e spesso frequentato da attori che recitano nel vicino teatro, l'hotel è sempre un valido indirizzo di riferimento in città. Camere curate e graziosa sala colazioni.

Ristoranti

Cuvée du Jour N – Grand Hotel Villa Igiea

salita Belmonte 43 ✉ 90142 – ✆ 09 16 31 21 11 Pianta : B2**e**
– Chiuso lunedì
Carta 59/80 € – *(solo a cena)*
Una piccola saletta molto elegante e sempre in stile, con numerose, pregevoli, etichette in bella mostra ed ampie vetrate affacciate su una suggestiva limonaia. La cucina è tutta da scoprire...

Ottava Nota N

via Butera 55 ✉ 90133 Palermo – ✆ 0 91 61 68 60 01 Pianta : E2**e**
– Chiuso domenica e lunedì a mezzogiorno
Carta 35/55 €
E' uno di quei locali, carini, moderni, allegri: proprio come vanno di moda oggi. La cucina è fortemente legata al territorio e quindi anche al pesce, mentre l'elaborazioni si fanno sfiziose e contemporanee.

Osteria dei Vespri

piazza Croce dei Vespri 6 ✉ 90133 – ✆ 09 16 17 16 31 Pianta : E2**r**
– www.osteriadeivespri.it – Chiuso domenica
Menu 25 € (pranzo) – Carta 69/92 € – (consigliata la prenotazione)
Uno dei saloni è stato immortalato in una storica pellicola cinematografica e sebbene la cucina sia sempre al passo coi tempi, i suoi piatti moderni "poggiano" su veraci prodotti locali. Ma è da novembre a marzo che il locale diventa un'osteria in pieno stile con piatti giornalieri a prezzi molto contenuti.

Lo Scudiero

via Turati 7 ✉ 90139 – ✆ 0 91 58 16 28 Pianta : C1**c**
– www.ristoranteloscudiero.com – Chiuso 2 settimane in agosto e domenica
Carta 36/105 € – (consigliata la prenotazione)
Attento e garbato il personale ben si destreggia in questo elegante ristorante del centro, sempre molto apprezzato dalla clientela locale: un ambiente vivace dove gustare pesce fresco e tradizione.

XX **Bellotero**

via Giorgio Castriota 3 ✉ 90139 – ✆ 0 91 58 21 58 Pianta : B2**d**
– Chiuso 10-25 agosto e lunedì
Carta 38/54 € – (consigliata la prenotazione la sera)
Al piano interrato di un palazzo, alle pareti un'esposizione di opere d'arte contemporanea, dalla cucina le maggiori ricette siciliane, di mare così come di terra.

XX **Sapori Perduti**

via Principe di Belmonte 32 ✉ 90139 – ✆ 0 91 32 73 87 Pianta : D1**d**
– www.saporiperduti.com – Chiuso domenica
Menu 25/30 € – Carta 31/54 € – *(solo a cena)* (prenotazione obbligatoria a mezzogiorno)
Un ristorantino molto buono e accogliente, che propone una fantasiosa e ben fatta cucina di mare. L'ambiente è moderno, raccolto, piacevolmente arredato con vivaci cromatismi.

X **Santandrea**

piazza Sant'Andrea 4 ✉ 90133 – ✆ 0 91 33 49 99 Pianta : D2**d**
– www.ristorantesantandrea.eu – Chiuso domenica
Carta 28/50 € – *(solo a cena)* (consigliata la prenotazione)
Legno e pietre a vista in un'accogliente oasi nel caotico, pittoresco mercato della Vucciria; i piatti della tradizione regionale - come la pasta con anciova - riflettono la tipicità dell'ubicazione.

X **Trattoria Biondo**

via Carducci 15 ✉ 90141 – ✆ 0 91 58 36 62 Pianta : C1**a**
– www.trattoriabiondo.com – Chiuso 10 agosto-1° settembre e mercoledì a mezzogiorno
Carta 33/58 €
Nei pressi del teatro Politeama, questa semplice ed accogliente trattoria propone gustose specialità regionali e molto pesce. In stagione, piatti a base di funghi.

a Mondello Ovest: 11 km – ✉ 90151

XX **Bye Bye Blues** (Patrizia Di Benedetto)

via del Garofalo 23 – ✆ 09 16 84 14 15 Pianta : A1**d**
– www.byebyeblues.it – Chiuso lunedì
Carta 41/84 € – *(solo a cena in luglio-agosto)* (prenotare)
Un televisore piatto in sala mostra in diretta i gustosi e curati piatti elaborati in cucina da Patrizia, che riscopre la tradizione regionale, arricchendola con fantasia. In un ambiente moderno e minimalista - tra tanti vini al bicchiere - sarà facile dire "addio" alla malinconia.
→ Paccheri alla Norma su patè di melanzane affumicate. Degustazione di tonno. Cagliata al gelsomino su gelo di anguria e meringhe alla cannella.

a Borgo Molara Nord : 8 km – ✉ 90100 Palermo

Baglio Conca d'Oro cam, rist,

via Aquino 19 c/d – ✆ 09 16 40 62 86 – www.hotelbaglioconcadoro.com
27 cam – †60/100 € ††75/160 €
Rist – Carta 25/80 € – *(solo a cena)* (prenotazione obbligatoria)
Situato nella periferia di Palermo, l'antica corte accentra intorno a sè il passato e la memoria di questo hotel di classe e di eleganza, sorto sulle ceneri di una cartiera settecentesca. Arredi d'epoca nelle camere. Ristorante di austera raffinatezza d'altri tempi, in armonia con la struttura che lo ospita.

PALINURO

Salerno (SA) – ✉ 84064 – Carta regionale n° **7-D3**
Roma 382 km – Salerno 120 km – Battipaglia 94 km – Sapri 49 km
Carta stradale Michelin 564-G27

Grand Hotel San Pietro rist, P
corso Carlo Pisacane – ✆ 09 74 93 14 66 – www.grandhotelsanpietro.com – Aperto 1° aprile-31 ottobre
48 cam – †99/190 € ††119/270 € – **1 suite** **Rist** – Carta 41/65 €
Camere spaziose ed un'esclusiva suite con grande vasca idromassaggio interna, in una bella struttura la cui ubicazione offre un'impareggiabile vista su Tirreno e costa cilentina.

Santa Caterina rist, P
via Indipendenza 53 – ✆ 09 74 93 10 19 – www.albergosantacaterina.com – Aperto 1° aprile-10 novembre
27 cam – †70/180 € ††90/180 € **Rist** – Carta 28/85 €
Un rinnovo radicale per un risultato ottimale, così oggi l'hotel appare moderno e al passo coi tempi, ma nel rispetto della propria storia. Bella vista dalle camere. Affidabile ristorante con ampi scorci sul paesaggio.

La Conchiglia rist, P
via Indipendenza 52 – ✆ 09 74 93 10 18 – www.hotellaconchiglia.it
28 cam – †60/180 € ††80/200 €
Rist ***Il Vicoletto*** – Carta 23/55 € – *(aperto 1° aprile-15 ottobre)*
Hotel di taglio moderno, completamente ristrutturato, ubicato in pieno centro. Spazi comuni completi, camere spaziose, arredi di qualità e una bella terrazza vista mare.

Lido Ficocella P
via Ficocella 51 – ✆ 09 74 93 10 51 – www.lidoficocella.com – Aperto Pasqua-31 ottobre
31 cam – †40/50 € ††70/90 € **Rist** – Menu 15/20 €
Albergo familiare dai semplici arredi, situato ancora in centro rispetto alla località, ma al contempo appartato e direttamente sulla scogliera che scende all'omonima spiaggetta.

Da Carmelo con cam cam, P
località Isca, Est : 1 km – ✆ 09 74 93 11 38 – ristorantebebdacarmelo.it – Aperto 1° marzo-3 novembre
7 cam – †28/55 € ††55/110 € Carta 27/46 € – *(chiuso lunedì in inverno)*
Al confine della località, lungo la statale per Camerota, il ristorante propone una gustosa cucina di mare, basata su ottime materie prime. Specialità: spaghetti alla "Carmelo".

PALLANZA → Vedere Verbania
Verbano-Cusio-Ossola (VB)

PALLEUSIEUX → Vedere Pré Saint Didier
Aosta (AO)

PALMANOVA
Udine (UD) – ✉ 33057 – 5 427 ab. – Alt. 27 m – Carta regionale n° **11-C3**
Roma 612 km – Udine 31 km – Gorizia 33 km – Grado 28 km
Carta stradale Michelin 562-E21

Ai Dogi senza rist P
piazza Grande 11 – ✆ 04 32 92 39 05 – www.hotelaidogi.it
15 cam – †65/75 € ††85/95 €
Accanto alla cattedrale, piccolo albergo di recente apertura dagli ambienti raccolti e sobriamente arredati: camere di taglio classico-elegante dotate di ogni confort.

PALMI
Reggio di Calabria (RC) – ✉ 89015 – 18 692 ab. – Alt. 228 m – Carta regionale n° **5-A3**
Roma 667 km – Reggio di Calabria 53 km – Catanzaro 121 km – Vibo Valentia 59 km
Carta stradale Michelin 564-L29

XX **De Gustibus-Maurizio**

viale delle Rimembranze 58/60 – ✆ 0 96 62 50 69 – Chiuso 2 settimane in settembre, domenica e lunedì escluso 15 luglio-30 agosto

Carta 30/59 € – *(solo a cena in agosto)*

Ristorante del centro, nei decori l'omaggio alla città e ad alcuni personaggi illustri, nel piatto l'inno ai frutti della pesca. Carta a voce, illustrata dal titolare.

PALÙ

→ Vedere Giovo

Trento (TN)

PANAREA

→ Vedere Eolie (Isole)

Messina (ME)

PANCHIÀ

Trento (TN) – ✉ 38030 – 790 ab. – Alt. 981 m – Carta regionale n° **34-D3**

Roma 656 km – Bolzano 50 km – Trento 59 km – Belluno 84 km

Carta stradale Michelin 562-D16

Castelir Suite Hotel senza rist

via Nazionale 57 – ✆ 04 62 81 00 01 – www.castelir.it – Aperto 1° dicembre-6 aprile e 1° giugno-27 settembre

5 cam – †98/140 € ††140/240 € – **2 suites**

Camere enormi con stufe d'epoca e accesso diretto sul giardino per questo albergo in legno d'abete costruito per celebrare la natura e lo spazio come prerogativa del lusso. Molto bella la piscina riscaldata nel mezzo del giardino.

XX **Osteria de l'Acquarol** con cam

via Nazionale 42 – ✆ 04 62 81 30 82 – www.osteriadelacquarol.it – Aperto 25 novembre-Pasqua, 25 maggio-10 ottobre; chiuso lunedì

25 cam – †50/70 € ††80/140 € Menu 38/45 € – Carta 30/54 €

Nel riposante contesto delle alpi trentine, un giovane chef è alle prese con una fantasiosa cucina di stampo moderno, in cui alterna carne e pesce in egual misura. A pranzo disponibile anche una piccola carta light (anche nel prezzo). Possibilità di pernottamento nelle camere dell'hotel Rio Bianco, all'interno dello stesso edificio.

PANICALE

Perugia (PG) – ✉ 06064 – 5 669 ab. – Alt. 431 m – Carta regionale n° **35-A2**

Roma 158 km – Perugia 39 km – Chianciano Terme 33 km

Carta stradale Michelin 563-M18

Villa le Mura senza rist e senza

località Villa le Mura 1, Nord-Est : 1 km – ✆ 34 85 85 25 28 – www.villalemura.com – Aperto 1° aprile-31 ottobre

6 cam – †80/100 € ††110/150 €

Grande villa nobiliare, contornata da un curato giardino fiorito e avvolta da un parco secolare. All'interno ambienti di notevole fascino, saloni sontuosi e camere affrescate.

X **Lillo Tatini**

piazza Umberto I 13-14 – ✆ 0 75 83 77 71 – www.lillotatini.it – Chiuso 6 gennaio-inizio marzo e lunedì

Menu 25 € – Carta 31/51 € – (consigliata la prenotazione)

Nel cuore di un borgo-castello di origini medioevali, la fiaba continua nella cucina: salumi locali, paste fresche, tartufo, pesce di lago e selvaggina tra le specialità.

verso Montali – ✉ 06068 Panicale

Villa di Monte Solare – Country House

via Montali 7, località Colle San Paolo, Est : 11 km – ✆ 07 58 35 58 18 – www.villamontesolare.com – Chiuso gennaio e febbraio

rist,

19 cam – †94/120 € ††149/188 € – **6 suites**

Rist – Carta 46/60 € – *(solo a cena)*

All'interno di un'area sottoposta a vincolo paesaggistico e archeologico, una villa patrizia di fine '700 e annessa fattoria; elevata ospitalità e cura dei particolari. Accogliente sala da pranzo riscaldata da un bel camino; gustosi piatti del territorio.

Agriturismo Montali

via Montali 23, località Montali, Nord-Est : 15 km – ✆ 07 58 35 06 80 – www.montalionline.com – Aperto 15 aprile-15 ottobre
9 cam – solo ½ P 120 €
Rist – Menu 50 € – *(aperto maggio-settembre) (solo a cena)* (prenotazione obbligatoria)
Chilometri di strada panoramica non asfaltata e, con una vista che spazia sul Lago Trasimeno, il basso senese e il perugino, un complesso rurale in posizione isolata.

PANTELLERIA (Isola di) ★★

Sicilia – Trapani (TP) – 7 442 ab. – Carta regionale n° **29**-A3
Carta stradale Michelin 365-AG62 – Guida Verde Michelin SICILIA

PANTELLERIA – ✉ 91017 – Carta regionale n° **29**-A3
Carta stradale Michelin 565-Q17

Zubebi Resort

cam,

contrada Zubebi – ✆ 09 23 91 36 53 – www.zubebi.it – Aperto 15 maggio-15 ottobre
8 cam – 120/230 € 210/300 €
Rist – Carta 25/68 € – *(solo a cena)* (consigliata la prenotazione)
In una vasta e quieta proprietà dove la macchia mediterranea fa da sfondo ai tipici dammusi che costituiscono l'albergo, il ristorante è in un giardino arabo molto pittoresco. Assolutamente da non perdere: l'aperitivo sul tetto con il tramonto sullo sfondo!

Al Tramonto

C.da Scauri Basso 12/a (loc. Penna) – ✆ 34 95 37 20 65 – www.ristorantealtramonto.it – Aperto 15 maggio-15 ottobre
Menu 25 € (pranzo) – Carta 33/70 €
Ristorante con una romantica terrazza da cui ammirare il tramonto, magari sorseggiando un aperitivo, in attesa delle specialità pantesche riproposte in chiave moderna.

La Nicchia

a Scauri Basso – ✆ 09 23 91 63 42 – www.lanicchia.it – Aperto 10 aprile-30 ottobre
Menu 30 € – Carta 29/70 € – *(solo a cena)*
Un locale semplice, ma ben tenuto dove provare specialità marinare tipiche, nelle sale interne con arredi essenziali o all'esterno, sotto un delizioso pergolato.

Osteria il Principe e il Pirata

a Punta Karace 7 – ✆ 09 23 69 11 08 – www.principeepirata.it – Aperto 1° aprile-31 ottobre; chiuso lunedì escluso 1° luglio-15 settembre
Carta 32/59 €
In una tipica casa isolana con una grande terrazza vista mare e arredi rustici, la cucina, curata personalmente dalla titolare, è attenta già dalla scelta delle materie prime. Specialità siciliane.

TRACINO – ✉ 91017 Pantelleria – Carta regionale n° **29**-A3
Carta stradale Michelin 565-Q18

Pantelleria Dream

cam, rist,

Contrada Tracino loc. Kania – ✆ 09 23 91 56 70 – www.pantelleriadreamresort.it – Aperto 1° maggio-30 settembre
46 cam – 95/329 € 158/548 € **Rist** – Carta 33/62 €
Nella suggestiva macchia mediterranea, affacciate sul mare, tipiche costruzioni pantesche con il caratteristico patio offrono un sobrio confort per soggiorni all'insegna del relax.

PANTIERE → Vedere Urbino
Pesaro e Urbino (PU)

PANZA → Vedere Ischia (Isola d') : Forio
Napoli (NA)

PANZANO → Vedere Greve in Chianti
Firenze (FI)

PARABIAGO
Milano (MI) – ✉ 20015 – 26 716 ab. – Alt. 184 m – Carta regionale n° **18-A2**
Roma 598 km – Milano 21 km – Bergamo 73 km – Como 40 km
Carta stradale Michelin 561-F8

Da Palmiro
via del Riale 16 – ✆ 03 31 55 20 24 – www.ristorantedapalmiro.it – Chiuso 10-24 agosto, domenica sera e lunedì
Menu 22 € (pranzo)/55 € – Carta 45/63 €
In posizione centrale, una vera chicca per gli amanti della cucina di mare: ampia scelta e grande varietà anche di crudo, da abbinare all'ampia selezione di sali e pepi da tutto il mondo.

PARADISO → Vedere Pocenia
Udine (UD)

PARAGGI
Genova (GE) – ✉ 16038 – Carta regionale n° **15-C2**
Roma 485 km – Genova 39 km – La Spezia 87 km – Rapallo 8 km
Carta stradale Michelin 561-J9

Eight Paraggi
rist,
via Paraggi a Mare 8 – ✆ 01 85 28 99 61 – www.eighthotels.it – Aperto 1° aprile-31 ottobre
12 cam – 540 € 540 € – **1 suite** **Rist** – Carta 49/73 €
In una delle baie più esclusive della Penisola - tra Portofino e S. Margherita - spazi comuni ridotti, ma signorili, e camere ineccepibili dal punto di vista del confort. Splendida location sul mare.

Argentina senza rist
via Paraggi a Monte 56 – ✆ 01 85 28 67 08 – www.hotelargentinaportofino.com – Aperto 1° aprile-31 ottobre
12 cam – 90/145 € 110/195 €
A pochi passi dal mare, l'interessante rapporto qualità/prezzo fa di lui una simpatica alternativa ai più impegnativi alberghi della zona. In poche parole: semplicità, ma buoni confort.

PARCINES (PARTSCHINS)
Bolzano (BZ) – ✉ 39020 – 3 581 ab. – Alt. 626 m – Carta regionale n° **33-B2**
Roma 674 km – Bolzano 37 km – Merano 10 km – Trento 89 km
Carta stradale Michelin 562-B15

a Rablà Ovest : 2 km – ✉ 39020

Hanswirt
piazza Gerold 3 – ✆ 04 73 96 71 48 – www.hanswirt.com – Aperto 8 dicembre-6 gennaio e 20 marzo-10 novembre
16 cam – 108/180 € 155/230 € – **5 suites**
Rist *Hanswirt* – vedere selezione ristoranti
Uno dei pochi alberghi storici di tutto l'Alto Adige, questa recente struttura nata dall'ampliamento di un bell'edificio antico va ad arricchire l'offerta dell'omonimo ristorante. Ampi spazi e camere eleganti.

Roessl
via Venosta 26 – ✆ 04 73 96 71 43 – www.roessl.com – Chiuso 24 novembre-14 febbraio
29 cam – 71/79 € 164/268 € – **3 suites**
Rist *Roessl* – vedere selezione ristoranti
Decorato e sito lungo la via principale, con molte stanze affacciate sui frutteti, albergo con buone attrezzature e piacevole giardino con piscina.

XX **Hanswirt** – Hotel Hanswirt

piazza Gerold 3 – ✆ 04 73 96 71 48 – www.hanswirt.com – Aperto 8 dicembre-6 gennaio e 20 marzo-10 novembre
Carta 39/74 €
Ricavato all'interno di un antico maso, stazione di posta, un locale elegante e piacevole, dall'ambiente caldo e tipicamente tirolese. In menu, piatti di cucina contemporanea rivisitata in chiave moderna.

XX **Roessl** – Hotel Rooesl

via Venosta 26 – ✆ 04 73 96 71 43 – www.roessl.com – Chiuso 24 novembre-14 febbraio
Carta 28/71 €
La cucina alterna piatti della tradizione ad altri più contemporanei e - soprattutto - di stagione, in un locale gettonatissimo anche dagli abitanti del posto. Atmosfera curata.

PARCO NAZIONALE D'ABRUZZO
L'Aquila-Isernia-Frosinone

PARETI → Vedere Elba (Isola d') : Capoliveri
Livorno (LI)

PARMA

177 714 ab. – Alt. 57 m – Carta regionale n° **8-A3**
Roma 460 km – Bologna 103 km – Reggio nell'Emilia 38 km – Piacenza 66 km
Carta stradale Michelin 562-H12

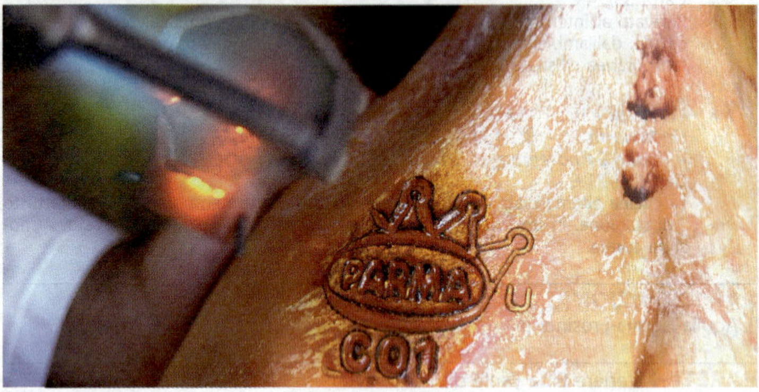

© SIME / Ripani Massimo / Simeone / Photononstop

Alberghi

Parkhotel Pacchiosi
cam,
strada del Quartiere 4 ✉ *43121* – ✆ *05 21 07 70 77* – *www.parkhotelpacchiosi.it* Pianta : A2**a**
43 cam – 130/330 € 130/660 € – **16 suites** **Rist** – Carta 52/123 €
"Il verde in città": in questo caso non è lo slogan di un nuovo complesso residenziale, ma sono i 10.000 mq di parco che abbracciano quest'imponente edificio dei primi del '900 convertito in lussuoso albergo. Camere ed ambienti eleganti in stile neorinascimentale, per un soggiorno all'insegna della raffinatezza.

Grand Hotel de la Ville
largo Piero Calamandrei 11, (Barilla Center) ✉ *43121* – ✆ *05 21 03 04* – *www.grandhoteldelaville.it* Pianta : C2**a**
107 cam – 105/330 € 145/350 € – **3 suites**
Rist – Carta 32/59 € – *(chiuso 2 settimane in agosto)*
Elegante hall con spazi e luci d'avanguardia per questa risorsa ricavata da un ex pastificio, riprogettato all'esterno da Renzo Piano. Ottima insonorizzazione nelle belle camere dagli arredi più classici. Ristorante con proposte di ogni origine: ricette parmigiane, elaborazioni classiche e specialità di pesce.

Stendhal senza rist
piazzetta Bodoni 3 ✉ *43121* – ✆ *05 21 20 80 57* – *www.hotelstendhal.it* Pianta : B1**r**
63 cam – 89/210 € 99/320 €, 12 €
Nel cuore di Parma, in un'area cortilizia dell'antico Palazzo della Pilotta, una piacevole struttura con camere variamente decorate, dallo stile veneziano al Luigi XIII. Al primo piano, invece, nuove stanze dall'arredo più moderno.

Farnese
rist,
via Reggio 51/a, per via Reggio - B1 ✉ *43126* – ✆ *05 21 99 42 47* – *www.farnesehotel.it*
76 cam – 89/390 € 99/390 €
Rist *51/A Restaurant* – ✆ 05 21 29 49 29 – Carta 27/54 €
Moderno complesso totalmente rinnovato negli ultimi anni, la cui posizione strategica - a pochi metri dalla tangenziale - consente di raggiungere agevolmente stazione, aeroporto e fiera.

Button senza rist
via della Salina 7 ✉ *43121* – ✆ *05 21 20 80 39* – *www.hotelbutton.it* – *Chiuso 23 dicembre-2 gennaio e agosto* Pianta : B2**a**
40 cam – 70/115 € 80/180 €
Nel cuore di Parma, nei pressi dell'Università e altre mete cittadine, sorge questa risorsa dove la semplicità delle camere è compensata dall'ampiezza e cortesia nel servizio.

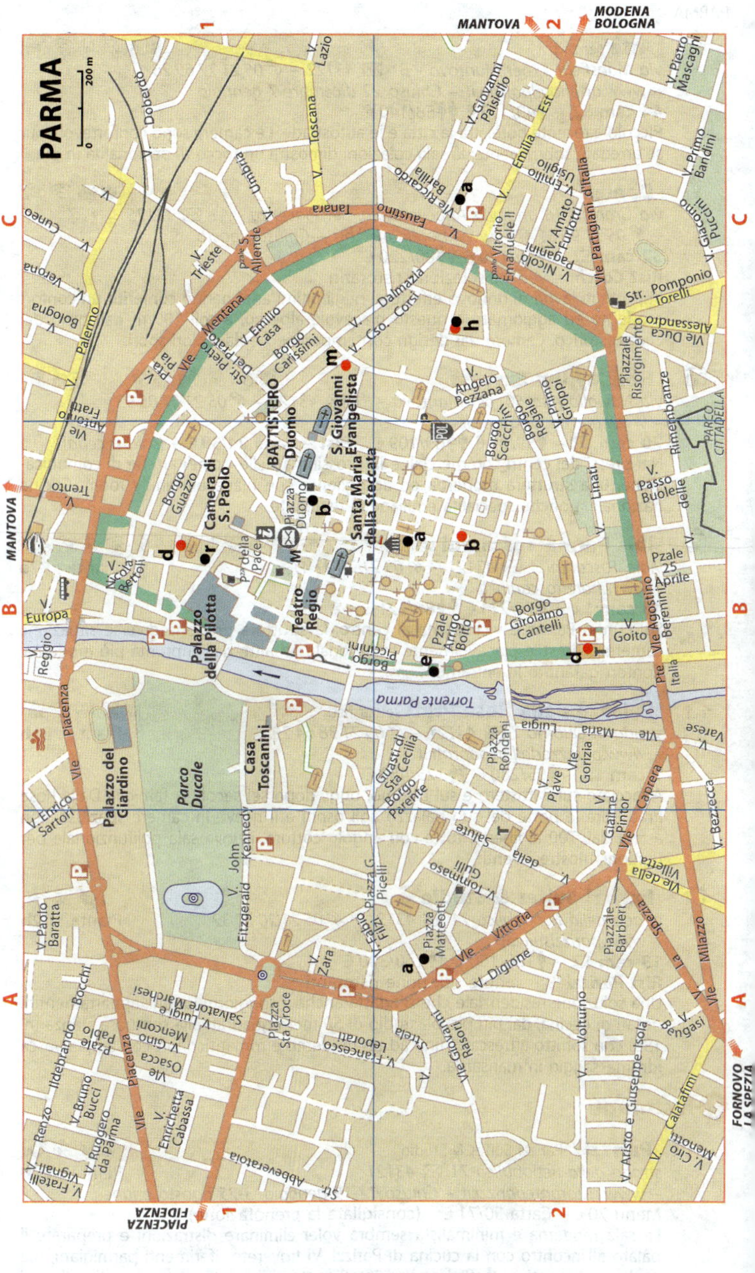
PARMA
0
200 m
MANTOVA
MODENA
BOLOGNA
FORNOVO
LA SPEZIA
PIACENZA
FIDENZA
A
B
C
1
2
Palazzo della Pilotta
Camera di S. Paolo
BATTISTERO
Duomo
S. Giovanni Evangelista
Santa Maria della Steccata
Teatro Regio
Casa Toscanini
Parco Ducale
Palazzo del Giardino
Piazza Duomo
Torrente Parma
PARCO CITTADELLA
Piazzale Risorgimento
Pzale 25 Aprile
Piazza Matteotti
Piazza Sta Croce
Piazza Rondani
Pzale Arrigo Boito
Piazza G. Picelli
Piazzale Barbieri
Vle Mentana
Vle Piacenza
Vle Vittoria
Vle Partigiani d'Italia
Vle Emilia Est
Vle Fratti
Vle Milazzo
Vle Caprera
Vle Maria Luigia
Vle Toscanini
V. Trento
V. Europa
V. Reggio
V. Toscana
V. Lazio
V. Trieste
V. Dalmazia
V. Cso. Corsi
Borgo Carissimi
Borgo Guazzo
Borgo Regale
Borgo Scacchini
Borgo Girolamo Cantelli
Str. Pomponio Torelli
Vle Duca Alessandro
V. Passo Buole
V. Goito
Pte Italia
V. John Fitzgerald Kennedy
V. Francesco Leporati
Vle Giovanni Rasori
V. Digione
V. Volturno
V. Aristo e Giuseppe Isola
V. Calatafimi
V. Ciro Menotti
Vle della Villetta
V. Bezzecca
V. Varese
V. Nicola Bettoli
V. Emilio Casa
V. Enrico Sartori
V. Paolo Baratta
V. Bruno Bucci
V. Ruggero da Parma
V. Enrichetta Cabassa
Str. Abbeveratoia

Arte senza rist
via Mansfield 3, per Mantova - B1 ✉ 43122 – ☎ 05 21 77 69 26 – www.artehotelparma.it – Chiuso 22 dicembre-7 gennaio
44 cam ☕ – †49/112 € ††58/140 €
Piccolo e recente hotel, tra la città e le autostrade. Le camere sono confortevoli, pur se arredate sobriamente; la sala colazioni dimostra un tocco di personalità in più.

Daniel
via Gramsci 16 ang. via Abbeveratoia, per Piacenza - A1 ✉ 43126 – ☎ 05 21 99 51 47 – www.hoteldaniel.biz – Chiuso agosto
32 cam ☕ – †60/170 € ††80/220 €
Rist *Cocchi* – vedere selezione ristoranti
Importanti lavori di rinnovo effettuati negli ultimi anni hanno conferito un confort moderno ed aggiornato a questo piacevole albergo, a soli 100 m dall'inizio del centro storico. Camere dal design contemporaneo e dai colori sobri.

Holiday Inn Express cam, rist,
via Naviglio Alto 50, per Mantova - B1 ✉ 43122 – ☎ 05 21 27 05 93 – www.parma.hiexpress.it
70 cam ☕ – †59/89 € ††69/109 € **Rist** – Carta 24/39 € – *(solo a cena)*
Nei pressi dei centri commerciali e in prossimità delle grandi arterie di comunicazione, una struttura moderna ed accogliente con piacevoli family room. Cucina nazionale, nonché specialità emiliane al ristorante.

Ibis Parma Toscanini senza rist
viale Toscanini 4 ✉ 43121 – ☎ 05 21 28 91 41 – www.hoteltoscanini.it Pianta : B2**e**
48 cam ☕ – †76/211 € ††86/221 €
Sul Lungo Parma e vicinissima al centro, la struttura propone diverse situazioni: camere dallo stile piacevolmente tradizionale ed altre dall'impronta più moderna. Confort garantito in entrambi i casi.

Palazzo dalla Rosa Prati senza rist
strada al Duomo 7 ✉ 43121 – ☎ 05 21 38 64 29 – www.palazzodallarosaprati.it Pianta : B1**b**
7 cam ☕ – †95/280 € ††125/450 €
Affacciato sul Battistero e sul Duomo, oggi, dopo sei secoli, la famiglia Dalla Rosa Prati apre le porte del suo palazzo agli ospiti e li riceve in camere spaziose, con arredi dal '700 al liberty, tutte con angolo cottura. Nuova sala polifunzionale per riunioni, mostre, eventi.

Parizzi Suites & Studio
strada della Repubblica 71 ✉ 43121 – ☎ 05 21 20 70 32 – www.parizzisuite.it Pianta : C2**h**
13 cam ☕ – †100/150 € ††160/300 €
Rist *Parizzi* ✿ – vedere selezione ristoranti
Una soluzione residenziale che si adatta anche a soggiorni lunghi: appartamentini dotati di cucina, dai più piccoli studio di 50 metri quadrati alla sontuosa stanza (n. 155) con soffitto affrescato, fino ad un moderno e romantico loft con ampia vasca idromassaggio in mansarda.

Ristoranti

Parizzi – Parizzi Suites & Studio
strada della Repubblica 71 ✉ 43121 – www.ristoranteparizzi.it – Chiuso 12-19 gennaio, 3-25 agosto e lunedì Pianta : C2**h**
Menu 70 € – Carta 50/71 € – (consigliata la prenotazione)
La sala moderna e minimalista sembra voler eliminare distrazioni e preparare il palato all'incontro con la cucina di Parizzi. Vi troverete riferimenti parmigiani, ma anche una creatività sofisticata ed intelligente che reinterpreta con stile classici italiani ed internazionali.
→ Battuta di cavallo con polline, caviale e pane al curry. Ravioli di coniglio con burrata, fave e pecorino. Lombo d'agnello arrostito al timo con patate e fagiolini.

XXX **Inkiostro**
via San Leonardo 124, 4 km per Mantova - CY ✉ 43122 – ✆ 05 21 77 60 47 – www.ristoranteinkiostro.it – Chiuso 1°-7 gennaio, 3 settimane in agosto e domenica
Menu 115 € – Carta 78/104 €
Aperto a fine 2011, questo ottimo locale dal design elegante e minimalista si posiziona oggi tra i migliori della città: che scegliate carne o pesce, è la «garbata» creatività il marchio di fabbrica dello chef. Non mancate di visitare la moderna cantina.
➜ Gioco di mare al casello di Parma. Tagliatella al ragù di piccione e scampi. Zuppa inglese "Inkiostro".

XX **Cocchi** – Hotel Daniel
via Gramsci 16/a, per Piacenza ✉ 43126 – ✆ 05 21 98 19 90 – www.ristorantecocchi.it – Chiuso 24 dicembre-6 gennaio, agosto, sabato, anche domenica in giugno-luglio
Carta 32/64 €
Annessa all'hotel Daniel, una gloria cittadina che, in due ambienti raccolti e rustici, propone la tipica cucina parmigiana accompagnata da una ricercata lista vini.

XX **Al Tramezzo**
via Del Bono 5/b, 3 km per viale Partigiani d' Italia ✉ 43123 – ✆ 05 21 48 79 06 – www.altramezzo.it – Chiuso 1°-15 luglio e domenica
Carta 48/96 €
In zona periferica, locale semplice e classico negli arredi, le energie si concentrano su una cucina che spazia dalla tradizione parmense, con tante paste e salumi, a piatti più creativi anche a base di pesce.
➜ Ravioli all'astice, peperoni dolci ed olio al chicco di caffè. Trancio di branzino Champagne, asparagi e veli croccanti alle erbe. Semifreddo al miele con violette di Parma candite e polline biologico.

XX **Angiol d'Or** N
vicolo Scutellari 1 – ✆ 05 21 28 26 32 – www.angioldor.it – Chiuso lunedì
Carta 27/51 €
Ambiente confortevole ed informale per un ristorante con una bella veranda affacciata sulla piazza del Duomo e sul Battistero. In menu, il meglio della tipicità parmigiana.

XX **Shakespeare** N
piazza Shakespeare 1 ✉ 43100 Parma – ✆ 05 21 23 79 69 – www.shakespearecafe.it – Chiuso agosto e lunedì Pianta : B2**d**
Carta 31/39 € – *(solo a cena)* (consigliata la prenotazione)
Giovane e di tendenza, moderno ed informale, la cucina, a vista, è in funzione fino a mezzanotte, mentre la musica dal vivo rallegra gli ospiti - tutte le sere - dalle 22.00. Specialità: gamberi bardati alle zucchine con pomodori pachino.

XX **Parma Rotta**
strada Langhirano 158, per viale Francesco Basetti - B2 ✉ 43124 – ✆ 05 21 96 67 38 – www.parmarotta.com – Chiuso 23 dicembre-10 gennaio, domenica e lunedì
Menu 30/35 € – Carta 36/69 €
Il nome è quello attribuito al quartiere ai tempi in cui le piene del torrente Parma rompevano gli argini. All'interno di una vecchia casa colonica, un labirinto di salette ospita una cucina che trova la propria massima espressione nei dolci, nonché nelle specialità allo spiedo e alla brace rigorosamente di legna.

XX **Il Trovatore**
via Affò 2/A ✉ 43121 – ✆ 05 21 23 69 05 – www.iltrovatoreristorante.com – Chiuso 10-20 agosto e domenica Pianta : B1**d**
Menu 30/45 € – Carta 34/67 €
Un omaggio a Verdi per l'appassionata gestione che ha rinnovato, anche nel nome, un vecchio locale in pieno centro. Vari i piatti, dal parmense al mare, e una bella cantina visitabile: una scelta enologica che mette le ali alla fantasia.

XX **Osteria del Gesso**

via Ferdinando Maestri 11 ✉ 43121 – ✆ 05 21 23 05 05 Pianta : B2**b**
– www.osteriadelgesso.it – Chiuso 4-14 gennaio, 2-10 luglio, mercoledì e giovedì in ottobre-maggio, domenica e lunedì in giugno-settembre
Carta 37/55 € – *(solo a cena periodo estivo)*
Indubbiamente le specialità locali, ma la ricerca dei prodotti e i voli della fantasia fanno fare ai piatti il giro del mondo! La piccola sala al piano interrato riporta alla memoria la locanda settecentesca.

X **Osteria del 36**

via Saffi 26/a ✉ 43121 – ✆ 05 21 28 70 61 Pianta : C1**m**
– Chiuso 15 luglio-20 agosto e domenica
Carta 27/56 €
Paste fresche preparate all'istante, selezione di formaggi e torte sono solo alcuni dei piatti forti di questo semplice ed informale locale.

X **I Tri Siochètt**

strada Farnese 74, per viale della Villetta - A2 ✉ 43125 – ✆ 05 21 92 94 15 – www.itrisiochett.it – Chiuso 24 dicembre-2 gennaio, 8-22 agosto e domenica sera
Menu 20/30 € – Carta 23/38 €
C'era una volta una sorella e due fratelli un po' pazzerelli, tri siochètt, che gestivano la trattoria con annessa drogheria. Del tempo che fu, è rimasta la bella casa colonica: fucina di specialità gastronomiche locali per golosi buongustai.

a Coloreto Sud-Est : 4 km per viale Duca Alessandro Pianta : C2 – ✉ 43100 Parma

X **Trattoria Ai Due Platani**

via Budellungo 104/a – ✆ 05 21 64 56 26 – Chiuso 15 febbraio-2 marzo, 16 agosto-8 settembre, lunedì sera e martedì, anche lunedì a mezzogiorno da maggio a settembre
Carta 30/49 € – (consigliata la prenotazione)
I due alberi che prestano il nome a questo storico locale sono sempre lì, mentre la conduzione dei due giovani ed appassionati titolari ha saputo rinnovare - senza stravolgere - quell'atmosfera di calda convivialità delle migliori trattorie di paese. Dalla cucina, non solo una montagna di gelato alla crema mantecato al momento, ma preparazioni e tecniche di cottura moderne.

a Gaione Sud-Ovest : 5 km per via della Villetta Pianta : A2 – ✉ 43100

XX **Trattoria Antichi Sapori**

via Montanara 318 – ✆ 05 21 64 81 65 – www.trattoria-antichisapori.com – Chiuso 3 settimane in agosto e martedì
Carta 28/51 €
Trattoria di campagna alle porte della città, propone una cucina regionale, accompagnata da qualche piatto di pesce e dal dinamismo di una giovane conduzione.

a Castelnovo di Baganzola Nord : 6 km per viale Europa Pianta : B1 – ✉ 43126

XX **Le Viole**

strada nuova di Castelnuovo 60/a – ✆ 05 21 60 10 00 – Chiuso 15 gennaio-10 febbraio, 15-30 agosto, lunedì e martedì
Carta 29/39 €
Cucina creativa in questo simpatico indirizzo alle porte di Parma, dove due dinamiche sorelle sapranno allettarvi prendendo semplicemente spunto dai prodotti di stagione.

PARTSCHINS = PARCINES

PASIANO DI PORDENONE

Pordenone (PN) – ✉ 33087 – 7 832 ab. – Alt. 13 m – Carta regionale n° **10-A3**
Roma 570 km – Udine 66 km – Belluno 75 km – Pordenone 11 km
Carta stradale Michelin 562-E19

a Cecchini di Pasiano Nord-Ovest : 3 km – ✉ 33087

Il Cecchini

via Sant'Antonio 9 – ✆ 04 34 61 06 68 – www.ilcecchini.it – Chiuso 10-26 agosto

30 cam ☕ – †46/60 € ††58/75 €

Rist *Il Cecchini* ✿ **Rist *Il Bistrot*** – vedere selezione ristoranti

Forte della sua posizione tranquilla, in un piccolo paesino, l'hotel offre spazi comuni confortevoli e camere di taglio moderno. Buon rapporto qualità prezzo.

Il Cecchini (Marco Carraro) – Hotel Il Cecchini

via Sant'Antonio 9 – ✆ 04 34 61 06 68 – www.ilcecchini.it – Chiuso 10-26 agosto, sabato a mezzogiorno e domenica

Menu 65/145 € – Carta 72/163 €

In un ristorante che unisce il rustico fascino di un'antica casa alla raffinatezza d'arredo delle sale, le capacità tecniche del brillante chef consentono alla cucina di mare di abbandonare i sentieri battuti per intraprendere gustosi percorsi nella creatività.

➜ Risotto nero e oro. La grande catalana di crostacei. Millefoglie più una.

Il Bistrot – Hotel Il Cecchini

via Sant'Antonio 9 – ✆ 04 34 61 06 68 – www.ilcecchini.it – Chiuso 10-26 agosto e domenica

Menu 22/45 € – Carta 28/79 €

Ambientazione moderna e à la page per una proposta che spazia da moderne rivisitazioni dei cicchetti ad influenze asiatiche, con qualche piatto unico. Piacevole "anticamera" di una cucina gourmet!

a Rivarotta Ovest : 6 km – ✉ 33087

Villa Luppis

via San Martino 34 – ✆ 04 34 62 69 69 – www.villaluppis.it

39 cam ☕ – †95/120 € ††125/170 € – **5 suites**

Rist *Lupus in Tabula* – vedere selezione ristoranti

Rist *Carpe Lupis* – Carta 46/62 € – *(chiuso lunedì e martedì)* (prenotazione obbligatoria)

Storia e raffinatezza negli antichi ambienti di un convento dell'XI secolo circondato da un ampio parco con giardino all'italiana, piscina e campi da tennis. Il Carpe Lupis è il "ristorantino" della Villa: ambiente piacevolissimo e cucina con ottimo rapporto qualità/prezzo.

Lupus in Tabula

via San Martino 34 – ✆ 04 34 62 69 69 – www.villaluppis.it – Chiuso lunedì e martedì

Menu 45 € (in settimana) – Carta 47/74 €

Il ristorante si trova in una sala della Villa e ne ripropone la stessa eleganza, mentre in cucina la bontà e la fragranza dei piatti sono nelle mani di un giovane ed appassionato chef che propone una linea moderna e gustosa.

PASSAGGIO ➜ Vedere Bettona

Perugia (PG)

PASSIGNANO SUL TRASIMENO

Perugia (PG) – ✉ 06065 – 5 659 ab. – Alt. 289 m – Carta regionale n° **35-A2**

▶ Roma 211 km – Perugia 27 km – Arezzo 48 km – Siena 80 km

Carta stradale Michelin 563-M18

Kursaal

via Europa 24 – ✆ 0 75 82 80 85 – www.kursaalhotel.net – Aperto 1° aprile-30 ottobre

18 cam ☕ – †65/75 € ††80/98 € – **2 suites**

Rist – Carta 26/54 € – *(chiuso lunedì a mezzogiorno escluso giugno, luglio e agosto)*

Direttamente sul lago, un piccolo albergo ricavato in una villa dei primi '900 (nella proprietà anche un camping) con camere accoglienti ed eleganti: l'attenta conduzione si avverte anche nelle zone comuni, luminose e spaziose. Servizio ristorante estivo effettuato nella bella veranda.

Villa Trasimeno senza rist
via San Donato 21, Est : 4 km – ✆ 07 58 29 62 94 – www.villatrasimeno.eu – Aperto 1° aprile-31 ottobre
6 cam – †50/80 € ††65/110 €
Un'accogliente coppia italo-americana, una villa a mezza collina in posizione isolata e camere personalizzate dagli eleganti bagni: quattro con vista sul Trasimeno!

Il Fischio del Merlo
località Calcinaio 17/A, Est : 3 km – ✆ 0 75 82 92 83 – www.ilfischiodelmerlo.it – Chiuso novembre e martedì
Menu 15 € (in settimana)/27 € – Carta 22/44 €
Il lago non è distante, ma qui a farla da padrone è il pesce di mare, oltre a qualche proposta regionale di carne, in sale arredate a profusione con tavoli in ceramica di Deruta.

a Castel Rigone Est : 10 km – ✉ 06065

Relais la Fattoria
via Rigone 1 – ✆ 0 75 84 53 22 – www.relaislafattoria.com – Chiuso 8 gennaio-8 febbraio
29 cam – †49/79 € ††59/159 €
Rist *La Corte* – Carta 25/41 € – *(solo a cena)*
La posizione elevata e la distanza dai luoghi più turistici ha preservato questo seicentesco complesso patronale: due case raccolte intorno ad un cortiletto in pietra e lo stile rustico delle zone comuni che lascia il posto alla modernità nelle camere.

PASSO → Vedere nome proprio del passo

PASTENA

Frosinone (FR) – ✉ 03020 – 1 502 ab. – Alt. 318 m – Carta regionale n° **13-D2**
Roma 122 km – Frosinone 33 km – Latina 86 km – Formia 41 km
Carta stradale Michelin 563-R22

Mattarocci
piazza Municipio – ✆ 07 76 54 65 37
Carta 20/30 €
Vicoli stretti in cima al paese, poi la piazza del Municipio: qui un bar-tabacchi. All'interno, un localino noto per le leccornie sott'olio. Servizio estivo in terrazza.

PASTRENGO

Verona (VR) – ✉ 37010 – 2 955 ab. – Alt. 192 m – Carta regionale n° **39-A3**
Roma 509 km – Verona 18 km – Garda 16 km – Mantova 49 km
Carta stradale Michelin 561-F14

Stella d'Italia con cam
piazza Carlo Alberto 25 – ✆ 04 57 17 00 34 – www.stelladitalia.it
2 cam – †50/70 € ††70/80 € – **1 suite**
Menu 35 € (pranzo in settimana) – Carta 30/52 € – *(chiuso mercoledì da giugno a settembre; anche la domenica sera negli altri mesi)*
Da architetto, l'attuale patron, si è convertito a ristoratore per onorare un'attività di famiglia che ormai supera il mezzo secolo. In ambienti caldi ed eleganti, si mangia la tradizionale cucina del territorio: la specialità sono le lumache. Piacevole giardino per il servizio estivo.

a Piovezzano Nord : 1,5 km – ✉ 37010

Eva
via Due Porte 43 – ✆ 04 57 17 01 10 – www.ristoranteeva.com – Chiuso 9-17 agosto e sabato
Carta 19/33 €
Nelle colline appena fuori dal paese, una trattoria vecchia maniera, con un'ampia sala dagli alti soffitti, gestione familiare e piatti locali, tra cui i bolliti al carrello.

PASTURANA → Vedere Novi Ligure
Alessandria (AL)

PATRICA

Frosinone (FR) – ✉ 03010 – 3 173 ab. – Alt. 450 m – Carta regionale n° **13-C2**
Roma 94 km – Frosinone 17 km – Latina 51 km
Carta stradale Michelin 563-R21

sulla strada statale 156-Monti Lepini Sud-Est : 11,5 km :

Dal Patricano con cam
✉ 03010 Patrica – ✆ 07 75 22 24 59 – www.dalpatricano.it
8 cam – †60/80 € ††70/100 € Carta 25/40 € – *(chiuso domenica)*
Alle porte del piccolo paese, un ampio parcheggio renderà la sosta ancora più comoda: in una moderna sala con ampie vetrate, cucina regionale e buon vino.

PAVIA

✉ 27100 – 68 313 ab. – Alt. 77 m – Carta regionale n° **16-A3**
Roma 565 km – Alessandria 71 km – Novara 88 km – Milano 41 km
Carta stradale Michelin 561-G9

Moderno
viale Vittorio Emanuele 41 – ✆ 03 82 30 34 01 Pianta : A1**a**
– www.hotelmoderno.it – Chiuso 23 dicembre-3 gennaio
49 cam †115/145 € ††145/180 € – **2 suites**
Rist *Peo* – Carta 24/61 €
Sul piazzale della stazione, questo albergo d'inizio '900 si sta rinnovando progressivamente, soppiantando le vecchie camere - ancora funzionali - con stanze assai più moderne ed accattivanti. Cucina del territorio, ma non solo, al ristorante.

Cascina Scova
via Vallone 18, per Piacenza - B2 – ✆ 03 82 57 26 65 – www.cascinascova.it – Chiuso 23 dicembre-4 gennaio
39 cam – †90/130 € ††110/165 €
Rist – Carta 31/55 € – *(chiuso domenica sera)*
Non lontano dal centro, sebbene già in aperta campagna, relais contornato da curati giardini e piccoli specchi d'acqua: camere moderne e ampie, come anche il centro benessere, nonché cucina italiana al ristorante (a pranzo c'è un servizio snack bar).

Excelsior senza rist
piazza Stazione 25 – ✆ 0 38 22 85 96 Pianta : A1**b**
– www.hotelexcelsiorpavia.com – Chiuso 8-23 agosto
24 cam – †70/80 € ††95/100 €
Comoda posizione nei pressi della stazione, gestione diretta e attenta all'ospitalità. Camere piacevolmente arredate, spazi comuni limitati.

Antica Osteria del Previ
via Milazzo 65, località Borgo Ticino – ✆ 0 38 22 62 03 Pianta : A2**z**
– www.anticaosteriadelprevi.com – Chiuso 1°-10 gennaio, agosto e domenica sera
Carta 29/46 €
Nel vecchio borgo di Pavia lungo il Ticino, un piacevole e curato locale con specialità tipiche della cucina lombarda; travi in legno, focolare, aria d'altri tempi.

sulla strada statale 35 Nord : 4 km per Milano Pianta : A1

Al Cassinino
via Cassinino 1 ✉ 27100 – ✆ 03 82 42 20 97 – Chiuso 15 giorni in agosto e mercoledì
Carta 56/91 €
Sul Naviglio pavese, tra Pavia e la Certosa, elegante casa direttamente sul corso d'acqua, dove gustare sapori classici sia del territorio sia di mare. La carta non le riporta, ma in cantina ci sono tante importanti etichette.

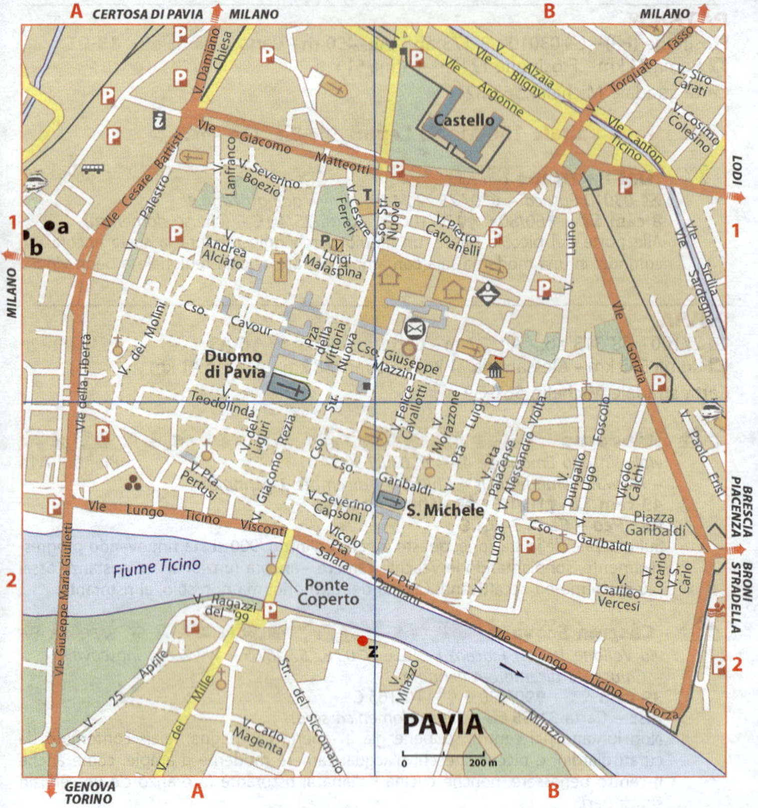

PAVIA DI UDINE

Udine (UD) – ✉ 33050 – Carta regionale n° **11-C2**

▶ Roma 653 km – Trieste 79 km – Udine 17 km – Gorizia 39 km

Carta stradale Michelin 562-E21

a Risano Sud-Ovest : 6 km – ✉ 33050

Casa Orter cam, cam, rist,

via della Stazione 11 – ✆ 04 32 56 47 73 – www.casaorter.it – Chiuso 8-23 agosto

12 cam – 65/75 € 90/100 €

Rist – Carta 25/39 € – *(solo a cena) (solo per alloggiati)*

All'interno di un casolare di campagna, si sono realizzati tutti i confort di un albergo dei giorni nostri: camere con letti in ferro battuto e dal disegno moderno, piccola e deliziosa saletta per le colazioni, elegante ristorante dove campeggia una grande arpa.

PAVONE CANAVESE

Torino (TO) – ✉ 10018 – 3 947 ab. – Alt. 262 m – Carta regionale n° **22-B2**

▶ Roma 668 km – Torino 45 km – Aosta 65 km – Ivrea 5 km

Carta stradale Michelin 561-F5

Castello di Pavone cam,
via Dietro Castello – 01 25 67 21 11 – www.castellodipavone.com
27 cam – 105/140 € 135/200 €
Rist – Menu 48/64 € – Carta 38/64 € – *(solo a cena escluso sabato e domenica)* (prenotazione obbligatoria)
Ricchi interni sapientemente conservati, saloni affrescati ed una splendida corte: una struttura storica e di sicuro fascino, dove si respira ancora una fiabesca e pulsante atmosfera medievale. Squisita cucina del territorio nelle romantiche sale del ristorante.

PAVULLO NEL FRIGNANO

Modena (MO) – ✉ 41026 – 17 275 ab. – Alt. 682 m – Carta regionale n° **8-B2**
Roma 400 km – Bologna 66 km – Reggio nell'Emilia 74 km – Modena 44 km
Carta stradale Michelin 562-I14

Vandelli rist,
via Giardini Sud 7 – 0 53 62 02 88 – www.hotelvandelli.it
39 cam – 50/65 € 75/95 €
Rist – Menu 20 € – *(solo a cena escluso 15 giugno-15 settembre)*
Lungo la strada che attraversa il paese, la calorosa ospitalità familiare è pari solo alla bellezza delle camere: tutte diverse, dal fascino retrò e con arredi d'epoca. Eleganti anche i saloni con camino.

PECCIOLI

Pisa (PI) – ✉ 56037 – 4 909 ab. – Alt. 144 m – Carta regionale n° **31-B2**
Roma 354 km – Pisa 40 km – Firenze 76 km – Livorno 47 km
Carta stradale Michelin 563-L14

Pratello Country Resort cam, cam,
località Pratello via di Libbiano 70, Est : 5 km – 05 87 63 00 24 – www.pratello.it – Aperto 24 aprile-25 ottobre
10 cam – 110/230 € 130/320 € – **2 suites**
Rist – Menu 48/105 € – *(solo a cena) (solo per alloggiati)*
Una villa settecentesca al centro di una tenuta faunistico-venatoria, ambienti comuni e camere elegantemente allestiti con pezzi di antiquariato ed una cappella del '600. Interessanti, anche i tre appartamenti familiari annessi alla struttura.

PECETTO TORINESE

Torino (TO) – ✉ 10020 – 3 930 ab. – Alt. 407 m – Carta regionale n° **22-A1**
Roma 661 km – Torino 13 km – Alessandria 81 km – Asti 46 km
Carta stradale Michelin 561-G5

Hostellerie du Golf cam,
strada Valle Sauglio 130, Sud : 2 km – 01 18 60 81 38 Pianta : D3**a**
– www.hostelleriedugolf.it – Chiuso 20 dicembre-6 gennaio
26 cam – 55/76 € 62/97 € **Rist** – Carta 27/53 € – *(chiuso martedì)*
Nel contesto del Golf Club, l'hotel offre belle camere in stile country ed è ideale tanto per una clientela sportiva che per quella d'affari, considerata la vicinanza a Torino.

PECORONE → Vedere Lauria
Potenza (PZ)

PEDEGUARDA → Vedere Follina
Treviso (TV)

PEDEMONTE → Vedere San Pietro in Cariano
Verona (VR)

PEDENOSSO → Vedere Valdidentro
Sondrio (SO)

PEGLI → Vedere Genova
Genova (GE)

PEIO

Trento (TN) – ✉ 38020 – 1 908 ab. – Alt. 1 389 m – Carta regionale n° **33-A2**

Roma 668 km – Trento 83 km – Bolzano 109 km – Passo di Gavia 53 km

Carta stradale Michelin 562-C14

a Cogolo Est : 3 km – ✉ 38024

Kristiania Alpin Wellness

via Sant'Antonio 18 – ☎ 04 63 75 41 57 – www.hotelkristiania.it – Chiuso maggio, ottobre e novembre

43 cam – †75/95 € ††120/160 € – **5 suites** **Rist** – Carta 21/40 €

Ideale per svagare la mente, ci si trastullerà tra il disco-pub, il bar après-ski, la pizzeria o nelle eleganti camere in stile montano; riappropriandosi, invece, del corpo nel seducente centro benessere con piscina, sauna, trattamenti ayurvedici ed altro ancora. Cucina classica e piatti locali al ristorante.

Cevedale

rist,

via Roma 33 – ☎ 04 63 75 40 67 – www.hotelcevedale.it – Chiuso maggio e ottobre-novembre

30 cam – †50/70 € ††90/120 € – **3 suites** **Rist** – Carta 25/42 €

Sulla piazza centrale, senza essere sfarzoso la gestione familiare moltiplica le cure per i classici ambienti montani. Piacevole centro benessere dallo stile inaspettatamente moderno. Al ristorante, si cena avvolti nel legno: specialità tradizionali trentine e vini consigliati dai titolari sommelier.

Chalet Alpenrose

via Malgamare, località Masi Guilnova, Nord : 1,5 km – ☎ 04 63 75 40 88 – www.chaletalpenrose.it – Aperto 5 dicembre-30 marzo e 30 maggio-30 settembre

19 cam – †54/84 € ††89/159 € – **4 suites**

Rist – Carta 28/68 € – (prenotazione obbligatoria)

Fuori località, nella tranquillità del verde, un maso settecentesco ristrutturato con estrema cura e intimità. Caratteristica sauna ricavata nel capanno del giardino. Ambienti caldi, rifiniti in legno e ben curati in ogni particolare nella zona ristorante.

PELAGO

Firenze (FI) – ✉ 50060 – 7 521 ab. – Alt. 309 m – Carta regionale n° **32-C1**

Roma 279 km – Firenze 25 km – Prato 55 km – Arezzo 69 km

Carta stradale Michelin 563-K16

a Diacceto Nord : 3 km – ✉ 50060

Locanda Tinti

cam,

via Casentinese 65 – ☎ 05 58 32 70 07 – www.locandatinti.it

6 cam – †70 € ††80 €

Rist – Carta 26/40 € – *(chiuso lunedì, martedì e mercoledì) (solo a cena ; giorni festivi aperto solo a pranzo)*

In posizione panoramica su colli e vallata, la locanda aprì negli anni '30 come gelateria. Oggi un bar, gestito dalla stessa famiglia, conduce a delle camere semplici ma accoglienti, con arredi d'epoca. Grazioso e allettante anche il ristorante.

PELLARO → Vedere Reggio di Calabria

Reggio di Calabria (RC)

PELLIO INTELVI

Como (CO) – ✉ 22020 – 1 017 ab. – Alt. 750 m – Carta regionale n° **16-A2**

Roma 669 km – Como 34 km – Bergamo 128 km – Milano 82 km

La Locanda del Notaio

piano delle Noci 22, Est : 1,5 km – ☎ 03 18 42 70 16 – www.lalocandadelnotaio.com – Aperto 23 marzo-31 ottobre

18 cam – †95/110 € ††110/170 € – **2 suites**

Rist *La Locanda del Notaio* ✿ – vedere selezione ristoranti

Villa dell'Ottocento che in passato fu locanda e oggi è una risorsa arredata con grande cura. Belle camere in legno personalizzate; giardino con laghetto d'acqua sorgiva.

La Locanda del Notaio

piano delle Noci 22, Est : 1,5 km – ✆ 03 18 42 70 16 – www.lalocandadelnotaio.com – Aperto 21 marzo-31 ottobre; chiuso martedì a mezzogiorno e lunedì

Carta 56/98 €

Nella regione dei laghi, a due passi dalla Svizzera, il timone gastronomico è all'insegna di giovanili entusiasmi con un palcoscenico d'eccezione: si chiama locanda, ma in realtà è un buen retiro affacciato sul verde, tra eleganti sale e piatti fantasiosi.

➜ Tagliatelle al profumo di liquirizia, lavarello affumicato, fave fresche e crema di burrata. Costoletta di agnello alle erbe fini in tempura, salsa di carote e arance, cicoria croccante. Cannoli di cacao amaro ripieni di mousse allo yogurt con zuppetta di ciliegie e menta.

PENANGO

Asti (AT) – ✉ 14030 – 510 ab. – Alt. 264 m – Carta regionale n° **23-C2**

Roma 631 km – Alessandria 54 km – Asti 19 km – Vercelli 42 km

Carta stradale Michelin 561-G6

a Cioccaro Est : 3 km – ✉ 14030 Cioccaro Di Penango

Relais Sant'Uffizio Wellness & Spa

rist,

strada Sant'Uffizio 1 – ✆ 01 41 91 62 92 – www.relaissantuffizio.com – Chiuso 12 gennaio-9 marzo

41 cam – †110/220 € ††120/250 € – **4 suites**

Rist ***La Locanda del Sant'Uffizio*** – Carta 36/80 €

Nel cuore del Monferrato, all'interno di un parco con piscina, un edificio seicentesco - ex convento domenicano - è stato convertito in struttura di lusso con belle camere personalizzate e un modernissimo centro benessere.

Relais Il Borgo

rist,

via Biletta 60 – ✆ 01 41 92 12 72 – www.ilborgodicioccaro.com – Aperto 3 aprile-20 dicembre

12 cam – †110 € ††120 €

Rist – Carta 56/71 € – *(chiuso martedì) (solo a cena)* (prenotazione obbligatoria)

Un piccolo borgo costruito ex novo con fedeli richiami alla tradizione piemontese. Invece è quasi inglese l'atmosfera delle camere, ricche di tessuti e decorazioni.

PENNA ALTA ➜ Vedere Terranuova Bracciolini

Arezzo (AR)

PENNABILLI

Rimini (RN) – ✉ 47864 – 2 947 ab. – Alt. 629 m – Carta regionale n° **9-D3**

Roma 286 km – Rimini 45 km – Pesaro 76 km – San Marino SMR 35 km

Carta stradale Michelin 563-K18

Il Piastrino (Riccardo Agostini)

via Parco Begni 9 – ✆ 05 41 92 81 06 – www.piastrino.it – Aperto venerdì, sabato e domenica da gennaio a marzo. Chiuso mercoledì in luglio-agosto, anche martedì negli altri mesi

Menu 24 € (pranzo in settimana)/75 € – Carta 41/63 € – (prenotazione obbligatoria a mezzogiorno)

Bella costruzione in pietra all'interno di un parco: pavimento in cotto, sedie e divanetti in pelle, il tutto sapientemente dosato e misurato negli accostamenti. La cucina si distingue per le sue spaziali alchimie di molecole ricche e povere, territoriali e lontane, stagionali e perenni.

➜ Battuto di vitellone con pistacchio e raviolini di parmigiano croccanti. Piccione con erbe di campo e mandorle. Dessert freddo di mascarpone e caffè.

PERA ➜ Vedere Pozza di Fassa

Trento (TN)

PERGINE VALDARNO

Arezzo (AR) – ✉ 52020 – 3 204 ab. – Alt. 361 m – Carta regionale n° **32-C2**
Roma 227 km – Firenze 63 km – Arezzo 17 km – Siena 45 km
Carta stradale Michelin 563-L17

a Montelucci Sud-Est : 2,5 km – ✉ 52020 Pergine Valdarno

Agriturismo Fattoria Montelucci
– ✆ 32 46 90 66 11 – www.montelucci.it – Chiuso 1° gennaio-31 marzo
34 cam – †79/95 € ††109/134 €
Rist *Locanda di Montelucci* – vedere selezione ristoranti
Fattoria seicentesca isolata sulle colline e completa di ogni confort, ideale per una vacanza di relax, ma anche per un soggiorno di sport: mountain bike, escursioni in pick up, pesca sportiva, caccia, nonché ippica.

Locanda di Montelucci – Agriturismo Fattoria di Montelucci
– ✆ 32 46 90 66 11 – Chiuso 1° gennaio-31 marzo
Carta 30/45 € – *(solo a cena)* (prenotare)
Nel centro della sala campeggia la macina in pietra dell'ex frantoio, mentre in menu è tutto un inseguirsi di piatti legati al territorio con molti ingredienti di produzione propria.

PERGINE VALSUGANA

Trento (TN) – ✉ 38057 – 20 700 ab. – Alt. 482 m – Carta regionale n° **33-B3**
Roma 603 km – Trento 13 km – Belluno 101 km – Bolzano 68 km
Carta stradale Michelin 562-D15

Castel Pergine con cam
via al Castello 10, Est : 2,5 km – ✆ 04 61 53 11 58 – www.castelpergine.it – Aperto 2 aprile-9 novembre
21 cam – †41/65 € ††82/130 €
Menu 37 € – Carta 33/52 € – *(chiuso lunedì a mezzogiorno)*
Cucina regionale reinterpretata con gusto moderno in un suggestivo locale dagli alti soffitti a cassettoni, all'interno di un castello medievale. La risorsa dispone anche di alcune camere sobrie ed essenziali, in linea con lo stile del maniero.

Osteria Storica Morelli N
località Canezza di Pergine, piazza Petrini 1 ✉ 38057 Pergine Valsugana – ✆ 04 61 50 95 04 – www.osteriastoricamorelli.it – Chiuso 15 giugno-15 luglio, martedì a pranzo e lunedì
Carta 35/53 €
Una cucina che prende spunto dalla regione e che si esprime in un'accorta selezione delle materie prime, a cui si aggiunge un interessante rapporto qualità/prezzo. Specialità: filetto di lepre con spugnole e patate novelle.

PERO

Milano (MI) – ✉ 20016 – 10 324 ab. – Alt. 144 m – Carta regionale n° **18-B2**
Roma 578 km – Milano 10 km – Como 29 km – Novara 40 km
Carta stradale Michelin 561-I7

Atahotel Expo Fiera
via Giovanni Keplero 12 – ✆ 02 30 05 51 – www.atahotels.it – Chiuso 20 dicembre-6 gennaio
462 cam – †124/504 € ††144/544 € **Rist** – Carta 33/63 €
Vicino al nuovo polo fieristico di Rho/Pero, una struttura moderna prodiga di servizi e confort. Camere ampie ed un centro congressuale concepito per la massima flessibilità degli spazi. Nel ristorante con cucina a vista, non mancano i classici italiani.

PERUGIA

162 986 ab. – Alt. 493 m – Carta regionale n° **35-B2**
Roma 172 km – Firenze 151 km – Ancona 139 km – Pescara 262 km
Carta stradale Michelin 563-M19

© J. Arnold / hemis.fr

Alberghi

Brufani Palace

piazza Italia 12 ✉ *06121* – *✆ 07 55 73 25 41* Pianta : A3**x**
– *www.sinahotels.com*
94 cam – 250/300 € 350/450 € – **35 suites**
Rist *Collins* – vedere selezione ristoranti
Storico e sontuoso hotel della Perugia alta, in splendida posizione, impreziosito da un roof-garden da cui godere di una vista incantevole sulla città e i dintorni.

Sangallo Palace Hotel

via Masi 9 ✉ *06121* – *✆ 07 55 73 02 02* – *www.sangallo.it* Pianta : A3**m**
98 cam – 80/120 € 95/180 € – **2 suites**
Rist *Il Sangallo* – vedere selezione ristoranti
Sito nel centro storico, a pochi passi dall'antica Rocca Paolina, l'hotel unisce richiami rinascimentali a confort moderni. Un albergo eccellente, sotto tutti i punti di vista!

Perugia Plaza Hotel

rist,

via Palermo 88, per via dei Filosofi ✉ *06129* – *✆ 07 53 46 43*
– *www.hotelplazaperugia.com*
106 cam – 70/150 € 80/200 € – **2 suites**
Rist – Carta 27/62 €
A ridosso del centro storico, questa classica struttura con eccellenti servizi dispone di ambienti ben distribuiti e stanze con ogni confort: ideale quindi per una clientela sia business che pleasure. Piatti assortiti al ristorante, ma quelli regionali con prodotti a Km 0 hanno una marcia in più. Superba carta dei vini, degli oli e degli aceti, nonché delle acque minerali.

Castello di Monterone – Residenza d'epoca

strada Montevile 3, 2,5 km per via dal Pozzo - B2 ✉ *06126*
– *✆ 07 55 72 42 14* – *www.castellomonterone.com*
– *Chiuso 7 gennaio-12 febbraio*
18 cam – 120/290 € 135/390 €
Rist *Il Postale* ✿ – vedere selezione ristoranti
Lungo l'ultimo tratto dell'antica via regalis che conduce da Roma a Perugia, un piccolo ed incantevole castello ottocentesco per immergersi in una fiaba medioevale. Camere monastiche per semplicità, ma dagli arredi in stile: le migliori si affacciano sulla vallata.

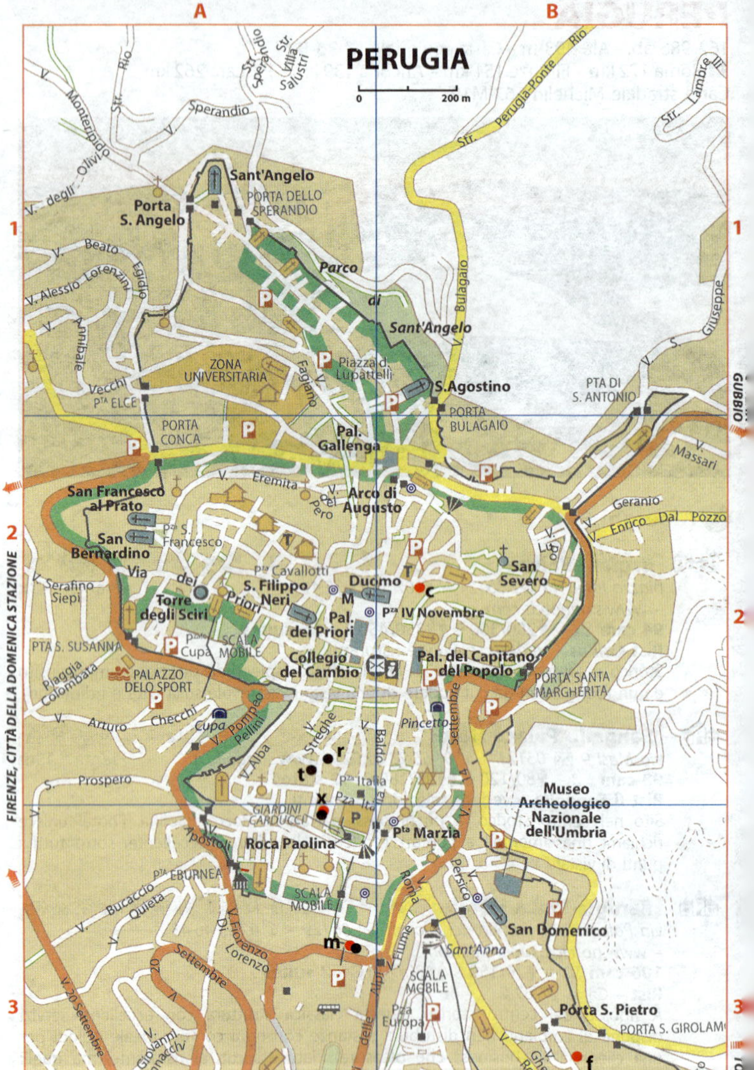
A
B
PERUGIA
0
200 m
1
2
3
Sant'Angelo
PORTA DELLO SPERANDIO
Porta S. Angelo
Parco di Sant'Angelo
Piazza d. Lupattelli
ZONA UNIVERSITARIA
Pta ELCE
PORTA CONCA
S.Agostino
PORTA BULAGAIO
PTA DI S. ANTONIO
Pal. Gallenga
Arco di Augusto
San Francesco al Prato
San Bernardino
Pza S. Francesco
Pza Cavallotti
S. Filippo Neri
Duomo
Torre degli Sciri
Pal. dei Priori
Pza IV Novembre
San Severo
PTA S. SUSANNA
SCALA MOBILE
Collegio del Cambio
Pal. del Capitano del Popolo
PORTA SANTA MARGHERITA
PALAZZO DELO SPORT
Cupa
Pincetto
Pza Italia
GIARDINI CARDUCCI
Pta Marzia
Museo Archeologico Nazionale dell'Umbria
Roca Paolina
Pta EBURNEA
San Domenico
Sant'Anna
Pza Europa
Porta S. Pietro
PORTA S. GIROLAMO
GUBBIO
TORGIANO
FIRENZE, CITTÀ DELLA DOMENICA STAZIONE
IPOGEO D. VOLUMNI, ASSISI, FOLIGNO CESENA, TODI, ROMA
TORGIANO
c
r
t
x
m
f
Str. Perugia-Ponte Rio
V. Bulagaio
V. Enrico Dal Pozzo
V. Massari
V. Eremita
V. Alessio Lorenzini
V. Beato Egidio
V. Serafino Siepi
Piaggia Colombata
V. Arturo Checchi
V. Pompeo Pellini
V. Prospero
V. Fiorenzo Di Lorenzo
V. Cacciatori delle Alpi
V. Roma
V. Ghezzi
V. Giovanni Pennacchi
V. 20 Settembre
V. Pellicciari
V. Fratelli Pellas
V. Fonti Coperte
V. Seneca
V. dei Filosofi
Vle Benedetto Bonfigli
V. dei Priori
V. Baldo
V. Alba
V. Streghe
V. Bucaccio
V. Quieta
V. Apostoli
V. Fagiano
V. Persico
V. Fiume
V. Lavoro

La Rosetta

piazza Italia 19 ✉ 06121 – ✆ 07 55 72 08 41 – www.larosetta.eu Pianta : A2**r**

86 cam – 65/95 € 80/140 € **Rist** – Carta 22/71 €

Affacciato sull'elegante viale di passeggio perugino, è un albergo storico con camere più antiche nei primi due piani, contemporanee negli ultimi.

Giò Wine e Jazz Area

via Ruggero D'Andreotto 19, per Città della Domenica - A3 ✉ 06124 – ✆ 07 55 73 11 00 – www.hotelgio.it

206 cam – 66/150 € 70/150 € – **4 suites**

Rist *Giò Arte e Vini* – vedere selezione ristoranti

Due aree distinte per un hotel assolutamente originale: troverete insoliti e curiosi scrittoi che diventano teche per la conservazione di ricercate bottiglie, così come richiami dal mondo del jazz.

Fortuna senza rist

via Bonazzi 19 ✉ 06123 – ✆ 07 55 72 28 45 – www.umbriahotels.com Pianta : A2**t**

51 cam – 69/105 € 77/140 €

Annunciato da una romantica edera che ne ricopre la facciata, si compone di due torri medioevali con sale affrescate, terrazzi con vista sui tetti di Perugia e arredi d'epoca: se amate la storia è il vostro albergo!

Ristoranti

Collins – Hotel Brufani Palace

piazza Italia 12 ✉ 06121 – ✆ 07 55 73 25 41 – www.sinahotels.com Pianta : A3**x**

Carta 48/81 €

All'interno dell'albergo Brufani, di cui l'inglese Collins fu l'inventore, si cena in ambienti sontuosi e signorili. La cucina oscilla tra le specialità regionali e i classici nazionali.

Il Postale – Hotel Castello di Monterone

strada Montevile 3, 2,5 km per via dal Pozzo - B2 ✉ 06126 – ✆ 07 58 52 13 56 – www.castellomonterone.com – Chiuso 7 gennaio-12 febbraio, lunedì e martedì

Menu 75 € – Carta 35/87 € – *(solo a cena escluso domenica)*

Camino, soffitto affrescato e decorazioni moderne: una bomboniera di soli quattro tavoli (un quinto in cucina), per gustare piatti estrosi e sofisticati tra le mura di un castello.

→ La "mia" carbonara destrutturata. Esperienza: il piccione. Soffice di crema, frutti misti e pane croccante.

Antica Trattoria San Lorenzo

piazza Danti 19/A ✉ 06122 – ✆ 07 55 72 19 56 – www.anticatrattoriasanlorenzo.com Pianta : B2**c**

Menu 38/75 € – Carta 37/66 €

Nel cuore del salotto cittadino, il ristorante è un laboratorio di ricerca gastronomica per gli amanti di una cucina estrosa e di qualità. Non esitate a chiedere consiglio al simpatico cuoco!

Il Sangallo – Sangallo Palace Hotel

via Masi 9 ✉ 06121 – ✆ 07 55 73 14 34 – www.sangallo.it Pianta : A3**m**

Carta 32/51 €

In ambienti luminosi ed eleganti, il ristorante soddisfa ogni palato, dalle ricette locali ai piatti nazionali. Tra le specialità: risotto al petto d'anatra, umbricelli al tartufo nero di Norcia, medaglione di vitello brasato con crema di succo di limone.

Giò Arte e Vini – Hotel Giò Wine e Jazz Area

via Ruggero D'Andreotto 19, per Città della Domenica - A3 ✉ 06124 – ✆ 07 55 73 11 00 – www.hotelgio.it – Chiuso domenica sera

Menu 32/37 € – Carta 26/46 €

Grappoli d'uva ai tavoli e una sfilata di pietanze della tradizione umbra in un ristorante assolutamente originale, come l'hotel che lo ospita. Tra i piatti più gettonati: il piccione e l'agnello.

L'Officina

Borgo XX Giugno 56 ✉ 06121 – ✆ 07 55 72 16 99 Pianta : B3**f**
– www.l-officina.net – Chiuso 2 settimane in agosto
Menu 25 € (cena)/30 € – Carta 32/39 €
Stanchi della cucina tradizionale e desiderosi di novità? All'Officina troverete fantasia, piatti di ricerca e accostamenti originali. A pranzo la scelta è più semplice, ristretta ed economica.

raccordo autostradale Bettolle-Perugia - uscita Ferro di Cavallo Nord-Ovest: 5 km per via Vecchi Pianta : A1

Sirius

via Padre Guardiano 9, Ovest : 1 km ✉ 06131 – ✆ 0 75 69 09 21 – www.sirius.it
23 cam – 🚹48/50 € 🚹🚹52/85 €
Rist – Menu 20/25 € – *(solo a cena) (solo per alloggiati)*
Poco fuori Perugia, sulla sommità di una collina, albergo dalla piacevole conduzione familiare e due tipologie di camere: le più recenti (con piccolo sovrapprezzo), da preferire.

verso Ponte Felcino Est : 5 km per Gubbio Pianta : B2

Agriturismo San Felicissimo senza rist

strada Poggio Pelliccione ✉ 06134 Perugia – ✆ 34 80 92 43 46
– www.sanfelicissimo.net
10 cam – 🚹55/65 € 🚹🚹70/90 €
Un piccolo agriturismo periferico, raggiungibile dopo un breve tratto di strada sterrata; edificio rurale, con arredi rustici, tutto rinnovato e cinto da colline e uliveti.

a Ferro di Cavallo Ovest : 6 km per Città della Domenica Pianta : A3 Alt. 287 m – ✉ 06132

La Meridiana

via del Discobolo 42 – ✆ 07 55 17 23 47 – www.edenhotels.it
97 cam – 🚹65/160 € 🚹🚹85/270 € **Rist** – Carta 25/47 €
Comodo per la vicinanza all'uscita Ferro di Cavallo del raccordo, è tuttavia un albergo tranquillo, circondato dal verde, con arredi ispirati alla comodità e praticità. Per raggiungere il centro storico c'è una navetta per il mini metrò.

ad Olmo Ovest : 8 km Pianta : A2 Alt. 284 m – ✉ 06012 Corciano

Relais dell'Olmo senza rist

strada Olmo Ellera 2/4 – ✆ 07 55 17 30 54 – www.relaisolmo.com
52 cam – 🚹90/300 € 🚹🚹100/400 €
Una casa colonica radicalmente ristrutturata e trasformata in una struttura alberghiera moderna e funzionale. Ampia gamma di servizi, arredi curati e di stile elegante.

a Bosco Est : 12 km per Gubbio Pianta : B2 – ✉ 06134

Relais San Clemente

strada Passo dell' Acqua 34 – ✆ 07 55 91 51 00 – www.relais.it – Chiuso 7 gennaio-15 marzo
64 cam – 🚹48/108 € 🚹🚹58/218 € **Rist** – Carta 19/38 €
Un'antica dimora in un grande parco, un relais che trae il nome dalla chiesa ancora compresa nel complesso; camere senza fronzoli, ineccepibili per tenuta e confort. Ristorante orientato al comparto congressuale e banchettistico.

a Ripa : 14 km per Gubbio Pianta : B2 – ✉ 06134

Ripa Relais Colle del Sole

via Aeroporto Sant'Egidio 5, Sud : 1,5 km – ✆ 07 56 02 01 31
– www.riparelais.com
16 cam – 🚹40/90 € 🚹🚹60/120 € – **4 suites**
Rist – Carta 33/49 € – *(chiuso 7 gennaio-10 febbraio e mercoledì a mezzogiorno)* (consigliata la prenotazione)
Romantici letti a baldacchino, pavimenti in cotto e travi a vista, suite con graziosi angoli soggiorno: tutto concorre a creare un'atmosfera raffinata in questa risorsa che si sviluppa su quattro costruzioni, raccolte intorno ad un giardino ricco di profumi ed erbe aromatiche.

a Ponte San Giovanni Sud-Est : 7 km per Torgiano Pianta : B3 Alt. 189 m – ✉ 06135

Park Hotel

via Volta 1 – ✆ 07 55 99 04 44 – www.perugiaparkhotel.com – Chiuso 24-27 dicembre

139 cam ☕ – †50/80 € ††60/90 € **Rist** – Carta 21/47 €

A pochi metri dall'uscita della superstrada E45, ma ben insonorizzato, offre camere in genere ampie che privilegiano la comodità e la funzionalità. Piscina di 25 metri per gli amanti del nuoto.

Decohotel

via del Pastificio 8 – ✆ 07 55 99 09 50 – www.decohotel.it

35 cam ☕ – †59/98 € ††69/146 €

Rist *Deco* – vedere selezione ristoranti

Negli anni in cui imperversava l'art déco in Francia e all'estero, in Italia sorge questa caratteristica costruzione all'interno di un giardino con piante secolari e dépendance annessa. E se la piacevolezza qualifica l'architettura esterna, moderni confort diventano ospiti fissi delle belle camere.

Tevere

via Mario Bochi 14 – ✆ 0 75 39 43 41 – www.tevere.it

49 cam ☕ – †35/100 € ††40/150 €

Rist *Tevere* – vedere selezione ristoranti

Vicino all'uscita Ponte San Giovanni della superstrada, le camere sono ben insonorizzate, all'insegna della semplicità e gestite dalla stessa famiglia dal 1972.

Deco – Hotel Decohotel

via del Pastificio 8 – ✆ 0 75 39 42 20 – www.decohotel.it – Chiuso 13-20 agosto e 24-30 dicembre

Carta 26/90 €

Sito entro il Decohotel, ma in una struttura a parte, un ristorante classico, di tono elegante, che propone anche cucina locale e ittica. Servizio estivo all'aperto.

Tevere – Hotel Tevere

via Mario Bochi 14 – ✆ 0 75 39 43 41 – www.tevere.it – Chiuso sabato e domenica

Carta 19/47 €

E' la brace, la vera star di questo capiente ristorante che propone sempre carne e, in alcuni giorni della settimana, anche pesce.

a Monte Petriolo Sud-Ovest : 19 km – ✉ 06100

Borgo dei Conti Resort

rist,

– ✆ 0 75 60 03 38 – www.borgodeicontiresort.com

58 cam ☕ – †170/270 € ††200/290 € **Rist** – Carta 50/100 €

Abbracciato da un bosco secolare, un antico borgo composto da una dimora padronale, vari complessi abitativi e la chiesa d'ispirazione barocca è diventato ora un lussuoso resort con camere molto confortevoli e moderne. Curati gli spazi all'aperto – tra cui una bella piscina a sfioro - per momenti d'indiscusso relax.

a Cenerente Nord-Ovest: 8 km per via Vecchi Pianta : A1 – ✉ 06070

Castello dell'Oscano

cam, rist,

strada della Forcella 37 – ✆ 0 75 58 43 71 – www.oscano.com

11 cam ☕ – †100/140 € ††100/140 € – **4 suites**

Rist – Carta 31/61 € – *(solo a cena)*

Salottini, biblioteche, angoli sempre da scoprire e una terrazza immensa in un castello neogotico abbracciato da un parco secolare.

Villa Ada

strada della Forcella 37 – ✆ 0 75 58 43 71

26 cam ☕ – †54/70 € ††70/120 €

In un'ex foresteria rinascimentale, Villa Ada condivide il fascino del parco del castello, ma propone arredi contemporanei in camere a prezzo più contenuto.

PESARO

94 615 ab. – Carta regionale n° **20-B1**

Roma 296 km – Rimini 42 km – Ancona 74 km – Forlì 90 km

Carta stradale Michelin 563-K20

Excelsior

lungomare Nazario Sauro 30/34 ✉ *61121* — Pianta : B2**b**

– ✆ *07 21 63 00 11* – *www.excelsiorpesaro.it*

40 cam – 115/368 € 135/570 € – **12 suites**

Rist *'59 Restaurant* – vedere selezione ristoranti

Rist *Bistrot* – Menu 29 € (pranzo) – Carta 20/44 €

Lussuoso design hotel in prima fila che coniuga linee moderne con richiami ai mitici anni '50 americani. Tra i tanti servizi offerti, ricordiamo l'esclusiva spa e la spiaggia privata. Al Bistrot: carta semplice di piatti mediterranei, ma si servono anche insalate e piadine.

Vittoria

piazzale della Libertà 2 ✉ 61121 – ✆ 0 72 13 43 43 Pianta : B1-2**e**
– www.grandhotelvittoriapesaro.it
27 cam – 150/800 € 180/1300 € – **9 suites**
Rist *Agorà Rossini* – ✆ 0 72 13 43 44 – Carta 30/67 € – *(chiuso lunedì) (solo a cena escluso giugno-agosto)*
In una zona tranquilla e con un'eccellente vista mare, questa storica villa che ospita eleganti spazi arredati con mobili antichi, sale conferenza, sauna ed una piccola palestra ha ricevuto - a ragione - il marchio di qualità dell'ospitalità italiana.

Alexander Museum Palace

rist,

viale Trieste 20 ✉ 61121 – ✆ 0 72 13 44 41 – www.alexandermuseum.it
63 cam – 58/160 € 81/250 € – **4 suites**
Rist – Carta 26/54 € – *(chiuso domenica escluso periodo estivo)* (consigliata la prenotazione)
Albergo-museo dove ogni stanza è unica, in quanto concepita e arredata da artisti vari, per vivere l'arte in maniera insolita. Questa piacevole atmosfera non risparmia le aree comuni impreziosite da opere di Chia, Pomodoro, Palladini ed altri ancora. Al ristorante carta ridotta, ma che cambia ogni giorno con le migliori materie prime del momento.

Savoy

viale della Repubblica 22 ✉ 61121 – ✆ 0 72 13 31 33 Pianta : B2**n**
– www.hotelsavoypesaro.it
61 cam – 80/145 € 100/207 €, 11 € – **9 suites**
Rist *Ariston Blue Dream* – ✆ 0 72 16 74 49 – Carta 24/55 €
Sul viale principale, a pochi passi dal mare e dai monumenti più importanti, piacevole atmosfera signorile nelle sale comuni e camere di classico confort.

Imperial Sport Hotel

rist,

via Ninchi 6 ✉ 61121 – ✆ 07 21 37 00 77 Pianta : B1**z**
– www.imperialsporthotel.it – Aperto 1° aprile-30 ottobre
40 cam – 45/100 € 65/130 € – **8 suites** **Rist** – Carta 25/37 €
Direttamente sul mare, la struttura dispone di ampi spazi arredati in stile moderno, una grande piscina ed aree attrezzate per i bambini. Camere semplici, ma moderne.

Perticari

rist, rist,

viale Zara 67 ✉ 61121 – ✆ 0 72 16 84 11 Pianta : B1**a**
– www.hotelperticari.com
58 cam – 40/115 € 60/170 €
Rist *Le Palme* – ✆ 0 72 16 86 40 – Carta 21/52 €
Direttamente sul mare, in posizione centrale, la struttura accoglie i suoi ospiti in una calda atmosfera familiare. Camere spaziose, molte delle quali con balcone vista Adriatico, nonché attrezzato solarium dove trovano spazio una bella piscina e la jacuzzi.

Bellevue

rist,

viale Trieste 88 ✉ 61121 – ✆ 0 72 13 19 70 Pianta : B2**k**
– www.bellevuehotel.net – Aperto 20 aprile-10 ottobre
55 cam – 45/80 € 75/150 € **Rist** – Menu 23 € – *(solo per alloggiati)*
Sul mare e poco distante dal centro di Pesaro, è un albergo dai caratteristici balconi con mosaici in stile mediterraneo, camere confortevoli, palestra, bagno turco e sauna.

'59 Restaurant – Hotel Excelsior

lungomare Nazario Sauro 30/34 ✉ 61121 Pianta : B2**b**
– ✆ 07 21 63 00 04 – www.59restaurantpesaro.it
Menu 59 € – Carta 40/93 € – (consigliata la prenotazione)
Cucina prevalentemente di pesce con leggeri tocchi moderni in ambienti eleganti dal design retrò. La sera, ci si può accomodare ai tavoli del Lido a bordo spiaggia.

XXX **Lo Scudiero** N

via Baldassini 2 ✉ 61121 Pesaro – ✆ 0 72 11 65 18 04 Pianta : A2**c**
– www.ristorantescudiero.it – Chiuso lunedì escluso dicembre ed agosto
Menu 48/78 € – Carta 37/92 €
Lo storico locale del centro ha riaperto grazie a due intraprendenti giovani; eleganti ambienti nelle storiche scuderie per una cucina che si fa - di volta, in volta - tradizionale o moderna.

XX **Gibas**

strada Panoramica Adriatica, 4 km per Bologna - A2 ✉ 61121 – ✆ 07 21 40 53 44 – www.gibasristorante.it – Chiuso 15-30 gennaio, mercoledì escluso luglio-agosto
Menu 42 € – Carta 38/84 €
Lungo la strada che partendo dalla città va verso nord, locale moderno in posizione panoramica sul mare, da godersi appieno - in estate - sulla pedana all'aperto. Cucina prevalentemente di pesce d'impronta contemporanea.

XX **Commodoro**

viale Trieste 269 ✉ 61121 – ✆ 0 72 13 26 80 Pianta : B1**g**
– www.ilcommodoro.com – Chiuso lunedì
Menu 20 € – Carta 35/76 €
Accogliente ristorante dall'arredo contemporaneo, ma diventato un indirizzo "classico" in città, dove gustare una cucina mediterranea attenta alle proposte giornaliere, soprattutto a base di pesce.

in prossimità casello autostrada A 14 Ovest : 5 km :

Locanda di Villa Torraccia senza rist

strada Torraccia 3 ✉ 61122 – ✆ 0 72 12 18 52 – www.villatorraccia.it – Chiuso 20 dicembre-4 gennaio
5 cam – †65/80 € ††100/130 €
Ricavata da una piccola torre medievale circondata da piante secolari, una risorsa accogliente con suite di taglio rustico per un soggiorno all'insegna della tradizione.

PESCANTINA

Verona (VR) – ✉ 37026 – 16 688 ab. – Alt. 80 m – Carta regionale n° **38-A2**
Roma 503 km – Verona 14 km – Brescia 69 km – Trento 85 km
Carta stradale Michelin 562-F14

ad Ospedaletto Nord-Ovest : 3 km – ✉ 37026 Pescantina

Villa Quaranta Park Hotel

cam,

via Ospedaletto 57 – ✆ 04 56 76 73 00
– www.villaquaranta.com
85 cam – †129/232 € ††145/285 € – **10 suites**
Rist *Borgo Antico* – Carta 38/74 €
Antico e moderno, gli opposti si attraggono! Una villa del '600 (con tanto di cappella consacrata) ed un edificio più recente formano questo raffinato complesso, poliedrico nell'offerta dei servizi: camere con una forte identità, sale congressi ed una bella spa. Il tutto immerso nella splendida cornice di un grande parco. Ristorante elegante in edificio adiacente.

X **Alla Coà**

via Ospedaletto 70 – ✆ 04 56 76 74 02 – www.trattoriaallacoa.it – Chiuso 26 dicembre-20 gennaio, 27 luglio-20 agosto, domenica e lunedì
Menu 40 € – Carta 37/59 €
Lungo una strada piuttosto trafficata, la vecchia casa di paese è stata arredata in stile country e un pizzico di romanticismo e propone ai suoi avventori piatti legati al territorio e alle stagioni.

PESCARA

– 117 091 ab. – Carta regionale n° **2-C1**
Roma 211 km – L'Aquila 107 km – Teramo 66 km – Chieti 19 km
Carta stradale Michelin 563-O24

Plaza senza rist | Pianta : A1**b**

piazza Sacro Cuore 55 ✉ 65122 – ✆ 08 54 21 46 25 – www.plazapescara.it

66 cam ☕ – 🚹89/169 € 🚹🚹119/259 € – **2 suites**

In posizione centrale, ma tranquilla (poco distante dalla stazione e dal mare), l'hotel dispone di sale conferenza ed accoglienti ambienti arredati con tessuti eleganti, nonchè marmo. Punto di forza della struttura è sicuramente la sala colazioni con bella vista sulla zona pedonale.

Esplanade rist, | Pianta : A1**a**

piazza 1° Maggio 46 ✉ 65122 – ✆ 0 85 29 21 41 – www.esplanade.net

150 cam ☕ – 🚹85/119 € 🚹🚹120/163 €

Rist – Carta 21/77 € – *(chiuso domenica e lunedì) (solo a cena)*

Sale e camere di classica eleganza in un imponente edificio del 1905, a pochi passi dal mare. Luminoso ristorante - al sesto piano - dotato di bella terrazza panoramica.

Victoria senza rist
via Piave 142 ✉ 65122 – ✆ 0 85 37 41 32 Pianta : A1**c**
– www.victoriapescara.com
22 cam – 95/105 € 135/140 € – **1 suite**
In pieno centro, nuova risorsa di grande effetto e squisito confort. Modernità e design per una clientela esigente. Piccola zona benessere.

Duca D'Aosta senza rist
piazza Duca d'Aosta 4 ✉ 65121 – ✆ 0 85 37 42 41 Pianta : B2**a**
– www.ducadaostapescara.it
72 cam – 72/139 € 72/219 €
L'insegna svetta sull'omonima piazza, in vicinanza del Porto Canale, a pochi passi di distanza dal centro. Spazi comuni non ampissimi, ma ben distribuiti, e camere accoglienti.

Alba senza rist
via Forti 14 ✉ 65122 – ✆ 0 85 38 91 45 Pianta : A1**r**
– www.hotelalba.pescara.it
50 cam – 60/75 € 75/110 €
Nel centro turistico-commerciale della città, piccolo ma piacevole hotel caratterizzato da sale in stile liberty - stuccate ed affrescate - più classiche, invece, le camere.

Ambra Palace senza rist
via Quarto dei Mille 28/30 ✉ 65122 – ✆ 0 85 37 82 47 Pianta : A1**u**
– www.hotelambrapalace.it
61 cam – 39/69 € 59/99 €
In centro città, a 300 m dal mare, comodo albergo a gestione familiare, in attività dal 1963; spazi comuni adeguati, camere classiche, con bagni completi e funzionali.

Café Les Paillotes
piazza Le Laudi 2, per lungomare Cristoforo Colombo - B1 ✉ 65129 – ✆ 08 56 18 09 – www.cafelespaillotes.it – Chiuso gennaio, domenica e lunedì
Menu 25 € (pranzo in settimana)/80 € – Carta 47/106 €
Affacciato sulla spiaggia, pare un elegante stabilimento balneare con atmosfere dalle allusioni orientali. Tutta italiana invece la cucina: dalla tradizione adriatica ai piatti più creativi, il Cafè è un'eccellente tappa gastronomica.
➜ Spaghetti con seppie, aglio, olio, peperoncino e bottarga di pane. Bocconcini di coda di rospo con lardo di Colonnata, zuppetta di fagioli e cozze. Sablè al cioccolato con cremoso al caffè e gelato alla crema di whisky.

Carlo Ferraioli
via Paolucci 79 ✉ 65121 – ✆ 08 54 21 02 95 Pianta : B2**d**
– www.carloferraioli.it
Menu 25 € (in settimana)/50 € – Carta 26/70 €
Elegante ristorante affacciato sul canale e sui caratteristici pescherecci: cucina rigorosamente a base di pesce. A disposizione, una sala per fumatori.

La Rete
via De Amicis 41 ✉ 65123 – ✆ 08 52 70 54 Pianta : A1**m**
– www.lareteristorante.com – Chiuso domenica sera e lunedì a mezzogiorno
Menu 25/60 € – Carta 46/91 € – (consigliata la prenotazione)
Solo pesce in questo locale dalla cordiale gestione familiare: semplice e gustoso, il menu della giornata è tracciato ogni mattina a seconda di quello che offrono l'Abruzzo e l'Adriatico.

Locanda Manthonè
corso Manthonè 58 ✉ 65127 – ✆ 08 54 54 90 34 Pianta : B2**s**
– www.locandamanthone.it – Chiuso domenica
Menu 37/39 € – Carta 30/52 €
La trattoria prende il nome dalla via dove visse D'Annunzio. All'interno la giovane gestione propone una gustosa cucina locale, in accordo con le stagioni. Specialità: agnello delle montagne abruzzesi con patate al forno.

Taverna 58

corso Manthoné 46 ✉ 65127 – ✆ 0 85 69 07 24 Pianta : B2s
– www.taverna58.it – Chiuso 24 dicembre-1° gennaio, agosto, domenica e i mezzogiorno di venerdì e sabato
Menu 18/35 € – Carta 30/50 €
Trattoria dall'ambiente curato, dove un'interessante cucina legata alla tradizione gastronomica abruzzese dà vita a piatti sapidi e generosi, difficilmente ritrovabili altrove. Un esempio? Pecora al tegame! Visitabili le cantine con vestigia medievali e romane.

PESCASSEROLI

L'Aquila (AQ) – ✉ 67032 – 2 209 ab. – Alt. 1 167 m – Carta regionale n° **1-B3**
Roma 164 km – Frosinone 82 km – Frosinone 82 km – Isernia 66 km
Carta stradale Michelin 563-Q23

Villa Mon Repos

rist,

viale Santa Lucia – ✆ 08 63 91 28 58 – www.villamonrepos.it
13 cam – 110/120 € 120/140 € – **1 suite**
Rist – Carta 31/39 € – (prenotazione obbligatoria)
Costruita nel 1919 dallo zio di Benedetto Croce, una residenza d'epoca in un parco non lontano dal centro; stile tardo liberty, molto eclettico, anche all'interno. Piatti abruzzesi o di pesce serviti nell'elegante ristorante.

Villino Quintiliani

viale Santa Lucia 1 – ✆ 08 63 91 07 55 – www.villinoquintiliani.it
10 cam – 70/100 € 80/120 €
Rist – Menu 22 € – *(solo per alloggiati)*
All'ingresso del paese, siamo in un grazioso villino dei primi '900 dalle camere moderne e confortevoli. La gestione familiare organizza attività all'insegna dello sport e della natura.

Paradiso

rist,

via Fonte Fracassi 4 – ✆ 08 63 91 04 22 – www.albergo-paradiso.it
21 cam – 46/90 € 70/140 €
Rist – Menu 20/35 €
A meno di 2 km dal centro, è ideale per una vacanza familiare nel verde: il parco entra in albergo con atmosfere rustiche in legno, camino e una tavernetta.

Alle Vecchie Arcate

rist,

via della Chiesa 57/a – ✆ 08 63 91 06 18 – www.vecchiearcate.com
30 cam – 40/60 € 70/95 €
Rist – Menu 25 € – *(chiuso ottobre-novembre e aprile-maggio) (solo per alloggiati)*
Dal sapiente restauro conservativo di un edificio d'epoca in pieno centro storico, un hotel dalle graziose camere con arredi in legno ed una gustosa cucina casalinga nella sala in stile alpino.

Alle Vecchie Arcate

via della Chiesa 41 – ✆ 08 63 91 07 81 – Chiuso novembre e lunedì in maggio-giugno ed ottobre
Carta 23/36 €
Parenti, ma non della stessa famiglia che gestisce l'omonimo albergo, il locale offre una casareccia cucina abruzzese in una struttura di inizi '600: caratteristica, la sala con arcate in pietra e camino.

PESCHE

→ Vedere Isernia
Isernia (IS)

PESCHICI

Foggia (FG) – ✉ 71010 – 4 242 ab. – Carta regionale n° **26-B1**
Roma 408 km – Foggia 116 km – Barletta 135 km – Manfredonia 77 km
Carta stradale Michelin 564-B30

Elisa
cam, rist,

borgo Marina 20 – 📞 08 84 96 40 12 – www.hotelelisa.it – Aperto 1° aprile-30 settembre
43 cam – 55/70 € 80/120 € **Rist** – Carta 19/36 €
Ai piedi del borgo marinaro di Peschici e vicino al porto turistico, un hotel dall'ottima gestione familiare con camere luminose dagli arredi in legno bianco o azzurro e vista sul mare. Ampie vetrate ed ottimi piatti di pesce al ristorante: buonissime le paste fatte in casa.

La Chiusa delle More
cam,

località Padula, Ovest : 1,5 km – 📞 3 30 54 37 66 – www.lachiusadellemore.it – Aperto 23 maggio-30 settembre
10 cam – 104/156 € 160/240 € **Rist** – Menu 30 € – *(solo a cena)*
Circondati da un parco di ulivi secolari, dormirete in un antico frantoio rupestre trasformato in elegante agriturismo, a meno di 1 km dal mare.

Porta di Basso con cam

via Colombo 38 – 📞 08 84 35 51 67 – www.portadibasso.it – Chiuso gennaio-febbraio
3 cam – 80/120 € 120/240 €
Menu 45/60 € – Carta 36/60 € – *(chiuso giovedì escluso giugno-settembre)* (consigliata la prenotazione)
Nella città vecchia, abbiate cura di prenotare uno dei pochi tavoli a strapiombo sul mare, in terrazza o all'interno. Il cuoco è impegnato in una meritoria ricerca dei prodotti del Gargano, di terra e di mare... dagli ottimi risultati!

PESCHIERA BORROMEO

Milano (MI) – ✉ 20068 – 22 515 ab. – Alt. 101 m – Carta regionale n° **18-B2**
Roma 571 km – Milano 15 km – Piacenza 66 km – Lodi 25 km
Carta stradale Michelin 561-F9

NH Linate
rist,

via Grandi 12 – 📞 02 54 77 68 81 – www.nh-hotels.com – Chiuso agosto Pianta : D3**z**
65 cam – 69/419 € 69/439 € – **2 suites**
Rist – Carta 35/61 € – *(solo a cena)*
Nuovo albergo commerciale e congressuale vicino all'aeroporto di Milano Linate propone una buona serie di servizi ed accoglienti camere. Omogeneo, funzionale e dal design minimalista. Zona ristorante ricavata nella hall: piccola carta con servizio sia a pranzo, sia a cena.

Montini
cam, rist,

via Giuseppe di Vittorio 39 – 📞 0 25 47 50 31 – www.hotelmontini.com – Chiuso 24-31 dicembre e 8-24 agosto Pianta : D3**c**
65 cam – 65/200 € 80/240 €
Rist *Cardinale* – 📞 02 55 30 81 17 – Carta 25/51 € – *(chiuso sabato a mezzogiorno e domenica)*
Camere tra il classico e il moderno e, sul lato opposto dell'hotel, il ristorante a gestione autonoma con cucina mediterranea. Posizione strategica per l'areoporto con servizio navetta incluso.

Trattoria dei Cacciatori

via Trieste 2, Nord : 4 km – 📞 0 27 53 11 54 – www.trattoriacacciatori.it – Chiuso 27 dicembre-5 gennaio, 10-22 agosto, domenica sera e lunedì
Menu 30/45 € – Carta 29/46 €
Cascinale all'interno del castello di Longhignana, antica residenza di caccia della famiglia Borromeo; belle sale rustiche, cucina legata alle tradizioni e grigliate.

PESCHIERA DEL GARDA

Verona (VR) – ✉ 37019 – 9 352 ab. – Alt. 68 m – Carta regionale n° **39-A3**
Roma 513 km – Verona 23 km – Brescia 46 km – Mantova 52 km
Carta stradale Michelin 562-F14

Puccini senza rist
via Puccini 2 – ☎ 04 56 40 14 28 – www.hotelpuccini.it – Aperto 9 marzo-12 novembre
33 cam – †55/110 € ††85/116 €, ☐ 8 €
Piacevole hotel, con bella piscina e giardino, posizionato in prossimità del lungolago, defilato dal centro; ampie stanze, ben tenute, alcune con gradevole tappezzeria colorata.

Acquadolce senza rist
lungolago Garibaldi 3 – ☎ 04 56 40 14 22 – www.acquadolcehotel.com – Aperto 20 marzo-8 novembre
29 cam ☐ – †70/150 € ††90/150 €
Moderno e dalle linee pulite, questo grazioso albergo non ha ancora compiuto un lustro… Belle camere e un piccolo centro benessere da affittarsi a pagamento, ma all'ultimo piano si può godere gratuitamente della vasca idromassaggio panoramica.

XX **Piccolo Mondo**
riviera Carducci 6 – ☎ 04 57 55 00 25 – www.ristorantepiccolomondo.com – Chiuso 24 dicembre-14 gennaio, 23 giugno-7 luglio, lunedì e martedì
Carta 31/71 €
Un'unica ampia sala affacciata sul lago per questa conduzione diretta consolidata ormai da oltre 50 anni di esperienza. Le specialità s'indirizzano sempre verso il mare, in primis: la mitica zuppa di pesce, il San Pietro al forno e i crudi.

X **Luisa**
via Frassino 16 – ☎ 04 57 55 07 60 – Chiuso 23 dicembre-20 gennaio, 21-30 giugno e martedì
Carta 20/51 €
Graziosa trattoria di stampo familiare in zona decentrata. In cucina lo chef-proprietario con la sua esperienza elabora prodotti regionali e stagionali, molta carne, ma anche pesce di lago. Gli spaghetti di Gragnano con sarde di lago sono tra i primi, i nostri preferiti!

Le grandi città beneficiano di piantine sulle quali sono situati gli alberghi e i ristoranti. Seguite le coordinate (es. : **12BMe**) per individuarli più facilmente.

a San Benedetto di Lugana Ovest : 2,5 km – ✉ 37019

The Ziba Hotel & Spa senza rist
via Bell'Italia 41 – ☎ 04 56 40 25 22 – www.thezibahotel.it
23 cam ☐ – †70/300 € ††70/300 € – **2 suites**
Stupendo e d'impatto già al primo sguardo, questo moderno hotel nato dalla ristrutturazione di un edificio ottocentesco dispiega il proprio fascino anche all'interno: arredi lineari ed essenziali, belle camere equipaggiate con tecnologia d'avanguardia. Nel sottosuolo un'area benessere molto carina ed attrezzata.

X **Trattoria al Combattente**
strada Bergamini 60 – ☎ 04 57 55 04 10 – www.alcombattente.it – Chiuso 1 settimana in giugno, 2 settimane in novembre e lunedì
Menu 25/40 € – Carta 21/46 €
Oltre a qualche piatto di carne, molto pesce di lago, elaborato secondo ricette classiche e legato all'offerta del mercato giornaliero; l'atmosfera e la gestione sono squisitamente familiari.

PESCIA

Pistoia (PT) – ✉ 51017 – 19 420 ab. – Alt. 62 m – Carta regionale n° **31-B1**
Roma 336 km – Firenze 66 km – Pistoia 31 km – Lucca 20 km
Carta stradale Michelin 563-K14

San Lorenzo e Santa Caterina

località San Lorenzo 15/24, Nord : 2 km – ✆ 05 72 40 83 40 – www.rphotels.com
63 cam – †51 € ††82 € – **9 suites**
Rist – Carta 26/44 € – *(chiuso martedì) (solo a cena escluso i giorni festivi)*
Hotel ricavato dalla sapiente ristrutturazione di una cartiera del 1700 affacciata sul fiume Pescia: ambienti piacevolmente rustici e confort moderni. Sala ristorante con soffitti a volte; simpatica enoteca con vecchi macchinari.

Atman (Igles Corelli)

via Roma 4 (trasferimento previsto a Lamporecchio, Villa Rospigliosi) – ✆ 0 57 21 90 36 78 – www.ristoranteatman.it – Chiuso martedì
Menu 70/75 € – Carta 63/107 €
In pieno centro, una saletta dagli arredi minimal-eleganti ed una deliziosa terrazza, al piano superiore, affacciata su una rilassante piazzetta. Ai fornelli, il cuoco sposa con successo le tradizioni romagnole con quelle toscane in piatti creativi.
➜ Lasagnetta croccante con ragù di fassona, zabaione e aria di parmigiano reggiano. Tataki (veloce cottura in padella) di fassona, verdure croccanti e insalata liquida. Morbido di cioccolato con sale ai fiori di rosmarino.

PESCOCOSTANZO

L'Aquila (AQ) – ✉ 67033 – 1 138 ab. – Alt. 1 395 m – Carta regionale n° **1-B2**
Roma 199 km – Campobasso 96 km – L'Aquila 104 km – isernia 47 km
Carta stradale Michelin 563-Q24

Relais Ducale

via dei Mastri Lombardi 26 – ✆ 08 64 64 24 84 – www.relaisducale.it – Aperto 1° dicembre-30 aprile e 15 luglio-15 settembre
26 cam – †105/210 € ††190/300 € – **3 suites**
Rist *La Corniola* – vedere selezione ristoranti
All'ingresso del paese, la montagna è protagonista in albergo con le tipiche decorazioni in legno, camino e selvaggina. Camere più classiche, navetta per le piste da sci e mini club per bambini.

Il Gatto Bianco

rist,

viale Appennini 3 – ✆ 08 64 64 14 66 – www.ilgattobianco.it
6 cam – †150/250 € ††180/300 € – **2 suites**
Rist – Carta 36/70 € – *(solo a cena) (solo per alloggiati)*
Nuova risorsa di grande fascino avvolta da un'atmosfera di eleganza ed intimità. Insolito connubio di legno antico e moderno. Piccola zona benessere.

Garni lo Scrigno senza rist

piazza Manzi 5 – ✆ 08 64 64 24 68 – www.lo-scrigno.net
6 cam – †65/120 € ††80/120 €
Nel centro storico della località - gioiello in pietra tra i paesi abruzzesi - camere recenti ed accoglienti, nonché una gestione giovane e premurosa da far venire voglia di ritornarci.

La Corniola – Hotel Relais Ducale

via dei Mastri Lombardi 26 – ✆ 08 64 64 24 70 – www.lacorniola.com – Chiuso 1 settimana in maggio, 1 settimana in ottobre, martedì e mercoledì
Carta 35/50 € – (consigliata la prenotazione)
Se la cittadina di Pescocostanzo è rinomata in tutta Italia per i suoi merletti al tombolo, i veri sapori abruzzesi hanno trovato dimora alla Corniola: polenta grigliata, lardo di montagna, ricotta affumicata al ginepro e ultimo, ma non ultimo, il proverbiale zafferano. Il tutto ingentilito e rivisitato con passione.

PETACCIATO

Campobasso (CB) – ✉ 86038 – 3 677 ab. – Alt. 225 m – Carta regionale n° **2-D2**

Roma 290 km – Campobasso 81 km – Isernia 92 km – Chieti 97 km

Carta stradale Michelin 564-A26

Di Nardo — cam,

via Pier Paolo Pasolini 7 – ✆ 08 75 67 87 20 – www.hoeldinardo.it

24 cam – 62/120 € 84/200 €

Rist *Da Lucia* – ✆ 0 87 56 72 19 – Carta 26/59 € – *(chiuso lunedì escluso luglio-agosto)*

In posizione tranquilla - a pochi chilometri dalla costa - recente struttura dal confort moderno: ideale per una sosta a prezzi contenuti, anche il ristorante/pizzeria ha un suo "perché".

PETRALIA SOTTANA

Sicilia – Palermo (PA) – ✉ 90027 – 2 938 ab. – Carta regionale n° **30-C2**

Agrigento 104 km – Caltanissetta 54 km – Enna 61 km – Palermo 103 km

Carta stradale Michelin 365-AT57 – Guida Verde Michelin SICILIA

svincolo A 19 uscita Resuttano Sud: 7 km

Agriturismo Monaco di Mezzo — rist,

contrada Monaco di Mezzo ✉ 90027 – ✆ 09 34 67 39 49 – www.monacodimezzo.com

15 cam – 60/75 € 80/100 €, 6 €

Rist – Menu 25/30 € – (prenotazione obbligatoria)

Nel verde delle Madonie, un'antica masseria ristrutturata offre diversi appartamenti con cucina dall'aspetto curato. Il paesaggio si può ammirare comodamente anche dal bordo della piscina. Nel ristorante vengono proposti piatti della tradizione.

PETRIGNANO DEL LAGO → Vedere Castiglione del Lago

Perugia (PG)

PETROGNANO → Vedere Barberino Val d'Elsa

Firenze (FI)

PETROSA → Vedere Ceraso

PETTENASCO

Novara (NO) – ✉ 28028 – 1 376 ab. – Alt. 300 m – Carta regionale n° **24-A2**

Roma 663 km – Stresa 25 km – Milano 86 km – Novara 48 km

Carta stradale Michelin 561-E7

L'Approdo

corso Roma 80 – ✆ 0 32 38 93 45 – www.approdohotelorta.it – Aperto 1° aprile-30 ottobre

72 cam – 80/130 € 95/195 € – **5 suites** **Rist** – Carta 38/63 €

Con un grande sviluppo orizzontale e un grazioso giardino con vista lago e monti, completamente protesa sull'acqua, una valida risorsa per clienti d'affari e turisti. Al ristorante ambienti curati e di tono o una gradevole terrazza esterna.

Giardinetto

via Provinciale 1 – ✆ 0 32 38 91 18 – www.giardinettohotel.com – Aperto Pasqua-20 ottobre

57 cam – 73/108 € 87/155 € – **1 suite**

Rist *Giardinetto* – vedere selezione ristoranti

Un bianco albergo lambito dalle acque del lago, una struttura confortevole dotata di camere più che discrete, con arredi classici di buona funzionalità.

Giardinetto – Hotel Giardinetto

via Provinciale 1 – ✆ 0 32 38 91 18 – www.giardinettohotel.com – Aperto Pasqua-20 ottobre

Carta 38/71 €

Con numerose terrazze, sia interne, sia esterne, d'estate l'atmosfera si fa particolarmente romantica: lumi di candela ed ampia vista sul lago. I piatti sono creativi con una solida base regionale e dalla cantina etichette pregevoli.

PETTINEO

Sicilia – Messina (ME) – ✉ 98070 – 1 399 ab. – Alt. 300 m
– Carta regionale n° **30-C2**
▶ Caltanissetta 134 km – Palermo 101 km – Enna 96 km – Messina 146 km
Carta stradale Michelin 365-AU56 – Guida Verde Michelin SICILIA

Casa Migliaca

contrada Migliaca – ✆ *09 21 33 67 22* – *www.casamigliaca.com*
8 cam ☕ – 🚹98 € 🚹🚹156 €
Rist – Menu 20 € – *(solo a cena) (solo per alloggiati)*
Appena fuori dal paese e contornato da ulivi, un ex frantoio del '600 propone una tranquillità assoluta e una vista impagabile attraverso la vallata, fino al mare. I 12 ettari dell'azienda agrituristica sono in parte coltivati con metodi biodinamici. Alcuni di questi prodotti imbandiscono la tavola del ristorante.

PFALZEN = FALZES

PIACENZA

100 843 ab. – Alt. 61 m – Carta regionale n° **8-A1**
▶ Roma 514 km – Milano 67 km – Cremona 43 km – Parma 65 km
Carta stradale Michelin 562-G11

Grande Albergo Roma

via Cittadella 14 ✉ *29121* – ✆ *05 23 32 32 01* Pianta : B1**a**
– *www.grandealbergoroma.it*
73 cam ☕ – 🚹135/170 € 🚹🚹180/220 € – **4 suites**
Rist *Piccolo Roma* – vedere selezione ristoranti
Costruito fra il 1956 e il 1958, l'edificio è opera dell'architetto Vico Magistretti; al suo interno, stucchi, lampadari, ricercatezze ed una panoramica sala colazioni. (Per accedere alla ZTL è sufficiente segnalare la targa all'arrivo).

Park Hotel

strada Valnure 5/7, per via Manfredi ✉ 29122 – ✆ 05 23 71 26 00 – www.parkhotelpiacenza.it

97 cam ☕ – 🚹99/205 € 🚹🚹109/225 € – **2 suites** **Rist** – Carta 48/84 €

Taglio spiccatamente moderno per questa struttura a vocazione commerciale, comoda e facile da raggiungere dal centro storico e dall'autostrada. Cortese e disponibile il personale. Eleganza e tocchi di contemporaneità nella sala del ristorante.

Hotel Ovest

cam, rist,

via I° Maggio 82, per strada Raffalda ✉ 29121 – ✆ 05 23 71 22 22 – www.hotelovest.it

59 cam ☕ – 🚹80/180 € 🚹🚹80/180 €

Rist – Carta 25/65 € – *(Chiuso 2 settimane in agosto e vacanze di Natale) (solo a cena) (solo per alloggiati)*

La conduzione è cordiale e attenta, l'insonorizzazione perfetta, la posizione stradale estremamente pratica. In sintesi: un indirizzo interessante con camere dal design moderno e minimalista oppure più classiche e riccamente decorate.

Antica Osteria del Teatro (Filippo Chiappini Dattilo)

via Verdi 16 ✉ 29121 – ✆ 05 23 32 37 77 Pianta : B2**f**

– www.anticaosteriadelteatro.it – Chiuso 1° -10 gennaio, 1° -25 agosto, domenica e lunedì

Menu 30 € (pranzo in settimana)/70 € – Carta 65/115 € – (consigliata la prenotazione)

Vero salotto piacentino, l'austero palazzo del '400 si è rinnovato negli eleganti interni. Squisita cucina regionale e di mare, nonché splendida cantina con i più rinomati château.

➜ Tortelli dei Farnese al burro e salvia. Petto d'anatra con purea di mele, scalogni canditi, zenzero e salsa al gutturnio. La nostra zuppa inglese.

Piccolo Roma – Grande Albergo Roma

via Cittadella 14 ✉ 29121 – ✆ 05 23 32 32 01 Pianta : B1**a**

– www.grandealbergoroma.it – Chiuso 2 settimana in luglio, agosto, sabato a mezzogiorno e domenica sera

Carta 38/62 €

Autografi e dediche ricoprono quasi interamente le pareti di questo apprezzato ristorante. Seduti tra arredi d'epoca o a lume di candela, le specialità emiliane faranno gli onori di casa.

Vecchia Piacenza

via San Bernardo 1 ✉ 29121 – ✆ 05 23 30 54 62 Pianta : A1**b**

– www.ristorantevecchiapiacenza.it – Chiuso 1°-6 gennaio, luglio e domenica

Menu 30/50 € – Carta 36/73 € – (consigliata la prenotazione)

Sulla via per il centro storico, un ambiente caratteristico, affrescato e decorato dalla sapiente mano della titolare; il marito, in cucina, realizza piatti fantasiosi.

Peppino

via Scalabrini 49/a ✉ 29121 – ✆ 05 23 32 92 79 Pianta : B2**c**

– www.originalitaly.it – Chiuso domenica in giugno-agosto, lunedì negli altri mesi

Menu 25/60 € – Carta 32/50 €

Eleganti salette in un palazzo del 1700, per una cucina che predilige il mare aprendosi, tuttavia, anche ad altre proposte. Molte le influenze siciliane, terra d'origine del titolare.

Osteria del Trentino da Marco

via Castello 71 ✉ 29121 – ✆ 05 23 32 42 60 – Chiuso domenica Pianta : A1**d**

Menu 20 € (pranzo in settimana)/35 € – Carta 28/41 € – (consigliata la prenotazione la sera)

Ristorante storico: il nome allude all'origine di uno dei primi titolari, ma il locale oggi è la roccaforte di una cucina piacentina con le tipiche specialità cittadine.

Trattoria San Giovanni

via Garibaldi 49/a ✉ 29121 Piacenza – ✆ 05 23 32 10 29 Pianta : AB1**s**
– www.trattoriasangiovanni.net – Chiuso 8-26 agosto e lunedì a mezzogiorno, anche domenica da metà maggio a metà settembre
Menu 12 € (pranzo in settimana) – Carta 26/46 €
Sotto antiche volte a vela, in un ambiente semplice, ma accogliente, qui la cucina lombardo-emiliana rispolvera i suoi cavalli di battaglia: salumi piacentini, pisarei, tortelli "con le code" e le immancabili carni, dalla tartare agli stracotti. A pranzo la scelta è più ridotta.

PIADENA

Cremona (CR) – ✉ 26034 – 3 635 ab. – Alt. 34 m – Carta regionale n° **17-C3**
Roma 489 km – Parma 41 km – Cremona 28 km – Mantova 38 km
Carta stradale Michelin 561-G13

Dell'Alba

via del Popolo 31, località Vho, Est : 1 km – ✆ 0 37 59 85 39 – www.trattoriadellalba.com – Chiuso 25 dicembre-2 gennaio, 17-30 giugno, 5-24 agosto, domenica sera e lunedì
Menu 25/37 € – Carta 29/50 €
Qui dal 1850, ora alla sesta generazione, è un'autentica e storica trattoria familiare, mecca degli amanti della cucina della bassa padana. Straordinari salumi, ma anche bolliti, arrosti e mostarde.

PIANAZZO → Vedere Madesimo

Sondrio (SO)

PIANCASTAGNAIO

Siena (SI) – ✉ 53025 – 4 200 ab. – Alt. 772 m – Carta regionale n° **32-D3**
Roma 177 km – Grosseto 78 km – Perugia 101 km – Siena 81 km
Carta stradale Michelin 563-N17

Anna con cam

viale Gramsci 486 – ✆ 05 77 78 60 61 – www.annaristorante.com – Chiuso 7-15 gennaio e 10-30 settembre
8 cam – †40 € ††60/65 €
Carta 18/36 € – *(chiuso lunedì escluso 15 luglio-10 settembre)*
Accogliente ristorante a conduzione familiare che sazierà il vostro appetito con genuini piatti del territorio. Per chi desidera fare una sosta, camere semplici e decorose.

PIANE DI MONTEGIORGIO → Vedere Montegiorgio

Fermo (FM)

PIANFEI

Cuneo (CN) – ✉ 12080 – 2 257 ab. – Alt. 503 m – Carta regionale n° **22-B3**
Roma 626 km – Cuneo 17 km – Torino 92 km – Asti 84 km
Carta stradale Michelin 561-I5

La Ruota cam,

strada statale Monregalese 5 – ✆ 01 74 58 57 01 – www.hotelruota.it
61 cam – †65/80 € ††90/110 € – **6 suites**
Rist *La Ruota* – vedere selezione ristoranti
Rist – Carta 21/63 €
Sulla statale Cuneo-Mondovì, una grande struttura particolarmente indicata per accogliere clientela d'affari e gruppi numerosi. Camere spaziose e confortevoli.

La Ruota – Hotel La Ruota

strada statale Monregalese 5 – ✆ 01 74 58 51 64 – www.hotelruota.it – Chiuso lunedì
Menu 15 € (pranzo in settimana)/60 € – Carta 22/62 €
Accomodatevi nella sua ampia sala (con possibilità di zone riservate) e non abbiate fretta di ordinare: il menu spazia, infatti, dalla tipica cucina piemontese a quella internazionale.

PIANIGA

Venezia (VE) – ✉ 30030 – 12 040 ab. – Carta regionale n° **40-C2**
Roma 517 km – Padova 18 km – Ferrara 98 km – Venezia 31 km
Carta stradale Michelin 562-F18

In senza rist
via Provinciale Nord 47, località Cazzago di Pianiga, Sud-Est : 5 Km – ☎ 04 15 13 83 36 – www.hotel-in.it
12 cam – 55/75 € 95/110 €
Apprezzato dalla clientela commerciale, ma anche da chi non vuole rinunciare al design: forme e colori originali nelle camere si accompagnano a docce a vista nei bagni. Terrazza estiva attrezzata.

15.92 senza rist
via provinciale Nord 5, località Cazzago di Pianiga, Sud-Est : 5 km – ☎ 0 41 46 45 05 – www.hotel15-92.com
15 cam – 60/65 € 80/90 € – **1 suite**
Suggerito dall'architetto, l'insolito nome indica il grado di curvatura del tetto di questo piacevole hotel dall'arredo sobrio e minimalista. Il bianco domina ovunque.

PIANO D'ARTA → Vedere Arta Terme

Udine (UD)

PIANOPOLI

Catanzaro (CZ) – ✉ 88040 – 2 572 ab. – Alt. 250 m – Carta regionale n° **5-A2**
Roma 594 km – Cosenza 81 km – Catanzaro 33 km
Carta stradale Michelin 564-K31

Agriturismo Le Carolee rist,
contrada Gabella 1, Est : 3 km – ☎ 0 96 83 50 76 – www.lecarolee.it
7 cam – 50/60 € 80/100 €
Rist – Carta 25/40 € – (prenotazione obbligatoria)
Una casa padronale ottocentesca fortificata, in splendida posizione e immersa nel silenzio degli ulivi; il passato della terra di Calabria riproposto in chiave moderna.

PIANORO

Bologna (BO) – ✉ 40065 – 17 058 ab. – Alt. 200 m – Carta regionale n° **9-C2**
Roma 370 km – Bologna 16 km – Firenze 96 km – Modena 59 km
Carta stradale Michelin 562-I16

a Rastignano Nord : 8 km – ✉ 40067

Osteria al numero Sette
via Costa 7 – ☎ 0 51 74 20 17 – Chiuso lunedì
Carta 23/39 € – (consigliata la prenotazione)
Passatelli asciutti su crema di parmigiano reggiano con ragù bianco, pinoli e uvetta, ma non solo minestre, come da queste parti vengono chiamati i primi piatti... L'offerta si è ampliata e il merito è da ricondurre alla passione per la ricerca degli ingredienti: territorio e qualità!

PIAZZA ARMERINA

Sicilia – Enna (EN) – ✉ 94015 – 22 042 ab. – Alt. 697 m – Carta regionale n° **30-C2**
Caltanissetta 46 km – Catania 100 km – Enna 32 km – Palermo 159 km
Carta stradale Michelin 365-AV59 – Guida Verde Michelin SICILIA

Mosaici-da Battiato cam, cam,
contrada Paratore Casale 11, Ovest : 3,5 km – ☎ 09 35 68 54 53 – www.hotelmosaici.com
23 cam – 45/50 € 55/60 € **Rist** – Carta 20/35 €
In posizione strategica per chi voglia visitare i mosaici della villa romana del Casale, così come le altre bellezze della cittadina. Hotel sobrio, ordinato e funzionale. Ristorante che si è conquistato una buona fama in zona.

XX **Al Fogher**
strada statale 117 bis, Nord : 3 km – ✆ 09 35 68 41 23 – www.alfogher.net – Chiuso 1 settimana in gennaio, domenica sera e lunedì
Menu 55/65 € – Carta 38/75 €
Nel cuore di una Sicilia dagli spettacolari paesaggi, intorno al focolare sta prendendo forma e decollando una cucina che interpreta con grande estro i prodotti isolani con divagazioni sul continente.

X **Trattoria la Ruota**
contrada Paratore Casale, Ovest : 3,5 km – ✆ 09 35 68 05 42 – www.trattorialaruota.it
Menu 15 € – Carta 21/34 € – *(solo a pranzo)*
A pochi metri dai resti archeologici della villa romana, un piacevole edificio con rustico porticato dove godersi una sana e genuina cucina siciliana.

PICERNO
Potenza (PZ) – ✉ 85055 – 6 065 ab. – Alt. 721 m – Carta regionale n° **3-A2**
Roma 352 km – Potenza 20 km – Salerno 91 km – Matera 117 km
Carta stradale Michelin 564-F28

in prossimità Superstrada Basentana Ovest : 3 km :

Bouganville rist,
strada provinciale 83 ✉ 85055 Picerno – ✆ 09 71 99 10 84 – www.hotelbouganville.it
71 cam – 60/120 € 80/150 € – **2 suites** **Rist** – Carta 21/53 €
Camere sempre molto up-to-date e wellness center dotato delle più moderne attrezzature, in una struttura che non smette di essere ai vertici delle classifiche. Al ristorante: eleganti ambienti, vasti e luminosi, con affaccio esterno.

PICINISCO
Frosinone (FR) – ✉ 03040 – 1 228 ab. – Alt. 725 m – Carta regionale n° **13-D2**
Roma 145 km – Frosinone 61 km – Isernia 74 km – Napoli 128 km
Carta stradale Michelin 563-R23

Sotto le Stelle senza rist
via Giustino Ferri 1/7 – ✆ 34 66 02 71 20 – www.sottolestellepicinisco.it
6 cam – 110/130 € 110/130 €
Un gioiellino nel cuore di un piccolo borgo d'origine medievale in posizione dominante sulla Val Comino: lussuosi appartamenti dotati di angolo cottura, modernamente arredati, ognuno con computer incorporato nel televisore. Prima colazione eventualmente servita in camera.

PIEGARO
Perugia (PG) – ✉ 06066 – 3 815 ab. – Alt. 356 m – Carta regionale n° **35-A2**
Roma 155 km – Perugia 33 km – Arezzo 82 km – Chianciano Terme 28 km
Carta stradale Michelin 563-N18

Ca' de Principi – Residenza d'epoca
via Roma 43 – ✆ 07 58 35 80 40 – www.dimorastorica.it – Aperto 1° aprile-2 novembre
21 cam – 65/90 € 90/120 € **Rist** – Carta 21/51 € – *(solo a cena)*
Un edificio settecentesco, appartenuto alla nobile famiglia dei Pallavicini, con affreschi d'epoca, all'interno di un borgo ricco di fascino. Insieme di notevole pregio.

PIENZA
Siena (SI) – ✉ 53026 – 2 127 ab. – Alt. 491 m – Carta regionale n° **32-C2**
Roma 188 km – Siena 52 km – Arezzo 61 km – Chianciano Terme 22 km
Carta stradale Michelin 563-M17

Relais Il Chiostro di Pienza
corso Rossellino 26 – ✆ 05 78 74 81 29 – www.relaisilchiostrodipienza.com – Aperto 1° aprile-31 ottobre
37 cam ☕ – 🧍59/109 € 🧍🧍89/189 €
Rist *La Terrazza del Chiostro* – vedere selezione ristoranti
Nel cuore di questo gioiellino toscano voluto da Pio II Piccolomini, un chiostro quattrocentesco incastonato in un convento: per soggiornare nella suggestione della storia.

Corsignano
via della Madonnina 11 – ✆ 05 78 74 85 01 – www.hotelcorsignano.it – Aperto 15 marzo-10 novembre e i week-end da novembre a febbraio
30 cam ☕ – 🧍70/120 € 🧍🧍80/170 €
Rist – Carta 23/43 € – *(solo a cena)*
Un green hotel, accogliente e funzionale ma, soprattutto, ecologico, le cui camere portano la firma di Letizia, che si è occupata in prima persona del loro arredo, introducendo in ciascuna di esse un dettaglio caratterizzante. Al ristorante piatti legati alla tradizione.

San Gregorio
via della Madonnina 4 – ✆ 05 78 74 80 59 – www.sangregorioresidencehotel.it
19 cam ☕ – 🧍65/80 € 🧍🧍75/95 € – **16 suites**
Rist *La Piazzetta* – vedere selezione ristoranti
La città rinascimentale progettata dal Rossellino, il vecchio teatro del 1935, oggi riproposto come risorsa ricettiva. Ampie e comode camere, la maggior parte con angolo cottura (affittate anche in formula residence). Delizie toscane nel raffinato ristorante: ideale per cerimonie e feste private.

Piccolo Hotel La Valle senza rist
via di Circonvallazione 7 – ✆ 05 78 74 94 02 – www.piccolohotellavalle.it
15 cam ☕ – 🧍65/100 € 🧍🧍80/130 €
Ubicata in comoda posizione, risorsa recente di buon confort con spazi comuni contenuti e camere arredate con letti in ferro battuto e pavimento in parquet.

L'Arca di Pienza Ⓝ senza rist
via San Gregorio 19 – ✆ 05 78 74 94 26 – www.arcadipienza.com – Chiuso gennaio
8 cam ☕ – 🧍60/70 € 🧍🧍80/100 €
A pochi passi dal centro storico, un albergo di ridotte dimensioni, ricco - tuttavia - di fascino e personalità!

La Bandita Townhouse Ⓝ
cam, cam,
corso Rossellino 111 ✉ 53026 Pienza – ✆ 05 78 74 90 05 – www.labanditatownhouse.com – Chiuso 10 gennaio-10 marzo
12 cam ☕ – 🧍195/295 € 🧍🧍395/550 €
Rist *La Bandita Townhouse* – Carta 30/80 € – *(chiuso lunedì a pranzo)* (consigliata la prenotazione)
Boutique hotel dal design intrigante, dove linee contemporanee flirtano con l'antica struttura. Piatti del territorio e qualche proposta più light e moderna nel ristorante con cucina a vista; d'estate si mangia anche all'aperto.

La Terrazza del Chiostro – Hotel Relais il Chiostro di Pienza
corso Rossellino 26 – ✆ 05 78 74 81 83 – www.relaisilchiostrodipienza.com – Aperto 1° aprile-31 dicembre e i week-end negli altri mesi; chiuso lunedì in bassa stagione
Carta 40/70 €
Il connubio cibo-paesaggio raggiunge qui una delle vette della Val d'Orcia: attendete l'estate per cenare all'aperto ed ammirare l'incanto di una vista che pare uscita da un libro di favole. La cucina, conseguentemente, rispecchierà i sapori di una delle eccellenze gastronomiche italiane, quella toscana.

La Piazzetta - Hotel San Gregorio
via della Madonnina 4 – ✆ 05 78 75 41 45 – www.ristorantelapiazzetta.it – Chiuso 1°-28 febbraio e martedì
Carta 19/69 €
Si affaccia proprio su una piazzetta, dove c'è anche un piacevole dehors, questo ristorante di stile classico la cui ampia carta soddisfa sia gli ospiti dell'hotel sia i clienti di passaggio. Cucina della tradizione toscana.

sulla strada statale 146 Nord-Est: 7,5 km

Relais La Saracina senza rist
strada statale 146 km 29,7 – ✆ 05 78 74 80 22 – www.lasaracina.it – Aperto 1° aprile-4 novembre
6 cam – †160/220 € ††200/260 €
In un antico podere tra l'ocra senese degli antichi pendii, la suggestiva magia di un ambiente di rustica signorilità con camere amene di differenti tipologie.

a Monticchiello Sud-Est : 6 km – ✉ 53026

La Porta
via del Piano 2 – ✆ 05 78 75 51 63 – www.osterialaporta.it – Chiuso 10 gennaio-10 febbraio e giovedì escluso maggio-ottobre
Menu 25 € (pranzo)/40 € – Carta 28/58 €
Come dice il nome, si trova all'ingresso del piccolo e caratteristico borgo di Monticchiello per un'osteria - simpatica e informale - in cui non manca la terrazza panoramica. Cucina regionale e ampia scelta enologica (anche al bicchiere).

PIETOLE → Vedere Mantova
Mantova (MN)

PIETRA LIGURE
Savona (SV) – ✉ 17027 – 8 708 ab. – Carta regionale n° **14-B2**
Roma 579 km – Imperia 46 km – Genova 78 km – Savona 31 km
Carta stradale Michelin 561-J6

De la Plage
corso Italia 179 – ✆ 0 19 61 00 96 – www.hoteldelaplage.it – Aperto Pasqua-30 settembre
16 cam – †70/120 € ††90/140 €
Rist *Wave Club* – Carta 24/54 €
Rinnovato in anni recenti, questo piccolo e piacevole albergo si trova all'inizio del lungomare di Levante. Dall'altro lato della strada, vi è il moderno ristorante, il lido e la piscina.

Buca di Bacco
corso Italia 149 – ✆ 0 19 61 53 07 – Chiuso 8 gennaio-8 febbraio e lunedì escluso luglio-agosto
Menu 40 € – Carta 21/75 €
Le specialità marinare, la cura nella scelta delle materie prime e l'originalità del proprietario caratterizzano questo locale, sito nel seminterrato di un edificio.

PIETRALUNGA
Perugia (PG) – ✉ 06026 – 2 149 ab. – Alt. 566 m – Carta regionale n° **35-B1**
Roma 225 km – Perugia 54 km – Arezzo 64 km – Gubbio 24 km
Carta stradale Michelin 563-L19

Agriturismo La Cerqua e La Balucca
case San Salvatore 27, Ovest : 2,2 km alt. 650 – ✆ 07 59 46 02 83 – www.cerqua.it – Chiuso gennaio e febbraio
20 cam – solo ½ P 80/90 €
Rist – Menu 20 € – *(solo a cena escluso domenica)* (prenotazione obbligatoria)
Sulle spoglie di un antico monastero in cima ad un colle, due tipici casolari, nel rispetto delle antiche forme, per una vacanza tutta relax e belle passeggiate a cavallo. Legumi e paste dell'azienda sono i punti forti della ristorazione.

La Locanda del Borgo (N)
via Roma 139 – ✆ 07 59 46 07 98 – www.locandadelborgo.com
7 cam – ♦50/60 € ♦♦80/105 €
Rist – Carta 24/31 € – *(solo a cena escluso in estate)*
Gestita con grande attenzione e professionalità da un'intera famiglia, questa villa nobiliare del 1600 - non lontana dal centro storico - dispone di accoglienti ambienti di tono rustico e sale con camino; cucina umbro-romana al ristorante.

PIETRANSIERI → Vedere Roccaraso
L'Aquila (AQ)

PIETRAPIANA → Vedere Reggello
Firenze (FI)

PIETRASANTA
Lucca (LU) – ✉ 55045 – 23 921 ab. – Alt. 14 m – Carta regionale n° **31-B1**
Roma 381 km – Pisa 39 km – La Spezia 51 km – Lucca 39 km
Carta stradale Michelin 563-K12

Versilia Golf
via della Sipe 100 – ✆ 05 84 88 15 74 – www.versiliagolf.com – Aperto 1° marzo-30 settembre
17 cam – ♦250/400 € ♦♦300/500 € – **1 suite**
Rist – Carta 54/80 € – *(solo a pranzo)*
Per gli amanti del golf ma anche de l'art de vivre, una raffinata struttura pregna di fascino: eleganti camere arredate con mobili d'antiquariato e con autentiche opere d'arte.

Albergo Pietrasanta senza rist
via Garibaldi 35 – ✆ 05 84 79 37 26 – www.albergopietrasanta.com – Aperto 1° aprile-25 ottobre
20 cam – ♦145/257 € ♦♦257/487 €, 20 € – **2 suites**
A pochi passi dal Duomo, una straordinaria dimora seicentesca con giardino d'inverno e collezione d'arte contemporanea. Arredi d'epoca e marmi pregiati nelle lussuose camere: un vero palazzo all'italiana!

Palagi senza rist
piazza Carducci 23 – ✆ 0 58 47 02 49 – www.hotelpalagi.it
14 cam – ♦50/95 € ♦♦80/170 €
Albergo semplice e senza pretese di lusso, ma pulito e confortevole. Da non perdere la piccola terrazza con vista sui tetti del centro e su uno scorcio del Duomo.

Filippo con cam
rist,
via Stagio Stagi 22 – ✆ 0 58 47 00 10 – www.filippopietrasanta.it – Chiuso febbraio
4 cam – ♦60/80 € ♦♦80/150 € Menu 35 € – Carta 38/60 €
Moderno ed essenziale all'interno, i clienti si contendono tuttavia i pochi tavoli disseminati su una strada pedonale del centro storico. Dalla cucina arrivano gustose ed intelligenti proposte gastronomiche, sia di terra che di mare.

PIETRAVAIRANO
Caserta (CE) – ✉ 81040 – 3 014 ab. – Alt. 250 m – Carta regionale n° **6-A1**
Roma 173 km – Napoli 74 km – Benevento 64 km – Caserta 48 km
Carta stradale Michelin 564-D24

La Caveja con cam
rist, cam,
via Santissima Annunziata 10 – ✆ 08 23 98 48 24 – www.lacaveja.com – Chiuso le sere di domenica e lunedì
16 cam – ♦55 € ♦♦80 € – **1 suite** Menu 30/45 € – Carta 26/38 €
La cucina proposta da questo antico cascinale è un'istituzione in zona. Spontanea, varia e genuina, ripercorre i sentieri della tradizione gastronomica locale con qualche divagazione. Specialità insolita, bufalo al coccio!

PIETRELCINA

Benevento (BN) – ✉ 82020 – 3 075 ab. – Alt. 345 m – Carta regionale n° **6-B1**
Roma 242 km – Benevento 15 km – Foggia 90 km – Campobasso 63 km
Carta stradale Michelin 564-D26

Lombardi Park Hotel

via Nazionale 1 – ✆ 08 24 99 12 06 – www.lombardiparkhotel.it
51 cam – 85/90 € 110/120 € – **4 suites**
Rist *Cosimo's* – vedere selezione ristoranti
Nel paese natale di Padre Pio, vicino al convento dei Cappuccini, un complesso di moderna concezione dagli arredi classici. Servizio impeccabile, valida gestione familiare.

Cosimo's – Lombardi Park Hotel

via Nazionale 1 – ✆ 08 24 99 11 44 – www.lombardiparkhotel.it – Chiuso martedì
Carta 26/54 €
Che si tratti di un business lunch o di una romantica cena tête-à-tête, Cosimo's saprà come farsi apprezzare con piatti della tradizione gastronomica sannita: grande importanza è riservata ai primi piatti a base di pasta, condita con sughi o accompagnata a legumi.

PIEVE A NIEVOLE → Vedere Montecatini Terme

Pistoia (PT)

PIEVE D'ALPAGO

Belluno (BL) – ✉ 32010 – 1 899 ab. – Alt. 690 m – Carta regionale n° **40-C1**
Roma 614 km – Belluno 18 km – Cortina d'Ampezzo 70 km – Treviso 72 km
Carta stradale Michelin 562-D19

Dolada (Riccardo De Prà) con cam

via Dolada 21, località Plois alt. 870 – ✆ 04 37 47 91 41 – www.dolada.it – Chiuso 2 settimane in gennaio e 2 settimane in marzo
6 cam – 73/79 € 103/115 € – **1 suite**
Menu 65/78 € – Carta 52/103 € – *(chiuso domenica sera, lunedì e martedì a pranzo)* (consigliata la prenotazione)
Rist *Doladino Osteria* –Menu 21 € – Carta 20/47 €
Splendidamente arroccato sul monte Dolada nella conca dell'Alpago, la saga familiare continua da oltre 90 anni all'insegna della ricerca gastronomica, ma nel rispetto dei sapori della tradizione locale; più semplice e con un ottimo rapporto qualità/prezzo il Doladino Osteria.
→ Nuovi spaghetti alla carbonara. Piccione della nostra fattoria farcito con fegato grasso d'anatra e timo di montagna. "Golosessi" veneziani.

PIEVE DI CHIO → Vedere Castiglion Fiorentino

Arezzo (AR)

PIEVE DI CORIANO

Mantova (MN) – ✉ 46020 – 1 047 ab. – Alt. 16 m – Carta regionale n° **17-D3**
Roma 473 km – Verona 55 km – Mantova 39 km – Bologna 102 km
Carta stradale Michelin 561-G15

Corte Matilde

via Pelate 38 – ✆ 0 38 63 93 52 – www.cortematilde.it – Chiuso 15 giorni in gennaio, agosto, lunedì, martedì, sabato a mezzogiorno e domenica sera
Menu 13 € (pranzo in settimana)/50 € – Carta 30/57 € – (consigliata la prenotazione)
La professionalità e la passione dei titolari si accompagnano ad una cucina fatta con prodotti eccellenti, in preparazioni semplici, ma gustose, che esaltano il sapore degli ingredienti (mostarde e confetture fatte in casa con i frutti del proprio orto). La location: una bella cascina ristrutturata sulla strada che percorse Matilde di Canossa.

PIEVE DI LIVINALLONGO

Belluno (BL) – ✉ 32020Alt. 1 475 m – Carta regionale n° **39-B1**
Roma 677 km – Belluno 64 km – Cortina d'Ampezzo 31 km – Bressanone 78 km
Carta stradale Michelin 562-C17

Cèsa Padon

via Sorarù 62 – ✆ 04 36 71 09 – www.cesa-padon.it – Chiuso 14 aprile-7 maggio e 4 ottobre-4 dicembre
16 cam – 75/124 € 75/124 € **Rist** – Menu 24/42 € – *(solo a cena)*
In un'incantevole posizione panoramica, ideale soggiorno in ambienti accoglienti e camere in stile montano permeate dal calore della titolare che le ha personalmente curate. Servizio navetta per gli impianti da sci e piatti regionali al ristorante.

PIEVE DI SOLIGO

Treviso (TV) – ✉ 31053 – 12 138 ab. – Alt. 132 m – Carta regionale n° **40-C2**
Roma 587 km – Belluno 54 km – Treviso 33 km – Venezia 77 km
Carta stradale Michelin 562-E18

Contà senza rist

borgo Stolfi 25 – ✆ 04 38 98 04 35 – www.hotelconta.it
47 cam – 80/90 € 105/115 € – **2 suites**
Hotel a pochi passi dalla piazza centrale, con porticato prospiciente il corso d'acqua, all'interno propone confort moderni e camere generalmente spaziose.

Enoteca Corte del Medà

corte del Medà 15 – ✆ 04 38 84 06 05 – Chiuso 1°-8 gennaio, 5-31 agosto e domenica
Carta 16/38 €
Una semplice e informale enoteca con una zona degustazione all'ingresso e una sala nella quale trovare proposte culinarie fragranti, alla buona, ma curate.

PIEVESCOLA ➜ Vedere Casole d'Elsa

Siena (SI)

PIGANO = PIGEN ➜ Vedere Appiano sulla Strada del Vino

Bolzano (BZ)

PIGNA

Imperia (IM) – ✉ 18037 – 870 ab. – Alt. 280 m – Carta regionale n° **14-A3**
Roma 681 km – Imperia 66 km – Savona 133 km – San Remo 35 km
Carta stradale Michelin 561-K4

La Casa Rosa senza rist

corso De Sonnaz 35 – ✆ 34 75 22 71 19 – www.bebcasarosa.com – Chiuso gennaio e febbraio
5 cam – 45/60 € 70/80 €
Nel centro storico un'ingegnosa ristrutturazione ha dato vita a questa particolare risorsa con poche camere, ma tanta originalità, all'interno di un antico edificio tinteggiato di rosa.

Terme con cam

via Madonna Assunta – ✆ 01 84 24 10 46 – Chiuso 12 gennaio-20 febbraio
11 cam – 35/45 € 60 €
Menu 30/22 € – Carta 25/42 € – *(chiuso mercoledì, anche martedì sera da ottobre ad aprile)*
Nell'entroterra ligure, un ristorante-trattoria di rustica semplicità che offre una serie di piatti ben fatti e fragranti. I nostri "eletti": raviolini di boraggine e coniglio alla ligure.

PILA ➜ Vedere Aosta

Aosta (AO)

PILASTRO ➜ Vedere Langhirano

Parma (PR)

PINARELLA → Vedere Cervia
Ravenna (RA)

PINEROLO
Torino (TO) – ✉ 10064 – 34 806 ab. – Alt. 376 m – Carta regionale n° **22**-B2
Roma 694 km – Torino 41 km – Asti 80 km – Cuneo 63 km
Carta stradale Michelin 561-H3

Il Torrione senza rist
via Galoppatoio 20 – ✆ 01 21 32 33 58 – www.iltorrione.com
10 cam – 50/90 € 90/110 €
È su un curato prato all'inglese che si apre il cancello di questa villa neoclassica progettata dall'architetto di casa Savoia, Xavier Kurten. Al suo interno gli antichi criteri di ospitalità si affiancano a ricercate forme barocche, soggetti mitologici e moderne soluzioni di confort.

Taverna degli Acaja
corso Torino 106 – ✆ 01 21 79 47 27 – www.tavernadegliacaja.it – Chiuso 1°-8 gennaio, lunedì a mezzogiorno e domenica
Carta 35/62 €
Per chi vuole uscire dai confini piemontesi e conoscere le specialità di altre regioni, un locale moderno che affianca alle proposte locali piatti più creativi, anche di pesce.

Regina con cam
AC cam,
piazza Barbieri 22 – ✆ 01 21 32 21 57 – www.albergoregina.net – Chiuso domenica
15 cam – 55/75 € 70/96 € Menu 25/45 € – Carta 30/58 €
La scenografia è quella di un ristorante in cui si respira la tradizione piemontese, il cast è costituito dai piatti e dai vini del territorio che qui si susseguono. La risorsa dispone anche di camere semplici ma confortevoli per quanti desiderano prolungare il loro soggiorno nel cuore della città.

Zappatori
corso Torino 34 – ✆ 01 21 37 41 58 – Chiuso gennaio e domenica
Menu 13 € (pranzo in settimana)/80 € – Carta 24/62 € – (consigliata la prenotazione)
Un ristorante dalle due anime: sotto un caratteristico soffitto a botte si celebra la tradizionale cucina piemontese, mentre nella "gastronavicella" il giovane cuoco sorprende con piatti più creativi.

PINETO
Teramo (TE) – ✉ 64025 – 14 676 ab. – Carta regionale n° **1**-B1
Roma 195 km – Ascoli Piceno 73 km – Pescara 31 km – Teramo 41 km
Carta stradale Michelin 563-O24

Ambasciatori
via XXV Aprile 110 – ✆ 08 59 49 29 00 – www.pineto.it – Aperto 1° aprile-30 settembre
31 cam – 60/120 € 80/140 € **Rist** – Menu 30 € – *(solo per alloggiati)*
Fronte mare - in zona molto tranquilla - pochi minuti a piedi e siete già sulla bella passeggiata, ma anche in centro. Le camere presentano arredi "freschi" e leggeri, perfettamente in linea con la vacanza balneare.

Villa Arlini
AC cam,
Via Messico 10 – ✆ 08 59 49 35 86 – www.villarlini.com
9 cam – 78/118 € 88/128 €
Rist – Carta 21/41 € – (prenotazione obbligatoria per i non alloggiati)
Ubicato fuori città, lungo la costa ma in posizione elevata e collinare, alti soffitti - talvolta anche affrescati - e graziose camere. Al pian terreno, il ristorante dalle ampie vetrate affacciate sul giardino.

XX **La Conchiglia d'Oro**

via Nazionale Adriatica nord (Complesso Poseidon) – ✆ 08 59 49 23 33 – www.ristorantelaconchigliadoro.it – Chiuso 7-20 gennaio, domenica sera e lunedì
Menu 35/48 € – Carta 26/76 €
Nuova sede per un locale di tradizione: ambienti moderni, delicate tonalità lilla alle pareti e la gigantografia di una marina, quasi ad introdurre alla cucina schiettamente di pesce.

a Mutignano Sud-Ovest : 6,5 km – ✉ 64038

X **Bacucco d'Oro**

via del Pozzo 10 – ✆ 0 85 93 62 27 – www.bacuccodoro.com – Chiuso mercoledì
Carta 22/39 €
Piccolo ristorante di tono rustico a conduzione familiare, dalla cui terrazza estiva si gode una splendida vista della costa. Spaghetti alla chitarra con polpettine e capretto sono solo due delle gustose specialità presenti in menu.

PINO TORINESE

Torino (TO) – ✉ 10025 – 8 529 ab. – Alt. 495 m – Carta regionale n° **22-A1**
Roma 656 km – Torino 12 km – Asti 42 km – Biella 82 km
Carta stradale Michelin 561-G5

XX **Pigna d'Oro**

via Roma 130 – ✆ 0 11 84 10 19 Pianta : D2**t**
– www.ristorantepignadoro.com – Chiuso 3 settimane in gennaio, 1 settimana in agosto, martedì a mezzogiorno e lunedì
Menu 25 € (pranzo in settimana)/50 € – Carta 33/69 €
Lungo la strada che taglia il paese, un piacevole edificio rustico, tipico delle campagne piemontesi, nel quale gustare la vera cucina locale, i cui ingredienti seguono le stagioni. Qualche specialità alternativa di mare.

PINZOLO

Trento (TN) – ✉ 38086 – 3 123 ab. – Alt. 770 m – Carta regionale n° **33-B3**
Roma 632 km – Trento 60 km – Bolzano 115 km – Madonna di Campiglio 13 km
Carta stradale Michelin 562-D14

Beverly

via Carè Alto 2 – ✆ 04 65 50 11 58 – www.beverlyhotel.it – Aperto 1° dicembre-15 aprile e 15 giugno-15 settembre
24 cam – †65/90 € ††110/180 € – **12 suites**
Rist – Menu 28/40 € – *(solo a cena)*
Strategicamente ubicato fra il centro e gli impianti di risalita, l'hotel ripropone il tipico stile trentino: ambienti luminosi e legno chiaro, relax e bella piscina.

Europeo

corso Trento 63 – ✆ 04 65 50 11 15 – www.hoteleuropeo.com – Aperto 1° dicembre-30 marzo e 1° giugno-30 settembre
38 cam – †140/180 € ††200/260 € – **4 suites** **Rist** – Carta 35/45 €
Vicino al centro, ma anche adiacente al parco, negli anni questa risorsa si è saputa rinnovare ed - oggi - offre camere montane dal design moderno, a cui si aggiunge un piacevole e completo centro benessere. Nell'ampio ristorante: la cucina, l'orgoglio della casa!

Cristina

rist,

viale Bolognini 39 – ✆ 04 65 50 16 20 – www.hotelcristina.info – Aperto 1° dicembre-15 aprile e 15 giugno-20 settembre
31 cam – †70/95 € ††120/170 € **Rist** – Carta 39/71 €
Albergo nel più classico stile montano, a conduzione diretta e dotato di un piccolo e completo centro benessere. Ambiente familiare, in posizione strategica per gli impianti.

Corona rist,

corso Trento 27 – ✆ 04 65 50 10 30 – www.hotelcoronapinzolo.it – Chiuso ottobre-novembre e maggio

41 cam – 97/193 € 97/193 € **Rist** – Carta 25/35 €

Nel centro cittadino, gestione familiare dai gradevoli spazi comuni e dalle accoglienti camere. Il wellness center vi aspetta per rimettervi in forma dalla testa ai piedi; ampia la sala ristorante.

La Locanda senza rist

viale Dolomiti 20 – ✆ 04 65 50 11 22 – www.residencelalocanda.eu

18 cam – 50/100 € 70/140 €

Alle porte di Pinzolo, una piccola locanda dal caratteristico stile montano: caldi arredi in legno, ampie camere e suite con possibilità di angolo cottura.

a Giustino Sud : 1,5 kmAlt. 770 m – ✉ 38086

Mildas

via Rosmini 7, località Vadaione, Sud : 1 km – ✆ 04 65 50 21 04 – www.ristorantemildas.it – Chiuso 1° maggio-20 giugno, 20 settembre-31 ottobre e lunedì

Menu 38 € – Carta 30/89 € – *(solo a cena escluso sabato e domenica)* (consigliata la prenotazione)

In una cripta del '300 con moderno refettorio, la cucina rivisita i classici trentini: a cominciare dalla polenta, protagonista di diversi piatti. Carta dei vini illustrata e descritta.

PIOLTELLO

Milano (MI) – ✉ 20096 – 35 770 ab. – Alt. 122 m – Carta regionale n° **18-B2**

Roma 563 km – Milano 17 km – Bergamo 38 km

Carta stradale Michelin 561-F9

a Limito Sud : 2,5 km – ✉ 20090

Antico Albergo

via Dante Alighieri 18 – ✆ 0 29 26 61 57 – www.anticoalbergo.it – Chiuso 26 dicembre-6 gennaio, 11-31 agosto, sabato a mezzogiorno e domenica

Carta 36/64 €

E' da tre generazioni che l'amore per la cucina lombarda e per l'ospitalità vengono celebrate in quest'antica, elegante, locanda con servizio estivo sotto un pergolato.

PIOMBINO

Livorno (LI) – ✉ 57025 – 34 320 ab. – Carta regionale n° **31-B3**

Roma 254 km – Pisa 109 km – Grosseto 72 km – Livorno 89 km

Carta stradale Michelin 563-N13

Lo Scoglietto

via Carlo Pisacane 118 – ✆ 0 56 53 05 94 – Chiuso domenica sera

Menu 20 € (pranzo)/30 € – Carta 26/50 € – (prenotare)

L'impegno e la passione profusi in cucina si concretizzano in piatti sorprendenti, per i quali l'attenta ricerca dei prodotti si unisce all'esaltazione del gusto degli stessi.

PIOVE DI SACCO

Padova (PD) – ✉ 35028 – 19 462 ab. – Carta regionale n° **40-C3**

Roma 514 km – Padova 19 km – Ferrara 88 km – Venezia 43 km

Carta stradale Michelin 562-G18

Point Hotel senza rist

via Adige 2 – ✆ 04 99 70 52 79 – www.pointhotel.it

71 cam – 72/99 € 115/159 €

Ubicato in posizione leggermente periferica propone una gestione squisitamente femminile con camere di tono classico, ben tenute e dai confort adeguati alla categoria.

XX **La Saccisica**

via Adige 18 – 04 99 70 40 10 – www.lasaccisica.it – Chiuso 13-20 agosto e lunedì

Menu 25 € (in settimana)/50 € – Carta 26/55 €

Rist *Bistrò* –Menu 15 € (in settimana)/25 €

In un edificio circolare, anche gli ambienti sono divisi in spicchi, mentre il vino costituisce l'elemento decorativo predominante, oltre che importante "accompagnatore" a piatti di terra, ma soprattutto di mare. Il Bistrò, come anticipa il nome, è la formula più informale ed economica inaugurata nel dicembre 2012.

PIOVEZZANO → Vedere Pastrengo

Verona (VR)

PIOZZO

Cuneo (CN) – 12060 – 1 011 ab. – Alt. 327 m – Carta regionale n° **23**-C3

Roma 637 km – Torino 82 km – Cuneo 45 km – Asti 58 km

Carta stradale Michelin 561-I5

X **Casa Baladin** con cam

piazza 5 Luglio 35 – 01 73 79 52 39 – www.casabaladin.it – Chiuso 2 settimane in gennaio e mercoledì

5 cam – 100/120 € 100/120 €

Menu 35/50 € – *(solo a cena)* (prenotazione obbligatoria)

Conturbante, giovane, alla moda: una casa della birra - unica bevanda, oltre a qualche tè - intesa ad accompagnare in tavola il menu degustazione di cucina moderna e creativa. Lo stile si ripropone anche nelle camere impreziosite da materiali naturali e affreschi recenti.

PISA

86 263 ab. – Carta regionale n° **31**-B2

Roma 335 km – Firenze 89 km – Livorno 23 km – Lucca 23 km

Carta stradale Michelin 563-K13

Relais dell'Orologio

via della Faggiola 12 56126 – 0 50 83 03 61 – www.hotelrelaisorologio.com Pianta : AB1**d**

19 cam – 90/120 € 160/255 € – **2 suites**

Rist – Carta 40/78 € – *(chiuso domenica) (solo a cena)*

Nel cuore della città, una casa-torre trecentesca da sempre appartenuta alla stessa famiglia: eleganza, personalizzazioni in ogni ambiente e un'imperdibile sala-lettura. Piccolo servizio ristorante su richiesta.

San Ranieri

via Filippo Mazzei 2, 2 km per Pontedera - B2 56124 – 0 50 97 19 51 – www.sanranierihotel.com

88 cam – 49/240 € 59/260 € – **2 suites**

Rist *Squisitia* – 05 09 71 95 55 – Carta 34/68 €

Uno scenografico involucro di cristallo che la sera si accende di diverse sfumature: all'interno, le linee sono essenziali. Il bianco e il nero la fanno da padroni, insieme agli specchi dove si celano le luci e persino i piccoli schermi dei televisori...

NH Cavalieri

piazza Stazione 2 56125 – 05 04 32 90 – www.nh-hotels.com Pianta : A2**a**

98 cam – 80/220 € 100/240 €, 20 € – **2 suites**

Rist – Carta 31/56 € – *(chiuso vacanze di Natale e agosto) (solo a cena)*

A pochi metri dalla stazione ferroviaria e dall'air terminal, una valida struttura in stile moderno, ideale per una clientela business; ricette classiche nella lineare sala ristorante.

Grand Hotel Bonanno

cam, rist,

via Carlo Francesco Gabba 17 ✉ *56122* – ✆ *0 50 52 40 30*
– *www.grandhotelbonanno.it*
89 cam – 60/120 € 80/150 € – **6 suites**
Rist – Carta 24/53 € – *(solo a cena)*
Camere di confort omogeneo e ambienti comuni ben distribuiti in un hotel adiacente al centro storico, molto comodo per chi viaggia in automobile.

La Clessidra

via del Castelletto 26/30 ✉ *56127* – ✆ *0 50 54 01 60* Pianta : B1**b**
– *www.ristorantelaclessidra.net* – *Chiuso1°-7 gennaio, 5-25 agosto e domenica*
Menu 35/37 € – Carta 26/38 € – *(solo a cena)*
Nuova sede, ma stessa cucina di mare e di terra (a prezzi contenuti), che aveva conquistato gli avventori del precedente locale. Riconfermate anche le proposte del dopocena, tra piccoli spuntini e buon vino.

Osteria dei Cavalieri

via San Frediano 16 ✉ 56126 – ✆ 0 50 58 08 58 Pianta : **B1e**
– www.osteriacavalieri.pisa.it – Chiuso 24 dicembre-1° gennaio, 3 settimane in agosto, sabato a mezzogiorno e domenica
Menu 26/32 € – Carta 24/44 € – (coperti limitati, prenotare)
A pochi passi dall'università, un'osteria frequentatissima con ambienti semplici e impostati per una cucina casereccia di terra e di mare. Buona selezione di vini e distillati.

PISCIANO → Vedere Gubbio

Perugia (PG)

PISCIOTTA

Salerno (SA) – ✉ 84066 – 2 720 ab. – Alt. 170 m – Carta regionale n° **7-C3**
Roma 366 km – Avellino 136 km – Castellammare di Stabia 139 km – Salerno 105 km
Carta stradale Michelin 564-G27

Marulivo senza rist

via Castello – ✆ 09 74 97 37 92 – www.marulivohotel.it – Aperto 29 marzo-1° novembre
11 cam – †55/130 € ††70/170 €
Un giorno il fascino bussò alle porte di un convento trecentesco nel centro storico del pittoresco borgo di Pisciotta, e nacque Marulivo: una splendida struttura con una suggestiva terrazza affacciata sul mare e camere dove l'austerità monastica ha lasciato il posto a raffinate personalizzazioni e confort moderni.

Angiolina

via Passariello 2, località Marina di Pisciotta, Sud : 4 km – ✆ 09 74 97 31 88 – www.ristoranteangiolina.it – Aperto Pasqua-15 ottobre
Carta 29/57 € – (consigliata la prenotazione)
Se avete - giustamente - optato per questo tranquillo localino dal piacevole servizio estivo all'aperto, non potete non gustare le tipiche ricette a base di alici di "menaica" (una particolare rete a maglie strette utilizzata per la pesca da queste parti). In menu, però, anche tanti altri piatti campani.

PISOGNE

Brescia (BS) – ✉ 25055 – 8 132 ab. – Alt. 187 m – Carta regionale n° **19-D1**
Roma 567 km – Brescia 40 km – Bergamo 48 km – Edolo 54 km
Carta stradale Michelin 561-E12

La Pieve di Pisogne cam, cam,

via Don G. Recaldini 1 – ✆ 0 36 48 62 14 – www.lapievedipisogne.it
15 cam – †45/60 € ††90/120 €
Rist *Il Melograno* – Carta 33/69 € – *(chiuso 7-18 gennaio)*
Albergo moderno e funzionale - nella parte alta del paese, proprio a fianco alla pieve di Santa Maria in Silvis - il lungolago, ad un chilometro, è comunque raggiungibile a piedi. Le camere di dimensioni medie e arredi funzionali, verranno apprezzate più per la modernità che per la personalità, salvo il fatto che alcune offrono un suggestivo scorcio.

PISTICCI

Matera (MT) – ✉ 75015 – 17 386 ab. – Carta regionale n° **4-D2**
Roma 455 km – Potenza 93 km – Matera 76 km
Carta stradale Michelin 564-F31

a Marconia Sud-Est: 15 km – ✉ 75015

Agriturismo San Teodoro Nuovo

contrada San Teodoro Nuovo km 442 – ☎ 08 35 47 00 42
– www.santeodoronuovo.com

10 cam ☕ – †75/85 € ††120/140 €

Rist – Menu 25 € – *(solo a cena)* (prenotazione obbligatoria)

Tra le mura di una masseria del Novecento adagiata nella pianura metapontina, una tenuta agricola orto-frutticola ospita appartamenti arredati con ricercatezza e personalità. Presso le antiche scuderie, le specialità della gastronomia regionale.

PISTOIA

✉ 51100 – 88 904 ab. – Alt. 67 m – Carta regionale n° **31**-B1

▶ Roma 311 km – Firenze 41 km – Prato 22 km – Lucca 45 km

Carta stradale Michelin 563-K14

Villa Cappugi

rist,

via di Collegigliato 45, per viale Italia – ☎ 05 73 45 02 97
– www.hotelvillacappugi.com

77 cam ☕ – †89/98 € ††109/129 € **Rist** – Carta 27/60 €

Costruito ex novo nel 2006, è immerso nel silenzio tra gli ulivi, ma anche ad un solo chilometro da Pistoia: personale cortese, ottima colazione e camere con tutti i confort. In sintesi, uno dei migliori alberghi della zona!

Villa Giorgia - Albergo in Collina cam, cam,
via Bolognese 164, 5 km per Modena - A1 – ✆ 05 73 48 00 42 – www.villa-giorgia.com – Chiuso 7 gennaio-8 febbraio
18 cam – 75/115 € 110/165 €
Rist – Menu 25/35 € – Carta 23/41 € – *(chiuso domenica sera e lunedì da 1° novembre-Pasqua)*
Abbandonata la città, ci si inerpica tra le tipiche colline pistoiesi: l'edificio è d'inizio '900, ma le camere sono moderne e sobrie (optate per quelle panoramiche, oltre alla vista sono più tranquille!). Nel curato giardino, potrete invece rilassarvi e godere del bel panorama.

Patria senza rist
via Crispi 8 – ✆ 05 73 35 88 00 – www.patriahotel.com Pianta : AB2**n**
26 cam – 109/260 € 129/260 € – **1 suite**
Ideale per scoprire il centro storico, è piccolo nelle dimensioni, ma raffinato e curato nei dettagli (bagni compresi!). Per i più romantici, camera-attico con vista sui tetti di Pistoia.

Villa de' Fiori cam, cam, cam,
via di Bigiano e Castel Bovani 39, per via di Porta San Marco 2,5 km – ✆ 05 73 45 03 51 – www.villadefiori.it – Chiuso 5 gennaio-12 febbraio e in febbraio-marzo aperto solo nel fine settimana
8 cam – 75/95 € 90/140 €
Rist *La Dimora del Gusto* – Carta 36/51 € – *(chiuso lunedì) (solo a cena escluso festivi)*
Tanti salotti uno di seguito all'altro con raccolta di cimeli d'antan, vera passione del titolare, in una villa settecentesca immersa nel verde della campagna pistoiese; il gusto per la storia non risparmia le camere, che sfoggiano pavimenti e arredi originali. Piatti di terra al ristorante con i prodotti dell'agriturismo (pesce, su ordinazione).

Villa Parri N senza rist
via Modenese 206 , Nord : 4 km per via Dalmazia – ✆ 05 73 41 70 62 – www.villaparri.it
6 suites – 80/120 € 130/180 € – 2 cam
Villa ottocentesca con parco e giardino a terrazze: nei salotti troverete una piccola raccolta d'oggetti di altri tempi, in molte camere una cucina per chi preferisce il fai-da-te al ristorante.

Trattoria dell'Abbondanza
via dell'Abbondanza 10/14 – ✆ 05 73 36 80 37 – Chiuso 12-22 maggio, 6-16 ottobre, giovedì a mezzogiorno e mercoledì Pianta : A1**b**
Carta 27/36 €
All'insegna della tipicità e della tradizione, in un'atmosfera accogliente e simpatica, propone una cucina di prelibatezze caserecce riscoprendo l'antica gastronomia pistoiese.

PITIGLIANO
Grosseto (GR) – ✉ 58017 – Carta regionale n° **32-D3**
Roma 153 km – Viterbo 48 km – Grosseto 78 km – Orvieto 51 km
Carta stradale Michelin 563-O16

Il Tufo Allegro
vicolo della Costituzione 5 – ✆ 05 64 61 61 92 – www.iltufoallegro.com – Chiuso 9 gennaio-9 febbraio, mercoledì a mezzogiorno e martedì
Menu 22/74 € – Carta 35/73 €
Nel cuore della località etrusca, nei pressi della Sinagoga: piatti toscani, un piccolo ristorante con una nutrita cantina di vini e salette ricavate nel tufo.

PITRIZZA
→ Vedere Arzachena : Costa Smeralda
Olbia-Tempio (OT)

PIZZIGHETTONE

Cremona (CR) – ✉ 26026 – 6 698 ab. – Alt. 46 m – Carta regionale n° **16-B3**
Roma 526 km – Piacenza 23 km – Cremona 22 km – Lodi 33 km
Carta stradale Michelin 561-G11

Da Giacomo

piazza Municipio 2 – ✆ 03 72 73 02 60 – www.dagiacomo.it – Chiuso 8-18 gennaio, 16 agosto-5 settembre e lunedì
Menu 38 € – Carta 37/59 € – (coperti limitati, prenotare)
Nel centro storico di questa pittoresca località cinta da mura, un ristorantino che esprime una riuscita miscela di rusticità e design. Cucina del territorio reinterpretata.

PIZZO

Vibo Valentia (VV) – ✉ 89812 – 8 982 ab. – Alt. 44 m – Carta regionale n° **5-A2**
Roma 603 km – Vibo Valentia 11 km – Catanzaro 59 km – Cosenza 88 km
Carta stradale Michelin 564-K30

Marinella

cam,

contrada Marinella Prangi, Nord : 4 km – ✆ 09 63 53 48 60 – www.hotelmarinella.info
45 cam – 50/75 € 75/100 € **Rist** – Carta 21/42 €
Hotel a conduzione diretta sulla litoranea e a 300 metri dal mare: camere confortevoli, nonché piacevole sala e terrazza per la prima colazione. Piu rustico il ristorante con proposte sia di mare sia di terra.

POCENIA

Udine (UD) – ✉ 33050 – 2 594 ab. – Carta regionale n° **10-B3**
Roma 608 km – Udine 30 km – Gorizia 56 km – Pordenone 53 km
Carta stradale Michelin 562-E21

a Paradiso Nord-Est : 7 km – ✉ 33050 Pocenia

Al Paradiso

via Sant' Ermacora 1 – ✆ 04 32 77 70 00 – www.trattoriaparadiso.it – Chiuso lunedì e martedì
Menu 50 € – Carta 31/49 € – *(solo a cena escluso sabato e domenica)*
Una piccola bomboniera in un antico cascinale, con decorazioni e tendaggi ovunque. Spunti moderni nella cucina che segue il territorio (tanta carne e cacciagione). Ideale per una cena romantica.

PODENZANA

Massa-Carrara (MS) – ✉ 54010 – 1 715 ab. – Alt. 32 m – Carta regionale n° **31-A1**
Roma 426 km – La Spezia 29 km – Massa 44 km – Parma 107 km
Carta stradale Michelin 563-J11

La Gavarina d'Oro

via del Gaggio 28 – ✆ 01 87 41 00 21 – www.lagavarinadoro.com – Chiuso 18 febbraio-10 marzo, 1°-23 settembre e mercoledì esluso agosto
Menu 18/35 € – Carta 17/37 €
Un ristorante tradizionale, un punto di riferimento nella zona, ove poter assaggiare anche la tipica cucina della Lunigiana e specialità come i panigacci. Nella rusticità.

POGGIBONSI

Siena (SI) – ✉ 53036 – 29 216 ab. – Alt. 116 m – Carta regionale n° **32-D1**
Roma 262 km – Firenze 44 km – Siena 29 km – Livorno 89 km
Carta stradale Michelin 563-L15

Osteria al Torrione di San Fabiano

località il Torrione 2, Est : 5 Km – ✆ 05 77 97 92 12 – www.osteriaaltorrione.it – Aperto 25 dicembre-6 gennaio e 1° aprile-30 novembre; chiuso lunedì
Carta 34/60 € – (consigliata la prenotazione)
Alcuni chilometri di sterrato conducono a questo grazioso locale tra cipressi, vigneti e colline. Ma la tranquillità della campagna senese non è che uno dei suoi tanti piacevoli aspetti, all'interno - infatti - lo stile rustico toscano introduce l'ospite ad una cucina moderna, che rimane tuttavia ancorata alla tradizione regionale.

La Galleria

gvia del Commercio (galleria Cavalieri Vittorio Veneto) – 0577982356 – Chiuso 3 settimane in agosto e domenica

Menu 35/45 € – Carta 35/50 €

All'interno di una piccola galleria commerciale con qualche negozietto, locale di stampo classico con cucina a vista. Proposte di mare e di terra, elaborate da materie prime scelte con cura.

POGGIO → Vedere Elba (Isola d') : Marciana

Livorno (LI)

POGGIO ALLE MURA → Vedere Montalcino

Siena (SI)

POGGIO MURELLA

Grosseto (GR) – 58014 – Carta regionale n° **32-C3**

Roma 158 km – Grosseto 69 km – Viterbo 84 km

Carta stradale Michelin 563-N16

Saturnia Tuscany Hotel

strada Marco Pantani – 0564607611 – www.saturniatuscanyhotel.com – Chiuso 8-26 dicembre e 6 gennaio-13 febbraio

39 cam – 89/189 € 99/199 €

Rist *La Chianina Pescatrice* – vedere selezione ristoranti

A 2 km dalle terme di Saturnia, in posizione panoramica e tranquilla, una bella struttura completa nei servizi offerti, con camere più o meno spaziose, tutte riccamente arredate. Articolata gamma di trattamenti presso il centro benessere.

Il Cantuccio senza rist

via Termine 18 – 0564607973 – Chiuso 15-31 gennaio

6 cam – 45/60 € 65/90 €

A breve distanza dalle terme di Saturnia, all'interno di un piccolo borgo di case in centro paese, camere graziose e ricche di decorazioni. Colazione con torte fatte in casa.

La Chianina Pescatrice – Saturnia Tuscany Hotel

strada Marco Pantani – 0564607611 – www.saturniatuscanyhotel.com – Chiuso 8-26 dicembre e 6 gennaio-13 febbraio

Menu 33 € (cena)/49 € – Carta 31/66 €

Se siete ospiti durante la bella stagione e avete i presupposti per una cena romantica, chiedete un tavolo sulla terrazza panoramica. Altrimenti, c'è sempre l'accogliente sala, dove gustare bruschette, carni alla griglia ed altri piatti della regione. Light lunch a mezzogiorno.

POIRINO

Torino (TO) – 10046 – 10 520 ab. – Alt. 249 m – Carta regionale n° **22-B2**

Roma 661 km – Torino 28 km – Moncalieri 19 km

Carta stradale Michelin 561-H5

Brindor Hotel

via Torino36 – 0119453175 – www.brindorhotel.info – Chiuso 1°-7 gennaio e 9-18 agosto

57 cam – 75 € 88 € – **1 suite**

Rist *Andrea-re degli asparagi* – 0119452728 – Carta 24/33 € – *(chiuso sabato a mezzogiorno e domenica sera)*

Distante dal centro, questo hotel recente e di taglio moderno dispone di graziosi spazi comuni e di ampie camere ed è ideale per una clientela d'affari. Ideale per pranzi informali o cene di lavoro, il moderno ristorante propone piatti del territorio, paste fatte in casa e specialità agli asparagi.

POLESINE PARMENSE

Parma (PR) – 43010 – 1 501 ab. – Alt. 36 m – Carta regionale n° **8-A1**

Roma 496 km – Parma 43 km – Milano 104 km – Cremona 31 km

Carta stradale Michelin 562-G12

XXX **Antica Corte Pallavicina** (Massimo Spigaroli) con cam
strada del Palazzo Due Torri 3 – 📞 05 24 93 65 39 – AC cam, P
– www.acpallavicina.com – Chiuso 12-28 gennaio
4 cam – 140/260 € 170/290 € – **2 suites**
Menu 80/130 € – Carta 52/90 €
Apoteosi della bassa padana, nonché regno dei culatelli a cui è dedicato un tempio-cantina: si mangia in un castello di origini medioevali trasformato in vetrina gourmet. Il viaggio nel tempo continua nelle camere dagli arredi d'epoca e atmosfere d'antan.
➜ Soffici ai tre parmigiani in crosta di sfoglia dorata allo zafferano. Faraona ricoperta di culatello, cotta nella creta del Po e accompagnata dai nostri ortaggi. Mousse di riso alla vaniglia , fragole e sorbetto ai fiori di ibisco.

XX **Al Cavallino Bianco**
via Sbrisi 3 – 📞 0 52 49 61 36 – www.fratellispigaroli.it
– Chiuso 20 gennaio-10 febbraio e martedì
Menu 60 € – Carta 35/59 €
Rist *Tipico di Casa Spigaroli* –Carta 15/35 € – *(solo a pranzo)*
Secolare tradizione familiare alla quale affidarsi per assaporare il proverbiale culatello e specialità regionali, lungo le rive del grande fiume. Al "Tipico di Casa Spigaroli", scelta ristretta di ricette emiliane.

a Santa Franca Ovest : 3 km – ✉ 43010 Polesine Parmense

XX **Colombo**
via Mogadiscio 119 – 📞 0 52 49 81 14 – Chiuso 7-23 gennaio, 28 luglio-7 agosto, lunedì sera e martedì
Carta 31/45 €
Servizio estivo sotto un pergolato in una mitica trattoria familiare: l'attuale proprietaria segue le orme paterne anche per produzione e stagionatura di salumi (tra i quali il prezioso culatello). Cucina emiliana.

POLIGNANO A MARE

Bari (BA) – ✉ 70044 – 17 621 ab. – Carta regionale n° **27**-C2
Roma 486 km – Bari 36 km – Brindisi 77 km – Matera 82 km
Carta stradale Michelin 564-E33

Covo dei Saraceni
via Conversano 1/1 A – 📞 08 04 24 11 77 – www.covodeisaraceni.com
35 cam – 80/130 € 90/160 € – **7 suites**
Rist *Il Bastione* – vedere selezione ristoranti
Su uno dei promontori della celebre località, camere recenti ma in grado di rendere indimenticabile il vostro soggiorno, chiedendone una con vista mare.

Grotta Palazzese
via Narciso 59 – 📞 08 04 24 06 77 – www.grottapalazzese.it – Chiuso gennaio
25 cam – 80/120 € 100/250 €
Rist – Carta 83/133 € – *(lunedì in bassa stagione)*
Puglia, terra di trulli e di grotte: nell'antico borgo di Polignano, un hotel costruito sugli scogli, proprio a strapiombo sul blu; per dormire cullati dalle onde. Suggestivo servizio ristorante estivo in una grotta sul mare.

Malù senza rist
lungomare Domenico Modugno 7 – 📞 33 37 99 13 53 – www.bebmalu.it
– Chiuso novembre
6 cam – 55/110 € 80/160 €
Vicino alla statua di Modugno, originario della località, sei camere ciascuna intitolata ad una sua canzone. Tre si affacciano sul mare, ma tutte sono accomunate dalla piacevolezza di ciò che è nuovo e fresco: complici i colori chiari, nonché la luce che filtra dalle finestre. Sulla terrazza panoramica, la prima colazione.

Dei Serafini senza rist

Piazza Vittorio Emanuele 43 – ✆ 08 04 24 75 62 – www.bebdeiserafini.com

9 cam – 40/60 € 60/100 €

Albergo diffuso ubicato nel centro storico, dispone di camere e piccoli appartamenti (molti con angolo cucina) ristrutturati con grande senso; prima colazione servita al bar in piazzetta.

Il Bastione – Hotel Covo dei Saraceni

via Conversano 1/1 A – ✆ 08 04 24 11 77 – www.covodeisaraceni.com

Carta 29/67 €

Suggeriamo di aspettare la bella stagione per approfittare di uno dei più spettacolari servizi all'aperto della regione: di fronte ad un paesaggio da cartolina di case e rocce a strapiombo sul mare, è da qui che vengono anche i prodotti del ristorante. Scelto da un espositore, il pescato si offre nelle tradizionali preparazioni.

L'Osteria di Chichibio

largo Gelso 12 – ✆ 08 04 24 04 88 – www.osteriadichichibio.it
– Chiuso 5 gennaio-5 febbraio e lunedì

Carta 35/62 €

Connubio di semplicità e allegria - non privo di eleganza - e l'occasione per mangiare pesce e verdure cotti in un forno a legna, serviti in piatti di ceramica. Il locale si è recentemente ampliato e anche la cucina non smette di "crescere".

POLLEIN → Vedere Aosta
Aosta (AO)

POLLENZO → Vedere Bra
Cuneo (CN)

POLLONE
Biella (BI) – ✉ 13814 – 2 123 ab. – Alt. 630 m – Carta regionale n° **23-C2**

Roma 671 km – Aosta 92 km – Biella 9 km – Novara 62 km

Carta stradale Michelin 561-F5

Il Patio (Sergio Vineis)

via Oremo 14 – ✆ 01 56 15 68 – www.ristoranteilpatio.it – Chiuso lunedì e martedì

Menu 50/65 € – Carta 52/93 € – (prenotare)

Ristorante dall'atipica ambientazione in antiche stalle. I piatti semplici puntano sulla valorizzazione dei prodotti, ma c'è anche spazio per elaborazioni più complesse.

→ Ricciola affumicata al legno di ciliegio con semifreddo all'olio evo e granita di melone. Spalletta di vitello extracotta con purè di fave e salsa al timo selvatico. Cannolo di fragole con crema di menta , bavarese al cioccolato bianco e meringa.

POLVANO → Vedere Castiglion Fiorentino
Arezzo (AR)

POLVERINA → Vedere Camerino
Macerata (MC)

POMEZIA
Roma (RM) – ✉ 00040 – 57 587 ab. – Alt. 108 m – Carta regionale n° **12-B2**

Roma 28 km – Anzio 31 km – Frosinone 105 km – Latina 41 km

Carta stradale Michelin 563-Q19

Selene rist,

via Pontina km 30 – ✆ 06 91 17 01 – www.hotelselene.com

193 cam – 65/100 € 110/150 € – **2 suites**

Rist *Garum* – Carta 25/82 €

Imponente struttura abbracciata da un piccolo parco con piscina, ambienti ariosi - arredati con gusto e stile contemporaneo - ampie e moderne camere particolarmente adatte ad una clientela business, ma non solo. Se mangiate al ristorante, aspettatevi piatti mediterranea e specialità alla brace.

POMONTE ➜ Vedere Elba (Isola d') : Marciana
Livorno (LI)

POMPEI

Napoli (NA) – ✉ 80045 – 25 421 ab. – Alt. 14 m – Carta regionale n° **6-B2**
Roma 237 km – Napoli 29 km – Avellino 49 km – Caserta 50 km
Carta stradale Michelin 564-E25

Forum

cam, cam,

via Roma 99/101 – ✆ 08 18 50 11 70 – www.hotelforum.it
32 cam – 75/150 € 85/150 € – **1 suite**
Rist – Carta 28/45 € – *(solo per alloggiati)*
Vicino al famoso Santuario, varcato l'ingresso dell'hotel è un piacere sentire il silenzio dell'incantevole giardino interno. Man mano che si sale di piano, le camere si fanno di categoria superiore: più costose e con vista sul parco della zona archeologica.

Amleto senza rist

via San Michele 11 angolo via Bartolo Longo – ✆ 08 18 63 10 04 – www.hotelamleto.it
24 cam – 55/75 € 85/110 €
A pochi passi dal Santuario, edificio degli anni Venti ristrutturato con cura: ingresso in stile neoclassico, con una breve rampa di scale, e pavimento con riproduzioni musive.

Maiuri senza rist

viale Unità d'Italia 20 – ✆ 08 18 56 27 16 – www.hotelmaiuri.it
24 cam – 65/80 € 75/110 €
Forse un omaggio all'antica Pompei, nella ripresa del nome di un famoso archeologo italiano; certo un hotel nuovo, molto comodo, dai toni pastello anche negli interni.

Giovanna senza rist

viale Unità d'Italia 18 – ✆ 08 18 50 61 61 – www.hotelgiovanna.it
24 cam – 55/85 € 75/100 €
Un bel giardino fa da cornice a questo albergo consigliato a clienti d'affari e turisti, desiderosi di trovare un'oasi di relax; camere spaziose e confortevoli.

Iside senza rist

via Minutella 27 – ✆ 08 18 59 88 63 – www.hoteliside.it
18 cam – 45/70 € 50/80 €
Non lontano dall'ingresso agli scavi archeologici, in una zona residenziale tranquilla, offre un'accoglienza familiare e ambienti luminosi; alle spalle dell'albergo un orto-agrumeto.

President (Paolo Gramaglia)

piazza Schettini 12/13 – ✆ 08 18 50 72 45 – www.ristorantepresident.it – Chiuso 7-28 gennaio, 13-17 agosto, domenica sera e lunedì escluso da maggio a settembre
Menu 45/60 € – Carta 38/58 €
Il cliente è assolutamente al centro dell'attenzione, mentre il palato si lascia piacevolmente distrarre da una cucina moderatamente creativa, realizzata partendo da un'accurata selezione delle materie prime. Ottima ospitalità!
➜ Calamari ripieni alla vesuviana. Seppioline al profumo di fiori di zucca. Soufflè al cioccolato

Maccarone

viale Unità d'Italia 51 – ✆ 08 18 50 09 67 – www.ristorantemaccarone.it – Chiuso lunedì
Menu 22/30 € – Carta 17/41 €
In un edificio che ricorda vagamente una casa colonica, si trova questo ristorante-pizzeria. L'ambiente è moderno, pulito nello stile, e con prezzi competitivi.

PER QUELLI CHE...
È BUONO.
E SI VEDE.
Dalle alici ai crostacei più pregiati,
METRO vi fa scoprire ogni giorno
i sapori più freschi e gustosi del mare.
YOU & METRO
www.metro.it

XX **La Bettola del Gusto**

via Sacra 48/50 – 08 18 63 78 11 – www.labettoladelgusto.it – Chiuso lunedì
Menu 30/40 € – Carta 24/43 € – (prenotare)
Centrale, davanti alla stazione, il nome è fuorviante: siamo in un simpatico e grazioso locale, dove un giovane cuoco prepara piatti semplici all'insegna della tipicità campana.

PONTE A MORIANO → Vedere Lucca
Lucca (LU)

PONTE ARCHE → Vedere Comano Terme
Trento (TN)

PONTE DELL'OLIO
Piacenza (PC) – 29028 – 4 921 ab. – Alt. 216 m – Carta regionale n° **8-A2**
Roma 534 km – Piacenza 25 km – Parma 84 km – Milano 93 km
Carta stradale Michelin 561-H10

XX **Riva**

via Riva 16, Sud : 2 km – 05 23 87 51 93 – www.ristoranteriva.it – Chiuso martedì a mezzogiorno e lunedì
Menu 30 € (pranzo in settimana)/65 € – Carta 41/88 €
In un piccolo borgo con un affascinante castello merlato, la moglie propone una cucina raffinata, misurato equilibrio di territorio e creatività; ai vini pensa il marito.

X **Locanda Cacciatori** con cam — rist,

località Mistadello di Castione, Est : 2,5 km – 05 23 87 72 06 – www.locandacacciatori.com
12 cam – 38/40 € 55/60 € Carta 20/35 € – *(chiuso mercoledì)*
Oltre 50 anni di esperienza per questa locanda da sempre gestita dalla stessa famiglia. Semplici le quattro sale affacciate sulle colline, dove riscoprire una cucina regionale: gustose paste fatte in casa e carni come faraona e anatra al forno.

PONTEDERA
Pisa (PI) – 56025 – 28 249 ab. – Alt. 14 m – Carta regionale n° **31-B2**
Roma 314 km – Pisa 25 km – Firenze 61 km – Livorno 32 km
Carta stradale Michelin 563-L13

Armonia senza rist

piazza Caduti Div. Acqui, Cefalonia e Corfù 11 – 05 87 27 85 11 – www.hotelarmonia.it
33 cam – 85/260 € 110/260 € – **2 suites**
Storico edificio per una storica accoglienza, in città, sin da metà '800; ospiti illustri, atmosfere eleganti, qualità impeccabile e signorile.

Il Falchetto senza rist

piazza Caduti Div. Acqui, Cefalonia e Corfù 3 – 05 87 21 21 13 – www.hotelfalchetto.it
16 cam – 54/62 € 70/78 €
Hotel gestito da una coppia di coniugi che ne ha cura quasi come fosse una casa privata; ambienti piacevoli e ricchi di dettagli personali, dotati di ogni confort.

XX **La Polveriera**

via Fratelli Marconcini 54 – 32 89 62 56 43 – www.ristorantelapolveriera.it – Chiuso 10-17 agosto, sabato a mezzogiorno e domenica
Menu 45 € – Carta 26/90 €
Un localino nato dalla ristrutturazione di un effervescente circolo ricreativo, dove spesso la discussione terminava in scazzottate e in un gran "polverone" (da qui il soprannome di polveriera). Nell'insospettabile cortile durante la bella stagione, o nelle curate salette, la cucina predilige il pesce.

PONTE DI BRENTA → Vedere Padova
Padova (PD)

PONTE DI LEGNO

Brescia (BS) – ✉ 25056 – 1 764 ab. – Alt. 1 257 m – Carta regionale n° **17-C1**
Roma 669 km – Sondrio 68 km – Brescia 124 km – Bormio 44 km
Carta stradale Michelin 561-D13

Pegrà senza rist
via Nazionale – ✆ 03 64 90 31 19 – www.hotelpegra.com
33 cam – 50/180 € 70/200 €
Sulla strada statale, poco lontano dagli impianti di risalita, albergo dallo stile montano-contemporaneo: luminose camere con angolo bowindow ed alcune family room soppalcate.

Sorriso
via Plazza 6, località Temù – ✆ 03 64 90 04 88 – www.hotelsorriso.com – Aperto 1° dicembre-Pasqua e 1° giugno-30 settembre
20 cam – 70/160 € 130/230 € – **1 suite** **Rist** – Menu 25/45 €
Circondata dal parco dello Stelvio, forte della sua posizione panoramica e soleggiata, l'attenta conduzione familiare vi farà sentire graditi ospiti.

San Marco
piazzale Europa 18 – ✆ 0 36 49 10 36 – www.ristorante-sanmarco.it – Chiuso 15-30 giugno e lunedì
Menu 15 € (pranzo in settimana)/45 € – Carta 35/54 €
Centrale, ma non nella zona storica della cittadina, e al piano terra di una villetta; taglio rustico e una cucina di sapore mutevole, tra il camuno e il "tirolese".

PONTE DI NAVA → Vedere Ormea

Cuneo (CN)

PONTE GRADELLA → Vedere Ferrara

Ferrara (FE)

PONTE IN VALTELLINA

Sondrio (SO) – ✉ 23026 – 2 308 ab. – Alt. 485 m – Carta regionale n° **16-B1**
Roma 688 km – Sondrio 12 km – Edolo 39 km – Passo dello Stelvio 78 km
Carta stradale Michelin 562-D11

Cerere
via Guicciardi 7 – ✆ 03 42 48 22 94 – www.ristorantecerere.it – Chiuso 10-20 gennaio, 1°-25 luglio e mercoledì
Carta 29/46 €
Elegante, sito in un palazzo del XVII secolo, locale d'impostazione classica, con "inserti" rustici, che non si limita ad offrire solo piatti di tradizione valtellinese.

PONTELONGO

Padova (PD) – ✉ 35029 – 3 879 ab. – Alt. 5 m – Carta regionale n° **40-C3**
Roma 508 km – Venezia 54 km – Padova 33 km – Rovigo 50 km
Carta stradale Michelin 562-G18

Lazzaro 1915 (Piergiorgio Siviero)
via Roma 351 – ✆ 04 99 77 50 72 – www.lazzaro1915.it – Chiuso 1 settimana a gennaio, 2 settimane in agosto, lunedì sera, martedì; anche domenica in agosto
Menu 24 € (pranzo in settimana)/65 € – Carta 37/88 €
Il meritato riconoscimento gastronomico arrivato nel 2013 ha dato ulteriore convinzione alla coppia di fratelli, che prosegue la tradizione ormai secolare di famiglia. La cucina? Tanto pesce in preparazioni gustose, tecniche e fantasiose: una riuscita convivenza di classicità e creatività.
→ Nero su nero: riso venere di seppie nere mantecato alla mandorla tostata e cedro candito. C-oca: petto d'oca cotto in riduzione di noci di cola servito con il collo farcito di rigaglie. Crostatina di pasta brisè con mele granny smith macerate nel latte con pinoli ed uvetta

PONTE NELLE ALPI

Belluno (BL) – ✉ 32014 – 8 382 ab. – Alt. 397 m – Carta regionale n° **40-C1**
Roma 609 km – Belluno 8 km – Cortina d'Ampezzo 63 km – Milano 348 km
Carta stradale Michelin 562-D18

La Locanda alla Stazione N — cam,
viale Stazione 1 – ✆ 04 37 98 90 31 – www.lalocandaallastazione.it
6 cam – †70 € ††80/90 €
Rist *La Locanda alla Stazione* – Menu 15 € – Carta 26/43 €
A più di 100 anni dalla sua apertura, la locanda rinasce a nuova vita, grazie ad un bel restauro che omaggia gli anni Venti e Trenta nei mobili che arredano le belle camere e nel ristorante dove si gustano specialità regionali.

PONTENUOVO DI CALENZANO → Vedere Calenzano
Firenze (FI)

PONTE SAN GIOVANNI → Vedere Perugia
Perugia (PG)

PONTE SAN MARCO → Vedere Calcinato
Brescia (BS)

PONTIDA
Bergamo (BG) – ✉ 24030 – 3 221 ab. – Alt. 310 m – Carta regionale n° **19-C1**
Roma 609 km – Bergamo 18 km – Como 43 km – Lecco 26 km
Carta stradale Michelin 561-E10

Polisena l'Altro Agriturismo cam, cam,
via Ca' di Maggio 333 – ✆ 0 35 79 58 41 – www.agriturismopolisena.it
5 cam – †80/110 € ††110/150 €
Rist – Carta 33/43 € – *(chiuso lunedì, martedì e mercoledì)* (prenotare)
In posizione tranquilla e panoramica, c'è tutta una famiglia impegnata nella gestione di questo agriturismo che produce anche vino (bianco e rosso): interni in legno e materiali ecologici a sottolineare lo stretto contatto con la natura. Camere spaziose.

Hosteria la Marina con cam
via Don Aniceto Bonanomi 283, frazione Grombosco, Nord : 2 km – ✆ 0 35 79 50 63 – www.lamarinaristhotel.it
6 cam – †55/70 € ††80/90 € – **3 suites** Carta 28/35 € – *(chiuso martedì)*
Sulle colline alle spalle di Pontida, trattoria familiare per piatti ruspanti e saporiti, legati anche alle tradizioni locali; il vino lo si può scegliere direttamente nella piccola cantina. Appartamenti con angolo cottura, mono o bilocali, per un soggiorno in tranquillità.

PONTI SUL MINCIO
Mantova (MN) – ✉ 46040 – 2 323 ab. – Alt. 113 m – Carta regionale n° **17-D1**
Roma 505 km – Verona 32 km – Brescia 45 km – Mantova 35 km
Carta stradale Michelin 561-F14

Portofino
strada Pozzolengo 11 – ✆ 03 76 80 82 34 – www.albergoristoranteportofino.it – Chiuso lunedì
Menu 40 € – Carta 28/79 €
Immerso nel verde delle colline moreniche, i proprietari si sono specializzati nella cucina di mare, con piatti elaborati secondo uno stile decisamente semplice, ma accattivante!

PONTREMOLI
Massa-Carrara (MS) – ✉ 54027 – 7 593 ab. – Alt. 236 m – Carta regionale n° **31-A1**
Roma 441 km – La Spezia 43 km – Carrara 54 km – Massa 58 km
Carta stradale Michelin 563-I11

Cà del Moro Resort cam, rist,
località Casa Corvi 9 – ✆ 01 87 83 22 02 – www.cadelmororesort.it
24 cam – †60/90 € ††98/138 € – **2 suites**
Rist *Cà del Moro* – vedere selezione ristoranti
Rist – Menu 20 € – *(solo a cena) (solo per alloggiati)*
Immerso nella campagna lunigianese tra prati, golf 4 buche e campo pratica, delizioso resort di recente costruzione con un buon livello di confort nelle ampie camere.

Agriturismo Costa D'Orsola
località Orsola, Sud-Ovest : 2 km – ✆ 01 87 83 33 32 – www.costadorsola.it – Aperto 1° aprile-31 ottobre
14 cam – 60/90 € 100/124 €
Rist – Carta 21/36 € – *(solo a cena)* (prenotazione obbligatoria)
Camere di buona fattura, ricavate nei caratteristici locali di un antico borgo rurale restaurato con cura. Gestione familiare cortese, atmosfera tranquilla e rilassata. Ristorante suggestivo, con ampi spazi esterni.

Cà del Moro – Hotel Cà del Moro
località Casa Corvi 9 – ✆ 01 87 83 05 88 – www.cadelmororesort.it – Chiuso 10 gennaio-1° febbraio, domenica sera e lunedì
Carta 30/50 €
Ristorante dalle caratteristiche ed intime sale, dove gustare piatti del territorio soprattutto a base di carne. Interessante ed articolata la scelta enologica.

PONZA (Isola di)

Latina (LT) – 3 312 ab. – Carta regionale n° **13**-C3
Carta stradale Michelin 563-S18

PONZA – ✉ 04027 – Carta regionale n° **13**-C3

Grand Hotel Santa Domitilla
via Panoramica – ✆ 07 71 80 99 51 – www.santadomitilla.com – Aperto Pasqua-15 ottobre
48 cam – 90/180 € 120/240 € – **6 suites**
Rist *Melograno* – vedere selezione ristoranti
In posizione tranquilla, ma sempre vicino al centro, troverete ispirazioni orientali e ceramiche vietresi, ma sono le piscine a rappresentare il clou di un raffinato soggiorno.

Piccolo Hotel Luisa senza rist
via Chiaia di Luna – ✆ 0 77 18 01 28 – www.piccolohoteluisa.it – Aperto 15 marzo-2 novembre
15 cam – 30/200 € 50/220 €
In posizione rialzata e tranquilla ad una breve salita dal centro, le camere sono arredate con originalità e buon gusto: tra le migliori, quella in cui visse - confinato dal regime fascista - l'ex presidente, Sandro Pertini. Possibilità di noleggio gommoni.

Bellavista
via Parata 1 – ✆ 0 77 18 00 36 – www.hotelbellavistaponza.it – Aperto 1° marzo-10 dicembre
24 cam – 60/200 € 80/240 €
Rist – Carta 30/95 € – *(aperto 15 aprile-1° ottobre) (solo a cena)*
Arroccato su uno scoglio e cullato dalle onde, l'hotel dispone di ampi spazi comuni, confortevoli camere arredate in legno scuro e un piccolo terrazzo con vista panoramica. Classico ambiente arredato nelle tinte del verde, la sala da pranzo propone la cucina mediterranea e quella regionale.

Acqua Pazza (Patrizia Ronca)
piazza Carlo Pisacane – ✆ 0 77 18 06 43 – www.acquapazza.com – Aperto 1° marzo-30 novembre
Menu 70 € – Carta 58/109 € – *(solo a cena)*
Lungo lo splendido proscenio del porto, un anfiteatro sul mare, mentre la cucina ne celebra i prodotti: dal crudo all'omonima acqua pazza.
➜ Zuppa di pomodorini gialli, calamarata e insalata di mare. Dentice in crosta di pane, alici e scarole. Cioccolato, liquirizia e caffè.

Orestorante
via Dietro la Chiesa 4 – ✆ 33 88 31 80 03 – www.orestorante.it – Aperto Pasqua-30 settembre
70 € – Carta 65/83 € – *(solo a cena)*
Un intrico di terrazzi con vista sull'incantevole Ponza: è l'appuntamento romantico per eccellenza, esaltato da una cucina di pesce dai profumi mediterranei.

XX **Melograno** – Grand Hotel Santa Domitilla

via Panoramica – ✆ 07 71 80 99 51 – www.santadomitilla.com – Aperto 1° giugno-30 settembre
Carta 33/72 €
Noi vi consigliamo di prenotare, perché il locale è frequentatissimo e sarebbe un peccato, per indolenza, perdere un appuntamento gastronomico come questo: sotto il pergolato di glicine o nell'originale sala, le tante varietà di pesce del Mare Nostrum in ricette sfiziose.

X **Il Tramonto**

via campo Inglese, Nord : 4 km – ✆ 07 71 80 85 63 – Aperto 1° maggio-30 settembre
Carta 40/66 €
Un servizio giovane e dinamico, una cucina legata alla tradizione isolana dove regna il pesce ed una meravigliosa vista sull'isola di Palmarola per veder declinare il sole.

X **Gennarino a Mare** con cam

rist,

via Dante 64 – ✆ 0 77 18 00 71 – www.gennarinoamare.com
12 cam – 70/140 € 125/250 €
Carta 32/78 € – *(aperto Pasqua-30 settembre)*
Quasi una palafitta sul mare - la posizione è incantevole - al termine della baia con vista sul porto, la cucina rispolvera i classici piatti di mare della tradizione italiana. E il panorama continua nelle camere: semplici, ma con graziose ceramiche.

PONZANO → Vedere Barberino Val d'Elsa

Firenze (FI)

PONZANO VENETO

Treviso (TV) – ✉ 31050 – 10 894 ab. – Alt. 28 m – Carta regionale n° **39-A1**
Roma 546 km – Venezia 40 km – Belluno 74 km – Treviso 5 km
Carta stradale Michelin 562-E18

a Paderno Nord-Ovest : 2 km – ✉ 31050 Ponzano

Relais Monaco

via Postumia 63, Nord : 1 km – ✆ 04 22 96 41 – www.relaismonaco.it
78 cam – 85/110 € 100/140 € – **1 suite**
Rist *La Vigna* – vedere selezione ristoranti
Tra i colli della campagna veneta, la parte centrale della villa è quella storica, ma ad essa si è aggiunta un'ala più nuova. Ottima per un soggiorno di svago (soprattutto estivo), la struttura è anche indicata per una clientela business, grazie all'ampio ed attrezzato centro congressi.

XXX **La Vigna** – Hotel Relais Monaco

via Postumia 63, Nord : 1 km – ✆ 04 22 96 41 – www.relaismonaco.it
Carta 32/74 €
Alle porte di Treviso, oltre a vantare uno splendido parco, il Relais Monaco sfoggia questo elegante ristorante (in linea con il resto della villa). In menu: tante specialità venete, ma non mancano piatti della tradizione nazionale.

POPOLI

Pescara (PE) – ✉ 65026 – 5 396 ab. – Alt. 254 m – Carta regionale n° **1-B2**
Roma 162 km – L'Aquila 49 km – Pescara 53 km – Chieti 43 km
Carta stradale Michelin 563-P23

Le Sorgenti

rist,

via Galileo Galilei, 34 – ✆ 08 59 87 10 31 – www.hotelesorgenti.it
22 cam – 50/65 € 70/85 € **Rist** – Carta 18/34 €
Funzionale e moderno, con terrazza-solarium vista Majella, la struttura offre ottima accoglienza in camere ampie. Chiedete quelle con vista sul fiume!

POPPI

Arezzo (AR) – ✉ 52014 – 6 200 ab. – Alt. 437 m – Carta regionale n° **32-C1**

Roma 253 km – Arezzo 38 km – Firenze 54 km – Prato 85 km

Carta stradale Michelin 563-K17

Parc Hotel rist,

via Roma 214, località Ponte a Poppi ✉ 52013 – ✆ 05 75 52 99 94

39 cam – 42/63 € 70/118 €

Rist *Parc* – ✆ 05 75 52 91 01 – Carta 25/61 € – *(chiuso domenica sera e lunedì a mezzogiorno in inverno)*

Lungo la strada che attraversa il paese, l'ingresso sul retro dinnanzi al verde e alla piscina lo rende tranquillo, quasi idilliaco nella vista del castello. Camere confortevoli: da preferire quelle più interne.

La Torricella

località Torricella 14, Ponte a Poppi ✉ 52013 – ✆ 05 75 52 70 45 – www.latorricella.com

19 cam – 40/55 € 55/90 € – **2 suites** **Rist** – Carta 16/31 €

Sulla cima di una collina panoramica, a due passi dal rinomato borgo medievale ove sorge il castello dei Conti Guidi, in un tipico casolare toscano ben ristrutturato. Sala da pranzo rustica con travi in legno e veranda panoramica.

L'Antica Cantina

via Lapucci 2 – ✆ 05 75 52 98 44 – www.anticacantina.com – Chiuso gennaio, martedì a mezzogiorno e lunedì escluso agosto

Menu 24/39 €

Lasciata la parte più moderna del paese a valle, sulla collina è adagiato un incantevole borgo medievale: in un ambiente suggestivo, sotto antiche volte in mattoni adibite per lungo tempo a cantina, una cucina moderna non dimentica delle tradizioni.

a Moggiona Sud-Ovest : 5 kmAlt. 708 m – ✉ 52014

I Tre Baroni

via di Camaldoli 52 – ✆ 05 75 55 62 04 – www.itrebaroni.it – Aperto 28 dicembre-6 gennaio e 1° aprile-2 novembre

23 cam – 45/75 € 52/85 €

Rist – Carta 23/45 € – *(solo a cena escluso agosto)*

Lungo la strada per Camaldoli, un piccolo gioiello di ospitalità ricavato da un antico fienile, con terrazza panoramica e un'originale piscina a sfioro con bordo in pietra. La tranquillità regna sovrana. Signorile sala ristorante con proposte di cucina toscana.

Il Cedro

via di Camaldoli 20 – ✆ 05 75 55 60 80 – Chiuso lunedì

Carta 22/40 € – *(solo a pranzo da novembre a Pasqua)* (consigliata la prenotazione)

A pochi chilometri dal suggestivo convento di Camaldoli, ristorantino a conduzione familiare, propone la vera cucina casentinese dedicata particolarmente a primi piatti, funghi e cacciagione.

POPULONIA → Vedere Piombino

Livorno (LI)

PORCIA

Pordenone (PN) – ✉ 33080 – 15 325 ab. – Alt. 29 m – Carta regionale n° **10-A3**

Roma 596 km – Belluno 73 km – Treviso 54 km – Pordenone 5 km

Carta stradale Michelin 562-E19

Purlilium

via Bagnador 5, località Talponedo, Ovest : 1 km – ✆ 04 34 92 32 48 – www.hotelpurlilium.it – Chiuso vacanze di Natale e 2 settimane in agosto

26 cam – 55/100 € 80/170 €

Rist – Carta 32/58 € – *(chiuso sabato a mezzogiorno e domenica)*

Atmosfera riposante, camere luminose e discretamente signorili, spazi comuni con pietre a vista ed un giardino interno: un moderno hotel custodito tra le mura di un antico borgo rurale. Piccolo ristorante per proposte del territorio rivisitate.

PORDENONE

✉ 33170 – 51 378 ab. – Alt. 24 m – Carta regionale n° **10-B3**
Roma 600 km – Udine 51 km – Belluno 78 km – Treviso 59 km
Carta stradale Michelin 562-E20

Palace Hotel Moderno

viale Martelli 1 – ☎ 0 43 42 82 15 – www.palacehotelmoderno.it
91 cam – 94/125 € 150 € – **5 suites**
Rist *Moderno* – vedere selezione ristoranti
Centralissimo, proprio accanto al teatro Verdi, gradevoli sale arredate con gusto ed ampie camere in linea con lo stile della struttura. Brillano per originalità le due design suite.

Park Hotel senza rist

via Mazzini 43 – ☎ 0 43 42 79 01 – www.parkhotelpordenone.it – Chiuso 20 dicembre-6 gennaio
63 cam – 59/150 € 69/250 € – **3 suites**
Ideale per chi viaggia per lavoro - in virtù della sua vicinanza alla stazione, ma sempre nel centro storico - la struttura dispone di camere ampie e funzionali in stile moderno.

Moderno – Palace Hotel Moderno

viale Martelli 1 – ☎ 0 43 42 90 09 – www.eurohotelfriuli.it
Menu 28/55 € – Carta 29/60 € – (consigliata la prenotazione)
A dispetto del nome, si respira un'atmosfera di classica eleganza in questo ristorante, la cui cucina si sofferma più sui prodotti del mare che su quelli di terra.

La Ferrata

via Gorizia 7 – ☎ 0 43 42 05 62 – www.osterialaferrata.it – Chiuso luglio-agosto e martedì
Carta 21/37 € – *(solo a cena escluso sabato e domenica)*
Foto di locomotive, pentole e coperchi di rame arredano le pareti di questa osteria accogliente e conviviale. Dalla cucina, porzioni generose con sapori della tradizione locale, tra cui il frico croccante con patate e speck.

PORLEZZA

Como (CO) – ✉ 22018 – 4 732 ab. – Alt. 275 m – Carta regionale n° **16-A2**
Roma 673 km – Como 47 km – Lugano 16 km – Milano 95 km
Carta stradale Michelin 561-D9

Parco San Marco

cam,
viale Privato San Marco 1, località Cima, Sud : 2 km – ☎ 03 44 62 91 11 – www.parco-san-marco.com – Chiuso 3 gennaio-19 marzo
74 suites – 150/420 € – 37 cam
Rist – Carta 43/73 € – *(chiuso 2 gennaio-13 marzo)*
Rist *La Masseria* – Carta 37/72 € – *(aperto 1° aprile-31 ottobre) (solo a cena)*
Struttura in stile svizzero-tedesco suddivisa in diversi edifici digradanti sul lago: moderne suite con angolo cottura ed una panoplia di attività, nonché spazi, dedicati ai bambini. Nell'ambiente rustico della bicentenaria cantina a volta o sulla splendida terrazza del ristorante La Masseria, cucina contemporanea ed un'interessante proposta di carni alla griglia.

Agriturismo Mulinum

cam,
Via Venini 2 ✉ 22018 Porlezza – ☎ 0 34 46 13 41 – www.ilmulinum.it – Aperto 1° aprile-31 ottobre
10 cam – 65/75 € 85/95 €
Rist – Carta 24/46 € – *(chiuso martedì) (solo a cena)*
Un'amena risorsa che nasce dalla passione di una simpatica, nonché accogliente titolare, con graziose camere dai soffitti in legno e begli arredi. Il piano terra è tutto adibito all'area ristorante con una sala in stile rustico, per una gustosa cucina della tradizione. Nel periodo estivo, la cena è anche servita sulla gradevole terrazza.

PORОTTO-CASSANA → Vedere Ferrara

Ferrara (FE)

PORRETTA TERME

Bologna (BO) – ✉ 40046 Porretta Terme – 4 776 ab. – Alt. 349 m – ✉ Porretta Terme – Carta regionale n° **9-C2**

Roma 345 km – Bologna 65 km – Firenze 75 km – Pistoia 36 km

Carta stradale Michelin 562-J14

Helvetia

piazza Vittorio Veneto 11 – ☎ 0 53 42 22 14 – www.helvetiabenessere.it – Chiuso 3-18 giugno

48 cam – 125/155 € 200/250 € **Rist** – Menu 20/35 €

Preparatevi ad un viaggio nel benessere: in un edificio Liberty dei primi del '900, moderne camere ed un'attrezzata Spa Termale con una zona secca per i trattamenti medico-estetici, nonché una zona umida ricavata in una grotta, scavata nella roccia durante la I Guerra Mondiale. Menu light personalizzati o piatti della tradizione tosco-emiliana per pasti di eccellenza.

Santoli

via Roma 3 – ☎ 0 53 42 32 06 – www.hotelsantoli.com

48 cam – 50/80 € 80/110 €

Rist *Il Bassotto* – vedere selezione ristoranti

Adiacente alle terme, l'albergo è stato rinnovato in anni recenti con materiali di pregio che però richiamano nei colori e nelle linee gli anni '70, arricchendosi inoltre di un'accogliente spa, dove trova posto una grande vasca idromassaggio. La cura verso gli ospiti è espressa in molte piccole attenzioni, tanto più apprezzabili se si considerano i prezzi competitivi.

Il Bassotto – Hotel Santoli

via Roma 3 – ☎ 0 53 42 32 06 – www.hotelsantoli.com

Menu 20 € – Carta 30/50 €

Carta regionale e appenninica, in questo capiente ristorante ornato da decorazioni stagionali tematiche, dove la cura e l'attenzione verso le materie è quasi maniacale. Per una sosta più informale, l'Osteria con menu e prodotti a km zero.

PORTALBERA

Pavia (PV) – ✉ 27040 – 1 533 ab. – Alt. 64 m – Carta regionale n° **16-B3**

Roma 552 km – Piacenza 42 km – Milano 57 km – Pavia 23 km

Carta stradale Michelin 561-G9

Osteria dei Pescatori

località San Pietro 13 – ☎ 03 85 26 60 85 – Chiuso 1°-10 gennaio, 10 luglio-1° agosto e mercoledì

Menu 11 € (pranzo in settimana) – Carta 25/40 €

Semplice quanto piacevole trattoria di paese in una piccola frazione del Pavese. Il marito ai fornelli, la moglie in sala: la cucina è decisamente casalinga, dal gusto deciso, nonché legata al territorio. L'oca diventa la protagonista indiscussa di tanti piatti.

PORTESE → Vedere San Felice del Benaco

Brescia (BS)

PORTICELLO → Vedere Santa Flavia

Palermo (PA)

PORTICO DI ROMAGNA

Forlì-Cesena (FC) – ✉ 47010Alt. 309 m – Carta regionale n° **9-C2**

Roma 320 km – Firenze 75 km – Forlì 34 km – Ravenna 61 km

Carta stradale Michelin 562-J17

Al Vecchio Convento

via Roma 7 – ☎ 05 43 96 70 53 – www.vecchioconvento.it – Chiuso 19-31 gennaio

15 cam – 50 € 82 €, 9 €

Rist *Al Vecchio Convento* – vedere selezione ristoranti

Nel cuore della località, questo palazzo ottocentesco consente di respirare un'atmosfera piacevolmente retrò, del buon tempo antico che rivive anche nei mobili. Trattandosi di un albergo "diffuso", alcune camere sono sparse nel centro.

Al Vecchio Convento

via Roma 7 – ✆ 05 43 96 70 53 – www.vecchioconvento.it – Chiuso 19-31 gennaio

Carta 32/52 € – *(chiuso mercoledì a mezzogiorno)*

Ristorante omonimo dell'hotel, di cui occupa parte del piano terra con le sue salette rustiche, dove i due fratelli titolari propongono ottime materie prime (pasta fresca, funghi e tartufi, carne e cacciagione) rielaborate secondo la tradizione gastronomica locale... ma, a sorpresa, non manca mai qualche piatto più moderno.

PORTO AZZURRO → Vedere Elba (Isola d')

Livorno (LI)

PORTOBUFFOLÈ

Treviso (TV) – ✉ 31040 – 797 ab. – Alt. 10 m – Carta regionale n° **40**-C2

Roma 567 km – Belluno 58 km – Pordenone 15 km – Treviso 37 km

Carta stradale Michelin 562-E19

Villa Giustinian

cam, rist,

via Giustiniani 11 – ✆ 04 22 85 02 44 – www.villagiustinian.it – Chiuso 3 gennaio-13 febbraio e 19-29 agosto

35 cam – 150/185 € 150/185 € – **8 suites**

Rist *Ai Campanili* – vedere selezione ristoranti

Rist *Enoteca Cà Vin* – Carta 36/60 € – *(chiuso 3 gennaio-1° aprile e lunedì) (solo a cena)*

Sita in uno splendido parco, questa prestigiosa villa veneta del XVII secolo offre ampie suite di rara suggestione, decorate da fastosi stucchi ed affreschi. Nell'informale Enoteca Cà Vin: stuzzichi, cucina easy e molto vino.

Ai Campanili – Hotel villa Giustinian

via Giustiniani 11 – ✆ 04 22 85 02 44 – www.villagiustinian.it – Chiuso 3 gennaio-13 febbraio, 19-29 agosto, domenica sera e lunedì a mezzogiorno in aprile-ottobre (anche lunedì sera in novembre-marzo)

Menu 25 € (pranzo in settimana)/45 € – Carta 41/71 €

In un'originale barchessa veneziana, accanto alla villa del XVII sec che ospita il romantik hotel, ambienti classico-eleganti e cucina della tradizione elaborata partendo dai famosi prodotti della "marca trevigiana".

PORTO CERVO → Vedere Arzachena : Costa Smeralda

Olbia-Tempio (OT)

PORTO CESAREO

Lecce (LE) – ✉ 73010 – 5 507 ab. – Carta regionale n° **27**-D3

Roma 600 km – Brindisi 55 km – Gallipoli 30 km – Lecce 27 km

Carta stradale Michelin 564-G35

Lo Scoglio

isola Lo Scoglio, raggiungibile in auto – ✆ 08 33 56 90 79 – www.isolaloscoglio.it

45 cam – 40/100 € 60/160 €

Rist – Carta 26/67 € – *(chiuso martedì in aprile-settembre; aperto solo domenica a mezzogiorno e sabato in ottobre-maggio)*

Sito su un isolotto collegato alla terraferma da un ponticello, l'hotel è circondato da un giardino, vanta ambienti di arredo classico ed è ideale per una vacanza culturale. In cucina, i sapori della tradizione italiana.

Falli

cam,

via Cosimo Albano 16 – ✆ 08 33 56 90 82 – www.hotelfalli.com

40 cam – 60/140 € 80/190 €

Rist *Cosimino* – Carta 20/62 € – *(chiuso 7-27 gennaio)*

Albergo con dépendance - da preferire, forse, la struttura ubicata sul lungomare di fronte all'Isola Grande - si caratterizza per le sue camere spaziose in stile neoclassico e con balcone. Specialità mediterranee al ristorante Cosimino.

PORTO CONTE → Vedere Alghero

Sassari (SS)

PORTO D'ASCOLI ➜ Vedere San Benedetto del Tronto
Ascoli Piceno (AP)

PORTO EMPEDOCLE
Sicilia – Agrigento (AG) – ✉ 92014 – 16 810 ab. – Alt. 2 m
– Carta regionale n° **29-B2**
Palermo 133 km – Enna 95 km – Agrigento 9 km – Caltanissetta 62 km
Carta stradale Michelin 365-AQ60

Villa Romana
lungomare Nettuno 1 – ✆ 09 22 53 53 19 – www.hotelvillaromana.com
43 cam – 70/110 € 80/150 € **Rist** – Carta 26/51 €
Hotel fronte mare nella bella zona dei lidi: ambienti signorili, originale piscina a forma di diamante, camere ampie ed eleganti (molte con terrazzo). Mare e terra nel menu del ristorante.

PORTO ERCOLE
Grosseto (GR) – ✉ 58018 – Carta regionale n° **32-C3**
Roma 149 km – Grosseto 50 km – Civitavecchia 80 km – Viterbo 94 km
Carta stradale Michelin 563-O15

Argentario Resort Golf & Spa
via Acquedotto Leopoldino – ✆ 05 64 81 02 92 – www.argentarioresort.it
73 cam – 250/415 € 279/520 € – **7 suites**
Rist *Dama Dama* – vedere selezione ristoranti
Campo da golf e hotel di lusso accomunati da un unico concept: il design personalizzato. All'interno dominano il bianco e il nero; fuori, il verde della natura.

A Point Porto Ercole Resort
viale Caravaggio-via Tramontana ✉ 58018 Porto Ercole – ✆ 05 64 83 36 36 – www.apointhotelsresorts.com
65 cam – 140/340 € 140/340 € – **5 suites** **Rist** – Carta 63/90 €
Materiali pregiati, cromatismi, sapienti giochi di luce… tutto concorre a rendere il soggiorno in questo moderno albergo dal design minimalista, un'esperienza indimenticabile ad alto tasso di seduzione.

Dama Dama – Argentario Golf Resort
via Acquedotto Leopoldino – ✆ 05 64 81 02 92 – www.argentarioresort.it/food
Carta 45/80 €
Un locale inatteso, ricorda certi chalet di montagna con finti trofei di caccia, velluti e tessuti naturali - per una cucina mediterranea di terra e di mare con particolare attenzione ai prodotti del territorio.

sulla strada Panoramica Sud-Ovest : 4,5 km :

Il Pellicano
località Lo Sbarcatello ✉ 58018 – ✆ 05 64 85 81 11 – www.pellicanohotel.com – Aperto 23 aprile-13 ottobre
39 cam – 450/1000 € 450/1000 € – **3 suites**
Rist *Il Pellicano* – vedere selezione ristoranti
Rist – Carta 90/195 € – *(aperto 15 maggio-30 settembre)*
Nato come inno all'amore di una coppia anglo-americana che qui volle creare il proprio nido: in uno dei punti più esclusivi della Penisola, villini indipendenti tra verde e ulivi. Specialità toscane al ristorante.

Il Pellicano – Hotel il Pellicano
località Lo Sbarcatello ✉ 58018 – ✆ 05 64 85 81 11 – www.ilpellicanorestaurant.com – Aperto 23 aprile-13 ottobre
Menu 145/195 € – Carta 85/180 € – *(solo a cena)* (consigliata la prenotazione)
Una serie di tornanti conducono al cancello del relais, dove – varcata la soglia - si entra in una dimensione di esclusività e lusso con pochi pari in Italia. Cucina creativa.
➜ Ravioli farciti con pomodoro arrosto, salsa di rucola, seppioline grigliate e burrata. San Pietro alla griglia con pastina alle acciughe e lumachine di mare. Soufflé al lime e miele con gelato al timo e salsa di cocco.

PORTOFERRAIO → Vedere Elba (Isola d')
Livorno (LI)

PORTOFINO
Genova (GE) – ✉ 16034 – 437 ab. – Carta regionale n° **15-C2**
Roma 485 km – Genova 41 km – La Spezia 89 km – Rapallo 9 km
Carta stradale Michelin 561-J9

Splendido
cam, rist,
salita Baratta 16 – ✆ 01 85 26 78 01 – www.belmond.com – Aperto inizio aprile-inizio novembre
69 cam – 539/715 € 935/1617 € – **29 suites**
Rist *La Terrazza* – Carta 87/138 €
Nella magnifica cornice del Golfo del Tigullio, questo esclusivo hotel si propone come un microcosmo di eleganza e raffinatezza. Confort di ottimo livello e cura del dettaglio nelle lussuose camere: la maggior parte delle quali dotate di balcone o terrazza con vista sulla baia. Piatti di ligure memoria al ristorante.

Splendido Mare
via Roma 2 – ✆ 01 85 26 78 01 – www.belmond.com – Aperto 15 aprile-15 ottobre
16 cam – 490/724 € 818/938 € – **2 suites**
Rist *Chuflay* – vedere selezione ristoranti
Posizionato proprio sulla nota piazzetta di questa capitale della mondanità, un gioiellino dell'hôtellerie locale: pieno confort e comoda eleganza.

Piccolo-Domina Home
rist,
via Duca degli Abruzzi 31 – ✆ 01 85 26 90 15 – www.dominahome.it – Aperto 15 marzo-2 novembre
23 cam – 200/400 € 300/700 €
Rist – Carta 45/95 € – *(solo per alloggiati)*
Totalmente rinnovato, questo piccolo hotel nella baia del Canone sfoggia - ora - un look moderno e accattivante: un intrigante gioco di bianco e nero, affascinante come la località che la ospita. Ampie le camere.

XXX Chuflay – Hotel Splendido Mare
via Roma 2 – ✆ 0 18 52 67 85 62 – www.hotelsplendido.net – Aperto 15 aprile-15 ottobre
Carta 69/136 € – *(Aperto 15 aprile-15 ottobre)*
Nella splendida cornice di Portofino, locale di tono elegante con fresco dehors sulla famosa piazzetta. La sera, le dolci note di un piano accompagneranno le deliziose specialità di mare. Non dimenticatevi di prenotare!

PORTO GARIBALDI → Vedere Comacchio
Ferrara (FE)

PORTOGRUARO
Venezia (VE) – ✉ 30026 – 25 245 ab. – Carta regionale n° **40-D2**
Roma 584 km – Udine 66 km – Pordenone 30 km – Venezia 76 km
Carta stradale Michelin 562-E20

La Meridiana senza rist
via Diaz 5 – ✆ 04 21 76 02 50 – www.albergolameridiana.net – Chiuso 22-30 dicembre
13 cam – 65/67 € 87/89 €
Villino di fine '800 che sorge proprio di fronte alla stazione; una comoda risorsa, con poche camere, accoglienti e personalizzate. Familiare, piccolo e curato.

PORTOMAGGIORE
Ferrara (FE) – ✉ 44015 – 12 190 ab. – Alt. 3 m – Carta regionale n° **9-C2**
Roma 398 km – Bologna 67 km – Ferrara 25 km – Ravenna 54 km
Carta stradale Michelin 562-H17

a Quartière Nord-Ovest : 4,5 km – ✉ 44019

XX **La Chiocciola** con cam rist, rist,

via Runco 94/F – ✆ 05 32 32 91 51 – www.locandalachiocciola.it – Chiuso 2 settimane in gennaio, 2 settimane in giugno e 2 settimane in settembre

6 cam – 60 € 75 €

Menu 20 € (pranzo in settimana)/50 € – Carta 33/66 € – *(chiuso domenica sera e lunedì, anche domenica a mezzogiorno in luglio-agosto)*

Ricavato con originalità da un vecchio magazzino di deposito del grano, il locale è curato sin nei dettagli e propone specialità locali dall'oca, alle rane e alle lumache. Sobrie e funzionali le camere.

PORTO MANTOVANO → Vedere Mantova

Mantova (MN)

PORTO MAURIZIO → Vedere Imperia

Imperia (IM)

PORTONOVO → Vedere Ancona

Ancona (AN)

PORTO POTENZA PICENA

Macerata (MC) – ✉ 62018 – Carta regionale n° **21-D2**

Roma 276 km – Ancona 36 km – Ascoli Piceno 88 km – Macerata 32 km

Carta stradale Michelin 563-L22

X **La Terrazza** con cam cam,

via Rossini 86 – ✆ 07 33 68 82 08 – www.hotellaterrazza.com

21 cam – 50/58 € 70/80 € Carta 26/72 € – *(chiuso mercoledì)*

In una tranquilla via a due passi dal mare, una risorsa che vi lascerà soddisfatti grazie ai suoi piatti che celebrano l'Adriatico; comode e funzionali le camere a disposizione.

PORTO RECANATI

Macerata (MC) – ✉ 62017 – 11 716 ab. – Carta regionale n° **21-D2**

Roma 292 km – Ancona 29 km – Ascoli Piceno 96 km – Macerata 32 km

Carta stradale Michelin 563-L22

Mondial rist,

viale Europa 2, (ang. via A. De Gasperi) – ✆ 07 19 79 91 69 – www.mondialhotel.com

42 cam – 45/105 € 60/140 € **Rist** – Carta 15/41 €

Alle porte della località, arrivando da sud, una risorsa che si mantiene costantemente aggiornata con camere spaziose, lineari ed essenziali. Ristorante al primo piano con proposte a menu fisso o à la carte.

sulla strada per Numana Nord : 4 km :

Il Brigantino rist,

viale Ludovico Scarfiotti 10/12 ✉ 62017 – ✆ 0 71 97 66 84 – www.brigantinohotel.it

44 cam – 59/72 € 89/122 € **Rist** – Carta 22/61 €

Direttamente sul mare, con il Conero che si staglia sullo sfondo, Il Brigantino dispone di una scenografica terrazza affacciata sul blu e belle camere (optate per quelle con vista mare). Specialità ittiche nel ristorante panoramico.

XX **Dario**

via Scossicci 9 ✉ 62017 – ✆ 0 71 97 66 75 – www.ristorantedario.com – Chiuso 23 dicembre-26 gennaio, domenica sera (escluso in luglio-agosto) e lunedì

Menu 35 € (pranzo in settimana)/80 € – Carta 42/80 €

Sulla spiaggia, a poche centinaia di metri dai monti del Conero, una graziosa casetta con persiane rosse: il pesce dell'Adriatico e una trentennale gestione.

PORTO ROTONDO → Vedere Olbia

Olbia-Tempio (OT)

PORTO SAN GIORGIO

Fermo (FM) – ✉ 63822 – 15 826 ab. – Carta regionale n° **21**-D2

Roma 258 km – Ancona 64 km – Fermo 7 km – Macerata 48 km

Carta stradale Michelin 563-M23

Il Caminetto

lungomare Gramsci 365 – ✆ 07 34 67 55 58 – www.hotelcaminetto.it

34 cam – 60/110 € 90/160 € **Rist** – Carta 27/62 € – *(chiuso martedì)*

Frontemare, l'esercizio è adatto per un soggiorno balneare ma anche per una clientela commerciale ed è dotato di un ascensore panoramico in vetro che conduce alle camere. Presso la capiente sala da pranzo arredata nelle calde tinte del rosa e dell'arancione, proposte di stampo nazionale e specialità ittiche.

David Palace

lungomare Gramsci Sud 503 – ✆ 07 34 67 68 48 – www.hoteldavidpalace.it

50 cam – 80/120 € 120/150 €

Rist *Davide* – Menu 20 € – Carta 27/59 € – *(chiuso domenica sera da settembre a maggio)*

Una collezione di radio d'epoca, autentica passione del titolare, vi darà il benvenuto in questa piacevole risorsa di fronte al porto turistico, dove troverete confortevoli camere di due tipologie (a prezzi differenti). Specialità marinare e marchigiane presso l'elegante ristorante.

Tentacolo

lungomare Gramsci 57 – ✆ 07 34 67 35 53 – www.ristorantetentacolo.it – Chiuso lunedì in inverno

Menu 30/50 € – Carta 33/66 €

Attinge al mare la cucina di questo elegante e personalizzato locale sulla passeggiata della località: luminoso ed accogliente, le sue terrazze offrono scorci di Adriatico.

Damiani e Rossi Mare

concessione 29 lungomare Gramsci – ✆ 07 34 67 44 01 – www.damianierossitrattoria.com – Chiuso febbraio, domenica sera e lunedì

Menu 25/40 € – Carta 42/93 €

Posizionato proprio sulla spiaggia, la cucina s'ispira al mare, sebbene non manchino alcune specialità vegetariane, piatti per celiaci, nonché una vasta scelta di vini del territorio e non solo.

PORTO SAN PAOLO

Sardegna – Olbia-Tempio (OT) – ✉ 07020 Vaccileddi ✉ Vaccileddi – Carta regionale n° **28**-B1

Cagliari 268 km – Nuoro 87 km – Olbia 15 km – Sassari 114 km

Carta stradale Michelin 366-S38

a Costa Dorata Sud-Est : 1,5 km – ✉ 07020 Vaccileddi

Don Diego

località costa Dorata – ✆ 0 78 94 00 06 – www.hoteldondiego.com – Aperto 13 maggio-25 settembre

52 cam – 130/270 € 196/420 € – **6 suites** **Rist** – Carta 42/100 €

Complesso di villini disseminati nel verde dagli arredi semplici e richiami sardi nei tessuti ed arredi, alcune camere con vista mare. La spiaggia è una romantica baia di fronte alla Tavolara.

PORTO SANTA MARGHERITA ➜ Vedere Caorle

Venezia (VE)

PORTO SANT'ELPIDIO

Fermo (FM) – ✉ 63821 – 25 603 ab. – Carta regionale n° **21**-D2

Roma 257 km – Ancona 52 km – Ascoli Piceno 76 km – Fermo 14 km

Carta stradale Michelin 563-M23

XX **La Lampara**

via Potenza 22 – ✆ 07 34 90 02 41 – Chiuso 2 settimane in settembre e lunedì
Menu 30 € – Carta 32/71 €
A pochi passi dal mare, il ristorante consta di due salette luminose (una per soli fumatori) arricchite da decorazioni murali, dove scegliere tra i molti piatti, esclusivamente a base di pesce.

PORTO SANTO STEFANO

Grosseto (GR) – ✉ 58019 – Carta regionale n° **32**-C3
Roma 153 km – Grosseto 47 km – Civitavecchia 84 km – Viterbo 98 km
Carta stradale Michelin 563-O15

X **La Fontanina** con cam

località San Pietro, Sud : 3 km – ✆ 05 64 82 52 61 – www.lafontanina.com – Chiuso novembre e gennaio
2 cam – 70/110 € 80/110 € Carta 35/79 € – *(chiuso mercoledì)*
In aperta campagna, attorniati da vigneti e frutteti, il servizio estivo si sposta sotto un fresco pergolato: solo la musica di cicale e grilli accompagna le gustose leccornie di mare o di terra, in ricette regionali.

X **La Bussola-Da Mario**

piazzale Facchinetti 11 – ✆ 05 64 81 42 25 – www.ristorantelabussola.biz – Chiuso gennaio e lunedì
Carta 33/41 €
Piccolo ristorantino ubicato proprio nel centro e sulla litoranea davanti al porto, propone ottime specialità di mare preparate secondo ricette semplici, ma che "convincono" il palato. Grazioso dehors esterno.

a Santa Liberata Est : 4 km – ✉ 58019

Villa Domizia

strada provinciale 161, 40 – ✆ 05 64 81 27 35 – www.villadomizia.it – Aperto 1° aprile-31 ottobre
38 cam – 100/236 € 106/236 € **Rist** – Carta 20/51 €
Pochi km separano la località da Orbetello e Porto Santo Stefano. Qui, una villetta sul mare e una caletta privata allieteranno il vostro soggiorno. Belle camere, alcune con terrazzo, altre con giardino. Accattivante ubicazione della sala da pranzo: sarà come mangiare sospesi nell'azzurro.

a Cala Piccola Sud-Ovest : 10 km – ✉ 58019 Porto Santo Stefano

Torre di Cala Piccola

– ✆ 05 64 82 51 11 – www.torredicalapiccola.com – Aperto 14 febbraio-31 ottobre
48 cam – 165/609 € 165/609 € – **3 suites**
Rist – Carta 47/123 € – (prenotazione obbligatoria)
Attorno ad una torre spagnola del '500, nucleo di rustici villini nel verde di pini marittimi, oleandri e olivi su un promontorio panoramico: Giglio, Giannutri e Montecristo davanti a voi! Splendida anche la terrazza ristorante, dove si svolge il servizio estivo.

PORTOSCUSO

Sardegna – Carbonia-Iglesias (CI) – ✉ 09010 – 5 239 ab. – Carta regionale n° **28**-A3
Cagliari 79 km – Oristano 130 km – Carbonia 20 km
Carta stradale Michelin 566-J7

XX **La Ghinghetta** (Gianluca e Nicola Vacca) con cam

via Cavour 26 – ✆ 07 81 50 81 43 – www.laghinghetta.com – Aperto 1° aprile-31 ottobre
8 cam – 80/100 € 100/120 €
Menu 38/45 € – Carta 45/57 € – *(chiuso domenica)*
Vicino alla torre spagnola, piccola sala à la carte con soli cinque tavoli in un'atmosfera piacevolmente démodé. Il pesce è l'elemento principale della cucina che è di stampo classico, non manca la tradizionale grigliata.
→ "Maccarruin" con formaggio e tartufo nero. Guazzetto di crostacei. Semifreddo ai frutti di bosco.

Sa Musciara

lungomare C. Colombo 15 ✉ 09010 Portoscuso – ✆ 07 81 50 70 99 – www.ristorantesamusciara.it – Aperto 1° aprile-10 novembre;
Carta 33/51 €
Locale moderno e fresco di fianco al municipio cittadino dalle cui finestre si vede il mare, fornitore della materia prima che "sbarca" in tavola accuratamente elaborata dallo chef/patron (e velista).

PORTO TORRES

Sardegna – Sassari (SS) – ✉ 07046 – 22 379 ab. – Alt. 5 m – Carta regionale n° **28-A1**
Cagliari 237 km – Sassari 20 km – Olbia 125 km
Carta stradale Michelin 366-L38

sulla strada statale 131 Sud-Est : 3 km :

Li Lioni

regione Li Lioni ✉ 07046 – ✆ 0 79 50 22 86 – www.lilioni.it – Chiuso mercoledì, anche domenica sera in inverno
Carta 30/40 € – (consigliata la prenotazione)
Ristorante a gestione familiare dove gustare una buona e fragrante cucina casalinga realizzata a vista: piatti alla brace e specialità regionali, come il porcetto cotto allo spiedo.

PORTOVENERE

La Spezia (SP) – ✉ 19025 – 3 637 ab. – Carta regionale n° **15-D2**
Roma 430 km – La Spezia 15 km – Genova 114 km – Massa 47 km
Carta stradale Michelin 561-J11

Locanda Lorena con cam

cam,

via Cavour 4, (sull'isola Palmaria) – ✆ 01 87 79 23 70 – www.locandalorena.com – Aperto 1° marzo-10 novembre; chiuso mercoledì escluso in giugno-settembre
11 cam – †90/100 € ††130/300 € Carta 38/80 €
Il servizio barca privato vi condurrà sull'isola Palmaria, dove potrete gustare piatti di pesce fresco e soggiornare nella quiete della natura. A 450 metri, inoltre, ci sono le altre 6 camere del Resort Residenza Maiella, una sorta di dépendance con vista strepitosa.

Da Iseo

calata Doria 9 – ✆ 01 87 79 06 10 – www.locandalorena.com – Chiuso novembre e mercoledì
Carta 39/65 €
A due passi dal mare, trattoria di lunga tradizione familiare passata di padre in figlio: la cucina si concentra sul pesce, elaborato in modo semplice e genuino.

a Le Grazie Nord : 3 km – ✉ 19025 Le Grazie Varignano

Della Baia

cam, rist,

via lungomare Est 111 – ✆ 01 87 79 07 97 – www.baiahotel.com
34 cam – †80/105 € ††140/198 €
Rist *Della Baia* – Carta 31/68 € – *(chiuso gennaio)*
In quel gioiellino che è il porticciolo delle Grazie con la sua tranquilla caletta e l'antico borgo, un hotel familiare dal buon confort impreziosito da opere d'arte e affaccio sul mare. Cucina di pesce e regionale nel ristorante; la luminosa veranda si apre quasi completamente in estate.

POSITANO

Salerno (SA) – ✉ 84017 – 3 904 ab. – Carta regionale n° **6-B2**
Roma 266 km – Napoli 57 km – Amalfi 17 km – Salerno 42 km
Carta stradale Michelin 564-F25

© M. Santini / Tips / Photononstop

Alberghi

San Pietro
cam, rist,

via Laurito 2, Est : 2 km – ☎ 0 89 81 20 80 – www.ilsanpietro.it
– Aperto 3 aprile-26 ottobre
45 cam – †450/660 € ††450/1320 € – **14 suites**
Rist *Zass* ✿ – vedere selezione ristoranti
Rist – Carta 45/80 € – *(solo per alloggiati)*
E' stato definito uno degli alberghi più belli del mondo. Invisibile all'esterno, si snoda in un promontorio affacciato su Positano con cui sembra rivaleggiare in bellezza.

Le Sirenuse
cam,

via Colombo 30 – ☎ 0 89 87 50 66 – www.sirenuse.it
– Aperto 30 marzo-27 ottobre
58 cam – †385/1650 € ††385/1650 € – **2 suites**
Rist *La Sponda* ✿ – vedere selezione ristoranti
Rist *Oyster e Champagne bar* – Carta 63/122 € – *(solo a cena)*
Nel centro della località, un'antica dimora patrizia trasformata in raffinato e storico hotel negli anni '50: terrazza panoramica con piscina riscaldata e charme, ovunque. Due terrazze estive per finger-food, sushi e tante bollicine all'Oyster e Champagne bar.

Covo dei Saraceni

via Regina Giovanna 5 – ☎ 0 89 87 54 00 – www.covodeisaraceni.it
– Aperto 2 aprile-2 novembre
66 cam – †300/350 € ††300/350 €
Rist – Carta 48/96 € – (consigliata la prenotazione)
Un'antica casa di pescatori, al limitar del mare, legata alla saga saracena: oggi, elegante hotel con angoli signorili e ottimo servizio. All'ultimo piano, la terrazza con piscina. Da sogno! Indimenticabili pasti all'aperto avvolti dalla brezza marina sotto il pergolato.

Le Agavi

via Marconi 127, località Belvedere Fornillo – ☎ 0 89 87 57 33 – www.agavi.it
– Aperto 20 aprile-20 ottobre
48 cam – †300/530 € ††320/550 € – **6 suites** **Rist** – Carta 46/135 €
Poco fuori Positano, lungo la Costiera, una serie di terrazze digradanti sino al mare, dove si scende con ascensori e funicolare in una riuscita sintesi tra elegante confort e natura. La vista? Mozzafiato! Sala da pranzo dalle tonalità mediterranee e ristorante estivo in spiaggia.

Palazzo Murat

via dei Mulini 23 – ✆ 0 89 87 51 77 – www.palazzomurat.it
– Aperto 28 marzo-7 novembre
33 cam ☕ – 🚹150/500 € 🚹🚹150/700 € – **1 suite**
Rist *Al Palazzo* – vedere selezione ristoranti
Rist – Carta 45/87 € – *(solo a cena)*
Barocco napoletano in questo bel palazzo dotato di splendida terrazza-giardino, scelto da Murat quale dimora estiva. Charme tra gli scorci suggestivi nel cuore del borgo antico e camere incantevoli.

Villa Franca

viale Pasitea 318 – ✆ 0 89 87 56 55 – www.villafrancahotel.it
40 cam ☕ – 🚹140/220 € 🚹🚹160/460 €
Rist *Li Galli* – vedere selezione ristoranti
Nella parte alta della località, tripudio di bianco, di blu, di giallo, di luce che penetra ovunque: un'ambientazione molto elegante e una terrazza panoramica con piscina.

Poseidon

via Pasitea 148 – ✆ 0 89 81 11 11 – www.hotelposeidonpositano.it
– Aperto 16 aprile-17 ottobre
48 cam ☕ – 🚹280/400 € 🚹🚹280/500 € – **4 suites**
Rist – Carta 42/135 €
Tipicamente mediterranea questa casa anni Cinquanta, sorta come abitazione e successivamente trasformata in hotel, dispone di un'ampia e panoramica terrazza-giardino con piscina.

Eden Roc

via G. Marconi 110 – ✆ 0 89 87 58 44 – www.edenroc.it – Aperto 1° marzo-30 novembre
25 cam ☕ – 🚹130/345 € 🚹🚹150/345 € **Rist** – Carta 34/92 €
Uno dei primi alberghi che si incontrano provenendo da Amalfi. Il servizio è di buon livello e le camere, quasi tutte junior-suite, brillano per dimensioni, raffinatezza e confort. Pasti al ristorante o sulla terrazza con piscina e vista sulla costa.

Marincanto

via Colombo 50 – ✆ 0 89 87 51 30 – www.marincanto.it – Aperto Pasqua-1° novembre
32 cam ☕ – 🚹150/200 € 🚹🚹170/220 € – **2 suites**
Rist – Carta 43/74 €
Bianco abbagliante e minimalismo mediterraneo che dilata gli spazi, l'albergo è in perfetto stile positanese: belle camere quasi tutte con ampio balconcino, piacevole piscina e solarium sulle sottostanti terrazze. Nel nome, la promessa di un soggiorno all'insegna del romanticismo...

Buca di Bacco

via rampa Teglia 4 – ✆ 0 89 87 56 99 – www.bucadibacco.it – Aperto 1° aprile-31 ottobre
47 cam ☕ – 🚹220/260 € 🚹🚹230/600 €
Rist *Buca di Bacco* – vedere selezione ristoranti
Da un'originaria taverna - sorta ai primi del '900 come covo di artisti - un hotel creato da tre corpi collegati, estesi dalla piazzetta alla spiaggia. Il buon livello di confort non risparmia le camere.

Posa Posa

viale Pasitea 165 – ✆ 08 98 12 23 77 – www.hotelposaposa.com
– Chiuso 7 gennaio-13 marzo
24 cam ☕ – 🚹90/270 € 🚹🚹90/350 €
Rist – Menu 25/75 € – Carta 29/71 € – *(aperto 1° aprile-31 ottobre)*
Delizioso edificio a terrazze nel tipico stile di Positano, con una splendida veduta del mare e della località; arredi in stile nelle camere, dotate di ogni confort. All'ultimo piano, il bel ristorante: il panorama? Ça va sans dire.

Miramare senza rist

via Trara Genoino 27 – ✆ 0 89 87 50 02 – www.miramarepositano.it – Aperto 20 aprile-2 novembre

15 cam – 190 € 230/380 € – **1 suite**

Una bella struttura raggiungibile solo a piedi: una casa arancione che spicca sullo sfondo di questa bianca località. Affacciato sulla scogliera, l'albergo nasce nel dopoguerra: classica architettura a terrazze con camere in stile ed un'originale sala colazioni a veranda, il cui soffitto è rallegrato da tralci di bouganville insinuatisi nel tempo al suo interno.

Punta Regina senza rist

viale Pasitea 224 – ✆ 0 89 81 20 20 – www.puntaregina.com – Aperto 1° aprile-30 novembre

16 cam – 210/265 € 235/345 € – **2 suites**

Delizioso albergo che si propone con signorili ambienti e ampie camere arredate con gusto (alcune dotate di jacuzzi!). In terrazza, una piacevole piscina relax per rinfrescarsi nelle calde giornate.

Montemare

viale Pasitea 119 – ✆ 0 89 87 50 10 – www.hotelmontemare.it – Aperto 1° aprile-31 ottobre

23 cam – 100/130 € 160/210 € – **2 suites**

Rist *Il Capitano* – Carta 31/71 €

Squisita gestione familiare in ambienti semplici, essenziali, funzionali: le camere sono accoglienti, dalla terrazza la vista spazia su mare e costa.

Royal Prisco senza rist

viale Pasitea 102 – ✆ 08 98 12 20 22 – www.royalprisco.com – Aperto 1° aprile-3 novembre

11 cam – 90/170 € 100/200 € – **2 suites**

Giovane gestione per questo piccolo, ma grazioso hotel: un imponente scalone conduce alle spaziose camere, dove vi sarà anche servita la prima colazione.

Casa Albertina senza rist

via della Tavolozza 3 – ✆ 0 89 87 51 43 – www.casalbertina.it

19 cam – 90/220 € 120/270 €

Sul percorso della mitica Scalinatella, che da Punta Reginella conduce alla parte alta della località, una tipica dimora positanese: intima, quieta, di familiare eleganza. E per gli estimatori di Pirandello, vi consigliamo la camera un tempo dimora dello scrittore durante i suoi soggiorni nella "perla della costiera".

Savoia senza rist

via Colombo 73 – ✆ 0 89 87 50 03 – www.savoiapositano.it – Aperto 1° marzo-3 novembre

38 cam – 60/100 € 100/180 € – **1 suite**

Tipica costruzione locale, con pavimenti in maiolica (il disegno per la sala colazioni è unico) e soffittature costituite da volte a cupola. Una gestione piacevolmente familiare, per vivere il cuore di Positano.

Reginella senza rist

via Pasitea 154 – ✆ 0 89 87 53 24 – www.reginellahotel.it – Aperto 2 aprile-3 novembre

12 cam – 100/160 € 100/190 €

La vista abbraccia la costa, in questa bella risorsa a gestione diretta, particolarmente indicata per chi ama le realtà piccole ed intime: camere piacevolmente personalizzate, tutte rivolte verso il mare.

Villa Rosa senza rist

via Colombo 127 – ✆ 0 89 81 19 55 – www.villarosapositano.it – Aperto 1° aprile-31 ottobre

12 cam – 180/350 € 180/350 €

Bella villa a terrazze digradanti verso il mare, nel tipico stile di Positano: le camere hanno piacevoli arredi chiari (alcuni dipinti dalla proprietaria) ed enormi terrazze con vista da sogno.

Villa La Tartana senza rist
vicolo Vito Savino 4/8 – ✆ 0 89 81 21 93 – www.villalatartana.it – Aperto 1° aprile-1° novembre
9 cam – 170/200 € 170/200 €
A due passi dalla spiaggia e al tempo stesso nel centro della località, struttura dai "freschi" interni nei colori chiari e mediterranei. Piacevoli e ariose le camere, dove - su richiesta - si serve anche la prima colazione.

La Fenice senza rist
via Marconi 8, Est : 1 km – ✆ 0 89 87 55 13 – www.lafenicepositano.com – Aperto 1° marzo-30 ottobre
10 cam – 140/190 € 140/190 €
Due ville distinte - una ottocentesca, l'altra d'inizio '900 - impreziosite dalla flora mediterranea che fa del giardino un piccolo orto botanico. La semplicità delle camere non le priva di personalità...Cento gradini per raggiungere il mare.

Ristoranti

La Sponda – Hotel Le Sirenuse
via Colombo 30 – ✆ 0 89 87 50 66 – www.sirenuse.it – Aperto 30 marzo-27 ottobre
Menu 110 € (cena) – Carta 90/165 € – (consigliata la prenotazione)
Cena a lume di candela e sapori mediterranei: Matteo, lo chef, dopo un'esperienza significativa presso il famoso Don Alfonso 1890, è venuto qui con il suo ricco bagaglio di conoscenza e ha dato vita ad un menu di ricette semplici - ispirate alla tradizione napoletana - elaborando i migliori prodotti locali.
→ Spaghettoni di Gragnano con cannolicchi, biscotto di Agerola e colatura di alici. Il San Pietro allo zafferano d'Abruzzo, marmellata di pomodori acerbi e finocchietto. Soufflè al limoncello e la sua granita di limone.

Zass – Hotel San Pietro
via Laurito 2, Est : 2 km – ✆ 0 89 87 54 55 – www.ilsanpietro.it – Aperto 3 aprile-26 ottobre
Carta 68/119 € – (consigliata la prenotazione)
Da poco il ristorante dell'hotel San Pietro ha un nome caro ai titolari, Zass. La cucina invece è quella di sempre: campana e viene qui proposta creativamente con tutta la forza dei suoi colori e sapori. Il sogno diventa realtà grazie alla terrazza affacciata sul mare.
→ Tagliatelle al limone, astice, finocchio e pistacchi di Bronte. Triglie spadellate, cipolle novelle di Tropea e pomodorini. Tortino al cioccolato e lamponi.

Al Palazzo – Hotel Palazzo Murat
via Dei Mulini 23/25 – ✆ 0 89 87 51 77 – www.palazzomurat.it – Aperto 28 marzo-7 novembre
Menu 60 € – Carta 48/91 € – *(solo a cena)*
Prelibati piatti - sia di mare sia di terra - da assaporare all'aperto in un piccolo angolo di paradiso: un incantevole giardino botanico nella corte del palazzo. All'interno, piccole ed eleganti salette per romantiche cene.

Rada
via Grotte dell'Incanto 51 – ✆ 0 89 87 58 74 – www.radarestaurant.it – Aperto 1° maggio-31 ottobre
Carta 37/87 € – *(solo a cena)* (consigliata la prenotazione)
Ristorante in incantevole posizione sul mare; all'ingresso elegante wine bar, al primo piano due sale con vista su Praiano e Positano; suggestiva cantina scavata nella roccia.

Li Galli – Hotel Villa Franca
viale Pasitea 318 – ✆ 0 89 87 56 55 – www.villafrancahotel.it – Aperto 2 aprile-31 ottobre
Menu 50/110 € – Carta 56/94 €
La saletta à la carte di questo elegante e suggestivo ristorante è una terrazza cinta da cristalli: di fronte a voi, gli isolotti che danno il nome al locale. Cucina mediterranea in chiave moderna.

XX **Next2**

via Pasitea 242 – ✆ 08 98 12 35 16 – www.next2.it – Aperto 1° aprile-31 ottobre
Carta 45/75 € – *(solo a cena)*
Lungo la strada che attraversa il paese, è un susseguirsi di vari locali, ma noi vi suggeriamo di fermarvi qui: in questo moderno ristorante (piacevole anche per il dopocena) con una bella zona all'aperto, cucina a vista e saletta "enoteca" per un ambiente più informale. Specialità di mare.

XX **Buca di Bacco** – Hotel Buca di Bacco

via rampa Teglia 4 – ✆ 0 89 87 56 99 – www.bucadibacco.it – Aperto 1° aprile-31 ottobre
Carta 35/90 €
Piatti campani ed un trionfo di pesce per questo storico locale che ha più di un secolo di vita. Passando nella via, gettate l'occhio - attraverso la grande vetrata – sulla cucina, ed accomodatevi nella veranda affacciata sulla Spiaggia Grande: uno dei punti più animati della "città romantica".

XX **La Taverna del Leone** con cam rist,

via Laurito 43 – ✆ 0 89 87 54 74 – www.latavernadelleone.com – Chiuso 6 gennaio-14 febbraio e martedì (escluso giugno-settembre)
4 cam – †50/70 € ††70/90 € Menu 30 € – Carta 30/65 €
Sulla costiera in posizione decentrata, ma con servizio navetta, la cucina attinge al territorio, mentre l'ambiente punta sui toni della classicità. A cena, possibilità anche di pizza.

X **Da Vincenzo**

viale Pasitea 172/178 – ✆ 0 89 87 51 28 – www.davincenzo.it – Aperto Pasqua-30 novembre; chiuso martedì a mezzogiorno in giugno-agosto
Carta 37/77 €
Nonno Vincenzo fondò il locale oltre 50 anni fa ed, oggi, l'omonimo nipote ne ha preso il timone. Inconfondibile impronta dei sapori di una volta nei piatti del menu, che variano a seconda della disponibilità del mercato e del pescato.

X **La Cambusa**

piazza Vespucci 4 – ✆ 0 89 81 20 51 – www.lacambusapositano.com – Chiuso 6 gennaio-28 febbraio
Carta 32/96 €
Nel cuore di Positano, nella piazzetta di fronte alla spiaggia, una specie di terrazza-veranda, un ambiente di sobria classicità; per gustare piatti legati al territorio.

POSTA FIBRENO

Frosinone (FR) – ✉ 03030 – 1 193 ab. – Alt. 430 m – Carta regionale n° **13-D2**
Roma 121 km – Frosinone 40 km – Avezzano 51 km – Latina 91 km
Carta stradale Michelin 563-Q23

sulla strada statale 627 Ovest : 4 km :

XXX **Il Mantova del Lago**

località La Pesca 9 ✉ 03030 – ✆ 07 76 88 73 44 – www.ilmantovadellago.it – Chiuso 3 settimane in novembre, 1 settimana in agosto, domenica sera e lunedì
Carta 48/70 €
In riva al piccolo lago, all'interno di un edificio rustico ben restaurato e cinto da un parco, un'elegante oasi di pace: soffitti decorati, sapori di pesce e di carne.

POSTAL (BURGSTALL)

Bolzano (BZ) – ✉ 39014 – 1 798 ab. – Alt. 270 m – Carta regionale n° **33-B2**
Roma 660 km – Bolzano 24 km – Merano 8 km – Trento 76 km
Carta stradale Michelin 562-C15

Muchele

vicolo Maier 1 – ✆ 04 73 29 11 35 – www.muchele.com – Aperto 26 marzo-10 novembre

36 cam ☕ – 👤140/220 € 👥160/260 € – **2 suites** **Rist** – Carta 32/63 €

In questo ameno angolo di Sud Tirolo, immerso tra le montagne e circondato da un giardino fiorito con piscina riscaldata, un bel complesso con numerose offerte sportive. Dimenticatevi dello stress nella Sensi Spa: il nome è già tutto un programma! Possibilità di assaporare le delizie culinarie dell'Alto Adige.

Hidalgo

via Roma 7, Nord : 1 km – ✆ 04 73 29 22 92 – www.restaurant-hidalgo.it

Menu 49 € – Carta 35/60 €

Cucina in prevalenza di tradizione mediterranea con tanta carne, anche alla griglia, ma soprattutto pesce... tra le vette dell'Alto Adige!

POTENZA

✉ 85100 – 66 405 ab. – Alt. 819 m – Carta regionale n° **3-B2**

▶ Roma 366 km – Bari 130 km – Matera 102 km – Salerno 105 km

Carta stradale Michelin 564-F29

Grande Albergo ← rist,

corso 18 Agosto 46 – ✆ 09 71 41 02 20 Pianta : B1-2**a**
– www.grandealbergopotenza.it
61 cam – 80/90 € 103/115 € – **1 suite**
Rist – Carta 22/56 € – *(solo a cena)*
Nei pressi del centro storico (con qualche difficoltà di parcheggio, sormontabile), un grande albergo nato nel 1959, le cui camere sono state rinnovate in anni recenti; ampie e funzionali le aree comuni. Calde tonalità nell'elegante ristorante, dove gustare specialità lucane e piatti della gastronomia internazionale.

Antica Osteria Marconi

viale Marconi 235 – ✆ 0 97 15 69 00 Pianta : A2**c**
– www.anticaosteriamarconi.it – Chiuso 15 giorni in agosto, domenica sera e lunedì
Menu 19 € (in settimana)/45 € – Carta 34/59 €
In un piccolo stabile, il locale si presenta con una zona d'ingresso (che d'inverno diventa saletta) ed una sala principale, fresca ed intima, mentre la cucina è permeata da un'interessante vena creativa. Accogliente dehors.

sulla strada statale 407 Est : 4 km :

La Primula rist,

località Bucaletto 61-62/a ✉ 85100 – ✆ 0 97 15 83 10
– www.albergolaprimula.it
46 cam – 80/90 € 90/130 €
Rist – Carta 25/41 € – *(chiuso 13-19 agosto) (solo a cena)*
In posizione decentrata, a circa 5 minuti dal centro cittadino, interni personalizzati e piacevoli esterni, dove spicca la grande piscina nel bel mezzo di un curato giardino. Nel ristorante intimo e curato sono di casa i sapori locali.

POVE DEL GRAPPA

Vicenza (VI) – ✉ 36020 – 3 098 ab. – Alt. 163 m – Carta regionale n° **39-B2**
Roma 545 km – Padova 53 km – Vicenza 46 km – Treviso 54 km
Carta stradale Michelin 562-E17

Miramonti senza rist ←

via Marconi 1 – ✆ 04 24 55 01 86 – www.miramontihotel.net
15 cam – 50/60 € 75/85 € – **1 suite**
Camere di buon tono, con arredi e bagni del tutto nuovi, tranquille e silenziose. Zona comune "alla vecchia maniera" con un bar pubblico frequentato da avventori abituali.

POVO → Vedere Trento

Trento (TN)

POZZA DI FASSA

Trento (TN) – ✉ 38036 – 2 174 ab. – Alt. 1 325 m – Carta regionale n° **34-C2**
Roma 679 km – Bolzano 41 km – Merano 71 km – Trento 95 km
Carta stradale Michelin 562-C17

Ladinia ← cam,

strada de Chieva 2 – ✆ 04 62 76 42 01 – www.hotelladinia.com – Aperto 1° dicembre-15 aprile e 15 giugno-25 settembre
40 cam – 80/160 € 100/300 € – **10 suites**
Rist – Carta 30/40 € – *(solo per alloggiati)*
Offre svariati servizi e diverse tipologie di sistemazione questa tipica struttura montana in posizione centrale: ottima per soggiorni familiari, le camere invece più indicate per le coppie sono certamente quelle con i letti a baldacchino.

Sport Hotel Majarè ←

strada De Sot Comedon 51 – ✆ 04 62 76 47 60 – www.hotelmajare.com – Aperto 6 dicembre-14 aprile e 11 giugno-30 settembre
31 cam – 100/180 € 100/180 € **Rist** – Carta 27/61 €
A soli 100 m dagli impianti di risalita del Buffaure, ambienti ispirati alla tradizione tirolese e piccolo, ma accogliente, centro benessere. Caldo legno ovunque per la sala ristorante e forno a legna per la pizza.

Renè
strada de la Veish 69 – ✆ 04 62 76 42 58 – www.hotelrene.com – Aperto 13 dicembre-5 aprile e 20 giugno-25 settembre
35 cam – 60/180 € 60/180 € – **5 suites**
Rist – Menu 20/80 € – *(solo per alloggiati)*
Gestione familiare in una zona tranquilla, ma ancora centrale, per un'accogliente struttura con camere ben tenute ed un centro benessere dal nome promettente: La Carezza! Indimenticabile la piscina sotto un cono di vetro.

Touring
cam, rist,
Troi de Vich 72, Sud : 2 km – ✆ 04 62 76 32 68 – www.touringhotel.info – Aperto 25 dicembre-Pasqua e 1° giugno-30 settembre
27 cam – 55/110 € 76/180 € **Rist** – Menu 15 € – *(solo per alloggiati)*
E' l'albergo ideale per partire in vacanza con la famiglia: gestione cordiale (e paziente con i piccoli ospiti), piacevoli spazi comuni e camere semplici, ma confortevoli. Interessante rapporto qualità/prezzo.

El Filò
strada Dolomites 103 – ✆ 04 62 76 32 10 – www.el-filo.com – Chiuso 20 giorni in giugno, 20 giorni in ottobre e mercoledì
Menu 28/38 € – Carta 26/58 € – *(solo a cena in bassa stagione)* (consigliata la prenotazione)
Tappa imperdibile per chi vuole completare la vacanza con una conoscenza anche gastronomica delle Dolomiti: El Filo' propone prodotti e piatti della regione, talvolta rivisitati dal virtuoso chef-patron.

a Pera Nord : 1 km – ✉ 38036 Pera Di Fassa

Soreje
rist,
strada Dolomites 167 – ✆ 04 62 76 48 82 – www.soreie.com – Aperto 14 dicembre-12 aprile e 14 giugno-27 settembre
21 cam – 60/80 € 90/120 € **Rist** – Menu 18 €
Balconi in legno e decori in facciata per quest'hotel a gestione familiare, ubicato in una piccola frazione lungo la statale; bell'angolo soggiorno dotato di stube. Prenotate una delle camere ladine con gli originali arredi dipinti!

POZZO → Vedere Foiano della Chiana
Arezzo (AR)

POZZOLENGO
Brescia (BS) – ✉ 25010 – 3 440 ab. – Alt. 135 m – Carta regionale n° **17-D1**
Roma 524 km – Brescia 42 km – Mantova 39 km – Verona 42 km
Carta stradale Michelin 561-F13

Moscatello Muliner con cam
cam,
località Moscatello 3/5, Sud-Est : 2,5 km – ✆ 0 30 91 85 21 – www.agriturismomoscatello.it – Chiuso 15 gennaio-15 febbraio
13 cam – 60/80 € 75/100 €, 7 €
Carta 33/58 € – *(chiuso martedì) (solo a cena escluso sabato e domenica)*
All'interno di una vasta proprietà agricola, in un bucolico contesto, una macina per il grano dei primi '900 campeggia al centro di questo piacevole ristorante. Il menu "sposa" la tradizione con piatti regionali, a prezzi contenuti.

Antica Locanda del Contrabbandiere con cam
località Martelosio di Sopra 1, Est : 1,5 km – ✆ 0 30 91 81 51 – www.locandadelcontrabbandiere.com – Chiuso 10-30 gennaio
3 cam – 70/100 € 80/125 €
Carta 29/49 € – *(chiuso lunedì) (solo a cena escluso domenica e festivi)* (consigliata la prenotazione)
Fuori lo spettacolo di un tramonto in aperta campagna; dentro due semplici e intime salette. I piatti del giorno sono quelli consegnati dalla tradizione. Fatevi consigliare dallo chef per comporre il menù. Per chi desidera gustare più a lungo la bellezza del posto, camere d'atmosfera arredate con mobili d'epoca.

POZZOLO FORMIGARO

Alessandria (AL) – ✉ 15068 – 4 895 ab. – Alt. 171 m – Carta regionale n° **23**-C3
Roma 560 km – Torino 115 km – Alessandria 21 km – Genova 66 km
Carta stradale Michelin 561-H8

Locanda dei Narcisi

strada Barbotti 1, località Bettole, Nord-Est : 4 km – ✆ 34 85 11 66 38 – www.lalocandadeinarcisi.it – Chiuso lunedì
Menu 35/44 € – Carta 35/79 € – (consigliata la prenotazione)
Un "gioiellino" in una piccola frazione, in prossimità dell'outlet di Serravalle: ambiente curato e romantico, dove sfiziosi piatti di mare e qualche specialità del territorio vengono proposti in chiave moderna. Quasi tutto è fatto in casa, dal pane, alle paste, passando per le verdure dell'orto.

POZZUOLI

Napoli (NA) – ✉ 80078 – 80 812 ab. – Carta regionale n° **6**-A2
Roma 235 km – Napoli 16 km – Caserta 48 km – Formia 74 km
Carta stradale Michelin 564-E24

Baia Marinella

via Napoli 4 – ✆ 08 18 53 13 21 – www.baiamarinella.it
Carta 40/70 €
Cucina di mare in un locale dalla strepitosa posizione a strapiombo sulla costa: la vista del golfo è mozzafiato ed i clienti possono approfittare di un solarium, nonché di discesa a mare.

Ludovico

via Roma 15/19 – ✆ 08 15 26 82 55
Carta 39/60 €
Un piacevole ristorante affacciato sul porto, che punta sulla qualità del pescato in preparazioni semplici: crudo di mare, paste e zuppa di pesce tra i piatti più riusciti.

a Lucrino Ovest : 2 km – ✉ 80078

Villa Luisa senza rist

via Tripergola 50 – ✆ 08 18 04 28 70 – www.villaluisaresort.it
37 cam – †63/90 € ††86/110 €
Oasi di ristoro incastonata tra le terme romane neroniane e il lago d'Averno, la villa propone camere arredate in legno chiaro, molte con terrazza, e un gradevole centro benessere.

a Cuma Nord-Ovest : 10 km – ✉ 80070

Villa Giulia senza rist

via Cuma Licola 178 – ✆ 08 18 54 01 63 – www.villagiulia.info
6 cam – †70/110 € ††90/150 €
Villa settecentesca in tufo circondata da un delizioso giardino mediterraneo. All'interno, arredi ricercati, materiali di pregio e una gentilissima titolare seguita da una muta di splendidi Siberian Husky.

PRADELLA → Vedere Schilpario

Bergamo (BG)

PRAIANO

Salerno (SA) – ✉ 84010 – 2 086 ab. – Carta regionale n° **6**-B2
Roma 274 km – Napoli 64 km – Amalfi 9 km – Salerno 34 km
Carta stradale Michelin 564-F25

Onda Verde

via Terra Mare 3 – ✆ 0 89 87 41 43 – www.ondaverde.it – Aperto 1° aprile-31 ottobre
25 cam – †90/240 € ††110/240 € **Rist** – Menu 30/50 € – Carta 32/76 €
Poco fuori dalla località, lungo la costa, ubicazione tranquilla e suggestiva, per una struttura le cui camere sono state recentemente rinnovate con buon gusto e ricercatezza. La sala ristorante offre una vista mozzafiato a strapiombo sugli scogli ed una cucina casalinga dai sapori del mare.

Margherita
via Umberto I 70 – ✆ 0 89 87 46 28 – www.hotelmargherita.info – Chiuso 14-26 dicembre e 7 gennaio-28 febbraio
28 cam – 80/190 € 90/200 €
Rist *M' Ama* – ✆ 0 89 87 47 76 – Carta 27/65 €
Struttura a circa 1 km dalla costa - da sempre di famiglia - oggi gestita dalla nuova generazione: il reparto notte è già stato rimodernato, così come le terrazze all'aperto. Ottima sosta gastronomica al ristorante, dove dominano i sapori della costiera.

Tramonto d'Oro
via Gennaro Capriglione 119 – ✆ 0 89 87 49 55 – www.tramontodoro.it – Aperto 18 aprile-1° novembre
40 cam – 70/120 € 200/370 € **Rist** – Carta 26/67 €
Un hotel dal nome già indicativo sulla possibilità di godere di suggestivi tramonti dalla bella terrazza-solarium con piscina; una costruzione mediterranea confortevole. Due ampie sale ristorante al piano terra.

sulla costiera amalfitana Ovest : 2 km :

Casa Angelina
via Capriglione 147 – ✆ 08 98 13 13 33 – www.casangelina.it – Aperto 28 marzo-28 ottobre
43 cam – 235/315 € 615/735 €, 25 €
Rist *Un Piano nel Cielo* – Carta 72/102 €
In posizione idilliaca, eleganza e armonia in un piccola struttura: il lusso - oltre che da opere d'arte di artisti famosi - è dato da un servizio professionale, nonché onnipresente, mentre il nome del ristorante è presagio della vista mozzafiato che offrirà. Cucina mediterranea.

Tritone
via Campo 5 ✉ 84010 – ✆ 0 89 87 43 33 – www.tritone.it – Aperto 22 aprile-22 ottobre
57 cam – 200/300 € 200/300 € – **3 suites** **Rist** – Carta 33/87 €
Aggrappato alla scogliera, oltre all'ascensore c'è un sinuoso e ripido camminamento adatto solo ai più sportivi, in fondo la piscina ed una "spiaggia" ricavata fra gli scogli. Capiente sala da pranzo e servizio ristorante in terrazza, a picco sulla Costiera.

PRALBOINO

Brescia (BS) – ✉ 25020 – 2 954 ab. – Alt. 47 m – Carta regionale n° **17-C3**
Roma 550 km – Brescia 44 km – Cremona 24 km – Mantova 61 km
Carta stradale Michelin 561-I8

Leon d'Oro (Alfonso Pepe)
via Gambara 6 – ✆ 0 30 95 41 56 – www.locandaleondoro.it – Chiuso 10 giorni in gennaio, 10 giorni in agosto, domenica sera e lunedì
Menu 50/90 € – Carta 55/105 €
Ospitato in un bel caseggiato rustico in centro paese, caldi ambienti in legno con camino e una simpatica carta che propone piatti creativi a prevalenza di pesce.
→ Tortelli di zucca alla pralboinese. Capretto in coccio alla bresciana. Cremoso di torrone alle creme.

PRATI = WIESEN → Vedere Vipiteno

Bolzano (BZ)

PRATO

✉ 59100 – 187 159 ab. – Alt. 61 m – Carta regionale n° **32-C1**
Roma 295 km – Firenze 25 km – Pistoia 21 km – Lucca 60 km
Carta stradale Michelin 563-K15

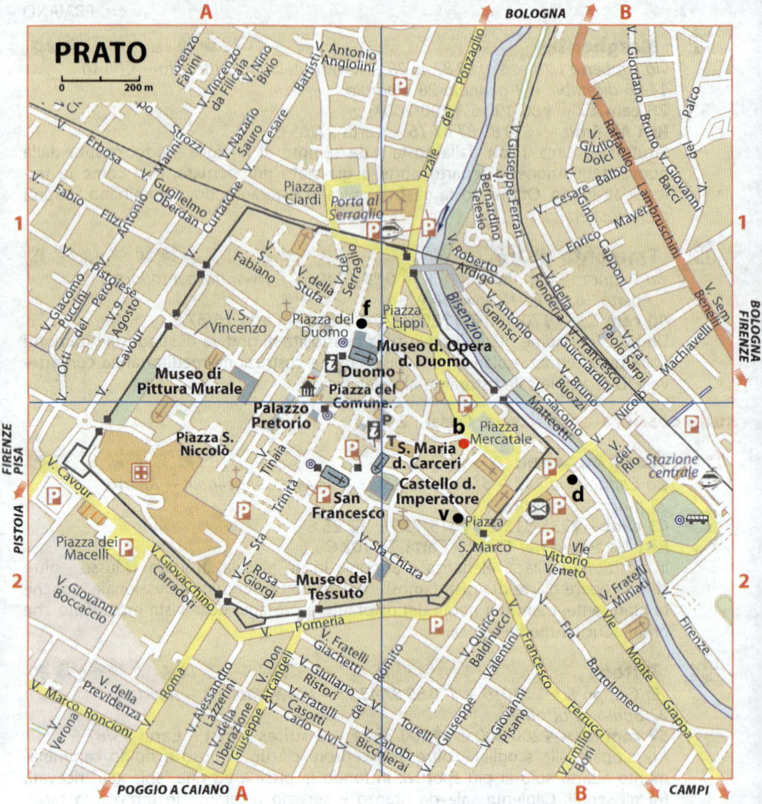

Art Hotel Museo

viale della Repubblica 289, per viale Monte Grappa – *✆ 05 74 57 87*
– *www.arthotel.it*

106 cam – 55/250 € 55/250 €

Rist *Art Restaurant* – vedere selezione ristoranti

Nei pressi del Museo d'Arte Contemporanea Luigi Pecci, la struttura offre ampi spazi comuni e camere dotate di ogni confort (al quinto piano, quelle più moderne e ricercate). Bella piscina all'aperto ed attrezzato centro congressi.

Wall Art

viale della Repubblica 8, per viale Monte Grappa – *✆ 05 74 59 66 00*
– *www.wallart.it*

94 cam – 80/120 € 100/300 € – **5 suites**

Rist – Carta 30/55 € – *(solo a cena) (solo per alloggiati)*

Appena fuori dal centro, questa moderna struttura non solo ospita camere generose nelle dimensioni e appartamenti confortevoli, ma anche un'interessante collezione privata di quadri contemporanei. Per un soggiorno nell'arte.

Datini

rist,

viale Marconi 80, per viale Monte Grappa – *✆ 05 74 56 23 48*
– *www.hoteldatini.com*

80 cam – 70/190 € 80/210 € **Rist** – Carta 28/39 € – *(solo a cena)*

In prossimità dell'uscita autostradale, l'hotel è ideale per una clientela business: camere confortevoli, ampi spazi per convegni ed una piccola palestra.

Art Hotel Milano senza rist
via Tiziano 15 – ✆ 0 57 42 33 71 – www.arthotel-milano.it Pianta : B2**d**
70 cam – 50/110 € 60/160 €, 8 €
Nei pressi della stazione centrale e delle mura cittadine, comode sale e confortevoli camere, nonché cordiale attenzione al cliente.

San Marco senza rist
piazza San Marco 48 – ✆ 0 57 42 13 21 – www.hotelsanmarcoprato.com Pianta : B2**v**
40 cam – 55/70 € 75/90 €
E' l'ospitalità della gestione familiare, il punto di forza di questa struttura ubicata in pieno centro con camere comode e confortevoli.

Giardino senza rist
via Magnolfi 4 – ✆ 05 74 60 65 88 – www.giardinohotel.com Pianta : A1**f**
28 cam – 50/80 € 70/110 €
In pieno centro - tra la stazione e piazza del Duomo - questo albergo a conduzione familiare propone spazi comuni di ridotte dimensioni, ma camere piacevolmente confortevoli.

Il Piraña
via G. Valentini 110, per via Valentini – ✆ 0 57 42 57 46 – www.ristorantepirana.it – Chiuso agosto, sabato a mezzoziorno e domenica
Menu 60 € – Carta 47/108 €
Classico ristorante di pesce, non vi troverete svolazzi tecnici od invenzioni avanguardiste, ma un espositore con i prodotti del mare in preparazioni semplici, un porto sicuro per gli amanti della tradizione.

Tonio
piazza Mercatale 161 – ✆ 0 57 42 12 66 – www.ristorantetonio.it – Chiuso 15-29 agosto, lunedì a pranzo e domenica Pianta : B2**b**
Menu 25/55 € – Carta 40/54 €
In attività dagli anni '50, commensali illustri sono ritratti nelle foto in bianco e nero, mentre nei piatti prevalgono le specialità di mare in proposte classiche e fragranti.

Art Restaurant – Art Hotel Museo
viale della Repubblica 289, per viale Monte Grappa – ✆ 05 74 57 87 – www.arthotel.it – Chiuso agosto e domenica
Carta 30/78 €
In pochi ristoranti i prodotti del mare e della terra si trovano in così perfetto equilibrio come qui, dove i piatti di pesce sono tanto celebrati come rinomate sono le specialità di carne.

PREDAPPIO

Forlì-Cesena (FC) – ✉ 47016 – 6 507 ab. – Alt. 133 m – Carta regionale n° **9-D2**
Roma 331 km – Bologna 89 km – Forlì 16 km – Ravenna 46 km
Carta stradale Michelin 562-J17

Del Moro
viale Roma 8 – ✆ 05 43 92 22 57 – www.ristorantedelmoro.it – Chiuso lunedì e martedì
Carta 29/36 €
Sulla via principale, in comoda posizione per quanti arrivano qui per riscoprire o curiosare nella storia del Duce, il locale propone una cucina dai sapori regionali, presentati in porzioni abbondanti.

PREDAZZO

Trento (TN) – ✉ 38037 – 4 562 ab. – Alt. 1 018 m – Carta regionale n° **34-C2**
Roma 662 km – Bolzano 48 km – Belluno 79 km – Trento 78 km
Carta stradale Michelin 562-D16

Sporthotel Sass Maor
via Marconi 4 – ✆ 04 62 50 15 38 – www.sassmaor.com – Chiuso 22 aprile-5 maggio e novembre
27 cam – 70/120 € 70/140 € – **3 suites** **Rist** – Carta 19/34 €
Semplici, ma confortevoli, camere in stile montano, per questa gradevole risorsa in pieno centro, dotata di centro benessere (ottima la zona umida!). Due piccole sale e una stube per il ristorante.

Cimon Dolomites Hotel N
via delle Fontanelle 1 ✉ 38037 Predazzo – ✆ 04 62 50 16 91 – www.hotelcimon.it – Aperto 1° dicembre-30 marzo e 1° giugno-30 settembre
28 cam – solo ½ P 55/90 € **Rist** - *(solo a cena) (solo per alloggiati)*
Sita fuori dal centro, simpatica gestione familiare che si caratterizza per la funzionale modernità del nuovo look ultimato a fine 2012.

PREGANZIOL

Treviso (TV) – ✉ 31022 – 16 844 ab. – Alt. 12 m – Carta regionale n° **39-A1**
Roma 538 km – Venezia 25 km – Mestre 13 km – Treviso 8 km
Carta stradale Michelin 562-F18

Crystal
via Baratta Nuova 1, Nord : 1 km – ✆ 04 22 63 08 13 – www.crystalhotel.it
69 cam – 55/70 € 65/90 € – **3 suites**
Rist – Carta 16/34 € – *(chiuso domenica)*
Albergo moderno di recente realizzazione, sviluppato in orizzontale secondo un impianto con richiami ad uno stile sobrio e minimalista. Ambienti ariosi e camere lineari. Sala ristorante ampia e dalle delicate tinte pastello.

Magnolia
via Terraglio 136, Nord : 1 km – ✆ 04 22 63 31 31 – www.magnoliaristorante.com – Chiuso 5-25 agosto, domenica sera e lunedì
Menu 20 € (pranzo in settimana)/50 € – Carta 26/58 €
Nel contesto dell'omonimo hotel, ma completamente indipendente, un ristorante a valida gestione familiare con specialità venete, soprattutto a base di pesce. Sale spaziose e curato giardino.

a San Trovaso Nord : 2 km – ✉ 31022

Sole senza rist
via Silvio Pellico 1 – ✆ 04 22 38 31 26 – www.hotelalsole.com
15 cam – 40/55 € 50/75 €
Piccola e accogliente risorsa ubicata in periferia; recentemente ristrutturata, si presenta davvero ben tenuta e ospitale, quasi come una confortevole casa privata.

Ombre Rosse
via Franchetti 78 – ✆ 04 22 49 00 37 – www.enotecaombrerosse.it – Chiuso domenica
Carta 30/61 € – *(solo a cena)*
Nato quasi per caso dalla passione del proprietario per i vini, e divenuto prima una sorta di wine-bar, oggi, in stile "bistrot", accogliente, vanta fragranti leccornie.

PRÉ SAINT DIDIER

Aosta (AO) – ✉ 11010 – 1 040 ab. – Alt. 1 014 m – Carta regionale n° **37-A2**
Roma 777 km – Aosta 31 km – Courmayeur 6 km
Carta stradale Michelin 561-E2

a Palleusieux Nord : 2,5 kmAlt. 1 100 m – ✉ 11010 Pré Saint Didier

Beau Séjour
av. Dent du Géant 18 – ✆ 0 16 58 78 01 Pianta : B3**b**
– www.hotelbeausejour.it – Aperto 1° dicembre-1° maggio e 15 giugno-30 settembre
31 cam – 55/70 € 110/140 € **Rist** – Menu 22/35 €
Condotto, da tanti anni, dalla mano esperta di una famiglia, un hotel comodo sia per l'estate che per l'inverno, con giardino ombreggiato e bella vista sul Bianco. Accomodatevi in sala da pranzo tra legno, pietra e piatti locali.

PRESEZZO
Bergamo (BG) – ✉ 24030 – 4 938 ab. – Alt. 236 m – Carta regionale n° **19-C1**

Roma 610 km – Milano 50 km – Bergamo 14 km – Lecco 30 km

Settecento

via Milano 3 – ✆ 0 35 46 60 89 – www.settecentohotel.com

52 cam – 60/200 € 70/300 €

Rist *Settecento* – Carta 41/69 €

Un interessante indirizzo dell'ospitalità bergamasca: moderna struttura, ricavata dalla settecentesca cascina Olmetta, offre ampi spazi esterni e camere di raffinata eleganza. Ideale per chi vuole visitare la città del Colleoni o i viaggiatori in transito all'aeroporto di Orio.

PRIOCCA D'ALBA
Cuneo (CN) – ✉ 12040 – 2 027 ab. – Alt. 253 m – Carta regionale n° **25-C2**

Roma 637 km – Torino 63 km – Cuneo 76 km – Asti 23 km

Carta stradale Michelin 561-H6

Il Centro (Elide Mollo)

via Umberto I 5 – ✆ 01 73 61 61 12 – www.ristoranteilcentro.com – Chiuso martedì

Menu 56 € – Carta 39/63 € – (consigliata la prenotazione)

Nel centro storico di un grazioso paese del Roero, qui troverete una delle più genuine espressioni della cucina piemontese. Poche rivisitazioni e ancor meno inutili artifici, ma una giurata fedeltà all'ortodossia regionale, le sue paste, le sue carni e naturalmente i suoi grandi vini.

→ Tajarin al ragù. Guanciale di manzo caramellato ai fichi. Dolce alle nocciole.

PROCCHIO → Vedere Elba (Isola d') : Marciana
Livorno (LI)

PROCENO
Viterbo (VT) – ✉ 01020 – 579 ab. – Carta regionale n° **12-A1**

Roma 170 km – Viterbo 59 km – Orvieto 40 km – Todi 76 km

Carta stradale Michelin 563-N17

Castello di Proceno

corso Regina Margherita 155 – ✆ 07 63 71 00 72 – www.castellodiproceno.it

14 cam – 100/120 € 100/120 €

Rist *Enoteca del Castello* – Carta 26/44 € – *(chiuso dal 10 gennaio al 13 febbraio, 1 settimana in novembre, lunedì e martedì) (solo a cena)* (consigliata la prenotazione)

Ai piedi di una fortezza medievale, una risorsa carica di storia, albero diffuso con appartamenti e camere arredati con gusto antico. Originale la tomba etrusca all'interno dell'enoteca. Cucina legata al territorio.

PROCIDA (Isola di)
Napoli (NA) – 10 328 ab. – Carta regionale n° **6-A2**

Carta stradale Michelin 564-E24

PROCIDA – ✉ 80079 – Carta regionale n° 6-A2

La Suite Hotel

via Flavio Gioia 81 – ✆ 08 18 10 15 64 – www.lasuiteresort.com – Aperto 1° marzo-31 ottobre

20 cam – 100/350 € 100/350 € **Rist** – Carta 26/85 €

Ubicato in un'oasi di tranquillità, il resort, nato dalla ristrutturazione di un antico palazzo, dispone di belle camere dal design moderno. Tra gli atout della struttura vanno ricordati il giardino, la terrazza-solarium panoramica, nonché la spa in pietra lavica.

La Vigna senza rist

via Principessa Margherita 46 – ✆ 08 18 96 04 69 – www.albergolavigna.it – Chiuso 10 novembre-25 dicembre

13 cam ☕ – 🚹75/160 € 🚹🚹90/180 € – **1 suite**

A pochi minuti dalla baia della Corricella, si dorme in un edificio di fine '700 con ceramiche d'epoca. Spettacolare giardino-vigneto con pergolati, un eden sull'isola, nonché solarium con straordinaria vista sul Golfo.

La Casa sul Mare senza rist

via Salita Castello 13 – ✆ 08 18 96 87 99 – www.lacasasulmare.it

10 cam ☕ – 🚹80/160 € 🚹🚹90/170 €

In salita, verso l'abbazia di San Michele, camere semplicemente arredate in stile locale: tutte con una superba vista sulla baia più pittoresca dell'isola.

Caracalè

località Marina Corricella 62 – ✆ 08 18 96 91 92 – Chiuso 16 dicembre-25 dicembre, 16 gennaio-28 febbraio e martedì escluso luglio e agosto

Menu 30 € (in settimana)/45 € – Carta 30/57 €

Caracalè: la "baia bella" (in greco) si arricchisce qui di bontà. All'interno di un ex deposito delle barche o d'estate all'aperto - a pochi metri dall'acqua - preparazioni semplici, ma fragranti di pesce isolano.

Gorgonia

località Marina Corricella – ✆ 08 18 10 10 60 – Aperto 1° aprile-31 ottobre; chiuso lunedì escluso giugno-agosto; aperto nei week end in marzo e novembre

Carta 21/60 € – (consigliata la prenotazione)

Affacciato su una delle baie più romantiche d'Italia, capita ancora di vedere i pescatori cucire le reti, mentre nei piatti arriva il pesce in preparazioni classiche e fragranti.

PROSERPIO

Como (CO) – ✉ 22030 – 901 ab. – Alt. 456 m – Carta regionale n° **18-B1**

Roma 635 km – Como 18 km – Varese 43 km – Milano 61 km

Inarca Ⓝ

via Inarca 16 – ✆ 0 31 62 04 24 – www.ristoranteinarca.it – Chiuso 2 settimane tra gennaio e febbraio e lunedì

Menu 25/35 € – Carta 28/45 €

Con l'avvento della nuova generazione, il ristorante che fu trattoria si è trasformato in un luminoso e panoramico locale. Piatti tradizionali permeati da una leggera vena moderna, in un ambiente giovane e dinamico.

PULA

Sardegna – Cagliari (CA) – ✉ 09010 – 7 140 ab. – Carta regionale n° **28-B3**

Cagliari 33 km – Carbonia 77 km – Oristano 122 km

Carta stradale Michelin 366-P49

Baia di Nora cam,

località Su Guventeddu – ✆ 07 09 24 55 51 – www.hotelbaiadinora.com – Aperto 3 maggio-31 ottobre

121 cam ☕ – 🚹140/285 € 🚹🚹200/430 € – **1 suite** **Rist** – Carta 31/61 €

Vicino al sito archeologico di Nora, immersa in un rigoglioso giardino mediterraneo con piscina in riva al mare, struttura di grandi dimensioni dove scegliere i propri ritmi e i propri spazi. Camere moderne e funzionali. Al ristorante ampi, luminosi spazi di impostazione classica e un invitante dehors estivo.

Lantana Resort cam, rist,

viale Nora 37 – ✆ 0 70 92 44 11 – www.lantanaresort.it – Aperto 1° aprile-31 ottobre

57 cam ☕ – 🚹155/236 € 🚹🚹220/352 € **Rist** – Menu 30/40 € – *(solo a cena)*

Gradevole struttura disposta attorno ad un grande giardino con palme, piscina e piccola fontana arabeggiante. Camere tutte identiche e tutte recenti negli arredi d'impeccabile tenuta: possibilità di alloggio con formula residence.

Nora Club Hotel senza rist
strada per Nora – ✆ 0 70 92 44 22 – www.noraclubhotel.it
27 cam – †85/140 € ††140/190 €
Paradisiaca enclave di quiete. Superato il caseggiato principale vi accoglie un seducente giardino di piante mediterranee e tropicali; distribuite a forma d'anello le semplici camere in arte povera.

Cucina Machrì (N)
via Lamarmora 53 – ✆ 07 09 20 92 05 – www.cucinamachri.it – Aperto aprile-ottobre; chiuso domenica escluso giugno-settembre
Carta 40/51 € – *(solo a cena)*
Raccolto, lindo, minimalista nell'arredo, con proposte di pesce ma non solo, caratterizzate dall'attenta selezione delle materie prime e da preparazioni saporite e rispettose degli ingredienti.

sulla strada statale 195 Sud-Ovest : 9 km :

Is Morus Relais
Sud-Ovest : 9 km ✉ 09010 Santa Margherita di Pula – ✆ 0 70 92 11 71 – www.ismorus.com – Aperto 21 aprile-19 ottobre
50 cam – †109/381 € ††218/472 € **Rist** – Carta 32/68 €
Immerso nella pineta, solo un giardino lo separa dal mare. Varie soluzioni di alloggio, camere classiche e romantiche ville, e nessun tipo di animazione: ideale per chi desidera silenzio e tranquillità.

sulla strada statale 195 Sud-Ovest : 11 km :

Villa del Parco – Forte Village
✉ 09010 Santa Margherita di Pula – ✆ 07 09 21 71 – www.fortevillage.com – Aperto 1° maggio-1° ottobre
47 cam – solo ½ P 695/915 €
Rist *Forte Village* – vedere selezione ristoranti
Incorniciata dal verde, la struttura dalla facciata lilla propone spaziose camere dagli arredi fioriti all'inglese ed eleganti bungalow. Il tutto vicino alle piscine di talassoterapia.

Castello – Forte Village cam, cam,
✉ 09010 Santa Margherita di Pula – ✆ 07 09 21 71 – www.fortevillage.com – Aperto 1° maggio-1° ottobre
173 cam – solo ½ P 390/1700 € – **8 suites** **Rist** – Menu 100 € – *(solo a cena)*
A un passo dal mare e per vivere un soggiorno da fiaba, è la struttura di punta del complesso con camere elegantemente arredate in un dettagliato e caratteristico stile locale.

Le Dune – Forte Village
✉ 09010 Santa Margherita di Pula – ✆ 07 09 21 71 – www.fortevillage.com – Aperto 1° maggio-1° ottobre
39 cam – solo ½ P 890/1145 € – **30 suites**
Rist *Le Dune* – vedere selezione ristoranti
Nel silenzio e nella discrezione del parco, i bungalow sono pronti ad accogliere coloro che auspicano una vacanza in piena libertà, senza formalismi o dress code, interessati solo a perseguire il relax ed il contatto con la natura. Gli arredi delle camere sono volutamente sobri, in linea con la tradizione locale: alcune sistemazioni dispongono di patio e giardino, altre di terrazza.

Il Borgo – Forte Village
✉ 09010 Santa Margherita di Pula – ✆ 07 09 21 71 – www.fortevillage.com – Aperto 1° maggio-1° ottobre
42 cam – solo ½ P 370/510 €
Rist *Bellavista* – vedere selezione ristoranti
Le camere sfoggiano arredi e colori ispirati al tipico artigianato sardo, in questa struttura ideale per chi ama l'atmosfera raccolta di un antico villaggio. Adatto per le famiglie.

Le Palme – Forte Village cam, cam,

✉ *09010 Santa Margherita di Pula – ✆ 07 09 21 71 – www.fortevillagecom – Aperto 1° maggio-1° ottobre*
140 cam – solo ½ P 310/470 € **Rist** – Menu 100 € – *(solo a cena)*
Particolarmente adatto per famiglie numerose, dispone di camere decisamente ampie (alcune comunicanti) e di un paradisiaco giardino con ben duemila varietà di piante.

Il Villaggio – Forte Village rist,

✉ *09010 Santa Margherita di Pula – ✆ 07 09 21 71 – www.fortevillage.com – Aperto 1° maggio-1° ottobre*
158 cam – solo ½ P 225/410 € **Rist** – Menu 100 € – *(solo a cena)*
Immerso in un giardino tropicale, il villaggio propone accoglienti bungalow, molti comunicanti, tutti con patio o giardino privato. Prima colazione presso la piscina Oasis.

Royal Pineta – Forte Village cam,

✉ *09010 Santa Margherita di Pula – ✆ 07 09 21 71 – www.fortevillage.com – Aperto 1° maggio-1° ottobre* cam,
102 cam – solo ½ P 355/670 € **Rist** – Menu 100 € – *(solo a cena)*
Adagiata nel parco all'ombra di alberi secolari, la struttura offre ampie camere arredate in caldi colori: una proposta ideale per una vacanza di tranquillità, riposo e mare. Numerose attività di animazione per i piccoli ospiti.

Le Dune (N) – Hotel Le Dune

✉ *09010 Santa Margherita di Pula – ✆ 07 09 21 71 – www.fortevillage.com – Aperto 10 maggio-20 settembre*
Menu 140 € – *(solo a cena)*
Proprio affacciato sul mare e sulla spiaggia, i colori della natura circostante ispirano la sua cucina: sapori mediterranei mescolati alle tinte del tramonto. Menu con varie possibilità di scelta a prezzo fisso.

Forte Village – Hotel Villa del Parco

✉ *09010 Santa Margherita di Pula – ✆ 07 09 21 71 – www.fortevillage.com – Aperto 10 maggio-20 settembre*
Menu 140 € – *(solo a cena)* (prenotazione obbligatoria)
Una delle tante proposte gastronomiche del Forte Village: nella sala interna o sulle terrazze sovrastanti un giardino incantato, la cucina è leggermente creativa e, più sicuramente, mediterranea. Si paga un menù fisso ma in realtà si sceglie à la carte.

Bellavista (N) – Hotel Il Borgo

✉ *09010 Santa Margherita di Pula – ✆ 07 09 21 71 – www.fortevillage.com – Aperto 1° maggio-1° ottobre*
Menu 100 € – *(solo a cena)*
Un ideale viaggio fra i tipici sapori mediterranei e il mare, un lussuoso patio con la distesa blu davanti e un pianoforte ad allietare.

PULFERO

Udine (UD) – ✉ 33046 – 1 020 ab. – Alt. 184 m – Carta regionale n° **11-C2**
Roma 662 km – Udine 28 km – Gorizia 42 km – Tarvisio 66 km
Carta stradale Michelin 562-D22

Al Vescovo

via Capoluogo 67 – ✆ 04 32 72 63 75 – www.alvescovo.com – Chiuso 10 giorni in febbraio
18 cam – 45/50 € 70/75 €, 5 €
Rist *Al Vescovo* – Carta 25/45 € – *(chiuso mercoledì, anche martedì sera da ottobre a marzo)*
Una tradizione alberghiera giunta alla quarta generazione: all'interno camere curate e accoglienti, mentre nell'omonimo ristorante si servono piatti del territorio con un piacevole dehors sull'adiacente fiume Natisone.

PULSANO

Taranto (TA) – ✉ 74026 – 11 221 ab. – Alt. 37 m – Carta regionale n° **27-C3**
Roma 540 km – Brindisi 69 km – Taranto 21 km – Lecce 77 km
Carta stradale Michelin 564-F34

a Marina di Pulsano Sud : 3 km – ✉ 74026 Pulsano

Gabbiano cam, cam,

viale dei Micenei 65, litoranea Salentina – ✆ 09 95 33 60 61 – www.gabbianohotel.it – Aperto 1° aprile-30 settembre

90 cam – 57/193 € 78/278 € **Rist** – Carta 41/79 €

Separato dal mare solo dalla litoranea, nessuna camera in realtà vi si affaccia, ma gli ambienti sono freschi, ariosi e piacevoli.

Il Grillo

località Canne snc, litoranea Salentina – ✆ 09 95 33 30 25 – www.ilgrillo.it

12 cam – 50/120 € 60/130 €

Rist *Il Grillo* – vedere selezione ristoranti

Praticità e funzionalità sono le cifre di questo albergo, non lontano dal mare, che offre camere semplici ma confortevoli. Il tutto circondato da un piccolo, ma curato giardino.

Il Galeone senza rist

litoranea Salentina al km 9,200, Est : 2 Km – ✆ 33 32 08 74 70 – www.ilgaleonebb.it

6 cam – 40/90 € 80/160 €

In una bella villa sul lungomare con accesso diretto alla spiaggia, ampie camere dall'arredo moderno ed una grande piscina. Noleggio di biciclette e navetta per Pulsano gratuiti.

La Barca

litoranea Salentina – ✆ 09 95 33 33 35 – Chiuso 2 settimane in gennaio, 1 settimana in novembre, domenica sera e lunedì escluso luglio-agosto

Menu 35/50 € – Carta 31/44 €

Uno dei migliori ristoranti di pesce della zona per qualità e quantità offerta, nonché prezzi contenuti. Il proprietario, instancabile in sala, vi suggerirà a voce il pescato del giorno: affidatevi a lui e sarete ricompensati, a cominciare dai crostacei, crudi o cotti.

Il Grillo – Hotel Il Grillo

località Canne snc, litoranea Salentina – ✆ 09 95 33 30 25 – www.ilgrillo.it

Menu 29/45 € – Carta 27/58 €

Piatti della tradizione riproposti in chiave moderna, all'interno di un locale moderno e curato con vetrate su piscina oppure nel bel giardino esterno.

PUNTA ALA

Grosseto (GR) – ✉ 58040 – Carta regionale n° **31-B3**
Roma 218 km – Grosseto 43 km – Siena 102 km – Livorno 113 km
Carta stradale Michelin 563-N14

Gallia Palace Hotel rist,

via delle Sughere – ✆ 05 64 92 20 22 – www.galliapalace.it – Aperto 16 maggio-27 settembre

78 cam – 160/250 € 250/515 € – **11 suites**

Rist *La Pagoda* – vedere selezione ristoranti

Rist – Carta 54/94 € – *(solo a cena)*

Immerso nella macchia mediterranea, un grand hotel che dispone di un piccolo centro benessere, camere spaziose dagli arredi classici e splendido giardino con piscina (c'è anche l'idromassaggio!).

Cala del Porto rist,

via del Pozzo – ✆ 05 64 92 24 55 – www.baglionihotels.com – Aperto da inizio aprile a fine ottobre

33 cam – 200/450 € 250/850 € – **6 suites** **Rist** – Carta 70/90 €

In posizione dominante dall'alto della baia, l'elegante struttura vanta la vista sul porto e sul mare: spazi comuni dal grazioso arredo e camere confortevoli. Sulla terrazza panoramica e nella sala ristorante interna, proposte di cucina moderna.

XX **La Pagoda** – Gallia Palace Hotel

via delle Sughere – ✆ 05 64 92 20 22 – www.galliapalace.it – Aperto 17 maggio-28 settembre

Menu 30 € – *(solo a pranzo)*

Proprio sulla spiaggia e a ridosso della bella pineta, questa sorta di cottage interamente in legno offre una cucina di ampio respiro. Aperto solo a pranzo, propone un gran buffet ad un prezzo interessante e la possibilità di scegliere dall'esposizione una carne o un pesce da fare alla griglia (in tal caso, il costo aumenta leggermente). E per gli irriducibili dell'alimento principe della gastronomia italiana, c'è anche un forno per poche pizze e focaccine.

PUNTALDIA ➜ Vedere San Teodoro

Olbia-Tempio (OT)

PUOS D'ALPAGO

Belluno (BL) – ✉ 32015 – 2 550 ab. – Alt. 419 m – Carta regionale n° **40-C1**

Roma 605 km – Belluno 20 km – Cortina d'Ampezzo 75 km – Venezia 95 km

Carta stradale Michelin 562-D19

XX ✿ **Locanda San Lorenzo** (Renzo Dal Farra) con cam

via IV Novembre 79 – ✆ 04 37 45 40 48 – www.locandasanlorenzo.it – Chiuso 15 gennaio-6 febbraio

11 cam – †70/88 € ††70/88 € – **1 suite**

Menu 30/75 € – Carta 44/96 € – *(chiuso mercoledì)*

Passione e costanza sono le caratteristiche di un'intera famiglia che da oltre un secolo entusiasma gli avventori con una cucina saldamente legata ai prodotti locali, in certi piatti reinterpretata con gusto contemporaneo. Due differenti arredi per le camere: uno sobrio leggermente moderno, l'altro tipicamente rustico.

➜ Ravioli di patate ripieni di formaggio guarniti con asparagi e spugnole. Maialino tramacchiato croccante. Arancia, mascarpone allo zenzero e crumble agli agrumi.

QUADRIVIO ➜ Vedere Campagna

Salerno (SA)

QUARONA

Vercelli (VC) – ✉ 13017 – 4 165 ab. – Alt. 406 m – Carta regionale n° **23-C1**

Roma 679 km – Stresa 49 km – Milano 94 km – Vercelli 64 km

Carta stradale Michelin 561-E6

Grand'Italia

piazza Libertà 19 – ✆ 01 63 43 12 44 – www.albergogranditalia.it

11 cam – †80/90 € ††100/130 € – **2 suites**

Rist *Italia* – vedere selezione ristoranti

Completamente trasformato e ristrutturato, è ora un'elegante palazzina con interni moderni e spaziosi, linee sobrie ed essenziali ed accenni di design minimalista.

XX **Italia** – Hotel Grand'Italia

piazza della Libertà 27 – ✆ 01 63 43 01 47 – www.albergogranditalia.it – Chiuso 1°-21 agosto e lunedì

Menu 15 € (pranzo in settimana) – Carta 31/55 €

E' una piacevole sorpresa questo curato e familiare locale di taglio moderno in una casa del centro della località; piatti di creativa cucina piemontese.

QUARTACCIO ➜ Vedere Civita Castellana

Viterbo (VT)

QUARTIÈRE ➜ Vedere Portomaggiore

Ferrara (FE)

QUARTO

Napoli (NA) – ✉ 80010 – 39 655 ab. – Alt. 55 m – Carta regionale n° **6-A2**

Roma 225 km – Napoli 23 km – Caserta 46 km – Avellino 72 km

Carta stradale Michelin 564-E24

Sud (Marianna Vitale)
via Santi Pietro e Paolo 8 – ✆ 08 10 20 27 08 – www.sudristorante.it – Chiuso 1 settimana in gennaio, 3 settimane in agosto, domenica sera e lunedì
Menu 40/60 € – Carta 42/70 €
Superato un contesto ambientale non brillante, apprezzerete ancor di più gli sforzi di una delle cucine più interessanti del napoletano. Il nome del ristorante è un lapidario, ma eloquente, manifesto gastronomico che vi conduce attraverso appetiti meridionali.
→ Spaghettoni con anemoni di mare. Minestra di mare con frutta e verdura di stagione. "Setteveli" (dessert).

QUARTO CALDO → Vedere San Felice Circeo
Latina (LT)

QUARTO D'ALTINO
Venezia (VE) – ✉ 30020 – 8 282 ab. – Carta regionale n° **39**-**A1**
Roma 539 km – Venezia 29 km – Padova 55 km – Treviso 17 km
Carta stradale Michelin 562-F19

Villa Odino senza rist
via Roma 146 – ✆ 04 22 82 31 17 – www.villaodino.it – Chiuso 24-29 dicembre
34 cam – 60/120 € 99/170 € – **3 suites**
Immerso nella campagna, a fianco al fiume Sile, l'albergo organizza escursioni in barca per Venezia e Treviso. Tessuti, parquet e un bel cotto nelle eleganti camere.

Crowne Plaza Venice East
via Della Resistenza 18/20 – ✆ 04 22 70 38 11 – www.crowneplazavenezia.it
153 cam – 70/200 € 80/220 € – **2 suites**
Rist – Menu 15 € (pranzo in settimana)/25 € – Carta 23/51 €
Vicino alla stazione con frequenti treni per Venezia, questa grande struttura è in grado di offrire un servizio completo in ambienti dal design semplice, ma moderno, nonchè mostre d'arte allestite negli spazi comuni. Proposte di mare e di terra al ristorante.

Park Hotel Junior
via Roma 93 – ✆ 04 22 82 37 77 – www.parkhoteljunior.it
33 cam – 50/150 € 80/250 € – **1 suite**
Rist *Park Ristorante Da Odino* – vedere selezione ristoranti
Nel verde di un parco, sempre accolti da sorrisi e cortesia, le camere al piano terra offrono arredi standard; ai piani superiori troverete bioedilizia e arredi più eleganti.

Park Ristorante Da Odino – Park Hotel Junior
via Roma 89 – ✆ 04 22 82 54 21 – www.daodino.it – Chiuso mercoledì a mezzogiorno e martedì
Menu 25/45 € – Carta 43/58 €
Informale ed elegante al tempo stesso, la gestione familiare saprà introdurvi in squisite preparazioni di pesce: più tradizionali o creative a seconda dei gusti.

QUARTO DEI MILLE → Vedere Genova
Genova (GE)

QUARTU SANT' ELENA
Sardegna – Cagliari (CA) – ✉ 09045 – 69 443 ab. – Carta regionale n° **28**-**B3**
Cagliari 10 km – Carbonia 77 km – Oristano 102 km
Carta stradale Michelin 366-Q48

Italia senza rist
via Panzini 67 ang. viale Colombo – ✆ 0 70 82 70 70 – www.residenceitaliahotel.it
76 cam – 50/66 € 62/96 € – **7 suites**
A poco più di un km dalla spiaggia del Poetto, moderna struttura di sette piani frequentata anche da una clientela d'affari. Le camere sono spaziose e funzionali, dotate di angolo cottura.

QUATTORDIO

Alessandria (AL) – ✉ 15028 – 1 676 ab. – Alt. 135 m – Carta regionale n° **25**-D1
Roma 608 km – Alessandria 24 km – Asti 22 km – Torino 76 km
Carta stradale Michelin 561-H7

Relais Rocca Civalieri

strada Cascina Rocca Civalieri 23 ✉ 15028 – ✆ 01 31 79 73 33 – www.hotelroccacivalieri.it
26 cam – 125/195 € 150/220 € – **3 suites**
Rist *Corte dei Civalieri* – vedere selezione ristoranti
Bella struttura dotata di ampi spazi comuni, sia interni sia esterni, in cui convivono elementi del passato - l'edificio centrale ha, infatti, una storia secolare - ed arredi, nonché confort attuali. Un esempio? La piccola e deliziosa zona benessere.

Corte dei Civalieri – Relais Rocca Civalieri

strada Cascina Rocca Civalieri 23 ✉ 15028 Quattordio – ✆ 01 31 79 73 33 – www.ristorantecortedeicivalieri.it – Chiuso lunedì
Menu 50/65 € – Carta 48/72 € – (prenotazione obbligatoria)
All'interno del bel Relais Rocca Civalieri, molta attenzione è dedicata alla ristorazione: eccellente cucina contemporanea con spunti regionali, nell'elegante sala interna o nel dehors estivo.

QUATTRO CASTELLA

Reggio nell'Emilia (RE) – ✉ 42020 – 13 171 ab. – Alt. 161 m – Carta regionale n° **8**-B3
Roma 452 km – Parma 30 km – Reggio Emilia 19 km – Modena 49 km
Carta stradale Michelin 562-I13

a Rubbianino Nord: 13 km – ✉ 42020

Ca' Matilde (Andrea Incerti Vezzani) con cam

via della Polita 14 – ✆ 05 22 88 95 60 – www.camatilde.it – Chiuso 1°-10 gennaio
6 cam – 65/80 € 95/115 €
Menu 40/80 € – Carta 55/71 € – *(chiuso lunedì) (solo a cena escluso i giorni festivi)*
In aperta campagna, a metà strada fra la bassa e le colline, calorosa accoglienza in una casa colonica ristrutturata: due sale moderne e solari ospitano una cucina che reinterpreta sapientemente i prodotti del territorio. Semplici le camere dai vivaci tocchi di colore.
→ Tortelli verdi di zucca mantecati al burro. Stinchetto di maialino da latte con crema di patate, piselli, peperoni e senape. Barattolo di zuppa inglese con ciambella.

QUINCINETTO

Torino (TO) – ✉ 10010 – 1 034 ab. – Alt. 295 m – Carta regionale n° **22**-B2
Roma 694 km – Aosta 55 km – Ivrea 14 km – Torino 61 km
Carta stradale Michelin 561-F5

Mini Hotel Praiale senza rist

via Umberto I, 5 – ✆ 01 25 75 71 88 – www.hotelpraiale.it
9 cam – 35/40 € 50/55 €, 7 €
Era un'abitazione di famiglia. Poi è stata aperta al pubbblico: una piccola e accogliente struttura tra vie strette e tranquille, nel cuore del paese. La colazione è servita nella vecchia stalla, sotto una volta di mattoni.

QUINTO AL MARE → Vedere Genova

Genova (GE)

QUINTO VERCELLESE

Vercelli (VC) – ✉ 13030 – 402 ab. – Carta regionale n° **23**-C2
Roma 643 km – Alessandria 65 km – Vercelli 10 km – Novara 29 km
Carta stradale Michelin 561-F7

Bivio
via Bivio 2, Sud: 1 km – ✆ 01 61 27 41 31 – Chiuso gennaio, agosto, lunedì e martedì
Menu 35/48 € – Carta 37/65 € – (consigliata la prenotazione)
Una luminosa saletta dagli arredi di taglio moderno e pochi tavoli ben distanziati, dove apprezzare creativi piatti locali curati nella selezione delle materie prime.

QUISTELLO

Mantova (MN) – ✉ 46026 – 5 634 ab. – Alt. 17 m – Carta regionale n° **17-D3**
Roma 458 km – Verona 65 km – Ferrara 61 km – Mantova 29 km
Carta stradale Michelin 561-G14

Ambasciata (Romano Tamani)
via Martiri di Belfiore 33 (piazzetta Ambasciatori del Gusto,1) – ✆ 03 76 61 91 69 – www.ristoranteambasciata.com – Chiuso 2 settimane in gennaio, 2 settimane in agosto, domenica sera e lunedì
Carta 110/155 € – (consigliata la prenotazione)
Uno sfarzo circense e rinascimentale è il contorno di piatti sontuosi e barocchi, l'eccesso è favorito, la misura osteggiata: i fratelli Tamani mettono in scena i fasti della gloriosa cucina mantovana.
→ Maccheroni al pettine con ragù di germano reale. Uova di gallina al tegamino con pomodoro e salsiccia. Soufflè ghiacciato alla fragola con salsa allo zenzero.

All'Angelo con cam
via Cantone, 60 – ✆ 03 76 61 83 54 – www.allangelo.eu – Chiuso 7-13 gennaio, 28 luglio-10 agosto, domenica sera e lunedì
5 cam – †70 € ††110 € Menu 25/65 € – Carta 31/95 €
L'impostazione è quella classica da trattoria, mentre la cucina si sposa con la tradizione proponendo piatti del territorio, specialità al tartufo (in stagione) ed una pregevole carta dei vini. Cinque camere per chi vuole prolungare la sosta in questa villa dell'Ottocento.

RABBI

Trento (TN) – ✉ 38020 – Carta regionale n° **33-B2**
Roma 654 km – Trento 62 km – Bolzano 89 km – Verona 159 km
Carta stradale Michelin 562-C14

Maso Fior di Bosco N
frazione Pralongo 221/d, località San Bernardo – ✆ 04 63 98 55 43 – www.masofiordibosco.it – Chiuso 3 settimane in novembre
9 cam – †50/70 € ††60/90 €
Rist – Carta 23/50 € – *(chiuso lunedì) (solo a cena)* (prenotazione obbligatoria)
A un km dalle Terme di Rabbi, due masi a tutto legno uniti in un unico ed accogliente "esercizio rurale": la giornata inizia - al mattino - con una gustosa colazione, per concludere - la sera - con una cena preparata dalle titolari. All'ultimo, piano la camera più accogliente con antichi mobili di famiglia.

RABLÀ = RABLAND → Vedere Parcines

Bolzano (BZ)

RACALE

Lecce (LE) – ✉ 73055 – 10 890 ab. – Carta regionale n° **27-D3**
Roma 633 km – Brindisi 91 km – Lecce 52 km
Carta stradale Michelin 564-H36

L'Acchiatura con cam
via Marzani 12 – ✆ 08 33 55 88 39 – www.acchiatura.it – Chiuso 7-28 gennaio e 11-30 ottobre
6 cam – †40/65 € ††80/110 € – **1 suite**
Carta 19/48 € – *(chiuso martedì escluso giugno-settembre)*
Saporita cucina pugliese, tra cui spiccano le linguine alle vongole e la frittura di pesce, in un ambiente suggestivo, caratterizzato da diverse sale e patii interni. Il fascino del passato rivive anche nelle belle ed accessoriate camere, nonché nella scenografica piscina ospitata in una grotta.

RACINES (RATSCHINGS)

Bolzano (BZ) – ✉ 39040 – 3 902 ab. – Alt. 1 290 m – Carta regionale n° **33-B1**

Roma 700 km – Bolzano 70 km – Cortina d'Ampezzo 111 km – Merano 102 km

Carta stradale Michelin 562-B16

Sonklarhof
rist, rist,

località Ridanna alt. 1342 – ✆ 04 72 65 62 12 – www.sonklarhof.com – Chiuso 12 aprile-2 maggio e novembre

40 cam – 85/150 € 120/260 € – **16 suites**

Rist – Carta 26/62 € – *(solo a pranzo)*

Struttura ben organizzata, nel cuore della Val Ridanna, in grado di offrire un'accoglienza di buon livello. Apprezzabile il confort delle camere e la dolce atmosfera tirolese. Ambiente ospitale nella colorata e confortevole sala da pranzo.

Panoramahotel Taljörgele

Obere Gasse 14 – ✆ 04 72 65 62 25 – www.taljoergele.it

22 cam – 76/88 € 152/196 €, 12 € – **18 suites** **Rist** – Carta 30/58 €

Grande struttura a gestione familiare, in posizione squisitamente panoramica ed in perfetto stile altoatesino: il legno regna sovrano e la generosità degli spazi interessa sia le camere, sia il centro benessere. Non lontano, il maneggio di proprietà.

RADDA IN CHIANTI

Siena (SI) – ✉ 53017 – 1 706 ab. – Alt. 530 m – Carta regionale n° **32-D1**

Roma 261 km – Firenze 54 km – Siena 33 km – Arezzo 57 km

Carta stradale Michelin 563-L16

Palazzo Leopoldo

via Roma 33 – ✆ 05 77 73 56 05 – www.palazzoleopoldo.it – Chiuso 6 gennaio-11 febbraio

15 cam – 100/150 € 120/250 €, 10 € – **4 suites**

Rist *La Perla del Palazzo* – ✆ 05 77 73 92 70 – Carta 30/63 € – *(chiuso mercoledì)*

Nella piccola via del centro storico, un ottimo esempio di conservazione di un palazzo medievale: vi si ripropongono con sobrietà ed eleganza stili ed atmosfere cariche di storia. Ristorante dalla forte impronta locale, sia negli ambienti sia nelle proposte gastronomiche.

Palazzo San Niccolò senza rist

via Roma 16 – ✆ 05 77 73 56 66 – www.hotelsannicolo.com – Aperto 1° aprile-31 ottobre

18 cam – 85/157 € 117/187 €

In pieno centro - a poche decine di metri dalla "casa madre" (hotel Palazzo Leopoldo) - questa dimora quattrocentesca offre ampie camere arredate con gusto ed un suggestivo salone, al primo piano, interamente affrescato in stile liberty.

Relais Vignale

via Pianigiani 9 – ✆ 05 77 73 83 00 – www.vignale.it – Chiuso gennaio-marzo

37 cam – 100/160 € 130/300 € – **5 suites**

Rist *La Terrazza Dei Glicini* – ✆ 05 77 73 80 94 – Carta 38/62 €

All'inizio del paese, questo palazzotto signorile (con tanto di cappella privata) dispone di accoglienti camere e graziosi salotti nelle zone comuni.

La Botte di Bacco

via XX Settembre 23 – ✆ 05 77 73 90 08 – www.ristorantelabottedibacco.it – Chiuso 10 gennaio-1° marzo, 10 novembre-26 dicembre e giovedì

Carta 35/60 €

Due fratelli campani innamorati della cucina toscana vi delizieranno con specialità locali, quali i ravioli maremmani di pasta fresca fatta in casa o il filetto di maiale in abito di miele. Unico, ma richiestissimo, amarcord: le lasagne napoletane con polpette e mozzarella.

sulla strada provinciale 429

Radda

rist,

località La Calvana 138, Ovest : 1,5 km – ✆ 0 57 77 35 11 – www.compagniedeshotels.com – Aperto 19 dicembre-10 gennaio e 20 marzo-8 novembre

59 cam – 65/240 € 80/350 € – **1 suite**

Rist *De Gustibus* – Carta 37/47 €

Hotel realizzato rispettando la tradizione locale nell'utilizzo di pietra e legno, ma declinati in forme di design moderno con colori che spaziano dal grigio al sabbia. Camere ampie e confortevoli; nella bella stagione, si pranza nella sala Chianti affacciata sulla piscina con servizio a buffet.

Il Borgo di Vescine

cam, rist,

località Vescine, Ovest : 6,5 km – ✆ 05 77 74 11 44 – www.vescine.it – Aperto 2 aprile-1° novembre

28 cam – 130/180 € 130/180 €

Rist – Carta 32/41 € – *(solo a cena)*

Conserva l'originaria struttura del paesino medievale, questo borgo composto da varie abitazioni di campagna con camere confortevoli, sala colazioni in terrazza ed, ultimamente, anche un percorso nel bosco. Per gli amanti del frutto della vite, appuntamento al bar-enoteca; sapori chiantigiani vanno, invece, in scena al ristorante.

Villa Sant'Uberto senza rist

località Sant'Uberto 33, Ovest : 6,8 km – ✆ 05 77 74 10 88 – www.villasantuberto.it – Aperto 15 aprile-5 novembre

12 cam – 61/83 € 73/96 €

Immersa nel silenzio dei colli, un'antica casa patronale è stata convertita nell'attuale risorsa e dispone di camere spaziose: alcune più rustiche, altre quasi signorili. D'estate, godetevi la piacevolezza della prima colazione all'aperto.

a Lucarelli Nord-Ovest: 8 km – ✉ 53017

Osteria Le Panzanelle

località Lucarelli 29 – ✆ 05 77 73 35 11 – www.osteria.lepanzanelle.it – Chiuso 1 settimana in novembre e 15 gennaio-28 febbraio

Carta 22/44 € – *(chiuso lunedì)*

Una cucina del territorio eseguita con gusto e generosità: paste fatte in casa e ottime carni, in una simpatica trattoria di paese informale e sbarazzina. Specialità: pici all'aglione, cinghiale con le olive, cantucci e vinsanto.

verso Volpaia

Agriturismo Podere Terreno

via della Volpaia 21, Nord : 5,5 km – ✆ 05 77 73 83 12 – www.podereterreno.it – Chiuso 1°-28 dicembre

5 cam – 80/110 € 80/110 €

Rist – Menu 30 € – *(solo a cena)* (prenotazione obbligatoria)

Contornata da vigneti a coltivazione biologica, in questa casa colonica del '500 si coglie lo spirito verace di una terra ospitale. In una bella sala con camino, si mangia con i proprietari attorno ad una grande tavola.

a Volpaia Nord: 7,5 km – ✉ 53017

La Locanda senza rist

strada sterrata per Panzano, località Montanino, Nord : 3 km – ✆ 05 77 73 88 32 – www.lalocanda.it – Aperto 15 aprile-19 ottobre

6 cam – 200/260 € 220/290 € – **1 suite**

Podere in posizione molto isolata che appare come una vera e propria oasi di pace. La vista sulle splendide colline circostanti è davvero eccezionale.

La Bottega dal 1708

piazza della Torre 1 – 📞 05 77 73 80 01 – www.labottegadivolpaia.it – Chiuso 1° febbraio-20 marzo e martedì
Carta 19/55 €
La tranquillità del posto non ha prezzo e, comunque, non si spende molto, in questa piccola trattoria dal sapore familiare, dove gustare la schietta cucina del territorio e in stagione le verdure del proprio orto. Se il clima lo permette, il servizio è anche all'aperto.

RADEIN = REDAGNO

RAGONE ➜ Vedere Ravenna

Ravenna (RA)

RAGUSA

✉ 97100 – 69 816 ab. – Alt. 502 m – Carta regionale n° **30-D3**
▶ Agrigento 134 km – Siracusa 89 km – Catania 104 km – Palermo 242 km
Carta stradale Michelin 365-AX62 – Guida Verde Michelin SICILIA

Alberghi

Antica Badia
corso Italia 115 – ✆ 09 32 24 79 95 – www.anticabadia.com
12 cam ☕ – 🚹80/130 € 🚻100/230 €
Rist *La Cuisine dell' Antica Badia* – Carta 37/66 €
In un palazzo del 1700 accanto alla cattedrale, un'elegante residenza dai preziosi marmi e soffitti nobili, a cui fanno eco camere dalle intriganti personalizzazioni. Raffinatezza anche al ristorante che propone leggere rivisitazioni di ricette isolane.

Villa Carlotta
via Ungaretti snc – ✆ 09 32 60 41 40 – www.villacarlottahotel.com
25 cam ☕ – 🚹80/128 € 🚻98/169 €
Rist *La Fenice* ✿ – vedere selezione ristoranti
In una cornice di macchia mediterranea, tra carrubi e olivi secolari, l'albergo è frutto del restauro e trasformazione di una fattoria dell'Ottocento in moderno hotel di design minimalista.

Locanda Don Serafino
via XI Febbraio 15, (Ibla) – ✆ 09 32 22 00 65 – www.locandadonserafino.it
10 cam ☕ – 🚹70/165 € 🚻90/195 €
Rist *Locanda Don Serafino* ✿✿ – vedere selezione ristoranti
Piccola bomboniera a due passi dal Duomo, la locanda nasce dal restauro di un palazzo ottocentesco: pochi spazi comuni, ma tutti sprigionanti un fascino particolare. Il ristorante omonimo dista circa 500 metri a piedi.

Il Barocco senza rist
via S. Maria La Nuova 1, (Ibla) – ✆ 09 32 66 31 05 – www.ilbarocco.it
17 cam ☕ – 🚹50/80 € 🚻70/90 €
Si apre attorno ad una corte lastricata, quest'immobile di fine '800 nato come falegnameria e riconvertito poi in albergo: affreschi su alcune pareti e arredi in arte povera, ad eccezione dell'ultima camera creata, in stile più moderno. A disposizione degli ospiti, alcuni pass per posteggiare l'auto ad Ibla.

Caelum Hyblae senza rist
Salita Specula 11, (Ibla) – ✆ 32 90 72 60 15 – www.bbcaelumhyblae.it – Chiuso gennaio e febbraio
5 cam ☕ – 🚹60/80 € 🚻90/120 €
Struttura splendidamente affacciata sulla cupola del Duomo e sui monti Iblei: vanta interni che declinano testimonianze e materiali d'epoca con moderni accessori. Curiosità: in passato, fu abitata da un astronomo che ispirò Giuseppe Tomasi di Lampedusa nel delineare il personaggio di Salina e la sua passione per le stelle.

Ristoranti

XXX **Duomo** (Ciccio Sultano)

via Cap. Bocchieri 31, (Ibla) – ✆ 09 32 65 12 65 – www.cicciosultano.it – Chiuso 7 gennaio-28 febbraio, lunedì a mezzogiorno e domenica
Menu 45 € (pranzo)/135 € – Carta 89/136 €
Nel cuore di Ibla, la cucina del Duomo mette al bando semplicità e minimalismi per creare piatti compositi e seducenti, barocchi, ma sapientemente ancorati alla tradizione gastronomica isolana, di cui Ciccio Sultano è ormai lo chef di riferimento!
➜ Spaghetti freschi "taratatà", con bottarga di tonno, erbe citriche e salsa di carote. Maialino Nero dei Nebrodi glassato al carrubo con salsa di melone e polvere di porchetta. Cannolo di ricotta con zuppa tiepida di fichidindia e sorbetto di mandorla.

XXX **Locanda Don Serafino** – Hotel Locanda Don Serafino

via Avv. Ottaviano 13, (Ibla) – ✆ 09 32 24 87 78 – www.locandadonserafino.it – Chiuso 15 giorni in novembre, 15 giorni in gennaio, martedì dal 15 settembre al 15 luglio, i mezzogiorno di domenica, lunedì e martedì negli altri mesi
Menu 45 € (pranzo)/128 € – Carta 68/92 €
Quasi una grotta scavata nella roccia dove troverete tutta la suggestione della vecchia Ibla, oltre ad uno dei ristoranti più romantici e suggestivi dell'isola. In un contesto così originale, al cuoco Vincenzo Candiano non rimane che adattarsi alla tradizione siciliana, e lo fa alla grande, proponendovi uno straordinario viaggio nelle eccellenze gastronomiche di Trinacria.
➜ Spaghetti neri ai ricci di mare con ricottina calda. Coniglio alla stimpirata. I peccati golosi di Montezuma (dolce al cioccolato).

XXX **La Fenice** – Hotel Villa Carlotta

via Ungaretti snc – ✆ 09 32 60 41 40 – www.lafeniceristorante.com – Chiuso domenica in gennaio-marzo
Menu 40/80 € – Carta 42/70 € – *(solo a cena in luglio-agosto)*
Pareti in cristallo per questo elegante ristorante che non manca di calore. Il parquet fa da contrappunto al soffitto in legno, moderne sedie bianche e nel piatto ottime materie prime, elaborate con creatività e lodevoli capacità tecniche dallo chef.
➜ Corallini risottati con gelato di ragusano primosale e maialino nero dei Nebrodi. Trancio di tonno leggermente tostato con sale allo chardonnay e gelato di cipolla. Macedonia e frutto della passione.

XX **Il Baglio**

contrada Selvaggio, zona stadio – ✆ 09 32 68 64 30 – www.baglio.it – Chiuso 3 settimane in gennaio e martedì
Menu 30 € (pranzo in settimana) – Carta 29/53 €
Un antico baglio che è stato trasformato in un locale di sobria e contenuta eleganza. Tavoli estivi sotto l'ampio porticato, ampia carta dei vini, servizio pizzeria serale.

verso Marina di Ragusa Sud-Ovest : 14 km :

Poggio del Sole

strada provinciale 25 Ragusa/Marina km 5,700 ✉ 97100 Ragusa – ✆ 09 32 66 85 21 – www.poggiodelsoleresort.it
66 cam – †80/120 € ††100/150 € – **2 suites**
Rist *Hosteria* – Carta 32/52 €
Ricavato da una residenza di fine '700, l'hotel si sviluppa intorno alla piscina, incastonata da un lato dalle camere e dall'altro dalla sala banchetti. Camere molto ampie, moderne, funzionali e per i cultori della forma fisica, l'hotel dispone anche di una piccola beauty. Piatti regionali all'Hosteria e pizzeria serale.

Eremo della Giubiliana
contrada Giubiliana ✉ 97100 Ragusa – ✆ 09 32 66 91 19 – www.eremodellagiubiliana.com
24 cam – **🚹105/220 €** **🚹🚹162/340 €** – **6 suites**
Rist ***Don Eusebio*** – Carta 36/74 € – *(solo a cena)*
Sull'altopiano ibleo, a 10 km circa dal centro città e da Marina di Ragusa, l'ex convento è oggi una risorsa di fascino, dove arredi d'epoca isolani ornano ogni ambiente, comprese le originali camere ricavate dalle celle dei frati: notevoli, quelle con terrazza privata.

verso Donnafugata Sud-Ovest : 14 km :

Relais Parco Cavalonga
strada provinciale 80 Km 3,200 ✉ 97100 Ragusa – ✆ 09 32 61 96 05 – www.parcocavalonga.it – Aperto 28 marzo-2 novembre
31 cam – **🚹80/120 €** **🚹🚹100/180 €**
Rist – Menu 25 € – *(solo a cena)*
Fra ulivi e carrubi centenari, preparatevi ad un'esperienza di autentica country lifein camere dotate di moderni confort, ma tipicizzate da materiali originariamente impiegati nelle costruzioni locali: ferro, tavelloni in legno e pietra arenaria. Due splendide piscine e una vista che si bea della natura circostante.

strada per Santa Croce Camerina Sud-Ovest : 25 km :

Donnafugata Resort
strada provinciale 19, contrada Piombo ✉ 97100 Ragusa – ✆ 09 32 91 42 00 – www.donnafugatagolfresort.com – Chiuso 9-26 dicembre e 7 gennaio-19 febbraio
rist,
202 cam – **🚹187/222 €** **🚹🚹212/258 €** – **10 suites**
Rist – Menu 47 € – *(solo a pranzo)*
Rist ***Il Carrugo*** – Carta 54/72 € – *(solo a cena)*
Direttamente sui campi da golf, moderno ed elegante resort dove natura e tranquillità accompagnano un soggiorno ad alti livelli. Stuzzicanti piatti in leggera chiave moderna presso il ristorante gourmet Il Carrugo.

Antica Locanda Del Golf
strada Provinciale 19, contrada Piombo ✉ 97100 Ragusa – ✆ 0 93 21 86 51 80 – www.anticalocandadelgolf.it
12 cam – **🚹90/130 €** **🚹🚹110/150 €**
Rist – Menu 30/35 € – *(aperto 1° aprile-31 dicembre) (solo a cena)*
Per gli amanti del golf e della tranquillità, una risorsa diffusa che non vi ammaglierà per i servizi, ma per l'offerta di totale relax garantita dalla rigogliosa natura circostante.

RAITO → Vedere Vietri sul Mare
Salerno (SA)

RANCIO VALCUVIA
Varese (VA) – ✉ 21030 – 919 ab. – Alt. 296 m – Carta regionale n° **16-A2**
▶ Roma 653 km – Stresa 67 km – Varese 20 km – Milano 77 km
Carta stradale Michelin 561-E8

Gibigiana
via Roma 19 – ✆ 03 32 99 50 85 – Chiuso 1°-15 agosto e martedì
Menu 15 € (pranzo in settimana)/40 € – Carta 22/47 €
La grande griglia troneggia in mezzo alla sala principale, preludio di quanto sarà servito in tavola: specialità locali e alla brace, nonché i superbi gnocchi alla Gibigiana o lo zabaione al marsala con gelato artigianale alla vaniglia.

RANCO

Varese (VA) – ✉ 21020 – 1 325 ab. – Alt. 214 m – Carta regionale n° **16-A2**
Roma 645 km – Stresa 38 km – Varese 32 km – Milano 69 km
Carta stradale Michelin 561-E7

Il Sole di Ranco

piazza Venezia 5 – 03 31 97 65 07 – www.ilsolediranco.it
– Chiuso 25 dicembre-28 febbraio
14 cam – 170/300 € 190/350 €
Rist *Il Sole di Ranco* – vedere selezione ristoranti
La risorsa non è molto grande, ma fa di questo "raccoglimento" il proprio punto di forza. La posizione elevata, fronte lago con giardino, si fa complice nel creare quell'atmosfera incantata che affascinerà l'ospite. E la magia continua poi negli ambienti interni, nonché nelle camere più o meno spaziose: qualcuna con bagni in marmo di Carrara, altre con arredi in antico stile lombardo. Tutte, comunque, di una bellezza abbagliante: non per niente si chiama il Sole!

Conca Azzurra

via Alberto 53 – 03 31 97 65 26 – www.concazzurra.it
– Chiuso 4 gennaio-13 febbraio
29 cam – 86/110 € 100/170 €
Rist *La Veranda* – vedere selezione ristoranti
Un albergo di tono classico con una buona offerta di servizi, tra cui un moderno centro benessere, e camere accoglienti (tutte dotate di balcone o terrazzo). Ideale per chi vuole approfittare di un rilassante soggiorno in riva al lago.

Belvedere

cam,

via Piave 11 – 03 31 97 52 60 – www.hotelristorantebelvedere.it
– Chiuso 24 dicembre-7 febbraio
12 cam – 80/105 € 100/145 €
Rist – Carta 31/66 € – *(chiuso mercoledì)*
In centro e contemporaneamente a pochi passi dal lago, l'hotel offre ai suoi ospiti un'atmosfera familiare ed ampie camere arredate con mobili in legno chiaro. Dalla cucina: specialità di lago, piatti rivisitati in chiave moderna e una lunga tradizione (dal 1865!) nel campo della ristorazione.

Il Sole di Ranco (Davide Brovelli) – Hotel Il Sole di Ranco

piazza Venezia 5 – 03 31 97 65 07 – www.ilsolediranco.it
– Chiuso 25 dicembre-28 febbraio, i mezzogiorno di lunedì e martedì in alta stagione, anche le sere di lunedì e martedì in bassa stagione
Carta 52/135 €
Bella terrazza liberty vista lago e delizioso giardino d'inverno per una cucina raffinata, condotta con mano sicura da uno chef che intreccia tradizione e modernità, nel rispetto e nella riscoperta dei prodotti del territorio. E', quindi, un vero piacere avere la fortuna di sedersi ai suoi curatissimi tavoli.
→ Ravioli alla carbonara con pancetta croccante della Val Formazza. Branzino cotto nella creta con polvere di cacao e senape ghiacciata. Schiumone di lime, crumble di cocco e crema al frutto della passione.

La Veranda – Hotel Conca Azzurra

via Alberto 53 – 03 31 97 57 10 – www.laverandaranco.it
– Chiuso 3 gennaio-13 febbraio
Menu 40/52 € – Carta 35/69 € – *(solo a cena escluso da maggio a settembre e sabato-domenica)*
Intimo ed elegante, aperto tutto l'anno, d'estate il ristorante può far leva su un ulteriore appeal: la bella terrazza affacciata sul lago. La cucina promuove la valorizzazione dei piatti della tradizione lacustre e della campagna lombarda.

Un pasto accurato a prezzo contenuto? Cercate i Bib Gourmand.

RANDAZZO

Sicilia – Catania (CT) – ✉ 95036 – 11 026 ab. – Alt. 765 m
– Carta regionale n° **30-D2**
▶ Catania 70 km – Palermo 204 km – Messina 91 km – Taormina 47 km
Carta stradale Michelin 365-AY56 – Guida Verde Michelin SICILIA

Scrivano

via Bonaventura 2 – ✆ 0 95 92 11 26 – www.hotelscrivano.com
30 cam ☕ – 🧍50/60 € 🧍🧍85/90 €
Rist *Le Delizie* – vedere selezione ristoranti
A breve distanza dal cratere dell'Etna, struttura dalla valida conduzione familiare sita all'inizio del paese. Non preoccupatevi del benzinaio proprio davanti: qui l'ospitalità è un punto fermo!

Veneziano

contrada Arena, strada statale 120 km 187, Est : 2 km – ✆ 09 57 99 13 53 – www.ristoranteveneziano.it – Chiuso domenica sera in inverno e lunedì
Carta 19/41 €
Sono i funghi i padroni assoluti della cucina, che qui, alle pendici dell'Etna, si trovano con facilità. Piatti della tradizione, quindi, e un servizio familiare serio ed efficiente.

Le Delizie – Hotel Scrivano

via Bonaventura 2 – ✆ 0 95 92 11 26 – www.hotelscrivano.com
Menu 15/25 € – Carta 19/36 €
Tortello di grano saraceno farcito di melanzane in salsa di mandorle o falsomagro di suino nero dei Nebrodi con verdurine spontanee?... Solo un'idea delle tante "delizie" siciliane da gustare in questo tipico ristorante.

RANZANICO

Bergamo (BG) – ✉ 24060 – 1 242 ab. – Alt. 519 m – Carta regionale n° **19-D1**
▶ Roma 622 km – Bergamo 30 km – Brescia 62 km – Milano 94 km
Carta stradale Michelin 561-E11

Pampero

via Nazionale 229 – ✆ 0 35 81 13 04 – www.ristorantepampero.com – Chiuso 15-31 gennaio, martedì a mezzogiorno e lunedì
Menu 35/65 € – Carta 38/81 € – (consigliata la prenotazione)
Cucina prevalentemente a base di pesce con piatti elaborati in chiave moderna, in una piacevolissima struttura ubicata lungo la statale del piccolo e suggestivo lago di Endine. Ad introdurre gli ospiti, un bel giardino con prato all'inglese.

RANZO

Imperia (IM) – ✉ 18020 – 556 ab. – Alt. 300 m – Carta regionale n° **14-A2**
▶ Roma 604 km – Imperria 32 km – Genova 104 km – Savona 58 km
Carta stradale Michelin 561-J6

Il Gallo della Checca

località Ponterotto 31, Est : 1 km – ✆ 01 83 31 81 97 – www.gallochecca.ory.it – Chiuso lunedì
Menu 45 € – Carta 38/82 € – (consigliata la prenotazione)
Ristorante-enoteca che offre interessanti proposte gastronomiche sull'onda di una cucina prevalentemente regionale. In sala bottiglie esposte ovunque: cantina di buon livello.

RAPALLO

Genova (GE) – ✉ 16035 – 29 214 ab. – Carta regionale n° **15-C2**
▶ Roma 479 km – Genova 33 km – Massa 96 km – La Spezia 81 km
Carta stradale Michelin 561-I9

Excelsior Palace Hotel

via San Michele di Pagana 8 – ☎ *01 85 23 06 66* Pianta : A2**d**
– *www.excelsiorpalace.it*
123 cam – 126/594 € 154/739 € – **6 suites**
Rist – Carta 57/101 € – *(chiuso domenica e lunedì da giugno a settembre) (solo a cena giugno-settembre)*
Rist *Eden Roc Lounge & Restaurant* – Menu 60 € (cena)/110 € – Carta 55/92 € – *(aperto 1° giugno-30 settembre; chiuso le sere di martedì, mercoledì e giovedì)* (consigliata la prenotazione)
Un "grande" albergo: non solo per le sue dimensioni, ma in quanto punto di riferimento per il bel mondo internazionale, splendida cornice per vacanze in ambienti eleganti ed accoglienti, nelle raffinate camere o nelle splendide suite sul mare. La proposta culinaria dispone di due ristoranti e altrettanti bar, un'area relax con piscine, nonché gazebo per massaggi all'aria aperta.

Grand Hotel Bristol

rist,

via Aurelia Orientale 369, 1,5 km per La Spezia - *B2*
– ☎ *01 85 27 33 13* – *www.grandhotelbristol.it*
83 cam – 75/150 € 144/360 € – **6 suites**
Rist *Le Cupole* – vedere selezione ristoranti
Rist – Carta 50/88 € – *(solo a pranzo)*
Storico albergo frontemare - rinnovato in anni recenti - con ambienti comuni moderni, camere spaziose ed un iper moderno centro benessere.

Riviera
piazza 4 Novembre 2 – ✆ 0 18 55 02 48 Pianta : A1**r**
– www.hotelrivierarapallo.com – Chiuso 1° novembre-15 dicembre
20 cam – 75/135 € 85/175 € – **3 suites**
Rist *Il Gambero* – vedere selezione ristoranti
Struttura d'epoca, completamente rinnovata, affacciata sul mare, dotata di ampi e luminosi ambienti. Buon livello delle camere e del servizio.

L'Approdo senza rist
via Pagana 160, località San Michele di Pagana, per S. Margherita Ligure - A2 – ✆ 01 85 23 45 68 – www.approdohotel.it – Aperto 15 aprile-15 ottobre
32 cam – 74/150 € 88/180 €
Ambienti moderni e camere minimaliste in una struttura dalla seria ed affidabile gestione familiare. Il panorama dalle stanze dell'ultimo piano non delude mai!

Delle Rose cam,
via Aurelia Levante 65, 1 km per La Spezia - B2 – ✆ 0 18 55 07 36
– www.hoteldelleroserapallo.it – Chiuso 3 settimane in novembre
10 cam – 35/140 € 40/200 €
Rist – Carta 29/85 € – *(Chiuso lunedì e martedì) (solo a cena)* (prenotazione obbligatoria)
Villino dei primi '900 trasformato in un piccolo albergo a conduzione diretta: la cura e le piccole attenzioni si esprimono anche al ristorante, dove la cucina è curata dallo stesso titolare.

Le Cupole – Grand Hotel Bristol
via Aurelia Orientale 369, 1,5 km per La Spezia - B2 – ✆ 01 85 27 33 13
– www.grandhotelbristol.it
Menu 50/70 € – Carta 52/94 €
Se leggendo il nome di questo ristorante, immaginate un roof garden con vista mozzafiato sul Promontorio di Portofino: ebbene, avete indovinato! Al decimo piano del Grand Hotel Bristol, la cucina abbraccia tutto lo Stivale, ma riserva un occhio di riguardo alle specialità regionali. Imperdibili: i tortelli di Preboggion (erbe tipiche locali) su crema di Vaise con spuma di noci.

Il Gambero – Hotel Riviera
piazza IV Novembre 2 – ✆ 0 18 56 56 68 Pianta : A1**r**
– www.ristoranteilgambero.it – Chiuso 1° novembre-15 dicembre
Menu 25 € (in settimana)/55 € – Carta 32/70 €
Se il tempo è mite, non perdetevi la bella terrazza con vista sul Golfo, ma anche nell'elegante sala interna l'appuntamento è - comunque - con un'ampia scelta tra i piatti della migliore tradizione italiana e ligure con predilezione per il pesce. La carta dei vini annovera più di 100 etichette.

RAPOLANO TERME

Siena (SI) – ✉ 53040 – 5 121 ab. – Alt. 334 m – Carta regionale n° **32**-C2
Roma 202 km – Siena 27 km – Arezzo 48 km – Firenze 96 km
Carta stradale Michelin 563-M16

2 Mari
via Giotto 1, località Bagni Freddi – ✆ 05 77 72 40 70 – www.hotel2mari.com
– Chiuso 3 giugno-8 luglio
57 cam – 56/80 € 78/116 €
Rist – Carta 24/43 €
Ambienti accoglienti e funzionali in questo hotel dalla capace gestione familiare. All'esterno un bel giardino custodisce la piscina, mentre nel centro benessere si usano prodotti home made. Menu regionali presso la luminosa sala ristorante.

Terme San Giovanni cam,

località Terme San Giovanni 52, Sud : 1 km – ✆ 05 77 72 40 30 – www.termesangiovanni.it – Chiuso 15 giorni in settembre

57 cam – 65/75 € 130/170 € **Rist** – Menu 20/50 €

Un ampio parco termale e curati giardini fanno da cornice a questo confortevole hotel, che dispone di belle camere arredate con gusto contemporaneo. Al ristorante i menu spaziano dalla tradizione all'innovazione.

Villa Buoninsegna senza rist

località La Buoninsegna, Sud-Est : 5 km – ✆ 05 77 72 43 80 – www.buoninsegna.com – Aperto 15 marzo-7 novembre

9 cam – 80/95 € 110/120 €

Una poderosa villa del 1600 al centro di una vastissima proprietà, le cui ampie camere - arredate con mobili antichi - si affacciano sul salone del piano nobile. La struttura dispone di due piscine all'aperto e di vasti percorsi per escursioni.

Davide Canella

via Finimondo, località Armaiolo, Nord : 2 km – ✆ 05 77 72 52 51 – www.davidecanella.it – Chiuso 1°-22 dicembre e lunedì; 1° novembre-15 marzo anche domenica sera

Menu 38/45 € – Carta 35/61 €

Nel centro di una caratteristico paesino, ambiente contemporaneo ricavato da antiche cantine e cucina che valorizza il territorio in leggera chiave moderna.

RASEN ANTHOLZ = RASUN ANTERSELVA

RASUN ANTERSELVA (RASEN ANTHOLZ)

Bolzano (BZ) – ✉ 39030 – 2 835 ab. – Alt. 1 030 m – Carta regionale n° **34-C1**

Roma 728 km – Cortina d'Ampezzo 50 km – Bolzano 87 km – Brunico 13 km

Carta stradale Michelin 562-B18

a Rasun Alt. 1 030 m – ✉ 39030

Alpenhof rist,

a Rasun di Sotto 123 – ✆ 04 74 49 64 51 – www.hotel-alpenhof.info – Aperto 6 dicembre-12 aprile e 22 maggio-1° novembre

32 cam – 118/256 € 118/256 € – **5 suites** **Rist** – Carta 29/50 €

Piacevole hotel che nasce dall'unione di una casa ristrutturata e di un'ala più moderna, offre camere ed ambienti comuni piacevoli, connotati da spunti di eleganza. E' possibile cenare presso caratteristiche stube o nella calda sala con soffitto in legno.

ad Anterselva di Mezzo Alt. 1 100 m – ✉ 39030

Santéshotel Wegerhof cam,

ad Anterselva di Mezzo, via Centrale 15 – ✆ 04 74 49 21 30 – www.santeshotel.it – Aperto 24 dicembre-Pasqua e 1° maggio-31 ottobre

26 cam – 80/120 € 112/174 € – **2 suites**

Rist – Menu 30/45 € – *(solo per alloggiati)*

Rist *Peter's Stube* – Carta 30/73 €

Struttura caratterizzata da una gestione attenta, capace di mantenersi sempre al passo coi tempi. Grande considerazione per le esigenze dei "grandi" come dei più piccoli. Piccola e intima stube per apprezzare una genuina cucina del territorio.

RASTIGNANO → Vedere Pianoro

Bologna (BO)

RATSCHINGS = RACINES

RAVALLE → Vedere Ferrara

Ferrara (FE)

RAVASCLETTO

Udine (UD) – ✉ 33020 – 558 ab. – Alt. 950 m – Carta regionale n° **10-B1**

Roma 712 km – Udine 67 km – Milano 457 km – Monte Croce Carnico 28 km

La Perla

via Santo Spirito 43 – ✆ 0 43 36 60 39 – www.hotellaperla-carnia.it – Chiuso aprile e novembre

35 cam – †49/70 € ††86/126 € **Rist** – Carta 27/54 €

Ottima gestione, giunta ormai alla terza generazione: l'albergo si segnala per la completezza dei servizi che comprendono - oltre al centro benessere - anche la ristorazione, curata e con ampio spazio dedicato alle golosità della Carnia.

RAVELLO

Salerno (SA) – ✉ 84010 – 2 452 ab. – Alt. 350 m – Carta regionale n° **6-B2**

Roma 276 km – Napoli 59 km – Amalfi 6 km – Salerno 29 km

Carta stradale Michelin 564-F25

Caruso

piazza San Giovanni del Toro 2 – ✆ 0 89 85 88 01 – www.belmond.com/hotelcaruso.com – Aperto inizio aprile-inizio novembre

50 cam – †528/660 € ††715/1320 € – **8 suites**

Rist *Belvedere* – vedere selezione ristoranti

Vivere tra cielo e mare, succede nell'incantevole Ravello, così accade al Caruso, abbarbicato com'è nella parte alta della località, fa del panorama a strapiombo sulla costiera amalfitana il proprio dna: camere perfette, infinity pool e moderno centro benessere.

Palazzo Avino

via San Giovanni del Toro 28 – ✆ 0 89 81 81 81 – www.palazzoavino.com – Aperto 1° aprile-25 ottobre

43 cam – †400/700 € ††400/700 € – **11 suites**

Rist *Rossellinis* ✿ – vedere selezione ristoranti

Rist *Caffè dell'Arte* – Carta 57/95 €

Senza dubbio uno dei migliori alberghi della costiera: grande eleganza e servizio di livello eccellente. Ambienti comuni raffinati, stanze perfette, panorama mozzafiato. Leggere proposte culinarie al Caffè dell'Arte, da gustare in una distinta saletta o in terrazza.

Villa Cimbrone

via Santa Chiara 26 – ✆ 0 89 85 74 59 – www.villacimbrone.com – Aperto 20 aprile-31 ottobre

17 cam – †320/720 € ††360/750 € – **2 suites**

Rist *Il Flauto di Pan* ✿ – vedere selezione ristoranti

Rist – Carta 68/111 € – *(solo a cena)*

Dimora patrizia del XII sec e hotel di lusso: due anime per una villa che offre intense suggestioni, sia per la posizione - su un costone dominante il mare - sia per lo spessore della sua storia.

Villa Fraulo

via S. Giovanni del Toro 6 – ✆ 0 89 85 82 83 – www.villafraulo.com – Aperto 1° aprile-3 novembre

21 cam – †135/199 € ††169/249 € – **5 suites** **Rist** – Carta 40/83 €

Si presenta con luminose camere di taglio signorile e contemporaneo, tutte con bella vista, questa deliziosa risorsa con terrazza-ristorante e cucina del territorio.

Rufolo

via San Francesco 1 – ✆ 0 89 85 71 33 – www.hotelrufolo.it

35 cam – †185/245 € ††235/350 €

Rist *Sigilgada* – vedere selezione ristoranti

Nel centro storico con panorama sul golfo e sulla Villa Rufolo, la struttura dispone di camere curate e di una bella piscina inserita nell'ampio giardino.

Villa Maria
via Santa Chiara 2 – ✆ 0 89 85 72 55 – www.villamaria.it
23 cam – 170/200 € 200/245 € **Rist** – Carta 37/73 €
Struttura signorile ubicata in una zona tranquilla del paese e raggiungibile soltanto a piedi (il parcheggio è molto vicino). Dotata di un'elegante zona soggiorno comune. Servizio ristorante estivo sotto un pergolato con una stupefacente vista di mare e costa.

Giordano senza rist
via Trinità 14 – ✆ 0 89 85 72 55 – www.giordanohotel.it – Aperto 1° aprile-31 ottobre
32 cam – 145/170 € 165/190 €
A pochi passi dalla piazza, nella direzione di Villa Cimbrone, facilmente raggiungibile in auto e dotato di parcheggio. Camere sobrie e funzionali, grazioso giardino.

Graal cam, rist,
via della Repubblica 8 – ✆ 0 89 85 72 22 – www.hotelgraal.it
43 cam – 100/275 € 130/300 €
Rist *Al Ristoro del Moro* – ✆ 0 89 85 79 01 – Carta 31/76 € – *(Aperto 1° aprile-31 ottobre)* (consigliata la prenotazione)
Vicino al centro storico, in posizione tale da regalare una splendida vista sul golfo, questa bella struttura - costantemente sottoposta a lavori di rinnovo - dispone di camere di varia tipologia. Sapori campani nella luminosa sala ristorante dalle ampie vetrate.

Rossellinis – Hotel Palazzo Avino
via San Giovanni del Toro 28 – ✆ 0 89 81 81 81 – www.palazzoavino.com – Aperto 1° aprile-25 ottobre
Menu 90/140 € – Carta 92/141 € – *(solo a cena)* (consigliata la prenotazione)
Elegante e sofisticato nelle sale interne, ma l'appuntamento imperdibile è con la terrazza estiva affacciata su uno degli scorci più suggestivi della costiera amalfitana: tra mare e monti sembra veramente di spiccare il volo. Cucina tecnica ed elaborata, innamorata del territorio e dei prodotti campani.
➜ Calamarata: anelli di patate con ragù di totani, zucchine in marinata, spuma di provola affumicata e olio al basilico. Filetto di San Pietro in crosta di olive e lardo. Biscotto agli agrumi con mousse ai formaggi dolci.

Belvedere – Hotel Caruso
piazza San Giovanni del Toro 2 – ✆ 0 89 85 88 01 – www.hotelcaruso.com – Aperto inizio aprile-inizio novembre
Carta 75/123 €
Tonnarelli con ragù di Bufala e pesto di limone della Costiera, Pezzogna ai pomodorini di Corbara, e per i più golosi Pasticciotto napoletano con gelato al latte di mandorla: tutto questo dove? Sulla spettacolare terrazza affacciata sul Mediterraneo o nell'elegante sala interna, quando il clima è un po' più rigido.

Il Flauto di Pan – Hotel Villa Cimbrone
via Santa Chiara 26 – ✆ 0 89 85 74 59 – www.villacimbrone.com – Aperto 20 aprile-31 ottobre
Menu 85/125 € – Carta 67/114 € – *(solo a cena)*
Come rapita dal canto delle sirene, la cucina si lascia cullare dal mare, non scevra di prodotti e colori campani; all'interno di uno straordinario parco a strapiombo sul mare, la terrazza estiva del ristorante è uno degli angoli più romantici della costiera.
➜ Carpaccio di dentice con gelato ai lamponi e ricotta di bufala. Costolette d'agnello ai pistacchi di Bronte con miele di castagne e flan di pomodori. Pastiera in tre consistenze.

Sigilgada – Hotel Rufolo
via San Francesco 1 – ✆ 0 89 85 71 33 – www.hotelrufolo.it – Aperto 31 marzo-1° novembre
Carta 43/77 €
E' la costiera, insieme alla cucina campana, la protagonista del ristorante, che con la sua terrazza-veranda permette di cenare tra cielo e mare. Pescato del golfo.

sulla costiera amalfitana Sud : 6 km :

Marmorata

via Bizantina 3, località Marmorata ✉ 84010 – ✆ 0 89 87 77 77 – www.marmorata.it – Aperto 1° aprile-31 ottobre

40 cam – 135/255 € 150/270 €

Rist *L'Antica Cartiera* – Menu 29/39 € – Carta 30/115 €

Arroccato sugli scogli, ma con discesa privata a mare, albergo ricavato dall'abile ristrutturazione di un'antica cartiera: arredi in stile vecchia marina e deliziosa piscina con idromassaggio. Cucina mediterranea e specialità ittiche nella sala ristorante o sulle terrazze con lo sciabordio delle onde come sottofondo.

Villa San Michele

via Carusiello 2 ✉ 84010 – ✆ 0 89 87 22 37 – www.hotel-villasanmichele.it – Aperto 6 marzo- 2 novembre

12 cam – 80/150 € 100/170 €

Rist – Menu 26/80 € – *(solo per alloggiati)*

Hotel letteralmente affacciato sul mare, a ridosso degli scogli, inserito in un verde giardino. In perfetta armonia con la natura: per un soggiorno dalle forti emozioni.

RAVENNA

154 288 ab. – Carta regionale n° 9-D2
Roma 352 km – Bologna 76 km – Ferrara 92 km – Rimini 66 km
Carta stradale Michelin 562-I18

© Baviera Guideo / Sime / Photononstop

Alberghi

Palazzo Bezzi senza rist
via Di Roma 45 ✉ 48121 – ✆ 0 54 43 69 26 – www.palazzobezzi.it Pianta : B1-2**p**
32 cam – 49/299 € 49/299 €
A due passi dal centro, adiacente la Basilica di Sant'Apollinare Nuovo, l'albergo si apre su interni di moderna eleganza, con parquet e arredi in wengè nelle camere dalle tinte sobrie. All'ultimo piano, una piccola terrazza-solarium panoramica.

Grand Hotel Mattei
via Mattei 25, 3 km per Bologna - AB1 ✉ 48122 – ✆ 05 44 45 59 02 – www.grandhotelmattei.com
112 cam – 79/109 € 89/149 € – **12 suites** **Rist** – Carta 34/65 €
La proverbiale cordialità romagnola in una struttura di moderna concezione con buone installazioni ed ottime camere di ampia metratura. Il tutto nell'imperante stile design minimalista.

NH Ravenna rist, rist,
piazza Mameli 1 ✉ 48121 – ✆ 0 54 43 57 62 – www.nh-hotels.com Pianta : B1**c**
80 cam – 70/185 € 72/210 € – **4 suites**
Rist – Carta 32/62 € – *(solo a cena in autunno-invermo)*
Nel centro storico della città - a due passi da monumenti importanti, come la Basilica di San Giovanni Evangelista e quella di San Vitale - l'hotel propone camere moderne, due ampie sale meeting, nonché sapori romagnoli al ristorante.

Bisanzio senza rist
via Salara 30 ✉ 48121 – ✆ 05 44 21 71 11 – www.bisanziohotel.com Pianta : A1**f**
38 cam – 86/116 € 99/180 €
Nei pressi della Basilica di San Vitale e del Mausoleo di Galla Placidia, un albergo con marmi e lampadari di Murano nella hall, nonchè camere lineari, complete nei servizi.

S. Andrea senza rist
via Cattaneo 33 ✉ 48121 – ✆ 05 44 21 55 64 – www.santandreahotel.com – Aperto 1° marzo-31 ottobre Pianta : A1**d**
12 cam – 70/80 € 89/99 € – **1 suite**
Ex convento di origine secentesca, ha conservato l'atmosfera tranquilla acquisendo un tono familiare più da casa privata che da albergo. Piccolo giardino, grande oasi.

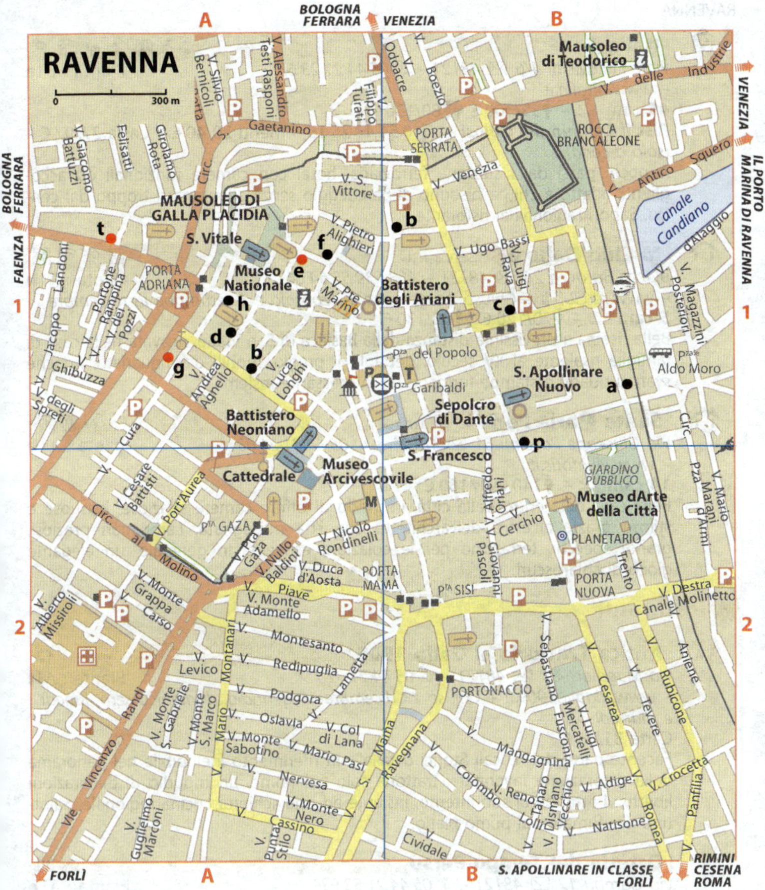

Diana senza rist

via G. Rossi 47 ✉ *48121 –* ✆ *0 54 43 91 64* Pianta : B1**b**
– www.hoteldiana.ra.it

33 cam – 52/72 € 74/104 €

In centro città, hotel gestito con professionalità e gran simpatia dal signor Filippo: colazione nella luminosa veranda e camere di diverse metrature, tutte confortevoli. I patrimoni dell'Unesco sono vicinissimi.

Cube senza rist

via Luigi Masotti 2, 2 km per via Maggiore ✉ *48124 –* ✆ *05 44 46 46 91*
– www.hotelcube.net

80 cam – 69/250 € 69/290 €

Nella città dei mosaici, una struttura moderna con camere spaziose, dotate di comode scrivanie per utilizzare agevolmente il computer, ma perfettamente insonorizzate per garantire sonni tranquilli. Confort al cubo!

Un esercizio evidenziato in rosso enfatizza il fascino della struttura.

Italia rist,
viale Pallavicini 4/6 ✉ 48121 – ✆ 05 44 21 23 63 Pianta : B1**a**
– www.hitalia.it
45 cam – 55/100 € 80/130 €
Rist *Il Cerchio dei Golosi* – ✆ 0 54 43 25 18 – Menu 20/40 € – Carta 27/97 € – *(solo a cena)*
A pochi passi dalla stazione ferroviaria, hotel con camere funzionali ed accoglienti, adatto a chi ha bisogno di parcheggio senza allontanarsi troppo dal centro. Sapori regionali al ristorante.

M Club Deluxe senza rist
piazza Baracca 26 ✉ 48121 – ✆ 33 39 55 64 66 Pianta : A1**h**
– www.m-club.it – Chiuso 2 settimane in febbraio e 3 settimane in novembre
5 cam – 70/120 € 80/130 €
Bella risorsa a brevissima distanza dalla Basilica di San Vitale, ricavata nella casa di famiglia risalente al XV secolo: dettagli di pregio, mobili d'antiquariato, nonché svariati quadri e stampe formano un interessante insieme.

Santa Maria Foris senza rist
Via Giuseppe Pasolini 61 ✉ 48121 – ✆ 05 44 21 21 63 Pianta : A1**b**
– www.villaforis.it
14 cam – 140 € 160 €
Bella casa nel centro della città, in grado di offrire camere spaziose, lussuose e stilose grazie all'estro dell'architetto che l'ha ridisegnata. Lampadari preziosi, grandi specchi, terrazzino per le colazioni estive e, in generale, un elegante gioco di chiaroscuri.

Ristoranti

Antica Trattoria al Gallo 1909
via Maggiore 87 ✉ 48121 – ✆ 05 44 21 37 75 Pianta : A1**t**
– www.algallo1909.it – Chiuso 23 dicembre-10 gennaio, domenica sera, lunedì e martedì
Carta 31/46 €
Facente parte dei "Locali Storici d'Italia", un riferimento ineludibile nel panorama della ristorazione ravennate: trattoria solo nel nome, un tripudio di decorazioni liberty vi attende al suo interno, insieme ad una schietta cucina regionale. Salottino per fumatori al primo piano.

Osteria del Tempo Perso
via Gamba 12 ✉ 48121 – ✆ 05 44 21 53 93 Pianta : A1**e**
– www.osteriadeltempoperso.it
Carta 32/56 € – *(solo a cena escluso sabato, domenica e giorni festivi)*
Insospettabile cucina di mare in un piccolo ristorante del centro dall'ambiente rustico personalizzato con luci soffuse, sottofondo jazz, tanti libri, bottiglie di vino, foto in bianco e nero.

L'Acciuga
viale Francesco Baracca, 74 ✉ 48121 – ✆ 05 44 21 27 13 Pianta : A1**g**
– www.osterialacciuga.it – Chiuso 1 settimana in agosto
Carta 27/58 €
Il nome lascia intuire la linea di cucina del locale: di mare, con una doppia formula. A pranzo c'è la carta, mentre - la sera - si propone un singolo menu degustazione arricchito da alcune alternative. Sempre presenti, le ottime acciughe!

a San Michele Ovest : 8 km – ✉ 48124 Ravenna

Osteria al Boschetto
via Faentina 275 – ✆ 05 44 41 43 12 – Chiuso 25 agosto-10 settembre e giovedì
Carta 39/81 €
Non lontano dal casello autostradale di S. Vitale, all'interno di una palazzina d'inizio '900, locale assai gradevole con due salette disposte su due piani ed un fresco dehors estivo. Cucina di varia ispirazione.

a Ragone Sud-Ovest : 15 km – ✉ 48125

Flora

via Ragone 104 – ✆ 05 44 53 40 44 – Chiuso 11-31 agosto e mercoledì sera
Menu 10 € (in settimana) – Carta 18/39 €
Se cercate gli autentici sapori romagnoli, questa è la porta a cui bussare: coniglio e faraona arrosto, cappelletti di formaggio in brodo, nonché casadelli, sono tra gli imperdibili di questa semplice trattoria.

RAVINA → Vedere Trento
Trento (TN)

RECANATI
Macerata (MC) – ✉ 62019 – 21 423 ab. – Alt. 293 m – Carta regionale n° **21-C2**
Roma 288 km – Ancona 37 km – Macerata 22 km – Fermo 49 km
Carta stradale Michelin 563-L22

Gallery Hotel Recanati

via Falleroni 85 – ✆ 0 71 98 19 14 – www.ghr.it
52 cam – †55/99 € ††89/139 € – **16 suites**
Rist – Carta 24/43 € – *(solo a cena)*
Nato dall'accurato restauro di un seicentesco palazzo nobiliare del centro storico (in seguito diventato seminario e scuola), un hotel che coniuga modernità e recupero di parti storiche.

RECCO
Genova (GE) – ✉ 16036 – 9 957 ab. – Carta regionale n° **15-C2**
Roma 485 km – Genova 28 km – La Spezia 88 km – Portofino 20 km
Carta stradale Michelin 561-I9

La Villa

via Roma 296 – ✆ 01 85 72 07 79 – www.manuelina.it
23 cam – †50/120 € ††70/180 €
Rist *Manuelina* – vedere selezione ristoranti
Non manca nulla a questa villa d'epoca in tipico stile genovese: piscina, solarium, belle camere. New entry: il simpatico negozietto dove acquistare prodotti tipici locali.

Da ö Vittorio con cam — cam, cam,

via Roma 160 – ✆ 0 18 57 40 29 – www.daovittorio.it
29 cam – †40/100 € ††60/120 € Menu 22/40 € – Carta 17/65 €
Piatti liguri e specialità ittiche in uno dei Locali Storici d'Italia composto da due piacevoli sale: una di tono rustico-elegante, l'altra più sobria. Settore notte con camere di taglio classico nel corpo principale, in stile e moderne nella dépendance.

Manuelina – Hotel La Villa

via Roma 296 – ✆ 0 18 57 41 28 – www.manuelina.it – Chiuso mercoledì
Menu 22/60 € – Carta 43/87 €
Sono pochi i locali che possono competere con la lunga tradizione gastronomica di Manuelina: più di 125 anni di cucina ligure, ricerca di ricette che seguono le stagioni, rivalutazione dei prodotti autoctoni e scrupolosa selezione delle materie prime. Difficile stargli al passo!

RECOARO TERME
Vicenza (VI) – ✉ 36076 – 6 645 ab. – Alt. 450 m – Carta regionale n° **39-B2**
Roma 574 km – Verona 74 km – Vicenza 44 km – Trento 75 km
Carta stradale Michelin 562-E15

Trettenero rist,
via Vittorio Emanuele 16/E – 04 45 78 03 80 – www.hoteltrettenero.it
58 cam – 50/70 € 95/115 € – **1 suite**
Rist – Carta 43/60 € – *(solo a cena escluso in estate)* (consigliata la prenotazione)
Sorto all'inizio dell'Ottocento, prende il nome dal suo fondatore. Si distingue per l'originalità dei decori, per gli ampi spazi a disposizione e per il piccolo parco. Molto capiente la sala da pranzo: colpisce per l'altezza del soffitto e per le decorazioni.

RECORFANO → Vedere Voltido

Cremona (CR)

REDAGNO (RADEIN)

Bolzano (BZ) – 39040Alt. 1 566 m – Carta regionale n° **34**-D3
Roma 645 km – Bolzano 45 km – Belluno 108 km – Trento 61 km
Carta stradale Michelin 562-C16

Zirmerhof
via Oberradein 59 – 04 71 88 72 15 – www.zirmerhof.com – Aperto 1° maggio-7 novembre
40 cam – 87/143 € 218/360 € – **6 suites**
Rist *Stube 1600* – vedere selezione ristoranti
Rist – Carta 39/67 € – (consigliata la prenotazione)
Albergo di tradizione ricavato da un antico maso tra i pascoli: un'oasi di pace con bella vista su monti, arredi d'epoca e quadri antichi. Tre curatissimi chalet (da prenotare con debito anticipo) per un soggiorno da favola!

Berghofer rist,
via Oberradein 54 – 04 71 88 71 50 – www.berghofer.it – Aperto 21 maggio-12 ottobre
14 suites – 160/219 € 330/390 € **Rist** – Carta 44/64 €
Solo suite, contraddistinte dai nomi delle montagne che si scorgono da questa panoramica e tranquilla struttura, per garantire agli ospiti una dimensione di assoluto relax. Piatti tradizionali della cucina altoatesina sono serviti al ristorante e nella quattrocentesca stube gotica.

Stube 1600 – Hotel Zirmerhof
via Oberradein 59 – 04 71 88 72 15 – www.zirmerhof.com – Aperto 1° maggio-7 novembre; chiuso giovedì
Carta 40/73 € – *(solo a cena)* (prenotazione obbligatoria)
La tipica stube fatta di legni antichi si è trasformata in piccolo ristorante, la Stube 1600: data d'origine della costruzione, ma anche altitudine della casa. Cucina tradizionale, con tanti ingredienti coltivati in loco, ed un imperdibile Gewurztraminer "Pinus" di propria produzione.

REGGELLO

Firenze (FI) – 50066 – 16 272 ab. – Alt. 390 m – Carta regionale n° **32**-C1
Roma 250 km – Firenze 38 km – Siena 69 km – Arezzo 58 km
Carta stradale Michelin 563-K16

a Pietrapiana Nord : 3,5 km – 50066

Archimede
strada per Vallombrosa – 0 55 86 90 55 – www.ristorantearchimede.it
19 cam – 60/80 € 80/95 €
Rist *Da Archimede* – vedere selezione ristoranti
In collina, nel verde, è un albergo in pietra a gestione familiare, semplice, ma confortevole e pulito, ideale per respirare l'aria di campagna.

Da Archimede – Hotel Archimede
strada per Vallombrosa – 05 58 66 75 00 – www.ristorantearchimede.it
Menu 20/40 € – Carta 20/46 €
Qui non manca lo spazio: ci sono infatti tanti coperti, ma anche tanta simpatica accoglienza toscana e una cucina regionale in sale rustiche con ampio assortimento di carne o trote alla griglia tra i secondi.

a Vaggio Sud-Ovest : 5 km – ✉ 50066

Villa Rigacci
via Manzoni 76 – ✆ 05 58 65 67 18 – www.villarigacci.it – Aperto 15 marzo-8 novembre
24 cam ☕ – †75/95 € ††100/165 € – **4 suites**
Rist *Relais le Vieux Pressoir* – vedere selezione ristoranti
Incantevole villa di campagna quattrocentesca - immersa nel verde - dispone di camere confortevoli, recentemente ristrutturate. Un luogo ideale per trascorrere un indimenticabile soggiorno nell'amena terra toscana.

Relais le Vieux Pressoir – Hotel Villa Rigacci
via Manzoni 76 – ✆ 05 58 65 67 18 – www.villarigacci.it – Aperto 15 Aprile-15 novembre
Menu 26/38 € – Carta 24/38 € – *(solo a cena escluso giugno-agosto)*
I rustici spazi, un tempo adibiti a magazzino, ospitano oggi la vera cucina toscana: carni, affettati e verdure, provenienti - principalmente - da macellai ed aziende locali.

a San Donato Fronzano Nord : 4,5 km – ✉ 50066

Agriturismo Podere Picciolo cam, rist,
via Picciolo 72 – ✆ 05 58 65 21 65 – www.agriturismopoderepicciolo.com – Chiuso 7 gennaio-29 marzo
6 cam ☕ – †65/90 € ††80/138 €
Rist – Menu 25/50 € – *(chiuso luglio e agosto) (solo a cena) (solo per alloggiati)*
In un pittoresco casale cinquecentesco immerso nella campagna toscana, le camere s'ispirano ad antichi mestieri, proponendo - così come gli ambienti comuni - un'atmosfera di grande serenità domestica.

REGGIO DI CALABRIA

180 686 ab. – Carta regionale n° **5-A3**
Roma 706 km – Lamezia Terme 129 km – Vibo Valentia 98 km
Carta stradale Michelin 564-M28

Grand Hotel Excelsior rist, rist,
via Vittorio Veneto 66 ✉ 89123 – ✆ 09 65 81 22 11 – www.grandhotelexcelsiorrc.it Pianta : B1**c**
84 cam ☕ – †79/250 € ††99/340 € – **8 suites**
Rist *Galà* – Carta 31/58 €
In pieno centro, ma comodamente vicino al lungomare, un punto di riferimento nel panorama alberghiero locale: confort e dotazioni all'altezza del nome! All'ultimo piano, spettacolare vista sullo stretto dal ristorante Galà.

è Hotel cam,
via Giunchi 6 ✉ 89121 – ✆ 09 65 89 30 00 – www.ehotelreggiocalabria.it Pianta : B1**b**
50 cam ☕ – †110/190 € ††130/240 € – **2 suites**
Rist – Carta 23/91 € – *(chiuso i mezzogiorno di lunedì e venerdì)*
In centro e al tempo stesso sul mare, nuova struttura dal design contemporaneo con vocazione business, ma non solo. Cucina fusion-mediterranea nel ristorante panoramico affacciato sullo stretto, che regala la sensazione di essere sulla prua di una nave.

Il Fiore del Cappero
via Zaleuco 7 ✉ 89125 – ✆ 0 96 52 09 55 – Chiuso domenica Pianta : A2**a**
Menu 32/56 € – Carta 28/52 € – *(solo a cena in agosto)*
Alle spalle della bella Villa Zerbi, un ristorante accogliente dall'arredo classico e dal servizio attento, dove gustare specialità sicilane-eoliane e piatti di pesce.

Baylik

vico Leone 1, per Villa San Giovanni - B1 ✉ *89122 – ✆ 0 96 54 86 24 – www.baylik.it – Chiuso 1 settimana in luglio*

Menu 25/28 € – Carta 22/53 €

Alla periferia della località, da oltre sessant'anni questo locale continua a deliziare i clienti con piatti prevalentemente di pesce. Tra i più gettonati: la carbonara di mare.

a Pellaro Sud : 8 km – ✉ 89134

La Lampara

lungomare Pellaro – ✆ 09 65 35 95 90 – www.hotel-lampara.com

23 cam – †60/80 € ††80/100 €

Rist *Alle Cantine della Lampara* – vedere selezione ristoranti

Sul lungomare con vista sullo stretto e Sicilia, camere ampie e confortevoli in un edificio d'epoca totalmente ristrutturato: per chi volesse abbronzarsi senza scendere in spiaggia, recentemente è stato allestito un grazioso solarium.

Alle Cantine della Lampara – Hotel La Lampara

lungomare Pellaro – ✆ 09 65 35 95 90 – www.allecantinedellalampara.com – Chiuso lunedì escluso luglio-agosto

Carta 28/42 €

Una romantica terrazza affacciata sullo Ionio, l'elegante patio, ma anche nuovi spazi di cui il locale si è arricchito dopo la recente ristrutturazione. E per quanto concerne la tavola? Sfiziose ricette calabresi e piatti che variano con l'alternarsi delle stagioni.

REGGIOLO

Reggio nell'Emilia (RE) – ✉ 42046 – 9 140 ab. – Alt. 20 m – Carta regionale n° **8-B1**
Roma 442 km – Bologna 85 km – Mantova 40 km – Reggio nell'Emilia 33 km
Carta stradale Michelin 562-H14

Villa Nabila senza rist
via Marconi 4 – ✆ 05 22 97 31 97 – www.hotelvillanabila.it – Chiuso 1°-6 gennaio e 9-30 agosto
19 cam – 50/60 € 80/100 €
Villa di fine Settecento dall'insieme curato, di taglio moderno, ma con un notevole rispetto per gli elementi architettonici originali. Gestione giovane e brillante.

Hotel dei Gonzaga senza rist
strada Pietro Malagoli 5 – ✆ 05 22 97 47 37 – www.hoteldeigonzaga.it – Chiuso 23 dicembre-3 gennaio e 7-17 agosto
33 cam – 50/65 € 80/101 €, 8 €
A pochi passi dal centro, hotel dalla calda atmosfera: reception spaziosa -impreziosita da pavimenti in marmo - camere moderne e ben accessoriate. Piccolo servizio bistrot.

verso Gonzaga Nord-Est : 3,5 km :

Trattoria al Lago Verde
via Caselli 24 ✉ 42046 – ✆ 05 22 97 35 60 – www.trattoriaallagoverde.it – Chiuso domenica sera e lunedì
Carta 25/32 €
Dove assaggiare degli ottimi tortelli di zucca se non in questa trattoria di campagna, in posizione isolata e tranquilla? L'ambiente è molto accogliente e la cucina si fa apprezzare per la propria genuinità.

verso Guastalla Ovest : 3 km

Villa Montanarini
via Mandelli 29, località Villarotta ✉ 42045 Luzzara – ✆ 05 22 82 00 01 – www.villamontanarini.com – Chiuso 1°-12 gennaio e 2-23 agosto
16 cam – 75/85 € 110/130 €
Rist *Il Torchio* – Carta 34/52 € – *(chiuso domenica)*
Elegante villa patrizia del '600 nel verde della campagna reggiana: ambienti confortevoli e lussuosi, impreziositi da tappeti persiani, mobili d'epoca ed arazzi policromi. Al Torchio, sapori del territorio e divagazioni nazionali; a pranzo, anche carta light.

REGGIO NELL'EMILIA

163 928 ab. – Alt. 58 m – Carta regionale n° **8-B3**
Roma 434 km – Parma 38 km – Bologna 78 km – Modena 38 km
Carta stradale Michelin 562-H13

Albergo delle Notarie
via Palazzolo 5 ✉ 42121 – ✆ 05 22 45 35 00 Pianta : A1-2**r**
– www.albergonotarie.it – Chiuso vacanze di Natale e 3 settimane in agosto
51 cam – 82/145 € 112/200 € – **3 suites**
Rist *Delle Notarie* – vedere selezione ristoranti
Ricavato da un centralissimo palazzo d'epoca, questo signorile albergo si farà ricordare per l'ampiezza delle camere e la ricercatezza degli arredi.

Posta senza rist
piazza Del Monte 2 ✉ 42121 – ✆ 05 22 43 29 44 Pianta : A1**c**
– www.hotelposta.re.it – Chiuso vacanze di Natale e 3 settimane in agosto
38 cam – 85/160 € 105/210 €
Ubicata nel medievale Palazzo del Capitano del Popolo, una risorsa ricca di fascino e dalla lunga tradizione nell'arte dell'ospitare che dispone di eleganti ambienti.

Reggio – dependance Hotel Posta, senza rist
via San Giuseppe 7 – ✆ 05 22 45 15 33 Pianta : A1**e**
– www.albergoreggio.it – Chiuso vacanze di Natale e 3 settimane in agosto
16 cam – 51/85 € 71/105 €, 9 €
Ideale per partecipare alla vita culturale e commerciale di Reggio, offre ampie camere dagli arredi semplici e lineari.

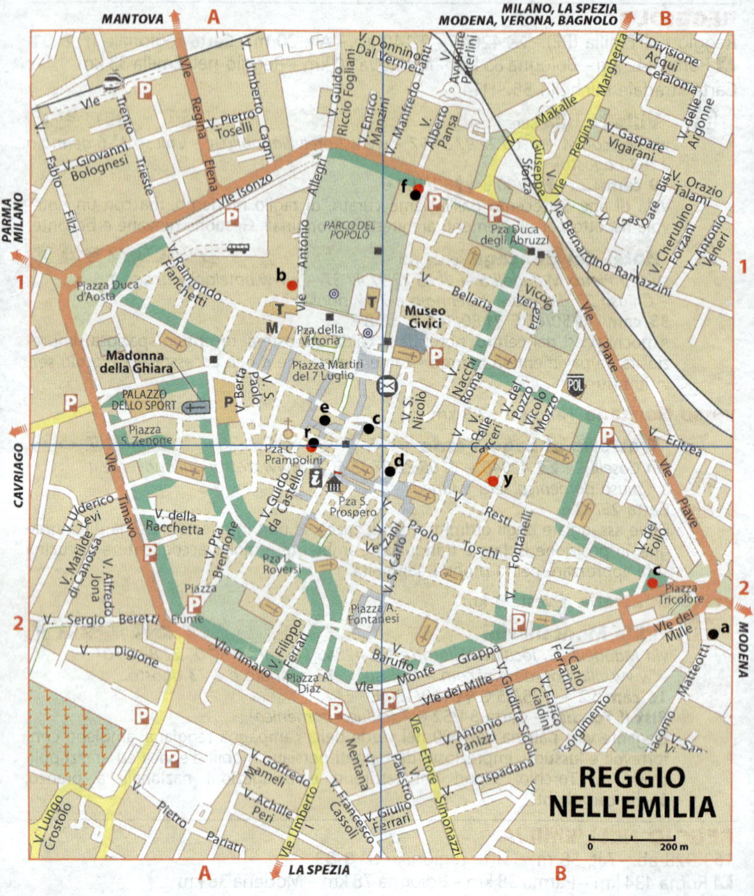

Astoria Mercure

viale Leopoldo Nobili 2 ✉ *42121 – 𝒞 05 22 43 52 45* Pianta : B1**f**
– www.mercurehotelastoria.com
108 cam – 🚹80/180 € 🚹🚹100/225 €, ☕ 12 € – **2 suites**
Rist *Officina Gastronomica* – vedere selezione ristoranti
Una struttura che risponde agli standard della catena: ambienti comuni di gusto contemporaneo, impreziositi da lampadari in vetro di Murano, nonché ampie, luminose, camere.

Europa

viale Olimpia 2 ✉ *42122 – 𝒞 05 22 43 23 23* Pianta : B2**a**
– www.hoteleuropa.re.it
66 cam ☕ – 🚹72/169 € 🚹🚹82/189 €
Rist – Carta 23/55 € – *(solo a cena)*
Hotel d'ispirazione moderna, concepito soprattutto per una clientela d'affari, dispone di camere ampie e confortevoli. Il centro è raggiungibile a piedi in 10 minuti.

Airone

via dell'Aeronautica 20, per via Adua ✉ 42122 – ✆ 05 22 92 41 11 – www.hotelaironereggioemilia.com

56 cam – 59/120 € 70/180 € – **2 suites**

Rist – Menu 10 € – *(chiuso 12-19 agosto e domenica) (solo a cena) (solo per alloggiati)*

L'ubicazione nei pressi della tangenziale, ma a soli due chilometri dal centro, fa di questo albergo recente un punto d'appoggio ideale per una clientela d'affari.

Holiday Inn Express

via Meuccio Ruini 7, per viale Regina Margherita - B1 – ✆ 05 22 50 71 22 – www.reggioemilia.hiexpress.it

104 cam – 59/290 € 59/290 € **Rist** – Carta 19/46 € – *(solo a cena)*

Ubicato nei pressi dello svincolo autostradale - a circa tre chilometri dal centro di Reggio - una classica destinazione commerciale ed un valido punto di appoggio anche per i turisti di passaggio. La linea "express" è quella più economica e easy nell'accoglienza: ovvero, camere semplici negli arredi, ma non prive di confort.

B&B Del Vescovado senza rist

stradone Vescovado 1 ✉ 42101 – ✆ 05 22 43 01 57 – www.delvescovado.it – Chiuso agosto Pianta : B2**d**

6 cam – 58 € 80 €

Entrando in questa risorsa si assapora la piacevole sensazione di sentirsi a casa. Lo stesso vale per le camere: arredate con mobili d'antiquariato, infondono un senso di grande armonia. A due passi dalla cattedrale.

Officina Gastronomica – Hotel Astoria Mercure

viale Leopoldo Nobili 2/c ✉ 42121 – ✆ 05 22 43 42 07 – www.mercurehotelastoria.com – Chiuso agosto, sabato a mezzogiorno e domenica Pianta : B1**f**

Carta 28/82 €

All'interno dell'hotel Mercure Astoria, le grandi vetrate permettono al locale di godere del verde del parco cittadino su cui si affaccia. Se lo stile dell'ambiente non lo caratterizza - in quanto potrebbe essere simile a Torino o a Siracusa - la cucina "parteggia" per le specialità regionali.

Delle Notarie – Albergo delle Notarie

via Aschieri 4 ✉ 42121 – ✆ 05 22 45 37 00 – www.ristorantenotarie.it – Chiuso 3 settimane in agosto e domenica Pianta : A1-2**r**

Menu 28/40 € – Carta 39/59 €

Ristorante raccolto e curato, propone piatti della tradizione con interessanti "escursioni" verso il mare e l'innovazione. A pranzo, possibilità di piatti più semplici ed economici.

Caffè Arti e Mestieri

via Emilia San Pietro 16 ✉ 42123 – ✆ 05 22 43 22 02 – www.caffeartiemestieri.it – Chiuso 8-22 agosto, lunedì a mezzogiorno e domenica da giugno a settembre; la domenica sera e lunedì negli altri mesi Pianta : B2**y**

Menu 18 € (pranzo in settimana)/50 € – Carta 39/80 €

Il 2013 vede l'esordio di una nuova, celebre, gestione: la famiglia D'Amato (rist Il Rigoletto, Reggiolo). La carta si presenta abbastanza completa nella proposta di specialità regionali, qualche piatto storico e ricette a base di pesce; in aggiunta - a pranzo - anche piatti unici, insalatone ed un originale menu a base di sola pasta. Rigorosamente fatta in casa!

A Mangiare

viale Monte Grappa 3/a ✉ 42121 – ✆ 05 22 43 36 00 – www.ristoranteamagiare.it – Chiuso 11-17 agosto e domenica Pianta : B2**c**

Menu 32/38 € – Carta 35/45 €

Gestione dinamica per un ristorante d'impostazione classica, ubicato sulla cerchia che circonda il centro storico di Reggio: in menu sia la godereccia Emilia, sia i sapori nazionali.

Il Pozzo

viale Allegri 7 ✉ 42121 – ✆ 05 22 45 13 00 Pianta : A1**b**
– www.ristoranteilpozzo.com – Chiuso 10-18 agosto, lunedì a mezzogiorno e domenica, anche sabato a mezzogiorno in luglio-agosto
Carta 30/57 €
All'interno di un palazzo storico, in sale classiche o negli spazi che un tempo ospitavano l'enoteca (soffitto a volte ed atmosfera più conviviale), la cucina spazia dalla tradizione ai classici nazionali.

sulla strada statale 9 - via Emilia Est : 4 km per Modena Pianta : B2

Classic Hotel

via Pasteur 121 ✉ 42122 San Maurizio – ✆ 05 22 35 54 11 – www.classic-hotel.it – Chiuso 10-23 agosto
91 cam – 59/295 € 59/295 € – **2 suites**
Rist *Sala de l'Amorotto* – Carta 29/51 € – *(chiuso sabato) (solo a cena)*
Confort e ottimi servizi in un hotel che manifesta esplicitamente l'intenzione di dedicare attenzioni particolari alla clientela d'affari e congressuale (facendo in tal modo dimenticare la propria distanza dal centro...). Piatti nazionali e qualche specialità regionale al ristorante.

a San Bartolomeo Ovest: 9 km – ✉ 42123

Matilde di Canossa

via del Casinazzo 1, (all'interno del Golf Club) – ✆ 05 22 37 37 44 – www.hotel-matildedicanossa.it
54 cam – 250 € 350 € – **6 suites**
Rist *il Concilio* – ✆ 05 22 57 59 11 – Carta 38/100 € – *(solo a cena)* (consigliata la prenotazione)
Tra il verde di un campo da golf in un complesso che ricrea un tipico borgo emiliano, hotel di sobria eleganza con camere spaziose, antiche cassettiere e moderna zona benessere. Medesimo stile per il ristorante in edificio a parte: la cucina flirta con i sapori mediterranei.

RENON (RITTEN)

Bolzano (BZ) – 6 848 ab. – Alt. 800 m – Carta regionale n° **34-C2**
Da Collalbo : Roma 664 km – Bolzano 16 km – Bressanone 37 km – Trento 80 km
Carta stradale Michelin 562-C16

a Collalbo Alt. 1 154 m – ✉ 39054

Bemelmans Post

via Paese 8 – ✆ 04 71 35 61 27 – www.bemelmans.com – Chiuso 15 febbraio-1° aprile
53 cam – 56/70 € 78/108 €, 14 € – **7 suites**
Rist – Carta 25/61 € – *(chiuso sabato)*
Un bel parco e un'affascinante fusione di antico e contemporaneo, le stufe originali e i complementi d'arredo più moderni. Può annoverare Sigmund Freud tra i suoi ospiti. Un'ampia sala da pranzo principale e tre stube più piccole ed intime.

Kematen

località Caminata 29, Nord-Ovest : 2,5 km – ✆ 04 71 35 63 56 – www.kematen.it – Chiuso 18 novembre-5 dicembre e 7 gennaio-18 marzo
20 cam – 60/105 € 120/240 € – **3 suites**
Rist *Kematen* – vedere selezione ristoranti
Posizione incantevole e vista sulle cime dolomitiche, per questa casa con stube neogotiche, mobili e decorazioni in stile tirolese. Ampio giardino-terrazza per piacevoli momenti di relax.

Kematen – Hotel Kematen

località Caminata 29, Nord-Ovest : 2,5 km – ✆ 04 71 35 63 56 – www.kematen.it – Chiuso 7 gennaio-18 marzo e 18 novembre-5 dicembre
Carta 18/80 €
Circondato da pascoli e boschi, il locale è stato ricavato in un antico fienile: avvolti dal "calore" del legno e dall'inconfondibile stile tirolese, è un piacere gustare le numerose proposte del territorio, nonché le specialità di stagione. Nei mesi caldi: qualche spunto mediterraneo e, soprattutto, la terrazza panoramica e il bel giardino.

a Costalovara Sud-Ovest : 5 km Alt. 1 206 m – ✉ 39054 Soprabolzano

Am Wolfsgrubener See

Costalovara 14 – ✆ 04 71 34 51 19 – www.hotel-wolfsgrubenersee.com – Aperto 25 dicembre-21 febbraio e 1° maggio-7 novembre
25 cam – †70/101 € ††140/202 €
Rist – Menu 25 € – *(aperto 25 dicembre-21 febbraio)*
Gli spazi interni sono generalmente ampi, e così le camere, luminose e arredate secondo lo stile altoatesino. In riva ad un lago che cinge l'albergo su tre lati. Molto apprezzato il servizio ristorante all'aperto nella bella terrazza a bordo lago.

Lichtenstern rist,

via Stella 8, Nord-Est : 1 km – ✆ 04 71 34 51 47 – www.lichtenstern.it – Chiuso 15 gennaio-15 aprile
23 cam – †75/85 € ††130/150 €
Rist – Carta 22/50 €
Un'oasi di pace, con uno stupendo panorama sulle Dolomiti. Conduzione familiare caratterizzata da uno spiccato senso dell'ospitalità; ambienti curati, freschi e luminosi. Accoglienti sale da pranzo rivestite in legno e una bella e ariosa veranda coperta.

a Soprabolzano Sud-Ovest : 7 km Alt. 1 221 m – ✉ 39054

Park Hotel Holzner rist,

via Paese 18 – ✆ 04 71 34 52 31 – www.parkhotel-holzner.com – Aperto 28 novembre-10 febbraio e 2 aprile-8 novembre
32 cam – †109/247 € ††164/374 € – **12 suites**
Rist – Carta 47/110 € – *(chiuso domenica sera e lunedì)*
Molto ben ubicata, all'arrivo della funivia proveniente da Bolzano e della ferrovia a cremagliera, affascinante struttura d'inizio secolo scorso immersa in un lussureggiante parco con tennis e piscina riscaldata. Gradevole la sala ristorante interna, così come la zona pranzo esterna.

Budget modesto? Optate per il menu del giorno generalmente a prezzo più contenuto.

RESIA (RESCHEN)

Bolzano (BZ) – ✉ 39027Alt. 1 494 m – Carta regionale n° **33-A1**
Roma 742 km – Merano 78 km – Bolzano 105 km – Landeck 50 km
Carta stradale Michelin 562-B13

Al Moro-Zum Mohren rist,

via Nazionale 30 – ✆ 04 73 63 31 20 – www.mohren.com – Chiuso 9-25 dicembre e 16-29 giugno
26 cam – †65/100 € ††110/190 €
Rist – Carta 25/50 €
In centro e sulla statale del passo, classico albergo di montagna altoatesino dalla salda ed affidabile conduzione familiare, che si fa apprezzare per la cura degli spazi comuni e delle ampie camere. Spaziosa zona ristorante, con tocchi di tipicità e tradizione.

REVERE

Mantova (MN) – ✉ 46036 – 2 539 ab. – Alt. 16 m – Carta regionale n° **17-D3**
Roma 458 km – Verona 48 km – Ferrara 58 km – Mantova 35 km
Carta stradale Michelin 561-G15

Il Tartufo

via Guido Rossa 13 – ✆ 03 86 84 60 76 – www.ristoranteiltartufo.com – Chiuso giovedì; domenica sera aperto solo su prenotazione
Carta 38/92 €
Ospitato in una villetta nella zona residenziale del paese, ristorante intimo ed appartato, dove deliziarsi di una gustosa cucina mantovana: in stagione, la specialità diventa il tartufo (assolutamente locale), nel resto dell'anno, invece, si predilige il mare.

REVIGLIASCO → Vedere Moncalieri

Torino (TO)

REVINE

Treviso (TV) – ✉ 31020Alt. 260 m – Carta regionale n° **40-C2**
Roma 596 km – Belluno 39 km – Venezia 85 km – Treviso 54 km
Carta stradale Michelin 562-D18

Ai Cadelach-Hotel Giulia

via Grava 2 – ✆ 04 38 52 30 11 – www.cadelach.it
30 cam – 60/120 € 90/210 €
Rist *Ai Cadelach* – vedere selezione ristoranti
Il giardino con piscina e tennis, il continuo potenziamento della struttura e delle dotazioni, la gestione attenta: un insieme di fattori che rendono la struttura piacevole. Le camere migliori si trovano nella dépendance sul retro.

Ai Cadelach – Hotel Giulia

via Grava 2 – ✆ 04 38 52 30 10 – www.cadelach.it
Carta 26/56 €
In una sala dallo stile rustico, o a bordo piscina nella bella stagione, il menu onora la tradizione locale, privilegiando le carni (soprattutto alla griglia): dalla classica fiorentina all'agnello d'Alpago. Per i seguaci di Bacco, un'ottima cantina gestita da uno dei titolari, Ennio.

REZZATO

Brescia (BS) – ✉ 25086 – 13 032 ab. – Alt. 147 m – Carta regionale n° **17-C1**
Roma 549 km – Brescia 11 km – Milano 108 km – Bergamo 62 km
Carta stradale Michelin 561-F12

La Pina

via Garibaldi 98, Sud : 1 km – ✆ 03 02 59 14 43 – www.lapina.it
28 cam – 70/90 € 70/90 €
Rist – Menu 15 € (in settimana)/50 € – Carta 28/62 € – *(chiuso agosto, venerdì, sabato e domenica) (solo a cena)*
Edificio anni '40 completamente ristrutturato con buona cura per dettagli e tecnologia; grande attenzione per la clientela d'affari, gestione affidabile e intraprendente. Due sale ristorante, la più grande per l'attività banchettistica.

RHÊMES-NOTRE-DAME

Aosta (AO) – ✉ 11010 – 95 ab. – Alt. 1 723 m – Carta regionale n° **37-A2**
Roma 779 km – Aosta 31 km – Courmayeur 43 km – Torino 147 km
Carta stradale Michelin 561-F3

a Chanavey Nord : 1,5 kmAlt. 1 696 m – ✉ 11010 Rhêmes-Notre-Dame

Granta Parey

– ✆ 01 65 93 61 04 – www.rhemesgrantaparey.com – Chiuso ottobre e novembre
31 cam – 50/70 € 80/110 € **Rist** – Carta 19/49 €
Nelle camere i pavimenti sono in legno e gli arredi in pino. Lo stesso calore, senza ricercatezze, lo si ritrova negli ambienti comuni. A pochi metri dalla pista di fondo. Offerta di ristorazione differenziata, da self-service a classica sala da pranzo.

RHO

Milano (MI) – ✉ 20017 – 50 198 ab. – Alt. 158 m – Carta regionale n° **18-A2**
Roma 590 km – Milano 16 km – Como 36 km – Novara 38 km
Carta stradale Michelin 561-F9

NH Fiera cam, cam, rist,
viale degli Alberghi 1 Rho-Fiera – 02 30 03 71 – www.nh-hotels.com – Chiuso 24 dicembre-7 gennaio
392 cam – 129/609 € 159/609 € – **6 suites** **Rist** – Carta 35/69 €
Albergo dall'originale architettura all'interno del nuovo polo fieristico: vocato ad una clientela business offre un design minimalista di grande funzionalità.

La Barca
via Ratti 54 – 0 29 30 39 76 – www.trattorialabarca.it – Chiuso 10 giorni in gennaio e martedì
Menu 40/70 € – Carta 50/103 €
Il nome fornisce già un indizio sul tipo di cucina: specialità di mare, che variano in base alla disponibilità del mercato, e qualche excursus nella tradizione pugliese in un locale dalla consolidata gestione familiare. Ambiente moderno.

RIACE

Reggio di Calabria (RC) – ✉ 89040 – 1 820 ab. – Alt. 300 m – Carta regionale n° **5-B3**
Roma 679 km – Reggio di Calabria 127 km – Catanzaro 78 km – Vibo Valentia 99 km
Carta stradale Michelin 564-L31

a Riace Marina Sud-Est : 9 km – ✉ 89040 Riace

Federica
via Nazionale 182 – 09 64 77 13 02 – www.hotelfederica.it
15 cam – 45/90 € 65/140 € – **1 suite** **Rist** – Carta 19/43 €
Direttamente sulla spiaggia, hotel a conduzione familiare con gradevoli camere - le più richieste sono quelle con grande terrazzo - e cucina di mare al ristorante; piacevole servizio estivo all'aperto.

RICADI ➜ Vedere Tropea

Vibo Valentia (VV)

RICCIONE

Rimini (RN) – ✉ 47838 – 34 323 ab. – Carta regionale n° **9-D2**
Roma 322 km – Rimini 15 km – Bologna 123 km – Forlì 63 km
Carta stradale Michelin 562-J19

Grand Hotel Des Bains rist,
viale Gramsci 56 – 05 41 60 16 50 – www.grandhoteldesbains.com
70 cam – 80/250 € 119/490 € – **6 suites** **Rist** – Carta 43/75 €
Sfarzo, originalità e charme per questo albergo centrale. L'ingresso è abbellito da una fontana, mentre ogni ambiente pullula di marmi, stucchi, specchi e dorature. Notevole anche la zona benessere.

Lunariccione rist,
viale Ariosto 5 – 05 41 69 21 50 – www.lunariccione.it – Aperto 1° aprile-30 settembre
45 cam – 80/170 € 105/220 € – **8 suites**
Rist – Menu 26 € – *(aperto 20 maggio-15 settembre) (solo a cena) (solo per alloggiati)*
L'eleganza esterna dell'edificio è solo un anticipo dei luminosi ambienti all'interno: una piccola risorsa in cui confort e raffinatezza si fondono con la verdeggiante tranquillità della zona residenziale in cui si inserisce. Un piacevole stile mediterraneo in sala da pranzo, con accenni di gusto contemporaneo.

Atlantic
rist,

lungomare della Libertà 15 – ✆ 05 41 60 11 55 – www.hotel-atlantic.com

64 cam – ♦75/400 € ♦♦120/450 € – **5 suites** **Rist** – Carta 28/74 €

Bianco e blu sono i colori dominanti di questa grande struttura mediterranea affacciata sul mare, che mette a disposizione dei suoi ospiti anche un nuovo centro benessere. Elegante e panoramica la sala da pranzo.

Corallo
rist,

viale Gramsci 113 – ✆ 05 41 60 08 07 – www.corallohotel.com – Chiuso 21-27 dicembre

99 cam – ♦75/250 € ♦♦109/280 € – **33 suites** **Rist** – Carta 40/80 €

Imponente struttura per una vacanza in grande stile, arricchita da un complesso fronte mare con eleganti suite e una deliziosa piscina. Colori chiari e grandi motivi a rilievo sulle pareti nella spaziosa sala da pranzo.

Ambasciatori
rist,

viale Milano 99 – ✆ 05 41 60 65 17 – www.ambasciatorihotel.net – Chiuso 21-27 dicembre

70 cam – ♦80/160 € ♦♦110/260 € – **2 suites**

Rist – Carta 31/84 € – *(solo a cena 1° novembre-31 marzo)*

Albergo moderno e lineare, assolutamente in prima fila: con i recenti rinnovi la casa si è dotata di servizi completi, come il centro benessere e le 2 wellness-suite! Sul lungomare si apre anche il bistrot per gli aperitivi.

Belvedere (N)
cam, rist,

viale Gramsci 95 – ✆ 05 41 60 15 06 – www.belvederericcione.com – Aperto 20 marzo- 15 ottobre

45 cam – ♦79/159 € ♦♦187/227 € – **8 suites** **Rist** – Carta 22/41 €

Essendo un bike hotel, questa moderna struttura mette a disposizione dei suoi ospiti un parco bici, davvero entusiasmante. Ma i suoi pregi non si esauriscono qui e continuano nelle curate camere, nella bella piscina con bar, nell'attrezzata spa (in alta stagione ci sono tariffe che la includono; chiedere all'atto della prenotazione).

Diamond
rist,

viale Fratelli Bandiera 1 – ✆ 05 41 60 26 00 – www.hoteldiamond.it – Aperto Pasqua-30 settembre

39 cam – ♦70/90 € ♦♦140/180 € **Rist** – Menu 30 € – *(solo per alloggiati)*

Non lontano dalle spiagge hotel dagli ambienti personalizzati e di calda atmosfera,dispone di camere confortevoli arredate in stile mediterraneno. Una particolare organizzazione tiene impegnati i piccoli ospiti.

Select
rist,

viale Gramsci 89 – ✆ 05 41 60 06 13 – www.hotelselectriccione.com – Chiuso 10-28 dicembre

40 cam – ♦65/170 € ♦♦90/270 € – **10 suites**

Rist – Menu 20/40 € – *(solo per alloggiati)*

Migliora di anno in anno, questa moderna struttura a due passi dal mare: servizio attento, una bella spa e camere curate (di livello superiore quelle ultimamente rinnovate).

Novecento
cam, rist,

viale D'Annunzio 30 – ✆ 05 41 64 49 90 – www.hotelnovecento.it – Aperto 1° marzo-31 ottobre

33 cam – ♦50/100 € ♦♦70/180 €

Rist – Menu 15/25 € – *(aperto Pasqua e 15 maggio-30 settembre) (solo per alloggiati)*

Una piccola piscina con angoli idromassaggio, nonché giochi d'acqua, e poi la bella facciata Liberty a denunciare le origini della struttura: uno dei primi alberghi nati a Riccione agli inizi del XX secolo. Al ristorante: pranzo a buffet e servizio al tavolo per la cena.

Arizona

viale D'Annunzio 22 – ✆ 05 41 64 44 22 – www.hotelarizona.com – Aperto Pasqua-30 settembre

64 cam – †85/160 € ††140/250 € **Rist** – Menu 25 €

Fronte mare, ciclisti e bambini sono i benvenuti in questo albergo tipicamente balneare. Camere semplici, ma piacevoli, e luminose.

Admiral

rist,

viale D'Annunzio 90 – ✆ 05 41 64 22 02 – www.hoteladmiral.com – Aperto 15 maggio-30 settembre

44 cam – †65/80 € ††100/160 € – **4 suites**

Rist – Menu 25 € – *(solo per alloggiati)*

Validissima gestione familiare, riscontrabile nella cura del minimo dettaglio e nelle inesauribili attenzioni riservate al cliente. Si respira un'atmosfera di residenza privata.

Gemma

rist,

viale D'Annunzio 82 – ✆ 05 41 64 34 36 – www.hotelgemma.it – Aperto 20 marzo-10 ottobre

38 cam – †42/96 € ††70/172 € – **3 suites**

Rist – Menu 18/25 € – *(solo per alloggiati)*

La passione della gestione, interamente rivolta all'accoglienza degli ospiti, è visibile tanto negli esterni, quanto negli ambienti comuni e nelle confortevoli stanze.

Gala senza rist

viale Martinelli 9 – ✆ 05 41 60 78 22 – www.hotelgalariccione.com – Aperto 1° aprile-19 ottobre

28 cam – †75/90 € ††115/145 €

Piccolo gioiello dai servizi contenuti, ma dall'indiscutibile charme: stile minimalista e moderno, bei bagni e diverse camere con spaziose terrazze.

Poker

viale D'Annunzio 61 – ✆ 05 41 64 77 44 – www.hotelpoker.it

60 cam – †40/115 € ††70/240 €

Rist – Menu 18/40 € – *(aperto 15 marzo-30 settembre)*

Rinomato tra gli appassionati ciclisti che vi trovano facilitazioni, il Poker offre camere moderne e lineari, sobrie e pulite. Cucina casalinga.

Darsena

rist,

viale Galli 5 – ✆ 05 41 64 80 64 – www.darsenahotel.it – Chiuso febbraio

36 cam – †40/80 € ††70/125 €

Rist – Menu 16 € (in settimana)/30 € – *(aperto 1° aprile-30 settembre)*

Poco lontano dal mare, albergo a conduzione familiare con camere accoglienti nella loro semplicità, tutte dotate di un piccolo balcone. La titolare ai fornelli assicura piatti casalinghi dai sapori locali.

Atlas

rist,

viale Catalani 28 – ✆ 05 41 64 66 66 – www.atlashotel.it – Aperto 30 maggio-13 settembre

36 cam – †40/60 € ††70/140 €

Rist – Menu 20/35 € – *(solo per alloggiati)*

Albergo a conduzione familiare che si sta rinnovando, più moderne le ultime camere ristrutturate (possibilmente, richiedere queste!): un soggiorno di relax a 200 metri dalla spiaggia.

Lugano

rist,

viale Trento Trieste 75 – ✆ 05 41 60 66 11 – www.hotellugano.com – Aperto 30 maggio-15 settembre

30 cam – †55/65 € ††70/80 € **Rist** – Menu 25 € – *(solo per alloggiati)*

Rinnovato di recente e di taglio moderno, l'hotel è un valido indirizzo in primis per il suo buon rapporto qualità/prezzo, ma anche per la cucina casalinga e per l'impeccabile pulizia.

Cannes

via Pascoli 6 – ✆ 05 41 69 24 50 – www.hotelcannes.net – Aperto 30 maggio-15 settembre

27 cam – 40/85 € 60/130 €

Rist – Menu 18/20 € – *(solo per alloggiati)*

Gestione giovane in un albergo completamente rinnovato, in posizione centrale; ambienti resi ancor più accoglienti dalle calde tonalità delle pareti e degli arredi.

Polo N

viale Orazio 13 – ✆ 05 41 60 57 18 – www.hotelpoloriccione.com – Chiuso 20 novembre-28 dicembre

52 cam – 42/73 € 84/146 €

Rist – Menu 15/20 € – *(aperto 1° giugno-15 settembre) (solo per alloggiati)*

Un po' distante dal mare, ma vicino al Palazzo dei Congressi e viale Ceccarini, hotel dall'arredo contemporaneo, nonchè funzionale, bagni semplici e un buon rapporto qualità/prezzo.

Antibes N

via Monteverdi 4 – ✆ 05 41 64 42 92 – www.hotelantibes.com – Aperto feste di Natale e 1° marzo-30 novembre

25 cam – 35/100 € 49/150 €

Rist – Menu 15/20 € – *(aperto 1° marzo-30 settembre) (solo per alloggiati)*

Ad un centinaio di metri dal mare - in una traversa molto tranquilla – una piccola struttura dall'ottima tenuta con confortevoli camere. Essendo un family hotel è particolarmente indicato per chi viaggia con bambini.

Da Fino

Via Galli 1 – ✆ 05 41 64 85 42 – www.dafino.it – Chiuso 10 giorni in novembre-dicembre e domenica sera in inverno

Menu 30/40 € – Carta 32/82 €

Le acque del porto canale lambiscono la terrazza di questo ristorante dal design moderno; ampie finestre scorrevoli consentono anche a chi pranza all'interno di gustare con lo sguardo la posizione. Un menù vegetariano ed uno per bambini.

Sol y Mar N

viale D'Annunzio 190 – ✆ 05 41 64 85 28 – www.ristorantesolymar.it

Menu 25 € (pranzo in settimana)/45 € – Carta 34/67 € – (consigliata la prenotazione)

Sulla spiaggia al limite della località, l'esterno non è forse dei migliori, ma si "riscatta" internamente con il suo grazioso stile provenzale; il menu propone specialità di pesce in elaborazioni moderne, piatti vegetariani e vegani.

RIETI

✉ 02100 – 47 153 ab. – Alt. 405 m – Carta regionale n° **13-C1**

Roma 78 km – Terni 32 km – L'Aquila 58 km – Ascoli Piceno 113 km

Carta stradale Michelin 563-O20

Park Hotel Villa Potenziani

via San Mauro 6 – ✆ 07 46 20 27 65 – www.villapotenziani.it – Chiuso 1° gennaio-31 marzo

28 cam – 70/90 € 90/110 € – **1 suite**

Rist *Belle Epoque* – vedere selezione ristoranti

Raffinata ed accogliente, intima e maestosa, la dimora di caccia settecentesca racconta tra gli affreschi e i dettagli dei suoi ambienti la storia della ricca famiglia reatina.

Miramonti

piazza Oberdan 5 – ✆ 07 46 20 13 33 – www.hotelmiramonti.rieti.it

25 cam – 55/70 € 70/120 € – **2 suites**

Rist *Da Checco al Calice d'Oro* – vedere selezione ristoranti

Soffermatevi nella Sala Romana: di fronte a voi il punto in cui partiva la trecentesca cinta muraria della città! Ma la risorsa non è solo il palazzo più antico di Rieti, Miramonti offre infatti camere accoglienti e servizi up-to-date.

Cavour

piazza Cavour 19 – ✆ 07 46 48 52 52 – www.hotelcavour.net
38 cam – 50/65 € 70/110 €
Rist – Carta 13/30 € – *(chiuso venerdì, sabato e domenica) (solo a cena)*
Affacciato sul fiume Velino e non lontano dal centro città, ecco un albergo moderno e semplicissimo, riaperto dopo totale rinnovo alla fine del 2008.

Bistrot

piazza San Rufo 25 – ✆ 07 46 49 87 98 – www.bistrotrieti.it – Chiuso 20 ottobre-10 novembre, domenica e lunedì
Menu 25/30 € – Carta 33/47 € – *(solo a cena)*
Locale accogliente e romantico, affacciato su una graziosa e tranquilla piazzetta, dove gustare le specialità della tradizione locale spesso corrette con gusto personale. Non mancano piatti a base di pesce, sebbene la specialità della casa siano i maltagliati alla Bistrot.

Belle Epoque – Park Hotel Villa Potenziani

via San Mauro 6 – ✆ 07 46 20 27 65 – www.villapotenziani.it – Chiuso 1° gennaio-31 marzo e lunedì
Menu 30 € – Carta 27/43 € – *(solo a cena)*
Un soffitto ligneo dei primi del '900 sormonta la sontuosa sala da pranzo, riscaldata da un enorme camino. Il menu narra la cucina italiana, spaziando dal nord al sud.

Da Checco al Calice d'Oro – Hotel Miramonti

piazza Oberdan 5 – ✆ 07 46 20 42 71 – www.dachecco.it
Menu 25/40 € – Carta 22/51 €
Se dopo una giornata di escursioni - Rieti è un ottimo punto di partenza per seguire i passi di S. Francesco, che visse e predicò nei dintorni - l'appetito si fa sentire, fermatevi qui per rifocillarvi con deliziose specialità della tradizione reatina oppure piatti a base di pesce in chiave moderna.

RIGUTINO → Vedere Arezzo
Arezzo (AR)

RIMINI

143 731 ab. – Carta regionale n° **9-D2**
Roma 332 km – Ancona 108 km – Bologna 115 km – Ravenna 65 km
Carta stradale Michelin 562-J19

© S. Torrione / hemis.fr

Alberghi

Card International senza rist

via Dante Alighieri 50 ✉ 47921 – ✆ 0 54 12 64 12 Pianta : A2**g**
– www.hotelcard.it
51 cam – 53/150 € 88/300 € – **2 suites**
Indubbiamente "International", grazie alle foto d'autore che contraddistinguono ogni camera, ciascuna dedicata ai viaggi. Espressamente studiato per una clientela business, l'hotel offre soluzioni tecnologiche e di confort all'avanguardia.

Ristoranti

Quartopiano Suite Restaurant

via Chiabrera 34/b, per via Lagomaggio - B2 ✉ 47924 – ✆ 05 41 39 32 38
– www.quartopianoristorante.com – Chiuso domenica
Menu 39/49 € – Carta 41/72 € – *(solo a cena)*
Gestione esperta e competente, in un locale moderno all'ultimo piano di un edificio adibito ad uffici. A pranzo, buffet o menu degustazione di carne o pesce. La sera, servizio à la carte.

Osteria de Börg

via Forzieri 12 ✉ 47921 – ✆ 0 54 15 60 74 Pianta : A1**c**
– www.osteriadeborg.it
Menu 15 € (pranzo in settimana)/35 € – Carta 24/50 € – (consigliata la prenotazione)
Ambiente rustico, ma curato, per questo ristorante in Borgo San Giuliano: specialità di carne e selezione di salumi e formaggi di produttori locali. Gradevole dehors estivo.

Teatini

piazzetta Teatini 3 ✉ 47921 – ✆ 0 54 12 80 08 Pianta : A2**t**
– www.ristoranteteatini.it – Chiuso lunedì dal 15 settembre al 15 maggio, domenica negli altri mesi
Menu 45 € – Carta 40/79 € – *(solo a cena escluso sabato dal 15 maggio al 15 settembre, anche domenica nel resto dell'anno)*
Affacciato su una piazza alberata del centro storico, la cucina offre un originale connubio di specialità siciliane e romagnole. La ragione? Le origini messinesi del creativo e giovane cuoco!

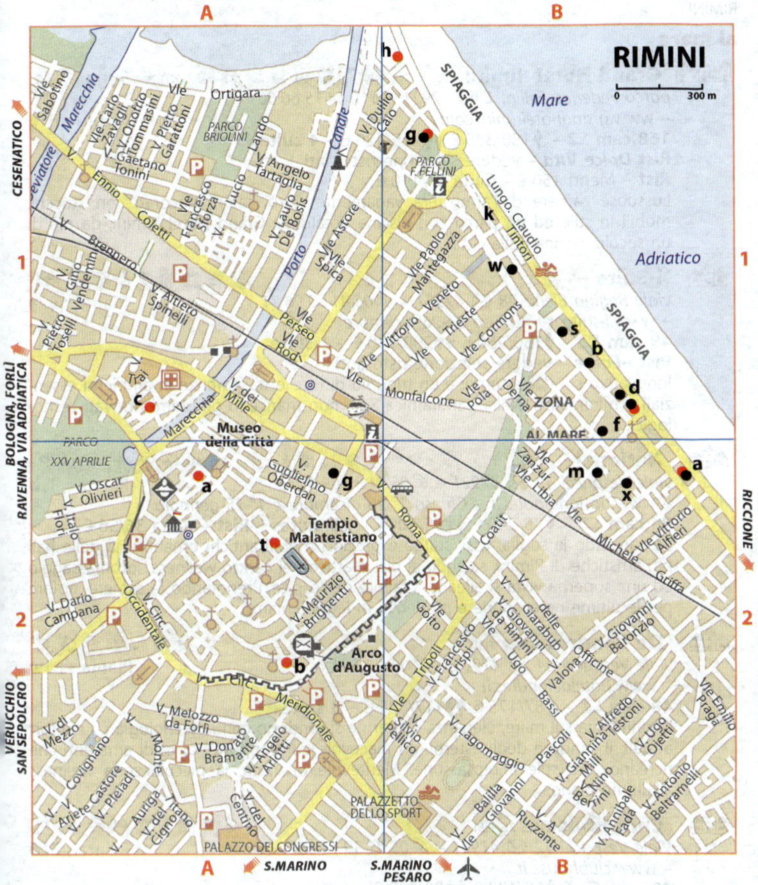

X **Dallo Zio** A/C

via Santa Chiara 16 ✉ 47921 – ✆ 05 41 78 67 47 Pianta : A2**b**
– www.ristorantedallozio.it
Menu 15 € (pranzo in settimana)/40 € – Carta 25/78 € – (consigliata la prenotazione)
Un giovane cuoco s'ispira ai classici dell'Adriatico: dal crudo agli antipasti misti e grigliate, serviti in salette moderne alle quali fanno eco affiche pubblicitarie retrò.

X **Abocar** N A/C

via Farini 13/15 ✉ 47921 Rimini – ✆ 0 54 12 22 79 – Chiuso 5 gennaio-5 febbraio e lunedì Pianta : A2**a**
Carta 39/49 € – *(solo a cena escluso domenica)*
Nascosto nelle vie del centro, trattoria moderna condotta da due capaci giovani: poche proposte che vi conquisteranno per fantasia e qualità, piacevole corte interna per il servizio estivo.

Un esercizio evidenziato in rosso enfatizza il fascino della struttura XXX.

al mare

Grand Hotel Rimini

parco Federico Fellini 1 ✉ 47921 – ✆ 0 54 15 60 00
– www.grandhotelrimini.com Pianta : B1**g**
168 cam ☕ – 180/335 € 225/420 € – **4 suites**
Rist *Dolce Vita* – vedere selezione ristoranti
Rist – Menu 150 € – Carta 34/110 €
Lussuose camere dall'atmosfera vagamente retrò, saloni decorati con stucchi, mobili in stile ed un parco con piscina riscaldata: Grand Hotel Rimini, da più di un secolo, l'icona della città!

i-Suite

viale Regina Elena 28 ✉ 47921 – ✆ 05 41 30 96 71 Pianta : B2**a**
– www.i-suite.it – Chiuso 21-26 dicembre
49 cam ☕ – 150/250 € 200/330 € – **1 suite**
Rist *i-Fame* – vedere selezione ristoranti
Innovativo sin dall'esterno: è un tripudio di luce e trasparenze in ambienti essenziali e minimalisti. Nella panoramica Spa, non mancano gli ultimi ritrovati tecnologici.

National

viale Vespucci 42 ✉ 47921 – ✆ 05 41 39 09 44 Pianta : B1**b**
– www.nationalhotel.it – Chiuso 1°-26 dicembre e 1°-15 gennaio
84 cam ☕ – 75/240 € 95/300 € – **15 suites** **Rist** – Carta 36/56 €
Se varcando la soglia, vasi, statue e preziosi mobili antichi ornano una delle hall più artistiche di Rimini, salendo al piano attico nel centro wellness, idromassaggio ed una superba vista si alleano a favore dell'ospite. Prenotando le camere, optare per le ultime nate: sobrie e moderne, in legno chiaro.

De Londres senza rist

viale Vespucci 24 ✉ 47921 – ✆ 0 54 15 01 14 Pianta : B1**w**
– www.hoteldelondres.it
48 cam ☕ – 87/175 € 117/235 € – **3 suites**
In prima fila sul mare, eleganza e charme si fondono con la tecnologia e i confort attuali; il candore degli esterni, un piacevole contrappunto ai caldi ambienti che ricreano uno stile anglosassone. Meritevole di visita, la piccola zona wellness all'ultimo piano.

Club House senza rist

Viale Vespucci 52 ✉ 47921 – ✆ 05 41 39 14 60 Pianta : B1**d**
– www.clubhouse.it
49 cam ☕ – 55/180 € 80/220 € – **1 suite**
Recentemente ristrutturata, una casa dal design moderno ed elegante con ampi balconi che girano intorno a ciascun piano, di cui il primo leggermente sopraelevato. Imperdibile la prima colazione.

Savoia Hotel Rimini

lungomare Murri 13 ✉ 47921 – ✆ 05 41 39 66 00 Pianta : B1**d**
– www.savoiahotelrimini.com
108 cam ☕ – 49/234 € 79/264 € – **2 suites**
Rist *Soleiado* – vedere selezione ristoranti
Su progetto dell'architetto P. Portoghesi, un'architettura curiosa: un'ampia "conchiglia" rivolta verso il viale centrale, con camere che si affacciano sul mare. Attrezzato centro benessere ed ottimi servizi fanno del soggiorno un'esperienza indimenticabile.

Le Rose Suite Hotel senza rist

viale Regina Elena 46, per B2 ✉ 47921 – ✆ 05 41 39 42 89 Pianta : B2**k**
– www.lerosesuitehotel.com
25 cam ☕ – 55/180 € 65/220 € – **25 suites**
Ricorda vagamente una casa coloniale, tutta bianca, questo accogliente albergo gestito con dinamismo e passione: risorsa che incontra il gusto di una clientela giovane, ma anche di famiglie con figli al seguito (quasi tutte le camere sono dotate di angolo cottura).

Luxor senza rist
viale Tripoli 203 ✉ 47921 – ✆ 05 41 39 09 90 Pianta : B2**m**
– www.riminiluxor.com – Chiuso 8-27 dicembre
34 cam – 60/155 € 80/250 €
Il legno, i colori del mare e la luce sono gli elementi presi in prestito dalla natura per caratterizzare il design di questo hotel: mix di sobrietà, eleganza e cordiale ospitalità. Un cocktail vincente apprezzato dai tanti clienti italiani e stranieri!

Levante
viale Regina Elena 88, per B2 1 km ✉ 47921 Pianta : B2**c**
– ✆ 05 41 39 25 54 – www.hotel-levante.it
54 cam – 60/117 € 75/164 €
Rist – Menu 15 € – *(aperto 1° giugno-30 settembre) (solo per alloggiati)*
Simpatica e suggestiva la piscina idromassaggio con giochi d'acqua che si trova in giardino! Belle, colorate e confortevoli le camere, realizzate in tre stili leggermente diversi.

Artis senza rist
viale Vespucci 38 ✉ 47921 – ✆ 05 41 38 23 40 Pianta : B1**s**
– www.artishotel.it
57 cam – 75/200 € 95/250 €
Costruito in anni recenti, Artis si caratterizza per la sua architettura fatta di forme "pulite" e lineari. Anche all'interno, poche concessioni agli orpelli: si è pensato piuttosto a creare ambienti di moderno design e camere ben accessoriate. E per chi non ama svegliarsi presto, la prima colazione è servita fino alle ore 11.

King
viale Vespucci 139 ✉ 47921 – ✆ 05 41 39 05 80 Pianta : B1**f**
– www.hotelkingrimini.com – Chiuso 15-28 dicembre e 8-26 gennaio
42 cam – 38/65 € 42/90 €
Rist – Menu 20/60 € – *(aperto giugno-settembre) (solo per alloggiati)*
A due passi dal mare e sulla direttiva per il centro storico, camere accoglienti in stile veneziano e - a rallegrare il soggiorno - la proverbiale ospitalità romagnola!

ACasaMia WelcHome Hotel senza rist
viale Parisano 34 ✉ 47921 – ✆ 05 41 39 13 70 Pianta : B2**x**
– www.acmhotel.com – Chiuso vacanze di Natale
37 cam – 40/70 € 60/140 €
Luminosa e vivacemente colorata, per una tappa che salta dal salato al dolce, la sala colazioni sarà il miglior appuntamento per iniziare le vostre giornate. La pregevole collocazione centrale, ma vicino al mare e la cordiale gestione faranno il resto!

Rondinella e Viola
via B.Neri 3, per viale Regina Elena - B2 ✉ 47921 – ✆ 05 41 38 05 67
– www.hotelrondinella.it – Aperto 1° aprile-30 settembre
59 cam – 39/58 € 56/94 € **Rist** – Menu 20 € – *(solo per alloggiati)*
Pionieri del turismo riminese, aprirono poco dopo la guerra. A più di sessant'anni da quel felice esordio, questa tranquilla struttura vicino al mare assicura ancora camere semplici, ma ordinate e pulite.

Dolce Vita – Grand Hotel Rimini
parco Federico Fellini 1 ✉ 47921 – ✆ 0 54 15 60 00 Pianta : B1**g**
– www.grandhotelrimini.com
Carta 34/130 €
Una sala dell'hotel è dedicata alla cucina gourmet: in un ambiente elegante, il menu spazia tra terra e mare permeato da una leggera vena creatività. Il nome - poi - una promessa non smentita!

i-Fame – Hotel i-Suite
Lungomare Murri 65 ✉ 47921 – ✆ 05 41 38 63 31 Pianta : B2**a**
– www.i-fame.it – Chiuso 18-26 dicembre e martedì escluso 15 giugno-10 settembre
Menu 45/75 € – Carta 38/95 € – *(solo a cena escluso 15 giugno-10 settembre)*
Una sorta di simpatico viaggio nel futuro: sale moderne e luminose, luci colorate e proiezioni. Anche la cucina sposta lo sguardo in avanti, ma non dimentica del passato.

XX **Soleiado** – Savoia Hotel Rimini

lungomare Murri 13 ✉ 47921 – ✆ 05 41 39 58 42 Pianta : B1**d**
– www.savoiahotelrimini.com
Menu 30/60 € – Carta 31/74 €
Moderna veranda affacciata sul mare e toni caldi all'interno per una cucina romagnola con tante proposte di pesce.

XX **Lo Squero**

lungomare Tintori 7 ✉ 47921 – ✆ 0 54 15 38 81 Pianta : B1**h**
– www.ristorantelosquero.com – Chiuso 10 novembre-15 gennaio e martedì escluso agosto
Carta 45/63 €
Tanti coperti e altrettanto pesce: sono le cifre di un ristorante simbolo della cucina di mare, dopo decenni d'inossidabile attività. Tanti affezionati clienti si possono sbagliare?

a Rivabella per ④ : 3 km – ✉ 47900

Accademia N senza rist

viale Sabotino 6 – ✆ 0 54 12 54 22 – www.hotelaccademiarimini.com – Aperto 1° marzo-31 novembre
31 cam – †50/150 € ††75/200 €
In zona tranquilla - a due passi dalle spiagge - hotel rinnovato in anni recenti che propone camere di moderno confort ed una squisita prima colazione per propiziarsi la giornata.

a Rivazzurra Sud : 4 km per Pesaro Pianta : B2 – ✉ 47924

De France cam, rist,

viale Regina Margherita 48 – ✆ 05 41 37 15 51 – www.hoteldefrance.it – Aperto 20 maggio-20 settembre
84 cam – †55/93 € ††80/138 € **Rist** – Menu 20/25 € – *(solo a cena)*
In prima fila sul mare, la hall si apre su un grande portico coperto che diventa la sala di soggiorno estiva, direttamente affacciata sulla piscina. Gestione prettamente familiare.

a Viserba Nord : 5 km per Cesenatico Pianta : A1 – ✉ 47922

Zeus rist,

viale Porto Palos 1 – ✆ 05 41 73 84 10 – www.hotelzeus.net – Aperto 1° aprile-30 settembre
46 cam – †50/80 € ††70/130 €
Rist – Menu 15/20 € – *(aperto Pasqua e 1° giugno-30 settembre) (solo per alloggiati)*
Praticamente sarete già in spiaggia! Dopo importanti lavori di restyling, questa risorsa dalla simpatica gestione familiare si presenta con camere rinnovate e ben accessoriate.

a Miramare Sud : 5 km per Pesaro Pianta : B2 – ✉ 47924

Terminal Palace & Spa cam, cam, rist,

viale Regina Margherita 100 – ✆ 05 41 37 87 72
– www.terminalpalace.it
85 cam – †50/125 € ††70/210 €
Rist – Menu 18 € – *(aperto in estate) (solo per alloggiati)*
Frontemare, hotel dall'arredo moderno con camere dotate di tutti i comfort che la categoria richiede e, in aggiunta, un piccolo centro wellness. La piscina, qui, è funzionante tutto l'anno.

XXX **Guido** (Gian Paolo Raschi)

lungomare Spadazzi 12 – ✆ 05 41 37 46 12 – www.ristoranteguido.it – Chiuso dicembre e lunedì
Carta 44/82 € – *(solo a cena escluso sabato ed i giorni festivi)*
Un legame con il mare che non si è mai interrotto, dal 1946 ad oggi: sulla spiaggia, di fronte al blu, la cucina esalta i profumi del pescato in piatti che rinnovano le tradizioni dell'Adriatico.
→ Cappelletti alle poveracce (vongole). Fritto aromatico di calamari. Come la cassata.

a Viserbella : 6 km per Cesenatico Pianta : A1 – ✉ 47922

Life
rist,

via Porto Palos 34 – ✆ 05 41 73 83 70 – www.hotellife.it – Chiuso dicembre e febbraio

50 cam – ♦35/90 € ♦♦45/150 € – **2 suites**

Rist – Menu 15/35 € – *(aperto 1° aprile-30 settembre)*

Un edificio recente che mostra il meglio di sé al proprio interno: camere confortevoli, nella loro discreta semplicità, nonché spazi comuni ampi e ben rifiniti.

Diana
rist,

via Porto Palos 15 – ✆ 05 41 73 81 58 – www.hoteldiana-rimini.com – Aperto 1° aprile-30 settembre

38 cam – ♦28/50 € ♦♦50/70 €, 5 €

Rist – Menu 18/35 € – *(aperto 1° maggio-30 settembre)*

Proprio di fronte alla spiaggia, offre una grande piscina, servizio gratuito di biciclette, ampi spazi all'aperto per il relax e una gestione familiare sempre attenta ai bisogni della clientela. Camere in progressivo rinnovo, prenotare una delle più nuove.

Apollo
rist,

via Spina 3 – ✆ 05 41 73 46 39 – www.apollohotel.it – Aperto 1° maggio-30 settembre

54 cam – ♦40/82 € ♦♦60/124 € – **2 suites**

Rist – Menu 20 € – *(solo per alloggiati)*

Albergo dall'arredo sobrio, ma curato, dispone di un baby club per il divertimento degli ospiti più picccoli ed il relax di quelli più adulti; il tutto in un contesto tranquillo, non lontano dalla spiaggia.

a Coriano Sud-Ovest: 6.5 km – ✉ 47853

Vite

via Montepirolo 7 – ✆ 05 41 75 91 38 – www.ristorantevite.it – Chiuso 1 settimana in gennaio, 1 settimana in settembre e martedì

Menu 25/38 € – Carta 28/51 € – *(solo a cena in luglio-agosto)* (prenotare)

Vite è il ristorante della comunità di San Patrignano. E sono proprio i ragazzi di "Sampa" a svolgere il servizio in cucina e in sala, guidati dall'esperienza e bravura dello chef, Fabio Rossi, che propone una cucina moderna in gran parte basata su materie prime prodotte in casa. Piatti più semplici, a pranzo. Assolutamente da provare: il piccione cucinato nella creta, cosce ripiene cotte ai carboni, verdure dell'orto.

RIO DI PUSTERIA

Bolzano (BZ) – ✉ 39037 – 2 974 ab. – Alt. 777 m – Carta regionale n° **34-C1**

Roma 689 km – Bolzano 48 km – Brennero 43 km – Brunico 25 km

Carta stradale Michelin 562-B16

Giglio Bianco-Weisse Lilie

piazza Chiesa 2 – ✆ 04 72 84 97 40 – www.weisselilie.it – Chiuso 15-30 giugno

13 cam – ♦35/40 € ♦♦70/80 € **Rist** – Menu 20 € – *(solo per alloggiati)*

Semplice alberghetto a conduzione familiare, collocato nella piazzetta pedonale del caratteristico centro storico della località montana. Poche funzionali camere.

Ansitz Strasshof

via Spinga 2 – ✆ 04 72 88 61 42 – Chiuso 2 settimane in giugno-luglio, martedì sera e mercoledì

Carta 35/58 € – (coperti limitati, prenotare)

Graziosa osteria con pochi piatti in carta, integrati da specialità proposte a voce: un po' di territorio, un po' di mare (spaghetti alla mediterranea) e qualche specialità dalla terra d'origine della cuoca, la Sardegna (tagliata di manzo al mirto).

a Valles Nord-Ovest : 7 kmAlt. 1 354 m – ✉ 39037 Rio Di Pusteria

Masl cam,

Unterlande 21 – ✆ 04 72 54 71 87 – www.hotel-masl.com – Aperto 1° dicembre-15 aprile e 15 maggio-31 ottobre

35 cam – †80/134 € ††140/248 € – **20 suites**

Rist – Menu 25 € – *(solo per alloggiati)*

Modernità e tradizione con secoli di vita alle spalle (dal 1680) per una casa recentemente ampliata con nuovi spazi e ulteriori servizi. Grande cordialità e tutt'attorno boschi e prati, verdi o innevati in base alle stagioni.

Moarhof rist,

Birchwald 10 – ✆ 04 72 54 71 94 – www.hotel-moarhof.it – Chiuso 12 aprile-22 maggio e 26 ottobre-18 dicembre

27 cam – †70/110 € ††100/180 € – **9 suites**

Rist – Menu 37 € – *(solo a cena) (solo per alloggiati)*

Questo moderno albergo si trova nella splendida valle Pusteria, accanto ai campi della scuola di sci. Camere luminose e confortevoli. Piscina con vetrata sui prati.

Huber

via della Chiesa 4 – ✆ 04 72 54 71 86 – www.hotelhuber.com – Aperto 20 dicembre-14 marzo e 18 aprile-7 novembre

34 cam – †89/149 € ††140/240 €

Rist – Carta 26/44 € – *(solo per alloggiati)*

L'inestimabile bellezza delle verdissime vallate, fa da sfondo naturale a vacanze serene e tranquille. Accogliente gestione familiare particolarmente indicata per famiglie.

RIOMAGGIORE

La Spezia (SP) – ✉ 19017 – 1 626 ab. – Carta regionale n° **15-D2**

Roma 465 km – Genova 115 km – Massa 83 km – La Spezia 14 km

Carta stradale Michelin 561-J11

Dau Cila

via S. Giacomo 65 – ✆ 01 87 76 00 32 – www.ristorantedaucila.com – Chiuso 7 gennaio-10 marzo, lunedì escluso dal 25 aprile al 1° novembre

Carta 30/76 € – (consigliata la prenotazione)

Alla fine del caratteristico paesino di Riomaggiore, il mare, una mini spiaggia e questo locale gestito da un gruppo di giovani: nella intima saletta interna o nel meraviglioso dehors, cucina di pesce accompagnata da una buona selezione di vini, soprattutto liguri.

RIO MARINA → Vedere Elba (Isola d')

Livorno (LI)

RIO NELL'ELBA → Vedere Elba (Isola d')

Livorno (LI)

RIONERO IN VULTURE

Potenza (PZ) – ✉ 85028 – 13 411 ab. – Alt. 656 m – Carta regionale n° **3-A1**

Roma 342 km – Potenza 42 km – Avellino 122 km – Matera 106 km

Carta stradale Michelin 564-E29

La Pergola

via Luigi La Vista 27/33 – ✆ 09 72 72 11 79 – www.hotelristorantelapergola.it – Chiuso 23-25 dicembre

42 cam – †60/70 € ††79/85 € – **1 suite**

Rist ***La Pergola*** – vedere selezione ristoranti

Buon rapporto qualità/prezzo, in un albergo che offre camere confortevoli dall'aspetto semplice, ma accogliente.

La Pergola – Hotel La Pergola
via Luigi Lavista 27/33 – ✆ 09 72 72 11 79 – www.hotelristorantelapergola.it – Chiuso 23-25 dicembre
Menu 18/35 € – Carta 15/41 €
E' una gestione molto capace e di lunga esperienza – più di 50 anni - a condurre questo grazioso locale, che oltre a deliziare i suoi ospiti con una cucina di stampo casalingo, la griglia sempre accesa, vanta un'ottima cantina. Dehors ombreggiato sul retro.

RIPA
➜ Vedere Perugia
Perugia (PG)

RIPALTA CREMASCA
Cremona (CR) – ✉ 26010 – 3 048 ab. – Alt. 77 m – Carta regionale n° **19**-C2
Roma 546 km – Milano 49 km – Bergamo 50 km – Cremona 41 km
Carta stradale Michelin 561-G11

a Bolzone Nord-Ovest : 3 km – ✉ 26010 Ripalta Cremasca

Trattoria Via Vai
via Libertà 18 – ✆ 03 73 26 82 32 – www.trattoriaviavai.it – Chiuso 1-6 gennaio, agosto, martedì e mercoledì
Menu 28 € (in settimana) – Carta 28/36 € – *(solo a cena escluso domenica e festivi)*
Menu tematici e carta ristretta assicurano la qualità di proposte fresche, spesso del territorio - come i tortelli dolci cremaschi - altre volte inventive, ma sempre gustose, in una trattoria semplice e genuina.

RIPATRANSONE
Ascoli Piceno (AP) – ✉ 63065 – 4 340 ab. – Alt. 494 m – Carta regionale n° **21**-D3
Roma 242 km – Ascoli Piceno 38 km – Ancona 90 km – Macerata 77 km
Carta stradale Michelin 563-N23

a San Savino Sud : 6 km – ✉ 63038

I Calanchi rist,
contrada Verrame 1 – ✆ 0 73 59 02 44 – www.i-calanchi.com – Aperto 4 aprile-15 ottobre
32 cam – †100/160 € ††120/250 € **Rist** – Carta 23/62 €
Un'oasi di tranquillità sulle panoramiche colline dell'entroterra: ricavata da un antico podere agricolo, la risorsa dispone di camere accoglienti - la metà delle quali recentemente rinnovate - nonché ampi spazi comuni (anche all'aperto). Cucina marchigiana e soprattutto piatti di terra al ristorante.

RIPOSTO
Catania (CT) – ✉ 95018 – 14 192 ab. – Alt. 8 m – Carta regionale n° **30**-D2
Palermo 239 km – Catania 36 km – Messina 72 km – Enna 117 km
Carta stradale Michelin 365-BA57

Donna Carmela
contrada Grotte 7 – ✆ 0 95 80 93 83 – www.donnacarmela.com – Chiuso 3 settimane in novembre
16 cam – †150/295 € ††180/195 €
Rist *La Cucina di Donna Carmela* – vedere selezione ristoranti
Lussuosa casa di campagna circondata da giardini con palme e dal vivaio di proprietà. Gli interni delle due dimore sono oltre che confortevoli, anche signorili, pur mantenendo il calore di una casa privata.

La Cucina di Donna Carmela – Hotel Donna Carmela
Contrada Grotte 5 – ✆ 34 85 95 24 12 – Chiuso 3 settimane in novembre
Carta 41/56 €
Nell'accogliente sala o nel bel dehors all'ombra delle palme, specialità siciliane e i migliori prodotti provenienti dagli orti, frutteti ed agrumeti di proprietà della risorsa. Il tutto presentato con stile attuale.

RISANO → Vedere Pavia di Udine
Udine (UD)

RISCONE = REISCHACH → Vedere Brunico
Bolzano (BZ)

RITTEN = RENON

RIVA DEL GARDA
Trento (TN) – ✉ 38066 – 16 052 ab. – Alt. 73 m – Carta regionale n° **33-B3**
Roma 576 km – Trento 43 km – Bolzano 103 km – Brescia 75 km
Carta stradale Michelin 562-E14

Lido Palace
cam, rist,

viale Carducci 10 – ✆ 04 64 02 18 99 – www.lido-palace.it – Aperto 1°-15 gennaio e 1° marzo-2 novembre
34 cam – 275/350 € 289/540 € – **8 suites**
Rist *Il Re della Busa* – vedere selezione ristoranti
Rist *Tremani bistrot* – Carta 53/102 € – *(Aperto 1° aprile-30 ottobre) (solo a pranzo)*
Struttura Belle Epoque aggiornata con uno stile dal design minimalista di grande attualità, ampio parco sulla passeggiata a lago, nonché centro benessere esclusivo. Piatti classici, ma anche moderni al Tremani bistrot.

Du Lac et Du Parc
rist,

viale Rovereto 44 – ✆ 04 64 56 66 00 – www.dulacetduparc.com – Aperto 9-14 gennaio e 2 aprile-25 ottobre
159 cam – 100/180 € 200/360 € – **67 suites**
Rist – Carta 40/74 € – *(solo a cena in luglio-agosto)*
Rist *Capannina* – Carta 33/80 €
Rist *La Terrazza* – Carta 40/80 € – *(aperto inizio maggio-fine settembre) (carta semplice a pranzo)*
Grande e moderna struttura che attraverso un parco di alberi secolari vi porta sino al lago: davanti l'acqua, dietro le Dolomiti. Le camere sono tanto numerose quanto diverse tra loro, generalmente moderne e funzionali. Attrezzato centro benessere. Diversi gli angoli e le possibilità per ristorarsi.

Luise
cam, rist,

viale Rovereto 9 – ✆ 04 64 55 08 58 – www.hotelluise.com – Aperto 1° aprile-10 novembre
67 cam – 79/259 € 89/270 € **Rist** – Carta 29/49 € – *(solo a cena)*
Una struttura fortemente personalizzata che offre ambienti stilosi impreziositi da colori caldi e da pezzi vintage con rimandi agli anni Sessanta. Nell'ampio giardino sul retro della casa trovano posto la piscina ed il bar estivo. Al ristorante la scelta può cadere sul buffet o sulla carta.

Parc Hotel Flora senza rist
viale Rovereto 54 – ✆ 04 64 57 15 71 – www.parchotelflora.it
45 cam – 69/89 € 139/249 € – **7 suites**
Ottenuto dal restauro e dall'ampliamento di una villa liberty, l'albergo è circondato da un giardino con piscina. Camere per ogni budget e confort: da quelle standard, alla raffinatezza di arredi delle più recenti.

Kristal Palace N
via Confalonieri 8 – ✆ 04 64 55 06 50 – www.hotelkristalpalace-lagodigarda.it – Aperto 24 dicembre-14 gennaio e 16 marzo-9 novembre
58 cam – 143 € 235 € **Rist** – Carta 37/74 € – *(solo per alloggiati)*
A breve distanza dal lago, un albergo moderno dotato di buoni spazi, anche e soprattutto nelle camere. Tra i plus, lo Sky Pool Bar presso il roof garden dove, tempo permettendo, si può far colazione e pranzare.

Villa Miravalle

via Monte Oro 9 – ✆ 04 64 55 23 35 – www.hotelvillamiravalle.com – Chiuso febbraio e novembre

28 cam – 59/209 € 59/209 €

Rist *Villetta Annessa* – Carta 37/61 € – *(chiuso lunedì escluso giugno-settembre) (solo a cena)*

Risultato dell'unificazione di due edifici, in prossimità delle mura della città, l'albergo dispone di un luminoso soggiorno verandato, camere semplici, ma accoglienti, nonché valido ristorante serale.

Gabry senza rist

via Longa 6 – ✆ 04 64 55 36 00 – www.hotelgabry.com – Aperto 1° aprile-31 ottobre

42 cam – 89/134 € 106/134 €

Piacevole zona relax ed ampio giardino con piscina in un hotel a conduzione familiare dotato di camere confortevoli: al primo piano, alcune hanno la terrazza.

Vittoria

via Dante 39 – ✆ 04 64 55 92 31 – www.hotelvittoriariva.it – Chiuso febbraio

11 cam – 30/45 € 40/65 € – **1 suite**

Rist *Kapuziner am See* – Carta 18/55 €

Nel cuore del centro storico, uno dei più "vecchi" hotel di Riva del Garda: piccolo, dispone di camere arredate con semplicità e di un ristorante, il Kapuziner am See, dove "avvicinarsi" alla cucina bavarese.

Venezia senza rist

via Franz Kafka 7 – ✆ 04 64 55 22 16 – www.hotelveneziariva.com – Aperto 1° aprile-15 novembre

21 cam – 60/130 € 100/140 € – **1 suite**

Ideale per gli appassionati di sport acquatici, non lontana dal lago, la risorsa dispone di camere classiche, piscina nel giardino e roof garden per le colazioni estive.

Il Re della Busa – Hotel Lido Palace

viale Carducci 10 – ✆ 04 64 02 19 23 – www.lido-palace.it – Aperto 1°-15 gennaio e 1° marzo-2 novembre

Menu 85/120 € – Carta 64/103 € – *(solo a cena)*

Lo stesso stile minimal e contemporaneo dell'hotel Lido Palace contraddistingue anche il ristorante gourmet; nel piatto una linea anch'essa moderna, mentre dalle ampie finestre e dalla terrazza-dehors è la vista del lago ad imporsi.

Al Volt

via Fiume 73 – ✆ 04 64 55 25 70 – www.ristorantealvolt.com – Chiuso 15 febbraio-15 marzo e lunedì

Menu 48 € – Carta 40/63 €

Sito nel centro storico, un ambiente elegante articolato su più sale comunicanti, con volte basse e mobili antichi propone una cucina trentina con tocchi di creatività.

RIVA DEL SOLE → Vedere Castiglione della Pescaia

Grosseto (GR)

RIVA DI SOLTO

Bergamo (BG) – ✉ 24060 – 861 ab. – Alt. 186 m – Carta regionale n° **19-D1**

Roma 607 km – Brescia 61 km – Bergamo 43 km – Milano 91 km

Carta stradale Michelin 561-E12

Zu'

via XXV Aprile 53, località Zù, Sud : 2 km – ✆ 0 35 98 60 04 – www.ristorantezu.it – Chiuso martedì a mezzogiorno in luglio-agosto, anche martedì sera negli altri mesi

Menu 55 € – Carta 37/59 €

Locale d'impostazione classica, che non si limita ad offrire specialità lacustri, ma allarga la proposta a ricette di mare. Servizio in veranda panoramica con vista eccezionale sul lago d'Iseo e possibilità di attracco sul pontile privato.

a Zorzino Ovest : 1,5 kmAlt. 329 m – ✉ 24060 Riva Di Solto

XX **Miranda** con cam rist,
via Cornello 8 – ✆ 0 35 98 60 21 – www.albergomiranda.it
25 cam – 51/57 € 82/94 € Menu 17/40 € – Carta 26/59 €
D'estate l'appuntamento è in terrazza, direttamente affacciati sul giardino e sul superbo specchio lacustre. La cucina è del territorio e privilegia i prodotti di mare e di lago. Belle camere e una fresca piscina a disposizione di chi alloggia.

RIVALTA → Vedere La Morra
Cuneo (CN)

RIVALTA SUL MINCIO
Mantova (MN) – ✉ 46040 – Carta regionale n° **17-C3**
Roma 479 km – Brescia 64 km – Mantova 14 km – Verona 63 km
Carta stradale Michelin 561-G14

XX **Il Tesoro Living Resort** con cam
via Settefrati 96 – ✆ 03 76 68 13 81 – www.tesororesort.it – Chiuso 6-26 agosto
4 suites – 120 €
Carta 31/58 € – *(chiuso domenica sera, lunedì e martedì) (solo a cena escluso sabato e domenica)*
Riparte nel 2014 con una nuova, brillante gestione, questa bella struttura dallo stile contemporaneo e dalla cornice agreste. Giustamente confermata ai fornelli la signora Silvana - esperta cuoca sia dei sapori del territorio sia della cucina moderna - ma oltre all'ottima tavola, vi attendono il gradevole giardino botanico, l'attrezzato centro benessere e le splendide suite.

RIVALTA TREBBIA → Vedere Gazzola
Piacenza (PC)

RIVANAZZANO TERME
Pavia (PV) – ✉ 27055 – 5 228 ab. – Alt. 153 m – Carta regionale n° **16-A3**
Roma 578 km – Alessandria 35 km – Pavia 35 km – Milano 72 km
Carta stradale Michelin 561-H9

XXX **Il Caminetto**
via Cesare Battisti 15 – ✆ 0 38 39 13 91 – www.ilcaminettodisaliceterme.it – Chiuso 1 settimana in gennaio, domenica sera e lunedì
Carta 30/66 €
Ristorante elegante, a salda conduzione familiare ormai di lunga tradizione: un'accogliente sala con parquet, toni giallo-ocra e camino rifinito in marmo. La cucina è classica italiana con alcuni piatti più legati al territorio.

XX **Selvatico** con cam cam,
via Silvio Pellico 19 – ✆ 03 83 94 47 20 – www.albergoselvatico.com – Chiuso 1°-8 gennaio, domenica sera e lunedì
21 cam – 45/50 € 80/90 €
Menu 30/35 € – Carta 21/52 €
Rist *Vineria* –Carta 24/38 € – *(solo a cena)*
Mobili d'epoca ed un coperto elegante allietano la sosta dei suoi clienti, la cucina li intrattiene con gustosi piatti del territorio preparati dalla titolare con una delle figlie. Svelato il segreto del successo di un locale che nel 2012 ha soffiato su 100 candeline!

RIVAROLO CANAVESE
Torino (TO) – ✉ 10086 – 12 503 ab. – Alt. 304 m – Carta regionale n° **22-B2**
Roma 702 km – Torino 35 km – Biella 56 km – Vercelli 76 km
Carta stradale Michelin 561-F5

XX **Antica Locanda dell'Orco**

via Ivrea 109 – ✆ 01 24 42 51 01 – www.locanda-dellorco.it – Chiuso 10 giorni in gennaio, 15-31 agosto e lunedì
Menu 13 € (pranzo in settimana)/42 € – Carta 32/56 €
Ambiente rustico e signorile con tavoli ravvicinati, ai quali accomodarsi per gustare la tradizionale cucina piemontese. Possibilità di prendere posto all'aperto durante la bella stagione.

RIVAROTTA ➜ Vedere Pasiano di Pordenone
Pordenone (PN)

RIVA TRIGOSO ➜ Vedere Sestri Levante
Genova (GE)

RIVAZZURRA ➜ Vedere Rimini
Rimini (RN)

RIVERGARO
Piacenza (PC) – ✉ 29029 – 6 968 ab. – Alt. 140 m – Carta regionale n° **8-A2**
Roma 530 km – Piacenza 22 km – Milano 90 km – Parma 80 km
Carta stradale Michelin 561-H10

XX **Castellaccio**

località Marchesi di Travo, Sud-Ovest : 3 km – ✆ 05 23 95 73 33 – www.castellaccio.it – Chiuso 15-30 gennaio, 12-28 agosto, martedì e mercoledì
Carta 35/56 € – *(solo a cena)* (consigliata la prenotazione)
Ampie finestre rendono il locale luminoso ed accogliente, ma d'estate sarà senz'altro più piacevole prendere posto in terrazza. La cucina dimostra salde radici nel territorio, sapientemente reinterpretate.

XX **Caffè Grande**

piazza Paolo 9 – ✆ 05 23 95 85 24 – www.caffegrande.it – Chiuso 1 settimana in settembre, 2 settimane in gennaio-febbraio e martedì
Carta 24/47 €
Moderno ed antico si interfacciano con grande naturalezza in questo bel ristorante recentemente ristrutturato. La cucina si adagia nell'alveo della tradizione locale, annoverando fra i suoi must i proverbiali salumi piacentini, gli anolini di carne in brodo di cappone, il guanciale di vitello con salsa al Gutturnio.

RIVIERA DI LEVANTE
Genova e La Spezia

RIVIGNANO
Udine (UD) – ✉ 33050 – 4 421 ab. – Alt. 13 m – Carta regionale n° **10-B3**
Roma 599 km – Udine 37 km – Pordenone 33 km – Trieste 88 km
Carta stradale Michelin 562-E21

XXX **Al Feraràt** (Alberto Tonizzo)

via Cavour 34 – ✆ 04 32 77 50 39 – www.ristoranteferarut.it – Chiuso 2-9 gennaio e mercoledì
Menu 80 € – Carta 50/96 € – (prenotazione obbligatoria a mezzogiorno)
Rist *Al Tinel* –Carta 24/46 €
Da appassionato studioso e conoscitore del mare, lo chef, figlio del patron, offre con le sue ricette tutta la fragranza del buon pesce, ma anche un'originale personalità. Non mancano, tuttavia, specialità a base di carne. Al Tinel, ambiente informale e piatti di tono più semplice con, inoltre, la nuova "salumeria ittica".
➜ Zuppa mediterranea di pesce. Anguilla alle braci di faggio. Crostata soffiata con lamponi, tomino di capra e liquirizia.

XX **Dal Diaul**

via Garibaldi 20 – ✆ 04 32 77 66 74 – www.daldiaul.com – Chiuso gennaio e giovedì
Menu 25/40 € – Carta 35/42 € – *(solo a cena escluso i giorni festivi)* (prenotazione obbligatoria)
Locale del centro, gestito da oltre 25 anni da una coppia seria e professionale garante della qualità delle materie prime, soprattutto quelle provenienti dal mare. Ricette classiche, ben curate.

RIVISONDOLI

L'Aquila (AQ) – ✉ 67036 – 684 ab. – Alt. 1 320 m – Carta regionale n° **1-B3**
Roma 188 km – Campobasso 92 km – L'Aquila 101 km – Chieti 96 km
Carta stradale Michelin 563-Q24

X **Da Giocondo**

via Suffragio 2 – ✆ 0 86 46 91 23 – www.ristorantedagiocondo.it – Chiuso 15-30 giugno e martedì
Carta 27/44 €
Personalmente ai fornelli, la titolare assicura ottimi piatti di cucina abruzzese talvolta esposti a voce, secondo le disponibilità del mercato: la freschezza dei prodotti è così garantita!

RIVODORA → Vedere Baldissero Torinese

Torino (TO)

RIVODUTRI

Rieti (RI) – ✉ 02010 – 1 286 ab. – Alt. 560 m – Carta regionale n° **13-C1**
Roma 97 km – Terni 28 km – L'Aquila 73 km – Rieti 17 km
Carta stradale Michelin 563-O20

XXXX **La Trota** (Sandro e Maurizio Serva)

via Santa Susanna 33, località Piedicolle, Sud : 4 km – ✆ 07 46 68 50 78 – www.latrota.com – Chiuso gennaio, 10 giorni in luglio, domenica sera e mercoledì
Menu 100 € – Carta 65/97 € – (consigliata la prenotazione)
Dopo aver vinto i pregiudizi sul pesce d'acqua dolce, questi eccellenti ristoratori si dimostrano a proprio agio ai vertici della gastronomia nazionale con una carta che delizia i clienti con carpe, tinche, gamberi di fiume, anguille, lucci e naturalmente trote, ma non solo. Scommessa vinta!
→ Zuppa di tinca con passaggio speziato e capelli d'angelo. Anguilla nel coniglio e coniglio nell'anguilla con finta oliva di mela cotta nel caffè. Zuppa di agrumi, cioccolato bianco al sale ripieno di mango e gelato di olive.

RIVOIRA → Vedere Boves

Cuneo (CN)

RIVOLI

Torino (TO) – ✉ 10098 – 48 756 ab. – Alt. 390 m – Carta regionale n° **22-A1**
Roma 678 km – Torino 15 km – Asti 64 km – Cuneo 103 km
Carta stradale Michelin 561-G4

XXXX **Combal.zero** (Davide Scabin)

piazza Mafalda di Savoia – ✆ 01 19 56 52 25 Pianta : A2**u**
– www.combal.org – Chiuso vacanze di Natale, agosto, domenica e lunedì
Menu 130/180 € – Carta 101/183 € – *(solo a cena)*
Accanto al museo di arte contemporanea, del quale riprende le forme moderne ed essenziali, è il regno dell'ecclettismo gastronomico: dai classici piemontesi a piatti più estrosi.
→ Ravioli di burrata con "tomatoes Combal blend". Fassona impanata al camino. Fusione a freddo (dessert).

XX **Locanda del Lupo**

piazza Bollani 14/b – ✆ 01 19 53 65 64 Pianta : A2**n**
– www.locandadellupo.eu – Chiuso 25-31 agosto e lunedì a mezzogiorno
Menu 15 € (pranzo in settimana)/30 € – Carta 26/63 €
Nel cuore del centro storico, alle pendici del castello, un bel ristorante dove gustare una cucina prettamente piemontese: dietro ai fornelli una coppia locale che 10 anni fa ha avuto il coraggio di realizzare la propria passione.

RIVOLTA D'ADDA

Cremona (CR) – ✉ 26027 – 7 963 ab. – Alt. 101 m – Carta regionale n° **19-C2**
Roma 564 km – Cremona 66 km – Milano 29 km – Lodi 20 km
Carta stradale Michelin 561-F10

XX **La Rosa Blu**

via Giulio Cesare 56 – ✆ 0 36 37 92 90 – www.ristoranterosablu.com – Chiuso 8 gennaio-2 febbraio, martedì sera e mercoledì
Carta 29/49 €
Verso il limitare del paese, locale di discreta eleganza ed arredi d'epoca. In menu: proposte di carne e di pesce, non prive di creatività. Servizio anche all'aperto.

ROBECCO SUL NAVIGLIO

Milano (MI) – ✉ 20087 – 6 877 ab. – Alt. 129 m – Carta regionale n° **18-A2**
Roma 590 km – Milano 28 km – Novara 24 km – Pavia 53 km
Carta stradale Michelin 561-F8

X **L'Antica Trattoria**

via Santa Croce 16 – ✆ 0 29 47 08 71 – www.anticatrattoria.info – Chiuso martedì
Menu 15/28 € – Carta 23/47 €
Aspetto caldo ed accogliente in una trattoria a conduzione familiare, dove la cucina offre suggestioni di ampio respiro, dalla terra al mare, con particolare attenzione ai prodotti di stagione.

ROCCABIANCA

Parma (PR) – ✉ 43010 – 3 058 ab. – Alt. 32 m – Carta regionale n° **8-B1**
Roma 486 km – Parma 32 km – Cremona 34 km – Mantova 73 km
Carta stradale Michelin 562-G12

a Fontanelle Sud : 5 km – ✉ 43010

XX **Hostaria da Ivan** con cam rist,

via Villa 24 – ✆ 05 21 87 01 13 – www.hostariadaivan.it – Chiuso 1°-21 agosto, lunedì e martedì
4 cam – †80 € ††100 € Carta 29/55 €
Una casa anni Venti ospita una sala rustica, ma elegante, che d'estate si apre su un graziosissimo giardino all'italiana. Cucina emiliana accompagnata da una vasta e selezionata carta dei vini e per gli amanti del genere, "salumoterapia": praticamente, ci si accomoda proprio là, dove vengono stagionati prosciutti, coppe, culatelli. Accoglienti camere mansardate per non rinunciare ad un buon riposo.

ROCCABRUNA

Cuneo (CN) – ✉ 12020 – 1 454 ab. – Alt. 700 m – Carta regionale n° **22-B3**
Roma 669 km – Cuneo 22 km – Asti 108 km – Torino 120 km
Carta stradale Michelin 561-I3

a Sant'Anna Nord : 6 km Alt. 1 250 m – ✉ 12020 Roccabruna

La Pineta con cam

piazzale Sant'Anna 6 – ✆ 01 71 91 84 72 – www.lapinetaalbergo.it – Chiuso 7 gennaio-7 marzo

12 cam – †75/80 € ††75/80 €, ☕ 5 €

Menu 20/35 € – *(chiuso martedì, anche lunedì sera escluso dal 20 giugno al 20 settembre)*

Un valido motivo per giungere al limitare della pineta? L'immancabile, quanto goloso, fritto misto alla piemontese cucinato al momento! Ritroverete simpatia e calore familiare anche nelle graziose camere, dalle quali respirare la tranquillità e la purezza dei monti.

ROCCA CORNETA

➜ Vedere Lizzano in Belvedere

Bologna (BO)

ROCCA DI MEZZO

L'Aquila (AQ) – ✉ 67048 – 1 499 ab. – Alt. 1 322 m – Carta regionale n° **1-A2**

Roma 140 km – Pescara 102 km – L'Aquila 29 km – Teramo 85 km

Carta stradale Michelin 563-P22

Altipiano delle Rocche

via Don Minozzi – ✆ 08 62 91 70 65 – www.hotelaltopiano.it

26 cam ☕ – †45/65 € ††65/90 € **Rist** – Carta 20/40 €

Lungo la strada che attraversa il paese, su una salita che lo ripara dal traffico, albergo in stile rustico-montano: semplicità e pulizia nelle confortevoli camere. Ampia e semplice sala ristorante, contigua alla hall dell'hotel.

ROCCA DI ROFFENO

➜ Vedere Castel d'Aiano

Bologna (BO)

ROCCA D'ORCIA

➜ Vedere Castiglione d'Orcia

Siena (SI)

ROCCA PIETORE

Belluno (BL) – ✉ 32020 – 1 319 ab. – Alt. 1 143 m – Carta regionale n° **39-B1**

Roma 670 km – Cortina d'Ampezzo 37 km – Belluno 55 km – Bolzano 76 km

Carta stradale Michelin 562-C17

Pineta

via Marmolada 13, Ovest : 2 km – ✆ 04 37 72 20 35 – www.hotelpineta.net – Aperto inizio dicembre - inizio aprile e inizio giugno - metà settembre

33 cam ☕ – †65/135 € ††100/230 € **Rist** – Carta 27/56 €

Ai piedi della Marmolada, a 200 m dalla frazione Boscoverde, una dinamica gestione familiare ha fatto sì che l'hotel si migliorasse di anno in anno: ambienti caratteristici e camere alpine confortevoli. Sapori locali al ristorante e buona pasticceria.

a Digonera Nord : 5,5 km Alt. 1 158 m – ✉ 32020 Laste Di Rocca Pietore

Digonera

rist,

via Digonera, 16 – ✆ 04 37 52 91 20 – www.digonera.com – Chiuso 25 aprile-7 giugno e 20 ottobre-5 dicembre

23 cam ☕ – †40/80 € ††70/160 € **Rist** – Carta 22/47 € – *(chiuso lunedì)*

In una frazione di passaggio, presenta la comodità di essere a pochi minuti d'auto da quattro diversi comprensori sciistici. Raccolto e molto accogliente, offre camere semplici, tutte differenti tra loro.

ROCCARASO

L'Aquila (AQ) – ✉ 67037 – 1 631 ab. – Alt. 1 236 m – Carta regionale n° **1-B3**
Roma 190 km – Campobasso 90 km – L'Aquila 102 km – Chieti 98 km
Carta stradale Michelin 563-Q24

Suisse

via Roma 22 – ✆ 08 64 60 23 47 – www.hotelsuisse.com – Aperto 19 dicembre-7 aprile e 20 giugno-13 settembre; solo nei week-end negli altri mesi
45 cam – †40/80 € ††70/120 € **Rist** – Menu 23/25 €
Affacciato sulla strada più importante della località, si presenta completamente ristrutturato. Le camere, abbastanza sobrie, hanno arredi in legno scuro e ottimi bagni. Sala ristorante con inserti in legno e pannelli affrescati.

Iris

viale Iris 5 – ✆ 08 64 60 23 66 – www.hoteliris.eu – Aperto 22 dicembre-30 aprile e 1° luglio-30 settembre
52 cam – †75/95 € ††90/120 €
Rist – Menu 30/55 € – *(solo per alloggiati)*
Centrale, ma contemporaneamente in una posizione tale da offrire una discreta quiete, camere completamente ristrutturate ed un'ospitale, sorridente, gestione.

Petite Fleur senza rist

viale Dello Sport 5/c – ✆ 08 64 60 20 10 – www.hotelpetitefleur.com
10 cam – †60/85 € ††85/105 €
Poco lontano dal corso principale, una struttura insolitamente moderna con poche camere, tutte particolarmente curate nei dettagli: dagli arredi (in stile impero) agli accessori. Spazi comuni ridotti, ma adeguati al tipo di offerta.

a Pietransieri Est : 4 km Alt. 1 288 m – ✉ 67037

La Preta

via Adua 7/9 – ✆ 0 86 46 27 16 – Chiuso martedì in bassa stagione
Carta 24/34 €
Piccolo ristorante familiare, custode della memoria storica e gastronomica del paese tra foto d'epoca appese alle pareti e ricette della tradizione servite in tavola.

ad Aremogna Sud-Ovest : 9 km Alt. 1 622 m – ✉ 67037

Boschetto

rist,

via Aremogna 42 – ✆ 08 64 60 23 67 – www.hboschetto.it – Aperto 1° gennaio-30 aprile e 1° luglio-31 agosto
46 cam – †60/130 € ††100/160 € – **2 suites** **Rist** – Carta 27/58 €
Per una vacanza tranquilla ed isolata, perfetta anche per gli amanti dello sci. Accoglienti saloni in legno, camere sobrie, costantemente in via di ammodernamento. Sala ristorante dall'ambiente suggestivo, grazie all'incantevole vista sui monti.

ROCCA RIPESENA → Vedere Orvieto

Terni (TR)

ROCCA SAN CASCIANO

Forlì-Cesena (FC) – ✉ 47017 – 2 001 ab. – Alt. 210 m – Carta regionale n° **9-C2**
Roma 315 km – Rimini 84 km – Bologna 91 km – Forlì 28 km
Carta stradale Michelin 562-J17

La Pace

piazza Garibaldi 16 – ✆ 05 43 95 13 44 – Chiuso lunedì sera e martedì
Carta 15/21 €
Al primo piano di un palazzo situato sulla piazza principale, trattoria molto semplice con accoglienza e servizio familiari. Dal territorio le specialità di stagione, in preparazioni casalinghe.

ROCCA SAN GIOVANNI

Chieti (CH) – ✉ 66020 – 2 379 ab. – Alt. 155 m – Carta regionale n° **2-C2**
Roma 250 km – Pescara 52 km – Chieti 56 km – Teramo 114 km
Carta stradale Michelin 563-P25

in prossimità casello autostrada A 14 - uscita Lanciano Nord-Ovest : 6 km :

Villa Medici

cam,

contrada Santa Calcagna – ✆ 08 72 71 76 45 – www.hotelvillamediciabruzzo.it
46 cam – 70/90 € 80/130 €
Rist – Carta 29/63 € – *(chiuso venerdì, sabato e domenica) (solo a cena escluso nel periodo estivo)*
Raffinatezza, modernità e confort per questo hotel in comoda posizione stradale, non lontano da Lanciano: ideale per una clientela d'affari che cerca cortesia, professionalità e un'ampia disponibilità di spazi (piacevole area relax ben organizzata!). L'eleganza continua al ristorante, con un'ampia capacità ricettiva per ogni occasione.

ROCCASTRADA

Grosseto (GR) – ✉ 58036 – Carta regionale n° **32-C2**
Roma 215 km – Grosseto 37 km – Firenze 129 km – Siena 55 km
Carta stradale Michelin 563-M15

La Melosa

strada Provinciale 157, Nord : 2 km – ✆ 05 64 56 33 49 – www.lamelosa.it
– Aperto 24 dicembre-6 gennaio e 14 febbraio-2 novembre
12 cam – 84/154 € 84/234 €
Rist *Il Canto del Gusto* – vedere selezione ristoranti
In posizione defilata e tranquilla, la struttura di aspetto colonico propone nei suoi interni la spontanea arte toscana, che si esprime attraverso deliziosi affreschi presenti in ciascuna delle 12 camere. Non mancano, tuttavia, confort moderni, quali una bella piscina ed un attrezzato centro benessere.

Il Canto del Gusto – Hotel La Melosa

strada Provinciale 157, Nord : 2 km – ✆ 05 64 56 33 49 – www.lamelosa.it
– Aperto 24 dicembre-6 gennaio e 14 febbraio-2 novembre
Carta 33/43 € – *(solo a cena)*
Cucina elaborata sulla base di selezionati prodotti locali - in sintonia con le stagioni - in un questo piccolo, grazioso, ristorante ospitato in un edifico indipendente, ma sempre facente parte dell'hotel de charme La Melosa.

ROCCELLA IONICA

Reggio di Calabria (RC) – ✉ 89047 – 6 376 ab. – Alt. 16 m – Carta regionale n° **5-B3**
Roma 687 km – Reggio di Calabria 110 km – Catanzaro 85 km – Vibo Valentia 90 km
Carta stradale Michelin 564-M31

Parco dei Principi Hotel

rist,

strada statale 106, località Badessa, Sud-Ovest : 2 km – ✆ 09 64 86 02 01
– www.parcodeiprincipi-roccella.com
58 cam – 89/250 € 89/250 € – **2 suites**
Rist – Carta 31/67 € – *(solo a cena)*
Un uliveto dai riflessi argentei incornicia questa elegante struttura che richiama i fasti del passato: una sontuosa hall e splendide sale dai soffitti affrescati, nonché camere di moderno confort.

Club Hotel Kennedy

cam, rist,

strada statale 106, Sud-Ovest : 2 km – ✆ 09 64 86 33 84
– www.clubhotelkennedy.com
72 cam – 39/110 € 49/180 € **Rist** – Carta 18/49 €
Troverete camere di sobria eleganza in questo hotel rinnovato di recente e dalla strategica posizione lungomare. Nel periodo estivo, tessera club obbligatoria che include vari servizi.

La Cascina

strada statale 106, Sud-Ovest : 2 km – ✆ 09 64 86 66 75 – www.lacascina1899.it – Chiuso 5-18 gennaio e martedì (escluso luglio-agosto)
Carta 37/51 €
Lungo la statale, un piacevole e rustico locale ricavato dalla ristrutturazione di un casolare di fine Ottocento: sale dalle pareti in pietra e dai soffitti in legno; proposte sia di mare sia di terra.

ROCCHETTA TANARO

Asti (AT) – ✉ 14030 – 1 442 ab. – Alt. 107 m – Carta regionale n° **25-D1**
Roma 626 km – Alessandria 28 km – Torino 75 km – Asti 17 km
Carta stradale Michelin 561-H7

I Bologna con cam

via Nicola Sardi 4 – ✆ 01 41 64 46 00 – www.trattoriaibologna.it – Chiuso 10 gennaio-10 febbraio
6 cam – †80 € ††100 € Menu 35/45 € – Carta 37/65 € – *(chiuso martedì)*
Un classico della ristorazione monferrina, da anni propone gli immutabili piatti che ci si aspetta di gustare in Piemonte. Gli ambienti sono rustici e l'atmosfera calda. La corte interna ospita camere accoglienti e ben accessoriate.

RODDI

Cuneo (CN) – ✉ 12060 – 1 552 ab. – Alt. 284 m – Carta regionale n° **25-C2**
Roma 650 km – Cuneo 61 km – Torino 63 km – Asti 35 km
Carta stradale Michelin 561-H5

Il Vigneto con cam

località Ravinali 19/20, Sud-Ovest : 2,5 Km – ✆ 01 73 61 56 30 – www.ilvignetodiroddi.com
6 cam – †75/90 € ††90/100 €
Carta 45/52 € – *(chiuso mercoledì a mezzogiorno e martedì)*
Una tranquilla cascina di campagna - restaurata con gusto e raffinatezza - dove gustare piatti piemontesi, ma non solo: in estate trionfa il pesce. Piacevole l'ombreggiato dehors. Accoglienza di classe e premurosa attenzione anche nelle camere, dalle cui finestre si dominano le colline dei dintorni.

RODI GARGANICO

Foggia (FG) – ✉ 71012 – 3 741 ab. – Carta regionale n° **26-A1**
Roma 389 km – Foggia 112 km – Termoli 96 km – Barletta 126 km
Carta stradale Michelin 564-B29

Villa Vittoria

contrada Petrara snc – ✆ 08 84 96 56 30 – www.albergovillavittoria.it
16 cam – †35/80 € ††70/160 €
Rist *Senza Civico* – Carta 31/78 € – *(solo a cena)*
In posizione rialzata sul mare, il profilo del borgo chiude romanticamente la vista della costa. Camere semplici ma accoglienti, la terrazza panoramica sul porticciolo del ristorante regalerà incantevoli serate.

ROLETTO

Torino (TO) – ✉ 10060 – 2 005 ab. – Alt. 412 m – Carta regionale n° **22-B2**
Roma 683 km – Torino 37 km – Asti 77 km – Cuneo 67 km
Carta stradale Michelin 561-H3

Il Ciabot

via Costa 7 – ✆ 01 21 54 21 32 – Chiuso lunedì
Menu 35 € – Carta 31/43 € – (prenotazione obbligatoria a mezzogiorno)
Piacevolmente riscaldato nei mesi freddi da un caminetto, questo piccolo locale vanta un'appassionata gestione familiare e propone una cucina regionale, attenta alle tradizioni. Tra i piatti più richiesti: fagottini di pasta fresca alle ortiche e bianco di porri.

ROLO

Reggio nell'Emilia (RE) – ✉ 42047 – 4 099 ab. – Alt. 21 m – Carta regionale n° **8-B1**

Roma 443 km – Bologna 87 km – Reggio nell'Emilia 38 km – Modena 44 km

Carta stradale Michelin 562-H14

Cigno Reale

cam, cam, rist,

via Mazzini 1 – 05 22 65 84 40 – www.hotelcignoreale.it – Chiuso agosto

16 cam – 40/60 € 70/110 € **Rist** – Carta 18/62 € – *(chiuso martedì)*

Piccolo albergo che dispone di camere variopinte e confortevoli. Ampia scelta di piatti nazionali e, la sera, tanti tipi di pizza al ristorante; la bella terrazza vi attende - invece - per un aperitivo alla moda.

Prima o Poi

via Battisti 57 – 05 22 66 61 84 – www.primaopoi.eu – Chiuso 1°-18 gennaio, sabato a mezzogiorno e domenica

Menu 22 € (pranzo in settimana) – Carta 29/62 € – (consigliata la prenotazione)

In un rustico sito all'ingresso del paese, distante pochi chilometri dal casello autostradale, il patron vi invita ad assaggiare una cucina classica e mediterranea, di terra e di mare: prima o poi, è qua, che bisogna venire...

ROMA

Roma (RM) – 2 614 263 ab. – Alt. 20 m – Carta regionale n°**12** B2
Carta stradale Michelin n° 563-Q19 – Guida Michelin ROMA

R. Kutter / imageBROKER / age fotostock

In sintesi...

Piante ed esercizi

Elenco alfabetico degli alberghi
Index of hotels

ROMA

→Elenco alfabetico degli ristoranti
→Index of Restaurants

ROMA

✿ → Gli esercizi con stelle
→ Starred Restaurants

Bib Gourmand

→ Pasti accurati a prezzi contenuti
→ Good food at moderate prices

Bib		pagina
Ambasciata d'Abruzzo	X	1046
Domenico dal 1968	X	1050
Felice a Testaccio	X	1048
Mamma Angelina	XX	1049
Profumo di Mirto	X	1050
Al Ristoro degli Angeli	X	1052

→ Ristoranti secondo il loro genere
→ Restaurants by cuisine type

Abruzzese		pagina
Ambasciata d'Abruzzo	X Bib	1046

Classica		pagina
Agata e Romeo	XXX	1039
Hostaria dell'Orso	XXXX	1031

Creativa		pagina
Antico Arco	XX	1044
Antonello Colonna	XXX ✿	1039
Enoteca al Parlamento Achilli	XXX	1032
Giuda Ballerino	XX ✿	1050
Glass Hostaria	XX ✿	1047
Le Jardin de Russie	XXXXX	1031
Metamorfosi	XXX ✿	1046
Oliver Glowig	XXXX ✿✿	1046
All'Oro	XXX ✿	1032
Il Pagliaccio	XXX ✿✿	1032
La Pergola	XXXXX ✿✿✿	1044
Sapori del Lord Byron	XXXX	1046
Stazione di Posta	X ✿	1048
La Terrazza	XXXX ✿	1038
Vivavoce	XXXX	1044

Emiliana		pagina
Colline Emiliane	X	1034

Italiana		pagina
Casa Bleve	X	1034
Al Ceppo	XX	1046
Doney	XXX	1039
Enoteca Costantini-Il Simposio	XX	1044
Hostaria dell'Orso	XXXX	1031
Le Jardin de Russie	XXXXX	1031
Papà Baccus	X	1039
Pappa Reale	XX	1049
St. Teodoro	XX	1042
Trimani il Wine Bar	X	1040
Villa Rinaldo	XX	1050

Giapponese		pagina
Hamasei	XX	1033

Laziale		pagina
Al Bric	X	1033
Caffè Propaganda	X	1042

Ligure		pagina
Taverna Giulia	XX	1033

Marchigiana		pagina
Trattoria Monti	X	1040

Mediterranea		pagina
Aroma	XXX ✿	1042
Al Bric	X	1033
Enoteca Capranica	XXX	1032
Settembrini	X	1044
Vivavoce	XXXX	1044

Moderna		pagina
Brunello Lounge & Restaurant	XXX	1039
Il Convivio-Troiani	XXX ✿	1032

ROMA

Pesce e frutti di mare

Regionale

Romana

Toscana

→ Tavoli all'aperto
→ Outside dining

➜Ristoranti aperti in agosto
➜Restaurants open in August

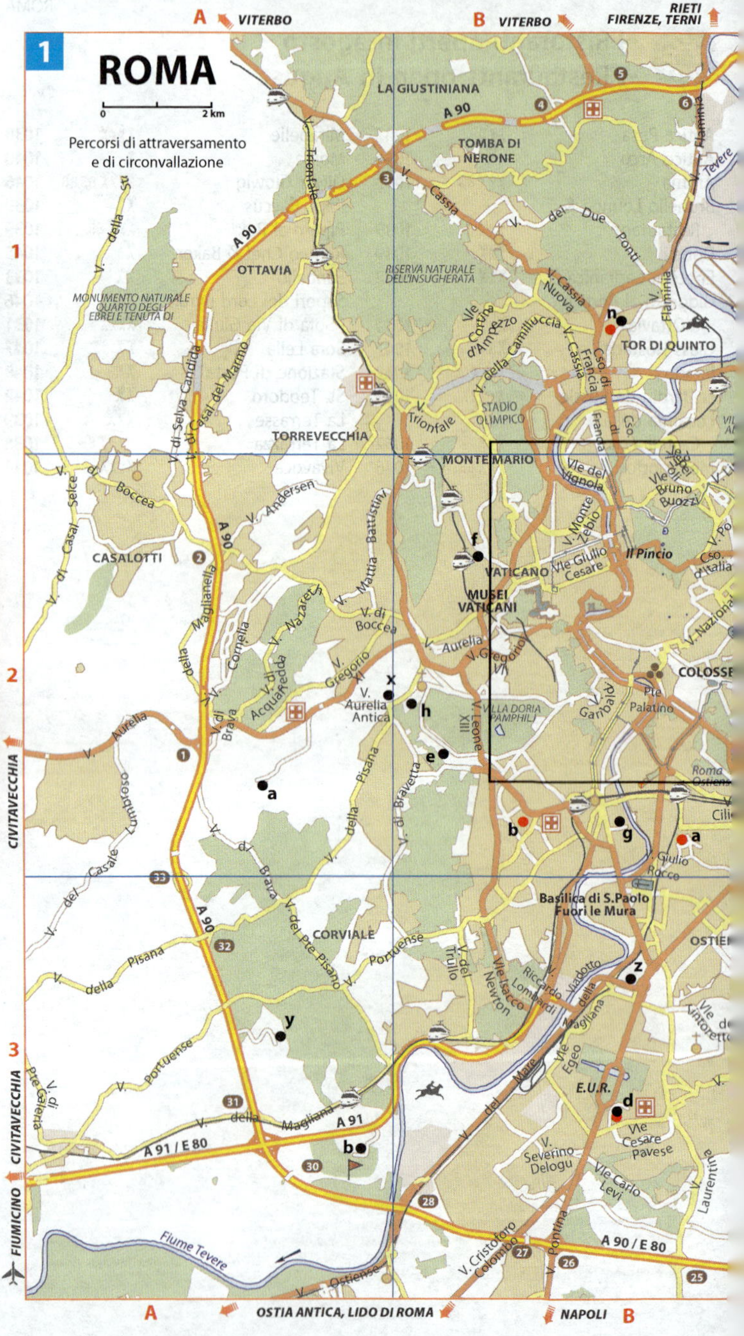
1
ROMA
0
2 km
Percorsi di attraversamento e di circonvallazione
A VITERBO
B VITERBO
RIETI FIRENZE, TERNI
LA GIUSTINIANA
TOMBA DI NERONE
A 90
OTTAVIA
RISERVA NATURALE DELL'INSUGHERATA
MONUMENTO NATURALE QUARTO DEGLI EBREI E TENUTA DI
TOR DI QUINTO
STADIO OLIMPICO
TORREVECCHIA
MONTE MARIO
CASALOTTI
VATICANO
MUSEI VATICANI
Il Pincio
COLOSSE
V. Aurelia Antica
VILLA DORIA PAMPHILJ
Pte Palatino
Roma Ostiense
Basilica di S.Paolo Fuori le Mura
CORVIALE
E.U.R.
OSTIE
V. Cassia
V. Trionfale
V. Flaminia
Tevere
V. della Camilluccia
V. Cassia Nuova
Vle Cortina d'Ampezzo
V. del Due Ponti
Cso. Francia
V. di Boccea
V. Andersen
V. Mattia Battistini
V. Aurelia
V. Gregorio VII
V. Leone XIII
V. della Pisana
V. di Bravetta
V. Portuense
V. del Trullo
Vle Isacco Newton
V. Riccardo Lombardi
Viadotto della Magliana
V. della Magliana
Vle Egeo
Vle Cesare Pavese
V. Severino Delogu
Vle Carlo Levi
V. Laurentina
V. Cristoforo Colombo
V. Pontina
V. del Mare
V. Ostiense
Fiume Tevere
A 91 / E 80
A 90 / E 80
A 91
V. di Casal Selce
V. di Boccea
V. di Selva Candida
V. di Casal del Marmo
V. della Maglianella
V. di Brava
V. Cornelia
V. Nazareth
V. di Acquafredda
V. Gregorio XI
V. di Casal Lumbroso
V. del Casale
V. della Pisana
V. dei Pte Pisano
V. di Pte Galeria
Vle del Vignola
Vle Bruno Buozzi
V. Monte Zebio
Vle Giulio Cesare
Cso. d'Italia
V. Nazionale
V. Garibaldi
V. Giulio Rocco
Vle Tintoretto
Cilia
a
b
d
e
f
g
h
n
x
y
z
CIVITAVECCHIA
FIUMICINO
A OSTIA ANTICA, LIDO DI ROMA
NAPOLI B
1
2
3

FIRENZE
TERNI
C
D
2
1
2
3
ROMA
L'AQUILA, AVEZZANO
NAPOLI
CASTELLI ROMANI
CASTELLI ROMANI
NAPOLI
A 90
A 24 / E 80
A 90 / E 80
A 24
A 1dir / E 821
V. della Bufalotta
Vle Carmelo Bene
Vle Franco Arcalli
Vle Gino Cervi
V. di Casal Boccone
V. Nomentana
V. Rinaldo D'Aquino
V. Palombarese
V. Casal Bianco
V. di Casal Bianco
V. dei Prati Fiscali
Vle Jonio
V. Renato Fucini
V. Nomentana
V. del Casale di S. Basilio
SETTECAMINI
V. Tiburtina
MICHELIN
V. di Salone
Vle Kant
V. Egidio Galbani
Sant'Agnese fuori le Mura
V. di Pietralata
V. Tiburtina
Aniene
Vle Palmiro Togliatti
V. di Cervara
V. Delia
V. Andrea Noale
V. Collatina
V. Bari
San Lorenzo fuori le Mura
V. Igino Giordani
Guglielmo Sansoni
V. Tor Sapienza
Collatina
TOR SAPIENZA
V. dell'Acqua Vergine
Circ. Tiburtina
V. di Prenestina
V. Prenestina
S. GIOVANNI IN LATERANO
CENTOCELLE
V. Calimera
V. Aosta
TUSCOLANO
V. Casilina
Vle Palmiro Togliatti
V. di Tor Tre Teste
V. Walter Tobagi
V. di Tor Bella Monaca
TORRENOVA
PORTA S. SEBASTIANO
V. Tuscolana
V. Papiria
TORRE MAURA
V. Casilina
V. Casilina
CATACOMBE
V. Appia Nuova
CINECITTÀ
Vle Bruno Pelizzi
V. Andrea Moneta
Vle della Sorbona
V. dell'Archiginnasio
V. del Torraccio
Vle S. Luigi Schiavonetti
Via Appia
V. Tuscolana
V. Tuscolana
V. di Vermicino
Vle Ardeatina
V. di Tor Carbone
Appia
V. Tuscolana
V. Mola Cavona
V. S. Matteo
V. di Sale
V. Anagnina
V. Appia Nuova
MORENA
CECCHIGNOLA
V. di Torricola
ROMA CIAMPINO
V. di Tor Pagnotta
Antica
Vle Roma
V. Mura dei Francesi
Vle di Marino
V. Anagnina
c
m
f
c
h
v
b
9
10
11
12
13
14
15
16
17
18
19
21
22
23
24

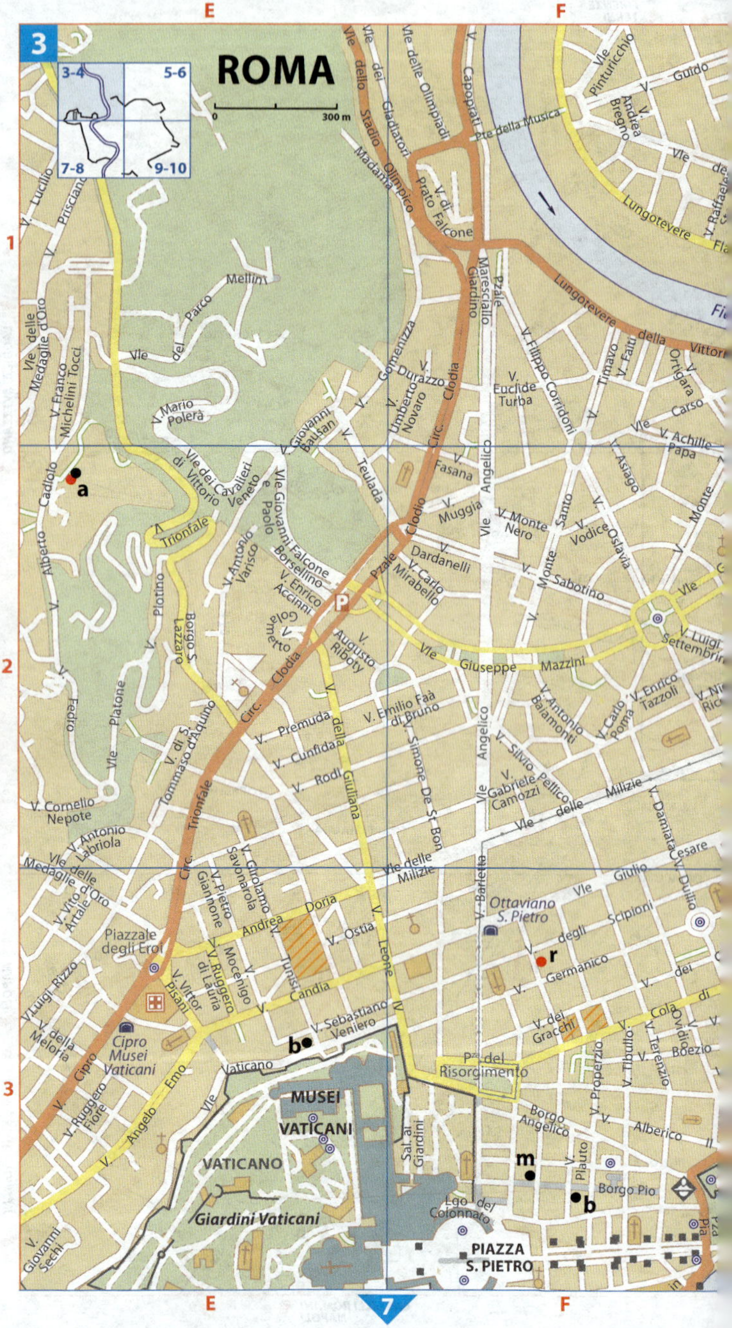
3
ROMA
0
300 m
3-4
5-6
7-8
9-10
E
F
1
2
3
7
Vle dello Stadio Olimpico
Vle dei Gladiatori
Vle delle Olimpiadi
V. Capoprati
Pte della Musica
V. Pinturicchio
V. Andrea Bregno
V. Guido
Lungotevere
Lungotevere della Vittoria
Madama
V. di Prato Falcone
Maresciallo Giardino
Pzale
V. Filippo Corridoni
Mellini
Vle del Parco
V. Mario Polerà
V. Lucilio
V. Prisciano
Vle delle Medaglie d'Oro
V. Franco Michelini Tocci
V. Giovanni Bausan
V. Teulada
V. Gomenizza
V. Durazzo
V. Umberto Novaro
Circ. Clodia
V. Euclide Turba
V. Timavo
V. Faiti
V. Ortigara
V. Carso
V. Achille Papa
V. Asiago
V. Fasana
V. Muggia
Vle Angelico
V. Monte Nero
V. Monte Santo
V. Vodice
V. Oslavia
V. Monte
V. Sabotino
V. Dardanelli
V. Carlo Mirabello
Pzale Clodio
Vle dei Cavalieri di Vittorio Veneto
Vle Giovanni Falcone e Paolo Borsellino
V. Enrico Accinni
V. Antonio Varisco
Trionfale
Cadlolo
Alberto
a
V. Gola
Plotino
Borgo S. Lazzaro
V. Augusto Riboty
Vle Giuseppe Mazzini
V. Luigi Settembrini
V. Emilio Faà di Bruno
V. Premuda
V. Cunfida
V. Rodi
V. della Giuliana
V. Simone De St Bon
V. Silvio Pellico
V. Gabriele Camozzi
V. Antonio Baiamonti
V. Carlo Poma
V. Enrico Tazzoli
Fedro
Platone
Vle
V. di S. Tommaso d'Aquino
Circ. Trionfale
V. Cornelio Nepote
V. Antonio Labriola
Vle delle Medaglie d'Oro
V. Vito Artale
Vle delle Milizie
V. Damiata
Cesare
Vle Giulio
V. Duilio
V. Girolamo Savonarola
V. Pietro Giannone
V. Andrea Doria
V. Ostia
V. Leone IV
V. Barletta
Ottaviano S. Pietro
V. degli Scipioni
V. Germanico
r
Piazzale degli Eroi
V. Ruggero di Lauria
V. Mocenigo
V. Tunisi
V. Candia
V. Vittor Pisani
V. Luigi Rizzo
V. della Meloria
Cipro Musei Vaticani
V. Sebastiano Veniero
b
Vaticano
V. dei Gracchi
V. Cola di Rienzo
Pza del Risorgimento
V. Properzio
V. Tibullo
V. Terenzio
V. Ovidio
V. Boezio
V. Cipro
V. Ruggero Fiore
V. Angelo Emo
Vle Vaticano
MUSEI VATICANI
VATICANO
Giardini Vaticani
Sal. ai Giardini
Borgo Angelico
V. Alberico II
m
V. Plauto
Borgo Pio
b
Lgo del Colonnato
PIAZZA S. PIETRO
V. Giovanni Sechi

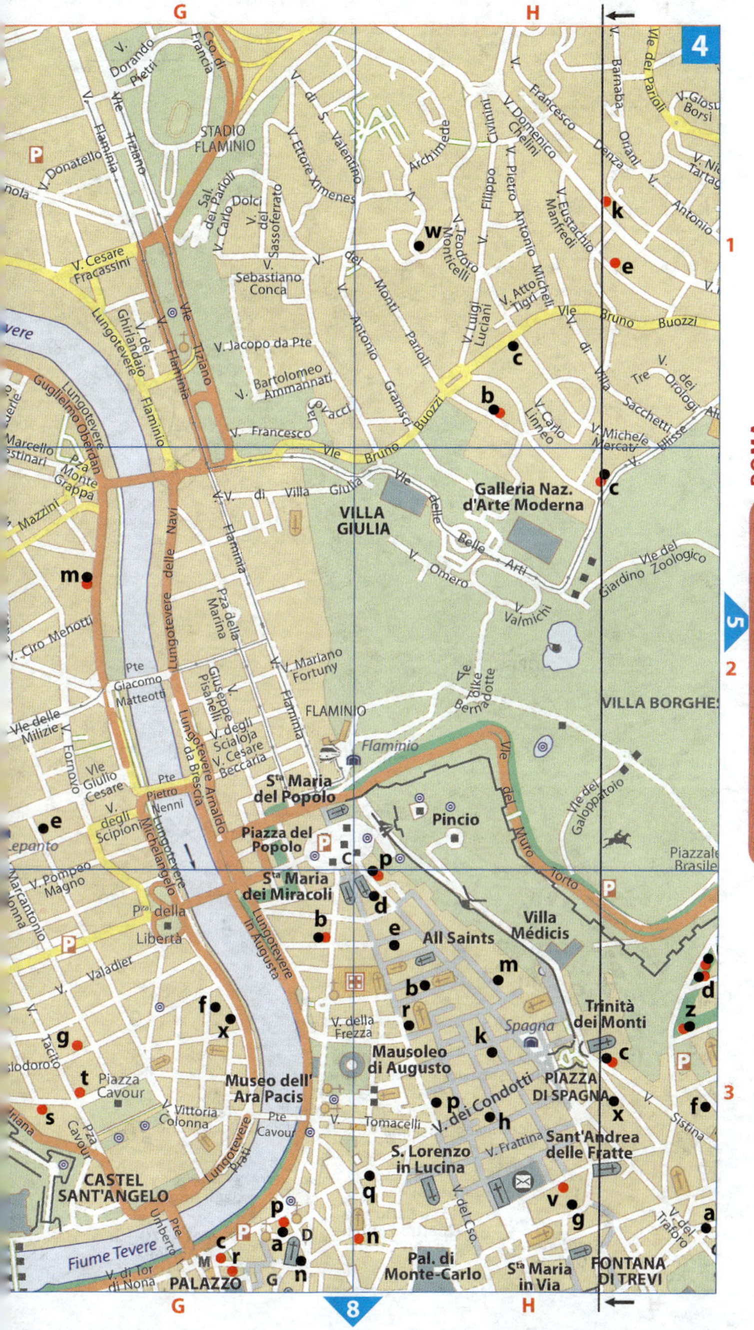
G
H
4
1
2
3
5
8
STADIO FLAMINIO
V. Dorando Pietri
Cso. di Francia
V. Flaminia
Vle Tiziano
V. Donatello
V. Cesare Fracassini
Lungotevere Flaminio
V. dei Ghirlandaio
V. Jacopo da Pte
V. Bartolomeo Ammannati
V. Francesco
V. Sebastiano Conca
V. Carlo Dolci
V. del Sassoferrato
Sal. dei Parioli
V. Ettore Ximenes
V. di S. Valentino
V. Archimede
V. dei Monti Parioli
V. Antonio Gramsci
V. Teodoro Monticelli
V. Luigi Luciani
V. Filippo Civinini
V. Domenico Chelini
V. Pietro Antonio Micheli
V. Francesco Denza
V. Eustachio Manfredi
V. Barnaba Oriani
Vle dei Parioli
V. Giosuè Borsi
V. Antonio
V. Atto Tigri
Vle Bruno Buozzi
V. di Villa Sacchetti
V. dei Tre Orologi
V. Carlo Linneo
V. Michele Mercati
Vle Ulisse Aldrovandi
V. di Villa Giulia
VILLA GIULIA
Galleria Naz. d'Arte Moderna
Vle delle Belle Arti
V. Omero
Vle del Giardino Zoologico
V. Valmichi
Lungotevere Guglielmo Oberdan
Marcello Prestinari
Pza Monte Grappa
V. Mazzini
V. Ciro Menotti
Lungotevere delle Navi
Pza della Marina
V. Mariano Fortuny
Vle Bernadotte
VILLA BORGHESE
FLAMINIO
Flaminio
Pte Giacomo Matteotti
Vle delle Milizie
V. Fornovo
V. Giuseppe Pisanelli
V. degli Scialoja
V. Cesare Beccaria
Lungotevere da Brescia
Lungotevere Arnaldo
Vle Giulio Cesare
V. degli Scipioni
Pte Pietro Nenni
Lungotevere Michelangelo
Sta Maria del Popolo
Piazza del Popolo
Pincio
Vle del Muro Torto
Vle del Galoppatoio
Piazzale Brasile
Lepanto
V. Pompeo Magno
V. Marcantonio Colonna
Sta Maria dei Miracoli
Pza della Libertà
V. Valadier
Lungotevere in Augusta
All Saints
Villa Médicis
Trinità dei Monti
V. della Frezza
Spagna
Mausoleo di Augusto
V. Tacito
V. Cicerone
Piazza Cavour
V. Vittoria Colonna
Museo dell' Ara Pacis
Pte Cavour
V. Tomacelli
V. dei Condotti
PIAZZA DI SPAGNA
V. Sistina
S. Lorenzo in Lucina
V. Frattina
Sant'Andrea delle Fratte
Pza Cavour
CASTEL SANT'ANGELO
Lungotevere Prati
Pte Umberto I
Fiume Tevere
V. di Tor di Nona
PALAZZO
V. del Cso.
V. del Tritone
V. del Traforo
Pal. di Monte-Carlo
Sta Maria in Via
FONTANA DI TREVI

5
ROMA
4
9
H
J
K
1
2
3
GALLERIA BORGHESE
VILLA BORGHESE
VILLA ALBANI
Piazzale Brasile
Sta Maria della Concezione
Sta Maria della Vittoria
AULA OTTAGONA
Terme di Diocleziano
S. Susanna
Barberini
Palazzo Barberini
San Carlo alle Quattro Fontane o San Carlino
Repubblica
Piazza della Repubblica
Sta Maria degli Angeli
PALAZZO MASSIMO
Piazza Cinquecento
Giardino del Quiriale
FONTANA DI TREVI
Vle dei Parioli
V. Salaria
Vle Regina Margherita
Cso. d'Italia
V. Venti Settembre
V. Pinciana
Vle Liegi
V. Po
Coppedè
300 m

L
M
6
3-4
5-6
7-8
9-10
1
2
3
ROMA
PARCO VIRGILIANO
Sant'Agnese fuori le Mura
VILLA TORLONIA
Bologna
Policlinico
Castro Pretorio
San Lorenzo fuori le Mura
V. Nomentana
Circ. Nomentana
V. Acherusio
V. Crati
V. Arbia
V. Anapo
V. Lago di Lesina
V. Fibreno
Lgo Brentina
Vle Eritrea
V. Asmara
V. Sirte
V. Massaua
V. Bradano
V. Panaro
V. Annone
V. Clisio
V. Bacchiglione
V. Piediluco
V. Sabazio
V. Topino
V. Taro
V. Lambro
Pza Istria
V. di Sta Costanza
V. Tarvisio
V. Tolmino
V. S. Marino
V. Gradisca
V. Rovereto
Vle Gorizia
Cso. Trieste
V. Ajaccio
V. Appennini
Vle Pola
V. Giulio Alberoni
V. Malta
V. delle Isole
V. dei Colli
V. delle Alpi
Vicolo della Fontana
Zara
Novara
V. Carlo Fea
V. Antonio Nibby
V. Giuseppe Baracconi
V. Giuseppe Antonio Guattani
V. Giuseppe Tomassetti
V. Antonio Bosio
V. di Villa Ricotti
V. Massimo
Vle XXI Aprile
V. Ridolfino Venuti
V. Rodolfo Lanciani
V. Costantino Corvisieri
V. Ignazio Giorgi
V. Adolfo Venturi
V. Cesare Rasponi
V. Ugo Balzani
V. Famiano Nardini
V. Salento
V. Pisa
V. della Marsica
V. Giuseppe Gatteschi
V. Vasi
V. Angela Merici
V. Senafe
V. Luigi Pigorini
V. Giacomo Boni
V. Livorno
V. Simon Boccanegra
V. Apuania
V. Stamira
V. Antonio Gallonio
Vle di Villa Massimo
V. Ravenna
V. Lorenzo il Magnifico
V. dei Foscari
V. del Carroccio
V. Eleonora d'Arborea
Vle delle Provincie
V. Reggio Calabria
V. Padova
V. Catanzaro
V. Verona
V. Belluno
V. Siracusa
V. Rovigo
V. Bari
V. Catania
V. Arezzo
V. Lucca
V. Udine
V. Como
V. Forlì
V. Imperia
V. Giorgio Baglivi
Vle Regina Margherita
V. Bartolomeo Eustachio
V. Cornelio Celso
V. Antonio Musa
V. Lazzaro Spallanzani
V. Trieste
V. Marcello
V. di Villa Patrizi
V. Adalberto
V. Arduino
V. della Lega Lombarda
Pza delle Crociate
V. Cupa
V. Giano Della Bella
V. Giovanni Maria Lancisi
V. Pavia
Vle Ippocrate
V. dei Canneti
V. Alfonso Borelli
Vle Regina Elena
V. del Castro Laurenziano
V. Tiburtina
Vle del Policlinico
Vle dell'Università
Vle delle Scienze
Vle Castro Pretorio
V. del Castro Pretorio
Vle Piero Gobetti
V. dei Frentani
Pzale Aldo Moro
V. Cesare De Lollis
Pzale del Verano
V. del Verano
Vicolo del Verano
10

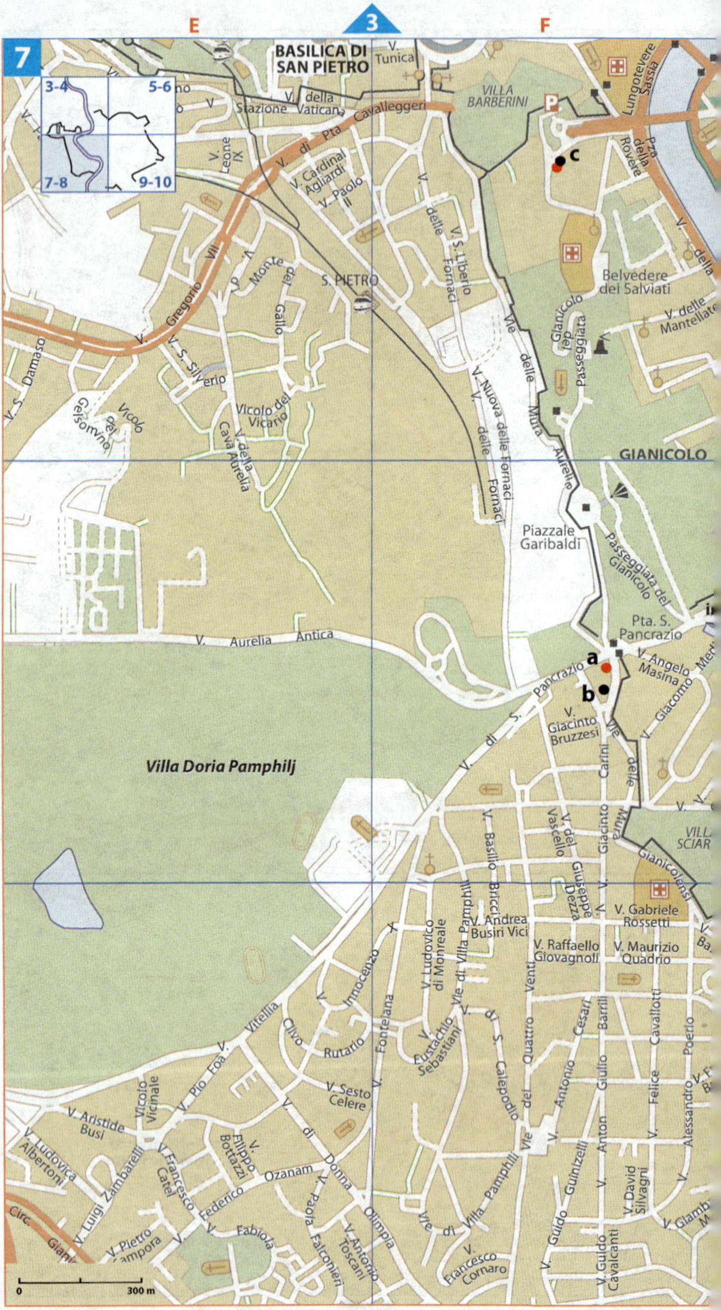

3
E
F
7
3-4
5-6
7-8
9-10
BASILICA DI SAN PIETRO
V. Tunica
VILLA BARBERINI
P
Stazione Vaticana
V. della
V. di Pta Cavalleggeri
Lungotevere Sassia
Pza della Rovere
c
V. Leone IX
V. Cardinal Agliardi
V. Paolo II
V. delle Fornaci
V. S. Liberio
S. PIETRO
V. Gregorio VII
V. Monte del Gallo
Belvedere dei Salviati
V. delle Mantellate
Gianicolo
Passeggiata del
Vle delle Mura Aurelie
V. Nuova delle Fornaci
V. delle Fornaci
V. S. Damaso
V. S. Silverio
Vicolo del Vicario
Cava Aurelia
V. della
Vicolo del Gelsomino
GIANICOLO
Piazzale Garibaldi
Passeggiata del Gianicolo
4
5
6
V. Aurelia Antica
Pta. S. Pancrazio
a
b
V. di S. Pancrazio
V. Angelo Masina
V. Giacomo Medici
V. Giacinto Bruzzesi
Vle delle Mura
V. Giacinto Carini
Villa Doria Pamphilj
V. del Vascello
V. Basilio Bricci
V. Giuseppe Dezza
VILLA SCIARRA
Gianicolense
V. Gabriele Rossetti
V. Andrea Busiri Vici
V. Raffaello Giovagnoli
V. Maurizio Quadrio
Vle di Villa Pamphili
V. Ludovico di Monreale
V. Innocenzo X
V. Fonteiana
V. Vitellia
Clivo Rutario
V. Eustachio Sebastiani
V. di S. Calepodio
V. dei Quattro Venti
V. Antonio Cesari
V. Giulio Barrili
V. Felice Cavallotti
V. Alessandro Poerio
V. Pio Foà
Vicolo Vicinale
V. Sesto Celere
V. Aristide Busi
V. Ludovico Albertoni
V. Luigi Zambarelli
V. Francesco Catel
V. Filippo Bottazzi
V. di Donna Olimpia
Ozanam
V. Federico
V. Fabiola
V. Paola Falconieri
V. Antonio Toscani
Vle di Villa Pamphili
V. Francesco Cornaro
V. Guido Guinizelli
V. Anton
V. David Silvagni
V. Guido Cavalcanti
V. Giambattista
V. Pietro Campora
Circ. Gianicolense
0
300 m

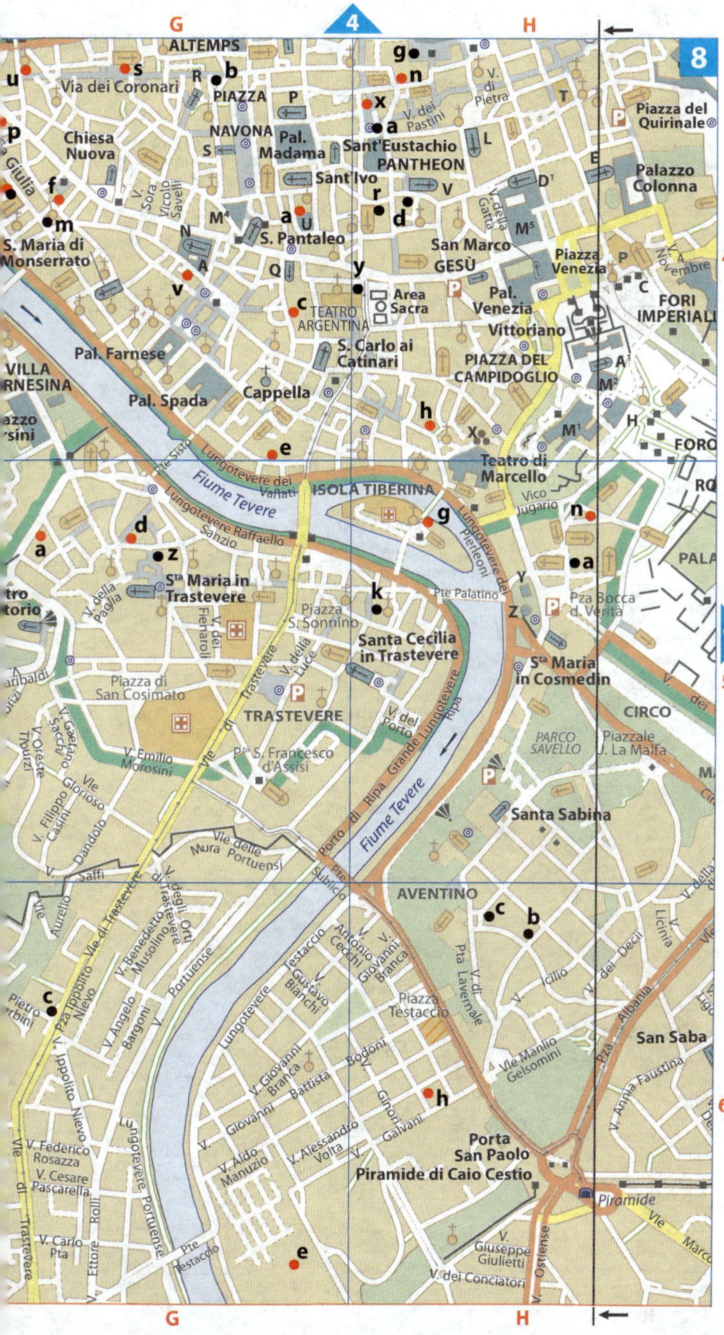
G
4
H
8
ALTEMPS
Via dei Coronari
PIAZZA
NAVONA
Chiesa
Nuova
Pal.
Madama
Sant'Eustachio
PANTHEON
Sant'Ivo
V. dei Pastini
V. di Pietra
Piazza del
Quirinale
Palazzo
Colonna
S. Maria di
Monserrato
S. Pantaleo
San Marco
GESÙ
Piazza
Venezia
V. 4 Novembre
Pal.
Venezia
Vittoriano
FORI
IMPERIALI
Area
Sacra
TEATRO
ARGENTINA
S. Carlo ai
Catinari
PIAZZA DEL
CAMPIDOGLIO
Pal. Farnese
VILLA
RNESINA
Pal. Spada
Cappella
FORO
Teatro di
Marcello
Lungotevere dei Vallati
Pte Sisto
Fiume Tevere
ISOLA TIBERINA
Lungotevere Raffaello Sanzio
Lungotevere dei Pierleoni
Vico Jugario
Pte Palatino
Sta Maria in
Trastevere
Piazza
S. Sonnino
Santa Cecilia
in Trastevere
Pza Bocca
d. Verità
Sta Maria
in Cosmedin
Piazza di
San Cosimato
TRASTEVERE
V. della Luce
V. della Paglia
V. dei Fienaroli
Vle di Trastevere
V. del Porto
Grande Lungotevere Ripa
CIRCO
PARCO
SAVELLO
Piazzale
U. La Malfa
V. Emilio
Morosini
Pza S. Francesco
d'Assisi
Porto di Ripa
Fiume Tevere
Santa Sabina
Vle delle
Mura Portuensi
V. Saffi
Pte Sublicio
AVENTINO
V. Benedetto Musolino
V. degli Orti di Trastevere
Vle di Trastevere
Pza Ippolito Nievo
V. Portuense
Lungotevere Testaccio
V. Gustavo Bianchi
V. Antonio Cecchi
V. Giovanni Branca
Pta Lavernale
V. di Pta Lavernale
V. dei Decii
Piazza
Testaccio
San Saba
Vle Manlio Gelsomini
Pza Albania
V. Annia Faustina
V. Giovanni Branca
V. Giovanni Battista Bodoni
V. Ginori
V. Galvani
V. Alessandro Volta
V. Aldo Manuzio
V. Ippolito Nievo
V. Federico Rosazza
V. Cesare Pascarella
V. Carlo Pta
Ettore Rolli
Lungotevere Portuense
Pte Testaccio
Porta
San Paolo
Piramide di Caio Cestio
Piramide
V. Giuseppe Giulietti
V. dei Conciatori
V. Ostiense
Vle Marco
5
6

ROMA

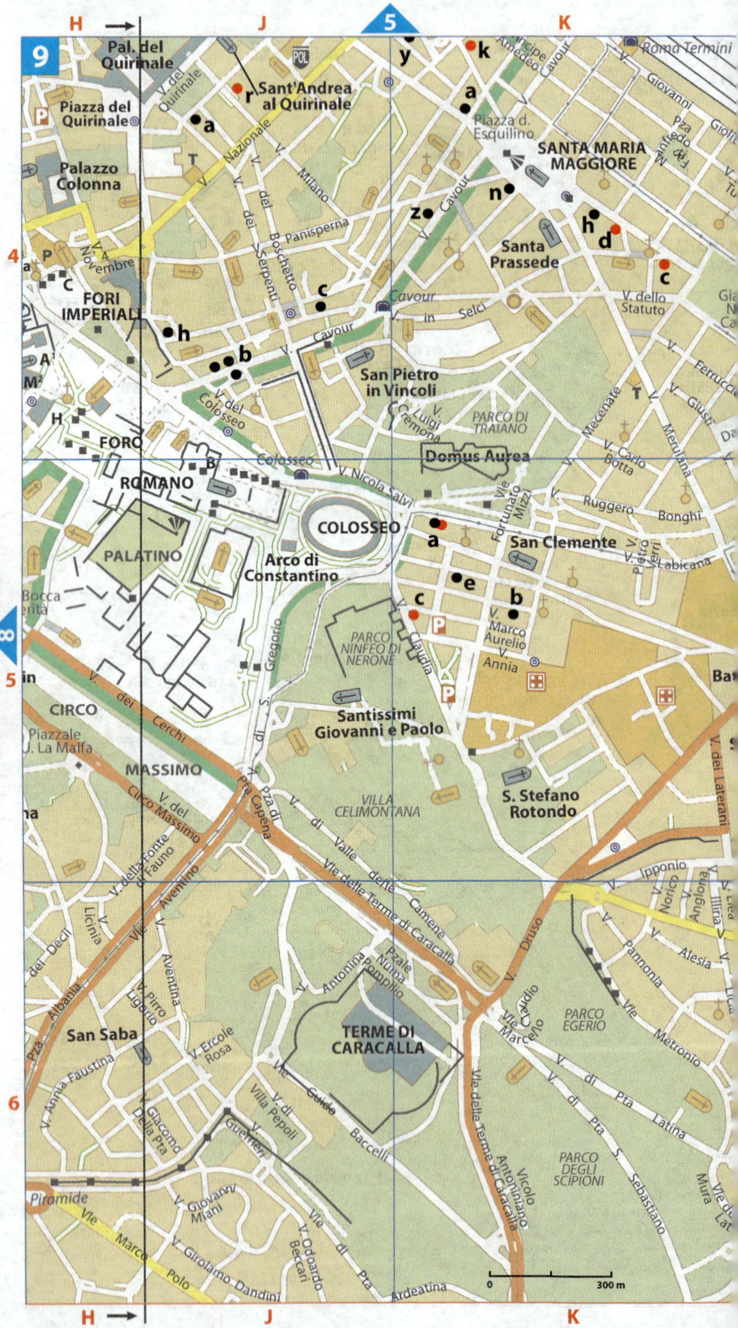
H
J
5
K
9
Pal. del Quirinale
V. del Quirinale
Sant'Andrea al Quirinale
Piazza del Quirinale
Palazzo Colonna
V. Nazionale
V. dei Serpenti
V. del Boschetto
V. Milano
Panisperna
Piazza d. Esquilino
SANTA MARIA MAGGIORE
Santa Prassede
V. Cavour
Cavour
V. in Selci
V. dello Statuto
V. 4 Novembre
FORI IMPERIALI
FORO ROMANO
V. del Colosseo
Colosseo
San Pietro in Vincoli
V. Luigi Cremona
PARCO DI TRAIANO
Domus Aurea
V. Mecenate
V. Merulana
V. Carlo Botta
V. Ruggero Bonghi
V. Nicola Salvi
Vle Fortunato Mizzi
COLOSSEO
San Clemente
V. Labicana
V. Pietro Verri
PALATINO
Arco di Constantino
Bocca Verità
V. S. Gregorio
PARCO NINFEO DI NERONE
V. Claudia
V. Marco Aurelio
V. Annia
CIRCO MASSIMO
Piazzale U. La Malfa
V. dei Cerchi
V. del Circo Massimo
Santissimi Giovanni e Paolo
VILLA CELIMONTANA
S. Stefano Rotondo
V. dei Laterani
Pza di Pta Capena
V. di Valle delle Camene
Vle delle Terme di Caracalla
V. della Fonte di Fauno
Vle Aventino
V. Licinia
V. dei Decii
V. Aventina
V. Pirro Ligorio
San Saba
V. Ercole Rosa
Pzale Numa Pompilio
V. Antonina
TERME DI CARACALLA
V. Druso
Vle Claudio Marcello
PARCO EGERIO
V. Ipponio
V. Norico
V. Anglona
V. Alesia
V. Pannonia
Vle Metronio
V. di Pta Latina
V. di Pta S. Sebastiano
PARCO DEGLI SCIPIONI
Vle della Terme di Caracalla
Vicolo Antoniniano
V. Annia Faustina
V. Giacomo Della Pta
V. di Villa Pepoli
V. Guerrieri
Vle Guido Baccelli
Piramide
Vle Marco Polo
V. Giovanni Miani
V. Girolamo Dandini
V. Odoardo Beccari
Vle di Pta Ardeatina
Pza Albania
Roma Termini
0
300 m
4
5
6
8
H
J
K

L
6
M
10
4
5
6
Pza di Pta Maggiore
Santa Croce in Gerusalemme
Pal. Lateranense
Manzoni
San Giovanni
Re di Roma
Ponte Lungo
PARCO SANTE DE SANCTIS
Circ. Tiburtina
V. Prenestina
V. Casilina
Vle Castrense
V. La Spezia
V. Appia Nuova
V. Tuscolana
Via Latina
V. Principe Eugenio
V. Giovanni Giolitti
V. Emanuele Filiberto
Vle Carlo Felice
V. Taranto
V. Vercelli
V. Cerveteri
V. Etruria
Circ. Appia
Vle dello Scalo S. Lorenzo
V. Tiburtina
V. Prenestina
Pza di Villa Fiorelli
V. Britannia
V. Magna Grecia
3-4
5-6
7-8
9-10
a
b
f

Centro Storico

Hassler
piazza Trinità dei Monti 6 ✉ *00187* Ⓜ *Spagna* – *06 69 93 40* – *www.hotelhasslerroma.com* Pianta : H3**c**

96 cam – 315/505 € 610/920 €, 38 € – **14 suites**

Rist *Imàgo* – vedere selezione ristoranti

In pregevole posizione, in cima alla scalinata di Trinità dei Monti, l'hotel coniuga tradizione, prestigio ed eleganza. La raffinatezza raggiunge il suo apice nella splendida suite che occupa per intero l'ottavo piano: ascensore privato, eventuale alloggio supplementare per lo staff di security, due terrazze panoramiche, arredi moderni e tecnologie avanzate.

De Russie
via del Babuino 9 ✉ *00187* Ⓜ *Flaminio* – *06 32 88 81* – *www.roccofortehotels.com* Pianta : H2**p**

122 cam – 345/652 € 450/1158 €, 38 € – **33 suites**

Rist *Le Jardin de Russie* – vedere selezione ristoranti

Design leggero e armonico in un edificio disegnato da Valadier nei primi anni del XIX secolo. La raffinatezza avvolge le camere; rose e gelsomini profumano il "giardino segreto". Tra le migliori risorse dell'Urbe.

St. George
via Giulia 62 ✉ *00186* – *06 68 66 11* – *www.stgeorgehotel.it* Pianta : G4**a**

64 cam – 250/400 € 300/450 €, 25 €

Rist *I Sofà di Via Giulia* – vedere selezione ristoranti

Boutique e design hotel in una delle vie più belle della capitale: autentico scrigno di raffinatezza, l'albergo si fregia di lussuosi arredi, sia negli spazi comuni, sia nelle ampie camere.

Grand Hotel de la Minerve
rist,

piazza della Minerva 69 ✉ *00186* – *06 69 52 01* – *www.grandhoteldelaminerve.com* Pianta : H4**d**

123 cam – 220/700 € 270/750 €, 35 € – **12 suites**

Rist *Minerva Roof Garden* – Carta 67/176 €

Un edificio storico cinto da antichi monumenti. All'interno, preziosi lampadari, statue neoclassiche e camere moderne, mentre la dea campeggia nel soffitto liberty della hall. Avvolto da un'atmosfera di raffinatezza, il ristorante offre una carta fantasiosa d'impronta tradizionale. Suggestiva la vista dalla terrazza.

Grand Hotel Plaza
cam, rist,

via del Corso 126 ✉ *00186* Ⓜ *Spagna* – *0 66 74 95* – *www.grandhotelplaza.com* Pianta : H3**p**

200 cam – 200/450 € 250/500 € – **10 suites**

Rist – Carta 94/129 €

Straordinari, immensi saloni di fine '800: trionfo liberty di marmi, soffitti a cassettoni, affreschi e vetrate. Arredi d'epoca anche nelle camere e terrazza panoramica con Champagne bar. L'atmosfera d'altri tempi non risparmia la suggestiva sala ristorante.

D'Inghilterra
cam, cam, rist,

via Bocca di Leone 14 ✉ *00187* – *06 69 98 11* – *www.royaldemeure.com* Pianta : H3**h**

88 cam – 352 € 572 € – **7 suites**

Rist *Caffè Romano* – Carta 47/90 €

Dal lontano Seicento accoglie turisti di tutto il mondo con l'inconfondibile cifra di una raffinata casa privata e deliziose camere personalizzate. Bar d'atmosfera ed eleganti salotti. Al ristorante, cucina semplice e classica a pranzo, più elaborata ed ambiziosa la sera.

Raphaël
largo Febo 2 ✉ 00186 – ✆ 06 68 28 31 – www.raphaelhotel.com Pianta : G4**b**
49 cam – 180/430 € 230/605 € – **1 suite**
Rist – Carta 50/96 € – *(chiuso lunedì)*
Tra porcellane, sculture e oggetti d'antiquariato di celebri artisti, l'ingresso può sembrare quello di un museo. Ai piani: camere di taglio moderno, recentemente rinnovate. Cucina italiana e qualche specialità francese nel bel ristorante con panoramica terrazza multilivello.

Piranesi-Palazzo Nainer senza rist
via del Babuino 196 ✉ 00187 Ⓜ Flaminio – ✆ 06 32 80 41 – www.hotelpiranesi.com Pianta : H3**d**
32 cam – 167/187 € 184/294 € – **8 suites**
Eleganti marmi, decorazioni ed una particolare esposizione di tessuti, anche storici, impreziosiscono la hall, le camere ed i corridoi. Roof garden ed un solarium multilivello.

The First Luxury Art Hotel
cam, cam, rist,
via del Vantaggio 14 ✉ 00186 Ⓜ Flaminio – ✆ 06 45 61 70 70 – www.thefirsthotel.com Pianta : G3**b**
23 suites – 550/1595 €, 30 € – 6 cam
Rist ***All'Oro*** – vedere selezione ristoranti
Rist ***0 300° Roof Garden Cold & Grill*** – ✆ 06 97 99 69 07 – Carta 37/53 € – *(aperto 1° aprile-31 ottobre) (solo a cena)*
Camere raffinate e terrazze panoramiche sui tetti del centro in un elegante palazzo ottocentesco, che si apre all'interno verso ambienti luminosi e moderni, arredati con opere d'arte contemporanea. Domenica brunch nell'intrigante ristorante All'Oro mentre per le sere d'estate in terrazza si accendono i fuochi e le griglie dello 0 300° Roof Garden Cold & Grill.

Dei Borgognoni senza rist
via del Bufalo 126 ✉ 00187 Ⓜ Spagna – ✆ 06 69 94 15 05 – www.hotelborgognoni.it Pianta : H3**g**
51 cam – 190/245 € 218/320 €
In un palazzo ottocentesco, signorile albergo dalle ariose sale in stile contemporaneo e camere confortevoli, che uniscono uno stile classico a soluzioni piu moderne.

Nazionale
rist,
piazza Montecitorio 131 ✉ 00186 – ✆ 06 69 50 01 – www.hotelnazionale.it Pianta : H4**g**
100 cam – 145/290 € 200/390 € – **1 suite**
Rist – Carta 23/47 € – *(chiuso agosto, lunedì a mezzogiorno e domenica) (solo a pranzo)*
Affacciato sulla piazza di Montecitorio, l'hotel è ospitato in un edificio settecentesco: sale di tono signorile e camere arredate in stili diversi. Confortevole e raccolta la sala ristorante, dove apprezzare la classica cucina italiana.

D.O.M. N
cam,
via Giulia 131 ✉ 00186 Roma – ✆ 0 66 83 21 44 – www.domhotelroma.com Pianta : G4**m**
14 cam – 240/700 € 240/700 € – **4 suites** **Rist** – Carta 63/81 €
Deo Optimo Maximo: il palazzo seicentesco coniuga elementi sacri provenienti da una chiesa attigua con arredi contemporanei, colori smorzati e tre opere di Andy Warhol. All'ultimo piano troverete una terrazza-bar.

Manfredi senza rist
via Margutta 61 ✉ 00187 Ⓜ Spagna – ✆ 0 63 20 76 76 – www.hotelmanfredi.it Pianta : H3**m**
28 cam – 69/199 € 99/299 € – **1 suite**
Piccola bomboniera nella famosa via Margutta: al terzo piano di un palazzo signorile, differenti tipologie di camere, ma tutte arredate con eleganza ed accessori di ultima generazione. Proverbiale la prima colazione intercontinentale a base di prodotti naturali (yogurt e dolci fatti in casa).

ROMA

Santa Chiara senza rist
via Santa Chiara 21 ✉ 00186 – ☎ 0 66 87 29 79 Pianta : H4**r**
– www.albergosantachiara.com
96 cam ☕ – ♦100/205 € ♦♦200/300 € – **3 suites**
Dal 1830 un'ininterrotta tradizione familiare di ospitalità in questo albergo moderno e funzionale situato alle spalle del Pantheon ed articolato su tre differenti palazzi.

Due Torri senza rist
vicolo del Leonetto 23 ✉ 00186 Ⓜ Spagna Pianta : G3**a**
– ☎ 0 66 87 69 83 – www.hotelduetorriroma.com
26 cam ☕ – ♦85/130 € ♦♦120/205 €
In un angolo tranquillo della vecchia Roma, l'accogliente atmosfera di una casa privata che nel tempo ha ospitato cardinali e vescovi. Negli ambienti, arredi in stile e tessuti rossi.

Del Corso senza rist
via del Corso 79 ✉ 00186 Ⓜ Spagna – ☎ 06 36 00 62 33 Pianta : H3**r**
– www.hoteldelcorsoroma.com
18 cam ☕ – ♦59/299 € ♦♦69/399 € – **1 suite**
Spazi comuni ridotti, camere in stile, ricerche di tessuti, bagni in marmo, boiserie e un'atmosfera ovattata; la colazione è servita al primo piano o in terrazza, tempo permettendo.

Gregoriana senza rist
via Gregoriana 18 ✉ 00187 Ⓜ Spagna – ☎ 0 66 79 42 69 Pianta : H3**x**
– www.hotelgregoriana.it – Chiuso 27 luglio-23 agosto
21 cam ☕ – ♦120/198 € ♦♦180/288 € – **1 suite**
In una delle strade più eleganti di Roma, questo piccolo albergo occupa un convento del XVII secolo. Spazi comuni limitati, ma belle camere dalle eleganti decorazioni art decò.

Mozart senza rist
via dei Greci 23/b ✉ 00187 Ⓜ Spagna – ☎ 06 36 00 19 15 Pianta : H3**b**
– www.hotelmozart.com
56 cam ☕ – ♦66/399 € ♦♦84/499 €
Ospitato in un palazzo dell'800, l'albergo dispone di ambienti comuni di raffinata eleganza e camere in stile: piu ampie e moderne nella dépendance.

Vivaldi Luxury Rooms senza rist
via dei Greci 23/b – ☎ 06 36 00 19 15
22 cam ☕ – ♦89/599 € ♦♦89/599 €
A pochi passi dall'albergo una serie di camere più moderne e leggermente più ampie, nonché una sala colazioni dedicata.

Portoghesi senza rist
via dei Portoghesi 1 ✉ 00186 – ☎ 0 66 86 42 31 Pianta : G3**n**
– www.hotelportoghesiroma.it
28 cam ☕ – ♦100/160 € ♦♦130/200 € – **4 suites**
Accanto alla chiesa dedicata a S.Antonio dei Portoghesi, l'hotel offre camere impreziosite da decorazioni classiche e da raffinati tessuti. Nella bella stagione, la giornata incomincia sotto il buon auspicio della prima colazione servita sulla terrazza del roof garden.

Condotti senza rist
via Mario dè Fiori 37 ✉ 00187 Ⓜ Spagna – ☎ 0 66 79 46 61 Pianta : H3**k**
– www.hotelcondotti.com
16 cam ☕ – ♦75/820 € ♦♦75/820 €
Marmi e preziosi lampadari nella piccola hall: camere non ampie, ma di buon confort (alcune in una dépendance poco distante).

Fontanella Borghese senza rist
largo Fontanella Borghese 84 ✉ 00186 Ⓜ Spagna Pianta : H3**q**
– ✆ 06 68 80 95 04 – www.fontanellaborghese.com
24 cam – 95/135 € 120/210 €
Al 2° e 3° piano di un palazzo appartenuto ai principi Borghese, l'hotel offre camere elegantemente arredate, particolarmente silenziose quelle affacciate sulla corte interna.

Albergo del Senato senza rist
piazza della Rotonda 73 ✉ 00186 Ⓜ Spagna Pianta : H4**a**
– ✆ 0 66 78 43 43 – www.albergodelsenato.it
56 cam – 115/265 € 175/440 € – **4 suites**
Punto d'incontro tra Rinascimento e Barocco, questo palazzo ottocentesco sfoggia una classica eleganza, dai marmi policromi che impreziosiscono i pavimenti, agli arredi delle camere. E quando il clima si fa un po' più mite, panoramico roof garden con piccolo bar.

Pensione Barrett senza rist
largo Torre Argentina 47 ✉ 00186 – ✆ 0 66 86 84 81 Pianta : H4**y**
– www.pensionebarrett.com
20 cam – 80/115 € 100/125 €, 8 €
Calorosa ospitalità familiare ed eco di storia senza fine in questo hotel: un palazzo quattrocentesco con un autentico arco romano e camere dalle decorazioni barocche.

Centrale senza rist
via Laurina 34 ✉ 00187 Ⓜ Flaminio – ✆ 0 68 74 03 08 90 Pianta : H3**e**
– www.hotelcentraleroma.it
21 cam – 65/130 € 85/190 €
Alla scoperta della Città Eterna, partendo da questo albergo, recentemente ristrutturato, che dispone di spazi comuni un po' ridotti, ma curati; come del resto le camere: di diversa metratura, ma tutte confortevoli ed accoglienti.

Fellini senza rist
via Rasella 56 ✉ 00187 Ⓜ Barberini – ✆ 06 42 74 27 32 Pianta : H3**a**
– www.hotelfellini.com
34 cam – 59/199 € 79/269 €
A poca distanza dal Quirinale e dalla Fontana di Trevi, una risorsa rinnovata che dispone anche di un terrazzino estivo per le colazioni.

XXXXX **Le Jardin de Russie** – Hotel De Russie
via del Babuino 9 ✉ 00187 Ⓜ Piazzale Flaminio Pianta : H2**p**
– ✆ 06 32 88 88 70 – www.roccofortehotels.com
• ITALIANA • Menu 32 € (pranzo in settimana)/52 € – Carta 64/128 €
A dispetto del nome francese, i sapori sono decisamente tricolori, reinterpretati creativamente da un grande della cucina: Fulvio Pierangelini. A pranzo ricco buffet in alternativa alla carta; sabato e domenica brunch.

XXXX **Hostaria dell'Orso**
via dei Soldati 25/c ✉ 00186 – ✆ 06 68 30 11 92 Pianta : G3**c**
– www.hdo.it – Chiuso agosto e domenica
• ITALIANA • Carta 46/84 € – *(solo a cena)* (consigliata la prenotazione)
Uno storico riferimento della mondanità romana. Elegante, l'atmosfera intima e romantica delle sale, volutamente prive di superflui artifici d'arredo, in simbiosi con la cucina, omaggio alle materie prime prescelte.

XXXX **I Sofà di Via Giulia** – Hotel St. George
via Giulia 62 ✉ 00186 – ✆ 06 68 66 11 Pianta : G4**a**
– www.isofadiviagiulia.com
• MODERNA • Menu 35 € – Carta 41/79 €
Tentazioni di terra, di mare e dell'orto, in percorsi gastronomici con piatti tipici italiani e delizie regionali. Anche la carta dei vini si mostra all'altezza del locale... Piacevole appendice: nella bella stagione, servizio serale al roof garden con vista panoramica sul centro città.

ROMA

XXXX **Imàgo** – Hotel Hassler

✿ *piazza Trinità dei Monti 6 ✉ 00187 Ⓜ Spagna* Pianta : H3**c**
– ✆ 06 69 93 47 26 – www.imagorestaurant.com
• MODERNA • Menu 110/140 € – Carta 87/164 € – *(solo a cena)*

Continua ad incantare i suoi ospiti la sala ristorante grazie alle ampie vetrate e all'indimenticabile vista sulla città eterna. Cucina di stampo moderno ed ottime materie prime.

➜ Cappellotti di parmigiano in brodo freddo di tonno, doppio malto e sette spezie. Merluzzo carbonaro glassato al sakè con verdurine. Babà in sospensione e rhum speziato con aroma di mandorla e zenzero.

XXX **All'Oro** (Riccardo Di Giacinto) – The First Luxury Art Hotel

✿ *via del Vantaggio 14 ✉ 00186 Ⓜ Flaminio* Pianta : G3**b**
– ✆ 06 97 99 69 07 – www.ristorantealloro.it – Chiuso 2 settimane in agosto e domenica
• CREATIVA • Menu 78/95 € – Carta 76/102 €

Nella nuova sede dal design accattivante, tra opere moderne e raffinata eleganza, la cucina prosegue sulla appetitosa strada dei sapori locali, veraci e gustosi, reinterpretandoli con estro e creatività.

➜ "Raffaello" di foie gras. Agnello laziale con melanzane al carbone, lime, coriandolo e prosciutto di pecora. Mela verde, wasaby e zabaione al pistacchio.

XXX **Enoteca al Parlamento Achilli** Ⓝ

via dei Prefetti 15 Ⓜ Spagna – ✆ 0 66 87 34 46 Pianta : H3**n**
– www.enotecalparlamento.com – Chiuso 10 giorni in gennaio, 20 giorni in agosto, sabato e domenica in luglio-settembre; domenica e lunedì negli altri mesi
• CREATIVA • Menu 50/100 € – Carta 65/94 €

Varcati gli ambienti dell'elegante enoteca, due sale in successione e avvolte nel legno ospitano una cucina molto personalizzata, basata su contrasti ed audaci accostamenti, amata da chi vuole sfuggire alla tradizione.

XXX **Il Convivio-Troiani** (Angelo Troiani)

✿ *vicolo dei Soldati 31 ✉ 00186 – ✆ 0 66 86 94 32* Pianta : G3**r**
– www.ilconviviotroiani.com – Chiuso 23-26 dicembre, 1 settimana a Ferragosto e domenica
• MODERNA • Menu 120 € – Carta 73/101 € – *(solo a cena)*

Un elegante salotto nel cuore del centro storico: tra affreschi, quadri e moderna essenzialità, brilla una cucina vetrina dei più celebri piatti italiani, dai risotti alle paste con un occhio di riguardo alle tradizioni laziali.

➜ Polpo verace "scordato" nel tegame con finta maionese. Vermicelli di Gragnano all'amatriciana. Dall'agnello... tutto carré.

XXX **Il Pagliaccio** (Anthony Genovese)

✿✿ *via dei Banchi Vecchi 129/a ✉ 00186 – ✆ 06 68 80 95 95* Pianta : G4**f**
– www.ristoranteilpagliaccio.it – Chiuso 25 gennaio-8 febbraio, 3 settimane in agosto, domenica, lunedì e martedì a pranzo
• CREATIVA • Menu 75 € (pranzo)/150 € – Carta 95/140 € – (consigliata la prenotazione)

Una scossa al cuore della Roma rinascimentale: la cucina svecchia la tradizione e si mette alla costante ricerca di prodotti ed accostamenti innovativi.

➜ Spaghetti olio e peperoncino, alga fritta e lumachine di mare. San Pietro, salsa al cioccolato bianco e taccole. Croccante di cioccolato e gelato al caramello, albicocche con timo al limone.

XXX **Enoteca Capranica**

piazza Capranica 99/100 ✉ 00186 – ✆ 06 69 94 09 92 Pianta : H4**n**
– www.enotecacapranica.it – Chiuso sabato a mezzogiorno e domenica
• MEDITERRANEA • Menu 44/75 € – Carta 52/70 € – *(solo a cena in agosto)*

A pochi passi da Montecitorio, le alte volte colorate di un palazzo del 1400 ospitano un'elegante ristorante con un'importante carta dei vini e stuzzicanti piatti mediterranei.

XXX **Il Sanlorenzo**
via dei Chiavari 4/5 ✉ 00186 – ✆ 0 66 86 50 97 Pianta : G4**c**
– www.ilsanlorenzo.it – Chiuso 12-26 agosto, domenica e i mezzogiorno di sabato e lunedì
• MODERNA • Menu 65/85 € – Carta 73/148 €
Un palazzo storico costruito sulle fondamenta del Teatro Pompeo per un locale d'atmosfera, che unisce storia ed arte contemporanea. In menu: piatti moderni e specialità di pesce.

XX **Evangelista**
via delle Zoccolette 11/a ✉ 00186 – ✆ 0 66 87 58 10 Pianta : G4**e**
– www.ristorantevangelista.com – Chiuso agosto e domenica
• ROMANA • Menu 45/60 € – Carta 42/84 € – *(solo a cena)*
Un ristorante che, a più di 50 anni dalla sua apertura, è ancora gestito dalla stessa famiglia di chi l'ha fondato: il sig. Evangelista, per l'appunto! Ambiente classico e ben tenuto per una cucina mediterranea, che trova la propria massima espressione nei carciofi al mattone (ricetta rigorosamente top secret), ma anche in altri piatti romani.

XX **Sangallo**
via dei Coronari 180 ✉ 00186 – ✆ 06 68 13 40 55 Pianta : G4**s**
– www.ristorantesangallo.com
• MODERNA • Menu 50 € (pranzo)/80 € – Carta 50/89 €
Quando l'antico si contrappone al moderno: in un palazzo del 1500 - accanto alla chiesa di San Salvatore in Lauro - diverse salette di tono elegante accolgono una cucina moderna e creativa.

XX **La Rosetta**
via della Rosetta 8/9 ✉ 00186 – ✆ 0 66 86 10 02 Pianta : H4**x**
– www.larosetta.com – Chiuso 3 settimane in agosto
• PESCE E FRUTTI DI MARE • Menu 40 € (pranzo in settimana)/150 € – Carta 59/131 €
A pochi passi dallo splendido scenario del Pantheon, pesce fresco e di grande qualità da fare invidia ad una località di mare… Saporite ricette mediterranee, tenendo ben presente l'evoluzione del gusto moderno. Proposte più elaborate la sera.

XX **Hamasei**
via della Mercede 35/36 ✉ 00187 – ✆ 0 66 79 21 34 Pianta : H3**v**
– www.roma-hamasei.com – Chiuso 2 settimane in agosto e lunedì
• GIAPPONESE • Menu 15 € (pranzo in settimana) – Carta 20/87 €
Sobri arredi minimalisti ed atmosfera curata, in questo ristorante giapponese recentemente ampliato e rinnovato. La carta propone ricette tradizionali del Sol Levante, sia di carne sia di pesce.

XX **Taverna Giulia**
vicolo dell'Oro 23 ✉ 00186 – ✆ 0 66 86 97 68 Pianta : G4**p**
– www.tavernagiulia.it – Chiuso agosto e domenica
• LIGURE • Menu 35 € (in settimana) – Carta 35/60 € – (consigliata la prenotazione la sera)
Ci sono giorni in cui - complice il bel tempo - sottrarsi al fascino di Roma è impossibile. Se capitate in una di queste giornate optate per il grazioso dehors, altrimenti vi aspettano gli spazi interni – pur sempre piacevoli – dove gustare proposte di cucina ligure.

X **Al Bric**
via del Pellegrino 51 ✉ 00186 – ✆ 0 66 87 95 33 Pianta : G4**v**
– www.albric.it – Chiuso 3 settimane in agosto, lunedì a mezzogiorno e domenica
• MEDITERRANEA • Menu 38/59 € – Carta 28/91 €
Alle pareti alcuni coperchi lignei con impressi nomi di vini e case vinicole: per gli amanti del formaggio e del frutto di Bacco, un indirizzo informale che vi conquisterà per le sue innumerevoli proposte. Cucina mediterranea.

Colline Emiliane
via degli Avignonesi 22 ✉ *00187* Ⓜ *Barberini* Pianta : J3**j**
– ✆ 0 64 81 75 38 – Chiuso agosto, domenica sera e lunedì
• EMILIANA • Carta 39/48 € – (consigliata la prenotazione)
A due passi da piazza Barberini, calorosa gestione familiare in questo semplice locale dai pochi tavoli serrati, dove gustare i piatti della tradizione emiliana: ottime le paste tirate a mano come un tempo, ma imperdibile è anche il giambonetto di vitella con purea.

La Campana
vicolo della Campana 18-20 ✉ *00186 – ✆ 0 66 86 78 20* Pianta : G3**p**
– www.ristorantelacampana.com – Chiuso agosto e lunedì
• ROMANA • Carta 30/54 €
Un locale tra la trattoria ed il ristorante, dove l'informale atmosfera romana è ingentilita da alcune decorazioni: la cucina è quella della tradizione ed il carciofo un must. Proverbiale il buffet degli antipasti.

Giggetto-al Portico d'Ottavia
via del Portico d'Ottavia 21/a ✉ *00186 – ✆ 0 66 86 11 05* Pianta : H4**h**
– www.giggettoalportico.it – Chiuso lunedì
• ROMANA • Carta 26/64 €
Locale familiare, in cui le specialità culinarie romane si incontrano con una storia generazionale di ospitalità e tradizione. Due servizi all'aperto: lato strada o nel cortile interno.

Le Streghe
vicolo del Curato 13 ✉ *00186 – ✆ 0 66 87 81 82* Pianta : G4**u**
– www.osterialestreghe.it – Chiuso 20 giorni in agosto e domenica
• ROMANA • Carta 27/54 €
Nei pressi del Tevere, due piccole ed accoglienti sale, dove fermare il tempo per gustare la vera cucina romana e qualche piatto nazionale.

Casa Bleve
via del Teatro Valle 48/49 ✉ *00186 – ✆ 0 66 86 59 70* Pianta : G4**a**
– www.casableve.it – Chiuso 3 settimane in agosto, lunedì a mezzogiorno e domenica
• ITALIANA • Carta 39/51 €
Nei pressi di Palazzo Madama, in un antico palazzo del 1492 con ampi soffitti a volte, menu à la carte con specialità nazionali; in bella mostra all'entrata molte etichette di vini anche pregiati.

Stazione Termini

The St. Regis Rome
via Vittorio Emanuele Orlando 3 ✉ *00185* Ⓜ *Repubblica* Pianta : K3**c**
– ✆ 0 64 70 91 – www.stregisrome.com
161 cam – †400/1000 € ††690/1280 €, ☕ 43 € – **23 suites**
Rist *Vivendo* – ✆ 06 47 09 27 36 – Carta 68/86 € – *(chiuso agosto e febbraio) (solo a cena)*
Affreschi, tessuti pregiati, antiquariato stile Impero nelle lussuose camere e negli sfarzosi saloni di un hotel tornato agli antichi splendori delle sue origini (1894). Unica concessione alla modernità, la bella ed attrezzata spa. A mezzogiorno, Le Grand Bar offre qualche classica ricetta di cucina nazionale.

The Westin Excelsior
via Vittorio Veneto 125 ✉ *00187* Ⓜ *Barberini – ✆ 0 64 70 81* Pianta : J3**g**
– www.westinrome.com
281 cam – †320/650 € ††390/1050 €, ☕ 38 € – **35 suites**
Rist *Doney* – vedere selezione ristoranti
Situato a pochi passi dalla centralissima piazza di Spagna e dal verde di Villa Borghese, The Westin Excelsior affonda le sue radici nella strada più prestigiosa della capitale, via Veneto. Tra le varie suite, Villa La Cupola è sicuramente una delle più grandi d'Europa.

Eden

via Ludovisi 49 ✉ *00187* Ⓜ *Barberini* – ✆ *06 47 81 21* Pianta : H3**z**
– *www.dorchestercollection.com*
108 cam – 🚹283/515 € 🚹🚹324/999 €, ☕ 42 € – **13 suites**
Rist *La Terrazza* ✿ – vedere selezione ristoranti
Classe e sobrietà per un grande albergo dove l'eleganza e il tono non escludono il calore dell'accoglienza. Da alcune camere ai piani alti forse la più bella vista su Roma.

Jumeirah Grand Hotel Via Veneto

via Vittorio Veneto 155 ✉ *00187* Ⓜ *Barberini* Pianta : J3**e**
– ✆ *06 48 78 81* – *www.jumeirah.com*
106 cam – 🚹260/600 € 🚹🚹260/600 €, ☕ 33 € – **10 suites**
Rist *Magnolia* – Carta 46/86 € – *(solo a cena)*
Rist *Time* – Carta 44/75 €
Sulla via della Roma by night, un grand hotel nel vero senso della parola: stupende camere in stile retrò e una collezione di oltre 500 quadri d'autore. Due situazioni diverse, ma entrambe valide, per la ristorazione: cucina mediterranea al Magnolia; piatti nazionali ed internazionali, ma anche grande scelta di cocktail al Time.

Regina Hotel Baglioni

via Vittorio Veneto 72 ✉ *00187* Ⓜ *Barberini* Pianta : J3**m**
– ✆ *06 42 11 11* – *www.baglionihotels.com*
118 cam – 🚹250/720 € 🚹🚹350/1500 €, ☕ 33 € – **9 suites**
Rist *Brunello Lounge & Restaurant* – vedere selezione ristoranti
Hotel storico in edificio Liberty, al suo interno ritroviamo quell'eleganza antica, ma mai tramontata, fatta di stucchi, mobili d'epoca ed un'imponente scalinata in bronzo e marmo. L'unica concessione alla modernità riguarda i confort e le installazioni, nonché le splendide camere: alcune di design.

Majestic

via Vittorio Veneto 50 ✉ *00187* Ⓜ *Barberini* – ✆ *06 42 14 41* Pianta : J3**q**
– *www.hotelmajestic.com*
94 cam – 🚹300/640 € 🚹🚹400/720 €, ☕ 30 € – **4 suites**
Rist *Massimo Riccioli Bistrot* – vedere selezione ristoranti
Se gli appassionati di cinema riconosceranno lo scenario del celebre film di Fellini "La Dolce Vita", certo è che questo hotel nato a fine '800, rimane ancora oggi alfiere dell'ospitalità di lusso di via Veneto: pezzi d'antiquariato, arazzi, affreschi, ma anche confort attuali.

Sofitel Rome Villa Borghese

via Lombardia 47 ✉ *00187* Ⓜ *Barberini* – ✆ *06 47 80 21* Pianta : H3**d**
– *www.sofitel.com*
100 cam ☕ – 🚹400/550 € 🚹🚹500/660 € – **4 suites**
Rist *La Terrasse* – vedere selezione ristoranti
A due passi dalla cosmopolita via Veneto, uno storico edificio del 1890 ospita questo delizioso boutique hotel con camere stupende e raffinati spazi comuni d'ispirazione neoclassica.

Splendide Royal

via di porta Pinciana 14 ✉ *00187* Ⓜ *Barberini* Pianta : HJ3**u**
– ✆ *06 42 16 89* – *www.splendideroyal.com*
69 cam – 🚹360/610 € 🚹🚹360/850 €, ☕ 35 € – **9 suites**
Rist *Mirabelle* – vedere selezione ristoranti
Stucchi dorati, tessuti damascati e sontuosi arredi antichi: un tributo al barocco romano dedicato a tutti coloro che non apprezzano l'imperante minimalismo. Nelle camere il blu pervinca, il giallo oro, il rosso cardinalizio si rincorrono creando un'atmosfera di lussuosa classicità.

C'é categoria e categoria! Non aspettatevi lo stesso servizio in un ristorante X o in un albergo 🏠 rispetto ad un XXXXX o ad un 🏨.

ROMA

ROMA

Bernini Bristol

cam, rist,

piazza Barberini 23 ✉ 00187 Ⓜ Barberini – ✆ 06 48 89 31 Pianta : J3**f**
– www.berninibristol.com
127 cam – 360/480 € 580/640 €, ☕ 33 € – **10 suites**
Rist *L'Olimpo* – ✆ 0 64 88 93 32 88 – Carta 62/121 €
Ormai parte integrante della celebre piazza, raffinato hotel con camere dagli arredi classici o di stile contemporaneo: è consigliabile optare per quelle panoramiche poste ai piani più alti. Il roof garden non poteva che accogliere il ristorante L'Olimpo con dehors estivo e splendida vista sulla Città Eterna.

Marriott Grand Hotel Flora

rist,

via Vittorio Veneto 191 ✉ 00187 Ⓜ Spagna – ✆ 06 48 99 29 Pianta : J3**n**
– www.grandhotelflora.net
156 cam ☕ – 289/319 € 329/399 € – **24 suites**
Rist *The Cabiria* – Carta 38/65 €
Alla fine di via Vittorio Veneto, l'hotel vi attende nella sua elegante atmosfera neoclassica, punteggiata da qualche elemento moderno ed offre spazi decisamente generosi. Forte impronta mediterranea, invece, al ristorante The Cabiria.

Palazzo Montemartini N

largo Giovanni Montemartini 20 ✉ 00186 Roma Ⓜ Termini Pianta : K3**p**
– ✆ 0 64 56 61 – www.palazzomontemartini.com
82 cam ☕ – 450/550 € 500/600 € – **3 suites** **Rist** – Carta 50/96 €
Adiacente alle terme di Diocleziano, l'acqua rappresenta l'elemento di giuntura con l'aristocratico palazzo ottocentesco che, all'interno, svolta verso una modernità minimalista ed essenziale, funzionale e luminosa.

Rose Garden Palace

rist,

via Boncompagni 19 ✉ 00187 Ⓜ Barberini – ✆ 06 42 17 41 Pianta : J3**d**
– www.rosegardenpalace.com
65 cam ☕ – 200/385 € 220/400 €
Rist *Il Roseto* – Carta 80/100 € – *(chiuso domenica a mezzogiorno)*
All'interno di un palazzo d'inizio '900, il design moderno di tono minimalista ha ispirato lo stile degli arredi di questa risorsa, che mantiene tuttavia alcuni elementi architettonici tipici dell'edificio: soffitti alti e marmi pregiati.

Mecenate Palace Hotel

via Carlo Alberto 3 ✉ 00185 Ⓜ Vittorio Emanuele Pianta : K4**h**
– ✆ 06 44 70 20 24 – www.mecenatepalace.com
71 cam ☕ – 100/315 € 180/410 € – **3 suites**
Rist – Carta 36/56 € – *(solo a cena)*
I raffinati interni in stile non tradiscono lo spirito dell'ottocentesca struttura che ospita l'hotel. Se la vostra camera non si affaccia su S. Maria Maggiore, correte in terrazza: la vista è mozzafiato! Semplici sapori italiani nel ristorante all'ultimo piano.

Marcella Royal senza rist

via Flavia 106 ✉ 00187 – ✆ 06 42 01 45 91 Pianta : K3**z**
– www.marcellaroyalhotel.com
89 cam ☕ – 140/370 € 190/410 €
Che siano doppie o junior suite, le camere sono comunque belle ed accoglienti: le migliori sono tuttavia le superior, più recenti e con arredi moderni. Gradevole roof garden per colazioni e stuzzichini serali.

Duca d'Alba senza rist

via Leonina 12/14 ✉ 00184 Ⓜ Cavour – ✆ 06 48 44 71 Pianta : J4**c**
– www.hotelducadalba.com
26 cam ☕ – 80/320 € 80/550 €
Nel pittoresco quartiere anticamente detto della Suburra, l'albergo, completamente ristrutturato, è dotato di camere complete, con arredi classici eleganti.

Britannia senza rist

via Napoli 64 ✉ 00184 Ⓜ Repubblica – ✆ 0 64 88 31 53 Pianta : K4**y**
– www.hotelbritannia.it
33 cam ☕ – 100/380 € 120/400 €
Graziose personalizzazioni e curati servizi in una struttura di piccole dimensioni, con camere di buon confort, quasi tutte rallegrate da un vivace acquario.

Empire Palace Hotel
via Aureliana 39 ✉ 00187 – ✆ 06 42 12 81 Pianta : K3**h**
– www.empirepalacehotel.com
110 cam – 110/455 € 130/512 € – **5 suites**
Rist *Aureliano* – Carta 40/70 € – *(chiuso domenica)*
Sofisticata fusione di elementi dell'ottocentesca struttura e di design contemporaneo, con collezione d'arte moderna negli spazi comuni; sobria classicità nelle camere. Boiserie di ciliegio, tavoli ravvicinati, bei lampadari rosso-blu in sala da pranzo. Sapori e colori mediterranei vivacizzano il menu.

Mascagni senza rist
via Vittorio Emanuele Orlando 90 ✉ 00185 Pianta : K3**r**
– ✆ 06 48 90 40 40 – www.mascagnihotelrome.it
40 cam – 650 € 650 €
Un albergo curato nei minimi dettagli: camere arredate con mobili in legno massiccio, tappezzerie eleganti e bagni in stile retrò. Sicuramente un buon indirizzo per i vostri soggiorni nella capitale!

Canada senza rist
via Vicenza 58 ✉ 00185 Ⓜ Castro Pretorio Pianta : L3**u**
– ✆ 0 64 45 77 70 – www.hotelcanadaroma.com
73 cam – 94/184 € 94/209 €
In un palazzo d'epoca nei pressi della stazione Termini, hotel di sobria eleganza con decorazioni d'epoca e affreschi dell'Ottocento (anche in alcune camere).

Antico Palazzo Rospigliosi senza rist
via Liberiana 21 ✉ 00185 Ⓜ Cavour – ✆ 06 48 93 04 95 Pianta : K4**n**
– www.hotelrospigliosi.com
39 cam – 115/165 € 149/220 €
Residenza nobiliare del XVI secolo, dell'epoca mantiene intatti il fascino che aleggia nei grandi saloni e l'eleganza nonchè cura del dettaglio che caratterizzano le belle camere. Pregevole il chiostro-giardino impreziosito da una gorgogliante fontana e la splendida cappella interna del '600, perfettamente conservata.

Astoria Garden senza rist
via Bachelet 8/10 ✉ 00185 Ⓜ Castro Pretorio Pianta : K3**k**
– ✆ 0 64 46 99 08 – www.hotelastoriagarden.it
33 cam – 70/185 € 90/260 €
Un giardino di aranci e banani, un'occasione quasi unica e rilassante per soggiornare nella Città Eterna. Chiedete le camere che vi si affacciano: un paio dispongono di un tavolino privato all'aperto.

Villa San Lorenzo senza rist
via dei Liguri 7 ✉ 00185 Ⓜ San Giovanni – ✆ 0 64 46 99 88 Pianta : M4**b**
– www.villasanlorenzo.com
40 cam – 49/360 € 49/360 €
In una via appartata alle spalle della stazione Termini, la struttura dispone di spazi comuni limitati, ma camere comode con arredi di due tipi: in stile veneziano o classico. Piacevole corte interna e comodo posteggio.

Best Roma senza rist
via di Porta Maggiore 51 ✉ 00185 – ✆ 06 77 07 69 28 Pianta : L4**a**
– www.hotelbestroma.com
27 cam – 70/150 € 90/190 €
Albergo di piccole dimensioni, ma dalle piacevoli camere con pregiati parquet e sfavillanti lampadari di Murano; nella bella stagione, il piccolo giardino interno si presta per la prima colazione.

Villa Pinciana senza rist
via Abruzzi 9/11 ✉ 00187 Ⓜ Barberini – ✆ 06 96 04 29 21 Pianta : J3**v**
– www.hotelvillapinciana.it
25 cam – 60/350 € 80/550 €
A due passi da via Veneto, ma in zona tranquilla, un incantevole villino d'inizio '900 dagli interni signorili ed un grazioso cortile per le colazioni estive. Un indirizzo suggestivo: ci si sente ospiti di un'esclusiva dimora privata.

Columbia senza rist
via del Viminale 15 ✉ 00184 Ⓜ Termini – ✆ 0 64 88 35 09 – www.hotelcolumbia.com Pianta : K3**f**
45 cam ☕ – 🚹132/167 € 🚹🚹175/228 €
Camere accoglienti con arredi in arte povera e dettagli personalizzati, in una confortevole risorsa, nei pressi della stazione Termini. Nella bella stagione, prima colazione sulla terrazza roof garden.

Modigliani senza rist
via della Purificazione 42 ✉ 00187 Ⓜ Barberini – ✆ 06 42 81 52 26 – www.hotelmodigliani.com Pianta : H3**f**
23 cam ☕ – 🚹62/186 € 🚹🚹67/212 €
Una simpatica coppia di artisti gestisce questo tranquillo hotel ubicato a due passi da via Veneto. Le zone comuni sono arredate con quadri d'arte moderna.

Residenza A-The Boutique Art Hotel senza rist
via Vittorio Veneto 183 ✉ 00187 Ⓜ Barberini – ✆ 06 48 67 00 – www.hotelviaveneto.com Pianta : J3**p**
7 cam ☕ – 🚹100/250 € 🚹🚹120/300 €
Elegante palazzo affacciato su una delle vie più famose al mondo, ospita al suo interno ambienti di moderno design e opere d'arte.

Relais La Maison senza rist
via Depretis 70 ✉ 00184 Ⓜ Repubblica – ✆ 06 48 93 07 74 – www.relaislamaison.com Pianta : K4**a**
6 cam ☕ – 🚹80/160 € 🚹🚹90/180 €
All'ultimo piano di un palazzo, una "bomboniera" dove tutto è piccino, tranne le camere: spaziose, moderne e confortevoli...come essere ospiti di una bella abitazione privata nella Città Eterna.

Villa Spalletti Trivelli senza rist
via Piacenza 4 ✉ 00184 – ✆ 06 48 90 79 34 – www.villaspallettitrivelli.com Pianta : J4**a**
14 cam ☕ – 🚹430/540 € 🚹🚹430/540 €
A pochi passi dal Quirinale, alle vette del monte, questa residenza si affaccia sui giardini e nelle tranquille vie limitrofe: spazi comuni di gran classe – bellissime le imponenti sale biblioteca – e camere arredate con mobili d'epoca.

Mirabelle – Hotel Splendide Royal
via di porta Pinciana 14 ✉ 00187 Ⓜ Barberini – ✆ 06 42 16 88 38 – www.mirabelle.it Pianta : HJ3**u**
• MODERNA • Menu 90/160 € – Carta 126/168 €
Mirabile è la vista, che da Villa Borghese si estende sino al profilo incantato del centro storico, ma emozionante è anche la cucina, quella classica, da grande albergo, che non teme mode e passa con sicurezza e disinvoltura dalle proposte regionali ai piatti internazionali.

La Terrazza – Hotel Eden
via Ludovisi 49 ✉ 00187 Ⓜ Barberini – ✆ 06 47 81 27 52 – www.dorchestercollection.com Pianta : H3**z**
• CREATIVA • Menu 35/120 € – Carta 100/165 €
Spettacolare belvedere sul centro storico di cui si gode la straordinaria vista; allo chef, invece, il compito di sedurvi con una cucina moderna che spazia dal Mediterraneo ad aperture più internazionali e prodotti eccelsi come il caviale.
➜ Spaghetti con guanciale di cinta senese, pepe del Madagascar e boccioli di rosa. Calamarata con molluschi, cime di rapa e pomodorini vesuviani. Tiramisù cremoso, salsa al caffè, gelato al liquore a base di whiskey e crema di latte.

Massimo Riccioli Bistrot – Hotel Majestic
via Vittorio Veneto 50 ✉ 00187 Ⓜ Barberini – ✆ 06 42 14 41 – www.hotelmajestic.com – Chiuso 1°-10 gennaio, 5-30 agosto, sabato a mezzogiorno e domenica Pianta : J3**q**
• MODERNA • Menu 30 € (pranzo in settimana) – Carta 54/135 €
Lo chef del rinomato ristorante la Rosetta ha aperto, all'interno dell'hotel Majestic, il suo "Bistrot": in sale di raffinata eleganza, la cucina pone l'accento sul mare, rendendo però omaggio a Roma con qualche specialità di terra.

ROMA

XXX ✿ **Antonello Colonna** [A/C]

scalinata di via Milano 9/a, (Palazzo delle Esposizioni) Pianta : J4**r**
✉ 00184 Ⓜ Termini – ✆ 06 47 82 26 41 – www.antonellocolonna.it – Chiuso agosto, domenica e lunedì
• CREATIVA • Menu 95 € – Carta 79/114 € – *(solo a cena)* (consigliata la prenotazione)
All'interno dell'imponente Palazzo delle Esposizioni, un open space di vetro è lo scrigno per una cucina creativa, ma rispettosa della tradizione, sempre pronta a stupire.
➜ Negativo di carbonara. Maialino croccante con patate affumicate e mostarda. Diplomatico, crema e cioccolato, caramello al sale.

XXX ✿ **Pipero al Rex** [A/C]

via Torino 149 ✉ 00184 – ✆ 0 64 81 57 02 Pianta : K4**k**
– www.alessandropipero.it – Chiuso domenica
• MODERNA • Menu 100 € – Carta 67/107 € – (coperti limitati, prenotare)
Si entra attraverso la hall dell'hotel Rex per accomodarsi in un'elegante ed intima sala dalle luci soffuse: al padrone di casa il piacere di proporre buoni vini e l'ottima cucina del giovane ma già affermato cuoco.
➜ Rigatoni, salsiccia e broccolo verde. Maiale, arancio ed aglio. Amarene, nocciola e cioccolato bianco.

XXX **Brunello Lounge & Restaurant** – Regina Hotel Baglioni

via Vittorio Veneto 72 ✉ 00187 Ⓜ Barberini Pianta : J3**m**
– ✆ 06 42 11 11 – www.brunellorestaurant.com
• MODERNA • Menu 25 € (pranzo) – Carta 65/117 €
Suggestioni orientali nella calda e raffinata sala, dove gustare meravigliose ricette dai sapori mediterranei, ma anche piatti internazionali adatti agli stranieri in visita alla capitale.

XXX **La Terrasse** – Hotel Sofitel Rome Villa Borghese

via Lombardia 47 ✉ 00187 Ⓜ Barberini – ✆ 06 47 80 21 Pianta : H3**d**
– www.sofitel.com
• MODERNA • Menu 28 € (pranzo in settimana)/100 € – Carta 67/116 €
Come si intuisce dal nome, il fiore all'occhiello del ristorante è la sua splendida terrazza con vista panoramica, ma non pensiate che la cucina sia da meno: sapori mediterranei elaborati con un pizzico di fantasia e, a mezzogiorno, una linea più semplice.

XXX **Agata e Romeo** [A/C]

via Carlo Alberto 45 ✉ 00185 Ⓜ Vittorio Emanuele Pianta : K4**d**
– ✆ 0 64 46 61 15 – www.agataeromeo.it – Chiuso 11-31 agosto, sabato a mezzogiorno, lunedì a mezzogiorno e domenica
• REGIONALE • Menu 60 € (in settimana) – Carta 49/68 €
Un locale di lunga tradizione che continua a intrattenere i suoi ospiti con specialità di matrice locale e piatti più ampiamente nazionali; in un quartiere sempre più multietnico e vissuto, il ristorante è un'eccezione per l'atmosfera elegante e signorile che qui vi abita.

XXX **Doney** – Hotel The Westin Excelsior [A/C]

via Vittorio Veneto 125 ✉ 00187 Ⓜ Barberini Pianta : J3**g**
– ✆ 06 47 08 27 83 – www.ristorantedoney.it
• ITALIANA • Menu 38 € – Carta 63/75 €
Fusione di classico e contemporaneo, dove ogni elemento è stato studiato con cura, sia in questo ristorante sia all'H Club›Doney: quest'ultimo propone anche un piccolo ed economico menu biologico, nonché un ricco buffet a mezzogiorno.

X **Papà Baccus** [A/C]

via Toscana 32/36 Ⓜ Barberini – ✆ 06 42 74 28 08 Pianta : J3**w**
– www.papabaccus.com – Chiuso sabato a mezzogiorno e domenica
• ITALIANA • Menu 35/70 € – Carta 38/73 € – *(solo a cena nei giorni festivi)*
Non lontano da via Veneto, le proposte di questo piacevole locale abbracciano sia la cucina regionale, sia quella di mare, serbando un occhio di riguardo per la Toscana con la chianina come specialità.

ROMA

Trimani il Wine Bar

via Cernaia 37/b ✉ 00185 – ✆ 0 64 46 96 30 – www.trimani.com – Chiuso 7-23 agosto e festivi Pianta : K3**g**

• ITALIANA • Carta 30/58 € – *(chiuso domenica escluso dicembre, anche sabato a pranzo in giugno-settembre)*

Enoteca costruita nel rispetto di alcune peculiarità tipiche delle antiche mescite di vino capitoline: vastissima scelta di etichette, con una pagina fitta dedicata a quelle offerte al bicchiere. Il menu propone piatti caldi e freddi, nonché un buon assortimento di formaggi italiani e d'Oltralpe.

Moma (N)

via San Basilio 42/43 ✉ 00186 Ⓜ Barberini – ✆ 06 42 01 17 98 – www.ristorantemoma.it – chiuso domenica Pianta : J3**a**

• MODERNA • Menu 50 € (cena in settimana)/80 € – Carta 41/80 €

Un indirizzo da consigliare, in virtù della sua versatilità: bar-bistrot e ristorante, se a mezzogiorno l'atmosfera è un po' concitata, la sera il locale si fa più intimo ed intrigante. Accattivanti reinterpretazioni di cucina regionale con qualche proposta creativa.

Trattoria Monti

via di San Vito 13/a ✉ 00185 Ⓜ Cavour – ✆ 0 64 46 65 73 – Chiuso vacanze di Natale, 1 settimana a Pasqua, agosto, domenica sera e lunedì Pianta : K4**c**

• MARCHIGIANA • Carta 36/52 € – (consigliata la prenotazione)

Dopo i lavori di restauro effettuati qualche anno fa, la trattoria si presenta in chiave pacatamente moderna, pur mantenendo un'aura particolare con sedie in legno e le lampade che scendono sui tavoli. Le specialità spaziano dal Lazio alle Marche, terra di origine del fondatore del locale.

ROMA

Roma Antica

Palazzo Manfredi

via Labicana 125 ✉ 00184 Ⓜ Colosseo – ✆ 06 77 59 13 80 – www.palazzomanfredi.com Pianta : K5**a**

14 cam – †300/650 € ††300/850 €, ☕ 30 € – **2 suites**

Rist *Aroma* ✿ – vedere selezione ristoranti

Fascino e ricercatezza nelle camere e nelle splendide suite affacciate sul Colosseo e sulla Domus Aurea, ma il più grande pregio dell'hotel è la terrazza roof garden: per la prima colazione o per una romantica cena.

Fortyseven

via Luigi Petroselli 47 ✉ 00186 – ✆ 0 66 78 78 16 – www.fortysevenhotel.com Pianta : H5**a**

59 cam ☕ – †180/290 € ††180/290 € – **2 suites**

Rist *Circus* – Carta 45/74 €

Il nome allude al numero civico della via che scende dal Teatro di Marcello, ognuno dei 5 piani di questo austero palazzo degli anni '30 è dedicato ad un artista italiano del '900: Greco, Quagliata, Mastroianni, Modigliani e Guccione. Quadri, sculture, litografie: l'arte contemporanea trova il suo albergo-museo.

Capo d'Africa

cam, cam, cam,

via Capo d'Africa 54 ✉ 00184 Ⓜ Colosseo – ✆ 06 77 28 01 – www.hotelcapodafrica.com Pianta : K5**b**

65 cam ☕ – †140/320 € ††160/400 €

Rist *Bistrot L'attico* – Carta 46/78 € – *(chiuso domenica) (solo a cena)*

A due passi dal Colosseo, camere suddivise in due tipologie in base alla metratura, ma la finezza degli arredi e l'ambiente moderno contraddistinguono tutta la struttura, mentre tradizione culinaria italiana e modernità si stringono idealmente la mano al Bistrot L'Attico. Durante la bella stagione, si potrà cenare anche all'aperto nelle terrazze panoramiche.

Sant'Anselmo senza rist
piazza Sant'Anselmo 2 ✉ 00153 – ✆ 06 57 00 57 Pianta : H6**c**
– www.aventinohotels.com
34 cam ☕ – 🚹107/410 € 🚹🚹124/410 €
Villa liberty con piccolo giardino interno, dove modernità e antico fascino si fondono armoniosamente dando vita ad uno stile cosmopolita e raffinato. Le camere esprimono un carattere ricercato e personalizzato, condensato in nomi evocativi : Mille e una notte, Non ti scordar di me, Cuori coccole e carezze…

Villa San Pio senza rist
via di Santa Melania 19 ✉ 00153 Ⓜ Piramide Pianta : H6**b**
– ✆ 06 57 00 57 – www.aventinohotels.com
77 cam ☕ – 🚹54/270 € 🚹🚹84/360 €
La fisionomia di una bella villa residenziale, immersa in un rigoglioso giardino mediterraneo, e al suo interno mobili in stile impero, tappeti orientali e quadri antichi; camere dalle piacevoli personalizzazioni e bagni in marmo.

Borromeo senza rist
via Cavour 117 ✉ 00184 Ⓜ Cavour – ✆ 06 48 58 56 Pianta : K4**z**
– www.hotelborromeo.com
30 cam ☕ – 🚹50/200 € 🚹🚹60/260 € – **2 suites**
Nelle vicinanze della basilica di S. Maria Maggiore, comodo albergo con camere confortevoli e ben accessoriate; arredi in stile classico e piacevole roof-garden, dove viene servita la prima colazione.

Celio senza rist
via dei Santi Quattro 35/c ✉ 00184 Ⓜ Colosseo Pianta : K5**e**
– ✆ 06 70 49 53 33 – www.hotelcelio.com
19 cam ☕ – 🚹110/180 € 🚹🚹130/260 € – **1 suite**
Un trionfo di mosaici artistici questo albergo - proprio di fronte al Colosseo - che offre eleganti stanze personalizzate ed un hammam con annessa zona relax.

Solis senza rist
via Cavour 311 ✉ 00184 Ⓜ Cavour – ✆ 06 69 92 05 87 Pianta : J4**b**
– www.hotelsolis.it
17 cam ☕ – 🚹70/120 € 🚹🚹80/220 €
Dispone ora di una hall al piano terra questo signorile, piccolo albergo raccolto, nelle adiacenze del Colosseo; camere ampie, ben arredate, con ogni confort moderno.

Nerva Boutique Hotel senza rist
via Tor de' Conti 3/4/4 a ✉ 00184 Ⓜ Colosseo Pianta : J4**h**
– ✆ 0 66 78 18 35 – www.hotelnerva.com
19 cam – 🚹70/170 € 🚹🚹80/270 €, ☕ 13 € – **6 suites**
Spazi comuni limitati, ma graziosi, nonché camere confortevoli in una piccola risorsa a conduzione familiare, ubicata in una via nella zona dei Fori Imperiali a cinque minuti dal Colosseo e dalla Fontana di Trevi.

Paba senza rist
via Cavour 266 ✉ 00184 Ⓜ Cavour – ✆ 06 47 82 49 02 Pianta : J4**b**
– www.hotelpaba.com
7 cam ☕ – 🚹60/100 € 🚹🚹80/160 €
Al secondo piano di un vecchio palazzo, una risorsa moderna, molto contenuta negli spazi, condotta da un'esperta gestione familiare. Prezzi decisamente interessanti.

Anne & Mary senza rist
via Cavour 325 ✉ 00184 Ⓜ Colosseo – ✆ 06 69 94 11 87 Pianta : J4**b**
– www.anne-mary.com
3 cam ☕ – 🚹60/95 € 🚹🚹60/115 €
La gestione affidabile e signorile ha saputo imprimere un'impronta omogenea a questa piccola e graziosa risorsa. Belle camere, al primo piano di un palazzo vicino ai Fori.

Aroma – Hotel Palazzo Manfredi
via Labicana 125 ✉ *00184* Ⓜ *Colosseo* – ✆ *06 97 61 51 09* Pianta : K5**a**
– *www.aromarestaurant.it*
• MEDITERRANEA • Menu 130 € – Carta 94/184 € – (consigliata la prenotazione la sera)
Se la terrazza offre un panorama mozzafiato su Roma antica, dal Colosseo sino al cupolone, il nome è un omaggio alla città e agli aromi della cucina mediterranea che qui viene servita: qualche afflato moderno nel piatto, ma gli ingredienti sono prevalentemente locali.
→ Medaglioni di astice su patate, misticanza romana e coulis di lamponi. Filetto di vitello di chianina steccato al lardo di Colonnata e lamelle di tartufo nero. Soufflè bianco con cuore al latte e sorbetto esotico.

St. Teodoro
via dei Fienili 49 ✉ *00186* – ✆ *0 66 78 09 33* Pianta : H5**n**
– *www.st-teodoro.it* – *Chiuso 24 dicembre-15 gennaio e domenica*
• ITALIANA • Carta 54/98 €
In una caratteristica strada della città antica, tra rovine romane, verde e tesori rinascimentali, un ambiente moderno con quadri contemporanei alle pareti e una cucina che rivisita e alleggersce la tradizione.

ROMA

Caffè Propaganda
via Claudia 15 ✉ *00186* Ⓜ *Colosseo* – ✆ *06 94 53 42 55* Pianta : K5**c**
– *www.caffepropaganda.it* – *Chiuso 10-16 agosto e lunedì*
• LAZIALE • Carta 42/62 €
Un viaggio nell'atmosfera dei bistrot parigini d'inizio '900, con il banco in zinco e le mattonelle, ma la cucina è orgogliosamente romana! A pranzo: salumi, insalate e qualche piatto del giorno.

San Pietro (Città del Vaticano)

Rome Cavalieri Waldorf Astoria
via Cadlolo 101 ✉ *00136* – ✆ *0 63 50 91*
– *www.romecavalieri.it* Pianta : E2**a**
345 cam – †275/995 € ††300/1020 €, ☕ 38 € – **25 suites**
Rist ***La Pergola*** ✿✿✿ – vedere selezione ristoranti
Rist ***L'Uliveto*** – Carta 67/175 €
E' un imponente edificio che severamente guarda dall'alto l'intera città; all'interno tutto è all'insegna dell'eccellenza, dalla collezione d'arte alle terrazze del giardino con piscina, ai cui bordi si trova il ristorante dove cenare con musica dal vivo.

Gran Melià Roma
via del Gianicolo 3 ✉ *00165* – ✆ *06 92 59 01* Pianta : F4**c**
– *www.granmeliarome.com*
116 cam ☕ – †295/750 € ††295/750 € – **22 suites**
Rist ***Vivavoce*** – vedere selezione ristoranti
Rist – Carta 45/115 € – *(chiuso gennaio)*
La storia qui è di casa: nell'ex villa di Agrippina (madre di Nerone), negli spazi che un tempo ospitarono anche un convento, un'eleganza di gusto moderno impreziosisce i vari ambienti comuni e le stanze, alcune delle quali con suggestive vasche di design visibili dal letto stesso. Un ottimo indirizzo per charme e completezza di servizi.

Villa Laetitia
lungotevere delle Armi 22/23 ✉ *00195* Ⓜ *Lepanto* Pianta : G2**m**
– ✆ *0 63 22 67 76* – *www.villalaetitia.com*
21 cam ☕ – †100/160 € ††140/300 €
Rist ***Enoteca la Torre*** ✿ – vedere selezione ristoranti
Romanticamente sul Lungotevere, una deliziosa villa Liberty apre i propri battenti per accogliere i suoi ospiti come in una dimora privata... e che casa! Le camere, curatissime e personalizzate, portano infatti il sigillo estetico della famosa stilista Anna Fendi.

Farnese senza rist
via Alessandro Farnese 30 ✉ 00192 Ⓜ Lepanto Pianta : G2**e**
– ✆ 0 63 21 25 53 – www.hotelfarnese.com
23 cam – 140/230 € 180/410 €
La hall è un curioso scrigno d'arte e di atmosfera d'epoca con il suo paliotto in marmo policromo del XVII secolo; atmosfera d'epoca e raffinatezza nei curati interni in stile. Dalla terrazza, la cupola di san Pietro.

Dei Mellini senza rist
via Muzio Clementi 81 ✉ 00193 Ⓜ Lepanto – ✆ 06 32 47 71 Pianta : G3**f**
– www.hotelmellini.com
66 cam – 168/230 € 185/295 € – **14 suites**
Splendida sintesi tra le ultime innovazioni tecnologiche e ambienti in stile art déco con diverse opere di gusto moderno nella hall; servizio e professionalità all'ordine del giorno.

Alimandi Vaticano senza rist
viale Vaticano 99 ✉ 00165 Ⓜ Ottaviano-San Pietro Pianta : E3**b**
– ✆ 06 39 74 55 62 – www.alimandi.com
24 cam – 120/210 € 130/280 € – **3 suites**
Per un gradevole soggiorno proprio di fronte all'ingresso dei Musei Vaticani, marmi e legni pregiati contribuiscono all'eleganza delle camere, ricche di accessori e dotazioni.

Sant'Anna senza rist
borgo Pio 133 ✉ 00193 Ⓜ Ottaviano-San Pietro Pianta : F3**m**
– ✆ 06 68 80 16 02 – www.hotelsantanna.com
20 cam – 100/160 € 150/240 €
In un palazzo cinquecentesco a pochissimi passi da San Pietro, un piccolo e accogliente albergo caratterizzato da ambienti d'atmosfera con soffitti a cassettoni e da un grazioso cortile interno.

Bramante senza rist
vicolo delle Palline 24 ✉ 00193 Ⓜ Ottaviano-San Pietro Pianta : F3**b**
– ✆ 06 68 80 64 26 – www.hotelbramante.com
16 cam – 100/170 € 140/240 €
Nel cuore del caratteristico e pedonalizzato quartiere Borgo, l'albergo è stato crocevia della storia: ancora intuibile nelle parti più vecchie del '400.

Gerber senza rist
via degli Scipioni 241 ✉ 00192 Ⓜ Lepanto Pianta : F2**h**
– ✆ 0 63 21 64 85 – www.hotelgerber.it
27 cam – 70/150 € 80/220 €
Nelle vicinanze del metrò, un albergo classico a conduzione familiare: legno chiaro sia negli spazi comuni sia nelle confortevoli camere (in progressivo rifacimento, optare per quelle più recenti).

Arcangelo senza rist
via Boezio 15 ✉ 00192 Ⓜ Lepanto – ✆ 0 66 87 41 43 Pianta : F3**f**
– www.hotelarcangeloroma.com
33 cam – 100/150 € 150/260 €
Nel cuore pulsante di Roma – vicino a Castel Sant'Angelo - una bella risorsa recentemente ristrutturata con camere spaziose dagli alti soffitti, parquet o moquette inglese. Il delizioso roof garden incorniciato da rampicanti sempre verdi offre una pregevole vista sulla Basilica di S. Pietro.

I prezzi indicati dopo il simbolo corrispondono al prezzo minimo in bassa stagione e massimo in alta stagione per una camera singola. Lo stesso principio è applicato al simbolo riferito ad una camera per due persone.

La Pergola – Hotel Rome Cavalieri Waldorf Astoria

via Cadlolo 101 ✉ 00136 – ✆ 06 35 09 21 52 Pianta : E2**a**
– www.romecavalieri.it – Chiuso gennaio, 2 settimane in agosto, domenica e lunedì
• MODERNA • Menu 195/220 € – Carta 125/180 € – *(solo a cena)* (prenotazione obbligatoria)
"Vale il viaggio", la cucina di Heinz Beck in grado di coniugare precisione teutonica e capacità di riprodurre uno stesso piatto all'infinito senza sbavature con fantasia e creatività spiccatamente mediterranee. Il tutto, nella magnifica cornice di un panoramico roof garden tra tele pregiate, porcellane di Sèvres e candelabri settecenteschi.
➜ Capesante affumicate in guscio di barbabietola. Ricordo di frisella con tartare di gamberi rossi. Assenza di ossobuco.

Vivavoce – Hotel Gran Melià Roma

via del Gianicolo 3 ✉ 00165 – ✆ 06 92 59 01 – Chiuso gennaio e domenica Pianta : F4**c**
• MODERNA • Carta 50/115 € – *(solo a cena)*
A disposizione della Città Eterna, un grande esempio di cucina gourmet ispirata ai sapori della costiera amalfitana, sapientemente elaborati.

ROMA

Enoteca la Torre – Hotel Villa Laetitia

lungotevere delle Armi 22/23 ✉ 00195 Ⓜ Lepanto Pianta : G2**m**
– ✆ 06 45 66 83 04 – www.enotecalatorreroma.com – Chiuso 15 giorni in agosto
• MODERNA • Menu 80/100 € – Carta 75/109 €
Quando la classe non è acqua e la sostanza è nel piatto... In un ambiente di raffinata eleganza, tra mobili antichi, tovaglie di pizzo e colonne, la cucina celebra la creatività: riuscendoci con eccellenti risultati!
➜ Ravioli di ricotta, fegatini di pollo, aceto balsamico e alloro. Agnello della Tuscia, purè arrostito e la forza delle erbe. Pomodoro e gelato alla lavanda.

Enoteca Costantini-Il Simposio

piazza Cavour 16 ✉ 00193 Ⓜ Lepanto – ✆ 06 32 11 11 31 Pianta : G3**t**
– www.pierocostantini.it – Chiuso 10-17 agosto, sabato a mezzogiorno e domenica
• ITALIANA • Menu 50/70 € – Carta 42/98 €
E' una lussureggiante vite metallica a disegnare l'ingresso di questo ristorante-enoteca dove è possibile gustare foie gras, come specialità, e formaggi, accompagnati da un bicchiere di vino.

Antico Arco

piazzale Aurelio 7 ✉ 00152 – ✆ 0 65 81 52 74 Pianta : F5**a**
– www.anticoarco.it
• CREATIVA • Menu 50 € (cena)/75 € – Carta 48/82 €
Moderno, luminoso e alla moda, il cuoco seleziona i migliori prodotti italiani per reinterpretarli con fantasia e creatività: piatti unici ed originali.

Da Cesare

via Crescenzio 13 ✉ 00193 Ⓜ Lepanto – ✆ 0 66 86 12 27 Pianta : G3**s**
– www.ristorantecesare.com – Chiuso 14 agosto-1° settembre
• PESCE E FRUTTI DI MARE • Menu 40 € – Carta 31/72 €
Come allude il giglio di Firenze sui vetri all'ingresso, le specialità di questo locale sono toscane, ma anche il "mare" gioca un ruolo di tutto rispetto tra le proposte del menu. Ambiente accogliente, la sera anche pizzeria.

Settembrini

via Settembrini 25 ✉ 00195 Ⓜ Lepanto – ✆ 0 63 23 26 17 Pianta : F2**a**
– www.viasettembrini.com – Chiuso 11-24 agosto e domenica
• MEDITERRANEA • Menu 45/70 € (cena) – Carta 48/68 € – (consigliata la prenotazione la sera)
Raffinata cucina dai sapori mediterranei, in un piacevole bistrot alla moda dall'ambiente giovane e dinamico, sempre ben frequentato. Se amate i contesti insoliti, optate per il tavolo in cantina circondato dai vini.

L'Arcangelo
via G.G. Belli 59 ✉ 00193 Ⓜ Lepanto – ✆ 0 63 21 09 92 Pianta : G3**g**
– www.ristorantelarcangelo.com – Chiuso 20 giorni in agosto, sabato a mezzogiorno e domenica
• ROMANA • Menu 25 € (pranzo in settimana)/55 € – Carta 45/69 €
Semplice e austero: la meritata fama del ristorante è legata alla ricerca dei migliori prodotti, regionali e non solo. Vera passione del proprietario che, come un arcangelo, vi guida nel paradiso del gusto e delle nicchie gastronomiche.

Romeo Chef & Baker Ⓝ
via Silla 26/a Ⓜ Ottaviano-San Pietro – ✆ 06 32 11 01 20 Pianta : F3**r**
– www.romeo.roma.it
• REGIONALE • Menu 40 € – Carta 30/56 €
Il negozio di eccellenze gastronomiche si apre sul retro alla ristorazione: pane, salumi, paste, formaggi, salmoni affumicati di grande qualità, ma anche piatti più elaborati della tradizione laziale e non.

Parioli

Parco dei Principi Grand Hotel & Spa
via Gerolamo Frescobaldi 5 ✉ 00198
– ✆ 06 85 44 21 – www.robertonaldicollection.com Pianta : J2**a**
179 cam – 200/460 € 231/560 € – **14 suites** **Rist** – Carta 52/103 €
A pochi passi da Via Veneto e affacciato sul parco di Villa Borghese, questo esclusivo Urban Resort di Roma è ideale per un soggiorno nel cuore della capitale, grazie al confort e all'eleganza delle sue camere, nonché al centro benessere Prince SPA di 2000 mq con le tecnologie e i trattamenti più all'avanguardia.

Aldrovandi Villa Borghese
cam, cam,
via Ulisse Aldrovandi 15 ✉ 00197 – ✆ 0 63 22 39 93
– www.aldrovandi.com Pianta : H2**c**
108 cam – 400/600 € 500/700 € – **16 suites**
Rist *Oliver Glowig* ✿✿ – vedere selezione ristoranti
Rist – Carta 67/112 €
Defilato ma esclusivo, in un quartiere prestigioso e a pochi passi da Villa Borghese, le camere sono state - quasi tutte - recentemente rinnovate. Il ristorante The Grill vi aspetta tutti i giorni a pranzo e a cena.

Lord Byron
via G. De Notaris 5 ✉ 00197 Ⓜ Flaminio – ✆ 0 63 22 04 04 Pianta : H1**b**
– www.lordbyronhotel.com
26 cam – 200/379 € 220/502 € – **6 suites**
Rist *Sapori del Lord Byron* – vedere selezione ristoranti
La personalità di una grande casa, le suggestioni art déco in tutti i dettagli: un lusso di grande eleganza che dona la giusta attenzione a tessuti e arredi. Servizio caldo e personalizzato.

The Duke Hotel
cam, rist,
via Archimede 69 ✉ 00197 – ✆ 06 36 72 21 Pianta : H1**w**
– www.thedukehotel.com
71 cam – 104/383 € 119/646 € – **7 suites** **Rist** – Carta 33/68 €
In una tranquilla zona residenziale, una discreta, ovattata atmosfera da raffinato club inglese dagli interni in stile ma con accessori moderni; davanti al camino il tè delle 5. Al ristorante, la cucina nazionale ed internazionale, riviste con creatività.

Villa Mangili senza rist
via G. Mangili 31 ✉ 00197 Ⓜ Flaminio – ✆ 0 63 21 41 91 Pianta : H1**c**
– www.hotelvillamangili.it
12 cam – 130/280 € 150/320 €
Si gioca su un piacevole contrasto antico-moderno, quello di un edificio d'epoca che custodisce ambienti sorprendentemente moderni e colorati, con richiami etnici. Le camere si affacciano su un tranquillo piccolo giardino.

ROMA

Villa Grazioli senza rist

via Salaria 241 ✉ 00186 Roma – ✆ 0 68 41 65 87 Pianta : K1**v**
– www.villagrazioli.it
30 cam – 115/210 € 125/310 €
Villa ottocentesca in stile neogotico, di facile accesso per chi vi arriva in macchina e vicino ai parchi del quartiere, le camere sono arredate in modo semplice; preferite quelle più tranquille sul retro.

Sapori del Lord Byron – Hotel Lord Byron

via G. De Notaris 5 ✉ 00197 Ⓜ Flaminio – ✆ 0 63 22 04 04 Pianta : H1**b**
– www.lordbyronhotel.com – Chiuso lunedì a mezzogiorno e domenica
• CREATIVA • Menu 55/65 € – Carta 47/82 €
Occhiali da sole alla mano per non rimanere accecati da tanto sfarzo, non per le dimensioni del ristorante, ma per il lusso sfrontato di specchi, quadri e bianchi marmi. I generosi sapori della cucina italiana sono esaltati dalla creatività dello chef.

Oliver Glowig – Hotel Aldrovandi Villa Borghese

via Ulisse Aldrovandi 15 ✉ 00197 – ✆ 0 63 21 61 26 Pianta : H2**c**
– www.oliverglowig.com – Chiuso 7 gennaio-28 febbraio e domenica; anche lunedì da ottobre a maggio
• CREATIVA • Menu 140/160 € – Carta 85/140 € – *(solo a cena da maggio a settembre)*
Di origini tedesche, il cuoco è uno dei più grandi interpreti della cucina italiana, dall'amore per il mare alla passione, tutta romana, per il quinto quarto. Incantevole il servizio all'aperto tra alberi secolari.
→ Eliche cacio, pepe e ricci di mare. Branzino al vapore con ostriche e gelatina di mare al profumo di anice stellato. Ricotta affumicata in sfoglia croccante con gelato ai pinoli e guanciale.

Metamorfosi (Roy Caceres)

via Giovanni Antonelli 30/32 ✉ 00197 Pianta : H1**k**
– ✆ 0 68 07 68 39 – www.metamorfosiroma.it – Chiuso sabato a pranzo e domenica
• CREATIVA • Menu 85/125 € – Carta 79/116 € – *(solo a cena in agosto)*
Design pulito e tanto confort, è un ristorante moderno inaugurato alla fine del 2010 e già ai vertici della ristorazione romana: della cucina se ne occupa il colombiano Roy, che con creatività ed ottima tecnica inventa e propone piatti personali, qualche volte anche molto complessi.
→ Risotto "opercolato" con funghi, nocciole e capra. Piccione in foglia di fico con foie gras e mela. Cacio e pere.

Al Ceppo

via Panama 2 ✉ 00198 – ✆ 0 68 55 13 79 Pianta : J1**q**
– www.ristorantealceppo.it – Chiuso 12-25 agosto, sabato a pranzo in giugno-settembre, lunedì a mezzogiorno negli altri mesi
• ITALIANA • Carta 41/73 €
L'elegante boiserie in stile bistrot vi darà il benvenuto all'entrata di questo ristorante di tono rustico, ma non privo di raffinatezza, dove gustare piatti mediterranei reinterpretati in chiave moderna. Specialità tra i secondi: carni e pesce alla griglia, preparati direttamente in sala.

Ambasciata d'Abruzzo

via Pietro Tacchini 26 ✉ 00197 Ⓜ Euclide Pianta : H1**e**
– ✆ 0 68 07 82 56 – www.ambasciatadiabruzzo.com
– Chiuso 10-25 agosto
• ABRUZZESE • Menu 35/50 € – Carta 38/54 € – (prenotare)
Appare quasi inaspettatamente: una trattoria a gestione familiare nel cuore di un quartiere residenziale. Sin dagli antipasti, i classici della cucina abruzzese, ma anche piatti di pesce e laziali, come i bucatini all'amatriciana.

Trastevere Testaccio

Trilussa Palace senza rist
piazza Ippolito Nievo 25/27 ✉ 00153 – ✆ 0 65 88 19 63 Pianta : G6**c**
– www.trilussapalacehotel.it
45 cam ☕ – 🚹80/350 € 🚹🚹100/489 € – **4 suites**
Tra la stazione di Trastevere ed il quartiere vecchio, hotel di tono signorile con pavimenti in marmo negli spazi comuni, piacevole centro benessere e panoramico roof garden: l'inconfondibile stile italiano in un albergo internazionale.

Santa Maria senza rist
vicolo del Piede 2 ✉ 00153 – ✆ 0 65 89 46 26 Pianta : G5**z**
– www.hotelsantamaria.info
20 cam ☕ – 🚹79/199 € 🚹🚹99/269 € – **6 suites**
A pochi passi da S.Maria in Trastevere, nata dove c'era un chiostro del '400, questa tranquilla risorsa si sviluppa su un piano intorno ad un cortile-giardino; a disposizione degli ospiti, anche alcune biciclette.

Arco dei Tolomei senza rist
via dell'Arco dè Tolomei 27 ✉ 00153 – ✆ 06 58 32 08 19 Pianta : H5**k**
– www.bbarcodeitolomei.com
6 cam ☕ – 🚹125/185 € 🚹🚹135/220 €
In un antico palazzo di origine medievale, una residenza privata apre le proprie porte ed accoglie l'ospite facendolo sentire come a casa propria: il calore del parquet nelle belle camere, arredate con gusto e piacevolmente funzionali.

Luxury on the River Ⓝ senza rist
lungotevere dei Mellini 34 ✉ 00186 Roma Ⓜ Flaminio Pianta : G3**x**
– ✆ 0 63 21 94 70 – www.luxuryontheriver.it
8 cam ☕ – 🚹84/229 € 🚹🚹84/249 €
Al primo piano di un palazzo ottocentesco, le camere offrono arredi moderni, alcune si affacciano sul Tevere, quelle sul retro sono più tranquille. Non mancano attenzioni e cortesie per gli ospiti che raggiungono il centro con una breve passeggiata.

XXX **Antica Pesa**
via Garibaldi 18 ✉ 00153 – ✆ 0 65 80 92 36 Pianta : G5**a**
– www.anticapesa.it – Chiuso domenica
• ROMANA • Carta 48/85 € – *(solo a cena)*
La cucina seleziona accuratamente le materie prime, elaborandole poi in ricette dalla "firma" romana, in questo ex deposito del grano dell'attiguo Stato Pontificio. Alle pareti grandi dipinti di artisti contemporanei e presso l'ingresso un salottino davanti al caminetto.

XX **Glass Hostaria** (Cristina Bowerman)
vicolo del Cinque 58 ✉ 00153 – ✆ 06 58 33 59 03 Pianta : G5**d**
– www.glasshostaria.it – Chiuso 24-26 dicembre, 12-27 gennaio, 13 luglio-4 agosto e lunedì
• CREATIVA • Menu 75/90 € – Carta 62/94 € – *(solo a cena)*
Nel cuore di Trastevere un locale all'insegna del design, dove un originale e creativo gioco di luci crea un'atmosfera avvolgente, qualche volta piacevolmente conturbante. Ad accendersi in pieno è la cucina: fantasiosamente moderna.
➜ Raviolini di parmigiano 60 mesi, funghi e burro d'Isigny. Astice con salsa allo yogurt, avocado, pepe rosa e polvere di 'nduja. Zuppetta di caffè con latte condensato, mandorle sabbiate e gelato al liquore a base di whiskey e crema di latte.

XX **Sora Lella**
via di Ponte Quattro Capi 16, Isola Tiberina ✉ 00186 Pianta : H5**g**
– ✆ 0 66 86 16 01 – www.soralella.com – Chiuso mercoledì
• ROMANA • Menu 45 € – Carta 31/60 €
Figlio e nipoti della famosa "Sora Lella", ora scomparsa, perpetuano degnamente la tradizione sia nel calore dell'accoglienza che nella tipicità romana delle proposte.

Stazione di Posta

largo Dino Frisullo snc ✉ 00153 Ⓜ Piramide Pianta : F6**e**
– ✆ 0 65 74 35 48 – www.stazionediposta.eu – Chiuso lunedì e martedì a mezzogiorno
• CREATIVA • Menu 45/75 € – Carta 52/79 €
All'interno dell'ex mattatoio e della "città dell'altra economia", un open space che funziona anche come cocktail bar e spazio espositivo. L'emergente, giovane, chef propone piatti semplici ed economici a pranzo; personali elaborazioni, invece, la sera.
→ Animelle, chinotto e carote. Seppie e piselli. Pesca al vino e cioccolato bianco.

Felice a Testaccio

via Mastrogiorgio 29 ✉ 00153 – ✆ 0 65 74 68 00 Pianta : H6**h**
– www.feliceatestaccio.com – Chiuso 1 settimana in agosto
• ROMANA • Carta 35/45 € – (consigliata la prenotazione)
Una delle roccaforti della cucina laziale, l'ambiente semplice stile trattoria familiare è ormai così popolare che una prenotazione con anticipo è quasi obbligatoria. Come del resto, assaggiare il mitico abbacchio al forno con patate!

ROMA

Zona Urbana Nord-Ovest

Grand Hotel Tiberio

via Lattanzio 51 ✉ 00136 Ⓜ Cipro – ✆ 06 39 96 29 Pianta : B2**f**
– www.ghtiberio.com
91 cam – 130/255 € 255/300 € – **5 suites**
Rist – Carta 31/59 €
Nell'elegante e storica zona residenziale sorta sulle ceneri di un insediamento industriale, la bella facciata anticipa l'eleganza degli interni, dalla hall con grandi vetrate alle camere spaziose e confortevoli.

Colony

cam,
via Monterosi 18 ✉ 00191 – ✆ 06 36 30 18 43 Pianta : B1**n**
– www.colonyhotel.it
72 cam – 45/200 € 70/280 € **Rist** – Carta 23/44 €
In una palazzina di un quartiere alberato e tranquillo, atmosfere coloniali e vagamente inglesi negli ambienti scuri e ricercati.

Acquolina Hostaria in Roma (Giulio Terrinoni)

via Antonio Serra 60 ✉ 00191 – ✆ 0 63 33 71 92 Pianta : B1**n**
– www.acquolinahostaria.it – Chiuso vacanze di Natale, 10 giorni in agosto e domenica
• PESCE E FRUTTI DI MARE • Carta 51/118 € – *(solo a cena)* (consigliata la prenotazione)
Periferico e defilato, è un indirizzo cult per chi vuole mangiare il pesce a Roma: da un grande antipasto di crudi a piatti più elaborati. Eliminato il classico "menù degustazione": il cliente potrà costruirselo scegliendo le porzioni ridotte (anche nel prezzo) di tutti i piatti in carta.
→ Zuppa di mare nuda e cruda. Pappardella ripiena di pecorino con sugo di totani, asparagi e timo limonato. Ricciola 55°, crema di fagioli cannellini, porcini, mirtilli e brodo di porri.

Zona Urbana Nord-Est

Villa Morgagni senza rist

via G.B. Morgagni 25 ✉ 00161 Ⓜ Policlinico Pianta : L2**x**
– ✆ 06 44 20 21 90 – www.villamorgagni.it
34 cam – 70/150 € 80/220 €
Riservatezza e silenzio, accanto al ricercato confort delle camere, in un contesto di eleganza liberty. D'estate o d'inverno, il primo pasto della giornata è allestito sul panoramico roof garden.

La Giocca
via Salaria 1223 ✉ 00138 – ✆ 0 68 80 44 11 – www.lagiocca.it Pianta : C1**f**
85 cam – 98/220 € 129/280 € – **3 suites**
Rist ***Pappa Reale*** – vedere selezione ristoranti
Moderno, confortevole e funzionale: ideale per una clientela di lavoro e di passaggio, che approfitterà della strategica location nonché, nella bella stagione, di una piacevole piscina.

Buenos Aires senza rist
via Clitunno 9 ✉ 00198 – ✆ 0 68 55 48 54 – www.hotelbuenosaires.it Pianta : K1**k**
53 cam – 90/120 € 120/170 €
Di facile accessibilità per chi vi arriva in macchina, il centro si raggiunge poi comodamente con la vicina fermata degli autobus. Palazzina d'inizio Novecento, camere semplici dagli arredi contemporanei.

Pappa Reale – Hotel La Giocca
via Salaria 1223 ✉ 00138 Ⓜ Settebagni – ✆ 0 68 80 45 03 – www.pappareale.net – Chiuso vacanze di Natale, 3 settimane in agosto, sabato a pranzo e domenica Pianta : C1**f**
• ITALIANA • Carta 28/46 €
Pur lavorando con i grandi numeri, il ristorante non lesina sulla qualità: dal vivaio per crostacei e molluschi, alle grigliate di carne, senza tralasciare le pizze rigorosamente cotte su legno di quercia.

Gabriele
via Ottoboni 74 ✉ 00159 Ⓜ Tiburtina – ✆ 0 64 39 34 98 – www.ristorantegabriele.com – Chiuso agosto, sabato e domenica Pianta : C2**m**
• PESCE E FRUTTI DI MARE • Carta 35/70 €
Un'esperienza quarantennale si destreggia tra i fornelli e il risultato sono gli esclusivi ma personalizzati piatti della tradizione italiana. Interessante scelta di vini.

Mamma Angelina
viale Arrigo Boito 65 ✉ 00199 – ✆ 0 68 60 89 28 – Chiuso agosto e mercoledì Pianta : C1**c**
• PESCE E FRUTTI DI MARE • Carta 23/38 €
Dopo il buffet di antipasti, la cucina si trova ad un bivio: da un lato segue la linea del mare, dall'altra la tradizione romana. A mettere d'accordo entrambi, il baccalà in cartoccio, passatina di ceci e porri croccanti.

Zona Urbana Sud-Est

Barceló Aran Mantegna Hotel
via Mantegna 130 ✉ 00147 – ✆ 06 98 95 21 – www.barcelo.com Pianta : B3**x**
323 cam – 90/320 € 90/410 €, 12 € – **6 suites**
Rist – Carta 37/57 € (+10 %)
Imponente struttura di moderna concezione, dove il design si esprime con linee sobrie, tendenti a valorizzare i volumi e gli ariosi spazi comuni. Confort di ottimo livello nelle camere.

Shangri Là-Corsetti
viale Algeria 141 ✉ 00144 Ⓜ Eur Fermi – ✆ 0 65 91 64 41 – www.shangrilacorsetti.it Pianta : B3**d**
130 cam – 65/170 € 80/230 €
Rist ***Shangri Là-Corsetti*** – vedere selezione ristoranti
Bianchi i soffitti a vela, i marmi e i divani nella hall di un hotel anni '60, nei pressi dell'EUR, frequentato soprattutto da una clientela business e gruppi turistici; bel giardino alberato.

Appia Park Hotel
via Appia Nuova 934 ✉ 00178 – ✆ 06 71 67 41 Pianta : C3**h**
– *www.appiaparkhotel.it*
102 cam ☕ – 🛉50/180 € 🛉🛉50/250 € **Rist** – Menu 23/35 €
Ideale per chi vuol stare fuori città, un albergo con un ameno giardino, non lontano dal complesso archeologico dell'Appia Antica; arredi classici nelle confortevoli camere.

Shangri Là-Corsetti – Hotel Shangri Là-Corsetti
viale Algeria 141 ✉ 00144 Ⓜ Eur Fermi – ✆ 0 65 91 88 61 Pianta : B3**d**
– www.shangrilacorsetti.it – Chiuso 2-5 gennaio e 8-29 agosto
• PESCE E FRUTTI DI MARE • Menu 35/40 € – Carta 31/107 €
Il pesce in bellavista all'ingresso anticipa le specialità del menu, ma per una serata alternativa a base di pizza o carni alla brace, c'è anche La Taverna al piano inferiore. Gradevole servizio estivo all'aperto.

Giuda Ballerino (Andrea Fusco)
largo Appio Claudio 346 ✉ 00174 Ⓜ Giulio Agricola Pianta : C3**c**
– ✆ 06 71 58 48 07 – www.giudaballerino.com – Chiuso 1°-10 gennaio, 20 luglio-1° settembre e mercoledì
• CREATIVA • Menu 70/95 € – Carta 59/96 € – *(solo a cena escluso domenica)* (consigliata la prenotazione)
Rist *L'Osteria* –Menu 45/50 € – Carta 29/62 €
Un locale che si sdoppia in maniera originale: da un lato l'Osteria con piatti legati al territorio ed un look rustico, dall'altro un piccolo ristorante gourmet dallo stile moderno e dalla cucina più creativa, dove il richiamo al fumetto -soprattutto Dylan Dog (grande passione dei titolari) - echeggia ovunque.
➜ Raviolo di solo acqua e farina con ragù e crudo di triglia. Crudo di gamberi con burrata e pomodorini confit alla lavanda. Cupola di cioccolato con gelato alla nocciola, crema al calvados e more selvatiche.

Villa Rinaldo
via Appia Nuova 1267 ✉ 00178 – ✆ 0 67 18 39 10 Pianta : C3**v**
– www.villarinaldo.it – Chiuso 10-22 agosto e martedì
• ITALIANA • Carta 27/63 €
Vicino al raccordo anulare, un ristorante che da anni delizia i viaggiatori con la sua cucina regionale e le fragranti specialità di pesce. Ambiente di tono classico.

Domenico dal 1968
via Satrico 21 ✉ 00183 – ✆ 06 70 49 46 02 Pianta : L6**f**
– www.domenicodal1968.it – Chiuso 20 giorni in agosto, domenica sera e lunedì
• ROMANA • Carta 32/47 €
Vale la pena di uscire dagli usuali percorsi turistici per sperimentare un'autentica trattoria romana: il fritto o la minestra di broccoli e arzilla sono le vere specialità.

Profumo di Mirto
viale Amelia 8/a ✉ 00181 – ✆ 06 78 62 06 Pianta : C2**f**
– www.profumodimirto.it – Chiuso agosto e lunedì
• PESCE E FRUTTI DI MARE • Menu 25 € (in settimana)/60 € – Carta 22/77 €
Profumo di Mirto: un omaggio alla Sardegna, terra natia dei proprietari. E sempre dal Mediterraneo arrivano numerose varietà di pesce che la cucina rielabora in specialità gustose e caserecce. Specialità: gnocchetti sardi con vongole, gamberi e pomodoro Pachino.

Zona Urbana Sud-Ovest

Sheraton Roma Hotel
rist,
viale del Pattinaggio 100 ✉ 00144 Ⓜ Magliana Pianta : B3**z**
– ✆ 0 65 45 31 – www.sheraton.com/roma
629 cam ☕ – 🛉120/450 € 🛉🛉140/470 € – **11 suites** **Rist** – Carta 50/84 €
Ideale per le attività congressuali grazie alle innumerevoli sale modulari, questo imponente complesso moderno e funzionale offre camere di diverse tipologie. Ristorante open space e non stop nella grande hall.

Crowne Plaza Rome St. Peter's & Spa

via Aurelia Antica 415 ✉ *00165* rist,
– ✆ 0 66 64 20 – www.hotel-invest.com Pianta : B2**h**

308 cam – **♦**130/300 € **♦♦**130/350 €, ☕ 18 € – **10 suites**

Rist – Carta 36/68 €

Nel verde di Villa Doria Pamphili, l'hotel offre servizi e standard elevati per soddisfare tutte le esigenze dei suoi ospiti. Ampie camere arredate in stile moderno e dalle calde tonalità garantiscono un soggiorno ai massimi livelli. Al ristorante: cucina italiana ed internazionale in una sinfonia di sapori e colori.

Rome Marriott Park Hotel

cam,

via Colonnello Tommaso Masala 54 ✉ *00148 – ✆ 06 65 88 21*
– www.romemarriottpark.com Pianta : A3**y**

601 cam ☕ – **♦**110/160 € **♦♦**125/185 € – **14 suites** **Rist** – Carta 34/67 €

Che sia una struttura smisurata, lo si percepisce già dalle dimensioni della hall, dove giganteggia un originale affresco della Città Eterna, ma anche il numero delle camere - sempre ordinate e di tenuta impeccabile - nonché il centro benessere concorrono in questa ideale corsa verso il top!

Sheraton Golf Parco de' Medici

viale Salvatore Rebecchini 39, (uscita Parco dei Medici Grande Raccordo Anulare) ✉ *00148 – ✆ 0 66 52 88*
– www.sheraton.com/golfrome Pianta : A3**b**

818 cam ☕ – **♦**110/350 € **♦♦**140/380 € – **15 suites** **Rist** – Carta 42/76 €

Uno dei complessi alberghieri più grandi d'Europa, ideale per congressi, ma con un côté vacanziero, dove lo stile country si alterna all'essenzialità del moderno design. Immerso in uno splendido campo da golf, l'hotel si compone di tre edifici distinti ed autonomi (collegati da un servizio non stop di navetta).

Melià Roma Aurelia Antica

rist,

via degli Aldobrandeschi 223 ✉ *00163 – ✆ 0 66 65 44*
– www.melia-roma.com Pianta : A2**a**

269 cam ☕ – **♦**80/289 € **♦♦**120/308 € – **1 suite** **Rist** – Carta 32/60 €

A 9 km dal centro della città e vicino all'uscita n. 1 del Grande Raccordo Anulare, questo è l'albergo ideale per il businessman o per il turista in visita alla Città Eterna. Ottima struttura congressuale, indimenticabile confort. Piatti internazionali e specialità italiane al ristorante.

Atahotel Villa Pamphili

via della Nocetta 105 ✉ *00164 – ✆ 06 66 02 – www.atahotels.it*

247 cam ☕ – **♦**102/309 € **♦♦**112/339 € – **11 suites** Pianta : B2**e**

Rist – Carta 38/64 €

Ubicazione tranquilla, accanto al parco di Villa Doria Pamphili, per un'imponente struttura con piacevoli spazi esterni. Ma i complimenti si sprecano per i suoi interni: camere molto confortevoli, tutte con terrazzino, e un nuovissimo centro benessere. Ampio e luminoso, il ristorante si presta anche per eventi.

H10 Roma Città

cam,

via Amedeo Avogadro 35 ✉ *00146 – ✆ 0 65 56 52 15* Pianta : B2**g**
– www.h10hotels.com

178 cam – **♦**60/370 € **♦♦**60/370 €, ☕ 17 € – **3 suites** **Rist** – Carta 28/63 €

Vicino al famoso quartiere di Trastevere, questa nuova struttura dal design contemporaneo propone camere con dotazioni tecnologiche d'avanguardia, una piccola zona fitness ed una piscina sul roof garden. Sapori mediterranei al ristorante.

Grand Hotel del Gianicolo

cam, rist,

viale delle Mura Gianicolensi 107 ✉ *00152* Pianta : F5**b**
Ⓜ Cipro Musei Vaticani – ✆ 06 58 33 34 05 – www.grandhotelgianicolo.it

48 cam ☕ – **♦**100/380 € **♦♦**130/410 €

Rist *Corte degli Archi* – Carta 32/48 €

Raffinato hotel del Gianicolo con camere confortevoli, spazi comuni ricercati e l'illusione di essere ospiti di un'elegante dimora di campagna, grazie alla bella piscina all'aperto: praticamente, una rarità a Roma! Cucina moderna alla Corte degli Archi.

ROMA

Black Hotel cam, rist,

via Raffaele Sardiello 18 ✉ 00165 – ✆ 06 66 41 01 48 Pianta : A2**x**
– www.blackhotel.it
68 cam – 59/90 € 69/109 €
Rist *Edon* – Carta 50/60 €

Hotel di grande atmosfera grazie ai ricercati arredi di design moderno. Il colore nero predominante nelle zone comuni è bandito dalle stanze che, al contrario, sono luminose e minimaliste. La fantasiosa cucina dell'Edon vi attende in un ambiente d'ispirazione etnica, oppure all'aperto in un giardino di piante secolari.

Trattoria del Pesce N

via Folco Portinari 27 ✉ 00186 – ✆ 95 94 53 93 Pianta : B2**b**
– www.trattoriadelpesce.it – Chiuso 13-27 agosto
• PESCE E FRUTTI DI MARE • Carta 31/78 €

Pesce fresco e crudo in tutte le sue declinazioni, in un ambiente accogliente, vagamente bistrot, dalla giovane e capace gestione. Vale la pena di pazientare per trovare parcheggio.

Al Ristoro degli Angeli

via Luigi Orlando 2 ✉ 00154 – ✆ 06 51 43 60 20 Pianta : B2**a**
– www.ristorodegliangeli.it – Chiuso 1°-10 gennaio, 9 agosto-13 settembre, domenica
• ROMANA • Carta 28/57 € – *(solo a cena)*

Nei locali che furono occupati - nell'immediato dopoguerra - dall' Ente Comunale di Consumo e poi da una merceria, si trova oggi questa particolare osteria dall'atmosfera un po' bistrot. Dalla cucina, qualche piatto gourmet, ma essenzialmente specialità romane. Un esempio? Fregnacce con broccoli e arzilla.

Dintorni di Roma

a Ciampino Sud-Est : 15 km (Roma: pianta 2) Pianta : D3 – ✉ 00043

Villa Giulia senza rist

via Dalmazia 9 – ✆ 06 79 32 18 74 – www.hotelvillagiulia.it Pianta : D3**b**
23 cam – 35/90 € 65/130 €

Sembra quasi un'abitazione privata, questo piccolo albergo centrale e tranquillo, semplice ma con camere funzionali e ben accessoriate.

sulla strada statale 3 - via Cassia Nord-Ovest : 15 km :

Castello della Castelluccia

località la Castelluccia, via Cavina 40 ✉ 00123 – ✆ 06 30 20 70 41
– www.lacastelluccia.com
23 cam – 120/197 € 130/279 € – **5 suites**
Rist *Locanda della Castelluccia* – vedere selezione ristoranti

Immerso nel verde, un antico castello con angoli romantici e deliziosi giardini all'italiana. Le camere, personalizzate con mobili d'epoca e camini graziosamente disposti qua e là, costituiscono una piacevole successione di sorprese: da quelle a mansarda o con letto a baldacchino, alle superior con piccola vasca idromassaggio.

Locanda della Castelluccia – Hotel Castello della Castelluccia

località la Castelluccia, via Cavina 40 ✉ 00123
– ✆ 06 30 20 70 41 – www.lacastelluccia.com
• MODERNA • Menu 40 € (cena) – Carta 36/58 € – (prenotazione obbligatoria)

Impreziosito da un bellissimo camino che troneggia in fondo alla sala, il ristorante propone una cucina che spazia dalle specialità territoriali ad altre con forte influenza umbra. Gli ingredienti sono rigorosamente di prima qualità e sempre in sintonia con le stagioni.

ROMANO CANAVESE

Torino (TO) – ✉ 10090 – 2 880 ab. – Alt. 270 m – Carta regionale n° **22**-B2
Roma 685 km – Torino 42 km – Alessandria 105 km – Asti 112 km
Carta stradale Michelin 561-F5

Relais Villa Matilde

cam, rist,

via Marconi 29 – ✆ 01 25 63 92 90 – www.relaisvillamatilde.com – Aperto 1° aprile-31 ottobre
43 cam – †163/224 € ††234/357 € – **11 suites** **Rist** – Carta 41/60 €
Cinta da un parco rigoglioso, la villa settecentesca è stata convertita in un gradevole e moderno albergo con ambienti comuni dalle sale affrescate, camere di diverse tipologie e un nuovo piccolo centro benessere. Suggestiva ed elegante la sala ristorante, realizzata nella vecchia scuderia.

ROMANO D'EZZELINO

Vicenza (VI) – ✉ 36060 – 13 547 ab. – Alt. 132 m – Carta regionale n° **39**-B2
Roma 542 km – Padova 51 km – Vicenza 44 km – Treviso 51 km
Carta stradale Michelin 562-E17

Al Pioppeto

via San Gregorio Barbarigo 13, località Sacro Cuore, Sud : 4 km – ✆ 04 24 57 05 02 – www.pioppeto.it – Chiuso 1°-8 gennaio, 3-23 agosto e martedì
Menu 25/35 € – Carta 19/38 €
Linea gastronomica d'ispirazione regionale, ma anche un menu per celiaci, e servizio attento in un ristorante di tono classico, dove troneggia un grande camino a "riscaldare" l'ambiente.

ROMAZZINO

→ Vedere Arzachena : Costa Smeralda
Olbia-Tempio (OT)

ROMENO

Trento (TN) – ✉ 38010 – 1 375 ab. – Carta regionale n° **33**-B2
Roma 644 km – Trento 49 km – Bolzano 38 km – Merano 48 km
Carta stradale Michelin 562-C15

Nerina

via De Gasperi 31, località Malgolo – ✆ 04 63 51 01 11 – www.albergonerina.it – Chiuso 12-31 ottobre, martedì escluso luglio e agosto
Carta 28/47 € – (consigliata la prenotazione)
Tanta semplicità, ospitalità ed informalità in un locale che nasconde alcune gemme tra i prodotti trentini, nonché specialità genuine della casa come le tagliatelle di patate al Teroldego e speck su fonduta di Casolet o lo stinchetto di maiale al forno con salsa alla birra di Fiemme (bassa temperatura).

RONCADELLE

→ Vedere Brescia
Brescia (BS)

RONCEGNO

Trento (TN) – ✉ 38050 – Carta regionale n° **34**-C3
Roma 623 km – Trento 33 km – Vicenza 97 km – Bolzano 88 km
Carta stradale Michelin 562-D16

Coronata Haus (N)

località Maso Vazzena – ✆ 0 46 11 85 15 08 – www.coronatahaus.it
10 cam – †50/60 € ††80/100 €
Rist – Menu 20 € – *(solo a cena)* (prenotazione obbligatoria) *(solo per alloggiati)*
Piacevole casa di montagna coccolata sul retro dalla calma del bosco: tra camere e stube è il legno il vero protagonista, così come la storia di un territorio che ricorda il confine dell'impero austroungarico.

RONCOFREDDO

Forlì-Cesena (FC) – ✉ 47020 – 3 397 ab. – Alt. 314 m – Carta regionale n° **9-D2**
Roma 326 km – Rimini 27 km – Bologna 109 km – Forlì 44 km
Carta stradale Michelin 562-J18

I Quattro Passeri senza rist
località Santa Paola, via dei Laghi 541 – ☎ 05 41 94 95 22 – www.4passeri.com – Chiuso dicembre, gennaio e febbraio
6 cam – 60/80 € 100/180 €
Casa colonica in pietra: il suo gioiello è la terrazza panoramica con piscina e vista sui colli fino al mare. Interni rustici con diversi arredi d'epoca.

a Monteleone Ovest : 6 km – ✉ 47020

La Tana del Ghiro senza rist
via provinciale Monteleone 3500 – ☎ 05 41 94 90 07 – www.tanadelghiro.com – Aperto 1° aprile-31 ottobre
8 cam – 70 € 110 €
Nella quiete di un piccolo borgo, una casa di campagna gestita da una coppia di coniugi, ritiratisi qui per sfuggire alla frenesia della città. Per un soggiorno di relax, sole e panorama su colli e, addirittura, fino alla costa.

RONZONE

Trento (TN) – ✉ 38010 – 410 ab. – Alt. 1 085 m – Carta regionale n° **33-B2**
Roma 636 km – Bolzano 33 km – Merano 43 km – Trento 50 km
Carta stradale Michelin 562-C15

Villa Orso Grigio
via Regole 10/12 – ☎ 04 63 88 05 59 – www.orsogrigio.it
6 cam – solo ½ P 190/350 € – **4 suites**
Rist *Orso Grigio* – vedere selezione ristoranti
In una cornice naturalistica che ricorda una fiaba dei fratelli Grimm, una sintesi perfetta fra stile locale - con tanta profusione di legno - e modernità dei servizi, tra cui la nuova sala per i massaggi. Le belle camere hanno un proprio spazio delimitato all'interno del parco con tanto di biolago. La mezza pensione, in realtà, è servita ...à la carte!

Orso Grigio (Cristian Bertol) – Hotel Villa Orso Grigio
via Regole 10 – ☎ 04 63 88 06 25 – www.orsogrigio.it – Chiuso martedì a pranzo
Menu 44/68 € – Carta 44/83 €
Ristorante di famiglia, gestito con grande professionalità da due fratelli gemelli: uno segue la cucina, classica e ben impostata dove negli ultimi mesi si è ampliata l'offerta di pesce, l'altro la fornitissima cantina, ricca di eccellenze.
→ Cappellacci di pasta fresca con ripieno di tarassaco, ricotta e tartufo nero. Tagliata di cervo al mirtillo rosso con polenta e pera spadona cotta. Soufflé di cioccolato a cuore tenero in salsa vaniglia.

ROSETO DEGLI ABRUZZI

Teramo (TE) – ✉ 64026 – 25 235 ab. – Carta regionale n° **1-B1**
Roma 205 km – Ascoli Piceno 69 km – Pescara 43 km – Teramo 37 km
Carta stradale Michelin 563-N24

Roses
viale Makarska 1 – ☎ 08 58 93 62 03 – www.roseshotel.it – Aperto 1° aprile-30 ottobre
88 cam – 45/120 € 110/200 €
Rist – Menu 25/40 € – *(solo per alloggiati)*
Grande e moderno complesso per chi ama gli spazi e la tranquillità: ampie camere tutte vista mare, piscina semiolimpionica e accesso diretto alla spiaggia.

ROSIGNANO MONFERRATO

Alessandria (AL) – ✉ 15030 – 1 623 ab. – Alt. 280 m – Carta regionale n° **23-C2**
Roma 621 km – Torino 82 km – Alessandria 36 km – Asti 38 km
Carta stradale Michelin 561-G7

A Casa di Babette con cam

via Isola 2, regione Valle Ghenza – ☎ 01 42 48 97 05 – www.acasadibabette.it – Chiuso 7-20 gennaio

12 cam – 50/70 € 70/120 €

Carta 26/51 € – *(chiuso domenica sera e lunedì)*

E' il riuscito matrimonio tra Francia e Monferrato, questo bel locale in stile provenzale dove è possibile trovare anche una bella selezione di piccoli vigneron di Champagne a prezzi molto competitivi. La cucina parla, invece, piemontese, con agnolotti fatti a mano secondo la ricetta De.Co di Pontestura e la tagliata di Fassone in primis. Camere confortevoli con arredi più classici.

ROSSANO STAZIONE

Cosenza (CS) – ✉ 87068 – Carta regionale n° **5-B1**

Roma 513 km – Cosenza 84 km – Crotone 92 km

Carta stradale Michelin 564-I31

Il Giardino di Iti con cam — cam, rist, **P**

Contrada Amica – ☎ 0 98 36 45 08 – www.giardinoiti.it

12 cam – 35/45 € 70/90 €

Carta 12/33 € – (consigliata la prenotazione)

Antica proprietà risalente al 1662, in inverbo si mangia nelle stanze che furono il frantoio, in estate nel suggestivo prato interno coltivato ad agrumi, la cucina segue le stagioni e utilizza i prodotti bio dell'azienda, camere semplici nelle vecchie abitazioni contadine. Un piatto originale tra le tante proposte? Salsicce e rape!

ROTA D'IMAGNA

Bergamo (BG) – ✉ 24037 – 835 ab. – Alt. 665 m – Carta regionale n° **19-C1**

Roma 628 km – Bergamo 26 km – Lecco 40 km – Milano 64 km

Carta stradale Michelin 561-E10

Miramonti — rist, rist, **P**

via alle Fonti 5 – ☎ 0 35 86 80 00 – www.hotelmiramontibergamo.com – Chiuso 12 gennaio-12 febbraio

42 cam – 40/70 € 70/180 €

Rist *Gritti* – Carta 23/41 €

Continua il rinnovo delle camere di questa buona struttura familiare, dotata di un centro benessere tra i migliori della zona. Anche il ristorante è stato oggetto di restyling: la cucina, invece, è sempre legata al territorio in un ambiente di sobria eleganza.

ROTA (Monte) = RADSBERG → Vedere Dobbiaco

Bolzano

ROTONDA

Potenza (PZ) – ✉ 85048 – 3 475 ab. – Alt. 580 m – Carta regionale n° **4-C3**

Roma 443 km – Cosenza 103 km – Lagonegro 56 km – Potenza 147 km

Carta stradale Michelin 564-H30

Da Peppe con cam

corso Garibaldi 13 – ☎ 09 73 66 12 51 – Chiuso domenica sera e lunedì escluso agosto

4 cam – 45/50 € 60/70 € Menu 13/30 € – Carta 20/44 €

Nel centro storico del paesello all'interno del parco del Pollino, ai fornelli di questo storico locale vige un unico imperativo: riscoprire i sapori della cucina lucana, dagli antipasti ai golosi dolci, passando per l'immancabile baccala' con zafarani crushi. Quattro camere a poche centinaia di metri moderne e confortevoli.

ROTTOFRENO

Piacenza (PC) – ✉ 29010 – 11 829 ab. – Alt. 65 m – Carta regionale n° **8-A1**

Roma 526 km – Piacenza 14 km – Parma 46 km – Milano 66 km

Carta stradale Michelin 561-G10

Trattoria la Colonna

via Emilia Est 6, località San Nicolò, Est : 5 km – ✆ 05 23 76 83 43 – www.ristorantelacolonna.com – Chiuso 2 settimane in agosto, domenica sera e martedì; martedì a pranzo e domenica in giugno-luglio
Menu 24 € (pranzo) – Carta 36/81 €
Nel '700 era una stazione di posta, oggi può vantarsi di essere l'edificio più longevo della località! Nella vecchia stalla trova posto il ristorante che propone i piatti della tradizione, di terra e di mare.

Antica Trattoria Braghieri

località Centora 21, Sud : 2 km – ✆ 05 23 78 11 23 – Chiuso 1°-15 gennaio, 26 luglio-26 agosto e lunedì
Menu 20/30 € (pranzo in settimana) – Carta 21/29 € – *(solo a pranzo escluso venerdì e sabato)* (consigliata la prenotazione)
E' dal 1921 che le donne di famiglia si succedono nella gestione della trattoria! Due sale, una sobria l'altra più elegante, dove assaporare paste fatte in casa e preparazioni casalinghe tradizionali, come lo stracotto d'asina.

ROVERCHIARA

Verona (VR) – ✉ 37050 – 2 721 ab. – Alt. 20 m – Carta regionale n° **39-B3**
Roma 487 km – Venezia 117 km – Verona 34 km – Mantova 50 km

Locanda le 4 Ciacole con cam

piazza Vittorio Emanuele 10 – ✆ 04 42 68 51 15 – www.le4ciacole.it – Chiuso 1°-10 febbraio e 2 settimane in agosto
4 cam ☕ – 🚹40 € 🚹🚹60 €
Menu 39 € (in settimana) – Carta 42/74 € – *(chiuso domenica) (solo a cena)*
Perché dovreste scegliere questo locale? Sicuramente per l'attenzione posta alle materie prime rigorosamente italiane - carni, farine, ortaggi, salumi - e poi per una delle passioni del titolare: i formaggi. La selezione ne contempla oltre 100!

ROVERE

L'Aquila (AQ) – ✉ 67048 – Carta regionale n° **1-A2**
Roma 136 km – L'Aquila 33 km – Pescara 118 km – Rieti 89 km
Carta stradale Michelin 563-P22

Robur Marsorum senza rist

via Antonio Milanetti – ✆ 08 62 91 72 49 – www.roburmarsorum.com
18 cam ☕ – 🚹80/140 € 🚹🚹100/140 €
Per chi non cerca il solito albergo, una residenza "diffusa" composta da un certo numero di bilocali e monolocali, tutti dotati di piccola cucina; ovunque, caminetti ed un arredo personalizzato con mobili in arte povera e letti in ferro battuto. La prima colazione ed il giornale, ogni mattina, davanti alla porta.

ROVERETO

Trento (TN) – ✉ 38068 – 38 141 ab. – Alt. 204 m – Carta regionale n° **33-B3**
Roma 569 km – Trento 26 km – Bolzano 82 km – Merano 105 km
Carta stradale Michelin 562-E15

Leon d'Oro senza rist

via Tacchi 2 – ✆ 04 64 43 73 33 – www.hotelleondoro.it
52 cam ☕ – 🚹65/145 € 🚹🚹90/165 €
Accogliente hotel dotato di diversi ambienti comuni a disposizione degli ospiti e piacevoli camere divise in due stili: classico o moderno. Tutte, indistintamente, illuminate da graziose abat-jour.

Mercure Nerocubo Rovereto

via per Marco 16, prossimità uscita autostrada Rovereto Sud – ✆ 04 64 02 20 22 – www.nerocubohotel.it
91 cam – 🚹57/118 € 🚹🚹67/126 €, ☕ 9 € – **10 suites**
Rist *Indovino* – vedere selezione ristoranti
Un nome curioso, ma ben appropriato, per questa moderna struttura dall'architettura lineare: nera fuori, luminosa dentro, adatta soprattutto ad una clientela business. All'ultimo piano anche un piccolo centro benessere.

Rovereto
corso Rosmini 82 d – ✆ 04 64 43 52 22 – www.hotelrovereto.it
49 cam – 65/95 € 95/115 €
Rist *Novecento* – vedere selezione ristoranti
Albergo centrale, ben gestito da una famiglia che produce anche vino a nome Castel Noarna. Buon confort nelle stanze che ora si distinguono esclusivamente per le diverse metrature.

Novecento – Hotel Rovereto
corso Rosmini 82 d – ✆ 04 64 43 54 54 – www.hotelrovereto.it – Chiuso 3 settimane in gennaio, tre settimane in agosto e domenica
Carta 30/52 €
Ristorante accogliente con sala interna classica ed accanto una bella veranda con eleganti arredi. La carta è ben diversificata: c'è un filone regionale, pochi piatti mantovani ed altri dal gusto nazionale. Introdotta recentemente, la pizza a lievitazione naturale viene cotta nel forno elettrico. Grazioso giardino per il servizio estivo.

San Colombano
via Vicenza 30, strada statale 46, Est : 1 km – ✆ 04 64 43 60 06 – www.ristorantesancolombano.it – Chiuso 15-30 luglio, domenica sera e lunedì
Menu 38/35 € – Carta 31/50 €
Situato poco fuori città - lungo la strada che porta a Vicenza - la gestione è assolutamente familiare: nelle due sale dagli arredi classici "presidia" un fratello, mentre l'altro, coadiuvato da moglie e figlio, sta in cucina. Piatti regionali in menu.

Indovino – Hotel Mercure Nerocubo Rovereto
via per Marco 16, prossimità uscita autostrada Rovereto Sud – ✆ 04 64 02 20 07 – www.ristoranteindovino.it – Chiuso sabato a mezzogiorno e domenica
Menu 16 € (pranzo in settimana)/45 € – Carta 31/58 €
Ristorante dalla formula e dagli arredi moderni: in un ambiente multicolor e allegro, piatti unici, specialità di carne e di pesce, sia di mare sia di acqua dolce.

ROVIGO

✉ 45100 – 49 965 ab. – Carta regionale n° **40-C3**
Roma 457 km – Padova 41 km – Bologna 79 km – Ferrara 33 km
Carta stradale Michelin 562-G17

Cristallo
viale Porta Adige 1 – ✆ 0 42 53 07 01 – www.cristallorovigo.com
48 cam – 55/110 € 65/140 € **Rist** – Carta 26/55 €
Non lontano dalla tangenziale e dalla stazione dei treni, l'hotel offre camere confortevoli, un buon servizio ed un frequentato spazio bar. Ricette classiche nel menu del ristorante.

Tavernetta Dante 1936
corso del Popolo 212 – ✆ 0 42 52 63 86
Carta 30/39 €
Un'oasi lungo il corso trafficato che attraversa il centro di Rovigo: dall'ambientazione all'interno di un piccolo e grazioso edificio, alla cucina di mare e di terra.

RUBANO

Padova (PD) – ✉ 35030 – 15 936 ab. – Alt. 18 m – Carta regionale n° **38-B2**
Roma 490 km – Padova 8 km – Venezia 49 km – Verona 72 km
Carta stradale Michelin 562-F17

Le Calandre (Massimiliano Alajmo)
via Liguria 1, località Sarmeola – ✆ 0 49 63 03 03 – www.alajmo.it – Chiuso 1°-20 gennaio, 8 agosto-1° settembre, domenica e lunedì
Menu 135/225 € – Carta 100/200 €
Se le presentazioni dei piatti rincorrono creazioni artistiche, la sala è di una semplicità quasi monastica come a voler concedere tutta l'attenzione a sua maestà la cucina, assisa sullo scranno della sperimentazione.
➜ Cappuccino di seppie al nero. Nudo e crudo di carne e pesce. "Gioccolato".

LaVìt con cam

via della Provvidenza 4/6 – ✆ 0 49 63 04 64 – www.lavit.it – Chiuso agosto
18 cam – 60/95 € 80/120 €
Menu 20 € (in settimana)/38 € – Carta 36/65 € – *(chiuso domenica)*
Moderno locale completato da un wine-bar con una sua piccola carta. La cucina? A sapori italiani, spesso legati al territorio, si aggiungono qua e là tocchi mediorientali che rimandano alla terra d'origine dei titolari; ottima selezione di champagne. Della stessa proprietà, le belle camere dell'hotel Vittoria, al piano superiore.

Il Calandrino

strada statale 11, località Sarmeola – ✆ 0 49 63 03 03 – www.alajmo.it – Chiuso domenica sera
Menu 20 € (pranzo in settimana) – Carta 46/76 €
Bar, enoteca, pasticceria, ristorante: il tutto ad ottimi livelli, per soddisfare in ogni momento la voglia di dolce o di salato. Start up con la prima colazione, per passare all'aperitivo, un pranzo veloce o una cena elegante. Piatti semplici, ma curati, per gustare al meglio gli ingredienti di stagione.

RUBBIANINO ➜ Vedere Quattro Castella

Reggio Emilia (RE)

RUBIERA

Reggio nell'Emilia (RE) – ✉ 42048 – 14 757 ab. – Alt. 53 m – Carta regionale n° **8-B2**
Roma 420 km – Bologna 63 km – Reggio nell'Emilia 18 km – Modena 13 km
Carta stradale Michelin 562-I14

Osteria del Viandante

piazza 24 Maggio 15 – ✆ 05 22 26 06 38 – www.osteriadelviandante.com – Chiuso sabato a mezzogiorno e domenica
Menu 50 € – Carta 52/91 € – (prenotare)
Salite le scale di un edificio del 1300, il ristorante si compone di sale affrescate e ambienti eleganti. Ampia selezione di vini per accompagnare le ricercate carni e le paste fatte in casa, tra cui primeggiano gli ottimi cappelletti.

Arnaldo-Clinica Gastronomica (Anna e Franca Degoli) con cam

piazza 24 Maggio 3 – ✆ 05 22 62 61 24 – www.clinicagastronomica.com – Chiuso 24 dicembre-2 gennaio e agosto
cam,
32 cam – 49/69 € 54/84 €
Menu 43 € – Carta 27/73 € – *(chiuso domenica sera e lunedì a mezzogiorno; anche domenica a mezzogiorno da aprile a settembre)* (prenotare)
Bastione della cucina emiliana senza compromessi con la modernità, spume o sifoni: dai celebri salumi alle paste asciutte o in brodo fino alla celebrazione del bollito.
➜ Cappelletti in brodo. Carrello dei bolliti e degli arrosti. Pera sciroppata con zabaione.

RUBIZZANO ➜ Vedere San Pietro in Casale

Bologna (BO)

RUDA

Udine (UD) – ✉ 33050 – 2 975 ab. – Alt. 12 m – Carta regionale n° **11-C3**
Roma 650 km – Trieste 56 km – Udine 40 km
Carta stradale Michelin 562-E22

Osteria Altran

località Cortona 19, Sud-Est : 4 km – ✆ 04 31 96 94 02 – Chiuso 10 giorni in febbraio, 10 giorni in luglio, 10 giorni in novembre, lunedì e martedì
Menu 65 € – Carta 61/98 € – *(solo a cena escluso sabato ed i giorni festivi)*
In un'azienda vinicola immersa nel verde, locale apparentemente rustico - in realtà, squisitamente romantico - dove gustare una cucina moderna che punta sulla qualità delle materie prime e sulla loro esaltazione.
➜ Zuppa di asparagi verdi, seppie, ricci di mare e insalata di asparagi bianchi. Medaglione di agnello gratinato al pistacchio con tartara di fave e latte bruciato. Corona di fragole, vaniglia e granita di fragole con salsa di mandorle e gelato al pistacchio.

RUNATE → Vedere Canneto sull'Oglio
Mantova (MN)

RUSSI
Ravenna (RA) – ✉ 48026 – 12 195 ab. – Alt. 13 m – Carta regionale n° **9-D2**
Roma 374 km – Ravenna 17 km – Bologna 67 km – Faenza 16 km
Carta stradale Michelin 562-I18

Insolito Ristorante (N)
via Babini 22 – ✆ 05 44 58 29 54 – www.ristoranteinsolito.com – Chiuso 2 settimane in agosto, mercoledì, anche domenica a mezzogiorno e sabato dal 15 giugno all'8 settembre
Menu 15 € (pranzo in settimana) – Carta 32/59 €
Piccolo locale del centro gestito da una coppia di soci: uno in sala, l'altro in cucina, e nel piatto i sapori della regione. Pasta tirata a mano (da una "sfoglina") e selezione di formaggi, tra le specialità della casa.

a San Pancrazio Sud-Est : 5 km – ✉ 48026

Relais Villa Roncuzzi
via della Liberta 8 – ✆ 05 44 53 47 76 – www.ravenna-relaisvillaroncuzzi.com
22 cam – †90/110 € ††95/120 €
Rist – Carta 23/52 € – *(chiuso sabato) (solo a cena)* (prenotazione obbligatoria)
Immersa nel verde, residenza di campagna dei primi del '900 completamente ristrutturata e trasformata in uno scrigno accogliente, personalizzato ed accattivante.

La Cucoma
via Molinaccio 175 – ✆ 05 44 53 41 47 – www.ristorantecucoma.com – Chiuso 27 luglio-25 agosto, domenica sera e lunedì
Menu 25 € (pranzo in settimana)/45 € – Carta 26/51 €
Ubicato lungo la strada principale del paese, specialità ittiche - come il risotto ai gamberi profumato al limone o i sardoncini "scottadito"- in un ristorante dal côté simpaticamente familiare, celebre in zona per il buon rapporto qualità/prezzo.

RUTTARS → Vedere Dolegna del Collio
Gorizia (GO)

RUVO DI PUGLIA
Bari (BA) – ✉ 70037 – 25 594 ab. – Alt. 256 m – Carta regionale n° **26-B2**
Roma 441 km – Bari 36 km – Barletta 32 km – Foggia 105 km
Carta stradale Michelin 564-D31

Pineta
via Carlo Marx 5 – ✆ 08 03 61 15 78 – www.hotelpinetaruvo.it
39 cam – †66/160 € ††75/220 €
Rist *Basilico* – Menu 22 € – Carta 27/67 € – *(solo a cena)*
Bella struttura dalle linee moderne e sobrie, rese eleganti dai caldi colori. Le camere sono altrettanto notevoli e non manca un piccolo centro benessere. Al ristorante: linea di cucina classica sia di terra sia di mare. In estate - a bordo piscina - anche piatti freddi.

U.P.E.P.I.D.D.E.
Vico S. Agnese 2 (angolo corso Cavour) – ✆ 08 03 61 38 79 – www.upepidde.it – Chiuso 10 luglio-25 agosto e lunedì
Menu 28/37 € – Carta 22/46 € – (consigliata la prenotazione)
Indiscutibilmente caratteristico e fresco! Scavate all'interno della roccia che costituiva le antiche mura aragonesi, le quattro salette si susseguono sotto archi di mattoni con - dulcis in fundo - la bella cantina visitabile. Altrettanto storica la cucina delle Murge, che trova la sua massima espressione nella grigliata di carni tipiche locali al barbecue di legna di ulivo e mandorlo.

SABAUDIA

Latina (LT) – ✉ 04016 – 19 643 ab. – Carta regionale n° **13-C3**
Roma 98 km – Frosinone 67 km – Latina 24 km – Fiumicino 104 km
Carta stradale Michelin 563-S21

sul lungomare Sud-Ovest : 2 km :

Le Dune

via lungomare 16 ✉ 04016 – ☎ 0 77 35 12 91 – www.ledune.com – Aperto 1° aprile-31 ottobre
78 cam – †100/220 € ††160/280 € – **2 suites**
Rist – Menu 30 € (pranzo)/70 € – Carta 36/82 €
Nel cuore del parco del Circeo, un edificio bianco di indubbio fascino, ideale per una vacanza di relax da trascorrere tra mare, campi da tennis ed ampi ambienti luminosi. Presso la spaziosa ed accogliente sala ristorante, la classica cucina nazionale.

Zeffiro

cam, cam,

via Tortini, località Sant'Andrea ✉ 04016 – ☎ 07 73 59 32 97 – www.hotelzeffirosabaudia.it
22 cam – †50/100 € ††60/120 €
Rist – Carta 15/25 € – *(solo a cena escluso festivi)*
Un nuovo hotel situato all'interno di un centro residenziale, vanta camere dagli arredi moderni caratterizzati da accenni di design ed un piccolo giardino privato.

SABBIONETA

Mantova (MN) – ✉ 46018 – 4 341 ab. – Alt. 18 m – Carta regionale n° **17-C3**
Roma 480 km – Parma 30 km – Cremona 46 km – Mantova 34 km
Carta stradale Michelin 561-H13

Locanda La Loggia del Grano

via Umberto Maffezzoli 1 (incrocio via Fondi SP 63 - Sud : 1 km) – ☎ 03 75 22 10 79 – www.loggiadelgrano.it – Chiuso 10 giorni in gennaio, 10-23 agosto, domenica sera e lunedì dal 1° ottobre al 1° maggio, lunedì e martedì dal 30 aprile al 30 settembre
Menu 35/45 € – Carta 31/55 €
A circa 1 km dal bel centro storico di Sabbioneta, locale moderno diviso su più piani (con ascensore): aperto nel 2013 dopo totale restauro di un ex fornace del Settecento, la cucina cita sia la tradizione regionale sia il mare.

SACILE

Pordenone (PN) – ✉ 33077 – 19 849 ab. – Alt. 25 m – Carta regionale n° **10-A3**
Roma 590 km – Belluno 67 km – Treviso 48 km – Pordenone 14 km
Carta stradale Michelin 562-E19

Due Leoni senza rist

piazza del Popolo 24 – ☎ 04 34 78 81 11 – www.hoteldueleoni.com
58 cam – †110 € ††150 € – **2 suites**
Affacciato sulla piazza, edificio porticato che nei due leoni in pietra ricorda la storia della città. Al suo interno: ambienti di discreta eleganza e piccolo centro relax con palestra e, a pagamento, anche sauna nonché bagno turco.

Il Pedrocchino

piazza 4 Novembre 4 – ☎ 0 43 47 00 34 – www.ilpedrocchino.it – Chiuso 3 settimane in agosto, domenica sera e lunedì
Carta 51/80 €
Grazie ad un'esperienza trentennale il locale è diventato un riferimento in zona per la cucina di pesce che, proposto a voce, viene preparato in maniera classica. La cantina si presenta con mille risorse ed un occhio di riguardo per gli champagne!

SAINT PIERRE

Aosta (AO) – ✉ 11010 – 3 111 ab. – Alt. 676 m – Carta regionale n° **37**-A2
Roma 757 km – Aosta 8 km – Courmayeur 31 km – Torino 124 km
Carta stradale Michelin 561-E3

La Meridiana Du Cadran Solaire

località Chateau Feuillet 17 – ✆ 01 65 90 36 26 – www.albergomeridiana.it
15 cam – 100/140 € 120/180 € – **2 suites**
Rist *Marescò* – vedere selezione ristoranti
Affascinante contesto storico-naturalistico, lungo la strada per Courmayeur, La Meridiana Du Cadran Solaire è una raccolta struttura dall'amabile conduzione familiare; camere graziosamente arredate con mobili dalla tipica linea valdostana.

Lo Fleyé senza rist

frazione Bussan Dessus 91, Nord : 1 km – ✆ 01 65 90 46 25 – www.lofleye.com
13 cam – 40/55 € 70/90 €
Gradevole risorsa all'interno di un tipico edificio in pietra, con camere luminose e una saletta colazioni, dalle cui vetrate si gode di una pregevole vista sul castello.

Marescò

località Chateau Feuillet 17 – ✆ 39 30 09 64 02 – www.ristorante-maresco.it
Menu 45/65 € – Carta 42/67 € – *(solo a cena escluso sabato e domenica)*
Nuova e dinamica gestione in un locale rustico/elegante, che ricalca lo stile dell'albergo: cucina moderatamente innovativa su base, comunque, locale.

SAINT RHEMY EN BOSSES

Aosta (AO) – ✉ 11010 – 425 ab. – Alt. 1 632 m – Carta regionale n° **37**-A2
Roma 760 km – Aosta 20 km – Colle del Gran San Bernardo 24 km – Martigny 50 km
Carta stradale Michelin 561-E3

Suisse con cam

via Roma 26 – ✆ 01 65 78 09 06 – www.hotelsuisse.it – Aperto 15 giugno-15 settembre
8 cam – 40/65 € 70/110 € Menu 15 € (pranzo) – Carta 22/52 €
A un passo dalla frontiera, in un agglomerato di poche abitazioni incuneate fra due monti, una casa tipica del XVII secolo per assaporare le specialità valdostane. Camere confortevoli in un rustico adiacente.

SAINT VINCENT

Aosta (AO) – ✉ 11027 – 4 687 ab. – Alt. 575 m – Carta regionale n° **37**-B2
Roma 722 km – Aosta 28 km – Colle del Gran San Bernardo 61 km – Ivrea 46 km
Carta stradale Michelin 561-E4

Grand Hotel Billia N

cam,
viale Piemonte 72 – ✆ 01 66 52 31 – www.saintvincentresort.it
42 cam – 317/497 € 317/497 € – **17 suites** **Rist** – Carta 50/66 €
Una facciata belle époque e due torrioni a dominare il fondovalle in un parco ombreggiato con piscina: dal 1908, questo hotel storico - risorto dopo una radicale opera di rinnovo - vanta ora anche un'attrezzatissima spa. Elegante soggiorno nella Vallée!

De La Ville senza rist

via Aichino 6 ang. via Chanoux – ✆ 01 66 51 15 02 – www.hoteldelavillevda.it – Chiuso 15-25 dicembre
39 cam – 69/81 € 108/128 € – **2 suites**
Nei pressi della centrale Via Chanoux, in area pedonale, un raffinato rifugio, curato e di buon gusto, con arredi in legno scuro, confort moderni ed estrema cordialità.

Paradise senza rist
viale Piemonte 54 – ✆ 01 66 51 00 51 – www.hparadise.com – Chiuso 23-26 dicembre
32 cam – 70/75 € 115/140 €
Graziosa hall con ricevimento, salottino e angolo per le colazioni, camere nuove, in legno chiaro e toni azzurri o salmone, comode; vicina al Casinò, una valida risorsa.

Parc Hotel Billia N
cam, cam,
viale Piemonte 72 – ✆ 01 66 52 31 – www.saintvincentresortcasino.it
113 cam – 119/289 € 119/289 € – **6 suites** **Rist** – Carta 50/66 €
L'ex ala nuova del Grand Hotel Billia vive ora di luce propria mettendo, comunque, a disposizione tutti i servizi - spa compresa - del blasonato "gemello". Modernità e comodità.

Bijou
piazza Cavalieri di Vittorio Veneto 3 – ✆ 01 66 51 00 67 – www.bijouhotel.it
31 cam – 55/65 € 90/120 €
Rist – Carta 35/49 € – *(chiuso lunedì e martedì a mezzogiorno)*
All'interno del centro storico, ma vicino ad un parcheggio comunale. Albergo da poco rinnovato con gusto e personalità. Interni allegri e camere affacciate sulla piazza. Ristorante indipendente, ma contiguo all'hotel.

Les Saisons senza rist
via Ponte Romano 186 – ✆ 01 66 51 25 73 – www.hotellessaisons.com
22 cam – 50/60 € 75/85 €
Posizione piuttosto tranquilla e panoramica, ai margini della cittadina: una casetta di recente costruzione, pulita e funzionale, con atmosfera familiare.

Le Grenier
piazza Monte Zerbion 1 – ✆ 01 66 51 01 38 – www.ristorantelegrenier.com – Chiuso mercoledì
Menu 35/45 € – Carta 40/72 € – *(solo a cena escluso venerdì, sabato, domenica e festivi)* (consigliata la prenotazione)
Nel cuore di Saint-Vincent, la suggestione di un vecchio granaio (grenier, in francese) con frumento a cascata, camino e utensili d'epoca alle pareti. Ma le sorprese non finiscono qui: è il turno della cucina a sedurre gli ospiti, inaspettatamente moderna con qualche richiamo alle tradizioni valdostane.

Olympic con cam
cam,
via Marconi 2 – ✆ 01 66 51 23 77 – www.holympic.it – Chiuso 16-20 giugno e 24 ottobre-8 novembre
10 cam – 55/80 € 80/120 €
Menu 30/60 € – Carta 39/97 € – *(chiuso martedì)*
Nel centro della località, in una sala illuminata da grandi vetrate, piatti classici, ma anche regionali, e - a dispetto dell'ubicazione geografica – divagazioni di mare.

SALA BAGANZA

Parma (PR) – ✉ 43038 – 5 531 ab. – Alt. 162 m – Carta regionale n° **8-A3**
Roma 475 km – Parma 20 km – Reggio nell'Emilia 53 km – La Spezia 107 km
Carta stradale Michelin 562-H12

I Pifferi
via Zappati 36, Ovest : 1 km – ✆ 05 21 83 32 43 – www.ipifferi.com – Chiuso lunedì
Menu 25/35 € – Carta 30/49 €
Un solo chilometro basta per abbandonare il paese ed entrare nel verde del Parco Regionale dei Boschi di Carrega. Qui si trova un'antica stazione di posta - risalente all'epoca di Maria Luigia - trasformata in ristorante: incantevole contesto per i piatti parmigiani di sempre.

SALA COMACINA

Como (CO) – ✉ 22010 – 605 ab. – Alt. 213 m – Carta regionale n° **16-A2**
Roma 643 km – Como 26 km – Lugano 39 km – Menaggio 11 km
Carta stradale Michelin 561-E9

Taverna Bleu

via Puricelli 4 – ✆ 0 34 45 51 07 – www.tavernableu.it – Aperto 1° aprile-31 ottobre
15 cam – †110/150 € ††110/500 € – **2 suites**
Rist *Taverna Bleu* – vedere selezione ristoranti
Adiacente alla piccola darsena della navigazione lacustre, questo alberghetto affacciato sul lago dispone di un bel giardino con varie terrazze e camere in arte povera.

Taverna Bleu

via Puricelli 4 – ✆ 0 34 45 51 07 – www.tavernableu.it – Aperto 1° aprile-31 ottobre
Carta 57/83 €
Una fresca sala nei toni del colore da cui prende il nome e un romantico giardino affacciato sul lago. La cucina si fa apprezzare per le specialità del lago e per quelle del nuovo chef, attento alla qualità degli ingredienti che elabora.

SALEA → Vedere Albenga

Savona (SV)

SALERNO

– 131 925 ab. – Carta regionale n° **6-B2**
Roma 270 km – Napoli 57 km – Avellino 40 km – Caserta 78 km
Carta stradale Michelin 564-E26

Lloyd's Baia

cam,

via Benedetto Croce snc, 3 km per Napoli - A2 ✉ 84121 – ✆ 08 97 63 31 11 – www.lloydsbaiahotel.it
132 cam – †59/340 € ††69/350 € – **11 suites**
Rist *Re Maurì* – Carta 31/45 €
Aggrappato alla roccia della costiera, grand hotel recentemente rinnovato, dotato di una terrazza con magnifica vista mare e di un comodo ascensore diretto per la spiaggia. Sapori mediterranei ed incantevole vista al ristorante Re Maurì.

Novotel Salerno Est Arechi

cam, rist,

via Generale Clark 49, 5 km per Battipaglia - B2 ✉ 84131 – ✆ 08 99 95 71 11 – www.novotel.com
112 cam – †70/180 € ††70/250 €, 14 € – **4 suites** **Rist** – Carta 29/60 €
La certezza di un grande gruppo con i suoi consolidati standard di confort: l'attenzione verso i dettagli lo rende ideale per una clientela business, ma anche per le famiglie con bambini al seguito.

Fiorenza senza rist

via Trento 145, 3,5 km per Battipaglia - B2 ✉ 84131 – ✆ 0 89 33 88 00 – www.hotelfiorenza.it
30 cam – †55/72 € ††80/107 €
In posizione periferica, questa risorsa familiare è caratterizzata da camere funzionali e graziosi bagni colorati. Indirizzo ideale soprattutto per una clientela business.

Il Timone

via Salvador Allende 29/35, 4,5 km per Battipaglia - B2 ✉ 84131 – ✆ 0 89 33 51 11 – Chiuso 1 settimana in agosto, domenica sera e lunedì
Carta 22/81 €
Animazione e servizio veloce in un locale sempre molto frequentato, ideale per gustare del buon pesce fresco, che sta in mostra in sala e lì viene scelto dal cliente.

SALGAREDA

Treviso (TV) – ✉ 31040 – 5 215 ab. – Carta regionale n° **39**-**A1**

▶ Roma 547 km – Venezia 42 km – Pordenone 36 km – Treviso 23 km

Carta stradale Michelin 562-E19

XXX **Marcandole**

via Argine Piave 9, Ovest : 2 km – ✆ 04 22 80 78 81 – www.marcandole.it

Menu 30 € (pranzo in settimana)/90 € – Carta 40/90 €

Nei pressi dell'argine del fiume Piave, una giovane conduzione in due salette, eleganti e romantiche, quella più moderna con vista sulla cucina, dove incontrare sapori di pesce assolutamente creativi. D'estate, c'è anche un gazebo.

SALINA → Vedere Eolie (Isole)

Messina (ME)

SALÒ

Brescia (BS) – ✉ 25087 – 10 567 ab. – Alt. 75 m – Carta regionale n° **17**-**D1**

▶ Roma 551 km – Brescia 37 km – Bergamo 83 km – Verona 67 km

Carta stradale Michelin 561-F13

Laurin cam,

viale Landi 9 – ✆ 0 36 52 20 22 – www.hotellaurinsalo.it – Aperto 1° aprile-31 ottobre

32 cam ☕ – 🚹100/145 € 🚹🚹120/300 € **Rist** – Menu 36/70 €

Bella villa liberty con saloni affrescati e giardino con piscina; interni con arredi, oggetti, dettagli dal repertorio dell'Art Nouveau, per un romantico relax sul Garda. Piatti classici rivisitati serviti fra un tripudio di decori floreali, dipinti, colonne.

Villa Arcadio

via Palazzina 2, località Villa di Salò, Sud : 3 km – ☏ 0 36 54 22 81 – www.hotelvillaarcadio.it – Aperto 1° aprile-31 ottobre

18 cam ☕ – 🚹120/250 € 🚹🚹260/360 € – **1 suite** **Rist** – Carta 37/80 €

Elegante risultato della ristrutturazione di un monastero del XIX secolo all'interno di un immenso parco, con piscina e terrazze panoramiche. Ambienti raffinati che fondono modernità e charme, camere sobrie, ma curate nella loro semplicità. Invitanti seduzioni gastronomiche al ristorante che, con il bel tempo, si uniscono a quelle dello splendido panorama sul lago.

Bellerive

via Pietro da Salò 11 – ☏ 03 65 52 04 10 – www.hotelbellerive.it – Chiuso 1° dicembre-1° marzo

43 cam ☕ – 🚹165/300 € 🚹🚹250/350 € – **6 suites**

Rist – Menu 35 € (pranzo in settimana)/75 € – Carta 39/87 €

Affacciato sul porticciolo turistico, un gradevole hotel di color bianco che spicca in riva al lago blu; bella piscina circondata da un giardino alla provenzale. Sala ristorante con arredi minimal chic.

Vigna senza rist

lungolago Zanardelli 62 – ☏ 03 65 52 01 44 – www.hotelvignasalo.it – Chiuso 1° dicembre-1° marzo

27 cam – 🚹65/140 € 🚹🚹85/160 €, ☕ 15 €

Sullo splendido lungolago rinnovato e pedonalizzato, camere semplici ma accoglienti: buona parte con vista sull'acqua.

Locanda del Benaco

lungolago Zanardelli 44 – ☏ 0 36 52 03 08 – www.benacohotel.com – Chiuso 15 gennaio-15 marzo

13 cam ☕ – 🚹120/180 € 🚹🚹120/180 €

Rist – Carta 40/58 € – *(chiuso martedì)*

Un albergo da poco rinnovato, in felice posizione sul lungolago, in area chiusa al traffico: centrale, ma tranquillo, offre camere confortevoli e conduzione familiare. Fresca veranda con un panorama delizioso, sul Garda e il territorio, per pasti estivi.

Villa Bissiniga

via Bissiniga 6, località Renzano, Ovest : 2 km – ☏ 0 36 51 98 04 08 – www.villabissiniga.com

12 cam ☕ – 🚹60/140 € 🚹🚹70/160 €

Rist – Menu 15/60 € – *(solo a cena)* (prenotazione obbligatoria)

Una vista impareggiabile su Salò e un tripudio di pezzi d'antiquariato sono le caratteristiche di questa bella casa, totalmente a impatto ambientale zero...anche il relax è garantito!!!

a Barbarano Nord-Est : 2,5 km verso Gardone Riviera – ✉ 25087

Spiaggia d'Oro

via Spiaggia d'Oro 15 – ☏ 03 65 29 00 34 – www.hotelspiaggiadoro.com – Aperto 1° aprile-31 ottobre

36 cam ☕ – 🚹80/160 € 🚹🚹120/250 €

Rist *La Veranda* – Carta 32/60 €

Prospiciente il porticciolo di Barbarano e dotato di un giardino direttamente sul lago, questo gradevole hotel con piscina è dotato anche di una piccola zona benessere dove rilassarsi. Nel rinomato ristorante, piatti creativi che rielaborano prodotti di ogni regione d'Italia.

SALSOMAGGIORE TERME

Parma (PR) – ✉ 43039 – 19 735 ab. – Alt. 157 m – Carta regionale n° **8-A2**

▶ Roma 488 km – Parma 30 km – Piacenza 52 km – Cremona 57 km

Carta stradale Michelin 562-H11

Villa Fiorita

rist,

via Milano 2 – ✆ 05 24 57 38 05 – www.hotelvillafiorita.it – Chiuso 20-28 dicembre Pianta : A2**c**

44 cam – 80/150 € 110/200 € – **4 suites**

Rist – Menu 40 € – *(aperto 25 aprile-30 giugno e 15 agosto-31 ottobre)*

Centralissimo albergo rinnovato recentemente grazie all'impegno della nuova conduzione familiare. Ottimo confort sia nelle camere che negli spazi comuni. Comodo parcheggio.

Casa Romagnosi

rist,

piazza Berzieri 3/B – ✆ 05 24 57 65 34 – www.albergoromagnosi.it – Chiuso 18-27 dicembre Pianta : A1-2**a**

36 cam – 65/120 € 90/180 € – **3 suites**

Rist – Carta 28/35 € – *(aperto 1° aprile-15 novembre) (solo a cena)*

Affacciate sul corso o sulle terme, le camere di questo palazzo settecentesco sono tutte nuove, eleganti con un tocco di rusticità nei soffitti con travi a vista. Gestione familiare. Moderna e luminosa la sala da pranzo.

C'é categoria e categoria! Non aspettatevi lo stesso servizio in un ristorante X o in un albergo rispetto ad un XXXXX o ad un .

Riz Ferrari
viale Milite Ignoto 5 – 05 24 57 77 44 Pianta : A1-2**e**
– www.hotelrizferrari.it – Aperto 27 dicembre-7 gennaio e 1° aprile-5 novembre
34 cam – 75/90 € 90/120 €
Rist – Menu 35/45 € – *(solo per alloggiati)*
Grazie ad una dinamica gestione familiare, che ha effettuato importanti lavori di rinnovo nel corso degli anni, l'albergo dispone ora di confortevoli camere e di un centro benessere. Luminosa e ospitale sala da pranzo, dove gustare genuine ricette emiliane.

Elite rist,
viale Cavour 5 – 05 24 57 94 36 Pianta : A1**d**
– www.hotelelitesalsomaggiore.it
28 cam – 32/52 € 56/88 €
Rist – Menu 18/25 € – *(solo a cena) (solo per alloggiati)*
Esperta gestione familiare per questa originale struttura in parte con pietra a vista, che dispone di camere semplici, ma corrette negli spazi e nella tenuta.

Nazionale rist,
viale Matteotti 43 – 05 24 57 37 57 Pianta : B1**h**
– www.albergonazionalesalsomaggiore.it – Aperto 15 marzo-15 novembre
42 cam – 55/70 € 90/130 €, 10 €
Rist – Carta 24/48 € – *(solo per alloggiati)*
Piccolo albergo a gestione familiare, semplice nella struttura, ma reso "grande" da una sincera e costante attenzione dei titolari per il benessere dei clienti. Ristorante ben organizzato, propone gustose ricette classiche.

L'Osteria del Castellazzo
via Borgo Castellazzo 40 – 05 24 57 82 18 – Chiuso 1°-21 febbraio, 25 luglio-7 agosto e mercoledì Pianta : A1**f**
Carta 27/45 € – (consigliata la prenotazione)
C'era una volta una trattoria del centro ed un abile cuoco autodidatta che, animato da passione e curiosità, seppe arricchire i piatti del territorio con originalità e fantasia. In un ambiente rustico ed accogliente con tavoli anche all'aperto, la magia di questa fiaba si ripete quotidianamente.

a Cangelasio Nord-Ovest : 3,5 km – ✉ 43039 Salsomaggiore Terme

Agriturismo Antica Torre
Case Bussandri 197 – 05 24 57 54 25 – www.anticatorre.it – Aperto 1° marzo-30 novembre
8 cam – 60/80 € 100/120 €
Rist – Menu 25 € – *(solo a cena) (solo per alloggiati)*
Sulle colline attorno a Salsomaggiore, un complesso rurale seicentesco con torre militare risalente al 1300: bella e piacevole realtà di campagna ove l'ospitalità è di casa.

SALTUSIO = SALTAUS

→ Vedere San Martino in Passiria
Bolzano (BZ)

SALUDECIO

Rimini (RN) – ✉ 47835 – 3 075 ab. – Alt. 343 m – Carta regionale n° **9-D3**
Roma 302 km – Ancona 98 km – Pesaro 29 km – Rimini 35 km
Carta stradale Michelin 562-K20

Locanda Belvedere con cam
via San Giuseppe 736, frazione San Rocco – 05 41 98 21 44
– www.belvederesaludecio.it
8 cam – 70/100 € 80/100 €
Carta 46/71 € – *(chiuso martedì escluso giugno-settembre) (solo a cena)*
La semplice trattoria-pizzeria è oggi un locale elegante avvolto da una calda accoglienza familiare. Nella nuova sala panoramica una cucina moderna che, tuttavia, non neglige i prodotti del territorio. Belle e accoglienti camere, arredate con buon gusto e mobili d'epoca. Tutte affacciate sulla vallata.

SALUZZO

Cuneo (CN) – ✉ 12037 – 16 800 ab. – Alt. 340 m – Carta regionale n° **22**-B3

Roma 662 km – Cuneo 32 km – Torino 58 km – Asti 76 km

Carta stradale Michelin 561-I4

Antico Podere Propano senza rist

via Torino 75 – ✆ 01 75 24 80 87 – www.anticopoderepropano.com

29 cam – 70/90 € 85/120 € – **1 suite**

All'ingresso del paese con alle spalle i campi aperti, una cinquecentesca proprietà agricola si è trasformata da qualche anno in ospitale country-hotel dotato di camere molto confortevoli e spaziose.

Antiche Mura N

via Palazzo di Città 75 – ✆ 0 17 54 67 44 – www.antichemurasaluzzo.com – Chiuso 20-30 dicembre e 7 giorni in agosto

23 cam – 50/80 € 70/120 €

Rist *Antiche Mura* – vedere selezione ristoranti

Addossato alle antiche mura della città, una struttura totalmente rinnovata che accompagna soluzioni tradizionali a una formula residence.

I Baloss di Poggio Radicati con cam

via San Bernardino 19 – ✆ 01 75 24 82 92 – www.balossdipoggio.it – Chiuso 1°-12 gennaio e 10-20 agosto

9 cam – 80/105 € 95/120 €

Menu 37/44 € – Carta 36/56 € – *(chiuso domenica sera e lunedì a pranzo)*

La bella vista sulla campagna circostante è il punto di forza di questo signorile locale, secondo solo alla cucina che si caratterizza per i sapori locali e l'accurata selezione delle materie prime.

Antiche Mura N – Hotel Antiche Mura

via Palazzo di Città 75 – ✆ 01 75 21 88 25 – www.antichemuraristorante.it – Chiuso 7 giorni in agosto, giovedì a mezzogiorno e mercoledì

Menu 30/38 € – Carta 25/45 €

Ristorante dallo stile contemporaneo che si sviluppa su due salette accoglienti ed eleganti. La cucina attinge alla tradizione regionale, ma il pesce - soprattutto di provenienza sicula - è il benvenuto sulla tavola!

Taverna San Martino

corso Piemonte 109 – ✆ 0 17 54 20 66 – www.tavernasanmartino.com – Chiuso 4-20 agosto, lunedì sera, martedì sera e mercoledì

Menu 15 € (pranzo in settimana)/28 € – Carta 24/41 €

Un piccolo ristorante con un'unica saletta, ordinata e curata nei particolari: quadri, travi in legno e sedie impagliate. Nel piatto specialità casalinghe e ricette piemontesi.

SALVAROSA → Vedere Castelfranco Veneto

Treviso (TV)

SAMBUCO

Cuneo (CN) – ✉ 12010 – 100 ab. – Alt. 1 184 m – Carta regionale n° **22**-B3

Roma 687 km – Cuneo 47 km – Torino 148 km – Asti 135 km

Carta stradale Michelin 561-I3

Della Pace con cam

cam,

via Umberto I 32 – ✆ 0 17 19 65 50 – www.albergodellapace.com – Chiuso 10 giorni in giugno e 15 ottobre-30 novembre

14 cam – 50/70 € 70/80 €

Menu 15/28 € – Carta 20/36 € – *(chiuso domenica sera e lunedì)* (prenotazione obbligatoria la sera)

Le finestre della luminosa sala si affacciano sulle granitiche guglie del monte Bersaio, dalla cucina fanno invece capolino specialità occitane: paste fatte in casa ed ottime carni (vivamente consigliato l'agnello sambucano in umido o al forno). Camere accoglienti e piccolo centro benessere con area relax, bagno turco, sauna.

SAMPÈYRE

Cuneo (CN) – ✉ 12020 – 1 056 ab. – Alt. 976 m – Carta regionale n° **22-B3**
Roma 692 km – Cuneo 50 km – Asti 108 km – Torino 112 km
Carta stradale Michelin 561-I3

Torinetto

borgata Calchesio 7, Ovest : 1,5 km – ✆ 01 75 97 71 81 – www.torinetto.com
74 cam – 40/60 € 60/90 € **Rist** – Carta 16/30 €
Poco lontano dalla statale, ma in posizione tranquilla, hotel di montagna dai tipici arredi lignei. Disponibilità anche di appartamenti ad uso settimanale e, per i più sportivi, un bel rifugio (1850 m). Cucina casalinga.

SAN BARTOLOMEO → Vedere Reggio nell'Emilia

Reggio Emilia (RE)

SAN BASILIO → Vedere Ariano nel Polesine

Rovigo (RO)

SAN BENEDETTO → Vedere Montaione

Firenze (FI)

SAN BENEDETTO DEL TRONTO

Ascoli Piceno (AP) – ✉ 63074 – 46 962 ab. – Carta regionale n° **21-D3**
Roma 220 km – Ascoli Piceno 38 km – Ancona 89 km – Macerata 72 km
Carta stradale Michelin 563-N23

Arlecchino

viale Trieste 22 – ✆ 0 73 58 56 35 – www.hotelarlecchino.it
33 cam – 65/95 € 85/130 € – **2 suites**
Rist – Menu 35/55 € – *(aperto 10 giugno-15 settembre) (solo per alloggiati)*
Direttamente sul mare, l'Arlecchino propone un'ospitalità in stile moderno: luminosità e servizio personalizzato sono i suoi punti di forza.

Progresso

viale Trieste 40 – ✆ 0 73 58 38 15 – www.hotelprogresso.it
39 cam – 60/150 € 85/250 €
Rist – Carta 20/70 € – *(aperto 1° marzo-31 ottobre)*
Sul bel lungomare di San Benedetto, questo hotel degli anni '20 ha mantenuto il proprio stile architettonico Liberty, ad eccezione delle camere all'ultimo piano più moderne. Cucina nazionale e tante proposte di pesce nella luminosa sala ristorante.

Solarium

viale Europa 102 – ✆ 0 73 58 17 33 – www.hotelsolarium.it – Aperto 1° aprile-31 ottobre
54 cam – 58/105 € 85/220 € **Rist** – Carta 19/66 €
Evoca il sole, non solo per il suo nome, ma anche per il colore della facciata, questa accogliente risorsa posizionata direttamente sulla spiaggia e sulla passeggiata mare; camere modernamente arredate ed un'allegra sala da pranzo con vetrate continue e colonne rosse.

Degusteria del Gigante

via degli Anelli 19 – ✆ 07 35 58 86 44 – www.sigismondo.biz – Chiuso martedì escluso agosto
Menu 30/60 € – Carta 33/54 € – *(solo a cena)*
Dimora storica ottocentesca su fondazioni quattrocentesche nella parte alta della città: il territorio firma la cucina, ma lo chef lo reinterpreta con gusto moderno.

a Porto d'Ascoli Sud : 5 km – ✉ 63037

Imperial cam,

via Indipendenza 25 – ✆ 07 35 75 11 58 – www.hotelimperial.it – Chiuso 6 dicembre-20 gennaio

50 cam – ♦70/100 € ♦♦100/150 € – **3 suites**

Rist – Menu 20/30 € – *(aperto 1° aprile-30 settembre) (solo a cena)*

A pochi metri dal mare, valide soluzioni tecnologiche per una risorsa funzionale a gestione familiare. Ai primi due piani: camere standard, ma comunque di buon livello. Al terzo e al quarto: stanze superior, moderne e aggiornatissime. Ambienti colorati nella zona ristorante.

SAN BENEDETTO DI LUGANA ➜ Vedere Peschiera del Garda

Verona (VR)

SAN BENEDETTO PO

Mantova (MN) – ✉ 46027 – 7 655 ab. – Alt. 19 m – Carta regionale n° **17-D3**

Roma 457 km – Verona 58 km – Mantova 23 km – Modena 60 km

Carta stradale Michelin 561-G14

a San Siro Est : 6 Km – ✉ 46027 San Benedetto Po

Al Caret

via Schiappa 51 – ✆ 03 76 61 21 41 – Chiuso 10-30 agosto e lunedì

Carta 20/38 € – (consigliata la prenotazione)

Il ristorante non ha alcun tipo d'insegna, attenzione quindi al numero civico! Un volta trovato, lasciatevi avvolgere dalla sua accoglienza familiare. La sala è semplice, ma ben tenuta, mentre le specialità del ristorante vanno dalle paste fatte in casa alla carne di bufala.

SAN BERNARDINO ➜ Vedere Trana

Torino (TO)

SAN BERNARDO ➜ Vedere Ivrea

Torino (TO)

SAN BERNARDO ➜ Vedere Bogliasco

Genova (GE)

SAN BONIFACIO

Verona (VR) – ✉ 37047 – 20 605 ab. – Alt. 31 m – Carta regionale n° **39-B3**

Roma 527 km – Verona 27 km – Venezia 99 km – Vicenza 34 km

Carta stradale Michelin 562-F15

Relais Villabella

via Villabella 72, Ovest : 2 km – ✆ 04 56 10 17 77 – www.relaisvillabella.it

11 cam – ♦55/90 € ♦♦110/140 €

Rist – Carta 40/59 € – *(chiuso 10-16 agosto, domenica e lunedì) (solo a cena)*

Tra i vigneti della Bassa veronese, un relais di campagna ricavato da un'elegante struttura colonica. Ricche di fascino e di confort le camere, completate da graziosi piccoli bagni in marmo rosa; raffinato ristorante con piatti che seguono le stagioni.

Pizzeria I Tigli

via Camporosolo 11 – ✆ 04 56 10 26 06 – www.pizzeriaitigli.it – Chiuso mercoledì

Carta 10/46 €

Non poteva che nascere in Italia la pizzeria "gourmet"! Inaspettatamente non a Napoli, bensì nel veronese, Simone Padoan è maestro di lievitazione e - accanto ad alcune pizze tradizionali (anche nel prezzo) - propone fantasiose creazioni con gamberi crudi, tartare di manzo, guanciale, baccalà... Ottimi anche i dessert.

SAN CANDIDO (INNICHEN)

Bolzano (BZ) – ✉ 39038 – 3 268 ab. – Alt. 1 175 m – Carta regionale n° **34-D1**

Roma 698 km – Cortina d'Ampezzo 38 km – Belluno 96 km – Bolzano 106 km

Carta stradale Michelin 562-B18

Dolce Vita Family Chalet Postalpina
via Elmo 9, località Versciaco, Est : 3 Km – ✆ 04 74 91 31 33 – www.posthotel.it – Chiuso 15 aprile-15 maggio e novembre
60 suites – 114/145 € 114/274 €, 12 €
Rist – Carta 28/69 € – (prenotare)
Un piccolo borgo a se stante, creato da dieci chalet e da un edificio centrale: piacevole giardino ed armonioso centro benessere per una vacanza tra natura e relax. Nella romantica sala da pranzo, specialità altoatesine e piatti d'ispirazione mediterranea.

Leitlhof Dolomiten Living
via Pusteria 29 – ✆ 04 74 91 34 40 – www.leitlhof.com – Aperto 4 dicembre-7 aprile e 29 maggio-25 ottobre
53 cam – 99/184 € 198/308 € – **2 suites**
Rist – Menu 45/70 € – *(solo per alloggiati)*
In tranquilla posizione periferica, con bel panorama su valle e Dolomiti, hotel d'imponenti dimensioni dotato di centro benessere moderno e di grande impatto. Anche le camere, brillano per confort!

Cavallino Bianco-Weisses Rössl
via Duca Tassilo 1 – ✆ 04 74 91 31 35 – www.cavallinobianco.info – Aperto 20 dicembre-6 aprile e 15 giugno-1° ottobre
40 cam – 70/150 € 120/280 € – **5 suites** **Rist** – Carta 35/72 €
Le Dolomiti dell'Alta Pusteria fanno da cornice a questo piacevole hotel nella zona pedonale del centro: un susseguirsi di sorprese e cortesia, soprattutto per famiglie. Nell'accogliente stube dalle pareti rivestite in massello, una cucina d'ispirazione moderna.

Helmhotel
via Bolzano 2, località Versciaco, Est : 3,5 km – ✆ 04 74 91 00 42 – www.helmhotel.com – Aperto 1° dicembre-6 aprile e 22 maggio-4 ottobre
30 cam – 60/120 € 90/200 €
Rist *Helmhotel Ristorante e Pizzeria* – vedere selezione ristoranti
Rist – Carta 23/72 € – *(solo per alloggiati)*
Particolarmente adatto per le famiglie, la sua versatilità non mancherà di risultare gradita anche ai single, grazie ai suoi ambienti moderni e lineari, in stile rigorosamente montano.

Villa Stefania
via al Ponte dei Corrieri, 1 – ✆ 04 74 91 35 88 – www.villastefania.com – Aperto 4 dicembre-7 aprile e 29 maggio-28 settembre
35 cam – solo ½ P 89/150 € – **2 suites**
Rist – Menu 40/70 € – (prenotazione obbligatoria)
A due passi dall'isola pedonale, in posizione panoramica e tranquilla, questa piacevole struttura immersa nel verde vi accoglie in un caldo abbraccio per farvi scordare lo stress e illustrarvi le bellezze dei monti. Ottima accoglienza familiare!

Dolce Vita Alpina Post Hotel
via dei Benedettini 11/c – ✆ 04 74 91 31 33 – www.posthotel.it – Aperto 19 dicembre-29 marzo e 15 giugno-18 ottobre
42 cam – 120/180 € 170/330 €
Rist – Menu 25/45 € – *(solo per alloggiati)*
In pieno centro a San Candido, questo albergo di tradizione si è totalmente rinnovato in tempi recenti, potenziando i suoi servizi che includono - ora - anche una piccola beauty farm. Cucina con tante specialità dell'Alto Adige e di altre regioni d'Italia.

Helmhotel Ristorante e Pizzeria – Hotel Helmhotel
via Bolzano 2, località Versciaco – ✆ 04 74 91 01 03 – www.helmhotel.com – Aperto 1° dicembre-6 aprile e 22 maggio-4 ottobre
Menu 20 € (pranzo in settimana) – Carta 26/75 €
Numerose salette e angolini tutti rivestiti in legno e molto decorati, creano un ambiente naturalmente "caldo", che ben predispone ai piaceri della tavola: piatti tipici altoatesini, ma anche pizze cotte nel forno a legna.

SAN CASCIANO DEI BAGNI

Siena (SI) – ✉ 53040 – 1 648 ab. – Alt. 582 m – Carta regionale n° **32**-D3

Roma 158 km – Siena 90 km – Arezzo 91 km – Perugia 58 km

Carta stradale Michelin 563-N17

Fonteverde

località Terme 1 – ✆ 0 57 85 72 41 – www.fonteverdespa.com

78 cam – 275/390 € 370/600 € – **13 suites**

Rist – Carta 45/67 €

Rist *Ferdinando I* – Menu 35 € (pranzo)/55 € – Carta 50/72 €

L'affascinante residenza medicea custodisce ambienti eleganti e camere in stile rinascimentale con bagni in marmo, ma dotate dei moderni confort. Proverbiali: le terme e il centro benessere. La cena è servita nell'elegante Ferdinando I: la cucina tradizionale si presenta accanto a piatti di ispirazione moderna.

Sette Querce

viale Manciati 2 – ✆ 0 57 85 81 74 – www.settequerce.it

9 cam – 70/110 € 90/140 €

Rist *Daniela* – vedere selezione ristoranti

All'ingresso del paese, un'antica locanda degli anni '30 è diventata un accogliente albergo, praticamente privo di aree comuni, ma dotato di ampie ed eleganti camere con angolo cottura.

Daniela – Hotel Sette Querce

piazza Matteotti 7 – ✆ 0 57 85 82 34 – www.settequerce.it

– Chiuso mercoledì escluso aprile-ottobre

Carta 34/63 €

A poco meno di 100 m dall'albergo Sette Querce, in quelli che un tempo erano i magazzini del castello, due ambienti rustici ed informali, dove gustare la sapida cucina del territorio.

a Celle sul Rigo Ovest : 5 km – ✉ 53040

Il Poggio con cam

località Il Poggio – ✆ 0 57 85 37 48 – www.ilpoggio.net – Chiuso 12 gennaio-20 febbraio

5 cam – 100/140 € 140/220 € – **3 suites**

Menu 25 € – Carta 27/55 € – *(chiuso martedì e i mezzogiorno di lunedì, mercoledì e giovedì in ottobre-marzo)*

La tradizionale cucina del territorio è proposta attraverso i prodotti della stessa azienda agricola biologica: carni e ortaggi da gustare in un ambiente rustico e curato, nello scenario delle crete senesi. Cinque camere belle e spaziose per un meritato riposo.

a Fighine Nord-Est: 5 km – ✉ 53040

Castello di Fighine

– ✆ 0 57 85 61 58 – www.fighine.it – Aperto 26 aprile-1° novembre; chiuso martedì a mezzogiorno e lunedì

Menu 38/65 € – Carta 52/70 €

Una strada sterrata vi condurrà in un luogo fiabesco, un castello medioevale in posizione panoramica e collinare con romantica terrazza ricoperta di glicine: qui, col bel tempo, viene servita una cucina fresca e personalizzata, che ripara nelle sale interne in caso di bisogno.

→ Risotto alle ortiche con quaglie all'aceto balsamico e burrata. Maialino di cinta senese al finocchietto, mele e cicoriella. Bigné croccante con mousse leggera alle arachidi salate e sorbetto al lampone.

SAN CASCIANO IN VAL DI PESA

Firenze (FI) – ✉ 50026 – 17 277 ab. – Alt. 310 m – Carta regionale n° **32**-D3

Roma 283 km – Firenze 17 km – Siena 53 km – Livorno 84 km

Carta stradale Michelin 563-L15

Villa il Poggiale – Dimora Storica

via Empolese 69, Nord-Ovest : 1 km – ✆ 0 55 82 83 11 – www.villailpoggiale.it – Chiuso 10 gennaio-28 febbraio

24 cam – 90/150 € 130/350 € – **2 suites**

Rist – Carta 35/65 € – *(aperto 1° aprile-31 ottobre)*

Nel cuore del Chianti a pochi chilometri da Firenze, in un'oasi di pace circondata da incantevoli giardini, questa dimora rinascimentale vizia gli ospiti con tutte quelle attenzione che rendono il soggiorno un'esperienza indimenticabile. A contribuire a tanto piacere, c'è anche il centro benessere, dove approfittare di ottimi trattamenti creati in esclusiva per la villa. Al ristorante: piatti tipici della tradizione toscana, accompagnati da una buona selezione di vini locali.

Villa i Barronci

via Sorripa 8, Ovest : 3 Km – ✆ 0 55 82 05 98 – www.ibarronci.com – Aperto 27 dicembre-15 gennaio e 1° marzo-15 novembre

13 cam – 49/399 € 59/699 € – **3 suites** **Rist** – Carta 17/74 €

Grande vista sulle colline circostanti in una struttura signorile con camere spaziose e personalizzate da bei mobili di famiglia. Piccolo centro benessere per pensare al soggiorno anche in termini di remise en forme. Piatti toscani al ristorante.

a Mercatale Sud-Est : 4 km : – ✉ 50020

Agriturismo Salvadonica

via Grevigiana 82, Ovest : 1 km – ✆ 05 58 21 80 39 – www.salvadonica.it – Aperto 27 febbraio-22 novembre

30 cam – 59/189 € 69/309 € **Rist** – Carta 26/60 €

Fra gli olivi, un'oasi di tranquillità e di pace, questo piccolo borgo agrituristico caratterizzato da semplicità e cortesia familiare. A scelta, le camere sono in stile rustico o più moderne.

a Cerbaia Nord-Ovest : 6 km – ✉ 50020

La Tenda Rossa

piazza del Monumento 9/14 – ✆ 0 55 82 61 32 – www.latendarossa.it – Chiuso 10-25 agosto, lunedì a mezzogiorno e domenica

Menu 45 € (pranzo)/110 € – Carta 62/111 €

Conduzione familiare e, più spiccatamente femminile, per un locale di grande eleganza, la cui cucina si sforza di essere sempre creativa.

SAN CASSIANO = ST. KASSIAN ➜ Vedere Alta Badia

Bolzano (BZ)

SAN CESAREO

Roma (RM) – ✉ 00030 – 14 161 ab. – Alt. 312 m – Carta regionale n° **13-C2**

Roma 33 km – Rieti 103 km – Frosinone 63 km – Latina 54 km

Carta stradale Michelin 563-Q20

Osteria di San Cesario

via Corridoni 60 – ✆ 0 69 58 79 50 – www.osteriadisancesario.it – Chiuso 1°-15 agosto, domenica sera e lunedì

Menu 30/50 € – Carta 38/52 €

Locale familiare di lunga tradizione, dove gustare specialità romano-laziali preparate con maestria da Anna Dente, ampia scelta di paste fatte in casa (e tirate a mano), nonché ricette che si rifanno alla cucina del Quinto Quarto: la cucina dei macellai del mattatoio di Testaccio.

SAN CIPRIANO = ST. ZYPRIAN ➜ Vedere Tires

Bolzano (BZ)

SAN CIPRIANO PICENTINO

Salerno (SA) – ✉ 84099 – 6 601 ab. – Carta regionale n° **7-C2**
Roma 280 km – Napoli 70 km – Salerno 18 km – Avellino 49 km
Carta stradale Michelin 564-E26

Villa Rizzo Resort & Spa senza rist
via Gerardo Napolitano, località Sigliano – 0 89 86 21 08 – www.villarizzo.com
18 cam – 50/165 € 50/170 €
Tra ulivi, noccioli ed alberi da frutto, squisita accoglienza in un raffinato relais dalle camere personalizzate con pezzi d'antiquariato e bei mobili di recupero casalingo. Intrigante la proposta della Spa, che prevede la possibilità di prenotare lo spazio a proprio uso esclusivo, per la durata del percorso benessere.

SAN CLEMENTE A CASAURIA (Abbazia di)

Pescara

SAN COSTANZO

Pesaro e Urbino (PU) – ✉ 61039 – 4 826 ab. – Alt. 150 m – Carta regionale n° **20-B1**
Roma 306 km – Ancona 55 km – Fano 12 km – Pesaro 24 km
Carta stradale Michelin 563-K21

Da Rolando
corso Matteotti 125 – 07 21 95 09 90 – www.darolando.it – Chiuso mercoledì
Menu 30/50 € – Carta 24/58 € – (consigliata la prenotazione)
Rolando, il simpatico patron, propone piatti stagionali a base di carne, funghi, tartufi e un po' di pesce, legati alla tradizione marchigiana.

SAN DANIELE DEL FRIULI

Udine (UD) – ✉ 33038 – 8 161 ab. – Alt. 252 m – Carta regionale n° **10-B2**
Roma 642 km – Udine 24 km – Trieste 97 km – Treviso 105 km
Carta stradale Michelin 562-D21

Relais Picaron
via Sant'Andrat 3, località Picaron, Nord : 1 km – 04 32 94 06 88 – www.gelsigroup.com
35 cam – 79 € 115 € – **1 suite**
Rist *Al Picaron* – vedere selezione ristoranti
Sulla sommità di una collina con bel panorama su San Daniele e sulla vallata, una piacevole struttura dalla gestione attenta, cinta da un ampio giardino.

Al Picaron – Hotel Al Picaron
via Sant'Andrat 3, località Picaron, Nord: 1 km – 04 32 94 06 88 – www.gelsigroup.com – Chiuso martedì
Carta 32/55 €
Nell'ex casa di caccia del Patriarca di Aquileia, il ristorante riscopre i piatti della tradizione friulana, degnamente accompagnati dai grandi vini della regione. Particolare attenzione viene riservata agli oli d'oliva, selezionati da un assaggiatore professionista.

Osteria la Pergola
via Venezia 57/a – 04 32 95 49 09 – www.lapergolasandaniele.it
Carta 31/51 € – (prenotazione obbligatoria)
Ambiente rustico con il celebre prosciutto di San Daniele a salutare i clienti all'ingresso. D'inverno il quadro si fa ancora più ruspante con le zuppe esposte in sala. Cucina fondamentalmente di terra, ma non manca qualche piatto di pesce.

SAN DESIDERIO → Vedere Genova

Genova (GE)

SAND IN TAUFERS = CAMPO TURES

SAN DOMINO → Vedere Tremiti (Isole)

Foggia (FG)

SAN DONÀ DI PIAVE

Venezia (VE) – ✉ 30027 – 41 221 ab. – Carta regionale n° **39-A1**
Roma 559 km – Venezia 41 km – Udine 91 km – Padova 75 km
Carta stradale Michelin 562-F19

Locanda al Piave

rist,

corso Trentin 6 – ✆ 0 42 15 21 03 – www.locandaalpiave.it
28 cam – 45/55 € 65/75 €
Rist *Locanda al Piave* – Menu 22/35 € – Carta 20/56 € – *(chiuso domenica)*
Modesto nelle dimensioni, ma grande per la generosa ospitalità della famiglia che da decenni lo gestisce, nonché per il rapporto qualità/prezzo delle accoglienti camere. Al ristorante cucina di pesce nei tradizionali piatti italici.

Forte del 48

rist,

via Vizzotto 1 – ✆ 0 42 14 40 18 – www.hotelfortedel48.com
46 cam – 55/80 € 75/110 €
Rist – Carta 32/48 € – *(chiuso 26 dicembre-7 gennaio, 1-17 agosto e domenica)*
Nella zona dove sorgeva un fortino austriaco ottocentesco, l'albergo offre tre tipologie di camere, superior, classic ed economy, con altrettanti confort e prezzi.

SAN DONATO FRONZANO ➜ Vedere Reggello

Firenze (FI)

SAN DONATO IN POGGIO ➜ Vedere Tavarnelle Val di Pesa

Firenze

SAN DONATO MILANESE

Milano (MI) – ✉ 20097 – 31 196 ab. – Alt. 102 m – Carta regionale n° **18-B2**
Roma 566 km – Milano 10 km – Pavia 36 km – Piacenza 57 km
Carta stradale Michelin 561-F9

Santa Barbara

rist,

piazzale Supercortemaggiore 4 – ✆ 02 51 89 11 Pianta : D3**u**
– www.hotelsantabarbara.it
158 cam – 125/260 € 150/320 € – **6 suites**
Rist – Carta 26/50 € – *(chiuso sabato a mezzogiorno)*
Albergo dal piacevole gusto classico-elegante e dal servizio attento, camere accessoriate e piccola zona fitness. Cucina mediterranea al ristorante.

I Tri Basei

via Emilia 54 Ⓜ San Donato Milanese – ✆ 02 39 98 12 38 Pianta : D3**r**
– www.itribasei.it – Chiuso 13-20 agosto, sabato e domenica
Carta 20/42 €
Sempre un gradevole indirizzo, semplice, frequentato in prevalenza da una clientela di lavoro soprattutto a pranzo; due salette, un dehors e piatti della tradizione lombarda.

SANDRIGO

Vicenza (VI) – ✉ 36066 – 8 336 ab. – Alt. 64 m – Carta regionale n° **38-A1**
Roma 541 km – Padova 50 km – Vicenza 17 km – Verona 78 km
Carta stradale Michelin 562-F16

Antica Trattoria Due Spade

via Roma 5 – ✆ 04 44 65 99 48 – www.duespade.com – Chiuso agosto, lunedì sera e martedì
Menu 28/35 € – Carta 31/40 €
Un'antica trattoria sorta in una vecchia stalla con porticato e vasta aia: il locale del "bacalà" per antonomasia! Dal 1880, diverse generazioni si sono succedute ai fornelli, deliziando i palati con la specialità facilmente intuibile della casa. In suo onore, è stato addirittura creato un semifreddo.

SAN FELE

Potenza (PZ) – ✉ 85020 – 3 106 ab. – Alt. 937 m – Carta regionale n° **3-A1**
Roma 341 km – Potenza 57 km – Salerno 119 km – Avellino 89 km
Carta stradale Michelin 564-E28

Tipicamente

corso Umberto I 40 – ✆ 0 97 69 40 04 – www.ristorantetipicamente.it – Chiuso 1°-15 settembre e lunedì
Menu 25/50 € – Carta 27/48 € – *(solo a cena)* (prenotazione obbligatoria a mezzogiorno)
A due passi dal centro, ristorante nel retro del bar Cafè Blues (di proprietà): taglio moderno, gestione giovane e i piatti che propongono il territorio in chiave moderna.

SAN FELICE CIRCEO

Latina (LT) – ✉ 04017 – 8 964 ab. – Carta regionale n° **13-C3**
Roma 109 km – Frosinone 65 km – Latina 36 km – Fiumicino 116 km
Carta stradale Michelin 563-S21

a Quarto Caldo Ovest : 4 km – ✉ 04017 San Felice Circeo

Punta Rossa

via delle Batterie 37 – ✆ 07 73 54 80 85 – www.puntarossa.it – Aperto 1° marzo-31 ottobre
32 cam – 230/450 € 230/450 € – **10 suites** **Rist** – Carta 37/102 €
Sulla scogliera, con giardino digradante a mare, il luogo ideale per chi sia alla ricerca di una vacanza isolata, sul promontorio del Circeo; linee mediterranee e relax. Al ristorante una tavola panoramica da sogno.

SAN FELICE DEL BENACO

Brescia (BS) – ✉ 25010 – 3 395 ab. – Alt. 109 m – Carta regionale n° **17-D1**
Roma 545 km – Brescia 41 km – Verona 63 km – Mantova 84 km
Carta stradale Michelin 561-F13

Sogno

via Porto San Felice 41 – ✆ 0 36 56 21 02 – www.sognogarda.it
18 cam – 100/190 € 130/270 € – **4 suites**
Rist *Sogno* – vedere selezione ristoranti
Le camere standard sono classiche e spaziose, le suite offrono la miglior vista sul lago, le zone comuni formano un unico open space, piacevole l'esterno con piscina e pontile privato: insomma, un soggiorno da sogno in un hotel dal nome promettente.

Garden Zorzi

cam, rist,

viale delle Magnolie 10, località Porticcioli, Nord : 3,5 km – ✆ 0 36 54 36 88 – www.hotelzorzi.it – Aperto 5 aprile-5 ottobre
26 cam – 60/90 € 80/200 €
Rist – Menu 20 € (cena)/35 € – *(solo per alloggiati)*
Ideale per un soggiorno di relax a pochi metri dall'acqua e con spazi all'aperto, che vanno dalla spiaggia al giardino, passando per una terrazza-pontile con solarium, la struttura dispone di confortevoli camere recentemente ristrutturate.

Sogno – Hotel Sogno

via Porto San Felice 41 – ✆ 0 36 56 21 02 – www.sognogarda.it – Chiuso 1 dicembre-31 marzo e lunedì escluso aprile-settembre
Carta 46/126 €
In un ristorante come questo, è facile sognare ad occhi aperti : elegante, la sua cucina di stampo contemporaneo conquisterà il vostro palato, la romantica terrazza in riva al lago, il vostro cuore.

a Portese Nord : 1,5 km – ✉ 25010 San Felice Del Benaco

Bella Hotel e Leisure rist,

via Preone 6 – ✆ 03 65 62 60 90 – www.bellahotel.com – Chiuso gennaio
40 cam – 90/150 € 130/180 € **Rist** – Carta 25/105 €
Un piccolo hotel, affacciato sull'acqua, con andamento familiare e buon confort nelle stanze e nelle aree comuni, esterne; offre un servizio estivo in terrazza sul lago. Dalle raffinate sale da pranzo, una meravigliosa vista panoramica attraverso le ampie vetrate.

SAN FLORIANO (OBEREGGEN)

Bolzano (BZ) – ✉ 39050 Ponte NovaAlt. 1 512 m – ✉ Ponte Nova
– Carta regionale n° **34-D3**
Roma 666 km – Bolzano 22 km – Cortina d'Ampezzo 102 km – Trento 82 km
Carta stradale Michelin 562-C16

Sonnalp rist,

Obereggen 28 – ✆ 04 71 61 58 42 – www.sonnalp.com
– Aperto 5 dicembre-12 aprile e 7 giugno-4 ottobre
32 cam – solo ½ P 104/159 € – **6 suites**
Rist – Carta 36/71 € – *(solo per alloggiati)*
Rist *Gourmetstube* – Menu 65/85 € – Carta 40/73 € – *(chiuso domenica e lunedì) (solo a cena)* (prenotazione obbligatoria)
Attenta gestione familiare e camere spaziose affacciate sulle piste da sci e sui prati, ben soleggiate e con il massimo dei confort. Ed è sempre il figlio dei titolari ad occuparsi del Gourmetstube, dove gustare piatti moderni "annaffiati" da ottimi vini.

Cristal

Obereggen 31 – ✆ 04 71 61 55 11 – www.hotelcristal.com – Aperto 6 dicembre-22 aprile e 15 giugno-7 ottobre
46 cam – 93/168 € 136/284 € – **9 suites** **Rist** – Carta 34/74 €
Belle stanze moderne, con arredi in legno di cirmolo e larice, piacevolmente accessoriate; molte zone relax per il trattamento del corpo e dello spirito, conduzione seria. La cucina rivela una notevole cura e fantasia.

Maria

Obereggen 12 – ✆ 04 71 61 57 72 – www.hotel-maria.it – Aperto 1° dicembre-15 aprile e 30 maggio-20 ottobre
25 cam – solo ½ P 88/150 € **Rist** – Carta 23/53 € – *(solo per alloggiati)*
Quasi un'abitazione privata dall'esterno: una tipica costruzione di queste valli, amorevolmente tenuta e condotta dalla famiglia dei proprietari; presso le piste da sci.

Bewallerhof

località Hennewinkl 9, Nord-Est : 2 km – ✆ 04 71 61 57 29 – www.bewallerhof.it – Aperto 20 dicembre-10 aprile e 1° giugno-30 settembre
18 cam – solo ½ P 60/75 € **Rist** – Menu 20/25 € – *(solo per alloggiati)*
Una gradevole casa circondata dal verde e con una notevole vista sulle vette che creano un suggestivo scenario; ambiente tirolese curato, per sentirsi come a casa.

SAN FOCA → Vedere Melendugno

Lecce (LE)

SAN FRANCESCO AL CAMPO

Torino (TO) – ✉ 10070 – 4 995 ab. – Alt. 327 m – Carta regionale n° **22-B2**
Roma 703 km – Torino 24 km – Novara 99 km – Asti 88 km
Carta stradale Michelin 561-G4

Furno

via Roggeri 2 – ✆ 01 19 27 49 00 – www.romantikhoteltorino.com – Chiuso 3 settimane in agosto
33 cam – 85/99 € 120/135 €
Rist *Restaurant Relais* – vedere selezione ristoranti
Alla fine dell'Ottocento era una dimora estiva per le battute di caccia. Oggi è un moderno albergo immerso in un'oasi verde con camere raffinate, che qua e là tradiscono il rustico passato.

Le Rondini senza rist

via Parrocchia 5/b – ✆ 01 19 27 96 75 – www.hotellerondini.it

14 cam – 70/95 € 85/125 €

E' il risultato della ristrutturazione di una casa di campagna ottocentesca con graziosa corte interna: camere dagli arredi classici, più curate le due superior con doccia-bagno turco.

Restaurant Relais – Hotel Furno

via Roggeri 2 – ✆ 01 19 27 49 00 – www.romantikhoteltorino.com – Chiuso 3 settimane in agosto

Menu 42/70 € – Carta 32/75 €

Negli spazi dai soffitti ad archi, in un'intima saletta o nel fresco del giardino, specialità di pesce e piatti tipici piemontesi, con piccole interpretazioni fantasiose.

SAN GENESIO

Bolzano (BZ) – ✉ 39030 – 1 308 ab. – Alt. 1 353 m – Carta regionale n° **34**-C1

Roma 732 km – Bolzano 91 km – Belluno 99 km

Carta stradale Michelin 562-C16

Belvedere Schoenblick rist,

via Pichl 15 – ✆ 04 71 35 41 27 – www.schoenblick-belvedere.com – Chiuso 6 gennaio-27 marzo

27 cam – 80/115 € 124/218 € – **2 suites**

Rist – Menu 25/30 € – *(solo per alloggiati)*

In posizione panoramica, vanta una gestione familiare giunta alla terza generazione; di recente rinnovato ed ampliato dispone di ampie camere luminose e una nuova beauty farm. Cucina prevalentemente del territorio servita in diverse sale e in una piccola stube.

Antica Locanda al Cervo-Landgasthof zum Hirschen

via Schrann 9/c – ✆ 04 71 35 41 95 – www.hirschenwirt.it – Chiuso febbraio-marzo cam,

17 cam – 50/80 € 100/180 € – **4 suites**

Rist – Carta 22/49 € – *(chiuso mercoledì)*

I sessanta cavalli del maneggio rendono la locanda un indirizzo ideale per gli appassionati di equitazione. Affidabile e calorosa gestione familiare. Attenzioni particolari sono rivolte all'appetito e al palato della clientela.

SAN GENESIO ED UNITI

Pavia (PV) – ✉ 27010 – 3 822 ab. – Alt. 86 m – Carta regionale n° **16**-B3

Roma 563 km – Alessandria 78 km – Milano 34 km – Pavia 7 km

Carta stradale Michelin 561-G9

Riz senza rist

via dei Longobardi 3 – ✆ 03 82 58 02 80 – www.hotelrizpavia.com

112 cam – 77/81 € 101/130 €

In comoda posizione stradale una risorsa funzionale di taglio moderno, ideale per la clientela d'affari con camere spaziose di stile omogeneo. C'è anche una zona benessere (a pagamento).

Antica Torre Viscontea N senza rist

via Italia 61 n. 13 – www.anticatorreviscontea.com – chiuso 3 settimane in agosto

8 cam – 70/80 € 100/135 €

Raffinati arredi d'epoca, sia nelle camere sia negli spazi comuni, in questa bella dimora storica all'interno di una torre Viscontea.

SAN GIMIGNANO

Siena (SI) – ✉ 53037 – 7 670 ab. – Alt. 324 m – Carta regionale n° **32**-C2

Roma 268 km – Firenze 57 km – Siena 42 km – Livorno 89 km

Carta stradale Michelin 563-L15

L'Antico Pozzo senza rist

via San Matteo 87 – ✆ 05 77 94 20 14 Pianta : A1**a**
– www.anticopozzo.com – Chiuso 8 gennaio-13 febbraio
18 cam – **80/95 € 90/180 €**
Atmosfera elegante in un palazzo del '400 nel cuore del centro storico: stanze affrescate con pavimenti in cotto e ambienti di raffinato buon gusto. In estate, la prima colazione è servita nella corte interna.

La Cisterna

piazza della Cisterna 24 – ✆ 05 77 94 03 28 Pianta : B2**e**
– www.hotelcisterna.it – Chiuso 6 gennaio-20 marzo
48 cam – **65/80 € 88/140 €**
Rist *Le Terrazze* – Menu 24/55 € – Carta 25/52 € – *(chiuso novembre e dicembre)*
Nell'omonima e vivace piazza, panoramico albergo in un edificio medievale "mosso" su vari corpi, dispone di una suggestiva sala in stile trecentesco e mobili di gusto fiorentino nelle camere. La favolosa vista accompagna una gustosa cucina del territorio.

Sovestro

località Sovestro 63, Est : 2 km – ✆ 05 77 94 31 53 – www.hotelsovestro.com
– Chiuso 22 febbraio-8 marzo
40 cam – **70/95 € 85/140 €**
Rist *Da Pode* – vedere selezione ristoranti
Hotel a soli 2 km da S. Gimignano, immerso nel verde della campagna senese: i continui lavori di manutenzione da parte degli attenti proprietari fanno sì che la struttura garantisca sempre un buon confort.

Bel Soggiorno

via San Giovanni 91 – ✆ 05 77 94 03 75 Pianta : B2**n**
– www.hotelbelsoggiorno.it – Aperto 1° gennaio-14 febbraio e 15 marzo-2 novembre
21 cam – 70/85 € 82/98 €, 6 €
Rist *Bel Soggiorno* – ✆ 05 77 94 31 49 – Carta 29/44 € – *(chiuso mercoledì)*
Presso la Porta S. Giovanni, all'interno delle mura, un confortevole hotel di proprietà della stessa famiglia dal 1886! Camere di diversa tipologia, alcune dotate di bella terrazza con vista sulla campagna. Ristorante rustico, dove una grande vetrata regala un pregevole panorama; la tavola celebra la cucina toscana.

Leon Bianco senza rist

piazza della Cisterna 13 – ✆ 05 77 94 12 94 – www.leonbianco.com Pianta : B2**s**
– Chiuso 6 gennaio-14 febbraio e 15 novembre-28 dicembre
26 cam – 72/97 € 92/120 €
Un albergo ricavato in un edificio d'epoca, di cui, nelle aree comuni soprattutto, conserva alcune peculiarità; camere sobrie e curate, affacciate sulla magnifica piazza.

Da Pode – Hotel Sovestro

località Sovestro 63, Est : 2 km – ✆ 05 77 94 31 53 – www.dapode.com – Chiuso lunedì
Carta 27/65 € – (consigliata la prenotazione)
In un'antica cascina che conserva alcuni elementi architettonici propri della ruralità di un tempo, è la signora Lucia ad occuparsi della cucina... da cui escono prelibatezze toscane: un attentato alla linea, ma per la dieta c'è sempre tempo!

Dorandò

vicolo dell'Oro 2 – ✆ 05 77 94 18 62 Pianta : B1**g**
– www.ristorantedorando.it – Chiuso 1°-25 dicembre, 7-30 gennaio e lunedì escluso Pasqua-ottobre
Menu 50 € – Carta 40/61 €
In un vicolo del pittoresco centro, lo chef-patron rispolvera antichi ricettari regionali ed offre una schietta cucina locale, correttamente alleggerita. La carta dei vini parla esclusivamente con accento toscano.

verso Certaldo

Villasanpaolo Hotel

località Casini, 5 km per via Garibaldi ✉ 53037 San Gimignano – ✆ 05 77 95 51 00 – www.villasanpaolo.com
72 cam – 80/180 € 140/250 € – **6 suites**
Rist *Lampolla* – vedere selezione ristoranti
In un superbo contesto panoramico e collinare, armoniosa fusione di moderno e tipico arricchito da una esposizione permanente di dipinti anni '70. Nuovo centro benessere.

Le Renaie

cam, rist,

località Pancole 10/b, 6 km per via Garibaldi - A1 ✉ 53037 Pancole – ✆ 05 77 95 50 44 – www.hotellerenaie.it – Aperto 1° aprile-3 novembre
25 cam – 65/85 € 100/142 €
Rist *Leonetto* – ✆ 05 77 95 50 72 – Carta 27/47 € – *(chiuso martedì)*
La vecchia casa colonica, immersa nella tranquilla campagna senese, si è trasformata in un hotel dallo stile sobrio, ma con tocchi di ricercatezza: colori tenui e stanze ben accessoriate per un relax a 360°. Curato ristorante con caminetto, cucina del territorio e vini locali.

Agriturismo Il Casale del Cotone

cam, rist,

via Cellole 59, 3 km per via Garibaldi ✉ 53037 San Gimignano – ✆ 05 77 94 32 36 – www.casaledelcotone.com – Aperto 16 marzo-1° novembre
19 cam – 70/90 € 120/150 €
Rist – Menu 35/50 € – *(solo a cena)* (consigliata la prenotazione) *(solo per alloggiati)*
Camere dagli arredi rustici ma curati, in un complesso rurale di fine '600 cinto da 30 ettari di vigneti ed uliveti. La maggior parte delle stanze gode di una meravigliosa vista panoramica sulle colline circostanti.

Il Rosolaccio rist,

località Capezzano, 9 km per via Garibaldi ✉ 53037 San Gimignano – ✆ 05 77 94 44 65 – www.rosolaccio.com – Aperto 26 dicembre-10 gennaio e 10 marzo-30 novembre

6 cam – 85/110 € 97/130 €

Rist – Menu 28 € – *(chiuso martedì e mercoledì) (solo a cena) (solo per alloggiati)*

Quasi fuori dal mondo, nella più bella campagna toscana, in una posizione dominante e tranquilla, un casolare che, nella propria eleganza, conserva un'agreste rusticità.

Agriturismo Fattoria Poggio Alloro cam,

via Sant'Andrea 23 (verso Ulignano), 5 km per via Garibaldi ✉ 53037 San Gimignano – ✆ 05 77 95 01 53 – www.fattoriapoggioalloro.com – Chiuso 23-27 dicembre

11 cam – 70/80 € 90/99 €

Rist – Menu 22 € (pranzo)/40 € – *(chiuso martedì sera)* (prenotazione obbligatoria)

L'agriturismo per antonomasia: un'azienda - in questo caso biologica - per la produzione di olio e l'allevamento di bovini di razza Chianina. Il tutto riproposto in tavola con un menu ogni giorno diverso, accompagnato da vini di produzione propria. Splendida vista sulla campagna e sulle celebri torri.

Lampolla – Villasanpaolo Hotel

località Casini, 5 km per via Garibaldi ✉ 53037 San Gimignano – ✆ 05 77 95 51 00 – www.villasanpaolo.com

Carta 31/53 €

Nel romantico dehors affacciato sull'oliveto o nei raffinati spazi interni, la cucina rappresenta un ben riuscito compromesso fra tradizione e creatività. In una regione così ricca dal punto di vista della scelta enologica, la carta dei vini non poteva non essere "interessante".

SANGINETO LIDO

Cosenza (CS) – ✉ 87020 – 1 521 ab. – Carta regionale n° **5-A1**

Roma 464 km – Cosenza 66 km – Catanzaro 125 km – Lamezia Terme 96 km

Carta stradale Michelin 564-I29

Convito

località Pietrabianca 11, Est : 1 km – ✆ 0 98 29 63 33 – www.convito.it – Chiuso dicembre e martedì

Menu 20 € (pranzo in settimana)/54 € – Carta 21/60 € – (consigliata la prenotazione)

A poche centinaia di metri dal mare - lungo la strada per Sangineto - un localino con cucina di terra, fragrante e appetitosa. Se vi piacciono i sapori un po' forti, non perdetevi il nodino di maiale in salsa di cedro; per gli amanti del pesce, invece, anche qualche specialità di mare (soprattutto nel fine settimana). Calamaro arrosto con cremolata di cedro della riviera, tra i nostri preferiti.

SAN GIORGIO DELLA RICHINVELDA

Pordenone (PN) – ✉ 33095 – 4 546 ab. – Alt. 86 m – Carta regionale n° **10-B2**

Roma 621 km – Pordenone 26 km – Treviso 84 km – Trieste 101 km

Carta stradale Michelin 562-D20

a Rauscedo Ovest : 4 km – ✉ 33095

Il Favri N

via Borgo Meduna 12 – ✆ 0 42 79 40 43 – Chiuso domenica sera e mercoledì

Carta 22/46 €

Antica osteria già vocata al cibo ad inizio Ottocento e rimodernata dall'attuale gestore, Mauro, che con un'inesauribile energia segue la sala, raccontando a voce la carta dei vini. Dalla cucina il meglio dei sapori del territorio; a pranzo, oltre alla carta completa, anche un menu più semplice ed economico.

SAN GIORGIO DI LIVENZA → Vedere Caorle

Venezia

SAN GIORGIO DI VALPOLICELLA → Vedere Sant' Ambrogio di Valpolicella

Verona (VR)

SAN GIOVANNI AL NATISONE

Udine (UD) – ✉ 33048 – 6 206 ab. – Alt. 66 m – Carta regionale n° **11-C2**

Roma 637 km – Udine 25 km – Gorizia 22 km – Trieste 58 km

Carta stradale Michelin 562-E22

XXX **Campiello** con cam rist,

via Nazionale 40 – ✆ 04 32 75 79 10 – www.ristorantecampiello.it – Chiuso 23 dicembre-3 gennaio e 6-27 agosto

17 cam – †75 € ††110 €, 12 €

Menu 35/85 € – Carta 41/81 € – *(chiuso sabato a pranzo e domenica)*

Rist *Hosteria Campiello* –Menu 15/25 € – Carta 22/43 € – *(chiuso sabato a pranzo e domenica)*

Accomodatevi nell'elegante sala per gustare prelibatezze a base di pesce da accompagnare ai molti vini in carta. Per gli incontentabili, basterà chiedere al patron: in cantina ci sono parecchie sorprese! All'Hosteria wine-bar, invece, l'atmosfera si fa più informale e i piatti, più semplici, prediligono la carne.

SAN GIOVANNI IN FIORE

Cosenza (CS) – ✉ 87055 – 17 750 ab. – Carta regionale n° **5-B2**

Roma 582 km – Cosenza 58 km – Catanzaro 75 km – Crotone 54 km

Carta stradale Michelin 564-J32

XX **L'Antico Borgo**

via Salvatore Rota 3 – ✆ 09 84 99 28 39 – Chiuso lunedì

Menu 18/30 € – Carta 16/35 € – *(solo a cena)* (prenotazione obbligatoria a mezzogiorno)

Non aspettatevi di trovarlo nel centro storico, il borgo è stato ricostruito all'interno di uno spazio chiuso. Tutto è nuovo e scenografico, non reale ma molto originale.

SAN GIOVANNI IN MARIGNANO

Rimini (RN) – ✉ 47842 – 9 131 ab. – Alt. 29 m – Carta regionale n° **9-D2**

Roma 310 km – Rimini 21 km – Ancona 85 km – Pesaro 20 km

Carta stradale Michelin 562-K20

Riviera Golf Resort rist,

via Conca Nuova, 1236 – ✆ 05 41 95 64 99 – www.rivieragolfresort.com – Chiuso 20 gennaio-2 febbraio

32 cam – †100/200 € ††130/360 € – **32 suites**

Rist *Tee Restaurant & Lounge* – Carta 27/74 € – *(chiuso lunedì in inverno)*

Enormi vetrate, pietra chiara di Noto, vasche da bagno molto grandi: un relais non solo per gli amanti del golf ma, più in generale, del relax declinato in maniera personale e lussuosa. Al ristorante, cucina mediterranea e a pranzo anche piatti unici.

SAN GIOVANNI IN PERSICETO

Bologna (BO) – ✉ 40017 – 27 177 ab. – Alt. 21 m – Carta regionale n° **9-C3**

Roma 392 km – Bologna 29 km – Ferrara 60 km – Modena 24 km

Carta stradale Michelin 562-I15

X **Osteria del Mirasole**

via Matteotti 17/a – ✆ 0 51 82 12 73 – www.anticaosteriadelmirasole.it – Chiuso 4-12 agosto e lunedì

Carta 32/80 € – *(solo a cena)* (consigliata la prenotazione)

A pochi passi dal Duomo, una piccola osteria stretta e allungata con una profusione di legni scuri, vecchie foto, utensili vari; sul fondo, una piccola brace. Menù vario.

SAN GIOVANNI LA PUNTA

Catania (CT) – ✉ 95037 – 22 187 ab. – Alt. 350 m – Carta regionale n° **30-D2**
Catania 12 km – Palermo 217 km – Messina 92 km – Siracusa 78 km
Carta stradale Michelin 365-AZ58

Villa Paradiso dell'Etna
rist,

via per Viagrande 37 – ✆ 09 57 51 24 09 – www.paradisoetna.it
29 cam – 60/120 € 100/160 € – **4 suites**
Rist ***La Pigna*** – Carta 26/51 € – *(solo a cena)*
Rist ***Pizzorantino*** – Menu 25/30 € – *(Aperto 1°giugno-30 settembre e venerdì, sabato e domenica) (solo a cena)*
Il piccolo parco con piscina e la colazione in terrazza roof garden con vista sull'Etna, completano il piacere di soggiornare in questa raffinata villa degli anni '20. Alla Pigna, si può desinare attorno al bellissimo camino; mentre l'estivo Pizzorantino offre solo sevizio all'aperto.

Garden
rist,

via Madonna delle Lacrime 12/b, località Trappeto, Sud : 1 km
✉ 95030 Trappeto – ✆ 09 57 17 77 67 – www.gardenhotelcatania.com
94 cam – 65/164 € 74/184 € – **1 suite**
Rist ***La Vecchia Quercia*** – Menu 23 € – Carta 29/82 €
Vicino alle arterie di grande scorrimento, un piacevole giardino con palme e piante esotiche circonda l'albergo. All'interno, ampi spazi e camere confortevoli, sale da pranzo di taglio moderno, affacciate sul giardino. Nella bella stagione, la scelta cade, inevitabilmente, sul dehors.

Giardino di Bacco

via Piave 3 – ✆ 09 57 51 27 27 – www.giardinodibacco.com
Carta 30/60 € – *(solo a cena escluso i giorni festivi)* (consigliata la prenotazione)
Una volta la dimora del custode di una sontuosa villa, oggi un locale che unisce eleganza e tipicità tanto nell'ambiente, quanto nelle proposte. Servizio estivo in giardino.

SAN GIOVANNI ROTONDO

Foggia (FG) – ✉ 71013 – 27 506 ab. – Alt. 566 m – Carta regionale n° **26-A1**
Roma 383 km – Foggia 42 km – Termoli 90 km – Barletta 78 km
Carta stradale Michelin 564-B29

Grand Hotel Degli Angeli

prolungamento viale Padre Pio – ✆ 08 82 45 46 46
– www.grandhoteldegliangeli.it – Chiuso 12 dicembre-28 febbraio
113 cam – 100 € 130 € **Rist** – Carta 30/45 €
Ubicato alle porte della località, poco distante dal Santuario, hotel signorile a gestione familiare dotato di un ottimo livello di confort generale. Al ristorante: sala rosa per la carta, verde per i gruppi.

Le Terrazze sul Gargano
rist,

via San Raffaele 9 – ✆ 08 82 45 78 83 – www.leterrazzesulgargano.it – Chiuso 7 gennaio-1° marzo
32 cam – 45/60 € 55/84 €
Rist – Carta 21/43 € – *(chiuso mercoledì)*
Vicino al santuario e all'Ospedale di Padre Pio (raggiungibili a piedi), una piacevole struttura in posizione panoramica e tranquilla sulle pendici del monte. Specialità locali e cucina mediterranea al ristorante.

Cassano
cam,

viale Cappuccini 115 – ✆ 08 82 45 49 21 – www.hotelcassano.com
20 cam – 65/83 € 75/90 € **Rist** – Carta 26/35 €
A pochi passi dal Santuario di Padre Pio e dall'Ospedale, hotel di dimensioni contenute e di taglio contemporaneo, con servizi e confort di ottima qualità.

SAN GIULIANO MILANESE

Milano (MI) – ✉ 20098 – 36 460 ab. – Alt. 98 m – Carta regionale n° **18**-B2
Roma 565 km – Milano 12 km – Piacenza 58 km – Lodi 22 km
Carta stradale Michelin 561-F9

sulla strada statale 9 - via Emilia Sud-Est : 3 km

XX **La Rampina**

frazione Rampina 3 ✉ 20098 – ☎ 0 29 83 32 73 – www.rampina.it – Chiuso agosto e mercoledì
Menu 35/50 € – Carta 44/70 €
Da quasi trent'anni, in un cascinale del '500, rinnovato con cura, due fratelli, tra passione e competenza, propongono piatti stagionali e lombardi, spesso rivisitati.

SAN GIULIANO TERME

Pisa (PI) – ✉ 56017 – 31 066 ab. – Alt. 6 m – Carta regionale n° **31**-B1
Roma 370 km – Firenze 102 km – Pisa 8 km – Genova 172 km
Carta stradale Michelin 563-K13

Bagni di Pisa rist,

largo Shelley 18 – ☎ 05 08 85 01 – www.bagnidipisa.com
52 cam – 140/250 € 208/400 € – **9 suites**
Rist *Dei Lorena* – Carta 28/105 €
Ritorna ai fasti lussuosi della sua origine settecentesca, quest'antica residenza con bellissimi affreschi ed una grande oasi termale per rilassarsi rigenerandosi. Ristorante di grande eleganza con la possibilità di scegliere tra i classici toscani o una linea mediterranea con molto pesce.

Locanda Sant'Agata

strada statale12 dell'Abetone al Km 5,812 – ☎ 0 50 82 03 28 – www.locandasantagata.it
9 cam – 64/124 € 69/129 €
Rist – Carta 29/56 € – *(solo a cena escluso sabato e domenica)*
Sulla strada per Pisa, piacevole struttura che dispone di accoglienti e accessoriate camere, mentre il ristorante propone sfiziose specialità legate al territorio, ma non solo.

SAN GIUSTINO VALDARNO

Arezzo (AR) – ✉ 52024 – 1 344 ab. – Carta regionale n° **32**-C2
Roma 246 km – Firenze 60 km – Arezzo 20 km – Prato 82 km
Carta stradale Michelin 563-L17

Relais Il Borro cam,

località Borro 1, Sud : 1 km – ☎ 0 55 90 70 53 – www.ilborro.it – Chiuso 15 gennaio-15 marzo
25 suites – 500/700 €
Rist *Osteria del Borro* – vedere selezione ristoranti
Rist *Vincafè* – Carta 25/42 € – *(solo a pranzo)*
Complesso di nobili ed antiche origini, dalla villa ai prestigiosi appartamenti distribuiti nell'attiguo borgo medioevale: una risorsa raffinata e originale, che abbina ad un confort di alto livello un'atmosfera country chic.

XX **Osteria del Borro** – Relais il Borro

località Borro 52, Sud : 1 km – ☎ 05 59 77 23 33 – www.osteriadelborro.it – Chiuso 15 gennaio-15 marzo e lunedì
Menu 48/54 € – Carta 34/61 € – *(solo a cena)* (consigliata la prenotazione)
Dominata dalle tonalità chiare del tortora, sfoggia uno stile elegante questa bella trattoria dallo splendido affaccio sul borgo medioevale. La cucina sfodera i classici toscani, dal tortello ripieno di cinghiale alla guancia di Chianina, il tutto condito con gusto e creatività.

SAN GREGORIO

Lecce (LE) – ✉ 73053 Patù✉ Patù – Carta regionale n° **27-D3**

▶ Roma 652 km – Brindisi 111 km – Lecce 69 km

Carta stradale Michelin 564-H36

Monte Callini

via provinciale San Gregorio-Patù – ☎ 08 33 76 78 50 – www.hotelmontecallini.com – Chiuso 1° novembre-9 dicembre

45 cam – †40/110 € ††90/180 € – **5 suites**

Rist – Carta 21/61 € – *(aperto 15 maggio-15 settembre) (solo a cena)*

La struttura evoca le antiche masserie salentine dalle grandi arcate: camere spaziose, un'originale "suite benessere", un bel giardino con vista. Non manca l'orto dal quale la cucina attinge.

Da Mimì

via del Mare – ☎ 08 33 76 78 61 – Aperto da martedì a domenica, solo domenica in novembre

Carta 24/62 € – *(solo a pranzo in gennaio-marzo)*

Un esercizio a gestione familiare con un'ampia sala interna arredata in modo classico e una grande terrazza con pergolato, dove assaporare piatti di pesce e proposte regionali.

SAN GREGORIO NELLE ALPI

Belluno (BL) – ✉ 32030 – 1 610 ab. – Alt. 528 m – Carta regionale n° **40-C1**

▶ Roma 588 km – Belluno 21 km – Padova 94 km – Pordenone 91 km

Carta stradale Michelin 562-D18

Locanda a l'Arte

via Belvedere 43 – ☎ 04 37 80 01 24 – www.locandabaitaalarte.com – Chiuso martedì a mezzogiorno e lunedì

Carta 26/47 € – (prenotazione obbligatoria)

Ampi spazi verdi cingono questo rustico casolare sopra al paese: interni signorili nei quali si incontrano piatti tipici del territorio conditi con stagionalità e un pizzico di fantasia.

SAN GUSMÈ → Vedere Castelnuovo Berardenga

Siena (SI)

SANKTA CHRISTINA IN GRÖDEN = SANTA CRISTINA VALGARDENA

SANKT LEONHARD IN PASSEIER = SAN LEONARDO IN PASSIRIA

SANKT MARTIN IN PASSEIER = SAN MARTINO IN PASSIRIA

SANKT ULRICH = ORTISEI

SANKT VALENTIN AUF DER HAIDE = SAN VALENTINO ALLA MUTA

SANKT VIGIL ENNEBERG = SAN VIGILIO DI MAREBBE

SAN LAZZARO DI SAVENA

Bologna (BO) – ✉ 40068 – 31 466 ab. – Alt. 62 m – Carta regionale n° **9-C3**

▶ Roma 390 km – Bologna 8 km – Imola 27 km – Milano 219 km

Carta stradale Michelin 562-I16

Le Siepi

cam,

via Emilia 514, località Idice – ☎ 05 16 25 62 00 – www.hotelbolognalesiepi.it – Chiuso 24 dicembre-11 gennaio e agosto

105 cam – †75/125 € ††95/165 € – **3 suites**

Rist *La Pietra Cavata* – Carta 29/42 € – *(chiuso domenica) (solo a cena)*

L'incantevole villa del '700 con giardino ombreggiato, è stata ampliata con una nuova struttura, le stanze sono ricche di fascino e calore. Per lavorare, e anche per sognare. Ristorante con camino per una cucina della tradizione.

SAN LEO

Rimini (RN) – ✉ 47865 – 2 970 ab. – Alt. 589 m – Carta regionale n° **9-D3**
Roma 320 km – Rimini 31 km – Ancona 142 km – Milano 351 km
Carta stradale Michelin 563-K19

Castello

piazza Dante 11/12 – ☎ 05 41 91 62 14 – www.hotelristorantecastellosanleo.com – Chiuso febbraio e 15-30 novembre
14 cam – †35/65 € ††55/80 €
Rist – Carta 20/33 € – *(chiuso giovedì da ottobre a marzo)*
Risorsa familiare direttamente sulla piazza del caratteristico borgo con vista panoramica sulle colline del Montefeltro o sulla fortezza e cucina casalinga al ristorante.

SAN LEONARDO IN PASSIRIA (ST. LEONHARD IN PASSEIER)

Bolzano (BZ) – ✉ 39015 – 3 560 ab. – Alt. 689 m – Carta regionale n° **33-B1**
Roma 685 km – Bolzano 47 km – Brennero 53 km – Bressanone 65 km
Carta stradale Michelin 562-B15

verso Passo di Monte Giovo Nord-Est : 10 km Alt. 1 269 m

Jägerhof

località Valtina 80 ✉ 39010 Valtina – ☎ 04 73 65 62 50 – www.jagerhof.net – Chiuso 2 novembre-20 dicembre
20 cam – †49/69 € ††100/150 €
Rist ***Jägerhof*** – vedere selezione ristoranti
In quasi tutte le camere regna il legno chiaro - non trattato - dei boschi circostanti, l'atmosfera è piacevolmente familiare e lo stile tipicamente montano con arredi tirolesi.

Jägerhof – Hotel Jägerhof

località Valtina 80 ✉ 39010 Valtina – ☎ 04 73 65 62 50 – www.jagerhof.net – Chiuso 2 novembre-20 dicembre, lunedì e martedì
Menu 19/45 € – Carta 24/52 €
L'indirizzo giusto per chiarirsi le idee circa i concetti di genuinità e freschezza: sapori locali - primi piatti, ricette di terra e qualche specialità ittica (di fiume) - con molti prodotti provenienti dai masi della valle. Filetto di salmerino alpino nel bagno di fieno, tra i classici del menu.

SAN LEONE ➜ Vedere Agrigento

Agrigento (AG)

SAN LEONINO ➜ Vedere Castellina in Chianti

Siena (SI)

SAN LORENZO ➜ Vedere Treia

Macerata (MC)

SAN LORENZO DI SEBATO (SANKT LORENZEN)

Bolzano (BZ) – ✉ 39030 – 3 785 ab. – Alt. 810 m – Carta regionale n° **34-C1**
Roma 710 km – Cortina d'Ampezzo 62 km – Bolzano 69 km – Brunico 4 km
Carta stradale Michelin 562-B17

Sporthotel Winkler

cam, cam,
località Santo Stefano 28a, Sud-Est : 1,5 km – ☎ 04 74 54 90 20 – www.winklerhotels.com
53 cam – solo ½ P 89/117 € **Rist** – Carta 25/48 €
Una piacevolissima struttura ubicata poco distante dagli impianti sciistici di Plan de Corones, in una piccola frazione che comunque offre un incantevole panorama sui monti circostanti. Spazi comuni ben strutturati, camere più o meno ampie e per i piccoli ospiti un'area giochi a loro dedicata.

Saalerwirt
località Sares, Sud-Ovest : 4 Km – ✆ 04 74 40 31 47 – www.saalerwirt.com – Chiuso 10-22 aprile e 2 novembre-20 dicembre
20 cam – 53/77 € 68/94 €
Rist *Saalerwirt* – vedere selezione ristoranti
Tranquillità, confort e buona tavola. Tre parole per sintetizzare la piacevolezza di un soggiorno in questo antico maso del XIII secolo, dove trova posto anche una casa del benessere - come amano definirla i proprietari - dotata di saune e salette per trattamenti vari, nonché zona relax panoramica.

Saalerwirt – Hotel Saalerwirt
località Sares, Sud-Ovest: 4 Km – ✆ 04 74 40 31 47 – www.saalerwirt.com – Chiuso 10-22 aprile, 2 novembre-20 dicembre e martedì
Menu 30 € (cena) – Carta 28/50 €
Piatti tipici della tradizionale locale, preparati con una particolare attenzione alla selezione delle materie prime e senza velleità modaiole, in un caratteristico ristorante con due belle stube di fine '800. Specialità: sella di vitello con crocchette di patate e verdura.

Lerchner's In Runggen
via Ronchi 3/a – ✆ 04 74 40 40 14 – Chiuso 30 giugno- 14 luglio e mercoledì
Menu 15 € (pranzo in settimana)/50 € – Carta 23/62 €
Se cercate i sapori altoatesini di una volta, questo è uno degli indirizzi più indicati! Ambienti in legno, ingentiliti da spunti romantici, servizio in costume ed una carta che cita i migliori prodotti di questa meravigliosa terra del nord: dai ravioli di patate ripieni di formaggio grigio su verza allo spezzatino di cervo con canederli, senza dimenticare le frittelle di mele con salsa di vaniglia.

SAN LORENZO IN CAMPO

Pesaro e Urbino (PU) – ✉ 61047 – 3 428 ab. – Alt. 209 m – Carta regionale n° **20**-B1
Roma 257 km – Ancona 64 km – Perugia 105 km – Pesaro 51 km
Carta stradale Michelin 563-L20

Giardino
via Mattei 4, Ovest : 1,5 km – ✆ 07 21 77 68 03 – www.hotelgiardino.it – Chiuso 10 gennaio-1° febbraio
17 cam – 60/65 € 70/75 €
Rist *Giardino* – vedere selezione ristoranti
Davvero una bella realtà, questo confortevole albergo a gestione familiare poco fuori paese: camere un po' piccole, ma tutte diverse fra loro e piacevolmente personalizzate.

Giardino – Hotel Giardino
via Mattei 4, Ovest : 1,5 km – ✆ 07 21 77 68 03 – www.hotelgiardino.it – Chiuso 10 gennaio-10 febbraio, domenica sera e lunedì
Menu 38/45 € – Carta 33/50 € – (prenotare)
E' nella cucina, solida e dal gusto classico, che risiede la vera forza della casa, ma come due damigelle al seguito, anche l'eccellente carta dei vini e la cordialità del servizio.

SAN LUCA → Vedere Montefalco
Perugia (PG)

SAN MARCO → Vedere Castellabate
Salerno (SA)

SAN MARINO → Vedere alla fine dell'elenco alfabetico

SAN MARTINO → Vedere Cortona
Arezzo

SAN MARTINO BUON ALBERGO

Verona (VR) – ✉ 37036 – 14 491 ab. – Alt. 45 m – Carta regionale n° **38**-B3
Roma 505 km – Verona 8 km – Milano 169 km – Padova 73 km
Carta stradale Michelin 562-F15

in prossimità casello autostrada A 4 Verona Est Sud : 2 km

Holiday Inn Verona Congress Centre rist,
viale del Lavoro 35/37 – ✆ 0 45 99 50 00 – www.holidayinn.it
132 cam – †60/340 € ††60/340 €
Rist *Catullo* – Carta 27/64 €
All'uscita autostradale, un hotel d'impostazione classica, elegante e valido punto di riferimento per una clientela di lavoro; piccola hall e camere confortevoli. Tradizionale cucina d'albergo al ristorante dall'apparenza sontuosa.

a Ferrazze Nord-Ovest : 2 km – ✉ 37036

Musella senza rist
via Ferrazzette 2 – ✆ 33 57 29 46 27 – www.musella.it – Chiuso 15 dicembre-15 febbraio
15 cam – †100/115 € ††145/165 €
La parte più antica di questa risorsa immersa nel verde risale alla fine del '400. Oggi offre camere e appartamenti in stile country, alcuni con caminetto. Troverete vino, olio e miele di loro produzione.

SAN MARTINO DI CASTROZZA

Trento (TN) – ✉ 38054Alt. 1 467 m – Carta regionale n° **34**-C2
Roma 629 km – Belluno 79 km – Cortina d'Ampezzo 90 km – Bolzano 86 km
Carta stradale Michelin 562-D17

Regina rist,
via Passo Rolle 154 – ✆ 0 43 96 82 21 – www.hregina.it – Aperto 1° dicembre-14 aprile e 15 giugno-20 settembre
36 cam – †70/110 € ††120/240 € – **5 suites** **Rist** – Carta 21/40 €
In centro paese, di sobrio c'è solo la facciata: gli interni sono un tripudio di cavalli in legno, case delle bambole e splendide camere borghesi, arredi mitteleuropei con accenti inglesi. Sempre un ottimo riferimento per l'ospitalità della zona.

Letizia rist,
via Colbricon 6 – ✆ 04 39 76 86 15 – www.hletizia.it – Aperto inizio dicembre-inizio aprile e metà giugno-fine settembre
19 cam – †70/150 € ††140/300 € – **15 suites**
Rist – Menu 18 € – *(solo per alloggiati)*
Per gli amanti dello stile tirolese, sin dall'esterno l'albergo è un tripudio di decorazioni; camere tutte diverse, ma sempre affascinanti con alcuni dettagli ripresi da baite montane mentre nelle più romantiche il sonno sarà cullato da letti a baldacchino.

Jolanda rist,
via Passo Rolle 267 – ✆ 0 43 96 81 58 – www.hoteljolanda.com – Aperto 1° dicembre-30 aprile e 1°giugno-30 settembre
40 cam – †55/115 € ††92/200 € – **5 suites** **Rist** – Menu 25 €
All'ingresso del paese, Jolanda è una gestione familiare dalle tipiche atmosfere montane con camere in continuo rinnovo (optate per le due suite più recenti!). Piccolo, ma completo centro benessere ed un'ariosa sala ristorante, dove gustare i classici nazionali.

Chalet Nature Suite N senza rist
via Passo Rolle 35 – ✆ 0 43 96 81 74 – www.hotelsayonara.com – Aperto 1° dicembre-31 marzo e 1° luglio-30 settembre
8 cam – †220/300 € ††220/300 € – **3 suites**
Piacevole struttura dallo stile montano declinato con linee minimal e moderne. Se gli ambienti comuni si riducono al solo "360° Lounge Bar", gli spazi diventano addirittura generosi nelle camere, così come nel bel centro benessere.

Malga Ces con cam
località Ces, Ovest : 3 km – ☎ 0 43 96 82 23 – www.malgaces.it – Aperto 1° dicembre-7 aprile e 20 giugno-30 settembre
7 cam – 60/80 € 110/144 € – **2 suites** Carta 25/50 €
A 1600 m. di altitudine, è quasi un rifugio sulle piste innevate: calorica cucina trentina per gli sciatori a pranzo, in aggiunta - la sera - qualche piatto leggermente più eleborato. Mancano i servizi del grande albergo, ma le camere sono inaspettatamente eleganti.

Chalet Pra delle Nasse-da Anita con cam
via Cavallazza 24, località Pra delle Nasse – ☎ 04 39 76 88 93 – Aperto 15 dicembre-Pasqua e 20 giugno-30 settembre
4 cam – 84/168 € 140/280 € Carta 27/59 €
Si trova proprio sulle piste da sci, questo storico baluardo della ristorazione di San Martino, curato e modernamente alpino, ora impreziosito da belle camere junior suite. I piatti forti della signora Anita, si integrano a meraviglia con gli spunti più progressisti del figlio. E le specialità? Fetuccine al ragù di cervo e strudel di mele.

SAN MARTINO DI VENEZZE

Rovigo (RO) – ✉ 45030 – 4 074 ab. – Alt. 6 m – Carta regionale n° **40-C3**
Roma 467 km – Venezia 74 km – Rovigo 12 km – Ferrara 50 km
Carta stradale Michelin 562-G17

Osteria alla Busa
via Borgo sud 370 – ☎ 0 42 59 90 76 – www.trattoriaallabusa.it – Chiuso agosto, gennaio, domenica sera e lunedì
Menu 30/60 € – Carta 40/76 € – (consigliata la prenotazione)
Ottima gestione per questo ristorante di provincia che propone almeno due validi motivi per sceglierlo: ottimo pesce (anche crudo), nonché le freschissime verdure del proprio orto.

SAN MARTINO IN PASSIRIA (ST. MARTIN IN PASSEIER)

Bolzano (BZ) – ✉ 39010 – 3 171 ab. – Alt. 597 m – Carta regionale n° **33-B1**
Roma 682 km – Bolzano 43 km – Merano 16 km – Milano 342 km
Carta stradale Michelin 562-B15

Andreus cam, rist,
località Kellerlahn 3a – ☎ 04 73 49 13 30 – www.andreus.it – Chiuso 1° gennaio-30 marzo
75 suites – solo ½ P 120/350 € **Rist** – Carta 53/68 €
Accanto al Golf Club Val Passiria, esclusivo albergo completo sotto ogni punto di vista: non manca nulla per trascorrere una vacanza perfetta, nemmeno il maneggio! Enorme spa ed una sala panoramica per gli adepti dello yoga.

sulla strada Val Passiria Sud : 5 km :

Park-Vital – Quellenhof Resort cam,
✉ 39010 San Martino in Passiria – ☎ 04 73 64 54 74 – www.quellenhof.it – Chiuso 11 gennaio-19 marzo
60 cam – solo ½ P 125/195 € **Rist** – Menu 35/95 €
Ultimo nato all'interno della struttura, questo impianto è interamente consacrato al confort e alla riscoperta della bellezza e del benessere da vivere nelle lussuose suite.

Quellenhof-Forellenhof – Quellenhof Resort cam, cam,
via Passiria 47 ✉ 39010 San Martino in Passiria – ☎ 04 73 64 54 74 – www.quellenhof.it – Chiuso 7 gennaio-19 marzo
50 cam – 160/310 € 260/410 € **Rist** – Carta 35/75 €
Circondati da un giardino, i tre edifici dispongono di raffinate e spaziose camere, un'invitante piscina e campi da gioco. Il Quellenhof è fulcro amministrativo del resort. Luminosi ed accoglienti, il ristorante e le stube propongono specialità sudtirolesi, la cucina contadina e piatti della tradizione mediterranea.

Alpenschlössl – Quellenhof Resort cam, cam,
✉ *39010 San Martino in Passiria – ✆ 04 73 64 54 74 – www.quellenhof.it – Chiuso 6 gennaio-19 marzo*
40 cam – solo ½ P 125/195 € **Rist** – Carta 50/57 €
Recente realizzazione, all'avanguardia sia nei materiali utilizzati sia nell'immagine d'insieme, moderna e con dotazioni di prim'ordine; ottima l'area per il relax.

a Saltusio Sud : 8 km Alt. 490 m – ✉ 39010

Castel Saltauserhof
via Passiria 6 – ✆ 04 73 64 54 03 – www.saltauserhof.com – Aperto 24 marzo-10 novembre
38 cam – 60/150 € 110/350 € – **3 suites**
Rist – Carta 24/87 € – *(solo per alloggiati)*
La parte più antica risale all'XI secolo, ma per chi preferisce la modernità, c'è un'ala recente con camere classiche dotate di balcone. Gli spazi non lesinano sulla generosità. Quattro affascinanti stube dove gustare specialità locali.

SAN MARTINO IN PENSILIS

Campobasso (CB) – ✉ 86046 – 4 814 ab. – Alt. 281 m – Carta regionale n° **2-D2**
Roma 285 km – Campobasso 66 km – Foggia 80 km – Isernia 108 km
Carta stradale Michelin 564-B27

Santoianni
via Tremiti 2 – ✆ 08 75 60 51 34 – www.hotelsantoianni.it
15 cam – 45 € 60 €
Rist ***Nonna Ninuccia*** – ✆ 08 75 60 45 36 – Carta 16/41 € – *(chiuso domenica sera e venerdì)*
Una casa di contenute dimensioni, con un insieme di validi confort e una tenuta e manutenzione davvero lodevoli; a gestione totalmente familiare, una piacevole risorsa. Capiente ristorante di classica impostazione.

SAN MARZANO OLIVETO

Asti (AT) – ✉ 14050 – 1 064 ab. – Alt. 301 m – Carta regionale n° **25-D2**
Roma 603 km – Alessandria 40 km – Asti 26 km – Genova 110 km
Carta stradale Michelin 561-H6

Agriturismo Le Due Cascine
regione Mariano 22, Sud-Est : 3 km – ✆ 01 41 82 45 25 – www.leduecascine.com – Chiuso 26 gennaio-16 febbraio
17 cam – 55/70 € 90/100 € **Rist** – Menu 25/45 €
Sulle placide colline del Monferrato, una casa di campagna che offre ottima ospitalità in camere fresche ed attrezzate. Cucina casalinga in una bella sala luminosa.

Del Belbo-da Bardon
valle Asinari 25, Sud-Est : 4 km – ✆ 01 41 83 13 40 – Chiuso 21 dicembre-16 gennaio, 17-27 agosto mercoledì e giovedì
Carta 27/52 €
La secolare storia della trattoria è raccontata dai contributi che ogni generazione vi ha lasciato: foto e suppellettili d'epoca fino alla esemplare cantina allestita dagli attuali proprietari. Cucina della tradizione astigiana.

SAN MASSIMO ALL'ADIGE → Vedere Verona

Verona (VR)

SAN MAURIZIO CANAVESE

Torino (TO) – ✉ 10077 – 9 690 ab. – Alt. 317 m – Carta regionale n° **22-B2**
Roma 697 km – Torino 17 km – Aosta 111 km – Milano 142 km
Carta stradale Michelin 561-G4

La Credenza (Igor Macchia)

via Cavour 22 – ✆ 01 19 27 80 14 – www.ristorantelacredenza.it – Chiuso 1° -15 gennaio, martedì e mercoledì
Menu 75/95 € – Carta 57/85 €
Sala accogliente, una luminosa veranda ed un grazioso giardino per caffè o aperitivi serali. Piatti creativi, sia di carne che di pesce, dalla tradizione locale e dall'estro dello chef.
→ Agnolotti del plin, salame di turgia (salume tipico delle Valli di Lanzo), patate e ortiche. Maialino croccante, salsa allo zenzero e melanzane in pastella. Pan di spagna al cacao, cioccolato al caramello e gelato al crumble.

SAN MAURO TORINESE

Torino (TO) – ✉ 10099 – 18 970 ab. – Alt. 211 m – Carta regionale n° **22-A1**
Roma 666 km – Torino 9 km – Asti 54 km – Milano 136 km
Carta stradale Michelin 561-G5

La Pace senza rist

via Roma 36 – ✆ 01 18 22 19 45 – www.hotelapace.it Pianta : D1**s**
30 cam – †40/70 € ††50/80 €, ☕ 5 €
Un piccolo e confortevole albergo a gestione familiare posizionato lungo la strada che attraversa San Mauro: comodo punto di riferimento per il turismo e per gli affari.

Frandin-da Vito

via Settimo 14 – ✆ 01 18 22 11 77 Pianta : D2**a**
– www.ristorantefrandindavito.com – Chiuso 18 agosto-10 settembre e lunedì
Carta 27/56 € – *(domenica sera solo su prenotazione)*
Cucina tipica delle Langhe, nonchè specialità torinesi di stagione, per questa piacevole trattoria familiare situata nella prima periferia, quasi sulla riva del fiume.

SAN MENAIO

Foggia (FG) – ✉ 71010 – Carta regionale n° **26-A1**
Roma 389 km – Foggia 104 km – Bari 188 km – San Severo 71 km
Carta stradale Michelin 564-B29

Park Hotel Villa Maria cam,

via del Carbonaro 15 – ✆ 08 84 96 87 00 – www.parkhotelvillamaria.it – Chiuso 5 novembre-31 gennaio
13 cam ☕ – †50/140 € ††65/170 €
Rist – Carta 28/72 € – *(chiuso domenica sera e lunedì escluso maggio-agosto)*
In posizione rialzata a duecento metri dal mare, è un'incantevole villa liberty degli anni Venti. Camere semplici ma pulite, alcune con ampio e piacevole terrazzo affacciato sul verde. Particolarmente buono il ristorante: delizia per chi ama il pesce fresco!

SAN MICHELE = ST. MICHAEL → Vedere Appiano sulla Strada del Vino

Bolzano (BZ)

SAN MICHELE → Vedere Ravenna

Ravenna (RA)

SAN MICHELE ALL'ADIGE

Trento (TN) – ✉ 38010 – 2 947 ab. – Alt. 228 m – Carta regionale n° **33-B2**
Roma 603 km – Trento 15 km – Bolzano 417 km – Milano 257 km
Carta stradale Michelin 562-D15

La Vigna senza rist

via Postal 49/a – ✆ 04 61 65 02 76 – www.garnilavigna.it
23 cam ☕ – †55/75 € ††75/95 €
All'uscita del raccordo autostradale e a poche centinaia di metri dal centro, piacevole struttura di recente apertura caratterizzata da interni in legno chiaro, stile Alto Adige. Graziose camere, funzionali ed accoglienti. Piacevole start-up mattutino nella bella sala colazioni.

SAN MICHELE DEL CARSO ➜ Vedere Savogna d'Isonzo
Gorizia (GO)

SAN MICHELE DI GANZARIA
Sicilia – Catania (CT) – ✉ 95040 – 3 358 ab. – Alt. 490 m – Carta regionale n° **30-C2**
Agrigento 120 km – Catania 88 km – Caltagirone 15 km – Ragusa 78 km
Carta stradale Michelin 365-AV60

Pomara
via Vittorio Veneto 84 – ✆ 09 33 97 69 76 – www.hotelpomara.com
40 cam – 40/70 € 60/90 €
Rist *Pomara* – Carta 20/35 €
A metà strada tra Caltagirone e Piazza Armerina, un indirizzo affidabile, che deve la propria fortuna proprio all'ubicazione. Seria e competente gestione familiare. Ristorante dove gustare una genuina cucina siciliana.

SAN MINIATO
Pisa (PI) – ✉ 56028 – 27 527 ab. – Alt. 140 m – Carta regionale n° **31-B2**
Roma 297 km – Firenze 37 km – Siena 68 km – Livorno 52 km
Carta stradale Michelin 563-K14

Villa Sonnino
rist,
via Castelvecchio 9/1, località Catena, Est : 4 km – ✆ 05 71 48 40 33 – www.villasonnino.com
13 cam – 65/75 € 85/98 € – **1 suite**
Rist – Carta 20/39 € – *(solo a cena escluso giovedì, venerdì, sabato e domenica)* (consigliata la prenotazione)
La storia di questa villa ha inizio nel '500 quando viene edificato il corpo centrale, mentre nel '700 si procedette ad un ampliamento. Parco e signorilità sono invariati. Nell'affascinante sala ristorante, proposte di cucina toscana con ottimo rapporto qualità-prezzo.

San Miniato
cam, cam,
via Aldo Moro 2 – ✆ 05 71 41 89 04 – www.hotelsanminiato.com
26 cam – 60/95 € 90/130 € **Rist** – Carta 25/50 € – *(solo a cena)*
Ricavato da un convento medioevale con annessa chiesa sconsacrata e dépendance nell'ex collegio, l'hotel sembra avere tutto per piacere ai viaggiatori del terzo millennio: camere di tono moderno e dal luminoso arredo, piccola area benessere.

Pepenero
via IV Novembre 13 – ✆ 05 71 41 95 23 – www.pepenerocucina.it – Chiuso 6-16 gennaio sabato a mezzogiorno e martedì
Menu 35/50 € – Carta 40/71 € – (consigliata la prenotazione)
In pieno centro, all'interno di un palazzo storico, ambiente giovane e frizzante e una cucina che si unisce anch'essa a questa ventata di modernità. Nel piatto: terra e mare, cotture brevi, sapori delicati. Romantici scorci della campagna toscana dalla terrazza per il servizio estivo all'aperto.

SAN NICOLÒ ➜ Vedere Ultimo
Bolzano (BZ)

SAN PANCRAZIO ➜ Vedere Russi
Ravenna (RA)

SAN PANTALEO
Sardegna – Olbia-Tempio (OT) – ✉ 07020Alt. 169 m – Carta regionale n° **28-B1**
Cagliari 306 km – Olbia 21 km – Sassari 124 km
Carta stradale Michelin 366-R37

Petra Segreta (N) rist,
strada di Buddeo c.p. 130, Ovest : 2,5 Km – ✆ 0 78 91 87 64 41 – www.petrasegretaresort.com – Aperto 1° aprile-31 ottobre
21 cam – 180/400 € 180/550 € – **3 suites**
Rist *Il Fuoco Sacro* – Carta 67/92 € – *(solo a cena)*
Rist *L'Osteria del Mirto* – Carta 41/63 €
In splendida posizione molto tranquilla e panoramica, il resort si compone di una serie di costruzioni basse dall'ottimo confort e dall'assoluta riservatezza. Nel verde, con il color smeraldo sullo sfondo, piccolo centro benessere dove viziarsi e rilassarsi.

Rocce Sarde rist,
località Milmeggiu, Sud-Est : 3 km – ✆ 0 78 96 52 65 – www.roccesarde.com – Aperto 18 aprile-15 ottobre
65 cam – 55/195 € 120/300 € – **10 suites** **Rist** – Menu 30 €
Lontano dal caos e dalla mondanità, questa struttura ubicata tra i graniti di San Pantaleo dispone di camere confortevoli, un'invitante piscina e la vista sul golfo di Cugnana. Ampio parco mediterraneo. Cene a lume di candela nel ristorante con terrazza panoramica: piatti fedeli alla tradizione.

Locanda Sant'Andrea con cam
via Zara 36/44 – ✆ 0 78 96 52 05 – www.locandasantandrea.com – Aperto 1° aprile-31 ottobre
14 cam – 81/149 € 98/193 € Carta 41/56 €
In centro paese, la risorsa ospita rustiche salette ed ambienti freschi, nonché luminosi: buona la cucina, che passa con disinvoltura dal mare alle tradizioni sarde. Dispone anche di accoglienti camere per una sosta più prolungata.

SAN PAOLO D'ARGON

Bergamo (BG) – ✉ 24060 – 5 490 ab. – Alt. 255 m – Carta regionale n° **19-C1**
Roma 575 km – Bergamo 13 km – Brescia 44 km – Milano 60 km
Carta stradale Michelin 561-E11

Executive senza rist
via Nazionale 67 – ✆ 0 35 95 96 96 – www.executive-hotel.it
38 cam – 45/90 € 50/120 €
Ambienti sobri ed eleganti, nonché camere ben insonorizzate, per una moderna struttura in prossimità della strada statale e a pochi km dall'aeroporto. Ideale per una clientela d'affari.

SAN PELLEGRINO (Passo di)

Trento (TN) – ✉ 38035 MoenaAlt. 1 918 m – ✉ Moena – Carta regionale n° **34-C2**
Roma 682 km – Belluno 59 km – Cortina d'Ampezzo 67 km – Bolzano 56 km
Carta stradale Michelin 562-C17

Rifugio Fuciade con cam
località Fuciade – ✆ 04 62 57 42 81 – www.fuciade.it – Chiuso novembre e maggio
7 cam – 50 € 100 €
Menu 45/60 € – Carta 28/62 € – (consigliata la prenotazione la sera)
Telefonate e concordate il tragitto per tempo, perché con la neve vi occorrono 45 min a piedi o la motoslitta del ristorante...Per trovare, infine, un paesaggio mozzafiato tra le cime dolomitiche e sulla tavola una gustosa cucina regionale!

SAN PIETRO → Vedere Legnago

Verona (VR)

SAN PIETRO A CEGLIOLO → Vedere Cortona

Arezzo (AR)

SAN PIETRO ALL'OLMO → Vedere Cornaredo

Milano (MI)

SAN PIETRO IN CARIANO

Verona (VR) – ✉ 37029 – 12 983 ab. – Alt. 151 m – Carta regionale n° **38-A2**
Roma 510 km – Verona 19 km – Brescia 77 km – Milano 164 km
Carta stradale Michelin 562-F14

a Pedemonte Ovest : 4 km – ✉ 37029

Villa del Quar

via Quar 12, Sud-Est : 1,5 km – ✆ 04 56 80 06 81 – www.hotelvilladelquar.it – Aperto 2 aprile-31 ottobre
15 cam – 250/350 € 320/440 € – **10 suites**
Rist *Arquade* – vedere selezione ristoranti
Rist *Quar 12* – Carta 38/70 € – *(solo a pranzo)*
Arredi, decori e colori rievocano uno stile neoclassico che concilia il gusto delle comodità e della raffinatezza con la nobile bellezza dell'antichità. A pranzo, si mangia in "semplicità" al Quar 12, con tanto di griglia!

Arquade – Hotel Villa del Quar

via Quar 12, Sud-Est : 1,5 km – ✆ 04 56 80 06 81 – www.hotelvilladelquar.it – Aperto 2 aprile-31 ottobre
Menu 46/120 € – Carta 40/121 € – *(solo a cena escluso domenica)*
Nel 2013 si è voltata pagina con un nuovo chef che qui, nelle belle sale interne di gusto neoclassico, così come nella graziosa serra con vista sul giardino e vigneti, propone un'intrigante carta divisa per argomenti: Territorio, Progetti, Materie. A voi la scelta.

a Corrubbio Sud-Ovest : 2 km – ✉ 37029 San Pietro In Cariano

Byblos Art Hotel Villa Amistà

rist,
via Cedrare 78, Corrubbio di Negarine Nord : 2 km – ✆ 04 56 85 55 55 – www.byblosarthotel.com – Aperto 1° marzo-31 ottobre
54 cam – 193/275 € 237/407 € – **6 suites** **Rist** – Carta 64/82 €
Design, moda ed ospitalità si fondono nel suggestivo contesto di questa villa patrizia del XVI sec. Il risultato è Byblos Art Hotel Villa Amistà: un raffinato albergo concepito come una mostra permanente di arte contemporanea, che ospita nei suoi spazi opere di nomi famosi. La sera, cucina creativa all'Atelier; a pranzo, menu light al Peter's Bar.

SAN PIETRO IN CASALE

Bologna (BO) – ✉ 40018 – 11 896 ab. – Alt. 17 m – Carta regionale n° **9-C3**
Roma 397 km – Bologna 25 km – Ferrara 26 km – Mantova 111 km
Carta stradale Michelin 562-H16

Dolce e Salato

piazza L. Calori 16/18 – ✆ 0 51 81 11 11
Carta 23/56 €
Rist *Benessum* –Menu 14 € (pranzo)/25 € – Carta 21/47 €
Piazza del mercato: una vecchia casa, in parte ricoperta dall'edera, con ambienti rallegrati da foto d'altri tempi e la saletta denominata Benessum dallo stile più rustico ed informale. In menu: tante paste fresche, ottime carni che arrivano dall'attigua macelleria di famiglia e schietti piatti del territorio.

SAN PIETRO IN CERRO

Piacenza (PC) – ✉ 29010 – 923 ab. – Alt. 44 m – Carta regionale n° **8-A1**
Roma 511 km – Bologna 145 km – Piacenza 33 km – Milano 86 km
Carta stradale Michelin 562-G11

Locanda del Re Guerriero senza rist

via Melchiorre Gioia 5 – ✆ 05 23 83 90 56 – www.locandareguerriero.it
12 cam – 110/150 € 130/180 €
Un interessante mosaico di diverse situazioni: il piacere di soggiornare nella natura, la storicità del luogo, ma anche i confort moderni. In sintesi, una country house a tutto tondo che non vi farà rimpiangere l'albergo tradizionale.

SAN PIETRO IN CORTE → Vedere Monticelli d'Ongina

Piacenza (PC)

SAN PIETRO (isola di)

Sardegna – Carbonia-Iglesias (CI) – 6 692 ab. – Carta regionale n° **28-A3**

CARLOFORTE – ✉ 09014 – Carta regionale n° 28-A3

Carta stradale Michelin 366-K49

Riviera senza rist

corso Battellieri 26 – ✆ 07 81 85 31 13 – www.hotelriviera-carloforte.com – Aperto 1° aprile-31-ottobre

43 cam – 90/200 € 140/300 €

Lungomare, un design inaspettatamente moderno accoglie i clienti; forme sobrie e lineari si ripetono nelle camere dai colori pastello; suggestiva la terrazza panoramica che abbraccia paese e mare.

Villa Pimpina senza rist

via Genova 106/108 – ✆ 07 81 85 41 80 – www.villapimpina.it

10 cam – 50/150 € 60/150 €

In una casa ottocentesca nella parte alta del paese, dalle camere dell'ultimo piano si apre una romantica vista sui tetti e sul mare; in tutte troverete un originale mix di arredi carlofortini e design moderno.

Nichotel senza rist

via Garibaldi 7 – ✆ 07 81 85 56 74 – www.nichotel.it – Aperto 1° marzo-31 ottobre

17 cam – 60/130 € 70/130 €

Inaugurato nel 2007, piacevole hotel in un vicolo del centro con spazi comuni un po' limitati, ma in grado di offrire camere di grande charme: caratteristici pavimenti con inserti provenienti dalle vecchie case carlofortine.

Hieracon

corso Cavour 62 – ✆ 07 81 85 40 28 – www.hotelhieracon.com

23 cam – 50/100 € 70/180 € **Rist** – Carta 30/85 €

Affacciato sul lungomare, elegante edificio Liberty di fine '800 - forse uno dei palazzi più eleganti di Carloforte - arredato con elementi d'antiquariato, materiali raffinati e tutt'intorno il giardino con una chiesetta del '700.

Da Nicolo

corso Cavour 32 – ✆ 07 81 85 40 48 – www.danicolo.com – Aperto Pasqua-30 settembre; chiuso giovedì

Menu 25 € (pranzo) – Carta 36/70 €

Strategica posizione sulla passeggiata, dove si svolge il servizio estivo in veranda, ma il locale è frequentato soprattutto per la qualità della cucina: di pesce con specialità carlofortine. E il tonno, avant tout.

Al Tonno di Corsa

via Marconi 47 – ✆ 07 81 85 51 06 – www.tonnodicorsa.it – Chiuso 15 gennaio-28 febbraio e lunedì escluso luglio-agosto

Menu 25/40 € – Carta 40/67 €

Un locale vivace e colorato, due terrazze affacciate sui tetti del paese, dove gustare uno sfizioso menu dedicato al tonno e tante altre specialità di mare.

Dau Bobba

strada delle Saline – ✆ 07 81 85 40 37 – www.ristorantedaubobba.it – Aperto 1° aprile-30 novembre; chiuso martedì escluso 15 giugno-30 settembre

Carta 46/78 € – (consigliata la prenotazione)

Ad una camminata dal centro, davanti alle saline e ai fenicotteri, la tradizione di questa ex fabbrica continua oggi con i celebri tonni rossi di Carloforte, un ottimo pesto e il pescato isolano.

SAN PIETRO SUL PICCOLO MARE → Vedere Taranto

Taranto (TA)

SAN POLO D'ENZA

Reggio nell'Emilia (RE) – ✉ 42020 – 5 961 ab. – Alt. 166 m – Carta regionale n° **8-B2**
Roma 452 km – Parma 24 km – Modena 43 km – Reggio Emilia 20 km
Carta stradale Michelin 562-I13

Mamma Rosa
via 24 Maggio 1 – ☎ 05 22 87 47 60 – www.ristorante-mammarosa.it – Chiuso 10 giorni in gennaio, 20 giorni in settembre, lunedì e martedì
Menu 38/55 € – Carta 40/63 € – *(solo a cena escluso domenica)*
All'interno di un semplice caseggiato ai margini del paese, tutti gli sforzi si concentrano su una cucina di mare sostenuta dal migliore pescato e da uno stile mediterraneo.

SAN POLO DI PIAVE

Treviso (TV) – ✉ 31020 – 4 925 ab. – Alt. 27 m – Carta regionale n° **39-A1**
Roma 563 km – Venezia 54 km – Belluno 65 km – Cortina d'Ampezzo 120 km
Carta stradale Michelin 562-E19

La Locanda Gambrinus 1847 cam, cam,
località Gambrinus 18 – ☎ 04 22 85 50 43 – www.gambrinus.it
6 cam – 55 € 90 €
Rist ***vedere Parco Gambrinus*** –
In un villino ottocentesco, pochi spazi comuni, ma non se ne sente la mancanza, e camere molto curate, nonché personalizzate.

Parco Gambrinus
località Gambrinus 18 – ☎ 04 22 85 50 43 – www.gambrinus.it – Chiuso 27 dicembre-7 gennaio, 5-13 agosto, lunedì, martedì e mercoledì
Carta 32/53 €
Rist ***Osteria Caffè Gambrinus*** – vedere selezione ristoranti
Salette rustiche e romantiche al tempo stesso per una cucina tradizionale e creativa, elaborata partendo da prodotti tipici della zona e orientata all'etica, nonché sostenibilità (c'è anche un percorso vegano e senza glutine). Animali esotici nel parco dove un ruscello ospita gamberi, anguille, storioni: le specialità della casa!

Osteria Caffè Gambrinus
località Gambrinus 18 – ☎ 04 22 85 50 43 – www.gambrinus.it – Chiuso 27 dicembre-7 gennaio e 5-13 agosto
Carta 23/30 €
All'Osteria il menu è decisamente sbilanciato verso il mare, sebbene non dimentichi gli amanti della carne con qualche proposta di terra. Specialità: baccalà alla sanpolese con polenta.

SAN PROSPERO SULLA SECCHIA

Modena (MO) – ✉ 41030 – 5 856 ab. – Alt. 22 m – Carta regionale n° **8-B2**
Roma 415 km – Bologna 58 km – Ferrara 63 km – Mantova 69 km
Carta stradale Michelin 562-H15

Corte Vecchia
via San Geminiano 1 – ☎ 0 59 80 92 72 – www.cortevecchia.com – Chiuso 19 dicembre-4 gennaio e 7-23 agosto
24 cam – 80/90 € 99/138 €
Rist – Carta 21/41 € – *(chiuso venerdì, sabato e domenica) (solo a cena) (solo per alloggiati)*
Ricavato dalla ristrutturazione di un antico casale affacciato su una corte, dispone di camere spaziose arredate in un armonioso stile classico ma dotate dei moderni confort.

SAN QUIRICO DI MORIANO → Vedere Lucca

Lucca (LU)

SAN QUIRICO D'ORCIA

Siena (SI) – ✉ 53027 – 2 672 ab. – Alt. 409 m – Carta regionale n° **32-C2**
Roma 196 km – Siena 44 km – Chianciano Terme 31 km – Firenze 111 km
Carta stradale Michelin 563-M16

Palazzo del Capitano – Residenza d'epoca

via Poliziano 18 – ✆ 05 77 89 90 28 – www.palazzodelcapitano.com
17 cam – 90/140 € 140/280 € – **5 suites**
Rist *Trattoria al Vecchio Forno* – vedere selezione ristoranti
In pieno centro, una realtà di charme che si avvicina ai sogni di chi cerca fascino, storia ed eleganza, ma anche gustosi piatti del territorio. Il nome è mutuato dal Capitano del Popolo che dimorò in questo palazzo nel '400.

Casanova

località Casanova 6/c – ✆ 05 77 89 81 77 – www.residencecasanova.it – Chiuso 7 gennaio- 12 febbraio
70 cam – 80/110 € 105/130 €
Rist *Taverna del Barbarossa* – vedere selezione ristoranti
Circondata dalle colline toscane e vicina al centro storico, la struttura consta di una grande hall, camere dagli arredi sobri, un soggiorno panoramico e la nuova spa Grotte Saline Etrusche, le cui acque vantano proprietà termali e talassoterapiche.

Agriturismo Il Rigo

località Casabianca, Sud-Ovest : 4,5 km – ✆ 05 77 89 72 91 – www.agriturismoilrigo.com – Chiuso 10 gennaio-1° marzo
15 cam – 75/87 € 100/124 €
Rist – Menu 25 € – *(solo a cena) (solo per alloggiati)*
In aperta campagna, in un antico casale in cima ad un colle da cui si gode una suggestiva vista sul paesaggio circostante, ambienti piacevolmente rustici.

Casa Lemmi senza rist

via Dante Alighieri 29 – ✆ 05 77 89 90 16 – www.casalemmi.com – Chiuso 7-31 gennaio
9 cam – 89/149 € 89/149 €
Moderni accessori di ultima generazione, ambienti particolari e personalizzati, nonché un piccolo giardino per la prima colazione in un palazzo medievale del centro (di fronte alla Collegiata). Se, poi, si è in vena di esclusività, si può sempre prenotare la piccola piscina per un uso privato.

Taverna da Ciacco

via Dante Alighieri 30/a – ✆ 05 77 89 73 12 – www.ristorantedaciacco.it – Chiuso 4-17 febbraio, 18-24 novembre e martedì
Carta 29/50 €
Accogliente locale dai toni rustici: ai fornelli, il titolare stesso saprà conquistarvi con piatti della tradizione interpretati con fantasiosa creatività e sporadiche proposte di pesce. Filettino di cinta senese avvolto nel rigatino croccante su fonduta di cipolle, il nostro preferito!

Taverna del Barbarossa – Hotel Casanova

località Casanova 6/c – ✆ 05 77 89 82 99 – www.tavernadelbarbarossa.com – Chiuso 7 gennaio-12 febbraio e lunedì escluso agosto
Carta 23/47 €
Il suo nome è dovuto ad un avvenimento storico accaduto qui nel 1154: l'incontro tra i messi Papali di Roma e l'imperatore Federico II di Svevia detto il "Barbarossa". Oggi, in un'ampia sala, i sapori della regione, ma con un attenzione particolare per i celiaci, ai quali il ristorante riserva ricette senza glutine.

Trattoria al Vecchio Forno – Hotel Palazzo del Capitano

via Poliziano 18 – ✆ 05 77 89 73 80 – www.palazzodelcapitano.com
Menu 25 € – Carta 28/49 €
Cucina schiettamente toscana, semplice e sapida, in un ambiente genuino con salumi appesi e bottiglie di vino in esposizione. Piacevole servizio estivo nel giardino denso di ricordi storici: tra un vecchio porticato ed un pozzo ancora funzionante.

a Bagno Vignoni Sud-Est : 5 km – ✉ 53027

Adler Thermae
cam,
strada di Bagno Vignoni 1 – ✆ 05 77 88 90 00 – www.adler-thermae.com – Chiuso 6 gennaio-5 febbraio
90 cam – solo ½ P 244/275 € **Rist** - *(solo per alloggiati)*
L'ospitalità tirolese si è trasferita nella verde Toscana. Gli ambienti interni sono signorili ed eleganti, quelli esterni generosi per dedicarsi in pieno al relax, alle cure termali, nonché ai trattamenti di bellezza.

Posta-Marcucci
rist,
via Ara Urcea 43 – ✆ 05 77 88 71 12 – www.hotelpostamarcucci.it – Chiuso 7 gennaio-7 febbraio
31 cam – 100/130 € 170/200 € – **5 suites** **Rist** – Carta 24/55 €
Da quattro generazioni un'ospitalità cordiale in ambienti personalizzati e volutamente familiari. Belle camere e, non solo in estate, una zona all'aperto con grande piscina termale. Ottimo ristorante dove gustare sapori regionali, nonché vini toscani e nazionali con un buon rapporto qualità/prezzo.

La Locanda del Loggiato senza rist
piazza del Moretto 30 – ✆ 05 77 88 89 25 – www.loggiato.it – Chiuso 22-25 dicembre
6 cam – 70/90 € 90/120 €
Nel cuore della località - accanto alla vasca d'acqua un tempo piscina termale - edificio del 1300 rivisitato con grande senso estetico da due intraprendenti sorelle, che ne hanno fatto un rifugio davvero charmant. A pochi metri il wine-bar per le colazioni, ma anche per gustare taglieri, zuppe, dolci e vino.

Osteria del Leone
via dei Mulini 3 – ✆ 05 77 88 73 00 – www.osteriadelleone.it – Chiuso 7 gennaio-7 febbraio e lunedì
Menu 25/45 € – Carta 25/55 €
Nel cuore di Bagno Vignoni, affacciata sulla vasca termale che è la piazza di questo borgo della Val d'Orcia, un'osteria di antica tradizione con tre confortevoli salette, dove accomodarsi per gustare i veri sapori toscani. Se il tempo lo permette, optate per il servizio all'aperto.

SAN QUIRINO
Pordenone (PN) – ✉ 33080 – 4 349 ab. – Alt. 116 m – Carta regionale n° **10**-**A2**
Roma 613 km – Udine 65 km – Belluno 75 km – Milano 352 km
Carta stradale Michelin 562-D20

La Primula (Andrea Canton) con cam
via San Rocco 47 – ✆ 0 43 49 10 05 – www.ristorantelaprimula.it – Chiuso 7-25 gennaio e luglio
7 cam – 50/60 € 80/100 €, 10 €
Menu 70 € – Carta 43/68 € – *(chiuso domenica sera e lunedì) (solo a cena esclusi i giorni festivi)*
L'esperienza qui sicuramente non fa difetto: l'elegante locale - a breve distanza da Pordenone - vanta oltre 140 anni di attività! Gestita dall'intera famiglia, la bella sala è dominata da un camino e da piatti curati e sapori rassicuranti, mentre la carta dei vini entusiasma per la scelta di etichette a prezzi sorprendentemente corretti.
→ Mezzi paccheri con granseola, crema di pisellini e curry verde. Filetto di manzo in crosta di olive con pomodorini confit al timo. Granita alla fragola con gelato alla menta fresca.

Osteria alle Nazioni
via San Rocco 47/1 – ✆ 0 43 49 10 05 – www.ristorantelaprimula.it – Chiuso domenica sera e lunedì
Carta 23/36 €
Rustico, accogliente e simpatico, un locale dove fermarsi per gustare un piatto tipico regionale preparato con cura, accompagnato da un bicchiere di vino.

SAN REMO

Imperia (IM) – ✉ 18038 – 53 936 ab. – Carta regionale n° **14-A3**
Roma 638 km – Imperia 30 km – Milano 262 km – Nice 59 km
Carta stradale Michelin 561-K5

Royal Hotel

rist,

corso Imperatrice 80 – ✆ 01 84 53 91 Pianta : A2**h**
– www.royalhotelsanremo.com – Aperto 12 febbraio-1° novembre
113 cam – 220/408 € 302/579 € – **13 suites** **Rist** – Menu 65/116 €
Grand hotel di centenaria tradizione, gestito dalla fine dell'800 dalla stessa famiglia; interni molto signorili e giardino fiorito con piscina d'acqua di mare riscaldata. In memoria degli antichi fasti, il grande salone con fiori in vetro di Murano firmerà una sosta gastronomica davvero esclusiva.

Nazionale

via Matteotti 3 – ✆ 01 84 57 75 77 Pianta : A2**v**
– www.hotelnazionalesanremo.com
80 cam – 80/183 € 100/356 € – **4 suites**
Rist *Rendez Vous* – ✆ 01 84 54 16 12 – Carta 26/61 € – *(chiuso mercoledì in bassa stagione)*
A pochi passi dal casinò e dalle boutique delle più celebri firme della moda, la risorsa offre ambienti moderni caratterizzati da continui ed attenti interventi di rinnovamento. Ampia terrazza roof garden e solarium per godere dell'aria iodata della Riviera. Specialità liguri nell'originale ristorante in stile marina.

Hotel De Paris N

cam, cam,

corso Imperatrice 66 – ✆ 0 18 41 92 52 50 Pianta : A2**a**
– www.hoteldeparissanremo.it
26 cam – 100/290 € 150/580 € – **2 suites**
Rist – Carta 56/110 € – *(chiuso lunedì in inverno)*
A due passi dal celebre Casinò, ma al tempo stesso anche sul mare, edificio fine '800 risorto a nuova vita dopo un lungo restauro; cucina internazionale nel prestigioso salone ristorante.

Lolli Palace Hotel
corso Imperatrice 70 – ✆ 01 84 53 14 96 – www.lollihotel.it Pianta : A2**s**
– Chiuso 4 novembre-20 dicembre
52 cam – ♦60/160 € ♦♦60/160 €, ☕ 10 € **Rist** – Carta 26/49 €
Il fascino del Liberty rivive in un palazzo storico sul lungomare, a fianco del Casinò; eleganti ambienti comuni, camere accoglienti - alcune con idromassaggio - WiFi gratuito in tutta la struttura. Un accattivante roof garden con vista mare rende ancora più piacevole la sosta al ristorante.

Paradiso
via Roccasterone 12 – ✆ 01 84 57 12 11 Pianta : A2**g**
– www.paradisohotel.it – Aperto 11 febbraio-30 ottobre
41 cam ☕ – ♦70/120 € ♦♦98/190 € **Rist** – Carta 36/58 €
Un hotel di antiche tradizioni, inserito in una struttura di inizio secolo scorso e posizionato nella parte alta di San Remo. Le confortevoli camere dispongono tutte di un balcone affacciato verso il mare e la piccola piscina; ampie zone comuni. Piatti liguri nella luminosa sala ristorante.

Eveline-Portosole senza rist
corso Cavallotti 111 – ✆ 01 84 50 34 30 Pianta : B1**c**
– www.evelineportosole.com – Chiuso 7-31 gennaio
21 cam ☕ – ♦80/120 € ♦♦90/159 €
E' all'interno che si rivela il fascino di questo villino: arredi d'epoca, mazzetti al profumo di lavanda e tessuti in stile inglese...E per aggiungere ulteriore charme, prima colazione servita a lume di candela e le 4 camere Hammam e Japan, una sorta di "viaggio nel viaggio".

Paolo e Barbara (Paolo Masieri)
via Roma 47 – ✆ 01 84 53 16 53 – www.paolobarbara.it Pianta : A2**p**
– Chiuso 10-30 dicembre, 1°-10 luglio, mercoledì e giovedì
Menu 75/95 € – Carta 71/156 € – *(solo a cena escluso sabato ed i giorni festivi da ottobre a maggio)* (prenotare)
Un affresco riproducente un bucolico paesaggio di campagna dà profondità alla piccola sala, mentre a dar risalto alla cucina contribuiscono le ottime materie prime: il pesce e le verdure (quasi tutte raccolte nella piccola azienda agricola allestita per lo scopo).
→ Raviolini alle erbette selvatiche, pesto di noci e cagliata. Gamberi di Sanremo fiammeggiati su riso allo zafferano di Navelli e verdure dell'orto. Tortino al pistacchio di Bronte e marmellata di limoni di San Remo e capperi.

Ulisse
via Padre Semeria 620, 3 km per Ventimiglia - A2 – ✆ 01 84 67 03 38
– www.ristoranteulisse.com – Chiuso 3 settimane in gennaio e martedì
Menu 32/47 € – Carta 28/90 € – *(solo a cena escluso sabato e i giorni festivi)*
Non distante dall'uscita autostradale, è una strada panoramica tra mare e monti a condurre sino a questo locale dove gustare una fragrante cucina di mare; d'estate si pranza in terrazza.

Tortuga (N)
via Nino Bixio 93/a ✉ 18038 San Remo – ✆ 01 84 84 03 07 Pianta : B2**a**
– Chiuso martedì a mezzogiorno e lunedì
Carta 29/65 €
L'insegna non tragga in inganno: la cucina è ligure, schietta e fragrante. Scendete, quindi, con fiducia i pochi scalini che portano al ristorante!

a Bussana Est : 5,5 km – ✉ 18038

La Kambusa
via al Mare 87 – ✆ 01 84 51 45 37 – Chiuso mercoledì
Carta 35/62 € – *(solo a cena)*
Situato sul lungomare, il locale vanta una gestione appassionata ed una cucina che spazia tra mare e terra e propone piatti della tradizione, così come creazioni più innovative.

SAN ROCCO → Vedere Camogli
Genova (GE)

SAN SALVO

Chieti (CH) – ✉ 66050 – 19 653 ab. – Alt. 100 m – Carta regionale n° **2**-D2
Roma 280 km – Pescara 83 km – Campobasso 90 km – Termoli 31 km
Carta stradale Michelin 563-P26

L'Abruzzese

via Leone Magno 26 – ✆ 08 73 34 61 58 – Chiuso domenica sera e lunedì
Carta 25/40 €
Look contemporaneo ed elegante per questo nuovo ristorante sorto in zona residenziale; la cucina esprime il territorio con proposte giornaliere - spesso a voce - di piatti classici marinari.

a San Salvo Marina Nord-Est : 4,5 km – ✉ 66050

Al Metrò (Nicola Fossaceca)

via Magellano 35 – ✆ 08 73 80 34 28 – www.ristorantealmetro.it – Chiuso 1 settimana in novembre, 23-29 dicembre, domenica sera, lunedì in settembre-giugno, i mezzogiorno di lunedì e martedì in luglio-agosto
Menu 50/70 € – Carta 41/63 € – (consigliata la prenotazione)
Ecco una cucina di passione e sostanza per chi non ama eccessivi tecnicismi o azzardati accostamenti. Siamo nel regno della cucina abruzzese di mare e il pescato la fa da padrone con sapori decisi: è l'indirizzo giusto per un gran pasto "tutto pesce".
➜ Gnocchi verdi di lattuga di mare e vongole. Brodetto di pesce alla moda di San Salvo. Parrozzo abruzzese (dessert).

SAN SAVINO ➜ Vedere Ripatransone

Ascoli Piceno (AP)

SANSEPOLCRO

Arezzo (AR) – ✉ 52037 – 16 019 ab. – Alt. 330 m – Carta regionale n° **32**-D2
Roma 258 km – Rimini 91 km – Arezzo 39 km – Firenze 114 km
Carta stradale Michelin 563-L18

Borgo Palace Hotel

via Senese Aretina 80 – ✆ 05 75 73 60 50 – www.borgopalace.it
75 cam – †73/83 € ††90/125 €
Rist *Il Borghetto* – vedere selezione ristoranti
Interni ricchi ed avvolgenti: marmi, boiserie e dorature, ampie sale di soggiorno, nonché camere confortevoli con tappezzerie coordinate ai tessuti d'arredo. Un indirizzo chic a prezzi contenuti.

La Balestra

via Montefeltro 29 – ✆ 05 75 73 51 51 – www.labalestra.it
52 cam – †62/73 € ††88/103 € – **1 suite**
Rist *La Balestra* – vedere selezione ristoranti
Arredi e confort di tipo classico, conduzione diretta e professionale, per questo valido indirizzo appena fuori dal centro storico. Il buon rapporto qualità/prezzo e la ristorazione di livello fanno sì che la risorsa sia particolarmente apprezzata da una clientela d'affari.

Relais Palazzo di Luglio

via Marechiese 35, frazione Cigliano, Nord-Ovest : 2 km – ✆ 05 75 75 00 26 – www.relaispalazzodiluglio.com
14 cam – †90/100 € ††120/130 €
Rist – Menu 35 € – *(solo a cena) (solo per alloggiati)*
Sulle prime colline intorno al paese, aristocratica villa seicentesca un tempo adibita a soggiorni estivi in campagna. Spazi, eleganza e storia si ripropongono immutati.

Il Borghetto – Borgo Palace Hotel

via Senese Aretina 80 – ✆ 05 75 73 60 50 – www.borgopalace.it – Chiuso 2 settimane in agosto
Carta 30/42 €
Classico e con spiccate note di eleganza, il ristorante propone le eccellenze, nonché le tipicità del territorio: tartufi, funghi porcini, formaggi e salumi stagionati, oli e cacciagione. Intrigante, la lista dei vini.

XX **La Balestra** – Hotel La Balestra

via Montefeltro 29 – ✆ 05 75 73 51 51 – www.labalestraristorante.it – Chiuso 1°-25 agosto e domenica sera

Menu 22/30 € – Carta 22/51 €

Si sa che la Toscana vanta una grande tradizione enogastronomica, ma quando ci si accomoda al desco di questo ristorante, si capisce anche il perchè: tartufo bianco e funghi porcini, pasta fatta in casa, carne di razza Chianina, olio di oliva extra vergine proveniente dalle migliori aziende locali. E con tutto ciò dell'ottimo vino!

XX **Oroscopo di Paola e Marco** con cam

rist,

via Togliatti 68, località Pieve Vecchia, Nord-Ovest : 1 km – ✆ 05 75 73 48 75 – www.relaisoroscopo.com – Chiuso 23 dicembre-10 gennaio e 25 giugno-25 luglio

10 cam – †40/60 € ††60/80 €

Menu 30 € – Carta 21/52 € – *(chiuso domenica) (solo a cena)*

Nella patria di Piero della Francesca, due coniugi hanno creato questo elegante nido in cui poter anche pernottare ma, soprattutto, assaporare piatti creativi. Ambiente raffinato e lo charme di una casa privata.

XX **Fiorentino e Locanda del Giglio** con cam

via Luca Pacioli 60 – ✆ 05 75 74 20 33 – www.ristorantefiorentino.it – Chiuso 1 settimana in gennaio, luglio e novembre

4 cam – †60 € ††85 € Menu 20/35 € – Carta 22/45 € – *(chiuso mercoledì)*

Gestione con cinquant'anni di mestiere che si adopera con professionalità e abilità per accogliere al meglio i propri ospiti in un locale che di anni ne ha circa duecento.

X **Da Ventura** con cam

cam,

via Aggiunti 30 – ✆ 05 75 74 25 60 – www.albergodaventura.it – Chiuso 10 giorni in gennaio e 20 giorni in agosto

5 cam – †45 € ††65 € Carta 24/30 € – *(chiuso domenica sera e lunedì)*

Un unico nome per tre generazioni, perché ciò che più conta è saper entusiasmare chi ama la cucina locale con prodotti freschi e genuini.

SAN SEVERINO LUCANO

Potenza (PZ) – ✉ 85030 – 1 628 ab. – Alt. 877 m – Carta regionale n° **4**-C3

Roma 406 km – Cosenza 152 km – Potenza 113 km – Matera 139 km

Carta stradale Michelin 564-G30

Paradiso

via San Vincenzo – ✆ 09 73 57 65 86 – www.hotelparadiso.info

62 cam – †45/65 € ††60/100 €

Rist – Carta 13/44 € – *(chiuso mercoledì escluso in alta stagione)*

Ideale punto di partenza per gite - motorizzate, a piedi o a cavallo - nel Parco del Pollino, questa risorsa dispone d'interessanti strutture sportive. Camere semplici. Immersi tra una natura ancora vera, i sapori locali "influenzano" i piatti.

SAN SEVERINO MARCHE

Macerata (MC) – ✉ 62027 – 12 965 ab. – Alt. 235 m – Carta regionale n° **21**-C2

Roma 228 km – Ancona 72 km – Foligno 71 km – Macerata 30 km

Carta stradale Michelin 563-M21

Locanda Salimbeni

strada provinciale 361, Ovest : 4 km – ✆ 07 33 63 40 47 – www.locandasalimbeni.com

8 cam – †50/55 € ††65/70 €

Rist – Carta 21/36 € – *(solo a cena) (solo per alloggiati)*

Veramente una bella realtà a pochi chilometri dal centro: camere gradevolissime e personalizzate, alcune con letto a baldacchino, altre con testiera in ferro battuto.

Due Torri con cam

via San Francesco 21 – ✆ 07 33 64 54 19 – www.duetorri.it – Chiuso 20-27 dicembre e 20-30 giugno

15 cam – 40/50 € 60/70 €

Menu 20 € (pranzo)/45 € – Carta 24/54 € – *(chiuso domenica sera e lunedì)*

Nella parte più alta e vecchia del paese, vicino al castello, una cucina familiare alla scoperta delle fragranze del territorio ed un piccolo angolo-enoteca dove si vendono specialità alimentari della zona. Camere semplici ed essenziali, per un soggiorno nella tranquillità.

SAN SEVERO

Foggia (FG) – ✉ 71016 – 54 421 ab. – Alt. 86 m – Carta regionale n° **26-A1**

Roma 320 km – Foggia 36 km – Bari 153 km – Monte Sant'Angelo 57 km

Carta stradale Michelin 564-B28

La Fossa del Grano

via Minuziano 63 – ✆ 08 82 24 11 22 – www.lafossadelgrano.it – Chiuso 1 settimana in agosto, domenica sera e lunedì

Carta 33/55 €

Nel centro storico, trattoria di pochi coperti sotto i tradizionali soffitti a vela e a botte, dove gustare una straordinaria carrellata di prodotti pugliesi: immancabile, interminabile, ma soprattutto indimenticabile la serie di antipasti.

SAN SIRO → Vedere San Benedetto Po

Mantova (MN)

SANTA BARBARA → Vedere Muggia

Trieste (TS)

SANTA CATERINA VALFURVA

Sondrio (SO) – ✉ 23030Alt. 1 738 m – Carta regionale n° **17-C1**

Roma 776 km – Sondrio 77 km – Bolzano 136 km – Bormio 13 km

Carta stradale Michelin 561-C13

Baita Fiorita di Deborah

via Frodolfo 3 – ✆ 03 42 92 51 19 – www.compagnoni.it – Chiuso maggio, ottobre e novembre

22 cam – 130/260 € 130/260 € – **4 suites**

Rist ***Caffè Bormio*** – vedere selezione ristoranti

E' proprio quello che si cerca in un albergo di montagna: il calore del legno, camere confortevoli ed un piacevole centro benessere per rilassarsi dopo una giornata passata sulle piste o en plein air.

Vedig

via Vedig 14 – ✆ 03 42 93 53 05 – www.albergovedig.it – Chiuso ottobre

20 cam – 130/210 € 130/210 € **Rist** – Carta 34/58 €

In paese, ma anche in posizione più elevata con le camere panoramiche agli ultimi piani, è un felice connubio di antico e moderno, tradizione montana ed accessori d'oggi.

Pedranzini

piazza Magliavaca 5 – ✆ 03 42 93 55 25 – www.hotelpedranzini.it – Chiuso ottobre

18 cam – 60/80 € 80/130 € **Rist** – Carta 25/54 €

Sulla famosa piazzetta di Santa Caterina, a soli 50 m dagli impianti di risalita, hotel familiare (completamente rinnovato) dispone di ambienti accoglienti e zona relax. Camere di buon livello dal ligneo arredo. Al ristorante, piatti della tradizione.

Caffè Bormio – Hotel Baita Fiorita di Deborah

via Frodolfo 3 – ✆ 03 42 92 51 19 – www.compagnoni.it – Aperto 1° dicembre-30 aprile e 1° giugno-30 settembre
Carta 21/63 €
Se la famosa sciatrice presta il nome all'albergo, la cucina non poteva che essere… della mamma, custode di antiche ricette montane. In un ambiente romantico ed elegante, al rientro da una sciata o da una passeggiata, c'è di che deliziarsi!

SANTA CESAREA TERME

Lecce (LE) – ✉ 73020 – 3 021 ab. – Alt. 25 m – Carta regionale n° **27**-D3
Roma 633 km – Bari 203 km – Lecce 49 km
Carta stradale Michelin 564-G37

Alizè rist,

via Paolo Borsellino – ✆ 08 36 94 40 41 – www.hotelalize.it – Aperto 1° giugno-30 settembre
55 cam – †48/80 € ††76/140 €
Rist – Menu 15/20 € – *(solo per alloggiati)*
In posizione panoramica e poco distante dal centro, un hotel con influenze architettoniche arabeggianti, luminose aree comuni, camere sobrie negli arredi, solarium e piscina. Al ristorante, la classica e gustosa cucina del bel Paese.

SANTA CRISTINA → Vedere Gubbio

Perugia (PG)

SANTA CRISTINA VALGARDENA (ST. CHRISTINA IN GRÖDEN)

Bolzano (BZ) – ✉ 39047 – 1 885 ab. – Alt. 1 428 m – Carta regionale n° **34**-C2
Roma 681 km – Bolzano 41 km – Cortina d'Ampezzo 75 km – Milano 338 km
Carta stradale Michelin 562-C17

Interski rist,

strada Cisles 51 – ✆ 04 71 79 34 60 – www.hotel-interski.com – Aperto 4 dicembre-15 aprile e 15 giugno-15 ottobre
25 cam – †65/150 € ††100/260 € – **2 suites**
Rist – Menu 34 € – *(solo a cena) (solo per alloggiati)*
Un completo rinnovo, piuttosto recente, connota questo albergo, già gradevolissimo dall'esterno; stanze di ottimo confort, con legno chiaro e un panorama di raro fascino.

sulla strada statale 242 Ovest : 2 km :

Diamant Sport & Wellness rist,

via J. Skasa 1 ✉ 39047 – ✆ 04 71 79 67 80 – www.hoteldiamant.it – Aperto 15 dicembre-7 aprile e 18 giugno-12 ottobre
40 cam – solo ½ P 80/200 € – **5 suites** **Rist** - *(solo per alloggiati)*
Nella suggestiva cornice delle Dolomiti, una grande struttura con camere ben accessoriate e un giardino che assicura quiete e relax. Dopo una giornata di sci o di escursioni, ritempratevi nel centro benessere.

SANTA DOMENICA → Vedere Tropea

Vibo Valentia (VV)

SANTA FLAVIA

Sicilia – Palermo (PA) – ✉ 90017 – 10 933 ab. – Carta regionale n° **29**-B2
Agrigento 130 km – Caltanissetta 116 km – Catania 197 km – Messina 223 km
Carta stradale Michelin 365-AQ55

a Porticello Nord-Est : 1 km – ✉ 90010

XX **Al Faro Verde da Benito**

largo San Nicolicchio 14 – ✆ 0 91 95 79 77 – www.alfaroverde.it – Chiuso novembre e martedì

Carta 33/83 €

Con i suoi 35 anni di storia – siamo ormai alla seconda generazione – questo storico locale non smette di soddisfare i suoi ospiti: un'ampia scelta fra crostacei e pesce di ogni genere, proposti in maniera leggermente creativa, da accompagnarsi con eccellenti vini locali. Servizio estivo all'aperto, le onde del mare lì accanto.

SANTA FRANCA ➜ Vedere Polesine Parmense

Parma (PR)

SANT'AGATA DE' GOTI

Benevento (BN) – ✉ 82019 – 11 268 ab. – Alt. 159 m – Carta regionale n° **6-B1**

▶ Roma 220 km – Napoli 48 km – Benevento 35 km – Latina 36 km

Carta stradale Michelin 564-D25

Dimora Storica Mustilli

piazza Trento 4 – ✆ 08 23 71 81 42 – www.mustilli.com

6 cam – †40/60 € ††75/100 €

Rist – Menu 25/50 € – (prenotazione obbligatoria)

E' magica la combinazione di fascino, storia e cordiale accoglienza familiare in questa elegante dimora nobiliare settecentesca, in pieno centro, gestita con cura e passione. Per i pasti il ristorante con cucina casalinga.

SANT'AGATA SUI DUE GOLFI

Napoli (NA) – ✉ 80064Alt. 391 m – Carta regionale n° **6-B2**

▶ Roma 266 km – Napoli 55 km – Castellammare di Stabia 28 km – Salerno 56 km

Carta stradale Michelin 564-F25

Don Alfonso 1890

corso Sant'Agata 11 – ✆ 08 18 78 00 26 – www.donalfonso.com – Aperto 30 marzo-3 novembre

4 cam – **4 suites** – ††400/600 €

Rist ***Don Alfonso 1890*** ✿✿ – vedere selezione ristoranti

Un'oasi di tranquillità e buon gusto, nonché un'enclave di eleganza, nel centro della località: raffinate camere e suite, curato giardino con piscina.

Sant'Agata

via dei Campi 8/A – ✆ 08 18 08 08 00 – www.hotelsantagata.com – Aperto 1° aprile-31 ottobre

42 cam – †58/78 € ††75/110 € **Rist** – Carta 25/53 € – *(solo a cena)*

Tranquillità e confort sono i principali atout di questa struttura, particolarmente indicata per spostarsi o soggiornare in Costiera; bel porticato esterno. Ambiente curato al ristorante: sale capienti con arredi piacevoli.

XXXX ✿✿ **Don Alfonso 1890** (Alfonso ed Ernesto Iaccarino) – Hotel Don Alfonso 1890

corso Sant'Agata 11 – ✆ 08 18 78 00 26 – www.donalfonso.com – Aperto 30 marzo-3 novembre; chiuso martedì a mezzogiorno e lunedì in estate, anche martedì sera negli altri mesi

Menu 150/170 € – Carta 114/200 €

Benvenuti in un'enclave di lusso nel cuore di Sant'Agata, in una cittadella di piaceri dove l'universo gourmet campano si dispiega tra ceramiche di Vietri, generosa ospitalità e prodotti d'eccellenza. Non mancate di visitare le cantine, veri e propri cunicoli risalenti ad epoche antiche.

➜ Gnocchetti di patate con scamorza affumicata, pomodorini e basilico. Casseruola di pesce di scoglio, crostacei e frutti di mare. Impressionismo di crema e zabaione al caffé.

Lo Stuzzichino
via Deserto 1A – 08 15 33 00 10 – www.ristorantelostuzzichino.it – Chiuso 20 gennaio-20 febbraio
Menu 30/38 € – Carta 21/43 €
Inizialmente rosticceria, oggi moderna trattoria con i simpatici familiari di due generazioni ancora tutti impegnati. La cucina seleziona i prodotti a livello nazionale: pesce, ma anche tanta, buona, carne.

SANT' AGNELLO

Napoli (NA) – 80065 – 9 039 ab. – Carta regionale n° **6-B2**
Roma 255 km – Napoli 46 km – Castellammare di Stabia 17 km – Salerno 48 km
Carta stradale Michelin 564-F25

Grand Hotel Cocumella
via Cocumella 7 – 08 18 78 29 33 – www.cocumella.com – Aperto 1° aprile-31 ottobre
40 cam – 270/360 € 295/480 € – **8 suites**
Rist *La Scintilla* – vedere selezione ristoranti
L'edificio risale al '500 quando fu costruito dai Padri Gesuiti. Diverse destinazioni e fortune ne accompagnarono da allora la storia, ma sono ormai quasi due secoli che il Cocumella offre ospitalità ai viaggiatori di tutto il mondo. Corollario di tanta atmosfera: camere incantevoli e bagni lussureggianti.

Mediterraneo
via Marion Crawford 85 – 08 18 78 13 52 – www.mediterraneosorrento.com – Aperto 1° aprile-31 ottobre
69 cam – 120/500 € 140/600 €
Rist – Carta 40/85 € – *(solo a cena) (solo per alloggiati)*
Fronte mare e abbellito da un ameno giardino con piscina, hotel storico ristrutturato che conserva l'immagine e il fascino di un tempo, offrendo confort adeguati al presente. Accomodatevi sulla bella terrazza panoramica per sorseggiare un cocktail o gustare una pizza oppure assaporare la cucina partenopea.

Caravel
corso Marion Crawford 61 – 08 18 78 29 55 – www.hotelcaravel.com – Aperto 1° aprile-31 ottobre
88 cam – 90/130 € 80/180 € **Rist** – Carta 25/50 €
Recentemente ristrutturate le moderne camere di questo hotel situato nella zona residenziale della località. Tranquilli gli ambienti, luminosi e ben insonorizzati.

La Scintilla – Grand Hotel Cocumella
via Cocumella 7 – 08 18 78 29 33 – www.cocumella.com – Aperto 1° aprile-31 ottobre
Carta 45/107 €
Sarà una scintilla ad accendere il vostro appetito, perchè qui l'offerta gastronomica è quanto mai variegata, si passa dai classici internazionali ai piatti regionali campani. Anche per gli habitué sarà difficile trovare una ripetizione: il cuoco, qui, è come Paganini.

SANT' AGOSTINO

Ferrara (FE) – 44047 – 7 052 ab. – Alt. 19 m – Carta regionale n° **9-C2**
Roma 428 km – Bologna 46 km – Ferrara 23 km – Milano 220 km
Carta stradale Michelin 562-H16

Trattoria la Rosa con cam
via del Bosco 2 Sant'Agnello – 0 53 28 40 98 – www.trattorialarosa1908.it – Chiuso 2 settimane in gennaio e 3 settimane in agosto
5 cam – 65 € 80 €
Menu 20 € (pranzo in settimana)/50 € – Carta 34/59 € – *(chiuso domenica sera e lunedì, anche sabato a pranzo in giugno-agosto)* (prenotare)
Cinque generazioni ai fornelli avranno ben un significato! La trattoria festeggia un secolo di successi - oggi in ambienti moderni ed essenziali - valorizzando la cucina regionale, con un occhio di riguardo agli insegnamenti del famoso chef Artusi e un altro alla creatività.

SANTA LIBERATA → Vedere Porto Santo Stefano

Grosseto (GR)

SANTA LUCIA DEI MONTI → Vedere Valeggio sul Mincio

Verona (VR)

SANTA MARGHERITA LIGURE

Genova (GE) – ✉ 16038 – 9 624 ab. – Carta regionale n° **15-C2**

Roma 480 km – Genova 40 km – Milano 166 km – Parma 149 km

Carta stradale Michelin 561-J9

Imperiale Palace Hotel

via Pagana 19 – ✆ 01 85 28 89 91 – www.Imperialepalacehotel.it. – Aperto 1° aprile-15 ottobre

86 cam – 300/340 € 490/550 € – **3 suites** **Rist** – Carta 58/114 €

Imponente struttura fine '800 a monte dell'Aurelia, ma con spiaggia privata; parco-giardino sul mare con piscina riscaldata e fascino di una pietra miliare dell'hotellerie. Suggestiva sala da pranzo: stucchi e decorazioni davvero unici; signorilità infinita.

Grand Hotel Miramare

lungomare Milite Ignoto 30 – ✆ 01 85 28 70 13 – www.grandhotelmiramare.it – Chiuso 6 gennaio-20 marzo

80 cam – 146/317 € 213/523 € – **4 suites**

Rist *Vistamare* – vedere selezione ristoranti

Palme, oleandri, pitosfori e un centenario cedro del Libano: no, non siamo in un giardino botanico, ma nello splendido parco di un'icona dell'ospitalità di Santa. Tra raffinatezza liberty e relax di lusso, c'è posto anche per un moderno centro benessere.

Metropole

rist,

via Pagana 2 – ✆ 01 85 28 61 34 – www.metropole.it – Chiuso 1° novembre-20 dicembre

55 cam – 60/145 € 100/265 € – **4 suites** **Rist** – Carta 42/71 €

Con un parco fiorito, digradante verso il mare la spiaggia privata, tutto il fascino di un hotel d'epoca e la piacevolezza di una grande professionalità unita all'accoglienza. Elegante sala ristorante dove gustare anche piatti liguri di terra e di mare.

Continental

rist,

via Pagana 8 – ✆ 01 85 28 65 12 – www.hotel-continental.it – Chiuso gennaio-febbraio

69 cam – 60/260 € 90/290 € **Rist** – Carta 34/68 € – *(solo a cena)*

In posizione panoramica e con ampio parco sul mare, questo hotel è indirizzo tra i più "gettonati" per quanto riguarda confort e relax. La sala da pranzo è quasi un tutt'uno con la terrazza, grazie alle ampie vetrate aperte.

Jolanda

cam, rist,

via Luisito Costa 6 – ✆ 01 85 28 75 13 – www.hoteljolanda.it – Chiuso 30 ottobre-27 dicembre

46 cam – 65/115 € 80/180 €

Rist – Menu 25/30 € – *(solo a cena) (solo per alloggiati)*

Rinnovatosi di recente, l'albergo gode di una posizione arretrata rispetto al mare, raggiungibile però in pochi minuti, e di un servizio attento. Bel centro benessere.

Laurin senza rist

lungomare Marconi 3 – ✆ 01 85 28 99 71 – www.laurinhotel.it

43 cam – 70/178 € 110/252 €

Di fronte al grazioso porticciolo, l'hotel è dotato di una terrazza-solarium con piscina e di una raccolta area relax. Tutte le camere si affacciano al mare, alcune con balcone.

Tigullio et de Milan senza rist

viale Rainusso 3/a – ✆ 01 85 28 74 55 – www.hoteltigullio.eu – Chiuso 1° gennaio-25 marzo

40 cam – 100/175 € 100/175 €

Un albergo rinnovato nel corso degli ultimi anni; offre validi confort, strutture funzionali, ambienti signorili e terrazza-solarium.

Minerva senza rist
via Maragliano 34/d – 01 85 28 60 73 – www.hotelminerva.eu – Chiuso novembre-20 dicembre
35 cam – 90/140 € 110/256 € – **1 suite**
Ubicazione tranquilla, a pochi minuti a piedi dal mare, per una risorsa d'impostazione classica condotta con professionalità, passione e attenzione per la clientela; ricca colazione a buffet e nuova terrazza panoramica con solarium, sauna e cyclette all'aperto.

Agriturismo Roberto Gnocchi senza rist
via San Lorenzo 29, località San Lorenzo della Costa, Ovest : 3 km – 01 85 28 34 31 – www.villagnocchi.it – Aperto 25 aprile-15 ottobre
12 cam – 60/90 € 70/120 €
E' come essere ospiti in una casa privata negli accoglienti interni di questa risorsa in posizione incantevole: vista del mare dalla terrazza-giardino, anche durante i pasti. Deliziose camere arredate con gusto.

Vistamare – Grand Hotel Miramare
lungomare Milite Ignoto 30 – 01 85 28 70 13 – www.grandhotelmiramare.it – Chiuso 6 gennaio-28 marzo
Carta 44/89 €
In un salone decorato con stucchi e affreschi la cucina sposa la tradizione ligure con la più raffinata modernità. Se poi volete aggiungere alla cornice un pizzico di romanticismo, prenotate un tavolo sulla terrazza: davanti ai vostri occhi, il Golfo del Tigullio.

Oca Bianca
via XXV Aprile 21 – 01 85 28 84 11 – www.ocabianca.it
Menu 25/40 € – Carta 35/61 € – *(chiuso da lunedì a giovedì dall'8 gennaio all'8 febbraio) (solo a cena escluso sabato e domenica)* (consigliata la prenotazione)
Dedicato agli estimatori di tutto ciò che non è di mare, un locale con proposte di carne, verdura e formaggi, preparati con fantasia. Ambiente intimo e raccolto.

Altro Eden
via Calata Porto 11 – 01 85 29 30 56 – www.laltro.ristoranteeden.com – Chiuso 25 dicembre-2 gennaio, 15 febbraio-1° marzo e martedì
Carta 55/92 € – *(solo a cena escluso sabato e domenica)* (consigliata la prenotazione)
Sul molo con vista porto, locale di taglio moderno con un'originale sala a forma di tunnel e fresco dehors. Il menu è un trionfo di specialità di pesce.

Antonio
piazza San Bernardo 6 – 01 85 28 90 47 – Chiuso 14-28 febbraio, 10 giorni in novembre, martedì a mezzogiorno e lunedì; i mezzogiorno di lunedì, martedì e mercoledì in giugno-15 ottobre
Menu 20 € (pranzo in settimana) – Carta 33/86 €
Piatti ben curati sia sotto il profilo delle materie prime impiegate sia per l'abilità di valorizzarne il gusto in un locale di taglio classico con fresco dehors sotto un bel glicine. Le proposte di pesce sono predominanti, la carta dei vini tende all'ottimo!

Acqua Pazza
via Maragliano 15 – 0 18 51 77 13 76 – Chiuso lunedì
Menu 45/55 € – Carta 45/70 € – (consigliata la prenotazione)
Ristorante intimo e raccolto, a pochi passi dal mare, gestito da una coppia di grande esperienza. La carta è un inno al prodotto principe della costa - il pesce - reinterpretato in chiave moderna.

L'Insolita Zuppa
via Romana 7 – 01 85 28 95 94 – www.insolitazuppa.it – Chiuso 20 gennaio-10 febbraio, 15-30 novembre e mercoledì escluso agosto
Carta 33/70 € – *(solo a cena)*
Uno stile vagamente bistrot, allegro ed informale, per una cucina che pur trovandosi in una località di mare privilegia la terra (il menu annovera, comunque, anche qualche specialità ittica).

SANTA MARIA → Vedere La Morra
Cuneo (CN)

SANTA MARIA ANNUNZIATA → Vedere Massa Lubrense
Napoli (NA)

SANTA MARIA DEGLI ANGELI → Vedere Assisi
Perugia (PG)

SANTA MARIA DELLA VERSA
Pavia (PV) – ✉ 27047 – 2 475 ab. – Alt. 199 m – Carta regionale n° **16-B3**
Roma 554 km – Piacenza 47 km – Genova 128 km – Milano 71 km
Carta stradale Michelin 561-H9

Sasseo
località Sasseo 3, Sud : 3 km – ✆ 03 85 27 85 63 – www.sasseo.com – Chiuso gennaio, martedì a mezzogiorno e lunedì
Menu 40/50 € – Carta 36/60 €
Ubicato tra i vigneti, un grande casolare del 1700 sapientemente ristrutturato ospita due salette in tono rustico-elegante con camino. Cucina moderna e fantasiosa.

Al Ruinello
località Ruinello, Nord : 3 km – ✆ 03 85 79 81 64 – www.ristorantealruinello.it – Chiuso 15-30 gennaio, 10-30 luglio, lunedì sera e martedì
Menu 24/35 € – Carta 26/41 € – (consigliata la prenotazione)
Sembra di essere nel salotto "buono" di una casa privata... Ristorante a conduzione familiare, ricavato in una villetta privata, con piatti del territorio proposti a voce. Il menu segue le stagioni.

SANTA MARIA DEL MONTE (Sacro Monte) → Vedere Varese
Varese (VA)

SANTA MARIA MAGGIORE
Ossola – ✉ 28857 – 1 258 ab. – Alt. 816 m – Carta regionale n° **23-C1**
Roma 715 km – Stresa 50 km – Domodossola 17 km – Locarno 32 km
Carta stradale Michelin 561-D7

Miramonti
rist,
piazzale Diaz 3 – ✆ 0 32 49 50 13 – www.almiramonti.com – Aperto vacanze di Natale, Pasqua-28 ottobre e i week-end negli altri mesi
10 cam – 60 € 120 € **Rist** – Carta 39/60 €
Dimora storica nel cuore della località che unisce al calore familiare la discreta eleganza degli ambienti, una piccola realtà ricca di ricordi della Valle e delle sue antiche tradizioni. Sapori ormai noti ai buongustai e nuovi accostamenti: in cucina, la ricerca continua.

Le Colonne
via Benefattori 7 – ✆ 0 32 49 48 93 – www.ristorantelecolonne.it – Chiuso lunedì sera e martedì
Menu 39/55 € – Carta 42/67 € – (consigliata la prenotazione)
Nel piccolo centro storico della località, una coppia di grande esperienza gestisce questo ristorante sobrio e curato, dove viene proposta una cucina eclettica.

SANTA MARIA NAVARRESE
Ogliastra (OG) – ✉ 08040 – Carta regionale n° **28-B2**
Cagliari 141 km – Nuoro 96 km
Carta stradale Michelin 366-T44

Lanthia Resort
via Lungomare snc – ✆ 07 82 61 51 03 – www.lanthiaresort.com – Aperto 1° aprile-31 ottobre
27 cam – 160/350 € 200/400 € – **1 suite** **Rist** – Carta 32/63 €
Albergo moderno a sviluppo orizzontale con sottopassaggio per la spiaggia attrezzata, si caratterizza per il suo ampio giardino con piscina, arredi moderni e - su prenotazione - anche massaggi.

SANT'AMBROGIO DI VALPOLICELLA

Verona (VR) – ✉ 37015 – 11 461 ab. – Alt. 174 m – Carta regionale n° **39-A3**
Roma 511 km – Verona 20 km – Brescia 65 km – Garda 19 km
Carta stradale Michelin 562-F14

XX **Groto de Corgnan**

via Corgnan 41 – ✆ 04 57 73 13 72 – www.grotodecorgnan.it – Chiuso lunedì a pranzo e domenica
Menu 50/70 € – *(solo a cena)* (prenotazione obbligatoria)
E' una cucina rispettosa della tradizione ed in sintonia con le stagioni, quella proposta in questa piacevole casa di paese, con piccolo dehors: ambiente decoroso e rallegrato dal camino.

a San Giorgio di Valpolicella Nord-Ovest : 1,5 km – ✉ 37015 Sant'Ambrogio Di Valpolicella

X **Dalla Rosa Alda** con cam cam,

strada Garibaldi 4 – ✆ 04 57 70 10 18 – www.dallarosalda.it – Chiuso 15 novembre-28 febbraio
10 cam – 60/80 € 80/105 €
Menu 30 € (in settimana)/50 € – Carta 26/57 € – *(chiuso 10 gennaio-20 febbraio, domenica sera e lunedì escluso luglio-agosto)*
Le star sono sicuramente le tagliatelle Enbogonè - una pasta fatta completamente a mano, condita con un sugo di fagioli borlotti, olio extravergine locale e rosmarino - ma il menu ha ancora tanto altro da offrire...Una cucina semplice, scandita e dominata dai prodotti del territorio selezionati con cura e passione. Accostati ad un'ottima selezione di vini locali.

SANT' ANDREA → Vedere Elba (Isola d') : Marciana

Livorno (LI)

SANT'ANGELO → Vedere Castelraimondo

Macerata (MC)

SANT'ANGELO → Vedere Ischia (Isola d')

Napoli (NA)

SANT'ANGELO IN PONTANO

Macerata (MC) – ✉ 62020 – 1 452 ab. – Alt. 473 m – Carta regionale n° **21-C2**
Roma 192 km – Ascoli Piceno 65 km – Ancona 119 km – Macerata 29 km
Carta stradale Michelin 563-M22

X **Pippo e Gabriella**

località contrada l'Immacolata 33 – ✆ 07 33 66 11 20 – Chiuso 12 gennaio-12 febbraio, 1°-7 luglio e lunedì
Carta 21/42 €
Un'osteria molto semplice, in posizione tranquilla, dove vige un'atmosfera informale ma cortese e si possono gustare specialità regionali. Griglia in sala.

SANT' ANGELO IN VADO

Pesaro e Urbino (PU) – ✉ 61048 – 4 156 ab. – Alt. 359 m – Carta regionale n° **20-A1**
Roma 283 km – Ancona 136 km – Pesaro 81 km
Carta stradale Michelin 563-L19

Palazzo Baldani senza rist

via Mancini 4 – ✆ 07 22 81 88 92 – www.taddeoefederico.it
14 cam – 50/60 € 80/90 €
Un palazzo del 1700 trasformato in un piccolo, ma delizioso albergo con camere dai toni caldi e letti in ferro battuto. Per un surplus di romanticismo: chiedete la stanza con il baldacchino.

SANT'ANGELO LODIGIANO

Lodi (LO) – ✉ 26866 – 12 848 ab. – Alt. 73 m – Carta regionale n° **16-B3**
Roma 544 km – Piacenza 43 km – Lodi 12 km – Milano 38 km
Carta stradale Michelin 561-G10

San Rocco

via Cavour 19 – ✆ 0 37 19 07 29 – www.sanroccoristhotel.it
– Chiuso 1°-7 gennaio e agosto
16 cam – †80/85 € ††80/85 €, 6 €
Rist *San Rocco* – Menu 18 € (in settimana)/50 € – Carta 19/47 € – *(chiuso domenica e lunedì) (solo a cena escluso sabato)*
Camere funzionali in un piccolo albergo nel centro della località gestito dalla stessa famiglia da tre generazioni; dotato anche di ristorante, la sua cucina è di stampo soprattutto tradizionale e locale.

SANT'ANNA → Vedere Argegno
Como (CO)

SANT'ANNA → Vedere Roccabruna
Cuneo (CN)

SANT' ANTIOCO
Sardegna – Carbonia-Iglesias (CI) – ✉ 09017 – 11 430 ab.
– Carta regionale n° **28-A3**
Cagliari 92 km – Calasetta 9 km – Nuoro 224 km – Olbia 328 km
Carta stradale Michelin 366-L49

Moderno-da Achille con cam

via Nazionale 82 – ✆ 0 78 18 31 05 – www.albergoristorantemoderno.com
16 cam – †45/60 € ††70/100 €
Menu 40/60 € – Carta 42/68 € – *(aperto 1° giugno-30 settembre; chiuso domenica escluso agosto) (solo a cena)*
Un ambiente originale nelle mani di un abile chef, in grado di soddisfare il palato del cliente con proposte gastronomiche tradizionali e specialità sarde.

SANTARCANGELO DI ROMAGNA
Rimini (RN) – ✉ 47822 – 21 101 ab. – Alt. 42 m – Carta regionale n° **9-D2**
Roma 345 km – Rimini 10 km – Bologna 104 km – Forlì 43 km
Carta stradale Michelin 562-J19

Della Porta senza rist

via Andrea Costa 85 – ✆ 05 41 62 21 52 – www.hoteldellaporta.com
22 cam – †60/120 € ††85/150 €
Soffitti finemente affrescati e mobili antichi nelle quattro graziose camere affacciate sul cortile, ciascuna in omaggio ad un fiore. Di tono più moderno le altre stanze.

Il Villino senza rist

via Ruggeri 48 – ✆ 05 41 68 59 59 – www.hotelilvillino.it
12 cam – †70/85 € ††90/110 €
Ai margini del centro storico, villa seicentesca ristrutturata con atmosfere provenzali. Camere personalizzate e fantasiose, intitolate ad un volatile che in passato popolò il giardino: le stanze del Pavone e del Fagiano tra le migliori.

Lazaroun

via Del Platano 21 – ✆ 05 41 62 44 17 – www.lazaroun.it – Chiuso giovedì
Menu 33/40 € – Carta 33/56 €
Il prototipo del locale romagnolo, dove un'efficiente e calorosa gestione familiare fa da supporto ad una cucina forte sia fra i primi, sia fra i secondi (paste fresche, salumi, carne anche cotta alla brace): ci s'ingrassa, ma è un piacere!

Osteria la Sangiovesa

piazza Simone Balacchi 14 – ✆ 05 41 62 07 10 – www.sangiovesa.it
Menu 36/45 € – Carta 35/57 € – *(solo a cena escluso domenica e festivi)*
C'è un'osteria, semplice e informale, ideale per trascorrere una serata in compagnia, attorno a tavolini imbanditi di piadine, salumi e allegria. C'è anche il ristorante, un susseguirsi di salette, ricavate nelle gallerie di un antico palazzo, nelle quali giocano luci ed ombre e si ricordano personaggi legati alla storia locale. Qui anche la cucina si ispira al suo territorio e alle sue tradizioni per condurvi in un viaggio alla scoperta della Romagna.

sulla strada statale 9 via Emilia Est : 2 km

San Clemente senza rist

via Ferrari 1 – ✆ 05 41 68 08 04 – www.hotelsanclemente.com – Chiuso 23-28 dicembre

38 cam – 45/115 € 60/150 €

Lungo la via Emilia, un complesso inaugurato pochi anni or sono e progettato pensando soprattutto a chi viaggia per lavoro. Insieme curato e dotazioni complete, camere prestige da preferire alle standard.

a Montalbano Ovest: 6 km – ✉ 47822 Santarcangelo Di Romagna

Agriturismo Locanda Antiche Macine

via Provinciale Sogliano 1540 – ✆ 05 41 62 71 61 – www.antichemacine.it

14 cam – 60 € 90/110 €

Rist *Antiche Macine* – vedere selezione ristoranti

Ricavata in un antico frantoio, accogliente ed elegante locanda immersa nel verde della campagna riminese, con un percorso natura ed un laghetto per la pesca sportiva.

Antiche Macine – Agriturismo Locanda Antiche Macine

via Provinciale Sogliano 1540 – ✆ 05 41 62 71 61 – www.antichemacine.it – Chiuso 1°-18 gennaio e lunedì

Carta 25/40 € – *(solo a cena escluso sabato e festivi)*

La tipicità non riguarda solo l'ambiente, "veste" anche la tavola con piatti della tradizione romagnola a base di prodotti stagionali (molti provenienti dalla propria azienda agricola): passatelli, strozzapreti alle verdure, tagliatelle al ragù, tagliata di manzo.

SANTA REGINA → Vedere Siena

Siena (SI)

SANTA REPARATA → Vedere Santa Teresa Gallura

Olbia-Tempio (OT)

SANTA TERESA GALLURA

Sardegna – Olbia-Tempio (OT) – ✉ 07028 – 5 003 ab. – Carta regionale n° **28-B1**

Olbia 61 km – Porto Torres 105 km – Sassari 103 km

Carta stradale Michelin 366-Q36

Corallaro cam, rist,

spiaggia Rena Bianca – ✆ 07 89 75 54 75 – www.hotelcorallaro.it – Aperto 15 maggio-5 ottobre

83 cam – 90/220 € 110/240 € – **2 suites**

Rist – Menu 25/35 € – *(solo a cena escluso dal 15 giugno al 7 settembre)*

Immerso nella rigogliosa macchia mediterranea con vista sulle Bocche di Bonifacio, un hotel moderno dalle camere confortevoli e ben arredate ed una nuova piscina solarium. A due passi dalla bianca spiaggia.

Marinaro senza rist

via Angioy 48 – ✆ 07 89 75 41 12 – www.hotelmarinaro.it – Aperto 20 marzo-2 novembre

27 cam – 45/100 € 65/140 €

Sito nel centro ma non distante dalla spiaggia, un'edificio dal tipico disegno architettonico locale con ambienti arredati nelle rilassanti tinte del verde e del giallo.

L'Osteria

località Porto Turistico – ✆ 07 89 75 52 16 – Aperto 25 aprile-20 settembre; chiuso lunedì sino al 15 giugno

Carta 30/51 €

Il classico ristorantino di pesce nel quale non sarebbe male imbattersi un po' più spesso: in una confortevole saletta o nel bel dehors affacciato sul porticciolo sono le specialità ittiche le star del menu.

a Santa Reparata Ovest : 3 km – ✉ 07028 Santa Teresa Gallura

XX **S'Andira**

via Orsa Minore 1 – ✆ 07 89 75 42 73 – www.sandira.it – Aperto 1° maggio-30 settembre
Carta 47/78 €
Un indirizzo di solida gestione e simpatica cortesia: piacevoli sale, nonché grazioso dehors immerso nel verde della macchia mediterranea. Specialità di pesce in menu.

sulla strada statale 133 Sud-Est : 12 km

Resort Valle dell'Erica Thalasso & SPA N

località Valle dell'Erica – ✆ 07 89 79 00 18 – www.resortvalledellerica.com – Aperto maggio-settembre
cam,
260 cam – †190/500 € ††260/560 € – **12 suites** **Rist** – Carta 50/86 €
Splendida posizione in un parco di 28 ettari, escursioni organizzate alle isole dell'arcipelago della Maddalena o a quelle del sud della Corsica. Diversi ristoranti con proposte a buffet o alla carta e grande attenzione dei picoli ospiti con baby e mini club seguiti da personale specializzato.

SANTA TRADA DI CANNITELLO → Vedere Villa San Giovanni

Reggio di Calabria (RC)

SANTA VITTORIA D'ALBA

Cuneo (CN) – ✉ 12069 – 2 506 ab. – Alt. 346 m – Carta regionale n° **25-C2**
Roma 655 km – Cuneo 55 km – Torino 57 km – Alba 10 km
Carta stradale Michelin 561-H5

Castello di Santa Vittoria

cam,
via Cagna 4 – ✆ 01 72 47 81 98 – www.santavittoria.org – Chiuso 2-31 gennaio
37 cam – †80/120 € ††140/170 € – **1 suite**
Rist *Savino Mongelli* ✿ – vedere selezione ristoranti
Rist *Del Castello* – ✆ 01 72 47 81 47 – Menu 35/40 € – Carta 24/48 € – *(chiuso mercoledì) (solo a cena)*
In un borgo di origini medievali, gli spazi interni sono inaspettatamente moderni, sobri e lineari, piacevolmente forniti di confort all'avanguardia. La posizione panoramica fa sì che la piscina goda di un belvedere sulle colline.

XX ✿ **Savino Mongelli** – Hotel Castello di Santa Vittoria

via Cagna 4 – ✆ 01 72 47 85 50 – Chiuso gennaio, 1 settimana in agosto, domenica sera e lunedì
Menu 65/95 € – Carta 62/107 € – *(solo a cena escluso i giorni festivi)* (prenotazione obbligatoria)
La passione per il pesce ispira la cucina: gustose ricette mediterranee, all'insegna dell'olio d'oliva. La scelta è volutamente ristretta per seguire la disponibilità del mercato ittico.
→ Gnocchetti di patate con frutti di mare, zucchini e pan grattato. Bianco di rombo alla griglia con medaglino di melanzana fondente. Arance caramellate con dadolata di gelato e buccette candite.

SAN TEODORO

Sardegna – Olbia-Tempio (OT) – ✉ 08020 – 4 630 ab. – Carta regionale n° **28-B1**
Cagliari 258 km – Nuoro 77 km – Olbia 29 km – Porto Torres 146 km
Carta stradale Michelin 366-Q36

a Puntaldia Nord : 6 km – ✉ 08020 San Teodoro

Due Lune Resort Golf & Spa

rist,
– ✆ 07 84 86 40 75 – www.duelune.com – Aperto 10 maggio-5 ottobre
64 cam – †200/460 € ††296/600 € – **2 suites**
Rist – Menu 60 € – (consigliata la prenotazione)
In riva al mare, vicina al campo da golf e circondata da un giardino con prato all'inglese, una struttura dal confort esclusivo e raffinato dotata di beauty farm e zona relax. In un'elegante sala ristorante interna è possibile farsi servire proposte gastronomiche classiche dai sapori regionali.

SANTERAMO IN COLLE

Bari (BA) – ✉ 70029 – 26 743 ab. – Alt. 489 m – Carta regionale n° **27-C2**
Roma 461 km – Bari 42 km – Taranto 68 km – Andria 88 km
Carta stradale Michelin 564-E32

Osteria Appia Antica

via Roma 137/139 – ✆ 08 04 03 10 43 – www.osteriaappiaantica.it – Chiuso 17-30 agosto

Menu 18/32 € – Carta 20/44 €

In un palazzo dell'800 in pieno centro, locale piacevolmente moderno e accogliente dove trascorrere lieti momenti in compagnia di un buon bicchiere di vino e specialità regionali, come gli strascinati integrali con ragù misto e peperoni cruschi.

SANT'EUFEMIA DELLA FONTE

→ Vedere Brescia

Brescia (BS)

SANT'ILARIO D'ENZA

Reggio nell'Emilia (RE) – ✉ 42049 – 11 065 ab. – Alt. 59 m – Carta regionale n° **8-A3**
Roma 444 km – Parma 12 km – Bologna 82 km – Milano 134 km
Carta stradale Michelin 562-H13

Prater

via Roma 39 – ✆ 05 22 67 23 75 – www.ristorante-prater.it – Chiuso 1°-7 gennaio, 1°-20 agosto, sabato a mezzogiorno, domenica in luglio, mercoledì negli altri mesi

Menu 40 € (cena)/60 € – Carta 32/59 €

Proposte radicate nella saga gastronomica di questa terra e accompagnate da una nutrita offerta di vini; da gustare in questo elegante locale in pieno centro storico.

SANT'OMOBONO TERME

Bergamo (BG) – ✉ 24083 – 3 078 ab. – Alt. 498 m – Carta regionale n° **19-C1**
Roma 625 km – Bergamo 23 km – Lecco 39 km – Milano 68 km
Carta stradale Michelin 561-E10

Villa delle Ortensie

rist,

viale alle Fonti 117 – ✆ 0 35 85 22 42 – www.villaortensie.com – Chiuso 11-28 dicembre e 9 gennaio-1° marzo

35 cam – †85/200 € ††130/230 € – **2 suites** **Rist** – Carta 23/48 €

Nel cuore verde della valle Imagna, questa elegante residenza gentilizia di fine '800 ha mantenuto inalterato il fascino di un tempo, mentre le camere sono state rinnovate in tempi recenti. Le moderne e molteplici proposte in ambito salutistico o estetico fanno del soggiorno a Villa delle Ortensie un momento di privilegiato benessere.

Posta

viale Vittorio Veneto 169 – ✆ 0 35 85 11 34 – www.frosioristoranti.it – Chiuso lunedì sera e martedì

Menu 20 € (pranzo in settimana) – Carta 42/70 €

Esperta conduzione familiare in un locale che propone una cucina fatta di piatti moderni e tradizione, mentre a pranzo è sempre presente un menu del giorno.

SANTO STEFANO AL MARE

Imperia (IM) – ✉ 18010 – 2 191 ab. – Carta regionale n° **14-A3**
Roma 628 km – Imperia 18 km – Milano 252 km – San Remo 12 km
Carta stradale Michelin 561-K5

La Cucina

piazza Cavour 7 – ✆ 01 84 48 50 40 – www.ristorantelacucina.it – Chiuso lunedì

Menu 20 € (pranzo in settimana) – Carta 32/58 € – *(solo a cena escluso luglio-agosto)*

Il turista non può che trovare di proprio gradimento questo locale! Tra i carruggi del centro, l'ingresso attraverso una veranda estiva, poi una sala più caratteristica, rustica e simpatica. Proposte locali, soprattutto marinare.

SANTO STEFANO BELBO

Cuneo (CN) – ✉ 12058 – 4 074 ab. – Alt. 170 m – Carta regionale n° **25-D2**
Roma 573 km – Alessandria 48 km – Genova 100 km – Asti 26 km
Carta stradale Michelin 561-H6

Relais San Maurizio

località San Maurizio, Ovest : 3 km – ✆ 01 41 84 19 00 – www.relaissanmaurizio.it
20 cam – 190/220 € 280/540 €, 25 € – **16 suites**
Rist *Il Ristorante di Guido da Costigliole* – vedere selezione ristoranti
Rist – Carta 47/82 € – *(solo a pranzo)*
Su una collina prospiciente il paese natale di C. Pavese, un'oasi di pace e di lusso in un monastero secentesco. Camere dai decori incantevoli, nonché una moderna Spa ristrutturata nel segno dell'eccellenza: come l'intera struttura.

Il Ristorante di Guido da Costigliole (Luca Zecchin) – Relais San Maurizio

località San Maurizio 39, Ovest : 3 km – ✆ 01 41 84 19 00 – www.guidosanmaurizio.com – Chiuso martedì
Menu 100/130 € – Carta 76/146 € – *(solo a cena)*
Magnifica sintesi di ogni promessa paesaggistica e gastronomica langarola: sulla sommità di una panoramica collina, splendido edificio d'epoca, cucina avvolgente ed illustre cantina.
→ Agnolotti del plin al sugo d'arrosto. Stracotto di vitella fassone servito con piccolo fritto misto dolce. Tre volte Piemonte: bicerin, bonet, mattone.

SANTO STEFANO DI CADORE

Belluno (BL) – ✉ 32045 – 2 657 ab. – Alt. 908 m – Carta regionale n° **40-C1**
Roma 653 km – Cortina d'Ampezzo 45 km – Belluno 62 km – Lienz 78 km
Carta stradale Michelin 562-C19

Monaco Sport Hotel

via Lungo Piave 60 – ✆ 04 35 42 04 40 – www.monacosporthotel.com – Chiuso 4 novembre-5 dicembre
26 cam – 35/80 € 60/150 €
Rist *La Zìria* – vedere selezione ristoranti
Fuori dal centro, oltre il fiume, risorsa dall'atmosfera familiare che propone gradevoli aree comuni e camere semplici, arredate nel caratteristico stile montano.

La Zìria – Monaco Sport Hotel

via Lungo Piave 60 – ✆ 04 35 42 04 40 – www.monacosporthotel.com – Chiuso 4 novembre-5 dicembre e lunedì in bassa stagione
Menu 19/60 € – Carta 25/52 €
Diverse sale e stube per un locale che dedica molte energie al vino: oltre 600 etichette sono, infatti, custodite nella bella cantina ed ottima è anche la selezione al bicchiere che accompagna le gustose specialità regionali della casa. In primis, i casunziei "La Ziria".

SAN TROVASO → Vedere Preganziol

Treviso (TV)

SANTUARIO → Vedere nome proprio del santuario

SAN VIGILIO → Vedere Bergamo

Bergamo (BG)

SAN VIGILIO = VIGILJOCH → Vedere Lana

Bolzano (BZ)

SAN VIGILIO DI MAREBBE (ST. VIGIL ENNEBERG)

Bolzano (BZ) – ✉ 39030Alt. 1 285 m – Carta regionale n° **34-C1**
Roma 724 km – Cortina d'Ampezzo 54 km – Bolzano 87 km – Brunico 18 km
Carta stradale Michelin 562-B17

Almhof-Hotel Call

via Plazores 8 – ✆ 04 74 50 10 43 – www.almhof-call.com
– Aperto 4 dicembre-31 marzo e 5 giugno-10 ottobre
46 cam – 🛉95/165 € 🛉🛉180/300 €
Rist – Menu 35 € (in settimana)/78 € – *(solo a cena)*
Un piacevolissimo rifugio montano, valido punto di riferimento per concedersi un soggiorno all'insegna della natura, del relax e del benessere, coccolati dal confort. Al ristorante per un curato momento dedicato al palato.

Excelsior

via Valiares 44 – ✆ 04 74 50 10 36 – www.myexcelsior.com
– Chiuso 5 aprile-29 maggio e 20 ottobre-5 dicembre
43 cam – 🛉184/255 € 🛉🛉310/508 € – **7 suites** **Rist** – Carta 31/65 €
In zona panoramica e tranquilla, direttamente sulle piste da sci, la struttura è già invitante dall'esterno. All'interno offre ogni tipo di confort, dalle accoglienti camere alla cigar room, passando per la bellissima spa: un vero e proprio castello dedicato al benessere.

Bella Vista Hotel Emma

strada Plan de Corones 9 – ✆ 04 74 50 11 33 – www.hotelemma.it
– Aperto 4 dicembre-6 aprile e 5 giugno-2 novembre
36 cam – 🛉112/199 € 🛉🛉244/378 € – **2 suites** **Rist** – Carta 36/65 €
La bella vista non è solo nel nome... Appena fuori dal paese - in posizione panoramica - questo hotel si caratterizza per il suo stile alpino, ma d'impronta moderna. Vasta scelta di trattamenti nell'ampio centro benessere. Il piacere degli occhi passa al palato nel ristorante gourmet.

Aqua Bad Cortina et Mineral Baths

rist, P
strada Fanes 40 – ✆ 04 74 50 12 15 – www.aquabadcortina.it
– Aperto 1° dicembre-15 aprile e 1° giugno-30 settembre
21 cam – solo ½ P 160/175 €
Rist – Carta 25/77 € – *(solo a cena)* (consigliata la prenotazione)
Un'oasi di tranquillità affacciata sul Parco Naturale: alcune camere sono dedicate alle leggende locali, altre s'ispirano all'acqua e alle proprietà curative della sorgente attorno alla quale la struttura si colloca. Nella bella stagione, non perdetevi l'incanto del giardino con idromassaggio a cielo aperto.

Tabarel

via Catarina Lanz 28 – ✆ 04 74 50 12 10 – Aperto 1° dicembre-21 aprile e 25 giugno-30 settembre
Menu 48/55 € – Carta 29/67 €
Sulla piazza del paese, questo locale vi darà la possibilità di scegliere tra rustico bistrot e curato ristorante con proposte sia tipiche sia gourmet. Noi vi consigliamo il ristorante.

Fana Ladina

strada Plan de Corones 10 – ✆ 04 74 50 11 75 – www.fanaladina.com – Aperto 28 novembre-6 aprile e 20 giugno-27 settembre; chiuso mercoledì in bassa stagione
Carta 32/62 € – *(solo a cena escluso sabato-domenica in inverno)*
In una delle case più antiche di San Vigilio questo ristorante offre proposte tipiche della cucina ladina, in sale arredate con abbondanza di legno ed una graziosa stube. Tra le varie specialità del menu, merita un assaggio il crafun (krapfen salato farcito con ragú).

SAN VINCENZO

Livorno (LI) – ✉ 57027 – 6 992 ab. – Carta regionale n° **31-B2**
Roma 260 km – Firenze 146 km – Grosseto 73 km – Livorno 60 km
Carta stradale Michelin 563-M13

Sabbia d'Oro
via della Repubblica 38 – 05 65 70 13 32 – www.hotel-sabbiadoro.it
40 cam – 90/130 € 120/180 €
Rist – Menu 25 € – *(aperto 1° maggio-15 ottobre)* (prenotazione obbligatoria per i non alloggiati)
Albergo totalmente rinnovato, si trova proprio sulla spiaggia come evocato dall'insegna; confort moderno e piccolo centro benessere.

La Coccinella senza rist
via Indipendenza 1 – 05 65 70 17 94 – www.hotelcoccinella.it – Aperto 20 aprile-28 settembre
31 cam – 60/90 € 85/150 €
In zona tranquilla, struttura semplice e raccolta, che si rinnova negli anni. Camere funzionali, gestione familiare attenta e spiaggia compresa nel prezzo.

Il Pino
via della Repubblica 19 – 05 65 70 16 49 – www.ilpino.li.it – Aperto 1° aprile-10 ottobre
43 cam – 60/120 € 80/165 €
Rist – Carta 24/47 € – *(solo per alloggiati)*
Del tutto ristrutturato di recente, un albergo sito nella zona residenziale di San Vincenzo: un'area verde e tranquilla, ideale cornice per una casa familiare e semplice. Ristorante classico.

Il Delfino senza rist
via Cristoforo Colombo 15 – 05 65 70 11 79 – www.hotelildelfino.it
50 cam – 65/105 € 90/175 €
Rinnovatosi negli ultimi anni, questo hotel dalla capace conduzione diretta dispone di camere funzionali e confortevoli. Il centro storico non dista molto e la spiaggia è praticamente di fronte.

Kon Tiki
via Umbria 2 – 05 65 70 17 14 – www.hotelkontiki.com – Chiuso gennaio
25 cam – 50/110 € 70/150 €
Rist – Carta 20/50 € – *(chiuso ottobre e maggio) (solo per alloggiati)*
Nel nome, un omaggio alla famosa zattera norvegese che raggiunse la Polinesia: qui, tra il mare e le conifere, un po' isolato, un hotel semplice, con camere spaziose.

Villa Marcella
via Palombo 1 – 05 65 70 16 46 – www.villamarcella.it
45 cam – 40/120 € 60/200 € **Rist** – Carta 28/57 €
Camere funzionali e moderne in un albergo dall'amabile gestione familiare, a pochi passi dalla spiaggia. Specialità mediterranee al ristorante.

La Perla del Mare
via della Meloria 9 – 05 65 70 21 13 – www.laperladelmare.it – Aperto 15 maggio-15 settembre
Menu 50/65 € – Carta 44/73 € – (consigliata la prenotazione)
Non disdegna elementi di creatività, la cucina marinara di questo accogliente ristorante dallo stile mediterraneo e con piacevole terrazza. Il locale si trova proprio sulla spiaggia!

sulla strada per San Carlo

Poggio ai Santi
via San Bartolo 100, frazione San Carlo, Est: 3,5 km – 05 65 79 80 32 – www.poggioaisanti.com – Chiuso 6 gennaio-13 febbraio
11 cam – 170/340 € 172/428 €
Rist *Il Sale* – vedere selezione ristoranti
Arrampicato tra splendide colline, ma con vista che arriva sino alla Corsica, camere di raffinata eleganza ed uno splendido giardino botanico: un eden tutto toscano!

XX **Il Sale** – Poggio ai Santi
via San Bartolo 100, frazione San Carlo, Est: 3,5 km – ✆ 05 65 79 80 15 – Aperto 1° aprile-31 dicembre (dal 22 ottobre al 31 dicembre solo la sera e da giovedì a domenica)
Menu 49 € – Carta 51/65 € – (consigliata la prenotazione)
Dove le colline, i cipressi e gli ulivi del più tipico paesaggio toscano incontrano il mare nasce il ristorante Il Sale: il legame con il territorio e la qualità dei piatti sono rafforzati dai numerosi prodotti coltivati dall'azienda stessa.

SAN VITO AL TAGLIAMENTO

Pordenone (PN) – ✉ 33078 – 15 112 ab. – Alt. 30 m – Carta regionale n° **10-B3**
Roma 600 km – Udine 42 km – Belluno 89 km – Milano 339 km
Carta stradale Michelin 562-E20

Patriarca cam,
via Pascatti 6 – ✆ 04 34 87 55 55 – www.hotelpatriarca.it
26 cam – ♦49/85 € ♦♦69/139 € – **1 suite**
Rist – Carta 27/56 € – *(chiuso 1°-6 gennaio, sabato a mezzogiorno e domenica sera)*
Accanto al municipio, all'ombra della torre Raimonda eretta alla fine del Duecento dall'omonimo Patriarca, una cordiale gestione familiare con luminose e confortevoli camere. Nella graziosa sala da pranzo, proposte di mare e di terra, nonché una carrellata di piatti pugliesi, regione che diede i natali alla cuoca!

SAN VITO DEI NORMANNI

Brindisi (BR) – ✉ 72019 – 19 494 ab. – Alt. 108 m – Carta regionale n° **27-C2**
Roma 532 km – Bari 102 km – Brindisi 31 km – Taranto 70 km
Carta stradale Michelin 564-F35

Dei Normanni cam, rist,
strada statale 16, San Vito dei Normanni-Brindisi, Est : 2 km – ✆ 08 31 95 18 84 – www.hoteldeinormanni.it
62 cam – ♦45/80 € ♦♦65/130 € – **1 suite**
Rist – Menu 20 € – *(solo a cena)*
Aperta tutto l'anno, questa bella struttura presenta una completa gamma di servizi ed è indicata sia per un turismo d'affari sia per un turismo leisure. La piacevolezza delle camere non fa differenza fra quelle ubicate nel corpo centrale e quelle della dépendance.

SAN VITO DI CADORE

Belluno (BL) – ✉ 32046 – 1 795 ab. – Alt. 1 010 m – Carta regionale n° **40-C1**
Roma 661 km – Cortina d'Ampezzo 11 km – Belluno 60 km – Milano 403 km
Carta stradale Michelin 562-C18

Parkhotel Ladinia
via Ladinia 14 – ✆ 04 36 89 04 50 – www.hladinia.it – Aperto 17 dicembre-24 marzo e 13 giugno-20 settembre
40 cam – ♦65/140 € ♦♦120/260 €
Rist – Menu 25 € (pranzo)/45 € – Carta 24/39 € – *(solo a cena in inverno) (solo per alloggiati)*
Nella parte alta e soleggiata della località, in zona tranquilla e panoramica, l'hotel si è potenziato ed in parte rinnovato in anni recenti: 700 mq di benessere nell'attrezzata Spa e la splendida piscina coperta dalle cui vetrate a tutt'altezza si ammirano le Dolomiti.

SAN VITO DI LEGUZZANO

Vicenza (VI) – ✉ 36030 – 3 576 ab. – Alt. 158 m – Carta regionale n° **39-B2**
Roma 540 km – Verona 67 km – Bassano del Grappa 38 km – Padova 62 km
Carta stradale Michelin 562-E16

Antica Trattoria Due Mori con cam
via Rigobello 39 – ✆ 04 45 51 16 11 – www.trattoriaduemori.it – Chiuso 2 settimane in agosto
9 cam – 45/48 € 65/75 €
Menu 28/35 € – Carta 23/48 € – *(chiuso lunedì a mezzogiorno)*
La stessa famiglia da sempre al timone del ristorante propone una linea gastronomica basata sulla memoria veneta con alcune specialità della casa - le fettuccine col colombaccio, le nostre preferite - e antipasti a vista.

SAN VITO LO CAPO

Sicilia – Trapani (TP) – 91010 – 4 457 ab. – Carta regionale n° **29**-A2
Palermo 108 km – Trapani 38 km
Carta stradale Michelin 365-AL54 – Guida Verde Michelin SICILIA

Capo San Vito
via San Vito 1 – ✆ 09 23 97 21 22 – www.caposanvito.it – Aperto 20 marzo-15 novembre
35 cam – 116/270 € 162/280 €
Rist *Jacaranda* – vedere selezione ristoranti
Direttamente sulla spiaggia, la struttura dispone anche di uno spazio in cui si effettuano trattamenti benessere e massaggi. Eleganti le camere, molte delle quali con vista mare.

Ghibli
via Regina Margherita 80 – ✆ 09 23 97 41 55 – www.ghiblihotel.it – Aperto 16 marzo-31 ottobre
16 cam – 75/160 € 75/230 € – **1 suite**
Rist *Profumi del Cous Cous* – vedere selezione ristoranti
Grande attenzione è stata riservata alla scelta dell'arredo delle camere che presentano mobili d'epoca in stile liberty, tutti siciliani. Fresca corte interna e una piccola area wellness.

Mediterraneo
via del Faro 37 – ✆ 09 23 97 20 27 – www.hotelmediterraneotp.com – Chiuso 1° gennaio-15 marzo
15 cam – 45/150 € 70/190 € – **1 suite** **Rist** – Carta 23/58 €
Poco fuori dal centro e sulla litoranea vista mare, elegante risorsa dalla gestione familiare con camere spaziose arredate in stile orientaleggiante. Cucina regionale nell'accogliente ristorante munito di dehors.

Alaba senza rist
via Mazzini 13 – ✆ 09 23 62 14 05 – www.alabahotel.com – Chiuso novembre
11 cam – 65/150 € 70/190 €
Un nuovo albergo dalle linee sinuose e dal design minimalista voluto da una gestione già impegnata in questo settore: camere moderne e la bella spiaggia a pochi metri.

Vento del Sud senza rist
via Duca Degli Abruzzi 183 – ✆ 09 23 62 14 50 – www.hotelventodelsud.it – Aperto 1° aprile-31 ottobre
9 cam – 30/100 € 40/150 €
Albergo recente a conduzione familiare, ricco di influenze orientaleggianti tanto nello stile degli arredi quanto nelle decorazioni. Piccolo e semplice gioiello di charme.

Halimeda senza rist
via Generale Arimondi 100 – ✆ 09 23 97 23 99 – www.hotelhalimeda.com – Aperto 1° marzo-30 ottobre
9 cam – 55/119 € 55/119 €, 8 €
Accogliente e originale, a pochi metri dal mare, ad ogni camera è stato attribuito un nome che ha ispirato lo stile dell'arredamento: un viaggio tra i cinque continenti. All'ultimo piano, una bella terrazza per la prima colazione.

L'Agave senza rist

via Nino Bixio 35 – ✆ 09 23 62 10 88 – www.lagave.net – Chiuso novembre
12 cam ☕ – 🚹33/130 € 🚹🚹50/170 € – **1 suite**
Nella frequentata località balneare dalle acque cristalline, camere semplici e nuove: molte familiari. Al piano superiore la terrazza per le colazioni.

B and B San Vito Ⓝ senza rist

Via San Vito 26 – ✆ 33 88 00 52 62 – www.bbsanvito.com
5 cam – 🚹50/120 € 🚹🚹50/120 €
Nel centro della località, ma a pochi metri dalla spiaggia, la titolare è una simpatica signora che ha deciso di riconvertire la propria abitazione in una struttura ricettiva. E il fascino da casa privata si percepisce – senza alcun indugio – nelle spaziose camere dagli arredi personalizzati (testate e accessori in bambù).

XXX **Jacaranda** – Hotel Capo San Vito

via San Vito 1 – ✆ 09 23 97 21 22 – www.caposanvito.it – Aperto 20 marzo-15 novembre
Carta 30/56 € – *(solo a cena)*
Con vista sulla spiaggia bianca e l'azzurro mare, Jacaranda è il fiore all'occhiello dell'hotel Capo San Vito. I sapori di Trinacria campeggiano in menu: dal pesto alla trapanese, ai proverbiali dolci, nonché l'immancabile cous cous.

XX **Profumi del Cous Cous** – Hotel Ghibli

via Regina Margherita 80 – ✆ 09 23 97 41 55 – www.ghiblihotel.it – Aperto 16 marzo-31 ottobre
Carta 30/64 €
Se al cous cous spetta il ruolo di primo attore della carta, non per questo vanno trascurate le altre specialità isolane. Locale d'atmosfera: soprattutto d'estate, nella bella corte interna tra le piante di agrumi.

XX **Tha'am** con cam

via Duca degli Abruzzi 32 – ✆ 09 23 97 28 36 – www.sanvitoweb.com/thaam – Aperto 1° aprile-10 novembre
4 cam ☕ – 🚹40/110 € 🚹🚹50/120 €
Carta 29/56 € – *(chiuso mercoledì escluso giugno-settembre)*
Ceramiche colorate, lampade e illuminazioni di gusto orientaleggiante: la Sicilia incontra le tendenze arabe per culminare in una cucina mediterranea dalle specialità tunisine. Curate e ricche di dettagli, le camere sono tutte graziose e della stessa atmosfera arabeggiante.

X **Da Alfredo**

contrada Valanga 3, Sud : 1 km – ✆ 09 23 97 23 66 – Chiuso 20 ottobre-30 novembre, lunedì a pranzo in estate, anche lunedì sera negli altri mesi
Carta 27/52 €
La gestione è familiare e molto simpatica, a partire proprio da Alfredo che si occupa della cucina: saporita e siciliana, da provare le paste fatte in casa. Servizio estivo sotto il pergolato.

X **Gna' Sara**

via Duca degli Abruzzi 6 – ✆ 09 23 97 21 00 – www.gnasara.it – Aperto 1° febbraio-15 novembre
Carta 20/55 €
Lungo la strada parallela al corso principale, un locale sobrio e affollato (ma c'è anche un bel dehors) dove riscoprire i piatti della tradizione locale, come il cous cous di pesce, le busiate fatte a mano o l'immancabile pizza.

SAN VITTORE OLONA

Milano (MI) – ✉ 20028 – 8 253 ab. – Alt. 197 m – Carta regionale n° **18-A2**
▶ Roma 593 km – Milano 24 km – Como 37 km – Novara 39 km
Carta stradale Michelin 561-F8

Poli Hotel
strada statale Sempione ang. via Pellico – 03 31 42 34 11 – www.polihotel.com
49 cam – 69/220 € 79/249 € – **8 suites**
Rist *La Fornace* – vedere selezione ristoranti
Nuovo hotel, lungo la statale del Sempione, contraddistinto da modernità ed ottimo confort. Gestione cordiale e competente. Ideale per una clientela business.

La Fornace – Poli Hotel
strada statale Sempione ang.via Pellico – 03 31 51 83 08 – www.ristorantelafornace.it – Chiuso 26 dicembre-1° gennaio e sabato a mezzogiorno
Menu 35 € (pranzo)/50 € – Carta 38/69 €
Nel contesto strutturale dell'hotel Poli, ma con ingresso indipendente, raccolto e curato ristorante con proposte stuzzicanti e gestione familiare consolidata.

SAN ZENO DI MONTAGNA

Verona (VR) – 37010 – 1 376 ab. – Alt. 581 m – Carta regionale n° **39-A2**
Roma 544 km – Verona 46 km – Garda 17 km – Milano 168 km
Carta stradale Michelin 562-F14

Diana
via Cà Montagna 54 – 04 57 28 51 13 – www.hoteldiana.biz – Aperto Pasqua-31 ottobre
50 cam – 66/86 € 82/144 €
Rist – Menu 25/38 € – *(solo a cena) (solo per alloggiati)*
Una grande struttura, immersa nel verde di un boschetto-giardino e con vista sul Lago di Garda, aggiornata di continuo in servizi e dotazioni; sport, relax e benessere. Dal ristorante ci si affaccia sulla verde quiete lacustre.

Taverna Kus
contrada Castello 14 – 04 57 28 56 67 – www.tavernakus.it – Chiuso 7 gennaio-20 marzo, martedì a mezzogiorno e lunedì in inverno
Menu 45/55 € – Carta 36/65 €
Ambiente rustico-elegante, in una taverna molto apprezzata in provincia per la sua proverbiale attenzione alla tradizione gastronomica locale e alla stagionalità delle materie prime. Buona anche la scelta dei vini e l'offerta al bicchiere.

SAPPADA

Belluno (BL) – 32047 – 1 414 ab. – Alt. 1 250 m – Carta regionale n° **40-C1**
Roma 680 km – Udine 92 km – Belluno 79 km – Cortina d'Ampezzo 66 km
Carta stradale Michelin 562-C20

Haus Michaela
borgata Fontana 40 – 04 35 46 93 77 – www.hotelmichaela.com – Aperto 6 dicembre-31 marzo e 1° giugno-3 ottobre
19 cam – 65/140 € 90/160 € – **4 suites**
Rist – Menu 25/45 € – *(solo per alloggiati)*
Bio-hotel che piacerà sicuramente agli spiriti green, grazie al suo approvvigionamento energetico derivante da fonti rinnovabili ed ecosostenibili. Caratterizzata da accoglienti camere in stile montano e una zona benessere con piccola beauty, la struttura convince a 360°.

Bladen (N)
borgata Bach 155 – 04 35 46 92 33 – www.hotelbladen.it – Aperto 1° dicembre-Pasqua e 30 giugno-30 settembre
24 cam – 50/70 € 100/160 € **Rist** – Carta 29/36 €
Hotel al limitare del bosco: a fine 2013 cambia gestione e torna nelle mani dei proprietari. Confortevole, dotato di buoni servizi tra cui il gradevole centro benessere con tanto di beauty farm. Sfiziosi piatti locali e nazionali al ristorante.

Posta rist, P

via Palù 22 – ✆ 04 35 46 91 16 – www.hotelpostasappada.it – Aperto 1° dicembre-Pasqua e 1° giugno-30 settembre

17 cam – 35/60 € 70/120 € **Rist** – Carta 21/68 €

Piccole dimensioni, ma grande accoglienza: tutta la famiglia è coinvolta nella gestione di questa casa dalle camere in stile locale. Al ristorante, cucina casalinga legata al territorio.

Le Coccole N senza rist

borgata Lerpa 88 – ✆ 04 35 46 99 26 – www.lecoccolesappada.it

7 cam – 50/80 € 100/136 €

Ottima sintesi tra stile alpino (profusione di legno e vista sui monti), nonché design moderno (pulito e lineare), in una struttura che ha aperto i battenti a fine 2012. All'ultimo piano: piccolo, ma luminoso centro benessere da affittare in esclusiva.

Laite (Fabrizia Meroi)

borgata Hoffe 10 – ✆ 04 35 46 90 70 – www.ristorantelaite.com – Chiuso giugno, ottobre, giovedì a mezzogiorno e mercoledì escluso dicembre e luglio-agosto

Carta 60/111 € – (consigliata la prenotazione)

Tra fienili e case d'epoca, si mangia in due romantiche, secolari stube. Una coppia al timone: Roberto in sala, competente ed ospitale, molto bravo nella gestione dei vini (anche al bicchiere), Fabrizia in cucina ad esaltare i prodotti e le ricette locali. Si punta ai sapori, più che ai virtuosismi tecnici.

→ Tortello all'uovo. Tartara di capriolo con caviale. Tiramisù.

Baita Mondschein P

Borgata Bach 96 – ✆ 04 35 46 95 85 – www.ristorantemondschein.it – Chiuso 15 maggio-15 giugno, 5 novembre-5 dicembre e martedì in bassa stagione

Carta 45/55 € – (consigliata la prenotazione)

A pranzo, il locale è frequentato soprattutto da sciatori e dagli amanti delle passeggiate tra i boschi; maggior intimità - la sera - ed una carta più ampia con piatti del territorio rivisitati e alleggeriti. Nel solco dell'atmosfera ospitale delle baite montane!

a Cimasappada Est : 4 km Alt. 1 295 m – ✉ 32047 Sappada

Agriturismo Voltan Haus senza rist P

via Cima 65 – ✆ 0 43 56 61 68 – www.voltanhaus.it

6 cam – 40/55 € 70/100 €

Caratteristica casa in legno risalente al 1754, ristrutturata con cura e rispetto del passato: legno ovunque e attenzione al dettaglio. Nella graziosa stube è servita la prima colazione.

SAPRI

Salerno (SA) – ✉ 84073 – 6 868 ab. – Carta regionale n° **7-D3**

Roma 407 km – Potenza 131 km – Castrovillari 94 km – Napoli 201 km

Carta stradale Michelin 564-G28

Pisacane P

via Carlo Alberto 35 – ✆ 09 73 60 50 74 – www.hotelpisacane.it

16 cam – 40/130 € 50/140 €

Rist - *(aperto 1°luglio-31 agosto) (solo per alloggiati)*

Di recente apertura, hotel di piccole dimensioni dotato di camere arredate con mobilio di tono moderno e decorate con ceramiche. Graziosa facciata con balconi fioriti. Ristorante con servizio estivo sulla curata terrazza.

Mediterraneo rist, P

via Verdi 15 – ✆ 09 73 39 17 74 – www.hotelmed.it – Aperto 1° aprile-30 settembre

20 cam – 30/137 € 35/153 €, 15 €

Rist – Carta 21/53 € – *(aperto 1° giugno-30 settembre)*

All'ingresso della località, direttamente sul mare, un albergo familiare, di recente rimodernato; dotato di parcheggio privato, costituisce una comoda e valida risorsa. Cucina da gustare in compagnia del mare, un'infinita distesa blu.

Lucifero

corso Garibaldi I traversa – ✆ 09 73 60 30 33 – www.ristorantelucifero.com – Chiuso 10 novembre-12 dicembre e mercoledì escluso dal 10 luglio al 10 settembre

Carta 22/49 €

Ambienti suddivisi da archi con profilo in mattoni, travetti al soffitto e pavimento in cotto: arredamento rustico per un ristorante che propone gustose specialità di mare e qualche piatto più elaborato.

SARAGANO → Vedere Gualdo Cattaneo

Perugia (PG)

SARENTINO (SARNTHEIN)

Bolzano (BZ) – ✉ 39058 – 6 951 ab. – Alt. 961 m – Carta regionale n° **33-B2**

Roma 662 km – Bolzano 23 km – Milano 316 km

Carta stradale Michelin 562-C16

Bad Schorgau

Sud : 2 Km – ✆ 04 71 62 30 48 – www.bad-schorgau.com – Chiuso marzo

25 cam – †76/94 € ††152/242 € – **5 suites**

Rist *Alpes* ✿ – vedere selezione ristoranti

Rist *Veranda* – Carta 49/80 € – *(chiuso martedì a mezzogiorno e lunedì)*

Ai Bagni di Serga, gli amanti della natura si troveranno a loro agio in quest'albergo appartato e immerso nel verde, che sposa benessere e design contemporaneo. Al bistrot Veranda si soddisfano i palati alla ricerca di semplicità e del territorio.

Auener Hof

località Prati 21, Ovest : 7 km, alt. 1 600 – ✆ 04 71 62 30 55 – www.auenerhof.it

8 cam – †122/160 € ††186/250 € – **2 suites**

Rist *Terra* ✿ – vedere selezione ristoranti

Poche camere, ma tutte di ottimo livello, con profusione di legno che le caratterizza ed un attrezzato centro wellness, dove tra un bagno turco - ai vapori di cirmolo ed erbe selvatiche - e la sauna finlandese, non perdetevi la sosta nella vasca panoramica con vista sul Corno del Renon e sugli Omini di Pietra.

Terra (Heinrich Schneider) – Hotel Auener Hof

località Prati 21, Ovest : 7 km, alt. 1 600 – ✆ 04 71 62 30 55 – www.auenerhof.it – Chiuso domenica

Menu 89/149 € – *(solo a cena)*

Al termine d'un tratto di strada tra i boschi, il piacere di assaporare i piatti della tradizione locale rivisitati in chiave moderna, arricchiti dalla passione e dalla fantasia dello chef. La sorella è invece in sala, qui l'ambiente è raffinato, ancor più bello grazie agli ultimi interventi, unisce design con elementi naturali e paesaggio.

→ Tortelli al cavolfiore con terra di malto, fiori di sambuco e tartufo estivo. Costata di manzo stagionata 30 giorni e aromatizzata alla torba nera di Salorno. Gelato alla betulla con pesto di fagioli neri, pelle di latte croccante e crema speziata.

Alpes (Egon Heiss) – Hotel Bad Schorgau

Sud : 2 km – ✆ 04 71 62 30 48 – www.bad-schorgau.com – Chiuso 1° marzo-31 aprile, lunedì e martedì

Menu 82/89 € – Carta 62/93 € – *(solo a cena)* (coperti limitati, prenotare)

Giovani e pieni di entusiasmo, sono artefici di una delle cucine emergenti più interessanti della regione. Sicuri di sé, non fanno bandiera di tradizione o innovazione, mare o montagna, ma seguono un gusto personale che mescola territorio e tendenze in piatti originali e di successo.

→ Risotto al pino mugo sarentinese con essenza di speck. Capriolo con sedano, mela al vino rosso e pane nero. Il latte del contadino.

SAREZZO

Brescia (BS) – ✉ 25068 – 13 607 ab. – Alt. 273 m – Carta regionale n° **17-C2**

Roma 592 km – Milano 104 km – Brescia 16 km – Bergamo 57 km

Carta stradale Michelin 561-F12

Osteria Vecchia Bottega
piazza Cesare Battisti 29 – ✆ 03 08 90 01 91 – www.osteriavecchiabottega.com – Chiuso 7-31 agosto, 1°-7 gennaio, domenica sera e lunedì
Menu 25 € (pranzo)/40 € – Carta 32/58 €
Dopo un accurato lavoro di restyling della "osteria" e della "vecchia bottega" rimane solo il nome...e la cucina: squisitamente fedele alla tradizione regionale e al Bel Paese, ricerca i migliori prodotti, prestando una certa attenzione alle presentazioni.

SARNANO

Macerata (MC) – ✉ 62028 – 3 346 ab. – Alt. 539 m – Carta regionale n° **21-C3**
Roma 237 km – Ascoli Piceno 54 km – Ancona 89 km – Macerata 39 km
Carta stradale Michelin 563-M21

Montanaria rist,
località Marinella, Sud-Ovest : 3 km – ✆ 07 33 65 84 22 – www.montanaria.it – Chiuso novembre
45 cam – 65/80 € 90/120 € – **2 suites**
Rist – Carta 22/40 € – *(chiuso lunedì)*
Struttura adatta soprattutto a soggiorni di relax da trascorrere presso la beauty farm o sui campi da tennis. All'interno, camere confortevoli arredate in maniera classica. Presso il ristorante si possono gustare piatti della tradizione gastronomica nazionale.

SARNICO

Bergamo (BG) – ✉ 24067 – 6 495 ab. – Alt. 197 m – Carta regionale n° **19-D1**
Roma 585 km – Bergamo 28 km – Brescia 36 km – Iseo 10 km
Carta stradale Michelin 561-E11

Al Tram
via Roma 1 – ✆ 0 35 91 01 17 – www.ristorantealtram.it – Chiuso mercoledì escluso 15 giugno-15 settembre
Menu 27/43 € – Carta 32/57 €
Sul lungolago, luminoso ed elegante; è d'uopo il servizio estivo all'aperto! In cucina vengono proposti piatti locali, sia di carne che di pescato, con menù degustazione a prezzi particolarmente interessanti.

SARNTHEIN = SARENTINO

SARONNO

Varese (VA) – ✉ 21047 – 38 902 ab. – Alt. 212 m – Carta regionale n° **18-A2**
Roma 603 km – Milano 26 km – Bergamo 67 km – Como 26 km
Carta stradale Michelin 561-F9

Starhotels Grand Milan
via Varese 23 – ✆ 02 96 36 31 – www.starhotels.com
213 cam – 650 € 700 € – **35 suites**
Rist *Hostaria* – vedere selezione ristoranti
Imponente struttura ubicata nella prima periferia di Saronno con un'ampia hall, moderna e luminosa, nonché grandi spazi comuni. Camere di ottimo livello e confort al passo con il terzo millennio.

Cyrano senza rist
via IV Novembre 11/13 – ✆ 02 96 70 00 81 – www.hotelcyrano.it
40 cam – 55/200 € 65/250 €
Alle spalle del municipio, valida impressione già dalla hall: ambienti e atmosfera raffinati, curati, con stanze spaziose e confortevoli, differenziate nei colori.

Hostaria – Starhotels Grand Milan
via Varese 23 – ✆ 02 96 36 39 60 – www.hostaria.info
Menu 30 € – Carta 37/65 € – (consigliata la prenotazione)
Sono ampie vetrate a dividere il ristorante dalla hall dello Starhotels Grand Milan: nei suoi ambienti l'essenza del minimalismo con colori tendenti al grigio e alle sue sfumature. La linea di cucina si fa moderna, a tratti creativa.

La Cantina di Manuela
via Frua 12 – ✆ 0 29 60 00 75 – Chiuso domenica
Menu 30 € (cena)/45 € – Carta 32/71 €
Cucina di stampo classico, negli ambienti informali di questo locale con enoteca: a pranzo la carta è più ristretta, la sera si amplia, ma è sempre accompagnata da una buona selezione enologica. Parecchie le bottiglie francesi.

SARRE
→ Vedere Aosta
Aosta (AO)

SARTEANO
Siena (SI) – ✉ 53047 – 4 691 ab. – Alt. 573 m – Carta regionale n° **32-D2**
Roma 156 km – Perugia 60 km – Orvieto 51 km – Siena 81 km
Carta stradale Michelin 563-N17

La Sovana cam, cam,
Strada provinciale SP 478 km 1.6, Nord Est : 6 km – ✆ 05 78 27 40 86 – www.lasovana.com – Aperto 26 dicembre-7 gennaio e 1° aprile-3 novembre
20 cam – 91/148 € 122/198 €
Rist – Menu 39/45 € – *(solo a cena)* (prenotazione obbligatoria)
Una raffinata oasi di relax immersa nel verde della campagna toscana - da non mancare la visita dei vigneti e della cantina - a cui fa eco una cucina della tradizione, amorevolmente preparata dalla titolare stessa.

Santa Chiara con cam
piazza Santa Chiara 30 – ✆ 05 78 26 54 12 – www.conventosantachiara.it – Aperto 1° aprile-31 ottobre; solo venerdì, sabato e domenica negli altri mesi
6 cam – 90 € 110 € – **1 suite** Carta 22/46 € – *(chiuso martedì)*
Splendida collocazione in un convento del XV secolo immerso nel verde per questo locale con camere; sala con travi e mattoni a vista, ameno servizio estivo in giardino.

SARZANA
La Spezia (SP) – ✉ 19038 – 21 710 ab. – Alt. 21 m – Carta regionale n° **15-D2**
Roma 403 km – La Spezia 16 km – Genova 102 km – Massa 20 km
Carta stradale Michelin 561-J14

Antico Casale senza rist
via Navonella 7, Sud Est : 1,5 km – ✆ 01 87 62 25 43 – www.anticocasalesarzana.com
15 cam – 65/140 € 65/160 €
Alle porte di Sarzana, risorsa ricavata in un antico casale dell'Ottocento a circa 4 km dal mare: camere e piccoli appartamenti dotati di angolo cottura sono arredati con gusto tra il signorile ed il rustico.

Podere Bellarina N senza rist
via Pallodola (via Pecorina) 32 – ✆ 38 05 55 25 55 – www.bellarina.it – chiuso gennaio
4 cam – 70/80 € 70/80 €
In posizione piuttosto isolata e molto tranquilla, piacevolissimo bed and breakfast - in pratica un piccolo casolare interamente ristrutturato - costituito da sole quattro camere personalizzate e molto curate. L'atmosfera è quella di una casa privata, dove la cordiale accoglienza della titolare fa la sua parte.

SASSARI
Sardegna – ✉ 07100 – 125 672 ab. – Alt. 225 m – Carta regionale n° **28-A1**
Cagliari 211 km
Carta stradale Michelin 366-M39

Leonardo da Vinci senza rist
via Roma 79 – ✆ 0 79 28 07 44 – www.leonardodavincihotel.it Pianta : B2**c**
116 cam – 55/75 € 70/110 €
Marmi e divani nell'elegante, spaziosa hall che introduce in un centrale albergo di moderna funzionalità, comodo per clientela sia d'affari e congressuale sia turistica.

Carlo Felice

via Carlo Felice 43, per via Roma - B2 – ✆ 0 79 27 14 40 – *www.hotelcarlofelice.it*
70 cam – 39/120 € 44/140 €
Rist – Carta 27/90 € – *(chiuso venerdì, sabato e domenica)*
Ubicata in zona periferica, una risorsa recentemente ristrutturata, ideale per la clientela di passaggio offre spazi comuni limitati, ma camere dalle eleganti rifiniture. Ampia, curata sala da pranzo.

Vittorio Emanuele senza rist

corso Vittorio Emanuele II 100 – ✆ 0 79 23 55 38 Pianta : A1**b**
– www.hotelvesassari.it
45 cam – 50/70 € 70/90 €
Nel centro storico, ma raggiungibile in auto, l'hotel è sorto sulle ceneri di un'antica gloria alberghiera e propone - oggi - servizi completi, camere accoglienti, nonché una bella cantina per degustazioni.

SASSELLO

Savona (SV) – ✉ 17046 – 1 818 ab. – Alt. 405 m – Carta regionale n° **14-B2**
Roma 559 km – Genova 65 km – Alessandria 67 km – MIlano 155 km
Carta stradale Michelin 561-I7

Pian del Sole

viale Marconi (località Pianferioso 23) – ✆ 0 19 72 42 55 – www.hotel-piandelsole.com – Chiuso 10 gennaio-10 febbraio
33 cam – 50/65 € 70/110 €
Rist *Pian del Sole - da Ivano* – Menu 25/35 € – Carta 22/47 € – *(chiuso martedì escluso aprile-ottobre)*
A pochi passi dal centro della località, struttura di recente costruzione e di taglio moderno: ampie zone comuni ben tenute e spaziose camere piacevolmente arredate.

SASSETTA

Livorno (LI) – ✉ 57020 – 534 ab. – Alt. 330 m – Carta regionale n° **31-B2**
Roma 279 km – Grosseto 77 km – Livorno 64 km – Piombino 40 km
Carta stradale Michelin 563-M13

La Bandita

via Campagna Nord 30, Nord-Est : 3 km – ✆ 05 65 79 42 24 – www.labandita.com – Aperto 1° aprile-31 ottobre
27 cam – 80/150 € 110/176 €
Rist – Menu 30 € – Carta 27/51 € – *(solo a cena)* (prenotazione obbligatoria)
Villa di fine '700 all'interno di una vasta proprietà. Interni molto curati con arredi d'epoca, notevoli soprattutto nelle aree comuni. Camere eleganti, bella piscina. Fiori ai tavoli, paste fatte in casa e selvaggina nella luminosa sala da pranzo.

SASSO MARCONI

Bologna (BO) – ✉ 40037 – 14 536 ab. – Alt. 128 m – Carta regionale n° **9-C2**
Roma 361 km – Bologna 16 km – Firenze 87 km – Milano 218 km
Carta stradale Michelin 562-I15

Marconi (Aurora Mazzucchelli)

via Porrettana 291 – ✆ 0 51 84 62 16 – www.ristorantemarconi.it – Chiuso 3 settimane in agosto, domenica sera e lunedì
Menu 55/80 € – Carta 62/86 €
Ottime materie prime, selezionate con cura, nonché una capacità di programmare e pensare che va oltre il piatto: un menu per abbracciare terra e mare, in maniera creativa e mai scontata.
→ Maccherone ripieno di anguilla affumicata, ostrica cruda e spinaci. Mare del Nord: cannocchia, alghe, fasolari e aringa. Ananas in raviolo con ricotta, caffè, uvetta e pinoli.

a Mongardino Nord-Ovest : 5 kmAlt. 369 m – ✉ 40037

Le Mingarine senza rist

via Montechiaro 53 – ✆ 05 16 75 52 70 – www.lemingarine.it
3 cam – 150 € 150 €
In una villa dei primi '900 circondata da un parco, un vero B&B dove gli ospiti condividono con i proprietari gli ambienti comuni e l'atmosfera di dimora privata è assolutamente autentica. Camere spaziose, caldamente personalizzate, belli anche i bagni.

la Grotta dal 1918

via Tignano 3 – ✆ 05 16 75 51 10 – www.lagrotta1918.it – Chiuso 7-24 gennaio, giovedì a mezzogiorno e mercoledì
Carta 31/53 € – *(solo a cena escluso sabato e domenica)*
Portano la firma del noto designer bolognese Dino Gavina, gli arredi interni ed esterni di questo ristorante fondato nel 1918 dove gustare ottime proposte locali: paste fresche (spesso preparate sotto gli occhi dei clienti dalle sfogline presenti in sala), ma anche selvaggina, funghi, tartufi, nonché il tipico fritto misto dolce e salato. Terrazza per i piatti estivi.

verso Calderino Nord-Ovest : 11 km

Nuova Roma
via Olivetta 87 ✉ 40037 – ✆ 05 16 76 01 40 – www.ristorantenuovaroma.it – Chiuso 26 gennaio-12 febbraio, 3 settimane in agosto, mercoledì a mezzogiorno e martedì
Carta 24/56 €
Una trattoria semplice, sulla strada tra Calderino e Sasso Marconi, dove gustare una cucina regionale con un bicchiere da scegliere ad hoc entro una completa carta dei vini.

SASSUOLO

Modena (MO) – ✉ 41049 – 39 888 ab. – Alt. 121 m – Carta regionale n° **8-B2**
Roma 421 km – Bologna 61 km – Milano 177 km – Modena 18 km
Carta stradale Michelin 562-I14

Leon d'Oro senza rist
via Circonvallazione Nord/Est 195 – ✆ 05 36 81 33 81 – www.hotel-leondoro.it – Chiuso agosto
92 cam – †65/85 € ††80/95 € – **2 suites**
All'ingresso di Sassuolo, albergo a vocazione e frequentazione commerciale, ideale per chi deve spostarsi in macchina. Camere semplici e moderne, colazione di buona scelta e qualità.

Michelangelo
via Circonvallazione Nord/Est 85 – ✆ 05 36 99 85 11 – www.michelangelohp.com – Chiuso 20 dicembre-6 gennaio ed agosto
75 cam – †55/118 € ††75/184 €
Rist *Contessa Matilde* – Carta 28/87 € – *(chiuso domenica)*
All'interno di un contesto residenziale, un elegante albergo di gusto classico, sobriamente arredato con legni, marmi e tessuti dalle calde tonalità.

Osteria dei Girasoli
via Circonvallazione Nord/Est 217/219 – ✆ 05 36 80 12 33 – www.osteriadeigirasoli.com – Chiuso 2 settimane in agosto, lunedì sera e domenica
Menu 35/50 € – Carta 26/56 € – (consigliata la prenotazione)
Eleganza e modernità si coniugano perfettamente in questo ristorante di design che dispone di una saletta privè e di un'ottima cantina. Cucina contemporanea e del territorio.

La Paggeria
via Rocca 16/20 – ✆ 05 36 80 51 90 – www.ristorantelapaggeria.com – Chiuso 1° -15 gennaio, sabato a mezzogiorno e domenica sera
Menu 25/45 € – Carta 27/63 € – (consigliata la prenotazione)
Nel cuore del centro storico, a pochi passi dalla piazza dove emerge l'enorme mole del Palazzo Ducale, cucina classica e regionale. Imperdibili le paste fresche e secche, nonché il tartufo (in stagione).

SATURNIA

Grosseto (GR) – ✉ 58014Alt. 294 m – Carta regionale n° **32-C3**
Roma 195 km – Grosseto 57 km – Orvieto 85 km – Viterbo 91 km
Carta stradale Michelin 563-O16

Bagno Santo rist,
località Pian di Cataverna, Est : 3 km – ✆ 05 64 60 13 20 – www.bagnosantohotel.it – Chiuso 7-30 gennaio
14 cam – †75/100 € ††90/130 €
Rist – Carta 20/43 € – *(chiuso mercoledì) (solo a cena)*
Splendida vista su campagna e colline, tranquillità assoluta e ambienti confortevoli; piacevoli le camere in stile lineare, notevole piscina panoramica. Capiente sala da pranzo dagli arredi essenziali e dall'atmosfera raffinata.

Saturno Fontepura
località La Crocina, Sud : 1 km – ✆ 05 64 60 13 13 – www.hotelsaturnofontepura.com – Chiuso 8-26 gennaio
23 cam – 95/150 € 150/200 €
Rist – Carta 21/36 € – *(aperto 1°aprile-31 ottobre) (solo a cena)*
Tra il paese e le terme - in posizione panoramica - un hotel di buon livello, ampliato nel 2010 con una nuova ala che ospita 15 camere. Nella bella piscina solo acqua termale!

Villa Clodia senza rist
via Italia 43 – ✆ 05 64 60 12 12 – www.hotelvillaclodia.com – Chiuso 10 gennaio-5 febbraio
9 cam – 65/90 € 100/120 € – **1 suite**
Nel centro, in zona panoramica, bella villa circondata dal verde di un curato giardino-solarium con piscina: ambiente familiare negli interni decorati con gusto e camere accoglienti.

Villa Garden senza rist
via Sterpeti 56, Sud : 1 km – ✆ 05 64 60 11 82 – www.villagarden.net – Chiuso 20 giorni in gennaio
8 cam – 60/70 € 75/85 €
A metà strada tra il paese e le Terme, una villetta immersa nella quiete, con un gradevole giardino; piacevoli e curati spazi comuni, camere di buon livello.

I Due Cippi-da Michele
piazza Veneto 26/a – ✆ 05 64 60 10 74 – www.iduecippi.com – Chiuso 20 giorni in gennaio, 10 giorni in luglio e martedì escluso agosto e festivi
Carta 39/69 € – *(solo a cena escluso venerdì, sabato e domenica)*
Nella piazza del paese, ristorante a gestione diretta in cui gustare piatti toscani, dotato anche di enoteca con ottima scelta di vini e vendita di prodotti della zona.

Da Mario
via Mazzini 16/18 a – ✆ 05 64 60 13 09 – www.ristorantedamario.net – Chiuso giovedì
Menu 30 € – Carta 28/99 €
Brace in sala per cuocere le proverbiali carni chianine, bruschette di ogni genere e i grandi classici della Maremma: insomma, un locale sicuramente da consigliare. D'estate, poi, è disponibile un fresco dehors con ombrelloni.

alle terme Sud-Est : 3 km :

Terme di Saturnia Spa & Golf Resort
via della Follonata – ✆ 05 64 60 01 11 – www.termedisaturnia.it – Chiuso 12-30 gennaio
128 cam – 370/790 € 450/790 € – **2 suites**
Rist *All'Acquacotta* ✿ – vedere selezione ristoranti
Rist *Aqualuce* – Carta 45/85 €
Esclusivo complesso, ideale per vacanze rigeneranti nel cuore della Maremma. Tra i suoi argomenti migliori ci sono il centro benessere -tra i migliori d'Italia- e la millenaria fonte di acqua termale. Ricco buffet e cucina toscana all'Aqualuce, con possibilità anche di piatti light.

All'Acquacotta – Hotel Terme di Saturnia Spa & Golf Resort
via della Follonata – ✆ 05 64 60 01 11 – www.termedisaturnia.it – Chiuso 12-30 gennaio, martedì e mercoledì
Menu 95/130 € – Carta 62/131 € – *(solo a cena)* (prenotazione obbligatoria)
Partendo da ottime materie prime, e questa regione come tutti sanno ne è ricca, la carta spicca il volo verso la modernità: a suo agio sia per quanto concerne i piatti di terra, sia per quanto riguarda le specialità di mare.
➜ "Gnudi" di ricotta e borragine mantecati al burro fuso e profumo di maggiorana. Baccalà alla maremmana. Crema di fichi di Chieti con gelato alla vaniglia e tegola al muscovado (zucchero di canna non raffinato).

SAURIS

Udine (UD) – ✉ 33020 – 411 ab. – Alt. 1 400 m – Carta regionale n° **10-A1**

Roma 723 km – Udine 84 km – Cortina d'Ampezzo 102 km

Carta stradale Michelin 562-C20

Schneider

via Sauris di Sotto 92 – 0 43 38 60 10 – www.ristoranteallapace.it – Chiuso 10 giorni in dicembre e 3 settimane in giugno

8 cam – 45/55 € 75/85 €

Rist *Alla Pace* – vedere selezione ristoranti

A qualche numero civico di distanza dal ristorante di famiglia, solo poche camere in termini numerici, ma ampie per quanto riguarda i metri quadrati a loro consacrati: lo stile è montano, il confort internazionale.

Riglarhaus

località Laites, Sud-Ovest : 6 km – 0 43 38 60 49 – www.riglarhaus.it – Chiuso 11 gennaio-10 febbraio

7 cam – 55/60 € 80/100 €

Rist *Riglarhaus* – Carta 23/38 € – *(chiuso martedì)*

E' da più generazioni che in questa casetta in posizione panoramica e tranquilla, si offrono ospitalità e, nell'omonimo ristorante su due salette di cui una con un bel fogolar, cucina casalinga e calda accoglienza.

Alla Pace – Hotel Schneider

via Sauris di Sotto 38 – 0 43 38 60 10 – Chiuso 10 giorni in dicembre, 3 settimane in giugno e mercoledì escluso luglio-settembre

Menu 20/35 € – Carta 20/39 €

Locanda di tradizione situata in un antico palazzo fuori dal centro e gestita dalla stessa famiglia dal 1804. Accoglienti le salette rustiche dove gustare cucina tipica del luogo: Cjarsons, frico di patate e formaggio, semifreddi.

SAUZE D'OULX

Torino (TO) – ✉ 10050 – 1 083 ab. – Alt. 1 509 m – Carta regionale n° **22-A2**

Roma 746 km – Briançon 37 km – Cuneo 145 km – Milano 218 km

Carta stradale Michelin 561-G2

Jouvenceaux Ovest : 2 km – ✉ 10050 Sauxe D'Oulx

Chalet Chez Nous senza rist

Via Principale 41 – 01 22 85 97 82 – www.chaletcheznous.it – Aperto 7 dicembre-15 aprile e 20 giugno-10 settembre

10 cam – 50/80 € 80/130 €

In un borgo con strade strette e case in pietra, è una vecchia stalla adattata ad ospitare questo albergo accogliente e tranquillo, dotato di buoni confort. Sala colazioni con soffitto a volte.

C'é categoria e categoria! Non aspettatevi lo stesso servizio in un ristorante X o in un albergo rispetto ad un XXXXX o ad un .

a Le Clotes 5 mn di seggiovia o E : 2 km (solo in estate) Alt. 1 790 m – ✉ 10050 Sauze D'Oulx

Il Capricorno

via Case Sparse 21 – 01 22 85 02 73 – www.chaletilcapricorno.it – Chiuso 20 giorni in maggio e 20 giorni in novembre

10 cam – 160/195 € 230/290 €

Rist *Naskira* – vedere selezione ristoranti

In una splendida pineta ed in comoda posizione sulle piste da sci, questa graziosa struttura caratterizzata da arredi artigianali e tanto legno offre una vista mozzafiato sui monti dell'Alta Val di Susa. D'inverno, sarà una motoslitta ad accompagnarvi in hotel!

Naskira – Hotel Il Capricorno
via Case Sparse 21 – ✆ 01 22 85 02 73 – www.chaletilcapricorno.it – Chiuso 20 giorni in maggio e 20 giorni in novembre
Carta 59/98 € – (consigliata la prenotazione)
Il nome allude alla stella più luminosa della costellazione del capricorno e, con la nuova gestione, il ristorante sta facendo sforzi apprezzabili. In una tipica sala montana, piatti classici - a mezzogiorno - per una clientela frettolosa impegnata tra una pista e l'altra, mentre - la sera - la carta cambia, assumendo una veste più gourmet e ricercata. Servizio anche all'aperto sulla valle.

SAVELLETRI

Brindisi (BR) – ✉ 72010 – Carta regionale n° **27-C2**
Roma 509 km – Bari 65 km – Brindisi 54 km – Matera 92 km
Carta stradale Michelin 564-E34

Borgo Egnazia
contrada Masciola, Nord-Ovest : 2 Km – ✆ 08 02 25 50 00 – www.borgoegnazia.com
183 cam – 200/600 € 220/2500 € – **8 suites** **Rist** – Carta 45/100 €
Un tipico borgo medioevale completamente ricreato è lo scenario di questo esclusivo resort: pietra naturale, macchia mediterranea, vicoli e piazzette... a cui si aggiungono servizi d'eccellenza e 29 ville top exclusive.

Masseria San Domenico
strada litoranea 379, località Petolecchia, Sud-Est : 2 km – ✆ 08 04 82 77 69 – www.masseriasandomenico.com – Chiuso10 gennaio-31 marzo
42 cam – 330/490 € 330/580 € – **16 suites**
Rist – Carta 47/78 € – (prenotazione obbligatoria)
Relax, benessere ed eco dal passato in questa masseria del '400 tra ulivi secolari e ampi spazi verdi; un caratteristico frantoio ipogeo ed un'incantevole piscina con acqua di mare. Nell'elegante terrazza come nella bella sala dal soffitto a volte i capolavori di una cucina della tradizione.

Masseria Torre Coccaro
contrada Coccaro 8, Sud-Ovest : 2 km – ✆ 08 04 82 93 10 – www.masseriatorrecoccaro.com
33 cam – 244/390 € 284/520 € **Rist** – Carta 50/89 € – (prenotare)
Elegante e particolare struttura che rispetta l'antico spirito fortilizio del luogo conservando la torre cinquecentesca: camere quasi tutte nello stesso stile con qualche particolarità. Suggestivo anche il ristorante, accolto in sale ricavate nelle stalle settecentesche.

Masseria Torre Maizza
contrada Coccaro, Sud Ovest : 2 Km – ✆ 08 04 82 78 38 – www.apuliacollection.com
26 cam – 176/434 € 206/474 € – **2 suites**
Rist *Le Palme* – vedere selezione ristoranti
Scorci di Mediterraneo davanti ai vostri occhi, frutteti e coltivazioni i sentieri che attraverserete: l'eleganza del passato si unisce ad una storia più recente e alla sete di benessere.

Masseria Cimino
contrada Masciola, Nord-Ovest : 2,5 Km – ✆ 08 04 82 78 86 – www.masseriacimino.com
15 cam – solo ½ P 90/170 €
Rist – Menu 40 € – *(solo a cena) (solo per alloggiati)*
Nata come guest house dell'annesso campo da golf, la struttura ha un'antica storia alle spalle… All'interno degli scavi archeologici di Egnatia, questa masseria con torre del '700 continua ad ammaliare l'ospite per la tranquillità della sua posizione isolata e per gli ambienti rustici, ma non privi di eleganza.

Le Palme – Masseria Torre Maizza

contrada Coccaro, Sud Ovest : 2 Km ✉ 72015 Savelletri – ✆ 08 04 82 78 38 – www.masseriatorremaizza.com

Carta 49/72 €

Atmosfera elegante e campestre allo stesso tempo, il ristorante della masseria vi offre un'ottima selezione di prodotti pugliesi, a cominciare dalle celebri verdure. Romantico ed inevitabile corollario, il servizio in giardino sotto i limoni dove ci si trasferisce col bel tempo.

SAVIGNANO SUL RUBICONE

Forlì-Cesena (FC) – ✉ 47039 – 17 637 ab. – Alt. 32 m – Carta regionale n° **9-D2**

Roma 352 km – Bologna 102 km – Forlì 42 km – Serravalle SMR 35 km

Carta stradale Michelin 562-J19

Rubicone senza rist

via Mazzini 1/B – ✆ 05 41 94 28 81 – www.rubiconehotel.it

11 cam – 45/60 € 65/90 €

A 100 metri dalla via Emilia, piccola ed omogenea risorsa a conduzione familiare. Indirizzo funzionale e comodo.

SAVIGNO

Bologna (BO) – ✉ 40060 – 2 712 ab. – Alt. 259 m – Carta regionale n° **9-C2**

Roma 394 km – Bologna 39 km – Modena 40 km – Pistoia 80 km

Carta stradale Michelin 562-I15

Trattoria da Amerigo (Alberto Bettini) con cam

via Marconi 16 – ✆ 05 16 70 83 26 – www.amerigo1934.it – Chiuso 7 gennaio-30 gennaio, 17 agosto-4 settembre e lunedì, anche martedì da gennaio a maggio

5 cam – 50/70 € 70/90 €

Menu 34/55 € – Carta 34/64 € – *(solo a cena escluso i giorni festivi e in settembre-dicembre anche il sabato)* (consigliata la prenotazione)

Se la vista è appagata dal suggestivo affresco murale "Il Bosco delle Meraviglie di Amerigo" in una delle due sale al primo piano, il palato è deliziato da una cucina rispettosa di una regione tanto prodiga di specialità. La ricerca dei prodotti sul territorio è davvero encomiabile.

➜ Gnocchi di patate al tartufo scorzone. Capocollo di maiale brado di razza mora con porro gratinato. Spuma di ricotta con la saba.

SAVIGNONE

Genova (GE) – ✉ 16010 – 3 216 ab. – Alt. 471 m – Carta regionale n° **15-C1**

Roma 514 km – Genova 27 km – Alessandria 60 km – Milano 124 km

Carta stradale Michelin 561-I8

Palazzo Fieschi

piazza della Chiesa 14 – ✆ 01 09 36 00 63 – www.palazzofieschi.it – Chiuso 15 dicembre-15 marzo

20 cam – 60/180 € 90/250 € **Rist** – Carta 25/68 € – *(solo a cena)*

Nella piazza centrale del paese, in una dimora patrizia cinquecentesca con un grande giardino, un albergo a gestione diretta dalle preziose sale affrescate e dalle ampie stanze in stile. Soffitto decorato, camino e luminose vetrate nell'elegante sala ristorante.

SAVIO

Ravenna (RA) – ✉ 48020 – Carta regionale n° **9-D2**

Roma 342 km – Ravenna 17 km – Bologna 90 km – Ferrara 106 km

Carta stradale Michelin 562-J18

CâMì N

via Argine Sinistro 84 – ✆ 05 44 94 92 50 – www.camiagriturismo.it – Chiuso 2 settimane in novembre e mercoledì escluso in luglio-agosto
Carta 34/53 € – *(solo a cena escluso sabato e domenica)*
Nel verde della campagna del fiume Savio, ma a soli 3 km da Milano Marittima, un ristorante all'interno di un agriturismo dove uno chef di grande spessore reinterpreta i sapori regionali, utilizzando al meglio i prodotti ortofrutticoli delle proprie coltivazioni.

SAVOGNA D'ISONZO

Gorizia (GO) – ✉ 34070 – 1 744 ab. – Alt. 49 m – Carta regionale n° **11-C2**
Roma 639 km – Udine 40 km – Gorizia 5 km – Trieste 29 km
Carta stradale Michelin 562-E22

a San Michele del Carso Sud-Ovest : 4 km – ✉ 34070

Lokanda Devetak con cam

via Brezici 22 – ✆ 04 81 88 24 88 – www.devetak.com
8 cam – 65/80 € 110/140 €
Menu 38/65 € – Carta 32/78 € – *(chiuso lunedì e martedì e i mezzogiorno di mercoledì e giovedì)* (prenotare)
Tra le specialità del menu, soffermatevi sulla coscia di cinghiale cotta nel forno a bassa temperatura (67° per ben 15 ore!), sapendo che questa tipica gostilna propone vari piatti regionali e mitteleuropei, nonché una fornita cantina - ad uso enoteca - scavata nella pietra. A completare l'offerta, vi è anche la "Casa dei sapori": laboratorio per la creazione di confetture, sciroppi, sottaceti e miele. Tutto con verdura e frutta di produzione propria.

SAVONA

✉ 17100 – 60 760 ab. – Carta regionale n° **14-B2**
Roma 545 km – Genova 48 km – Milano 169 km
Carta stradale Michelin 561-J7

Mare

via Nizza 89/r – ✆ 0 19 26 40 65 – www.marehotel.it Pianta : A2**c**
66 cam – 75/100 € 120/190 €
Rist *A Spurcacciun-a* – vedere selezione ristoranti
Rist *Sushi Beach* – Menu 35 € – Carta 10/76 € – *(chiuso 24 dicembre-19 gennaio) (solo a cena)* (consigliata la prenotazione la sera)
Camere sia classiche sia moderne, in un hotel il cui punto di forza è rappresentato dalla costanza nell'apportare migliorie alla struttura. Il Sol Levante illumina le proposte gastronomiche del Sushi beach, alle quali - in estate - si aggiungono specialità liguri più semplici.

NH Savona Darsena cam, cam, rist,

via A. Chiodo 9 – ✆ 0 19 80 32 11 – www.nh-hotels.it Pianta : E1**b**
92 cam – 62/197 € 82/247 €, 15 € **Rist** – Carta 29/35 € – *(solo a cena)*
Un'altra struttura in città che non si sottrae al fascino del moderno design: adiacente il terminal della Costa Crociere e a pochi passi dalla torre del Brandale, l'estremo minimalismo delle camere è inversamente proporzionale al loro confort.

A Spurcacciun-a – Hotel Mare

via Nizza 89/r – ✆ 0 19 26 40 65 – www.aspurcacciun-a.it Pianta : A2**c**
– Chiuso 24 dicembre-21 gennaio e mercoledì
Menu 45/100 € – Carta 55/140 €
Emozioni visive nella sala denominata "tappeti volanti", giochi di colore e luci alla "cromo dinner" o un'unica esperienza tattile al tavolo del menu "solo mani", ma in tutto ciò è sempre il mare a farla da padrone.

SAVONA
0
1 km
GENOVA
ACQUI TERME SASSELLO
CUNEO
TORINO
ALASSIO
VENTIMIGLIA
ALBISOLA MARINA
ALBISOLA SUPERIORE
MARMORASSI
LAVAGNOLA
PORTO
DARSENA LEON PANCALDO
MARE LIGURE
CASELLO
A 10 / E 80
A 6 / E 717
V. Aurelia
Ponente
Cso. Filippo Ferrari
V. Piero Casarino
V. Filippo Gentile
V. Genova
Lungo Giacomo Matteotti
V. Torino
V. Piave
Cso. Generale Agostino Ricci
V. Vittime di Brescia
Cso. Tardy e Benech
Cso. Giuseppe Mazzini
Cso. Vittorio Veneto
V. Stalingrado
V. Nizza
V. Isidoro Bruno Buozzi
Bonini
V. Nazionale Piemonte
V. alla Strà
V. Santuario
M
P
a
c
A
B
C
1
2

Suavis

via Astengo 36R – ✆ 0 19 81 28 11 – Chiudo 1°-7 gennaio, 2 settimane in agosto, domenica e lunedì — Pianta : D1**e**

Carta 34/86 € – (prenotazione obbligatoria)

Informale cortesia in una piccola sala dall'arredo moderno e minimalista: l'accento è infatti posto sulla cucina, le cui interessanti preparazioni risentono d'influenze liguri e piemontesi.

SCAGLIERI → Vedere Elba (Isola d') : Portoferraio
Livorno (LI)

SCALEA

Cosenza (CS) – ✉ 87029 – 10 317 ab. – Carta regionale n° **5-A1**

Roma 428 km – Cosenza 87 km – Castrovillari 72 km – Catanzaro 153 km

Carta stradale Michelin 564-H29

Grand Hotel De Rose senza rist

lungomare Mediterraneo – ✆ 0 98 52 02 73 – www.hotelderose.it – Aperto 15 giugno-15 settembre

66 cam ☕ – 🚹69/120 € 🚹🚹80/180 €

In posizione panoramica dominante il mare, imponente struttura immersa nel verde: grandi spazi interni e camere in stile navale. Gradevole piscina nel giardino pensile.

Talao rist,

corso Mediteraneo 66 – ✆ 0 98 52 04 44 – www.hoteltalao.it – Aperto 1° aprile-30 ottobre

59 cam – 40/75 € 60/125 € **Rist** – Menu 17/35 €

Sulla Riviera dei Cedri, buoni servizi e spazi generosi, soprattutto all'esterno, in un albergo di taglio classico che propone camere confortevoli con differente affaccio (e diverso prezzo). Una serie di camere si trovano ubicate in cottage, praticamente una sorta di dépendance "diffusa" vicina al mare.

SCALTENIGO

→ Vedere Mirano

Venezia

SCANDIANO

Reggio nell'Emilia (RE) – ✉ 42019 – 25 071 ab. – Alt. 95 m – Carta regionale n° **8-B2**

Roma 426 km – Parma 51 km – Bologna 64 km – Milano 162 km

Carta stradale Michelin 562-I14

Boiardo

via Ubersetto 59, Sud : 1 km Scandiano – ✆ 05 22 85 76 05 – www.boiardohotel.com

43 cam – 75/180 € 90/250 €

Rist *1495* – ✆ 05 22 85 68 72 – Carta 25/54 € – *(Chiuso sabato a mezzogiorno e lunedì)*

Nuova struttura appena fuori paese, nata sotto il segno del design minimalista e dell'ecocompatibilità, nei cui ampi spazi interni regna il bianco. In edificio indipendente, c'è il ristorante che nel nome omaggia la data di pubblicazione dell'Orlando Innamorato: cucina regionale, nazionale, ma anche bar, dal primo mattino alla sera.

Osteria in Scandiano

piazza Boiardo 9 – ✆ 05 22 85 70 79 – www.osteriainscandiano.com – Chiuso 30 dicembre-10 gennaio, 10-20 agosto, domenica da giugno ad agosto, giovedì negli altri mesi

Menu 25/45 € – Carta 32/58 €

Piccolo ristorante di tono familiare e al contempo raffinato. Di fronte alla rocca Boiardo, all'interno di un palazzo del '600, per apprezzare al meglio la cucina emiliana.

ad Arceto Nord-Est : 3,5 km – ✉ 42010

Rostaria al Castello

via Pagliani 2 – ✆ 05 22 98 91 57 – www.larostaria.it

Menu 25 € (in settimana)/35 € – Carta 32/62 € – *(solo a cena escluso domenica)*

Tra le mura del castello di Arceto, un intimo, elegante, ristorante dove salame, pane e paste fresche (di propria produzione) si uniscono a prodotti tipici locali come aceto balsamico, parmigiano reggiano o culatello di Zibello dando vita ad una cucina stuzzicante, mai scontata.

sulla strada statale 467 Nord-Ovest : 4 km :

Bosco

via Bosco 133 ✉ 42019 – ✆ 05 22 85 72 42 – www.ristorantebosco.it – Chiuso agosto, domenica sera e lunedì

Menu 28 € – Carta 34/65 €

Ristorante a gestione familiare, le sale sono arredate con cura mentre le proposte culinarie sono legate alla stagione e al territorio; interessante lista dei vini e bella selezione di grappe.

SCANDICCI

Firenze (FI) – ✉ 50018 – 49 624 ab. – Alt. 47 m – Carta regionale n° **32-D3**

Roma 278 km – Firenze 6 km – Pisa 79 km – Pistoia 36 km

Carta stradale Michelin 563-K15

a Mosciano Sud-Ovest : 3 km – ✉ 50018 Scandicci

Tenuta Le Viste

via del Leone 11 – ☎ 0 55 76 80 02 – www.tenuta-leviste.it – Chiuso 23-28 dicembre

4 cam ☕ – 🚹110/130 € 🚹🚹137/161 €

Rist – Carta 31/50 € – *(solo a cena) (solo per alloggiati)*

In posizione dominante, un'oasi di pace avvolta dal profumo degli ulivi: un'elegante residenza di campagna dagli ambienti arredati con mobili d'epoca, splendidi spazi esterni con una grande piscina, nonché una terrazza panoramica sulla città del giglio.

SCANDOLARA RIPA D'OGLIO

Cremona (CR) – ✉ 26047 – 596 ab. – Alt. 47 m – Carta regionale n° **17**-C3

▶ Roma 528 km – Brescia 50 km – Cremona 15 km – Parma 68 km

Carta stradale Michelin 561-G12

Locanda del Gheppio

via Umberto I, 28 – ☎ 0 37 28 91 40 – www.locanda-del-gheppio.it – Chiuso 2 settimane in agosto, lunedì sera e martedì

Menu 28/35 € – Carta 26/50 €

Ingredienti del passato - in parte dimenticati - concorrono nella composizione di piatti della tradizione: rollino di anguilla in carpione dolce, filetto di pesce gatto con cipolle o marubini in brodo di cappone… Lo spazio per la descrizione è modesto e la lista delle specialità lunga!

SCANNO

L'Aquila (AQ) – ✉ 67038 – 1 922 ab. – Alt. 1 050 m – Carta regionale n° **1**-B2

▶ Roma 155 km – Frosinone 99 km – L'Aquila 101 km – Campobasso 124 km

Carta stradale Michelin 563-Q23

Grotta dei Colombi

rist,

viale dei Caduti 64 – ☎ 0 86 47 43 93 – www.grottadeicolombi.it – Chiuso novembre

16 cam – 🚹35/39 € 🚹🚹50/55 €, ☕ 5 €

Rist – Carta 23/38 € – *(chiuso mercoledì)*

Nel centro storico, una pensione familiare articolata su due piani con camere e spazi comuni sobri e confortevoli identici nell'arredo, curiosamente perlinati in legno bianco. Dalla cucina, sapori e prodotti locali.

Lo Sgabello

via Pescatori 45 – ☎ 08 64 74 74 76 – www.losgabelloscanno.it – Chiuso mercoledì

Carta 15/33 €

In un paese tranquillo e caratteristico, ristorantino dalla seria conduzione dove apprezzare piatti fedeli alla tradizione abruzzese Piacevole terrazza estiva con ampia vista sulle bellezze naturali.

SCANSANO

Grosseto (GR) – ✉ 58054 – 4 530 ab. – Alt. 500 m – Carta regionale n° **32**-C3

▶ Roma 180 km – Grosseto 29 km – Civitavecchia 114 km – Viterbo 98 km

Carta stradale Michelin 563-N16

Antico Casale di Scansano

località Castagneta, Sud-Est : 3 km – ☎ 05 64 50 72 19 – www.anticocasalediscansano.it – Aperto 20 dicembre-8 gennaio e 15 marzo-6 novembre

30 cam ☕ – 🚹79/109 € 🚹🚹138/198 € – **4 suites**

Rist ***La Castagneta*** – vedere selezione ristoranti

Corsi di cucina, un centro equitazione e sentieri benessere disegnati nel bosco: avvolti dalla natura incontaminata della Maremma, l'antico casale è perfetto per una vacanza rigenerante.

La Castagneta – Hotel Antico Casale di Scansano
località Castagneta, Sud-Est : 3 km – ✆ 05 64 50 72 19 – www.anticocasalediscansano.it – Aperto 20 dicembre-8 gennaio e 15 marzo-30 novembre
Carta 27/57 €
In un ambiente particolarmente curato, una versione aggiornata ed alleggerita della cucina toscana: olio extravergine d'oliva, paste e zuppe rigorosamente fatte in casa, nonché l'immancabile carne maremmana-chianina. In carta, ottimi vini e, a sorpresa, qualche buona birra artigianale.

La Cantina
via della Botte 1 – ✆ 05 64 50 76 05 – Chiuso 10 gennaio-9 marzo, domenica sera e lunedì escluso agosto
Menu 15 € (pranzo)/40 € – Carta 30/46 €
Cucina regionale per questo ristorante ricavato in un edificio seicentesco del centro con soffitto a volta e tavoli in legno massiccio. La cantina vanta un'ottima scelta di vini regionali: ottimo il Morellino di loro produzione.

SCANZANO IONICO
Matera (MT) – ✉ 75020 – 7 180 ab. – Alt. 21 m – Carta regionale n° **4**-D2
Roma 483 km – Matera 63 km – Potenza 125 km – Taranto 64 km
Carta stradale Michelin 564-G32

Miceneo Palace Hotel rist,
strada Provinciale per Montalbano Ionico – ✆ 08 35 95 32 00 – www.miceneopalace.it
45 cam – 40/60 € 60/110 € – **1 suite**
Rist – Carta 24/46 € – *(solo a cena escluso sabato e domenica)*
Ampia risorsa a vocazione congressuale con una spaziosa hall di moderna concezione e camere piacevolmente arredate: in stagione, una navetta collega la struttura al mare (servizio a pagamento). Specialità lucane e piatti tipici della cucina italiana al ristorante.

SCAPEZZANO → Vedere Senigallia
Ancona

SCARLINO
Grosseto (GR) – ✉ 58020 – 3 808 ab. – Alt. 229 m – Carta regionale n° **31**-B3
Roma 231 km – Grosseto 43 km – Siena 91 km – Livorno 97 km
Carta stradale Michelin 563-N14

Relais Vedetta cam, cam,
poggio La Forcola 12, Ovest : 5 km – ✆ 0 56 63 70 23 – www.relaislavedetta.eu – Chiuso 1° gennaio-6 marzo
6 cam – 220/420 € 220/420 €
Rist – Carta 38/56 € – *(solo a cena)* (prenotazione obbligatoria)
Abbandonata la frenetica Milano, alla quale tuttavia rimane legatissima, la proprietaria ha deciso di creare in una dimora di famiglia nella campagna toscana questo bed and breakfast, le cui spaziose camere propongono un simpatico mix di eclettismo, modernità e rusticità.

SCARPERIA
Firenze (FI) – ✉ 50038 – 7 795 ab. – Alt. 292 m – Carta regionale n° **32**-C1
Roma 293 km – Firenze 30 km – Bologna 90 km – Pistoia 65 km
Carta stradale Michelin 563-K16

Locanda San Barnaba
viale J.F. Kennedy 15/17 – ✆ 05 58 43 11 25 – www.lalocandasanbarnaba.com
13 cam – 50/60 € 68/80 €
Rist *Locanda San Barnaba* – vedere selezione ristoranti
In uno dei borghi più belli d'Italia, immerso nel verde della collina toscana, una deliziosa locanda le cui camere affrescate, una diversa dall'altra, evocano più atmosfere casalinghe che alberghiere.

Locanda San Barnaba - Hotel Locanda San Barnaba
viale J.F. Kennedy 15/17 – 05 58 43 03 84 – www.lalocandasanbarnaba.com
Carta 34/64 €
Una cucina classica toscana in un locale semplice, ma sufficientemente confortevole, la cui conduzione familiare, esperta e di buon livello, fa sì che lo consigli, senza esitazione!

a Gabbiano Ovest : 7 km – ✉ 50038 Scarperia

UNA Poggio Dei Medici rist,
via San Gavino 27 – 05 58 43 50 – www.unahotels.it
63 cam – 95/523 € 95/523 € – **7 suites** **Rist** – Carta 40/62 €
Vicino al borgo medievale di Scarperia, nella valle del Mugello, questo elegante resort è il paradiso dei golfisti grazie al suo green 18 buche. Il restauro di antichi casali toscani ha preservato la tipicità del luogo, creando al tempo stesso camere spaziose, dotate di moderni confort.

SCENA (SCHENNA)

Bolzano (BZ) – ✉ 39017 – 2 857 ab. – Alt. 600 m – Carta regionale n° **33-B1**
Roma 670 km – Bolzano 33 km – Merano 5 km – Milano 331 km
Carta stradale Michelin 562-B15

Hohenwart rist,
via Verdines 5 – 04 73 94 44 00 – www.hohenwart.com Pianta : B1**h**
– Chiuso 6 gennaio-15 marzo
85 cam – 97/210 € 212/370 € – **7 suites** **Rist** – Carta 24/75 €
Ampie camere in una bella struttura dotata di gradevole giardino e nuovissima spa, la cui piscina - strategicamente collocata sul tetto - offre una pregevole vista su monti e vallata; cucina del territorio nella capiente sala da pranzo.

Schlosswirt
via al Castello 2 – 04 73 94 56 20 – www.schlosswirt.it Pianta : B1**u**
– Aperto 19 marzo-8 novembre e 25 novembre-6 gennaio
34 cam – 50/93 € 100/180 €
Rist – Menu 23/38 € – Carta 23/70 € – *(chiuso lunedì)*
Bella terrazza con vista e piscina riscaldata in giardino in questa centralissima struttura con interni in stile locale di moderna concezione; gradevoli le camere. Luminose finestre rischiarano la capace sala ristorante.

Zmailer-Hof
via Berg 17 – 04 73 94 58 81 – Aperto 1° aprile-24 novembre; chiuso venerdì in luglio e agosto
Menu 20/50 € – *(solo a pranzo)*
Attraversato il bosco, si arriva alla casa, semplicissima e ruspante: un vero e proprio maso. Sul retro - nella bella stagione - i tavoli propongono una splendida vista sulla valle, mentre nel piatto speck, formaggi, canederli (ottimi quelli alle ortiche) allietano il palato; la domenica o su prenotazione arrosto, costine, gulasch.

SCHEGGINO

Perugia (PG) – ✉ 06040 – 483 ab. – Alt. 282 m – Carta regionale n° **36-C3**
Roma 131 km – Terni 28 km – Foligno 58 km – Rieti 45 km
Carta stradale Michelin 563-N20

Del Ponte con cam
via borgo 15 ✉ 06040 – 0 74 36 12 53 – www.hoteldelpontescatolini.it
– Chiuso 2-28 novembre
12 cam – 25/45 € 33/60 €, 3 € Carta 24/67 € – *(chiuso lunedì)*
Trote e tartufi, i prodotti tipici della zona, sono i principali ingredienti cui si ispira la cucina. La sala, invece, un omaggio alla semplicità, aperta sul verde. Nasceva come locanda e ora dispone di accoglienti camere colorate e allegre, per un soggiorno immerso nella tranquillità della natura.

SCHENNA = SCENA

SCHILPARIO

Bergamo (BG) – ✉ 24020 – 1 238 ab. – Alt. 1 124 m – Carta regionale n° **17-C1**
Roma 161 km – Brescia 77 km – Bergamo 65 km – Milano 113 km
Carta stradale Michelin 561-D12

a Pradella Sud-Ovest : 2 km – ✉ 24020

San Marco con cam
via Pradella 3 – ✆ 0 34 65 50 24 – www.albergo-sanmarco.it
18 cam – 38/40 € 50/70 €
Menu 20 € (in settimana)/35 € – Carta 20/39 € – *(chiuso lunedì)*
Da sempre nelle mani della stessa famiglia, un ambiente conviviale in cui gustare piatti casalinghi e verdure biologiche coltivate nel proprio orto. Interessante raccolta di fossili e minerali. Rustiche, ma confortevoli, le camere.

SCHIO

Vicenza (VI) – ✉ 36015 – 39 223 ab. – Alt. 200 m – Carta regionale n° **39-B2**
Roma 562 km – Verona 70 km – Milano 225 km – Padova 61 km
Carta stradale Michelin 562-E16

Nuovo Miramonti senza rist
via Marconi 3 – ✆ 04 45 52 99 00 – www.hotelmiramonti.com – Chiuso 23 dicembre-8 gennaio e 3-19 agosto
65 cam – 59/79 € 69/89 €
Nel centro storico, hotel ideale per una clientela d'affari; ampia hall con angoli per il relax, singolari stanze con parti d'arredo che rendono omaggio ai celebri lanifici.

Schio Hotel cam, cam,
via Campagnola 21/a – ✆ 04 45 67 56 11 – www.schiohotel.it
83 cam – 69/85 € 89/110 € – **3 suites**
Rist – Menu 20/30 € – Carta 31/49 € – *(chiuso agosto e domenica)*
In un'imponente struttura a vetri, che comprende anche un piccolo centro commerciale, camere con arredi di tipo moderno, non grandi, ma molto funzionali. Nel ristorante/lounge bar campeggia un bel pianoforte a coda per serate e animazioni varie. Cucina classica.

Spinechile (Corrado Fasolato)
contra' Pacche 2, località Tretto, Nord : 10 km – ✆ 0 44 51 69 01 07 – www.spinechileresort.com – Chiuso lunedì
Menu 60/75 € – Carta 48/64 € – *(solo a cena escluso sabato e domenica)* (consigliata la prenotazione)
Non semplice da scovare, ma di fiabesca atmosfera, tra i boschi delle colline sovrastanti Schio, l'ex fienile di una romantica baita sforna una cucina creativa, generosa ed intrigante.
➜ Fettuccine di seppia alla carbonara. Lepre in saor di lamponi. Piacevoli sensazioni di rum e tabacco.

SCHLANDERS = SILANDRO

SCHNALS = SENALES

SCIACCA

Sicilia – Agrigento (AG) – ✉ 92019 – 41 110 ab. – Alt. 60 m – Carta regionale n° **29-B2**
Agrigento 63 km – Catania 230 km – Marsala 71 km – Messina 327 km
Carta stradale Michelin 365-AN58 – Guida Verde Michelin SICILIA

Villa Palocla
contrada Raganella, Ovest : 4 km – ✆ 09 25 90 28 12 – www.villapalocla.it – Chiuso novembre
8 cam – 40/90 € 60/130 € **Rist** – Carta 19/53 €
All'interno di un edificio in stile tardo barocco le cui origini risalgono al 1750, caratteristico hotel avvolto da un giardino-agrumeto in cui trova posto anche la piscina. Al ristorante per gustare una saporita cucina di mare.

Locanda al Moro

via Liguori 44 – ✆ 0 92 58 67 56 – www.almoro.com
13 cam – 35/60 € 55/95 €
Rist *Hostaria del Vicolo* – vedere selezione ristoranti
In cima ad una scalinata del centro storico, tra mura duecentesche, si dorme in camere minimaliste ed essenziali. Piacevole corte interna per la prima colazione all'aperto ed enoteca.

Hostaria del Vicolo – Locanda del Moro

vicolo Sammaritano 10 – ✆ 0 92 52 30 71 – Chiuso 23 novembre-7 dicembre e lunedì
Carta 43/59 € – (coperti limitati, prenotare)
In un vicoletto del centro storico, un locale raccolto ed invitante. Come il menu: ampio ed articolato gioca intorno alle ricette, nonché ai prodotti siciliani, rielaborandoli in modo sfizioso. Una cinquantina le etichetta presenti nella carta dei vini.

sulla strada statale 115 km 131 Est: 10 km :

Verdura Golf & Spa Resort

località Verdura ✉ 92019 Sciacca – ✆ 09 25 99 80 01 – www.roccofortehotels.com
203 cam – 225/770 € 225/770 € – **26 suites**
Rist *La Zagara* – Carta 45/61 € – *(solo a cena)* (prenotazione obbligatoria)
Rist *Amare* – Carta 74/84 € – *(aperto 1° maggio-30 settembre)* (prenotazione obbligatoria)
Rist *Liolà* – Carta 46/58 € – *(solo a cena)* (prenotazione obbligatoria)
Resort di gran lusso con due campi da golf disegnati dall'architetto californiano K. Phillips, una grande spa con programmi benessere personalizzati e camere dotate di terrazza privata. Per la ristorazione si può spaziare da La Zagara, locale gourmet serale, all'Amare un dehors con tanto pesce; sapori siciliani e pizza al Liolà.

SCICLI

Sicilia – Ragusa (RG) – ✉ 97018 – 25 921 ab. – Alt. 106 m – Carta regionale n° **30-D3**
Palermo 271 km – Ragusa 32 km
Carta stradale Michelin 365-AX63 – Guida Verde Michelin SICILIA

Novecento senza rist

via Dupré 11 – ✆ 09 32 84 38 17 – www.hotel900.it
8 cam – 60/80 € 80/150 € – **1 suite**
Nel cuore del centro storico barocco, un palazzo d'epoca dagli interni inaspettatamente moderni e piacevoli: se disponibili, meglio prenotare le camere al 1° piano con soffitti affrescati.

Satra N

Via Duca degli Abruzzi, 1 – ✆ 09 32 84 21 48 – www.ristorantesatra.it – Chiuso martedì
Carta 42/67 €
Ex dispensa di un antico convento del 1200 ristrutturato, i soffitti sono stati mantenuti nella loro caratteristica architettura a volta, ma gli arredi non hanno saputo sottrarsi al gusto moderno. Estimatrice del timo selvatico (satra, in dialetto) e dei piatti della tradizione, la cuoca-titolare ne ripropone i sapori reinterpretandoli con gusto personale.

SCILLA

Reggio di Calabria (RC) – ✉ 89058 – 5 063 ab. – Carta regionale n° **5-A3**
Roma 686 km – Reggio di Calabria 24 km – Catanzaro 139 km – Vibo Valentia 85 km
Carta stradale Michelin 564-M29

U Bais senza rist

via Nazionale 65 – ✆ 09 65 70 43 00 – www.ubais.it
21 cam – 50/100 € 70/145 €
A due passi dal mare, non lontano dalla stazione, piccolo hotel di calda atmosfera arredato con gusto. Per un surplus di tranquillità, richiedete le camere laterali.

SCOGLITTI → Vedere Vittoria

Ragusa (RG)

SCOPELLO

Sicilia – Trapani (TP) – ✉ 91014Alt. 106 m – Carta regionale n° **29-B2**

Marsala 63 km – Palermo 71 km – Trapani 36 km

Carta stradale Michelin 365-AL55 – Guida Verde Michelin SICILIA

Tenute Plaia

cam, cam, rist,

contrada Scopello 3 – ✆ 09 24 54 14 76 – www.agriturismotenuteplaia.it – Aperto 24 dicembre-7 gennaio e 16 marzo-2 novembre

10 cam – 79/124 € 110/140 €

Rist – Menu 25/35 € – Carta 22/41 € – *(solo a cena escluso sabato e domenica)* (consigliata la prenotazione)

Costruita attorno ad una piccola corte interna, la struttura è gestita da una famiglia di imprenditori vinicoli. Semplici e accoglienti le camere con letti in ferro battuto e decorazioni floreali. Cucina tipica siciliana preparata con i prodotti dell'azienda agricola stessa e una particolare attenzione per il vino.

Tranchina

via A. Diaz 7 – ✆ 09 24 54 10 99 – www.pensionetranchina.com

10 cam – 50/65 € 76/100 €

Rist – Menu 22/27 € – *(solo a cena) (solo per alloggiati)*

Graziosa pensione dagli ambienti estremamente sobri e dall'accoglienza cordiale nel cuore del piccolo caratteristico paese. Lei, cinese, si occupa soprattutto delle camere. Il patron, siciliano, è l'anima e l'estro della buona tavola.

SCORZÈ

Venezia (VE) – ✉ 30037 – 18 871 ab. – Alt. 16 m – Carta regionale n° **40-C2**

Roma 527 km – Padova 30 km – Venezia 24 km – Milano 266 km

Carta stradale Michelin 562-F18

Villa Soranzo Conestabile

via Roma 1 – ✆ 0 41 44 50 27 – www.villasoranzo.it

18 cam – 80/130 € 140/180 € – **3 suites**

Rist – Carta 30/50 € – *(chiuso sabato e domenica) (solo a cena)*

Abbracciata da un ampio parco all'inglese in cui trova posto anche un grazioso laghetto, la seicentesca villa patrizia custodisce sale affrescate, arredate con mobili d'epoca, nonché lussuose camere. Cucina tradizionale nella raffinata atmosfera del ristorante.

Antico Mulino

via Moglianese Scorzè 37 – ✆ 04 15 84 07 00 – www.hotelanticomulino.com

30 cam – 29/110 € 39/220 € – **1 suite**

Rist *Osteria Perbacco* – vedere selezione ristoranti

In riva al fiume, camere luminose dagli arredi sobri, ma eleganti, occupano ora gli ambienti di questa caratteristica costruzione realizzata sui resti di un antico mulino ad acqua.

San Martino (Raffaele Ros)

piazza Cappelletto 1, località Rio San Martino, Nord : 1 km – ✆ 04 15 84 06 48 – www.ristorantesanmartino.info – Chiuso domenica sera e lunedì

Menu 25 € (pranzo in settimana)/90 € – Carta 42/68 €

Moderno, sobrio ed elegante, tutta l'attenzione ruota intorno alla cucina, creativa, personalizzata e con frequenti declinazioni intorno ad un medesimo prodotto: un'incessante scoperta.

→ Espressione dell'estuario veneziano. Triglia in crosta di pane su letto di carciofi e salsa leggera all'arancia. Trilogia di pistacchio.

XX **Osteria Perbacco** – Hotel Antico Mulino

via Moglianese 37 – ✆ 04 15 84 09 91 – www.ristoranteperbaccoscorze.it – Chiuso 1°-9 gennaio, 14-16 agosto, sabato a mezzogiorno e domenica

Carta 34/80 €

Due piacevoli sale fresche e luminose in combinazione con elementi rustici e camino, d'estate ci si trasferisce in terrazza sopra il fiume. Carne e pesce in ricette venete o più creative per chi è in vena di novità.

XX **I Savi**

via Spangaro 6, località Peseggia di Scorzè – ✆ 0 41 44 88 22 – www.isavi.it – Chiuso 1°-7 gennaio, domenica sera e lunedì

Menu 40 € – Carta 40/77 €

Un ristorante improntato alla più semplice e genuina qualità, a cominciare dal simpatico titolare, che vi illustrerà il pescato interpretato secondo l'estro della giornata.

SCRITTO → Vedere Gubbio

Perugia (PG)

SEGGIANO

Grosseto (GR) – ✉ 58038 – 1 010 ab. – Alt. 491 m – Carta regionale n° **32**-C3

Roma 199 km – Grosseto 61 km – Siena 66 km – Orvieto 109 km

Carta stradale Michelin 563-N16

XX **Silene** (Roberto Rossi) con cam

località Pescina, Est : 3 km – ✆ 05 64 95 08 05 – www.ilsilene.it

5 cam – †75/85 € ††75/85 €

Carta 48/76 € – *(chiuso domenica sera e lunedì)* (prenotazione obbligatoria)

In un paesino di montagna di poche anime, lo chef-patron seduce i suoi ospiti con una linea di cucina decisamente toscana dai sapori intensi e fragranti: ottimi i primi e le proverbiali carni, il tutto condito con olio di produzione propria.

→ Ravioli di piccione con parmigiano e olio Silene. La scottiglia Silene (zuppa di carni miste). Bon bon di cioccolato fondente farciti con panna al profumo di liquore.

SEGRATE

Milano (MI) – ✉ 20090 – 33 636 ab. – Alt. 115 m – Carta regionale n° **18**-B2

Roma 572 km – Milano 12 km – Bergamo 42 km – Brescia 88 km

Carta stradale Michelin 561-F9

X **Osteria Dei Fauni**

via Turati 5 – ✆ 02 26 92 14 11 – www.osteriadeifauni.it Pianta : D2**b**

– Chiuso 1°-6 gennaio, 9-31 agosto, sabato a mezzogiorno e domenica

Menu 20/40 € – Carta 32/52 €

Se l'ambiente è "caldo" e frizzante, non da meno lo sono le accattivanti proposte gastronomiche che spaziano tra terra e mare; interessante scelta di vini al bicchiere.

a Milano 2 Nord-Ovest : 3 km – ✉ 20090 Segrate

NH Milano Due rist, rist,

via Fratelli Cervi – ✆ 0 22 17 51 – www.nh-hotels.com Pianta : D2**m**

– Chiuso 24 dicembre-6 gennaio ed agosto

142 cam – †399/469 € ††419/489 € – **1 suite**

Rist *Al Laghetto* – ✆ 02 21 75 71 – Carta 39/60 €

Nel verdeggiante contesto di Milano 2, con vista sul grazioso laghetto artificiale, hotel di taglio moderno vocato ad una clientela business e congressuale: camere ampie e ben accessoriate. Ambiente moderno al ristorante, dove gustare i "classici" italiani.

SEGROMIGNO IN MONTE → Vedere Lucca

Lucca (LU)

SEIS AM SCHLERN = SIUSI ALLO SCILIAR

SEISER ALM = ALPE DI SIUSI

SELINUNTE

Sicilia – Trapani (TP) – Carta regionale n° **29-B2**
Agrigento 102 km – Catania 269 km – Messina 344 km – Palermo 114 km
Carta stradale Michelin 365-AL58 – Guida Verde Michelin SICILIA

a Marinella Sud : 1 km – ✉ 91022

Admeto cam,
via Palinuro 3 – ☎ 0 92 44 67 96 – www.hoteladmeto.it
56 cam – 50/98 € 70/160 € – **1 suite**
Rist – Menu 20/45 € – Carta 22/52 € – *(chiuso lunedì)*
Fronte mare, un candido edificio ospita camere moderne ed essenziali con panoramica sala colazione sul celebre tempio greco. Al ristorante, cucina tradizionale siciliana.

Sicilia Cuore Mio senza rist
via della Cittadella 44 – ☎ 0 92 44 60 77 – www.siciliacuoremio.it – Aperto 1° marzo-30 novembre
6 cam – 45/60 € 55/90 €
Ubicato nella zona residenziale di Marinella, un villino circondato da un grazioso giardino e dotato di camere in stile tipicamente mediterraneo. Un'ottima prima colazione.

SELLIA MARINA

Catanzaro (CZ) – ✉ 88050 – 7 139 ab. – Carta regionale n° **5-B2**
Roma 628 km – Cosenza 116 km – Catanzaro 23 km – Crotone 52 km
Carta stradale Michelin 564-K32

Agriturismo Contrada Guido
località contrada Guido, strada statale 106 km 202 – ☎ 09 61 96 14 95 – www.contradaguido.it – Chiuso 8-31 gennaio
14 cam – 50/85 € 100/140 €
Rist – Menu 25/40 € – *(chiuso lunedì)* (consigliata la prenotazione)
Un signorile borgo agricolo settecentesco con una bella piscina circondata da piante e fiori. Camere raffinate, cura per i dettagli. Cucina di insospettabile fantasia.

SELVA → Vedere Fasano

Brindisi (BR)

SELVA → Vedere Montebello Vicentino

Vicenza (VI)

SELVA DI CADORE

Belluno (BL) – ✉ 32020 – 516 ab. – Alt. 1 335 m – Carta regionale n° **40-C1**
Roma 651 km – Cortina d'Ampezzo 39 km – Belluno 60 km – Bolzano 82 km
Carta stradale Michelin 562-C18

Ca' del Bosco cam, cam,
via Monte Cernera 10, località Santa Fosca, Sud-Est : 2 km – ☎ 04 37 52 12 58 – www.hotelcadelbosco.it – Aperto 26 dicembre-10 marzo e 27 giugno-5 settembre
12 cam – 80/130 € 80/130 € **Rist** – Menu 15 € – *(solo per alloggiati)*
Moderna struttura che ben si integra con il contesto paesaggistico, panoramico e quieto, che la avvolge. Particolarmente curati gli arredi negli ambienti e nelle belle camere affrescate.

La Stua senza rist
via Dei Denever 25/27, località Santa Fosca, Sud Est : 2 Km – ☎ 04 37 52 12 38 – www.hotelgarnilastua.com – Aperto 6 dicembre-1° aprile e 10 giugno-14 settembre
12 cam – 40/50 € 60/90 €
Buon rapporto qualità/prezzo in questo piccolo garnì dalle piacevoli camere in stile montano. Tipica zona bar con una caratteristica stufa in pietra refrattaria.

SELVA DI VAL GARDENA

Bolzano (BZ) – ✉ 39048 – 2 657 ab. – Alt. 1 563 m – Carta regionale n° **34**-C2
Roma 684 km – Bolzano 42 km – Brunico 59 km – Canazei 23 km
Carta stradale Michelin 562-C17

© Mauritius / Photononstop

Alberghi

Alpenroyal Grand Hotel

rist,

via Meisules 43 – ✆ 04 71 79 55 55 – www.alpenroyal.com
– Aperto 5 dicembre-6 aprile e 14 giugno-5 ottobre
32 cam – 169/526 € 202/958 € – **24 suites**
Rist *Alpenroyal Gourmet* – vedere selezione ristoranti
Rist – Carta 61/90 €
Albergo importante per dimensione e per qualità dell'offerta: spazi, luce, dettagli, zone relax, la splendida piscina per bagnarsi tra la neve. Tutto quello che serve ad una clientela internazionale!

Gran Baita

cam, rist,

via Nives, 11 – ✆ 04 71 79 52 10 – www.hotelgranbaita.com
– Aperto 1° dicembre-15 aprile e 15 giugno-15 ottobre
51 cam – solo ½ P 100/240 € – **14 suites**
Rist – Carta 34/63 €
Camere luminose e una fra le più belle spa della valle (con tanto di grotta salina!) per un hotel di grande tradizione, dove il sapiente utilizzo del legno regala agli ambienti un'atmosfera avvolgente.

Granvara

strada La Selva 66, Sud-Ovest : 1,5 km – ✆ 04 71 79 52 50 – www.granvara.com
– Aperto 15 aprile-1° giugno e 15 ottobre-1° dicembre
35 cam – 100/320 € 170/520 € – **7 suites**
Rist – Menu 45 € (cena)/100 € – Carta 35/120 €
In favolosa posizione nella quiete assoluta delle Dolomiti e di Selva, un indirizzo speciale per rilassarsi nell'abbraccio della natura così come nei caldi ambienti in stile tirolese. L'intimità di una stube per le vostre cene.

Tyrol

cam, rist,

strada Puez 12 – ✆ 04 71 77 41 00 – www.tyrolhotel.it
– Aperto 5 dicembre-12 aprile e 18 giugno-21 settembre
53 cam – solo ½ P 90/280 € – **2 suites**
Rist – Carta 28/72 €
Nella tranquillità dei monti, un albergo che "guarda" le Dolomiti; zone comuni signorili, con soffitti in legno lavorato e tappeti; camere spaziose ed eleganti. Ambiente raccolto e accogliente nella capiente sala ristorante.

PortilloDolomites

via Meisules 65 – ✆ 04 71 79 52 05 – www.portillo-dolomites.it – Aperto 29 novembre-1° aprile e 14 giugno-28 settembre
38 cam – 100/300 € 160/450 €
Rist – Menu 40/75 € – *(solo per alloggiati)*
Alle porte della località, calorosa ospitalità in un hotel completamente ristrutturato in stile lodge. Bella piscina spaziosa, camere molto ampie e arredate con gusto: insomma, anche il confort ne ha tratto beneficio!

Genziana

via Ciampinei 2 – ✆ 04 71 77 28 00 – www.hotel-genziana.it – Aperto 1° dicembre-20 aprile e 1° luglio-30 settembre
27 cam – solo ½ P 48/118 € **Rist** - *(solo a cena) (solo per alloggiati)*
Una vacanza rilassante in un albergo ubicato in pieno centro, con giardino e zone comuni non spaziose, ma dall'intima atmosfera tirolese; camere confortevoli.

Mignon

via Nives 10 – ✆ 04 71 79 50 92 – www.hotel-mignon.it – Aperto 13 dicembre-11 aprile e 17 giugno-26 settembre
29 cam – solo ½ P 70/140 € – **1 suite**
Rist - *(solo a cena escluso 10-31 luglio) (solo per alloggiati)*
Solo pochi passi separano questa risorsa dal centro cittadino, un albergo con un bel giardino e caratteristici interni in stile locale di moderna ispirazione; camere confortevoli e graziose.

Boutique Hotel Nives

Via Nives 4 – ✆ 04 71 77 33 29 – www.hotel-nives.com – Aperto 5 dicembre-7 aprile e 14 giugno-7 ottobre
11 cam – 80/275 € 160/550 € – **2 suites**
Rist *Nives* – vedere selezione ristoranti
Rist – Menu 40/60 € – *(solo per alloggiati)*
Hotel nuovissimo dall'architettura accattivante: struttura quasi interamente in legno, con un'originale forma a mezzaluna. Buona parte delle camere sono disposte sul lato sole e godono di ampio balcone.

Small & Charming Hotel Laurin

strada Meisules 278 – ✆ 04 71 79 51 05 – www.hotel-laurin.it – Aperto 2 dicembre-14 aprile e 16 giugno-14 settembre
27 cam – 70/210 € 110/330 € – **2 suites**
Rist – Menu 40 € – *(solo a cena) (solo per alloggiati)*
Giovane gestione per questo hotel centrale, ben tenuto e abbellito da un curato giardino: spazi comuni scaldati da soffitti in legno, attrezzato centro wellness, nonché camere completamente ristrutturate.

Welponer

cam, rist,

strada Rainel 6 – ✆ 04 71 79 53 36 – www.welponer.it – Aperto 1° dicembre-20 aprile e 25 maggio-15 ottobre
23 cam – 100/200 € 170/350 € – **3 suites**
Rist – Menu 40/60 € – *(solo per alloggiati)*
Appagante vista di Dolomiti e pinete in un hotel dal curato ambiente familiare, dotato di ampio giardino soleggiato con piscina riscaldata; camere confortevoli.

Dorfer

via Cir 5 – ✆ 04 71 79 52 04 – www.hoteldorfer.com – Aperto 6 dicembre-10 aprile e 5 giugno-10 ottobre
27 cam – 75/210 € 150/430 €
Rist – Carta 30/88 € – *(solo a cena)*
Hotel rinnovato nel segno dell'accoglienza e dello stile tirolese che continua a perpetuarsi grazie alla cordiale gestione familiare. Graziose camere, tutte con balcone, e centro wellness. Dalle cucine, antipasti e pasta fatta in casa accanto ai piatti della tradizione altoatesina.

Freina

via Freina 23 – 04 71 79 51 10 – www.hotelfreina.com
– Aperto 1° dicembre-Pasqua e 10 giugno-15 ottobre
22 cam – 90/190 € 170/280 € – **2 suites**
Rist – Carta 25/60 €
Bianca struttura circondata da una verde natura: piacevoli ambienti riscaldati dal sapiente uso del legno e spaziose camere ben accessoriate, in moderno stile locale. Tradizionale sala ristorante in stile tirolese.

Linder

strada Nives 36 – 04 71 79 52 42 – www.linder.it
– Aperto 1° dicembre-Pasqua e 15 giugno-1° ottobre
28 cam – 70/150 € 102/270 € – **1 suite**
Rist – Menu 35 € – *(solo per alloggiati)*
Piacevole aspetto esterno in stile tirolese, per questa struttura a gestione diretta pluridecennale; le camere sono spaziose e gradevoli.

Concordia senza rist

strada Puez 10 – 04 71 79 52 23 – www.garni-concordia.it
– Aperto 5 dicembre-Pasqua e 15 giugno-30 settembre
15 cam – 40/110 € 80/220 € – **2 suites**
Confortevole "garni" che offre il calore della gestione familiare e quello degli arredi tipici con grande profusione di legno; camere ben tenute e nuovo reparto saune-relax.

Pozzamanigoni

strada La Selva 51, Sud-Ovest : 1 km – 04 71 79 41 38 – www.pozzamanigoni.it
– Aperto 1° dicembre-30 aprile e 1° giugno-30 settembre
13 cam – 50/100 € 100/200 €
Rist – Carta 25/40 € – *(aperto 1° giugno-31 ottobre) (solo a pranzo)*
Splendida vista su Sassolungo e pinete da un albergo a gestione diretta, dotato di scuola di equitazione, nonché laghetto con pesca alla trota. Camere ben tenute, mentre alla cucina ci pensa l'intraprendente proprietaria, che assicura succulente specialità della tradizione.

Pralong

via Meisules 341 – 04 71 79 53 70 – www.hotelpralong.it
– Aperto 6 dicembre-6 aprile e 13 giugno-20 settembre
23 cam – solo ½ P 46/96 €
Rist - *(solo a cena) (solo per alloggiati)*
Simpatica e cordiale gestione in una piccola struttura, con spazi comuni in stile tirolese, di taglio moderno e dalla calda atmosfera; camere molto confortevoli, ma il top è dato dalle stanze in mansarda.

Armin

via Meisules 161 – 04 71 79 53 47 – www.hotelarmin.com
– Aperto 6 dicembre-9 aprile e 20 giugno-20 settembre
27 cam – 60/153 € 110/256 €
Rist *Grillstube* – vedere selezione ristoranti
Rist – Carta 37/54 € – *(solo a cena) (solo per alloggiati)*
Semplice hotel familiare di buon confort, con accoglienti interni luminosi e camere lineari, tra cui alcune mansardate, ampie e ben arredate con mobilio chiaro. Ambiente curato e gradevole nella Grillstube.

Prà Ronch senza rist

via La Selva 80 – 04 71 79 40 64 – www.chaletpraronch.com
– Chiuso novembre
5 cam – 80/160 €
Una dimora di charme incastonata all'interno di un giardino panoramico e situata - praticamente - sulle piste da sci: semplice, accogliente e familiare, insomma una vacanza ideale all'insegna del relax!

Ristoranti

XXX **Alpenroyal Gourmet** – Alpenroyal Grand Hotel
via Meisules 43 – ✆ 04 71 79 55 55 – www.alpenroyal.com
– Aperto 5 dicembre-6 aprile e 14 giugno-5 ottobre; chiuso domenica
Menu 85/110 € – Carta 62/103 € – *(solo a cena)*
Un hotel cinque stelle ed una cucina gourmet che poggia su tre capisaldi importanti: tecnica moderna, fantasia e prodotti di stagione. Les jeux sont faits!

XX **Nives** – Hotel Nives
via Nives 4 – ✆ 04 71 77 33 29 – www.hotel-nives.com – Chiuso 7 ottobre -4 dicembre e 8 aprile-13 giugno
Menu 40/70 € – Carta 34/75 € – (consigliata la prenotazione)
Un wine bar con banco mescita vi accoglierà all'ingresso, mentre una bella sala ristorante - più classica seppur in stile montano - vi ospiterà per ineffabili soste gastronomiche. In tavola: ricette moderne che "simpatizzano" con gli ingredienti regionali. Graziosa stube, interamente in legno.

X **Grillstube** – Hotel Armin
via Meisules 161 – ✆ 04 71 79 53 47 – www.hotelarmin.com – Aperto 20 dicembre-20 marzo
Carta 34/73 € – *(solo a cena)*
Un ristorantino molto familiare che offre un'ottima e concreta cucina della tradizione, nonché molte specialità alla griglia... a vista, direttamente in sala.

verso Passo Gardena Sud-Est : 6 km :

XX **Chalet Gerard** con cam
via Plan de Gralba 37 ✉ 39048 – ✆ 04 71 79 52 74 – www.chalet-gerard.com – Aperto 31 maggio-15 ottobre e 1° dicembre-Pasqua
12 cam – solo ½ P 110/185 € Carta 30/65 €
Se la recente ristrutturazione ha conferito un nuovo smalto al locale, la cucina è rimasta fedele alla sua linea di sempre: piatti regionali elaborati partendo da ottime materie prime e belle presentazioni. Splendida vista del gruppo Sella e Sassolungo.

SELVAZZANO DENTRO

Padova (PD) – ✉ 35030 – 22 310 ab. – Alt. 18 m – Carta regionale n° **39**-B3
Roma 492 km – Padova 12 km – Venezia 52 km – Vicenza 27 km
Carta stradale Michelin 562-F17

La Bulesca
via Fogazzaro 2 – ✆ 04 98 97 63 88 – www.labulesca.it
54 cam – †65/85 € ††70/100 € – **5 suites**
Rist *La Bulesca* – vedere selezione ristoranti
Fascino retrò - anni 70 - negli spazi comuni di questa risorsa a conduzione diretta. I confort delle accoglienti camere risulteranno particolarmente graditi ad una clientela business.

XXX ✿ **La Montecchia** (Massimiliano Alajmo)
via Montecchia 12, Sud-Ovest : 3 km – ✆ 04 98 05 53 23 – www.alajmo.it – Chiuso 26 dicembre-8 gennaio e 7-28 agosto
Menu 70/85 € – Carta 52/98 € – *(chiuso lunedì e martedì)*
Rist *abcmontecchia* –Carta 35/47 € – *(chiuso lunedì)*
Amena ubicazione nel Golf Club della Montecchia per un locale originale e signorile ricavato in un vecchio essicatoio per il tabacco: salite le scale, vi attendono piatti creativi su base tradizionale. Al piano terra, l'offerta si fa più semplice e cambia nome, è l'abcmontecchia.
➜ Gnocchi di rapa rossa con salsa al gorgonzola. Coscia d'oca croccante con crema di patate, germogli e finocchi allo zenzero. Sfoglia alla crema montata al momento.

XX **La Bulesca** – Hotel la Bulesca

via Medi 2 – 04 98 97 76 72 – www.labulesca.com – Chiuso 1°-10 gennaio, 1°-24 agosto, lunedì a pranzo e domenica
Carta 35/145 €
Un ristorante che in particolari occasioni può arrivare a ricevere diverse centinaia di persone, ma che sa esprimere una buona accoglienza anche in situazioni più intime.

a Tencarola Est : 3 km – ✉ 35030

Piroga Padova

via Euganea 48 – 0 49 63 79 66 – www.hotelpiroga.com
62 cam – 65/95 € 85/120 €
Rist ***Piroga Padova*** – vedere selezione ristoranti
Un bel giardino è la cornice naturale di questo hotel dagli ariosi e luminosi interni che offrono un'attrezzata zona congressuale e camere dotate di ogni confort.

XX **Piroga Padova** – Hotel Piroga Padova

via Euganea 48 – 0 49 63 79 66 – www.hotelpiroga.com – Chiuso 1°-15 agosto
Carta 32/42 € – *(chiuso lunedì)*
Lunga tradizione per questo ristorante all'interno dell'omonimo albergo e seguito con passione dalla famiglia titolare, che non rinuncia ad uno dei suoi marchi di fabbrica: sia a pranzo sia a cena, oltre alla carta, si prepara un luculliano buffet di antipasti.

SELVINO

Bergamo (BG) – ✉ 24020 – 1 991 ab. – Alt. 960 m – Carta regionale n° **19-C1**
Roma 622 km – Bergamo 22 km – Brescia 73 km – Milano 68 km
Carta stradale Michelin 561-E11

La Dolce Vita

cam,

via Monte Purito 3 – 0 35 76 39 99 – www.ladolcevitahotel.it – Chiuso ottobre
10 cam – 56/112 € 70/140 €
Rist – Carta 32/61 € – *(chiuso lunedì, martedì e mercoledì)*
Una deliziosa casa di montagna, interamente nuova, ha portato una ventata di modernità, anche negli arredi, nel panorama alberghiero della località. Tanta cura è stata dedicata alle camere, tutte diverse, ciascuna dedicata ad uno stile particolare: classiche, moderne, mansardate, etniche, anni '60. Per noi, è sempre un ottimo indirizzo!

SEMPRONIANO

Grosseto (GR) – ✉ 58055 – 1 121 ab. – Alt. 601 m – Carta regionale n° **32-C3**
Roma 182 km – Grosseto 61 km – Orvieto 85 km
Carta stradale Michelin 563-N16

a Catabbio Sud : 6 km – ✉ 58014

X **La Posta**

via Verdi 9 – 05 64 98 63 76 – www.trattorialaposta.com – Chiuso 20 gennaio-1° febbraio, 1 settimana in luglio e lunedì
Menu 22 € – Carta 26/37 € – *(solo a cena escluso sabato e domenica)*
La proprietaria in cucina e i figli in sala in una curata trattoria di paese: locale genuino tanto nella tavola e nei piatti, quanto nel servizio schietto e informale.

SENAGO

Milano (MI) – ✉ 20030 – 21 121 ab. – Alt. 176 m – Carta regionale n° **18-B2**
Roma 591 km – Milano 17 km – Bergamo 51 km – Brescia 97 km
Carta stradale Michelin 561-F9

XX **La Brughiera**

via XXIV Maggio 23 – 0 29 98 21 13 – www.labrughiera.it – Chiuso 1 settimana in agosto
Menu 40/60 € – Carta 44/66 €
Un bel locale ricavato da una vecchia cascina ora compresa nel parco delle Groane. Ampio e grazioso l'interno, ma anche il dehors non è da meno. Cucina di stampo regionale ed ampia carta dei vini.

SENALES (SCHNALS)

Bolzano (BZ) – ✉ 39020 – 1 403 ab. – Alt. 1 327 m – Carta regionale n° **33-B1**
Da Certosa : Roma 692 km – Bolzano 55 km – Merano 27 km – Milano 353 km
Carta stradale Michelin 561-B14

a Madonna di Senales Nord-Ovest : 4 kmAlt. 1 500 m – ✉ 39020 Senales

Croce d'Oro - Goldenes Kreuz
via Madonna 27 – ✆ 04 73 66 96 88 – www.goldenes-kreuz.com – Chiuso 6-20 novembre
25 cam – 67/101 € 110/178 €
Rist *Croce d'Oro* – vedere selezione ristoranti
Accogliente casa a "misura" di famiglia, situata in posizione tranquilla tra prati e cime: perfetta per un soggiorno di passeggiate, sport e relax.

Croce d'Oro – Hotel Croce d'Oro - Goldenes Kreuz
via Madonna 27 – ✆ 04 73 66 96 88 – www.goldenes-kreuz.com – Chiuso novembre e mercoledì
Carta 18/41 €
Oltre che padrone di casa, Andreas Götsch è anche chef del ristorante (dell'omonimo albergo). Sua la passione per i prodotti biologici locali, che spesso rientrano nei suoi piatti: a volte legati alla tradizione, altre cucinati con tocco più mediterraneo. Lo strudel di mele nel bicchiere è tra i must della casa.

a Certosa Nord-Ovest : 2 km Alt. 1 327 m – ✉ 39020 Senales Schnals

Rosa d'Oro-Zur Goldenen Rose rist,
via Certosa 29 – ✆ 04 73 67 91 30 – www.goldenerose.it – Chiuso maggio
20 cam – 73/109 € 120/212 € – **8 suites** **Rist** – Carta 25/73 €
Un nome prezioso per un gioellino di ospitalità sito accanto all'antico convento quattrocentesco. Al suo interno, atmosfera retrò e confort moderni, come il piccolo centro benessere o il collegamento wi-fi. Specialità locali e qualche piatto più mediterraneo al ristorante con scenografica cantina all'ingresso dell'hotel.

SENIGALLIA

Ancona (AN) – ✉ 60019 – 44 888 ab. – Carta regionale n° **21-C1**
Roma 296 km – Ancona 29 km – Fano 28 km – Macerata 79 km
Carta stradale Michelin 563-K21

Duchi della Rovere
via Corridoni 3 – ✆ 07 17 92 76 23 – www.hotelduchidellarovere.it – Chiuso 21 dicembre-7 gennaio
45 cam – 85/200 € 120/220 € – **6 suites**
Rist – Carta 25/55 € – *(solo a cena)*
Sempre di buon livello e dalla dinamica gestione, la struttura dispone di sale meeting e camere accoglienti: le migliori sono le nuove battezzate "opera". Spiaggia convenzionata a 100 m, per chi volesse godere del mare.

Bologna rist,
lungomare Mameli 57 – ✆ 07 17 92 35 90 – www.hbologna.net – Aperto 1° aprile-30 settembre
37 cam – 49/90 € 50/200 € – **3 suites**
Rist – Menu 25 € – *(solo per alloggiati)*
Ideale per famiglie con bambini, l'albergo dispone di camere d'ispirazione contemporanea ed ampi spazi attrezzati per animare le giornate dei più piccoli. Un'ampia sala moderna per il ricco buffet, mentre l'originale "Tana dell'orso Bo" accoglie i bimbi con menu a loro dedicati.

City cam,
lungomare Dante Alighieri 14 – ✆ 07 16 34 64 – www.cityhotel.it
64 cam – 70/100 € 100/150 €
Rist *Monzù* – Carta 31/46 € – *(chiuso domenica in inverno) (solo a cena escluso in giugno-settembre)*
Sul lungomare di questa celebre località, apprezzata per la sua spiaggia di velluto, l'hotel presenta una facciata anni Sessanta, ma interni di moderno design e due sale congressi. Professionalità e cortesia.

Mastai

via Nicola Abbagnano 12, prossimità casello autostrada – ✆ 07 17 93 13 86 – www.hotelmastai.it
84 cam – 68/120 € 80/150 €
Rist – Menu 20 € – *(chiuso venerdì, sabato e domenica) (solo a cena)*
Nei pressi dell'uscita autostradale, l'hotel, ideale per una clientela d'affari, è dotato di camere nuove e spaziose e 7 sale riunioni per grandi e piccoli gruppi di lavoro.

Argentina

lungomare Dante Alighieri 82 – ✆ 07 17 92 46 65 – www.hargentina.com – Aperto 15 marzo-8 dicembre
36 cam – 40/65 € 60/130 €
Rist – Menu 18/40 €
Sul lungomare, albergo a gestione familiare con piacevoli e moderne zone comuni, nonchè camere piu semplici, ma comunque gradevoli.

Mareblù

lungomare Mameli 50 – ✆ 07 17 92 01 04 – www.hotel-mareblu.it – Aperto Pasqua-30 settembre
53 cam – 38/107 € 50/198 €
Rist - *(solo per alloggiati)*
Una piccola risorsa fronte mare a gestione familiare con ambienti classici e semplici negli arredi, sala giochi, biblioteca. Organizzata zona per gli aperitivi e ampia piscina.

Bice

viale Giacomo Leopardi 105 – ✆ 07 16 52 21 – www.albergobice.it
40 cam – 55/70 € 75/100 €
Rist – Carta 20/54 € – *(chiuso 27 settembre-4 ottobre e domenica sera escluso da giugno a settembre)*
Appena fuori le mura del centro, un hotel a conduzione familiare dai luminosi interni di taglio moderno e caratteristiche camere arredate in modo piacevole. Presso l'ampia sala ristorante dalle calde tonalità, piatti tipici della tradizone locale.

Uliassi

banchina di Levante 6 – ✆ 07 16 54 63 – www.uliassi.it – Aperto 31 marzo-26 dicembre; chiuso lunedì
Menu 80/125 € – Carta 80/135 €
Quasi sulla spiaggia, con il mare all'orizzonte e la luce che si riverbera sugli spazi bianchi: la raffinata eleganza della sala introduce ad una cucina elaborata ed estrosa, imperniata soprattutto su straordinari sapori di pesce, ma anche di selvaggina.
→ Spaghetti affumicati, vongole e datterini grigliati. Brodetto all'anconetana (zuppa di pesce). Zuppa al frutto della passione, gelato di yogurt e banana caramellata.

Al Cuoco di Bordo

lungomare Dante Alighieri 94 – ✆ 07 17 92 96 61 – www.alcuocodibordo.it – Chiuso 10-30 novembre, domenica sera, anche i mezzogiorno di lunedì e martedì nel periodo estivo
Carta 35/70 €
Sul lungomare, un locale dal piacevole arredo con veranda e piccola sala: il re della tavola è il pesce con una preferenza per i crudi.

Trattoria Vino e Cibo

via Fagnani 16/18 – ✆ 07 16 32 06 – Chiuso lunedì
Carta 27/45 € – (consigliata la prenotazione)
Nelle vie del centro, solo una sala e quattro grandi tavoli in legno, il tutto all'insegna della convivialità e semplicità. Piatti preparati con quello che offre il mercato del giorno (se ci sono, optate per i totanetti con briciole di pane): ne rimarrete entusiasti!

a Marzocca Sud : 6 km – ✉ 60019

Madonnina del Pescatore (Moreno Cedroni)

lungomare Italia 11 – ✆ 0 71 69 82 67 – www.morenocedroni.it – Chiuso mercoledì (escluso in estate)

Menu 55 € (pranzo in settimana)/130 € – Carta 80/115 € – (consigliata la prenotazione)

Trent'anni di creatività millesimati in carta con piatti che han fatto la storia della cucina italiana e un genio ben lontano dall'esaurirsi: ancora oggi Cedroni innova e crea tendenze. La Madonnina, un laboratorio di eccellenze della cucina di mare!

➜ Spaghettoro agli scampi, con pomodoro fresco e zenzero. Grigliata di pesce dieci anni dopo con molliche croccanti e salsa lattuga. Tiramisù con gelato al caffè, mascarpone liquido e pane del giorno prima.

a Scapezzano Ovest : 6 km – ✉ 60019

Bel Sit

rist,

via dei Cappuccini 15 – ✆ 0 71 66 00 32 – www.belsit.net – Chiuso 2-16 gennaio

32 cam – †65/110 € ††80/138 € – **6 suites**

Rist – Carta 24/45 € – *(aperto 12 aprile - 5 ottobre) (solo a cena escluso dal 1° giugno al 12 settembre) (solo per alloggiati)*

Abbracciato da un parco secolare e con vista sul mare, la villa Ottocentesca dispone di un nuovo centro benessere, sale comuni con arredi lignei e semplici camere spaziose.

Locanda Strada della Marina

strada della Marina 265 – ✆ 07 16 60 86 33 – www.locandastradadellamarina.it

9 cam – †52/58 € ††108/142 €

Rist *Taverna della Locanda* – Carta 23/50 € – *(solo a cena da ottobre ad aprile, escluso sabato e domenica)*

Una casa colonica circondata dal parco offre camere sapientemente ristrutturate, arredate con mobili d'epoca, pavimenti lignei e sale per colazioni di lavoro e cerimonie. Quello che un tempo fu un essicatoio, è ora un elegante ristorante con varie proposte regionali di carne e di pesce.

SEREGNO

Monza e Brianza (MB) – ✉ 20831 – 43 568 ab. – Alt. 222 m – Carta regionale n° **18-B2**

Roma 594 km – Como 23 km – Milano 25 km – Bergamo 51 km

Carta stradale Michelin 561-F9

Pomiroeu (Giancarlo Morelli)

via Garibaldi 37 – ✆ 03 62 23 79 73 – www.pomiroeu.it – Chiuso 1°-26 agosto

Menu 60/90 € – Carta 62/96 €

Nella corte di un palazzo del centro storico, un locale sempre accogliente con dehors tranquillo e riparato. Eccellente lista dei vini ed una cucina che offre sempre spunti di creatività su basi legate alle tradizioni locali.

➜ Riso carnaroli mantecato con pistilli di zafferano, midollo, caramello di vino rosso. Filetto di maiale al profumo di alloro selvatico, purè di patate, salsa alla frutta candita. Gelato al fieno di settembre su crema di ricotta, cioccolato bianco, biscotto alla betulla.

SERINO

Avellino (AV) – ✉ 83028 – 7 131 ab. – Alt. 415 m – Carta regionale n° **7-C2**

Roma 260 km – Avellino 14 km – Napoli 55 km – Potenza 126 km

Carta stradale Michelin 564-E26

verso Giffoni Sud : 7 km :

Chalet del Buongustaio

via Giffoni ✉ 83028 – ✆ 08 25 54 29 76 – Chiuso martedì

Menu 19/29 € – Carta 19/33 € – (prenotare)

Avvolto dalla cornice verde dei castagneti, ristorante dall'ambiente familiare, semplice ed accogliente. Il menu propone una casereccia cucina del territorio e profumati vini locali. Tra le specialità della casa: tagliatelle ai funghi porcini.

SERMONETA

Latina (LT) – ✉ 04013 – 9 446 ab. – Alt. 257 m – Carta regionale n° **13-C2**
Roma 77 km – Frosinone 65 km – Latina 17 km
Carta stradale Michelin 563-R20

Principe Serrone senza rist

via del Serrone 1 – ✆ 0 77 33 03 42 – www.hotelprincipeserrone.it
16 cam – 40/60 € 80/100 €
Nel borgo medievale, con bella vista sulla vallata, un edificio risalente all'XI secolo ospita questo hotel ideale per trascorrere soggiorni tranquilli; camere semplici ma confortevoli.

SERNAGLIA DELLA BATTAGLIA

Treviso (TV) – ✉ 31020 – 6 351 ab. – Alt. 117 m – Carta regionale n° **40-C2**
Roma 602 km – Treviso 33 km – Venezia 84 km – Trento 119 km
Carta stradale Michelin 562-E18

Dalla Libera

via Farra 24/a – ✆ 04 38 96 62 95 – www.trattoriadallalibera.it – Chiuso 27 dicembre-7 gennaio, 3 settimane in agosto e lunedì
Menu 20 € (pranzo in settimana) – Carta 34/55 € – *(solo a pranzo escluso venerdì e sabato)*
Nei suoi ambienti - recentemente ristrutturati - due linee di cucina: una più semplice e l'altra invece stagionale, pensata dallo chef-titolare giorno per giorno. Se poi siete amanti del vino con qualche anno... avete trovato il posto giusto! Gnocchi di patate e pomodoro crudo secondo stagione è una delle tante specialità della casa.

SERRALUNGA D'ALBA

Cuneo (CN) – ✉ 12050 – 544 ab. – Carta regionale n° **25-C2**
Roma 668 km – Torino 88 km – Cuneo 75 km – Asti 43 km
Carta stradale Michelin 561-I6

Il Boscareto Resort

strada Roddino 21 – ✆ 01 73 61 30 36 – www.ilboscaretoresort.it – Chiuso 12 gennaio-28 marzo
30 cam – 220/300 € 280/420 € – **10 suites**
Rist ***La Rei*** ✿ – vedere selezione ristoranti
Lussuosa struttura concepita per offrire una vista a 360° sulle Langhe...e la magia continua nelle stupende camere dotate appositamente di ampie vetrate, nonché nella moderna Spa.

La Rei – Hotel Il Boscareto Resort

strada Roddino 21 – ✆ 01 73 61 30 42 – www.ilboscaretoresort.it – Chiuso 12 gennaio-28 febbraio mercoledì a mezzogiorno e martedì
Menu 70/85 € – Carta 65/130 € – *(solo a cena escluso venerdì, sabato e domenica)*
In una sala moderna di grande impatto scenico, una cucina ancorata ai sapori del territorio, ma innovativa, con piatti in cui si è creato il giusto equilibrio tra tradizione e modernità.
➜ Risotto con robiola di Roccaverano, scalogno e vino cotto di fichi. Suprema di piccione, fegato grasso alle noci, riduzione di nocino e gorgonzola. Dolce al cioccolato.

a Fontanafredda Nord : 5 Km – ✉ 12050

Guido (Ugo Alciati)

via Alba 15 – ✆ 01 73 62 61 62 – www.guidoristorante.it – Chiuso 1°-20 gennaio, 1°-20 agosto, domenica sera e lunedì
Menu 85/120 € – Carta 61/94 € – *(solo a cena escluso sabato e domenica)*
Un doppio sogno per gli amanti del Piemonte: la storia di Villa Reale di Fontanafredda, riserva di caccia sabauda, s'intreccia con quella degli Alciati, alfieri e capostipiti dell'alta cucina langarola. Nelle sale del ristorante troverete affreschi e ambienti sontuosi alleggeriti da un design contemporaneo; nei piatti, l'eccellenza della tradizione.
➜ Agnolotti di Lidia al sugo d'arrosto. Faraona arrostita con fegatini, Marsala e gelatina all'aceto di Barolo. Fiordilatte mantecato al momento con zabaione caldo al moscato.

SERRAMAZZONI

Modena (MO) – ✉ 41028 – 8 099 ab. – Alt. 791 m – Carta regionale n° **8**-B2
Roma 357 km – Bologna 77 km – Modena 33 km – Pistoia 101 km
Carta stradale Michelin 562-I14

a Montagnana Nord : 10 km – ✉ 41028

XXX **La Noce**

via Giardini Nord 9764 – ✆ 05 36 95 71 74 – www.lanoce.it – Chiuso 1°-20 agosto e domenica
Carta 46/61 € – (prenotazione obbligatoria a mezzogiorno)
Lungo la strada che attraversa il paese, la struttura ha mantenuto intatto il suo fascino, complici la tenuta e le decorazioni nelle sale che coniugano raffinatezza ed atmosfera rustica. Annessa al ristorante un'acetaia, dove si trovano antichi utensili d'uso comune. Vendita di marmellate, miele e aceto balsamico.

SERRAVALLE LANGHE

Cuneo (CN) – ✉ 12050 – 328 ab. – Alt. 762 m – Carta regionale n° **25**-C3
Roma 593 km – Genova 121 km – Alessandria 75 km – Cuneo 55 km
Carta stradale Michelin 561-I6

XX **La Coccinella**

via Provinciale 5 – ✆ 01 73 74 82 20 – www.trattoriacoccinella.com – Chiuso 6 gennaio-10 febbraio, 27 giugno-7 luglio, mercoledì a mezzogiorno e martedì
Menu 42/53 € – Carta 35/63 € – (consigliata la prenotazione)
Tre fratelli conducono con passione ed esperienza questo valido ristorante d'impostazione classica. La cucina è soprattutto piemontese - talvolta tradizionale, altre più moderna - con qualche piatto di pesce.

SERRAVALLE PISTOIESE

Pistoia (PT) – ✉ 51030 – 11 580 ab. – Alt. 182 m – Carta regionale n° **31**-B1
Roma 320 km – Firenze 40 km – Livorno 75 km – Lucca 34 km
Carta stradale Michelin 563-K14

X **Trattoria da Marino**

via Provinciale Lucchese 102, località Ponte di Serravalle, Ovest : 2 km – ✆ 0 57 35 10 42 – Chiuso 20 giorni in luglio e martedì
Menu 23/35 € – Carta 24/43 €
In attività da quasi un secolo, l'ambiente è quello di un'accogliente trattoria, la cucina sfodera i piatti forti della regione con qualche simpatica rivisitazione: carciofo sfogliato croccante su fonduta di pecorino, pici tirati a mano e succulenti arrosti.

SERRAVALLE SCRIVIA

Alessandria (AL) – ✉ 15069 – 6 312 ab. – Alt. 225 m – Carta regionale n° **23**-C3
Roma 547 km – Alessandria 31 km – Genova 54 km – Milano 95 km
Carta stradale Michelin 561-H8

Villa la Bollina

via Monterotondo 60, Ovest : 2 km – ✆ 0 14 36 53 34 – www.hotelvillalabollina.com – Chiuso 25 gennaio-1° marzo
12 cam – †99/149 € ††119/199 € – **2 suites**
Rist *La Bollina* – Carta 34/64 € – *(chiuso domenica sera e lunedì)* (consigliata la prenotazione)
In un'oasi di tranquillità, dimora nobiliare del XIX secolo trasformata in elegante ed accogliente hotel con camere raffinate, arredate con mobili in stile. Nelle nobili sale e fresche terrazze del ristorante, la cucina è espressamente dedicata ai piatti piemontesi con le sue carni, le sue paste, e l'immancabile tartufo.

Serravalle Golf Hotel senza rist

via Novi 25 – ✆ 01 43 63 35 17 – www.serravallegolfhotel.it – Chiuso 23 dicembre-3 gennaio
32 cam – †79/105 € ††100/155 € – **2 suites**
Nel contesto dei campi da golf e dietro il famoso outlet, ampie e confortevoli camere con accesso indipendente (stile motel) e posto auto.

SERRUNGARINA

Pesaro e Urbino (PU) – ✉ 61030 – 2 605 ab. – Alt. 209 m – Carta regionale n° **20-B1**
▶ Roma 245 km – Rimini 64 km – Ancona 70 km – Fano 13 km
Carta stradale Michelin 563-K20

a Bargni Ovest : 3 km – ✉ 61030

Casa Oliva cam, rist,
via Castello 19 – ✆ 07 21 89 15 00 – www.casaoliva.it – Chiuso gennaio
23 cam – †60/65 € ††80/85 € – **2 suites** **Rist** – Menu 20/28 €
Nella quiete della campagna marchigiana, hotel composto da diversi caseggiati in mattoni all'interno di un caratteristico borgo d'epoca: camere di taglio moderno, nuova beauty farm e piccola piscina. Cucina casalinga e specialità regionali nella sala-veranda del ristorante.

SESSAME

Asti (AT) – ✉ 14058 – 287 ab. – Carta regionale n° **25-D2**
▶ Roma 598 km – Torino 100 km – Asti 39 km – Alessandria 52 km
Carta stradale Michelin 561-H7

Il Giardinetto
strada provinciale Valle Bormida 24, Sud : 4 km – ✆ 01 44 39 20 01 – www.ilgiardinettoristorante.it – Chiuso 17 febbario-5 marzo, 15-19 settembre e giovedì
Menu 18/35 € – Carta 20/55 € – *(solo a cena escluso sabato, domenica e i giorni festivi)*
Gli antipasti sono fissati quotidianamente, si scelgono invece le portate successive, specialità casalinghe piemontesi e liguri. Piccolo e tranquillo il dehors.

SESTO (SEXTEN)

Bolzano (BZ) – ✉ 39030 – 1 913 ab. – Alt. 1 310 m – Carta regionale n° **34-D1**
▶ Roma 697 km – Cortina d'Ampezzo 44 km – Belluno 96 km – Bolzano 116 km
Carta stradale Michelin 562-B18

Monika
via del Parco 2 – ✆ 04 74 71 03 84 – www.monika.it – Aperto 5 dicembre-21 marzo e 1° giugno-17 ottobre
46 cam – solo ½ P 105/155 € – **4 suites**
Rist - *(solo a cena) (solo per alloggiati)*
Nel Parco Naturale delle famose Tre Cime di Lavaredo, una risorsa recentemente ristrutturata in chiave moderna, ma rispettosa del contesto alpino nella quale si trova: aspettatevi, quindi, un attrezzato spazio benessere con una bellissima piscina coperta e tanto legno nelle "calde" camere.

San Vito-St. Veit rist,
via Europa 16 – ✆ 04 74 71 03 90 – www.hotel-st-veit.com – Aperto 5 dicembre-Pasqua e 1° giugno-15 ottobre
41 cam – †78/250 € ††78/250 € – **5 suites** **Rist** – Carta 30/80 €
Gestione dinamica in un albergo in area residenziale, dominante la vallata; zona comune ben arredata, camere tradizionali e con angolo soggiorno, ideali per famiglie. Nella sala da pranzo, vetrate che si aprono sulla natura; accogliente stube caratteristica.

a Moso (Moos) Sud-Est : 2 km Alt. 1 339 m – ✉ 39030 Sesto

Sport e Kurhotel Bad Moos cam, rist,
via Val Fiscalina 27 – ✆ 04 74 71 31 00 – www.badmoos.it – Chiuso 10 aprile-31 maggio e 4-30 novembre
32 cam – †108/210 € ††212/420 € – **30 suites** **Rist** – Carta 28/62 €
Suggestiva veduta delle Dolomiti da un hotel moderno, dotato di buone attrezzature e adatto anche a una clientela congressuale; camere confortevoli. Calda atmosfera nella sala da pranzo; ristorante in stube del XIV-XVII secolo.

Rainer
cam, rist,

via San Giuseppe 40 – 04 74 71 03 66 – www.familyresort-rainer.com – Aperto 6 dicembre-Pasqua e 2 giugno-9 ottobre

26 cam – 90/145 € 160/290 € – **19 suites**

Rist – Carta 25/61 € – *(solo per alloggiati)*

Nella parte alta della località con ampia apertura sulla vallata e Dolomiti, una struttura che si è ripotenziata in tutte le sue parti: metrature generose nelle camere e begli affacci. Ma le attenzioni per il cliente non si esauriscono qui...i piccoli ospiti potranno, infatti, approfittare di una vasta area giochi sorvegliata da una baby-sitter per tutto l'arco della giornata.

Berghotel e Residence Tirol
rist,

via Monte Elmo 10 – 04 74 71 03 86 – www.berghotel.com – Aperto 4 dicembre-Pasqua e 1° giugno-20 ottobre

45 cam – solo ½ P 90/150 € **Rist** – Menu 38 € – *(solo a cena)*

Splendida vista delle Dolomiti e della valle Fiscalina, da un albergo in posizione soleggiata: zona comune in stile montano di taglio moderno, camere luminose e una spa di tutto rispetto (idromassaggio fra la neve!).

Tre Cime-Drei Zinnen
rist,

via San Giuseppe 28 – 04 74 71 03 21 – www.hoteltrecime.it – Aperto 17 dicembre-25 marzo e 5 giugno-30 settembre

35 cam – solo ½ P 90/160 € **Rist** - *(solo a cena) (solo per alloggiati)*

Cordiale conduzione in una struttura in posizione dominante, progettata da un famoso architetto viennese nel 1930; interni luminosi ed eleganti, camere con arredi d'epoca.

a Monte Croce di Comelico (Passo) Sud-Est : 7,5 kmAlt. 1 636 m – ✉ 39030 Sesto

Passo Monte Croce-Kreuzbergpass
cam, rist,

via San Giuseppe 55 – 04 74 71 03 28 – www.passomontecroce.com – Aperto 25 novembre-10 aprile e 30 maggio-5 ottobre

48 cam – 63/97 € 106/218 € – **10 suites** **Rist** – Carta 27/59 €

Nel silenzio di suggestive cime dolomitiche, una struttura a ridosso delle piste da sci, con tante camere anche per famiglie e grande attenzione ai bambini, a cui sono dedicati anche particolari tipi di trattamento nel centro benessere. Raffinatezze gastronomiche locali e piatti mediterranei sono serviti nel moderno ristorante a tema, nella suggestiva cantina e nella stube.

a Campo Fiscalino Sud : 4 kmAlt. 1 451 m – ✉ 39030 Sesto

Dolomitenhof & Alte Post

via Val Fiscalina 33 – 04 74 71 30 00 – www.dolomitenhof.com – Aperto 20 dicembre-30 marzo e 8 giugno-13 ottobre

39 cam – 96/112 € 172/232 € – **3 suites**

Rist – Carta 30/53 € – *(solo per alloggiati la sera)*

La cornice naturale fatta di monti e pinete avvolge questo "doppio" albergo a gestione familiare: Dolomitenhof è in stile anni '70, Alte Post ha il fascino alpino d'inizio Novecento. In mezzo, con collegamenti sotterranei, il nuovo e gradevole centro benessere. Cucina del territorio nell'ampia sala da pranzo e bar sulle piste.

SESTO AL REGHENA
Pordenone (PN) – ✉ 33079 – 6 365 ab. – Alt. 13 m – Carta regionale n° **10-B3**

Roma 570 km – Udine 66 km – Pordenone 22 km – Treviso 52 km

Carta stradale Michelin 562-E20

In Sylvis

via Friuli 2 – 04 34 69 49 11 – www.hotelinsylvis.com

37 cam – 55/72 € 75/89 €

Rist *Abate Ermanno* – vedere selezione ristoranti

Non lontano dalla suggestiva abbazia benedettina di S. Maria, hotel di non grandi dimensioni costituito da due strutture divise da un grazioso patio interno, usato anche per manifestazioni o serate a tema.

Abate Ermanno - Hotel In Sylvis
via Friuli 2 – ✆ 04 34 69 49 50 – www.hotelinsylvis.com – Chiuso lunedì a mezzogiorno
Menu 15/30 € – Carta 23/54 €
Bisogna avere le idee ben chiare (e un buon appetito), per accomodarsi in questo ristorante: la carta è amplissima e "racconta" di tante specialità regionali da perderci la testa. Qualche suggerimento tra gli impedibili? Stringoli al San Daniele, frico alla friulana.

SESTO CALENDE

Varese (VA) – ✉ 21018 – 10 974 ab. – Alt. 198 m – Carta regionale n° **16-A2**
Roma 632 km – Stresa 25 km – Como 50 km – Milano 55 km
Carta stradale Michelin 561-E7

Tre Re
piazza Garibaldi 25 – ✆ 03 31 92 42 29 – www.hotel3re.it – Chiuso 28 dicembre-7 febbraio
31 cam – †70/105 € ††100/150 €, ☕ 15 €
Rist *Tre Re* – vedere selezione ristoranti
Piacevolmente ubicato in riva al Ticino, nel punto in cui il fiume abbandona il lago Maggiore, camere accoglienti e con dotazioni moderne, nonché una luminosa sala ristorante dove gustare specialità lacustri.

Moma N
piazza Berera 18 Sesto Calende – ✆ 03 31 92 34 73 – www.ristorantemoma.com – Chiuso 15 giorni in gennaio, lunedì a mezzogiorno e martedì
Menu 15/60 € – Carta 43/62 € – (consigliata la prenotazione)
Attuale mélange di colori che vanno dal bianco sporco al marrone, in un locale giovane e di contemporanea eleganza. La cucina suggella la felice esperienza di un sosta gastronomica qui: piatti moderni e fantasiosi, reinventati su base non solo tradizionale.

La Biscia
piazza De Cristoforis 1 – ✆ 03 31 92 44 35 – www.ristorantelabiscia.com – Chiuso 26-31 gennaio, 15-31 agosto, domenica sera e lunedì
Menu 48/59 € – Carta 32/61 €
Nel centro del paese, sul lungolago, ristorante con una confortevole sala di tono signorile e piacevole dehors fronte lago; linea culinaria di pesce, di mare e di lago.

Tre Re - Hotel Tre Re
piazza Garibaldi 25 – ✆ 03 31 92 42 29 – www.hotel3re.it – Chiuso 18 dicembre-7 febbraio
Carta 36/53 €
Ambienti gradevoli e di recente ristrutturazione, molto bella la veranda coperta sulla passeggiata lungo foce Ticino, per una cucina d'impostazione classica che propone pesce e carne in egual misura.

SESTOLA

Modena (MO) – ✉ 41029 – 2 545 ab. – Alt. 1 020 m – Carta regionale n° **8-B2**
Roma 387 km – Bologna 90 km – Firenze 113 km – Lucca 99 km
Carta stradale Michelin 562-J14

Al Poggio rist,
via Poggioraso 88, località Poggioraso, Est : 2 km – ✆ 0 53 66 11 47 – www.alpoggio.it – Chiuso novembre
32 cam ☕ – †55/80 € ††90/120 € – **1 suite** **Rist** – Carta 20/68 €
Hotel ubicato in posizione tranquilla, che offre una vista meravigliosa della vallata in particolar modo da alcune delle camere. Conduzione familiare al femminile. Sale sobrie e confortevoli dove accomodarsi a gustare la cucina tipica locale.

San Rocco con cam

corso Umberto I 39 – ✆ 0 53 66 23 82 – www.hotelsanrocco.net
10 cam – 70/80 € 120/130 € – **1 suite**
Menu 35/70 € – *(chiuso lunedì)* (prenotazione obbligatoria)
All'ingresso del centro storico, inaspettata eleganza e una proposta gastronomica ristretta, ma di indubbia qualità: solo un menu degustazione - sino ad una dozzina di portate - imperniato sui prodotti di stagione. La raffinatezza continua nelle camere con uno squarcio di modernità nella tradizione montana.

SESTO SAN GIOVANNI

Milano (MI) – ✉ 20099 – 76 791 ab. – Alt. 140 m – Carta regionale n° **18**-B2
Roma 565 km – Milano 9 km – Bergamo 43 km
Carta stradale Michelin 561-F9

Grand Hotel Villa Torretta

cam, rist, Pianta : C1**f**
via Milanese 3 – ✆ 02 24 11 21 – www.villatorretta.it
70 cam – 98/484 € 120/724 €, 15 € – **8 suites**
Rist *Il Vico della Torretta* – Menu 40/250 €
Realtà molto elegante ricavata dalla ristrutturazione di una villa suburbana seicentesca. Gli interni sono molto curati e le camere ben tenute e sempre di ottimo livello. Ristorante con sale affrescate ed ambienti esclusivi, servizio accurato.

NH Concordia

rist, Pianta : C1**w**
via Luciano Lama 10 – ✆ 02 24 42 96 11 – www.nh-hotels.com
152 cam – 69/719 € 89/739 € – **3 suites**
Rist – Carta 39/66 € – *(chiuso 21 dicembre-6 gennaio e 12-23 agosto)*
Alle porte di Milano, un parallelepipedo di dieci piani moderno e funzionale: completo nella gamma dei servizi offerti è l'indirizzo ideale per una clientela business.

Abacus

Pianta : C1**h**
via Monte Grappa 39 – ✆ 02 26 22 58 58 – www.abacushotel.it – Chiuso vacanze di Natale
95 cam – 59/300 € 59/350 € – **2 suites**
Rist – Carta 27/44 € – *(chiuso venerdì, sabato e domenica) (solo a cena)*
Ospitalità ecofriendly in questa moderna struttura a 50 metri dal metrò e dalla stazione ferroviaria: eleganti interni, piscina nell'attrezzato centro fitness, camere spaziose con wi-fi.

SESTRIERE

Torino (TO) – ✉ 10058 – 873 ab. – Alt. 2 033 m – Carta regionale n° **22**-A2
Roma 750 km – Briançon 32 km – Cuneo 118 km – Milano 240 km
Carta stradale Michelin 561-H2

Grand Hotel Sestriere

rist,
via Assietta 1 – ✆ 0 12 27 64 76 – www.grandhotelsestriere.it – Chiuso 1° maggio-26 giugno e 1° ottobre-30 novembre
94 cam – 84/230 € 120/330 € – **5 suites**
Rist *La Vineria del Colle* – vedere selezione ristoranti
Rist – Carta 23/49 €
Se dalle finestre e dai balconi potrete vedere le piste olimpiche, nei suoi ambienti ritroverete un'atmosfera rustica ed elegante. Beauty farm con vinoterapia.

Hotel Shackleton Mountain Resort

via Assietta 3 – ✆ 01 22 75 07 73 – www.shackleton-resort.it – Aperto 29 novembre-25 aprile e 28 giugno-10 settembre
11 suites – 170/400 € – 8 cam
Rist *Shackleton Restaurant* – vedere selezione ristoranti
"L'eleganza in una dimensione familiare": è la formula vincente di questo moderno albergo dalle ampie camere con balcone. All'ultimo piano, spettacolare panorama da una terrazza chiusa.

Belvedere

via Cesana 18 – ✆ 01 22 75 06 98 – www.hotelbelvederesestriere.com – Aperto 1° gennaio-20 marzo e 1° giugno-30 settembre

35 cam – 105/160 € 120/180 € – **1 suite**

Rist – Menu 25/35 €

Incorniciato da un incantevole paesaggio sulla strada per Cesana Torinese, l'hotel offre confortevoli ambienti di tono rustico che tuttavia non difettano in eleganza. Tra tradizione e modernità, circondati dalla calda atmosfera di un camino, al ristorante vengono proposte serate a tema.

Cristallo

via Pinerolo 5 – ✆ 01 22 75 07 07 – www.hotelcristallosestriere.com – Aperto 1° dicembre-30 aprile

46 cam – 80/105 € 120/200 €

Rist – Carta 28/35 € – *(aperto 1° dicembre-30 aprile)*

Di fronte agli impianti di risalita, questa moderna ed imponente struttura propone camere eleganti ed accoglienti; di maggiore attrattiva quelle con vista sul colle. Sala ristorante ampia e luminosa.

Savoy Edelweiss

via Fraiteve, 7 – ✆ 0 12 27 70 40 – www.hotelsavoysestriere.com – Aperto 20 dicembre-15 aprile

29 cam – 90/340 € 90/340 € – **1 suite**

Rist – Menu 25 € – *(solo a cena)*

Non lontano dal centro, un hotel che si farà ricordare per l'inconfondibile stile barocco piemontese. L'insieme è stato potenziato qualche anno fa ed ora si presenta con una piccola hall e numerose salette relax, camere ben accessoriate (sebbene non proprio spaziose) ed una graziosa area benessere. Sfavillanti lampadari di cristallo ed arredi in legno riprendono l'impronta dell'albergo.

Shackleton Restaurant – Hotel Shackleton Mountain Resort

via Assietta 3 – ✆ 01 22 75 07 73 – www.shackleton-resort.it – Aperto 29 novembre-21 aprile 28 giugno-7 settembre

Carta 25/62 €

Una bella sala luminosa e panoramica, grazie alle ampie vetrate che dal soffitto corrono fino a terra: un ambiente moderno e conviviale, dove gustare specialità territoriali (paste realizzate con farine artigianali, selvaggina selezionata, carni piemontesi, etc.).

La Vineria del Colle – Grand Hotel Sestriere

via Assietta 1 – ✆ 0 12 27 64 76 – www.grandhotelsestriere.it – Chiuso 1° maggio-26 giugno, 1° ottobre-30 novembre e lunedì

Menu 35/150 € – Carta 33/59 €

Cucina regionale, in un ristorantino rustico e signorile al tempo stesso, ricavato in una vecchia cantina: portatevi un maglione, perché la temperatura è quella originaria!

SESTRI LEVANTE

Genova (GE) – ✉ 16039 – 18 543 ab. – Carta regionale n° **15-C2**

Roma 457 km – Genova 50 km – Milano 183 km – Portofino 34 km

Carta stradale Michelin 561-J10

Grand Hotel Villa Balbi

viale Rimembranza 1 – ✆ 0 18 54 29 41 – www.villabalbi.it – Aperto 1° aprile-10 ottobre

102 cam – 65/180 € 110/500 € – **3 suites**

Rist – Carta 23/54 €

Sul lungomare, un'antica villa aristocratica del '600 con un rigoglioso parco-giardino con piscina: splendidi interni in stile con affreschi, camere eleganti. Continuate a viziarvi pasteggiando nella raffinata sala da pranzo.

Vis à Vis

via della Chiusa 28 – 0 18 54 26 61 – www.hotelvisavis.com – Aperto 1° marzo-2 novembre

46 cam – 130/190 € 190/290 € – **3 suites**

Rist *Olimpo* – vedere selezione ristoranti

Sul promontorio che domina le due baie, albergo panoramico collegato al centro da un ascensore scavato nella roccia; splendida terrazza-solarium con piscina riscaldata ed accoglienti interni di taglio moderno.

Due Mari

vico del Coro 18 – 0 18 54 26 95 – www.duemarihotel.it – Chiuso 15 ottobre-24 dicembre

53 cam – 85/140 € 90/245 € – **2 suites** **Rist** – Carta 22/80 €

Tra romantici edifici pastello, un classico palazzo seicentesco da cui si scorge la Baia del Silenzio, abbellito da un piccolo e suggestivo giardino, interni in stile, a cui si aggiunge una bella e completa spa. Specialità di terra e di mare nell'elegante sala da pranzo.

Grand Hotel dei Castelli

via alla Penisola 26 – 01 85 48 70 20 – www.hoteldeicastelli.it – Aperto 15 marzo-3 novembre

43 cam – 120/145 € 220/290 € – **6 suites** **Rist** – Carta 35/76 €

Su un promontorio con bella vista di mare e coste, caratteristico hotel con costruzioni in stile medievale e ascensori per il mare. Piacevoli interni. Sottili colonne centrali nella raffinata sala da pranzo.

Miramare

via Cappellini 9 – 01 85 48 08 55 – www.miramaresestrilevante.com – Aperto 1° marzo-2 novembre

33 cam – 190/360 € 190/360 € – **3 suites**

Rist *Baia del Silenzio* – vedere selezione ristoranti

A ridosso della quieta Baia del Silenzio, la struttura è stata completamente rinnovata: le camere sono ora all'insegna del design attuale, molte con un'incantevole vista sulla distesa blu.

Suite Hotel Nettuno

piazza Bo 23/25 – 01 85 48 17 96 – www.suitehotelnettuno.com

18 cam – 120/280 € 150/450 € – **7 suites**

Rist – Carta 36/78 €

Direttamente sulla passeggiata del lungomare, questo edificio in stile Liberty si caratterizza per la generosità degli spazi, sia nelle armoniose camere sia nelle parti comuni (ora, c'è anche un nuovissimo e panoramico lounge bar per gli aperitivi serali). Anche il ristorante si contraddistingue per le ampie dimensioni; la cucina, per le specialità liguri.

Helvetia senza rist

via Cappuccini 43 – 0 18 54 11 75 – www.hotelhelvetia.it – Aperto 1° aprile-31 ottobre

17 cam – 100/250 € 210/320 € – **4 suites**

In un angolo tranquillo e pittoresco di Sestri, una costruzione d'epoca ristrutturata con eleganza, adornata da terrazze-giardino fiorite; luminosi ambienti arredati con gusto.

Villa Agnese senza rist

Via Alla Fattoria Pallavicini 1/a – 01 85 45 75 83 – www.hotelvillaagnese.com – Chiuso 2 novembre-1° aprile

16 cam – 80/120 € 110/180 €

Ai piedi della settecentesca villa Pallavicini, le camere in stile classico con accenni provenzali - più o meno spaziose - dispongono di balcone, patio o giardinetto. E' una risorsa ideale per chi, non ossessionato dalla spiaggia, desidera muoversi con facilità nel territorio e trovare al rientro il relax di un tuffo in piscina.

Marina
cam, rist,

via Fascie 100 – 01 85 48 73 32 – www.marinahotel.it – Aperto 20 marzo-3 novembre
21 cam – 50/80 € 60/100 €, 8 €
Rist – Menu 17 € – *(solo a cena) (solo per alloggiati)*
Sulla statale Aurelia e all'inizio del centro storico, ariose e comode sale, nonché camere aggiornate: per un soggiorno dall'ottimo rapporto qualità/prezzo.

Relais San Rocco
cam,

via Aurelia 261, frazione Makalle, Est : 5 km – 01 85 45 84 09 – www.relaissanrocco.com – Aperto 1° aprile-30 ottobre
13 cam – 50/110 € 70/150 €
Rist *Kontiki* – Carta 32/46 € – *(solo a cena)*
Sulla strada per il passo Bracco, questo piccolo hotel - rinnovato in anni recenti - dispone di camere accoglienti, ma i punti di forza sono indubbiamente la posizione e il panorama. Cucina regionale nel bel ristorante, sempre di proprietà dell'albergo, ma a due passi da esso.

Portobello
via Portobello 16 – 0 18 54 15 66 – www.ristoranteportobello.com – Aperto 1° marzo-30 ottobre e mercoledì escluso luglio e agosto
Menu 50/65 € – Carta 42/90 € – *(solo a cena in luglio e agosto)*
In una delle insenature più belle d'Italia, la Baia del Silenzio, cucina prevalentemente di pesce: in estate sull'incantevole terrazza affacciata sul mare, d'inverno vicino ad uno scoppiettante camino.

El Pescador
via Pilade Queirolo, al porto – 0 18 54 28 88 – www.ristoranteelpescador.com – Chiuso 15 dicembre-inizio marzo e martedì
Menu 45/60 € – Carta 34/67 € – (consigliata la prenotazione)
Lungo le pareti delle due sale corrono ampie vetrate che si affacciano su una colorata Baia delle Favole mentre tra i fornelli è esaltata la cucina regionale, carni alla griglia e fragranze marine.

San Marco 1957
via Pilade Queirolo 27, al porto – 0 18 54 14 59 – www.sanmarco1957.it – Chiuso 6 gennaio-5 febbraio e mercoledì escluso giugno-settembre
Menu 35/45 € – Carta 35/75 €
Sulla punta estrema della banchina del porticciolo, direttamente sul mare, un ristorante pieno di luce e mondano, arredato in stile marina; proposte di piatti di pesce.

Olimpo – Hotel Vis à Vis
via della Chiusa 28 – 01 85 48 08 01 – www.ristoranteolimpo.com – Aperto 6 Marzo - 2 Novembre
Menu 50/65 € – Carta 41/93 €
Vi sembrerà di stare sul monte degli dei, grazie alle ampie vetrate che permettono alla vista di abbracciare il golfo e l'intrigante Sestri Levante: un ambiente decisamente elegante, per una cucina ricercata e di mare.

Rezzano Cucina e Vino
via Asilo Maria Teresa 34 – 01 85 45 09 09 – Chiuso 2 settimane in febbraio, 2 settimane in novembre e lunedì
Menu 45/60 € – Carta 40/88 € – *(solo a cena escluso i giorni festivi da ottobre a maggio)*
Sul lungomare, locale d'atmosfera - sobrio e signorile - dove la grande profusione di legno può ricordare vagamente lo stile nautico. Specialità di pesce.

Baia del Silenzio – Hotel Miramare
via Cappellini 9 – 01 85 48 58 07 – www.ristorantebaiadelsilenzio.it – Aperto 1° marzo-2 novembre; chiuso lunedì da marzo a maggio escluso festività
Menu 45/35 € – Carta 44/90 €
In un'elegante sala di taglio classico o sulle due terrazze con splendida vista sulla baia, ma c'è anche l'intrigante opzione di alcuni tavoli direttamente in spiaggia sulla sabbia, la cucina si fa contemporanea, indugiando piacevolmente nelle presentazioni. La carta si divide equamente fra terra e mare.

a Riva Trigoso Sud-Est : 2 km – ✉ 16039

X **Asseü**

via G.B. da Ponzerone 2, strada per Moneglia – ✆ 0 18 54 23 42 – www.asseu.it – Chiuso novembre e mercoledì escluso in agosto
Carta 31/65 € – (consigliata la prenotazione)
Piacevole ristorante che oltre ad offrire una posizione invidiabile - strategicamente sulla spiaggia - propone una fragrante cucina di mare. Imperdibile una sosta sulla bella terrazza frontemare.

SESTRI PONENTE → Vedere Genova

Genova (GE)

SETTEQUERCE = SIEBENEICH → Vedere Terlano

Bolzano (BZ)

SETTIMO MILANESE

Milano (MI) – ✉ 20019 – 19 573 ab. – Alt. 134 m – Carta regionale n° **18-B2**
Roma 585 km – Milano 24 km – Brescia 110 km – Bergamo 61 km
Carta stradale Michelin 561-F9

X **CristianMagri**

via Meriggia 3 – ✆ 02 33 59 90 42 – www.cristianmagri.it – Chiuso 2 settimane in agosto, domenica sera e lunedì
Menu 11 € (pranzo in settimana) – Carta 24/52 €
Affacciato su un laghetto di pesca sportiva, il locale vanta una location decisamente bucolica, mentre la cucina s'inventa specialità fantasiose e creative: alici cotte in olio extravergine con polenta grigliata, tra le proposte più "emozionanti". Piatti tradizionali sono invece presentati nell'annesso bistrot. Ottima la pasticceria e i gelati di produzione propria.

SETTIMO TORINESE

Torino (TO) – ✉ 10036 – 46 954 ab. – Alt. 207 m – Carta regionale n° **22-B1**
Roma 698 km – Torino 12 km – Aosta 109 km – Milano 132 km
Carta stradale Michelin 561-G5

Green Hotel cam, rist,

via Milano 177, Nord-Est : 2 km – ✆ 01 18 00 56 61 – www.green-hotel.it
41 cam – †70/90 € ††90/110 €
Rist – Carta 34/97 € – *(chiuso agosto, sabato a mezzogiorno e domenica)* (prenotazione obbligatoria a mezzogiorno)
Benessere e accoglienza al primo posto. Questa moderna casa di campagna offre ampie camere, ben accessoriate, tutte diverse.

SEVESO

Monza e Brianza (MB) – ✉ 20822 – 22 975 ab. – Alt. 211 m – Carta regionale n° **18-B2**
Roma 595 km – Como 22 km – Milano 21 km – Monza 15 km
Carta stradale Michelin 561-F9

XXX **La Sprelunga**

via Sprelunga 55 – ✆ 03 62 50 31 50 – www.lasprelunga.it – Chiuso 1 settimana in gennaio, 3 settimane in agosto, domenica sera e lunedì
Menu 25/65 € – Carta 35/84 € – (consigliata la prenotazione)
Antica trattoria di cacciatori, è ora un confortevole locale di taglio contemporaneo, in posizione decentrata, con proposte culinarie quasi esclusivamente a base di pesce.

SEXTEN = SESTO

SICULIANA

Sicilia – Agrigento (AG) – ✉ 92010 – 4 626 ab. – Alt. 129 m – Carta regionale n° **29-B2**

▶ Agrigento 19 km – Palermo 124 km – Sciacca 43 km

Carta stradale Michelin 365-AP59

a Siculiana Marina Sud-Ovest : 4 km – ✉ 92010 Siculiana

La Scogliera

via San Pietro 54 – ✆ 09 22 81 75 32 – www.ristorantelascogliera.com – Chiuso 1°-15 gennaio, domenica sera e lunedì escluso da maggio a ottobre

Carta 30/45 €

Ristorantino a conduzione familiare con una bella terrazza affacciata sul mare. Una risorsa ideale per apprezzare appetitose preparazioni a base di pesce fresco.

SIDDI

Medio Campidano (VS) – ✉ 09020 – 690 ab. – Alt. 184 m – Carta regionale n° **28-B2**

▶ Cagliari 63 km – Oristano 51 km – Sanluri 15 km

Carta stradale Michelin 566-H8

S'Apposentu (Roberto Petza)

vico Cagliari 3 – ✆ 07 09 34 10 45 – www.sapposentu.it – Chiuso domenica sera e lunedì in luglio-agosto, anche martedì negli altri mesi

Menu 39/50 € – Carta 44/59 € – (consigliata la prenotazione)

Un gioiello sperduto nel cuore della Sardegna, ma che merita un viaggio per trovare i sapori perduti di paste artigianali, animali da cortile, mandorle e zafferano dell'isola, pecorini prodotti dal cuoco… è una gustosa cucina di campagna con un occhio al mare.

→ Un mare di pecora... tra mare e terra. Lasagnette con ragù di pecora, fagiolini e ricotta mustia (ricotta di pecora affumicata). Cannolo croccante con crema al cardamomo, pere al cannonau e composta di limoni.

SIDERNO

Reggio di Calabria (RC) – ✉ 89048 – 16 965 ab. – Carta regionale n° **5-B3**

▶ Roma 697 km – Reggio di Calabria 103 km – Catanzaro 93 km – Crotone 144 km

Carta stradale Michelin 564-M30

La Vecchia Hosteria

via Matteotti 5 – ✆ 09 64 38 88 80 – www.lavecchiahostaria.com – Chiuso mercoledì escluso luglio-agosto

Menu 30 € (in settimana)/50 € – Carta 26/56 € – (consigliata la prenotazione)

Rustico e accogliente, il locale conserva ancora l'atmosfera di un tempo, mentre la cucina assapora le fragranze del litorale, i profumi del mare, le ricette del territorio: tagliolini con salicornia e vongole veraci... giusto per citarne una!

SIENA

✉ 53100 – 52 883 ab. – Alt. 322 m – Carta regionale n° **32-C2**
Roma 230 km – Firenze 68 km – Livorno 116 km – Milano 363 km
Carta stradale Michelin 563-M16

© FOTOSEARCH RM / age fotostock

Alberghi

Grand Hotel Continental
rist,
via Banchi di Sopra 85 – ✆ 0 57 75 60 11 Pianta : D1**a**
– www.royaldemeure.com
49 cam – 190/290 € 282/612 € – **2 suites**
Rist *Sapordivino* – Carta 47/65 €
All'interno di un palazzo del '600, fatto costruire da Papa Alessandro VII, l'albergo è impreziosito da affreschi, lampade in porcellana cinese e da una torre medievale riportata ai suoi antichi splendori dopo un accurato restauro. Le camere sono una riuscita sintesi di antico e moderno.

Certosa di Maggiano
strada di Certosa 82 – ✆ 05 77 28 81 80 Pianta : B2**m**
– www.certosadimaggiano.com – Aperto 1° marzo-30 ottobre
9 cam – 200 € 400 € – **8 suites**
Rist *Il Canto* – vedere selezione ristoranti
Le ex celle dei frati sono state trasformate in belle camere, diverse per tipologia, vista e arredo: la primitiva sobrietà ha lasciato il posto ad un lusso discreto e aristocratico.

NH Excelsior
cam,
piazza La Lizza 1 – ✆ 05 77 38 21 11 – www.nh-hotels.it Pianta : C1**c**
129 cam – 89/330 € 99/345 €
Rist – Carta 35/62 € – *(chiuso venerdì-sabato e domenica) (solo a cena) (solo per alloggiati)*
Adiacente allo stadio e al centro storico, hotel di catena dal confort moderno e attuale: ideale, quindi, per una clientela business, ma anche leisure. Stessa versatilità al ristorante, che propone specialità regionali e piatti nazionali.

Villa Scacciapensieri
cam, rist,
strada di Scacciapensieri 10 – ✆ 0 57 74 14 41 Pianta : B1**k**
– www.villascacciapensieri.it – Chiuso gennaio- febbraio
28 cam – 90/140 € 130/285 € – **3 suites**
Rist – Carta 42/66 € – *(chiuso mercoledì)*
Bella villa padronale dell'800 immersa in un parco con splendida vista sulla città e sui colli; gradevole saletta con camino centrale, camere con arredi in stile. Servizio ristorante estivo in giardino fiorito, cucina eclettica.

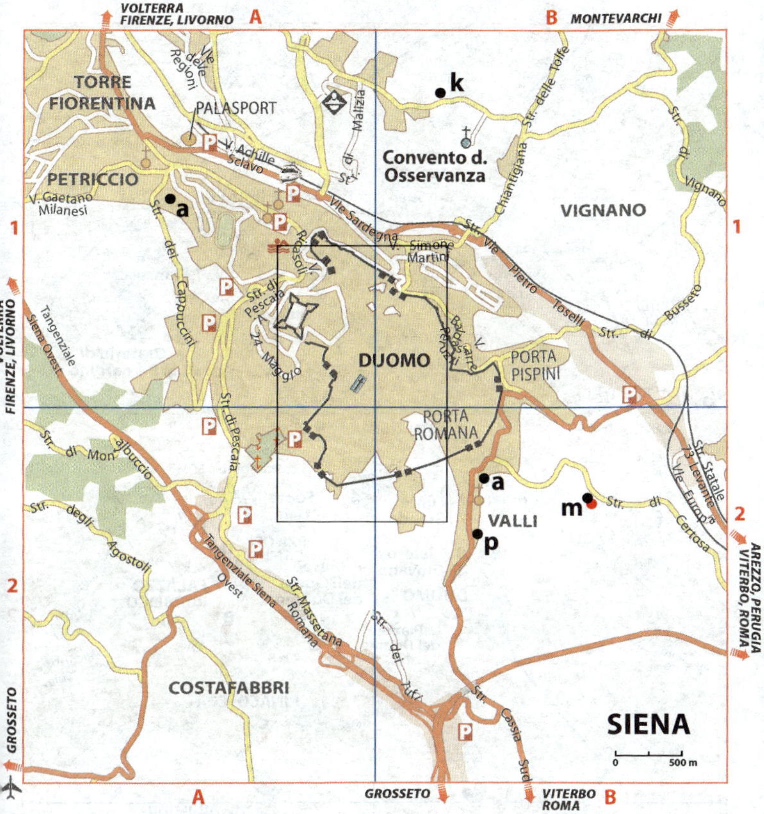

Palazzo Ravizza senza rist
Piano dei Mantellini 34 – ✆ 05 77 28 04 62 – www.palazzoravizza.it – Chiuso 2 gennaio-28 febbraio Pianta : C2**b**
39 cam – 100/180 € 130/220 € – **4 suites**
Un tuffo nel passato in un'incantevole costruzione del XVII sec. raccolta intorno a un pittoresco giardinetto; mobilio d'epoca, suggestive camere di monacale semplicità.

Garden N
via Custoza 2 – ✆ 05 77 56 71 11 – www.gardenhotel.it Pianta : A1**a**
125 cam – 70/280 € 80/350 €
Rist – Carta 24/60 € – *(solo a cena da dicembre a marzo)*
Siamo di fronte ad una grande complesso formato dalla villa centrale e da due grandi dépendance che offrono una vasta gamma di servizi, atti a rendere il soggiorno un momento di grande piacere. Funzionali e - generalmente - spaziose, richiedete le camere di Casabianca, Poggiarello o Belvedere: più confortevoli di quelle della villa.

Santa Caterina senza rist
via E. S. Piccolomini 7 – ✆ 05 77 22 11 05 – www.hscsiena.it Pianta : B2**a**
22 cam – 45/145 € 75/225 €
Appena fuori le mura, gradevole villa raccolta intorno a un suggestivo giardino. Al suo interno: collezione di stampe e oggetti vari, nonché camere in stile toscano (alcune soppalcate).

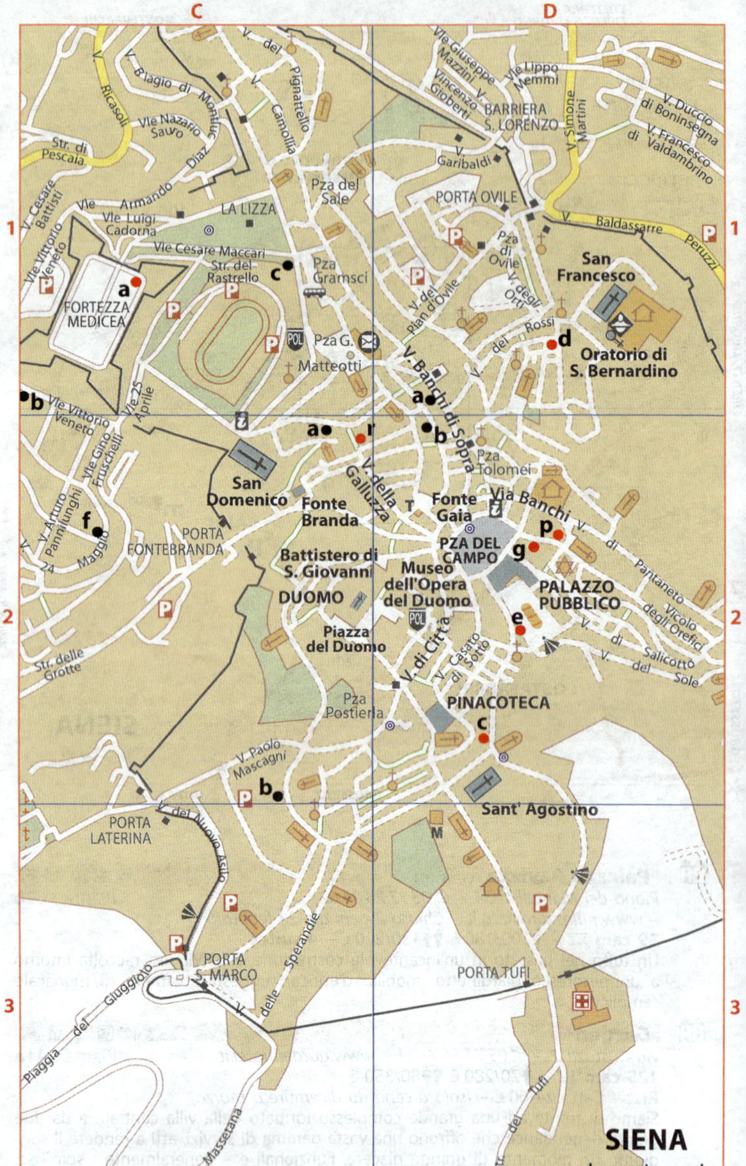
C
D
1
2
3
SIENA
0
200 m
V. del Pignattello
V. Camollia
V. Biagio di Montluc
V. Ricasoli
Vle Nazario Sauro
Str. di Pescaia
Vle Armando Diaz
Vle Cesare Battisti
Vle Luigi Cadorna
LA LIZZA
Vle Cesare Maccari
Str. del Rastrello
Vle Vittorio Veneto
FORTEZZA MEDICEA
Pza del Sale
Pza Gramsci
Pza G. Matteotti
Vle Giuseppe Mazzini
V. Vincenzo Gioberti
Vle Lippo Memmi
BARRIERA S. LORENZO
V. Simone Martini
V. Duccio di Boninsegna
V. Francesco di Valdambrino
V. Garibaldi
PORTA OVILE
V. Baldassarre Peruzzi
Pza di Ovile
V. degli Orti
V. del pian d'Ovile
V. dei Rossi
San Francesco
Oratorio di S. Bernardino
V. Banchi di Sopra
Vle 25 Aprile
Vle Gino Fruschelli
V. Arturo Pannilunghi
V. 24 Maggio
San Domenico
V. della Galluzza
Fonte Branda
PORTA FONTEBRANDA
Pza Tolomei
Fonte Gaia
Via Banchi
PZA DEL CAMPO
V. di Pantaneto
Battistero di S. Giovanni
Museo dell'Opera del Duomo
DUOMO
PALAZZO PUBBLICO
Vicolo degli Orefici
Piazza del Duomo
V. di Città
V. Casato di Sotto
V. di Salicotto
V. del Sole
Str. delle Grotte
Pza Postierla
PINACOTECA
V. Paolo Mascagni
Sant' Agostino
PORTA LATERINA
V. del Nuovo Asilo
M
V. delle Sperandie
PORTA S. MARCO
PORTA TUFI
Piaggia del Giuggiolo
Str. Massetana
Str. dei Tufi
a
b
c
d
e
f
g
p
r
T

Villa Liberty senza rist
viale Vittorio Veneto 11 – ✆ 0 57 74 49 66 Pianta : C1**b**
– www.villaliberty.it
17 cam – 70/90 € 100/130 €
Villetta liberty alle porte della città, vicino alla chiesa di S. Domenico: interni ben tenuti e veranda per la prima colazione, che ne potenzia i piccoli spazi comuni. Camere funzionali.

Villa Elda senza rist
viale 24 Maggio 10 – ✆ 05 77 24 79 27 Pianta : C2**f**
– www.villaeldasiena.it – Aperto 1° marzo-31 ottobre
11 cam – 89/99 € 149/159 €
A due passi dal centro storico, confort moderni e calore familiare abitano questa graziosa struttura di fine Ottocento, dove spunti liberty fanno capolino qua e là. Camere luminose e piacevoli.

Palazzo di Valli senza rist
via Enea Silvio Piccolomini 135 – ✆ 05 77 22 61 02 Pianta : B2**p**
– www.palazzodivalli.it – Chiuso 6 gennaio-20 febbraio
11 cam – 59/99 € 79/179 €
Gestione diretta di schietta ospitalità toscana, in una bella villa del '700 in posizione panoramica: il fascino delle antiche residenze nobiliari aleggia nelle confortevoli camere piacevolmente arredate.

Campo Regio Relais senza rist
via della Sapienza 25 – ✆ 05 77 22 20 73 Pianta : C2**a**
– www.camporegio.com – Chiuso 7 gennaio-14 marzo
6 cam – 150/220 € 190/250 €
Mobili antichi e confort moderni per un soggiorno esclusivo nella contrada del Drago. Una dimora d'epoca - curata e calda - come una lussuosa abitazione privata: meraviglioso terrazzino per le colazioni estive. Se disponibile, richiedete la la camera con vista sulla città!

Antica Residenza Cicogna senza rist
via delleTerme 76 – ✆ 05 77 28 56 13 Pianta : D2**b**
– www.anticaresidenzacicogna.it
7 cam – 65/90 € 85/110 €
In un palazzo di origini medievali, camere graziosamente arredate e personalizzate con affreschi ottocenteschi o liberty: una con letto a baldacchino.

Ristoranti

XXX **Il Canto** – Hotel Certosa di Maggiano
strada di Certosa 86 – ✆ 05 77 28 81 80 Pianta : B2**m**
– www.certosadimaggiano.com – Aperto 1° marzo-30 ottobre
Carta 40/62 €
In eleganti sale dagli alti soffitti, la cucina riprende un po' il filo rosso della tradizione, introducendo piatti di spiccata matrice territoriale. Un ottimo indirizzo, che non lascia mai delusi!

XX **Tre Cristi**
vicolo di Provenzano 1/7 – ✆ 05 77 28 06 08 Pianta : D1**d**
– www.trecristi.com – Chiuso 4 giorni in gennaio e domenica
Menu 35/65 € – Carta 30/78 €
Ambiente elegante e servizio competente, in questo storico ristorante senese dove apprezzare lo stuzzicante menu di mare e qualche piatto del territorio.

XX **Porri One**
via Porrione 28 – ✆ 05 77 22 14 42 Pianta : D2**g**
– www.ristoranteporri-one.it – Chiuso novembre e mercoledì
Carta 47/70 €
Nel cuore della città - a due passi da piazza del Campo - Ermanno, lo chef-patron, gioca con il nome della via e con i sapori del territorio reinterpretandoli con gusto e fantasia. Non manca il pesce.

Osteria le Logge — Pianta : D2**p**

via del Porrione 33 – ✆ 0 57 74 80 13 – www.osterialelogge.it – Chiuso 11 gennaio-1° febbraio e domenica

Carta 42/70 €

Nota trattoria del centro: all'ingresso la cucina a vista, nonché una saletta con alti mobili a vetri ed atmosfera d'altri tempi, al piano superiore un ambiente più classico. Nel piatto ottima cucina regionale leggermente rivisitata in chiave moderna. Entusiasmante la carta dei vini.

La Taverna di San Giuseppe — Pianta : D2**c**

via Giovanni Duprè 132 – ✆ 0 57 74 22 86 – www.tavernasangiuseppe.it – Chiuso 15-30 gennaio, 20 luglio-3 agosto e domenica

Carta 26/48 € (+10 %) – (consigliata la prenotazione)

Gnudi al ragù di fiorentina, nonché altre specialità locali, in una rustica taverna nel cuore di Siena: bei tavoli in legno massiccio e tovagliato di carta all'americana. Da vedere le cantine ricavate nel tufo di un'antica casa etrusca.

Trattoria Papei — Pianta : D2**e**

piazza del Mercato 6 – ✆ 05 77 28 08 94

Carta 24/35 € – (consigliata la prenotazione)

Locale raccolto e informale gestito da un'intera famiglia: la mamma in cucina propone i piatti più autentici della Toscana e, dopo aver gustato le prelibatezze della casa, tutti via ad ammirare la vicina piazza del palio!

Millevini — Pianta : C1**a**

Fortezza Medicea 1 – ✆ 05 77 24 71 21 – www.ristorantemillevini.it – Chiuso 5-31 gennaio

Carta 25/43 €

Location molto particolare: all'interno del bastione del Forte di Santa Barbara, l'ingresso è in comune con l'Enoteca Italiana (la cui sala espositiva viene anche utilizzata per eventi), sotto alti soffitti in mattoni, la cucina esalta i prodotti del territorio, sebbene non manchi qualche incursione dal mare.

Zest (N) — Pianta : C2**r**

Costa di Sant'Antonio 13 – ✆ 0 57 74 71 39 – www.zestsiena.com – Chiuso martedì escluso 7 aprile-15 ottobre

Carta 29/55 €

Nei pressi del santuario di Santa Caterina, sotto antiche volte, un ristorante al tempo stesso bistrot e wine-bar dallo stile moderno: la sua cucina è contemporanea, fresca, sfiziosa.

a Santa Regina Est : 2,5 km – ✉ 53100 Siena

Frances' Lodge Relais senza rist

strada Valdipugna 2 – ✆ 3 37 67 16 08 – www.franceslodge.com – Chiuso 15 novembre-24 dicembre e 4 gennaio-15 marzo

6 cam ☕ – †140/160 € ††190/240 €

Casa immersa nel verde delle colline, impreziosita da un giardino storico in cui spicca la limonaia. Ambienti di charme e gusto, camere personalizzate ispirate al viaggio: da sogno!

a Vagliagli Nord-Est : 11,5 km Pianta : A1 – ✉ 53010

Borgo Scopeto Relais rist,

strada Comunale 14 n° 18, Località Borgo Scopeto, Sud Est : 5 Km Vagliagli – ✆ 05 77 32 00 01 – www.borgoscopetorelais.it – Chiuso gennaio-febbraio

40 cam ☕ – †210/310 € ††240/350 € – **18 suites** **Rist** – Carta 43/100 €

Attorno ad un'antica torre di avvistamento del XIII sec, dove già nel 1700 sono stati costruiti altri rustici, si snoda questa originale struttura: un vero borgo con camere personalizzate e curate nei dettagli. Nuovo centro benessere e cantina/showroom per i prodotti dell'omonima azienda agricola.

La Taverna di Vagliagli
via del Sergente 4 – ✆ 05 77 32 25 32 – www.tavernadivagliagli.com – Chiuso 8-22 gennaio e martedì
Carta 27/55 € – *(solo a cena escluso sabato ed i giorni festivi)*
In un caratteristico borgo del Chianti, locale rustico molto gradevole, con pietra a vista e arredi curati; specialità alla brace, cucinate davanti ai clienti.

SIGNATO → Vedere Bolzano
Bolzano

SILANDRO (SCHLANDERS)
Bolzano (BZ) – ✉ 39028 – 5 950 ab. – Alt. 721 m – Carta regionale n° **33-A2**
Roma 699 km – Bolzano 62 km – Merano 34 km – Milano 272 km
Carta stradale Michelin 562-C14

a Vezzano Est : 4 km – ✉ 39028 Silandro

Sporthotel Vetzan
strada Del Paese 14 – ✆ 04 73 74 25 25 – www.sporthotel-vetzan.com – Aperto 25 marzo-16 novembre
25 cam – 85/103 € 130/166 € – **1 suite**
Rist – Carta 43/57 € – *(aperto 25 marzo-27 dicembre)*
Per vacanze nel verde, un albergo immerso tra i frutteti in posizione soleggiata e tranquilla; zone comuni in stile montano di taglio moderno, spaziose camere classiche.

Val Venosta-Vinschgerhof
vecchia strada Val Venosta 1 – ✆ 04 73 74 21 13 – www.vinschgerhof.com – Chiuso 6 gennaio-31 marzo
41 cam – 65/85 € 110/150 € **Rist** – Carta 25/66 € – *(chiuso lunedì)*
Per soggiorni tranquilli, piacevole struttura dalla gestione solida e affidabile, dotata di servizi completi e di un rilassante centro benessere. Ristorante molto attivo e frequentato.

SILEA
Treviso (TV) – ✉ 31057 – 10 048 ab. – Carta regionale n° **39-A1**
Roma 541 km – Venezia 26 km – Padova 50 km – Treviso 5 km
Carta stradale Michelin 562-F18

Da Dino
via Lanzaghe 13 – ✆ 04 22 36 07 65 – www.trattoriadadino.com – Chiuso vacanze di Natale,1 settimana in luglio, martedì sera e mercoledì
Carta 31/54 €
Locale semplice e familiare: nelle due salette in stile rustico, ma di tono signorile, tante proposte gastronomiche locali da gustare - durante l'inverno - vicino ad uno scoppiettante camino.

SILVIGNANO → Vedere Spoleto
Perugia (PG)

SILVI MARINA
Teramo (TE) – ✉ 64028 – 15 442 ab. – Carta regionale n° **1-B1**
Roma 216 km – Pescara 19 km – L'Aquila 114 km – Ascoli Piceno 77 km
Carta stradale Michelin 563-O24

Mion
viale Garibaldi 22 – ✆ 08 59 35 09 35 – www.mionhotel.com – Aperto 1° maggio-30 settembre
59 cam – 70/148 € 90/220 €, 15 € – **5 suites** **Rist** – Carta 36/58 €
Fronte mare, l'hotel è cinto da un curato giardino, offre piacevoli spazi comuni arredati con eleganza e gusto coloniale ed alcune camere impreziosite da mobilio d'epoca. Nell'elegante sala ristorante proposte di cucina italiana; d'estate il servizio è anche nella fiorita terrazza accanto alla piscina.

Parco delle Rose cam, rist,

viale Garibaldi 36 – 08 59 35 09 89 – www.parcodellerose.it – Aperto 30 maggio-15 settembre

63 cam – 70/101 € 100/126 € – **11 suites** **Rist** – Carta 20/40 €

Direttamente sulla spiaggia, bianca costruzione circondata da un profumato giardino di gelsomini e rose, dispone di vasti spazi comuni arredati con pezzi d'antiquariato e semplici camere confortevoli. Prodotti locali e piatti nazionali al ristorante.

Miramare cam, rist,

viale Garibaldi 134 – 0 85 93 02 35 – www.miramaresilvi.it – Aperto 1° aprile-30 settembre

55 cam – 60 € 90 € **Rist** – Carta 18/45 €

Circondato da un giardino, l'albergo vanta un'atmosfera indiscutibilmente familiare e dispone di campi da gioco e confortevoli camere arredate con gusti differenti. Al ristorante, sobri arredi in calde tonalità, cucina nazionale e piatti di pesce.

Don Ambrosio con cam cam, rist,

contrada Piomba 49 – 08 59 35 10 60 – www.donambrosio.it – Chiuso 10 giorni in febbraio e 15 giorni in settembre

8 cam – 40/50 € 80/90 €

Menu 20/35 € – Carta 28/35 € – *(chiuso mercoledì a pranzo e martedì)*

Appena fuori dal paese e in posizione panoramica, un casolare dalla lunga memoria familiare, che nell'insegna ancora ricorda il suo fondatore, vi attende per farvi gustare il meglio della cucina regionale. Confortevoli camere country, alcune con vista mare.

SINAGRA

Sicilia – Messina (ME) – 98069 – 2 741 ab. – Alt. 260 m – Carta regionale n° **30-D2**

Catania 107 km – Messina 89 km – Palermo 165 km – Taormina 85 km

Carta stradale Michelin 365-AY55

Trattoria da Angelo

strada principale 139 per Ucria, Sud : 2 km – 09 41 59 44 33 – www.angeloborrello.it – Chiuso lunedì

Menu 25/30 € – Carta 18/33 € – (consigliata la prenotazione)

Distensivo e indimenticabile il pranzo in veranda: intorno a voi l'intera vallata, al suo centro un antico torchio per le olive, sul vostro piatto le specialità della Sicilia. Ottime le specialità di carne, proveniente dai propri allevamenti di suino nero dei Nebrodi.

SINALUNGA

Siena (SI) – 53048 – 12 476 ab. – Alt. 364 m – Carta regionale n° **32-C2**

Roma 188 km – Siena 45 km – Arezzo 44 km – Firenze 103 km

Carta stradale Michelin 563-M17

Locanda dell'Amorosa

località l'Amorosa, Sud : 2 km – 05 77 67 72 11 – www.amorosa.it – Chiuso 7 gennaio-6 marzo

19 cam – 180/250 € 220/445 € – **8 suites**

Rist ***Le Coccole dell'Amorosa*** – vedere selezione ristoranti

C'è anche una cappella privata - tuttora consacrata - in questo antico borgo con casa padronale e fattoria: gli spazi qui si fanno ampi e luminosi, l'arredo rustico, ma suggestivo. All'esterno, una piscina panoramica tra le colline senesi.

Le Coccole dell'Amorosa – Hotel Locanda Dell'Amorosa

località l'Amorosa, Sud : 2 km – 05 77 67 72 11 – www.amorosa.it – Chiuso 7 gennaio-7 marzo

Menu 32/48 € – Carta 40/64 € – (consigliata la prenotazione)

Cucina d'impostazione regionale ed un interessante ventaglio di vini, in un locale ricavato da antiche stalle sotto rustiche volte in mattoni. Ma si cambia registro: il suo tratto distintivo, ora, è la raffinatezza!

a Bettolle Est : 6,5 km – ✉ 53040

XX **Walter Redaelli** con cam
via XXI Aprile 26 – ✆ 05 77 62 34 47 – www.ristoranteredaelli.it
6 cam ☕ – †85/95 € ††130/140 € Menu 50 € – Carta 34/54 €
In un'antica casa colonica di fine '700 con mattoni a vista, travi al soffitto e un imponente camino, si celebra la sapida cucina toscana elaborata partendo da ingredienti locali e con tanta carne. Abbandonatevi al piacere della tavola, comodamente adagiati nelle confortevoli poltroncine.

SINIO

Cuneo (CN) – ✉ 12050 – 509 ab. – Alt. 357 m – Carta regionale n° **25-C2**
Roma 605 km – Cuneo 63 km – Asti 47 km – Savona 72 km
Carta stradale Michelin 561-I6

Castello di Sinio
vicolo Castello 1 – ✆ 01 73 26 38 89 – www.hotelcastellodisinio.com – Chiuso 15 gennaio-15 marzo
12 cam – †160/265 € ††185/299 €, ☕ 10 € – **3 suites**
Rist *Pardini Vini et Cucina* – vedere selezione ristoranti
Ristrutturato nel pieno rispetto della sua storia, l'antico castello troneggia nel centro del piccolo borgo isolato, al suo interno: charme, eleganza e alcuni confort moderni (wi-fi gratuito, piccola piscina....). Nella corte, un grazioso giardino.

Agriturismo Le Arcate
località Gabutto 2 – ✆ 01 73 61 31 52 – www.agriturismolearcate.it – Chiuso gennaio e febbraio
8 cam ☕ – †50 € ††80 €
Rist – Menu 20/30 € – *(solo a cena)* (prenotazione obbligatoria)
Un agriturismo vero e proprio ospitato nella centenaria azienda agricola di famiglia con stanze ampie e luminose, piacevolmente affacciate sulla campagna punteggiata di castelli. Un piccolo sogno a portata di tutti!

XXX **Pardini Vini et Cucina** – Hotel Castello di Sinio
località Castello 1 – ✆ 01 73 26 38 89 – www.hotelcastellodisinio.com – Chiuso lunedì e martedì
Menu 55 € – Carta 44/79 € – *(solo a cena)* (consigliata la prenotazione)
In una romantica sala al primo piano del castello, sarà la proprietaria stessa a cucinare per voi squisiti piatti langaroli. Considerato, poi, che il piacere della buona tavola è indissociabile dalla cantina, le migliori etichette della zona nella carta dei vini.

SINISCOLA

Sardegna – Nuoro (NU) – ✉ 08029 – 11 424 ab. – Alt. 39 m – Carta regionale n° **28-B1**
Nuoro 47 km – Olbia 57 km
Carta stradale Michelin 366-T40

a La Caletta Nord-Est : 6,5 km – ✉ 08020

L'Aragosta cam,
via Ciusa, 33 – ✆ 07 84 81 07 33 – www.laragostahotel.it
24 cam ☕ – †50/150 € ††77/170 €
Rist – Carta 25/82 € – *(aperto maggio-settembre)*
Alle pendici di Montelongu, una struttura semplice e confortevole propone angoli di lettura nell'ampia hall, spaziose camere moderne e due piscine di cui una per bambini. Specialità di mare, cucina nazionale (anche senza glutine) e tipici piatti della gastronomia sarda presso la sobria sala ristorante.

SIRACUSA

✉ 96100 – 118 644 ab. – Carta regionale n° **30-D3**
Catania 59 km
Carta stradale Michelin 365-BA61 – Guida Verde Michelin SICILIA

© J. Arnold / hemis.fr

Alberghi

Des Etrangers et Miramare

passeggio Adorno 10/12, (Ortigia) – ✆ 09 31 31 91 00 Pianta : C3**h**
– www.desetrangers.it – Chiuso 3 novembre-18 dicembre e 4 gennaio-5 marzo
76 cam ☕ – 85/235 € 105/255 €
Rist – Carta 40/64 €
Tornato ai fasti del passato, un hotel di tradizione che non ha perso l'eleganza e la raffinatezza di un tempo. Spazi generosi nelle camere e negli ambienti comuni. Ristorante roof-garden con vista affascinante sulla città.

Grand Hotel Ortigia

viale Mazzini 12, (Ortigia) – ✆ 09 31 46 46 00 Pianta : C2**c**
– www.grandhotelortigia.it
56 cam ☕ – 115/170 € 190/280 € – **2 suites**
Rist *La Terrazza sul Mare* – Menu 40/65 € – Carta 39/65 €
Qui le camere, così come gli spazi comuni, riescono a fondere e a comprendere in modo mirabile, elementi di design contemporaneo, reperti classici e decorazioni moderne. Il ristorante roof-garden offre una vista panoramica eccezionale sulla città e sul mare.

Grand Hotel Villa Politi

via Politi Laudien 2 – ✆ 09 31 41 21 21 – www.villapoliti.com Pianta : C1**a**
100 cam ☕ – 75/150 € 99/300 € – **2 suites**
Rist – Carta 30/74 € – *(solo a cena in inverno)*
Nello spettacolare contesto del parco delle Latomie dei Cappuccini, una villa liberty che ospita ambienti comuni sontuosi, stanze ampie, eleganti e (molte) panoramiche. Al ristorante ritroverete ancora l'atmosfera di una certa nobile e raffinata "sicilianità".

Mercure Siracusa Prometeo

viale Teracati 20 – ✆ 09 31 46 46 46 Pianta : B1**a**
– www.mercure-siracusa-prometeo.com
91 cam – 70/200 € 70/280 €, ☕ 10 € – **2 suites**
Rist – Carta 27/61 € – *(solo a cena)*
Situato in una posizione invidiabile, nell'incantevole cornice del Parco Archeologico e a due passi dal centro storico dell'isola di Ortigia, complesso moderno e solare dispone di ottime camere e di un panoramico roof garden con piccola piscina.

Algilà
Pianta : D2**e**
via Vittorio Veneto 93, (Ortigia) – ✆ 09 31 46 51 86 – www.algila.it – Chiuso 7 gennaio-28 febbraio
30 cam – 92/290 € 153/340 €
Rist – Carta 36/75 € – *(chiuso domenica) (solo a cena)*
Albergo di charme all'interno di un palazzo dove un'attenta ristrutturazione ha valorizzato le vecchie mura e particolari storici. Arte povera e qualche pezzo d'antiquariato impreziosiscono le camere, mentre il piccolo giardino d'inverno con una gorgogliante fontana rimanda inevitabilmente ad atmosfere moresche.

Cavalieri senza rist
Pianta : C2**g**
via Malta 42 – ✆ 09 31 48 36 35 – www.hotelcavalierisiracusa.it
22 cam – 95/150 € 115/250 € – **1 suite**
Palazzo ottocentesco riconvertito in piccolo e grazioso albergo di charme, dove l'intrigante design - curato dal patron architetto - fonde classico e moderno in ambienti luminosissimi. Bella terrazza roof garden.

Caol Ishka
rist,
Pianta : B2**a**
via Elorina 154 – ✆ 0 93 16 90 57 – www.caolishka.com – Chiuso 2 settimane in gennaio-febbraio
10 cam – 175/200 € 175/200 €
Rist *Zafferano Bistrot* – Carta 26/61 € – (consigliata la prenotazione)
Vecchia masseria cinta dal verde, una strada sterrata la separa dalla città, è diventata - oggi - una risorsa moderna dal design minimalista, ma curato, con piacevolissimi spazi anche all'aperto. Allo Zafferano, sapori soprattutto del mare.

Royal Maniace senza rist
Pianta : D3**p**
lungomare d'Ortigia 13, (Ortigia) – ✆ 0 93 16 74 37 – www.maniacehotel.it
21 cam – 49/119 € 79/185 € – **2 suites**
Siracusa è una città di mare, che nello specchio blu si allunga con l'isola di Ortigia. Su questo splendido fazzoletto di terra si trova Royal Maniace, bella struttura ricavata da un palazzo trecentesco dove mura antiche accolgono arredi dalle linee più moderne. Le camere più ambite sono quelle affacciate sullo Ionio.

UNA Hotel One
cam, cam,
via Diodoro Siculo 4, per via Puglia – ✆ 09 31 41 13 55 – www.unahotels.it
44 cam – 69/139 € 89/169 €
Rist – Carta 31/76 € – *(chiuso venerdì, sabato e domenica)*
Tutto fuorché convenzionale, questo hotel moderno che offre servizi curati nel dettaglio, belle camere ed un centro benessere di alto livello. Nelle camere predominano i colori della scacchiera, mentre la splendida terrazza diventa il luogo ideale per aperitivi modaioli.

Livingston
cam,
Pianta : D3**s**
via Nizza 17, (Ortigia) – ✆ 09 31 46 38 30 – www.livingstonhotel.it – Aperto 26 marzo-30 novembre
17 cam – 110/160 € 110/160 €
Rist – Carta 27/44 € – *(chiuso lunedì) (solo a cena)*
Il blu del mare davanti ai vostri occhi e al suo interno eleganza classica con arredi in stile, camere molto curate ed un grazioso centro benessere. Sfiziose ricette di mare nel panoramico ristorante al roof garden.

Antico Hotel Roma 1880
Pianta : D3**f**
via Roma 66, (Ortigia) – ✆ 09 31 46 56 30 – www.hotelromasiracusa.it – Aperto 1° marzo-31 ottobre
45 cam – 70/120 € 80/500 € **Rist** – Menu 20/46 €
Nel cuore di Ortigia, proprio alle spalle del Duomo, un albergo che si propone con una veste che miscela stile moderno con tocchi retrò. Appuntamento con i sapori locali al ristorante Minosse: pesce fresco, piatti tradizionali e un pizzico di fantasia.

A
B
CASTELLO EURIALO
CATANIA
PARCO ARCHEOLOGICO DELLA NEAPOLIS
V. Sebastiano Agati
V. Zappalà
Tomba di Archimede
Catacomb di S. Giovan
S. Giovanni Evangelista
V. dei Sepolcri
ORECCHIO DI DIONISIO
Latomia del Paradiso
TEATRO GRECO
Vle Paradiso
S. Nicolò
Vle Teracati
Vle Teocrito
V. Senofonte
V. S. Zosimo
Anfiteatro Romano
Ara di Ierone II
Vle Paolo Orsi
V. Salso
V. Basento
V. Arno
V. Adige
V. Giuseppe Testaferrata
ACRADINA
CALTAGIRONE
CATANIA
Vle Ermocrate
V. Necropoli del Fusco
Ronco Cavalcavia
V. dei Vasari
V. Adda
Lgo 2 Giugno
V. Sele
V. Brenta
V. Oglio
Vle Ermocrate
V. per Canicattini
V. Gaetano Mario Columba
V. Francesco Crispi
Cso. Umberto
V. Elorina
V. dell'Idroscalo
Piazzale Marconi
MERCATO ORTOFRUTTICOLO
PORTO GRANDE
Vle Pantanelli
V. Palude Lisimelia
V. Elorina
MARE
1
2
3
NOTO
RAGUSA

SIRACUSA
0
300 m
Artemision .... A
Galleria civica
d'Arte Contemporanea...... B
Museo Aretuseo dei Pupi..... N
Palazzo
Mergulese-Montalto........ R
Palazzo del Senato.......... E
C
D
1
2
3
Latomia
dei Cappuccini
Piazza
Cappuccini
Museo
Archeologico
Regionale
Landolina
Santuario
d. Madonna
d. Lacrime
Sta Lucia
extra Moenia
Piazza
Sta Lucia
Piazza
Euripide
Foro
Siracusano
PORTO
PICCOLO
MARE IONIO
ISOLA
DI ORTIGIA
ORTIGIA
Tempio
di Apollo
Piazza
Pancali
S.
Pietro
Mastrarua
S. Filippo Neri
S. Francesco
all'Immacolata
Belvédère
S. Giacomo
Porta Marina
Chiesa dei Gesuiti
Pal. Beneventano
del Bosco
Passeggio
Adorno
Piazza
Duomo
Duomo
Miqwè
Forte Vigliena
S. Benedetto
S.
Lucia
Pal. Bellomo
San Martino
Spirito Santo
Fonte
Aretusa
Piazza F.
S. Svevia
Castello Maniace
IONIO
V. Torino
V. Padova
V. Bari
V. Napoli
Vle Teocrito
V. Platone
V. Bologna
V. Milano
V. Venezia
V. Grande
V. Eveneto
V. Pisa
V. Dionisio il
Riviera
V. Cuma
V. Gorizia
Vle Luigi Cadorna
V. Piave
V. Isonzo
V. Montegrappa
V. Trapani
V. Carso
V. Pasubio
V. Eumelo
V. Pindaro
V. Mosco
V. Bacchilide
V. Epicarmo
V. Agatocle
V. Armando Diaz
Vle Regina Margherita
Cso. Umberto I
V. Montedoro
V. Eritrea
V. Malta
V. Bengasi
V. Rodi
Lgo Molo
Stazione Porto
V. Trieste
Lungo. di Levante
Elio Vittorini
C.so Matteotti
V. Larga
V. Eolo
V. Castello Maniace

Relax rist,
viale Epipoli 159, per viale Teracati - B1 – 09 31 74 01 22 – www.hotelrelax.it
57 cam – 58/70 € 89/108 € **Rist** – Carta 23/36 €
Risorsa appropriata per la clientela d'affari, come per quella turistica. Attualmente in fase di ampliamento per accrescere il numero delle camere e il livello di confort. Cucina d'albergo con influssi eterogenei, senza forti connotazioni regionali.

Domus Mariae e Domus Mariae Benessere rist,
via Vittorio Veneto 76, (Ortigia) – 09 31 /6 00 87
– www.domusmariaebenessere.com Pianta : D2**d**
32 cam – 49/299 € 69/299 €
Rist – Carta 22/51 € – *(chiuso domenica) (solo a cena)*
E' nelle mani delle Suore Orsoline la gestione di queste due strutture sul lungomare, adiacenti e gemelle, che condividono il ristorante sito nel Domus Mariae Benessere (unico con ascensore). Impostazione classica, ma attrezzatissima spa, ampie anche le camere.

Gran Bretagna senza rist
via Savoia 21, (Ortigia) – 0 93 16 87 65 Pianta : C2**m**
– www.hotelgranbretagna.it – Chiuso gennaio-febbraio
16 cam – 75/90 € 80/125 €
Nel cuore di Ortigia, a pochi passi dal duomo e dal mare, l'hotel ha mura millenarie e magnifici affreschi ottocenteschi nelle camere dai tetti a volta ed un'incantevole vista sulla distesa blu.

Gutkowski cam,
lungomare Vittorini 18, (Ortigia) – 09 31 46 58 61 Pianta : D2**x**
– www.guthotel.it – Chiuso 7 gennaio-28 febbraio
25 cam – 60/80 € 90/140 €
Rist – Menu 23 € – *(solo a cena) (solo per alloggiati)*
La piccola, ma panoramica, terrazza-solarium dove in estate si offrono granite, l'accogliente e caratteristico spazio comune a piano terra, la cura dei particolari, associata ad una certa ricerca estetica fanno sì che la fama di questo hotel risuoni anche all'estero. Di nuovo, il ristorante.

Giuggiulena senza rist
via Pitagora da Reggio 35 – 09 31 46 81 42 Pianta : D1**b**
– www.giuggiulena.it – Chiuso 10 gennaio-10 febbraio
6 cam – 70/100 € 90/135 €
In splendida posizione sul blu del Mediterraneo, che si vede da ogni camera, una casa gestita in modo simpatico e caloroso. Discesa diretta a mare, per un tuffo dagli scogli.

Ristoranti

Don Camillo
via Maestranza 96, (Ortigia) – 0 93 16 71 33 Pianta : D3**a**
– www.ristorantedoncamillosiracusa.it – Chiuso 11 gennaio-1° febbraio, 15 giorni in luglio, domenica e i giorni festivi
Menu 50/55 € – Carta 36/83 €
Soffitti a volta, pietre a vista e un servizio di sala numeroso ed attento, sono le caratteristiche più salienti di questo ristorante, dove mare e terra di Sicilia s'incontrano nel piatto; anche la cantina non passa inosservata.

Porta Marina
via dei Candelai 35, (Ortigia) – 0 93 12 25 53 Pianta : C2**q**
– www.ristoranteportamarina.135.it – Chiuso 1°-13 febbraio e lunedì
Menu 35/50 € – Carta 26/59 € – (consigliata la prenotazione)
In un edificio del 1400 lasciato volutamente spoglio, in modo da evidenziare le pietre a vista e il soffitto a volte a crociera, il locale si è imposto come uno degli indirizzi più eleganti di Siracusa. Cucina promettente con alcune preparazioni, che si sbilanciano verso elaborazioni e personalismi ben riusciti.

XX **Regina Lucia**

piazza Duomo 6 , (Ortigia) – ✆ 0 93 12 25 09 Pianta : C3**b**
– www.reginalucia.it – Chiuso novembre e martedì
Menu 40/70 € – Carta 41/61 €
Tra archi in tufo e mobili di design, una cucina siciliana rivisitata, per un locale dalla splendida location nella piazza Duomo di Ortigia.

X **Al Mazarì**

via Torres 7/9, (Ortigia) – ✆ 09 31 48 36 90 Pianta : D3**n**
– www.almazari.com – Chiuso 15 gennaio-28 febbraio e domenica in inverno
Carta 27/74 €
Parentesi gastronomica trapanese nel cuore di Siracusa, tra cous cous e pasta con le sarde, in un menu scritto scherzosamente in dialetto siciliano (ma con traduzioni).

verso Lido Arenella

Grand Hotel Minareto

via del Faro Massolivieri 26/a, 7,8 km per Ragusa - A3 ✉ 96100 Siracusa – ✆ 09 31 72 12 22 – www.grandhotelminareto.it
81 cam – †180/250 € ††180/400 € – **4 suites**
Rist ***Nesos*** – Carta 45/75 €
Atmosfera medio-orientale già annunciata nel nome, in questo resort che occupa un intero promontorio. Elegante e con spiaggia privata, le camere si trovano in intime strutture disseminate un po' ovunque. Impreziosito da boiserie e intarsi in marmo, il Nesos propone una cucina in bilico tra territorio e modernità.

Dolce Casa senza rist

via Lido Sacramento 4, 4 km per Noto - A3 ✉ 96100 Siracusa – ✆ 09 31 72 11 35 – www.bbdolcecasa.it
10 cam – †40/60 € ††60/90 €
Piacevole struttura a metà strada tra la città e le spiagge, attorniata da un giardino mediterraneo, inserita in un'oasi di tranquillità: per un soggiorno rilassante.

sulla strada provinciale 14 Mare Monti

Lady Lusya cam, rist,

località Spinagallo, Sud-Ovest : 14 km – ✆ 09 31 71 02 77 – www.ladylusya.it – Aperto 1° marzo-31 ottobre
19 cam – †45/130 € ††65/210 € – **2 suites**
Rist – Carta 25/41 € – (prenotazione obbligatoria)
Masseria fortificata del '500 splendidamente trasformata in hotel: interni di classe, camere distribuite in edifici diversi, tutti circondati dal giardino. Bella piscina. Ristorante di aspetto sobrio, cucina siciliana doc.

Agriturismo La Perciata rist,

località Spinagallo 77, Sud-Ovest : 10 km ✉ 96100 Siracusa – ✆ 09 31 71 73 66 – www.perciata.it
15 cam – †70/94 € ††75/99 €
Rist – Carta 14/29 € – *(aperto 1° giugno-30 settembre) (solo a cena)*
Immerso nella campagna siracusana, un agriturismo di alto livello e dall'inequivocabile stile mediterraneo con tante dotazioni, nonché servizi, per un soggiorno a tutto relax.

Agriturismo Limoneto cam, cam,

via del Platano 3, Sud-Ovest : 9,5 km – ✆ 09 31 71 73 52 – www.limoneto.it – Chiuso novembre
10 cam – †40/60 € ††80/120 €
Rist – Menu 20/30 € – *(solo a cena escluso domenica)*
Hanno accesso indipendente le camere di questo agriturismo in aperta campagna, attorniato da un rigoglioso giardino-agrumeto biologico. La gestione brilla per simpatia.

SIRIO (Lago) → Vedere Ivrea
Torino

SIRMIONE

Brescia (BS) – ✉ 25019 – 7 476 ab. – Alt. 66 m – Carta regionale n° **17-D1**
Roma 524 km – Brescia 39 km – Verona 35 km – Bergamo 86 km
Carta stradale Michelin 561-F13

© Poisson d'Avril / SoFood / Photononstop

Alberghi

Villa Cortine Palace Hotel rist,
viale C. Gennari 2 – ✆ 03 09 90 58 90 – www.palacehotelvillacortine.com – Aperto 2 aprile-18 ottobre
54 cam – †320/480 € ††440/570 € **Rist** – Carta 66/108 €
Una vacanza esclusiva in una villa ottocentesca in stile neoclassico all'interno di uno splendido grande parco digradante sul lago; incantevoli interni di sobria eleganza. Raffinatezza e classe nell'ampia sala da pranzo; romantico servizio estivo all'aperto.

Grand Hotel Terme
viale Marconi 7 – ✆ 03 09 90 49 22 – www.termedisirmione.com – Chiuso 12 gennaio-19 febbraio
56 cam – †151/321 € ††189/402 € – **1 suite**
Rist *L'Orangerie* – ✆ 0 30 91 62 61 – Carta 36/90 €
Un giardino in riva al lago con piscina impreziosisce questa bella struttura panoramica: colori vivaci negli interni arredati con gusto, wellness completo e area congressi. Comodi a tavola per ammirare il paesaggio lacustre e per assaporare la tradizione mediterranea.

Olivi rist,
via San Pietro 5 – ✆ 03 09 90 53 65 – www.hotelolivi.com – Aperto 15 marzo-8 dicembre
53 cam – †92/128 € ††140/212 € **Rist** – Carta 44/54 €
In posizione panoramica - tra il centro e le grotte di Catullo - sfugge al caos turistico ed offre camere immerse nel verde, accoglienti e luminose. Ampia sala da pranzo di tono elegante, utilizzata anche per banchetti.

Continental cam, rist,
via Punta Staffalo 7/9 – ✆ 03 09 90 57 11 – www.continentalsirmione.com – Chiuso 15 novembre-15 marzo
54 cam – †165/340 € ††165/340 € – **2 suites** **Rist** – Carta 38/70 €
Sulla punta della penisola di Sirmione, hotel di taglio contemporaneo dagli arredi razionali, modernamente lineari, grazioso centro benessere e piscina fronte lago.

Eden senza rist
piazza Carducci 18/19 – ✆ 0 30 91 64 81 – www.hoteledensirmione.it – Aperto Capodanno e 15 marzo-30 novembre
30 cam – †100/220 € ††110/250 €
In pieno centro, hotel moderno e di design caratterizzato da camere belle e confortevoli; solarium sul pontile affacciato sulle azzurre acque del lago.

Catullo
rist,

piazza Flaminia 7 – ✆ 03 09 90 58 11 – www.hotelcatullo.it – Aperto 23 dicembre-6 gennaio e 16 marzo-3 novembre

57 cam – 70/120 € 100/150 € **Rist** – Menu 30 € – *(solo per alloggiati)*

Spazi comuni curati e belle camere, da preferire quelle con vista lago, in uno dei più antichi alberghi di Sirmione annoverato tra i "Locali storici d'Italia". Affacciato sul suggestivo giardino che ricorda antichi fasti, il ristorante propone la cucina nazionale.

Marconi
cam, rist,

via Vittorio Emanuele II 51 – ✆ 0 30 91 60 07 – www.hotelmarconi.net – Aperto 1° marzo-23 novembre

23 cam – 50/120 € 85/140 €

Rist – Menu 25 € – *(aprile-ottobre) (solo a cena) (solo per alloggiati)*

Direttamente sul lago, hotel a conduzione familiare che ha saputo rinnovarsi negli anni, offre ora piacevoli e calde zone comuni. La cucina è curata direttamente dai titolari.

Du Lac

via 25 Aprile 60 – ✆ 0 30 91 60 26 – www.hoteldulacsirmione.com – Aperto 1° aprile-11 ottobre

35 cam – 70/85 € 90/165 € **Rist** – Carta 23/53 €

Gestione diretta d'esperienza in un hotel classico, in riva al lago, dotato di spiaggia privata; zone comuni con arredi di taglio moderno stile anni '70, camere lineari. Fresca sala da pranzo, affidabile cucina d'albergo.

Pace

piazza Porto Valentino – ✆ 03 09 90 58 77 – www.pacesirmione.it – Chiuso 2 novembre-20 dicembre e 6 gennaio-12 febbraio

22 cam – 50/100 € 80/140 €

Rist *Pace* – vedere selezione ristoranti

Nel centro storico e fronte lago, una dimora dei primi '900 dagli interni vagamente british: un dedalo di corridoi e scale in cui si è cercato di preservare gli elementi d'epoca. Prima colazione a buffet, ricca e variegata.

Villa Rosa senza rist

via Quasimodo 4 – ✆ 03 09 19 63 20 – www.hotel-villarosa.com – Aperto 1° marzo-30 novembre

14 cam – 58/65 € 71/85 €, 12 €

Camere dotate di balcone e di ogni confort tecnologico, in questo hotel recentemente ristrutturato nelle immediate vicinanze del centro storico: raggiungibile a piedi o con le biciclette dell'albergo (noleggio gratuito).

Mon Repos senza rist

via C. Arici 2 – ✆ 03 09 90 52 90 – www.hotelmonrepos.com – Aperto 1° aprile- 2 novembre

23 cam – 60/90 € 80/140 €

Veri gioielli di questo hotel sono la splendida posizione, all'estremità della penisola, e il rigoglioso giardino-uliveto con piscina; interni essenziali, camere funzionali.

Corte Regina senza rist

via Antiche Mura 11 – ✆ 0 30 91 61 47 – www.corteregina.it – Aperto 1° aprile-31 ottobre

14 cam – 60/90 € 70/130 € – **2 suites**

Adiacente al castello, piccola struttura a carattere familiare con camere di semplice confort; la sala mansardata per la prima colazione offre una romantica vista sui tetti.

C'é categoria e categoria! Non aspettatevi lo stesso servizio in un ristorante X o in un albergo rispetto ad un XXXXX o ad un .

Ristoranti

XXX **La Rucola** (Gionata Bignotti)
vicolo Strentelle 7 – ☎ 0 30 91 63 26 – www.ristorantelarucola.it – Chiuso gennaio e giovedì
Menu 80 € (pranzo in settimana)/120 € – Carta 69/119 €
In un vicolo del centro, è il ristorante per le grandi occasioni tra candelabri, tappeti e un tocco rustico nelle pietre a vista. Cucina creativa prevalentemente di mare.
➜ Ravioli di zucca con scampi e polvere di caffè. Branzino cotto nel latte di cocco con verdure croccanti e rapa rossa. Zuppetta di ciliegie con stecco di cheesecake e pistacchi.

XXX **La Speranzina**
via Dante 16 – ☎ 03 09 90 62 92 – www.lasperanzina.it – Chiuso lunedì escluso marzo-ottobre
Menu 74/89 € – Carta 63/143 €
Vicino al castello e con il lago che sembra una cartolina, gli ambienti ammiccano alla campagna provenzale mentre la cucina sforna piatti creativi e ricercati.

XX **Trattoria Antica Contrada**
via Colombare 23 – ☎ 03 09 90 43 69 – www.ristoranteanticacontrada.it – Chiuso gennaio, martedì a mezzogiorno e lunedì
Menu 27/35 € – Carta 36/71 €
Lungo la penisola - a 2 km dal centro - le tradizionali specialità lacustri sono oggi affiancate da piatti di terra e di mare. Se il tempo lo permette, optate per l'intimo dehors.

XX **Risorgimento**
piazza Carducci 5/6 – ☎ 0 30 91 63 25 – www.arcadia-sirmione.com – Chiuso 2 gennaio-14 febbraio e martedì escluso maggio-settembre
Carta 46/74 €
Una cucina dall'ampio respiro e d'ispirazione contemporanea, in un ristorante rustico-elegante con dehors sulla centrale piazza Carducci. Prestigiose etichette ammiccano dagli scaffali della saletta-enoteca al primo piano.

X **Pace** – Hotel Pace
piazza Porto Valentino – ☎ 03 09 90 58 77 – www.ristorantepace.it – Aperto 2 marzo-1° novembre
Menu 39/53 € – Carta 44/94 €
In posizione tranquilla e defilata, un ristorante dal nome fortemente evocativo; si può scegliere fra l'accogliente veranda direttamente sul lago oppure, nella bella stagione, all'esterno sotto un fresco pergolato di edera e rose selvatiche. Cucina di lago: la zuppa di pesce d'acqua dolce è tra i piatti forti.

a Lugana Sud-Est : 5 km – ✉ 25019 Colombare Di Sirmione

Bolero senza rist
via Verona 254 – ☎ 03 09 19 61 20 – www.hotelbolero.it
8 cam – †60/100 € ††80/150 €
Sembra di essere in una casa privata in questo tranquillo e intimo albergo familiare; spazi comuni in stile rustico, abbelliti da quadri, camere confortevoli.

SIROLO

Ancona (AN) – ✉ 60020 – 3 967 ab. – Carta regionale n° **21-D1**
Roma 304 km – Ancona 18 km – Loreto 16 km – Macerata 43 km
Carta stradale Michelin 563-L22

Sirolo … rist, …
via Grilli 26 – ☎ 07 19 33 06 65 – www.hotel-sirolo.eu – Aperto 1° aprile-31 ottobre
31 cam – †40/150 € ††60/220 €
Rist *Sassi Neri* – Menu 18/50 € – Carta 21/92 € – *(aperto in estate) (solo a cena)*
All'interno del Parco del Conero, costruita nel cuore della città (ma con bus navetta per le spiagge), una moderna risorsa che ospita ambienti dai caldi colori mediterranei ed accoglienti camere, qualcuna con letto a baldacchino. Specialità marinare al ristorante Sassi Neri.

Locanda Rocco

via Torrione 1 – ✆ 07 19 33 05 58 – www.locandarocco.it

7 cam – 125/170 € 125/170 €

Rist *Rocco* – vedere selezione ristoranti

Tra le mura di una locanda trecentesca del centro, una struttura a gestione giovane e moderna: all'interno spazi comuni minimi, ma stanze di design accattivante e dai colori vivaci.

Valcastagno senza rist

via Valcastagno 12 – ✆ 07 17 39 15 80 – www.valcastagno.it – Aperto 1° marzo-15 novembre

8 cam – 60/140 € 75/140 €

Ricavato in una casa colonica e immerso nella natura incontaminata del Parco, un piccolo hotel con camere accoglienti e graziose sapientemente arredate in ferro battuto.

Rocco – Hotel Locanda Rocco

via Torrione 1 – Aperto Pasqua-30 ottobre; chiuso martedì escluso 15 giugno-15 settembre

Carta 30/40 € – (coperti limitati, prenotare)

Come ogni locanda che si rispetti, anche questa ha il suo ristorantino e, per giunta, carino! In un tipico edificio in pietra marchigiano, un'intelligente e stuzzicante selezione di piatti di pesce, a cui si accompagna una buona scelta enologica (siamo in terra di Verdicchio).

al monte Conero (Badia di San Pietro) Nord-Ovest : 5,5 km Alt. 572 m – ✉ 60020 Sirolo

Monteconero rist,

via Monteconero 26 – ✆ 07 19 33 05 92 – www.hotelmonteconero.it – Aperto 1° aprile-2 novembre

60 cam – 76/120 € 122/170 € – **10 suites**

Rist *Merlin Cocai* – Carta 23/57 €

In posizione isolata nel bosco del parco a picco sul mare, nacque nel 1400 come convento e ancor oggi il soggiorno è all'insegna del silenzio e della natura. Molti i confort, tra cui, oltre alla sauna, la sala per i massaggi. La panoramica sala ristorante propone piatti legati alla tradizione locale.

SISTIANA

➜ Vedere Duino Aurisina
Trieste (TS)

SIUSI ALLO SCILIAR (SEIS AM SCHLERN)

Bolzano (BZ) – ✉ 39040Alt. 988 m – Carta regionale n° **34-C2**

Roma 664 km – Bolzano 24 km – Bressanone 29 km – Milano 322 km

Carta stradale Michelin 562-C16

Activehotel Diana cam,

via San Osvaldo 3 – ✆ 04 71 70 40 70 – www.hotel-diana.it – Aperto 20 dicembre-5 aprile e 2 giugno-18 ottobre

51 cam – 69/119 € 114/262 € – **3 suites**

Rist – Menu 15 € – *(solo per alloggiati)*

Circondata dal verde e relativamente a ridosso del centro storico, gradevole struttura provvista di ampie zone comuni in stile montano, ma di taglio moderno e camere accoglienti.

Europa

piazza Oswald Von Wolkenstein 5 – ✆ 04 71 70 61 74 – www.wanderhoteleuropa.com – Chiuso 2 novembre-19 dicembre e 7 aprile-21 maggio

32 cam – solo ½ P 90/150 € – **2 suites**

Rist - *(solo a cena) (solo per alloggiati)*

Gli eleganti saloni coniugano la tradizione tirolese con il design moderno. Camere più classiche, luminose ed accoglienti, bel centro benessere con immancabile zona relax. Cucina altoatesina nell'intima sala ristorante.

Silence & Schlosshotel Mirabell rist,

via Laranza 1, Nord : 1 km – ✆ 04 71 70 61 34 – www.hotel-mirabell.net – Aperto 20 dicembre-25 marzo e 25 maggio-15 ottobre

37 cam – 160/360 € 160/360 €

Rist – Menu 40 € – *(solo a cena) (solo per alloggiati)*

In zona defilata e molto tranquilla, fra le alte vette, una bella casa con spaziose ed accoglienti salette per il relax, nonchè un grande giardino con piscina dal quale ammirare il profilo dei monti.

Schwarzer Adler rist,

via Laurin 7 – ✆ 04 71 70 61 46 – www.hotelaquilanera.it – Aperto 20 dicembre-6 aprile e 23 maggio-18 ottobre

23 cam – 66/128 € 98/186 € – **2 suites**

Rist – Carta 27/48 € – (prenotazione obbligatoria)

Nel cuore della località, una bianca struttura che ospita un albergo di antica tradizione rinnovato nel tempo; camere confortevoli con graziosi arredi in legno chiaro. La cucina offre piatti saldamente legati al territorio.

SIZZANO

Novara (NO) – ✉ 28070 – 1 448 ab. – Alt. 225 m – Carta regionale n° **23**-C2

Roma 641 km – Stresa 50 km – Biella 42 km – Milano 66 km

Carta stradale Michelin 561-F13

Impero

via Roma 13 – ✆ 03 21 82 05 76 – www.ristoranteimpero.eu – Chiuso 27 dicembre-5 gennaio, agosto, domenica sera e lunedì

Menu 25 € (pranzo in settimana)/50 € – Carta 33/69 €

La solida conduzione familiare, affabile e premurosa, e la gustosa cucina del territorio sapientemente rielaborata sono senz'altro i punti di forza di questa moderna trattoria.

SOAVE

Verona (VR) – ✉ 37038 – 7 002 ab. – Alt. 40 m – Carta regionale n° **39**-B3

Roma 524 km – Verona 22 km – Milano 178 km – Rovigo 76 km

Carta stradale Michelin 562-F15

Roxy Plaza senza rist

via San Matteo 4 – ✆ 04 56 19 06 60 – www.hotelroxyplaza.it

43 cam – 60/189 € 90/289 €, 10 €

In pieno centro, albergo moderno dagli ambienti luminosi e ai piani piacevoli camere, alcune con vista sul castello.

Damaranto (N) cam, cam,

corso Vittorio Emanuele 50 ✉ 37038 Soave – ✆ 04 56 19 07 01 – www.damaranto.com – Chiuso 10 giorni in gennaio e settembre

6 cam – 75/90 € 90/110 €

Rist – Carta 32/86 € – *(chiuso domenica sera e lunedì)*

Nel cuore della località, il grande senso estetico di questa bella villa si esprime nell'armoniosa fusione di antico e moderno. Interessanti proposte gastronomiche, dove la tradizione si veste di attualità.

Locanda Lo Scudo con cam

via Covergnino 9 – ✆ 04 57 68 07 66 – www.loscudo.vr.it

4 cam – 55/65 € 75/85 €

Carta 22/37 € – *(chiuso lunedì)* (consigliata la prenotazione)

L'indirizzo giusto dove assaporare la gustosa cucina del territorio nel dehors con giardino d'inverno o nella raccolta saletta dai soffitti in legno. Il centro storico è a due passi.

Enoteca Realda

piazza Giuliano Castagnedi 2 – ✆ 04 56 60 06 24 – www.enotecarealda.it – Chiuso sabato a mezzogiorno e martedì
Carta 32/57 €
Piccolo e moderno locale, simile ad un wine-bar, la cui giovane gestione propone una cucina della tradizione - come la parmigiana di melanzane - affiancata da piatti unici ironicamente chiamati "fast food": hamburger, piadina e club sandwich.

Al Gambero con cam

corso Vittorio Emanuele 5 – ✆ 04 57 68 00 10 – www.ristorantealgambero.it – Chiuso 1 settimana in gennaio e agosto
12 cam – 40 € 60 €
Carta 26/41 € – *(chiuso martedì sera e mercoledì)*
Rist *Osteria La Scala* –Carta 22/38 € – *(chiuso mercoledì)*
Sorto come locanda nella seconda metà dell'800, questo edificio storico ospita un'ampia sala, accogliente e rustica, dove gustare i piatti della tradizione veneta, di terra e di mare. Graziose le camere, arredate con mobili d'epoca. Qualche piatto e i dolci per un pasto veloce nella semplice osteria wine-bar.

SOCI → Vedere Bibbiena

Arezzo (AR)

SOGHE → Vedere Arcugnano

Vicenza (VI)

SOIANO DEL LAGO

Brescia (BS) – ✉ 25080 – 1 770 ab. – Alt. 196 m – Carta regionale n° **17-D1**
Roma 538 km – Brescia 27 km – Mantova 77 km – Milano 128 km
Carta stradale Michelin 561-F13

Villa Aurora

via Ciucani 1/7 – ✆ 03 65 67 41 01 – www.ristorantesoiano.it – Chiuso mercoledì
Menu 30 € – Carta 27/42 €
Splendida vista sul lago in un locale signorile, che propone tante specialità regionali rivisitate con estro. Un esempio? Tagliolini di farina integrale con verdure croccanti e olio extravergine d'oliva, coregone gratinato con dadini di melanzane, pomodori, capperi e basilico.

SOLANAS → Vedere Villasimius

Cagliari (CA)

SOLDA (SULDEN)

Bolzano (BZ) – ✉ 39029Alt. 1 906 m – Carta regionale n° **33-A2**
Roma 733 km – Sondrio 115 km – Bolzano 96 km – Merano 68 km
Carta stradale Michelin 562-C13

Sporthotel Paradies Residence

via Principale 87 – ✆ 04 73 61 30 43 – www.sporthotel-paradies.com – Aperto 15 giugno-26 settembre e 20 novembre-3 maggio
58 cam – 85/150 € 150/260 € – **4 suites** **Rist** – Carta 29/82 €
Risorsa dall'affidabile gestione per una vacanza all'insegna di una genuina atmosfera di montagna. Tutti gli spazi offrono un buon livello di confort, soprattutto le camere. Sala ristorante ricca di decorazioni.

Cristallo

cam,

Solda 31 – ✆ 04 73 61 32 34 – www.cristallo.info – Aperto 1° dicembre-1° maggio e 15 giugno-15 settembre
37 cam – 75/90 € 130/160 € **Rist** – Carta 26/44 €
In posizione centrale e panoramica, albergo ammodernato con spazi comuni luminosi e confortevoli. Centro benessere ben ristrutturato, camere spaziose. Ristorante con annessa stube tirolese.

Eller
Solda 15 – ✆ 04 73 61 30 21 – www.hoteleller.com – Aperto 15 novembre-1° maggio e 15 giugno-25 settembre
44 cam – solo ½ P 50/80 € – **6 suites**
Rist - *(solo a cena da dicembre a maggio) (solo per alloggiati)*
Una struttura che brilla per generosità di spazi sia negli ambienti comuni sia nelle camere, ma anche nel centro benessere con sauna tirolese, bagno turco e alle erbe di Solda, attrezzata palestra, piscina coperta ed idromassaggio. La sua posizione ha il privilegio di essere panoramica.

Parc Hotel cam, rist,
Kirch Weg 130 – ✆ 04 73 61 31 33 – www.parc-hotel.it – Aperto 1° novembre-1° maggio e 10 giugno-20 settembre
50 cam – 65/85 € 70/100 € – **2 suites** **Rist** – Menu 20/75 €
A lato degli impianti di risalita, pur rimanendo in centro, una gran bella struttura con camere, rinnovate e molto accoglienti, particolarmente interessanti quelle mansardate con balcone e splendida vista sul comprensorio naturale. Nella spa, la piccola piscina riscaldata che fuoriesce nella neve, offrirà ai più temerari l'ebrezza dello shock termico.

SOLIERA

Modena (MO) – 41019 – 15 167 ab. – Alt. 28 m – Carta regionale n° **8-B2**
Roma 420 km – Bologna 56 km – Milano 176 km – Modena 12 km
Carta stradale Michelin 562-H14

a Sozzigalli Nord-Est: 6 km – 41019

Osteria Bohemia con cam rist, rist,
via Canale 497, Nord : 1,5 km – ✆ 0 59 56 30 41 – www.osteriabohemia.it – Chiuso 3 settimane in agosto, vacanze di Natale, vacanze di Pasqua, domenica e lunedì
2 cam – 45 € 68 € Carta 27/46 € – (consigliata la prenotazione)
In aperta campagna, il cuoco-contadino delizia - soprattutto in estate - con le erbe aromatiche dell'orto rinverdendo i classici emiliani. Graziose e semplici le due camere, ideali per fermarsi ad assaporare la quiete dei dintorni.

SOLIGO → Vedere Farra di Soligo

Treviso (TV)

SOLOFRA

Avellino (AV) – 83029 – 12 438 ab. – Carta regionale n° **7-C2**
Roma 271 km – Napoli 75 km – Avellino 15 km – Benevento 53 km
Carta stradale Michelin 564-E26

Solofra Palace cam, rist,
via Melito 6/a – ✆ 08 25 53 14 66 – www.solofrapalacehotel.com
30 cam – 50/100 € 70/120 € **Rist** – Carta 17/47 €
Situato alle porte della località, l'hotel dispone di spaziosi ambienti arredati con gusto, giardino a terrazze e piccola beauty farm. Il ristorante si articola su due sale a differente vocazione: una ideale per allestire banchetti, l'altra con cucina regionale e servizio pizzeria.

SOLONGHELLO

Alessandria (AL) – 15020 – 222 ab. – Alt. 220 m – Carta regionale n° **23-C2**
Roma 640 km – Torino 78 km – Alessandria 51 km – Asti 35 km

Locanda dell'Arte cam, rist,
via Asilo Manacorda 3 – ✆ 01 42 94 44 70 – www.locandadellarte.it – Chiuso 7 gennaio-7 febbraio
14 cam – 110/130 € 110/130 € – **1 suite**
Rist *Il Marko* – ✆ 01 42 94 45 49 – Menu 33 € – Carta 32/56 € – *(chiuso lunedì)* (consigliata la prenotazione)
Camere confortevoli all'interno di una villa del 1700 ubicata sulle pittoresche colline del Monferrato: il tutto impreziosito da opere d'arte contemporanea. Al Marko: cucina piemontese rivisitata.

SOMMACAMPAGNA

Verona (VR) – ✉ 37066 – 14 634 ab. – Alt. 121 m – Carta regionale n° **38-A3**
Roma 500 km – Verona 15 km – Brescia 56 km – Mantova 39 km
Carta stradale Michelin 562-F14

Scaligero rist,

via Osteria Grande 41 – ☎ 04 58 96 91 30 – www.hotelscaligero.com
23 cam – 55/63 € 70/83 € **Rist** – Carta 24/43 € – *(chiuso mercoledì)*
All'imbocco dell'autostrada, struttura a conduzione familiare dotata di camere confortevoli, semplici ed ordinate. Il ristorante - nello stesso edificio - propone una cucina semplice e regionale, ma anche pizzeria.

Merica con cam cam, cam,

via Rezzola 93, località Palazzo, Est : 1,5 km – ☎ 0 45 51 51 60 – www.trattoriamerica.it – Chiuso 25 dicembre-5 gennaio e agosto
10 cam – 55/70 € 70/95 € Carta 27/47 € – *(chiuso lunedì)*
Il servizio è veloce e di grande esperienza in questo ristorante che occupa gli spazi di una villetta di campagna. La cucina è fedelmente ancorata alla tradizione, casalinga nell'esecuzione. Vi piacciono i primi? Allora optate per le tagliatelle ai tre sughi. Preferite i secondi? Stinco di maiale, e non vi pentirete!

a Custoza Sud-Ovest : 5 km – ✉ 37066

Villa Vento

strada Ossario 24 – ☎ 0 45 51 60 03 – www.ristorantevillavento.com – Chiuso 1°-11 gennaio, 1 settimana in luglio, 1 settimana in novembre, lunedì e martedì
Carta 24/44 €
In una villa d'epoca, il ristorante vanta un andamento familiare. Dalla cucina, piatti tipici del posto ed in sala una griglia sempre calda. Il piccolo parco ombreggia la terrazza.

sull'autostrada A 4 area di servizio Monte Baldo Nord o per Caselle

Est : 5 km

Saccardi Quadrante Europa cam,

via Ciro Ferrari 8 ✉ 37066 Caselle di Sommacampagna – ☎ 04 58 58 14 00 – www.hotelsaccardi.it
126 cam – 69/220 € 99/250 € – **6 suites** **Rist** – Menu 32/52 €
Accessibile direttamente dall'autostrada, hotel ideale per una sosta di qualità: piacevoli e signorili zone comuni, camere dal moderno confort e - all'esterno - gradevole area relax. Piacevole la zona ristorante, in estate anche a bordo piscina.

SOMMA LOMBARDO

Varese (VA) – ✉ 21019 – 17 323 ab. – Alt. 282 m – Carta regionale n° **16-A2**
Roma 626 km – Stresa 35 km – Como 58 km – Milano 49 km
Carta stradale Michelin 561-E8

Hilton Garden Inn N

via Mazzini 63 – ☎ 0 33 11 66 03 00 – www.milanmalpensa.hgi.com
199 cam – 85/260 € 95/270 € – **8 suites** **Rist** – Carta 31/57 €
A soli 7 km dall'aeroporto internazionale Milano Malpensa (raggiungibile con la navetta gratuita), Hilton Garden Inn è un hotel moderno, dalle linee pulite e funzionali, indicato soprattutto per una clientela d'affari: camere con dotazioni tecnologiche e sale meeting attrezzate. Ristorazione che consente sia pasti veloci a prezzo fisso, sia pause gastronomiche più "importanti".

Corte Visconti

via Roma 9 – ☎ 03 31 25 48 73 – www.cortevisconti.it – Chiuso16 agosto-3 settembre, martedì a mezzogiorno e lunedì
Menu 45/55 € – Carta 39/68 €
Ambiente classico di tono rustico con mura in pietra, volte in mattone e soffitti in legno. La cucina invece, pur partendo dal territorio, spicca per creatività. Bel dehors estivo con suggestivi giochi di luce.

a Case Nuove Sud : 6 km – ✉ 21019 Somma Lombardo

Crowne Plaza Milan Malpensa Airport

via Ferrarin 7 – ✆ 0 33 12 11 61 – www.crowneplazamalpensa.com
133 cam – ♦60/550 € ♦♦60/550 €, ☕ 10 € **Rist** – Carta 26/53 €
Nuova struttura di moderna concezione propone un elevato confort nelle belle camere insonorizzate, dove le dotazioni rispondono allo standard della catena. Design moderno nelle zone comuni con utilizzo di marmo e pannelli di legno wengе. Piccolo centro benessere con attrezzature cardio fitness.

SONA

Verona (VR) – ✉ 37060 – 17 074 ab. – Alt. 169 m – Carta regionale n° **39-A3**
Roma 433 km – Verona 15 km – Brescia 57 km – Mantova 39 km
Carta stradale Michelin 562-F14

El Bagolo

via Molina 1 – ✆ 04 56 08 21 17 – www.elbagolo.it – Chiuso 1°-15 settembre e lunedì
Menu 25/45 € – Carta 29/56 €
Questa semplice dimora del XIII secolo è diventata una trattoria a gestione familiare dalla simpatica atmosfera in cui gustare cucina del territorio, tradizionale o rivisitata; gradevole servizio in giardino.

SONDRIO

✉ 23100 – 21 536 ab. – Alt. 307 m – Carta regionale n° **16-B1**
Roma 698 km – Bergamo 115 km – Bolzano 171 km – Bormio 64 km
Carta stradale Michelin 561-D11

Grand Hotel Della Posta

cam, rist,
piazza Garibaldi 19 – ✆ 03 42 05 06 44 – www.grandhoteldellaposta.eu
37 cam ☕ – ♦115/125 € ♦♦145/185 € – **1 suite**
Rist ***1862 Ristorante della Posta*** – Carta 32/58 €
Affacciato su una scenografica piazza del centro, edificio ed albergo nacquero insieme nel 1862; oggi rimangono diverse testimonianze d'epoca, arricchite da sculture e dipinti moderni. Camere signorili, mansardate all'ultimo piano. Al ristorante, la montagna scende metaforicamente in città per incontrare una cucina eclettica ed inventiva, che si confronta agevolmente anche con il mare.

Vittoria senza rist

via Bernina 1 – ✆ 03 42 53 38 88 – www.vittoriahotel.com
38 cam ☕ – ♦80/88 € ♦♦118/125 €
In posizione semicentrale, albergo moderno di cui si apprezzerà la sorridente gestione familiare, gli spazi e la funzionalità. Se disponibili, richiedere le camere sul retro.

Europa

rist,
lungo Mallero Cadorna 27 – ✆ 03 42 51 50 10 – www.albergoeuropa.com
41 cam ☕ – ♦65/90 € ♦♦85/112 €
Rist – Carta 28/38 € – *(chiuso domenica) (solo a cena)*
Gestione familiare e continui ammodernamenti caratterizzano una piccola struttura a ridosso del centro. Motociclisti siete i benvenuti, grazie all'ampio garage!

a Montagna in Valtellina Nord-Est : 2 km Alt. 567 m – ✉ 23020

Dei Castelli

via della Ruina 152 – ✆ 03 42 38 04 45 – Chiuso 25 maggio-15 giugno, 25 ottobre-15 novembre, domenica e lunedì
Carta 33/51 €
Ambiente caldo e accogliente, curato nella sua semplicità: tavoli di legno elegantemente ornati, camino acceso e atmosfera familiare; proposte di cucina valtellinese.

a Moia di Albosaggia Sud : 5 kmAlt. 409 m – ✉ 23100 Sondrio

Campelli cam,
via Moia 6 – ☎ 03 42 51 06 62 – www.campelli.it
34 cam – 60 € 90 € – **1 suite**
Rist – Carta 38/57 € – *(chiuso agosto, domenica sera e lunedì a mezzogiorno)*
In posizione dominante la valle, non lontano dalla città, albergo moderno recentemente ristrutturato: confortevoli interni dai colori caldi e intensi; camere accoglienti. Ristorante dove gustare proposte culinarie legate alla tradizione e al territorio.

SOPRABOLZANO = OBERBOZEN ➜ Vedere Renon
Bolzano (BZ)

SORAFURCIA ➜ Vedere Valdaora
Bolzano

SORAGA DI FASSA
Trento (TN) – ✉ 38030 – 739 ab. – Alt. 1 220 m – Carta regionale n° **34-C2**
Roma 664 km – Bolzano 42 km – Cortina d'Ampezzo 74 km – Trento 74 km
Carta stradale Michelin 562-C16

Arnica
strada De Parlaut 4 – ☎ 04 62 76 84 15 – www.hotelarnica.net – Aperto 1° dicembre-Pasqua e 15 giugno-15 ottobre
21 cam – 60/105 € 80/170 €
Rist – Menu 25 € – *(solo a cena) (solo per alloggiati)*
Rist *La Stua De Marco* – Menu 25/50 € – *(solo a cena)* (prenotazione obbligatoria)
Nella parte alta della località, vi sembrerà di essere ospiti di amici: interni funzionali, grazioso centro benessere e camere semplici, due delle quali in un fienile del '700. Nella caratteristica stube, le specialità ladine vengono reinterpretate dall'estro di Marco, ma il menu contempla anche piatti di respiro più internazionale.

SORAGNA
Parma (PR) – ✉ 43019 – 4 891 ab. – Alt. 47 m – Carta regionale n° **8-B2**
Roma 480 km – Parma 27 km – Bologna 118 km – Cremona 35 km
Carta stradale Michelin 561-H12

Locanda del Lupo rist,
via Garibaldi 64 – ☎ 05 24 59 71 00 – www.locandadellupo.com – Chiuso 23-29 dicembre e 9-19 agosto
45 cam – 80/95 € 110/130 € – **1 suite**
Rist – Menu 25/35 € – Carta 31/69 €
Bella costruzione del XVIII sec., sapientemente restaurata: soffitti con travi a vista negli interni di tono elegante con arredi in stile; camere accoglienti e sala congressi. Calda atmosfera al ristorante con bel mobilio in legno.

Locanda Stella d'Oro (Marco Dallabona) con cam
via Mazzini 8 – ☎ 05 24 59 71 22 – www.ristorantestelladoro.it
14 cam – 60/80 € 100/130 €, 5 € Carta 50/75 €
Nelle terre verdiane, l'ambiente offre ancora tutto il sapore e la magia di una trattoria. E neppure la cucina se ne discosta tanto, è la tradizione personalizzata.
➜ Cannolo di lumache, funghi porcini e patate con colata di porcini. Savarin di riso con lingua salmistrata. Suprema di faraona caramellata all'aceto balsamico con sedano, mele e ribes rosso.

a Diolo Nord : 5 km – ✉ 43019 Soragna

Osteria Ardenga
via Maestra 6 – ☎ 05 24 59 93 37 – www.osteriardenga.it – Chiuso 15-25 gennaio, 15-25 luglio, martedì sera e mercoledì
Carta 24/39 €
Locale molto gradevole caratterizzato da uno stile rustico, ma signorile. Tre salette, di cui una dedicata alle coppie, per apprezzare la genuina e gustosa cucina parmense.

SORBARA → Vedere Bomporto

SORBO SERPICO

Avellino (AV) – ✉ 83050 – 586 ab. – Carta regionale n° **7-C2**

Roma 272 km – Napoli 76 km – Avellino 22 km – Benevento 52 km

XX **Marenna'**

✿ *località Cerza Grossa – ✆ 08 25 98 66 66 – www.feudi.it – Chiuso 3 settimane in gennaio, 1 settimana in luglio, domenica sera e martedì*

Menu 52/61 € – Carta 46/64 €

Nata da un connubio d'idee tra designer di varie nazionalità, la sala propone una cucina fedele alla gastronomia locale, ma rivisitata con tocchi di modernità. Bella vista sulle colline circostanti dalle ampie vetrate.

→ Riso, succo di cipolla ramata, formaggio di capra e gamberi crudi. Guanciola di manzo brasata all'aglianico, purea di zucca e liquirizia. La nostra delizia al limone.

SORGENTE SU GOLOGONE → Vedere Oliena

Nuoro (NU)

SORISO

Novara (NO) – ✉ 28010 – 792 ab. – Alt. 452 m – Carta regionale n° **24-A2**

Roma 654 km – Stresa 35 km – Arona 20 km – Milano 78 km

Carta stradale Michelin 561-E7

XXXX **Al Sorriso** (Luisa Valazza) con cam

✿✿ *via Roma 18 – ✆ 03 22 98 32 28 – www.alsorriso.com – Chiuso 8 gennaio-10 febbraio, lunedì e martedì*

8 cam – †180/200 € ††180/200 €

Menu 120/150 € – Carta 84/150 € – (consigliata la prenotazione)

Gli appassionati del Piemonte e della montagna troveranno qui il loro piccolo paradiso: il titolare è impegnato in una costante ricerca delle eccellenze gastronomiche regionali, la moglie, in cucina, sforna piatti gustosi e tradizionali. C'è anche pesce, ma non rinunciate ad uno dei migliori carrelli di formaggi d'Italia.

→ Piccoli plin di faraona al papavero, mele e sfoglie di tartufo. Rombo chiodato, squame di zucchine trombetta, burrata e gelée di basilico. Mini-sacher alla nocciola con albicocche e salsa di lamponi.

SORISOLE

Bergamo (BG) – ✉ 24010 – 9 190 ab. – Alt. 415 m – Carta regionale n° **19-C1**

Roma 622 km – Milano 62 km – Bergamo 8 km

Carta stradale Michelin 561-E10

XX **Al Rustico-Villa Patrizia**

via Rigla 27, località Petosino, Nord : 1 Km – ✆ 0 35 57 12 23 – www.alrusticovillapatrizia.it – Chiuso 1°-7 gennaio, lunedì e martedì

Menu 38/53 € – Carta 28/56 €

Tra Bergamo e il fresco colle della Maresana, una villa dagli eleganti interni dove gustare la classica cucina italiana - di carne e di pesce - presentata con gusto moderno, accompagnata da una bella carta dei vini.

SORNI → Vedere Lavis

Trento (TN)

SORRENTO

Napoli (NA) – ✉ 80067 – 16 535 ab. – Carta regionale n° **6-B2**
▶ Roma 257 km – Napoli 49 km – Avellino 69 km – Caserta 74 km
Carta stradale Michelin 564-F25

© V. Sciosia / Marka / age fotostock

Alberghi

Grand Hotel Excelsior Vittoria

piazza Tasso 34 – ✆ 08 18 77 71 11 – www.excelsiorvittoria.com
– Chiuso 7 gennaio-26 marzo
Pianta : B1**u**
91 cam – 200/320 € 300/720 € – **19 suites**
Rist *Terrazza Bosquet* – vedere selezione ristoranti
Rist *L'Orangerie* – ✆ 08 18 77 78 68 – Carta 48/100 € – *(Aperto 1° aprile-31 ottobre) (solo a cena 1° aprile-31 maggio e 28 settembre-31 ottobre)*
Il giardino con piscina, il piccolo centro benessere olistico e un susseguirsi di saloni dal solare giardino d'inverno, alla sala della musica: sontuoso, storico e signorile.

Hilton Sorrento Palace

via Sant'Antonio 13, per via degli Aranci – ✆ 08 18 78 41 41
– www.hiltonsorrentopalacehotel.com
Pianta : A2**s**
341 cam – 149/199 € 309/509 € – **4 suites**
Rist – Menu 35/35 € – Carta 46/81 €
In posizione arretrata rispetto al mare, funzionalità, modernità e una certa grandiosità di ambienti soddisfano una clientela internazionale e d'affari. Varie sale ristorante, la più originale con pareti in roccia, vicino alla piscina.

Bellevue Syrene 1820

piazza della Vittoria 5 – ✆ 08 18 78 10 24 – www.bellevue.it
Pianta : A1**k**
– Chiuso 4 gennaio-19 marzo
48 cam – 280/690 € 300/710 € – **2 suites** **Rist** – Carta 46/94 €
Un soggiorno da sogno in un'incantevole villa del '700 a strapiombo sul mare: vista sul golfo, terrazze fiorite e ascensore per la spiaggia; raffinati ambienti con affreschi. Dalla colazione alla cena in una sala con ampie vetrate a picco sul mare, per ammirare il sorgere del giorno e il calare della sera.

Royal

via Correale 42 – ✆ 08 18 07 34 34 – www.royalsorrento.com
Pianta : B1**g**
– Chiuso gennaio-febbraio
114 cam – 110/520 € 132/540 € – **3 suites** **Rist** – Carta 55/97 €
Sulla scogliera, a picco sul mare, con terrazze, piscina e un indispensabile ascensore per la spiaggia; negli ambienti, mobili ad intarsio tipici dell'artigianato sorrentino. Ambiente distinto e arredi lineari nell'ariosa sala da pranzo. Terrazza all'aperto per uno snack e per cene estive.

Imperial Tramontano

rist,

via Vittorio Veneto 1 – ✆ 08 18 78 25 88 – www.hoteltramontano.it – Chiuso 1° gennaio-15 marzo Pianta : A1**b**

113 cam – 150/220 € 190/420 € **Rist** – Carta 39/67 €

Un bel giardino e terrazze a strapiombo su Marina Piccola, per questa risorsa ospitata in un edificio del '500 (casa natale di T. Tasso). Camere arredate con sobria eleganza. Dalla sala da pranzo potrete ammirare un paesaggio che sembra dipinto.

Bristol

rist,

via Capo 22 – ✆ 08 18 78 45 22 – www.bristolsorrento.com Pianta : A2**a**

129 cam – 100/180 € 130/230 € – **8 suites**

Rist – Carta 30/66 € – (prenotazione obbligatoria)

Complesso in posizione dominante il mare, abbellito da amene terrazze panoramiche con piscina; camere quasi tutte disposte sul lato mare, più silenziose agli ultimi piani. Incantevole vista su mare e città dalla spaziosa sala ristorante.

Grand Hotel Capodimonte

rist,

via Capo 15 – ✆ 08 18 78 45 55 – www.capodimontesorrento.com – Aperto 1°aprile-31 ottobre Pianta : A2**d**

184 cam – 100/370 € 150/800 € – **2 suites**

Rist – Menu 36 € – Carta 49/93 €

Una struttura che ha il grande pregio di mantenersi sempre aggiornata, con belle camere di gusto classico, una splendida posizione panoramica e scenografiche piscine che cadono una nell'altra.

Grand Hotel Riviera

cam,

via Califano 22 – ✆ 08 18 07 20 11 – www.hotelriviera.com – Aperto 1° aprile-31 ottobre Pianta : B1**m**

106 cam – 157/214 € 230/410 €, 17 € – **1 suite** **Rist** – Menu 45/79 €

Incantevole la posizione dell'hotel, a strapiombo sulla scogliera con la sua terrazza e la bella piscina; all'interno domina invece il bianco, dai marmi di Carrara all'elegante arredo. Dalla tradizione alla creatività, la cucina è servita in una candida sala, allestita con sontuosità.

Grand Hotel Ambasciatori N
via Califano 18 – ✆ 08 18 78 20 25 Pianta : B1**c**
– www.ambasciatorisorrento.com – Aperto 1° aprile-31 ottobre
100 cam ☕ – 🚹80/360 € 🚹🚹140/540 € – **6 suites** **Rist** – Carta 48/115 €
Struttura a strapiombo sulla scogliera, la cui eleganza è dettata da mobili di pregio con tipici intarsi sorrentini che arredano gli ambienti. Camere rinnovate nei piani interrati verso il mare; piacevole relax nel giardino.

Maison la Minervetta senza rist
via Capo 25 – ✆ 08 18 77 44 55 – www.laminervetta.com Pianta : A2**c**
– Chiuso 7-29 gennaio
12 cam ☕ – 🚹190/380 € 🚹🚹190/380 €
Spettano al proprietario i riconoscimenti per l'elegante struttura dell'albergo: la hall è un elegante salotto di casa, le stanze - tutte diverse fra loro e pay TV gratuita - si affacciano sul mare. Gradini privati conducono al borgo di pescatori di Marina Grande.

Gardenia senza rist
corso Italia 258, per Napoli - B1 – ✆ 08 18 77 23 65 – www.hotelgardenia.com
27 cam – 🚹50/120 € 🚹🚹60/140 €, ☕ 15 €
Su una strada un po' trafficata, la struttura dispone di camere accoglienti e ben insonorizzate. Tuttavia, all'atto della prenotazione, è meglio richiedere una stanza sul retro.

Palazzo Tasso senza rist
via S. Maria della Pietà 33 – ✆ 08 18 78 35 79 Pianta : A2**p**
– www.palazzotasso.com
11 cam ☕ – 🚹60/200 € 🚹🚹60/250 €
Nel cuore di Sorrento, in un vicolo sotto il celebre campanile, camere nuove e moderne, molte delle quali affacciate sull'elegante passeggio di corso Italia.

Palazzo Jannuzzi Relais N senza rist
piazza Torquato Tasso – ✆ 08 18 77 28 62 Pianta : B2**f**
– www.palazzojannuzzi.com
12 cam ☕ – 🚹90/250 € 🚹🚹100/290 €
Belle camere moderne e luminose, calda accoglienza familiare con dolci preparati in casa per la prima colazione, nel cuore della vita sorrentina.

Ristoranti

Terrazza Bosquet – Grand Hotel Excelsior Vittoria
piazza Tasso 34 – ✆ 08 18 77 78 36 – www.excelsiorvittoria.com
– Chiuso 7 gennaio-26 marzo Pianta : B1**u**
Menu 90/130 € – Carta 62/137 € – *(chiuso lunedì) (solo a cena)* (prenotazione obbligatoria)
Nella sontuosa cornice dell'Excelsior Vittoria, rendez-vous in un'elegante sala nei mesi freddi, ma l'appuntamento con gli occhi è sulla terrazza affacciata sul Golfo di Napoli. La cucina scompone, moltiplica e declina i prodotti campani in un piacevole stupore per il palato.
➜ Spaghettoni di Gragnano con alici, finocchi e tartare di pesce azzurro. Cernia all'olio con pesto di lattuga di mare, patate allo zafferano e salsa di olive taggiasche. Passione cioccolato: mousse di cioccolato bianco cotta, ganache speziata e gelato.

Il Buco (Giuseppe Aversa)
II Rampa Marina Piccola 5 – ✆ 08 18 78 23 54 Pianta : B1**b**
– www.ilbucoristorante.it – Chiuso 1° gennaio-8 febbraio e mercoledì
Menu 65/100 € – Carta 56/104 € – (consigliata la prenotazione la sera)
Cucina tradizionale e creativa, ma anche simpatia e informalità, in un elegante locale ricavato nelle cantine di un ex monastero nel cuore di Sorrento.
➜ Linguine di Gragnano al ragù in bianco di scorfano con favette e salsa di bottarga e limone. Trancio di dentice su salsa di zucchine alla scapece. Sfera ai tre cioccolati con amaretto.

XX **L'Antica Trattoria**

via Padre R. Giuliani 33 – ✆ 08 18 07 10 82 Pianta : A1**e**
– www.lanticatrattoria.com – Chiuso 10 gennaio-28 febbraio, lunedì in novembre-marzo
Menu 20 € (pranzo in settimana)/90 € – Carta 46/91 € – (consigliata la prenotazione)
Varie salette di taglio elegante, impreziosite con caratteristici elementi decorativi, per questo ristorante che propone soprattutto piatti di pesce. Ameno servizio estivo.

XX **Caruso**

via Sant'Antonino 12 – ✆ 08 18 07 31 56 Pianta : B1**f**
– www.ristorantemuseocaruso.com
Menu 50/60 € – Carta 37/88 €
E' un vero e proprio museo dedicato al famoso cantante lirico: quattro piacevoli salette, decorate con foto e oggetti dedicati al maestro; cucina di mare d'ispirazione partenopea, ininterrotta da mezzogiorno a mezzanotte!

X **La Basilica**

via Sant'Antonino 28 – ✆ 08 18 77 47 90 Pianta : B1**f**
– www.ristorantelabasilica.com
Menu 25/40 € – Carta 27/90 €
Cucina calda ininterrotta da mezzogiorno all'una di notte, per questo locale attiguo alla piccola basilica dalla quale trae il nome. Proposte di terra, di mare, nonché vegetariane, in un'ampia sala dove troneggiano grandi quadri rappresentanti il Vesuvio in eruzione.

X **Zi' ntonio**

via De Maio 11 – ✆ 08 18 78 16 23 – www.zintonio.it Pianta : B2**a**
Menu 15 € – Carta 31/67 € – (consigliata la prenotazione)
Un locale decisamente caratteristico, che si sviluppa su tre livelli: al piano inferiore due sale rivestite in tufo con volta a botte, al piano terra un ambiente dall'alto soffitto in cui è stato ricavato un soppalco sorretto da grosse travi in legno. Cucina regionale con tradizionale buffet degli antipasti e pizze.

SOTTOMARINA → Vedere Chioggia
Venezia (VE)

SOVANA
Grosseto (GR) – ✉ 58010Alt. 291 m – Carta regionale n° **32**-D3
Roma 172 km – Viterbo 63 km – Firenze 226 km – Grosseto 82 km
Carta stradale Michelin 563-O16

Sovana senza rist

via del Duomo 66 – ✆ 05 64 61 70 30 – www.sovanahotel.it
– Chiuso 4 novembre-25 dicembre e 6 gennaio-31 marzo
18 cam ☐ – †70/120 € ††90/160 € – **1 suite**
Di fronte al duomo, casa colonica completamente rinnovata: ideale per un soggiorno ambientato nell'eleganza e con divagazioni nel verde degli uliveti, in fondo ai quali c'è anche un piccolo labirinto.

Pesna senza rist

via del Pretorio 7 – ✆ 33 94 83 75 29 – www.pesna.it
6 cam ☐ – †45/50 € ††60/70 €
Nel centro storico del paese, un antico palazzo il cui nome deriva da quello di un valoroso guerriero etrusco, dispone di funzionali e gradevoli camere recentemente rinnovate.

XX **Taverna Etrusca** con cam

piazza del Pretorio 16 – ✆ 05 64 61 41 13 – www.sovana.eu
7 cam ☐ – †50/100 € ††70/120 € Menu 18 € – Carta 28/57 €
Nel cuore della Maremma, Suana (antico nome della città etrusca) racchiude come in un prezioso scrigno questo piccolo gioiello della ristorazione: cura del dettaglio e fantasiose proposte legate alle ricette locali. Camere confortevoli.

Dei Merli con cam
via Rodolfo Siviero 1/3 – 05 64 61 43 29 – www.sovana.eu
8 cam – 50/100 € 70/120 € Menu 18 € – Carta 26/49 €
Nel caratteristico borgo d'origine etrusca, un locale gaio e luminoso, dove le specialità tipiche maremmane vengono preparate utilizzando solo materie prime locali. Nella bella stagione ci si accomoda in giardino. Camere di raffinata semplicità.

SOVERATO

Catanzaro (CZ) – 88068 – 10 805 ab. – Carta regionale n° **5-B2**
Roma 636 km – Reggio di Calabria 153 km – Catanzaro 32 km – Cosenza 123 km
Carta stradale Michelin 564-K31

Il Nocchiero
piazza Maria Ausiliatrice 18 – 0 96 72 14 91 – www.hotelnocchiero.com – Chiuso 23 dicembre-7 gennaio
36 cam – 50/90 € 75/130 € – **1 suite**
Rist – Carta 20/29 € – *(aperto 1° giugno-30 settembre)*
Valida conduzione diretta in una struttura semplice, situata nel centro della cittadina, con interni decorosi dagli arredi lineari; camere confortevoli e rinnovate. Sala da pranzo classica ed essenziale, con pareti ornate da quadri e bottiglie esposte.

Riviera
via Regina Elena 4/6 – 09 67 53 01 96 – www.ristoranterivierasoverato.com
Menu 27/80 € – Carta 33/88 €
Al timone di questo ristorante storico nel centro di Soverato, ormai, c'è Paolo, che continua a portare avanti una linea gastronomica attenta ai sapori locali: di grande qualità le materie prime utilizzate.

Osteria Lo Sciamano
via G. Marconi 28 – 09 67 52 25 64 – www.osterialosciamano.it – Chiuso 20 dicembre-3 gennaio, domenica sera e lunedì (escluso giugno-agosto)
Carta 31/67 € – (consigliata la prenotazione)
Nella parte più antica della città, un edificio di fine '800 ospita negli spazi adibiti un tempo a deposito agricolo, una cucina di pesce il cui fornitore unico è il mare antistante la città.

SOVERIA MANNELLI

Catanzaro (CZ) – 88049 – 3 123 ab. – Alt. 774 m – Carta regionale n° **5-A2**
Roma 572 km – Catanzaro 49 km – Crotone 116 km – Cosenza 55 km
Carta stradale Michelin 564-J31

Agriturismo La Rosa nel Bicchiere
località Polso – 09 68 66 66 68 – www.larosanelbicchiere.it
6 cam – 70/90 € 80/100 €
Rist *La Rosa nel Bicchiere* – Carta 27/35 €
Un'oasi di pace e di tranquillità per chi ama la montagna, ma anche un curato ristorante con una piccola carta delle specialità in alta stagione, nonché un menu guidato in bassa. Camere confortevoli.

SOZZIGALLI → Vedere Soliera

Modena (MO)

SPARTAIA → Vedere Elba (Isola d') : Marciana

Livorno (LI)

SPELLO

Perugia (PG) – 06038 – 8 690 ab. – Alt. 280 m – Carta regionale n° **36-C2**
Roma 165 km – Perugia 31 km – Assisi 12 km – Foligno 5 km
Carta stradale Michelin 563-N20

Palazzo Bocci senza rist
via Cavour 17 – 07 42 30 10 21 – www.palazzobocci.com
23 cam – 70/90 € 100/140 € – **6 suites**
Palazzo nobiliare settecentesco, al primo piano vi sorprenderà un salone affrescato nell'Ottocento e qualche camera con soffitti egualmente affrescati, più semplici le altre; terrazza per le colazioni estive.

La Bastiglia
via Salnitraria 15 – ✆ 07 42 65 12 77 – www.labastiglia.com – Chiuso 7-31 gennaio
33 cam – †80/105 € ††100/155 €
Rist – Carta 26/51 € – *(chiuso giovedì a mezzogiorno e mercoledì)*
Tipico edificio d'epoca nella parte più alta del centro storico, gli arredi delle camere sono sobri, ma diverse hanno un incantevole spazio all'aperto sui colli umbri.

Del Teatro senza rist
via Giulia 24 – ✆ 07 42 30 11 40 – www.hoteldelteatro.it – Aperto 1° aprile-1° novembre
11 cam – †65/75 € ††95/110 €
Nell'incantevole centro storico, alcune camere offrono una bella vista, ma anche chi ne è privo potrà, nella bella stagione, usufruirne dalla terrazza per le colazioni. Parquet e bagni in marmo.

Il Cacciatore cam,
via Giulia 42 – ✆ 07 42 30 16 03 – www.ilcacciatorehotel.com
21 cam – †60 € ††85/95 € **Rist** – Carta 25/40 €
Gestione familiare, la medesima dell'albergo Del Teatro, e identico buon confort, frutto di rinnovi continui nelle camere. Considerando che il prezzo non cambia, chiedetene una con vista sulla valle.

SPERLONGA

Latina (LT) – ✉ 04029 – 3 323 ab. – Carta regionale n° **13-D3**
Roma 127 km – Frosinone 76 km – Latina 57 km – Napoli 106 km
Carta stradale Michelin 563-S22

Grotta di Tiberio cam, cam,
via Flacca km 15,700 – ✆ 07 71 54 81 37 – www.hotelgrottaditiberio.com – Chiuso 1° novembre-28 febbraio
28 cam – †60/200 € ††80/400 €
Rist – Carta 27/61 € – *(aperto 1° giugno-30 settembre)*
Vicino al museo archeologico, a 300 metri dal mare, l'albergo offre ambienti moderni e luminosi, deliziosi spazi all'aperto e camere di diverse categorie a seconda dell'ampiezza e della vista.

Virgilio Grand Hotel
via Prima Romita – ✆ 07 71 55 76 00 – www.virgiliograndhotel.it – Chiuso 10 gennaio-1° febbraio
72 cam – †70/170 € ††90/250 €
Rist – Carta 30/45 € – *(aperto 1° aprile-15 ottobre) (solo a cena)*
A pochi passi dal centralissimo lungomare di Sperlonga, uno dei borghi più esclusivi e pittoreschi d'Italia, eleganti ambienti moderni, un centro benessere e le facilitazioni professionali per chi è qui per lavoro.

Ganimede N cam,
via Ulisse 275/323 – ✆ 07 71 55 70 96 – www.hotelganimede.it
21 cam – †50/150 € ††60/180 € – **4 suites** **Rist** – Carta 21/50 €
Non proprio sul mare, la spiaggia privata è raggiungibile anche con navetta in questa struttura moderna, mediterranea, dove predomina il bianco; confort sempre aggiornati e servizio attento.

Aurora senza rist
via Cristoforo Colombo 57 – ✆ 07 71 54 92 66 – www.aurorahotel.it – Aperto 1° aprile-31 ottobre
50 cam – †70/200 € ††90/240 €
Direttamente sul mare, albergo immerso nel verde di un giardino mediterraneo, un'impronta artistica contribuisce a rendere l'atmosfera familiare e straordinaria al contempo. Piacevole terrazza sul borgo antico.

Moresco Park Hotel (N)
via Fontana della Camera 3, Ovest : 1,5 Km – ✆ 07 71 54 96 67 – www.morescoparkhotel.it – Aperto 1° aprile-15 ottobre
14 cam – †88/220 € ††88/220 €
Rist *Da Fausto* – vedere selezione ristoranti
In posizione defilata e, proprio per questo, tranquilla e panoramica, camere ariose, tutte ampie e con giardinetto privato, dotate di ogni moderno confort.

Gli Archi
via Ottaviano 17, centro storico – ✆ 07 71 54 83 00 – www.gliarchi.com – Chiuso gennaio e mercoledì escluso luglio-agosto
Carta 27/91 €
Nell'affascinante dedalo di viuzze del centro storico, il ristorante annovera una piccola sala ad archi ed un ambiente all'aperto dove gustare una cucina semplice, fedele ai prodotti ittici. Si consiglia di prenotare.

Da Fausto (N) – Hotel Moresco Park
via Fontana della Camera 3, Ovest : 1,5 Km – ✆ 07 71 54 85 76 – www.dafausto.it – Aperto 1° aprile-15 ottobre; chiuso mercoledì
Menu 50/60 € – Carta 44/70 €
Sala bianca, moderna, panoramica, ed ancor più la terrazza, per una cucina di mare venata di fantasia. In alternativa, c'è anche la carne.

SPEZIALE → Vedere Fasano
Brindisi (BR)

SPILIMBERGO
Pordenone (PN) – ✉ 33097 – 12 020 ab. – Alt. 132 m – Carta regionale n° **10-B2**
Roma 625 km – Udine 30 km – Milano 364 km – Pordenone 33 km
Carta stradale Michelin 562-D20

La Torre
piazza Castello 8 – ✆ 0 42 75 05 55 – www.ristorantelatorre.net – Chiuso domenica sera e lunedì
Menu 40/60 € – Carta 37/61 € – (consigliata la prenotazione)
Nella pittoresca cornice del castello medievale di Spilimbergo, la splendida facciata con affreschi del Trecento cela due raccolte sale rustico-eleganti con muri in pietra e travi in legno, dove gustare specialità del territorio in chiave leggermente moderna.

Osteria da Afro con cam
via Umberto I 14 – ✆ 04 27 22 64 – www.osteriadaafro.net
8 cam – †60/65 € ††90/100 €
Menu 20/40 € – Carta 23/50 € – *(chiuso domenica sera)* (consigliata la prenotazione)
Trattoria dall'esperta conduzione familiare, poco distante dal centro storico, dove gustare genuini piatti stagionali presentati su una lavagnetta che gira di tavolo in tavolo. A disposizione degli ospiti anche graziose camere in legno di abete o ciliegio.

SPINETTA MARENGO → Vedere Alessandria
Alessandria (AL)

SPIRANO
Bergamo (BG) – ✉ 24050 – 5 734 ab. – Alt. 154 m – Carta regionale n° **19-C2**
Roma 591 km – Bergamo 16 km – Brescia 48 km – Milano 42 km
Carta stradale Michelin 561-F11

3 Noci-da Camillo
via Petrarca 16 – ✆ 0 35 87 71 58 – www.ristorantetrenoci.it – Chiuso 1°-10 gennaio, 10-25 agosto, domenica sera e lunedì
Menu 45/55 € – Carta 33/62 €
Il tocco femminile delle proprietarie ha ingentilito il côté rustico dell'ambiente. Ne risulta una piacevolissima trattoria, dove si possono gustare ancora i ruspanti sapori della bassa e carni cotte sulla grande griglia in sala. Gazebo per il servizio estivo all'aperto.

SPOLETO

Perugia (PG) – ✉ 06049 – 38 123 ab. – Alt. 396 m – Carta regionale n° **36**-C3
Roma 130 km – Perugia 63 km – Terni 28 km – Ascoli Piceno 123 km
Carta stradale Michelin 563-N20

San Luca senza rist

via Interna delle Mura 21 – ✆ 07 43 22 33 99 – www.hotelsanluca.com Pianta : A1**b**
35 cam – 85/130 € 110/240 € – **1 suite**
Una volta conceria, oggi uno dei più bei palazzi della città. Tonalità ocra accompagnano i clienti dalla corte interna alle camere, passando per raffinati saloni e corridoi.

Albornoz Palace Hotel

cam, rist,

viale Matteotti 16, 1 km per ② – ✆ 07 43 22 12 21 – www.albornozpalace.com
90 cam – 69/160 € 94/210 € – **4 suites**
Rist – Carta 32/66 € – *(chiuso lunedì) (solo a cena)*
Hotel moderno con originali e ampi interni abbelliti da opere di artisti contemporanei; camere eleganti e "artistiche", attrezzato ed apprezzato centro congressi. Specialità regionali nello spazioso ristorante.

Clitunno

piazza Sordini 6 – ✆ 07 43 22 33 40 – www.hotelclitunno.com Pianta : A2**a**
48 cam – 50/140 € 70/160 € – **2 suites**
Rist *San Lorenzo* – vedere selezione ristoranti
Tradizione e modernità, quando espressione del medesimo buon gusto, si esaltano a vicenda: vicino al teatro romano, spunti di design moderno si mescolano ad arredi d'epoca.

Dei Duchi

viale Matteotti 4 – ✆ 0 74 34 45 41 – www.hoteldeiduchi.com Pianta : A2**c**
49 cam – 65/160 € 90/200 € – **2 suites**
Rist – Carta 22/47 € – *(chiuso martedì)*
Sarà apprezzato da chi predilige gli spazi, la funzionalità e gli arredi contemporanei; alcune camere con vista sui colli, dai balconi di altre si può assistere agli spettacoli del sottostante teatro romano.

Gattapone senza rist

via del Ponte 6 – ✆ 07 43 22 34 47 – www.hotelgattapone.it Pianta : B2**d**
15 cam – 60/130 € 80/140 €
In posizione tranquilla e dominante, con vista sul ponte delle torri e Monteluco, albergo a gestione affidabile con interni d'ispirazione contemporanea e camere piacevoli.

Charleston senza rist

piazza Collicola 10 – ✆ 07 43 22 00 52 – www.hotelcharleston.it Pianta : A2**v**
18 cam – 40/120 € 60/160 €
Nel cuore della cittadina, in un palazzo del 1600 rinnovato, un albergo semplice a conduzione diretta con ambienti di tono signorile e camere rallegrate da nuovi colori.

Aurora senza rist

via dell'Apollinare 3 – ✆ 07 43 22 03 15 – www.hotelauroraspoleto.it Pianta : A2**h**
23 cam – 30/110 € 40/125 €
A pochi passi dalla centralissima via Mazzini, ma lontano dai rumori della strada, hotel a gestione familiare con piacevoli interni e camere interamente rinnovate.

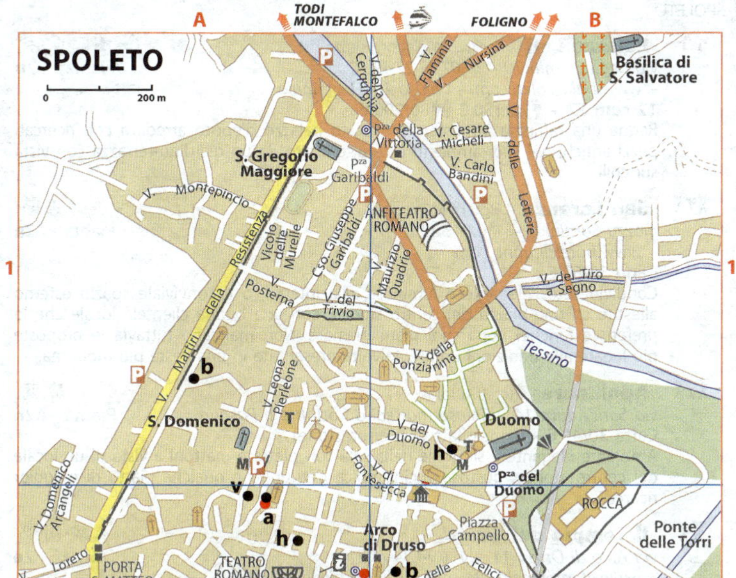

Villa Milani – Residenza d'epoca

località Colle Attivoli 4, 2,5 km per viale Matteotti - A2 – 07 43 22 50 56 – *www.villamilani.com – Chiuso 9 gennaio-13 febbraio*

11 cam – 60/160 € 79/320 €

Rist – Carta 28/60 € – *(solo per alloggiati)*

Un tributo all'omonimo architetto che progettò e visse in questa villa eclettica di fine '800. Sontuosi arredi di ogni epoca, giardino all'italiana e passeggiate nel parco.

Palazzo Dragoni – Residenza d'epoca senza rist

via Duomo 13 – 07 43 22 22 20 – *www.palazzodragoni.it* Pianta : B1**h**

14 cam – 100/150 € 125/200 €

Dalle fondamenta preromane al cinquecentesco palazzo Dragoni: tra affreschi e arredi d'epoca, qui è rappresentata in verticale la storia di Spoleto.

Palazzo Leti – Residenza d'epoca senza rist
via degli Eremiti 10 – ✆ 07 43 22 49 30 Pianta : B2**b**
– www.palazzoleti.com – Chiuso 10-31 gennaio
12 cam – 70/150 € 80/200 €
Regna una raffinata atmosfera in questo palazzo d'epoca arredato con ricercati pezzi antichi nei suoi ambienti e caratterizzato da un giardino-terrazza con vista sui colli.

San Lorenzo – Hotel Clitunno
piazza Sordini 6 – ✆ 07 43 22 18 47 Pianta : A2**a**
– www.hotelclitunno.com
Carta 30/52 €
Condividerete l'elegante e luminosa sala interna, o il conviviale spazio esterno allestito su una piazza del centro storico, con una buona clientela locale che lo preferisce (anche) per i suoi piatti di mare. Non mancano tuttavia le proposte più legate alle tradizioni umbre, talvolta presentate in una veste più moderna.

Apollinare – Hotel Aurora
via Sant'Agata 14 – Chiuso martedì da ottobre a Pasqua Pianta : A2**h**
Carta 30/45 € – (consigliata la prenotazione)
Ambiente elegante e signorile nella sala con pietre e mattoni a vista di un locale del centro storico; gustosa cucina tipica del luogo e qualche piatto di maggior ricerca.

Il Tempio del Gusto
via Arco di Druso 11 – ✆ 0 74 34 71 21 Pianta : A2**e**
– www.iltempiodelgusto.com – Chiuso giovedì
Menu 20/35 € – Carta 29/43 € – (consigliata la prenotazione la sera)
Una piccola bomboniera nel cuore di Spoleto, officina di una delle cucine più interessanti e gustose della zona: tradizioni e ricette umbre rielaborate con fantasia ed abilità.

sulla strada statale 3 - via Flaminia YZ Nord : 8 km

Al Palazzaccio-da Piero
località San Giacomo km 134 ✉ 06048 San Giacomo di Spoleto
– ✆ 07 43 52 01 68 – www.alpalazzaccio.it – Chiuso lunedì
Menu 15/35 € – Carta 17/57 € – (consigliata la prenotazione)
Per chi è alla ricerca di piatti genuini e privi di complicazioni, una trattoria semplice e familiare per gustare una cucina casareccia e umbra.

a Silvignano Nord-Est : 13 km – ✉ 06049

Le Logge di Silvignano senza rist
Frazione Silvignano 14 – ✆ 07 43 27 40 98 – www.leloggedisilvignano.it – Aperto 1° aprile-15 novembre
6 cam – 80/150 € 90/190 €
Splendido esempio di architettura medievale, in passato sede di guarnigione militare e residenza patrizia, con un loggiato del '400 che ne orna la facciata: all'interno la cura del dettaglio si declina nei pavimenti in cotto, nelle ceramiche di Deruta o nelle maioliche di Vietri. Soggiorno in una dimensione atemporale.

SPOTORNO

Savona (SV) – ✉ 17028 – 3 842 ab. – Carta regionale n° **14-B2**
Roma 560 km – Genova 61 km – Cuneo 105 km – Imperia 61 km
Carta stradale Michelin 561-J7

Acqua Novella
via Acqua Novella 1, Est : 1 km – ✆ 0 19 74 16 65 – www.acquanovella.it
– Aperto 1° aprile-31 ottobre
74 cam – 65/240 € 85/280 € **Rist** – Carta 26/80 € – *(solo a cena)*
In posizione elevata con vista panoramica, hotel recente dalla cordiale conduzione. Le camere sono luminose, molte con vista, impreziosite da belle ceramiche. Ristorante con grandi vetrate e vista a perdita d'occhio.

Villa Imperiale
via Aurelia 47 – ✆ 0 19 74 51 22 – www.villaimperiale.it – Aperto 1° marzo-31 ottobre
26 cam – 59/91 € 118/182 € – **6 suites**
Rist ***Terredimare*** – Carta 43/63 € – *(aperto 1° aprile-15 ottobre)*
In pieno centro lungo la passeggiata, camere ampie - accuratamente personalizzate - nonché spazi comuni ben distribuiti, in una villa anni '30 sapientemente ristrutturata. Piacevole ristorante con ingresso indipendente: cucina mediterranea in chiave moderna.

Riviera
via Berninzoni 24 – ✆ 0 19 74 10 44 – www.rivierahotel.it
47 cam – 45/100 € 60/140 € **Rist** – Carta 22/50 €
Hotel ben tenuto, ristrutturato negli ultimi anni: gradevoli spazi esterni con giardino e piscina, accoglienti interni di moderna concezione, camere confortevoli. Capiente sala ristorante ornata in modo semplice; proposte gastronomiche del territorio.

Premuda
piazza Rizzo 10 – ✆ 0 19 74 51 57 – www.hotelpremuda.it – Aperto 15 aprile-31 ottobre
21 cam – 60/140 € 85/155 € **Rist** – Carta 20/45 € – *(solo a pranzo)*
Un dancing degli anni '30 divenuto ora un piccolo albergo ordinato e ben gestito, in bella posizione in riva al mare; piacevoli e "freschi" interni, camere lineari. Ariosa sala da pranzo resa luminosa dalle ampie vetrate che si aprono sulla spiaggia.

Al Cambio
via XXV Aprile 72 – ✆ 01 97 41 55 37 – Chiuso martedì
Menu 33/53 € – Carta 33/62 € – (prenotare)
A pochi passi dalla passeggiata, il locale propone la tradizione gastronomica ligure rielaborata in una sfiziosa cucina mediterranea.

STEGONA = STEGEN → Vedere Brunico
Bolzano (BZ)

STEINEGG = COLLEPIETRA

STENICO
Trento (TN) – ✉ 38070 – 1 149 ab. – Alt. 666 m – Carta regionale n° **33-B3**
Roma 603 km – Trento 31 km – Brescia 103 km – Milano 194 km
Carta stradale Michelin 562-D14

Flora
località Maso da Pont 1, Sud : 2 km – ✆ 04 65 70 15 49 – www.hotelfloracomano.it – Aperto 5 dicembre-8 gennaio e 1°aprile-31 ottobre
65 cam – 63/96 € 96/160 € **Rist** – Carta 22/51 €
Base d'appoggio per una vacanza all'insegna delle escursioni e del turismo termale: ariosi ambienti in stile contemporaneo e camere spaziose. Campo da tennis e vista sui monti dal grazioso giardino.

STERN = LA VILLA

STERZING = VIPITENO

STEZZANO
Bergamo (BG) – ✉ 24040 – 12 786 ab. – Carta regionale n° **19-C1**
Roma 615 km – Milano 50 km – Bergamo 7 km – Lecco 79 km
Carta stradale Michelin 561-F10

Grand Hotel del Parco senza rist
Via Galeno, 8 – ✆ 0 35 59 17 10 – www.grandhoteldelparco.com – Chiuso dicembre e agosto
46 cam – 44/190 € 54/200 €
Perfetto soprattutto per una clientela business, quest'albergo signorile offre al suo interno confort moderni, ariosi spazi comuni e camere ampie contraddistinte da diversi colori.

Art et Hotel senza rist

via Santuario 43 – ✆ 03 54 37 93 00 – www.artehotel.it
84 cam – 50/220 € 60/250 €
A soli 6 km da Bergamo, questa moderna struttura è il luogo ideale dove organizzare meeting e congressi. Dalle 18 alle 24 è in funzione lo snack bar.

STIA

Arezzo (AR) – ✉ 52017 – 2 882 ab. – Alt. 441 m – Carta regionale n° **32-C1**
Roma 274 km – Firenze 50 km – Arezzo 48 km – San Marino SMR 165 km
Carta stradale Michelin 563-K17

Gliaccaniti

piazza Tanucci 9 – ✆ 05 75 58 12 12 – www.gliaccaniti.com
– Chiuso 3-10 novembre e lunedì
Menu 18/35 € – Carta 25/45 €
Riuscito matrimonio tra elementi moderni ed aspetti rustici. In menu: prelibatezze regionali accompagnate da una buona selezione enologica.

ST. KASSIAN = SAN CASSIANO

STORO

Trento (TN) – ✉ 38089 – 4 668 ab. – Alt. 409 m – Carta regionale n° **33-A3**
Roma 601 km – Brescia 64 km – Trento 65 km – Verona 115 km
Carta stradale Michelin 562-E13

a Lodrone Sud-Ovest : 5,5 km – ✉ 38089

Castel Lodron

via 24 Maggio 41 – ✆ 04 65 68 50 02 – www.hotelcastellodron.it
40 cam – 45/50 € 80/90 €
Rist – Menu 13 € (pranzo in settimana)/20 €
Lungo la strada per Campiglio, cortese ospitalità in un comodo albergo dotato di centro benessere, bocce, calcetto, tennis e ping-pong in giardino. Camere confortevoli, quelle sul retro più tranquille.

STRADA IN CHIANTI ➔ Vedere Greve in Chianti

Firenze (FI)

STRADELLA ➔ Vedere Bigarello

Mantova (MN)

STREGNA

Udine (UD) – ✉ 33040 – 392 ab. – Alt. 404 m – Carta regionale n° **11-C2**
Roma 659 km – Udine 29 km – Gorizia 43 km – Tarvisio 84 km
Carta stradale Michelin 562-D22

Sale e Pepe

via Capoluogo 19 – ✆ 04 32 72 41 18 – Chiuso martedì e mercoledì
Menu 45 € – Carta 30/48 € – *(solo a cena escluso sabato e domenica)*
Bella e accogliente trattoria ubicata nel centro della località, caratterizzata da una gestione volenterosa e davvero appassionata. Cucina con aperture mitteleuropee.

STRESA

Verbano-Cusio-Ossola (VB) – ✉ 28838 – 4 758 ab. – Alt. 200 m
– Carta regionale n° **24-A1**
Roma 657 km – Brig 108 km – Como 75 km – Locarno 55 km
Carta stradale Michelin 561-E7

Grand Hotel des Iles Borromées

rist,

lungolago Umberto I 67 – ✆ 03 23 93 89 38
– www.borromees.it – Chiuso 15 dicembre-15 gennaio
Pianta : A1**w**
179 cam – **187/285 €** **204/465 €** – **15 suites**
Rist *Il Borromeo* – Carta 54/115 €

Abbracciato dal verde del parco e affacciato sul lago, un maestoso palazzo carico di fascino ospita ambienti lussuosi arredati nelle preziose tinte porpora, oro e indaco. I corridoi dei piani sono vere e proprie gallerie d'arte, di cui in ogni camera è presente un catalogo per la visita. Sapori ricercati nello sfarzoso ristorante e menu personalizzato per gli ospiti che seguono una particolare dieta alla Spa.

Villa e Palazzo Aminta

cam, rist,

Via Sempione Nord 123, 1,5 km per Baveno - A1
– ✆ 03 23 93 38 18 – www.villa-aminta.it – Chiuso gennaio
67 cam – 332/417 € 427/653 € – **8 suites**
Rist *Le Isole* – Menu 69 €
Rist *Calamondino* – Carta 70/150 € – *(solo a cena)*

Un gioiello dell'hôtellerie italiana abbracciato da un parco secolare: l'unico albergo affacciato sulle isole Borromee incanta l'ospite per fascino ed eleganza. Piatti classici italiani e specialità del territorio nel raffinato ristorante Le Isole. Gastronomia italiana à la carte - la sera - nella colorata sala del Calamondino, dove - a pranzo – si propongono buffet legati al wellness.

Grand Hotel Bristol

cam,

lungolago Umberto I 73/75 – ✆ 0 32 33 26 01
– www.zaccherahotels.com – Aperto 1° aprile-30 settembre
Pianta : A1**c**
245 cam – 50/250 € 90/350 €, 16 € – **8 suites** **Rist** – Carta 32/100 €

Una conduzione professionale per questo hotel dagli interni arredati con pezzi antichi, lampadari di cristallo e cupole in vetro policromo e nel parco una piscina riscaldata. Affacciata sulle Isole Borromee, la sontuosa sala ristorante propone una carta moderna, ricca di specialità regionali.

Regina Palace
lungolago Umberto I 29 – ✆ 03 23 93 69 36 Pianta : B2**b**
– www.reginapalace.it – Chiuso 20 dicembre-6 gennaio
214 cam – 260 € 365 € – **11 suites**
Rist – Menu 49/51 €
Rist *Charleston* – Carta 64/106 € – *(solo a cena)* (consigliata la prenotazione)
In un edificio del primo '900 immerso nel verde, ambienti eleganti, sale congressi, campo da tennis e da calcetto. Scenografica piscina con fondale riproducente quello marino nel centro benessere. Tinte dorate e cucina moderna nell'ampia sala da pranzo.

La Palma
cam, rist,
lungolago Umberto I 33 – ✆ 0 32 33 24 01 Pianta : B2**e**
– www.hlapalma.it – Chiuso 9 dicembre-13 febbraio
120 cam – 100/140 € 130/250 € – **2 suites** **Rist** – Carta 41/64 €
Risorsa a gestione attenta con camere signorili, rilassanti spazi comuni, Sky bar e idormassaggio panoramico in terrazza all'ultimo piano. Dalla magnifica piscina in riva al lago si scorgono le isole Borromee! L'intima sala ristorante propone alta cucina italiana ed internazionale.

Astoria
rist,
lungolago Umberto I 31 – ✆ 0 32 33 25 66 Pianta : B2**x**
– www.hotelstresa.info/astoria – Aperto 1° aprile-31 ottobre
100 cam – 90/160 € 130/220 € **Rist** – Menu 30 €
Situato sul lungolago, l'hotel dispone di ampi spazi e belle camere. Si contendono il fiore all'occhiello il curato giardino con piscina ed il roof garden con solarium. Il ristorante vanta una deliziosa veranda ed una cucina regionale di stampo moderno.

Royal
viale Lido 1 – ✆ 0 32 33 27 77 – www.hotelroyalstresa.com Pianta : A1**z**
– Aperto 1° aprile-15 ottobre
72 cam – 50/140 € 70/190 €, 30 € **Rist** – Menu 25 € – *(solo a cena)*
Nella cornice del Lago Maggiore, l'antica villa offre spazi moderni e confortevoli, una rilassante sala lettura, la tranquillità di un parco ed una terrazza solarium. Nuove camere panoramiche al quarto piano: spettacolari quelle d'angolo.

Flora
strada statale del Sempione 26 – ✆ 0 32 33 05 24 Pianta : A1**p**
– www.hotelflorastresa.com – Aperto 15 marzo-3 novembre
32 cam – 75/95 € 95/135 €, 20 €
Rist – Menu 20 € – *(solo a cena) (solo per alloggiati)*
A pochi minuti dal centro della località, l'hotel è stato recentemente ristrutturato ed ampliato e dispone di nuove e moderne camere, nonchè di una piccola piscina. Cucina classica nella sobria sala da pranzo, mentre d'estate è possibile anche il servizio in giardino.

Piemontese
via Mazzini 25 – ✆ 0 32 33 02 35 Pianta : B2**t**
– www.ristorantepiemontese.com – Chiuso dicembre, gennaio e lunedì
Menu 28 € – Carta 30/74 €
Nel cuore della località, ma a due passi dal lungolago, uno dei ristoranti più prestigiosi della romantica Stresa: piatti regionali e piacevole servizio estivo sotto un pergolato.

Il Clandestino
via Rosmini 5 – ✆ 0 32 33 03 99 Pianta : B2**m**
– www.ristoranteilclandestino.com – Chiuso 15 febbraio-15marzo e martedì
Menu 40/60 € – Carta 43/95 € – *(solo a cena escluso venerdì, sabato e domenica)*
A pochi metri dal lungolago, ma già nel cuore del centro storico, un grazioso locale dai toni caldi, dove gustare una gustosa cucina di pesce. Un suggerimento: lasciatevi consigliare dallo chef-patron!

Vicoletto
vicolo del Poncivo 3 – ✆ 03 23 93 21 02 Pianta : B2**h**
– www.ristoranteilvicoletto.com – Chiuso 15 gennaio-28 febbraio, 1 settimana in novembre, giovedì escluso da aprile a settembre
Carta 26/48 €
Ristorantino dal design contemporaneo condotto da una giovane e motivata gestione: la linea di cucina si conforma alla modernità del locale. Minuscolo, ma piacevole il dehors.

ISOLE BORROMEE ★★★ Alt. 200 m Carta regionale n° **24**-A1

Isola Superiore o dei Pescatori – ✉ 28049 Stresa

Verbano con cam
via Ugo Ara 2 – ✆ 0 32 33 04 08 – www.hotelverbano.it – Aperto 15 marzo-inizio novembre
12 cam – 100/170 € 120/195 € Carta 53/69 €
La nuova, giovane, gestione ha dato lustro a questo ristorante dall'invidiabile location: d'estate, si ha infatti la sensazione di mangiare a fior d'acqua nell'accogliente dehors. Rivisitazioni personali dello chef in cucina.

Casabella
via del Marinaio 1 – ✆ 0 32 33 34 71 – www.isola-pescatori.it – Chiuso 7-23 gennaio e martedì
Menu 30/60 € – Carta 36/74 €
Di fronte all'imbarcadero, una raccolta sala con vetrate ed una piccola e graziosa terrazza con bella vista sul lago, dove gustare la cucina locale d'ispirazione moderna. Alla sera, su prenotazione, servizio navetta gratuito dalla terraferma all'isola.

STROMBOLI ➔ Vedere Eolie (Isole)
Messina (ME)

STRONCONE
Terni (TR) – ✉ 05039 Alt. 450 m – Carta regionale n° **36**-C3
Roma 112 km – Terni 12 km – Rieti 45 km
Carta stradale Michelin 563-O20

Taverna de Porta Nova
via Porta Nova 1 – ✆ 0 74 46 04 96 – www.ristorantetavernadeportanuova.it – Chiuso mercoledì
Menu 28/30 € – Carta 29/59 € – *(solo a cena)*
Nel dedalo di viuzze di un incantevole paese medioevale, la Taverna riscopre i sapori umbri: tartufi, erbe spontanee e gustose carni alla griglia.

STRONGOLI
Crotone (KR) – ✉ 88816 – 6 623 ab. – Alt. 342 m – Carta regionale n° **5**-B2
Roma 587 km – Catanzaro 101 km – Crotone 28 km – Cosenza 124 km
Carta stradale Michelin 564-J33

Dattilo con cam
rist, rist,
contrada Dattilo, Est : 2 km – ✆ 09 62 86 56 13 – www.dattilo.it – Chiuso 7 gennaio-14 marzo
6 cam – 45/50 € 90/100 €
Menu 45/70 € – Carta 46/80 € – *(chiuso lunedì, martedì e mercoledì escluso giugno-settembre) (solo a cena escluso domenica)* (prenotazione obbligatoria)
Immerso nella campagna, è un agriturismo che si è distinto nella produzione di vino ed olio, ma ora l'attenzione va tutta alla qualità della cucina moderna e creativa. Le camere prolungano il soggiorno all'insegna di una vita piacevolmente rustica ed agricola, con una piscina all'ombra di un ulivo millenario.
➔ Gnocchi di ricotta, peperoni e spinaci. Filetto di maiale e caramello di cipolle al limone. Zuppetta agli agrumi.

STROVE ➔ Vedere Monteriggioni
Siena (SI)

ST. ULRICH = ORTISEI

SUBBIANO

Arezzo (AR) – ✉ 52010 – 6 310 ab. – Alt. 266 m – Carta regionale n° **32-D2**
Roma 224 km – Rimini 131 km – Siena 75 km – Arezzo 15 km
Carta stradale Michelin 563-L17

Relais Torre Santa Flora

località ponte Calliano 169, Sud-Est : 3 km – ✆ 05 75 42 10 45 – www.torresantaflora.it – Chiuso 11-31 gennaio
15 cam – 80/105 € 99/135 € – **1 suite**
Rist – Carta 31/55 € – *(solo a cena escluso sabato e domenica)*
Residenza di campagna seicentesca immersa nel verde: calda atmosfera negli splendidi interni in elegante stile rustico di taglio moderno, piacevoli camere accoglienti. Cucina toscana, quattro salette con soffitti in mattoni o con travi di legno a vista.

La Corte dell'Oca con cam

viale Europa 16 – ✆ 05 75 42 13 36 – www.cortedelloca.it
24 cam – 55 € 70 €, 5 € – **2 suites** Carta 24/45 €
Tra tortellini e bolliti si è avverato un sogno, quello del titolare, che ha raccolto oggetti, riviste e suppellettili degli anni '50 per ricreare un'atmosfera da amarcord. Tutte differenti tra loro, le camere si affacciano sul cortile o sul borgo.

SULDEN = SOLDA

SULMONA

L'Aquila (AQ) – ✉ 67039 – 24 336 ab. – Alt. 405 m – Carta regionale n° **1-B2**
Roma 154 km – Pescara 73 km – L'Aquila 73 km – Avezzano 57 km
Carta stradale Michelin 563-P23

Santacroce Ovidius

via Circonvallazione Occidentale 177 – ✆ 0 86 45 38 24 – www.ovidius.hotelsantacroce.com
29 cam – 65/75 € 105/125 € **Rist** – Carta 23/36 € – *(chiuso lunedì)*
A due passi dal Duomo hotel moderno dalle calde sale rivestite in legno e camere dalle linee contemporanee, ben accessoriate. Per momenti di piacevole relax, vi consigliamo una sosta presso il raffinato centro benessere.

Gino con cam e senza

piazza Plebiscito 12 – ✆ 0 86 45 22 89 – www.lalocandadigino.it – Chiuso domenica
4 cam – 70 € 80 € Menu 30/40 € – Carta 23/49 € – *(solo a pranzo)*
Piccola arca della tipicità gastronomica abruzzese: salumi, formaggi, pasta fresca e carni della regione. I primi anche acquistabili nell'adiacente negozio di famiglia.

Clemente

piazza Santa Monica – ✆ 08 64 21 06 79 – www.ristoranteclemente.com – Chiuso 24-26 dicembre, 2 settimane in luglio, domenica sera e giovedì
Carta 20/51 €
Locale di lunga tradizione nel centro storico, ambiente caratteristico fra archi e volte a crociera per una cucina di tradizione con qualche spunto personale. Il cosciotto d'agnello alle erbe con patate al coppo e la torta di pere, noci e cioccolato sono - a nostro giudizio - tra i piatti più interessanti del menu.

SULZANO

Brescia (BS) – ✉ 25058 – 1 930 ab. – Alt. 200 m – Carta regionale n° **19-D1**
Roma 586 km – Brescia 33 km – Bergamo 56 km – Cremona 76 km
Carta stradale Michelin 561-E12

Rivalago senza rist

via Cadorna 7 – ✆ 0 30 98 50 11 – www.rivalago.it – Aperto 18 aprile-27 ottobre
33 cam – 78/110 € 134/176 €
In tranquilla posizione fronte lago, hotel dagli ambienti signorili e luminosi con splendido giardino e piscina. Camere armoniose ed accoglienti.

SUNA → Vedere Verbania
Verbania

SUSA
Torino (TO) – ✉ 10059 – 6 602 ab. – Alt. 503 m – Carta regionale n° **22-B2**
Roma 718 km – Briançon 55 km – Milano 190 km – Col du Mont Cenis 30 km
Carta stradale Michelin 561-G3

Napoleon senza rist
via Mazzini 44 – ✆ 01 22 62 28 55 – www.hotelnapoleon.it
62 cam – 64/74 € 74/94 €
Nel cuore della località, l'hotel vanta una gestione familiare e dispone di moderne e graziose camere, nonchè di spazi per lettura, conversazioni e riunioni. Ottima la piccola palestra e la lavanderia a gettoni - self service - con asciugatura e stiratura.

SUSEGANA
Treviso (TV) – ✉ 31058 – 11 863 ab. – Alt. 76 m – Carta regionale n° **40-C2**
Roma 572 km – Belluno 57 km – Trento 143 km – Treviso 22 km
Carta stradale Michelin 562-E18

Maso di Villa senza rist
via Col di Guarda 15, località Collalto, Nord-Ovest : 5 km – ✆ 04 38 84 14 14 – www.masodivilla.it
6 cam – 100/120 € 130/150 €
Il colore è il vero protagonista di questa casa colonica trasformata in romantico relais, con tonalità diverse in ogni ambiente: dall'ocra del soggiorno al rosa dell'ingresso, fino al vinaccia delle camere, evocatore dell'uva e dei suoi inebrianti prodotti. Letti in ferro battuto nelle 6 stanze affacciate sul giardino.

sulla strada provinciale Conegliano-Pieve di Soligo Nord : 3 km :

La Vigna
via Val Monte 7, località Crevada – ✆ 0 43 86 24 30 – www.ristorantelavigna.com – Chiuso domenica sera e lunedì
Menu 25 € – Carta 23/42 €
In collina, circondata dal verde, struttura di nuova creazione che ricorda un casolare di campagna, ma con interni d'ispirazione contemporanea; piatti del luogo.

SUTRIO
Udine (UD) – ✉ 33020 – 1 357 ab. – Alt. 570 m – Carta regionale n° **10-B1**
Roma 690 km – Udine 63 km – Lienz 61 km – Villach 104 km
Carta stradale Michelin 562-C20

Alle Trote con cam
via Peschiera, frazione Noiaris, Sud : 1 km – ✆ 04 33 77 83 29 – Chiuso 17-29 marzo, 14 settembre-8 ottobre
5 cam – 35/45 € 60/80 €
Carta 21/29 € – *(chiuso martedì escluso agosto)*
Nei pressi del torrente, un locale a gestione diretta dove la specialità è preannunciata dal suo nome; la fragranza dei pesci la si deve - invece - all'annesso allevamento. Comode camere, al piano superiore.

SUVERETO
Livorno (LI) – ✉ 57028 – 3 129 ab. – Alt. 90 m – Carta regionale n° **31-B2**
Roma 232 km – Grosseto 58 km – Livorno 87 km – Piombino 27 km
Carta stradale Michelin 563-M14

Agriturismo Bulichella senza rist
località Bulichella 131, Sud-Est : 1 km – ✆ 05 65 82 98 92 – www.bulichella.it
14 cam – 55/75 € 77/110 €
Immerso nella campagna suveretana, ad 1 km dal borgo medievale, l'agriturismo offre ospitalità in appartamenti e camere confortevoli: più isolate e tranquille, le stanze al di là dei vigneti.

Gualdo del Re

località Notri 77 – 05 65 82 98 88 – www.gualdodelre.it – Aperto Pasqua-30 settembre, solo su prenotazione negli altri mesi
Menu 25 € – Carta 40/78 € – (prenotazione obbligatoria a mezzogiorno)
Un ristorantino con pochi tavoli ravvicinati, raccolti intorno ad un camino: le pareti e i mobili bianchi gli conferiscono un vago stile provenzale, mentre la luminosa veranda viene anche utilizzata per corsi di cucina. Piatti d'ispirazione toscana.

I' Ciocio-Osteria di Suvereto

piazza dei Giudici 1 – 05 65 82 99 47 – www.osteriadisuvereto.it – Chiuso 12 gennaio-2 febbraio, 26 ottobre-3 novembre, domenica a mezzogiorno in estate, lunedì negli altri mesi
Menu 35/45 € – Carta 26/54 € – (consigliata la prenotazione)
Nello splendido scenario del centro storico su cui si affaccia con un delizioso dehors, ambienti caratteristici come la "dispensa" del piano inferiore, prodotti bio e a km 0 per una cucina legata al territorio.

SUZZARA

Mantova (MN) – 46029 – 20 768 ab. – Alt. 20 m – Carta regionale n° **17-C3**
Roma 453 km – Parma 48 km – Verona 64 km – Cremona 74 km
Carta stradale Michelin 561-I9

Cavour

via Cavour 25 – 03 76 53 12 98 – www.ristorantecavour.com – Chiuso 14-25 gennaio, 21 luglio-4 agosto, domenica sera e lunedì
Menu 25/60 € – Carta 28/57 €
Specialità di terra e - soprattutto - di mare, in un piacevole locale rinomato inoltre per l'eccellente selezione di whisky. Sabato sera la sala più piccola è adibita anche a piano bar.

Mangiare Bere Uomo Donna (N) con cam

viale Zonta 19 – 33 48 80 65 08 – www.mangiarebereuomodonna.com – Chiuso gennaio, 2 settimane in luglio-agosto e martedì
4 cam – 40/45 € 60/65 €
Menu 25 € – Carta 28/55 € – *(solo a cena)* (coperti limitati, prenotare)
Lei è di Hong Kong, lui di Suzzara: coppia nella vita, in tandem gestiscono questo accogliente ristorante ricavato nell'abitazione di famiglia. La cucina propone in purezza i sapori del mantovano con alcune intriganti soprese dall'oriente.

TABIANO

Parma (PR) – 43030Alt. 162 m – Carta regionale n° **8-A2**
Roma 486 km – Parma 31 km – Piacenza 57 km – Bologna 124 km
Carta stradale Michelin 562-H12

Park Hotel Fantoni

rist,

via Castello 6 – 05 24 56 51 41 – www.parkhotelfantoni.it – Aperto 1° aprile-10 novembre
33 cam – 39/75 € 60/120 € – **1 suite** **Rist** – Carta 19/48 €
In una zona un po' defilata e già collinare, si apre un giardino con piscina: una parentesi blu nel verde, preludio alla comodità dell'hotel. Non manca l'ascensore diretto per le terme ed un piccolo, ma attrezzato, centro benessere con bagno turco, idromassaggio e trattamenti vari.

Rossini

rist,

via delle Fonti 10 – 05 24 56 51 73 – www.hotelrossini.net – Aperto 1° aprile-30 ottobre
51 cam – 60/90 € 90/120 € **Rist** – Menu 28 € – *(solo per alloggiati)*
Un valido albergo che, nel corso degli anni, ha saputo mantenere alti la qualità e il livello dell'offerta; terrazza solarium con una vasca idromassaggio per più persone.

TALAMONE → Vedere Fonteblanda

Grosseto (GR)

TAMION → Vedere Vigo di Fassa

Trento

TAORMINA

Messina (ME) – ✉ 98039 – 11 114 ab. – Alt. 204 m – Carta regionale n° **30-D2**
▶ Catania 52 km – Enna 135 km – Messina 52 km – Palermo 255 km
Carta stradale Michelin 565-N27 – Guida Verde Michelin SICILIA

© Gräfenhain Günter / Sime / Photononstop

Alberghi

Belmond Grand Hotel Timeo

via Teatro Greco 59 – ✆ 0 94 26 27 02 00 – www.belmond.com/grandhoteltimeo – Aperto fine marzo-15 novembre
Pianta : B1**x**

70 cam – 451 € 627/935 € – **21 suites**

Rist *Timeo* – vedere selezione ristoranti

A pochi metri dal teatro greco, l'eccellenza del Timeo prende forme così diverse che ogni turista finirà per portare a casa un ricordo proprio e personale: splendidi interni con fastosi saloni che dischiudono angoli più privati e belle camere con balconi panoramici, alcuni affacciati sul teatro.

San Domenico Palace

cam, rist,

piazza San Domenico 5 – ✆ 09 42 61 31 11 – www.san-domenico-palace.com – Aperto 21 dicembre-6 gennaio e 5 marzo-8 novembre
Pianta : A2**m**

97 cam – 141/310 € 155/792 € – **8 suites**

Rist *Principe Cerami* ✿✿ – vedere selezione ristoranti

Rist – Carta 68/132 €

Eleganti ambienti ricchi di antichi ricordi in questo hotel di lusso ricavato tra le mura di un convento medievale. Suggestive vedute dal giardino e dalle terrazze. A tavola, i classici italiani e piatti locali.

Grand Hotel San Pietro

cam,

via Pirandello 50 – ✆ 09 42 62 07 11 – www.gaishotels.com – Aperto 1° aprile-31 ottobre
Pianta : B2**f**

62 cam – 200/450 € 230/480 € – **1 suite** **Rist** – Carta 49/80 €

In splendida posizione panoramica ed abbracciata da un giardino con piscina, un'elegante struttura con spazi accoglienti, una sala da tè ed una biblioteca. Nella raffinata ed intima sala da pranzo, i genuini sapori della gastronomia siciliana.

Imperiale Ⓝ

cam,

Via Circonvallazione, 11 – ✆ 09 42 62 52 02 – www.imperialetaormina.com – Aperto 1° aprile-31 ottobre
Pianta : BZ**c**

57 cam – 264/424 € 286/528 € – **6 suites**

Rist *Opson* – Carta 57/85 € – *(solo a cena)* (consigliata la prenotazione)

Ubicato nelle vicine retrovie rispetto alla suggestiva passeggiata di Taormina, la sua hall davvero imperiosa ospita un bar da cui si scorge la soprastante piscina trasparente, una vera chicca! Le camere sono altrettanto lussuose con uno stile classico-moderno ed ampi bagni.

TAORMINA
0
200 m
MESSINA
CASTELMOLA
GARDINI-NAXOS CATANIA
MAZZARÒ
RISERVA NATURALE ISOLA BELLA
ISOLA BELLA
MARE IONIO
V. Nazionale
TEATRO GRECO
Giardini di Villa Comunale
S. Pancrazio
Piazza S. Pancrazio
Pta Messina
Pza Vittorio Emanuele
Pal. Corvaja
Odeon
S. Caterina
Naumachies
Umberto I
V. Case Pinte
Pza IX Aprile
Corso
Pza Annibale di Francia
Castello
M.TAURO
Mad. della Rocca
Badia Vecchia
Pal. Ciampoli
Duomo
Pza del Duomo
Piazzale S. Domenico
Pal. S. Stefano
Pta Catania
BELVEDERE
VILLAGONIA
M. CROCIFISSO
V. Bongiovanni
V. Pirandello
V. Luigi
V. Madonna Rocca
V. Roma
V. Rocca
V. Dazio
V. Robert Kitson
V. Calvario
V. Crocefisso
V. Castello
V. Sillipigni

Metropole

corso Umberto I° 154 – ✆ 09 42 68 13 30 Pianta : A1**g**
– www.hotelmetropoletaormina.it – Chiuso 15 gennaio-15 marzo
15 suites – 990/1800 € – 8 cam
Rist *Bellevue* – vedere selezione ristoranti
E' risorto dalle ceneri, ancora più bello, uno dei primi alberghi ad animare la località qualche lustro fa… Centralissimo con ingresso su corso Umberto, nonché affaccio su dirupo e mare, ambienti lussuosi, camere di alto standing ed un susseguirsi di terrazze panoramiche. Ma è solo l'ultima ad ospitare la piscina.

The Ashbee

cam, cam,
viale San Pancrazio 46 – ✆ 0 94 22 35 37 Pianta : B1**e**
– www.theashbeehotel.com – Aperto 27 marzo-31 ottobre
17 cam – 310/490 € 310/490 € – **8 suites**
Rist *St. George* – Carta 55/77 € – *(chiuso martedì) (solo a cena)*
A pochi passi da corso Umberto, questa villa storica di inizio '900 - molto ben appartata e in un contesto altamente panoramico - sfoggia un'aria vagamente british anche nell'impostazione (non a caso c'è un maggiordomo a disposizione dei clienti!). Molto curata e lussuosa negli interni con un bel salone relax e una terrazza-giardino davvero incantevole, la struttura dispone di una suggestiva piscina a sfioro sul sottostante mare.

Villa Diodoro

cam,
via Bagnoli Croci 75 – ✆ 0 94 22 33 12 Pianta : B2**q**
– www.gaishotels.com
101 cam – 120/320 € 120/320 €, 20 € – **1 suite** **Rist** – Carta 39/49 €
Attrezzata palestra e zona massaggi-trattamenti estetici in una storica risorsa dai generosi spazi all'aperto. Rinnovate le camere e la hall - ora più ampia ed ariosa - mentre incastonato su una terrazza, lo zaffiro di questo gioiello: la panoramica piscina. Al ristorante, primeggiano i sapori dell'isola.

Villa Carlotta

rist,
via Pirandello 81 – ✆ 09 42 62 60 58 Pianta : B1**a**
– www.hotelvillacarlottataormina.com – Aperto 11 marzo-14 novembre
18 cam – 140/300 € 150/320 € – **10 suites**
Rist – Carta 33/71 € – *(solo a cena)* (prenotazione obbligatoria)
Abbracciata da una folta vegetazione, la villa riprende il suo nome originario ed offre ai suoi ospiti ambienti eleganti e di tendenza, nonché una suggestiva vista sullo Ionio e sull'Etna. La sosta al bar diventa il pretesto per ammirare i resti di una necropoli bizantina.

El Jebel

cam,
salita Ciampoli 9 – ✆ 09 42 62 54 94 – www.hoteleljebel.com Pianta : A1**n**
– Chiuso novembre
6 cam – 189/490 € 199/500 € – **4 suites**
Rist *Ciampoli* – Carta 58/120 €
Riservatezza ed esclusività nel cuore dell'antica Taormina: servizio personalizzato in camere arredate con stili differenti, solarium panoramico e piatti isolani - in chiave moderna - al ristorante.

Villa Ducale

cam, rist,
via Leonardo da Vinci 60 – ✆ 0 94 22 81 53 Pianta : A1**p**
– www.villaducale.com – Aperto 11 marzo-30 novembre
12 cam – 139/299 € 149/299 € – **5 suites**
Rist – Carta 29/59 € – (prenotazione obbligatoria) *(solo per alloggiati)*
Un rifugio splendidamente panoramico e scrigno delle celebri ceramiche siciliane: una piccola bomboniera deliziosamente curata dai titolari come un'elegante casa privata. La navetta o una scenografica scalinata per scendere in paese.

Villa Sirina senza rist

via Crocifisso 30, 2 km per via Crocifisso - A2 – ✆ 0 94 25 17 76
– www.villasirina.com – Aperto 1° aprile-31 ottobre
16 cam – 100/145 € 142/198 € – **1 suite**
Artigiani locali hanno contribuito con le loro creazioni ad arredare ad hoc le semplici camere della villa, già di famiglia dagli anni Settanta. Nel giardino, la bella piscina.

Villa Belvedere rist,
via Bagnoli Croci 79 – ✆ 0 94 22 37 91 Pianta : B2**b**
– www.villabelvedere.it – Aperto 7 marzo-23 novembre
49 cam – 90/320 € 120/450 € – **3 suites**
Rist – Carta 36/48 € – *(solo a pranzo) (solo per alloggiati)*
Una vista mozzafiato sul bel parco con palme e piscina tanto dagli ambienti comuni quanto dalla maggior parte delle camere. Storica struttura da sempre a gestione familiare. Cucina classica nel ristorante esclusivamente all'aperto.

Villa Schuler senza rist
piazzetta Bastione – ✆ 0 94 22 34 81 Pianta : B1**d**
– www.hotelvillaschuler.com – Aperto 7 marzo-22 novembre
27 cam – 92/152 € 92/235 € – **6 suites**
Sorto nei primi anni del Novecento e gestito sempre dalla stessa famiglia, storico albergo del centro incorniciato tra giardini mediterranei e con splendida terrazza vista mare per la colazione del mattino.

Villa Taormina senza rist
via T. Fazzello 39 – ✆ 09 42 62 00 72 Pianta : A1**e**
– www.hotelvillataormina.com – Aperto 15 marzo-30 novembre
8 cam – 129/160 € 149/260 €
Il fascino discreto di un'elegante residenza ottocentesca, impreziosita con mobili d'antiquariato e con un delizioso giardino con terrazze e vasca Jacuzzi. Vista panoramica dalla sala colazioni all'ultimo piano.

Condor senza rist
via Dietro Cappuccini 25 – ✆ 0 94 22 31 24 Pianta : A1**a**
– www.condorhotel.com – Aperto 1° marzo-31 ottobre
18 cam – 50/70 € 60/130 €
Una dozzina di stanze, una palazzina in posizione panoramica e una gestione di lunga esperienza. Per chi non ricerca l'eleganza, ma si accontenta della semplicità.

Ristoranti

Timeo – Belmond Grand Hotel Timeo
via Teatro Greco 59 – ✆ 0 94 26 27 02 00 Pianta : B1**x**
– www.belmond.com/grandhoteltimeo – Aperto fine marzo-15 novembre
Carta 64/102 € – (consigliata la prenotazione)
La vista sul golfo e la ricercatezza dei particolari sono gli atout di questo ristorante dove emerge, esplosiva come l'Etna, una cucina colorata, sapida ed audace negli abbinamenti. Insomma, siciliana.

Principe Cerami – Hotel San Domenico Palace
piazza San Domenico 5 – ✆ 09 42 61 31 11 Pianta : A2**m**
– www.san-domenico-palace.com – Aperto 21 dicembre-6 gennaio e 5 marzo-8 novembre
Menu 125/135 € – Carta 98/158 € – *(solo a cena)* (prenotazione obbligatoria)
Al Principe Cerami il merito di aver trasformato nel 1866 l'ex convento domenicano in albergo, al cuoco Massimo Mantarro d'incantare i clienti con le magie siciliane della sua cucina. Il tutto nell'antica opulenza delle sale interne o, d'estate, su una romantica terrazza.
→ Lasagnette di pasta fresca con spadotto (pesce spada di piccola taglia), melanzana viola e fonduta di mozzarella di bufala. Filetto di scorfano in crosta di patate, verdure e riduzione al nero d'Avola. Viaggio in Sicilia: cannolo, cassatina, sfincetta (pallina di pane fritta), cassatina al forno.

La Giara
vico la Floresta 1 – ✆ 0 94 22 33 60 Pianta : A1**f**
– www.lagiara-taormina.com – Aperto 1° aprile-31 ottobre
Carta 60/107 € – *(solo a cena)* (consigliata la prenotazione)
Splendida la terrazza con dehors panoramico che incornicia la costa e il vulcano; in sala dominano volutamente le tinte del bianco e dell'avorio, sulle quali spicca la millenaria giara.

Bellevue – Hotel Metropole
corso Umberto 154 – 09 42 68 13 30 Pianta : A1**g**
– www.hotelmetropoletaormina.it – Chiuso 15 gennaio-15 marzo
Menu 68/80 € – Carta 68/102 € – (consigliata la prenotazione)
Sulla splendida terrazza con vista mozzafiato o nei suoi lussuosi spazi interni, sapori locali rivisitati con gusto moderno e - a pranzo - proposte più semplici, ma pur sempre accattivanti.

Santanera
via Santa Maria De' Greci – 0 94 22 12 08 Pianta : A2**a**
– www.casagrugno.it – Aperto 1° marzo-15 dicembre; chiuso mercoledì
Menu 40/70 € – Carta 40/74 € – *(solo a cena)* (consigliata la prenotazione)
Una linea di cucina che si avvicina con modernità alla tradizione siciliana in un bel palazzo dalla facciata gotico-catalana; splendida la terrazza che s'incastona a meraviglia fra gli antichi edifici del centro.

Vicolo Stretto
vicolo Stretto 6 – 09 42 62 55 54 Pianta : A1**c**
– www.vicolostrettotaormina.it – Chiuso 7 gennaio-15 marzo
Carta 49/83 €
Nel pieno centro di Taormina, ristorante dall'ambiente raccolto e signorile, dove gustare una cucina isolana intrigante e ben fatta. Dalla suggestiva terrazza, la vista abbraccia mare e Giardini Naxos.

Al Duomo
vico Ebrei 11 – 09 42 62 56 56 Pianta : A1-2**q**
– www.ristorantealduomo.it – Chiuso gennaio e lunedì da novembre a marzo
Carta 40/63 €
In un angolo di piazza Duomo, da un vicolo stretto si accede ad un locale dal caratteristico e panoramico dehors. La cucina propone piatti di mare e regionali con prodotti davvero buoni.

Casa Giolì N
Via Giordano Bruno, 2 – 09 42 68 30 17 – www.casagioli.it Pianta : A1**b**
– Chiuso 11 novembre-9 marzo e mercoledì (escluso periodo estivo)
Carta 45/60 € – *(solo a cena in giugno-agosto)* (consigliata la prenotazione)
Una piccola saletta ben arredata con cucina a vista e due angoli esterni a creare un dehors abbastanza suggestivo. Il menu presenta piatti decisamente mediterranei con prodotti stagionali e una discreta attenzione al biologico.

Osteria Nero D'Avola
piazza San Domenico 2B – 09 42 62 88 74 Pianta : A2**b**
– www.osterianerodavola.it – Chiuso gennaio-febbraio e lunedì
Carta 35/70 € – (consigliata la prenotazione)
I colori e i sapori dell'isola – soprattutto pesce – in questo simpatico ristorantino con bella terrazza estiva ed un'ottima carta dei vini.

a Mazzarò Est 5,5 km o 5 mn di cabinovia Pianta : C1 – 98030

Belmond Villa Sant'Andrea cam, rist,
via Nazionale 137 – 0 94 26 27 12 00
– www.belmond.com – Aperto 4 aprile-2 novembre Pianta : C1**d**
58 cam – 310/710 € 380/750 € – **7 suites** **Rist** – Carta 63/109 €
In un angolo di una suggestiva baia - direttamente sulla spiaggia - una dimora ottocentesca il cui grazioso giardino panoramico resta l'unica traccia della commissione di un gentiluomo inglese. Deliziose le camere, tutte con vista sul mare.

Grand Hotel Mazzarò Sea Palace
via Nazionale 147 – 09 42 61 21 11
– www.mazzaroseapalace.it – Aperto 1° aprile-31 ottobre Pianta : C1**b**
88 cam – 240/470 € 340/610 € – **9 suites** **Rist** – Carta 61/180 €
L'esplosione del sole e dei colori siciliani si riflette nelle camere superbamente arredate, ricche di tessuti e decorazioni; marmi e lucernai nelle zone comuni. Le terrazze si "sprecano": la più bella è un solarium con piscina sulla splendida baia. Sala ristorante e spazi all'aperto dove cenare a lume di candela.

Grand Hotel Atlantis Bay
via Nazionale 161 – ✆ 09 42 61 80 11 – www.atlantisbay.it – Aperto 1° aprile-31 ottobre
83 cam ☕ – 🚹240/470 € 🚹🚹340/610 € – **8 suites**
Rist – Carta 61/180 € – (prenotazione obbligatoria)
Una realtà raffinata ed elegante con interni sontuosi, camere ampie e provviste di ogni confort (tutte vista mare). Per chi vuole vizirasi fino in fondo: suite presidenziale con piccola piscina privata e lusso al quadrato. Meravigliosa sala ristorante curata in ogni dettaglio.

Da Giovanni
via Nazionale – ✆ 0 94 22 35 31 – Chiuso 7 gennaio-8 febbraio e lunedì Pianta : C1**e**
Carta 27/35 €
Qualche difficoltà nel trovare il posteggio, ma una breve passeggiata non potrà che farvi meglio apprezzare la semplice cucina di mare della tradizione. Veranda panoramica sul mare e sull'Isola Bella.

a Lido di Spisone Nord-Est: 1,5 km – ✉ 98030 Mazzarò

Lido Caparena
via Nazionale 189 – ✆ 09 42 65 20 33 – www.gaishotels.com – Aperto 1° aprile-30 ottobre
88 cam ☕ – 🚹150/300 € 🚹🚹150/300 € **Rist** – Menu 35 €
Bellezza e confort, palme e acqua limpida, tranquillità e relax e una beauty farm davvero interessante con bagno turco e un'ampia gamma di trattamenti e massaggi. Spiaggia e bar. D'estate la sala da pranzo si apre all'esterno, completamente immersa nel verde; a pranzo carta leggera.

La Capinera (Pietro D'Agostino)
via Nazionale 177 – ✆ 09 42 62 62 47 – www.pietrodagostino.it – Chiuso 1° febbraio-1° marzo, lunedì escluso agosto e da gennaio a marzo anche la domenica
Menu 75/90 € – Carta 56/80 € – (consigliata la prenotazione)
Locale accogliente dalla giovane ed appassionata gestione, che propone una cucina innovativa su base regionale ed un servizio estivo in terrazza.
➜ Mezzi paccheri con scampi, vongole veraci nostrane e mollica di pane. Cuore di tonno rosso con cipolla e centrifuga di carote. Cannoli di ricotta "a modo mio".

a Castelmola Nord-Ovest : 5 km Pianta : A1 Alt. 529 m – ✉ 98030

Villa Sonia
via Porta Mola 9 – ✆ 0 94 22 80 82 – www.hotelvillasonia.com – Aperto 28 dicembre-5 gennaio e 1° aprile- 31 ottobre
44 cam ☕ – 🚹110/140 € 🚹🚹140/205 € – **2 suites**
Rist *Parco Reale* – Carta 36/72 € – *(aperto 1° aprile-31 ottobre)*
Caratteristico e tranquillo il borgo che accoglie questa antica villa arredata con una raccolta di preziosi oggetti d'antiquariato e d'artigianato siciliano. Suggestiva vista da molte camere. Sobriamente elegante la sala da pranzo arredata qua e là con numerose rare suppellettili. D'estate si pranza a bordo piscina.

TARANTO
198 728 ab. – Carta regionale n° **27-C2**
Roma 532 km – Brindisi 70 km – Bari 94 km – Napoli 344 km
Carta stradale Michelin 564-F33

Akropolis
vico I° Seminario 3 ✉ 74123 – ✆ 09 94 70 41 10 – www.hotelakropolis.it Pianta : A1**a**
14 cam ☕ – 🚹80/110 € 🚹🚹80/110 € **Rist** – Carta 24/53 € – *(solo a cena)*
Il palazzo racconta la storia di Taranto, dalle fondamenta greche agli interventi succedutisi fino all'800. Pavimenti in maiolica del '700, splendida terrazza sui due mari. Elementi d'antiquariato anche nella sala-ristorante e wine bar per una ristorazione veloce.

COSENZA
MARTINA FRANCA
A
B
C
1
2
MARE PICCOLO
MARE GRANDE
Pza Fontana
S. Domenico Maggiore
a
Duomo
V. Giuseppe Garibaldi
CITTÀ VECCHIA
Cso Vittorio Emanuele II
V. Virgilio
Pza Castello
Piazza Municipio
CASTELLO
Cso Due Mari
c
e
MUSEO ARCHEOLOGICO NAZIONALE
Giardini Comunali
V. Luigi Viola
V. Pitagora
Cso. Umberto
Piazza Bettolo
Pza Archita
V. Giuseppe De Cesare
V. Anfiteatro
V. Angelo Berardi
V. Vincenzo Pupino
V. Cataldo Nitti
V. Duca degli Abruzzi
V. Regina Elena
V. Federico Di Palma
Lungomare V. Emanuele III
V. Giuseppe Mazzini
V. Felice Cavallotti
V. Duca di Genova
V. Francesco Crispi
Pza Marconi
V. Leonida da Taranto
V. Temenide
V. Dante Alighieri
V. Guglielmo Oberdan
V. Alfieri D'Alò
V. Messapia
Vle Virgilio
Pza Fadini
V. Falanto
V. Principe Amedeo
V. Cesare Battisti
BRINDISI LECCE
BRINDISI LECCE
TARANTO
0
200 m

Europa rist. Pianta : B1**e**
via Roma 2 ✉ 74123 – ☎ 09 94 52 59 94
– www.hoteleuropataranto.it
41 cam – 73/110 € 116/141 € – **1 suite**
Rist – Carta 17/48 € – *(chiuso domenica sera e lunedì a mezzogiorno)*
Sul Mar Piccolo con vista su ponte girevole e castello aragonese, funzionale hotel, ex residence, che offre moderne camere molto ampie, spesso sviluppate in due ambienti.

Al Faro
via della Pineta 3/5, Nord : 1,5 km ✉ 74123 – ☎ 09 94 71 44 44
– www.alfarotaranto.it
18 cam – 80/100 € 100/120 € – **2 suites**
Rist – Carta 23/77 € – *(chiuso domenica sera da ottobre a marzo)*
Atipica masseria settecentesca, costruita in riva al mare per l'allevamento dei molluschi. L'attività volge oggi all'ospitalità alberghiera, di ottimo livello in ogni aspetto. Sala ristorante ricavata sotto suggestive volte a crociera.

Al Gatto Rosso Pianta : B1**c**
via Cavour 2 ✉ 74123 – ☎ 09 94 52 98 75
– www.ristorantegattorosso.com – Chiuso 1°-15 settembre e lunedì
Menu 35/60 € – Carta 27/69 €
Ambiente semplice e curato, nonché proposte unicamente a base di pesce, in un piccolo ristorantino dalla lunga gestione familiare: siamo oramai alla terza!

a San Pietro sul Mar Piccolo Nord-Est: 13 km – ✉ 74100

Relais Histò
via Sant'Andrea, Circummarpiccolo – ☎ 09 94 72 11 88 – www.relaishisto.it
44 cam – 129/209 € 139/219 € – **4 suites**
Rist *La Lanternaia* – Carta 47/101 €
Sintesi perfetta di natura, storia, arte e tecnologia, Relais Histò è il risultato del restauro conservativo di una masseria medievale. Immerso in un grande uliveto e circondato da possenti mura, erette un tempo a difesa della dimora, l'hotel assicura ai propri ospiti tranquillità e privacy; camere moderne e rituali olistici presso la spa.

TARCENTO

Udine (UD) – ✉ 33017 – 9 084 ab. – Alt. 230 m – Carta regionale n° **11-C2**
Roma 657 km – Udine 19 km – Milano 396 km – Tarvisio 76 km
Carta stradale Michelin 562-D21

Costantini con cam
via Pontebbana 12, località Collalto, Sud-Ovest : 4 km – ☎ 04 32 79 20 04
– www.albergocostantini.com
22 cam – 45/65 € 65/90 € – **2 suites**
Menu 25/58 € – Carta 30/59 € – *(domenica sera e lunedì)* (prenotare)
L'esterno che richiama più l'albergo che il ristorante, non lascia intuire l'eleganza e la piacevolezza della sala, dove gustare una cucina di qualità, carne e pesce in egual misura, accompagnata da un'interessante selezione enologica (molte proposte anche al bicchiere). Accoglienti le camere di tono classico-elegante.

Osteria di Villafredda
via Liruti 7, località Loneriacco, Sud : 2 km – ☎ 04 32 79 21 53
– www.villafredda.com – Chiuso 10 giorni in gennaio, 15 giorni
in agosto, domenica sera e lunedì
Menu 31 € – Carta 22/38 €
Ricavata da un'antica casa colonica, l'osteria può vantare oltre mezzo secolo di attività e di evoluzione ininterrotta, con una cucina non vittima della "globalizzazione", ma - al contrario - grata ai prodotti del territorio e paladina della tradizione regionale. Volete un esempio? Tagliatelle al San Daniele.

TARQUINIA

Viterbo (VT) – ✉ 01016 – 16 245 ab. – Alt. 133 m – Carta regionale n° **12-A2**
Roma 96 km – Viterbo 45 km – Civitavecchia 20 km – Grosseto 92 km
Carta stradale Michelin 563-P17

Villa Tirreno Ⓝ cam, cam, cam,
via Benedetto Croce 2 – ✆ 07 66 85 79 34 – www.hotelristorantetirreno.it
22 cam – 70/110 € 100/160 € **Rist** – Carta 31/43 €
In comoda posizione tra il centro storico e la via Aurelia, hotel a conduzione diretta, recentemente rinnovato, dispone di ambienti contemporanei e camere confortevoli.

Valle Del Marta Ⓝ cam,
via Aurelia Vecchia al km 93, Nord-Est : 1,5 Km – ✆ 07 66 85 54 75 – www.valledelmarta.it
22 cam – 65/150 € 90/200 € – **2 suites**
Rist – Carta 25/35 € – *(aperto domenica a mezzogiorno e sabato; in giugno-agosto tutte le sere escluso lunedì)*
Immerso nel verde della grande tenuta agricola, un resort dalle camere caldamente arredate in legno, moderno percorso wellness e piscina a sfioro; per i più romantici chiedete le suite sul torrente. Al ristorante, cucina del territorio con prodotti dell'azienda.

a Lido di Tarquinia Sud-Ovest : 6 km – ✉ 01010

La Torraccia senza rist
viale Mediterraneo 45 – ✆ 07 66 86 43 75 – www.torraccia.it – Chiuso 22 dicembre-17 gennaio
22 cam – 45/80 € 60/110 €
Non lontano dal mare, in zona residenziale e al fresco di una pineta, questo piccolo hotel dispone di camere graziosamente arredate con mobili rustici e moderni mini-appartamenti.

Gradinoro
lungomare dei Tirreni 17 – ✆ 07 66 86 40 45 – www.gradinoro.com – Chiuso 15 dicembre-15 gennaio
Menu 25/40 € – Carta 30/74 € – *(solo a pranzo in gennaio-febbraio)*
Ai fornelli c'è sempre la tenace signora Bruna, garante di una cucina della tradizione che propone succulenti preparazioni di pesce fresco. Design moderno-contemporaneo per la sala.

TARTANO

Sondrio (SO) – ✉ 23010 – 188 ab. – Alt. 1 210 m – Carta regionale n° **16-B1**
Roma 695 km – Sondrio 34 km – Chiavenna 61 km – Lecco 77 km
Carta stradale Michelin 561-D11

La Gran Baita rist,
via Castino 7 – ✆ 03 42 64 50 43 – www.albergogranbaita.com – Chiuso febbraio e marzo
34 cam – 35/38 € 65/68 € **Rist** – Menu 15/40 €
In Val Tartano, nel Parco delle Orobie, un'oasi di assoluta pace e relax ove potersi godere anche vari servizi naturali per la salute; conduzione familiare e confort. Al ristorante ambiente rustico avvolto dal legno, con vetrate sulla natura.

TARVISIO

Udine (UD) – ✉ 33018 – 4 540 ab. – Alt. 732 m – Carta regionale n° **11-C1**
Roma 730 km – Udine 95 km – Cortina d'Ampezzo 170 km – Gorizia 133 km
Carta stradale Michelin 562-C22

Ex Posta con cam cam,
via Friuli 55, località Coccau, Est : 6 km – ✆ 04 28 64 40 55 – www.exposta.it
3 cam – 80 € 80 €, 6 € Carta 17/34 € – *(chiuso lunedì)*
Non lontano dal confine, tra rigogliose pinete, una settecentesca stazione di posta si è trasformata in ristorante dagli ambienti semplici e curati. Cucina regionale e vino sfuso d'origine friulana.

TATTI

→ Vedere Massa Marittima
Grosseto (GR)

TAVAGNACCO

Udine (UD) – ✉ 33010 – 12 142 ab. – Alt. 137 m – Carta regionale n° **11-C2**

Roma 645 km – Udine 9 km – Tarvisio 84 km – Trieste 78 km

Al Grop con cam

via Matteotti 1 – ✆ 04 32 66 02 40 – www.algrop.com – Chiuso 15 giorni in agosto

6 suites – 120/150 €

Carta 26/57 € – *(chiuso giovedì a mezzogiorno e mercoledì)*

Lunga tradizione per un ristorante rustico con un imponente e scoppiettante camino centrale: i piatti seguono le stagioni, carni alla griglia e l'asparago bianco locale (quando è il periodo!). A 100 metri, i confortevoli appartamenti con angolo cottura e graziosa corte.

TAVARNELLE VAL DI PESA

Firenze (FI) – ✉ 50028 – 7 790 ab. – Alt. 378 m – Carta regionale n° **32-C2**

Roma 268 km – Firenze 29 km – Siena 41 km – Livorno 92 km

Carta stradale Michelin 563-L15

Castello del Nero

strada Spicciano 7 – ✆ 0 55 80 64 70 – www.castellodelnero.com – Chiuso 6 gennaio-31 marzo

32 cam – 370/650 € 420/700 € – **18 suites**

Rist *La Torre* ✿ – vedere selezione ristoranti

In posizione dominante sulle colline, una residenza di campagna di origini duecentesche, dove gli elementi storici si fondono con arredi moderni e accessori d'avanguardia. Centro benessere con trattamenti up-to-date.

Antica Pieve

strada della Pieve 1 – ✆ 05 58 07 63 14 – www.anticapieve.net – Chiuso 15-30 gennaio

7 cam – 65/98 € 85/115 € **Rist** – Carta 22/39 € – *(chiuso mercoledì)*

Una piacevole casa colonica - sapientemente ristrutturata - a metà strada fra Firenze e Siena, sulla famosa via Cassia: poche camere, ma ben arredate e curate nei particolari. Ottimi spazi all'esterno con piscina e giardino.

La Torre – Hotel Castello del Nero

✿

strada Spicciano 7 – ✆ 0 55 80 64 70 – www.castellodelnero.com – Chiuso 6 gennaio-31 marzo

Menu 65 € – Carta 71/111 € – *(solo a cena)*

La cucina è lì a raccontare - a chi ha il privilegio di sedersi nell'elegante sala in tema con l'hotel - le varie esperienze dello chef presso ristoranti importanti: piatti di grande impatto emotivo ricchi di gusto e sostanza.

→ Parfait di foie gras con marmellata di cipolle di Certaldo e spuma di mele. Faraona arrosto farcita della sua carne e radicchio di campo con salsa al caffè. Tarte tatin di pomodoro del nostro orto con ricotta all'arancio.

Osteria La Gramola

via delle Fonti 1 – ✆ 05 58 05 03 21 – www.gramola.it – Chiuso martedì

Menu 30/35 € – Carta 22/49 €

È un incontro tra l'architettura paesana e lo scorrere di una dimensione rurale fatta di antiche abitudini, lenti rituali e solide certezze. Vino, olio, carni provenienti da allevamenti della zona: Cecilia, la cuoca, sa valorizzare con grande talento i prodotti, le ricette e la cultura gastronomica della sua terra.

a San Donato in Poggio Sud-Est : 7 km – ✉ 50020

La Locanda di Pietracupa con cam

via Madonna di Pietracupa 31 – ✆ 05 58 07 24 00 – www.locandapietracupa.com – Chiuso 25 dicembre-31 gennaio

4 cam – 45/75 € 60/90 €

Carta 39/57 € – *(chiuso martedì escluso Pasqua-30 ottobre)* (consigliata la prenotazione)

Immerso tra le dolci colline del Chianti, d'estate è senz'altro piacevole prendere posto ai tavoli in giardino; in cucina c'è passione e fantasia perchè ogni stagione sia rappresentata dal menu più consono. Colori tenui e rilassanti nelle camere e da tutte una vista spettacolare sul verde.

Antica Trattoria La Toppa

via del Giglio 41 – ✆ 05 58 07 29 00 – www.anticatrattorialatoppa.com – Chiuso 18 gennaio-20 febbraio e lunedì

Carta 23/51 €

Nel cuore di un borgo medioevale da cartolina, mezzo secolo di tradizione familiare e cucina casereccia non s'improvvisano, dallo stracotto alla chiantigiana alle carni alla griglia, oltre alle paste fresche fatte in casa. Attenti solo a non prendere una toppa, ovvero una sbronza!

a Badia a Passignano Est : 7 km – ✉ 50028 Tavarnelle Val Di Pesa

Osteria di Passignano

via Passignano 33 – ✆ 05 58 07 12 78 – www.osteriadipassignano.com – Chiuso 12 gennaio-12 febbraio e domenica

Menu 70/120 € – Carta 63/81 € – (consigliata la prenotazione la sera)

Incantevole ubicazione: di fianco all'abbazia, nelle cantine fine '800 dei marchesi Antinori; non è da meno la cucina, di stampo moderno con solide radici nella tradizione.

➜ Tortelli farciti di pappa al pomodoro, salsa al basilico ed erbe aromatiche. Petti di piccione arrosto al profumo di ginepro, coscette farcite di fegatini. Millefoglie di chiacchiere con budino di riso e fondente di cioccolato.

TAVIANO

Lecce (LE) – ✉ 73057 – 12 355 ab. – Alt. 58 m – Carta regionale n° **27-D3**

Roma 616 km – Brindisi 91 km – Bari 203 km – Lecce 55 km

Carta stradale Michelin 564-H36

A Casa tu Martinu con cam

via Corsica 97 – ✆ 08 33 91 36 52 – www.acasatumartinu.com – Chiuso lunedì

11 cam – 40/50 € 80/130 €

Carta 23/44 € – *(solo a cena in luglio-agosto)*

Ciciari e tria, ma non solo... Alla cucina tipica del Salento - semplice e gustosa, con molte verdure e tanta griglia - sommate la possibilità di desinare all'aperto, avvolti dal profumo di agrumi e nespole. Romantico e incantato.

TEGLIO

Sondrio (SO) – ✉ 23036 – 4 637 ab. – Alt. 851 m – Carta regionale n° **16-B1**

Roma 719 km – Sondrio 20 km – Edolo 37 km – Milano 158 km

Carta stradale Michelin 561-D12

sulla strada statale 38 al km 38,750 Sud-Ovest: 8 km

Fracia

località Fracia ✉ 23036 Teglio – ✆ 03 42 48 26 71 – www.fracia.it – Chiuso 10-21 giugno e mercoledì

Menu 28 € – Carta 30/49 € – (coperti limitati, prenotare)

Guanciale di vitello stufato con crema di patate ed ottime specialità valtellinesi, in un rustico cascinale in pietra con vista panoramica sulla valle circostante. Un'oasi di tradizione e gusto.

TELESE TERME

Benevento (BN) – ✉ 82037 – 7 118 ab. – Alt. 55 m – Carta regionale n° **6-B1**

Roma 208 km – Napoli 68 km – Benevento 32 km – Salerno 103 km

Aquapetra Resort e Spa

località Monte Pugliano – ✆ 08 24 97 50 07 – www.aquapetra.com

39 cam – 200/400 € 200/400 € – **1 suite**

Rist *La Locanda del Borgo* – vedere selezione ristoranti

Una famiglia di architetti ha rilevato un vecchio rudere con l'intento di realizzare un progetto da mille e una notte: il risultato è questa sorta di lussuoso borgo, dove gli spazi sono personalizzati con pezzi d'antiquariato ed accessori dell'ultima generazione, incantevole spa e suggestiva piscina. Molto più di un sogno!

XX **Krèsios** (Giuseppe Iannotti) con cam — rist, rist, P
via San Giovanni 59 – ✆ 08 24 94 07 23 – www.kresios.com
4 cam – 90 € 150 €
Menu 65 € – Carta 52/88 € – *(chiuso domenica sera e lunedì)*
Ecco un'accogliente casa di campagna che rivela all'interno un piacevole mix di antico e moderno, nonché delle cucine a vista dove sorvegliare l'operato del cuoco: piatti creativi e personalizzati, spesso di ricerca, mai banali. Ma l'esperienza non si ferma all'alta cucina: ci sono anche proposte di piatti più semplici, una rivendita di prodotti e delle confortevoli camere.
➜ Cappelletto al ragù tradizionale napoletano. Un coniglio nell'orto. Omaggio al tabacco Kentucky di Benevento.

XX **La Locanda del Borgo** – Hotel Aquapetra Resort e Spa — P
località Monte Pugliano – ✆ 08 24 97 50 07 – www.aquapetra.com
Menu 50/85 € – Carta 41/82 €
Rustico e moderno convivono armoniosamente nella sala di questo ristorante, la cui cucina è nelle mani di un giovane cuoco con esperienze significative anche all'estero. Piatti creativi si accompagnano ad un'ottima scelta enologica: di grande impatto, infatti, le belle cantine.

TELLARO ➜ Vedere Lerici
La Spezia (SP)

TEMPIO PAUSANIA
Sardegna – Olbia-Tempio (OT) – ✉ 07029 – 13 973 ab. – Alt. 566 m – Carta regionale n° **28-B1**
Cagliari 253 km – Nuoro 135 km – Olbia 45 km – Palau 48 km
Carta stradale Michelin 366-P38

Pausania Inn — rist, P
strada statale 133, Nord : 1 km – ✆ 0 79 63 40 37 – www.hotelpausaniainn.com – Chiuso 5-31 gennaio e 1° novembre-30 dicembre
60 cam – 35/75 € 70/140 € **Rist** – Menu 22/37 € – *(solo a cena)*
Con oltre dieci anni di attività, ma ben curato da apparire di recentissima costruzione, l'hotel dispone di ampi spazi comuni e gode di una meravigliosa vista sui monti di Aggius, il "Resegone Sardo". L'accogliente sala colazioni si affaccia, invece, sulla grande piscina e un giardino di piante mediterranee.

TENCAROLA ➜ Vedere Selvazzano Dentro
Padova (PD)

TENNA
Trento (TN) – ✉ 38050 – 969 ab. – Alt. 569 m – Carta regionale n° **33-B3**
Roma 607 km – Trento 18 km – Belluno 93 km – Bolzano 79 km
Carta stradale Michelin 562-D15

Margherita — P
località Pineta Alberè 2, Nord-Ovest : 2 km – ✆ 04 61 70 64 45 – www.hotelmargherita.it – Aperto 1° aprile-31 ottobre
33 cam – 50/80 € 90/150 € – **7 suites** **Rist** – Carta 24/44 €
Nella pineta di Alberè, albergo storico che vanta un ampio parco con piscina, campi da tennis e da calcetto, nonché camere classiche arredate in legno di rovere o più moderne ed essenziali per soddisfare clienti con gusti diversi. Piatti italiani e specialità regionali al ristorante.

TEOLO
Padova (PD) – ✉ 35037 – 8 302 ab. – Alt. 175 m – Carta regionale n° **39-B3**
Roma 498 km – Padova 21 km – Abano Terme 14 km – Ferrara 83 km
Carta stradale Michelin 562-F17

Villa Lussana

via Chiesa 1 – ✆ 04 99 92 55 30 – www.villalussana.com – Chiuso 7-31 gennaio
11 cam – †63 € ††94 €
Rist – Carta 28/38 € – *(chiuso martedì escluso giugno-settembre)*
Si tratta di una piacevole struttura a gestione diretta familiare, ricavata da una villa Liberty dei primi '900 e situata in posizione panoramica sui Colli Euganei: un ottimo punto d'appoggio per visitarli.

a Castelnuovo Sud-Est : 3 km – ✉ 35038

Trattoria al Sasso

via Ronco 11 – ✆ 04 99 92 50 73 – www.trattorialsasso.it – Chiuso mercoledì
Carta 35/55 €
Una casa padronale immersa nei colli Euganei con sale di tono leggermente rustico e spunti di raffinatezza. La cucina soddisfa i palati con proposte legate al territorio.

TERAMO

✉ 64100 – 54 377 ab. – Alt. 432 m – Carta regionale n° **1-B1**
Roma 182 km – Ascoli Piceno 39 km – Ancona 137 km – L'Aquila 66 km
Carta stradale Michelin 563-O23

Sporting (N)

Via Alcide de Gasperi 41 ✉ 64100 Teramo – ✆ 08 61 21 05 01 – www.hotelsportingteramo.it
60 cam – †75/100 € ††120/140 € – **1 suite** **Rist** – Carta 20/47 €
Moderno e molto accogliente, lo Sporting offre pochi spazi comuni nella hall, ma belle camere con accessori dell'ultima generazione. Al mattino, vi attende una ricca colazione all'ultimo piano, panoramico, dove si trova anche il ristorante.

TERLANO (TERLAN)

Bolzano (BZ) – ✉ 39018 – 4 223 ab. – Alt. 248 m – Carta regionale n° **34-D3**
Roma 646 km – Bolzano 9 km – Merano 19 km – Milano 307 km
Carta stradale Michelin 562-C15

Weingarten

via Principale 42 – ✆ 04 71 25 71 74 – www.hotel-weingarten.com – Chiuso 24 dicembre-20 marzo
19 cam – †66/78 € ††108/140 € – **2 suites** **Rist** – Carta 24/54 €
Giardino ombreggiato con piscina riscaldata, a due passi dal centro di Terlano, tra vigneti e frutteti. L'albergo dispone di camere luminose e panoramiche. Servizio ristorante all'aperto, all'ombra degli alberi, o nelle tipiche stube.

a Settequerce Sud-Est : 3 km – ✉ 39018

Patauner

via Bolzano 6 – ✆ 04 71 91 85 02 – www.restaurant-patauner.net – Chiuso 2 settimane in febbraio, 3 settimane in luglio, domenica in agosto-settembre, giovedì negli altri mesi
Carta 20/48 €
Dal bar pubblico si accede alla sala, senza pretese e tuttavia con una piacevole atmosfera del luogo; tirolesi anche alcuni piatti. Marito in cucina, moglie ai tavoli.

a Vilpiano Nord-Ovest : 4 km – ✉ 39018

Sparerhof

via Nalles 2 – ✆ 04 71 67 86 71 – www.hotelsparerhof.it
15 cam – †60/83 € ††110/130 €
Rist – Carta 42/78 € – *(chiuso domenica escluso in aprile-maggio) (solo a cena escluso domenica)*
Simpatici e ospitali, i proprietari comunicano brio all'ambiente, gradevole e singolare; oggetti di design e opere d'arte sparsi un po' ovunque, anche nelle piccole camere. Nella semplice ed accogliente sala da pranzo oppure nel fresco giardino, piatti appetitosi e creativi.

TERME → Vedere di seguito o al nome proprio della località termale

TERME LUIGIANE

Cosenza (CS) – ✉ 87020 AcquappesaAlt. 178 m – ✉ Acquappesa – Carta regionale n° **5-A2**

Roma 475 km – Cosenza 49 km – Castrovillari 107 km – Catanzaro 110 km

Carta stradale Michelin 564-I29

Grand Hotel delle Terme

via Fausto Gullo 6 – ✆ 0 98 29 40 52 – www.grandhoteltermeluigiane.it – Aperto 31 maggio-24 ottobre

131 cam – 60/80 € 100/120 € **Rist** – Menu 25/50 €

Collegato alle Thermae Novae mediante un passaggio interno, ecco un hotel ideale per i soggiorni terapeutici, dotato di servizi appropriati tra cui un attrezzato parco termale con varie piscine e spazi dedicati al fitness.

TERMENO SULLA STRADA DEL VINO (TRAMIN AN DER WEINSTRASSE)

Bolzano (BZ) – ✉ 39040 – 3 284 ab. – Alt. 276 m – Carta regionale n° **34-D3**

Roma 630 km – Bolzano 24 km – Milano 288 km – Trento 48 km

Carta stradale Michelin 562-C15

Mühle-Mayer

via Molini 66, Nord : 1 km – ✆ 04 71 86 02 19 – www.muehle-mayer.it – Aperto 15 aprile-10 novembre

9 cam – 76/113 € 128/196 € – **3 suites**

Rist – Menu 15 € – *(chiuso domenica escluso 15 luglio-10 novembre) (solo a cena) (solo per alloggiati)*

Tra i verdi e riposanti vigneti in una zona isolata e tranquilla, un gradevole giardino-solarium e una casa situata su un antico mulino offre stanze eleganti e personalizzate.

Tirolerhof senza rist

via Parco 1 – ✆ 04 71 86 01 63 – www.tirolerhof.com – Aperto Pasqua-15 novembre

30 cam – 58/70 € 100/130 €

Conduzione familiare ben rodata per quest'albergo che si sviluppa su due costruzioni; deliziosi il giardino e la veranda nonché gli spazi interni.

TERME VIGLIATORE

Sicilia – Messina (ME) – ✉ 98050 – 7 250 ab. – Carta regionale n° **30-D1**

Catania 123 km – Enna 174 km – Messina 50 km – Palermo 184 km

Carta stradale Michelin 365-AZ55 – Guida Verde Michelin SICILIA

Il Gabbiano

rist,

via Marchesana 4, località Lido Marchesana – ✆ 09 09 78 23 43 – www.gabbianohotel.com – Aperto 1° aprile-31 ottobre

40 cam – 50/105 € 80/140 € – **3 suites** **Rist** – Carta 16/46 €

Nel suggestivo golfo di Tindari, a poca distanza da numerose attrattive turistiche, una struttura moderna e panoramica che sfrutta appieno la posizione sulla spiaggia. Le sale del ristorante danno sulla terrazza a mare con piscina.

TERMINI

➜ Vedere Massa Lubrense

Napoli (NA)

TERMOLI

Campobasso (CB) – ✉ 86039 – 33 194 ab. – Carta regionale n° **2-D2**

Roma 300 km – Pescara 98 km – Campobasso 69 km – Foggia 88 km

Carta stradale Michelin 564-A26

Santa Lucia senza rist

largo Piè di Castello – ✆ 08 75 70 51 01 – www.santaluciahotel.it

25 cam – 100/110 € 120/150 € – **1 suite**

Di recente apertura, hotel dagli ambienti raffinati in cui prevalgono i colori caldi. Camere di buon livello sia per confort che per cura e stile negli arredi.

Mistral

lungomare Cristoforo Colombo 50 – ✆ 08 75 70 52 46 – www.hotelmistral.net
66 cam – 52/120 € 90/160 € – **2 suites**
Rist – Carta 23/60 € – *(aperto 1° maggio-30 settembre)*
Una struttura bianca che svetta sul lungomare prospiciente la spiaggia; di tono piuttosto moderno, a prevalente vocazione estiva, offre camere funzionali. Capiente sala da pranzo movimentata da colonne e una vista sul blu dalle vetrate.

Meridiano

lungomare Cristoforo Colombo 52/a – ✆ 08 75 70 59 46 – www.hotelmeridiano.com
81 cam – 51/125 € 78/145 € **Rist** – Carta 22/43 €
Affacciato sulla passeggiata mare, un albergo ideale sia per clienti di lavoro che per turisti: discreti spazi esterni, con parcheggio, e confortevole settore notte. Ristorante con vista sul Mediterraneo e sulle mura del centro storico.

Residenza Sveva senza rist

piazza Duomo 11 – ✆ 08 75 70 68 03 – www.residenzasveva.com
21 cam – 59/149 € 79/149 € – **1 suite**
Nel borgo antico, varie camere distribuite tra i vicoli, tutte affascinanti per raffinatezza e personalizzazioni. Un'opportunità di soggiorno inusuale e molto gradevole.

Locanda Alfieri senza rist

via Duomo 39 – ✆ 08 75 70 81 12 – www.locandalfieri.com
13 cam – 55/90 € 80/115 €
Nel pittoresco centro del Borgo Vecchio, un albergo diffuso - le camere sono distribuite in cinque edifici - letti in ferro battuto, mobili in arte povera e dettagli di personalizzazione. Sotto l'intonaco fanno capolino le antiche mura.

Svevia – Hotel Residenza Sveva

via Giudicato Vecchio 24 – ✆ 08 75 55 02 84 – www.svevia.it – chiuso lunedì a mezzogiorno
Carta 37/49 €
Nelle cantine di un palazzo d'epoca, la storia si fonde abilmente con atmosfere moderne, mentre la cucina si ancora alla tradizione marittima molisana con solo pochi piatti di carne.

Nonna Maria con cam

via Oberdan 14 – ✆ 0 87 58 15 85 – www.nonnamaria.it
5 cam – 30/50 € 55/80 €
Carta 28/63 € – *(chiuso lunedì escluso luglio e agosto)*
Raccolta e curata trattoria del centro a conduzione familiare. In menù un'appetitosa lista di piatti tradizionali e di preparazioni a base di pesce fresco. Graziose camere arredate con letti in ferro battuto e colori pastello.

L'Opera

via Adriatica 32 – ✆ 08 75 70 45 47 – www.trattorialopera.com – Chiuso domenica sera e lunedì
Carta 25/57 €
Sotto le volte in mattoni di questo piccolo locale, semplice, ma accogliente, potrete trovare tipiche specialita di pesce; simpatico, anche il dehors estivo.

sulla strada statale 16-Litoranea Termoli Nord

Villa Delle Rose

S.S. 16 Lungomare nord 122 , Ovest : 5 km ✉ 86039 – ✆ 0 87 55 25 65 – www.ristorante-villadellerose.it – Chiuso 7-31 gennaio e lunedì
Carta 26/74 €
Bel ristorante moderno e luminoso, ricavato da una nuova costruzione lungo la statale. Viene proposta una cucina di mare, ma non solo, tradizionale o più "adriatica".

TERNI

✉ 05100 – 109 382 ab. – Alt. 130 m – Carta regionale n° **36-C3**
Roma 103 km – Napoli 316 km – Perugia 82 km
Carta stradale Michelin 563-O19

Michelangelo Palace cam,

viale della Stazione 63 – ✆ 07 44 20 27 11 Pianta : B1**a**
– www.michelangelohotelumbria.it
78 cam – 69/103 € 69/138 € – **4 suites** **Rist** – Carta 21/50 €
Dotato di ogni confort, avvolto da un'atmosfera moderna, ma elegante, un hotel comodo per accedere alla città con il treno o per lasciarvi la macchina e proseguire a piedi per il centro; albergo elegante, camere classiche, pregevoli i bagni. Ristorante all'ultimo piano con vista sui colli, cucina locale e nazionale.

uscita raccordo Terni Ovest

Garden Hotel

viale Donato Bramante 4/6, per via Cesare Battisti - A1 – ✆ 07 44 30 00 41
– www.gardenhotelterni.it
93 cam – 65/90 € 70/100 € – **1 suite**
Rist *Il Melograno* – vedere selezione ristoranti
Presso i principali svincoli stradali, il vantaggio della comodità negli spostamenti deve essere coniugato alla prenotazione di una camera sul retro; arredi semplici e funzionali, clientela commerciale.

Classic Hotel Tulipano cam, rist,
via Dalla Chiesa 24, 2 km per Todi - A1 - 07 44 30 60 24 – www.classichotelterni.com
69 cam – 49/79 € 59/89 €
Rist – Carta 24/45 € – *(chiuso domenica) (solo a cena)*
In comoda posizione vicino alle principali autostrade e tangenziali, un albergo dalle camere semplici, a volte di dimensione modesta, ma dal buon rapporto qualità/prezzo.

Il Melograno – Garden Hotel
viale Donato Bramante 2, per via Cesare Battisti - A1 – 07 44 30 03 75 – www.ristoranteilmelogranoterni.it
Carta 23/47 € – *(chiuso domenica sera)*
Poco lontano dallo svincolo Terni ovest, ristorante moderno con specialità alla griglia e, oltre alla carta, proposte del giorno a prezzi più vantaggiosi. D'estate il servizio si sposta (anche) all'aperto, a bordo piscina.

TERRACINA

Latina (LT) – 04019 – 44 616 ab. – Carta regionale n° **13-C3**
Roma 109 km – Frosinone 58 km – Gaeta 35 km – Latina 39 km
Carta stradale Michelin 563-S21

Poseidon senza rist
via Piemonte, snc – 07 73 73 36 60 – www.hotelposeidon-terracina.com – Aperto 1° aprile-31 ottobre
46 cam – 60/160 € 70/170 €
Un piacevole hotel ben curato e dall'originale architettura a forma di nave da crociera, frequentato soprattutto da una clientela straniera: ideale per un soggiorno balneare.

Il Grappolo d'Uva
lungomare Matteotti 1 – 07 73 70 25 21 – www.grappoloduva.it – Chiuso novembre e mercoledì
Carta 31/93 €
Situato proprio sul mare, ma altrettanto vicino al centro, il locale dispone di una sala dalle ampie vetrate cui si accede da una scalinata; dalla cucina specialità di pesce.

Bottega Sarra 1932
via San Francesco 52-54 – 07 73 70 20 45 – www.bottegasarra.it – Chiuso lunedì e martedì escluso luglio-agosto
Menu 25 € – Carta 30/61 € – *(solo a cena in luglio-agosto)* (consigliata la prenotazione)
Lungo una salita che porta al centro storico, tre piccole sale in stile moderno ed elegante, dove gustare i veri sapori della cucina mediterranea e i prodotti tipici del territorio.

TERRANOVA DI POLLINO

Potenza (PZ) – 85030 – 1 291 ab. – Alt. 926 m – Carta regionale n° **4-C3**
Roma 467 km – Cosenza 157 km – Matera 136 km – Potenza 152 km
Carta stradale Michelin 564-H30

Luna Rossa
via Marconi 18 – 0 97 39 32 54 – Chiuso mercoledì
Menu 25/35 € – Carta 23/43 € – (consigliata la prenotazione)
In centro paese, locale rustico e conviviale con panoramica terrazza affacciata sulla valle. La ricerca dei piatti della tradizione parte dal mondo contadino per concretizzarsi nella continua passione e nel rinnovato talento dello chef. Specialità: filetto su patate al sale.

TERRANUOVA BRACCIOLINI

Arezzo (AR) – 52028 – 12 364 ab. – Alt. 156 m – Carta regionale n° **32-C2**
Roma 227 km – Firenze 47 km – Siena 51 km – Arezzo 37 km
Carta stradale Michelin 563-L16

a Penna Alta Nord-Est : 3 km – ✉ 52028 Terranuova Bracciolini

Il Canto del Maggio

località Penna Alta 30/d – ✆ 05 59 70 51 47 – www.cantodelmaggio.com – Chiuso domenica sera e lunedì

Menu 25/45 € – Carta 31/52 € – *(solo a cena escluso domenica)*

In un piccolo borgo dalla storia quasi millenaria, è proverbiale l'infaticabile ricerca del titolare per i prodotti del territorio. Una gemma, il servizio estivo in giardino.

a Montemarciano Nord : 5 km – ✉ 52028

La Cantinella

– ✆ 05 59 17 27 05 – Chiuso 1°-15 gennaio e lunedì

Carta 28/43 € – *(solo a cena escluso giorni festivi)* (consigliata la prenotazione)

Ristorantino di campagna dagli interni piacevolmente personalizzati, ma anche con un godevole servizio estivo in terrazza. La cucina rivisita la tradizione toscana.

TERRASINI

Sicilia – Palermo (PA) – ✉ 90049 – 11 967 ab. – Alt. 33 m – Carta regionale n° **29-B2**

Palermo 29 km – Trapani 71 km

Carta stradale Michelin 365-AN55 – Guida Verde Michelin SICILIA

Il Bavaglino (Giuseppe Costa)

via Benedetto Saputo 20 – ✆ 09 18 68 22 85 – www.giuseppecosta.com – Chiuso martedì escluso agosto

Carta 39/52 € – (coperti limitati, prenotare)

Sono le specialità ittiche, interpretate con fantasia e preparate con ottimi prodotti locali, le regine della tavola in un piccolo locale gestito da uno chef-patron appassionato. Non ultima: gradevole vista mare dal bel dehors.

→ Insalata di mare cotta... adesso. Pesce del giorno al timo su crema di ceci con cipolla rossa in agro e spuma al nero d'Avola. Nuvola di cassata.

TESERO

Trento (TN) – ✉ 38038 – 2 900 ab. – Alt. 1 000 m – Carta regionale n° **34-D3**

Roma 644 km – Bolzano 50 km – Trento 54 km – Belluno 91 km

Carta stradale Michelin 562-D16

Rio Stava Family Resort & Spa

via Mulini 20 – ✆ 04 62 81 44 46 – www.hotelriostava.com – Chiuso novembre

25 suites – 23 cam **Rist** – Menu 18/36 €

Dispone di accoglienti ambienti in legno e camere ben rifinite (a disposizione anche molte family suite), quest'eccellente casa di montagna in posizione isolata, poco fuori dal centro e cinta da un curato giardino.

TESIDO = TAISTEN → Vedere Monguelfo

Bolzano (BZ)

TESIMO (TISENS)

Bolzano (BZ) – ✉ 39010 – 1 872 ab. – Alt. 635 m – Carta regionale n° **33-B2**

Roma 648 km – Bolzano 20 km – Merano 20 km – Trento 77 km

Carta stradale Michelin 562-C15

Zum Löwen (Anna Matscher)

via Principale 72 – ✆ 04 73 92 09 27 – www.zumloewen.it – Chiuso lunedì e martedì

Menu 65/85 € – Carta 55/88 €

Splendida ristrutturazione di un antico maso: dal fienile alle vecchie stalle, tutto è stato recuperato ed esaltato da inserimenti più moderni. Come la cucina, tecnica e femminile al tempo stesso, ripropone i piatti della tradizione reinterpretati con squisita creatività.

→ Borsette ripiene di coda di bue su spinaci e due salse. Fette di capriolo su purè di sedano, ciliegie corniole e fave di cacao. Dessert al caffè.

TESSERA

Venezia (VE) – ✉ 30030Alt. 3 m – Carta regionale n° **40-C2**
Roma 527 km – Venezia 12 km – Mestre 8 km – Padova 43 km
Carta stradale Michelin 562-F18

Courtyard by Marriott Venice Airport
via Triestina 170 – ✆ *04 15 41 65 67* – *www.marriott.com*
100 cam – 🚹100/450 € 🚹🚹100/450 €, ☕ 15 €
Rist – Carta 41/79 € – *(chiuso agosto e domenica escluso maggio-settembre)*
Poco distante dall'aeroporto, questa struttura ricavata da un antico casale è l'indirizzo ideale per una clientela business o di passaggio. Camere ampie, attrezzate di ogni confort; servizio veloce ed efficiente. Linee minimaliste nel luminoso ristorante, ma tutta la ricchezza della cucina italiana nel piatto.

TIERS = TIRES

TIGLIOLE

Asti (AT) – ✉ 14016 – 1 703 ab. – Alt. 239 m – Carta regionale n° **25-C1**
Roma 628 km – Torino 60 km – Alessandria 49 km – Asti 14 km
Carta stradale Michelin 561-H6

Ca' Vittoria (Massimiliano Musso) con cam
via Roma 14 – ✆ *01 41 66 77 13* – *www.cavittoria.it*
– Chiuso 7 gennaio-12 febbraio e 16-26 agosto
10 cam ☕ – 🚹95/125 € 🚹🚹130/150 €
Menu 60/75 € – Carta 46/84 € – *(chiuso domenica sera e lunedì) (solo a cena escluso sabato e domenica)* (consigliata la prenotazione)
Nel cuore di un villaggio da cartolina, da diverse generazioni la stessa famiglia accoglie i clienti con serietà e professionalità piemontesi. E la regione ritorna nei piatti. Bella terrazza ed ottimo confort generale nell'attiguo, raccolto hotel.
→ Risotto alla coda di bue. Maialino da latte, riduzione all'arancia e vellutata di patate ratte. La pera madernassa.

TIRANO

Sondrio (SO) – ✉ 23037 – 9 070 ab. – Alt. 441 m – Carta regionale n° **17-C1**
Roma 725 km – Sondrio 26 km – Passo del Bernina 35 km – Bolzano 163 km
Carta stradale Michelin 561-D12

Centrale senza rist
via Albonico 27 – ✆ *03 42 70 56 20* – *www.hoteltirano.it*
21 cam ☕ – 🚹80/200 € 🚹🚹80/200 €
Recentemente ristrutturato, i locali comuni sono ricavati da un'ex drogheria dove le volte caratterizzano i passaggi; camere moderne e di buon confort.

Bernina
via Roma 24 – ✆ *03 42 70 13 02* – *www.saintjane.eu*
37 cam ☕ – 🚹44/80 € 🚹🚹69/150 € – **1 suite** **Rist** – Carta 23/54 €
Un totale restauro ha coinvolto sia l'hotel che il ristorante, che si è arricchito del servizio di pizzeria. A poca distanza dalla stazione della ferrovia per la Svizzera.

sulla strada statale 38 Nord-Est : 3 km

Valchiosa cam,
via Valchiosa 17 ✉ *23030 Sernio* – ✆ *03 42 70 12 92* – *www.albergovalchiosa.it*
– Chiuso 10-31 gennaio
18 cam ☕ – 🚹45/60 € 🚹🚹75/100 €
Rist – Carta 19/47 € – *(chiuso domenica sera escluso agosto)*
Già osteria negli anni '30, rinnovato a fine anni '80, l'albergo, ricavato da una rustica casa del paese, presenta un buon livello di confort e scorci panoramici sulla valle. Il ristorante è da sempre un punto di riferimento per la zona; cucina valtellinese.

TIRES (TIERS)

Bolzano (BZ) – ✉ 39050 – 963 ab. – Alt. 1 028 m – Carta regionale n° **34-D3**
Roma 658 km – Bolzano 16 km – Bressanone 40 km – Milano 316 km
Carta stradale Michelin 562-C16

a San Cipriano Est : 3 km – ✉ 39050 Tires

Cyprianerhof
via San Cipriano 69 – ☎ 04 71 64 21 43 – www.cyprianerhof.com – Chiuso 17 novembre-25 dicembre e 21 marzo-1° aprile
47 cam – †101/162 € ††242/384 € – **1 suite**
Rist – Menu 50 € – Carta 32/61 € – *(chiuso giovedì escluso da maggio a novembre)*
Proprio di fronte al Catinaccio, una piacevole casa dalla tipica atmosfera tirolese, ideale per chi ama i monti e l'escursionismo anche invernale con le ciaspole. Impensabile, ripartire senza una sosta rigenerante al centro benessere. Ristorante dalla tipica atmosfera tirolese.

Stefaner
via San Cipriano 88 d – ☎ 04 71 64 21 75 – www.stefaner.com – Chiuso 6 novembre-26 dicembre
16 cam – †130/162 € ††130/162 €
Rist – Menu 22/25 € – *(solo a cena) (solo per alloggiati)*
Immerso nello splendido scenario alpino, l'autentico calore di una gestione familiare in una gradevole struttura dai pittoreschi balconi in stile altoatesino. Ampio parcheggio esterno.

TIRIOLO

Catanzaro (CZ) – ✉ 88056 – 3 893 ab. – Alt. 690 m – Carta regionale n° **5-B2**
Roma 604 km – Cosenza 91 km – Catanzaro 16 km – Reggio di Calabria 154 km
Carta stradale Michelin 564-K31

Due Mari
via Cavour 46 – ☎ 09 61 99 10 64 – www.duemari.com – Chiuso 1 settimana in ottobre
16 cam – †60/80 € ††80 € – **4 suites**
Rist *Due Mari* – vedere selezione ristoranti
Hotel-residence in bella posizione panoramica, da cui nelle giornate terse si vedono davvero i "due mari": moderni confort in ambiente familiare. A dieci metri circa dalla struttura principale, altre camere ricavate all'interno di un'antica casa del centro storico.

Due Mari – Hotel Due Mari
via Seggio 2 – ☎ 09 61 99 10 64 – www.duemari.com – Chiuso 1 settimana in ottobre e lunedì escluso giugno-settembre
Menu 15/30 € – Carta 16/32 €
Piatti semplici di una cucina calabrese casalinga e dalle porzioni generose: il buon rapporto qualità/prezzo è un altro buon motivo per ritornarci.

TIRLI → Vedere Castiglione della Pescaia
Grosseto (GR)

TIROLO (TIROL)

Bolzano (BZ) – ✉ 39019 – 2 442 ab. – Alt. 594 m – Carta regionale n° **33-B1**
Roma 669 km – Bolzano 32 km – Merano 4 km – Milano 330 km
Carta stradale Michelin 562-B15

Castel
vicolo dei Castagni 18 – ☎ 04 73 92 36 93 – www.hotel-castel.com – Aperto 14 marzo-8 novembre Pianta : AB1**u**
44 cam – solo ½ P 340/458 € – **13 suites**
Rist *Trenkerstube* ✿✿ – vedere selezione ristoranti
Rist - *(solo per alloggiati)*
Struttura lussuosa, arredamento elegante, moderno centro benessere: il concretizzarsi di un sogno, in un panorama incantevole. Comodità e tradizione ai massimi livelli.

Erika
via Principale 39 – ✆ 04 73 92 61 11 – www.erika.it Pianta : AB1**u**
– Chiuso gennaio-febbraio
63 cam – 149/285 € 149/285 € – **14 suites**
Rist – Carta 38/100 € – *(solo per alloggiati)*
Importanti investimenti sono stati fatti per rendere sempre più performante l'area benessere e la struttura in generale: ampi spazi, saune, giardini con piscine varie e uno splendido panorama che abbraccia i monti e Merano. Un wellness hotel con i fiocchi! Al ristorante, specialità locali e settimanali serate a tema.

Gartner
via Principale 65 – ✆ 04 73 92 34 14 – www.hotelgartner.it Pianta : B1**z**
– Aperto 29 marzo-1° novembre
39 cam – solo ½ P 143/205 € – **2 suites** **Rist** – Carta 35/58 €
Architettura esterna moderna con interni dagli arredi essenziali e alla moda, nonché attrezzatissimo centro benessere, per una struttura che conquista l'ospita anche in virtù della sua gustosa cucina regionale.

Golserhof
via Aica 32 – ✆ 04 73 92 32 94 – www.golserhof.it – Aperto Pianta : B1**w**
27 novembre-13 dicembre e 6 marzo-8 novembre
30 cam – 98/239 € 152/300 € – **8 suites**
Rist – Menu 35/49 € – *(aperto 7 marzo-10 novembre) (solo a cena) (solo per alloggiati)*
Vista meravigliosa, atmosfera informale ed una grande tradizione, nonché passione per l'ospitalità. Gli intraprendenti titolari organizzano per i più sportivi piacevoli escursioni in montagna. Per tutti: rilassante sosta al centro benessere. Cucina per buongustai al ristorante.

Patrizia
via Lutz 5 – ✆ 04 73 92 34 85 – www.hotel-patrizia.it Pianta : A1**c**
– Aperto 20 marzo-16 novembre
32 cam – solo ½ P 140/170 € – **6 suites** **Rist** - *(solo per alloggiati)*
Camere di varie tipologie, confortevoli e curate, per concedersi un soggiorno rigenerante per spirito e corpo (nell'attrezzato centro benessere). Bel giardino con piscina, fra i monti.

Küglerhof
via Aslago 82 – ✆ 04 73 92 33 99 – www.kueglerhof.it Pianta : A1**r**
– Aperto 22 marzo-15 novembre
35 cam – 160/210 € 252/350 € **Rist** – Carta 33/67 €
Nella parte alta e tranquilla della località , avrete la sensazione di trovarvi in un'elegante casa, amorevolmente preparata per farvi trascorrere ore di relax e svago, anche nel giardino con piscina riscaldata.

Trenkerstube – Hotel Castel
vicolo dei Castagni 18 – ✆ 04 73 92 36 93 Pianta : AB1**u**
– www.hotel-castel.com – Aperto 14 marzo-8 novembre; chiuso domenica e lunedì
Menu 128/158 € – Carta 94/154 € – *(solo a cena)* (coperti limitati, prenotare)
Pochi tavoli e una scelta ridotta di piatti sono la ricetta che ha portato all'eccellenza le creazioni gastronomiche di Gerhard Wieser. Cullati da un impeccabile servizio, si cena avvolti nei legni di una romantica stube; prodotti tirolesi e riferimenti internazionali in proposte di sorprendente bontà e precisione.
➜ Lasagnette, spuma di speck e caviale osietra. Sella d'agnello nostrana. Vaniglia di Tahiti e menta.

Culinaria im Farmerkreuz
via Aslago 105 – ✆ 04 73 92 35 08 – www.culinaria-im-farmerkreuz.it – Chiuso gennaio, febbraio, domenica sera e lunedì
Carta 40/84 €
Niente mezze misure: la posizione è splendida e la vista sui monti impareggiabile! Il suo debutto fu negli anni '70 come trattoria, ma nel 2008 i figli dei titolari hanno messo mano ad un restyling che ha trasformato il vecchio locale in un ristorante moderno e alla moda. Formula bistrot a pranzo e, la sera, un menu innovativo dai sapori mediterranei.

TIRRENIA

Pisa (PI) – ✉ 56128 – Carta regionale n° **31-B2**
Roma 332 km – Pisa 18 km – Firenze 108 km – Livorno 11 km
Carta stradale Michelin 563-L12

Grand Hotel Continental

largo Belvedere 26 – ✆ 05 03 70 31 – www.grandhotelcontinental.it
171 cam – 85/150 € 110/198 € – **4 suites** **Rist** – Carta 30/48 €
Direttamente sul mare, un grand hotel - non solo nel nome - propone confort di qualità e spazi comuni generosi, più contenuti nelle camere. Cucina mediterranea al ristorante.

Dante e Ivana

via del Tirreno 207/c – ✆ 05 03 25 49 – www.danteeivana.com
– Chiuso 20 dicembre-20 gennaio, domenica e lunedì escluso luglio-agosto
Menu 45/60 € – (prenotazione obbligatoria)
Locale raccolto e signorile, non lontano dal centro, con una bella cantina "a vetro", visibile, e interessante selezione di vini; sapori di pesce, rielaborati con fantasia.

a Calambrone Sud : 3 km – ✉ 56100 Tirrenia

Green Park Resort

via dei Tulipani 1 – ✆ 05 03 13 57 11 – www.greenparkresort.com – Aperto 2 aprile-31 ottobre
144 cam – 90/200 € 100/320 € – **4 suites**
Rist *Lunasia* – vedere selezione ristoranti
Rist *Le Ginestre* – Carta 50/80 €
Un'oasi di pace inserita in una rigogliosa pineta, per una risorsa che si compone di varie strutture ospitanti le moderne camere; per chi fosse alla ricerca di un soggiorno dedicato al relax e alla remise en forme, l'hotel dispone anche di un centro benessere.

Lunasia – Hotel Green Park Resort

via dei Tulipani 1 – ✆ 05 03 13 57 11 – www.greenparkresort.com – Aperto 2 aprile-31 ottobre; chiuso domenica e lunedì
Menu 49/110 € – Carta 61/105 € – *(solo a cena)*
Immersa nella trasparenza di uno scrigno vitreo, la moderna sala è circondata da finestre sul parco e sulla cucina, quasi un unico, grande spazio. Qui il giovane cuoco diverte ed ingolosisce i clienti modificando e trasformando i piatti italiani più rinomati in rivisitazioni personali.
→ Carbonara di mare con preparazione al tavolo. Coda di rana pescatrice ai semi di canapa. Profumo di fiori, gelato di rose e grappa.

TISENS = TESIMO

TITIGNANO

Terni (TR) – ✉ 05010Alt. 521 m – Carta regionale n° **35-B3**
Roma 140 km – Perugia 58 km – Viterbo 66 km – Orvieto 24 km
Carta stradale Michelin 563-N18

Agriturismo Fattoria di Titignano

località Titignano – ✆ 07 63 30 80 22 – www.titignano.com
15 cam – 60 € 90 €
Rist – Menu 20/25 € – (prenotazione obbligatoria)
In posizione isolata, dopo chilometri di strada sterrata, racconta una storia millenaria questo borgo con belvedere sul lago di Corbara, diventato - ora - un agriturismo con piscina panoramica e camere confortevoli.

TIVOLI

Roma (RM) – ✉ 00019 – 52 983 ab. – Alt. 235 m – Carta regionale n° **13-C2**
Roma 36 km – Avezzano 74 km – Frosinone 79 km – Pescara 180 km
Carta stradale Michelin 563-Q20 – Guida Verde Michelin ROMA

Torre Sant'Angelo cam,
via Quintilio Varo – ✆ 07 74 33 25 33 – www.hoteltorresangelo.it
31 cam – 70/130 € 90/140 € – **4 suites**
Rist – Carta 30/62 € – *(chiuso martedì)*
Sulle rovine della villa di Catullo, la città vecchia alle spalle sembra la scenografia di uno spettacolo; interni molto eleganti e piscina su una terrazza con vista di Tivoli e della vallata. Estremamente raffinata la sala ristorante, con tessuti damascati e lampadari di cristallo. Servizio estivo nella corte centrale.

Sibilla
via della Sibilla 50 – ✆ 07 74 33 52 81 – www.ristorantesibilla.com – Chiuso lunedì
Menu 25 € – Carta 23/96 €
In un edificio storico, accanto al tempio di Vesta, sale dall'arredo signorile, attenta conduzione familiare e specialità del territorio, ma non solo.

TIZZANO VAL PARMA

Parma (PR) – ✉ 43028 – 2 103 ab. – Alt. 814 m – Carta regionale n° **8-B2**
Roma 503 km – Parma 40 km – Bologna 140 km – Modena 105 km
Carta stradale Michelin 562-I12

Agriturismo Casa Nuova
strada di Carobbio 11, Sud-Ovest : 2 km – ✆ 05 21 86 82 78 – www.agriturismocasanuova.com
6 cam – solo ½ P 80 € **Rist** – Menu 25/30 € – (prenotazione obbligatoria)
Un viaggio nella musica per gli interessati e un percorso in giardino predisposto ad hoc per non vedenti; nella verde quiete di un bosco le camere sono state ricavete in un vecchio fienile. Accogliente e caratteristica come l'intera struttura, al ristorante primeggiano i prodotti dell'azienda, dalla frutta al miele.

TOBLACH = DOBBIACO

TODI

Perugia (PG) – ✉ 06059 – 17 022 ab. – Alt. 400 m – Carta regionale n° **35-B3**
Roma 130 km – Perugia 47 km – Terni 42 km – Viterbo 88 km
Carta stradale Michelin 563-N19

Fonte Cesia
via Lorenzo Leonj 3 – ✆ 07 58 94 37 37 – www.fontecesia.it
36 cam – 70/120 € 90/170 €
Rist *Le Palme* – Menu 20/45 €
In pieno centro storico e perfettamente integrato nel contesto urbano, un rifugio signorile con volte in pietra a vista: sobrio nei raffinati arredi, curato nei confort. L'eleganza è di casa anche al ristorante.

Bramante
via Orvietana 48 – ✆ 07 58 94 83 81 – www.hotelbramante.it
50 cam – 90/120 € 130/190 € – **4 suites** **Rist** – Carta 41/67 €
Ricavato da un convento del XII secolo - a 1 km dal nucleo cittadino e nei pressi di una chiesa rinascimentale (opera del Bramante) - un complesso comodo e tradizionale, dove non manca un attrezzato centro benessere. Servizio estivo in terrazza: un paesaggio dolcissimo fa da cornice alla tavola.

Villaluisa
via Cortesi 147 – ✆ 07 58 94 85 71 – www.villaluisa.it
38 cam – 65/90 € 70/140 €
Rist – Carta 23/60 € – *(chiuso mercoledì da novembre a marzo)*
Inserito in un verde parco, nella zona più moderna di Todi e quindi agevole da raggiungere, un albergo moderno e funzionale con solida gestione familiare. Nell'accogliente sala che conserva ancora qualche eco rustica, una cucina legata alle tradizioni contadine e ai sapori della nostra terra.

Agriturismo Borgo Montecucco senza rist

frazione Pian di Porto, vocabolo Rivo 194 – ✆ 34 75 51 54 38 – www.borgomontecucco.it – Chiuso 6 gennaio-28 febbraio

10 cam – 35/50 € 60/90 €

In un contesto agricolo lussureggiante, una serie di casolari della fine del XIX sec. - sapientemente restaurati - dispongono di camere rustiche arredate con mobili di arte povera. Un giardino curatissimo ospita un'originale scacchiera gigante per ludici momenti ricreativi.

Umbria

via San Bonaventura 13 – ✆ 07 58 94 27 37 – www.ristoranteumbria.it – Chiuso martedì

Carta 29/54 €

Nei pressi del Duomo, ristorante di lunga tradizione, con una terrazza a picco sulla vallata e due salette: una rallegrata da uno scoppiettante camino ed un'altra, denominata del '400, con affreschi che ricordano un momento storico della città. Cucina regionale.

a Chioano Est: 4,5 km – ✉ 06059

Residenza Roccafiore

località Chioano – ✆ 07 58 94 24 16 – www.roccafiore.it – Chiuso 7 gennaio-28 febbraio

11 cam – 90/160 € 114/240 € – **2 suites**

Rist *Fiorfiore* – vedere selezione ristoranti

Una dimora degli anni '30 unita ad un casolare in pietra nasconde al proprio interno un attrezzato centro benessere. Il fienile è stato trasformato in una sala polivalente collegata alla residenza da un tunnel sotterraneo. Camere eleganti ed eclettiche. Per un soggiorno rilassante nell'incontaminata natura umbra.

Fiorfiore – Hotel Residenza Roccafiore

località Chioano – ✆ 07 58 94 24 16 – Chiuso 7 gennaio-28 febbraio e martedì

Carta 32/42 € – (consigliata la prenotazione)

Ecco l'indirizzo giusto se volete offrirvi una cucina creativa e ricercata, non solo di piatti umbri; spettacolare servizio all'aperto, si mangia circondati dai colli con il profilo di Todi sullo sfondo.

verso Duesanti Nord-Est : 5 km:

Agriturismo Casale delle Lucrezie

frazione Duesanti, Vocabolo Palazzaccio ✉ 06059 – ✆ 07 58 98 74 88 – www.agriturismo-casaledellelucrezie.com – Chiuso 15-31 gennaio

cam,

13 cam – 50/60 € 80/88 €

Rist – Menu 20/30 € – *(solo a cena) (solo per alloggiati)*

Insediamento romano, archi etruschi, residenza delle monache lucrezie dal 1200: punto privilegiato di osservazione su Todi, aperto di recente al pubblico con camere semplici. Pareti e soffitti in pietra anche nella sala ristorante.

verso Collevalenza Sud-Est : 8 km :

Relais Todini

vocabolo Cervara 24 – ✆ 0 75 88 75 21 – www.relaistodini.com – Chiuso dal 7 gennaio al 7 febbraio

12 cam – 112/203 € 160/290 € – **4 suites**

Rist *Relais Todini* – vedere selezione ristoranti

Incantevoli camere in un maniero del '300 abbracciato da un parco che accoglie laghetti ed animali. Oltre ad una prorompente natura, vi attendono le coccole di un centro benessere con trattamenti personalizzati (ottimi quelli vinoterapici).

Villa Sobrano – Country House rist,
vocabolo Sobrano, frazione Rosceto 30/32 – ✆ 07 58 94 62 42 – www.villasobrano.com – Chiuso 10 gennaio-1° marzo
8 cam – 70/110 € 70/110 €
Rist – Menu 25 € – *(chiuso mercoledì) (solo a cena) (solo per alloggiati)*
In un complesso con tanto di cappella privata e castello di origini duecentesche, stanze confortevoli (di cui otto in due annessi agricoli attigui), bella piscina e per gli irriducibile dell'on line, Wi-Fi gratuito.

Relais Todini – Hotel Relais Todini
vocabolo Cervara 24 – ✆ 0 75 88 75 21 – www.relaistodini.com – Chiuso lunedì
Carta 37/61 € – *(solo a cena escluso sabato-domenica)*
Uno scenografico viale fiancheggiato di cipressi vi porta al ristorante dalle vetrate affacciate su romantici tramonti. Partendo da basi umbre la cucina si fa creativa; ottima la carne di manzo argentina.

per la strada statale 79 bis Orvietana bivio per Cordigliano Ovest : 8,5 km :

Tenuta di Canonica
vocabolo Casalzetta, Canonica 75 – ✆ 07 58 94 75 45 – www.tenutadicanonica.com – Aperto 30 marzo-5 novembre
13 cam – 150/250 € 150/250 € – **2 suites**
Rist – Menu 30/40 € – *(chiuso novembre) (solo a cena) (solo per alloggiati)*
Annessa ad una fattoria dell'800, una splendida residenza di campagna di origini medievali elegantemente arredata: prezioso punto di ristoro situato sulla sommità d'un colle.

TOIRANO

Savona (SV) – ✉ 17055 – 2 708 ab. – Alt. 38 m – Carta regionale n° **14-B2**
Roma 580 km – Imperia 43 km – Genova 87 km – San Remo 71 km
Carta stradale Michelin 561-J6

Al Ravanello Incoronato
via Parodi 27/A – ✆ 01 82 92 19 91 – www.alravanelloincoronato.it – Chiuso 20 gennaio-10 febbraio, 20 ottobre-5 novembre e martedì
Menu 13 € (pranzo in settimana) – Carta 30/47 € – *(solo a cena escluso festivi e in giugno-settembre)* (consigliata la prenotazione)
Una breve passeggiata tra i vicoli del borgo antico, la simpatica insegna del locale e una cucina che si presenta con piatti del territorio, accattivanti e ricchi di gusto. Specialità: ravioli di "prebuggiun" (erbe spontanee del territorio).

TOLÈ

Bologna (BO) – ✉ 40040Alt. 678 m – Carta regionale n° **9-C2**
Roma 374 km – Bologna 42 km – Modena 48 km – Pistoia 66 km
Carta stradale Michelin 562-J15

Falco D'Oro
via Venola 27 ✉ 40038 – ✆ 0 51 91 90 84 – www.falcodoro.com – Aperto 1° marzo-30 novembre
62 cam – 45/145 € 65/180 €
Rist *Falco D'Oro* – vedere selezione ristoranti
Il turismo estivo alla ricerca del fresco, lo apprezzerà per le sue camere del tutto semplici, ma all'insegna di prezzi contenuti, nonché per la sua proverbiale cucina emiliana.

Falco D'Oro – Hotel Falco D'Oro
via Venola 27 ✉ 40038 – ✆ 0 51 91 90 84 – www.falcodoro.com – Aperto 1° aprile-31 ottobre
Carta 21/58 €
Perno di tutto il menu sono i primi piatti - tortellini, tortelloni, tagliatelle, pappardelle - il tutto rigorosamente fatto a mano. Attorno a ciò, però, ruotano una serie di secondi (di terra), che in quanto a bontà non son da meno.

TONALE (Passo del)

Brescia (BS)Alt. 1 883 m – Carta regionale n° **17-C1**

Roma 688 km – Sondrio 76 km – Bolzano 94 km – Brescia 130 km

Carta stradale Michelin 562-D13

Grand Hotel Paradiso

cam, rist,

via Case Sparse 51 ✉ 38020 Passo del Tonale – ✆ 03 64 90 48 00 – www.centro-paradiso.it – Aperto 1° dicembre-30 aprile

109 cam – 90/150 € 192/380 € – **11 suites** **Rist** – Menu 40/60 €

Alle porte della località, adiacente agli impianti di risalita, il design concept montano che caratterizza gli spazi comuni di questa imponente struttura è rinvenibile anche nella maggior parte delle camere; solo in alcune si ritorna ad una certa semplicità, ma che pur sempre rima con amenità.

Delle Alpi

cam, rist,

via Circonvallazione 20 ✉ 38020 Passo del Tonale – ✆ 03 64 90 39 19 – www.iridehotels.com – Aperto 1° dicembre-Pasqua e 15 giugno-15 settembre

57 cam – 80/170 € 140/230 € – **5 suites** **Rist** – Carta 31/62 €

Adiacente alle piste, hotel a conduzione diretta che si è ampliato e potenziato nei servizi: camere di design montano e centro benessere nella parte nuova, camere più tradizionali in quella preesistente.

La Mirandola

località Ospizio 3 ✉ 38020 Passo del Tonale – ✆ 03 64 90 39 33 – www.lamirandolahotel.it – Aperto 1° dicembre-30 aprile e 1° giugno-30 settembre

27 cam – 55/75 € 90/130 € – **1 suite** **Rist** – Carta 25/60 €

Ristrutturato su i muri originali dell'Ospizio di S. Bartolomeo, rifugio per viandanti nel XII sec, la globalizzazione qui non ha trovato terreno fertile: antiche volte, soffitti in legno e preziosi dettagli. Di moderno, c'è il centro benessere con sauna, bagno turco, idromassaggio...

Orchidea

cam,

via Circonvallazione 24 ✉ 38020 Passo del Tonale – ✆ 03 64 90 39 35 – www.hotelorchidea.net – Aperto 1° dicembre-31 marzo e 1° luglio-31 agosto

31 cam – 70/200 € 70/200 €

Rist – Menu 15 € – *(solo a cena) (solo per alloggiati)*

Hotel dalla tradizionale impostazione rustico-alpina, dove semplicità rima con funzionalità, e piccolo centro benessere per rinvigorenti soste relax, dopo una giornata all'aria aperta. Specialità trentine al ristorante.

TORBIATO → Vedere Adro

Brescia (BS)

TORBOLE

Trento (TN) – ✉ 38069Alt. 85 m – Carta regionale n° **33-B3**

Roma 569 km – Trento 39 km – Brescia 79 km – Milano 174 km

Carta stradale Michelin 562-E14

Piccolo Mondo

rist,

via Matteotti 108 – ✆ 04 64 50 52 71 – www.hotelpiccolomondotorbole.it

54 cam – 80/94 € 120/148 € – **2 suites**

Rist – Menu 25 € – *(solo per alloggiati)*

Rist *Piccolo Mondo* – Carta 29/52 €

Avvolto in una suggestiva atmosfera, l'hotel crea una piacevole simbiosi tra le bellezza naturalistica del paesaggio ed il moderno confort degli interni: camere spaziose, giardino con piscina. Una saletta è dedicata all'omonimo ristorante à la carte; i sapori sono quelli della regione.

La Terrazza

via Benaco 24 – ✆ 04 64 50 60 83 – www.allaterrazza.com – Aperto 1° marzo-30 novembre; chiuso martedì escluso giugno-settembre

Menu 37/45 € – Carta 29/68 €

Una piccola sala interna ed una veranda con vista sul lago, che in estate si apre completamente, dove farsi servire piatti di forte ispirazione regionale e specialità di lago.

TORCELLO ➜ Vedere Venezia

Venezia (VE)

TORGIANO

Perugia (PG) – ✉ 06089 – 6 576 ab. – Alt. 219 m – Carta regionale n° **35**-B2

Roma 158 km – Perugia 15 km – Assisi 27 km – Orvieto 60 km

Carta stradale Michelin 563-M19

Le Tre Vaselle

via Garibaldi 48 – ✆ 07 59 88 04 47 – www.3vaselle.it – Chiuso 7 gennaio-25 marzo

52 cam – 110/190 € 159/255 € – **18 suites**

Rist *Le Melagrane* – vedere selezione ristoranti

Tre boccali conventuali all'ingresso, danno il nome a questa struttura complessa, affascinante: una casa patrizia sviluppatasi in diverse epoche a partire dal '600, ma con un moderno centro benessere (ottimi trattamenti vinoterapici).

Le Melagrane – Hotel Le Tre Vaselle

via Garibaldi 48 – ✆ 07 59 88 04 47 – www.3vaselle.it – Chiuso 7 gennaio-25 marzo

Carta 42/67 € – *(solo a cena in giugno-agosto)*

Nell'accogliente sala, illuminata a giorno dal sole che filtra dalle vetrate, la tavola valorizza i gustosi prodotti regionali, elaborati con savoir-faire e gusto moderno dallo chef in cucina.

TORGNON

Aosta (AO) – ✉ 11020 – 526 ab. – Alt. 1 489 m – Carta regionale n° **37**-B2

Roma 737 km – Aosta 42 km – Breuil-Cervinia 26 km – Milano 173 km

Carta stradale Michelin 561-E4

Caprice des Neiges N

fraz. Septumian 130 – ✆ 01 66 54 10 16 – www.hcdn.it – Aperto 1° dicembre-Pasqua e 15 giugno-15 settembre

15 cam – 72/110 € 120/180 € – **5 suites** **Rist** – Carta 24/59 €

In posizione tranquilla, soleggiata e molto panoramica, questa deliziosa struttura in perfetto stile valdostano vi permetterà di soddisfare il capriccio di un soggiorno sulla neve (ma è bellissimo anche d'estate). Camere originali ed un accogliente centro benessere.

TORINO

Torino (TO) – 872 091 ab. – Alt. 239 m – ✉ Torino – Carta regionale n° **22**-A1
Roma 669 km – Briançon 108 km – Chambéry 209 km – Genève 252 km
Carta stradale Michelin 561-G5

© Da Ros Luca / Sime / Photononstop

Alberghi

Grand Hotel Sitea

via Carlo Alberto 35 ✉ 10123 Ⓜ Porta Nuova Pianta : G2**t**
– ✆ 01 15 17 01 71 – www.grandhotelsitea.it
120 cam – †141/360 € ††166/440 € – **1 suite**
Rist *Carignano* – vedere selezione ristoranti
La raffinata tradizione dell'ospitalità alberghiera si concretizza in questo hotel nato nel 1925, dove l'atmosfera è dettata dagli eleganti arredi, classici e d'epoca.

NH Lingotto Tech

via Nizza 230 ✉ 10126 Ⓜ Lingotto – ✆ 01 16 64 20 00 Pianta : C2**b**
– www.nh-hotels.it/lingotto – Chiuso agosto
140 cam – †190/315 € ††315 € – **1 suite** **Rist** – Carta 40/50 €
L'ascensore panoramico conduce alle balconate su cui si affacciano le camere, arredate con soli mobili di design. Gemello dell'hotel Lingotto, offre in aggiunta soluzioni più moderne.

NH Lingotto

via Nizza 262 ✉ 10126 Ⓜ Lingotto – ✆ 01 16 64 20 00 Pianta : C2**a**
– www.nh-hotels.it
226 cam – †122/270 € ††137/285 € – **14 suites**
Rist *Torpedo* – vedere selezione ristoranti
Moderno hotel nel palazzo del Lingotto: un riuscito esempio del recupero di un immobile industriale. Camere in design nate dalla creatività di Renzo Piano e un giardino tropicale.

Golden Palace

rist,

via dell'Arcivescovado 18 ✉ 10121 Ⓜ Re Umberto Pianta : G2**h**
– ✆ 01 15 51 21 11 – www.allegroitalia.it
166 cam – †119/149 € ††149/229 €, 25 € – **14 suites**
Rist *G Ristorante Italiano* – Carta 29/90 €
Quando nel secondo dopoguerra fu costruito Palazzo Toro (attuale sede dell'hotel), l'opera fu citata nei più autorevoli testi di architettura, in quanto esemplare per concezione e struttura. A distanza di mezzo secolo, l'ispirazione decò e il suo design minimalista, non smettono di brillare: per un soggiorno da re Mida!

Un esercizio evidenziato in rosso enfatizza il fascino della struttura XXX.

Principi di Piemonte

via Gobetti 15 ✉ *10123* Ⓜ *Porta Nuova* – ✆ *01 15 51 51* Pianta : G2**b**
– *www.atahotels.it*
81 cam ☕ – 🚹205/500 € 🚹🚹225/600 € – **18 suites**
Rist *Casa Savoia* – vedere selezione ristoranti
A due passi dal centro, questo storico edificio anni '30 vanta camere spaziose e ricche di marmo: atmosfera elegante, confort assolutamente moderno.

AC Hotels by Marriott Torino

via Bisalta 11 ✉ *10126* Ⓜ *Spezia* – ✆ *01 16 39 50 91* Pianta : C2**d**
– *www.hotelactorino.com*
80 cam ☕ – 🚹110/350 € 🚹🚹120/360 € – **3 suites**
Rist – Menu 28/70 €
In un ex pastificio, l'hotel è raccolto in una tipica costruzione industriale d'inizio '900 e presenta interni dallo stile caldo e minimalista; confort e dotazioni all'avanguardia.

Victoria senza rist

via Nino Costa 4 ✉ *10123* Ⓜ *Porta Nuova* Pianta : G2**v**
– ✆ *01 15 61 19 09* – *www.hotelvictoria-torino.com*
106 cam ☕ – 🚹175/220 € 🚹🚹290/330 € – **4 suites**
Mobili antichi, sinfonie di colori ed una attenta cura nel servizio e nei dettagli garantiscono calore ed accoglienza a questa elegante dimora. Nuovo centro benessere in stile egizio.

NH Ambasciatori

corso Vittorio Emanuele II 104 ✉ *10121* Ⓜ *Vinzaglio* Pianta : F2**a**
– ✆ *01 15 75 21* – *www.nh-hotels.com*
199 cam ☕ – 🚹79/189 € 🚹🚹99/219 € – **4 suites**
Rist *Il Diplomatico* – vedere selezione ristoranti
Hotel moderno situato in un edificio squadrato, ideale per ospitare congressi, sfilate o ricevimenti, dispone di camere confortevoli ed eleganti in stile anni '80.

Art Hotel Boston

via Massena 70 ✉ *10128* – ✆ *0 11 50 03 59* Pianta : F3**c**
– *www.hotelbostontorino.it*
86 cam ☕ – 🚹80/150 € 🚹🚹100/250 € – **1 suite**
Rist – Carta 28/57 € – *(solo per alloggiati)*
Camere confortevoli e caratterizzate da richiami alla storia dell'arte contemporanea, contraddistinguono questo hotel di design, poco distante dalle maggiori collezioni della città.

Genova senza rist

via Sacchi 14/b ✉ *10128* Ⓜ *Porta Nuova* Pianta : G2**b**
– ✆ *01 15 62 94 00* – *www.albergogenova.it*
83 cam ☕ – 🚹70/220 € 🚹🚹90/300 € – **2 suites**
La struttura ottocentesca ospita un ambiente signorile e curato, dove la classicità si coniuga con le moderne esigenze di confort. Una decina di camere vanta affreschi al soffitto.

Pacific Hotel Fortino

rist,

strada del Fortino 36 ✉ *10152* – ✆ *01 15 21 77 57* Pianta : G1**d**
– *www.pacifichotels.it*
92 cam ☕ – 🚹35/679 € 🚹🚹45/791 € – **8 suites**
Rist – Carta 22/140 € – *(chiuso agosto, sabato e domenica) (solo a cena) (solo per alloggiati)*
Hotel moderno che soddisfa soprattutto le esigenze di una clientela business, grazie alle sale attrezzate per ospitare conferenze. Camere calde e accoglienti con dotazioni d'avanguardia. Ristorante al piano interrato con proposte classiche e regionali.

A
B
1
TORINO
0
200 m
REGGIA VENARI
DRUENTO
V. Torino
V. S. Gillio
V. Grange
V. Druento
Lago di Coselette Inferiore
SAVONER
V. Cassagna
V. Venaria
A 55
SUSA
Cso. Susa
V. Enrico Fermi
PIANEZZA
V. Asietta
Primule
V. Caselette
V. Pieve
OSPEDALE PSICHIATRICO
A 32 / E 70
V. Torino
V. Venaria
ALPIGNANO
Fiume Dora Riparia
A 55 / E 70
V. Giamarella
Str. Fornas
V. Bruere
OSPENDALE PSICHIATRICO
Vle Certosa
COLLEGNO
BRIANÇON, TRAFORO DEL FREJUS COLLE D. MONCENISIO, SUSA
RIVOLI
V. Rosta
Fermi
Pza Massaua
u
n
Cso. Susa
Cso. Francia
Paradiso
Marche
Massaua
Castello e Museo d'Arte contemporanea
Str. Nuova
Cso. Luigi Einaudi
V. Acqui
Vle Antonio Gramsci
Cso. Torino
Vle Bruno Badich
POZZ STRA
Cso. Fratelli Cervi
GRUGLIASCO
V. Villarbasse
V. Tetti
Cso. Allamano
V. Crea
V. Rivoli
Cso. Canonico Giuseppe Allamano
C.A.A.T.
2
V. Rivalta
V. Luigi Einaudi
Str. Moncalieri
V. S. Paolo
S.I.T.O.
Str. del Portone
A 55 / E 70
S.I.T.O.
RIVALTA DI TORINO
V. S. Luigi
Str. Torino
Str. della Manta
BEINASCO
FIAT
Cso. Settembrini
Variante del Dojrone
V. Falcone
V. Piossasco
AVIGLIANA
Torrente Sangone
V. Giaveno
MIRAFI
Str. Rivalta
Str. Torino
e
Variante di Borgaretto
V. Vittorio Alfieri
V. Frejus
V. S. Rocco
V. Guido Gozzano
Str. Rivetto
Str. C
BORGARETTO
V. Carignano
ORBASSANO
V. Circ. Esterna
A 55
Vle Torino
V. 25 Aprile
Palazzina di Caccia
V. Primo Maggio
V. Torino
Str. Stupinigi
STUPINIGI
V. Adige
V. Pinerolo
Str. Volvera
Str. Candiolo
V. Vinovo di Stupinigi
PINEROLO
PARCO NATURALE
DI STUPINIGI
3
V. Volvera
Str. Orbassano
V. Europa
Variante di Stupinigi
V. Sestriere
V. Torino
V. Stupinigi
PINEROLO SESTRIERE
A
PINEROLO SESTRIERE
B

Toscano
per davvero.
L'Extravergine Toscano IGP è frutto della terra toscana al 100%.
Dal 1997 il Consorzio per la tutela dell'Olio Extravergine di Oliva Toscano IGP ne garantisce l'autenticità grazie al contrassegno sul collo di bottiglia. Il codice impresso ti permette di conoscere chi ha coltivato le olive, chi le ha frante e chi ha imbottigliato l'olio. Un percorso sicuro e tracciabile, dall'oliva alla bottiglia.
Per davvero.
TOSCANO IGP • CONSORZIO PER LA TUTELA DELL'OLIO EXTRAVERGINE DI OLIVA
Toscano
Y0353472
Consorzio per la tutela dell'Olio Extravergine di Oliva Toscano IGP
www.oliotoscanoigp.it
exaltastudio.com

Holiday Inn Turin City Centre cam,
via Assietta 3 ✉ 10128 Ⓜ Porta Nuova – ✆ 01 15 16 71 11 Pianta : G2**a**
– www.holidayinn.com/turin-cityctr
57 cam – 92/175 € 110/230 €, 16 €
Rist – Carta 27/73 € – *(solo a cena)*
Poco distante dalla stazione, l'hotel occupa gli spazi di un antico palazzo ottocentesco, ma con moderne camere dotate delle migliori tecnologie. Tono di contemporanea ispirazione anche al ristorante.

Des Artistes senza rist
via Principe Amedeo 21 ✉ 10123 – ✆ 01 18 12 44 16 Pianta : H2**c**
– www.desartisteshotel.it – Chiuso 12-25 agosto
22 cam – 70/95 € 98/135 €
Varcato l'ingresso di quella che pare una palazzina residenziale, vi attenderà un'accoglienza garbata e attenta. L'albergo è in attività dal 1990 e propone ambienti puliti e curati.

Due Mondi cam,
via Saluzzo 3 ✉ 10125 – ✆ 01 16 69 89 81 Pianta : G2-3**m**
– www.hotelduemondi.it
42 cam – 50/180 € 60/240 €
Rist – Carta 27/61 € – *(chiuso 10-20 agosto, lunedì a mezzogiorno e domenica)*
A due passi dalla stazione di Porta Nuova e all'ingresso del centro storico, le camere sono accoglienti (alcuni bagni con doccia-sauna) ed il personale vi seguirà con attenzione e cortesia.

Statuto senza rist
via Principi d'Acaja 17 ✉ 10138 Ⓜ Principi d'Acaja Pianta : F1**a**
– ✆ 01 14 34 46 38
22 cam – 50/150 € 60/150 €
Se l'architettura esterna dell'edificio vi appare un po' anonima, sappiate che al suo interno vi attende una dimensione piacevolmente moderna con camere nuove, curate e confortevoli. Ottimo rapporto qualità/prezzo.

Alpi Resort senza rist
via Bonafous 5 ✉ 10122 – ✆ 01 18 12 96 77 Pianta : H2**r**
– www.hotelalpiresort.it
29 cam – 54/74 € 59/99 €
A due passi dalla vita notturna di piazza Vittorio Veneto e dei Murazzi del Po, le camere sono al terzo e quarto piano di un palazzo d'epoca: da preferire le ultime nate.

Amadeus & Teatro Ⓝ senza rist
via Principe Amedeo 41 bis ✉ 10123 – ✆ 01 18 17 49 51 Pianta : H2**d**
– www.turinhotelcompany.com
23 cam – 75/120 € 109/162 € – **2 suites**
Vicino alla Mole Antonelliana ha camere di taglio moderno: alcune con angolo cottura. La sala colazioni si trova in un originale giardino d'inverno.

Magazzini San Domenico senza rist
via San Domenico 21 a ✉ 10122 – ✆ 01 14 36 83 41 Pianta : G1**b**
– www.magazzinisandomenico.it – Chiuso dal 2 al 24 agosto
6 cam – 80/90 € 100/120 €
Nel cuore dell'antica regia capitale, una buona risorsa modernamente concepita per un soggiorno di qualità; ottimo punto di partenza per visitare il centro cittadino.

I prezzi indicati dopo il simbolo corrispondono al prezzo minimo in bassa stagione e massimo in alta stagione per una camera singola. Lo stesso principio è applicato al simbolo riferito ad una camera per due persone.

Ristoranti

XXXX ✿ **Del Cambio**
piazza Carignano 2 ✉ 10123 – ☎ 0 11 54 66 90 Pianta : G2**a**
– www.delcambio.it – Chiuso domenica sera e lunedì
Menu 110 € – Carta 75/113 € – (consigliata la prenotazione)
Uno dei ristoranti storici più eleganti d'Italia, riportato agli antichi splendori da un minuzioso restauro. Tra ori e velluti rossi, qui si celebra la cucina piemontese, benché non manchi qualche piatto di pesce. Un bistrot sul retro e il bar Cavour al primo piano completano l'offerta con qualche proposta più veloce ed economica.
➜ Gamberi viola, polpa di pomodoro, cumino e fragole. Gnocchi di patate e trippa di Moncalieri (insaccato tradizionale). Agnello farcito alla piemontese con melanzane viola, pane e pomodoro.

XXX ✿ **Vintage 1997** (Pierluigi Consonni)
piazza Solferino 16/h ✉ 10121 Ⓜ Re Umberto Pianta : G2**e**
– ☎ 0 11 53 59 48 – www.vintage1997.com – Chiuso 1°-6 gennaio, 3 settimane in agosto, sabato a mezzogiorno e domenica
Menu 40/75 € – Carta 50/116 €
Tessuti scarlatti, paralumi ed eleganti boiserie ovattano l'interno di questo elegante ristorante, mentre la creatività prende spunto dalla tradizione per volteggiare in molteplici forme. Importazione diretta di Champagne e selezionata cura nella scelta delle materie prime.
➜ Tajarin con burro di montagna e parmigiano delle vacche bianche. Merluzzo in crosta di erbette con patate e scalogno caramellato. Gelato di crema con sfoglia e amaretti di Sassello.

XXX ✿ **Casa Vicina-Eataly Lingotto** (Claudio Vicina)
via Nizza 224 ✉ 10126 Ⓜ Lingotto – ☎ 0 11 19 50 68 40 Pianta : C2**e**
– www.casavicina.it – Chiuso vacanze di Natale, 7 agosto-10 settembre, domenica sera e lunedì
Menu 38 € (pranzo)/110 € – Carta 53/122 €
All'interno di Eataly, primo supermercato italiano con prodotti alimentari di "nicchia", ristorante di genere minimalista per una cucina creativa di grande spessore.
➜ Agnolotti di Casa Vicina pizzicati a mano al sugo d'arrosto. Rognone à la coque con vellutata di senape e aglio in camicia. Torrone al cucchiaio.

XXX ✿ **La Barrique** (Stefano Gallo)
corso Dante 53 ✉ 10126 Ⓜ Dante – ☎ 0 11 65 79 00 Pianta : F3**y**
– www.labarriqueristorante.it – Chiuso 2 settimane in agosto, lunedì a mezzogiorno e domenica
Menu 35 € (pranzo in settimana)/85 € – Carta 50/93 €
Simpatica gestione familiare per questa cucina che unisce classici regionali, paste fresche, carne e l'inevitabile trionfo di cioccolato a proposte più creative e di pesce.
➜ Ravioli di patate affumicate con caviale di salmone keta. Coniglio grigio di Carmagnola, pomodorini canditi e olive taggiasche con polenta. Cilindro croccante al cioccolato, spuma al caffè, meringa, cacao e gelato al caramello.

XXX **Casa Savoia** – Hotel Principi di Piemonte
via Gobetti 15 ✉ 10123 Ⓜ Porta Nuova – ☎ 01 15 51 51 Pianta : G2**b**
– www.atahotels.it
Carta 33/88 €
Lo sfarzo che contraddistingue l'hotel è ripreso anche nella sala ristorante, dove nessun dettaglio è lasciato al caso: la tappa gastronomica deve restare memorabile! Cucina mediterranea.

XXX **Carignano** – Grand Hotel Sitea
via Carlo Alberto 35 ✉ 10123 Ⓜ Porta Nuova Pianta : G2**t**
– ☎ 01 15 17 01 71 – www.grandhotelsitea.it – Chiuso agosto e domenica
Carta 45/75 € – *(solo a cena)*
Ampie finestre affacciate sul verde illuminano questo ristorante che elegge come protagonisti della propria carta, piatti mediterranei con molti richiami al Piemonte. A disposizione anche alcuni menu degustazione, per chi preferisce lasciarsi "guidare" nella scelta.

XXX **Torpedo** - Hotel NH Lingotto
via Nizza 262 ✉ 10126 Ⓜ Lingotto – ✆ 01 16 64 27 14 Pianta : C2**a**
– www.nh-hotels.it
Carta 40/50 €
Situato nell'edificio che fu l'antica fabbrica di automobili della Fiat, emblema della Torino del '900, un elegante ristorante dove gustare una cucina di ottimo livello. Tra i must: il riso vialone alla piemontese con porri, pancetta, patate e toma.

XXX **Berbel** Ⓝ
via San Domenico 33b ✉ 10121 – ✆ 01 14 36 67 78 Pianta : G1**m**
– www.berbel.it – Chiuso 10-31 agosto, sabato a mezzogiorno e domenica
Menu 50/65 € – Carta 49/96 € – (prenotare)
Locale elegante e confortevole nel cuore della vecchia Torino con proposte regionali e di mare rielaborate secondo il gusto dello chef patron.

XX **Vo** (Stefano Borra)
✿ *via Provana 3/d ✉ 10123 – ✆ 01 18 39 02 88* Pianta : G2**v**
– www.ristorantevo.it – Chiuso 3 settimane in agosto, sabato a mezzogiorno e domenica
Menu 45/52 € – Carta 45/80 € – (consigliata la prenotazione)
La tecnica è stata appresa in Francia, ma la passione gastronomica del giovane cuoco è tutta piemontese: paste fresche ripiene e il celebre fassone sono gli alfieri del ristorante, moderno ed essenziale. Non manca tuttavia qualche proposta di pesce.
➜ Agnolotti della tradizione ai tre arrosti serviti al sugo d'arrosto o al burro e timo. Scaloppa di rombo chiodato in crosta di riso nero. Savarin alla nocciola con crème brulée al caffè e crema inglese al cioccolato.

XX **Magorabin** (Marcello Trentini)
✿ *corso San Maurizio 61/b ✉ 10124 – ✆ 01 18 12 68 08* Pianta : H2**b**
– www.magorabin.com – Chiuso lunedì a pranzo e domenica
Menu 40/80 € – Carta 59/77 € – (consigliata la prenotazione)
Dimenticate il viale trafficato e confusionario ed entrate nell'universo del mago: nei piatti troverete un'eco piemontese, ma prevalgono la fantasia e gli accostamenti estrosi. È una scossa d'inventiva alla Torino tradizionalista e conservatrice.
➜ Spaghetti pane, burro e acciughe. Maialino, scampi e pak-choy (verdura cinese). Tutta la dolcezza delle Langhe.

XX **Al Garamond**
via Pomba 14 ✉ 10123 Ⓜ Porta Nuova – ✆ 01 18 12 27 81 Pianta : G2**f**
– www.algaramond.it – Chiuso agosto, sabato a mezzogiorno e domenica
Menu 40/80 € – Carta 43/74 €
Il nome di questo piccolo locale si ispira a quello di un luogotenente dei Dragoni di Napoleone. Entusiasta la conduzione, che si esibisce nella creazione di estrosi piatti moderni.

XX **Al Gatto Nero**
corso Filippo Turati 14 ✉ 10128 – ✆ 0 11 59 04 14 Pianta : F3**z**
– www.gattonero.it – Chiuso domenica
Menu 35 € (pranzo in settimana)/65 € – Carta 42/75 € – (prenotare)
Il gatto nero è diventato un amuleto per una piacevole sosta gastronomica: piatti piemontesi e toscani, con qualche eco mediterranea, ed una cantina che ospita circa mille etichette.

XX **Galante**
corso Palestro 15 ✉ 10122 Ⓜ XVIII Dicembre Pianta : G2**b**
– ✆ 0 11 53 21 63 – www.ristorantegalante.it – Chiuso 26 dicembre-6 gennaio, 7-31 agosto, sabato a mezzogiorno e domenica
Menu 42 € – Carta 34/67 € – (consigliata la prenotazione la sera)
Una sala classica ed elegante, arredata in toni chiari e con sedie imbottite, tra colonne e specchi. Dalla cucina giungono due differenti proposte: una piemontese ed una di pesce.

XX **Porta Rossa**

via Passalacqua 3/b ✉ 10122 Ⓜ XVIII Dicembre Pianta : F1**a**
– ✆ 0 11 53 08 16 – www.laportarossa.it – Chiuso 26 dicembre-6 gennaio, sabato a mezzogiorno e domenica
Menu 30 € (pranzo in settimana)/50 € – Carta 37/85 €
Piccolo locale moderno allestito con tavoli vicini, specializzato nella preparazione di piatti a base di pesce e prodotti di stagione. Ottima scelta di vini e distillati.

XX **Tre Galline**

via Bellezia 37 ✉ 10122 – ✆ 01 14 36 65 53 Pianta : G1**c**
– www.3galline.it – Chiuso 1 settimana in gennaio, 3 settimane in luglio e domenica
Menu 50 € – Carta 37/77 € – *(solo a cena escluso sabato)*
A prima vista può sembrare una semplice trattoria, ma non lasciatevi ingannare: il locale propone la cucina tipica piemontese, semplice e fragrante, e presenta un'ampia scelta di vini.

XX **Solferino**

piazza Solferino 3 ✉ 10121 – ✆ 0 11 53 58 51 Pianta : G2**m**
– www.ristorantesolferino.com
Menu 45/75 € – Carta 27/61 €
E' in questo locale che circa 30 anni fa è approdata la passione toscana nel campo della ristorazione. Oggi, la carta propone piatti di casa e, ovviamente, i classici piemontesi.

XX **Taverna dell'Oca**

via dei Mille 24 ✉ 10123 – ✆ 0 11 83 75 47 Pianta : G2**x**
– www.tavernadelloca.com – Chiuso luglio, sabato a mezzogiorno, lunedì; in agosto chiuso sabato e domenica
Menu 30/35 € – Carta 32/57 €
In un locale colorato e informale, l'oca regna "sovrana" in tante ricette, ma "principesse" sono anche altre specialità regionali e - per la par condicio - il pesce, in un menu degustazione a lui interamente dedicato.

XX **Capriccioli**

via San Domenico 40 ✉ 10122 – ✆ 0 11 59 52 21 Pianta : G1**e**
– www.ristorantecapriccioli.it – Chiuso 1 settimana in gennaio, 2 settimane in agosto, martedì a mezzogiorno e lunedì
Carta 44/64 €
Un angolo di Sardegna nella città della Mole, quindi largo spazio a bottarga di muggine o al tonno di Carloforte, ma anche tanto pesce e crostacei di altri lidi d'Italia, in un locale raffinato le cui tinte écru evocano la sabbia di Capriccioli.

XX **Piccolo Lord**

corso San Maurizio 69 bis/G ✉ 10124 – ✆ 0 11 83 61 45 Pianta : H2**a**
– www.ristorantepiccololord.it – Chiuso 1 settimana in gennaio, 2 settimane in agosto e domenica
Menu 38/55 € – Carta 37/60 € – *(solo a cena)*
Locale moderno ed accogliente nel quale si destreggiano due giovani cuochi, in grado di realizzare ricette semplici ma caratterizzate da una forte impronta personale. Servizio informale.

XX **Il Diplomatico** – Hotel NH Ambasciatori

corso Vittorio Emanuele II 104 ✉ 10121 Ⓜ Vinzaglio Pianta : F2**a**
– ✆ 01 15 75 21 – www.nh-hotels.com
Carta 36/52 €
Conosciuta come la "città del motore", Torino ha tanto da offrire anche in termini di gastronomia. In questo raffinato ristorante dalle grandi vetrate, un piccolo saggio delle specialità regionali e piatti più internazionali per ospiti stranieri.

Consorzio

via Monte di Pietà 23 ✉ 10122 – ✆ 011 276 76 61 – www.ristoranteconsorzio.it – Chiuso 3 settimane in agosto, sabato a mezzogiorno e domenica Pianta : G2**n**

Menu 32 € – Carta 32/54 € – (consigliata la prenotazione)

Due giovani soci sono gli artefici di questa miniera di prelibatezze gastronomiche piemontesi: semplice ed informale, è un emozionante viaggio nelle tradizioni regionali, vini e formaggi compresi. Volete assaggiare un piatto veramente speciale? Sicuramente, il maialino incavolato!

Taverna delle Rose

via Massena 24 ✉ 10128 Ⓜ Re Umberto – ✆ 011 53 83 45 – Chiuso agosto, sabato a mezzogiorno e domenica Pianta : G2**r**

Carta 27/62 €

Linea di cucina prettamente regionale in un ambiente accattivante ed informale. La sera, accomodatevi nella romantica sala con mattoni a vista e luci soffuse.

Ristorantino Tefy

corso Belgio 26 ✉ 10153 – ✆ 011 83 73 32 – Chiuso 1 settimana in giugno, 3 settimane in agosto, sabato a mezzogiorno e domenica Pianta : D2**b**

Menu 35/50 € – Carta 29/47 €

Un locale accogliente per un'esperienza gastronomica che viaggia tra Umbria e Piemonte: dalla cucina soprattutto i sapori della terra; il venerdì e il sabato si propone anche il pesce.

L'Acino N

via San Domenico 2/a ✉ 10121 – ✆ 011 521 70 77 – Chiuso 3 settimane in agosto e domenica Pianta : G2**p**

Carta 26/34 € – *(solo a cena)* (coperti limitati, prenotare)

Piccola trattoria, la cui cucina di stretta osservanza piemontese ben si addice all'ottima cantina. Simpatica gestione familiare, ma - se non avete preventivamente prenotato - sarà difficile trovare un tavolo! Specialità: tonno di coniglio.

TORNO

Como (CO) – ✉ 22020 – 1 195 ab. – Alt. 225 m – Carta regionale n° **18-B1**

Roma 633 km – Como 7 km – Bellagio 23 km – Lugano 40 km

Carta stradale Michelin 561-E9

Vapore

via Plinio 20 – ✆ 031 41 93 11 – www.hotelvapore.it – Chiuso dicembre-gennaio

12 cam – †90/100 € ††110/125 €

Rist – Carta 25/56 € – *(chiuso mercoledì escluso 1° giugno-20 settembre)* (consigliata la prenotazione)

Nel centro storico della pittoresca località, l'hotel non manca di affacciarsi sul lago: camere belle e luminose in una piccola struttura di sicuro confort. Ristorante dotato di piacevole terrazza sullo specchio lacustre e specialità tipicamente italiane in menu.

TORRE A MARE

Bari (BA) – ✉ 70126 – Carta regionale n° **27-C2**

Roma 463 km – Bari 12 km – Brindisi 101 km – Foggia 144 km

Carta stradale Michelin 564-D33

Da Nicola

via Principe di Piemonte 3 – ✆ 080 543 00 43 – www.ristorantedanicola.com – Chiuso 24 dicembre-15 gennaio, domenica sera e lunedì

Carta 31/56 €

Tanto pesce, proveniente dalla propria pescheria attigua il locale, in un buon ristorantino ubicato in riva al mare e a pochi passi dal centro del paese. Fresca terrazza esterna sul porticciolo.

TORRE ANNUNZIATA

Napoli (NA) – ✉ 80058 – 43 490 ab. – Alt. 9 m – Carta regionale n° **6-B2**
Roma 240 km – Napoli 27 km – Avellino 53 km – Caserta 53 km
Carta stradale Michelin 564-E25

Grillo Verde

rist,

piazza Imbriani 19 – 08 18 61 10 19 – www.hotelgrilloverde.it
15 cam – 55/65 € 65/86 € **Rist** – Carta 19/34 € – *(chiuso martedì)*
Nei pressi della stazione ferroviaria e degli scavi di Oplontis e di Pompei - raggiungibili per mezzo di una navetta - camere semplici, ma ben tenute: le più grandi al piano terra. Splendido acquario nella hall. Piatti casalinghi al ristorante.

TORRE BOLDONE

Bergamo (BG) – ✉ 24020 – 8 480 ab. – Alt. 280 m – Carta regionale n° **19-C1**
Roma 618 km – Milano 57 km – Bergamo 6 km – Lecco 47 km
Carta stradale Michelin 561-E11

Papillon

via Gaito 36, Nord-Ovest : 1,5 km – 0 35 34 05 55 – www.papillonristorante.it – Chiuso 1°-5 gennaio, 3 settimane in agosto, lunedì e martedì
Menu 15 € (pranzo in settimana) – Carta 36/53 €
Immerso nel verde di un parco e della collina alle spalle, un locale dalla lunga tradizione familiare, che dal 2003 vede in cucina uno chef di grande esperienza. Nelle sale d'impostazione classica vi saranno serviti piatti contemporanei e specialità alla griglia.

TORRE CANNE

Brindisi (BR) – ✉ 72010 – Carta regionale n° **27-C2**
Roma 517 km – Brindisi 47 km – Bari 67 km – Taranto 57 km
Carta stradale Michelin 564-E34

Del Levante

rist,

via Appia 22 – 08 04 82 01 60 – www.dellevante.com
149 cam – 85/188 € 121/250 €
Rist – Carta 31/49 € – *(aperto 1° marzo-15 novembre)*
Ideale non solo per chi vuole spendervi le vacanze ma anche per chi è in viaggio per lavoro, grande e moderno complesso in riva al mare con ampi spazi esterni. Bella la grande piscina in giardino. Delicate tonalità mediterranee rendono accogliente la sala da pranzo.

TORRECHIARA

Parma (PR) – ✉ 43010 – Carta regionale n° **8-A3**
Roma 469 km – Parma 19 km – Bologna 109 km – Milano 141 km
Carta stradale Michelin 562-I12

Taverna del Castello

via del Castello 25 – 05 21 35 50 15 – www.tavernadelcastello.it
Menu 26/45 € – Carta 31/65 €
Un castello medioevale in pietra, quasi una fortezza se visto dal basso, da qui la vista sulle colline circostanti: un bar pubblico e quattro sale dedicate alla ristorazione per una cucina tradizionale e creativa.

TORRE DEL GRECO

Napoli (NA) – ✉ 80059 – 85 382 ab. – Carta regionale n° **6-B2**
Roma 227 km – Napoli 15 km – Caserta 40 km – Castellammare di Stabia 17 km
Carta stradale Michelin 564-E25

in prossimità casello autostrada A 3

Marad

via Benedetto Croce 20 ✉ 80059 – 08 18 49 21 68 – www.marad.it
74 cam – 55/95 € 60/150 € **Rist** – Carta 26/54 €
Circondato da un piccolo giardino, le camere sono semplci anche negli arredi, ma prenotarne una con vista sul Golfo lascerà un romantico ricordo. Terrazza solarium.

TORRE DEL LAGO PUCCINI

Lucca (LU) – ✉ 55048 – Carta regionale n° **31-B1**
Roma 369 km – Pisa 14 km – Firenze 95 km – Lucca 25 km
Carta stradale Michelin 563-K12

al lago di Massaciuccoli Est : 1 km :

Da Cecco
piazza Belvedere Puccini 10/12 ✉ 55049 – ✆ 05 84 34 10 22 – Chiuso lunedì
Menu 40 € – Carta 25/44 €
Affacciato sul lago da uno scenografico belvedere - a fianco alla casa museo di Giacomo Puccini - proposte classiche di carne e di pesce, nonché cacciagione (nel periodo invernale), si contendono la carta. Boiserie al soffitto, trofei di caccia e fucili caratterizzano l'ambiente.

TORREGROTTA

Sicilia – Messina (ME) – ✉ 98040 – 7 449 ab. – Alt. 44 m – Carta regionale n° **30-D1**
Catania 141 km – Messina 29 km – Palermo 215 km
Carta stradale Michelin 365-BB54

Thomas rist,
via Sfameni 98, località Scala – ✆ 09 09 98 22 73 – www.hotelristorantethomas.it – Chiuso 19 dicembre-6 gennaio
18 cam – †40/45 € ††55/60 € **Rist** – Carta 18/43 € – *(chiuso lunedì)*
Sulla strada che porta al mare - tra le numerose case di villeggiatura della zona - una struttura i cui punti di forza sono l'ottimo rapporto qualità/prezzo ed il continuo ammodernamento, che crea ambienti "caldi" e personalizzati. Pesce e carne cotta alla brace nella sala ristorante, ambiente semplice e familiare.

TORRE SAN GIOVANNI

Lecce (LE) – ✉ 73059 Ugento✉ Ugento – Carta regionale n° **27-D3**
Roma 652 km – Brindisi 105 km – Gallipoli 24 km – Lecce 62 km
Carta stradale Michelin 564-H36

Hyencos Calòs e Callyon rist,
piazza dei Re Ugentini – ✆ 08 33 93 10 88 – www.hyencos.com – Aperto 1° maggio-30 settembre
61 cam – †35/155 € ††70/285 € **Rist** – Menu 25 € – *(solo per alloggiati)*
In posizione centrale, all'interno di una villa dell'800, la struttura dispone di luminosi spazi, camere funzionali e semplici negli arredi, nonchè di una terrazza con vista.

TORRETTE

➜ Vedere Ancona
Pesaro e Urbino (PU)

TORRIANA

Rimini (RN) – ✉ 47825 – 1 615 ab. – Alt. 337 m – Carta regionale n° **9-D2**
Roma 307 km – Rimini 21 km – Forlì 56 km – Ravenna 60 km
Carta stradale Michelin 562-K19

Il Povero Diavolo con cam
via Roma 30 – ✆ 05 41 67 50 60 – www.ristorantepoverodiavolo.com
4 cam – †75 € ††110 €
Menu 55/95 € – Carta 55/83 € – *(chiuso mercoledì, in estate anche domenica a mezzogiorno) (solo a cena escluso i giorni festivi)* (consigliata la prenotazione)
In quella che parrebbe una semplice osteria di paese dalla gestione simpaticamente familiare, si officia una cucina inaspettatamente tecnica, a tratti innovativa, sempre intelligentemente legata ai prodotti del territorio. Pernottamento in camere semplici allietate da libri messi a disposizione dei clienti.
➜ Cappelletti del Povero Diavolo. Piccione in varie preparazioni a seconda della stagione. Sempreverde: dessert alle erbe aromatiche.

Il Chiosco di Bacco
via Santarcangiolese 62 – ✆ 05 41 67 83 42 – www.chioscodibacco.it – Chiuso 2 settimane in dicembre e martedì, anche il mercoledì in inverno
Menu 35/65 € – Carta 35/88 € – *(solo a cena escluso domenica)*
Un vero paradiso per gli amanti della carne. E poi formaggi e piatti della tradizione romagnola, il tutto in un ambiente rustico con finestre che corrono lungo tutto il perimetro.

TORRI DEL BENACO

Verona (VR) – ✉ 37010 – 2 954 ab. – Alt. 67 m – Carta regionale n° **39-A2**
Roma 535 km – Verona 37 km – Brescia 72 km – Mantova 73 km
Carta stradale Michelin 562-F14

Del Porto
lungolago Barbarani – ✆ 04 57 22 50 51 – www.hoteldelportotorri.com – Aperto 15 marzo-2 novembre
22 cam – 65/240 € 65/240 € – **7 suites**
Rist *Del Porto* – vedere selezione ristoranti
E' come se si fosse fatto un "voto" allo stile design/minimalista: belle camere ampie e funzionali, compatti gli spazi comuni, arieggiato il solarium per la bella stagione.

Baia dei Pini — cam, cam,
via Gardesana 115 – ✆ 04 57 22 52 15 – www.baiadeipini.com – Aperto 1° aprile-2 novembre
22 cam – 100/150 € 180/250 € **Rist** – Carta 40/105 €
Immerso in un bel giardino, l'albergo è composto da tre case che ospitano camere accoglienti e moderne caratterizzate da un côté vagamente modaiolo. Il lago è letteralmente a portata di mano, soprattutto dalla terrazza-veranda del ristorante.

Galvani
località Pontirola 7, Nord : 1 km – ✆ 04 57 22 51 03 – www.hotelgalvani.it – Aperto 1° aprile-31 ottobre
33 cam – 70/155 € 86/200 €, 20 €
Rist – Carta 32/56 € – *(chiuso martedì)*
Fronte lago, in posizione tranquilla, l'hotel è stato completamente rinnovato in veste moderna, non perdendo la valida funzionalità che ha sempre offerto ai suoi ospiti. Valido anche il livello della ristorazione, naturalmente regionale.

Gardesana
piazza Calderini 5 – ✆ 04 57 22 54 11 – www.gardesana.eu – Aperto 1° marzo-31 ottobre
34 cam – 75/110 € 120/200 €
Rist *Gardesana* – Carta 35/58 €
All'ombra del turrito castello scaligero, le origini dell'edificio risalgono all'epoca tardo medievale: l'eleganza di un mitico passato si unisce ad un'attenta ospitalità. L'omonimo ristorante serale è al 1° piano, servizio estivo in terrazza.

Al Caminetto
via Gardesana 52 – ✆ 04 57 22 55 24 – www.hotelalcaminetto.it – Aperto Pasqua- 30 ottobre
20 cam – 52/90 € 90/120 € **Rist** – Menu 25 € – *(solo a cena)*
Una gestione familiare di rara cortesia e un'accurata attenzione per i particolari per questa piccola, deliziosa risorsa a breve distanza tanto dal centro storico quanto dal lago.

Lido — rist,
via Gardesana 3 – ✆ 04 56 29 62 40 – www.hotellido.vr.it – Aperto 1° aprile-15 ottobre
22 cam – 50/160 € 65/170 €, 18 € – **1 suite**
Rist – Carta 25/50 € – *(chiuso martedì escluso luglio-agosto)*
Proprio fronte lago, davanti all'imbarco dei traghetti, Lido è un albergo familiare, funzionale e moderno, completato da un bar e dal ristorante: entrambi con tavolini all'aperto.

Al Caval senza rist

via Gardesana 186 – ✆ 04 57 22 56 66 – www.alcaval.com – Chiuso 10 novembre-15 marzo

20 cam – 54/67 € 84/110 €

Nella sua semplicità, questa risorsa rimane sempre un buon punto di riferimento: ubicata nei pressi del centro, dispone di camere carine e confortevoli.

Del Porto – Hotel Del Porto

lungolago Barbarani – ✆ 04 57 22 50 51 – www.hoteldelportotori.com – Aperto 1° aprile-31 ottobre; chiuso mercoledì escluso giugno-settembre

Carta 32/54 €

Gli interni sono arredati nel medesimo stile moderno e minimalista dell'omonimo hotel, ma il vero pezzo forte della casa è la piattaforma del dehors appoggiata sul lago. La cucina classica propone carne e pesce, sia di lago sia di mare.

ad Albisano Nord-Est : 4,5 km – ✉ 37010 Torri Del Benaco

Panorama

cam,

via San Zeno 9 – ✆ 04 57 22 51 02 – www.panoramahotel.net – Aperto 1° marzo-31 ottobre

28 cam – 55/90 € 90/140 €

Rist *Panorama* – Carta 23/65 €

Nel nome tutto ciò che delizierà la vostra vacanza: una vista spettacolare dalla terrazza ristorante e dalle camere non grandissime, ma arredate con gusto e personalità. Lasciatevi tentare anche dalla cucina, i cui piatti sono i migliori sponsor degli ottimi prodotti del territorio.

Alpino senza rist

via San Zeno 8 – ✆ 04 57 22 51 80 – www.albergo-alpino.it – Aperto 1° aprile-1° novembre

12 cam – 50/90 € 90/140 €

La piacevolezza del soggiorno è assicurata dalla capace conduzione familiare e dalla qualità di camere e dotazioni in questo piccolo albergo, dove però non manca nulla!

TORRILE

Parma (PR) – ✉ 43056 – 7 622 ab. – Alt. 32 m – Carta regionale n° **8-B1**

Roma 470 km – Parma 13 km – Mantova 51 km – Milano 134 km

Carta stradale Michelin 562-H12

a Vicomero Sud : 6 km – ✉ 43031

Romani

via dei Ronchi 2 – ✆ 05 21 31 41 17 – www.ristoranteromani.it – Chiuso 1 settimana in luglio, mercoledì e giovedì

Menu 29/40 € – Carta 22/54 €

In aperta campagna, la casa colonica d'epoca ed il suo fienile sono diventati un ristorante di sobria eleganza, dove la passione per la cucina emiliana si concretizza in un'attenta selezione dei migliori prodotti locali, che danno vita a piatti memorabili come i cappellotti di spalla cotta o la punta di vitello al forno. Annessa bottega alimentare con vendita di salumi, formaggi e prodotti tipici.

TORRITA DI SIENA

Siena (SI) – ✉ 53049 – Carta regionale n° **32-D2**

Roma 199 km – Firenze 100 km – Siena 56 km – Arezzo 43 km

Carta stradale Michelin 563-M17

Residenza d'Arte senza rist

località Poggio Madonna dell'Olivo – ✆ 05 77 68 61 79 – www.residenzadarte.com – Aperto 1° marzo-31 ottobre

7 cam – 125/220 € 155/270 €

Nel nome sta già la sua definizione: questa è, infatti, una risorsa per dormire nell'arte, un living-museum per vivere la campagna senese in maniera del tutto inusuale. Le travi di legno, i camini, gli archi della tradizione rurale toscana sono oggi la cornice per ciò che la padrona di casa, Anna, ha disegnato nell'intento di donare un'emozione ai suoi ospiti. E ci è perfettamente riuscita!

Hotelito Lupaia cam,

località Lupaia 74, Sud-Est : 10 km – ✆ 05 77 66 80 28 – www.lupaia.com – Chiuso febbraio

10 cam – 157/243 € 175/270 €

Rist – Menu 38 € – *(solo a cena)* (prenotazione obbligatoria)

Non lasciatevi scoraggiare dalla strada sterrata che bisogna percorrere per arrivare alla struttura, perché una volta giunti a destinazione, la ricompensa sarà grande... Location unica per fascino e personalità, nell'area comune c'è un'antica cucina ed un enorme camino davanti al quale si allestisce la cena; le stanze sono tutte personalizzate con dettagli unici e mobili acquistati nel tempo un po' ovunque nel mondo e restaurati, direttamente dalla padrona di casa, in uno stile country-modaiolo.

TORTOLÌ

Sardegna – Ogliastra (OG) – ✉ 08048 – 10 833 ab. – Alt. 13 m – Carta regionale n° **28-B2**

Cagliari 140 km – Muravera 76 km – Nuoro 96 km – Olbia 177 km

Carta stradale Michelin 366-S44

ad Arbatax Est : 5 km – ✉ 08041

La Bitta

località Porto Frailis – ✆ 07 82 66 70 80 – www.hotellabitta.it – Aperto 15 marzo-30 novembre

63 cam – 59/152 € 90/234 €

Rist *La Bitta* – vedere selezione ristoranti

Direttamente sul mare, una villa signorile con spaziose aree comuni, belle camere diverse negli arredi e nei tessuti, piscina, solarium ed un'oasi relax appartata nel verde. Piatti di pesce e prodotti tipici locali da gustare nella panoramica sala ristorante oppure all'aperto.

Arbatasar

località Porto Frailis – ✆ 07 82 65 18 00 – www.arbatasar.it

43 cam – 50/160 € 78/240 €

Rist – Carta 40/57 € – *(aperto 1° aprile-25 ottobre)*

Il nome riporta alle origini arabe della località, una villa dai colori caldi e sobri con ampie aree, camere spaziose ed eleganti, una piscina invitante incorniciata da palme. Nell'elegante e raffinata sala da pranzo, proposte di cucina internazionale e regionale realizzate con prodotti locali e pesce del Mare Nostrum.

Il Vecchio Mulino senza rist

via Parigi, località Porto Frailis – ✆ 07 82 66 40 41 – www.hotelilvecchiomulino.it – Chiuso vacanze di natale

24 cam – 40/100 € 50/140 €

Una struttura dal sapore antico, ospita ambienti signorili arredati in calde tonalità, camere con travi a vista e bagni in marmo ed organizza escursioni in veliero nel Golfo.

La Perla cam, cam,

viale Europa 15, località Porto Frailis – ✆ 07 82 66 78 00 – www.hotel-laperla.com – Aperto 1° aprile-5 novembre

29 cam – 50/95 € 80/210 € **Rist** – Carta 23/57 € – *(solo a cena)*

Poco distante dal mare, questo albergo a conduzione familiare è circondato da un ampio giardino e dispone di moderne camere: recentissime quelle nella dépendance.

La Bitta – Hotel La Bitta

località Porto Frailis – ✆ 07 82 66 70 80 – www.hotellabitta.it – Aperto marzo-novembre

Carta 29/60 €

Direttamente sul mare, nella veranda tutta chiusa da vetrate, potrete gustare una ricca cucina di pesce, venata dalla fantasia dello chef.

TORTONA

Alessandria (AL) – ✉ 15057 – 26 329 ab. – Alt. 122 m – Carta regionale n° **23-C2**
Roma 567 km – Alessandria 22 km – Genova 73 km – Milano 73 km
Carta stradale Michelin 561-H8

Villa Giulia senza rist

S.S. per Alessandria 7/A – ✆ 01 31 86 23 96 – www.villagiulia-hotel.com
12 cam – 83/93 € 113 €
In zona periferica, all'ingresso della località arrivando da Alessandria, un'antica casa trasformata in albergo con pavimenti in marmo e bei parquet; gustosa colazione servita al tavolo.

Casa Cuniolo senza rist

viale Amendola 6 – ✆ 01 31 86 21 13 – www.gabriellacuniolo.com – Chiuso novembre
4 cam – 110 € 130 €
Ubicata sulla collina del castello, la candida villa – costruita secondo i canoni dell'architettura razionalista che furoreggiava negli anni '30 – fu abitazione e studio del maestro G. Cuniolo. Poche camere, eleganti e raffinate, arredate secondo gli stilemi in voga in quel periodo e lo splendido giardino.

Cavallino con cam

rist, rist, rist,

corso Romita 83 – ✆ 01 31 86 23 08 – www.cavallino-tortona.it
13 cam – 57/67 € 88/98 €
Carta 43/78 € – *(chiuso agosto e domenica)*
Rist *Trattoria Da Ciccio* – ✆ 01 31 75 24 46 –Carta 20/44 €
Tre giovani imprenditori, capaci ed appassionati della buona tavola, hanno rilevato questo storico locale vivacizzandolo con la loro verve. In tavola arrivano piatti di gusto contemporaneo, sfiziosi e attenti al territorio. Più semplice e informale ...Ciccio coi suoi sapori del territorio.

Vineria Derthona

via Perosi 15 – ✆ 01 31 81 24 68 – www.vineriaderthona.it – Chiuso 2 settimane in agosto, i mezzogiorno di sabato-domenica e lunedì
Carta 26/49 €
Non sarà facile trovare posteggio nelle vicinanze di questo locale del centro, in compenso è un autentico wine-bar dai saporiti piatti piemontesi e dalla ampia offerta di vini al bicchiere, scelti dalla generosa cantina ogni giorno. Specialità: ravioli Derthona (ripieni di arrosto e relativo sugo).

Caffè Ristorante Sangiacomo con cam e senza

via Calvino 4 – ✆ 01 31 82 99 95 – www.gabriellacuniolo.com – Chiuso 1°-15 agosto
10 cam – 70 € 80 € Carta 28/48 € – *(chiuso domenica sera e lunedì)*
Spazio rilassante dove ritemprare anima e corpo: nella sala retrò con pavimento liberty e mobili stile anni Trenta o nel romantico giardino d'inverno sono i sapori del territorio ad imporsi, ma senza disdegnare una certa "apertura" verso il mare. Adiacente le camere del bel Residence Perosi.

sulla strada statale 35 Sud : 1,5 km :

Aurora Girarrosto con cam

strada statale dei Giovi 13 ✉ 15057 – ✆ 01 31 86 30 33 – www.auroragirarrosto.com
17 cam – 63/80 € 90/110 € Carta 42/82 €
Sulla via per Genova, un indirizzo che può soddisfare esigenze sia di ristorazione sia di pernottamento; a tavola, leccornie piemontesi e liguri, di terra e di mare.

TORTORETO

Teramo (TE) – ✉ 64018 – 10 770 ab. – Alt. 239 m – Carta regionale n° **1-B1**
Roma 215 km – Ascoli Piceno 47 km – Pescara 57 km – Ancona 108 km
Carta stradale Michelin 563-N23

a Tortoreto Lido Est : 3 km – ✉ 64018

Green Park Hotel

via F.lli Bandiera 28 – ✆ 08 61 77 71 84 – www.hgreenpark.com – Aperto 1° giugno-15 settembre
48 cam ☕ – 🛉50/110 € 🛉🛉60/140 € – **8 suites**
Rist – Menu 18 € – *(solo per alloggiati)*
A cento metri dal mare, camere di due tipologie - standard o gold - ma sempre confortevoli, nonché bella terrazza con palestra sotto una veranda. Benvenuti i bambini che troveranno spazi e giochi!

Costa Verde

lungomare Sirena 356 – ✆ 08 61 78 70 96 – www.hotel-costaverde.com – Aperto 1° maggio-30 settembre
50 cam ☕ – 🛉60/70 € 🛉🛉80/90 € **Rist** – Menu 20/25 €
Una costruzione moderna sul lungomare con ambienti demodè semplici ed essenziali; all'esterno, cinta dal verde, la piscina: una soluzione ideale per vacaze di sole e mare. Nella sobria sala da pranzo illuminata da grandi vetrate che si aprono sul cortile, la cucina mediterranea.

TORVAIANICA

Roma (RM) – ✉ 00040 – Carta regionale n° **12-B2**
Roma 34 km – Anzio 25 km – Latina 50 km – Lido di Ostia 20 km
Carta stradale Michelin 563-R19

Zi Checco

lungomare delle Sirene 1 – ✆ 0 69 15 71 57 – www.zichecco.com – Chiuso novembre e lunedì
Carta 27/39 € – (consigliata la prenotazione)
Come è intuibile dalla posizione sulla spiaggia, in menu primeggia il mare, ma non solo. Qui è infatti possibile gustare la specialità del luogo: i famosi "torvicelli", spaghettoni di farro conditi con pecorino e alici.

TOSCOLANO-MADERNO

Brescia (BS) – 8 093 ab. – Alt. 86 m – Carta regionale n° **17-C2**
Roma 556 km – Brescia 39 km – Verona 44 km – Bergamo 93 km
Carta stradale Michelin 561-F13

Villa Maria

via Roma 45, Sud : 1 km – ✆ 03 65 54 62 01 – www.hotel-villamaria.org – Aperto 15 maggio-15 ottobre
27 cam ☕ – 🛉120/160 € 🛉🛉120/160 € **Rist** – Carta 27/55 € – *(solo a cena)*
Ampi spazi verdi e alcune camere con terrazzino direttamente sul lago, in una graziosa struttura a soli 10 min (a piedi) dal pittoresco centro di Toscolano Maderno. Possibilità di noleggio gratuito di biciclette.

MADERNO – ✉ 25088 – Carta regionale n° **17-C2**

Il Cortiletto

via F.lli Bianchi 1 – ✆ 03 65 54 00 33 – www.ristoranteilcortiletto.com – Chiuso 15 febbraio-5 marzo, domenica sera e lunedì escluso giugno-settembre
Carta 27/48 €
Sulla statale Gardesana, cucina di ispirazione mediterranea con qualche tocco di originalità in un piccolo ristorante, semplice, ma non banale. Due consigli: nella bella stagione optate per il servizio all'aperto e tra le specialità non perdetevi i maccheroncini al torchio con pesto di limone e pesce persico.

TOVO DI SANT'AGATA

Sondrio (SO) – ✉ 23030 – 633 ab. – Alt. 526 m – Carta regionale n° **17-C1**
Roma 680 km – Sondrio 33 km – Bormio 31 km
Carta stradale Michelin 561-D12

Franca

via Roma 11 – ✆ 03 42 77 00 64 – www.albergofranca.it – Chiuso 1°-15 luglio
22 cam – 48/53 € 75/85 €
Rist – Carta 21/37 € – *(chiuso domenica escluso 15 luglio-15 agosto)*
A metà strada tra Bormio e Sondrio, una villetta con camere di stampo semplice nel corpo principale e camere più moderne nella dépendance. Specialità valtellinesi al ristorante.

TOVO SAN GIACOMO

Savona (SV) – ✉ 17020 – 2 502 ab. – Alt. 80 m – Carta regionale n° **14-B2**
Roma 589 km – Genova 78 km – Savona 32 km – Imperia 51 km
Carta stradale Michelin 561-J6

a Bardino Vecchio Nord: 2 km – ✉ 17020

Relais Il Casale

cam,

via Briffi 22 – ✆ 01 96 37 50 14 – www.ilcasale.it – Chiuso vacanze di Natale
7 cam – 70/160 € 100/190 €, 14 € – **2 suites**
Rist – Carta 38/96 € – *(aperto nel week-end)* (prenotazione obbligatoria)
Casale di fine '800 all'interno di una proprietà agricola, che assicura anche prodotti biologici al ristorante: poche camere dal piacevole stile romantico, ma soprattutto molti servizi e un centro benessere dall'ampia offerta.

TRACINO → Vedere Pantelleria (Isola di)

Trapani (TP)

TRADATE

Varese (VA) – ✉ 21049 – 18 289 ab. – Alt. 303 m – Carta regionale n° **18-A1**
Roma 614 km – Como 29 km – Gallarate 12 km – Milano 39 km
Carta stradale Michelin 561-E8

Tradate

via Volta 20 – ✆ 03 31 84 14 01 – Chiuso 25 dicembre-5 gennaio, agosto, lunedì a mezzogiorno e domenica
Carta 45/95 €
Due sorelle gestiscono ormai da parecchi anni questo locale sito nel centro del paese. Ambiente curati, con arredi in stile e camino, nonché ricette di mare tra le specialità del menu.

TRAMIN AN DER WEINSTRASSE = TERMENO SULLA STRADA DEL VINO

TRANI

Barletta-Andria-Trani (BT) – ✉ 76125 – 55 786 ab. – Carta regionale n° **26-B2**
Roma 414 km – Bari 46 km – Barletta 13 km – Foggia 97 km
Carta stradale Michelin 564-D31

San Paolo al Convento senza rist

via Statuti Marittimi 111 – ✆ 08 83 48 29 49 – www.sanpaoloalconvento.it
33 cam – 95/160 € 120/220 €
Nel quattrocentesco convento dei padri barnabiti, con pavimenti e cenacolo originali, belle camere affacciate sul chiostro, sull'incantevole porto, o sui giardini pubblici.

Maré Resort

cam, cam, cam,

piazza Quercia 8 – ✆ 08 83 48 64 11 – www.mareresort.it
13 cam – 140/200 € 160/230 €
Rist *La Terrazza* – Carta 32/43 €
A pochi metri dall'anfiteatro naturale del porto di Trani, l'albergo è stato ricavato all'interno di un palazzo aristocratico del '700. Camere quasi tutte spaziose, dagli arredi minimalisti e forme rigorose; nella corte interna fanno mostra di sé tre belle carrozze d'epoca.

Lucy senza rist e senza ☕

piazza Plebiscito 11 – ✆ 08 83 48 10 22 – www.albergolucy.com

11 cam – 🚹50/75 € 🚹🚹65/75 €

In un palazzo del 1840, è una simpatica gestione familiare che vi accoglie in camere semplici: alcune con scorci sul porto, altre sui giardini della villa comunale.

Le Lampare al Fortino

via Statuti Marittimi 124 (molo S. Antonio) – ✆ 08 83 48 03 08 – www.lelemparealfortino.it – Chiuso 7-23 gennaio, domenica sera e martedì

Menu 60 € (in settimana)/80 € – Carta 50/89 € – (consigliata la prenotazione)

D'estate o d'inverno lo spettacolo è sempre assicurato, che si mangi sulla veranda con vista a 180° sullo splendido porto, o all'interno di un'ex chiesa trasformata in fortino, cucina di pesce, creativa e personalizzata.

Gallo

via Statuti Marittimi 48/50 – ✆ 08 83 48 72 55 – www.gallorestaurant.it – Chiuso novembre, domenica sera e mercoledì

Carta 39/76 € – (consigliata la prenotazione)

Affacciato sul porto, i pescatori ricoveravano le barche proprio in questi locali, trasformati ora in eleganti sale e palcoscenico di una cucina creativa ed elaborata. Specialità di pesce.

Il Melograno

via Bovio 189 – ✆ 08 83 48 69 66 – www.ilmelogranotrani.it – Chiuso 2 settimane in gennaio e mercoledì

Menu 35/40 € – Carta 24/54 €

Totalmente rinnovato, si presenta con un look più attuale e luminoso: ampia veranda sul retro e una cucina che rimane fedele al mare con proposte del territorio o più classiche.

Torrente Antico

via Fusco 3 – ✆ 08 83 48 79 11 – Chiuso 1 settimana in gennaio, 1 settimana in febbraio, 2 settimane in luglio e lunedì

Carta 33/53 €

In centro storico, si mangia all'interno di un tipico palazzo pugliese del '700 con soffitto a botte: naturalmente pesce nelle tradizionali preparazioni regionali.

TRAPANI

Sicilia – ✉ 91100 – 68 967 ab. – Carta regionale n° **29-A2**

▶ Palermo 104 km

Carta stradale Michelin 365-AK55 – Guida Verde Michelin SICILIA

Maccotta senza rist

via degli Argentieri 6 – ✆ 0 92 32 84 18 – www.albergomaccotta.it Pianta : B2**c**

20 cam ☕ – 🚹40/45 € 🚹🚹70/80 €

Sorge attorno ad un caratteristico baglio questa struttura che occupa gli spazi di uno storico edificio in un vicolo del centro storico: confort, tranquillità ed, ora, anche una nuova sala colazioni.

Ai Lumi senza rist

corso Vittorio Emanuele 71 – ✆ 09 23 54 09 22 – www.ailumi.it Pianta : B2**a**

12 cam ☕ – 🚹40/70 € 🚹🚹70/100 € – **6 suites**

Il settecentesco palazzo Berardo Ferro, nel centro storico-pedonale della località, accoglie camere in stile ricche di fascino e di storia, affacciate sulla bella corte interna.

Serisso 47

via Serisso 47/49 – ✆ 0 92 32 61 13 – www.serisso47.com – Chiuso 3 settimane in gennaio-febbraio, i mezzogiorno di sabato e domenica in luglio-agosto, lunedì negli altri mesi Pianta : B2**b**

Carta 55/89 € – (consigliata la prenotazione)

In un palazzo del centro, sotto antiche volte in tufo di Favignana, un ristorante dai toni caldi ed eleganti per una cucina che ha saputo reinterpretare la tradizione gastronomica trapanese.

TRAPANI
0
200 m
PALERMO
SEGESTA
MARSALA
ANNUNZIATA
MARE
TIRRENO
SCOGLIERA DI TRAMONTANA
Torre di Ligny
Museo della Preistoria e di Archeologia Marina
LAZZARETTO
V. Salato
Pza Scalo d'Alaggio
V. dei Gladioli
Vle delle Sirene
V. Carolina
V. Silva
V. Cristoforo Colombo
CAPITANERIA DI PORTO
Vle Regina Elena
Vle Duca d'Aosta
Corso V. Emanuele
V. Corollai
Piazza Jolanda
Cattedrale
PALAZZO MELILLI
Pal. Fardella di Mokarta
Pza Mercato del Pesce
Piazza Matteotti
Collegio dei Gesuiti
Piazza Garibaldi
Pza Garibaldi
STAZIONE MARITTIMA
V. Torrearsa
Badia Nuova
Pal. Riccio di Morana
Via G. Garibaldi
G. Pal. Milo
S. Agostino
Pza Scarlatti
Corso Italia
V. dei Crociferi
S. Maria del Gesù
Biblioteca Fardelliana
V. Ammiraglio Staiti
Lgo S. Francesco di Paola
Vico Ferro
Palazzo Ciambra
S. PIETRO
Pta Galli
Pza Vittorio Veneto
V. Osorio
Cortile Zefiro
Lungo Dante Alighieri
Pza Vittorio Emanuele
V. Scontrino
V. Rocco Solina
V. Spalti
V. Funai
V. Mazzini
Piazza Malta
V. Anchise
Aceste
V. Lgo Ilio
V. Ilio
V. Vespri
V. Marino Torre
V. Giovanbattista Fardella
V. Giuseppe Errante
V. Nausica
V. 20 Settembre
V. Livio Bassi
V. Passo Enea
V. Alberto Spanò
ISOLE EGADI
PANTELLERIA, ISOLE EGADI CAGLIARI, TUNISI
a
b
c
A
B
C
1
2

XX **Ai Lumi Tavernetta**
corso Vittorio Emanuele 75 – ✆ 09 23 87 24 18 Pianta : B2**a**
– www.ailumi.it – Chiuso 10 gennaio-10 febbraio e martedì
Carta 25/46 € – (consigliata la prenotazione)
Giovane e alla moda. Lungo la via centrale della città, la cucina di questo moderno ristorante esplora terra e mare in gustose ricette regionali: imperdibile il cous cous.

a Fontanasalsa Sud : 9 km – ✉ 91100 Trapani

Agriturismo Baglio Fontanasalsa cam, rist,
via Cusenza 78 – ✆ 09 23 59 10 01 – www.fontanasalsa.it
10 cam – 50/70 € 80/120 €
Rist – Carta 26/45 € – *(solo a cena in gennaio e febbraio)* (prenotazione obbligatoria a mezzogiorno)
In un contesto naturalistico di grande spessore, in mezzo alla macchia mediterranea, camere rustiche, ma ben ristrutturate e un ristorante dove si può scegliere fra una sala tipica e la suggestiva corte interna. Piatti di terra e di mare: il locale aderisce all'iniziativa "Miglio Zero".

a Paceco Sud-Est: 12 km – ✉ 91027

Relais Antiche Saline senza rist
via Verdi, località Nubia – ✆ 09 23 86 80 42 – www.relaisantichesaline.it
18 cam – 60/80 € 60/200 €
Tra i mulini e le vasche delle saline, un baglio con camere luminose ed accoglienti, affascinanti spazi comuni che attingono ai colori del cielo e del mare.

TRAVAGLIATO

Brescia (BS) – ✉ 25039 – 13 622 ab. – Alt. 129 m – Carta regionale n° **19-D2**
Roma 549 km – Brescia 12 km – Bergamo 41 km – Piacenza 95 km
Carta stradale Michelin 561-F12

X **Osteria Vineria Operbacco**
via Lepre 2 – ✆ 03 06 86 48 91 – www.operbacco.com – Chiuso 12-26 agosto
Menu 30/45 € – Carta 33/43 €
Sotto soffitti a volta di mattoni rossi, l'ambiente è rustico, ma signorile, mentre la cucina perpetua la tradizione locale accompagnandola con una scelta enologica che abbraccia un po' tutte le regioni.

TRAVALLE → Vedere Calenzano

Firenze (FI)

TRAVERSELLA

Torino (TO) – ✉ 10080 – 354 ab. – Alt. 827 m – Carta regionale n° **22-B2**
Roma 703 km – Aosta 85 km – Milano 142 km – Torino 70 km
Carta stradale Michelin 561-F5

XX **Le Miniere** con cam
piazza Martiri 1944 – ✆ 01 25 79 40 06 – www.albergominiere.com – Chiuso 8 gennaio-10 febbraio
25 cam – 42/55 € 75 €
Menu 17/40 € – Carta 26/51 € – *(chiuso lunedì e martedì)*
Sulla piazza centrale di un incantevole paese, l'ottima cucina riesce ad essere piemontese, montana e creativa allo stesso tempo, oltre ad offrire un piccolo miracolo anche nei prezzi. Il piatto da noi prediletto è - senza dubbio - il brasato al barbaresco.

TREBASELEGHE

Padova (PD) – ✉ 35010 – 12 731 ab. – Alt. 22 m – Carta regionale n° **40-C2**
Roma 530 km – Venezia 33 km – Padova 40 km – Treviso 22 km
Carta stradale Michelin 562-F18

Osteria V con cam — cam, cam, cam

via Villanova 22 – ✆ 04 99 38 75 83 – www.anticoveturo.it – Chiuso 1-7 gennaio, 1-20 agosto, domenica sera e lunedì

6 cam – †50/60 € ††65/75 € Menu 30 € – Carta 32/64 € – *(solo a cena)*

Al posto dove un tempo si produceva del buon vino, ora sorge una piacevole trattoria con varie salette per una cucina semplice, ma creativa. A pranzo, solo menu veloce.

TREBBO DI RENO ➜ Vedere Castel Maggiore

Bologna (BO)

TRECCHINA

Potenza (PZ) – ✉ 85049 – 2 324 ab. – Alt. 500 m – Carta regionale n° **3-B3**

Roma 408 km – Potenza 112 km – Castrovillari 77 km – Napoli 205 km

Carta stradale Michelin 564-G29

L'Aia dei Cappellani con cam e senza — rist,

contrada Maurino, Nord : 2 km – ✆ 09 73 82 69 37 – www.laiadeicappellani.com – Chiuso novembre

3 cam – †30/40 € ††50/70 €

Menu 15/25 € – *(chiuso martedì escluso luglio-agosto)*

Tra distese erbose e ulivi, potrete gustare prodotti freschi e piatti locali caserecci: in sala vecchie foto e utensili di vita contadina, dalla terrazza l'intera vallata. Tre camere con angolo cottura, nelle due case sul retro.

TRECENTA

Rovigo (RO) – ✉ 45027 – 2 925 ab. – Alt. 11 m – Carta regionale n° **39-B3**

Roma 451 km – Padova 72 km – Ferrara 33 km – Rovigo 34 km

Carta stradale Michelin 562-G16

La Bisa senza rist

via Tenuta Spalletti 400 – ✆ 04 25 70 04 04 – www.labisa.eu – Chiuso gennaio

15 cam – †60/80 € ††90/130 €

Negli ampi spazi della pianura, tra boschi e campi, una realtà avvolta nel verde in cui trovano posto vari edifici di carattere rurale, ristrutturati per accogliere camere, ristorante, sala meeting, piscina e laghetti sportivi.

TREGNAGO

Verona (VR) – ✉ 37039 – 4 929 ab. – Alt. 317 m – Carta regionale n° **38-B2**

Roma 531 km – Verona 22 km – Padova 78 km – Vicenza 48 km

Carta stradale Michelin 562-F15

Villa De Winckels — cam,

via Sorio 30, località Marcemigo, Nord-Ovest : 1 km – ✆ 04 56 50 01 33 – www.villadewinckels.it – Chiuso 1-6 gennaio

10 cam – †50/70 € ††90/110 € – **3 suites**

Rist *Villa De Winckels* – vedere selezione ristoranti

Rist *Cantina del Generale* – Carta 28/40 €

Nella storica villa, belle e accoglienti camere dagli arredi in legno naturale; per chi desidera una soluzione più esclusiva, vi è la camera nell'antica torre poco distante.

Villa De Winckels

via Sorio 30, località Marcemigo, Nord-Ovest : 1 km – ✆ 04 56 50 01 33 – www.villadewinckels.it – Chiuso 1°-6 gennaio

Carta 32/49 €

Uno scorcio da cartolina per questa villa del XVI secolo con tante intime salette, ad ospitare una cucina improntata alla più radicata tradizione veneta. In omaggio all'ultimo discendente della famiglia, alla Cantina avrete solo l'imbarazzo della scelta fra le migliori annate dei più pregiati vini locali e non solo.

TREIA

Macerata (MC) – ✉ 62010 – 9 735 ab. – Alt. 342 m – Carta regionale n° **21-C2**
Roma 238 km – Ancona 49 km – Ascoli Piceno 89 km – Macerata 16 km
Carta stradale Michelin 563-M21

a San Lorenzo Ovest : 5 km – ✉ 62010 Treia

Il Casolare dei Segreti con cam e senza
contrada San Lorenzo 28 – ☎ 07 33 21 64 41 – www.casolaredeisegreti.it – Chiuso 5-21 novembre
3 cam – †40/50 € ††60/70 €
Menu 25/40 € – Carta 27/36 € – *(chiuso lunedì e martedì; in gennaio-aprile aperto solo venerdì-sabato-domenica) (solo a cena)*
Conduzione familiare, giovane e motivata, per un ristorante che propone saporiti piatti regionali. Tra i più richiesti: ravioli al ragù di anatra e piccione allo spiedo.

TREISO

Cuneo (CN) – ✉ 12050 – 831 ab. – Alt. 410 m – Carta regionale n° **25-C2**
Roma 644 km – Torino 65 km – Alba 6 km – Alessandria 65 km
Carta stradale Michelin 561-H6

La Ciau del Tornavento (Maurilio Garola) con cam
piazza Baracco 7 – ☎ 01 73 63 83 33 – www.laciaudeltornavento.it – Chiuso febbraio
4 cam – †90/100 € ††120/130 €
Menu 60/80 € – Carta 51/87 € – *(chiuso giovedì a mezzogiorno e mercoledì)*
Uno dei panorami più suggestivi delle Langhe ed una cucina moderna, nonché fantasiosa, creano un idilliaco quadretto completato da vini conservati nell'eccellente cantina. Nessuna "sbavatura", nemmeno nel servizio. Possibilità di pernottamento per cullarsi tra le colline.
→ Bottoni di stracchino su passata di piselli, mele renette, melissa. Quaglia disossata farcita di foie gras, la sua salsa al tartufo nero. Cilindro croccante di cioccolato bianco, mousse al frutto della passione, sorbetto al licis.

Profumo di Vino Ⓝ
viale Rimembranza 1 ✉ 12050 Treiso – ☎ 01 73 63 80 17 – www.profumo-divino.com – Chiuso 20 dicembre-7 gennaio e martedì
40 € – Carta 39/57 € – (consigliata la prenotazione)
Ristorante e wine-bar: lo stile è contemporaneo, la cucina segue le stagioni e propone, a volte, percorsi gastronomici insoliti. A condurvi in questa scoperta, Guillermo Field Melendez, per gli amici "Memo"!

TREMEZZO

Como (CO) – ✉ 22019 – 1 252 ab. – Alt. 225 m – Carta regionale n° **16-A2**
Roma 655 km – Como 31 km – Lugano 33 km – Menaggio 5 km
Carta stradale Michelin 561-E9

Grand Hotel Tremezzo
via Regina 8 – ☎ 0 34 44 24 91 – www.grandhoteltremezzo.com – Aperto 1° aprile-31 ottobre
80 cam – †370/1000 € ††370/1000 € – **12 suites**
Rist *La Terrazza* – vedere selezione ristoranti
Testimone dei fasti della grande hôtellerie lacustre, questo splendido edificio d'epoca vanta, ora, anche una lussuosa T Spa panoramica ed una piscina galleggiante sul lago. Spiaggia privata.

Rusall rist,
via San Martino 2, (località Rogaro), Ovest : 1,5 km – ☎ 0 34 44 04 08 – www.rusallhotel.com – Chiuso 1° gennaio-22 marzo; aperto solo nei week-end 5 novembre-24 dicembre
23 cam – †87/105 € ††120/135 €
Rist – Carta 33/53 € – *(chiuso mercoledì)*
Familiare e accogliente risorsa con ubicazione quieta e panoramica; qui troverete una terrazza-giardino con solarium, zone relax e stanze con arredi rustici.

Villa Edy senza rist
via Febo Sala 18, (località Bolvedro), Ovest : 1 km – ✆ 0 34 44 01 61 – www.villaedy.com – Aperto Pasqua-20 ottobre
16 cam ☕ – 🚹100/130 € 🚹🚹159/169 €
In posizione leggermente defilata rispetto al lago, è la natura la cornice di questa piacevole struttura dalle camere spaziose, adatte anche a soggiorni familiari.

Villa Marie senza rist
via Provinciale Regina 30 – ✆ 0 34 44 04 27 – www.hotelvillamarie.com – Aperto 1° aprile-31 ottobre
21 cam ☕ – 🚹75/95 € 🚹🚹100/165 €
All'interno di un giardino con piccola piscina, una villa liberty-ottocentesca fronte lago con alcune delle stanze affrescate (più moderne le camere nella dépendance). Darsena con terrazza per rilassarsi.

La Terrazza – Grand Hotel Tremezzo
via Regina 8 – ✆ 0 34 44 24 91 – www.grandhoteltremezzo.com – Aperto 2 marzo-9 novembre
Menu 95/165 € – Carta 62/136 € – *(solo a cena)*
Dal 2011 c'è Gualtiero Marchesi, gran pioniere della nuova cucina italiana, a consigliare lo chef nelle sue preparazioni, dove il lago non appaga solo la vista, ma anche il palato.

La Darsena con cam
via Regina 3 – ✆ 0 34 44 31 66 – www.hotelladarsena.it – Chiuso 2 gennaio-28 febbraio
13 cam ☕ – 🚹80/190 € 🚹🚹80/200 €
Menu 40/45 € – Carta 43/64 € – *(chiuso mercoledì escluso dal 15 aprile al 15 ottobre)*
Una piacevolissima struttura ubicata lungo la statale, ma sul lato del lago, caratterizzata da una signorile sala da pranzo con un'ampia parete aperta sul grazioso dehors; da qui la vista spazia sull'incantevole paesaggio circostante. Un'unica precauzione: prenotate con anticipo!

TREMITI (Isole)
Foggia (FG) – 374 ab. – Alt. 116 m – Carta regionale n° **26-A1**
Carta stradale Michelin 564-A28

San Domino (Isola) – ✉ 71040 San Domino – Carta regionale n° 26-A1

San Domino
via Matteotti 1 – ✆ 08 82 46 34 04 – www.hotelsandomino.com
25 cam ☕ – 🚹49/64 € 🚹🚹98/128 € **Rist** – Carta 22/37 €
Nella parte alta dell'isola, un hotel a conduzione familiare ospita ambienti dai piacevoli arredi in legno, ideale punto di appoggio per gli appassionati di sport acquatici. L'elegante ristorante propone la cucina tradizionale italiana.

Baely Resort senza rist
via Matteotti snc – ✆ 08 82 46 37 67 – www.baely.it – Aperto 16 marzo-14 ottobre
11 cam ☕ – 🚹60/170 € 🚹🚹80/200 €
Una struttura di piccole dimensioni con camere particolarmente confortevoli, differenti tra loro per tipologia di arredi ed accessori che spaziano dal classico all'etnico.

TREMOSINE
Brescia (BS) – ✉ 25010 – 1 918 ab. – Alt. 414 m – Carta regionale n° **17-C2**
Roma 581 km – Trento 62 km – Brescia 64 km – Milano 159 km
Carta stradale Michelin 561-E14

Pineta Campi
via Campi 2, località Campi-Voltino alt. 690 – ✆ 03 65 91 20 11 – www.hotelpinetacampi.com – Aperto 28 marzo-17 ottobre
76 cam – 61/81 € 118/156 € – **1 suite**
Rist – Carta 18/49 €
I paesaggi del Parco Alto Garda Bresciano, l'infilata del lago cinto dalle alture, il confort di una struttura ideale per turisti e tennisti: regalatevi tutto questo! Anche una godereccia sosta gastronomica sulla panoramica terrazza estiva del ristorante.

Lucia
via del Sole 2, località Arias alt. 460 – ✆ 03 65 95 30 88 – www.hotellucia.it – Aperto 30 marzo-10 ottobre
38 cam – 56/75 € 70/100 €
Rist – Menu 13 € – *(solo per alloggiati)*
Belle le zone esterne, con ampio giardino con piscina, una spaziosa terrazza-bar e comode stanze, site anche nelle due dépendance; ambiente familiare, tranquillo. Due vaste sale ristorante: l'una più elegante e di gusto retrò, l'altra di taglio rustico.

Miralago & Benaco
piazza Cozzaglio 2, località Pieve alt. 433 – ✆ 03 65 95 30 01 – www.miralago.it – Chiuso 1° gennaio-15 marzo
39 cam – 39/59 € 69/115 € **Rist** – Carta 17/43 €
Centrali, ma tranquilli, posti su uno spuntone di roccia proteso direttamente sul Garda, due alberghi, due corpi distinti; alcune stanze sono state rinnovate di recente. Ristorante con veranda a strapiombo sul lago, ricavato in parte entro una cavità rocciosa.

Villa Selene senza rist
via Lò, località Pregasio alt. 478 – ✆ 03 65 95 30 36 – www.hotelvillaselene.com – Chiuso 15 novembre-18 dicembre
11 cam – 85/124 € 106/145 €
Una gestione familiare e una posizione panoramica per questo piccolo hotel che offre camere molto curate e personalizzate, persino dotate di idromassaggio.

TRENTO
115 540 ab. – Alt. 194 m – Carta regionale n° **33-B3**
Roma 588 km – Bolzano 57 km – Brescia 117 km – Milano 230 km
Carta stradale Michelin 562-D15

Grand Hotel Trento
via Alfieri 1/3 ✉ 38122 – ✆ 04 61 27 10 00 – www.grandhoteltrento.com Pianta : B1**a**
130 cam – 95/230 € 115/250 € – **6 suites**
Rist *Clesio* – Carta 26/62 €
Interni imponenti con esposizione d'arte contemporanea e camere più semplici, spesso spaziose, in un edificio art déco tra il centro, la stazione dei treni ed i giardini. Buona varietà di servizi, tra cui anche un'area benessere; sala a semicerchio o gradevole dehors per il ristorante Clesio, tra tradizione gastronomica locale e classicità italiana.

Aquila d'Oro senza rist
via Belenzani 76 ✉ 38122 – ✆ 04 61 98 62 82 – www.aquiladoro.it Pianta : B2**c**
16 cam – 70/145 € 90/200 €
Design hotel con camere diverse l'una dall'altra (già a partire dal nome), ma tutte dotate di svariati confort, tra cui un angolo wellness con doccia multifunzione e sauna romana. Appuntamento allo street bar per un aperitivo o per propiziarsi bene la giornata con una ricca prima colazione.

America

via Torre Verde 50 ✉ *38122 – ✆ 04 61 98 30 10* Pianta : B1**d**
– www.hotelamerica.it
67 cam – 🛉78/96 € 🛉🛉108/140 €
Rist *El Merican* – Carta 26/48 € – *(chiuso sabato a mezzogiorno e domenica)*

Nel 1923, un membro della famiglia di ritorno dall'America fondò l'albergo: ancora oggi vi si accolgono i clienti con immutata cortesia. Consigliamo le camere con pregevole vista sul Castello del Buonconsiglio, meglio ancora se con terrazzo. Al ristorante, la cucina poliedrica spazia tra territorio e classicità con un'attenzione particolare al biologico.

Sporting Trento

via R. da Sanseverino 125, 1 km per Verona - A2 ✉ *38123 – ✆ 04 61 39 12 15*
– www.hotelsportingtrento.com – Chiuso 9-23 agosto
41 cam – 🛉60/98 € 🛉🛉80/140 €
Rist *Olympic* – Carta 21/68 € – *(chiuso domenica)*

Indirizzo adatto alla clientela business: lungo la tangenziale, ma vicino al centro, questa moderna risorsa propone camere confortevoli e un buon rapporto qualità/prezzo. I "classici" italiani e pizza nel menu del ristorante Olympic.

San Giorgio della Scala senza rist

via Brescia 133, 1 km per Brescia - A1 ✉ 38122 – ✆ 04 61 23 88 48 – www.garnisangiorgio.it
14 cam ☕ – 🚹48/60 € 🚹🚹75/90 €
In frazione Piedicastello, in posizione dominante sulla città e la valle, risorsa funzionale con camere arredate in stile rustico, molte delle quali provviste di balcone o terrazzo. Buon rapporto qualità/prezzo.

Agriturismo Ponte Alto senza rist

via della Cascata 27, località Ponte Alto – ✆ 04 61 81 07 53 – www.agriturpontealto.it
12 cam ☕ – 🚹50/90 € 🚹🚹80/120 €
Sulla collina est di Trento, immerso in un grande vigneto (il patron produce anche vino), agriturismo dai confort moderni, alle cui camere si accede direttamente dal giardino.

Osteria a Le Due Spade

via Don Rizzi 11 ang. via Verdi ✉ 38122 – ✆ 04 61 23 43 43 Pianta : B2**v**
– www.leduespade.com – Chiuso 1 settimana in giugno, 1 settimana in luglio, lunedì a mezzogiorno e domenica
Menu 25 € (pranzo)/70 € – Carta 41/50 €
Quattrocento anni di storia e una stube settecentesca: è la meta di cene eleganti e romantiche in una sala intima e raccolta. Dalla cucina le specialità regionali alleggerite.

Scrigno del Duomo

piazza Duomo 29 ✉ 38122 – ✆ 04 61 22 00 30 Pianta : B2**d**
– www.scrignodelduomo.com – Chiuso 7-28 gennaio e 15 giorni in agosto
Menu 65/75 € – Carta 34/71 € – *(chiuso domenica e lunedì) (solo a cena)* (prenotare)
Rist *Wine Bar* –Carta 30/60 €
Sulla piazza centrale - gioiello architettonico della città - il locale occupa un bel palazzo, in cui si rintracciano tutte le vicende storiche che hanno coinvolto il capoluogo trentino. Il palato potrà scegliere tra una cucina sofisticata e creativa (la sera) o più informale e regionale al Wine Bar (sempre aperto!).

Ai Tre Garofani - Antica Trattoria

via Mazzini 33 ✉ 38122 – ✆ 34 96 35 89 08 Pianta : B2**b**
– www.aitregarofani.com – Chiuso 1 settimana in febbraio, 2 settimane in luglio e 1 settimana in novembre,
Menu 25/38 € – Carta 41/53 € – (consigliata la prenotazione)
In sale in cui convivono semplicità ed un certo tocco elegante, intelligente rivisitazione della cucina trentina da parte di una contagiosa e simpatica coppia. Nel mese di dicembre, durante i celebri mercatini di Natale, la carta si fa più semplice e tradizionale.

Il Libertino

piazza Piedicastello 4/6 ✉ 38122 – ✆ 04 61 26 00 85 Pianta : A1**b**
– www.ristoranteillibertino.com – Chiuso luglio e martedì
Menu 24/40 € – Carta 33/47 €
Un locale rustico ed informale - situato nell'antica piazzetta di Piedicastello - propone piatti tradizionali, soprattutto di carne. Ampia offerta di vini al bicchiere, nonché ottima scelta di etichette regionali e non.

a Cognola Est : 3 km per Padova Pianta : B2 – ✉ 38121

Villa Madruzzo

via Ponte Alto 26 ✉ 38121 – ✆ 04 61 98 62 20 – www.villamadruzzo.it
85 cam ☕ – 🚹75/155 € 🚹🚹105/180 € – **2 suites**
Rist *Villa Madruzzo* – vedere selezione ristoranti
Sulle alture intorno a Trento, splendida villa dell'Ottocento, le cui camere riprendono l'atmosfera volutamente retrò della dimora: carta da parati, tappeti e tendaggi colorati. Stile contemporaneo, invece, nella dépendance.

XX **Villa Madruzzo** – Hotel Villa Madruzzo

via Ponte Alto 26 ✉ 38121 – ✆ 04 61 98 62 20 – www.villamadruzzo.it
Carta 37/81 € – *(chiuso domenica)*
Articolata scelta à la carte, con diversi piatti regionali, qualcuno nazionale ed un po' di pesce, da gustare nella sala principale affacciata sul parco o nella più piccola ospitata nella ex cappella della villa.

a Ravina Sud : 4 km per Verona Pianta : A2 – ✉ 38123

XXX **Locanda Margon**

✿ *via Margone 15 – ✆ 04 61 34 94 01 – www.locandamargon.it – Chiuso 6-22 gennaio, 9-25 agosto, domenica sera e martedì*
Menu 60/120 € – Carta 59/108 € – (consigliata la prenotazione)
Rist *La Veranda* –Menu 32 € – Carta 35/48 €
Tra le cantine Ferrari e la storica villa Margon, un ristorante capace di coniugare tradizione gastronomica e modernità: piatti gourmet nell'elegante sala per l'appunto battezzata Salotto Gourmet, cucina più light, ma sempre ad ottimi livelli, nella panoramica Veranda.
➜ Insolito trentino: spaghetti monograno, Trentingrana, oliva e spumante metodo classico. Suino cinturello orvietano con manioca ai capperi, dolceforte di peperoni e sedano. Mela: pensando allo strudel.

TREQUANDA

Siena (SI) – ✉ 53020 – 1 319 ab. – Alt. 453 m – Carta regionale n° **32-C2**
▶ Roma 197 km – Siena 45 km – Firenze 110 km – Perugia 72 km
Carta stradale Michelin 563-M17

XX **Il Conte Matto** con cam e senza ☕ rist,

via Taverne 40 – ✆ 05 77 66 20 79 – www.contematto.it – Chiuso 1 settimana febbraio e 1 settimana in novembre
4 cam – †50/60 € ††60/80 €
Menu 28 € – Carta 22/50 € – *(chiuso martedì)* (prenotare)
La trecentesca abitazione del guardiacaccia del castello si è stata trasformata in una vetrina di prodotti toscani: paste fresche, chianina, cinta senese e formaggi. Terrazza panoramica sulle colline e dalle camere scorci della campagna circostante.

TRESCORE BALNEARIO

Bergamo (BG) – ✉ 24069 – 9 628 ab. – Alt. 305 m – Carta regionale n° **19-D1**
▶ Roma 593 km – Bergamo 15 km – Brescia 49 km – Lovere 27 km
Carta stradale Michelin 561-E11

Della Torre

piazza Cavour 26/28 – ✆ 0 35 94 13 65 – www.albergotorre.it
34 cam ☕ – †50/70 € ††70/100 €
Rist *Sala del Pozzo* – vedere selezione ristoranti
Rist – Carta 27/65 € – *(chiuso domenica sera e lunedì)*
In centro paese, edificio di antica fondazione costituito da un'ala storica e da una parte più recente che vanta - di conseguenza - camere più nuove. Se l'appetito si fa sentire, al ristorante troverete piatti locali, nonché i classici italiani.

XXX **LoRo** (Pierantonio Rocchetti)

✿ *via Bruse 2 – ✆ 0 35 94 50 73 – www.loroandco.com – Chiuso 1 settimana in gennaio e lunedì*
Menu 60/75 € – Carta 43/89 €
Rist *LoRo & Co Bistrò* – ✆ 0 35 94 09 99 –Menu 15 € (in settimana)/35 € – Carta 27/54 €
Le iniziali dei cognomi dei due giovani soci, uno in sala, l'altro in cucina, sono eponimi del ristorante. Entusiasmo, cortesia, qualche piatto ispirato al territorio bergamasco, ma la cucina è fondamentalmente contemporanea e fantasiosa e spazia dalla carne al pesce.
➜ Riso con crostacei e piselli. Carpaccio di branzino, astice blu, maionese all'avocado. Crema di mele rosse, patata dolce, carote e zenzero.

XX **Sala del Pozzo** - Hotel Della Torre

piazza Cavour 26 – ✆ 0 35 94 13 65 – www.albergotorre.it – Chiuso domenica sera e lunedì

Carta 40/80 €

Una sorta di "oasi gastronomica" all'interno dell'hotel Della Torre. Se già non sarà facile scegliere tra le tante specialità del menu, aspettate di vedere la carta dei vini: più di 300 etichette da far girar la testa… ancor prima di aver bevuto! Alcune servite anche al bicchiere. Cucina contemporanea.

TRESCORE CREMASCO

Cremona (CR) – ✉ 26017 – 2 900 ab. – Alt. 86 m – Carta regionale n° **19-C2**

▶ Roma 554 km – Bergamo 37 km – Brescia 54 km – Cremona 45 km

Carta stradale Michelin 561-F10

XX **Trattoria del Fulmine**

via Carioni 12 – ✆ 03 73 27 31 03 – Chiuso 1°-15 gennaio, agosto, domenica sera, martedì sera e lunedì

Carta 56/74 €

Da decenni baluardo della tradizione cremasca, in un ambiente semplice e familiare le proposte più rinomate annoverano salumi, paste fresche - tra cui i tortelli dolci - e un invitato d'eccezione: il fegato grasso!

X **Bistek**

viale De Gasperi 31 – ✆ 03 73 27 30 46 – www.bistek.it – Chiuso 1°-7 gennaio, 23 luglio-19 agosto, martedì sera e mercoledì

Menu 30/35 € – Carta 27/50 €

Al primo piano due sale per una cucina regionale accompagnata da un'ampia selezione di vini, anche al bicchiere (qui si organizzano manifestazioni gastronomiche e serate a tema). Al piano terra, invece, birreria jazz/cafè per serate musicali e spuntini veloci.

TREVENZUOLO

Verona (VR) – ✉ 37060 – 2 745 ab. – Carta regionale n° **39-A3**

▶ Roma 488 km – Verona 30 km – Mantova 24 km – Modena 83 km

Carta stradale Michelin 562-G14

a Fagnano Sud : 2 km – ✉ 37060 Trevenzuolo

X **Trattoria alla Pergola**

via Nazario Sauro 9 – ✆ 04 57 35 00 73 – Chiuso 24 dicembre-7 gennaio, 15 luglio-20 agosto, domenica e lunedì

Carta 25/41 €

Semplice ma invitante, di quelle che ancora si trovano in provincia; giunta con successo alla terza generazione, la trattoria propone la classica cucina del territorio, risotti e bolliti al carrello come specialità.

TREVIGLIO

Bergamo (BG) – ✉ 24047 – 28 765 ab. – Alt. 125 m – Carta regionale n° **19-C2**

▶ Roma 576 km – Bergamo 21 km – Brescia 57 km – Cremona 62 km

Carta stradale Michelin 561-F10

XXX **San Martino** (Marco e Vittorio Colleoni) con cam

viale Cesare Battisti 3 – ✆ 0 36 34 90 75 – www.sanmartinotreviglio.it – Chiuso 26 dicembre-9 gennaio e 3-27 agosto

15 cam ☕ – †90/120 € ††120/180 € – **3 suites**

Menu 25 € (pranzo)/120 € – Carta 65/145 € – *(chiuso domenica sera e lunedì, anche domenica a mezzogiorno in luglio)* (prenotazione obbligatoria a mezzogiorno)

Specialità di pesce ed alcuni prodotti francesi, quali formaggi e vini, in un elegante ristorante che dispone anche di camere moderne nello stile e nel confort. Nella saletta denominata Smartino, si può approfittare della formula "pranzo di lavoro": cucina di qualità, a tempi e costi contenuti.

→ Gnocco morbido, calamaretti spillo ripieni di patata affumicata. Rombo cotto sulla spina, carciofi e riduzione di agrumi. Spugna di cioccolato.

TREVIGNANO ROMANO

Roma (RM) – ✉ 00069 – 5 272 ab. – Alt. 220 m – Carta regionale n° **12-B2**
Roma 49 km – Viterbo 44 km – Civitavecchia 63 km – Terni 86 km
Carta stradale Michelin 563-P18

XX Acquarella

via Acquarella 4, Sud-Est : 6 km – ✆ 0 69 98 53 61 – www.ristoranteacquarella.it – Chiuso 10-27 dicembre e martedì
Carta 28/64 €
Direttamente sul lago che lambisce con il suo giardino e con il suo pontiletto - una favola soprattutto in estate quando si può mangiare sotto il grande gazebo - il locale si farà ricordare per le fragranti specialità di pesce. In inverno, godetevi la rusticità degli spazi interni e la bella saletta con camino.

TREVINANO ➔ Vedere Acquapendente

Viterbo (VT)

TREVISO

✉ 31100 – 82 462 ab. – Alt. 15 m – Carta regionale n° **39-A1**
Roma 541 km – Venezia 30 km – Bolzano 197 km – Milano 264 km
Carta stradale Michelin 562-E18

Maggior Consiglio

via Terraglio 140, B2 – ✆ 04 22 40 93 – www.maggiorconsiglio.com
120 cam ☕ – †70/120 € ††80/130 €
Rist *Orobasilico* – Carta 33/60 €
Alle porte della città, moderno complesso alberghiero dotato di ampi spazi per i congressi, ma anche di un completo centro benessere.

Cà del Galletto

via Santa Bona Vecchia 30, per viale Luzzatti - B1 – ✆ 04 22 43 25 50 – www.hotelcadelgalletto.com
65 cam ☕ – †79/115 € ††115/160 € – **2 suites**
Rist – Carta 31/47 € – *(chiuso 1°-7 gennaio, 2 settimane in agosto, sabato a mezzogiorno e domenica)*
In zona periferica relativamente tranquilla, grande complesso con camere generalmente ampie e moderne. Biciclette a disposizione per i clienti più sportivi.

Focolare senza rist

piazza Ancillotto 4 – ✆ 0 42 25 66 01 – www.ilfocolarehotel.com Pianta : B1**b**
14 cam ☕ – †70/80 € ††90/110 €
Nel cuore del centro storico, una piccola bomboniera di cura ed eleganza a gestione familiare. Spazi comuni un po' ridotti, ma camere ampie ed accoglienti.

Agriturismo Il Cascinale

via Torre d'Orlando 6/b, Sud-Ovest : 3 km – ✆ 04 22 40 22 03 – www.agriturismoilcascinale.it – Chiuso 7-23 gennaio e 16 agosto-6 settembre
14 cam – †35/45 € ††49/51 €, ☕ 8 €
Rist – Carta 20/31 € – *(chiuso luglio-agosto; aperto venerdì sera, sabato sera e domenica)*
Ubicato nella prima periferia, ma già totalmente in campagna, un rustico ove troverete ambiente ospitale e familiare e camere molto confortevoli, realizzate di recente.

XX Antico Morer

via Riccati 28 – ✆ 04 22 59 03 45 – www.ristoranteanticomorer.com – Chiuso 10 giorni in febbraio, 2 settimane in agosto e lunedì Pianta : B1**a**
Carta 38/76 €
Non lontano dal Duomo, questo storico locale prende il nome da una pianta di gelso - morer, in dialetto - situata davanti all'ingresso, ma che ora non c'è più. Oggi, sotto a travi di legno, in un ambiente sobrio (tendente all'elegante), potrete gustare sapori di mare con tanto spazio ai crudi.

TREVISO
200 m
JESOLO
TRIESTE
CORTINA D'AMPEZZO
UDINE
JESOLO
TRIESTE
VENEZIA
PADOVA
FELTRE, PADOVA
VICENZA
TRENTO
CITTÀ VECCHIA
Palazzo dei Trecento
Piazza dei Signori
Santa Lucia
DUOMO
Museo Civico Bailo
S. Nicolò
PORTA S. TOMASO
PORTA SS. QUARANTA
C. Buranelli
C. Cagnan
Sile
V. 14 Maggio 1944
Vle Nino Bixio
Vle Fratelli Cairoli
Vle Fratelli Bandiera
Vle Terraglio
Vle Trento e Trieste
Vle Monte Grappa
Vle Luigi Luzzatti
Vle Orleans
V. Alzaia
Vle Jacopo Tasso
Vle De Gasperi
Riviera Sta Margherita
V. Sebastiano Venier
V. Ospedale
Vicolo del Vento
S. Francesco
V. S. Parisio
V. Palestro
Vicolo Rialto
Cso del Popolo
Vle Antonio Caccianiga
V. Cantarane
V. S. Liberale
V. Daniele Manin
Vicolo Avogari
V. Tezzone
Lungo Sile Antonio Mattei
V. Lungo Sile
Vle Bartolomeo d'Alviano
Vle Frà Giocondo
V. Comarotta
Pza Duomo
Pza Duca d'Aosta
V. Roma
V. Pescatori
V. Giuseppe Toniolo
V. Guido Bergamo
V. Toilpada
V. Stangade
V. Girolamo Emiliani
V. Girolamo Biscaro
Borgo Cavalli
V. Pietro di Dante
V. Ortoli
V. Giustinian Recanati
Bastioni S. Paolo
Vicolo Fratelli Bandiera
V. Nicolò Pinelli Capponi
V. Sant'Antonino
V. Zermanese
V. Dandolo
V. Enrico
V. Delle Absidi
V. Cesare Battisti
V. Damiano Chiesa
V. Lancieri di Novara
V. Dalmazia
V. Istria
Vle Monfenera
V. Verga
V. Giovanni
V. Nicolò Franco
V. Pietro Gobetti
Vicolo Luigi Coletti
Vle Graziano Appiani
V. Giuseppe e Luigi Olivi
Vle Giuseppe Verdi
V. Silvio Pellico
V. Luigi Sartori
V. Giovanni Pozzobon
Vle Giuseppe Benzi
V. Plinio il Vecchio
V. Bernardino Tomitano
V. Altino
V. della Polveriera
V. Monsignor Angelo Marchesan
Vicolo Sebastiano Venier
V. Frà Claudio
V. Motta
Vicolo Bivio Motta
Vicolo Fagarè
Vle Piave
a
b
e
g
1
2
A
B
C

Hosteria Antica Contrada delle due Torri

via Palestro 8 – 04 22 54 12 43 – Chiuso 12-27 agosto e martedì Pianta : B1**e**

Carta 29/50 €

Rustico locale nel cuore del centro storico: la cucina si fa portavoce della tradizione locale, mentre le stagioni con i loro caratteristici prodotti sono celebrate nel piatto. Tagliolini ai crostacei è il piatto forte tra i primi; baccalà mantecato su crostini di polenta, a seguire.

Toni del Spin

via Inferiore 7 – 04 22 54 38 29 – www.ristorantetonidelspin.com – Chiuso 2 settimana in agosto, lunedì a mezzogiorno, anche domenica in giugno-agosto Pianta : B1**g**

Carta 20/61 €

Storica trattoria riccamente decorata con menù esposto su lavagne, ove poter mangiare in un ambiente raccolto e caratteristico terminando con l'invitante carrello dei dolci.

verso Quinto di Treviso Sud-Ovest: 3 km

BHR Treviso Hotel

via Postumia Castellana 2 – 04 22 37 30 – www.bhrtrevisohotel.it

132 cam – 89/199 € 99/219 € – **1 suite**

Rist ***DiVino Osteria Trevigiana*** – vedere selezione ristoranti

Indicata soprattutto per una clientela business e congressuale, questa nuova struttura - moderna e trasparente, alle porte della città - dispone di camere di alto livello e soluzioni architettoniche attuali. Completa l'offerta una caffetteria alla moda: il Gioja Lounge bar, per caffè, "cicchetti" e aperitvi.

DiVino Osteria Trevigiana – BHR Treviso Hotel

via Postumia Castellana 2 – 04 22 37 30 – www.osteriatrevigiana.it

Menu 27/37 € – Carta 33/54 €

Nei pressi dell'aeroporto, all'interno del nuovo albergo BHR, la tavola è legata al territorio trevigiano. Cucina semplice, menu light e buffet di antipasti, a mezzogiorno. Grande carta la sera, accompagnata da rinomate etichette.

TREZZANO SUL NAVIGLIO

Milano (MI) – ✉ 20090 – 20 213 ab. – Alt. 116 m – Carta regionale n° **18-B2**

Roma 595 km – Milano 13 km – Novara 43 km – Pavia 34 km

Carta stradale Michelin 561-F9

Goldenmile

via Colombo 33 – 02 48 49 81 11 – www.hotelgoldenmile.it

150 cam – 125/350 € 140/400 € **Rist** – Carta 23/51 € – *(solo a cena)*

Collegato da autobus di linea alla metropolitana, nuovo hotel design alle porte di Milano (all'uscita n° 5 della tangenziale ovest). Funzionale e moderno, dispone di camere ben accessoriate.

Eur senza rist

viale Leonardo da Vinci 36/a – 0 24 45 19 51 – www.eurhotelmilanofiera.com

41 cam – 59/299 € 79/299 €

Comodamente posizionato rispetto all'uscita Vigevanese della tangenziale ovest, accogliente albergo anni '60, dove lo stile classico e il confort sono adeguati alla categoria.

TREZZO SULL'ADDA

Milano (MI) – ✉ 20056 – 11 989 ab. – Alt. 187 m – Carta regionale n° **19-C2**

Roma 597 km – Bergamo 17 km – Lecco 36 km – Milano 34 km

Carta stradale Michelin 561-F10

Villa Appiani

via Sala 17 – ✆ 02 92 00 24 01 – www.villappiani.it
40 cam – 75/490 € 95/519 €
Rist *La Cantina* – vedere selezione ristoranti
A pochi km dai caselli autostradali di Capriate e Trezzo sull'Adda, la nobile villa settecentesca che ospita l'hotel colpisce per i suoi interni dai cromatismi intensi e per il design decisamente contemporaneo.

La Cantina – Hotel Villa Appiani

via Sala 17 – ✆ 02 92 00 24 01 – www.villappiani.it
Carta 27/45 €
Cucina regionale in un ristorante piacevolmente rustico con decorazioni che alludono al mondo del vino e la cui "cave" custodisce etichette di pregio. D'estate, la bella corte en plein air si presta per romantiche cene a lume di candela.

TRICASE

Lecce (LE) – ✉ 73039 – 17 599 ab. – Alt. 98 m – Carta regionale n° **27**-D3
Roma 670 km – Brindisi 95 km – Lecce 52 km – Taranto 139 km
Carta stradale Michelin 564-H37

Adriatico

via Tartini 34 – ✆ 08 33 54 47 37 – www.adriaticotricase.it
18 cam – 35/55 € 70/120 €
Rist *I Fornelli di Teresa* – vedere selezione ristoranti
A dieci minuti a piedi dal centro del paese, un piccolo hotel a conduzione familiare, dispone di camere semplici e lineari: ideale per una vacanza alla scoperta del Salento.

I Fornelli di Teresa – Hotel Adriatico

via Tartini 34 – ✆ 08 33 77 03 12 – www.ifornelliditeresa.it
Carta 20/25 €
Ristorante dell'albergo Adriatico, il nome è un omaggio alla sua fondatrice, la signora Teresa, che in persona vi tenterà con i suoi piatti: molti di matrice regionale, in alternativa c'è anche una buona selezione di pizze (e cucina senza glutine).

TRICESIMO

Udine (UD) – ✉ 33019 – 7 610 ab. – Alt. 199 m – Carta regionale n° **11**-C2
Roma 642 km – Udine 12 km – Pordenone 64 km – Tarvisio 86 km
Carta stradale Michelin 562-D21

Miculan

piazza Libertà 16 – ✆ 04 32 85 15 04 – www.trattoriamiculan.com – Chiuso 14-21 luglio, mercoledì, anche giovedì da giugno a settembre
Menu 28/35 € – Carta 26/38 €
Sulla piazza di Tricesimo un piccolo bar, frequentatissimo dalla gente del posto, fa da "anticamera" a questa tipica trattoria, che custodisce un significativo retaggio del passato: il caratteristico camino, el fogher, nonché specialità regionali - come lo scrigno di San Daniele - e qualche divagazioni di pescato.

TRIESTE

201 148 ab. – Carta regionale n° **11-D3**
Roma 669 km – Udine 68 km – Ljubljana 100 km – Milano 408 km
Carta stradale Michelin 562-F23

Alberghi

Starhotels Savoia Excelsior Palace
riva del Mandracchio 4 ✉ 34124 – ☎ 04 07 79 41 – www.starhotels.com Pianta : B2**a**
108 cam – 130/500 € 150/500 € – **36 suites**
Rist *Savoy* – vedere selezione ristoranti
Nel cuore della città, affacciato sul golfo di Trieste, l'hotel ripropone il fascino di un imponente palazzo dei primi '900, arricchito da design moderno e confort up-to-date. Originale lounge illuminata da un grande lucernario che ricorda i giardini d'inverno della Belle Epoque.

Grand Hotel Duchi d'Aosta
piazza Unità d'Italia 2 ✉ 34121 – ☎ 04 07 60 00 11 – www.magesta.eu Pianta : B2**r**
52 cam – 110/268 € 119/500 € – **3 suites**
Rist *Harry's Cafè & Restaurant* – vedere selezione ristoranti
In una delle piazze più scenografiche e suggestive del Bel Paese, interni di sobria eleganza - particolarmente nelle piacevoli camere, tutte personalizzate - ed un centro benessere dal nome fortemente evocativo: Thermarium Magnum.

Vis à Vis
via dello Squero Vecchio 1 – ☎ 04 07 60 00 11 – www.hotelvisavis.net
19 cam – 90/230 € 100/300 €
Non manca di originalità, questa dépendance moderna e funzionale che mantiene anche la sua precedente funzione di galleria d'arte.

Urban Hotel Design senza rist
via Androna Chiusa 4 ✉ 34121 – ☎ 0 40 30 20 65 – www.urbanhotel.it Pianta : B2**x**
41 cam – 90/200 € 100/320 € – **6 suites**
Nella mitteleuropea Trieste, hotel di taglio moderno nato dalla fusione di palazzi rinascimentali: particolare la sala colazioni il cui pavimento propone le vestigia romane dell'antico muro di cinta della città.

James Joyce senza rist
via Cavazzeni 7 – ☎ 0 40 30 20 65 – www.hoteljamesjoyce.com
15 cam – 65/110 € 80/170 €
Lo scrittore irlandese che tanto amò Trieste, James Joyce, presta il nome a questa graziosa struttura del centro storico: piccoli spazi comuni e camere accoglienti.

TRIESTE
0
200 m
A
B
1
2
3
GORIZIA
MIRAMARE
VENEZIA
UDINE
PORTO
PALAZZO DEI CONGRESSI
PALAZZO DELLA REGIONE
ACQUARIO
CENTRALE
CAMPO MARZIO
MERCATO CENTRALE
Museo del Mare
Museo di Storia e d'Arte
Castello
San Giusto
TEATRO ROMANO
Punto Franco Vecchio
Molo Audace
Molo Fratelli Bandiera
Molo della Pescheria
Molo Sartorio
Riva 3 Novembre
Riva Nazario Sauro
Riva Tommaso Gulli
V. del Lazzaretto Vecchio
V. di Campo Marzio
V. dell'Università
Pza della Libertà
Cso. Cavour
V. Carlo Ghega
V. Niccolò Machiavelli
V. Gioacchino Rossini
V. Roma
V. Fabio Filzi
V. Felice Venezian
V. Torino
V. dei Fabbri
V. Terza Armata
V. Tigor
V. Francesco Denza
V. Vito
V. Nicolò De Rin
V. Vettor Carpaccio
V. Riccardo Bazzoni
V. Ettore Daurant
V. Pasquale Besenghi
V. Antonio Madonizza
V. Edmondo De Amicis
V. Carlo Combi
V. Bellosguardo
Vle della Terza Armata
V. Belpoggio
V. Franca
V. Vittorio Locchi
V. Maestri del Lavoro
V. Gian Rinaldo Carli
V. Paolo Toscanelli
Vle Giuseppe Tartini
Nuova Sopraelevata
V. della Rampa
V. del Lloyd
V. di Calvola
V. Luigi Negrelli
V. Gaspare Tonello
Vle dei
V. dei Calderai
Vle Romolo Gessi
Pass. Sant'Andrea
V. Gioacchino Murat
V. Guido Reni
Pza Alberto Carlo
V. di Donota
Vle dei
V. Giovanni Boccaccio
Vle Miramare
V. Udine
V. dei Cordaroli
V. del Panorama
V. Paul
V. Giovanni Segantini
V. Leo
V. Brandesia
a
c
d
f
g
r
x
P
T
M
POL

C
D
OPICINA
FIUME (RIJEKA) POSTUMIA
1
2
3
FIUME UDINE
MUGGIA PULA
V. Ludovico Antonio Muratori
V. Cesare Balbo
V. Luigi Settembrini
V. Cesare Cantù
V. di Romagna
V. Virgilio
V. Strabone
V. Artemidoro
V. Orazio
V. di Scorcola
V. di Romagna
V. del Montello
V. Catullo
Vicolo dell'Ospitale Militare
Piazza di Scorcola
V. Fabio Severo
V. del Coroneo
V. Carpison
V. Francesco Rismondo
GIARDINO PUBBLICO M. TOMMASINI
Piazza Guglielmo Oberdan
V. Cesare Battisti
V. Ugo Polonio
V. dei Toro
V. Ruggero Timeus
V. della Ginnastica
V. S. Maurizio
Capitolina
V. della Madonnina
V. Enrico Toti
Piazza Garibaldi
V. Giorgio Vasari
V. Ugo Foscolo
V. della Pietà
V. Alessandro Manzoni
V. del Bosco
V. S. Giacomo in Monte
V. del Rivo
V. della Guardia
V. del Giuliani
GIARDINO BASEVI
Androna Cristoforo Colombo
V. Marco Polo
V. della Concordia
V. dell'Industria
V. del Broletto
V. Carbonara
V. Elisi
V. Caduti sul Lavoro
V. Bartolomeo d'Alviano
Sopraelevata
V. dell'Istria
V. Ponziana
V. Gio d'Isella
V. Raffaele Abro
V. Raimondo Battera
V. Giuseppe Marenzi
V. del Molino a Vento
V. Rigutti
V. della Bastia
V. della Tesa
V. dell'Agro
Pza dei Foraggi
V. del Veltro
Vle dell'Ippodromo
Str. di Cattinara
V. Carnaro
Str. di Fiume
V. delle Campanelle
V. delle Settefontane
Vle Gabriele D'Annunzio
V. Tommaso Luciani
V. Conti
V. Casimiro Donadoni
V. del Piccardi
V. Rossetti
V. Domenico
V. dei Leo
V. Giovanni Pascoli
V. Vittorio Alfieri
V. di Chiadino
V. del Vignola
V. Michelangelo Buonarroti
V. del Ghirlandaio
V. Pasquale Revoltella
FIERA
V. delle Milizie
V. Alessandro La Marmora
V. Gregorio Anania
V. Goffredo Mameli
V. Massimiliano D'Angeli
V. dell'Eremo
Vicolo degli Scaglioni
V. Giusto Dei Girardi
V. Francesco Redi
V. del Pra
V. Giuseppe e Luca Delmestri
V. Frà da Vedano
V. Pace
V. Umberto Felluga
V. S. Martino
V. Solferino
V. Bartolomeo Biasoletto
V. Carlo de Marchesetti
V. Carlo Archi
V. della Ginnastica
V. del Farneto
Vle XX Settembre
V. Francesco Crispi
V. Ippolito Pindemonte
V. Giulia
V. dei Cunicoli
V. Luigi Ricci
V. Galileo Galilei
V. Lucio Vero
Vicolo del Castagneto
V. Buie d'Istria
V. dei Balardi
Sal. Monte Valerio
V. Fabio Severo
V. Licio Giorgeri
V. V. Alfonso Valerio
V. dello Scoglio
V. del Prato
V. dello Scoglietto
V. di Cologna
V. Pendice
V. Zeffirino Pisoni
V. Giovanni Berchet
V. Giovanni Verga
V. S. Cilino

Coppe senza rist
via Mazzini 24 ✉ 34121 – ☎ 0 40 76 16 14 Pianta : B2**f**
– www.hotelcoppetrieste.it
36 cam – 90/230 € 125/290 € – **6 suites**
In un palazzo del '700 sotto la tutela delle Belle Arti, moderno design per un albergo di recente apertura caratterizzato da camere di diversa tipologia, alcune particolarmente romantiche: ampio letto rotondo, fibre ottiche sul soffitto e note musicali alle pareti.

Colombia senza rist
via della Geppa 18 ✉ 34132 – ☎ 0 40 36 91 91 Pianta : B1**a**
– www.hotelcolombia.it
40 cam – 58/120 € 80/160 €
Centrale, nonché poco distante dalla stazione, hotel dagli spazi comuni limitati, ma gradevolmente moderni, con arredi piacevoli ed alcuni bei quadri sia negli spazi comuni sia in alcune camere.

Italia senza rist
via della Geppa 15 ✉ 34132 – ☎ 0 40 36 99 00 Pianta : B1**d**
– www.hotel-italia.it
38 cam – 60/120 € 80/160 €
Non lontano dalla stazione, nel cuore della città, un hotel comodo e funzionale, dove gli spazi comuni non sono amplissimi, ma le camere sì!

Ristoranti

Harry's Cafè & Restaurant – Grand Hotel Duchi d'Aosta
piazza Unità d'Italia 2 ✉ 34121 – ☎ 0 40 66 06 06 Pianta : B2**r**
– www.magesta.eu
Carta 55/96 €
Inaugurato negli anni '70 dallo stesso Arrigo Cipriani, dell'omonimo locale veneziano riprende lo stile dell'arredo. Vi si respira un'atmosfera accogliente ed elegante, un vero salotto nel salotto di Trieste: ovvero, la piazza su cui si apparecchia il servizio all'aperto. La sua cucina propone specialità regionali e piatti nazionali. A pranzo anche formula bistrot più semplice e veloce.

Pepenero Pepebianco
via Rittmeyer 14/a ✉ 34134 – ☎ 04 07 60 07 16 Pianta : C1**a**
– www.pepeneropepebianco.it – Chiuso 3 settimane tra luglio e agosto e domenica
Menu 29/69 € – Carta 36/83 € – (prenotazione obbligatoria a mezzogiorno)
Non lontano dalla stazione, locale di taglio moderno gestito con passione da una simpatica coppia: ricette stuzzicanti dove territorio e pesce sono proposti in chiave moderno-creativa. Aperto anche a mezzogiorno, previa prenotazione da effettuarsi almeno con un giorno di anticipo.

Scabar
Erta Sant'Anna 63, per Muggia - C3 ✉ 34149 – ☎ 0 40 81 03 68 – www.scabar.it – Chiuso lunedì
Menu 35/60 € – Carta 31/67 € – (consigliata la prenotazione)
La cordiale gestione familiare vi condurrà in un excursus di specialità ittiche e locali, in sale di tono classico o sulla panoramica terrazza. Non è facile da raggiungere, ma merita la sosta.

Savoy – Starhotels Savoia Excelsior Palace
riva del Mandracchio 4 ✉ 34124 – ☎ 04 07 77 94 1 Pianta : B2**a**
– www.starhotels.com
Menu 40/180 € – Carta 50/100 €
Un rifugio gastronomico in grado di soddisfare i palati più diversi: la cucina è italiana e di taglio contemporaneo. Il tavolo lungo la vetrata per la piacevole vista sulla marina di Trieste, il più richiesto!

Al Bagatto
via Venezian 2 ang. via Cadorna ✉ 34124 Pianta : B2**g**
– ✆ 0 40 30 17 71 – www.albagatto.it – Chiuso domenica
Menu 65 € – Carta 53/86 € – *(solo a cena)* (prenotazione obbligatoria)
Piccolo ristorante del centro dai toni caldamente rustici e dall'atmosfera signorile. Sulla tavola: piatti a base di pesce con un tocco di modernità.

Città di Cherso
via Cadorna 6 ✉ 34124 – ✆ 0 40 36 60 44 Pianta : B2**c**
– www.ristorantecittadicherso.com – Chiuso 1 settimana in gennaio, 3 settimane in agosto e martedì
Carta 28/55 €
A due passi dalla grande piazza del centro, un ristorantino dalla cortese gestione familiare: a tavola vi terranno compagnia specialità di mare e la fantasia dello chef.

a Grignano Nord: 5 km – ✉ 34014

Riviera e Maximilian's
strada costiera 22 – ✆ 0 40 22 45 51 – www.rivieramax.eu
47 cam – 110/300 € 120/500 € – **2 suites**
Rist *Le Terrazze* – vedere selezione ristoranti
L'elegante atmosfera e tranquillità della costa carsica sono il contorno di questo hotel ospitato in una villa di fine '800, poco distante dal castello di Miramare. La vista è impagabile. Gli interni sono in fase di rinnovo totale.

Miramare
via Miramare 325/4 – ✆ 04 02 24 70 85 – www.hotelmiramaretrieste.it – Chiuso dicembre-febbraio
32 cam – 90/220 € 130/320 €
Rist *Le Vele* – vedere selezione ristoranti
A breve distanza dall'omonimo castello, un hotel moderno che propone ambienti confortevoli, arredati in tenue e rilassanti tonalità, nel contemporaneo gusto minimalista.

Le Terrazze – Hotel Riviera e Maximilian's
strada costiera 22 – ✆ 04 02 24 70 33 – www.terrazze.eu
Carta 31/61 €
Nel 2014, novità al ristorante: è cambiato lo chef e si è ristrutturata la sala à la carte. Come sempre, però, rimangono la bellezza della terrazza a picco sul mare e i Delfini appesi in sala.

Le Vele – Hotel Miramare
via Miramare 325/1 – ✆ 04 02 24 70 85 – www.hotelmiramaretrieste.it – Chiuso dicembre, gennaio e domenica
Carta 34/54 € – *(solo a cena)*
Vale la pena di abbandonare il centro storico della città per raggiungere questo esclusivo ristorante che, partendo dalla consolidata tradizione gastronomica mediterranea, la rielabora con vena moderna e creativa. Dalla terrazza: l'incantevole golfo di Trieste.

TRINITÀ D'AGULTU
Sardegna – Olbia-Tempio (OT) – ✉ 07038 – 2 144 ab. – Alt. 365 m
– Carta regionale n° **28**-A1
Cagliari 259 km – Nuoro 146 km – Olbia 75 km – Porto Torres 59 km
Carta stradale Michelin 366-O38

ad Isola Rossa Nord-Ovest : 6 km – ✉ 07038 Trinità D'Agultu

Marinedda
località Marinedda – ✆ 0 79 69 41 85 – www.delphina.it – Aperto 10 maggio-30 settembre
195 cam – 98 € 186 € – **52 suites** **Rist** – Menu 40 € – *(solo a cena)*
Tipica struttura sarda in sasso e tufo a pochi metri dalla spiaggia, consta di interni ben arredati, piscine panoramiche, campi da tennis e da calcetto, nonchè talassoterapia in un centro benessere di 2500 mq completo di tutto punto.

Relax Torreruja

via Paduledda 1/3 – ✆ 0 79 69 41 55 – www.hoteltorreruja.com – Aperto 16 maggio-29 settembre

125 cam – solo ½ P 80/156 € – **8 suites**

Rist – Menu 40 € (cena)

In prossimità di incantevoli calette di roccia rossa, un villaggio-hotel con camere in stile mediterraneo, alcune recentemente rinnovate, e servizi idonei per una vacanza di relax. Diverse suite in posizione dominante.

TRIPI

Messina (ME) – ✉ 98060 – 921 ab. – Alt. 450 m – Carta regionale n° **30-D2**

Palermo 190 km – Messina 70 km – Catania 115 km

Carta stradale Michelin 565-M27

La Rosa dei Venti

cam, cam, rist,

via Garibaldi 1, località Campogrande, Nord : 6,5 km – ✆ 09 41 80 10 20 – www.larosadeiventihotel.com – Chiuso gennaio

20 cam – †50/70 € ††80/100 € – **2 suites**

Rist – Carta 40/60 €

Posizione collinare da cui si può ammirare un panorama stupendo che spazia dal golfo di Tindari a Capo Milazzo, con le meravigliose isole Eolie sullo sfondo, in questa bella struttura dall'eleganza vagamente barocca, sorretta da un'eccellente cura nella tenuta e nella conduzione.

TROPEA

Vibo Valentia (VV) – ✉ 89861 – 6 500 ab. – Carta regionale n° **5-A2**

Roma 636 km – Reggio di Calabria 140 km – Catanzaro 92 km – Cosenza 121 km

Carta stradale Michelin 564-K29

Rocca Nettuno

cam,

via Rocca – ✆ 09 63 99 81 11 – www.roccanettuno.com – Aperto 15 aprile-31 ottobre

298 cam – †105/200 € ††180/370 € – **1 suite**

Rist – Carta 31/140 €

Non lontano dal centro, grande albergo diviso in più strutture: camere ampie e bellissimi spazi aperti con generosi giardini. Più formule per soddisfare l'appetito: buffet, à la carte e ristorante sulla spiaggia. In alta stagione, c'è anche l'opzione all inclusive.

a Santa Domenica Sud-Ovest : 6 km – ✉ 89866

Cala di Volpe

rist, rist,

contrada Torre Marino – ✆ 09 63 66 92 22 – www.caladivolpe.it – Aperto 15 maggio-5 ottobre

82 cam – †45/100 € ††90/160 € **Rist** – Carta 25/58 €

Immersi in un lussureggiante giardino tropicale, avrete la possibilità di trascorrere una vacanza optando per la formula hotel o residence. Mare e spiaggia ai vostri piedi. Ristorante panoramico, suggestivo nei mesi estivi.

Capo Vaticano Sud-Ovest : 10 km – ✉ 89866 San Nicolò Di Ricadi

Capovaticano Resort Thalasso & Spa

località Tono – ✆ 09 63 66 57 60 cam, cam,

– www.capovaticanoresort.it – Aperto 16 maggio-10 ottobre

123 cam – †75/300 € ††120/600 € **Rist** – Carta 22/64 €

In uno scenario naturale di grande impatto, direttamente sul mare e all'orizzonte le isole Eolie, un albergo di grande fascino con camere dai caldi cromatismi, tutte vista mare. Il centro talassoterapico è un'altra importante realtà della risorsa: 3000 mq di eccellenza con tre piscine, cabine attrezzate, personale qualificato.

a Ricadi Sud-Est: 7 km – ✉ 89866

Sunshine Club Hotel cam,
località Petto Bianco – ✆ 09 63 66 57 13 – www.sunshinehotel.it – Chiuso novembre
59 cam – 75/133 € 100/284 € **Rist** – Carta 38/82 €
Una struttura polivalente che si prefigge - con successo - di soddisfare ogni tipo di clientela: da quella business grazie alla sua area congressuale, a quella leisure in cerca di relax e benessere (quest'ultimi conseguibili presso la moderna spa). Per tutti, la bella piscina ed un'animazione discreta e poco pressante.

TRULLI (Regione dei)
Bari e Taranto

TURBIGO
Milano (MI) – ✉ 20029 – 7 375 ab. – Alt. 146 m – Carta regionale n° **18-A2**
Roma 624 km – Como 69 km – Milano 50 km – Novara 14 km
Carta stradale Michelin 561-F8

La Gramola
via Milano 42 – ✆ 03 31 87 15 38 – www.lagramolaturbigo.it – Chiuso 1°-8 gennaio, agosto, sabato a mezzogiorno, domenica sera e lunedì; domenica e lunedì sera in luglio
Menu 15 € (pranzo in settimana) – Carta 40/59 €
Comodo da raggiungere e ricavato all'interno in un'ex conceria totalmente rinnovata, ambiente caldo e moderno per un ristorante le cui proposte a pranzo si fanno easy; piatti sfiziosi e accattivanti, invece, la sera.

TUSCANIA
Viterbo (VT) – ✉ 01017 – 8 127 ab. – Alt. 165 m – Carta regionale n° **12-A1**
Roma 89 km – Viterbo 24 km – Civitavecchia 44 km – Orvieto 54 km
Carta stradale Michelin 563-O17

Tuscania Panoramico senza rist
via dell'Olivo 53 – ✆ 07 61 44 40 80 – www.tuscaniahotel.it
24 cam – 44/66 € 63/84 €
In posizione panoramica, le antiche mura della città raggiungibili anche a piedi, dalle camere una bella vista sulle Basiliche di San Pietro e di Santa Maria Maggiore.

UDINE
✉ 33100 – 98 780 ab. – Alt. 113 m – Carta regionale n° **11-C2**
Roma 638 km – Milano 377 km – Trieste 71 km – Venezia 127 km
Carta stradale Michelin 562-D21

Astoria Hotel Italia
piazza 20 Settembre 24 – ✆ 04 32 50 50 91 – www.hotelastoria.udine.it Pianta : A2**a**
68 cam – 69/159 € 89/189 € – **7 suites**
Rist – Carta 33/84 € – *(chiuso domenica)*
Camere e aree comuni in stile classico per questa struttura in pieno centro, ideale punto di riferimento per chi cerca prestigio, eleganza e comodità alloggiando nel più antico hotel di Udine. Atmosfera luminosa al ristorante, la cucina spazia dal classico al regionale.

Ambassador Palace cam,
via Carducci 46 – ✆ 04 32 50 37 77 – www.ambassadorpalacehotel.it Pianta : B2**a**
78 cam – 74/148 € 89/174 € – **2 suites**
Rist – Menu 25/60 € – Carta 26/51 € – *(solo a cena)*
Un grazioso giardino ed un elegante scalone vi introdurranno in questo raffinato hotel a pochi passi dal centro: stile classico impreziosito da piacevoli marmi e camere dotate di ogni confort.

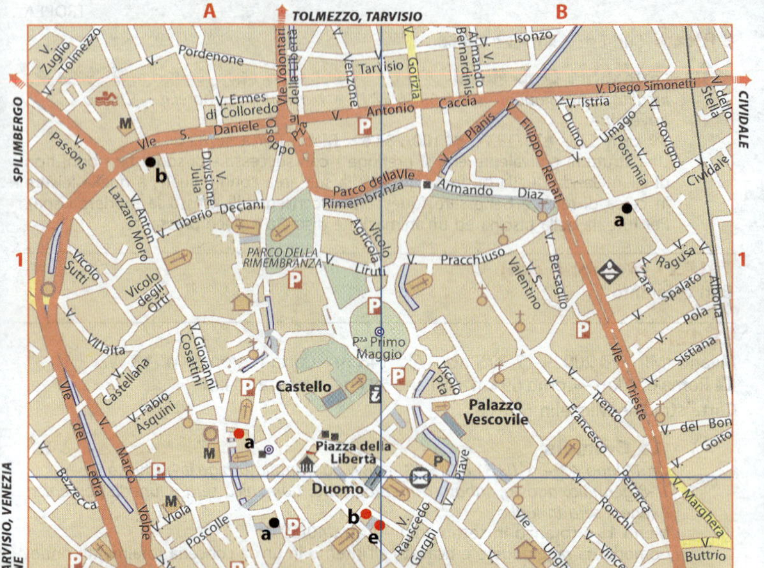

Là di Moret

viale Tricesimo 276, Nord : 2 km – ✆ 04 32 54 50 96 – www.ladimoret.it
85 cam ☕ – 🚶69/135 € 👥70/150 € – **4 suites**
Rist *Là di Moret-Il Fogolar* – vedere selezione ristoranti
Rist *Insolito Moret* – Carta 23/45 €
Piacevoli spazi per il relax con centro benessere e beauty, per un week-end all'insegna del dolce far niente o per ritemprarsi dopo una giornata di intenso lavoro. Atmosfera moderna all'Insolito Moret, ristorante ideale per un pasto veloce a buon prezzo.

C'é categoria e categoria! Non aspettatevi lo stesso servizio in un ristorante X o in un albergo 🏠 rispetto ad un XXXXX o ad un 🏠🏠🏠🏠🏠.

Clocchiatti & Next senza rist
via Cividale 29 – ✆ 04 32 50 50 47 Pianta : B1**a**
– www.hotelclocchiattinext.it – Chiuso 20 dicembre-10 gennaio
27 cam ☕ – 👤65/90 € 👥90/140 €
Classico o design? La risorsa è ideale tanto per gli amanti della tradizione quanto per chi desidera essere à la page, scegliete l'ambiente che più s'intona al vostro carattere: camere classiche nella villa Ciocchiatti, più modaiole (e più care) nella dépendance Next.

Allegria
via Grazzano 18 – ✆ 04 32 20 11 16 – www.hotelallegria.it Pianta : A2**b**
– Chiuso 2 settimane in agosto
21 cam ☕ – 👤75/105 € 👥105/160 €
Rist *Hostaria Allegria* – vedere selezione ristoranti
L'architettura medievale si trasforma all'interno in spazi arredati secondo un ricercato design, ampie camere curate ed un'attenta gestione familiare di decennale esperienza.

Suite Inn senza rist
via di Toppo 25 – ✆ 04 32 50 16 83 – www.hotelsuiteinn.it Pianta : A1**b**
18 cam ☕ – 👤65/98 € 👥98/138 €
Spazi comuni ridotti per questo piccolo hotel diviso tra le mura di una villa dei primi '900 ed un edifico più attuale. Le camere rappresentano, però, una sorta di rivincita: ampie, curate e con graziose personalizzazioni. Ottima la prima colazione!

Al Vecchio Tram senza rist
via Brenari 28 – ✆ 04 32 50 71 64 Pianta : A2**c**
– www.hotelvecchiotram.com
16 cam ☕ – 👤70/80 € 👥105/120 €
Nel cuore del centro storico, la modernità è il tratto distintivo di questa bella struttura che esalta i colori decisi, forte della luce che la inonda. Accoglienti le camere, tra l'altro molto ben insonorizzate.

Art Hotel Udine senza rist
via Paparotti 11, 4 km per viale Palmanova – ✆ 04 32 60 00 61
– www.arthoteludine.com – Chiuso 21 dicembre-6 gennaio
36 cam ☕ – 👤60/90 € 👥80/150 € – **2 suites**
Accoglienti camere con piccoli e colorati affreschi in una struttura a pochi chilometri dal centro; al suo interno, arredamenti e dettagli s'ispirano al minimalismo e all'essenzialità.

Là di Moret-Il Fogolar – Hotel Là di Moret
viale Tricesimo 276, Nord : 2 km – ✆ 04 32 54 50 96 – www.ladimoret.it
Menu 40 € – Carta 33/73 €
Se oltre un secolo fa qui nasceva un'osteria, ora, nelle intime salette di questo locale, si danno appuntamento tradizione friulana e piglio moderno con un menu che spazia dalla terra al mare.

Vitello d'Oro
via Valvason 4 – ✆ 04 32 50 89 82 – www.vitellodoro.com Pianta : A1**a**
– Chiuso lunedì a pranzo e mercoledì, lunedì a pranzo e domenica in giugno-settembre
Menu 55/65 € – Carta 39/78 € – (consigliata la prenotazione)
Locale storico sito in pieno centro e già citato in un articolo di giornale a metà Ottocento; elegante e "caldo" grazie alla preziosa boiserie, in inverno il camino viene sempre acceso. Nel piatto, una sola passione: il mare!

Hostaria Allegria – Hotel Allegria
via Grazzano 18 – ✆ 0 43 22 55 08 – www.hotelallegria.it Pianta : A2**b**
– Chiuso 2 settimane in agosto, domenica sera e lunedì a mezzogiorno
Carta 21/61 €
Piacevole locale dagli intriganti giochi di luce e ombra, bianco e nero. Sulla tavola, sfilano fieri i piatti della tradizione locale: trippa in umido, tagliolini al prosciutto crudo di San Daniele, frico friulano e tanto pesce (in quest'ultimo caso i prezzi salgono leggermente).

XX **Pepata di Corte** N

corte Savorgnan 12 – ✆ 04 32 29 45 83 Pianta : AB**b**
– www.pepatadicorte.com – Chiuso 21 luglio-4 agosto e lunedì
Menu 18 € (pranzo in settimana)/40 € – Carta 29/56 €
Al piano terra c'è la cicchetteria-osteria; salendo le scale si entra nella piccola ed elegante sala ristorante, dove il giovane gestore propone esclusivamente i sapori del mare, in chiave leggermente moderna.

X **Hostaria alla Tavernetta**

via Artico di Prampero 2 – ✆ 04 32 50 10 66 Pianta : AB2**e**
– www.allatavernetta.com – Chiuso 1 settimana in gennaio, 2 settimane in agosto, domenica e lunedì
Menu 30 € – Carta 30/68 €
Il menu del locale spazia tra proposte di terra e proposte di mare, da gustare al tavolo nelle diverse ambientazioni: in sala, al calore di uno scoppiettante camino o sulla terrazza, per una cena sotto le stelle.

X **Alla Vedova**

via Tavagnacco 9, per viale Volontari della Libertà – ✆ 04 32 47 02 91
– www.trattoriaallavedova.it – Chiuso 10-25 agosto, domenica sera e lunedì
Menu 25/40 € – Carta 24/48 €
Oltre un secolo di vita per questo ristorante sottolineato da ogni sorta di oggetto: pentole di rame, grammofono, collezione di armi ... Oggi come allora specialità alla griglia e cacciagione da gustare, in estate, nel piacevole giardino.

a Godia Nord : 6 km – ✉ 33100

XXX **Agli Amici** (Emanuele Scarello)

via Liguria 252 – ✆ 04 32 56 54 11 – www.agliamici.it – Chiuso 1 settimana in febbraio, 3 settimane tra luglio e agosto, domenica sera, martedì a mezzogiorno e lunedì; anche domenica a mezzogiorno da giugno ad agosto
Menu 75/95 € – Carta 68/109 €
Un'altra bella storia tutta italiana: un ristorante familiare di tradizione secolare che la nuova generazione –fratello in cucina e sorella in sala– ha portato ai vertici della gastronomia nazionale. Il segreto? Prodotti, soprattutto pesce, di straordinaria qualità e piatti originali rivelatori di una grande personalità in cucina.
→ Purè di cavolfiore, tartufi e acqua di mare al profumo d'arancia. Controfiletto di manzo candito al burro con caffè, mandorle e mandarino. Zuppa di picolit, crema di fave di tonka, frutta e verdura.

UGENTO

Lecce (LE) – ✉ 73059 – 12 057 ab. – Alt. 108 m – Carta regionale n° **27**-D3
Roma 641 km – Bari 211 km – Lecce 66 km
Carta stradale Michelin 564-H36

sulla strada provinciale Ugento-Torre San Giovanni Sud-Ovest: 4 km

Masseria Don Cirillo senza rist

strada Provinciale Ugento-Torre S. Giovanni Km 3 – ✆ 08 33 93 14 32
– www.kalekora.it – Aperto 1° aprile-31 ottobre
6 cam – †90/125 € ††140/230 €
Abbracciata da profumate distese di ulivi, una piacevole risorsa ricavata da una tenuta nobiliare settecentesca custodisce ampi spazi arredati in rilassanti e chiare tonalità.

UGGIANO LA CHIESA

Lecce (LE) – ✉ 73020 – 4 474 ab. – Alt. 77 m – Carta regionale n° **27**-D3
Roma 620 km – Brindisi 84 km – Gallipoli 47 km – Lecce 48 km
Carta stradale Michelin 564-G37

Masseria Gattamora con cam

via campo Sportivo 33 – ✆ 08 36 81 79 36 – www.gattamora.it
11 cam – 50/90 € 80/140 €
Carta 24/42 € – *(chiuso lunedì escluso agosto) (solo a cena escluso sabato e festivi)*
Nel verde della campagna salentina, in giardino zampilla persino una fontana, nella caratteristica sala a volte arredata in stile rustico i sapori del posto, rivisti con creatività. Nel vecchio frantoio alcune camere dalla deliziosa atmosfera.

ULTEN = ULTIMO

ULTIMO (ULTEN)

Bolzano (BZ) – ✉ 39016 – 2 998 ab. – Alt. 1 190 m – Carta regionale n° **33**-B2
Da Santa Valburga : Roma 680 km – Bolzano 46 km – Merano 28 km – Milano 341 km
Carta stradale Michelin 562-C15

a San Nicolò Sud-Ovest : 8 kmAlt. 1 256 m – ✉ 39016

Waltershof rist,

Dorf 59 – ✆ 04 73 79 01 44 – www.waltershof.it – Aperto 25 dicembre-27 aprile e 23 maggio-9 novembre
31 cam – solo ½ P 99/117 €
Rist – Menu 40 € – *(solo a cena) (solo per alloggiati)*
Struttura con bei balconi fioriti, piacevolmente accolta in un verde giardino e dotata di spazi ludici: taverna e fornita enoteca; zona per serate di musica e vino.

URBINO

Pesaro e Urbino (PU) – ✉ 61029 – 15 466 ab. – Alt. 485 m – Carta regionale n° **20-A1**
Roma 270 km – Rimini 61 km – Ancona 103 km – Arezzo 107 km
Carta stradale Michelin 563-K19

San Domenico senza rist

piazza Rinascimento 3 – ✆ 07 22 26 26 – www.viphotels.it Pianta : B2**e**
31 cam – 98/138 € 139/244 €, 11 €
Tutto il fascino di un convento del '400 e la comodità di essere di fronte al Palazzo Ducale: questo è il biglietto da visita del San Domenico, l'unico hotel del centro storico con parcheggio interno privato. Ma anche cortesia e professionalità per rendere perfetto il vostro soggiorno.

Mamiani

via Bernini 6, per via Giuseppe di Vittorio – ✆ 07 22 32 23 09 – www.hotelmamiani.it
62 cam – 62/210 € 95/210 €
Rist *Il Giardino della Galla* – vedere selezione ristoranti
Albergo moderno situato in zona tranquilla, fuori dal centro storico: servizio impeccabile, grande cortesia, camere ampie e funzionali. Di recente creazione il bel centro benessere.

Bonconte N cam, rist,

via delle Mura 28 – ✆ 07 22 24 63 – www.viphotels.it
23 cam – 62/98 € 92/154 €
Rist – Carta 16/59 € – *(chiuso domenica) (solo a cena)*
Sulle mura del centro storico, hotel dai toni caldi e accoglienti: particolarmente personalizzate le ultime camere rinnovate.

Raffaello senza rist

via Santa Margherita 40 – ✆ 07 22 47 84 – www.albergoraffaello.com Pianta : A1**c**
14 cam – 50/90 € 80/150 €
Tra i vicoli del centro storico, di fronte alla casa natale di Raffaello, hotel di taglio moderno con ambienti comuni piacevoli e camere accoglienti.

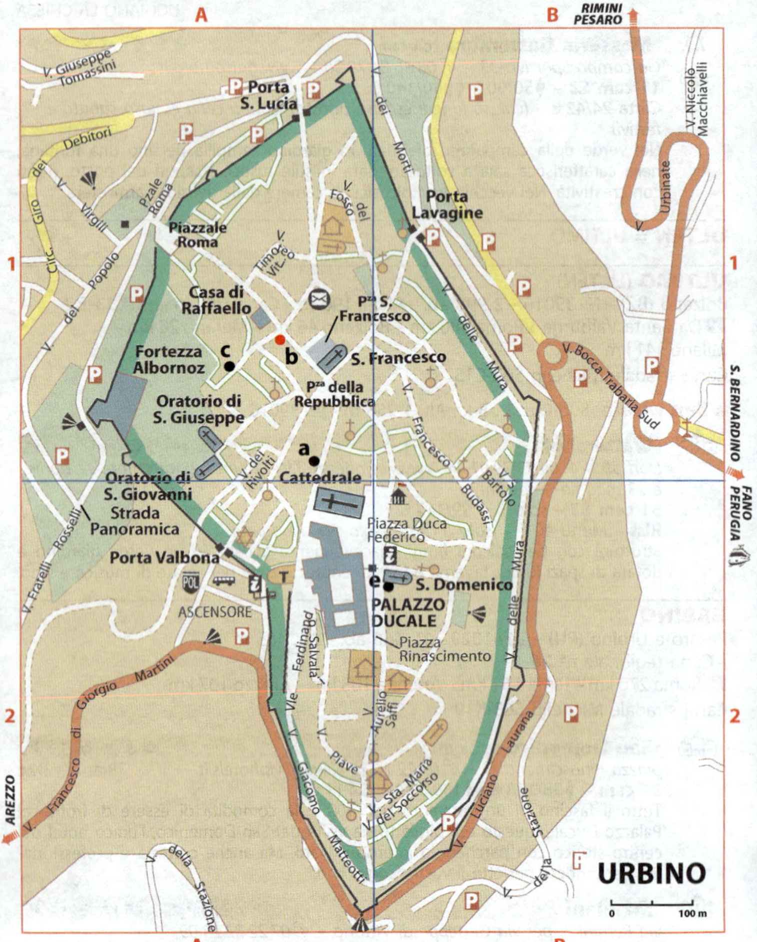

🏠 **Italia** senza rist

corso Garibaldi 38 – ✆ 07 22 27 01 Pianta : A1**a**

– www.albergo-italia-urbino.it

43 cam ☕ – 🚹50/70 € 👫80/120 €

Già attivo come locanda alla fine dell'Ottocento, ora albergo del centro con confortevoli camere in stile essenziale e moderno. Per soggiornare nel cuore di Urbino.

✕✕ **Antica Osteria Da La Stella**

via Santa Margherita 1 – ✆ 07 22 32 02 28 Pianta : A1**b**

– www.anticaosteriadalastella.com – Chiuso 15 giorni in gennaio, 15 giorni in luglio e lunedì

Carta 33/69 € – (coperti limitati, prenotare)

In una piccola sala rustico-elegante nel cuore del centro storico, i titolari seguono in prima persona sala e cucina. Rispettando la stagionalità dei prodotti, il menu celebra la tradizione marchigiana: i tartufi non mancano mai.

Il Giardino della Galla - Hotel Mamiani
via Bernini 6, per via Giuseppe di Vittorio – ✆ 07 22 24 55 – www.hotelmamiani.it – Chiuso mercoledì
Carta 17/67 €
Se la vista si bea dello splendido panorama del Montefeltro, ad appagare il gusto ci pensa la cucina: pasta fatta in casa, carne alla brace, funghi porcini e tartufi, nonché l'immancabile pizza (cotta nel forno a legna).

a Gadana Nord-Ovest : 3 km – ✉ 61029 Urbino

Agriturismo Cà Andreana
via Cà Andreana 2 – ✆ 07 22 32 78 45 – www.caandreana.it – Chiuso 10-31 gennaio
6 cam – †50/90 € ††80/94 €
Rist – Carta 26/52 € – *(chiuso lunedì) (solo a cena escluso domenica)* (consigliata la prenotazione)
In piena campagna, rustico ben tenuto, da cui si gode una splendida vista dei dintorni; offre belle camere, semplici, ma complete di tutti i confort. Le materie prime prodotte in azienda permettono di realizzare un'ottima scelta di piatti caserecci.

a Pantiere Nord : 13 km – ✉ 61029 Urbino

Urbino Resort Santi Giacomo e Filippo
via San Giacomo in Foglia 7 – ✆ 07 22 58 03 05 – www.urbinoresort.it – Chiuso 8 gennaio-2 marzo
32 cam – †85/100 € ††110/144 €
Rist *Urbino dei Laghi* – vedere selezione ristoranti
All'interno di un ex borgo agricolo del '700, cinque edifici contraddistinti da stili differenti e da nomi fortemente evocativi: i Fiori, i Frutti Dimenticati, le Erbe Aromatiche, le Scuderie (con attrezzi della civiltà rurale adibiti a mobili), i Preziosi (ovvero i prodotti di questa terra: tartufo, zafferano, vino).

Urbino dei Laghi N
via San Giacomo in Foglia 15 – Chiuso martedì
Carta 29/53 € – *(solo a cena escluso sabato e domenica)*
Splendido il contesto che circonda quest'armonica struttura dall'arredo curato e originale. Piatti stuzzicanti che si legano al territorio con molti prodotti provenienti dall'azienda di proprietà.

URBISAGLIA

Macerata (MC) – ✉ 62010 – 2 675 ab. – Alt. 310 m – Carta regionale n° **21**-C2
Roma 239 km – Ancona 76 km – Macerata 15 km – Perugia 120 km
Carta stradale Michelin 563-M22

Locanda Le Logge con cam
corso Giannelli 34 – ✆ 07 33 50 67 88 – www.locandalelogge.it – Chiuso 9-30 gennaio
3 cam – †40/60 € ††65/80 €
Menu 23/32 € – Carta 29/39 € – *(chiuso mercoledì)*
In un palazzo d'epoca con un portico che in estate diventa anche dehors per il ristorante, cucina tipica marchigiana in un ambiente volutamente rustico. A completare l'offerta anche tre romantiche camere con letti in ferro battuto (uno a baldacchino).

USSEAUX

Torino (TO) – ✉ 10060 – 190 ab. – Alt. 1 416 m – Carta regionale n° **22**-B2
Roma 806 km – Torino 79 km – Sestriere 18 km
Carta stradale Michelin 561-G3

Lago del Laux con cam
via al Lago 7, Sud : 1 km – ✆ 0 12 18 39 44 – www.hotellaux.it – Chiuso 5-22 maggio e 30 settembre-16 ottobre
7 cam – 105/126 € 105/126 €
Menu 35/55 € – Carta 29/46 € – *(chiuso lunedì, martedì, mercoledì, sempre aperto in luglio-agosto)* (consigliata la prenotazione)
Affacciato su un laghetto, il ristorante celebra la cucina del territorio con piatti dimenticati ed una specialità regina del menu: cervo in civet accompagnato da antica polenta biologica macinata a pietra. In estate, minigolf e area parcheggio camper.

VADA

Livorno (LI) – ✉ 57016 – Carta regionale n° **31-B2**
Roma 292 km – Pisa 48 km – Firenze 143 km – Livorno 29 km
Carta stradale Michelin 563-L13

Bagni Lido
via Lungomare 7 – ✆ 05 86 78 91 68 – www.hotelbagnilido.com – Aperto 8 maggio-15 ottobre
12 cam – 40/100 € 90/180 €
Rist *Lido* – vedere selezione ristoranti
Si fonde con lo stabilimento balneare su cui si affaccia, quest'albergo dai colori chiari e dalle linee classiche, dove trascorrere un soggiorno d'atmosfera.

Lido – Hotel Bagni Lido
via Lungomare 9 – ✆ 32 97 83 88 97 – www.hotelbagnilido.com – Aperto Pasqua-15 ottobre
Carta 29/71 €
In una struttura molto bella che nei colori ricorda la sabbia e il mare, cucina di pesce e, a pranzo, la possibilità di scegliere anche un solo piatto e decidere di gustarlo indifferentemente al ristorante, nel rustico dehors sulla spiaggia o nell'antistante pineta.

VAGGIO → Vedere Reggello

Firenze (FI)

VAGLIAGLI → Vedere Siena

Siena (SI)

VAIANO

Prato (PO) – ✉ 59021 – 9 889 ab. – Alt. 150 m – Carta regionale n° **32-C1**
Roma 325 km – Firenze 41 km – Prato 9 km – Bologna 122 km
Carta stradale Michelin 563-K15

Trattoria La Tignamica
via Val di Bisenzio 110/c, località La Tignamica, Sud : 3 km – ✆ 05 74 98 52 16 – www.ristorantelatignamica.it – Chiuso lunedì
Carta 24/53 €
Costeggia il Bisenzio questo bel ristorante lungo la valle, dal confort contemporaneo e dalle proposte culinarie legate al territorio e alle stagioni.

VAIRANO PATENORA

Caserta (CE) – ✉ 81058 – 6 596 ab. – Alt. 168 m – Carta regionale n° **6-A1**
Roma 165 km – Campobasso 91 km – Caserta 43 km – Napoli 70 km
Carta stradale Michelin 564-C24

Vairo del Volturno (Martino Renato)
via IV Novembre 60 – ✆ 08 23 64 30 18 – www.vairodelvolturno.com – Chiuso 2 settimane in luglio, domenica sera e martedì
Menu 25/60 € – Carta 36/56 €
Lo chef-patron riesce nel suo intento di mettere nei piatti il proprio amore per il territorio: dal celebre maialino nero casertano alla carne e mozzarella di bufala. Per il pesce, si passa nel fine settimana.
→ Tortelli di maiale nero casertano, passata di fagioli cannellini e mela annurca disidratata. Il quinto quarto del bufalo. Fragoline di bosco in sfoglia croccante e salsa di albicocche.

VALBREMBO

Bergamo (BG) – ✉ 24030 – 3 592 ab. – Alt. 260 m – Carta regionale n° **19**-C1
▶ Roma 606 km – Bergamo 11 km – Lecco 29 km – Milano 47 km
Carta stradale Michelin 561-E10

Ponte di Briolo

via Briolo 2, località Briolo, Ovest : 1,5 km – ✆ 0 35 61 11 97 – Chiuso domenica sera e mercoledì
Menu 25 € (pranzo in settimana)/45 € – Carta 34/77 €
Oramai un'istituzione in provincia in virtù delle sue fragranti specialità ittiche, il locale tuttavia accontenta anche gli amanti della carne. Unanimi i consensi per la cordiale gestione e la raffinata atmosfera.

VALBRUNA → Vedere Malborghetto

Udine

VALDAGNO

Vicenza (VI) – ✉ 36078 – 26 653 ab. – Alt. 230 m – Carta regionale n° **39**-B2
▶ Roma 561 km – Verona 62 km – Milano 219 km – Trento 86 km
Carta stradale Michelin 562-F15

Hostaria a le Bele

località Maso 11, Ovest : 4 km – ✆ 04 45 97 00 34 – Chiuso 10-20 gennaio, agosto, martedì a mezzogiorno e lunedì
Menu 30/40 € – Carta 25/50 €
Sulle colline, lontano dalla frenesia di Valdagno, una rustica trattoria, tipica come la sua cucina che prende spunto dalla tradizione regionale (proverbiale, la gallina imbriaga) per arricchirsi di ispirazione contemporanea.

VALDAORA (OLANG)

Bolzano (BZ) – ✉ 39030 – 2 975 ab. – Alt. 1 083 m – Carta regionale n° **34**-C1
▶ Roma 726 km – Cortina d'Ampezzo 51 km – Bolzano 88 km – Brunico 11 km
Carta stradale Michelin 562-B18

Mirabell

rist,

via Hans Von Perthalern 11, a Valdaora di Mezzo – ✆ 04 74 49 61 91 – www.mirabell.it – Chiuso aprile-maggio
41 cam ☕ – 🚹126/225 € 🚹🚹126/225 € – **14 suites**
Rist – Carta 28/60 € – *(solo a cena) (solo per alloggiati)*
Struttura rinnovata mantenendo inalterato lo stile architettonico locale. L'interno presenta abbondanza di spazi - signorilmente arredati con molto legno - anche nelle camere, nonché un grande, attrezzatissimo, centro benessere.

Post

vicolo della Chiesa 6, a Valdaora di Sopra – ✆ 04 74 49 61 27 – www.hotelpost-tolderhof.com – Aperto 6 dicembre-12 aprile e 20 maggio-23 ottobre
38 cam ☕ – 🚹82/125 € 🚹🚹146/200 € – **4 suites**
Rist – Menu 40 € – *(solo per alloggiati)*
Centrale, signorile albergo di tradizione, dotato di maneggio con scuola di equitazione; settore notte funzionale, rinnovato in anni recenti. Calda atmosfera e raffinata ambientazione tirolese nella sala ristorante.

Markushof

via dei Prati 9, a Valdaora di Sopra – ✆ 04 74 49 62 50 – www.markushof.it – Aperto 7 dicembre-11 aprile e 30 maggio-10 ottobre
28 cam ☕ – 🚹46/74 € 🚹🚹86/128 €
Rist – Menu 25/35 € – *(solo per alloggiati)*
Cortese gestione familiare in un confortevole hotel che vanta una posizione soleggiata e tranquilla, camere ampie ed un moderno centro benessere. Piacevole servizio ristorante in terrazza.

a Sorafurcia Sud : 5 km – ✉ 39030 Valdaora

Berghotel Zirm

via Egger 16, (alt. 1 360) – ✆ 04 74 59 20 54 – www.berghotel-zirm.com – Aperto 1° dicembre-20 aprile e 1° giugno-20 ottobre

40 cam ☕ – †132/180 € ††184/300 € – **14 suites**

Rist – Carta 28/45 € – *(solo per alloggiati)*

Vi riempirete gli occhi di uno splendido panorama da questa tranquilla risorsa, di fianco agli impianti di risalita: confort e calore negli spazi comuni, nonché nelle camere rese ancora più accoglienti grazie all'ampio impiego di cirmolo (Zirm, in tedesco), legno dalle comprovate proprietà rilassanti. Degno di nota anche l'attrezzato centro wellness.

VALDERICE

Sicilia – Trapani (TP) – ✉ 91019 – 12 143 ab. – Alt. 240 m – Carta regionale n° **29-A2**

Agrigento 99 km – Palermo 184 km – Trapani 9 km

Carta stradale Michelin 365-AK55

a Bonagia Nord-Est : 4 km – ✉ 91019

Saverino con cam

via Lungomare 3/11 – ✆ 09 23 59 27 27 – www.saverino.it

20 cam – †71/90 € ††82/110 €, ☕ 7 €

Carta 24/65 € – *(chiuso lunedì escluso 15 giugno-15 settembre)*

Nel piccolo borgo di mare, un'unica grande sala resa luminosa dalle enormi vetrate. La cucina è quella che l'ha reso celebre: ottimo pescato giornaliero in ricette gustosamente mediterranee. Camere semplici e luminose, con vista sul mare o sul monte Erice.

VALDIDENTRO

Sondrio (SO) – ✉ 23038 – 4 103 ab. – Alt. 1 350 m – Carta regionale n° **17-C1**

Roma 711 km – Sondrio 73 km – Bormio 9 km – Milano 210 km

Carta stradale Michelin 561-C12

a Pedenosso Est : 2 km – ✉ 23038 Valdidentro

Agriturismo Raethia

via Sant'Antonio 1 – ✆ 03 42 98 61 34 – www.agriturismoraethia.it – Chiuso 5 novembre-5 dicembre

8 cam ☕ – †45/60 € ††70/120 €

Rist – Menu 20 € (pranzo)/30 € – (prenotazione obbligatoria)

Una nuova risorsa agrituristica ubicata in posizione soleggiata e molto tranquilla. Una gestione familiare capace di trasmettere un genuino e caloroso spirito d'accoglienza. La tipica cucina valtelinese in una sala accogliente e caratteristica.

a Bagni Nuovi Est : 6 km – ✉ 23032 Valdidentro

Grand Hotel Bagni Nuovi

via Bagni Nuovi 7 – ✆ 03 42 91 01 31 – www.bagnidibormio.it

74 cam ☕ – †156/215 € ††214/320 €

Rist *Salone dei Balli* – Menu 34/38 € – *(solo a cena)*

Imponente edificio liberty con ambienti in stile ed un favoloso centro termale: un inaspettato angolo di Belle Epoque nel parco dello Stelvio. Cucina creativa, interessante scelta enologica ed uno straordinario salone delle feste per serate dal sapore mondano.

VALDIERI

Cuneo (CN) – ✉ 12010 – 932 ab. – Alt. 774 m – Carta regionale n° **22-B3**

Roma 676 km – Cuneo 20 km – Torino 118 km – Asti 121 km

Carta stradale Michelin 561-J4

La Locanda del Falco

Piazza Regina Elena 22 – 01 71 97 67 20 – www.locandadelfalco.it – Chiuso 25-31 ottobre e lunedì

Menu 18/30 € – Carta 25/37 € – (consigliata la prenotazione)

In un antico deposito di carrozze dalle volte in mattoni e dalle pareti in pietra, in estate anche nel raccolto cortiletto, la cucina tipica della valle: Crouzet (pasta), Dòba (spezzatino alla provenzale) e - da fine novembre a Natale - le lumache.

VAL DI LUCE → Vedere Abetone

VALDOBBIADENE

Treviso (TV) – ✉ 31049 – 10 630 ab. – Alt. 253 m – Carta regionale n° **40-C2**

Roma 563 km – Belluno 47 km – Milano 268 km – Trento 105 km

Carta stradale Michelin 562-E17

Vecchio Municipio senza rist

via Borgo Berti 6, a San Pietro di Barbozza, Est : 2 km – 04 23 97 54 14 – www.hotelvecchiomunicipio.com – Chiuso 22 dicembre-15 gennaio

23 cam – 57 € 85 € – **4 suites**

Due intraprendenti signore al timone di questo accogliente albergo ricavato dal vecchio municipio del paese. Pochi spazi comuni, ma camere moderne e generose nelle metrature, alcune con interessanti soluzioni per le famiglie.

Diana senza rist

via Roma 49 – 04 23 97 62 22 – www.hoteldiana.org

50 cam – 75/95 € 105/125 €

Calda accoglienza e spazi curati in un moderno edificio, recentemente ristrutturato, nel cuore della località.

Alla Cima

via Cime 13, località San Pietro in Barbozza – 04 23 97 27 11 – www.trattoriacima.it – Chiuso 7 gennaio-2 febbraio, lunedì sera e martedì

Carta 22/47 €

Dalla sala-veranda del locale godrete appieno della posizione isolata e della panoramica vista sui vigneti del Prosecco. Al centro del locale, invece, la specialità della casa: la griglia, accesa anche a mezzogiorno.

a Bigolino Sud : 5 km – ✉ 31030

Tre Noghere

via Crede 1 – 04 23 98 03 16 – www.trenoghere.com – Chiuso 1°-10 luglio, domenica sera e lunedì

Carta 29/39 €

Ambiente rustico-informale avvolto dalla quiete di vigneti e campi coltivati. Nella spaziosa sala con camino, o all'aperto, nel piccolo dehors sotto il porticato, la trattoria riscopre i piatti della tradizione: come la sopa coada servita nel pane o le tagliatelle alle tre Noghere... giusto per citarne una!

VALEGGIO SUL MINCIO

Verona (VR) – ✉ 37067 – 14 712 ab. – Alt. 88 m – Carta regionale n° **39-A3**

Roma 496 km – Verona 28 km – Brescia 56 km – Mantova 25 km

Carta stradale Michelin 562-F14

Eden

via Don G. Beltrame 10 – 04 56 37 08 50 – www.albergoedenvaleggio.com

30 cam – 78/88 € 78/88 € – **7 suites**

Rist *Eden* – Menu 15/20 € – Carta 18/37 € – *(Aperto solo a cena, anche a pranzo il sabato e festivi)*

A due passi dal centro, comodo hotel dagli ambienti funzionali e dalle camere confortevoli e colorate. Nell'ampia e semplice sala ristorante, piatti a carattere regionale.

Corte del Paggio
Loc.Casa Brugherio 74, Est : 2 km – ✆ 04 57 95 06 06 – www.cortedelpaggio.it
21 cam ☕ – ♦45/60 € ♦♦70/100 € **Rist** – Carta 28/41 €
Fuori paese, hotel nato dalla ristrutturazione di un vecchio casale dove sono state ricavate ampie e moderne camere. Altrettanto contemporanea è la luminosa sala da pranzo: le specialità gastronomiche sono quelle della zona.

Alla Borsa
via Goito 2 – ✆ 04 57 95 00 93 – www.ristoranteborsa.it – Chiuso 1 settimana in febbraio, 10 luglio-10 agosto, martedì sera, mercoledì, anche domenica sera da novembre a marzo
Menu 25 € (pranzo in settimana)/50 € – Carta 28/60 €
Ha superato il mezzo secolo di attività, questo ristorante dalla conduzione professionale ed attenta alle esigenze della clientela: oltre alle paste tirate a mano - vera specialità della casa - vi è anche una discreta scelta di piatti vegetariani.

a Borghetto Ovest : 1 km Alt. 68 m – ✉ 37067 Valeggio Sul Mincio

Faccioli
via Tiepolo 4 – ✆ 04 56 37 06 05 – www.hotelfaccioli.it
17 cam ☕ – ♦60/70 € ♦♦90/100 €
Rist *La Cantina* – Carta 25/46 € – *(chiuso 15 gennaio-15 febbraio, 15 luglio-10 agosto, martedì e mercoledì) (solo a cena)*
Rist *Gatto Moro* – via Giotto 21, ✆ 04 56 37 05 70 – Carta 24/48 € – *(chiuso 1°-10 febbraio, martedì e mercoledì)*
Romantica posizione nel piccolo borgo medievale per un piccolo hotel a conduzione familiare: una casa contadina ristrutturata per offrire soggiorni tranquilli e signorili. La Cantina, rustica sala tipo enoteca, è nei muri dell'hotel; il Gatto Moro, più classico, si trova a circa 200 metri. La cucina è sempre regionale.

Antica Locanda Mincio
via Buonarroti 12 – ✆ 04 57 95 00 59 – www.anticalocandamincio.it – Chiuso 15-30 febbraio, 15-30 novembre, mercoledì e giovedì
Carta 26/56 €
Gestito dalla stessa famiglia dal 1919 e membro dei Locali Storici d'Italia, questo bel ristorante che dispone di una splendida terrazza-giardino in riva al fiume, propone una gustosa cucina legata al territorio. La sala del camino è decorata da un polittico a tempera dell'artista F. Bellomi.

a Santa Lucia dei Monti Nord-Est : 5 km Alt. 145 m – ✉ 37067 Valeggio Sul Mincio

Belvedere con cam e senza ☕ rist,
– *✆ 04 56 30 10 19 – www.ristorantebelvedere.eu – Chiuso 17 febbraio-8 marzo e 10-29 novembre*
7 cam – ♦40 € ♦♦70 € – **3 suites**
Menu 34 € – Carta 23/52 € – *(chiuso mercoledì e giovedì)*
Molto apprezzato da chi lo conosce da sempre, è la griglia situata all'ingresso ad annunciare le specialità della casa: paste fatte in casa e tradizione regionale. Servizio estivo in giardino. Il silenzio e la tranquillità dell'alto del colle culleranno il riposo nelle semplici stanze.

VAL FERRET → Vedere Courmayeur
Aosta (AO)

VALLE AURINA (AHRNTAL)
Bolzano (BZ) – ✉ 39030 – 5 483 ab. – Alt. 1 457 m – Carta regionale n° **34-C1**
Roma 726 km – Cortina d'Ampezzo 78 km – Bolzano 94 km – Dobbiaco 48 km
Carta stradale Michelin 562-B17

a Cadipietra Alt. 1 054 m – ✉ 39030

Alpenschlössl & Linderhof
Cadipietra 123 – ✆ 04 74 65 21 90 – www.linderhof.com
76 cam – 120/172 € 226/328 € – **11 suites**
Rist – Carta 25/40 € – *(solo per alloggiati)*
A ridosso degli impianti di risalita, elegante albergo in due edifici gemelli, che nei luminosi interni propone un'interpretazione moderna dello stile tirolese; ampie camere, anche con letti a baldacchino.

a Lutago Alt. 956 m – ✉ 39030

Alpin & Spa Resort Schwarzenstein
via del Paese 11 – ✆ 04 74 67 41 00 – www.schwarzenstein.com – Chiuso aprile e novembre
81 cam – solo ½ P 132/214 € – **6 suites**
Rist – Menu 35 € – *(solo a cena) (solo per alloggiati)*
Grande struttura tradizionale di alto confort, con ampie sale comuni ben disposte ed eleganti camere rinnovate, tutte con balcone. Nuova e completa beauty farm.

a Casere Alt. 1 582 m – ✉ 39030 Predoi

Berghotel Kasern
via Casere 10 – ✆ 04 74 65 41 85 – www.kasern.com – Aperto 26 dicembre-4 maggio e 1° luglio-2 novembre
37 cam – 54/92 € 84/124 € – **2 suites**
Rist – Carta 17/42 € – *(chiuso mercoledì escluso 26 dicembre-6 gennaio, luglio e agosto)*
Esiste da quattrocento anni come luogo di posta, oggi è un tipico hotel, con camere graziose ed accoglienti: ottima base per passeggiate o per lo sci di fondo. Al ristorante la stessa atmosfera genuina e familiare dell'omonimo albergo.

VALLECROSIA

Imperia (IM) – ✉ 18019 – 6 998 ab. – Alt. 5 m – Carta regionale n° **14-A3**
Roma 652 km – Imperia 46 km – Bordighera 2 km – Cuneo 94 km
Carta stradale Michelin 561-K4

Giappun
via Maonaira 7 – ✆ 01 84 25 05 60 – Chiuso novembre, giovedì a mezzogiorno e mercoledì
Menu 40 € (pranzo)/70 € – Carta 40/145 €
La freschezza delle materie prime è la carta vincente di questo locale, nato come stazione di posta e che ancora ricorda nel nome il suo fondatore. Pesce del giorno e accattivanti presentazioni.

Torrione
via Col. Aprosio 394 – ✆ 01 84 29 56 71 – Chiuso domenica sera e lunedì escluso agosto
Carta 29/99 €
Si trova lungo la via Aurelia: due salette in successione per pochi coperti e una cucina che si ispira solamente al mare e alla disponibilità del mercato locale (con verdure e olio dal proprio orto). Gestione familiare.

VALLE DI CASIES (GSIES)

Bolzano (BZ) – ✉ 39030 – 2 186 ab. – Alt. 1 262 m – Carta regionale n° **34-D1**
Roma 746 km – Cortina d'Ampezzo 59 km – Brunico 31 km
Carta stradale Michelin 562-B18

Quelle
a Santa Maddalena alt. 1 398 – ✆ 04 74 94 81 11 – www.hotel-quelle.com – Chiuso 7 aprile-15 maggio e 30 novembre-15 dicembre
41 cam – 125/175 € 239/315 € – **28 suites**
Rist – Menu 49/59 € – *(solo a cena) (solo per alloggiati)*
Quelle: una sorgente di piacevolezza! Cinta da un giardino con laghetto balneabile, una bomboniera di montagna, ricca di decorazioni, proposte di svago, curatissime camere e un centro benessere ancora più curato e completo. Profusione di addobbi, legno e bei tessuti, anche nel raffinato ristorante.

Durnwald

Via Nikolaus Amhof, 6, (a Planca di Sotto alt. 1 223) – ✆ 04 74 74 69 20 – www.restaurantdurnwald.it/ – Chiuso giugno, novembre e lunedì

Menu 20 € (pranzo in settimana)/45 € – Carta 19/49 €

Un buon gulasch di cervo è quello che ci vuole dopo una bella sciata o una passeggiata nei boschi. Ma non finisce qui! Durnwald è un inno al territorio, tanto nel paesaggio, che potrete ammirare dalle finestre, quanto nella cucina, depositaria della genuina tradizione altoatesina.

VALLE IDICE ➜ Vedere Monghidoro

Bologna (BO)

VALLELUNGA (LANGTAUFERS)

Bolzano (BZ) – ✉ 39027 Curon VenostaAlt. 1 912 m – ✉ Curon Venosta – Carta regionale n° **33-A1**

Da Melago: Roma 740 km – Sondrio 148 km – Bolzano 116 km – Landeck 63 km

Carta stradale Michelin 562-B13

Alpenjuwel cam, rist,

a Melago – ✆ 04 73 63 32 91 – www.alpenjuwel.it – Chiuso 19 aprile-13 maggio e 11 ottobre-25 dicembre

14 cam – †74/78 € ††98/106 € – **2 suites**

Rist – Carta 40/77 € – *(solo per alloggiati)*

Soggiornare qui e dimenticare il resto del mondo: è ciò che promette e mantiene un piccolo, panoramico hotel alla fine della valle; camere non ampie, ma accoglienti.

VALLERANO

Viterbo (VT) – ✉ 01030 – 2 658 ab. – Alt. 390 m – Carta regionale n° **12-B1**

Roma 75 km – Viterbo 15 km – Civitavecchia 83 km – Terni 54 km

Carta stradale Michelin 563-O18

Al Poggio

via Janni 7 – ✆ 07 61 75 12 48 – www.ristorantealpoggio.it – Chiuso 25 febbraio-4 marzo, 23-30 luglio, lunedì sera e martedì

Carta 21/42 €

Un grande camino decora la sala dall'arredamento sobrio che d'estate si apre in una gradevole terrazza parzialmente coperta. Paste fatte in casa e il fine settimana anche pesce.

VALLES = VALS ➜ Vedere Rio di Pusteria

Bolzano (BZ)

VALLESACCARDA

Avellino (AV) – ✉ 83050 – 1 403 ab. – Alt. 650 m – Carta regionale n° **7-C1**

Roma 301 km – Foggia 65 km – Avellino 60 km – Napoli 115 km

Carta stradale Michelin 564-D27

Oasis-Sapori Antichi (Lina e Maria Luisa Fischetti)

via Provinciale Vallesaccarda – ✆ 0 82 79 70 21 – www.oasis-saporiantichi.it – Chiuso 20 giorni in luglio, giovedì e le sere dei giorni festivi

Menu 19 € (pranzo in settimana)/55 € – Carta 40/62 € – (consigliata la prenotazione)

Splendido binomio di generosa ospitalità e cucina territoriale: i piatti propongono i migliori prodotti irpini, in un contesto di rara cortesia ed accoglienza. Tutto scritto nel DNA della famiglia Fischetti.

➜ Spaghetti con stracciatella di mucca, pomodorini arrostiti e alici salate. Maiale bianco, papaccelle (peperoni) all'aceto e mosto cotto di aglianico. Ravioli di ananas con cremoso di mascarpone, lampone e fave di cacao.

Minicuccio con cam
via Santa Maria 24/26 – ✆ 0 82 79 70 30 – www.minicuccio.com
10 cam – 45 € 75 € Carta 18/30 € – *(chiuso lunedì)*
Dall'inizio del '900 nel rinomato ristorante, quattro generazioni hanno coltivato l'arte del buon mangiare, con le ricette di questa terra; ambienti classici, camere decorose.

VALLE SAN FLORIANO → Vedere Marostica
Vicenza (VI)

VALLO DELLA LUCANIA
Salerno (SA) – ✉ 84078 – 8 634 ab. – Alt. 380 m – Carta regionale n° **7-C3**
Roma 343 km – Potenza 148 km – Agropoli 35 km – Napoli 143 km
Carta stradale Michelin 564-G27

La Chioccia d'Oro
località Massa-al bivio per Novi Velia ✉ 84050 Massa della Lucania – ✆ 0 97 47 00 04 – www.chiocciadoro.com – Chiuso 1°-10 settembre e venerdì
Carta 17/38 €
Nella sala classicheggiante o nel dehors estivo, piatti della tradizione locale, come il coniglio ripieno con verdure di stagione e porcini, nonché il "nido chioccia d'oro" (pappardelle).

VALLO DI NERA
Perugia (PG) – ✉ 06040 – 446 ab. – Alt. 450 m – Carta regionale n° **36-C2**
Roma 147 km – Terni 39 km – Foligno 36 km – Rieti 57 km
Carta stradale Michelin 563-N20

La Locanda di Cacio Re con cam
località i Casali – ✆ 07 43 61 70 03 – www.caciore.com – Chiuso novembre o gennaio e lunedì
8 cam – 45/55 € 65/80 €
Carta 25/46 € – (consigliata la prenotazione)
Ai margini di un suggestivo borgo, un casolare del 1500 ristrutturato con incantevole vista su monti e vallata. Cucina locale con particolare attenzione ai formaggi.

VALMADRERA
Lecco (LC) – ✉ 23868 – 11 761 ab. – Alt. 234 m – Carta regionale n° **18-B1**
Roma 626 km – Como 27 km – Bergamo 37 km – Lecco 4 km
Carta stradale Michelin 561-E10

Villa Giulia-Al Terrazzo con cam
via Parè 73 – ✆ 03 41 58 31 06 – www.alterrazzo.com
10 cam – 100/130 € 100/130 € – **3 suites** Carta 38/80 €
Sobria eleganza in una villa di fine Ottocento con un'ampia sala ed altre due salette graziosamente affrescate: se il tempo lo permette non rinunciate al romanticismo della terrazza affacciata sul lago. In menu, i sapori locali esaltati con grande capacità e senza stravolgimenti.

VALMONTONE
Roma (RM) – ✉ 00038 – 15 120 ab. – Alt. 303 m – Carta regionale n° **13-C2**
Roma 52 km – Latina 107 km – Frosinone 48 km – Rieti 111 km
Carta stradale Michelin 563-Q20

Fashion Hotel N
rist,
via della Pace 1-2 – ✆ 0 69 59 96 31 – www.fashion-hotel.it
44 cam – 60/390 € 60/390 € **Rist** – Carta 24/92 €
Adiacente all'uscita autostradale, aperto in anni recenti, l'hotel dispone di spazi comuni e camere di signorile classicità. Ideale per una clientela business o per chi desidera visitare il parco divertimenti.

VALNONTEY → Vedere Cogne
Aosta (AO)

VALPELLINE

Aosta (AO) – ✉ 11010 – 655 ab. – Alt. 960 m – Carta regionale n° **37**-A2
Roma 752 km – Aosta 17 km – Colle del Gran San Bernardo 39 km – Milano 203 km
Carta stradale Michelin 561-E3

Le Lievre Amoureux

rist,

località Chozod 12 – ✆ 01 65 71 39 66 – www.lievre.it – Chiuso novembre e 7-28 gennaio

32 cam – 50/100 € 98/140 € **Rist** – Carta 33/50 €

Gestione seria e accoglienza familiare in un simpatico albergo circondato da un ampio prato-giardino dove sono collocati anche quattro chalet; arredi in pino e parquet. Ambientazione di tono rustico nella sala del ristorante.

VALTOURNENCHE

Aosta (AO) – ✉ 11028 – 2 292 ab. – Alt. 1 524 m – Carta regionale n° **37**-B2
Roma 740 km – Aosta 47 km – Breuil-Cervinia 9 km – Milano 178 km
Carta stradale Michelin 561-E4

Tourist

via Roma 32 – ✆ 0 16 69 20 70 – www.hotel-tourist.it – Chiuso ottobre

34 cam – 50/80 € **Rist** – Carta 27/47 € – *(chiuso giovedì)*

Camere spaziose e curate in una struttura moderna, che dispone di servizio navetta - gratuito - per gli impianti di risalita di Valtournenche (collegati a Cervinia e Zermatt).

Grandes Murailles senza rist

via Roma 78 – ✆ 01 66 93 27 02 – www.hotelgmurailles.com – Aperto 1° novembre-5 maggio e 15 giugno-10 settembre

15 cam – 35/110 € 60/220 €

Lo charme e l'atmosfera di questo vecchio albergo anni '50 sono quelli di una casa privata, arredata con mobili d'epoca di famiglia: camere personalizzate, quasi tutte con balcone, e leziose testiere dei letti. Possibilità di massaggi in loco su richiesta e - a metà pomeriggio - generosa merenda con anche qualche piatto caldo.

VALVA

Salerno (SA) – ✉ 84020 – 1 701 ab. – Alt. 510 m – Carta regionale n° **7**-C2
Roma 324 km – Salerno 64 km – Napoli 116 km – Avellino 77 km
Carta stradale Michelin 564-E27

Osteria Arbustico N

contrada Deserte – ✆ 08 28 79 62 66 – Chiuso domenica sera e mercoledì

Carta 31/53 €

Tra pecore che pascolano nei campi limitrofi, uliveti e vigne, la bella campagna incontaminata è la fonte principale dei prodotti utilizzati dal giovane chef - tornato all'origine per valorizzare il proprio territorio - dopo alcuni anni passati nelle grandi cucine italiane.

VALVERDE → Vedere Cesenatico

Forlì-Cesena (FC)

VANDOIES

Bolzano (BZ) – ✉ 39030 – 3 276 ab. – Alt. 755 m – Carta regionale n° **34**-C1
Roma 685 km – Bolzano 55 km – Brunico 20 km – Milano 327 km
Carta stradale Michelin 562-B17

La Passion (Wolfgang Kerschbaumer)

via San Nicolò 5/b, Vandoies di Sopra – ✆ 04 72 86 85 95 – www.lapassion.it – Chiuso lunedì

Menu 54/78 € – Carta 40/79 € – (prenotazione obbligatoria)

E' stata ricreata una caratteristica stube tra le mura di questa piccola casa privata, intima e accogliente, con graziose tendine alle finestre. Lei in sala, lui in cucina, a tavola la tradizione.

→ Tortelloni di pasta di fagioli neri ripieni di asparagi. Pollo di Bresse arrostito con verdure. Soufflé di ricotta su fragole e rabarbaro.

VARALLO SESIA

Vercelli (VC) – ✉ 13019 – 7 434 ab. – Alt. 450 m – Carta regionale n° **23-C1**
▶ Roma 679 km – Biella 59 km – Milano 105 km – Novara 59 km
Carta stradale Michelin 561-E6

a Crosa Est : 3 km – ✉ 13853

X **Delzanno**
località Crosa – ✆ 0 16 35 14 39 – www.ristorantedelzanno.it – Chiuso lunedì escluso maggio-settembre
Menu 20 € (pranzo in settimana)/40 € – Carta 23/50 €
Oltre un secolo e mezzo di fervida attività per questo storico locale, gestito da sempre dalla stessa famiglia: nelle due raccolte salette, una con camino, i sapori del territorio sono riproposti con fedeltà e schiettezza.

a Sacro Monte Nord : 4 km – ✉ 13019 Varallo Sesia

Sacro Monte rist, P
Località Sacro Monte 14 – ✆ 0 16 35 42 54 – www.albergosacromonte.it – Aperto 20 marzo-15 novembre
24 cam – †55/75 € ††85/95 €
Rist – Carta 25/50 € – *(chiuso lunedì escluso luglio-agosto)* (prenotazione obbligatoria la sera)
Vicino a un sito religioso meta di pellegrinaggi, ambiente piacevolmente "old fashion" in un hotel con spazi esterni tranquilli e verdeggianti; camere di buona fattura. Gradevole sala ristorante con camino e utensili di rame appesi alle pareti.

VARANO BORGHI

Varese (VA) – ✉ 21020 – 2 456 ab. – Alt. 281 m – Carta regionale n° **16-A2**
▶ Roma 649 km – Milano 62 km – Varese 17 km – Torino 131 km

Villa Borghi & Wellness cam, P
piazza Borghi 1 – ✆ 03 32 96 15 15 – www.hotelvillaborghi.it
60 cam – †75/90 € ††95/140 € – **4 suites** **Rist** – Carta 36/61 €
Ampliamento e restyling per questa bella villa del 1665 di proprietà della famiglia Borghi, immersa in un ampio parco con piscina. Spaziose e di gusto classico, non mancano di graziose personalizzazioni le camere situate nella dimora storica; dai connotati decisamente più moderni quelle nella nuova struttura.

VARANO DE' MELEGARI

Parma (PR) – ✉ 43040 – 2 680 ab. – Alt. 190 m – Carta regionale n° **8-A2**
▶ Roma 489 km – Parma 36 km – Piacenza 79 km – Cremona 85 km
Carta stradale Michelin 562-H12

Della Roccia cam, P
via Martiri della Libertà 2 – ✆ 0 52 55 37 28 – www.albergodellaroccia.it
36 cam – †79/220 € ††89/220 €
Rist *Giorgione's* – ✆ 0 52 51 78 31 78 – Carta 25/47 € – *(chiuso 1 settimana in agosto)*
Non è solo la posizione strategica a renderlo interessante: camere spaziose con buone installazioni e la prima colazione servita nella veranda affacciata sul curato giardino contribuiscono al successo di questo moderno albergo.

XX **Castello** P
via Martiri della Libertà 129 – ✆ 0 52 55 31 56 – Chiuso 20 dicembre-10 gennaio, 1 settimana in giugno, 1 settimana in settembre, lunedì e martedì
Carta 45/60 € – (prenotazione obbligatoria a mezzogiorno)
Tra antico e moderno, proprio dove sorgeva il posto di guardia dell'attiguo castello, un piccolo e curato locale che propone estrose interpretazioni di piatti del territorio. Fresco servizo estivo in terrazza.

VARAZZE

Savona (SV) – ✉ 17019 – 13 302 ab. – Carta regionale n° **14-B2**

Roma 534 km – Genova 36 km – Alessandria 82 km – Cuneo 112 km

Carta stradale Michelin 561-I7

Le Roi

rist,

via Genova 43 – 01 99 59 02 – www.leroi.it – Chiuso 10-26 dicembre

20 cam – 55/85 € 105/150 €

Rist ***Blu di Mare*** – Carta 30/60 €

Un albergo fronte mare, raddoppiato nella capienza dalla nuova dépendance: arioso negli spazi comuni, dispone di camere arredate in stile moderno e graziosamente personalizzate. Ristorante con sfiziose proposte di terra e di mare; non manca la pizza!

Villa Elena

cam,

via Coda 16 – 01 99 75 26 – www.genovesevillaelena.it – Chiuso 1° ottobre-23 dicembre

50 cam – 50/75 € 95/135 €, 10 €

Rist – Carta 29/50 € – *(solo per alloggiati)*

Accoglienza cordiale e affezionata clientela di habitué in questa bella villa liberty, ristrutturata, che conserva al suo interno elementi architettonici originali. Ligneo soffitto a cassettoni intarsiato e lampadari in stile nella raffinata sala ristorante.

El Chico

strada Romana 63, Est : 1 km – 0 19 93 13 88 – www.elchico.eu – Chiuso 20 dicembre-31 gennaio

38 cam – 89/135 € 99/150 € **Rist** – Menu 25 €

Struttura anni '60 immersa in un parco ombreggiato con piscina; gradevoli e comodi spazi comuni, sia esterni che interni. Nuove sale riunioni per la clientela business. Ampia, luminosa sala da pranzo di taglio moderno, dove si propone cucina mediterranea.

Eden senza rist

via Villagrande 1 – 0 19 93 28 88 – www.hoteledenvarazze.it – Aperto 27 marzo-18 ottobre

45 cam – 50/80 € 90/130 €

Gestione familiare in una comoda risorsa centrale e non lontano dal mare, adatta ad una clientela sia turistica che d'affari: ambienti d'impostazione classica, funzionali e curati.

Cristallo

rist,

via Cilea 4 – 01 99 72 64 – www.cristallohotel.it – Chiuso 20 dicembre-7 gennaio

42 cam – 60/90 € 90/150 €

Rist – Menu 25/49 € – *(chiuso venerdì, sabato e domenica escluso luglio-agosto) (solo a cena)*

Per un soggiorno marino in ambiente signorile e ospitale, un hotel che offre camere di diversa tipologia, funzionali e dotate di ogni confort, alcune con idromassaggio. Gradevole sala ristorante, di impostazione classica; piatti italiani e liguri.

Astigiana

cam,

via Busci 10 – 01 99 74 91 – www.hotelastigiana.it – Chiuso 10 ottobre-23 dicembre

24 cam – 50/80 € 80/150 €, 9 € – **4 suites** **Rist** – Carta 31/66 €

Nel cuore della località e a pochi metri dal mare, la risorsa può vantare una lunga tradizione familiare (dal 1919). La recente ristrutturazione ha saputo esaltare al meglio l'incantevole natura dei suoi interni: dalla reception decorata con ceramiche d'arte, alle belle camere con accenti provenzali.

Ines

via Cavour 10 – 01 99 73 02 – www.hotelinesvarazze.it

12 cam – 40/60 € 65/100 € **Rist** – Menu 20 € – *(solo per alloggiati)*

Non lontano dal mare, villetta liberty circondata da una piacevole terrazza solarium; accoglienti interni con originali pavimenti a mosaico, camere di taglio classico.

Bri

piazza Bovani 13 – ✆ 0 19 93 46 05 – www.ristorantebri.it – Chiuso novembre e mercoledì escluso in giugno-settembre
Menu 18 € – Carta 32/61 €
Mantiene la sua originaria "anima" di osteria, familiare e informale, questo ristorante classico; pochi fronzoli nella solida cucina, che è tipica ligure e di pesce.

VARENA

Trento (TN) – ✉ 38030 – 846 ab. – Alt. 1 180 m – Carta regionale n° **34-D3**
Roma 638 km – Trento 64 km – Bolzano 44 km – Cortina d'Ampezzo 104 km
Carta stradale Michelin 562-D16

Alpino cam, cam, rist,

via Mercato 8 – ✆ 04 62 34 04 60 – www.hotelalpinovarena.it – Chiuso 3 settimane in maggio e 3 settimane in novembre
31 cam – 45/75 € 75/125 €
Rist – Menu 19 € – Carta 27/50 €
In un bel palazzo sulla piazza centrale del paese, la gestione familiare non lesina sforzi in continui rinnovi. Ottime camere con arredi in legno locale. Moderna sala ristorante dall'ambiente informale, servizio estivo in giardino.

VARENNA

Lecco (LC) – ✉ 23829 – 786 ab. – Alt. 220 m – Carta regionale n° **16-B2**
Roma 642 km – Como 50 km – Bergamo 55 km – Chiavenna 45 km
Carta stradale Michelin 561-D9

Du Lac senza rist

via del Prestino 11 – ✆ 03 41 83 02 38 – www.albergodulac.com – Aperto 15 marzo-15 novembre
16 cam – 90/160 € 165/250 €
Sembra spuntare dall'acqua questo grazioso albergo ristrutturato, in splendida posizione panoramica: piacevoli ambienti comuni e un'amena terrazza-bar in riva al lago, sulla quale - in alta stagione - viene servito un light lunch.

Royal Victoria

piazza San Giorgio 2 – ✆ 03 41 81 51 11 – www.royalvictoria.com – Chiuso 10 gennaio-15 marzo
43 cam – 120/220 € 150/280 €
Rist – Carta 31/60 € – *(solo a cena escluso giugno-settembre)*
Rist *Victoria Grill* – Carta 28/53 € – *(Chiuso lunedì)*
Dispone di un proprio pontile privato, questa villa ottocentesca affacciata sul lago con piccolo giardino all'italiana e camere di calda atmosfera; ma non manca di fascino anche il ristorante ospitato in un salone-veranda.

VARESE

✉ 21100 – 79 333 ab. – Alt. 382 m – Carta regionale n° **18-A1**
Roma 633 km – Como 27 km – Bellinzona 65 km – Lugano 32 km
Carta stradale Michelin 561-E8

Atahotel Varese Business & Resort N cam, cam,

via Albani 73 – ✆ 03 32 46 60 01 – www.atahotels.it – Chiuso 21 dicembre-6 gennaio e agosto
208 cam – 100/490 € 120/510 € – **12 suites**
Rist – Carta 35/65 €
Un'imponente struttura nella periferia della città con camere spaziosissime, arredate di tutto punto, e una grande piscina en plein air per chi soggiorna qui nella bella stagione. Ottimo confort!

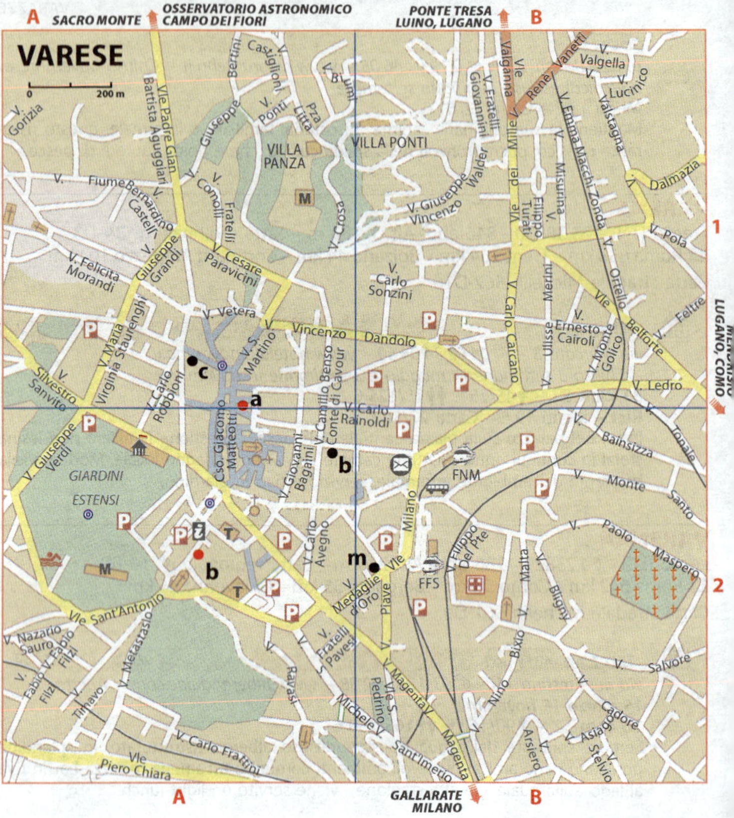

Art Hotel Varese

viale Aguggiari 26, per Sacro Monte - A1 – *03 32 21 40 00 – www.arthotelvarese.it*

28 cam – 105/125 € 115/145 €

Rist – Carta 36/59 € – *(chiuso 15 giorni in gennaio, 15 in agosto, lunedì a mezzogiorno e domenica)*

E' un'affascinante dimora storica settecentesca ad accogliere questo nuovo hotel nella prima periferia della città, arredato con gusto moderno e accessori di ultima generazione. Proposte di cucina fantasiosa e di stagione (nella bella sala colazioni con camino).

Hotel di Varese senza rist

via Como 12 – 03 32 23 75 59 – www.hoteldivarese.com Pianta : A2**b**

– Chiuso 23 dicembre-7 gennaio e 8 agosto-17 agosto

21 cam – 105 € 130 €

La completa ristrutturazione di un antico palazzo liberty nel centro cittadino ha concesso solo qualche traccia dello stile originale dell'edificio. Camere di varie tipologie in un albergo moderno, comodissimo e gestito con grande passione.

Prima colazione compresa? E' rappresentata dal simbolo della tazzina dopo il numero delle camere.

City Hotel senza rist
via Medaglie d'Oro 35 – ✆ 03 32 28 13 04 Pianta : B2**m**
– www.cityhotelvarese.com – Chiuso 20 dicembre-8 gennaio e 14-31 agosto
46 cam – †72/119 € ††83/161 €
In centro città, vicino alla stazione ferroviaria, struttura funzionale, con sale riunioni, adatta a clientela sia d'affari che turistica; moderne le camere rinnovate.

Relais sul Lago
via Giovanni Macchi 61, 3 km per Schiranna - A2 – ✆ 03 32 31 00 22
– www.relaissullago.it
62 cam – †49/329 € ††64/339 € **Rist** – Carta 29/64 €
Lontano dal centro cittadino e con vista sul piccolo lago, camere calde ed accoglienti, a cui si aggiunge uno splendido centro benessere. Un paradiso terrestre, dove riconciliarsi con la vita!

Bologna cam,
via Broggi 7 – ✆ 03 32 23 43 62 – www.albergobologna.it Pianta : A1**c**
– Chiuso 9-31 agosto
15 cam – †65/75 € ††85/95 € **Rist** – Carta 31/58 € – *(chiuso sabato)*
Gestito dalla stessa famiglia da quasi 50 anni, un semplice, ma confortevole hotel, rinnovato in anni recenti; comoda posizione centrale e camere ben arredate. Simpatica sala da pranzo di ambientazione rustica nel frequentato ristorante.

Al Vecchio Convento con cam rist,
viale Borri 348, per Milano - B2 – ✆ 03 32 26 10 05 – www.alvecchioconvento.it
3 cam – †60/70 € ††80/90 €
Menu 30/32 € – Carta 38/64 € – *(chiuso domenica sera e lunedì)*
Chiedete un tavolo nella sala principale, d'atmosfera e con arredi eleganti, per gustare una cucina che segue le stagioni e predilige la Toscana. Ampia scelta di carni cucinate alla brace espressamente sotto i vostri occhi.

La Perla N
via Carrobbio 19 – ✆ 03 32 23 11 83 Pianta : A2**b**
– www.perlaristorante.it – chiuso 18-28 febbraio, 10-23 agosto e lunedì
Carta 30/88 € – (consigliata la prenotazione)
Un ristorante da consigliare senza il minimo dubbio: padre e figlio ai fornelli dimostrano grande capacità nel cucinare il mare, secondo ricette saporite e mediterranee. Tuttavia, anche i crudi trovano un loro spazio in menu. Ambiente di raffinata eleganza.

Teatro
via Croce 3 – ✆ 03 32 24 11 24 – www.ristoranteteatro.it Pianta : A1-2**a**
– Chiuso martedì escluso in estate
Carta 35/80 €
Raccontano la storia del teatro, dalle origini greche ai giorni nostri, i quadri alle pareti di un antico locale, in pieno centro; a tavola vanno in scena terra e mare.

Luce
piazza Litta 1, c/o Villa Panza, per viale Aguggiari - A1 – ✆ 03 32 24 21 99
– www.ristoranteluce.it – Chiuso 1°-5 gennaio e lunedì
Menu 40/90 € – Carta 29/66 €
In un affascinante contesto architettonico, all'interno della bella villa-museo Panza, la cucina si sbizzarrisce con piatti più o meno creativi e diversi menu; a pranzo c'è anche la possibilità di proposte più veloci, nonché economiche. Splendido dehors nei giardini della storica dimora.

a Capolago Sud-Ovest : 5 km – ✉ 21100

Da Annetta
via Fè 25 – ✆ 03 32 49 00 20 – www.daannetta.it – Chiuso mercoledì
Menu 30 € (pranzo in settimana)/60 € – Carta 42/84 €
In un edificio del '700, rustico e al contempo elegante con raffinata cura della tavola e cucina che prende spunto dalla tradizione, ma sa rivisitarla con fantasia. Fornitissima e bella cantina dove si può pranzare su richiesta.

a Santa Maria del Monte (Sacro Monte) per viale Aguggiari : 8 kmAlt. 880 m – ✉ 21100 Varese

XX **Colonne** con cam

via Fincarà 37 – ✆ 03 32 22 04 04 – www.albergolecolonne.it – Chiuso 2 settimane in gennaio e lunedì
10 cam ☕ – 🚹85/100 € 🚹🚹130/140 €
Menu 30 € – Carta 42/89 € – (prenotare)
Bella vista sul lago di Varese e sui dintorni verdeggianti, soprattutto dalla piacevole terrazza estiva, in un locale che a mezzogiorno sfrutta la parte superiore per il bistrot e la sera, la sala elegante per una cucina più creativa. Ai fornelli, uno chef conosciutissimo in zona: Silvio Battistoni.

VARESE LIGURE

La Spezia (SP) – ✉ 19028 – 2 091 ab. – Alt. 353 m – Carta regionale n° **15**-D2
Roma 457 km – La Spezia 57 km – Bologna 194 km – Genova 90 km
Carta stradale Michelin 561-I10

Amici

via Garibaldi 80 – ✆ 01 87 84 21 39 – www.albergoamici.com – Chiuso 20 dicembre-31 gennaio
26 cam ☕ – 🚹45/55 € 🚹🚹60/75 €
Rist ***Amici*** – Carta 20/37 € – *(chiuso mercoledì in ottobre-maggio)*
Se dopo la visita al castello e all'originale Borgo Rotondo necessitate di una sosta, questo accogliente hotel dall'impronta familiare farà al caso vostro! Oltre a camere di buon confort, Amici dispone infatti di un ristorante, dove gustare specialità locali - come i croxetti di Varese Ligure (pasta fresca) con battuto di pinoli - carni e formaggi biologici. Ottimo anche il rapporto qualità/prezzo.

VARIGOTTI

Savona (SV) – ✉ 17029 – Carta regionale n° **14**-B2
Roma 567 km – Genova 68 km – Imperia 58 km – Milano 191 km
Carta stradale Michelin 561-J7

Al Saraceno

via al Capo 2 – ✆ 01 96 98 81 82 – www.alsaracenogroup.com – Chiuso novembre
21 cam ☕ – 🚹75/450 € 🚹🚹120/850 € – **4 suites**
Rist – Carta 38/76 € – *(chiuso gennaio)*
Sulla bella spiaggia di Varigotti, hotel dagli ambienti signorili e camere dal piacevole arredo con confort di livello. Al ristorante sfiziosi piatti elaborati con cura; se il clima lo permette, optate per la suggestiva terrazza affacciata sul mare.

Albatros senza rist

via Aurelia 58 – ✆ 0 19 69 80 39 – www.hotelalbatrosvarigotti.it – Aperto 1° marzo-2 novembre
18 cam ☕ – 🚹80/180 € 🚹🚹100/220 €
Direttamente sulla spiaggia, una piccola perla di ospitalità con camere personalizzate e di moderno design, che si differenziano l'una dall'altra (alcune con terrazza).

XX **Muraglia-Conchiglia d'Oro** con cam e senza ☕

via Aurelia 133 – ✆ 0 19 69 80 15
6 cam – 🚹70/90 € 🚹🚹70/90 € – **1 suite**
Carta 44/93 € – *(chiuso mercoledì, anche martedì in ottobre-maggio)* (prenotare)
Una sala sobria e luminosa, nonché una piacevole terrazza vista mare: la specialità della casa è il pesce - di grande qualità e freschezza - preparato anche alla brace.

VARZI

Pavia (PV) – ✉ 27057 – 3 383 ab. – Alt. 416 m – Carta regionale n° **16**-B3
Roma 585 km – Piacenza 69 km – Alessandria 59 km – Genova 111 km
Carta stradale Michelin 561-H9

verso Pian d'Armà Sud : 7 km :

Buscone

località Bosmenso Superiore 41 – ✆ 0 38 35 22 24 – www.ristorantebuscone.it – Chiuso martedì sera e lunedì
Menu 20/35 € – Carta 20/33 €
La difficoltà che forse incontrerete per raggiungere la trattoria, sarà ricompensata dal vivace ambiente familiare e dalla cucina casereccia. Assolutamente da assaggiare: i salumi fatti in casa e, in stagione, i funghi.

VASON ➜ Vedere Bondone (Monte)
Trento (TN)

VASTO
Chieti (CH) – ✉ 66054 – 39 271 ab. – Alt. 144 m – Carta regionale n° **2-C2**
Roma 271 km – Pescara 70 km – L'Aquila 166 km – Campobasso 96 km
Carta stradale Michelin 563-P26

Castello Aragona

via San Michele 105 – ✆ 0 87 36 98 85 – www.castelloaragona.it – Chiuso lunedì
Carta 32/93 €
La suggestiva atmosfera di memoria storica e il servizio estivo sulla terrazza-giardino con splendida vista sul mare caratterizzano questo ristorante, dove potrete gustare specialità di mare.

VEDOLE ➜ Vedere Colorno
Parma (PR)

VEGLIA ➜ Vedere Cherasco
Cuneo (CN)

VELINA ➜ Vedere Castelnuovo Cilento
Salerno (SA)

VELLETRI
Roma (RM) – ✉ 00049 – 52 770 ab. – Alt. 332 m – Carta regionale n° **13-C2**
Roma 36 km – Anzio 43 km – Frosinone 61 km – Latina 29 km
Carta stradale Michelin 563-Q20

Benito al Bosco con cam

via Morice 96 – ✆ 0 69 64 14 14 – www.benitoalbosco.com
45 cam – †55/70 € ††80/160 € Carta 32/46 €
Il ristorante privilegia la cucina di mare e, non appena il clima lo consente, ci si sposta all'aperto: a bordo piscina o all'ombra dei castagni. Situato in zona collinare e residenziale, l'albergo ospita camere dall'arredo classico ed inserti in marmo.

VELLO
Brescia (BS) – ✉ 25054 MaroneAlt. 190 m – ✉ Marone – Carta regionale n° **19-D1**
Roma 591 km – Brescia 34 km – Milano 100 km
Carta stradale Michelin 561-E12

Trattoria Glisenti

via Provinciale 34 – ✆ 0 30 98 72 22 – www.trattoriaglisenti.it – Chiuso 12 gennaio-5 febbraio, giovedì, anche mercoledì in autunno, sempre aperto in luglio-agosto
Carta 40/61 €
Per i puristi del pesce di lago, qui si trova solo il pescato d'acqua dolce e quasi mai d'allevamento, accompagnato da tanti prodotti preparati dal ristorante, olio e birra compresi. Terrazza panoramica.

VELO D'ASTICO

Vicenza (VI) – ✉ 36010 – 2 422 ab. – Alt. 346 m – Carta regionale n° **39-B2**
Roma 551 km – Trento 57 km – Treviso 83 km – Verona 81 km
Carta stradale Michelin 562-E16

XX **Giorgio e Flora** con cam
via Baldonò 1, lago di Velo d'Astico, Nord-Ovest : 2 km – ✆ 04 45 71 30 61 – www.giorgioeflora.it – Chiuso 28 agosto-5 settembre
6 cam – 60/80 € 70/90 € – **1 suite**
Carta 26/49 € – *(chiuso mercoledì sera e giovedì)* (coperti limitati, prenotare)
Una villetta tipo chalet che domina la valle, due sale, di cui una più raccolta ed elegante, un panoramico dehors e piatti della tradizione veneta con tocco personale.

VELO VERONESE

Verona (VR) – ✉ 37030 – 770 ab. – Alt. 1 087 m – Carta regionale n° **39-B2**
Roma 529 km – Verona 35 km – Brescia 103 km – Milano 193 km
Carta stradale Michelin 562-F15

X **13 Comuni** con cam
piazza della Vittoria 31 – ✆ 04 57 83 55 66 – www.13comuni.it – Chiuso 10 giorni in giugno, ottobre e novembre
15 cam – 40/70 € 60/95 €
Carta 23/57 € – *(chiuso, lunedì, martedì escluso luglio-agosto)*
Nella piazza del paese, ottima gestione di una coppia, con lei in sala e lui in cucina dove lavora le migliori materie prime della zona, a volte secondo tradizione, altre in chiave moderna. Specialità: gnocchi di malga con ricotta di pecora e burro nocciola (il burro non è di nocciola, ma è tostato) L'atmosfera montana sale sin dentro alle semplici camere.

VENARIA REALE

Torino (TO) – ✉ 10078 – 34 244 ab. – Alt. 262 m – Carta regionale n° **22-A1**
Roma 667 km – Torino 11 km – Aosta 116 km – Milano 143 km
Carta stradale Michelin 561-G4

Galant senza rist
corso Garibaldi 155 – ✆ 01 14 55 10 21 – www.hotelgalant.it
39 cam – 60/150 € 88/183 €
A meno di un chilometro dal "delle Alpi", struttura di taglio moderno, ideale per una clientela d'affari, dispone di piacevoli ambienti comuni e di camere semplici ma confortevoli.

Cascina di Corte
via Amedeo di Castellamonte 2 – ✆ 01 14 59 32 78 – www.cascinadicorte.it
10 cam – 120/180 € 140/280 € – **2 suites**
Rist – Carta 30/51 € – *(chiuso domenica sera e lunedì)*
Alle porte della celebre reggia, cascina ottocentesca con annessa ghiacciaia ancora conservata. Sobrio stile architettonico di impronta locale, ma - all'interno - l'atmosfera rustica con mattoni a vista nelle camere cede il passo a moderne installazioni e confort.

XXX **Dolce Stil Novo alla Reggia** (Alfredo Russo)
piazza della Repubblica 4 – ✆ 01 14 99 23 43 – www.dolcestilnovo.com – Chiuso 2 settimane in gennaio, 2 settimane in agosto, domenica sera, martedì a mezzogiorno e lunedì
Menu 38 € (pranzo in settimana)/90 € – Carta 75/119 € – (coperti limitati, prenotare)
Ospitato all'interno del Torrione del Garove, il ristorante dispone di una bella terrazza affacciata sui giardini della Reggia di Venaria. Due ampie sale con tavoli spaziosi, alle quali si contrappongono arredi minimalisti, accolgono una cucina del territorio con qualche specialità di mare.
→ Tortelli di gallina e parmigiano profumati al lime. Vitello in cottura lunga con spumoso di patate. Gianduiotto bianco e cremoso di nocciola del Piemonte.

VENEZIA

Venezia (VE) – 259 263 ab. – ✉ Venezia – Carta regionale n° **40-C2**
Carta stradale Michelin 562-F19

© S. Lubenow / imageBROKER / age fotostock

Alberghi

Gritti Palace

campo Santa Maria del Giglio 2467, San Marco ✉ *30124* Pianta : K2**g**
– ✆ 0 41 79 46 11 – www.thegrittipalace.com/it
61 cam – ♦430/1900 € ♦♦430/1900 €, ☕ 53 € – **21 suites**
Rist *Club del Doge* – vedere selezione ristoranti
Riaperto nel 2013 dopo un epico restauro, il Gritti è un albergo-museo che raccoglie il meglio dell'artigianato veneziano, unendo stili di epoche diverse nell'involucro di uno straordinario palazzo cinquecentesco. Piccolo centro benessere.

Belmond Cipriani & Palazzo Vendramin

isola della Giudecca 10, 5 mn di navetta privata dal pontile San Marco ✉ *30133 – ✆ 04 15 20 77 44* Pianta : H3**h**
– www.belmond.com – Aperto 15 marzo-15 novembre
95 cam ☕ – ♦600 € ♦♦1100/1500 € – **23 suites**
Rist *Oro Restaurant* Rist *Cip's Club* – vedere selezione ristoranti
Il nome del Cipriani si confonde nel mondo con quello di Venezia: un'enclave di lusso nel silenzio e nel verde della Giudecca, per un soggiorno riservato ed esclusivo; nelle camere, lo stile veneziano è rivisitato e alleggerito.

Danieli

riva degli Schiavoni 4196, Castello ✉ *30122* Pianta : L2**a**
– ✆ 04 15 22 64 80 – www.danielihotelvenice.com/it
187 cam – ♦270/910 € ♦♦280/1500 €, ☕ 52 € – **28 suites**
Rist *Terrazza Danieli* – vedere selezione ristoranti
Tre palazzi risalenti al '400, '700 e '900 riuniti in un unico grande albergo: camere in stile veneziano classico o rivisitato in chiave più moderna, suite da sogno, nonché magnifica hall ricavata dall'ex corte.

Gli esercizi segnalati con il simbolo ⌂ non offrono gli stessi servizi di un hotel. Queste forme alternative di ospitalità si distinguono spesso per l'accoglienza e l'ambiente: specchio della personalità del proprietario. Quelli contraddistinti in rosso ⌂ sono i più ameni.

Bauer Hotel

campo San Moisè 1459, San Marco ✉ *30124* Pianta : K2**h**
– ✆ 04 15 20 70 22 – www.bauerhotels.com
119 cam – 250/950 € 250/1200 € – **22 suites**
Rist *De Pisis* – vedere selezione ristoranti
La facciata modernista è amata e odiata, ma il Bauer è una bandiera tra gli alberghi cittadini; ampi spazi, propone un viaggio nello stile degli anni '40 sposato alla classicità veneziana. Alcune camere affacciate sulla chiesa di S. Moisè.

Bauer il Palazzo

campo San Moisè 1459, San Marco – ✆ 04 15 20 70 22
– www.ilpalazzovenezia .com
72 cam – 300/1400 € 300/1400 € – **27 suites**
All'esterno fedele riproposizione dello stile gotico, all'interno le camere seducono con atmosfere veneziane, alcune classiche, altre più barocche. Strepitosa terrazza panoramica.

Ogni ristorante stellato ✿ è introdotto da tre piatti che rappresentano in maniera significativa la propria cucina. Qualora questi non fossero disponibili, altre gustose ricette ispirate alla stagione delizieranno il vostro palato.

Londra Palace

riva degli Schiavoni 4171 ✉ *30122 – ✆ 04 15 20 05 33* Pianta : L2**t**
– www.londrapalace.com

53 cam ☕ – 🧍230/589 € 🧍🧍240/599 €

Rist *Do Leoni* – vedere selezione ristoranti

Affacciato sulla passeggiata più spettacolare di Venezia, all'interno il lusso prende la direzione di atmosfere contemporanee con accenni veneziani, luce, armonia e viste mozzafiato.

The Westin Europa e Regina

corte Barozzi 2159, San Marco ✉ *30124 – ✆ 04 12 40 00 01* Pianta : K2**d**
– www.westineuropareginavenice.com

169 cam – 🧍150/930 € 🧍🧍220/1750 €, ☕ 46 € – **16 suites**

Rist *La Cusina* – vedere selezione ristoranti

Cinque edifici fusi in un trionfo di marmi, damaschi, cristalli e stucchi negli interni di un hotel affacciato sul Canal Grande, che offre ottimi confort in ogni settore.

F
G
1
2
3
CANALE DELLE SACCHE
Campo di Sant'Alvise
Fondamenta Contarini
Fondamenta de le Capuzine
C. Ferau
CANNAREGIO
Sacca Della Misericordia
Fondamente Nuove
Campo di Ghetto Nuovo
Italiana
Tedesca
Museo Ebraico
Sinagoga Canton
Scuola Spagnola
San Giobbe
PARCO SAVORGNAN
PAL. LABIA
S. Marcuola
Campo S. Marcuola
Campo S. Geremia
S. Geremia e S. Lucia
Campo dell'Abbazia
Pal. Vendramin Calergi
C. Larga dei Botteri
Rio Terà Barba Fruttaro
CANAL GRANDE
Stazione di S. Lucia
Fondaco dei Turchi
Fondaco del Megio
Ca' Pesaro
CA' D'ORO
Scuola Grande di San Marco
Sta Maria dei Miracoli
Fondamenta Sta Chiara
STAZIONE MERCI
S. CROCE
S. Giacomo dall'Orio
Fabbriche Vecchie
S. POLO
C. Scaleta
Piazzale Roma
Pzale Roma
C. de Mezo
STA MARIA GLORIOSA DEI FRARI
Campo S. Polo
Pal. Bernardo
PALAZZO LOREDAN
Teatro Goldoni
Mercerie
Fond. Querini-Stampalia
SCUOLA GRANDE DI SAN ROCCO
Crosera
Rio Terà dei Pensieri
Fondamenta de le Procuratie
C. dei Fabbri
C. dei Fuseri
Frezzaria
S. MARCO
Scala del Bovolo
Ca' Foscari
Campo Sta Margherita
Scuola Grande dei Carmini
Palazzo Grassi
Ca' Rezzonico
PIAZZA S. MARCO
DORSODURO
S. Stefano
S. MARCO
La Fenice
PALAZZO DUCALE
S. Sebastiano
Canal Grande
GALLERIE D. ACCADEMIA
Ca' Dario
Punta della Dogana Centro di Arte Contemporanea
Fondamenta Zattere al Pte Longo
Sta Maria della Salute
Squèro di S. Trovaso
Gesuati
Collezione P. Guggenheim
Mulino Stucky
CANALE DELLA GIUDECCA
Fondamenta S. Biagio
Fondamenta del Pte Piccolo
Fondamenta de le Convertite
Campo Cosmo
C. del Corder
C. de l'Olio
Ramo Corte Grandi
C. de le Erbe
C. dei Frati
Fondamenta de la Crosa
C. Michelangelo
ISOLA DELLA GIUDECCA

H
J
VENEZIA
0
300 m
1
2
3
CANALE DELLE FONDAMENTE
Fondamenta Nuove
C. Sta Giustina
Zanipolo
S. Francesco della Vigna
SCUOLA DI S. GIORGIO DEGLI SCHIAVONI
CASTELLO
Canale delle Galeazze
Darsena Grande
S. Zaccaria
b
f
d
a
e
u
t
s
S. Giovanni in Bragora
MUSEO STORICO NAVALE
Campo S. Biagio
PALAZZETTO DELLO SPORT
Fondamenta della Tana
Salizada Stretta
ISOLA DI S. PIETRO
C. dei Fari
Fondamenta Sant'Ana
C. Schiavona
V. Giuseppe Garibaldi
Seco Marina
Fondamenta S. Giuseppe
ISOLA DI S. ELENA
S. Giorgio Maggiore
Fondazione Giorgio Cini
ISOLA DI S. GIORGIO MAGGIORE
CANALE DI SAN MARCO
Vle dei Giardini Pubblici
GIARDINI PUBBLICI
Riva dei Partigiani
Vle 4 Novembre
C. Pasubio
C. Oslavia
Vle Piave
C. del Carnaro
PARCO DELLE RIMEMBRANZE
H
J

Luna Hotel Baglioni

calle larga dell'Ascensione 1243, San Marco ✉ *30124* Pianta : K2**p**
– ✆ *04 15 28 98 40* – *www.baglionihotels.com*
75 cam – 🛉200/850 € 🛉🛉200/850 €, ☕ 33 € – **16 suites**
Rist *Canova* – vedere selezione ristoranti
Già al tempo delle crociate ostello per templari e pellegrini, oggi hotel di aristocratica raffinatezza; suite con terrazza, salone con affreschi della scuola del Tiepolo. Molto elegante, il ristorante propone piatti curati di cucina eclettica.

Metropole

riva degli Schiavoni 4149, Castello ✉ *30122* Pianta : H2**t**
– ✆ *04 15 20 50 44* – *www.hotelmetropole.com*
67 cam – 🛉215/2000 € 🛉🛉215/2000 €, ☕ 30 € – **15 suites**
Rist *Met* ✿ – vedere selezione ristoranti
Rist *Oriental Bar* – Carta 48/92 €
Come Venezia, il Metropole è un connubio tra occidente ed oriente, propone ambienti di strabiliante raffinatezza, collezioni d'antiquariato e una piccola, ma esclusiva corte-giardino. Una pregevole selezione di carni alla griglia di manzo Fassone Piemontese e piatti veloci all'OrientalBar.

Ca' Sagredo
Pianta : K1**f**

campo Santa Sofia 4198, Ca' D'Oro ✉ *30121*
– ✆ 04 12 41 31 11 – www.casagredohotel.com
31 cam – 300/450 € 300/450 €, ☕ 28 € – **11 suites** **Rist** – Carta 55/95 €
Più che un albergo, un museo: tra marmi, stucchi, imponenti scaloni ed enormi affreschi, rivivrete la leggendaria e aristocratica vita della Serenissima all'interno di un palazzo di origine bizantina.

Palazzina G
Pianta : F2**c**

San Marco 3247 ✉ *30124 – ✆ 04 15 28 46 44*
– www.palazzinag.com
16 cam – 280/1100 € 280/1100 €, ☕ 25 € – **1 suite**
Rist – Carta 53/73 €
Romantico mix di antico e moderno nell'accogliente salone in piacevole penombra, abbagliante modernità nelle camere: è l'albergo secondo Philippe Starck, regista della Palazzina G. Krug Lounge per gli amanti dello champagne.

Centurion Palace
Pianta : G2-3**f**

Dorsoduro 173 ✉ *30123 – ✆ 04 13 42 81*
– www.centurionpalacevenezia.com
50 cam – 960/968 € 968/1089 €, ☕ 37 € – **4 suites**
Rist *Antinoo's Lounge* – vedere selezione ristoranti
Se cercate un'alternativa al barocco e alla pomposità dello stile veneziano, il Centurion è la vostra meta, qui troverete atmosfere moderne dal design sobrio e raffinato. Alcune camere si affacciano sul Canal Grande.

Ai Reali
rist,
Pianta : L1**r**

campo della Fava 5527, Castello ✉ *30124*
– ✆ 04 12 41 02 53 – www.hotelaireali.com
30 cam ☕ – 199/699 € 199/699 € – **3 suites** **Rist** – Carta 38/112 €
In un palazzo seicentesco, le camere - spesso di ragguardevole ampiezza per gli standard veneziani - sono un affascinante crogiolo di arredi, marmi e tessuti. Piccolo centro benessere all'ultimo piano.

Monaco e Grand Canal
Pianta : K2**e**

calle Vallaresso 1332, San Marco ✉ *30124*
– ✆ 04 15 20 02 11 – www.hotelmonaco.it
97 cam – 90/355 € 125/670 €, ☕ 25 € – **8 suites**
Rist *Grand Canal* – vedere selezione ristoranti
La hall sorprende per qualche inserzione moderna, ma è la seicentesca sala del Ridotto con affreschi originali a stupire gli ospiti. Alcune camere con vista sulla Giudecca, arredi classici veneziani.

Palazzo Selvadego

Bocca di Piazza 1224/b, San Marco – ✆ 04 15 20 02 11
– www.hotelpalazzoselvadegovenezia.it
34 cam – 80/340 € 110/600 €, ☕ 25 €
La dépendence consente un certo risparmio con il minimo impegno di 150 metri di camminata, che vi separano dai servizi della casa madre. Arredi sobri e contemporanei.

Molino Stucky Hilton Venice
cam, cam,
Pianta : F3**b**

Giudecca 810, 10 mn di navetta privata dal pontile San Marco
✉ *30133 – ✆ 04 12 72 33 11 – www.molinostuckyhilton.it*
379 cam – 169/600 € 189/600 €, ☕ 30 € – **44 suites**
Rist *Aromi* – vedere selezione ristoranti
Rist *Bacaromi* – Carta 50/99 € – *(solo a cena)*
Spettacolare riconversione di un antico mulino, l'imponente edificio in mattoni dall'allure nordica ospita camere moderne e funzionali, alcune affacciate sul canale della Giudecca. Al ristorante Bacaromi, in un originale ambiente informale, le specialità della cucina veneta.

Papadopoli Venezia
Santa Croce 245 ✉ 30135 – ✆ 0 41 71 04 00 Pianta : F2**k**
– www.mgallery.com
97 cam – 110/370 € 140/570 €, ☕ 23 € – **5 suites** **Rist** – Carta 38/87 €
Vicino alla stazione, ma in un contesto più tranquillo, circondato dall'acqua e dal verde, nelle camere ritroverete i classici arredi veneziani. Scenografico ristorante all'interno di un giardino d'inverno, cucina veneta.

Bauer Palladio cam, cam, cam,
Isola della Giudecca ✉ 30133 – ✆ 04 15 20 70 22 Pianta : G3**a**
– www.palladiohotelspa.com – Aperto 14 marzo-15 novembre
70 cam ☕ – 250/1350 € 250/1350 € – **9 suites** **Rist** – Carta 57/88 €
Un vasto giardino, insolito nel dedalo di calli e rii che compongono la città, abbraccia questo bel palazzo disegnato dal famoso architetto A. Palladio: un tempo convento, dopo anni di abbandono, la struttura ha riguadagnato un proprio posto al sole, luogo di storia e misticismo, è oggi un baluardo della raffinata hôtellerie cittadina.

Palazzo Giovanelli senza rist
Santa Croce 2070/a ✉ 30135 – ✆ 04 15 25 60 40 Pianta : K1**g**
– www.hotelpalazzogiovanelli.com
41 cam ☕ – 130/390 € 130/750 € – **2 suites**
Occupa il cinquecentesco palazzo Foscarini Giovanelli e propone una riuscita sintesi di antico e moderno, tra soffitti a cassettoni e wengè; camere sul Canal Grande, chiesa di S. Stae o cortile interno.

Palazzo Stern senza rist
Dorsoduro 2792/a ✉ 30123 – ✆ 04 12 77 08 69 Pianta : F2**e**
– www.palazzostern.it
24 cam ☕ – 113/252 € 315/590 € – **1 suite**
Bel palazzo affacciato sul Canal Grande, di fianco a Cà Rezzonico, caratterizzato da eleganti spazi comuni con statue e mobili di pregio, nonché lussuose camere personalizzate; piacevole terrazza per la prima colazione.

Giorgione
calle larga dei Proverbi 4587, Cannaregio ✉ 30121 Pianta : K1**b**
– ✆ 04 15 22 58 10 – www.hotelgiorgione.com
76 cam ☕ – 50/300 € 50/700 €
Rist *Osteria Enoteca Giorgione* – vedere selezione ristoranti
Nelle vicinanze della Ca' d'Oro, raffinato albergo raccolto intorno a una gradevole corte interna fiorita; eleganti arredi, esposizione di stampe originali del Giorgione.

Colombina senza rist
calle del Remedio 4416, Castello ✉ 30122 Pianta : L2**d**
– ✆ 04 12 77 05 25 – www.hotelcolombina.com
32 cam ☕ – 100/400 € 100/1500 €
Elegante palazzo a due passi da S. Marco, se gli spazi comuni non sono immensi, le camere vi stupiranno con una profusione di eleganza nonché, quelle ai piani nobili, straordinari lampadari di Murano.

Palazzo Sant'Angelo sul Canal Grande senza rist
San Marco 3878/b ✉ 30124 – ✆ 04 12 41 14 52 Pianta : G2**d**
– www.palazzosantangelo.com
14 cam ☕ – 600/660 € 704/880 € – **4 suites**
All'interno di un piccolo palazzo direttamente affacciato sul Canal Grande, una risorsa affascinante, apprezzabile anche per il carattere intimo e discreto.

Ca' Pisani cam,
rio terà Foscarini 979/a, Dorsoduro ✉ 30123 Pianta : F3**g**
– ✆ 04 12 40 14 11 – www.capisanihotel.it
29 cam ☕ – 135/405 € 150/450 € – **6 suites**
Rist – Carta 38/61 € – *(chiuso lunedì)*
In una dimora trecentesca, arredi in stile anni '30-'40 del '900, opere d'arte futuriste e tecnologia d'avanguardia: inusitato, audace, connubio per un originale design hotel. Per chi non desidera uscire, c'è una carta ristretta di qualche proposta gastronomica.

Ca' Nigra Lagoon Resort senza rist
campo San Simeon Grande 927, Santa Croce ✉ 30135 Pianta : F2**g**
– ✆ 04 12 75 00 47 – www.hotelcanigra.com
21 cam ☕ – 🚹120/640 € 🚹🚹130/650 €
Introdotto da uno spettacolare duplice giardino, d'ingresso e sul retro per le colazioni sul Canal Grande, pavimenti a mosaico al primo piano: le camere sono una raffinata sintesi di stili diversi, antichi e moderni, veneziani ed orientali.

Locanda Vivaldi
riva degli Schiavoni 4150/52, Castello ✉ 30122 Pianta : H2**u**
– ✆ 04 12 77 04 77 – www.locandavivaldi.it
27 cam ☕ – 🚹130/430 € 🚹🚹180/550 € – **3 suites**
Rist – Carta 34/54 € – *(aperto 1° maggio-30 settembre; chiuso lunedì) (solo a cena)*
Apoteosi dello stile veneziano, tendaggi, lampadari e specchi di Murano si susseguono in camere ovattate dagli alti soffitti. Ristorante estivo su terrazza panoramica.

Duodo Palace Hotel senza rist
calle Minelli 1887/1888, San Marco ✉ 30124 Pianta : K2**c**
– ✆ 04 15 20 33 29 – www.duodopalacehotel.com
38 cam ☕ – 🚹150/680 € 🚹🚹150/680 €
A pochi passi dalla Fenice, la signorile dimora seicentesca conserva preziosi stucchi ed affreschi in diverse camere, nonché arredi in sobrio stile veneziano.

Saturnia e International
calle larga 22 Marzo 2398, San Marco ✉ 30124 Pianta : K2**n**
– ✆ 04 15 20 83 77 – www.hotelsaturnia.it
88 cam ☕ – 🚹135/450 € 🚹🚹180/600 €
Rist ***La Caravella*** – vedere selezione ristoranti
Affacciato sulla strada dello shopping grandi firme, diversi reperti storici dal '500 ad oggi ornano le zone comuni; anche le camere sfoggiano arredi ottocenteschi, ma qui la predilizione va per l'art-déco. Terrazza panoramica.

Ai Mori d'Oriente senza rist
fondamenta della Sensa 3319, Cannaregio, per Madonna dell'Orto - DT
✉ 30121 – ✆ 0 41 71 10 01 – www.hotelaimoridoriente.it
21 cam ☕ – 🚹60/600 € 🚹🚹90/1200 €
Poco distante dalla chiesa della Madonna dell'Orto che conserva i dipinti del Tintoretto, un albergo dagli originali arredi moreschi ricavato in un palazzo d'epoca.

A la Commedia senza rist
corte del Teatro Goldoni 4596/a, San Marco ✉ 30124 Pianta : K1**c**
– ✆ 04 12 77 02 35 – www.hotelalacommedia.it
35 cam ☕ – 🚹90/900 € 🚹🚹100/1500 € – **2 suites**
Adiacente al Teatro Goldoni e nelle vicinanze del Ponte di Rialto, arredi in stile veneziano rivisitati, suggestivo bar nel roof garden con terrazza e vista sulla città. Eleganza e signorilità.

Liassidi Palace senza rist
ponte dei Greci 3405, Castello ✉ 30122 – ✆ 04 15 20 56 58 Pianta : H2**b**
– www.liassidipalacehotel.com
26 cam ☕ – 🚹139/799 € 🚹🚹139/799 €
Edificio della seconda metà del '400, finestre ad archi al piano nobile che si affaccia sulla porta d'acqua del canale. Camere personalizzate, con falsi d'autore alle pareti.

Il símbolo 🐦 sottolinea la tranquillità di un albergo.
In rosso 🐦: la quiete elevata all'ennesima potenza!

Palace Bonvecchiati cam, rist,
calle dei Fabbri 4680, San Marco ✉ 30124 Pianta : K2**d**
– ✆ 04 12 96 31 11 – www.palacebonvecchiati.it
70 cam – 380/520 € 420/700 € – **4 suites**
Rist *La Terrazza* – ✆ 04 15 23 64 68 – Carta 58/84 € (+12 %)
Tra Rialto e San Marco, una struttura di moderna concezione con una vasta gamma di servizi offerti, completata da quelli dell'annesso hotel Bonvecchiati, belle camere ed una zona fitness.

Bonvecchiati
calle Goldoni 4488, San Marco – ✆ 04 15 28 50 17 – www.hotelbonvecchiati.it
120 cam – 290/480 € 290/600 €
Camere ormai quasi tutte rinnovate secondo uno stile veneziano o contemporaneo, in un'accogliente dépendance direttamente collegata al Palace (vi si accede senza uscire).

Pensione Accademia-Villa Maravege senza rist
fondamenta Bollani 1058, Dorsoduro ✉ 30123 Pianta : F2**m**
– ✆ 04 15 21 01 88 – www.pensioneaccademia.it
27 cam – 95/160 € 155/390 €
Rarissimo duplice giardino: antistante, per le colazioni, retrostante, per il riposo, il tutto in un contorno da favola di canali e palazzi storici. Camere eterogenee, il più delle volte in stile veneziano.

Ruzzini Palace senza rist
campo Santa Maria Formosa 5866, Castello Pianta : L1**r**
✉ 30124 Venezia – ✆ 04 12 41 04 47 – www.ruzzinipalace.com
28 cam – 120/3000 € 150/3560 €
In uno dei più suggestivi contesti cittadini, dormirete in un imponente palazzo di origini cinquecentesche; le camere, in stile classico e affacciate sul campo o su un canale, sono introdotte da un bel salone affrescato al primo piano.

Bisanzio senza rist
calle della Pietà 3651, Castello ✉ 30122 – ✆ 04 15 20 31 00 Pianta : H2**d**
– www.bisanzio.com
40 cam – 100/200 € 100/300 € – **2 suites**
Ambienti sobri, ma ben tenuti, e camere omogenee negli arredi: elementi di distinzione possono essere il terrazzo o le travi a vista.

Ca' Maria Adele senza rist
rio Terà dei Catecumeni, Dorsoduro 111 ✉ 30123 Pianta : G3**b**
– ✆ 04 15 20 30 78 – www.camariaadele.it – Chiuso 7-15 gennaio
11 cam – 363/572 € 363/572 € – **1 suite**
Affacciata sulla Chiesa della Salute, un'affascinante e pittoresca casa veneziana che presenta la tradizione dello stile locale. Lussuose camere a tema.

Aqua Palace senza rist
calle de la Malvasia 5492, Castello ✉ 30124 Pianta : L1**q**
– ✆ 04 12 96 04 42 – www.aquapalace.it
24 cam – 150/390 € 190/490 €
In un palazzo seicentesco, qui troveranno rifugio coloro che intendono fuggire gli eccessi decorativi barocchi e riposarsi in ambienti sobri, scuri, dalle sfumature dorate e cioccolato.

Flora senza rist
calle larga 22 Marzo 2283/a – ✆ 04 15 20 58 44 Pianta : K2**f**
– www.hotelflora.it
40 cam – 90/201 € 130/293 €
Uno degli alberghi più romantici di Venezia: incantevoli scale liberty, arredi e letti d'epoca nelle camere, raffinati salotti, ma il gioiello è il piccolo cortile con fontana per le colazioni. Un'oasi retrò.

Concordia senza rist
calle larga San Marco 367 ✉ 30124 – ✆ 04 15 20 68 66 Pianta : L2**g**
– www.hotelconcordia.com
51 cam ☕ – 🚹135/580 € 🚹🚹150/600 € – **1 suite**
L'unico albergo che possa vantare una ventina di camere con vista su una delle piazze più belle e famose del mondo: San Marco! Gestito con passione, lo si sta rinnovando anno dopo anno, mantenendo al suo interno lo stile veneziano. Piccolo wine-bar con specialità di pasta fatta in casa.

Domina Home Cà Zusto senza rist
campo Rielo 1358, Santa Croce ✉ 30124 – ✆ 04 15 24 29 91 Pianta : F2**h**
– www.dominahome.it
21 cam ☕ – 🚹120/370 € 🚹🚹160/700 €
Scegliete un colore e vi sarà data la camera! Per chi non ama gli eccessi barocchi, qui prevalgono arredi moderni accesi da tinte intense che ispirano ogni camera; piccola corte interna cinquecentesca. Zona tranquilla e residenziale.

Palazzo Abadessa senza rist
calle Priuli 4011, Cannaregio ✉ 30121 – ✆ 04 12 41 37 84 Pianta : G1**b**
– www.abadessa.com
15 cam ☕ – 🚹100/275 € 🚹🚹100/325 € – **2 suites**
Il sogno di ogni turista in visita a Venezia: preceduto da un incantevole giardino, all'interno troverete sontuosi saloni, finestre policrome, arredi d'epoca e affreschi, ma soprattutto una romantica, avvolgente atmosfera.

Palazzo Priuli senza rist
fondamenta Osmarin 4979/B, Castello ✉ 30122 Pianta : L2**h**
– ✆ 04 12 77 08 34 – www.hotelpriuli.com
10 cam ☕ – 🚹50/300 € 🚹🚹50/600 €
Una bella bifora decora la facciata di questo palazzo nobiliare trecentesco, che ospita un elegante albergo. Camere spaziose e tutte diverse. Graziosa saletta per la prima colazione affacciata sul canale.

Casa Verardo senza rist
campo SS. Filippo e Giacomo 4765, Castello ✉ 30122 Pianta : L2**f**
– ✆ 04 15 28 61 27 – www.casaverardo.it
21 cam ☕ – 🚹60/220 € 🚹🚹90/390 €
Cent'anni di attività come albergo, ma il palazzo aristocratico risale al '500 con diverse testimonianze ad illustrarne il glorioso passato; due piani nobili, piccola terrazza e corte interna.

Antiche Figure senza rist
fondamenta San Simeon Piccolo 687, Santa Croce ✉ 30135 Pianta : F2**d**
– ✆ 04 12 75 94 86 – www.hotelantichefigure.it
12 cam ☕ – 🚹70/250 € 🚹🚹75/350 €
Di fronte alla stazione ferroviaria una risorsa totalmente rinnovata che oggi presenta camere confortevoli, arredi signorili e dotazioni adatte anche alla clientela d'affari.

Paganelli senza rist
riva degli Schiavoni 4182, Castello ✉ 30122 Pianta : L2**t**
– ✆ 04 15 22 43 24 – www.hotelpaganelli.com
20 cam ☕ – 🚹60/380 € 🚹🚹70/400 €
Solo quattro le camere affacciate sul panorama più celebre di Venezia, ma tutti potranno egualmente apprezzarlo dall'incantevole terrazza comune. Camere accoglienti.

American-Dinesen senza rist
fondamenta Bragadin 628, Dorsoduro ✉ 30123 Pianta : G3**g**
– ✆ 04 15 20 47 33 – www.hotelamerican.com
30 cam ☕ – 🚹60/230 € 🚹🚹70/320 € – **2 suites**
Lungo un tranquillo canale, signorili spazi comuni, con tanto legno e arredi classici, e camere in stile veneziano, molte con terrazzino affacciato sull'acqua.

Al Codega senza rist
San Marco 4435 ✉ 30124 – ✆ 04 12 41 32 88 Pianta : K2**a**
– www.alcodega.it
28 cam ☕ – 🚹65/205 € 🚹🚹90/350 €
In questo palazzo ottocentesco si fanno a volte i conti con la scarsa metratura, ma non con l'eleganza: parquet, tappezzeria e travertino persiano nei bagni. Se disponibili, vi consigliamo di prenotare le camere che si affacciano sul campiello.

Ca' d'Oro senza rist
corte Barbaro 4604, Cannaregio ✉ 30131 Pianta : K1**c**
– ✆ 04 12 41 12 12 – www.venicehotelcadoro.com
27 cam ☕ – 🚹50/170 € 🚹🚹60/300 €
Una "cà" all'insegna della semplicità, ma troverete anche qui i classici ed ovattati ambienti dello stile venenziano: alcune camere si affacciano sul canale, per tutti una piccola e panoramica altana.

Montecarlo
calle dei Specchieri 463, San Marco ✉ 30124 Pianta : L2**c**
– ✆ 04 15 20 71 44 – www.venicehotelmontecarlo.com
48 cam ☕ – 🚹79/263 € 🚹🚹99/329 € **Rist** – Carta 50/141 €
Nei pressi di piazza S.Marco, un hotel, che offre un servizio attento e curato; camere di ottimo livello, arredate con gusto in stile veneziano, preziosi marmi nella hall. Un ristorante classico di tono elegante, vocato all'attività prevalentemente serale; cucina tradizionale, con specialità stagionali e veneziane; ottima la cantina.

Ai Due Fanali senza rist
campo San Simeon Grande 946, Santa Croce ✉ 30135 Pianta : F1-2**p**
– ✆ 0 41 71 84 90 – www.aiduefanali.com
16 cam ☕ – 🚹80/195 € 🚹🚹95/250 €
Risultato di una bella ristrutturazione, un hotel vicino alla stazione, con una hall accogliente, camere curate e confortevoli e un'altana adibita a solarium.

Belle Arti senza rist
rio terà Foscarini 912/A, Dorsoduro ✉ 30123 Pianta : F3**g**
– ✆ 04 15 22 62 30 – www.hotelbellearti.com
67 cam ☕ – 🚹80/170 € 🚹🚹100/280 €
Nei pressi delle Gallerie dell'Accademia, struttura recente, funzionale e comoda, con cortile interno attrezzato e ampi spazi interni; camere dotate di buoni confort.

Canaletto senza rist
calle de la Malvasia 5487, Castello ✉ 30122 Pianta : L1**b**
– ✆ 04 15 22 05 18 – www.hotelcanaletto.com
38 cam ☕ – 🚹40/250 € 🚹🚹50/280 €
Una risorsa di buon confort, tra piazza S.Marco e il ponte di Rialto, che offre camere ristrutturate, con arredi in stile; visse tra queste mura l'omonimo pittore.

Antico Doge senza rist
campo Santi Apostoli 5643, Cannaregio ✉ 30121 Pianta : K1**e**
– ✆ 04 12 41 15 70 – www.anticodoge.com – Chiuso 7 gennaio-5 febbraio
20 cam ☕ – 🚹80/205 € 🚹🚹90/245 €
In uno dei palazzi più antichi di Venezia, la dimora (abitata anche da un doge) risale all'Ottocento e custodisce camere ovattate avvolte da tappezzeria, stucchi, travi a vista e arredi d'epoca.

Locanda Ovidius senza rist
calle Sturion 678/a, San Polo ✉ 30125 – ✆ 04 15 23 79 70 Pianta : K1**r**
– www.hotellocandaovidius.com
19 cam ☕ – 🚹60/450 € 🚹🚹60/450 €
Una risorsa in un palazzo ottocentesco in zona Rialto; sala colazioni affacciata sul Canal Grande, mobili recenti in stile '700 veneziano nelle camere.

Locanda Fiorita senza rist
campiello Novo 3457/A, San Marco ✉ 30124 Pianta : G2**a**
– ✆ 04 15 23 47 54 – www.locandafiorita.com
10 cam ☕ – 🚹150/195 € 🚹🚹150/195 €
In un suggestivo campiello - nelle vicinanze di Palazzo Grassi - un indirizzo valido ed interessante con accoglienti camere, arredate in stile Settecento veneziano.

Campiello senza rist
calle del Vin 4647, Castello ✉ 30122 – ☎ 04 15 20 57 64 Pianta : L2**b**
– www.hcampiello.it – Chiuso gennaio
15 cam – 40/160 € 60/230 €
Nei pressi di Piazza San Marco e a pochi metri da Riva degli Schiavoni, arredi classici d'albergo o in stile veneziano in un edificio del XVI secolo. Prezzi particolarmente convenienti in bassa stagione.

Tiziano senza rist
calle Rielo, Dorsoduro 1873 ✉ 30123 – ☎ 04 12 75 00 71 Pianta : F2**a**
– www.hoteltizianovenezia.it – Chiuso 6-20 gennaio
14 cam – 80/350 € 100/400 €
Ideale per chi vuole evitare le masse turistiche e preferisce scoprire la città dei veneziani; camere accoglienti affacciate su un canale o su una piazzetta.

Commercio e Pellegrino senza rist
calle della Rasse 4551/A, Castello ✉ 30122 Pianta : L2**c**
– ☎ 04 15 20 79 22 – www.commercioepellegrino.com – Chiuso dicembre-gennaio
25 cam – 60/150 € 70/290 €
Semplice, funzionale e con una strategica posizione, a ridosso di Piazza San Marco: la gestione giovane e motivata si adopera per mantenere sempre aggiornata questa graziosa struttura dai pochi spazi comuni, ma dal buon confort generale.

Bridge senza rist
campo SS. Filippo e Giacomo 4498, Castello ✉ 30122 Pianta : L2**e**
– ☎ 04 15 20 52 87 – www.hotelbridge.com
10 cam – 46/150 € 46/230 €
Vicino a piazza S. Marco, un bell'esempio di ricupero strutturale, con un'ottima zona notte: travi a vista al soffitto e arredi in stile nelle camere curate.

Santo Stefano senza rist
campo Santo Stefano 2957, San Marco ✉ 30124 Pianta : G2**c**
– ☎ 04 15 20 01 66 – www.hotelsantostefanovenezia.com
11 cam – 110/190 € 130/270 €
Hotel d'atmosfera, ricavato in una torre di guardia quattrocentesca al centro di campo S.Stefano; di tono superiore le camere, con mobili dipinti e lampadari di Murano.

Oltre il Giardino senza rist
San Polo 2542 ✉ 30125 – ☎ 04 12 75 00 15 Pianta : F2**b**
– www.oltreilgiardino-venezia.com – Chiuso 7 gennaio-7 febbraio
6 cam – 150/200 € 180/250 €
Oltre il giardino ombreggiato, dove godersi la prima colazione e momenti di straordinario relax, un piccolo angolo magico tra un piccolo rio e la Basilica dei Frari: una casa signorile con camere ciascuna di un colore differente e atmosfere diverse.

Novecento senza rist
calle del Dose da Ponte 2683/84, San Marco ✉ 30124 Pianta : G2**a**
– ☎ 04 12 41 37 65 – www.novecento.biz
9 cam – 130/350 € 130/350 €
Lungo una calle centrale, ma più tranquilla, la struttura nasce come un tentativo di rinnovare gli antichi legami tra la città e l'oriente: ovunque, dagli spazi comuni alle camere, si ritrovano arredi e suppellettili asiatici e arabi. C'è anche un piccolo cortile per le colazioni.

La Residenza senza rist
campo Bandiera e Moro 3608, Castello ✉ 30122 Pianta : H2**a**
– ☎ 04 15 28 53 15 – www.venicelaresidenza.com
14 cam – 50/120 € 80/220 €
Affacciato su uno dei più romantici campi (piazze) veneziani, è uno straordinario palazzo quattrocentesco; all'interno, suggestivo salone stuccato del '700 per le colazioni e camere più semplici.

Palazzo Odoni senza rist

fondamenta Minotto 151, Santa Croce ✉ 30124 Venezia Pianta : F2**p**
– ✆ *04 12 75 94 54 – www.palazzoodoni.com*
8 cam ☕ – 🚹60/200 € 🚹🚹70/270 €
Affacciato su un caratteristico canale, si dorme all'interno della storia, in un palazzo quattrocentesco con una graziosa corte interna gotica. La prima colazione è particolarmente curata.

Locanda Art Dèco senza rist

calle delle Botteghe 2966, San Marco ✉ 30124 Pianta : G2**a**
– ✆ *04 12 77 05 58 – www.locandaartdeco.com*
6 cam ☕ – 🚹60/150 € 🚹🚹70/200 €
In una calle con tanti negozi d'antiquariato, confortevole locanda i cui titolari, come annuncia il suo nome, prediligono questa arte degli inizi del '900. Ogni camera dispone di computer.

Locanda la Corte senza rist

calle Bressana 6317, Castello ✉ 30122 – ✆ 04 12 41 13 00 Pianta : L1**p**
– *www.locandalacorte.it*
16 cam ☕ – 🚹70/160 € 🚹🚹90/210 €
Prende nome dal pittoresco cortile interno, sorta di "salotto all'aperto", intorno a cui si sviluppa e dove d'estate si fa colazione; stile veneziano nelle stanze.

Locanda Ca' del Brocchi senza rist

rio terà San Vio 470, Dorsoduro ✉ 30123 Pianta : G3**k**
– ✆ *04 15 22 69 89 – www.cadelbrocchi.com – Chiuso 10-27 dicembre e 10-30 gennaio*
6 cam ☕ – 🚹70/120 € 🚹🚹90/160 €
In una zona tranquilla ed elegante del sestriere Dorsoduro, le camere riproducono lo stile della Venezia settecentesca, tra tessuti e lampadari di Murano.

Cà Dogaressa senza rist

fondamenta di Cannaregio 1018 ✉ 30121 Pianta : F1**x**
– ✆ *04 12 75 94 41 – www.cadogaressa.com – Chiuso gennaio*
6 cam ☕ – 🚹50/125 € 🚹🚹70/170 €
Vicino al Ghetto, dove si respira l'aria di una Venezia autentica, questa locanda dispone di camere eleganti, alcune affacciate sul canale. Spazi comuni minimi.

Locanda Casa Querini senza rist

campo San Giovanni Novo 4388, Castello ✉ 30122 Pianta : L2**n**
– ✆ *04 12 41 12 94 – www.locandaquerini.com – Chiuso 23-27 dicembre e 7-27 gennaio*
6 cam ☕ – 🚹40/150 € 🚹🚹40/200 €
Cordiale gestione al femminile per una sobria locanda di poche stanze, accoglienti e di buona fattura, alcune con accesso indipendente. In un caratteristico, quieto campiello.

Locanda Cà le Vele senza rist

calle delle Vele 3969, Cannaregio ✉ 30131 Pianta : G1**b**
– ✆ *04 12 41 39 60 – www.locandalevele.com – Chiuso 4 gennaio-4 febbraio*
6 cam ☕ – 🚹50/110 € 🚹🚹70/170 €
Quattro camere e due junior suites, ricavate da un palazzo del '500 e tutte arredate in stile veneziano. Soggiorno suggestivo a prezzi interessanti con colazione in camera.

Casa Rezzonico senza rist

fondamenta Gherardini 2813, Dorsoduro ✉ 30123 Pianta : F2**f**
– ✆ *04 12 77 06 53 – www.casarezzonico.it*
6 cam ☕ – 🚹55/130 € 🚹🚹60/170 €
In una zona più tranquilla e residenziale, le camere, con letti dalle eleganti testiere, si affacciano sul canale o sul giardino, dove si serve anche la prima colazione nella bella stagione: una rarità a Venezia!

Settimo Cielo e Bloom senza rist
campiello Santo Stefano, San Marco 3470 ✉ 30124 Pianta : G2**a**
– ✆ 34 01 49 88 72 – www.bloom-venice.com
6 cam – 128/309 € 128/309 €
Durante la bella stagione la curata terrazza all'ultimo piano, vi darà veramente l'impressione di essere al settimo cielo… Tutto l'anno, invece, il confort e l'eleganza di questo accogliente bed & breakfast non vi faranno rimpiangere un hotel d'impronta più tradizionale.

Charming House DD 724 senza rist
ramo da Mula 724, Dorsoduro ✉ 30123 – ✆ 04 12 77 02 62 Pianta : G3**e**
– www.thecharminghouse.com
6 cam – 160/210 € 160/520 €
Opere pittoriche si integrano con dettagli high-tech e confort in una raffinata casa dal design contemporaneo: dall'unica camera con terrazzino la vista che vi si propone è quella dell'incantevole giardino della Peggy Guggenheim Collection.

Dimora Marciana senza rist
calle Bognolo 1604, San Marco ✉ 30124 – ✆ 04 15 22 07 55 Pianta : K2**b**
– www.dimoramarciana.com
6 cam – 60/140 € 69/200 €
A pochi passi da piazza San Marco, piacevole risorsa con camere spaziose e ben accessoriate. Prezzi interessanti, considerata la città!

Ristoranti

Terrazza Danieli – Hotel Danieli
riva degli Schiavoni 4196, Castello ✉ 30122 Pianta : L2**a**
– ✆ 04 15 22 64 80 – www.terrazzadanieli.com
Carta 122/161 €
Specchi e tessuti impreziosiscono i lussuosi interni, ma è il servizio in terrazza a costituire il fiore all'occhiello del ristorante con una vista mozzafiato a 180° sulla laguna, le isole e i campanili.

Met – Metropole Hotel
riva degli Schiavoni 4149, Castello ✉ 30122 Pianta : H2**t**
– ✆ 04 15 24 00 34 – www.hotelmetropole.com – Chiuso lunedì
Menu 130/185 € – Carta 88/152 € – *(solo a cena escluso sabato e domenica)*
Impreziosita da originali lampadari in vetro di Murano e sfumature color cioccolato, la cucina si apre in due come un libro: i classici più celebri da una parte, la loro rivisitazione in chiave creativa dall'altra, ai clienti la scelta.
➜ Risotto contemporaneo ai frutti di mare. Maialino arrosto con cottura tradizionale. Sfera di cioccolato con crema al frutto della passione.

La Cusina – Hotel The Westin Europa e Regina
corte Barozzi 2159, San Marco ✉ 30124 – ✆ 04 12 40 00 01 Pianta : K2**d**
– www.lacusina.it
Menu 75/120 € – Carta 89/144 €
L'eleganza del ristorante è consona alla cornice prestigiosa in cui si trova (i tavoli più ambiti si affacciano sul Canal Grande), mentre la cucina mette nei piatti specialità lagunari e cosmopolite. A mezzogiorno la carta si fa più semplice.

Do Leoni – Hotel Londra Palace
riva degli Schiavoni 4171 ✉ 30122 – ✆ 04 15 20 05 33 Pianta : L2**t**
– www.londrapalace.com – Chiuso dal 5 gennaio al 5 febbraio
Carta 76/132 €
Da sempre crocevia della clientela internazionale del Londra Palace, la cucina affronta con destrezza tanto le specialità venete che quelle internazionali. Al pranzo la carta è più semplice e meno impegnativa.

XXXX **De Pisis** – Bauer Hotel

campo San Moisè 1459, San Marco ✉ 30124 – ✆ 04 15 20 70 22 – www.bauerhotels.com Pianta : K2**h**

Carta 96/151 €

All'interno, un grande dipinto dell'omonimo pittore domina la sala; all'esterno, un romantico servizio con vista sulla chiesa della Salute; sempre, una cucina creativa e personalizzata.

XXXX **Club del Doge** – Hotel Gritti Palace

campo Santa Maria del Giglio 2467, San Marco ✉ 30124 – ✆ 0 41 79 46 11 – www.clubdeldoge.com/it Pianta : K2**g**

Carta 90/148 €

Custodito in sale dall'inconfondibile sapore veneziano, i caratteri della gastronomia locale ritornano anche in alcuni piatti, accanto a proposte più creative. La terrazza sul Canal Grande è una delle più ambite in città.

XXXX **Oro Restaurant** – Hotel Belmond Cipriani

isola della Giudecca 10, 5 mn di navetta privata dal pontile San Marco ✉ 30133 – ✆ 04 15 20 77 44 – www.belmond.com – Aperto 15 marzo-15 novembre Pianta : H3**h**

Carta 76/110 €

Piatti che hanno fatto il giro del mondo come il carpaccio e il risotto primavera sono nati qui; oggi la leggenda continua e oltre agli intramontabili classici troverete proposte più complesse e creative, sempre nella lussuosa cornice del Cipriani.

XXX ✿ **Quadri** (Massimiliano Alajmo)

piazza San Marco 120 (primo piano) ✉ 30124 – ✆ 04 15 22 21 05 – www.alajmo.it – Chiuso lunedì Pianta : L2**y**

Menu 170/235 € – Carta 109/194 €

Rist *Abc Quadri* –Carta 53/81 €

Ora in mano ad una nota famiglia di ristoratori padovani, gli Alajmo, il locale è una sorta di "monumento gastronomico" della città; un trionfo di stucchi, vetri di Murano e tessuti preziosi, all'interno di uno dei palazzi più fotografati di Venezia. In menu: piatti intriganti e creativi, belle presentazioni ed ottime materie prime.

→ Mezzi paccheri con crudo di pesce e crostacei, succo di pomodori datterini, capperi e basilico. Astice tostato con purè aspro all'olio e salsa di crescione. Cassata veneziana.

XXX ✿ **Osteria da Fiore** (Mara Zanetti)

calle del Scaleter 2202/A, San Polo ✉ 30125 – ✆ 0 41 72 13 08 – www.dafiore.net – Chiuso 8-21 gennaio, 5-25 agosto, domenica e lunedì Pianta : F2**y**

Menu 50 € (pranzo in settimana)/140 € – Carta 75/134 €

Osteria nel nome, in realtà un elegante ristorante con due romantici tavoli affacciati sul canale: chi ama la cucina veneziana qui si sentirà a casa, la signora Mara, con sapienza, riesce a far convivere la tradizione lagunare col proprio tocco personale.

→ Mezzelune di pesce bianco e zenzero in salsa di capesante e timo. Tentazione di astice al cartoccio. Millefoglie con crema Chantilly e marmellata di arance.

XXX **Ai Mercanti**

corte Coppo 4346/A, San Marco ✉ 30124 – ✆ 04 15 23 82 69 – www.aimercanti.com – Chiuso lunedì a mezzogiorno e domenica Pianta : K2**u**

Carta 38/59 €

Celato in una piccola corte del centro - nero e beige dominano l'aspetto moderno dell'ultimo rinnovo - signorile ed elegante, non privo di calore. Cucina di stampo moderno, sia di carne sia di pesce.

XXX **La Caravella** – Hotel Saturnia e International

calle larga 22 Marzo 2397, San Marco ✉ 30124 – ✆ 04 15 20 89 01 – www.restaurantlacaravella.com Pianta : K2**n**

Menu 45 € (pranzo)/90 € – Carta 65/115 €

In un caratteristico locale che ricorda gli interni di un'antica caravella, una cucina classica con piatti di stagione. D'estate, servizio all'aperto in un cortile veneziano.

XXX **Grand Canal** – Hotel Monaco e Grand Canal

calle Vallaresso 1332, San Marco ✉ 30124 Pianta : K2**e**
– ✆ 04 15 20 02 11 – www.hotelmonaco.it
Carta 72/106 €
Approfittate della bella stagione per sistemarvi su un'incantevole terrazza, a pochi metri dall'acqua, con vista sulla Giudecca. Cucina veneta, italiana e internazionale, c'è spazio per tutte le esigenze.

XXX **Canova** – Luna Hotel Baglioni

calle larga dell'Ascensione 1243, San Marco ✉ 30124 Pianta : K2**p**
– ✆ 04 15 28 98 40 – www.baglionihotels.com
Carta 72/140 €
All'interno del Luna Hotel Baglioni, boiserie, vetro di Murano e stampe ispirate ad opere del Canova sono il raffinato contorno di una cucina che si distingue per la minuziosa ricerca di ricette e prodotti veneti.

XXX **Antinoo's Lounge** – Hotel Centurion Palace

Dorsoduro 173 ✉ 30124 – ✆ 04 13 42 81 Pianta : G2-3**f**
– www.centurionpalacevenezia.com
Menu 88 € – Carta 84/130 €
Ispirato ad un design moderno e raffinato, la scelta oscilla fra due sale, una rossa e una bianca, con affacci sul Canal Grande. Per tutti una cucina creativa con pochi, romantici tavoli vicino all'acqua in estate.

XX **Cip's Club** – Hotel Cipriani

fondamenta de le Zitelle 10, Giudecca ✉ 30133 Pianta : G3**c**
– ✆ 04 15 20 77 44 – www.belmond.com
– Aperto 15 marzo-15 novembre
Carta 94/146 € – *(solo a cena)*
E' il ristorante più informale del Cipriani, con un'ambitissima terrazza panoramica estiva sul canale della Giudecca; cucina veneta, piatti semplici e gustosi.

XX **Il Ridotto**

campo SS. Filippo e Giacomo, Castello 4509 ✉ 30122 Pianta : L2**k**
– ✆ 04 15 20 82 80 – www.ilridotto.com
– Chiuso giovedì a mezzogiorno e mercoledì
Menu 28 € (pranzo)/80 € – Carta 64/114 € – (coperti limitati, prenotare)
Una delle più interessanti realtà cittadine: cucina di ricerca, sofisticata, ma non artificiosa o con inutili provocazioni. Sostanza e innovazione si accompagnano alle tradizione venete.
➜ Ravioli di borragine e ricotta su vellutata di cicale di mare e tetragonia (pianta simile agli spinaci). Lenticchie nere affumicate, merluzzo, baccalà mantecato in sandwich di riso nero. Zuppa di pompelmo rosa, crema catalana e gelato ai fiori di lavanda.

XX **Hostaria da Franz**

Salizzada Sant'antonin, Castello 3499 ✉ 30122 Pianta : H2**f**
– ✆ 04 15 22 08 61 – www.hostariadafranz.com
– Chiuso 3 settimane in gennaio
Menu 65/35 € – Carta 60/92 €
Locale elegante tra boiserie e lampadari di Murano, il tono si fa più informale nell'ordinazione a voce che si declina secondo l'offerta quotidiana del pesce; due linee: tradizionale veneziana o più creativa.

XX **Osteria Enoteca Giorgione** – Hotel Giorgione

calle Larga dei Proverbi 4582/A, Cannaregio ✉ 30131 Pianta : K1**b**
– ✆ 04 15 22 17 25 – www.osteriagiorgione.it
– Chiuso lunedì
Menu 35/80 € – Carta 39/77 €
Attiguo all'omonimo albergo, locale caratteristico caratterizzato da una curiosa collezione di "ex voto". Cucina marinara d'ispirazione mediterranea.

XX **Al Vecio Fritolin** A/C

calle della Regina, Rialto 2262 ✉ 30125 – ✆ 04 15 22 28 81 Pianta : K1**a**
– www.veciofritolin.it – Chiuso martedì a mezzogiorno e lunedì
Menu 40/55 € – Carta 52/74 € (+10 %)
Sin dal 1800 il fritolin era un luogo dove i veneziani potevano trovare il pesce fritto da asporto chiamato "scartosso de pesse". Situato in un palazzo del '500, nei possedimenti di Caterina Cornaro, regina di Cipro, il locale ha perpetuato l'antica tradizione, attualizzando la cucina regionale alle esigenze più moderne e coniugando l'anima del ristorante ad un'atmosfera da trattoria.

XX **Lineadombra**

ponte dell'Umiltà 19, Dorsoduro ✉ 30123 Pianta : G3**e**
– ✆ 04 12 41 18 81 – www.ristorantelineadombra.com – Chiuso 22 novembre-12 febbraio e martedì escluso giugno-settembre
Carta 63/112 €
Per chi vuole sfuggire alla tradizione, è uno dei pochi ristoranti veneziani a proporre una cucina più creativa; semplice all'interno, diventa romantico d'estate quando si mangia su una zattera-palafitta affacciata sul canale della Giudecca.

XX **Al Covo** A/C

campiello della Pescaria 3968, Castello ✉ 30122 Pianta : H2**s**
– ✆ 04 15 22 38 12 – www.ristorantealcovo.com – Chiuso 3 settimane in gennaio, 1 settimana in agosto, mercoledì e giovedì
Menu 60 € – Carta 56/99 €
All'insegna di un'autentica ospitalità familiare, ecco uno dei migliori ristoranti di Venezia che fa dei prodotti di nicchia e di ricerca - in prevalenza mare - la propria bandiera.

XX **Bistrot de Venise** A/C

calle dei Fabbri 4685, San Marco ✉ 30124 Pianta : K2**m**
– ✆ 04 15 23 66 51 – www.bistrotdevenise.com
Menu 60 € (pranzo in settimana)/95 € – Carta 54/110 € – (consigliata la prenotazione)
Tre salette avvolte in velluti rossi, cucina non solo veneziana, ma persino storica, con qualche proposta di piatti d'epoca. Possibilità d'acquisto dei vini a prezzi scontati, tante bottiglie al bicchiere.

XX **Ai Gondolieri** A/C

fondamenta de l'Ospedaleto 366, Dorsoduro ✉ 30123 Pianta : G3**d**
– ✆ 04 15 28 63 96 – www.aigondolieri.it – Chiuso martedì
Menu 33/65 € – Carta 43/103 €
Alle spalle del museo Guggenheim, un locale rustico con tanto legno alle pareti, che propone un fantasioso menù solo di terra legato alla tradizione classica e veneta.

XX **L' Osteria di Santa Marina** A/C

campo Santa Marina 5911, Castello ✉ 30122 Pianta : L1**m**
– ✆ 04 15 28 52 39 – www.osteriadisantamarina.com – Chiuso 8-23 gennaio, lunedì a mezzogiorno e domenica
Menu 50/80 € – Carta 56/96 €
Il biglietto da visita è un'incantevole credenza vecchio stile, ma il ricordo più vivo lo lascerà la cucina: niente di turistico, ma una gustosa ricerca di ottimi prodotti con menzione speciale per i dolci.

X **Aromi** – Hotel Molino Stucky Hilton A/C

Giudecca 810, 10 mn di navetta privata dal pontile San Marco ✉ 30133 – ✆ 04 12 72 33 11 – www.molinostuckyhilton.com – Aperto 25 aprile-31 ottobre Pianta : F3**b**
Carta 86/144 € – *(solo a cena)*
Nuovo stile yachting club per questo ristorante ristrutturato nel corso del 2014, ma la bussola in cucina continua a puntare a sud: carne e pesce cucinati secondo ricette mediterranee.

Ribot
fondamenta Minotto 160, Santa Croce ✉ 30135 Pianta : F2**a**
– ✆ 04 15 24 24 86 – www.ristoranteribot.com – Chiuso sabato a mezzogiorno e domenica
Menu 25/40 € – Carta 29/65 €
Non lontano dalla stazione ferroviaria, locale accogliente e curato dove gustare una cucina di buona qualità a prezzi contenuti (proposta di diverse formule economiche). La sera, il ristorante allieta i propri ospiti con musica dal vivo.

Algiubagiò
Fondamenta Nove 5039, Cannaregio ✉ 30124 Venezia Pianta : G1**g**
– ✆ 04 15 23 60 84 – www.algiubagio.net – Chiuso 15 giorni in gennaio e martedì (escluso aprile-ottobre)
Menu 35/100 € – Carta 49/106 €
Antico e moderno fusi insieme: in un ex capanno-magazzino quattrocentesco, anche la cucina parte dalla tradizione per giungere ad elaborazioni più moderne, sia di carne che di pesce. D'estate, tavolini all'aperto affacciati sulla laguna.

Vini da Gigio
fondamenta San Felice 3628/a, Cannaregio ✉ 30121 Pianta : G1**e**
– ✆ 04 15 28 51 40 – www.vinidagigio.com – Chiuso 3 settimane in gennaio-febbraio, 3 settimane in agosto-settembre, lunedì e martedì
Carta 41/72 €
Una trattoria semplice e familiare dove il benessere e la convivialità sono all'ordine del giorno, così come la qualità della cucina: piatti veneti di terra e di mare, ma la fama del locale spinge i clienti a preferire questi ultimi.

Trattoria Ca' d'oro-Alla Vedova
ramo Ca' D'Oro a Cannaregio 3912 ✉ 30100 Pianta : G1**t**
– ✆ 04 15 28 53 24 – Chiuso 24 luglio-24 agosto, domenica a mezzogiorno e giovedì
Carta 30/44 € – (consigliata la prenotazione)
Locale storico dal fascino retrò e gestito dalla stessa famiglia dalla fine dell'Ottocento, propone una carta ristretta di piatti veneziani, in prevalenza pesce, ma le polpette di carne in città sono ormai una leggenda.

Trattoria alla Madonna
calle della Madonna 594, San Polo ✉ 30125 Pianta : K1**h**
– ✆ 04 15 22 38 24 – www.ristoranteallamadonna.com – Chiuso gennaio e mercoledì
Carta 28/58 €
Rumorosa, affollata, vociante: una trattoria popolare che miete successo da decenni; sei sale, quaranta dipendenti e tanta cucina locale, dalla pasta e fagioli al fegato alla veneziana.

Antiche Carampane
Rio Terrà delle Carampane 1911, San Polo ✉ 30124 Pianta : K1**c**
– ✆ 04 15 24 01 65 – www.antichecarampane.com – Chiuso 7-17 gennaio, 23 luglio-17 agosto, domenica e lunedì
Carta 49/78 € – (consigliata la prenotazione la sera)
Fedele al genere trattoria da più di cent'anni - familiare e conviviale con carta a voce - la qualità è invece cresciuta più recentemente, pur rimanendo fedele alle proposte ittiche veneziane, a cominciare dalla specialità della casa: gli spaghetti in cassopipa.

Corte Sconta
calle del Pestrin 3886, Castello ✉ 30122 – ✆ 04 15 22 70 24 Pianta : H2**e**
– www.cortescontavenezia – Chiuso 11 gennaio-2 febbraio, 26 luglio-18 agosto, domenica e lunedì
Carta 53/86 €
Piacevole locale inizio secolo, nato come bottiglieria, con una vite centenaria a pergolato nella corte interna, dove si svolge il servizio estivo; curata cucina veneziana.

Anice Stellato

fondamenta della Sensa 3272, Cannaregio, per fondamenta della Misericordia ✉ 30121 – ✆ 0 41 72 07 44 – www.osterianicestellato.com – Chiuso fine novembre-metà dicembre, 1 settimana in marzo, lunedì e martedì Pianta : F1**a**

Carta 31/62 €

Deliziosa frittura di pesce e verdure, nonché altre gustose specialità di mare, in un'osteria fuori mano, molto frequentata da veneziani. Originali le numerose bottiglie di vino in bella vista; ambiente e servizio informali.

Osteria Alle Testiere

calle del Mondo Novo 5801, Castello ✉ 30122 – ✆ 04 15 22 72 20 – www.osterialletestiere.it – Chiuso 20 dicembre-13 gennaio, 26 luglio-26 agosto, domenica e lunedì Pianta : L1**g**

Carta 56/94 € – (prenotare)

Un "bacaro" raffinato, che dell'osteria ha i tavoli di legno con apparecchiatura semplice e la simpatica atmosfera informale; poche proposte di pesce in ricette semplici secondo quanto offre ogni giorno il mercato.

Enoteca la Colombina

Corte del Pegoloto Canaregio 1828 ✉ 30124 – ✆ 04 15 22 26 16 – www.ristorantelacolombina.eu/it – Chiuso 1 settimana in febbraio, 2 settimane in novembre e lunedì Pianta : CT**r**

Menu 50 € – Carta 35/55 €

Se vi trovate sulla strada che dalla ferrovia conduce a Rialto, non potete mancare questa piccola trattoria-cicchetteria, dove la tradizione viene leggermente rivisitata. Mamma in sala, figlio in cucina: praticamente una garanzia!

La Zucca

presso campo San Giacomo Dell'Orio, Santa Croce 1762 ✉ 30135 – ✆ 04 15 24 15 70 – www.lazucca.it Pianta : F2**z**

Carta 35/53 € – (consigliata la prenotazione la sera)

Niente pesce, poca carne e tanti piatti a base di verdure in fantasiose elaborazioni, a cominciare dall'immancabile ed eponima zucca, proposta, tra l'altro, in un flan ormai celebre. Il tutto in due salette avvolte nel legno e qualche tavolo affacciato su un romantico canale.

Naranzaria

Naranzaria 130, San Polo ✉ 30125 – ✆ 04 17 24 10 35 – www.naranzaria.it – Chiuso 6 gennaio-3 febbraio e lunedì escluso aprile-ottobre Pianta : K1**d**

Carta 43/58 €

"Cicchetti", drink e aperitivi, o una vera e propria scelta di cucina: specialità venete e piatti giapponesi ispirati dalla nazionalità dello chef, in un bel localino nei pressi di Rialto.

al Lido 15 mn di vaporetto da San Marco Pianta : KZ – ✉ 30126 Venezia Lido

Grande Albergo Ausonia & Hungaria

cam, rist,

Gran Viale S. M. Elisabetta 28 – ✆ 04 12 42 00 60 – www.hungaria.it – Chiuso gennaio Pianta : E1**e**

71 cam – 45/440 € 50/450 € – **5 suites**

Rist – Carta 53/95 € – *(solo a cena)*

Strabiliante facciata d'inizio Novecento ricoperta di maioliche: anche gli interni s'ispirano allo stile liberty, come gli arredi originali delle camere (eccezion fatta per quelle del quarto piano, più recenti e classiche). Centro massaggi tailandese.

Quattro Fontane

via 4 Fontane 16 – ✆ 04 15 26 02 27 – www.quattrofontane.com – Aperto 1° aprile-31 ottobre Pianta : D2**r**

58 cam – 120/305 € 150/550 €

Rist – Carta 42/88 € – *(chiuso mercoledì escluso 1° luglio-15 settembre)*

Residenza d'epoca che per atmosfera somiglia ad una casa privata, dove da sempre due sorelle raccolgono ricordi di viaggio e mobili pregiati. Rigoglioso giardino. D'estate il servizio ristorante si svolge all'ombra di un enorme platano secolare.

Villa Pannonia senza rist
via Doge Michiel 48 – ✆ 04 15 26 01 62 Pianta : E1**v**
– www.hotelvillapannonia.it – Chiuso 15 novembre-5 febbraio
30 cam – 80/170 € 90/190 €, 12 € – **2 suites**
La villa è d'inizio Novecento, ma gli interni sono stati completamente rifatti secondo uno stile minimalista e privo di colori, pratico ed essenziale. Piccolo spazio espositivo dedicato all'arte contemporanea.

Villa Tiziana senza rist
via Andrea Gritti 3 – ✆ 04 15 26 11 52 Pianta : D2**f**
– www.hotelvillatiziana.net – Chiuso gennaio, novembre e dicembre
16 cam – 50/350 € 50/400 €
Villino in posizione defilata con camere rinnovate in stile fresco e sobrio. La gestione è accurata e garantita della presenza dei titolari.

Villa Casanova senza rist
via Orso Partecipazio 9 – ✆ 04 15 26 28 57 Pianta : D1**m**
– www.casanovavenice.com – Chiuso 30 novembre-30 gennaio
6 cam – 40/180 € 40/180 €
Graziosa villetta anni '30 in un'area residenziale del Lido, circondata da un curato giardino sfruttato per il servizio colazioni. Camere spaziose, curate e romantiche.

Favorita
via Francesco Duodo 33 ✉ 30124 Venezia Pianta : E1**a**
– ✆ 04 15 26 16 26 – Chiuso 8 gennaio-18 febbraio, martedì a mezzogiorno e lunedì
Carta 45/59 €
Storica trattoria familiare, qui dal 1950, la Favorita rende omaggio alla cucina locale, in prevalenza pesce, con preparazioni semplici, ma fragranti e gustose. Musica dal vivo, in estate.

a Murano 10 mn di vaporetto da Fondamenta Nuove Pianta : EFT e 1 h 10 mn di vaporetto da Punta Sabbioni – ✉ 30141

Murano Palace senza rist
Fondamenta Vetrai 77 – ✆ 0 41 73 96 55 – www.muranopalace.com
6 cam – 100/400 € 100/400 €
Romanticamente affacciato su un canale e sulla più grande concentrazione dei celebri negozi di vetro, non è neppure lontano dall'imbarco per Venezia e offre camere eleganti con i tipici arredi lagunari.

Busa-alla Torre
campo Santo Stefano 3 – ✆ 0 41 73 96 62
Carta 26/60 € – *(solo a pranzo)*
Simpatica trattoria rustica, dotata di grande dehors estivo su una suggestiva piazzetta con un pozzo al centro; cucina di mare e specialità veneziane e contagiosa simpatia.

a Burano 50 mn di vaporetto da Fondamenta Nuove Pianta : EFT e 32 mn di vaporetto da Punta Sabbioni – ✉ 30142

Riva Rosa
via San Mauro 296 – ✆ 0 41 73 08 50 – www.rivarosa.it
– Chiuso gennaio e mercoledì
Carta 33/95 € – *(solo a pranzo escluso venerdì e sabato)* (consigliata la prenotazione)
Nell'affascinante cornice del centro di Burano, Riva Rosa vi attende per un pranzo o una cenetta romantica (il venerdì e il sabato) a base di pesce in chiave moderna.

Venissa con cam
isola di Mazzorbo – ✆ 04 15 27 22 81 – www.venissa.it – Chiuso 7 gennaio-14 febbraio
6 cam – 155/175 € 170/195 €
Menu 75/95 € – Carta 74/92 € – *(aperto 1° giugno-30 novembre; chiuso lunedì)* (consigliata la prenotazione)
Un ponticello separa Burano da Mazzorbo, dove si apre un mondo bucolico di orti e vigneti che, all'ombra di un campanile, circondano il ristorante. Un contesto idilliaco riflesso dalle proposte della cucina che, priva di inutili complicazioni, esalta i prodotti, prediligendo pesce e verdure.
→ Anguilla cotta nel prosecco e sedano verde. Spaghettoni con camomilla, gelsomino e calendula. Go (pesce di laguna), polpetta fritta, limone e mandorla.

Da Romano
via Galuppi 221 – ✆ 0 41 73 00 30 – www.daromano.it – Chiuso 5 gennaio-7 febbraio, domenica sera e martedì
Menu 30/80 € – Carta 33/87 €
Sull'isola "dei merletti", un locale con più di 100 anni di storia alle spalle, tappezzato di quadri di pittori contemporanei, dove gustare una fragrante cucina di mare.

Al Gatto Nero-da Ruggero
fondamenta della Giudecca 88 – ✆ 0 41 73 01 20 – www.gattonero.com – Chiuso 3-11 luglio, 5 novembre-3 dicembre, domenica sera e lunedì
Carta 39/76 € – (consigliata la prenotazione la sera)
Nel cuore pulsante di Burano, servizio informale e cura nella scelta delle materie prime in un'accogliente trattoria con cucina veneziana e di mare. Gradevole dehors estivo, affacciato sul canale.

a Torcello 45 mn di vaporetto da Fondamenta Nuove Pianta : EFT e 37 mn di vaporetto da Punta Sabbioni – ✉ 30142 Burano

Locanda Cipriani con cam
piazza Santa Fosca 29 – ✆ 0 41 73 01 50 – www.locandacipriani.com – Chiuso 5 gennaio-10 febbraio
5 cam – 140/200 € 280 € – **2 suites**
Menu 45 € – Carta 53/101 € – *(chiuso martedì)* (prenotazione obbligatoria la sera)
Suggestivo locale di grande tradizione, con interni e atmosfera da trattoria d'altri tempi e raffinata cucina tradizionale; ameno servizio estivo in giardino. Nuove camere.

VENOSA
Potenza (PZ) – ✉ 85029 – 12 100 ab. – Alt. 415 m – Carta regionale n° **3-B1**
Roma 327 km – Bari 128 km – Foggia 74 km – Napoli 139 km
Carta stradale Michelin 564-E29

Locanda Accademia dei Piacevoli
discesa Capovalle 1, (centro storico) – ✆ 0 97 23 60 82 – www.locandaaccademiadeipiacevoli.it – Chiuso 2-17 novembre e lunedì
Menu 25/40 € – Carta 20/46 €
In uno dei quartieri più belli della Venusia Antica, ristorante gourmet con bella e luminosa veranda: il menu indugia in piatti tipici regionali rivisitati in chiave moderna. Soprattutto a base di pesce.

VENTIMIGLIA
Imperia (IM) – ✉ 18039 – 23 907 ab. – Carta regionale n° **14-A3**
Roma 658 km – Imperia 48 km – Cuneo 89 km – Genova 159 km
Carta stradale Michelin 561-K4

Sole Mare cam,

via Marconi 22 – 01 84 35 18 54 – www.hotelsolemare.it
28 cam – 70/100 € 110/160 €
Rist *Pasta e Basta* – 01 84 23 08 78 – Carta 22/66 € – *(chiuso lunedì sera escluso luglio-agosto)*
Nella tranquilla parte occidentale della città, l'hotel offre accoglienti camere dall'arredo moderno, tutte con vista sul mare. Ogni piano è caratterizzato da un colore. Ambiente informale al ristorante, specializzato in un'infinita varietà di paste.

Sea Gull senza rist

via Marconi 24 – 01 84 35 17 26 – www.seagullhotel.it
27 cam – 60/140 € 85/155 €
Familiari la conduzione e l'ambiente di una comoda risorsa ubicata su una passeggiata a mare, adatta anche a soggiorni prolungati; chiedete le camere con vista mare.

Marco Polo

passeggiata Cavallotti 2 – 01 84 35 26 78 – Chiuso 13 gennaio-4 febbraio e lunedì escluso agosto
Menu 18/52 € – Carta 35/84 €
Una graziosa palafitta d'insospettabile eleganza, il cui servizio all'aperto si protende ulteriormente verso la spiaggia (dove si trova anche lo stabilimento balneare). La cucina esplora il mondo ittico.

a Castel d'Appio Ovest : 5 km Alt. 344 m – 18039

La Riserva di Castel D'Appio rist,

località Peidaigo 71 – 01 84 22 95 33 – www.lariserva.it – Aperto 1° aprile-30 settembre
8 cam – 70/140 € 110/220 €, 10 € – **4 suites** – **Rist** – Carta 43/94 €
La tranquillità e uno splendido panorama accompagnano questa signorile risorsa familiare con spazi comuni raffinati, camere luminose ed accoglienti. Elegante cura della tavola nella sala interna e sulla bella terrazza per il servizio estivo.

verso la frontiera di Ponte San Ludovico

Balzi Rossi

via Balzi Rossi 2, alla frontiera, 8 km per corso Francia 18039 Ventimiglia – 0 18 43 81 32 – www.ristorantebalzirossi.com – Chiuso 10-30 gennaio, martedì a pranzo e lunedì (escluso la sera in luglio-agosto-settembre)
Menu 70 € – Carta 82/150 €
A pochi metri dal confine con la Francia, elegante sala con spettacolare panorama in terrazza sulla Costa Azzura. Dalla cucina i classici di pesce liguri e nazionali.

VENTURINA

Livorno (LI) – 57021 Alt. 276 m – Carta regionale n° **31-B2**
Roma 235 km – Firenze 143 km – Livorno 71 km – Lucca 116 km
Carta stradale Michelin 563-M13

Delle Terme rist,

via delle Terme 36/40 (via Aurelia nord) – 05 65 85 57 59 – www.hoteltermeventurina.it – Aperto 27 dicembre-6 gennaio e 1° aprile-8 novembre
44 cam – 74/110 € 99/159 €
Rist – Carta 29/49 € – *(aperto 16 maggio-26 settembre) (solo a cena)* (consigliata la prenotazione)
Adiacente alle terme, offre tutto il savoir-faire che ci si attende da un soggiorno termale: compresa un'enorme piscina all'aperto a 31°. Camere moderne con spunti di arredi anni '70.

Otello

via Indipendenza 1/3/5 – ✆ 05 65 85 12 12 – www.ristoranteotello.it – Chiuso 13 gennaio-10 marzo e lunedì

Carta 21/45 €

Ristorante di taglio classico, ubicato lungo la statale, ma dotato di un'eclettica veranda che d'estate si apre completamente, rallegrata dal verde del giardino circostante, soprattutto dalle belle sofore giapponesi. Da tre generazioni, Otello propone con costanza squisiti piatti di terra e di mare (a prezzi interessanti).

VERBANIA

– 30 310 ab. – Alt. 197 m – Carta regionale n° **24-B1**

Roma 674 km – Stresa 17 km – Domodossola 38 km – Locarno 42 km

Carta stradale Michelin 561-E7

a Intra – ✉ 28921

Ancora senza rist

corso Goffredo Mameli, 65 – ✆ 0 32 35 39 51 – www.hotelancora.it – Aperto 22 marzo-1° novembre

29 cam – 80/130 € 100/220 €

Sulla trafficata statale del lungolago - nel cuore commerciale di Verbania - edificio signorile con camere ampie e ben arredate. Conduzione seria e competente.

Intra senza rist

corso Mameli 133 – ✆ 03 23 58 13 93 – www.verbaniahotel.it – Chiuso in inverno

38 cam – 45/57 € 70/114 €, 5 €

La struttura si affaccia sul lungolago e annovera una nuova saletta comune, spaziose camere con arredi di gusto classico e una sala colazioni con soffitti lignei a cassettoni.

Le Volte

via San Vittore 149 – ✆ 03 23 40 40 51 – Chiuso 24 gennaio-5 febbraio e mercoledì

Menu 16/35 € – Carta 35/62 €

Ambiente elegante e piacevole veranda coperta che si apre sulla corte interna ombreggiata da una centenaria vite americana: in cucina trionfano i sapori mediterranei, rivisitati con creatività.

Taverna Mikonos

via Tonazzi 5 – ✆ 03 23 40 14 39 – www.tavernamikonos.com – Chiuso 20-30 gennaio, 25 agosto-11 settembre, mercoledì e i mezzogiorno di lunedì e martedì

Menu 25/45 € – Carta 28/47 €

Una trattoria moderna dalle vivaci tinte bianche e blu che richiamano i colori del Mediterraneo sono un evidente richiamo alla Grecia, di cui propone la tipica gastronomia.

Concordia

via San Fabiano 18 – ✆ 03 23 40 32 37 – www.ristoranteconcordia.it – Chiuso 10 giorni in febbraio, 10 giorni in maggio-giugno, 10 giorni in novembre e lunedì

Carta 29/53 €

Un locale rustico con belle foto d'epoca alle pareti e travi a vista, mentre la cucina incontra molti consensi in virtù delle sue ottime materie prime, nonché di una capace rielaborazione. Un valido indirizzo nel cuore del centro storico.

a Pallanza – ✉ 28922

Grand Hotel Majestic

via Vittorio Veneto 32 – ✆ 03 23 50 97 11 rist,

– www.grandhotelmajestic.it – Aperto 15 aprile-15 ottobre

74 cam – 170/330 € 190/350 € – **6 suites**

Rist *La Beola* – Carta 46/83 €

Direttamente sul lago, abbracciata dal verde e dalla tranquillità dell'acqua, una struttura affascinante con camere spaziose e bagni in marmo, dotata di un centro benessere. Elegante ristorante à la carte, propone la tradizione gastronomica locale interpretata in chiave contemporanea.

Pallanza cam, rist,
viale Magnolie 8 – ✆ 03 23 50 32 02 – www.pallanzahotels.com
48 cam – 90/155 € 90/170 €
Rist – Menu 22 € – *(aperto 1° maggio-31 ottobre) (solo a cena) (solo per alloggiati)*
Rinnovato negli ultimi anni, l'hotel è testimone dell'architettura del primo '900 e dispone di camere spaziose ed accoglienti e di una panoramica terrazza con vista sul lago.

Aquadolce senza rist
via Cietti 1 – ✆ 03 23 50 54 18 – www.hotelaquadolce.it – Aperto 16 marzo-31ottobre
13 cam – 50/90 € 70/120 €
Graziosa struttura, a pochi passi dal centro di Pallanza, ma sul lungolago: spazi comuni illuminati da ampie vetrate, nonché belle camere, curate e personalizzate.

Il Portale (Massimiliano Celeste)
via Sassello 3 – ✆ 03 23 50 54 86 – www.ristoranteilportale.it – Chiuso 2 settimane in gennaio, 2 settimane in novembre, martedì ed i mezzogiorno di lunedì e mercoledì
Carta 49/94 € – (consigliata la prenotazione)
La grande cucina attracca a Pallanza e allestisce pentole e fornelli in un bel ristorante sulla piazza centrale di fronte al lago, dove le cene estive all'aperto profumeranno di relax e vacanza; vi troverete in prevalenza pesce di mare, ma anche qualche proposta di lago e di carne.
→ Raviolo di Camembert di bufala con calamari spillo, coste e crema di peperoni arrostiti. La ricciola "cotta e cruda". Cioccolato & Cioccolato.

Dei Cigni
vicolo dell'Arco 1, angolo viale delle Magnolie – ✆ 03 23 55 88 42 – Chiuso 3 settimane in gennaio, 10 giorni in novembre, i mezzogiorno di martedì, mercoledì e giovedì in aprile-ottobre, martedì e mercoledì negli altri mesi
Menu 28 € – Carta 28/43 € – (consigliata la prenotazione)
Cucina di pesce, sia di lago sia di mare, seppur non manchino piatti a base di carne, in una moderna trattoria con pochi tavoli, grazioso coperto e un bel terrazzo estivo con vista lago.

a Suna Nord-Ovest : 2 km – ✉ 28925

Antica Osteria il Monte Rosso
via Troubetzkoy, 128 – ✆ 03 23 50 60 56
Menu 15 € (pranzo in settimana)/45 € – Carta 31/64 €
Sul lungolago della residenziale frazione di Verbania, una piccola realtà in stile Old England, dove assaporare specialità ittiche lacustri e marine. Clima favorevole e disponibilità permettendo, meglio prenotare uno dei pochi tavoli sulla panoramica terrazzina.

a Fondotoce Nord-Ovest : 6 km – ✉ 28924

Piccolo Lago (Marco Sacco)
via Turati 87, al lago di Mergozzo, Nord-Ovest : 2 km – ✆ 03 23 58 67 92 – www.piccololago.it – Chiuso gennaio o febbraio e lunedì; anche domenica sera in inverno
Menu 90/180 € – Carta 71/129 € – *(solo a cena escluso sabato ed i giorni festivi)*
Lasciato il brulicante lago Maggiore, il tranquillo specchio d'acqua di Mergozzo si offre ai tavoli del ristorante come una romantica cartolina; la cucina vi trova pesci d'acqua dolce per poi spingersi sino ai prodotti delle valli alpine, carni e divagazioni marine.
→ Risi e bisi dall'Ossola. Trota marmorata di lago e classica bernese. Banana-splash.

VERBANO → Vedere Lago Maggiore

VERCELLI

⊠ 13100 – 46 393 ab. – Alt. 130 m – Carta regionale n° **23-C2**
Roma 633 km – Alessandria 55 km – Aosta 121 km – Milano 74 km
Carta stradale Michelin 561-G7

XX **Giardinetto** con cam
via Sereno 3 – ✆ 01 61 25 72 30 – www.ilgiardinettovercelli.com – Chiuso 1 settimana in gennaio, agosto e lunedì
8 cam – 70/80 € 80/90 € Carta 33/70 €
A pochi passi dal centro storico, una comoda risorsa, a conduzione familiare, che dispone di camere ben arredate e accessoriate; piacevole il giardino interno. Raffinati toni pastello, soffitto di legno e grandi vetrate sul giardino nel rinomato ristorante.

XX **Cinzia da Christian e Manuel** (Manuel e Christian Costardi) con cam
corso Magenta 71 – ✆ 01 61 25 35 85 – www.hotel-cinzia.com – Chiuso 1 settimana in novembre, 6-26 gennaio, 1 settimana in luglio
25 cam – 65/90 € 80/120 €
Menu 60/120 € – Carta 51/107 € – *(chiuso lunedì)*
Cucina creativa e materie prime di eccellente qualità, senza dimenticare le tradizioni culinarie della zona. Non meravigliatevi quindi della particolare attenzione riservata al riso: il menu propone una selezione di venti risotti, ma anche tante gustose specialità di terra e di mare in un ristorante dove neppure l'illuminazione è lasciata al caso.
→ Riso carnaroli "taglio sartoriale" con riduzione di birra e polvere di caffè. C'era una volta il brasato: reintrepretazione di un grande piatto italiano. Cannolo di pasta.

VERGNE → Vedere Barolo

Cuneo (CN)

VERNANTE

Cuneo (CN) – ⊠ 12019 – 1 198 ab. – Alt. 799 m – Carta regionale n° **22-B3**
Roma 634 km – Cuneo 23 km – Alessandria 148 km – Asti 112 km
Carta stradale Michelin 561-J4

Il Relais del Nazionale senza rist
strada statale 20 n.14 – ✆ 01 71 92 01 81 – www.ilnazionale.com
8 cam – 95/220 € 120/250 €
Camere grandi e personalizzate, atmosfera calda e familiare in questo piccolo gioiello tutto in legno, proprio di fronte al più tradizionale ristorante Nazionale (stessa gestione). L'albergo dispone anche di un'accogliente zona relax con idromassaggio, sauna e bagno turco, doccia emozionale ed altro ancora.

XX **Nazionale** con cam
via Cavour 60 – ✆ 01 71 92 01 81 – www.ilnazionale.com
15 cam – 35/60 € 65/120 €
Menu 20 € (pranzo in settimana)/38 € – Carta 34/64 € – *(chiuso mercoledì escluso in febbraio, luglio, agosto e settembre)* (prenotare)
È l'alternarsi delle stagioni a determinare gli ingredienti da utilizzare in cucina garantendo - in ogni momento dell'anno - le proprie specialità. Ristrutturato di recente, il ristorante propone ora una nuova sala con caminetto ed ampie vetrate; camere confortevoli, arredate con sobrietà.

VERONA

– 253 409 ab. – Alt. 59 m – Carta regionale n° **38-A3**
▶ Roma 503 km – Milano 157 km – Venezia 114 km
Carta stradale Michelin 562-F14

Alberghi

Due Torri
piazza Sant'Anastasia 4 ✉ *37121* – ✆ *0 45 59 50 44* – *www.duetorrihotels.com* — Pianta : C2**x**
78 cam ☕ – 🚹187/506 € 🚹🚹231/572 € – **11 suites**
Rist *Due Torri Restaurant* – vedere selezione ristoranti
Narra la storia della città, l'edificio trecentesco in cui s'inserisce questo prestigioso albergo di tradizione e fascino: nelle raffinate camere, l'arredo s'ispira soprattutto al Settecento e all'Ottocento. Vetturiere per l'auto.

Gabbia d'Oro senza rist
corso Porta Borsari 4/a ✉ *37121* – ✆ *04 58 00 30 60* – *www.hotelgabbiadoro.it* — Pianta : C2**t**
19 suites – 🚹🚹330/980 €, ☕ 23 € – 8 cam
Dalla discrezione e dalla cortesia di un servizio inappuntabile, un opulento scrigno di preziosi e ricercati dettagli che echeggiano dal passato; piccolo hotel di charme e lusso con un suggestivo giardino d'inverno.

Palazzo Victoria
via Adua 8 ✉ *37121* – ✆ *0 45 59 05 66* – *www.palazzovictoria.com* — Pianta : C2**r**
71 cam ☕ – 🚹170/670 € 🚹🚹200/700 € – **3 suites**
Rist *Borsari 36* – vedere selezione ristoranti
Annovera anche reperti archeologici questo raffinato hotel, in cui antichità e modernità si amalgamano con armonia offrendo soluzioni tecnologiche innovative e tanto charme nelle confortevoli camere. Per i melomani, l'Arena è a due passi.

The Gentleman of Verona (N) senza rist
via Cattaneo 26/a ✉ *37121* – ✆ *04 58 00 95 66* – *www.leoncinohotels.com* — Pianta : B2**w**
9 suites ☕ – 🚹🚹250/520 € – 5 cam
Poco lontano dall'Arena, elegante e lussuosa risorsa ricavata dall'attenta ristrutturazione di una dimora del 1500: camere personalizzate e piccolo centro benessere.

Accademia
via Scala 12 ✉ *37121* – ✆ *0 45 59 62 22* – *www.hotelaccademiaverona.it* — Pianta : C2**d**
87 cam ☕ – 🚹100/250 € 🚹🚹142/375 € – **7 suites** **Rist** – Carta 36/65 €
Solerte e professionale il servizio, di ottimo livello il confort. La risorsa si trova in un edificio storico che si sta lentamente rinnovando, adiacente all'elegante via Mazzini, arteria ideale per lo shopping.

TRENTO
A
TRENTO
B
1
2
3
A
B
BRESCIA LAGO DI GARDA
SOMMACAMPAGNA LUGAGNANO
MANTOVA TRENTO
BRESCIA VICENZA
Adige
Lungadige Attiraglio
Lungadige Catena
V. Corno d'Aquilio
V. Monte Baldo
V. Monte Nero
V. Monte Ortigara
V. Passo Buole
V. Col Bricon
V. Goffredo Mameli
V. Monte Grappa
V. Gianbattista da Monte
V. Angelo Butturini
V. 24 Maggio
V. Ciro Menotti
V. delle Argonne
Pza Vittorio Veneto
V. Carlo Ederle
Calatafimi
V. Giacomo Medici
V. Mario Todeschini
V. IV Novembre
V. Tonale
Vle della Repubblica
V. del Risorgimento
V. Pontida
Str. Forte Procolo
V. Leone Pancaldo
V. Francesco da Levanto
V. Ferdinando Magellano
V. Giovanni da Verrazzano
V. Vasco da Gama
Pte Catena
Vle Cristoforo Colombo
V. Marin Faliero
V. Angelo Emo
V. Alvise Da Mosto
V. Andrea Doria
V. Pta Catena
V. Tomaso da Vico
V. del Carroccio
V. Spagna
V. Amerigo Vespucci
V. Giovanni Caboto
V. Ugolino Vivaldi
V. dei Ponti
V. Campania
V. Lega Veronese
V. Raterio
PORTA S. ZENO
S. Zeno Maggiore
Piazza S. Zeno
Pza Pozza
Cso. Milano
V. Guglielmo Bravo
V. Ugo Foscolo
V. Giacomo Leopardi
Vle Alessandro Manzoni
V. Arsenale
Pza Arsenale
Lungadige Cangrande
Rigaste S. Zeno
Ponte Scaligero
S. Lorenzo
Castelvecchio
Stradone Pta Palio
V. Marco Polo
V. Don Luigi Sturzo
V. Policarpo Carabello
V. Luigi Pirandello
V. Giovanni Pascoli
V. Vitruvio
V. Luigi Negrelli
V. Leonardo da Vinci
Circ. Pietro Maroncelli
V. Luigi Lenotti
V. Silvio Pellico
V. Quirico Filopanti
V. Vittorio Merighi
Sogare
Pzale Olimpia
V. Sansovino
BENTEGODI
PORTA PALIO
Pza Santo Spirito
V. Luigia Poloni
Pza Pradaval
V. Giulio Camuzzoni
V. Luigi Piccoli
Frà Giocondo
V. Luigi Negrelli
V. Luigi Vanvitelli
Vle Andrea Palladio
V. Albere
V. Arnolfo Di Cambio
V. Bramante
V. Giovanni Fattori
Circ. Alfredo Oriani
V. Salvo D'Acquisto
V. Antonio Locatelli
Vle Luciano Dal Cero
PORTA NUOVA
Pzale Pta Nuova
V. Franco Faccio
Str. T4-T9
Pzale Romano Guardini
V. Sergio Ramelli
Pzale 25 Aprile
PORTA NUOVA
Vle del Piave
V. delle Coste
x
a
c
n
d
h
c
w
p
e
d
b
a

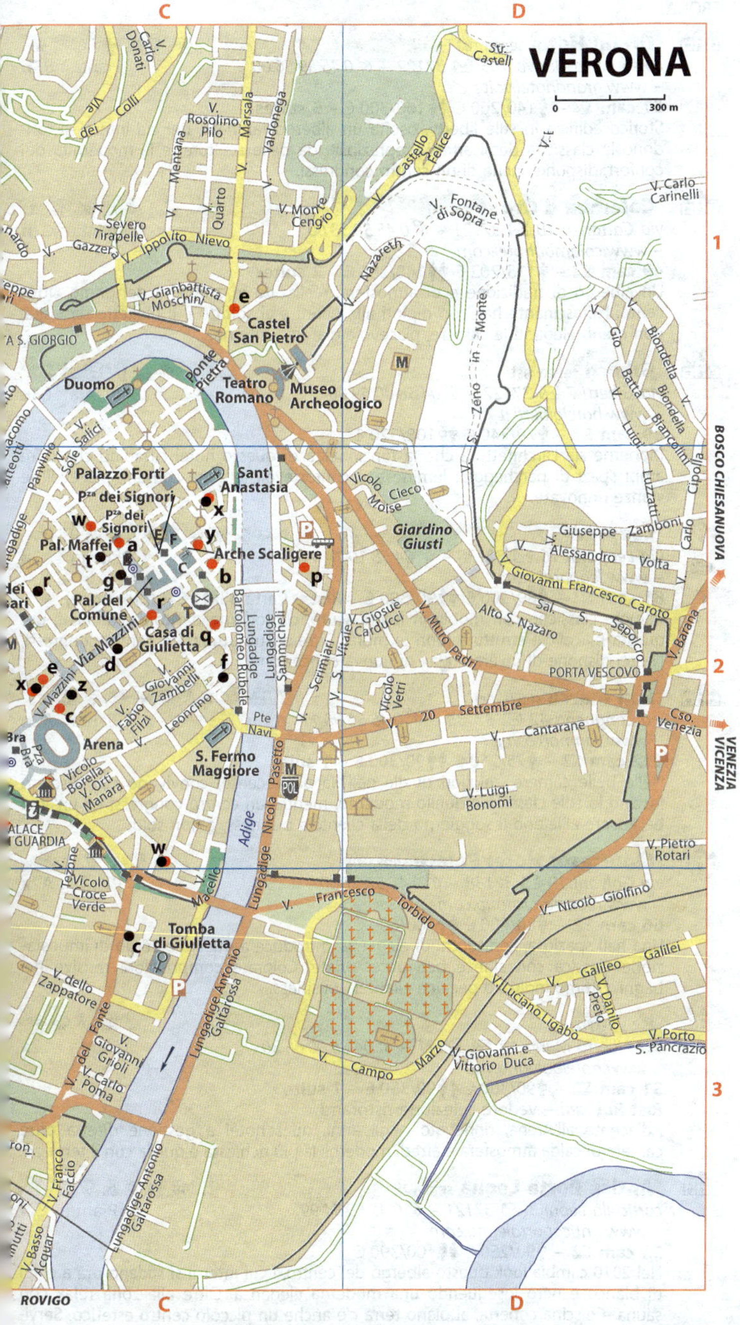
VERONA
0
300 m
C
D
1
2
3
Castel San Pietro
Teatro Romano
Museo Archeologico
Duomo
Palazzo Forti
Pza dei Signori
Pza dei Signori
Pal. Maffei
Sant' Anastasia
Arche Scaligere
Pal. del Comune
Casa di Giulietta
Via Mazzini
Arena
S. Fermo Maggiore
Giardino Giusti
Tomba di Giulietta
Adige
Ponte Pietra
Pte Navi
PORTA VESCOVO
BOSCO CHIESANUOVA
VENEZIA VICENZA
ROVIGO
Str. Castell
V. Castello Felice
V. Fontane di Sopra
V. Nazareth
V. S. Zeno in Monte
V. Monte Cengio
V. Carlo Carinelli
V. Gio Batta Biondella
V. Luigi Biancolini
V. Carlo Cipolla
V. Ippolito Nievo
V. Gianbattista Moschini
V. Carlo Donati
V. dei Colli
V. Rosolino Pilo
V. Marsala
V. Valdonega
V. Mentana
V. Quarto
V. Severo Tirapelle
V. Gazzera
V. Salici
V. Sole
V. Giuseppe Zamboni
V. Alessandro Volta
V. Giovanni Francesco Caroto
V. Luzzatti
Sal. S. Sepolcro
Alto S. Nazaro
V. Muro Padri
Vicolo Cieco Moise
V. Giosue Carducci
V. Scrimiari
V. S. Vitale
Vicolo Vetri
V. 20 Settembre
V. Cantarane
Cso. Venezia
V. Barana
V. Luigi Bonomi
V. Pietro Rotari
Lungadige Bartolomeo Rubele
Lungadige Sammicheli
Lungadige Nicola Pasetto
Lungadige Antonio Galtarossa
V. Giovanni Zambelli
V. Leoncino
V. Fabio Filzi
Vicolo Borella
V. Orti Manara
V. Tezone
Vicolo Croce Verde
V. Macello
V. Francesco Torbido
V. Nicolò Giolfino
V. Galileo Galilei
V. Luciano Ligabò
V. Danilo Preto
V. Porto S. Pancrazio
V. Campo Marzo
V. Giovanni e Vittorio Duca
V. dello Zappatore
V. del Fante
V. Giovanni Grioli
V. Carlo Poma
V. Franco Faccio
V. Basso Acquar
Pta Bra
M
POL
P

Grand Hotel senza rist
corso Porta Nuova 105 ✉ *37122* – ✆ *0 45 59 56 00* Pianta : B3**b**
– *www.grandhotel.vr.it*
57 cam – 140/260 € 160/300 € – **5 suites**
Storico edificio in stile liberty, ospita un albergo raffinato, nei cui interni si fondono la classicità degli arredi, impreziositi da belle sculture, e la modernità dei confort; dispone anche di un centro congressi.

Colomba d'Oro senza rist
via Cattaneo 10 ✉ *37121* – ✆ *0 45 59 53 00* Pianta : C2**n**
– *www.colombahotel.com*
49 cam – 115/202 € 148/285 € – **2 suites**
Un albergo di tradizione e di atmosfera, realizzato in ambienti del primo Ottocento: l'affascinante hall con dipinti alle pareti e al soffitto è il biglietto da visita, non meno eleganti le camere, piacevole giardino interno.

Giberti senza rist
via Giberti 7 ✉ *37122* – ✆ *04 58 00 69 00* Pianta : B3**e**
– *www.hotelgiberti.it*
80 cam – 79/240 € 108/320 €
Moderne sia l'architettura che la funzionalità di questo hotel cittadino che offre ampi spazi di parcheggio; luminose e confortevoli le zone comuni, piacevoli le stanze rinnovate.

Leopardi rist,
via Leopardi 16 ✉ *37138* – ✆ *04 58 10 14 44* Pianta : A2**a**
– *www.leopardi.vr.it*
81 cam – 89/300 € 90/300 € **Rist** – Carta 33/44 € – (prenotare)
Camere classiche con mobili in legno scuro, o moderne dai toni più chiari, per questa piacevole struttura fuori le mura. Oltre ad un attrezzato centro congressi, l'hotel dispone di un'area relax di nuova concezione.

San Marco senza rist
via Longhena 42 ✉ *37138* – ✆ *0 45 56 90 11* Pianta : A2**n**
– *www.sanmarco.vr.it*
112 cam – 75/250 € 90/300 € – **1 suite**
Nelle belle camere (migliori quelle nell'ala più recente) convivono con discreto fascino lo stile classico e quello moderno, mentre un centro congressi ed un'area benessere allietano il soggiorno della clientela business, e non solo.

Montresor Hotel Palace senza rist
via Galvani 19 ✉ *37138* – ✆ *0 45 57 57 00* Pianta : A2**x**
– *www.montresorgroup.com*
66 cam – 80/400 € 100/600 €
Una hall spaziosa, con tocchi di eleganza, introduce a questo albergo di impostazione classica con stanze ben accessoriate. Colorate composizioni musive nei bagni. Ottimo indirizzo per una clientela business.

Bologna
via Alberto Mario 18 ✉ *37121* – ✆ *04 58 00 68 30* Pianta : C2**x**
– *www.hotelbologna.vr.it*
31 cam – 90/300 € 90/350 € – **1 suite**
Rist *Rubiani* – vedere selezione ristoranti
Adiacente all'Arena, rinnovato negli anni, quest'hotel a gestione diretta offre camere di calda atmosfera e arredi moderni: la più richiesta è quella con il terrazzo.

Antica Porta Leona senza rist
corticella Leoni 3 ✉ *37121* – ✆ *0 45 59 54 99* Pianta : C2**f**
– *www.anticaportaleona.com*
23 cam – 90/250 € 100/390 €
Nel 2010 cambia look questo albergo del centro, i cui interni si sfidano ora a colpi di bianco e nero inseguendo una moderna eleganza. Oltre alla zona relax con sauna e piscina coperta, al piano terra c'è anche un piccolo centro estetico. Servizio vetturiere per posteggio auto.

Firenze senza rist
corso Porta Nuova 88 ✉ 37122 – ✆ 04 58 01 15 10 Pianta : B3**d**
– www.hotelfirenzeverona.it
49 cam ☕ – 🚹112/260 € 🚹🚹125/300 €
Sul viale che porta all'Arena, l'hotel offre interni di moderna e curata eleganza, arredati con bei tappeti orientali e kilim; adatto sia per il turista sia per chi viaggia per affari grazie alle attrezzate sale convegni.

Maxim senza rist
via Belviglieri 42, 2 km per Vicenza - D2 ✉ 37131 – ✆ 04 58 40 18 00
– www.maximverona.it
146 cam ☕ – 🚹50/210 € 🚹🚹55/340 €
In zona periferica, hotel di taglio classico nelle aree comuni e camere - forse non all'ultimo grido - ma confrotevoli e ben accessoriate.

Fiera cam, rist,
via Zannoni 26/28, 1 Km per corso di Porta Nuova - B3 ✉ 37136
– ✆ 04 58 20 44 85 – www.hotelfieraverona.biz
82 cam ☕ – 🚹82/430 € 🚹🚹111/500 €
Rist – Carta 19/42 € – *(chiuso domenica) (solo a cena)*
Vicina alla Fiera, la struttura annovera nei suoi ambienti confortevoli dotazioni impiantistiche ed una piccola palestra: la soluzione ideale per gli amanti del fitness.

Giulietta e Romeo senza rist
vicolo Tre Marchetti 3 ✉ 37121 – ✆ 04 58 00 35 54 Pianta : C2**z**
– www.giuliettaeromeo.it
38 cam ☕ – 🚹80/290 € 🚹🚹100/320 € – **1 suite**
Dedicata ai due innamorati immortalati da Shakespeare, una risorsa che si rinnova negli anni, a conduzione diretta; camere tranquille, la più panoramica con vista sull'Arena.

Verona senza rist
corso Porta Nuova 47/49 ✉ 37122 – ✆ 0 45 59 59 44 Pianta : B3**f**
– www.hotelverona.it
35 cam ☕ – 🚹89/219 € 🚹🚹109/239 €
A breve distanza dall'Arena, sobrio e moderno hotel rinnovato in anni recenti; a disposizione degli ospiti anche alcune bici.

De' Capuleti senza rist
via del Pontiere 26 ✉ 37122 – ✆ 04 58 00 01 54 Pianta : C3**c**
– www.hotelcapuleti.it
34 cam ☕ – 🚹70/170 € 🚹🚹90/270 €
Vicino alla Tomba di Giulietta, l'albergo è stato completamente rinnovato nel 2012: oggi si presenta assai funzionale, moderno ed essenziale, con camere ben insonorizzate. Dopo le lunghe camminate in centro potrete rilassarvi nel piccolo centro benessere.

Armando senza rist
via Dietro Pallone 1 ✉ 37121 – ✆ 04 58 00 02 06 Pianta : C2-3**w**
– www.hotelarmando.it
28 cam ☕ – 🚹70/170 € 🚹🚹90/270 € – **2 suites**
Nei pressi dello splendido anfiteatro romano, la celebre Arena, modernità a tutto tondo per un hotel recentemente ristrutturato, che si presenta ora con uno stile essenziale e minimalista. Ci si dimentica subito degli spazi comuni un po' limitati, varcando la soglia delle belle camere.

San Pietro senza rist
via Santa Teresa 1, 1 Km per corso di Porta Nuova - B2 ✉ 37135
– ✆ 0 45 58 26 00 – www.hotelsanpietroverona.it
47 cam ☕ – 🚹64/300 € 🚹🚹79/300 € – **1 suite**
E' un piacere rilassarsi nelle comode poltrone in pelle nella hall, accogliente e razionale. Stile minimalista nelle confortevoli camere, rallegrate da una parete in stucco di colore vivace: legno chiaro e scuro si alternano per creare un'illusione ottica di movimento.

Aurora senza rist
piazzetta XIV Novembre 2 ✉ 37121 – ✆ 0 45 59 47 17 Pianta : C2**g**
– www.hotelaurora.biz
19 cam ☕ – 🚹90/240 € 🚹🚹100/280 €
Tempo permettendo, la prima colazione è servita sulla bella terrazza affacciata sulla celebre piazza delle Erbe. Per la notte, vi attendono piacevoli ed accoglienti camere recentemente rinnovate.

Scalzi senza rist
via Carmelitani Scalzi 5 ✉ 37122 – ✆ 0 45 59 04 22 Pianta : B3**p**
– www.hotelscalzi.it
19 cam ☕ – 🚹50/90 € 🚹🚹75/180 €
All'interno di un palazzo neoclassico d'inizio Ottocento, calda accoglienza per questa risorsa che punta essenzialmente sulla piacevolezza delle sue camere: diverse l'una dall'altra, sono di stile e confort moderni. Nella bella stagione, la piccolissima corte interna si presta per la prima colazione.

Il Relais cam,
corso Castelvecchio 21/23 ✉ 37121 – ✆ 04 58 03 64 94 Pianta : B2**h**
– www.ilrelais.com
4 cam ☕ – 🚹170/300 € 🚹🚹200/500 €
Rist *Locanda Castelvecchio* – Carta 46/60 € – *(chiuso 3 settimane in agosto, mercoledì a mezzogiorno e martedì)*
Per chi subisce il fascino delle personalizzazioni, camere bellissime impreziosite da tappeti, quadri, mobili d'antiquariato e qualche dettaglio costruito ad hoc, come i mini tavolini della prima colazione ricavati da tavole intarsiate di parquet. Al ristorante: piatti classici italiani e qualche specialità veneta.

Ristoranti

Il Desco (Elia e Matteo Rizzo)
via Dietro San Sebastiano 7 ✉ 37121 – ✆ 0 45 59 53 58 Pianta : C2**q**
– www.ildesco.com – Chiuso vacanze di Natale, domenica e lunedì; aperto lunedì sera in luglio-agosto e dicembre
Menu 95/135 € – Carta 94/137 €
In una piccola via del centro storico, alcuni tavoli esterni anticipano la piccola entrata del quattrocentesco palazzo che ospita questo ristorante d'atmosfera; in cucina, padre e figlio si destreggiano tra specialità di terra e ricette di mare.
→ Spaghettini neri alla chitarra con calamaretti, zucchine croccanti, pomodoro e basilico. Scampi e fegato d'oca con caramello di vino rosso e cipolla fondente. Granita di caffè, budino di cioccolato, panna alla vaniglia e riso croccante.

Arche
via Arche Scaligere 6 ✉ 37121 – ✆ 04 58 00 74 15 Pianta : C2**y**
– www.ristorantearche.com – Chiuso 3-10 gennaio, lunedì a mezzogiorno e domenica
Menu 25 € – Carta 48/60 €
La famiglia partì nel 1879 e da allora ha sempre gestito direttamente questo elegante locale del centro. La cucina si rinnova di generazione in generazione, proponendo specialità di terra e di mare, di tradizione e di ricerca.

Due Torri Restaurant – Hotel Due Torri
piazza Sant'Anastasia 4 ✉ 37121 – ✆ 0 45 59 50 44 Pianta : C2**x**
– www.duetorrihotels.com
Carta 65/122 €
Nella scenografica lobby, cucina innovativa a cui si accompagna una prestigiosa carta dei vini. I nostri preferiti: risotto all'Amarone, costoletta di vitello Villeroy e, dulcis in fundo, mousse al cioccolato su purea di mango.

XXX **Baracca**

via Legnago 120, 2,5 km per corso di Porta Nuova - B2 ✉ 37134 – ☎ 0 45 50 00 13 – www.ristorantelabaracca.it – Chiuso 1°-7 gennaio, sabato a mezzogiorno e domenica

Menu 39 € (cena in settimana) – Carta 33/63 € – (consigliata la prenotazione)

Fuori dalle affollate rotte turistiche, signorile ristorante gestito da oltre cinquant'anni da un'intraprendente famiglia: oggi sono due fratelli a deliziarvi con ricette di pesce, gustose e mai scontate!

XX **Al Capitan della Cittadella**

piazza Cittadella 7/a ✉ 37122 – ☎ 0 45 59 51 57 Pianta : C2**k**

– www.alcapitan.it – Chiuso 1 settimana in gennaio, lunedì a mezzogiorno e domenica

Menu 38/48 € – Carta 46/101 € – (consigliata la prenotazione)

Un locale rustico ricavato in un antico palazzo: quadri moderni alle pareti e sculture lignee dedicati ai pesci. La predilezione per il mondo marino arriva fino in cucina. Ottima selezione enologica.

XX **Al Cristo-Pintxos Bistrot**

piazzetta Pescheria 6 ✉ 37121 – ☎ 0 45 59 42 87 Pianta : C2**b**

– www.ristorantealcristo.it – Chiuso lunedì

Menu 35 € (pranzo in settimana)/45 € – Carta 40/78 €

Rist *Pintxos Bistrot* –Carta 20/35 €

Nei pressi di Ponte Nuovo, un edificio cinquecentesco accoglie questo ristorante articolato su tre livelli con splendida cantina e bel dehors. Diverse linee di cucina: regionale, internazionale e sushi-sashimi. Al Pintxos Bistrot: tapas basche, stuzzichini preparati al momento e il proverbiale pata negra.

XX **Tre Marchetti**

vicolo Tre Marchetti 19/b ✉ 37121 – ☎ 04 58 03 04 63 Pianta : C2**c**

– www.tremarchetti.it

Menu 30 € (pranzo)/65 € – Carta 41/75 €

Poltroncine e lampadari di Murano in un ambiente accogliente, come del resto l'ospitalità del titolare: i ritmi del servizio sono alquanto veloci, ma non manca l'attenzione al dettaglio. Specialità del territorio.

XX **L'Oste Scuro**

vicolo San Silvestro 10 ✉ 37122 – ☎ 0 45 59 26 50 Pianta : B2**c**

– www.ristoranteostescuro.tv – Chiuso 25 dicembre-6 gennaio, lunedì a mezzogiorno e domenica

Carta 47/143 €

Un'insegna in ferro battuto segnala questo locale alla moda dalla simpatica atmosfera familiare. Lo chef punta sulla freschezza del protagonista di ogni piatto elaborato: il pesce, solo pescato!

XX **Maffei**

piazza delle Erbe 38 ✉ 37121 – ☎ 04 58 01 00 15 Pianta : C2**a**

– www.ristorantemaffei.it – Chiuso domenica in ottobre-marzo

Menu 45/54 € – Carta 37/60 €

Ristorante storico del centro, anticipato dalla bella corte dove si svolge il dehors: buona cucina d'impronta leggermente moderna e - sotto il locale dove sono stati rinvenuti dei reperti archeologici romani - si è ricavata la cantina (visitabile) ed un romantico tavolino per due!

XX **Alla Fiera-da Ruggero**

via Scopoli 9, 1.5 km per corso di Porta Nuova - B2 ✉ 37136 – ☎ 0 45 50 88 08 – www.ristoranteruggero.it – Chiuso 10-26 agosto e domenica

Carta 30/70 €

Acquari con crostacei e vasche con molluschi vari. Si tratta di uno dei ristoranti ittici più rinomati in città, l'ambiente curato, una solida gestione familiare e, al tavolo, segnaposto stilizzati da un artista.

XX **Borsari 36** – Hotel Palazzo Victoria
via Adua 8 ✉ 37121 – ✆ 0 45 59 05 66 Pianta : C2**r**
– www.palazzovictoria.it
Carta 48/68 €
Informale solo all'apparenza, con la sua show kitchen al centro della sala che offre all'ospite l'emozione di assistere alla preparazione dei piatti, Borsari 36 è l'indirizzo giusto per chi cerca una cucina sfiziosa, dove i prodotti nazionali son valorizzati con grande capacità.

XX **Antico Caffè Dante** N
piazza Dei Signori 2 ✉ 37121 – ✆ 04 58 00 00 83 Pianta : C2**w**
– www.caffedante.it – Chiuso domenica sera e lunedì escluso 15 marzo-30 ottobre
Menu 48/58 € – Carta 44/75 €
Affacciato sulla bella piazza Dei Signori, palcoscenico del servizio estivo, locale storico con staff giovane e dinamico; la cucina spazia dai piatti tipici a proposte più moderne.

XX **Trattoria I Masenini** N
via Roma 34 ✉ 37121 Verona – ✆ 04 58 06 51 69 Pianta : B2**h**
– www.trattoriaimasenini.com – Chiuso lunedì a mezzogiorno e domenica
Carta 41/66 €
Accogliente locale con due sale dalle tonalità calde e semplici: proposte gastronomiche sia regionali sia italiane, dove le specialità sono le carni allo spiedo.

X **Osteria la Fontanina** (Nicola Tapparini)
Portichetti Fontanelle Santo Stefano 3 ✉ 37129 Pianta : C1**e**
– ✆ 0 45 91 33 05 – www.ristorantelafontanina.com – Chiuso 2 settimane in agosto, lunedì a mezzogiorno e domenica
Menu 50 € – Carta 45/68 € – (prenotazione obbligatoria a mezzogiorno)
Presso la chiesa di Santo Stefano, ristorante caratteristico dall'atmosfera intima ed ovattata: ogni suo centimetro è vestito con specchi, oggetti ed arredi d'antiquariato, stampe ed argenti, mentre il vino è onnipresente! Cucina del territorio rivisitata.
→ Nuvola croccante con uovo cotto a bassa temperatura con tartufo nero della Lessinia. La cottura del maialino. La crema bruciata alla lavanda con sorbetto all'uva fragola.

X **Trattoria al Pompiere**
vicolo Regina d'Ungheria 5 ✉ 37121 – ✆ 04 58 03 05 37 Pianta : C2**r**
– www.alpompiere.tv – Chiuso 25 dicembre-2 gennaio e domenica
Carta 35/60 € – (consigliata la prenotazione)
Tra boiserie e svariate foto d'epoca, linea gastronomica fedele al territorio, nonché un'ottima selezione di salumi e formaggi italiani, in una storica trattoria del centro.

X **Il Glicine**
corso Milano 26 ✉ 37138 – ✆ 0 45 56 51 56 Pianta : A2**c**
– www.hotelportasanzeno.it – Chiuso 10-20 agosto e domenica
Carta 44/80 €
Rami di glicine fanno da cornice al servizio all'aperto, mentre le pareti della sala interna sono arreadate con quadri colorati. Unica la predilezione della cucina: solo piatti di pesce, con un occhio di riguardo per i crudi e le cotture al vapore. Lasciatevi consigliare.

X **Rubiani** – Hotel Bologna
piazzetta Scalette Rubiani 3 ✉ 37121 – ✆ 04 58 00 92 14 Pianta : C2**x**
– www.ristoranterubiani.it – Chiuso domenica in ottobre-maggio
Carta 45/66 €
Non vi perderete certo la "magia" della città, sostando per una pausa gastronomica in questo ristorante: il suo grazioso dehors si affaccia infatti sull'Arena. Si predilige il pesce, ma il menu non contempla solo quello.

Trattoria al Calmiere

piazza San Zeno 10 ✉ 37123 – ✆ 04 58 03 07 65 Pianta : A2**d**
– www.calmiere.com – Chiuso domenica sera e lunedì
Menu 23/28 € – Carta 29/66 €
Tipica trattoria orgogliosamente situata nella bella piazza dedicata al patrono cittadino su cui danno alcuni tavoli d'estate. Tradizionale la cucina, decisamente di matrice regionale.

Al Bersagliere

via Dietro Pallone 1 ✉ 37121 – ✆ 04 58 00 48 24 Pianta : C2-3**w**
– www.trattoriaalbersagliere.it – Chiuso 20 giorni in gennaio, domenica, lunedì, i giorni festivi e il sabato sera in luglio-agosto
Carta 25/47 €
Certamente un motivo valido per venire in questa bella trattoria è il baccalà alla vicentina - sempre molto apprezzato - così come del resto, anche gli altri gustosi piatti dal sapore regionale (polentine miste, bigoli con anatra, pasta e fagioli...) E nella carta dei vini ritroviamo, protagonista indiscusso, ancora il Veneto. Gradevole dehors estivo.

Locanda 4 Cuochi

via Alberto Mario 12 ✉ 37121 – ✆ 04 58 03 03 11 – Chiuso 26 gennaio-10 febbraio, martedì a mezzogiorno e lunedì Pianta : C2**e**
Carta 35/43 €
Sono tutti cuochi, i quattro soci di questo ristorante dall'ambiente piacevole, giovane e frizzante. Dalla cucina a vista escono specialità d'impronta classico-italiana, leggermente rivisitate, come il maialino croccante laccato al miele e liquirizia. Insomma, un ottimo indirizzo da tenere presente!

San Basilio alla Pergola

via Pisano 9, 2 km per Vicenza - D2 ✉ 37131 – ✆ 0 45 52 04 75
– www.trattoriasanbasilio.it – Chiuso domenica
Carta 27/41 €
Nel piacevole dehors estivo con pergolato o nelle due sale con pavimenti in legno e mobili rustici, cucina semplice, ma curata, in bilico tra tipico e moderno. Specialità: bigoli con ragù di pollastra grisa della Lessinia.

sulla strada statale 11-via Bresciana Ovest : 3,5 km

Park Hotel Elefante

cam, rist,
strada Bresciana 27 ✉ 37139 Verona – ✆ 04 58 90 37 00 – www.hotelelefante.it
– Chiuso gennaio
10 cam – ♦60/75 € ♦♦75/125 € – **1 suite**
Rist *Elefante* – Carta 29/44 € – *(chiuso sabato a mezzogiorno e domenica)*
(consigliata la prenotazione)
Sulla statale per il lago di Garda, una casa di campagna trasformata in un piccolo albergo dai caldi ambienti: camini, mobili in legno e familiare ospitalità. Al ristorante, cucina regionale con specialità di carni cotte nell'originale griglia.

La Grotta senza rist

strada Bresciana 16 ✉ 37121 – ✆ 04 58 90 57 02 – www.lagrottahotelvr.it
18 cam – ♦50/75 € ♦♦70/95 €
A chi piace lo stile moderno, questo piccolo e grazioso hotel farà al caso suo: location comoda per chi vuole andare in citta o muoversi nei dintorni, le stanze sono accoglienti e funzionali.

verso Novaglie Nord-Est : 6 km

Agriturismo Delo senza rist

località Delo ✉ 37141 Verona – ✆ 04 58 84 10 90 – www.agriturismodelo.it
9 cam – ♦100/130 € ♦♦125/150 €
Non lontano dalla città, ma già in aperta campagna, questa bella costruzione rurale – ristrutturata con l'impiego di materiali pregiati – ospita ambienti impreziositi da pezzi di antiquariato e camere "riscaldate" da tappeti persiani. La colazione è servita in raffinate porcellane con pasticceria fatta in casa.

a San Massimo all'Adige Ovest : 2 km per via San Marco Pianta : A2 – ✉ 37139

Trattoria dal Gal

via Don Segala 39/b – ✆ 04 58 90 30 97 – www.trattoriadalgal.it – Chiuso 1°-21 agosto, domenica sera e lunedì
Carta 27/47 €
Madre ai fornelli, figli in sala: semplice trattoria dalla calorosa e cordiale accoglienza, dove la cucina è classica, ma soprattutto del territorio. Rinomati i primi, in degustazione se ne possono assaggiare diversi in sequenza.

VERRAYES

Aosta (AO) – ✉ 11020 – 1 345 ab. – Alt. 1 017 m – Carta regionale n° **37-B2**
Roma 707 km – Aosta 26 km – Moncalieri 108 km – Torino 97 km
Carta stradale Michelin 561-E4

a Grandzon Sud : 6 km – ✉ 11020 Verrayes

Agriturismo La Vrille

hameau du Grangeon 1 – ✆ 01 66 54 30 18 – www.lavrille.it
6 cam – †50/70 € ††70/90 €
Rist – Menu 30/45 € – *(solo a cena escluso giorni festivi)* (prenotazione obbligatoria)
Circondata da cime e vigneti, in posizione elevata e panoramica, una caratteristica baita di montagna le cui camere sono concepite e arredate secondo i criteri della biodinamicità (pur non mancando qualche mobile d'epoca!). Cordiale atmosfera familiare anche al ristorante, dove gustare una cucina creativa e fantasiosa, con ottimi vini prodotti dall'azienda.

a Champagne Sud : 6 km – ✉ 11020

Antica Trattoria Champagne

località Champagne – ✆ 01 66 54 62 88 – Chiuso mercoledì
Menu 18 € (pranzo in settimana) – Carta 28/38 €
Da oltre un secolo stazione di posta, ma anche sala da ballo e negozio di alimentari, con l'attuale gestione la cucina ha preso il sopravvento: valdostana d'adozione, piemontese d'origine, la cuoca propone i due filoni regionali in piatti semplici e sapidi. E per accontentare tutti, le evergreen crespelle alla valdostana!

VERUNO

Novara (NO) – ✉ 28010 – 1 898 ab. – Alt. 357 m – Carta regionale n° **24-A3**
Roma 650 km – Stresa 23 km – Domodossola 57 km – Milano 78 km

L'Olimpia con cam e senza

via Martiri 3 – ✆ 03 22 83 01 38 – www.olimpiatrattoria.it – Chiuso 22 dicembre-18 gennaio e 1°-7 agosto
6 cam – †55/65 € ††85/95 € Menu 50 € – Carta 34/62 € – *(chiuso lunedì)*
E' il mare, il grande protagonista della cucina di questo locale caldo ed accogliente. Se c'è posto, vi consigliamo di prenotare un tavolo nella piacevole tavernetta con volta di mattoni a vista e camino.

VESUVIO

Napoli

VETREGO → Vedere Mirano

Venezia (VE)

VEZZANO = VEZZAN → Vedere Silandro

Bolzano (BZ)

VEZZANO SUL CROSTOLO

Reggio nell'Emilia (RE) – ✉ 42030 – 4 247 ab. – Alt. 162 m – Carta regionale n° **8-B2**
Roma 441 km – Parma 43 km – Milano 163 km – Reggio nell'Emilia 14 km
Carta stradale Michelin 562-I13

L'Altro Cà del Merlo

via Martiri della Libertà 8 – ✆ 05 22 81 31 83 – www.ristorantealtrocadelmerlo.com – Chiuso 1°-10 gennaio, 20-31 agosto e mercoledì

Menu 35/50 € – Carta 35/47 € – (prenotazione obbligatoria a mezzogiorno)

Esperienza e mestiere sono nelle mani di questa coppia di fratelli, che da sempre propone nella provincia di Reggio Emilia una cucina esclusivamente di mare, con preparazioni volutamente classiche e semplici.

VIANO

Reggio nell'Emilia (RE) – ✉ 42030 – 3 402 ab. – Alt. 275 m – Carta regionale n° **8-B2**

Roma 435 km – Parma 59 km – Milano 171 km – Modena 35 km

Carta stradale Michelin 562-I13

La Capannina

via Provinciale 16 – ✆ 05 22 98 85 26 – www.capannina.net – Chiuso 24 dicembre-6 gennaio, 20 luglio-25 agosto, domenica e lunedì

Menu 20/30 € – Carta 28/33 €

Da 50 anni la stessa famiglia gestisce questo locale, mantenendosi fedele ad una linea gastronomica che punta sulla tipicità delle tradizioni locali. La pasta fatta in casa è ancora tirata con il mattarello!

VIAREGGIO

Lucca (LU) – ✉ 55049 – 61 238 ab. – Carta regionale n° **31-B1**

Roma 371 km – La Spezia 65 km – Pisa 21 km – Bologna 180 km

Carta stradale Michelin 563-K12

Grand Hotel Principe di Piemonte

cam, cam,

piazza Puccini 1 – ✆ 05 84 40 11 – www.principedipiemonte.com

Pianta : A1**d**

106 cam – **109/600 € 109/800 €** – **19 suites**

Rist *Piccolo Principe* ✿✿ – vedere selezione ristoranti

Rist – Carta 43/90 €

Uno dei migliori alberghi della Versilia, rinnovato di recente offre camere raffinate ed accessoriate che presentano stili diversi: impero, coloniale, moderno, classico. Centro benessere di moderna concezione, non ampio ma personalizzato.

Grand Hotel Royal

viale Carducci 44 – ✆ 0 58 44 51 51 – www.royalviareggio.it – Aperto 1° marzo-31 ottobre

Pianta : A2**g**

111 cam – 64/250 € 79/450 € – **3 suites**

Rist – Menu 30/40 € – *(aperto 1° aprile-31 ottobre) (solo a cena) (solo per alloggiati)*

Sul lungomare, imponente costruzione degli anni '20 con atmosfere da Belle Epoque nelle signorili sale. Curato giardino e confortevoli camere. Elegante sala ristorante con suggestivi richiami allo stile Liberty.

Plaza e de Russie

piazza d'Azeglio 1 – ✆ 0 58 44 44 49 – www.softlivingplaces.com

Pianta : B2**t**

51 cam – 80/200 € 110/300 €

Rist *La Terrazza* – vedere selezione ristoranti

Il primo albergo di Viareggio nel 1871, rimane ancora il luogo privilegiato di chi cerca fascino ed eleganza: preziosi marmi nelle sale comuni e belle camere.

President

cam, rist,

viale Carducci 5 – ✆ 05 84 96 27 12 – www.hotelpresident.it

Pianta : A2**a**

50 cam – 100/300 € 140/300 €

Rist – Carta 31/59 € – *(aperto 1° maggio-30 settembre) (solo a cena) (solo per alloggiati)*

In un importante edificio sul lungomare, questa raffinata risorsa dispone di ambienti eleganti arredati con mobili originali e affascinanti lampadari. Confortevoli le camere.

Astor cam, rist,

viale Carducci 54 – ✆ 0 58 45 03 01 Pianta : A1**h**
– www.astorviareggio.com

75 cam ☕ – 🚹200/350 € 🚹🚹300/500 € – **11 suites** **Rist** – Carta 35/75 €

Nella zona liberty di Viareggio, l'albergo si distingue per le forme bianche e moderne: arredi classici, le camere degli ultimi piani sono più spaziose, e suggestiva terrazza-solarium.

London senza rist

viale Manin 16 – ✆ 0 58 44 98 41 – www.hotellondon.it Pianta : B2**s**

33 cam ☕ – 🚹69/99 € 🚹🚹99/170 €

In una palazzina Liberty sul lungomare, arredi signorili negli spazi comuni e camere confortevoli; gradevole cortile interno e terrazze solarium per momenti di relax.

Villa Tina senza rist
via Aurelio Saffi 2 – ✆ 0 58 44 44 50 – www.villatinahotel.it Pianta : A1**a**
– Aperto 16 gennaio-2 novembre
14 cam ☕ – 🛉52/120 € 🛉🛉65/210 €
Edificio liberty del 1929, le vetrate e gli stucchi delle zone comuni nonché gli arredi delle camere al primo piano ne ripropongono i fastosi eccessi; sempre in stile ma più sobrie quelle al secondo.

Eden senza rist
viale Manin 27 – ✆ 0 58 43 09 02 Pianta : AB2**p**
– www.hoteleden-viareggio.it – Chiuso 5 novembre-31 gennaio
38 cam ☕ – 🛉55/120 € 🛉🛉80/180 €
Struttura di taglio moderno e buona funzionalità - versatile in termine di clientela - dispone di camere modernamente accessoriate.

Katy Ⓝ senza rist
via Flavio Gioia 12/14 ✉ 55049 Viareggio – ✆ 0 58 44 55 18 Pianta : A2**b**
– www.hotelkaty.com – Aperto 1° aprile-31 ottobre
25 cam ☕ – 🛉60/100 € 🛉🛉85/170 €
Gestione familiare in una graziosa palazzina liberty d'inizio Novecento: gli interni sono semplici, ma moderni, puliti e accoglienti. Tre camere offrono una piccola terrazza-solarium.

Arcangelo rist,
via Carrara 23 – ✆ 0 58 44 71 23 – www.hotelarcangelo.com Pianta : A1**x**
– Aperto Carnevale, vacanze pasquali e 1° maggio-30 settembre
19 cam – 🛉90/110 € 🛉🛉110/130 €, ☕ 10 €
Rist – Menu 30 € – *(aperto 1° giugno-30 settembre) (solo per alloggiati)*
A due passi dal lungomare - piccolo hotel dalla giovane conduzione - si presenta con accoglienti spazi comuni e una graziosa corte interna rallegrata da molte piante. Camere non molto ampie, rinnovate in anni recenti, arredate con mobili dai colori pastello.

Piccolo Principe – Grand Hotel Principe di Piemonte
piazza Puccini 1 – ✆ 05 84 40 11 Pianta : A1**d**
– www.ristoranteilpiccoloprincipe.com – Aperto 1° maggio-30 settembre; chiuso lunedì
Carta 60/134 € – *(solo a cena)* (consigliata la prenotazione)
Come una sinfonia ben orchestrata, lo chef, Giuseppe Mancino, fa coesistere nei suoi piatti molteplici elementi: creatività, raffinatezza, buona tecnica ed ottime presentazioni. Il menu non fa preferenze, carne e pesce, mentre dalla terrazza lo sguardo domina costa e mare.
→ Calamarata di Gragnano cotta sotto vetro, servita con frutti di mare e punte di asparagi. Astice in crosta di frutta secca, peperoncini verdi, essenza di pomodoro e ricotta di bufala. Havana special.

Romano (Franca Checchi)
via Mazzini 120 – ✆ 0 58 43 13 82 Pianta : B2**m**
– www.romanoristorante.it – Chiuso gennaio e lunedì, anche martedì a mezzogiorno in estate
Menu 49 € (in settimana)/95 € – Carta 62/140 €
Splendida carrellata di pesce declinato alla viareggina con qualche proposta di carne: da Romano troverete l'accoglienza familiare, la professionalità della grande ristorazione e la qualità dell'alta cucina.
→ Calamaretti ripieni di verdure e crostacei. Sparnocchi (mazzancolle) al miele di castagno. Crema al limone con insalata fresca agli agrumi.

La Terrazza – Hotel Plaza e de Russie
piazza d'Azeglio 1 – ✆ 0 58 44 44 49 Pianta : B2**t**
– www.softlivingplaces.com
Menu 55/85 € – Carta 36/66 € – *(chiuso 2 settimane in novembre e domenica in inverno)* (consigliata la prenotazione)
Sicuramente un elemento di forza dell'albergo, questo roof restaurant la cui vista panoramica abbraccia città, mare ed alpi Apuane. La cucina è al tempo stesso raffinata e mediterranea.

Da Miro alla Lanterna

via Coppino 289 – ✆ 05 84 38 40 65 Pianta : B2**n**
– www.ristorantedamiro.com – Chiuso novembre, martedì a mezzogiorno e lunedì; in luglio-agosto da lunedì a giovedì aperto solo la sera
Carta 43/61 €
Affacciato sulla darsena, dal 1954 qui regna la cucina di mare viareggina con una rinomata specialità - gli spaghetti alla trabaccolara (ragù di mare) - e una bella carta illustrata dedicata agli Champagne.

Pino

via Matteotti 18 – ✆ 05 84 96 13 56 – www.ristorantepino.it Pianta : B2**b**
– Chiuso 7 gennaio-7 febbraio, giovedì a mezzogiorno e mercoledì
Carta 53/116 € – *(solo a cena in luglio-agosto)*
Bottarga e catalana testimoniano le origini sarde della famiglia, ma ormai da decenni il ristorante è un caposaldo della ristorazione viareggina con un'ottima cantina, a cominciare dalla selezione di Champagne.

Da Remo

via Paolina Bonaparte 47/49 – ✆ 0 58 44 84 40 Pianta : B2**x**
– Chiuso martedì a mezzogiorno e lunedì
Menu 28/35 € – Carta 40/58 €
Conduzione familiare e impostazione classica in un curato ristorante del centro, che propone tradizionali preparazioni di cucina ittica con predilezione per il pesce locale.

VIAROLO

Parma (PR) – ✉ 43126Alt. 41 m – Carta regionale n° **8-A3**
▶ Roma 465 km – Parma 11 km – Bologna 108 km – Milano 127 km
Carta stradale Michelin 562-H12

La Porta a Viarolo

via Provinciale Viarolo 103 – ✆ 05 21 83 68 39 – www.laportaaviarolo.it
– Chiuso 30 giugno-15 luglio, domenica sera e mercoledì
Menu 13 € (pranzo in settimana)/35 € – Carta 24/44 €
Una piccola zona bar dove si può mangiare anche un sandwich, ma - chi viene qua - lo fa per gustare la vera cucina emiliana.

VIBO VALENTIA

✉ 89900 – 33 118 ab. – Alt. 476 m – Carta regionale n° **5-A2**
▶ Roma 613 km – Reggio di Calabria 94 km – Catanzaro 69 km – Cosenza 98 km
Carta stradale Michelin 564-K30

501 Hotel

rist,

viale Bucciarelli, Nord : 1 km – ✆ 0 96 34 39 51 – www.501hotel.it
118 cam – 🛉90/150 € 🛉🛉120/160 € – **3 suites** **Rist** – Carta 29/67 €
Imponente struttura in posizione panoramica con vista sul golfo di S. Eufemia: piacevoli zone comuni, spazi congressuali di prestigio e camere di elevato confort (chiedete quelle con vista mare).

Vecchia Vibo

via Murat-Srimbia – ✆ 0 96 34 30 46 – www.hotelvecchiavibo.com
18 cam – 🛉70/75 € 🛉🛉100/110 €
Rist *Vecchia Vibo* – vedere selezione ristoranti
Nella parte antica di Vibo, a poche centinaia di metri dal castello, recente risorsa ricavata da una vecchia casa padronale: sale e camere arredate con gusto e funzionalità.

Vecchia Vibo – Hotel Vecchia Vibo

via Murat-Srimbia – ✆ 0 96 34 30 46 – www.hotelvecchiavibo.com
Carta 37/83 €
Ricavato nelle ex scuderie dell'antica casa padronale offre un'ambientazione rustica e caratteristica. La cucina esprime al meglio la tipicità gastronomica della regione.

a Vibo Valentia Marina Nord : 10 km – ✉ 89811

Cala del Porto
via Roma 22 – ✆ 09 63 57 77 62 – www.caladelporto.com
30 cam ☕ – ♦90/100 € ♦♦130/140 € – **3 suites**
Rist *Lapprodo* ✿ – vedere selezione ristoranti
Albergo di raffinata atmosfera e confort moderno: spazi comuni ampi e ben curati, camere dotate dei migliori confort moderni. Se volete un soggiorno di qualità, Cala del Porto non vi deluderà.

XXX Lapprodo – Hotel Cala del Porto
✿
via Roma 22 – ✆ 09 63 57 26 40 – www.lapprodo.com
Menu 40/80 € – Carta 45/103 €
Elegante vetrina nella zona del porto, la carta è un appetitoso inventario di classici nazionali, in particolare di pesce, che il cliente potrà scegliere dal carrello con il pescato del giorno. Non mancano le carni, spesso calabresi.
➜ Tagliolini in salsa di calamaretti, pomodorini confit e raspatura di limone. Perla di gamberoni rossi di Capo Vaticano in salsa mediterranea e crostini di pane alle olive. Delizia di ricotta vaccina con pere glassate al rhum e chiodi di garofano.

VICCHIO
Firenze (FI) – ✉ 50039 – 8 210 ab. – Alt. 203 m – Carta regionale n° **32-C1**
■ Roma 301 km – Firenze 32 km – Bologna 96 km
Carta stradale Michelin 563-K16

a Campestri Sud : 5 km – ✉ 50039 Vicchio

Villa Campestri Olive Oil Resort
via di Campestri 19/22 – ✆ 05 58 49 01 07 – www.villacampestri.com – Aperto 15 marzo-15 novembre
24 cam ☕ – ♦90/150 € ♦♦120/235 € – **3 suites** **Rist** – Carta 35/53 €
La natura e la storia ben si amalgamano in questa villa trecentesca immersa in un parco con piscina. Raffinati interni d'epoca ed una ricca oleoteca, dove si organizzano corsi di degustazione dell'extra vergine. Piatti toscani ed un menu interamente dedicato all'oro giallo al ristorante.

VICENO ➜ Vedere Crodo
Verbano-Cusio-Ossola (VB)

VICENZA
✉ 36100 – 113 639 ab. – Alt. 39 m – Carta regionale n° **38-A1**
■ Roma 523 km – Padova 37 km – Milano 204 km – Verona 51 km
Carta stradale Michelin 562-F16

Da Porto
viale del Sole 142, 1 km per Trento - A1 – ✆ 04 44 96 48 48 – www.hoteldaporto.com
72 cam ☕ – ♦70/205 € ♦♦80/235 €
Rist *Il Querini da Zemin* – vedere selezione ristoranti
Edificati in una zona verde in una audace architettura, i due moderni edifici ospitano spazi confortevoli con corridoi in marmo ed arredi su misura nelle accoglienti camere. Per soggiorni medio-lunghi, la struttura propone mono e bilocali con angolo cottura.

G Boutique Hotel senza rist
viale Giuriolo 10 – ✆ 04 44 32 64 58 – www.gboutiquehotel.com Pianta : B1**a**
16 cam ☕ – ♦100/1000 € ♦♦100/1000 €
Piccolo albergo che, dopo la ristrutturazione, offre soluzioni moderne di buon confort sia nelle zone comuni, ridotte, ma ben articolate, sia nelle lineari camere.

XXX Da Biasio

viale 10 Giugno 172 – ✆ 04 44 32 33 63 — Pianta : A2**a**
– www.ristorantedabiasio.it – Chiuso 26 ottobre-8 novembre, sabato a mezzogiorno e lunedì

Menu 35/75 € – Carta 47/125 €

Gestione giovane, competente e appassionata per un locale piacevole, con camino per l'inverno e terrazza panoramica per la bella stagione. Cucina del territorio rivisitata.

XX Antico Ristorante agli Schioppi

contrà piazza del Castello 26 – ✆ 04 44 54 37 01 — Pianta : A2**c**
– www.ristoranteaglischioppi.com – Chiuso domenica sera e lunedì

Menu 28 € – Carta 28/46 € – (consigliata la prenotazione)

Mobili di arte povera nell'ambiente caldo e accogliente di uno storico locale della città, rustico, ma con tocchi di eleganza; la cucina segue le tradizioni venete.

Storione
via Pasubio 62/64, 2 km per Trento - A1 – ✆ 04 44 56 65 06 – www.ristorantestorione.it – Chiuso domenica
Menu 23/70 € – Carta 35/83 €
Il nome fa intuire qual è la linea di cucina, solo di pesce secondo la disponibilità dei mercati ittici; luminosa sala di taglio classico e tono signorile, con veranda.

Il Querini da Zemin – Hotel Da Porto
viale del Sole 142, 1 km per Trento - A1 – ✆ 04 44 55 20 54 – www.ilquerinidazemin.it – Chiuso sabato a pranzo e lunedì
Menu 30/55 € – Carta 37/61 €
Proposte di carne e di pesce legate alle tradizioni locali, ma talvolta anche alle fantasie del momento, in un locale dall'esperta gestione familiare che riesce a soddisfare ed accontentare sia i clienti dell'hotel sia gli avventori esterni.

Al Pestello
contrà Santo Stefano 3 – ✆ 04 44 32 37 21 Pianta : B1**c**
– www.ristorantealpestello.it – Chiuso lunedì a mezzogiorno e martedì
Menu 35/45 € – Carta 33/58 €
L'indirizzo giusto per assaporare la vera cucina veneta, e vicentina in particolare, con tanto di menù in dialetto, è questa piccola trattoria con dehors estivo.

Ponte delle Bele
contrà Ponte delle Bele 5 – ✆ 04 44 32 06 47 Pianta : A2**a**
– www.pontedellebele.it – Chiuso 8-25 agosto e domenica, anche sabato in luglio-agosto
Menu 28/35 € – Carta 23/44 €
Una trattoria tipica, specializzata in piatti trentini e sudtirolesi; l'ambientazione, d'impronta rustica e con arredi di legno chiaro, è in sintonia con la cucina.

in prossimità casello autostrada A 4-Vicenza Est Sud-Est : 7 km per Este B2

Viest Hotel
via Scarpelli 41 ✉ 36100 – ✆ 04 44 58 26 77 – www.viest.it
98 cam – †62/160 € ††72/220 € – **2 suites**
Rist – Carta 27/89 € – *(solo a cena escluso sabato e domenica in giugno-settembre)*
In zona commerciale, le camere sono distribuite in tre diverse palazzine collegate da corridoi, secondo criteri di confort crescente; nuova piscina e centro benessere con trattamenti e massaggi.

Victoria
strada padana verso Padova 52 ✉ 36100 – ✆ 04 44 91 22 99 – www.hotelvictoriavicenza.com
120 cam – †67/85 € ††75/100 € – **12 suites**
Rist *Al Company* – Carta 25/70 € – *(chiuso sabato a mezzogiorno e domenica sera in inverno, tutto il giorno negli altri mesi)*
Adiacente ad un centro commerciale, una risorsa di taglio moderno, che offre anche soluzioni in appartamenti; camere spaziose, alcune con un livello di confort elevato. Ristorante-pizzeria per chi vuole rimanere in albergo.

Da Remo
via Caimpenta 14 ✉ 36100 – ✆ 04 44 91 10 07 – www.daremoristorante.com – Chiuso 25 dicembre-7 gennaio, 3 settimane in agosto, domenica sera e lunedì, anche domenica a pranzo in luglio
Carta 31/51 €
Soffitti con travi a vista nelle sale, di cui una con camino, in questo ristorante rustico-signorile in una casa colonica con ampio spazio all'aperto per il servizio estivo.

VICO EQUENSE
Napoli (NA) – ✉ 80069 – 20 809 ab. – Carta regionale n° **6-B2**
Roma 248 km – Napoli 40 km – Castellammare di Stabia 10 km – Salerno 41 km
Carta stradale Michelin 564-F25

Grand Hotel Angiolieri

via Santa Maria Vecchia 2, località Seiano, Sud-Est : 2 km – 08 18 02 91 61 – www.grandhotelangiolieri.it – Aperto 1° aprile-31 ottobre
36 cam – 105/185 € 155/415 € – **2 suites**
Rist ***L'Accanto*** – vedere selezione ristoranti
Affacciato sul Golfo, ma in posizione elevata, si tratta di un austero ed elegante edificio storico; servizio squisito, eleganti arredi, ottima la prima colazione.

L'Accanto – Grand Hotel Angiolieri

via Santa Maria Vecchia 2, località Seiano, Sud-Est : 2 km – 08 18 02 91 61 – www.laccanto.it – Aperto 1° aprile-31 ottobre
Menu 75/130 € – Carta 55/103 €
Un'incantevole terrazza, quasi un promontorio sul Golfo, è la cornice di una cucina dalle incantevoli coreografie ed elaborate preparazioni di un giovane cuoco campano.
➜ Fettucce con gamberi rossi e cime di rapa su crema di burrata. Totani e patate. Ricotta e pera.

Antica Osteria Nonna Rosa (Giuseppe Guida)

via privata Bonea 4, località Pietrapiano, Est : 2 km – 08 18 79 90 55 – www.osterianonnarosa.it – Aperto 16 settembre-10 giugno; chiuso domenica sera e mercoledì
Menu 40/70 € – Carta 42/66 € – *(solo a cena escluso sabato e domenica)* (consigliata la prenotazione)
Una semplice, ma suggestiva dimora storica sul ciglio della strada verso il Monte Faito: la cucina riesce ad essere originale e creativa pur restando fedele alle tradizioni e ai prodotti campani, in una genuina atmosfera familiare.
➜ Spaghetti, acciughe, peperone e pecorino. Tonno "tonnato", biscotto di granturco e pomodoro. Dessert: come una santa... rosa.

a Marina Equa Sud : 2,5 km – 80069 Vico Equense

Torre del Saracino (Gennaro Esposito)

via Torretta 9 – 08 18 02 85 55 – www.torredelsaracino.it – Chiuso 16 febbraio-21 marzo, domenica sera e lunedì
Menu 110/150 € – Carta 83/114 € – (consigliata la prenotazione)
Sempre all'avanguardia, i piatti di Esposito sono un vulcano di idee e di tendenze che hanno ispirato e dato significato al concetto di cucina mediterranea. L'elegante sala è moderna ed essenziale, ma il gioiello è la torre che ospita pochi tavoli con vista mare (meglio, quindi, prenotare), in cui fermarsi anche per un suggestivo dopocena.
➜ Ravioli fondenti di limone con stoccafisso e salsa di ortiche. Rombo cotto sulla pelle, frutti di mare e variazione di lattughe. Affogato al caffè, gelato di vaniglia e china.

sulla strada statale 145 Sorrentina

Capo la Gala

via Luigi Serio 8, s.s. 145 Sorrentina, km 14,500 – 08 18 01 57 58 – www.hotelcapolagala.com – Aperto 19 aprile-18 ottobre
22 cam – 275/450 € 350/490 € – **1 suite**
Rist ***Maxi*** – vedere selezione ristoranti
Costruito a pelo d'acqua in una romantica baia rocciosa, le camere sono lambite dagli spruzzi del mare e sono impreziosite dalle straordinarie ceramiche vietresi.

Mega Mare senza rist

località Punta Scutolo, Ovest : 4,5 km 80069 – 08 18 02 84 94 – www.hotelmegamare.com
29 cam – 40/90 € 75/150 €
Splendidamente panoramico sulla baia di Sorrento, le camere sono semplici, ma con belle ceramiche di Vietri: tutte con un'impagabile vista.

XXX **Maxi** – Hotel Capo la Gala

via Luigi Serio 8, s.s. 145 Sorrentina, km 14,500 – ✆ 08 18 01 57 57 – www.hotelcapolagala.com – Aperto 19 aprile-18 ottobre; chiuso lunedì
Menu 90/120 € – Carta 72/122 € – *(solo a cena)*
Nella sala interna se il tempo è bizzoso o sulla terrazza con vista sul golfo nelle giornate più belle: dovunque si mangi, la cucina è un viaggio all'interno delle seduzioni campane, che il cuoco rivisita con estro e creatività.
➜ Bottoni ripieni di pomodorini con alici alla colatura e fior di latte. Triglia e calamari in tempura con verdure marinate e maionese allo zafferano. Melanzane e cioccolato con gelato di ricotta salata.

VICOFORTE

Cuneo (CN) – ✉ 12080 – 3 131 ab. – Alt. 598 m – Carta regionale n° **22-B3**
▶ Roma 623 km – Cuneo 34 km – Asti 79 km – Torino 90 km
Carta stradale Michelin 561-I5

Antica Meridiana Relais Art Ⓝ senza rist

via Montex 1 – ✆ 01 74 56 33 64 – www.relais-art.com
5 cam ☕ – 🚹50/90 € 🚹🚹100/110 €
Un'originale casa di campagna che vi sorprenderà per la sua originalità e l'attenzione al dettaglio: vista a 360° sui vigneti circostanti dall'appartamento nella torretta.

VICOMERO ➜ Vedere Torrile

Parma (PR)

VICOPISANO

Pisa (PI) – ✉ 56010 – 8 591 ab. – Alt. 12 m – Carta regionale n° **31-B2**
▶ Roma 350 km – Firenze 82 km – Pisa 22 km – Bologna 166 km
Carta stradale Michelin 563-K13

XXX **Osteria Vecchia Noce**

località Noce 39, Ovest : 5 km – ✆ 0 50 78 82 29 – www.ostreiavecchianoce.it – Chiuso martedì sera e mercoledì escluso in luglio-agosto
Carta 34/80 €
Piatti di terra e di mare eleborati con cura, in un antico frantoio del 1700 nel centro del paesino: ambiente caratteristico, elegante e caldo, nonché collaudata gestione familiare.

X **Da Cinotto**

via Provinciale Vicarese 132, località Uliveto Terme, Ovest : 6 km – ✆ 0 50 78 80 43 – Chiuso agosto, venerdì sera e sabato
Carta 30/38 € – (coperti limitati, prenotare)
Trattoria a conduzione familiare dove fermarsi per apprezzare una sincera e casereccia cucina toscana e locale. Ambiente semplice, atmosfera informale.

VIDICIATICO ➜ Vedere Lizzano in Belvedere

Bologna (BO)

VIESTE

Foggia (FG) – ✉ 71019 – 13 601 ab. – Carta regionale n° **26-B1**
▶ Roma 420 km – Foggia 92 km – Bari 179 km – San Severo 101 km
Carta stradale Michelin 564-B30

Degli Aranci

rist,

piazza Santa Maria delle Grazie 10 – ✆ 08 84 70 85 57 – www.hotelaranci.it – Aperto 1° aprile-31 ottobre
121 cam ☕ – 🚹73/220 € 🚹🚹112/278 € **Rist** – Carta 25/35 €
Poco distante dal mare, un hotel dalla calorosa accoglienza che dispone di ariosi e freschi spazi comuni e funzionali camere caratterizzate da differenti tipologie di arredo. Una ampia sala ristorante di tono classico propone piatti lievemente rivisitati ed è particolarmente adatta per allestire anche banchetti.

Seggio

via Veste 7 – 08 84 70 81 23 – www.hotelseggio.it – Aperto 1° aprile-30 settembre

30 cam – 45/75 € 90/150 € – **2 suites** **Rist** – Carta 23/38 €

Un'ubicazione eccezionale: nel centro storico, a strapiombo sulla parete rocciosa, un ascensore vi condurrà in basso sino alla piscina e alla spiaggetta con solarium. Camere confortevoli, molte con vista mare.

Palace Hotel Vieste

cam, cam, rist,

via Santa Maria di Merino 7 – 08 84 70 12 18 – www.palacehotelvieste.it

48 cam – 60/175 € 79/219 €

Rist – Menu 15/20 € – *(aperto 1° aprile-30 settembre) (solo per alloggiati)*

Raffinata ospitalità in un palazzo d'epoca del centro storico: camere diverse per ampiezza e ricercatezza degli arredi, bus-navetta gratuito per la spiaggia (a meno di un km).

White senza rist

via Italia 2, Nord : 1,5 km – 08 84 70 13 26 – www.withehotel.it – Aperto 1° aprile-31 ottobre

49 cam – 59/230 € 59/250 €

Nel litorale nord della località, hotel di moderno design a due passi dal mare. Camere fornite di buone installazioni ed un'originale piscina con giochi d'acqua; ricco brunch fino alle ore 12.

Bikini

via Massimo d'Azeglio 13/a – 08 84 70 15 45 – www.bikinihotelvieste.it – Aperto Pasqua-15 ottobre

32 cam – 40/120 € 60/160 €

Rist – Menu 20/35 € – *(solo per alloggiati)*

Contemporaneamente vicino alla spiaggia, al faraglione di Pizzomunno e al centro della città, una risorsa moderna di sobrie dimensioni con camere funzionali e luminose.

Svevo

via Fratelli Bandiera 10 – 08 84 70 88 30 – www.hotelsvevo.com – Aperto 1° aprile-30 settembre

30 cam – 65/150 € 80/150 €

Rist – Menu 30 € – *(aperto 1° giugno-30 settembre) (solo a cena) (solo per alloggiati)*

In posizione tranquilla in prossimità dell'antica dimora di Federico II di Svevia, l'hotel dispone di camere semplici e funzionali e di un'ampia terrazza-solarium con piscina.

Dimora del Dragone senza rist

via Duomo 21 – 08 84 70 12 12 – www.bbdimoradeldragone.it

6 cam – 50/70 € 60/90 €

Dinnanzi al Duomo, un bel mix di antico e moderno vi attende in camere eleganti, dagli accessori contemporanei, ma affascinanti mattonelle d'epoca; tre camere con vista sul mare e sui tetti della città vecchia.

Al Dragone

via Duomo 8 – 08 84 70 12 12 – www.aldragone.it – Aperto 1° aprile-21 ottobre; chiuso martedì in aprile, maggio e ottobre

Carta 29/59 €

Un ambiente caratteristico ricavato all'interno di una grotta naturale, dove lasciarsi andare ai piaceri della tavola: sapori regionali presentati con cura e fantasia.

Il Capriccio

località Porto Turistico – 08 84 70 78 99 – www.ilcapricciodivieste.it – Chiuso 15 gennaio-13 febbraio e lunedì escluso in aprile-ottobre

Menu 35 € – Carta 31/56 €

Tappa irrinunciabile per chi è alla ricerca dei migliori ristoranti del Gargano, si affaccia sul porto turistico con tavoli sul pontile d'estate. Delizia i palati con una cucina creativa di pesce, spesso combinato con il tradizionale amore dei pugliesi per le verdure. Il nostro consiglio: troccoli con cozze, bottarga e maggiorana su crema di borlotti.

a Lido di Portonuovo Sud-Est : 5 km – ✉ 71019 Vieste

Portonuovo
litoranea, Sud : 4 km – ✆ 08 84 70 65 20 – www.hotelportonuovo.it – Aperto 21 maggio-15 settembre
56 cam – 85/155 € 120/180 €
Rist – Menu 20 € – Carta 32/47 € – *(solo per alloggiati)*
Abbracciato da una piacevole pineta, l'hotel si trova a pochi passi dal mare e propone spazi comuni ampi e discretamente eleganti, camere confortevoli dall'arredo ligneo.

VIETRI SUL MARE
Salerno (SA) – ✉ 84019 – 8 073 ab. – Carta regionale n° **6-B2**
Roma 259 km – Napoli 50 km – Amalfi 20 km – Avellino 41 km
Carta stradale Michelin 564-F26

a Raito Ovest : 3 km Alt. 100 m – ✉ 84010

Raito
via Nuova Raito 9 – ✆ 08 97 63 41 11 – www.hotelraito.it
75 cam – 137/286 € 158/309 € – **2 suites**
Rist *Il Golfo* – Carta 42/98 €
Camere di design, particolarmente belle quelle con grande terrazza, e zone comuni piacevolmente "illuminate" dalla luce che penetra dalle grandi vetrate. La struttura è moderna e come si conviene alle nuove tendenze, non manca di un'attrezzata zona benessere.

VIGANÒ
Lecco (LC) – ✉ 23897 – 2 013 ab. – Alt. 390 m – Carta regionale n° **18-B1**
Roma 607 km – Como 30 km – Bergamo 33 km – Lecco 20 km
Carta stradale Michelin 561-E9

Pierino Penati (Theo Penati)
via XXIV Maggio 36 – ✆ 0 39 95 60 20 – www.pierinopenati.it – Chiuso 27-30 dicembre, domenica sera e lunedì
Menu 25 € (pranzo in settimana) – Carta 58/98 €
Una villa alle porte del paese con un grazioso giardino... e la cura prosegue all'interno nell'elegante sala con veranda. Piatti della tradizione e qualche proposta di pesce.
➜ Risotto allo zafferano. Filetto di manza fassona con verdure. Zabaione con i suoi biscotti.

VIGANO ➜ Vedere Gaggiano
Milano (MI)

VIGARANO MAINARDA
Ferrara (FE) – ✉ 44049 – 7 491 ab. – Alt. 10 m – Carta regionale n° **9-C1**
Roma 424 km – Bologna 52 km – Ferrara 13 km – Modena 65 km
Carta stradale Michelin 562-H16

Antico Casale
via Rondona 11/1 – ✆ 05 32 73 70 26 – www.hotelanticocasale.it – Chiuso 15 giorni in agosto
17 cam – 45/70 € 70/100 €
Rist *Spirito* – ✆ 05 32 43 61 22 – Carta 29/47 € – *(chiuso le sere di lunedì e martedì e sabato a mezzogiorno)*
Il nome mantiene la promessa: si tratta di un casale ottocentesco riadattato ad albergo all'interno di un complesso comprensivo di centro benessere. Gli interni ripropongono una certa rusticità con travi a vista, cotto e testiere in ferro battuto. Echi etnici negli arredi provenienti dall'India.

La Tortiola
via Tortiola 15, Nord Est : 2,5 Km – ✆ 05 32 73 70 37 – www.ristorantemonnalisa.net
12 cam – 50/80 € 70/120 €
Rist *Monna Lisa* – Carta 33/41 € – *(chiuso lunedì a mezzogiorno)*
Nasce dalla ristrutturazione di un fienile dell'Ottocento, questa struttura immersa nel verde della campagna ferrarese, con camere gradevolmente arredate in legno chiaro ed un ristorante dove gustare tipicità ferraresi.

VIGASIO

Verona (VR) – 37068 – 9 661 ab. – Carta regionale n° **39-A3**
Roma 500 km – Venezia 131 km – Verona 17 km – Mantova 27 km
Carta stradale Michelin 562-G14

Montemezzi
via Verona 92 – ✆ 04 57 36 34 40 – www.hotelmontemezzi.it
97 cam – 49/189 € 59/199 €
Rist *Montemezzi* – Carta 23/42 € – *(solo a cena)*
Lontana dai rumori e dal traffico del centro di Verona, struttura commerciale di recente apertura, dispone di ambienti arredati seguendo i dettami del moderno design. Nella sobria sala ristorante, gustosi piatti di cucina mediterranea.

VIGEVANO

Pavia (PV) – 27029 – 61 242 ab. – Alt. 116 m – Carta regionale n° **16-A3**
Roma 601 km – Alessandria 69 km – Milano 35 km – Novara 27 km
Carta stradale Michelin 561-G8

Hotel del Parco cam,
corso Milano 95 27029 Vigevano – ✆ 03 81 34 81 70 – www.delparcohotel.it
40 cam – 70/200 € 80/250 € – **2 suites**
Rist *Trattoria Podazzera* – ✆ 03 81 69 02 68 – Carta 25/43 €
Inaugurato nel 2008, albergo dallo stile moderno e funzionale con un'interessante gamma di servizi tra cui il centro benessere BB Club. Nella ex cascina adiacente, si trova invece il ristorante dove gustare i "tesori" gastronomici della regione: in primis, l'oca.

Locanda San Bernardo N senza rist
corso Novara 2 – ✆ 03 81 69 10 35 – www.locandasanbernardo.it
6 cam – 60/100 € 90/130 €
Non lontano da piazza Ducale, ricavata dalla ristrutturazione della casa di famiglia, una locanda accogliente arredata con mobili in stile.

I Castagni (Enrico Gerli)
via Ottobiano 8/20, Sud : 2 km – ✆ 0 38 14 28 60 – www.ristoranteicastagni.com – Chiuso 1 settimana in gennaio, 1 settimana in giugno, 2 settimane in agosto, domenica sera e lunedì
Menu 52/60 € – Carta 52/81 €
Ricavato da una casa di campagna con portico, gradevole ambiente con quadri e mobili in stile. Fantasia nei piatti sorretti da ottimi prodotti e coreografiche presentazioni.
→ Cannellone di pasta alle olive ripieno di catalogna e ricotta di bufala. Coscia d'oca ripiena di prosciutto d'oca arrostita nel suo grasso. La nostra versione della pesca Melba: zuppa gelatinata di pesche di Volpedo, millefoglie di lamponi.

Da Maiuccia
via Sacchetti 10 – ✆ 0 38 18 34 69 – www.damaiuccia.it – Chiuso 1°-6 gennaio, agosto, domenica sera e lunedì
Carta 30/80 €
Il pesce fresco in esposizione all'ingresso è una presentazione invitante per questo frequentato ristorante signorile. Volendo ci sono anche alcuni piatti a base di carne.

VIGGIANELLO

Potenza (PZ) – ✉ 85040 – 3 084 ab. – Alt. 500 m – Carta regionale n° **4-C3**
Roma 423 km – Cosenza 130 km – Lagonegro 45 km – Potenza 135 km
Carta stradale Michelin 564-H30

La Locanda di San Francesco
rist,

via San Francesco 47 – ✆ 09 73 66 43 84 – www.locandasanfrancesco.com
19 cam – 35/45 € 60/70 €
Rist – Carta 16/31 € – (consigliata la prenotazione)
Per gli amanti di trekking e rafting – attività sportive tra le più praticate all'interno del Parco Nazionale del Pollino - una locanda ricavata da un palazzo settecentesco sapientemente ristrutturato. Camere semplici ed accoglienti. La cucina propone i piatti tipici del territorio.

VIGNOLA

Modena (MO) – ✉ 41058 – 24 399 ab. – Alt. 125 m – Carta regionale n° **9-C2**
Roma 398 km – Bologna 43 km – Milano 192 km – Modena 22 km
Carta stradale Michelin 562-I15

La Cartiera

via Sega 2 – ✆ 0 59 76 70 89 – www.hotellacartiera.it – Chiuso 8-23 agosto
55 cam – 85/105 € 125/150 €
Rist *Bigarò* – Carta 22/44 € – *(chiuso domenica) (solo a cena)*
Ricavato dalla ristrutturazione di una cartiera ottocentesca (nel sottosuolo si possono ancora intuire le antiche funzioni), l'hotel propone camere funzionali e moderne, non prive di tessuti ed arredi raffinati.

La Bolognese

via Muratori 1 – ✆ 0 59 77 12 07 – Chiuso agosto, sabato e domenica
Carta 19/27 € – *(solo a pranzo)* (consigliata la prenotazione)
Ai piedi del maestoso castello, un'autentica trattoria conviviale ed informale; pochi piatti elencati a voce, dalle tagliatelle al ragù ai succulenti arrosti, ma dai sapori genuini e porzioni generose.

VIGO DI FASSA

Trento (TN) – ✉ 38039 – 1 232 ab. – Alt. 1 382 m – Carta regionale n° **34-C2**
Roma 676 km – Bolzano 36 km – Canazei 13 km – Passo di Costalunga 9 km
Carta stradale Michelin 562-C17

Active Hotel Olympic

strada Dolomites 4, località San Giovanni, Est : 1 km – ✆ 04 62 76 42 25 – www.activehotelolympic.it – Aperto 20 dicembre-12 aprile e 26 giugno-10 ottobre
30 cam – 68/115 € 150/220 € – **2 suites** **Rist** – Carta 30/54 €
Lungo la statale che corre ai piedi della località, cordiale accoglienza ladina in una risorsa con spazi comuni ben distribuiti, centro relax e giardino. Belle camere di cui una decina presentano elementi rustici e design moderno; calda e piacevole sala da pranzo con stube in stile locale.

Renato N
cam, rist,

strada de Solar 27 – ✆ 04 62 76 40 06 – www.hotelrenato.it – Chiuso 12 aprile-14 giugno e 10 ottobre-5 dicembre
29 cam – 60/94 € 86/190 € – **8 suites**
Rist – Menu 30 € – *(solo per alloggiati)*
Albergo che dalla sua lontana apertura nel 1975 è statro rinnovato diverse volte ed - oggi - offre un ventaglio davvero completo di servizi, in linea con le aspettative di chi viene in vacanza sulle belle Dolomiti.

Carpe Diem senza rist

strada Neva 3 – ✆ 04 62 76 00 03 – www.carpediemhotel.it – Aperto 6 dicembre-31 marzo e 17 maggio-2 novembre
18 cam – 65/110 € 100/216 €
E' una simpatica coppia emiliana ad aver "colto l'attimo" ed aperto questo grazioso albergo all'ingresso del paese: in larice con giardino d'inverno e panoramica terrazza-solarium.

Catinaccio cam,

piazza J.B.Massar 12 – ✆ 04 62 76 42 09 – www.hotelcatinaccio.com – Aperto 1° dicembre-15 aprile e 15 giugno-30 settembre
22 cam – †40/68 € ††62/150 € **Rist** – Carta 20/51 € – *(solo a cena)*
In posizione panoramica e centrale, squisita gestione familiare in una classica struttura alpina con spunti tirolesi. Al ristorante, piatti classici e specialità ladine cucinati dal patron dell'hotel.

a Tamion Sud-Ovest : 3,5 km – ✉ 38039 Vigo Di Fassa

Gran Mugon cam, rist,

strada de Tamion 3 – ✆ 04 62 76 91 08 – www.hotelgranmugon.com – Aperto 4 dicembre-Pasqua e 15 giugno-30 settembre
26 cam – †50/95 € ††80/160 € – **4 suites**
Rist *'L Chimpl* – vedere selezione ristoranti
Rist – Menu 20/32 € – *(solo a cena)*
In prossimità delle piste da sci, la risorsa risulterà soprattutto gradita alle famiglie con figli al seguito: camere semplici, ma ben tenute, nonché zona benessere con vista sulle vallate.

Agritur Weiss cam, rist,

strada de S. Pozat 11 – ✆ 04 62 76 91 15 – www.agriturweiss.com
8 cam – †58/91 € ††70/145 € **Rist** – Carta 19/50 €
La vista sulla valle e sulle belle rocce dolomitiche è semplicemente mozzafiato, in questo vero agriturismo dove animali da cortile scorrazzano liberamente; camere comode e con un design interessante. Genuina fragranza al ristorante.

'L Chimpl – Hotel Gran Mugon

strada de Tamion 3 – ✆ 04 62 76 91 08 – www.lchimpl.it – Aperto 4 dicembre-Pasqua e 15 giugno-30 settembre
Menu 32/60 € – Carta 44/68 € – *(solo a cena)* (coperti limitati, prenotare)
L'alta cucina si fa strada all'interno dell'albergo Gran Mugon, che ha aperto una sala interamente dedicata al talentuoso cuoco. Nei suoi piatti i prodotti del territorio sono il trampolino di una fantasia che si tuffa in divagazioni estrose e creative per chi vuole sfuggire ai cliché di montagna.
→ Uovo soffice biologico con spuma di patate, spinaci, formaggio cuore di Fassa e tartufo. Sella di capriolo con polenta aromatizzata, porcino fritto e pane soffiato alle erbe. Mela mangio.

VILLA ADRIANA → Vedere Tivoli

Roma (RM)

VILLA BARTOLOMEA

Verona (VR) – ✉ 37049 – 5 802 ab. – Alt. 14 m – Carta regionale n° **39**-B3
Roma 466 km – Verona 50 km – Bologna 95 km – Mantova 52 km
Carta stradale Michelin 562-G16

Agriturismo Tenuta la Pila senza rist

via Pila 42, località Spinimbecco – ✆ 04 42 65 92 89 – www.tenutalapila.com
9 cam – †30/55 € ††70/80 €
Agriturismo realizzato in un mulino dei primi del '700, la cui pila è ancora visibile in una delle sale comuni. Eleganti, spaziose e accoglienti, le camere si distinguono grazie al nome del frutto cui ciascuna è dedicata. La ristorazione è riservata solo a piccoli gruppi.

VILLABASSA (NIEDERDORF)

Bolzano (BZ) – ✉ 39039 – 1 500 ab. – Alt. 1 158 m – Carta regionale n° **34**-D1
Roma 738 km – Cortina d'Ampezzo 36 km – Bolzano 100 km – Brunico 23 km
Carta stradale Michelin 562-B18

Aquila-Adler rist, [P]

piazza Von Kurz 3 – 04 74 74 51 28 – www.hoteladler.com
– Aperto 20 dicembre-6 aprile e 23 maggio-5 ottobre
31 cam – †76/125 € ††132/230 € – **5 suites**
Rist – Carta 30/64 € – *(chiuso martedì in bassa stagione)*
Ambienti raffinati in questa storica struttura del centro - risalente al 1600 - con camere di differenti categorie: imperdibili, le recenti suite. Piccole sale tipo stube per gustare una cucina locale e stagionale.

VILLA D'ADDA

Bergamo (BG) – 24030 – 4 753 ab. – Alt. 286 m – Carta regionale n° **19-C1**
Roma 617 km – Bergamo 24 km – Como 40 km – Lecco 22 km
Carta stradale Michelin 561-E10

XX **La Corte del Noce** [P]

via Biffi 8 – 0 35 79 22 77 – www.lacortedelnoce.com
– Chiuso 16 agosto-25 settembre
Menu 16 € (pranzo in settimana)/45 € – Carta 46/70 €
Nel complesso rurale settecentesco trova posto la curata sala con caminetto. Fuori, il maestoso noce che ha segnato la storia del locale oggi non c'è più, ma all'ombra del suo ricordo si svolge il servizio estivo. Cucina classica completata da una buona scelta enologica.

VILLA D'ALMÈ

Bergamo (BG) – 24018 – 6 785 ab. – Alt. 300 m – Carta regionale n° **19-C1**
Roma 601 km – Bergamo 14 km – Lecco 31 km – Milano 58 km
Carta stradale Michelin 561-E10

XX **Osteria della Brughiera** (Stefano Arrigoni)

via Brughiera 49 – 0 35 63 80 08 – www.osteriadellabrughiera.it
– Chiuso 10-29 agosto, martedì a mezzogiorno e lunedì
Menu 50 € (pranzo in settimana)/80 € – Carta 52/124 €
Atmosfera retrò, eleganza ed un pizzico di romanticismo, ma protagonista è la cucina: troverete sapori ruspanti accanto a leggerezze gourmet, tradizione e creatività, il cuoco non si fa mancare nulla.
→ Patata di montagna schiacciata alla forchetta con uovo e caviale iraniano. Piccione, rabarbaro e foie gras. Meringata alle fragoline di bosco con gelato ai petali di rosa.

VILLA DI CHIAVENNA

Sondrio (SO) – 23029 – 1 034 ab. – Alt. 633 m – Carta regionale n° **16-B1**
Roma 692 km – Sondrio 69 km – Chiavenna 8 km – Milano 131 km
Carta stradale Michelin 561-C10

XX **Lanterna Verde** (Andrea Tonola) [P]

frazione San Barnaba 7, Sud-Est : 2 km – 0 34 33 85 88
– www.lanternaverde.com – Chiuso 10 giorni in giugno,
20 giorni in novembre, mercoledì in luglio-agosto,
anche martedì sera negli altri mesi
Menu 50/80 € – Carta 46/73 €
Nel verde di una tranquilla vallata, le sale ripropongono il tipico stile di montagna. Cucina giovane e creativa: il pesce d'acqua dolce tra i motivi di richiamo.
→ Tartare di trota, olio d'oliva agrumato e pepe nero. Orzotto affumicato con trota marinata alla barbabietola, spuma di panna acida ed erba cipollina. Carré d'agnello avvolto nel fieno e cotto nel lavec (pentola in pietra ollare) con patate in camicia e cipollotti.

VILLAFRANCA DI VERONA

Verona (VR) – ✉ 37069 – 32 912 ab. – Alt. 54 m – Carta regionale n° **39-A3**
Roma 483 km – Verona 19 km – Brescia 61 km – Mantova 22 km
Carta stradale Michelin 562-F14

a Dossobuono Nord-Est : 7 km – ✉ 37062

Veronesi La Torre
via Monte Baldo 22 – ✆ 04 58 60 48 11 – www.hotelveronesilatorre.it
86 cam – 108/400 € 118/400 € – **4 suites**
Rist *LaTorre 22* – ✆ 04 58 61 93 87 – Menu 18/26 € – Carta 29/61 €
E' un monastero la cui parte più antica risale al XIV secolo ad ospitare questo elegante albergo, i cui moderni interni si armonizzano deliziosamente con i muri storici: il risultato è uno spazio confortevole e di grande charme. Cucina classica italiana nel poliedrico ristorante, La Tavola, dotato di diverse sale.

Opera senza rist
via Cavour 5 – ✆ 0 45 98 70 38 – www.operahotel.it – Chiuso 16 dicembre-6 gennaio
13 cam – 45/65 € 62/89 €
Spazi interni, moderni e lineari, si contrappongono piacevolmente all'architettura Liberty di questa graziosa villa gestita con professionalità da una giovane coppia. Imperdibile, l'aperitivo nell'annesso bar, Cafè Operà.

XX **Cavour**
via Cavour 40 – ✆ 0 45 51 30 38 – Chiuso 1°-7 gennaio, domenica sera e mercoledì in settembre-maggio, sabato e domenica negli altri mesi
Carta 37/53 €
E' un'insegna in ferro battuto ad indicare l'edificio storico. Varcata la soglia ci si accomoda in un'ampia sala per gustare le tipiche proposte del territorio, tra le quali non manca mai il carrello dei bolliti.

VILLAFRANCA IN LUNIGIANA

Massa-Carrara (MS) – ✉ 54028 – 4 803 ab. – Alt. 130 m – Carta regionale n° **31-A1**
Roma 420 km – La Spezia 31 km – Parma 88 km
Carta stradale Michelin 563-J11

a Mocrone Nord-Est : 4 km – ✉ 54028 Villafranca In Lunigiana

X **Gavarini** con cam
via Benedicenti 50 – ✆ 01 87 49 55 04 – www.locandagavarini.it
8 cam – 40/50 € 70/90 € – **1 suite**
Menu 35 € – Carta 24/56 € – *(chiuso mercoledì)*
Piatti tipici della Lunigiana elaborati con gusto e semplicità in questo ristorante familiare dalle curate sale e con un bel giardino. Valide le camere arredate con un certo senso estetico e nuova piscina con solarium.

VILLAFRANCA TIRRENA

Messina (ME) – ✉ 98049 – 8 698 ab. – Alt. 22 m – Carta regionale n° **30-D1**
Messina 17 km – Catania 111 km – Siracusa 173 km – Palermo 209 km
Carta stradale Michelin 365-BB54

Parco degli Ulivi N — cam, cam, rist,
Zona Calvaruso – ✆ 09 03 37 95 29 – www.parcodegliulivi.it
37 cam – 44/94 € 59/129 €
Rist *Disio Hostaria* – ✆ 32 97 96 70 75 – Carta 37/54 € – *(chiuso a mezzogiorno e lunedì)*
Ubicato nella parte alta della località con una vista davvero splendida sul mare e sull'arcipelago delle Eolie, questo complesso alberghiero conta su belle camere spaziose e tutte standardizzate fra loro. Anche gli ambienti esterni non lasciano a desiderare… piscina a sfioro sul panorama con ampia terrazza solarium, maneggio e piccola spa ben organizzata.

VILLAMARINA → Vedere Cesenatico

Forlì-Cesena (FC)

VILLANDRO (VILLANDERS)

Bolzano (BZ) – ✉ 39040 – 1 888 ab. – Alt. 880 m – Carta regionale n° **34**-C2
Roma 679 km – Bolzano 29 km – Bassano del Grappa 177 km – Belluno 132 km
Carta stradale Michelin 562-C16

Ansitz Zum Steinbock con cam
Vicolo F.V. Defregger 14 – ☎ 04 72 84 31 11 – www.zumsteinbock.com – Chiuso 7 gennaio-7 febbraio
19 cam – 50/70 € 100/140 € – **1 suite**
Menu 48/120 € – Carta 47/78 € – *(chiuso lunedì)*
E' romantica e particolare l'atmosfera nelle stube d'epoca e nelle graziose stanze di questo edificio del XVIII secolo, con servizio estivo all'aperto. La cucina è regionale, in certi casi più genericamente mediteranea.

VILLA ROSA → Vedere Martinsicuro

Teramo (TE)

VILLA SAN GIOVANNI

Reggio di Calabria (RC) – ✉ 89018 – 13 565 ab. – Alt. 15 m – Carta regionale n° **5**-A3
Roma 653 km – Reggio di Calabria 14 km
Carta stradale Michelin 564-M28

Vecchio Porto
lungomare Cenide 55 – ☎ 09 65 70 05 02 – www.ristorantevecchioporto.net – Chiuso 15-30 novembre e mercoledì
Menu 20/40 € – Carta 31/59 €
Sul lungomare della località, questo locale moderno con cucina a vista apre le proprie porte per invitarvi a gustare del pesce freschissimo e ricette che esaltano le materie prime del territorio.

a Santa Trada di Cannitello Nord-Est : 5 km – ✉ 89018 Villa San Giovanni

Altafiumara
– ☎ 09 65 75 98 04 – www.altafiumarahotel.it
128 cam – 109/405 € 129/510 € – **41 suites**
Rist ***I Due Mari*** – vedere selezione ristoranti
Grande proprietà, a picco sul mare, in cui domina la fortezza borbonica di fine Settecento all'interno della quale sono state ricavate le camere. Esclusivo centro benessere.

I Due Mari – Hotel Altafiumara
– ☎ 09 65 75 98 04 – www.altafiumarahotel.it
Carta 35/62 €
Nella ex santa Barbara di una fortezza borbonica, cucina solare e mediterranea che non disdegna un tocco di natura esotica. Un elegante ristorante dove il cibo diventa sinonimo di arte nell'estasiante viaggio attraverso le antiche ricette di questa terra.

VILLASIMIUS

Sardegna – Cagliari (CA) – ✉ 09049 – 3 439 ab. – Alt. 41 m – Carta regionale n° **28**-B3
Cagliari 49 km – Muravera 43 km – Nuoro 225 km – Olbia 296 km
Carta stradale Michelin 366-S49

Simius Playa
via Matteotti 91 – ☎ 07 07 93 11 – www.simiusplaya.com – Aperto 2 aprile-31 ottobre
43 cam – 80/400 € 100/450 € – **4 suites** **Rist** – Carta 31/160 €
Cinta da un fresco giardino di fiori, al termine di una strada che conduce al mare, la nivea costruzione conserva nei suoi ambienti un'atmosfera che concilia gusto sardo e moresco. La carta propone piatti elaborati e fantasiosi, fuori dal solito cliché alberghiero. D'estate si cena in terrazza.

Cala Caterina

via Lago Maggiore 32, Sud : 4 km – ✆ 0 70 79 74 10 – www.calacaterina.com – Aperto 1° maggio-30 settembre
48 cam – 135/450 € 200/620 €
Rist – Menu 40/100 € – *(solo per alloggiati)*
Perfetta per una vacanza di silenzio e relax, nella semplice eleganza dell'isola, una bella costruzione ad arco in colori pastello che si ripeteranno anche all'interno. Rivolta verso il giardino, la raffinata sala ristorante.

a Solanas Ovest : 11 km – ✉ 09048 Villasimius

Da Barbara

strada provinciale per Villasimius – ✆ 0 70 75 06 30 – www.ristorantedabarbara.com – Aperto 1° aprile-31 ottobre; chiuso mercoledì a pranzo in luglio e settembre, anche mercoledì a mezzogiorno negli altri mesi escluso agosto;
Carta 18/50 € – (consigliata la prenotazione la sera)
Tutto ruota intorno a tre elementi: la freschezza del pesce, testimoniata dall'espositore dove ci si ferma a scegliere, la griglia a legna e la passione per la ristorazione di un'intera famiglia.

VILLA VICENTINA

Udine (UD) – ✉ 33059 – 1 360 ab. – Alt. 9 m – Carta regionale n° **11-C3**
Roma 619 km – Udine 40 km – Gorizia 28 km – Trieste 45 km
Carta stradale Michelin 562-D21

Ai Cjastinars con cam

borgo Pacco 1, strada statale 14, Sud : 1 km – ✆ 04 31 96 90 37 – www.hotelcjastinars.it – Chiuso 15 giorni in novembre, 15 giorni in luglio
15 cam – 50/65 € 84/90 € Carta 27/37 € – *(chiuso venerdì)*
Il locale nasce come trattoria di famiglia e la specialità della casa - da sempre - è la carne alla brace; dehors sotto il porticato e, al piano superiore, alcune camere d'appoggio.

VILLETTA BARREA

L'Aquila (AQ) – ✉ 67030 – 661 ab. – Alt. 990 m – Carta regionale n° **1-B3**
Roma 179 km – Frosinone 72 km – L'Aquila 151 km – Isernia 50 km
Carta stradale Michelin 563-Q23

Il Vecchio Pescatore

via Benedetto Virgilio – ✆ 0 86 48 92 74 – www.ilvecchiopescatore.net
12 cam – 35/60 € 55/80 €
Rist – Carta 18/43 € – *(chiuso martedì in bassa stagione)*
Al limitare del paese, in direzione Pescasseroli, camere semplici e gradevole giardino-solarium in un edificio d'epoca sulla strada principale del paese; nel periodo estivo, l'hotel offre la possibilità di effettuare passeggiate guidate alla scoperta del Parco Nazionale d'Abruzzo. Piatti di gastronomia regionale al ristorante.

VILPIANO = VILPIAN → Vedere Terlano

Bolzano (BZ)

VIMERCATE

Monza e Brianza (MB) – ✉ 20871 – 25 497 ab. – Alt. 194 m – Carta regionale n° **18-B2**
Roma 582 km – Milano 24 km – Bergamo 36 km – Como 45 km
Carta stradale Michelin 561-F10

Cosmo cam, rist,
via Torri Bianche 4, Centro Direzionale – ✆ 03 96 99 61 – www.cosmohoteltorri.it
127 cam – 80/599 € 80/599 €
Rist *San Valentino* – Carta 34/57 € – *(chiuso i mezzogiorno di sabato e domenica)*
A pochi chilometri da Milano, al confine con Monza, un hotel moderno, funzionale, con una forte personalità e uno stile innovativo: junior suite a tema con attenta cura dei dettagli. Originali soluzioni decorative nella raffinata atmosfera del ristorante San Valentino, affacciato su un elegante giardino interno.

VIMODRONE
Milano (MI) – ✉ 20090 – 16 766 ab. – Alt. 128 m – Carta regionale n° **18-B2**
Roma 582 km – Milano 15 km – Bellinzona 115 km – Lecco 50 km
Carta stradale Michelin 561-F9

Il Sorriso con cam e senza cam,
via Piave 15 – ✆ 0 22 50 36 53 – www.ilsorrisoristorante.com – Chiuso 1 settimana in gennaio, 3 settimane in agosto, sabato a mezzogiorno e lunedì
11 cam – 70/85 € 90/110 € – **2 suites**
Carta 41/53 € – *(chiuso sabato a mezzogiorno e lunedì)*
Soffusa eleganza in un ristorante molto ben attrezzato con proposte quasi esclusivamente di mare. Una dozzina di camere, molte delle quali con angolo cottura.

VINCI
Firenze (FI) – ✉ 50059 – 14 296 ab. – Alt. 97 m – Carta regionale n° **31-B1**
Roma 304 km – Firenze 40 km – Lucca 54 km – Livorno 72 km
Carta stradale Michelin 563-K14

Alexandra
via Dei Martiri 82 – ✆ 0 57 15 62 24 – www.hotelalexandravinci.it
47 cam – 49/79 € 69/120 €
Rist *La Limonaia* – vedere selezione ristoranti
L'affidabile e pluriennale gestione di questo hotel situato nella città natale di Leonardo propone belle camere ben accessoriate (soprattutto quelle ospitate nella dépendance).

La Limonaia – Hotel Alexandra
via Dei Martiri 82 – ✆ 05 71 56 80 10 – www.hotelalexandravinci.it
Carta 23/48 €
Benché non manchino piatti di carne, il ristorante è - soprattutto - rinomato per quelli di pesce, in una selezione limitata, ma di qualità. A fare da corollario, una squisita ospitalità familiare.

VIOLE → Vedere Assisi
Perugia

VIPITENO (STERZING)
Bolzano (BZ) – ✉ 39049 – 6 476 ab. – Alt. 948 m – Carta regionale n° **33-B1**
Roma 708 km – Bolzano 66 km – Brennero 13 km – Bressanone 30 km
Carta stradale Michelin 562-B16

Zum Engel
via della Commenda – ✆ 04 72 76 51 32 – www.zum-engel.it – Chiuso 21 giugno-3 luglio e 1°-27 novembre
32 cam – 65/80 € 120/140 € **Rist** – Carta 33/55 €
La sauna finlandese si trova in una casettina in legno che sembra uscita da una fiaba di Perrault, ma non è tutto... Interni signorili, un curato giardino, belle camere spaziose, quelle mansardate ancora più carine!

Kleine Flamme (Bacher Burkhard)
via Cittanuova 31 – ✆ 04 72 76 60 65 – www.kleineflamme.com – Chiuso domenica sera e lunedì
Menu 69/120 € – Carta 64/98 € – (prenotazione obbligatoria)
La "piccola fiamma" rimane sempre accesa e calda grazie ad una squisita e sorridente coppia, lei in sala e lui dalla cucina a proporre piatti mediterranei e creativi con una predilezione per spezie ed erbe aromatiche, coltivate nella piccola corte interna. Ideale connubio tra Oriente ed Occidente.
→ Tandoori di triglia, porri, mozzarella e pane tostato. Carré d'agnello con curry alpino, caponata, succo di frutto della passione, capperi croccanti. Arancia, mango, peperoncino verde, caramello al liquore all'arancia e timo.

a Prati-Val di Vizze

Wiesnerhof rist,
via Val di Vizze 98, località Prati, Est : 3 km ✉ 39049 Vizze – ✆ 04 72 76 52 22 – www.wiesnerhof.it – Chiuso 6 aprile-1° giugno e 1° novembre-8 dicembre
23 cam – †80/120 € ††140/180 € – **9 suites**
Rist – Carta 38/65 € – *(chiuso lunedì)*
In posizione panoramica all'ingresso della valle, una struttura, completa di ogni confort, ideale per vacanze sia estive che invernali; giardino e bella piscina coperta. Grandi finestre affacciate sul verde rendono luminosa la sala ristorante.

Rose rist,
via Val di Vizze 119, località Prati, Est : 3 km ✉ 39049 Vizze – ✆ 04 72 76 43 00 – www.hotelrose.it – Aperto 28 novembre-Pasqua e 1° giugno-31 ottobre
23 cam – †60/90 € ††110/160 € – **7 suites**
Rist – Carta 28/70 € – *(solo a cena) (solo per alloggiati)*
E' un ex della "valanga azzurra", il titolare di questo simpatico hotel dove - oltre all'ospitalità familiare e premurosa - troverete tante proposte per lo sport o il relax. Ottima la nuovissima e completa area benessere.

Kranebitt
località Caminata alt. 1441, Est : 16 km ✉ 39049 Vizze – ✆ 04 72 64 60 19 – www.kranebitt.com – Aperto 25 dicembre-15 marzo e 30 giugno-15 ottobre
28 cam – †42/80 € ††70/110 € **Rist** – Carta 24/46 € – *(solo a cena)*
Tranquillità, natura incontaminata, splendida vista dei monti e della vallata: godrete di tutto ciò soggiornando nell'ambiente familiare di questa comoda risorsa. Accogliente e calda atmosfera al ristorante.

Pretzhof
località Tulve 259 alt. 1280, Est : 8 km ✉ 39040 Vizze – ✆ 04 72 76 44 55 – www.pretzhof.com – Chiuso lunedì e martedì
Carta 28/62 €
L'esposizione in sala di qualche strumento di vita contadina ammicca alla passione della famiglia per la valorizzazione della tipicità sudtirolese. Lo stesso interesse influenza la cucina: regionale e caratteristica, trova la propria massima espressione in piatti come nel tris di canederli o nelle carni del proprio macello.

VISERBA → Vedere Rimini
Rimini (RN)

VISERBELLA → Vedere Rimini
Rimini (RN)

VISNADELLO
Treviso (TV) – ✉ 31027Alt. 46 m – Carta regionale n° **39-A1**
Roma 555 km – Venezia 41 km – Belluno 67 km – Treviso 11 km
Carta stradale Michelin 562-E18

XX **Da Nano**

via Gritti 145 – ✆ 04 22 92 89 11 – www.danano.it – Chiuso 1° -7 gennaio, 3 settimane in agosto, domenica sera e lunedì, anche domenica a mezzogiorno in giugno-agosto
Carta 51/95 €
Il pesce fresco in bella vista all'ingresso chiarisce subito la scelta culinaria di questo locale in prossimità della strada statale; sale classiche, rivestite di legno.

VITERBO

✉ 01100 – 63 707 ab. – Alt. 326 m – Carta regionale n° **12-B1**
▶ Roma 104 km – Chianciano Terme 100 km – Civitavecchia 58 km – Grosseto 123 km
Carta stradale Michelin 563-O18

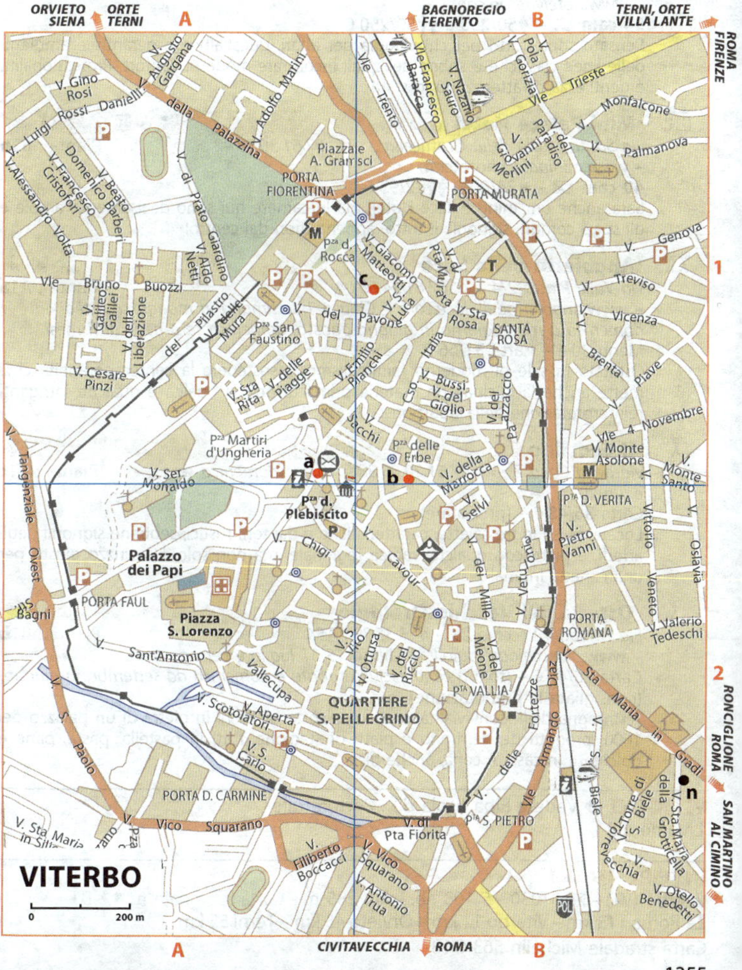

Niccolò V-Terme dei Papi
strada Bagni 12, 3 km per via Faul - A2 – ✆ 07 61 35 05 55 – www.termedeipapi.it
20 cam ☕ – 🚹160/190 € 🚹🚹240/320 € – **3 suites** **Rist** – Carta 32/51 €
All'interno delle terme, hotel dagli arredi classico-eleganti: i servizi proposti si arricchiscono - ora - di una moderna spa.

Alla Corte Delle Terme
cam, rist,
strada Procoio 6, 5 km per via Faul - A2 – ✆ 0 76 11 76 28 79 – www.allacortedelleterme.it
20 cam ☕ – **17 suites** – 🚹115/180 € 🚹🚹180/290 € **Rist** – Carta 29/64 €
Un curato giardino con ulivi abbraccia questo esclusivo relais dalle ampie camere in stili differenti; servizio attento anche al ristorante e navetta gratuita per le terme (a pochi minuti di distanza).

Viterbo senza rist
via San Camillo de Lellis 6, 1 km per via della Palazzina – ✆ 07 61 27 01 00 – www.hotelviterbo.com
54 cam ☕ – 🚹50/250 € 🚹🚹50/250 €
Pensato soprattutto per chi viaggia per affari, quest'albergo garantisce ambienti dalle linee classiche e sobrie nei quali incontrare moderni confort. Professionalità e gentilezza caratterizzano lo staff!

Mini Palace Hotel senza rist
via Santa Maria della Grotticella 2 – ✆ 07 61 30 97 42 Pianta : B2**n**
– www.minipalacehotel.com
40 cam ☕ – 🚹74/80 € 🚹🚹82/93 €
Sarà anche un "mini" Palace Hotel, ma le camere qui sono decisamente ampie e gli spazi comuni signorili: il tutto, appena fuori dal centro!

Angoletto della Luce
via Valle Piatta 2/4 – ✆ 07 61 34 68 04 Pianta : A1**a**
– www.angolettodellaluce.com – Chiuso 1 settimana in maggio, martedì, la domenica a mezzogiorno in giugno-agosto, domenica sera negli altri mesi
Menu 30 € – Carta 31/66 €
Ospitato in sale di moderno minimalismo, a sostenere la contemporaneità ci si mette anche la cucina con materie prima di ottima qualità e qualche intriganti reinterpretazione della tradizione.

Il Grottino
via della Cava 7 – ✆ 07 61 29 00 88 – chiuso domenica sera e lunedì Pianta : B1**c**
Carta 36/48 € – (prenotare)
Locale diviso in tre salette, caratteristiche e dai toni rustici, sebbene signorili negli arredi, e piatti con qualche radice regionale, ma non solo. L'indirizzo giusto per una cenetta intima!

Osteria del Vecchio Orologio
via Orologio Vecchio 25 – ✆ 3 35 33 77 54 Pianta : B1**b**
– www.alvecchioorologio.it – Chiuso 15-31 luglio e Ferragosto
Carta 26/47 € – *(solo a cena escluso sabato e domenica da settembre a giugno)* (consigliata la prenotazione)
All'insegna della convivialità, si mangia sotto gli archi in pietra di un palazzo del 1600: prodotti del territorio e piatti di stagione, fritti in pastella, pasta, pane e dolci fatti in casa. A cena, anche pizza.

VITICCIO
→ Vedere Elba (Isola d') : Portoferraio
Livorno (LI)

VITORCHIANO
Viterbo (VT) – ✉ 01030 – 5 103 ab. – Alt. 285 m – Carta regionale n° **12-B1**
Roma 113 km – Viterbo 11 km – Orvieto 45 km – Terni 55 km
Carta stradale Michelin 563-O18

Canestro

via Sorianese 2/3, Sud : 3 km – ✆ 07 61 37 03 44 – www.nandoalpallone.com – chiuso 8-29 gennaio e 2-16 luglio
13 cam – 77/198 € 110/280 € – **4 suites**
Rist *Nando Al Pallone* – vedere selezione ristoranti
Rinnovato in anni recenti, albergo di moderno confort con camere ampie e accessoriate: nelle junior vi è perfino un camino! In estate, si apprezza la piacevole piscina.

Villa San Michele

via della Quercia 15/b – ✆ 07 61 37 34 41 – www.villasanmicheleviterbo.it – Chiuso 1 settimana in novembre, 1 settimana in gennaio, lunedì e martedì
Menu 85/110 € – Carta 38/63 € – *(solo a cena escluso domenica)* (prenotazione obbligatoria)
Rist *Basilicò* – ✆ 07 61 37 04 86 –Menu 25/35 € – Carta 20/37 € – *(chiuso martedì)*
Nella sala più intima ed elegante di una bella villa di campagna (con spazio per la banchettistica), lo chef-patron propone una cucina moderna ed intrigante, sia di terra sia di mare. All'osteria Basilicò, formaggi e salumi delle regioni d'Italia e tagliate di carne.

Nando Al Pallone – Hotel Canestro

via Sorianese 2/3, Sud : 3 km – ✆ 07 61 37 03 44 – www.nandoalpallone.com – Chiuso mercoldì
Carta 22/77 €
Se già la sterminata cantina con collezioni di vini di alto pregio, vi sembra entusiasmante, aspettate di gustare la cucina... Proposte di ampio respiro che abbracciano mare, terra, cacciagione.

VITTORIA

Sicilia – Ragusa (RG) – ✉ 97019 – 62 287 ab. – Alt. 168 m
– Carta regionale n° **30-C3**
Agrigento 107 km – Catania 96 km – Ragusa 26 km – Siracusa 104 km
Carta stradale Michelin 365-AW62 – Guida Verde Michelin SICILIA

Villa San Bartolo Resort

contrada San Bartolo, (Nord-Ovest: 3 km) – ✆ 0 93 21 84 60 49 – www.villasanbartolo.it
14 cam – 84/104 € 94/144 €
Rist *Atmosphere* – ✆ 0 93 21 86 52 07 – Carta 40/70 €
La villa è frutto del rifacimento di un antico palmento dei primi '900, i suoi interni si distinguono per modernità semplicità e pulizia. Sullo stesso stile anche il ristorante, dove si serve una cucina a base di piatti rigorosamente siciliani. Una chicca, il giardino sul retro!

a Scoglitti Sud-Ovest : 13 km – ✉ 97010

Al Gabbiano

cam, cam,

via Messina 52 – ✆ 09 32 98 01 79 – www.hotelsulmare.it
27 cam – 75/90 € 100/150 € **Rist** – Carta 21/49 € – *(chiuso lunedì)*
Direttamente sulla spiaggia con un proprio stabilimento balneare (La Capannina) bar e pizzeria serale, questa piccola struttura a gestione familiare dispone di camere sobrie, ma comunque confortevoli. Vista la posizione, al ristorante è il pesce a farla da padrone!

sulla strada provinciale 3 Arcate-Chiaramonte Gulfi Nord : 14.5 km

Cos senza rist

Contrada Fontane ✉ 97019 Vittoria – ✆ 09 32 87 61 45 – www.cosvittoria.it
8 cam – 50/100 € 90/130 €
Piacevole ospitalità rustica in un vecchio casolare e cucina casalinga all'interno dell'omonima azienda vinicola, celebre per le vinificazioni in anfore interrate. Su richiesta, ma noi ve lo consigliamo, è possibile vistare anche la cantina.

VITTORIO VENETO

Treviso (TV) – ✉ 31029 – 28 599 ab. – Alt. 138 m – Carta regionale n° **40**-C2

Roma 581 km – Belluno 37 km – Cortina d'Ampezzo 92 km – Milano 320 km

Carta stradale Michelin 562-E18

Terme senza rist

via delle Terme 4 – ✆ 04 38 55 43 45 – www.hotelterme.tv

39 cam – †60/80 € ††80/100 €

Un tranquillo giardino sul retro e camere piacevolmente sobrie, recentemente rinnovate, in questo albergo del centro: ideale per una clientela commerciale. Accogliente sala ristorante con piatti di cucina locale e nazionale.

Agriturismo Alice-Relais nelle Vigne senza rist

via Gaetano Giardino 94, località Carpesica – ✆ 04 38 56 11 73 – www.alice-relais.com – Chiuso 2-11 gennaio

10 cam – †100/120 € ††120/165 €

Nei pressi dell'uscita autostradale sud, ma immersa in un paesaggio da cartolina. Tra colline, vigneti e campanili, una risorsa dotata di ottime camere in legno.

VIVARO

Pordenone (PN) – ✉ 33099 – 1 391 ab. – Alt. 138 m – Carta regionale n° **10**-B2

Roma 614 km – Udine 44 km – Pordenone 26 km – Venezia 110 km

Carta stradale Michelin 562-D20

Gelindo dei Magredi con cam

via Roma 16 – ✆ 33 57 17 08 06 – www.gelindo.it

35 cam – †50/75 € ††75/90 € Carta 20/46 €

Gestione familiare che utilizza molti prodotti della propria azienda agricola per una cucina semplice e contadina. Maneggio, piscina e fattoria didattica per bambini e scolaresche; sul retro le camere e, a 400 metri, altre 8 stanze dell'agriturismo Lataira dei Magredi.

VIVERONE

Biella (BI) – ✉ 13886 – 1 416 ab. – Alt. 287 m – Carta regionale n° **23**-C2

Roma 661 km – Torino 58 km – Biella 23 km – Ivrea 16 km

Carta stradale Michelin 561-F6

Marina

frazione Comuna 10 – ✆ 01 61 98 75 77 – www.hotelmarinaviverone.it – Aperto 15 marzo-30 ottobre

60 cam – †75/95 € ††110/150 €

Rist – Carta 30/64 € – *(chiuso venerdì escluso 15 maggio-15 settembre)*

Circondata da un giardino in riva al lago, confortevole struttura di taglio moderno, con piscina, spiaggia e pontile privati: ideale per un soggiorno di completo relax. Estrema modularità negli spazi del ristorante.

VIZZINI

Catania (CT) – ✉ 95049 – 6 262 ab. – Alt. 586 m – Carta regionale n° **30**-D2

Roma 854 km – Palermo 253 km – Catania 60 km – Ragusa 38 km

Carta stradale Michelin 365-AX61

a Vizzini Scalo Nord-Ovest : 4 km

Castello Camemi cam, rist,

contrada Camemi – ✆ 09 33 01 09 98 – www.castellocamemi.com

14 cam – †99/109 € ††119/540 €

Rist – Menu 35/65 € – (prenotazione obbligatoria)

Antica dimora circondata dal verde della campagna e da un curato giardino con piscina. Al suo interno, ambienti piacevoli e confortevoli con tocchi d'eleganza: grandi vasche da bagno nelle camere migliori.

La Ruota

contrada Corvo – ✆ 09 33 96 18 20 – www.ristorantelaruota.net – Chiuso lunedì

Menu 20/35 € – Carta 34/58 €

Sapori siciliani con tanta carne ed un po' di pesce, paste fatte in casa e, solo la sera, anche la pizza, in un ristorante dalla semplice gestione familiare.

VIZZOLA TICINO

Varese (VA) – ✉ 21010 – 599 ab. – Alt. 196 m – Carta regionale n° **16**-A2
Roma 619 km – Stresa 42 km – Como 55 km – Milano 51 km
Carta stradale Michelin 561-F8

Villa Malpensa

via Sacconago 1 – ✆ 03 31 23 09 44 – www.hotelvillamalpensa.com
64 cam – 90/190 € 105/230 € – **1 suite**
Rist – Carta 35/79 € – *(chiuso agosto)*
Vicino all'aeroporto, dal 1991 una sontuosa residenza patrizia inizio '900 offre una curata ospitalità nei suoi raffinati interni; meno affascinanti ma confortevoli le camere. Signorile sala ristorante e salone con affreschi originali di inizio secolo.

VODO CADORE

Belluno (BL) – ✉ 32040 – 898 ab. – Alt. 901 m – Carta regionale n° **40**-C1
Roma 654 km – Cortina d'Ampezzo 17 km – Belluno 49 km – Milano 392 km
Carta stradale Michelin 562-C18

Al Capriolo

via Nazionale 108 – ✆ 04 35 48 92 07 – www.alcapriolo.it
– Chiuso 20 aprile-10 giugno, mercoledì a mezzogiorno e martedì in gennaio-aprile
Menu 55/80 € – Carta 50/102 €
Rist *Il Capriolino* –Menu 23/30 € – Carta 33/53 €
Elegante casa d'atmosfera mitteleuropea con una storia di oltre 200 anni narrata da trofei di caccia, orologi ed affreschi, gestita da sempre dalla stessa famiglia: creatività e specialità del territorio in cucina. Fratello minore è il Capriolino, osteria con pochi piatti tradizionali ad un prezzo interessante.
→ Riso vialone nano mantecato al formaggio stravecchio del Cadore e paté d'oca. Gran piatto di cacciagione. Strudel di mele e pere con bavarese alla vaniglia Tahiti e sorbetto al pepe di Sichuan.

VÖLS AM SCHLERN = FIÈ ALLO SCILIAR

VOLASTRA → Vedere Manarola

La Spezia (SP)

VOLPAIA → Vedere Radda in Chianti

Siena (SI)

VOLTERRA

Pisa (PI) – ✉ 56048 – 10 595 ab. – Alt. 531 m – Carta regionale n° **31**-B2
Roma 287 km – Firenze 76 km – Siena 50 km – Livorno 73 km
Carta stradale Michelin 563-L14

Park Hotel Le Fonti

cam, rist,

via di Fontecorrenti, 2 – ✆ 0 58 88 52 19 Pianta : A2**g**
– www.parkhotellefonti.com – Aperto 1° aprile-31 ottobre
64 cam – 69/149 € 89/169 €
Rist – Carta 24/71 € – *(solo a cena escluso 15 giugno-15 settembre)*
Su una collina, poco distante dal centro storico, è una grande struttura in stile toscano con salotti arredati con gusto ed ampie camere, sala meeting e lettura. La cucina s'ispira alla tradizione e ai sapori toscani, da assaporare nelle sale o, durante la bella stagione, su una grande terrazza.

La Locanda senza rist

via Guarnacci 24/28 – ✆ 0 58 88 15 47 Pianta : B1**e**
– www.hotel-lalocanda.com
18 cam – 74/83 € 93/104 € – **1 suite**
A pochi passi da Piazza dei Priori, l'hotel è stato ricavato dal restauro di un monastero e vanta camere spaziose e raffinate e piccoli spazi comuni piacevolmente arredati.

Villa Rioddi senza rist

località Rioddi, 2 km per Cecina – ✆ 0 58 88 80 53 – www.hotelvillarioddi.it – Aperto 16 marzo-3 novembre

13 cam ☕ – 🚹65/90 € 🚹🚹75/100 €

Una villa toscana medievale con pietre a vista offre raccolte e caratteristiche sale per il relax, camere confortevoli con arredi in legno e vista sulla val di Cecina.

Agriturismo Marcampo senza rist

località San Cipriano podere Marcampo, Nord : 5 km – ✆ 0 58 88 53 93 – www.agriturismo-marcampo.com

6 cam ☕ – 🚹72/106 € 🚹🚹80/118 €

In posizione panoramica e tranquilla, un agriturismo nuovo di zecca con solo sei camere, di cui tre classiche e tre con angolo cottura, per offrire ai propri ospiti il meglio dell'ospitalità.

Enoteca Del Duca

via di Castello 2 angolo via Dei Marchesi – ✆ 0 58 88 15 10 Pianta : A2**d**

– www.enoteca-delduca-ristorante.it – Chiuso 23 gennaio-6 febbraio, 13-26 novembre e martedì

Menu 32/45 € – Carta 32/68 €

Vicino alla piazza principale e al Castello, il locale ospita una piccola enoteca per la degustazione dei vini ed una sala più elegante dove gustare piatti toscani. Per chi ama gli spazi aperti, anche un caratteristico dehors.

Il Sacco Fiorentino

via Giusto Turazza 13 – ✆ 0 58 88 85 37 – Chiuso gennaio, domenica sera e mercoledì (escluso giugno-agosto) Pianta : A2**c**

Menu 25/28 € – Carta 24/70 €

Conduzione familiare e cucina regionale, in un piacevole e caratteristico locale ubicato in un palazzo medievale adiacente alla bella piazza del duomo.

VOLTIDO

Cremona (CR) – ✉ 26030 – 403 ab. – Alt. 35 m – Carta regionale n° **17-C3**

Roma 493 km – Parma 42 km – Brescia 57 km – Cremona 30 km

Carta stradale Michelin 561-G13

a Recorfano Sud : 1 km – ✉ 26034 Voltido

Antica Trattoria Gianna

via Maggiore 12 – ✆ 0 37 59 83 51 – www.anticatrattoriagianna.com – Chiuso lunedì sera e martedì

Menu 12 € (pranzo in settimana)/35 € – Carta 17/35 €

Gloriosa trattoria familiare, a pranzo troverete piatti semplici ed economici, la sera un menu degustazione per mangiare in abbondanza i piatti della bassa padana: salumi, risotto Carnaroli con pesto di noci, pinoli e menta selvatica oppure l'ottima costata scalzata di manzetta con fior di sale e olio aromatico.

VOLTRI → Vedere Genova

Genova (GE)

VOZE → Vedere Noli

Savona (SV)

VULCANO → Vedere Eolie (Isole)

Messina (ME)

WELSBERG = MONGUELFO

WELSCHNOFEN = NOVA LEVANTE

WOLKENSTEIN IN GRÖDEN = SELVA DI VAL GARDENA

ZADINA PINETA → Vedere Cesenatico

Forlì-Cesena (FC)

ZAFFERANA ETNEA

Sicilia – Catania (CT) – ✉ 95019 – 9 252 ab. – Alt. 574 m – Carta regionale n° **30-D2**

Catania 24 km – Enna 104 km – Messina 79 km – Palermo 231 km

Carta stradale Michelin 365-AZ57 – Guida Verde Michelin SICILIA

Airone

via Cassone 67, Ovest : 2 km – ✆ 09 57 08 18 19 – www.hotel-airone.it

62 cam – †65/98 € ††80/136 € **Rist** – Carta 27/41 €

Raffinato hotel dal sapore rustico che va migliorandosi di anno in anno: situato nella parte alta e panoramica della località, tutt'intorno un parco di alberi secolari e, al ristorante, i must della cucina tipica siciliana.

Monaci delle Terre Nere

via Monaci snc – ✆ 09 57 08 36 38 – www.monacidelleterrenere.it

15 cam – †125/155 € ††180/250 €

Rist – Menu 30 € (pranzo)/48 € (cena) – *(solo per alloggiati)*

Una villa ottocentesca abbandonata è oggi il sogno realizzato di un giovane ingegnere siciliano che, grazie al lusso agreste delle camere ed alla rigogliosa generosità di giardino ed orto, tenterà di realizzare anche il vostro desiderio di vacanza etnea.

ZAMBRONE

Vibo Valentia (VV) – ✉ 89868 – 1 766 ab. – Alt. 222 m – Carta regionale n° **5-A2**
Roma 628 km – Catanzaro 81 km – Vibo Valentia 25 km – Reggio di Calabria 129 km
Carta stradale Michelin 564-K29

Scoglio del Leone
cam,

via Marina di Zambrone – ☎ 09 63 39 48 77 – www.scogliodelleone.it – Aperto 26 aprile-15 ottobre
70 cam – 50/210 € 70/312 € **Rist** – Menu 25/55 €
Un'accogliente struttura in cui predomina il blu: un richiamo al mare che ben si sposa con l'ambiente circostante. Ubicato a qualche centinaia di metri dalla spiaggia, un servizio navetta accompagna gli ospiti fino all'arenile; a parte una decina di camere lato monte, tutte le altre godono di una bella vista sul Tirreno.

ZELARINO → Vedere Mestre

Venezia (VE)

ZERO BRANCO

Treviso (TV) – ✉ 31059 – 11 059 ab. – Alt. 18 m – Carta regionale n° **40-C2**
Roma 538 km – Padova 35 km – Venezia 29 km – Milano 271 km
Carta stradale Michelin 562-F18

Ca' Busatti

via Gallese 26, Nord-Ovest : 3 km – ☎ 0 42 29 76 29 – www.cabusatti.com – Chiuso 2 settimane in gennaio, 1 settimana in agosto, domenica sera e lunedì
Menu 28 € (pranzo in settimana)/78 € – Carta 40/121 €
Un piccolo angolo di signorilità cinto dal verde: un'elegante casa di campagna con una saletta interna e un dehors coperto, chiuso da vetrate. La cucina? Di terra e di mare, fantasiosa ed innovativa.

ZOAGLI

Genova (GE) – ✉ 16030 – 2 516 ab. – Carta regionale n° **15-C2**
Roma 448 km – Genova 34 km – La Spezia 72 km – Massa 87 km
Carta stradale Michelin 561-J9

L'Arenella

lungomare dei Naviganti – ☎ 01 85 25 93 93 – www.ristorantearenella.it – Chiuso 10 gennaio-10 febbraio e martedì escluso luglio-agosto
Carta 29/78 € – (consigliata la prenotazione)
A pochi passi dal centro, sulla caratteristica passeggiata, locale curato e specialità di pesce. Lettini e sdraio a disposizione per la spiaggia.

ZOLA PREDOSA

Bologna (BO) – ✉ 40069 – 18 392 ab. – Alt. 74 m – Carta regionale n° **9-C3**
Roma 378 km – Bologna 12 km – Milano 209 km – Modena 33 km
Carta stradale Michelin 562-I15

Admiral Park Hotel
rist,

via Fontanella 3, Sud : 4 km – ☎ 0 51 75 57 68 – www.admiralparkhotel.com
120 cam – 50/290 € 60/320 €
Rist – Carta 28/51 € – *(chiuso 8-16 agosto)*
In posizione defilata - sulla sommità di una collinetta - nuova struttura a vocazione commerciale e congressuale. Camere di diversa tipologia, in stile minimalista e design.

Zola senza rist

via Risorgimento 186 – ☎ 0 51 75 11 01 – www.hotelzola.it – Chiuso 23-27 dicembre e 8-26 agosto
108 cam – 79/220 € 99/250 €
Imponente edificio di non molte attrattive, che si rivela all'interno un albergo ben organizzato, con spaziosa hall e camere funzionali; ideale per chi viaggia per affari.

Masetti

via Gesso 70, località Gesso, Sud : 1 km – ✆ 0 51 75 51 31 – www.ristorantemasetti.it – Chiuso 1° -14 febbraio, 1° -25 agosto e giovedì

Carta 23/45 €

Caseggiato nel verde sulle prime colline del bolognese: all'interno un'ampia e sobria sala con grande brace per le carni alla griglia; cucina del territorio.

ZORZINO → Vedere Riva di Solto
Bergamo (BG)

© F. Pizzochero / Marka / age fotostock

San Marino

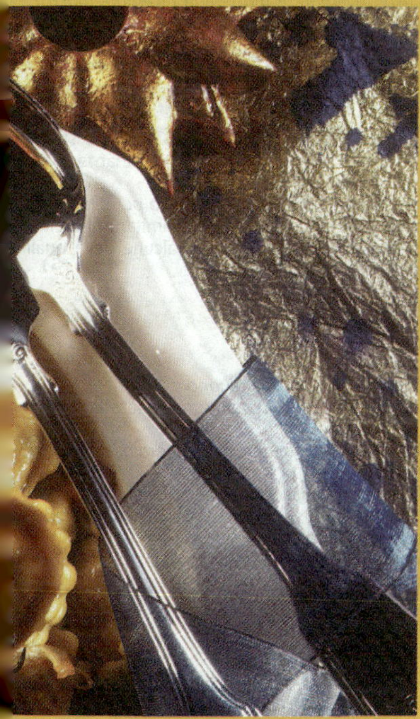

SAN MARINO

San Marino (SMR) – ✉ 47890 – 4 119 ab. – Alt. 675 m – Carta regionale n° **9**-**D2**

Roma 392 km – Bologna 134 km – Rimini 26 km – Venezia 286 km

Grand Hotel San Marino

viale Antonio Onofri 31 – ✆ 05 49 99 24 00 – www.grandhotel.sm – Chiuso 23-28 dicembre Pianta : B2**a**

61 cam – 57/80 € 139/219 €

Rist *L' Arengo* – Carta 37/58 €

Un grande "classico" dell'hotellerie locale: ideale per un soggiorno dedicato al benessere e al relax, alla salute ci pensano un medico ed un erborista. Omaggia un'antica istituzione il ristorante, cinto da vetrate che lo illuminano di luce naturale.

Cesare

rist, AC

salita alla Rocca 7 – ✆ 05 49 99 23 55 – www.hotelcesare.com Pianta : A2**b**

18 cam – 57/139 € 79/219 €

Rist *Cesare* – Carta 38/73 € – *(chiuso novembre e martedì in dicembre-marzo)*

La magia di un antico borgo medioevale si fonde con la modernità di una nuova struttura dedicata all'ospitalità. Alcune camere hanno il privilegio di essere letteralmente invase dalla luce naturale, grazie alle grandi finestre. Nell'omonimo ristorante la specialità è la griglia, sempre accesa a pranzo e a cena.

Joli San Marino

AC cam, rist,

viale Federico d'Urbino 36/b – ✆ 05 49 99 10 09 – www.hoteljoli.sm Pianta : A2**c**

31 cam – 43/96 € 56/131 € **Rist** – Carta 30/52 € – *(solo per alloggiati)*

In comoda posizione stradale, appena fuori dalle mura che delimitano il centro storico, la struttura propone camere recentemente rinnovate, alcune delle quali con vista sulla catena degli Appennini.

Righi la Taverna

piazza della Libertà 10 – ✆ 05 49 99 11 96 – www.ristoranterighi.com Pianta : A1**n**

Menu 38/65 € – Carta 36/84 € – *(aperto 1° marzo-30 giugno e 11 settembre-6 gennaio; chiuso domenica sera e lunedì)* (consigliata la prenotazione)

Rist *L'Osteria Righi* –Carta 23/39 € – *(chiuso 7 gennaio-28 febbraio, domenica sera e lunedì escluso maggio-settembre)*

Nella splendida cornice di una delle piazze più panoramiche d'Italia, piatti veloci ed un ottimo rapporto qualità/prezzo all'Osteria; cucina raffinata in un funambolico equilibrismo fra tradizione e creatività nell'elegante sala al primo piano.

➔ Ricciola, burrata, liquirizia e pomodoro confit. Lasagnetta con ragù antico. Zuppa di pesce.

SAN MARINO

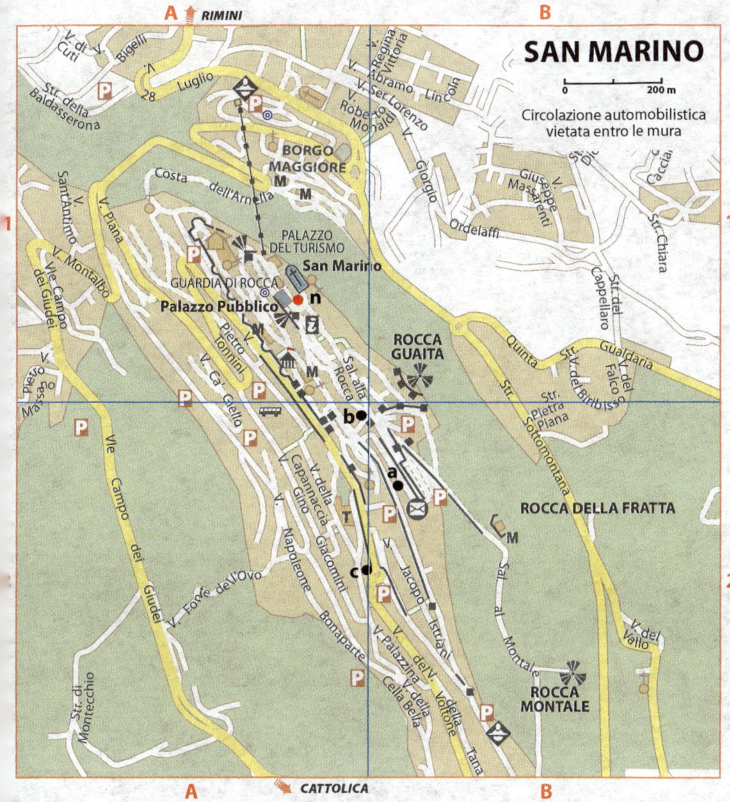
SAN MARINO
0 200 m
Circolazione automobilistica vietata entro le mura
RIMINI
CATTOLICA
BORGO MAGGIORE
PALAZZO DEL TURISMO
San Marino
GUARDIA DI ROCCA
Palazzo Pubblico
ROCCA GUAITA
ROCCA DELLA FRATTA
ROCCA MONTALE

Distinzioni 2015

E anche... *and also...*

Esercizi con stelle 2015

→ Starred restaurants

Abruzzo

Castel di Sangro	Reale	✿✿✿
Civitella Casanova	La Bandiera	✿
Guardiagrele	Villa Maiella	✿
L'Aquila	Magione Papale	✿
Pescara	Café Les Paillotes	✿
San Salvo / San Salvo Marina	Al Metrò	✿

Calabria

Catanzaro	Antonio Abbruzzino	✿
Marina di Gioiosa Ionica	Gambero Rosso	✿
Strongoli	Dattilo	✿
Vibo Valentia / Vibo Valentia Marina	Lapprodo	✿

Campania

Amalfi	La Caravella	✿	
Brusciano	Taverna Estia	✿✿	**N**
Caggiano	Locanda Severino	✿	
Capri (Isola di) / Anacapri	Il Riccio	✿	
Capri (Isola di) / Anacapri	L'Olivo	✿✿	
Capri (Isola di) / Capri	Mammà	✿	**N**
Caserta	Le Colonne	✿	
Eboli	Il Papavero	✿	
Ischia (Isola d') / Casamicciola Terme	Il Mosaico	✿✿	
Ischia (Isola d') / Lacco Ameno	Indaco	✿	
Maiori	Il Faro di Capo d'Orso	✿	
Massa Lubrense / Nerano	Quattro Passi	✿✿	
Massa Lubrense / Nerano	Taverna del Capitano	✿	
Massa Lubrense / Termini	Relais Blu	✿	**N**
Mercato San Severino	Casa del Nonno 13	✿	
Napoli	Il Comandante	✿	
Napoli	Palazzo Petrucci	✿	
Paestum	Le Trabe	✿	
Pompei	President	✿	**N**
Positano	La Sponda	✿	
Positano	Zass	✿	
Quarto	Sud	✿	
Ravello	Il Flauto di Pan	✿	**N**
Ravello	Rossellinis	✿	
Sant' Agata sui Due Golfi	Don Alfonso 1890	✿✿	
Sorbo Serpico	Marenna'	✿	
Sorrento	Il Buco	✿	
Sorrento	Terrazza Bosquet	✿	
Telese Terme	Krèsios	✿	
Vairano Patenora	Vairo del Volturno	✿	
Vallesaccarda	Oasis-Sapori Antichi	✿	
Vico Equense	Antica Osteria Nonna Rosa	✿	
Vico Equense	L'Accanto	✿	
Vico Equense	Maxi	✿	
Vico Equense / Marina Equa	Torre del Saracino	✿✿	

Emilia-Romagna

Bagno di Romagna	Paolo Teverini	✿
Bologna	I Portici	✿
Borgonovo Val Tidone	La Palta	✿
Carpaneto Piacentino	Nido del Picchio	✿
Cervia / Milano Marittima	La Frasca	✿
Cesenatico	La Buca	✿
Cesenatico	Magnolia	✿
Codigoro	La Capanna di Eraclio	✿
Codigoro	La Zanzara	✿
Ferrara	Il Don Giovanni	✿
Imola	San Domenico	✿✿
Modena	L'Erba del Re	✿
Modena	Osteria Francescana	✿✿✿
Modena	Strada Facendo	✿
Parma	Al Tramezzo	✿
Parma	Inkiostro	✿
Parma	Parizzi	✿
Pennabilli	Il Piastrino	✿
Piacenza	Antica Osteria del Teatro	✿
Polesine Parmense	Antica Corte Pallavicina	✿
Quattro Castella / Rubbianino	Ca' Matilde	✿
Rimini / Miramare	Guido	✿
Rubiera	Arnaldo-Clinica Gastronomica	✿
Sasso Marconi	Marconi	✿
Savigno	Trattoria da Amerigo	✿
Soragna	Locanda Stella d'Oro	✿
Torriana	Il Povero Diavolo	✿

→ **N** : Nuova distinzione.

→ **N** : newly awarded distinction.

Friuli-Venezia Giulia

Colloredo di Monte Albano	La Taverna	✿
Cormons	Al Cacciatore-della Subida	✿
Dolegna del Collio / Ruttars	Castello di Trussio dell'Aquila d'Oro	✿
Pasiano di Pordenone / Cecchini di Pasiano	Il Cecchini	✿
Rivignano	Al Ferarùt	✿
Ruda	Osteria Altran	✿
San Quirino	La Primula	✿
Udine / Godia	Agli Amici	✿✿

Lazio

Acquapendente / Trevinano	La Parolina	✿
Acuto	Colline Ciociare	✿
Fiumicino	Pascucci al Porticciolo	✿
Labico	Antonello Colonna Labico	✿
Ladispoli	The Cesar	✿
Lido di Ostia	Il Tino	✿ **N**
Ponza (Isola di) / Ponza	Acqua Pazza	✿
Rivodutri	La Trota	✿✿
Roma	Acquolina Hostaria in Roma	✿
Roma	All'Oro	✿
Roma	Antonello Colonna	✿
Roma	Aroma	✿ **N**
Roma	Enoteca la Torre	✿
Roma	Giuda Ballerino	✿
Roma	Glass Hostaria	✿
Roma	Il Convivio-Troiani	✿
Roma	Il Pagliaccio	✿✿
Roma	Imàgo	✿
Roma	La Pergola	✿✿✿
Roma	La Terrazza	✿
Roma	Metamorfosi	✿
Roma	Oliver Glowig	✿✿
Roma	Pipero al Rex	✿
Roma	Stazione di Posta	✿ **N**

Liguria

Albissola Marina	21.9	✿
Ameglia	Mauro Ricciardi alla Locanda dell'Angelo	✿
Arenzano	The Cook	✿ **N**
Arma di Taggia	La Conchiglia	✿
Bergeggi	Claudio	✿
Cervo	San Giorgio	✿
Imperia / Oneglia	Agrodolce	✿
Imperia / Porto Maurizio	Sarri	✿ **N**
Millesimo	Locanda dell'Angelo	✿
Noli	Il Vescovado	✿
San Remo	Paolo e Barbara	✿

Lombardia

Albavilla	Il Cantuccio	✿
Almè	Frosio	✿
Ambivere	Antica Osteria dei Camelì	✿
Aprica	Gimmy's	✿
Bellagio	Mistral	✿
Bormio	Umami	✿ **N**
Brusaporto	Da Vittorio	✿✿✿
Calvisano	Gambero	✿
Campione d'Italia	Da Candida	✿
Canneto Sull' Oglio / Runate	Dal Pescatore	✿✿✿
Castello di Brianza	Dac a trà	✿
Castrezzato	Da Nadia	✿
Cavenago di Brianza	Devero Ristorante	✿✿
Cavernago	Il Saraceno	✿ **N**
Certosa di Pavia	Locanda Vecchia Pavia "Al Mulino"	✿
Chiuduno	A'anteprima	✿
Como	I Tigli in Theoria	✿
Concesio	Miramonti l'Altro	✿✿
Cornaredo / San Pietro all'Olmo	D'O	✿
Corte Franca / Borgonato	Due Colombe	✿
Desenzano del Garda	Esplanade	✿
Gallarate	Ilario Vinciguerra	✿
Gardone Riviera / Fasano	Lido 84	✿ **N**
Gargnano	La Tortuga	✿
Gargnano	Villa Feltrinelli	✿✿
Grumello del Monte	Al Vigneto	✿
Lecco	Al Porticciolo 84	✿
Livigno	Chalet Mattias	✿
Madesimo	Il Cantinone e Sport Hotel Alpina	✿
Manerba del Garda	Capriccio	✿
Mantello	La Présef	✿
Mantova	Aquila Nigra	✿
Milano	Al Pont de Ferr	✿
Milano	Alice-Eataly Milano Smeraldo	✿
Milano	Berton	✿ **N**
Milano	Cracco	✿✿
Milano	Il Luogo di Aimo e Nadia	✿✿
Milano	Innocenti Evasioni	✿
Milano	Iyo	✿ **N**
Milano	Joia	✿
Milano	Sadler	✿✿
Milano	Tano Passami l'Olio	✿
Milano	Trussardi alla Scala	✿
Milano	Unico Milano	✿
Milano	Vun	✿
Olgiate Olona	Ma.Ri.Na.	✿
Pellio Intelvi	La Locanda del Notaio	✿
Pralboino	Leon d'Oro	✿

→ **N**: Nuova distinzione.

→ **N**: newly awarded distinction.

Quistello	Ambasciata	✿
Ranco	Il Sole di Ranco	✿
Seregno	Pomiroeu	✿
Sirmione	La Rucola	✿
Trescore Balneario	LoRo	✿
Treviglio	San Martino	✿
Viganò	Pierino Penati	✿
Vigevano	I Castagni	✿
Villa d'Almè	Osteria della Brughiera	✿
Villa di Chiavenna	Lanterna Verde	✿

Marche

Fermo	Emilio	✿
Loreto	Andreina	✿
Macerata	L'Enoteca	✿
Senigallia	Uliassi	✿✿
Senigallia / Marzocca	Madonnina del Pescatore	✿✿

Piemonte

Acqui Terme	I Caffi	✿
Alba	Locanda del Pilone	✿
Alba	Piazza Duomo	✿✿✿
Alessandria / Spinetta Marengo	La Fermata	✿
Benevello	Villa d'Amelia	✿
Caluso	Gardenia	✿
Canale	All'Enoteca	✿
Canelli	San Marco	✿
Cervere	Antica Corona Reale-da Renzo	✿✿
Gavi	La Gallina	✿ **N**
Invorio	Pascia	✿
Isola d'Asti	Il Cascinalenuovo	✿
La Morra	Massimo Camia	✿ **N**
Mondovì	Il Baluardo	✿
Novara	Tantris	✿
Orta San Giulio	Locanda di Orta	✿ **N**
Orta San Giulio	Villa Crespi	✿✿
Oviglio	Donatella	✿
Pollone	Il Patio	✿
Priocca d'Alba	Il Centro	✿
Rivoli	Combal.zero	✿✿
San Maurizio Canavese	La Credenza	✿
Santa Vittoria d'Alba	Savino Mongelli	✿
Santo Stefano Belbo	Il Ristorante di Guido da Costigliole	✿
Serralunga d'Alba	La Rei	✿
Serralunga d'Alba / Fontanafredda	Guido	✿
Soriso	Al Sorriso	✿✿
Tigliole	Ca' Vittoria	✿
Torino	Casa Vicina-Eataly Lingotto	✿
Torino	Del Cambio	✿ **N**
Torino	La Barrique	✿
Torino	Magorabin	✿
Torino	Vintage 1997	✿
Torino	Vo	✿
Treiso	La Ciau del Tornavento	✿
Venaria Reale	Dolce Stil Novo alla Reggia	✿
Verbania / Pallanza	Il Portale	✿
Verbania / Fondotoce	Piccolo Lago	✿✿
Vercelli	Cinzia da Christian e Manuel	✿

Puglia

Alberobello	Il Poeta Contadino	✿
Andria	Umami	✿
Carovigno	Già Sotto l'Arco	✿
Ceglie Messapica	Al Fornello-da Ricci	✿
Conversano	Pashà	✿
Monopoli	Angelo Sabatelli	✿

Sardegna

Portoscuso	La Ghinghetta	✿
Siddi	S'Apposentu	✿

Sicilia

Bagheria	I Pupi	✿ **N**
Caltagirone	Coria	✿
Eolie (Isole) / Vulcano Isola	Cappero	✿ **N**
Licata	La Madia	✿✿
Modica	La Gazza Ladra	✿
Palermo / Mondello	Bye Bye Blues	✿
Ragusa	Duomo	✿✿
Ragusa	La Fenice	✿
Ragusa	Locanda Don Serafino	✿✿
Taormina	Principe Cerami	✿✿
Taormina / Lido di Spisone	La Capinera	✿
Terrasini	Il Bavaglino	✿ **N**

San Marino

San Marino	Righi la Taverna	✿

Toscana

Calenzano / Travalle	Le Tre Lune	✿ **N**
Casole d'Elsa	Il Colombaio	✿
Castelnuovo Berardenga	La Bottega del 30	✿
Castiglione della Pescaia / Badiola	Trattoria Toscana-Tenuta la Badiola	✿
Chiusi	I Salotti	✿
Colle di Val d'Elsa	Arnolfo	✿✿
Cortona / San Martino	Il Falconiere	✿
Firenze	Enoteca Pinchiorri	✿✿✿
Firenze	Il Palagio	✿
Firenze	La Bottega del Buon Caffè Bistrot	✿ **N**
Firenze	Ora D'Aria	✿

→ **N** : Nuova distinzione.

→ **N** : for « *new* » : newly awarded distinction.

Firenze	Winter Garden by Caino	✪	N
Forte dei Marmi	Bistrot	✪	
Forte dei Marmi	La Magnolia	✪	
Forte dei Marmi	Lorenzo	✪	
Lucca	L'Imbuto	✪	N
Lucca / Marlia	Butterfly	✪	
Marina di Bibbona	La Pineta	✪	
Massa Marittima / Ghirlanda	Bracali	✪✪	
Montemerano	Caino	✪✪	
Pescia	Atman	✪	
Porto Ercole	Il Pellicano	✪	
San Casciano dei Bagni / Fighine	Castello di Fighine	✪	
Saturnia	All'Acquacotta	✪	
Seggiano	Silene	✪	N
Tavarnelle Val di Pesa	La Torre	✪	N
Tavarnelle Val di Pesa / Badia a Passignano	Osteria di Passignano	✪	
Tirrenia / Calambrone	Lunasia	✪	
Viareggio	Piccolo Principe	✪✪	N
Viareggio	Romano	✪	

Trentino-Alto Adige

Alta Badia	La Siriola	✪	
Alta Badia	La Stüa de Michil	✪	
Alta Badia	St. Hubertus	✪✪	
Appiano sulla Strada del Vino / San Michele	Zur Rose	✪	
Castelbello Ciardes	Kuppelrain	✪	
Cavalese	El Molin	✪	
Chiusa	Jasmin	✪✪	
Dobbiaco	Tilia	✪	
Falzes / Molini	Schöneck	✪	
Giovo	Maso Franch	✪	
Madonna di Campiglio	Dolomieu	✪	
Madonna di Campiglio	Il Gallo Cedrone	✪	
Merano	Sissi	✪	
Merano / Freiberg	Castel Fragsburg	✪	
Moena	Malga Panna	✪	
Mules	Gourmetstube Einhorn	✪	
Nova Levante	Johannes-Stube	✪	
Ortisei	Anna Stuben	✪	
Ronzone	Orso Grigio	✪	
Sarentino	Alpes	✪	
Sarentino	Terra	✪	
Tesimo	Zum Löwen	✪	
Tirolo	Trenkerstube	✪✪	
Trento / Ravina	Locanda Margon	✪	
Vandoies	La Passion	✪	
Vigo di Fassa / Tamion	'L Chimpl	✪	
Vipiteno	Kleine Flamme	✪	

Umbria

Baschi	Vissani	✪✪	
Perugia	Il Postale	✪	

Valle d'Aosta

Aosta	Vecchio Ristoro	✪	
Cogne	Le Petit Restaurant	✪	
Courmayeur	Petit Royal	✪	
Gignod	La Clusaz	✪	
Morgex	Café Quinson	✪	

Veneto

Altissimo	Casin del Gamba	✪	
Arzignano	Macelleria Damini	✪	N
Campagna Lupia / Lughetto	Antica Osteria Cera	✪✪	
Castelfranco Veneto	Feva	✪	N
Cavaion Veronese	Oseleta	✪	
Cortina d'Ampezzo	Tivoli	✪	
Costermano	La Casa degli Spiriti	✪	
Follina	La Corte	✪	
Isola Rizza	Perbellini	✪✪	
Lonigo	La Peca	✪✪	
Malcesine	Vecchia Malcesine	✪	
Marano Vicentino	El Coq	✪	
Montecchio Precalcino	La Locanda di Piero	✪	
Oderzo	Gellius	✪	
Pieve d'Alpago	Dolada	✪	
Pontelongo	Lazzaro 1915	✪	
Puos d'Alpago	Locanda San Lorenzo	✪	
Rubano	Le Calandre	✪✪✪	
Sappada	Laite	✪	
Schio	Spinechile	✪	
Scorzè	San Martino	✪	
Selvazzano Dentro	La Montecchia	✪	
Venezia	Il Ridotto	✪	
Venezia	Met	✪	
Venezia	Osteria da Fiore	✪	
Venezia	Quadri	✪	
Venezia / Burano	Venissa	✪	
Verona	Il Desco	✪	
Verona	Osteria la Fontanina	✪	
Vodo Cadore	Al Capriolo	✪	

→ **N** : Nuova distinzione.

→ **N** : newly awarded distinction.

Bib Gourmand 2015

→ Pasti accurati a prezzi contenuti
→ *Good food at moderate prices*

Abruzzo

Caramanico Terme	Locanda del Barone
Giulianova Lido	Osteria dal Moro
Notaresco	3 Archi **N**
Opi	La Madonnina
Pacentro	Taverna De Li Caldora
Pescara	Locanda Manthonè
Pescara	Taverna 58
Pineto / Mutignano	Bacucco d'Oro
Sulmona	Clemente

Basilicata

Bernalda	La Locandiera
Castelmezzano	Al Becco della Civetta
Melfi	La Villa
Melfi	Novecento
Rotonda	Da Peppe
Terranova di Pollino	Luna Rossa

Calabria

Bagnara Calabra	Taverna Kerkira
Filandari / Mesiano	Frammichè
Mileto	Il Normanno
Rossano Stazione	Il Giardino di Iti **N**
Sangineto Lido	Convito
Siderno	La Vecchia Hosteria

Campania

Ariano Irpino	La Pignata
Benevento	Pascalucci
Cetara	Al Convento
Furore	Hostaria di Bacco
Massa Lubrense / Santa Maria Annunziata	La Torre
Napoli	Locanda N'Tretella **N**
Palinuro	Da Carmelo
Pietravairano	La Caveja
Pisciotta	Angiolina
Serino	Chalet del Buongustaio
Vallo della Lucania	La Chioccia d'Oro

Emilia-Romagna

Alseno / Castelnuovo Fogliani	Trattoria del Ponte
Argelato	L'800
Bagno di Romagna	Prêt-à-Porter
Bologna	Sale Grosso
Calestano	Locanda Mariella
Campogalliano	Magnagallo
Campogalliano	Trattoria Barchetta
Castelnovo ne' Monti	Locanda da Cines
Castrocaro Terme	Trattoria Bolognesi "Da Melania"
Cervia / Milano Marittima	Osteria del Gran Fritto
Cesenatico	Osteria del Gran Fritto
Faenza	Cà Murani **N**
Faenza	La Baita **N**
Ferrara	Ca' d'Frara
Ferrara / Gaibana	Trattoria Lanzagallo
Fidenza	Podere San Faustino
Finale Emilia	Osteria la Fefa
Forlì	Don Abbondio **N**
Longiano	Dei Cantoni
Meldola	Il Rustichello
Monticelli d'Ongina	Antica Trattoria Cattivelli
Parma	Shakespeare **N**
Parma / Coloreto	Trattoria Ai Due Platani
Pianoro / Rastignano	Osteria al numero Sette
Ponte dell'Olio	Locanda Cacciatori
Ravenna / Ragone	Flora
Reggiolo	Trattoria al Lago Verde
Rimini / Coriano	Vite **N**
Rivergaro	Caffè Grande
Rottofreno	Antica Trattoria Braghieri
Russi / San Pancrazio	La Cucoma
Santarcangelo di Romagna	Osteria la Sangiovesa
Torrile / Vicomero	Romani
Vignola	La Bolognese

Friuli-Venezia Giulia

Buttrio	Trattoria al Parco
Cavasso Nuovo	Ai Cacciatori **N**

N → *Nuovo* → *New*

Cavazzo Carnico	Borgo Poscolle **N**
Cividale del Friuli	Al Monastero
Fagagna	Al Castello
Mariano del Friuli / Corona	Al Piave
Monfalcone	Ai Campi di Marcello **N**
Monrupino	Krizman
Mortegliano	Da Nando **N**
Pordenone	La Ferrata
Sauris	Alla Pace
Savogna d'Isonzo / San Michele del Carso	Lokanda Devetak
Tarcento	Osteria di Villafredda
Tricesimo	Miculan
Udine	Hostaria Allegria

Lazio

Minturno	Claudio Petrolo **N**
Rieti	Bistrot
Roma	Al Ristoro degli Angeli
Roma	Ambasciata d'Abruzzo
Roma	Domenico dal 1968
Roma	Felice a Testaccio
Roma	Mamma Angelina
Roma	Profumo di Mirto

Liguria

Borgio Verezzi	Da Casetta
Castelnuovo Magra	Armanda
Genova / San Desiderio	Bruxaboschi
Genova / Voltri	Ostaia da ü Santü
Imperia / Oneglia	Didù **N**
Lavagna / Cavi	Raieû
Loano	Bagatto
Montoggio	Roma
Ne	La Brinca **N**
Pigna	Terme
Toirano	Al Ravanello Incoronato
Varese Ligure	Amici

Lombardia

Acquanegra sul Chiese	Trattoria al Ponte **N**
Arcore	L'Arco del Re
Barbianello	Da Roberto
Botticino	Trattoria Eva
Brescia	Trattoria Porteri
Cappella de' Picenardi	Locanda degli Artisti
Castiglione delle Stiviere	Hostaria Viola
Corte de' Cortesi	Il Gabbiano
Cuasso al Monte	Al Vecchio Faggio
Curtatone / Grazie	Locanda delle Grazie
Gavirate	Tipamasaro
Inverno-Monteleone	Trattoria Righini
Isola Dovarese	Caffè La Crepa
Milano	Da Giannino-L'Angolo d'Abruzzo
Milano	Dongiò
Milano	La Cantina di Manuela - Fiera Sempione
Milano	La Cantina di Manuela - Stazione Centrale
Milano	Osteria Opera Prima
Milano	Pisacco **N**
Milano	Serendib
Morbegno	Osteria del Crotto
Palazzago	Osteria Burligo
Palazzolo sull'Oglio	Osteria della Villetta
Piadena	Dell'Alba
Rancio Valcuvia	Gibigiana
Ripalta Cremasca / Bolzone	Trattoria Via Vai
Settimo Milanese	CristianMagri
Soiano del Lago	Villa Aurora
Teglio	Fracia
Toscolano-Maderno	Il Cortiletto
Voltido / Recorfano	Antica Trattoria Gianna

Marche

Ancona	La Moretta
Cagli	La Gioconda
Casteldimezzo	La Canonica
Montegiorgio / Piane di Montegiorgio	Oscar e Amorina
Senigallia	Trattoria Vino e Cibo **N**
Treia / San Lorenzo	Il Casolare dei Segreti

Molise

Campobasso	Miseria e Nobiltà
Campobasso	Vecchia Trattoria da Tonino

Piemonte

Alba	La Piola **N**
Alessandria	Osteria della Luna in Brodo
Arona / Montrigiasco	Castagneto
Asti	Osteria Casamar **N**
Bellinzago Novarese / Badia di Dulzago	Osteria San Giulio
Borghetto di Borbera	Il Fiorile
Bosco Marengo	Locanda dell'Olmo
Bra	Boccondivino
Calamandrana	Violetta
Capriata d'Orba	Il Moro
Cavatore	Da Fausto
Cravanzana	Da Maurizio
Crodo / Viceno	Edelweiss
Cuneo	Osteria della Chiocciola
Cuorgnè	Rosselli 77
Frossasco	Adriano Mesa
Lesa	Al Camino
Masio	Trattoria Losanna

N → *Nuovo* ☺   → *New* ☺

Moncalieri / Revigliasco La Taverna di Fra' Fiusch
Monteu Roero Cantina dei Cacciatori
Ormea / Ponte di Nava Ponte di Nava-da Beppe
Roletto Il Ciabot
Rosignano Monferrato A Casa di Babette
Sambuco Della Pace
Torino Consorzio
Torino L'Acino **N**
Tortona Vineria Derthona
Traversella Le Miniere
Usseaux Lago del Laux
Valdieri La Locanda del Falco **N**

Puglia

Andria Il Turacciolo
Andria / Montegrosso Antichi Sapori
Brindisi Pantagruele
Ceglie Messapica Cibus
Gioia del Colle Osteria del Borgo Antico
Minervino Murge La Tradizione-Cucina Casalinga
Monte Sant' Angelo Medioevo
Ostuni Osteria Piazzetta Cattedrale
Pulsano / Marina di Pulsano La Barca
Racale L'Acchiatura
Ruvo di Puglia U.P.E.P.I.D.D.E.
San Severo La Fossa del Grano **N**
Santeramo in Colle Osteria Appia Antica
Taviano A Casa tu Martinu
Vieste Il Capriccio

Sardegna

Dorgali Colibrì
Oliena Sa Corte
Oliena Su Gologone
Porto Torres Li Lioni

Sicilia

Agrigento Osteria Expanificio
Castelbuono Palazzaccio
Catania Mé Cumpari Turiddu
Enna Centrale
Erice Monte San Giuliano **N**
Gallodoro Noemi
Messina / Ganzirri La Sirena
Montallegro Capitolo Primo del Relais Briuccia
Noto Trattoria Crocifisso
Palazzolo Acreide Andrea - Sapori Montani
Palermo Santandrea
Randazzo Le Delizie
Sinagra Trattoria da Angelo

Toscana

Anghiari Da Alighiero
Arezzo / Giovi Antica Trattoria al Principe
Bibbiena Il Tirabusciò
Buriano Osteria Il Cantuccio
Carrara / Colonnata Venanzio
Castagneto Carducci / Bolgheri Osteria Magona
Castel del Piano Antica Fattoria del Grottaione
Castiglione della Pescaia Osteria del mare già Il Votapentole
Chianciano Terme Hostaria il Buco
Cortona La Bucaccia
Cortona Locanda del Molino
Cutigliano Trattoria da Fagiolino
Firenze Da Burde
Firenze Il Latini
Firenze Trattoria Cibrèo-Cibreino
Firenze Zeb **N**
Firenze / Galluzzo Trattoria Bibe
Lucca I Diavoletti
Lucca Osteria Verciani "il Mecenate a Lucca" **N**
Lucca / Ponte a Moriano Antica Locanda di Sesto
Massa Osteria del Borgo
Monte San Savino La Terrasse
Radda in Chianti / Lucarelli Osteria Le Panzanelle **N**
San Quirico d'Orcia Taverna da Ciacco
Serravalle Pistoiese Trattoria da Marino
Siena La Taverna di San Giuseppe
Tavarnelle Val di Pesa / San Donato in Poggio Antica Trattoria La Toppa
Trequanda Il Conte Matto

Trentino-Alto Adige

Alpe di Siusi Gostner Schwaige
Alta Badia Maso Runch
Bolzano / Signato Patscheider Hof
Bressanone Alpenrose
Brez Locanda Alpina
Calavino Da Cipriano
Glorenza Posta
Isera Casa del Vino
Lavis / Sorni Trattoria Vecchia Sorni
Levico Terme Boivin
Moena Foresta
Montagna Dorfnerhof
Nogaredo Locanda D&D Maso Sasso
Pergine Valsugana Osteria Storica Morelli **N**
Rio di Pusteria / Mühlbach Ansitz Strasshof
Romeno Nerina
San Leonardo in Passiria Jägerhof

N → *Nuovo* → *New*

San Lorenzo di Sebato Lerchner's In Runggen **N**
San Lorenzo di Sebato Saalerwirt
San Martino di Castrozza Chalet Pra delle Nasse-da Anita
San Vigilio di Marebbe Fana Ladina
Senales / Madonna di Senales Croce d'Oro
Valle di Casies Durnwald
Vipiteno Pretzhof

Umbria

Foligno Le Mura
Norcia Granaro del Monte
Orvieto Del Moro - Aronne

Valle d'Aosta

Issogne Al Maniero
Verrayes / Champagne Antica Trattoria Champagne

Veneto

Affi Locanda Moscal
Arquà Polesine Trattoria degli Amici
Asiago Locanda Aurora
Belluno Al Borgo
Bonferraro Sarti
Canale d'Agordo Alle Codole
Farra di Soligo / Col San Martino Locanda da Condo
Forno di Zoldo / Mezzocanale Mezzocanale-da Ninetta
Galliera Veneta Al Palazzon
Loreggia Locanda Aurilia
Lusia Trattoria al Ponte **N**
Marostica / Valle San Floriano La Rosina
Mestre Ostaria da Mariano
Mira / Oriago Nadain
Mirano Da Flavio e Fabrizio "Al Teatro"
Mirano / Scaltenigo Trattoria la Ragnatela
Mirano / Vetrego Il Sogno
Negrar Trattoria alla Ruota **N**
Peschiera del Garda Luisa
Revine Ai Cadelach
San Polo di Piave Osteria Caffè Gambrinus
Sant' Ambrogio di Valpolicella / San Giorgio di Valpolicella Dalla Rosa Alda
Santo Stefano di Cadore La Zìria
San Vito di Leguzzano Antica Trattoria Due Mori
Sernaglia della Battaglia Dalla Libera
Soave Enoteca Realda
Sommacampagna Merica
Treviso Hosteria Antica Contrada delle due Torri
Valdagno Hostaria a le Bele
Valdobbiadene / Bigolino Tre Noghere
Velo Veronese 13 Comuni
Venezia Anice Stellato
Venezia Trattoria alla Madonna
Verona Al Bersagliere
Verona Locanda 4 Cuochi
Verona San Basilio alla Pergola
Verona / San Massimo All'adige Trattoria dal Gal

N → *Nuovo* → *New*

Risorse di ospitalità particolarmente piacevoli

Alberghi e forme alternative di ospitalità

Particularly pleasant accommodation

Abruzzo

Casacanditella	Castello di Semivicoli
Castel di Sangro	Casadonna
Pescocostanzo	Il Gatto Bianco
Rovere	Robur Marsorum

Basilicata

Bernalda	Agriturismo Relais Masseria Cardillo
Brienza	La Voce del Fiume
Maratea / Fiumicello Santa Venere	Santavenere
Maratea / Acquafredda	Villa Cheta Elite
Matera	Locanda di San Martino
Matera	Palazzo Gattini
Matera	Sant' Angelo
Matera	Sassi Hotel
Matera	Sextantio - Le Grotte della Civita

Calabria

Cittadella del Capo	Palazzo del Capo
Gerace	La Casa di Gianna
Morano Calabro	Agriturismo la Locanda del Parco
Morano Calabro	Villa San Domenico
Sellia Marina	Agriturismo Contrada Guido
Villa San Giovanni / Santa Trada di Cannitello	Altafiumara

Campania

Agropoli	La Colombaia
Amalfi	Relais Villa Annalara
Amalfi	Santa Caterina
Amalfi	Villa Lara
Baia Domizia	Della Baia
Capri (Isola di) / Anacapri	Caesar Augustus
Capri (Isola di) / Anacapri	Capri Palace Hotel
Capri (Isola di) / Capri	Casa Morgano
Capri (Isola di) / Capri	Grand Hotel Quisisana
Capri (Isola di) / Capri	Punta Tragara
Capri (Isola di) / Capri	Scalinatella
Capri (Isola di) / Capri	Villa Brunella
Capri (Isola di) / Marina Grande	J.K. Place Capri
Castellabate / San Marco	Giacaranda
Castellammare di Stabia	Grand Hotel la Medusa
Conca dei Marini	Monastero Santa Rosa Hotel & Spa
Fisciano / Gaiano	Agriturismo Barone Antonio Negri
Furore	Agriturismo Sant'Alfonso
Ischia (Isola d') / Casamicciola Terme	Terme Manzi Hotel & Spa
Ischia (Isola d') / Forio	Mezzatorre Resort & Spa
Ischia (Isola d') / Ischia	Il Moresco
Ischia (Isola d') / Lacco Ameno	L'Albergo della Regina Isabella
Maiori	Botanico San Lazzaro
Melizzano	Country House Giravento
Napoli	Art Resort Galleria Umberto
Napoli	Chiaja Hotel de Charme
Napoli	Costantinopoli 104
Napoli	Decumani Hotel de Charme
Napoli	Grand Hotel Parker's
Napoli	Grand Hotel Vesuvio
Napoli	L'Alloggio dei Vassalli
Napoli	Palazzo Alabardieri
Napoli	Romeo
Paestum	Il Granaio dei Casabella
Pisciotta	Marulivo
Positano	Le Sirenuse
Positano	Palazzo Murat
Positano	San Pietro
Positano	Villa Rosa
Pozzuoli / Cuma	Villa Giulia
Praiano	Casa Angelina
Procida (Isola di) / Procida	La Suite Hotel
Procida (Isola di) / Procida	La Vigna
Ravello	Caruso
Ravello	Palazzo Avino
Ravello	Villa Cimbrone

Ravello Villa San Michele
San Cipriano Picentino
Villa Rizzo Resort & Spa
Sant' Agata sui Due Golfi
Don Alfonso 1890
Sant' Agnello Grand Hotel Cocumella
Sorrento Bellevue Syrene 1820
Sorrento Grand Hotel Excelsior Vittoria
Sorrento Maison la Minervetta
Telese Terme Aquapetra Resort e Spa
Vico Equense Capo la Gala

Emilia-Romagna

Albareto Borgo Casale
Bologna Commercianti
Bologna Grand Hotel Majestic già Baglioni
Bologna Il Convento dei Fiori di Seta
Castel d'Aiano / Rocca di Roffeno
Agriturismo La Fenice
Castel Guelfo di Bologna Locanda Solarola
Castelvetro di Modena /
Levizzano Rangone Agriturismo Opera 02
Cattolica Carducci 76
Cesenatico Casadodici
Cesenatico Grand Hotel Da Vinci
Faenza Relais Villa Abbondanzi
Ferrara Duchessa Isabella
Ferrara Horti della Fasanara
Gazzola / Rivalta Trebbia
Agriturismo Croara Vecchia
Montegridolfo Palazzo Viviani
Parma Palazzo dalla Rosa Prati
Reggiolo Villa Montanarini
Reggio nell'Emilia B&B Del Vescovado
Riccione Grand Hotel Des Bains
Rimini Grand Hotel Rimini
Rimini i-Suite
Roncofreddo I Quattro Passeri
Roncofreddo / Monteleone
La Tana del Ghiro
Russi / San Pancrazio Relais Villa Roncuzzi
San Giovanni in Marignano
Riviera Golf Resort
San Pietro in Cerro Locanda del Re Guerriero
Santarcangelo di Romagna Il Villino
Santarcangelo di Romagna / Montalbano
Agriturismo Locanda Antiche Macine

Friuli-Venezia Giulia

Buttrio Il Castello di Buttrio
Caneva Ca' Damiani
Capriva del Friuli Castello di Spessa
Fiume Veneto L'Ultimo Mulino
Fasiano di Pordenone / Rivarotta
Villa Luppis
Trieste Grand Hotel Duchi d'Aosta

Lazio

Bagnoregio Romantica Pucci
Bracciano Villa Clementina
Casperia La Torretta
Castrocielo Villa Euchelia
Civitella d'Agliano La Tana dell'Istrice
Fara in Sabina / Coltodino Ille-Roif
Fiuggi / Fiuggi Fonte
Grand Hotel Palazzo della Fonte
Gaeta Grand Hotel Le Rocce
Gaeta Villa Irlanda Grand Hotel
Grottaferrata Park Hotel Villa Grazioli
Labico Agriturismo Fontana Chiusa
Labico Antonello Colonna Labico Resort
Ladispoli La Posta Vecchia
Picinisco Sotto le Stelle
Proceno Castello di Proceno
Rieti Park Hotel Villa Potenziani
Roma Castello della Castelluccia
Roma Celio
Roma De Russie
Roma Eden
Roma Fortyseven
Roma Gran Melià Roma
Roma Grand Hotel Plaza
Roma Hassler
Roma Jumeirah Grand Hotel Via Veneto
Roma Lord Byron
Roma Palazzo Manfredi
Roma Pensione Barrett
Roma Raphaël
Roma Regina Hotel Baglioni
Roma Residenza A-The Boutique Art Hotel
Roma Rome Cavalieri Waldorf Astoria
Roma Sant'Anselmo
Roma Splendide Royal
Roma The St. Regis Rome
Roma Villa Laetitia
Roma Villa San Pio
Roma Villa Spalletti Trivelli
San Felice Circeo / Quarto Caldo
Punta Rossa
Tarquinia Valle Del Marta
Tivoli Torre Sant'Angelo
Viterbo Alla Corte Delle Terme

Liguria

Alassio Villa della Pergola
Albenga / Salea Cà di Berta
Badalucco Macine del Confluente
Finale Ligure Punta Est
Finale Ligure San Pietro Palace Hotel
Garlenda La Meridiana
Genova Locanda di Palazzo Cicala

Genova / Pegli	Torre Cambiaso
Lerici	Piccolo Hotel del Lido
Levanto	Agriturismo Villanova
Levanto	La Sosta di Ottone III
Levanto	Stella Maris
Manarola	La Torretta Lodge
Moneglia	Abbadia San Giorgio
Nervi	Villa Pagoda
Noli	Residenza Palazzo Vescovile
Pigna	La Casa Rosa
Portofino	Splendido
Portofino	Splendido Mare
Rapallo	Excelsior Palace Hotel
San Remo	Eveline-Portosole
San Remo	Royal Hotel
Santa Margherita Ligure	Imperiale Palace Hotel
Sarzana	Podere Bellarina
Savignone	Palazzo Fieschi
Sestri Levante	Grand Hotel Villa Balbi
Sestri Levante	Helvetia
Sestri Levante	Suite Hotel Nettuno
Tovo San Giacomo / Bardino Vecchio	Relais Il Casale
Varazze	Astigiana

Lombardia

Azzate	Locanda dei Mai Intees
Bellagio	Grand Hotel Villa Serbelloni
Bergamo	Petronilla
Bergamo	Piazza Vecchia
Blevio	CastaDiva Resort
Borno	Zanaglio
Brusaporto	Relais da Vittorio
Cantello	Madonnina
Cernobbio	Villa d'Este
Cologne	Cappuccini Resort
Como	Terminus
Como	Villa Flori
Drizzona / Castelfranco d'Oglio	Agriturismo l'Airone
Erbusco	L'Albereta
Gardone Riviera	Dimora Bolsone
Gardone Riviera / Fasano	Bella Riva
Gardone Riviera / Fasano	Grand Hotel Fasano e Villa Principe
Gardone Riviera / Fasano	Villa del Sogno
Gargnano	Grand Hotel a Villa Feltrinelli
Gargnano	Lefay Resort & Spa
Gargnano	Villa Giulia
Isola Dovarese	Palazzo Quaranta
Livigno	Sonne
Mantova	Casa San Domenico
Milano	Antica Locanda Leonardo
Milano	Antica Locanda dei Mercanti
Milano	Armani Hotel Milano
Milano	Bulgari
Milano	Carlton Hotel Baglioni
Milano	Château Monfort
Milano	Four Seasons Hotel Milano
Milano	Grand Hotel et de Milan
Milano	Milano Scala
Milano	Park Hyatt Milano
Milano	Principe di Savoia
Milano	The Gray
Moltrasio	Grand Hotel Imperiale
Monza	De la Ville
Nibionno	La California Relais
Pellio Intelvi	La Locanda del Notaio
Ranco	Il Sole di Ranco
Salò	Bellerive
Salò	Laurin
Salò	Villa Arcadio
San Genesio ed Uniti	Antica Torre Viscontea
Sirmione	Villa Cortine Palace Hotel
Tonale (Passo del)	La Mirandola
Tremezzo	Grand Hotel Tremezzo

Marche

Ancona / Portonovo	Fortino Napoleonico
Ascoli Piceno	Agriturismo Villa Cicchi
Ascoli Piceno	Palazzo dei Mercanti
Ascoli Piceno	Residenza 100 Torri
Castel di Lama	Borgo Storico Seghetti Panichi
Fabriano	Residenza La Ceramica
Fano	Villa Giulia
Grottammare	Roma
Montecosaro	La Luma
Offida	Agriturismo Nascondiglio di Bacco
Pesaro	Alexander Museum Palace
Pesaro	Excelsior
Pesaro	Locanda di Villa Torraccia
Pesaro	Vittoria
Urbino / Pantiere	Urbino Resort Santi Giacomo e Filippo

Molise

Montecilfone	Masseria Grande
Termoli	Residenza Sveva

Piemonte

Alba	Palazzo Finati
Barolo / Vergne	Ca' San Ponzio
Benevello	Villa d'Amelia
Buriasco	Tenuta La Cascinetta
Canale	Agriturismo Villa Cornarea
Canale	Agriturismo Villa Tiboldi
Canelli	Agriturismo La Casa in Collina
Cannero Riviera	Cannero
Cannobio	Park Hotel Villa Belvedere

Cannobio	Pironi
Cantalupa	Il Furtin
Cantalupa	La Locanda della Maison Verte
Carpeneto	Villa Carmelita
Cherasco	Somaschi
Costigliole Saluzzo	Castello Rosso
Fossano	Palazzo Righini
Gavi	L'Ostelliere
Grinzane Cavour	Casa Pavesi
Isola d'Asti	Castello di Villa
La Morra	Corte Gondina
La Morra	Palas Cerequio - Barolo Cru Resort
La Morra / Rivalta	Bricco dei Cogni
Mango	Villa Althea
Monforte d'Alba	Le Case della Saracca
Monforte d'Alba	Villa Beccaris
Murisengo / Corteranzo	Canonica di Corteranzo
Nizza Monferrato	Agriturismo Tenuta La Romana
Oleggio Castello	Castello dal Pozzo
Orta San Giulio	La Contrada dei Monti
Orta San Giulio	San Rocco
Orta San Giulio	Villa Crespi
Oviglio	Castello di Oviglio
Pavone Canavese	Castello di Pavone
Penango / Cioccaro	Relais Il Borgo
Penango / Cioccaro	Relais Sant'Uffizio Wellness & Spa
Romano Canavese	Relais Villa Matilde
San Francesco al Campo	Furno
Santo Stefano Belbo	Relais San Maurizio
Sauze d'Oulx / Le Clotes	Il Capricorno
Serralunga d'Alba	Il Boscareto Resort
Serravalle Scrivia	Villa la Bollina
Sestriere	Hotel Shackleton Mountain Resort
Sinio	Castello di Sinio
Stresa	Villa e Palazzo Aminta
Torino	Art Hotel Boston
Torino	Genova
Torino	Golden Palace
Torino	Victoria
Tortona	Casa Cuniolo
Vicoforte	Antica Meridiana Relais Art

Puglia

Alberobello	B&B Fascino Antico
Andria / Montegrosso	Agriturismo Biomasseria Lama di Luna
Avetrana	Relais Terre di Terre
Cutrofiano	Sangiorgio Resort
Galatina	Palazzo Baldi
Gallipoli	Masseria Li Foggi
Gallipoli	Palazzo Mosco Inn
Gallipoli	Palazzo del Corso
Gallipoli	Relais Corte Palmieri
Lecce	Palazzo Rollo
Lecce	Patria Palace Hotel
Lecce	Suite Hotel Santa Chiara
Lizzano	Masseria Bagnara
Maglie	Corte dei Francesi
Manduria	Corte Borromeo
Marina di Leuca	Villa La Meridiana
Martina Franca	Relais Villa San Martino
Mattinata	Baia dei Faraglioni
Monopoli	La Peschiera
Ostuni	La Sommità
Ostuni	Masseria Cervarolo
Ostuni	Masseria Il Frantoio
Otranto	Masseria Panareo
Otranto	Valle dell'Idro
Peschici	La Chiusa delle More
Savelletri	Borgo Egnazia
Savelletri	Masseria Cimino
Savelletri	Masseria San Domenico
Savelletri	Masseria Torre Coccaro
Savelletri	Masseria Torre Maizza
Taranto / Masseria San Pietro	Relais Histò
Ugento	Masseria Don Cirillo

Sardegna

Alghero	Villa Las Tronas
Alghero / Porto Conte	El Faro
Arzachena	Tenuta Pilastru
Arzachena / Cala di Volpe	Cala di Volpe
Arzachena / Pitrizza	Pitrizza
Arzachena / Romazzino	Romazzino
Castelsardo	Bajaloglia
Guspini	Tarthes
Marina di Arbus	Le Dune
Olbia	Ollastu
Olbia / Porto Rotondo	Sporting
Oliena	Su Gologone
Pula	Castello
Pula	Le Dune
San Pantaleo	Petra Segreta
San Teodoro	Due Lune Resort Golf & Spa

Sicilia

Agrigento	Villa Athena
Augusta / Brucoli	Venus Sea Garden
Calatabiano	Castello di San Marco
Caltagirone	Agriturismo Colle San Mauro
Catania	Liberty
Catania	Villa del Bosco & VdB Next
Chiaramonte Gulfi	Locanda Gulfi
Egadi (Isole) / Favignana	Cave Bianche
Eolie (Isole) / Panarea	Quartara
Eolie (Isole) / Salina	La Salina Borgo di Mare
Eolie (Isole) / Salina	Signum
Eolie (Isole) / Filicudi	La Canna
Lampedusa / Lampedusa	Luagos Club

Linguaglossa	Shalai Resort
Marina di Ragusa	La Moresca
Milazzo	Locanda il Bagatto
Modica	Casa Talia
Modica	De Mohàc
Modica	Palazzo Failla
Monreale	Palazzo Ducale Suites
Palermo	Grand Hotel Villa Igiea
Palermo	Grand Hotel Wagner
Pantelleria (Isola di) / Pantelleria	Zubebi Resort
Petralia Sottana	Agriturismo Monaco di Mezzo
Pettineo	Casa Migliaca
Ragusa	Antica Badia
Ragusa	Caelum Hyblae
Ragusa	Eremo della Giubiliana
Ragusa	Locanda Don Serafino
Ragusa	Relais Parco Cavalonga
Riposto	Donna Carmela
San Giovanni la Punta	Villa Paradiso dell'Etna
Sciacca	Verdura Golf & Spa Resort
Siracusa	Caol Ishka
Siracusa	Cavalieri
Siracusa	Grand Hotel Minareto
Siracusa	Grand Hotel Ortigia
Siracusa	Lady Lusya
Siracusa	UNA Hotel One
Taormina	Belmond Grand Hotel Timeo
Taormina	El Jebel
Taormina	Imperiale
Taormina	Metropole
Taormina	San Domenico Palace
Taormina	The Ashbee
Taormina	Villa Carlotta
Taormina	Villa Ducale
Taormina	Villa Taormina
Taormina / Mazzarò	Belmond Villa Sant'Andrea
Taormina / Mazzarò	Grand Hotel Atlantis Bay
Taormina / Mazzarò	Grand Hotel Mazzarò Sea Palace
Trapani	Ai Lumi
Trapani / Fontanasalsa	Agriturismo Baglio Fontanasalsa
Vizzini / Vizzini Scalo	Castello Camemi
Zafferana Etnea	Monaci delle Terre Nere

Toscana

Albinia	Agriturismo Antica Fattoria la Parrina
Arezzo	Badia di Pomaio
Arezzo	Graziella Patio Hotel
Bagno a Ripoli	Villa Olmi Resort
Bagno a Ripoli / Candeli	Villa La Massa
Bibbiena	Relais il Fienile
Bibbona	Relais di Campagna Podere Le Mezzelune
Borgo San Lorenzo	Casa Palmira
Casole d'Elsa	Castello di Casole
Casole d'Elsa / Pievescola	Relais la Suvera
Castagneto Carducci	B&B Villa le Luci
Castelnuovo Berardenga	Castel Monastero
Castelnuovo Berardenga	Le Fontanelle
Castelnuovo Berardenga	Relais Borgo San Felice
Castiglione della Pescaia / Badiola	L'Andana-Tenuta La Badiola
Castiglion Fiorentino / Pieve di Chio	B&B Casa Portagioia
Castiglion Fiorentino / Polvano	Relais San Pietro in Polvano
Cetona	La Locanda di Cetona
Chiusdino	Borgo Santo Pietro
Chiusi	Il Patriarca
Cortona	Relais la Corte dei Papi
Cortona	Villa di Piazzano
Cortona / San Pietro a Cegliolo	Relais Villa Baldelli
Cortona / Farneta	Relais Villa Petrischio
Cortona / San Martino	Il Falconiere Relais
Fiesole	Il Salviatino
Fiesole	Pensione Bencistà
Fiesole	Villa San Michele
Firenze	Antica Dimora Johlea
Firenze	Antica Torre di via Tornabuoni N. 1
Firenze	B&B Antica Dimora Firenze
Firenze	Brunelleschi
Firenze	Cellai
Firenze	Four Seasons Hotel Firenze
Firenze	Grand Hotel Villa Cora
Firenze	Home Florence
Firenze	Inpiazzadellasignoria
Firenze	Isabella Room Mate Hotels
Firenze	J.K. Place Firenze
Firenze	Lungarno
Firenze	Monna Lisa
Firenze	Palazzo Galletti B&B
Firenze	Palazzo Guadagni
Firenze	Palazzo Magnani Feroni
Firenze	Palazzo Niccolini al Duomo
Firenze	Palazzo Vecchietti
Firenze	Regency
Firenze	Relais Santa Croce
Firenze	Santa Maria Novella
Firenze	The St. Regis Florence
Firenze	The Westin Excelsior
Firenze	Torre di Bellosguardo
Firenze	Villa Antea
Firenze	Villa La Vedetta
Firenze / Arcetri	Villa Le Piazzole

Firenze / Galluzzo Marignolle Relais & Charme
Fivizzano Castello dell'Aquila
Foiano della Chiana / Pozzo Villa Fontelunga
Forte dei Marmi Augustus Lido
Forte dei Marmi Byron
Forte dei Marmi Villa Roma Imperiale
Gaiole in Chianti Castello di Spaltenna
Gambassi Terme Villa Bianca
Greve in Chianti Agriturismo Villa Vignamaggio
Greve in Chianti Villa Bordoni
Greve in Chianti / Panzano Villa le Barone
Impruneta Relais Villa L' Olmo
Loro Ciuffenna Dimora Casa Eugenia
Lucca A Palazzo Busdraghi
Lucca Alla Corte degli Angeli
Lucca Marta Guest House
Lucca Noblesse
Lucca Palazzo Rocchi
Lucca Palazzo Tucci
Lucca Tenuta San Pietro
Lucca / Segromigno in Monte Fattoria Mansi Bernardini
Manciano Agriturismo Quercia Rossa
Marina di Massa Maremonti
Monsummano Terme Villa San Bastiano
Montaione / San Benedetto B&B Villa Sestilia
Montalcino / Castelnuovo dell'Abate Castello di Velona
Montalcino / Castiglione del Bosco Castiglion del Bosco
Montalcino / Poggio alle Mura Castello Banfi-Il Borgo
Montebenichi Castelletto di Montebenichi
Montecatini Terme Columbia
Montecatini Terme Villa le Magnolie
Montefiridolfi Agriturismo Fonte de' Medici
Montemerano Relais Villa Acquaviva
Montepulciano Relais San Bruno
Montepulciano Villa Cicolina
Montepulciano Villa Poggiano
Monteriggioni / Strove Castel Pietraio
Monte San Savino / Gargonza Castello di Gargonza
Montevarchi / Moncioni Villa Sassolini
Montieri Agriturismo La Meridiana-Locanda in Maremma
Orbetello Relais San Biagio
Palazzuolo sul Senio Locanda Senio
Peccioli Pratello Country Resort
Pienza La Bandita Townhouse
Pienza Relais La Saracina
Pietrasanta Albergo Pietrasanta
Pietrasanta Versilia Golf
Pisa Relais dell'Orologio
Pistoia Villa de' Fiori
Pontedera Armonia
Porto Ercole Argentario Resort Golf & Spa
Porto Ercole Il Pellicano
Porto Santo Stefano / Cala Piccola Torre di Cala Piccola
Punta Ala Cala del Porto
Radda in Chianti Il Borgo di Vescine
Radda in Chianti Palazzo Leopoldo
Radda in Chianti Palazzo San Niccolò
Radda in Chianti / Volpaia La Locanda
Rapolano Terme Villa Buoninsegna
Reggello / San Donato Fronzano Agriturismo Podere Picciolo
Reggello / Vaggio Villa Rigacci
Roccastrada La Melosa
San Casciano dei Bagni Fonteverde
San Casciano in Val di Pesa Villa il Poggiale
San Casciano in Val di Pesa / Mercatale Agriturismo Salvadonica
San Gimignano Agriturismo Il Casale del Cotone
San Gimignano Villasanpaolo Hotel
San Giustino Valdarno Relais Il Borro
San Quirico d'Orcia Casa Lemmi
San Quirico d'Orcia Palazzo del Capitano
San Quirico d'Orcia / Bagno Vignoni La Locanda del Loggiato
Sansepolcro Relais Palazzo di Luglio
San Vincenzo Poggio ai Santi
Sarteano La Sovana
Sassetta La Bandita
Saturnia Terme di Saturnia Spa & Golf Resort
Scandicci / Mosciano Tenuta Le Viste
Scarlino Relais Vedetta
Siena Campo Regio Relais
Siena Certosa di Maggiano
Siena Grand Hotel Continental
Siena Villa Scacciapensieri
Siena / Vagliagli Borgo Scopeto Relais
Siena / Santa Regina Frances' Lodge Relais
Sinalunga Locanda dell'Amorosa
Sovana Sovana
Tavarnelle Val di Pesa Castello del Nero
Torrita di Siena Hotelito Lupaia
Torrita di Siena Residenza d'Arte
Viareggio Grand Hotel Principe di Piemonte
Vicchio / Campestri Villa Campestri Olive Oil Resort
Volterra Agriturismo Marcampo

Trentino-Alto Adige

Alpe di Siusi Alpina Dolomites
Alpe di Siusi Seiser Alm Urthaler
Alta Badia Cappella
Alta Badia Ciasa Salares

Alta Badia Fanes
Alta Badia La Perla
Alta Badia Lagacio'
Alta Badia Rosa Alpina
Alta Badia Sassongher
Appiano sulla Strada del Vino / Cornaiano Weinegg
Appiano sulla Strada del Vino / Missiano Schloss Korb
Avelengo Mirabell
Avelengo Viertlerhof
Bolzano Greif
Borgo Valsugana Locanda in Borgo
Bressanone Elefante
Caldaro sulla Strada del Vino La Residenza Gius
Caldaro sulla Strada del Vino Schlosshotel Aehrental
Campitello di Fassa Villa Kofler
Campo Tures Feldmilla
Canazei / Alba Chalet Vites
Castelrotto Cavallino d'Oro
Castelrotto Mayr
Cavalese Laurino
Laces Paradies
Lagundo / Algund Pergola
Lana / Foiana Völlanerhof
Lana / San Vigilio Vigilius Mountain Resort
Madonna di Campiglio Bio-Hotel Hermitage
Madonna di Campiglio Majestic Mountain Charme
Merano Meister's Hotel Irma
Merano Park Hotel Mignon
Merano Sonnenhof
Merano Villa Tivoli
Merano / Freiberg Castel Fragsburg
Naturno Lindenhof
Naturno Preidlhof
Nogaredo Relais Palazzo Lodron
Novacella Pacherhof
Ortisei Alpin Garden Wellness Resort
Ortisei Gardena-Grödnerhof
Ortisei / Bulla Uhrerhof-Deur
Parcines / Rablà Roessl
Peio / Cogolo Chalet Alpenrose
Redagno Berghofer
Redagno Zirmerhof
Renon / Collalbo Kematen
Riva del Garda Du Lac et Du Parc
Riva del Garda Lido Palace
Ronzone Villa Orso Grigio
San Candido Dolce Vita Family Chalet Postalpina
San Candido Leitlhof Dolomiten Living
San Martino di Castrozza Letizia
San Martino di Castrozza Regina
San Martino in Passiria Andreus
San Vigilio di Marebbe Aqua Bad Cortina et Mineral Baths
Sarentino Auener Hof
Selva di Val Gardena Alpenroyal Grand Hotel
Selva di Val Gardena Granvara
Selva di Val Gardena Prà Ronch
Selva di Val Gardena Small & Charming Hotel Laurin
Senales / Certosa Rosa d'Oro-Zur Goldenen Rose
Sesto / Moso Berghotel e Residence Tirol
Sesto / Moso Sport e Kurhotel Bad Moos
Tirolo Castel
Tirolo Erika
Tirolo Küglerhof
Valdaora Mirabell
Valle di Casies Quelle
Vigo di Fassa / Tamion Agritur Weiss

Umbria

Amelia Relais Tenuta del Gallo
Assisi Nun Assisi Relais
Assisi / Armenzano Le Silve
Bevagna L'Orto degli Angeli
Castiglione del Lago / Petrignano di Lago Relais alla Corte del Sole
Città della Pieve Relais dei Magi
Ferentillo Abbazia San Pietro in Valle
Fratta Todina La Palazzetta del Vescovo
Gualdo Cattaneo / Saragano Agriturismo la Ghirlanda
Gubbio Park Hotel ai Cappuccini
Gubbio Relais Ducale
Gubbio / Pisciano Agriturismo Le Cinciallegre
Gubbio / Scritto Agriturismo Castello di Petroia
Massa Martana San Pietro Sopra Le Acque
Montefalco Palazzo Bontadosi
Montefalco / San Luca Villa Zuccari
Norcia Palazzo Seneca
Orvieto / Morrano Nuovo Agriturismo Borgo San Faustino e Relais del Borgo
Orvieto / Rocca Ripesena Locanda Palazzone
Panicale Agriturismo Montali
Panicale Villa di Monte Solare
Panicale Villa le Mura
Perugia Castello di Monterone
Perugia / Cenerente Castello dell'Oscano
Perugia / Monte Petriolo Borgo dei Conti Resort
Piegaro Ca' de Principi
Spoleto Palazzo Dragoni

Spoleto	Palazzo Leti
Spoleto	Villa Milani
Spoleto / Silvignano	Le Logge di Silvignano
Todi	Relais Todini
Todi	Tenuta di Canonica
Todi / Chioano	Residenza Roccafiore
Torgiano	Le Tre Vaselle

Valle d'Aosta

Aosta	Maison Colombot
Aosta	Milleluci
Bard	Ad Gallias
Breuil Cervinia	Bucaneve
Breuil Cervinia	Excelsior-Planet
Breuil Cervinia	Hermitage
Breuil Cervinia	Mignon
Breuil Cervinia	Saint Hubertus
Champoluc	Breithorn
Cogne	Bellevue & SPA
Cogne	Miramonti
Courmayeur	Villa Novecento
Courmayeur / Entrèves	Auberge de la Maison
Gressoney-la Trinité	Jolanda Sport
La Salle	Mont Blanc Hotel Village
La Thuile	Locanda Collomb
Saint-Pierre	La Meridiana Du Cadran Solaire
Valtournenche	Grandes Murailles
Verrayes / Grandzon	Agriturismo La Vrille

Veneto

Arabba	Sporthotel Arabba
Asolo	Villa Cipriani
Bardolino	Color Hotel
Bassano del Grappa	Ca' Sette
Carrè	Locanda La Corte dei Galli
Casier / Dosson	Villa Contarini Nenzi
Cavaion Veronese	Villa Cordevigo
Cerea	Villa Ormaneto
Cortina d'Ampezzo	Cristallo Hotel Spa & Golf
Cortina d'Ampezzo	Park Hotel Faloria
Cortina d'Ampezzo	Rosapetra Spa Resort
Costermano	Locanda San Verolo
Follina	Dei Chiostri
Follina	Villa Abbazia
Garda	La Vittoria
Garda	Regina Adelaide
Garda	Remat
Lazise	Villa Cansignorio
Malcesine	Bellevue San Lorenzo
Mestre / Zelarino	Agriturismo al Segnavento
Mezzane di Sotto	Agriturismo i Tamasotti
Mira	Villa Franceschi
Mira	Villa Margherita
Padova	Belludi 37
Peschiera del Garda / San Benedetto	The Ziba Hotel & Spa
Portobuffolé	Villa Giustinian
San Bonifacio	Relais Villabella
San Pietro in Cariano	Byblos Art Hotel Villa Amistà
San Pietro in Cariano / Pedemonte	Villa del Quar
San Polo di Piave	La Locanda Gambrinus 1847
Sappada	Le Coccole
Sappada / Cima Sappada	Agriturismo Voltan Haus
Scorzè	Villa Soranzo Conestabile
Selva di Cadore	Ca' del Bosco
Soave	Damaranto
Susegana	Maso di Villa
Venezia	Antico Doge
Venezia	Bauer Palladio
Venezia	Belmond Cipriani & Palazzo Vendramin
Venezia	Ca' Maria Adele
Venezia	Ca' Nigra Lagoon Resort
Venezia	Ca' Pisani
Venezia	Ca' Sagredo
Venezia	Centurion Palace
Venezia	Charming House DD 724
Venezia	Danieli
Venezia	Flora
Venezia	Grande Albergo Ausonia & Hungaria
Venezia	Gritti Palace
Venezia	La Residenza
Venezia	Londra Palace
Venezia	Luna Hotel Baglioni
Venezia	Metropole
Venezia	Novecento
Venezia	Oltre il Giardino
Venezia	Palazzina G
Venezia	Palazzo Abadessa
Venezia	Palazzo Giovanelli
Venezia	Palazzo Priuli
Venezia	Palazzo Stern
Venezia	Settimo Cielo e Bloom
Venezia	The Westin Europa e Regina
Verona	Agriturismo Delo
Verona	Gabbia d'Oro
Verona	Il Relais
Verona	Palazzo Victoria
Verona	The Gentleman of Verona

Charme e atmosfera:

→ Ristoranti particolarmente piacevoli
→ Particularly pleasant restaurants

Abruzzo

Castel di Sangro	Reale	XXXX

Basilicata

Matera	Don Matteo	XX

Calabria

Filandari / Mesiano	Frammichè	X
Strongoli	Dattilo	XXX
Villa San Giovanni / Santa Trada di Cannitello	I Due Mari	XXX

Campania

Capri (Isola di) / Anacapri	Il Riccio	XX
Capri (Isola di) / Anacapri	L'Olivo	XXXX
Capri (Isola di) / Capri	Monzù	XXX
Capri (Isola di) / Capri	Rendez Vous	XX
Capri (Isola di) / Capri	Terrazza Brunella	XX
Capri (Isola di) / Marina Grande	Da Paolino Lemontrees	XX
Conca dei Marini	Santa Rosa	XXX
Ischia (Isola d') / Casamicciola Terme	Il Mosaico	XXXX
Ischia (Isola d') / Forio	Da "Peppina" di Renato	X
Ischia (Isola d') / Lacco Ameno	Indaco	XXX
Maiori	Il Faro di Capo d'Orso	XXX
Massa Lubrense / Nerano	Quattro Passi	XXXX
Massa Lubrense / Termini	Relais Blu	XXX
Mercato San Severino	Casa del Nonno 13	XX
Napoli	Caruso Roof Garden	XXXX
Napoli	George's	XXX
Napoli	Il Comandante	XXX
Paestum	Le Trabe	XXX
Positano	Al Palazzo	XXX
Positano	La Sponda	XXXX
Positano	Rada	XX
Positano	Zass	XXXX
Ravello	Belvedere	XXXX
Ravello	Il Flauto di Pan	XXX
Ravello	Rossellinis	XXXX
Sant'Agata sui Due Golfi	Don Alfonso 1890	XXXX
Sant'Agnello	La Scintilla	XXX
Sorrento	L'Antica Trattoria	XX
Sorrento	Terrazza Bosquet	XXX
Telese Terme	La Locanda del Borgo	XX
Vico Equense	Maxi	XXX
Vico Equense / Marina Equa	Torre del Saracino	XXX

Emilia-Romagna

Albareto	Casimiro e voi	X
Besenzone / Bersano	La Fiaschetteria	XXX
Bologna	Leoni	XXX
Castelvetro di Modena	Locanda del Feudo	XX
Galeata	La Campanara	X
Imola	San Domenico	XXXX
Modena	Hosteria Giusti	X
Montegridolfo	Osteria dell'Accademia	X
Neviano degli Arduini	Trattoria Mazzini	XX
Piacenza	Antica Osteria del Teatro	XXX
Polesine Parmense	Antica Corte Pallavicina	XXX
Ravenna	Antica Trattoria al Gallo 1909	XX
Riccione	Sol y Mar	X
Rimini	i-Fame	XX
Rimini / Coriano	Vite	XX
Rubiera	Osteria del Viandante	XX
Santarcangelo di Romagna	Osteria la Sangiovesa	X
Santarcangelo di Romagna / Montalbano	Antiche Macine	X
Savigno	Trattoria da Amerigo	X
Savio	CâMì	X

Friuli-Venezia Giulia

Cividale del Friuli	Orsone	XXX
Colloredo di Monte Albano	La Taverna	XX
Cormons	Al Cacciatore-della Subida	XX
Dolegna del Collio / Ruttars	Castello di Trussio dell'Aquila d'Oro	XXX
Fiume Veneto	L'Ultimo Mulino	XX
Flaibano	Grani di Pepe	XX
Pasiano di Pordenone / Rivarotta	Lupus in Tabula	XX
Pocenia / Paradiso	Al Paradiso	XX
Tarcento	Osteria di Villafredda	X
Trieste	Al Bagatto	X

Lazio

Castrocielo	Villa Euchelia	XX
Fiuggi / Fiuggi Fonte	Il Savoia	XXXXX
Gaeta	La Terrazza degli Ulivi	XX
Grottaferrata	Taverna dello Spuntino	X

Labico	Antonello Colonna Labico	XXX
Ladispoli	The Cesar	XXX
Ponza (Isola di) / Ponza	Il Tramonto	X
Ponza (Isola di) / Ponza	Orestorante	XX
Rieti	Belle Epoque	XX
Roma	Aroma	XXX
Roma	Brunello Lounge & Restaurant	XXX
Roma	Caffè Propaganda	X
Roma	Enoteca la Torre	XXX
Roma	Hostaria dell'Orso	XXXX
Roma	Imàgo	XXXX
Roma	La Pergola	XXXXX
Roma	La Terrazza	XXXX
Roma	Le Jardin de Russie	XXXXX
Roma	Locanda della Castelluccia	XXX
Roma	Massimo Riccioli Bistrot	XXXX
Roma	Mirabelle	XXXX
Roma	Oliver Glowig	XXXX
Roma	Sapori del Lord Byron	XXXX

Liguria

Badalucco	Macine del Confluente	X
Bergeggi	Claudio	XXX
Borgio Verezzi	Doc	XXX
Garlenda	Il Rosmarino	XXX
Manarola / Volastra	Cappun Magru in Casa di Marin	X
Nervi	Il Roseto	XXX
Noli	Il Vescovado	XXX
Portofino	Chuflay	XXX
Portovenere	Locanda Lorena	X
Rapallo	Le Cupole	XXX

Lombardia

Almenno San Salvatore	Cantina Lemine	XX
Azzate	Locanda dei Mai Intees	XX
Bellagio	Mistral	XXX
Bergamo	Lio Pellegrini	XXX
Bergamo / San Vigilio	Baretto di San Vigilio	X
Brescia	Castello Malvezzi	XXX
Brescia	Trattoria Porteri	X
Brusaporto	Da Vittorio	XXXX
Canneto Sull'Oglio / Runate	Dal Pescatore	XXXX
Cantello	Madonnina	XX
Cappella de' Picenardi	Locanda degli Artisti	X
Carate Brianza	Camp di Cent Pertigh	X
Chiavenna / Mese	Crotasc	X
Chiesa in Valmalenco	Il Vassallo	XX
Collebeato / Campiani	Carlo Magno	XXX
Cologne	Cappuccini cucina San Francesco	XXX
Como	I Tigli in Theoria	XX
Como	Navedano	XXX
Corte Franca / Borgonato	Due Colombe	XXX
Cuasso al Monte / Cuasso al Piano	Molino del Torchio	XX
Desenzano del Garda	Esplanade	XXX
Gardone Riviera	Villa Fiordaliso	XXX
Gardone Riviera / Fasano	Il Fagiano	XXXX
Gargnano	La Grande Limonaia	XXX
Gargnano	Villa Feltrinelli	XXXX
Isola Dovarese	Caffè La Crepa	X
Maleo	Albergo del Sole	XX
Manerba del Garda	Capriccio	XXX
Mantello	La Présef	XX
Mantova	Il Cigno Trattoria dei Martini	XX
Milano	Acanto	XXXX
Milano	Al Fresco	X
Milano	Armani	XXX
Milano	Bulgari	XXX
Milano	Café Trussardi	X
Milano	Ceresio 7	XXX
Milano	Don Carlos	XXX
Milano	Finger's	XX
Milano	Finger's Garden	XX
Milano	La Veranda	XXXX
Milano	Larte	XXX
Milano	Teatro alla Scala - il Marchesino	XXX
Milano	Vietnamonamour - Centro Direzionale	X
Milano	Vietnamonamour - Zona urbana Nord-Est	X
Milano	Vun	XXXX
Moltrasio	Imperialino	XXX
Monza	Derby Grill	XXX
Nibionno	I Melograni	XXX
Palazzolo sull'Oglio	Osteria della Villetta	X
Pellio Intelvi	La Locanda del Notaio	XX
Peschiera Borromeo	Trattoria dei Cacciatori	X
Pozzolengo	Moscatello Muliner	X
Quistello	Ambasciata	XXXX
Ranco	Il Sole di Ranco	XXX
Rivalta sul Mincio	Il Tesoro Living Resort	XX
Tremezzo	La Terrazza	XXXX
Varese	Luce	XX
Varese / Santa Maria del Monte	Colonne	XX
Varese / Capolago	Da Annetta	XX
Villa d'Almè	Osteria della Brughiera	XX
Villa di Chiavenna	Lanterna Verde	XXX

Marche

Ancona / Portonovo	Clandestino Susci Bar	X
Cartoceto	Symposium	XXX
Castelraimondo / Sant'Angelo	Il Giardino degli Ulivi	X
Fabriano	Villa Marchese del Grillo	XXX
Urbino / Pantiere	Urbino dei Laghi	XX

Piemonte

Acqui Terme	I Caffi	XXX
Bee	Chi Ghinn	XX
Benevello	Villa d'Amelia	XXX
Briaglia	Marsupino	XX
Canale	Villa Tiboldi	XX
Cannero Riviera	I Castelli	XXX
Carbonara Scrivia	Locanda Malpassuti	XX
Cherasco	Walter Eynard	XXX
Cisterna d'Asti	Garibaldi	X

Domodossola	La Stella	XX
Formazza	Walser Schtuba	X
Fossano	Antiche Volte	XXX
Gavi	La Gallina	XX
Limone Piemonte	Osteria Il Bagatto	XX
Moncalieri	La Maison Delfino	XX
Monforte d'Alba	Le Case della Saracca	X
Orta San Giulio	Teatro Magico	XXX
Orta San Giulio	Villa Crespi	XXXX
Oviglio	Donatella	XX
Piozzo	Casa Baladin	XX
San Francesco al Campo	Restaurant Relais	XX
Santo Stefano Belbo	Il Ristorante di Guido da Costigliole	XXX
Sauze d'Oulx / Le Clotes	Naskira	X
Serralunga d'Alba	La Rei	XXXX
Serralunga d'Alba / Fontanafredda	Guido	XXX
Sinio	Pardini Vini et Cucina	XXX
Tigliole	Ca' Vittoria	XXX
Torino	Del Cambio	XXXX
Tortona	Caffè Ristorante Sangiacomo	X
Treiso	La Ciau del Tornavento	XXX
Usseaux	Lago del Laux	X
Venaria Reale	Dolce Stil Novo alla Reggia	XXX
Verbania / Fondotoce	Piccolo Lago	XXX

Puglia

Avetrana	Masseria Bosco	X
Cutrofiano	Il Chiostro	XXX
Gravina in Puglia	Madonna della Stella	X
Ostuni	Cielo	XXX
Racale	L'Acchiatura	X
Savelletri	Le Palme	XXX
Taviano	A Casa tu Martinu	X
Trani	Le Lampare al Fortino	XXX

Sardegna

Arzachena	Tenuta Pilastru	XX
Arcipelago della Maddalena / La Maddalena	La Scogliera	XX
Olbia	S'Ollastu	XX
Oliena	Su Gologone	XX
Palau	La Gritta	XXX
Pula	Le Dune	XXX

Sicilia

Agrigento	Il Granaio di Ibla	XXX
Eolie (Isole) / Salina	Signum	XX
Eolie (Isole) / Filicudi Porto	La Canna	X
Eolie (Isole) / Vulcano Isola	Cappero	XXX
Linguaglossa	Shalai	XX
Pachino / Marzamemi	La Cialoma	X
Palermo	Cuvée du Jour	XXX
Ragusa	Locanda Don Serafino	XXX
Taormina	Bellevue	XXX
Taormina	Principe Cerami	XXXX
Taormina	Timeo	XXXXX

Toscana

Bagno a Ripoli / Candeli	Il Verrocchio	XXX
Barberino Val d'Elsa / Petrognano	Il Paese dei Campanelli	XX
Camaiore	Emilio e Bona	XX
Casole d'Elsa / Pievescola	Oliviera	XXX
Castelnuovo Berardenga	Poggio Rosso	XXX
Castiglione della Pescaia / Badiola	Trattoria Toscana-Tenuta la Badiola	XXX
Cetona	La Frateria di Padre Eligio	XXX
Chiusdino	Valle Serena	XXX
Cortona / Farneta	La Terrazza	XXX
Cortona / San Martino	Il Falconiere	XXX
Fiesole	Il Salviatino	XXX
Fiesole	La Loggia	XXXX
Firenze	Alle Murate	XX
Firenze	Borgo San Jacopo	XXX
Firenze	Enoteca Pinchiorri	XXXXX
Firenze	Il Palagio	XXXXX
Firenze	Relais le Jardin	XXXX
Firenze	SE.STO	XXXX
Firenze	Winter Garden by Caino	XXXX
Gaiole in Chianti	Il Pievano	XXX
Greve in Chianti	Villa Bordoni	XX
Greve in Chianti / Panzano	Antica Macelleria Cecchini-Solociccia	X
Montaione / San Benedetto	Casa Masi	XX
Montalcino / Castiglione del Bosco	Campo del Drago	XXX
Montalcino / Poggio alle Mura	Castello Banfi-La Taverna	XX
Montemerano	Caino	XXX
Montemerano	La Limonaia	XX
Montignoso	Il Bottaccio	XXX
Palazzuolo sul Senio	Locanda Senio	X
Porto Ercole	Dama Dama	XXX
Porto Ercole	Il Pellicano	XXXX
Reggello / Vaggio	Relais le Vieux Pressoir	XX
Roccastrada	Il Canto del Gusto	XX
San Casciano dei Bagni / Fighine	Castello di Fighine	XXX
San Gimignano	Lampolla	XX
San Vincenzo	Il Sale	XX
Saturnia	All'Acquacotta	XXX
Siena	Il Canto	XXX
Siena	La Taverna di San Giuseppe	X
Siena	Osteria le Logge	X
Sinalunga	Le Coccole dell'Amorosa	XX
Tavarnelle Val di Pesa	La Torre	XXX
Tavarnelle Val di Pesa / Badia a Passignano	Osteria di Passignano	XX
Viareggio	Piccolo Principe	XXX

Trentino-Alto Adige

Aldino	Krone	X
Alpe di Siusi	Jagerstube	XX
Alta Badia	La Siriola	XXX
Alta Badia	La Stüa de Michil	XXX

Alta Badia	Maso Runch	X
Alta Badia	St. Hubertus	XXXX
Alta Badia	Wine Bar	XX
Anterivo	Kurbishof	X
Appiano sulla Strada del Vino / Cornaiano	L'Arena	XX
Bolzano / Colle di Villa	Colle-Kohlern	X
Bressanone	Elefante	XXX
Campo Tures	Toccorosso	XX
Canazei	Wine & Dine	XX
Castelbello Ciardes	Kuppelrain	XXX
Castel Toblino	Castel Toblino	XX
Cavalese	El Molin	XXX
Cermes / Tscherms	Miil	XX
Dobbiaco	Tilia	XX
Falzes / Molini	Schöneck	XXX
Lana / San Vigilio	1500	XX
Madonna di Campiglio	Osteria del Circo	XX
Madonna di Campiglio	Stube Hermitage	XX
Nova Levante	Johannes-Stube	XX
Ortisei	Anna Stuben	XXX
Pergine Valsugana	Castel Pergine	XX
Redagno	Stube 1600	XX
Riva del Garda	Il Re della Busa	XXX
Ronzone	Orso Grigio	XXX
San Pellegrino (Passo di)	Rifugio Fuciade	X
Sarentino	Terra	XX
Selva di Val Gardena	Alpenroyal Gourmet	XXX
Tesimo	Zum Löwen	XX
Tirolo	Trenkerstube	XXXX
Villandro	Ansitz Zum Steinbock	XX

● Umbria

Assisi	La Locanda del Cardinale	XXX
Assisi / Armenzano	Armentum	XX
Baschi	Vissani	XXXX
Castiglione del Lago / Petrignano di Lago	L'Essenza	XX
Gubbio	Nicolao	XXX
Norcia	Vespasia	XXX
Panicale	Lillo Tatini	X
Perugia	Il Postale	XXX
Todi	Relais Todini	XXX
Todi / Chioano	Fiorfiore	XX

● Valle d'Aosta

Aosta / Pila	Société anonyme de consommation	X
Bard	Ad Gallias	XX
Breuil Cervinia	La Chandelle	XXXX
Cogne	Bar à Fromage	X
Cogne	Le Petit Restaurant	XXX
Courmayeur	Villa Novecento	XX
Courmayeur / Entrèves	Rosa Alpina	XXX
La Salle	La Cassolette	XXX
Morgex	Café Quinson	XXX
Saint-Pierre	Marescò	XX
Saint-Vincent	Le Grenier	XX

● Veneto

Albaredo d'Adige / Coriano Veronese	Locanda dell'Arcimboldo	XX
Arabba	La Stube	XXX
Arzignano	Macelleria Damini	X
Asolo	Villa Cipriani	XXX
Bardolino	Il Giardino delle Esperidi	X
Bardolino	La Veranda	XX
Bassano del Grappa	Ca' 7	XXX
Caldogno	Molin Vecio	XX
Cavaion Veronese	Oseleta	XXX
Cortina d'Ampezzo	Baita Piè Tofana	X
Cortina d'Ampezzo	Il Gazebo	XXXX
Cortina d'Ampezzo	L'Altro Vissani Cortina	XX
Cortina d'Ampezzo	Lago Ghedina	X
Costermano	La Casa degli Spiriti	XXXX
Follina	La Corte	XXX
Garda	Regio Patio	XXX
Illasi	Le Cedrare	XX
Isola della Scala	L'Artigliere	XX
Longare / Costozza	Aeolia	XX
Mira	Margherita	XXX
Oderzo	Gellius	XXX
Roverchiara	Locanda le 4 Ciacole	X
San Pietro in Cariano / Pedemonte	Arquade	XXX
San Polo di Piave	Parco Gambrinus	XX
Sappada	Laite	XX
Schio	Spinechile	XX
Treviso	Toni del Spin	X
Venezia	Antinoo's Lounge	XXX
Venezia	Canova	XXX
Venezia	Cip's Club	XX
Venezia	Club del Doge	XXXX
Venezia	Do Leoni	XXXX
Venezia	La Cusina	XXXX
Venezia	Met	XXXX
Venezia	Oro Restaurant	XXXX
Venezia	Quadri	XXX
Venezia	Terrazza Danieli	XXXXX
Venezia / Torcello	Locanda Cipriani	XX
Verona	Il Desco	XXX
Verona	Osteria la Fontanina	X
Vodo Cadore	Al Capriolo	XXX

Spa

Wellness-Hotels

→ Extensive facilities for relaxation & well-being

Abruzzo

Caramanico Terme	La Réserve
Francavilla al Mare	Villa Maria Hotel & Spa
Giulianova Lido	Sea Park Spa Resort
Roccaraso / Aremogna	Boschetto

Basilicata

Maratea / Fiumicello Santa Venere	Santavenere

Calabria

Amantea	Mediterraneo Palace Hotel
Catanzaro / Catanzaro Lido	Grand Hotel Paradiso
Tropea	Rocca Nettuno
Tropea / Ricadi	Sunshine Club Hotel
Tropea / Faro Capo Vaticano	Capovaticano Resort Thalasso & Spa
Villa San Giovanni / Santa Trada di Cannitello	Altafiumara

Campania

Capri (Isola di) / Anacapri	Capri Palace Hotel
Capri (Isola di) / Capri	Capri Tiberio Palace
Capri (Isola di) / Capri	Grand Hotel Quisisana
Capri (Isola di) / Marina Grande	J.K. Place Capri
Castellammare di Stabia	Towers Hotel Stabiae Sorrento Coast
Conca dei Marini	Monastero Santa Rosa Hotel & Spa
Ischia (Isola d') / Barano	Parco Smeraldo Terme
Ischia (Isola d') / Casamicciola Terme	Terme Manzi Hotel & Spa
Ischia (Isola d') / Forio	Mezzatorre Resort & Spa
Ischia (Isola d') / Ischia	Grand Hotel Excelsior
Ischia (Isola d') / Ischia	Il Moresco
Ischia (Isola d') / Ischia	Le Querce
Ischia (Isola d') / Ischia	Punta Molino Hotel Beach Resort & Spa
Ischia (Isola d') / Lacco Ameno	L'Albergo della Regina Isabella
Napoli	Romeo
Positano	Le Sirenuse
Praiano	Casa Angelina
Procida / Procida	La Suite Hotel
Ravello	Palazzo Avino
San Cipriano Picentino	Villa Rizzo Resort & Spa
Telese Terme	Aquapetra Resort & Spa
Vietri sul Mare / Raito	Raito

Emilia-Romagna

Bagno di Romagna	Ròseo Hotel Euroterme
Bagno di Romagna	Tosco Romagnolo

Bagno di Romagna / Acquapartita	Miramonti
Bellaria Igea Marina / Igea Marina	Blu Suite Hotel
Bertinoro / Fratta	Grand Hotel Terme della Fratta
Castrocaro Terme	Grand Hotel Terme
Cervia	Gambrinus
Cervia / Milano Marittima	Aurelia
Cervia / Milano Marittima	Globus
Cervia / Milano Marittima	Grand Hotel Gallia
Cervia / Milano Marittima	Le Palme
Cervia / Milano Marittima	Palace Hotel
Cesenatico	Grand Hotel Da Vinci
Faenza	Relais Villa Abbondanzi
Monticelli Terme	Delle Rose
Porretta Terme	Helvetia
Porretta Terme	Santoli
Reggio nell'Emilia / San Bartolomeo	Matilde di Canossa
Riccione	Ambasciatori
Riccione	Atlantic
Riccione	Belvedere
Riccione	Corallo
Riccione	Grand Hotel Des Bains
Riccione	Lunariccione
Riccione	Select
Rimini	Grand Hotel Rimini
Rimini	Le Rose Suite Hotel
Rimini	Savoia Hotel Rimini
Salsomaggiore Terme	Riz Ferrari
San Giovanni in Marignano	Riviera Golf Resort
Vignola	La Cartiera

Friuli-Venezia Giulia

Cividale del Friuli	Locanda al Castello
Grado	Grand Hotel Astoria
Grado	Laguna Palace
Grado	Savoy
Lignano Sabbiadoro / Lignano Pineta	Greif
Ravascletto	La Perla
Udine	Là di Moret

Lazio

Fiuggi / Fiuggi Fonte	Ambasciatori
Fiuggi / Fiuggi Fonte	Fiuggi Terme
Fiuggi / Fiuggi Fonte	Grand Hotel Palazzo della Fonte
Labico	Antonello Colonna Labico Resort
Roma	Atahotel Villa Pamphili
Roma	Crowne Plaza Rome St. Peter's & Spa
Roma	Jumeirah Grand Hotel Via Veneto
Roma	Palazzo Montemartini
Roma	Parco dei Principi Grand Hotel & Spa
Roma	Rome Cavalieri Waldorf Astoria
Roma	Rome Marriott Park Hotel
Roma	The Westin Excelsior
Roma	Trilussa Palace
Sperlonga	Virgilio Grand Hotel
Viterbo	Niccolò V-Terme dei Papi

Liguria

Alassio	Grand Hotel Alassio	
Alassio	Rosa	
Bordighera	Grand Hotel del Mare Resort & SPA	
Levanto	Park Hotel Argento	
Rapallo	Excelsior Palace Hotel	
Rapallo	Grand Hotel Bristol	
San Remo	Royal Hotel	
Sestri Levante	Due Mari	
Tovo San Giacomo / Bardino Vecchio	Relais Il Casale	

Lombardia

Bellagio	Belvedere	
Bellagio	Grand Hotel Villa Serbelloni	
Blevio	CastaDiva Resort	
Carzago Riviera	Palazzo Arzaga	
Castelverde	Cremona Palace Hotel	
Castione della Presolana / Bratto	Milano	
Cernobbio	Villa d'Este	
Cologne	Cappuccini Resort	
Darfo-Boario Terme / Boario Terme	Rizzi Aquacharme	
Desenzano del Garda	Acquaviva del Garda	
Erbusco	L'Albereta	
Gallarate	Sheraton Milan Malpensa	
Gardone Riviera	Grand Hotel Gardone	
Gardone Riviera / Fasano	Grand Hotel Fasano e Villa Principe	
Gargnano	Lefay Resort & Spa	
Limone sul Garda	Park Hotel Imperial	
Livigno	Baita Montana	
Livigno	Lac Salin Spa & Mountain Resort	
Madesimo	Andossi	
Madesimo	Il Cantinone e Sport Hotel Alpina	
Mantello	La Fiorida	
Milano	Armani Hotel Milano	
Milano	Bulgari	
Milano	Château Monfort	
Milano	Grand Visconti Palace	
Milano	Park Hyatt Milano	
Milano	Principe di Savoia	
Milano	The Hub Hotel	
Moltrasio	Grand Hotel Imperiale	
Pavia	Cascina Scova	
Porlezza	Parco San Marco	
Rota d'Imagna	Miramonti	
Sant'Omobono Terme	Villa delle Ortensie	
Sirmione	Grand Hotel Terme	
Tonale (Passo del)	Delle Alpi	
Tonale (Passo del)	Grand Hotel Paradiso	
Tremezzo	Grand Hotel Tremezzo	
Valdidentro / Bagni Nuovi	Grand Hotel Bagni Nuovi	
Varano Borghi	Villa Borghi & Wellness	
Varese	Relais sul Lago	

Marche

Gabicce Mare	Grand Hotel Michelacci
Jesi	Federico II
Macerata	Le Case
Pesaro	Excelsior
Urbino / Pantiere	Urbino Resort Santi Giacomo e Filippo

Molise

Castelpetroso	Fonte del Benessere Resort

Piemonte

Acqui Terme	Grand Hotel Nuove Terme
Bardonecchia	Rive
Baveno	Grand Hotel Dino
Borgaro Torinese	Atlantic
Crodo / Viceno	Edelweiss
Limone Piemonte	Grand Palais Excelsior
Penango / Cioccaro	Relais Sant'Uffizio Wellness & Spa
Quattordio	Relais Rocca Civalieri
Santo Stefano Belbo	Relais San Maurizio
Serralunga d'Alba	Il Boscareto Resort
Stresa	Grand Hotel des Iles Borromées
Stresa	Regina Palace
Stresa	Villa e Palazzo Aminta
Torino	Golden Palace
Torino	NH Lingotto
Verbania / Pallanza	Grand Hotel Majestic

Puglia

Bari / Palese	Parco dei Principi
Barletta	Dei Cavalieri
Ceglie Messapica	Madonna Delle Grazie
Corato	Nicotel Corato
Cutrofiano	Sangiorgio Resort
Lecce	Arthotel & Park Lecce
Lecce	Hilton Garden Inn
Manfredonia	Regio Hotel Manfredi
Martina Franca	Relais Villa San Martino
Noicattaro	UNA Hotel Regina
Savelletri	Borgo Egnazia
Savelletri	Masseria San Domenico
Savelletri	Masseria Torre Coccaro
Taranto / Masseria San Pietro	Relais Histò

Sardegna

Alghero	Villa Las Tronas
Alghero / Porto Conte	El Faro
Arzachena	Tenuta Pilastru
Arzachena / Porto Cervo	Cervo
Cagliari	T Hotel
Castelsardo	Riviera
Pula	Castello
Pula	Il Borgo
Pula	Il Villaggio

Pula	Le Dune
Pula	Le Palme
Pula	Royal Pineta
Pula	Villa del Parco
Santa Teresa Gallura	Resort Valle dell'Erica Thalasso & SPA
Trinità d'Agultu / Isola Rossa	Marinedda
Trinità d'Agultu / Isola Rossa	Relax Torreruja

Sicilia

Agrigento	Della Valle
Agrigento / San Leone	Baia di Ulisse
Enna	Federico II Palace Hotel
Eolie (Isole) / Vulcano Isola	Therasia Resort
Ragusa	Donnafugata Resort
Sciacca	Verdura Golf & Spa Resort
Taormina / Lido di Spisone	Lido Caparena
Taormina / Mazzarò	Grand Hotel Atlantis Bay

Toscana

Abetone	Val di Luce Resort
Casole d'Elsa	Castello di Casole
Castagneto Carducci / Marina di Castagneto Carducci	Tombolo Talasso Resort
Castelnuovo Berardenga	Castel Monastero
Castelnuovo Berardenga	Le Fontanelle
Castiglione della Pescaia / Badiola	L'Andana-Tenuta La Badiola
Castiglione della Pescaia / Riva del Sole	Riva del Sole
Chianciano Terme	Admiral Palace
Chianciano Terme	Grand Hotel Terme
Colle di Val d'Elsa	Palazzo San Lorenzo
Cortona / San Martino	Il Falconiere Relais
Elba (Isola d') / Portoferraio	Hermitage
Firenze	Four Seasons Hotel Firenze
Firenze	Grand Hotel Villa Cora
Forte dei Marmi	Principe Forte dei Marmi
Lido di Camaiore	Caesar
Lido di Camaiore	UNA Hotel Versilia
Marina di Grosseto	Terme Marine-Leopoldo II
Monsummano Terme	Grotta Giusti
Montalcino / Castelnuovo dell'Abate	Castello di Velona
Montecatini Terme	Columbia
Montecatini Terme	Grand Hotel Croce di Malta
Montecatini Terme	Grand Hotel e La Pace
Montefiridolfi	Agriturismo Fonte de' Medici
Montignoso / Cinquale	Villa Undulna-Terme della Versilia
Porto Ercole	Argentario Resort Golf & Spa
Radda in Chianti	Palazzo Leopoldo
Radda in Chianti	Radda
San Casciano dei Bagni	Fonteverde
San Gimignano	Villasanpaolo Hotel
San Giuliano Terme	Bagni di Pisa
San Quirico d'Orcia	Casanova
San Quirico d'Orcia / Bagno Vignoni	Adler Thermae
San Quirico d'Orcia / Bagno Vignoni	Posta-Marcucci

Saturnia	Terme di Saturnia Spa & Golf Resort
Scansano	Antico Casale di Scansano
Siena / Vagliagli	Borgo Scopeto Relais
Tirrenia / Calambrone	Green Park Resort
Venturina	Delle Terme
Viareggio	Astor
Viareggio	Grand Hotel Principe di Piemonte

Trentino-Alto Adige

Alpe di Siusi	Alpina Dolomites
Alpe di Siusi	Seiser Alm Urthaler
Alta Badia	Antines
Alta Badia	Armentarola
Alta Badia	Cappella
Alta Badia	Christiania
Alta Badia	Ciasa Salares
Alta Badia	Col Alto
Alta Badia	Colfosco-Kolfuschgerhof
Alta Badia	Cristallo
Alta Badia	Diamant
Alta Badia	Fanes
Alta Badia	La Majun
Alta Badia	La Perla
Alta Badia	Posta-Zirm
Alta Badia	Rosa Alpina
Alta Badia	Sassongher
Andalo	Ambiez Suite Hotel
Andalo	Corona Dolomites
Andalo	Cristallo
Andalo	Dolce Avita Spa & Resort
Appiano sulla Strada del Vino	Gartenhotel Moser Life & Welness Resort
Appiano sulla Strada del Vino / Cornaiano	Weinegg
Appiano sulla Strada del Vino / Missiano	Schloss Korb
Appiano sulla Strada del Vino / Pigano	Stroblhof
Avelengo	Mirabell
Avelengo	Miramonti
Baselga di Pinè / Montagnaga	Posta 1899
Bondone Monte / Vason	Alpine Mugon
Bondone Monte / Vason	Le Blanc Hotel & Spa
Bressanone	Dominik
Brunico / Riscone	Majestic
Brunico / Riscone	Royal Hotel Hinterhuber
Brunico / Riscone	Schönblick
Caldaro sulla Strada del Vino	Seeleiten
Campitello di Fassa	Gran Paradis
Campo Tures	Alte Mühle
Campo Tures	Feldmilla
Canazei	Croce Bianca
Canazei	Rita
Canazei / Alba	La Cacciatora
Castelbello Ciardes	Sand
Castelrotto	Alpenflora
Cavalese	Lagorai

Comano Terme / Ponte Arche	Cattoni-Plaza
Comano Terme / Ponte Arche	Grand Hotel Terme
Commezzadura	Tevini
Dobbiaco	Cristallo
Dobbiaco	Park Hotel Bellevue
Dobbiaco	Santer
Fai della Paganella	Al Sole
Fiè allo Sciliar	Heubad
Fiè allo Sciliar	Turm
Fiera di Primiero	Iris Park Hotel
Fiera di Primiero	Relais Le Gemme
Fiera di Primiero	Tressane
Folgarida	Alp Hotel Taller
Fondo	Lady Maria
Laces	Paradies
Lana / Foiana	Völlanerhof
Lana / Foiana	Waldhof
Lana / San Vigilio	Vigilius Mountain Resort
Levico Terme	Al Sorriso Green Park
Madonna di Campiglio	Alpen Suite Hotel
Madonna di Campiglio	Artini
Madonna di Campiglio	Chalet Laura
Madonna di Campiglio	Chalet del Sogno
Madonna di Campiglio	Cristal Palace
Madonna di Campiglio	Crozzon
Madonna di Campiglio	DV Chalet Boutique Hotel Gourmet & Spa
Madonna di Campiglio	Gianna
Madonna di Campiglio	Lorenzetti
Madonna di Campiglio	Spinale
Malles Venosta / Burgusio	Weisses Kreuz
Marlengo	Jagdhof
Marlengo	Marlena
Marlengo	Oberwirt
Merano	Adria
Merano	Alexander
Merano	Ansitz Plantitscherhof
Merano	Meister's Hotel Irma
Merano	Meranerhof
Merano	Park Hotel Mignon
Merano	Pienzenau am Schlosspark
Merano	Terme Merano
Merano	Villa Tivoli
Merano / Freiberg	Castel Fragsburg
Mezzana	Val di Sole
Moena	Alle Alpi
Moena	Garden
Molveno	Alexander
Molveno	Belvedere
Monguelfo / Tesido	Alpen Tesitin
Mules	Stafler
Naturno	Feldhof
Naturno	Funggashof
Naturno	Lindenhof
Naturno	Preidlhof
Novacella	Pacherhof

Nova Levante	Engel
Nova Ponente	Pfösl
Ortisei	Adler Dolomiti & Adler Balance
Ortisei	Alpin Garden Wellness Resort
Ortisei	Angelo-Engel
Ortisei	Arnaria
Ortisei	Gardena-Grödnerhof
Ortisei	Genziana
Parcines / Rablà	Roessl
Peio / Cogolo	Cevedale
Peio / Cogolo	Kristiania Alpin Wellness
Pinzolo	Beverly
Pinzolo	Cristina
Pinzolo	Europeo
Postal	Muchele
Pozza di Fassa	Ladinia
Pozza di Fassa	Renè
Racines	Panoramahotel Taljörgele
Racines	Sonklarhof
Rasun Anterselva / Anterselva / Antholz	Santéshotel Wegerhof
Rasun Anterselva / Rasun / Rasen	Alpenhof
Renon / Collalbo	Bemelmans Post
Renon / Soprabolzano	Park Hotel Holzner
Rio di Pusteria / Mühlbach / Valles	Huber
Rio di Pusteria / Mühlbach / Valles	Masl
Riva del Garda	Du Lac et Du Parc
Riva del Garda	Lido Palace
Riva del Garda	Parc Hotel Flora
San Candido	Cavallino Bianco-Weisses Rössl
San Candido	Dolce Vita Alpina Post Hotel
San Candido	Dolce Vita Family Chalet Postalpina
San Candido	Leitlhof Dolomiten Living
San Candido	Villa Stefania
San Floriano	Cristal
San Floriano	Sonnalp
San Lorenzo di Sebato	Sporthotel Winkler
San Martino di Castrozza	Chalet Nature Suite
San Martino di Castrozza	Jolanda
San Martino di Castrozza	Regina
San Martino in Passiria	Alpenschlössl
San Martino in Passiria	Andreus
San Martino in Passiria	Park-Vital
San Martino in Passiria	Quellenhof-Forellenhof
San Martino in Passiria / Saltusio	Castel Saltauserhof
Santa Cristina Valgardena	Diamant Sport & Wellness
San Vigilio di Marebbe	Almhof-Hotel Call
San Vigilio di Marebbe	Bella Vista Hotel Emma
San Vigilio di Marebbe	Excelsior
Scena	Hohenwart
Selva di Val Gardena	Alpenroyal Grand Hotel
Selva di Val Gardena	Gran Baita
Selva di Val Gardena	Granvara
Selva di Val Gardena	PortilloDolomites
Selva di Val Gardena	Small & Charming Hotel Laurin
Selva di Val Gardena	Tyr

Selva di Val Gardena	Welponer
Sesto	Dolomitenhof & Alte Post
Sesto	Monika
Sesto	San Vito-St. Veit
Sesto / Moso	Berghotel e Residence Tirol
Sesto / Moso	Rainer
Sesto / Moso	Sport e Kurhotel Bad Moos
Silandro / Vezzano	Sporthotel Vetzan
Siusi allo Sciliar	Activehotel Diana
Solda	Cristallo
Solda	Parc Hotel
Solda	Sporthotel Paradies Residence
Tesero	Rio Stava Family Resort & Spa
Tires / San Cipriano	Cyprianerhof
Tirolo	Castel
Tirolo	Erika
Tirolo	Gartner
Tirolo	Golserhof
Tirolo	Patrizia
Torbole	Piccolo Mondo
Ultimo / San Nicolò / St. Nikolaus	Waltershof
Valdaora	Mirabell
Valdaora / Sorafurcia	Berghotel Zirm
Valle Aurina / Ahrntal / Cadipietra	Alpenschlössl & Linderhof
Valle Aurina / Ahrntal / Lutago	Alpin & Spa Resort Schwarzenstein
Valle di Casies	Quelle
Vallelunga	Alpenjuwel
Vigo di Fassa	Active Hotel Olympic
Vigo di Fassa	Renato
Vipiteno	Rose
Vipiteno	Wiesnerhof

Umbria

Assisi	Nun Assisi Relais
Assisi	Ròseo Hotel Assisi
Colfiorito	Benessere Villa Fiorita
Gubbio	Park Hotel ai Cappuccini
Panicale	Villa di Monte Solare
Todi	Relais Todini
Todi / Chioano	Residenza Roccafiore
Torgiano	Le Tre Vaselle

Valle d'Aosta

Breuil Cervinia	Bucaneve
Breuil Cervinia	Excelsior-Planet
Breuil Cervinia	Hermitage
B[illegible]uil Cervinia	Saint Hubertus
[illegible]uc	Relais des Glacier
[illegible]	Bellevue & SPA
[illegible]	Miramonti
[illegible]	Sant'Orso
[illegible]	Notre Maison
[illegible]	Grand Hotel Royal e Golf
[illegible]	Jolanda Sport

La Salle	Mont Blanc Hotel Village
Saint-Vincent	Grand Hotel Billia
Saint-Vincent	Parc Hotel Billia

Veneto

Abano Terme	Abano Grand Hotel
Abano Terme	All'Alba
Abano Terme	Atlantic
Abano Terme	Bristol Buja
Abano Terme	Due Torri
Abano Terme	Europa Terme
Abano Terme	Harrys' Garden
Abano Terme	Mioni Pezzato
Abano Terme	Panoramic Hotel Plaza
Abano Terme	President
Abano Terme	Principe
Abano Terme	Terme Metropole
Abano Terme	Trieste & Victoria
Abano Terme	Tritone Terme
Arabba	Evaldo
Bardolino	Aqualux
Bardolino	Caesius Thermae
Bibione	Bibione Palace
Casier / Dosson	Villa Contarini Nenzi
Cison di Valmarino	CastelBrando
Cortina d'Ampezzo	Cristallo Hotel Spa & Golf
Cortina d'Ampezzo	Grand Hotel Savoia
Cortina d'Ampezzo	Park Hotel Faloria
Cortina d'Ampezzo	Rosapetra Spa Resort
Costermano	Boffenigo
Gallio	Gaarten
Galzignano Terme	Radisson Blu Resort Terme di Galzignano
Garda	Poiano
Garda	Regina Adelaide
Lazise	Corte Valier
Lazise	Principe di Lazise
Malcesine	Baia Verde
Malcesine	Maximilian
Montegrotto Terme	Continental Terme
Montegrotto Terme	Garden Terme
Montegrotto Terme	Grand Hotel Terme
Montegrotto Terme	Terme Olimpia
Montegrotto Terme	Terme Sollievo
Pescantina / Ospedaletto	Villa Quaranta Park Hotel
Revine	Ai Cadelach-Hotel Giulia
San Pietro in Cariano	Byblos Art Hotel Villa Amistà
San Vito di Cadore	Parkhotel Ladinia
Sesto / Passo di Monte Croce di Comelico	Passo Monte Croce-Kreuzbergpass
Treviso	Maggior Consiglio
Venezia	Molino Stucky Hilton Venice
Villafranca di Verona / Dossobuono	Veronesi La Torre

Michelin Travel Partner
Société par actions simplifiées au capital de 11 288 880 EUR
27 Cours de l'Île Seguin - 92100 Boulogne Billancourt (France)
R.C.S. Nanterre 433 677 721

Dépôt légal septembre 2014

Printed in Italy, 09-2014

Fotocomposizione: JOUVE, Saran (Francia)

Stampa e Rilegatura: CANALE, Borgaro Torinese (Italia)

Su carta ricavata da foreste a gestione sostenibile

Informazioni relative alle altitudini delle località citate nella guida:
ATKIS™; GN250, © Federal Agency for Cartography and Geodesy (BKG)
Informazioni relative agli abitanti delle località citate nella guida: www. demo.istat.it

I dati e le indicazioni contenuti in questa guida, sono stati verificati e aggiornati con la massima cura. Tuttavia alcune informazioni (indirizzi, numeri di telefono, prezzi ecc.) possono perdere parte della loro attualità a causa dell'incessante evoluzione delle strutture e delle variazioni del costo della vita: non è escluso che alcuni dati non siano più, all'uscita della guida, esatti o esaustivi. Prima di procedere alle eventuali formalità amministrative e doganali, siete invitati ad informarvi presso gli organismi ufficiali. Queste informazioni non possono comportare responsabilità alcuna per eventuali involontari errori o imprecisioni.